人物风采

中国科学院院士

高分子化学家

曹镛

曹镛，高分子化学家，国内最早从事导电高分子研究的科学家之一。

1965年毕业于苏联列宁格勒大学化学系，1987年获日本东京大学理学博士学位，2001年当选为中国科学院院士，华南理工大学教授，曾任中国科学院化学研究所研究员。

在用有机质子酸掺杂聚苯胺制备可溶性聚合物的基础上，提出“对阴离子诱导加工性”的概念，解决了导电高分子的高导电性与加工性不能兼容的难题，其研究结果已得到实际应用。

此外，成功地研制出可弯曲的塑料片基发光二极管使铝阴极LED的电荧光量子效率达到甚至超过钙阴极器件等。在国际上首次报道电致发光与光致发光之比可高达50%，表明单重态的形成率可以超出公认的25%的概念，提出大幅度提高聚合物发光效率的一个新途径。曾获国家自然科学奖二等奖等。

主要研究成果和学术成就

1. 提出了“对阴离子诱导加工性”的新概念，解决了导电高分子的高导电性与加工性不能同时并存的难题。

2. 在世界上首次成功研制出可弯曲的大面积塑料片基发光二极管。

3. 在国际上首次报道电致发光与光致发光之比可高达50%，表明单重态的形成率可以超出公认的25%的概念，提出大幅度提高聚合物发光效率的一个新途径。

4. 在应用研究方面，已获得18项美国专利、2项中国专利。研究成果“有机导体的研究”1988年获国家自然科学二等奖。

5. 在国内外学术期刊上发表论文200余篇，发表的论文被他人引用3000多次。

6. 主讲高分子光电材料与器件导论课程，其带领的光电所能够培养各级研究生，包括博士后、博士研究生、硕士研究生。

中国科学院院士

应用化学家

段雪

段雪1982年毕业于吉林大学化学系，1988年在北京化工学院获得博士学位，现为北京化工大学应用化学系教授、精细化工研究室主任。

主要研究成果和学术成就

设计并完成了多功能程序控温动态分析仪的研制工作，对程序控温动态分析进行了系统研究，在研究工作中建立了程序控温液相反应新技术，将程序控温动态分析原理用于研究有气体产生的液相反应，提出了一种研究液相反应动力学的新技术，快速、简便；建立了程序控温吸附技术，特点是程序降温，与传统的程序升温脱附法，温度变动方向相反，用此方法可研究吸附质在多孔物质上的活化扩散过程；从传统的程序升温脱附曲线，求得有关动力学参数，其中提出了D-M分布函数，简化了定量解析，在国内外都受到重视，将此法应用于解析和计算能量非均匀分布的差热分析数据，推广应用于研究高聚物分解反应，给出机理信息，具有新颖性。

先后发表论文近40篇，受到国内外同行的重视，被评为原化工部1989年科技进步三等奖。

他自行设计和建立自蒸压一步法装置，对多孔硅酸钙填料的制备工艺、结构与性能的关系，进行了系列深入研究，提出了本征钙、硅比新概念，并编制相应优化配方计算程序，确定了工艺条件对微观结构和填料基本性能的影响规律，发表学术论文12篇，此成果已应用于生产，先后与五个工厂签订了技术转让合同，1990年10月在天津举办的第五届全国发明展览会上获银牌奖。

对目前国际上竞相研究的无石棉填料的制备，也取得了可喜的结果。

他基础知识扎实，独立工作能力很强，肯于钻研，治学严谨，勇于创新，安心国内工作，成绩突出。

2007年当选为中科院院士。

三斯达（福建）塑胶有限公司

董　事　长

丁金造

丁金造，菲律宾籍华侨，福建龙岩工程学院地质勘探专业、厦门大学资本运营总裁班毕业，高级工程师，中国塑料加工协会专家委员会专家，现任三斯达（福建）塑胶有限公司董事长。

他是一位理论与实践经验兼备的企业高级管理专家，凭借敢拼爱赢的精神，扎根钻研PE、EVA发泡技术，带领三斯达公司不断走向行业的前端。

他思想解放，擅长利用现代科学理论和方法，使企业走上可持续发展道路。三斯达公司1998年成立废塑回收研发机构，到2000年研究取得重大突破；2006年省重点项目江头海边新工业园区顺利奠基；2008年新工业园区建成投产，他领导公司不断演绎着“凤凰涅磐”般的传奇。发展迄今，公司EVA回收循环再利用产能，全年可达废旧塑料袋约6400吨，回收边角料达35000多吨，为整个社会的环境发展和资源再生利用做出巨大的贡献。

公司拥有独立的研发实验室、测试室，累计研发发泡新产品200多种。EVA发泡片材复合板材、EVA复合地毯、EVA复合阻燃门等产品以其价优物美的优势，对传统产品发起强有力的挑战。公司通过积极同行业协会和科研机构合作，共同开发生产的环保、阻燃、减震、吸音、抗菌、抗静电等多种特殊性能的发泡产品，在电子、汽车、船舶和建筑装饰等多个领域得到了广泛的应用。

2009年三斯达公司当选为中国塑料加工工业协会副理事长单位，并被协会授予“中国EVA循环再利用产业化研究基地”，2010年初，获得中国塑料行业企业信用AAA级。

丁金造带领三斯达公司在推进循环经济发展、促进节能减排的道路上不断向前。

四川大学

教授

王玉忠

王玉忠，博士、四川大学教授，教育部“长江学者”特聘教授、国家杰出青年基金获得者、“新世纪百千万人才工程”国家级人选。

现任环保型高分子材料国家地方联合工程实验室、环境友好高分子材料教育部工程研究中心和降解与阻燃高分子材料省高校重点实验室等三个国家级和省部级研究基地主任；四川大学化学学院副院长；中国阻燃学会荣誉主任委员(荣誉理事长)；中国塑协降解塑料协会副会长；全国生物基材料及降解制品标准化技术委员会副主任委员；教育部科学技术委员会学部委员；国家自然科学基金委专家评审组成员。

王玉忠教授长期从事环境友好高分子材料的研究与开发，特别是在生物基与生物降解高分子材料、无卤阻燃剂与阻燃高分子材料、高分子材料回收利用等领域，先后负责承担了国家863、国家重点科技攻关/支撑计划项目、国际科技合作重点项目、国家重点技术创新项目、国家杰出青年科学基金、国家自然科学基金和博士点基金等国家级和部省级计划项目30余项，承担国内外企业委托的重要项目20余项。申请发明专利60余项，在国内外学术刊物上发表论文270余篇、国际会议论文60余篇，出版专著3部、主编手册1部。

取得的科技成果获得12项科技奖励，其中，作为第一完成人，获国家科技进步二等奖1项，教育部技术发明一等奖2项、教育部科技进步一等奖1项、省部级其他科技进步奖4项。

先后获得过中国工程院光华工程科技奖青年奖、宝钢教育奖优秀教师奖，科学中国人(2004)年度人物、建国六十周年百名优秀发明家、四川省学术带头人、四川省杰出青年科技创新奖、四川省优秀研究生指导教师称号等个人荣誉。

浙江省皮革塑料有限公司

董事长、总经理

王　伟

王伟，毕业于杭州大学外语系，翻译、国际商务师、经济师。现任浙江省皮革塑料有限公司董事长、总经理、党总支书记，中国塑料加工工业协会副理事长。

浙江省皮革塑料有限公司，前身为浙江省皮革塑料工业公司，成立于１９７９年，是国内经销塑料、化工、皮革原材料的知名专业公司，拥有近７０００家长期稳定的客户，在国内外同行中享有良好的声誉。

公司经营的塑料原料产品包括PE、PP、PVC、PS、ABS、其他专用料等合成树脂及化工原辅材料，牌号、品种达及百余种。经过多年发展，在国内独家代理美国森林高温漆，美国Viking Polymers ASA复合材料；同时面向欧美及澳大利亚出口多种皮革、塑料制品，其中无纺布袋在国际市场上占有一定份额。

在现代市场竞争环境中，王伟提倡把企业党的任务和经营管理工作有机的结合起来，强化学习、培训，力求提高全员的素质水平，打破旧观念，在公司内部营造团结拼搏，积极进取的公司工作氛围。加强领导班子建设、团队建设，把努力实行政治素质好，经营业绩好，团结协作好，作风形象好，这“四好”作为公司创建目标，诚信经营，规范操作，取得了显著的成绩。

近年来，尤其是在“双肩挑”的重任落在肩上后，王伟始终牢记自己的党员身份，把履行岗位之职作为尽好党员之责的平台。工作中能敢于创新，甘于奉献，开创了公司工作的新局面。带领公司员工不断刷新联社资产增值保值和公司员工收益增长的新突破，改制以来公司销售原料９０万吨，销售收入８０亿元，利税１．２亿元，使公司净资产增值达１８０％，在市场经济环境下，公有制经济获得了壮大和发展。

浙江优耐克集团

总裁

卢子标

卢子标，现任中国塑料加工工业协会副会长、中国合成革用水性树脂及水性生态合成革研发中心主任、浙江优耐克集团总裁、浙江省永康市人大代表。

他带领企业从高锰钢到电动车制造、再到生产水性生态合成革，从传统产业到高新技术产业一路走来，集团现有六家公司和一家研发中心，涉足化工、百货零售、制造、贸易、传媒、酒店、房地产等行业。

其中，集团下属浙江武义尤尼克工贸公司，生产销售电动车、塑料造粒、水性生态合成革；浙江丽水优耐克水性树脂科技有限公司生产合成革用水性聚氨酯树脂，为将高污染的合成革企业转型为清洁生产企业，提供了解决方案；中科瑞登科技发展（北京）有限公司主要负责集团产品国内外销售，以及集团投资项目的考察、评估；中人国际文化传媒（北京）有限公司，经营广告、传媒以及国内著名网站的运作；深圳百佳盛百货有限公司在深圳、广东经营大型超市，发展零售业；海南康城投资有限公司以生态养生为主题，在海南省投资多个房地产开发项目。

集团下属“中国合成革用水性树脂及水性生态合成革研发中心”，主要研发合成革用水性树脂和助剂，为促进行业发展、推动合成革产业向生态化、无害化方向健康发展做出了积极贡献。

优耐克集团在卢子标总裁的带领下，更注重节能环保产业的投入，坚持绿色发展之路，以“创新科技，缔造价值”为企业宗旨。优耐克集团将以国际竞争的眼光制定企业发展战略，强化学习型的企业文化建设，优耐克集团的未来必将更加美好！

英科国际控股有限公司

董事长

刘方毅

刘方毅，美国加州大学电子工程专业毕业，现任英科国际控股有限公司董事长，上海市青年企业家协会常务理事，上海市外商投资协会常务理事，中国废旧塑料协会常务理事。

英科国际控股有限公司旗下在国内有9家公司，在海外有3家分支机构。是一家集生产、研发、销售、贸易、投资为一体的现代化综合型高新技术企业。产品线横跨环保回收框业和医疗行业，公司主要业务涉及PS废旧泡沫塑料的回收再生与加工应用、医疗用品的研发与生产、国际贸易等多个领域。

2002年，刘方毅正式在上海投资建厂，建设标准厂房18000平方米；2005年，他又在山东淄博建成了50000平方米的PS框条制造和装配基地。如今，英科国际有限公司年销售额超过8亿元，其中英科环保框业年销售收入超过5000万美元，已成为全球大型PS高分子材料框类产品制造商之一。而他在上海和山东的25000平方米二期工厂已基本完工，今年即可投入使用。

刘方毅主导研发的废旧塑料仿木框条系列产品获得发明专利2项，实用新型专利2项。2005年导入环保产业链，投入资金并组织研发废旧泡沫回收机器，2007年初研发成功，获得发明专利2项，实用新型专利3项。

英科回收PS高分子化合物，压缩成颗粒状的“粒子”，再加工成经久耐用的仿木相框、画框或防潮地板，既有助于解决白色泡沫污染问题，又能“以塑代木”，减少森林砍伐量。经过专家测算，回收再利用1吨废塑料，可减排1吨二氧化碳，节约3吨石油资源，英科的目标是做到年回收10万吨PS泡沫塑料。

刘方毅同志希望通过自己的废旧塑料产业链，能为地球的环保工作尽自己的一份力量，作出积极贡献！

北京工商大学材料科学与工程系——轻工业塑料加工应用研究所

主任、所长

许国志

许国志，吉林大学化学系高分子专业毕业、理学学士、教授职称，中国共产党党员，北京市跨世纪优秀人才。

现任北京工商大学材料科学与工程系主任、轻工业塑料加工应用研究所所长；兼任国家塑料制品质量监督检验中心主任、全国塑料制品标准化技术委员会副主任、全国塑料加工工业信息中心主任、全国塑料工业教育培训基地主任、中国塑料加工工业协会——北京工商大学环境友好高分子材料技术中心主任、《中国塑料》编委会副主任委员、中国塑料加工工业协会副会长、中国阻燃学会副主任委员、中国化工学会化工新材料委员会常务理事（常委）、中国塑料协会专家委员会“塑料环境及应用”专家等职。

北京工商大学是北京市重点建设的多科性大学，学校现设9个学院、1个系、1个教学部；拥有2个国家级检测中心、1个国家级实验教学示范中心、1个北京市重点实验室、3个北京市高校实验教学示范中心、2个北京市研究基地；轻工业塑料加工应用研究所是北京工商大学实行“产学研”结合“系所合一”体制的教学科研单位，承担着学科专业建设、人才培养以及以及为全国塑料行业技术进步服务技术研究开发等任务。

许国志主要研究方向：聚合物加工与改性、农用与环境友好高分子材料等。

曾主持多项国家级、省部级科研项目并获省部级科技进步二、三等奖，两次获得轻工业部颁发的“国家科技攻关重大贡献奖”。

目前正在承担“十一五”国家高技术研究发展计划（863计划）《全降解保水地膜》课题及五项科技部专项课题的研究。

公元集团·永高股份有限公司

董事长

张建均

张建均，公元集团 · 永高股份有限公司董事长，高级经济师，浙江省劳动模范、浙江省人大代表。

多年来，他以强烈的事业心和高度的社会责任感，以科学发展观为指导思想，带领公司全体员工开拓进取，勇于创新。他认识到，在激烈竞争的形势下，要想真正赢得市场，必须走“品牌求发展”的道路。为了打造出一流的产品，公司建立省级技术中心和省级塑料制品检测中心。自1999年以来，“公元”牌产品和“公元”商标分别荣获“浙江名牌”、“浙江著名商标”和“中国驰名商标”，实现了公司创品牌的战略目标。

为了把“公元”产品推向更广阔的国际市场，他努力实施“走出去”战略。从2001年开始，除了每年参加广交会外，还先后组织外贸人员参加了中东迪拜、美国拉斯维加斯等国际性专业展会。几年来，公司产品出口销售额成倍增长，产品销售市场遍及中东、非洲、东南亚和欧美80多个国家。

争创高品质产品和高知名度品牌，是张建均孜孜不倦的追求。他在塑料管道领域积极创新，开发符合社会需求的新产品，并进军太阳能光伏产业。公司近两年实施技改项目6项，投入技改资金3亿多元，使企业技术装备居国内领先水平。几年来，他主持开发3项国家火炬项目和7项省级新产品，并获得62项专利。

为加快产业转型升级，其中“嵌入式光伏建筑一体化屋面构件”被列入国家重大科技项目，为国内首创。集团公司旗下三家核心子公司：永高股份有限公司、上海公元建材公司、浙江太阳能公司被评为国家高新技术企业。

张建均先后被评为“全国化学建材先进工作个人”、“第四届全国乡镇企业家”、“浙江省第二届优秀中国特色社会主义事业建设者”和“浙江省劳动模范”。

佛山市日丰企业有限公司

总工程师兼研究所所长

李白千

李白千，工学博士学位，曾任四川大学塑料系塑料工程教研室副主任，教研室党支部书记，副教授，硕士生导师，佛山市日丰企业有限公司总工程师兼研究所所长。

李白千进入日丰立即组建研究所，进行了多项技术改造及技术创新，日丰获得的60多项专利技术，大大增强了日丰管在市场上的竞争力，他严格按照ISO9001质量、管理体系和ISO14001环境质量管理体系要求进行管理。

目前，日丰已成为集中国名牌、中国驰名商标、广东省出口名牌等荣誉于一身的铝塑管生产基地，日丰产品也从铝塑管延伸至PPR、PEXb、PEXc和PE-RT等户内压力管道产品，产品涵盖建筑内冷、热水系统，采暖系统（散热器采暖和地采暖）和燃气系统所需的多种阀门、水暖卫浴产品、编织软管等，产品远销欧美等100多个国家和地区，“日丰管，管用五十年”也成为日丰最庄严的承诺。

李白千参与编写了《铝塑复合压力管》（GB/T18997）、《内层熔接型铝塑复合管》（CJ/T193-2004）、《铝塑管用卡压式管件》（CJ/T190-2004）、《铝塑复合管管道工程技术规程》（CECS 105:2000）、《城镇燃气施工验收规范》（CJ/T194-2008）、<<建筑燃气铝塑复合管管道技术规程>>(CECS 264:2009)等多项产品标准与技术规程。

李白千在日丰工作期间，先后发表论文11篇，参编《塑料工程手册》和《地面供暖施工员教材》各一部，获发明专利2 项、实用新型专利多项，主持粤港攻关、省部产学研和省技改项目多项，累计获省市级财政资金支持一千多万，验收项目己分获市、区科技进步奖多项，他本人也两度成为“中国管业十大新闻人物”。

自2002年起，他兼任了中塑协塑料管道专委会副理事长、铝塑复合管及ＰＥＸ管工作组组长、中塑协专家委员会专家及全国塑料制品标准化技术委员会委员等职，为促进全行业的技术进步和质量进步，做了大量工作。

广东永金兴集团有限公司

董 事 长

李锡宏

广东永金兴集团始终把创建社会主义“劳动关系和谐企业”作为企业科学发展和构建和谐社会的头等大事。本着这一理念，李锡宏在集团公司中不断强化改革措施，探索出一条建设社会主义和谐企业的路子。

集团公司创业以来，李锡宏注重维护员工的合法权益。公司成立了工会组织，工会在日常工作中建立“共议，共享，共赢”等新型劳动关系，促进了创建社会主义和谐劳动关系活动的开展，使全体员工发扬尽职尽忠的主人翁精神，为企业发展出谋献策，使企业不断发展壮大。

去年，集团公司被中华人民共和国劳动和社会保障部、中华全国总工会、中国企业联合会中国企业协会授予“全国模范劳动关系和谐企业”和广东省总工会授予“广东省模范职工小家”等光荣称号。

李锡宏重视企业文化，努力改善员工的生活、生产环境，每年举办各类文化活动，营造和谐的劳动关系。集团公司被中华全国总工会授予“职工书屋”、“广东省优秀企业文化单位”等荣誉称号。

李锡宏在做强做大企业的同时，不忘创造效益，回报社会，支持公益事业，关爱社会弱势群体。作为市人大代表，李锡宏凭着强烈的社会责任感，积极参政议政，认真履行职责，反映社情民意，得到社会的一致好评。他从2000年起，每年资助100名失学学生圆了读书梦；对社会公益事业扶贫济困捐资共1226.5万元；汶川地震后，他捐资40万元，集团公司获得广东省红十字会授予“抗震救灾博爱贡献奖”称号。

李锡宏被授予“全国轻工行业劳动模范”、“广东省优秀企业家”、“广东省优秀中国特色社会主义事业建设者”。

康泰塑胶科技集团有限公司

董事长兼总裁

林云青

林云青，四川大学工商管理硕士，康泰塑胶科技集团有限公司董事长兼总裁，中国质量检验协会副会长，成都台州商会会长。

康泰塑胶科技集团有限公司，创立于1998年，是一家集专业研发、生产、销售为一体的大型塑料建材民营股份制企业集团。公司以“成为全球化工建材供应基地”为远景，以“为每个家庭提供安全实惠的管道”为核心价值观，现有员工8000余名，总资产20亿元，年生产量30万吨以上，在全国成立了30个销售分公司，拥有具国际先进水平的全自动电脑数控挤出、注塑、塑钢门窗装配等专用生产设备1000余台（套）。

在林云青同志的带领下，坚持“以质量求生存、以价格求竞争、以服务求发展”的市场竞争理念，以“品质高、配套齐、网络全、服务快”的竞争优势享誉海内外市场。

“康泰”商标被认定为“中国驰名商标”，“康泰”牌系列产品获“中国名牌产品”、“中国环境标志产品认证”、“新华节水认证”等，集团多年被中国农业银行评为“AAA级信用等级企业”。

他本人也获得了“四川省建设科技先进个人”、“第五批崇州市有突出贡献的拔尖人才”等诸多荣誉。

十余年来，林云青始终坚持回馈消费者、回报社会的企业经营理念，积极投身各项公益事业，在企业不断发展壮大的同时，倡导企业的社会责任。5·12特大地震发生后，他带领全体员工向重灾区捐款捐物累计达数百万元。在灾后重建中，康泰品牌以“质量优、价格低”的特点，“安全、环保、高品质”的形象，深受合作单位的好评。

香港大大有限公司

董事长

林东亮

林东亮，毕业于美国德州大学,获石油工程和土木工程学士学位，现为香港大大有限公司、大大科技开发（深圳）有限公司、惠东美化塑胶实业有限公司、惠东美新塑木型材制品有限公司的董事长，并任中国塑料加工工业协会副会长、中国塑料加工工业协会专家委员会副主任、中国塑协塑料再生利用专业委员会会长、中国塑协塑木制品专业委员会会长。他还是深圳市侨联副主席、广东省第十届政协委员、香港新界工商业总会会长。

大大集团是一家实力雄厚的大型跨国塑料集团企业，从20世纪80年末开始再生塑料的经营，集团总部设在美国德州休斯顿，中国总部设在深圳。大大公司将包括美国、欧洲、南美洲和亚洲的废塑料运往设在中国国内的工厂加工，制成再生粒后进行销售。

近年来，集团进入塑木市场，投资兴建了惠东美新塑木型材制品有限公司，主要生产塑料纤维合成型材（塑木）、合成屋顶板和塑木托盘。2006年6月，美新公司获中国塑料加工工业协会授予“中国塑协塑木生产示范基地”的称号,同时获四川大学高分子科学与工程学院授予“高分子科研实践基地”称号，并先后与同济大学、上海大学等高校开展技术研发合作。2006年12月通过ISO9001：2000认证。

林东亮先生在做好企业经营的同时，也为行业发展倾注了大量的心血。作为行业协会的负责人，他在行业中推动行业标准和规范的建立，举办各种行业活动，使行业在循环经济、环保事业中发挥更大的作用。

他投身迎接香港回归、深圳和香港社会、工商界团体等工作，积极发展香港与内地的交流合作。作为广东省政协委员，他先后提交了建立环保工业园、推进塑木行业发展等多份提案。

山东万达化工有限公司

董　事　长

荀英群

荀英群，高级工程师，现任山东万达化工有限公司董事长，在他身上，始终保持着那么一股艰苦创业的干劲，涌动着一个优秀企业家披坚执锐的人格魅力，闪耀着一个共产党人兢兢业业、勇于创新的可贵品质。

近年以来，山东万达化工有限公司在他的领导下，产品销售增长率均保持在30％以上，创出了万达MBS、万达PAM、万达ODA等知名品牌。十几年来，他以科技创新为先导，以市场开发为动力，使万达集团化工公司迅速发展壮大，成为集团公司的支柱产业之一。

他积极发挥所学专长，致力于企业的科研开发，取得了累累硕果。他先后设计并制造高效节能提浓器；改革自动送料装置；改造聚合工艺；他设计并采用新型搅拌装置；对干燥工序及风机、进出料装置等技术进行改造；他自行研发了用于高档MBS的种子乳液；他牵头组织研发聚丙烯酰胺产品抗盐助剂DL-200S等科技产品创新。

公司在他的带领下，内研外引，加速科研开发。先后与美国专家进行合作交流，使年产5万吨的MBS塑料抗冲剂产品，达到国际一流水平；与中石油勘探开发研究院合作开发了聚丙烯酰胺产品；与中国石油大学合作，完成了国家“十五”攻关计划——聚丙烯酰胺抗温、抗盐课题研究；公司自主研发了九种类型破乳剂及反相破乳剂；改造成功了二胺加氢还原新工艺。

为深入贯彻执行国家环保政策，对厂区内生产过程污水和粉尘排放进行了治理，年节水10000多立方米；日回收细粉100多公斤。

他本人先后荣获“青年岗位标兵”、“先进工作者”、“十佳岗位标兵”、“优秀共产党员”、“山东省优秀质量管理工作者”、“山东省扎根基层建功立业优秀人才”等荣誉称号。

长虹塑料有限公司学

董事长

郑元和

郑元和，浙江省乐清市塑料配线器才生产领域的领军人物，连继多年获得乐清市“优秀企业家”、“优秀共产党员”、“先进工作者”等荣誉称号。近年来又带领全国塑料配线器材生产厂家成立“中国塑料加工工业协会塑料配线器材专业委员会”，并且，在他的努力下，浙江省乐清市被中国加工工业协会授予“塑料配线器才工贸基地”称号。他为了塑料配线器材行业能够持续稳定的发展，做出了杰出的贡献。

在企业蓬勃发展的同时，他时刻不忘整个塑料配线器材行业的创新与发展，他建议企业对自己的行为进行自我约束，自我规范，并相互监督，不搞不正当竞争，注重商业道德，并把他自己摸索多年总结出来的一套“注塑节能技术”在行业中进行推广，多家企业从中受益。

他带领长虹塑料公司充分利用广交会、国际展览会等途径，加强国际交流，产品远销欧洲、北美洲、南美洲、大洋洲、非洲、亚洲等90多个国家和地区。

几年来，公司在他的带领下，努力开拓，现已发展成为拥有固定资产1个亿，年生产塑料配线器材制品8000吨的生产企业。在2007年至2009年中，公司实现工业总产值9亿元，销售收入8.9亿元，出口创汇5000多万美元，上交国家税金6000多万元。

公司主要产品尼龙扎带也被浙江省人民政府授予“名牌产品”称号；“CHS”商标被评为驰名商标；公司商标被评为驰名商标；公司也连续多年被评为“十佳出口企业”、“诚信纳税人”、“平安示范企业”、“节能减排先进单位”、“重合同守信用企业”等光荣称号。长虹塑料有限公司的每一次进步，每一个成功都凝聚着他的心血和汗水。

双向拉伸聚酯薄膜专业委员会

理事长

徐志强

徐志强，东华大学经济管理系硕士毕业，中国共产党党员。现任上海紫东薄膜材料股份有限公司副董事长兼总经理，兼任上海紫东化工材料有限公司（BOPA）董事长、中国塑料加工工业协会副会长、中国塑协双向拉伸聚酯薄膜（BOPET）专业委员会理事长、中国塑协流延薄膜（CPP）专业委员会理事长、中国包装联合会常务理事等职。

他不仅钻研薄膜制造业务，而且具有较强的管理才能，擅长与社会各界的人士结交为友。从事塑料薄膜行业以来，他一直关注于薄膜市场的发展与状大；面临供求失衡的竞争形势，他积极呼吁“产品多元化”和“市场多元化”的观点，提倡同行企业的错位竞争，在他的带领下，紫东公司和BOPET生产单位逐渐找到了自己企业在市场中的定位产品，并取得了较好的成绩，促进了行业的良性发展。

在2004年，他被评为上海市科技创业领军人物;2007年5月和2009年5月，被评为中国塑料加工工业协会专业委员会优秀工作者和先进个人。2007年5月和2009年5月，他任理事长的双向拉伸聚酯薄膜专业委员会被评为中国塑料加工工业协会先进专业委员会和先进单位。

他凭着对塑料薄膜的专业认知，经常在专业报刊杂志发表论文，《我国包装薄膜的现状和求生发展之路》、《期待发展的我国聚酯薄膜行业》、《谈谈我国聚酯薄膜的发展现状和期望趋势》、《2008年度中国CPP薄膜市场行情综述》、《中国CPP薄膜行业的发展现状综述》、《2009年CPP薄膜行业发展预测》等多篇探索产业发展的论文，受到业内人士好评。

大连实德集团

副董事长

徐斌

徐斌，毕业于武汉水利电力学院，本科学历，现就职于大连实德集团，任副董事长。中国塑料加工工业协会副会长，中国塑料加工工业协会硬质PVC发泡制品专业委员会理事长。

徐斌是大连实德集团的创始人之一，1993年进入实德集团，先后担任实德集团副总裁、副董事长。他响应政府的号召，积极招商引资，成绩显著。他努力工作为实德集团的成功创业立下了汗马功劳，为实德的发展壮大做出了贡献。

目前实德集团形成以化学建材为主导产业，同时在石油化工、金融保险、文化体育及家用电器等领域综合发展的产业格局。为了使实德化学建材始终保持行业领先水平，实德集团高度重视技术开发与研究工作，并于2000年组建了大连实德化学建材研究院，2002年经国家人事部批准，设立了博士后工作站。

实德塑钢型材在技术、质量和新产品研发等方面处于领先地位。2005年，实德塑钢型材被评为“中国最受公众喜爱的十大民族品牌”，“辽宁省名牌产品”和“大连市名牌产品”，品牌极具影响力。

实德集团视产品质量如企业的生命，注重完善全程售后服务保障体系。实德型材通过国际ISO9001认证，其中实德型材为中国产品质量免检产品并获得了欧洲门窗协会颁发的欧洲门窗协会亚洲俱乐部会员证书、欧洲门窗协会会员证书。

徐斌同志热爱祖国，坚决拥护中国共产党的领导，思想进步，开拓创新，兢兢业业，踏实工作。自2002年开始，他出任大连市政协常务委员，期间积极参政议政，写出多篇调研报告，结合大连市经济和社会发展情况献计献策，受到大连市政协和市委统战部的好评。

乔福／华伟集团

董　事　长

郭福一

乔福／华伟集团不仅做为台湾地区实力强大、两岸知名的PU软质泡沫塑料专业制造厂，更是全球知名的尼龙束带供货商之一。集团秉承“诚信、务实、创新”的信念，经过三十多年努力，已发展成为国际性集团企业，在中国台湾、中国、泰国、印度与澳洲等地设有十多处PU泡沫、工程塑胶与配线器材生产工厂。

乔福总公司地处台湾中部，邻近台湾鞋业、纺织、皮包等轻工业产业群聚地点，早在1983年，乔福就从PU泡沫塑料进入工程塑胶复合材料领域，16年前开始投资涉足配线器材产业，至今，集团旗下百分之百控股的华伟实业，在配线器材产业中已具有举足轻重的地位，成为中国塑料加工工业协会副会长单位。

乔福／华伟集团取得ISO14001环境管理系统认证，产品也全面通过RoHS、REACH规范，并以永续发展为前提，致力于绿色环保材质研发，将产品应用在风力发电、太阳能发电等绿能产业上。

郭福一坚持企业“使用安全原料、避免环境污染、提供真诚价格、供应优质产品、持续回馈社会”的经营理念，近期成立“芙依丝Fuise”生活寝具品牌，进军两岸寝具成品零售市场，也继续以“Giantlok”品牌深耕中国与亚洲配线器材市场，并在两岸扩展塑胶复合材料事业，“秉持多事业部共进、企业永续经营之精神”，是郭福一不变的理念与热情。

郭福一以回馈的心，积极投入社团活动，曾任台中市工业区厂商协进会理事长、工业区联合总会会长、台湾区域发展研究院两岸文经联谊会会长。担任工业区厂商联合总会总会长期间，他努力要将联合总会发扬光大，为全台湾六十多个工业区、一万多家厂商谋取福利。

台湾见龙机构

追悼　　创办人

廖有章

这位老人，就是人称“中国EPS之父”的廖有章老先生。

廖有章先生1976年创设“见龙化学公司”，从此，“见龙机构”成为贸易、生产并重的企业，至今已达三十八年之久。“见龙机构”选择EPS为核心产品，广泛运用在电器包装、食品餐具、农渔业容器上，同时已成为最经济、最方便的保温材料。“见龙机构”还研究开发回收再生产品，保护环境，为节能减碳作出贡献。

廖有章董事长自创立见龙机构三十多年来，他要求员工“开阔视野、多动脑筋、增加智慧”，通过见龙机构内部刊物——《龙刊》发表其《大家长的话》，阐述见龙机构的愿景及员工的使命，时时公布公司经营方向及策略，鞭策员工“变、变、变”、“逆向思维创新机”；他在《晨会文告》中让每一位事业处员工与时俱进、时时保持竞争创新态势。他倡导的“见龙经营理念”三十二字：“公私分明，律已奉献；业绩第一，道德为重；劳逸平均，适才适用；研发创新，共享共荣”，成为独特的企业文化。

如果说，廖有章董事长在台湾开创了事业是他的第一春，那么20年前进入中国大陆就是他事业蓬勃发展的第二春。自1990年在宁波成立“宁波和桥化工有限公司”，陆续以每二年建立一个工厂的速度，在中国大陆的宁波、江阴、东莞、天津等地建立年产20万吨级以上的EPS工厂，一跃成为全世界最大的EPS制造厂商之一，雄居东方。

廖有章董事长还积极投身“创造利润，回馈大众”公益事业中，为“宁波工程学院”设立“和桥化学奖学金”，出资为贵州台江县建造希望学校。他先后获得荣誉市民、慈善家等美誉。

金发科技股份有限公司

技术总经理

蔡彤旻

蔡彤旻，硕士研究生，高级工程师；现任金发科技股份有限公司技术总经理，全国塑料标准化技术委员会委员，电子产品安全标准工作组专家。

作为第三研究人员，研发的新型阻燃热塑性树脂系列产品研发及产业化，获得国家科技进步二等奖；作为第三研究人员，研发的环保型阻燃热塑性树脂系统产品的开发及产业化，获得石化协会科技进步一等奖；作为第一研究人员，研发的阻燃热塑性苯乙烯类聚合物的复合物，获得广东省科技进步一等奖；参与研发的完全生物降解高性能塑料，获得广州市科学技术进步二等奖；负责研发的环保型耐侯高流动阻燃高抗冲聚笨乙烯复合物分别获得中国专利优秀奖、广东专利金奖；参与研发的新型高效环保含氮、含硅氧杂膦菲阻燃剂的制备关键技术开发及产业化获批国家科技支撑计划；创立国家第一个塑料改性与加工国家工程实验室和亚太地区第一家UL认可的LTTA CTDP长期热老化测试实验室。

主要学术论文及著作

1. 粉末改性SBR对PVC的增韧作用. 塑料工业、中国塑料
2. PS/粉末SBR-g-s共混体研究（Ⅰ）. 高分子材料科学与工程
3. 镧化物改性超细碳酸钙对聚丙烯的增韧研究. 塑料工业
4. 镧化物改性超细碳酸钙对PET非等温结晶行为的影响. 高分子材料科学与工程
5. Effects of nano calcium carbonate modified by lanthanum compound on properties of polypropylene . Journal of applied polymer science
6. EPDM/St-AN相反转乳液接枝共聚合及AES的结构与性能. 中国塑料
7. 溶液接枝合成EPDM-g-SAN体系溶剂回收工艺流程的研究. 塑料工业
8. 阻燃苯乙烯系塑料. 科学出版社

多年来，蔡彤旻潜心科研开发，他始终不骄不躁，站在时代的浪潮前。

湖北凯乐科技

公司董事长　朱弟雄

湖北凯乐科技股份有限公司是以生产通信管道、通信光缆为主的高科技企业。是中国信息标准化协会会员、全国电缆及光缆专家委员会专家委员单位、中国塑料加工工业协会副理事长单位、全国塑料制品技术标准化委员会核心成员。先后被授予“全国文明单位”、“全国守合同重信用企业”、“全国消费者满意产品”、“全国五一劳动奖状”、“全国质量效益型先进企业特别奖”等众多荣誉。

公司 1993 年 2 月进行股份制改造，1999 年 5 月通过科技部和中科院的“双高”论证，2000 年 7 月公司股票“凯乐科技”在上海证券交易所挂牌上市。公司总资产达 24 亿元，净资产 15.86 亿元。以通信光电线缆及塑料制造、房地产、教育服务、酒业为主的多元化产业体系。拥有国内外先进的光缆和塑料生产设备、检测设备 300 多台套，现年生产各类通信光缆 500 万芯公里；各类塑料制品 20 万吨；年产白酒万吨。

电话：0716-5209582 0716-5209804

传真：0716-5209379

电子邮箱：kailegroup@163.com

http://www.cnkaile.com

地址：湖北省荆州市公安县凯乐工业城

股份有限公司

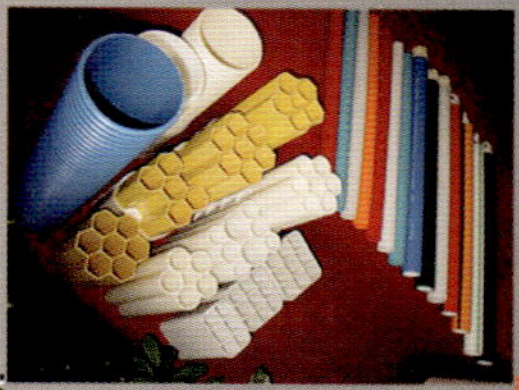

公司产品及服务：

- （一）塑料制品分为：塑料管材、塑料门窗型材、塑料土工合成材料三大类。塑料管材分为给水管、建筑排水管、市政排污管、高压 CPVC 电力电缆护套管、UPVC 电工套管、通信护套管（HDPE 硅芯管、PVC(PE)双壁波纹管、PVC（PE）多孔梅花管），以上产品的配套件及相关技术咨询服务。
- （二）光缆分为普通通信光缆，ADSS、OPGW 电力特种光缆、超五类数据电缆、RF 电缆、线缆材料、FTTH（光纤入户）解决方案；
- （三）房地产品分为商务住宅区及商务综合楼等；
- （四）幼教产品及服务；
- （五）“ 黄山头 ”系列白酒。

公司产品应用领域以通信材料为主，涉及交通、国防工程、电力、水利、堤防建设、农业节水灌溉、城市建设、建筑装饰、教育、食品饮料等多众领域，产品俏销全国 29 个省市、自治区，部分出口到国外。公司现有员工 2000 名，中高级专业技术人员 420 名，占全员总额的 23%。第十一届全国人大代表、公司董事长、高级工程师朱弟雄作为全国塑料研究应用的学科带头人，享受国务院政府特殊津贴。在他的带领下，公司依托已经建立的省级技术中心、凯乐塑料工程研究所，加大新产品新技术的研发，使科技成为公司发展的第一生产力。

“ 团结自强，拼搏坚强、奉献图强 ”是凯乐的灵魂与旗帜。秉承“ 以人品铸产品 ”的诚信经营理念。全面贯彻并通过了 ISO9001：2000 质量体系认证及 ISO14001：2004 环境管理体系认证。“ 凯乐商标 ”被评为湖北省著名商标，公司光缆分别获得入网许可证，并入围中国电信、中国联通、中国移动等电信市场。公司塑料门窗型材及塑料管材被认定为湖北省名牌、国家免检产品。公司自营出口 3 亿元以上，自营出口占制造业产品销售额的 27.6%。

公司不断完善售后服务设施与条件，已在北京、上海、广州、深圳、昆明、成都、北京、长沙、西安、武汉、太原等地设立了 27 个办事处，下辖 300 多个营销网点，构织了一张遍布全国的市场营销网络。公司服务热线全天 24 小时接受用户的咨询，对客户反映的问题限定 48 小时内作出回复并妥善解决，力求在每一个环节为顾客提供最满意的服务。

放眼未来，我国科技与新材料产业方兴未艾，面对经济全球化带来的机遇与挑战，公司将以五大产业为基础，实施多元化发展战略。以科技技术为资本，发扬改革创新、拼搏奋斗的精神，打造国内国际知名的民族品牌，参与国际竞争，与合作伙伴共谋发展，共创美好未来！

企业简介 Company Introduction

联塑公司是中国较大的塑料管道产品制造企业之一。联塑品牌是中国知名的塑料管道品牌。公司总部位于广东顺德。目前，联塑拥有广东顺德、广东鹤山及广东中山、贵州贵阳、四川德阳、湖北武汉、江苏南京、河南周口、河北任丘及黑龙江大庆等生产基地。吉林长春及新疆乌鲁木齐等生产基地也正在建设之中。

联塑主要生产经营的塑料管道产品按用途可分为给水管、排水排污管、燃气管、电力通信管、地暖管、消防管、农业用管七大类。公司在中国建立了庞大的营销和服务网络，能及时为客户提供优质的产品和周到的服务。

多年以来，联塑辛勤耕耘并收获了无数的荣誉。这些荣誉包括："联塑"商标被认定为"中国驰名商标"；联塑产品荣获"中国名牌产品"并被评选为"建设部工程建设重点推荐产品"；联塑企业被认定为"高新技术企业"；被批准设立"博士后科研工作站"；成为"建设部塑料管新技术产业化示范建设基地"；通过了"国际质量ISO9001、环境ISO14001、职业健康安全OHSAS18001"的管理体系认证。

为增强企业的自主创新和研发实力，联塑建立了具有国际水平的研发中心。目前中心拥有一支由博士、硕士、中高级工程师以及行业顾问组成的研发团队，并从德国、英国、美国等先进国家购进了大批先进的科研设备，设有博士后科研工作站、CNAL国家认可实验室、省塑料管道工程技术研究开发中心和中试车间，承接了多项国家和省科研项目，开发出了一系列具有自主知识产权的核心技术和产品，同时参与了国家标准和行业标准的编制和修订。

联塑产品被广泛用于建筑及市政给水、排水排污、燃气、电力输送、邮电通讯、电器配套、地暖、消防及农业灌溉等领域。我们的目标是成为中国塑料管道产品的首选供货商。在 2008 年北京奥运会老山自行车馆建设工程，以及 2010 年在广州举办的第十六届亚洲运动会场馆的建设工程中，我们均被指定为塑料管道产品供货商。

联塑始终坚持"以质量为生命，以科技为龙头，以顾客满意为宗旨"的经营方针，一如既往的推动中国塑料管道产业的发展，为改善中国乃至世界人民的生活环境和提高他们的生活品质做出自己的贡献。

▲广东顺德生产基地

▲广东鹤山生产基地

▲湖北武汉生产基地

▲贵州贵阳生产基地

▲河南周口生产基地

▲河北任丘生产基地

▲黑龙江大庆生产基地

▲广东中山钢塑复合管生产基地

国沿海较大规模的生产厂家
产品涉及塑料片材、塑料
格型号品种；广泛应用于食
衣雨具用材、管道用材等。

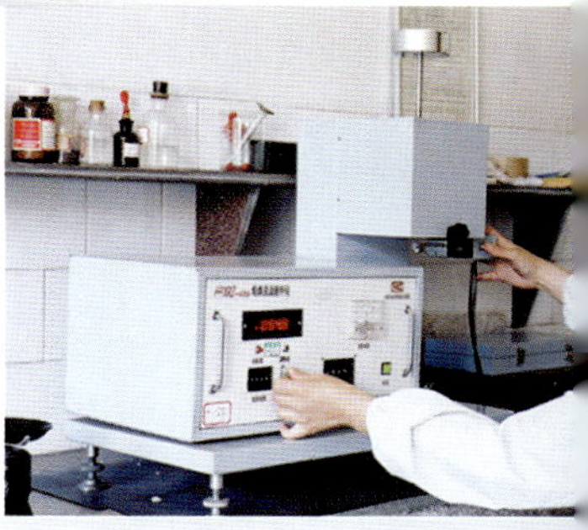

管材产品品种：

双壁波纹管、通信蜂窝管、热缩管、硅芯自润滑光缆护套管、CPVC 电力电缆保护套管、组合式梅花光缆护套等各种塑料管件系列产品。

被国家管材协会、信息产业部、水利建设系统、电力系统推为首选产品。

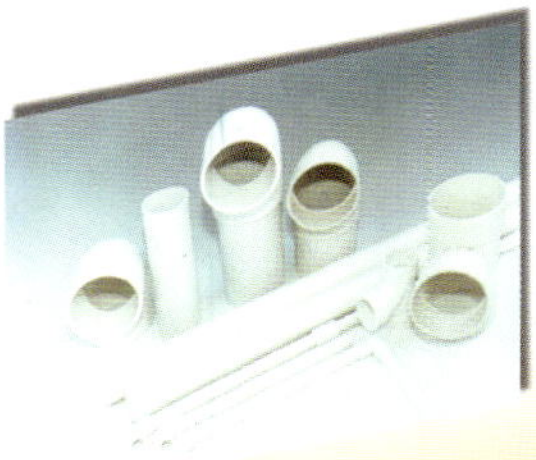

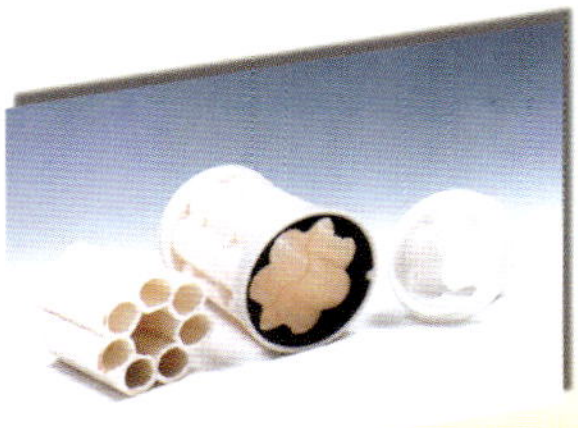

NACHUAN 纳川

福建纳川管材科技股份有限公司

公司简介
COMPANY INFORMATION

福建纳川管材科技股份有限公司是一家高速发展的科技型企业。专业生产HDPE缠绕增强管，产品广泛应用于市政排污排水、石化炼油、冶金造纸、核电火电、交通枢纽等工程项目。

高品质的管材、灵活的销售模式、完善的技术服务使我们占据了中国高端用户市场，公司在行业内较早将 HDPE 缠绕增强管应用于电厂、核电项目，填补了我国大口径埋地塑料管在国家能源项目的应用空白。公司产品已在秦山核电二期、福建福清核电项目、山东海阳核电、中石油广西1000万吨项目、我国六大煤电发电集团（大唐、国电、华电、华能、中电投、华润）及地方电力集团新建项目等广泛使用，并覆盖了华北、华东、华南等沿海地区的港口码头建设。

公司自设立以来，专注于HDPE缠绕增强管市场的精耕细作，通过多年的市场推广，已在行业中树立了良好的企业品牌形象，公司是福建省高新技术企业。福建省政府投资项目第一批甲控设备材料供应商，公司的HDPE缠绕增强管被中国工程标准化协会认定为推荐产品。

作为福建省环保节能材料的重点生产企业，公司已在天津、武汉建立两个生产基地，在近年内计划在国内再建3-4个生产基地，我们将以更高的标准来要求自己，以更高质量要求服务于客户。

诚实做人，结实做管

港口码头

石油化工

核电火电

冶金

市政排污

开发区配套排水

- 内壁光滑，外壁为**缠绕螺形状结构壁肋管**
- 接口采用**承插式电熔连接**，实现完全无渗漏
- 根据需求设计环刚度，为用户**节约成本**

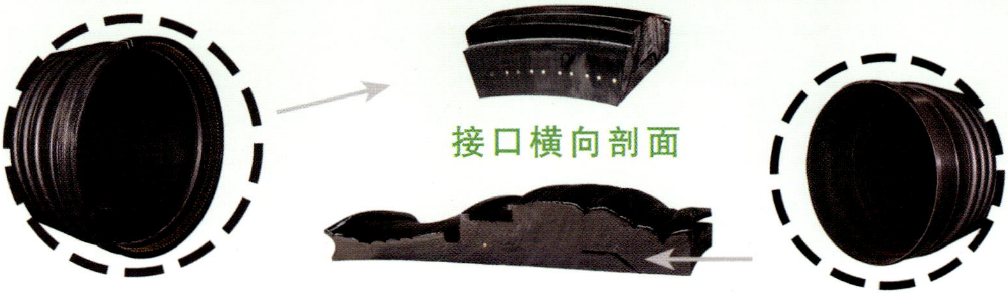
接口横向剖面

承口图　　接口纵向剖面　　插口图

地　址：福建省泉州市泉港区普安开发区

电　话：0595-87767777

传　真：0595-87962111

网　址：http:// www.superpipe.cn

E-mail：nachuan@superpipe.cn

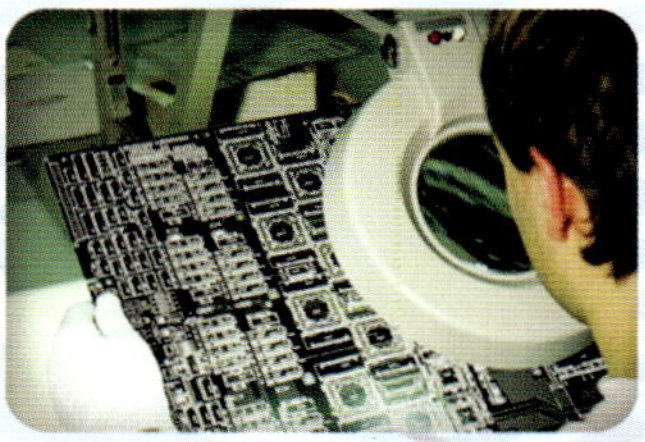

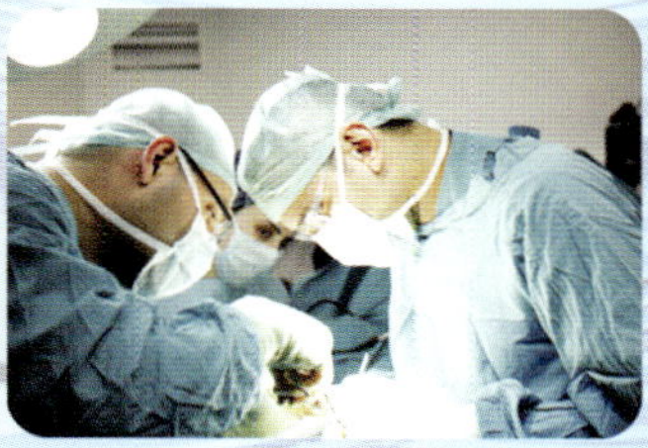

深圳市通产丽星股份有限公司

SHENZHENBEAUTY STAR CO.,LTD

深圳市通产丽星股份有限公司是国有控股的高档化妆品、食品塑料包装研发、生产、销售及化妆品OEM企业，是深圳市国家高新技术企业。公司成立于1995年，总部位于中国深圳，于2008年5月28日在深圳证券交易所上市，股票代码为002243，注册资本25806.8956万元。公司先后在深圳、上海、广州、苏州等地设立大型生产基地，全资或控股八家企业，逐步向我国包装行业中，集研发、生产、销售为一体的，具有高技术、高品位、高附加值和强大竞争力的企业集团发展。

公司致力于高新科技改造传统产业，在国内化妆品塑料包装行业位居行业前列，为化妆品塑料包装细分行业的龙头企业之一。已成为包括宝洁、联合利华、欧莱雅、玫琳凯、雅芳、雅诗兰黛、资生堂等在内的国际著名化妆品品牌的全球合作伙伴。据中国包装联合会出具的证明，公司2006－2008年复合软管包装产品产量、利润及市场占有率均位于全国同类产品生产企业前两名。据赛迪顾问的《中国化妆品塑料包装行业发展及市场竞争研究报告》公司在市场竞争力、技术竞争力、产品竞争力、服务竞争力、发展潜力等各方面，综合竞争力位居同行前列。

公司先后被国家或地方政府认（评）定为全国CAD应用工程示范企业、广东省制造业100强、广东省最具投资价值上市公司50强、广东省自主创新标杆企业、深圳市第一批自主创新行业龙头企业、广东省优秀自主品牌、深圳市第一批国家高新技术企业、福田区区长质量奖等。国务院发展研究中心认定，我公司为全国设备先进、产品质量好的五层塑料软管生产企业。

公司以成为国际著名品牌时尚化妆品包装解决方案行业的领导者为目标，以“美为本，美化人类生活”为公司宗旨，坚持技术研发为先导，以多层复合软管制品为主导产业，吹塑、注塑制品平衡发展，始终追求公司持续稳健运营和公司价值最大化；成为一家客户尊重、股东信任、员工满意的行业一流企业。

国际化

高级化

规模化

公司愿景

成为国际著名品牌时尚化妆品包装解决方案行业的领导者

公司宗旨

美为本，美化人类生活

公司使命

提供创新及可持续性发展的包装解决方案（Total solution）

为顾客提供体验式3A服务（ Any where, any time, any thing）

为客户提供深度及增值服务 (Value added)

为员工创造新的发展空间(Staff benefit)

为股东提供投资增值(Stockholder Value)

为社会尽职尽责，并推动产业升级进步(Social responsibility)

地址：深圳市布吉坂田五和南路49号 邮编：518112

电话：0755-28482022

传真：0755-28483900

Web: www.beautystar.cn

中粮 COFCO 吉林中粮生化包装有限公司

自然之源 重塑你我

吉林中粮生化包装有限公司成立于1995年末，是为中粮集团生化能源事业部玉米深加工产业生产配套包装物的企业。现有员工550人。公司厂址位于吉林省东丰县工业集中区。占地面积102000平方米，建筑面积25000平方米。资产总额12000万元。

公司拥有塑料编织袋生产线，纸袋生产线（无菌生产车间），还拥有吹塑机、注塑机、涂膜机、自动印刷机等大中型生产设备100多台套。公司主要产品有塑料编织袋(衬膜袋、衬纸袋、涂膜袋)、集装袋、阀口纸袋、吹塑桶、吹塑桶、内衬膜、可分离式挝口阀口衬膜纸袋（专利产品），年生产各类包装产品10000吨。

办公全部实现自动化管理。公司始终如一地坚持“以质量求生存，以品种求发展，以服务争优势，以管理争效益”的方针，公司荣获《出口商品包装容器质量许可证》，通过了ISO9001：2000质量管理体系认证和QS认证，产品达到了国家食品级包装生产标准。

电 话：0437--6222639
邮 编：136300
地 址：吉林省东丰县工业集中区吉林中粮生化包装有限公司

纸袋生产线一角 Playing drum production line

Container Yield 集装袋生产线

编织生产线 Circular woven production line

■注塑容器 kegs

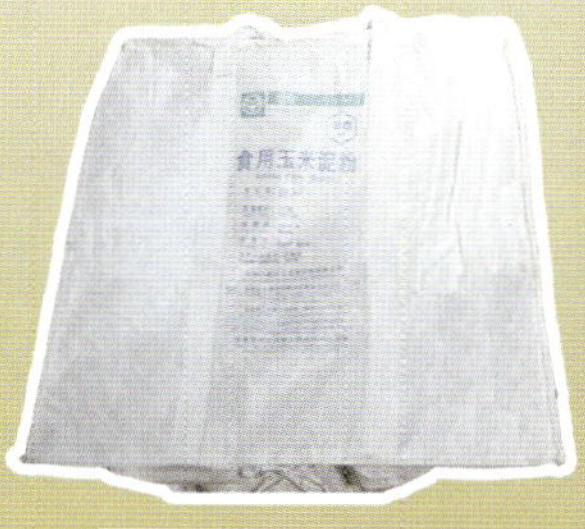

■集装袋

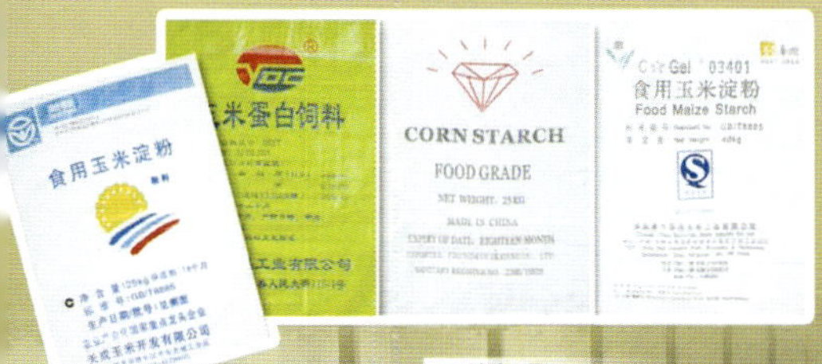

■编织袋

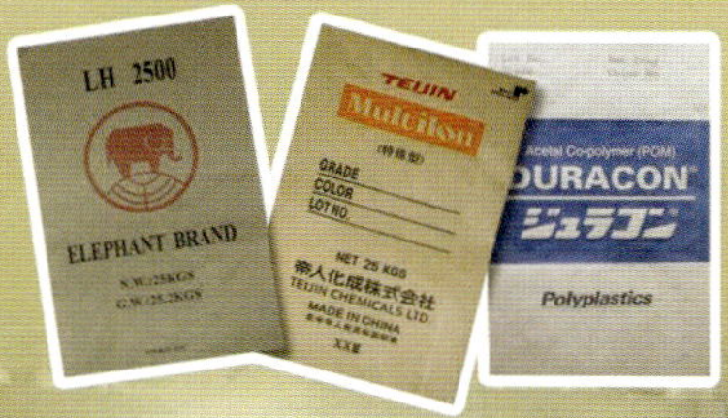

■三合一袋

■吹塑容器 kegs

走进三斯达，细品行业翘楚。

SANSD, The leader of EVA industry

SANSD (FUJIAN) PLASTIC CO., LTD.

三斯达（福建）塑胶有限公司系外商独资企业，坐落于有中国鞋都之称的福建著名侨乡晋江市，厂区面积近130亩，标准厂房近60000平方米，拥有18组先进发泡生产设备和专业的专家研发团队，经过十五年的不懈努力，公司已发展成为全国最具规模的橡塑发泡制造中心和EVA鞋材生产基地，产品畅销国内市场并远销欧美等地。

三斯达公司通过了ISO9001、14000质量认证体系，先后多次被评为“AAA级信用企业”、“甲类纳税企业”。2009年公司当选为中国塑料加工工业协会副会长单位，被协会授予“中国EVA循环再利用产业化研究基地”、获评“中国塑料行业企业信用评价AAA信用企业”，彰显公司在行业内的地位和影响力。

SANSD (Fujian) Plastic Co.,Ltd is a Wholly Foreign-Owned Enterprises, Located in the China's capital of shoes, Jinjiang, Fujian. Our company covers an area of 130 acres, about 60000 square meters of standard factory buildings, owns 18 advanced production lines and complete R&D equipments and professional R&D group. After 15 years of effors, now Sansd is the biggest manufacturing center of rubber&plastic foam and EVA shoes material, our products are popular in domestic and oversea market.

Our honour:

We are certified to ISO 9001, 14000

AAA credit grade enterprises

China Plastic Processing Industry Association Vice-Chariman unit.

China Plastic AAA Credit grade Enterprises

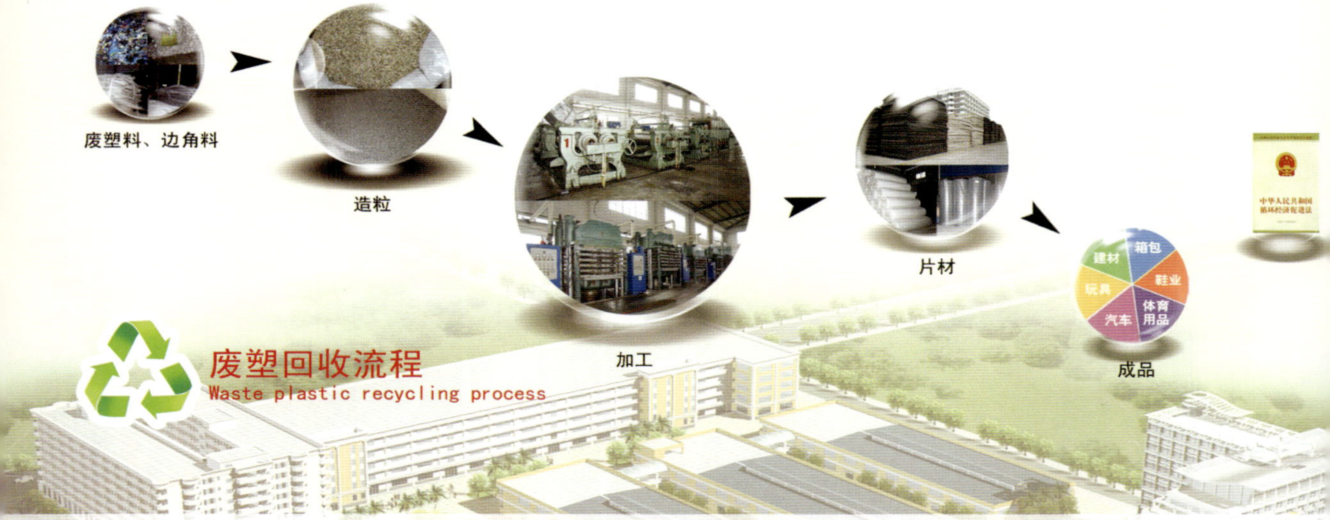

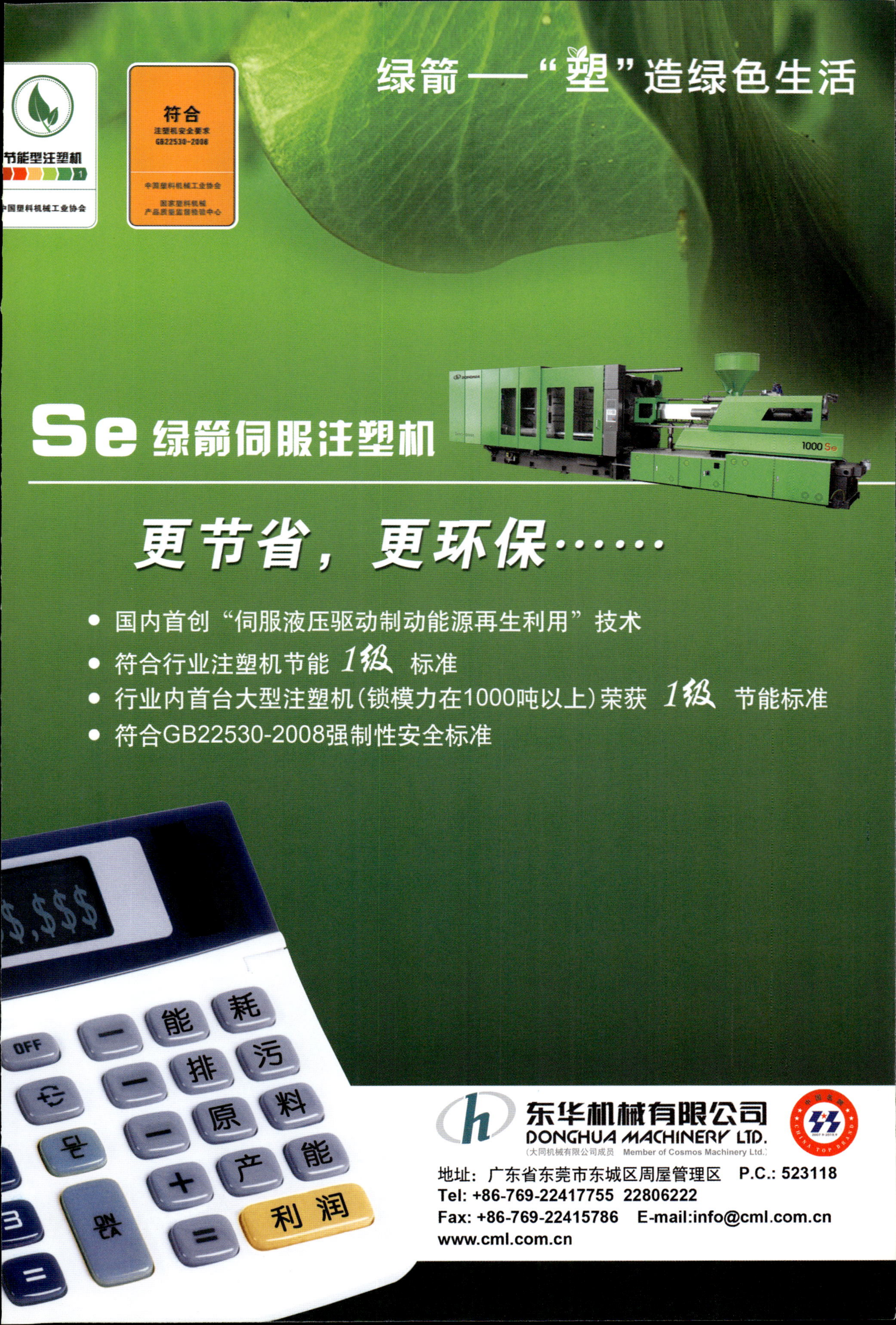

绿箭——"塑"造绿色生活
节能型注塑机
中国塑料机械工业协会
符合
注塑机安全要求
GB22530-2008
中国塑料机械工业协会
国家塑料机械产品质量监督检验中心
Se 绿箭伺服注塑机
1000 Se
更节省，更环保……
国内首创"伺服液压驱动制动能源再生利用"技术
符合行业注塑机节能 1级 标准
行业内首台大型注塑机(锁模力在1000吨以上)荣获 1级 节能标准
符合GB22530-2008强制性安全标准
能耗
排污
原料
产能
利润
东华机械有限公司
DONGHUA MACHINERY LTD.
(大同机械有限公司成员 Member of Cosmos Machinery Ltd.)
地址：广东省东莞市东城区周屋管理区 P.C.: 523118
Tel: +86-769-22417755 22806222
Fax: +86-769-22415786 E-mail:info@cml.com.cn
www.cml.com.cn

Since 1974
FCS
FIRST CHOICE SYSTEM
領航
LM SERIES
Two Platen Hydra-Mech Injection Molding Machine
LM-1800
FCS
二板複合直壓式精密射出成型機
LM二板複合直壓射出成型機是富強鑫公司針對市場需要所開發的新型機種，超大開模行程與容模量，適用於各種大型塑膠產品，特別是深桶型產品。其二板式結構對廠房空間的需求較少，可提升廠房利用率。非曲手結構無曲手壽命保養及磨耗問題，並可提供精確穩定的鎖模力及較佳的模具閉合度，環保、潔淨、節省潤滑成本，耐用易保養。若需進一步資訊，請上網查詢「富強鑫科技網」。
汽車儀表板支架、保險桿生產實況
In order to effectively meet customer needs, FCS has provided innovative solutions for automotive parts molding and large-scale plastic molding. LM series is the products of FCS with most competitive advantage. The machine needs smaller space due two platen design and the factory can be used more efficiently. Lesser mechanical parts in comparison with toggle machine, environmental friendly, lower maintenance cost. If you would like to know how to turn innovative ideas in to profitable products, call FCS or visit us on the internet.
富强鑫精密工業股份有限公司
FU CHUN SHIN MACHINERY MANUFACTURE CO., LTD.
台灣省台南縣718關廟鄉埤頭村埤頭121號
No.121 Bay Tow, Bay-Tow Village,
Kwang-Meow Hsiang,Tainan Ccunty, Taiwan.
TEL: +886-6-5950688 FAX: +886-6-5951120
E-mail: fcs@fcs.com.tw
東莞富強鑫塑膠機械製造有限公司
廣東省東莞市大朗鎮石廈管理區
TEL: +86-769-3313753
FAX: +86-769-3181903
E-mail: cdg@fcs.com.tw
富強鑫(寧波)機器製造有限公司
浙江省寧波市江北區海川路115號
TEL: +86-574-56138688
FAX: +86-574-56138699
E-mail: cnb@fcs.com.tw
FCS
www.fcs.com.tw

天津市天塑科技集团有限公司第二塑料制品厂

天津市天塑科技集团有限公司第二塑料制品厂是一家具有五十年塑料加工历史的国家轻工系统大型薄膜专业生产企业，主要生产经营“兰花牌”农用塑料薄膜，年塑料制品加工能力50kt。

厂长：耿葆刚

第二塑料制品厂是国家农用薄膜定点生产厂家，其产品制造工艺全部严于国家标准，具有一套严谨、完善、可操作性较强的质量保证体系，并依托较完备的质量检验检测仪器，确保了所生产的产品工艺可靠，质量稳定。同时企业拥有一支与生产规模和技术开发实力相适应的高素质专业营销队伍，以及一套完整的现代营销策略和市场服务体系，形成了遍布全国20多个省市自治区的营销服务网络。

得益于多年来质量不断追求更高目标的结果，第二塑料制品厂先后被国家机构及有关部门授予国家二级企业，争创中国名牌先进单位，天津市质量管理奖等荣誉。是中国塑料加工协会理事、农膜专委会副主任单位。并于2002年被国家五部委确定为少数民族产品定点生产企业，同年入选中国政府采购供应商行列。“兰花牌”农用薄膜产品先后荣获国家银质奖、亿万农村消费者信得过金奖，天津市优质产品奖、天津市著名商标、天津市名牌产品、中国名牌和国家免检等荣誉。

中国名牌

国家免检

作为国内较大的农用薄膜定点生产企业之一，第二塑料制品厂曾自行设计制造了折经3.5米宽幅农膜吹塑机组，填补了国内空白。近年来，企业依托自身技术优势，抓住我国农业种植技术和畜牧养殖业飞速发展的机遇，先后从美国、加拿大、韩国、日本等国引进一系列先进设备或技术，并与国内有关院校、科研机构以及国内外化工厂商建立起长期稳定的合作关系，研制开发出环保型农膜、多功能农膜、转光型农膜、抗农药型农膜等一系列产品，产品投放市场后，深受广大用户好评。

先进的制造设备

面对广阔的农用塑料薄膜应用市场和新世纪的发展机遇，天津塑料集团第二塑料制品厂战略设想是：通过规模经济战略的实施，做精做强农地膜产品，先期确立以环保和高技术含量产品为重点的农膜发展项目，进一步完善与之相适应的技术开发中心和质量检测中心等配套设施，并将继续秉承以优质产品不断满足市场需要的经营宗旨，为推动我国农业发展，切实维护消费者利益做出新的贡献。

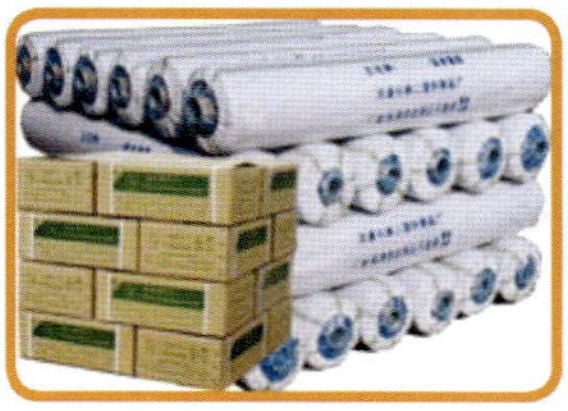

天津市天塑科技集团有限公司第二塑料制品厂

地址：天津市北辰区西堤头镇京榆公路北

电话：022-26689606　　传真：022-26689605

邮箱：sxq57@126.com　　邮编：300408

◎ 人造革 ◎ 合成革 ◎ PVC膜 ◎ 海绵
青细造就完美
SO9001:2000
ISO14001
CASJ
www.cn-casj.com
中国塑协副会长单位
河北省著名商标单位
河北省重点建设单位
长安
塑胶

长虹塑料有限公司

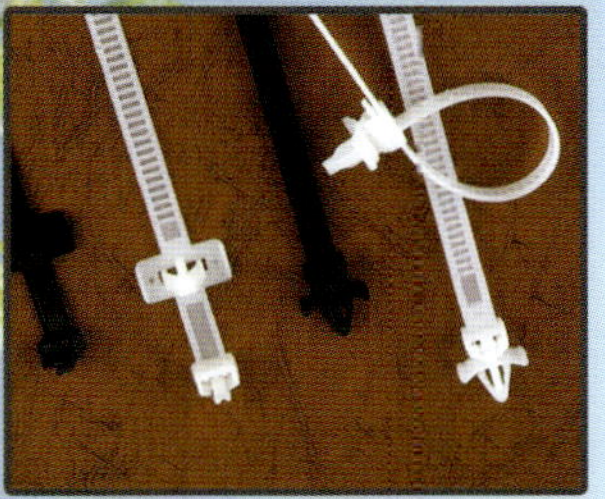

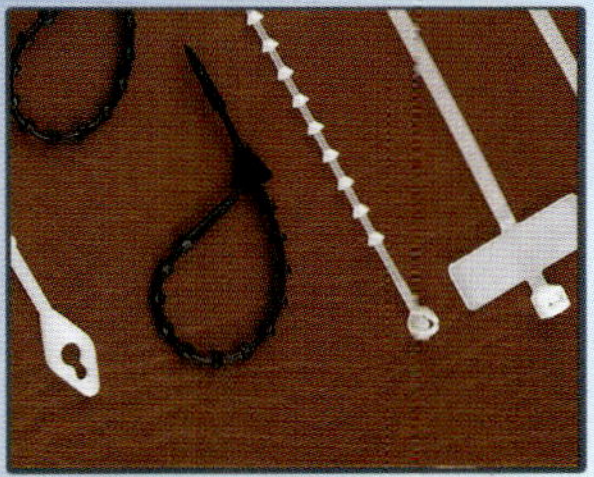

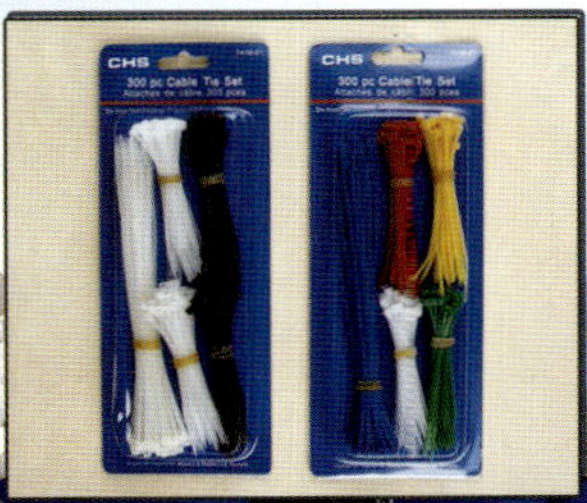

长虹塑料有限公司创办于 80 年代末，厂址座落于乐清柳市新光工业园区，近临 104 国道、甬台温高速公路；南靠七里港和温州机场，北依著名风景区雁荡山麓。水陆空交通十分便利。公司产值 2009 年 近3亿元。属全国无区域企业；公司为中国塑料加工工业协会副会长单位；中国塑料加工工业协会配线器材专业委员会会长单位；温州塑料协会副会长单位。

公司占地面积 21800 ㎡、建筑面积 32000 ㎡，是专业生产“ 尼龙捆扎带、钢钉线卡、定位片、压线帽、接线端子、号码管、缠绕管、冷压端头、电表箱 ”等“CHS”牌塑料制品的名牌企业。公司现有大型注塑机 80 多台，并拥有国内外著名企业生产的先进设备；如大型激光线切割机、数控磨床、高低温试验箱等一系列生产设备和工艺装备。先进的设备，从根本上改变了公司的生产手段和生产方式，为制造高品质的产品提供了硬件保证。

公司拥有一支高水平的专家队伍和高素质的员工队伍，公司现有员工 500 多人，高中以上学历的占 60%，专业技术人员 125 人，其中高级工程师 8 人，助理工程师 7 人，管理人员 38 人。

公司推行质量“ 零缺陷 ”理念，倡导“ 第一次就把事情做对 ”在企业内部实行标准化、定量化、制度化、规范化管理，质量体系覆盖企业生产管理全过程。企业连续三年被市技术监督局评为“ 质量管理二十强和“ 质量连续稳定生产企业 ”；公司主要商标“CHS”被认定为中国驰名商标；主要产品尼龙扎带被浙江省认定为“ 名牌产品 ”。在国内同行业中率先通过了 ISO9001 国际质量体系认证、ISO14000 环境管理体系认证、“AAA”标准化良好行为、二级计量检测体系、国家二级安全标准化、美国 UL 认证、挪威船级室 DNV 认证、欧共体 CE 认证等方面的产品认证。公司所有产品都通过了 ROSH 及卤素环保测试。

公司始终坚持以“ 用户为中心 ”的思想来对待客户，把“ 保证客户的成功 ”作为营销工作的第一要务。向客户提供准确、完整的技术商务支持，全程的售中项目服务，及时、快速的产品物流和质量保证等售后服务，凭藉强大的网络和优质服务，赢得了国内外广泛客户的厚爱。产品已销往：欧洲、北美州、南美州、大洋州、非州、亚州等 27 个国家和地区，外贸出口额 2009 年达 1500 多万美元，位居乐清市前 20 名。2009 年产值、销售额位居柳市前 10 名，本公司始终坚持“ 以质量求生存、信誉求发展 ”的宗旨，不断开拓进取，不断改革、完善企业的经营和管理理念，使企业得到了迅猛的发展。

我们衷心希望以“CHS”牌产品为纽带，广交天下友。

地　　址：中国浙江省乐清市柳市新光工业区

邮政编码：325604

公司邮箱：infi@chs.com.cn　　chs@chs.com.cn

总　　机：0577-62799888

传　　真：0577-62793006

网　　址：http://www.chs.com.cn

地址：江苏省昆山市玉山镇大虞河路 188 号

电话：0512-57509010　57509000

传真：0512-57509066

ADD：188 Dayuhe Rd., Yushan Kunshan Jiangsu China

Tel：0512-57509010　57509000

Fax：0512-57509066

中国塑料工业年鉴

CHINA PLASTICS INDUSTRY YEARBOOK

2010

中国塑料加工工业协会主办

中国石化出版社

内 容 提 要

《中国塑料工业年鉴》(2010)客观全面地记录了上年度中国塑料工业站在新起点、抓住新机遇、展现新精神、谋求新发展的重大事件和中国塑料工业在战胜国际金融危机取得的辉煌成绩。

《中国塑料工业年鉴》(2010)为《中国塑料工业年鉴》第9卷,与前8卷在时间和内容上保持连续性。设有综述、专论、大事记、各地区塑料工业、主要制品行业情况、政策法规、专利技术、重点企业、人物风采等栏目,集手册、年表、图录、书目、索引、文摘、表谱、统计资料、指南于一身,具有资料权威、反应及时、连续出版、功能齐全等特点,同时又肩负着"资政"、"存史"和"宣传推广"的社会责任。

图书在版编目(CIP)数据

中国塑料工业年鉴. 2010 / 中国塑料加工工业协会主办. —北京:中国石化出版社,2010.7
ISBN 978-7-5114-0453-4

Ⅰ. ①中… Ⅱ. ①中… Ⅲ. ①塑料工业-中国-2010-年鉴 Ⅳ. ①F426.7-54

中国版本图书馆CIP数据核字(2010)第118872号

中国石化出版社出版发行

地址:北京市东城区安定门外大街58号
邮编:100011　电话:(010)84271850
读者服务部电话:(010)84289974
http://www.sinopec-press.com
E-mail:press@sinopec.com.cn
北京科信印刷厂印刷
全国各地新华书店经销

*

787×1092毫米16开本62.25印张114彩插1979千字
2010年7月第1版　2010年7月第1次印刷
定价:360.00元

《中国塑料工业年鉴》(2010)编委会名单

陈庆敏　山东华冠股份有限公司　董事长
房　琳　中国石油化工股份有限公司化工销售分公司树脂橡胶处　处长
林荣东　泉州三盛橡塑发泡鞋材有限公司　董事长
金玉媛　江苏申龙高科技集团股份有限公司　总裁
俞龙瑞　福建缔邦集团有限公司　董事长
俞金英　昆山协孚人造皮有限公司　总经理
胡渝良　上海塑料制品公司　总经理
茹伯兴　百兴集团有限公司　董事长
钱　俊　安徽国通高新管业股份有限公司　董事长
符　岸　广东省塑料工业协会　理事长
黄水寿　浙江大东南塑胶集团　董事长
黄步明　广东泓利机器有限公司　总经理
傅志权　浙江中元枫叶管业有限公司　董事长
蒋志坚　震德塑料机械有限公司　总经理

委　　员　（以姓氏笔画为序，主任、副主任不再重排）

于　健　清华大学高分子研究所　所长
马　君　秦皇岛宏岳塑胶有限公司　总经理
马之清　山东清源集团有限公司　董事长
马厚清　四川长虹模塑科技有限公司　副总经理
马镇鑫　广东金明塑胶设备有限公司　总经理
孔德海　新疆维吾尔自治区塑料加工工业协会　秘书长
尤作虎　浙江华泰塑胶股份有限公司　董事长
尹　芃　中国塑料加工工业协会　会展部副主任
王士良　金德管业集团有限公司　副总裁
王乐智　山东同大海岛新材料有限公司　总经理
王占杰　中国塑料加工工业协会　副秘书长
王吉生　河北长安塑胶有限公司　总经理
王存吉　中国塑料加工工业协会　副秘书长
王剑辉　泉州市三源塑胶轻工有限公司　董事长
王海生　中国塑协滚塑专委会　秘书长
王梓刚　上海心尔新材料科技股份有限公司　董事长
王焕玉　淄博中南塑胶有限公司　董事长
王德禧　中国塑料加工工业协会专家委员会　常务副主任
邓　平　佛山市顺德区乐从塑料协会　会长
邓志平　佛山市顺德区亿信进出口贸易有限公司　总经理
韦　华　江苏省塑料加工工业协会　秘书长

冯骁佛　山巴顿菲尔辛辛那提塑料设备有限公司　销售总监
冯庶君　中国塑料加工工业协会　副秘书长
包建成　苏州工业园区富事达塑业有限责任公司　董事长
叶芬弟　上海华峰超纤材料股份有限公司　总经理
左满伦　广东联塑科技实业有限公司　总裁
田　岩　中国塑料加工工业协会　质量标准部主任
龙云正　南京橡塑机械厂有限公司　董事长
刘　杰　北京天罡助剂有限责任公司　董事长
刘　姝　中国塑料加工工业协会　会员部主任
刘丰田　山东省塑料协会　会长
刘绍然　深圳市塑胶行业协会　会长
刘英俊　中国塑协改性塑料专业委员会　秘书长
华若中　无锡兴达泡塑新材料有限公司　董事长
吕宗尹　中国塑料加工工业协会　国外塑料期刊部副主任
孙　展　雅保化工(上海)有限公司　总经理
孙天智　山东天鹤塑胶股份有限公司　董事长
孙冬泉　中国塑料加工工业协会　副秘书长
孙叶智　南京创博机械设备有限公司　董事长
庄　甦　中国塑协氟塑料加工专业委员会　理事长
许　琳　中国塑料加工工业协会　信息部主任
严　庆　中国塑协工程塑料专业委员会　理事长
何　敏　常州市永明机械制造有限公司　总经理
何顺伦　合肥圆融新材料有限公司　总经理
吴方群　中国塑料加工工业协会　通讯期刊部主任
张明治　上海三维塑料制品有限公司　总经理
张保发　河北精信化工集团有限公司　董事长
张春华　南通华盛塑料制品有限公司　董事长
张瑞霖　中国塑协复合薄膜制品专业委员会　理事长
李　辉　江苏华东国际塑化城有限公司　总经理
李　群　海城市金昌科技开发有限公司　总经理
李文恒　山东金锋人造皮革有限公司　董事长
李汉鹏　中国塑料加工工业协会　国外塑料期刊部主任
李建军　中国塑协多功能母料专业委员会　理事长
李建国　山西晋特塑料制品有限公司　董事长
李忠烈　四川省犍为罗城忠烈塑料有限责任公司　董事长
李振平　山东蓝帆塑胶股份有限公司　董事长

李海滨　江西广源化工有限责任公司　董事长
李锡红　广东永金兴集团有限公司　董事长
杨　昇　佛山市高明亿龙塑胶工业有限公司　董事长
杨东武　青岛宏信塑胶(造粒)有限公司　总经理
汪纯球　安徽华驰塑业有限公司　总经理
汪振球　南雄市金叶包装材料有限公司　总经理
汪路平　浙江明日控股集团股份有限公司　董事长
沈　君　科倍隆(南京)机械有限公司　销售总监
沈锡强　江苏雅克科技股份有限公司　副董事长
芮品钢　江苏常编集成科技有限公司　董事长
邱中衡　常州市恒力机械有限公司　总经理
邵泰清　煌盛集团有限公司　董事长
邵康崇　丽水市美特康革业有限公司　董事长
陆惠琴　中国塑协注塑制品专业委员会　理事长
陈　宇　北京市化学工业研究院　副院长
陈力辉　中国塑协塑料管道专业委员会　理事长
陈高翔　湖北钟格塑料管有限公司　总经理
周永泰　中国模具工业协会　副秘书长
周延龄　中国塑料加工工业协会　通讯期刊部审校
周理水　浙江省塑料行业协会　秘书长
孟庆军　中国塑料加工工业协会　副秘书长
易佩瑾　中国塑料加工工业协会　财务部主任
林云青　康乐集团四川康乐塑胶制品有限公司　总经理
林东亮　中国塑协塑料再生利用专业委员会　理事长
林永飞　江苏绿源新材料有限公司　董事长
林漳鸿　漳州市龙海集友塑料有限公司　总经理
罗意自　佛山市南海东兴塑料制罐有限公司　董事长
郑　德　广东炜林纳功能材料有限公司　总经理
郑元和　长虹塑料有限公司　董事长兼总经理
郑松兴　华南国际工业原料城(深圳)有限公司　董事长
郑笃全　温州合成革商会　秘书长
郑钟南　汕头市塑胶商会　会长
金红阳　浙江伟星新型建材股份有限公司　总经理
侯树亭　江阴清华泡塑机械有限公司　董事长
侯树亭　中国塑协泡沫塑料 EPS 专业委员会　理事长
姚和平　安徽安利合成革股份有限公司　总经理

姜集康　浙江华庆集团有限公司　董事长
秋国良　浙江无名皮塑集团有限责任公司　董事长
赵东日　山东日科化学有限公司　董事长
赵安赤　中国塑协改性塑料专业委员会　理事长
赵兼国　山东得亚利高分子有限公司　董事长
倪众勤　北京华盾雪花塑料集团有限责任公司　总经理
倪福全　上海华伟塑胶有限公司　总裁
唐炳泉　无锡双象超纤材料股份有限公司　董事长
夏成文　天津市军星管业集团有限公司　董事长
徐　斌　大连实德集团　董事长
徐志强　上海紫东薄膜材料股份有限公司　总经理
翁声锦　福建时代包装材料有限公司　总裁
聂辽舟　抚顺高新技术产业开发区管委会　副主任
贾润礼　中北大学塑料研究所　所长
郭庆人　中国塑协塑料节水器材专业委员会　理事长
郭有标　顺德乐从德富塑料城　董事长
曹　阳　力劲集团．深圳领威科技有限公司　集团行政总裁
曹　俭　中轻投资有限公司　副总经理
曹剑奇　中国塑料加工工业协会　副秘书长兼国际合作部主任
曹常在　中国塑协医用塑料专业委员会　理事长
梁　斌　浙江精诚模具机械有限公司　董事长
符　岸　中国塑料加工工业协会　华南办事处主任
黄　锐　四川大学高分子材料系　教授
黄云华　四川石棉巨丰粉体有限公司　总经理
黄壮勉　东莞市飞马华南塑胶城投资有限公司　董事长
黄志生　广东省皮具行业协会　会长
黄学祥　江苏联冠科技发展有限公司　董事长
黄险波　中国塑协多功能母料专业委员会　秘书长
黄朝晖　珠海中富实业股份有限公司　副总经理
曾家华　中国塑料加工工业协会　通讯期刊部副主任
程田青　山西中德塑钢型材有限公司　董事长
韩　阳　天津市天塑科技集团有限公司　总经理
韩连贵　中国塑协农用薄膜专业委员会　理事长
韩国林　扬州市酒店日用品协会　会长
鲍新才　宁波市塑料行业协会　会长
廖振铎　江阴新和桥化工有限公司　总经理

蔡天守　晋江市天守企业机构　总裁
谭培均　广州市振兴实业有限公司　董事长
潘成才　黑龙江成才管业集团股份有限公司　董事长
翦建政　湖南省塑料行业协会　理事长
戴伟忠　浙江中塑在线有限公司　总裁

主　　编　廖正品

副 主 编　许　琳　史立科

作　　者　(以姓氏笔画为序)

丁常楷	孔德海	文秀松	方省众
王占杰	王永仁	王存吉	王　岩
王　珏	王朝晖	王德钧	王德禧
韦　华	冯庶君	包建成	包燕敏
卢灿辉	史立科	叶升平	叶南飚
任　杰	刘丰田	刘玉英	刘均科
刘奇祥	刘英俊	刘　济	刘　敏
刘　姝	刘景芬	孙卫东	孙冬泉
孙　晨	许剑峰	许　琳	许　榕
严　庆	何　阳	吴大鸣	宋云鹤
张文雷	张玉英	张　伟	张涌涛
张新星	李秀贤	李　娟	李　静
杨　杰	杨松伟	杨惠娣	汪　海
肖荔人	邱威扬	邹　奇	陆惠琴
陈　生	陈　宇	陈庆华	陈福广
周永泰	周理水	周鸿勋	孟庆君
季建仁	易　娜	林　云	林少全
林东亮	林泽平	罗崇远	郑天禄
郑笪权	郑　德	侯树亭	段庆生
洪之全	洪晓冬	贺闻豪	唐赛珍
徐昌煜	柴国樑	涂红梅	秦惠民
翁云萱	袁绍彦	钱玉英	顾大权
高春雨	崔　正	曹常在	梁　梅
符　岸	黄　勇	黄　锐	曾家华
韩简吉	廖正品	翟光景	戴　炼
魏燦文			

出版说明

过去的一年，是极不平凡的一年。在国务院国有资产监督管理委员会和中国轻工业联合会的直接领导下，以塑料加工与应用为核心的包括塑料树脂及助剂、塑料机械及模具三大支柱行业构成的中国塑料工业，作为国民经济的支柱产业之一，备受党和国家的高度重视，在面对国际金融危机，坚定信心，共克时艰，坚持把保持经济平稳较快发展作为塑料工业的首要任务，推动塑料行业又好又快地发展，仅其塑料制品业工业总产值已突破1万亿元，取得了令人瞩目的成就。国务院办公厅发布的《轻工业调整和振兴规划》、《石化产业调整和振兴规划》和《装备制造业调整和振兴规划》，为全国塑料工业的振兴带来了难得的历史性发展机遇。《中国塑料工业年鉴》(2010)客观全面地记录了上年度中国塑料工业站在新起点、抓住新机遇，展现新精神、谋求新发展的重大事件和中国塑料工业在战胜国际金融危机取得的辉煌成绩。

《中国塑料工业年鉴》自2001年创刊至今，已出版了8卷。《中国塑料工业年鉴》(2010)为《中国塑料工业年鉴》第9卷，与前8卷在时间和内容上保持连续性。设有“综述”、“专论”、“大事记”、“各地区塑料工业”、“主要制品行业情况”、“政策法规”、“专利技术”、“重点企业”、“人物风采”等栏目；集手册、年表、图录、书目、索引、文摘、表谱、统计资料、指南于一身；具有资料权威、反应及时、连续出版、功能齐全等特点，同时又肩负着“资政”、“存史”和“宣传推广”的社会责任。

《中国塑料工业年鉴》由中国塑料加工工业协会主办、廖正品会长任主任的编辑委员会负责组稿、编辑，中国石化出版社负责出版发行。在组稿、编辑、出版过程中，得到了中国塑料机械工业协会、中国模具协会、中国建材协会、中国氯碱协会、各省、市、自治区塑料行业协会(商会)、中国塑料加工工业协会各专业委员会、轻工业塑料加工应用研究所和中国石化出版社等单位领导、专家给予的大力支持和帮助。《中国塑料工业年鉴》编委会向所有关心、支持和参与撰稿、组织、筹划及宣传工作的领导、专家和朋友们表示衷心的感谢。诚请广大读者对《中国塑料工业年鉴》(2010)编写、出版中存在的不足之处给予批评、指正。

《中国塑料工业年鉴》编辑委员会

2010年6月8日

目　　录

人物风采（以姓氏笔画为序）

曹　镛
段　雪
丁金造
王玉忠
王　伟
卢子标
刘方毅
许国志
张建均
李白千
李锡洪
林云青
林东亮
荀英群
郑元和
徐志强
徐　斌
郭福一
廖有章
蔡彤旻

专　　论

中国塑料工业 2009 …………………………（3）
China Plastics Industry 2009 ………………（22）
2009 年中国塑料机械行业经济指标运行及进出口情况分析 ……………………………（31）
2009 年中国氯碱行业经济运行分析 ………（38）
积极发展适应节能建筑要求的优质绝热材料 ……………………………………（45）
中国台湾模具发展现况和展望 ……………（49）
中国台湾塑料机械现状和发展概况 ………（52）
中国塑料行业绿色低碳技术全面发展 ……（55）
低碳经济与生物质材料 ……………………（63）
降解塑料在减轻资源、环境压力及实施可持续发展中的作用 ……………………（72）
塑料在太阳能光伏产业中的应用 …………（80）
以先进制造技术带动塑料产业的发展 ……（86）
中国塑料管道行业现状及发展建议 ………（100）
中国塑编产业春暖花开
中国塑编行业 2009 年度报告………………（104）
粉体材料在塑料中应用进展及要求 ………（111）
塑料工业节约资源与环境保护分析 ………（117）

大　事　记

2009 年塑料行业大事记 ……………………（129）
2009 年塑料化工行业反倾销大事记 ………（157）

政策法规

2009 年国家与塑料行业相关的政策法规 ……（279）
2009 年合成树脂及制品海关关税、税则税率 …………………………………（346）

全国塑料工业生产、经营情况统计

2009 年度塑料制品行业经济运行分析报告 ……………………………………（355）
塑料制品进出口均价差距大 ………………（371）
2009 年BOPA 行业企业经济指标数据公布与行业发展简述 …………………………（381）
2009 年BOPET 企业经济指标数据公布和行业发展简述 ………………………………（381）
2009 年废塑料量升价降 ……………………（383）

综　　述

合成树脂 ……………………………………（397）
五大合成树脂 ………………………………（467）
工程塑料 ……………………………………（474）

法规环境下塑料助剂的应对和开发进展 …… (506)
塑料助剂的分类与功能塑料的环境友好化 …… (512)
我国塑料机械工业发展状况与趋势 …… (520)
中国塑料机械产业现状与发展建议 …… (523)
2009 年中国模具制造行业发展与改革报告 …… (527)
科技进步 …… (536)
塑木复合材料发展历史和现状 …… (536)
高性能高分子材料——聚苯硫醚产业化状况与发展方向 …… (543)
炭黑填充抗静电聚丙烯的研究进展 …… (548)
超细粉体技术在高分子材料制备和回收利用中的应用研究进展 …… (552)
新型热塑性聚酰亚胺特种工程塑料的开发 … (557)
塑料异型材用仿金属天然质感多功能母料 … (559)
2009 年降解塑料综述 …… (563)
发展循环经济，推动 BOPS 环保材料的产业化 …… (566)
消失模铸造用泡沫原料及泡沫模样的品质研究 …… (571)
电磁加热在塑料加工中环保减排、节能高效的可行性研究 …… (576)
中国塑料管道的新产品、新工艺与建筑应用科技 …… (578)

各地区塑料工业

北京市 …… (585)
大事记 …… (585)
基本情况 …… (586)
重点企业 …… (586)
发展趋势 …… (588)
天津市 …… (589)
大事记 …… (589)
基本情况 …… (590)
重点企业 …… (590)
企业经营 …… (591)
存在问题 …… (591)
发展趋势 …… (591)
山西省 …… (592)
大事记 …… (592)
基本情况 …… (595)
企业经营 …… (595)
重点企业 …… (595)
设备技术引进 …… (596)
塑料制品进出口 …… (596)
新产品开发 …… (596)
市场需求 …… (597)
存在问题 …… (597)
发展趋势 …… (598)
黑龙江省 …… (598)
基本情况 …… (598)
主要产品及重点企业 …… (599)
存在问题 …… (600)
发展趋势 …… (600)
上海市 …… (600)
大事记 …… (600)
基本情况 …… (603)
重点企业 …… (604)
新产品开发 …… (607)
发展方向 …… (608)
存在问题 …… (609)
浙江省 …… (609)
基本情况 …… (609)
存在问题 …… (615)
发展趋势 …… (615)
“十二五”期间发展重点和目标 …… (615)
温州市 …… (615)
基本情况 …… (615)
大事记 …… (616)
技术改造及设备引进 …… (617)
协会活动 …… (617)
重点企业 …… (619)
温州合成革行业 …… (620)
概况 …… (620)
出口贸易工作 …… (620)
开拓市场 …… (620)
品牌建设 …… (620)
培训工作 …… (620)
清洁生产审核 …… (620)
承接政府委托工作 …… (620)
商会换届选举工作 …… (620)
江苏省 …… (621)
山东省 …… (625)
经济总量 …… (625)
产业结构 …… (625)
产品结构 …… (626)

企业结构 …………………………………… (626)
技术进步 …………………………………… (627)
湖南省 …………………………………… (630)
大事记 …………………………………… (630)
基本情况 …………………………………… (630)
重点企业 …………………………………… (630)
存在问题 …………………………………… (631)
发展趋势 …………………………………… (631)
广东省 …………………………………… (632)
基本情况 …………………………………… (632)
大事记 …………………………………… (633)
存在问题 …………………………………… (635)
主要对策 …………………………………… (635)
福建省 …………………………………… (637)
云南省 …………………………………… (638)
基本情况 …………………………………… (638)
大事记 …………………………………… (639)
企业经营 …………………………………… (642)
重点企业 …………………………………… (642)
安徽省 …………………………………… (643)
大事记 …………………………………… (643)
基本情况 …………………………………… (646)
企业经营 …………………………………… (646)
重点企业 …………………………………… (646)
新产品开发 …………………………………… (650)
存在问题 …………………………………… (650)
发展趋势 …………………………………… (650)
协会工作 …………………………………… (651)
海南省 …………………………………… (651)
新疆维吾尔自治区 …………………………………… (653)
大事记 …………………………………… (653)
基本情况 …………………………………… (654)
塑料制品进出口 …………………………………… (654)
科技开发 …………………………………… (655)
市场需求 …………………………………… (655)
存在问题 …………………………………… (656)
发展趋势 …………………………………… (656)

主要制品行业情况

专家委员会 …………………………………… (659)
塑料技术委员会 …………………………………… (669)
行业活动 …………………………………… (669)
新会员介绍 …………………………………… (674)
存在问题 …………………………………… (674)
塑料管道 …………………………………… (674)
行业现状 …………………………………… (674)
重点企业 …………………………………… (674)
专委会活动 …………………………………… (675)
存在问题 …………………………………… (677)
塑料异型材及门窗制品 …………………………………… (677)
行业现状 …………………………………… (677)
存在问题 …………………………………… (679)
专委会活动 …………………………………… (680)
人物风采 …………………………………… (681)
注塑制品 …………………………………… (684)
行业现状 …………………………………… (684)
重点企业产能 …………………………………… (684)
专委会活动 …………………………………… (685)
重点企业 …………………………………… (687)
新产品开发 …………………………………… (692)
存在问题 …………………………………… (693)
发展趋势 …………………………………… (694)
改性塑料 …………………………………… (694)
行业现状 …………………………………… (694)
专委会活动 …………………………………… (695)
发展趋势 …………………………………… (697)
农用薄膜 …………………………………… (698)
行业现状 …………………………………… (698)
存在问题 …………………………………… (698)
专委会活动 …………………………………… (699)
发展趋势 …………………………………… (701)
重点企业 …………………………………… (703)
多功能母料 …………………………………… (706)
行业现状 …………………………………… (706)
专委会活动 …………………………………… (709)
聚氨酯 …………………………………… (709)
氟塑料 …………………………………… (711)
行业现状 …………………………………… (711)
存在问题 …………………………………… (711)
发展建议 …………………………………… (711)
专委会活动 …………………………………… (712)
塑料包装 …………………………………… (713)
双向拉伸聚丙烯薄膜(BOPP) …………………………………… (716)
行业现状 …………………………………… (716)
发展趋势 …………………………………… (719)
专委会活动 …………………………………… (719)
镀铝膜行业 …………………………………… (721)

行业现状 …… (721)
发展趋势 …… (721)
专委会活动 …… (722)
应对全球金融与经济危机研讨会镀铝薄膜专委会成立大会 …… (722)
浅谈中国镀膜行业的发展趋势及展望 …… (723)
流延薄膜 …… (723)
行业现状 …… (723)
发展趋势 …… (727)
专委会活动 …… (727)
中国塑料加工工业协会流延薄膜专委会2009年年会 …… (727)
中空制品 …… (729)
行业现状 …… (729)
"十二"五发展目标 …… (730)
专委会活动 …… (730)
流延聚丙烯 CPP 薄膜 …… (730)
医用塑料 …… (732)
聚酯薄膜(BOPET) …… (733)
行业现状 …… (733)
专委会活动 …… (733)
主要成员单位 …… (733)
存在问题 …… (734)
高端产品 …… (734)
发展趋势 …… (735)
编织制品 …… (735)
行业现状 …… (735)
大事记 …… (737)
降解塑料 …… (740)
塑木制品 …… (747)
硬质 PVC 发泡制品 …… (750)
行业现状 …… (750)
专委会活动 …… (751)
发展趋势 …… (752)
复合膜 …… (752)
行业现状 …… (752)
存在问题 …… (754)
发展方向 …… (754)
专委会活动 …… (754)
重点企业 …… (755)
人造革合成革 …… (757)
挤出聚苯乙烯泡沫板材(XPS) …… (759)
工程塑料 …… (760)
行业现状 …… (760)
专委会活动 …… (762)
重点企业 …… (762)
新产品开发 …… (763)
存在问题 …… (764)
发展趋势 …… (764)
滚塑 …… (765)
泡沫塑料 EPS …… (766)
行业现状 …… (766)
专委会活动 …… (767)
重点企业 …… (768)
存在问题 …… (768)
发展趋势 …… (769)

专利技术

2009 年专利 …… (773)

塑料标准化

关注世界标准日　重视标准化工作——为人类社会走向更美好 …… (919)

重点企业介绍

英科国际控股有限公司 …… (937)
公元集团永高股份有限公司、上海公元建材发展有限公司 …… (937)
浙江申达机器制造股份有限公司 …… (938)
康泰塑胶科技集团有限公司 …… (939)
金发科技股份有限公司 …… (939)
广东永金兴集团有限公司 …… (940)
惠东美新塑木型材制品有限公司 …… (940)
浙江省皮革塑料有限公司 …… (941)
上海华伟塑胶有限公司 …… (942)
山东企鹅集团 …… (942)
宝硕管业 …… (943)
佛山杜邦鸿基薄膜有限公司 …… (943)
福建奥峰科技有限公司 …… (944)
福建缔邦集团 …… (945)
甘肃大禹节水股份有限公司 …… (945)
广东华业包装材料有限公司 …… (946)
杭州宏升塑胶有限公司 …… (946)
湖南航天康达塑胶有限公司 …… (946)
常州嘉仁禾化学有限公司 …… (947)

江苏宝泽公司 …………………………………… (947)
云南金恒实业有限公司 ……………………………… (948)
中国精诚时代集团 ………………………………… (948)
浙江科诚达塑业有限公司 …………………………… (948)
江苏昆山协孚人革制品集团有限公司 ……………… (949)
福邦德公司 ……………………………………… (949)
宁波方力集团有限公司 ……………………………… (950)
宁波利时塑胶有限公司 ……………………………… (950)
贵州森瑞管业有限公司 ……………………………… (950)
上海白蝶管业科技股份有限公司 …………………… (951)
深圳市通产丽星股份有限公司 ……………………… (951)
天塑科技集团第二塑料制品厂 ……………………… (952)
山东同大海岛新材料有限公司 ……………………… (953)
烟台万华超纤股份有限公司 ………………………… (953)
温州奥昌合成革有限公司 …………………………… (953)
新乡三合化工有限公司 ……………………………… (954)
亚大集团 ………………………………………… (954)
重庆市一龙管道有限公司 …………………………… (955)
浙江大东南集团 …………………………………… (955)
佑利控股集团 ……………………………………… (956)
中山环宇实业有限公司 ……………………………… (956)
台州东海塑料品制造有限公司 ……………………… (957)
长虹塑料有限公司 ………………………………… (957)
川路塑胶集团 ……………………………………… (958)
成都岷江水厂 ……………………………………… (958)
大连北方橡塑机有限公司 …………………………… (959)
福建纳川管材科技股份有限公司 …………………… (959)
富强鑫集团 ………………………………………… (959)
联塑集团公司 ……………………………………… (960)
杭州双林机械有限公司 ……………………………… (961)
昊华西南化工有限责任公司 ………………………… (961)
晨鹤特种工种塑料分公司 …………………………… (961)
河北长安塑胶有限公司 ……………………………… (962)
鹤山市美耐德科技有限公司 ………………………… (962)
湖北凯乐科技股份有限公司 ………………………… (962)
煌盛集团公司 ……………………………………… (963)
惠东美化塑胶实业有限公司 ………………………… (963)
吉林中粮生化包装有限公司 ………………………… (964)
江西岳峰高分子材料有限公司 ……………………… (964)
台湾联塑机器股份有限公司 ………………………… (964)
浙江明日控股集团股份有限公司 …………………… (964)
内蒙古皓海化工有限责任公司 ……………………… (965)
南京诚科机械有限公司 ……………………………… (965)
南通三信塑胶装备科技有限公司 …………………… (965)
南雄市金叶包装材料有限公司 ……………………… (966)
山东蓝帆塑胶股份有限公司 ………………………… (966)
山东瑞丰高分子材料股份有限公司 ………………… (966)
上海华峰超纤材料股份有限公司 …………………… (967)
上海人民塑料印刷厂 ………………………………… (967)
神塑科技有限公司 ………………………………… (968)
四川金石东方新材料设备有限公司 ………………… (968)
四川森普管材股份有限公司 ………………………… (969)
台州国际塑料城 …………………………………… (969)
温州市华康合成革有限公司 ………………………… (970)
无锡双象超纤材料股份有限公司简介 ……………… (970)
新疆方兴塑化有限责任公司 ………………………… (971)
漳州市龙海集友塑料有限公司 ……………………… (971)
中国软包装集团 …………………………………… (972)
颐通集团 ………………………………………… (972)
中外合资江苏常州晶雪冷冻设备有限公司 ………… (972)
珠海市远康企业有限公司 …………………………… (973)
台州东海塑料品制造有限公司 ……………………… (973)
中国塑料行业（首批）企业信用等级
评价 AAA 级企业名单 ………………………… (975)

CONTENTS

Expert's Profile

Cao Yong
Duan Xue
Ding Jinzao
Wang Wei
Wang Yuzhong
Lu Zibiao
Liu Fangyi
Xu Guozhi
Li Baiqian
Li Xihong
Lin Dongliang
Lin Yunqing
Gou Yingqun
Guo Fuyi
Liao Youzhang
Xu Bin
Xu Zhiqiang
Zhang Jianjun
Zheng Yuanhe
Cai Tongmin

Monograph

The Development of China's Plastics Industry in 2009 ······ (22)

Analysis of Economic Indicators and Import & Export Situation of China's Plastic Machinery Industry in 2009 ······ (31)

Analysis of Economic Operation Regarding to China's Chlor-alkali Industry in 2009 ······ (38)

To Actively Develop Quality Insulation Material to Meet the Requirements of Energy-saving Buildings ······ (45)

The Development and Prospects of Taiwan Province's Mold Industry ······ (49)

The Overview of Taiwan Province's Machinery Industry for Plastics Processing ······ (52)

The Comprehensive Development of the Green & Low-carbon Technologies in China's Plastics Industry ······ (55)

Low Carbon Economy and Biomass Materials ··· (63)

The Application of Degradable Plastics in Reducing Resource Consumption, Releasing Environmental Pressure and Attaining Sustainable Development ······ (72)

The Application of Plastics in the Solar Photovoltaic Industry ······ (81)

To Promote the Development of Plastic Industry with the Advanced Manufacturing Technology ······ (87)

The Current Status and Development Proposals for China's Plastic Pipe Industry ······ (100)

Annual Report of China Plastic Woven Prodacts Indascty ······ (105)

The Application of Powders in Plastics Products and Its Requirements ······ (111)

Analysis of Resource Conservation and Environmental Protection in Plastics Industry ······ (117)

Major Events

Major Events Occurred in China's Plastic Industry in 2009 ······ (129)

Anti-dumping Events Occurred in China's Plastics and Chemical Industry in 2009 ······ (157)

Policies and Regulations

State Policies and Regulations Related Plastics Industry in 2009 ······ (279)

Customs Puty and Tax Rate in 2009 ······ (346)

Production and Operation Statistics Concerning National Plastics Processing Industry

Analysis of Economic Statistics Concerning Plastics Products Industry in 2009 …………………… (355)
The Huge Average Price Gap between Import and Export of Plastic Products …………………… (371)
Brief Introduction of Enterprises' Economic Indicators and the Development of BOPA Industry in 2009 …………………… (381)
Brief Introduction of Enterprises' Economic Indicators and the Development of BOPET Industry in 2009 …………………… (381)
Waste Plastics: Increased Volume vs Decreased Prices …………………… (383)

Review

Synthetic Resins …………………… (397)
Review of 5 General-purpose Synthetic Resins …………………… (467)
Engineering Plastics …………………… (474)
To Develop Additives for Plastic Products Complying with Regulations …………………… (506)
Classification of Additives and Environment-friendly Development of Functional Plastics Products …………………… (512)
Development Status and Trends of China's Plastics Processing Machinery Industry …………………… (520)
Development Status and Proposals Concerning China's Plastics Processing Machinery Industry …………………… (523)

Mould and Dies for Plastics Processing Industry

The Development and Reform in China's Mold Manufacturing Industry in 2009 …………………… (527)
Scientific and Technological Progress …………………… (536)
The Development History and Status Quo of Wood and Plastic Composite …………………… (536)
The Industrialization and Development Tendency of PPS, a High Performance Polymer …………………… (543)
Research Progress of Antistatic PP Filled with Carbon Black …………………… (548)
The Progress of Ultrafine Powder Technology for Preparation and Recycling of Polymer …………………… (552)
The Development of Thermoplastic Polyimide, a Special Engineering Plastic …………………… (557)
Multi-function Masterbatch Imitating Natural Texture Applied to Plastic Profiles …………………… (559)
The Development of Degradable Plastics in 2009 …………………… (563)
Promoting the Industrialization of BOPS, an Environmental Protection Material for the Benefits of Circular Economy …………………… (566)
Research on the Foam Materials and the Foam Quality for Casting of LFC …………………… (571)
Feasibility Study on the Emissions Reduction and Energy Efficiency Promotion of Electromagnetic Heating in the Plastic Processing Industry …………………… (576)
The Application of China's New Plastic Pipes and New Technology in Construction Industry …………………… (578)

Introduction of Plastics Industry in All Regions

Beijing …………………… (585)
Tianjin …………………… (589)
Shanxi Province …………………… (592)
Heilongjiang Province …………………… (598)
Shanghai …………………… (600)
Zhejiang Province …………………… (609)
Wenzhou …………………… (615)
Synthetic Leather Industry of Wenzhou …………………… (620)
Jiangsu Province …………………… (621)
Shandong Province …………………… (625)
Hunan Province …………………… (630)
Guangdong Province …………………… (632)
Fujian Province …………………… (637)
Yunnan Province …………………… (638)
Anhui Province …………………… (643)
Hainan Province …………………… (651)

Xinjiang Uygur Autonomous Region …………… (653)
Survey of Dominant Products
Expert Committee …………………………………… (659)
Plastics Techndogy Committee ………………… (669)
Plastic Pipes ……………………………………… (674)
Plastic Profiles, Doors and Windows ………… (677)
Injection Moulding Products ………………… (684)
Modified Plastics ………………………………… (694)
Agricultural Film ………………………………… (698)
Multi functional Masterbatch ………………… (706)
PU …………………………………………………… (709)
Fluoro-plastics …………………………………… (711)
Plastics Packaging ……………………………… (713)
BOPP Film ………………………………………… (716)
Sub-sector of Aluminium Film ………………… (721)
The Developmeat of Sub-sector of
Aluminium Film ………………………………… (723)
Sub-sector of Casting Film …………………… (723)
Hollow Plastic Products ……………………… (729)
CPP Film
Medical Plastic Products ………………………… (732)
BOPET Film ……………………………………… (733)
Woven Plastic Products ………………………… (735)
Degradable Plastics ……………………………… (740)
Wood and Plastic Composites ………………… (747)
Rigid PVC Foam Products ……………………… (750)
Composite Film …………………………………… (752)
Synthetic Leather & Artificial Leather ……… (757)
XPS Foam Products ……………………………… (759)
Engineering Plastics ……………………………… (760)
Rotational Molding ……………………………… (765)
EPS Foam Products ……………………………… (766)
Patents
Patent Technology in 2009 ……………………… (773)
Standardization of Plastic Products
Paying Close Attention to the World Standards
Day and the Standardization of Plastics
Products for the Benefits of Our Society … (919)
Key Enterprises
Enterprises Awarded with AAA Grade of Enterprise
Credit Evaluation during the First Corporate
Credit Rating Activity of China Plostics
Industry ………………………………………… (975)

专　　论

中国塑料工业2009
China Plastics Industry 2009

廖正品

前　　言

2009年，是中国塑料工业进入新世纪以来历经金融危机肆虐最为困难的一年，呈现"低谷—反弹—回升"的运行态势。2008年三季度到2009年一季度，出口增幅大幅下滑，企业效益下滑濒临生存底线，行业发展遭遇严重挑战。但随着国家《轻工业调整和振兴规划》等一系列宏观政策扶植下，塑料制品业随之表现出朝阳产业旺盛的成长活力和抗风险能力，从二季度开始国内生产、销售增幅逐步回升，旺盛的内需使企业逐步走出低谷，到三季度基本扭转颓势，四季度回复至危机之前的增长。规模以上企业工业总产值首超万亿元，增速达13.4%。展望2010年，塑料工业发展依然面临挑战，国内市场需求渐旺，经济运行显现出积极的态势，行业仍具较大发展潜力。

一、中国塑料制品业蓬勃发展，成为世界塑料工业增长极

进入新世纪以来，中国塑料制品业每年以高于国家GDP增速增长，产业规模持续扩大，2000~2005年间，各项经济指标实现翻番，超过预期完成"十五"计划目标。2008年中国塑料消费量已超过6000万吨，占世界塑料消费量2.45亿吨的五分之一强；人均消费46kg，超过国际40kg的平均水平(图1)。

1. 经济运行状况良好，发展势头看好

据国家统计局最新发布的第二次全国经济普查主要数据公报，2008年塑料制品业共有9万5千个企业法人，387.4万从业人员，塑料制品业主营业务收入11362.8亿元，利润总额645.9亿元，利润率仅为5.7%。2008年末塑料制品业研究与试验发展经费投入为36.1亿元，研究与试验发展经费投入强度为0.38%。

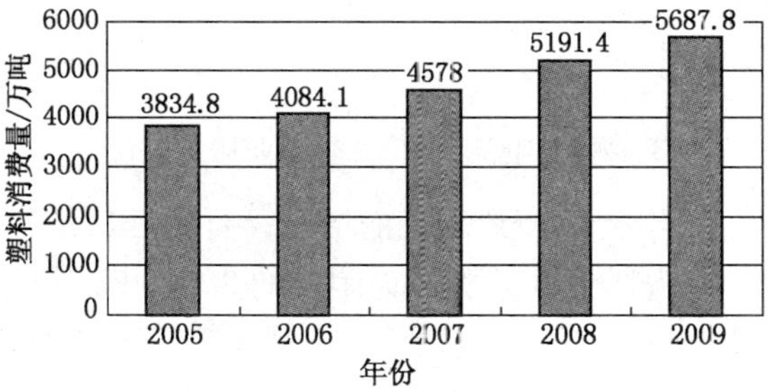

图1　2005~2009年塑料消费量及增长

注：如果加上进口的707万吨废塑料和260万吨塑料添加剂，中国2008年实际表观消费塑料量已超过6000万吨。

据国家统计局数据显示，2008年塑料制品业规模以上企业16277个，累计完成产量达3713.79万吨，比上年同期增长10.10%，实现工业总产值(现价)9638.36亿元，同比增长20.86%，占轻工行业总产值93898亿元的10.26%，居第三位。

2009年塑料制品规模以上汇总企业19278个，工业总产值为10992.8亿元，增长13.48%，比上年增幅下降约7个百分点，占轻工行业工业总产值107614.5亿元的10.22%，系保持快速增长态势。其中新产品产值561.09亿元，同比增长7.77%；工业销售产值10714.7亿元，同比增长13.12%，产销率97.47%；其中出口交货值1798.57亿元，同比增长-4.74%。

值得强调的是从2009年1～11月起，塑料制品业企业规模较上年进一步扩大，19192个规模以上企业平均从业人员达240万人，同比增长0.03%，完成主营业务收入9354.79亿元，同比增长11.27%；利润总额435.48亿元，同比增长28.11%；利税总额685.17亿元，同比增长25.75%。可以看出中国塑料加工业已摆脱国际金融危机影响，生产销售恢复了增长，主要经济指标大幅回升(图2～4)。

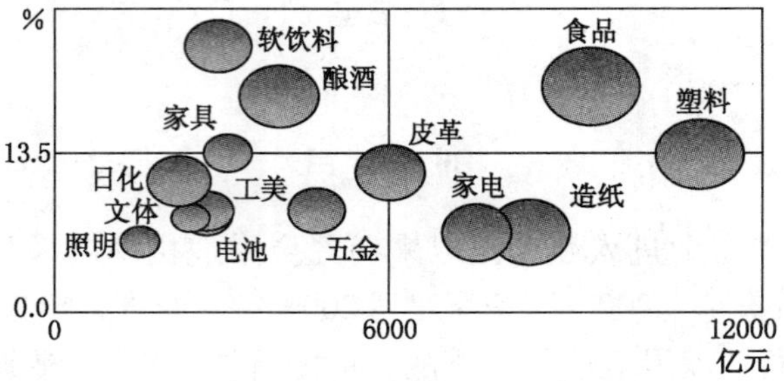

图2　塑料制品业在轻工行业中产值、利润及速度情况

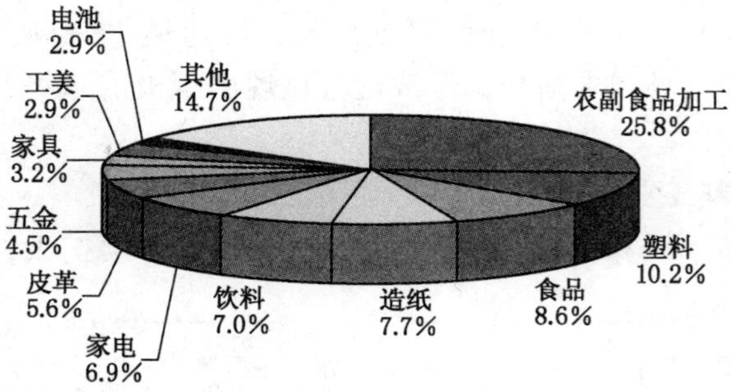

图3　塑料制品总产值在轻工业居第二位

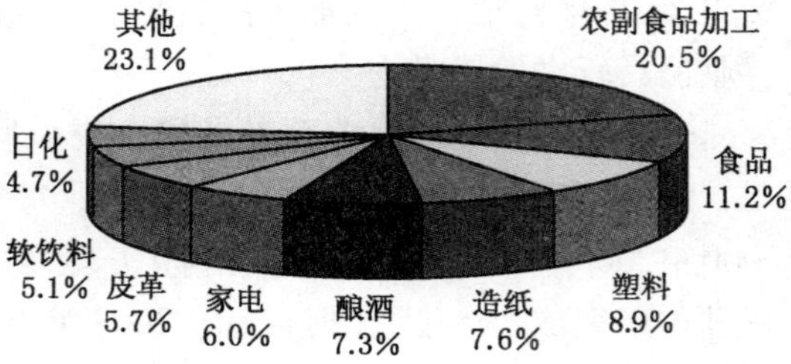

图4　塑料制品业利润在轻工业居第三位

2. 生产回升到危机前增幅，行业旺盛的发展潜力

在遭遇金融危机最为困难的2009年，规模以上企业塑料制品产量达4479.28万吨，同比增长10.64%；塑料制品生产从4月份起逐月回升，与2008年10.10%的增幅基本相当。2009年中国塑料工业仍保持较为旺盛的市场需求和发展潜力。

除其他塑料制品仍为负增长外，农用薄膜、塑料管道、塑料条棒型材、塑料丝及编织制品、塑料包装箱及容器均获得超过18%的增长。其中塑料管道和塑料编织制品为最先从金融危机中恢复增长的品种(表1，图5，6)。

表1　2008年、2009年塑料制品产量及增长情况

项　　目	2008年	同比增长/%	2009年	同比增长/%
塑料制品	3713.79	10.10	4479.28	10.64
塑料薄膜	590.10	-3.64	690.43	12.06
其中：农用薄膜	93.91	-5.66	119.34	18.39
塑料板片型材	356.91	11.86		
塑料板片材			320.26	6.37
塑料管材及管件	459.34	28.18	580.37	18.92

续表

项　　目	2008 年	同比增长/%	2009 年	同比增长/%
塑料条棒型材			160.37	19.19
塑料丝及编织制品	477.18	25.30	581.56	26.58
塑料人造革合成革			184.82	15.17
人造革	117.54	6.68		
合成革	65.96	10.29		
泡沫塑料	170.83	3.65	187.05	15.81
塑料包装箱及容器	173.09	-1.64	274.49	20.67
日用塑料制品	408.47	12.73	544.18	8.43
其他塑料制品	894.37	7.82	955.74	-4.24

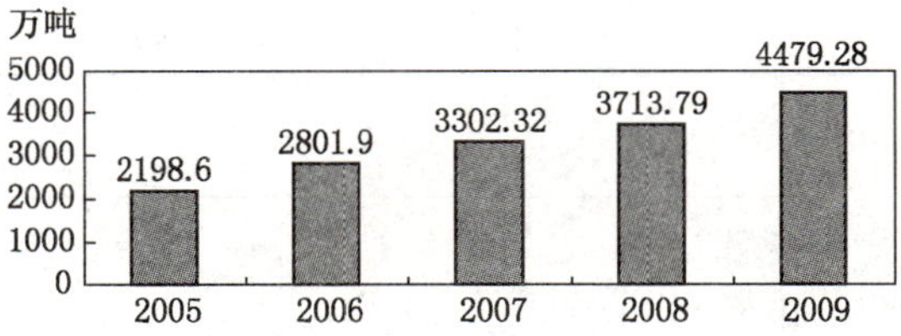

图 5　2005～2009 年中国塑料制品产量增长情况

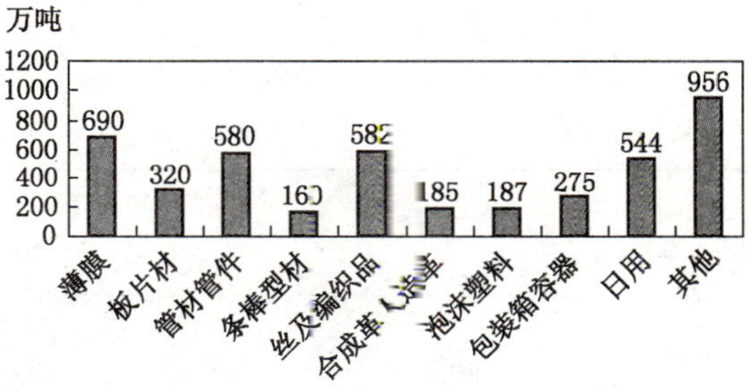

图 6　2009 年塑料制品产量品种分布

3. 行业分布集中在东南沿海，中西部地区增长迅猛

中国塑料制品行业生产分布具有明显的地域性，其主要生产地区集中在我国东南沿海。2009 年塑料制品产量地区分布如下：广东省塑料制品产量达 1052.32 万吨，同比增长 -0.50%，仍居全国首位；浙江省为 811.50 万吨，同比增长 6.60%，居第二位；山东省为 438.54 万吨，同比增长 12.37%，居第三位；江苏省为 401.40 万吨，同比增长 10.05%，居第四位；辽宁为 275.21 万吨，同比增长 18.56%，居第五位。其他河北、河南、安徽、四川、福建塑料制品产量介于 140～160 万吨之间。广东、浙江、山东、江苏、辽宁五省产量位居全国前列，五省塑料制品产量合计为 2978.97 万吨，占塑料制品产量总计的 66.5%（图 7）。

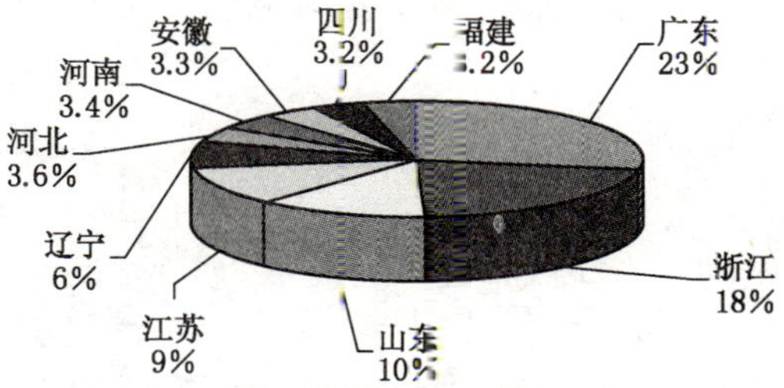

图 7　2009 塑料制品产量区域分布图

中西部省份塑料制品产量显示了高速增长的态势。东部经济发达地区因配套工业强劲发展而基本成熟，塑料工业从规模到技术水平发展到一个新的高度（与发达国家尚有较大差距）。近几年来随着东部劳动力和用电成本上升、土地资源紧缺，部分产业、产品逐步向中西部转移，以满足中西部不断增长的市场需求，通过市场需求逐步实现结构调整和资源配置。如湖南、重庆增长达 61%；青海、广西、四川、内蒙增长分别达 49%、45%、43%、41%；江西增长 31%。

4. 塑料制品出口因国际市场需求低迷增长依然乏力

中国塑料制品出口量约占总产量的四分之一，产品远销海外100多个国家，大多为日用品、餐用具和包装产品，附加值不高，属劳动密集型产品，出口拉动生产增长效应很明显。2009年随国际经济状况不景气、国外消费能力持续下降背景下，塑料制品出口增幅正在缓慢回升，预计2010年塑料制品出口形势仍难见明显好转。

(1) 在国家宏观经济政策强力推动和4万亿投资拉动下，特别是出口退税陆续上调为塑料制品出口带来利好

2009年塑料制品出口量为1011.2万吨，同比增长-15.17%；出口额达266.92亿美元，同比增长-0.82%；进口量为149.14万吨，同比增长-5.96%；进口额115.99亿美元，同比增长-2.79%。除人造革、合成革、塑料鞋和小部分门窗、其他建筑用塑料制品出口略有增长外，其余塑料制品出口均为负增长(表2，图8，9)。

表2 2009年进出口量、额和增长情况

	进口量/万吨	进口额/亿美元	出口量/万吨	出口额/亿美元
2009年	149.14	115.99	1011.2	266.92
2008年	158.60	119.32	1192.1	269.14
同比增长/%	-5.96	-2.79	-15.17	-0.82

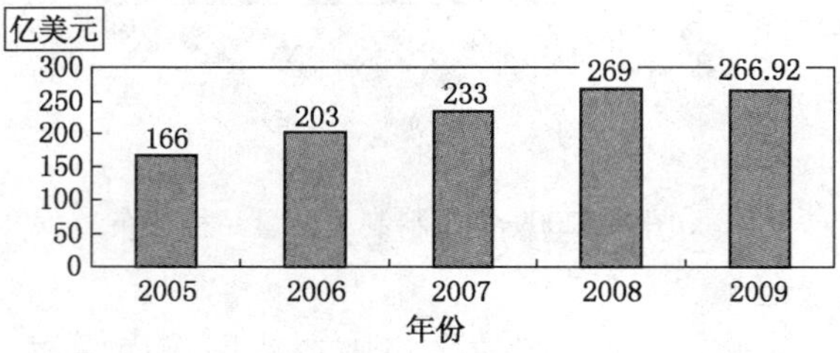

图8 2005~2009年塑料制品出口额

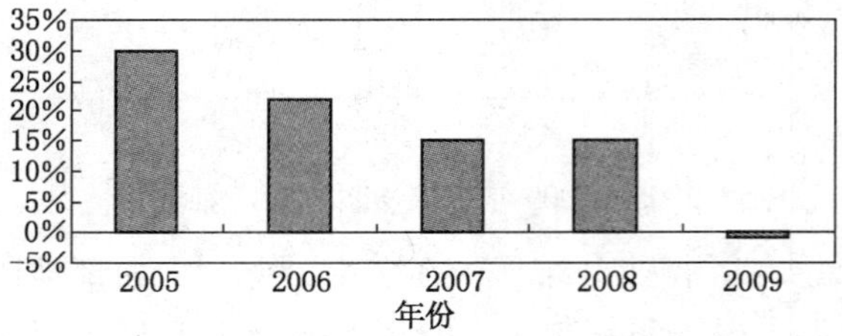

图9 2005~2009年出口额增幅情况

(2) 塑料制品对主要国家和地区出口情况(图10~17)

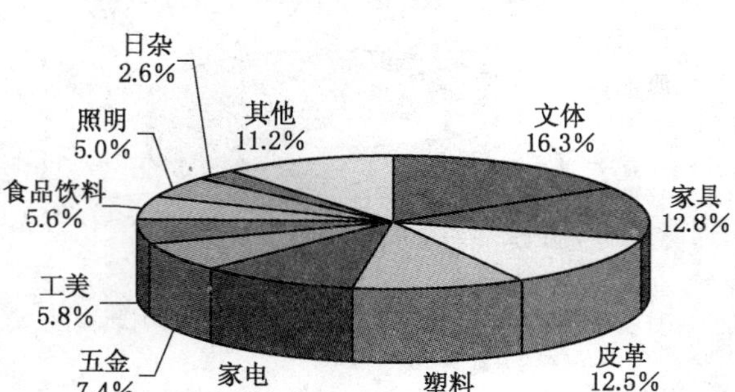

图10 对美国出口塑料制品在占轻工出口商品的11.0%

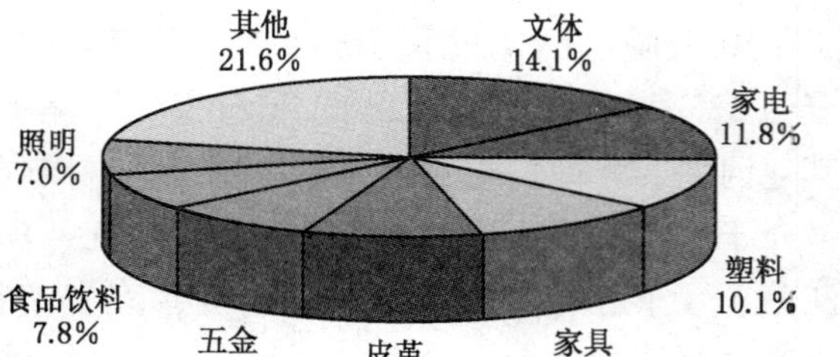

图11 对欧盟27国出口塑料制品占轻工出口商品的10.1%

二、子行业蓬勃发展，应用领域在拓宽

中国塑料工业协会按市场经济发展需求并根据产品品种不同和专业市场细分需要塑料制品业子行业众多，申请批准设立了33个专业委员会，服务和指导子行业发展。迄今为止，各专

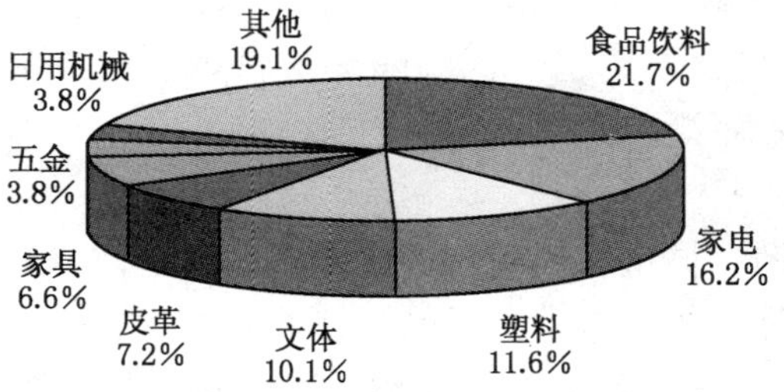

图 12 对日本出口塑料制品
占轻工出口商品的 11.6%

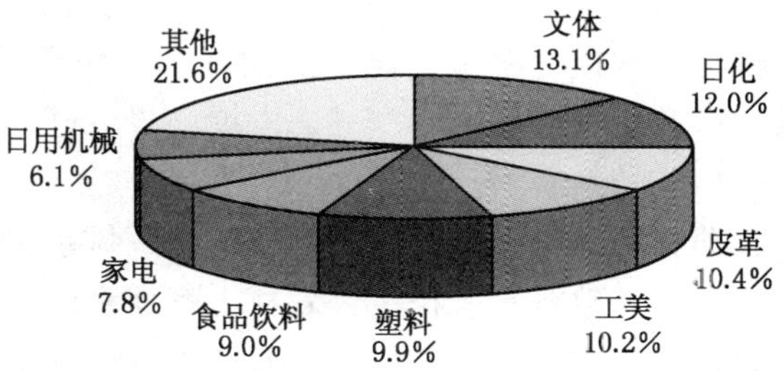

图 13 对中国香港出口塑料制品
占轻工出口商品的 9.9%

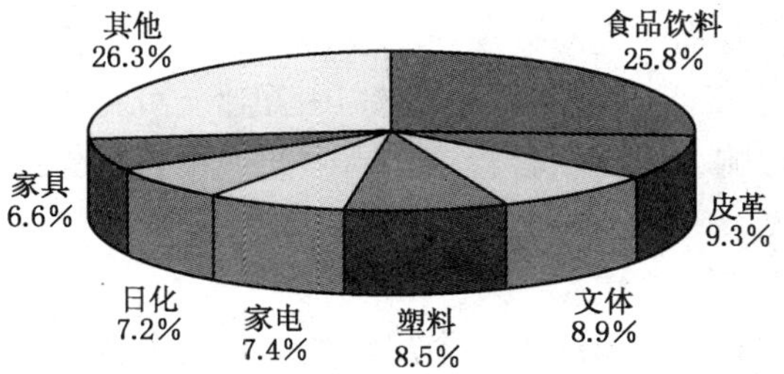

图 14 对韩国出口塑料制品
占轻工出口商品的 8.5%

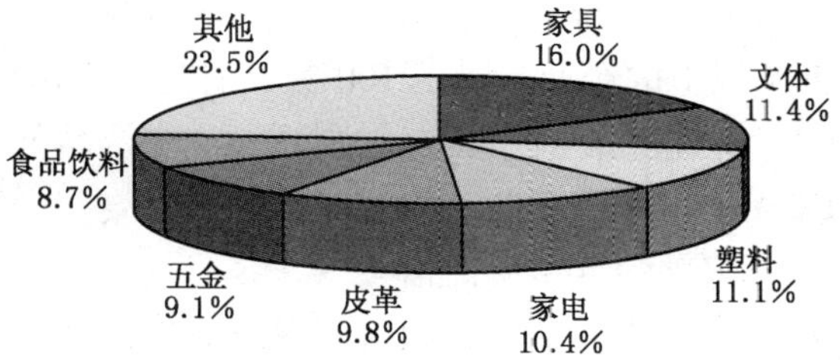

图 15 对加拿大出口塑料制品
占轻工出口商品的 11.1%

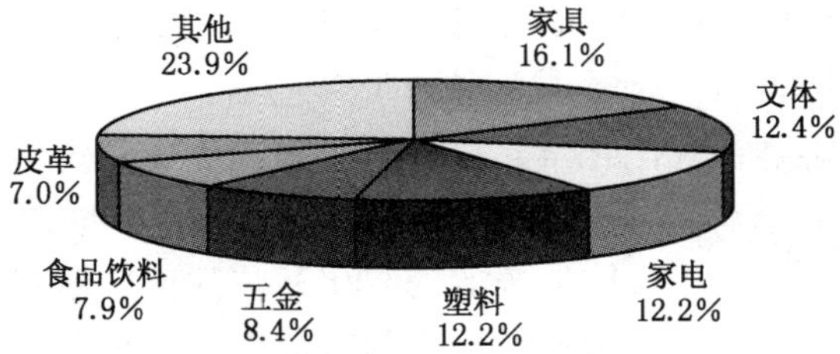

图 16 对澳大利亚出口塑料制品
占轻工出口商品的 12.2%

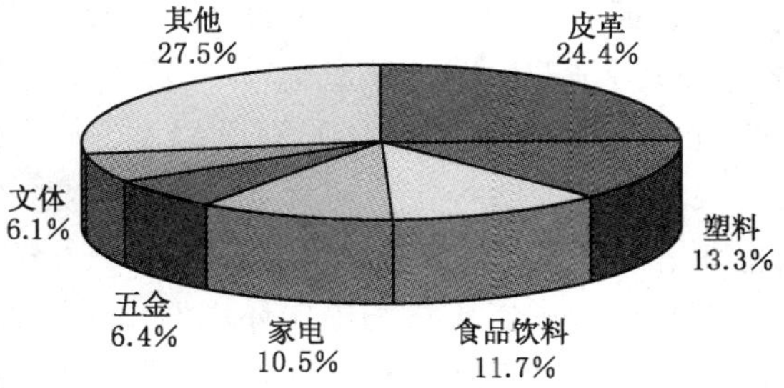

图 17 对俄罗斯出口塑料制品
占轻工出口商品的 13.3%

委会研究行业状况，分析经济运行态势，积极拓展服务领域，目前主要任务是保持经济平稳较快增长。发展重点是要在促进发展方式转变上下功夫，真正把保持塑料加工业平稳较快发展和加快生产方式转变有机统一起来，在发展中促转变，在转变中谋发展；要推进企业节能减排，培育以低能耗、低污染、低排放为基础的低碳经济模式；要增强品牌企业实力，提高产业集中度；要增强自主创新能力，推进关键技术创新与产业化发展；要加快实施技术改造，提升行业总体科技水平。

1. 塑料建材应用领域广阔，产业集中度逐年提升

塑料建材包括塑料管道管件、型材、板片材、保温隔热材料，土工材料、塑木材料、屋顶覆盖材料以及室内装饰材料等。随着中国基础建设投资持续高速增长，特别是金融危机以来 4 万亿投资拉动政策刺激下，塑料建筑材料保持较高增幅。塑料建材尤其是塑料管材、异型材及门窗产品的规模化生产、产品质量的不断提升、品种的系列化、多样化、应用领域的不断扩

展，在市政建设、建筑外墙保温需求仍在快速增长。塑料建材新品不断推出，产业聚集度高，集群化、规模化明星企业不断涌现。其中塑料管道、型材与门窗、保温隔热材料等是建筑领域、市政工程应用主力产品，发展前景看好，应用领域不断扩大。

(1) 塑料管材

塑料管道行已普及应用到建筑给、排水，建筑供暖，城市燃气输送，农村沼气输送，城镇自来水、市政排水、排污，农村人畜饮水改造，农业灌、排，电力，通讯，矿山、工业等诸多领域。据国家统计局数据，2009 年规模以上企业塑料管材及管件产量达 580.37 万吨，同比增长 18.92%；塑料板片材产量达 320.25 万吨，同比增长 6.37%；塑料条棒型材产量达 160.37 万吨，同比增长 19.19%。2010 年国家建材下乡扶持政策必将塑料建材应用领域继续扩大，使塑料建材造福于人类。

塑料管道行业目前加工能力已超过 800 万吨，产业集中度高，规模企业数量多，生产能力 1 万吨以上的企业超过了 100 家，有近 20 家企业的生产能力已达到和超过 10 万吨。可见，在全球金融危机影响下，塑料制品行业多个品种受到影响，但是塑料管道产品生产、销售仍然蓬勃发展，市场需求旺盛。

(2) 塑料异型材门窗

三十年来，塑料异型材门窗行业从无到有、从少到多，形成了一个规模庞大、配套齐全的新兴低碳经济规模性产业集群。塑料异型材年需求 PVC 树脂约 350 万吨以上，约占我国 PVC 树脂总产量 40%。外贸出口主要集中在国内近二十家大中型企业，是引领行业发展、科技领先、质量信誉及国内外知名度高的支柱企业。2009 年，我国塑料异型材总生产能力在 800 万吨左右，拥有各种型号的挤出设备 13000 条左右。各类塑料异型材产量估计在 500 万吨上下(约含 50 万吨非门窗用异型材)，门窗加工制造能力可达 7 亿平方米/年，估计年应用量为 5 亿多平方米/年，总产值达 1000 亿元以上。塑料门窗约占市场年需求总量的 38% 左右。

飞速发展的塑料异型材及门窗制品行业，大大推动了我国化学建材产品应用的步伐，为节省能源、节约资源，减少二氧化碳、二氧化硫等有害气体排放、为经济建设作出了巨大贡献，为提高和改善民居质量和民居环境发挥了巨大作用。按 2009 年生产加工 450 万吨门窗用塑料型材计算，可生产加工塑料门窗 5 亿平方米，按全部替代铝合金型材，仅制造节能全年可节电 400 多亿度。为我国节约煤电资源、减少二氧化碳和二氧化硫等有害气体排放作出了突出贡献。

塑料建材下乡的惠农措施，有利于产品质量控制，促进产品品质结构整体提升并可产生久远效应，促进行业健康发展；促进产能合理布局和均衡良性发展；促进高科技、节能产品的研发与应用，加速行业整合；促进市场秩序的良性转变；抑制非节能环保建材的无序扩张；同时可推动化工原材料、机械设备模具、五金配件等产业链相关产品业的良性发展和结构调整。

2. 塑料包装需求稳步增长，市场应用份额持续扩大

塑料包装产品技术水平和现代化程度是反映人民生活质量高低及国民经济发展水平的具体体现。塑料中空容器、软包装薄膜、复合膜、塑料编织、泡沫塑料等包装产品随着市场变化与客户需求不断更新换代，产业结构逐步得到调整，产品结构趋于合理。

从国家统计局数据来看，2009 年规模以上企业塑料薄膜产量为 690.43 万吨，同比增长 12.06%，完全转变了 2008 年负增长的颓势。尤其是农用薄膜增长达 18%，为新世纪以来增长最高位，凸现中国随着农产品科技投入提升、产量逐年增大的旺盛需求，农用塑料制品为农民增产增收发挥着重要作用，凸现国家支持农业发展的宏观政策取得成效(见表 3)。

表3　2009塑料包装材料主要产品产量分析表(估算)

塑料包装产品类别		2008年产量/万吨	2009年产量/万吨	增长/%
软包装薄膜		780.80	825.14	5.68
其中	BOPP	195.80	221.21	12.98
	BOPET	54.25	71.71	32.18
	BOPA	3.77	4.87	29.18
	CPP	36.98	52.35	41.56
	缠绕膜	40	50	25.00
	塑料购物袋	250	180	-28.00
	复合膜(袋)	150	180	20.00
	多层共挤包装膜	50	65	30.00
塑编制品		500	710	42.00
包装容器		450	550	22.22
泡沫包装材料		60	120	50.00
包装片材		50	80	60.00
合　计		1840.8	2285.14	24.14

中国塑编企业7300多家，从业人数约40余万人，拥有各种型号圆织机约22万台，年生产能力约880万吨。2009年规模以上企业塑料丝及编织制品产量达581.56万吨，同比增长26.58%，占全国塑料制品总产量的13%，是除塑料薄膜之外的第二大塑料包装品种。自2005年以来塑编产品每年增长幅度在23.83%～31.51%，持高速发展态势。经过市场细分和不断拓展新的应用领域取得显著成效，“十一五”期间蓬勃发展，即使金融危机期间也以较快速度增长。

泡沫塑料和塑料包装箱及容器的增长类似于薄膜，产量分别达187.05万吨、274.50万吨，分别实现了15.81%和20.67%的增长，改变了2008年低增长和负增长的态势，在金融危机大潮中逆市而起，取得不俗业绩。

塑料中空制品行业发生了较大的变化。新原料、新技术、新设备层出不穷，产品更新快。产品结构从单一小型包装桶、瓶向多品种、多样化、大型化、功能化方面迅速发展。饮料、啤酒、矿泉水、药品、化工、日用化妆品、汽车等广阔市场持续增长，促进了塑料中空制品的发展。根据有关数据显示，2009年，全国塑料中空制品(塑料瓶、塑料桶、塑料箱、塑料托盘等)总产量超过500万吨。2009年规模以上企业塑料包装箱及容器产量为274.49万吨，同比增长20.67%，为近年来最高值。

中国托盘用量超过9亿个，年增长还将保持15%以上。塑料托盘和塑木复合材料托盘因其节约木材、防虫害(光肩天牛虫)、耐水耐潮、耐气候腐蚀、强度高、弹性好，且可反复使用，更可连续化高效生产，比传统木制托盘周转率提高了3～5倍，优势突出。目前国内需求量约为2000万个，具有广阔发展空间。

中国吹膜、复合、彩印、制袋行业规模越来越大，2009年各种功能性薄膜的产量约165万吨，主要包括耐蒸煮、抗静电、高阻隔、抗菌、纳米薄膜等。全国具有一定规模的软包装彩印企业超过万家，其中年销售额在3亿元以上的企业有25家，销售额在1亿元以上的企业68

家，软包装彩印行业总规模在全球处于第一的位置。塑料包装薄膜功能性包装薄膜市场方兴未艾，引领市场新潮流。随着软包装行业装备水平的不断提高，塑料包装薄膜向功能化发展的趋势日渐明显，高性能、高阻隔性、高技术含量的塑料包装复合薄膜正成为许多企业的支柱产品和研发目标，从而提高企业的技术水平，提高经济效益，增强市场竞争力。

3. 人造革合成革新兴产业继续发展

人造革、合成革行业在20世纪80年代至90年代发展最为迅速，并以年均15%以上的速度增长。生产厂家约有2400家，生产线7200多条，较大的生产线1000多条，生产能力40亿平方米以上。人造革、合成革预测总的需求量每年为150万吨，超细纤维合成革及高物性合成革等高档合成革合计为10.5亿平方米。截至2006年，我国人造革合成革产量已占据世界总产量的三分之二，在亚洲已经是十个周边国家和地区的产量占世界总量17%的数倍。人造革合成革是国民经济新兴产业，产品物理力学性能透湿透气可与天然皮革相媲美，产品综合性能优于天然革，成为日常消费的必需品和工农业、交通、文化体育等行业不可缺少的生产资料。

人造革/合成革环境治理水平大大提高，全行业DMF回收装置安装率已经完全实现100%，实现清洁生产。合成革环境、清洁生产两个行业标准在国家和地方标准基础上修订，增加和提高了数值级，充分反映了行业的环境保护水平走向标准化和科技化。

人造革合成革名牌战略发展带动了产业升级，成为高技术较为集中的一个领域。目前形成以温州“中国合成革之都”为核心的若干个基地，有广东高明、浙江义乌、江苏江阴、河北白沟、福建晋江等若干产业聚集地的企业已经占据规模以上企业的80%；大型骨干企业化的研发中心与基地，发挥了技术创新领头羊作用。不仅形成产业重要的研发基地，而且产业链不断延伸走强，逐步形成大型特大型的制造基地，推动产业迅猛发展。

超细纤维合成革是新一代合成革产品，具有天然皮革内部结构特征已经达到世界一流的品质。超细型、功能性、生态型、时尚化的高档人造革合成革，具有透气透湿、质感柔软、耐老化、色泽时尚等特性；功能性合成革具有抗静电、阻燃、抗菌防臭、防紫外线等特性，广泛用于服装、高档鞋材、箱包、体育器材、汽车内饰、卫生环保等领域，产品迅速得到发展。随着现代技术革新加快，高端人造革合成革产品已经形成行业主流趋势(表4，表5)。

表4　人造革合成革实际使用量统计　　亿平方米

产品类别		2006年	2007年	2008年	2009年
鞋革	鞋用人造革合成革	6.71	7.93	8.88	9.82
	其中：超细纤维PU革	0.12	0.13	0.18	0.32
服装革	服装用人造革合成革	1.00	1.14	1.43	2.34
	其中：超细纤维PU革	0.02	0.03	0.04	0.05
球革	球用人造革合成革	0.43	0.46	0.51	0.57
	其中：超细纤维PU革	0.01	0.01	0.015	0.025
箱包革	箱包用人造革合成革	3.64	3.86	4.09	3.9
	其中：超细纤维PU革	0.01	0.02	0.022	0.05
汽车内装饰	汽车内饰用人造革合成革	1.00	1.18	1.25	1.80
	其中：超细纤维PU革	0.01	0.01	0.015	0.035

续表

产品类别		2006年	2007年	2008年	2009年
家具革	家具用人造革合成革面料	1.96	2.14	2.31	2.36
	家具用人造革合成革背料	3.07	3.21	3.47	3.27
	其中：超细纤维PU革	0.06	0.08	0.09	0.12
装饰用革	家居、公用设施装饰	1.12	1.35	1.48	1.58
	其中：超细纤维PU革	0.05	0.06	0.075	0.086
合　计	人造革合成革	17.82	19.92	23.42	25.64
	其中：超细纤维PU革	0.22	0.28	0.437	0.69

表5　2006～2009年人造革合成革进出口情况

年　份	出口		进口	
	金额/万美元	单价/(美元/t)	金额/万美元	单价/(美元/t)
2006	78316.8	3155.30	57002.7	6295.06
2007	99601.1	3387.78	55621.5	7014.06
2008	122173.7	3472.39	54422.6	7412.08
2009	131201.2	3494.12	55324.1	7432.10

4. 降解塑料优势呈现，产业发展日渐成熟

在当今全球石油资源供给日益紧张，以石油为原料的合成塑料所引发的环境问题日益突出的形势下，生物基和降解塑料市场需求量正在迅速增长。2009年12月的哥本哈根会议，“低碳经济”成为人们热议的焦点，以可再生资源为原料制造的生物基材料更是受到了全世界的关注，成为塑料大家族中发展的热点。

降解塑料在利用可再生能源，替代石化资源；减少二氧化碳排放，防治温室效应；促进环境保护，减少白色污染；部分解决三农问题；突破贸易壁垒；改善企业、行业形象等方面发挥重要作用，是塑料工业可持续发展组成部分。

目前，生物降解材料主要有天然高分子材料制品、二氧化碳共聚物、聚羟基脂肪酸酯(包括PHB和PHBV等)、聚乳酸、聚己内酯、聚丁二酸丁二醇酯等。2009年从事生物降解塑料的企业约180多家，生产能力约10万吨/年，实际生产约5万吨。预计2015年产能将达到50万吨左右。

在今后要推进生物基生物降解塑料原料的生产，加强加工成型技术，扩大天然高分子材料的生产规模，以满足不断增长的需要。鼓励以非粮原料生物合成聚乳酸、聚羟基烷酸酯等生物基降解塑料，扩大其他化学合成生物降解塑料产能，提高淀粉基塑料等材料的共混加工技术，促使我国降解塑料的生产和应用处于国际领先地位。

5. 塑料再生资源利用产业化水平不断提升

随着塑料材料的大量使用，废塑料对环境科学合理的安全处置问题始终是困扰人们的一个难题。迄今为止，解决塑料废弃物的最好出路是物理机械式再生利用，对不易物理分类的混合废塑料进行化学裂解回收单体材料或者焚烧回收能量。

中国废塑料来源可分为进口废塑料和国内回收废塑料两部分，且这两部分并没有明晰的分界线，已形成一个有机整体。2008年进口废塑料707.5万吨，比上年增长16.7%。2009年进

口量为732.58万吨，同比增长3.55%，仍维持2008年的进口水平(表6)。

表6 2003～2008年废塑料进口量 t

项目＼年份	2003	2004	2005	2006	2007	2008
PE废料	1628763	1431016	1323844	1739118	2132080	2143990
PS废料	231680	338247	380711	236520	188890	96984
PVC废料	217278	624022	906530	1174925	1076448	1829165
聚酯废料			667063	754596	1043448	1060420
其他废塑料	946366	1702439	1678380	1959337	2043859	1944114
废塑料总量	3024087	4095724	4956528	5864496	6844725	7074569
比上年增长/%	23.06	35.44	21.02	18.31	16.7	3.36

数据来源：海关数据。

国内从事塑料回收再生的小企业至少有2万多家，大中型企业并不多。在全国有几十个类似的废塑料专业市场，这些市场一般分别有200～500、1000、2000、3000家左右不等数量的企业构成，分布在全国各地。其特点是加工交易集约化、配套加工一体化，专业细化，分工明确，其竞争力和走向完全市场化，发展迅猛，具有强大生命力。在短短不到十年时间由2000年的20亿元左右发展到2007年的1000亿元左右。废塑料再生利用正在由低质量、高能耗向高质量、低能耗、多品种、精细分类、高技术的方向发展，再生塑料回收再利用加工交易市场逐步走向规范经营，产业聚集度在增加，规模化发展条件日渐成熟。

6. 塑料助剂消费量逐年递增，功能助剂发展前景可喜

中国塑料助剂行业是随聚氯乙烯行业的发展而发展起来的。随着其他合成树脂的行业的发展，塑料助剂行业的配套领域不断拓宽，产品品种有了较大幅度的增加，塑料助剂行业已成为门类比较齐全、产品品种繁多的重要行业，在技术水平、产品结构、生产规模和科技人员的素质等方面均有长足的进步，基本满足了下游行业对塑料助剂产品的需求，2008年塑料助剂的消费量为273万吨，2010年将达到300万吨(表7)。

表7 2009年我国塑料助剂基本概况

品　种	产能/万吨	产量/万吨	表观消费量/万吨
增塑剂	280.0	150.0	180.0
阻燃剂	50.0	38.0	36.0
热稳定剂	48.0	36.0	37.0
冲击改性剂与加工改良剂	32.0	21.0	22.0
润滑剂	18	13.0	13.0
发泡剂	24.0	17.0	15.0
抗氧剂	5.2	3.9	3.5
抗静电剂	1.2	0.9	1.0
防雾滴剂	0.5	0.3	0.4
光稳定剂	1.50	1.2	0.9
其　他	42.00	32.00	34.00
合　计	502.4	313.00	342.80

随着国家调整宏观经济政策与产业振兴规划的实施和落实，将扩内需保增长作为当前经济工作的重点，塑料助剂行业将会保持平稳较快的增长势头。根据中国塑料工业协会助剂专委会的调研分析，由于国外和国内消费需求、消费量降低，抗氧剂、光稳定剂的产销量将继续降低。2010 年上半年的产销量预计基本维持在 2009 年下半年的水平。2010 年下半年，市场需求开始增加，国内抗氧剂、光稳定剂企业的平均月产销量可以达到 2008 年 9 ~ 12 月的水平。2011 年上半年，国内抗氧剂、光稳定剂企业的平均月产销量可以恢复到 2008 年 1 ~6 月的水平。2011 年下半年，国内抗氧剂、光稳定剂企业的平均月产销量开始增加，增加幅度为 10% 左右。预计 2009 ~2011 年的塑料助剂各个品种的逐年表观消费量将逐年增加(表 8)。

表 8　2008 ~2011 年塑料助剂消费量　　万吨

品　种	2008 年	2009 年	2010 年预计	2011 年预计
增塑剂	169.3	170	180	190
阻燃剂	24.0	28	30	32
热稳定剂	32.0	32.6	33.3	35
冲击改性剂与加工改良剂	18.0	19	20.5	23.5
润滑剂	10.0	11	12	13
发泡剂	12.0	14	16.5	19
抗氧剂	3.0	2.3	2.6	3.2
抗静电剂	0.7	0.7	0.8	1
防雾滴剂	0.34	0.36	0.36	0.38
光稳定剂	0.6	0.5	0.6	0.66
偶联剂	1.0	1.05	1.1	1.15
其　他	2.4	2.5	2.7	2.9
合　计	273.3	282	300.5	321.8

公安部制定的《公共场所阻燃制品及组件燃烧性能要求及标识》公布并实施以来，对塑料制品阻燃性能提出了更高要求，也加快了阻燃剂的发展。同时近期有两家生产无机阻燃剂的厂家投产，新增产能 4 万吨，增长达 16.7%。热稳定剂行业预测，未来三年热稳定剂产量总体呈增长态势，但增长幅度低于前三年，约在 2% 左右。

目前，中国塑料助剂行业产品品种多为 PVC 等通用塑料加工使用的通用型中低档产品，用于工程塑料的助剂品种少、产量低。助剂生产单位大多是中小企业，和发达国家的塑料助剂企业相比，企业的工艺水平、技术装备和技术力量相对落后。随着世界各国对人类健康和环境保护意识的不断加强，近年来陆续出台了一系列指令和法规，如欧盟的《关于废旧电气电子设备的指令(WEEE 指令)》、《关于在电气电子设备中禁止使用某些有害物质的指令(RoHS 指令)》、《关于化学品注册、评估、许可和限制制度(REACH 法规)》，以及中国的《电子信息产品污染控制管理办法》等，这些指令和法规对塑料助剂行业产生了很大的影响，因此，应加快技术创新步伐，积极发展“绿色、环保、无毒、高效”的塑料助剂产品。

近几年来，塑料助剂行业大部分企业根据市场需求，积极开发新产品，革新工艺，提高产品质量，适应经济形势的发展对企业提出的要求。增塑剂行业积极开发环氧大豆油、柠檬酸酯类、偏苯三酸酯类产品替代对健康有影响的邻苯二甲酸酯类增塑剂。阻燃剂行业增加了无机阻燃剂和膦氮类阻燃剂的产能、产量，逐年减少含卤阻燃剂的生产，大幅度降低多溴联苯类阻燃剂的销售。热稳定剂行业逐步减少铅盐的销量，快速发展符合环保要求的钙锌稳定剂及 $\beta-$二酮、水滑石类化合物等辅助热稳定剂，具有中国特色的稀土类热稳定剂也得到了长足的发展。抗氧剂、光稳定剂行业的技术水平与国外的差距逐步缩小，通用型塑料抗氧剂、光稳定剂已经基本满足国内需求，专用型抗氧剂、光稳定剂也已有一些品种投入生产。

2009～2011 年期间，塑料助剂行业的所有企业都要加倍重视技术创新工作，要积极开发优质高效、符合健康和环保要求的新产品，满足市场对塑料助剂行业的要求，要加大技术创新的投入，重视技术人才的引进与培养，加强与大专院校和科研院所的合作，跟踪国内外同行业的技术发展趋势，作好多种形式的技术交流，努力开发拥有自主知识产权的产品和专有技术，提高行业的技术水平和自主技术创新的能力。

三、塑料机械行业概况

1. 塑料机械经济运行情况

中国塑料机械设备因其性价比高而畅销海内外，出口量几乎占产量的一半，在发展中国家占有相当的比重，美誉度较高。根据国家统计局数据，2009 年中国塑料机械在国际金融危机影响下出口受阻，生产大幅下滑，塑料加工专用设备产量为 204989 台，同比下降 19.03%。出口量为 31854 台，同比下降 20.17%；出口额 7.6 亿美元，同比下降 27.11%。进口量为 8315 台，同比下降 43.81%；进口额 12.62 亿美元，同比下降 35.45%。

根据国家统计局对 521 家塑料机械制造企业的数据统计，2009 年中国塑料机械制造工业主要经济指标如表 9 所示。

表 9　2009 年塑料机械工业主要经济指标

	2009 年	同比增长/%
工业总产值/亿元	258.48	-2.9
工业销售产值/亿元	250.85	-0.18
出口交货值/亿元	36.46	-33.91
新产品产值/亿元	32.62	8.4
产销率	97.43%	2.65

注：根据国家统计局和海关数据统计。

受国际金融危机和印度对我国注塑机产品反倾销的双重冲击，2009 年成为我国塑料机械行业应对挑战、化危为机、攻坚克难的一年。2009 年，塑机行业经济运行呈现出"V"型增长态势，虽然全年塑料机械制造工业总产值和工业销售产值同比小幅下降，但进入第四季度以来，行业工业总产值、销售产值、新产品产值均实现了高速增长，特别是 12 月份的各项指标无论是同比还是环比均以超过 20% 的增速发展。其中，新产品产值 12 月份同比增长 170.76%、环比增长 72.8%；12 月份出口交货值的同比增长率也已由负转为正增长 23.15%、环比增长 22.73%；国内塑料机械市场的国产设备占有率由 2008 年的 48.52% 快速提升至 70.52%。全行业同心同力、共应危机取得了初步成效，同时对 2010 年实现又好又快地发展充满坚定的信心(表 10)。

表 10　2008～2009 年塑料机械市场容量统计(未包含零件)

年份	国内塑料机械市场容量/亿元	其中：进口/亿元	国产/亿元	进口占比/%	国产占比/%
2008	348.67	179.51	169.16	51.48	48.52
2009	292.33	86.18	206.15	29.48	70.52

注：根据国家统计局和海关数据统计。

随着航空航天、国防、石油化工、交通运输、电子电器、信息等国民经济重要产业调整升级，塑料机械市场容量将进一步扩展，国产设备在自主创新、节能环保等方面的努力将进一步加强。此外，微成型精密加工技术、双拉设备国产化技术、电磁节能装置等均进入研发和应用阶段。

2. 塑料机械进出口情况

（1）塑机产品进出口统计

2009 年，中国塑机产品进出口一直处于贸易逆差状态。尽管出口数量是进口数量的 3.8 倍，但出口金额仅为进口金额的 60.1%；出口塑机设备平均单价 2.38 万美元/台，进口塑机设备平均单价 15.02 万美元/台，进口设备平均单价约为出口的 6.31 倍(表 11)。

表 11　2009 年塑机产品进出口情况(未包含零件)

月　份	进　口		出　口		贸易逆差金额/万美元
	进口数量/台	进口金额/万美元	出口数量/台	出口金额/万美元	
1	510	12176.9	2562	7461.11	4715.79
2	415	10144.36	1346	4282.73	5861.63
3	477	11953.45	2348	5261.73	6691.72
4	649	11335.2	2231	5568.91	5766.29
5	547	10384.01	2084	4896.48	5487.53
6	938	9422.92	2676	5186.05	4236.87
7	770	9650.63	2849	7153.27	2497.36
8	703	8610.51	3171	6632	1978.51
9	964	12179.94	2854	7231.48	4948.46
10	747	7510.98	2696	5927.1	1583.88
11	738	9473.92	2953	7318.26	2155.66
12	942	13342.88	4105	8943.77	4399.11
合计	8400	126185.7	31875	75862.89	50322.81

注：数据来源于中国海关。

（2）中国塑机产品进出口分税号统计

2009 年，注塑机在中国塑机产品进出口贸易中的进出口数量和金额均居首位。其中注塑机进口数量为 5274 台，约占同期塑机设备进口总量的 63.43%；进口金额为 52035.38 万美元，约占同期塑机设备进口总额的 41.24%；注塑机出口数量为 10989 台，约占同期塑机设备出口总量的 34.5%；出口金额为 35880.29 万美元，约占同期塑机设备出口总额的 47.21%(表 12)。

（3）中国塑机产品进出口地域统计

2009 年，从排名前 10 位的国家和地区进口塑机设备数量约占同期塑机设备进口总量的 93.29%；进口金额约占同期塑机设备进口总额的 95.5%；按洲际统计，2009 年从亚洲进口的塑机设备金额约占同期塑机设备进口总额的 49.43%，从欧洲进口的塑机设备金额约占同期塑机进口总额的 45.27%。

2009 年，中国塑机产品的出口地主要分布在亚非拉发展中国家和地区，出口至亚洲、非洲和拉丁美洲的塑机设备金额约占同期塑机设备出口总额的 84.06%(表 13，14，图 18，19)。

表12 2009年塑机产品进出口分税号统计(未包含零件)

税号	名称	进口				出口			
		1~12月累计进口数量/台	进口数量占比/%	1~12月累计进口金额/万美元	进口金额占比/%	1~12月累计出口数量/台	出口数量占比/%	1~12月累计出口金额/万美元	出口金额占比/%
84771010	注塑机	5274	63.43	52035.38	41.24	10989	34.50	35880.29	47.21
84771090	其他注射机	368	4.43	5521.27	4.38	480	1.51	1115.31	1.47
84772010	塑料造粒机	128	1.54	12434.1	9.86	2377	7.46	2722.16	3.58
84772090	其他挤出机	742	8.92	18894.65	14.98	3716	11.67	14330.89	18.86
84773000	吹塑机	234	2.81	17931.04	14.21	6767	21.24	10970.21	14.44
84774010	塑料中空成型机	71	0.85	1795.33	1.42	2553	8.01	1990.32	2.62
84774020	塑料压延成型机	125	1.50	2898.38	2.30	955	3.00	983.37	1.29
84774090	其他真空模塑机及其他热成型机器	715	8.60	6172.48	4.89	1642	5.15	3509.03	4.62
84775900	其他模塑或成型机器	658	7.91	8484.08	6.72	2375	7.46	4492.15	5.91
合计		8315	100	126166.71	100	31854	100	75993.73	100

注：数据来源于中国海关。

表13 2009年塑机产品进口排名前10位的地域分布(未包含零件)

排序	国家和地区	1~12月进口数量/台	1~12月进口金额/万美元
1	日本	3492	42318.90
2	德国	831	37270.88
3	中国台湾	1868	11068.98
4	意大利	185	7389.94
5	韩国	693	6087.30
6	美国	398	4166.98
7	法国	53	3688.55
8	瑞士	67	3289.86
9	奥地利	138	2822.63
10	加拿大	32	2387.95

注：数据来源于中国海关。

表 14　2009 年塑机产品出口排名前 10 位的地域分布(未包含零件)

排　　序	国家和地区	1～12 月出口数量/台	1～12 月出口金额/万美元
1	巴　西	1497	4664.31
2	越　南	2023	4443.53
3	伊　朗	1457	4280.15
4	印　度	1284	4196.11
5	泰　国	917	3878.97
6	印度尼西亚	1676	3582.43
7	马来西亚	1340	3148.59
8	土耳其	661	3060.43
9	俄罗斯	947	2374.82
10	埃　及	691	2019.80

注：数据来源于中国海关。

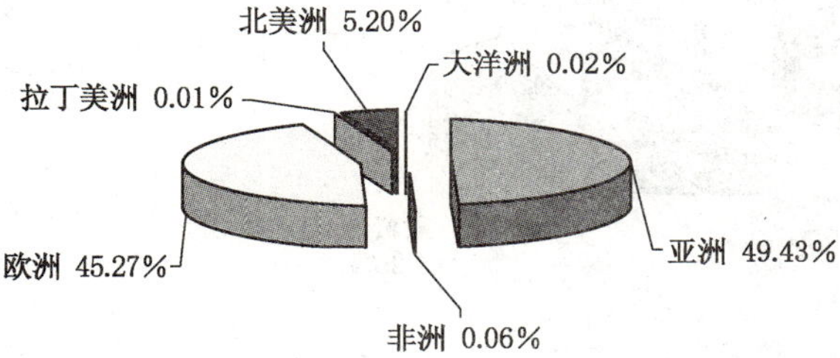

图 18　2009 年塑机产品进口金额洲际分布(未包含零件)

注：数据来源于中国海关。

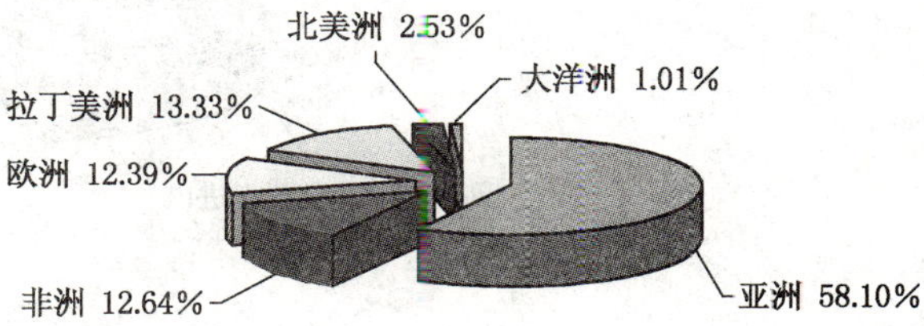

图 19　2009 年塑机产品出口金额洲际分布(未包含零件)

注：数据来源于中国海关。

(4) 中国塑机产品进出口贸易方式统计

2009 年，中国塑机产品进出口贸易方式呈现主体突出、方式多元的特点。进口以一般贸易和外商投资企业投资进口的设备、物品为主，通过这两种贸易方式进口的塑机设备金额分别为 68440.86 万美元、44907.68 万美元，分别占同期塑机设备进口总额的 54.25%、35.59%；出口以一般贸易和进料加工贸易为主，2009 年中国通过这两种贸易方式出口的塑机设备金额分别为 55462.42 万美元、17828.02 万美元，分别占同期塑机设备出口总额的 72.98%、23.46%(表 15，16，图 20，21)。

表 15　2009 年塑机产品进口贸易方式(未包含零件)

排　　序	贸易方式	1～12 月进口数量/台	1～12 月进口金额/万美元
1	一般贸易	4428	68440.86
2	外商投资企业投资进口的设备、物品	2668	44907.68
3	出口加工区进口设备	307	4224.41
4	加工贸易进口设备	702	4102.63

续表

排　序	贸易方式	1~12月进口数量/台	1~12月进口金额/万美元
5	保税区仓储转口货物	89	2415.98
6	保税仓库进出境货物	25	1451.34
7	国家间、国际组织无偿援助和赠送的物资	1	195.49
8	进料加工贸易	9	192.84
9	其　他	63	143.63
10	租赁贸易	23	91.85
合　计		8315	126166.71

注：数据来源于中国海关。

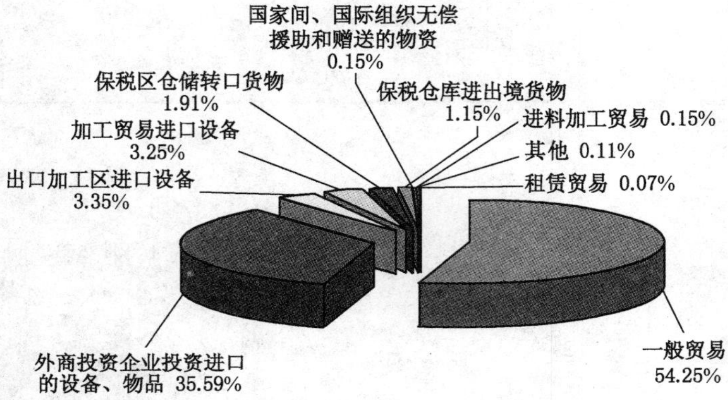

图20　2009年塑机产品进口贸易方式金额占比(未包含零件)

注：数据来源于中国海关。

表16　2009年塑机产品出口贸易方式(未包含零件)

排　序	贸易方式	1~12月出口数量/台	1~12月出口金额/万美元
1	一般贸易	27496	55462.42
2	进料加工贸易	3208	17828.02
3	保税区仓储转口货物	53	1322.93
4	边境小额贸易	538	627.27
5	来料加工装配贸易	71	306.33
6	其　他	174	226.50
7	对外承包工程出口货物	32	149.24
8	保税仓库进出境货物	274	66.85
9	国家间、国际组织无偿援助和赠送的物资	7	4.09
10	易货贸易	1	0.08
合　计		31854	75993.73

注：数据来源于中国海关。

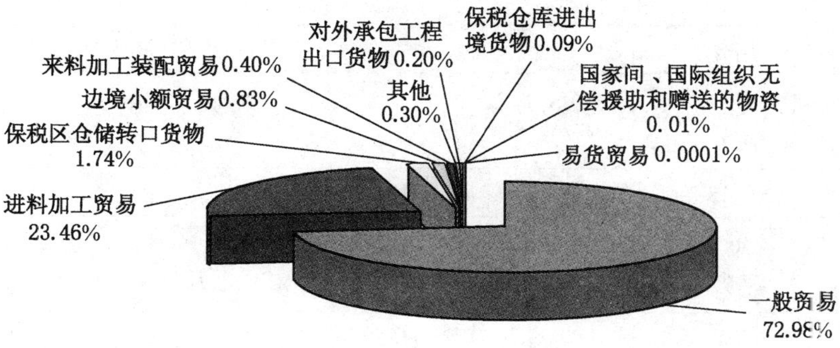

图21 2009年塑机产品出口贸易方式金额占比(未包含零件)

注：数据来源于中国海关。

四、塑料消费情况

2009年尽管世界金融危机的爆发使得世界经济增长出现了下降，但从2009年下半年起，世界经济逐步恢复，市场对石化产品的需求也有所反弹，据SRI估计2009年世界对五大合成树脂的需求在1.68亿吨，较2008年增长了1.7%。而中国经济在国家促进内需和加大投资的推动下，国内GDP增速达到了8.7%，仍然保持了相对较高的增速。在经济增长的拉动下，2009年国内合成树脂，特别是聚烯烃树脂需求得到了强力恢复。预计2010年随着世界经济的进一步好转，世界对石化产品的需求将明显恢复。2010年由于欧美地区经济的恢复，塑料制品出口将明显好转，因此国内合成树脂需求将进一步增加。

1. 2009年国内合成树脂供需状况分析

2009年国内合成树脂产量达3603万吨，同比增长15.1%；进口量为2381.2万吨，同比增长2.2%；表观消费量达5687.8万吨，同比增长9.6%。其中五大合成树脂产量为3003万吨，同比增长7.8%；进口量为1688万吨，同比增长46.5%；表观消费量4621万吨，同比增长20.7%(表17)。

表17 2008、2009年五大合成树脂产量、消费量状况表 万吨

产品名称	年份/增长	产量	进口量	出口量	表观消费量	自给率/%
合成树脂	2009年 同比±%	3603.0 15.1	2381.2 2.2	296.4 10.7	5687.8 9.6	63.3
	2008年	3129.60	2329.6	267.8	5191.4	60.3
聚乙烯(PE)	2009年 同比±%	777.3 8.6	740.9 64.8	6.2 -7.5	1512.0 30.5	51.4
	2008年	715.6	449.7	6.7	1158.6	61.8
聚丙烯(PP)	2009年 同比±%	833.9 10.6	416.2 49.2	4.5 7.1	1245.7 21.1	66.9
	2008年	754.3	278.9	4.2	1029.0	73.3

续表

产品名称	年份/增长	产量	进口量	出口量	表观消费量	自给率/%
聚氯乙烯(PVC)	2009 年	915.5	195.5	27.6	1083.5	84.5
	同比±%	3.8	73.5	-57.3	16.5	
	2008 年	881.7	112.7	64.6	929.7	94.8
聚苯乙烯(PS)	2009 年	314.5	118.5	27.5	405.5	77.6
	同比±%	7.6	3.0	-14.9	8.1	
	2008 年	292.2	115.1	32.3	375.0	77.9
丙烯腈-丁二烯-苯乙烯共聚物(ABS)	2009 年	162.1	216.8	5.0	373.9	43.4
	同比±%	13.2	10.8	16.3	11.7	
	2008 年	143.2	195.7	4.3	334.6	42.8

2009 年国内合成树脂价格呈现震荡上涨的走势，前 3 个月受到原油价格的大幅上涨，国内合成树脂价格大幅回升。到 2009 年 3 月底，大部分合成树脂价格均超过了 9000 元/t，之后价格呈现震荡走势，6 月份后，随着需求的回升，合成树脂价格再次上涨，大部分产品价格超过了 10000 元/t 的大关。总的来说，2009 年尽管合成树脂价格一直呈现上涨走势，但其平均价格仍较 2008 年有明显下跌。

2. 2009 年合成树脂产量小幅增加，进口却大幅增加，合成树脂表观需求出现较大增长

2009 年国内新增了福建和独山子两套大型乙烯生产装置，使得 2009 年中国乙烯生产能力达到了 1200 万吨/年以上。同时石化企业均加大了装置开工的力度，特别是下半年由于市场需求旺盛，促使 2009 年国内合成树脂产量出现了一定的增长。2009 年聚乙烯产量为 777.3 万吨，同比增长 8.6%；聚丙烯为 834 万吨，同比增长 10.5%；聚氯乙烯为 915.5 万吨，同比增长 3.8%。

2009 年国内五大合成树脂的进口量为 1688 万吨，同比增长 46.5%，其中聚乙烯进口 741 万吨，同比增长 64.8%；聚丙烯进口 416 万吨，同比增长 49.2%；聚氯乙烯进口 196 万吨，同比增长 73.5%。2009 年国内合成树脂进口量的大幅增加，这也使得国内合成树脂供应明显增加。

2009 年国内五大合成树脂表观消费量为 4621 万吨，比上年同期增长 20.7%，其中聚乙烯表观消费量为 1512 万吨，同比增长 30.5%；聚丙烯为 1246 万吨，同比增长 21.1%；聚氯乙烯为 1084 万吨，同比增长 16.5%。2009 年虽然受到世界金融危机的影响，但国家促进内需和加大投资的影响，国内合成树脂需求仍保持了较快的增长。

3. 2010 年国内合成树脂供需预测

2009 年下半年世界金融危机开始出现了好转的迹象，预计 2010 年世界将逐步摆脱金融危机的影响，世界经济将出现恢复性增长，据国际货币基金组织预测，2010 年美国经济增速将达到 1.5%，西欧和日本经济也将达到 1% 左右，其他地区的经济增速将高于发达地区。世界合成树脂的需求也出现了一定的恢复，据 CMAI 预测，2009 年世界合成树脂需求大约增加了 1.6%，2010 年随着世界经济的恢复增长，世界对合成树脂的需求将维持小幅上涨的走势，估计在 2% 左右，其中聚乙烯需求增长为 2.5%，聚丙烯为 2.8%，聚氯乙烯为 1.5%。

从 2010 年国内经济增长情况看，国内消费和投资仍将是带动国内 GDP 增长的主要因素，

同时由于世界经济逐步恢复，国内出口也将出现增长。另外合成树脂价格回升也使得废旧塑料的使用会明显增加。

4. 工程塑料有非常好的发展前景

工程塑料在2008年实际消费量206万吨，比2007年增长12.4%；2009年需求量221万吨，同比增长9.2%。目前，在汽车、高铁、航空航天、运动器材、医疗器械、电子电气等领域都有着非常好的发展前景。特别是在扩大内需的方针指导下，国内加工业对本土材料需求方面会进一步加强(图22)。

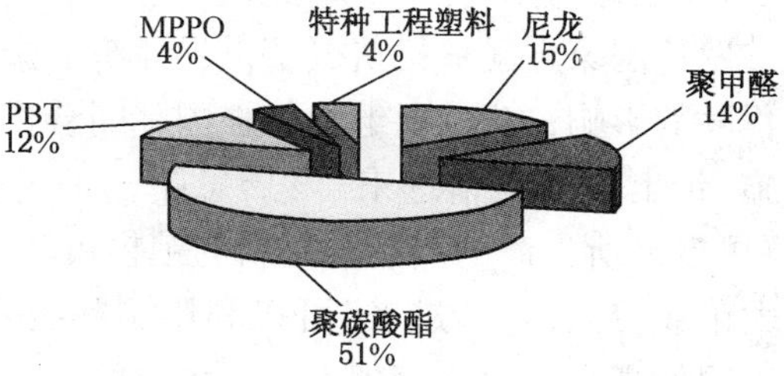

图22　2009年工程塑料品种消费情况

据Frost & Sullivan咨询公司最近公布的一份报告称，预计到2013年中国工程塑料总体市场的年增长速度将达到10.2%，届时年需求量将接近300万吨。销售额增长的速度则增长略快，未来五年销售额保持11.2%的年均增长率，到2013年销售额约为115.6亿美元。并指出，中国的低生产成本将刺激对工程塑料生产的投资。

五、塑料应用前景广阔，生产发展潜力巨大

1. 中国塑料产业可持续发展，具有巨大发展潜力

中国拥有13亿人口的巨大消费市场，人均收入接近3800美元，即将进入消费时代。2010年中央一号文件要继续服务和扶持三农产业，推进城镇化建设步伐，统筹城乡均衡发展。塑料在国家城镇基础建设，高速铁路建设发挥重要作用，塑料消费市场持续扩大。政府注重科技创新，轻工调整与振兴规划中把塑料制品业作为重点行业给予支持。

可以预测，对塑料产品将有旺盛需求。特别是建筑塑料、塑料包装、塑料助剂将获得稳定高速增长。随着汽车、摩托车巨大市场需求塑料零件业将获得长足进展，技术水平持续提升。

2. 积极采用先进技术，提升产业整体水平

近几年，中国科研机构在高分子材料研发上持续加大投入，新技术、新工艺、新材料、新设备包括节能技术在塑料机械上的应用极大地推动了塑料行业技术进步与发展。国际跨国公司在华投资企业拥有很多高科技产品，市场前景看好。如外商投资企业出口占的比例超过四成。我们仍需要大量的国外先进技术及装备来提升塑料产业整体水平。

3. 产业结构不断调整、产业集群块状经济发展日趋明显

过去二十年中国经济快速增长带来的弊病逐渐凸现出来，结构调整实际上早于金融危机。政府(包括地方政府)推动经济增长的热情高于其他很多国家，导致一个是对高投资和高出口的依赖，一个是经济增长对低成本资源、劳动力等有关要素、高强度投入的过度依赖。由于金融危机爆发进一步强化了这种依赖。因此要实现经济转型和结构调整就要逐步扩展内需替代出口。中国经济可能进入一个调整期，消化产能过剩带来的压力，亟需在产业结构调整、产品结构调整、企业结构调整做出努力。这已引起广大企业家的高度重视，不少大中型企业纷纷加大对企业结构调整的投入力度。

根据2009年12月的中央经济工作会议精神，2010的任务重点是调整产业结构，提高科技创新能力，实现经济增长方式转变，这些决策基于这些经济实践和判断做出的。2010年经过金融危机大浪淘沙之后行业的结构调整和技术创新步伐会加快，预计今年的塑料行业景气会随着国民经济回升增幅有所增长，经济运行的质量和效益也将逐步提升，产业集群块状经济发展将更加明显。

4. 实施“走出去”、“请进来”发展战略，提升塑料产业整体技术水平

发达国家金融危机造成了世界经济的萧条，给中国塑料工业的影响对不同子行业产生了不同程度的影响；我们要继续加强国际间合作交流，为使塑料行业保持快速平稳健康发展，加快实施“走出去”、“请进来”发展思路，是实现资源配置带来新的发展机遇的必然选择。“走出去”可以将所生产的产品开拓新的销售市场，按照国际市场的需求，着力开发适销对路的产品，扩大市场份额；“请进来”可以利用国际技术、人力、资本和能源市场相对较低的时机，大力引进国外高端技术、管理人才与先进管理经验，提升我们开放经济的现代化的综合管理水平，转变粗放型的管理模式，不断开拓传统产业新优势，加快产品更新换代，积极应对新的挑战。努力抓住机遇，提升塑料产业整体技术水平，实现多赢，共谋发展。

5. 积极推进循环经济和节能减排，塑料回收再生利用是行业工作重点

搞好塑料的回收再生利用塑料行业健康发展。很有必要进一步提高人们的环境意识，对包装之类的废弃物绝不乱丢乱抛，很有必要建立更多的回收网点，将收集的废弃塑料用先进的回收方式进行处置，避免产生二次污染，是现在和今后一项常抓不懈的重要课题。我们应继续注重清洁生产，采用先进的工艺装置、改善各项管理，从源头消减污染，同时推进产业延伸，强化回收、分拣、清洁、造粒(或改性)环保处置过程，从而实现塑料废弃物都变废为宝，实现保护环境的人类共同的责任。

六、结束语

中国塑料工业已跻身于世界塑料先进大国的行列，产业集群逐年在优化，整体优势逐步在提升；拥有自主知识产权的名优品牌逐年增多。神圣使命就是要使塑料加工机械位居世界第一，由设计制造大国发展成为先进的自主开发强国；使塑料合成树脂生产、塑料制品加工都位居世界第二，分别由大量依靠进口树脂逐步转为立足国内多品种生产满足市场需求；由加工数千万吨制品到拥有更多自主知识产权的中国品牌的产业，从而使整个塑料行业实现跨越式发展，以实际行动振兴塑料工业，不断提高全国塑料行业在国际国内市场的竞争实力，在激烈的市场竞争中成长壮大。早日使中国塑料产业不仅是生产大国、消费大国、进(出)口大国，而且也是生产强国、技术强国、出口强国，为夺取全面建设小康社会新胜利做出贡献，为实现中华民族伟大复兴而努力奋斗！

(作者为中国塑料加工工业协会会长、全国塑料制品标准化技术委员会主任委员、
中国塑料加工工业协会专家委员会主任)

The Development of China's Plastics Industry in 2009

Liao Zhengpin

Abstract: General situation of China's plastics industry in 2009 was reviewed, including the output/sales and export/import of plastics products, synthetic resins, plastics processing machinery and additives. Some problems occurring during the development of the industry were put forward and a few suggestions for the development of plastics industry in the future were listed.

Key words: plastics industry; plastics product; synthetic resin; plastics machinery; additive; output; export; import

The year 2009 is the hardest one for China's plastics industry among the first 10 years of the 21st century because of the negative impact of the global financial crisis. From the third quarter of 2008 to the end of the first quarter of 2009, sharp decrease of exports of plastics products led to the reduction of profit of plastics processing companies. A huge number of companies were confronted with significant difficulties regarding to operation, some of them even shut down.

With the implementation of the 4 Trillion Yuan Stimulus Package and some other critical policies such as refund of duty, from the second quarter of 2009 on, the production and sales of plastics processing companies rose again gradually. During the last quarter of 2009 most plastics processing producers resumed their production growth.

The plastics industry of China has been growing at a growth rate more than that of GDP since it entered the 21st century. From 2000 to 2005, the 10th Five Year Plan Period, every economic indicator of the industry doubled, which exceeded those drafted in the 10th Five Year Plan. In 2008, the apparent consumption of plastics products in China is over 60000kt, which accounts for more than 20% of the total consumption of the world; the consumption of plastics products per capita in China is 46 kg, which is 6 kg more than that of the average level of the world.

1 The plastics processing industry developed vigorously in 2009

The Second National Economic Survey released by the National Statistic Bureau recently indicates that there are 95 000 plastics processing companies with 3.874 million employees in 2008. Income and profit of these companies are 1136.28 billion Yuan and 64.59 billion Yuan respectively, which means that the profit margin is only 5.7%. At the end of 2008 the investment for R&D reaches to 3.61 billion Yuan.

There are altogether 16277 companies with a production value of more than 5 million Yuan in 2008. The total output of plastics products of the above companies was 37138 kt, achieving a year-on-year rise of 10.10%. The whole production value of the above companies reaches to 963.8 billion Yuan, achieving a year-on-year growth rate of 20.86%, which listed the third in the light industry(Fig1).

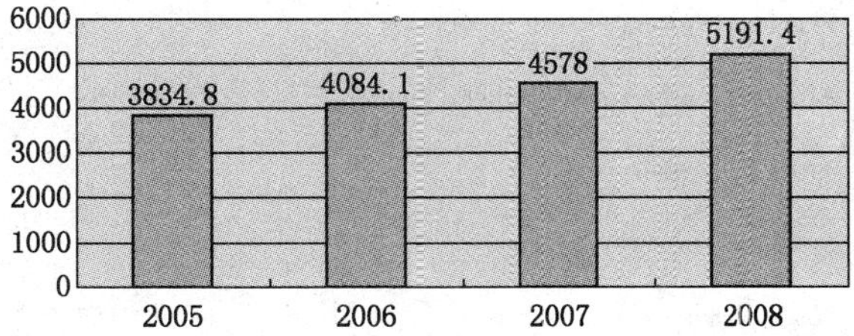

Fig 1 The apparent consumption of plastics products in China between 2005 and 2008(unit: 10 kt)

Note: The import of waste plastics and additives for plastics in 2008 were 7070 kt and 2600 kt respectively, so the apparent consumption of plastics reached to 60000kt.

In 2009 the gross production value of the 19278 plastics processing companies with production value of more than 5 million Yuan reaches to 1.09928 trillion Yuan, realizing a year-on-year growth rate of 13.48%, accounting for 10.22% of the gross industrial output of light industry, 10.76145 trillion Yuan. Among the gross production value of the 19278 plastics processing companies the production value from new products was 56.109 billion Yuan, realizing a year-on-year growth rate of 7.77%. The industrial sales value reaches to 1.07147 trillion Yuan, achieving a year-on-year growth rate of 13.12%. The sales rate reaches to 97.47%. The export delivery value reaches 179.857 billion Yuan, indicating an increase rate of −4.74%.

It is worth of emphasizing that between Jan. and Nov. 2009, the gross production value of the 19192 plastics products companies with production value of more than 5 million Yuan reaches to 935. 479 billion Yuan, realizing a year-on-year increase rate of 11. 27%. The profit and taxes of the above companies respectively reaches to 43. 548 billion Yuan and 68. 517 billion Yuan, realizing a year-on-year increase rate of 28. 11% and 25. 75%. The number of employees in these companies increases by 0. 03% to 2. 4 million.

As shown in table 1, the total output of plastics products from the 19278 companies in 2009 was 44. 7928 million tons. Inspiringly, outputs of major plastics products boosted by more than 18% over the previous year, of which plastics pipes and woven plastics products were the first two kinds of plastics products recovering from the crisis(Tab 1, Fig 2, 3).

Tab 1 Output of plastics products in 2008 and 2009

Items	2009	Year-on-year increase rate /%	2008	Year-on-year increase rate /%
Plastics products	4479. 28	10. 64	3713. 79	10. 10
Plastics films	690. 43	12. 06	590. 10	-3. 64
(Agricultural films)	119. 34	18. 39	93. 91	-5. 66
Sheets and profiles			356. 91	11. 86
Sheets	320. 26	6. 37		
Plastics pipes and fittings	580. 37	18. 92	459. 34	28. 18
Plastics rods	160. 37	19. 19		
Plastics wires and woven products	581. 56	26. 58	477. 18	25. 30
Artificial leathers and synthetic leathers	184. 82	15. 17		
Artificial leathers			117. 54	6. 68
Synthetic leathers			65. 96	10. 29
Foams products	187. 05	15. 81	170. 83	3. 65
Tanks and containers	274. 49	20. 67	173. 09	-1. 64
Household articles	544. 18	8. 43	408. 47	12. 73
Others	955. 74	-4. 24	894. 37	7. 82

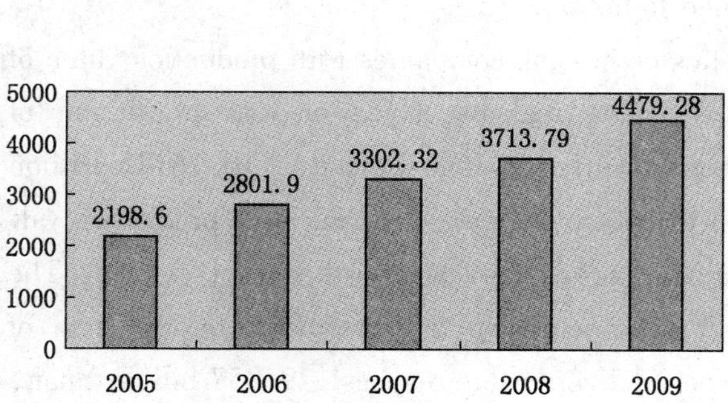

Fig 2 The output of plastics products in China between 2005 and 2009(unit: 10 kt)

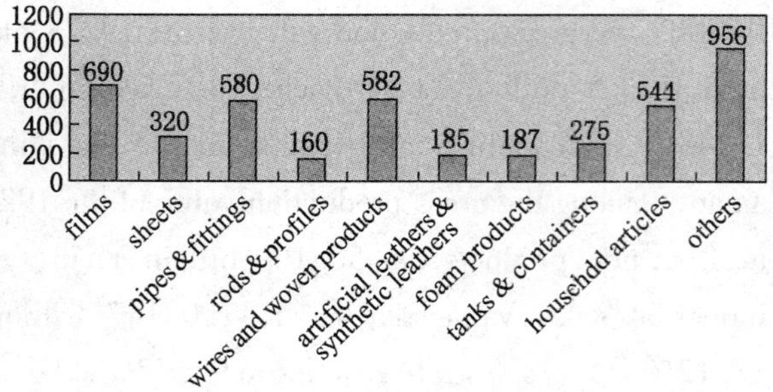

Fig 3 Output of different plastics products in 2009 (unit: 10 kt)

Distribution of plastics processing companies in China is characterized by obvious regionality because that most of them are located in southeast provinces. Regarding to the output of plastics products in 2009, Guangdong province is still the first one, whose output is 10. 5232 million tons, decreasing by 0. 50%. Zhejiang province ranks the second with an output of 8. 115 million tons and a growth rate of 6. 60%. Shandong province occupied the third place with an output of 4. 3854 million tons and a growth rate of 12. 37 per cent. The fourth one is Jiangsu province, whose output increased by 10. 05 per cent to 4. 0140 million tons. The fifth one is Liaoning province, whose output increased by 18. 56 per cent to 2. 7521 million tons. From Fig 4, we can see that the total output of plastics products of the top five provinces reaches to 29. 7897 million tons, accounting for 66. 5 per cent of the nation. The output of Hebei province, Henan Province, Anhui Province, Sichuan Province and Fujian Province range from 1. 40 to 1. 60 million tons respectively.

The growth rate of plastics products output of western provinces was promising. In recent years, owning to the surging labor cost and power cost in eastern provinces, as well as the shortage in land resources, many sectors have transferred to central and western provinces and regions. Some provinces, regions and cities, such as Hunan, Chongqing, Qinghai, Guangxi Zhuang Autonomous Region, Sichuan and Inner Mongolia Autonomous Region have benefited from this industrial reconstruction and resources allocation. For example, the growth rate of plastics products of Hunan Province and Chongqing reaches 61 per cent. The same indicator in Qinghai, Guangxi Zhuang Autonomous Region, Sichuan, Inner Mongolia Autonomous Region and Jiangxi reaches 49%, 45%, 43%, 41% and 31% respectively (Fig 4).

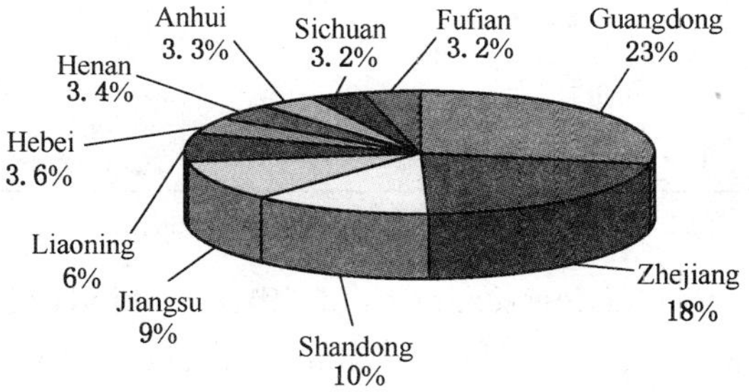

Fig 4 The nationwide output ratio of plastics products

Statistically, export of plastics products accounts for 25% of China's total output, most of which are household articles and packaging materials. Thanks to the implementation of the 4 Trillion Yuan Stimulus Package and other critical policies such as refund of duty, the exports in 2009 amounted to 10. 112 million tons (Fig 5, 6, Tab 2).

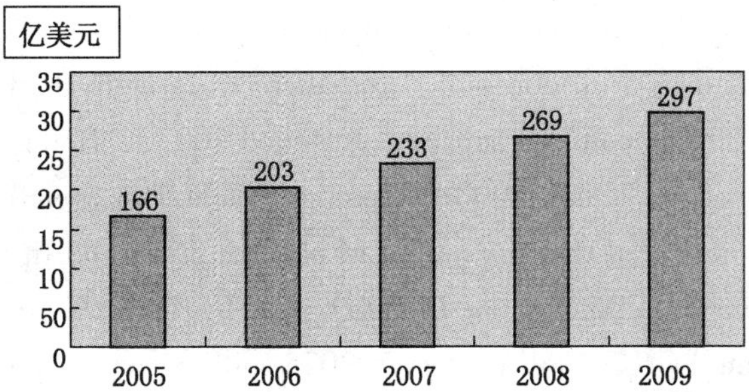

Fig 5 Exports of plastics products of China between 2005 and Jan. Nov. 2009 (unit: 10^8 USD)

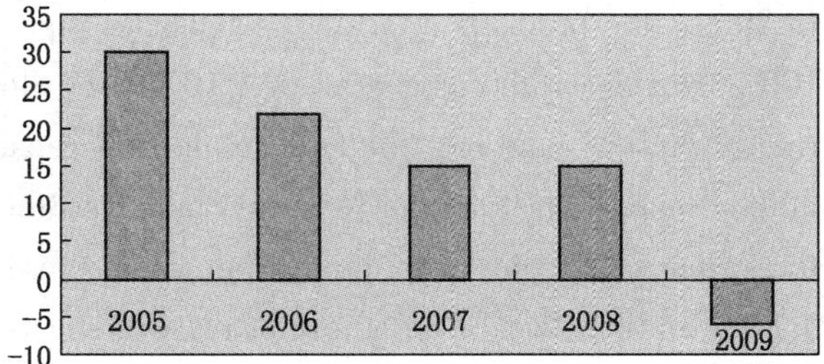

Fig 6 Growth rate of exports of plastics products of China between 2005 and Jan. Nov. 2009 (unit: %)

Tab 2 Exports of different plastics products of Jan. Nov. 2009

Items	Export/t			Export value(10kUSD)		
	the number in the current month	the number from Jan. to Nov.	Year-on-year grow rate/%	The realized value in the current month	The realized value from Jan. to Nov.	Year-on-year growth rate/%
Plastics products				290020.4	2973957.9	-6.37
Filaments, rods, profiles	6955	76969	-23.54	1258.7	13427.3	-27.82
Pipes and fittings	28811	285939	-15.14	7466.5	77189.6	-17.26
Sheets, films and belts	123549	1205683	-13.65	31170.3	288338.7	-20.03
Man-made leathers and synthetic leathers	37801	364983	5.12	14760.4	130904.5	4.13
Tanks and containers	165026	1740668	-8.30	36972.2	364314.7	-13.39
Plastics parts	3202	25658	-33.39	2537.4	20690.4	-28.02
Plastics products for construction	107890	1072436	-5.24	15250.8	150386.7	-6.03
Daily articles				124879.7	1361395.9	-0.16
Others				55724.5	567309.9	-6.25

Data resources: The National Customs of China.

2 Production scenarios of different kinds of plastics products

Now thirty-three sub-committees attached to the China Plastics Processing Industry Association are in charge of collection of sectors' economic statistics and guidance of the sectors' development. Details of some sectors in 2009 are described as follows.

2.1 Plastics products for construction industry

Plastics products for construction industry include plastics pipes, fittings, profiles, sheets, foams, geo-materials, wood-plastics and flooring materials etc. Each year, there were some new kinds of construction plastics products came into being. The sector was of high aggregation and more and more large-scale companies emerged. Of all kinds of the construction plastics products, the plastics pipes and profiles play most important roles and are widely applied to municipal projects.

In 2009, the production capacity of plastics pipes was over 6 million tons, and there were more than 100 companies with capacity of over 10 kt, of which 20 companies' capacity exceeded 100 kt. Referring to plastics profiles, the total production capacity of more than 1000 companies reached to over 8 million tons. Data from the National Statistics Bureau indicated that the output of plastics pipes and fittings from companies with production value more than 5 million Yuan in 2009 rose by 18.92% to 5.8037 million tons. The output of plastics sheets grew by 6.37 per cent to 3.2025 million tons. The output of profiles increased by 19.19 per cent to 1.6037 million tons.

2.2 Plastics packaging materials

Plastics packaging materials include plastics containers and tanks, films, woven products and foams etc. Data from the National Statistics Bureau shows that in 2009, output of plastics films was 6.9043 million tons, indicating an increase rate of 12.06 per cent. Encouragingly, the output of agricultural film surged by 18 per cent over 2008, accomplishing the biggest growth rate since the beginning of 21st century (Tab 3).

Tab 3 Output of plastics packaging products in 2009 (estimated)

Items of plastics packaging products		Output in 2008/kt	Output in 2009/kt	Year-on-year increase rate/%
Flexible packaging products		7808.0	8815	12.89
Main kinds	BOPP	1958.0	2300	17.47
	BOPET	542.5	600	10.60
	BOPA	37.7	45.0	19.36
	CPP	369.8	420	13.57
	Wound films	400	450	12.5
	Shopping bags	2500	2800	12
	Composite films (bags)	1500	1650	10
	Coextruded multilayer films	500	550	10
Woven products		5000	6300	26
Containers		4500	5000	10
Foams		600	700	16.67
Sheets		500	550	10
Total		18408	20815	13.07

Now there are more than 7300 companies engaged in the production of woven products with a capacity of about 8.8 million tons. In 2009, the woven plastics producers with an output value more than 5 million Yuan increased by 26.58 per cent to 5.8156 million tons, accounting for 13 per cent of the national output of the total plastics products.

In 2009, the total output of plastics foams from those companies with an output value of more than 5 million Yuan boosted by 15.81 per cent to 1.8705 million tons, Of which the total output of plastics containers and tanks reached to 2.7450 million tons, achieving a year-on-year increase rate of 20.67%, which is the biggest growth rate in recent years.

2.3 Artificial leathers and synthetic leathers

In 2009, artificial leathers and synthetic leathers sector was only slightly impacted by the crisis. The output of the 2 products rose at 15.17 per cent to 1.848 million tons, accounting for two thirds of the global total output (Tab 4).

Tab 4 The exports and imports of artificial leathers and synthetic leathers between 2006 and 2009

Year	Exports		Imports	
	Value/Million USD	Price/(USD/t)	Value/Million USD	Price/(USD/t)
2006	783.168	3155.30	570.027	6295.06
2007	996.011	3387.78	556.215	7014.06
2008	1221.73729	3472.39	544.226	7412.08
2009	1312.01212	3494.12	553.241	7432.10

2.4 Reclaiming processes for waste plastics

The reused plastics in mainland China are collected from both domestic and abroad market. In domestic market, the used bottles and PS foams are collected and recycled with a high volume. In 2009, about 7.3258 million tons waste plastics were imported, indicating a year-on-year growth rate of 3.5% (Tab 5).

Tab 5 Imports of waste plastics between 2003 and 2008 (Unit: t)

Items \ Year	2003	2004	2005	2006	2007	2008
PE	1628763	1431016	1323844	1739118	2132080	2143990
PS	231680	338247	380711	236520	188890	96984
PVC	217278	624022	906530	1174925	1076448	1829165
Polyester			667063	754596	1043448	1060420
Others	946366	1702439	1678380	1959337	2043859	1944114
Total	3024087	4095724	4956528	5864496	6844725	7074569
Growth rate/%	23.06	35.44	21.02	18.31	16.7	3.36

3 Resins

Data from SRI shows that in 2009, the global demand for the five general-purpose resins grew at 1.7 per cent over 2008 to 168 million tons. The output of the five general-purpose resins in China rose at 7.8 per cent to 30.03 million tons. The apparent consumption of the five general resins in China reached to 46.21 million tons, indicating a year-on-year increase rate of 20.70 per cent. The output, exports and imports of the five general resins in 2008 and 2009 were shown in Tab 6.

Tab 6 The output, exports and imports of the resins in 2008 and 2009 (Unit: kt)

Items	Year/year-on-year increase rate (±%)	Output	Imports	Exports	Apparent consumption	Self-sufficiency rate/%
All kinds of Resins	2009	36030	23812	2964	56878	63.3
	±%	15.1	2.2	10.7	9.6	
	2008	31296.0	23296	2678	51914	60.3
(PE)	2009	7773	7409	62	15120	51.4
	±%	8.6	64.8	-7.5	30.5	
	2008	7156	4497	67	11586	61.8
(PP)	2009	8339	4162	45	12457	66.9
	±%	10.6	49.2	7.1	21.1	
	2008	7543	2789	42	10290	73.3
(PVC)	2009	9155	1955	276	10835	84.5
	±%	3.8	73.5	-57.3	16.5	
	2008	8817	1127	646	9297	94.8

续表

Items	Year/year-on-year increase rate (±%)	Output	Imports	Exports	Apparent consumption	Self-sufficiency rate/%
(PS)	2009	3145	1185	275	4055	77.6
	±%	7.6	3.0	-14.9	8.1	
	2008	2922	1151	323	3750	77.9
(ABS)	2009	1621	2168	50	3739	43.4
	±%	13.2	10.8	16.3	11.7	
	2008	1432	1957	43	3346	42.8

In 2009, two new large-scale ethylene lines respectively in Fujian and Xinjiang were put into operation, which increased the domestic production capacity of ethylene to over 12 million tons. Thanks to the increasing domestic demand, the output of the synthetic resins in China increased too. As shown in table 6, the output of polyethylene rose by 8.6 per cent to 7.773 million tons; the output of polypropylene increased at 10.6 percent to 8.34 million tons and the output of poly (vinyl chloride) increased at 3.8 per cent to 9.155 million tons.

Although the capacity of the synthetic resins increased, the imports of the five general-purpose resins still increased at 46.5 per cent to 16.88 million tons, among which the imports of polyethylene rose at 64.8 per cent to 7.41 million tons; the imports of polypropylene grew 49.2 per cent to 4.16 million tons and the output of poly (vinyl chloride) rose at 73.5 per cent to 1.96 million tons.

4 Additives for plastics

Additives for plastics contain plasticizers, flame retardants, heat stabilizers, impact modifiers, lubricants, foaming agents, anti-oxidants, anti-statistic agents, light stabilizers and coupling agents, etc. In 2008, the domestic consumption of additives for plastics was 2.73 million tons. It is estimated that in 2009, the output of the additives would expand at 15 per cent. Consumption of various kinds of additives in 2008, 2009(estimated), 2010(estimated) and 2011(estimated) are listed in Tab 7.

Tab 7 Consumption of additives for plastics between 2008 and 2011 (data for 2009, 2010 and 2011 are predictive value) (unit: kt)

Items	2008	Forcust for 2009	Forcust for 2010	Forcust for 2011
Plasticizers	1693	1700	1800	1900
Flame retardants	240	280	300	320
Heat stabilizers	320	326	333	350
Modifiers and processing additives	180	190	205	235
Lubricants	100	110	120	130
Foaming agents	120	140	165	190
Anti-oxidants	30	23	26	32
Anti-statistics	7	7	8	10
Anti-fogging agents	3.4	3.6	3.6	3.8
Light stabilizers	6	5	6	6.6
Coupling agents	10	10.5	11	11.5
Others	24	25	27	29
Total	2733	2820	3005	3218

In recent years, additive companies have kept developing new products, renovating processes and improving additives' quality. As to plasticizers, epoxidized soybean oil, citrate plasticizer and trimellitate plasticizer are used to substitute phthalate. As to flame retardants, the capacity and output of inorganic and phosphorus-containing flame retardants increased; simultaneously, those indicators of halogen-containing flame-retardants are reduced. As to heat stabilizers, application of lead-containing stabilizers is shrinking, contrastly calcium- and zinc-containing stabilizers, rare-earth stabilizers as well as some assistant stabilizers are applied more and more widely. The technological difference of anti-oxidants and light-stabilizers between domestic and abroad is decreasing gradually.

5 Plastics processing machinery industry

In 2009, the output of plastics processing machines made in China was 204989 sets (units), decreasing by 19.03% compared with that of the previous year. The exports dropped by 20.17% to 31854 units, and the imports decreased by 43.81 per cent to 8315 units. Though the exports are 3.8 times of the imports, the exports value is only 60.1% of the imports value. The trade is deficit for the plastics machinery industry(Tab 8, 9).

Tab 8 Import amount and value of plastics machinery in 2009

Items	Set	USD
Injection molding machines	5274	520353810
Other injection machines	368	55212694
Pelletizers	128	124341003
Other extruders	742	188946538
Blow molding machines	234	179310423
Plastics blow molding machines	71	17953312
Calenders	125	28983779
Thermoforming machines	715	61724790
Other forming machines	658	84840767

Tab 9 Export amount and value of plastics machinery in 2009

Items	Set	USD
Injection molding machines	10989	358802859
Other injection machines	480	11153127
Pelletizers	2377	27221627
Other extruders	3716	143308948
Blow molding machines	6767	109702126
Plastics blow molding machines	2553	19903211
Calenders	955	9833651
Thermoforming machines	1642	35090288
Other forming machines	2375	44921463

In 2009, the plastics processing sector was addressed as one of important sectors to be accorded strong support in the Plan of Restructure and Development of Light Industry.

It is estimated that the demand for plastics products will still remain strong, especially products for construction, packaging and automobiles etc.

In the last few years, the investment in the R & D from the government, plastics processors and plastics machinery companies has been increasing. More and more innovative technologies such as energy-saving have been put into use in the manufacturing of plastics machines, which upgrade the technological level of the industry.

With the nationwide adjustment of industrial structure and the restructure of the plastics products, the plastics industry will recover at a greater pace, and the industrial cluster' s feature will be more obvious.

(1. China Plastics Processing Industry Association, Beijing 100740, China;
2. China National Technical Committee of Standardization for Plastics Products, Beijing 100037, China;
3. Expert Committee of China Plastics Processing Industry Association, Beijing 100740, China)
(李静译)

2009 年中国塑料机械行业经济指标运行及进出口情况分析

Analysis of Economic Indicator and Import & Export Situation of China' s Plastic Machinery Industry in 2009

一、2009 年国内塑机行业概况

根据国家统计局对 521 家塑料机械制造企业的数据统计，2009 年我国塑料机械制造工业主要经济指标与全国机械工业、全国工业指标运行情况对比如下：

（1）塑料机械制造工业总产值 258.48 亿元，同比减少 2.9%；同期全国机械工业总产值为 107484.16 亿元，同比增长 16.07%；同期全国工业总产值为 546334.36 亿元，同比增长 9.35%；

（2）塑料机械制造工业销售产值 250.85 亿元，同比减少 0.18%；同期全国机械工业销售产值为 104768.27 亿元，同比增长 16.11%；同期全国工业销售产值为 533604.77 亿元，同比增长 9.35%；

（3）塑料机械制造工业出口交货值 36.46 亿元，同比减少 33.91%；同期全国机械工业出口交货值为 10939.66 亿元，同比减少 18.53%；同期全国工业出口交货值为 72882.21 亿元，同比减少 10.1%；

（4）塑料机械制造工业新产品产值 32.62 亿元，同比增长 8.4% ；同期全国机械工业新产品产值为 20339.13 亿元，同比增长 23.74% ；同期全国工业新产品产值为 52948.39 亿元，同比增长 12.24%；

（5）塑料机械制造工业产销率为 97.43%，同比上升 2.65 个百分点；同期全国机械工业产销率为 97.47%，同比增加 0.03 个百分点；同期全国工业产销率为 97.67%，与 2008 年持平。

受国际金融危机和印度对我国注塑机产品反倾销的双重冲击，2009 年成为我国塑料机械行业应对挑战、化危为机、攻坚克难的一年。2009 年，塑机行业经济运行呈现出"V"型增长态势，虽然全年塑料机械制造工业总产值和工业销售产值同比小幅下降，但进入第四季度以来，行业工业总产值、销售产值、新产品产值均实现了高速增长，特别是 12 月份的各项指标无论是同比还是环比均以超过 20% 的增速发展。其中，新产品产值 12 月份同比增长 170.76%、环比增长 72.8%；12 月份出口交货值的同比增长率也已由负转为正增长 23.15%、环比增长 22.73%；国内塑料机械市场的国产设备占有率由 2008 年的 48.52% 快速提升至 70.52%。全行业同心同力、共应危机取得了初步成效，同时对 2010 年实现又好又快地发展充满坚定的信心。2009 年塑料机械制造工业主要经济指标运行情况及国内塑料机械市场容量统计见表 1、表 2、图 1。

表1　2009年塑料机械制造工业主要经济指标统计

月份	工业总产值			工业销售产值			出口交货值			新产品产值		
	金额/亿元	同比增长/%	环比增长/%	金额/亿元	同比增长/%	环比增长/%	金额/亿元	同比增长/%	环比增长/%	金额/亿元	同比增长/%	环比增长/%
1	11.46			11.67			2.45			0.97		
2	13.77	-12.65	20.16	13.92	-0.64	19.28	2.33	-27.24	-4.90	1.35	-32.16	39.18
3	16.57	-31.33	20.33	16.75	-28.2	20.33	2.76	-44.92	18.45	1.85	-33.01	37.04
4	18.44	-19.86	11.29	18.19	-21.37	8.60	2.6	-54.54	-5.80	1.66	-31.34	-10.27
5	20.72	-16.97	12.36	21.23	-16.46	16.71	2.73	-46.1	5.00	2.22	-32.01	33.73
6	22.27	-17.58	7.48	20.51	-15.93	-3.39	2.34	-56.94	-14.29	2.16	-5.89	-2.70
7	22.62	-9.89	1.57	21.35	-8.96	4.10	2.86	-47.36	22.22	3.09	29.96	43.06
8	22.62	-3.01	0.00	22.94	5.16	7.45	3.37	-34.27	17.83	2.87	13.64	-7.12
9	24.67	2.7	9.06	24.39	12.6	6.32	3.53	-29.76	4.75	2.9	36.07	1.05
10	24.65	30.7	-0.08	23.66	28.53	-2.99	3.16	-14.31	-10.48	3.92	122.7	35.17
11	27.17	43.4	10.22	25.39	42.62	7.31	3.74	-1.65	18.35	3.53	20.46	-9.95
12	33.52	79.31	23.37	30.85	84.95	21.50	4.59	23.15	22.73	6.1	170.76	72.80
合计	258.48	-2.9		250.85	-0.18		36.46	-33.91		32.62	8.4	

注：数据来源于国家统计局。

表2　2008～2009年我国塑料机械市场容量统计(未包含零件)

年　份	国内塑料机械市场容量/亿元	其中：进口/亿元	国产/亿元	进口占比/%	国产占比/%
2008	348.67	179.51	169.16	51.48	48.52
2009	292.33	86.18	206.15	29.48	70.52

注：根据国家统计局和海关数据统计。

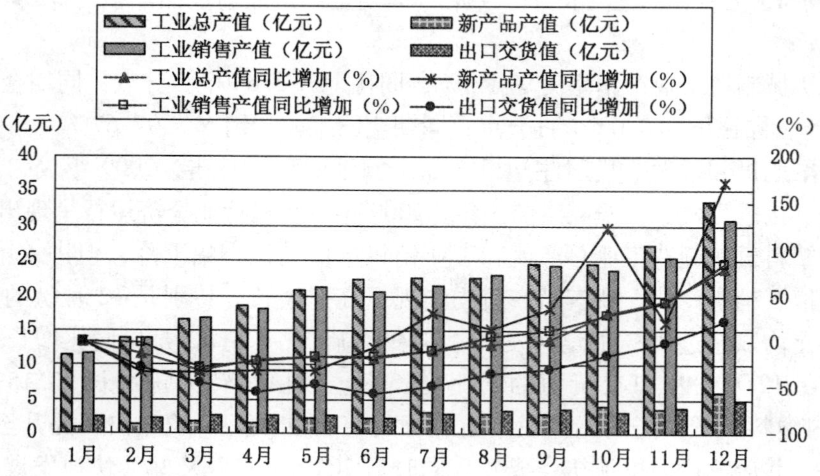

图1　2009年塑料机械制造工业主要经济指标走势

注：数据来源于国家统计局。

二、2009 年我国塑机产品进出口情况

（一）塑机产品进出口统计

2009 年，我国塑机产品进出口一直处于贸易逆差状态。尽管出口数量是进口数量的 3.8 倍，但出口金额仅为进口金额的 60.1%；出口塑机设备平均单价 2.38 万美元/台，进口塑机设备平均单价 15.02 万美元/台，进口设备平均单价约为出口的 6.31 倍。2009 年塑机产品进出口情况及贸易逆差金额走势见表 3、图 2、图 3 和图 4。

表 3　2009 年塑机产品进出口情况（未包含零件）

月　份	进　口		出　口		贸易逆差金额/万美元
	进口数量/台	进口金额/万美元	出口数量/台	出口金额/万美元	
1	510	12176.9	2562	7461.11	4715.79
2	415	10144.36	1346	4282.73	5861.63
3	477	11953.45	2348	5261.73	6691.72
4	649	11335.2	2231	5568.91	5766.29
5	547	10384.01	2084	4896.48	5487.53
6	938	9422.92	2676	5186.05	4236.87
7	770	9650.63	2849	7153.27	2497.36
8	703	8610.51	3171	6632	1978.51
9	964	12179.94	2854	7231.48	4948.46
10	747	7510.98	2696	5927.1	1583.88
11	738	9473.92	2953	7318.26	2155.66
12	942	13342.88	4105	8943.77	4399.11
合计	8400	126185.7	31875	75862.89	50322.81

注：数据来源于中国海关。

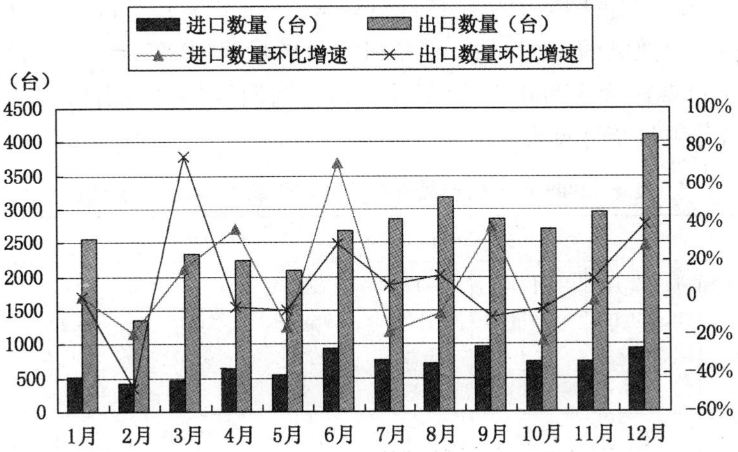

图 2　2009 年塑机产品进出口数量对比（未包含零件）

注：数据来源于中国海关。

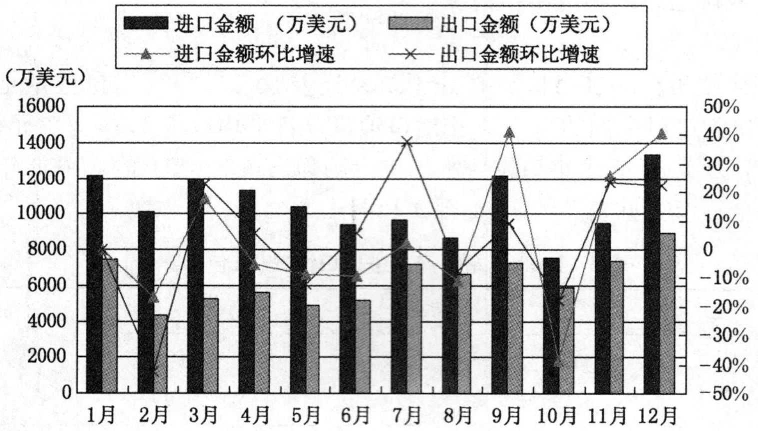

图3　2009 年塑机产品进出口金额对比(未包含零件)

注：数据来源于中国海关。

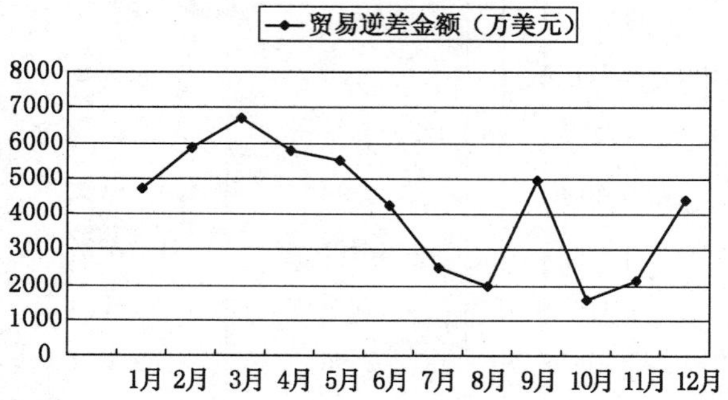

图4　2009 年塑机产品贸易逆差金额走势(未包含零件)

注：数据来源于中国海关。

(二) 我国塑机产品进出口分税号统计

2009 年，注塑机在我国塑机产品进出口贸易中的进出口数量和金额均居首位。其中注塑机进口数量为 5274 台，约占同期塑机设备进口总量的 63.43%；进口金额为 52035.38 万美元，约占同期塑机设备进口总额的 41.24%；注塑机出口数量为 10989 台，约占同期塑机设备出口总量的 34.5%；出口金额为 35880.29 万美元，约占同期塑机设备出口总额的 47.21%。2009 年塑机产品进出口分税号统计见表 4。

表 4　2009 年塑机产品进出口分税号统计(未包含零件)

税　号	名　称	进　口				出　口			
		1～12 月累计进口数量/台	进口数量占比/%	1～12 月累计进口金额/万美元	进口金额占比/%	1～12 月累计出口数量/台	出口数量占比/%	1～12 月累计出口金额/万美元	出口金额占比/%
84771010	注塑机	5274	63.43	52035.38	41.24	10989	34.50	35880.29	47.21
84771090	其他注射机	368	4.43	5521.27	4.38	480	1.51	1115.31	1.47

续表

税号	名称	进口				出口			
		1~12月累计进口数量/台	进口数量占比/%	1~12月累计进口金额/万美元	进口金额占比/%	1~12月累计出口数量/台	出口数量占比/%	1~12月累计出口金额/万美元	出口金额占比/%
84772010	塑料造粒机	128	1.54	12434.1	9.86	2377	7.46	2722.16	3.58
84772090	其他挤出机	742	8.92	18894.65	14.98	3716	11.67	14330.89	18.86
84773000	吹塑机	234	2.81	17931.04	14.21	6767	21.24	10970.21	14.44
84774010	塑料中空成型机	71	0.85	1795.33	1.42	2553	8.01	1990.32	2.62
84774020	塑料压延成型机	125	1.50	2898.38	2.30	955	3.00	983.37	1.29
84774090	其他真空模塑机及其他热成型机器	715	8.60	6172.48	4.89	1642	5.15	3509.03	4.62
84775900	其他模塑或成型机器	658	7.91	8484.08	6.72	2375	7.46	4492.15	5.91
合计		8315	100	126166.71	100	31854	100	75993.73	100

注：数据来源于中国海关。

（三）我国塑机产品进出口地域统计

2009年，从排名前10位的国家和地区进口塑机设备数量约占同期塑机设备进口总量的93.29%；进口金额约占同期塑机设备进口总额的95.5%；按洲际统计，2009年从亚洲进口的塑机设备金额约占同期塑机设备进口总额的49.43%，从欧洲进口的塑机设备金额约占同期塑机进口总额的45.27%。

2009年，我国塑机产品的出口地主要分布在亚非拉发展中国家和地区，出口至亚洲、非洲和拉丁美洲的塑机设备金额约占同期塑机设备出口总额的84.06%。2009年塑机产品进出口地域分布统计见表5、表6、图5和图6。

表5 2009年塑机产品进口排名前10位的地域分布(未包含零件)

排序	国家和地区	1~12月进口数量/台	1~12月进口金额/万美元
1	日本	3492	42318.90
2	德国	831	37270.88
3	中国台湾	1868	11068.98
4	意大利	185	7389.94

续表

排　　序	国家和地区	1～12月进口数量/台	1～12月进口金额/万美元
5	韩　国	693	6087.30
6	美　国	398	4166.98
7	法　国	53	3688.55
8	瑞　士	67	3289.86
9	奥地利	138	2822.63
10	加拿大	32	2387.95

注：数据来源于中国海关。

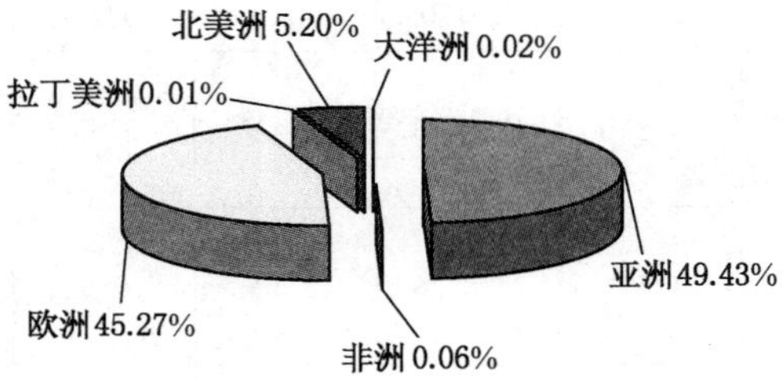

图5　2009年我国塑机产品进口金额洲际分布（未包含零件）

注：数据来源于中国海关。

表6　2009年塑机产品出口排名前10位的地域分布（未包含零件）

排　　序	国家和地区	1～12月出口数量/台	1～12月出口金额/万美元
1	巴　西	1497	4664.31
2	越　南	2023	4443.53
3	伊　朗	1457	4280.15
4	印　度	1284	4196.11
5	泰　国	917	3878.97
6	印度尼西亚	1676	3582.43
7	马来西亚	1340	3148.59
8	土耳其	661	3060.43
9	俄罗斯	947	2374.82
10	埃　及	691	2019.80

注：数据来源于中国海关。

（四）我国塑机产品进出口贸易方式统计

2009年，我国塑机产品进出口贸易方式呈现主体突出、方式多元的特点。进口以一般贸易和外商投资企业投资进口的设备、物品为主，通过这两种贸易方式进口的塑机设备金额分别为68440.86万美元、44907.68万美元，分别占同期塑机设备进口总额的54.25%、35.59%；出口以一般贸易和进料加工贸易为主，2009年我国通过这两种贸易方式出口的塑机设备金额分别为55462.42万美元、17828.02万美元，分别占同期塑机设备出口总额的72.98%、

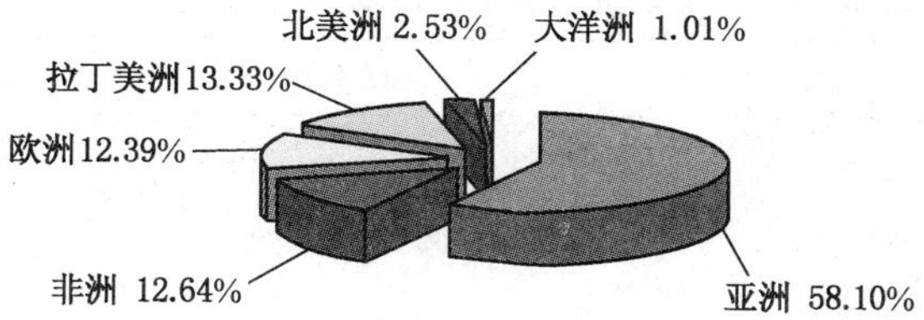

图6 2009 年我国塑机产品出口金额洲际分布(未包含零件)

注：数据来源于中国海关。

23.46%。2009 年塑机产品进出口贸易方式统计见表7、表8、图7 和图8。

表7 2009 年塑机产品进口贸易方式(未包含零件)

排 序	贸易方式	1～12 月进口数量/台	1～12 月进口金额/万美元
1	一般贸易	4428	68440.86
2	外商投资企业投资进口的设备、物品	2668	44907.68
3	出口加工区进口设备	307	4224.41
4	加工贸易进口设备	702	4102.63
5	保税区仓储转口货物	89	2415.98
6	保税仓库进出境货物	25	1451.34
7	国家间、国际组织无偿援助和赠送的物资	1	195.49
8	进料加工贸易	9	192.84
9	其 他	63	143.63
10	租赁贸易	23	91.85
合 计		8315	126166.71

注：数据来源于中国海关。

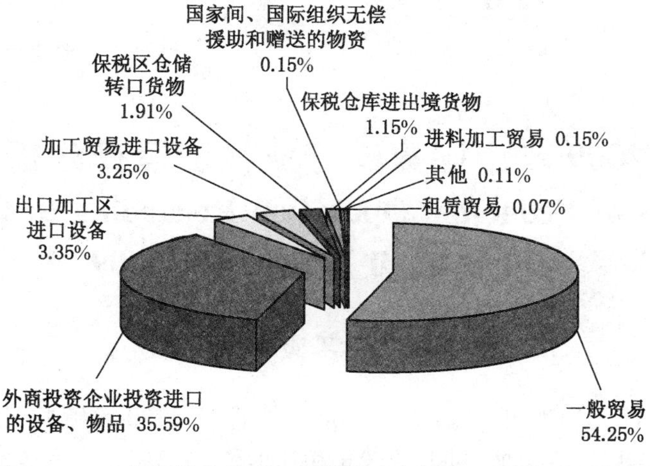

图7 2009 年塑机产品进口贸易方式金额占比(未包含零件)

注：数据来源于中国海关。

表8　2009年塑机产品出口贸易方式(未包含零件)

排　序	贸易方式	1~12月出口数量/台	1~12月出口金额/万美元
1	一般贸易	27496	55462.42
2	进料加工贸易	3208	17828.02
3	保税区仓储转口货物	53	1322.93
4	边境小额贸易	538	627.27
5	来料加工装配贸易	71	306.33
6	其　他	174	226.50
7	对外承包工程出口货物	32	149.24
8	保税仓库进出境货物	274	66.85
9	国家间、国际组织无偿援助和赠送的物资	7	4.09
10	易货贸易	1	0.08
合　计		31854	75993.73

注：数据来源于中国海关。

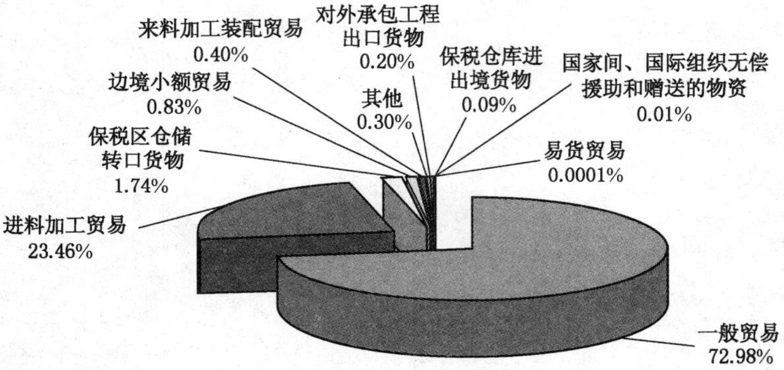

图8　2009年塑机产品出口贸易方式金额占比(未包含零件)
注：数据来源于中国海关。

(作者为中国塑料机械工业协会)

2009年中国氯碱行业经济运行分析

Analysis of Economic Operation Regarding to China's Chlor-alkali Industry in 2009

张文雷

据中国氯碱网统计，2009年我国聚氯乙烯总产能达1780.5万吨，同2008年相比增长12.61%，烧碱总产能达2793万吨，同2008年相比增长13.3%，我国氯碱行业在2009年仍维持高速发展。山东以及江苏两省产能比重仍居全国前列水平，其中山东省聚氯乙烯产能在200万吨以上，烧碱产能在600万吨以上，产能居国内首位。

2009年新建项目继续逐步向中、西部地区转移，东部地区虽仍有新建及扩建项目，但项目数量相对较为有限，从2009年我国聚氯乙烯及烧碱产能分布状况可以看出，中、西部地区，尤其是内蒙古、河南以及新疆等地新建以及扩建项目较多，以上省区占行业比重有所增大。

第一部分　2009年中国氯碱行业主要产品市场运行状况

一、2009年中国聚氯乙烯市场运行状况

2009年全年PVC总产量为915.5万吨，较2008年全年产量相比增长11.0%。2009年第二季度开始，随着我国一系列经济刺激措施实施到位，PVC下游行业开工原料需求量逐步拉大，PVC价格自下半年开始呈现整体上提的态势，国内PVC企业整体开工负荷较上半年相比也有所提升。同时，下半年以来国内部分新建PVC项目的逐步建成投产，也是推升全年聚氯乙烯产量的因素之一(表1，图1)。

表1　2009年中国聚氯乙烯产量　　万吨

月份	1月	2月	3月	4月	5月	6月	7月	8月	9月	10月	11月	12月	总计	累计同比/%
产量	57.4	66.6	70.1	70.6	76.5	80.2	77.2	79.5	84.2	81.8	79.3	83.1	915.5	11.0

2009年1～12月中国PVC市场整体呈现震荡中逐渐上涨的局面，特别是价格曲线在年底出现了明显的翘尾效应。一季度受宏观经济下行拖累，这一阶段市场价格较低，市场仍处于“去库存”化过程中。二季度开始，随着一系列经济刺激措施实施到位，以房地产、汽车等为代表下游行业需求状况好转，国内PVC市场供需秩序逐渐理顺，产品价格也在震荡中逐渐上涨。

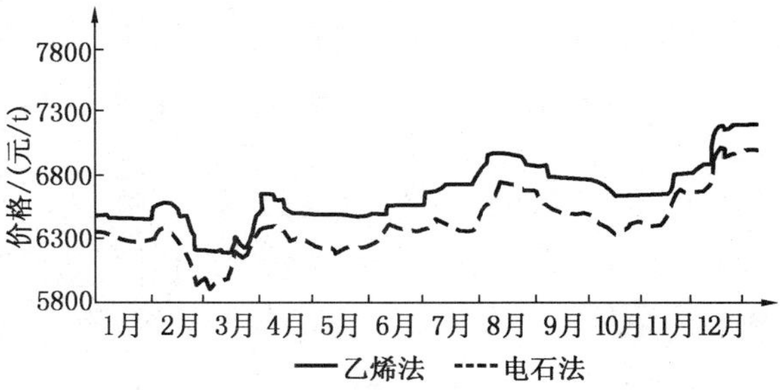

图1　2009年中国PVC价格走势

2009年全年国内PVC市场走向整体呈现以下几个特点：

(1) 经济运行局势限制市场表现。2009年第一季度，全球经济受金融危机影响表现低迷，国内PVC市场面临下游需求迅速萎缩的局面，市场呈现低位徘徊态势。2月下旬市场在春节假期拖累之下步入年度最低价格水平，华东地区电石法五型料价格仅为5900～6000元/t。第一季度国内PVC企业整体开工负荷不高，但受限于疲弱的下游需求，企业方面普遍面临巨大的“去库存”压力。

(2) 国际能源价格起伏明显，对外贸易现结构性变化。2008年金融危机给全球能源市场带来巨大冲击，国外需求市场萎缩严重。在此背景下，海外企业以成本和贸易方面的优势，加大了对华聚氯乙烯产品出口力度，这在一定程度上迟滞了国内聚氯乙烯产业的复苏步伐。2009年1～12月进口国外PVC纯粉累计达163万吨，同比大幅增长104.4%，达到了2004年以来年度进口PVC纯粉数量的最大值。同时，国内PVC纯粉出口量仅23.6万吨，同比下滑60.6%。

(3) 下游行业恢复情况好于国内聚氯乙烯产业本身，年末翘尾效应显现。数据显示2009年1～12月份，国内塑料管材及相关附件产量达580.4万吨，同比增长18.9%；塑料型材(含

板片材)产量320.3万吨，同比增长6.4%。同时2009年1~12月份，国内聚氯乙烯纯粉的表观需求量也达1046万吨，同比增长15.3%。实际上自1季度末2季度初开始，国内塑料加工行业即已早于聚氯乙烯产业进入恢复上升通道。然而受进口货源猛增等因素的影响，需求市场回暖对聚氯乙烯市场的利好拉动作用直至下半年，甚至年底才在成本、政策等多重因素的配合下逐渐释放。

(4) PVC期货上市，资本市场影响产业经济运行情况。PVC期货于2009年5月末正式在大连商品交易所上市，合约从2009年9月起设置，合约上市后资本市场积极参与，期货市场对国内现货市场走向也带来一定影响，自2009年8月起，国内PVC现货市场几度走高均有期货市场带动的因素。

(5) 煤电油运等运营成本层面因素影响显著。2009年全球原油价格的触底反弹为国内外聚氯乙烯价格的逐步回升提供了成本层面的支撑。与此同时，国内电力价格在11月上调也成为了引发聚氯乙烯价格年末上涨的最直接因素之一。经初步测算，如全国销售电价平均上涨2.8分，则全国氯碱行业企业全年需多支出电费成本逾23亿元。另外，2009年四季度我国接连遭遇大范围寒潮、降雪天气，局部地区交通运输渠道受限，华东及华南地区PVC货源供应受到较明显影响，产品价格也随之上调。虽然四季度已进入传统消费淡季，但12月国内聚氯乙烯价格还是触及年内价格高点，华南地区电石法五型料高端成交价格在7400元/t上方水平，华东地区电石法五型料高端价格也触及7300元/t水平。

整体来看，2009年国内聚氯乙烯市场需求在国家经济刺激政策的作用下正在逐渐恢复，但由于供应能力仍然偏大，价格虽然有所恢复，但企业盈利状况并未明显好转。目前的聚氯乙烯市场价格仅能够使部分企业实现减亏，全行业实现扭亏的压力依然较大。

二、2009年中国烧碱市场运行状况

2009年全年我国烧碱产量为1891万吨，同比增长8.6%。全年来看，6月份开始，烧碱产量实现同比正增长。虽然下游需求仍相对疲软，但PVC等耗氯产品市场的逐渐恢复对烧碱开工形成了较为稳定的支撑，这成为在烧碱价格持续低位的情况下，全年产量仍能保证同比略有增长的重要原因(表2，图2)。

表2 2009年中国烧碱产量 万吨

月份	1月	2月	3月	4月	5月	6月	7月	8月	9月	10月	11月	12月	总计	累计同比/%
产量	118.3	136.6	156.4	163.1	162.5	172.1	179.1	170.9	178.8	178.1	182.7	177.5	1891.0	8.6

2009年一季度中期开始，国内烧碱价格经历了一次长达半年之久的价格连续下跌。以32%离子膜碱为例，国内价格由年初的700元/t左右，下滑至目前的400元/t左右。不仅如此，即便是在传统消费旺季，产品价格也没有出现明显的上扬。同时，由于上游煤、电、原盐等原材料价格保持坚挺，三季度中期开始国内烧碱产品的亏损面出现了扩大的趋势。

2009年国内烧碱行业经济运行的主要特点如下：

(1) 市场供应稳定。2009年以来受金融危机冲击影响，上半年国内烧碱装置开工率低，产量萎缩明显。进入下半年以后，国内烧碱月度产量即稳定在170~180万吨之间，企业开工率有所回升。供应量在下半年的逐渐回升，也是抑制国内烧碱价格的主要因素。

(2) 下游需求不足，烧碱价格持续低迷。2月份开始，国内烧碱价格即进入了持续半年的下滑通道，主流市场价格至今仍徘徊在400～450元/t的水平上。分析认为，造成烧碱市场价格持续下滑的主要原因还是造纸、氧化铝等主要下游行业对烧碱需求萎缩造成的。特别是由于海外氧化铝行业受冲击严重，国内液碱出口受阻明显，大量出口货源回流国内市场也给国内烧碱价格带来了巨大的下行压力。

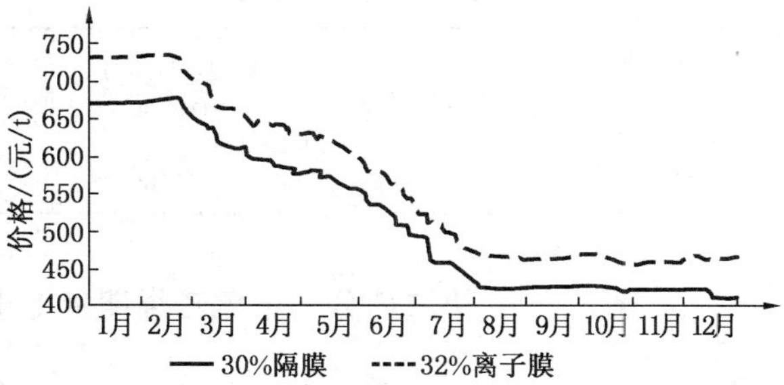

图2　2009年中国NaOH价格走势

(3) 烧碱产品亏损面有放大趋势。随着价格的不断下滑，国内烧碱产品的利润不断降低，8月份开始烧碱市场价格即已接近多数企业的盈亏平衡线，烧碱产品的亏损面也在三、四季度表现出明显的扩大迹象。随着11月份国内销售电价的统一上提，预计企业的成本压力会进一步提升。

从目前的情况来看，国内烧碱市场在未来几个月之内难以在实质上改变目前的低迷形势，烧碱价格未来仍将继续在低位徘徊，企业的运营效益将面临着日益增大的考验。

三、对外贸易

2008～2009年，在国际原油价格剧烈起伏的大背景下，受成本因素推动，进口聚氯乙烯数量的猛增成为了2009年中国聚氯乙烯对外贸易市场当中最引人注目的变化。同PVC纯粉进口量大幅增长的状况相对，2009年全年我国PVC纯粉出口量同比明显减少，上半年PVC纯粉月均出口量均不足万吨水平，下半年开始进出口局势虽有好转，但产品出口量仍较为有限。全年PVC纯粉出口量仅为23.61万吨，为2006年以来的最低值(表3)。

受北美和澳洲等地氧化铝等行业烧碱需求大幅萎缩的影响，国内液碱出口大幅萎缩。1～12月国内液碱出口累计93.48万吨，同比下滑43.31%。大量出口液碱的回流，在很大程度上加重了国内烧碱市场的负担，这也是导致国内烧碱价格下挫的主要原因之一。同时，由于国际固碱价格波动相对较小，且市场相对分散(如东南亚、中亚、非洲等地)，因此其出口市场保持了稳定增长(表4)。

表3　2009年聚氯乙烯纯粉进出口及表观消费情况

	1～12月合计	1～12月累计同比/%
PVC纯粉进口量/万吨	162.99	104.4
PVC纯粉出口量/万吨	23.61	-60.6
PVC纯粉表观消费量/万吨	1046	15.3

表4　2009年烧碱出口情况

	1～12月合计	1～12月累计同比/%
固碱出口量/万吨	59.22	39.17
液碱出口量/万吨	93.48	-43.31

2009年初受原油价格剧烈下滑的影响，国际市场乙烯基原材料的价格大幅下滑，直接刺激了中国国内进口量的迅猛增长。特别是进口VCM的价格年初最低时仅有不到400美元/t，极大的刺激了国内买家的进口热情。同时，尽管年初进口EDC价格同样较低，但由于国内具备进口EDC加工PVC能力的企业数量有限，且EDC市场价格波动较大，因此2009年全年EDC的进口数量出现了明显的负增长(表5)。

表5　2009 年 VCM/EDC 进口情况

	1～12 月合计	1～12 月累计同比/%		1～12 月合计	1～12 月累计同比/%
EDC 进口量/万吨	57.3	-31.86	VCM 进口量/万吨	137.66	69.78

第二部分　聚氯乙烯期货上市改变市场传统运营模式

2009 年 5 月，聚氯乙烯商品期货在大连商品交易所正式上市，合约从 2009 年 9 月起设置，全年共计 12 个合约，这是大连商品交易所继推出线性低密度聚乙烯商品期货后推出的第二款工业品期货，也是我国推出的第一支氯碱行业主要产品期货。合约设定了 9 个推荐交割品牌，大连商品交易所方面设置了基准交割仓库和非基准交割仓库，分别设在广东省、上海市、浙江省、江苏省等地，共计 13 个(表6)。

表6　聚氯乙烯期货推荐交割品牌一览

序　号	生　产　企　业	商　　标	企业标准牌号
1	上海氯碱化工股份有限公司	申峰	WS-1000S
2	新疆天业股份有限公司	天业	SG5
3	宜宾天原集团股份有限公司	江水	SG5
4	四川省金路树脂有限公司	金路	SG5
5	新疆中泰化学股份有限公司	青峰	SG5
6	浙江巨化股份有限公司	巨化	SG5
7	河北金牛化工股份有限公司	金麟	SLP-1000
8	新疆天辰化工有限公司	天辰	SG5
9	昊华宇航化工有限责任公司	宇航	YH-1000

聚氯乙烯期货自推出后，市场各方积极参与，2009 年全年聚氯乙烯期货共成交 36157324 手，远高于线性低密度聚乙烯期货上市首年成交量 763672 手的数据，聚氯乙烯期货全年成交额在 13145.83 亿元人民币，合约运作表现活跃(表7)。

表7　部分公告参与聚氯乙烯期货操作的氯碱行业上市公司一览

企业名称	所在地	股票代码	工艺方法	产　　能	产能排名
新疆天业	新疆	600075	电石法	72	2
上海氯碱	上海	600618	乙烯法	48	5
宁夏英力特	宁夏	000635	电石法	25	24
新疆中泰	新疆	002092	电石法	46	6
浙江巨化	浙江	600160	电石法	23	27
河北金牛	河北	600722	乙烯法	23	27
南宁化工	广西	600301	电石法	16	39

从目前掌握的情况来看，国内还有相当数量的聚氯乙烯生产企业正在密切关注期货市场的发展走势，这些企业未来还将陆续参与到期货市场当中。

另一方面，聚氯乙烯期货在交割方面也呈现出较明显的特色。2009 年全年共有 4 个聚氯乙烯期货合约交割，交割量在 33622 手，交割金额达 1133436025.00 元人民币，而 2009 年线性低密度聚乙烯共有 12 个合约交割，交割量在 16010 手，聚氯乙烯期货交割比例明显高于线性低密度聚氯乙烯期货(表 8)。

表 8　聚氯乙烯期货 2009 年交割情况一览

品　种	合　约	交割日期	交割量	合计交割吨数	交割金额	期末结算价
聚氯乙烯	v0909	20090916	18436	92180	620832300.00	6735
聚氯乙烯	v0910	20091026	858	4290	27670500.00	6450
聚氯乙烯	v0911	20091117	11555	57775	387670250.00	6710
聚氯乙烯	v0912	20091216	2773	13865	97262975.00	7015
总　计			33622	168110	1133436025.00	

从图 3 可以看出，聚氯乙烯期货上市以来产品价格变动幅度巨大，8 月初期货价格一度触及 8000 点左右水平，9 月末期货价格一度跌至 6500 点，整体来看，半年多来期货价格多高于现货价格。数据分析显示，2009 年三季度以来，现货市场价格的历次大幅度波动均与期货市场基本同步，期现价格相互印证相互影响的全新聚氯乙烯市场价格机制已出现端倪。

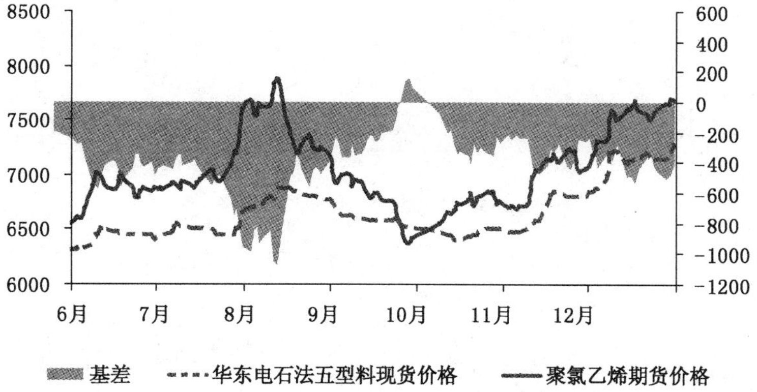

图 3　2009 年聚氯乙烯现货 - 期货价格走势图

从半年多来聚氯乙烯期货市场的表现来看，聚氯乙烯期货市场在生产企业和社会资本积极参与的背景下，正在逐步走向成熟，金融资本将成为未来聚氯乙烯市场定价过程当中不可忽视的力量。这一全新的市场机制一旦形成，氯碱行业主要产品如聚氯乙烯、烧碱等的市场定价机制必然受到影响，这将成为氯碱企业未来几年中需要密切关注的市场变化焦点之一。

第三部分　2010 年中国氯碱行业发展形势预期

一、产业规模将进一步扩大

中国氯碱网统计数据显示，2010 年中国国内计划新增悬浮法聚氯乙烯装置能力 444 万吨，其中电石法装置能力 374 万吨，乙烯法装置能力 70 万吨；计划新增聚氯乙烯糊树脂装置能力 14.5 万吨。2010 年中国国内计划新增烧碱装置能力 597.5 万吨，其中离子膜法装置能力新增 633 万吨，隔膜法烧碱装置能力净减少 35.5 万吨。

上述统计的 2010 年新建项目数量虽然庞大，但结合目前国内外市场现状和近年来对规划项目实际投产的统计经验，上述规划项目中预计将有40% ~50%能如期投产，其余项目的进程则极可能有推迟或出现不同程度的变化。

二、市场未来走势预期

产量预期：有机构预期，2010年中国发电量将在2009年基础上增长9%左右，机械、建材、轻工、纺织等氯碱行业相关配套的主要产业产量等主要经济指标的预期增长速度均将达到10% ~20%。特别是2010年我国建材行业整体增长速度预计将达到20%左右，而汽车产量更是有可能突破1500万辆。以上数据显示，未来的2010年，国内氯碱行业从需求层面有望得到来自相关产业的有力支撑，主要产品产量增长幅度有望实现10%甚至更快的增长。

从图4，5可以看出，聚氯乙烯等国内氯碱行业主要产品的价格走势与代表原油、煤炭等基础能源价格的变化有着极为密切的联系。

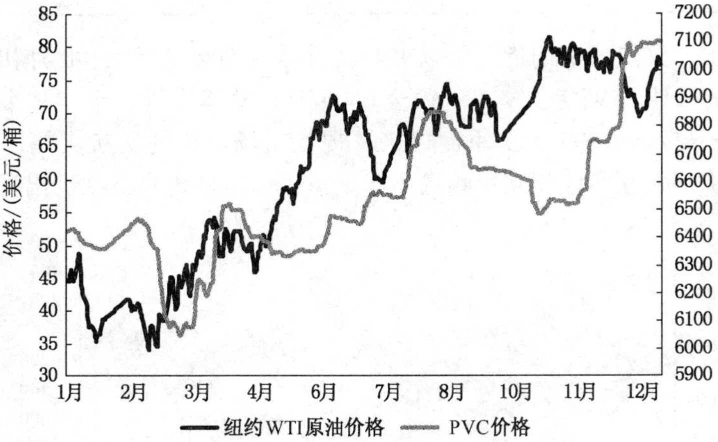

图4　2009年纽约原油－中国PVC价格曲线

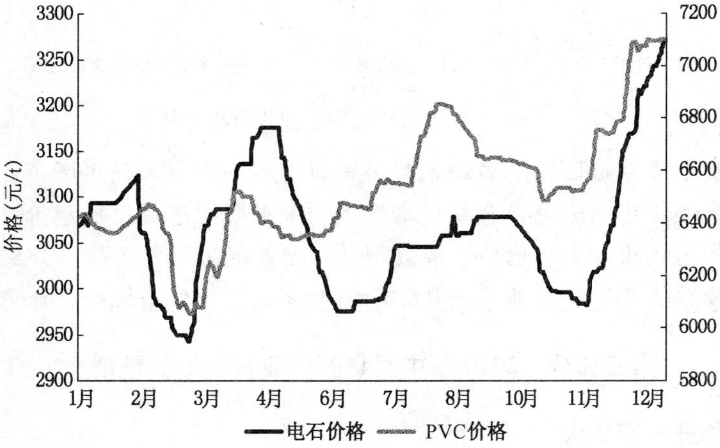

图5　2009年中国电石PVC价格曲线

在已经到来的2010年，随着社会资本，特别是金融资本力量的逐步复苏，原油等基础能源的价格极有可能在2010年再度出现明显的波动。

如表9预期，复苏中的商品市场和金融资本市场对全球大宗商品价格的影响将成为决定

2010年上半年乃至全年国际聚氯乙烯和烧碱市场走势的主要因素。其中，金融资本市场的逐步复苏，以及其对原油、金属等大宗原材料商品期货的巨大影响特别值得行业人士予以关注。

表9　世界主要政府及研究机构预期2010年油价

机构名称	预期油价/(美元/桶)	机构名称	预期油价/(美元/桶)
世界银行	75.29(全年平均油价)	美国能源情报署(EIA)	70(全年平均油价)
高盛(Goldman Sachs)	95(年底峰值)	中国国家发改委国民经济综合司	80(全年平均油价)
日本能源经济研究所	60~80(全年波动区间)	国际货币基金组织(IMF)	大宗商品价格必将进一步上涨

另一方面，国内聚氯乙烯、烧碱等产业在发展过程中积累下的产业集中度低、产品结构不合理等诸多基本问题依旧尚未解决，这有可能成为制约未来国内氯碱行业主要产品市场真正走向复苏的根本性原因。

（作者为中国氯碱行业协会秘书长）

积极发展适应节能建筑要求的优质绝热材料

To Actively Develop Quality Insulation Material to Meet the Requirements of Energy-saving Buildings

陈福广

之所以讨论这个命题，不仅仅是因为我国绝热材料在建筑上应用比例不断增长，更重要的是当前绝热材料在质量和性能上还不能完全适应节能建筑要求，如果我们不从科学发展观考虑，在发展理念上转变，在生产和应用技术上创新，可能始终走不出低水平重复的怪圈，不能从根本上提高我国绝热材料质量和档次，也就是不能真正适应我国大规模节能建筑发展的需求。

一、节能建筑对绝热材料的要求

1. 对绝热材料本身性能的要求

节能建筑对绝热材料的要求，除了材料本身保温隔热性能外，还应当具有相关的应用性能。我们往往比较注重材料保温隔热性能，而对其相关的材料应用性能却较少重视和缺乏研究。例如我国岩棉、矿棉制品，虽然在标准中规定有吸湿率和憎水性指标，但是在实际使中却较少注重它的要求，即使达到这两项标准指标也远远不能满足建筑功能要求。我国大多数矿棉制品用在建筑上并没有像国外那样，在外表有严格的防潮、防水被覆层，有的虽有包覆层，也无明确要求，致使这类材料使用1~2年或2~3年就吸潮下沉，失去保温性能，不但在墙体部位出现这种现象，就连空调、热力管道也屡见不鲜。美国和日本对建筑用的岩矿棉板贴面层均有严格要求，在欧美、日本绝大多数住宅用岩矿棉或玻璃棉制品都是带被覆层的，并且有四周全封闭被覆层、单面或双面被覆层之分类，用于建筑上的玻璃棉不带被覆层极少数。被覆层还区分具有硬壳面的贴铝箔、金属蒸镀塑料薄膜等，有以防湿为主的聚乙稀薄膜、沥青防水纸等，要求透湿性 <50~75g/m^2·24h，还有以防护及保证施工质量为主的1号及2号牛皮纸、微孔聚乙稀薄膜、纱布等，甚至对被覆盖层的胶黏剂的用量都作出规定。除此外，对其他使用

性能如防腐蚀性、防霉性等也有要求，甚至在包装袋上还标明该产品热阻值 R 大小，注明达到这个 R 热阻值的绝热材料，用于建筑上可以覆盖最大的建筑面积，使用户用得最经济合理。总之一切为应用着想，提供质量良好，功能保证，安装使用方便，长期热工性能不降低的绝热材料。我们要做到这些，首先在思想上要认识到这些应用性能不解决，绝热材料的热工性能就达不到要求，绝热材料的耐久性就得不到保证，必须在生产工艺和应用技术上要进行较大的革新。

2. 在施工安装中的结构性能要求

绝热材料在建筑上的应用还必须考虑应用技术和施工安装对制品的结构强度要求。除要求材料具有应有的保温隔热性能外，很重要的就是要防裂、抗渗、防水、抗老化、抗收缩变形等性能要求，甚至于还要有一定的装饰效果，这就要求绝热材料有一定的结构强度，不但与墙体结合牢固，黏结力强，而且有较好的抗拉强度，能抵抗材料之间的变形应力，与绝热材料配套使用的饰面材料还要有抗大气的各种侵蚀性能和抗撞击性能，因此对绝热材料与墙体的连结方式和它的结构强度绝不可忽视。目前有的外保温材料在应用中出现的表层开裂、砂浆脱落、网格布与聚苯板脱胶、聚苯板与墙体脱落，甚至于大面积保温板掉落等现象，无一不是与安装施工对材料结构性能要求不严或应用技术不过硬有关。

因此节能建筑对绝热材料的要求，不仅仅是保温隔热性能，还应当具有相关的建筑应用性能、结构强度和耐久性能，拿这些性能要求我国目前绝热材料产品，显然尚存在诸多问题。

二、进一步提高绝热材料的质量和功能

目前我国节能建筑中的绝热材料产品，绝大多数属低档次产品，虽然这几年国外企业在我国建设几条档次稍高的产品生产线，但从总体上看，当前我国建筑保温材料产品档次还是较低的。例如大量使用的膨胀珍珠岩保温砂浆几乎用不到 1 ~ 2 年就产生不同程度的裂缝，造成砂浆脱落，往往由于保温材料和配套材料的产品良莠不齐，加上施工安装不规范，给工程质量和节能效果带来很多麻烦，有的产品明显不合格，不符合标准要求；有的保温材料即使达到标准范围，由于我国标准偏低，加上制品的厚度尺寸误差大，也难以满足节能建筑要求，我国保温材料产品质量和性能普遍比国外低得多。

就拿我国节能建筑中使用较普遍的聚苯乙烯泡沫塑料板来说，影响其质量和性能的两项重要指标，即体积密度和防火安全性能更令人担忧。体积密度直接关系到产品导热系数，体积密度降低，则导热系数就会增大，我国现有标准规定体积密度已经比国外低，金属面聚苯乙烯夹芯板密度为 $18kg/m^3$，钢丝网架水泥聚苯乙烯夹芯板密度为 $15kg/m^3$，膨胀聚苯板薄抹灰外墙外保温系统用聚苯板密度为 $18 \sim 22kg/m^3$，然而在建筑应用中却常常出现 $10 \sim 12kg/m^3$ 的低密度聚苯板，有的甚至于还以技术创新名义，生产出体积密度 $5 \sim 6kg/M^3$ 的伪劣聚苯板，这些低密度聚苯板不但达不到保温隔热的节能效果，而且强度极低，严重损坏工程质量。

我国 EPS 标准《绝热模塑聚苯乙烯泡沫塑料》(GB/T 10801. 2—2002)规定，燃烧性能的氧指数不小于 30%，主要靠阻燃剂来保证，然而常常出现有的 EPS 不加阻燃剂，或者加入质量低劣的阻燃剂，根本达不到阻燃效果和防火安全的要求，致使 EPS 在应用中频频发生火灾，这在人们心目中对 EPS 应用已产生心理障碍。更值得注意的是，我国阻燃剂多数使用卤族有机物，一旦失火时冒浓烈黑烟，容易造成人员窒息死亡。

在国外建筑用的保温隔热聚苯板体积密度要求最低不小于 $22kg/m^3$，大多数体积密度在 $25kg/m^3$ 以上，阻燃剂大多数采用磷系或氮系阻燃剂，可在 1 ~ 2s 内自熄，燃烧气体无毒、无嗅，无刺激性。因此我国建筑上应用的EPS，无论从结构强度或防火安全性能，与国外相比还有不小差距，尚不能很好满足建筑应用要求。为此，我们要下决心提高EPS产品质量和档次，适当提高EPS在建筑应用的体积密度，积极开发新型阻燃剂，提高EPS阻燃性能和防火安全等级。

我国保温材料生产厂大多数规模小、生产技术落后，造成产品质量和功能低下，要积极开展技术创新，采用新工艺新技术，进行生产工艺系统改造，才能大幅度提升绝热材料的品质。例如对建筑用岩矿棉类保温材料，要降低体积密度，进一步减小纤维棉的直径，减少渣球含量；或者改变产品结构形式，采取全封闭表面，黏贴加筋覆盖层等，都要从生产工艺上进行较大的技术改造，才能达到要求，有的厂可能要进行装备技术系统全面的改造，或者引进国外的先进技术装备，才能较快地提高我国绝热材料的生产技术水平。除此之外，还要开展憎水性和各种轻质多功能复合绝热材料的开发研究；对聚苯板，除适当提高表观密度外，对其抗拆强度和吸水率指标也应适当提高；对其他绝热材料也应如此。这里还需要提醒的，生产厂在进行工艺技术改造、开发新产品时，万万不可追求低价位、低档次的产品，采用低水平的装备技术，不能为了迎合低价位的市场需求，抢占眼前市场份额搞低水平的重复建设，大打价格战。一定要以提高企业核心竞争能力，提高技术水平为理念，开发新产品，采用新技术，要始终把提高产品质量和档次放在第一位，才能真正提升企业竞争能力。

三、尽快提高绝热材料标准水平

国外在建筑上和工业上绝热材料的标准是分别制定的，围绕各自应用性能要求制定产品标准才是最科学合理和最经济的。我国目前绝热材料标准，大多数是按照工业上（窑炉或管道）应用要求简单移植到建筑上的，并没有按照节能建筑的应用要求，作系统对比试验，确定性能指标，因此有的指标规定不尽合理，依据不足，有的指标明显缺失，甚至于还有不少误区。例如：国外聚苯乙烯泡沫塑料标准规定，当导热系数要求0.04W/m·K时，其体积密度≤25kg/m^3，同时要求抗折强度≤29.4N/m^2（0.29MPa）；当导热系数要求0.042W/m·K时，其体积密度≤22kg/m^3，同时要求抗折强度≤24.5N/m^2（0.245MPa），最高抗折强度要求不小于0.34MPa。我国《绝热模塑聚苯乙烯泡沫塑料》[GB/T 10801.2—2002]标准，规定聚苯板的表观密度为15kg/m^3、20kg/m^3的λ均为0.04W/m·K，显然不尽合理，而且只规定了板材压缩强度，无抗折和抗拉强度要求，《膨胀聚苯板薄抹灰外墙外保温系统》（JG 149－2003）标准只规定垂直于聚苯板面的抗拉强度为0.1MPa，这些重要指标缺失或降低，往往造成板材在安装使用中结构强度不足，导致聚苯板断裂或黏结瓷砖的聚合物砂浆撕裂、剥落等现象。在防火安全方面，美国标准规定氧指数＞35%，企业实际检验都在36%～38%以上，英国标准规定≤33%，奥地利标准规定≤35%，这些国家规定的氧指数都比我国高。由此可见，我国绝热材料标准确有进一步提高的必要。

为此应当尽快修订我国建筑应用的EPS标准，要适当提高体积密度和氧指数指标，增加抗折和抗拉强度等技术指标要求，并加强EPS质量监督和检查，堵绝低劣产品进入建筑市场。

又如矿岩棉、玻璃棉等绝热材料，我国标准规定玻璃棉表观密度40kg/m^3、70kg/m^3的λ分别为0.041W/m·K和0.049W/m·K，国外标准规定表观密度50kg/m^3的λ为0.034W/m·k，有的可达到0.030W/m·K，比我国标准水平高得多。我们知道岩棉和玻璃棉在高温和低温区使用性能是有区别的，在工业上高中温条件下使用，导热系数是随密度增大而减小，它的最佳密度范围是偏大的，美国和日本通过试验确定在工业上350～600℃温度下使用的最小导热系数值，所对应的最佳密度范围分别控制在≤150kg/m^3和40～70kg/m^3，而在建筑上低温条件下使用，却并非如此，我在美国考察时，有关方面介绍在住宅中使用岩棉的最佳密度为60~80kg/m³。我国有关标准规定用于建筑上的岩矿棉密度为100kg/m³，并未见到系统对比试验的依据，在建筑上应用的绝热材料最佳密度范围到底多大才合适？需要通过试验研究才能确定标准数值，因为只有低密度产品达到高保温性能才是最经济合理的。

提高标准水平，还有利于淘汰落后工艺技术，堵绝低劣产品进入市场，从而规范市场竞争秩序。总之要围绕进一步提高保温材料的热阻值、降低制品表观密度，提高技术性能和应用要求；通过提高标准水平来提高产品入市条件，从而提高绝热材料行业整体水平。

四、积极开展应用技术研究，提高应用技术水平

我国绝热材料应用技术比较粗放，往往为了节省投资或降低成本把很多应用技术简化，使应用效果不佳。例如：采用黏结聚苯板的外保温技术，往往用点黏结或少数锚固件连接，加上聚苯板本身结构强度低，致使聚苯板与墙体固接不牢，造成聚苯板断裂或风吹脱落现象；在作装饰面层时，有的用普通玻纤网格布代替抗碱玻纤布或钢丝网片，有的只铺贴一层细网布，经过1~2个冬季后，发现表层开裂、砂浆剥落或瓷砖脱落，或者网格布与聚苯板脱胶等问题。

又如钢丝网架聚苯夹芯保温墙体，我国大都采用人工抹面，难以保证工程质量，容易造成钢丝网架表面砂浆开裂或空鼓现象，在国外是采用机械化涂抹水泥砂浆施工，一面挤出，一面涂抹，并将聚苯板表面刻成阶梯形沟漕，以防止水泥砂浆掉落，水泥砂浆中还掺加胶体，确保砂浆与聚苯板之间黏结性能良好，以防止砂浆开裂、空鼓或脱落现象，这些都说明我国绝热材料应用技术与国外相比亟待完善和提高。

我国目前绝热材料在建筑上应用，有外保温、内保温和夹芯复合保温三种型式，每种应用型式不同，对绝热材料使用性能的要求和应用技术也不同；不同地区对绝热材料的应用要求也不尽相同，因此必须针对不同材料和应用方式开发出相应的施工应用技术。对于外保温，尤其要注重防裂、抗渗、防水和抗收缩变形等性能要求，甚至于还要有装饰效果；至于夹芯保温或复合保温墙体，易于做到绝热材料和建筑物同寿命，在国外最为普遍，从长远看，它必然也是我国今后节能建筑发展的方向，对它的应用技术更不可忽视，然而这种应用方式又与墙体基材品种和复合墙体结构形式、空气隔离层的设置等有关。因此保温材料在建筑上推广应用一定要结合我国不同地区不同建筑形式，开发研究相应的应用技术，包括开发与应用技术相配套的胶结材料和配套件，如卡销件、锚固件、拉结件或饰面材料等，实在是非常必要，这就要求我们在发展理念上必须注重这方面的研究和解决措施。

另外还要组织企业和有关单位制定绝热材料施工的工法，仅有原则性的施工规程还不够，必须对各种材料、产品的质量要求和施工方式都要有严格的操作工法，施工人员必须按施工工法培训上岗，这样才能保证工程质量和施工效果。

总之要通过进一步提高保温材料的技术性能和应用要求，以及制、修订标准，切实加以研究和解决当前保温材料在使用中存在的实际问题，以确保产品产量和工程质量，这样才能使保温材料在我国大规模的节能建筑中大量推广应用。

（作者为中国建筑材料　联合会科技教育委员会副主任）

中国台湾模具发展现况和展望

The Development and Prospects of Taiwan Province's Mold Industry

徐昌煜

一、中国台湾模具厂的规模

根据中国台湾的金属工业研究发展中心2008年的资料：中国台湾模具厂约有3400家，平均员工人数11人，厂商分布多集中在台北、台中、台南。中国台湾模具业20人以下营收比例占总营收的43.8%，20~29人的营收比例占12.6%，30~99人的营收比例占30.8%，未满30人的营收比例已占中国台湾营收比一半以上，显见中国台湾模具厂为典型中小企业型态的产业。以厂商家数来看，员工人数分布以未满20人为最多，比例高达85.5%。

二、中国台湾模具的文化和生态

中国台湾模具的文化因为历史和地理的缘故，无论是师徒制的生态，或是技术和规格的采纳，受到日本的影响较大。1980年以后在美国留学工作的学者专家陆续返台，对模具设计和制造的科学化以及CAD/CAE/CAM的使用，起到了催生助长的功效。

传统上，模具厂是由累积了工作经验和资金而并没有接受大学或大学以上教育的“黑手”开创并主导，他们荜路蓝缕，承先(包括日本师傅)启后，对中国台湾经济的成长作出了卓越的贡献，使得中国台湾模具的出口额在1990年代曾经高居全球第二名。

多数模具厂规模较小，资金有限，研发不足，环境较差，工作紧张辛苦，主要采取家庭式经营，使得接受较高教育的年青人多半不愿“下海”。这使得中国台湾模具厂的进一步升级和规模化受到了阻碍。

2000年后，制造业的量产基地移到中国大陆，模具业的主要业务随之移往大陆，中国台湾的模具业面临升级转型、招募人才和跨区域管理的挑战。

三、中国台湾模具的进出口贸易

2009年受到国际金融危机的影响，中国台湾模具进出口都明显衰退，进口值为新台币2404298000元(72857500美元)，较之2008年的新台币5329494000元(161499800美元)，衰退了54.9%；出口值为新台币12565576000元(380775000美元)，较之2008年的新台币19118144000元(579337700美元)，衰退了34.3%。

如果比较2001年到2008年的中国台湾模具进出口值：进口值从2001年的新台币4933519000元(149500600美元)，增加到2008年的新台币5329494000元(161499800美元)，增幅8.0%；出口值从2001年的新台币18475981000元(559878200美元)，增加到2008年的新台币19118144000元(579337700美元)，增幅3.5%；七年的增幅都非常有限。

中国台湾是一模具出口地区，2008年中国台湾模具的产值约新台币54600000000元(1654500000美元)，出口比例达35%，高于日本、韩国的20%。随着人流、物流、金流和信息流的时间和成本的降低，全球化是经济的一大潮流，另一股潮流则是区域性的自由贸易。目前及未来的经济体系整合对中国台湾模具业势必带来冲击。

四、中国台湾、日本及中国大陆模具进出口的此消彼涨

中国大陆和日本是影响中国台湾模具进出口最大的地区，两者合计，占了中国台湾模具进

出口贸易额的50%以上。

如果观察2001年到2008年的中国台湾模具进出口地区，最大进口地区从2004年及之前的日本转为2005年及之后的中国大陆/中国香港；最大出口地区从2001年及以后始终都是中国大陆/中国香港。

进一步审视2001年到2008年的中国台湾模具对日本和中国大陆/中国香港的进出口值：

(1) 中国台湾进口日本模具值，从2001年的新台币2832524000元(85834100美元)，减少到2008年的新台币1487159000元(45065400美元)，减幅高达47.5%；中国台湾出口日本模具值，从2001年的新台币1033425000元(31315900美元)，减少到2008年的新台币1019539000元(30895100美元)，减幅为1.3%。这说明中国台湾模具的技术和质量有所提升，许多原先由日本进口的模具由中国台湾自制者取代，但是技术和质量提升的程度有限，其性价比不足以吸引日本从中国台湾进口更多的模具。

(2) 中国台湾进口中国大陆/中国香港模具值，从2001年的新台币222002000元(6727300美元)，增加到2008年的新台币2821171000元(85490000美元)，增幅高达1171%(11倍多)，极为惊人；中国台湾出口中国大陆/中国香港模具值，从2001年的新台币8310554000元(251835000美元)，减少到2008年的新台币7056083000元(213820700美元)，减幅为15%；这说明中国大陆多年来引进中国台湾和外商模具技术和经验已见成效，原来中国大陆要从中国台湾购置的模具，如今有许多已能自制，而且由于人工等成本较低，甚至出口到中国台湾；而中国台湾原来可以自制的模具，由于价格的缘故，逐渐被自大陆进口的模具取代。不过，自大陆进口的模具有很多是由在大陆的台商模具厂制造，降低了在中国台湾购置模具的成本。另外要指出的是，在大陆的台商模具厂，有很多是量产产品(如接插件、手机、照相机、笔记本电脑、显示器、事务机、汽车等)的主要模具供货商，他们的产值比在中国台湾的模具厂要大得多(甚至在中国台湾的模具厂已经不再生产，整体移到大陆扩产)，此一产值并入了大陆的产值。

五、中国台湾模具厂的竞争力和生产力

目前中国大陆是中国台湾模具进出口最大的地区，比较两岸的竞争力和生产力，较具实质的意义。

两岸的模具厂同样是以小规模企业为大多数，按照中国台湾的金属工业研究发展中心2008年的资料：若以每家模具厂员工数来看，中国台湾每家模具厂平均约11名员工，中国大陆约26名员工；以人均产值来看，中国台湾模具业人均产值约4.30万美元，中国大陆模具业的人均产值约1.15万美元，中国台湾约为中国大陆的4倍左右。

中国大陆既然是中国台湾模具进出口最大的地区，显见两岸模具产品往来密切；而日本是两岸进口模具的前两大进口地区，可见日本模具产品对于两岸模具的需求，扮演了重要的供应角色。

从两岸模具下游应用产业来看，电子信息是中国台湾最大的下游应用产业，其他应用产业亦有汽机车业及其他日用品业：汽车则是中国大陆最大的下游应用产业。从生产类别来看，塑料模具是中国台湾模具业的最大产品项目，约占其产值的40%左右，冲压模具则占其产值的31.7%；中国大陆的冲压模具与塑料模具则同为产值的40%左右。

早期中国台湾模具厂商主要是看中中国大陆具有降低营运成本的优势，之后，模具厂商西进设厂已不再是单纯成本因素的考虑，转而以供应链结构性变化的因素居多。然而，中国大陆本身的模具工业亦快速发展，因而在中国大陆拥有在地优势下，中国台湾部分模具厂商经营得比较辛苦。因而，近年来前往大陆的苏州、宁波、东莞、深圳等台商集中地区设厂者，大都以客户需求为考虑。

中国台湾模具的技术能力属于升级转型阶段，但是研发的力度仍待加强；大陆模具的技术能力属于输入阶段，因此仍然需要持续的累积经验，然而大陆市场需求成长远高于技术成长的速度，在大陆市场两岸应有相互合作与学习的互补空间。

六、中国台湾的塑料模具业

中国台湾塑料模具占其模具产值的40%左右，是其模具业的最大产品项目。在塑料模具中，注塑模具则是量和值最大的一项。

中国台湾的注塑模具业是全世界使用CAE(电脑辅助工程)最密集而且最好的地区，因为全球最为普及的注塑CAE，如Moldflow、C-MOLD、Moldex，几乎都是华人撰写的，这些软件的开发者有很多都在中国台湾或来到中国台湾，对于此一可以模拟和防患未然的方式优化产品和模具设计的高新科技的推广不遗余力。而且，不少这类专家学者已经被重用为大型制造业的总经理或顾问，他们在任上的卓越成就，对中国台湾注塑业的科学化和合理化有很大的功劳。

中国台湾注塑模具业对教育培训非常重视，举凡塑料应用、模具设计、问题诊断和先进成型技术介绍的课程，报名踊跃，学习热烈。政府对这些课程的学费补助从半数到全额不等，对学习风气的普及和提升功不可没。

中国台湾注塑模具业对于提高生产力用功颇深，在中原大学、清华大学、高雄应用科技大学、塑胶工业技术发展中心及金属工业研究发展中心等单位的领导下，开发出许多经典的气辅注射模具、水辅注射模具、多料多色注射模具、超临界流体微发泡注射模具、IC封装模具等，而且将其理论和实务整理成为系统化的知识，作为业者更上一层楼的垫脚石。

中国台湾注塑模具业对于缩短交货期特别重视，在推进科学化和标准化方面的工作用心良苦。从接到订单到试模成功的天数，显示器模具已经缩短到15天、笔记本电脑模具10天、手机模具7天。这些不断翻新的纪录即使放诸四海，也难逢对手，加上精实(lean)和学习文化下不断提高的生产力，使得中国台湾的代工业在全球举足轻重。

七、中国台湾模具业的展望

由于两岸关系的和缓和改善，中国台湾的模具业者固然可以到大陆这个全球制造中心同时又是最大模具市场逐鹿中原，可以善用大陆的人力、物力和土地资源，到全世界争雄问鼎；中国台湾的模具业者也可以留在中国台湾配合来台投资的大陆制造业龙头(如即将来中国台湾的彰滨工业区投资新台币50亿元或1.5亿美元的中国重汽)合作，作为其供应链的一环，中国名牌加上中国台湾制造(Made In Taiwan)品牌的强强联合将成为共赢的另一典范。以中国台湾与世界经济三巨头——中国、美国和日本的特殊文化、历史和地理关系，加上本来具备的实力和努力，中国台湾模具业风云再起的机会是大有可能的。

(作者为先进成型技术学会 创会理事)

中国台湾塑料机械现状和发展概况

The Overview of Taiwan Province's Machinery Industry for Plastics Processing

魏燦文

中国台湾的塑料押出机械工业起源于1950年代，这六十年来，中国台湾塑料产业的精英人士不断的运用智慧，绞尽脑汁，尽心尽力研究与发展。不论是学术界研究单位，或是工业界研发部门，都为追求质量更好，产能更快，自动化与人性化的精密机械来施展发挥团队专业技术，过去中国台湾因信息缺乏，交通不便，物资不足，发展的过程非常艰辛，但成效却是令人骄傲。如今更因网络信息快速发展，透过技术交流，提升产学研发能力，鼓励投资，使中国台湾塑料机械产业不论是产品销售以及研发制造技术水准，均在世界相关产业领域占有一席之地。

最近几年地球受到二氧化碳及温室气体无限制大量排放的影响，已出现暖化现象，人类生存的环境已逐渐受到威胁，全球的平均温度将快速上升，接踵而来的会是威力强大的暴风雨和旱灾、冰河融化、海平线上升、气候模式骤变以及传染病散播等危机。因此"节能减碳、绿色环保、资源回收利用、拯救地球"已是全人类的共同努力目标，而中国台湾塑料机械的今后发展也会以此目标作圭臬，全力发展环保、节能等降低污染的相关机型来维护绿色地球，为求使人类永续生存，努力不懈。

中国台湾押出机械在最近几年的发展已与世界发展趋势并驾齐驱，不论是研发生产技术，电控设计，机械组件加工、组装，均达一流水平，而售后服务与客户教育训练、实时故障排除，都是我们的核心优势。未来中国台湾高等教育所培育的优秀人才，也会薪火相传，把所学投入持续发展，使中国台湾塑料机械的质与量都能脱颖而出、立足天下，成为全球客户的最佳选择。

一、中空成型机

中空成型机过去给人刻板的印象，是用来生产民生用品、塑料瓶、及塑料桶等传统机械，但经世界各国多年的研发及设计人员的全心投入，不断改良并开发新机构，新控制系统，并绞尽脑汁把产品设计及模具设计加以变更，使其能安装在中空成型机上制作生产。中空成型机所能生产的产品也逐渐多样化，因而跨入各种类工业用品，如汽车的部分零组件，化学工业用的各类危险液体包装容器、医药用品、食品饮料、保鲜包装，家具用品、儿童玩具以及超大型特殊容器等。中国台湾研发制作的中空成型机在这些工业运用上出类拔萃，首屈一指，不论是产能精度及价格，均深获客户好评。

1. 全电式中空成型机

有鉴于目前能源逐渐缺乏，价格高涨，及洁净运转低噪音之人性化工作环境的需求，尤其针对医药用瓶、化妆品及饮料瓶等包装产业方面，常要求于无尘的厂房中生产，因此客户的需求造成发展全电式中空成型机的世界风潮，高性能、高精度用于生产高质量及高产量的洁净容器，且对于减低长期生产之成本提高产能，具有重大正面的指标效果。关于全电机型之特性与过去传统液压驱动式之功能差异区分如下：

降低能源损耗：膜胚厚度控制、模座左右移、夹模板开关及风嘴移动，均采用伺服马达驱动，全机无油压系统，各动作只有在作动时才会耗电，不像油压系统之马达需持续运转。除此也减少油压用之冷却系统，故冷却水或冷冻水之消耗量也随之减少，达到节省能源之目的。

低噪音：伺服马达作动声响极低不刺耳，且不需持续运转，如此整台机器在运转时，噪音程度可远低于油压机台。

洁净、环保：没有液压油污染，也没繁杂的油压配管，更无漏油而造成作业环境脏乱及污染之情形。不需像过去要定期更换液压油造成停机停工，也无废油处理等一些环保问题。

提升作动速度及精确度：伺服马达之控制可达到在高速动作下仍有极高的精确性，如此对于生产效率之提升有明显之帮助，不但提高产能，也使产品质量提升。

减少维修保养成本：采用电子机构作动缸(Electro-Mechanical Actuator)基本上不需维修保养，比起一般油压机需定期更换油、检查油管磨损、漏油及清洗冷却器等工作来说，降低了许多维修保养时间及人力成本。

全电机的优点繁不可数，却因电控类原件价格高昂，制造成本无法降低，因而造成客户想立即购买的意愿不高，因此，在市场上尚不普及。此外，由于高吨数的夹模力无法全靠伺服马达产生，故仍需要去开发辅助机构，使大型产品也能生产。目前已有许多客户在探询的是另一方案，即油电混用(hybrid)方式，其做法是模具上方之动作均使用电动缸作动，而夹模与左右移动则仍采油压缸，这样也能确保产品是洁净生产不会受到污染。但是，因地球能源将越来越昂贵与缺乏，因此采全电运转仍是最终的抉择，这有待更进一步的研究发展。

2. 多层共挤中空成型

中空成型的塑料产品，现已由以往单纯的单层原料发展到多层共挤押出成型的阶段，也进入需满足功能性需求的新纪元。多层的技术发展运用在中空机产品已知的有：

阻隔层：用于阻隔氧气进入成品或防止内部油气泄漏，例如汽机车的汽油箱，倘若使用单层聚乙烯原料，则会有逐渐泄漏挥发的情形，会造成空气污染；若密闭累积，甚至会造成安危，故油箱产品的成形应要使用像EVOH阻气性好的塑料，但由于塑料价格贵，且易水解，故无法单层使用，而其与聚乙烯不兼容的特性，迫使生产制程一定要有黏着层，所以发展出四层或五层模头来生产此类产品，而此原理之运用更有用于食品保鲜，例如病人在饮用的高蛋白营养补给饮料包装、化妆品可保存高级香味，用于番茄酱可防氧化快速腐败提高保存期限、用于化学液体包装，防止有毒气体外泄污染等，用途非常广泛，且已逐渐普及于现有包装市场，成为未来各类产品包装的标准规范。

导电层：大型工业容器已开始注重静电问题，如一些化学液体、装填运输的桶子、外层使用的导电性塑料等，使在填充液体或搬运碰撞时，不会因静电而产生无法预知之危险发生。

洁净层：某些高科技产业所使用之化学液体纯净度要求很严格，因此连包装用的桶子接触到此类液体的塑料成分都要完全洁净不含重金属，但塑料是以特殊制程生产，物稀价昂，因此包装桶要以多层生产，洁净塑料就放置于与液体接触的内层，此包装桶的生产制程要求非常严格，良品率不高，但相对利润却非常高，这就是高附加价值的生产。而未来中国台湾的中空机质量要求就是要朝此高技术性来发展。

珠光亮丽层：现代的化妆品包装瓶罐为求外观美观诱人，开始于外层加上珠光层，使瓶身闪耀着珍珠的色泽，诱使爱美的女性争相购买。不论是高级化妆用品，甚至一支200mL的洗发精试用品，皆采此种优雅品味的包装，此塑料也是价格昂贵，生产成本高。因此是以非常薄的一层附着在外层，此种薄膜均匀的分布，就代表着中空机加工生产的高阶技术。

调色层：除了上述描写的珠光层，现在更研发增添一层彩色渐层，使瓶身显得更加美观。此种制程不易，却具有防伪功能的效果，能保护消费者的权益。

回收层：在中空产品的生产制程中，一定会产生头尾废边，过去可能直接粉碎与新料做比例混合，再度进入押出机使用。但随着产品质量要求提高，加上技术不断精进，现在已逐渐改采新料与回收分层的方式，不但不影响塑料的特性，更可增加强度。石油危机显现后，塑料取得将日益困难，价格也会高涨。因此，现在产业界更发展出纳米级碳酸钙，不仅能使塑料使用量减少，更能增加挺性以及改变触感。

总之，多层的应用会越来越广，但是其关键技术是在模头的流道设计与押出机的配置，今天中国台湾押出机产业已在积极研发此类技术的运用，不但希望能减少对石油的依赖性，更要朝新用途的产品做突破。

3. 多模穴双模长行程生产

过去中空成型机，大产品用大机台生产，小产品用小机台生产，因此一升以下的产品也只能少量慢慢做，不但没有经济效益，占据厂房面积庞大，耗掉许多能源及人力资源。如今，小容量的产品只用一台机械即可做出八穴、十穴、十二穴，甚至一穴分上下二支，加上双模台生产等于一个循环产生了四十八支产品，这样的产能才能符合节能降成本的效益，但是相对的机台的刚性、循环运转动作的速度，以及控制的稳定性与精确度，都非常重要，这对机械设计，组件加工及控制的运用都是重大挑战，我们要一一突破困难点。发展出高速、高产能、节能又耐用的机台。此外。在线(In Line)自动化更是现代化工厂的整厂需求，瓶子生产后立即做除胚、冷却、测漏、称重、贴标，不良品及废边回收粉碎直接再利用，工厂几乎无人化，中央监控室对各机台之生产定时产生报表，实时显现运转警报迅速故障排除，都是目前发展中的课题。而网络无国界的实时故障排除，更是售后服务的强项，客服人员不必出国就能先解决一些控制上的问题，不但使客户不用因停机等待多天而减少损失，且机械制造商更可省下大笔出差时间及费用，能为更多的客户做在线服务，这也是未来机械控制上的基本要求，使产品更具竞争力。

二、石头纸

蔡伦造纸到现在经历了1900多年，也就是植物纤维造纸经历了1900多年，由于现代生产力的不断进步，科学技术的不断发展，纸张的需求量每年全世界是以亿吨来计算，这就需要大量的木材，由于不断的砍伐，全世界的森林都在不断减少，森林被严重破坏，种一棵树需要10年的时间才能再次被利用，造成生态不平衡之浩劫；森林被无止境的砍伐，造成森林水土流失，植被被破坏，导致世界性气候不断恶化，因水土保持被破坏，暴风雨造成之土石流掩埋家园造成人员伤亡，至今这些都是世界性的灾难，全世界各国政府都在为这问题的解决方法伤透脑筋。而另一个问题，由于造纸工业不断扩大，排放的污染物更是影响一个地区人民的生命安全，空气污染和废水排放，废渣的处理也是目前亟待解决的世界难题，从许多特异发病的症状可以发现，这些症状发生的罪魁恶首就是环境污染和废水排放造成的后果，因此我们需要保护环境的产业改变，甚至需整个制程改变。

现在解决的方法已开发出来，就是采用矿物仿纸制程，免除传统造纸中的纸浆材料、免除传统造纸的昂贵设备投入、传统造纸生产必需的锅炉蒸汽，及传统造纸需要的大量用水；消除了传统造纸环境造成之空气污染、也免除了传统造纸污水处理过程、降低生产成本、管理及人事成本，减少了设备数量、更减少了场地空间的需求；提高了工作效率、产品质量与利益增加，因而增加了企业收入、也同时改善了生产环境。

石头造纸和普通木材纤维造纸相比有以下特点：

（1）不需再用木材或砍伐树林，保护人类的生态环境。

（2）造纸过程无需大量用水；有效的节约宝贵的水资源，减免在造纸过程中的污水处理过程和费用，大大的缩减了造纸的生产成本。

（3）造纸过程无需使用化学药剂，不排废气、不排污水，不会污染空气、污染水源；这样就不会造成环境污染和危害。

（4）生产场地占地面积小，生产环境洁净，生产成本降低，生产管理易于掌控。

（5）生产之原料容易取得，且不会造成生态变异。

（6）生产制程单纯，全自动的生产线。可让产品多样化、生产自动化。

生产出的石头纸比普通纸更优越性能，具有强度大、抗撕裂、防穿孔、耐磨耐折迭、耐潮湿、耐虫蛀等特点。比普通纸有更广泛用途，其优良的抗水性，使其特别适用于露天户外的宣传广告。由于环保纸不生灰尘不掉毛屑，使其在无尘室能得以应用，可与食品直接接触。

石头纸产品表层材料之选择，除了需满足人们对传统纸的感观和习惯要求，还需满足各种印刷要求，并且要求吸墨性能高或适合普通纸的印刷方式。因此表层材料可根据不同客户所提出的要求，作出调整，满足合成纸在不同应用领域的特殊要求，充分体现石头纸不同纤维纸的优点。

凤记国记机械股份有限公司成立于 1953 年，过去这五十多年带领着中国台湾塑料押出机械的发展，凤记公司的技术发展过程也就是中国台湾押出机械的演变浓缩，凤记公司投注大量的研发人力与经费，提升中国台湾机械产业对于质量与精度的要求，不论是机构组件设计、各类金属材料的使及加工精密度的要求，各种热处理的制程掌控，都采用严格与审慎的态度进而使协力厂水平提升，存优汰劣。国际机械的竞争环境是现实无情的，拿不出最优的质量及最高的产能就会被淘汰，这将是一个整体工业的成败。除此之外，优异的生产技术传承与转移，以及最实时完善的售后服务都是客户决定采购与否的关键。中国台湾押出机械业不但硬件与欧美并驾其驱，生产技术、教育训练以及售后服务更优于国际同业，让客户不停滞的产出最佳质量的产品，才是核心价值。唯有让客户满意，始能使中国台湾机械业永远屹立于国际舞台展现荣耀。

（作者为中国台湾区机器工业同业公会 副理事长，
凤记国际机械股份有限公司　董事长）

中国塑料行业绿色低碳技术全面发展

The Comprehensive Development of the Green Low-Carbon Technologies in China's Plastics Industry

段庆生

从去年年底的哥本哈根气候大会，到日前在三亚召开的博鳌论坛，再到正趋之若鹜的上海世博会，低碳经济显然已经成为全球关注的热点。塑料作为一种正飞速发展的新材料，经过短短 100 多年的发展，已经成为我们日常生活以及工业领域不可或缺的重要材料。在全球低碳经济发展的浪潮中，塑料将再次担当重要角色。日前刚刚结束的第二十四届中国国际塑料橡胶工业展览会（CHINAPLAS 2010）就以“绿色制造 · 共塑未来”为主题，并现场举办了“绿色制造”相关的系列活动，其中6个主题系列论坛，共吸引了近900人参与，从一个侧面见证了绿色低碳主题在塑料行业的受关注程度与影响力，而CHINAPLAS 2010展会现场也成为业内供应商展示绿色低碳制造技术与实力的大竞技场，这些都将塑料行业的绿色化推向一个全新的高潮。

值得关注的是，无论从整个塑料产业链的不同环节来看，还是从塑料制品加工的整个生命周期来看，中国企业在绿色制造与低碳技术开发与应用方面都已渐成气候，并在全球塑料产业发展过程中发挥着日益重要的作用。以下，笔者将重点结合自己对塑料行业绿色低碳发展的一些体会以及中国企业最新的技术、应用进展进行综合阐述，并介绍全球塑料行业绿色技术发展的方向与趋势。

认识：塑料是一种可持续发展的绿色低碳新材料

2009年的中国塑料市场，在全球经济一片萧条的大环境下，继续保持高速发展态势。以塑料制品行业为例，2009年全行业继续保持两位数的高速增长，并且总产值首次突破1万亿元。诚然，这一方面源于中国政府刺激内需政策的促进作用，另一方面，与塑料目前的广泛应用密不可分。

尽管塑料市场发展异常迅猛，然而，在很多人心中常常难免有一层顾虑：塑料究竟是不是一种绿色低碳材料？因为在中国，很多大众的认识里，塑料与“白色污染”几乎可以画上等号。曾几何时，飘飞于山谷中、树杈上色彩斑斓的塑料袋，铁路两旁遍地的塑料餐盒，这样两个定格的画面，已让塑料在人们心目中的印象大打折扣。最近几年，PVC保鲜膜、密胺餐具、PET瓶、PC瓶等产品应用的安全问题，一次次将公众引入塑料仿佛就是“不安全，不环保”的误区。笔者在此无意探讨以上每一种产品的绝对安全性。但是，塑料真的就如很多公众印象里的，似乎只要涉及塑料就一定是低端、不环保、不安全的吗？

其实，塑料已经与我们的生活密不可分。我们日常生活中能够看到、看不到的各个领域，塑料已悄然改变着我们的生活，并使我们的生活更舒适、更节能、更低碳。从我们家用的几乎所有电器，到最近几年风行的各种新型电子信息产品，到中国近年来高速发展的汽车，以及我们居住的房屋建筑等，可以说，人们的衣食住行已经没有一件可以离开塑料。塑料应用于汽车，轻量化的同时显著降低了汽车的能耗；塑料应用于建筑，不但延长了建筑配套设施，如管材、线缆的寿命与可靠性，而且利用塑料发泡保温材料，可以实现建筑零能耗；塑料应用于食品、饮料包装，使得各种食品、饮料的保质期大大延长，方便了我们的生活……实际上，塑料在我们的生活中更多时候是充当着美化生活、节约能源、提高生活质量、让环境更绿色的责任。同样，随着国内回收环节的逐步见好，塑料被冠以“白色污染”的漫天飞扬的塑料袋、铺天盖地的塑料餐盒实际上已经十分鲜见。而问题真正的根源，我认为并不是我们的环境没有改善，也不是我们的塑料回收业没有进步，而是还常常有人提及塑料即联想到“白色污染”，如果我们想想“白色污染”这个词诞生到现在已经多少年了，再看看现在实际的状况，“白色污染”真的还是如曾经那样怵目惊心吗？当然，笔者并不是说我们不需要警惕“白色污染”对环境的影响，否则我们也不需要实施塑料袋限用政策了。我认为，更多的时候需要我们业内人士从向公众提供最专业的知识，尤其是给大众媒体最专业的知识，如上述的PVC保鲜膜、密胺餐具、PET瓶、PC瓶等，让正确的消息大行其道。实际上任何一个产业都面对着被大众媒体广泛包围的尴尬境地，而“坏消息”也更容易被做成大新闻！即使是完全错误的消息。

当然我们不能因为塑料对我们人类非常重要，就说明塑料本身是一种环保的塑料。中国塑料加工工业协会廖正品会长在CHINAPLAS 2010“绿色橡塑行业论坛”之“全球塑料行业面对可持续发展的挑战”论坛中谈到以下几点，就很好地体现了塑料本身是一种可持续发展的绿色低碳材料的特点：塑料是一种可循环利用的新型材料；塑料通过改性以及科学合理地性能与产品设计可节约大量材料；塑料具有比其他材料更节约能源，加工过程能耗低、加工过程无污染排放等优点；同时，塑料在新能源、发展循环经济、实现可持续发展的方方面面都发挥着日益重要的作用。

我们应该认识到，并非只有以可再生资源为原料的材料才是绿色低碳材料，石油基塑料同样是一种绿色低碳塑料，关键是我们要做好其回收再生，进而让其可持续性得以体现。而不是让其变成垃圾。

欧盟曾经作过一份关于对塑料回收率与人们对于塑料认识的评价，日本塑料工业联盟在其中加入了日本的数据。其结论表明：塑料回收做得较好的国家，人们对塑料的印象也更好(图 1)。

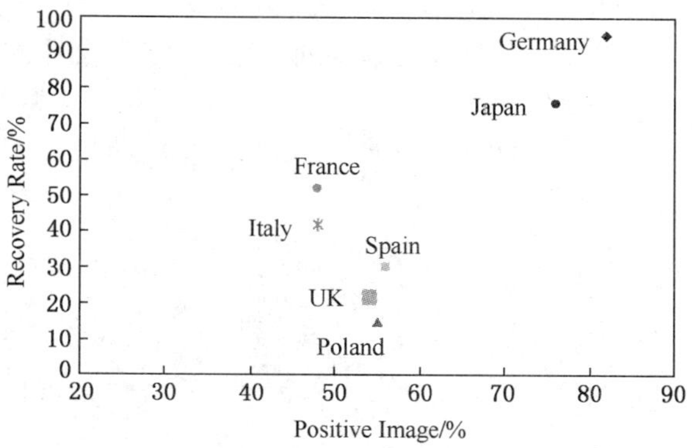

图 1　人们对塑料的好印象和再生利用率的相关性

注：图片来源于日本塑料工业联盟执行董事胜浦嗣夫先生在 CHINAPLAS 2010 绿色制造论坛上的报告。

而要让公众认识到塑料是一种绿色低碳的好材料，首先我们业内人士应达成共识，认识到塑料的本质是绿色低碳的一种可持续发展的塑料。塑料之所以会成为垃圾，会成为一种污染源，归根结底是我们没有做好塑料的回收工作，让资源放错了地方！

理念：从塑料产业链与产品生命周期考虑

塑料作为一种诞生仅仅 100 多年的新材料，其市场应用的飞速发展并不单单在于材料或加工技术中某一方面或某几个方面的优异性能或技术发展，而是依托于整个产业链的全面提升。而考虑一个塑料产品是不是绿色，是不是低碳，同样涉及其从材料到最终应用以及再利用的整个过程。基本的考虑因素至少涉及以下方面：初始的材料来源、材料合成所需的资源、材料本身的安全性、加入的各种助剂及添加剂的环保与安全性、储存过程的要求、加工相关各个环节的消耗与安全性、对生产环境的要求、生产过程的管理、制品质量的稳定性、应用过程的安全性、使用过程对环境的影响、应用后的回收性能、回收过程的安全性、回收后再应用的性能等，可以说一件塑料制品本身是否绿色环保，要考虑其整个生命周期，或者说塑料加工整个产业链的几乎所有相关因素。图 2 为笔者曾经用以分析整个塑料行业产业链的一张简图，事实上，如果仔细考虑，塑料加工的每一个环节都与绿色低碳密切相关。

近年来塑料产业的高速发展，实际上已经面对着方方面面严苛的挑战，如：

- 有限的石油资源总有枯竭的一天，新型塑料将从何而来？
- 各种增塑剂、阻燃剂、添加剂的安全性究竟如何？对人体是否有害？
- 全球性的竞争压力，使得企业必须在保证产品性能与安全性的同时，大幅降低成本压力，技术如何为加工提供保证？这涉及人力、材料、设备、环境等。
- 塑料在为我们带来优质生活的同时，环境可能面对着更大的压力？
- 如何解决废弃塑料的环保与安全性问题？
- 回收后塑料要再应用如何更好地解决回收材料的性能问题？
- 塑料回收过程中，如何防止对环境的二次污染？
- 塑料在电子电器、汽车等领域的大量应用，在提升效率与节能的同时，废旧电器、废旧汽车将如何回收？

- 废弃塑料给人们“白色污染”的印象如何改观？

……

诸如此类，问题可以一直列下去。

实际上，以上问题几乎可能涉及我们塑料产业链的每一个环节。而要建立塑料产业绿色化的发展模式，从整个塑料产业链或产品生命周期的角度考虑绿色低碳制造的理念，才能真正实现绿色低碳制造。

事实上，产业链也好，产品生命周期也罢，业内很多同仁对其的关注已经形成共识。中国

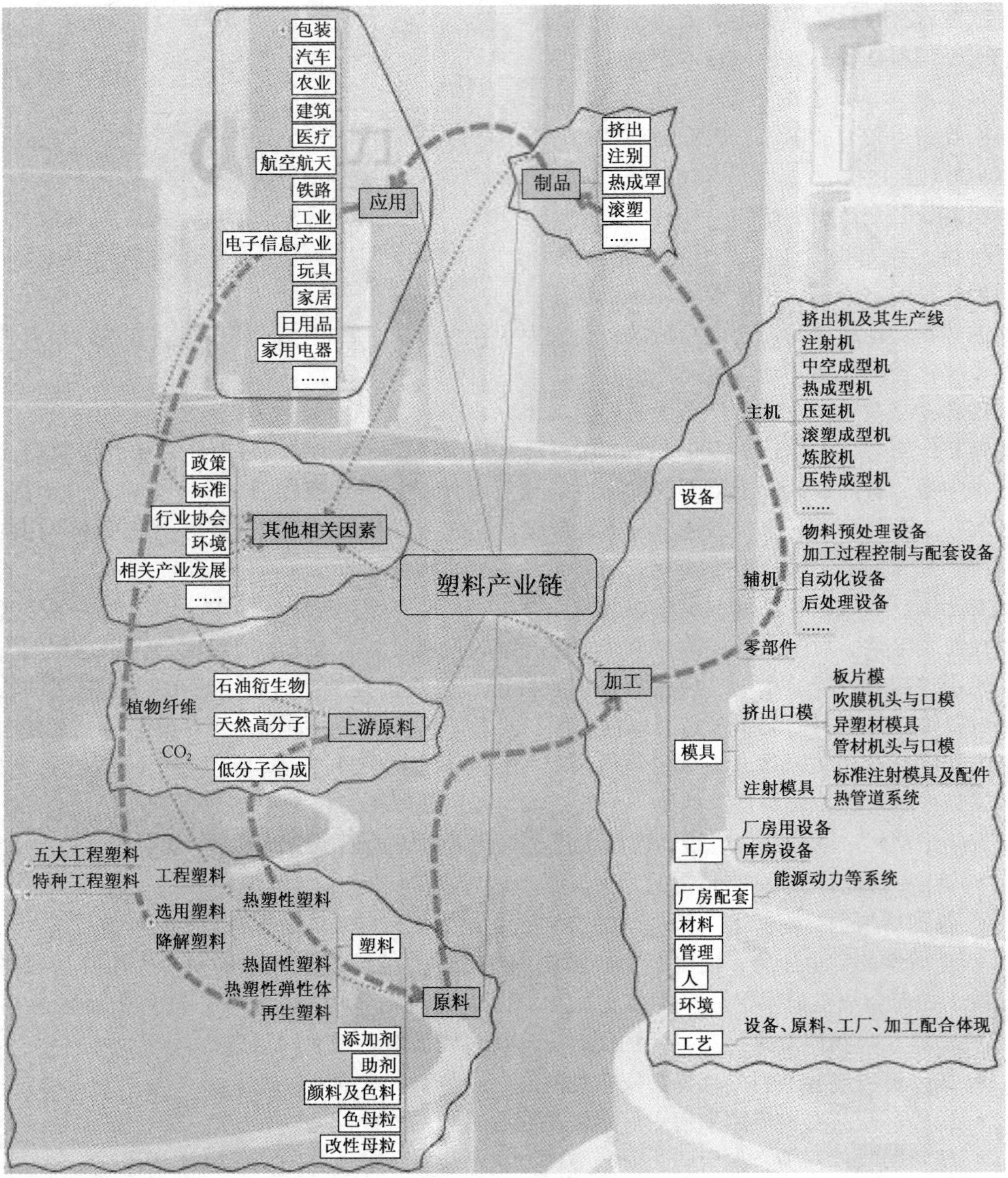

图 2　塑料产业链简图

塑料加工工业协会在2008年曾经以产品生命周期理念为基础进行过废旧塑料应用状况的调查报告、江苏博思源节能科技有限公司将产品生命周期理念应用于公司的建筑节能保温装饰产品开发过程，并在业界积极推广生命周期理念等。最近几年，雅式出版公司旗下《CPRJ 中国塑料橡胶》也特别关注塑料加工业整个产业链以及产品生命周期理念在行业的重要意义，并作了大量的相关报道，如：2009年2/3月刊"从产业链角度考虑加工节能"，"循环经济是塑料包装可持续发展的最佳选择"、2009年10/11月刊"从整个产业链考虑塑料加工业"、2010年4/5月刊专门从产业链的角度分析"现代塑料行业需要怎样的技术管理?"，以及大量与产品生命周期相关的文章，如2008年4/5月刊，"日本企业应对 RoHS、WEEE 等指令措施分析"等。

最近几年，越来越多国内企业开始在塑料产业链的不同环节，积极进行相应的研究开发，并推出了有利于加工节能，且更利于环境保护的各种绿色低碳产品与技术。

材料：新型绿色低碳塑料的研发进展

从目前的发展情况来看，全球市场关注度较高的新型塑料原料的绿色低碳有以下几类：

（1）针对代替石油基塑料，开发生物基塑料以及生物基可降解材料，包括可再生资源添加剂、颜料等，替代传统的塑料与添加剂应用；

（2）针对 RoHS、WEEE、ELV 等环保、安全指令要求，开发无卤、无重金属的新型环保材料；

（3）针对食品、医疗等高安全卫生要求用途，开发更高人体安全性的材料技术；

（4）用新型材料如 LCP 等高阻燃性材料代替传统的阻燃剂阻燃技术；用新型热塑性弹性体代替传统的 PVC、橡胶等应用；

（5）开发新型高流动性材料，改善材料的加工性能，进而实现材料新用途，并节能；

（6）实现产品的更高寿命应用；

（7）以木塑复合材料或其他复合材料、各种塑料合金，减少昂贵的塑料应用或代替其他传统材料应用；

（8）新型功能塑料开发；

（9）针对太阳能等新能源市场或其他特定市场进行应用开发；

（10）与加工商、设备厂商、最终用户合作的研发模式。

……

近年来，中国原材料供应商针对以上方向也纷纷进行针对性的开发与研究，尤其是在降解塑料、无卤阻燃、新型添加剂、塑料合金、热塑性弹性体等方面，都有相当成熟的发展。

生物塑料或生物基塑料是近年来替代石油资源的一个重要手段，也是解决一次性用途塑料难以降解又不易回收的重要途径。国内企业在生物塑料领域也做了大量工作，包括可生物降解塑料的产业化。

2009年7月底，笔者参加了深圳市意可曼生物科技有限公司具有完全自主知识产权的"可完全生物降解材料 PHAs"项目山东工厂投产仪式。据介绍，这是全球首个第四代 PHA（聚羟基烷酸酯）产品的产业化项目，利用生物基因工程菌种构造法进行生物合成。首期产量5000t，并计划三年内分三期将产能扩大到10万吨。据统计，目前国内不同厂家的生物降解塑料总产能已超过10万吨。

必须强调的一点是，很多人认为降解塑料或生物塑料主要针对一次性产品或低端产品而开发，其实不然，生物基塑料或可降解塑料更应该是作为一种环保产品或石油基产品的替代品而应用，因此针对高端市场的产品开发，才应该是生物塑料发展的重要方向。在参加意可曼的投产仪式活动时，笔者了解到，国内实际上已经有一些厂家在专注开发针对高等级用途的薄膜应用，如吹膜级、耐高温品级等不同的用途，以代替传统的高性能吹膜塑料或工程塑料的用途。

低烟无卤、不含重金属是近年来国内改性塑料行业非常关注的绿色化要求。由于欧盟WEEE、RoHS、ELV指令的相继实施，对电子电器用塑料及汽车用塑料提出了严峻的挑战。基于产品出口的要求，国内不同厂家纷纷将公司产品切换到无卤产品并完成相关认证。而正是在这些领域的积极研发与拓展，国内很多工程塑料供应商在欧美、日本等领先电子、汽车供应商赢得了市场机会。北京华腾工程新材料有限公司总经理陈宇曾告诉笔者，金融危机爆发后，很多国外汽车零部件供应商，开始主动找上门来谈合作，而由于华腾公司早几年已经将产品全部切换到环保产品，并已完成了相关的绿色伙伴认证、环境认证等，因而金融危机反而成为企业新发展的契机。

然而，新型添加剂往往面对高成本与低性能的困扰。新型环保无卤阻燃剂往往存在需要添加更多的量，才能达到所需的阻燃性能，而阻燃组分的加入量大，又会影响聚合物本身固有的机械性能。因而又需要用更高性能的聚合物来代替传统的聚合物。本身无卤阻燃剂的成本已经增多，新型阻燃材料的成本更高，而性能下降成为新型无卤阻燃材料市场的典型特点。国内企业针对高效的添加剂技术也进行了大量的研发。如笔者在CHINAPLAS 2009上采访广州市骏侨商贸有限公司时，公司董事长郑良刚特别介绍了爱富塑料科技有限公司推出的绿色环保氧化锑功能母粒。该母粒产品等量替代粉体氧化锑，可达到相同的阻燃性，而价格比原来降低10%，同时不会影响物料性能，其环保性能可以符合RoHS、WEEE、REACH等国际环保法规，达到Sony绿色伙伴认证标准。同时，彻底解决氧化锑的粉尘污染和操作人员之痛痒。

新型材料替代同样是国内业界重点关注的方面。近年来，国内热塑性弹性体(TPE)行业涌现出一批快速发展的企业，以TPE这种绿色环保、安全的产品替代传统软PVC、橡胶等的应用空间，同时材料的回收性能更佳。如，南通普力马公司在今年CHINAPLAS上特别介绍了公司推出的低烟无卤阻燃热塑性弹性体材料。据介绍，公司新推出的牌号为FH7990的低烟、无卤阻燃热塑性弹性体材料，满足美国UL、欧盟VDE以及日本PSE检测标准，可作为管线的绝缘和外覆材料，是目前世界范围内较为领先的TPE材料。

类似的绿色低碳新材料技术还有很多。

加工：新技术提升能源、材料利用效率

塑料加工过程是实现塑料从原料到制品变化，进而实现其使用功能的关键环节。针对这一环节的绿色低碳化，同样有大量的新技术与应用值得业界关注。

(1) 从注射机、挤出机到辅助设备，塑料加工过程的关键设备都不断有相应的节能新技术推出；

(2) 实现更精密、高质量、高效率的加工成型，既节约成本，又低碳高效；

(3) 生产过程的技术管理因素，可以挖掘的潜力巨大；

(4) 组建生产单元，将后期工序与成型过程无缝联接，提高效率又低碳节能；

(5) 针对新能源等专门领域应用的针对性解决方案，实现专门配置，高效生产；

(6) 新型成型技术与塑化理念如超剪切塑化、微分成型理论等；

(7) 在线回收技术应用；

(8) 产品规格切换效率更高、更便捷；

(9) 追求零废品、次品的高质量生产；

(10) 冷却、加热系统的针对性节能效果显著；

（11）节省空间又提高功效的直驱挤出技术，在复合共挤领域大有可为；

（12）按需供能的理念成为各厂家追求的重点；

（13）免除干燥等减少加工成型工序的新技术；

（14）旧有技术的翻新改造重新应用。

可以看出，塑料加工的低碳或者绿色化同样远远超过材料本身的绿色化，也不只是加工过程的无毒无害气体排放问题。任何涉及生产过程中效率提升、品质提升、能耗降低，甚至占地面积减少等因素都可以实现低碳加工，推动产业的绿色化。

最近几年，针对节能与提升加工效率，中国塑料设备供应商进行了大量的工作，并取得了相当好的业绩。

以注射机行业为例，从定量泵到变量泵，从定量泵加变频到变量泵加变频的改造，一直到最近几年国内迅速发展的电液混合型注塑机及全电动式注塑机，中国注塑机节能技术已经实现了跨越式发展。如果说2009年的国际橡塑展，国内多数注塑机供应商都在推出油电复合型注塑机，那么在2010年国际橡塑展，全电动注塑机则渐推热潮。

最初，中国全电动注塑机供应商还只有台中精机一家，随后海天与震雄推出自己的全电动机，而从去年到今年，越来越多的厂家推出了全电动注塑机，笔者所看到的，去年的全立发，今年的宁波双马、浙江申达、宁波海达、广州数控等都推出了全电动注塑机。由此，这一中国注塑机本土供应商最缺的高端注射机型距离中国本土制品企业更近了。

当然，中国伺服液压注塑机与全电动注塑机的高速发展，与博世力士乐、西门子等全球领先的驱动系统供应商加大新技术在中国市场的推广力度不无关系。同时，我们不能不看到，国内本土伺服电机及传动系统的技术进展同样不可忽视。中国供应商如御能动力、星辰伺服等厂家都在大力拓展伺服技术在塑料加工市场的技术应用与技术改造，共同推动这一市场的加速发展。

效率是广受关注的另一个因素。单位投入的效益提升，同样意味着加工过程的绿色低碳化发展。而且这样的发展并不只是业内知名的大企业，很多以往业内不很知名的企业也纷纷推出高效的挤出新技术。例如，永氏塑机推出的一出四管材生产线，不仅提高了效率，还节约了单位产品的能耗，对投资、人力与占地面积的需求等都显著减少。而华南理工大学瞿金平教授研发的超剪切塑化系统在CHINAPLAS的现场展示，也让业界看到了节约空间与高效塑化发展的潜力。最近，北京化工大学杨卫民教授的“高分子材料先进制造的微积分思想”在挤出、静电纺丝等领域的应用试验，以及在纳米微层复合、轮胎等领域的探索，让我们可以期待更具魅力的未来应用。

同样不可忽视的是，随着中国市场重要性的日益提升，国外厂商也在不断加速新技术进入中国的速度。如在多层共挤领域卓有优势的直驱电机最新技术，已经开始在中国市场大力拓展。

最近在塑料加工领域还有一项值得关注的技术：电磁感应加热技术。笔者曾亲身参观过日之升及上海英科实业的改造后现场，根据日之升的改造现场比较，加热系统的改造节能效果非常明显，大约可以达到40%～50%。针对这一技术的应用，国内外不同厂商在不同的展览会上都曾推出过相应的产品，如震雄、恩格尔等业界领先的注塑机供应商；在CHINAPLAS 2010上，青岛福润德展出了一台配备电磁感应加热技术的挤出机。

谈到中国塑机业发展绿色低碳技术的进程，不能不谈到中国塑机行业的第一部节能技术标准，2009年7～8月，《塑料注射成型机能耗检测和等级评定的规范》正式出台，并在同年9月

28 日，在注塑机产业内正式实施了该节能技术标准。据中国塑料机械工业协会副会长钱耀恩介绍，塑机协会会同国家塑料机械产品质量监督检验中心，组织的注塑机生产企业能耗检测和等级评定活动表明，业内企业在研制节能产品、提升节技术方面成效突出，如宁波海天公司自主研发的 MA 系列伺服节能注塑机、全电动注塑机、大型二板机，广州博创机械有限公司研发的 BS150 伺服节能注塑机，东华机械有限公司生产的 SV 伺服节能系列注塑机等节能效果都非常显著。在挤出领域，同样不乏节能技术突出的领先企业，如：上海金纬片板膜设备制造有限公司近年来研发的免干燥新型 PET 双排气挤出机。

回收：新技术与新应用全面发展

塑料回收技术的重要性确实不可忽视，一方面这与公众对塑料的印象密切相关，另一方面，做好回收也是塑料可持续性发展的必然要求。在全球塑料回收业，实现塑料回收的高端应用可以说是市场的热点，这样的技术包括：

（1）PET 瓶到瓶回收技术；

（2）回收料用于高性能产品的直接成型；

（3）回收料本身的高性能化；

（4）针对混合塑料的高效分拣技术；

（5）塑料薄膜、发泡塑料等不易回收塑料的高性能回收技术。

……

从近年来国内部分企业推介的产品可以看出，国内企业在回收新技术方面，进行了大量的研发投入。针对废旧薄膜、废旧 PET 等产品的回收，已经被一些新的企业作为主打业务，大力开拓市场。如江苏联冠专门成立了联冠环保科技有限公司从事回收技术业务。在 CHINAPLAS 2010 上，青岛顺德推出可使用 100% 回收料的 PET 片材生产设备，无需干燥结晶。很多废旧塑料因为不同塑料混杂在一起，用传统的挤出法回收通常会面临因为材料性能不稳定而引起的工艺波动现象，成为制约中国木塑制品行业利用废塑料的最大的不稳定因素之一。国内有企业只利用挤出机完成配混，而用压铸成型的方法直接压铸成型木塑制品，很好的解决了这一问题。可以说是“土法”巧妙解决回收难题的成功案例。在中国，针对回收技术的研发与应用，类似的例子还有很多。

近年来，国内在利用回收再生废料方面也进行了大量的工作，并发展起一批成功的环保低碳企业。

笔者在 2009 年元旦后曾经去上海英科采访，该公司主要采用从发泡聚苯乙烯回收的 PS 粒料生产各种框业装饰条，重点开拓出口市场。上海英科将 EPS 这一难以回收的材料，做成年产值高达几个亿的大产业。在做大本业的同时，公司并开始引进设备发展 PS 回收造粒产业。图 3 是笔者在上海英科拍摄的一张照片，从 EPS 泡沫回收的塑料粒料与新料比较几乎看不出任何差异。

图 3　从 EPS 回收的 PS 粒料

瓶到瓶回收技术是近年来国外领先回收技术提供商大力推广的 PET 回收技术。以往国内市场从卫生安全性角度考虑，一直没有相应的政策支持。如今，国内已经有企业将这一技术投入实际应用。坐落在北京顺义的盈创再生资源有限公司，已经实现了将废旧可乐瓶转化为再生可乐瓶的生产原料——再生瓶级聚酯切片(白色颗粒)。据介绍，它已通过了国家食品质量安全监督检测，各项指标均达到国家卫生标准，可以安全地使用在食品包装物上。

电子电器产品的拆解生产线也是广受关注的技术之一。据相关报告，最近几年，中国每年将至少有2600万台电脑、3200万台电视机、1500万台电冰箱、1760万台洗衣机、1500万台空调和数千万部手机要报废。2009年11月，在第四届中日节能环保综合论坛上，苏高新集团和日本同和签订了《关于苏州市废旧家电再生利用示范项目的启动及循环资源合作项目》，据介绍，这一项目将引进全国首条家电回收生产线。该项目落户在苏州同和资源综合利用有限公司，它将利用日本成熟的拆解技术和管理经验，回收处理苏州及周边地区所产生的废旧家电，年处理能力可达40万台。

可以看出，对废旧塑料的回收处理，国内从技术到应用都已逐渐进入成熟发展阶段。

生产管理：塑料产业绿色低碳加工不可忽视的重要因素

特别值得强调的是，在塑料回收关注材料、加工技术以及回收再用环节之外，生产过程管理同样不可忽视，尤其是高效的生产高质量的产品。

一次性生产高质量的产品，实际上不但提高了生产的正品率，同样也实现了显著的节能效果。一件残次品生产出来，往往已经消耗了与生产一件正品同样多的能源、人力，及其他配套资源的消耗，而处理一件生产出来的废品还要花费额外的机台调整、等候时间。此外，对于一件废品的回收，则涉及搬运、储存、粉碎、干燥、性能恢复(或降级使用)、配混等多方面的要求，最后再到二次加工，其消耗的能量往往在生产一件正品的三倍以上，因而生产过程中的正品率提升，往往也是企业提升整体效率的非常关键的一环。正因如此，在2008年IPF上，日精推出的首模即出合格制品技术广受关注。而对于一些高性能的微型制品的成型，更有公司提出了单模生产，最为高效节能的理念。认真反思，其中的道理，可以看出产品品质之于生产效率的重要意义。

总而言之，塑料行业的绿色低碳化实际上涉及企业生产与发展的各个方面。一方面，企业可以通过每一个方面的努力，实现最大的绿色化生产。另一方面，即使企业受限于某些条件的限制，同样可以通过其他方面的努力实现全面的绿色化生产。特别值得强调的是，塑料本身是一种绿色低碳的新型材料，我们应该用好塑料、管理好塑料这一宝贵的资源!

(作者为《CPRJ 中国塑料橡胶》高级编辑)

低碳经济与生物质材料

Low Carbon Economy and Biomass Materials

任　杰

引言

现代经济社会发展建立在高水平物质文明和精神文明的基础上。要实现高水平的物质文明，就要有社会生产力的极大发展，社会生产力的发展需要消耗大量的能源，同时也产生了大量的温室气体，人类赖以生存的生态环境遭受到了前所未有的破坏。

本文阐述了发展低碳经济的重要性，指出发展清洁能源与生物质材料是发展低碳经济的重要途径。中国作为一个人口大国同时也是能源消耗大国，应转变经济发展方式，注重新能源技术、节能技术、新材料研发的创新突破，进而推动我国的低碳经济发展。

一、低碳经济

随着全球人口和经济规模的不断增长，能源使用带来的环境问题及其诱因不断地为人们所认识，不止是烟雾、光化学烟雾和酸雨等的危害，大气中二氧化碳浓度的升高(见图1)带来的全球气候变化(见图2)也已被确认为不争的事实。

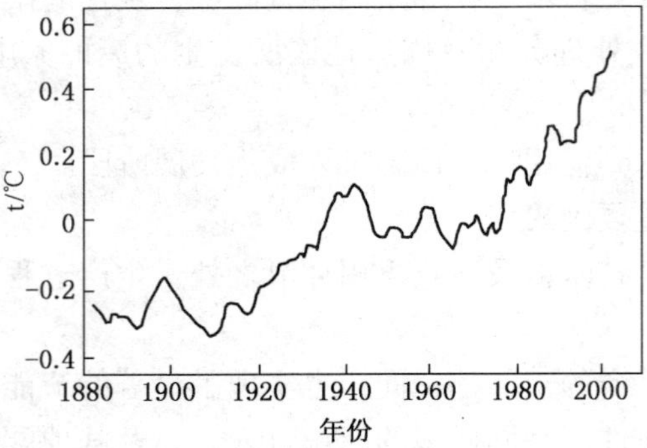

图1　150年来大气中CO_2的含量变化

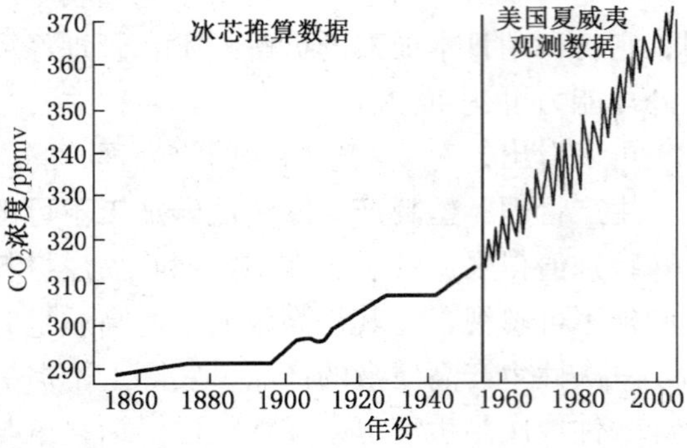

图2　近百年全球平均气温的变化

自全球气候变暖以来，二氧化碳的排放引起了世界各国高度重视。1992年5月22日，联合国政府间谈判委员会就气候变化问题达成《联合国气候变化框架公约》(英文缩写UNFCCC)，是世界上第一个为全面控制二氧化碳等温室气体排放，以应对全球气候变暖给人类经济和社会带来不利影响的国际公约，也是国际社会在对付全球气候变化问题上进行国际合作的一个基本框架；1997年12月，在日本京都召开的《联合国气候变化框架公约》缔约方第三次会议通过了旨在限制发达国家温室气体排放量以抑制全球变暖的《京都议定书》(见图3)；2003年，英国政府颁布了能源白皮书《我们能源的未来：创建低碳经济》，“低碳经济”正式被提出；2006年，前世界银行首席经济学家尼古拉斯·斯特恩在其报告《斯特恩报告》(见图4)中指出，全球以每年GDP 1%的投入，可以避免将来每年GDP 5%~20%的损失，呼吁全球向低碳经济转型；2007年7月，美国参议院提出了《低碳经济法案》，表明低碳经济的发展道路有望成为美国未来的重要战略选择；2007年12月3日，联合国气候变化大会在印尼巴厘岛举行，决定在2009年前就应对气候变化问题新的安

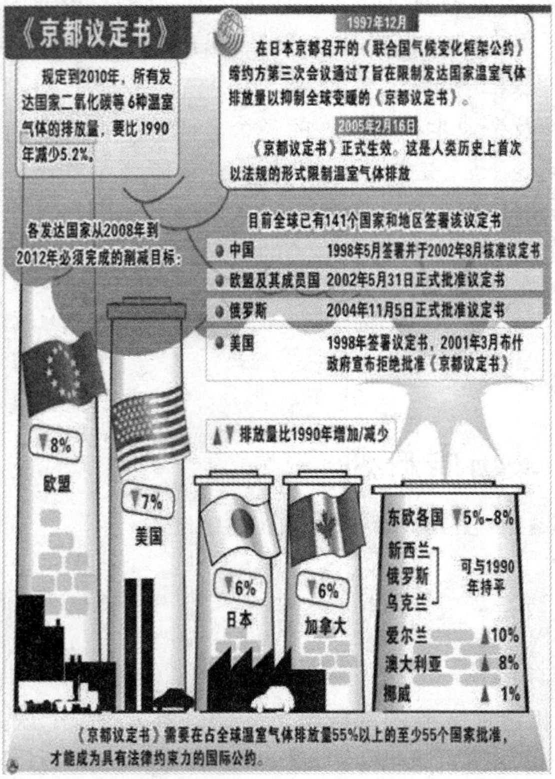

图3　《京都议定书》

排举行谈判，制订了应对气候变化的“巴厘岛路线图”，要求发达国家在2020年前将温室气体减排25% ~40%，具有里程碑的意义；2009年12月7日，被称为“改变地球命运”的联合国气候变化大会在丹麦首都哥本哈根开幕，中国国务院总理温家宝于18日在领导人会议上发表了题为《凝聚共识　加强合作　推进应对气候变化历史进程》的重要讲话，并郑重承诺到2020年单位国内生产总值二氧化碳排放比2005年下降40% ~45%(见图5)。

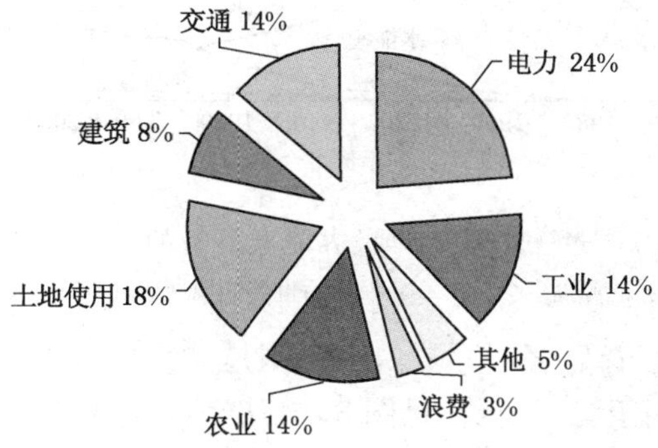

图4　2000年温室气体排放来源划分(《斯特恩报告》)

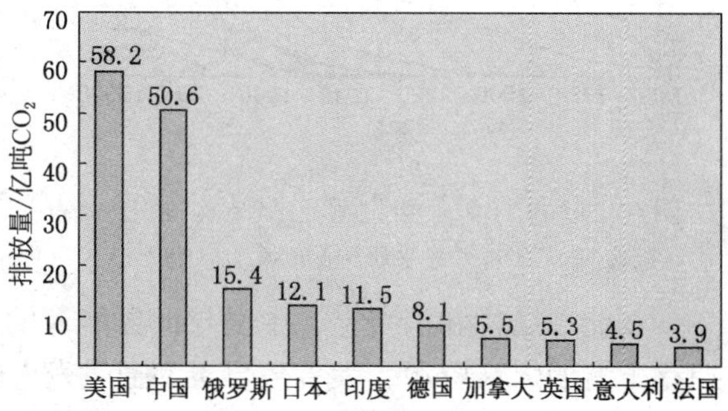

图5　主要国家燃料燃烧 CO_2 排放情况

注：国际能源署《燃料燃烧产生的 CO_2 排放》(2005)

所谓低碳经济，是指在可持续发展理念指导下，通过技术创新、制度创新、产业转型、新能源开发等多种手段，尽可能地减少煤炭石油等高碳能源消耗，减少温室气体排放，达到经济社会发展与生态环境保护双赢的一种经济发展形态。低碳经济是以低能耗、低污染、低排放为基础的经济模式，涵盖了低碳能源、低碳产业、低碳技术、低碳生活等多种经济形态，旨在促进人类的可持续发展，是能源消费方式、经济发展方式和人类生活方式的一次全新变革，也是从化石燃料为特征的工业文明走向生态文明的又一次巨大进步。

发展“低碳经济”可以通过发展清洁能源与发展生物质材料两大重要途径来实现。清洁能源主要包括太阳能、风能、水力、氢能、生物质能等；生物质材料主要包括天然类、微生物合成类以及化工合成类。下面将分别介绍这两大途径对发展“低碳经济”的重要作用。

二、清洁能源

人类的能源利用经历了从薪柴时代到煤炭时代，再到油气时代的演变，在能源利用总量不断增长的同时，能源结构也在不断变化(见图6、图7)。每一次能源时代的变迁，都伴随着生产力的巨大飞跃，极大地推动了人类经济社会的发展。同时，随着人类使用能源特别是化石能源的数量越来越多，能源对人类经济社会发展的制约和对资源环境的影响也越来越明显。2006年世界一次商品能源消费总量为108.8亿TOE(1 TOE = 1.428 6 TCE)，其中石油占35.8%，居第1位；煤炭占28.4%，居第2位；天然气占23.7%，居第3位，其次为水能和核能，分别占6.3%和5.8%。随着人们对CO_2、CH_4、N_2O等温室气体排放与地球气候变化相互关系认识的不断加深，要求国际社会采取对策努力限制或减少温室气体排放的呼声越来越高。许多国家在调整能源战略和制定能源政策时，增加了应对气候变化的内容，重点是限制化石能源消费，鼓励能源节约和清洁能源使用。气候变化问题已成为世界能源发展新的制约因素，也是世界石油危机后推动节能和替代能源发展的主要驱动因素。各国把核能、水能、风能、太阳能、生物质能等低碳和无碳能源作为今后发展的重点。

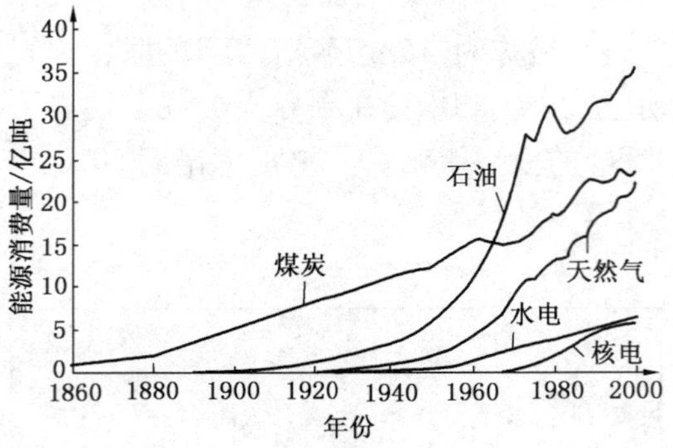

图6 过去100多年世界能源结构变化

詹金斯，石油经济手册(第五版)，1989

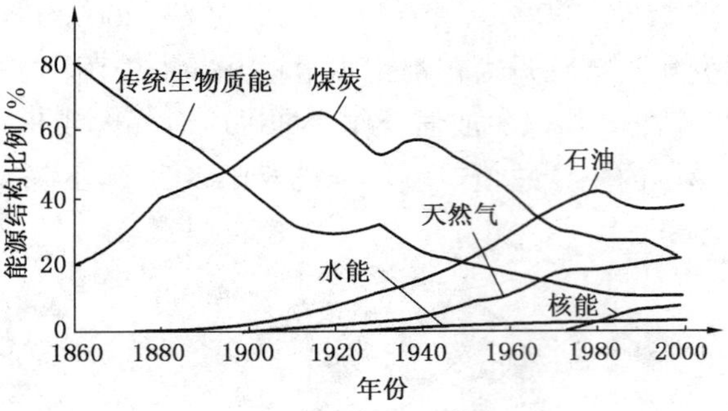

图7 过去100多年世界能源消费的变化

世界能源理事会，2050年及以后世界能源展望,1995

在能源结构和消费上，中国与世界能源的结构有着显著不同。由于中国是一个煤炭大国，拥有丰富的煤炭资源，大多数煤炭都通过发电转换用于终端消费(见图8)。从经济社会发展的趋势看，今后煤炭转为电力的比重还将继续提高。但由于煤炭的大量生产和使用，对地表生态和地下水系破坏较大。此外，SO_2、烟尘、粉尘、NO_x 以及 CO_2 排放量也有所攀升，给生态环境带来了严重的污染。因此这种以煤为主的能源消费结构需要优化。改革开放特别是20世纪90年代以来，中国能源结构总体上朝着优质化方向发展。中国有着丰富的风能、太阳能、生物质能资源，大力发展这些清洁能源能使中国能源结构进一步得到优化。

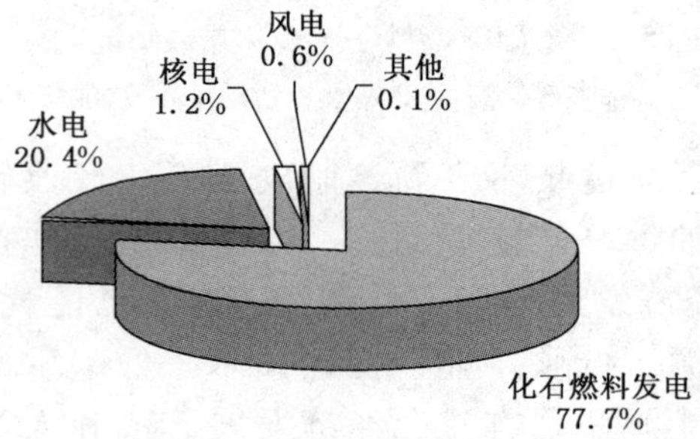

图8 2007年我国电源结构

中华人民共和国国家统计局，中国电力企业联合会

所谓清洁能源，就是指不排放污染物的能源，包括核能和“可再生能源”，可再生能源是指原材料可以再生的能源，如水力发电、风力发电、太阳能、生物质能等。清洁能源具有原料可再生，不存在能源枯竭的问题；地球表面的碳循环，不会增加空气中二氧化碳的含量，符合低碳经济的理念；对环境无污染等优点。但是不同于化石能源，清洁能源的发展起步较晚，面临着技术和成本的考验；同时以大量消耗粮食和油料作物为代价的生物燃料开发，一定程度上引发了粮食、肉类、食用油价格的上涨。在清洁能源的发展初期这些问题可以通过政府对清洁能源产业进行政策扶持，税费补贴；积极开发非粮作物作为生物质能源的来源，“不与人争粮，不与粮争地”等方式来解决。例如采用木薯代替玉米和甘蔗作为燃料乙醇的原料来源，不仅不会引发粮食安全问题，而且也节约了生产成本。

三、生物质材料

随着石油化工和高分子合成工业的发展，主要以塑料、化学纤维、橡胶为代表的聚合物材料已经渗透到人们生活的各个领域，成为和钢铁、木材、水泥并列的四大支柱材料之一，目前全世界每年塑料生产量就超过2亿吨，其中我国塑料年产量在3000万吨左右。

传统塑料的广泛使用消耗了大量宝贵的不可再生的石油资源，在石油资源日益短缺的今天更加剧了能源危机。《BP世界能源统计2006》指出：以目前的开采速度计算，全球石油储量可供生产40年，天然气和煤炭则分别可以供应65年和162年。而在中国，石油储量仅占世界的

1.7%，世界排名第11位；但是石油的消耗占到了世界的7%，世界排名第2位(见图9)；2005年中国石油对外依存度达42.9%，预计，到2010年石油净进口量将超过1亿吨，对外依存度将高达61%，2020年将增至2亿吨左右，对外依存度达76.9%。

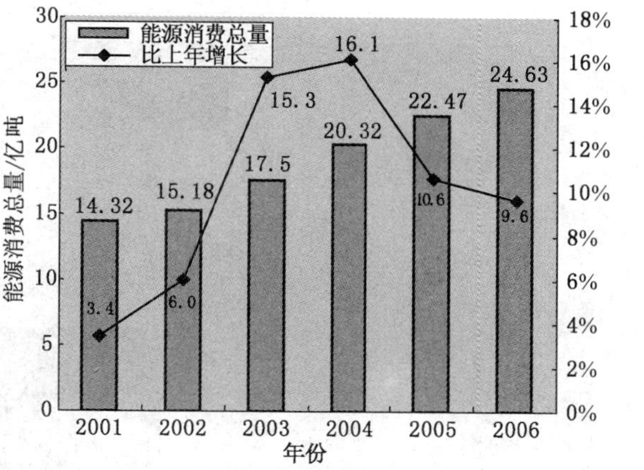

图9 “十五”依赖中国能源消费增长情况

中华人民共和国国家统计局：中国统计年鉴(2001~2007)

更为严重的是有百分之五十以上的塑料制品用后被废弃，而这些废弃物可在自然环境中存在几百年，不仅造成大煞风景的“白色污染”，还持续污染地下水和土壤，妨碍动植物生长，危及人类健康和生存。废弃物处理的传统做法是回收集中焚烧掩埋或者再生利用，但这两种方式都会产生新的污染，阻断土壤水循环，增加有害气体排放。2000年塑料制品的消耗量比1960年增长了100多倍；2005年全球塑料产量达近2亿吨；我国产量1800万吨，消耗石油近2000万吨。2000年城市固体垃圾达到了(MSW)24.7亿吨，其中塑料废弃物占10.7%。2009年一张太平洋上的垃圾岛照片更是震惊了全世界(见图10)。这个垃圾带是过去60年来人类弃置的垃圾，被洋流带到这里，目前面积已有两个美国德克萨斯州这么大，里面的垃圾从洗发精瓶子、塑料玩具、轮胎到塑料游泳池、拖鞋，无奇不有。许多垃圾上有中国文字和日本文字，显示垃圾漂洋过海至此。在美国旧金山市及中国香港设有基地的“海星计划”指出，有些塑料在阳光照射下分解成小粒子，让海中充满有毒物质。研究人员最近在一条鱼的体内发现26块塑料，半年搁浅在加州海滩的一头抹香鲸，体内竟有800磅塑料。研究人员警告，垃圾毒素迟早会进入食物链。这座漂浮在海面上的巨大垃圾岛飘荡在加利福尼亚州与夏威夷之间的广阔水域，主要由生活垃圾构成，其中80%都是废弃的塑料制品，主要来自陆地，重达350万吨。

图10 太平洋垃圾岛

面对日益严重的能源危机与环境问题，以可再生的农作物为原料的生物质材料应运而生。生物质材料在使用前和使用中与传统石油基塑料具有相当或相近的使用性能和卫生性能，而在完成其使用功能后，能在自然环境中较快地降解为易为环境消纳的碎片或碎末，并随时间的推移彻底降解成二氧化碳和水，最终回归自然，从而彻底解决塑料的“白色污染”问题。前面已经介绍过生物质材料主要包括天然类的纤维素材料、淀粉材料、木质素材料、甲壳素材料，微生物合成类的聚羟基脂肪酸(PHA)、聚羟基丁酯(PHB)、聚羟基丁酯戊酯(PHBV)以及化工合成类的聚乳酸材料(PLA)这三大类别。

在所有生物质材料中，聚乳酸是性价比最好、最有发展前景的材料之一。聚乳酸是一种可生物降解的生物质塑料，分子式为$[—OCH(CH_3)CO—]_n$。木薯、高粱、甜菜等高糖高淀粉作

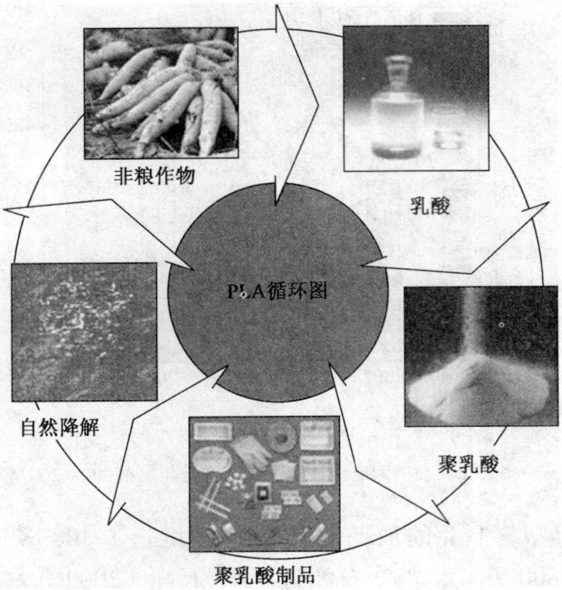

图 11　聚乳酸循环图

物经过生化反应制成乳酸，再经过聚合便可得到聚乳酸。其成品废弃物可采用堆肥填埋处理，在自然界微生物的作用下彻底分解成水和二氧化碳，并可当作有机肥施入农田作农作物肥料(见图 11)。

聚乳酸具有优良的理化稳定性和加工性能，由于它可被人体吸收，可以用于制成医用的组织工程支架材料、手术缝合线和医药载体材料，更重要的是它几乎可以代替传统意义上的石油塑料，可以制成各种包装材料、家电、玩具、汽车内饰件和家庭装饰品等。

聚乳酸的生产和使用有助于降低大气中二氧化碳的排放，符合低碳经济的理念。传统的石油基塑料是以掩埋在地球内部的石油作为原料进行生产加工而得到的，在生产加工过程中不仅会产生大量的有毒有害气体，还会释放出大量的温室气体二氧化碳，增加大气层中二氧化碳的含量造成全球气候变暖。

而生物质材料——聚乳酸是以绿色植物为原料，生产加工的过程不仅能耗低(见图 12)，而且最终完成使用后完全降解为二氧化碳和水，成为绿色植物的养料来源，全过程是一个封闭的碳循环并不会增加大气中二氧化碳的含量(见图 13)。

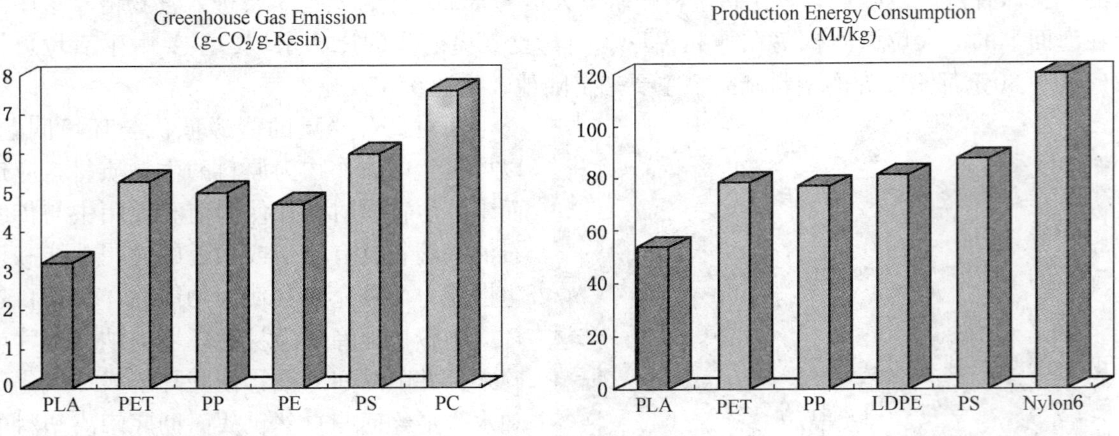

图 12　聚乳酸生产过程中释放的温室气体和单位产量能耗与传统塑料的比较

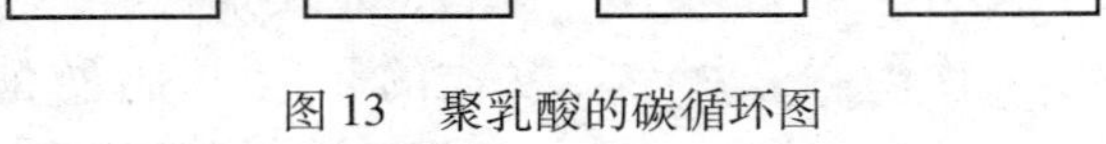

图 13　聚乳酸的碳循环图

聚乳酸的原料来源是由绿色植物发酵生成的乳酸，乳酸的种类分为左旋 L 乳酸，右旋 D 乳酸，内消旋 DL 乳酸。乳酸的制备方法有发酵法和化学合成法两大类，其中发酵法因其以可再生资源为原料、所得产品无有害物质混入、食用安全可靠而受到普遍重视与应用。

乳酸的来源经历了三个阶段。第一阶段为粮食——玉米、土豆；第二阶段为非粮作物——木薯、甜高粱；第三阶段为非农作物——稻草、秸秆。乳酸的传统工艺路径为玉米粉碎，再酶解，然后发酵制得乳酸，这种传统的发酵工艺已经被人们沿用多年，工艺成熟，得到的乳酸质量也非常稳定，但是由于原料来源主要是淀粉类原料，因此成本较高，同时大规模工业化生产会大量消耗粮食，会加剧粮食与饲料资源的紧张状况。目前乳酸最新的研究热点在纤维素发酵法，采用稻草秸秆为原料经过预处理，同时糖化发酵，发酵工艺制成乳酸。纤维素发酵法在经济与社会效益上有重大的意义。经济效益上采用稻草秸秆为原料，大大降低了原料成本；酶解与乳酸发酵同时进行，缩短了生产周期，并及时的转化了酶解产物，减少了产物对反应的抑制作用。社会效益上为稻草、秸秆等农业废弃物找到了新出路，避免了焚烧处理对环境造成的污染；不与人争粮、不与粮争地，不会引起粮食紧张等问题；节约可再生资源，为农民增收。

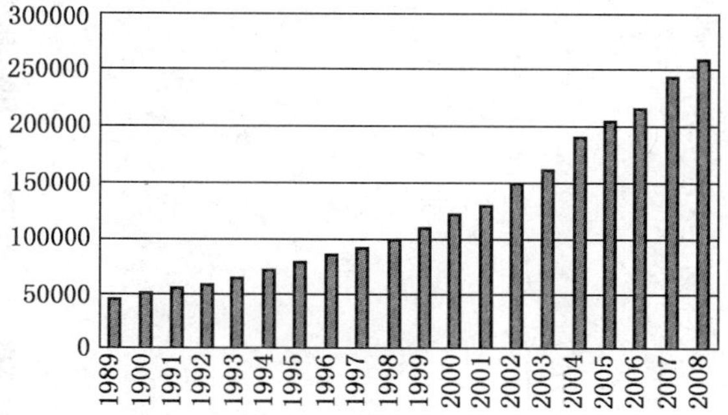

图 14　历年乳酸产量(Mt)

2008 年全球乳酸市场约为 26 万吨，每年成长约 10%(见图 14)。荷兰普拉克公司占约 60% 市场份额，中国生产的乳酸占约 30% 市场份额，其余的制造商占约 10% 的市场份额。

主要乳酸生产企业：

乳　酸　企　业	产量/(t/a)	备　　注
Purac(Holand, Thailand)	200000	估　计
Archer Daniels Midland (USA)	9000 ~ 18000	估　计
丰原格拉特 BBCA (Cooperated with Galactic) (中国安徽)	30000	估　计
河南金丹	100000(DL 和 L 乳酸)	估　计

聚乳酸可以广泛应用于生物医药、包装、工程材料、纤维纺织等领域。由于聚乳酸具有良好的生物相容性，用聚乳酸做成的骨钉，支架材料，药物缓释以及手术线使用在人体上是完全无毒无害的，由于聚乳酸有着生物降解性能，用聚乳酸做成的购物袋，保鲜膜等包装材料不会造成白色污染，掩埋在土壤里能完全降解成二氧化碳和水。聚乳酸硬度比传统的塑料都要高，具有良好的力学性能，日本的 NEC 公司就已经成功将聚乳酸应用到手机外壳上(见图 15)，同济大学与波音公司也在积极合作研发聚乳酸做的飞机内饰件。聚乳酸做成的衣物用品，具有良好的透气性，抗菌性并且能防静电，上海同杰良公司也与相关企业合作成功将聚乳酸应用在纤维纺织领域制成了内衣和无纺布手袋，并且该无纺布手袋在 2010 年世博会上使用(见图 16)。

主要聚乳酸生产企业：

聚乳酸企业	工厂地点	2010 年产能/t	说　　明
NatureWorks	美　国	140000	扩建中
浙江海正	中国浙江	5000	扩建中
上海同杰良	中国上海	10000	扩建中

综上所述，聚乳酸应用具有以下几大好处：

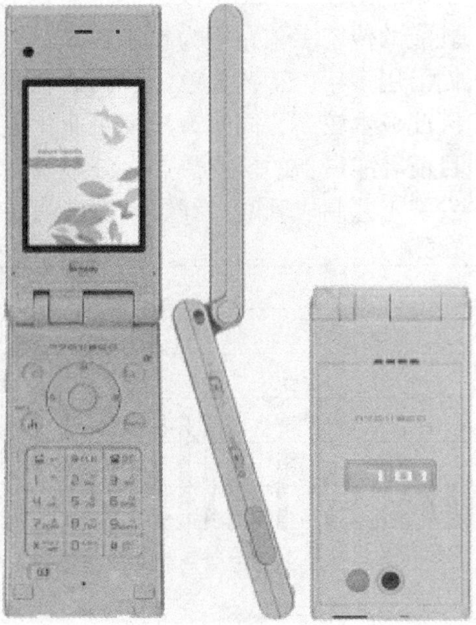

图 15　日本 NEC 公司的手机
（外壳为聚乳酸材料）

图 16　上海同杰良生物材料有限公司的
世博专用聚乳酸环保无纺布袋

——减少化石燃料使用；

——使用天然可再生的绿色植物为原料；

——采用绿色制造工艺能耗低；

——与现有固废管理系统相适应；

- 可焚烧—清洁燃烧；
- 可填埋—无渗滤液或有毒物质；
- 可堆肥；
- 可回收加工成单体或其他产品；

——低碳环保，为子孙后代创造良好的生活质量。

四、政策与建议

随着人们对环境生态问题认识的不断加深，许多国家在调整能源战略和制定能源政策时，增加了应对生态环境恶化的内容，主要是限制化石资源的消费与使用。

印度　2006 年立法禁止在奶制品行业使用塑料包装；

南非　2005 年法律全面禁止使用塑料包装袋；

意大利　2006 年对塑料包装袋征收 500% 的环境税；

德国　2006 年对部分塑料制品征收 100% 的处置税；

爱尔兰　政府于 2001 年 3 月起，开始征收塑料袋税，每个塑料袋征收 13 美分的税；

法国　法国国民议会于 2005 年 10 月 11 日通过一项法律，规定法国从 2010 年 1 月 1 日起全面禁止销售和使用无法生物降解的塑料袋和塑料包装；

日本　于 1995 年 1 月 1 日起禁止使用不可降解塑料垃圾袋、包装袋，并从 2006 年征收不可降解塑料袋处置税；

美国旧金山　2007 年 3 月 27 日通过禁止超市使用无法生物降解塑料袋的法案。

中国2006年11月27日十一部委联手拟推生物质能扶植政策群，《关于发展生物能源和生物化工财税扶持政策的实施意见》已于当日发布。2007年12月31日国务院办公厅颁布了《关于限制生产销售使用塑料购物袋的通知》，自2008年6月1日起禁止生产、销售、使用超薄塑料购物袋并实行塑料购物袋有偿使用制度。

中国香港2009年7月7日，中国香港“塑料购物袋环保征费计划”正式生效，纳入计划的零售商每向顾客提供一个购物袋将收费0.5港元。征费计划登记零售商目前包括大型及连锁式的超级市场、便利店、个人美容及健康产品零售店和百货公司内的超级市场。中国香港特区政府预计，通过此项征费计划，每年可减少使用10亿个塑料袋。

目前的政策主要都是对传统塑料的一种限制性或惩罚性的措施，缺少对生物质材料的扶持政策，可以从以下几个方面进行立法与政策扶持：

（1）对生物质塑料出台税收减免政策和财政补贴政策。可参照欧洲等国对生物质材料制品优惠税收的方法。

（2）利用《京都议定书》“清洁发展机制”框架和各国间温室气体减排配额可以进行买卖等国际规则：我国生物质塑料开发利用将大幅度减少温室气体排放量，向专门的国际基金出售温室气体减排量，用获得的资金支持生物质塑料企业的发展。

（3）贴息贷款投资，适当减免税收。对经过国家认定的重点生物质塑料开发项目提供有财政贴息的优惠贷款；调整生物质塑料企业的增值税抵扣范围，对于企业进口关键技术设备，可减免关税。

结论

低碳经济不仅体现在新能源的开发与利用上，而且体现在生物质材料的开发与利用上。生物质材料的原料来源为可再生的绿色植物，其开发与利用不仅可以节约大量的石油资源，而且可以降低二氧化碳排放以及减少“白色污染”。但是新能源与生物质环保材料目前与传统能源与材料相比还缺乏市场竞争力，需要社会制定有关政策、法规来推动，也需要加强低碳经济理念的宣传。一方面，要通过制定相关政策和法规，限制或禁止利用石油资源生产的相关产品的销售与使用，鼓励扶持利用可再生资源生产的相关产品的销售与使用。另一方面，要通过电视、网络、报纸杂志等各种渠道加强低碳环保理念的宣传，在企事业单位、学校、各地区工会，积极开展辩论、竞赛等活动，推广普及低碳知识、低碳理念等，倡导理性健康的生活方式，推行合理适度的消费模式，营造节能减碳的社会风尚；同时要提高企业的社会责任意识，建立“低碳企业”的评选和宣传机制，督促企业在进行采购、生产、销售、服务等经营活动时要贯彻低碳减排的理念，实现经济增长与可持续发展的有机融合。

（作者为同济大学材料科学与工程学院教授）

降解塑料在减轻资源、环境压力及实施可持续发展中的作用

The Application of Degradable Plastics in Reducing Resource Consumption, Releasing Environmental Pressure and Attaining Sustainable Development

唐赛珍

20世纪中末期以来，全球更多的国家相继走上了以工业为主要特征的发展道路，高投入、高产出、高消费的经济发展模式促进了经济快速发展，创造了人类前所未有的巨大物质财富，并加速了世界文明的演化过程，但伴随而来的是地球资源被肆意开发和过度消耗，生态环境急剧破坏和日趋恶化，致使人与自然的关系进入了紧张的状态。面对严峻的现实，世界上无论是发达国家还是发展中国家都被迫理性地探索新的发展模式和发展战略，寻求一条经济增长和社会发展与资源、环境和谐发展、良性循环的发展道路。

在1987年《我们共同的未来》研究报告中，对可持续发展是这样定义的："既满足当代人的需求，又不对后代人满足其自身需求的能力构成危害的发展"。布伦特兰委员会下的定义：即满足当代人的需求，又不危害后代人满足其需求。该定义在1992年联合国环境与发展大会上获得通过。可持续发展是一个涉及经济、文化、技术及资源环境的综合概念，它是立足于珍惜自然资源和环境保护的角度提出的关于人类长期发展的战略和模式，是经济、文化、资源、环境和谐发展的象征。

进入21世纪，在未来经济发展中，全球将面临人口日益增多、不可再生资源日趋贫乏、生态环境愈加恶化的问题，以及由此引发的既要节约并合理利用资源，特别是那些不可再生资源，又要确保人类的物质供给以及人类生存环境、保持洁净的生活空间的严重挑战。因此构筑节约资源、循环经济、环境和谐型社会，走可持续发展道路已成为全球关注的焦点和发展方向。降解塑料特别是生物基生物降解塑料(BDP)作为实现上述目标的措施之一正受到广泛关注。

一、降解塑料与环境问题

众所周知，塑料材料和制品具有综合性能优异、价格较低、易成型加工等特点，特别是在节省资源、节约能量方面与传统材料比较，具有较大的市场竞争力，它作为一种新型材料已广泛渗入国民经济各部门以及人们生活各个领域，并已和钢铁、木材、水泥并列成为四大支柱材料产业，在今后经济发展中，它仍起着十分重要和有效的经济相互促进的平台作用。但随着用途的不断扩大和消费量的日益增长，塑料特别是一次性塑料制品的废弃物也与日俱增。目前无论发达国家或发展中国家，塑料废弃物在城市固体废弃物(MSW)中所占的比例逐年增长，有的国家已高达10%以上，而体积比则高达30%以上，如美国2000年塑料废弃物产生量16000kt，在MSW中占9.6%(其中塑料包装废弃物占4.1%)；日本2005年塑料废弃物产生量10000kt，在MSW中约占11%；我国2008年塑料废弃物产生量14000kt，在MSW中约占6.6%。

据报道，世界塑料年产量高达约2亿吨，其中约40%为包装、日用、农用领域的一次性消

费品。这些产品属于塑料“短寿命”应用范畴，一般1～3个月，有的半年，最长也一年左右，大多随同生活垃圾进入MSW处理系统，有的则被随意丢弃，散落在庭院、农田、道路、山川湖泊等自然环境中，由于这些塑料完成使用功能后，在废弃过程中量大、分散、脏乱，较难收集再生利用。而且其原料大部分为聚烯烃，属惰性材料，对微生物极不敏感，因此，很难在自然环境中生物降解。填埋、焚烧处理也由于填埋场地不足和有些塑料如聚氯乙烯(PVC)等在焚烧处理时会产生有害气体等问题，而在MSW处理方法中，所占比重日趋下降。大量的塑料废弃物年复一年，长期积累在环境中，损害自然景观、破坏生态平衡、严重污染环境，甚至危害野生动物的生命安全而备受公众和社会的责难。为此各国相继制定了一些政策法规，禁用、限用，制定回收及回收利用率目标以及收取押金或治污费等。2005年生效的“东京都议定书”要求相关签约成员国减少温室气体排放，进而防止全球气候变暖。2009年哥本哈根会议上又进一步明确要求减少产生温室效应的气体排放，这些对发展中的塑料工业无疑是严重的威胁和挑战。

德国关于固体废弃物处理方面的法规是世界最为完善的，其管理态度非常明确：“避免产生”，然后才是“循环利用”和“安全处理”。1990年德国政府颁布了第一部包装废弃物处理法规《包装废弃物的处理法令》、1991年发布《包装条例》、1995年发布《循环经济法和垃圾法》、2002年又颁布了有关押金的法令。

欧盟的法令有《欧盟包装法令》94/62/EC、《欧盟垃圾堆肥法令》、《欧盟堆肥法令》。另一些国家也借鉴德国的法令，相继制定了有关包装废弃物方面的法规，如荷兰的《包装盟约》、奥地利的《包装法规》和《包装法实施细则》、法国的《包装法》和《包装废弃物运输法》、英国的《包装废弃物条例》等。

20世纪80年代末美国约有21个州颁布了1332条规定限制和禁用某些塑料和塑料包装，但90年代以来经过实施又发生了许多变化，一些禁用令被取消，而取而代之是制定《环境保护和回收利用办法》来规范固体废弃物的处理。有些州出台收取治污费，判定回收率和循环回收利用率等政策。1999年美国45个州制定了包装废弃物管理法规等2000多项回收再利用法规。

日本是循环经济立法较早和较全面的国家。2000年出台《容器包装再生利用法》、2001年建立《塑料瓶循环利用促进协议会》、2000年颁布了《循环型社会形成推进基本法》、《废弃物处理法》、《资源有效利用促进法》等。

中国近10多年来也颁布了多项有关塑料包装方面的法规：1996年《中华人民共和国固体废弃物处理法》、1998年《关于加强重点交通干线、流域及旅游景区塑料包装废弃物管理的若干意见》、1999年《淘汰落后生产能力、工艺和产品》中要求从2000年起淘汰一次性发泡塑料餐具、2001年《关于立即停止生产一次性发泡塑料餐具的通知》、2005年《产业结构调整指导目录》中，又一次将一次性发泡塑料餐具列入淘汰类产品，2009年颁布实施《中华人民共和国循环经济促进法》等。

上述各国的一些法令、法规对发展中的塑料工业无疑是严重的挑战和威胁，为了治理或减轻这些难以回收又不易在自然环境中自行降解对环境造成的压力，降解塑料应运而生。

二、降解塑料与资源问题

过去几十年来，塑料工业的快速发展，其原料主要是来源于石油基资源。据报道，全球每年约有1.5亿吨石油、天然气等有限的矿物燃料资源用于化学合成“高分子聚合物”。塑料工业消耗的原油占全部石油消耗的7%，其中塑料生产所需能源为3%，生产原料所需能源为4%。我国是一个石油资源贫乏的国家，石油的进口依存度逐年增加，仅2007年石油消费量达到

3.46亿吨，其中46%依赖进口，已严重影响到国家的能源安全。据了解，生产1t聚烯烃(PO)塑料，约需1.1t石油，每年我国塑料工业需消耗20000kt多宝贵的石油资源。石油是一类资源有限、正在日渐减少又面临枯竭的不可再生资源，根据联合国"世界能源评估报告指出，目前全球能源体系不够可靠，价格不够低，不足以支持广泛的经济增长。近年来，油价暴涨，对塑料工业带来的供给矛盾和冲击，充分表明有限的资源十分令人担心，同时表明，塑料工业的可持续发展必须遵循循环经济的理念，加强回收资源化再利用，同时也必须加快探寻和开发新的可持续发展的资源，以摆脱其对石油资源过分依赖的局面。近十多年来，全球为应对石油资源日趋贫乏，油价不断飞涨以及环境污染、气候变暖、日益严峻的资源、环境问题，引发了对可再生资源为原料的生物质材料的极大关注。目前，欧美发达国家正着手研究制定减量化、再资源化及实施利用可再生资源补充、替代目前过于依赖的不可再生而又日益减少的矿物燃料资源的战略，并成为确保塑料工业可持续发展的一股不可抗拒的潮流。在这样的历史背景下，生物降解塑料，特别是来自可再生资源的生物质塑料(又称生态塑料)的研发和加快产业化、实用化进程已成为全球瞩目的热点。

面对石油基塑料带来的资源和环境问题，20世纪90年代国际材料界提出了生态材料(eco-materials)的概念。即任何一种材料只要经过改造达到节约资源、并与环境协调发展，就可以被视为生态材料，亦包括材料在生命周期各个阶段一切可以减轻材料环境负荷的设计、技术和工艺过程。2003年11月，在日本召开了第一届生物基聚合物国际会议。会议提出了可持续发展的生物质聚合物全新概念。会议对生物质聚合物定义为：生物质聚合物是由可再生资源(如淀粉、秸秆)、二氧化碳以及生物聚合物(如多糖、聚酯、聚异戊二烯类、多酚及它们的衍生物、混合物和复合物)等为原料制得的聚合物。开发生物质聚合物的根本出发点，是由于目前大量使用的石化资源是有限的，而可再生资源却是可持续发展的。从而，加速生物质塑料的发展，根本上是应对全球石油资源短缺和环境压力的策略。根据原料的来源，把以二氧化碳通过光合作用产生的淀粉、纤维素、半纤维素等可再生资源为原料生产、并且使用后可以在自然环境中被微生物或太阳光降解为水和二氧化碳、或通过堆肥作为肥料再利用的聚合物称作生物质材料(biomass materials)。但生物质塑料不等同于生物降解塑料，其区别在于前者的原料来自可年年再生的资源，通过生物、化学或物理等方法制成，但用后其废弃物不一定完全生物降解；而后者用后其废弃物再一定环境条件下可被微生物吞噬成二氧化碳、水和其他生物质，回归自然循环，但其原料既有来自可再生资源的，也有来自石化资源的。

三、降解塑料与循环经济

随着经济全球化的迅猛发展、能源耗竭和环境污染正对人类社会的生存和发展构成严峻的威胁，因此构建资源节约、环境和谐和循环经济型社会正逐渐成为国际社会的共识和全球可持续发展的战略选择。

循环经济实质上是一种生态经济，它通过清洁生产、资源综合利用、循环利用、生态设计和持续消费将人类社会的经济活动由"资源—产品—废弃物"的开环模式转变为"资源—产品—再生资源"的反馈式流程，实现资源的"低开采、高利用、低排放"的循环利用模式，亦即运用生态学的规律指导人类社会的经济活动，以资源的高效利用和循环利用为出发点，以"减量化、再利用、资源化"为基本原则，实现以最少的资源消耗、最少的废弃物排放量和最小的环境代价换取最大的经济社会发展效益，实现经济、环境和社会的全面协调和可持续发展。

循环经济的核心理念是回收、再生、再利用。降解塑料中的生物质塑料和堆肥化是贯彻实施循环经济的成功实例。

1. 生物质塑料

生物质塑料是从可再生的生物质或生物有机质直接变为聚合物，缩短了石油基塑料从二氧化碳到石油再到聚合物的转化过程和时间，使地球上的碳能维持在平衡状态，充分体现了发展循环经济、实现可持续发展的科学理念。而且生物质塑料无论在自然环境或堆肥化处理中，都易于完全生物降解。石油基塑料和生物质塑料的碳循环过程见图1。

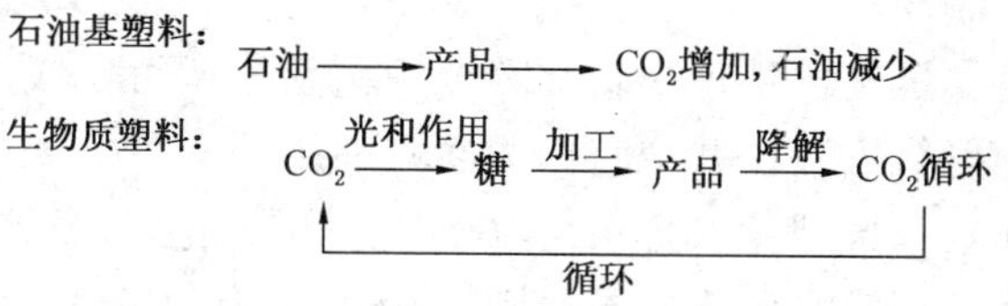

图1 石油基塑料和生物质塑料的碳循环过程

近年来，不断增长的油价以及环境问题引发了对可再生资源和对温室气体排放的日益关注以及对塑料废弃物管理的高度重视，从而重新引起了生物质塑料以及生产生物质塑料功效的兴趣。

目前已工业化生产的生物质塑料主要包括两大类：一类为以淀粉、植物纤维等天然高分子为原料，经改性后单独或以不同比例与其他生物降解塑料或普通塑料共混(或合金化)，然后通过热塑性加工制得可完全生物降解或部分生物降解塑料，如淀粉基塑料。另一类为以淀粉、糖蜜等可再生资源为原料，通过微生物或基因工程直接合成生物降解塑料，如聚羟基烷酸脂(PHA)；或以淀粉、秸秆等农副产品为原料，通过发酵合成单体，再经化学合成生物降解塑料，如聚乳酸(PLA)等。

上述两类生物基塑料的原料均来自再生植物资源，来源丰富，其中相当一部分可通过堆肥化回归自然循环，符合循环经济的理念。

近年来植物培养和加工新技术的进步正在缩短生物质塑料和石油基塑料之间的成本和性能差异，以及环境法规的日益完善，京都议定书的实施，进一步加强了对生物质塑料的关注。生物质塑料与石油基塑料各自能源的消耗和二氧化碳的排放成为京都议定书中关注的焦点。在原京都议定书范围中，欧盟同意在2008年到2012年期间，在1990年的排放水平上，按照8%的幅度减少，同样日本也同意按6%的幅度减少。在2009年12月在丹麦哥本哈根举行的《联合国气候变化框架公约》第15次缔约方会议暨《京都议定书》第5次缔约方会议上，欧盟承诺2020年的排放水平在1990年基础上减少30%；日本减排25%；美国承诺减排17%，到2025年减排30%，2030年减排42%。中国决定到2020年，国内GDP二氧化碳排放水平比2005年下降40%～45%，非化石能源占一次性能源消费的比重将提高到15%左右。

据欧洲调查显示，每吨淀粉基塑料二氧化碳的释放量相对于同样重量的石油基聚乙烯，可节约能源12～40GJ及减少0.8～3.2t二氧化碳的排放量，又对于以植物油为原料的生物质塑料，如以菜籽油为原料的多元醇(聚氨酯塑料单体)每吨可减少1.5t二氧化碳的排放量。又据美国国家标准和技术协会(NIST)近年来完成的一项关于两种新型大豆多元醇的环境影响调查工作中，大豆基多元醇对环境的影响水平，仅仅只有石油基多元醇的1/4，明显减少温室效应、降低全球变暖、烟雾刺激、生态危害以及对石油资源的过分依赖。

为此，以年年可再生资源为原料的生物质塑料越来越受到重视，它不仅可作为日趋枯竭的石化资源的补充替代，缓解塑料工业对石化资源过分依赖起重要作用，而且对发展低碳经济、绿色经济以及确保塑料工业的可持续发展均有着十分重要意义。

2. 堆肥化

堆肥化虽是古老的、传统的用于处理生活垃圾、庭院垃圾的主要方法之一，但由于受到技术、经济问题和堆肥化产品质量的困扰，长期以来未得到应有的重视和发展。近十多年来，随着循环经济和再资源化理念日渐深入人心以及堆肥技术的进步，可堆肥化生物降解塑料的开发，堆肥化处理重新被欧美发达国家认可，成为大规模处理城市固体废弃物(MSW)中有机质的可行方法，并把它作为回收利用的一种方式而倍受关注。20世纪末欧共体还建立了有机质回收和堆肥化联合会(ORCA)。该联合会以欧盟政府部门和立法当局的名义印发有关堆肥化文件，制定堆肥化指导原则。MSW中有机质进行堆肥化处理，不但可避免填埋场中排放的二氧化碳和甲烷等气体导致的温室效应，而且可作为有机肥料资源回收利用，增加土壤中有机含量，改善土壤理化性能，推动绿肥农业。近年来，欧、美、日发达国家在新的有关废弃物处理法规指导下，进一步明确把堆肥化作为一种回收利用的方式，制定了有关质量检测标准和认证标志，并认为可堆肥化生物降解塑料的开发为堆肥化实施创造了条件，二者相互结合，是回收利用再资源化的好方式。欧洲在法规中还明文规定禁止厨房剩余和庭院枝叶等有机质垃圾进入垃圾场或焚烧，而必须采用堆肥化方式处理，这不仅可以减少垃圾场因逸出的二氧化碳和甲烷引起灾害事故的发生，而且可以作为有机肥改良和肥沃土壤。欧美国家也正在试用经可堆肥化认证的完全生物降解制作的垃圾袋收集有机质垃圾，然后送到堆肥场进行堆肥化处理，制得的肥料经有关国际标准检测和田园实地应用试验表明，完全达到预定要求。目前堆肥化技术、设备已获得了很大的发展，正稳步进入产业化，并被认为是一个有发展潜力的处理方法。

当前生物质生物降解塑料及其与堆肥化结合的发展正处于方兴未艾、蓬勃发展的阶段，要加速商品化、实用化进程，仍任重道远，但其符合循环经济、低碳经济、绿色经济的理念，市场潜力很大，前途光明。

四、降解塑料在实施可持续发展中的作用

如前所述，塑料材料的广泛应用相伴带来资源环境负荷日益加重，上世纪末以来，国内外对此问题虽然进行了不少研究并提出许许多多的治理方案和措施，如减量化、再资源化、无害化及开发生物降解塑料等，已取得了可喜的进展，但在实际操作中仍存在相当难度和许多有待进一步研究解决的关键问题，而且上述措施必须有机结合，相辅相成、相互补充，成为一个防治结合、综合治理的方案，才能获得有效的最佳的治理效果。

近十多年来，生物降解塑料，特别是生物基降解塑料的研发十分活跃，其主要原因除了它可有效减少和治理一次性塑料废弃物给环境带来的负面影响外，从生命周期分析评价，它是一种节省能量、环境低负荷的材料，而更主要的是它可来自可再生资源，作为有限的不可再生的石化资源的补充替代，因此，它在减轻环境污染、缓解资源矛盾以及实施可持续发展战略中正在发挥着愈来愈重要的作用。

1. 减量化

减量化是对塑料生产和消费活动中减少资源消耗和废弃物产生量而言。生物基生物降解塑料如淀粉基塑料、PLA、PHA等的生产和消费完全符合清洁生产和绿色消费的要求。其原料来自可再生资源或通过对短缺石油资源的补充和替代，从生产源头进行削减，节约有限、紧缺的矿物燃料资源的消耗，减少对石油资源的依赖。据报道，全球每年约有1.5亿吨石油、天然气用于合成高分子材料，若其中20%用可再生资源替代，则每年可节约石油资源30000kt以上。另一方面，其中一部分的废弃物可在自然环境中生物降解，或进行堆肥化处理，可从源头减少废弃物产生量，从而有利于节省资源，减轻环境负荷的环保措施和可持续发展战略的实施。

2. 再资源化

再资源化是指塑料废弃物的回收利用。固体废弃物的资源化途径包括物质(材料)回收、能量转换和物质转换三种形式。生物降解塑料废弃物不仅仅是可以自然降解，也可以与普通塑料一样资源化再利用。生物降解塑料不宜采用机械(物理)回收利用方法，但适用于化学回收再生利用。近年来日本研究开发了聚乳酸的化学回收利用技术，已取得突破性的进展，正在一些城市进行示范推广应用。该法为将经分类收集的聚乳酸制品废弃物在碱土金属催化剂如氧化镁等的存在下，通过严格控制热分解温度(250～320℃)，可以得到确保光学纯度的丙交酯，再经聚合可制得聚乳酸，实现聚乳酸的化学循环(详见图4)，不仅削减了工艺流程，而且可以大大节约资源，节省电量，另即使聚乳酸废弃物燃烧后生成二氧化碳，也可以通过光合作用吸收回到植物链循环。

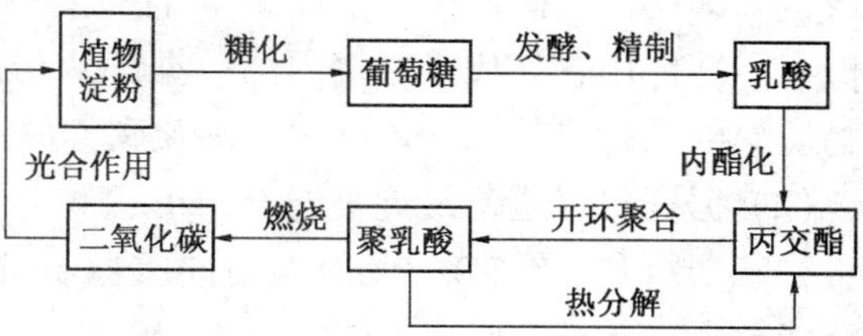

图4　聚乳酸资源化循环流程

降解塑料废弃物也可以与普通塑料一样进行焚烧处理回收热能和电能，用作固体燃烧高炉炼钢、烧水泥等。

堆肥化是物质转换的一种形式。国外实践证明，用可堆肥化生物降解塑料垃圾袋盛装城市固体物(MSW)中的有机质垃圾，然后一道采用堆肥化处理是回收利用的一种独特方式，是回收利用的补充，生物降解塑料与堆肥化结合是资源化最优的选择，并对环境中废弃物的全面管理作出重要的贡献。

3. 无害化

当前国外在MSW处理方法中，无害化处理主要包括对不能(或不宜)回收利用的MSW采取安全焚烧和卫生填埋等方式进行无害化处理，进入21世纪以来，由于填埋场地的不足及抑制有害气体产生等原因，填埋和焚烧处理方法所占比重已呈下降趋势，而生物降解塑料用后其废弃物可以完全生物降解，也可以通过堆肥化处理，实现资源化再利用，因此已成为无害化处理方式中值得关注的焦点。

4. 减少二氧化碳排放，防治温室效应

近年来，全球暖化的地球环境问题日益引人注目。抑制二氧化碳等温室气体排放，开发代替石油资源的研究活动，研究生物质资源的有效利用等是当前最受关注的热点问题。生物质资源产品的废弃物处理时排放的二氧化碳，自古以来低于被植物生长过程中通过光合作用吸收的二氧化碳，从而确保“碳平衡”状态，抑制二氧化碳的增加。

生物基塑料其原料来源于天然资源或工业排放的二氧化碳，所以总能源消耗和生命周期内二氧化碳排放量较少或得以高效固定利用，有利于节能减排。

据欧洲调查显示，1t淀粉基塑料相对于1t石油基来源的聚乙烯，可减少0.8～3.2t的二氧化碳排放量。又据报道，英国政府决定到2050年温室气体排放量要在1995年水平上减少80%，该目标主要依靠可再生资源的原料和能量来完成。

脂肪族聚碳酸酯降解塑料是以约50%的从石化、水泥、炼油、发酵等行业生产过程产生的会导致温室效应加剧的工业废气二氧化碳为基本原料，与环氧化合物，如环氧丙烷、环氧乙烷制得的聚碳酸、亚丙酯和亚乙酯等不仅可变废为宝，而且具有优良的生物降解性能，能有效治理“白色污染”。因此脂肪族聚碳酯的问世，不仅对工业排放在大气中的二氧化碳找到高效固定利用的途径，可大大削减二氧化碳的排放，且可实现资源替代，节约有限的石油资源，为经济可持续发展创造条件，也是实现循环经济的典型实例。

下面例举几个生物质材料减少温室效应的实例：

(1) 美国Cereplast公司近年来推出一种淀粉含量为50%的生物质聚丙烯“Biopropylene”，

经与密思根大学合作实验结果显示，每使用1kg生物质聚丙烯，排出的二氧化碳量约为1.82kg，而普通聚丙烯则为3.14kg，二者比较，生物质聚丙烯每kg可减少1.32kg二氧化碳的排放量，即排出的碳足可减少42%，且二者性能类似。目前已有上百家公司在许多领域特别是汽车零部件用它替代普通聚丙烯。据了解当前全球聚丙烯消费量达45000kt，若其中一半用生物质聚丙烯替代的话，可减少二氧化碳排放量2970kt，并且还可节约约一半的石油资源。

(2) 据资料报道，最近美国Gargill公司旗下一家公司用100%可再生植物资源为原料生产的生物基塑料和纤维(芙吉尔)，与同类原石油基同类产品比较，二氧化碳排放量减少60%，能源能耗也降低了50%。

(3) 2009年12月联合国全球气候会议上，总部位于芬兰的全球食品服务公司Huhtamarki(普乐)公司为大会115名代表提供了采用美国Nature works公司生产的生物基生物降解塑料聚乳酸为原料制造的28.5万个“Bio ware”冷饮杯和1.2万个熟食容器，据称这些杯和容器可减少的温室气体排放量相当于欧洲常用的汽车驾驶19803公里排放的二氧化碳。另该公司为会议中心提供的“Bio ware”系列产品还有生物质涂层的热饮料杯、Chinet(r)盘子及杯子，这些产品都通过了欧洲可堆肥性标准EN 13432的检验。与石油基产品比较，对环境的影响更低。

(4) 过去许多国家MSW中的厨房剩余和庭院垃圾均是与其他MSW一起进行填埋处理，由于这些有机质废弃物在填埋场中可生物降解，会产生甲烷，而甲烷的温室效应是二氧化碳的23倍。近年来，欧美许多国家都禁止有机质垃圾进入填埋处理，而采用堆肥化处理。生物降解塑料垃圾袋的开发成功和进入市场，为社会及家庭中厨房剩余、庭院落叶等有机废弃物的收集及进行堆肥化处理提供了物质基础，这样可大大减少有害的温室气体排放，对发展低碳经济具有重要意义。

(5) 据报道，海南南海黄哥盆地已探明天然气储量约2万亿立方米(其中70%富含二氧化碳)，中海石油投资控股有限公司已于盆地附近兴建了年产3kt的脂肪族聚碳酸酯项目。该项目成功实施后每年可直接消耗二氧化碳2.1kt，按规划该项目根据市场需求，将逐步扩大到10kt、30kt、100kt规模，这将从环境上大量减轻二氧化碳的集中排放，其产品具有可生物降解性，既可落实国家提出的节能减排目标，同时又可治理“白色污染”，有利于海南生态省的建设。

(6) 河南天冠集团新型材料公司在已建成的年产5kt聚碳酸亚丙酯降解塑料生产线基础上，目前正在动工兴建年产100kt项目一期工程25kt生产线，据称年产100kt生产线全部建成投产后，除可获得可观的经济效益外，每年可实现减排二氧化碳5000kt，而且其产品可完全生物降解，从源头上治理“白色污染”，是一种典型的循环经济技术模式。

5. 资源补充替代

近二十多年来，世界范围内经济的持续高速增长及与之相伴的生活消费方式的巨大变革，导致消费规模急剧扩大，资源过度消费，未来社会与经济的进一步发展与现有赖以生存的有限资源之间的矛盾日益突出，再加上人类活动对自然环境的过度破坏，这些均已成为实施可持续发展面临而又必须解决的严峻资源问题。

特别近年来，石油市场的剧烈波动与价格的不断高涨，使得原油资源已经成为威胁经济可持续发展与国家战略安全的重要因素，同时对长期以来建立在石化资源基础上的塑料工业的可持续发展也带来了严重的威胁。

回顾20世纪以来，世界化学工业的发展，其主要来源经历了从植物、农作物基天然资源、煤化工到石油化工资源的替代。据统计，20世纪末，世界化学工业中植物、农作物基资源所占份额很少，能源方面低于1%，原材料方面也不到5%。如美国塑料产量已超过30000kt，而其中以天然资源为原料只占1.8%。

石油是一类资源有限，正在减少而又面临枯竭的不可再生资源，有关专家提出世界可开采和探明的化石资源的储量，如按目前的消费水平计算，石油50年之后，煤炭100年之后将趋于枯竭。虽然今后还会探索挖掘出新的矿源，但由于人口的增长以及发展中国家人民生活水平的不断提高，需求也会进一步增长，上述开采年限也势必受到一定程度的影响。由于资源日趋贫乏，石油及其加工的产品的价格势必不断上涨，这对长期依赖石油资源作为原料的塑料工业的可持续发展而言，有限的资源十分令人担忧。因此，目前全球无论发达国家或发展中国家均把可再生资源及工业废弃物的综合利用作为石油资源的补充替代提到战略高度，正着手研究制定利用可再生资源来补充、替代目前过分依赖的、不可再生的且日渐减少的化石资源的策略。如美国制定的可再生资源开发和利用的战略设想目标中，2020年化学基础产品中至少有10%是以植物和农作物基为原料的可再生资源，到2050年该目标将提高到50%。而且提出无论采用何种技术，凡将现以石油资源为原料转化为以可再生资源为原料的，都符合可持续发展方向，也适应环境生态要求。美国在21世纪国家战略的总方针指导下，主要以生物工程、化学工业大型跨国公司为主力，在全球兴起了生物资源的生物转化以及生物材料产业的创新，特别是要在世界范围内取得发明专利知识产权的垄断。美国为奖励再生资源的开发和利用，从1996年起设置了美国总统绿色化学挑战奖，美国能源部也设立奖金予以支持和鼓励。如美国Gargill公司开发的以玉米淀粉发酵合成乳酸进一步制造的聚乳酸生物降解塑料技术曾获得美国总统绿色化学挑战奖。

日本是一个化石资源比较贫乏的国家，因此把生物质资源的开发与转化技术列为国家战略重中之重，从20世纪90年代以来对以可再生资源的生物基生物降解塑料的开发一直予以极大的关注，并在政策和资金上大力扶持。2002年日本提出生物技术(BT)战略大纲和日本生物质(BN)综合战略，战略大纲中包括对通过生物技术开发的产品，从原材料生产到制品用后的废弃物及进一步再循环达到再资源化回收利用的整个过程，对资源环境的负荷、对循环经济型体系和生态体系的影响等方面进行研讨和综合评价，然后制定积极综合开发和利用农林水产业资源及其废弃物以及食品废弃物生产生物能源与生物材料，如生物降解塑料，饲料、肥料等有关规划和政策，2003年提出实现与环境和谐型的绿色(生物)能源和材料产业化方案的构想，并进一步积极开发节约资源、节省能量、环境友好的清洁生产工艺，促进塑料原料从有限的石油资源向可再生资源替代政策的实施。日本政府的目标，到2020年，20%的塑料的原料来自可再生资源。据预测日本生物基塑料市场销售额将由2007年的710亿日元增加到2015年的3817亿日元。

德国是欧洲国家中生物质资源综合利用与相关新材料研制应用最为重视的国家，已经建立起完善的标识体系，通过国家推广新材料应用的项目，已取得初步成功。

近年来，我国已将石油化工原料的生物替代提到战略高度，“十一五”期间已将生物技术及生物材料的研发列入重点攻关项目和“863”计划等，规划到2010年石油消费的化工原材料中，10%～15%将由生物质材料取代。国家发改委从2006年开始，建立了生物质专项基金、生物降解塑料示范工程项目等支持生物基材料和生物降解塑料的发展。2006年财政部、国家发改委等五部门联合印发了《关于发展生物能源和生物化工财税扶持政策的实施意见》，制定9大措施：建立风险基金制度、原料基地补助、示范补助、税收优惠等对生物能源、生物化工型企业进行扶持并鼓励其发展。

生物能源及生物基材料等石油替代品的发展对缓解石油供求矛盾、保障国家能源安全；发展低碳经济，改善生态环境；以及加速农业经济的发展、增加农民收入等均具有重要的意义。

目前世界各国塑料工业的发展对利用可再生资源作为石油基资源的替代的研究方兴未艾。但市场实践经验显示，在发展过程中，对资源替代方案也必须根据各国、各地区具体情况进行具体分析，一个重要的结论是，无论是由石油或可再生资源生产塑料产品，整个生命周期内矿物燃烧能源平衡，是可持续发展的关键因素。同时还必须充分考虑其经济和生态的可行性，即在将可再生资源投入使用前，必须对其在生命周期内的环境亲和性、经济因素、社会影响，包括相关生产流程和处理方法进行生命周期评估。德国 BASF 公司最近参与开发了一种新的生物周期分析法，称之为"生态效率分析法"，采用这种分析法，可以对各种替代产品和流程在生命周期内的表现进行分析评估—包括与生产、运输、使用和处理相关的能源影响、生态影响和社会影响。通过生态效率分析法的分析评估，不但可减轻资源替代的风险，并可进一步促进其市场化进程。

当前国内外积极开发的生物基生物降解塑料中，以天然高分子(如淀粉)为主要原料的淀粉基降解塑料(包括其与其他生物基降解塑料的共混物)及聚乳酸、聚羟基脂肪酸酯，以及二氧化碳为原料的脂肪族聚酯等都是用可再生资源或产业废气综合利用作为化石燃料资源补充替代的成功实例。其中尤以淀粉为代表的多糖类天然高分子为原料制造的生物降解塑料更受瞩目。因多糖类天然资源与石油化工资源比较，只要通过光合作用就可以合成，具有可持续获得性、价格低廉、来源广泛；且其产品用后可以通过自然环境中存在的淀粉酶的作用，逐步水解成小分子化合物，最终通过微生物作用分解成二氧化碳和水，回归自然循环，或进行堆肥化处理，堆肥属天然生物学过程，可稳定从废弃物中回收有机物质，并转化成肥料，以堆肥形式循环利用，不仅可肥沃土壤、改良土壤，而且可减少温室效应，而它最重要的作用是维持长期可持续的农业生产。因此，加速生物基塑料的开发及市场化进程，作为石油基塑料资源补充替代，对塑料工业的可持续发展具有重大的战略意义。

(作者为中国产学研合作促进会循环经济分会副会长，
中国塑料加工工业协会降解塑料专业委员会副会长，
联合国工业发展组织中国投资与技术促进处绿色产业专家委员会委员)

塑料在太阳能光伏产业中的应用

The Application of Plastics in the Solar Photovoltaic Industry

孙卫东

摘　要：论述了我国塑料材料在太阳能光伏产业中的应用需求，以及国内外发展现状及应用前景等。我国目前已进入太阳能光伏产业发展领先行列，非常需要我们塑料行业提供持续改进的技术支持和技术改进及突破，通过引进消化吸收，集合设备制造业、加工工艺研究、检测技术等多方面的优势，以便形成专业化和规模化生产。在为该行业服务的同时，不断提高我们的自主创新能力，并分享它的高速成长。

关键词：新能源产业；太阳能光伏；封装材料；塑料板材；电线电缆；硅片清洗花篮

一、前言

新能源产业革命是继蒸汽、电力、计算机之后的第四次产业革命的主导。大力发展新能源产业，以缓解对石油需求的压力、减少二氧化碳的排放、减轻环境污染造成的危机，已经成为全球各国的共识。这不仅是能源危机之下，各国积极寻找替代能源的表现；更为重要的是，新能源产业的国际地位，已经被看作是一国能否在未来取得国际话语权的重要标志。新能源产业主要包括：风电、核电、太阳能发电及其他如生物质能源等。

最近几年随着全球能源危机的日益加剧，全球各国纷纷加大了在太阳能光伏领域的投资力度。从 2008 年 1 月到 2009 年 7 月为止，全球总共新增了 114 亿瓦的太阳能电池产能。这庞大的新增产能，是在 2009 年受全球经济危机导致需求不旺的情形之下产生的，其增长幅度仍高达 56%。

2005～2012 年全球太阳能电池按技术种类产能预测见图 1。

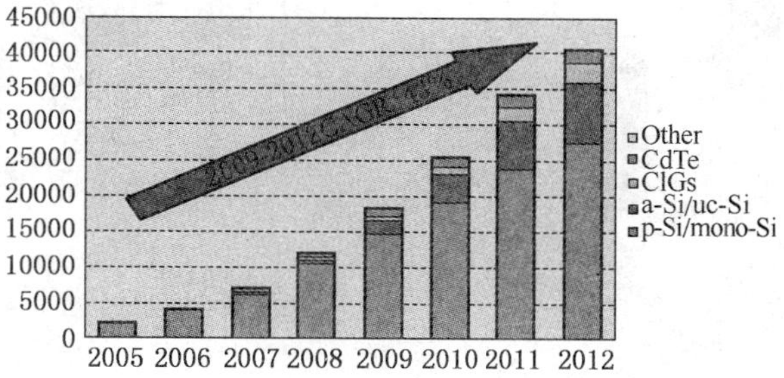

图 1　2005～2012 年全球太阳能电池按技术种类产能预测(单位：百万瓦)

中国在 2007 年就已成为全球最大的太阳能光伏电池(PV)生产国，其产品 90% 以上出口海外。有专家预计 2009 年我国太阳能光伏产能将达到全球的三分之一。在全世界前十大光伏电池生产商里中国光伏企业占据了四席位置。我国政府高度重视 PV 产业的发展，决定综合采取财政补助、科技支持和市场拉动方式，加快国内光伏发电的产业化和规模化发展，并计划在 2 至 3 年内，采取财政补助方式支持不低于 500 兆瓦的光伏发电示范项目。

二、太阳能光伏发电

将太阳辐射能直接转换成电能，光—电转换的基本装置就是太阳能电池。由于光生伏特效应，而将太阳光能直接转化为电能的器件，是一个半导体光电二极管，当太阳光照到光电二极管上时，光电二极管就会把太阳的光能变成电能，产生电流。当许多个电池串联或并联起来就成为具有较大输出功率的太阳能电池方阵。

太阳能光伏发电具有三大优点：永久性——寿命长，太阳能电池就可以一次投资而长期使用(20 年左右)；清洁性——与火力发电、核能发电相比，它不会造成环境污染；灵活性——太阳能电池可以大中小并举，大到百万千瓦的中型电站，小到单家独户使用，这是其他电源无法比拟的。

太阳能电池类型(按材料划分)可分为以下三大类：

(1) 硅基太阳电池(单晶硅太阳电池、多晶硅太阳电池)：占据着 PV 销售的大部分。晶体硅基太阳电池组件市场占有率高达近 90%，是市场化最完善的技术。硅基太阳电池结构：玻璃/EVA/太阳能电池/EVA/透明 TPT 5 层叠压封装制成。

(2) 薄膜太阳电池(非晶硅/微晶硅薄膜太阳电池、铜铟镓硒(CIGS)太阳电池、碲化镉(CdTe)太阳电池)：因为高性能的薄膜型 PV 刚刚诞生不久，目前只占到整个 PV 市场的 10% 左右。

(3) 新型太阳电池(Ⅲ－Ⅴ族太阳电池、有机太阳电池、其他太阳电池)。

目前人们常提及的 PV 产品主要指前两项。

主要生产工艺：

硅基太阳电池生产工艺流程见图 2。

太阳能光伏产业链中，硅基太阳电池生产工艺过程如下：

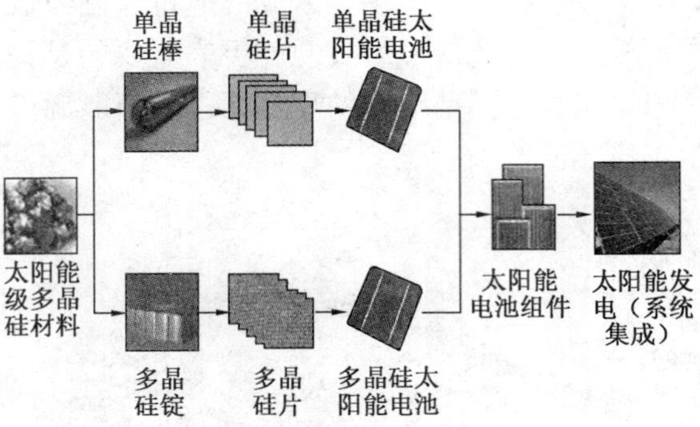

图 2　硅基太阳电池生产工艺流程

(1) 晶体硅料生产：使用设备有硅棒硅块硅锭生产设备(铸锭炉、坩埚、生长炉、其他相关设备)，现有晶体硅料生产企业 58 家。

(2) 晶体硅片生产：使用设备有切割设备、清洗设备、检测设备、其他相关设备。现有硅片生产企业 38 家，在产业链中是国内目前生产技术比较成熟的。

(3) 电池片生产：使用蚀刻设备、清洗设备、扩散炉、覆膜设备/沉积炉、丝网印刷机、其他炉设备、测试仪和分选机等。

(4) 晶体硅电池组件生产：使用测试设备、玻璃清洗设备、结线/焊接设备、层压设备等。

(5) 光伏发电应用系统：使用光伏组件阵列、接线盒、连接线、逆变器和电表等产品。

从粗硅到最终的太阳能组件大约需要 26 道工序。我国目前已有包括设备生产厂家在内的超过 500 家光伏企业和研发单位。

三、PV 产业所需的塑料材料及其制品

PV 产业应用较为广泛的塑料材料及其制品，我们根据其生产工艺流程进行论述。

1. 硅片生产过程中使用的塑料材料：硅片切割设备中的导向轮

多线切割机是高效率生产超薄大直径太阳能硅片的设备，切割时研磨砂(99% 以上成分为 SiC)的 SiC 颗粒附着在金属切割线上，对硅锭进行研磨式切割。切割硅片的厚度(200 ± 50) μm。导向轮的作用是固定金属切割线位置(保证硅片切割厚度)、保证金属切割线转向和保持张力(0 ~ 80N)。金属切割线运动速度：0 ~ 900m/min，切割进给速度 0 ~ 1mm/min，金属切割线直径：0.25mm。导向轮采用聚胺酯、超高分子量聚乙烯材料加工成型，切割使用几十小时后就会磨损报废，是硅锭切割成片过程中除研磨砂、金属切割线外最大的耗材。

硅锭进行研磨式切割的过程，实际上也是对导向轮的研磨切割过程，如果材料不能耐受发生金属切割线偏移或断线，将导致整根硅棒的报废。导向轮的尺寸稳定性、耐磨损性能是重要的技术指标。

图 3 为我国首台由上海日进机械机床有限公司自主研发的多线切割机 NWSS－125 线切方锯。

图 3　NWSS－125 线切方锯

2. 电池片生产过程中使用的塑料材料

(1) PP、PVDF 板材

在电池片生产的清洗过程中，硅片分别在 85℃ 温度下的 25% NaOH 溶液、10% HF 溶液及带有双氧水、氨水、HCl 的溶液中进行清洗。因此清洗设备的溶液槽、设备整体结构及外壳使用了大量 PP、PVDF 板材，其厚度在 5 ~ 10mm。目前除 PP 板材外，PVDF 板材全部需要进口。生产厂家有：德国盖尔(GEHR)公司、奥地利 AGRU(艾格鲁)公司、劳士领工程塑料有限公司等。

清洗设备见图 4，图 5。

(2) 硅片清洗容器及运输与储存容器(PP、PVDF 花篮)

图4　国产硅片清洗设备

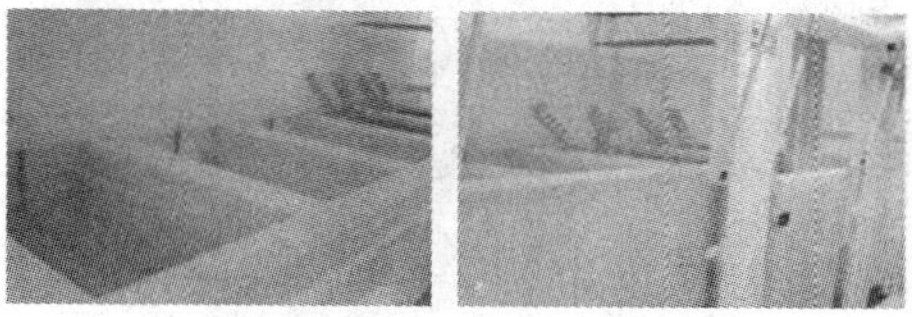

图5　国产硅片清洗设备的液体槽

太阳能电池在生产工艺中，需要使用方形硅片承载器(花篮)装载硅片，产品需满足硅片生产线和清洗设备转换的要求，具有较强的刚性、强度，精确的外形尺寸和严格的产品重量，在85℃以下的NaOH溶液、HCl溶液、HF溶液中长期使用不变形、不污染清洗液，装载硅片时不划伤硅片，能够满足太阳能硅电池的生产工艺要求。

25片硅片花篮技术指标及要求：

用于103mm×103mm、125mm×125mm、150mm×150mm、156mm×156mm等四种规格太阳能硅片的清洗(常用规格为125mm×125mm和156mm×156mm)；其外型结构见图6。

容量：25片；

定位销间距：(135.0±0.4)mm；

槽间距：4.76mm；

图6　25片太阳能硅片花篮

材质：聚偏氟乙烯(Polyvinylidene fluoride，PVDF)，聚丙烯(PP)；

长期使用温度：≤150℃。

随着技术的不断发展，容量为50片、100片的硅片花篮也越来越多的应用于生产中，见图7。但由于产品技术成熟度及应用成本的原因，其在国内的用量及使用范围还有待进一步开发。

硅片花篮是硅片清洗设备上的备件，一台电池片清洗设备需要大约配备25片200只左右同等尺寸的花篮。在电池片的生产工序中主要使用主要PVDF材质的花篮，2008年国内用量在(6~8)万只左右，PVDF树脂用量估计在40~60t。

硅片花篮的主要生产厂家北京市塑料研究所，现拥有25片太阳能硅片花篮四种规格的八种型号、50片硅片花篮二种规格型号的产品，其国内市场占有率在70%以上。其余厂家还有伊柏科技(深圳)有限公司、深圳富林丰科技有限公司等。

(3) 纯水及试剂输送管道及阀门

在硅片生产线上分布着各种粗细不同的管道、管件和阀门，用于各种试剂、清洗溶剂、纯水输送，材质不同、品种繁杂。输送管采用挤出法成型的PFA、PVDF、PP、PE、PVC管道。保证其连接的是采用注射方法成型加工的PFA、PVDF、PP、PE、PVC管件和阀门。见图8。

我国PP、PE、PVC通用塑料的管道、管件等加工技术已相当成熟，并形成规模，已广泛用于太阳能光伏加工中，由于使用广泛，品种繁多，其准确用量难以统计。但在重要关键部位仍需采用耐腐蚀、安全性较高的含氟塑料管道、管件。

含氟塑料管道、管件等单项加工技术现已被国内一些生产厂家所掌握(推压法生产PTFE

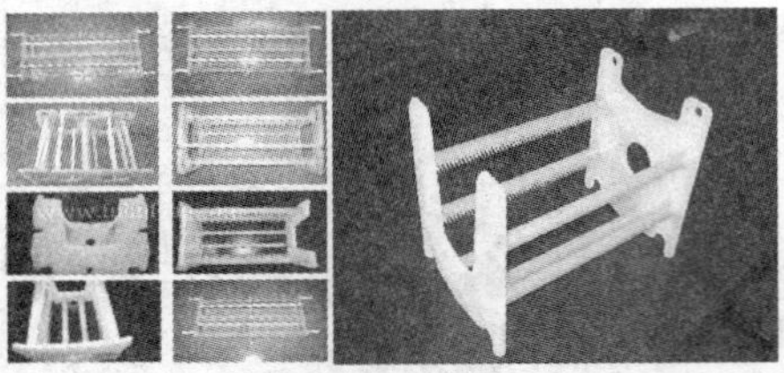

图 7　50 片、100 片的硅片花篮

图 8　硅片清洗设备上的管件和阀门

管、挤出法成型 PFA、PVDF 管道；注射成型生产的 PFA、PVDF 管件等)。如天津第九塑料厂拥有推压法生产 PTFE 管材的设备及加工技术；上海塑料研究所挤出 PFA 管材最大直径可到 60mm；北京市塑料研究所在国家"八五"期间承担科技攻关项目对可熔融性氟塑料的挤出成型技术进行了深入研究，拥有挤出法生产 PFA、PVDF 管材的设备及加工技术，并拥有注射 PFA 管件的设备及加工技术。国外已有专业供货商生产销售，如美国 Swagelok 公司、乔治·费歇尔公司(Georg Fischer Piping Systems Ltd.)、德国 GEMÜ Gebr. Müller Apparatebau GmbH & Co. KG 等。

3. 太阳能电池组件使用的材料

(1) 封装黏结材料：乙烯醋酸乙烯(EVA)胶膜

太阳能电池组件中将玻璃和硅电池片、硅电池片和封装背膜黏结起来的是 EVA 胶膜。EVA 有光学透明度，能与玻璃和硅的折射指数相匹配，因而可降低反射。它也可与电池内的组件固定在一起，为电池板提供物理强度。该胶膜在常温时无黏性，便于裁切分割操作。在太阳能电池板封装时，先裁切所需尺寸的胶膜，按玻璃－胶膜－电池板－胶膜－TPT 叠合于铝合金框内；然后，放入层压机内加热、加压、并抽真空；最后放入设定温度的固化炉中恒温所需时间即可。见图 9。

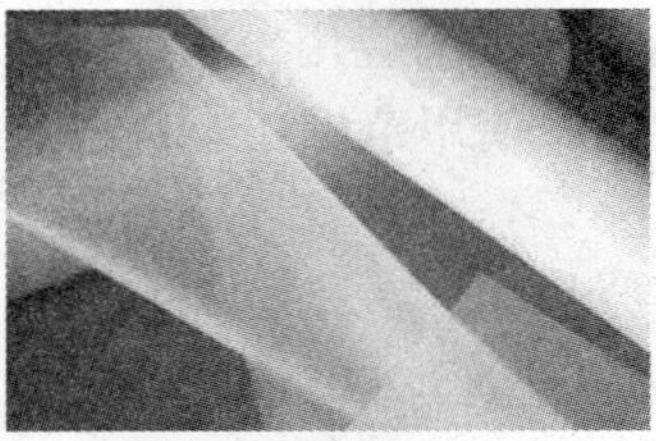

图 9　EVA 胶膜

不同的温度对 EVA 的交联度有比较大的影响，EVA 的交联度直接影响到组件的性能以及使用寿命。在熔融状态下，EVA 与晶体硅太阳电池片、玻璃、TPT 黏合成整体。未经改性的 EVA 耐热性较差，易延伸而低弹性，抗蠕变性差，易产生热胀冷缩导致晶片碎裂，使得黏接脱层。因此通过采取化学交联的方式使交联度达到 60% 以上时，所形成的三维网状结构能承受大气的变化，不再发生明显的热胀冷缩现象。

一块组件的电池两面都要用到 EVA 胶膜。如果按照尺寸 600mm×1200mm×0.35mm 计算，一块组件的电池两面所要用 EVA 胶膜重量大约为 0.5～0.7kg。是太阳能电池生产中耗用量最大的塑料材料之一。

其主要性能指标如下：

① 透光率≥90%；

② 剥离强度≥20N/cm；

③ 交联度≥80%；

④ 抗紫外光老化性能(UV 照射 1000h，83℃)：黄变指数(ΔYI)≤1；

⑤ 耐热老化性能(1000h，85℃)；黄变指数(ΔYI)≤2；

⑥ 耐湿热老化性能(1000h，RH90%，80℃)；黄变指数(ΔYI)≤2。

太阳光中能量较高、破坏性较强的紫外光是造成太阳能电池组件的封装材料 EVA 胶膜老化、龟裂、变色的一个重要的因素，而胶膜老化、龟裂、变色会致使整个太阳能电池组件效率下降甚至失效。研究 EVA 胶膜在紫外光加速老化过程中的透光率和黄色指数的变化，力学性能变化，太阳能电池组件外观及电性能(最佳工作电流、最大输出功率等)的变化，对提高耐气候老化的 EVA 胶膜使用寿命具有重要意义。我国于 20 世纪 80 年代中期开始，陆续从美国引进单晶硅太阳电池生产线 7 条，并从美国进口 EVA 胶膜。国家科委将 EVA 胶膜国产化列入了国家"八五"攻关计划，浙江化工研究院于 1998 年研制成功，其透光率、黏接强度、交联度等性能指标基本达到进口产品水平，随后建成了国内第一条自控程度较高、年产 30 万平方米、幅宽达 1m 以上的 EVA 胶膜生产线。后又将第二代快速固化胶膜推向市场，获得大量使用，现年产能力 100 万平方米。

目前国内有近 10 家生产单位加工生产 EVA 胶膜，如温州瑞阳光伏材料有限公司(采用美国杜邦专用 EVA 树脂加工生产)、东莞市永固绝缘材料有限公司(采用杜邦、三井专用 EVA 树脂)、浙江化工科技集团有限公司(浙江省化工研究院)(采用拥有自主知识产权的专用 EVA 树脂)、杭州福斯特热熔胶膜有限公司、诸暨市枫华塑胶科技有限公司、深圳市斯威克科技有限公司等。

中国台湾塑胶工业股份有限公司(Formosa Plastics Corp)，于 2008 年下半年开始试生产太阳能电池用 EVA 薄膜。普利司通(Bridgestone)生产的 EVA 胶膜，产量约 800 ~ 1000t/月。主要将 EVA 薄膜供应给日系太阳能电池厂商在国内外的工厂。

(2) 封装背膜(TPT)

TPT、TPE 复合膜是太阳能电池的结构性封装材料，用于太阳能电池的衬底，对太阳能电池起到很好的保护作用。TPT 是指使用杜邦公司的 TEDLAR(商品名)聚乙烯氟化物(PVF)薄膜作为太阳能背膜的两面，中间加上一层透明的 PET 进行复合，即 TEDLAR/PET/TEDLAR,，因此得名 TPT。TPT 结构示意图见图 10。

封装背膜(TPT)一般具有以下要求：

① 在可见光范围内具有高透光性 ；

② 具有弹性；

③ 具有良好的电绝缘性能；

④ 能适用自动化的组件封装。

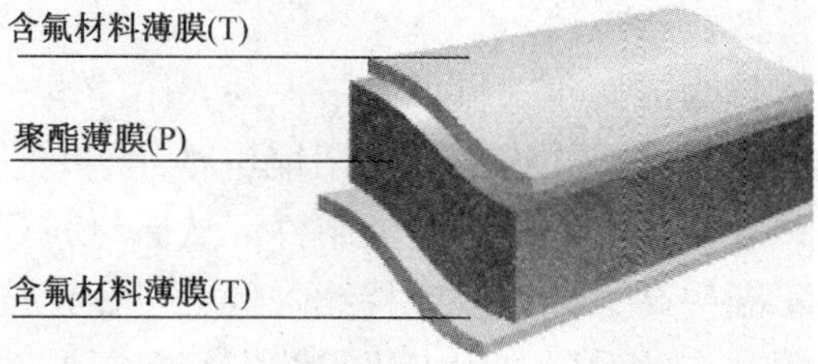

图 10　TPT 结构示意图

TPT、TPE 复合膜集合了氟塑料优质的耐老化，耐腐蚀，耐溶剂，耐污疏水等性能和聚酯优异的机械性能，阻隔性能和低吸水性，有效地防止了介质尤其是水、氧、腐蚀性气液体(如酸雨)等对 EVA 的侵蚀和对太阳电池片的影响。EVA 的弹性和 TPT、TPE 的坚韧性结合使电池片具有较强的抗震性能，综合防护作用明显。TPT、TPE 复合膜是目前为止太阳电池封装上较为理想的保护性结构材料。目前，国内外的太阳电池生产企业基本上采用 TPT、TPE 复合膜作太阳电池的衬底材料。图 11 为 TPT、TPE 复合膜照片。

目前国内浙江化工科技集团有限公司(浙江省化工研究院)、杭州福斯特热熔胶膜有限公司、诸暨市枫华塑胶科技有限公司、杭州帆度新化科技有限公司等能够加工生产。

(3) 电线电缆及电源插接件

太阳能系统(如电线电缆、连接器、接线盒)通常是在恶劣环境条件下使用的，如高温和紫外线辐射。在户外太阳能系统的现场温度最高可达 100℃。我们常规使用的各种电线电缆材

图 11　TPT、TPE 复合膜

料有 PVC、橡胶、TPE 和高质量交联型材料，但橡胶电缆额定温度为 90℃，PVC 电缆额定温度为 70℃，在户外使用这样的材料，电缆绝缘层容易发生降解，导致电缆护套碎裂。这会直接增加电缆系统损失，增加发生电缆短路的风险，提高了发生火灾或人员伤害的可能性。

在实际使用中，电线电缆在安装和维护期间，会经受拉压弯冲等各种载荷的冲击。如果电缆护套强度不够，则电缆绝缘层将会受到严重损坏，从而影响整个电缆的使用寿命，或者导致短路、火灾和人员伤害危险等问题的出现。经辐射交联的材料，具有较高的机械强度。

因此在太阳能系统中使用专用太阳能电缆和部件是必要的。

HUBER + SUHNER RADOX®太阳能电缆是一种电子束交联电缆，根据国际标准 IEC216，在户外环境下其使用寿命是橡胶电缆的 8 倍、PVC 电缆的 32 倍。不仅具有最佳的耐风雨性、耐紫外线和臭氧侵蚀性，而且能承受更大范围的温度变化(从 -40℃至 125℃)，在所属设备中可抵御恶劣气候环境和经受机械冲击。RADOX® 太阳能电缆的额定温度为 120℃(可使用 20000h)。这一额定值相当于在 90℃的持续温度条件下可使用 18 年；而当温度低于 90℃时，其使用寿命更长。通常，要求太阳能设备的使用寿命应达到 20 至 30 年以上。如今德国有 50%以上的太阳能应用了 RADOX®电缆。

(4) 其他

在太阳能电池的生产加工过程中还使用了以下塑料材料：硅片定位用的耐磨材料及传递导辊(超高分子量 PE、POM、PTFE)、封装层压设备中的硅胶垫板、加热管材包覆材料(PTFE、PFA)及装载试剂的运输、贮存槽罐等，其重要性和用量都是不能忽视的。由于其他原因不在此论述。

四、结束语

作为近两年来世界上最大的太阳能电池组件的生产者，中国已发展成为太阳能光伏发电的主要参与者，并正在从太阳能电池组件的大供应商转变为重要的客户。我国已建立起了多晶硅、硅片、电池片、电池组件等从原材料到终端产品的完整产业链。通过技术改进，使电池效率不断提高、硅片厚度持续降低、产业化技术不断改进，对光伏发电成本的降低起到了决定性作用。在此发展过程中仍需我们塑料行业的配合，提供持续改进的技术支持和技术突破，在为该行业服务的同时，不断提高我们的自主创新能力，并分享它的高速成长。

(作者为北京市塑料研究所教授级高工)

以先进制造技术带动塑料产业的发展

To Promote the Development of Plastic Industry with the Advanced Manufacturing Technology

王德禧

今天中国的制造业直接创造国民生产总值的 1/3，占整个工业生产的 4/5，为国家财政提供1/3以上的收入，贡献出口总额的90%。制造业体系的建立和已经取得的成就为中国21世纪的工业化、现代化建设打下了良好的基础。但是与发达国家相比，我国的制造业能力和技术水平不高，创新能力不足，市场竞争实力不强，经济建设和高技术产业所需的许多装备仍依赖进口，现在的状态不能满足21世纪经济和科技发展目标的要求。没有先进的制造技术去不断地、持续地武装、改造和提升各产业部门的装备和生产运行水平，实现对环境友好的可持续发展，就谈不上什么现代化。一句话，没有自己的强大制造业，要实现工业化和可靠的现代化是不可能的。我国塑料行业的快速发展与引进先进制造技术为主，在不少制品领域已经在短短数年内成为世界制造大国，盲目引进造成的恶果已经逐渐显现出来，我们应该在关注引进先进制造技术的同时，努力促进自主创新技术的发展，创造"中国制造"的品牌制造技术，给予扶植和帮助。

先进制技术是推动产业发展的原动力，放眼当今的塑料产业界总有一些闪光点，新技术产品的出现，如果我们站在更高的角度，利用中国塑料工业协会专家委员会的人才优势，把这些闪光点提炼出来，选择一些重点企业为创新主体，组织一支精英队伍，给以重点经费支持，就可能在3~5年内形成一个先进制造业的群体，通过这个群体性技术的辐射就会在短时间内诞生一大批高科技企业，这将对提升我国塑料产业的发展水平会起到重大的作用。

几个先进制造技术的产业化开发项目如下。

一、超高分子量聚乙烯(UHMWPE)制品加工技术

超高分子量聚乙烯(UHMWPE)是一种黏均分子量150万、重均分子量300万以上的线性结构聚乙烯，是普通聚乙烯分子量的数倍到数十倍。最早由美国Allied Chemical公司于1957年实现工业化，我国上海高桥化工厂于1964年研制成功，20世纪70年代后期又有北京助剂二厂、上海化工研究院、齐鲁石化等投入生产，目前国内UHMWPE树脂产量大约3.5万吨，其中2万吨为Ticona在中国的独资企业生产。作为一种新型的工程性塑料，超高的分子量使得它具有其他塑料无可比拟的优势。如①摩擦系数小0.07~0.11（相当于冰-冰间的摩擦）；②有自润滑性、抗结垢性、所以输送能耗低；③耐磨耗性居塑料之首，是碳钢的6.6倍，不锈钢的5.5倍，黄铜的27.3倍，尼龙66的6倍。是耐磨输送管道理想材料；④抗内压能力好，抗应力开裂能力为HDPE的200倍，XLPE的4倍；⑤抗冲击性能居塑料之首；⑥耐低温性能好，在零下269摄氏度时仍然具有韧性；⑦耐化学药品性好。在室温下不溶于任何有机溶液，耐多种盐类溶液的腐蚀，除某些强酸在高温下对其有轻微的腐蚀外，在其他的碱液酸液中不受腐蚀；⑧无毒、无味、卫生性好，被美国FDA认为是与食品接触安全性的材料。在自然光照下，其老化寿命为50年以上，是目前世界上最好的一种可代替生铁和碳钢的塑料。

具有诸多特性的UHMWPE在日用、工业、文体、交通运输、国防机械、纺织、造纸、矿业、农业、化工等领域有着广泛的应用，尤其在大型防护容器和管道的应用最为广泛。自1957年UHMWPE问世以来，半个世纪过去了，全世界UHMWPE树脂总产量不足20万吨，而作为通用大品种的聚乙烯树脂虽然产业化时间只比UHMWPE早20年，但全球总产量已达6000多万吨。问题的焦点是UHMWPE分子量很高，但是传统的加工技术以压制为主，产品的应用受到限制，由于分子量极高，几乎没有流动性，加上零剪切速率低，挤出过程容易产生熔体破裂，传统的螺杆挤出加工技术由于热、机械降解不能保障制品的超高分子量特性。2004年占世界UHMWPE产量1/2的Ticona公司把中国大陆能收集到的UHMWPE样品进行了收集，经过检测后断言中国大陆的所谓UHMWPE制品的分子量没有超过50万的。UHMWPE的加工成了近半个多世纪以来材料界、科技界共同的关注的世界性难题。

2003年江苏联冠科技发展有限公司与中科院化学所开始合作，对UHMWPE挤出技术进行了研究，在反复实践的基础上提出了“粉体近熔点挤出成型理念”，并在此基础上，通过配方设计，低温挤压、控制塑化等理念，设计出适用于UHMWPE粉料和粒料挤出成型的单螺杆挤出装置，解决了UHMWPE在制成品过程中分子量骤减的难题，开发出了全新UHMWPE管材、板材挤出技术及设备，2008年Ticona公司的GUR4170分子量达1050万——号称是世界上分子量最高的超高树脂也在江苏联冠顺利挤出。随即他们把UHMWPE管材挤出的成功经验又应用于UHMW-PE板材挤出的模头设计，利用枝状模头设计，分道挤出、控制塑化等手段挤出了制品分子量达900万以上的UHMWPE连续板材制品。生产效率是普通烧结法的6~12倍，产品的质量稳定，在国内外首次率先实现了挤出法UHMWPE板材生产的产业化。

在实现了连续挤出UHMWPE制品的工业化技术开发后，联冠又相继取得了阻燃、抗静电UHMWPE管材、板材制品的产业化开发，制品的综合性能全面超过了2005年煤炭行业标准(MT 558. 1-2005)，特别适合煤炭行业的使用要求，有助于解决煤炭生产中存在的安全隐患。

联冠UHMWPE加工技术的突破性进展已经引起了世界超高产业领域的广泛关注。

这一领域当前存在的主要问题：

(1) 需要继续开拓UHMWPE加工新技术

随着UHMWPE产业化技术的突破，必将带动UHMWPE上下游产业的发展，中石化燕山树脂研究所、扬子石化研究院树脂所、齐鲁石化研究院等单位先后来江苏联冠参观考察，技术交流，愿意与联冠联手共同促进我国UHMWPE产业的发展，愿意把联冠作为UHMWPE制品加工产业化技术的依托单位。中石化燕山树脂分公司甚至于作出了扩大UHMWPE树脂生产规模的具体规划，第一期达到5万吨/年的规模，二期发展到10万吨。继取得UHMWPE加工技术的突破后，联冠又在如何提高UHMWPE挤出速度、UHMWPE交联技术、UHMWPE板材热成型技术及增强UHMWPE制品加工技术加强研发力量，使我国UHMWPE制品加工技术永远走在世界的前列。

(2) 加快UHMWPE制品的规模化产业发展

联冠已经在若干UHMWPE制品应用领域取得了很好的进展，正在逐步为市场所认识和接受。制品供不应求，需要快速的实现规模化发展，这就需要建立良好的科技成果转化途径，需要战略发展规划。

二、大口径交联聚乙烯管材及交联滚塑集成化制造技术

交联技术是提高PE性能的一种重要技术。经过交联改性的PE不仅显著提高了PE的力学性能、耐环境应力开裂性能、耐化学药品腐蚀性能、抗燃油渗透性能、耐磨耗性能、抗蠕变性和电性能等综合性能。而且非常明显地提高了耐温等级，可使PE的耐热温度从70℃提高到100℃以上，从而大大拓宽了PE的应用范围。以交联聚乙烯作为绝缘的电缆的耐热性比聚氯乙烯高，它可以在90℃下长期使用，短路时的耐热温度最高可以达到250℃；绝缘电阻高，介质损耗角正切小，基本上不随温度的变化而变化；有良好的耐磨性和耐环境应力开裂性。交联聚乙烯一旦发生电缆燃烧散发出的是二氧化碳和水，而PVC电缆燃烧时产生的是氯化氢有害气体；此外，交联聚乙烯的密度比PVC小40%左右，可以明显减轻架空线的质量。

用交联聚乙烯生产的管材具有蠕变强度高、耐腐蚀、质量轻、耐热性好等优点。采用交联聚乙烯的铝塑复合管气密性强，耐爆破应力大，具有抗静电和屏蔽作用。交联聚乙烯管材与聚氯乙烯管材和普通聚乙烯管材相比较，交联聚乙烯管材不含增塑剂，不会霉变和滋生细菌；不含有害成分，符合FDA标准，可用于饮用水管；耐热性好，普通聚氯乙烯和聚乙烯管材耐热为60～75℃，而交联聚乙烯管材为90℃，最高瞬时温度可以达到185℃，可耐－75℃低温；使用温度范围宽，可以在－75℃～5℃条件下长期使用，使用寿命长达50年。由于交联聚乙烯管材料性能优异，具有完全无毒的卫生性，所以已经被视为新一代的绿色管材，主要应用在以下几个方面：①建筑用冷、热水供应系统以及管道饮水系统；②建筑用空调冷水系统；③民用住宅供暖系统；④地面采暖系统；⑤家用热水器系统配管；⑥食品工业中饮料、酒类、牛奶等流体的输送管线；⑦化工、石油工业流体输送管线；⑧制冷系统及水处理系统管线。

塑料制品的加工成型方法除了注塑、吹塑、挤出等工艺外，滚塑也是一种重要的加工方式，特别是在中空成型和大型塑料制品成型方面，滚塑成型更具有其他加工方式不可比拟的突出优势。

滚塑工艺在20世纪40年代就已出现，到七十年代初滚塑就已成为了具有一定生产规模的塑料成型工艺。1971年，在英国已有50余家公司从事滚塑制品的生产，滚塑热塑性塑料的厂家约70余家；在欧洲大陆有德国、法国、瑞士、挪威、奥地利、丹麦等国20余家公司从事滚塑成型加工。20世纪70年代初，英国已能提供可生产容量达18000L的容器的滚塑机；荷兰则已生产出直径2.1m，长4.8m的大型圆柱形贮水槽，该贮槽540kg、壁厚25mm。1970年，欧洲滚塑制品的总量已达15000t以上，其中英国约7000t。1970年，美国已有500余家单位从事滚塑制品的生产，拥有500余台滚塑机，滚塑制容器的容量已超过10000L拥有的滚塑机所能生产的最大塑料制件为4.6m×4.6m×2.1m。

我国从20世纪60年代起就对滚塑工艺进行开发研究。20世纪80年代起，滚塑工业也进入了一个新的发展时期。一些先进的滚塑生产设备从美国、日本、意大利等国引进到国内，据估计，目前全国涉及滚塑的企业约有300家左右，包括原料、设备、模具、成型等，主要分布于沿海的浙江、江苏、广东、山东、上海等一带。国内滚塑企业多以民营企业为主，国内滚塑企业的原料多是以购买滚塑通用料后再自行磨粉来解决的。据不完全统计，2009年我国滚塑原料的表观用量为6万吨左右。其中质量较高的滚塑原料多从国外进口，主要进口地是韩国、美国、泰国等。与滚塑工业先进的国家相比，我国至今没有一家正规的滚塑专用料生产企业，大多数企业使用的滚塑设备与国外先进水平相比也存在着较大的差距，突出体现在：滚塑生产工艺落后，滚塑设备的自动化程度不高，能源利用率低，浪费大，成本高，生产效率低，劳动强度高，产品质量不稳定，复合化、精细化产品难以生产等。

在20世纪80年代中、后期，从国外引入先进滚塑设备与技术之后。目前，已能制备容器量20000L，以上的化工贮槽以及全塑游艇等大型塑料制品。

目前我国主要的滚塑产品包括：各种大型水箱容器、周转箱、储罐、反应釜、槽罐车、游乐设施、交通设施、各类口径的防腐管道、车身、油箱、船艇等。在许多重要的场合和活动中，如北京奥运会、上海世博会、机场、高速公路等，都能看到滚塑产品的身影。

有待开发的滚塑产品有水上使用的航标、浮标、浮码头、网箱、浮桶、游乐船、渔作船、摩托艇、舢板等。建筑工程用的屋顶水箱、检查井、化粪池、淋浴间等。物流行业用的真空保鲜冷库、冷藏车体、冷冻柜台等。农村用的沼气池，缺水地区用的水窖，城市用的自动售货亭、移动式卫生间、电话间，农机行业的拖拉机驾驶棚、油箱等。

与国际先进的滚塑产业国相比，在滚塑制品的加工生产方面，我国的差距也很明显，如对滚塑成型工艺的理论研究几乎是一个空白，全国没有一家科研机构或高校在做这方面的研究。而在美国，从事滚塑研究的不仅有各大企业的研发机构，还包括不少大学、科研机构等。

此外，我国滚塑产品的产量低、品种少、应用范围有限，滚塑制品不够普及。新产品基本以模仿国外制品或为国外代加工为主，较少有自主知识产权的创新产品；精细滚塑产品和复合滚塑产品的生产能力很弱等。

交联聚乙烯(XHDPE)是一种性能优异的原材料，自从20世纪70年代由美国菲利清化学公司开发出来并用作旋转模塑原料后，就在旋转模塑工业中得到了广泛的应用。至今，交联聚乙烯已占到旋转模塑料聚乙烯原料的20%。具有比低密度线性聚乙烯(LLDPE)更优异的高抗冲强度、耐热蠕变性、低渗透性和防化学性等。制品可以在110℃的条件下长期使用，制品不软化不变形，瞬间使用温度可以达到130℃以上。另外交联聚乙烯还具有突出的熔体强度和特殊的"记忆效应"。已经用于储水式电热热水器内胆和太阳能热水器水箱、空气能热水器水箱，化学溶剂储罐、化工设备管道内衬，柴油箱，工程车辆，摩托车油箱等制品的生产。

美国联合碳化公司开发的PE P-320，Raychem Flamolin 771等聚乙烯树脂。这是一种低密度聚乙烯，它有良好的流动成型性能和高密度聚乙烯树脂的低温冲击韧性、耐化学药品件以及耐应力开裂性Raychems Flamol in 711是一种滚塑用交联聚乙烯树脂，它除了可交联外，还具有自熄性。菲力浦公司著名的滚塑级交联聚乙烯树脂Marlex c1-100也是在这段时间里开发出来的。广州亚雷森高分子材料有限公司把加拿大成熟的交联改性滚塑料工艺引进国内。交联程度可达到70%以上。

交联聚乙烯(XHDPE)旋转成型过程的控制比普通聚乙烯旋转成型过程的控制要求高。旋转模塑工艺具有较长的热历程，首先是模具和树脂被加热到树脂熔点温度，然而树脂熔融并涂布到模具内表面，直到所有树脂黏附到模具襞上。如何把交联反应控制到树脂熔融黏附完成之后，这是交联聚乙烯旋转成型能否成功的关键。因此，在选择交联聚乙烯中的交联剂品种以及在控制旋转模塑料加热室的温度时都要很仔细。旋转成型交联聚乙烯的加热室温度通常在290~330℃。如果温度低于290℃，加热时间过长，生产效率下降，交联反应不充分；如果温度高于330℃，交联剂分解过程过快，容易发生提前交联，导致制品壁中也现气泡、针孔，壁面出现水痘般泡迹以及表面糙化等缺陷。这就要求旋转模塑加热室的温度控制比较精确。对于摇摆旋转模塑设备来说，因为它采用明火加热，加热效率低，模具内温度通常达不到交联反应所需的温度，而且它的温度控制偏差很大，所以摇摆旋转模塑设备不能用于交联聚乙烯的旋转成型。

交联聚乙烯(XHDPE)旋转模塑的另一个问题是成型制品易翘曲。为了减少翘曲，往往需要对脱模剂以及冷却条件进行适当控制。适当的交联度是交联聚乙烯旋转模塑制品获得良好性能的必要条件，因此必须对制品交联度进行控制。当凝胶含量超过90%时，交联聚乙烯旋转模塑制品的物理机械性能就趋于最佳值。

目前交联聚乙烯(XHDPE)在国内滚塑储罐行业还没有得到应用，原因是：①目前滚塑储罐主要使用摇摆旋转模塑设备，而该设备不适宜使用交联聚乙烯；②原料价格贵，差不多是低密度线型聚乙烯(LLDPE)一倍的价格。所以加速国产滚塑专用料和交联滚塑设备及模具、工艺的开发；把国内有实力和水平的生产、研究单位采用项目合作的方式联合起来，是大规模推广交联聚乙烯滚塑技术最突出的问题。

目前国内交联聚乙烯管生产规格为：Φ10~32mm，少量生产到Φ63mm。张家港联冠新材料有限公司在大口径交联聚乙烯管材方面做了大量的开发研究，目前已经能够挤出直径219mm交联聚乙烯管材，正在开发输送压力大于4.5MPa的增强交联聚乙烯大口径管道及与复旦大学联手交联聚乙烯滚塑专用料的开发。

三、电子射线(EB)辐照交联技术

自1952年查尔斯发现聚乙烯的原子炉辐射交联后，放射线交联已经经历了50多年的历史。美国、欧洲和日本等发达国家从20世纪50年代末，先后建立了各种高分子辐射改性研究机构并开始生产电子束交联的聚乙烯电线，拉开了高分子电子束辐射加工的序幕。之后，电子束辐射技术在聚乙烯泡沫、热收缩材料、汽车轮胎，涂层固化等领域获得了广泛的应用，同时应用于医疗器件的杀菌、食品消毒防腐、环境保护等领域。

工业用辐射源主要有钴60(γ射线)和电子束设备(电子束和X射线)，从使用等角度，电子束更具优势，到目前为止，在工业应用中，电子束(EB)成为了主流。

EB辐射技术在能源、交通、环保、卫生、食品等各个领域，已成为许多产业领域材料改良的基础技术。包括材料交联、接枝聚合、涂层固化、杀菌、食品辐射与环保等。

1. 电子束辐射交联技术的应用

辐射加工利用高能射线使分子之间交联结合而形成三维结构，以此来改善高分子材料的耐热和机械力学等性能，该技术最早用于耐热包覆电线、耐热板与耐热膜、热收缩管与热收缩膜等的制造。与传统的化学交联技术比较，EB辐射交联技术具有可适用于类别广范的材料改性，已成为材料改性的重要工程手段。

(1) 目前汽车的PE和PVC包覆电线的改良主要是通过EB辐射技术实现的。EB辐射交联的PE和PVC胶带具有优秀的抗老化特性，大量用于电线束的耐热保护。20世纪90年代辐照技术在绝缘架空、阻燃电线电缆、机场助航灯光电缆等产品取得广泛的应用，实现了产品技术质量水平的显著提升。

(2) 热收缩管与热收缩膜

对PE等进行电子束辐射交联之后，加热至融点附近，然后施加外力，在使其变形的状态下进行冷却，外力去除变形得以保留；再次加热至融点附近，其性质具有收缩至不加外力时的原有状态，凭借高分子材料的记忆性质或者热收缩特性已被广泛用于配线端部与连接部的防腐蚀、食品包装等领域。

(3) 聚烯烃泡沫材料中

EB辐射交联法与以往的化学交联法相比较，具有工艺简单、室温交联、可控制气泡、冲击吸收性良好及表面平滑性良好等特点。泡沫聚烯烃[PE、PP(聚丙烯)、EVA(乙烯/醋酸乙烯酯等)]广泛用于汽车内部装饰材料、建筑与土木领域、隔热工业领域、农林与水产领域、电线绝缘体等。

(4) 橡胶材料

EB辐射交联硫化技术与化学硫化相比，具有不含有害的亚硝基胺、不产生亚硫酸气体及在自然环境中易于分解的特点。天然乳胶的放射线交联在日本、马来西亚与印度尼西亚等国被用于手术用手套等。在美国，屋顶橡胶材料大量使用EB辐射技术，在橡胶软管以及其他各种部件的制造中也获得了应用。

(5) 自控性塑料发热体

对将碳黑与塑料以适当比例混合的发热体进行通电就会发热，随着受热膨胀其电阻值会随着温度的上升而增加，发热量会减少，成为自控型面状放热体材料。但是普通塑料，一旦超过高分子材料的融点电阻则急剧减小，成为发热体着火的原因。如果先进行EB交联，即使超过高分子材料的融点，也可获得电阻并不减小的发热体。该特性可广泛应用于农业、园艺领域。

(6) 工程塑料等的EB交联

工程塑料对放射线较为稳定，因此其交联并不容易。但是通过使用适当的交联加速剂经过EB交联，可获得在300℃的铅焊液中不融解的工程塑料。TAIC最能促进交联，TAIC对PET与PBT等也有效。PTFE(聚四氟乙烯)是最易发生放射线分解的聚合物，不能在放射线环境下使用。但在熔融状态下，进行放射线辐射的话，就会进行交联，有可能作为新的抗放射线性的材料。

2. 接枝聚合技术的应用

接枝聚合是改良聚合物性质的重要途径。EB辐射接枝聚合一般有两种途径，一是通过EB辐射首先在主干聚合物上生成游离基后，与单分子物体进行反应的预辐射法，二是与单分子物体共存状态下，用EB辐射进行接枝聚合的同时辐射法。

3. 固化技术的应用

20世纪60年代后期以涂料厂家为中心，开始了电子束涂层固化技术的研究开发，EB涂层固化技术是在基本材料的表面喷图单分子与齐聚物，通过EB辐射聚合形成保护膜。与类似的UV(紫外线)技术硬化相比较，EB辐射固化技术在未来更具有优越性。EB固化涂层在高耐候性涂层、磁性介质、印刷电阻、极高交联密度的高硬度保护膜(铅笔硬度8~9H以上的高硬度保护膜)、非透明且厚的保护膜涂层、热敏基材表面涂层、防雾膜、表面防污处理等方面已获得了实际的工业应用，用传统UV(紫外线)加工技术难于实现。

4. 交联聚乙烯泡沫塑料

交联聚乙烯泡沫具有优异的耐低温性、耐候性、耐磨性、绝缘性、耐化学药品性和隔热、漂浮、缓冲性能，而且无毒无臭，二次加工性能良好。可切割、热成型、压花成型及真空成型，还可与其他材料复合。交联聚乙烯泡沫塑料用途广泛，在建筑领域，可用作屋顶隔热缓冲材料，防冻片材、缓冲材料等；在工业领域，可作为冷库的隔热材料、管道的保温材料等；在汽车领域，可作为汽车内顶饰、行李箱、地垫、隔热垫、侧围板、车门防水帘等；在包装领域可作为家用电器、医疗器械、玻璃器皿、水果等缓冲保护材料；在农业上可作为室温保温材料等。

此外，EB技术在环境保护，工业废气，废液和固体物的无害化和综合利用等方面已被证明行之有效。使用10kGy左右的吸收束量，可以去除工业废气中80%以上的NO_x和94%以上的SO_x。

通过EB进行水的辐射处理可以氧化分解水中有机氯化物、农药、杀虫剂等。此外对下水排出水的杀菌，作为氯处理的代替技术，有望采用放射线处理。还确认了对于污泥脱离业与印染排水的处理也有效。污泥是在废水处理与下水处理过程中产生的有机废弃物，通过对病原菌与寄生虫等进行放射杀菌处理，可作为肥料与饲料或者微生物农药使用，世界各国对此正在进行研究。通过EB辐射对废水或者废气处理后的活性炭进行再生的研究结果表明，吸附性可回复到90%以上。该方法具有工艺简单，此为节能工艺及几乎不存在活性炭的损失等特点，有望实用化。

进入21世纪，电线电缆辐照加工应用发展迅速，产品、领域不断拓展，除传统的冶金、化工、城市输变电网、船用舰用等领域外，还广泛应用于航空、新型轨道交通、新能源(核电、风电等)等新兴行业，产品独特的耐热性能，广泛的材料适用特点，以及国产辐照交联装备技术的发展，我国辐射加工产业发展进入了快车道。我国新能源发展提速迅猛，在2020年核电发展最新的目标调整将达到7500万千瓦以上，风能达到1亿千瓦以上，也就是说，这将带动2万亿的产业发展，其中包括相关特种线缆的需求，辐照交联技术以自身特点，具有明显的发展优势，在实现相关特种线缆的发展上，具有不可替代的作用。核电站用电缆必须具备以下性能：①良好的绝缘性能：20℃阻燃电阻常数不小于3670MΩ·km；②绝缘线芯的单根垂直燃烧试验；③不少于40年的使用寿命；④良好的绝缘机械性能；⑤无卤特性、低烟特性等。风力发电机用电缆除具备普通电缆的性能外，还必须满足弯曲半径小、部分电缆需耐频繁扭转的要求。此外风电项目大多处在我国的北方地区，气候较寒冷，且昼夜温差较大，环境温度－45～50℃，运行温度为－40～50℃的使用条件。因此，风力发电机用电缆应能具备耐扭（部分电缆）、耐臭氧、耐寒、耐油、耐盐雾及耐紫外线等特性。太阳能光伏电缆用于连接光伏组件和逆变器的布线系统，电压等级一般为AC600/1000V，太阳能系统使用环境恶劣，如高温和紫外线辐射等，工作环境温度一般为－40～90℃，导体最高温度为120℃，例如在欧洲，晴天时将导致太阳能系统的现场温度可达100℃，光伏电缆在实际环境下的使用寿命不小于25年。辐照交联聚烯烃材料显示出了独特的优势，专门开发的聚烯烃材料经辐照交联后，耐热性、耐候性、机械性能等特性符合规定要求。目前已投入运行的光伏电缆中，辐照交联型光伏电缆的运用最为广泛，满足了太阳能系统特殊环境的使用要求，取得了良好运行经验。目前德国莱因公司出版了《对光伏系统用电缆的要求》技术规范（2007版），对产品性能提出了更高要求。

辐射技术是一项高科技高效益的新技术，具有很大的发展潜力。现阶段我国辐射技术已有很大的进展及相当的研究成果，很多已经应用于实际生产中。辐射技术在高分子材料中的应用前景很乐观，但也面临一些问题：①加速器整体水平与国外产品存在差别，部分产品性能不稳定，故障率高，自动化水平低。②新产品开发落后于加速器生产线建造规模。③辐射工艺不过关，产品质量不稳定，生产效率低，成本高。④辐射材料供应不稳定，品种少。⑤辐射新产品市场开拓难度大。解决这些问题，就要以加速器产业单位为创新主体，以产品为目标，利用专家委员会的组织功能，实行产学研单位的密切合作，争取国家在政策上的支持，引入新的机制，争取在短期内实现产品多样化，跟上时代发展的步伐。相信在不久的将来，辐射技术将对世界技术经济的贡献发挥出越来越大的作用。

四、熔融静电纺丝无纺布多孔膜产业化技术开发

静电纺丝又称为电纺（Electrospinning）是聚合物溶液或熔体在静电作用下进行喷射拉伸而获得纳米级纤维的技术，即将直流高压施加于聚合物溶液或熔体与收集装置之间，使聚合物溶液或熔体带上几千至上万伏高压静电，当电场力足够大时，带电的聚合物液滴克服表面张力形成喷射细流，细流在喷射过程中随溶剂蒸发或冷却凝固而固化，最终落在收集装置上，形成类似无纺布的纤维毡，其纳米纤维直径一般在几十纳米（nm）至几微米（μm）之间。

纳米纤维是指直径1～100nm的纤维，纳米纤维最大的特点就是比表面积大，导致其表面能和活性的增大，从而产生了小尺寸效应、表面或界面效应、量子尺寸效应、宏观量子隧道效应等，在化学、物理（热、光、电磁等）性质方面表现出特异性。纳米纤维广泛应用在服装、食品、医药、能源、电子、造纸、航空等领域。

纳米纤维的纺制方法主要有静电纺丝法、复合纺丝法、分子喷丝板法、生物合成法、化学合成法、蜘蛛丝法、碳纳米管法、细菌纤维素法等。其中静电纺丝技术是目前制备纳米纤维最重要的基本方法之一。

1. 静电纺丝技术进展

近年来，静电纺丝技术取得了巨大的进步。据2007年米兰静电纺丝技术研讨会报道，美国Dupont（杜邦）公司和Zyvex公司、德国Sandler公司及捷克Elmarco公司等8家公司的静电纺丝装置已经完成了商业化运转。

纳米纤维有多种成型方法，如静电纺丝法、熔喷法以及闪纺法(杜邦公司的 Tyvek®产品)等，其产品均呈无纺布形式，而使用双组分复合纺丝法可得到长丝纱。表1为几种主要的已产业化的纳米纤维技术的工艺特征。

表1　几种主要的纳米纤维技术的工艺特征

	纤维直径/nm	成型效率/(g/min)		纤维直径/nm	成型效率/(g/min)
静电纺丝法	50~300	<0.01 (单喷射组件)	原纤化法	<1000	1500 (反应器)
熔喷法	350~1000	0.20~0.80 (100孔/寸)	双组分复合纺丝法	150	0.10~1.00 (纺丝单元)

此外，静电纺丝可采用涂敷方式，即在诸如纸质物、金属、玻璃、聚合物薄膜、木质物以及任何具有挠性或刚性的物体表面形成涂层。涂敷层单层克重为0.25~0.75g/m²，最低可达0.015g/m²，厚度约为250nm。

随着人们对纳米技术的广泛关注，静电纺丝法近十年来获得了快速发展。目前，该技术已广泛应用于数十种高聚物，包括传统成纤聚合物PET、PA、PVA、PU(聚氨酯弹性体)，具有液晶态刚性高分子的聚合物聚对苯二甲酰对苯二胺以及包括蚕丝、蜘蛛丝在内的蛋白质和核酸(DNA)等生物大分子、纤维素溶液等可以进行电纺。

目前的电纺技术在推广上存在一定技术问题。主要是：①静电纺丝机设计的构型得到的只能是无纺布；②静电纺丝的产量很低，其产量典型值为1mg/h~1g/h的范围，难以大规模应用；③静电纺丝过程中的拉伸速率较低，纺丝流程很短，因此在这一过程中高分子取向发展不完善，结果使得电纺纳米纤维的强度较低。而国内外近年来电纺纤维生产技术已经有了突飞猛进的发展，列示如下：

北京化工大学杨卫民教授的英蓝实验室对熔体静电纺丝进行了大量研究，自行研制的高效率熔体静电纺丝装置制得的PP纤维，纺丝电压40kV，接收距离13cm，纺丝温度250℃，纺丝原料PP的熔体流动速率为1000g/10min，纤维的平均直径为7.4μm，其单台设备的产量已达6.5kg/h。

德国Nanoval公司开发的NanovalTM工艺可以纺制纳米级纤维网。该法具有潜在生产率高，能耗低(仅为熔喷法的1/5)的优点，具有巨大的商业化价值。

Nanostatic公司开发了幅宽为1~2m的静电纺丝设备，设备的运行速度达到100m/min。

美国Hills(希尔)公司在开发熔喷法纳米纤维方面也取得了重大进展。该公司制得的均聚物纳米纤网的单纤平均直径小于250nm，而且直径为50~400nm的纤维占90%以上。目前，Hills公司已完成并列型(S/S)，多组分(A-B-A)复合纳米纤维试验，其单模头生产线的产能为1.6kg/h，预计商业化后可提高至12kg/h。

熔喷法纳米纤维的加工基本沿用传统熔融纺丝技术，不需要溶剂处理过程，具有高效率、低成本、易规模化生产的优势。它具有规模化纺制纳米纤维的潜力。因此，熔喷法工艺正成为纺制纳米纤维的重要方法之一，如瑞士Rieter(立达)公司已建成单模头熔喷法纳米纤维装置，纤维网的单纤直径只有500nm。

2004年捷克利贝雷茨技术大学正式宣告该大学与爱勒马公司合作生产的纳米纤维纺丝机“纳米蜘蛛”问世，为纳米纤维工业化生产奠定了基础。捷克Elmarco公司研究开发的全球第一条静电纺丝法制纳米纤维生产线已投放市场，并已向日本、美国等国家出售了近12套。Nanospider 技术将开辟超薄无纺布产品的应用新领域。

我国国内的中科院长春应用化学所利用静电纺丝法将 PLGA（聚乳酸－聚羟基乙酸共聚物）制成了纳米纤维网；苏州大学采用静电纺丝工艺，成功纺制出了再生丝素与 PVA 的共混纳米纤维；东华大学以 PAN 和纤维素醋酸酯原料，DMF 为溶剂，通过静电纺丝工艺制得了多孔 PAN 纳米纤维网。

溶液静电纺丝虽然可以纺出小至几十纳米的纤维，但溶剂的使用使它出现了一系列的问题：①溶剂的回收问题；②应用于生物医药领域的安全问题；③一些聚合物如聚丙烯和聚乙烯，在室温下找不到适当的溶剂配成溶液；④溶剂的蒸发导致纤维表面不光滑，甚至出现缺陷；⑤产量低，一般为 0.6g/h；⑥90% 以上的溶液都以溶剂的形式蒸发掉；昂贵溶剂的使用会增加成本；⑦喷丝孔容易堵塞，影响连续纺丝等。熔体静电纺丝不需要溶剂就可以纺丝，与溶液静电纺丝相比，它的研究价值更大，更有可能使静电纺丝技术走向工业化。与熔喷技术相比，熔体静电纺丝技术的设备要简单的多，因而研究其代替熔喷技术具有较大的工业价值。

熔体静电纺丝纤维直径分布均匀，纤维表面相当光滑，与熔喷纤维相比其纤维质量要好得多。用熔体静电纺丝法制备非织造材料可以得到更细的纤维、更好的过滤性能，使非织造布的表面更柔软，手感更好。

目前关于静电纺丝的研究大多集中在溶液静电纺丝方面，对于熔体静电纺丝，由于其装置相对溶液静电纺丝复杂，而且其纺得的纤维比溶液静电纺丝纺得的纤维粗，因而对于它的研究相对较少。

2. 电纺丝技术的应用

随着 20 世纪 80 年代纳米材料的发展，特别是纳米材料的表面效应、小尺寸效应、量子尺寸效应和宏观量子隧道效应等性能，使其在许多方面都具有其他材料无法比拟的优点，纳米纤维已经成为当前研究的热点。其中最为引人注目就是高压静电纺丝法制备的纳米纤维无纺布及微孔膜的应用。该材料具有手感柔软、强度大、蓬松度高、保暖性能好、过滤效率高等特点，能够广泛应用于高效低阻过滤材料：如普通中央空调、家用中央空调过滤材料、电子工业中的空气过滤、重金属废水过滤材料等；医用材料，如无菌室滤布、抗菌防尘口罩和防 SARS、甲型（H1N1）流感等医用隔离服及口罩；军用保暖材料、保健材料：被褥、枕头、防寒服等新型保暖填充材料；还可应用于吸油材料、汽车滤清器、油水分离等领域。

无纺布产业被认为是 21 世纪的朝阳产业，由于新型纤维和差别化纤维材料不断推出及高新技术的渗透，使其在建筑、医疗卫生、环保、服装、汽车、航空航天等行业得到广泛应用，是重要的产业用纺织品，与相同用途的产品相比具有高附加值和高效益的竞争优势，产业发展势头迅猛。

无纺布于 1870 年首先在英国开始工业化生产，20 世纪 50 年代开始大量发展，20 世纪 90 年代开始得到了迅猛发展，到 2006 年已达到 563 万吨，2002～2006 年平均以 7.6% 的速度增长，2007 年以来受各种因素影响增速变缓，但世界无纺布需求的增长率始终高于全球经济的增长，预计 2010 年世界产量将达到 700 万吨。世界非织造布的生产主要集中在北美、西欧和东亚地区，主要生产地为美国、中国、日本、韩国、中国台湾、印度尼西亚、马来西亚、泰国和菲律宾等，约占全球非织造布总产量的 66% 以上。美国是最大的非织造布生产国，约占全球产量的 41% 左右，西欧占 30%，日本占 8%，中国占 3.5%，其他地区约占 17.5%。

到 2001 年年底，中国已拥有各种非织造布生产线 1980 条，生产量达到 55.9 万吨，排名世界第二位，每年以 8%～10% 高速增长，2008 年中国纺黏法非织造布年总生产能力达到

112.09 万吨，比上年增长 19.3%，稳居世界纺黏大国地位。目前行业内产量超万吨级的企业已有 21 家之多，全国非织造布产量主要分布在浙江、山东、江苏、福建、广东、河南、上海等省市。中国非织造布业未来还有很大的增长潜力，其市场消费量将增加到全球的 20% 以上。全球范围内用于非织造布生产的纤维中有约 63% 为聚丙烯、23% 为聚酯、8% 为黏胶、2% 为丙烯酸纤维、1.5% 为聚酰胺、2.5% 为其他纤维。

(1) 传统熔喷无纺布应用领域

静电纺丝成本低廉，易于规模化生产，所以以超细纤维无纺布的特点完全可以进入传统无纺布的应用领域。这些领域包括：①卫生、医疗用非织造布：小孩尿不湿、卫生护垫、卫生巾等一次性卫生用布、手术隔离衣、防护服、消毒包布、口罩、民用抹布、擦拭布、湿面巾、柔巾卷及美容用品等；②家庭装饰用非织造布：沙发、椅子的包布和填充料、贴墙布、台布、床单、床罩等；③建筑物结构材料：包括沥青、橡胶屋顶材料；④纺织服装用非织造布：防雨、防晒制品、箱包、衬里、黏合衬、絮片、定型棉、各种合成革底布、围腰围裙等；⑤工业及水利、路基用非织造布：过滤材料、抛光材料、绝缘材料、隔热材料、吸音材料、水泥包装袋、土工布、包覆布、汽车装饰用布等；⑥军事用非织造布：利用无纺布吸收、吸附能力强的特点，可以做军用特种擦拭巾用于消毒；⑦农业用非织造布：温室遮阳布、作物保护布、育秧布、灌溉布、保温幕帘、草坪保湿布、杂草防护布等；⑧其他非织造布：地毯用底布、太空棉、吸油毡、烟过滤嘴、袋包(如超市环保购物袋、广告袋、手提袋、茶袋等)。

(2) 纤维无纺布高效过滤材料

1993 年世界纤维材料型过滤体系与过滤器件的市场总额已经达到 20 亿美元，预计 2003 年总额将超过 40 亿美元，其中过滤介质，也就是纤维材料制成的过滤系统要占销售额的 3/4 以上，而且随着时间推移其比重仍在上升。我国的非织造布过滤材料起步于 60 年代末 70 年代初，采用的是湿法和化学黏合法加工技术，针刺法、纺黏法、熔喷法等加工技术则出现较晚。我国过滤材料的需求量每年以两位数的速度增长，且对滤材的要求也越来越高，要求获得更好的过滤效率。传统过滤材料普遍存在着过滤效率、滤层阻力及粉尘粒度等不同的缺点，都需要我们创造新型的过滤材料。

国内外现有的过滤材料只能净化 10μm 左右及大于 10μm 的颗粒。而颗粒物直径 $<10\mu m$ 的称为可吸入颗粒物(PM10)，可以通过呼吸进入人体的上、下呼吸道。尤其是直径 $<2.5\mu m$ 的细颗粒物(PM2.5)，可通过上、下呼吸道，到达肺部沉积，甚至通过肺部进入人体血液，加之细颗粒物上富集了重金属、酸性氧化物、有机污染物(如多环芳烃等)，并且是细菌、病毒和真菌的载体，因此，气溶胶对人体的健康带来了重大威胁。

静电纺丝是一种制造纳米和超细纤维的重要方法，静电纺丝吸附过滤材料具有带静电、纤维直径小、比表面积大、单位面积质量轻、过滤精度高的特点，有报道，采用 CPVC 树脂、PA 树脂进行静电纺丝与其他大直径无纺布制成的复合过滤口罩(重量只有 10g，2~3 层)1~2μm 细颗粒的去除率可达 100%。还有报道，用 CPVC 树脂静电纺丝制成负电型的膜材料，由于水中砷多以阴离子形式存在，根据 donnan 平衡原理，砷阴离子被阻于膜材料的一侧不能通过，而无砷水则透过膜，从而达到分离重金属砷的目的。过滤后水中 Sb 的浓度为 0.03mg/L，去除率达到 70%，已经低于国家饮用水标准(0.05mg/L)。

(3) 微纳米纤维保暖材料及吸油材料

微纳米无纺布材料纤维特别细，孔径小，孔率高，因而手感柔软，具有非常好的抗风能力，且透气性能良好，重量非常轻，是十分优异的保暖材料。美国 3M 公司开发的一系列以熔喷布为主体的产品已在世界流行，这种保暖材料的基本组成是65%左右的PP熔喷纤维和35%的粗旦三维卷曲PET纤维，加入的粗旦PET纤维解决了其蓬松性的问题．据称，该产品的保暖性是羽绒的1.5倍，结构亦是仿羽绒的．天津泰达的生态棉实际上就是熔喷纤维构成的．它是一种在二层熔喷布之间具有间隔叠层特殊结构的絮片，因而具有更多的空隙，使其保暖性能更好。生态棉已成为全国知名品牌，受到军队后勤部门的青睐。

聚丙烯微纳米无纺布的多微孔性与疏水性使其成为吸油材料与揩布的天生候选者，其吸油量可以达到本身重量的20~50倍，具有吸油速度快，吸油后能长期保持，于水面上不变形，水油置换性能好。可以反复使用长期存放等特点，受到这一领域的欢迎。

（4）膜分离技术应用

膜分离技术被认为是“21世纪的水处理技术”，是一大类技术的总称。主要包括微滤、超滤、纳滤和反渗透等几类。这些膜分离产品均是利用特殊制造的多孔材料的拦截能力，以物理截留的方式去除水中一定颗粒大小的杂质。按分离物质的大小，将膜过滤技术分为微滤（MF）、超滤（UF）、反渗透（RO）和纳滤（NF）等，在工业循环冷却水系统中，大多选用正压微滤（MF）分离，孔径选用0.05~2.0μm为宜。

2015年，我国膜市场需求可望超过200亿元，将占到世界总量的10%~15%，并以每年20%的速度增长。近几年，我国对膜技术市场需求空前旺盛。“十一五”期间，我国在供水、污水处理、中水回用和排水、水污染防治等方面的总投资超过1万亿元，全国新建污水处理厂1000多座，到2010年我国城市污水处理率将达到70%以上。

在水处理技术方面，膜分离技术是水资源再利用及保障水质最有效的解决途径。市场将从使用井水、地表水、生产工业纯水向再生水回用、工业及市政污水处理、海水淡化等领域扩散；抗污染膜及海水淡化膜的需求量正稳步上升；伴随着市场需求、技术进步及反渗透膜应用的带动，超滤、微滤膜在过滤、脱浊市场所占比重正在逐年提高，增长速度有望超过反渗透膜。

2030年中国人口将达到16亿，预计用水总量为（7000~8000）亿立方米，要求供水能力比现在增长（1300~2300）亿立方米，全国实际可利用水资源量已经接近合理利用水量上限，因此开发新的水资源如进行海水淡化势在必行。而目前采用反渗透膜进行海水淡化是最经济、清洁的方法。此外，近年来我国废水、污水排放量以每年18亿吨的速度增加，全国工业废水和生活污水每天的排放量近1.64亿吨，其中约80%未经处理直接排入水域，因此我国环保水处理方面对膜应用的需求量很大，将成为水工业增长潜力最大的领域。

（5）纳米纤维锂离子电池隔膜

锂离子电池隔膜是一种多孔的薄膜，隔膜正负极防止电池内部短路，但是允许离子流快速通过，从而完成在电化学充放电过程中锂离子在正负极之间的快速传输。目前商品化的锂离子电池隔膜主要来自欧、美、日等国的一些公司，如Celgard、Ube、Asahi、Tonen、Mitsui、Chemicals、Polypore/Membrana和Fntek。主要制作工艺分为干法（精密拉伸）和湿法（相转化）两种。生产厚度在20~40μm，孔隙率在40%左右的聚乙烯或聚丙烯薄膜。

目前，我国已成为世界锂离子电池的生产大国，2005年生产各类锂离子电池9亿只，2008年将突破10亿只，每年需要大量的隔膜材料。我国没有自己的高品质隔膜产品，每年需花费数十亿人民币用于进口。居高的隔膜价格（20~60元/m^2）是降低锂离子电池成本的主要难题。可以预见，在未来的二十年中，高性能、低成本的锂离子动力电池隔膜会有很大的市场需求。十几年来，为解决锂离子电池隔膜国产化的问题，国家和地方都做出了较大的投入。

针对PE、PP拉伸膜来进行研发。但是时至今日，还没有证据表明我国有某一家企业真正掌握了生产高品质PP/PE拉伸膜(微孔)的工艺技术。目前国内生产的一些拉伸膜样品与国外产品相比，在质量和整体工艺水平方面还存在着明显的差距。

静电纺丝是制备纳米纤维和各种功能性薄膜材料的有力手段。用以制备锂离子电池隔膜，最大的优势是可以方便地调整电纺工艺参数，有效地改变薄膜的孔隙率、纤维直径、孔径、厚度等重要特性以适应应用中的实际需要。这一特性是其他方法无法比拟的。以拉伸法制备PP/PE薄膜为例，要增大孔隙率而保持薄膜厚度不变是很不容易的。

在锂离子电池电极片表面直接以静电纺丝的方法喷涂隔膜，在制备隔膜的过程同时完成了隔膜与电极片的装配过程，这一技术无疑是锂离子电池制作工艺上的重要革新，也是其他工艺无法比拟的特色。把隔膜直接喷涂在电极片表面，隔膜和电极片之间不再会有相对的滑动和错位，紧密的接触可以在很大程度上降低电池的内阻，在电池发热时抑制隔膜的收缩，从而提高电池的安全性和整体性能。现在我们已经可以根据电极片的尺寸设计合理的喷涂方式，在其表面喷涂均匀的隔膜材料。

(6) 阴阳离子电池隔膜

阴阳离子交换膜的常规制备方法是：首先将含有苯基的相应高分子溶液流延制成膜，然后磺化便制成阳离子交换膜。

阴阳离子交换膜具有孔隙率高、在水中不变形、耐高温等优良性能。在污水处理、海水淡化、能源领域、化工行业等有广泛的应用。本方法可用于制备阴阳双极膜，方法就是以阳离子交换电纺纳米膜为衬，收集阴离子交换电纺纳米纤维膜，或反之。

(7) 医学方面的应用

以生物学观点来看，几乎所有人类的组织或器官都是由纳米尺寸的纤维状(nano fibrous forms or structures)物质所形成或架构出来的。包括骨骼、牙齿象牙质、胶原、软骨和皮肤都是由纳米级纤维状物质经过系统化组合而成，正因如此，所以生物工程应用是现阶段静电纺丝纳米纤维研究聚焦重点之一。

用於治疗皮肤创伤及烧烫伤也是纳米纤维的医学应用之一，因纳米纤维可以做医学止血材料，将生物可降解高分子以静电纺丝方式直接纺出披覆在伤口，纤维将形成薄网覆盖在皮肤伤口处，此一薄网可将细菌隔离避免伤口感染，让伤口尽快复原，使伤疤最小。

纳米无纺布也用在医疗领域的移植和创伤敷材，研究发现，细胞可以成功在此类无纺布附着及增殖，因为纳米纤维实在很小，所以可以在无纺布层间加入具有不同功能或机能性的棉网。

以静电纺丝织物作为支架可以完全融入体内，使细胞生长。作为可生物吸收材料，支架最后可被吸收，剩下的人体自身细胞结构将完好无损。

目前的组织工程支架材料，存在生物相容性差、降解速率不合理、力学性能不高、还有孔隙不贯通导致透气性差，不利于细胞生长、营养供给和废物排泄。而普通网状材料孔径太大，对细胞没有屏障作用，因而难于满足临床应用要求。电纺技术产品具有如下几个特点：①超细纤维可以模拟天然细胞外基质的纳米网状结构，许多研究结果认为，支架的微结构对细胞的黏附和生长具有重要意义。②制备的聚合物支架可以是多种聚合物的复合材料，可综合利用不同材料的特性。③制备的支架具有内部贯通性。

(8) 部队及国防应用

防护性服装，其是提升维持生命、长时间保护、恶劣天气以及核生化防护都是军方的应用需求。现有的防护性衣着多为厚重织物所制成，布质太轻或多孔织物会让化学气体轻易渗透织物，并造成织物分解。因为纳米纤维的表面积大、孔小，其所制成的织物适合用于制作防护性衣服。另外此类织物可提供中性的电化性，也可以借由织物微细孔让空气进出但又阻绝化学性气体的入侵，所以适合军方防护需求。另外利用纳米感测器作为追踪器、纳米电气特性做各种控制用途以及纳米复合材料作为发光平台也都是军方的应用范畴。

（9）降低噪声的应用

与熟知的降低噪音系统相比，纳米纤维网的优势在于纤维尺寸是纳米级，所以纤维尺寸与空隙也是纳米尺寸，因而噪音的能量会有效的被转换成热能，由于转换效率极佳，所以大部分噪音的频宽会被吸收。另外，因为噪音被吸收，所以纳米纤维网也具有热隔离的效果。纳米纤维比传统纺织纤维至少细300倍，比纺黏纤维细100倍；也比熔融纺织纤维细30倍，所以振动吸收噪音效率比任何传统纤维都来得好。不同聚合物以静电纺丝制作的纳米纤维制作成不同厚度棉网，覆盖在无纺布表面，类似组合可以用热或化学方式加以黏合，因为纳米纤维所制造出来的棉网可以形成纳米尺寸的空间结构並具备极大的比表面积，此一特殊结构可以让棉网内部含有大量的气体，此大量停滞不动的气体自然形成热隔离效果。以纳米纤维所建构的隔音板提供另一“轻质”的优点，有利汽车及航空器减重的发展。

（10）特种工程塑料PPS微孔膜的制造及应用

聚苯硫醚（PPS）是一种高性能热塑性树脂，具有优异的耐热性、阻燃性、绝缘性，是迄今为止世界上性价比最高的特种工程塑料，用途十分广泛，PPS纤维是PPS在发展与扩展应用领域取得极好成绩的一个范例。PPS纤维具有良好的耐热性，阻燃性和耐化学腐蚀性，用其制成的针刺过滤毡，在电厂燃煤锅炉的烟气除尘和城市垃圾焚烧炉尾气处理中成为了首选滤料品种之一，因此PPS纤维获得了快速的发展，2007年全球总产量约5000t，其生产80%集中在日本；2008年全球总产量6000多吨，在我国就消耗了3000多吨。

目前PPS短纤维的价格在（8～15）万元/t，而PPS纤维制成品－无纺布过滤毡的市场价格为（25～35）万元/t左右。

PPS薄膜是目前所知的性价比最高的F级绝缘薄膜，其具有优异的耐热性（长期工作在160℃温度下，其力学性能基本不下降，而长期工作在200℃的温度下其介电强度表现优异），阻燃性（V－0级），耐腐蚀性，耐蠕变性及介电性能，是生产高性能耐温电子元器件的首选介电薄膜材料，在航空和航天及军工等领域有着非常重要的用途。

目前世界上只有日本东丽公司生产销售PPS薄膜产品。每年能进入我国的PPS薄膜产品十分有限。PPS薄膜仅国内市场需求目前就可超过1000t/a，国外产品市场价格为（50～80）万元/t。

如果能通过熔融静电纺丝开发出微纳米、大比表面积、多孔的高性能无纺布材料，将把PPS材料的应用领域扩展到更高的层次。

（11）超高分子量聚乙烯醇的静电纺丝

20世纪80年代以来伴随着超高分子量聚乙烯醇合成技术的出现，纺丝工艺技术方面也出现了干湿法、湿法凝胶纺丝、共混纺丝、复合纺丝等各种新的纺丝技术；纤维产品方面获得了强度≥18cN/dtex、模量大于等于300cN/dtex的超高强度超高模量纤维，陆续开发出了具有广泛用途的水溶纤维、阻燃纤维、大豆蛋白纤维、导电纤维、含生物酶的一系列功能性差别化纤维，把聚乙烯醇纤维的发展提高到了一个新的水平。

尤其是近年来又出现了利用聚乙烯醇水溶液的导电性采用静电纺丝生产医学用纳米纤维；利用聚乙烯醇的乳化性生产防护纤维及其他纳米纤维的报道。以聚乙烯醇为原料可以制备出具有超疏水性表面的纳米纤维。由于聚乙烯醇分子在纳米结构表面发生重排，疏水基团向外，分子间氢键向内，使得整个体系的表面能降低，从而表现出超疏水性。由此可以制备出超疏水性纳米界面纤维无纺布材料。

此外，还可以在聚乙烯醇纺丝溶液中，添加不同用途的材料而开发出带有各种不同功能性的聚乙烯醇纳米纤维及其无纺布材料。

中科院化学所王德禧研究员与北京化工大学杨卫民教授合作正在联合开发熔融静电纺丝微纳米无纺布多孔膜集成化技术产品，以推动静电纺丝产业化的发展。

（作者为中国塑料加工工业协会专家委员会常务副主任兼秘书长）

中国塑料管道行业现状及发展建议

The Current Status and Development proposals for China's Plastic Pipe Industry

王占杰

概述

在国家政策和宏观经济快速发展的拉动下，塑料管道高速发展，在建筑业、市政工程、农业、工业等行业的市场需求不断加大，在生产能力、生产和应用量、产品品种、应用领域、产业科技进步、标准化建设等多方面均有很大提高，继续保持塑料管道生产和应用量最大国家位置。

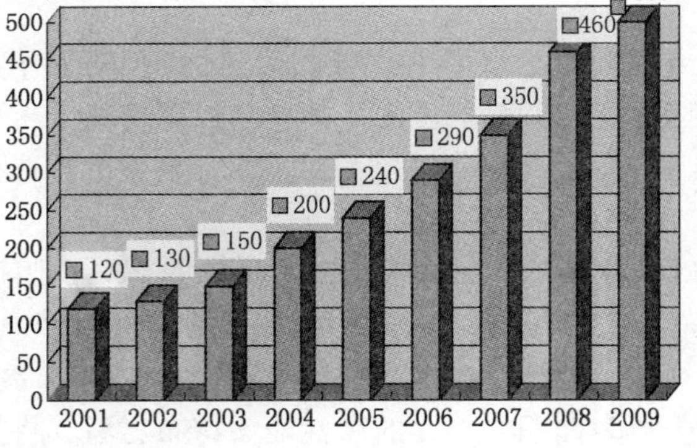

图1　2001 年以来产量情况

一、目前塑料管道生产行业状况

1. 中国已经成为塑料管道生产量最大国家

2008 年下半年开始我们遭遇了全球性金融危机，但对中国塑料管道行业并没有形成大的冲击。特别是国家关于加强基础设施建设及促进农村发展等相关政策的实施，拉动了国内塑料管道的需求。据统计 2009 年全国塑料管道产量为 580.37 万吨，比上年同期增长 18.92%。中国已经成为塑料管道最大国家。2001 年以来产量情况见图 1。

2. 塑料管道行业发展得到国家政策的大力支持

在 2008 年国家扩大内需促进增长十项措施中，强调加快基础设施等多项内容与塑料管道行业息息相关；在促进农业稳定发展农民持续增收的若干意见中，明确了五个重点为塑料管道深入农村市场提供了支持；国家进一步推进节能减排工作，与其他管道相比，塑料管道凭借生产过程和安装施工过程中节约能源、保护自然生态环境、符合绿色建筑要求等优势，具有广大的推广空间。

3. 塑料管道材料、结构品种较多

中国已经建立了以聚氯乙烯(PVC)材料、聚乙烯(PE)材料和聚丙烯(PP)材料为主的塑料管道加工和应用产业。分析2008年，PVC管道约占总量的55%，目前仍是主导产品；PE管道约占总量的30%左右；PP管道约占总量的10%左右，2008年的材料比例情况见图2。

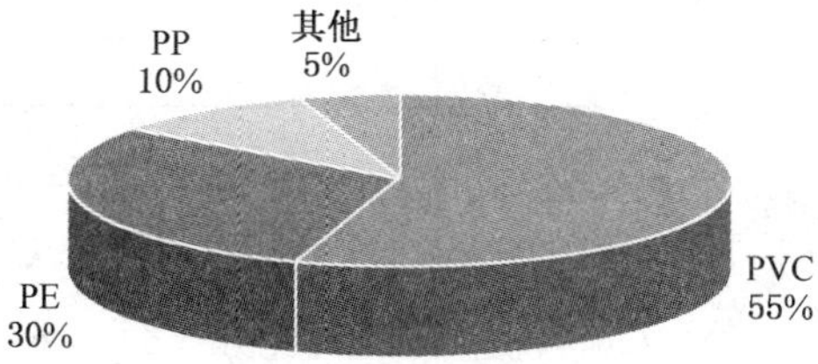

图2　2008年塑料管道材料比例

一些改性塑料、新材料的管道也有了较大的技术进步，塑料与塑料、塑料与金属的复合材料管道发展很快。PE-X、UHMWPE、PE-RT、PVC-M等材料用量也有比较大的增加。

中国目前已经成为塑料管道品种最多国家之一。

4. 生产企业主要聚集在经济发达地区

目前中国的塑料管道生产企业主要集中在沿海和经济发达地区，前三位地区的生产量之和已超过了全国总量的三分之一。由于当地需求的拉动，仍有一些企业在广东、北京、天津、西部等热点地区投资增加规模。表1为近年的主要生产地区。

表1　近年塑料管道主要生产地区

	产量前三位地区	据统计所占的比重/%		产量前三位地区	据统计所占的比重/%
2001年	广东，浙江，福建	40.1	2006年	广东，浙江，福建	50.2
2002年	浙江，广东，福建	43.9	2007年	广东，浙江，山东	49.8
2003年	辽宁，广东，浙江	45.2	2008年	浙江，广东，山东	51.0
2004年	浙江，广东，福建	42.7	2009年	广东，浙江，山东	44.9
2005年	广东，浙江，福建	44.5			

5. 科技进步在加快

许多企业重视国际前沿技术，重视新产品的开发和新技术的引进，同时不断加强新产品的研发力量，行业技术水平与发达国家的差距正逐步缩小。

国内塑料管道行业中已经拥有几百项发明、新型专利技术，有的自主知识产权产品在国际处领先地位。塑料管道的品种、结构、新材料、新技术、新工艺及专利项目越来越多。

6. 出口形势严峻

2008年前，随着产量和质量水平的上升，出口量和出口额不断增加，并且在单价和占总产量的比重均呈上升趋势。但从2009年的情况看，出口形势严峻。见表2。一些以出口为主的企业受到重创，有的企业不得不调整市场方向。

表2　2001年以来塑料管道出口情况

年　份	出口量/万吨	增加/%	占总产量比例/%	出口额/亿美元	增加/%	平均单价/(美元/t)
2001	5.28	13.3	4.4	0.77	17.3	1463.25
2002	6.80	28.9	5.2	1.01	30.8	1485.50
2003	8.72	28.2	5.8	1.45	43.7	1663.86
2004	12.12	38.9	6.1	2.33	61.0	1924.37
2005	18.83	55.4	7.8	4.12	76.7	2188.00
2006	22.43	19.1	7.7	5.74	39.4	2558.73

续表

年　份	出口量/万吨	增加/%	占总产量比例/%	出口额/亿美元	增加/%	平均单价/(美元/t)
2007	29.2	30.2	8.3	7.65	33.3	2622.96
2008	35.63	22.0	7.7	10.02	31.0	2862.76
2009	31.80	-12.4	5.5	8.63	-14.5	2699.51

7. 国际化趋势逐步明显

行业的发展使一些外国公司选择独资、合资和合作等方式加入中国塑料管道行业竞争，促进了产品的技术进步。还吸引了一些国际设备制造商、原料、助剂企业在中国开办工厂，设立办事处，生产和销售产品。同时中国的塑料管道产品走出国界，有的企业的产品已销往东南亚、中东、非洲、美洲以及欧洲等国家和地区。

中国还参加了2008年9月在匈牙利布达佩斯举办的第14届国际塑料管道会议，与国外同行进行了交流，2009年11月在北京合作召开了塑料管道国际会议。

8. 骨干企业的产品质量水平逐步提高

近年行业逐步关注塑料管道产品质量问题，特别是给水用管道的质量安全更是受到人们的关注，骨干企业努力加强质量管理，带动了行业整体水平的提升，尽管市场上还存在质量水平相差较大的现象，但质量合格产品是市场的主流。

二、塑料管道的应用状况

近年中国塑料管道行业的高速发展主要得益于需求的增长，市政及建筑给、排水管道仍为塑料管道的主要用途，农用(饮用水、灌排)管道业保持高速增长，市政排污、燃气、供暖、城市非开挖施工、工业、通讯、电力、矿山等行业的塑料管道应用比例也进一步增加。目前塑料管道已普及应用到建筑给、排水，建筑供暖，城镇自来水、市政排水、排污，城市中低压燃气输送，农村沼气燃气输送，农村人畜饮水改造，农业灌、排，电力，通讯，工业、矿山等许多领域。有人将塑料管道誉为城市的血管，塑料管道与我们的生活已密不可分。有专家分析，中国塑料管道市场占有率目前在所有管道中的比例已经达到45%。

2008年北京成功召开的第29届奥运会工程中使用了PE管、PP-R管、钢塑复合管、PVC-U管、PB管、PE-RT管、PE-X管、GRP管等塑料管道，分别用于奥运场馆及相关工程的给水排水、生活热水供水、暖通空调、雨水收集、地面辐射采暖等用途，取得了良好的效果。在2008年初的南方冷凝灾害、5月四川大地震灾害中，由于产品应用的整体情况较好，塑料管道成为救灾应急物资之一，在灾区得到大量成功的应用。2010年上海召开的世界博览会工程也大量使用了塑料管道。

2008年中国塑料管道总量为460万吨，初步分析主要应用领域见表3和图3。可见给水、排水、农用(供水与灌排主要用途)为主要应用领域。

表3　2008年各种塑料管道应用领域初步分析

分　类	市政给水	建筑给水	市政排水	建筑排水	燃气用管	护套管	农业用管	工业用管	地面供暖	出口	其他用途	总　计
总量/万吨	80	45	60	59	10	45	80	20	10	36	15	460
比例/%	17	10	13	13	2	10	17	4	2	8	4	100

三、塑料管道行业发展建议

虽然我们面临着全球金融危机带来的行业困难，但中国塑料管道行业目前仍有很好的发展机遇，分析2010年仍将会以大于10%的速度增长。

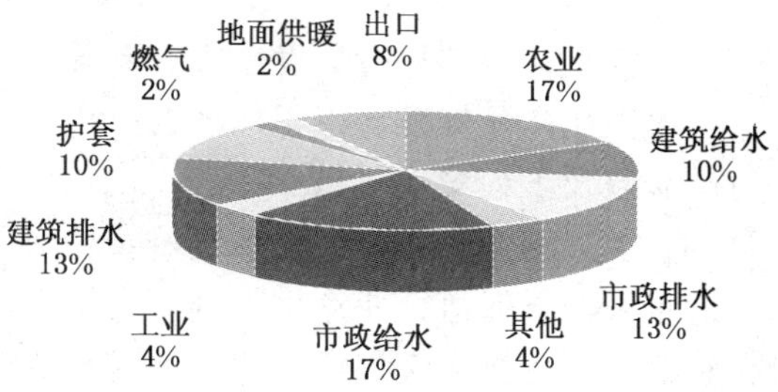

图3 2008年塑料管道应用比例

1. 发展的有利条件

(1) 国家相关部门高度重视，政策引导塑料管道进一步推广应用

由于塑料管道有其独特优点，符合中国政府倡导的节能减排和可持续发展要求，受到国家高度重视，相关部门把一些塑料管道列入推荐技术，并且将一些落后的传统材料管道列入限制或禁止使用技术，为塑料管道的推广起到了促进作用。

(2) 环境保护、可持续发展将促进塑料管道更大量的应用

据相关信息，2006年到2010年估算将有2000亿元投向污水处理管网的完善。2010年计划污水再生利用的中水量要达到30%，需要专门铺设输送管道。建筑物内也需增加污水回用的中水管网设计。

建筑物地面采暖方式逐步应用、利用地热能源进行室内空气调节等方面也会使塑料管道在节约能源方面有越来越大的贡献。

(3) 中国市政公用设施建设速度加快

据相关报告显示，今后10~20年的时间内，城市范围内的市政公用设施投资需求不会降低，并将向城郊城镇和中心村延伸和扩大。中国正在运行的市政公用管道中部分已到使用年限，需要更新和修复。

(4) 农用管道是塑料管道的大市场

中国规划到2013年要解决农村饮水安全问题，这是塑料管道应用最成功的领域之一。

农村节水灌溉在节水工作中占重要地位。据了解2006~2010年将新增节水灌溉面积1.5亿亩，分析投资1000亿元。

今年计划开始的建材下乡也将会促进塑料管道在农村有更大的应用市场。

(5) 在目前全球金融危机的环境下，中国政府提出的扩大内需，促进经济平稳较快增长为塑料管道行业带来市场机会

为应对经济危机，国家相继颁布的各项政策为塑料管道行业发展提供了广阔的市场空间。如国务院审议通过的扩大内需促进增长十项措施，其中加快建设保障性安居工程；加快农村基础设施建设，加大农村沼气、饮水安全工程建设力度，加强大型灌区节水改造；加快铁路、公路和机场等重大基础设施建设；加强生态环境建设；加快城镇污水、垃圾处理设施建设，支持重点节能减排工程建设；加快地震灾区灾后重建各项工作等多项措施与塑料管道行业息息相关。十大产业振兴规划也会促进我们行业不断发展。

2. 发展建议

(1) 注重塑料管道上下游行业的协调发展，促进交流与合作，共同提高

建议上游行业加快塑料管道专用树脂的研发和稳定生产，扭转我国专用树脂生产与供需失衡的局面；促进加工设备和模具行业的技术进步，提高生产的稳定性以及提高生产效率；对下游的应用领域要加强服务，以提高塑料管道工程的质量，提高信誉，促进应用，实现上下游行

业的多赢发展。

（2）强化标准的执行力度，重视基础研究，促进更好应用

建议强化产品标准、工程标准的执行力度，重视工程应用基础技术研究，提高和保证塑料管道产品以及工程应用质量。

（3）加强行业自律，加强市场监管，引导规范市场

近年来塑料管道行业竞争加剧，有的企业为了取得竞争优势，采用低价竞争等不良竞争手段，有的产品质量令人担忧。建议加强行业自律，引导规范市场，加强市场监管，防止假冒伪劣产品用于应用领域。建议用户选择合格产品。

（4）提高创新能力，积极开拓应用新领域

加大科技投入，提高创新能力，提升产业结构。加工企业应该积极研发新产品、新技术，提高企业的市场竞争能力，提高产品附加值，走出低价竞争的误区。

制定推广措施和办法，积极宣传，扩大宣传，加大推广应用力度，大力开拓应用新领域。

（5）提醒行业警惕过热发展

一段时间加工设备供应商提供的信息表明，很多企业不断的增加生产能力、扩大规模。因此我们还要提醒行业企业，不应有短视行为，不应盲目跟风，不应过热发展、盲目扩大产能。

中国已经成为塑料管道行业大国，但还存在一些发展中的问题需要解决。我们要加强与上下游的交流与合作，把握机遇，共同努力，促进塑料管道行业持续、稳定、健康、快速发展，向塑料管道强国不断迈进。

（作者为中国塑料加工工业协会塑料管道专业委员会秘书长）

中国塑编产业春暖花开
中国塑编行业2009年度报告
Annual Report of China Plastic Woven Products Industry

王永仁

内容提要：本年度报告在回顾塑编产业2008年遭遇经济危机后，用数据论述了2009年塑编行业急剧增长的产业全貌。同时论述了2009年产业热点：产业复苏急剧增长、新产业集群在形成、技术创新层出不穷、节能降耗如火如荼、食品认证进入尾声、原料改性提高品质、原料市场平稳升高、塑编标准修订启动、安全生产不容忽视。最后预测2010年发展形势。

第一部分　塑编产业年度全貌综述

2009年塑编行业遭遇世界性金融危机的袭击，从年初的负增长，到二季度开始复苏，三季度缓慢增长，四季度快速发展。全年塑编产业共完成产量约700万吨，同比增长26.58%，业绩依然辉煌。塑编产业在开发新产品、技术创新、节能降耗、发展产业集群等方面都有突出的成果。

一、数据显示2009年复苏

2009年初，在全球金融危机的波及下，我国国民经济也受到很大影响，增长放缓，社会对塑编产品的需求量增长同时放缓。

我国出台一系列刺激内需增长的宏观政策，开始逐渐见效，下半年我国国民经济明显复苏，社会对塑编产品的需求量同时明显增长，塑编产业急剧增长。

1. 数据显示塑编产业复苏

据国家统计局信息，全国规模以上塑编企业，2009 年塑编及丝总产量约完成 581.56 万吨（表 1，表 2），同比增长 26.58%。

表 1　2007、2008、2009 年全国塑编产量逐月累计表

月份	2007 年/t		同比增长/%	2008 年/t		同比增长/%	2009 年/t		同比增长/%
	月产量	年累计		月产量	年累计		月产量	年累计	
1 月	259702	259702		284435	284435		364086	364086	
2 月	231278	490980	26.63	266954	551389	11.57	367263	731349	49.65
3 月	288363	766821	31.02	354582	911003	20.17	458538	1212560	18.33
4 月	295177	1071930	30.60	371845	1270435	22.10	412363	1442039	21.54
5 月	344346	1411822	31.55	408833	1688025	22.47	465367	1900662	19.78
6 月	385620	1803578	32.88	484745	2176394	24.49	526310	2457871	20.57
7 月	336139	2077946	30.63	455210	2626123	25.27	468284	2937148	10.03
8 月	373146	2431694	33.44	414845	3040165	23.38	488536	3486107	21.63
9 月	351358	2888182	31.73	474122	3511074	24.94	550776	4083969	28.07
10 月	323185	3210888	29.57	446119	3981958	26.72	526908	4546333	26.98
11 月	311251	3526164	28.19	396556	4387728	27.30	601226	5215834	25.22
12 月	395332	4041587	31.51	379590	4771797	25.30	581777	5815626	26.58

据塑编行业规模以上和规模以下企业不完全保守统计，2009 年全国所有塑编企业共生产各种塑编产品约 700 万吨（含再生料约 180 万吨），产值约 800 亿元。比 2008 年全国共生产各种塑编产品约 550 万吨（含再生料 120 万吨），增长约 27%，产值比 2008 年约 680 亿元增长了约 17% 左右。

2. 各种原料所占总量的比例

据塑编行业不完全统计，2009 年全国共生产各种塑编产品约 700 万吨中，使用新料最多约 520 万吨，再生料至少约 180 万吨。

使用再生料的主要领域是水泥包装袋。一些化工原料袋也掺混了再生料，甚至集装袋也掺混了再生料。各种填充母料约 70 万吨，占总产量的 10% 左右。新料中约一半为颗粒料，一半为粉料。全国生产的所有粉料，有 80% 左右用于塑编产品。

表 2　2008 年和 2009 年全国各省份产量和名次表

地　区	2009 年				2008 年			
	排　名	年累计/t	同期增幅/%	占全国/%	排　名	年累计/t	同期增幅/%	占全国/%
全　国		5815626	26.58	100.00				
山　东	1	1448200	17.99	24.90	1	1168283	16.95	24.48
辽　宁	2	940533	16.19	16.17	2	745932	60.31	15.63
浙　江	3	541819	17.86	9.32	3	482677	5.54	10.12

续表

地区	2009年				2008年			
	排名	年累计/t	同期增幅/%	占全国/%	排名	年累计/t	同期增幅/%	占全国/%
河南	4	306630	32.27	5.27	4	471313	29.08	9.88
湖北	5	284026	46.06	4.88	6	195231	35.76	4.09
安徽	6	232611	95.04	4.00	11	106738	21.00	2.24
四川	7	231532	67.82	3.98	5	259840	68.73	5.45
广东	8	210032	25.06	3.61	10	118893	0.71	2.49
湖南	9	206843	89.01	3.56	13	85684	96.15	1.80
江苏	10	183373	25.11	3.15	7	174046	12.30	3.65
广西	11	170503	31.64	2.93	8	140705	29.38	2.95
河北	12	169059	2.26	2.91	9	123056	5.64	2.58
江西	13	158856	39.97	2.73	12	109526	20.97	2.30
黑龙江	14	91177	25.89	1.57	14	74151	2.33	1.55
重庆	15	88365	51.91	1.52	15	70320	17.77	1.47
内蒙古	16	68292	32.23	1.17	17	56858	89.07	1.19
云南	17	59216	33.04	1.02	19	40829	7.61	0.86
吉林	18	57046	2.31	0.98	18	46650	0.37	0.98
天津	19	53755	113.90	0.92	26	18941	5.86	0.40
福建	20	52642	1.86	0.91	16	70308	93.34	1.47
陕西	21	47876	33.84	0.82	20	33074	17.99	0.69
新疆	22	39147	28.96	0.67	23	33773	16.17	0.71
北京	23	36369	-15.46	0.63	25	22677	27.54	0.48
甘肃	24	30616	-011.31	0.53	21	28702	21.97	0.60
山西	25	28183	35.44	0.48	24	23596	41.54	0.49
贵州	26	27528	0.71	0.47	22	27930	25.51	0.59
宁夏	27	22607	11.12	0.39	27	19503	22.56	0.41
上海	28	21329	431.50	0.37	28	15596	2.79	0.33
海南	29	4130	-22.64	0.07	29	5339	9.05	0.11
青海	30	3331	-2.89	0.06	30	1627	24.81	0.03

3. 各种塑编产品所占总量的比例

在700万吨塑编产品中，水泥袋约295万吨，约占42%；化工原料等各种普通编织袋245万吨，约占35%；集装袋70万吨，约占10%；土工布及蓬布49万吨，约占7%；网眼袋14万吨，约占2%、其他塑编产品27万吨，约占4%。2009年增幅较快的是水泥包装袋，约增长了2个百分点，这与拉动内需，建设项目增加，使用水泥增长有关；降幅最快的是集装袋，约下降了3个百分点，这是由于集装袋受国际金融危机的影响，出口量明显减少，增幅降低较明显。

4. 各省份占总量的比例

根据国家统计局统计，2009年全年规模塑编企业生产581.56万吨塑编产品中，山东省约生产144.82万吨，占全国24.90%，名列榜首；其余九名依次是：辽宁94.05万吨、占16.17%；浙江54.18万吨、占9.32%；河南30.66万吨、占5.27%；湖北28.40万吨，占4.88%；安徽23.26万吨、占4.00%；四川23.15万吨、占3.98%；广东21.00万吨、占

3. 61%；湖南 20. 68 万吨、占 3. 56%；江苏 18. 33 万吨、占 3. 15%。其他省份名次见表 2。安徽、湖南闯入前十名，广西、河北被挤出前十名。

在产量较高的前十名省份中，2009 年比 2008 年增长最快的省份是安徽，同比增长 95. 04%，其次是湖南，同比增长 89. 01%。山东同比增长 24. 90%，和去年同期同比增长 16. 95% 比较，增长势头还有后劲。辽宁省平均同比增长 16. 17%，比去年同期增幅 60. 31%，下降了很多，也低于全国平均同比增长 26. 58%，说明辽宁省塑编产业发展势头减弱。浙江同比增长只有 17. 86%，与上年同比增长 5. 54% 比较，可见增长速度放缓。

5. 塑编机械产量产值增长情况

根据塑编行业不完全统计，2009 年全国共生产各种塑编机械约 25000 台套，其中拉丝机 900 台、圆织机 15000 台、涂复机、印刷机、其他辅助设备等 9100 台。总产值产约 14 亿元。2009 年塑编设备生产总量 2008 年 30000 台套相比，下降约 17%。

第二部分　塑编产业年度热点

一、产业复苏急剧增长

2009 年，塑编产业的产量在内需不断增长的外部环境下，二季度止跌，然后逐月呈直线上升，如图 1 所示，显示急剧增长势态。与 2008 年的下滑“∩”形曲线相比，呈逐月递增趋势，5 月份以后，更加明显超越 2008 年产量，急剧增长。

2009 年塑编产业复苏，产量急剧增长，归纳起来，主要有以下几个因素。

1. 中央内需的拉动

2009 年初，中央出台的各种刺激我国国民经济发展措施开始实施，拉动塑编产业走出低谷，开始复苏。

（1）房地产回升。塑编产业的水泥包装袋、护栏网、遮阳布、防尘土飞扬的编织盖网等首先感到回暖。与房地产相关产业、需要编织袋包装的需求开始增长。

（2）惠农政策实施。惠农政策，使我国粮食产量连续三年突破 1 亿万斤，仅粮食包装就需要 100 亿条编织袋(50kg/袋)。南水北调工程是拉动内需的重大工程，中央投资 2300 亿元中，对塑编产业拉动很大。

（3）大兴交通建设。中央决定加快铁路、公路和机场等重大基础设施建设的不断开工建设，拉动了塑编产业水泥袋、集装袋、土工布的发展。

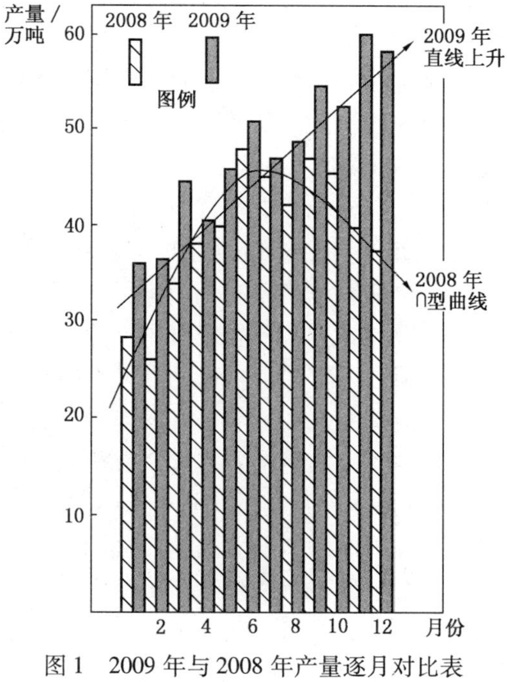

图 1　2009 年与 2008 年产量逐月对比表

（4）能源建设开工。能源领域一批重大项目开工，带动了对塑编产品的需求急剧增长。

（5）大石化项目建设投产。国家建设一批大型石化项目建设拉动塑编产品增长。

（6）加强生态环境建设，加快城镇污水、垃圾处理设施建设和重点流域水污染防治，加强重点防护林和天然林资源保护工程建设，重点节能减排工程建设，加快中西部农村初中校舍改造等，都拉动了塑编产品需求的增长。

2. 金融政策的宽松

2006年和2007年，我国塑编产业高速增长。为了限制“两高一资”产品的出口，减少国际摩擦，我国从2006年开始两次下调部分产品出口退税率，而其中每次都有塑编产品。塑编产品由原来的出口退税率13%调整后降低到5%，降幅达到70%。这大大削弱了塑编产品出口的价格优势，使价廉的、赢利不多的塑编产品出口贸易受到打击。

3. 稳定的市场需求

塑编产品市场中，有一块“旱涝保收”的国内市场，是塑编产品包装粮食、食盐、蔗糖、水产等较大一块需求，它基本是年年增长，固定不变的市场；有饲料、化肥、民品等需求不会减少的市场；有包装石油化工产品受金融危机影响不大的市场。这块市场需求占塑编产品总量的一半以上。因此，金融危机带来各行各业经济滑坡，而塑编产业在2008年还有同比25.4%的增长幅度。影响塑编产业滑坡的最大的因素是水泥包装市场和出口的集装袋等产品市场。

4. 塑编企业的拼搏

同样处于金融危机风暴的袭击，有的塑编企业倒闭了，有的塑编企业化“危机”为“契机”，企业不仅生存而且发展了。

二、新产业集群在形成

2004年塑编原料暴涨的影响下，拉开了浙江等地塑编企业大迁移的潮流，2005年和2006年达到高峰，2007年迁移速度开始减缓，到2008年迁移基本熄息。塑编企业该迁移的已经迁移了，留下来的塑编企业基本稳定，发展的出路是向本领域相关产业或其他领域延伸外扩，发展势头良好。

在地域性优惠政策、税收、经济的刺激下，随着外地塑编企业迁移的到来，或本地自生塑编企业的发展壮大，带动了本地塑编产业的发展壮大，使该地区塑编产业链不断扩大，塑编及相关企业不断凝聚，又形成了新的塑编产业集群。

三、技术创新层出不穷

回顾2009年，塑编产业技术创新，如火如荼，日新月异，层出不穷：

(1) 聚酯编织袋轰动全塑编行业；

(2) 世界先进水平电机直驱高速拉丝机；

(3) 中国人发明了自己的自动切袋缝袋机；

(4) 神奇的永久抗静电多功能母料；

(5) 中国人的热熔方底阀口袋机组；

(6) 倾斜45°角的圆织机；

(7) 我国推出了平面凸轮四梭圆织机；

(8) 全自动塑编袋片缝纫机组；

(9) 棕杆无磨损和漏油圆织机问世；

(10) 涂膜填充母料倍受欢迎。

四、节能降耗如火如荼

2009年塑编产业节能降耗，进展喜人。塑编企业普遍进行了节能降耗改造。电磁加热技术倍受塑编企业关注、欢迎、青睐。

1. 塑编产业能耗现状

塑编产业是一个能耗较高的产业。大部分塑编企业的拉丝机组能耗700kW·h/t左右，圆织机能耗也在700kW·h/t，塑编产品平均能耗为1750kW·h/t，离国际上先进的拉丝机组能耗 310～350kW · h/t 和圆织机能耗在 350kW · h/t 以下还有相当的差距。还有 55% 左右的塑编企业没有选择节能型设备或进行节能改造。塑编产业节能降耗任重道远。

2. 当前塑编产业节能主要途径

塑编产业节能途径很多，近期主要的节能手段是从拉丝机和圆织机节能入手。

拉丝机节能主要途径有四个方面：一是大型化，加大螺杆、增宽模头，增加产能比，使拉丝机单机扁丝日产量从 3t 提高到 6t，达到节能降耗目的。二是提高螺杆转速和生产的连续性。三是从拉丝机加热方式上寻求节能降耗。四是提高扁丝的强度，节省原料，本身就是节能。

3. 全塑编产业越来越重视节能降耗

全国塑编企业越来越注重节能降耗，有半数塑编企业开展了节能降耗改造。当今，全国塑编原料地区价格差不大，利润很薄；劳动力成本越来越接近；电费地区差越来越接近；企业管理内部挖潜接近枯竭，普通塑编产品的赢利点只剩下规模和节能降耗。因此，塑编企业更重视节能降耗。如今塑编企业选择拉丝机、圆织机、涂复机等，首要考虑的问题就是能耗问题。为此，塑编机械企业在开发、研制、改造加工塑编设备时，都千方百计降低能耗。

国家和地方塑编行业协会也非常重视节能降耗，正在引导、推广、总结节能降耗经验。有的塑编产业集群的地方政府还出台了塑编企业用电标准定额，超额超征税的办法，鼓励塑编企业降耗和进行节能改造。

五、食品认证进入尾声

2009 年，塑编企业包装食品 QS 认证已经走过高潮，进入尾声，该认证的企业基本认证完毕。

1. 当前塑编包装食品认证概况

国家质检总局于 2006 年 7 月 18 日颁布了《食品用包装、容器、工具等制品生产许可通则》和《食品用塑料包装、容器、工具等制品生产许可审查细则》，正式启动了食品包装、容器、工具等制品全面实施市场准入制度，全国食品包装企业积极进行 QS 准入，总体发展趋势良好。而塑编企业包装食品认证，2007 年形势令人担忧，只有 27 家，2008 年逐步加快了速度，共有 144 家，是上一年度的 5.4 倍左右，进入高峰。2009 年进入尾声，有三个月没有认证的厂家，全年共有 92 家。三年总计 264 家。

2. 食品认证已经淘汰了一批塑编企业

随着 2009 年塑编包装食品认证已经进入尾声，一些原来塑编产品包装食品企业没有申请 QS 认证，意味着放弃这块市场，被迫改用包装非食品袋或被迫停产。

2009 年是塑编企业 QS 认证的关键年。QS 准入淘汰一些塑编企业，这对塑编产业是一件好事。首先是保障民众健康和生命安全，其次是整顿和提高塑编行业向高端化发展进程，再次是抑制塑编产业产能过剩。

六、原料改性提高品质

2009 年，塑编行业又掀起了对塑编原料进行改性的热潮，使塑编产品性能和品质得到提升并拓宽了应用领域。

（1）塑编产业新料改性经验逐渐丰富；

（2）塑编产业应用粉料的改性手段；

（3）塑编产业使用再生料更注重改性；

（4）填充母料改性的发展趋势；

（5）涂膜料改性有新进展；

(6) 功能性改性层出不穷。

七、原料市场平稳升高

2009 年塑编原料市场平稳升高，一直循序渐进地升高。

全年 PP 市场起伏不大，稳步推高。

2009 年，塑编原料市场走势相对平和，循序渐进走高，从年初的 7000 元/t 攀升到年底的 11000 元/t(图 2)。

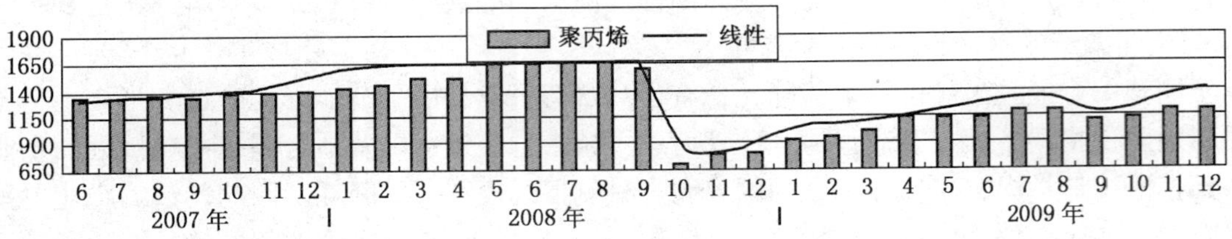

图 2　2008～2009 年 PP 走势图

八、塑编标准修订启动

国家标准 GB/T 8946《塑料编织袋》和 GB/T 8947《复合塑料编织袋》已经有十多年没有修订了，国家标准化管理委员会已经于 2009 年 11 月 15 日正式批准修订。

鉴于国家标准管理委员会已经批准两项塑编合一进行制订，2010 年初将成立标准修订领导小组并立即开展工作。

GB/T 8946—1988《塑料编织袋》和 GB/T 8947—1988《复合塑料编织袋》两项国家标准合拼为一个标准《塑料编织袋通用技术要求》。

第三部分　塑编产业 2010 年发展预测

2009 年，我国塑编产业走出世界金融危机的笼罩并急剧增长，同比增长速度达到 26.58%，这种直线式复苏速度之快令塑编行业欣慰、惊喜和担忧。

展望 2010 年，塑编产业必定略高于 2009 年同比增长速度，达到 30% 左右。预测上半年增长较快，下半年放缓，成“∩”形。我们渴望今年编产业有一个较大的飞跃，我们更应当密切注意急剧增长可能给今年或明年塑编产业带来发展过热。

1. 预测 2010 年塑编产业增长目标

预测全国规模以上塑编企业，2010 年塑编及丝总产量约完成 700 万吨左右，同比增长可能突破 30%。

预测年全国所有塑编企业，2010 共生产各种塑编产品约 800 万吨(含再生料约 200 万吨)，产值约 1000 亿元(受塑编原料影响较大)。比 2009 年全国共生产各种塑编产品约 700 万吨(含再生料 180 万吨)，增长约 14%，产值比 2009 约 800 亿元增长了约 16% 左右。产值的增长，关键看今年塑编原料价格。再生料的使用数量、母料的使用数量比 2009 年有增无减。

在所有塑编产品中，增长较快的是水泥袋，其次是化工原料袋，粮食、食品袋等将保持国民需要增长速度，而集装袋等可能出现复苏。

塑编总产量中，山东省仍然名列榜首，占总产量的 25% 左右；而辽宁、浙江、二省基本都占总产量的 10% 左右，属于第二“集团军”。而河南、湖北、安徽、四川、广东、湖南、江苏都占总产量的 5% 左右，属于第三“集团军”。

2. 预测本年度塑编产业亮点

聚酯再生料编织袋有望得到推广。节能降耗成为塑编企业的首要任务。电磁加热将成为塑编产业节能的热门。塑编后加工技术风起云涌。电机直驱动挤出机将成为今后几年挤出机的发展方向。

3. 随着全球经济回升，2010 年外需将会有明显好转，塑编产品出口贸易有望回暖。塑编产品等劳动力密集型产品出口回升速度较快。

4. 2009 年走出世界金融危机的笼罩并急剧增长，这可能导致 2010 年或明年塑编产业发展过热，产能进一步过剩。

5. 可能发生通货膨胀，国家将出台抑制通货膨胀的措施，这将抑制塑编产业的发展。

（作者为中国塑料加工工业协会塑料编织专业委员会副秘书长）

粉体材料在塑料中应用进展及要求

The Application of Powders in Plastics Products and Its Requirements

刘英俊

摘　要：在塑料材料及制品加工过程中科学、合理、适量使用各种粉体材料可以达到节材节能、改善性能和绿色环保多重功效。在取得丰硕技术经济效果的同时，正视粉体加工及应用技术中所存在的问题，用创新的思维和积极的作为才能开创粉体材料在塑料中应用的新局面！

关键词：粉体材料　塑料材料及制品　塑料改性　应用　要求

一、我国塑料制品加工业正在从世界塑料大国走向世界强国

中国是当今世界的塑料制品生产大国、消费大国。做为塑料制品加工的基础原料——合成树脂在我国大陆地区的表观消费量年增长率始终在 10% 以上，加上国内回收的和从境外进口的各种废旧塑料，以及各种添加剂、助剂，近年来每年在大陆地区生产出的塑料制品及材料已超过 8000 万吨，人均消费量也已达到 50kg/人以上，堪称世界塑料大国，见表 1。

表 1　2005 ~ 2009 年塑料加工业经济运行状况

项目＼年份	2005	2006	2007	2008	2009
合成树脂产量/万吨/年增长率/%	2142 / 19.5	2529 / 18.1	3074 / 18.5	3130 / 1.8	3603 / 15.1
合成树脂表观消费量/万吨/年增长率/%	3835 / 0.6	4084 / 6.5	4578 / 12.1	5191 / 13.4	
塑料制品及材料产量①/万吨/年增长率/%	2199 / 19.1	2802 / 27.4	3302 / 17.8	3714 / 12.5	4476 / 20.6
海关统计废旧塑料进口量/万吨/年增长率/%	496 / 21.0	586 / 18.1	684 / 16.7	707 / 3.4	
废弃塑料回收再生量/万吨(估算)/年增长率/%	600 / 18.0	700 / 16.7	800 / 14.3	900 / 12.5	
规模以上企业个数①	11726		14952	16277	

① 表示国家统计局对规模以上(产值 500 万元/年以上)企业的统计数字。2008 年受统计的规模以上塑料加工企业，仅占注册登记企业总数的 20%，因此表中所列的塑料制品及材料的年产量仅是实际生产总量的一部分。

据国务院第二次全国经济普查数据公报，2008年塑料制品业法人企业共9.5万家，从业人员387.4万，主营业务收入1.1亿元。这些数据表明，我国塑料加工业已是轻工业领域最大的行业，在世界上也已成为数一数二的塑料大国，而且就人均消费额度和国内外市场需求来看，塑料加工业这一绿色朝阳产业仍然具有强大的发展潜力和光明的发展前景。

当前业内外一致认为我国塑料加工业面临的重要任务是尽快从塑料大国迈向塑料强国，不仅要在规模上、数量上居世界前列，而且还要在科技含量、节能减排、绿色环保等层面上阔步前进，赶超国际先进水平，在不远的将来，在成为世界塑料大国的同时，实现塑料强国的理想！

二、使用粉体材料实现“塑料填充改性”是促进塑料产业升级，抢占加工技术制高点的有效途径

我国经济发展进入新的历史时期，在科学发展观的指引下，转变经济增长模式，从“中国制造”向“中国创造”迈进，在国际上从“跟随型”逐步成为“引领型”，都需要技术的创新、产品创新，而塑料改性就是实现塑料产业升级，抢占加工技术制高点的最现实、最有效的途径。

粉体材料在塑料中应用通常称之为“填充改性”，我国几十年的塑料工业发展的历史表明，粉体材料在塑料中应用取得令人瞩目的显著成效，在塑料产业持续快速的发展过程中发挥着重要作用，功不可没。

1. 节省石油资源和能源，效果显著

我国目前石油产品进口量已超过1.5亿吨。在石油价格暴涨，以石油为主要原料的合成树脂价格也随之攀升的情况下，用相对供应丰富的粉体材料代替石油产品，既便考虑粉体材料密度大的影响因素，每年也能少用数百万吨合成树脂，这就意味着少用上千万吨石油，无疑是对国家的重大贡献！

能源的节省更为明显，相对合成树脂产品从石油勘探、开采、运输、裂解、合成整个过程所需的能源消耗，各种粉体的生产要简单得多，一吨产品的投资和能耗仅及合成树脂的数十分之一。合理地大量使用各种粉体对于建设节约型社会，实施可持续发展战略具有重要意义。

2. 降低塑料制品原材料成本，提高塑料制品的市场竞争力，效果显著

几乎所有粉体材料的价格都低于合成树脂，最便宜的粉体材料如400目重质碳酸钙出厂价每吨仅一百多元，是动辄万元的合成树脂价格的几十分之一，其他粉体材料也仅每吨数百元、上千元，在合理使用的前提下，即满足填充塑料制品使用性能的前提下，降低塑料制品原材料的成本是不言而喻的。在一般塑料制品的成本中，原材料成本占到50%～70%，原材料成本的降低自然意味着塑料制品总成本的下降，市场竞争力的提高，这也正是众多塑料制品加工厂争先恐后积极使用粉体的原因和动力。

3. 可使塑料材料的某些性能按照预期的方向得到改善、提高

粉体材料填充改性塑料技术进展迅速，人们发现碳酸钙、滑石粉等不仅价廉，可以起到增量、降低成本的作用，而且对于所填充的基体塑料有显著的改性作用。尽管填充塑料的性能会有显著变化，但我们可以在刚性、韧性和强度三个方面加以选择，在保持填充塑料整体性能良好的前提下，使某方面的性能按预期的方向得到改善、提高。

4. 粉体材料可赋予塑料材料新的功能，而这种改性效果是直接使用高分子材料不可能得到的

研究表明，滑石粉、高岭土和云母粉都可以提高塑料薄膜的红外线阻隔性，这对提高农用大棚膜的保温性是至关重要的。此外，沉淀硫酸钡可让聚丙烯塑料表面具有高光泽度，硅灰石

粉有利于提高塑料材料表面硬度，水镁石粉或通过化学反应生产的氢氧化镁兼具填充、阻燃、消烟三大功能，在研究低烟无卤阻燃塑料制品中发挥了重大作用。

5. 粉体材料的环保性正在日益显露出来

塑料产业的迅猛发展在给社会带来种种好处的同时，也因人们将塑料制品在使用后随意丢弃的不良习惯而给景观和生态环境带来一定的危害。近年来的研究成果表明，碳酸钙等无机粉体材料在制造环境友好塑料材料方面可以发挥重要作用。这方面研究成果说明科学地、合理地使用碳酸钙等粉体材料是目前减轻“白色污染”，使不易回收的包装袋、膜等塑料材料安全重返大自然的重要举措，加强宣传和积极推动其产业化，可以使粉体材料的应用跨出更大步伐。

无论是塑料制品的总量迅速增加，还是在新的应用领域开拓进展，粉体材料在塑料中应用的前景都非常远大，而且无论对塑料产业本身的发展，还是对建设创新型、节约型社会，实现国民经济可持续发展都将发挥重要的，不可替代的作用。

三、粉体材料在塑料中应用现状

1. 从不同角度看粉体材料在塑料中的应用状况

（1）从使用数量上看

已经超过1000万吨/年(添加量按塑料制品年产总量的15%计算)。

（2）从品种上看

常用的粉体材料有碳酸钙(重钙、轻钙、纳米钙)、滑石粉、高岭土、硅灰石粉、水镁石粉、云母粉等非金属矿加工而成的粉体，还有淀粉、木粉等来源于植物的粉体，还有经特殊方法制成的功能性粉体，如炭黑等。

- 塑料用粉体材料
  - 无机粉体
    - 非矿粉体
      - 粉碎分级而得：重钙、滑石粉、云母粉、硅灰石粉、水镁石粉、重晶石粉等
      - 经化学反应而得：轻钙(包括纳米碳酸钙)、氢氧化铝、氢氧化镁、沉淀硫酸钡等
    - 工业废渣：红泥、白泥、粉煤灰微珠等
  - 含碳粉体
    - 碳氢化合物粉体：木粉、秸秆粉、果壳粉、淀粉等
    - 碳：炭黑、石墨等

（3）从添加量上看

以填充增量为主要目的，一般可用到几十到几百phr(phr——以基体树脂为100份时，填充材料的质量份数)；

以改善性能和降低成本为目的，一般可用到十几份到几十份；

以增加功能(如阻燃、磁性、耐热等)为主要目的，按达到预期功能所要求的份数添加，然后再考虑保持适当力学性能的问题。

（4）从发展前景看

众多矿物粉体材料的规格及售价在相当长的时期内，尽管可能有小幅攀升，下游用户也可以接受；

期待有特殊功能的粉体材料投产上市，如对塑料薄膜透光度影响小的以及不影响无纺布喷丝的粉体材料等；

对已具有明确功能特性的粉体材料，主要任务是研究如何将其用好(如硅灰石粉)。

2. 在塑料中使用粉体材料面临的几个问题

(1) 界面亲和性

塑料的基础原料是合成树脂，即以碳氢化合物为主要特征的高分子化合物。塑料填充改性要求粉体材料必须以细小的颗粒均匀分散到基体塑料中，就像湖海中的岛屿一样，而且粉体材料颗粒表面与基体塑料大分子之间要有良好的亲合性。

目前针对常用非金属矿物粉体所使用的表面处理剂如硬脂酸、铝酸酯偶联剂、钛酸酯偶联剂等，其主要原理是将粉体颗粒表面由亲水性改变为亲油性，这一过程常被称之“活化”。现在的问题一方面是表面处理剂的效能有待提高，另一方面是现有的表面处理剂对新出现的一些粉体材料，包括新的矿物粉体材料，也包括淀粉、木粉等植物粉体材料，传统的表面处理剂效果不理想，直接影响到这些粉体材料的使用效果。

(2) 填充塑料的密度

众所周知非金属矿物粉体材料的密度远大于纯塑料材料的密度。尽管有的粉体的堆积密度(视比重)不高，但粉体是以细微颗粒的形式分布在塑料基体的汪洋大海之中的，这些颗粒对整个填充塑料体系密度的贡献仍然是它的真正实体密度。例如木材可以漂浮在水上，它的密度小于 1.0g/cm^3，但木粉填充的聚乙烯塑料的密度大大高于 1.0g/cm^3。既要添加量大，又要性能好，还要填充塑料的密度小，是一个尚未得到答案的重大技术难题。

(3) 填充塑料制品的成型尺寸收缩率

高分子聚合物从熔融状态冷却至常温时，在三维方向上都要发生尺寸收缩现象，如聚丙烯(PP)塑料的成型尺寸收缩率达 1.7% ~2.0%。因此在设计制作成型模具时，必须考虑成型尺寸收缩率问题。加入粉体材料后其填充塑料的成型尺寸收缩率将明显减小(见表2)，直接影响到冷却后塑料制品的尺寸精度，对于注塑成型制品更可能影响到脱模的难易。

表2　填料对聚丙烯(PP)塑料成型尺寸收缩率的影响

填　料	添加量/%	成型尺寸收缩率/%	填　料	添加量/%	成型尺寸收缩率/%
碳酸钙(800 目)	30	0.8	玻璃纤维	20	0.54
滑石粉(1250 目)	30	0.85	纯 PP		1.7
云母粉(1250 目)	20	0.75			

(4) 填充塑料的光泽及透光性

除个别填料(如沉淀硫酸钡)可以使填充塑料制品保持良好的表面光泽外，几乎所有的粉体材料都会使塑料制品表面反光性下降，即“消光”，这对于既要求艳丽又要求光亮的多数塑料制品的外观是非常不利的。

粉体填料的存在会对塑料的透光性带来不利影响，这主要是由于粉体颗粒的折光指数与基体塑料的折光指数有着或大或小的差别。对于某些要求透光性好的塑料制品，如农用塑料大棚膜、地膜、包装膜，都希望在保持良好性能的前提下，同时还具有良好的透光性。不同填料对 LDPE 薄膜透光性的影响见表 3。

表3　不同填料填充 LDPE(20:80)薄膜(厚 0.05mm)的透光率　　%

纯 LDPE	填充 LDPE 薄膜			
	云母粉	高岭土	滑石粉	轻质碳酸钙
93.8	93.3	89.0	85.2	82.2

(5) 填充塑料的耐老化性

炭黑具有对紫外光的屏蔽作用，添加2%左右炭黑的聚乙烯塑料，如膜、片、电缆护套等，在光线直接照射的自然环境中，寿命可长达20年以上。

除炭黑外，几乎所有的粉体材料对基体塑料的耐老化性能会带来不利影响，对于与自然光线直接接触的塑料制品，在考虑基体塑料如何耐老化的同时，更要考虑粉体填料带来的进一步的影响。

研究工作表明碳酸钙、滑石粉对聚乙烯(PE)薄膜光老化性能的影响具有一定的促进作用。表4中的数据是用羰基指数CI达到一定数值时所需的时间来表征PE薄膜的光老化的快慢。

表4　碳酸钙、滑石粉对PE光降解老化性能的影响

PE光降解膜种类		不加矿物粉体	含30%碳酸钙	含30%滑石粉
羰基指数CI达到一定数值时的时间	CI=6	6	4	5
	CI=45	35	30	32

另一项研究工作的结果也表明，碳酸钙的存在对PE薄膜的耐老化性能是不利的，而且随着碳酸钙添加量的增加，在相同老化的环境下，PE薄膜力学性能下降显得更加明显，见表5。

表5　碳酸钙($CaCO_3$)添加量对人工氙灯老化PE薄膜性能的影响

PE膜性能 / $CaCO_3$母料添加量/%	拉伸负荷/N		断裂伸长率/%	
	老化前	老化后	老化前	老化后
0(纯PE膜)	2.86 / 2.14	1.45 / 1.11	345 / 680	265 / 395
10	2.38 / 1.26	1.12 / 0.81	340 / 505	200 / 69
20	1.94 / 2.01	0.65 / 1.17	315 / 735	21 / 41

(6) 粉体材料本身及填充塑料的卫生安全性

目前几乎所有的常用的合成树脂本身都是安全的，用于直接接触食品的塑料基础原料如聚乙烯(PE)、聚丙烯(PP)、聚氯乙烯(PVC)、聚苯乙烯(PS)、ABS、聚酯(PET)等，其卫生指标都有相应的国家标准，不足为虑。社会上时常关注的食品包装材料的卫生安全问题主要出在添加剂和废弃塑料再生利用两个环节上。

应当承认，最常用到的矿物粉体材料碳酸钙($CaCO_3$)，它的化学组成和人类服用的钙片的主要成分是完全一样的，但如果添加到聚乙烯或聚丙烯塑料中，而且是制成直接用于接触食品的包装袋、盒等，就会造成4%乙酸浸泡液蒸发残渣超标，有时还会因加工过程使用的助剂(如石腊、硬脂酸等)造成正己烷溶出物超标。在目前涉及食品包装材料卫生问题的国标不可改变的情况下，我们应当对这方面的问题正确的认识和对待，并得到监管部门和社会的认同。

我们主张：

科学地、合理地、适量地使用粉体材料；

确保粉体材料本身无毒、无害；

确保在加工过程中不使用有可能出现问题的其他添加剂和助剂；

在国家相关标准修订之前，争取对某种特殊情况予以豁免。

四、塑料加工行业对粉体材料的要求与希望

1. 价格适当

尽管绝大多数粉体材料的价格远低于合成树脂，但塑料行业仍然把低廉的价格作为使用粉体的原动力。在重质碳酸钙仅一百多元一吨(400 目)或几百元一吨(1250 目)的前提下，任何一种新出现的粉体材料，如果没有其特殊功能仅仅想代替碳酸钙作为填料使用是不可能的；而在功能相似(如云母粉、高岭土、滑石粉都具有红外线阻隔性)时，价格高低成为首要因素，这是在功能农膜中多使用滑石粉，而极少使用红外线阻隔性能更好的云母粉或高岭土的根本原因。又如纳米碳酸钙价格已从最初的高价位显著降低，但因分散问题未解决好，其使用效果与价格不到其一半的普通轻钙没什么不同时，在塑料中推广应用就十分困难。

2. 杂质及有害成分要尽可能少

粉体材料本身的化学组成和矿物组成多是天然形成的，其资源优势十分明显。素有“天下第一白”之称的四川省宝兴县大理石碳酸钙含量高，杂质极少，白度呈乳白或瓷白色，磨制成粉的白度均在94%以上，很受塑料行业的欢迎。有的地方重钙中硅含量高，不仅白度低，而且硬度高，对设备和模具磨损严重，在竞争中处于劣势。很多塑料制品都和人的生活密切相关，除去直接接触食品的塑料制品有极严格的卫生要求外，人们同样关注各种用品的安全性，起码不能有放射性，不能有有害的重金属，不能有刺激性的气味等等。

3. 粉体材料本身的硬度要尽可能低

塑料加工所使用机械设备中，与物料相接触的部件，如螺筒、螺杆、机头、模具等，大多是用氮化钢制作，其表面的维氏硬度约 800 ~ 900。如果粉体材料的硬度与之接近甚至更硬，加之粉体颗粒本身的棱棱角角会给所接触的金属表面造成严重磨损。机械设备的提前损坏乃至报废，将会使廉价粉体材料带来的经济利益荡然无存，甚至得不偿失(表 6)。

表 6　部分材料的硬度

填　　料	莫氏硬度		维氏压痕硬度
滑　石	最软	1	
蛭　石	↓	1.5	
高岭土		2	
云母、沸石		2 ~ 2.5	
方解石、重晶石		3	120(103 ~ 146)
铁(普碳钢)		4.5	120 ~ 250
硅灰石		5 ~ 5.6	
玻璃		5.5	500
长　石		6 ~ 6.5	774
硅石(石英砂)		7	1350
黄　玉		8	
金刚石		9	2280 ~ 2800
	最硬	10	

即使像木粉这种植物纤维粉体材料，也会造成所接触的塑料加工机械设备的显著磨损。木粉本身的硬度并不高，但因木粉等植物纤维粉体材料在常温下呈弱酸性，而且在填充塑料加工过程中酸性会进一步增强，从而易对加工设备金属表面产生化学腐蚀和电化学腐蚀，因此在加工木塑材料时需加入碱性物质以降低体系的酸性。

4. 使用时要尽可能简单、方便

碳酸钙的大量应用除去价格优势之外，使用简单、方便也是重要原因之一。碳酸钙无论是重钙还是轻钙，所含的水分经简单的加热就可除去，而高岭土在烘干后放在空气中会迅速吸潮。碳酸钙本身呈颗粒状，表面处理相对容易，使用钛酸酯或铝酸酯偶联剂，甚至使用硬脂酸都很容易使其表面从亲水性转为疏水性，而滑石粉是片状结构，虽然可以使用偶联剂使其表面从亲水性转变为疏水性，但在相互碰撞过程中，极易层层之间剥离开来，形成新的表面，也就是说在处理结束时，不可能所有颗粒的表面都完成有机化，总会保有相当数量的尚未来得及有机化反应的新鲜表面。其他诸如云母粉颗粒的表面能很高，找到合适的处理剂并进行有效的表面化学反应非常困难，针形硅灰石在通常的处理设备中会被机械力打断，其长径比的迅速减少使之增强的功效大受影响等等，都是影响某种非矿粉体能否顺利推广应用的重要因素。

5. 突出粉体材料的功能性

木粉由可再生植物边角余料得来，尽管在表面处理和成型后的制品性能上还存在这样那样的不足，但从资源和环保的角度考虑，木塑材料的经济、社会意义显著，开发应用是极为必要的。淀粉具有天然降解性，粉煤灰空心微珠本身为球形颗粒，且硬度极高，炭黑具有紫外线屏蔽作用和导电性，氢氧化镁、氢氧化铝兼具阻燃和低烟功能，高岭土有卓越的红外线阻隔作用……这些粉体材料的功能性通常是其他材料无可比拟和不可替代的，因此粉体行业一定要将其与众不同的功能性研究透彻，增强对其应用的吸引力。

五、结语

粉体材料在塑料中的应用已做出了显著成绩，特别是非金属矿深加工，将资源优势变为产品优势，成为很多地区经济的支柱产业，也为降低塑料原材料成本和改善某些方面的材料性能作出了不可替代的贡献。

在强调科学发展观的今天，进一步提升使用包括非金属矿粉体材料在内的各种粉体材料，不仅看到它的经济性，即降低塑料原材料成本、节约合成树脂方面的重要性，更要挖掘粉体材料的功能性和环保性，从仅仅是利润的驱动转变到可持续发展新的经济增长方式的高度上，即充分展现粉体材料在节材降耗、绿色环保和功能改性的三大优势，才能进一步在全社会上形成多用粉体、用好粉体、扬长避短、创新多赢的风气。让我们携起手来，加强科研开发和成果转化工作，加强不同行业之间的了解与合作，开创粉体材料在塑料中应用蓬勃发展的新局面！

（作者为中国塑料加工工业协会改性塑料专业委员会副理事长兼秘书长）

塑料工业节约资源与环境保护分析

Analysis of Resource Conservation and Environmental Protection in Plastics Industry

冯庶君

塑料制品新型合成材料，它的出现节约了大量的矿物金属、无机非金属材料包括动植物以及木、棉、毛、橡胶等天然材料的消耗，为人类的生存与发展开拓了广阔的道路。随着全球一体化带来的资源与环境容量问题日益凸显，塑料行业节约资源和环境保护进入新的开发时代。

一、塑料工业的发展为人类生活带来巨大贡献

1. 世界发明塑料 100 年与我国塑料工业 90 年的发展

从美籍比利时化学家利奥 ·贝克兰德发明酚醛塑料，1910 年在柏林吕格斯工厂建立通用酚醛树脂公司进行生产，到 2010 年世界塑料工业走过了一百年的发展历程，全球目前 65 多亿人口以及未来 100 亿人口的生活，无疑离不开塑料制品的使用，为人类生活和生产带来了无限的方便和巨大贡献。目前全球塑料工业保持良好发展态势，其消费领域不断扩展，塑料制品消费量已经达到2.45亿吨。在金融危机后时代，全球经济格局、经济力量包括区域集团化和全球一体化格局对比及全球治理结构等都将发生深刻变化，世界比较发达的塑料制造国家，如美国、德国、日本、韩国等国家的塑料工业积极调整全球战略，仍然保持其稳定优势。塑料工业面临全球构筑循环经济型社会及可持续发展的战略，将突出以低碳经济、实现节约资源，环境保护为基础，塑料与环境同步发展；在新材料、新工艺、新技术、新装备领域不断创新发展，逐步走向标准和法规的国际化；对于消费后的塑料，循环利用已经成为世界塑料工业发展的重要战略。这些国际环境既有它的复杂性和不确定性，也蕴含着有利于我国进一步发展塑料工业的重要机遇。

我国从1921年在上海开始生产酚醛树脂及模塑粉，到1950年的年产400万吨塑料，到2010年将面临突破5000万吨，六十年的时间增长了十几倍之多。我国塑料工业在南京国民政府成立后的“黄金十年”时期年产几百吨；新中国成立后前二个五年计划期间，年产量突破万吨；在我国工业化初始阶段塑料产量达到10万吨；改革开放后，以珠江三角洲为主的发展时期，塑料产量突破100万吨；在邓小平“南巡”讲话后，长江三角洲的崛起并从沿海逐步延伸到内陆地区，在这个发展阶段，即第七个五年计划期间塑料产量突破500万吨；本世纪加入世贸组织国际贸易以来，塑料工业快速发展，年产量突破1000万吨，十五计划期间突破2000万吨，十一五期间增长2000万吨，突破4000万吨(图1)。

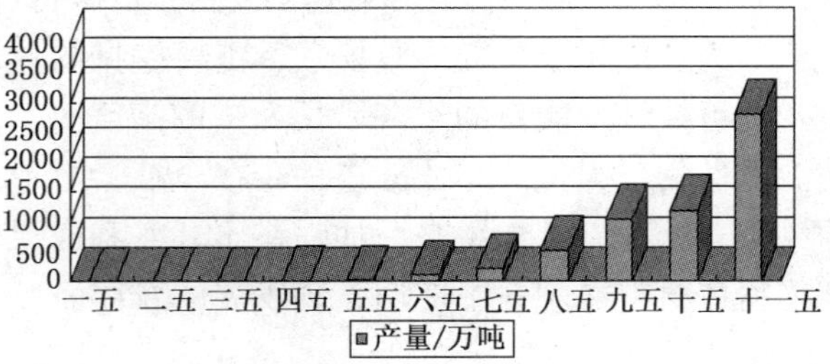

图1　每个五年规划期间第一年塑料产量增长

2. 国内塑料制品消化石化资源比重稳定下降

石油化工是材料工业的支柱之一，合成树脂又是石化下游产品重要组成部分。塑料制品的原料来源于成品油加工生产中的石脑油，并生产的乙烯原料，经其合成各类初级形态的塑料树脂。乙烯虽然是第二大原油消费源，但是在去年我国乙烯产量1066.3万吨，仅占加工原油37460.1万吨的2.86%。石脑油直接由原油裂解而来，从我国石脑油目前的消费来看，石脑油用于裂解乙烯大于70%，据国家统计局的数据显示，2009年中国石脑油总产量达1582.3万吨，占了加工原油的4.22%，其中仅70%的用于乙烯加工，加工石油最大的还是是成品油。

石化行业的中游产品即合成树脂、合成纤维、合成橡胶，也包括用石油和天然气生产出一系列中间体，即合成洗涤剂、溶剂、涂料、农药、染料、医药等，其中塑料树脂仅仅是各种石化产品的一部分。石化产品进而衍生的PE、PP、PS、PVC及ABS，消耗石油比例甚微。

进口塑料树脂原料、进口国外废旧塑料和开发利用废旧塑料以及通过发展利用降解塑料、复合塑料，合成树脂实现了降低国内石化资源利用量。2009年五大塑料合成树脂产量3603万吨，市场表观消费5687.8万吨，通过进口树脂原料2381.2万吨，缓解石化资源供应，同时通过进口732.58万吨废塑料和同比例开发国内废旧塑料回收利用率，进一步降低石化资源利用，节约石油资源上千万吨，使用回收废弃塑料利用已经成为一个新的节约资源发展机制。

3. 塑料加工构成节约不可再生资源的重要工业

塑料合成树脂、塑料助剂、塑料机械、塑料模具、塑料加工与塑料应用构成塑料工业体系，是我国国民经济重要产业之一，也是节约资源的重要工业部门。2009年塑料制品加工规模以上企业实现工业总产值10992.8亿元，已经占了国内生产总值335353亿元的3.3%。在“十一五”中期的2008年规模以上企业塑料制品工业总产值在全国39大类制造业中包括开采业以及发电、钢铁、通讯等制造业在内，排在第14位，居轻工业前三；工业增加值实现2137.14亿元，在全国39个大行业中，塑料行业排在18位，在轻纺工业中接近服装鞋帽的2265.11亿元，排在第二位。

据国家统计局最新发布的第二次全国经济普查主要数据公报，2008年塑料制品业共有9.5万个企业法人单位，占工业企业190.3万家企业的4.99%，比“十五”计划期末2005年的7.3万家企业增加2.2万家；387.4万从业人员占全国工业企业11738.3的3.3%，比2005年302.2万从业人员增加85.2万人。塑料制品业主营业务收入11362.8亿元，占制造业主营业务收入的2.4%，五年来增长229.3%；利润总额645.9亿元，占全国制造业的2.64%，五年增长了三倍，净增426.8亿元；2008年末塑料制品业研究与试验发展经费投入为36.1亿元，占全国工业企业的1.17%，五年增长了3倍，研究与试验发展经费投入强度为0.38%，排在制造业的第11位，比五年前经济普查反映的0.3%有所提高。

我们从节约资源角度分析，塑料工业资本产出率水平，主要体现在工业总产值、工业增加值、销售产值、利税总额等社会贡献价值指标。2008年第二次全国经济普查数据告诉我们：塑料工业资产合计8650.9亿元，要比第一次经济普查反应的5083亿元，增加3567.8亿元；资产负债为2100.5亿元，要比上次经济普查反映的2825.5亿元减少725亿元；所有者权益3961.9亿元，五年来增加所有者权益1704.4亿元；资产收益率为7.46%。在“十一五”初期的2007年塑料制品固定资产原值2816.98亿元，创造工业总产值为8120.41亿元，工业增加值为2137.14亿元；塑料制品行业平均每百元固定资产原值实现增加值从“十五”末期的2005年的57.61元，增加到2007年的75.87元，提高32%（表1）。

表1　“十一五”中期塑料行业规模以上企业资源产出经济指标　　亿元

年　份	单位数	工业总产值	工业增加值	固定资产原值	主营业务收入	利润总额	年平均人数/万人
2007	15376	8120.41	2137.14	2816.98	7895.38	402.39	224.05
2006	13504	6381.01	1668.88	2518.64	6226.06	271.31	201.41
2005	12041	5067.89	1272.05	2207.88	4944.73	215.79	183.28

人力资源产出率即劳动生产率，规模以上企业平均每个就业人员实现吨产量2008年为14.5万吨，要比2005年的人均11.88万吨提高22%。我们以国家统计局提供的塑料制品统计数据为依据，分析人均创造工业总产值、工业增加值每年都在数十亿元。从经济普查数据分析人均创利为1.67万元，全行业9.5万家企业负债总计为2100.5亿元，资产负债率24%，要比规模以上企业负债率还要低（表2）。

表2　“十一五”中期年塑料行业资源效率

年　份	产品销售率/%	人均利税/（元/人）	资产负债率/%	资本保值率/%
2007	97.86	27960.28	56.19	
2006	98.16	21445.51	57.07	113.5
2005	97.67	18125.81	56.76	114.8

二、塑料工业的资源节约发展水平，显现低碳经济行业的社会贡献价值

改革开放以来，塑料制品行业坚持自主创新，不断提升产业结构和产品技术含量，在工业综合资源利用上不断取得了新的成就。由于工业与民用比、回收利用比等结构调整和主要生产工艺技术经济指标明显改善，以及强化了资源利用、大范围地采用了节能型设备，环保型材料、环保工艺等多方位的综合措施，塑料加工能耗稳步降低，特别是大型上市公司与大型骨干企业塑料加工等主要生产工序，技术经济指标达到国际先进水平，大大缩短了我国塑料工业与世界主要国家的能源消耗差距，吨塑料能源消耗水平明显降低。

1. 制造过程资源利用与节约水平逐步提高

(1) 综合能源消费减少，能源消费结构继续优化

我国塑料加工综合能耗据统计资料显示：2007 年规模以上塑料加工企业，工业综合能耗为1625.99 万吨标煤，比上年度增长4.3%，占全国综合能耗总量的26.56 亿吨标煤的0.57‰；万元工业总产值综合能耗为0.2t 标煤，万元工业增加值综合能耗为0.76t 标煤，单位综合能耗同比降低18%。三年来持续降低29.8%，要比十年前的1998 年减少两倍。按2006 年3 月24 日十届人大四次会议通过的我国第十一个五年规划纲要提出，“单位国内生产总值能源消耗降低20%”的要求，塑料加工行业应该在2007 年达到国家节能减排规划指标。从表3 我们可以看出：塑料综合能耗在工业系统的比例为0.85%。

表3　2007 年塑料制品综合能耗总量比较表　　万吨标煤

国　内	综合能耗	塑料制品加工对比/%	
消费总量	265582.99	总量比	0.6
工　业	190167.29	工业比	0.85
制造业	156218.80	制造业	1.04

我们分析吨塑料能耗是将每生产吨塑料从采购到生产所必须消耗的能量与运输能耗，分摊到每吨塑料的能耗之和。我们看到：从1994 年的1.3t 标煤/t 塑料，降到了2007 年的0.49t 标煤/t 塑料；2007 年比2006 年降低11.5%，要比1998 年减低近一倍。从万元产值、万元工业增加值、吨塑料能耗三个单位综合能耗指标分析看，塑料制品行业附加值高，吨位产量综合能耗，“十二五”中期要比“十一五”末期实实在在的降低。见图2。

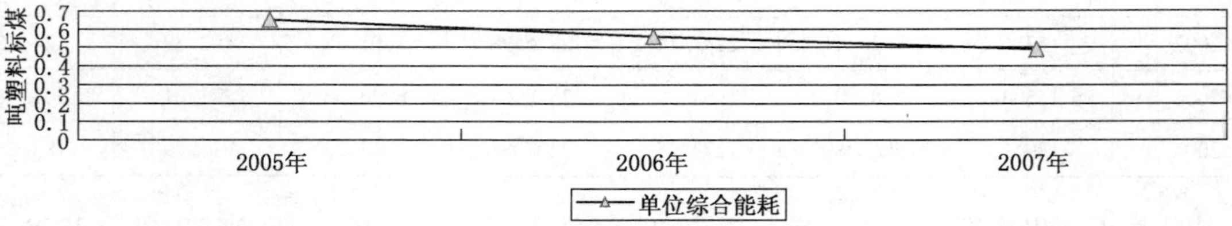

图2　吨单位产品综合能耗

2007 年平均每个企业综合能耗是998.95t 标煤，低于国家以及省市重点用能单位标准。

(2) 吨塑料油料下降，清洁能源上升

塑料行业产量逐年增长，油料消费量逐年下降是节约资源的进步。从2007 年统计塑料行业消耗油料比2006 年降低2.48%；清洁性的天然气消费量由2004 年的0.4 亿立方米逐步提高到0.82 亿立方米，增长了一倍。

(3) 吨塑料耗电下降

塑料加工能耗主要是电力能源。1998 年每吨塑料制品，电力消耗量是1405kW·h，十年后的2007 年是1171.51kW·h，比2006 年1266.19kW·h 降低7.5%，要比十年前平均每吨降低电力消耗233.49kW·h。比如：据不完全统计我国每吨塑料编织袋需要电力为1200～

1600kW·h，耗电成本是制造成本的40%～50%，经过改造加热方式，推广石英加热圈，节能效果明显，2007年由原来的1350kW·h，降至1150kW·h，节能效果明显，全国塑料编织行业节能约10亿元。

从这几年能源消耗结构看，煤炭与石油的综合能耗比重逐年下降，而天然气与水电综合能耗比例已经不断增长，2007年塑料电力消耗占了总能耗的29.18%（2006年塑料能耗结构中电力占22.78%，全国综合能耗中电力占7.3%），2007年燃煤能耗为总能耗的13.85%也比2006年的比例降低。

2. 塑料制品为社会提供节约型材料

新型塑料复合工艺减少了化工原料的使用与消耗。复合塑料、纤维增强塑料、塑木复合材料等提高了节能型原料比重。在材料节约方面通过科学选材、材料改性、多功能材料开发、制品薄壁化等多种方式达到节约材料的目的，合理选择材料或添加增强材料、填充物等以达到提高性能、节约树脂用量等目的。回收利用：通过机头、边角料的直接回用、使用后塑料循环利用实现省资源化和再使用，成效显著。

塑料制品替代传统材料，节约资源：塑料制品大量应用于工农业，显著降低了社会资源和能源的消耗，同时能够满足各种使用性能要求；不仅节约大量其他材料，还能再生循环利用。塑料加工过程是低能耗、高效率、无污染排放，能够实现清洁生产，符合国家产业发展政策。在汽车、建筑、设备、电子和医疗领域，塑料替代金属和其他一些传统的材料，应用已经占了总量的15%，这个趋势也在迅速加快。

（1）塑料制品的应用于汽车减少燃油消耗量

汽车塑料件的应用大大降低资源的消耗量。汽车领域平均消耗塑料材料为80kg，减轻了汽车重量，降低燃油消耗比例。有专家研究：汽车的自身质量每减少10%，燃油的消耗可降低6%～8%。采用塑料部件可减轻零部件约40%的质量，汽车零部件塑料化已经成为汽车工业的一大趋势，随着塑料功能的不断提高，汽车塑料用量将会越来越大。我国汽车塑料需求量已经达到70多万吨，占整个塑料制品的2%。

（2）塑料的应用降低建筑耗能

泡沫塑料、塑料板材、塑料管材以及异型材作为建筑节能材料，应用于房屋建筑的墙体、屋面、门窗和地面等场所。城镇建筑要达到节能50%的设计标准，维护保温要承担大约70%的节能任务。聚氯乙烯塑料门窗、聚氨酯材料作为建筑保温材料，节能、节材符合环保要求，使用塑料建材要比使用钢铁、木材等材料消耗标煤每平方米降低67.46%，大大降低能量损耗。

（3）塑料制品的应用减少以木为材的消耗量

2008年全国塑料包装产量达1300万吨，塑料包装材料的广泛应用，减少纸张包装、木材包装、金属包装的应用材料的消耗。塑料包装膜替代传统的纸制品包装，塑料托盘替代木材托盘、塑料编织袋替代牛皮纸水泥袋等等。

（4）塑料制品的应用于农业，实现节约水资源

塑料加工过程消耗水量主要是冷却循环水，用量不大，但在塑料制品的应用为水资源的节约起着越来越重要的作用。用于塑料节水器材有效提高农业灌溉用水率40%，节水作用显著。我国年农用塑料薄膜用量达93.92万吨，膜下滴灌技术实现了节水与施肥、农药一体化，抑制土壤盐碱化，减少了地表蒸发；管道输水，局部灌溉，无深层渗漏，省水效果明显；提高作物产量、品质，提高肥料的利用率，提高土地利用率。如在新疆石河子传统的沟灌平均灌溉定额

$491m^3$/亩；采用膜下滴灌用水为240 m^3/亩左右，节水40%以上，灌溉周期缩短到5~10天。

3. 塑料制品回收循环利用率，减少资源浪费

(1) 塑料再生料的应用开发，减少资源使用率

从国家统计局统计公布的第二次经济普查资料看，全国规模以上的“废弃资源和废旧材料回收加工业”企业是8000家，23万就业人员，703.9亿元的资产，主营业务收入1329.1亿元。目前我国从事塑料再生加工企业分布既有在塑料行业也有分布在“废弃资源和废旧材料回收加工业”以及个体工商企业，总数量1万多家，正发展成为回收加工集群化、市场交易集约化，正逐步纳入环保产业的重要组成部分。塑料的生产、加工成型是无污染排放、低消耗、高效率的过程，绝大部分塑料使用后能被回收再利用，是典型的资源节约型环境友好材料。近几年国内塑料回收量与塑料消费量的回收率已经达到20%左右，塑料回收量将超过1000万吨。

(2) 复合塑料节约资源

由塑料与木质纤维构成的塑木复合材料可有效利用废弃塑料，完全替代木材，避免树木砍伐带来的资源紧缺和生态危机，具有良好的综合性能和绿色环保特性，不仅在环保、再生资源综合利用方面存在优势，还有良好的市场推广应用价值。

三、塑料行业的环境保护发展水平分析

塑料对环境带来的影响与其他工业性质一样主要是来自加工过程中和经过消费使用形成的废弃垃圾物。目前看塑料加工过程中带来的环境污染与整个工业相比是无污染、清洁生产行业，但是任何消费使用加工过程中都存在不同程度的环境影响。

1. 塑料工业固体废物综合利用率

塑料行业固体废物产生量2007年74万吨，占工业总体废渣总量的0.45‰，占塑料制品总吨位的2.3%，综合利用量占了95%，三废治理利用产品产值13.48亿元，固渣废弃物排放量很小(表4)。

表4　塑料工业固体废物产生及处理利用情况　　万吨

年份与分类		工业固体废物产生量	危险废物	工业固体废物综合利用量	工业固体废物贮存量	工业固体废物处置量	工业固体废物排放量	“三废”综合利用产品产值
2007	全国行业	164238.7	818.92	102537.2	22181.8	32472.4	1075.62	13512654
	塑料制品	74.0	1.41	70.3		3.5	0.26	134838
2006	全国行业	142053	1084.73	86304	20698	41190.3	1199.93	
	塑料制品	47	0.80	45		1.9	0.08	
2005	全国行业	124324	1159.89	74083	24156	27820	1493	7538685
	塑料制品	41	0.36	40		2		32410

2. 塑料工业废水排放减少

塑料制品工业的水利用主要是循环冷却以及车间和生活用水，2005年受调查企业平均每个企业3.4万多吨废水排放量，2006年受调查分析平均每个企业年废水排放量为4.14万吨，2007年对于1434个企业分析工业废水排放达标量3236万吨，平均每个企业2.89万吨废水排放量。显现出废水排放比2006年减少30%。

3. 塑料行业废气排放与处理量

塑料制品行业工业废气占工业废气排放总量268052亿标立方米的0.2%。2007年有环境

污染的二氧化硫 2.48 万吨，占全国 1972.23 万吨的 0.125%；工业粉尘排放量 0.03 万吨，占全国工业粉尘排放量 635.55 万吨的比例很小。

从图 3 分析看，1998 年以前生产工艺产生的工业废气，高于吨产量。按照吨塑料产生的工艺万吨废气，与塑料产量贴近，到了 1996 年以后，生产工艺废气产生量与塑料产量的增加逐渐分离，离散程度加大；单位废气产生量处于下降趋势，随着 2007 年污染源调查，统计的规范，统计信息准确度提高，出现一个数据波动正常状态。

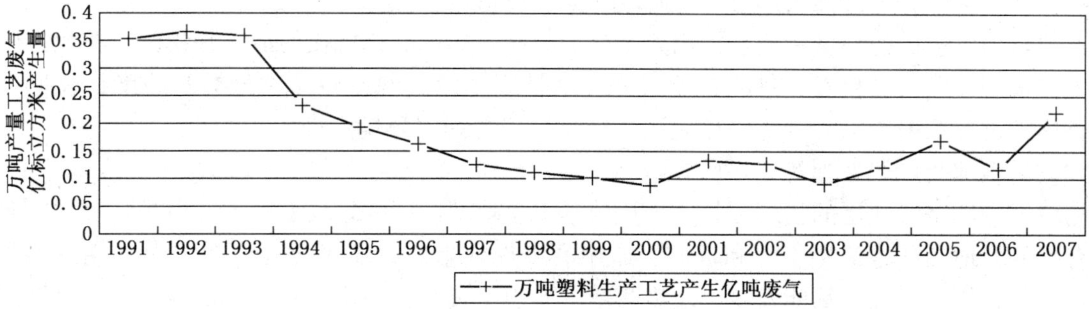

图 3 生产工艺废气变化曲线

四、节约资源与环境保护面临的问题

1. 塑料行业节能资源存在的问题

（1）废旧塑料不能科学回收

有些废旧塑料没有回收到塑料工厂进行二次加工，造成废旧塑料，流入垃圾，无形消耗。如果能够回收，进入二次加工，可以节约新的塑料树脂，减少天然石油这种不可再造资源的消耗。大量回收废旧塑料，改性加工，制作适用塑料产品，既可以降低成本，更重要的是减少使用新的塑料树脂，无疑是一个减少节约不可再造石油的消耗。

（2）节能技术改造仍需努力

塑料行业新的节能技术与节约资源、新工艺、新材料推广使用力度以及部分企业的技术改造跟不上节约资源与能源形势的要求。随着我国塑料产品链在不断延长，企业能耗将随着增加。各大企业都在不断开发新品种、增产高附加值产品、清洁产品、生态品种的日益增加，形成万元产值吨标准煤减低，同时出现塑料工序能耗吨位标准煤，呈新的变化的趋势。

（3）影响降低综合能耗因素

近 5 年来，企业单位产值能耗指标虽有下降，但有起伏。自 1998 年到 2007 年万元产值耗能，由 0.419t 标煤降到 0.2t，降低 47.7%。首先是节能技术的进步，实现吨塑料综合能耗降低，同时也受到原材料价格的影响以及核算系数的变化。但是 2000 年后万元产值能耗降幅较小，从 2002 年以来的吨产量的标煤消耗看，从 2003 年的 0.5 标煤产量，在 2004 年出现回升，后又逐渐降低的情况。

2. 塑料行业环境保护面临的主要问题

我国塑料发展与环境问题和西方国家状况相似，塑料制品加工本身环境污染，对于空气、固渣、水污染源以及噪音影响，相比不是主要问题，但是塑料用作各种产品的包装物，大多数为一次性使用品，用后即为废气物，由于回收不到位，带来对于塑料制品无序流散土壤以及废旧塑料处理对于环境的严重影响，这是当今世界亟需解决的重要问题之一。

(1) 废旧塑料回收产生对环境的影响

我国的废旧塑料来源主要有：塑料包装、农用塑料、日用塑料、电器电子及家电配套用塑料和汽车用塑料、建筑塑料等制品。同时从周期看，日用塑料、塑料包装塑料以及农用塑料的相应周期频率高。我们在分析废旧塑料产生周期时，塑料包装基本上应该以上一度生产量为依据。目前看每年产生废旧塑料已经达到上千万吨，随着产量的增加废旧塑料不断增多。

回收体系不健全带来的环境影响：不能及时回收带来的影响：回收资源尚未建立节约资源体制，塑料废弃物处理尚未形成可靠有效的回收渠道。

回收加工造成的环境影响：采用人工分类、简易非标准化机械的清洗、粉碎、挤出造粒的加工方式，废塑料颗粒直接进入市场交易。这种废塑料制的原料品种分类和纯度往往问题较大、加工过程中的废水、废渣对环境往往造成“二次污染”环境污染。

(2) 填埋与燃烧处理对于环境有影响

填埋处理是浅地层的物理废物处理设施，卫生填埋或压缩垃圾填埋场。但是垃圾填埋场占用有限的耕地，严重浪费土地和资源，使用的填埋处理塑料垃圾对环境是一个长期影响的污染。废塑料作燃料提供热能发电，垃圾焚烧中实现了资源化利用，获了经济效益。但是在燃烧处理过程中，塑料聚合物发生裂解，释放了许多有害气体，在燃烧过程中的塑料作为塑料填充，染色和其他无机金属也具大气中的挥发性，对生态环境产生影响。

(3) 塑料行业加工中的环境保护

三废治理仍然需要高度重视，特别是回收加工塑料分拣清洗产生的废水需要高度重视；工业废气产生量虽然不大，但是塑料产量的增长速度加快，工业废气治理投入权重下降。废气产生量与排放量以及去除量，燃料燃烧、工业烟尘排放量随着2007年塑料产量15%的增长有所增加，虽然属于正常，但是塑料产量的增长与环境保护的矛盾，必须在产量增加条件下，控制污染源值得高度关注与研究。

原料的环境问题：对于塑料树脂以及加工助剂、添加剂、着色剂等要严格执行国家有关重金属指标的规定。塑料制品的安全性来自于原料、特别是功能性助剂中的环保型，欧盟标准已经提出若干相应的规定。我们要高度重视开发研究，塑料制品特别是应用于儿童以及食品级的安全性。

五、塑料行业节约资源与环境保护发展长远规划

塑料制品特殊属性替代金属材料、木本材料、棉织材料的应用市场，其特点易加工、品种多，应用广，耗能少、可循环，为人类减少环境的破坏和降低能源消耗方面做出了重大贡献，这是人类文明与社会进步的结果。随着社会文明程度的进展，任何无序发展，违背制造与应用规律，也会造成资源浪费，对环境造成危害。针对目前出现的评论认为的“白色污染”、“二次污染”，给行业提出了要实现低碳经济，要在发展中实现科学合理利用塑料资源与开发环保型、生态型生物基塑料树脂的重大命题。未来的塑料行业新的社会贡献体现在：全面提高节约资源利用率以及环境保护水平；提高废旧塑料回收利用率，扩大替代应用领域；迈向环保型、生物基塑料，实现生态化产业革命性的发展。

1. 发展环境与宗旨

当前塑料行业随着国民经济的发展，国家轻工发展战略的实施，促使经济运行的质量和效益也将逐步提升。我国拥有13亿人口的巨大消费市场，随着城市化建设、新农村建设的加快以及现代建筑业、汽车工业和人们生活水平提高，塑料制品市场需求的不断增长，具有巨大发展潜力。塑料行业积极采用先进技术，进一步调整产业结构，开拓传统产业新优势，加快产品更新换代，提升产业整体水平，产业集群块状经济发展将更加明显。积极推进循环经济和节能减排，塑料回收再生利用将继续发展，实施节约资源与环境保护战略将进一步实现塑料行业健康可持续发展。

未来的塑料工业要保持长期稳定增长，以科学发展观为统领，加快调整经济结构和转变经济增长方式，走可持续发展的道路；要立足科学发展，着力自主创新；发展节约资源性的塑料制品，同时加强生产制造过程中的资源节约型新技术、新设备、新产品的研究开发；发展环保型、生态型塑料制品，加强生产过程的特别是回收加工企业的环保技术、环保工艺，加大全面提高回收利用率；加强科学管理，降低物耗能耗、清洁生产，全面推进塑料工业，走现代化工业道路，继续坚持协调可持续发展方针。

在未来的十年，塑料行业要推进产业结构优化升级，努力提高产业技术水平，积极推进废旧塑料回收系统与再生塑料利用的标准，规范制度建设，调整和规范回收塑料市场，实现再生塑料回收利用比例达到增长一倍。积极推进降解塑料的开发应用，引导企业扩大降解塑料生产规模，积极推进生物基绿色塑料开发应用市场，提高环保型塑料制品的比例。

2. 节约资源与环境保护体系分析

（1）优化产业结构，提升行业节约资源升级基础

一是通过技术改造提升传统塑料加工制造业，增加技术改造投资比重，提高资源节约技术含量；二是发展规模经济，避免低水平重复生产和建设，引导产能过剩的产品放慢发展，淘汰高投入、低效率的落后工艺和产品；三是推进生产设备数字化、生产过程智能化和企业管理信息化；四是做大做强一些企业，推进产值超100亿、具有国际影响的大型塑料企业集团；形成一批年销售收入在100亿元以上的塑料企业集团。

（2）推动绿色、环保理念，提升环境保护升级生态发展

要重点研究开发新型绿色塑料材料、包括废弃物处理技术、综合利用技术、替代品技术、综合利用设备生产等技术。营造绿色塑料社会氛围，构建绿色塑料评价体系，建立绿色塑料运行机制，支持环保型塑料研发工作，推动环保型塑料事业的发展。

（3）健全标准体系，从法规上入手，控制资源浪费

通过制定、完善法规和标准，解决商品过度塑料，严重浪费资源，破坏环境等问题。建立和完善重要商品塑料的质量监控、产销衔接、市场准入等调控制度；逐步将塑料工业的发展纳入法制管理的轨道，实行依法监管；尽快建立塑料质量安全技术法规体系，完善塑料生产和产品的标准体系及许可证制度、塑料产品认证制度。重点解决标准滞后、制定周期长、标准水平偏低的问题，解决有的标准与国际标准不接轨的问题，提高我国在国际标准领域的地位。

（4）加强区域经济合作，实现资源平衡发展

健全塑料行业良性互动的区域协调机制，包括市场机制、合作机制、互助机制和扶持机制。塑料行业要建立区域经济对话制度，促进三大经济圈相互间及与中西部的交流；东部地区要加快实现结构优化升级和增长方式转变，提高外向型经济水平，增强国际竞争力和可持续发展能力；打造“环渤海湾”塑料包装业新高地，解决区域内各地之间塑料产品类同问题，盘活资源、优势互补，带动帮助西部地区共同发展。鼓励东西部联合开发生产，提倡资源与产品互换。西部地区要充分发挥资源优势，大力发展特色塑料；鼓励在西部有一定基础的省份和城市设立塑料基地(中心)，既承接发达地区转移的先进的塑料技术和生产能力，又开发具有区域特色的新产品。

(5) 积极推进生物基降解塑料制品，减少环境影响

生物基塑料制品开发：生物降解塑料对于废弃塑料可以在堆肥条件下被微生物分解为二氧化碳、水等小分子的一类材料，第一减少石油基塑料树脂应用比例，第二解决石油基塑料多数无法在自然环境下消解问题，再有就是解决回收过程中的二次污染发生率，它是治理一次性使用塑料废弃物的有效技术途径之一。目前第一步扩大可降解地膜、购物袋、垃圾袋、餐饮具、杂品和工业品包装材料等制品的使用范围；第二步解决完全生物降解塑料的合成和改进加工工艺以及降低成本。

(6) 加大水性聚氨酯应用于合成革的开发与政策支持

人造革合成革是国民经济中新兴产业，产品物理力学性能透湿透气可与天然皮革相媲美，作为新型材料经过长年的发展已经成长为新兴的产业。经过近几年合成革专家艰辛努力，发明创造了水性聚氨酯浆料，完全替代合成革溶剂型浆料，彻底解决有害气体的排放与减少治理费用。受到传统因素的影响以及目前 DMF 治理技术的提高，对于最新的可替代能源消耗的新技术，还需要政策推行使用水性聚氨酯浆料解决废气污染，按照目前治理水平，全行业推进水性聚氨酯应用于合成革，综合能耗减少 20 万吨标煤，减少污水排放 805. 2 万吨，减少工业废气排放 9. 9 万吨。

(7) 推广节能减排新的装备技术改造

首先是节约电能。目前塑料加工注塑机占了 70%，耗电量相对能源消耗比重为三分之一，塑料挤出机高效电磁加热节设备是针对塑料加工设计制造的自动控制系统。其通过电力电子和电磁兼容技术，把电能转换为磁能，从根本上解决了电热片、电热圈等加热方式效率低下的问题，具有高效节能的特点，加热效率高达 96%。在同等条件下，塑机预热时间减少 2/3，比传统电阻加热节电 60% ~80%，综合节电率达到 30% 以上，是现有电阻式加热的最佳替代产品。如：农膜企业采用高效电加热节能设备，按国内农用薄膜平均水平吨制品电耗为 500kW · h 计算，中国农用薄膜行业年能耗为 7 亿度，约合 4. 2 亿元。若全部采用高效电加热节能设备生产农用薄膜，设备升、降温速度快，料筒外表温度低，大大改善了夏季生产现场的环境，减少了厂区通风降温费用，吨产品节电 210 多度，则每年可节约电能 2. 8 亿度，约合 1. 68 亿元。目前我国塑料制品的年产量为 3000 多万吨，按平均加工每吨塑料制品耗电能 300 度计算，我国每年仅塑料加工业就需要 90 亿度电，所消耗的电能极为巨大。若推广应用此高效电磁加热节电技术，则每年可节电 20 多亿度，价值近 20 亿元，不仅可为企业带来巨大的经济效益，还会产生巨大的社会效益。另外塑料设备的解热方式不断改进，有的企业为了减少废气排放量，改造燃煤锅炉，采用清洁性的天然气加热方式、导热油的加热方式，虽然成本增加但是促进了环境的改变。

(8) 加强回收装备自动化系统的开发与应用技术

目前塑料回收循环利用仍然需要全面提高设备自动化，连续化生产加工技术，建立大型回收加工基地，推广应用成功的回收技术。建立 EVA、PE、PVC 等不同材料的分类加工回收装置，特别是加速 EVA 材料的回收系统的建立，全面减少依靠进口 EVA 材料的局面。

（作者为中国塑料加工工业协会副秘书长、
人造革合成革专委会常务副会长兼秘书长）

大　事　记

2009年塑料行业大事记
Major Events Occurred in China's Plastic Industry in 2009

【1月】

天津百万吨乙烯全面建成投产

1月17日早晨9点16分，天津百万吨乙烯装置正式开车投料，在开车后仅仅过了12个小时56分钟，第一批合格产品生产出来了，这标志着中国石化天津乙烯工程，全面建成投产。经过各方面人员的共同努力，一百万吨乙烯装置，实现了一次开车成功。

目前国内的乙烯产品大概有一半需要进口，而百万吨乙烯及配套项目投产以后，每年可提供高质量成品油587万吨、乙烯等化工基础原料320万吨、高端合成树脂和化纤150万吨、液化气等其他产品75万吨，可以很大程度上缓解乙烯产品的进口需求。此外对我国石化工业发展和天津石化产业的升级起着重要的作用。

天津市有了120万吨的乙烯生产能力，可以带动天津市石油化工、海洋化工、盐化工的产品结构调整，带动行业的升级。

今年1~2月我国塑料制品出口加速下滑

据海关统计，今年1~2月我国出口塑料制品89.1万吨，比去年同期(下同)下降20.3%；价值19亿美元，下降10.7%；出口平均价格为2131美元/t，上涨12.1%。其出口主要特点有：

一、月度出口呈加速下降态势。自去年11月份以来，我国塑料制品月度出口量呈加速下滑态势。今年2月份出口仅31.2万吨，下降28.1%，当月出口量和降幅均创2008年以来的新低。

二、以加工贸易和一般贸易方式出口为主。1~2月，我国以加工贸易方式出口塑料制品42万吨，下降25.4%；以一般贸易方式出口39.6万吨，下降18.8%。两者出口量合计占同期我国塑料制品出口总量的91.6%。

三、民营企业和外商投资企业出口均有不同程度下降。1~2月，我国民营企业出口塑料制品40.6万吨，下降11.3%，占同期我国塑料制品出口总量的45.6%；外商投资企业出口37.8万吨，下降25.5%，占同期我国塑料制品出口总量的42.4%。

四、美国、欧盟和日本为主要出口市场。1~2月，我国对美国出口塑料制品26.9万吨，下降22.7%；对欧盟出口17万吨，下降21.7%；对日本出口8.8万吨，下降9.3%。三者出口合计占同期我国塑料制品出口总量的59.1%。

为支持塑料制品行业发展，国家从2008年11月开始出台了提高出口退税率、调整加工贸易政策等一系列刺激措施，今年2月19日，国家又审议通过了轻工业调整振兴规划，其中提出：对部分技术含量高、节能环保的劳动密集型产品取消加工贸易限制，进一步提高部分轻工产品出口退税率。但受国际金融危机影响，塑料制品外部需求急剧萎缩，出口持续低迷。此外，贸易保护和技术性壁垒也对出口形成一定制约，如欧盟和美国对我国塑料袋征收反倾销税；欧盟针对我国塑料制品出台《关于化学品的注册、评估、许可办法》(REACH法案)，其对进口的塑料制品规定了新的检验及注册标准，塑料制品生产企业进入欧盟市场要履行规范严格的注册、评估、许可手续，且必须通过欧盟境内的生产商或者进口商进行注册；《禁用有害偶氮染料》和《欧盟通用产品安全指令》等规定则限定了严格的环境、安全标准。

国家标准《塑料一次性餐饮具通用技术要求》发布

1月23日，中国国家标准化管理委员会(SAC)发布国家标准《塑料一次性餐饮具通用技术要求》。标准规定了塑料一次性餐饮具定义和术语、分类、技术要求、检验方法、检验规则及产品标志、包装、运输、贮存要求。标准适用于以各种热塑性材料制作的一次性餐饮具。

首届中国密胺行业发展峰会召开

主题为"和谐、发展、规范、创新"的首届中国密胺行业发展峰会在北京钓鱼台国宾馆举行。峰会旨在结合现今严峻的国际金融危机环境下，密胺行业面临的内需不足、国外订单急剧减少、产业逐渐向东南亚转移等巨大挑战：研讨相关应对策略、行业新技术、国内外行业标准等问题。其间国内100余家密胺企业共同签署倡议书，提出积极拥护国家即将修订出台的行业生产检验标准、规范企业自身行为、配合有关部门净化市场，清除假冒伪劣产品、共同开展密胺餐具正确使用教育等条款。

此次峰会由中国企业报社主办，来自中国企业联合会、中国塑料工业协会、中国石油和化学工业协会、中国企业报社及相关行业专家和20多家国内密胺产品生产企业出席了峰会并签署承诺书。

承诺书

以三聚氰胺甲醛为原料生产的餐具(以下简称密胺树脂餐具)为人类使用的历史迄今已超过五十年，全球每天有数十亿人在使用密胺树脂餐具，其高度的安全性经受了历史的检验，其物美价廉得到了全球消费者的普遍欢迎。

中国作为全球密胺树脂餐具的主要出口国，其产品出口量占全球市场的百分之八十以上。多年来，中国企业生产的密胺树脂餐具不但得到国人的喜爱，也获得了国外消费者的普遍认可；同时，中国的密胺树脂餐具生产企业，每年为国家换取了大量的外汇，提供了数百万的就业机会，为中国的食品包装行业的建设做出了积极的贡献。

今天，我们密胺树脂餐具生产企业代表聚集在这里，向全社会郑重承诺：

一、坚决贯彻执行国家关于加强食品容器、包装材料管理的一系列方针、政策，进一步规范企业自身行为，绝不使用对人的健康造成危害的原料生产食品容器。进一步提高创新意识、食品安全意识，进一步提高生产工艺、技术水平，将密胺树脂餐具行业打造为食品容器、包装材料行业中的模范行业。

二、拥护和积极配合国家有关部门对食品行业、食品包装行业各项卫生标准的制定和修订。龙头企业应充分利用多年出口欧美市场所积累的宝贵经验，主动参与相关卫生标准的讨论或修订，向国家有关部门提出积极的建议意见，为标准的制定既与国际接轨，又符合中国市场的实际状况作出努力。

三、通过广播、电视、网络、报纸等新闻媒介，积极向广大消费者宣传密胺树脂餐具知识，帮助、指导消费者提高辨别合格密胺树脂餐具的能力，消除消费者购买、使用密胺树脂餐具的种种顾虑。

四、对于以诋毁竞争对手为目的、对密胺企业及其产品进行恶意中伤、诽谤的不正当竞争行为及非法行为，所有的密胺树脂餐具生产企业应当紧密团结起来，揭露造谣者的险恶用心，并充分运用法律武器予以坚决的回击。

让我们携起手来，为规范我国食品包装用三聚氰胺成型品市场，为中国的密胺树脂餐具事业的发展，为保护消费者利益，促进国内外贸易生产出更加安全、健康的密胺树脂餐具做出新的贡献！

承诺代表企业：

南安市嘉兴塑料胶制品有限公司
南安市鑫丰日用品有限公司
南安市新美密胺制品有限公司
南安市伯信花纸印刷有限公司
新乡市新龙化工有限公司
南安昕昕餐具有限公司
福建省南安市恒兴仿瓷餐具有限公司
福建省南安市美佳宝仿瓷有限公司
南安市华洋塑胶有限公司
福建南安市嘉鑫利塑胶有限公司
福建南安市盛达塑胶有限公司
莆田市金景餐具有限公司
南安市格尔美塑胶有限公司
南安市雅而美餐具公司
济宁高兴木业有限公司氨基模分厂
浙江省开化县宏欣压铸邮箱公司
福建省南安市吉利餐具有限公司
福建省天鑫(福州)餐具有限公司
福建省南安市双恒餐具有限公司
福建省南安市恒丰日用工艺制品有限公司
泉州市丰泽美诚日用品制品公司
南京湘宝钛白制品实业邮箱公司
金佰利仿瓷餐具有限公司
南安市三恒密胺制品有限公司
揭西县东宏宝仿瓷餐具有限公司
漳州翰苑化工有限公司
泉州宏盛密胺餐具商贸有限公司
南安市恒盛仿瓷餐具有限公司
泉州市美加美仿瓷餐具有限公司
泉州市雅兴家庭用品有限公司
福州富臣家居用品有限公司
厦门二化化工有限公司
浙江万安塑料有限公司
广东榕泰实业公司化工溶剂厂
福建沙县宏光化工有限公司
山东拓博塑料制品有限公司
台州市希尔家庭用品有限公司
东莞市合顺美耐皿制品有限公司
厦门贝特华工贸有限公司
南安市金辉泰密胺塑胶有限公司
南安市星宝仿瓷餐具有限公司
南安市华鸿仿瓷餐具有限公司
泉州华美密胺塑料制品有限公司

福州悦腾家庭用品有限公司
泉州新和兴密胺餐具有限公司
福建雅禾餐具有限公司
泉州市大华密胺餐具有限公司
浙江开化万安密胺制品厂
福建南安方达密胺制品有限公司
泉州市丰泽区招贤密胺餐具厂
福建南安市亿鑫泰树脂有限公司
泉州市恒美塑胶制品有限公司

【2 月】

中国塑料工业协会组团赴印度考察

2 月 3～9 日，为考察印度塑料行业发展情况和印度社会经济有关情况，加强中印两国塑料行业交流，促进两国塑料及配套的机械与原辅材料贸易发展，中国塑料工业协会组成赴印度考察团。

2 月 3 日印度塑料基金会、中国塑料工业协会及雅式展览服务有限公司联合举办的 2009 印度与中国塑料行业合作与发展高峰论坛在新德里隆重召开。开幕式由主办方印度塑料基金会主席 Arvind Mehta 致欢迎词，协办方中国塑料工业协会会长廖正品代表中国塑料行业致欢迎词，中国大使馆经济商务参赞彭刚作为荣誉嘉宾致词，Haldia 石化有限公司总裁印度工业联合会国家协会石化管理主任 Swapan Bhowmik 作为荣誉嘉宾致词，印度政府化学化肥和矿业部副部长 B. K. Handique 作为贵宾出席会议并致词。印度塑料基金会副主席 Amar Seth 致答谢词。

论坛高峰会议上，印度 CRISIL 公司高级经济学家 Sunil Sinha 作印度经济发展情况的报告，印度 Essel Propack 公司副主席兼执行主任 Ashok Goel 作印度塑料行业的发展及其机遇分析的报告，中国塑料工业协会会长廖正品作中国塑料行业的发展及其机遇分析报告，中国塑料工业协会副秘书长孙冬泉作中国塑料包装行业发展简介报告。其他专家作了关于中国塑料管道行业的发展趋势、纳米复合材料的结构和特性、目前中国塑料添加剂和 PVC 热稳定剂的生产状况和发展趋势、聚合物基纳米复合材料结构性能与应用、塑木复合材料的应用、印度公司成功的经验介绍等发言。

考察团还参观了 2009 第七届印度国际塑料机械展览会。

北京工商大学轻工业塑料研究所“聚乙烯醇(PVA)干法造粒和吹膜技术示范生产线”科技成果通过鉴定

2 月 20 日，中国轻工业联合会对北京工商大学轻工业塑料加工应用研究所承担的科技部科研院所技术开发研究专项资金项目(003 EG 111007)“环境友好高阻透薄膜材料的研究及产业化”[聚乙烯醇(PVA)干法造粒和吹膜技术示范生产线]科技成果主持召开了专家鉴定会。

该项目研制出可在高温下连续加工的 PVA 材料，确定了相关配方和工艺条件，并设计完成了 PVA 干法造粒及吹膜设备，实现了 PVA 干法造粒和吹膜的连续化生产。在材料技术、加工工艺和设备方面都有创新性，授权专利 5 项(其中发明专利 1 项)，填补了国内 PVA 干法造粒和吹膜技术的空白，在技术上达到国际先进水平。产品中不使用有毒、有害的添加剂，生产过程无废水、废气排放、边角料可回收利用，符合国家产业政策和环保要求，具有良好的经济效益、社会效益和环境效益。

《排水管材及管件的噪声测试方法》通过审查

2 月 26 日，由中国建筑材料检验认证中心主编的城镇建设行业标准《排水管材及管件噪声测试方法》在北京通过审查。

专家审查组在听取了编制组对编制过程和主要技术内容的介绍后，对标准送审稿逐条进行了认真讨论和审查。审查委员会一致认为建筑排水管道系统噪声是建筑噪声最主要的来源之一，直接影响着人们的正常生活和工作。该标准为我国首次制定的建筑排水管道系统噪声测试方法，标准的编制符合国家现行法规及产业相关政策，与现行标准相协调。建筑排水系统的噪声是一个系统问题，只有从排水系统的整体着眼，才能从根本上解决排水过程中所发出的噪声污染问题。鉴于此种情况，审查委员会建议，此标准名称修改为《建筑排水管道系统噪声测试方法》。

同时，专家审查委员会一致认为编制组严谨认真，参考国际先进标准，紧密结合我国建筑排水设计相关规范。标准所列部分试验方法及技术要求与上述标准相当，标准中所提出的试验方法科学，技术要求合理，达到国际先进水平。

【3 月】

“中国塑料工业协会阻燃材料检测应用研究中心”挂牌仪式举办

3 月 6 日，“中国塑料工业协会阻燃材料检测应用研究中心”在无锡江苏雅克科技股份有限公司挂牌成立，王华良副市长、中国塑料工业协会廖正品会长出席会议并讲话。

近年来，公共场所重大恶性火灾事故时有发生，引起了政府及有关主管部门的高度重视。为此中国塑料工业协会成立了“阻燃塑料制品标识及绿色塑料推广工作组”，竭力推进塑料可持续发展进程。中国塑料工业协会阻燃材料检测应用研究中心将在当地各有关部门的直接领导下以及中国塑料工业协会指导下，着力抓好六方面的工作：为协会会员服务，对阻燃塑料产品进行检测并提供数据；开展阻燃材料检测技术交流和培训，推进科技进步；调查阻燃合成材料国内外检测发展动向，收集相关标准和情报，提出有关科技、经济方面的意见和建议；参与行业产品质量管理和标准制定；为行业对外方面服务，如为反倾销提供检测数据；维护行业整体利益，促进本行业发展。

中国塑料工业协会复合膜专委会第五届七次理事会召开

3月8日，中国塑料工业协会复合膜专委会第五届七次理事会议在黄山召开。

理事会议讨论了2009年复合膜专委会的工作计划及其他一些相关议题。中国塑料工业协会廖正品会长出席会议并讲话。

去年下半年，由于国际金融危机的蔓延，对塑料制品以及塑料软包装行业带来了较大的冲击。据中国塑料工业协会复合膜专委会对行业情况的不完全摸底，去年，尽管形势严峻，还是有部分企业的销售额和利润获得增长。据了解，去年江苏彩华、东莞奇妙、上海紫江、上海三樱、河南伟瑞古特等都比前年有所增长，成绩不菲。江苏彩华的共挤出复合膜在外单不足的情况下，积极寻找国内大客户并获得成功。东莞奇妙、上海三樱等企业在积极开辟国内市场的同时，也积极开辟国际新市场，取得了内销、外销齐增长的可喜局面。

金发科技股份有限公司UL认可实验室授牌仪式举行

3月12日，大中华区首家UL认可材料长期热老化实验室落户金发科技股份有限公司，公司隆重举行LTTA CTDP实验室授牌仪式。

金发科技股份有限公司总经理夏世勇、技术总经理蔡彤旻、营销总经理梁荣朗、产品开发部总监宁凯军、中国塑料工业协会会长廖正品，中国质量认证中心处长夏建军，广州市技术监督局副局长刘曙彪、处长戴昆峰，UL全球副总裁兼大中华区董事总经理赖伦辉、UL中国香港区总经理石海扬以及公司重要客户出席授牌仪式。

金发科技股份有限公司拥有专业的塑料检测实验室，按ISO/IEC17025：2005《测试和校准实验室认可准则》建立了质量体系，并于2005年5月16日运行，能对塑料原材料和产成品的机械性能、加工性能、耐候性能、电性能、环境物质等进行全面检测。UL是全球唯一从事材料安规标准制订、检测及认证的机构，累积百年经验，材料安规权威、负责制订及维护UL94、UL746、UL1446等著名标准，在公信度和权威性方面具有强大的优势，通过UL认证，产品能够受各方认可，获得通往全球市场的通行证。

通过LTTA CTDP实验室资格认证，标志着金发科技实验在材料安全性方面检测能力又上了新台阶，大大地提升了金发科技在改性塑料行业的国际知名度和影响力。

“CWPE2009第五届中国西部国际塑料橡胶及包装工业展”举办

3月19 ~21日，由中国塑料工业协会、重庆市经济委员会、重庆市塑料行业协会共同主办“第五届中国西部国际塑料橡胶及包装工业展览会”在重庆国际会议展览中心举办。

此展览已成为西部地区最具规模的塑胶展之一，为买家和卖家提供具价值的聚会良机。展会吸引了100多家行业知名企业参与——包括阿博格、恩格尔、震雄、东华机械、星塔机械、力劲、伊之密、申达、蓝天、丰铁、大禹、胜源、海晶、先锋、天成、中国香港雅琪、中国香港惠来、同大、凤记、统益、信一、莱丹、科倍隆科亚、瑞亚、柯尼卡美能达、高铁、新三思、圣万提、麦士德福、长虹模塑、瑞安红旗、正威包装、建达、中国香港万彩、金发科技、余姚中发、俊尔、重庆捷盛、重庆皇华碳酸钙等。同时也吸引了长安、力帆、丰田、隆鑫、宗申、大江渝强、延锋伟世通、平伟集团、江山塑料、顾地塑胶、联溯塑胶、力扬塑胶、明远橡塑模、中电模具、中芯国际、贝尔、阿尔卡特、诺基亚、长虹、格力、美的、海尔、百事可乐、涪陵榨菜、科而士、双陵、白猫、重庆登康、太极集团、盘龙云海等汽摩、塑料、模具、IT、家电、电子电器、食品、制鞋、日化、医药等行业的知名企业亲临会场参观采购。

展览会期间主办单位还组织了汽车塑化论坛、相关技术报告、重大装备项目信息发布会等行业活动。

山东日科化学有限公司“工程塑料用低温高效增韧剂AMB树脂项目”通过鉴定

山东日科化学有限公司研究开发的AMB树脂通过山东省科技厅组织的专家鉴定。该树脂是用于工程塑料的低温高效增韧剂，可广泛地应用在塑料异型材、管材、板材和片材等方面。在研究过程中，通过对氯化聚乙烯(CPE)、丙烯酸酯类抗冲改性剂(ACR)、MBS树脂产品和PVC抗冲击改性剂胶乳的合成、后处理工艺的分析对比，根据塑料抗冲改性理论，结合已往的产品研制开发经验，以丁二烯、丙烯酸丁酯、甲基丙烯酸甲酯为主要原料，采用乳液聚合法，制备出核部分弹性体丁二烯含量大于75%的AMB树脂。项目技术工艺已申请2项国家发明专利(200910013751.6、200910013750.1)。专家鉴定认为：该项目运用塑料抗冲改性理论，设计AMB增韧剂核壳结构，并对合成条件进行优化，改善了对工程塑料的增韧效果。经查新，AMB增韧剂成套生产技术属国内首创，未见国外有聚合物中丁二烯橡胶含量大于75%的产品，该项指标达到国际领先水平。

奥昌公司“环保型玉米纤维合成革”通过专家鉴定

3月20日，以玉米纤维为基材生产出革基布，通过湿法、干法及后处理工艺制成的一种新型生态合成革——玉米纤维合成革(PLA)，在温州奥昌合成革有限公司举行新产品鉴定会。玉米纤维合成革是奥昌公司发展规划中的重点研发课目，在经过一年的不断试验和技术攻关，于2009年3月份研制成功。鉴定会上，技术人员介绍了该产品研发和试制过程、工艺特点、产品性能，通过视频讲解了“玉米纤维”的核心技术及产品在民用领域的广泛前景。对该产品的环保性，与会专家表示了极大的兴趣，并展开了热烈的讨论，并认为其无纺布的原料来自可持续再生的玉米副产品，制成的合成革具有非常大的发展潜力和广阔的市场前景，属于当前合成革领域科技含量较高的技术；建议进一步加强产品质量检测，完善产品标准体系，在鞋革的基础上开发服装革，箱包革等产品。

在鉴定会上，奥昌公司展示了利用该无纺布制成的运动鞋革样品，柔软有弹性、真皮感强，透湿性好。与会的鞋企试用公司代表介绍，公司已经用这款革做了运动鞋样，其物理性能，各项指标均能达到较高的标准，适合高档运动鞋的开发，其市场前景应该是比较好的，现在公司正准备全面进行生产，投入市场。

“第二届中国汽车塑化发展与应用论坛”举办

3月20日，由中国塑料工业协会、重庆市人民政府经济委员会、重庆市塑料行业协会共同主办的“第二届中国汽车塑化发展与应用论坛”在重庆国际会议展览中心举办。

2009塑化论坛以“科技提升汽车塑化产业”为主题，汇聚高端塑料机械，塑胶原料，零部件制造企业，整车厂，行业专家；带来全球领先的新技术和新产品，提升中国汽车零部件制造的塑化进程，推动整车的轻量化发展，搭建中国汽车塑化业的合作发展平台。2009塑化论坛将汇聚行业最新信息，为与会者带来全新价值。

论坛围绕“汽车塑料制品的标准化”、“汽车产品塑化的趋势”、“汽车塑料原料的发展趋势”、“塑料产品的设计技术进展”、“塑料模具的设计与创新”、“塑料在汽车零部件中的应用”、“塑料汽车饰品的崛起”等议题邀请国内外专家发表演讲：

1. 塑料件在汽车行业的应用典范
2. 汽车塑料零部件制造经验介绍
3. 新型塑料在汽车行业中的应用
4. 快速换模系统在汽车部件领域的应用
5. 注塑机在汽车零部件制造中的应用
6. 模具设计与汽车塑料饰件产品设计关系运用
7. 面向未来的塑料汽车内饰设计
8. 热流道技术的应用
9. 计算机软件在塑料产品设计制造中的应用

同期还举办了第五届西部国际塑胶展。

“全国塑料加工工业培训基地”揭牌仪式举行

3月23日，“全国塑料加工工业培训基地”在北京工商大学揭牌成立。中国轻工业联合会陈士能名誉会长、北京工商大学谭向勇校长、中国塑料工业协会廖正品会长出席揭牌仪式。

多年来，在北京工商大学材料科学与工程系(轻工业塑料加工应用研究所)的学科建设取得了飞速发展，其中材料加工工程专业已成为北京市重点建设学科，先后购置了世界上先进的检测仪器设备，成立了高分子化学实验室、高分子物理实验室、基础性能实验室、加工性能实验室、结构与性能表征实验室和国家塑料制品质量监督检验中心等，初步形成了在校内即可完成塑料制品配方设计、成型加工、结构表征、检测等系列单元操作，实验室的规模，设备的档次、种类和数量目前已跃居国内高校同类专业前列。全国塑料加工工业信息中心开展了若干次对企业技术人员进行卓有成效的技术培训班，学员遍布除西藏之外的30多个省、市、自治区，包括中国台湾省和中国香港特别行政区。通过学习，学员的理论和技术水平得到大幅度的提高，受到学员的热烈欢迎和高度评价。

中国塑料工业协会组团赴欧参观2009年意大利国际塑料橡胶展会及技术考察

3月24~28日，中国塑料工业协会组织代表团参观了第15届意大利米兰塑料橡胶展览会展览。该展3年一届，由意大利塑料橡胶机械设备和模具制造厂商协会赞助，是在欧洲举办的第二大规模的塑料工业展览会，规模仅次于德国K展。本届展览的净面积目前已达到十万平方米，有来自50余国家的2000余参展商，和来自130多个国家的超过九万采购商。从2006年参展商技术领域分布看，塑料及橡胶机械设备占80%；原料及塑料成品、半成品占17%，行业内服务占3%。

2010年1季度我国塑料制品出口持续下降月度出口量连续12个月呈下降走势

据海关统计，今年1季度，我国累计出口塑料制品140.7万吨，价值30.3亿美元，分别比去年同期(下同)下降16.5%和7.2%。其中3月份当月，塑料制品出口51.6万吨，下降8.8%，价值11.3亿美元，微降0.9%。其出口主要特点为：

一、月度出口同比连续12个月下降。自去年4月份以来，我国塑料制品出口已连续12月出现月度出口量同比下降，其中今年2月降幅达到28.1%的最低点。今年3月份，我国塑料制品出口量同比降幅较2月份收窄，为8.8%，环比则增长65.4%。

二、加工贸易出口同比降幅大于一般贸易。今年1季度，我国以加工贸易方式出口塑料制品67.8万吨，下降21%，大于同期一般贸易出口降幅4.4个百分点，占同期我国塑料制品出口总量的48.2%；同期，以一般贸易方式出口60.3万吨，下降16.6%，占42.9%。

三、美国、欧盟和日本位居出口市场前三位。今年1季度，我国对美国出口塑料制品42.5万吨，下降18.5%；对欧盟26.8万吨，下降17.3%；对日本14万吨，下降7.7%。三者出口量合计占同期我国塑料制品出口总量的59.2%。此外，内地对中国香港出口10.7万吨，下降23%；我国对东盟出口9万吨，增长12.6%。

四、外商投资企业出口占逾4成。今年1季度，外商投资企业出口60.8万吨，下降21.5%，占同期我国塑料制品出口总量的43.2%；同期，私营企业出口56.2万吨，下降3.7%，占39.9%；国有企业16.5万吨，下降26.8%，占11.7%。

五、广东出口占半壁江山，浙江出口增长。今年1季度，广东省企业出口塑料制品67.5万吨，下降19.3%，占同期我国塑料制品出口总量的48%。此外，浙江省企业出口16.3万吨，增长5.3%；江苏省企业出口14.7万吨，下降13.1%。

我国塑料制品六成以上销往发达国家市场，主要为塑料制包装袋、小雕塑品、餐具及厨房用具和盥洗用具等日用消费品，以及工业零件包装用塑料袋和汽车车身、内饰、保险杠甚至引擎等工业塑料产品。然而受当前国际金融危机的影响，发达国家居民消费需求明显萎缩，同时欧美等国家的汽车巨头也正面临前所未有的困境，进而严重抑制了我国塑料制品的出口。此外，主要发达国家市场正逐渐重视环境安全，塑料制品也成为重点受监测的化工产品，因此各种安全标准和准入门槛不断提高，这对我国持续低迷的塑料制品出口更是“雪上加霜”。

近期，为扶植我国塑料行业发展，国家出台了一系列政策调控措施，如从去年11月起，国家将部分塑料制品出口退税率由5%提高至9%；今年4月，再次将部分塑料及其制品的出口退税率提高到11%~13%。同时，今年2月份部分塑料原料、塑料制品也从加工贸易限制出口类目录中剔除。此外，今年初通过的轻工业调整振兴规划中也提到要加快塑料行业的技术改造。多项扶持政策连续出台将对困境中的我国塑料生产和出口企业产生积极的影响。

甘肃银光集团“聚碳酸酯中试研发”通过鉴定

由兰州市科技局和中科院兰州分院组织协调、银光集团聚银公司和中科院长春应用化学研究所合作的重大科技项目“聚碳酸酯中试”项目，正式通过了甘肃省科技厅组织的鉴定委员会评审鉴定。甘肃省科技厅、中科院兰州分院、中科院长春应用化学研究所、银光集团及市科技局相关负责人参加了鉴定会。兰州市副市长闫鹏勋作为鉴定委员会委员出席鉴定会并讲话。

聚碳酸酯是一种工程塑料，广泛应用于汽车、航天、电气、电子、日用化工领域。该项目于2004年经市科技局牵头，协调成立了“聚碳酸酯”项目联合攻关小组，由银光集团聚银公司和中科院长春应用化学研究所的科技人员共同开展技术攻关。2005年完成小试，其成果在工艺路线的选择、合成反应条件选取、产品的理化分析等方面取得了突破，得到了该项目领域专家们的高度评价。银光集团聚银公司和中科院长春应用化学研究所继续合作，共同研究进行年产500t聚碳酸酯中型试验，并投资2000多万元，于去年8月建成了中试装置，10月开始投料试车，生产出了合格的聚碳酸酯粉料产品。

鉴定委员会认为，该项目的开发成功，打破了国外对我国聚碳酸酯生产技术的垄断，填补了国内一步光气界面法聚碳酸酯生产技术的空白，形成了具有完全自主知识产权的聚碳酸酯生产技术，该项目总体技术水平达到国际先进水平。鉴定委员会建议抓紧实施万吨级产业化工艺软件包开发，并尽快实施产业化。

【4月】

4月我国塑料制品单月出口环比再现增长

据海关总署报道，2009年4月份塑料制品出口12.1亿美元，同比下降5.7%，环比增长11.9%。

中国塑料工业协会公布评选中国塑料行业“先进单位”、“先进个人”的通知

4月9日，中国塑料工业协会决定在全国塑料行业范围内评选“先进单位”和“先进个人”，于2009年5月16日在广州召开“中国塑料工业协会五届四次理事扩大会议暨二十周年庆典表彰大会”上进行表彰。

一、评选范围

1. 中国塑料工业协会及下属各专业委员会的会员单位、相关院所、研究单位及员工；

2. 各专业委员会及专业委员会秘书处的工作人员。

二、评选原则

1. 坚持高标准，严要求，民主评定，客观公正；

2. 以被推荐单位上报的先进事迹为依据，综合平衡评价；

3. 坚持实事求是，如发现弄虚作假，即取消评比资格。

三、评选办法

中国塑料工业协会的会员单位由中国塑料工业协会组织推荐。其各专业委员会的会员单位，由各个专业委员会秘书处负责推荐。

四、评选条件

（一）先进单位评选条件

1. 守法经营，模范遵守国家法律、法规，积极纳税，遵守行业协会章程以及行规行约。

2. 诚信经营，产品质量好，业内口碑好，无生产或销售假冒伪劣产品的历史，无重大产品索赔案件。

3. 支持协会、专业委员会的工作，积极参与协会或专业委员会组织的各项活动，按时参加协会或专业委员会的各种会议，关注行业发展，并为之献计献策。

4. 通过按时缴纳会费（2004年到2008年间连续五年无拖欠会费现象）、赞助费、刊登企业宣传、承办会议等多种形式在财力、物力和人力等方面支持协会或专业委员会的工作。

5. 企业具有一定的规模，具有带动、引领行业良性发展以及自身发展的潜力。

6. 相关院所及科研单位参照上述五个条件以及多年来对行业的贡献成果、和塑料行业的密切程度综合评定。

（二）先进个人评选条件

1. 在行业中具有一定的知名度，所管理的企业具有一定的规模和市场竞争力。

2. 热心行业工作，关心并积极参与行业活动，并为之献计献策。

3. 有奉献精神，积极参与行业工作，努力完成协会布置的各项任务，并在行业活动中给予经费的支持。

4. 有模范带头作用，积极带领本单位参与协会各种活动，督促本单位自觉遵守协会章程和行规行约，发挥本单位在行业协会中的应有作用，对协会建设和发展起到了模范带头作用。

5. 科研院所的先进个人可参照上述四条以及对塑料行业发展的贡献、对塑料行业的积极性等方面综合评定。

五、奖励办法

在“大会”上，向“2009年度中国塑料行业先进单位”和“2009年度中国塑料行业先进个人”颁发荣誉证书，以资鼓励。

中国塑料工业协会塑料管道专业委员会第八届二次理事会会议召开

4月10日，中国塑料工业协会塑料管道专业委员会第八届二次理事会议在江苏溧阳召开。中国塑料工业协会廖正品会长、中国塑料工业协会塑料管道专业委员会陈力辉理事长、专委会34家理事单位及相关单位共49人参加会议。

中国塑料工业协会廖正品会长到会并发表重要讲话，并对塑料管道专业委员会2009年的工作提出了意见和要求。专委会陈力辉理事长对2008年专委会工作进行了总结。2008年塑料管道总量达459.3万吨，同比增长28.78%，全年出口25.63万吨，创汇10.02亿美元。主要工作有以下几个方面：加强秘书处建设，做好行业服务工作；维护行业的合理利益，向相关部门提出行业发展建议；注重与用户行业的交流与合作，扩大行业影响；加强国际交流与合作，提升行业的整体水平；引导维护行业秩序，促进规范市场工作；积极组织抗震救灾工作，为南方冰冻地区救灾献计献策；努力做好专委会杂志和网站建设工作，加强行业宣传；开好年会等重要会议，完成了换届改选工作，促进行业沟通和交流。专委会王占杰秘书长对2009年塑料管道专委会的工作计划作了汇报。

理事会讨论并通过了秘书处提出的《2009年中国塑料工业协会塑料管道专业委员会年会计划》。就给水用聚氯乙烯管道禁止使用铅盐热稳定剂问题进行专门讨论，提出行业企业一定不能生产、销售含有铅盐热稳定剂的给水用聚氯乙烯管材、管件，行业应尽快发布《给水用聚氯乙烯管道禁止使用铅盐热稳定剂宣言》。理事会提出，虽然国家相关部门已经决定把塑料管道的出口退税率由5%提高到11%，但行业出口压力仍然很大，要求秘书处继续展开工作，争取更好的相关政策。

温州市合成革商会组织环保专管员培训

4月23日，温州市合成革商会在永强电业大楼举行了为期一天的废气、污水治理专业技术培训，来自企业相关岗位的近260名员工参加了培训。商会秘书长郑笃权作了重要讲话。

整治污染，保护环境是合成革行业科学发展的前提和关键，但合成革污染治理中的废气、废水治理工艺较复杂，技术性强，涉及到化工、物理、机械，电气等专业知识和技术，因而合成革企业环保专管员更需要有实际的经验。在商会环保宣传队过去半年的检查走访中，发现企业环保专管员的管理和技术水平参差不齐，因而带来治理的效果也不一样，企业与企业之间差距比较大。针对目前行业存在的现状，面对环保要求越来越高，合成革商会决定组织各企业环保专管员进行统一培训，提高行业的污染治理整体水平。

此次培训，商会特邀请了山东烟台东洁环保机械工程公司高工张景铸，浙江工业大学生物与环境学院许炉生老师分别主讲废气、废水治理——特征、工艺及控制。两位专家深入浅出地讲解了合成革废气、废水治理工艺中原理及各项工艺技术，对企业经常遇到的问题，如氨氮、二甲胺治理技术等重点、难点进行了详细的讲解。

中德塑钢型材公司西南生产基地投产庆典仪式举办

4月29日，中德塑钢型材有限公司西南生产基地投产庆典在成都举办。中国塑料工业协会会长廖正品、山西中德塑钢型材公司董事长程田青、中德型材四川公司总经理程杰出席仪式并讲话。陈次昌副主席、李潭生副主席、西安穆斯林商会会长沙鹏程先生等领导出席仪式。

中德型材公司西南生产基地总投资1.2亿元，工程占地50亩，全部投产后生产线将达到70余条，年生产各种型材4.5万吨，预计实现销售收入4.5亿元，为当地解决和提供300余个就业岗位。

中德塑钢型材有限公司于2001年创建成立，总部设在山西省长治市。经过7年的超常规、跨越式发展，已成为华北地区最大的塑钢异型材生产基地之一，综合实力位居国内同行前茅。产品荣获“国家免检产品”、“中国知名品牌”、“山西省名牌产品”等荣誉称号。目前，公司拥有生产线130余条，资产总额2.8亿元，年生产能力9万余吨，年销售收入达8亿多元；九大系列200余种产品覆盖山西，辐射全国。成功中标青藏铁路拉萨火车站、奥运工程自行车场馆两项国家级重点工程建设，并自主出口蒙古、泰国、俄罗斯、乌克兰、危地马拉等国家和地区。中德型材公司创建至今，在取得长足发展的同时，始终致力于社会公益事业，7年来累计为社会公益事业捐款捐物500余万元。特别是在去年汶川大地震后，中德员工除在第一时间捐款10余万元，又为灾区人民捐赠了价值110余万元的塑钢型材。

注塑机控制系统技术标准评审会在宁波弘讯举行

注塑机计算机控制系统技术标准评审会暨征求

意见会，在宁波弘讯科技股份有限公司举行。全国工业机械电气系统标委会秘书长黄祖广、中国塑料机械工业协会秘书长钱耀恩出席会议并讲话。宁波市塑料机械行业协会秘书长史波、宁波弘讯科技有限公司执行副总沈彪以及有关企业的总经理、总工程师等20余人参加了会议。

技术标准问题是产业发展的核心问题之一，也是与国际市场接轨的有效形式。长期以来，技术标准一直是国际交往的技术语言和国际贸易的技术依据，对于推动科技进步、规范市场秩序、提高产品竞争力以及促进国际贸易具有重要的作用。随着经济全球化进程的不断深入和市场竞争的日益升级，技术标准在国际竞争中的作用更加重要，继产品竞争、品牌竞争之后，技术标准竞争已经成为更深层次、更高水平、更大影响的竞争形式。因此，世界各国越来越重视标准化工作，纷纷将技术标准工作提升到国家发展战略的高度来对待。随着我国标准化工作深入发展，中国塑料机械工业协会在加强行业标准工作方面作出了积极的努力，认识上有了新的提高，工作上有了新的举措，实践上有了新的进展。

目前，中国塑料机械工业正处于新的发展时期，大力推进标准化工作意义重大，任务繁重。相关企业必须认真学习贯彻党的十七大精神，坚持以科学发展观为统领，着力增强企业的标准化意识，确立以市场为主导、企业为主体的理念，引导企业积极参与标准的制定、修订和实施，争取制定出更多的市场认可、国内外叫得响的中国塑机标准，为提升中国塑机产品的国际竞争力，提升我国塑机在国际标准化领域的地位，推进行业又好又快发展而努力。

【5月】

中国塑料工业协会镀铝薄膜专委会成立大会和应对全球金融与经济危机研讨会召开

5月9日，中国塑料工业协会镀铝薄膜专委会在上海召开专委会成立大会和应对全球金融与经济危机研讨会。来自全国镀铝膜行业的25家企业负责人出席会议。中国塑料工业协会廖正品会长参加会议并讲话。

镀铝膜专委会成立大会，理事会19名成员中14名镀铝膜专委会理事会候选人及其代表出席会议，会议通过了由镀铝膜专委会筹备组提交的中国塑料工业协会镀铝膜专委会工作条例，选举产生了中国塑料工业协会镀铝膜专委会第一届理事会成员。

会议重点开展镀铝膜行业市场与信息交流，包括13家理事会成员单位在内的25家行业骨干企业，对近期上游原料供应情况、下游市场需求进行了交流与沟通。对镀铝膜产品标准的重新制定进行了讨论。

与会企业对镀铝膜产品出口退税率进行了探讨，认为出口退税率对于鼓励出口、增加出口企业效益非常重要，专委会还要尽可能向国家有关部门申请提高。同时浙江宇狮包装材料有限公司提出烫金膜的出口退税率为0%，海关在商品分类上存在误解，需要专委会共同做一些沟通工作。

“泡沫塑料制品生产技术学习研讨会”举办

5月13~16日，由华南理工大学聚合物新型成型装备国家工程研究中心和中国塑料工业协会塑料助剂专业委员会主办的“泡沫塑料制品生产技术学习研讨会”在广州举办。

研讨学习班的目的是详细研究塑料材料的发泡，特别是微发泡技术。研讨会介绍了不同类型的化学和物理发泡剂及其加工技术；讨论不同发泡剂在不同塑料中的工艺控制、局限性和应用；另外将提供各种商业应用的不同发泡技术的深入对比；讲述挤出微孔发泡技术、注射微孔(结构)发泡技术、珠粒发泡技术(EPS和EPP)，以及可发性珠粒发泡技术；探讨特殊的泡沫，如“双峰结构泡沫”和“木纤维复合泡沫”；最后列举一些具体的工业应用实例，如汽车零件，结构材料、电器零件等。

学习班期间，组织专家与学员技术咨询和技术转让，还组织参观聚合物新型成型装备国家工程研究中心实验室，参观第二十三届中国国际塑料橡胶工业展览会。研讨班结束后，对参加培训的代表经考核后颁发了结业证书。

XPS启动会召开

5月14日，由环境保护部外经办组织的XPS启动会在北京召开。

XPS泡沫生产中广泛使用HCFC的两个品种HCFC-22和142b作为发泡剂。含氢氯氟烃是一种消耗臭氧层，进而破坏地球生态环境的物质，同时也是一种很强的温室气体。2007年，我国HCFC消费量已经接近26万吨，XPS泡沫行业消费量估计在2万吨以上。在2007年9月蒙特利尔议定书第19次缔约方大会上，来自191个国家和地区的代表一致同意，将于2030年在世界范围内彻底停止生产和使用HCFC，比原计划提前了10年。按照这个协议，中国等发展中国家，2013年要把HCFC的消费量冻结在2009年和2010年的平均水平，2015年消减10% HCFC消费量。同时，发达国家也承诺继续对发展中国家提供资金和技术支持。

蒙特利尔议定书缔约方大会达成的协议是国家间的协议，是严肃的；多边基金是蒙特利尔议定书下的资金机制，被原联合国秘书长称为最成功的国际合作范例；据不完全统计，从1992年开展淘汰ODS活动以来，我国已经获得多边基金资助超过8亿美元，其中泡沫行业有约500家企业获得多边基金资助，共从多边基金获得赠款1亿5千多万美元，淘汰消耗臭氧层物质(ODS) 3万多吨。

目前，作为XPS泡沫行业替代HCFC的第一步，环境保护部外经办将组织在全国XPS泡沫企业开展HCFC使用情况调查。发达国家在提供资金之前，首先必须看到我国XPS行业的总体情况和企业情况，这些情况都要靠详实的数据来体现。调查的最重要内容就是对XPS泡沫企业的调查，获得XPS泡沫企业成立时间分布、企业HCFC使用量分布，设备情况，企业地域分布等。此外，调查还将了解企业目前经营规范程度，以便为将来的淘汰工作制定依据，并为希望获得多边基金资助的企业提供指导。

中国塑料工业协会五届四次理事扩大会议暨二十周年庆典表彰大会召开

5月16日，中国塑料工业协会五届四次理事扩大会议暨成立二十周年庆典表彰大会在广州召开。中国塑料工业协会廖正品会长作了工作报告；会员部宣布了理事单位变更情况；会议通过了中国塑料工业协会2008年度财务工作报告；表彰了为中国塑料行业做出突出贡献的先进单位、先进专委会、先进个人。中国塑料工业协会副理事长单位、常务理事单位、理事单位以及部分会员单位代表约200余人出席会议。

会议组织参加了“2009海峡两岸塑料行业合作与发展论坛”，并组织出席了“第二十三届中国国际塑料橡胶展览会”开幕式。

第九届双向拉伸设备技术交流会召开

5月16日，第九届双向拉伸设备技术交流会在广州召开，中国塑料工业协会廖正品会长出席会议并讲话。

会议是在双向拉伸薄膜行业积极应对全球金融与经济危机挑战的关键时刻召开的，当前国家刺激经济的各项宏观政策已经开始产生效果，中国经济正在快速回暖，双向拉伸薄膜行业的宏观经济环境正逐步好转，企业信心正在恢复。

行业内的盲目投资热潮也有抬头的迹象，由于各级地方政府大力鼓励投资，产能过剩的威胁仍然非常严重。有一些情况和观点需要引起双向拉伸薄膜行业企业的高度重视。BOPP、BOPET、BOPA行业的投资最近非常热，由于信息的不对称，目前大部分企业对于其他企业可能新增生产线的情况并不了解，或者说并没有引起足够的重视，这是非常危险的。

改性塑料及功能母料产业发展论坛举办

5月16~17日，由中国塑料工业协会改性塑料专委会、中国塑料工业协会多功能母料专委会联合主办的“改性塑料及功能母料产业发展”论坛在广州召开。来自全国各地的改性塑料、功能母料、加工机械、助剂、添加剂等相关行业的企业家、专家、科技人员和管理人员近250人出席了论坛。

随着我国改性料及功能母料产业的飞速发展，改性塑料及功能母料新产品的研发和生产已成为塑料加工行业最为活跃的领域之一。环保、循环再生、可持续发展是以塑料为代表的新材料行业最关心的热点和难点问题，影响着从原料、产品直至最终消费者的整个产业链的生存和发展。因此本次论坛主要围绕着改性塑料及功能母料可持续发展进行。

中国塑料工业协会会长廖正品出席论坛并致开幕辞。中国塑料工业协会多功能母料专委会理事长、金发科技股份有限公司副董事长李建军在论坛上发表重要讲话。

论坛邀请了行业内16位专家对塑料的不同领域作出技术交流。其中金发科技车用材料部部长罗忠富在会上作了《汽车非金属材料的可持续发展》报告，品质部部长吴博作了《改性塑料的绿色方向》的报告，中国塑料工业协会改性塑料专业委员会高级工程师刘英俊作了《用创新思维、创新技术、创新产品促进改性塑料产业持续快速发展》的报告，华南理工大学副校长瞿金平作了《高分子材料拉伸流变塑化加工技术与装备》的报告，广东华南精细化工研究院院长陈宇作了《关于塑料改性技术的几点思考》的报告，福建师范大学化学与材料学院副院长陈庆华作了《塑料加工助剂体系的构建及环境友好塑料》的报告，广东炜林纳功能材料有限公司总经理郑德作了《稀土助剂在聚烯烃高性能化中的应用》的报告，中山大学教授黄少慧《热塑性弹性体的种类及其应用技术》的报告。

5月17日下午在主办方的组织下，所有与会人员前往金发科技股份有限公司和华南理工大学聚合物新型成型装备国家工程研究中心参观。

“2009海峡两岸塑料行业合作与发展论坛”举办

5月17日，由中国塑料工业协会、中国塑料机械工业协会、台北世界贸易中心、中国台湾区机器工业同业公会、广东省塑料工业协会、雅式展览服务有限公司共同主办的“2009海峡两岸塑料行业合作与发展论坛”在广州亚洲国际大酒店隆重举行。中国轻工业联合会名誉会长陈士能、台北世界贸易中心副总经理黄文荣、中国台湾区机器工业同业公会塑料橡胶机械专委会会长吴正炜先生、中国台湾区机器工业同业公会总干事王正青、雅式展览服务有限公司董事长朱裕伦、中国塑料机械工业协会常务副会长钱耀恩等出席。

面对席卷全球的金融危机和复杂多变的国际经济形势，论坛针对海峡两岸塑料行业的“现状与未来”、“发展与挑战”展开交流与探讨，为两地的塑料业界人士与企业带来新观念、新体会，创造新机遇，是为两岸塑料行业交流与合作做出努力的盛会。

上海塑料行业协会、江苏省塑料加工工业协会、浙江省塑料工业协会、安徽省塑料行业协会、福建省塑料工业协会、江西省塑料工业协会、山东省塑料协会、湖南省塑料行业协会、新疆塑料加工工业协会、山西省塑料行业协会、四川省塑料协会、重庆塑料行业协会、中国台湾区塑胶制品公会、中国台湾区橡胶工业同业公会、中国台湾石化公会等派员出席会议。《中国塑料橡胶》CPRJ－雅式刊物、《中国塑料工业协会通讯》、《中国塑料工业协会信息网》、《国外塑料》、《中国塑料》、《塑料》、《塑料工业》、《工程塑料应用》、《中国化工报》、《中国化工信息中心》周刊、《化工新型材料》、《聚风塑胶采购指南》、《慧聪网》、《易贸资讯》、plastics. 2456. com等媒体也出席会议。

第二十三届中国国际塑料橡胶工业展览会举办

5月18～21日，第二十三届中国国际塑料橡胶工业展览会在广州琶洲展馆举行。展览的规模居世界第三、亚洲第一，是了解技术趋势及寻求业务新伙伴的一个很好的平台。中国轻工业联合会会长步正发、广州市人民政府副秘书长张火青、雅式展览服务有限公司董事长朱裕伦、中国对外贸易中心集团王润生、欧洲塑料和橡胶工业机械制造协会Kuehmann、中国塑料工业协会会长廖正品等领导出席开幕式并致词。

在全球性低迷的经济大环境下，此次广州展会仍呈现出精彩纷呈的景象。「2009国际橡塑展」展场面积扩大至14万平方米，有1900家企业参展，展出产品包括塑料橡胶机械、化工及原材料，以及各类辅助设备，其中国际展商将占60%。展品应用范围覆盖了塑料橡胶制品、汽车、建材、电子电器、信息科技及通讯、玩具、日化、医疗、食品饮料及包装等各行业。展品体现了“节能、精密、高效、环保”的总体发展趋势。各参展设备争奇斗艳，越来越多地展现出拥有自主知识产权的新技术，中国企业的创新能力明显增强。

「2009国际橡塑展」由雅式展览服务有限公司、中国对外贸易中心(集团)、中国轻工业联合会－中国塑料加工工业协会、中国塑料机械工业协会、广东省塑料工业协会、杜塞尔多夫展览(中国)有限公司、上海塑料行业协会及北京雅展展览服务有限公司主办，连续第20次荣获欧洲塑料和橡胶工业机械制造商协会(EUROMAP)独家赞助的中国橡塑展，也是中国唯一获UFI认可之橡塑工业展会。

展会同期举办了“2009海峡两岸塑料行业合作与发展论坛”，此外，同期活动之“四川地震灾区重建之全国橡塑建材采购说明会”更是展会的瞩目亮点之一。

“国际橡塑展”专门设立了“塑料建材展区”，集中展示了“抗震救灾专用塑料橡胶建材的科研成果”、2010年广州第16届亚运会配套工程用的塑料橡胶建材，整个展区突出“绿色塑料、生态环境，最新成果”。塑料建材展区突出抗震救灾塑料建材与2010年亚运馆场塑料橡胶建材，集中展示二十一世纪绿色塑料橡胶建材科技领域的发展，通过展会示范与交流，提升塑料橡胶建材科技，开辟国际塑料橡胶建材市场及扩大内销市场。在塑料建材展区，搭建了“心系四川共塑未来”的四川重建样板房，以及公共建筑的模型，并重点介绍塑料橡胶建材在震后重建和社区建设的重要作用及价值。展品分为两大类型，分别为建筑结构件类型，包括建筑物模型及社区基建应用的塑料板材、型材如门窗、管材等及建筑饰件、生活用品类型，还包括由塑料橡胶制造的用品如塑木家具、家电、日用品等。

面对国际金融危机的严重冲击，作为全球塑料橡胶行业公认的具有亚洲第一、世界第三大规模的中国国际橡塑展览盛会，为塑料行业提供了一次难得的化“危机”为“动力”、“危”中见“机”的发展空间和交流平台，塑料企业不仅能够通过参加这次国际级别的展会，开拓视野、广采博收，与超过40个国家参观展览的朋友和10余个国家及地区的近2000家知名参展商相聚在一起，开展国际贸易、交流先进技术、转化科技成果，促进行业发展，同时，也为塑料企业提供了一个展示名牌产品、推广先进技术、促进转型升级、推动科技进步的舞台，引导企业争创名牌产品，参与国际市场竞争。

“第六届塑料助剂与配方设计技术学习研讨会”举办

5月24~27日，由大连塑料研究所和中国塑料工业协会塑料助剂专业委员会共同主办的“第六届塑料助剂与配方设计技术学习研讨会”在大连举办。

会议组织学员与专家面对面咨询、交流；安排微孔泡沫塑料等项技术转让；并组织参观“大连国际塑料橡胶工业展览会”，参加培训的学员经考核后将颁发结业证书。

“2009大连国际塑料橡胶工业展览会”举办

5月25日~27日，由中国塑料工业协会协和大连市人民政府共同主办的“第七届大连国际塑料橡胶工业展览会”在大连世博广场举行。

此届展览会重点：我国塑料行业发达省市、沿海省市和环渤海及东北地区的塑料制品、原辅材料、检测设备和装备技术等。

展会区域与产业优势：东北三省地处东北亚中心地带，具有明显的资源优势，在我国塑料行业中占有重要地位。同时大连的塑料期货市场为中国塑料产业带来新的机遇，大连商品交易所推出塑料期货品种，具有极强的价格发现功能，形成价格的风向标；“塑料橡胶展会”与“大连工业博览会”和“大连进出口贸易展览会”，三会联展给参展商提供了最好的服务与更多的商机。

展览会展示范围：塑料橡胶加工机械、塑料橡胶制品加工所需的模具、塑料橡胶制品以及各种树脂、助剂和辅料、塑料橡胶机械的零配件及专用工具和塑料橡胶行业其他设备等。

国家质检总局：塑料机械产品抽样合格率为90%

5月，为维护消费者的合法权益，促进塑料机械行业健康发展，国家质检总局组织对塑料机械产品质量进行了国家监督抽查。共抽查了上海、浙江、江苏、广东、福建、山东等6个省、直辖市30家企业生产的30种产品(不涉及出口产品)，产品实物质量抽样合格率为90%。

此次抽查对塑料机械产品的安全、性能等32个项目进行了检验。

抽查结果表明，一是连续的国家监督抽查促进了企业质量意识的提高，加强了质量管理，此次抽查有26个项目单项符合率达到100%；二是有4种获国家免检、中国名牌产品，所检项目全部达到国家标准规定的要求。

抽查中发现部分产品安全防护不合格、个别产品电气系统不合格等。针对抽查中发现的主要质量问题，国家质检总局已责成各地质量技术监督部门严格按照产品质量法等有关法律法规的规定，对抽查中产品质量不合格的企业依法进行处理，限期整改。

【6月】

中国塑料工业协会农用薄膜专业委员会第三届六次会员代表大会召开

6月11~15日，中国塑料工业协会农用薄膜专业委员会第三届六次会员代表大会在昆明召开。国务院研究室工交贸易司刘健生副司长、国家工业和信息化部消费品司张军副处长、中国塑料工业协会马占峰秘书长、云南省塑料行业协会詹家驹理事长、中石化市场专家、中石油价格信息专家，外商驻中国代理机构和商社代表，以及全国各地的农膜企业及相关的原料、助剂、设备科研院所等单位的专家、代表共计171位。

云南省塑料行业协会詹家驹理事长介绍了云南省塑料行业的发展情况和昆明春叶塑料制品有限公司应用高效电加热节能技术于农膜设备上的情况。

中国塑料工业协会马占峰秘书长介绍了中国塑料制品工业今年1~4月的发展情况；介绍了中国轻工业联合会落实国家《轻工业调整和振兴规划》的措施和轻工业技术进步与技术改造投资方向(2009~2011年)中与农膜有关的重点专项内容；同时充分肯定了农膜专委会取得的成绩，对专委会今后的工作和发展提出了：加强农膜专委会建设，做好换届准备、抓好农膜质量和标准工作、配合国家搞好农膜准入相关工作和加强行业调研找出问题差距，争取农膜行业在大的基础上继续做强的希望和要求。

韩连贵理事长作了专委会工作报告，对农膜专委会一年来的工作做了总结，对下一步工作进行了安排，鼓励大家振作精神，奋发有为，把专委会工作做得更好。

国家工业和信息化部消费品司张军副处长介绍了工信部贯彻实施《轻工业调整和振兴规划》所做的工作和完善农膜行业产业政策即行业内最关心的节能减排、《农膜行业准入条件》等相关政策的制定情况以及拟就国内农膜产品的质量现状及深入行业和企业调研的打算。

国务院研究室工交贸易司刘健生副司长介绍了国家促进农业发展及农膜产业的有关政策，对大家把握形势、进一步发展、搞好农膜行业具有很好的指导意义。

会议还举行了农膜市场及原料市场分析研讨，农膜生产及相关技术等方面的论文及讲座共12篇，加强了彼此间的技术交流。

会议安排代表参观了昆明春叶塑料制品有限公司应用高效电加热节能技术于农膜设备的情况。

中国塑料工业协会农膜专委会本届理事会任期至2008年，经与中国塑料工业协会请示、沟通，本年会暂不进行换届改选工作。

中国塑料工业协会BOPP专委会第一届四次常务理事会扩大会议暨行业发展对策研讨会在北京召开

6月15日，由中国塑料工业协会双向拉伸聚丙烯薄膜专委会召开的第一届四次常务理事会扩大会议暨行业发展对策研讨会在北京举行。来自全国各地的会员企业出席会议。

专委会理事长吴耀根、常务副理事长单卫忠致词，对当前行业形势和本次会议的任务进行介绍。孙冬泉秘书长汇报了专委会和秘书处自2008年福州会议以来开展的工作情况，与会成员对前期的工作情况进行了热烈的发言和讨论，对专委会在2008年的工作给予了充分的肯定。

针对如何看待当前行业形势，如何对待已经出现的投资热潮，以及是否需要进行强制干预的问题，与会企业进行了热烈的讨论。一致认为从2007年初以来，BOPP行业的投资严重过热，尽管BOPP专委会多次提出警告，要求控制投资欲望，专委会第一届二次和一届三次常务理事会也尊重大多数企业意见，同意依靠各企业自律来避免产能过剩，然而收效甚微。目前，行业已经出现了严重供大于求的局面，然而今年已经签约生效的生产线已超过4条，正在洽谈并有意签约的超过7条，如果完全依靠企业自律，不申请有关部门采取措施，很难刹住盲目投资势头。会后，专委会秘书处将根据会议决议，尽快将行业有关情况及申请控制盲目投资的报告起草出来，向国家发改委报告，并将有关报告抄送各省、直辖市发改委，要求有关部门对BOPP薄膜项目投资进行审批控制。并将根据调控效果，在未来考虑提供进一步采取措施的报告给其他相关部门。

为保证专委会有充足的专项基金用于控制投资，会议成员同意先由常务理事会19家企业和与会的3家会员企业每单位单独出资3000元，用于专项工作，以确保取得成效。同时，BOPP专委会常务理事会全体成员单位将继续对行业投资进行跟踪观察，并立即将专委会申请控制投资的信息通过《国外塑料》、《双向拉伸薄膜》杂志、中国塑料工业协会网站及其他有关报刊媒体对外公布，以利于行业企业及时了解情况，从而进行正确选择。

与会企业对包装膜、电容膜和烟膜的市场情况进行了交流。并对今后行业出路、促进BOPP薄膜出口、BOPP专委会2009年工作、BOPP专委会的建设及今后的工作定位等进行了探讨，一致认为还是要走技术创新的道路，以人无我有、人有我优的产品开拓市场，同时要加大新的应用领域和新的市场的开拓。

中国塑料工业协会塑料管道专业委员会八届三次理事会召开

6月15日，中国塑料工业协会塑料管道专业委员会八届三次理事会在内蒙古乌海市召开。

王占杰秘书长汇报了八届二次理事会议工作安排情况及2009年年会的准备工作和会议议程。

理事会议审议通过了《给水用聚氯乙烯管道禁止使用铅盐热稳定剂宣言》。

会议对申请理事单位的审议方法提出修改建议。

王占杰秘书长汇报了自八届二次理事会以来行业调查工作的开展情况，公布了已向秘书处回复调查表的会员单位名单，同时要求其他单位尽早协助秘书处完成此项工作。

经理事会讨论，作出中国塑料工业协会塑料管道专业委员会增加“检查井和塑料管件工作组”的决定，该工作组为专委会第八个专家工作组。

中国塑料工业协会塑料管道专业委员会 2009 年年会召开

6 月 16 ~ 18 日，中国塑料工业协会塑料管道专业委员会 2009 年年会在内蒙古乌海市召开。来自全国 150 多家相关单位领导和专家、会员单位、塑料管道生产企业、上下游企业、相关媒体、检测机构、认证组织等单位的代表近 300 人参加会议。

会议主题为"贯彻科学发展观，把握机遇，促进行业发展"。

中国塑料工业协会会长廖正品、乌海市副市长施文学、住房和城乡建设部科技发展促进中心处长高立新、水利部农村饮水安全中心工程师彭克奇、中国城市燃气协会秘书长迟国敬、中国城镇供水排水协会副秘书长王岚、中国氯碱工业协会副秘书长张文雷、中国房协经济合作委员会秘书长江书平等相关领导参加会议并发言。中国塑料工业协会塑料管道专业委员会理事长陈力辉作了《贯彻科学发展观，把握机遇，促进行业发展》的 2008 年专委会工作报告。

经过表决，大会通过了《给水用聚氯乙烯管道禁止使用铅盐热稳定剂宣言》。宣言提出，无铅产品是国际发展趋势，禁铅符合健康和环保要求。为了维护用户合法权益，必须全面禁止给水用聚氯乙烯管道生产企业使用铅盐热稳定剂，欢迎相关单位及个人对此进行监督。若本协会会员企业存在给水用聚氯乙烯管道产品使用铅盐热稳定剂的情况，一律以退会处理。

会议期间，参会代表听取了塑料管道相关政策标准、生产技术、市场状况、企业管理等方面的交流报告：

1. 中国氯碱工业协会副秘书长张文雷作了《中国 PVC 行业格局分析》的报告。

2. 国家塑料制品质量监督检验中心副主任凌伟作了《〈塑料管材及管件产品质量监督抽查实施规范〉CCGF312. 1 ~ 5 – 2008 概况与要点》的报告。

3. 乌海市自来水公司总工程师陈金柱作了《关于塑料管材在内蒙古西部地区乌海市的应用》的报告。

4. 克劳斯玛菲挤出技术(浙江)有限公司副总经理马建忠作了《克劳斯玛菲贝尔斯多夫公司技术介绍》的报告。

5. 积水化学工业株式会社(京都研究所)北京代表处代表桥本真幸作了《日本水行业的地震经验 – 抗震性塑料管道系统的发展》的报告

6. 江苏联冠科技发展有限公司王德禧研究员作了《200 万以上分子量 UHMWPE 双抗管材、板材的研发》的报告。

7. 北京新华节水产品认证有限公司总经理李文明作了《农业节水灌溉和农村供水领域塑料输水管材管件产品认证工作开展情况介绍》的报告。

8. 博禄中国香港有限公司北京代表处管道应用市场经理王欣作了《BorSafe HE3490 – LS – H PE100 超韧管道专用料介绍》的报告。

9. 国家化学建材测试中心(材料部)中心主任魏若奇作了《加强产业链服务，为提高我国管材质量水平作贡献》的报告。

10. 上海沙伯基础上海商贸有限公司亚太区双峰料销售经理朱健作了《SABIC 双峰高密度聚乙烯管道材料》的报告。

11. 宁夏青龙塑料管材有限公司总工程师鲁忠瑛《坚持按照国家标准生产产品是企业持续发展的基石》的报告。

12. 国家建筑工程质量监督检验中心黄家文主任作了《从质检工作看市政建设用塑料管质量状况》的报告。

13. 鲁谷(北京)科技有限公司总经理张红中作了《高效加热节电技术在塑料管道行业的应用》的报告。

14. 为使大家对国家宏观经济形势有进一步的了解，会议还专门邀请国务院宏观经济发展研究中心宏观经济部主任张立群作了《2009 年中国经济形势分析与展望》的专题报告。

中国塑料工业协会组团赴美国参观 NPE2009 美国国际塑料展

6 月 22 ~ 26 日，中国塑料工业协会组团参观了在美国芝加哥举行的 NPE 2009 美国国际塑料展览会。展览展出面积 93000m^2，来自世界 50 余个国家或地区的 2000 余家厂商参展，展品包括：机器和辅助设备、塑料树脂和添加剂、模具、仪器和自动设备、塑料制品、营销和终端使用领域产品、技术服务和原材料等。约有超过 65000 名来自世界各地众多塑料工业产品采购商、塑料专业人士和买家，其中有 11000 名来自美国境外。

先进塑料成型技术名家讲坛暨 2009 年中国塑料工业协会注塑专委会年会会议召开

6 月 25 日，由先进塑料成型技术论坛(CAMFO)和中国塑料工业协会注塑专委会主办的"先进塑料成型技术名家讲坛暨2009年中国塑料工业协会注塑专委会年会”在重庆市召开。专委会正、副理事长单位、理事成员单位以及其他行业的专家领导共计170余名代表出席了会议。中国塑料工业协会信息部许琳主任，重庆长安汽车股份有限公司汽车工程研究院梁光忠副院长、刘永清副所长等领导亲自出席会议，并作重要讲话。

长安汽车研究院梁光忠副院长致欢迎词，中国塑料工业协会许琳主任代表廖正品会长欢迎大家的光临并对专委会秘书处的辛勤工作表示感谢，由无锡市巨龙塑化有限公司陆惠琴理事长代表理事会作“中国塑料工业协会注塑制品专委会2009年年会工作报告”。工作报告回顾2008年行业生产形势，总结注塑专委会主要工作。在认真总结工作的基础上，提出今后主要工作计划：（一）根据全国轻工业《塑料三年规划》的要求，结合注塑制品行业《三年振兴规划》，未来三年注塑制品行业塑料工业振兴目标为产量、产值、销售、利润年增长10%以上，注塑行业将培育一批年产量超5000t，产值、销售超亿元，利税超千万的行业“小巨人”。（二）配合中国塑料工业协会标准化办公室的要求，做好行业产品标准化管理基础工作，搭建塑料标准体系框架规划。（三）在全行业内加快经济增长方式转变，推行节能减排，可持续发展，大力发展“绿色塑料”、“环保塑料”，实施今后三年节能降耗12%的目标。（四）树立典型企业，交流推广先进事迹。为表彰近年来为注塑行业发展作出贡献的成员单位和个人，今年在行业内开展评选“先进单位”和“先进个人”活动。（五）商讨筹措2010年中国塑料工业协会注塑专委会年会的各项准备工作。理事会报告得到与会代表的一致赞同，审议通过。

华南注塑技术管理顾问有限公司余成根作“科学注塑成型工艺——观念创新及技术要点”的讲座。宁波百川模具制造公司方辉忠总经理作“通过产品和模具设计削减塑料制品的成本——观念创新及技术要点”的讲座。金发科技股份有限公司技术研究部王大中作“模流分析在汽车制造件上的应用案例和常见缺陷处理”的讲座。苏州模福欧模塑科技有限公司吴凤智作“型腔压力/温度传感器，先进成型技术可视化解决方案”的讲座。并组织合作交流，旨在加快和提高企业产品创新，管理创新的力度和水平，推动企业的转型升级，提高企业的核心竞争力和扩展市场能力，提高行业整体技术水平。讲座得到与会代表的一致好评。

会议组织代表参观考察重庆远翅塑料有限公司。

中国塑料技术产业化研讨会暨2009中国塑料工业协会塑料技术协作委员会/工程塑料专委会年会召开

6月29～30日，由中国塑料工业协会和浙江省余姚市人民政府主办、中国塑料工业协会塑料技术协作委员会、中国塑料工业协会工程塑料专委会和中国塑料城管理委员会承办的“中国塑料技术产业化研讨会暨2009中国塑料工业协会塑料技术协作委员会/工程塑料专委会年会”在浙江余姚市召开。

来自全国大专院校、科研院所、塑料原料和生产加工企业的100多名代表参加了会议；开幕式上中国塑料工业协会秘书长马占峰和余姚市副市长诸晓蓓分别致辞；大会报告有中国塑料工业协会秘书长马占峰、浙江省塑料工业协会秘书长周理水、上海市包装技术协会绿色包装委员会秘书长陈昌杰、广东工业大学轻工化工学院教授吴茂英、华南理工大学聚合物新型成型装备国家工程研究中心周南桥教授、鲁谷(北京)科技有限公司等6个报告，内容包括行业形势、会议重点推广的电磁节能加热技术、绿色包装、创新挤出成型机械、新型助剂等，中塑在线做了网上直播；两个分会场专题报告共33个，内容涉及原料、助剂、机械、加工、新产品等行业各领域的新技术；会议就石化下游产品、特种BOPET产品生产线国产化、全塑轴承开发进展等内容进行了专题讨论，四川省彭州市商务局周强副局长在讨论会上介绍了彭州市的石化和塑料项目概况。

会议还取得两项实质性成果：决定成立特种BOPET产品开发小组，开展联合攻关工作；对前阶段全塑轴承开发结果进行深化，进一步进行产业化试验。

会议期间还召开了中国塑料工业协会塑料技术委员会和工程塑料专委会的理事会，讨论了今后的工作安排。

“限塑令”实施取得明显成效

2007年底，国务院办公厅印发了《关于限制生产销售使用塑料购物袋的通知》(国办发[2007]72号，以下简称《通知》)，该政策被国内外媒体称为中国的“限塑令”。《通知》规定：从2008年6月1日起，在全国范围内禁止生产、销售、使用厚度小于0.025mm的塑料购物袋(简称超薄塑料购物袋)；从2008年6月1日起，所有超市、商场、集贸市场等商品零售场所要实行塑料购物袋有偿使用制度，一律不得免费提供塑料购物袋。

“限塑令”出台后，得到了国内外的高度评价和广大消费者的积极拥护，取得了明显成效。与“限塑令”实施前相比，全国超市塑料袋使用量减少了2/3左右，减少塑料消耗约27万吨，加上其他商品零售场所可减少塑料消耗40~50万吨，每年可节约石油240~300万吨，减少二氧化碳排放量760~960万吨。

“限塑令”颁布实施后，有关部门和各地积极贯彻落实，采取了一系列行之有效的具体措施。国家发展改革委及时修订产业政策，将超薄塑料购物袋列为淘汰类产品，禁止在全国生产、销售和使用。商务部、工商总局、质检总局制定完善相关管理规定，为“限塑”创造政策环境。海南省制定颁布了《海南经济特区限制生产运输销售储存使用一次性塑料制品规定》，率先以地方性法规形式明确“限塑”要求。云南省进一步加大了“禁塑”力度，规定从2009年1月1日起在全省范围内禁止生产、销售、使用一切塑料购物袋。杭州市大力推广纸袋、无纺布袋等替代产品，举办环保袋设计大赛，制作了十万只环保袋，免费分发到学校、社区、超市和农贸市场，对“限塑”工作起到了良好的推动作用。广大商家积极响应，严格按照国家颁布的标准采购销售塑料购物袋，并在显著位置张贴告示，对塑料购物袋明码标价，实行有偿提供。经过一年多的努力，全社会的“限塑”意识、环保意识、节约意识明显增强，出现了重拎布袋子、重提菜篮子，重复使用耐用型塑料袋的可喜现象，形成了“少用塑料袋，共建绿色家园”的良好氛围。

为切实巩固“限塑”成果，推进“限塑”工作，7月下旬，国家发展改革委会同有关部委对全国各地的“限塑”情况进行了检查，将在总结各地经验基础上，完善政策措施，进一步巩固限塑成果。

【7月】

中国塑料工业协会会员企业参加“2009年全国轻工业优秀质量管理小组成果发布暨交流会”并获奖

7月7~10日，由中国质量协会轻工分会举办的“全国轻工业优秀质量管理小组成果发布暨交流会”在桂林召开。来自全国40多家企业的230多名代表参加了会议。

会议期间，全国轻工行业的QC小组成员，企业和省、市轻工行业组织质量工作负责人汇聚一堂，互相学习、交流质量管理小组活动的经验和成果。其中81个质量管理小组的优秀课题成果在会上进行了发布。

在由中国轻工联合会党委办公室主任、中国质量协会轻工分会副会长兼秘书长陶小年主持的颁奖仪式上，8个QC小组被授予“2009年全国轻工业质量信得过班组”称号，20个QC小组被推荐参加“2009年全国优秀质量管理小组”评比，7个企业老总在现场获颁“全国轻工业质量管理小组活动卓越领导者”奖杯和证书。中国轻工业联合会名誉会长、中国质量协会副会长陈士能，中国轻工业联合会副会长、中国质量协会轻工分会理事长杨立及桂林市副市长牟信勇、黄荣健、段一中等领导出席了会议闭幕式。

中国塑料工业协会会员单位广东联塑科技实业有限公司、浙江俊尔新材料有限公司、河北宝硕股份有限公司创业塑料分公司、哈尔滨哈轻塑胶有限公司等企业提交了8个质量管理小组成果。其中广东联塑科技实业有限公司“超越QC小组”发表的“降低线管尺寸不良率”课题，在会上发布、交流时受到好评并被推荐“国优”，将在由中国质量协会、中华全国总工会、共青团中央、中华全国妇女联合会、中国科学技术协会于2009年9月在北京召开的全国第三十一次质量管理小组代表会议上受到表彰。广东海兴塑胶有限公司总经理宋旭彬、河北宝硕股份有限公司创业塑料分公司副总经理徐双宏、广东永金兴集团董事长李锡宏获得“全国轻工业质量管理小组活动卓越领导者”称号。

“第二届中国超细纤维合成革产业高新技术与发展论坛暨合成革功能化市场开发与技术创新交流会”召开

7月9日，“第二届中国超细纤维合成革产业高新技术与发展论坛暨合成革功能化市场开发与技术创新交流会”在北京召开，中国塑料工业协会廖正品会长出席会议并讲话。

人造革合成革行业面临着外部需求明显收缩的态势，企业生产经营面临严峻的考验。一年来人造革合成革专业委员会积极深入企业调研，洞察企业冷暖，搭建合作平台，将行业的现实状况向政府反映，为政府决策提供建议和依据。一是帮助企业寻求政府支持，与政府有关部门积极沟通，给行业会员带来更加宽松发展环境；二是引导企业注重自主创新和产品升级换代，秘书处经常与企业家讨论，帮助找准发展定位，寻找新的增长空间。

温州合成革商会、丽水开发区管委会、义乌皮革协会、白沟皮革五金协会，江阴人造革协会、高明塑料协会积极组织合成革企业开展交流与培训、组织日韩、欧洲、中国台湾地区考察，取得了很好的效果。人造革合成革行业企业之间不断加强交流与合作，温州企业之间的重组，积极筹备联合体已经取得积极进展，丽水市开发区与温州合成革商会开展环境保护交流，促使了生产线的环境保护新措施有效推广应用。

【8 月】

中国塑料包装基地名归桐城

8 月 16 日“中国塑料包装产业基地”落户桐城。

桐城市塑料包装产业历史悠久，是国内塑料包装产业最为集中的地区之一。经过 30 多年的发展，已经形成了比较完整的产业链条和较大规模的企业集群。目前全市塑料包装行业从业人数达 6 万多人，企业 1200 家，规模以上企业 300 多家。2008 年塑料包装业产值 50 余亿元，约占全市 GDP35%，位居全市第一大产业。

中国塑料加工工业协会、安徽省塑料协会等部门的专家，通过对桐城的考察，认为桐城塑料包装行业已具备相当的集群规模，产业特色突出，企业基础良好，发展潜力很大，对国内的塑料包装材料产业发展具有积极贡献，特授予安徽省桐城市“中国塑料包装产业基地”称号。

2009 高分子材料先进制造业(青岛)国际论坛举办

8 月 19 ~ 22 日，由青岛市人民政府、国家自然科学基金委员会、中国塑料工业协会、中国轮胎翻修与循环利用协会主办的 2009 高分子材料先进制造业(青岛)国际论坛举办在山东青岛国际会展中心举办。来自世界塑料、橡胶、纤维、涂料、胶黏剂以及高分子复合材料行业内知名企业的总经理、技术研发总监、工程经理、技术经理、工厂经理、产品经理、采购经理、设计经理、项目经理、高级技术人员以及来自科研院校、行业协会的高级专家等出席论坛。

论坛主题：新技术，新产品，新机遇——企业的创新与竞争力。来自国务院发展研究中心、北京化工大学、华南理工大学、青岛科技大学、清华大学、德国帕德博恩大学、德国亚琛大学的专家分别就高分子材料快速成型技术、高分子材料成型加工先进控制技术、高分子材料循环利用新技术、高分子材料注射成型缺陷分析与对策、未来家电与新材料发展、高分子材料成型模具新技术、高分子材料在高速列车上的应用、电磁动态挤出成型技术进展、高性能工程塑料的研究开发、欧洲注塑成型加工技术等议题进行探讨。

中德型材四川公司扩产增线剪彩仪式举行

8 月 26 日，中德型材四川公司扩产增线剪彩仪式在成都温江举行。中国塑料工业协会会长廖正品出席并讲话。

近八年来，中德塑钢型材有限公司由当初四条生产线的小厂发展成为今天年产能力 9 万吨、拥有 4 个生产基地、10 项专利技术的大型专业生产企业，产品不仅在全国畅销、还出口到美洲、欧洲和东南亚等地区。

中德塑钢型材有限公司作为中国塑料工业协会的主要成员，是中国大型塑钢型材生产企业之一，其产品先后荣获“国家免检产品”、“中国知名品牌”和“全国用户满意产品”等荣誉称号。近八年来，中德型材始终呈现了产销两旺的良好势头，已成为行业中一支生力军和主力军，是全国塑料加工业的骨干企业之一。中德塑钢型材有限公司的不断发展壮大不仅带动了中国塑料加工业的发展，为行业发展起到了一定的推动作用，也给当地财政收入和人民生活水平的提高作出了贡献。

2009 年全国塑料异型材及门窗行业年会召开

8 月 26 日，2009 年全国塑料异型材及门窗行业年会在成都召开。

【9 月】

2009 版《中国塑料工业年鉴》出版发行

9 月，由中国塑料加工工业协会主办的 2009 版《中国塑料工业年鉴》出版发行。

《中国塑料工业年鉴》(2009) 为《年鉴》第 8 卷，与前 7 卷在时间和内容上保持连续性。全面、系统、准确地记述了上年度塑料行业发展状况，设有“综述”、“专论”、“大事记”、“全国塑料工业生产经营情况统计”、“各地区塑料工业情况”、“主要制品行业情况”、“上市公司”、“专利技术”、“重点企业”、“人物风采”等栏目；集手册、年表、图录、书目、索引、文摘、表谱、统计资料、指南于一身；具有权威性、资料性、工具性、系统性的特点，同时又肩负着“资政”、“存史”和“宣传推广”的社会责任。为突出行业领军人物，本期特把“人物风采”篇制作为彩色版；为满足海外读者的需要，其部分文章译成了英文或增加了英文摘要。借助中国石化出版社的发行渠道，通过字里行间记载着中国塑料业的辉煌成绩，向可爱的祖国60诞辰庆典献礼。

全书约900页，187.7万字，16开本精装，定价300元。

三斯达公司“中国EVA循环利用产业化研发基地”工作汇报会召开

9月6日，三斯达公司“中国EVA循环利用产业化研发基地”工作汇报会在福建晋江召开。中国塑料工业协会会长廖正品出席会议并讲话。

三斯达(福建)塑胶有限公司是中国塑料工业协会的副会长单位，致力于EVA塑料制品新技术开发领域，最近这十年比较早地进入了EVA改性材料的循环利用领域，加大了科研创新投入，在节约资源和环境保护、循环利用有限的资源方面取得了成功经验。

在鞋底的生产过程中，所剩余的边角材料占总用料的比例高达30%~40%。晋江市是我国的鞋都，也是塑料市场的重要组成部分，塑料为制鞋行业提供聚氯乙烯材料、聚氨酯材料和目前流行的EVA塑料制品，上千家企业的EVA下脚料，不能回收利用，是环境保护的重大问题。三斯达公司和湖南大学进行合作开发的EVA下脚料循环利用项目具有先进的工艺，保持了EVA化学分子特性，稳定了原料性能和生产工艺。

三斯达的循环利用使原本作为垃圾的边角料现在又重新获得了循环利用，并开发出了多个品种，取得良好的经济效益。推出的有环保阻燃发泡、抗静电发泡、阻燃抗静电发泡、高阻尼(吸震)发泡、抗菌发泡、抗菌吸音阻燃发泡、耐高温低收缩发泡、开孔发泡等特种功能性高端产品，可广泛应用于电子行业、汽车行业、船舶行业、建筑装饰行业，具有一定的科技含量。

循环经济及创新发展，提升了企业的资本实力。经过二十几年循环经济的发展，企业已经变身为具有核心竞争力的企业，公司拥有30名工程技术人员，上千名员工队伍，年产各类运动鞋500多万双，TPR底600多万双，EVA片材6万余吨。在行业内是具有一定实力的大型骨干企业，占有相当的比例，已成为我国EVA行业重点骨干企业之一，跻身国内EVA循环利用的领跑企业。

XPS行业技术研讨会召开

9月10日，XPS行业技术研讨会北京召开。中外专家共聚一堂，共同探讨中国XPS泡沫行业HCFC替代技术问题。中国塑料工业协会会长廖正品出席会议并讲话。

当今，人类共同的责任是保护天地环境，中国塑料行业近20年来致力于对PU、PE、PS泡沫进行CFC淘汰取得了可喜成果，现又将HCFC的淘汰工作提到重要议事日程上。2013年中国等发展中国家要把HCFC的消费量冻结在2009年和2010年的平均水平，2015年消减10% HCFC消费量，时间紧迫。

为有效做好XPS行业的HCFC淘汰工作，一定要基本说清行业。前一段时间，环保部外经办和中国塑料工业协会在全国开展了XPS泡沫行业HCFC使用情况调查，发现中国XPS行业与其他国家情况有很大的不同。首先，中国XPS行业大量使用来源于废旧物资的回收料。合理添加回收料基本不影响其物理性能，但大量添加回收料的产品性能和稳定性较差；第二，中国XPS的生产和市场还不太成熟，低价竞争是市场的主要特征；第三，XPS产品目前在阻燃性能方面还有待提高，部分产品还不能达到中国消防主管部门对建材的阻燃性能的要求，而未来HCFC替代品会使XPS产品的阻燃性能有不同程度降低的可能性。当然，公安部消防局指定的法规是一定要贯彻的，XPS产品必须符合建筑业的要求；第四，XPS企业对HCFC替代工作的理解和支持程度还有待提高。对回收料质量控制是非常重要的，应高度重视。

中国塑料工业协会硬质PVC发泡制品专委会2009年年会召开

9月14~15日，由中国塑料工业协会硬质PVC发泡制品专委会主办的中国塑料工业协会硬质PVC发泡制品专业委员会2009年年会暨技术交流会在安徽省铜陵市举行。中国塑料工业协会廖正品会长、铜陵市人民政府崔玉奇副市长、中国塑料工业协会硬质PVC发泡制品专委会徐斌理事长以及来自全国各地PVC发泡制品生产企业、与之相关的原料企业、模具及设备企业、科研院校等单位代表近300人参加了这次会议。

专委会徐斌理事长致欢迎词。铜陵市人民政府崔玉奇副市长致欢迎词。廖正品会长详细介绍了目前我国塑料行业发展形势和硬质 PVC 发泡制品行业的现状，并对行业发展前景进行了展望。

技术交流会上，铜陵市耐科模具胡火根总工程师介绍了硬质 PVC 发泡制品模具的特点及设计技巧；英国 Celukatech 公司的 David 及 Peter 技术专家介绍了 PVC 发泡的优势、特点、配方及工艺控制；山东日科的赵东日博士讲解了发泡调节剂在 PVC 发泡中的作用及作用机理。

参加第九届中国塑料交易会和“台州论坛”举办

9 月 17 ~ 19 日，由中国石油化工股份有限公司、中国石油天然气股份有限公司、中国中小企业国际合作协会、中国塑料工业协会、中国塑料机械工业协会和台州市人民政府联合主办的第九届中国塑料交易会在浙江台州市国际会展中心举行，同期举办“台州论坛”。

创办于2001 年的中国塑料交易会已连续举办了八届，第九届中国塑料交易会展出面积 30000 平方米，展位 1200 个，全面展示塑料制品、原料、机械、模具及相关技术，涵盖整个塑料产业链，特色鲜明，信息集中，国际化程度突出，2005 年开始连续被国家商务部列为塑料行业唯一重点支持展会。随着中国塑料交易会的日趋成熟，规模日益扩大，它已发展成为一个多方位展示中国塑料产业，强力吸引国际采购的商贸平台。

历经数年打造，中国塑交会品牌魅力辐射海外，来自美国、俄罗斯、韩国、日本、印度、印度尼西亚、巴基斯坦、菲律宾、伊朗、约旦、墨西哥、沙特等国的外商参会采购。中国台湾塑料行业协会对塑交会前景也十分看好。尽管塑交会 2001 年才开始办展，至今也才是第八年，但塑交会的国际化程度逐步得到加强，塑交会在国际上的影响力和品牌知名度不断提升。中国塑料交易会努力把展会办成国内外更具有影响力的专业化、规模化的交易会，正在演化为一个有着世界影响力的国际化展会。

展会内容：塑料机械、辅助设备及仪器、模具成品、数控机床设备、模具工量具及模具五金配件、塑料原料、助剂、再生塑料及工程塑料、塑料制品及塑料件。

“台州论坛”于 9 月 17 ~ 18 日举办，论坛由一个主论坛和若干个分专题组成。分专题主要有：“全国塑料行业协会联席会议”、“中国塑料日用品创新设计大赛”、“中国加工贸易政策和保税原料供需对接”和“国际废塑料供需对接”等活动。

广东省真空保鲜产品工程技术研究开发中心论证会召开

9 月 24 日，广东省真空保鲜产品工程技术研究开发中心论证会在广东揭阳海兴塑胶有限公司召开。来自中国塑料工业协会、广东省塑料协会、广东省科技厅、汕头大学、揭阳市科技局、发改委，揭东县质量技术监督局、环境监测站等单位的专家参加了论证会。

会上，广东省真空保鲜产品工程技术研究开发中心的依托和申请单位——广东海兴塑胶有限公司首先读了可行性论证报告，介绍了真空保鲜产品国内外的发展现状和发展趋势以及企业在自主研发真空保鲜盒产品、抢占技术制高点、打开国际市场方面所做的努力和取得的成绩，介绍了拟成立的研发中心建设的目标、项目计划、资金投入和组织机构、运行机制等情况。专家们分别发表意见，对中心成立的可行性进行认真的论证，结果一致认为广东海兴塑胶有限公司在自身具有的真空保鲜容器设计开发及营销优势的基础上，申请组建工程中心的目标明确，机构设置合理，措施得力，方案可行，已具备组建广东省真空保鲜产品工程技术研究开发中心的条件，建议广东省科技厅、省发改委和省经贸委予以批准。

广东海兴塑胶有限公司是中国塑料工业协会常务理事、广东省塑料协会副会长单位，国家级高新技术企业。该公司一直致力于高新技术产品的开发和海外市场的开拓，已研制生产了一千多种产品，其日用塑料制品研发、加工技术处于国内先进水平。产品不仅畅销国内且 80% 出口，先后荣获“广东省著名商标”“广东省出口名牌”，深受国内外用户的欢迎。以该公司为依托单位组建广东省真空保鲜产品工程技术研究开发中心，将会有力地推动广东省以至国内真空保鲜特别是塑料真空保鲜容器产品的技术进步。

中国塑料工业协会塑料配线器材专委会成立大会暨“中国塑料配线器材工贸基地”授牌仪式隆重召开

9 月 26 日，中国塑料工业协会塑料配线器材专业委员会成立大会暨“中国塑料配线器材工贸基地”授牌仪式在浙江省乐清市召开。中国塑料加工工业协会领导，温州市经贸局领导，乐清市委、市人大、市政府和相关职能部门领导，温州塑料协会领导，中国塑料工业协会塑料配线器材专委会筹备组组长、副组长以及全体会员单位代表以及乐清市各行业协会负责同志等200多人参加了大会。

会议听取了中国塑料工业协会塑料配线器材专委会筹备组郑建诚所作的筹建工作报告；宣读了民政部关于批准成立塑料配线器材专委会的文件；会议分别审议了《专委会工作条例》、《会费收缴和资金使用管理办法》和《选举办法》；会议选举产生了第一届理事会成员25名，选举产生了第一届理事会领导机构：长虹塑料有限公司郑元和董事长为专委会理事长。中国塑料工业协会还授予乐清市为“中国塑料配线器材工贸基地”称号并举行了隆重的授牌仪式。廖正品会长亲自将“中国塑料配线器材工贸基地”牌匾授予了乐清市委常委、市人民政府吴云峰副市长。

专委会今后的工作作了具体的安排，并提出下一步的工作重点：①加强协会组织体系建设，积极为企业搭建信息交流的平台，加强与会员、政府、企业的沟通联系；②加强协会的信息交流和传播功能，创办专委会的信息报道工作，出版刊物和建立网站等宣传工作；③积极制定行业标准，采纳各企业好的建议，作好咨询服务工作；④举办行业研讨会等专题会议，加强行业规划发展工作。专委会成立后，要发挥自身优势，开展各种形式的交流活动，给各个厂商提供一个相互学习和交流的平台，通过一系列的组团办展，进一步加速我国塑料配线器材产业的发展。

应邀到会的中国塑料工业协会会长廖正品对塑料配线器材专业委员会成立大会的召开表示了祝贺，他在授牌时指出，“塑料配线器材专委会与塑料配线器材工贸基地”的成立，是乐清也是全国塑料行业的一件值得庆祝的大事，我深信它将不单有利于乐清、浙江全省乃至全国塑料配线器材产业持续、快速发展，而且有利于我国塑料行业的快速发展，它将进一步为我国塑料行业科技创新和技术进步作出新的贡献。

【10月】

中国塑料工业协会配合国家开展全国农膜产品质量调研并在山东淄博召开座谈会

9至10月，按照国家工业和信息化部下达的“中国农膜产品质量现状调研”的课题要求，中国轻工业联合会牵头组成了有工信部、中国塑料工业协会及中国塑料工业协会农用薄膜专业委员会参加的调研组，对全国农膜产品开展了质量调研工作。

调研组通过调查问卷、实地走访、企业座谈、研讨等方式，对国内企业的农膜产品质量现状、质量管理及市场情况进行了了解，先后走访了北京华盾雪花塑料集团有限责任公司、天津市塑料集团有限公司第二塑料制品厂、山东清源集团有限公司3个中国名牌企业以及寿光兴龙塑料制品有限公司、山东天鹤塑胶股份有限公司、淄博神农塑料有限公司、淄博张店区万利塑料厂共7家农膜生产企业，特别对我国农膜生产及使用大省山东进行了重点调研，专门走访了其省内的全国第一个蔬菜大棚集中生产也是农用棚膜应用量最大、应用品种最多、应用技术水平最高的寿光市场。为更好地了解行业情况，调研组于10月12日在全国农膜生产企业最多、最集中的淄博地区召开了包括当地14家农膜生产企业、1个农膜生产基地(内有60家生产企业)、1个农膜母料生产企业及淄博市轻工业协会、淄博市临淄区经贸局等近20个单位参加的座谈会，对农膜产品的生产、应用及质量特点，总体生产、质量水平，企业的产品质量管理体系、产品标准体系、质量控制方法、企业质量信息管理现状、质量监督与评价体系情况和质量管理水平情况，工业技术水平、供应链相关情况、市场环境等进行了全方位的深入了解，征求了各方对提高农膜产品质量及国家管理政策方面的意见和建议。

中国塑料工业协会携中国塑料工业协会农用薄膜专业委员会、山东省塑料协会积极配合了此次调研工作，专门编制发放了调查问卷给会员单位和相关农膜企业，进行基本情况的了解、相关信息的收集、统计，安排调研和邀请典型企业参加座谈会，并将调研了解到的情况和意见、建议，进行汇总、分析，根据行业的实际情况写出《中国农膜产品质量现状调研报告》汇报给了国家主管部门。

首届中国(包头·九原)塑料产业论坛、中国塑料工业协会专家委员会二届一次会议暨2009年塑料新材料、新技术、新成果交流会举办

10月16~18日，首届中国(包头·九原)塑料产业论坛、中国塑料工业协会专家委员会二届一次会议暨2009年塑料新材料、新技术、新成果交流会在包头市举办。

中国轻工业联合会名誉会长陈士能，中国塑料加工工业协会会长廖正品，中共内蒙古自治区党委

常委、包头市委书记莫建成，包头市副市长冀学斌等领导出席论坛。中国塑料工业协会专家委员会常务副主任兼秘书长王德禧主持开幕式。全国各地行业协会主要领导、各大院校和研究机构专家、塑料行业企业的近300人参加论坛，是近年来中国塑料行业极具高度及广度的一次盛会。这次会议反映了近年来我国塑料界蓬勃发展的新局面，一些科研和产业化成果已经达到了国际领先水平。内蒙古新闻网、内蒙古日报、联合早报、包头人民广播电台、包头电视台、新华网内蒙古频道、包头新闻网、包头市人民政府、九原区委宣传部、中国塑料工业协会网等新闻媒体对此次论坛进行了全程报道。

包头市副市长冀学斌代表市委、市政府向代表们介绍了包头的概况以及包头塑料产业的发展现状。中国塑料工业协会会长廖正品指出，我国塑料工业发展前景广阔，西部地区发展潜力巨大。中国塑料工业协会专家委员会秘书长王德禧强调：中国塑料工业协会专家委员会成立的目的在于进一步拓展以塑料加工工业为核心，包括树脂与助剂、塑料机械与模具为一体的塑料朝阳产业的发展，充分体现了协会"为行业服务、为企业服务"的宗旨，把"塑料新材料、新技术、新成果的交流推广"做为塑料交流会永恒的主题，就是立足于促进科技成果的转化。

会议期间，与会专家学者就我国塑料产业的现状、发展及远景规划展开学术性交流。神华包头煤化工项目总经理助理武兴彬、四川大学高分子研究所教授王琪、华南理工大学瞿金平教授等40位专家作了专题报告，报告分为两个会场进行，分别由陈宇、杨鸣波、吴大鸣、于建教授主持，精彩的报告受到了与会者的热烈欢迎。84篇文章收录入会议论文集。

为了配合包头市塑料产业的发展，论坛特地在17日下午安排了"科技成果对接专场"报告会。报告会精选了"PVC－M的研发及其应用"、"卫生级、节能型、高强度的新一代给水用PVC－M管材 "、"高速铁路用膨胀型微发泡垫板的制备及应用" 、"超细粉体技术在高分子材料制备和回收利用中的应用研究进展"、"HDPE中空壁缠绕管在云南省的应用推广探讨"、"发展循环经济，推动BOPS环保材料的产业化"、"新型热塑性聚酰亚胺特种工程塑料的开发" 等多篇适合当地发展的专题项目报告。通过广泛的交流，促进科技成果的转化，为科学家、专家、企业家的联手架设起一座金色的桥梁。

包头市九原区政府有关部门联系当地50多家企业，与论坛所提供的新型塑料产业化项目进行了对接。专场对接会上，参会企业杭州汇金化工公司、苏州富事达塑业有限公司、秦皇岛宏岳管业有限公司、河北颐通管材有限公司、天津军星管材有限公司、江苏联冠科技有限公司等多家企业与九原区签署7个塑料产业项目，拟投资10亿元。

会议期间，代表们还实地参观考察了神华集团和九原区工业园区。随着投资195亿元的包头神华煤化工项目的建成，必将带动西部一批下游塑料制品企业的发展。

精信集团揭牌仪式举办

10月25日，精信集团"中国塑料工业协会功能助剂研发中心"和"河北大学化学博士后流动站研究基地"揭牌仪式在河北衡水市举办，中国塑料工业协会廖正品会长出席并讲话。

精信集团是专业生产聚合物助剂、塑料制品、热固性复合材料的大型工业企业，有多年研发塑料助剂的经验和丰富的研究成果、研发条件优越、科研队伍强劲，是全国塑料助剂行业的排头兵。此次与精信集团合作并建立的"中国塑料工业协会功能助剂研发中心"是中国塑料工业协会针对全行业的发展需求而授予的功能助剂研发中心，将以研发科技含量高、附加值高的塑料助剂为主，既要满足国内企业的生产经营需求，还要出口到国外。它的建立为塑料助剂新技术新产品的研发，加快科研成果转化，促进塑料工业向更高层次发展，都具有非常重要的意义。

《农用薄膜行业准入条件》论证会在北京召开

10月30日，由国家工业和信息化部牵头组织，中国塑料工业协会农膜专委会组织承办的《农用薄膜行业准入条件》论证会在北京召开，农膜专委会农膜生产企业会员代表共92人参加会议。国家工业和信息化部产业政策司于小东处长、片飞主任科员、消费品司张军处长、中国轻工业联合会廖常京处长、中国塑料工业协会质量标准部田岩主任参会。

近期国家工业和信息化部就《农用薄膜行业准入条件》(征求意见稿)征求了国务院有关部门意见，并进行了汇总整理。召开农膜行业准入条件论证会是准入条件发布前的最后一次论证会，参会代表分组进行了紧张、激烈的讨论，并对准入条件逐条款项研究分析提出修改意见和建议，代表们纷纷表示制定农膜产品生产准入制度，对于从源头规范企业生产经营秩序，提高企业核心竞争力，促进行业结构调整和产业优化升级，具有十分重要意义。

国家工业和信息化部领导对与会代表提出的意见和建议十分重视，表示将对征求意见稿进一步修改完善，随后还将制定《农膜行业准入管理办法实施细则》，并尽快出台。

PVC 结皮/半结皮板生产线入市

由青岛儒奥机械有限公司研制的国内首套新型PVC 结皮/半结皮发泡板生产线推向市场。

该生产线由异向锥形双螺杆挤出机、板材模具、真空定型和十辊牵引等辅机部分组成，采用先进的塞路卡发泡技术，生产出的 PVC 结皮/半结皮发泡板平整光滑，硬度和刚度高，力学性能明显优于自由泡体。产品同时具有隔音、隔热、保温、阻燃、防潮、防霉、防震、不吸水、不易老化和色变等优点，且质地轻，储运、施工方便，可广泛应用于高档橱柜家具、广告刻字材料、建筑装饰及汽车、火车、轮船内装饰材料等领域。

【11 月】

2009 年塑料助剂生产与应用技术、信息交流会召开

11 月 1 ~4 日，由中国塑料工业协会塑料助剂专业委员会主办的“塑料助剂专委会年会暨 2009 年塑料助剂生产与应用技术、信息交流会”在北京召开。中国塑料工业协会廖正品会长出席会议并讲话。

会议期间进行了技术、学术和市场信息交流，并出版《2009 年塑料助剂生产与应用技术、信息交流会论文集》。

会议对热点问题进行了交流：

1. 国内外塑料及加工业的现状及发展方向；
2. 国内外塑料助剂的发展趋势、市场动向；
3. 环境友好的塑料助剂及其他塑料助剂的新产品、新技术、新工艺以及加工设备；
4. 塑料助剂在塑料加工、改性中的应用研究；
5. 塑料助剂生产中的计算机应用，环境保护及分析测试等；
6. 塑料助剂的标准和法规。

2009 年(北京)国际塑料管道交流会召开

11 月 4 ~5 日，由中国塑料工业协会塑料管道专业委员会、国际塑料管道会议协会共同主办的“2009年(北京)国际塑料管道交流会”在北京召开。来自国内外塑料管道行业 263 位代表参加会议。中国塑料工业协会会长廖正品，中国塑料工业协会塑料管道专委会会长陈力辉、国际塑料管道会议协会(PPCA)理事 Robin Bresser 出席会议。

交流会以塑料管道的材料与质量、应用与市场、施工与安装为主题进行交流。来自美国、英国、日本、德国、比利时、澳大利亚等国家 10 余名国外塑料管道专家应邀参加会议，并就 PE 压力管在欧洲的发展趋势，聚乙烯管道焊接质量的有损和无损检测，多层管道结构的研究，污水的可持续处理与今后面临的挑战等做专题报告；部分国内专家就中国塑料管道行业现状、发展和趋势，冷、热供水管透氧性研究，分子量 920 万超高分子量聚乙烯管材挤出制品，塑料供水管网全周期成本核算，PVC - U 管材热稳定剂生产现状及发展趋势等做了相关报告，并回答了参会代表的提问。同时，会议还进行了新技术、新材料、新设备等展示内容。

罗宾·布莱瑟先生(Robin Bresser)在发言致辞中介绍了 PPCA 的背景，PPI、PVC 4 管道协会，及 PE 100 + 协会等相关组织机构，以及 PPCA 进入中国市场、宣传优质塑料管道材料的初衷及进展。他说，目前国际上一直在力推塑料作为管道应用的首选材料。与中国合作共同举办技术交流会这还是首次，他希望在今后的国际交流中有更多的中国企业参与。

出席会议的还有建设部及行业协会的领导、业内知名专家学者；塑料管道加工业、上游原料、助剂、加工设备、检测设备等行业代表；下游供水、排水、燃气、房地产开发、设计等行业代表；检测机构、认证机构、行业相关管理部门企业领导人、技术骨干、市场精英代表，及媒体记者代表。

本次交流会为国内外塑料管道工业发展架起了一座新的桥梁，一方面使国内企业了解了国际最先进的塑料管道生产和应用技术，开拓了国际市场；另一方面也将中国塑料行业发展情况介绍到了世界，展示近年来中国塑料管道发展的新情况，交流会的召开对国内国际塑料行业发展有着积极的促进作用。

2009 中国国际氟塑料加工发展论坛举办

11 月 5 ~6 日，中国塑料工业协会氟塑料加工专业委员会主办的“2009 中国国际氟塑料加工发展论坛”在无锡举办。国内氟塑料行业以及德国、日本、美国、瑞士、比利时、印度等国家的 260 余名代表到会并参加交流活动。开幕式上，庄甦理事长致开幕辞，中国塑料工业协会廖正品会长发表了热情洋溢的讲话。德国工业半成品与消费塑料制品协会氟聚合物专委会负责人 Dr. Michael Schlipf 专程从德国前来参加本次会议，并对欧洲氟塑料加工的现状和发展趋势进行了精辟的分析。陈生秘书长代表专委会做了中国氟塑料加工发展建议的报告，华尔卡集团特别顾问罗明德先生、中国台湾中原大学教授黄雅夫先生也特别为此次论坛带来了精彩的演讲。

演讲主题涉及聚四氟乙烯原料性能应用研究、可熔树脂的加工与应用，聚偏氟乙烯背衬板、聚四氟乙烯膨体板、超宽幅车削板等板材的研制与应用，氟塑料膜材料、聚四氟乙烯微粉介绍、聚四氟乙烯着色和改性等方面的研究，另外还对大家逐渐重视的环保行业展开了讨论。

论坛主要报告为：德国工业半成品与消费塑料制品协会氟聚合物专委会负责人、德国 elringklinger 公司 Dr. Michael Schlipf 的“欧洲氟塑料加工介绍”、瑞士工程塑料公司的“可熔性氟塑料防腐衬里焊接技术”、大金氟化工中国有限公司的“大金的环保和节能产品”、中国台湾宇明泰化工股份有限公司黄雅夫的“含氟纳米材料的毒理学及安全性探讨”、上海三爱富新材料股份有限公司的“PVDF 树脂的性能及应用介绍”、中昊晨光化工研究院的“PTFE 乳液新产品”、浙江巨化股份公司氟聚厂的“挤出级 FEP 原料的发展与应用加工”、宁波天塔工业材料有限公司王龙华的“高性能织机促进氟树脂工业用布发展”、苏州诺升功能高分子材料有限公司徐少华的“聚四氟乙烯微粉的改性与应用”、广州市晶邦液压密封技术有限公司黄国典的“填充 PTFE 加工技术”、上海凌桥环保设备厂茅清希的“聚四氟乙烯膨体板的研制与应用”、北京市塑料研究所黄萍的“PVDF 织物复合板的加工与应用”、上海索康医用材料有限公司叶明的“e-PTFE 材料在医学领域的应用”、南京天勤高分子材料研究中心朱进的“PCTFE 制品的加工与应用”、无锡市祥健四氟制品有限公司陈桐生的“超宽 PTFE 填充板材成型工艺与应用”、内蒙古万豪氟化工有限公司的“PVDF 塑料的加工应用特征”、杭州飞翔防伪标志研究室陈秉启的“钢管内壁涂 F46 工艺的研究”等。

浙江巨化股份有限公司氟聚厂、大金氟化工(中国)有限公司、江苏华奥高科技发展有限公司、日氟荣高分子材料研发(上海)有限公司、无锡市祥健四氟制品有限公司、本溪市华日氟塑料制品厂等单位还在会场外进行了展览，取得了良好效果。

沧州开发区塑料工业园投资说明会举办

11 月 11 日，河北省沧州经济开发区举办了塑料工业园投资说明会。

会议邀请了来自中国塑料工业协会的廖正品会长、李国俊副会长一行 7 人，以及来自中国香港、上海、台州、温州等地的 54 位企业家及塑料产业界人士。会上，廖会长作了精彩深刻的发言，表达了对沧州开发区工作的支持与期望，对沧州开发区塑料工业园的发展提出了宝贵意见。企业家们对沧州经济开发区的经济发展速度赞叹不已，并表达了在开发区投资的意愿。说明会期间，举行了重点项目签约仪式。中国北方塑料城等一批重点项目的投资方与开发区签订了投资意向书。

这次参加说明会的客商大多来自塑料工业比较发达的南方地区。召开这次说明会扩大了沧州开发区在塑料产业界的知名度，对于建设塑料工业园、加快沧州开发区的发展具有重要意义。

2009 年(北京)国际塑料管道交流会举办

11 月 4~5 日，由中国塑料工业协会塑料管道专业委员会(CPPA)、国际塑料管道协会(PPCA)共同主办的“2009 年(北京)国际塑料管道交流会”在北京举办。

会议主要内容：

1. 国外 20 名专家塑料管道的相关报告。

2. 国内专家介绍塑料管道在市政、建筑给排水、燃气、城镇给排水、农用等领域的应用前景。

3. 给排水、燃气等用户单位介绍应用和设计中的注意问题。

4. 塑料管道标准化及检测方面的概况和发展。

5. 新技术、新材料、新设备等。

6. 企业在行业中应如何进行竞争和合作等。

塑料管道加工业；上游原料、助剂、加工设备、检测设备等行业；下游供水、排水、燃气、房地产开发、设计等行业；检测机构、认证机构、行业相关管理部门、媒体等代表出席会议。

福建炼油乙烯一体化项目投运

11 月 11 日，经过两年多紧张施工和 5 个多月的试车，中国第一个炼油、化工和成品油销售全面一体化的中外合资项目，国内迄今为止一次性整体规划、实施投资最大的炼油化工项目——福建炼油乙烯一体化合资项目正式投入商业运行。该项目是福建省迄今为止最大的工业项目，标志着福建省已形成1200万吨/年炼油、80万吨/年乙烯生产能力。这对于加快福建经济社会发展，推动海峡西岸经济区建设，促进我国石化产业调整和振兴，具有十分重要的意义。

总投资超过50亿美元的福建炼油乙烯一体化项目，总占地面积437公顷，是目前国内最大的炼油化工中外合资项目。项目主体包括新建800万吨/年常减压、80万吨/年乙烯裂解、80万吨/年聚乙烯、40万吨/年聚丙烯、70万吨/年对二甲苯芳烃联合等装置以及30万吨级原油码头等配套设施。建成后，每年可生产高品质成品油746万吨、聚烯烃产品128万吨、对二甲苯70万吨等，年销售收入将超过550亿元，炼油、乙烯的竞争力与目前亚太地区水平相比，将处于领先地位。

中国第三届国际塑木高峰论坛举办

11月18日，中国第三届国际塑木高峰论坛在深圳高交会馆开幕。这是继西安杨凌首届、辽宁沈阳二届之后又一盛况空前的全国塑木行业的高峰论坛。中国塑料工业协会廖正品会长出席并讲话。

我国塑木复合材料产业是中国塑料工业的新兴子行业，随着国民经济的持续稳定健康发展，塑木产业快速发展，塑木产品应用领域在不断拓宽，国内外市场前景看好，中国塑木生产必将成为世界最大的生产国、使用国、出口国，中国塑木复合材料这一绿色产业一定能为国家建设事业替代传统的木材，发挥出应有的作用，减少森林砍伐，使中国的森林覆盖面积在20.26%的基础上进一步扩大。塑木产业是一个欣欣向荣的朝阳产业，发展塑木产业完全符合国家产业发展政策，以塑木部分替代木材为减少森林资源的砍伐，保护环境保护生态平衡，实现资源循环利用，功在当代，利在千秋。

通过这次大会，进一步加强了行业间和国际间的合作与交流，逐步规范行业行为，推进行业自律。

中国塑料工业协会复合膜专委会第五届九次理事会召开

11月29日，中国塑料工业协会复合膜专委会第五届九次理事会议在成都召开。中国塑料工业协会廖正品会长出席会议并讲话。

理事会议主要讨论了2010年复合膜专委会的工作计划及其他相关重要议题。

理事会议就复合膜软包装行业发展瓶颈及其解决方案，确保食品包材的卫生安全是复合膜软包装企业应履行的责任、义务、神圣使命，节能降耗减排要通过发展循环经济和发展高新技术来实现等议题进行了讨论。

特别是生产出口食品包装的企业务必要进一步提高对食品包装质量安全的认识，一是要密切关注各国食品包装技术法规，对其实施时间、具体内容和涵盖范围等进行深入了解和解读，并结合企业自身情况制定相应的对策；二是要加强环保意识，确保从原料选购、产品制造等全过程符合输入国环保要求；三是要加大科技投入，积极改进生产工艺和生产方法，将环保理念引入包装原料选择、产品制造乃至使用、回收等全过程，开发无毒、无害、可降解的绿色环保型食品包装材料，加快食品包装产业更新换代的步伐。

百亿元项目黔江开建

11月30日，落户黔江的总投资约100亿元的正阳新材料循环产业项目正式动工。

黔江市政府对该项目正式动工兴建专门发来贺电。贺电称，正阳新材料循环产业项目是全市的重点项目，市政府将继续高度重视并大力支持项目的建设和发展。这个项目的开工建设，对于改善全市工业产业布局、提高化工产业生产技术水平、带动新材料产业发展升级、促进区域经济结构调整优化，具有重要的意义。

正阳新材料循环产业项目，充分利用黔江当地石灰岩矿及电力资源，以电石制乙炔和电解原盐生成的氯气和氢气为主要原料生产氯乙烯，进而聚合成聚氯乙烯(PVC)。今年7月，黔江区政府、东方希望集团、乌江实业集团在上海东方希望集团总部举行了项目签约仪式。按照三方约定，由东方希望集团、乌江实业集团按股权比例，首期注资1亿元人民币，组建正阳新材料有限公司。

据了解，该项目严格依照循环经济理念进行布局，以实现资源的综合开发，其所产生的“废气”、“废渣”将作为产品生产原料综合利用，“废水”实现循环使用，从而最大限度地实现节能减排，保护环境。项目建成后，可实现年总产值100亿元、利税25亿元，直接和带动相关产业解决劳动就业5000人以上。这是黔江有史以来一次性投资金额最大、产出能力最高、对经济社会发展起着重大影响和支撑作用的工业项目。

山西年产40万吨聚氯乙烯(一期)工程开工

2009年11月，山西年产40万吨聚氯乙烯(一期)工程项目建设周期为2009~2011年，投资总额为18亿元，目前已开工在建。该项目建设内容为年产20万吨聚氯乙烯、17万吨烧碱，关键设备有压滤机、干燥机、冷却器、自动化仪器仪表、水处理设备、裂解炉、裂解压缩机、高压管式反应器、挤压机、分解系统塔等。

甘肃年产12万吨PVC生产线项目开工

2009年11月，甘肃年产12万吨PVC生产线项目建设周期为2009~2010年，投资总额为4.3亿元，目前已开工在建。该项目建设内容为年产12万吨PVC，关键设备有负压加碱系统、电子配料设备、薄膜脱苯装置、自动罐装设备、分散控制系统等。

【12月】

保鲜膜新国标延至明年实施

《食品用塑料自黏保鲜膜》(GB 10457—2009)(下简称“新国标”)原定于12月1日开始实施，但由于协会、企业间有不同意见，该标准将延期至明年9月实施。

尽管很多保鲜膜包装上均有“可用于微波炉”等字样，但却没有新国标规定的不同用途标示不同的警示语。此前计划于12月1日正式实施的保鲜膜新国家标准，要求在保鲜膜包装上明确标示出“不能接触带油脂食品”、“不得微波炉加热”、“不得高温使用”等警示性语言；并且可用于包装食品的保鲜膜将标示“食品用”字样；同时要求使用的树脂原料必须为“食品级”原料。

中国轻工业联合会有关负责人接受媒体采访时透露，标准公布后，引起很多企业、协会等社会各界的较多意见与分歧，因此将对部分内容进行重新修改。

查阅国家标准化管理委员会官方网站，上个月底就已经对延期实施该标准作出了说明，称同意国家标准《食品用塑料自黏保鲜膜》(GB 10457—2009)实施日期延期至2010年9月1日。

与此同时，《塑料一次性餐饮具通用技术要求》、《运动饮料》、《婴幼儿配方粉企业良好生产规范》等与食品有关的标准已于12月1日正式实施。

2009年1~10月我国塑料制品出口量下降明显，月度出口量连续13个月呈现同比下降

12月2日，据海关统计，2009年1~10月，我国累计出口塑料制品536.9万吨，价值114.8亿美元，分别比去年同期(下同)下降13.3%和8.4%。

一、出口主要特点

1. 月度出口量同比连续13个月下降。自去年10月以来，我国塑料制品已连续13月出现月度出口量同比下降，其中今年2月出口31.2万吨，下降28.5%，为2008年以来最低点。4~10月出口量基本保持在55万吨左右，10月份当月出口54.5万吨，同比下降12.4%，环比下降9.5%(下同)。

2. 加工贸易和一般贸易出口平分秋色。1~10月，我国分别以加工贸易和一般贸易方式出口塑料制品250.9万吨和233.1万吨，下降13.9%和13.4%，分别占同期我国塑料制品出口总量(下同)的46.7%和43.4%。

3. 主要出口到美国和欧盟，对非洲出口增长明显。1~10月，我国对美国出口塑料制品160.4万吨，下降12.8%；对欧盟出口95.5万吨，下降15.3%。两者合计占同期我国塑料制品出口总量的47.7%。同期，对非洲出口26.6万吨，增长9.2%。

4. 外商投资企业和私营企业出口比重相当，国有企业下降明显。1~10月，我国外商投资企业出口塑料制品226.6万吨，下降13%，占42.2%；私营企业出口224万吨，下降8.8%，占41.7%。同期，国有企业出口60.4万吨，下降23%。

5. 广东出口位居各省市之首，浙江出口保持增长态势。1~10月，广东出口塑料制品251.2万吨，下降20%，占46.8%，位居全国各省市之首；浙江出口64.7万吨，增长9.9%，占12%，位居第二。此外，江苏、上海、福建和山东分别出口58.8万吨、41.2万吨、36万吨和35.5万吨，分别下降2.6%、13.5%、9%和16.7%。

二、出口的制约因素

为帮助塑料制品出口行业摆脱困境，今年以来国家接连出台相关扶持措施：2月1日取消对部分塑料制品的出口限制；2月19日审议通过包括塑料制品在内的轻工业振兴规划；6月1日起将塑料制品出口退税率由11%上调到13%。但由于国外市场需求低迷，塑料制品出口依然不振，且仍然存在以下几个方面的制约因素：

1. 原材料价格上涨加大企业经营成本压力。作为原油的下游产品，塑料原料价格受到油价波动的

直接影响。今年以来国际原油价格由年初的35美元/桶逐步回升，一度达到80美元/桶的高位，虽然近期有所回落，但总体上仍呈现波动中上升的趋势。原油价格的上涨带动塑料原料价格一路上扬。大连商品交易所LLDPE(线型低密度聚乙烯)0911合约价格由1月份的7640元/t上涨至11月份的10995元/t，涨幅达43.9%；此外，11月11日中国塑料价格指数收于978.76点，较年初上涨了32.6%。而同期我国塑料制品月度出口均价一直维持在2100美元/t上下，原材料价格的大幅上涨给塑料制品加工企业在经营成本方面带来了较大压力。

2. 欧盟对塑料添加剂出台新规定。今年5月1日起生效的欧盟新修订的法规Directive2007/19/EC对与食品接触的塑料制品中各种添加剂的安全提出了新的要求：与食物接触的塑料制品中，炭黑的最高含量不得高于2.5%；炭黑中甲苯抽出物含量应低于0.1%；苯并吡含量应低于0.25毫克/千克等。这一新规定的出台，提高了国内塑料制品企业的出口门槛。

3. 同质化程度高，缺乏有特色的高附加值产品。我国出口的塑料制品以低端产品为主，且多数产品相似性较高，由此导致各塑料出口企业的竞争十分激烈，在缺乏有特色的高附加值产品的情况下，价格竞争手段被滥用，导致行业利润进一步降低。

海关总署

2009年12月02日

中国塑料工业协会塑料配线器材专委会一届三次理事会会议召开

12月2日，中国塑料工业协会塑料配线器材专业委员会一届三次理事会在乐清市召开。

一、会议通报了专委会近期主要工作开展情况

1. 编制会员通讯录。

2. 制作专委会网站。申请到“www.china-pwapc.com”国际域名，并开始网站的各项建站工作。

3. 出版宣传刊物。决定编印专委会内部宣传刊物——《中国塑料配线器材工贸基地》。

4. 做好基地工作。“中国塑料配线器材工贸基地”不仅是专委会的集体财产，也是乐清人民的集体荣誉。

5. 完善专委会属地管理。中国塑料工业协会塑料配线器材专业委员会是中国塑料工业协会直属机构，由国家民政部登记注册。考虑到会员大多分布在乐清境内的实际情况，专委会拟提请地方民政局管理，以便获得更多的属地财政支持。

二、会议重点讨论了主要原材料——尼龙66采购和会员企业产品销售价格问题

1. 与会人员重点讨论了尼龙66采购问题。塑料配线器材制造企业所需的原材料均为尼龙66，而由于在国家反倾销政策下，国外的尼龙66产品不是进不了国内市场，就是要上缴40%以上的反倾销税而价格居高不下，因此造成了国内只有河南神马集团“一枝独大”，从而夺取了市场的绝对话语权。特别是近期以来，以神马集团为首的原材料供应商，更是任意涨价，给所有塑料配线器材生产企业带来了灾难性的打击。许多企业因为原材料价格波动频繁，生产难以为继，濒临倒闭的边缘。

经过激烈的讨论，与会人员认为，专委会要在第一时间内上书国家商务部，痛陈这一事关行业发展的现实，积极取得国家在政策导向上的支持，让塑料配线器材行业有个喘息的机会，重新走上发展的良性轨道。

2. 大家对各自企业产品销售价格问题展开了热烈探讨。与会人员一致认为，广大塑料配线器材生产企业除了在原材料的采购上想出路，同时还要在各自产品在市场上的销售价格上想办法。由于塑料配线器材生产企业主要集中在乐清，因此造成了竞争态势异常激烈，不少企业存在着压价倾销的行为，这在一定程度上给全行业带来了极大的挑战。由于低价竞销，企业陷入恶性发展的境地。

会上，经过激烈的谈论，大家提出了行业销售的基准价：即原材料进价每吨+7000元，作为每吨销售的基础价格，专委会所有会员企业产品销售价格不能低于这个基础价。

PE大口径实壁管挤出线研制成功

2009年12月，一套可生产直径为800mmPE大口径实壁管道的塑料机械设备，在青岛科润塑料机械有限公司通过外商验收，从青岛港发往哈萨克斯坦。

该设备拥有自主知识产权，使用了青岛科润多项专利技术，自动化程度高，其生产的PE大口径实壁管道在地面上使用寿命可达50年，埋在地下使用寿命可达100年以上，可广泛应用于城市供排水工程、农田灌溉、天燃气管道、强腐蚀化工产品输送、污水处理等领域。

塑料预应力波纹管生产线面世

2009 年 12 月，一种可生产预应力塑料波纹管的塑机设备，在青岛丰利达塑料机械有限公司研制成功。

新生产线配置了专用的分离型混炼螺杆和螺旋结构机头，具有高速挤出、高速塑化等特点，可使管材内外壁光滑。其生产出的预应力塑料波纹管克服了传统镀锌波纹管漏水、寿命短、易生锈、导电等缺点，具有良好的耐腐蚀性，不导电，可防止杂散电流腐蚀，密封性能好，不生锈。此外，产品强度和刚度高，抗冲击性好，不怕踩压，能减少张拉过程中预应力的磨擦损失，可广泛应用于高速公路立交桥、高架桥、铁路桥梁。该机组更换模具后还可生产 PP、PE 和碳素螺旋管材。

2009 BOPP、BOPA 薄膜产业链创新发展论坛会议召开

12 月 10 ~ 11 日，由中国塑料工业协会双向拉伸聚丙烯薄膜专委会(简称中国塑料工业协会 BOPP 专委会)主办的“2009 BOPP、BOPA 薄膜产业链创新发展论坛”在沧州召开。来自全国 BOPP、BOPA 薄膜产业链的 200 多家骨干企业共计超过 370 多名负责人出席会议。包括德国布鲁克纳、法国 DMT、日本制钢所、英国阿特拉斯、德国康甫、德国格贝尔、英国 ASHE 等国际著名企业也出席会议。

中国石油化工股份有限公司化工事业部树脂处副处长蔡志强的代表宋文波、河北沧州东塑集团股份有限公司于桂亭董事长、江苏中达新材料集团股份有限公司副总经理单卫忠、德国布鲁克纳机械股份有限公司销售总监斯万达、利安德巴赛尔工业集团聚丙烯及聚乙烯应用技术经理陈谊品、博斯特(上海)有限公司王达经理、江苏领航材料科技有限公司王杰红经理、上海川野精密轴承有限公司许继羡总经理、浙江省浦江宏达有限公司张必球经理，分别作了“国内 BOPP 原料生产及供求形势分析”、“打造 BOPA 薄膜企业航母，促进我国 BOPA 行业走向世界”、“2009 年中国 BOPP 市场发展分析与 2010 年需求探讨”、“BOPP 薄膜生产线的节能技术”、“BOPP 树脂材料的新发展”、“双向拉伸薄膜分切技术”、“BOPP 专用母料的性能介绍”、“双向拉伸设备用链夹轴承的国产化研究”、“双向拉伸薄膜生产线用过滤碟片和熔体滤芯的性能介绍”的重要发言。

广东德冠双轴拉伸薄膜有限公司研发技术总监徐文树、安徽铜峰电子(集团)有限公司董事长王晓云、群力塑胶有限公司董事长吴昌硕，东塑集团东鸿包装材料有限公司技术部长杨建梅，伊斯拉视像设备制造(上海)有限公司销售经理乔海涛，北京博众易顺科技有限公司总经理王晓梅，中国塑膜网总经理胡晓娜，北京印刷学院黄少云，分别作了“坚持持续创新战略 推动产业链良性发展”、“2009 年中国电容器行业发展情况及其对 BOPP 电容膜的需求”、“我国塑料编织行业发展对 BOPP 薄膜的需求分析”、“BOPA 薄膜的生产工艺简介及其应用”、“伊斯拉高级薄膜/复合材料表面视像检测系统”、“2009 年度中国 BOPP 薄膜市场价格行情综述”、“我国 BOPP 胶带行业 2009 年发展现状分析与 2010 年市场预测”、“低溶剂残留聚丙烯薄膜”的精彩报告。

中国塑料工业协会塑料编织制品专业委员会第三届一次会员大会会议召开

11 月 26 日，由中国塑料工业协会塑料编织制品专委会主办的“中国塑料工业协会塑料编织制品专业委员会第三届一次会员大会”在浙江平阳县萧江镇召开。共计 140 家会员单位及 160 名代表参加会议，与会单位数量超过会员企业总数的三分之二。

第二届塑编专委会会长姜集康作第二届塑编专委会工作报告。第二届专委会组织开展了三次全国塑编联谊会，编制了《塑料编织制品工业“十一五”发展规划》和《塑料编织制品行业 2009 ~ 2011 年调整振兴发展规划》，开展以节能降耗为中心的技术活动，塑编行业企业品牌运作，努力推动发展循环经济，积极参与政府政策法规的建设，组织应对国外反倾销，努力开展各项服务活动，积极参与抗震救灾与恢复生产活动，为塑编行业做出了大量的服务与探索工作，为下一届专委会的工作奠定了坚实的基础。

第二届塑编专委会常务副会长南塑集团有限公司董事长兼总经理林增标提交了关于工作条例修改的意见，主要涉及两处修改，第一是将秘书处办公地点由温州市马鞍池东路 237 号二轻大楼 7F 改为北京市东长安街 6 号，第二是对理事会成员会费标准进行调整。

第二届塑编专委会副会长温州广天集团有限公司董事长兼总经理吴美秋作了关于中国塑料工业协会塑料编织制品专业委员会第二届财务收支情况报告，供大会审议。

与会全体代表对报告进行了认真的讨论和审议，一致认为第二届理事会为塑编专委会和塑编产业做出了重要的贡献，各项工作开展卓有成效，专委会

开支充分节俭，第二届理事会提出的根据全国塑编产业发展需要将秘书处迁至北京以便更好地服务全国各地塑编企业的建议非常符合全国塑编产业的现状与未来发展需要，三个报告获得全体代表一致通过。

随后，大会进入第三届塑编专委会理事会换届议程，与会全体会员企业对第三届理事会推荐人选进行了认真审核与讨论，并以举手表决方式一致选举通过中国塑料工业协会塑料编织制品专业委员会第三届理事会成员名单。

接着，第三届理事会成员、中国塑料加工工业协会孙冬泉副秘书长牵头召开了塑编专委会第三届一次理事会，选举产生了常务理事、正副理事长、正副秘书长。浙江华庆集团有限公司董事长姜集康当选为第三届会长，南塑集团有限公司董事长兼总经理林增标、山东广庆塑业集团有限公司董事长傅广伟为常务副会长等。

中国塑料工业协会塑料管道专委会公布塑料管道产品行业指导价格

12月28日，中国塑料工业协会塑料管道专委会公布塑料管道产品行业指导价格(2009年第3号)

一、给水用硬聚氯乙烯(PVC－U)管材(非铅盐稳定剂)

1. 产品标准：GB/T 10002.1—2006 给水用硬聚氯乙烯(PVC－U)管材。

2. 行业指导价格(出厂价)：11600元/t(PVC树脂参考价按7300元/t计)。

二、排水用PVC－U管材

1. 产品标准：GB/T 5836.1—2006 建筑排水用硬聚氯乙烯管材。

GB/T 20221—2006 无压埋地排污、排水用硬聚氯乙烯(PVC－U)管材。

2. 行业指导价格(出厂价)：10600元/t(PVC树脂参考价按7300元/t计)。

三、埋地排水用PVC－U双壁波纹管材

1. 产品标准：GB/T 18477.1—2007 埋地排水用硬聚氯乙烯(PVC－U)结构壁管道系统 第1部分：双壁波纹管材。

2. 行业指导价格(出厂价)：11300元/t(PVC树脂参考价按7300元/t计)。

四、燃气用埋地聚乙烯(PE)管材

1. 产品标准：GB 15558.1—2003 燃气用埋地聚乙烯(PE)管道系统 第一部分 管材。

2. 行业指导价格(出厂价)：18600元/t(PE原材料参考价按14000元/t计)。

五、给水用PE管材

1. 产品标准：GB/T 13663—2000 给水用聚乙烯(PE)管材。

2. 行业指导价格(出厂价)：17400元/t(PE原材料参考价按12800元/t计)。

六、埋地排水用PE双壁波纹管材

1. 产品标准：GB/T 19472.1—2004 埋地用聚乙烯(PE)结构壁管道系统 第一部分 聚乙烯双壁波纹管材。

2. 行业指导价格(出厂价)：15600元/t(PE原材料参考价按11000元/t计)。

七、PE缠绕结构壁管材

1. 产品标准：GB/T 19472.2—2004 埋地用聚乙烯(PE)结构壁管道系统 第二部分 聚乙烯缠绕结构壁管材及相关标准。

2. 行业指导价格(包括现场施工安装指导费用的出厂价)：16600元/t(PE原材料参考价按11000元/t计)。

中国塑料加工工业协会塑料管道专业委员会
2009年12月28日

中国塑料工业协会滚塑专委会一届六次理事会召开

12月6日，中国塑料工业协会滚塑专委会理事会召开，形成如下决议：

1. 理事会应到理事21名，实到理事13名，决议通过有效；经讨论，理事会一致通过，吸收珠海波利马塑胶容器有限公司、山东烟台方大滚塑厂成为中国塑料工业协会滚塑专委会理事单位。

2. 2010年中国塑料工业协会滚塑专委会在以下方面要加强工作：

(1) 争取在2010年1～2月聘用两名滚塑专委会专职人员，固定办公场地，独立求生存。

(2) 争取把滚塑论坛和展示活动固定下来，以便与国际相关组织沟通合作，做大我们的产业。

(3) 发挥现代互联网络的积极作用，做好滚塑网三维展示厅的工作以及其他滚塑网的相关工作。

(4) 筹建“中国滚塑制品研发中心”的工作，先由专委会秘书处拟出可行的工作草案，再由理事会决定最终执行方案，理事单位、会员单位可自由选择参加与否。该工作计划于2010年3月结束。

(5) 宁波江南塑胶容器有限公司为行业授信工

作的规范起草单位，争取在2010年底完成第一批滚塑企业的行业授信工作。

(6) 中国塑料工业协会滚塑专委会理事会一年确定开一次会议，另外根据需要再择期进行一次。

第三届中国国际滚塑技术与应用论坛暨展览会召开

12月7～8日，由中国塑料工业协会滚塑专业委员会主办的“(2009)第三届中国国际滚塑技术与应用论坛暨展览会”在上海举办。中国塑料工业协会廖正品会长到展会现场参观并对各参展企业的展品给予高度评价，廖会长还在论坛作了题为“中国塑料加工工业发展现状”的演讲；展会得到了澳大利亚澳亚滚塑协会的大力支持，澳亚滚塑协会理事长和首席执行官专程带团来沪参加本次会展活动；滚塑会展也得到了上海塑协、上海船舶工业行业协会、上海环保产业协会、上海塑料工程技术学会等的大力支持。

“第三届(2009)中国国际滚塑技术与应用论坛”邀请了十三位滚塑界及相关行业的国内外权威人士和知名专家做演讲，演讲者既有行业协会官员也有行业资深研究人员，既有大学教授也有一线生产的精英技术人员，演讲主题也涵盖国内外滚塑行业发展现状、我国滚塑标准化建设、滚塑先进技术、滚塑新原料推介、滚塑制品参与我国大型活动项目介绍等以及论坛听众与演讲专家互动问答等内容，与会者除了聆听到精彩的国内外产业情况及最新专业技术演讲之外，还有幸就自己关心的话题与诸多国内外专家进行现场交流，有来自我国各地的滚塑及相关企业的企业家、科技人员、营销人员以及来自澳大利亚、美国、中国香港、中国台湾的滚塑业内人士一百二十多人到会参加了本次论坛。

本次滚塑展览是我国滚塑行业第一次的集中展示，体现了我国滚塑二十多年来的发展成果。展览分为两部分，第一部分主要展示我国滚塑行业的主要制品企业及产品。该部分主要是向本次展会组委会特别邀请的来自全国汽车配套、农机配套、农村沼气利用、化工防腐储存及运输、食品和物流包装、渔业养殖、儿童游乐设施及健身器械、军事用品、小型船艇等行业的滚塑制品使用客户和潜在客户，介绍我国滚塑产业的发展现状。第二部分主要展示滚塑原料、滚塑加工设备、模具、滚塑新技术和其他滚塑生产配套产品。该部分主要面向我国滚塑加工企业，使大家能方便地了解和获得滚塑加工产业相关的专业资料和信息。展览会还发行会刊《中国滚塑2009，CHINA ROTOMOULDING2009》，共有二十二家企业的三十个摊位参加了本次展览活动。

在会展现场滚塑专委会还搭建了“2009中国滚塑企业之廊”，以图片和中英文介绍的形式展示了目前活跃在我国滚塑行业的三十二家中外生产企业和相关配套企业，为参加本次活动的观众和听众很好地展现了我国滚塑行业的发展现状。

(中国塑料加工工业协会 许琳)

2009年塑料化工行业反倾销大事记

Anti-dumping Events Occurred in China's Plastics and Chemical Industry in 2009

一、我国对原产于沙特阿拉伯和中国台湾地区的进口1,4-丁二醇反倾销调查

1. 中华人民共和国商务部公告2009年第26号公布关于原产于沙特阿拉伯和中国台湾地区的进口1,4-丁二醇反倾销调查的初步裁定

根据《中华人民共和国反倾销条例》的规定，商务部(以下称调查机关)于2008年9月25日正式发布立案公告，决定对原产于沙特阿拉伯和中国台湾地区的进口1,4-丁二醇(以下简称被调查产品)进行反倾销立案调查。该被调查产品归在《中华人民共和国进出口税则》税则号：29053990。

调查机关对被调查产品是否存在倾销和倾销幅度、被调查产品是否对中国大陆1,4-丁二醇产业造成损害及损害程度以及倾销与损害之间的因果关系进行了调查。根据调查结果和《中华人民共和国反倾销条例》第二十四条的规定，商务部做出初步裁定(见附件)。现将有关事项公告如下：

一、初步裁定

调查机关初步裁定，在本案调查期内，原产于沙特阿拉伯和中国台湾地区的进口1,4-丁二醇存在倾销，中国大陆1,4-丁二醇产业受到了实质损害，而且倾销与实质损害之间存在因果关系。

二、征收保证金

根据《中华人民共和国反倾销条例》第二十八条和二十九条的规定，商务部决定采用保证金形式实施临时反倾销措施。自2009年5月6日起，进口经营者在进口原产于沙特阿拉伯和中国台湾地区的进口1,4-丁二醇时，应依据本初裁决定所确定的各公

司的倾销幅度向中华人民共和国海关提供相应的保证金。

对被调查产品的具体描述如下:

调查范围:原产于沙特阿拉伯和中国台湾地区的进口1,4-丁二醇

被调查产品名称:1,4-丁二醇(英文名称为1,4-butanediol,简称"BDO")

税则号:该产品归在《中华人民共和国进出口税则》:29053990

化学分子式:$C_4H_{10}O_2$

化学结构式:略

主要用途:1,4-丁二醇是一种重要的有机和精细化工原料,可用于生产四氢呋喃(THF)、聚对苯二甲酸丁二醇酯(PBT)、γ-丁内脂(GBL)、聚氨酯树脂(PU Resin)、涂料和增塑剂,以及溶剂和电镀行业的增亮剂等,广泛应用于医药、化工、纺织、造纸、汽车和日用化工等领域。

对各公司征收的保证金比率如下:

沙特阿拉伯公司

1. 国际丁醇公司 (International Diol Company)	20.9%
2. 其他沙特阿拉伯公司 (All Others)	31.6%

中国台湾地区公司

1. 大连化学工业股份有限公司 (DAIREN CHEMICAL CORPORATION)	9.3%
2. 台泥化学工业股份有限公司 (TCC CHEMICAL CORPORATION)	9.3%
3. 南亚塑胶工业股份有限公司 (NAN YA PLASTICS CORPORATION)	11.3%
4. 其他中国台湾地区公司 (All Others)	31.6%

三、征收保证金的方法

自2009年5月6日起,进口经营者在进口原产于沙特阿拉伯和中国台湾地区的进口1,4-丁二醇时,应依据本初裁决定所确定的各公司的倾销幅度向中华人民共和国海关提供相应的保证金。保证金以海关审定的完税价格从价计征,计算公式为:

保证金金额=(海关审定的完税价格×保证金征收比率)×(1+进口环节增值税税率)。

四、评论

各利害关系方在本公告发布之日起20天内,可向商务部提出书面评论并附相关证据,商务部将依法予以考虑。

2. 中华人民共和国商务部 公告2009年第106号(二〇〇九年十二月二十)

根据《中华人民共和国反倾销条例》的规定,商务部(以下称调查机关)于2008年9月25日正式发布立案公告,决定对原产于沙特阿拉伯和中国台湾地区的进口1,4-丁二醇(以下简称被调查产品)进行反倾销立案调查。该被调查产品归在《中华人民共和国进出口税则》税则号:29053990。

调查机关对被调查产品是否存在倾销和倾销幅度、中国大陆产业是否遭受了损害及损害程度,以及倾销和损害之间的因果关系进行了调查。根据调查结果和《中华人民共和国反倾销条例》第二十四条的规定,调查机关于2009年5月5日发布初裁公告,认定被调查产品存在倾销,中国大陆产业受到了实质损害,而且倾销与实质损害之间存在因果关系。

初步裁定后,调查机关继续对倾销和倾销幅度、损害和损害程度、以及倾销和损害之间的因果关系进行调查。现本案调查结束,根据本案调查结果,并依据《中华人民共和国反倾销条例》第二十五条的规定,商务部做出最终裁定(见附件)。现将有关事项公告如下:

一、最终裁定

经过调查,商务部最终裁定,原产于沙特阿拉伯和中国台湾地区的进口1,4-丁二醇存在倾销,并对中国大陆1,4-丁二醇产业造成了实质损害,且倾销与实质损害之间存在因果关系。

二、征收反倾销税

根据《中华人民共和国反倾销条例》的有关规定,商务部向国务院关税税则委员会提出征收反倾销税的建议,国务院关税税则委员会根据商务部的建议做出决定,自2009年12月25日起,对原产于沙特阿拉伯和中国台湾地区的进口1,4-丁二醇征收反倾销税。

本案征收反倾销税的产品归在《中华人民共和国进出口税则》税则号:29053990。具体描述如下:调查范围:原产于沙特阿拉伯和中国台湾地区的进口1,4-丁二醇被调查产品名称:1,4-丁二醇(英文名称为1,4-butanediol,简称"BDO")

化学分子式:$C_4H_{10}O_2$

化学结构式:略

主要用途:1,4-丁二醇是一种有机和精细化工原料,可用于生产四氢呋喃(THF)、聚对苯二甲酸丁二醇酯(PBT)、γ-丁内脂(GBL)、聚氨酯树脂(PU Resin)、涂料和增塑剂,以及溶剂和电镀行业的

增亮剂等，广泛应用于医药、化工、纺织、造纸、汽车和日用化工等领域。

对各公司征收的反倾销税税率如下：

沙特阿拉伯公司

1. 国际丁醇公司

(International Diol Company) 4.5%

2. 其他沙特阿拉伯公司

(All Others) 13.6%

中国台湾地区公司

1. 大连化学工业股份有限公司

(DAIREN CHEMICAL CORPORATION) 4.6%

2. 台泥化学工业股份有限公司

(TCC CHEMICAL CORPORATION) 9.1%

3. 南亚塑胶工业股份有限公司

(NAN YA PLASTICS CORPORATION) 4.8%

4. 其他中国台湾地区公司

(All Others) 13.6%

三、征收反倾销税的方法

自2009年12月25日起，进口经营者在进口原产于沙特阿拉伯和中国台湾地区的进口1,4－丁二醇时，应向中华人民共和国海关缴纳相应的反倾销税。反倾销税以海关审定的完税价格从价计征，计算公式为：反倾销税额＝海关完税价格×反倾销税税率。进口环节增值税以海关审定的完税价格加上关税和反倾销税作为计税价格从价计征。

四、反倾销税的追溯征收

对自2009年5月6日起至本决定公告之日止，有关进口经营者依初裁决定向中华人民共和国海关所提供的保证金，按终裁所确定的征收反倾销税的商品范围和反倾销税税率计征并转为反倾销税，并按相应的增值税税率计征进口环节增值税。对在此期间有关进口经营者所提供的保证金超出反倾销税和与之相应的进口环节增值税的部分，海关予以退还，少征部分则不再征收。

对实施临时反倾销措施决定公告之日前进口的原产于沙特阿拉伯和中国台湾地区的进口1,4－丁二醇不再追溯征收反倾销税。

五、征收反倾销税的期限

对原产于沙特阿拉伯和中国台湾地区的进口1,4－丁二醇征收反倾销税，实施期限自2009年12月25日起5年。

六、新出口商复审

对于上述国家和地区在调查期内未向中华人民共和国出口被调查产品的新出口经营者，符合条件的，可依据《中华人民共和国反倾销条例》第四十七条的规定，向调查机关书面申请新出口商复审。

七、期中复审

在征收反倾销税期间，有关利害关系方可根据《中华人民共和国反倾销条例》第四十九条的规定，向调查机关书面申请期中复审。

八、行政复议和行政诉讼

对本案终裁决定及征收反倾销税的决定不服的，根据《中华人民共和国反倾销条例》第五十三条的规定，可以依法申请行政复议，也可以依法向人民法院提起诉讼。

九、本公告自2009年12月25日起执行。

二、我国对原产于韩国、马来西亚、新加坡和印度尼西亚的进口丙烯酸酯征收反倾销税

1. 中华人民共和国海关总署公告2009年第17号(二〇〇九年四月七日)：

根据国务院关税税则委员会的决定，自2003年4月10日起，对原产于韩国、马来西亚、新加坡和印度尼西亚的进口丙烯酸酯征收反倾销税。海关总署为此发布了海关总署2003年第24号公告。该反倾销措施实施期间，海关总署发布了2005年第29号公告，依法对有关措施进行了调整。2008年4月，在征税时间届满之际，应国内相关企业的申请，商务部决定对原产于韩国、马来西亚、新加坡和印度尼西亚的进口丙烯酸酯所适用的反倾销措施进行期终复审调查。海关总署为此发布了2008年第22号公告，规定在期终复审调查期间对原产于韩国、马来西亚、新加坡和印度尼西亚的进口丙烯酸酯继续征收反倾销税。近日，国务院关税税则委员会根据期终复审裁定，决定调整对原产于韩国、马来西亚、新加坡和印度尼西亚的进口丙烯酸酯所适用的反倾销措施。现根据商务部2009年第18号公告(详见附件)，就有关问题公告如下：

一、自2009年4月9日起，海关对申报进口原产于马来西亚、新加坡和印度尼西亚的丙烯酸酯继续按照海关总署2003年第24号公告和2005年第29号公告的规定征收反倾销税，实施期限为5年。

二、自2009年4月9日起，海关对申报进口原产于韩国的丙烯酸脂，不再征收反倾销税。

2. 中华人民共和国商务部公告2009年第18号，公布关于原产于韩国、马来西亚、新加坡和印度尼西亚的进口丙烯酸酯所适用的反倾销措施的期终复

审裁定(二○○九年四月八日)

2003年4月10日，中华人民共和国商务部发布2003年第3号公告，决定对原产于韩国、马来西亚、新加坡和印度尼西亚的进口丙烯酸酯实施最终反倾销措施，实施期限为五年。

该反倾销措施实施期间，商务部发布2005年第40公告，依法对措施进行了调整。

2008年4月9日，商务部发布2008年第21号公告，应上海华谊丙烯酸有限公司、江苏裕廊化工有限公司、北京东方石油化工有限公司东方化工厂、台塑丙烯酸酯(宁波)有限公司、中国石油天然气股份有限公司吉林石化分公司、浙江卫星丙烯酸有限公司、沈阳石蜡化工有限公司和山东齐鲁石化开泰实业股份有限公司代表中国丙烯酸酯产业提出的申请，决定对原产于韩国、马来西亚、新加坡和印度尼西亚的进口丙烯酸酯所适用的反倾销措施进行期终复审调查。

本复审调查的被调查产品与原反倾销调查被调查产品相同，即丙烯酸酯，包括丙烯酸甲酯、丙烯酸乙酯、丙烯酸丁酯和丙烯酸异辛酯，该产品分别归在《中华人民共和国进出口税则》税则号：29161210、29161220、29161230和29161240'，英文名称为Acrylate Esters。('2008年之前该产品归在《中华人民共和国进出口税则》税则号：29161200。)

商务部对如果终止丙烯酸酯反倾销措施，导致倾销和损害继续或再度发生的可能性进行了调查，并根据调查结果向国务院关税税则委员会提出修改反倾销措施的建议。根据《中华人民共和国反倾销条例》第五十条及国务院关税税则委员会的决定，现将有关事项公告如下：

一、裁定

商务部裁定，如果终止原反倾销措施，原产于韩国的进口丙烯酸酯对中国出口再度发生倾销没有明显的可能性，原产于马来西亚、新加坡和印度尼西亚的进口丙烯酸酯对中国的倾销可能继续发生。如果终止原反倾销措施，原产于马来西亚、新加坡和印度尼西亚的进口丙烯酸酯对中国国内产业造成的损害可能再度发生。

二、反倾销措施

自2009年4月9日起，终止对原产于韩国的进口丙烯酸酯征收反倾销税。

自2009年4月9日起，继续按照2003年第3号公告、2005年第40号公告，对原产于马来西亚、新加坡和印度尼西亚的进口丙烯酸酯实施反倾销措施，实施期限为五年。

三、征收反倾销税的方法

自2009年4月9日起，进口经营者在进口原产于马来西亚、新加坡和印度尼西亚的进口丙烯酸酯时，应向中华人民共和国海关缴纳相应的反倾销税。反倾销税以海关审定的完税价格从价计征，计算公式为：反倾销税税额＝海关完税价格×反倾销税税率。进口环节增值税以海关审定的完税价格加上关税和反倾销税作为计税价格从价计征。

四、行政复议和行政诉讼

根据《中华人民共和国反倾销条例》第五十三条，对本复审决定不服的，可以申请行政复议，也可以向人民法院提起诉讼。

五、本公告自2009年4月9日起执行。

附件

中华人民共和国商务部关于对原产于韩国、马来西亚、新加坡和印度尼西亚的进口丙烯酸酯所适用的 反倾销措施的期终复审裁定

2008年4月9日，中华人民共和国商务部(以下称调查机关)发布公告，决定对原产于韩国、马来西亚、新加坡和印度尼西亚的进口丙烯酸酯所适用的反倾销措施进行期终复审调查。

调查机关对终止原反倾销措施，原产于韩国、马来西亚、新加坡和印度尼西亚的进口丙烯酸酯对中国的倾销和损害继续或再度发生的可能性进行了调查。根据调查结果，并依据《反倾销条例》第四十八条，做出复审裁定如下：

一、原反倾销措施

2001年10月10日，应国内产业申请，原外经贸部发布该年度第12号公告，决定对原产于韩国、马来西亚、新加坡和印度尼西亚的进口丙烯酸酯进行反倾销立案调查。

2003年4月10日，调查机关发布该年度第3号公告，决定对上述国家的进口丙烯酸酯实施为期五年的最终反倾销措施。2005年7月4日，调查机关发布该年度第40公告，依法对反倾销措施进行了修改。

二、期终复审调查程序

(一)到期公告

2007年10月10日，调查机关发布该年度第77号公告，告知原反倾销措施即将到期。根据《中华人民共和国反倾销条例》，经复审确定终止征收反倾销税有可能导致倾销和损害继续或者再度发生的，反倾销税的征收期限可以适当延长。自该公告发布之

日起，国内产业可在原反倾销措施终止日60天前，向调查机关提出书面复审申请。

（二）复审申请

2008年2月1日，上海华谊丙烯酸有限公司、江苏裕廊化工有限公司、北京东方石油化工有限公司东方化工厂、台塑丙烯酸酯（宁波）有限公司、中国石油天然气股份有限公司吉林石化分公司、浙江卫星丙烯酸有限公司、沈阳石蜡化工有限公司和山东齐鲁石化开泰实业股份有限公司公司代表中国丙烯酸酯产业向调查机关提交了期终复审申请。申请人主张，如果终止原反倾销措施，原产于韩国、马来西亚、新加坡和印度尼西亚的进口丙烯酸酯对中国的倾销有可能继续发生，倾销对中国丙烯酸酯产业造成的损害有可能继续发生，请求调查机关继续维持该反倾销措施。

（三）立案前通知

2008年4月3日，调查机关就有关期终复审申请事宜通知了韩国、马来西亚、新加坡和印度尼西亚驻华使馆。

（四）立案

调查机关对申请人资格和申请书的主张及相关证明材料进行了审查，认为申请人资格和申请书符合立案要求。

根据审查结果及《反倾销条例》第十一条、第十三条、第十七条和第四十八条的规定。2008年4月9日，调查机关发布该年度第21号公告，决定对原产于韩国、马来西亚、新加坡和印度尼西亚的进口丙烯酸酯所适用的反倾销措施进行期终复审调查。

（五）复审内容

本次复审调查的内容为，如果终止原反倾销措施，是否可能导致倾销和损害的继续或再度发生。

（六）立案通知及利害关系方评论

立案当日，调查机关就立案事宜通知了韩国、马来西亚、新加坡和印度尼西亚驻华使馆，并将立案公告和申请书公开文本提供给了上述国家驻华使馆。

立案当日，调查机关通知了申请人及已知的涉案国生产商和出口商。

在规定时间内，没有利害关系方对本次复审立案发表评论意见。

（七）登记应诉

2008年4月9日，调查机关在2008年第21号公告中公布，任何利害关系方可于立案公告发布之日起20天内，向调查机关申请参加应诉。如利害关系方未在立案公告规定的时间内向调查机关登记应诉，调查机关可以根据已经获得的事实和可获得的最佳信息做出裁定。

在规定期限内，韩国株式会社LG化学（下称LG化学）和马来西亚巴斯夫国油化学私人有限公司（下称BPC公司）登记应诉本次复审调查。

（八）倾销调查和损害调查

1. 倾销调查

（1）调查问卷

调查机关向应诉公司及国内申请人发放了调查问卷和补充问卷，并在规定时限内收到了答卷。

（2）公开信息渠道

调查机关通过查询海关数据、咨询相关行业协会、查阅相关网站、公开刊物等方式，收集了与被调查产品及其同类产品有关的数据、信息。

（3）听取各利害关系方陈述

调查机关听取了有关利害关系方对本案的陈述意见。

（4）接收书面陈述材料

有关利害关系方向调查机关提交了补充和评论意见材料。

（5）听证会

调查机关向利害关系方告知提请召开听证会的权利。复审调查期间，没有利害关系方申请召开听证会。

（6）披露

2009年2月17日，依据《中华人民共和国反倾销条例》第二十五条、《反倾销调查信息披露暂行规则》第三条，调查机关就有关倾销继续或者再度发生的可能性调查所依据的基本事实，向在复审调查过程中提供信息的利害关系方以及出口国政府进行了披露，并给予有关利害关系方提出评论意见的机会。在规定的时限内，国内产业和马来西亚BPC公司对披露进行了评论，但均未发表新的实质性的意见。

2. 损害调查

（1）成立产业损害调查组

立案后，调查机关成立了丙烯酸酯反倾销期终复审产业损害调查组，负责本案的产业损害调查工作。

（2）应诉登记

2008年4月9日，调查机关发布了《关于参加丙烯酸酯反倾销期终复审案产业损害调查活动登记的通知》。在规定的时间内，调查机关共收到韩国LG化学，马来西亚巴BPC公司通过其代理人递交的申请。

(3) 发放和回收调查问卷

2008 年 4 月 29 日，调查机关向已知的利害关系方发放了《国内生产者调查问卷》、《国外(地区)生产者/出口商调查问卷》、《国内进口商调查问卷》，并在规定的时间内收回了上海华谊丙烯酸有限公司、江苏裕廊化工有限公司、北京东方石油化工有限公司东方化工厂、台塑丙烯酸酯(宁波)有限公司、中国石油天然气股份有限公司吉林石化分公司、浙江卫星丙烯酸有限公司、沈阳石蜡化工有限公司和山东齐鲁石化开泰实业股份有限公司递交的《国内生产者调查问卷》答卷，以及韩国 LG 化学和马来西亚 BPC 公司递交的《国外(地区)生产者/出口商调查问卷》答卷。

(4) 听取各利害关系方陈述

调查机关听取了有关利害关系方对本案的陈述意见。

(5) 接收书面陈述材料

有关利害关系方向调查机关提交了补充和评论意见材料。

(6) 听证会

调查机关给予利害关系方提请召开听证会的权利。复审调查期间，没有利害关系方申请召开听证会。

(7) 实地核查

2008 年 10 月至 12 月，调查机关对申请企业进行了实地核查。

(8) 信息披露

2009 年 3 月 4 日，调查机关根据《反倾销条例》第二十五条及《产业损害调查信息查阅与信息披露规定》，向本案有关利害关系方披露了产业损害调查裁定所依据的基本事实，并给予其提出评论意见的机会。在信息披露期间，没有利害关系方提出评论意见。

调查机关对申请书及所附证据、回收的调查问卷答卷、实地核查情况及各利害关系方递交的书面意见等进行了认真的审查和分析，在裁决时给予了考虑。

三、被调查产品和调查范围

(一) 被调查产品

本复审被调查产品与原反倾销调查被调查产品一致，即丙烯酸酯，包括丙烯酸甲酯、丙烯酸乙酯、丙烯酸丁酯和丙烯酸异辛酯，该产品分别归在《中华人民共和国进出口税则》税则号：29161210、29161220、29161230 和 29161240’。该产品英文名称为 Acrylate Esters。(’2008 年之前该产品归在《中华人民共和国进出口税则》税则号：29161200。)

(二) 调查范围

原产于韩国、马来西亚、新加坡、印度尼西亚的进口丙烯酸酯。

四、国内同类产品和国内产业

(一) 同类产品

根据原反倾销调查的最终裁定，原产于韩国、马来西亚、新加坡和印度尼西亚的进口丙烯酸酯与中国国内生产的丙烯酸酯在基本物理性能和化学性能、生产技术和产品用途、产品的替代性和相互竞争性等方面均是相同的，具有可比性和替代性，属于同类产品。在反倾销措施实施期间，原产于韩国、马来西亚、新加坡和印度尼西亚的进口丙烯酸酯和中国国内生产的丙烯酸酯均未发生实质性变化，因此，调查机关认定，中国国内生产的产品与被调查产品属同类产品。国内生产的产品与被调查产品的相同性或相似性包括但不限于如下方面：

1. 国内生产的产品在基本的物理特性、化学性质上与被调查产品相同，在产品规格、外观及包装方面与被调查产品相同或相似。

2. 国内生产的产品与被调查产品的主要原材料基本相同。

3. 国内生产的产品与被调查产品均是由原料丙烯酸和相应的醇类(甲、乙、丁、辛醇)在离子交换树脂作用下，发生酯化反应生成丙烯酸酯类(甲、乙、丁、辛酯)。酯化反应产物经过分离、精制后，得到丙烯酸酯产品(甲、乙、丁、辛酯)。其生产工艺流程基本相同，产品质量相同或相近。

4. 国内生产的产品与被调查产品在用途上相同，均为有机化工原料。以其制得的高聚合物均具有优良的耐候、耐紫外光、耐热和耐水等独特的性能，在各种化学品的改良方面具有巨大的潜力，均可应用于涂料、黏合剂、皮革、化纤、造纸、印刷等行业。

5. 国内生产的产品与被调查产品的销售渠道基本相同，主要通过直销、分销等形式，而且销售市场区域也基本相同，主要分布在华东、华南等地。

国内生产的产品与被调查产品在基本的物理特性、化学性质、原材料构成、生产工艺流程、产品用途、销售渠道等方面相同或相似，具有相似性和可比性，完全可以相互替代，属于同类产品。

(二) 国内产业

根据《中华人民共和国反倾销条例》有关规定，

调查机关对代表中国国内产业申请期终复审的上海华谊丙烯酸有限公司等八家企业进行了审查。根据《中华人民共和国反倾销条例》有关规定，调查期内上述企业丙烯酸酯产量之和占同期全国总产量的主要部分，符合《中华人民共和国反倾销条例》规定，可以代表中国国内产业。

五、复审调查期

本次复审倾销调查期为 2007 年 1 月 1 日至 2007 年 12 月 31 日，损害调查期为 2003 年 1 月 1 日至 2007 年 12 月 31 日。

六、倾销继续或再度发生的可能性

（一）复审调查期内倾销情况 韩国

LG 化学应诉并提交了倾销答卷。LG 化学主张其为韩国唯一丙烯酸酯生产商，根据现有证据，调查机关采信了这一主张。经审查，倾销调查期内，LG 化学对中国出口丙烯酸酯的数量占中国海关统计的同期韩国对中国出口丙烯酸酯数量的绝大部分。调查机关认为，其倾销调查期内对中国出口丙烯酸酯的情况可以代表同期韩国丙烯酸酯对中国出口情况。

1. 正常价值

依据《中华人民共和国反倾销条例》第四条，调查机关在审查 LG 化学答卷和补充答卷的基础上，决定以 LG 化学报告的韩国国内交易价格作为确定正常价值的基础。

2. 出口价格

依据《中华人民共和国反倾销条例》第五条，调查机关在审查 LG 化学答卷和补充答卷的基础上，对通过关联贸易商转售的交易，调查机关决定以 LG 化学报告的转售给非关联用户的价格作为确定出口价格的基础；对直接销售给非关联用户的交易，调查机关决定以 LG 化学报告的实际对中国出口价格作为确定出口价格的基础。

3. 调整及比较

依据《中华人民共和国反倾销条例》第六条，调查机关对正常价值和出口价格按照公平合理的方式进行了比较。

调查机关在 LG 化学答卷和补充答卷的基础上，审查了 LG 化学关于影响正常价值和出口价格可比性因素的调整主张。调查机关对出口退税、报关费用、包装费用、内陆运输费用等项目的调整进行了重新核算并作了相应的调整。调查机关重新计算了 CIF 价格，并在同一贸易环节对 LG 化学的正常价值和出口价格进行了比较。

经调查，倾销调查期内，原产于 LG 化学的丙烯酸酯对中国出口不存在倾销。马来西亚 BPC 公司应诉并提交了倾销答卷。BPC 公司主张其为马来西亚唯一丙烯酸酯生产商，根据现有证据，调查机关采信了这一主张。经审查，BPC 公司倾销调查期内对中国出口丙烯酸酯的数量占中国海关统计的同期马来西亚对中国出口丙烯酸酯数量的大部分。调查机关认为，其倾销调查期内对中国出口丙烯酸酯的情况可以代表同期马来西亚丙烯酸酯对中国出口的情况。

1. 正常价值

经审查 BPC 公司答卷和补充答卷，BPC 公司部分国内销售直接销售给国内关联客户，且关联交易价格明显低于销售给国内非关联客户的交易价格，调查机关认定该部分关联销售不属于正常贸易过程中的交易，决定在确定正常价值时予以排除。依据《中华人民共和国反倾销条例》第四条，调查机关以 BPC 公司报告的排除关联方交易后的国内交易价格作为确定正常价值的基础。

2. 出口价格

依据《中华人民共和国反倾销条例》第五条，调查机关在审查 BPC 公司答卷和补充答卷的基础上，对通过中国境内关联进口商转售给非关联用户的交易，决定以转售给非关联用户的价格作为确定出口价格的基础；对通过中国境内关联进口商转售给关联用户的交易，决定以中国境内关联进口商转售给非关联用户的价格替代进行认定。

3. 调整及比较

依据《中华人民共和国反倾销条例》第六条，正常价值和出口价格应按照公平合理的方式进行比较。

调查机关在审查 BPC 公司答卷的基础上，接受了 BPC 公司关于运输费用、保险费用、包装费用等对影响正常价值和出口价格可比性因素进行调整的主张，并在同一贸易环节对其正常价值和出口价格进行了比较。

关于 BPC 公司主张信用费用不应作为出口价格的调整项目，该公司未能提供充分的证据证明其合理性，因此，调查机关决定将信用费用作为调整项目，对出口价格进行调整。

经调查，倾销调查期内，原产于 BPC 公司的丙烯酸酯对中国出口存在倾销。

新加坡

由于没有新加坡生产商、出口商应诉并提交答卷，调查机关无法直接获得其被调查产品的正常价值、出口价格、调整因素等数据和证据。依据《中华人民共和国反倾销条例》第二十一条，调查机关决定采用可获得的最佳信息对新加坡被调查产品的正常价值、出口价格、影响正常价值和出口价格可比性因素等进行认定。调查机关认为，申请人提供的信息是可获得的最佳信息，并根据申请人提供的相关数据对新加坡被调查产品的正常价值、出口价格进行了认定，对影响正常价值和出口价格可比性的因素进行了调整，并在同一贸易环节对正常价值和出口价格进行了比较。

经调查，倾销调查期内，原产于新加坡的丙烯酸酯对中国出口存在倾销。

印度尼西亚

由于没有印度尼西亚的生产商、出口商应诉并提交答卷，调查机关无法直接获得其被调查产品的正常价值、出口价格、调整因素等数据和证据。依据《中华人民共和国反倾销条例》第二十一条，调查机关决定采用可获得的最佳信息对印度尼西亚被调查产品的正常价值、出口价格、影响正常价值和出口价格可比性因素等进行认定。调查机关认为，申请人提供的信息是可获得的最佳信息，并根据申请人提供的相关数据对印度尼西亚被调查产品的正常价值、出口价格进行了认定，对影响正常价值和出口价格可比性的因素进行了调整，并在同一贸易环节对正常价值和出口价格进行了比较。

经调查，倾销调查期内，原产于印度尼西亚的丙烯酸酯对中国出口存在倾销。

（二）倾销继续或再度发生的可能性

韩国

前述调查表明，LG 化学对中国出口丙烯酸酯的情况可以代表同期韩国丙烯酸酯对中国出口情况。由于倾销调查期内韩国丙烯酸酯对中国出口不存在倾销，调查机关以 LG 化学和复审申请人提交的数据和信息为基础，通过对韩国丙烯酸酯出口能力、对中国出口、对第三国(地区)出口的分析，审查韩国丙烯酸酯倾销再度发生的可能性。

1. 调查期内的倾销情况

前述调查表明，倾销调查期内，原产于韩国的丙烯酸酯对中国的出口不存在倾销。

2. 出口能力

（1）产能、产量、闲置产能和库存

根据现有材料和数据，2003 年以来，韩国的丙烯酸酯产能未发生变化，也未发现韩国未来三年有增产扩产计划，产能在未来一段时期将保持稳定，产量自 2003 年以来整体呈上升趋势，倾销调查期较 2003 年增加了 9%，产能利用率保持较高水平，维持在91% ~101%，闲置产能和库存量较小，自 2003 年以来一直维持在较低水平。

（2）国内市场消费情况

根据现有材料和数据，自 2003 年以来，韩国国内丙烯酸酯消费量整体呈上升趋势，倾销调查期内较 2003 年增加了 6%，部分消化了其增加的产量。

（3）对国际市场的依赖程度

根据现有材料和数据，自 2003 年以来，韩国丙烯酸酯对国际市场的出口呈增长态势，倾销调查期较 2003 年增长 25.4%。出口数量占其总产量的比例基本维持在 44% 以上，近两年出口比例超过 50%，对国际市场依赖程度较高。

上述调查表明，2003 年以来，韩国丙烯酸酯产能稳定，产能利用率一直较高，没有较大的闲置产能和库存，其对国际市场依赖程度较高，国内市场消费稳步增长消化了部分增加的产量，其丙烯酸酯出口能力大幅增加没有明显的可能性。

3. 对中国出口

根据中国海关统计，自 2003 年以来，韩国丙烯酸酯对中国出口数量整体呈下降趋势，倾销调查期对中国出口较 2003 年下降了 23.5%，与韩国丙烯酸酯整体出口的增长趋势相反。韩国丙烯酸酯对中国出口价格呈增长趋势，倾销调查期内较 2003 年增长了 42.62%。

随着对中国丙烯酸酯出口量的下降，韩国对中国的丙烯酸酯出口占中国总进口的比例维持在 16% ~29%，并未随着中国丙烯酸酯市场消费量的大幅增长而增加，在华市场份额从 2003 年的 8% 下降至倾销调查期的 3%。

4. 对第三国(地区)出口

根据申请人提供的韩国海关统计，2003 年以来，韩国丙烯酸酯向第三国(地区)出口数量整体呈上升趋势，2004、2005、2006 年及倾销调查期分别较 2003 年分别增加了 4.6%、27.9%、46.5% 和 58.1%。

根据申请人提供的韩国海关统计，倾销调查期内，韩国丙烯酸酯对中国出口的平均 FOB 价格为 1555 美元/吨，对第三国(地区)出口的平均 FOB 价格为 1756 美元/吨，高出对中国出口平均 FOB 价格 12.9%，说明第三国(地区)市场相对于中国市场更具有价格上的吸引力。

上述调查表明，2003 年以来，在韩国丙烯酸酯产能不变，产能利用率保持较高水平的情况下，韩国对第三国（地区）出口增加，表明对中国出口丙烯酸酯减少的数量部分转移至第三国（地区）市场。如果终止原反倾销措施，从价格因素考虑，韩国丙烯酸酯对第三国（地区）的出口转向中国市场的没有明显的可能性。

综合上述调查分析，倾销调查期内，原产于韩国的丙烯酸酯对中国出口已不存在倾销；在实施反倾销措施期间，韩国丙烯酸酯的产能保持稳定，产量呈增长趋势，国内市场消费量和对外出口的共同增长消化了所增长的产量；产能利用率维持在相对较高的水平，闲置产能和库存较小；韩国丙烯酸酯对中国出口量减价升，但仍保持在一定的数量水平；对第三国（地区）的出口数量增加较大，且出口价格高于对中国出口价格，如果终止原反倾销措施，其对第三国（地区）的出口数量以倾销价格大幅度转向中国市场的可能性较小。因此，如果终止对韩国的反倾销措施，韩国丙烯酸酯对中国出口再度发生倾销没有明显的可能性。

马来西亚

前述调查表明，BPC 公司对中国出口丙烯酸酯的情况可以代表同期马来西亚丙烯酸酯对中国出口情况。调查机关决定以 BPC 公司和复审申请人提交的数据和信息为基础，通过对马来西亚丙烯酸酯倾销调查期内的倾销情况、出口能力、对中国出口、对第三国（地区）出口的分析，审查马来西亚丙烯酸酯倾销继续或再度发生的可能性。

1. 调查期内的倾销情况

前述倾销调查表明，倾销调查期马来西亚被调查产品对中国出口仍存在倾销。

2. 出口能力

（1）产能、产量、库存和闲置产能

根据现有材料和数据，自 2003 年以来，马来西亚丙烯酸酯的产能呈上升趋势，倾销调查期较 2003 年增长了 6.3%。其产量自 2003 年以来呈增长态势，年均增长 1.6%，产能利用率保持在 81.3% ~ 94.1%。同时，其库存和闲置产能较大，倾销调查期内，其闲置产能和库存占到产能的 24.7%。

（2）马来西亚国内市场的消费情况

根据现有材料和数据，2003 年以来，世界市场丙烯酸酯消费量逐年增长，从 2003 年的 251.2 万吨增长到倾销调查期的 318 万吨，年平均增长率为 6.1%。同期，马来西亚国内市场丙烯酸酯的消费量呈下降趋势，2006 年和倾销调查期较 2003 年分别下降 32.8% 和 8.9%，占马来西亚产能的比例也从 2003 年的 41.9% 下降到调查期的 35.9%。

（3）对国际市场的依赖程度

根据现有材料和数据，自 2003 年以来，马来西亚丙烯酸酯的出口整体呈上升趋势，虽然倾销调查期的出口受设备大修的影响，较 2003 年下降了 11.8%，但出口数量占其总产量的比例保持在 56.0% ~72.8%。表明马来西亚丙烯酸酯对国际市场的依赖程度很高。

上述调查表明，2003 年中国采取反倾销措施以来，马来西亚丙烯酸酯的产能产量均有一定程度增加，国内丙烯酸酯消费量呈下降趋势，对国际市场的依赖程度较高，闲置产能和库存较大，最高时占中国同期表观消费量的 7.85%，如果其闲置产能和库存得到释放和消化，其出口能力还可能进一步增加。

3. 对中国出口情况

2003 年以来，中国丙烯酸酯市场需求不断增长，倾销调查期较 2003 年增长达 72.6%。根据中国海关统计，2003 年马来西亚丙烯酸酯对中国出口数量为 4.5 万吨，受反倾销措施制约，其对中国出口量呈大幅度下降趋势，同 2003 年相比，调查期出口量降至 2.2 万吨，降幅为 48.9%。马来西亚丙烯酸酯在华市场份额明显下降，从 2003 年的 10% 下降到倾销调查期的 2.9%。

2005 年 1 月，巴斯夫集团与中国石化集团合资设立的扬子石化 - 巴斯夫有限责任公司开始在中国投产丙烯酸酯。虽然该公司丙烯酸酯产品主要满足中国国内市场的需求，但只生产被调查产品四个型号中的两个型号，无法完全替代马来西亚丙烯酸酯对中国的出口。马来西亚海关统计数据表明，中国仍是马来西亚丙烯酸酯重要的出口市场。

4. 对第三国（地区）出口情况

倾销调查期内，马来西亚还同时向除中国以外的第三国（地区）出口丙烯酸酯，其中大部分出口价格低于其国内正常贸易过程中的价格，说明马来西亚丙烯酸酯存在低价寻求国外市场的现象。如果终止原反倾销措施，这种情况可能发生在其向中国的出口中。

综合上述调查分析，倾销调查期内，原产于马来西亚的丙烯酸酯对中国出口仍然存在倾销，在实施反倾销措施期间，马来西亚丙烯酸酯产能呈增长趋势。同时，马来西亚国内丙烯酸酯消费呈下降趋势，导致其出口依赖程度居高不下，如果释放其库存和闲置产能，其出口能力将会得到进一步加强。

受反倾销措施制约，马来西亚丙烯酸酯对中国出口数量大幅度下降。虽然巴斯夫集团在中国投资设厂生产部分型号的丙烯酸酯，但由于该企业生产丙烯酸酯型号的局限性，不能完全替代马来西亚丙烯酸酯对中国的出口；马来西亚丙烯酸酯对第三国(地区)的出口存在大量低于其国内正常贸易价格情况，表明低价出口是其一种销售策略。因此，如果终止原反倾销措施，马来西亚丙烯酸酯对中国的倾销很可能继续发生。

新加坡

由于没有新加坡生产商、出口商应诉配合调查机关的期终复审调查，依据《中华人民共和国反倾销条例》第二十一条，调查机关决定采用可获得的最佳信息，通过对新加坡的丙烯酸酯倾销调查期内的倾销情况、出口能力、对中国的出口、对第三国(地区)的出口的分析，对新加坡丙烯酸酯倾销继续或再度发生的可能性进行审查。调查机关认为，申请人提供的信息是可获得的最佳信息。

1. 调查期内的倾销情况

根据原反倾销措施，新加坡丙烯酸酯所适用的反倾销税税率为30% ~49%。前述倾销调查表明，在复审调查期，新加坡丙烯酸酯对中国出口存在倾销。

2. 出口能力

(1) 产能、产量

根据申请人提供的数据，在反倾销措施实施期间，新加坡丙烯酸酯的产能、产量呈上升趋势。产能从2003年的6万吨增加到调查期的8.2万吨，增长2.2万吨，增长幅度为36.67%，产量从2003年的5.7万吨增加到调查期的7.0万吨，增长1.3万吨，增长幅度为22.81%。自2006年新加坡产能扩大以来，其产能利用率出现较大幅度下降。

(2) 国内市场消费情况

根据申请人提供的数据，自2003年以来，世界丙烯酸酯消费量逐年增长，年平均增长率为6.1%，而同期新加坡国内市场丙烯酸酯的消费量无大的变化，从2003年的2.8万吨增加到调查期的3.0万吨，年平均增长幅度为1.7%。

(3) 对国际市场的依赖程度

根据申请人提供的数据，新加坡出口总量占总产量比例2003年至2007年平均为43.6%，2004年甚至高达65.5%，说明新加坡丙烯酸酯对国外市场的依赖程度较高。而2003年至2007年新加坡丙烯酸酯对中国出口量占其同期总出口量的比例平均达到48.4%，2004年更是高达79.1%。

3. 对中国出口情况

根据申请人提供的数据，受反倾销措施制约，新加坡丙烯酸酯对中国出口数量总体呈下降趋势。2003年新加坡对中国出口数量为2.27万吨，2004年上升为3.11万吨，调查期降为265吨。同时，其对中国出口数量占中国同类产品总进口量的比例总体也呈下降趋势，2003年为10.8%，调查期下滑至0.3%，下降幅度达97%。

原反倾销措施实施后，新加坡丙烯酸酯对华平均出口价格并未出现明显上涨，调查期反而明显下降。倾销调查结果表明，倾销调查期内新加坡丙烯酸酯对中国出口价格仍属倾销价格。

4. 对第三国(地区)出口价格

根据申请人提供的新加坡海关统计数据，调查期新加坡丙烯酸酯的生产商、出口商还同时向除中国以外的第三国(地区)低价出口丙烯酸酯，占同期其丙烯酸酯对外总出口量的83%左右，说明新加坡丙烯酸酯存在低价寻求国外市场的现象。如果终止原反倾销措施，这种情况可能发生在其向中国的出口中。

综合上述调查分析，倾销调查期内，新加坡丙烯酸酯对中国出口仍然存在倾销。受反倾销措施的制约，新加坡丙烯酸酯在倾销调查期几乎停止了对中国出口。新加坡丙烯酸酯生产商扩大产能后，出口能力得到增强。新加坡国内市场消费增长缓慢造成其生产能力严重过剩，国际市场依赖程度居高不下，没有证据表明上述情况会发生变化。同时，新加坡丙烯酸酯出口量的变动趋势显示，反倾销措施实施期间，其出口量总体呈大幅下降趋势，库存量大幅上升。此外，新加坡大量低价向第三国(地区)出口丙烯酸酯，说明寻求国外市场的需要非常强烈，中国丙烯酸酯的需求增长迅速且潜力巨大，如果终止反倾销措施，其可能以低价加大对中国出口的力度。综上所述，如果终止原反倾销措施，新加坡丙烯酸酯对中国的倾销很可能继续发生。

印度尼西亚

由于没有印度尼西亚生产商、出口商应诉配合调查机关的期终复审调查，依据《中华人民共和国反倾销条例》第二十一条，调查机关决定采用可获得的最佳信息，通过对印度尼西亚丙烯酸酯倾销调查期内的倾销情况、出口能力、对中国的出口、对第三国(地区)的出口的调查分析，对印度尼西亚丙烯酸酯倾销继续或再度发生的可能性进行审查。调查机关认为，申请人提供的信息是可获得的最佳信息。

1. 调查期内倾销情况

根据原反倾销措施，印度尼西亚丙烯酸酯所适用的反倾销税税率为3%～24%。前述倾销调查表明，在复审调查期，印度尼西亚丙烯酸酯对中国出口存在倾销。

2. 出口能力

（1）产能、产量

根据申请人提供的数据，在反倾销措施实施期间，印度尼西亚丙烯酸酯的产能没有发生变化，产量呈下降趋势。产量从2003年的9.5万吨减少到调查期的7.5万吨，减少2万吨，减少幅度为21.05%。自2006年以来，其产能利用率降幅较大，倾销调查期下降至75%。

（2）印度尼西亚国内市场消费情况

根据申请人提供的数据，世界丙烯酸酯消费量逐年增长，年平均增长率为6.1%，而同期印度尼西亚国内市场丙烯酸酯的消费量基本保持稳定，从2003年的6.8万吨增加到调查期的7.1万吨，年平均增长幅度为1.1%，2006年甚至出现了下降。印度尼西亚国内市场消费增长缓慢导致丙烯酸酯生产商只有依赖国外市场才能维持较高的开工率。

（3）对国际市场的依赖程度

根据申请人提供的数据，印度尼西亚总出口量占总产量比例2003年至2007年平均为40.5%，显示印度尼西亚丙烯酸酯对国际市场的依赖程度较高。

3. 对中国出口情况

根据申请人提供的数据，受反倾销措施制约，印度尼西亚丙烯酸酯对中国出口数量总体呈下降趋势。2003年印度尼西亚对中国出口数量为1.97万吨，调查期下降至0.2万吨。同时，其对中国出口数量占中国同类产品总进口量的比例总体也呈下降趋势，2003年约为9.3%，调查期下滑至2.3%，下降幅度达89.7%。原反倾销措施实施后，印度尼西亚丙烯酸酯对中国平均出口价格有所上涨，倾销调查结果表明，倾销调查期内印度尼西亚丙烯酸酯对中国出口价格仍属倾销价格。

4. 对第三国（地区）出口价格

根据申请人提供的印度尼西亚海关统计数据，调查期印度尼西亚丙烯酸酯的生产商、出口商还同时向除中国以外的第三国（地区）低价出口丙烯酸酯，占同期其丙烯酸酯对外总出口量的91.61%，说明印度尼西亚丙烯酸酯存在低价寻求国外市场的现象。如果终止原反倾销措施，这种情况可能发生在其向中国的出口中。

综合上述调查分析，倾销调查期内，印度尼西亚的丙烯酸酯对中国出口仍然存在倾销。受反倾销措施的制约，印度尼西亚丙烯酸酯对中国出口大幅下降。印度尼西亚丙烯酸酯生产商自2006年以来产能利用率出现大幅下滑，印度尼西亚国内市场消费增长缓慢造成其生产能力严重过剩，出口依赖程度居高不下。没有证据表明上述情况会发生变化。同时，印度尼西亚丙烯酸酯出口量的变动趋势显示，其出口量总体呈下降趋势，印度尼西亚丙烯酸酯的出口市场前景并不乐观。此外，印度尼西亚大量低价向第三国（地区）出口丙烯酸酯，说明其寻求国外市场的需要非常强烈。中国丙烯酸酯的需求增长迅速且潜力巨大，如果终止原反倾销措施，其可能以低价加大对中国出口的力度。综上所述，如果终止原反倾销措施，印度尼西亚丙烯酸酯对中国的倾销很可能继续发生。

（三）倾销调查结论

如果终止对韩国的反倾销措施，原产于韩国的进口丙烯酸酯对中国出口再度发生倾销没有明显的可能性；如果终止对马来西亚、新加坡和印度尼西亚的反倾销措施，原产于上述国家的进口丙烯酸酯对中国的倾销有可能继续发生。

七、损害继续或再度发生的可能性

（一）调查期内国内产业恢复情况

在原审裁定中，被调查产品的进口数量占中国国内进口总量比例较大，价格较低，严重抑制了国内同类产品的销售价格的合理增长，导致国内同类产品销售价格、税前利润和市场占有率明显下降，失业率上升，人均年工资增幅下降，经营状况出现恶化，国内产业受到实质损害。

调查数据显示，2003年采取反倾销措施后，国内产业得到了初步恢复和发展。本裁定所采用的产业的相关数据，除特别注明外，均由国内申请企业提供。调查机关对国内产业相关的经济因素和指标进行了调查，主要证据如下：

1. 国内同类产品表观消费量

调查期内表观消费量持续稳定增长。2003年至2007年表观消费量分别约为44.63万吨、46.41万吨、52.83万吨、64.8万吨和76.97万吨。2004年至2007年与上年相比增幅分别为4%、13.82%、22.66%和18.78%，年均增幅14.6%。

2. 国内产业同类产品生产能力

调查期内国内产业生产能力持续增长。在国内丙烯酸酯市场需求持续增长的情况下，国内丙烯酸酯产品的生产能力在反倾销措施实施期间迅速提高。调查期内，国内生产企业产能增长率除2003年和2004年低于全国表观消费量增长率外，其他年份均高于全国表观消费量增长率。2003年至2007年，产能分别为21.92万吨、22.62万吨、29.22万吨、65.22万吨、83.72万吨；2004年至2007年分别比上年增长3.19%、29.18%、123.2%和28.37%，年均增幅为39.8%。

3. 国内产业同类产品产量

调查期内国内产业产量逐年增长。2003年至2007年，产量分别为25.34万吨、25.4万吨、31.7万吨、44.45万吨、61.08万吨；2004年至2007年分别比上年增长0.26%、24.8%、40.22%和37.41%，年均增幅为24.61%。

4. 国内产业同类产品开工率

调查期内，国内产业开工率总体呈下降趋势。2003年至2007年，开工率分别为：115.58%、112.3%、108.49%、68.15%和72.96%；2004年至2007年开工率分别比上年下降2.84个百分点、3.39个百分点、37.18个百分点和增长7.05个百分点。

5. 国内产业同类产品销量

调查期内，国内产业销量呈上升趋势。2003年至2007年，国内同类产品销量分别为24.71万吨、24.92万吨、30.43万吨、43.82万吨、59.15万吨；2004年至2007年分别比上年增长0.87%、22.08%、44.02%和34.97%，年均增幅为24.38%。

6. 国内产业同类产品市场份额

调查期内，国内产业同类产品市场份额呈先降后升趋势。2003年至2007年分别为55.37%、53.7%、55.39%、64.54%、72.09%；2004年至2007年分别比上年下降3.01个百分点、上升3.15、16.51、11.69个百分点。调查期内年均增长6.82个百分点。

7. 国内产业同类产品期末库存

调查期内，国内产业期末库存呈上升趋势。2003年至2007年分别为0.68万吨、0.77万吨、1.09万吨、1.55万吨、3.23万吨，2004年至2007年分别比上年增长12.49%、42.13%、41.67%和108.16%。

8. 国内产业同类产品销售价格

调查期内，国内销售价格总体呈上升趋势。2003年至2007年国内产业同类价格分别为10286.49元/吨、14055.31元/吨、13639.54元/吨、11519.56元/吨、12059.04元/吨；其中2004年与2003年相比上升36.64%，2005年、2006年价格出现回落，与上年相比下降2.96、15.54个百分点，2007年与上年相比又出现回升，增幅为4.68%。

9. 国内产业同类产品销售收入

调查期内，国内产业销售收入呈增长趋势。2003年至2007年分别为：254178.4万元、350322.89万元、416324.21万元、503400.1万元和711691.01万元，2004年至2007年分别比上年增长37.83%、18.84%、20.92%和41.38%，年均增幅为29.36%。

10. 国内产业同类产品税前利润

调查期内，国内产业税前利润呈先升后降趋势。2003年至2007年税前利润分别为：41784.72万元、92332.99万元、59486.9万元、－8058.86万元和－19280.14万元；其中2004年与2003年相比大幅回升120.97%并达到调查期内的最高水平。由于国内同类产品价格与单位销售成本之间的差额从2005年以来逐年缩小，2005年至2007年国内产业同类产品税前利润出现下降，其中部分企业2006年以来出现亏损。

11. 国内产业同类产品投资收益率

调查期内，国内产业同类产品投资收益率变化趋势与税前利润相同，呈先升后降趋势。2003年和2004年投资收益率分别为19.81%和45.02%。但2005年投资收益水平开始下降，2005年、2006年和2007年投资收益率分别为25.53%、－1.97%和－3.41%。

12. 国内产业同类产品就业人数

调查期内，国内产业就业人数总体呈上升趋势。2003年至2007年分别为：783人、799人、851人、1133人、1398人，2004年至2007年分别比上年增长2.04%、6.51%、33.14%和23.39%，年均增幅为15.59%。

13. 国内产业同类产品人均工资

调查期内，国内产业人均工资总体呈增长趋势。2003年至2007年人均年工资分别为4.34万元、4.62万元、4.84万元、4.92万元、4.82万元。2004年至2007年分别比上年增长6.66%、4.7%、1.57%和下降2.1%。调查期年均增幅为2.66%。

14. 经营活动现金净流量

调查期内，国内产业同类产品经营活动现金净流量总体呈下降趋势。2003年至2007年现金净流量分别为115756.48万元、101659.72万元、47492.36万元、－8123.73万元和－9086.46万元，其中2006年、2007年的现金净流量由前几年的净流入转变为净流出。

15. 国内产业同类产品劳动生产率

调查期内，国内产业劳动生产率总体呈增长趋势。2003 年至 2007 年国内产业同类产品劳动人均劳动生产率分别为 323.56 吨、317.92 吨、372.51 吨、392.32 吨、436.91 吨；2004 年至 2007 年分别比上年下降 1.74%、增长 17.17%、5.32% 和 11.36%，年均增幅为 7.8%。

上述证据证实，反倾销措施的实施，在一定程度上抑制了被调查产品以倾销价格进口的不公平行为，改善了国内市场环境，为国内产业的发展创造了良好契机。

同期，国内丙烯酸酯消费市场表观消费量的持续增长，也促进了国内丙烯酸酯产业的发展，国内产业同类产品的产销情况趋于好转，生产经营状况得到了初步恢复和发展，同类产品的生产能力扩大，产量、销量、销售收入、就业人数增加，市场占有率、人均工资以及劳动生产率总体呈上升趋势，税前利润、投资收益率在调查期的前期也大幅回升，开工率在 2003 年至 2005 年期间处于较高水平。

但从 2005 年以来国内产业同类产品的销售价格总体呈下滑趋势并处于较低水平，其中 2005 年、2006 年与上年相比分别下降了 2.96% 和 15.54%，2007 年与上年相比虽有小幅回升，但与 2004 年的价格相比仍处于较低水平。税前利润从 2005 年以来呈下降趋势，到 2006 年部分企业出现亏损；投资收益率在 2005 年至 2007 年期间也相应回落。经营活动现金净流量也呈下降趋势，并由 2006 年以前的净流入转变为净流出。

上述情况表明，调查期内尽管国内产业同类产品的生产经营状况总体得到了初步的恢复和发展。但是，在调查期的后期，生产企业部分指标出现不利趋势，国内产业仍然很脆弱，极易受到不公平进口产品的冲击和损害。

（二）国内市场分析

1. 国内同类产品表观消费量

中国国内对丙烯酸酯的需求量，与全球其他主要丙烯酸酯消费市场需求低迷不同，从原审调查以来，我国国内市场丙烯酸酯表观消费量持续大幅度增长。在原审调查期内，随着国内涂料、皮革、粘合剂、化纤和纺织等相关行业的迅猛发展，国内对丙烯酸酯的需求大幅上升。2000 年国内对丙烯酸酯的需求量比 1998 年增长 71.19%，2001 年上半年比 2000 年同期增长 29.58%。在复审调查期内，随着我国国民经济的高速增长，人民生活水平的日益提高，以及丙烯酸酯下游产品的不断拓宽和我国具有发展潜力和前景的农村市场，使我国已成为全球丙烯酸酯需求增长速度，且需求发展潜力最大的市场。预计未来几年国内丙烯酸酯需求仍将继续保持较快的增长势头。

据中国化工学会精细化工专业委员会的统计，2003 年至 2006 年期间，中国丙烯酸酯表观消费量年均增幅为 13% 左右，2007 年比 2006 年的增幅接近 19%。而且，随着我国国民经济的快速发展以及下游市场规模的不断扩大，国内对丙烯酸酯的需求在未来几年内仍将继续保持 10% 左右的增长势头。预计到 2010 年，国内消费量将达到 116 万吨左右。

同期，我国丙烯酸酯的消费量占全球丙烯酸酯消费量的比例也将持续上升，预计到 2010 年将上升到 30% 以上，接近全球丙烯酸酯总消费量的 1/3 左右，届时我国将成为全球丙烯酸酯需求量最大的市场。

2. 国内同类产品供应量

近年来，随着国内丙烯酸酯市场需求的快速发展，国内新建和扩建了一批丙烯酸酯生产装置，国内丙烯酸酯产能大幅增长。由于丙烯酸酯产能的释放具有阶段式发展的特点，与消费量的渐进式发展不完全同步，导致在一定时期内暂时出现了供大于求的局面。

据中国化工学会精细化工专业委员会的统计，2006 年，国内同类产品的产能达到了 70 万吨左右，首次超过了国内表观消费量。2007 年国内同类产品的产能进一步增加到 85 万吨左右，国内表观消费量约为 77 万吨左右，国内丙烯酸酯产能相对于国内市场需求已经出现供大于求的局面。

但是，随着我国国民经济的快速发展以及下游新领域的不断拓展，预计到 2010 年，国内表观消费量将达到 116 万吨左右，而同期产能为 120 万吨，届时国内丙烯酸酯的供需将基本平衡。

（三）被调查产品进口大量增加的可能性

反倾销措施实施之后，丙烯酸酯全国总进口数量以及来自马来西亚、新加坡和印度尼西亚的被调查产品合计进口数量总体呈现下降趋势。

据中国海关统计，2003 年至 2007 年，国内总进口量分别为 21.11 万吨、24.22 万吨、18.64 万吨、12.32 万吨和 8.87 万吨。其中，来自马来西亚、新加坡和印度尼西亚的被调查产品合计进口量 2003 年至 2007 年分别为 8.74 万吨、11.36 万吨、7.4 万吨、4.16 万吨和 2.39 万吨；占同期我国同类产品总进口量的比例分别为 41.39%、46.93%、39.7%、33.74%、26.89%。

马来西亚

据中国海关统计，2003 年至 2007 年，马来西亚丙烯酸酯对华出口数量总体呈下降趋势，2003 年为 45005.46 吨，2004 年大幅增加至 64169.39 吨，2005

年至2007年分别降为44046.94吨、32986.42吨和21564.70吨。2003年至2007年，其丙烯酸酯的进口量占同期中国同类产品总进口量的比例分别为21.32%、26.50%、23.63%、26.77%和24.31%，总体呈上升趋势。

1. 产能、产量和国内消费。根据现有材料和证据，在调查期内，马来西亚国内产能呈增长趋势，消费量呈下降趋势。其国内消费量在2003年至2007年分别占其产能的41.88%、30.95%、39.29%、26.47%、35.88%。产能在调查期存在严重过剩的情况。

2. 对国际市场的依赖程度。现有数据显示，在调查期内，马来西亚出口量占其产能比例分别为53.19%、65.12%、52.68%、57.18%、44.06%，占其总产量的比例在2003至2007年分别为65.61%、72.84%、62.02%、60.83%、56.02%。

由此可以看出，马来西亚是丙烯酸酯的出口依赖国，出口市场对其有较强的吸引力，其过剩产能需要通过寻求国外市场来消化，具有较大的出口能力。

3. 出口价格。倾销调查期内对中国以外第三国(地区)出口丙烯酸酯中，大部分出口价格低于其国内正常贸易过程中的价格。

4. 在上述三国对华出口中所占比例。根据中国海关统计，2003年至2007年，马来西亚丙烯酸酯向中国的出口数量，占三国向中国出口合计总量的51.52%、56.49%、59.53%、79.33%、90.41%。

新加坡、印度尼西亚

由于没有新加坡、印度尼西亚生产商、出口商配合调查机关的期终复审调查，依据《中华人民共和国反倾销条例》第二十一条的规定，调查机关决定采用已获得事实和可获得的最佳信息，对新加坡、印度尼西亚丙烯酸酯导致中国国内产业损害再度发生的可能性进行审查。调查机关认为，申请人提供的相关证据和信息是已获得事实和可获得的最佳信息。

1. 新加坡

据中国海关统计，2003年至2007年，新加坡丙烯酸酯进口量总体呈下降趋势，2003年为22688.26吨，2004年增加至31095.98吨，2005年至2007年分别降为17786.45吨、6904.63吨和264.70吨。2003年至2007年，新加坡丙烯酸酯进口量占同期中国同类产品总进口量的比例分别为10.75%、12.84%、9.54%、5.60%和0.30%，总体呈下降趋势。

在反倾销措施实施期内，新加坡丙烯酸酯占我国的市场份额明显下降，由2003年的5.08%下降到2007年的0.03%。根据申请人提供的材料显示，新加坡具有较大的丙烯酸酯生产能力，其产能从2003年的6万吨/年增加到2006年的8.2万吨/年，增幅为36.67%。相对其较大的产能，新加坡丙烯酸酯的国内消费严重不足，须依赖出口的产能从2003年的3.2万吨增加到2007年的5.2万吨，增长了近63%，产能严重过剩，2007年新加坡丙烯酸酯63%左右的生产能力需要寻求国外市场来消化，出口能力较大。

根据申请人提供的新加坡海关的数据，新加坡丙烯酸酯对国外市场的依赖程度较高。2003年至2007年其总出口量占总产量的年平均比例为44%左右，2004年甚至高达近66%。而同期对中国出口量占其总出口量的比例平均达到48.41%，2004年更是高达近80%，中国是新加坡丙烯酸酯对外出口的主要目标市场之一。

2. 印度尼西亚

据中国海关统计，2003年至2007年，印度尼西亚被调查产品进口量分别为19665.68吨、18324.69吨、12154.99吨、1687.74吨和2022.03吨，总体呈下降趋势。2003年至2007年，印度尼西亚对中国出口量占同期中国同类产品总进口量的比例为9.32%、7.57%、6.52%、1.37%和2.28%，总体呈下降趋势。

受反倾销措施制约，印度尼西亚丙烯酸酯在华市场份额明显下降，由2003年的4.41%下降到2007年的0.26%。根据申请人提供的第三方出具的证据和信息显示，印度尼西亚丙烯酸酯须依赖出口的产能保持在3万吨/年左右，约占其年产能的30%左右，即印度尼西亚丙烯酸酯30%左右的过剩产能需要寻求国外市场来消化。

根据申请人提供的印度尼西亚海关的数据，印度尼西亚丙烯酸酯对国外市场的依赖程度较高。2003年至2007年其出口量占产量的年平均比例为40.5%。而2003年至2005年，印度尼西亚丙烯酸酯对中国出口量占其同期总出口量的平均比例在20%以上，2003年的比例甚至接近30%，中国是印度尼西亚丙烯酸酯对外出口的主要目标市场之一。

上述事实表明，三国是丙烯酸酯的出口依赖国，其出口量在其他出口市场之间的转移具有相当的灵活性，我国实施反倾销措施后，原出口到中国的产品大部分转向了其他市场。

由于全球丙烯酸酯市场将长期出现供大于求的局面，在全球性金融危机不断蔓延的情况下，全球其他主要丙烯酸酯消费市场需求将进一步低迷甚至萎缩，中国作为丙烯酸酯最大的消费市场，对马来西亚、新加坡、印度尼西亚有较强的吸引力，三国为了消化其过剩产能，有进入我国市场的动机。

如果终止原反倾销措施，三国的生产商有可能将其向第三国（地区）的出口转移到中国。需求增长迅速且距离邻近的中国市场很可能成为三国丙烯酸酯生产商进一步关注的重要市场，其丙烯酸酯对我国的出口数量可能大量增加。

在原审案件中马来西亚、新加坡、印度尼西亚对我国存在低价出口的历史且数量较大。复审调查显示，调查期内三国对华出口仍存在倾销。

上述相关事实表明，中国市场可能成为马来西亚、新加坡、印度尼西亚转移其过剩产能的重要市场。如果终止原反倾销措施，三国丙烯酸酯向中国的低价出口数量将可能大量的增加。

由于三国对国外市场的依赖程度较高，而且与中国邻近，运距短，运输成本低，交货期也短，因此，具有较大发展潜力的中国市场是三国作为对外出口的主要目标市场之一。

此外，调查期内三国对我国的出口数量还保持了一定的数量和规模，如果终止原反倾销措施，中国市场将可能继续成为三国转移其过剩产能的重要市场，其丙烯酸酯对我国的出口数量将可能大量增加。

（四）被调查产品进口价格与国内产业同类产品价格在措施实施前后关联度的变化

1. 被调查产品价格趋势预测

据中国海关统计，2003 年至 2007 年，被调查产品的平均进口价格分别为 1037.97 美元/吨、1432.59 美元/吨、1589.53 美元/吨、1378.65 美元/吨和 1597.78 美元/吨，总体呈上升趋势。其中 2004 年比 2003 年上涨 38.02%，2005 年比 2004 年上涨 11.65%，2006 年比 2005 年下降 13.81%，2007 年比 2006 年上涨 15.89%。同期，被调查产品所占中国国内市场份额总体呈下降趋势，从 2003 年的 27.28% 下降到 2007 年的 6.45%。

上述数据显示，2003 年至 2004 年，被调查产品的平均出口完税价格比同期中国国内同类产品的平均销售价格低，被调查产品所占中国国内市场份额上升。而 2005 年至 2007 年，被调查产品的平均出口完税价格比同期国内同类产品的平均内销价格高，被调查产品所占中国国内市场份额下降。可见，随着被调查产品的平均出口完税价格高于国内同类产品的平均销售价格，被调查产品占中国国内市场份额迅速下降。

由此可见，被调查产品的平均出口完税价格、国内同类产品的平均销售价格与被调查产品占中国国内市场份额之间存在着反向变动关系，即当被调查产品的平均出口完税价格低于同期国内同类产品的平均销售价格时，则被调查产品所占中国国内市场份额上升；反之，当被调查产品的平均出口完税价格高于同期国内同类产品的平均销售价格时，则被调查产品所占中国国内市场份额下降。

以上说明，被调查产品与国内同类产品在质量等方面相同的情况下，马来西亚、新加坡和印度尼西亚要想扩大其在中国的市场份额，很有可能通过降低价格的方式来实现。

另外，三国对我国市场的销售价格在原审调查期内就存在压制，因此，终止原反倾销措施，被调查产品的价格存在大幅下降的可能性。

2. 国内同类产品价格趋势预测

2003 年至 2007 年，国内同类产品平均内销价格分别为 10286 元/吨、14055 元/吨、13640 元/吨、11520 元/吨和 12059 元/吨。2004 年与 2003 年相比上涨 36.64%，2005 年比 2004 年下降 2.96%，2006 年比 2005 年下降 15.33%，2007 年与上年相比虽有小幅回升，但与 2004 年相比仍处于较低水平。2005 年以来，国内同类产品价格总体呈波动下降趋势。

与此同时，国内产业同类产品的单位销售成本总体在上升，平均销售价格与单位销售成本之间的差额从 2005 年开始逐年缩小，国内同类产品的税前利润、投资收益率等在 2005 年以来出现下降趋势。这说明目前中国国内产业仍然很脆弱。

经过多年的发展，国内产业的生产能力和技术设备都得到长足发展，产品质量和服务质量都得到提升。在国内同类产品与被调查产品在规格、产品质量、用途等方面完全相同的情况下，被调查产品如果相对于国内同类产品没有特别的优势，只能通过降价销售取得中国国内市场份额。

而且，2006 年以来，国内市场已经出现阶段性供大于求的局面，在巨大的市场压力下，国内产业竞争将十分激烈，生产企业对市场价格变化反应敏感，如果终止原反倾销措施，被调查产品为取得已失去的市场份额，不仅所有的降价空间都可能转变为实际的价格下降，甚至有可能以更低的价格抢占中国市场。

如果终止原反倾销措施，国内同类产品将可能受到被调查产品的打压，国内同类产品价格存在进一步下滑的可能性。

（五）未来产业状况

在反倾销措施实施期间，国内产业利用有利时机，投入了大量的资金，进行产能的新建和扩大、生产工艺的改造、产品的开发和技术的升级，开发研制了具有自主知识产权的生产技术和设备。国内产业同类产品的生产经营状况与采取措施之前相比得到了初步恢复和发展，生产能力扩大，产量、销量、销售收入、就业人数增加，市场占有率、人均工资以及劳动生产率呈上升趋势。税前利润、投资收益率在调查期的前期也大幅回升，开工率在2003年至2005年期间也处于较高水平。

但是，2005年以来，国内同类产品销售价格总体呈下滑趋势并处于较低水平，税前利润、投资收益率以及现金净流量等均呈下降趋势。国内产业表现为仍然很脆弱，极易受到进口产品的冲击。

从2006年开始，国内市场产能相对于需求已经出现供大于求的局面。据中国精细化工协会统计，2007年国内产能已达到83.72万吨，而同期国内市场表观消费量为76.97万吨，随着国内市场生产规模的不断扩大，市场竞争将越来越激烈。

终止原反倾销措施，从三国进口的丙烯酸酯有可能大量增加，届时，将会加剧国内市场日益激烈的竞争局面。

如果被调查产品低价进口，很可能引起国内市场价格下降，从而导致国内产业销售收入减少，利润下降，甚至出现亏损。

由于国内同类产品对进口产品的数量和价格变化反应敏感，容易受到低价进口产品的冲击和影响。因此，如果终止原反倾销措施，被调查产品低价进口很有可能再度发生，其对我国的出口数量很可能大量增加，将会对我国日趋激烈的国内市场带来冲击和负面影响。

如果终止原反倾销措施，被调查产品的价格将可能大幅下降，对中国产业同类产品价格将会产生压制或者抑制，届时国内同类产品将受被调查产品的打压，价格将会进一步下滑，同类产品的开工率和市场价格也将大幅下降，产销状况将会进一步恶化，亏损可能进一步加剧。

如果国内产业的生产经营效益继续下滑，这将会给国内产业大量投资的回收带来负面影响，并对企业还贷和进一步的投资形成阻碍，不仅会影响企业进一步的发展，严重时甚至可能导致国内部分企业停产或倒闭。

（六）产业损害调查结论

1. 得益于反倾销措施的作用，与反倾销措施实施前的损害状况相比，国内产业的生产经营状况有所好转，调查期内国内产业得到了初步恢复和发展。

2. 2005年以来国内产业状况出现的不利趋势表明，国内产业仍然很脆弱。国内同类产品对进口产品的数量和价格变化反应敏感，在国内市场已经出现阶段性供大于求、竞争日趋激烈的情况下，处于成长期的国内产业容易受到倾销进口产品的冲击和影响。

3. 马来西亚、新加坡和印度尼西亚丙烯酸酯须依赖出口的产能较大，具有较大的出口能力。三国对国外市场的依赖程度较高，而中国是三国丙烯酸酯对外出口的主要目标市场之一。全球丙烯酸酯市场将会长期供大于求，在全球性金融危机不断蔓延的情况下，全球其他主要丙烯酸酯消费市场需求将进一步低迷甚至萎缩，需求增长迅速且发展潜力巨大的中国市场对于三国来说将更具有吸引力。如果终止原反倾销措施，丙烯酸酯对中国的出口数量将可能大量增加。

八、复审裁定

根据以上调查，调查机关裁定如下：

如果终止原反倾销措施，原产于韩国的进口丙烯酸酯对中国出口再度发生倾销没有明显的可能性，原产于马来西亚、新加坡和印度尼西亚的进口丙烯酸酯对中国的倾销有可能继续发生。

如果终止原反倾销措施，原产于马来西亚、新加坡和印度尼西亚的进口丙烯酸酯对中国国内产业造成的损害有可能再度发生。

三、我国对原产于美国、欧盟等国家和地区的锦纶6切片反倾销调查的初裁决定

1. 中华人民共和国商务部 公告2009年第23号（二〇〇九年四月二十九日）

中华人民共和国商务部于2009年3月2日正式收到广东新会美达锦纶股份有限公司、宁波舜龙锦纶有限公司、无锡明特化纤有限公司、浙江华建尼龙有限公司、杭州宏福锦纶有限公司、无锡市长安高分子材料厂、岳阳巴陵石化化工化纤有限公司代表国内锦纶6切片产业提交的反倾销调查申请，申请人请求对原产于美国、欧盟、俄罗斯和中国台湾地区的进口锦纶6切片进行反倾销调查。

商务部依据《中华人民共和国反倾销条例》有关规定，对申请人的资格、申请调查产品的有关情况、中国同类产品的有关情况、申请调查产品对国内产业的影响、申请调查国家的有关情况等进行了审查。同时，商务部就申请书中提供的涉及倾销、损害及倾销与损害之间的因果关系等方面的证据进行了审查。申请人提供的初步证据表明，申请人广东新会美达锦纶股份有限公司、宁波舜龙锦纶有限公司、无锡明特化纤有限公司、浙江华建尼龙有限公司、杭州宏福锦纶有限公司、无锡市长安高分子材料厂、岳阳巴陵石化化工化纤有限公司和支持该申请的江苏瑞美福实业有限公司、骏马化纤股份有限公司、

石家庄化工化纤有限公司、宁波亨润聚合有限公司、江苏海阳化纤有限公司、杭州帝凯工业布有限公司、广东开平春晖股份有限公司、山东翔宇化纤有限公司在2005年、2006年、2007年、2008年1月至9月锦纶6切片产量之和占同期中国大陆同类产品总产量的50%以上，符合《中华人民共和国反倾销条例》第十一条、第十三条和第十七条有关国内产业提出反倾销调查申请的规定。同时，申请书中包含了《中华人民共和国反倾销条例》第十四条、十五条规定的反倾销调查立案所要求的内容及有关证据。

根据上述审查结果及《中华人民共和国反倾销条例》第十六条规定，商务部决定自2009年4月29日起对原产于美国、欧盟、俄罗斯和中国台湾地区的进口锦纶6切片进行反倾销立案调查。现将有关事项公告如下：

一、立案调查及调查期

自本公告发布之日起，商务部对原产于美国、欧盟、俄罗斯和中国台湾地区的进口锦纶6切片进行反倾销调查，本次调查确定的倾销调查期为2007年10月1日至2008年9月30日，产业损害调查期为2005年1月1日至2008年9月30日。

二、被调查产品及调查范围

调查范围：原产于美国、欧盟、俄罗斯和中国台湾地区的进口锦纶6切片。

被调查产品名称：锦纶6切片，学名聚己内酰胺，又称聚酰胺－6切片或尼龙6切片。英文名称Polycaprolactam，Polyamide－6(简称PA6)，Nylon6 分子式：$—[NH—(CH_2)_5—CO]_n—$

物理化学特征：锦纶6切片是一种外观通常呈乳白色或微黄色半透明到不透明状的结晶性聚合物，可溶于苯酚和热的硫酸中。

主要用途：锦纶6切片具有着色性、韧性、耐磨性、自润滑性好，耐低温、耐细菌，成型加工性好等特征，是一种应用广泛的合成树脂，主要应用于化纤、纺织、化工、电子、机械、汽车、军工、食品和医疗等领域。

该产品归在《中华人民共和国进出口税则》：39081019。

三、登记应诉

就倾销调查，任何利害关系方可于本公告发布之日起20天内，向商务部进出口公平贸易局申请参加应诉，参加应诉的涉案出口商或生产商同时应提供2007年10月至2008年9月向中国出口本案被调查产品的数量及金额。

就产业损害调查，利害关系方可自本公告发布之日起20天内，向商务部产业损害调查局登记应诉，同时应提供产业损害调查期内的生产能力、产量、库存、在建和扩建计划以及向中国出口本案被调查产品的数量和金额等说明材料。

四、不登记应诉

如利害关系方未在本公告规定的时间内向商务部登记应诉，则商务部有权拒绝接受其递交的有关材料，并有权根据所掌握的现有材料做出裁定。

五、利害关系方的权利

利害关系方对本次调查的产品范围、申请人资格、被调查国家及其他相关问题如有异议，可以于上述登记应诉期间内将意见书面提交商务部。

利害关系方可以在上述期间内到商务部反倾销公开信息查阅室查阅本案申请人提交的申请书的非保密文本。

六、调查方式

调查机关可以采用问卷、抽样、听证会、现场核查等方式向有关利害关系方了解情况并进行调查。

七、本次调查自2009年4月29日起开始，通常应在2010年4月29日前结束调查，特殊情况下可延长至2010年10月29日。

2. 商务部公告对原产于美国、欧盟等国家和地区的锦纶6切片反倾销调查的初裁决定

2009年10月19日，商务部发布2009年第80号公告，公布了对原产于美国、欧盟、俄罗斯和中国台湾地区进口锦纶6切片(学名聚己内酰胺，又称聚酰胺－6切片或尼龙6切片。英文名称 Polycaprolactam)反倾销调查的初裁决定。

调查机关初步认定原产于上述国家和地区的进口被调查产品存在倾销，中国大陆锦纶6切片产业受到了实质损害，而且倾销与实质损害之间存在因果关系，并决定自2009年10月20日起，对进口自上述国家和地区的该产品征收保证金。调查机关将根据进一步调查的结果，做出最终裁定。

该产品归在《中华人民共和国进出口税则》：39081019。

3. 商务部公告2009年第80号 对原产于美国、欧盟等国家和地区的锦纶6切片反倾销调查的初裁决定(二〇〇九年十月十九日)

根据《中华人民共和国反倾销条例》的规定，商务部于2009年4月29日发布立案公告，决定对原产于美国、欧盟、俄罗斯和中国台湾地区的进口锦纶6切片进行反倾销立案调查。该被调查产品归在《中华人民共和国进出口税则》税则号：39081019。

商务部对被调查产品是否存在倾销和倾销幅度、被调查产品是否对中国大陆锦纶6切片产业造成损害及损害程度、倾销与损害之间的因果关系进行了

调查。根据调查结果和《中华人民共和国反倾销条例》第二十四条的规定，商务部作出初步裁定(见附件)。现将有关事项公告如下:

一、初步裁定

商务部初步裁定，在本案调查期内，原产于美国、欧盟、俄罗斯和中国台湾地区的进口锦纶6切片存在倾销，中国大陆锦纶6切片产业受到了实质损害，而且倾销与实质损害之间存在因果关系。

二、征收保证金

根据《中华人民共和国反倾销条例》第二十八条、第二十九条的规定，商务部决定采用保证金形式实施临时反倾销措施。自2009年10月20日起，进口经营者在进口原产于美国、欧盟、俄罗斯和中国台湾地区的进口锦纶6切片时，应依据本初裁决定所确定的各公司的倾销幅度向中华人民共和国海关提供相应的保证金。

对被调查产品的具体描述如下:

被调查产品名称：锦纶6切片，学名聚己内酰胺，又称聚酰胺-6切片或尼龙6切片。英文名称Polycaprolactam, Polyamide-6(简称PA6), Nylon6。

化学分子式:(略)

物理化学特征：锦纶6切片是一种外观通常呈乳白色或微黄色半透明到不透明状的结晶性聚合物，可溶于苯酚和热的硫酸中。

主要用途：锦纶6切片具有着色性、韧性、耐磨性、自润滑性好，耐低温、耐细菌，成型加工性好等特征，是一种应用广泛的合成树脂，主要应用于化纤、纺织、化工、电子、机械、汽车、军工、食品和医疗等领域。

该产品归在《中华人民共和国进出口税则》: 39081019。

对各公司征收的保证金比率如下:

美国公司

1. 巴斯夫美国公司 30.4%
(BASF Corporation.)

2. 霍尼韦尔树脂和化学品责任有限公司 36.2%
(Honeywell Resins&Chemical LLC)

3. 其他美国公司 36.2%
(All Others)

欧盟公司

1. 波兰阿佐提塔诺股份公司 9.7%
(Zaklady Azotowe w Tarnowie-Mościcach, S. A.)

2. 巴斯夫安特卫普公司 8%
(BASF ANTWERPEN N. V.)

3. 道默有限公司 8.2%
(DOMO Caproleuna GmbH)

4. 帝斯曼工程塑料公司 8.2%
(DSM Engineering Plastics B. V.)

5. 其他欧盟公司 23.9%
(All Others)

俄罗斯公司

1. 古比雪夫氮封闭式股份有限公司 5.9%
("KuibyshevAzot" Joint Stock Company)

2. 其他俄罗斯公司 23.9%
(All Others)

中国台湾地区公司

1. 中国台湾化学纤维股份有限公司 4%
(FORMOSA CHEMICALS&FIBER CORPORATION)

2. 力鹏企业股份有限公司 4.3%
(Li Peng Enterprise Co., Ltd.)

3. 集盛实业股份有限公司 4.2%
(Zig sheng Industrial Co., Ltd.)

4. 华隆股份有限公司 4.2%

5. 中国石油化学工业开发股份有限公司 4.2%
(China Petrochemical Development Corporation)

6. 太洋尼龙股份有限公司 4.2%

7. 展颂股份有限公司 4.2%

8. 其他中国台湾地区公司 23.9%
(All Others)

三、征收保证金的方法

自2009年10月20日起，进口经营者在进口原产于美国、欧盟、俄罗斯和中国台湾地区的进口锦纶6切片时，应依据本初裁决定所确定的各公司的倾销幅度向中华人民共和国海关提供相应的保证金。保证金以海关审定的完税价格从价计征，计算公式为：保证金金额=(海关审定的完税价格×保证金征收比率)×(1+进口环节增值税税率)。

四、评论

各利害关系方在本公告发布之日起10天内，可向商务部提出书面评论并附相关证据，商务部将依法予以考虑。

附件

中华人民共和国商务部关于原产于美国、欧盟、俄罗斯和中国台湾地区的进口锦纶6切片反倾销调查的初步裁定

根据《中华人民共和国反倾销条例》的规定，商务部(以下称调查机关)于2009年4月29日正式发布立案公告，决定对原产于美国、欧盟、俄罗斯和中国台湾地区的进口锦纶6切片(以下称被调查产品)进行反倾销立案调查。该被调查产品归在《中华

人民共和国进出口税则》税则号：39081019。

调查机关对被调查产品是否存在倾销和倾销幅度、被调查产品是否对中国大陆锦纶6切片产业造成损害及损害程度以及倾销与损害之间的因果关系进行了调查。根据《中华人民共和国反倾销条例》的规定，调查机关作出初步裁定如下：

一、调查程序

（一）立案

2009年3月2日，调查机关收到广东新会美达锦纶股份有限公司、宁波舜龙锦纶有限公司、无锡明特化纤有限公司、浙江华建尼龙有限公司、杭州宏福锦纶有限公司、无锡市长安高分子材料厂、岳阳巴陵石化化工化纤有限公司代表中国大陆锦纶6切片产业提交的反倾销调查申请，请求对原产于美国、欧盟、俄罗斯和中国台湾地区的进口被调查产品进行反倾销调查。

调查机关审查了申请材料后，认为申请人及支持该申请的企业符合《中华人民共和国反倾销条例》第十一条及第十三条和第十七条有关中国大陆产业提出反倾销调查申请的规定。同时，申请书中包含了《中华人民共和国反倾销条例》第十四条、第十五条规定的反倾销调查立案所要求的内容及有关的证据。

根据上述审查结果及《中华人民共和国反倾销条例》第十六条的规定，调查机关于2009年4月29日发布立案公告，决定对原产于美国、欧盟、俄罗斯和中国台湾地区的进口被调查产品进行反倾销调查。调查机关确定的倾销调查期为2007年10月1日至2008年9月30日，产业损害调查期为2005年1月1日至2008年9月30日。

（二）倾销及倾销幅度的初步调查

1. 立案通知

在决定立案调查前，根据《中华人民共和国反倾销条例》第十六条规定，调查机关就收到中国大陆锦纶6切片产业反倾销调查申请书一事通知了美国、欧盟、俄罗斯驻华大使馆，并通过我常驻世界贸易组织代表团转告中国台湾方面。

2009年4月29日，调查机关发布立案公告，并向美国、欧盟、俄罗斯驻华大使馆以及通过我常驻世界贸易组织代表团向中国台湾方面正式提供了立案公告和申请书的公开部分，请其通知各自国家和地区的相关出口商和生产商。

同日，调查机关将本案立案情况通知了本案申请人及申请书中列明的国（境）外企业，并将立案材料送至商务部公开信息查阅室供利害关系方查阅。

2. 登记应诉

在立案公告规定的登记应诉期内，巴斯夫美国公司、霍尼韦尔树脂和化学品责任有限公司、霍尼韦尔贸易（上海）有限公司、UBE AMERICAN INC.、波兰阿佐提塔诺股份公司、巴斯夫安特卫普公司、巴斯夫欧洲公司、帝斯曼工程塑料公司、道默有限公司、黑姆瓦拉克诺开放式股份有限公司、肖金纳氮开放式股份公司、古比雪夫氮封闭式股份有限公司、上海古比雪夫氮贸易有限公司、华隆股份有限公司、中国石油化学开发股份有限公司、太洋尼龙股份有限公司、中国台湾化学纤维股份有限公司、展颂股份有限公司、集盛实业股份有限公司、力鹏企业股份有限公司向调查机关登记倾销应诉。

3. 企业抽样

由于欧盟、中国台湾地区应诉企业较多，根据《反倾销调查抽样暂行规则》第三条的规定，调查机关决定对欧盟、中国台湾地区的应诉企业进行抽样。调查机关综合考虑了应诉企业的出口量、出口金额等方面的指标，决定抽取欧盟的波兰阿佐提塔诺股份公司、巴斯夫安特卫普公司，中国台湾地区的中国台湾化学纤维股份有限公司、力鹏企业股份有限公司作为选取公司，欧盟的道默有限公司，中国台湾地区的集盛实业股份有限公司作为备选公司进行倾销调查。

4. 产品控制编码

由于本案被调查产品型号、规格众多，调查机关决定采用产品控制编码方法。在申请人对有关产品控制编码标准和方法建议的基础上，调查机关综合所收集到的相关市场信息，拟定了产品控制编码的具体方法和指标，并结合利害关系方的评论，最终确定了本案产品控制编码。

5. 发放问卷和收取答卷

2009年6月3日，调查机关向美国、俄罗斯应诉的生产商以及欧盟、中国台湾地区抽样公司发出了反倾销调查问卷，并要求其在37天内按规定提交准确、完整的答卷。在原始答卷期间内，巴斯夫美国公司、霍尼韦尔树脂和化学品责任有限公司、波兰阿佐提塔诺股份公司、巴斯夫安特卫普公司、道默有限公司、古比雪夫氮封闭式股份有限公司、集盛实业股份有限公司、中国台湾化学纤维股份有限公司、力鹏企业股份有限公司向调查机关申请延期递交答卷并陈述了相关理由。经审查，调查机关同意给予申请企业适当延期。至答卷递交截止之日，调查机关收到了上述应诉公司递交的有关倾销部分问卷的答卷。

6月10日，俄罗斯黑姆瓦拉克诺开放式股份公司和肖金纳氮开放式股份公司申请退出本次反倾销调查，并且未提交答卷。

在随后的调查进程中，调查机关针对公司递交的倾销部分原始答卷中存在的问题，分别向巴斯夫美国公司、霍尼韦尔树脂和化学品责任有限公司、波兰阿佐提塔诺股份公司、巴斯夫安特卫普公司、古比雪夫氮封闭式股份有限公司、中国台湾化学纤维股份有限公司、力鹏企业股份有限公司发放了补充问卷，并要求其在7天内按规定提交准确、完整的答卷。在此期间，霍尼韦尔树脂和化学品责任有限公司、波兰阿佐提塔诺股份公司、古比雪夫氮封闭式股份有限公司、中国台湾化学纤维股份有限公司、力鹏企业股份有限公司申请延期提交补充问卷答卷并陈述了相关理由。经审查，调查机关同意给予企业适当延期。至答卷递交截至之日，调查机关分别收到了上述公司递交的补充问卷答卷。之后，集盛实业股份有限公司主动递交了答卷补充材料。

6. 听取利害关系方的意见

在案件调查期间，调查机关应约会见了中国大陆锦纶6切片生产企业广州新会美达锦纶股份有限公司以及应诉公司巴斯夫美国公司、霍尼韦尔树脂和化学品责任有限公司、霍尼韦尔贸易(上海)有限公司、巴斯夫安特卫普公司、集盛实业股份有限公司、中国台湾化学纤维股份有限公司、力鹏企业股份有限公司的代表，听取了其对本案调查的意见和陈述。

7. 相关利害关系方的评论

立案后，调查机关给予相关利害关系方机会发表评论。

在规定的时间内，没有利害关系方就立案事宜发表评论。

对于产品范围，力鹏企业股份有限公司等部分中国台湾企业提出了调查产品范围排除申请。

在规定的时间内，没有利害关系方就抽样事宜发表评论。

对于产品控制编码，古比雪夫氮封闭式股份公司、霍尼韦尔树脂和化学品责任有限公司等利害关系方发表了评论。

调查机关对利害关系方的评论意见依法予以了考虑。

(三) 产业损害及损害程度的初步调查

1. 参加产业损害调查活动登记

2009年4月29日，调查机关发布了《关于参加锦纶6切片反倾销案产业损害调查活动登记的通知》。在规定的时间内，申请参加调查活动的国外(地区)生产者共16家，分别是古比雪夫氮封闭式股份公司、巴斯夫美国公司、巴斯夫欧洲公司、巴斯夫安特卫普有限公司、帝斯曼工程塑料公司、道默有限公司、霍尼韦尔树脂和化学品责任有限公司、波兰阿佐提塔诺股份有限公司、力鹏企业股份有限公司、集盛实业股份有限公司、展颂股份有限公司、中国台湾化学纤维股份有限公司、中国石油化学工业开发股份有限公司、黑姆瓦拉克诺开放式股份公司、肖金纳氮开放式股份公司和霍尼韦尔国际公司。申请参加调查活动的中国大陆进口商共6家，分别是上海古比雪夫氮贸易有限公司、霍尼韦尔特殊材料(中国)有限公司、霍尼韦尔贸易(上海)有限公司、英威达合成纤维(上海)有限公司、常熟市启仁特种化纤纺织有限公司和威海海马大华地毯有限公司。上述利害关系方向调查机关递交了参加产业损害调查活动登记表及相关证明材料，调查机关经审查后接受了上述利害关系方的登记。

2. 成立产业损害调查组

公告立案后，调查机关成立了锦纶6切片反倾销案产业损害调查组。

3. 发放和收回调查问卷

2009年5月19日，调查机关向已知的利害关系方发放了锦纶6切片反倾销案《中国大陆生产者调查问卷》、《中国大陆进口商调查问卷》和《国外(地区)生产者/出口商调查问卷》。

在规定的时间或经批准延期递交的时间内，广东新会美达锦纶股份有限公司、宁波舜龙锦纶有限公司、无锡明特化纤有限公司、浙江华建尼龙有限公司、杭州宏福锦纶有限公司、无锡市长安高分子材料厂、岳阳巴陵石化化工化纤有限公司、江苏瑞美福实业有限公司、骏马化纤股份有限公司、石家庄化工化纤有限公司、无锡伟达化纤材料厂、江苏海阳化纤有限公司、广东开平春晖股份有限公司、宁波锦纶股份有限公司等14家中国大陆锦纶6切片生产企业递交了《中国大陆生产者调查问卷答卷》，古比雪夫氮封闭式股份公司、巴斯夫美国公司、巴斯夫欧洲公司、巴斯夫安特卫普有限公司、帝斯曼工程塑料公司、道默有限公司、霍尼韦尔树脂和化学品责任有限公司、波兰阿佐提塔诺股份有限公司、力鹏企业股份有限公司、集盛实业股份有限公司、展颂股份有限公司和中国台湾化学纤维股份有限公司等12家国外(地区)生产者递交了《国外(地区)生产者/出口商调查问卷答卷》。上海古比雪夫氮贸易有限公司、霍尼韦尔特殊材料(中国)有限公司/霍尼韦尔贸易(上海)有限公司等3家中国大陆进口商递交了《中国大陆进口商调查问卷答卷》。

4. 听取利害关系方意见陈述

根据《中华人民共和国反倾销条例》第二十条的

规定，2009年5月25日，应本案申请人广东新会美达锦纶股份有限公司、宁波舜龙锦纶有限公司、无锡明特化纤有限公司、浙江华建尼龙有限公司、杭州宏福锦纶有限公司、无锡市长安高分子材料厂、岳阳巴陵石化化工化纤有限公司申请，调查机关听取了申请人的意见陈述。

上述申请企业提出，2005年以来中国大陆锦纶6切片的表观消费量持续快速增长，但由于被调查产品向中国大陆大量低价倾销，中国大陆锦纶6切片需求量增长的良好态势并未给中国大陆锦纶6切片产业带来应有的效益。调查期内特别是2007年以来，中国大陆产业同类产品销售收入增长幅度持续大幅降低，税前利润与投资收益率大幅下降，巨额投资无法收回，中国大陆锦纶6切片产业受到实质损害。

2009年9月22日，应本案应诉企业力鹏企业股份有限公司、集盛实业股份有限公司、展颂股份有限公司、中国台湾化学纤维股份有限公司和部分下游企业申请，调查机关听取了上述利害关系方的意见陈述。上述企业提出，中国大陆企业生产的锦纶6切片在数量与质量方面都无法满足下游客户的需求，中国台湾地区锦纶6切片产品弥补了中国大陆下游高速纺民用丝企业对高质量锦纶6切片的需求。

5. 接收利害关系方书面评论意见

2009年5月19日，调查机关收到巴斯夫美国公司、巴斯夫欧洲公司和巴斯夫安特卫普有限公司等3家公司(以下简称巴斯夫公司)共同提交的《关于确认部分进口尼龙6切片与反倾销被调查产品非同类产品的申请》。巴斯夫公司提出，其生产的用于高韧度纺纱、电线电缆涂层、复合薄膜和尚未进入市场的研发阶段产品由于相对黏度和所使用添加剂不同，具有独特性质，中国大陆产业不具备生产上述切片产品的能力，中国大陆产业生产的产品与之不是同类产品。上述公司还提出，其生产的部分锦纶6切片并未向中国大陆销售，不可能给中国大陆产业造成损害，此部分锦纶6切片与中国大陆产业生产的产品不是同类产品。

2009年6月2日，调查机关收到申请人提交的《锦纶6切片反倾销案申请人对巴斯夫公司产品范围调整申请的评论意见》，申请人认为：

(1) 根据《关于反倾销产品范围调整程序的暂行规定》的相关规定，巴斯夫公司提出的产品调整申请未依照法律要求对申请排除的产品进行详细描述和说明，也未对申请排除的产品与中国大陆产业同类产品的异同点进行详细描述和说明，同时也未依照法律要求提供相应证据。申请人无法了解其具体申请排除哪些产品，也无法对其申请排除的产品与中国大陆同类产品进行比较，妨碍了申请人对其意见进行充分评论的权利。

(2) 被调查产品范围包括同一类产品的所有规格和型号，不能因为各个具体型号或规格产品之间存在一定的差异就将其排除在被调查产品范围之外。

(3) 虽然反倾销法律要求申请人应是同类产品的生产者，但是法律并不规定申请人必须能够生产被调查范围内的所有规格或型号的产品，并且申请人之一的广东新会美达锦纶股份有限公司所生产的锦纶6切片即被下游企业用于生产高韧度纺纱、电线电缆涂层和复合薄膜。

(4) 未向中国大陆出口相关规格的产品并不构成将这些产品排除在被调查国家产品范围之外的标准和依据，并且巴斯夫公司未向中国大陆出口部分锦纶6切片产品并不代表其他涉案企业未向中国大陆出口与其相同或类似的产品。

6. 信息公开

根据《产业损害调查信息查阅与信息披露规定》第八条、第十四条关于公开信息及送交查阅室的规定，本案所有公开材料均已及时送交商务部贸易救济措施公开信息查阅室。各利害关系方可以查找、阅览、摘抄、复印公开信息。

调查机关对申请书及所附证据、收回的调查问卷答卷进行了认真核对和评估，并收集和补充了相关证据材料。调查机关对本案利害关系方提交的评论和意见依法予以了充分考虑。

二、被调查产品和调查范围

(一) 被调查产品

被调查产品名称：锦纶6切片，学名聚己内酰胺，又称聚酰胺-6切片或尼龙6切片。英文名称Polycaprolactam，Polyamide-6(简称PA6)，Nylon6。

化学分子式：(略)

物理化学特征：锦纶6切片是一种外观通常呈乳白色或微黄色半透明到不透明状的结晶性聚合物，可溶于苯酚和热的硫酸中。

主要用途：锦纶6切片具有着色性、韧性、耐磨性、自润滑性好，耐低温、耐细菌，成型加工性好等特征，是一种应用广泛的合成树脂，主要应用于化纤、纺织、化工、电子、机械、汽车、军工、食品和医疗等领域。

该产品归在《中华人民共和国进出口税则》：39081019。

(二) 调查范围

调查范围：原产于美国、欧盟、俄罗斯和中国台湾地区的进口锦纶6切片。

(三) 关于被调查产品范围的问题

立案后，力鹏企业股份有限公司提出被调查产品范围排除

申请，主张将锦纶6切片中全消光切片排除在被调查产品范围之外。太洋尼龙股份有限公司等部分中国台湾地区公司也申请本案调查排除或部分产品调查排除。经审查，调查机关认为公司主张缺乏正当理由和充分证据，因此未予考虑。

三、中国大陆同类产品和中国大陆产业

(一) 中国大陆同类产品的认定

根据《中华人民共和国反倾销条例》第十二条和《反倾销产业损害调查规定》第十、第十一条的规定，调查机关对中国大陆生产的锦纶6切片与被调查产品的物理和化学特性、生产工艺流程、产品用途、销售渠道和客户群体、产品可替代性、消费者和生产者评价等因素进行了调查，初步证据显示：

1. 物理和化学特性

中国大陆生产的锦纶6切片和被调查产品的分子结构式相同，技术指标基本相同。均为乳白色或微黄色半透明到不透明状的结晶性聚合物，可溶于苯酚和热的硫酸中。

2. 生产工艺流程

中国大陆生产的锦纶6切片与被调查产品使用的主要原材料均为己内酰胺，在生产工艺流程上基本相同，都包含己内酰胺熔融、己内酰胺聚合、水下切粒、切片萃取、切片干燥等几个步骤。不同公司的生产工艺在聚合方法和回收方式上存在区别，但总体工艺路线是相同的，最终产品均是锦纶6切片。

3. 产品用途

中国大陆生产的锦纶6切片与被调查产品用途基本相同，主要用于四个方面，分别为：化学纤维、工程塑料、塑料薄膜和复合材料。均可广泛应用于化纤、纺织、化工、电子、机械、汽车、军工、食品、医疗等领域。

4. 销售渠道和客户群体、消费者和生产者评价

中国大陆生产的锦纶6切片与被调查产品销售渠道基本相同，主要通过直销、分销和代理等形式，市场销售区域也基本相同。客户群体相同，部分客户同时使用中国大陆生产的锦纶6切片和被调查产品，二者可以相互替代。

调查机关对本案利害关系方提交的关于同类产品认定的相关评论意见进行了充分考虑后认为，用于高韧度纺纱、电线电缆涂层、复合薄膜和尚未进入市场的研发阶段的锦纶6切片只是同一类产品的不同规格和型号，他们与其他规格或型号锦纶6切片之间的差异，属于被调查产品内不同规格或型号之间的差异。此外，初步证据显示，本案申请人之一的广东新会美达锦纶股份有限公司所生产的锦纶6切片即被下游企业用于生产高韧度纺纱、电线电缆涂层和复合薄膜。因此，调查机关初步认定，中国大陆产业生产的产品与用于高韧度纺纱、电线电缆涂层、复合薄膜和尚未进入市场的研发阶段的锦纶6切片是同类产品。

关于巴斯夫公司提出的在调查期内未出口至中国大陆的锦纶6切片应确认为非同类产品的主张，调查机关认为，巴斯夫公司并未就此部分产品的具体情况提供客观的、充分的、可供核实的证据，并且巴斯夫公司在调查期内未向中国大陆出口此部分锦纶6切片并不能证明其他被调查国家或地区也未向中国大陆出口相同或类似的产品。因此，调查机关初步认定，巴斯夫公司关于将调查期内未出口至中国大陆的锦纶6切片确认为非同类产品的理由并不充分，调查机关对其主张不予支持。

上述初步证据表明，中国大陆生产的锦纶6切片与被调查产品在物理和化学特性、生产工艺流程、产品用途、销售渠道和客户群体、消费者和生产者评价等方面基本相同，具有相似性和可替代性。因此，中国大陆生产的锦纶6切片与被调查产品属于同类产品。

(二) 中国大陆产业的认定

调查机关对本案申请企业和支持企业的产业代表资格进行了审查。初步证据显示，2005年、2006年、2007年、2007年1~9月和2008年1~9月申请企业和支持企业产量之和占中国大陆同类产品总产量的50.39%、58.3%、56.34%、55.24%和57.13%。

根据《中华人民共和国反倾销条例》第十一条和《反倾销产业损害调查规定》第十三条的规定，调查机关初步认定，调查期内，中国大陆上述申请企业和支持企业可以代表中国大陆锦纶6切片产业。

四、倾销和倾销幅度

调查机关审查了各应诉公司的答卷，对各公司的正常价值和出口价格作如下认定：

(一) 正常价值、出口价格及价格调整项目的认定

美国公司

巴斯夫美国公司(BASF Corporation)

1. 正常价值

该公司在答卷中主张其在国内生产销售的同类产品和出口中国大陆的被调查产品相同，并按照调查问卷要求，将公司被调查产品及同类产品的不同牌号分别归类到产品控制编码中。经初步审查，调查机关认为归类基本合理正确，符合调查机关有关

产品控制编码的划分标准和要求，决定接受公司对于产品控制编码归类。

调查机关对该公司国内销售被调查产品同类产品总量及各产品控制编码项下产品占同期向中国大陆出口对应数量的比例进行了审查。根据《中华人民共和国反倾销条例》第四条规定，对于被调查产品同类产品的国内销售数量占同期向中国大陆出口销售数量大于5%的，以所有国内销售为基础确定正常价值；对于被调查产品同类产品的国内销售数量占同期向中国大陆出口销售数量的比例不足5%的，调查机关决定暂采用该产品控制编码项下产品的生产成本加费用、合理利润确定结构正常价值。

调查机关审查了该公司国内销售情况。倾销调查期内，该公司被调查产品同类产品全部销售给国内非关联客户。经初步审查，调查机关决定以公司销售给非关联客户的价格作为确定正常价值的基础。

调查机关审查了该公司的生产成本。该公司在答卷中报告了倾销调查期内的生产成本明细，包括原材料、直接人工、燃料动力、制造费用等。经初步审查，调查机关决定暂以公司填报的上述数据对生产成本进行了调整。调查机关审查了该公司的销售、管理、财务费用及其分摊情况。经初步审查，调查机关决定按照直接费用归集和间接费用依据销售收入比例分摊的方法，对公司填报的费用数据进行了重新调整。

调查机关根据调整后的生产成本和费用对该公司国内销售交易是否存在低于成本销售的情况分产品控制编码进行了审查。根据《中华人民共和国反倾销条例》第四条规定，对于国内销售中低于加权平均成本的销售数量占其国内销售数量的比例均超过20%的，调查机关决定以排除低于成本销售交易之后的国内销售作为确定其正常价值的基础；对于国内销售中低于加权平均成本的销售数量占其国内销售数量的比例不足20%的，调查机关决定以全部国内销售作为确定其正常价值的基础。

2. 出口价格

调查机关审查了该公司在倾销调查期内向中国大陆出口被调查产品情况。经初步审查，公司在倾销调查期内对中国大陆出口被调查产品主要通过位于第三国的关联贸易公司进行，另外一部分被调查产品直接销售给中国大陆关联最终用户。根据《中华人民共和国反倾销条例》第五条的规定，对于公司通过关联贸易商销售给中国大陆非关联用户的交易，调查机关决定在初裁中以关联贸易公司销售给中国大陆非关联用户的价格作为确定出口价格的基础；对于直接销售给中国大陆关联最终用户的交易，调查机关决定以调整后的非关联出口价格替代其出口价格。

3. 调整项目

根据《中华人民共和国反倾销条例》第六条规定，为公平合理比较，调查机关对该公司影响价格可比性的调整项目逐一进行了审查。

（1）关于正常价值

经审查，调查机关决定在初裁中暂接受公司填报的内陆运费、包装费用、信用费用等国内销售调整项目。

调查机关在计算正常价值时对上述项目进行了调整。

（2）关于出口价格

经审查，调查机关决定在初裁中暂接受公司填报的内陆运费、国际运费、国际运输保险费、包装费用、信用费用等调整主张，并在计算出口价格时对上述项目进行了调整。

经初步审查，调查机关发现在对中国大陆出口过程中，位于第三国的关联贸易商在销售过程中只负责相关销售单据的处理工作，承担销售代理职能。因此，调查机关决定以适当比例的佣金作为出口价格的调整项目。

关于CIF价格，经审查，现有证据表明该公司所报告的CIF价格是合理的，调查机关决定暂采信公司报告的CIF价格数据。

霍尼韦尔树脂和化学品责任有限公司（Honeywell Resin & Chemical LLC）

1. 正常价值

该公司在答卷中主张其在国内生产销售的同类产品和出口中国大陆的被调查产品相同，并按照调查问卷要求，将公司被调查产品及同类产品的不同牌号分别归类到产品控制编码中。经初步审查，调查机关认为归类基本合理正确，符合调查机关有关产品控制编码的划分标准和要求，决定接受公司对于产品控制编码归类。

调查机关对该公司国内销售被调查产品同类产品总量及各产品控制编码项下产品占同期向中国大陆出口对应数量的比例进行了审查。根据《中华人民共和国反倾销条例》第四条规定，对于被调查产品同类产品的国内销售数量占同期向中国大陆出口销售数量大于5%的，以所有国内销售为基础确定正常价值；对于被调查产品同类产品的国内销售数量占同期向中国大陆出口销售数量的比例不足5%的，调查机关决定暂采用该产品控制编码项下产品的生产成本加费用、合理利润确定结构正常价值。

该公司主张，调查期内的国内销售全部销售给非关联最终用户或者分销商。经审查，调查机关发现该公司部分被调查产品以“库存转移”的名义销售给其关联公司，但该公司并未主张“转移”的数量和价格，也未提供这部分被调查产品的型号证明材料。调查机关决定暂以该公司调查期被调查产品的库存减少数量和该公司主张的调查期被调查产品销售数量的差额作为“转移数量”，以该公司国内销售的某笔交易价格作为确定这部分被调查产品正常价值的基础；对于其他国内销售，调查机关决定以该公司销售给美国国内非关联最终用户或者分销商的价格作为确定正常价值的基础。

调查机关对该公司调查期内国内销售是否低于成本进行了审查。该公司在答卷中报告了倾销调查期内的生产成本明细，包括直接材料、直接人工、燃料动力等。调查机关初步调查后，决定暂接受该公司报告的生产成本数据。对于某些产品控制编码项下的被调查产品，该公司在答卷中报告了多种不同生产成本，调查机关暂决定选择其中一种作为区分不同产品控制编码的成本。该公司在答卷中报告了倾销调查期内发生的销售、管理和一般费用，并对相关费用进行了分摊。调查机关初步调查后，决定暂接受该公司报告的费用数据。

调查机关根据调整后的生产成本和费用对该公司国内销售交易是否存在低于成本销售的情况分产品控制编码进行了审查。根据《中华人民共和国反倾销条例》第四条规定，对于国内销售中低于加权平均成本的销售数量占其国内销售数量的比例超过20%的，调查机关决定以排除低于成本销售交易之后的国内销售作为确定其正常价值的基础；对于国内销售中低于加权平均成本的销售数量占其国内销售数量的比例不足20%的，调查机关决定以全部国内销售作为确定其正常价值的基础；对于国内销售中全部低于加权平均成本销售的部分产品控制编码项下产品，调查机关决定暂采用这些产品控制编码项下产品的生产成本加费用、合理的利润确定其正常价值。

2. 出口价格

调查机关对该公司的出口价格进行了审查。该公司主张，在调查期内部分被调查产品直接销售给中国大陆非关联用户，另一部分通过位于中国境内的关联贸易商转售。调查机关发现，公司主张的向中国大陆非关联用户的销售中，某家公司地址在美国，交货方式为EXW，公司未能提供这些被调查产品最终出口到中国大陆的证明材料，调查机关暂决定在初裁中排除这些交易。

根据《中华人民共和国反倾销条例》第五条的规定，对于该公司直接销售给中国大陆非关联用户的交易，调查机关决定在初裁中以该非关联交易价格作为确定出口价格的基础；对于通过位于中国大陆的关联贸易公司转售给非关联用户的销售，调查机关决定以关联贸易公司对非关联用户的销售价格为基础，在该转售价格的基础上扣除关联公司的费用和利润，得出推定出口价格，并作为确定出口价格的基础。

3. 调整项目

根据《中华人民共和国反倾销条例》第六条规定，为公平合理比较，调查机关对该公司影响价格可比性的调整项目逐一进行了审查。

(1) 关于正常价值

关于该公司报告的内销交易的调整项目，经审查，调查机关决定暂接受发票中的折扣、退款及赔偿、内陆运费、内陆运输保险费、出厂装卸费、包装费用、信用费用等调整主张。

(2) 关于出口价格

关于该公司报告的出口交易的调整项目，经审查，调查机关决定暂接受退款及赔偿、内陆运费、内陆运输保险费、出厂装卸费、国际运费、港口装卸费用、包装费用、信用费用等调整主张。

关于信用费用，公司未能提供美国商业银行美元短期贷款利率，调查机关暂决定根据美国联邦基准利率对该项费用予以调整。

在采用推定出口价格时，调查机关没有对关联贸易公司在转售过程发生的其他直接费用进行调整。

关于CIF价格，经审查，现有证据表明该公司所报告的CIF价格是合理的，调查机关决定暂采信公司报告的CIF价格数据。

美国UBE公司(UBE AMERICA INC.)

2009年5月18日，UBE AMERICA INC. 向调查机关登记应诉。公司主张其在调查期内未对中国大陆出口被调查产品。因此，调查机关未审查该公司调查期内倾销情况。

其他美国公司(All Others)

对于其他未应诉、未提交答卷的美国公司，根据《中华人民共和国反倾销条例》第二十一条的规定，调查机关决定采用已经获得的事实和可获得的最佳信息来认定其正常价值和出口价格。

欧盟公司

波兰阿佐提塔诺股份有限公司(Zaklady Azotowe w Tarnowie - Mościcach, S. A.)

1. 正常价值

该公司在答卷中主张其在国内生产销售的同类

产品和出口中国大陆的被调查产品相同，并按照调查问卷要求，将公司被调查产品及同类产品的不同牌号分别归类到产品控制编码中。经初步审查，调查机关认为归类基本合理正确，符合调查机关有关产品控制编码的划分标准和要求，决定接受公司对于产品控制编码归类。

调查机关对该公司欧盟内销售被调查产品同类产品总量及各产品控制编码项下产品占同期向中国大陆出口对应数量的比例进行了审查。调查期内，公司被调查产品同类产品的欧盟内销售数量占同期向中国大陆出口销售数量大于5%，调查机关决定以其所有欧盟内销售为基础确定正常价值。

调查机关审查了该公司欧盟内交易情况。该公司主张，调查期内的欧盟内销售全部是销售给非关联最终用户或者分销商。经审查，调查机关暂决定以该公司销售给欧盟地区内非关联最终用户或者分销商的价格作为确定正常价值的基础。

调查机关对该公司调查期内欧盟内销售是否低于成本进行了审查。该公司在答卷中报告了倾销调查期内的生产成本明细，包括直接材料、直接人工、燃料动力等。调查机关初步调查后，决定暂接受该公司报告的生产成本数据。调查机关审查了该公司的费用及其分配情况。该公司在答卷中报告了倾销调查期内发生的销售、管理和一般费用，并对相关费用进行了分摊。调查机关初步调查后，决定暂接受该公司报告的费用数据。

调查机关根据调整后的生产成本和费用对该公司欧盟内销售交易是否存在低于成本销售的情况分产品控制编码进行了审查。调查期内，该公司欧盟内销售中低于加权平均成本的销售数量占其欧盟内销售数量的比例不足20%，根据《中华人民共和国反倾销条例》第四条规定，调查机关决定以全部欧盟内销售作为确定其正常价值的基础。

2. 出口价格

调查机关对该公司的出口价格进行了审查。该公司主张，在调查期内全部被调查产品直接销售给中国大陆非关联用户。调查机关暂决定在初裁中以该非关联交易价格作为确定出口价格的基础。

3. 调整项目

根据《中华人民共和国反倾销条例》第六条规定，为公平合理比较，调查机关对该公司影响价格可比性的调整项目逐一进行了审查。

（1）关于正常价值

关于该公司报告的内销交易的调整项目，经审查，调查机关决定暂接受内陆运费、内陆运输保险费、银行手续费、信用费用等调整主张。

（2）关于出口价格

关于该公司报告的出口交易的调整项目，经审查，调查机关决定暂接受售前仓储费、国际运费、港口装卸费、银行手续费、信用证费、信用费用、货币兑换费等调整主张。

关于CIF价格，经审查，现有证据表明该公司所报告的CIF价格是合理的，调查机关决定暂采信公司报告的CIF价格数据。

巴斯夫安特卫普公司（BASF ANTWERPEN N. V.）

1. 正常价值

该公司在答卷中主张其在国内生产销售的同类产品和出口中国大陆的被调查产品相同，并按照调查问卷要求，将公司被调查产品及同类产品的不同牌号分别归类到产品控制编码中。经初步审查，调查机关认为归类基本合理正确，符合调查机关有关产品控制编码的划分标准和要求，决定接受公司对于产品控制编码归类。

调查机关对该公司欧盟内销售被调查产品同类产品总量及各产品控制编码项下产品占同期向中国大陆出口对应数量的比例进行了审查。调查期内，公司被调查产品同类产品的欧盟内销售数量占同期向中国大陆出口销售数量大于5%，调查机关决定以其所有欧盟内销售为基础确定正常价值。

倾销调查期内，该公司被调查产品同类产品全部通过欧盟内的关联客户转售给最终用户。在补充答卷中，公司进一步提交了欧盟内关联公司向最终用户的转售价格。经初步审查，调查机关决定以公司欧盟内关联公司的转售价格作为确定正常价值的基础。

调查机关审查了公司的生产成本。公司在答卷中报告了倾销调查期内的生产成本明细，包括原材料、直接人工、燃料动力、制造费用等。经初步审查，调查机关决定暂接受公司填报的生产成本。调查机关审查了该公司的销售、管理、财务费用及其分摊情况。经初步审查，调查机关决定按照直接费用归集和间接费用依据销售收入比例分摊的方法，对公司填报的费用数据进行了重新调整。

调查机关根据调整后的生产成本和费用对该公司欧盟内销售交易是否存在低于成本销售的情况分产品控制编码进行了审查。调查期内，该公司欧盟内销售中低于加权平均成本的销售数量占其欧盟内销售数量的比例不足20%，根据《中华人民共和国反倾销条例》第四条规定，调查机关决定以全部欧盟内销售作为确定其正常价值的基础。

2. 出口价格

调查机关审查了该公司在倾销调查期内向中国大陆出口被调查产品情况。经初步审查，公司在倾销调查期内对中国大陆出口被调查产品全部通过位于欧盟内和第三国的关联贸易公司进行，最终由关联贸易公司销售给中国大陆关联和非关联最终用户。根据《中华人民共和国反倾销条例》第五条的规定，对于公司通过位于第三国关联贸易商销售给中国大陆非关联用户的交易，调查机关决定在初裁中以关联贸易公司销售给中国大陆非关联用户的价格作为确定出口价格的基础；对于通过位于第三国关联贸易公司销售给中国大陆关联最终用户的交易，调查机关决定以调整后的非关联出口价格替代其出口价格。

3. 调整项目

根据《中华人民共和国反倾销条例》第六条规定，为公平合理比较，调查机关对该公司影响价格可比性的调整项目逐一进行了审查。

(1) 关于正常价值

经审查，调查机关决定在初裁中暂接受公司填报的内陆运费、包装费用、信用费用等国内销售调整项目。

调查机关在计算正常价值时对上述项目进行了调整。

(2) 关于出口价格

经审查，调查机关决定在初裁中暂接受公司填报的内陆运费、国际运费、国际运输保险费、包装费用、信用费用等调整主张，并在计算出口价格时对上述项目进行了调整。

经初步审查，调查机关发现在对中国大陆出口过程中，位于第三国的关联贸易商在销售过程中只负责相关销售单据的处理工作，属于销售代理关系。因此，调查机关决定以适当比例的佣金作为出口价格的调整项目。

关于CIF价格，经审查，现有证据表明该公司所报告的CIF价格是合理的，调查机关决定暂采信公司报告的CIF价格数据。

巴斯夫欧洲公司(BASF SE)

经初步审查，调查机关发现该公司为贸易商，并不实际生产被调查产品同类产品，调查机关未确定该公司单独的倾销幅度。

其他应诉公司

根据《中华人民共和国反倾销条例》及商务部《反倾销调查抽样暂行规则》的规定，调查机关决定采用抽样选取公司的加权平均幅度，确定其他报名应诉但未被抽样选取的欧盟公司(含备选公司)的倾销幅度。

其他欧盟公司(All Others)

对于其他未应诉、未提交答卷的欧盟公司，根据《中华人民共和国反倾销条例》第二十一条的规定，调查机关决定采用已经获得的事实和可获得的最佳信息来认定其正常价值和出口价格。

俄罗斯公司

俄罗斯古比雪夫氮封闭式股份公司(“Kuibyshe-vAzot” Joint Stock Company)

1. 正常价值

该公司在答卷中主张其在国内生产销售的同类产品和出口中国大陆的被调查产品相同，并按照调查问卷要求，将公司被调查产品及同类产品的不同牌号分别归类到产品控制编码中。经初步审查，调查机关认为归类基本合理正确，符合调查机关有关产品控制编码的划分标准和要求，决定接受公司对于产品控制编码归类。

调查机关对该公司国内销售被调查产品同类产品总量及各产品控制编码项下产品占同期向中国大陆出口对应数量的比例进行了审查。调查期内，公司被调查产品同类产品的国内销售数量占同期向中国大陆出口销售数量大于5%，调查机关决定以其所有国内销售为基础确定正常价值。

调查机关审查了该公司国内交易情况。倾销调查期内，该公司在国内分别对关联和非关联客户销售被调查产品同类产品。经初步审查，调查机关认为部分关联交易由于受到关联关系的影响，关联销售价格并不能够反映正常的市场交易状况，决定将该部分关联交易排除，以公司销售给非关联客户的价格作为确定正常价值的基础。

调查机关对该公司调查期内国内销售是否低于成本进行了审查。该公司在答卷中报告了倾销调查期内的生产成本明细，包括直接材料、直接人工、燃料动力等。调查机关初步调查后，决定暂接受该公司报告的生产成本数据。调查机关审查了该公司的费用及其分配情况。该公司在答卷中报告了倾销调查期内发生的销售、管理和一般费用，并对相关费用进行了分摊。调查机关初步调查后，决定暂接受该公司报告的费用数据。

调查机关根据调整后的生产成本和费用对该公司国内销售交易是否存在低于成本销售的情况分产品控制编码进行了审查。调查期内，该公司国内销售中低于加权平均成本的销售数量占其国内销售数量的比例不足20%，根据《中华人民共和国反倾销条例》第四条规定，调查机关决定以全部国内销售作为确定其正常价值的基础。

2. 出口价格

调查机关对该公司的出口价格进行了审查。该公司主张，在调查期内部分被调查产品直接销售给中国大陆非关联用户，另一部分通过位于中国境内的关联贸易商转售。调查机关发现，公司主张的向中国大陆销售的非关联用户中，A 公司的董事长是上海古比雪夫氮贸易有限公司的董事。调查机关暂认定俄罗斯古比雪夫氮封闭式股份公司可视为与 A 公司有关联关系。

根据《中华人民共和国反倾销条例》第五条的规定，对于该公司直接销售给中国大陆非关联用户的交易，调查机关决定在初裁中以该非关联交易价格作为确定出口价格的基础；对于通过位于中国大陆的关联贸易公司转售给非关联用户的销售，调查机关决定以关联贸易公司对非关联用户的销售价格为基础，在该转售价格的基础上扣除关联公司的费用和利润，得出推定出口价格，并作为确定出口价格的基础。

3. 调整项目

根据《中华人民共和国反倾销条例》第六条规定，为公平合理比较，调查机关对该公司影响价格可比性的调整项目逐一进行了审查。

（1）关于正常价值

关于该公司报告的内销交易的调整项目，经审查，调查机关决定暂接受内陆运费、包装费用、信用费用等调整主张。

（2）关于出口价格

关于该公司报告的出口交易的调整项目，经审查，调查机关决定暂接受内陆运费、国际运费、包装费用、信用费用等调整主张。

关于信用费用，公司补充答卷提供了商业银行美元短期贷款利率，调查机关暂决定根据此利率对该项费用予以调整。

在采用推定出口价格时，调查机关没有对关联贸易公司在转售过程发生的其他直接费用进行调整。

关于 CIF 价格，经审查，现有证据表明该公司所报告的 CIF 价格是合理的，调查机关决定暂采信公司报告的 CIF 价格数据。

其他俄罗斯公司（All Others）

对于其他未应诉、未提交答卷的俄罗斯公司，根据《中华人民共和国反倾销条例》第二十一条的规定，调查机关决定采用已经获得的事实和可获得的最佳信息来认定其正常价值和出口价格。

中国台湾地区

中国台湾化学纤维股份有限公司

（FORMOSA CHEMICALS&FIBER CORPORATION）

1. 正常价值

该公司在答卷中主张其在国内生产销售的同类产品和出口中国大陆的被调查产品相同，并按照调查问卷要求，将公司被调查产品及同类产品的不同牌号分别归类到产品控制编码中。经初步审查，调查机关认为归类基本合理正确，符合调查机关有关产品控制编码的划分标准和要求，决定接受公司对于产品控制编码归类。

调查机关对该公司岛内销售被调查产品同类产品总量及各产品控制编码项下产品占同期向中国大陆出口对应数量的比例进行了审查。调查期内，公司被调查产品同类产品的岛内销售数量占同期向中国大陆出口销售数量大于 5%，调查机关决定以其所有岛内销售为基础确定正常价值。

调查机关审查了该公司岛内销售的情况，在调查期内，该公司存在部分产品控制编码项下产品岛内关联交易的情况。经初步审查，调查机关认为其关联交易不属于正常商业交易过程，并排除这部分交易作为正常价值的基础。

调查机关审查了该公司的生产成本及费用情况。

在答卷中，该公司报告了倾销调查期内的生产成本明细，包括直接材料、直接人工、燃料动力、以及分摊的制造费用等。该公司在答卷中主张包装成本作为制造成本，按照不同产品控制编码项下产品的不同包装方式和不同销售渠道进行分摊。调查机关初步审查认为，公司未能提供充分的证据并解释说明此种分摊方法的合理性，未予采纳。并根据公司答卷提供的调查期总包装费用和总销售数量进行了调整。

在答卷中，该公司报告了倾销调查期内该公司发生的管理、销售和财务费用，主张按照调查期实际发生的销售进行归集和一定比例的分摊。调查机关初步审查后，暂接受该公司报告的在调查期内的销售费用数据。对于管理费用和财务费用，调查机关经初步调查认为，公司主张的归集和分摊方法不合理，不能真实反映被调查产品及同类产品的费用水平。调查机关依照公司报告的销售数据对管理费用和财务费用重新进行了调整。

调查机关根据调整后的生产成本和费用对该公司岛内销售交易是否存在低于成本销售的情况分产品控制编码进行了审查。根据《中华人民共和国反倾销条例》第四条规定，对于岛内销售中低于加权平均成本的销售数量占其岛内销售数量的比例超过 20% 的，调查机关决定以排除低于成本销售交易之后的岛内销售作为确定其正常价值的基础；对于岛内销售中低于加权平均成本的销售数量占其岛内销售数量的比例不足20%的，调查机关决定以全部岛内销售作为确定其正常价值的基础。

2. 出口价格

调查机关审查了该公司在调查期内向中国大陆出口被调查产品情况。

该公司在调查期内通过以下渠道向中国大陆出口被调查产品：通过非关联贸易商销售给中国大陆非关联用户，或直接销售给中国大陆非关联用户。

在通过非关联贸易商对中国大陆出口被调查产品时，该公司知道货物最终销往中国大陆。

根据《中华人民共和国反倾销条例》第五条的规定，对于该公司通过非关联贸易商转售至中国大陆非关联用户的交易，调查机关采用该公司与非关联贸易商价格作为确定出口价格的基础；对于该公司直接销售给中国大陆非关联贸易用户的交易，调查机关采用该公司与中大陆国非关联用户的价格作为确定出口价格的基础。

3. 调整项目

根据《中华人民共和国反倾销条例》第六条规定，为公平合理比较，调查机关对该公司影响价格可比性的调整项目逐一进行了审查。

(1) 正常价值部分

经初步审查，调查机关决定暂接受该公司对退款及赔偿、内陆运费、包装费用、信用费用等进行调整的主张，并采信公司报告的拟调整的数据。

(2) 出口价格部分

经初步审查，调查机关决定暂接受该公司对内陆运费、国际运保费、港口装卸费、包装费用、信用费用、佣金、报关代理、押汇、贴现、商港服务、贸易推广等进行调整的主张，并采信了公司报告的拟调整的数据。

关于CIF价格，经审查，现有证据表明该公司所报告的CIF价格是合理的，调查机关决定采信公司报告的CIF价格数据。

力鹏企业股份有限公司(Li Peng Enterprise Co., Ltd.)

1. 正常价值

该公司在答卷中主张其在国内生产销售的同类产品和出口中国大陆的被调查产品相同，并按照调查问卷要求，将公司被调查产品及同类产品的不同牌号分别归类到产品控制编码中。经初步审查，调查机关认为归类基本合理正确，符合调查机关有关产品控制编码的划分标准和要求，决定接受公司对于产品控制编码归类。

调查机关对该公司岛内销售被调查产品同类产品总量及各产品控制编码项下产品占同期向中国大陆出口对应数量的比例进行了审查。调查期内，公司被调查产品同类产品的岛内销售数量占同期向中国大陆出口销售数量大于5%，调查机关决定以其所有岛内销售为基础确定正常价值。

调查机关审查了该公司岛内销售的情况。在调查期内，该公司不存在岛内关联交易的情况。经审查，调查机关决定暂采用该公司销售给非关联客户的销售价格作为确定正常价值的基础。

调查机关审查了该公司的生产成本及费用情况。

在答卷中，该公司报告了倾销调查期内的生产成本明细，包括直接材料、直接人工、燃料动力、以及分摊的制造费用等。该公司在答卷中主张包装成本作为制造成本，按照不同产品控制编码项下产品的不同包装方式和不同销售渠道进行分摊。调查机关初步审查认为，公司未能提供充分的证据并解释说明此种分摊方法的合理性，未予采纳，并根据公司答卷提供的调查期总包装费用和总销售数量进行了调整。

在答卷中，该公司报告了倾销调查期内该公司发生的管理、销售和财务费用。该公司主张了调拨收入和费用分摊。调查机关初步审查后，发现该公司经审计的年度财务报表中并不存在调拨收入，该公司也未能提供证据证明所主张调拨收入的合理性，因此未予采纳公司主张，暂根据公司提供的销售收入比例对公司费用的分摊进行了调整。

调查机关根据调整后的生产成本和费用对该公司岛内销售交易是否存在低于成本销售的情况分产品控制编码进行了审查。调查期内，该公司岛内销售中低于加权平均成本的销售数量占其岛内销售数量的比例超过20%，根据《中华人民共和国反倾销条例》第四条规定，调查机关决定以排除低于成本销售交易之后的岛内销售作为确定其正常价值的基础。

2. 出口价格

调查机关审查了该公司在调查期内向中国大陆出口被调查产品情况。

该公司在调查期内通过以下渠道向中国大陆出口被调查产品：通过位于中国大陆的关联贸易商销售给中国大陆非关联用户，或直接销售给中国大陆非关联用户。

根据《中华人民共和国反倾销条例》第五条，对于公司直接对非关联用户的销售，调查机关决定以公司销售给非关联用户的价格作为确定出口价格的基础；对于通过位于中国大陆的关联贸易公司转售给非关联用户的销售，调查机关决定以关联贸易公司对非关联用户的销售价格为基础，在该转售价格的基础上扣除关联公司的费用和利润，得出推定出口价格，并作为确定出口价格的基础。

在答卷中，公司主张在位于中国大陆的关联贸易商转售交易中存在销退的情况。调查机关经初步审查，认为公司并未提供相关销退情况的证明材料，未予接受。

3. 调整项目

根据《中华人民共和国反倾销条例》第六条规定，为公平合理比较，调查机关对该公司影响价格可比性的调整项目逐一进行了审查。

（1）正常价值部分

经初步审查，调查机关决定暂接受该公司对其他折扣、退货折让、内陆运费、包装费用、信用费用等进行调整的主张，并采信公司报告的拟调整的数据。关于回扣和佣金，由于公司没有提供证据材料证明该主张的合理性，调查机关暂不予接受。

（2）出口价格部分

经初步审查，调查机关决定暂接受该公司对其他折扣、内陆运费、国际运保费、包装费用、信用费用、佣金、报关代理费、银行手续费、港建费、银行贴现费用、栈板热处理费等进行调整的主张，并采信了公司报告的拟调整的数据。在采用推定出口价格时，调查机关没有对关联贸易公司在转售过程发生的其他直接费用进行调整。

关于 CIF 价格，经审查，现有证据表明该公司所报告的 CIF 价格是合理的，调查机关决定采信公司报告的 CIF 价格数据。

其他应诉公司

根据《中华人民共和国反倾销条例》及商务部《反倾销调查抽样暂行规则》的规定，调查机关决定采用抽样选取公司的加权平均幅度，确定其他报名应诉但未被抽样选取的中国台湾地区公司（含备选公司）的倾销幅度。

其他中国台湾地区公司（All Others）

对于其他未应诉、未提交答卷的中国台湾地区公司，根据《中华人民共和国反倾销条例》第二十一条的规定，调查机关决定采用已经获得的事实和可获得的最佳信息来认定其正常价值和出口价格。

（二）价格比较

根据《中华人民共和国反倾销条例》第六条的规定，调查机关对进口产品的出口价格和正常价值，考虑了影响价格的各种可比性因素，按照公平、合理的方式进行了比较。调查机关在当事人提交的证明材料基础上，将应诉公司的正常价值和出口价格在出口国（地区）出厂价的基础上予以比较。在计算倾销幅度时，调查机关将加权平均正常价值和加权平均出口价格进行比较，计算出倾销幅度。

对于其他未应诉、未提交答卷的美国、欧盟、俄罗斯和中国台湾地区公司，根据《中华人民共和国反倾销条例》第二十一条的规定，调查机关决定采用已经获得的事实和可获得的最佳信息做出有关倾销和倾销幅度的裁定。

（三）倾销幅度

经过计算，各公司的倾销幅度分别为：

美国公司

1. 巴斯夫美国公司 30.4%
（BASF Corporation.）
2. 霍尼韦尔树脂和化学品责任有限公司 36.2%
（Honeywell Resins&Chemical LLC）
3. 其他美国公司 36.2%
（All Others）

欧盟公司

1. 波兰阿佐提塔诺股份公司 9.7%
（Zaklady Azotowe w Tarnowie－Mościcach, S. A.）
2. 巴斯夫安特卫普公司 8%
（BASF ANTWERPEN N. V.）
3. 道默有限公司 8.2%
（DOMO Caproleuna GmbH）
4. 帝斯曼工程塑料公司 8.2%
（DSM Engineering Plastics B. V.）
5. 其他欧盟公司 23.9%
（All Others）

俄罗斯公司

1. 古比雪夫氮封闭式股份有限公司 5.9%
（“KuibyshevAzot” Joint Stock Company）
2. 其他俄罗斯公司 23.9%
（All Others）

中国台湾地区公司

1. 中国台湾化学纤维股份有限公司 4%
（FORMOSA CHEMICALS&FIBER CORPORATION）
2. 力鹏企业股份有限公司 4.3%
（Li Peng Enterprise Co., Ltd.）
3. 集盛实业股份有限公司 4.2%
（Zig sheng Industrial Co., Ltd.）
4. 华隆股份有限公司 4.2%
5. 中国石油化学工业开发股份有限公司 4.2%
（China Petrochemical Development Corporation）
6. 太洋尼龙股份有限公司 4.2%
7. 展颂股份有限公司 4.2%
8. 其他中国台湾地区公司 23.9%
（All Others）

五、产业损害及损害程度

（一）累积评估的适当性

初步证据显示，原产于美国、欧盟、俄罗斯和中国台湾地区的被调查产品倾销幅度均不小于2%，进口量均超过中国大陆锦纶6切片总进口量的3%，不属于可忽略不计的范围，且被调查产品之间及被调查产品与中国大陆同类产品之间在物理和化学特性、生产工艺流程、产品用途、销售渠道和客户群体、产品可替代性、消费者和生产者评价等方面基本相同，在中国大陆市场上存在相互竞争关系，而且竞争条件基本相同。

根据《中华人民共和国反倾销条例》第九条和《反倾销产业损害调查规定》第十五条、第十六条的规定，调查机关初步认定，对原产于美国、欧盟、俄罗斯和中国台湾地区的被调查产品对中国大陆锦纶6切片产业造成的影响进行累积评估是适当的。

（二）被调查产品进口数量及所占中国大陆市场份额

1. 被调查产品进口数量

调查期内，被调查产品的进口数量呈持续快速增长趋势。2005年、2006年和2007年被调查产品进口数量分别为18.3万吨、26.43万吨、40.23万吨，2006年比2005年增长44.37%，2007年比2006年增长52.24%。2007年1~9月和2008年1~9月分别为29.92万吨和36.16万吨，2008年1~9月比上年同期增长20.87%。

2. 被调查产品占中国大陆市场份额

调查期内，被调查产品所占中国大陆市场份额呈现逐年上升趋势。2005年、2006年和2007年分别为19.92%、25.96%、32.82%，2006年比2005年增长6.04个百分点，2007年比2006年增长6.86个百分点。2007年1~9月为32.53%，2008年1~9月为35.25%，2008年1~9月比上年同期增长2.72个百分点。

（三）被调查产品进口价格及其对中国大陆同类产品价格的影响

1. 被调查产品进口价格

调查期内，被调查产品进口价格总体呈下降趋势。2005年、2006年和2007年被调查产品的进口价格分别为22225.32元/吨、20216.42元/吨和21274.91元/吨，2006年比2005年下降9.04%，2007年比2006年上升5.24%。2007年1~9月和2008年1~9月分别为21240.16元/吨和20791.03元/吨，2008年1~9月比上年同期下降2.11%。

2. 中国大陆同类产品价格

调查期内，中国大陆同类产品价格总体呈下降趋势。2005年、2006年和2007年中国大陆同类产品价格分别为21059.35元/吨、19302.15元/吨和20758.4元/吨，2006年比2005年下降8.34%，2007年比2006年上升7.54%。2007年1~9月和2008年1~9月分别为20613.39元/吨和20477.75元/吨，2008年1~9月比上年同期下降0.66%。

3. 被调查产品进口价格对中国大陆同类产品价格的影响

上述初步证据表明，调查期内，被调查产品进口价格总体呈下降趋势，2008年1~9月被调查产品进口价格比2005年下降6.45%。同期，中国大陆同类产品价格总体也呈下降趋势，2008年1~9月中国大陆同类产品价格比2005年下降2.76%，中国大陆同类产品价格与被调查产品进口价格变化趋势相同，并且被调查产品进口价格下降幅度高于中国大陆同类产品销售价格的下降幅度。另据调查，2007年虽然中国大陆同类产品价格比上年增长了7.54%，但同期单位销售成本上升了8.56%。2008年1~9月中国大陆同类产品价格比上年下降了0.66%，而同期单位销售成本却上升了0.56%，导致2007年以来，中国大陆同类产品单位销售毛利大幅下降，2007年比2006年下降29.49%，2008年1~9月比上年同期又下降65.14%。被调查产品进口价格对中国大陆同类产品价格产生了明显的抑制作用。

调查期内，被调查产品进口数量持续快速增长，市场份额逐年上升，所占中国大陆市场份额较大，其价格变化对中国大陆同类产品销售价格具有重大影响。调查期内，被调查产品进口价格总体呈下降趋势，对中国大陆同类产品价格产生了明显的抑制作用，导致中国大陆同类产品价格未能达到合理的水平，中国大陆同类产品价格已经接近单位销售成本，企业生产经营陷入困境。

（四）产业相关经济因素和指标的评估

根据《中华人民共和国反倾销条例》第七、八条及《反倾销产业损害调查规定》第四、五、六、七条的规定，调查机关对中国大陆锦纶6切片产业的相关经济因素和指标进行了调查，初步证据如下：

1. 表观消费量

调查期内，中国大陆锦纶6切片产业的表观消费量呈快速增长趋势。2005年、2006年和2007年，中国大陆锦纶6切片产业的表观消费量分别为91.89万吨、101.79万吨和122.57万吨。2006年比2005年增长10.77%，2007年比2006年增长20.42%。2007年1~9月和2008年1~9月分别为91.98万吨和102.58万吨，2008年1~9月比上年同期增长11.53%。

2. 产能

调查期内，中国大陆锦纶 6 切片产业的生产能力逐年增长。2005 年、2006 年和 2007 年，中国大陆锦纶 6 切片产业的生产能力分别为 49.4 万吨、55.62 万吨和 65.8 万吨。2006 年比 2005 年增长 12.59%，2007 年比 2006 年增长 18.3%。2007 年 1～9 月和 2008 年 1～9 月分别为 48.28 万吨和 55.85 万吨，2008 年 1～9 月比上年同期增长 15.68%。

3. 产量

调查期内，中国大陆同类产品产量呈上升趋势。2005 年、2006 年和 2007 年，中国大陆同类产品产量分别为 33.26 万吨、40.22 万吨和 41.69 万吨。2006 年比 2005 年增长 20.95%，2007 年比 2006 年增长 3.64%。2007 年 1～9 月和 2008 年 1～9 月分别为 30.94 万吨和 31.42 万吨，2008 年 1～9 月比上年同期增长 1.57%。

4. 开工率

调查期内，中国大陆锦纶 6 切片产业开工率呈现先升后降趋势。2005 年、2006 年和 2007 年，中国大陆锦纶 6 切片产业开工率分别为 69.98%、73.84% 和 66.26%，2006 年比 2005 年增长 3.86 个百分点，2007 年比 2006 年下降 7.58 个百分点。2007 年 1～9 月和 2008 年 1～9 月分别为 66.66% 和 63.73%，2008 年 1～9 月比上年同期下降 2.93 个百分点。

5. 销售量

调查期内，中国大陆同类产品销售量呈先升后降趋势。2005 年、2006 年和 2007 年，中国大陆同类产品销量分别为 17.86 万吨、23.97 万吨和 25.79 万吨。2006 年比 2005 年增长 34.25%，2007 年比 2006 年增长 7.59%。2007 年 1～9 月和 2008 年 1～9 月分别为 18.8 万吨和 18.33 万吨，2008 年 1～9 月比上年同期下降 2.51%。

6. 市场份额

调查期内，中国大陆同类产品的市场份额呈先升后降趋势。2005 年、2006 年和 2007 年，中国大陆同类产品市场份额分别为 36.74%、38.7% 和 34.3%，2006 年比 2005 年增长 1.96 个百分点，2007 年比 2006 年下降 4.4 个百分点。2007 年 1～9 月和 2008 年 1～9 月分别为 33.38% 和 29.77%，2008 年 1～9月比上年同期下降 3.61 个百分点。

7. 销售价格

调查期内，中国大陆同类产品销售价格总体呈下降趋势。2005 年、2006 年和 2007 年中国大陆同类产品价格分别为 21059.35 元/吨、19302.15 元/吨和 20758.4 元/吨，2006 年比 2005 年下降 8.34%，2007 年比 2006 年增长 7.54%。2007 年 1～9 月和 2008 年 1～9 月分别为 20613.39 元/吨和 20477.75 元/吨，2008 年 1～9 月比上年同期下降 0.66%。

8. 销售收入

调查期内，中国大陆锦纶 6 切片产业销售收入呈先升后降趋势。2005 年、2006 年和 2007 年中国大陆锦纶 6 切片产业销售收入分别为 376046.75 万元、462724.23 万元和 535428.31 万元，2006 年比 2005 年增长 23.05%，2007 年比 2006 年增长 15.71%。2007 年 1～9 月和 2008 年 1～9 月分别为 387538.83 万元和 375323.56 万元，2008 年 1～9 月比上年同期下降 3.15%。

9. 税前利润

调查期内，中国大陆同类产品的税前利润呈先升后降趋势，整个调查期内都处于亏损状态。2005 年、2006 年和 2007 年中国大陆同类产品的税前利润分别为 －11373.27 万元、－7016 万元、－11452.73 万元。2007 年 1～9 月和 2008 年 1～9 月分别为 －7589.25万元和 －14502.4 万元。

10. 投资收益率

调查期内，中国大陆锦纶 6 切片产业的投资收益率呈先升后降趋势。2005 年、2006 年和 2007 年中国大陆锦纶 6 切片产业的投资收益率分别为 －4.7%、－2.45% 和 －3.55%，2006 年比 2005 年增长 2.25 个百分点，2007 年比 2006 年下降 1.1 个百分点。2007 年 1～9 月和 2008 年 1～9 月分别为 －2.36% 和 －4.13%，2008 年 1～9 月比上年同期下降 1.77 个百分点。

11. 就业人数

调查期内，中国大陆锦纶 6 切片产业就业人数呈先升后降趋势。2005 年、2006 年和 2007 年中国大陆锦纶 6 切片产业就业人数分别为 2214 人、2343 人、2231 人，2006 年比 2005 年增长 5.83%，2007 年比 2006 年下降 4.78%。2007 年 1～9 月和 2008 年 1～9 月分别为 2195 人和 2182 人，2008 年 1～9 月比上年同期下降 0.59%。

12. 劳动生产率

调查期内，中国大陆锦纶 6 切片产业劳动生产率呈上升趋势。2005 年、2006 年和 2007 年中国大陆锦纶 6 切片产业劳动生产率年别为分别为 150.21 吨/人、171.68 吨/人和 186.86 吨/人，2006 年比 2005 年增长 14.29%，2007 年比 2006 年增长 8.84%。2007 年 1～9 月和 2008 年 1～9 月分别为 140.94 吨/人和 144.01 吨/人，2008 年 1～9 月比上年同期增长 2.18%。

13. 人均工资

调查期内，中国大陆锦纶 6 切片产业人均工资呈上升趋势。2005年、2006年和2007年中国大陆锦纶6切片产业人均工资年别为分别为17448.77元/人、17943.12元/人和19420.79元/人，2006年比2005年增长2.83%，2007年比2006年增长8.24%。2007年1~9月和2008年1~9月分别为14944.35元/人和16871.42元/人，2008年1~9月比上年同期增长12.89%。

14. 期末库存

调查期内，中国大陆同类产品期末库存呈上升趋势。2005年、2006年和2007年中国大陆同类产品期末库存分别为9396.88吨、14132.4吨和15543.16吨，2006年比2005年增长50.39%，2007年比2006年增长9.98%。2007年1~9月和2008年1~9月分别为20576吨和24761.82吨，2008年1~9月比上年同期增长20.34%。

15. 现金净流量

调查期内，中国大陆同类产品现金净流量大幅波动。2005年、2006年和2007年中国大陆同类产品的现金净流量分别为－2361.42万元、3373.9万元、－7947.76万元。2007年1~9月和2008年1~9月分别为6136.77万元和31160.45万元。

16. 投融资能力

调查期内，尽管中国大陆产业生产能力不断扩大，但由于中国大陆产业出现大幅亏损，经营状况持续恶化，企业投融资能力出现下降，部分新建项目被迫推迟，部分企业甚至长时间处于停产状态。

上述初步证据表明，调查期内，中国大陆锦纶6切片市场需求旺盛，中国大陆锦纶6切片表观消费量2007年比2005年增长了33.39%，年均增长15.49%，2008年1~9月又比上年同期增长了11.53%。受市场需求的推动，中国大陆锦纶6切片产业产能、产量都呈增长态势。但中国大陆产业同类产品销售量却呈先升后降趋势，市场份额在调查期内处于较低水平。调查期内，被调查产品价格抑制了中国大陆同类产品的价格，2008年1~9月中国大陆同类产品的价格比2005年下降2.76%，虽然中国大陆同类产品的单位销售成本也有所下降，但中国大陆同类产品单位销售毛利润和毛利率都处于较低水平，2005年毛利率仅0.21%，2006年虽然上升到2.67%，但2007年却比2006年下降0.92个百分点，2008年1~9月又比上年同期下降1.21个百分点，中国大陆同类产品价格已经接近单位销售成本，导致中国大陆同类产品税前利润在调查期内一直处于亏损状态。

另据调查，2007年中国大陆同类产品价格比上年增长了7.54%，但同期单位销售成本上升了8.56%。2008年1~9月中国大陆同类产品价格比上年下降了0.66%，而同期单位销售成本却上升了0.56%，导致2007年以来，中国大陆同类产品单位销售毛利大幅下降，2007年比2006年下降29.49%，2008年1~9月比上年同期又下降65.14%。因此，中国大陆同类产品税前利润也呈下降趋势，2007年税前利润亏损额比2006年增加4436.73万元，2008年1~9月又比上年同期增加亏损6913.15万元，税前利润亏损达到14502.4万元，已处于严重亏损状态。中国大陆锦纶6切片产业投资收益率也处于较低水平，期末库存大幅上升，产业成长明显受到抑制。

因此，调查机关初步认定，中国大陆锦纶6切片产业受到了实质损害。

（五）被调查国家(地区)的生产能力、出口能力及对中国大陆产业可能产生的进一步影响

国外(地区)生产者调查问卷显示，被调查国家(地区)具有较强锦纶6切片生产能力和出口能力，中国大陆是其主要的出口市场。由于中国大陆经济一直保持高速增长，对锦纶6切片的市场需求不断增加，中国大陆市场具有较强的吸引力。调查期内，被调查国家(地区)向中国大陆出口产品数量增长较快。与此同时，被调查国家(地区)的生产能力过剩，其市场需求的增长幅度较小，短期无法消化剩余的产能。上述初步证据表明，被调查国家(地区)具有较大的被调查产品生产能力和出口能力，存在进一步造成中国大陆锦纶6切片产业损害的可能性。

六、因果关系

（一）被调查产品大量低价进口造成了中国大陆锦纶6切片产业实质损害

调查期内，被调查产品进口数量占全国总进口量的比例总体呈上升趋势，由2005年的76.26%增长到2008年1~9月的78.95%，2008年1~9月比2005年增长了2.69个百分点。被调查产品进口数量呈逐年上升趋势，2005年、2006年、2007年和2008年1~9月被调查产品进口数量分别为18.3万吨、26.43万吨、40.23万吨和36.16万吨。2006年、2007年和2008年1~9月被调查产品进口数量分别比上年同期增长44.37%、52.24%和20.87%。2006年、2007年和2008年1~9月进口数量的增长幅度分别比中国大陆同类产品表观消费量的增长幅度高33.6个百分点、31.82个百分点和9.34个百分点，比中国大陆同类产品销售量的增长幅度分别高10.12个百分点、44.65个百分点和23.38个百分点。被调查产品所占市场份额在调查期内也呈上升趋势，由2005年的19.92%增长至2008年1~9月的35.25%，

增长了15.33个百分点，高于中国大陆同类产品22.3个百分点。

调查期内，被调查产品进口价格总体呈现下降趋势。2005年、2006年和2007年被调查产品的进口价格分别为22225.32元/吨、20216.42元/吨和21274.91元/吨，2006年比2005年下降9.04%，2007年比2006年上升5.24%。2007年1～9月和2008年1～9月分别为21240.16元/吨和20791.03元/吨，2008年1～9月比上年同期下降2.11%。

调查期内，被调查产品大量低价进口，市场份额呈上升趋势，对中国大陆同类产品价格产生了明显的抑制作用。中国大陆同类产品价格总体呈下降趋势，2008年1～9月中国大陆同类产品的价格比2005年下降2.76%，虽然中国大陆同类产品的单位销售成本也有所下降，但中国大陆同类产品单位销售毛利和毛利率都处于较低水平，2005年毛利率仅0.21%，2006年有所上升，但2008年1～9月又下降到0.65%，中国大陆同类产品价格已经接近单位销售成本，导致中国大陆同类产品税前利润在调查期内一直处于亏损状态。另据调查，虽然中国大陆同类产品销售价格2008年1～9月比2006年上升6.09%，但同期单位销售成本却上升了8.29%，导致中国大陆同类产品单位销售毛利大幅下降，2008年1～9月比2006年下降74.1%。因此，中国大陆同类产品税前利润也呈下降趋势，2007年税前利润亏损额比2006年增加4436.73万元，2008年1～9月又比上年同期增加亏损6913.15万元，税前利润亏损达到14502.4万元，已处于严重亏损状态。

上述初步证据表明，调查期内，中国大陆锦纶6切片市场需求呈快速增长趋势，为正在成长的中国大陆锦纶6切片产业提供了良好的发展环境。但是，美国、欧盟、俄罗斯和中国台湾地区向中国大陆大量低价出口锦纶6切片产品，导致中国大陆锦纶6切片产业生产经营受到严重影响，市场份额处于较低水平，税前利润大幅亏损，投资收益率处于较低水平，期末库存增长，开工率不足，巨额投资无法收回，企业生产经营陷入困境。

因此，被调查产品大量低价进口造成了中国大陆锦纶6切片产业的实质损害。

（二）其他因素分析

对其他因素的调查表明，调查期内，中国大陆锦纶6切片产业受到实质性损害并非由以下因素造成：

1. 其他国家（地区）进口的情况

调查期内，被调查产品进口数量占中国大陆总进口量的比例从2005年的76.26%上升到2008年1～9月的78.95%。其他国家（地区）的进口数量占中国大陆总进口量的比例总体呈下降趋势，由2005年的23.74%下降到2008年1～9月的21.05%。没有证据表明其他国家（地区）对中国大陆出口存在倾销行为。

因此，调查期内，中国大陆锦纶6切片产业受到的实质性损害并非由其他国家（地区）进口锦纶6切片造成的。

2. 市场需求的变化

调查期内，由于锦纶6切片下游产业的迅速发展，中国大陆锦纶6切片市场需求总体呈现增长趋势。2006年、2007年和2008年1～9月，中国大陆锦纶6切片表观消费量分别比上年同期增长了10.77%、20.42%和11.53%。因此，中国大陆锦纶6切片产业受到的实质损害并非由中国大陆市场需求变化因素造成的。

3. 消费模式和替代产品的影响

调查期内，中国大陆锦纶6切片产品的需求不断扩大，中国大陆锦纶6切片产业受到的实质损害并非由其他替代产品和消费模式的变化等因素造成的。

4. 商业流通渠道和贸易政策

调查期内，中国大陆对锦纶6切片产品完全实行市场化的价格机制，生产经营完全受市场规律调节，中国大陆没有限制锦纶6切片产业的贸易政策和其他相关政策。因此，中国大陆锦纶6切片产业受到的实质损害并非由商业流通渠道和贸易政策等因素造成的。

5. 产品质量状况和技术情况

调查期内，中国大陆锦纶6切片产品质量稳定，技术水平和生产工艺均达到或接近世界先进水平。中国大陆锦纶6切片产业受到的实质损害并非由生产工艺和技术落后等因素造成的。

6. 中国大陆锦纶6切片产业经营管理状况的因素

调查期内，中国大陆锦纶6切片产业经营管理状况良好，各项规章制度健全，生产、经营、成本和质量等各项企业管理制度严格并不断完善。因此，中国大陆锦纶6切片产业受到的实质损害并非由经营管理不善因素造成的。

7. 中国大陆同类产品出口的影响

调查期内，中国大陆锦纶6切片产业曾在加工贸易项下出口过锦纶6切片。初步证据显示，调查期内，中国大陆锦纶6切片出口量占同期中国大陆同类产品产量的比例较低。因此，中国大陆锦纶6切片产业受到的实质损害不是由中国大陆同类产品出口因素造成的。

8. 不可抗力的影响

调查期内，中国大陆锦纶6切片产业未发生自然灾害及其他不可抗力事件，生产装置运行正常，未受到意外影响。因此，中国大陆锦纶6切片产业受到的实质损害不是由不可抗力因素造成的。

七、初步裁定

根据以上调查结果，调查机关裁定，在本案调查期内，原产于美国、欧盟、俄罗斯和中国台湾地区的进口锦纶6切片存在倾销，中国大陆锦纶6切片产业受到了实质损害，而且倾销与损害之间存在因果关系。

各公司的倾销幅度分别为：

美国公司

1. 巴斯夫美国公司 30.4%
(BASF Corporation.)

2. 霍尼韦尔树脂和化学品责任有限公司 36.2%
(Honeywell Resins&Chemical LLC)

3. 其他美国公司 36.2%
(All Others)

欧盟公司

1. 波兰阿佐提塔诺股份公司 9.7%
(Zaklady Azotowe w Tarnowie – Mościcach, S. A.)

2. 巴斯夫安特卫普公司 8%
(BASF ANTWERPEN N. V.)

3. 道默有限公司 8.2%
(DOMO Caproleuna GmbH)

4. 帝斯曼工程塑料公司 8.2%
(DSM Engineering Plastics B. V.)

5. 其他欧盟公司 23.9%
(All Others)

俄罗斯公司

1. 古比雪夫氮封闭式股份有限公司 5.9%
("KuibyshevAzot" Joint Stock Company)

2. 其他俄罗斯公司 23.9%
(All Others)

中国台湾地区公司

1. 中国台湾化学纤维股份有限公司 4%
(FORMOSA CHEMICALS&FIBER CORPORATION)

2. 力鹏企业股份有限公司 4.3%
(Li Peng Enterprise Co., Ltd.)

3. 集盛实业股份有限公司 4.2%
(Zig sheng Industrial Co., Ltd.)

4. 华隆股份有限公司 4.2%

5. 中国石油化学工业开发股份有限公司 4.2%
(China Petrochemical Development Corporation)

6. 太洋尼龙股份有限公司 4.2%

7. 展颂股份有限公司 4.2%

8. 其他中国台湾地区公司 23.9%
(All Others)

四、我国对原产于美国、意大利、英国、法国和中国台湾地区的进口聚酰胺-6，6切片反倾销调查

1. 中华人民共和国商务部公告2009年第44号，公布关于原产于美国、意大利、英国、法国和中国台湾地区的进口聚酰胺-6，6切片反倾销调查的初步裁定(二〇〇九年六月二十五日)

根据《中华人民共和国反倾销条例》的规定，商务部于2008年11月14日发布立案公告，决定对原产于美国、意大利、英国、法国和中国台湾地区的进口聚酰胺-6，6切片(以下简称被调查产品)进行反倾销立案调查。该被调查产品归在《中华人民共和国进出口税则》税则号：39081011。

商务部对被调查产品是否存在倾销和倾销幅度、被调查产品是否对中国大陆聚酰胺-6，6切片产业造成损害及损害程度、倾销与损害之间的因果关系进行了调查。根据调查结果和《中华人民共和国反倾销条例》第二十四条的规定，商务部作出初步裁定(见附件)。现将有关事项公告如下：

一、初步裁定

商务部初步裁定，在本案调查期内，原产于美国、意大利、英国、法国和中国台湾地区的进口聚酰胺-6，6切片存在倾销，中国大陆聚酰胺-6，6切片产业受到了实质损害，而且倾销与实质损害之间存在因果关系。

二、征收保证金

根据《中华人民共和国反倾销条例》第二十八条、第二十九条的规定，商务部决定采用保证金形式实施临时反倾销措施。自2009年6月26日起，进口经营者在进口原产于美国、意大利、英国、法国和中国台湾地区的进口聚酰胺-6，6切片时，应依据本初裁决定所确定的各公司的倾销幅度向中华人民共和国海关提供相应的保证金。对被调查产品的具体描述如下：

被调查产品名称：聚酰胺-6，6切片，全称聚己二酰己二胺(英文简称"Polyamide-6，6")。

化学分子式：$[NH(CH_2)_6-NH-CO-(CH_2)_4-CO]_n$

物理化学特征：为半透明或不透明的乳白色结晶聚合物。

主要用途：聚酰胺-6，6切片是一种合成树脂，

广泛用于注塑、纺丝、改性等方面，是电子电器、军工、汽车、铁路配件、纺织等领域的应用材料。

该产品归在《中华人民共和国进出口税则》：39081011。该税则号项下经螺杆二次混炼加入玻璃纤维、矿物质、增韧剂、阻燃剂的改性聚酰胺－6，6切片（简称“改性聚酰胺－6，6切片”）不在本次被调查产品范围之列。改性聚酰胺－6，6切片分为增韧型、增强型、阻燃型和填充型，其中增韧型改性聚酰胺－6，6切片的密度低于1.12克/立方厘米，增强型、阻燃型和填充型改性聚酰胺－6，6切片的密度高于1.15克/立方厘米。对各公司征收的保证金比率如下：

美国公司

1. 美国首诺有限公司 30.7%
(Solutia Inc.)

2. 英威达有限责任公司 20.2%
(INVISTA S. A R. L.)

3. 其他美国公司 34.4%
(All Others)

意大利公司

1. 意大利兰蒂奇化工有限公司 10.9%
(RADICI CHIMICA S. p. A)

2. 其他意大利公司 20.9%
(All Others)

英国公司

1. 英威达纺织品（英国）有限责任公司 28.8%
(INVISTA Textiles(U. K.) Limited)

2. 其他英国公司 28.8%
(All Others)

法国公司 33.7%

中国台湾地区公司 37.5%

三、征收保证金的方法

自2009年6月26日起，进口经营者在进口原产于美国、意大利、英国、法国和中国台湾地区的进口聚酰胺－6，6切片时，应依据本初裁决定所确定的各公司的倾销幅度向中华人民共和国海关提供相应的保证金。保证金以海关审定的完税价格从价计征，计算公式为：保证金金额＝（海关审定的完税价格×保证金征收比率）×（1＋进口环节增值税税率）。

四、评论

各利害关系方在本公告发布之日起20天内，可向商务部提出书面评论并附相关证据，商务部将依法予以考虑。

2. 中华人民共和国海关总署公告2009年第34号（二〇〇九年六月二十三日）

根据《中华人民共和国反倾销条例》的规定和对原产于美国、意大利、英国、法国和中国台湾地区的进口聚酰胺－6，6切片反倾销调查结果，商务部决定自2009年6月26日起对原产于美国、意大利、英国、法国和中国台湾地区的进口聚酰胺－6，6切片实施临时反倾销措施（详见附件1）。现将执行中有关事项公告如下：

一、自2009年6月26日起，对原产于美国、意大利、英国、法国和中国台湾地区的进口聚酰胺－6，6切片（税则号列：39081011，该税则号项下经螺杆二次混炼加入玻璃纤维、矿物质、增韧剂、阻燃剂的改性聚酰胺－6，6切片不在本次被调查产品范围之列），除按现行规定征收关税和进口环节增值税外，还应区别不同的供货厂商，按照本公告附件2所列的适用征收比率和下述计算公式征收反倾销保证金及相应的进口环节增值税保证金。

反倾销保证金及进口环节增值税保证金合计计算公式为：保证金总额＝（海关完税价格×反倾销保证金征收比率）×（1＋进口环节增值税税率）

实施临时反倾销措施产品的详细描述详见本公告附件1。进口经营单位在申报进口税则号列39081011项下“聚酰胺－6，6切片”时，如果进口货物属于本公告附件1中产品描述所称的进口聚酰胺－6，6切片（不包括经螺杆二次混炼加入玻璃纤维、矿物质、增韧剂、阻燃剂的改性聚酰胺－6，6切片），商品编码应填报39081011.01；如果属于本公告附件1中产品描述所称的经螺杆二次混炼加入玻璃纤维、矿物质、增韧剂、阻燃剂的改性聚酰胺－6，6切片，商品编码应填报39081011.90。

二、凡申报进口商品编码为39081011.01的聚酰胺－6，6切片的进口经营单位，应当向海关提交原产地证明。如果原产地为美国、意大利、英国、法国和中国台湾地区的，还需提供原厂商发票。对于申报进口时不能提供原产地证明，且经查验也无法确定货物的原产地不是美国、意大利、英国、法国或中国台湾地区的，海关应当按照本公告附件2所列的最高反倾销保证金征收比率征收保证金。对于能够确定货物的原产地是美国、意大利、英国、法国或中国台湾地区，但进口经营单位不能提供原厂商发票，且通过其他合法、有效的单证也无法确定原生产厂商的，海关将按照本公告附件2所列的相应国家或地区中的其他公司适用的反倾销保证金征收比率征收保证金。

三、有关加工贸易保税进口原产于美国、意大利、英国、法国和中国台湾地区的聚酰胺－6，6切片如何征收反倾销保证金等方面的问题，海关按照中华人民共和国海关总署公告2001年第9号和中华人民共和国海关总署令第111号的规定执行。

四、对于所征收的反倾销保证金及进口环节增值税保证金的处理，海关总署将根据终裁结果另行公告。

五、在对原产于美国、意大利、英国、法国和中国台湾地区的进口聚酰胺-6，6切片实施临时反倾销措施期间，进口相同或类似货物而海关无法确定是否应对其征收反倾销保证金及相应的进口环节增值税保证金时，有关进口经营单位应向商务部提出申请，由商务部研究作出裁定。

聚酰胺-6，6切片反倾销保证金征收比率表

原产国(地区)	厂商名称	征收比率
美国	美国首诺有限公司 Solutia Inc.	30.7%
	英威达有限责任公司 INVISTA S. A R. L.	20.2%
	其他美国公司 All Others	34.4%
意大利	意大利兰蒂奇化工有限公司 RADICI CHIMICA S. p. A	10.9%
	其他意大利公司 All Others	20.9%
英国	英威达纺织品(英国)有限责任公司 INVISTA Textiles(U. K.) Limited	28.8%
	其他英国公司 All Others	28.8%
法国	法国公司	33.7%
中国台湾地区	中国台湾地区公司	37.5%

3. 中华人民共和国商务部公告2009年第79号(二〇〇九年十月十二日)

根据《中华人民共和国反倾销条例》的规定，中华人民共和国商务部(以下简称调查机关)于2008年11月14日发布公告，决定对原产于美国、意大利、英国、法国和中国台湾地区的进口聚酰胺-6，6切片(以下称被调查产品)进行反倾销立案调查。该被调查产品归在《中华人民共和国进出口税则》税则号：39081011。

调查机关对被调查产品是否存在倾销和倾销幅度、被调查产品是否对中国国内聚酰胺-6，6切片产业造成损害及损害程度以及倾销与损害之间的因果关系进行了调查。根据调查结果和《中华人民共和国反倾销条例》第二十四条的规定，调查机关于2009年6月25日发布初裁公告认定原产于美国、意大利、英国、法国和中国台湾地区的进口聚酰胺-6，6切片存在倾销，国内产业遭受了实质损害，并且倾销与实质损害之间存在因果关系。

初步裁定后，调查机关对倾销和倾销幅度、损害和损害程度进行了进一步的调查。现本案调查结束，根据本案调查结果，并依据《中华人民共和国反倾销条例》第二十五条的规定，调查机关作出终裁决定(见附件)。现将有关事项公告如下：

一、最终裁定

经过调查，调查机关最终裁定，在本案调查期内，原产于美国、意大利、英国、法国和中国台湾地区的进口聚酰胺-6，6切片存在倾销，中国国内聚酰胺-6，6切片产业受到实质损害，且倾销与实质损害之间存在因果关系。

二、征收反倾销税

根据调查结果，根据《中华人民共和国反倾销条例》的有关规定，调查机关向国务院关税税则委员会提出征收反倾销税的建议，国务院关税税则委员会根据调查机关的建议作出决定，自2009年10月13日起，对原产于美国、意大利、英国、法国和中国台湾地区的进口聚酰胺-6，6切片征收反倾销税。

本案征收反倾销税的产品为聚酰胺-6，6切片，全称聚己二酰己二胺(英文简称“Polyamide-6，6”)。

化学分子式：(略)

物理化学特征：为半透明或不透明的乳白色结晶聚合物。

主要用途：聚酰胺-6，6切片是一种合成树脂，广泛用于注塑、纺丝、改性等方面，是电子电器、军工、汽车、铁路配件、纺织等领域的应用材料。

该产品归在《中华人民共和国进出口税则》：39081011。该税则号项下经螺杆二次混炼加入玻璃纤维、矿物质、增韧剂、阻燃剂的改性聚酰胺-6，6切片(简称“改性聚酰胺-6，6切片”)不在本次被调查产品范围之列。改性聚酰胺-6，6切片分为增韧型、增强型、阻燃型和填充型，其中增韧型改性聚酰胺-6，6切片的密度低于1.12克/立方厘米，增强型、阻燃型和填充型改性聚酰胺-6，6切片的密度高于1.15克/立方厘米。

对各公司征收的反倾销税税率如下：

美国公司

1. Ascend Performance Materials LLC　31.4%

2. 英威达有限责任公司(INVISTA S. A R. L.)　25.2%

3. 其他美国公司(All Others)　37.5%

意大利公司

1. 意大利兰蒂奇化工有限公司(RADICI CHIMICA S. p. A)　5.3%

2. 其他意大利公司（All Others)　20.9%

英国公司

1. 英威达纺织品(英国)有限责任公司(INVISTA Textiles(U. K.)Limited)　20.9%

2. 其他英国公司(All Others)　20.9%

法国公司　20.9%

中国台湾地区公司　20.9%

三、征收反倾销税的方法

自2009年10月13日起，进口经营者在进口原产于美国、意大利、英国、法国和中国台湾地区的进口聚酰胺-6，6切片时，应向中华人民共和国海关缴纳相应的反倾销税。反倾销税以海关审定的完税价格从价计征，计算公式为：反倾销税额=海关完税价格×反倾销税税率。进口环节增值税以海关审定的完税价格加上关税和反倾销税作为计税价格从价计征。

四、反倾销税的追溯征收

对自2009年6月26日起至2009年10月12日(含2009年10月12日)止，有关进口经营者依初裁决定向中华人民共和国海关所提供的保证金，按终裁所确定的征收反倾销税的商品范围和反倾销税税率计征并转为反倾销税，并按相应的增值税税率计征进口环节增值税。在此期间有关进口经营者所提供的保证金超出反倾销税的部分，以及由此多征的进口环节增值税部分，海关予以退还，少征部分则不再征收。对实施临时反倾销措施决定公告之日前进口的原产于美国、意大利、英国、法国和中国台湾地区的进口聚酰胺-6，6切片不再追溯征收反倾销税。

五、征收反倾销税的期限

对原产于美国、意大利、英国、法国和中国台湾地区的进口聚酰胺-6，6切片征收反倾销税，实施期限自2009年10月13日起5年。

六、复审

在征收反倾销税期间，有关利害关系方可以根据《中华人民共和国反倾销条例》的规定，向调查机关书面申请复审。

七、行政复议和行政诉讼

对本案终裁决定及征收反倾销税的决定不服的，根据《中华人民共和国反倾销条例》第五十三条的规定，可以依法申请行政复议，也可以依法向人民法院提起诉讼。

八、本公告自2009年10月13日起执行

五、对原产于日本、美国、英国和德国的进口初级形态二甲基环体硅氧烷征收反倾销税

1. 中华人民共和国海关总署公告2009年第26号(二〇〇九年五月二十五日)

根据《中华人民共和国反倾销条例》的规定，国务院关税税则委员会(以下简称税委会)决定自2006年1月16日起对原产于日本、美国、英国和德国的进口初级形态二甲基环体硅氧烷征收反倾销税，期限为5年。海关总署为此发布了2006年第3号公告。

2008年5月，根据国内产业申请，调查机关决定对原产于韩国和泰国的进口初级形态二甲基环体硅氧烷进行反倾销调查。根据调查结果，税委会决定自2009年5月28日起对原产于韩国和泰国的进口初级形态二甲基环体硅氧烷征收反倾销税，期限为5年。现将执行中的有关事项公告如下：

一、自2009年5月28日起，对原产于韩国和泰国的进口初级形态二甲基环体硅氧烷(税则号列：29310000，38249099)，海关除按现行规定征收进口关税外，还应区别不同的供货厂商，按照本公告计算公式和附件1所列的适用税率征收反倾销税及进口环节增值税。

反倾销税税额=完税价格×反倾销税税率

进口环节增值税税额=(完税价格+关税税额+反倾销税税额)×进口环节增值税税率

应征收反倾销税产品的详细描述，详见本公告附件2。进口经营单位在申报进口税则号列29310000、38249099项下“初级形态二甲基环体硅氧烷”时，如果进口货物属于本公告附件2中产品描述所称的D3、D4、D5、D6中的任何一种化合物，应填报29310000.01；如果属于由D3、D4、D5、D6之中任何两种、三种或四种组成的混合物(本公告附件2中的简称为：水解物或水解料、DMC)，应填报38249099.04。

二、凡申报进口初级形态二甲基环体硅氧烷的进口经营单位，应当向海关提交原产地证明；原产地为泰国的，还需提供原厂商发票。

对于能够确定货物的原产地是泰国，但进口经营单位不能提供原厂商发票，且通过其他合法、有效的单证也无法确定原生产厂商的，海关将按照本公告附件1所列其他泰国公司适用的反倾销税税率征收反倾销税。

三、对于能提供原产地证明确定进口货物原产

地为日本、美国、英国或者德国的，或者不能提供原产地证明但有证据证明进口货物原产地为日本、美国、英国或者德国的，均按照海关总署2006年第3号公告等相关公告的规定执行。

四、对于不能提供原产地证明而有证据证明进口货物的原产地不是韩国和泰国，但没有证据证明货物原产地不是日本、美国、英国或者德国的，按照海关总署2006年第3号公告等相关公告的规定执行。

对于不能提供原产地证明而有证据证明货物的原产地不是日本、美国、英国、德国的，但没有证据证明货物原产地不是韩国和泰国的，海关按照本公告附件1所列的最高反倾销税税率征收反倾销税。

对于不能提供原产地证明，也没有证据证明货物的原产地不是日本、美国、英国、德国、韩国和泰国的，海关按照本公告附件1所列的最高反倾销税税率征收反倾销税。

五、有关加工贸易保税进口原产于韩国和泰国的初级形态二甲基环体硅氧烷如何征收反倾销税等方面的问题，海关按照中华人民共和国海关总署2001年第9号公告和中华人民共和国海关总署令第111号的规定执行。

六、对实施临时反倾销措施期间(2008年11月7日至2009年5月27日，下同)进口原产于韩国和泰国的初级形态二甲基环体硅氧烷已经缴纳的反倾销保证金，按本公告规定的征收反倾销税的商品范围和反倾销税税率计征并转为反倾销税，与之同时缴纳的进口环节增值税保证金一并转为进口环节增值税。上述保证金不足税款部分不再补征，超出税款部分可自2009年5月28日起6个月内向征收地海关申请退还。

七、在对原产于韩国和泰国的进口初级形态二甲基环体硅氧烷征收反倾销税期间，进口相同或类似货物而海关无法确定是否应对其征收反倾销税时，有关进口经营单位应向商务部提出申请，由海关总署会同税委会、商务部研究做出裁定。

初级形态二甲基环体硅氧烷反倾销税税率表

原产国	厂　商　名　称	征收比率
韩　国	所有韩国公司 (All Korea Companies)	25.1%
泰　国	泰国亚洲有机硅单体有限公司 (Asia Silicones Monomer Limited)	5.4%
	其他泰国公司 (All Others)	21.8%

注：初级形态二甲基环体硅氧烷主要用于进行开环聚合成不同聚合度的硅油、硅橡胶和硅树脂等。

六、我国对原产于沙特阿拉伯、马来西亚、印度尼西亚和新西兰的进口甲醇进行反倾销立案调查

1. 中华人民共和国商务部公告2009年第35号(二〇〇九年六月二十四日)

中华人民共和国商务部于2009年5月4日正式收到上海焦化有限公司、内蒙古远兴能源股份有限公司、兖矿鲁南化肥厂、兖矿国泰化工有限公司、平煤蓝天化工股份有限公司、曲靖大为焦化制供气有限公司、陕西榆林天然气化工有限责任公司、四川泸天化绿源醇业有限责任公司、中煤龙化哈尔滨煤化工有限公司、山西丹峰化工股份有限公司、浙江晋巨化工有限公司、河北正元化工集团股份有限公司、安徽临泉化工股份有限公司、安徽昊源化工集团有限公司代表国内甲醇产业提交的反倾销调查申请，申请人请求对原产于沙特阿拉伯、马来西亚、印度尼西亚和新西兰的进口甲醇进行反倾销调查。

商务部依据《中华人民共和国反倾销条例》有关规定，对申请人的资格、申请调查产品的有关情况、中国同类产品的有关情况、申请调查产品对国内产业的影响、申请调查国家的有关情况等进行了审查。同时，商务部就申请书提供的涉及倾销、损害及倾销与损害之间的因果关系等方面的证据进行了审查。申请人提供的初步证据表明，申请人上海焦化有限公司、内蒙古远兴能源股份有限公司、兖矿鲁南化肥厂、兖矿国泰化工有限公司、平煤蓝天化工股份有限公司、曲靖大为焦化制供气有限公司、陕西榆林天然气化工有限责任公司、四川泸天化绿源醇业有限责任公司、中煤龙化哈尔滨煤化工有限公司、山西丹峰化工股份有限公司、浙江晋巨化工有限公司、河北正元化工集团股份有限公司、安徽临泉化工股份有限公司、安徽昊源化工集团有限公司和支持该申请的中海石油建滔化工有限公司、中国石化集团四川维尼纶厂、建滔天然气化工(重庆)有限公司、久泰能源科技有限公司、永煤集团股份有限公司、大庆油田化工有限公司、山西天泽煤化工集团股份有限公司、山西阳煤丰喜肥业(集团)股份有限公司、江苏华昌化工股份有限公司、河南心连心化肥有限公司、山东明水化工有限公司、中海石油天野化工股份有限公司、山东兖矿国际焦化有限公司、兖矿国宏化工有限责任公司、陕西渭河煤化工集团有限责任公司、陕西神木化学工业有限公司、福建三钢(集团)三明化工有限公司、湖北宜化集团有限责任公司、中国石油天然气股份有限公司克拉玛依石化公司在2006年、2007年、2008年、2009年1月至3月甲醇产量之和占同期中国大陆同类产品总产量的50%以上，符合《中华人民共和国反倾销条例》

第十一条、第十三条和第十七条有关国内产业提出反倾销调查申请的规定。同时，申请书中包含了《中华人民共和国反倾销条例》第十四条、第十五条规定的反倾销调查立案所要求的内容及有关证据。

根据上述审查结果及《中华人民共和国反倾销条例》第十六条规定，商务部决定自 2009 年 6 月 24 日起对原产于沙特阿拉伯、马来西亚、印度尼西亚和新西兰的进口甲醇进行反倾销立案调查。现将有关事项公告如下：

一、立案调查及调查期

自本公告发布之日起，商务部对原产于沙特阿拉伯、马来西亚、印度尼西亚和新西兰的进口甲醇进行反倾销调查，本次调查确定的倾销调查期为 2008 年 4 月 1 日至 2009 年 3 月 31 日，产业损害调查期为 2006 年 1 月 1 日至 2009 年 3 月 31 日。

二、被调查产品及调查范围

调查范围：原产于沙特阿拉伯、马来西亚、印度尼西亚和新西兰的进口甲醇，被调查产品名称：甲醇，又名木醇、木精、甲基氢氧化物。英文名称 Methanol 或 Methyl alcohol。

分子式：CH_3OH

化学结构式：略

物理化学特征：甲醇是一种简单的饱和醇，通常为无色、透明、易燃、易挥发、略有酒精气味的液体。

主要用途：甲醇是重要的基础有机化工原料、良好溶剂和优质燃料，可用于生产甲醛、甲胺、甲烷氯化物、醋酸、醋酐、二甲醚、甲酸甲酯、碳酸二甲酯等。甲醇也可以生产敌百虫、多菌灵等农药。此外，甲醇也是优良的能源与车船用燃料，用甲醇生产 MTBE（甲基叔丁基醚）进而生产高辛烷值无铅汽油等。

该产品归在《中华人民共和国进出口税则》：29051100

三、登记应诉

就倾销调查，任何利害关系方可于本公告发布之日起 20 天内，向商务部进出口公平贸易局申请参加应诉，参加应诉的涉案出口商或生产商同时应提供 2008 年 4 月至 2009 年 3 月向中国出口本案被调查产品的数量及金额。《倾销调查应诉登记参考格式》可在中华人民共和国商务部网站进出口公平贸易局子网站（网址为 http://gpj.mofcom.gov.cn）"公告"栏目下载。

就产业损害调查，利害关系方可自本公告发布之日起 20 天内，向商务部产业损害调查局登记应诉，同时应提供产业损害调查期内的生产能力、产量、库存、在建和扩建计划以及向中国出口本案被调查产品的数量和金额等说明材料。

四、不登记应诉

如利害关系方未在本公告规定的时间内向商务部登记应诉，则商务部有权拒绝接受其递交的有关材料，并有权根据所掌握的现有材料做出裁定。

五、利害关系方的权利

利害关系方对本次调查的产品范围、申请人资格、被调查国家及其他相关问题如有异议，可以于上述登记应诉期间内将意见书面提交商务部。

利害关系方可以在上述期间内到商务部反倾销公开信息查阅室查阅本案申请人提交的申请书的非保密文本。

六、调查方式

调查机关可以采用问卷、抽样、听证会、现场核查等方式向有关利害关系方了解情况并进行调查。

七、本次调查自 2009 年 6 月 24 日起开始，通常应在 2010 年 6 月 24 日前结束调查，特殊情况下可延长至 2010 年 12 月 24 日。

2. 沙特国际石化公司对中国进口甲醇进行反倾销调查作出反应

《德黑兰时报》6 月 30 日报道，据路透社消息，中国有关部门在 6 月 24 日称，中方已开始对从沙特阿拉伯和其他三个国家进口的甲醇展开反倾销调查，以评估中国从这些国家进口的甲醇是否低于生产成本价。沙特国际石化公司（Sipchem）27 日就中方的反倾销调查一事发表声明。该公司执行总裁表示，中国的反倾销调查对该公司的业务无疑会造成一定的影响，但中国从 Sipchem 的进口量只占其出口量的 10% ~16%，该公司的全球业务将有助于弥补这一负面影响。Sipchem 公司与中国进行的甲醇贸易已有 3 ~4 年的时间，期间没有出现大的变化，因此该公司认为中国所采取的反倾销措施是不公平的。报道称，其他三国指的是马来西亚、印度尼西亚和新西兰。

3. 沙特基础工业公司发表声明表示将与中方友好解决甲醇倾销问题

沙特基础工业公司（SABIC）7 月 5 日发表声明表示，针对中国部分厂商提出的对沙特产甲醇提出反倾销指控一事，中国商务部已经展开相关调查，但在相关各方澄清事实之前，有关措施并未执行。声明称，沙特产甲醇尚未被征收保护性税收，谈判正在进行中，中沙双方将从两国牢固关系出发，通过友好谈判解决目前的问题。

萨比克在申明中表示，沙特年产甲醇约 620 万吨，其中萨比克产量约占 83%，对中国月均出口约 7

万吨，占其总产量的16%。

注：甲醇用途广泛，是基础的有机化工原料和优质燃料，主要应用于精细化工，塑料等领域。

七、我国对原产于美国、韩国、日本、俄罗斯和中国台湾地区的进口聚氯乙烯征收反倾销税

1. 产业损害调查局商调查函[2009]218号 关于聚氯乙烯反倾销期终复审案产业损害调查裁定所依据的基本事实(二千零九年七月二十二日)

2008年6月30日，中华人民共和国商务部(以下简称商务部)收到中国石油化工股份有限公司齐鲁分公司、宜宾天原集团股份有限公司、新疆中泰化学股份有限公司、四川省金路树脂有限公司、上海氯碱化工股份有限公司、浙江巨化股份有限公司、昊华宇航化工有限责任公司、天津渤天化工有限责任公司代表中国大陆聚氯乙烯产业正式递交的反倾销期终复审调查申请书。天津大沽化工股份有限公司、新疆天业(集团)有限公司、广西南宁化工股份有限公司、贵州遵义氯碱股份有限公司等12家中国大陆聚氯乙烯生产企业明确表示支持本次期终复审申请。

2008年9月28日，商务部发布年度第71号公告，决定对原产于美国、韩国、日本、俄罗斯和中国台湾地区的进口聚氯乙烯所适用的反倾销措施进行期终复审调查。

商务部产业损害调查局对终止原反倾销措施，原产于美国、韩国、日本、俄罗斯和中国台湾地区的进口聚氯乙烯对中国大陆聚氯乙烯产业损害继续或者再度发生的可能性进行了调查。现将裁定所依据的基本事实披露如下，有关利害关系方可在接到此披露信息后10天内向商务部产业损害调查局提出书面评论意见。

一、产业损害调查程序

(一) 产业损害调查期

本案产业损害调查期为2003年1月1日至2008年6月30日。

(二) 参加调查活动登记

2008年9月28日，调查机关发布《关于参加聚氯乙烯反倾销措施期终复审产业损害调查活动登记的通知》。在规定的时间内，中国台湾大洋塑料工业股份有限公司向调查机关递交了参加产业损害调查活动登记表及相关证明材料，调查机关经审查后接受了该利害关系方的登记。

(三) 成立产业损害调查组

2008年10月13日，调查机关发布《关于成立聚氯乙烯反倾销措施期终复审案产业损害调查组的通知》，成立聚氯乙烯反倾销措施期终复审案产业损害调查组。

(四) 发放和收回调查问卷

2008年10月20日，调查机关向已知的利害关系方发放了聚氯乙烯反倾销措施期终复审案《中国大陆生产者调查问卷》、《中国大陆进口商调查问卷》和《国外(地区)生产者/出口商调查问卷》。

在规定的时间内，中国石油化工股份有限公司齐鲁分公司、宜宾天原集团股份有限公司、新疆中泰化学股份有限公司、四川省金路树脂有限公司、上海氯碱化工股份有限公司、浙江巨化股份有限公司、昊华宇航化工有限责任公司、天津渤天化工有限责任公司等8家中国大陆申请企业，及天津大沽化工股份有限公司、新疆天业(集团)有限公司、广西南宁化工股份有限公司、贵州遵义氯碱股份有限公司等12家中国大陆支持企业递交了《中国大陆生产者调查问卷答卷》。调查机关未收到《中国大陆进口商调查问卷答卷》和《国外(地区)生产者/出口商调查问卷答卷》答卷。

(五) 听取申请人意见陈述

2008年10月24日，应本案申请人申请，调查机关听取了申请人意见陈述。

申请人认为如果终止反倾销措施，原产于美国、韩国、日本、俄罗斯和中国台湾地区的进口聚氯乙烯对中国大陆的倾销行为可能继续发生，倾销行为给中国大陆聚氯乙烯产业造成的损害可能继续发生。

(六) 召开上下游企业意见陈述会

2009年5月21日，调查机关召开本案上下游企业意见陈述会，听取了本案申请企业以及部分下游企业的意见陈述。

聚氯乙烯下游企业提出，调查期内，中国大陆聚氯乙烯市场价格波动较大，不利于下游企业的稳定发展。同时表示，支持商务部聚氯乙烯反倾销措施期终复审调查，希望通过此次调查，进一步改善中国大陆聚氯乙烯市场竞争环境，在中国大陆聚氯乙烯产业稳定发展的基础上，促进与下游企业的共同和谐发展。

本案申请企业再次表示，如果终止反倾销措施，原产于美国、韩国、日本、俄罗斯和中国台湾地区的进口聚氯乙烯对中国大陆的倾销行为可能继续发生，倾销行为给中国大陆聚氯乙烯产业造成的损害将继续发生，同时表示，中国大陆聚氯乙烯产业的发展需要得到下游企业的大力支持，希望在公平的市场竞争环境中发展中国大陆聚氯乙烯产业，并与下游企业形成共同发展的良好局面。

(七) 实地核查

2008年2月2日，调查机关发布《关于聚氯乙烯

反倾销措施期终复审案实地核查的通知》，于2009年2月至2009年5月，对中国石油化工股份有限公司齐鲁分公司、宜宾天原集团股份有限公司、新疆中泰化学股份有限公司、四川省金路树脂有限公司、上海氯碱化工股份有限公司、浙江巨化股份有限公司、昊华宇航化工有限责任公司、天津渤天化工有限责任公司等本案8家申请企业，及天津大沽化工股份有限公司、新疆天业（集团）有限公司、广西南宁化工股份有限公司、贵州遵义氯碱股份有限公司等本案部分支持企业进行了实地核查。

（八）信息披露

在本案裁定前，调查机关向本案利害关系方披露了裁定所依据的基本事实，并给予其提出评论意见的机会。信息披露期间，没有利害关系方提出评论意见。

调查机关对申请书及所附证据、收回的调查问卷答卷和实地核查结果进行了审查和评估，并收集和补充了相关证据材料。调查机关对利害关系方提出的评论和意见依法予以了充分考虑。本案调查过程中，调查机关未收到《中国大陆进口商调查问卷答卷》和《国外（地区）生产者/出口商调查问卷答卷》，也未收到除申请企业和支持企业以外的其他利害关系方提交的评论意见。根据《中华人民共和国反倾销条例》第二十一条和《反倾销产业损害调查规定》第三十三条规定，并根据已经获得的事实和可获得的最佳信息对终止原反倾销措施，原产于美国、韩国、日本、俄罗斯和中国台湾地区的进口聚氯乙烯对中国大陆聚氯乙烯产业损害继续或者再度发生的可能性进行了调查。

二、被调查产品范围

本复审被调查产品范围是原反倾销措施所适用的产品，与商务部2003年第48号公告中的产品范围一致，该产品归在《中华人民共和国进出口税则》税则号：2002年至2007年为39041000，2008年为39041090。

三、中国大陆同类产品和中国大陆产业

（一）中国大陆同类产品的认定

商务部2003年9月29日第48号公告发布的聚氯乙烯反倾销原审案件最终裁定中认定，“经过对被调查产品和中国大陆生产的聚氯乙烯在物理和化学性能、制造工艺、产品用途以及产品的相互竞争性、替代性等方面的调查，调查机关认定，原产于美国、韩国、日本、俄罗斯和中国台湾地区的进口聚氯乙烯与中国大陆生产的聚氯乙烯为同类产品，二者具有可比性和可替代性”。

商务部2008年9月28日第71号公告发布的本次复审调查立案公告中认定，复审被调查产品范围是原反倾销措施所适用的产品，与商务部2003年第48号公告中的产品范围一致。

在聚氯乙烯反倾销措施实施期间，中国大陆生产的聚氯乙烯与原审案件调查期内生产的聚氯乙烯在物理和化学性能、生产工艺、产品用途、销售渠道等方面未发生实质性变化。

因此，调查机关认定，本次复审的被调查产品与中国大陆生产的聚氯乙烯属于同类产品。

（二）中国大陆产业的认定

调查机关对本案8家申请企业和12家支持企业的产业代表资格进行了审查。证据显示，2003年、2004年、2005年、2006年、2007年、2008年1～6月，申请及支持企业聚氯乙烯产量占同期中国大陆总产量的52.65%、53.08%、57.02%、59.27%、54.43%和55.05%。

根据《中华人民共和国反倾销条例》第十一条和《反倾销产业损害调查规定》第十三条规定，调查机关认定，调查期内，中国大陆上述申请及支持企业可以代表中国大陆聚氯乙烯产业。

四、调查期内中国大陆产业状况

根据《中华人民共和国反倾销条例》第七、八条及《反倾销产业损害调查规定》第四、五、六、七条规定，调查机关对调查期内中国大陆聚氯乙烯产业的相关经济因素和指标进行了调查。证据显示：

（一）表观消费量

2003年、2004年、2005年、2006年、2007年，中国大陆聚氯乙烯产业的表观消费量分别为577.73万吨、643.19万吨、759.97万吨、861.67万吨和963.38万吨。2007年1～6月为443.75万吨，2008年1～6月为470.61万吨。

2004年比2003年增长11.33%，2005年比2004年增长18.16%，2006年比2005年增长13.38%，2007年比2006年增长11.80%。2008年1～6月比2007年1～6月增长6.05%。

（二）产能

2003年、2004年、2005年、2006年、2007年，中国大陆聚氯乙烯产业的生产能力分别为192.20万吨、270.82万吨、373.93万吨、455.73万吨和489.40万吨。2007年1～6月为296.95万吨，2008年1～6月为341.95万吨。

2004年比2003年增长40.91%，2005年比2004年增长38.07%，2006年比2005年增长21.88%，2007年比2006年增长7.39%。2008年1～6月比2007年1～6月增长15.15%。

（三）产量

2003 年、2004 年、2005 年、2006 年、2007 年，中国大陆同类产品产量分别为 189.03 万吨、228.23 万吨、330.74 万吨、414.32 万吨和 454.53 万吨。2007 年 1~6 月为 224.73 万吨，2008 年 1~6 月为 257.57 万吨。

2004 年比 2003 年增长 20.74%，2005 年比 2004 年增长 44.91%，2006 年比 2005 年增长 25.27%，2007 年比 2006 年增长 9.70%。2008 年 1~6 月比 2007 年 1~6 月增长 14.61%。

（四）开工率

2003 年、2004 年、2005 年、2006 年、2007 年，中国大陆聚氯乙烯产业开工率分别为 98.35%、84.27%、88.45%、90.91% 和 92.87%。2007 年 1~6 月 75.68%，2008 年 1~6 月为 75.32%。

2004 年比 2003 年下降 14.08 个百分点，2005 年比 2004 年上升 4.18 个百分点，2006 年比 2005 年上升 2.46 个百分点，2007 年比 2006 年上升 1.96 个百分点。2008 年 1~6 月比 2007 年 1~6 月下降 0.36 个百分点。

（五）销售量

2003 年、2004 年、2005 年、2006 年、2007 年，中国大陆同类产品销售量分别为 185.26 万吨、224.45 万吨、324.91 万吨、395.15 万吨和 418.77 万吨。2007 年 1~6 月为 212.97 万吨，2008 年 1~6 月为 234.38 万吨。

2004 年比 2003 年增长 21.15%，2005 年比 2004 年增长 44.76%，2006 年比 2005 年增长 21.62%，2007 年比 2006 年增长 5.98%。2008 年 1~6 月比 2007 年 1~6 月增长 10.05%。

（六）市场份额

2003 年、2004 年、2005 年、2006 年、2007 年，中国大陆同类产品市场份额分别为 32.07%、34.90%、42.75%、45.86% 和 43.47%。2007 年 1~6 月 43.33%，2008 年 1~6 月为 44.37%。

2004 年比 2003 年上升 2.83 个百分点，2005 年比 2004 年上升 7.85 个百分点，2006 年比 2005 年上升 3.11 个百分点，2007 年比 2006 年下降 2.39 个百分点。2008 年 1~6 月比 2007 年 1~6 月上升 0.04 个百分点。

（七）销售价格

2003 年、2004 年、2005 年、2006 年、2007 年，中国大陆同类产品销售价格分别为 5602.73 元/吨、6899.67 元/吨、5796.63 元/吨、5601.57 元/吨和 6212.96 元/吨。2007 年 1~6 月为 5771.97 元/吨，2008 年 1~6 月为 6651.54 元/吨。

2004 年比 2003 年上升 23.15%，2005 年比 2004 年下降 15.99%，2006 年比 2005 年下降 3.37%，2007 年比 2006 年上升 10.91%。2008 年 1~6 月比 2007 年 1~6 月上升 15.24%。

（八）销售收入

2003 年、2004 年、2005 年、2006 年、2007 年，中国大陆聚氯乙烯产业销售收入分别为 103.80 亿元、154.86 亿元、188.34 亿元、221.35 亿元和 260.18 亿元。2007 年 1~6 月为 122.93 亿元，2008 年 1~6 月为 155.90 亿元。

2004 年比 2003 年增长 49.20%，2005 年比 2004 年增长 21.62%，2006 年比 2005 年增长 17.53%，2007 年比 2006 年增长 17.54%。2008 年 1~6 月比 2007 年 1~6 月增长 26.82%。

（九）税前利润

2003 年、2004 年、2005 年，中国大陆聚氯乙烯产业税前利润分别为 10.83 亿元、14.99 亿元和 2.39 亿元。2004 年比 2003 年增长 38.52%，2005 年比 2004 年大幅下降 84.08%。2006 年中国大陆聚氯乙烯产业亏损 0.41 亿元，2007 年中国大陆聚氯乙烯产业扭亏为盈，实现税前利润 6.90 亿元。2007 年 1~6 月中国大陆聚氯乙烯产业税前利润为 2.67 亿元，2008 年 1~6 月再次亏损 0.73 亿元。

（十）投资收益率

2003 年、2004 年、2005 年、2006 年、2007 年，中国大陆聚氯乙烯产业投资收益率分别为 24.30%、26.18%、3.89%、-0.61% 和 7.63%。2007 年 1~6 月为 3.58%，2008 年 1~6 月为 -0.62%。

2004 年比 2003 年上升 1.88 个百分点，2005 年比 2004 年下降 22.29 个百分点，2006 年比 2005 年下降 4.50 个百分点，2007 年比 2006 年上升 8.24 个百分点。2008 年 1~6 月比 2007 年 1~6 月下降 4.20 个百分点。

（十一）就业人数

2003 年、2004 年、2005 年、2006 年、2007 年，中国大陆聚氯乙烯产业就业人数分别为 17109 人、17922 人、22145 人、25068 人和 25651 人。2007 年 1~6 月为 21882 人，2008 年 1~6 月为 23218 人。

2004 年比 2003 年增长 4.75%，2005 年比 2004 年增长 23.56%，2006 年比 2005 年增长 13.20%，2007 年比 2006 年增长 2.33%。2008 年 1~6 月比 2007 年 1~6 月增长 6.11%。

（十二）劳动生产率

2003 年、2004 年、2005 年、2006 年、2007 年，中国大陆聚氯乙烯产业劳动生产率分别为 110.48 吨/人、127.35 吨/人、149.35 吨/人、165.28 吨/人和 177.20 吨/人。2007 年 1~6 月为 102.70 吨/人，

2008 年 1 ~6 月为 110.94 吨/人。

2004 年比 2003 年上升 15.27%，2005 年比 2004 年上升 17.28%，2006 年比 2005 年上升 10.67%，2007 年比 2006 年上升 7.21%。2008 年 1 ~ 6 月比 2007 年 1 ~6 月上升 8.02%。

（十三）人均工资

2003 年、2004 年、2005 年、2006 年、2007 年，中国大陆聚氯乙烯产业人均工资分别为 15599.22 元、19382.43 元、17570.96 元、15999.46 元和 18820.67 元。2007 年 1 ~6 月为 10131.15 元，2008 年 1 ~6 月为 12022.46 元。

2004 年比 2003 年上升 24.25%，2005 年比 2004 年下降 9.35%，2006 年比 2005 年下降 8.94%，2007 年比 2006 年上升 17.63%。2008 年 1 ~ 6 月比 2007 年 1 ~6 月上升 18.67%。

（十四）期末库存

2003 年、2004 年、2005 年、2006 年、2007 年，中国大陆同类产品期末库存分别为 40873.31 吨、61657.69 吨、43516.99 吨、72853.54 吨和 118139.57 吨。2007 年 1 ~6 月为 96313.60 吨，2008 年 1 ~6 月为 127533.23 吨。

2004 年比 2003 年上升 50.85%，2005 年比 2004 年下降 29.42%，2006 年比 2005 年上升 67.41%，2007 年比 2006 年上升 62.16%。2008 年 1 ~ 6 月比 2007 年 1 ~ 6 月上升 32.41%。

（十五）现金净流量

经调查机关实地核查，本案部分申请企业和部分支持企业没有单独记录聚氯乙烯产品的现金流，按调查问卷规定的方法分摊现金流量不能客观反映聚氯乙烯产品的实际经营情况。因此，调查机关认定，本案对现金净流量指标分析没有意义。

五、调查期内被调查产品进口数量、进口价格及所占市场份额

据中国大陆海关统计，2003 年、2004 年、2005 年、2006 年、2007 年，被调查产品进口数量分别为 1296513 吨、1258385 吨、1138850 吨、1015275 吨和 911832 吨。2007 年 1 ~ 6 月为 478163 吨，2008 年 1 ~6 月为 385124 吨。

据中国大陆海关统计，2003 年、2004 年、2005 年、2006 年、2007 年，被调查产品进口价格分别为 632.83 美元/吨、791.90 美元/吨、811.57 美元/吨、806.67 美元/吨和 895.23 美元/吨。2007 年 1 ~ 6 月为 845.40 美元/吨，2008 年 1 ~ 6 月为 1014.79 美元/吨。

2003 年、2004 年、2005 年、2006 年、2007 年，被调查产品占中国大陆市场份额分别为 22.44%、19.56%、14.99%、11.78% 和 9.46%。2007 年 1 ~ 6 月为 10.78%，2008 年 1 ~ 6 月为 8.18%。

2003 年至 2007 年，美国、韩国、日本、俄罗斯和中国台湾地区向中国大陆聚氯乙烯合计出口量占中国大陆聚氯乙烯总进口量的比例分别为：73.67%、77.25%、87.05%、88.54%、89.91%。

六、美国、韩国、日本、俄罗斯和中国台湾地区聚氯乙烯市场状况

美国聚氯乙烯市场状况

据本案申请人提供的数据显示，2003 年、2004 年、2005 年、2006 年、2007 年，美国聚氯乙烯生产能力分别为 701 万吨、682 万吨、716.2 万吨、706.2 万吨和 765.2 万吨。美国聚氯乙烯产量分别为 617.3 万吨、652.9 万吨、620.5 万吨、648.9 万吨和 630.4 万吨。2007 年闲置产能已达到 134.8 万吨。此外，据申请人提供的证据，美国将于 2008 年、2009 年两年内新增聚氯乙烯产能约 64 万吨。

2003 年、2004 年、2005 年、2006 年、2007 年，美国聚氯乙烯国内消费量分别为 577.8 万吨、617.4 万吨、591 万吨、591.2 万吨和 624.4 万吨。2003 年、2004 年、2005 年、2006 年、2007 年，美国聚氯乙烯可供出口的生产能力分别为 123.2 万吨、64.6 万吨、125.2 万吨、115 万吨和 140.8 万吨。调查期内，美国聚氯乙烯出口数量由 2003 年的 62.61 万吨增加至 2007 年出口 101.67 万吨，2007 年出口数量占其国内产量比例达到 16.13%。

据中国大陆海关统计，2003 年、2004 年、2005 年、2006 年、2007 年，美国向中国大陆出口聚氯乙烯数量分别为 90924 吨、51417 吨、81478 吨、68335 吨和 57447 吨。2007 年 1 ~ 6 月为 47089 吨，2008 年 1 ~6 月为 31131 吨。另有证据显示，调查期内，美国在各年度出口聚氯乙烯的众多国家之中，对中国大陆出口的聚氯乙烯数量均位居前列，中国大陆是美国聚氯乙烯的主要出口国。

韩国聚氯乙烯市场状况

据本案申请人提供的数据显示，2003 年、2004 年、2005 年、2006 年、2007 年，韩国聚氯乙烯生产能力分别为 129 万吨、129 万吨、133 万吨、133 万吨和 147 万吨。韩国聚氯乙烯产量分别为 126.1 万吨、125.5 万吨、133.3 万吨、135.8 万吨和 132.8 万吨。2007 年闲置产能 14.2 万吨。此外，据申请人提供的证据，韩国将于近几年内在本国新建、扩建聚氯乙烯产能约 24 万吨。

2003 年、2004 年、2005 年、2006 年、2007 年，韩国聚氯乙烯国内消费量分别为 93.6 万吨、88.4 万吨、88.4 万吨、84 万吨和 89.7 万吨。2003 年、2004

年、2005 年、2006 年、2007 年，韩国聚氯乙烯可供出口的生产能力分别为 35.4 万吨、40.6 万吨、44.6 万吨、49 万吨和 57.3 万吨。调查期内，韩国聚氯乙烯出口数量由 2003 年出口聚氯乙烯 36.66 万吨增加至 2007 年出口 45.32 万吨，2007 年出口数量占其国内产量比例达到 34.13%。

据中国大陆海关统计，2003 年、2004 年、2005 年、2006 年、2007 年，韩国向中国大陆出口聚氯乙烯数量分别为 183263 吨、181650 吨、115720 吨、65133 吨和 45962 吨。2007 年 1～6 月为 21182 吨，2008 年 1～6 月为 10979 吨。另有证据显示，调查期内，韩国在各年度出口聚氯乙烯的众多国家之中，对中国大陆出口的聚氯乙烯数量均是第一位，中国大陆是韩国聚氯乙烯的最大出口国。

日本聚氯乙烯市场状况

据本案申请人提供的数据显示，调查期内，日本聚氯乙烯生产能力均为 234 万吨。2003 年、2004 年、2005 年、2006 年、2007 年，日本聚氯乙烯产量分别为 216.4 万吨、215.3 万吨、215.1 万吨、214.6 万吨和 216.2 万吨。2007 年闲置产能 17.8 万吨。

2003 年、2004 年、2005 年、2006 年、2007 年，日本聚氯乙烯国内消费量分别为 142.5 万吨、147.3 万吨、141.1 万吨、136 万吨和 130.6 万吨。2003 年、2004 年、2005 年、2006 年、2007 年，日本聚氯乙烯可供出口的生产能力分别为 91.5 万吨、86.7 万吨、92.9 万吨、98 万吨和 103.4 万吨。调查期内，日本聚氯乙烯出口数量由 2003 年的 72.65 万吨增加至 2007 年出口 86.33 万吨，2007 年出口数量占其国内产量比例达到 39.92%。

据中国大陆海关统计，2003 年、2004 年、2005 年、2006 年、2007 年，日本向中国大陆出口聚氯乙烯数量分别为 418809 吨、453080 吨、450852 吨、497570 吨和 465653 吨。2007 年 1～6 月为 239439 吨，2008 年 1～6 月为 189986 吨。另有证据显示，调查期内，日本在各年度出口聚氯乙烯的众多国家之中，对中国大陆出口的聚氯乙烯数量均是第一位，向中国大陆出口的聚氯乙烯数量占其总出口量的比例分别为 57.65%、65.70%、60.89%、64.90%、53.94%，中国大陆是日本聚氯乙烯的最大出口国。

俄罗斯聚氯乙烯市场状况

据本案申请人提供的数据显示，2003 年、2004 年、2005 年、2006 年、2007 年，俄罗斯聚氯乙烯生产能力分别为 65.8 万吨、65.8 万吨、82.8 万吨、82.8 万吨和 82.8 万吨。俄罗斯聚氯乙烯产量分别为 54.7 万吨、56.4 万吨、58 万吨、59.2 万吨和 58.7 万吨。2007 年闲置产能 24.1 万吨。此外，据申请人提供的证据，俄罗斯将于 2012 年前新建、扩建聚氯乙烯产能合计约 40 余万吨。

调查期内，2003 年、2004 年、2005 年、2006 年、2007 年，俄罗斯聚氯乙烯国内消费量分别为 38.3 万吨、48.6 万吨、58.3 万吨、70.2 万吨和 81.6 万吨。2003 年、2004 年、2005 年、2006 年、2007 年，俄罗斯聚氯乙烯可供出口的生产能力分别为 27.5 万吨、17.2 万吨、24.5 万吨、12.6 万吨和 1.2 万吨。调查期内，俄罗斯聚氯乙烯出口数量由 2003 年的 12.85 万吨下降至 2007 年出口 8652 吨，2007 年出口数量占其国内产量比例为 1.47%。另据调查，调查期内，俄罗斯聚氯乙烯国内消费逐年大幅增加，由 2003 年的 38.3 万吨增加至 2007 年的 70.2 万吨。

据中国大陆海关统计，2003 年、2004 年、2005 年、2006 年、2007 年，俄罗斯向中国大陆出口聚氯乙烯数量分别为 124258 吨、72327 吨、42533 吨、11177 吨和 7722 吨。2007 年 1～6 月为 7074 吨，2008 年 1～6 月未向中国大陆出口。另有证据显示，调查期内各年度，俄罗斯向中国大陆出口的聚氯乙烯数量占其总出口量的比例分别为 96.70%、83.13%、72.87%、80.76%、89.25%。

中国台湾地区聚氯乙烯市场状况

据本案申请人提供的数据显示，调查期内，中国台湾地区聚氯乙烯生产能力 2003 年为 169.1 万吨，2004 年至 2007 年，中国台湾地区聚氯乙烯生产能力均为 172.1 万吨。2003 年、2004 年、2005 年、2006 年、2007 年，中国台湾地区聚氯乙烯产量分别为 150.5 万吨、159.2 万吨、148 万吨、137.3 万吨和 145 万吨。2007 年闲置产能 27.1 万吨，超过了反倾销措施实施前的 2002 年的水平。

调查期内，2003 年、2004 年、2005 年、2006 年、2007 年，中国台湾地区聚氯乙烯消费量分别为 83.9 万吨、89.1 万吨、76.6 万吨、75.5 万吨和 77 万吨。2007 年比 2003 年下降了 8.22%。2003 年、2004 年、2005 年、2006 年、2007 年，中国台湾地区聚氯乙烯可供出口的生产能力分别为 85.2 万吨、83 万吨、95.5 万吨、96.6 万吨和 95.1 万吨。调查期内，中国台湾地区聚氯乙烯出口数量由 2003 年的 61.88 万吨上升至 2007 年出口 67.26 万吨，2007 年出口数量占产量比例达到 46.39%。

据中国大陆海关统计，2003 年、2004 年、2005 年、2006 年、2007 年，中国台湾地区向中国大陆出口聚氯乙烯数量分别为 479260 吨、499911 吨、448266 吨、373060 吨和 335048 吨。2007 年 1～6 月为 163379 吨，2008 年 1～6 月为 153027 吨。另有证据显示，调查期内各年度，中国台湾地区向中国大陆出口的聚氯乙烯数量占其总出口量的比例分别为77.45%、79.54%、71.86%、70.47%、49.82%。

2. 中华人民共和国海关总署公告2009年第65号(二〇〇九年九月二十七日)

2003年，国务院关税税则委员会决定对原产于美国、韩国、日本、俄罗斯和中国台湾地区的进口聚氯乙烯征收反倾销税，征税时间自2003年9月29日起，期限为5年。根据反倾销措施期终复审调查结果，国务院关税税则委员会决定自2009年9月29日起对原产于美国、韩国、日本、俄罗斯和中国台湾地区的进口聚氯乙烯继续征收反倾销税，实施期限为5年。现就有关事项公告如下：

自2009年9月29日起，海关对申报进口原产于美国、韩国、日本、俄罗斯和中国台湾地区的聚氯乙烯(商品编码为3904109001)，继续按照中华人民共和国海关总署公告2003年第56号和2007年第79号规定的产品范围、税率和公式等征收反倾销税。

3. 中华人民共和国商务部公告2009年第69号(二〇〇九年九月二十八日)

2003年9月29日，中华人民共和国商务部发布2003年第48号公告，决定对原产于美国、韩国、日本、俄罗斯和中国台湾地区的进口聚氯乙烯实施最终反倾销措施，实施期限为五年。

2008年9月28日，商务部发布2008年第71号公告，应中国石油化工股份有限公司齐鲁分公司、宜宾天原集团股份有限公司、新疆中泰化学股份有限公司、四川省金路树脂有限公司、上海氯碱化工股份有限公司、浙江巨化股份有限公司、昊华宇航化工有限责任公司、天津渤天化工有限责任公司代表中国大陆聚氯乙烯产业提出的申请，决定对原产于美国、韩国、日本、俄罗斯和中国台湾地区的进口聚氯乙烯所适用的反倾销措施进行期终复审调查。

本复审调查的被调查产品与原反倾销调查被调查产品相同，即聚氯乙烯，该产品归在《中华人民共和国进出口税则》税则号：39041090，英文名称为Polyvinyl Chloride。

商务部对如果终止聚氯乙烯反倾销措施，导致倾销和损害继续或再度发生的可能性进行了调查，并根据调查结果向国务院关税税则委员会提出维持原反倾销措施的建议。

根据《中华人民共和国反倾销条例》第五十条及国务院关税税则委员会的决定，现将有关事项公告如下：

一、裁定

商务部裁定，经调查，如果终止原反倾销措施，原产于美国、韩国、日本、俄罗斯和中国台湾地区的进口聚氯乙烯对中国大陆的倾销可能继续发生。如果终止原反倾销措施，原产于美国、韩国、日本、俄罗斯和中国台湾地区的进口聚氯乙烯对中国大陆产业造成的损害可能再度发生。

二、反倾销措施

自2009年9月29日起，继续按照2003年第48号、第53号公告，对原产于美国、韩国、日本、俄罗斯和中国台湾地区的进口聚氯乙烯实施反倾销措施，实施期限为五年。

三、征收反倾销税的方法

自2009年9月29日起，进口经营者在进口原产于美国、韩国、日本、俄罗斯和中国台湾地区的进口聚氯乙烯时，应向中华人民共和国海关缴纳相应的反倾销税。反倾销税以海关审定的完税价格从价计征，计算公式为：反倾销税税额 = 海关完税价格×反倾销税税率。进口环节增值税以海关审定的完税价格加上关税和反倾销税作为计税价格从价计征。

四、行政复议和行政诉讼

根据《中华人民共和国反倾销条例》第五十三条，对本复审决定不服的，可以申请行政复议，也可以向人民法院提起诉讼。

五、本公告自2009年9月29日起执行。

附件：中华人民共和国商务部关于原产于美国、韩国、日本、俄罗斯和中国台湾地区的进口聚氯乙烯所适用的反倾销措施的期终复审裁定

2008年9月28日，应中国大陆聚氯乙烯产业申请，中华人民共和国商务部(以下称调查机关)发布公告，决定对原产于美国、韩国、日本、俄罗斯和中国台湾地区的进口聚氯乙烯所适用的反倾销措施进行期终复审调查。

调查机关对终止原反倾销措施，原产于美国、韩国、日本、俄罗斯和中国台湾地区的进口聚氯乙烯对中国大陆的倾销和损害继续或再度发生的可能性进行了调查。根据调查结果，并依据《中华人民共和国反倾销条例》(以下简称《反倾销条例》)第四十八条，做出复审裁定如下：

一、原反倾销措施

2003年9月29日，调查机关发布该年度第48号公告，决定对原产于美国、韩国、日本、俄罗斯和中国台湾地区的进口聚氯乙烯实施为期5年的最终反倾销措施。其中俄罗斯萨彦斯克化学塑料股份公司与中华人民共和国商务部签订了价格承诺协议。

二、期终复审调查程序

(一) 到期公告

2008年1月15日，调查机关发布该年度第2号公告，告知原反倾销措施将于2008年9月29日到

期。根据《中华人民共和国反倾销条例》，经复审确定终止征收反倾销税有可能导致倾销和损害继续或者再度发生的，反倾销税的征收期限可以适当延长。自该公告发布之日起，中国大陆产业可在原反倾销措施终止日 90 天前，向调查机关提出书面复审申请。

（二）复审申请

2008 年 6 月 30 日，中国石油化工股份有限公司齐鲁分公司、宜宾天原集团股份有限公司、新疆中泰化学股份有限公司、四川省金路树脂有限公司、上海氯碱化工股份有限公司、浙江巨化股份有限公司、昊华宇航化工有限责任公司、天津渤天化工有限责任公司代表中国大陆聚氯乙烯产业向调查机关提交了期终复审申请。申请人主张，如果终止反倾销措施，原产于美国、韩国、日本、俄罗斯和中国台湾地区的进口聚氯乙烯对中国大陆的倾销有可能继续发生，倾销对中国大陆聚氯乙烯产业造成的损害有可能继续发生，请求调查机关裁定维持该反倾销措施。

（三）立案

调查机关对申请人资格和申请书的主张及相关证明材料进行了审查，认为申请人资格和申请书符合立案要求。

2008 年 9 月 28 日，调查机关发布该年度第 71 号公告，根据审查结果及《反倾销条例》第十一条、第十三条、第十七条和第四十八条的规定，决定对原产于美国、韩国、日本、俄罗斯和中国台湾地区的进口聚氯乙烯所适用的反倾销措施进行期终复审调查。

（四）复审内容

本次复审调查的内容为，如果终止原反倾销措施，是否可能导致倾销和损害的继续或再度发生。

（五）立案通知及利害关系方评论

立案当日，调查机关就立案事宜通知了美国、韩国、日本和俄罗斯驻华使馆，通过中华人民共和国驻 WTO 使团通知了中国台湾地区，并提供了立案公告和申请书公开文本。

立案当日，调查机关通知了申请人和已知的涉案国（地区）生产商和出口商。

在规定期限内，没有利害关系方对本次复审立案发表评论意见。

（六）登记应诉

2008 年 9 月 28 日，调查机关在 2008 年第 71 号公告中公布，任何利害关系方可于立案公告发布之日起 20 天内，向调查机关申请参加应诉。如利害关系方未在立案公告规定的时间内向调查机关登记应诉，调查机关可以根据已经获得的事实和可获得的最佳信息做出裁定。

在规定期限内，中国台湾地区大洋塑料工业股份有限公司登记应诉本次复审调查。

（七）倾销调查和损害调查

1. 倾销调查

（1）调查问卷

调查机关向本次复审调查唯一登记应诉企业中国台湾地区大洋塑料工业股份有限公司邮寄送达了调查问卷，并在商务部网站提供问卷供利害关系方下载。规定时间内，没有企业提交答卷。

（2）公开信息渠道

调查机关通过查询海关数据、咨询相关行业协会、查阅相关网站、公开刊物等方式，收集了与被调查产品及其同类产品有关的数据、信息。

（3）听取各利害关系方陈述

调查机关听取了有关利害关系方对本案的陈述意见。

（4）接收书面陈述材料

有关利害关系方向调查机关提交了补充和评论意见材料。调查机关要求申请人进一步提供了有关正常价值、出口价格、相关调整因素、倾销继续发生的可能性等方面的相关证据。

（5）听证会

调查机关向利害关系方告知提请召开听证会的权利。复审调查期间，没有利害关系方申请召开听证会。

（6）披露

本案裁定前，调查机关依据《中华人民共和国反倾销条例》第二十五条、《反倾销调查信息披露暂行规则》第三条的规定，就有关倾销继续或者再度发生的可能性调查所依据的基本事实，向在反倾销调查过程中提供信息的利害关系方进行了披露，并给予有关利害关系方提出评论意见的机会。

在规定的时限内，调查机关没有收到利害关系方的评论意见。

2. 损害调查

（1）参加调查活动登记

2008 年 9 月 28 日，调查机关发布《关于参加聚氯乙烯反倾销措施期终复审产业损害调查活动登记的通知》。在规定的时间内，中国台湾大洋塑料工业股份有限公司向调查机关递交了参加产业损害调查活动登记表及相关证明材料，调查机关经审查后接受了该利害关系方的登记。

（2）成立产业损害调查组

2008 年 10 月 13 日，调查机关发布《关于成立聚氯乙烯反倾销措施期终复审案产业损害调查组的通知》，成立聚氯乙烯反倾销措施期终复审案产业损害调查组。

（3）发放和收回调查问卷

2008 年 10 月 20 日，调查机关向已知的利害关系方发放了聚氯乙烯反倾销措施期终复审案《中国大陆生产者调查问卷》、《中国大陆进口商调查问卷》和《国外（地区）生产者/出口商调查问卷》。

在规定的时间内，中国石油化工股份有限公司齐鲁分公司、宜宾天原集团股份有限公司、新疆中泰化学股份有限公司、四川省金路树脂有限公司、上海氯碱化工股份有限公司、浙江巨化股份有限公司、昊华宇航化工有限责任公司、天津渤天化工有限责任公司等 8 家中国大陆申请企业，及天津大沽化工股份有限公司、新疆天业（集团）有限公司、广西南宁化工股份有限公司、贵州遵义氯碱股份有限公司等 12 家中国大陆支持企业递交了《中国大陆生产者调查问卷答卷》。调查机关未收到《中国大陆进口商调查问卷答卷》和《国外（地区）生产者/出口商调查问卷答卷》。

（4）听取申请人意见陈述

2008 年 10 月 24 日，应本案申请人申请，调查机关听取了申请人意见陈述。

申请人认为如果终止反倾销措施，原产于美国、韩国、日本、俄罗斯和中国台湾地区的进口聚氯乙烯对中国大陆的倾销行为可能继续发生，倾销行为给中国大陆聚氯乙烯产业造成的损害可能继续发生。

（5）召开上下游企业意见陈述会

2009 年 5 月 21 日，调查机关召开本案上下游企业意见陈述会，听取了本案申请企业以及部分下游企业的意见陈述。

聚氯乙烯下游企业提出，调查期内，中国大陆聚氯乙烯市场价格波动较大，不利于下游企业的稳定发展。同时表示，支持商务部聚氯乙烯反倾销措施期终复审调查，希望通过此次调查，进一步改善中国大陆聚氯乙烯市场竞争环境，在中国大陆聚氯乙烯产业稳定发展的基础上，促进与下游企业的共同和谐发展。

本案申请企业再次表示，如果终止反倾销措施，原产于美国、韩国、日本、俄罗斯和中国台湾地区的进口聚氯乙烯对中国大陆的倾销行为可能继续发生，倾销行为给中国大陆聚氯乙烯产业造成的损害将继续发生，同时表示，中国大陆聚氯乙烯产业的发展需要得到下游企业的大力支持，希望在公平的市场竞争环境中发展中国大陆聚氯乙烯产业，并与下游企业形成共同发展的良好局面。

（6）实地核查

2008 年 2 月 2 日，调查机关发布《关于聚氯乙烯反倾销措施期终复审案实地核查的通知》，于 2009 年 2 月至 2009 年 5 月，对中国石油化工股份有限公司齐鲁分公司、宜宾天原集团股份有限公司、新疆中泰化学股份有限公司、四川省金路树脂有限公司、上海氯碱化工股份有限公司、浙江巨化股份有限公司、昊华宇航化工有限责任公司、天津渤天化工有限责任公司等本案 8 家申请企业，及天津大沽化工股份有限公司、新疆天业（集团）有限公司、广西南宁化工股份有限公司、贵州遵义氯碱股份有限公司等本案部分支持企业进行了实地核查。

（7）信息披露

在本案裁定前，调查机关向本案利害关系方披露了裁定所依据的基本事实，并给予其提出评论意见的机会。信息披露期间，没有利害关系方提出评论意见。

调查机关对申请书及所附证据、收回的调查问卷答卷和实地核查结果进行了审查和评估，并收集和补充了相关证据材料。调查机关对利害关系方提出的评论和意见依法予以了充分考虑。本案调查过程中，调查机关未收到《中国大陆进口商调查问卷答卷》和《国外（地区）生产者/出口商调查问卷答卷》，也未收到除申请企业和支持企业以外的其他利害关系方提交的评论意见。根据《中华人民共和国反倾销条例》第二十一条和《反倾销产业损害调查规定》第三十三条规定，并根据已经获得的事实和可获得的最佳信息对终止原反倾销措施，原产于美国、韩国、日本、俄罗斯和中国台湾地区的进口聚氯乙烯对中国大陆聚氯乙烯产业损害继续或者再度发生的可能性进行了调查。

三、被调查产品和同类产品

（一）被调查产品

本复审被调查产品与原反倾销调查被调查产品一致，即聚氯乙烯，该产品归在《中华人民共和国进出口税则》税则号：2002 年至 2007 年为 39041000，2008 年为 39041090。

（二）调查范围

原产于美国、韩国、日本、俄罗斯和中国台湾地区的进口聚氯乙烯。

四、中国大陆同类产品和产业

（一）中国大陆同类产品的认定

商务部 2003 年 9 月 29 日第 48 号公告发布的聚氯乙烯反倾销原审案件最终裁定中认定，“经过对被调查产品和中国大陆生产的聚氯乙烯在物理和化学性能、制造工艺、产品用途以及产品的相互竞争性、替代性等方面的调查，调查机关认定，原产于美国、韩国、日本、俄罗斯和中国台湾地区的进口聚氯乙烯与中国大陆生产的聚氯乙烯为同类产品，二者具有可比性和可替代性”。

商务部2008年9月28日第71号公告发布的本次复审调查立案公告中认定，复审被调查产品范围是原反倾销措施所适用的产品，与商务部2003年第48号公告中的产品范围一致。

在聚氯乙烯反倾销措施实施期间，中国大陆生产的聚氯乙烯与原审案件调查期内生产的聚氯乙烯在物理和化学性能、生产工艺、产品用途、销售渠道等方面未发生实质性变化。

因此，调查机关认定，本次复审的被调查产品与中国大陆生产的聚氯乙烯属于同类产品。

（二）中国大陆产业的认定

调查机关对本案8家申请企业和12家支持企业的产业代表资格进行了审查。证据显示，2003年、2004年、2005年、2006年、2007年、2008年1～6月，申请及支持企业聚氯乙烯产量占同期中国大陆总产量的52.65%、53.08%、57.02%、59.27%、54.43%和55.05%。

根据《中华人民共和国反倾销条例》第十一条和《反倾销产业损害调查规定》第十三条规定，调查机关认定，调查期内，中国大陆上述申请及支持企业可以代表中国大陆聚氯乙烯产业。

五、复审调查期

本复审倾销调查期为2007年7月1日至2008年6月30日，损害调查期为2003年1月1日至2008年6月30日。

六、倾销继续或再度发生的可能性

（一）复审调查期内倾销情况

根据调查机关掌握的材料，复审调查期内美国、韩国、日本、俄罗斯和中国台湾地区的聚氯乙烯生产商有美国信科有限公司、中国台湾塑胶工业股份有限公司(德州)、韩国(株)LG化学、韩华石油化学株式会社、日本信越化学工业株式会社、日本V-tech株式会社、大洋聚氯乙烯株式会社、日本新第一聚氯乙烯股份公司、日本钟渊化学工业株式会社、俄罗斯考斯第克股份有限公司、俄罗斯萨彦斯克化学塑料股份公司、中国台湾塑胶工业股份有限公司、大洋塑料工业股份有限公司、华夏海湾塑胶股份有限公司等14家公司。

在规定的期限内，上述企业均未向调查机关提交答卷。依据《中华人民共和国反倾销条例》第二十一条，调查机关决定采用可获得的最佳信息认定复审调查期内的倾销情况。调查机关根据申请人提供的相关数据对美国、韩国、日本、俄罗斯和中国台湾地区被调查产品的正常价值、出口价格进行了认定，对影响正常价值和出口价格可比性的因素进行了调整，并在同一贸易环节对正常价值和出口价格进行了比较。

经调查，倾销调查期内，原产于美国、韩国、日本、俄罗斯和中国台湾地区的被调查产品对中国大陆出口存在倾销。

（二）倾销继续发生的可能性

美国

由于没有美国生产商、出口商应诉，依据《中华人民共和国反倾销条例》第二十一条，调查机关决定采用可获得的最佳信息，通过对原产于美国的聚氯乙烯在倾销调查期内的倾销情况、出口能力、对中国大陆出口、对第三国(地区)出口的分析，对美国聚氯乙烯倾销继续发生的可能性进行审查。调查机关决定根据申请人提供的信息和中国海关统计数据进行上述调查。

1. 措施实施期间继续倾销

前述倾销调查表明，倾销调查期内，原产于美国的聚氯乙烯对中国大陆出口存在倾销。

2. 出口能力

（1）产能、产量及闲置产能

根据申请人提供的数据，在反倾销措施实施期间，美国聚氯乙烯的产能呈上升趋势，2003年为701万吨，2007年增长到765.2万吨，增幅为9.16%；产量稳中有升，2003年为617.3万吨，2007年为630.4万吨，增长2.12%；同期美国聚氯乙烯闲置产能增长较快，2003年为83.7万吨，2007年增长到134.8万吨，增幅为60.7%。根据申请人提供的数据，2008、2009两年美国还有64万吨产能的聚氯乙烯装置投产，而现有证据显示几年来美国聚氯乙烯产量保持相对稳定，没有显著增长的趋势，因此闲置产能可能进一步大幅增长。

（2）美国国内市场消费情况

根据申请人提供的数据，2003年美国国内消费577.8万吨，从2003至2007年，年度增长率分别为-1.25%、6.85%、-4.28%、0.03%和5.62%，平均增长率为1.31%。这表明，在反倾销措施实施期间，美国国内市场消费在上下波动中略有增长，增长幅度不大。

（3）对国际市场的依赖程度

根据申请人提供的数据，2003年至2007年，美国聚氯乙烯出口数量从63.0万吨增长到101.6万吨，占当年产量的比例从10.08%增长到16.13%。这表明，在反倾销措施实施期间，美国聚氯乙烯对国际市场的依赖程度逐年提高。

3. 对中国大陆出口情况

受反倾销措施制约，美国聚氯乙烯对中国大陆出口数量呈下降趋势，2003 年至 2007 年出口量从 90924 吨下降到 57447 吨。反倾销措施实施以后，主要受原材料价格上涨影响，美国聚氯乙烯对中国大陆出口价格呈上升趋势，从每吨 592 美元上升到 850 美元。但据申请人提供的数据，倾销调查期内美国对中国大陆出口价格仍然低于正常价值，如果取消反倾销措施，倾销可能继续发生。

4. 对第三国(地区)出口情况

根据申请人收集的美国海关统计数据，反倾销措施实施期间，美国聚氯乙烯生产商、出口商还同时向除中国大陆以外其他国家(地区)低价出口聚氯乙烯产品。根据申请人计算，2003 年至 2007 年美国向第三国低价出口聚氯乙烯数量占同期对外出口总量的比例分别为 38%、78%、83%、82%、91%，低价出口比例很高，说明美国聚氯乙烯低价寻求国外市场的意图明显，如果终止反倾销措施，其可能以低价倾销来加大对中国大陆出口的力度。

上述调查表明，原反倾销措施实施期间美国是世界主要的聚氯乙烯生产国之一，其产能和产量巨大，并正在继续扩建新的产能，闲置产能增加比较显著；在产能和产量增长的同时，国内消费增长缓慢，对国际市场依赖程度逐年提高；向中国大陆以外的第三国(地区)出口中，低价出口比例很高，说明其低价寻求国外市场的意图明显，如果终止反倾销措施，其可能以低价倾销来加大对中国大陆出口的力度。综上所述，如果终止原反倾销措施，美国聚氯乙烯对中国大陆的倾销可能继续发生。

韩国

由于没有韩国生产商、出口商应诉，依据《中华人民共和国反倾销条例》第二十一条，调查机关决定采用可获得的最佳信息，通过对原产于韩国的聚氯乙烯在倾销调查期内的倾销情况、出口能力、对中国大陆出口、对第三国(地区)出口的分析，对韩国聚氯乙烯倾销继续发生的可能性进行审查。调查机关决定根据申请人提供的信息和中国海关统计数据进行上述调查。

1. 措施实施期间继续倾销

前述倾销调查表明，倾销调查期内，原产于韩国的聚氯乙烯对中国大陆出口存在倾销。

2. 出口能力

(1) 产能、产量及闲置产能

根据申请人提供的数据，韩国聚氯乙烯有着较大且快速增长的生产能力和出口能力。在反倾销措施实施期间，韩国聚氯乙烯的产能呈上升趋势，2003 年为 129 万吨，2007 年增长到 147 万吨，增幅为 14.0%；产量稳中有升，2003 年为 126.1 万吨，2007 年为 132.8 万吨，增长 5.31%；韩国聚氯乙烯开工率一向较高，自 2003 年至 2006 年一直维持在 97% 以上，但 2007 年开工率下降到 90%，出现了 14 万吨的闲置产能。此外，根据申请人提供的资料，韩国聚氯乙烯生产商还计划扩建 24 万吨的产能，总产能将达到 171 万吨，闲置产能因此可能进一步上升。

(2) 韩国国内市场消费情况

根据申请人提供的数据，2003 年到 2007 年，韩国国内聚氯乙烯年消费量从 2003 年的 93.6 万吨下降到 2007 年的 89.7 万吨，下降了 4.17%。这说明，在反倾销措施实施期间，韩国国内市场消费呈小幅下降趋势。

(3) 对国际市场的依赖程度

根据申请人提供的数据，2003 年至 2007 年，韩国聚氯乙烯出口数量从 36.7 万吨增长到 45.3 万吨，占当年产量的比例从 29.1% 增长到 34.1%，上升了 5 个百分点。这说明，在反倾销措施实施期间，韩国聚氯乙烯对国际市场的依赖程度较高且有进一步提高的趋势。

3. 对中国大陆出口情况

根据申请人提供的数据，受反倾销措施制约，韩国聚氯乙烯对中国大陆出口数量下降比较明显，2003 年至 2007 年出口量从 183263 吨下降到 45962 吨。反倾销措施实施以后，主要受原材料价格上涨影响，韩国聚氯乙烯对中国大陆出口价格呈上升趋势，从每吨 668 美元上升到 1100 美元。但据申请人提供的数据，倾销调查期内韩国对中国大陆出口价格仍然低于正常价值，如果取消反倾销措施，倾销可能继续发生。

4. 对第三国(地区)出口情况

反倾销措施实施期间，韩国聚氯乙烯生产商、出口商还同时向除中国大陆以外其他国家(地区)低价出口聚氯乙烯产品，2003 年至 2007 年韩国向第三国低价出口聚氯乙烯数量占同期对外出口总量的比例分别为 43%、48%、68%、77%、82%，低价出口比例很高且逐年提高，说明其低价寻求国外市场的意图明显，如果终止反倾销措施，其可能以低价倾销来加大对中国大陆出口的力度。

上述调查表明，原反倾销措施实施期间，韩国聚氯乙烯产能较大，并正在继续扩建新的产能，闲置产能增加比较显著；国内消费呈下降趋势，对国际市场依赖程度逐年提高；向中国大陆以外的第三国(地区)出口中低价出口比例很高，说明其低价寻求国外市场的意图明显，如果终止反倾销措施，其可能以低价倾销来加大对中国大陆出口的力度。综上所述，如果终止原反倾销措施，韩国聚氯乙烯对中国大陆的倾销可能继续发生。

日本

由于没有日本生产商、出口商应诉，依据《中华人民共和国反倾销条例》第二十一条，调查机关决定采用可获得的最佳信息，通过对原产于日本的聚氯乙烯在倾销调查期内的倾销情况、出口能力、对中国大陆出口、对第三国(地区)出口的分析，对日本聚氯乙烯倾销继续发生的可能性进行审查。调查机关决定根据申请人提供的信息和中国海关统计数据进行上述调查。

1. 措施实施期间继续倾销

前述倾销调查表明，倾销调查期内，原产于日本的聚氯乙烯对中国大陆出口存在倾销。

2. 出口能力

(1) 产能、产量及闲置产能

根据申请人提供的数据，从2003年到2007年，产能一直为234万吨，产量在214.6万吨到216.4万吨之间波动，闲置产能在17.6万吨到19.4万吨之间波动。这说明，在反倾销措施实施期间，日本聚氯乙烯的产能和产量基本保持稳定，闲置产能没有显著增加，但绝对数量仍然较大。

(2) 日本国内市场消费情况

根据申请人提供的数据，2003年日本国内消费142.5万吨，至2007年减少到130.6万吨，减少了8.4%。这说明，在反倾销措施实施期间，日本国内市场消费量下降比较明显。

(3) 对国际市场的依赖程度

根据申请人提供的数据，2003年至2007年，日本聚氯乙烯出口数量从72.7万吨增长到86.3万吨，占当年产量的比例从33.57%增长到39.93%。可见，在反倾销措施实施期间，日本聚氯乙烯对国际市场的依赖程度提高。

3. 对中国大陆出口情况

根据申请人提供的数据，反倾销措施实施期间，日本聚氯乙烯对中国大陆出口数量不仅没有下降反而有所上升，2003年至2007年出口量从418809吨上升到465653吨，如取消反倾销措施，日本聚氯乙烯对中国大陆出口量可能进一步上升。反倾销措施实施以后，主要受原材料价格上涨影响，日本聚氯乙烯对中国大陆出口价格呈上升趋势，从每吨631美元上升到876美元。但据申请人提供的数据，倾销调查期内日本对中国大陆出口价格仍然低于正常价值，如果取消反倾销措施，倾销可能继续发生。

4. 对第三国(地区)出口情况

根据申请人收集的日本海关统计数据，反倾销措施实施期间，日本聚氯乙烯生产商、出口商还同时向除中国大陆以外其他国家(地区)低价出口聚氯乙烯产品，2003年至2007年日本向第三国低价出口聚氯乙烯数量占同期对外出口总量的比例分别为35%、33%、42%、36%、43%，存在一定比例的低价出口，说明其存在低价寻求国外市场的意图。

上述调查表明，原反倾销措施实施期间日本聚氯乙烯产能和产量基本保持稳定，闲置产能虽未显著增长但绝对数量仍较大；国内消费量下滑比较明显，对国际市场依赖程度逐年提高；向中国大陆以外的第三国(地区)出口中有一定比例的低价出口，说明其存在低价寻求国外市场的意图，如果终止反倾销措施，其可能以低价倾销来加大对中国大陆出口的力度。综上所述，如果终止原反倾销措施，日本聚氯乙烯对中国大陆的倾销可能继续发生。

俄罗斯

由于没有俄罗斯生产商、出口商应诉，依据《中华人民共和国反倾销条例》第二十一条，调查机关决定采用可获得的最佳信息，通过对原产于俄罗斯的聚氯乙烯在倾销调查期内的倾销情况、出口能力、对中国大陆出口、对第三国(地区)出口的分析，对俄罗斯聚氯乙烯倾销继续发生的可能性进行审查。调查机关决定根据申请人提供的信息和中国海关统计数据进行上述调查。

1. 措施实施期间继续倾销

前述倾销调查表明，倾销调查期内，原产于俄罗斯的聚氯乙烯对中国大陆出口存在倾销。

2. 出口能力

(1) 产能、产量及闲置产能

在反倾销措施实施期间，俄罗斯聚氯乙烯的产能从2003年的65.8万吨提高到2007年的82.8万吨，产量从54.7万吨提高到58.7万吨，闲置产能从11.1万吨增加到24.1万吨，闲置产能增幅达117%。根据申请人提供的数据，俄罗斯目前正在建设的聚氯乙烯产能达40余万吨，建成后总产能将达到122.8万吨以上，总计闲置产能可能达到64万吨以上。

(2) 俄罗斯国内市场消费情况

在反倾销措施实施期间，俄罗斯聚氯乙烯国内市场消费量增长显著，每年均保持两位数增长，从2003年的38.3万吨增加到2007年的81.6万吨，增加了113%。据申请人称，这是由俄罗斯国内建筑用聚氯乙烯窗户市场迅猛发展造成的。相对于81.6万吨的国内需求，建成后的122.8万吨产能可能大量闲置，如果取消反倾销措施，对中国大陆的出口倾销仍可能继续发生。

（3）对国际市场的依赖程度

在反倾销措施实施期间，俄罗斯聚氯乙烯对国际市场的依赖程度逐年下降。2003年至2007年，俄罗斯聚氯乙烯出口占当年产量的比例从23.49%下降到1.48%。但随着后续的40余万吨产能建成，俄罗斯聚氯乙烯对国际市场的依赖程度将可能显著提高。

3. 对中国大陆出口情况

反倾销措施实施期间，受反倾销措施制约，俄罗斯聚氯乙烯对中国大陆出口数量下降明显，2003年至2007年出口量从124258吨下降到7722吨。尽管如此，俄罗斯聚氯乙烯对中国大陆出口在其总出口量中所占的比例一直很高，2003至2007年分别为96.70%、83.13%、72.87%、80.76%和89.25%。这说明俄罗斯聚氯乙烯产品在其他国家市场非常有限。如果取消反倾销措施，其国内无法消化的产能仍可能主要向中国大陆市场销售。

4. 对第三国(地区)出口情况

根据申请人收集的俄罗斯海关统计数据，反倾销措施实施期间，俄罗斯聚氯乙烯生产商、出口商还同时向除中国大陆以外其他国家(地区)低价出口聚氯乙烯产品，且存在一定比例的低价出口。2003年至2007年俄罗斯向第三国低价出口聚氯乙烯数量占同期对外出口总量的比例分别为3%、17%、27%、99%、8%。

上述调查表明，原反倾销措施实施期间俄罗斯聚氯乙烯产能呈上升态势，且近期将有大幅增长，产量有所增长，闲置产能增长速度很快；其国内消费量上升不足以消化快速增长的产能，未来对国际市场依赖程度预计将会有所上升；俄罗斯聚氯乙烯向中国大陆以及第三国(地区)出口中有一定比例的低价出口，说明其存在低价寻求国外市场的意图，考虑到中国大陆市场仍是其最主要的出口市场，如果终止反倾销措施，其对中国大陆出口量很可能迅速反弹。综上所述，如果终止原反倾销措施，俄罗斯聚氯乙烯对中国大陆的倾销可能继续发生。

中国台湾地区

由于规定时间内没有中国台湾地区生产商、出口商提交答卷，依据《中华人民共和国反倾销条例》第二十一条，调查机关决定采用可获得的最佳信息，通过对原产于中国台湾地区的聚氯乙烯在倾销调查期内的倾销情况、出口能力、对中国大陆出口、对其他国家(地区)出口的分析，对中国台湾地区聚氯乙烯倾销继续发生的可能性进行审查。调查机关决定根据申请人提供的信息和中国海关统计数据进行上述调查。

1. 措施实施期间继续倾销

前述倾销调查表明，倾销调查期内，原产于中国台湾地区的聚氯乙烯对中国大陆出口存在倾销。

2. 出口能力

（1）产能、产量及闲置产能

在反倾销措施实施期间，中国台湾地区聚氯乙烯的产能有小幅上升，从2003年的169.1万吨提高到2007年的172.1万吨；产量有所下降，从150.5万吨小幅下降到145万吨；闲置产能从18.6万吨增加到27.1万吨，增长45.7%，绝对数量和增加幅度都相当可观。

（2）中国台湾地区市场消费情况

在反倾销措施实施期间，中国台湾地区聚氯乙烯市场消费量呈下滑态势，从2003年的83.9万吨下降到2007年的77万吨，而同期产能则呈增长态势，造成出口能力不断扩大。

（3）对国际市场的依赖程度

在反倾销措施实施期间，2003年至2007年，中国台湾地区聚氯乙烯出口占当年产量的比例从41.12%上升到46.39%，可见中国台湾地区聚氯乙烯对国际市场的依赖程度一直保持高水平，并呈现总体上升的态势。

3. 对中国大陆出口情况

反倾销措施实施期间，中国台湾地区聚氯乙烯对中国大陆出口数量呈下降趋势，2003年至2007年，年出口量从479260吨下降到335048吨。根据申请人提供的数据，在存在反倾销措施的情况下，其出口价格仍低于中国台湾地区销售价格，如果取消反倾销措施，考虑到中国台湾地区的巨大聚氯乙烯闲置产能，其对大陆出口将显著增加，价格可能进一步下降。

4. 对其他国家(地区)出口情况

根据申请人收集的中国台湾地区海关统计数据，反倾销措施实施期间，中国台湾地区聚氯乙烯生产商、出口商还同时向除中国大陆以外其他国家(地区)低价出口聚氯乙烯产品。2003年至2007年，中国台湾地区向其他国家(地区)低价出口聚氯乙烯数量占同期出口总量的比例分别为19%、0.3%、9%、22%、48%，说明其存在低价寻求地区外市场的意愿。

上述调查表明，原反倾销措施实施期间中国台湾地区聚氯乙烯产能呈小幅上升态势，产量有所下降，闲置产能绝对量大、增长较快；其地区内消费量呈下降态势，对国际市场依赖程度上升；对大陆出口量虽因反倾销措施限制有所下降，但仍保持较大的绝对数量，且出口价格低于中国台湾地区销售价格；对大陆以外市场销售中存在一定比例的低价销售，说明其存在低价寻求地区外市场的意愿。综上所述，如果终止原反倾销措施，中国台湾地区聚氯乙烯对中国大陆的倾销可能继续发生。

（三）倾销调查结论

如果终止原反倾销措施，原产于美国、韩国、日本、俄罗斯和中国台湾地区的进口聚氯乙烯对中国大陆的倾销可能继续发生。

七、损害继续或再度发生的可能性

（一）调查期内中国大陆产业状况

根据《中华人民共和国反倾销条例》第七、八条及《反倾销产业损害调查规定》第四、五、六、七条规定，调查机关对调查期内中国大陆聚氯乙烯产业的相关经济因素和指标进行了调查。证据显示：

1. 表观消费量

调查期内，中国大陆聚氯乙烯产业的表观消费量呈逐年增长趋势。2003 年、2004 年、2005 年、2006 年、2007 年，中国大陆聚氯乙烯产业的表观消费量分别为 577.73 万吨、643.19 万吨、759.97 万吨、861.67 万吨和 963.38 万吨。2007 年 1～6 月为 443.75 万吨，2008 年 1～6 月为 470.61 万吨。

2004 年比 2003 年增长 11.33%，2005 年比 2004 年增长 18.16%，2006 年比 2005 年增长 13.38%，2007 年比 2006 年增长 11.80%。2008 年 1～6 月比 2007 年 1～6 月增长 6.05%。

2. 产能

调查期内，中国大陆聚氯乙烯产业的生产能力逐年增长。2003 年、2004 年、2005 年、2006 年、2007 年，中国大陆聚氯乙烯产业的生产能力分别为 192.20 万吨、270.82 万吨、373.93 万吨、455.73 万吨和 489.40 万吨。2007 年 1～6 月为 296.95 万吨，2008 年 1～6 月为 341.95 万吨。

2004 年比 2003 年增长 40.91%，2005 年比 2004 年增长 38.07%，2006 年比 2005 年增长 21.88%，2007 年比 2006 年增长 7.39%。2008 年 1～6 月比 2007 年 1～6 月增长 15.15%。

3. 产量

调查期内，中国大陆同类产品产量呈逐年上升趋势。2003 年、2004 年、2005 年、2006 年、2007 年，中国大陆同类产品产量分别为 189.03 万吨、228.23 万吨、330.74 万吨、414.32 万吨和 454.53 万吨。2007 年 1～6 月为 224.73 万吨，2008 年 1～6 月为 257.57 万吨。

2004 年比 2003 年增长 20.74%，2005 年比 2004 年增长 44.91%，2006 年比 2005 年增长 25.27%，2007 年比 2006 年增长 9.70%。2008 年 1～6 月比 2007 年 1～6 月增长 14.61%。

4. 开工率

调查期内，中国大陆聚氯乙烯产业开工率总体呈现小幅下降趋势。2003 年、2004 年、2005 年、2006 年、2007 年，中国大陆聚氯乙烯产业开工率分别为 98.35%、84.27%、88.45%、90.91% 和 92.87%。2007 年 1～6 月 75.68%，2008 年 1～6 月为 75.32%。

2004 年比 2003 年下降 14.08 个百分点，2005 年比 2004 年上升 4.18 个百分点，2006 年比 2005 年上升 2.46 个百分点，2007 年比 2006 年上升 1.96 个百分点。2008 年 1～6 月比 2007 年 1～6 月下降 0.36 个百分点。

5. 销售量

调查期内，中国大陆同类产品销售量呈逐年上升趋势。2003 年、2004 年、2005 年、2006 年、2007 年，中国大陆同类产品销售量分别为 185.26 万吨、224.45 万吨、324.91 万吨、395.15 万吨和 418.77 万吨。2007 年 1～6 月为 212.97 万吨，2008 年 1～6 月为 234.38 万吨。

2004 年比 2003 年增长 21.15%，2005 年比 2004 年增长 44.76%，2006 年比 2005 年增长 21.62%，2007 年比 2006 年增长 5.98%。2008 年 1～6 月比 2007 年 1～6 月增长 10.05%。

6. 市场份额

调查期内，中国大陆同类产品市场份额总体呈现上升趋势。2003 年、2004 年、2005 年、2006 年、2007 年，中国大陆同类产品市场份额分别为 32.07%、34.90%、42.75%、45.86% 和 43.47%。2007 年 1～6 月 43.33%，2008 年 1～6 月为 44.37%。

2004 年比 2003 年上升 2.83 个百分点，2005 年比 2004 年上升 7.85 个百分点，2006 年比 2005 年上升 3.11 个百分点，2007 年比 2006 年下降 2.39 个百分点。2008 年 1～6 月比 2007 年 1～6 月上升 0.04 个百分点。

7. 销售价格

调查期内，中国大陆同类产品销售价格总体呈上升趋势。2003 年、2004 年、2005 年、2006 年、2007 年，中国大陆同类产品销售价格分别为 5602.73 元/吨、6899.67 元/吨、5796.63 元/吨、5601.57 元/吨和 6212.96 元/吨。2007 年 1～6 月为 5771.97 元/吨，2008 年 1～6 月为 6651.54 元/吨。

2004 年比 2003 年上升 23.15%，2005 年比 2004

年下降15.99%，2006年比2005年下降3.37%，2007年比2006年上升10.91%。2008年1~6月比2007年1~6月上升15.24%。

8. 销售收入

调查期内，中国大陆聚氯乙烯产业销售收入呈逐年上升趋势。2003年、2004年、2005年、2006年、2007年，中国大陆聚氯乙烯产业销售收入分别为103.80亿元、154.86亿元、188.34亿元、221.35亿元和260.18亿元。2007年1~6月为122.93亿元，2008年1~6月为155.90亿元。

2004年比2003年增长49.20%，2005年比2004年增长21.62%，2006年比2005年增长17.53%，2007年比2006年增长17.54%。2008年1~6月比2007年1~6月增长26.82%。

9. 税前利润

调查期内，中国大陆聚氯乙烯产业税前利润总体呈大幅下降趋势。2003年、2004年、2005年，中国大陆聚氯乙烯产业税前利润分别为10.83亿元、14.99亿元和2.39亿元。2004年比2003年增长38.52%，2005年比2004年大幅下降84.08%。2006年中国大陆聚氯乙烯产业亏损0.41亿元，2007年中国大陆聚氯乙烯产业扭亏为盈，实现税前利润6.90亿元。2007年1~6月中国大陆聚氯乙烯产业税前利润为2.67亿元，2008年1~6月再次亏损0.73亿元。

10. 投资收益率

调查期内，中国大陆聚氯乙烯产业投资收益率总体呈现大幅下降趋势。2003年、2004年、2005年、2006年、2007年，中国大陆聚氯乙烯产业投资收益率分别为24.30%、26.18%、3.89%、-0.61%和7.63%。2007年1~6月为3.58%，2008年1~6月为-0.62%。

2004年比2003年上升1.88个百分点，2005年比2004年下降22.29个百分点，2006年比2005年下降4.50个百分点，2007年比2006年上升8.24个百分点。2008年1~6月比2007年1~6月下降4.20个百分点。

11. 就业人数

调查期内，中国大陆聚氯乙烯产业就业人数呈逐年上升趋势。2003年、2004年、2005年、2006年、2007年，中国大陆聚氯乙烯产业就业人数分别为17109人、17922人、22145人、25068人和25651人。2007年1~6月为21882人，2008年1~6月为23218人。

2004年比2003年增长4.75%，2005年比2004年增长23.56%，2006年比2005年增长13.20%，2007年比2006年增长2.33%。2008年1~6月比2007年1~6月增长6.11%。

12. 劳动生产率

调查期内，中国大陆聚氯乙烯产业劳动生产率呈逐年上升趋势。2003年、2004年、2005年、2006年、2007年，中国大陆聚氯乙烯产业劳动生产率分别为110.48吨/人、127.35吨/人、149.35吨/人、165.28吨/人和177.20吨/人。2007年1~6月为102.70吨/人，2008年1~6月为110.94吨/人。

2004年比2003年上升15.27%，2005年比2004年上升17.28%，2006年比2005年上升10.67%，2007年比2006年上升7.21%。2008年1~6月比2007年1~6月上升8.02%。

13. 人均工资

调查期内，中国大陆聚氯乙烯产业人均工资总体呈上升趋势。2003年、2004年、2005年、2006年、2007年，中国大陆聚氯乙烯产业人均工资分别为15599.22元、19382.43元、17570.96元、15999.46元和18820.67元。2007年1~6月为10131.15元，2008年1~6月为12022.46元。

2004年比2003年上升24.25%，2005年比2004年下降9.35%，2006年比2005年下降8.94%，2007年比2006年上升17.63%。2008年1~6月比2007年1~6月上升18.67%。

14. 期末库存

调查期内，中国大陆同类产品期末库存总体呈大幅上升趋势。2003年、2004年、2005年、2006年、2007年，中国大陆同类产品期末库存分别为40873.31吨、61657.69吨、43516.99吨、72853.54吨和118139.57吨。2007年1~6月为96313.60吨，2008年1~6月为127533.23吨。

2004年比2003年上升50.85%，2005年比2004年下降29.42%，2006年比2005年上升67.41%，2007年比2006年上升62.16%。2008年1~6月比2007年1~6月上升32.41%。

15. 现金净流量

经调查机关实地核查，本案部分申请企业和部分支持企业没有单独记录聚氯乙烯产品的现金流，按调查问卷规定的方法分摊现金流量不能客观反映聚氯乙烯产品的实际经营情况。因此，调查机关认定，本案对现金净流量指标分析没有意义。

上述证据表明，调查期内，由于实施聚氯乙烯反倾销措施，使原产于美国、韩国、日本、俄罗斯和中国台湾地区的进口聚氯乙烯对中国大陆的倾销行为受到一定的遏制。同时，中国大陆聚氯乙烯市场需求快速增长，2007年比2003年增长了66.75%。中国大陆聚氯乙烯产业陆续新建和扩建了一批生产装置，其生产能力得到明显提高，聚氯乙烯产品产量、销售量均有较大幅度的增长，中国大陆聚氯乙烯市场份额呈逐年上升趋势，2007年比2003年上升了11.4个百分点。中国大陆聚氯乙烯销售价格、销售收入、劳动生产率、就业人数、人均工资等经济指标均出现了不同程度的好转。与此同时，调查期内，由于作为化学工业最基础原材料的石油的国际、国内价格大幅上涨，带动了生产聚氯乙烯产品的原材料相应出现大幅上涨，从而造成中国大陆聚氯乙烯产品成本大幅增加。中国大陆聚氯乙烯产品总销售成本的上升幅度高于聚氯乙烯产品销售收入上升幅度，中国大陆聚氯乙烯产品单位销售成本上升幅度高于聚氯乙烯产品销售价格上升幅度。2007年与2003年相比，销售收入上升了150.66%，总销售成本上升了189.89%；中国大陆聚氯乙烯产品销售价格上升了10.89%，单位销售成本上升了28.25%。表明中国大陆聚氯乙烯产品销售收入和销售价格均未能得到合理的增长。导致中国大陆聚氯乙烯产业产品税前利润大幅下降，2007年比2003年下降了36.27%。此外，中国大陆聚氯乙烯产业开工率、投资收益率等经济指标也总体呈下降趋势，聚氯乙烯产品期末库存大幅增加，2007年比2003年增加了135.64%，产品积压严重。另据调查，调查期内，中国大陆聚氯乙烯产业部分聚氯乙烯生产企业存在不同程度的亏损现象，个别企业亏损严重，甚至出现生产装置长期停产、生产人员下岗待业的现象。2006年和2008年1~6月，中国大陆聚氯乙烯产业整体呈现亏损状况。此外，调查期内，中国大陆聚氯乙烯产业新建和扩建的生产装置，投入了大量的资金，贷款本息数额很大，企业效益下降已导致企业偿贷压力增加。

因此，调查期内，由于实施聚氯乙烯反倾销措施，使原产于美国、韩国、日本、俄罗斯和中国台湾地区的进口聚氯乙烯对中国大陆的倾销行为得到了一定的遏制。中国大陆聚氯乙烯市场环境有所改善，中国大陆聚氯乙烯产业与实施反倾销措施之前相比，得到了初步的恢复和发展，但是仍然容易受到低价进口产品的冲击和影响。

（二）损害再度发生的可能性

1. 中国大陆聚氯乙烯市场状况

中国大陆聚氯乙烯产业开始于20世纪50年代，20世纪90年代以来，随着中国大陆经济的快速发展，以及建筑行业大力推广使用节能、节约的建筑材料，使得中国大陆聚氯乙烯产品市场需求急剧增长。聚氯乙烯原审调查期内，中国大陆聚氯乙烯产业处于成长期，市场需求呈逐年上升趋势，原审调查期内各年度市场需求年均增长达25%以上。本案调查期内，中国大陆经济继续高速增长，聚氯乙烯产品在工业、建筑业、农业、日常生活、包装及电力、公用事业等领域的广泛应用，带动了中国聚氯乙烯市场需求逐年稳定增长。2004年比2003年增长11.33%，2005年比2004年增长18.16%，2006年比2005年增长13.38%，2007年比2006年增长11.80%。2008年1~6月比2007年1~6月增长6.05%。中国大陆聚氯乙烯市场需求增长幅度高于同期世界聚氯乙烯平均增长幅度，已成为全球聚氯乙烯需求量最大的国家。但中国大陆人均聚氯乙烯消费量远远低于世界发达国家水平，中国大陆聚氯乙烯市场需求潜力巨大。

调查期内，随着中国大陆经济的快速发展，中国大陆聚氯乙烯市场需求稳定增长，同时，中国大陆对原产于美国、韩国、日本、俄罗斯和中国台湾地区的进口聚氯乙烯实施反倾销措施，改善了中国大陆聚氯乙烯产业市场环境，为中国大陆聚氯乙烯产业的恢复和发展提供了良好的机遇。特别是近年来在中国大陆鼓励西部发展的宏观政策下，中国大陆企业利用丰富的原料资源区域优势，陆续新建和扩建了一批聚氯乙烯生产装置，中国大陆聚氯乙烯市场进入发展期。到2007年底，中国大陆聚氯乙烯产业生产能力、产量与原审调查期相比，均有大幅度的增长，成为全球最大的聚氯乙烯生产国。近年来，中国大陆聚氯乙烯生产能力增长较快，与消费量稳定渐进的发展趋势不完全同步，导致中国大陆在调查期内暂时出现了聚氯乙烯产品供大于求的局面。

预计在未来几年内，随着中国大陆聚氯乙烯消费量最大的建筑业、农业、交通运输等下游领域的快速发展，中国大陆聚氯乙烯市场需求仍将继续保持较快的增长趋势。中国大陆生产能力已完全能够满足国内市场需求。中国大陆聚氯乙烯产业将通过建设大型聚氯乙烯生产装置，淘汰已有的老、小、旧生产装置，加强行业自身结构调整，实现产业大规模生产。中国大陆聚氯乙烯产业目前供大于求的情况将逐步得到缓解。中国大陆聚氯乙烯市场将呈现激烈的竞争格局。

2. 被调查产品进口大量增加的可能性

聚氯乙烯原审调查期内，美国、韩国、日本、俄罗斯和中国台湾地区向中国大陆大量低价出口聚氯乙烯，出口数量及占中国大陆聚氯乙烯市场份额均呈逐年大幅上升趋势。

据中国大陆海关统计，调查期内，被调查产品进口数量呈逐年下降趋势。2003年、2004年、2005

年、2006 年、2007 年，被调查产品进口数量分别为 1296513 吨、1258385 吨、1138850 吨、1015275 吨和 911832 吨。2004 年比 2003 年下降 2.94%，2005 年比 2004 年下降 9.50%，2006 年比 2005 年下降 10.85%，2007 年比 2006 年下降 10.19%。2007 年 1～6月为 478163 吨，2008 年 1～6 月为 385124 吨。2008 年 1～6 月比 2007 年 1～6 月下降 19.46%。

调查期内，被调查产品占中国大陆市场份额呈下降趋势。2003 年、2004 年、2005 年、2006 年、2007 年，被调查产品占中国大陆市场份额分别为 22.44%、19.56%、14.99%、11.78% 和 9.46%。2007 年 1～6 月为 10.78%，2008 年 1～6 月为 8.18%。2004 年比 2003 年下降 2.88 个百分点，2005 年比 2004 年下降 4.57 个百分点，2006 年比 2005 年下降 3.21 个百分点，2007 年比 2006 年下降 2.32 个百分点。2008 年 1～6 月比 2007 年 1～6 月下降 2.6 个百分点。

调查期内，美国、韩国、日本、俄罗斯和中国台湾地区向中国大陆聚氯乙烯合计出口量占中国大陆聚氯乙烯总进口量的比例总体呈上升趋势。2003 年至 2007 年分别为：73.67%、77.25%、87.05%、88.54%、89.91%，表明上述五国（地区）是中国大陆聚氯乙烯产品的主要进口国（地区）。

美国聚氯乙烯市场状况

据本案申请人提供的数据显示，调查期内，美国聚氯乙烯生产能力、产量总体均呈现小幅波动，略有上升趋势。2003 年、2004 年、2005 年、2006 年、2007 年，美国聚氯乙烯生产能力分别为 701 万吨、682 万吨、716.2 万吨、706.2 万吨和 765.2 万吨。2007 年比 2003 年上升了 9.16%。美国聚氯乙烯产量分别为 617.3 万吨、652.9 万吨、620.5 万吨、648.9 万吨和 630.4 万吨。2007 年比 2003 年上升了 2.12%。2007 年闲置产能已达到 134.8 万吨，超过了反倾销措施实施前的 2002 年的水平，闲置产能占当年产能的比例达到 17.62%。以上数据表明，美国聚氯乙烯闲置产能较大，且总体呈现上升趋势。此外，据申请人提供的证据，美国于 2008 年、2009 年两年内新增聚氯乙烯产能约 64 万吨，使其聚氯乙烯生产能力进一步大幅提高。

调查期内，美国聚氯乙烯国内消费量总体略有增长。2003 年、2004 年、2005 年、2006 年、2007 年，美国聚氯乙烯国内消费量分别为 577.8 万吨、617.4 万吨、591 万吨、591.2 万吨和 624.4 万吨。2007 年比 2003 年上升了 8.07%。美国聚氯乙烯可供出口的生产能力总体呈上升趋势。2003 年、2004 年、2005 年、2006 年、2007 年，美国聚氯乙烯可供出口的生产能力分别为 123.2 万吨、64.6 万吨、125.2 万吨、115 万吨和 140.8 万吨。2007 年比 2003 年上升了 14.29%，2007 年可供出口的生产能力占当年产能的比例达到 18.40%。调查期内，美国聚氯乙烯出口数量大幅增加，由 2003 年出口聚氯乙烯 62.61 万吨增加至 2007 年出口 101.67 万吨，2007 年比 2003 年出口数量增加了 62.39%，2007 年出口数量占其国内产量比例达到 16.13%。以上数据表明，美国聚氯乙烯对国际市场依赖程度较高，其大量闲置产能需要通过寻求国外市场来消化。

据中国大陆海关统计，调查期内，美国向中国大陆出口聚氯乙烯数量呈下降趋势。2003 年、2004 年、2005 年、2006 年、2007 年，美国向中国大陆出口聚氯乙烯数量分别为 90924 吨、51417 吨、81478 吨、68335 吨和 57447 吨。2007 年 1～6 月为 47089 吨，2008 年 1～6 月为 31131 吨。2004 年比 2003 年下降 43.45%，2005 年比 2004 年上升 58.47%，2006 年比 2005 年下降 16.13%，2007 年比 2006 年下降 15.93%。2008 年 1～6 月比 2007 年 1～6 月下降 33.89%。另有证据显示，调查期内，美国在各年度出口聚氯乙烯的众多国家之中，对中国大陆出口的聚氯乙烯数量均位居前列，中国大陆是美国聚氯乙烯的主要出口国。

韩国聚氯乙烯市场状况

据本案申请人提供的数据显示，调查期内，韩国聚氯乙烯生产能力、产量总体均呈上升趋势。2003 年、2004 年、2005 年、2006 年、2007 年，韩国聚氯乙烯生产能力分别为 129 万吨、129 万吨、133 万吨、133 万吨和 147 万吨。2007 年比 2003 年上升了 13.95%。韩国聚氯乙烯产量分别为 126.1 万吨、125.5 万吨、133.3 万吨、135.8 万吨和 132.8 万吨。2007 年比 2003 年上升了 5.31%。2007 年闲置产能 14.2 万吨。以上数据表明，调查期内，韩国聚氯乙烯装置开工率维持在较高水平。此外，据申请人提供的证据，韩国将于近几年内在本国新建、扩建聚氯乙烯产能约 24 万吨，使韩国聚氯乙烯生产能力大幅提高。

调查期内，韩国聚氯乙烯国内消费量总体小幅下降。2003 年、2004 年、2005 年、2006 年、2007 年，韩国聚氯乙烯国内消费量分别为 93.6 万吨、88.4 万吨、88.4 万吨、84 万吨和 89.7 万吨。2007 年比 2003 年下降了 4.17%。韩国聚氯乙烯可供出口的生产能力呈逐年上升趋势。2003 年、2004 年、2005 年、2006 年、2007 年，韩国聚氯乙烯可供出口的生产能力分别为 35.4 万吨、40.6 万吨、44.6 万吨、49 万吨和 57.3 万吨。2007 年比 2003 年大幅上升了61.86%，2007年可供出口的生产能力占当年产能的比例达到38.98%。调查期内，韩国聚氯乙烯出口数量逐年增加，由2003年出口聚氯乙烯36.66万吨增加至2007年出口45.32万吨，2007年比2003年出口数量增加了23.62%，2007年出口数量占其国内产量比例达到34.13%。以上数据表明，韩国聚氯乙烯对国际市场依赖程度很高，对外出口是消化其国内聚氯乙烯剩余产量的重要手段。

据中国大陆海关统计，调查期内，韩国向中国大陆出口聚氯乙烯数量呈下降趋势。2003年、2004年、2005年、2006年、2007年，韩国向中国大陆出口聚氯乙烯数量分别为183263吨、181650吨、115720吨、65133吨和45962吨。2007年1~6月为21182吨，2008年1~6月为10979吨。2004年比2003年下降0.88%，2005年比2004年下降36.29%，2006年比2005年下降43.72%，2007年比2006年下降29.43%。2008年1~6月比2007年1~6月下降48.17%。另有证据显示，调查期内，韩国在各年度出口聚氯乙烯的众多国家之中，对中国大陆出口的聚氯乙烯数量均是第一位，中国大陆是韩国聚氯乙烯的最大出口国。

日本聚氯乙烯市场状况

据本案申请人提供的数据显示，调查期内，日本聚氯乙烯生产能力没有变化，均为234万吨。产量总体变化不大。2003年、2004年、2005年、2006年、2007年，日本聚氯乙烯产量分别为216.4万吨、215.3万吨、215.1万吨、214.6万吨和216.2万吨。2007年比2003年略下降了0.01%。2007年闲置产能17.8万吨。闲置产能占当年产能的比例为7.61%。以上数据表明，调查期内，日本聚氯乙烯闲置产能保持在较高水平。

调查期内，日本聚氯乙烯国内消费量总体小幅下降。2003年、2004年、2005年、2006年、2007年，日本聚氯乙烯国内消费量分别为142.5万吨、147.3万吨、141.1万吨、136万吨和130.6万吨。2007年比2003年下降了8.35%。日本聚氯乙烯可供出口的生产能力总体呈上升趋势。2003年、2004年、2005年、2006年、2007年，日本聚氯乙烯可供出口的生产能力分别为91.5万吨、86.7万吨、92.9万吨、98万吨和103.4万吨。2007年比2003年上升了13.01%，2007年可供出口的生产能力占当年产能的比例达到44.19%。调查期内，日本聚氯乙烯出口数量总体呈上升趋势，由2003年出口聚氯乙烯72.65万吨增加至2007年出口86.33万吨，2007年比2003年出口数量增加了13.84%，2007年出口数量占其国内产量比例达到39.92%。以上数据表明，日本聚氯乙烯对国际市场依赖程度很高，需要通过对外出口来消化其闲置产能。

据中国大陆海关统计，调查期内，日本向中国大陆出口聚氯乙烯数量总体呈上升趋势。2003年、2004年、2005年、2006年、2007年，日本向中国大陆出口聚氯乙烯数量分别为418809吨、453080吨、450852吨、497570吨和465653吨。2007年1~6月为239439吨，2008年1~6月为189986吨。2004年比2003年上升8.18%，2005年比2004年下降0.49%，2006年比2005年上升10.36%，2007年比2006年下降6.41%。2008年1~6月比2007年1~6月下降20.65%。另有证据显示，调查期内，日本在各年度出口聚氯乙烯的众多国家之中，对中国大陆出口的聚氯乙烯数量均是第一位，向中国大陆出口的聚氯乙烯数量占其总出口量的比例分别为57.65%、65.70%、60.89%、64.90%、53.94%，中国大陆是日本聚氯乙烯的最大出口国。

俄罗斯聚氯乙烯市场状况

据本案申请人提供的数据显示，调查期内，俄罗斯聚氯乙烯生产能力、产量总体均呈上升趋势。2003年、2004年、2005年、2006年、2007年，俄罗斯聚氯乙烯生产能力分别为65.8万吨、65.8万吨、82.8万吨、82.8万吨和82.8万吨。2007年比2003年上升了25.84%。俄罗斯聚氯乙烯产量分别为54.7万吨、56.4万吨、58万吨、59.2万吨和58.7万吨。2007年比2003年上升了7.31%。2007年闲置产能24.1万吨。闲置产能占当年产能的比例为29.11%。以上数据表明，调查期内，俄罗斯聚氯乙烯闲置产能较大，且总体呈现上升趋势。此外，据申请人提供的证据，俄罗斯将于2012年前新建、扩建聚氯乙烯产能合计约40余万吨，使其聚氯乙烯生产能力大幅提高。

调查期内，俄罗斯聚氯乙烯国内消费量呈上升趋势。2003年、2004年、2005年、2006年、2007年，俄罗斯聚氯乙烯国内消费量分别为38.3万吨、48.6万吨、58.3万吨、70.2万吨和81.6万吨。2007年比2003年上升了113.05%。俄罗斯聚氯乙烯可供出口的生产能力总体呈下降趋势。2003年、2004年、2005年、2006年、2007年，俄罗斯聚氯乙烯可供出口的生产能力分别为27.5万吨、17.2万吨、24.5万吨、12.6万吨和1.2万吨。2007年比2003年大幅下降了95.64%，2007年可供出口的生产能力占当年产能的比例仅为1.45%。调查期内，俄罗斯聚氯乙烯出口数量总体呈逐年下降趋势，由2003年出口聚氯乙烯12.85万吨下降至2007年出口8652吨，2007年比2003年出口数量下降了93.27%，2007年出口数量占其国内产量比例为1.47%。以上数据表明，俄罗斯聚氯乙烯出口量较小。另据调查，调查期内，俄罗斯国内建筑业快速发展，对聚氯乙烯生产的建筑材料需求激增，带动了俄罗斯聚氯乙烯国内消费逐年大幅增加，由2003年的38.3万吨增加至2007年的81.6万吨，2007年比2003年增加了83.29113%。在其产能、产量增长不大的情况下，俄罗斯聚氯乙烯国内消费量的大幅增加，导致其对外出口数量逐年减少。

据中国大陆海关统计，调查期内，俄罗斯向中国大陆出口聚氯乙烯数量呈逐年下降趋势。2003年、2004年、2005年、2006年、2007年，俄罗斯向中国大陆出口聚氯乙烯数量分别为124258吨、72327吨、42533吨、11177吨和7722吨。2007年1~6月为7074吨，2008年1~6月未向中国大陆出口。2004年比2003年下降41.79%，2005年比2004年下降41.19%，2006年比2005年下降73.72%，2007年比2006年下降30.91%。另有证据显示，调查期内各年度，俄罗斯向中国大陆出口的聚氯乙烯数量占其总出口量的比例始终很高，分别为96.70%、83.13%、72.87%、80.76%、89.25%，表明中国大陆是俄罗斯聚氯乙烯的最大出口国。

中国台湾地区聚氯乙烯市场状况

据本案申请人提供的数据显示，调查期内，中国台湾地区聚氯乙烯生产能力略有增长，2003年为169.1万吨，2004年至2007年，中国台湾地区聚氯乙烯生产能力均为172.1万吨。2007年比2003年小幅上升了1.77%。中国台湾地区聚氯乙烯产量总体略有下降，2003年、2004年、2005年、2006年、2007年，中国台湾地区聚氯乙烯产量分别为150.5万吨、159.2万吨、148万吨、137.3万吨和145万吨。2007年比2003年下降了3.65%。2007年闲置产能27.1万吨，超过了反倾销措施实施前的2002年的水平，闲置产能占当年产能的比例为15.75%。以上数据表明，调查期内，中国台湾地区聚氯乙烯闲置产能较大，且总体呈现上升趋势。

调查期内，中国台湾地区聚氯乙烯消费量总体呈下降趋势。2003年、2004年、2005年、2006年、2007年，中国台湾地区聚氯乙烯消费量分别为83.9万吨、89.1万吨、76.6万吨、75.5万吨和77万吨。2007年比2003年下降了8.22%。中国台湾地区聚氯乙烯可供出口的生产能力总体呈上升趋势。2003年、2004年、2005年、2006年、2007年，中国台湾地区聚氯乙烯可供出口的生产能力分别为85.2万吨、83万吨、95.5万吨、96.6万吨和95.1万吨。2007年比2003年上升了11.62%，2007年可供出口的生产能力占当年产能的比例达到55.26%。调查期内，中国台湾地区聚氯乙烯出口数量总体呈上升趋势，由2003年出口聚氯乙烯61.88万吨上升至2007年出口67.26万吨，2007年比2003年出口数量上升了8.68%，2007年出口数量占产量比例达到46.39%。以上数据表明，中国台湾地区聚氯乙烯对国际市场依赖程度很高，需要依靠国外市场来消化其聚氯乙烯剩余产量。

据中国大陆海关统计，调查期内，中国台湾地区向中国大陆出口聚氯乙烯数量总体呈下降趋势。2003年、2004年、2005年、2006年、2007年，中国台湾地区向中国大陆出口聚氯乙烯数量分别为479260吨、499911吨、448266吨、373060吨和335048吨。2007年1~6月为163379吨，2008年1~6月为153027吨。2004年比2003年上升4.31%，2005年比2004年下降10.33%，2006年比2005年下降16.78%，2007年比2006年下降10.19%。2008年1~6月比2007年1~6月下降6.34%。另有证据显示，调查期内各年度，中国台湾地区向中国大陆出口的聚氯乙烯数量占其总出口量的比例保持在很高水平，分别为77.45%、79.54%、71.86%、70.47%、49.82%，表明中国大陆是中国台湾地区聚氯乙烯最大的出口市场。

上述证据表明，调查期内，美国、韩国、日本、俄罗斯和中国台湾地区的聚氯乙烯生产能力总体呈增长趋势，产量总体变化不大，上述五国(地区)聚氯乙烯均存在大量的闲置产能。出口量除俄罗斯因其国内消费量大量增加而导致出口量相应减少以外，其余四国(地区)聚氯乙烯出口量均有较大幅度增加，表明对国际市场依赖度较高，需要寻求国外市场消化闲置产能和国内消费的剩余产品。中国大陆实施聚氯乙烯反倾销措施以后，除日本以外，美国、韩国、俄罗斯和中国台湾地区向中国大陆出口聚氯乙烯数量均趋于减少，但上述五国(地区)对中国大陆出口聚氯乙烯数量占各国(地区)总出口数量的比例均较大，中国大陆是上述五国(地区)聚氯乙烯的最大或主要出口国(地区)。

如果终止反倾销措施，原产于美国、韩国、日本、俄罗斯和中国台湾地区的聚氯乙烯向中国大陆的进口数量将可能大量增加。

3. 被调查产品进口价格对中国大陆产业的影响

据中国大陆海关统计，调查期内，被调查产品进口价格总体呈上升趋势。2003年、2004年、2005年、2006年、2007年，被调查产品进口价格分别为632.83美元/吨、791.90美元/吨、811.57美元/吨、806.67美元/吨和895.23美元/吨。2007年1~6月为845.40美元/吨，2008年1~6月为1014.79美元/吨。2004年比2003年上升25.14%，2005年比2004年上升2.48%，2006年比2005年下降0.60%，2007年比2006年上升10.98%。2008年1~6月比2007年1~6月上升20.04%。

调查期内，由于实施聚氯乙烯反倾销措施，使原产于美国、韩国、日本、俄罗斯和中国台湾地区的聚氯乙烯对中国大陆的倾销行为得到了一定的遏制，上述五国(地区)向中国大陆出口聚氯乙烯价格有所上升。同时，国际石油价格的大幅上升，导致生产聚氯乙烯的主要原料的国际价格大幅上涨。聚氯乙烯生产成本也随之增加，促使其对中国大陆出口聚氯乙烯的价格相应地呈现上升趋势。

调查期内，中国大陆聚氯乙烯销售价格与被调查产品进口价格趋势基本相同，呈现总体上升的趋势。但是调查期内，生产聚氯乙烯的主要原材料市场价格持续大幅上升，中国大陆聚氯乙烯单位销售成本上升幅度高于同期聚氯乙烯销售价格的上升幅度。据调查，2007年与2003年相比，中国大陆聚氯乙烯单位销售成本上升了28.25%，而聚氯乙烯销售价格仅上升了10.89%。中国大陆聚氯乙烯销售价格未能达到合理的价格水平，导致调查期内中国大陆聚氯乙烯产业税前利润大幅下降。

调查数据显示，2006年被调查产品向中国大陆进口聚氯乙烯价格最低，中国大陆聚氯乙烯产业当年出现较大亏损，这是在调查期内中国大陆聚氯乙烯产业唯一亏损的年度。表明被调查产品的进口价格与中国大陆聚氯乙烯产业关联度很高，被调查产品的降价将会对中国大陆产业造成不利的影响。

随着中国大陆聚氯乙烯产业的快速发展，反倾销措施实施前中国大陆聚氯乙烯产品供不应求的局面已经得到改善。目前，中国大陆聚氯乙烯市场已呈现供大于求的局面，市场竞争日趋激烈。被调查产品与中国大陆同类产品在生产成本、产品质量、销售渠道上基本一致的情况下，产品价格成为企业营销的决定因素，对下游用户选择产品也起着重要的作用。如果终止反倾销措施，被调查产品将存在较大的降价空间并可能转化为实际的降价幅度，很可能通过压低销售价格来扩大对中国大陆出口，以恢复和扩大其在中国大陆的市场份额。

4. 产业损害调查结论

(1) 调查期内，由于中国大陆实施聚氯乙烯反倾销措施，原产于美国、韩国、日本、俄罗斯和中国台湾地区的进口聚氯乙烯对中国大陆的倾销行为得到一定遏制，中国大陆聚氯乙烯市场环境有所改善，中国大陆聚氯乙烯产业得到初步恢复和发展。

(2) 中国大陆聚氯乙烯产业仍然很脆弱。中国大陆同类产品与进口产品数量和价格关联度较高，在中国大陆聚氯乙烯市场竞争日趋激烈的情况下，中国大陆产业容易受到低价进口产品的冲击和影响。

(3) 美国、韩国、日本、俄罗斯和中国台湾地区聚氯乙烯闲置产能较大，产品严重依赖出口市场，中国大陆是其聚氯乙烯最大或主要的出口国。另有证据显示，调查期内，上述五国(地区)均存在向中国大陆以外的其他国家(地区)低价出口聚氯乙烯的行为。此外，美国、日本、韩国和中国台湾地区在上世纪末和本世纪初，均因向其他国家倾销聚氯乙烯产品，被征收反倾销税的情况。如果终止原反倾销措施，来自上述五国(地区)的聚氯乙烯产品可能继续向中国大量低价倾销，可能造成中国大陆产业再度受到实质损害。

八、复审裁定

根据调查结果，调查机关裁定，如果终止反倾销措施，原产于美国、韩国、日本、俄罗斯和中国台湾地区的进口聚氯乙烯对中国大陆的倾销可能继续发生；原产于上述国家(地区)的进口聚氯乙烯对中国大陆产业造成的损害可能再度发生。

八、我国公布关于原产于韩国、欧盟和美国的进口己二酸反倾销调查的初步裁定

1. 中华人民共和国商务部公告2009年第48号(二〇〇九年六月二十六日)

根据《中华人民共和国反倾销条例》的规定，商务部(以下称调查机关)于2008年11月10日发布公告，决定对原产于韩国、欧盟和美国的进口己二酸(以下称被调查产品)进行反倾销调查。被调查产品归在《中华人民共和国进出口税则》税则号：29171200。

调查机关对被调查产品是否存在倾销和倾销幅度、被调查产品是否对中国国内己二酸产业造成损害及损害程度以及倾销与损害之间的因果关系进行了调查。根据调查结果和《中华人民共和国反倾销条例》第二十四条的规定，商务部做出初裁决定(见附件)。现将有关事项公告如下：

一、初步裁定

调查机关初步裁定，在本案调查期内，原产于韩国、欧盟和美国的进口己二酸存在倾销，中国国内己二酸产业受到了实质损害，而且倾销与实质损害之间存在因果关系。

二、征收保证金

根据《中华人民共和国反倾销条例》第二十八条和二十九条的规定，商务部决定采用保证金形式实

施临时反倾销措施。自2009年6月27日起，进口经营者在进口原产于韩国、欧盟和美国的己二酸时，应依据本初裁决定所确定的各公司的倾销幅度向中华人民共和国海关提供相应的保证金。

本案征收保证金的产品列在《中华人民共和国进出口税则》税则号：29171200。具体描述如下：

调查范围：原产于韩国、欧盟和美国的进口己二酸

被调查产品名称：己二酸（英文名称为Adipic acid，简称“AA”）

化学分子式：$C_6H_{10}O_4$

化学结构式：$HOOC(CH_2)_4COOH$，如下图：略

物理化学特征：己二酸属于脂肪族二元羧酸，外观一般为白色结晶粉末，性质稳定，无毒，稍溶于水，微溶于醚，易溶于苯。

主要用途：己二酸主要用途可按尼龙、非尼龙产品分类。己二酸在尼龙产品方面的用途主要是通过和己二胺的缩合反应生产尼龙66盐，进而生产尼龙66纤维和尼龙66树脂；己二酸在非尼龙产品上的用途主要是通过同多元醇的缩合反应生成聚酯多元醇，进而生产各种聚氨酯类产品，如聚氨酯鞋底树脂、聚氨酯合成革用树脂、聚氨酯胶粘剂、热塑性聚氨酯（TPU）、聚氨酯橡胶和聚氨酯泡沫塑料等。除此之外，己二酸还可用于增塑剂、不饱和聚酯树脂等领域。

对各公司征收的保证金比率如下：

韩国公司

1. 罗地亚聚酰胺有限公司（Rhodia Polyamide Co. Ltd.） 6.0%

2. 旭化成化学韩国（Asahi Kasei Chemicals Korea Co.） 5.7%

3. 其他韩国公司（All Others） 16.7%

欧盟公司

1. 兰蒂奇化工有限公司（RADICI CHIMICA S. p. A） 11.3%

2. 兰蒂奇化工德国有限公司（RADICI CHIMICA DEUTSHLAND GMBH） 11.3%

3. BASF SE 18.1%

4. 其他欧盟公司（All Others） 30.3%

美国公司

1. 首诺有限公司（Solutia Inc.） 16.8%

2. 其他美国公司（All Others） 35.4%

经审查，本案中兰蒂奇化工有限公司和兰蒂奇化工德国有限公司存在关联关系，且关联关系达到控制该产品生产和销售的程度，在初裁中调查机关暂决定采用两家公司倾销幅度加权平均计算得出其共同的倾销幅度。

三、征收保证金的方法

自2009年6月27日起，进口经营者在进口原产于韩国、欧盟和美国的己二酸时，应依据本初裁决定所确定的各公司的倾销幅度向中华人民共和国海关提供相应的保证金。保证金以海关审定的完税价格从价计征，计算公式为：保证金金额＝（海关审定的完税价格×保证金征收比率）×（1＋进口环节增值税税率）。

四、评论

各利害关系方在本公告发布之日起20天内，可向商务部提出书面评论并附相关证据，商务部将依法予以考虑。

2. 中华人民共和国商务部公告2009年第78号（二〇〇九年十一月一日）

根据《中华人民共和国反倾销条例》的规定，商务部（以下称调查机关）于2008年11月10日发布公告，决定对原产于美国、欧盟和韩国的进口己二酸（以下称被调查产品）进行反倾销调查。被调查产品归在《中华人民共和国进出口税则》税则号：29171200。

调查机关对被调查产品是否存在倾销和倾销幅度、被调查产品是否对中国国内己二酸产业造成损害及损害程度以及倾销与损害之间的因果关系进行了调查。根据调查结果和《中华人民共和国反倾销条例》第二十四条的规定，调查机关于2009年6月26日发布初裁公告，认定原产于美国、欧盟和韩国的进口己二酸存在倾销，国内产业遭受了实质损害，并且倾销与实质损害之间存在因果关系。

美国公司

1. Ascend Performance Materials LLC 16.8%

2. 其他美国公司（ALL Others） 35.4%

欧盟公司

1. 兰蒂奇化工有限公司 7.4%
（RADICI CHIMICA S. P. A）

2. 兰蒂奇化工德国有限公司 7.4%
（RADICI CHIMICA DEUTSHLAND GMBH）

3. BASF SE 9.8%

4. 其他欧盟公司（All Others） 16.7%

韩国公司

1. 罗地亚聚酰胺有限公司 5.9%
（Rhodia Polyamide Co. Ltd.）

2. 旭化成化学韩国 5.0%
（Asahi Kasei Chemicals Korea Co.）

3. 其他韩国公司（All Others） 16.7%

初步裁定后，调查机关对倾销和倾销幅度、损

害和损害程度进行了进一步的调查。现本案调查结束，根据本案调查结果，并依据《中华人民共和国反倾销条例》第二十五条的规定，调查机关做出终裁决定(见附件)。现将有关事项公告如下：

一、最终裁定

经过调查，调查机关最终裁定，在本案调查期内，原产于美国、欧盟和韩国的进口已二酸存在倾销，中国国内已二酸产业受到实质损害，且倾销与实质损害之间存在因果关系。

二、征收反倾销税

根据调查结果，根据《中华人民共和国反倾销条例》的有关规定，商务部向国务院关税税则委员会提出征收反倾销税的建议，国务院关税税则委员会根据商务部的建议做出决定，自2009年11月2日起，对原产于美国、欧盟和韩国的进口已二酸征收反倾销税。

本案征收反倾销税的产品归在《中华人民共和国进出口税则》税则号：29171200。

具体描述如下：

调查范围：原产于美国、欧盟和韩国的进口已二酸

被调查产品名称：已二酸(英文名称为 Adipic acid，简称“AA”)

物理化学特征：已二酸属于脂肪族二元羧酸，外观一般为白色结晶粉末，性质稳定，无毒，稍溶于水，微溶于醚，易溶于苯。

主要用途：已二酸主要用途可按尼龙、非尼龙产品分类。已二酸在尼龙产品方面的用途主要是通过和已二胺的缩合反应生产尼龙66盐，进而生产尼龙66纤维和尼龙66树脂；已二酸在非尼龙产品上的用途主要是通过同多元醇的缩合反应生成聚酯多元醇，进而生产各种聚氨酯类产品，如聚氨酯鞋底树脂、聚氨酯合成革用树脂、聚氨酯胶粘剂、热塑性聚氨酯(TPU)、聚氨酯橡胶和聚氨酯泡沫塑料等。除此之外，已二酸还可用于增塑剂、不饱和聚酯树脂等领域。

对各公司征收的反倾销税税率如下：

三、征收反倾销税的方法

自2009年11月2日起，进口经营者在进口原产于美国、欧盟和韩国的已二酸时，应向中华人民共和国海关缴纳相应的反倾销税。反倾销税以海关审定的完税价格从价计征，计算公式为：反倾销税额=海关完税价格×反倾销税税率。进口环节增值税以海关审定的完税价格加上关税和反倾销税作为计税价格从价计征。

四、反倾销税的追溯征收

对自2009年6月27日起至2009年11月1日(含2009年11月1日)止，有关进口经营者依初裁决定向中华人民共和国海关所提供的保证金，按终裁所确定的征收反倾销税的商品范围和反倾销税税率计征并转为反倾销税，并按相应的增值税税率计征进口环节增值税。在此期间有关进口经营者所提供的保证金超出反倾销税的部分，以及由此多征的进口环节增值税部分，海关予以退还，少征部分则不再征收。

对实施临时反倾销措施决定公告之日前进口的原产于美国、欧盟和韩国的进口已二酸不再追溯征收反倾销税。

五、征收反倾销税的期限

对原产于美国、欧盟和韩国的进口已二酸征收反倾销税，实施期限自2009年11月2日起5年。

六、复审

在征收反倾销税期间，有关利害关系方可以根据《中华人民共和国反倾销条例》的规定，向调查机关书面申请复审。

七、行政复议和行政诉讼

对本案终裁决定及征收反倾销税的决定不服的，根据《中华人民共和国反倾销条例》第五十三条的规定，可以依法申请行政复议，也可以依法向人民法院提起诉讼。

八、本公告自2009年11月2日起执行。

九、我国对原产于欧盟、美国和韩国的进口三氯甲烷反倾销措施进行期终复审立案

1. 中华人民共和国商务部公告2009年第38号(二〇〇九年五月二十七日)

中华人民共和国商务部于2004年11月30日发布第81号公告，决定对原产于欧盟、韩国、美国、印度的进口三氯甲烷征收反倾销税。该反倾销措施自2004年11月30日开始实施，并将于2009年11月30日到期。

《中华人民共和国反倾销条例》第四十八条规定，经复审确定终止征收反倾销税有可能导致倾销和损害的继续或者再度发生的，反倾销税的征收期限可以适当延长。

自本公告发布之日起，国内产业或者代表国内产业的自然人、法人或者有关组织可在该反倾销措施到期日60天前，以书面形式向商务部提出期终复审申请。申请书中应包含要求进行期终复审的明确表示和终止反倾销措施将可能导致倾销和损害的继续或再度发生的充分证据。

如国内产业或者代表国内产业的自然人、法人

或者有关组织未提出复审申请，在该反倾销措施到期日前商务部也未主动发起期终复审调查，则对原产于欧盟、韩国、美国、印度的进口三氯甲烷所适用的反倾销措施将于2009年11月30日起终止实施。

2. 中华人民共和国商务部公告2009年第105号（二〇〇九年十一月二十九日）

中华人民共和国商务部于2004年11月30日发布第81号公告，决定对原产于欧盟、韩国、美国和印度的进口三氯甲烷征收反倾销税，实施期限为自2004年11月30日起5年。

中华人民共和国商务部于2009年5月30日发布第38号公告，告知对原产于欧盟、韩国、美国和印度的进口三氯甲烷适用的反倾销措施即将到期。根据《中华人民共和国反倾销条例》规定，经复审确定终止征收反倾销税有可能导致倾销和损害的继续或者再度发生的，反倾销税的征收期限可以适当延长。自该公告发布之日起，中国大陆三氯甲烷产业可在原反倾销措施终止日60天前，向商务部提出书面复审申请。

2009年9月27日，商务部收到浙江巨化股份有限公司和山东金岭化工股份有限公司等2家企业代表中国大陆三氯甲烷产业递交的反倾销期终复审申请书。申请人主张，如果终止反倾销措施，原产于欧盟、韩国和美国的进口三氯甲烷对中国大陆的倾销可能继续发生，倾销行为给中国大陆三氯甲烷产业造成的损害可能继续发生，请求商务部裁定继续对原产于欧盟、韩国和美国的进口三氯甲烷征收反倾销税，并取消德国LII欧洲有限公司、美国陶氏化学公司、美国Occidental Chemical Corporation、法国阿科玛股份有限公司和韩国三星精密化学株式会社的价格承诺。

依据《中华人民共和国反倾销条例》有关规定，商务部对申请人资格、被调查产品和国内同类产品有关情况、反倾销措施实施期间被调查产品进口情况、倾销继续发生的可能性、损害继续发生的可能性及相关证据等进行了审查。申请人提出的证据表明，申请企业和本次期终复审申请的支持企业的三氯甲烷产量之和占同期中国大陆总产量的50%以上，符合《中华人民共和国反倾销条例》第11条、第13条和第17条关于产业及产业代表性的规定，申请人有资格代表中国大陆产业提出申请。

根据《中华人民共和国反倾销条例》第48条，商务部决定自2009年11月30日起，对原产于欧盟、韩国和美国的进口三氯甲烷所适用的反倾销措施进行期终复审调查。现将有关事项公告如下：

一、继续实施反倾销措施

根据商务部建议，国务院关税税则委员会决定，在三氯甲烷反倾销期终复审期间，对原产于欧盟、韩国和美国的进口三氯甲烷，继续按照商务部2004年第81号公告实施反倾销措施。对于已签订价格承诺协议的出口商，其价格承诺协议在复审调查期间继续有效；价格承诺协议权利义务已发生转让或继承的，按照商务部2005年第53号公告和商务部2007年第53号公告执行。

二、终止实施对原产于印度的进口三氯甲烷的反倾销措施

由于商务部2009年第38号公告所规定的期限内，没有利害关系方申请对原产于印度的进口三氯甲烷所适用的反倾销措施进行期终复审，商务部也决定不主动发起期终复审，自2009年11月30日起，终止实施对原产于印度的进口三氯甲烷所适用的反倾销措施。

三、复审调查期

本次复审的倾销调查期为2008年7月1日至2009年6月30日，产业损害调查期为2005年1月1日至2009年6月30日。

四、复审调查产品范围

复审产品范围是原反倾销措施所适用的产品，与商务部2004年第81号公告中的产品范围一致，该产品归在《中华人民共和国进出口税则》税则号：29031300。

五、复审内容

本次复审调查的内容为，如果终止实施对原产于欧盟、韩国和美国的进口三氯甲烷的反倾销措施，是否可能导致倾销和损害的继续或再度发生。

六、复审程序

（一）登记应诉

就倾销调查，任何利害关系方可于本公告发布之日起20日内，向商务部进出口公平贸易局申请参加应诉，同时被调查国家和地区的有关出口商或生产商应提供调查期内对中国大陆及其他市场出口该产品的数量及金额。

就损害调查，任何利害关系方可自本公告发布之日起20天内向商务部产业损害调查局申请参加应诉，同时应提供产业损害调查期内的生产能力、产量、库存以及在建和扩建的计划。

（二）不登记应诉

如果利害关系方未在本公告规定的时间内向商务部登记应诉，则商务部有权拒绝接受其提交的有关材料，并可以根据已经获得的事实和可获得的最佳信息作出裁定。

（三）利害关系方的权利

如利害关系方对本次调查的产品范围、申请人资格、被调查国家和地区及其他相关问题有异议，可以于本公告发布之日起20天内将意见书面提交商务部。

利害关系方可以到商务部反倾销公开信息查阅室查阅申请人提交的申请书等公开文本。

(四)问卷发放

为获得调查所需信息，商务部将根据需要向相关利害关系方发放调查问卷。利害关系方答卷应当按照调查问卷规定的时间和方式提交。

(五)听证会

利害关系方可以按照商务部《反倾销调查听证会暂行规则》和《产业损害调查听证规则》规定提出举行听证会的书面请求，商务部认为必要时也可主动举行听证会。

(六)实地核查

商务部在必要时将派出工作人员赴境内外进行实地核查；利害关系方提交的任何材料均应包括同意接受核查的声明；核查前，商务部将提前通知有关国家和企业。

(七)调查时限

本次调查自2009年11月30日起开始，通常应在2010年11月30日前结束。

七、不合作

依据《中华人民共和国反倾销条例》第21条规定，调查机关进行调查时，利害关系方应当如实反映情况，提供有关资料。利害关系方不如实反映情况、提供有关资料的，或者没有在合理时间内提供必要信息的，或者以其他方式严重妨碍调查的，调查机关可以根据已经获得的事实和可获得的最佳信息作出裁定。

注：三氯甲烷用作树脂和橡胶的溶剂，能溶解聚苯乙烯、ABS、聚甲基丙烯酸甲酯、聚乙烯醇缩丁醛等。

十、我国公布丙烯酸酯反倾销期终复审裁定

1. 中华人民共和国商务部公告2009年第18号

2003年4月10日，中华人民共和国商务部发布2003年第3号公告，决定对原产于韩国、马来西亚、新加坡和印度尼西亚的进口丙烯酸酯实施最终反倾销措施，实施期限为五年。

该反倾销措施实施期间，商务部发布2005年第40公告，依法对措施进行了调整。

2008年4月9日，商务部发布2008年第21号公告，应上海华谊丙烯酸有限公司、江苏裕廊化工有限公司、北京东方石油化工有限公司东方化工厂、台塑丙烯酸酯(宁波)有限公司、中国石油天然气股份有限公司吉林石化分公司、浙江卫星丙烯酸有限公司、沈阳石蜡化工有限公司和山东齐鲁石化开泰实业股份有限公司代表中国丙烯酸酯产业提出的申请，决定对原产于韩国、马来西亚、新加坡和印度尼西亚的进口丙烯酸酯所适用的反倾销措施进行期终复审调查。

本复审调查的被调查产品与原反倾销调查被调查产品相同，即丙烯酸酯，包括丙烯酸甲酯、丙烯酸乙酯、丙烯酸丁酯和丙烯酸异辛酯，该产品分别归在《中华人民共和国进出口税则》税则号：29161210、29161220、29161230和29161240′，英文名称为Acrylate Esters。(′2008年之前该产品归在《中华人民共和国进出口税则》税则号：29161200。)

商务部对如果终止丙烯酸酯反倾销措施，导致倾销和损害继续或再度发生的可能性进行了调查，并根据调查结果向国务院关税税则委员会提出修改反倾销措施的建议。根据《中华人民共和国反倾销条例》第五十条及国务院关税税则委员会的决定，现将有关事项公告如下：

一、裁定

商务部裁定，如果终止原反倾销措施，原产于韩国的进口丙烯酸酯对中国出口再度发生倾销没有明显的可能性，原产于马来西亚、新加坡和印度尼西亚的进口丙烯酸酯对中国的倾销可能继续发生。如果终止原反倾销措施，原产于马来西亚、新加坡和印度尼西亚的进口丙烯酸酯对中国国内产业造成的损害可能再度发生。

二、反倾销措施

自2009年4月9日起，终止对原产于韩国的进口丙烯酸酯征收反倾销税。

自2009年4月9日起，继续按照2003年第3号公告、2005年第40号公告，对原产于马来西亚、新加坡和印度尼西亚的进口丙烯酸酯实施反倾销措施，实施期限为五年。

三、征收反倾销税的方法

自2009年4月9日起，进口经营者在进口原产于马来西亚、新加坡和印度尼西亚的进口丙烯酸酯时，应向中华人民共和国海关缴纳相应的反倾销税。反倾销税以海关审定的完税价格从价计征，计算公式为：反倾销税税额＝海关完税价格×反倾销税税率。进口环节增值税以海关审定的完税价格加上关税和反倾销税作为计税价格从价计征。

四、行政复议和行政诉讼

根据《中华人民共和国反倾销条例》第五十三条，对本复审决定不服的，可以申请行政复议，也可以向人民法院提起诉讼。

五、本公告自2009年4月9日起执行。

附件：中华人民共和国商务部关于对原产于韩国、马来西亚、新加坡和印度尼西亚的进口丙烯酸酯所适用的 反倾销措施的期终复审裁定

2008 年 4 月 9 日，中华人民共和国商务部(以下称调查机关)发布公告，决定对原产于韩国、马来西亚、新加坡和印度尼西亚的进口丙烯酸酯所适用的反倾销措施进行期终复审调查。

调查机关对终止原反倾销措施，原产于韩国、马来西亚、新加坡和印度尼西亚的进口丙烯酸酯对中国的倾销和损害继续或再度发生的可能性进行了调查。根据调查结果，并依据《反倾销条例》第四十八条，做出复审裁定如下：

一、原反倾销措施

2001 年 10 月 10 日，应国内产业申请，原外经贸部发布该年度第 12 号公告，决定对原产于韩国、马来西亚、新加坡和印度尼西亚的进口丙烯酸酯进行反倾销立案调查。

2003 年 4 月 10 日，调查机关发布该年度第 3 号公告，决定对上述国家的进口丙烯酸酯实施为期五年的最终反倾销措施。2005 年 7 月 4 日，调查机关发布该年度第 40 公告，依法对反倾销措施进行了修改。

二、期终复审调查程序

（一）到期公告

2007 年 10 月 10 日，调查机关发布该年度第 77 号公告，告知原反倾销措施即将到期。根据《中华人民共和国反倾销条例》，经复审确定终止征收反倾销税有可能导致倾销和损害继续或者再度发生的，反倾销税的征收期限可以适当延长。自该公告发布之日起，国内产业可在原反倾销措施终止日 60 天前，向调查机关提出书面复审申请。

（二）复审申请

2008 年 2 月 1 日，上海华谊丙烯酸有限公司、江苏裕廊化工有限公司、北京东方石油化工有限公司东方化工厂、台塑丙烯酸酯(宁波)有限公司、中国石油天然气股份有限公司吉林石化分公司、浙江卫星丙烯酸有限公司、沈阳石蜡化工有限公司和山东齐鲁石化开泰实业股份有限公司公司代表中国丙烯酸酯产业向调查机关提交了期终复审申请。申请人主张，如果终止原反倾销措施，原产于韩国、马来西亚、新加坡和印度尼西亚的进口丙烯酸酯对中国的倾销有可能继续发生，倾销对中国丙烯酸酯产业造成的损害有可能继续发生，请求调查机关继续维持该反倾销措施。

（三）立案前通知

2008 年 4 月 3 日，调查机关就有关期终复审申请事宜通知了韩国、马来西亚、新加坡和印度尼西亚驻华使馆。

（四）立案

调查机关对申请人资格和申请书的主张及相关证明材料进行了审查，认为申请人资格和申请书符合立案要求。

根据审查结果及《反倾销条例》第十一条、第十三条、第十七条和第四十八条的规定。2008 年 4 月 9 日，调查机关发布该年度第 21 号公告，决定对原产于韩国、马来西亚、新加坡和印度尼西亚的进口丙烯酸酯所适用的反倾销措施进行期终复审调查。

（五）复审内容

本次复审调查的内容为，如果终止原反倾销措施，是否可能导致倾销和损害的继续或再度发生。

（六）立案通知及利害关系方评论

立案当日，调查机关就立案事宜通知了韩国、马来西亚、新加坡和印度尼西亚驻华使馆，并将立案公告和申请书公开文本提供给了上述国家驻华使馆。

立案当日，调查机关通知了申请人及已知的涉案国生产商和出口商。

在规定时间内，没有利害关系方对本次复审立案发表评论意见。

（七）登记应诉

2008 年 4 月 9 日，调查机关在 2008 年第 21 号公告中公布，任何利害关系方可于立案公告发布之日起 20 天内，向调查机关申请参加应诉。如利害关系方未在立案公告规定的时间内向调查机关登记应诉，调查机关可以根据已经获得的事实和可获得的最佳信息做出裁定。

在规定期限内，韩国株式会社 LG 化学(下称 LG 化学)和马来西亚巴斯夫国油化学私人有限公司(下称 BPC 公司)登记应诉本次复审调查。

（八）倾销调查和损害调查

1. 倾销调查

（1）调查问卷

调查机关向应诉公司及国内申请人发放了调查问卷和补充问卷，并在规定时限内收到了答卷。

（2）公开信息渠道

调查机关通过查询海关数据、咨询相关行业协会、查阅相关网站、公开刊物等方式，收集了与被调查产品及其同类产品有关的数据、信息。

（3）听取各利害关系方陈述

调查机关听取了有关利害关系方对本案的陈述意见。

（4）接收书面陈述材料

有关利害关系方向调查机关提交了补充和评论意见材料。

(5) 听证会

调查机关向利害关系方告知提请召开听证会的权利。复审调查期间，没有利害关系方申请召开听证会。

(6) 披露

2009年2月17日，依据《中华人民共和国反倾销条例》第二十五条、《反倾销调查信息披露暂行规则》第三条，调查机关就有关倾销继续或者再度发生的可能性调查所依据的基本事实，向在复审调查过程中提供信息的利害关系方以及出口国政府进行了披露，并给予有关利害关系方提出评论意见的机会。在规定的时限内，国内产业和马来西亚BPC公司对披露进行了评论，但均未发表新的实质性的意见。

2. 损害调查

(1) 成立产业损害调查组

立案后，调查机关成立了丙烯酸酯反倾销期终复审产业损害调查组，负责本案的产业损害调查工作。

(2) 应诉登记

2008年4月9日，调查机关发布了《关于参加丙烯酸酯反倾销期终复审案产业损害调查活动登记的通知》。在规定的时间内，调查机关共收到韩国LG化学，马来西亚巴BPC公司通过其代理人递交的申请。

(3) 发放和回收调查问卷

2008年4月29日，调查机关向已知的利害关系方发放了《国内生产者调查问卷》、《国外(地区)生产者/出口商调查问卷》、《国内进口商调查问卷》，并在规定的时间内收回了上海华谊丙烯酸有限公司、江苏裕廊化工有限公司、北京东方石油化工有限公司东方化工厂、台塑丙烯酸酯(宁波)有限公司、中国石油天然气股份有限公司吉林石化分公司、浙江卫星丙烯酸有限公司、沈阳石蜡化工有限公司和山东齐鲁石化开泰实业股份有限公司递交的《国内生产者调查问卷》答卷，以及韩国LG化学和马来西亚BPC公司递交的《国外(地区)生产者/出口商调查问卷》答卷。

(4) 听取各利害关系方陈述

调查机关听取了有关利害关系方对本案的陈述意见。

(5) 接收书面陈述材料

有关利害关系方向调查机关提交了补充和评论意见材料。

(6) 听证会

调查机关给予利害关系方提请召开听证会的权利。复审调查期间，没有利害关系方申请召开听证会。

(7) 实地核查

2008年10月至12月，调查机关对申请企业进行了实地核查。

(8)信息披露

2009年3月4日，调查机关根据《反倾销条例》第二十五条及《产业损害调查信息查阅与信息披露规定》，向本案有关利害关系方披露了产业损害调查裁定所依据的基本事实，并给予其提出评论意见的机会。在信息披露期间，没有利害关系方提出评论意见。

调查机关对申请书及所附证据、回收的调查问卷答卷、实地核查情况及各利害关系方递交的书面意见等进行了认真的审查和分析，在裁决时给予了考虑。

三、被调查产品和调查范围

(一) 被调查产品

本复审被调查产品与原反倾销调查被调查产品一致，即丙烯酸酯，包括丙烯酸甲酯、丙烯酸乙酯、丙烯酸丁酯和丙烯酸异辛酯，该产品分别归在《中华人民共和国进出口税则》税则号：29161210、29161220、29161230和29161240。该产品英文名称为Acrylate Esters。('2008年之前该产品归在《中华人民共和国进出口税则》税则号：29161200。)

(二) 调查范围

原产于韩国、马来西亚、新加坡、印度尼西亚的进口丙烯酸酯。

四、国内同类产品和国内产业

(一) 同类产品

根据原反倾销调查的最终裁定，原产于韩国、马来西亚、新加坡和印度尼西亚的进口丙烯酸酯与中国国内生产的丙烯酸酯在基本物理性能和化学性能、生产技术和产品用途、产品的替代性和相互竞争性等方面均是相同的，具有可比性和替代性，属于同类产品。在反倾销措施实施期间，原产于韩国、马来西亚、新加坡和印度尼西亚的进口丙烯酸酯和中国国内生产的丙烯酸酯均未发生实质性变化，因此，调查机关认定，中国国内生产的产品与被调查产品属同类产品。国内生产的产品与被调查产品的相同性或相似性包括但不限于如下方面：

1. 国内生产的产品在基本的物理特性、化学性质上与被调查产品相同，在产品规格、外观及包装方面与被调查产品相同或相似。

2. 国内生产的产品与被调查产品的主要原材料基本相同。

3. 国内生产的产品与被调查产品均是由原料丙烯酸和相应的醇类（甲、乙、丁、辛醇）在离子交换树脂作用下，发生酯化反应生成丙烯酸酯类（甲、乙、丁、辛酯）。酯化反应产物经过分离、精制后，得到丙烯酸酯产品（甲、乙、丁、辛酯）。其生产工艺流程基本相同，产品质量相同或相近。

4. 国内生产的产品与被调查产品在用途上相同，均为有机化工原料。以其制得的高聚合物均具有优良的耐候、耐紫外光、耐热和耐水等独特的性能，在各种化学品的改良方面具有巨大的潜力，均可应用于涂料、粘合剂、皮革、化纤、造纸、印刷等行业。

5. 国内生产的产品与被调查产品的销售渠道基本相同，主要通过直销、分销等形式，而且销售市场区域也基本相同，主要分布在华东、华南等地。

国内生产的产品与被调查产品在基本的物理特性、化学性质、原材料构成、生产工艺流程、产品用途、销售渠道等方面相同或相似，具有相似性和可比性，完全可以相互替代，属于同类产品。

（二）国内产业

根据《中华人民共和国反倾销条例》有关规定，调查机关对代表中国国内产业申请期终复审的上海华谊丙烯酸有限公司等八家企业进行了审查。根据《中华人民共和国反倾销条例》有关规定，调查期内上述企业丙烯酸酯产量之和占同期全国总产量的主要部分，符合《中华人民共和国反倾销条例》规定，可以代表中国国内产业。

五、复审调查期

本次复审倾销调查期为 2007 年 1 月 1 日至 2007 年 12 月 31 日，损害调查期为 2003 年 1 月 1 日至 2007 年 12 月 31 日。

六、倾销继续或再度发生的可能性

（一）复审调查期内倾销情况

韩国

LG 化学应诉并提交了倾销答卷。LG 化学主张其为韩国唯一丙烯酸酯生产商，根据现有证据，调查机关采信了这一主张。经审查，倾销调查期内，LG 化学对中国出口丙烯酸酯的数量占中国海关统计的同期韩国对中国出口丙烯酸酯数量的绝大部分。调查机关认为，其倾销调查期内对中国出口丙烯酸酯的情况可以代表同期韩国丙烯酸酯对中国出口情况。

1. 正常价值

依据《中华人民共和国反倾销条例》第四条，调查机关在审查 LG 化学答卷和补充答卷的基础上，决定以 LG 化学报告的韩国国内交易价格作为确定正常价值的基础。

2. 出口价格

依据《中华人民共和国反倾销条例》第五条，调查机关在审查 LG 化学答卷和补充答卷的基础上，对通过关联贸易商转售的交易，调查机关决定以 LG 化学报告的转售给非关联用户的价格作为确定出口价格的基础；对直接销售给非关联用户的交易，调查机关决定以 LG 化学报告的实际对中国出口价格作为确定出口价格的基础。

3. 调整及比较

依据《中华人民共和国反倾销条例》第六条，调查机关对正常价值和出口价格按照公平合理的方式进行了比较。

调查机关在 LG 化学答卷和补充答卷的基础上，审查了 LG 化学关于影响正常价值和出口价格可比性因素的调整主张。调查机关对出口退税、报关费用、包装费用、内陆运输费用等项目的调整进行了重新核算并作了相应的调整。调查机关重新计算了 CIF 价格，并在同一贸易环节对 LG 化学的正常价值和出口价格进行了比较。

经调查，倾销调查期内，原产于 LG 化学的丙烯酸酯对中国出口不存在倾销。

马来西亚

BPC 公司应诉并提交了倾销答卷。BPC 公司主张其为马来西亚唯一丙烯酸酯生产商，根据现有证据，调查机关采信了这一主张。经审查，BPC 公司倾销调查期内对中国出口丙烯酸酯的数量占中国海关统计的同期马来西亚对中国出口丙烯酸酯数量的大部分。调查机关认为，其倾销调查期内对中国出口丙烯酸酯的情况可以代表同期马来西亚丙烯酸酯对中国出口的情况。

1. 正常价值

经审查 BPC 公司答卷和补充答卷，BPC 公司部分国内销售直接销售给国内关联客户，且关联交易价格明显低于销售给国内非关联客户的交易价格，调查机关认定该部分关联销售不属于正常贸易过程中的交易，决定在确定正常价值时予以排除。依据《中华人民共和国反倾销条例》第四条，调查机关以 BPC 公司报告的排除关联方交易后的国内交易价格作为确定正常价值的基础。

2. 出口价格

依据《中华人民共和国反倾销条例》第五条，调查机关在审查 BPC 公司答卷和补充答卷的基础上，对通过中国境内关联进口商转售给非关联用户的交易，决定以转售给非关联用户的价格作为确定出口价格的基础；对通过中国境内关联进口商转售给关联用户的交易，决定以中国境内关联进口商转售给非关联用户的价格替代进行认定。

3. 调整及比较

依据《中华人民共和国反倾销条例》第六条，正常价值和出口价格应按照公平合理的方式进行比较。

调查机关在审查 BPC 公司答卷的基础上，接受了 BPC 公司关于运输费用、保险费用、包装费用等对影响正常价值和出口价格可比性因素进行调整的主张，并在同一贸易环节对其正常价值和出口价格进行了比较。

关于 BPC 公司主张信用费用不应作为出口价格的调整项目，该公司未能提供充分的证据证明其合理性，因此，调查机关决定将信用费用作为调整项目，对出口价格进行调整。

经调查，倾销调查期内，原产于 BPC 公司的丙烯酸酯对中国出口存在倾销。

新加坡

由于没有新加坡生产商、出口商应诉并提交答卷，调查机关无法直接获得其被调查产品的正常价值、出口价格、调整因素等数据和证据。依据《中华人民共和国反倾销条例》第二十一条，调查机关决定采用可获得的最佳信息对新加坡被调查产品的正常价值、出口价格、影响正常价值和出口价格可比性因素等进行认定。调查机关认为，申请人提供的信息是可获得的最佳信息，并根据申请人提供的相关数据对新加坡被调查产品的正常价值、出口价格进行了认定，对影响正常价值和出口价格可比性的因素进行了调整，并在同一贸易环节对正常价值和出口价格进行了比较。

经调查，倾销调查期内，原产于新加坡的丙烯酸酯对中国出口存在倾销。

印度尼西亚

由于没有印度尼西亚的生产商、出口商应诉并提交答卷，调查机关无法直接获得其被调查产品的正常价值、出口价格、调整因素等数据和证据。依据《中华人民共和国反倾销条例》第二十一条，调查机关决定采用可获得的最佳信息对印度尼西亚被调查产品的正常价值、出口价格、影响正常价值和出口价格可比性因素等进行认定。调查机关认为，申请人提供的信息是可获得的最佳信息，并根据申请人提供的相关数据对印度尼西亚被调查产品的正常价值、出口价格进行了认定，对影响正常价值和出口价格可比性的因素进行了调整，并在同一贸易环节对正常价值和出口价格进行了比较。

经调查，倾销调查期内，原产于印度尼西亚的丙烯酸酯对中国出口存在倾销。

（二）倾销继续或再度发生的可能性

韩国

前述调查表明，LG 化学对中国出口丙烯酸酯的情况可以代表同期韩国丙烯酸酯对中国出口情况。由于倾销调查期内韩国丙烯酸酯对中国出口不存在倾销，调查调查机关以 LG 化学和复审申请人提交的数据和信息为基础，通过对韩国丙烯酸酯出口能力、对中国出口、对第三国(地区)出口的分析，审查韩国丙烯酸酯倾销再度发生的可能性。

1. 调查期内的倾销情况

前述调查表明，倾销调查期内，原产于韩国的丙烯酸酯对中国的出口不存在倾销。

2. 出口能力

（1）产能、产量、闲置产能和库存

根据现有材料和数据，2003 年以来，韩国的丙烯酸酯产能未发生变化，也未发现韩国未来三年有增产扩产计划，产能在未来一段时期将保持稳定，产量自 2003 年以来整体呈上升趋势，倾销调查期较 2003 年增加了 9%，产能利用率保持较高水平，维持在 91% ~101%，闲置产能和库存量较小，自 2003 年以来一直维持在较低水平。

（2）国内市场消费情况

根据现有材料和数据，自 2003 年以来，韩国国内丙烯酸酯消费量整体呈上升趋势，倾销调查期内较 2003 年增加了 6%，部分消化了其增加的产量。

（3）对国际市场的依赖程度

根据现有材料和数据，自 2003 年以来，韩国丙烯酸酯对国际市场的出口呈增长态势，倾销调查期较 2003 年增长 25.4%。出口数量占其总产量的比例基本维持在 44% 以上，近两年出口比例超过 50%，对国际市场依赖程度较高。

上述调查表明，2003 年以来，韩国丙烯酸酯产能稳定，产能利用率一直较高，没有较大的闲置产能和库存，其对国际市场依赖程度较高，国内市场消费稳步增长消化了部分增加的产量，其丙烯酸酯出口能力大幅增加没有明显的可能性。

3. 对中国出口

根据中国海关统计，自 2003 年以来，韩国丙烯酸酯对中国出口数量整体呈下降趋势，倾销调查期对中国出口较 2003 年下降了 23.5%，与韩国丙烯酸酯整体出口的增长趋势相反。韩国丙烯酸酯对中国出口价格呈增长趋势，倾销调查期内较 2003 年增长了 42.62%。

随着对中国丙烯酸酯出口量的下降，韩国对中国的丙烯酸酯出口占中国总进口的比例维持在16% ~29%，并未随着中国丙烯酸酯市场消费量的大幅增长而增加，在华市场份额从2003年的8%下降至倾销调查期的3%。

4. 对第三国(地区)出口

根据申请人提供的韩国海关统计，2003年以来，韩国丙烯酸酯向第三国(地区)出口数量整体呈上升趋势，2004、2005、2006年及倾销调查期分别较2003年分别增加了4.6%、27.9%、46.5%和58.1%。

根据申请人提供的韩国海关统计，倾销调查期内，韩国丙烯酸酯对中国出口的平均FOB价格为1555美元/吨，对第三国(地区)出口的平均FOB价格为1756美元/吨，高出对中国出口平均FOB价格12.9%，说明第三国(地区)市场相对于中国市场更具有价格上的吸引力。

上述调查表明，2003年以来，在韩国丙烯酸酯产能不变，产能利用率保持较高水平的情况下，韩国对第三国(地区)出口增加，表明对中国出口丙烯酸酯减少的数量部分转移至第三国(地区)市场。如果终止原反倾销措施，从价格因素考虑，韩国丙烯酸酯对第三国(地区)的出口转向中国市场的没有明显的可能性。

综合上述调查分析，倾销调查期内，原产于韩国的丙烯酸酯对中国出口已不存在倾销；在实施反倾销措施期间，韩国丙烯酸酯的产能保持稳定，产量呈增长趋势，国内市场消费量和对外出口的共同增长消化了所增长的产量；产能利用率维持在相对较高的水平，闲置产能和库存较小；韩国丙烯酸酯对中国出口量减价升，但仍保持在一定的数量水平；对第三国(地区)的出口数量增加较大，且出口价格高于对中国出口价格，如果终止原反倾销措施，其对第三国(地区)的出口数量以倾销价格大幅度转向中国市场的可能性较小。因此，如果终止对韩国的反倾销措施，韩国丙烯酸酯对中国出口再度发生倾销没有明显的可能性。

马来西亚

前述调查表明，BPC公司对中国出口丙烯酸酯的情况可以代表同期马来西亚丙烯酸酯对中国出口情况。调查机关决定以BPC公司和复审申请人提交的数据和信息为基础，通过对马来西亚丙烯酸酯倾销调查期内的倾销情况、出口能力、对中国出口、对第三国(地区)出口的分析，审查马来西亚丙烯酸酯倾销继续或再度发生的可能性。

1. 调查期内的倾销情况

前述倾销调查表明，倾销调查期马来西亚被调查产品对中国出口仍存在倾销。

2. 出口能力

(1) 产能、产量、库存和闲置产能

根据现有材料和数据，自2003年以来，马来西亚丙烯酸酯的产能呈上升趋势，倾销调查期较2003年增长了6.3%。其产量自2003年以来呈增长态势，年均增长1.6%，产能利用率保持在81.3% ~94.1%。同时，其库存和闲置产能较大，倾销调查期内，其闲置产能和库存占到产能的24.7%。

(2) 马来西亚国内市场的消费情况

根据现有材料和数据，2003年以来，世界市场丙烯酸酯消费量逐年增长，从2003年的251.2万吨增长到倾销调查期的318万吨，年平均增长率为6.1%。同期，马来西亚国内市场丙烯酸酯的消费量呈下降趋势，2006年和倾销调查期较2003年分别下降32.8%和8.9%，占马来西亚产能的比例也从2003年的41.9%下降到调查期的35.9%。

(3) 对国际市场的依赖程度

根据现有材料和数据，自2003年以来，马来西亚丙烯酸酯的出口整体呈上升趋势，虽然倾销调查期的出口受设备大修的影响，较2003年下降了11.8%，但出口数量占其总产量的比例保持在56.0% ~72.8%。表明马来西亚丙烯酸酯对国际市场的依赖程度很高。

上述调查表明，2003年中国采取反倾销措施以来，马来西亚丙烯酸酯的产能产量均有一定程度增加，国内丙烯酸酯消费量呈下降趋势，对国际市场的依赖程度较高，闲置产能和库存较大，最高时占中国同期表观消费量的7.85%，如果其闲置产能和库存得到释放和消化，其出口能力还可能进一步增加。

3. 对中国出口情况

2003年以来，中国丙烯酸酯市场需求不断增长，倾销调查期较2003年增长达72.6%。根据中国海关统计，2003年马来西亚丙烯酸酯对中国出口数量为4.5万吨，受反倾销措施制约，其对中国出口量呈大幅度下降趋势，同2003年相比，调查期出口量降至2.2万吨，降幅为48.9%。马来西亚丙烯酸酯在华市场份额明显下降，从2003年的10%下降到倾销调查期的2.9%。

2005年1月，巴斯夫集团与中国石化集团合资设立的扬子石化－巴斯夫有限责任公司开始在中国投产丙烯酸酯。虽然该公司丙烯酸酯产品主要满足中国国内市场的需求，但只生产被调查产品四个型号中的两个型号，无法完全替代马来西亚丙烯酸酯对中国的出口。马来西亚海关统计数据表明，中国仍是马来西亚丙烯酸酯重要的出口市场。

4. 对第三国(地区)出口情况

倾销调查期内，马来西亚还同时向除中国以外的第三国(地区)出口丙烯酸酯，其中大部分出口价格低于其国内正常贸易过程中的价格，说明马来西亚丙烯酸酯存在低价寻求国外市场的现象。如果终止原反倾销措施，这种情况可能发生在其向中国的出口中。

综合上述调查分析，倾销调查期内，原产于马来西亚的丙烯酸酯对中国出口仍然存在倾销，在实施反倾销措施期间，马来西亚丙烯酸酯产能呈增长趋势。同时，马来西亚国内丙烯酸酯消费呈下降趋势，导致其出口依赖程度居高不下，如果释放其库存和闲置产能，其出口能力将会得到进一步加强。受反倾销措施制约，马来西亚丙烯酸酯对中国出口数量大幅度下降。虽然巴斯夫集团在中国投资设厂生产部分型号的丙烯酸酯，但由于该企业生产丙烯酸酯型号的局限性，不能完全替代马来西亚丙烯酸酯对中国的出口；马来西亚丙烯酸酯对第三国(地区)的出口存在大量低于其国内正常贸易价格情况，表明低价出口是其一种销售策略。因此，如果终止原反倾销措施，马来西亚丙烯酸酯对中国的倾销很可能继续发生。

新加坡

由于没有新加坡生产商、出口商应诉配合调查机关的期终复审调查，依据《中华人民共和国反倾销条例》第二十一条，调查机关决定采用可获得的最佳信息，通过对新加坡的丙烯酸酯倾销调查期内的倾销情况、出口能力、对中国的出口、对第三国(地区)的出口的分析，对新加坡丙烯酸酯倾销继续或再度发生的可能性进行审查。调查机关认为，申请人提供的信息是可获得的最佳信息。

1. 调查期内的倾销情况

根据原反倾销措施，新加坡丙烯酸酯所适用的反倾销税税率为30%～49%。前述倾销调查表明，在复审调查期，新加坡丙烯酸酯对中国出口存在倾销。

2. 出口能力

(1) 产能、产量

根据申请人提供的数据，在反倾销措施实施期间，新加坡丙烯酸酯的产能、产量呈上升趋势。产能从2003年的6万吨增加到调查期的8.2万吨，增长2.2万吨，增长幅度为36.67%，产量从2003年的5.7万吨增加到调查期的7.0万吨，增长1.3万吨，增长幅度为22.81%。自2006年新加坡产能扩大以来，其产能利用率出现较大幅度下降。

(2) 国内市场消费情况

根据申请人提供的数据，自2003年以来，世界丙烯酸酯消费量逐年增长，年平均增长率为6.1%，而同期新加坡国内市场丙烯酸酯的消费量无大的变化，从2003年的2.8万吨增加到调查期的3.0万吨，年平均增长幅度为1.7%。

(3) 对国际市场的依赖程度

根据申请人提供的数据，新加坡出口总量占总产量比例2003年至2007年平均为43.6%，2004年甚至高达65.5%，说明新加坡丙烯酸酯对国外市场的依赖程度较高。而2003年至2007年新加坡丙烯酸酯对中国出口量占其同期总出口量的比例平均达到48.4%，2004年更是高达79.1%。

3. 对中国出口情况

根据申请人提供的数据，受反倾销措施制约，新加坡丙烯酸酯对中国出口数量总体呈下降趋势。2003年新加坡对中国出口数量为2.27万吨，2004年上升为3.11万吨，调查期降为265吨。同时，其对中国出口数量占中国同类产品总进口量的比例总体也呈下降趋势，2003年为10.8%，调查期下滑至0.3%，下降幅度达97%。

原反倾销措施实施后，新加坡丙烯酸酯对华平均出口价格并未出现明显上涨，调查期反而明显下降。倾销调查结果表明，倾销调查期内新加坡丙烯酸酯对中国出口价格仍属倾销价格。

4. 对第三国(地区)出口价格

根据申请人提供的新加坡海关统计数据，调查期新加坡丙烯酸酯的生产商、出口商还同时向除中国以外的第三国(地区)低价出口丙烯酸酯，占同期其丙烯酸酯对外总出口量的83%左右，说明新加坡丙烯酸酯存在低价寻求国外市场的现象。如果终止原反倾销措施，这种情况可能发生在其向中国的出口中。

综合上述调查分析，倾销调查期内，新加坡丙烯酸酯对中国出口仍然存在倾销。受反倾销措施的制约，新加坡丙烯酸酯在倾销调查期几乎停止了对中国出口。新加坡丙烯酸酯生产商扩大产能后，出口能力得到增强。新加坡国内市场消费增长缓慢造成其生产能力严重过剩，国际市场依赖程度居高不下，没有证据表明上述情况会发生变化。同时，新加坡丙烯酸酯出口量的变动趋势显示，反倾销措施实施期间，其出口量总体呈大幅下降趋势，库存量大幅上升。此外，新加坡大量低价向第三国(地区)出口丙烯酸酯，说明寻求国外市场的需要非常强烈，中国丙烯酸酯的需求增长迅速且潜力巨大，如果终止反倾销措施，其可能以低价加大对中国出口的力度。综上所述，如果终止原反倾销措施，新加坡丙烯酸酯对中国的倾销很可能继续发生。

印度尼西亚

由于没有印度尼西亚生产商、出口商应诉配合调查机关的期终复审调查，依据《中华人民共和国反倾销条例》第二十一条，调查机关决定采用可获得的最佳信息，通过对印度尼西亚丙烯酸酯倾销调查期内的倾销情况、出口能力、对中国的出口、对第三国(地区)的出口的调查分析，对印度尼西亚丙烯酸酯倾销继续或再度发生的可能性进行审查。调查机关认为，申请人提供的信息是可获得的最佳信息。

1. 调查期内倾销情况

根据原反倾销措施，印度尼西亚丙烯酸酯所适用的反倾销税税率为3% ~24%。前述倾销调查表明，在复审调查期，印度尼西亚丙烯酸酯对中国出口存在倾销。

2. 出口能力

(1) 产能、产量

根据申请人提供的数据，在反倾销措施实施期间，印度尼西亚丙烯酸酯的产能没有发生变化，产量呈下降趋势。产量从2003年的9.5万吨减少到调查期的7.5万吨，减少2万吨，减少幅度为21.05%。自2006年以来，其产能利用率降幅较大，倾销调查期下降至75%。

(2) 印度尼西亚国内市场消费情况

根据申请人提供的数据，世界丙烯酸酯消费量逐年增长，年平均增长率为6.1%，而同期印度尼西亚国内市场丙烯酸酯的消费量基本保持稳定，从2003年的6.8万吨增加到调查期的7.1万吨，年平均增长幅度为1.1%，2006年甚至出现了下降。印度尼西亚国内市场消费增长缓慢导致丙烯酸酯生产商只有依赖国外市场才能维持较高的开工率。

(3) 对国际市场的依赖程度

根据申请人提供的数据，印度尼西亚总出口量占总产量比例2003年至2007年平均为40.5%，显示印度尼西亚丙烯酸酯对国际市场的依赖程度较高。

3. 对中国出口情况

根据申请人提供的数据，受反倾销措施制约，印度尼西亚丙烯酸酯对中国出口数量总体呈下降趋势。2003年印度尼西亚对中国出口数量为1.97万吨，调查期下降至0.2万吨。同时，其对中国出口数量占中国同类产品总进口量的比例总体也呈下降趋势，2003年约为9.3%，调查期下滑至2.3%，下降幅度达89.7%。原反倾销措施实施后，印度尼西亚丙烯酸酯对中国平均出口价格有所上涨，倾销调查结果表明，倾销调查期内印度尼西亚丙烯酸酯对中国出口价格仍属倾销价格。

4. 对第三国(地区)出口价格

根据申请人提供的印度尼西亚海关统计数据，调查期印度尼西亚丙烯酸酯的生产商、出口商还同时向除中国以外的第三国(地区)低价出口丙烯酸酯，占同期其丙烯酸酯对外总出口量的91.61%，说明印度尼西亚丙烯酸酯存在低价寻求国外市场的现象。如果终止原反倾销措施，这种情况可能发生在其向中国的出口中。

综合上述调查分析，倾销调查期内，印度尼西亚的丙烯酸酯对中国出口仍然存在倾销。受反倾销措施的制约，印度尼西亚丙烯酸酯对中国出口大幅下降。印度尼西亚丙烯酸酯生产商自2006年以来产能利用率出现大幅下滑，印度尼西亚国内市场消费增长缓慢造成其生产能力严重过剩，出口依赖程度居高不下。没有证据表明上述情况会发生变化。同时，印度尼西亚丙烯酸酯出口量的变动趋势显示，其出口量总体呈下降趋势，印度尼西亚丙烯酸酯的出口市场前景并不乐观。此外，印度尼西亚大量低价向第三国(地区)出口丙烯酸酯，说明其寻求国外市场的需要非常强烈。中国丙烯酸酯的需求增长迅速且潜力巨大，如果终止原反倾销措施，其可能以低价加大对中国出口的力度。综上所述，如果终止原反倾销措施，印度尼西亚丙烯酸酯对中国的倾销很可能继续发生。

(三) 倾销调查结论

如果终止对韩国的反倾销措施，原产于韩国的进口丙烯酸酯对中国出口再度发生倾销没有明显的可能性；如果终止对马来西亚、新加坡和印度尼西亚的反倾销措施，原产于上述国家的进口丙烯酸酯对中国的倾销有可能继续发生。

七、损害继续或再度发生的可能性

(一) 调查期内国内产业恢复情况

在原审裁定中，被调查产品的进口数量占中国国内进口总量比例较大，价格较低，严重抑制了国内同类产品的销售价格的合理增长，导致国内同类产品销售价格、税前利润和市场占有率明显下降，失业率上升，人均年工资增幅下降，经营状况出现恶化，国内产业受到实质损害。

调查数据显示，2003年采取反倾销措施后，国内产业得到了初步恢复和发展。本裁定所采用的产业的相关数据，除特别注明外，均由国内申请企业提供。调查机关对国内产业相关的经济因素和指标进行了调查，主要证据如下：

1. 国内同类产品表观消费量

调查期内表观消费量持续稳定增长。2003年至2007年表观消费量分别约为44.63万吨、46.41万吨、52.83万吨、64.8万吨和76.97万吨。2004年至2007年与上年相比增幅分别为4%、13.82%、22.66%和18.78%，年均增幅14.6%。

2. 国内产业同类产品生产能力

调查期内国内产业生产能力持续增长。在国内丙烯酸酯市场需求持续增长的情况下，国内丙烯酸酯产品的生产能力在反倾销措施实施期间迅速提高。调查期内，国内生产企业产能增长率除2003年和2004年低于全国表观消费量增长率外，其他年份均高于全国表观消费量增长率。2003年至2007年，产能分别为21.92万吨、22.62万吨、29.22万吨、65.22万吨、83.72万吨；2004年至2007年分别比上年增长3.19%、29.18%、123.2%和28.37%，年均增幅为39.8%。

3. 国内产业同类产品产量

调查期内国内产业产量逐年增长。2003年至2007年，产量分别为25.34万吨、25.4万吨、31.7万吨、44.45万吨、61.08万吨；2004年至2007年分别比上年增长0.26%、24.8%、40.22%和37.41%，年均增幅为24.61%。

4. 国内产业同类产品开工率

调查期内，国内产业开工率总体呈下降趋势。2003年至2007年，开工率分别为：115.58%、112.3%、108.49%、68.15%和72.96%；2004年至2007年开工率分别比上年下降2.84个百分点、3.39个百分点、37.18个百分点和增长7.05个百分点。

5. 国内产业同类产品销量

调查期内，国内产业销量呈上升趋势。2003年至2007年，国内同类产品销量分别为24.71万吨、24.92万吨、30.43万吨、43.82万吨、59.15万吨；2004年至2007年分别比上年增长0.87%、22.08%、44.02%和34.97%，年均增幅为24.38%。

6. 国内产业同类产品市场份额

调查期内，国内产业同类产品市场份额呈先降后升趋势。2003年至2007年分别为55.37%、53.7%、55.39%、64.54%、72.09%；2004年至2007年分别比上年下降3.01个百分点、上升3.15、16.51、11.69个百分点。调查期内年均增长6.82个百分点。

7. 国内产业同类产品期末库存

调查期内，国内产业期末库存呈上升趋势。2003年至2007年分别为0.68万吨、0.77万吨、1.09万吨、1.55万吨、3.23万吨，2004年至2007年分别比上年增长12.49%、42.13%、41.67%和108.16%。

8. 国内产业同类产品销售价格

调查期内，国内销售价格总体呈上升趋势。2003年至2007年国内产业同类价格分别为10286.49元/吨、14055.31元/吨、13639.54元/吨、11519.56元/吨、12059.04元/吨；其中2004年与2003年相比上升36.64%，2005年、2006年价格出现回落，与上年相比下降2.96、15.54个百分点，2007年与上年相比又出现回升，增幅为4.68%。

9. 国内产业同类产品销售收入

调查期内，国内产业销售收入呈增长趋势。2003年至2007年分别为：254178.4万元、350322.89万元、416324.21万元、503400.1万元和711691.01万元，2004年至2007年分别比上年增长37.83%、18.84%、20.92%和41.38%，年均增幅为29.36%。

10. 国内产业同类产品税前利润

调查期内，国内产业税前利润呈先升后降趋势。2003年至2007年税前利润分别为：41784.72万元、92332.99万元、59486.9万元、－8058.86万元和－19280.14万元；其中2004年与2003年相比大幅回升120.97%并达到调查期内的最高水平。由于国内同类产品价格与单位销售成本之间的差额从2005年以来逐年缩小，2005年至2007年国内产业同类产品税前利润出现下降，其中部分企业2006年以来出现亏损。

11. 国内产业同类产品投资收益率

调查期内，国内产业同类产品投资收益率变化趋势与税前利润相同，呈先升后降趋势。2003年和2004年投资收益率分别为19.81%和45.02%。但2005年投资收益水平开始下降，2005年、2006年和2007年投资收益率分别为25.53%、－1.97%和－3.41%。

12. 国内产业同类产品就业人数

调查期内，国内产业就业人数总体呈上升趋势。2003年至2007年分别为：783人、799人、851人、1133人、1398人，2004年至2007年分别比上年增长2.04%、6.51%、33.14%和23.39%，年均增幅为15.59%。

13. 国内产业同类产品人均工资

调查期内，国内产业人均工资总体呈增长趋势。2003年至2007年人均年工资分别为4.34万元、4.62万元、4.84万元、4.92万元、4.82万元。2004年至2007年分别比上年增长6.66%、4.7%、1.57%和下降2.1%。调查期年均增幅为2.66%。

14. 经营活动现金净流量

调查期内，国内产业同类产品经营活动现金净流量总体呈下降趋势。2003年至2007年现金净流量分别为115756.48万元、101659.72万元、47492.36万元、-8123.73万元和-9086.46万元，其中2006年、2007年的现金净流量由前几年的净流入转变为净流出。

15. 国内产业同类产品劳动生产率

调查期内，国内产业劳动生产率总体呈增长趋势。2003年至2007年国内产业同类产品劳动人均劳动生产率分别为323.56吨、317.92吨、372.51吨、392.32吨、436.91吨；2004年至2007年分别比上年下降1.74%、增长17.17%、5.32%和11.36%，年均增幅为7.8%。

上述证据证实，反倾销措施的实施，在一定程度上抑制了被调查产品以倾销价格进口的不公平行为，改善了国内市场环境，为国内产业的发展创造了良好契机。

同期，国内丙烯酸酯消费市场表观消费量的持续增长，也促进了国内丙烯酸酯产业的发展，国内产业同类产品的产销情况趋于好转，生产经营状况得到了初步恢复和发展，同类产品的生产能力扩大，产量、销量、销售收入、就业人数增加，市场占有率、人均工资以及劳动生产率总体呈上升趋势，税前利润、投资收益率在调查期的前期也大幅回升，开工率在2003年至2005年期间处于较高水平。

但从2005年以来国内产业同类产品的销售价格总体呈下滑趋势并处于较低水平，其中2005年、2006年与上年相比分别下降了2.96%和15.54%，2007年与上年相比虽有小幅回升，但与2004年的价格相比仍处于较低水平。税前利润从2005年以来呈下降趋势，到2006年部分企业出现亏损；投资收益率在2005年至2007年期间也相应回落。经营活动现金净流量也呈下降趋势，并由2006年以前的净流入转变为净流出。

上述情况表明，调查期内尽管国内产业同类产品的生产经营状况总体得到了初步的恢复和发展。但是，在调查期的后期，生产企业部分指标出现不利趋势，国内产业仍然很脆弱，极易受到不公平进口产品的冲击和损害。

（二）国内市场分析

1. 国内同类产品表观消费量

中国国内对丙烯酸酯的需求量，与全球其他主要丙烯酸酯消费市场需求低迷不同，从原审调查以来，我国国内市场丙烯酸酯表观消费量持续大幅度增长。在原审调查期内，随着国内涂料、皮革、黏合剂、化纤和纺织等相关行业的迅猛发展，国内对丙烯酸酯的需求大幅上升。2000年国内对丙烯酸酯的需求量比1998年增长71.19%，2001年上半年比2000年同期增长29.58%。在复审调查期内，随着我国国民经济的高速增长，人民生活水平的日益提高，以及丙烯酸酯下游产品的不断拓宽和我国具有发展潜力和前景的农村市场，使我国已成为全球丙烯酸酯需求增长速度，且需求发展潜力最大的市场。预计未来几年国内丙烯酸酯需求仍将继续保持较快的增长势头。

据中国化工学会精细化工专业委员会的统计，2003年至2006年期间，中国丙烯酸酯表观消费量年均增幅为13%左右，2007年比2006年的增幅接近19%。而且，随着我国国民经济的快速发展以及下游市场规模的不断扩大，国内对丙烯酸酯的需求在未来几年内仍将继续保持10%左右的增长势头。预计到2010年，国内消费量将达到116万吨左右。

同期，我国丙烯酸酯的消费量占全球丙烯酸酯消费量的比例也将持续上升，预计到2010年将上升到30%以上，接近全球丙烯酸酯总消费量的1/3左右，届时我国将成为全球丙烯酸酯需求量最大的市场。

2. 国内同类产品供应量

近年来，随着国内丙烯酸酯市场需求的快速发展，国内新建和扩建了一批丙烯酸酯生产装置，国内丙烯酸酯产能大幅增长。由于丙烯酸酯产能的释放具有阶段式发展的特点，与消费量的渐进式发展不完全同步，导致在一定时期内暂时出现了供大于求的局面。

据中国化工学会精细化工专业委员会的统计，2006年，国内同类产品的产能达到了70万吨左右，首次超过了国内表观消费量。2007年国内同类产品的产能进一步增加到85万吨左右，国内表观消费量约为77万吨左右，国内丙烯酸酯产能相对于国内市场需求已经出现供大于求的局面。

但是，随着我国国民经济的快速发展以及下游新领域的不断拓展，预计到2010年，国内表观消费量将达到116万吨左右，而同期产能为120万吨，届时国内丙烯酸酯的供需将基本平衡。

（三）被调查产品进口大量增加的可能性

反倾销措施实施之后，丙烯酸酯全国总进口数量以及来自马来西亚、新加坡和印度尼西亚的被调查产品合计进口数量总体呈现下降趋势。

据中国海关统计，2003年至2007年，国内总进口量分别为21.11万吨、24.22万吨、18.64万吨、12.32万吨和8.87万吨。其中，来自马来西亚、新加坡和印度尼西亚的被调查产品合计进口量2003年至2007年分别为8.74万吨、11.36万吨、7.4万吨、4.16万吨和2.39万吨；占同期我国同类产品总进口量的比例分别为41.39%、46.93%、39.7%、33.74%、26.89%。

马来西亚

据中国海关统计，2003年至2007年，马来西亚丙烯酸酯对华出口数量总体呈下降趋势，2003年为45005.46吨，2004年大幅增加至64169.39吨，2005年至2007年分别降为44046.94吨、32986.42吨和21564.70吨。2003年至2007年，其丙烯酸酯的进口量占同期中国同类产品总进口量的比例分别为21.32%、26.50%、23.63%、26.77%和24.31%，总体呈上升趋势。

1. 产能、产量和国内消费。根据现有材料和证据，在调查期内，马来西亚国内产能呈增长趋势，消费量呈下降趋势。其国内消费量在2003年至2007年分别占其产能的41.88%、30.95%、39.29%、26.47%、35.88%。产能在调查期存在严重过剩的情况。

2. 对国际市场的依赖程度。现有数据显示，在调查期内，马来西亚出口量占其产能比例分别为53.19%、65.12%、52.68%、57.18%、44.06%，占其总产量的比例在2003至2007年分别为65.61%、72.84%、62.02%、60.83%、56.02%。

由此可以看出，马来西亚是丙烯酸酯的出口依赖国，出口市场对其有较强的吸引力，其过剩产能需要通过寻求国外市场来消化，具有较大的出口能力。

3. 出口价格。倾销调查期内对中国以外第三国(地区)出口丙烯酸酯中，大部分出口价格低于其国内正常贸易过程中的价格。

4. 在上述三国对华出口中所占比例。根据中国海关统计，2003年至2007年，马来西亚丙烯酸酯向中国的出口数量，占三国向中国出口合计总量的51.52%、56.49%、59.53%、79.33%、90.41%。

新加坡、印度尼西亚

由于没有新加坡、印度尼西亚生产商、出口商配合调查机关的期终复审调查，依据《中华人民共和国反倾销条例》第二十一条的规定，调查机关决定采用已获得事实和可获得的最佳信息，对新加坡、印度尼西亚丙烯酸酯导致中国国内产业损害再度发生的可能性进行审查。调查机关认为，申请人提供的相关证据和信息是已获得事实和可获得的最佳信息。

1. 新加坡

据中国海关统计，2003年至2007年，新加坡丙烯酸酯进口量总体呈下降趋势，2003年为22688.26吨，2004年增加至31095.98吨，2005年至2007年分别降为17786.45吨、6904.63吨和264.70吨。2003年至2007年，新加坡丙烯酸酯进口量占同期中国同类产品总进口量的比例分别为10.75%、12.84%、9.54%、5.60%和0.30%，总体呈下降趋势。

在反倾销措施实施期内，新加坡丙烯酸酯占我国的市场份额明显下降，由2003年的5.08%下降到2007年的0.03%。根据申请人提供的材料显示，新加坡具有较大的丙烯酸酯生产能力，其产能从2003年的6万吨/年增加到2006年的8.2万吨/年，增幅为36.67%。相对其较大的产能，新加坡丙烯酸酯的国内消费严重不足，须依赖出口的产能从2003年的3.2万吨增加到2007年的5.2万吨，增长了近63%，产能严重过剩，2007年新加坡丙烯酸酯63%左右的生产能力需要寻求国外市场来消化，出口能力较大。

根据申请人提供的新加坡海关的数据，新加坡丙烯酸酯对国外市场的依赖程度较高。2003年至2007年其总出口量占总产量的年平均比例为44%左右，2004年甚至高达近66%。而同期对中国出口量占其总出口量的比例平均达到48.41%，2004年更是高达近80%，中国是新加坡丙烯酸酯对外出口的主要目标市场之一。

2. 印度尼西亚

据中国海关统计，2003年至2007年，印度尼西亚被调查产品进口量分别为19665.68吨、18324.69吨、12154.99吨、1687.74吨和2022.03吨，总体呈下降趋势。2003年至2007年，印度尼西亚对中国出口量占同期中国同类产品总进口量的比例为9.32%、7.57%、6.52%、1.37%和2.28%，总体呈下降趋势。

受反倾销措施制约，印度尼西亚丙烯酸酯在华市场份额明显下降，由2003年的4.41%下降到2007年的0.26%。根据申请人提供的第三方出具的证据和信息显示，印度尼西亚丙烯酸酯须依赖出口的产能保持在3万吨/年左右，约占其年产能的30%左右，即印度尼西亚丙烯酸酯30%左右的过剩产能需要寻求国外市场来消化。

根据申请人提供的印度尼西亚海关的数据，印度尼西亚丙烯酸酯对国外市场的依赖程度较高。2003年至2007年其出口量占产量的年平均比例为40.5%。而2003年至2005年，印度尼西亚丙烯酸酯对中国出口量占其同期总出口量的平均比例在20%以上，2003年的比例甚至接近30%，中国是印度尼西亚丙烯酸酯对外出口的主要目标市场之一。

上述事实表明，三国是丙烯酸酯的出口依赖国，其出口量在其他出口市场之间的转移具有相当的灵活性，我国实施反倾销措施后，原出口到中国的产品大部分转向了其他市场。

由于全球丙烯酸酯市场将长期出现供大于求的局面，在全球性金融危机不断蔓延的情况下，全球其他主要丙烯酸酯消费市场需求将进一步低迷甚至萎缩，中国作为丙烯酸酯最大的消费市场，对马来西亚、新加坡、印度尼西亚有较强的吸引力，三国为了消化其过剩产能，有进入我国市场的动机。

如果终止原反倾销措施，三国的生产商有可能将其向第三国（地区）的出口转移到中国。需求增长迅速且距离邻近的中国市场很可能成为三国丙烯酸酯生产商进一步关注的重要市场，其丙烯酸酯对我国的出口数量可能大量增加。

在原审案件中马来西亚、新加坡、印度尼西亚对我国存在低价出口的历史且数量较大。复审调查显示，调查期内三国对华出口仍存在倾销。

上述相关事实表明，中国市场可能成为马来西亚、新加坡、印度尼西亚转移其过剩产能的重要市场。如果终止原反倾销措施，三国丙烯酸酯向中国的低价出口数量将可能大量的增加。

由于三国对国外市场的依赖程度较高，而且与中国邻近，运距短，运输成本低，交货期也短，因此，具有较大发展潜力的中国市场是三国作为对外出口的主要目标市场之一。

此外，调查期内三国对我国的出口数量还保持了一定的数量和规模，如果终止原反倾销措施，中国市场将可能继续成为三国转移其过剩产能的重要市场，其丙烯酸酯对我国的出口数量将可能大量增加。

（四）被调查产品进口价格与国内产业同类产品价格在措施实施前后关联度的变化

1. 被调查产品价格趋势预测

据中国海关统计，2003 年至 2007 年，被调查产品的平均进口价格分别为 1037.97 美元/吨、1432.59 美元/吨、1589.53 美元/吨、1378.65 美元/吨和 1597.78 美元/吨，总体呈上升趋势。其中 2004 年比 2003 年上涨 38.02%，2005 年比 2004 年上涨 11.65%，2006 年比 2005 年下降 13.81%，2007 年比 2006 年上涨 15.89%。同期，被调查产品所占中国国内市场份额总体呈下降趋势，从 2003 年的 27.28% 下降到 2007 年的 6.45%。

上述数据显示，2003 年至 2004 年，被调查产品的平均出口完税价格比同期中国国内同类产品的平均销售价格低，被调查产品所占中国国内市场份额上升。而 2005 年至 2007 年，被调查产品的平均出口完税价格比同期国内同类产品的平均内销价格高，被调查产品所占中国国内市场份额下降。可见，随着被调查产品的平均出口完税价格高于国内同类产品的平均销售价格，被调查产品占中国国内市场份额迅速下降。

由此可见，被调查产品的平均出口完税价格、国内同类产品的平均销售价格与被调查产品占中国国内市场份额之间存在着反向变动关系，即当被调查产品的平均出口完税价格低于同期国内同类产品的平均销售价格时，则被调查产品所占中国国内市场份额上升；反之，当被调查产品的平均出口完税价格高于同期国内同类产品的平均销售价格时，则被调查产品所占中国国内市场份额下降。

以上说明，被调查产品与国内同类产品在质量等方面相同的情况下，马来西亚、新加坡和印度尼西亚要想扩大其在中国的市场份额，很有可能通过降低价格的方式来实现。

另外，三国对我国市场的销售价格在原审调查期内就存在压制，因此，终止原反倾销措施，被调查产品的价格存在大幅下降的可能性。

2. 国内同类产品价格趋势预测

2003 年至 2007 年，国内同类产品平均内销价格分别为 10286 元/吨、14055 元/吨、13640 元/吨、11520 元/吨和 12059 元/吨。2004 年与 2003 年相比上涨 36.64%，2005 年比 2004 年下降 2.96%，2006 年比 2005 年下降 15.33%，2007 年与上年相比虽有小幅回升，但与 2004 年相比仍处于较低水平。2005 年以来，国内同类产品价格总体呈波动下降趋势。

与此同时，国内产业同类产品的单位销售成本总体在上升，平均销售价格与单位销售成本之间的差额从 2005 年开始逐年缩小，国内同类产品的税前利润、投资收益率等在 2005 年以来出现下降趋势。这说明目前中国国内产业仍然很脆弱。

经过多年的发展，国内产业的生产能力和技术设备都得到长足发展，产品质量和服务质量都得到提升。在国内同类产品与被调查产品在规格、产品质量、用途等方面完全相同的情况下，被调查产品如果相对于国内同类产品没有特别的优势，只能通过降价销售取得中国国内市场份额。

而且，2006 年以来，国内市场已经出现阶段性供大于求的局面，在巨大的市场压力下，国内产业竞争将十分激烈，生产企业对市场价格变化反应敏感，如果终止原反倾销措施，被调查产品为取得已失去的市场份额，不仅所有的降价空间都可能转变为实际的价格下降，甚至有可能以更低的价格抢占中国市场。

如果终止原反倾销措施，国内同类产品将可能受到被调查产品的打压，国内同类产品价格存在进一步下滑的可能性。

(五)未来产业状况

在反倾销措施实施期间，国内产业利用有利时机，投入了大量的资金，进行产能的新建和扩大、生产工艺的改造、产品的开发和技术的升级，开发研制了具有自主知识产权的生产技术和设备。国内产业同类产品的生产经营状况与采取措施之前相比得到了初步恢复和发展，生产能力扩大，产量、销量、销售收入、就业人数增加，市场占有率、人均工资以及劳动生产率呈上升趋势。税前利润、投资收益率在调查期的前期也大幅回升，开工率在2003年至2005年期间也处于较高水平。

但是，2005年以来，国内同类产品销售价格总体呈下滑趋势并处于较低水平，税前利润、投资收益率以及现金净流量等均呈下降趋势。国内产业表现为仍然很脆弱，极易受到进口产品的冲击。

从2006年开始，国内市场产能相对于需求已经出现供大于求的局面。据中国精细化工协会统计，2007年国内产能已达到83.72万吨，而同期国内市场表观消费量为76.97万吨，随着国内市场生产规模的不断扩大，市场竞争将越来越激烈。

终止原反倾销措施，从三国进口的丙烯酸酯有可能大量增加，届时，将会加剧国内市场日益激烈的竞争局面。

如果被调查产品低价进口，很可能引起国内市场价格下降，从而导致国内产业销售收入减少，利润下降，甚至出现亏损。

由于国内同类产品对进口产品的数量和价格变化反应敏感，容易受到低价进口产品的冲击和影响。因此，如果终止原反倾销措施，被调查产品低价进口很有可能再度发生，其对我国的出口数量很可能大量增加，将会对我国日趋激烈的国内市场带来冲击和负面影响。

如果终止原反倾销措施，被调查产品的价格将可能大幅下降，对中国产业同类产品价格将会产生压制或者抑制，届时国内同类产品将受被调查产品的打压，价格将会进一步下滑，同类产品的开工率和市场价格也将大幅下降，产销状况将会进一步恶化，亏损可能进一步加剧。

如果国内产业的生产经营效益继续下滑，这将会给国内产业大量投资的回收带来负面影响，并对企业还贷和进一步的投资形成阻碍，不仅会影响企业进一步的发展，严重时甚至可能导致国内部分企业停产或倒闭。

(六)产业损害调查结论

1. 得益于反倾销措施的作用，与反倾销措施实施前的损害状况相比，国内产业的生产经营状况有所好转，调查期内国内产业得到了初步恢复和发展。

2. 2005年以来国内产业状况出现的不利趋势表明，国内产业仍然很脆弱。国内同类产品对进口产品的数量和价格变化反应敏感，在国内市场已经出现阶段性供大于求、竞争日趋激烈的情况下，处于成长期的国内产业容易受到倾销进口产品的冲击和影响。

3. 马来西亚、新加坡和印度尼西亚丙烯酸酯须依赖出口的产能较大，具有较大的出口能力。三国对国外市场的依赖程度较高，而中国是三国丙烯酸酯对外出口的主要目标市场之一。全球丙烯酸酯市场将会长期供大于求，在全球性金融危机不断蔓延的情况下，全球其他主要丙烯酸酯消费市场需求将进一步低迷甚至萎缩，需求增长迅速且发展潜力巨大的中国市场对于三国来说将更具有吸引力。如果终止原反倾销措施，丙烯酸酯对中国的出口数量将可能大量增加。

八、复审裁定

根据以上调查，调查机关裁定如下：

如果终止原反倾销措施，原产于韩国的进口丙烯酸酯对中国出口再度发生倾销没有明显的可能性，原产于马来西亚、新加坡和印度尼西亚的进口丙烯酸酯对中国的倾销有可能继续发生。

如果终止原反倾销措施，原产于马来西亚、新加坡和印度尼西亚的进口丙烯酸酯对中国国内产业造成的损害有可能再度发生。

商务部公布丙烯酸酯反倾销期终复审裁定

应上海华谊丙烯酸有限公司等八家企业申请，商务部于2008年4月9日发布2008年第21号公告，决定对原产于韩国、马来西亚、新加坡和印度尼西亚的进口丙烯酸酯所适用的反倾销措施进行期终复审调查。

2009年4月8日，商务部发布2009年第18号公告，公布自2009年4月9日起，终止对原产于韩国的进口丙烯酸酯征收反倾销税，继续按照2003年第3号公告、2005年第40号公告，对原产于马来西亚、新加坡和印度尼西亚的进口丙烯酸酯实施反倾销措施，实施期限为五年。

十一、我国对原产于日本、韩国和美国的进口甲苯二异氰酸酯所适用的反倾销措施的期终复审

1. 产业损害调查局 商调查函[2009]287号关于甲苯二异氰酸酯反倾销期终复审案产业损害调查裁定所依据的基本事实(二〇〇九年十月十二日)

2008年9月1日，中华人民共和国商务部(以下

简称商务部)收到河北沧州大化TDI有限责任公司、蓝星化工有限责任公司代表中国甲苯二异氰酸酯产业正式递交的反倾销期终复审调查申请书。甘肃银光聚银化工有限公司、烟台巨力异氰酸酯有限公司二家中国甲苯二异氰酸酯生产企业明确表示支持本次期终复审申请。

2008年11月21日，商务部发布年度第84号公告，决定对原产于日本、韩国和美国的进口甲苯二异氰酸酯所适用的反倾销措施进行期终复审调查。

商务部产业损害调查局对终止原反倾销措施，原产于日本、韩国和美国的进口甲苯二异氰酸酯对中国甲苯二异氰酸酯产业损害再度发生的可能性进行了调查。现将裁定所依据的基本事实披露如下，有关利害关系方可在接到此披露信息后10天内向商务部产业损害调查局提出书面评论意见。

一、产业损害调查程序

（一）产业损害调查期

本案产业损害调查期为2003年1月1日至2008年6月30日。

（二）参加调查活动登记

2008年11月21日，调查机关发布《关于参加甲苯二异氰酸酯(TDI)反倾销措施期终复审产业损害调查活动登记的通知》。在规定的时间内，美国拜尔材料科技有限公司、韩国KPX FINE CHEMICAL株式会社、韩国巴斯夫有限公司、日本三井化学聚氨酯株式会社等四家国外生产者向调查机关递交了参加产业损害调查活动登记表及相关证明材料，调查机关经审查后接受了上述利害关系方的登记。

（三）成立产业损害调查组

2008年12月16日，调查机关发布《关于成立甲苯二异氰酸酯反倾销措施期终复审案产业损害调查组的通知》，成立甲苯二异氰酸酯反倾销措施期终复审案产业损害调查组。

（四）发放和收回调查问卷

2008年12月16日，调查机关向已知的利害关系方发放了甲苯二异氰酸酯反倾销措施期终复审案《国内生产者调查问卷》、《国内进口商调查问卷》和《国外(地区)生产者/出口商调查问卷》。

在规定的时间或经批准延期递交的时间内，河北沧州大化TDI有限责任公司、蓝星化工有限责任公司、甘肃银光聚银化工有限公司等三家企业递交了《国内生产者调查问卷答卷》。美国拜尔材料科技有限公司、韩国KPX FINE CHEMICAL株式会社、韩国巴斯夫有限公司、日本三井化学聚氨酯株式会社等四家企业递交了《国外(地区)生产者/出口商调查问卷答卷》。

（五）听取利害关系方意见陈述

2008年12月25日，应本案申请人河北沧州大化TDI有限责任公司、蓝星化工有限责任公司申请，调查机关听取了申请人及本案支持企业甘肃银光聚银化工有限公司的意见陈述。

申请人及支持企业认为，如果终止反倾销措施，原产于日本、韩国和美国的进口甲苯二异氰酸酯对中国的倾销行为可能继续发生，倾销行为给中国甲苯二异氰酸酯产业造成的损害可能再度发生。

2009年5月27日，应本案利害关系方韩国巴斯夫有限公司申请，调查机关听取了韩国巴斯夫有限公司意见陈述。韩国巴斯夫有限公司未向调查机关提交书面意见。

2009年6月22日，应本案利害关系方韩国KPX FINE CHEMICAL株式会社申请，调查机关听取了韩国KPX FINE CHEMICAL株式会社意见陈述。韩国KPX FINE CHEMICAL株式会社未向调查机关提交书面意见。

（六）召开上下游企业意见陈述会

2009年9月10日，调查机关召开本案上下游企业意见陈述会，听取了本案申请企业、支持企业以及部分下游企业的意见陈述。

甲苯二异氰酸酯下游企业提出，调查期内，国内生产的甲苯二异氰酸酯与被调查产品的质量不存在差异，可相互替代。同时表示，理解和支持商务部甲苯二异氰酸酯反倾销措施期终复审调查，希望通过此次调查，进一步改善中国甲苯二异氰酸酯市场竞争环境，在中国甲苯二异氰酸酯产业稳定发展的基础上，促进与下游企业的共同和谐发展。

本案申请企业及支持企业再次表示，如果终止反倾销措施，原产于日本、韩国和美国的进口甲苯二异氰酸酯对中国的倾销行为可能继续发生，倾销行为给中国甲苯二异氰酸酯产业造成的损害将再度发生，同时表示，中国甲苯二异氰酸酯产业的发展需要得到下游企业的大力支持，希望在公平的市场竞争环境中发展中国甲苯二异氰酸酯产业，并与下游企业形成共同发展的良好局面。

（七）接受利害关系方评论意见

2009年5月20日，日本三井化学株式会社向商务部提交申请，请求继承三井化学聚氨酯株式会社在甲苯二异氰酸酯反倾销措施中所适用的反倾销税税率及其他权利义务。

2009年7月30日，商务部发布年度第57号公告，批准日本三井化学株式会社上述申请。

2009年6月3日，本案利害关系方日本三井化学株式会社向调查机关递交了《甲苯二异氰酯酯

(TDI)反倾销期终复审产业损害抗辩书》(以下简称《抗辩书》)。

(八) 实地核查

2009年5月26日，调查机关发布《关于甲苯二异氰酸酯(TDI)反倾销措施期终复审案实地核查的通知》，于2009年6月和2009年9月，对本案申请企业河北沧州大化TDI有限责任公司和蓝星化工有限责任公司，及支持企业甘肃银光聚银化工有限公司进行了实地核查。

(九) 信息披露

在本案裁定前，调查机关向本案利害关系方披露了裁定所依据的基本事实，并给予其提出评论意见的机会。

调查机关对申请书及所附证据、收回的调查问卷答卷和实地核查结果进行了审查和评估，并收集和补充了相关证据材料。调查机关对利害关系方提出的评论和意见依法予以了充分考虑。根据《中华人民共和国反倾销条例》第二十一条和《反倾销产业损害调查规定》第三十三条规定，对终止原反倾销措施，原产于日本、韩国和美国的进口甲苯二异氰酸酯对中国甲苯二异氰酸酯产业损害再度发生的可能性进行了调查。

二、被调查产品范围

本复审被调查产品范围是原反倾销措施所适用的产品，与商务部2003年第61号公告中的产品范围一致，该产品归在《中华人民共和国进出口税则》税则号：29291010。

三、国内同类产品和国内产业

(一) 国内同类产品的认定

商务部2003年11月22日第61号公告发布的甲苯二异氰酸酯反倾销原审案件最终裁定中认定，“调查机关在考察了产品的基本物理性能和化学性质、制造过程、生产技术和产品用途、产品的替代性和相互竞争性等因素后，认定被调查产品与中国国内生产的甲苯二异氰酸酯(型号为TDI80/20)属于同类产品”。

商务部2008年11月21日第84号公告发布的本次复审调查立案公告中认定，复审被调查产品与原反倾销被调查产品一致，即甲苯二异氰酸酯(型号为TDI80/20，简称TDI)。

在甲苯二异氰酸酯反倾销措施实施期间，国内生产的甲苯二异氰酸酯与原审案件调查期内生产的甲苯二异氰酸酯在物理和化学性能、生产工艺、产品用途、销售渠道等方面未发生实质性变化。

因此，调查机关认定，本次复审的被调查产品与国内生产的甲苯二异氰酸酯属于同类产品。

(二) 国内产业的认定

调查机关对本案2家申请企业和2家支持企业的产业代表资格进行了审查。调查期内，中国国内共有5家甲苯二异氰酸酯生产企业，除本案2家申请企业和2家支持企业以外，另外一家中国国内甲苯二异氰酸酯生产企业为上海巴斯夫聚胺酯有限公司。

日本三井化学株式会社在《抗辩书》中提出，考虑到上海巴斯夫聚胺酯有限公司的巨大产能和对市场价格的影响力，如果简单地将其排除在国内产业之外，其他四家国内甲苯二异氰酸酯产业的数据无法真正代表国内甲苯二异氰酸酯企业的经营状况。

据调查，上海巴斯夫聚胺酯有限公司与本案韩国出口经营者韩国巴斯夫有限公司、美国出口经营者美国巴斯夫公司均受德国巴斯夫集团的直接控制。德国巴斯夫集团拥有上海巴斯夫聚胺酯有限公司70%的股权，拥有韩国巴斯夫有限公司和美国巴斯夫公司100%的股权。调查机关认定，上海巴斯夫聚胺酯有限公司、韩国巴斯夫有限公司和美国巴斯夫公司存在关联关系。根据《中华人民共和国反倾销条例》第11条的规定，决定将上海巴斯夫聚胺酯有限公司排除在中国甲苯二异氰酸酯产业之外。

本案申请及支持企业数据显示，2003年、2004年、2005年、2006年、2007年、2008年1~6月，本案申请及支持企业甲苯二异氰酸酯产量占同期中国总产量100%。

根据《中华人民共和国反倾销条例》第十一条和《反倾销产业损害调查规定》第十三条规定，调查机关认定，调查期内，中国上述申请及支持企业可以代表中国甲苯二异氰酸酯产业。

四、调查期内国内产业状况

根据《中华人民共和国反倾销条例》第七、八条及《反倾销产业损害调查规定》第四、五、六、七条规定，调查机关对调查期内中国甲苯二异氰酸酯产业的相关经济因素和指标进行了调查。证据显示：

(一) 表观消费量

调查期内，中国甲苯二异氰酸酯产业的表观消费量呈逐年增长趋势。2003年、2004年、2005年、2006年、2007年，中国甲苯二异氰酸酯产业的表观消费量分别为223429吨、284898吨、289990吨、308640吨和338623吨。2007年1~6月为164590吨，2008年1~6月为163760吨。

2004年比2003年增长27.51%，2005年比2004年增长1.79%，2006年比2005年增长6.43%，2007年比2006年增长9.71%。2008年1~6月比2007年1~6月下降0.50%。

（二）产能

调查期内，中国甲苯二异氰酸酯产业生产能力总体呈上升趋势。2003 年、2004 年、2005 年、2006 年、2007 年，中国甲苯二异氰酸酯产业的生产能力分别为 40000 吨、40000 吨、70000 吨、80000 吨和 65000 吨。2007 年 1 ~6 月为 37000 吨，2008 年 1 ~6 月为 40000 吨。

2004 年产能未发生变化，2005 年比 2004 年增长 75%，2006 年比 2005 年增长 14.29%，2007 年比 2006 年下降 18.75%。2008 年 1 ~6 月比 2007 年 1 ~6 月增长 8.11%。

（三）产量

调查期内，国内同类产品产量总体呈上升趋势。2003 年、2004 年、2005 年、2006 年、2007 年，国内同类产品产量分别为 41568.79 吨、46840.07 吨、51017.64 吨、69341.46 吨和 55382.48 吨。2007 年 1 ~6 月为 31831.24 吨，2008 年 1 ~6 月为 34588.33 吨。

2004 年比 2003 年增长 12.68%，2005 年比 2004 年增长 8.92%，2006 年比 2005 年增长 35.92%，2007 年比 2006 年下降 20.13%。2008 年 1 ~6 月比 2007 年 1 ~6 月增长 8.66%。

（四）开工率

调查期内，中国甲苯二异氰酸酯产业开工率总体呈现下降趋势。2003 年、2004 年、2005 年、2006 年、2007 年，中国甲苯二异氰酸酯产业开工率分别为 103.92%、117.10%、72.88%、86.68% 和 85.20%。2007 年 1 ~6 月 86.03%，2008 年 1 ~6 月为 86.47%。

2004 年比 2003 年上升 13.18 个百分点，2005 年比 2004 年下降 44.22 个百分点，2006 年比 2005 年上升 13.79 个百分点，2007 年比 2006 年下降 1.47 个百分点。2008 年 1 ~6 月比 2007 年 1 ~6 月上升 0.44 个百分点。

（五）销售量

调查期内，国内同类产品销售量总体呈上升趋势。2003 年、2004 年、2005 年、2006 年、2007 年，国内同类产品销售量分别为 41385.64 吨、46018.49 吨、51291.13 吨、69605.26 吨和 52620.07 吨。2007 年 1 ~6 月为 30075.01 吨，2008 年 1 ~6 月为 35848.06 吨。

2004 年比 2003 年增长 11.19%，2005 年比 2004 年增长 11.46%，2006 年比 2005 年增长 35.71%，2007 年比 2006 年下降 24.40%。2008 年 1 ~6 月比 2007 年 1 ~6 月增长 19.20%。

（六）市场份额

调查期内，国内同类产品市场份额总体呈下降趋势。2003 年、2004 年、2005 年、2006 年、2007 年，国内同类产品市场份额分别为 18.52%、16.15%、17.69%、22.55% 和 15.54%。2007 年 1 ~6 月 18.27%，2008 年 1 ~6 月为 21.89%。

2004 年比 2003 年下降 2.37 个百分点，2005 年比 2004 年上升 1.54 个百分点，2006 年比 2005 年上升 4.86 个百分点，2007 年比 2006 年下降 7.01 个百分点。2008 年 1 ~6 月比 2007 年 1 ~6 月上升 3.62 个百分点。

（七）销售价格

调查期内，国内同类产品销售价格呈逐年上升趋势。2003 年、2004 年、2005 年、2006 年、2007 年，国内同类产品销售价格分别为 15153.16 元/吨、15718.07 元/吨、17237.82 元/吨、21954.80 元/吨和 31620.29 元/吨。2007 年 1 ~6 月为 28671.96 元/吨，2008 年 1 ~6 月为 33355.23 元/吨。

2004 年比 2003 年上升 3.73%，2005 年比 2004 年上升 9.67%，2006 年比 2005 年上升 27.36%，2007 年比 2006 年上升 44.02%。2008 年 1 ~6 月比 2007 年 1 ~6 月上升 16.33%。

（八）销售收入

调查期内，中国甲苯二异氰酸酯产业销售收入呈逐年上升趋势。2003 年、2004 年、2005 年、2006 年、2007 年，中国甲苯二异氰酸酯产业销售收入分别为 6.27 亿元、7.23 亿元、8.84 亿元、15.28 亿元和 16.63 亿元。2007 年 1 ~6 月为 8.62 亿元，2008 年 1 ~6 月为 11.96 亿元。

2004 年比 2003 年增长 15.34%，2005 年比 2004 年增长 22.23%，2006 年比 2005 年增长 72.84%，2007 年比 2006 年增长 8.88%。2008 年 1 ~6 月比 2007 年 1 ~6 月增长 38.66%。

（九）税前利润

调查期内，中国甲苯二异氰酸酯产业税前利润总体呈增长趋势。2003 年、2004 年、2005 年，中国甲苯二异氰酸酯产业呈亏损状态，亏损额分别为 0.39 亿元、0.29 亿元和 1.80 亿元。2006 年中国甲苯二异氰酸酯产业扭亏为盈，实现税前利润 1.77 亿元，2007 年中国甲苯二异氰酸酯产业税前利润为 3.50 亿元。2007 年 1 ~6 月为 2.00 亿元，2008 年1 ~6 月为 2.84 亿元。

（十）投资收益率

调查期内，中国甲苯二异氰酸酯产业投资收益率总体呈现上升趋势。2003 年、2004 年、2005 年、2006 年、2007 年，中国甲苯二异氰酸酯产业投资收益率分别为 -2.23%、-1.70%、-7.83%、8.57% 和 17.53%。2007 年 1 ~6 月为 9.76%，2008 年 1 ~6

月为12.85%。

2004年比2003年上升0.53个百分点，2005年比2004年下降6.13个百分点，2006年比2005年上升16.40个百分点，2007年比2006年上升8.96个百分点。2008年1~6月比2007年1~6月上升3.09个百分点。

（十一）就业人数

调查期内，中国甲苯二异氰酸酯产业就业人数总体呈上升趋势。2003年、2004年、2005年、2006年、2007年，中国甲苯二异氰酸酯产业就业人数分别为2003人、2013人、2812人、2494人和2459人。2007年1~6月为2524人，2008年1~6月为2225人。

2004年比2003年增长0.46%，2005年比2004年增长39.74%，2006年比2005年下降11.31%，2007年比2006年下降1.41%。2008年1~6月比2007年1~6月下降11.83%。

（十二）劳动生产率

调查期内，中国甲苯二异氰酸酯产业劳动生产率总体呈上升趋势。2003年、2004年、2005年、2006年、2007年，中国甲苯二异氰酸酯产业劳动生产率分别为20.75吨/人、23.27吨/人、18.14吨/人、27.79吨/人和22.52吨/人。2007年1~6月为12.61吨/人，2008年1~6月为15.54吨/人。

2004年比2003年上升12.16%，2005年比2004年下降22.06%，2006年比2005年上升53.24%，2007年比2006年下降18.99%。2008年1~6月比2007年1~6月上升23.24%。

（十三）人均工资

调查期内，中国甲苯二异氰酸酯产业人均工资呈上升趋势。2003年、2004年、2005年、2006年、2007年，中国甲苯二异氰酸酯产业人均工资分别为16226.40元、17048.65元、18304.32元、23661.74元和28464.40元。2007年1~6月为11185.42元，2008年1~6月为14328.52元。

2004年比2003年增长5.07%，2005年比2004年增长7.37%，2006年比2005年增长29.27%，2007年比2006年增长20.30%。2008年1~6月比2007年1~6月增长28.10%。

（十四）期末库存

调查期内，国内同类产品期末库存总体呈大幅上升趋势。2003年、2004年、2005年、2006年、2007年，国内同类产品期末库存分别为251.15吨、1049.48吨、790.74吨、526.94吨和3287.64吨。2007年1~6月为2283.17吨，2008年1~6月为2026.15吨。

2004年比2003年上升317.87%，2005年比2004年下降24.65%，2006年比2005年下降33.36%，2007年比2006年大幅上升523.92%。2008年1~6月比2007年1~6月下降11.26%。

（十五）现金净流量

经调查机关实地核查，本案部分申请企业和部分支持企业没有单独记录甲苯二异氰酸酯产品的现金流，按调查问卷规定的方法分摊现金流量不能客观反映甲苯二异氰酸酯产品的实际经营情况。因此，调查机关认定，本案对现金净流量指标分析没有意义。

五、调查期内被调查产品进口数量、进口价格及所占市场份额

据中国海关统计，2003年、2004年、2005年、2006年、2007年，被调查产品进口数量分别为130157吨、195367吨、167687吨、102978吨和91909吨。2004年比2003年大幅上升50.10%，2005年比2004年下降14.17%，2006年比2005年下降38.59%，2007年比2006年下降10.75%。2007年1~6月为38978吨，2008年1~6月为36078吨。2008年1~6月比2007年1~6月下降7.44%。

调查期内，2003年、2004年、2005年、2006年、2007年，被调查产品占中国市场份额分别为58.25%、68.57%、57.83%、33.37%和27.14%。2007年1~6月为23.68%，2008年1~6月为22.03%。2004年比2003年上升10.32个百分点，2005年比2004年下降10.74个百分点，2006年比2005年下降24.46个百分点，2007年比2006年下降6.23个百分点。2008年1~6月比2007年1~6月下降1.65个百分点。

2003年至2007年，日本、韩国和美国向中国出口甲苯二异氰酸酯合计数量占中国甲苯二异氰酸酯总进口量的比例分别为：70.79%、79.52%、70.60%、63.36%、71.57%。

六、日本、韩国和美国甲苯二异氰酸酯市场状况

日本甲苯二异氰酸酯市场状况

调查期内，2003年日本甲苯二异氰酸酯生产能力为24.8万吨，2004年至2007年其生产能力均为26.1万吨。2007年比2003年上升了5.24%。2003年、2004年、2005年、2006年、2007年，日本甲苯二异氰酸酯产量分别为23万吨、24.5万吨、21.6万吨、21万吨和23万吨。2007年与2003年相比没有变化。2007年闲置产能为3.1万吨，占当年产能的11.88%。

调查期内，2003年、2004年、2005年、2006

年、2007 年，日本甲苯二异氰酸酯国内消费量分别为6.2 万吨、8.4 万吨、7.7 万吨、7.9 万吨和7.9 万吨。2007 年比 2003 年上升了 27.42%。2003 年、2004 年、2005 年、2006 年、2007 年，日本甲苯二异氰酸酯可供出口的生产能力分别为 18.6 万吨、17.7 万吨、18.4 万吨、18.2 万吨和 18.2 万吨。2007 年比 2003 年略下降了 2.15%，2007 年可供出口的生产能力占当年产能的比例达到 18.40%。据日本海关统计，调查期内，日本甲苯二异氰酸酯出口数量总体略有下降，由 2003 年出口甲苯二异氰酸酯 16.79 万吨降至 2007 年出口 15.50 万吨，下降了 7.68%，平均各年度出口数量占其国内产量比例达到 70% 以上。

据中国海关统计，调查期内，日本向中国出口甲苯二异氰酸酯数量呈下降趋势。2003 年、2004 年、2005 年、2006 年、2007 年，日本向中国出口甲苯二异氰酸酯数量分别为 60123 吨、86656 吨、66592 吨、45622 吨和 50642 吨。2007 年 1 ~6 月为 23632 吨，2008 年 1 ~6 月为 21111 吨。2004 年比 2003 年上升 44.13%，2005 年比 2004 年下降 23.15%，2006 年比 2005 年下降 31.49%，2007 年比 2006 年上升 11%。2008 年 1 ~6 月比 2007 年 1 ~6 月下降 10.67%。另据日本海关统计数据显示，调查期内，日本在各年度出口甲苯二异氰酸酯的众多国家之中，对中国出口的甲苯二异氰酸酯数量均位居前列，对中国出口甲苯二异氰酸酯数量占其总出口量的年平均比例达到 20% 以上，中国是日本甲苯二异氰酸酯的主要出口国。

韩国甲苯二异氰酸酯市场状况

调查期内，2003 年、2004 年、2005 年、2006 年、2007 年，韩国甲苯二异氰酸酯生产能力分别为 20.8 万吨、27.8 万吨、27.8 万吨、27.8 万吨和 27.8 万吨。2007 年比 2003 年上升了 33.65%。韩国甲苯二异氰酸酯产量分别为 16.6 万吨、26.2 万吨、25.3 万吨、27.2 万吨和 26.5 万吨。2007 年比 2003 年大幅上升了 59.64%。2007 年闲置产能 1.3 万吨。

调查期内，2003 年、2004 年、2005 年、2006 年、2007 年，韩国甲苯二异氰酸酯国内消费量分别为 3.2 万吨、3.5 万吨、3.4 万吨、3.8 万吨和 3.8 万吨。2007 年比 2003 年上升了 18.75%。2003 年、2004 年、2005 年、2006 年、2007 年，韩国甲苯二异氰酸酯可供出口的生产能力分别为 17.6 万吨、24.3 万吨、24.4 万吨、24 万吨和 24 万吨。2007 年比 2003 年上升了 36.36%，2007 年可供出口的生产能力占当年产能的比例高达 86.33%。据韩国海关统计，调查期内，韩国甲苯二异氰酸酯出口数量逐年增加，由 2003 年出口甲苯二异氰酸酯 13.56 万吨增加至 2007 年出口 25.51 万吨，2007 年比 2003 年出口数量大幅增加了 88.13%，2007 年出口数量占其国内产量比例达到 96.26%。

据中国海关统计，调查期内，2003 年、2004 年、2005 年、2006 年、2007 年，韩国向中国出口甲苯二异氰酸酯数量分别为 40107 吨、91614 吨、88252 吨、52091 吨和 30767 吨。2007 年 1 ~6 月为 13607 吨，2008 年 1 ~6 月为 9414 吨。2004 年比 2003 年大幅上升 128.42%，2005 年比 2004 年下降 3.67%，2006 年比 2005 年下降 40.97%，2007 年比 2006 年下降 40.94%。2008 年 1 ~6 月比 2007 年 1 ~6 月下降 30.82%。另据韩国海关统计数据显示，调查期内，韩国在各年度出口甲苯二异氰酸酯的众多国家之中，对中国出口的甲苯二异氰酸酯数量较大，占其总出口量的比例较高，2004 年对中国出口甲苯二异氰酸酯比例达到 50% 以上，中国是韩国甲苯二异氰酸酯的主要出口国。

美国甲苯二异氰酸酯市场状况

调查期内，美国关闭了一些小规模的甲苯二异氰酸酯生产企业，使其生产能力呈下降趋势，但美国仍是全球最大的甲苯二异氰酸酯生产国。2003 年、2004 年、2005 年、2006 年、2007 年，美国甲苯二异氰酸酯生产能力分别为 66.8 万吨、66.8 万吨、60.6 万吨、46 万吨和 46 万吨。2007 年比 2003 年下降了 31.14%。美国甲苯二异氰酸酯产量分别为 54.4 万吨、63.2 万吨、45.3 万吨、45.7 万吨和 45 万吨。2007 年比 2003 年下降了 17.28%，2007 年闲置产能 1 万吨。

调查期内，2003 年、2004 年、2005 年、2006 年、2007 年，美国甲苯二异氰酸酯国内消费量分别为 29.3 万吨、32.6 万吨、31.1 万吨、31.3 万吨和 32.2 万吨。2007 年比 2003 年上升了 9.9%。2003 年、2004 年、2005 年、2006 年、2007 年，美国甲苯二异氰酸酯可供出口的生产能力分别为 37.5 万吨、34.2 万吨、29.5 万吨、14.7 万吨和 13.8 万吨。2007 年比 2003 年下降了 63.2%，2007 年可供出口的生产能力占当年产能的比例为 30%。据美国海关统计，调查期内，美国甲苯二异氰酸酯出口数量由 2003 年出口甲苯二异氰酸酯 28.95 万吨下降至 2007 年出口 18.54 万吨，2007 年比 2003 年出口数量下降了 35.96%，2007 年出口数量占其国内产量比例达到 41.2%。

据中国海关统计，调查期内，2003 年、2004 年、2005 年、2006 年、2007 年，美国向中国出口甲苯二异氰酸酯数量分别为 29927 吨、17097 吨、12844 吨、5265 吨和 10500 吨。2007 年 1 ~6 月为 1739 吨，

2008年1~6月为5553吨。2004年比2003年下降42.87%,2005年比2004年下降24.88%,2006年比2005年下降59%,2007年比2006年大幅上升99.43%。2008年1~6月比2007年1~6月又大幅上升了219.32%。另据海关统计数据显示,调查期内,美国对中国出口的甲苯二异氰酸酯数量呈上升趋势,2007年比2003年增长了1.96个百分点,中国是美国甲苯二异氰酸酯重要的出口国。

2. 中华人民共和国商务部公告2009年第57号(二〇〇九年七月三十日)

2003年11月22日,中华人民共和国商务部发布2003年第61号公告,决定对原产于日本、韩国和美国的进口甲苯二异氰酸酯(TDI)(型号为TDI80/20)实施最终反倾销措施。其中,日本三井武田化学株式会社(MITSUI TAKEDA CHEMICALS, INC.)适用的反倾销税税率为4%。

2006年1月10日,中华人民共和国商务部发布2005年第115号公告,决定对原产于日本、韩国的进口甲苯二异氰酸酯(TDI)(型号为TDI80/20)的反倾销税率进行调整。其中,日本三井武田化学株式会社(MITSUI TAKEDA CHEMICALS, INC.)适用的反倾销税税率调整为12.45%。

2006年7月13日,中华人民共和国商务部发布2006年第53号公告,同意三井化学聚氨酯株式会社继承三井武田化学株式会社在TDI反倾销措施中所适用的12.45%的反倾销税税率。

2008年11月21日,中华人民共和国商务部发布2008年第84号公告,决定对原产于日本、韩国和美国的进口甲苯二异氰酸酯(TDI)(型号为TDI80/20)所适用的反倾销措施进行期终复审调查。

2009年5月20日,日本三井化学株式会社(MITSUI CHEMICALS, INC)向商务部提交申请,请求继承三井化学聚氨酯株式会社在甲苯二异氰酸酯(TDI)(型号为TDI80/20)反倾销措施中所适用的反倾销税税率及其他权利义务。2009年6月29日,日本三井化学株式会社提交了申请书补充材料。申请书及申请书补充材料包括三井化学株式会社董事会会议记录、更名前后的"现在事项全部证明书"(营业执照)、更名前后的公司章程、更名前后的董事名单、更名前后股东名单、更名后生产设备和供货关系及客户基础均维持不变的证明文件等材料以及相关公证和我驻出口国政府大使馆的认证文件。

商务部就上述申请事宜通知了反倾销调查原申请人。在规定时间内,国内甲苯二异氰酸酯产业作为原申请人对此发表了评论。

商务部经审查认为,现有证据材料表明:三井化学株式会社名称变更符合日本相关法律规定,公司名称变更前后关于被调查产品的经营管理、生产设备、供应商关系、客户基础以及管理层人员等均未发生变化。

据此,商务部决定:

一、由三井化学株式会社(MITSUI CHEMICALS, INC)继承三井化学聚氨酯株式会社在甲苯二异氰酸酯(TDI)(型号为TDI80/20)反倾销措施中所适用的12.45%的反倾销税税率及其他权利义务。

二、以三井化学聚氨酯株式会社(MITSUI CHEMICALS POLYURETHANES, INC.)名称向中国出口被调查产品,适用2006年1月10日发布的2005年115号公告中"其他日本公司"所适用的60.02%的反倾销税税率。

本公告自2009年7月31日起执行。

3. 中华人民共和国商务部公告2009年第58号(二〇〇九年八月六日)

2003年11月22日,中华人民共和国商务部发布2003年第61号公告,决定对原产于日本、韩国和美国的进口甲苯二异氰酸酯(TDI)(型号为TDI80/20)实施最终反倾销措施。其中,韩国东洋制铁化学株式会社(DC Chemical Co., Ltd.)适用的反倾销税税率为3%。

2006年1月10日,中华人民共和国商务部发布2005年第115号公告,决定对原产于日本、韩国的进口甲苯二异氰酸酯(TDI)(型号为TDI80/20)的反倾销税率进行调整。其中,韩国东洋制铁化学株式会社(DC Chemical Co., Ltd.)适用的反倾销税税率调整为4.05%。

2008年11月21日,中华人民共和国商务部发布2008年第84号公告,决定对原产于日本、韩国和美国的进口甲苯二异氰酸酯(TDI)(型号为TDI80/20)所适用的反倾销措施进行期终复审调查。

2009年5月27日,韩国OCI株式会社(OCI Company Ltd.)向商务部提交申请,请求继承韩国东洋制铁化学株式会社(DC Chemical Co., Ltd.)在甲苯二异氰酸酯(TDI)(型号为TDI80/20)反倾销措施中所适用的反倾销税税率及其他权利义务。2009年6月26日、7月6日OCI株式会社分别提交了申请书补充材料。申请书及申请书补充材料包括OCI株式会社股东大会决议、更名前后的营业执照、更名前后的公司章程、更名前后的董事名单、更名前后的股东名单、更名后生产设备和供货关系及客户基础均维持不变的证明文件等材料以及相关公证和我驻出口国政府大使馆的认证文件。

商务部就上述申请事宜通知了反倾销调查原申

请人。在规定时间内，国内甲苯二异氰酸酯产业作为原申请人对此发表了评论。

商务部经审查认为，现有证据材料表明：OCI株式会社名称变更符合韩国相关法律规定，公司名称变更前后关于被调查产品的经营管理、生产设备、供应商关系、客户基础以及管理层人员等均未发生变化。

据此，商务部决定：

一、由韩国OCI株式会社（OCI Company Ltd.）继承韩国东洋制铁化学株式会社（DC Chemical Co.，Ltd.）在甲苯二异氰酸酯（TDI）（型号为TDI80/20）反倾销措施中所适用的4.05%的反倾销税税率及其他权利义务。

二、以韩国东洋制铁化学株式会社（DC Chemical Co.，Ltd.）名称向中国出口被调查产品，适用2006年1月10日发布的2005年115号公告中“其他韩国公司”所适用的61.14%的反倾销税税率。

本公告自2009年8月7日起执行。

4. 中华人民共和国商务部 公告2009年第92号（二〇〇九年十一月二十）：

2003年11月22日，中华人民共和国商务部发布该年度第61号公告，决定对原产于日本、韩国和美国的进口甲苯二异氰酸酯实施为期5年的最终反倾销措施。

该反倾销措施实施期间，商务部分别发布2005年第115号公告、2006年第53号公告、2009年第2号公告、2009年第57号公告、2009年第58号公告，依法对措施进行了调整。

2008年9月1日，河北沧州大化TDI有限责任公司、蓝星化工有限责任公司两家企业代表中国甲苯二异氰酸酯产业向调查机关提交了期终复审申请。甘肃银光聚银化工有限公司、烟台巨力异氰酯有限公司支持本次复审申请。

2008年11月21日，商务部发布该年度第84号公告，决定对原产于日本、韩国和美国的进口甲苯二异氰酸酯所适用的反倾销措施进行期终复审调查。

本复审被调查产品与原反倾销调查被调查产品一致，即甲苯二异氰酸酯（型号为TDI80/20），该产品归在《中华人民共和国进出口税则》税则号：29291010。该产品英文名称为Toluene Diisocyanate。

商务部对如果终止对甲苯二异氰酸酯反倾销措施，导致倾销和损害继续或再度发生的可能性进行了调查，并根据调查结果向国务院关税税则委员会提出修改反倾销措施的建议。

根据《中华人民共和国反倾销条例》第五十条及国务院关税税则委员会的决定，现将有关事项公告如下：

一、裁定

商务部裁定，如果终止反倾销措施，原产于日本、韩国和美国的进口甲苯二异氰酸酯对中国的倾销可能继续，并对中国国内产业造成的损害有可能再度发生。

二、反倾销措施

自2009年11月21日起，继续按照2003年第61号公告、2005年第115号公告、2006年第53号公告、2009年第2号公告、2009年第57号公告、2009年第58号公告，对原产于日本、韩国和美国的进口甲苯二异氰酸酯实施反倾销措施，实施期限为五年。

三、征收反倾销税的方法

自2009年11月21日起，进口经营者在进口原产于日本、韩国和美国的进口甲苯二异氰酸酯时，应向中华人民共和国海关缴纳相应的反倾销税。反倾销税以海关审定的完税价格从价计征，计算公式为：反倾销税税额=海关完税价格×反倾销税税率。进口环节增值税以海关审定的完税价格加上关税和反倾销税作为计税价格从价计征。

四、行政复议和行政诉讼

根据《中华人民共和国反倾销条例》第五十三条，对本复审决定不服的，可以申请行政复议，也可以向人民法院提起诉讼。

注：可作为聚氨酯树脂的生产原料，用于生产聚氯酯泡抹塑料、涂料、橡胶、粘合剂、密封剂等。

十二、我国对原产于日本、韩国、美国和中国台湾地区的苯酚继续征收反倾销税

1. 中华人民共和国海关总署公告2009年第12号（二〇〇九年二月二十六日）：

根据《中华人民共和国反倾销条例》的规定，国务院关税税则委员会决定自2009年2月1日起，对原产于日本、韩国、美国和中国台湾地区的苯酚继续征收反倾销税。最近，中国台湾地区长春人造树脂厂股份有限公司（Chang chun Plastics Co.，Ltd.）申请作为新出口商适用单独的反倾销税率，商务部决定对原产于该公司的进口苯酚所适用的反倾销措施进行新出口商复审调查。

现将有关事项公告如下：

一、自2009年3月2日起，对申报进口原产于中国台湾地区长春人造树脂厂股份有限公司的苯酚，除征收关税和进口环节增值税外，还应按照海关总署2009年第3号公告规定“其他中国台湾公司”适用的反倾销税率（19%）征收反倾销保证金及相应的进口环节增值税保证金，在商务部作出复审裁决前，暂不征收反倾销税。

反倾销保证金及进口环节增值税保证金合计计算公式为：保证金总额 =(海关完税价格 × 反倾销保证金征收比率) ×(1 + 进口环节增值税税率)

二、对于申报进口其他厂商生产的苯酚，仍按照海关总署2009年第3号公告的规定执行。

三、对于所征收的反倾销保证金及进口环节增值税保证金的处理，海关总署将根据复审裁决另行公告。

2. 中华人民共和国商务部公告2009年第102号(二〇〇九年十二月一日)：

2004年2月1日，中华人民共和国商务部发布2004年第2号公告，决定对原产于日本、韩国、美国和中国台湾地区的进口苯酚实施最终反倾销措施。其中对“其他中国台湾地区公司”所适用的反倾销税税率为19%。

2009年1月14日，中国台湾地区长春人造树脂厂股份有限公司(Chang chun Plastics Co., Ltd.)向商务部提交了关于苯酚的反倾销新出口商复审申请。申请人主张，在原反倾销调查期内未向中国大陆出口被调查产品，与原反倾销调查期内向中国大陆出口过被调查产品的出口商、生产商不具有关联关系；作为生产商，申请人在原反倾销调查期后对中国大陆有实际出口，符合新出口商的条件，请求商务部为其确定单独倾销幅度。

商务部经审查认为其申请符合新出口商复审的立案条件，并于2009年3月2日发布该年度第16号公告，决定对原产于中国台湾地区长春人造树脂厂股份有限公司的进口苯酚所适用的反倾销措施进行新出口商复审。

本复审被调查产品与原反倾销被调查产品一致，即苯酚，该产品归在《中华人民共和国进出口税则》税则号：29071110。

商务部对中国台湾地区长春人造树脂厂股份有限公司的新出口商资格及倾销幅度进行了调查，并根据调查结果向国务院关税税则委员会提出修改反倾销税的建议。

根据《中华人民共和国反倾销条例》第五十条，商务部《反倾销新出口商复审暂行规则》第二十五条及国务院关税税则委员会的决定，现将有关事项公告如下：

一、裁定

经调查，商务部裁定中国台湾地区长春人造树脂厂股份有限公司(Chang chun Plastics Co., Ltd.)具备新出口商资格，在调查期内的倾销幅度为：3.8%。

二、征收反倾销税

自2009年12月2日起，将原产于中国台湾地区长春人造树脂厂股份有限公司的进口苯酚的反倾销税税率调整为3.8%。

三、退还保证金

根据《反倾销新出口商复审暂行规则》第二十六条，对于复审裁决税率高于已付保证金差额部分不予收取；低于已付保证金差额部分应予退还。

四、征收反倾销税的方法

自2009年12月2日起，进口经营者在进口原产于中国台湾地区长春人造树脂厂股份有限公司(Chang chun Plastics Co., Ltd.)的进口苯酚时，应向中华人民共和国海关缴纳相应的反倾销税。反倾销税以海关审定的完税价格从价计征，计算公式为：反倾销税税额 = 海关完税价格 × 反倾销税税率。进口环节增值税以海关审定的完税价格加上关税和反倾销税作为计税价格从价计征。

五、行政复议和行政诉讼

根据《中华人民共和国反倾销条例》第五十三条，对复审决定不服的，可以申请行政复议，也可以向人民法院提起诉讼。

六、本公告自2009年12月2日起执行。

附件：中华人民共和国商务部关于对原产于中国台湾地区长春人造树脂厂股份有限公司的进口苯酚的新出口商复审裁定

根据《中华人民共和国反倾销条例》(以下简称《反倾销条例》)和商务部《反倾销新出口商复审暂行规则》(以下简称《新出口商复审暂行规则》)，商务部(以下称调查机关)于2009年3月2日公告立案，对原产于中国台湾地区长春人造树脂厂股份有限公司的进口苯酚所适用的反倾销措施进行新出口商复审调查。

调查机关对长春人造树脂厂股份有限公司的新出口商资格及倾销幅度进行了审查。根据调查结果，并依据《反倾销条例》及《新出口商复审暂行规则》，作出复审裁定如下：

一、调查程序

2004年2月1日，中华人民共和国商务部发布该年度第2号公告，决定对原产于日本、韩国、美国和中国台湾地区的进口苯酚实施最终反倾销措施。其中对“其他中国台湾地区公司”所适用的反倾销税税率为19%。

(一) 复审申请

2009年1月14日，中国台湾地区长春人造树脂厂股份有限公司向调查机关提交了关于苯酚的反倾销新出口商复审申请。申请人主张，在原反倾销调查期内未向中国大陆出口被调查产品，与原反倾销调查期内向中国大陆出口过被调查产品的出口商、生产商不具有关联关系；作为生产商，申请人在原反倾销调查期后对中国大陆有实际出口，符合新出口商的条件，请求调查机关为其确定单独倾销幅度。

（二）立案前通知及评论

2009 年 1 月 14 日，依据《新出口商复审暂行规则》第十一条，调查机关就中国台湾地区长春人造树脂厂股份有限公司提交申请事宜通知原反倾销调查申请人。

2009 年 2 月 2 日，原反倾销调查申请人就申请有关内容提交了评论意见。调查机关对此依法予以了考虑。

（三）立案

调查机关对申请进行了审查，认为中国台湾地区长春人造树脂厂股份有限公司的申请提出了具备新出口商资格的初步证据，符合《反倾销条例》第四十七条和《新出口商复审暂行规则》第三条至第十条的要求。

2009 年 3 月 2 日，调查机关发布该年度第 16 号公告，决定对原产于中国台湾地区长春人造树脂厂股份有限公司的进口苯酚所适用的反倾销措施进行新出口商复审调查。

就复审立案事宜，调查机关通知了本案原申请人，并委托中国常驻世贸组织代表团向中国台湾、澎湖、金门和马祖单独关税区常驻世贸组织代表团转交了有关新出口商复审立案公告。

（四）问卷调查

2009 年 3 月 2 日、4 月 3 日及 4 月 29 日，调查机关向中国台湾地区长春人造树脂厂股份有限公司发放了调查问卷和补充问卷，并在规定时间内回收了相关答卷。

（五）听证会

复审调查期间，没有利害关系方申请举行听证会。

（六）实地核查

为进一步核实公司提交材料的完整性、真实性和准确性，调查机关组成反倾销复审实地核查组，赴中国台湾地区长春人造树脂厂股份有限公司进行了实地核查。

核查期间，公司的财务人员、销售人员和管理人员接受了调查机关的询问，并根据要求提供了有关的证明材料。调查机关全面核查了该公司的整体情况、新出口商资格情况、被调查产品同类产品的岛内销售情况、被调查产品向中国大陆出口销售情况、被调查产品向第三国（地区）出口销售情况、生产被调查产品及同类产品的成本及相关费用情况，并进一步收集了相关证据。对于实地核查中收集的证据材料和信息，调查机关进行了核对和确认。

（七）披露

根据《反倾销条例》第二十五条、商务部《反倾销调查信息披露暂行规则》第三条，调查机关向有关利害关系方披露了新出口商复审裁定所依据的基本事实，委托中国常驻世贸组织代表团向中国台湾、澎湖、金门和马祖单独关税区常驻世贸组织代表团转交了新出口商复审裁定所依据的基本事实，并给予有关利害关系方提出评论意见的机会。

在规定时间内，中国台湾地区长春人造树脂厂股份有限公司提交了书面评论，调查机关对此依法予以了考虑。

二、被调查产品

本次复审调查产品与原反倾销调查的产品一致，即苯酚，该产品归在《中华人民共和国进出口税则》税则号：29071110。该产品英文名称为 Phenol。

三、复审调查期

本次复审调查期为 2008 年 7 月 1 日至 2008 年 12 月 31 日。

四、调查结果

（一）新出口商资格

调查机关经审查及实地核查认定，现有证据表明中国台湾地区长春人造树脂厂股份有限公司在原反倾销调查期内未向中国大陆出口过被调查产品，与被征收反倾销税的出口商、生产商没有关联关系。

根据《新出口商复审暂行规则》第三条、第四条、第五条，第七条，调查机关认为公司具备新出口商资格。

（二）倾销及倾销幅度

1. 正常价值

调查机关对中国台湾地区长春人造树脂厂股份有限公司所销售被调查产品及其同类产品的型号进行了审查。该公司主张被调查产品及其同类产品不划分型号。调查机关审查认为，这种方法在该公司生产、销售中一直延续使用，决定接受公司关于型号的主张。

调查机关审查了该公司在复审调查期内被调查产品同类产品岛内的销售情况。复审调查期内该公司被调查产品同类产品的岛内销售数量占同期向中国大陆出口销售数量的比重大于 5%，符合作为确定正常价值的数量要求。

复审调查期内公司岛内销售中存在关联及非关联交易。调查机关对公司岛内销售中的关联交易进行了审查，认为该部分关联交易价格与非关联交易价格相比差异较大，不能够反映正常的市场交易状况，因此决定采用非关联交易作为确定正常价值的基础。

调查机关对该公司报告的成本数据进行了审查。该公司主张由于实施苯酚生产线扩建工程，该公司倾销调查期内有三个月停产。根据调查机关的要求，该公司提供了2008年前三个季度的被调查产品的生产成本数据。经审查，调查机关接受了公司关于生产成本的主张。调查机关对该公司的管理、销售和财务三项费用成本数据进行了审查，按照销售收入比例对上述费用进行了重新分摊，并对与被调查产品生产无直接关系的费用进行了调整。

根据重新计算后的被调查产品成本及费用数据，调查机关对被调查产品的同类产品岛内销售交易是否存在低于成本销售进行了审查。复审调查期内，该公司岛内销售低于成本销售的数量不足全部销售的20%，根据《反倾销条例》第四条，调查机关决定用该公司岛内非关联销售交易作为确定正常价值的基础。

2. 出口价格

调查机关对该公司复审调查期内对中国大陆出口的被调查产品销售进行了审查。该公司通过两种渠道对中国大陆出口被调查产品，一种是公司直接销售给非关联贸易公司，再由该非关联贸易公司销售给最终用户，另一种是直接销售给该公司的关联最终用户。

根据《反倾销条例》第五条，对于该公司直接对非关联贸易公司的销售，调查机关决定以该公司销售的价格作为确定出口价格的基础；对于对位于中国大陆的关联最终用户的销售，公司主张为正常交易过程，不存在特殊的价格安排。经审查，调查机关接受了该公司的主张，决定以其对中国大陆关联最终用户的销售价格作为确定这部分出口价格的基础。

3. 调整项目

(1) 关于正常价值

调查机关对该公司主张的岛内销售价格调整项目进行了审查。

经审查，调查机关决定接受该公司主张的内陆运输费用、折扣和信用费用等调整项目。关于包装费用，调查机关经实地核查发现该公司在岛内销售被调查产品时，不提供包装用桶，仅负责加注罐装，因此对该公司提出的包装费用的调整主张未予接受。

(2) 关于出口价格

调查机关对该公司主张的对中国大陆出口销售价格调整项目进行了审查。

经审查，调查机关决定接受该公司主张的国际(地区)运输和保险费、内陆运费、银行费用、报关手续费、商港服务费、信用费用、外销贸易推广服务费、港口装卸费和检验费等调整项目。对于该公司提出的售前仓储费的调整主张，在实地核查中，调查机关发现该项调整主张的构成中存在“油罐车加班费”，同时有关储运公司负责存储的产品仅苯酚一种，不存在与其他产品分摊栏油费的问题，调查机关根据核查情况对售前仓储费进行了调整。

关于CIF价格，经审查，现有证据表明该公司所报告的CIF价格合理，调查机关决定接受公司报告的CIF价格数据。

4. 比较

根据《中华人民共和国反倾销条例》第六条，调查机关在该公司提交的答卷及证据材料基础上，考虑了影响价格的各种可比性因素，按照公平、合理的方式，对公司被调查产品的出口价格和正常价值在出厂价的基础上进行了比较。

5. 倾销幅度

在计算倾销幅度时，调查机关将加权平均正常价值和加权平均出口价格进行比较，得出倾销幅度。经调查，中国台湾地区长春人造树脂厂有限责任公司在复审调查期内存在倾销，倾销幅度为3.8%。

五、复审裁定

根据调查结果，调查机关裁定复审调查期内中国台湾地区长春人造树脂厂有限责任公司的倾销幅度为3.8%。

十三、我国对氯丁橡胶和三氯乙烯反倾销措施的到期公告

1. 中华人民共和国商务部公告2009年第104号(二〇〇九年十二月二日)

根据《中华人民共和国反倾销条例》第四十八条，反倾销税的征收期限和价格承诺的履行期限不超过5年；但是，经复审确定终止征收反倾销税有可能导致倾销和损害继续或者再度发生的，反倾销税的征收期限可以适当延长。

自本公告发布之日起，国内产业或者代表国内产业的自然人、法人或者有关组织可在相关反倾销措施(见附件)到期日60天前，以书面形式向商务部提出期终复审申请。申请书应包含终止征收反倾销税将可能导致倾销和损害的继续或再度发生的充分证据。

如国内产业或者代表国内产业的自然人、法人或者有关组织未按本公告规定提出申请，在反倾销措施终止前商务部也未决定主动进行期终复审，相关反倾销措施将从到期日起终止实施。

附件：

原措施公告号	被调查产品	税则号	涉案国（地区）	措施到期日
2005年第23号	氯丁橡胶	40024910、40024990	日本、美国、欧盟	2010年5月10日
2005年第37号	三氯乙烯	29032200	俄罗斯、日本	2010年7月22日

十四、我国对原产于韩国（株）LG化学进口双酚A的期中复审裁定

1. 中华人民共和国商务部公告2009年第108号（二〇〇九年十二月十五日）：

中华人民共和国商务部于2007年8月29日发布2007年第68号公告，决定对原产于日本、韩国、新加坡和中国台湾地区的进口双酚A征收反倾销税。

2008年9月28日，韩国（株）LG化学（LG Chem，Ltd.）就其所适用的反倾销措施向商务部提出倾销及倾销幅度期中复审申请。

商务部经审查认为，申请书提供了倾销幅度降低的初步证据，符合《中华人民共和国反倾销条例》第四十九条规定及《倾销及倾销幅度期中复审暂行规则》第六条至第十条要求。2008年12月15日商务部发布立案公告，决定对韩国（株）LG化学所适用的反倾销措施进行复审调查。

复审调查范围是申请人的正常价值、出口价格和倾销幅度。复审调查的被调查产品与原反倾销调查相同，即双酚A。该产品归在《中华人民共和国进出口税则》税则号：29072300。该税则号项下的双酚A盐不在本案调查范围之内。

商务部对韩国（株）LG化学的倾销及倾销幅度进行了复审调查。根据调查结果，商务部向国务院关税税则委员会提出修改反倾销税的建议。依据《中华人民共和国反倾销条例》第五十条和商务部《倾销及倾销幅度期中复审暂行规则》的规定，现将有关事项公告如下：

一、裁定

经调查，商务部裁定（株）LG化学（LG Chem，Ltd.）倾销幅度为4.7%。

二、征收反倾销税

根据《中华人民共和国反倾销条例》有关规定，国务院关税税则委员会决定，自2009年12月15日起，将原产于韩国（株）LG化学进口双酚A的反倾销税税率调整为4.7%。

三、征收反倾销税的方法

自2009年12月15日起，进口经营者在进口原产于韩国（株）LG化学的双酚A时，应向中华人民共和国海关缴纳相应反倾销税。反倾销税以海关审定的完税价格从价计征，计算公式为：反倾销税税额＝海关完税价格×反倾销税税率。进口环节增值税以海关审定的完税价格加上关税和反倾销税作为计税价格从价计征。

四、行政复议和行政诉讼

根据《中华人民共和国反倾销条例》第五十三条规定，利害关系方可以依法申请行政复议，也可以依法向人民法院提起诉讼。

五、本公告自2009年12月15日起执行。

2. 商务部公布双酚A反倾销LG期中复审裁定

2009年12月15日，商务部发布第108号公告，决定自公告之日起将原产于韩国（株）LG化学（LG Chem，Ltd.）进口双酚A的反倾销税税率由6.4%调整为4.7%。

双酚A反倾销（株）LG化学期中复审调查是应韩国（株）LG化学申请，商务部于2008年12月15日公告立案的。

十五、我国对邻苯二甲酸酐反倾销期终复审裁定

1. 中华人民共和国海关总署公告2009年第55号（二〇〇九年八月二十七日）：

2003年，国务院关税税则委员会决定对原产于韩国、日本和印度的进口邻苯二甲酸酐征收反倾销税，征税时间自2003年8月31日起，期限为5年。根据反倾销措施期终复审调查结果，国务院关税税则委员会决定自2009年8月31日起对原产于韩国、日本和印度的进口邻苯二甲酸酐继续征收反倾销税，实施期限为5年。现就有关事项公告如下：

自2009年8月31日起，海关对申报进口原产于韩国、日本和印度的邻苯二甲酸酐（税则号列为29173500），继续按照中华人民共和国海关总署公告2003年第52号规定的产品范围、税率和公式等征收反倾销税。

2. 中华人民共和国商务部公告2009年第56号（二〇〇九年八月三十日）：

2003年8月31日，中华人民共和国商务部发布2003年第40号公告，决定对原产于韩国、日本和印度的进口邻苯二甲酸酐征收反倾销税（以下称原反倾销措施），实施期限自2003年8月31日起5年。

2008年8月29日，商务部发布该年度第53号公告，应河南庆安化工高科技股份有限公司、山东宏信化工股份有限公司、中国石化集团资产经营管理有限公司金陵石化分公司、石家庄白龙化工股份有限公司、荆州市博尔德化学有限公司和铜陵化工集团有机化工有限责任公司代表中国邻苯二甲酸酐产业申请，同时上海焦化有限公司、无锡焦化有限公司、安徽天润化学工业股份有限公司和淄博嘉周化工有限公司表示支持该申请，决定自2008年8月31日起对原产于韩国、日本和印度的进口邻苯二甲酸酐所适用的反倾销措施进行期终复审调查。

本复审调查的被调查产品与原反倾销调查被调查产品相同，即邻苯二甲酸酐，该产品归在《中华人民共和国进出口税则》税则号：29173500。该产品英文名称为 Phthalic Anhydride（原公告为 Purified Anhydride）。

商务部对如果终止原反倾销措施，导致倾销和损害继续或再度发生的可能性进行了调查，并根据调查结果向国务院关税税则委员会提出了继续征收反倾销税的建议。

根据《中华人民共和国反倾销条例》及国务院关税税则委员会的决定，现将有关事项公告如下：

一、裁定

经调查，商务部裁定，如果终止原反倾销措施，原产于韩国、日本和印度的进口邻苯二甲酸酐对中国的倾销可能继续发生；原产于韩国、日本和印度的进口邻苯二甲酸酐对中国国内产业造成的损害有可能再度发生。

二、反倾销措施

自2009年8月31日起，继续按照商务部2003年第40号公告，对原产于韩国、日本和印度的进口邻苯二甲酸酐征收反倾销税，实施期限为5年。

三、征收反倾销税的办法

自2009年8月31日起，进口经营者在进口原产于韩国、日本和印度的进口邻苯二甲酸酐时，应向中华人民共和国海关缴纳相应的反倾销税。反倾销税以海关审定的完税价格从价计征，计算公式为：反倾销税税额 = 海关完税价格 × 反倾销税税率。进口环节增值税以海关审定的完税价格加上关税和反倾销税作为计税价格从价计征。

四、行政复议和行政诉讼

根据《中华人民共和国反倾销条例》第五十三条规定，对本复审决定不服的，可以申请行政复议，也可以向人民法院提起诉讼。

五、本公告自2009年8月31日起执行。

附件　中华人民共和国商务部关于对原产于韩国、日本和印度的进口邻苯二甲酸酐所适用的反倾销措施的期终复审裁定

2008年8月29日，中华人民共和国商务部（以下简称调查机关）发布公告，决定对原产于韩国、日本和印度的进口邻苯二甲酸酐所适用的反倾销措施进行期终复审调查。

调查机关对终止该反倾销措施，原产于韩国、日本和印度的进口邻苯二甲酸酐对中国的倾销和损害继续或再度发生的可能性进行了调查。根据调查结果，并依据《中华人民共和国反倾销条例》第四十条，做出复审裁定如下：

一、原反倾销措施

2002年3月6日，应国内产业申请，原中华人民共和国对外贸易经济合作部发布公告，决定对原产于韩国、日本和印度的进口邻苯二甲酸酐进行反倾销立案调查。

2003年8月31日，调查机关发布2003年第40号公告，决定对原产于韩国、日本和印度的进口邻苯二甲酸酐征收反倾销税（以下称原反倾销措施），实施期限自2003年8月31日起5年。

原反倾销措施实施期间，没有利害关系方向调查机关申请过任何形式的复审调查。

二、复审调查程序

（一）到期公告

2008年1月15日，调查机关发布该年度第2号公告，告知原反倾销措施即将到期。根据《中华人民共和国反倾销条例》规定，经复审确定终止征收反倾销税有可能导致倾销和损害的继续或者再度发生的，反倾销税的征收期限可以适当延长。自该公告发布之日起，国内产业可在原反倾销措施终止日90天前，向调查机关提出书面复审申请。

（二）复审申请

2008年5月16日，河南庆安化工高科技股份有限公司、山东宏信化工股份有限公司、中国石化集团资产经营管理有限公司金陵石化分公司、石家庄白龙化工股份有限公司、荆州市博尔德化学有限公司和铜陵化工集团有机化工有限责任公司代表中国邻苯二甲酸酐产业向调查机关提交了期终复审申请。同时上海焦化有限公司、无锡焦化有限公司、安徽天润化学工业股份有限公司和淄博嘉周化工有限公司表示支持申请人的复审申请。2008年6月23日，申请人提交了申请书补充材料，对申请书中有关内容进行了解释和补充说明。

申请人主张，如果终止原反倾销措施，原产于韩国、日本和印度的进口邻苯二甲酸酐对中国的倾销行为可能继续或再度发生，倾销对中国邻苯二甲酸酐产业造成的损害有可能再度发生，请求调查机关继续维持该反倾销措施。

调查机关就有关期终复审申请事宜通知了上述

涉案国驻华大使馆。

（三）立案

调查机关对申请人资格和申请书的主张及相关证明材料进行了审查，认为申请人资格和申请书符合立案要求。

根据审查结果及《中华人民共和国反倾销条例》第十一条、第十三条、第十七条和第四十八条规定，调查机关于2008年8月29日发布该年度第53号公告，决定自2008年8月31日起对原产于韩国、日本和印度的进口邻苯二甲酸酐所适用的反倾销措施进行期终复审调查，并通知了上述涉案国驻华使馆。

（四）复审内容

本次复审调查内容为，如果终止原反倾销措施，是否可能导致倾销和损害的继续或再度发生。

（五）立案通知及利害关系方评论

立案当日，调查机关就立案事宜通知了韩国、日本和印度驻中国大使馆，并提供了立案公告和申请书公开文本。

立案当日，调查机关通知了申请人及已知的涉案国生产商和出口商。

在规定时间内，没有利害关系方就本次复审立案发表评论意见。

（六）登记应诉

调查机关在该年度第53号公告中公布，任何利害关系方可于公告发布之日起20天内，向调查机关申请参加应诉。如利害关系方未在立案公告规定的时间内向调查机关登记应诉，调查机关可以根据已经获得的事实和可获得的最佳信息做出裁定。

在规定期限内，没有利害关系方向调查机关申请登记参加本次期终复审调查。

（七）倾销调查与损害调查

1. 倾销调查

（1）收集证据

立案后，调查机关通过以下方法和渠道，收集了有关证据：

要求申请人进一步提供了有关正常价值、出口价格、相关调整因素、倾销继续或再度发生的可能性等方面的相关证据。调查机关对申请书和申请人补充提交的材料在可能的范围内进行了审查核实。

调查机关通过查询海关数据、咨询相关行业协会、查阅相关网站、公开刊物，了解了与被调查产品及其同类产品有关的数据、信息，并查证了其他国家（地区）对涉案国涉案产品采取消费限制或贸易限制措施的情况。

（2）听证会

调查机关向利害关系方告知提请召开听证会的权利，复审调查期间，没有利害关系方申请召开听证会。

（3）披露

本案裁定前，调查机关依据《中华人民共和国反倾销条例》第二十五条、《反倾销调查信息披露暂行规则》第三条的规定，就有关倾销继续或者再度发生的可能性调查所依据的基本事实，向在反倾销调查过程中提供信息的利害关系方以及出口国政府进行了披露，并给予有关利害关系方提出评论意见的机会。

在规定的时限内，调查机关没有收到利害关系方的评论意见。

2. 损害调查

根据《中华人民共和国反倾销条例》第五十一条，参照《中华人民共和国反倾销条例》和《反倾销产业损害调查规定》中关于反倾销调查程序的相关规定，本次期终复审产业损害调查程序如下：

（1）参加调查活动登记

2008年8月29日，调查机关发出《关于参加邻苯二甲酸酐反倾销措施期终复审产业损害调查活动登记的通知》。2008年9月18日，参加调查活动登记期截止，调查机关未收到任何登记申请。

（2）成立产业损害调查组

立案后，调查机关成立了邻苯二甲酸酐反倾销措施期终复审案产业损害调查组，并于2008年10月10日发出《关于成立邻苯二甲酸酐反倾销措施期终复审案产业损害调查组的通知》。

（3）发放和收回调查问卷

2008年9月25日，调查机关向所有已知的国内生产者、进口商和国外（地区）生产者/出口商发放了《国内生产者调查问卷》、《国内进口商调查问卷》和《国外（地区）生产者/出口商调查问卷》。

在规定的时间或经批准延期递交的时间内，调查机关共收回合格的《国内生产者调查问卷》答卷11份，分别由河南庆安化工高科技股份有限公司、山东宏信化工股份有限公司、中国石化集团资产经营管理有限公司金陵石化分公司、石家庄白龙化工股份有限公司、荆州市博尔德化学有限公司、铜陵化工集团有机化工有限责任公司、上海焦化有限公司、无锡焦化有限公司、安徽天润化学工业股份有限公司、淄博嘉周化工有限公司和中国蓝星哈尔滨石化有限公司提交。调查机关未收到《国内进口商调查问卷》和《国外（地区）生产者/出口商调查问卷》答卷。

（4）听取申请人意见陈述

2008年9月28日，调查机关收到本案申请人提交的《关于召开邻苯二甲酸酐反倾销措施期终复审案国内生产企业陈述会的申请》。调查机关于2008年9月28日发出《关于听取邻苯二甲酸酐反倾销措施期终复审国内产业陈述意见的通知》。2008年10月14日，调查机关召开邻苯二甲酸酐反倾销措施期终复审案申请人意见陈述会，听取了申请人就本案相关背景情况、提起期终复审申请的主要理由和与产业损害调查相关问题的陈述。

(5) 实地核查

2008年11月21日，调查机关发出《关于邻苯二甲酸酐反倾销措施期终复审案实地核查的通知》。2008年12月中旬至2009年4月中旬，调查机关依次对石家庄白龙化工股份有限公司、中国蓝星哈尔滨石化有限公司、中国石化集团资产经营管理有限公司金陵石化分公司、无锡焦化有限公司、上海焦化有限公司、铜陵化工集团有机化工有限责任公司、安徽天润化学工业股份有限公司、山东宏信化工股份有限公司、淄博嘉周化工有限公司、河南庆安化工高科技股份有限公司和荆州市博尔德化学有限公司进行了实地核查。实地核查期间，调查机关对本案申请书及被核查企业提交的《国内生产者调查问卷》答卷中提供的信息、陈述、财务数据等情况进行了核查，并收集了相关证据材料。实地核查后，被核查企业向调查机关提交了实地核查补充材料。

(6) 听取下游行业意见陈述

2009年3月23日，调查机关发出《关于召开邻苯二甲酸酐及下游行业座谈会的通知》。2009年4月9日，调查机关主持召开邻苯二甲酸酐及下游行业座谈会，听取了部分邻苯二甲酸酐下游企业对本案产业损害调查工作的意见和建议。

(7) 信息公开

本案所有与产业损害调查有关的公开信息均已及时送交商务部贸易救济措施公开信息查阅室。本案所有利害关系方可以查找、阅览、摘抄、复印公开信息。

(8) 信息披露

2009年6月9日。调查机关发出《关于邻苯二甲酸酐反倾销措施期终复审产业损害调查信息披露的通知》和《关于邻苯二甲酸酐反倾销措施期终复审产业损害调查裁定所依据的基本事实》，向本案利害关系方披露了裁定所依据的基本事实，并给予其提出评论意见的机会。在规定的时限内，没有利害关系方提出评论意见。

本案调查过程中，调查机关未收到利害关系方参加调查活动的登记申请，未收到《国内进口商调查问卷》和《国外(地区)生产者/出口商调查问卷》答卷，也未收到除申请人和支持申请企业以外的其他利害关系方提交的评论意见。根据《中华人民共和国反倾销条例》第二十一条和《反倾销产业损害调查规定》第三十三条，调查机关在对申请书、调查问卷答卷及所附证据材料和实地核查结果进行认真分析和全面评估，以及对各利害关系方的意见依法给予充分考虑的基础上，对终止原反倾销措施，原产于韩国、日本和印度的进口邻苯二甲酸酐对国内邻苯二甲酸酐产业的损害再度发生的可能性进行了调查。

三、被调查产品及调查范围

(一) 被调查产品

本复审被调查产品与原反倾销调查被调查产品一致，即邻苯二甲酸酐，该产品归在《中华人民共和国进出口税则》税则号：29173500。该产品英文名称为 Phthalic Anhydride(原公告为 Purified Anhydride)。

(二) 调查范围

原产于韩国、日本和印度的进口邻苯二甲酸酐。

四、国内同类产品和国内产业

(一) 同类产品

根据商务部2003年第40号公告，原产于韩国、日本和印度的进口邻苯二甲酸酐和中国国内生产的邻苯二甲酸酐在基本物理和化学性能、生产技术和产品用途、产品的替代性和竞争性等方面，具有可比性和替代性，属于同类产品。

根据《中华人民共和国反倾销条例》第十二条和《反倾销产业损害调查规定》第十条、第十一条，调查机关对中国国内生产的邻苯二甲酸酐和被调查产品的物理特征和化学特征、生产工艺流程、产品用途、产品的可替代性、消费者和生产者评价、销售渠道、调查期内是否发生过实质性变化等因素进行了考察，调查证据显示：

1. 中国国内生产的邻苯二甲酸酐与被调查产品的分子式、化学结构式完全相同、基本的物理特征和化学特征没有区别；主要技术指标基本相同，能够相互替代；两者外观相同，常温下均为白色鳞片状固体及粉末，或白色针状晶体。

2. 中国国内生产的邻苯二甲酸酐与被调查产品的生产工艺基本相同，主要采用邻二甲苯氧化法，由邻二甲苯与空气发生氧化反应，经冷凝后生成粗邻苯二甲酸酐，再经精馏、提纯、结晶后制得邻苯二甲酸酐成品。

除邻二甲苯氧化法外，邻苯二甲酸酐的主要生产工艺还有以工业萘为主要原材料的萘氧化法。调查期内，中国国内生产的邻苯二甲酸酐与被调查产品都同时采用邻二甲苯氧化法和萘氧化法两种生产工艺，其中邻二甲苯氧化法都占主要部分。在提交调查问卷答卷的11家国内邻苯二甲酸酐生产企业中，只有1家仍保留一套萘氧化法生产装置。两种生产工艺生产的最终产品在物理特征、化学特征等方面相同，相互之间直接竞争并可相互替代。

3. 中国国内生产的邻苯二甲酸酐与被调查产品用途相同，都是重要的有机化工原料，均可用于生产增塑剂、不饱和聚酯树脂、醇酸树脂、染料、涂料、医药、农药和糖精等产品。

4. 中国国内生产的邻苯二甲酸酐与被调查产品在调查期内销售渠道、销售区域相同或相似。客户群体相同，部分客户在调查期内购买或使用过国内生产的邻苯二甲酸酐和被调查产品，二者可以相互替代。

5. 本案立案公告中确定，复审调查的产品范围是原反倾销措施所适用的产品。本案调查过程中没有利害关系方对此提出异议，调查机关认定被调查产品在调查期内未发生实质性变化。同时，根据《国内生产者调查问卷》答卷及实地核查中收集的证据材料，中国国内生产的邻苯二甲酸酐在调查期内未发生实质性变化，与被调查产品可以相互替代。

综上所述，中国国内生产的邻苯二甲酸酐与被调查产品基本的物理和化学特征完全相同，在生产工艺流程、产品用途、消费者和生产者的评价、销售渠道等方面基本相同，在调查期内均未发生实质性变化，具有相似性和可比性，完全可以相互替代，属于同类产品。

（二）国内产业

根据《中华人民共和国反倾销条例》第十一条，调查机关对本案国内邻苯二甲酸酐产业范围进行了审查。

在规定的时间或经批准延期递交的时间内，调查机关共收到11家国内邻苯二甲酸酐生产企业提交的《国内生产者调查问卷》答卷。在随后进行的实地核查中，淄博嘉周化工有限公司和中国蓝星哈尔滨石化有限公司因相关资料缺失，未能按调查机关要求提供与调查问卷答卷相关的全部证据材料，且对于调查期中部分年份生产经营情况未提供任何证据材料。调查机关认为上述两家企业未提供相关证据材料的理由不充分。

根据《中华人民共和国反倾销条例》第二十一条和《反倾销产业损害调查规定》第三十三条，调查机关认定淄博嘉周化工有限公司和中国蓝星哈尔滨石化有限公司提供的数据和陈述缺乏证据支持，不能作为裁决依据，决定不予采信。

根据中国邻苯二甲酸酐行业协会（以下简称行业协会）提供的信息，调查期内，2003～2007年和2008年1～6月，国内邻苯二甲酸酐总产量分别为57万吨、66万吨、73万吨、82万吨、95万吨和49万吨。调查期内，河南庆安化工高科技股份有限公司、山东宏信化工股份有限公司、中国石化集团资产经营管理有限公司金陵石化分公司、石家庄白龙化工股份有限公司、荆州市博尔德化学有限公司、铜陵化工集团有机化工有限责任公司、上海焦化有限公司、无锡焦化有限公司和安徽天润化学工业股份有限公司的邻苯二甲酸酐合计产量均占国内总产量的主要部分，2003～2007年和2008年1～6月分别占69.33%、55.30%、61.24%、57.15%、50.92%和50.11%，可以代表国内产业。本案裁决依据的国内产业数据，除特别说明外，均来自以上特定的国内生产者。

五、复审调查期

本次复审的倾销调查期为2007年7月1日至2008年6月30日，损害调查期为2003年1月1日至2008年6月30日。

六、倾销继续或再度发生的可能性

（一）倾销调查期内的倾销情况

由于韩国、日本和印度生产商、出口商没有应诉并提交答卷，调查机关无法直接获得其被调查产品的正常价值、出口价格、调整因素等数据和证据。依据《中华人民共和国反倾销条例》第二十一条的规定，调查机关决定采用可获得的最佳信息对上述涉案国被调查产品的正常价值、出口价格、影响正常价值和出口价格可比性因素等进行认定。调查机关认为，申请人提供的信息是可获得的最佳信息，并根据申请人提供的相关数据对上述国家被调查产品的正常价值、出口价格进行了认定，对影响正常价值和出口价格可比性的因素进行了调整，并在同一贸易环节对正常价值和出口价格进行了比较。

经调查，倾销调查期内，原产于韩国和日本的邻苯二甲酸酐对中国出口存在倾销。

申请人在申请书中主张，印度被调查产品倾销调查期内向中国出口数据存在信息不完整，不能据以说明其对中国的倾销情况。经审查印度被调查产品对中国的出口数据及现有其他进一步证据，调查机关认为，印度被调查产品在倾销调查期内对中国出口情况足以说明是否存在倾销。经调查，调查机关认定，倾销调查期内，原产于印度的邻苯二甲酸酐对中国出口存在倾销。

（二）倾销继续或再度发生的可能性

韩国

由于没有韩国生产商、出口商应诉且未提交资料，依据《中华人民共和国反倾销条例》第二十一条的规定，调查机关决定采用可获得的最佳信息，对韩国被调查产品倾销调查期内的倾销情况、出口能力、对中国的出口和对第三国(地区)的出口分析，对韩国被调查产品倾销继续或再度发生的可能性进行了审查。调查机关认为，申请人提供的信息是可获得的最佳信息。

1. 倾销调查期内的倾销情况

根据原反倾销措施，韩国被调查产品所适用的反倾销税税率为0～13%。前述倾销调查表明，倾销调查期内，韩国被调查产品存在倾销。

2. 出口能力

(1) 产能、产量

根据申请人提供的数据，在反倾销措施实施期间，韩国邻苯二甲酸酐的产能有所增长，从2003年的38.5万吨增加到倾销调查期的40万吨，增长幅度为3.9%，产量从2003年35.4万吨下降到倾销调查期34.5万吨，下降幅度2.54%，开工率自2003年的91.95%下降到倾销调查期的86.25%，下降超过5个百分点。

(2) 国内市场消费情况

根据申请人提供的数据，韩国邻苯二甲酸酐消费量自2003年开始无明显增长，倾销调查期与2003年的消费量均为22万吨，倾销调查期与2007年相比，韩国邻苯二甲酸酐下降了4.76%。

(3) 对国际市场的依赖程度

根据申请人提供的数据，韩国邻苯二甲酸酐的国内消费严重不足，产能严重过剩，具有相当大的出口能力，须依赖出口的年平均产能高达16万吨左右，出口量占产量的比例2003年－2007年及倾销调查期分别为44.92%、45.66%、44.86%、39.21%、44.5%和46.38%，平均比例达到44.24%，这说明韩国邻苯二甲酸酐对国外市场的依赖程度很高。

3. 对中国出口情况

根据申请人提供的数据，受反倾销措施制约，韩国邻苯二甲酸酐对中国出口数量呈下降趋势，2003年出口量为85908吨、2004年85908吨、2005年86357吨、2006年59691吨，2007年36554吨、倾销调查期38238吨。尽管韩国对中国出口量下降，但其对中国出口量占中国同类产品总进口量的比例呈上升趋势，自2003年33.95%上升至倾销调查期的52.59%，平均比例达到46%。

反倾销措施实施以后，主要受原材料价格上涨影响，韩国邻苯二甲酸酐对中国出口价格呈明显上升趋势。倾销调查结果表明，韩国倾销调查期内邻苯二甲酸酐对中国出口价格仍然属倾销价格。

4. 对第三国(地区)出口价格

根据申请人提供的数据，倾销调查期韩国向除中国以外的其他国家(地区)低价出口邻苯二甲酸酐，占同期其邻苯二甲酸酐对外总出口量的绝大部分，说明韩国邻苯二甲酸酐存在低价寻求国外市场的现象。如果终止原反倾销措施，这种情形可能发生在对中国的出口中。

综合上述调查分析，倾销调查期内，韩国邻苯二甲酸酐对中国出口仍然存在倾销，所占中国同类产品总进口量的比例较高且总体呈上升趋势。相对其较大的产能，韩国邻苯二甲酸酐国内消费严重不足，产能严重过剩，国际市场依赖程度居高不下，没有证据表明上述情况会发生变化。此外，韩国大量以低价向第三国(地区)出口邻苯二甲酸酐，说明其低价寻求国外市场的需求非常强烈。中国邻苯二甲酸酐需求增长迅速且潜力巨大，是韩国邻苯二甲酸酐对外出口的主要目标市场，即便在采取反倾销措施的情况下，其对中国出口邻苯二甲酸酐的数量占中国同类产品总进口量的比例总体仍呈上升趋势。如果终止反倾销措施，其可能以低价倾销来加大对中国出口的力度。综上所述，如果终止原反倾销措施，韩国邻苯二甲酸酐对中国的倾销很可能继续发生。

日本

由于没有日本生产商、出口商应诉且未提交资料，依据《中华人民共和国反倾销条例》第二十一条的规定，调查机关决定采用可获得的最佳信息，对日本被调查产品倾销调查期内的倾销情况、出口能力、对中国的出口和对第三国(地区)的出口的分析，对日本被调查产品倾销继续或再度发生的可能性进行了审查。调查机关认为，申请人提供的信息是可获得的最佳信息。

1. 调查期内的倾销情况

根据原反倾销措施，日本被调查产品所适用的反倾销税税率为66%。前述倾销调查表明，倾销调查期日本被调查产品对中国出口存在倾销。

2. 出口能力

(1) 产能、产量

根据申请人获得的数据，自2003年开始的反倾销措施实施期间，日本邻苯二甲酸酐的产能、产量出现一定幅度的下降。产能从2003年30.4万吨下降到倾销调查期的17万吨，减少约13万吨，下降幅度为44.08%。产量自2003年26万吨下降到倾销调查期的15.5万吨，减少10.5万吨，下降幅度为40.38%。

(2) 国内消费情况

根据申请人获得的数据，日本邻苯二甲酸酐的国内消费不足，且下降趋势，2003年国内消费量为18.2万吨，倾销调查期国内消费量为13万吨，减少

5.2 万吨，下降幅度高达 28.57%。

（3）对国际市场的依赖程度

根据申请人提供的数据，日本出口总量占其产能比例倾销调查期为 16.13%，2003 年至倾销调查期年平均为 22%，而日本邻苯二甲酸酐对中国出口量占其同期总出口量的比例倾销调查期为 52%，2003 至倾销调查期年平均比例达到 51%，说明日本邻苯二甲酸酐对国际市场的依赖程度较高。

3. 对中国出口情况

根据申请人提供的数据，受反倾销措施制约，日本邻苯二甲酸酐对中国出口量呈下降趋势，2003 年日本对中国出口量为 36570 吨，倾销调查期下降为 12504 吨。倾销调查期的出口量与 2003 年相比大幅下降近 65.81%。

尽管日本对中国出口量呈下降趋势，但是其对中国出口量占中国同类产品总进口量的比例总体却呈上升趋势，从 2003 年的 14.45% 上升至倾销调查期的 17.2%，2003 年至倾销调查期的年平均比例达到 16% 左右，处于较高水平。

反倾销措施实施以后，主要受原材料价格上涨影响，日本邻苯二甲酸酐对中国出口价格呈明显上升趋势。倾销调查结果表明，日本倾销调查期内邻苯二甲酸酐对中国出口价格仍然属于倾销价格。

4. 对第三国（地区）出口情况

根据申请人获得的数据，日本同时向除中国以外的其他国家（地区）低价出口邻苯二甲酸酐产品，占同期其邻苯二甲酸酐对外总出口量的绝大部分，说明其低价寻求国外市场的需求非常强烈。如果终止反倾销措施，该情况可能发生在其向中国的出口中。

综合上述调查分析，在采取反倾销措施的情况下，倾销调查期内日本邻苯二甲酸酐对中国出口仍然存在倾销，所占中国同类产品总进口量的比例较高且总体呈上升趋势。相对其较大的产能，日本邻苯二甲酸酐国内消费严重不足，且呈不断萎缩趋势，国际市场依赖程度居高不下，没有证据表明上述情况会发生变化。此外，日本大量以低价向第三国（地区）出口邻苯二甲酸酐，说明其低价寻求国外市场的需求非常强烈。中国邻苯二甲酸酐需求增长迅速且潜力巨大，是日本邻苯二甲酸酐对外出口的主要目标市场。如果终止原反倾销措施，其可能会加大低价倾销的力度。综上所述，如果终止原反倾销措施，日本邻苯二甲酸酐对中国的倾销可能继续发生。

印度

由于没有印度生产商、出口商应诉配合调查机关的期终复审调查，依据《中华人民共和国反倾销条例》第二十一条的规定，调查机关决定采用可获得的最佳信息，对印度邻苯二甲酸酐倾销调查期内的倾销情况、出口能力、对中国的出口和对第三国（地区）的出口的分析，对印度被调查产品倾销继续或再度发生的可能性进行了审查。调查机关认为，申请人提供的信息是可获得的最佳信息。

1. 调查期内的倾销情况

根据原反倾销措施，印度被调查产品所适用的反倾销税税率为 13%。前述倾销调查表明，倾销调查期印度被调查产品对中国出口存在倾销。

2. 出口能力

（1）产能、产量

根据申请人获得的数据，在反倾销措施实施期间，印度邻苯二甲酸酐的产能稳定在 28 万吨左右，产量呈上升趋势。产量从 2003 年的 17 万吨增加到倾销调查期的 20 万吨，增加幅度为 17.65%。

（2）国内市场消费情况

根据申请人获得的数据，印度国内邻苯二甲酸酐消费量由 2003 年 14.5 万吨增加到倾销调查期的 14.7 万吨，基本保持稳定。

（3）对国际市场的依赖程度

根据申请人获得的数据，相对其较大的产能，印度邻苯二甲酸酐的国内消费严重不足，印度邻苯二甲酸酐的产能利用率较低，闲置产能平均达 9 万吨，占其总产能的 25% ~41%。从出口量来看，印度邻苯二甲酸酐的出口量从 2003 年 1.9 万吨增加 2006 年的 6.7 万吨，出口量占产能的比例从 2003 年 6.6% 到 2006 年的 24%，上升了 17 个多百分点，说明印度邻苯二甲酸酐对国外市场的依赖程度提高。

3. 对中国出口情况

受反倾销措施制约，印度对中国出口量总体呈下降趋势，2003 年印度对中国出口量为 6912 吨，2004 年、2005 年下降至 3500 吨左右，2006 年反弹至 7748 吨，2007 年及倾销调查期降为 210 吨。同时，其对中国出口量占中国同类产品总进口量的比例总体也呈下滑趋势，2003 年为 2.73%，2004 年、2005 年有所下降，2006 年上升至 5.45%，2007 年及倾销调查期下滑至约 0.28%。

反倾销措施实施以后，主要受原材料价格上涨影响，印度邻苯二甲酸酐对中国出口价格呈明显上升趋势，倾销调查期较 2003 年上涨幅度超过 100%，但前述倾销调查结果表明，印度倾销调查期内邻苯二甲酸酐对中国出口仍然存在倾销。

4. 被其他国家（地区）采取贸易救济措施情况

根据 WTO 成员方的通报信息，巴基斯坦自 2006

年5月26日开始对原产于印度的进口邻苯二甲酸酐征收反倾销税，税率为10.94%。

综合上述调查分析，在采取反倾销措施的情况下，倾销调查期内印度邻苯二甲酸酐对中国出口仍然存在倾销。受反倾销措施的制约，印度在倾销调查期内几乎停止了对中国出口。相对其较大的产能，印度邻苯二甲酸酐国内消费严重不足，且呈不断萎缩趋势，国际市场依赖程度居高不下，没有证据表明上述情况会发生变化。第三国对印度邻苯二甲酸酐采取的反倾销措施证明印度以倾销价格向第三国大量出口邻苯二甲酸酐，如果中国取消原反倾销措施，在第三国市场受到贸易限制的印度邻苯二甲酸酐很可能实施对中国的贸易转移。综上所述，如果终止原反倾销措施，印度邻苯二甲酸酐对中国的倾销可能继续发生。

（三）倾销调查结论

如果终止原反倾销措施，原产于韩国、日本和印度的进口邻苯二甲酸酐对中国的倾销有可能继续发生。

七、损害继续或再度发生的可能性

（一）国内市场供求情况

1. 国内表观消费量

根据行业协会提供的信息，调查期内，随着国内邻苯二甲酸酐下游行业的快速发展，国内邻苯二甲酸酐表观消费量持续增长，2003～2007年分别为82万吨、85万吨、90万吨、96万吨和101万吨，2004～2007年分别比上年增长3.66%、5.88%、6.67%和5.21%，2003～2007年年均增长5.37%，2007年比2003年增长23.28%。2008年1～6月为52万吨，比上年同期增长4.00%。

根据行业协会提供的信息，调查期内，中国邻苯二甲酸酐表观消费量占全球邻苯二甲酸酐总消费量的25%左右，2003～2007年5.37%的年均增长幅度高于全球2.50%的年均消费增长幅度。中国已经成为全球邻苯二甲酸酐需求量最大、增长速度最快的市场。

2. 国内供应能力及供应量

根据行业协会提供的信息，调查期内，随着国内市场需求的快速增长，国内新建和扩建了一批邻苯二甲酸酐生产装置，国内总产能持续增长，2003～2007年分别为75万吨、90万吨、98万吨、108万吨和119万吨，2003～2007年年均增长12.23%。2008年1～6月为60万吨，与上年同期基本持平。2004年以来，国内邻苯二甲酸酐总产能一直大于表观消费量，国内市场供过于求。

根据行业协会提供的信息，调查期内，国内邻苯二甲酸酐总产量及所占国内市场份额均持续增长。2003～2007年国内邻苯二甲酸酐总产量分别为57万吨、66万吨、73万吨、82万吨和95万吨，2003～2007年年均增长13.62%，高于表观消费量增长幅度。2008年1～6月为49万吨，比上年同期增长6.52%。如果不考虑库存因素，2003～2007年国内生产的邻苯二甲酸酐占国内市场份额分别为69.22%、77.02%、81.09%、85.21%和92.31%，2003～2007年年均增长5.77个百分点。2008年1～6月为92.87%，比上年同期增长1.38个百分点。

根据中国海关统计，调查期内，2003～2007年和2008年1～6月国内邻苯二甲酸酐出口量分别为841吨、2227吨、384吨、1752吨、14323吨和6412吨，虽然总体呈增长趋势，但绝对量较小，占当期国内邻苯二甲酸酐总产量的比例均不足2%。

上述证据显示，调查期内，中国国内邻苯二甲酸酐表观消费量持续增长，国内邻苯二甲酸酐总产能、总产量、市场份额快速增长，供应能力完全能够满足国内市场需求。国内生产的邻苯二甲酸酐逐渐占据国内市场主要部分，且对国内市场依赖程度较高。

3. 进口数量

根据中国海关统计，调查期内，中国邻苯二甲酸酐总进口量及所占市场份额均持续下降。2003～2007年国内邻苯二甲酸酐总进口量分别为253051吨、196747吨、170167吨、142046吨和77910吨，2003～2007年年均下降25.51%。2008年1～6月为37107吨，比上年同期下降12.29%。2003～2007年总进口量占国内邻苯二甲酸酐市场份额分别为30.78%、23.04%、18.91%、14.79%和7.69%，2003～2007年年均下降5.77个百分点。2008年1～6月为7.13%，比上年同期下降1.38个百分点。2008年1～6月总进口量及所占市场份额下降幅度趋缓。

（1）原产于韩国、日本和印度的被调查产品

① 进口数量

根据中国海关统计，调查期内，原产于韩国、日本和印度的被调查产品进口数量总体呈下降趋势，2003～2007年分别为129391吨、117752吨、119268吨、85084吨和52149吨，2003～2007年年均下降20.32%。2008年1～6月为25171吨，比上年同期下降4.54%。2006～2007年下降幅度明显增大，2008年1～6月降幅趋缓。

其中，2003～2007年和2008年1～6月，原产于韩国的被调查产品进口数量分别为85908吨、80595吨、86357吨、59691吨、36554吨和18536吨，2003～2007年年均下降19.23%。原产于日本的

被调查产品进口数量分别为36570吨、33601吨、29359吨、17644吨、15384吨和6635吨，2003～2007年年均下降19.46%。原产于印度的被调查产品进口数量分别为6912吨、3548吨、3553吨、7748吨、210吨和0吨，2003～2007年年均下降58.25%，2008年1～6月已无进口。

② 占国内市场份额

根据中国海关统计，调查期内，原产于韩国、日本和印度的被调查产品占国内邻苯二甲酸酐市场份额持续下降。2003～2007年分别为15.74%、13.79%、13.26%、8.86%和5.14%，2003～2007年年均下降2.65个百分点。2008年1～6月为4.83%，比上年同期下降0.47个百分点。

其中，2003～2007年和2008年1～6月，原产于韩国的被调查产品占中国国内市场份额分别为10.45%、9.44%、9.60%、6.22%、3.61%和3.56%，2003～2007年年均下降1.17个百分点。原产于日本的被调查产品占中国国内市场份额分别为4.45%、3.94%、3.26%、1.84%、1.52%和1.27%，2003～2007年年均下降0.73个百分点。原产于印度的被调查产品占中国国内市场份额分别为0.84%、0.42%、0.39%、0.81%、0.02%和0，2003～2007年年均下降0.2个百分点。

③ 占总进口量比重

根据中国海关统计，调查期内，原产于韩国、日本和印度的被调查产品进口数量占国内邻苯二甲酸酐总进口量的比重一直保持在50%以上，占国内邻苯二甲酸酐总进口量的主要部分，且总体呈上升趋势，2003～2007年分别为51.13%、59.85%、70.09%、59.90%和66.93%，2003～2007年年均增长3.95个百分点。2008年1～6月为67.83%，比上年同期增长5.51个百分点。

其中，2003～2007年和2008年1～6月，原产于韩国的被调查产品进口数量占总进口量的比重分别为33.95%、40.96%、50.75%、42.02%、46.92%和49.95%，2003～2007年年均增长3.24个百分点，是同期对中国出口邻苯二甲酸酐数量最大的国家。原产于日本的被调查产品进口数量占总进口量的比重分别为14.45%、17.08%、17.25%、12.42%、19.75%和17.88%，2003～2007年年均增长1.32个百分点。原产于印度的被调查产品进口数量占总进口量的比重分别为2.73%、1.80%、2.09%、5.45%、0.27%和0，2003～2007年年均下降0.62个百分点。

(2) 原产于其他国家(地区)的邻苯二甲酸酐

根据中国海关统计，调查期内，原产于其他国家(地区)的邻苯二甲酸酐进口数量和市场份额总体均呈下降趋势，2003～2007年和2008年1～6月，进口数量分别为123660吨、78996吨、50899吨、56963吨、25761吨和11936吨，2003～2007年年均下降32.44%。市场份额分别为15.04%、9.25%、5.66%、5.93%、2.54%和2.29%，2003～2007年年均下降3.12个百分点。其中，原产于中国台湾地区和俄罗斯联邦的邻苯二甲酸酐占主要部分。

上述证据显示，调查期内，中国邻苯二甲酸酐总进口量及所占市场份额均持续下降，2008年1～6月下降幅度趋缓。其中，原产于韩国、日本和印度的被调查产品进口数量也呈下降趋势，但其下降幅度低于国内邻苯二甲酸酐总进口量和原产于其他国家(地区)的邻苯二甲酸酐进口数量的下降幅度。被调查产品占国内邻苯二甲酸酐总进口量的主要部分。

（二）调查期内国内产业恢复情况

根据商务部2003年第40号公告，在原反倾销调查的调查期内(1998年1月1日至2001年12月31日)，中国国内邻苯二甲酸酐市场需求呈现持续增长态势。因受国内邻苯二甲酸酐市场需求较旺的拉动，国内产业的产能、产量和销量出现不同程度的增长。由于受被调查产品大量进口和倾销的影响，国内相关产业的生产、经营和发展受到严重冲击和抑制。2001年国内产业陷入低谷，同类产品价格大幅下滑、生产能力不能充分发挥、库存增加、财务和资金状况恶化、企业全面亏损、投资不能收回、信用等级下降、投资计划搁置、就业率下降、员工工资下降，停产、半停产企业增加，国内产业遭受到实质损害。

调查机关对调查期内国内产业相关经济因素和指标进行了调查，现有证据显示：

1. 产能

调查期内，国内产业产能总体呈增长趋势，2003～2007年分别为44.85万吨、47.30万吨、55.08万吨、55.88万吨、55.48万吨，2004～2007年分别比上年增长5.46%、增长16.45%、增长1.45%和下降0.72%，2003～2007年年均增长5.46%，略高于同期表观消费量年均增长幅度。2008年1～6月为29.19万吨，比上年同期增长5.42%。

2. 产量

调查期内，随着国内产业产能增长，国内产业同类产品产量总体呈增长趋势，2003～2007年分别为395182吨、364960吨、447020吨、468663吨和483776吨，2004～2007年分别比上年下降7.65%、增长22.48%、增长4.84%和增长3.22%，2003～2007年年均增长5.19%。2008年1～6月为245527吨，比上年同期增长2.32%，低于同期表观消费量增长幅度。

3. 开工率

调查期内,2003~2007年国内产业开工率分别为88.11%、77.16%、81.16%、83.87% 和 87.20%,2004~2007年分别比上年下降10.95个百分点、上升4个百分点、上升2.71个百分点和上升3.33个百分点。2008年1~6月为84.11%,比上年同期下降2.54个百分点。

4. 销售量

调查期内,国内产业同类产品销售量总体呈增长趋势。2003~2007年,国内产业同类产品在国内市场上销售量分别为266602吨、261435吨、350274吨、378039吨和388420吨,2004~2007年分别比上年下降1.94%、增长33.98%、增长7.93%和增长2.75%,2003~2007年年均增长9.87%,高于同期表观消费量年均增长幅度。2008年1~6月为190493吨,比上年同期下降0.39%。

5. 市场份额

调查期内,2003~2007年国内产业占国内同类产品市场份额分别为47.77%、42.81%、50.02%、48.74%和47.16%,2004~2007年分别比上年下降4.96个百分点、上升7.21个百分点、下降1.28个百分点和下降1.58个百分点。2008年1~6月为44.63%,比上年同期下降3.24个百分点。

6. 期末库存

调查期内,国内产业同类产品期末库存总体呈增长趋势,2003~2007年分别为9920吨、9664吨、7604吨、8234吨和14028吨,2004~2007年分别比上年下降2.59%、下降21.31%、增长8.28%和增长70.37%,2003~2007年年均增长9.05%,2008年1~6月为27178吨,比上年同期增长166.62%。

7. 销售收入

调查期内,国内产业同类产品销售收入总体呈增长趋势,2003~2007年分别为133996万元、164846万元、241911万元、321721万元和334296万元,2004~2007年分别比上年增长23.02%、46.75%、32.99%和3.91%,2003~2007年年均增长25.68%。2008年1~6月为153829万元,比上年同期下降8.16%。

8. 销售价格

调查期内,国内产业同类产品销售价格总体呈增长趋势。2003~2007年,国内产业同类产品在国内市场上的销售价格分别为5026.06元/吨、6305.44元/吨、6906.33元/吨、8602.23元/吨和8973.16元/吨,2004~2007年分别比上年上升25.45%、9.53%、24.56%和4.31%,2003~2007年年均上升15.59%。2007年比2003年上升78.53%。2008年1~6月为8300.42元/吨,比上年同期下降9.42%。

国内产业同类产品销售价格主要受主要原材料邻二甲苯价格变动影响,邻二甲苯占邻苯二甲酸酐总生产成本的90%以上。调查期内,受原油价格影响,邻二甲苯价格呈先升后降的趋势,导致同类产品成本也呈相同的变化趋势。2003~2007年国内产业同类产品单位生产成本分别为4805.46元/吨、6164.16元/吨、6877.49元/吨、8156.44元/吨和8408.25元/吨,2004~2007年分别比上年上升28.27%、11.57%、18.60%和3.09%,2008年1~6月为8117.44元/吨,比上年同期下降5.87%。2003~2007年国内产业同类产品单位销售成本分别为4781.64元/吨、6143.05元/吨、6880.10元/吨、8138.99元/吨和8463.03元/吨,2004~2007年分别比上年增长28.47%、12.00%、18.30%和3.98%,2008年1~6月为7984.68元/吨,比上年同期下降7.09%。单位生产成本与单位销售成本变化趋势基本相同。

9. 税前利润

调查期内,国内产业持续亏损。2003~2007年国内产业税前利润分别为~2655万元、~6001万元、~12707万元、~2708万元和~1441万元,2004~2007年分别比上年增亏126.01%、增亏111.75%、减亏79.69%和减亏46.76%,2007年比2003年减亏45.71%。2008年1~6月为~6216万元,亏损额约为上年同期的19倍。

10. 投资收益率

调查期内,由于持续亏损,国内产业投资收益率一直为负值。2003~2007年分别为-2.35%、-4.43%、-6.83%、-1.32%和-0.69%,2004~2007年分别比上年下降2.08个百分点、下降2.39个百分点、上升5.51个百分点和上升0.63个百分点,2007年比2003年上升1.66个百分点。2008年1~6月为-2.81%,比上年同期下降2.65个百分点。

11. 就业人数

调查期内,2003~2007年国内产业就业人数分别为1799人、1915人、1883人、1918人和1900人,2004~2007年分别比上年下降6.44%、增长1.68%、增长1.88%和下降0.93%。2008年1~6月为1761人,比上年同期下降8.76%。

12. 人均工资

调查期内,国内产业就业人员人均工资总体呈增长趋势,2003~2007年分别为13599元、12964元、18777元、21494元和25078元,2004~2007年分别比上年下降4.67%、增长44.84%、增长

14.46%和增长16.68%，2003～2007年年均增长16.53%。2008年1～6月为11817元，比上年同期增长10.47%。

13. 劳动生产率

调查期内，国内产业同类产品劳动生产率总体呈增长趋势，2003～2007年分别为220吨/人、191吨/人、237吨/人、244吨/人和255吨/人，2004～2007年分别比上年下降13.23%、增长24.58%、增长2.90%和增长4.19%。2008年1～6月为139吨/人，比上年同期增长12.15%。

14. 现金净流量

经调查机关实地核查，调查期内，国内产业各企业均没有单独记录同类产品经营活动的现金流量，部分企业不编制半年现金流量表，且经分摊后的现金净流量不能反映同类产品的实际经营状况。因此，调查机关认定，本案对国内产业现金流量指标分析没有意义。

15. 投融资能力

调查期内，国内产业一直处于亏损状态，投资收益率一直为负值，对同类产品的投融资产生不利影响，部分新建项目被迫推迟。投入的大量资金难以产生效益，对资金的回收及下一步投融资活动产生不利影响。

上述证据显示，调查期内，随着国内同类产品表观消费量的持续增长，国内产业新建和扩建同类产品生产装置，产能持续增长，国内产业的生产规模迅速扩大。但主要受原材料成本和销售价格等因素影响，国内产业税前利润大幅波动。

2003～2005年，国内产业同类产品销售价格持续上升，同期主要原材料邻二甲苯的价格也大幅上升，带动同类产品单位生产成本上升，单位销售成本也相应上升。2004年、2005年，同类产品单位生产成本和单位销售成本的上升幅度均高于销售价格的上升幅度。2003～2005年同类产品单位毛利润分别为244.42元/吨、162.39元/吨和26.22元/吨，毛利率分别为4.86%、2.58%和0.38%，均呈持续下降趋势，同类产品获利空间持续下降。受此影响，与2003年相比，2004年国内产业产量、销售量、税前利润、销售收入均呈下降趋势，开工率、市场份额、劳动生产率降至调查期内最低点。2005年，随着国内产业产能大幅增长，国内产业产量、销售量、销售收入、开工率、市场份额、劳动生产率均有所回升，但税前利润进一步下滑，国内产业出现调查期内最为严重的亏损。

2006～2007年，国内产业同类产品销售价格和主要原材料邻二甲苯的价格仍保持上升趋势，但同类产品销售价格上升幅度大于单位生产成本和单位销售成本上升幅度。2006～2007年，国内同类产品单位毛利润分别为463.24元/吨、510.13元/吨，毛利率分别为5.39%、5.69%，均呈回升趋势。国内产业产能、产量基本保持稳定，开工率、人均工资、劳动生产率均呈上升趋势。销售量、销售收入持续增长，税前利润、投资收益率持续回升，2007年国内产业亏损额为2003～2007年最低点。

2008年1～6月，国内产业同类产品销售价格和主要原材料邻二甲苯的价格均呈下降趋势，但同类产品销售价格下降幅度大于单位生产成本和单位销售成本下降幅度，国内同类产品单位毛利润和毛利率呈下降趋势，分别为315.74元和3.80%，比上年同期下降44.60%和2.42个百分点。在表观消费量继续增长的情况下，国内产业开工率、销售量、市场份额、销售价格、销售收入、就业人数均呈下降趋势，期末库存大幅增长，2008年6月末库存达到调查期内最高点。税前利润亏损额约为上年同期19倍，投资收益率大幅下降。

上述调查情况表明，调查期内，2003～2005年，同类产品销售价格上升幅度低于单位生产成本和单位销售成本上升幅度，国内产业虽然经过扩充产能，开工率和市场份额在2005年有所回升，但税前利润持续下降，企业效益持续下滑；2006～2007年，同类产品销售价格继续上升，且获利空间逐渐回升，国内产业生产经营状况得到了初步恢复和发展；2008年1～6月，同类产品销售价格大幅下降，且下降幅度大于单位生产成本和单位销售成本下降幅度，国内产业开工率和市场份额呈下降趋势，期末库存大幅增长，亏损额约为上年同期19倍，生产经营状况再度恶化，容易受到低价进口产品的冲击和影响。

（三）终止原反倾销措施损害再度发生的可能性

1. 国内市场状况预测

根据行业协会提供的信息，受金融危机影响，2008年全球邻苯二甲酸酐消费量比上年大幅下降6.84%。除中国外，美国、西欧等邻苯二甲酸酐主要市场需求量均呈大幅下降趋势，并将持续低迷甚至进一步萎缩，预计2008～2011年全球邻苯二甲酸酐消费量年均增长0.75%。金融危机将导致全球邻苯二甲酸酐过剩产能大幅增长。

根据行业协会提供的信息，2008年国内邻苯二甲酸酐表观消费量为100万吨，总产能120万吨，总产量93万吨，均与上年基本持平。随着国家宏观经济政策的陆续出台、下游不饱和树脂行业的快速发展以及邻苯二甲酸酐应用范围的不断拓展，预计2009～2011年国内邻苯二甲酸酐表观消费量年均增长约4% ~5%，总产能年均增长约1% ~2%，2011年国内表观消费量达116万吨，总产能达125万吨。中国仍将是全球邻苯二甲酸酐需求量最大、增长速度最快的市场。

根据中国海关统计，2008年以来，国内邻苯二甲酸酐总进口量开始呈现增长趋势。2008年为80191吨，比上年增长2.93%，占国内市场份额上升约1个百分点。其中，2008年7~12月总进口量为43084吨，比上年同期增长21.01%。中国邻苯二甲酸酐市场对金融危机下全球大幅增长的过剩产能有较大吸引力，国内市场竞争将日趋激烈。

2. 被调查产品进口数量增长的可能性

(1) 原产于韩国的被调查产品

① 出口能力

根据行业协会提供的信息，2003~2005年韩国邻苯二甲酸酐产能维持在38.5万吨，2006年小幅增长至40万吨，2007~2008年保持不变，预计2009~2011年仍将维持在40万吨。

2003~2008年韩国邻苯二甲酸酐产量分别为35.4万吨、36万吨、37万吨、38万吨、38.2万吨和34万吨，开工率分别为91.95%、93.51%、96.10%、95.00%、95.50%和85.00%。2003~2007年开工率维持在90%以上，处于较高水平。2008年开工率比上年下降10.50个百分点，闲置产能大幅增长。

2003~2008年韩国邻苯二甲酸酐国内消费量分别为22万吨、22.3万吨、22.5万吨、22.8万吨、23.1万吨和20.8万吨，分别占当年产量的62.15%、61.94%、60.81%、60.00%、60.47%和61.18%，占当年产能的57.14%、57.92%、58.44%、57.00%、57.75%和52.00%。其依赖出口的产能占当年总产能的比重维持在40%以上，2008年比上年增长5.75个百分点。预计2009~2011年国内消费量分别为20万吨、20.2万吨和20.5万吨，分别占当年产能的50.00%、50.50%和51.25%，其依赖出口的产能将维持在较高水平。

② 对国外市场依赖程度

根据申请人提供的韩国海关统计数据，2003~2008年，韩国邻苯二甲酸酐出口量分别为15.90万吨、16.35万吨、16.58万吨、14.88万吨、17.03万吨和13.46万吨，分别占当年产量的44.92%、45.56%、44.86%、39.21%、44.50%和39.71%，占当年产能的41.30%、42.60%、43.12%、37.25%、42.50%和33.75%，对国外市场的依赖程度维持在较高水平。2008年出口量比上年大幅下降20.96%，对外出口受阻。

③ 对中国出口数量

根据申请人提供的韩国海关统计数据，2003~2008年韩国邻苯二甲酸酐对中国出口量分别占当年总出口量的57.9%、46.34%、51.81%、38.3%、22.9%和24.4%，中国是韩国邻苯二甲酸酐最大出口市场。

④ 对其他国家(地区)出口数量

根据申请人提供的韩国海关统计数据，韩国邻苯二甲酸酐的主要出口市场包括中国、土耳其、伊朗、沙特阿拉伯、印度、泰国、越南、印度尼西亚、马来西亚、埃及、澳大利亚等。2003~2008年韩国邻苯二甲酸酐对除中国外其他主要出口市场的合计出口数量分别为44364吨、61588吨、54939吨、60857吨、86935吨和69306吨，2008年比上年大幅下降20.28%。

上述证据表明，韩国具有较大的邻苯二甲酸酐出口能力，对国外市场依赖程度较高，中国一直是其最大的出口市场。2008年以来，韩国邻苯二甲酸酐的国内消费量大幅下降，闲置产能和出口能力呈增长趋势，预计未来几年仍将维持在较高水平。同时，受全球金融危机影响，韩国邻苯二甲酸酐对外出口受阻。与其他主要出口市场相比，中国邻苯二甲酸酐市场距离韩国较近，市场需求量大，具有运输成本低、交货期短、销售渠道健全、贸易风险小等优势，对韩国邻苯二甲酸酐出口具有较大吸引力。因此，如果终止原反倾销措施，原产于韩国的被调查产品进口数量很可能增长。

(2) 原产于日本的被调查产品

① 出口能力

根据行业协会提供的信息，2003~2004年日本邻苯二甲酸酐产能维持在30.4万吨，2005年降至25.9万吨，2006年进一步降至17万吨，2007~2008年保持不变，预计2009~2011年仍将维持在17万吨。

2003~2008年日本邻苯二甲酸酐产量分别为26万吨、25.7万吨、24万吨、18.5万吨、18万吨和15万吨，开工率分别为85.53%、84.54%、92.66%、108.82%、105.88%和88.24%。2003~2007年开工率处于较高水平，2008年开工率比上年下降17.64个百分点，闲置产能大幅增长。

2003~2008年日本邻苯二甲酸酐国内消费量分别为18.2万吨、18.3万吨、17.5万吨、15.5万吨、15.2万吨和12.3万吨，分别占当年产量的70.00%、71.21%、72.92%、83.78%、84.44%和82.00%，占当年产能的59.87%、60.20%、67.57%、91.18%、89.41%和72.35%。2003~2007年，随着

日本邻苯二甲酸酐产能下降，其依赖出口的产能总体呈下降趋势。2008年日本国内消费量大幅下降，依赖出口的产能比上年大幅增长161.11%。预计2009～2011年国内消费量分别为11.5万吨、10.5万吨和10万吨，分别占当年产能的67.65%、61.76%和58.82%，其依赖出口的产能将维持在较高水平。

② 对国外市场依赖程度

根据申请人提供的日本海关统计数据，2003～2008年，日本邻苯二甲酸酐出口量分别为7.0万吨、7.3万吨、6.6万吨、3.0万吨、2.5万吨和2.9万吨，分别占当年产量的26.92%、28.40%、27.50%、16.22%、13.89%和19.33%，占当年产能的23.03%、24.01%、25.48%、17.65%、14.71%和17.06%。2003～2007年，日本邻苯二甲酸酐出口量总体呈下降趋势。2008年由于国内市场消费低迷，出口量比上年增长16%，对国外市场依赖程度大幅上升。

③ 对中国出口数量

根据申请人提供的日本海关统计数据，2003～2008年日本邻苯二甲酸酐对中国出口量分别占当年总出口量的53%、45%、42%、60%、56%和49%，中国是日本邻苯二甲酸酐最大出口市场。

④ 对其他国家(地区)出口数量

根据申请人提供的日本海关统计数据，日本邻苯二甲酸酐的主要出口市场包括中国、泰国、越南、印尼、马来西亚、新加坡、菲律宾等。2003～2008年日本邻苯二甲酸酐对除中国外其他主要出口市场的合计出口数量分别为27643吨、33189吨、31788吨、12062吨、10787吨和15255吨，2008年比上年大幅增长41.42%。

上述证据表明，日本邻苯二甲酸酐产能总体呈下降趋势，对国外市场依赖程度逐步降低，中国一直是其最大的出口市场。2008年以来，日本邻苯二甲酸酐的国内消费量大幅下降，闲置产能和出口能力呈增长趋势，出口量大幅增长，对国外市场依赖程度上升，预计未来几年出口量仍将维持在较高水平。与其他主要出口市场相比，中国邻苯二甲酸酐市场距离日本较近，市场需求量大，具有运输成本低、交货期短、贸易风险小的优势，对日本邻苯二甲酸酐出口具有较大吸引力。因此，如果终止原反倾销措施，原产于日本的被调查产品进口数量很可能增长。

(3) 原产于印度的被调查产品

① 出口能力

根据行业协会提供的信息，2003～2005年，印度邻苯二甲酸酐产能维持在29万吨，2006年降至28万吨，2007～2008年保持不变，预计2009～2011年仍将维持在28万吨。

2003～2008年印度邻苯二甲酸酐产量分别为17万吨、17.3万吨、18.8万吨、20万吨、21万吨和19万吨，开工率分别为58.62%、59.66%、64.83%、71.43%、75.00%和67.86%，开工率处于较低水平，闲置产能较大。

2003～2008年印度邻苯二甲酸酐国内消费量分别为14.5万吨、14.5万吨、14.6万吨、14.8万吨、14.9万吨和13.5万吨，分别占当年产量的85.29%、83.82%、77.66%、74.00%、70.95%和75.00%，占当年产能的50.00%、50.00%、50.34%、52.86%、53.21%和48.21%，其依赖出口的产能占当年总产能的一半左右。预计2009～2011年国内消费量分别为13.0万吨、13.2万吨和13.4万吨，分别占当年产能的46.43%、47.14%和47.86%，其依赖出口的产能将维持在较高水平。

② 对国外市场依赖程度

根据申请人提供的信息，2003年和2006年，印度邻苯二甲酸酐出口量分别为1.9万吨和6.7万吨，分别占当年产能的6.6%和24%，对国外市场依赖程度逐步提高。

③ 对中国出口数量

根据申请人提供的信息，2003年和2006年，印度邻苯二甲酸酐对中国出口量分别占当年总出口量的36.32%和11.49%，总体呈下降趋势。

④ 被其他国家(地区)征收反倾销税情况

根据WTO成员方的通报信息，2006年5月26日，巴基斯坦对原产于印度的进口邻苯二甲酸酐开始征收反倾销税，税率为10.94%。

上述证据表明，印度具有较大的邻苯二甲酸酐出口能力，依赖出口的产能占总产能的一半左右，闲置产能较大。2008年以来，印度邻苯二甲酸酐的国内消费量下降，闲置产能和出口能力呈增长趋势，预计未来几年仍将维持在较高水平。在国内市场消费低迷，出口被第三国征收反倾销税的情况下，如果终止原反倾销措施，原产于印度的被调查产品进口数量很可能增长。

3. 被调查产品进口价格和国内同类产品销售价格趋势预测

(1) 被调查产品进口价格趋势预测

根据中国海关统计，调查期内，2003～2007年和2008年1～6月，原产于韩国、日本和印度的被调查产品加权平均进口价格分别为586.75美元/吨、734.36美元/吨、809.10美元/吨、1043.29美元/吨、1205.68美元/吨和1204.23美元/吨，2004～

2007年和2008年1~6月分别比上年同期上升25.16%、10.18%、28.94%、15.57%和2.73%，呈持续上升趋势。

被调查产品进口价格主要受主要原材料邻二甲苯价格变动的影响。调查期内，国际原油价格持续上升，带动邻二甲苯价格大幅上升，导致被调查产品进口价格持续上升。随着调查期后国际原油价格下跌，原产于日本、韩国和印度的被调查产品进口价格呈下降趋势。根据中国海关统计，调查期后，2008年7~12月，被调查产品进口价格为1045.87美元/吨，比上年同期下降15.65%，比2008年1~6月下降13.15%。2009年1~3月进口价格比上年同期进一步下降34.85%。

倾销调查表明，反倾销措施实施期间，被调查产品仍然存在倾销行为。目前，中国国内市场供过于求，进口被调查产品与国内同类产品在生产成本、产品质量、销售渠道上基本一致，价格因素对下游用户选择起重要作用。如果终止反倾销措施，为转移过剩产能，被调查产品很可能通过压低销售价格来扩大对中国出口，提高市场份额，被调查产品进口价格可能出现进一步下降。

(2) 国内同类产品销售价格趋势预测

调查期内，2003~2007年国内产业同类产品在国内市场上的销售价格分别为5026.06元/吨、6305.44元/吨、6906.33元/吨、8602.23元/吨和8973.16元/吨，2004~2007年分别比上年上升25.45%、9.53%、24.56%和4.31%。2008年1~6月为8300.42元/吨，比上年同期下降9.42%。2008年以来，国内产业同类产品销售价格呈下降趋势。

国内产业同类产品销售价格的变化主要受主要原材料邻二甲苯价格变化的影响。调查期内，2003~2005年，国内产业同类产品销售价格上升幅度低于邻二甲苯价格上升幅度，同类产品获利空间下降，国内产业亏损额持续增长；2006~2007年，同类产品获利空间逐渐回升，国内产业生产经营状况得到了初步恢复和发展；2008年以来，国内产业同类产品销售价格下降幅度大于邻二甲苯价格下降幅度，企业生产经营状况再度恶化。

如果终止原反倾销措施，被调查产品很可能扩大对中国出口，并可能以降价方式扩大在中国的市场份额。国内产业高度依赖国内市场，为保住市场份额，很可能被迫降价销售。此外，如果终止反倾销措施，被调查产品进口数量很可能增长，将导致国内市场供需差距进一步扩大，进一步压低国内市场价格。

4. 国内邻苯二甲酸酐产业状况预测

调查期内，虽然国内邻苯二甲酸酐总产能、总产量、市场份额快速增长，但受主要原材料成本和销售价格等因素影响，国内邻苯二甲酸酐产业生产经营状况尚未完全恢复，仍较为脆弱。2008年以来，国内产业同类产品销售价格和主要原材料邻二甲苯的价格均呈下降趋势，同类产品销售价格下降幅度更大，国内产业毛利润大幅下降，开工率、销售量、市场份额、销售价格、销售收入、税前利润、投资收益率等指标均呈下降趋势，期末库存大幅增长，生产经营状况再度恶化。

倾销调查表明，反倾销措施实施期间，进口被调查产品仍然存在倾销行为。如果终止原反倾销措施，被调查产品的倾销行为很可能继续发生。被调查产品进口数量可能大幅增长，进口价格可能进一步降低，对已经供过于求的国内邻苯二甲酸酐市场将造成重大影响。国内邻苯二甲酸酐产业销售量可能停止增长或呈下降趋势，市场份额、开工率相应下降；销售价格可能进一步下滑，销售收入下降，企业盈利空间进一步缩减，亏损进一步加剧。国内产业生产经营状况的下滑可能会对企业资金的回收和下一步投融资活动形成阻碍，严重时可能导致国内部分企业停产或倒闭。

(四) 产业损害调查结论

1. 调查期内，原产于韩国、日本和印度的被调查产品进口数量及市场份额总体均呈下降趋势，但仍占中国邻苯二甲酸酐总进口量的主要部分。进口价格持续上升，但调查期后开始呈现持续下降趋势。

2. 国内邻苯二甲酸酐总产能、总产量、市场份额快速增长，但受主要原材料价格变动影响，调查期内，2003~2005年，国内产业同类产品获利空间下降，亏损额增长，虽然2006~2007年国内产业整体情况有所好转，2008年以来，国内产业生产经营状况再度恶化，表明国内产业仍然易受倾销进口产品的冲击和损害。

3. 2008年以来，韩国、日本和印度邻苯二甲酸酐国内消费量下降，闲置产能和出口能力均呈增长趋势。除中国外，韩国、日本和印度的主要出口市场低迷，出口压力增大。中国邻苯二甲酸酐市场具有距离近、需求量大、增长稳定等优势，对韩国、日本和印度的邻苯二甲酸酐出口有较大吸引力。如果终止原反倾销措施，原产于韩国、日本和印度的被调查产品进口数量很可能增长。

4. 如果终止原反倾销措施，韩国、日本和印度为重新获得甚至扩大其在中国邻苯二甲酸酐市场份额，有可能以倾销价格对中国出口被调查产品，国内同类产品价格可能会进一步下降或处于较低水平。

被调查产品进口数量增长有可能扩大国内供求差距，进一步压低市场价格。

根据以上调查，调查机关认定，如果终止原反倾销措施，原产于韩国、日本和印度的进口邻苯二甲酸酐对中国国内产业造成的损害有可能再度发生。

八、复审裁定

根据以上调查，调查机关裁定如下：

如果终止原反倾销措施，原产于韩国、日本和印度的进口邻苯二甲酸酐对中国的倾销有可能继续发生。

如果终止原反倾销措施，原产于韩国、日本和印度的进口邻苯二甲酸酐对中国国内产业造成的损害有可能再度发生。

3. 河南邻苯二甲酸酐产业又获五年保护期

邻苯二甲酸酐产量居我国首位的河南省庆安化工高科技股份有限公司，2008 年作为主诉单位提起了对原产于韩国、日本和印度的进口邻苯二甲酸酐期终复审申请。该公司涉案产品 12 万吨、价值 10 亿元。商务部于 2009 年 8 月 30 日发布公告，继续对原产于上述国家的进口邻苯二甲酸酐征收反倾销税，使河南相关产业又获得了 5 年保护期，有利于促进企业发展和壮大。

4. 邻苯二甲酸酐反倾销复审申请获商务部肯定性裁定

由铜陵化工集团有机化工有限责任公司参与提起的对进口邻苯二甲酸酐（苯酐）反倾销期终复审申请，于 8 月 30 日获得商务部肯定性裁定，即：自 2009 年 8 月 31 日起，继续对原产于韩国、日本和印度的进口邻苯二甲酸酐征收反倾销税，实施期限为 5 年。

2003 年 8 月 31 日商务部决定对原产于韩国、日本和印度的进口邻苯二甲酸酐征收反倾销税，有效期截止 2008 年 8 月底。去年 8 月 29 日，商务部应铜化集团有机化工有限责任公司等六家国内公司申请，决定起对原产于韩国、日本和印度的进口邻苯二甲酸酐所适用的反倾销措施进行期终复审调查。申请企业的主要诉求是继续维持对上述国别的进口苯酐实施反倾销措施。在这起复审调查案中，安徽天润化学工业股份有限公司等四家国内公司作为支持企业参与申请。

今年 3 月份，商务部产业损害调查局派出调查组专程赴铜陵市，在铜陵市政府的大力支持和市商务局的积极配合下，就申请企业提交的有关事实和证据对有机化公司进行了现场核查。由于这起反倾销复审调查是我省企业第一次参与主动提起的贸易救济申请，调查工作受到省商务厅的高度重视，安徽省商务厅产业损害局人员作为调查组成员全程参与了在有机化公司的现场核查。

由企业自主对进口产品发起反倾销调查申请，标志着我省企业已开始主动拿起规则武器积极应对来自国外的不正当竞争。全球金融危机以来，我国进出口产业贸易摩擦形势更加趋于严峻，我省各级商务部门将在商务部的统一部署下，进一步加强贸易救济职能，做好相关规则及法律宣传、贸易摩擦应对和维护产业安全的各项工作。

十六、韩国媒报道我国连续发起对韩化学制品反倾销调查

据韩联社 6 月 9 日援引大韩贸易投资振兴公社（KOTRA）消息报道，近日，中国化工和金属企业拟向中国商务部申请对韩国和日本产硫酸进行反倾销调查，目前已进入各有关企业署名阶段。报道并提及今年 2 月和 5 月我分别采取的对韩对苯二甲酸反倾销调查和有机硅材料临时反倾销措施，指称中国正在加大化学品进口管制力度。

据报道，韩去年对我出口硫酸 100 万吨、5918 万美元，占韩硫酸出口总量的 45.5%；今年 1 至 4 月韩对我累计出口硫酸 61.7 万吨，占我进口总量的 54%。

注：苯二甲酸用于生产聚对苯二甲酸乙二酯（聚酯）等，是聚酯纤维、薄膜、塑料制品、绝缘漆及增塑剂的重要原料。

十七、我国对原产于欧盟的进口邻苯二酚所适用的反倾销措施的期终复审

1. 中华人民共和国商务部公告 2009 年第 53 号（二〇〇九年八月二十五日）：

2003 年 8 月 27 日，中华人民共和国商务部发布 2003 年第 41 号公告，决定对原产于欧盟的进口邻苯二酚实施最终反倾销措施，实施期限为五年。

该反倾销措施实施期间，商务部发布 2005 年第 61 公告，依法对措施进行了调整。

2008 年 8 月 26 日，商务部发布 2008 年第 52 号公告，应连云港三吉利化学工业有限公司代表中国邻苯二酚产业提出的申请，决定对原产于欧盟的进口邻苯二酚所适用的反倾销措施进行期终复审调查。

本复审调查的被调查产品与原反倾销调查被调查产品相同，即邻苯二酚，该产品归在《中华人民共和国进出口税则》税则号：29072910。该产品英文名称为 Catechol。

商务部对如果终止邻苯二酚反倾销措施，导致倾销和损害继续发生的可能性进行了调查，并根据调查结果向国务院关税税则委员会提出维持反倾销

措施的建议。

根据《中华人民共和国反倾销条例》第五十条及国务院关税税则委员会的决定，现将有关事项公告如下：

一、裁定

商务部裁定，如果终止原反倾销措施，原产于欧盟的进口邻苯二酚对中国的倾销可能继续；如果终止原反倾销措施，原产于欧盟的进口邻苯二酚对中国国内产业造成的损害可能继续。

二、反倾销措施

自2009年8月26日起，继续按照2003年第41号公告、2005年第61号公告、2008年第63号公告对原产于欧盟的进口邻苯二酚实施反倾销措施，实施期限为五年。

三、征收反倾销税的方法

自2009年8月26日起，进口经营者在进口原产于欧盟的进口邻苯二酚时，应向中华人民共和国海关缴纳相应的反倾销税。反倾销税以海关审定的完税价格从价计征，计算公式为：反倾销税税额 = 海关完税价格 × 反倾销税税率。进口环节增值税以海关审定的完税价格加上关税和反倾销税作为计税价格从价计征。

四、行政复议和行政诉讼

根据《中华人民共和国反倾销条例》第五十三条，对本复审决定不服的，可以申请行政复议，也可以向人民法院提起诉讼。

五、本公告自2009年8月26日起执行。

附件：中华人民共和国商务部关于原产于欧盟的进口邻苯二酚所适用的反倾销措施的期终复审裁定

2008年8月26日，应国内邻苯二酚产业申请，中华人民共和国商务部(以下称调查机关)发布公告，决定对原产于欧盟的进口邻苯二酚所适用的反倾销措施进行期终复审调查。

调查机关对如果终止原反倾销措施，原产于欧盟的进口邻苯二酚对中国的倾销和损害继续或再度发生的可能性进行了调查。根据调查结果，并依据《中华人民共和国反倾销条例》第四十八条，做出复审裁定如下：

一、原反倾销措施

2002年3月1日，应国内产业申请，原外经贸部发布该年度第5号公告，决定对原产于欧盟的进口邻苯二酚进行反倾销立案调查。

2003年8月27日，调查机关发布该年度第41号公告，决定对原产于欧盟的进口邻苯二酚实施为期5年的最终反倾销措施。

2005年10月14日，调查机关发布该年度第61号公告，依法对反倾销措施进行了修改。

2008年8月28日，调查机关发布该年度第63号公告，同意法国罗地亚经营管理有限公司(下称法国罗地亚公司)继承罗地亚有机化工股份有限公司在邻苯二酚反倾销措施中所适用的50%的反倾销税税率。

二、期终复审调查程序

(一) 到期公告

2008年1月15日，调查机关发布该年度第2号公告，原反倾销措施将于2008年8月27日到期。根据《中华人民共和国反倾销条例》，经复审确定终止征收反倾销税有可能导致倾销和损害继续或者再度发生的，反倾销税的征收期限可以适当延长。自该公告发布之日起，国内产业可在原反倾销措施终止日90天前，向调查机关提出书面复审申请。

(二) 复审申请

2008年5月26日，连云港三吉利化学工业有限公司代表中国邻苯二酚产业向调查机关提交了期终复审申请。申请人主张，如果终止反倾销措施，原产于欧盟的进口邻苯二酚对中国的倾销有可能继续，倾销对中国邻苯二酚产业造成的损害有可能继续，请求调查机关继续维持该反倾销措施。

(三) 立案前通知

2008年8月19日，调查机关就有关期终复审申请事宜通知了欧盟驻华代表团。

(四) 立案

调查机关对申请人资格和申请书的主张及相关证明材料进行了审查，认为申请人资格和申请书符合立案要求。

根据审查结果及《中华人民共和国反倾销条例》第十一条、第十三条、第十七条和第四十八条的规定，2008年8月26日，调查机关发布该年度第52号公告，决定对原产于欧盟的进口邻苯二酚所适用的反倾销措施进行期终复审调查。

(五) 复审内容

本次复审调查的内容为，如果终止原反倾销措施，是否可能导致倾销和损害的继续或再度发生。

(六) 立案通知及利害关系方评论

立案当日，调查机关就立案事宜通知了欧盟驻华代表团，并将立案公告和申请书公开文本提供给欧盟驻华代表团。

立案当日，调查机关通知了申请人和已知的涉案国生产商和出口商。

在规定期限内，没有利害关系方对本次复审立案发表评论意见。

（七）登记应诉

2008年8月26日，调查机关在2008年第52号公告中公布，任何利害关系方可于立案公告发布之日起20天内，向调查机关申请参加应诉。如利害关系方未在立案公告规定的时间内向调查机关登记应诉，调查机关可以根据已经获得的事实和可获得的最佳信息做出裁定。

在规定期限内，法国罗地亚公司登记应诉本次复审调查。

（八）倾销调查和损害调查

1. 倾销调查

(1) 调查问卷

调查机关向应诉公司发放了调查问卷和补充问卷，并在规定时限内收到了答卷。

(2) 公开信息渠道

调查机关通过查询海关数据、咨询相关行业协会、查阅相关网站、公开刊物等方式，收集了与被调查产品及其同类产品有关的数据、信息。

(3) 听取各利害关系方陈述

调查机关听取了有关利害关系方对本案的陈述意见。

(4) 接收书面陈述材料

有关利害关系方向调查机关提交了补充和评论意见材料。

(5) 听证会

调查机关向利害关系方告知提请召开听证会的权利。复审调查期间，没有利害关系方申请召开听证会。

(6) 披露

2009年6月9日，依据《中华人民共和国反倾销条例》第二十五条、《反倾销调查信息披露暂行规则》第三条，调查机关就有关倾销继续或者再度发生的可能性调查所依据的基本事实，向在复审调查过程中提供信息的利害关系方以及出口国(地区)政府进行了披露，并给予有关利害关系方提出评论意见的机会。

在规定的期限内，无利害关系方提出评论意见。

2. 损害调查

(1) 成立产业损害调查组

2008年9月17日，调查机关根据《产业损害调查规定》成立了邻苯二酚反倾销期终复审产业损害调查组，负责本案的产业损害调查工作。调查组由调查机关的调查官员和调查机关聘请的产业专家组成。

(2) 发放和回收调查问卷

2008年10月6日，调查机关向国内申请人发放了邻苯二酚期终复审产业损害调查的《国内生产者调查问卷》；向应诉方发放了邻苯二酚期终复审产业损害调查的《国外(地区)生产者/出口商调查问卷》，并于规定时间内收回全部答卷。法国罗地亚公司根据调查机关要求，于2008年12月19日提交了《补充问卷答卷》。

(3) 听取申请人陈述

2008年10月27日，申请人提交《关于召开邻苯二酚反倾销措施期终复审申请人意见陈述会的申请》，调查机关应其所请于2008年12月3日召开邻苯二酚反倾销措施期终复审案申请人意见陈述会，听取本案申请人及其代理人对邻苯二酚产业及产业受损害情况的陈述。

(4) 听取下游产业意见

2009年1月20日，调查机关到下游用户企业进行实地调查，通过发放调查问卷、召开座谈会、考察生产现场和产品取样方式收集相关证据材料，并听取了对邻苯二酚反倾销措施期终复审的意见。下游用户企业提供了有关证据材料，对国内产业申请反倾销调查表示理解，希望调查机关兼顾下游用户的利益。

(5) 实地核查

根据《产业损害调查规定》，2009年4月13日至17日，邻苯二酚期终复审案产业损害调查组赴申请人所在地，对本案申请企业连云港三吉利化学工业有限公司提交的申请书、调查问卷和其他申述材料涉及的证据、数据进行了实地核查。

(6) 接受书面评论意见

2008年5月25日，调查机关收到法国罗地亚公司的代理人提交的《邻苯二酚反倾销期终复审案无损害抗辩意见书》(以下简称《抗辩意见书》)，调查机关在本案裁定中对其提出的意见和提供的证据依法予以了充分考虑。

(7) 信息公开和披露

调查机关将产业损害调查程序中涉及的复审申请、应诉登记、利害关系方陈述意见、调查问卷和实地调查涉及的非保密材料都及时送达了商务部信息查阅室。

2009年6月9日，调查机关根据《反倾销条例》第二十五条及《产业损害调查信息查阅与信息披露规定》，就产业损害调查裁定所依据的基本事实，向本案有关利害关系方进行了终裁前的信息披露。在规定期限内，无利害关系方提出评论意见。

调查机关对申请书及所附证据、调查问卷、实地核查结果进行了认真分析和全面评估，对利害关系方的意见和证据依法给予了充分考虑。

三、被调查产品和同类产品

(一)被调查产品

本复审被调查产品与原反倾销调查被调查产品一致，即邻苯二酚，该产品归在《中华人民共和国进出口税则》税则号：29072910。该产品英文名称为Catechol。

(二)调查范围

原产于欧盟的进口邻苯二酚。

四、国内同类产品和国内产业

(一)同类产品

1. 国内同类产品和被调查产品差异性调查

根据原反倾销调查的最终裁定，原产于欧盟的进口邻苯二酚与国内产业生产的邻苯二酚产品在物理特性、生产制造过程、最终用途等方面是相同的，互为可替代产品，属于同类产品。在本期终复审调查中，被调查产品生产企业及其代理人，向调查机关申明被调查产品质量优于国内同类产品。调查机关于2009年1月19日至20日和2009年4月13日至17日，对邻苯二酚产品用户和国内生产企业采取发放调查问卷、召开座谈会、察看生产现场等方式对本案被调查产品与国内同类产品质量进行实地调查，并收集了相关证据材料。个别下游用户企业提供了2003年国内同类产品含杂质的检验报告和图片。更多的用户企业提供了2005年以后的产品对比报告，表明国内同类产品质量优于被调查产品。因为调查机关在对国内产业进行的实地核查中，只可取得2009年的实证材料，所以调查机关认为对当前在销的被调查产品和国内同类产品进行比较，在证据的取得上是可行的，而且对当前销售的影响是现实的。通过专家的鉴定，结论显示当前在销的被调查产品和国内同类产品的质量处于同一水平。

2. 国内同类产品的认定

调查机关认为，在反倾销措施实施期间，原产于欧盟的进口邻苯二酚与国内产业生产的邻苯二酚产品均未发生实质性变化。国内产业生产的邻苯二酚产品与被调查产品是同类产品，国内同类产品与被调查产品基本相同或相似，具有可替代性，其相同性和相似性包括但不限于如下方面：

(1)被调查产品与国内同类产品在物理、化学特性上的相同或相似性(包括规格、产品外观等)

被调查产品和国内同类产品在物理、化学特性上没有区别，都为精细化工产品，常温下为固态，为无色单斜晶体，有毒，能升华，可燃，暴露在空气中易氧化为棕褐色。产品规格均为含量≥98%。

(2)被调查产品与国内同类产品在主要原材料、生产工艺上的相同或相似性

被调查产品与国内同类产品在原料、制造和生产工艺上基本相同。都主要采用苯酚和双氧水作为主原料，用苯酚羟基化法生产。

(3)被调查产品与国内同类产品用途上的相同或相似性

被调查产品与国内同类产品的用途完全相同。均是重要的化工中间体，用途广泛，可用作橡胶硬化剂、电镀添加剂、皮肤防腐杀菌剂、染发剂、照相显影剂、彩照抗氧化剂、毛皮染色显色剂、油漆和清漆抗起皮剂，同时也是合成树脂、鞣酸，农药丁硫克百威、残杀威，医药黄连素、肾上腺素，香料香兰素、黄樟素、胡椒醛等产品的重要原料。

(4)被调查产品与国内同类产品在包装储运及销售渠道上的相同或相似性

被调查产品和国内同类产品在包装、储运上也没有差别，一般都采用双层包装纸袋，每袋净重25kg，40个纸袋一组装入木箱和聚乙烯收缩袋中，总重量1000kg，或采用柔性集装袋，净重1000kg，装入木箱和聚乙烯收缩袋。也可以使用符合有关离岸装载和存储的特殊安全要求的油桶或油罐，用熔液的形式大量运输。在储运过程中需严密隔绝光和空气，按一般有毒可燃化学物品储运。在分销渠道上，国内同类产品一般直接销售给产品用户，被调查产品大部分由用户直接进口，少量经过中间商转销到产品用户。

综上所述，被调查产品与国内同类产品在物理特性、化学特性、制造过程和生产工艺、市场用途、包装储运以及销售渠道等方面是相同或相似的，在市场上具有直接竞争关系；因此，二者具有相似性和可替代性。

(二)国内产业

在原审调查中，三吉利化学工业有限公司是国内唯一生产邻苯二酚的企业。在本案期终复审调查期内，被调查产品生产企业法国罗地亚公司，于2007年10月建立了在中国本土生产销售邻苯二酚的罗地亚(镇江)化学品有限公司，受法国罗地亚公司的控制，因而该公司属于法国罗地亚公司的关联方。根据《反倾销条例》和《产业损害调查规定》，调查机关决定在期终复审调查中，将罗地亚(镇江)化学品有限公司排除在国内产业之外。因此，连云港三吉利化学工业有限公司在本案调查期内，是唯一代表国内邻苯二酚产业的生产企业，对国内产业的代表性为100%，符合《反倾销条例》和《产业损害调查规定》对申请人资格的规定。

五、复审调查期

本复审倾销调查期为2007年7月1日至2008年6月30日，损害调查期为2002年1月1日至2008年

6月30日。

六、倾销继续或再度发生的可能性

（一）复审调查期内倾销情况

根据调查机关掌握的材料，复审调查期内欧盟只有法国罗地亚公司和意大利鲍利葛有限公司共两家邻苯二酚生产商。

在规定的时限内，法国罗地亚公司登记应诉本次复审调查并提交了倾销答卷和补充答卷。法国罗地亚公司答卷显示，倾销调查期内，原产于法国罗地亚公司的被调查产品对中国出口存在明显的倾销。

在规定的时限内，意大利鲍利葛有限公司没有登记应诉本次复审调查。2005年10月14日，调查机关发布公告，根据期中复审调查结果，将意大利鲍利葛有限公司适用的反倾销税率从27%调整为41%。没有证据表明，倾销调查期内，原产于意大利鲍利葛有限公司的被调查产品对中国出口的倾销状况发生了变化。

综上所述，倾销调查期内，原产于欧盟的被调查产品对中国出口存在倾销。

（二）倾销继续或再度发生的可能性

调查机关决定以应诉公司和复审申请人提交的数据和信息为基础，审查欧盟被调查产品倾销继续或再度发生的可能性。

1. 存在继续倾销的背景

前述倾销调查表明，倾销调查期欧盟被调查产品对中国的出口存在倾销。

2. 出口能力

（1）产能、产量、闲置产能

万吨

项目＼年份	2003年	2004年	2005年	2006年	2007年	倾销调查期
产能	1.6	1.9	1.9	1.9	1.9	1.9
产量	1.4	1.6	1.6	1.6	1.6	1.65
闲置产能	0.2	0.3	0.3	0.3	0.3	0.25

数据来源：中国化工信息中心《关于全球邻苯二酚生产以及欧盟地区邻苯二酚产业及其地区内销售价格的报告》

措施实施期间，欧盟邻苯二酚产业的产能扩大，从2004年开始增长至1.9万吨，较2003年增长了18.8%。产量从2004年开始增长至1.6万吨，倾销调查期增长至1.65万吨，较2003年增长了17.9%。2004年产能产量扩大后，产能利用率从87.5%下降至84.2%，倾销调查期提高至86.8%，闲置产能增加。没有证据表明，未来几年欧盟邻苯二酚的产能、产量和产能利用率会发生变化。

根据答卷主张，应诉公司存在一定数量的库存。如果欧盟生产商、出口商将其闲置产能和库存完全释放，欧盟邻苯二酚的出口能力将会得到加强。

（2）欧盟市场消费情况

万吨

项目＼年份	2003年	2004年	2005年	2006年	2007年	倾销调查期
世界市场消费量	1.8	2	2.1	2.3	2.4	2.67
欧盟市场消费量	0.7	0.7	0.7	0.7	0.7	0.725

数据来源：中国化工信息中心《关于全球邻苯二酚生产以及欧盟地区邻苯二酚产业及其地区内销售价格的报告》

2003年以来，世界市场邻苯二酚消费量逐年增长，从2003年的1.8万吨增长到2007年的2.4万吨，年均增长7.5%。而同期欧盟市场邻苯二酚消费量保持在0.7万吨的水平，增长幅度为零。这导致欧盟扩产后的邻苯二酚只有进一步提高出口能力才能消化增加的产能产量。

（3）对国外市场的依赖程度

2004年欧盟邻苯二酚产能扩大以来，欧盟市场消费量几乎没有发生变化，消费量占欧盟产能的比例从2003年的43.8%下降到2007年的36.8%，需依赖出口的生产能力从2003年的56.2%上升到2007的63.2%，说明欧盟邻苯二酚对国外市场的依赖程度一直维持在较高水平。

上述调查表明，2004年开始，欧盟邻苯二酚产能产量增加，产能利用率下降，闲置产能增加，欧盟市场消费的零增长促使邻苯二酚的出口能力进一步增强，欧盟邻苯二酚对国际市场依赖程度仍然较大。没有证据表明，这种情况会发生变化。

3. 对中国出口情况

（1）对中国出口数量

根据中国海关统计，2002年欧盟对中国出口邻苯二酚4269吨，占中国总进口比例的89.4%，在华市场份额72.8%。受反倾销措施制约，2003年欧盟对中国出口下降至1272吨，较2002年下降70.2%，占中国总进口的比例下降至32.9%，在华市场份额下降至24.9%。为保持对中国出口，欧盟出口商改变出口贸易方式，一般贸易占欧盟邻苯二酚对中国出口数量的比例从2002年的65.1%急剧下降至2003年的0.1%（倾销调查期这一比例为0.3%）。由于欧盟出口商改变出口贸易方式，欧盟邻苯二酚对中国出口从2004年开始逐渐恢复，倾销调查期对中国出口4445吨，超过了2002年的出口数量，占中国总进口的比例恢复至75.7%，在中国表观消费量扩大2.2倍的情况下欧盟对中国出口在华市场份额恢复至35.1%。

调查机关注意到，虽然罗地亚(镇江)化学品有限公司的邻苯二酚项目投产，但从投产开始，法国邻苯二酚对华出口并未减少，倾销调查期较2007年增加了11.7%。应诉公司主张在未来几年，该公司仍将向其在中国大陆的关联公司销售邻苯二酚。目前没有证据表明，罗地亚(镇江)化学品有限公司邻苯二酚项目的投产能够替代法国罗地亚公司邻苯二酚对中国出口，也没有证据表明，未来几年欧盟邻苯二酚对中国出口情况会发生大的变化。

采取反倾销措施后，原产于美国的邻苯二酚对中国出口数量从2002年的80吨增加至2003年的1900吨，占中国总进口的比例从1.7%增加至49.1%，2004年对中国出口进一步增加至3200吨，占中国总进口的比例增加至55.1%；对中国出口中，一般贸易方式所占比例2002年为100%，2003年为72.6%，2004年为95.0%。现有证据表明，美国罗地亚公司是美国唯一的邻苯二酚生产商，与欧盟邻苯二酚主要生产商法国罗地亚公司是关联企业。对欧盟邻苯二酚采取反倾销措施后，法国邻苯二酚对中

项目＼年份	2002年	2003年	2004年	2005年	2006年	2007年	倾销调查期
对中国出口数量(吨)	4269	1272	2354	3277	4370	3770	4445
中国总进口量	4777	3866	5803	6306	7829	6644	5875
欧盟对中国出口占中国总进口比例	89.4%	32.9%	40.6%	52.0%	55.8%	56.7%	75.7%
中国表观消费量(吨)	5860	5119	7246	7707	10221	10705	12659
在华市场份额	72.8%	24.9%	32.5%	42.5%	42.8%	35.2%	35.1%

数据来源：对中国出口数量来源于中国海关统计，中国表观消费量=国内企业产量+进口总量-出口总量

t

项目＼年份		2002年	2003年	2004年	2005年	2006年	2007年	倾销调查期
法国	对中国出口数量	3400	1059	1989	2679	3419	3160	3530
	其中一般贸易量	1910	0	0	0	0	0	0
	一般贸易比例	56.2%	0.0%	0.0%	0.0%	0.0%	0.0%	0.0%
	对中国出口占中国总进口比例	71.2%	27.4%	34.3%	42.5%	43.7%	47.6%	60.1%
美国	对中国出口数量	80	1900	3200	2730	3136	2682	1334
	其中一般贸易量	80	1380	3040	2730	3117	2187	914
	一般贸易比例	100.0%	72.6%	95.0%	100.0%	99.4%	81.5%	68.5%
	对中国出口占中国总进口比例	1.7%	49.1%	55.1%	43.3%	40.1%	40.4%	22.7%

数据来源：中国海关统计

美元/吨

项目 \ 年份	2002 年	2003 年	2004 年	2005 年	2006 年	2007 年	倾销调查期
对中国出口价格	2147	2213	2311	3154	3402	3442	3571

数据来源：中国海关统计数据

国出口从2002年的3400吨下降至2003年的1059吨和2004年的1989吨，一般贸易出口比例2002年为56.2%，2003年至2006年为0。法国邻苯二酚对中国出口迅速转移至美国邻苯二酚对中国出口，且主要为一般贸易方式。2006年5月22日，调查机关发布公告，决定对原产于日本和美国的进口邻苯二酚征收反倾销税，其中，美国罗地亚公司适用的反倾销税税率为4%。采取措施后，美国对中国出口仍然保持在一定的水平，2006对中国出口3136吨，2007年为2682吨，且一般贸易方式所占的比例都在80%以上。2008年7月29日，调查机关发布公告，决定对原产于美国的进口邻苯二酚立案进行倾销及倾销幅度的期中复审，调查机关最终依法对该反倾销措施进行了修改。如果取消原产于欧盟的邻苯二酚所适用的反倾销措施，由于美国邻苯二酚反倾销措施的存在，美国邻苯二酚对中国一般贸易出口数量可能会同样转移至法国邻苯二酚对中国一般贸易出口，进而增加欧盟邻苯二酚对中国出口。

（2）对中国出口价格

实施反倾销措施后，欧盟被调查产品对中国出口价格呈上升趋势，倾销调查期较2002年上升66.3%。

根据申请人提供的资料及调查机关的调查结果，倾销调查期，邻苯二酚主要原材料苯酚的欧盟平均进口价格较2002年上升172.5%，苯酚价格上涨额占到了欧盟邻苯二酚出口价格上涨额的72.4%。如果剔除原材料价格上涨因素，欧盟邻苯二酚对中国出口价格并未出现明显上涨。

倾销调查结果表明，倾销调查期欧盟邻苯二酚对中国出口价格仍属倾销价格。

4. 对第三国出口

根据应诉公司答卷，倾销调查期法国罗地亚公司向中国以外的第三国(地区)市场出口邻苯二酚中100%的出口数量的平均CIF价格低于欧盟市场销售平均价格，存在大量低价出口的情况。欧盟另外一个主要的邻苯二酚生产商——意大利鲍利葛有限公司没有登记应诉本次复审调查，没有证据表明，其对第三国(地区)市场不存在低价出口的情况。如果终止反倾销措施，欧盟邻苯二酚低价向第三国(地区)市场出口的情况很可能发生在向中国的出口中。

上述调查表明，倾销调查期，原产于欧盟的被调查产品对中国存在倾销。产能、产量自2004年扩大后，产能利用率下降，闲置产能增加，如果取消措施，其闲置产能得到释放，出口能力将增强。相对国际市场消费量快速增长，欧盟市场邻苯二酚消费量连续多年没有变化，仅在倾销调查期略增，出口依赖程度居高不下，没有证据表明这种情况会发生变化。受反倾销措施的制约，其2003年对中国出口量大幅下降，改变贸易方式后，欧盟邻苯二酚对中国出口从2004年开始恢复，中国邻苯二酚市场需求巨大且增长迅速，对欧盟邻苯二酚出口商有着强烈的吸引力，是其主要的出口市场，现有证据表明，这种状况未来不会发生变化；对中国出口价格呈上升趋势，剔除原材料价格上涨因素，出口价格没有出现明显上涨。此外，欧盟大量以低价向第三国(地区)出口邻苯二酚，说明低价寻求国外市场的需求强烈，如果终止反倾销措施，该种情况很可能发生在对中国出口中。综上所述，如果取消原反倾销措施，欧盟邻苯二酚对中国的倾销可能继续。

七、损害继续或再度发生的可能性

（一）调查期内国内产业的情况

根据原审调查终裁决定，来自欧盟的被调查产品进口数量增长幅度大且价格不断下降，导致原调查期内，国内产业年均开工率不足20%，大部分产能未能发挥；2001年国内同类产品市场份额下降到8%；国内产业处于亏损状态；投资收益率为负值；国内产业职工年人均工资额2001年同比下降7%；就业率逐年下降，2001年下降到79%。在反倾销调查和反倾销措施的影响下，国内产业有了好转的迹象。

1. 国内表观消费量

调查期内，国内市场需求处于增长状态。2002年至2007年国内市场表观消费量从0.59万吨，增长到1.07万吨，年均增长15%，其中2004年国内表观消费量比2003年增长42%；2008年上半年与上年同期相比下降1%。

2. 国内产业产能

调查期内，国内产业的产能高速增长。2003年国内产业产能无增长；2004年至2007年同比分别增长100%、50%、19%和100%，年均增长54%；2008年上半年国内产业的产能没有增长。《抗辩意见书》对国内产业产能的估算与调查机关实地核查结果不符，估算偏小，据此对国内产业供给能力的估算尚不足实际产能的30%。由于对国内产能的判断错误，《抗辩意见书》对其他与产能相关联指标的分析也就失去了合理性。所以，调查机关认为《抗辩意见书》与产能相关的数据不宜作为后续分析与裁定的主要依据，决定以调查机关的实地核查结果作为裁定依据。

3. 国内产业产量

调查期内，国内产业的产量处于增长状态。2003年至2007年国内产业产量同比分别增长8%、12%、-2%、69%和39%，年均增长25%，2008年上半年与上年同期相比增长17%。《抗辩意见书》对国内产业产量的估算比实地核查结果偏小，导致对中国供需缺口的估计相应偏大。

4. 国内产业销量

调查期内，主要受国内需求增长的影响，国内同类产品销量和被调查产品的进口量都在增长。2003年至2007年，国内产业销量同比分别增长81%、-23%、40%、50%和24%，年均增长34%；2008年上半年与上年同期相比增长17%。

5. 国内同类产品价格

调查期初，国内同类产品价格总体呈增长趋势，从2006年起价格逐年回落。2003年至2005年国内同类产品价格同比增长14%、19%和18%；从2006年起价格开始下降，2006年同比下降3%，2007年同比下降7%，2008年上半年同比下降5%。

6. 国内产业销售收入

受到销量和价格增长的影响，2002年至2007年，国内产业国内销售收入增长较快，年均增长45%；2008年上半年与上年同期相比增长19%。其中，2004年因销量大幅下降，销售收入同比下降了9%。

7. 国内产业税前利润

原审裁定国内产业受到实质损害，2002年至2004年，国内产业处于亏损状态，2003年和2004年税前利润同比分别减亏74%和37%；2005年国内产业实现扭亏为盈；2006年税前利润同比增141%；2007年国内产业虽处于盈利状态，但增速同比下降89%，2008年上半年国内产业再度发生亏损。

8. 国内产业期末库存

调查期内，国内产业期末库存波动较大，2003年国内同类产品库存同比下降80%；2004年库存同比增长410%；2005年库存同比下降72%；2006年库存同比下降85%；2007年库存同比增长429%；2008年上半年库存同比下降了36%。

9. 国内产业开工率

调查期内，国内产业开工率总体处于较低水平。2002年为86%，2003年为93%，2004年为52%，2005年为34%，2006年为48%，2007年34%；2007年上半年为37%，2008年上半年为43%。

10. 国内同类产品市场占有率

调查期内，国内同类产品市场占有率一直较低。2002年为16%，2003年为30%，2004年为16%，2005年为22%，2006年为24%，2007年为29%；2007年上半年为31%，2008年上半年为37%。

11. 国内产业劳动生产率

调查期内，国内产业劳动生产率呈现提高的趋势。2005年以前，国内产业设备和生产技术没有实质改变，劳动生产率基本在11%至13%的范围内波动，2006年和2007年采用新设备和改进工艺后，产能大幅度提高，劳动生产率分别达到16%和26%；2008年上半年劳动生产率为20%。

12. 国内产业人均工资

调查期内，国内产业生产经营效益有所改观，员工年人均工资水平随之有一定提高。2003年人均工资同比下降14%，2004年同比增长53%，2005年同比增长37%，2006年同比增长11%；2007年国内产业人均工资增幅有较大回落，同比增长了4%；而2008年上半年则同比下降了16%。纵观调查期内国内产业人均工资增长的年份，2004年为恢复性增长；2005年至2007年，国内产业人均工资增长幅度比所在地区企业在岗职工人年均工资增长水平低25个百分点。总体看，国内产业人均工资的增长并不理想，调查期末甚至转向不良状态。

13. 国内产业就业增长率

调查期内，国内产业就业增长率基本呈下降趋势。2004年同比下降了3%，2005年同比下降了8%，2006年同比增长了6%；2007年同比下降了27%，就业人数已倒退至2005年水平；2008年上半年同比下降了24%，显示就业水平在持续下降。

14. 国内产业投资收益率

调查期内，国内产业的投资收益率较差。2002年至2004年投资收益率均为负值；2005年和2006年分别为9%和16%，为调查期内最好年份；至2007年则同比下降14%，投资收益率降低到1%，投资收益微薄；2007、2008年上半年投资收益率分别为-2%和-4%，产业投资收益状况恶化。

15. 国内同类产品现金流量

调查期内，国内同类产品的经营现金净流量呈先升后降走势，2003 年同比增长 158%，2004 年同比增长 24%，2005 年同比下降 17%，2006 年同比下降 244%，2007 年同比下降 99%；2008 年上半年同比下降 21%；2006 年后经营现金流均表现为净流出。调查期内国内产业投资活动现金流出量远大于流入量，国内产业近期内面临的投资风险较大。

（二）倾销继续对国内产业的影响

1. 原审裁定后国内产业的恢复情况

2003 年 8 月 27 日，调查机关做出终裁，决定对原产于欧盟的进口邻苯二酚征收反倾销税。得益于反倾销措施的作用，国内产业 2003 年的销量、市场份额、市场占有率、销售价格、税前利润和现金流量等主要经济指标都有相应的良好表现；特别显著的是 2003 年税前利润同比减亏 74%。

2. 被调查产品倾销幅度加大的影响

2004 年，由于被调查产品倾销幅度加大和来自美日的倾销同类产品的大量进口，在国内表观消费量和国内产业产能大幅上升的情况下，国内产业的销量同比反而下降了 23%；因销量大幅下降，销售收入同比下降了 9%；导致国内产业的就业率、开工率、市场占有率、投资收益率下降和库存大量增加，恶化的经营形势使国内产业无法实现扭亏。

2004 年 9 月 27 日，国内产业向商务部提出对原产于欧盟的进口邻苯二酚适用的反倾销措施进行倾销及倾销幅度期中复审的申请，以消除被调查产品加大倾销幅度造成的损害。

3. 期中复审后国内产业的恢复情况

2005 年 10 月 14 日，商务部裁定对原产于欧盟的邻苯二酚适用更高的反倾销税。同时，商务部于 2005 年 5 月 31 日发布立案公告，决定对原产于美国和日本的进口邻苯二酚进行反倾销调查；2006 年 5 月 22 日做出终裁，决定对原产于美国和日本的进口邻苯二酚征收反倾销税。受到上述贸易救济措施利好的影响，国内产业 2005 年和 2006 年的销量、市场份额、市场占有率、销售价格和税前利润与受损害严重的 2004 年相比有较大的改善；2005 年国内产业实现扭亏为盈，2006 年税前利润同比增长 141%，成为调查期内国内产业效益最好的时期。

4. 倾销继续给国内产业造成的损害

2007 年至 2008 年上半年，倾销调查认定被调查产品存在继续倾销的行为。受被调查产品继续倾销的影响，2007 年国内产业开工率下降 15%，2008 年上半年回升 6%；2007 年国内产业库存同比增长 429%，2008 年上半年同比回落 36%；2007 年和 2008 年上半年，就业率分别下降 27% 和 24%；人均工资增长转向不良状态，2007 年增速降低，2008 年上半年同比下降 16%；2007 年和 2008 年上半年，国内同类产品价格同比分别下降 7% 和 5%，投资收益率分别下降 14% 和 3%；2007 年国内产业虽处于盈利状态，但增速同比下降 89%，到 2008 年上半年国内同类产品因价格受到被调查产品倾销的抑制，无法转移原材料涨价增加的成本，导致国内产业再度发生亏损。

2007 年后产业受到的损害与被调查产品继续倾销存在因果关系。为避开反倾销税的制约，欧盟向中国出口邻苯二酚的一般贸易量减少，占其向中国出口量的 0.41%；进料加工贸易量增加，占其向中国出口量的 96.94%。另一方面，受原油价格的推动，国内产业生产成本上升，受被调查产品价格的抑制，国内同类产品价格不但不能通过涨价补偿上升的成本，反受被调查产品削价的影响而下跌了 7%。在调查期内，被调查产品的价格一直低于国内同类产品，而应诉方在《抗辩意见书》中认为这不会影响国内同类产品的价格，是各自经营需要的结果。调查机关认为，两个质量相近、功能一致和存在竞争关系的产品，价格就是相互替代的决定因素，彼此的价格在同一市场会互相影响。2007 年因被调查产品和其他非本案被调查产品的继续倾销，国内产业税前利润大幅下滑、库存大量增加，开工率、市场占有率和投资收益率降低，就业状况恶化，表明 2007 年及以后国内产业受到的损害仍在继续，并与被调查产品的继续倾销存在因果关系。

因此，为进一步消除因倾销对国内产业造成的损害，国内产业于 2008 年 5 月 26 日向商务部申请对原产于欧盟的进口邻苯二酚所适用的反倾销措施进行期终复审，并于 2008 年 6 月 23 日申请对原产于美国的邻苯二酚所适用的反倾销措施进行期中复审。

5. 国内产业产能增长与产业恢复的关系

调查期内国内产业的各项指标中，国内产业产能是唯一保持增长的指标。同期，国内产业的开工率和国内同类产品的市场占有率一直低于 50%；因此，国内产业产能的增长不能被直接认定为国内产业得到了恢复或增长。在销售增长不足、价格恢复不足以获得盈利时，国内产业产能的增长则意味着债务危机或投资风险。

6. 反倾销活动对国内产业库存变化的影响

调查期内，国内产业期末库存波动较大，与被调查产品继续倾销产生的影响同步变化。2003 年对被调查产品的原反倾销调查终裁认定倾销存在并征收反倾销税，当年国内同类产品库存同比下降 80%。2004 年由于被调查产品倾销幅度加大和来自日、美的同类产品的倾销，库存同比增长410%。2005年对被调查产品的期中复审做出裁定，提高被调查产品的反倾销税率；2005年对来自日、美的倾销同类产品进行立案调查，并于2006年终裁认定存在倾销并征收反倾销税；因此，2005和2006年库存分别下降72%和85%。2007年被调查产品继续倾销，国内同类产品库存同比增长429%。2008年上半年，被调查产品反倾销措施面临期终复审的压力，来自日美的倾销产品面临被要求对倾销幅度进行期中复审的压力，被调查产品倾销进口有所下降，相应的国内同类产品的库存同比下降了36%。

纵观期终复审调查期内，国内同类产品、被调查产品的表现和对国内产业各项经济指标的调查分析，说明国内产业在调查期内有得到恢复的时期；在其余的时期，因受到被调查产品的继续倾销而存在损害继续的情况。

（三）未来国内市场供应量变化预期

1. 国内表观消费量增长的预期

邻苯二酚下游终端产品主要集中在农药、香料、医药及塑料橡胶等行业。目前，我国邻苯二酚使用量最大的是两个产品，香兰素和呋喃酚。

(1) 香兰素

根据本案产业专家的报告，目前我国香兰素年生产能力约为1.3至1.5万吨，产量约1万吨，价值约1.5亿美元，年出口量约0.8万吨，是世界主要香兰素生产国和出口国。香兰素生产工艺主要采用邻硝基氯苯为原料，环境污染严重，产品质量差，用邻苯二酚作原料能够克服以上缺点，所以作为替代品已成为产业的发展趋势。如全部改用邻苯二酚为原料生产香兰素，则仅此一项产品就将消耗1.52万吨以上的邻苯二酚，而当前用于香兰素的邻苯二酚大约0.35万吨。因此静态测算，邻苯二酚在香兰素的应用上，还有约1.2万吨的增长空间。

(2) 呋喃酚

根据本案产业专家的报告，以呋喃酚为原料可生产出高效新型氨基甲酸酯类杀虫剂呋喃丹(克百威)、残杀威、乙霉威等。我国目前只有一家企业直接以邻苯二酚为原料合成克百威，其他企业基本上依靠进口呋喃酚加工杀虫剂。目前，全球克百威的产量大约0.8万吨左右，我国产量占全球的50%，即0.4万吨，国内用邻苯二酚直接合成约0.2万吨，消耗邻苯二酚约0.6万吨。如果我国都使用邻苯二酚直接生产克百威，将需要1.2万吨邻苯二酚。因此静态测算，邻苯二酚在呋喃酚的应用上，尚有0.6万吨的增长空间。

综上，仅香兰素和呋喃酚两项产品对邻苯二酚的需求量就有可能达到2.72万吨左右，当前国内产能1.6万吨，所以市场需求仍有很大潜力。这一点也被国内外生产企业看好，虽然2008年受到金融危机的影响，我国邻苯二酚的表观消费量有所下降，但国内外邻苯二酚生产者都看好中国未来的市场，国内产业有持续扩产的计划，FDI已在中国投资建厂，所以预期邻苯二酚表观消费量将来仍然是增长的趋势。

2. 国内同类产品供应量预期

调查期末，国内产业及FDI同类产品产能已达到1.6万吨，国内表观消费量1.5万吨；国内产业出口量甚微，FDI生产的邻苯二酚主要是为其在中国市场的其他产品配套，不用于出口。所以，近期国内同类产品仍将处于供略大于求的状态。

3. 被调查产品大量出口中国的可能性

(1) 被调查产品可增出口量预期

2008年，被调查产品的产能1.9万吨/年，欧盟需求0.75万吨/年，大部分产能依靠出口释放；全球产能4.45万吨/年，需求量2.95万吨，我国国内市场占全球需求量的51%。因此，该产业处于全球供大于求的局面，必然加剧企业对中国市场的争夺。另一方面，被调查国家地区的邻苯二酚消费量总体呈饱和状态，中国市场是当前和将来最具增长性的市场，向中国出口被调查产品是其生产者或出口商以及其他以出口为导向的各国生产者或出口商最有可能的选择。由于其他市场的饱和，全球剩余的产能有可能转增为对中国国内市场的出口量，这些出口量不仅大于国内的产能而且大于国内市场的需求量。

(2) 被调查产品出口中国市场的可能性

在对被调查国家地区实施的反倾销措施期内，被调查国家地区继续其倾销行为，国内产业为此于2004年9月27日向商务部提出对原产于欧盟的邻苯二酚适用的反倾销措施进行倾销及倾销幅度期中复审的申请，调查结果裁定对原产于欧盟的进口邻苯二酚适用更高的反倾销税率；本案倾销调查结果表明，2007年至2008年上半年，被调查产品仍在以倾销的方式向中国出口。调查期内，被调查产品市场占有率2002年为73%，2003年为25%，2004年为32%，2005年为43%，2006年为43%，2007年为35%；2007年上半年为38%，2008年上半年为37%。

如上可见，被调查产品在受到反倾销措施制约的情况下，仍于调查期内保有很大的市场份额，而且高于同期国内同类产品的市场占有率。根据被调查产品在调查期内的表现，反倾销措施到期后，被调查产品如果没有了反倾销措施的制约，将可能充分发挥大量剩余产能和出口能力，继续增加向中国的出口。

(3) 非被调查国出口中国市场的可能性

本案非被调查国同类产品的进口主要来自于美国和日本，商务部于2005年5月31日立案对原产于美国和日本的进口邻苯二酚进行反倾销调查，调查认定美国和日本有7000吨的出口能力，而且一半倾销到了中国。2006年5月22日，商务部终裁决定对原产于美国和日本的进口邻苯二酚征收反倾销税后，国内产业认为美国和日本存在加大倾销幅度的行为而申请进行期中复审，调查机关对此正在进行调查。所以，本案非被调查国的产品存在继续向中国倾销出口的可能性。

国内海关统计数据显示，2007年到2008年上半年，国内市场仍有一半左右的产品来自于进口，从而造成国内产业产能不能发挥。调查机关认为上述进口与被调查国家地区存在关联关系。如果终止反倾销措施，来自被调查国和非被调查国家地区的进口产品，将会使国内市场供过于求的局面比近期更加严重。

(四) 未来国内市场价格走势预期

在调查期内最初几年，邻苯二酚价格受到反倾销措施和需求拉动的影响，得到恢复性提高；在调查期内，被调查产品通过削价，一直保持低于国内同类产品价格的状态，其价格也低于在欧盟市场的销售价格；来自非被调查国的进口价格也低于国内同类产品的市场价格。由于被调查产品的低价压制，国内产业在调查期末，面对原料价格大幅上涨的情况，产品价格不能得到合理上涨，反而在2006年以来持续下跌，2007年，被调查产品价格(折人民币价格)同比下降了3.5%，2008年上半年同比下降了3.3%。

根据申请人提供的历史资料，在国内同类产品研制成功并试生产一段时间后，被调查产品进口价格由最高9万元/吨降到4万多元/吨；在1999年5月正式投产后，被调查产品市场价格从原来的约3.6万元/吨，最低跌到约1.8万元/吨；在反倾销措施实施后期，被调查产品仍在进一步降低价格，使国内产业因经营严重亏损、库存加大而多次暂停生产来降低库存。可见，被调查产品生产企业始终把倾销作为其营销策略。由于被调查产品的生产企业在市场、经营多样性上的优势，继续采取低价对市场、产品单一的国内产业将是十分有效的竞争策略，在被调查产品的低价压制下，国内同类产品的价格将只能被迫保持低位运行。如果终止反倾销税，对被调查产品的降税幅度将会增加其降价能力，国内同类产品在价格上受打压的状态因而会更加严重。

(五) 未来国内产业状况预期

国内产业对国内市场依赖程度高，出口量少；同时深受进口同类产品的影响。2007年是国内产业在调查期内出口量最高的年份，出口比例仅占总销售量的7%；而同期被调查产品的进口量是国内同类产品销售量的1.2倍，全部进口产品是国内同类产品销售量的2.1倍，在进口产品的压力下，国内产业产能发挥不足31%；销售价格又受到进口产品价格的抑制。因此，调查期末国内产业在利润、开工率、库存、投资收益率等方面的情况出现恶化。如果终止反倾销措施，倾销将会继续，倾销产品将会大量进口，倾销程度可能会加剧，对国内产业的损害将加深，生产、效益将进一步恶化，国内产业扩产改造的大量投资也将难以收回。这一恶化趋势如果延续下去，可能最终导致国内产业破产，进而会导致国内市场由被调查产品生产企业及其关联企业所垄断，进而损害公共利益，使下游产业再度承受以往过高的垄断价格。

(六) 产业损害调查结论

调查结果表明：

1. 原反倾销案裁定，被调查产品通过倾销的方式使国内产业遭受实质性损害；在实施反倾销措施后，国内产业在2003年有了恢复性发展；

2. 被调查产品通过加大倾销幅度，抵消了反倾销措施的影响，2004年国内产业因此继续受到损害，2005年被调查机关裁定实施更高的反倾销税率；

3. 得益于对被调查产品反倾销税率的提高，2005年和2006年国内产业得到较好的恢复和发展；

4. 本案调查期末，被调查产品仍然存在倾销，国内产业也因此继续受到损害，并且倾销继续与损害继续之间存在因果关系；

5. 被调查产品有大量剩余产能依赖海外市场，即使在反倾销措施的制约下，调查期内被调查产品仍然大量倾销到中国国内市场；

6. 由于被调查产品与国内同类产品的无差异性，被调查产品在调查期内采取削价的方式倾销其产品，在国内产能已大于市场需求的情况下，价格对销售的影响是决定性的；

7. 如果终止反倾销措施，被调查产品存在倾销继续的可能性，这将导致国内产业状况的进一步恶化，国内产业扩产改造的大量投资将难以收回，进而会危及国内产业的生存。

综上，如果终止反倾销措施，将进一步增强被调查产品的降价潜力。由于庞大的市场供应压力，所有的降税空间都可能转化为实际的价格下降幅度，国内同类产品销售价格将会受到被调查产品更大的降价压力，国内产业的生产销售状况和经济效益有进一步恶化的可能，国内产业受到的损害将会继续。

八、复审裁定

根据调查结果，调查机关裁定如果终止反倾销措施，原产于欧盟的进口邻苯二酚对中国的倾销可能继续；原产于欧盟的进口邻苯二酚对中国国内产业造成的损害可能继续。

十八、我国对原产于韩国和泰国进口初级形态二甲基环体硅氧烷反倾销调查的最终裁定

1. 对原产于韩国和泰国初级形态二甲基环体硅氧烷反倾销调查的最终裁定

2009年5月27日，商务部发布2009年第31号公告，公布了初级形态二甲基环体硅氧烷(英文为Dimethyl cyclosiloxane或Cyclic Dimethyl Siloxane)反倾销调查的最终裁定，认定原产于韩国和泰国的进口被调查产品存在倾销，国内初级形态二甲基环体硅氧烷产业受到了实质损害，而且倾销与实质损害之间存在因果关系，决定自2009年5月28日起，对进口自韩国和泰国的进口该产品征收5.4%～25.1%不等的反倾销税，期限为5年。该产品归在《中华人民共和国进出口税则》税则号：29310000和38249099。

注：初级形态二甲基环体硅氧烷主要用于进行开环聚合成不同聚合度的硅油、硅橡胶和硅树脂等。

2. 中华人民共和国商务部公告2009年第31号(二〇〇九年五月二十七日)：

根据《中华人民共和国反倾销条例》的规定，商务部(以下称调查机关)于2008年5月28日发布公告，决定对原产于韩国和泰国的进口初级形态二甲基环体硅氧烷(以下称被调查产品)进行反倾销调查。被调查产品归在《中华人民共和国进出口税则》税则号：29310000和38249099。

调查机关对被调查产品是否存在倾销和倾销幅度、被调查产品是否对中国国内初级形态二甲基环体硅氧烷产业造成损害及损害程度以及倾销与损害之间的因果关系进行了调查。根据调查结果和《中华人民共和国反倾销条例》第二十四条的规定，调查机关于2008年11月6日发布初裁公告认定原产于韩国和泰国的进口初级形态二甲基环体硅氧烷存在倾销，国内产业遭受了实质损害，并且倾销与实质损害之间存在因果关系。

初步裁定后，调查机关对倾销和倾销幅度、损害和损害程度进行了进一步的调查。现本案调查结束，根据本案调查结果，并依据《中华人民共和国反倾销条例》第二十五条的规定，调查机关做出终裁决定(见附件)。现将有关事项公告如下：

一、最终裁定

经过调查，调查机关最终裁定，在本案调查期内，原产于韩国和泰国的进口初级形态二甲基环体硅氧烷存在倾销，中国国内初级形态二甲基环体硅氧烷产业受到实质损害，且倾销与实质损害之间存在因果关系。

二、征收反倾销税

根据调查结果，根据《中华人民共和国反倾销条例》的有关规定，商务部向国务院关税税则委员会提出征收反倾销税的建议，国务院关税税则委员会根据商务部的建议做出决定，自2009年5月28日起，对原产于韩国和泰国的进口初级形态二甲基环体硅氧烷征收反倾销税。

本案征收反倾销税的产品为初级形态二甲基环体硅氧烷(英文为Dimethyl cyclosiloxane或Cyclic Dimethyl Siloxane)。该产品归在《中华人民共和国进出口税则》税则号：29310000和38249099。

分子结构式：

产品种类：有机硅中间体

产品描述：初级形态二甲基环体硅氧烷是以二甲基二氯硅烷为主要原料，经过水解合成，以硅氧(Si－O)键为主链，硅原子上直接连接有机基的有机—无机化合物。初级形态二甲基环体硅氧烷分子结构呈现环状，主要包括六甲基环三硅氧烷(D3)、八甲基环四硅氧烷(D4)、十甲基环五硅氧烷(D5)、十二甲基环六硅氧烷(D6)、以及六甲基环三硅氧烷(D3)及或八甲基环四硅氧烷(D4)及或十甲基环五硅氧烷(D5)及或十二甲基环六硅氧烷(D6)含量达到50%以上的无色透明或乳白色液体，可燃，无异味，不溶于水，溶于苯等有机溶剂。

具体而言，被调查产品的范围包括：

(一)二甲基二氯硅烷水解物(简称水解物或水解料)，其是一种以二甲基二氯硅烷为主要原料，经过水解合成工序制得的或者在此基础上再经过分离、裂解、精馏后制得的一种以六甲基环三硅氧烷(D3)、八甲基环四硅氧烷(D4)、十甲基环五硅氧烷(D5)和十二甲基环六硅氧烷(D6)为主的混合物，其中六甲基环三硅氧烷(D3)及或八甲基环四硅氧烷(D4)及或十甲基环五硅氧烷(D5)及或十二甲基环六硅氧烷(D6)的含量达到50%以上。

(二)二甲基硅氧烷混合环体(DMC)，其是一种以二甲基二氯硅烷为主要原料，在经过水解合成工序制得的水解物基础上，再经过分离或者裂解、精

馏工序制得的一种以D3、D4、D5、D6为主的混合物，其中(D4+D5)含量≥80%。

（三）六甲基环三硅氧烷(D3)，是一种以二甲基二氯硅烷为主要原料，在经过水解合成工序制得的水解物基础上经过分离、精馏，或者是在水解物经过裂解后或在DMC基础上再进行分离、精馏后制得的有单独定义的化合物。

（四）八甲基环四硅氧烷(D4)，其是一种以二甲基二氯硅烷为主要原料，在经过水解合成工序制得的水解物基础上经过分离、精馏，或者是在水解物经过裂解后或在DMC基础上再分离、精馏后制得的有单独定义的化合物。

（五）十甲基环五硅氧烷(D5)，其是一种以二甲基二氯硅烷为主要原料，在经过水解合成工序制得的水解物基础上经过分离、精馏，或者是在水解物经过裂解后或在DMC基础上再分离、精馏后制得的有单独定义的化合物。

（六）十二甲基环六硅氧烷(D6)，其是一种以二甲基二氯硅烷为主要原料，在经过水解合成工序制得的水解物基础上经过分离、精馏，或者是在水解物经过裂解后或在DMC基础上再分离、精馏后制得的有单独定义的化合物。

以上产品范围的描述并未改变立案公告中所述被调查产品的范围。

产品规格：根据最终加工程度的不同以及实际市场销售的规格，初级形态二甲基环体硅氧烷主要包括水解料、二甲基硅氧烷混合环体(DMC)、八甲基环四硅氧烷(D4)等。其中八甲基环四硅氧烷产品中主要成分D4的含量≥95.0%；二甲基硅氧烷混合环体(DMC)主要成分为D3(六甲基环三硅氧烷)、D4、D5(十甲基环五硅氧烷)、D6(十二甲基环六硅氧烷)等，其中(D4+D5)含量≥80%，可进一步精馏成D4；水解料为二甲基二氯硅烷直接水解后的混合物，其中环体(D3、D4、D5、D6)总含量≥50%，可进一步分离或者裂解、精馏成DMC或D4。

物理化学特征：略

主要用途：主要用于进行开环聚合成不同聚合度的硅油、硅橡胶和硅树脂等。这些聚合物进一步加工成制品广泛应用于个人护理、纺织、电子、汽车、建筑、食品、机械加工等各个领域，也有少量直接应用。

对各公司征收的反倾销税税率如下：

韩国公司(Korea Companies) 25.1%

泰国公司

1. 泰国亚洲有机硅单体有限公司(Asia Silicones Monomer Limited) 5.4%

2. 其他泰国公司(Other Thailand Companies)21.8%

三、征收反倾销税的方法

自2009年5月28日起，进口经营者在进口原产于韩国和泰国的初级形态二甲基环体硅氧烷时，应向中华人民共和国海关缴纳相应的反倾销税。反倾销税以海关审定的完税价格从价计征，计算公式为：反倾销税额=海关完税价格×反倾销税税率。进口环节增值税以海关审定的完税价格加上关税和反倾销税作为计税价格从价计征。

四、反倾销税的追溯征收

对自2008年11月7日起至2009年5月27日(含2009年5月27日)止，有关进口经营者依初裁决定向中华人民共和国海关所提供的保证金，按终裁所确定的征收反倾销税的商品范围和反倾销税税率计征并转为反倾销税，并按相应的增值税税率计征进口环节增值税。在此期间有关进口经营者所提供的保证金超出反倾销税的部分，以及由此多征的进口环节增值税部分，海关予以退还，少征部分则不再征收。

对实施临时反倾销措施决定公告之日前进口的原产于韩国和泰国的进口初级形态二甲基环体硅氧烷不再追溯征收反倾销税。

五、征收反倾销税的期限

对原产于韩国和泰国的进口初级形态二甲基环体硅氧烷征收反倾销税，实施期限自2009年5月28日起5年。

六、复审

在征收反倾销税期间，有关利害关系方可以根据《中华人民共和国反倾销条例》的规定，向调查机关书面申请复审。

七、行政复议和行政诉讼

对本案终裁决定及征收反倾销税的决定不服的，根据《中华人民共和国反倾销条例》第五十三条的规定，可以依法申请行政复议，也可以依法向人民法院提起诉讼。

八、本公告自2009年5月28日起执行

十九、我国对适用于韩国锦湖P&B化学株式会社所生产丙酮的反倾销措施进行期中复审

1. 商务部公告对适用于韩国锦湖P&B化学株式会社所生产丙酮的反倾销措施进行期中复审

中华人民共和国商务部于2009年9月10日发布2009年第64号公告，决定自公告之日起，应韩国锦湖P&B化学株式会社的申请，依法对原产于韩国锦湖P&B化学株式会社的进口丙酮所适用的反倾销措施进行倾销及倾销幅度期中复审。

本次复审被调查产品与原反倾销调查的被调查产品一致。该产品归在《中华人民共和国进出口税则》税则号：29141100。

此次期中复审调查通常应在复审立案之日起12个月内结束，即于2010年9月10日之前结束。

2. 中华人民共和国商务部公告2009年第64号

中华人民共和国商务部于2008年6月8日发布2008年第40号公告，决定对原产于日本、新加坡、韩国和中国台湾地区的进口丙酮征收反倾销税。其中，锦湖P&B化学株式会社(KUMHO P&B CHEMICALS, INC.)适用的反倾销税税率为8.9%。

根据《中华人民共和国反倾销条例》第四十九条和商务部《倾销及倾销幅度期中复审暂行规则》的相关规定，反倾销税生效后，商务部可以在有正当理由的情况下，决定对继续征收反倾销税的必要性进行复审；也可以在经过一段合理时间，应利害关系方的请求并对利害关系方提供的相应证据进行审查后，决定对继续征收反倾销税的必要性进行复审。

2009年6月26日，锦湖P&B化学株式会社向商务部递交了期中复审申请书，公司主张反倾销措施实施后其倾销幅度已经降低，请求对适用于该公司的反倾销措施进行倾销及倾销幅度期中复审。

商务部按照《倾销及倾销幅度期中复审暂行规则》第十一条的要求将有关复审申请事宜通知了本案原申请人。原申请人企业在规定时限内提交了评论意见。

商务部依据《中华人民共和国反倾销条例》和《倾销及倾销幅度期中复审暂行规则》的有关规定，对提出申请的时间、申请人的资格、申请人被调查产品出口价格和正常价值发生变化和倾销幅度已经降低等有关情况进行了审查。商务部要求锦湖P&B化学株式会社补充提交有关证明材料。该公司在规定时限内提交了相关材料。

商务部经审查认为，锦湖P&B化学株式会社的申请提出了倾销幅度降低的初步证据，符合《中华人民共和国反倾销条例》第四十九条规定及《倾销及倾销幅度期中复审暂行规则》第六条到第十条的要求。商务部决定自本公告发布之日起开始对适用于锦湖P&B化学株式会社所生产被调查产品的反倾销措施进行复审。

现将有关事项公告如下：

一、被调查产品

产品名称：丙酮(又称二甲基甲酮，简称二甲酮，或称醋酮、木酮)

英文名称：Acetone，Dimethyl ketone 或 2 - Propanone

税则号：该产品归在《中华人民共和国进出口税则》税则号29141100。

被调查产品的分子式、化学结构式、物理化学特征和主要用途与原反倾销调查的被调查产品一致。

二、复审调查期和复审范围

(一)调查期：2008年7月1日至2009年6月30日。

(二)复审范围：申请人被调查产品的正常价值、出口价格和倾销幅度。

三、复审程序

(一)利害关系方评论

任何利害关系方均可在本公告发布之日起20日内以书面形式对本复审提出意见，并提供相应的证据。

(二)问卷发放

商务部为获得其认为调查所需的信息，将根据需要发送调查问卷给相关利害关系方。对调查问卷所作的答卷应当在调查问卷发送之日后的37日内按问卷规定的要求提交。

(三)听证会

利害关系方可以按照商务部《反倾销调查听证会暂行规则》规定提出举行听证会的书面请求，商务部认为必要时也可主动举行听证会。

(四)实地核查

商务部在必要时将派出工作人员赴有关国家进行实地核查；利害关系方提交的任何材料均应包括同意接受核查的声明；核查前，商务部将提前通知有关国家和企业。

四、不合作

依据《中华人民共和国反倾销条例》第二十一条规定，调查机关进行调查时，利害关系方应当如实反映情况，提供有关资料。利害关系方不如实反映情况、提供有关资料的，或者没有在合理时间内提供必要信息的，或者以其他方式严重妨碍调查的，调查机关可以根据已经获得的事实和可获得的最佳信息作出裁定。

二十、印度对华塑料加工机械作出反倾销

1. 印度延长对华塑料加工机械反倾销调查期限

2009年7月6日，印度商工部发布公告，决定将完成对华塑料加工机械(或注塑机)反倾销调查的最后期限延长6个月，至2010年1月7日。

2008年7月，印度对原产于中国的塑料加工机械进行反倾销立案调查；2009年2月，印度对此案作出肯定性初裁。

2. 印度对华塑料加工机械作出反倾销初裁

2009 年 2 月 10 日，印度对原产于中国的塑料加工设备作出反倾销初裁(见下表)。涉案产品海关编码为 84771000。在本案中，有如下中国企业应诉：1. 广州博创机械有限公司(Guangzhou Borch Machinery Co. Ltd.)；2. 浙江申达机器制造有限公司(Zhejiang Sound Machinery Manufacture Co. Ltd.)；3. 浙江金鹰塑料机械有限公司(生产商)和浙江金鹰股份有限公司(出口商)(Zhejiang Golden Eagle Plastic Machinery Ltd. (Producer) & Zhejiang Golden Eagle Co. Ltd. (Exporter))；4. 宁波利广机械有限公司(Ningbo Liguang Machinery Co. Ltd.)；5. 宁波海星塑料机械制造有限公司(Ningbo Haixing Plastic Machinery Mfg. Co. Ltd.)；6. 杭州泰瑞机器制造有限公司(Hangzhou Tederic Machinery Co. Ltd.)；7. 宁波海天塑料机械集团(Ningbo Haitian Plastic Machinery Group)；8. 徐州海天机械工程有限公司(Haitian Heavywork Machinery Co. Ltd.)；9. 宁波海天华远机械有限公司(Ningbo Haitian Huayuan Machinery Co. Ltd.)；10. 温州恒智进出口有限公司(Wenzhou Smargon Import & Export Co. Ltd.)。

2008 年 7 月，印度对原产于中国的塑料加工设备进行反倾销立案调查。

印度对原产于中国的塑料加工设备作出的反倾销初裁结果

原产国	出口国	生产商	出口商	临时反倾销税率(%)
中国	中国	广州博创机械有限公司	广州博创机械有限公司	76
中国	中国	浙江申达机器制造有限公司	浙江申达机器制造有限公司	163
中国	中国	浙江金鹰塑料机械有限公司	浙江金鹰股份有限公司	147
中国	中国	宁波利广机械有限公司	宁波利广机械有限公司	95
中国	中国	宁波海星塑料机械制造有限公司	宁波海星塑料机械制造有限公司	123
中国	中国	杭州泰瑞机器制造有限公司	杭州泰瑞机器制造有限公司	126
中国	中国	宁波海天塑料机械集团	宁波海天塑料机械集团	100
中国	中国	徐州海天机械工程有限公司	徐州海天机械工程有限公司	128
中国	中国	宁波海天华远机械有限公司	宁波海天华远机械有限公司	100
中国	中国	恒智塑料机械有限公司	温州恒智进出口有限公司	223
中国	中国	除上述企业之外的其他中国企业		223
中国	除中国外的其他中国企业	任何	任何	223
除中国外的其他中国企业	中国	任何	任何	223

续表

3. 印度对华塑料加工机械作出反倾销终裁

2009 年 12 月 31 日，印度商工部对原产于中国的塑料加工机械作出反倾销终裁(见下表)。涉案产品海关编码为 84771000。在本案中，没有中国企业获得市场经济待遇。

2008 年 7 月，印度对原产于中国的塑料加工机械进行反倾销立案调查；2009 年 2 月，印度对此案作出肯定性初裁。

印度对原产于中国的塑料加工机械作出的反倾销终裁结果

原产国	出口国	生产商	出口商	反倾销税率（%）
中国	中国	广州博创机械有限公司	广州博创机械有限公司	60
中国	中国	浙江申达机器制造有限公司	浙江申达机器制造有限公司	135
中国	中国	浙江金鹰塑料机械有限公司	浙江金鹰股份有限公司	126
中国	中国	宁波利广机械有限公司	宁波利广机械有限公司	81
中国	中国	宁波海星塑料机械制造有限公司	宁波海星塑料机械制造有限公司	100
中国	中国	杭州泰瑞机器制造有限公司	杭州泰瑞机器制造有限公司	68
中国	中国	宁波海天塑料机械集团	宁波海天塑料机械集团	79
中国	中国	宁波海天华远机械有限公司	宁波海天华远机械有限公司	76
中国	中国	温州恒智进出口有限公司	温州恒智进出口有限公司	174
中国	中国	除上述中国企业外的其他企业		174
中国	除中国外的其他国家（地区）	任何	任何	174
除中国外的其他国家（地区）	中国	任何	任何	174

二十一、印度对我PVC树脂发起反倾销调查

1. 印度国内产业对我PVC树脂提起反倾销调查申请

据印度律师反映，印度Chemplast Sanmar公司已向印商工部反倾销局提出申请，要求对原产于中国、日本、韩国、马来西亚、中国台湾、泰国和俄罗斯的PVC树脂（Polyvinyl Chloride Paste/Emulsion Resin）启动反倾销调查。

2. 印度对我PVC树脂发起反倾销调查

日前从印度商工部反倾销局获悉，该局2009年11月3日发起了对原产于中国、日本、韩国、马来西亚、俄罗斯、中国台湾和泰国的PVC树脂（Poly Vinyl Chloride Paste Resin）的反倾销调查。这是印度今年对我发起的第9起反倾销调查。

调查申请人是Chemplast Sanmar公司，涉案产品印度海关编码为39042210，倾销调查期为2008年4月1日至2009年3月31日，损害调查期为2005年4月到2009年3月。据印商工部统计，2008年4～12月，印度自我进口涉案产品价值1477万美元。各利益相关方应在立案公告后40天内提交相关信息。

公告称，申请方认为中国为非市场经济国家，要求采用印度生产成本来计算正常价值。

二十二、印度对中国台湾和阿联酋的聚酯薄膜作出反倾销日落复审终裁

2009年8月13日，印度商工部对原产于中国台湾和阿联酋的聚酯薄膜作出反倾销日落复审终裁：继续按照原反倾销税率对中国台湾和阿联酋的聚酯薄膜征收反倾销税，其中中国台湾为7.99美元/千克，阿联酋为8.17美元/千克。

2003年3月，印度对原产于中国台湾和阿联酋的聚酯薄膜进行反倾销立案调查；2004年7月，印度对此案作出肯定性终裁；2008年8月，印度对原产于中国台湾和阿联酋的聚酯薄膜进行反倾销日落复审立案调查。

二十三、印度发布对华二氧化钛反倾销日落复审事实披露

1. 印度发布对华二氧化钛反倾销日落复审事实披露

我处今日收到印度商工部反倾销局6月19日发布的对华二氧化钛反倾销日落复审调查事实披露。

该事实披露以印国内产业的生产成本为基础计算我产品正常价值，认定我产品存在幅度为33.02%的倾销。披露认为，尽管调查期内我对印涉案产品出口量下降，但倾销仍然在价格、利润、

产能利用率等方面给印国内产业造成实质损害。披露还认为，由于我国内产能过剩等原因，如取消反倾销税，我企业将继续对印倾销并继续对印国内产业造成损害。

印反倾销局要求利害关系方在6月26日前就事实披露提出评论意见。

2. 印度发布对华二氧化钛反倾销日落复审终裁

印度商工部反倾销局网站消息，该局7月3日就对华二氧化钛反倾销日落复审调查做出终裁，建议中央政府继续对涉案产品征收反倾销税，税率为基准价(1735.47美元/吨)和实际到岸价的差额。

我有一家出口企业试图应诉，但由于提交答卷晚于规定期限而未被接纳为应诉出口商。

注：俗称钛白，是最好的白色颜料之一，为了使塑料的颜色变浅，有时也要添加二氧化钛。

二十四、印度发布对我国企业尼龙帘子布反倾销

1. 印度发布对我尼龙帘子布反倾销

印度商工部反倾销局3月2日发布了对中国尼龙帘子布反倾销日落复审调查的事实披露。

倾销方面，该局未给予中国应诉企业市场经济待遇，以结构价格方法计算中国产品的正常价值并认定构成倾销。损害方面，虽然2005~2006财年以后自中国进口的绝对数量和所占市场份额有所减少，且印度国内产业在产能、产量、销量、就业人数和生产率等方面均有所增加或提高，但倾销进口在市场份额、价格、产能利用率和库存等方面对印国内产业造成损害。该局同时认为，由于中国国内产能严重过剩，加上印度是中国涉案产品的最大出口市场，如果终止征收反倾销税，印度国内产业再次遭受损害的可能性较大。

2. 印度发布对我尼龙帘子布反倾销日落复审终裁，建议继续征收反倾销税

印度商工部反倾销局网站消息，该局已于3月31日发布对我尼龙帘子布(NTCF)反倾销日落复审的肯定性终裁，建议对我产品继续征收反倾销税。应诉企业宁波尼龙有限公司的税率为1.24美元/千克，其余企业的税率为1.76美元/千克。我应诉企业未获市场经济待遇。

二十五、印度发布对我国企业三聚氰氨反倾销日落复审事实披露

1. 印度发布对我三聚氰氨反倾销日落复审事实披露

2009年11月从印度商工部反倾销局获悉，该局于11月13日发布了对原产于中国的三聚氰氨(Melamine)反倾销日落复审事实披露。

由于反倾销局将中国视为非市场经济国家，并采用印度成本来计算中国出口产品的正常价值，最终中国产品倾销幅度被认定为32.48%。

同时，反倾销局综合考量原材料价格、人工成本、利率、销售费用等因素认为，进口产品对国内产业造成了实质性损害。

报告称，各利益攸关方可于11月17日前向反倾销局就该披露提交评论意见。由于法定调查时间有限，反倾销局将不再考虑任何延期申请。

2. 印度发布对我三聚氰氨反倾销日落复审终裁建议延长征收反倾销税

从印度商工部反倾销局获悉，该局于11月20日发布了对原产于中国的三聚氰氨(Melamine)反倾销日落复审终裁，建议延长征收最低限价为1681.49美元/公吨的反倾销税。由于反倾销局将中国视为非市场经济国家，并采用印度成本来计算中国出口产品的正常价值，最终中国产品倾销幅度被认定为32.48%。

同时，反倾销局综合考量原材料价格、人工成本、利率、销售费用等因素认为，进口产品对国内产业造成了实质性损害，如果撤销反倾销税，国内产业有可能继续受到损害。终裁表示，各利益攸关方可就本次终裁向海关及税收上诉法庭提出上诉。

注：三聚氰胺是一种用途广泛的基本有机化工中间产品，最主要的用途是作为生产三聚氰胺甲醛树脂(MF)的原料。三聚氰胺还可以作阻燃剂、减水剂、甲醛清洁剂等。

二十六、印度发布对我炭黑反倾销事实披露

1. 印度发布炭黑反倾销调查初裁

印度商工部反倾销局网站消息，该局5月25日就涉及中国、澳大利亚、伊朗等六国的炭黑反倾销调查作出初裁，建议中央政府对六国涉案产品征收临时反倾销税。中国四家应诉企业的税率分别为0.078美元/千克到0.159美元/千克不等，其余未应诉企业税率为0.190美元/千克。

初裁未给予我应诉企业市场经济待遇。

2. 印度发布对我炭黑反倾销事实披露

日前从印度商工部反倾销局获悉，该局于12月11日发布了对原产于中国、澳大利亚、伊朗、马来西亚、俄罗斯和泰国的炭黑(Carbon Black used in rubber applications)反倾销事实披露。

反倾销局将中国视为非市场经济国家，也没有给予任何一家中国企业市场经济待遇，并采用结构价格来计算中国出口产品的正常价值。最终，中国企业倾销幅度被分别认定为：江西黑猫炭黑有限公司25.14% 宁波德泰化学有限公司38.13% 河北大光明实业集团巨无霸炭黑有限公司38.12% 河北龙星化

工股份有限公司33.30% 宁波市晟安化工有限公司31.48% 其他不合作中国企业45.28%。

同时，反倾销局综合考量原材料价格、人工成本、利率、销售费用等因素认为，进口产品对国内产业造成了实质性损害。

报告称，各利益攸关方可于12月18日前向反倾销局就该披露提交评论意见。由于法定调查时间有限，反倾销局将不再考虑任何延期申请。

注：炭黑在塑料行业中主要用于着色、防紫外光、导电等。

二十七、印度公布对华聚醚多元醇反倾销日落复审基本事实披露

印度商工部反倾销局于7月13日公布对华聚醚多元醇反倾销日落复审基本事实披露，其中包括案件背景、倾销计算方法及参考参数、损害评估和无损害价格确定方法。这些基本事实将作为终裁的基础。各利益关系方可于7月17日前就提交材料准确性提交评论。由于调查时间紧迫，反倾销局将不再考虑任何延期申请。

倾销计算中，由于没有中国企业提供答卷，反倾销局采用结构价格来计算中国产品的正常价值，并根据出厂价格加上内外运输、保险及其他调整费用来计算出口价，从而认定中国企业倾销幅度为41.73%。损害评估中，调查机关考量了国内产业和进口产品的市场份额、进口数量、利润、成本、库存量、雇员工资等多项指标，许多指标显示国内产业受到进口产品的冲击。

注：主要用作低泡沫洗涤剂或消泡剂，在聚氨酯工业中，主要用于聚氨酯泡沫塑料。

二十八、印度国内产业申请对我苯胺发起反倾销调查

据印度律师2009年9月透露，印度国内产业已向印度商工部反倾销局提出申请，要求对原产于中国、欧盟和美国的苯胺(Aniline)发起反倾销调查。反倾销局正在对该申请进行审查，预计很快将正式立案进行调查。

申请为印度 Hindustan Organic Chemicals 公司和 Gujarat Narmada Valley Fertilizers 公司。中国涉案企业为中国石油化工集团公司南京化工厂。

注：苯胺是重要的化工原料，主要用于医药和橡胶硫化促进剂，也是制造树脂和涂料的原料。

二十九、印度将召开聚四氟乙烯反倾销中期复审调查听证会

我处日前收到印度商工部反倾销局来函，该局定于10月29日下午4点在反倾销局141会议室就原产于中国的聚四氟乙烯(Polytetrafluoroethylene，PTFE)反倾销中期复审调查举行听证会。各利害关系方可参会。

三十、印尼政府将对产自中国的聚酯纤维原料发起反倾销调查

4月20日，印尼政府正式宣布将对产自我国的聚酯纤维原料发起反倾销调查。该委员会已将调查问卷发往受调查企业，要求我方受调查企业如实填报调查问卷，并在5月底前将调查问卷和有关申诉材料报送该委员会。

三十一、阿根廷对华聚酯纤维作出反倾销

2009年9月18日，阿根廷对原产于中国、印度、印尼和中国台湾的聚酯纤维和涤纶低弹丝作出反倾销初裁，采用最低限价措施，原产于中国和印尼的涤纶低弹丝(海关编码为5402.33.00)的最低离岸出口价分别为1.85美元/千克和2美元/千克；原产于中国和印度的聚酯纤维(海关编码为5503.20.90)的最低离岸出口价均为1.55美元/千克。阿根廷取消对原产于中国台湾的涤纶低弹丝和印尼的聚酯纤维的反倾销调查。2008年11月12日，阿根廷对原产于中国、印度、印尼和中国台湾的聚酯纤维(包括未梳及未由其他纺线转换的聚酯不连续纤维以及非供零售用细度大于80分特小于或等于350分特的聚酯纺线)进行反倾销立案调查。涉案产品海关编码为5402.33.00和5503.20.90。

三十二、阿根廷对原产于中国和秘鲁的尼龙、塑料等拉锁反倾销终裁

2009年10月7日，阿根廷生产部发布第409/2009决议，对原产于中国和秘鲁的拉锁及链条(南共市税号96071100、96071900和96072000)作出反倾销终裁，对原产于中国和秘鲁的所有聚酯纤维或尼龙制、塑料及铜制拉锁和链条分别采取限定0.4474美元/件和0.3363美元/件的FOB最低离岸价格的反倾销措施。上述措施于2009年10月8日生效，有效期5年。有关企业可与中国轻工艺品进出口商会联系，电话：010－67732674；传真：010－67732698。

三十三、巴基斯坦对涉我苯酐产品反倾销案作出初裁

11月25日，巴基斯坦国家关税委员会(NTC)就涉我苯酐产品反倾销案初裁结果照会我使馆。巴方称，NTC经过对进口自巴西、中国、印尼、韩国、

中国台湾地区的苯酐产品立案调查发现，除对印尼尚无定论外，来自其他国家和地区的苯酐产品均存在不同幅度的倾销行为。其中，中国苯酐产品的倾销幅度为11.84%，巴西、韩国、中国台湾地区的苯酐产品倾销幅度分别为6.17%、7.36%、27.28%。

NTC公告还称，由于对来自印尼方面的苯酐反倾销调查未结束，目前还不能确定该进口产品对国内工业的影响和损害程度，所以初裁阶段对进口的苯酐产品暂不做出反倾销制裁。另据有关规定，相关利益方可以在巴方公告发布30天内向NTC提起申请听证，并可径与NTC秘书联系办理。

三十四、巴基斯坦对中国产聚酯纤维反倾销案作出终裁

巴基斯坦国家关税委员会(NTC)官方网站6月5日发布公告，对进口自中国的聚酯纤维(PSF)的反倾销案做出终裁，决定对除江阴华宏、张家港成兴公司以外的其他中国公司出口到巴基斯坦的聚酯纤维征收10.44%的反倾销税，征税自2009年2月6日起，期限为5年。据悉，该起反倾销调查于2008年7月29日正式立案，2月6日做出初裁，涉及我出口金额约6208万美元。有关该案其他资料可在巴关税委员会官方网站查取。

三十五、巴基斯坦对中国产双氧水发起反倾销调查

8月31日，巴基斯坦国家关税委员会(NTC)发布公告，决定对进口双氧水(Hydrogen Peroxide)进行反倾销立案调查。涉案产品的海关税号为28470000，进口来源地包括比利时、中国、印度尼西亚、韩国、中国台湾、泰国和土耳其。此案倾销调查期为2008年4月1日至2009年3月31日，损害调查期为2006年4月1日至2009年3月31日。

这是今年以来巴对我发起的第三起反倾销调查。迄今为止，巴共对我发起反倾销调查6起，涉案产品分别是甲醛树脂、瓷砖、聚酯纤维、苯酐、单面涂层纸板和双氧水，其中前3起终裁认定存在倾销行为，并已开始征收反倾销税，其余仍在调查中。

根据巴反倾销法的相关规定，所有相关利益方、应诉企业须于10天内向巴关税委员会提出登记。巴关税委员会将在调查启动后60至180天内作出初裁。

注：双氧水(过氧化氢)可用氧化剂、漂白剂、消毒剂、脱氯剂，有机或无机过氧化物、泡沫塑料和其他多孔物质等。

三十六、巴西对华一次性塑料注射器作出反倾销终裁

2009年9月18日，巴西外贸委员会发布第53号公告称，决定自即日起对中国生产的一次性注射器征收最终反倾销税：对上海康德莱企业发展集团有限公司生产的注射器征收7.73美元/千克的最终反倾销税，对其他中国企业生产的注射器征收10.67美元/千克的最终反倾销税。该措施实施期限为5年。根据公告，巴西将对税则号为9018.31.11和9018.31.19的两类注射器征收最终反倾销税，主要涉及容量为1毫升、3毫升、5毫升、10毫升和20毫升的一次性医用塑料注射器。

三十七、韩国对中国大陆、中国台湾和马来西亚等国聚酯拉伸变形丝进行反倾销日落复审

2009年6月16日，韩国企划财政部发布公告，决定对原产于中国大陆、中国台湾和马来西亚的聚酯拉伸变形丝进行反倾销日落复审。2005年11月11日，韩国对原产于中国大陆、中国台湾和马来西亚的聚酯拉伸变形丝进行反倾销调查，涉案产品海关编码为540233。2006年9月19日，韩国贸易委员会对该案作出反倾销终裁，裁定中国涉案企业的倾销幅度为0~8.69%。

三十八、美国ITC对塑料折叠凳发起337调查

1. 美国企业对我国提起2009年第7起337调查申请

2009年11月6日，美国B&R塑料公司向美国国际贸易委员会(USITC)提起申请，指控全球13家生产和对美销售塑料折叠凳(Foldable Stools)的企业侵犯其1项专利，要求国际贸易委员会对被申请人启动337调查，并发布排除令和禁止令。我国浙江宁波2家企业涉案，涉案产品的美国海关税号为3924905600和9403708010。这是2009年以来美国企业对我提起的第7起337调查申请。预计，国际贸易委员会将于12月5日左右正式立案调查。

2. 美国ITC对塑料折叠凳发起337调查

2009年12月4日，美国国际贸易委员会(ITC)委员通过投票决定对部分折叠凳发起337调查。涉案产品为通过塑料注塑工艺做成的塑料折叠凳。2009年11月6日，B&R Plastics公司向美国国际贸易委员会提出诉讼请求，称进口至美国并在美国销售的折叠凳侵犯了B&R公司的专利权，违反了《1930年关税法案》第337节。原告B&R Plastics公司要求国际贸易委员会发布排除令和禁止令。

美国国际贸易委员会确认以下公司为该案的应诉方：

(1) 宁波中天有限公司；

(2) 宁波宁丰进出口有限公司;

(3) 美国 Kikkerland Design 公司;

(4) abc Distributing Inc 公司;

(5) Always Something Brilliant 公司(丹佛);

(6) 亚马逊公司(Amazon. com, Inc., of Seattle, WA);

(7) Bed Bath & Beyond 公司;

(8) Buy. com 公司;

(9) Crate & Barrel 公司;

(10) Home Depot 公司;

(11) The Afternoon of Omaha, NE 公司;

(12) The Container Store 公司;

(13) QVC 公司。

启动该项调查(337-TA-693)后,美国国际贸易委员会尚未对该案作出任何决定。美国国际贸易委员会首席行政法官将从6名行政法官(ALJ)中指定1名主持调查该案,确定证据听证会的日期并主持召开听证会。行政法官将对是否存在违反337条款的情形作出初步认定,委员会可以对该认定进行复审。美国国际贸易委员会将在最快可行的时间内作出最终裁定。在调查启动后的45日内,国际贸易委员会将确定完成调查的目标时间。美国国际贸易委员会337案件的救济令将于调查完成当日开始执行,并于60日后正式生效,除非美国贸易代表在该60日的期限内基于政策原因提出反对。

三十九、美国对中国等聚乙烯零售塑料袋作出反倾销初裁

1. 美国对中国台湾地区产聚乙烯零售塑料袋作出反倾销初裁

2009年10月20日,美国商务部发布公告,对原产于中国台湾地区的聚乙烯零售塑料袋作出反倾销初裁(见下表)。2009年4月27日,美国商务部对原产于中国台湾地区、越南和印尼的聚乙烯零售塑料袋进行反倾销调查,同时对越南产聚乙烯零售塑料袋进行反补贴调查,涉案产品海关编码为39232100.85。

美国对中国台湾地区产聚乙烯零售塑料袋作出的反倾销初裁结果

生产商/出口商	倾销幅度(%)
Ipsido Corporation	95.81
TCI Plastic Co., Ltd.	28.69
中国台湾地区普遍	28.69

2. 美国对中国等3国产聚乙烯零售包装袋作出反倾销快速日落复审终裁

2009年10月19日,美国商务部发布公告,对原产于中国、马来西亚和泰国的聚乙烯零售包装袋作出反倾销快速日落复审终裁,如果取消对涉案产品的反倾销措施,将会导致在合理的、可预见的期限内对美国国内产业的实质性损害继续或再度发生,因此将继续对涉案产品征收反倾销税。其中,裁定中国涉案企业的倾销幅度为:

企业名称	倾销幅度(%)
东莞野沢塑胶制品有限公司和联力包装有限公司(Dongguan Nozawa Plastics Products Co., Ltd. and United Power Packaging, Ltd. (formerly Dongguan Huang Jiang United Wah Plastic Bag Factory))	23.22
来利塑胶厂有限公司(Rally Plastics Company, Ltd.)	23.85
上海Glopack包装有限公司和士力塑料胶有限公司(Shanghai Glopack Packing Company, Ltd., and Sea Lake Polyethylene Enterprise, Ltd.)	19.79
厦门明蓓塑胶有限公司(Xiamen Ming Pak Plastics Company, Ltd.)	35.58
Zhongshan Dongfeng Hung Wai Plastic Bag Manufactory	41.28
北京联宾塑胶印刷有限公司(Beijing Lianbin Plastics and Printing Company, Ltd.)	25.69
东莞市丸万塑料包装有限公司(前身是东莞市附城中侨复合胶袋厂)(Dongguan Maruman Plastic Packaging Co., Ltd. (formerly Dongguan Zhongqiao Combine Plastic Bag Factory))	25.69
汇兴胶袋制品厂(Good-in Holdings, Ltd.)	25.69
广东Esquel包装有限公司(Guangdong Esquel Packaging Co., Ltd.)	25.69
南星塑胶厂(Nan Sing Plastics, Ltd.)	25.69
宁波繁荣塑料制品有限公司(Ningbo Fanrong Plastics Products Co., Ltd.)	25.69
Ningbo Huansen Plasthetics Co., Ltd.	25.69
上海雨洲贸易有限公司(Rain Continent Shanghai Company, Ltd.)	25.69

续表

企 业 名 称	倾销幅度（%）
上海 Dazhi 企业发展有限公司（Shanghai Dazhi Enterprise Development Company, Ltd.）	25.69
Shanghai Fangsheng Coloured Packaging Company, Ltd.	25.69
上海京泰包装材料有限公司（Shanghai Jingtai Packaging Material Company, Ltd.）	25.69
上海市轻工业品进出口有限公司（Shanghai Light Industrial Products Import and Export Corporation）	25.69
上海五金矿产发展有限公司（Shanghai Minmetals Development, Ltd.）	25.69
上海新爱联进出口有限公司（Shanghai New Ai Lian Import and Export Company, Ltd.）	25.69
上海海外国际贸易有限公司（Shanghai Overseas International Trading Company, Ltd.）	25.69
上海亚福塑胶实业有限公司（Shanghai Yafu Plastics Industries Company, Ltd.）	25.69
威海威泉塑胶制品有限公司（Weihai Weiquan Plastic and Rubber Products Company, Ltd.）	25.69
厦门市兴亚泰塑料工业有限公司（Xiamen Xingyatai Industry Company, Ltd.）	25.69
江门市新会区恒隆塑料制品有限公司（Xinhui Henglong）	25.69
中国普遍	77.57

四十、欧盟对华聚对苯二甲酸乙二醇酯进行反倾销日落复审立案调查

2009 年 8 月 18 日，应欧洲塑料制造商联合会下属聚对苯二甲酸乙二醇酯委员会（The Polyethylene Terephthalate（PET）Committee of PlasticsEurope）的申请，欧盟委员会对原产于中国的聚对苯二甲酸乙二醇酯进行反倾销日落复审立案调查。涉案产品海关编码为 39076020。本案的倾销调查期为 2008 年 7 月 1 日 ~2009 年 6 月 30 日。

在立案公告中，欧盟委员会初步选定美国作为计算中国涉案产品正常价值的替代国。

2003 年 5 月，欧盟对原产于中国的聚对苯二甲酸乙二醇酯进行反倾销立案调查；2004 年 8 月，欧盟对此案作出终裁，决定对中国进口的涉案产品征收 22 欧元/吨 ~184 欧元/吨的反倾销税。

四十一、欧盟对我国一糠醇生产企业进行新出口商复审

2009 年 6 月 17 日，欧委会发布公告，宣布对我河南一糠醇生产企业及其关联公司开启反倾销新出口商复审调查。公告称，经初步审查，该企业未在最近一次糠醇反倾销调查的调查期内向欧盟地区出口涉案产品，且与被调查企业无关联，符合新出口商规定。至于能否获得市场经济地位或分别裁决待遇，还有待进一步调查。欧盟于 1995 年对我输欧糠醇进行第一次反倾销调查，后历经数次日落复审，反倾销措施实施至今。目前，除 4 家企业外，绝大多数对欧糠醇出口企业均被征收 250 欧元/吨的从量反倾销税。

注：可用于合成树脂和加工染料等。

四十二、欧盟将对华聚酯切片进行反倾销日落复审

2009 年 8 月 3 日，欧委会发出照会，称其受到欧盟产业的申请，将于近期对中国出口至欧盟的聚酯切片发起反倾销日落复审调查。根据欧盟反倾销实践，欧委会将在照会发出 10 日左右宣布正式立案决定，提请相关企业做好应诉准备。

如有问题，企业可与五矿化工商会联系 010 - 85692789，也可与商务部公平贸易局出口地区二处联系，联系电话：010 - 85093422。

四十三、欧盟将对中国玻璃纤维展开反倾销调查

据华尔街日报报道，欧盟外交官 12 月 9 日表示，欧盟委员会将对中国玻璃纤维制造商展开反倾销调查。

代表 PPG Industries Inc.、Lanxess AG 等玻璃纤维制造商的欧洲玻璃纤维生产商协会（European Glass Fiber Producers Association）曾于 2009 年 11 月向欧盟委员会提出一项申诉。据道琼斯通讯社见到的一份欧盟委员会文件显示，如果欧盟委员会最终支持这项申诉，那么中国生产商可能会面临高达 40% ~75% 的反倾销关税。欧盟委员会是欧盟的执行机构。

争端主要围绕一种用于强化合成塑料的关键玻璃纤维产品。复合塑料目前正越来越广泛地用于制造包括汽车、风力涡轮机叶片在内的各种产品。

欧洲玻璃纤维生产商协会负责人 Axel Jorns 称，

这种玻璃纤维在可再生能源市场具有优势，因为合成塑料质量轻，且可替代金属。

在这项耗时可能不超过15个月的调查结束后，欧盟委员会将确定是否征收长期关税。但在此之前，该委员会可能会决定征收临时关税。

四十四、欧盟就对华聚酯短纤维发布即将到期公告

2009年10月17日，欧盟委员会发布公告称，对原产于中国和韩国的聚酯短纤维的反倾销措施即将于2010年3月18日到期，有关利害关系方应在自本公告发布之日起，至到期日前3个月之间的时间里向欧盟委员会提交启动反倾销日落复审调查的申请。

2003年12月，欧盟对原产于中国的聚酯短纤维进行反倾销立案调查；2005年3月，欧盟对此案作出肯定性终裁。1999年10月，欧盟对原产于韩国的聚酯短纤维进行反倾销立案调查；2000年12月，欧盟对此案作出肯定性终裁。

四十五、欧盟取消对华塑料袋反倾销期中复审调查

1. 欧盟给予3家中国企业在塑料袋反倾销案中以8.4%的反倾销税

2009年3月12日，欧盟委员会发布公告称：由于惠阳Kanlun聚乙烯生产厂(Huiyang Kanlun Polyethylene Manufacture Factory)、Bao Xiang(深圳)塑料袋有限公司(Bao Xiang Plastic Bag Manufacturing (Shenzhen) Co. Ltd.)和泉州Polywin包装有限公司(Quanzhou Polywin Packaging Co. Ltd.)提交的资料证明其符合合作企业的条件，因此对其征收8.4%的反倾销税。涉案产品在欧盟合并名目编码ex39232100、ex39232910和ex39232990下。

2005年6月，欧盟对原产于中国的塑料袋进行反倾销立案调查；2006年9月，欧盟对此案作出肯定性终裁；2008年7月，欧盟对原产于中国的塑料袋进行反倾销期中复审立案调查。

2. 欧盟取消对华塑料袋反倾销期中复审调查

2009年7月29日，欧盟委员会发布公告称，由于申诉方撤诉，因此决定取消对原产于中国的塑料袋的反倾销期中复审调查。涉案产品海关编码为ex39232100、ex39232910和ex39232990。

2005年6月，欧盟对原产于中国的塑料袋进行反倾销立案调查；2006年9月，欧盟对此案作出肯定性终裁；2008年7月，欧盟对原产于中国的塑料袋进行反倾销期中复审立案调查。

(中国塑料加工工业协会　史立科)

政策法规

2009年国家与塑料行业相关的政策法规

State Policies and Regulations Related Plastics Industry in 2009

一、国务院办公厅发布轻工业调整和振兴规划（二〇〇九年五月十八日）：

轻工业承担着繁荣市场、增加出口、扩大就业、服务"三农"的重要任务，是国民经济的重要产业，在经济和社会发展中起着举足轻重的作用。为应对国际金融危机的影响，落实党中央、国务院关于保增长、扩内需、调结构的总体要求，确保轻工业稳定发展，加快结构调整，推进产业升级，特编制本规划，作为轻工业综合性应对措施的行动方案。规划期为2009～2011年。

一、轻工业现状及面临的形势

进入21世纪以来，我国轻工业快速发展，企业规模与实力明显提高，产业竞争力不断增强，吸纳就业和惠农作用显著。2008年，我国轻工业实现增加值26235亿元，占国内生产总值的8.7%，家电、皮革、塑料、食品、家具、五金制品等行业100多种产品产量居世界第一；出口总额3092亿美元，占全国出口总额的21.7%，产品出口200多个国家和地区，家电、皮革、家具、羽绒制品、自行车等产品国际市场占有率超过50%。全行业吸纳就业3500万人。轻工业70%的行业、50%的产值涉及农副产品加工，使2亿多农民直接受益，对解决"三农"问题发挥了不可替代的作用。制浆造纸、家用电器、塑料制品、皮革等行业通过引进消化吸收国外技术和关键设备，具备了较强的集成创新能力和一定的自主创新能力。我国已成为轻工产品生产和消费大国。

但是，轻工业在快速发展的同时，长期积累的矛盾和问题也逐步显现。一是自主创新能力不强。出口产品以贴牌加工为主，产品附加值较低，关键技术装备主要依赖进口。二是产业结构亟待调整。生产能力主要分布在沿海地区，中西部地区发展滞后。出口市场主要集中在欧、美、日，尚未形成多元化格局。中低端产品多，高质量、高附加值产品少。低水平重复建设和盲目扩张严重。三是节能减排任务艰巨。化学需氧量（COD）排放占全国工业排放总量的50%，废水排放量占全国工业废水排放总量的28%。四是产品质量问题突出。产品质量保障体系不完善，企业质量安全意识不强，食品安全事件时有发生。

2008年下半年以来，国际金融危机对我国轻工业造成严重冲击，国内外市场供求失衡，产品库存积压严重，企业融资困难，生产经营陷入困境，轻工业稳定发展形势严峻。我国轻工业市场化程度较高，适应能力较强，产品在国际市场上也具有一定的比较优势，内需市场的进一步扩大，为轻工业发展提供了广阔的市场空间。只要抓住时机，充分利用市场倒逼机制，下决心积极采取综合措施，就能够实现轻工业的调整和振兴。

二、指导思想、基本原则和目标

（一）指导思想

全面贯彻党的十七大精神，以邓小平理论和"三个代表"重要思想为指导，深入贯彻落实科学发展观，按照保增长、扩内需、调结构的总体要求，采取综合措施，扩大城乡市场需求，巩固和开拓国际市场，保持轻工业平稳发展；通过加快自主创新，实施技术改造，推进自主品牌建设，淘汰落后产能，着力推动轻工业结构调整和产业升级；走绿色生态、质量安全和循环经济的新型轻工业发展之路，进一步增强轻工业繁荣市场、扩大就业、服务"三农"的支柱产业地位。

（二）基本原则

1. 积极扩大内需，稳定国际市场。加强消费政策引导，增加有效供给，促进轻工产品消费。巩固传统出口市场，开拓国际新兴市场。

2. 突出重点行业，培育骨干企业。将产业关联度高、吸纳就业能力强、拉动消费效果显著、结构调整带动作用大的行业作为调整和振兴的重点，支持产品质量好、市场竞争力强、具有自主品牌的骨干企业发展壮大。

3. 扶持中小企业，促进劳动就业。采取积极的金融信贷、信用担保等政策，支持业绩良好、具有发展潜质的中小企业发展，充分发挥中小企业吸纳劳动力就业的作用。

4. 加快技术进步，淘汰落后产能。提高企业自主创新能力，重点推进装备自主化和关键技术产业化；加快造纸、家电、塑料、照明电器等行业技术改造步伐，淘汰高耗能、高耗水、污染大、效率低的落后工艺和设备，严格控制新增产能。

5. 保障产品质量，强化食品安全。以食品、家具、玩具和装饰装修等涉及人民群众身体健康的行业为重点，加强质量管理，完善标准和检测体系，打击制售假冒伪劣产品的违法行为，保障产品使用和食用安全。

（三）规划目标

1. 生产保持平稳增长。在稳定出口和扩大内需的带动下，轻工业产销稳定增长，行业效益整体回升，三年累计新增就业岗位300万个左右。

2. 自主创新取得成效。变频空调压缩机、新能源电池、农用新型塑料材料、新型节能环保光源等关键生产技术取得突破。重点行业装备自主化水平稳步提高，中型高速纸机成套装备实现自主化，食品装备自给率提高到60%。

3. 产业结构得到优化。企业重组取得进展，再形成10个年销售收入150亿元以上的大型轻工企业集团。轻工业特色区域和产业集群增加100个，东中西部轻工业协调发展。新增自主品牌100个左右。

4. 污染物排放明显下降。到2011年，主要行业COD排放比2007年减少25.5万吨，降低10%，其中食品行业减少14万吨、造纸行业减少10万吨、皮革行业减少1.5万吨；废水排放比2007年减少19.5亿吨，降低29%，其中食品行业减少10亿吨、造纸行业减少9亿吨、皮革行业减少0.5亿吨。

5. 淘汰落后取得实效。淘汰落后制浆造纸200万吨以上、低能效冰箱(含冰柜)3000万台、皮革3000万标张、含汞扣式碱锰电池90亿只、白炽灯6亿只、酒精100万吨、味精12万吨、柠檬酸5万吨的产能。

6. 安全质量全面提高。完善轻工业标准体系，制订、修订国家和行业标准1000项。生产企业资质合格，内部管理制度完善，规模以上食品生产企业普遍按照GMP(优良制造标准)要求组织生产。质量安全保障机制更加健全，产品质量全部符合法律法规以及相关标准的要求。

三、产业调整和振兴的主要任务

（一）稳定国内外市场

1. 促进国内消费。总结“家电下乡”的试点经验，完善农村家电物流、销售、维修体系，切实做好“家电下乡”工作。加快皮革、家具、五金、家电、塑料、文体用品、缝制机械、制糖等行业重点专业市场建设，进一步发挥专业流通市场的作用。指导工商企业开展深度合作，加快市场需求信息传导，鼓励商贸企业扩大采购和销售轻工产品的规模。

2. 增加有效供给。丰富产品花色品种，研发生产满足多层次消费需求的产品。生产与安居工程、新农村建设、教育医疗、灾后重建、农村基础设施、交通设施以及放心粮油进农村、进社区示范工程等相配套的轻工产品。开发个性化的文体用品及特色旅游休闲产品。积极发展少数民族特需用品。

3. 稳定和开拓国际市场。积极应对贸易摩擦，巩固美、欧、日等传统国际市场；实施出口多元化战略，积极开拓中东、俄罗斯、非洲、北欧、东南亚、西亚等新兴市场。一是支持骨干企业通过多种方式“走出去”，在主要销售市场设立物流中心和分销中心。二是建立经贸合作区，积极推进海外工业园区和经贸合作区建设。三是继续支持外贸专业市场建设，建设针对东南亚、中亚、东北亚等地区的轻工产品边境贸易专业市场，在中东、北欧、俄罗斯等有条件的地区组建中国轻工产品贸易中心，加强对外宣传，方便货物、人员出入境。四是发挥加工贸易作用，支持企业扩大加工贸易。

4. 健全外贸服务体系。建立轻工出口产品国内外技术法规、标准管理服务平台和培训体系，以及质量安全案例通报、退货核查、预警和应急处理系统，提高企业质量管理水平，维护中国产品形象。简化轻工产品出口通关、检验手续，降低相关收费标准，提高通关效率，促进贸易便利化。

（二）增强自主创新能力

1. 提高重点装备自主化水平。在引进消化吸收再创新的基础上，突破重点装备关键技术，加快装备自主化。造纸装备重点发展大幅宽、高车速造纸成套设备。食品装备重点发展新型绿色分离设备、节能高效蒸发浓缩设备、高速和无菌罐装设备、膜式错流过滤机、高速吹瓶设备等，自主化率由40%提高到60%。塑料成型装备重点发展全闭环伺服驱动、电磁感应加热和多层共挤技术的挤出设备。工业缝制装备重点发展电控高速多头多功能刺绣机、电控裁剪整烫设备，光机电一体化设备比重由10%提高到50%，生产效率提高40%。

2. 推进关键技术创新与产业化。采取产学研结合模式，支持农用新型塑料材料、变频空调压缩机、高效节能节材型冰箱压缩机、隧道式大型连续洗涤机组、糖能联产、新型节能环保光源、新型微生物高浓废水处理复合材料、特色功能表面活性剂、新能源电池、污染物减排与废弃物资源化利用等关键技术、设备的创新与产业化。建立重点行业公共技术创新服务平台，建立粮油、电池、皮革行业国家工程技术研究中心，建立造纸、发酵、酿酒、制糖及皮革技术创新联盟。

3. 做好公共服务。完善轻工业特色区域和产业集群公共服务平台建设，为企业提供信息、技术开发、技术咨询、产品设计与开发、成果推广、产品检测、人才培训等服务。

（三）加快实施技术改造

1. 提升行业总体技术水平。支持造纸行业应用深度脱木素、无元素氯漂白、中高浓等技术和全自动控制系统进行技术改造；支持家电行业电冰箱、空调器、洗衣机等关键部件生产线升级改造，实现高端及高效节能电冰箱、空调器、洗衣机等产品的产业化；支持塑料行业绿色塑料建材、多功能宽幅农膜生产技术升级；支持表面活性剂行业推广应用绿色表面活性剂，实现绿色功能性产品产业化；支持五金行业传统加工工艺及设备升级，提高制造水平。

2. 推进企业节能减排。重点对食品、造纸、电池、皮革等行业实施节能减排技术改造。食品行业加快应用新型清洁生产和综合利用技术。造纸行业加快应用清洁生产、非木浆碱回收、污水处理、沼气发电技术，推广污染物排放在线监测系统。电池行业重点推广无汞扣式碱锰电池技术，普通锌锰电池实现无汞、无铅、无镉化，锂离子电池替代镉镍电池。皮革行业加快推广保毛脱毛、无灰浸灰、生态鞣制等清洁生产技术和固体废弃物资源化利用技术。编制重点行业清洁生产推广规划，支持重点行业企业实施循环经济示范工程；推广《国家重点节能技术推广目录(第一批)》中的轻工行业节能技术；支持食品、造纸、电池、皮革行业节能减排计量统计监测体系软硬件建设。

3. 调整产品结构。支持发展市场短缺产品，优化产品结构，提高自给率。支持农副产品深加工，重点推进油料品种多元化，实施高效、低耗、绿色生产，促进油料作物转化增值和深度开发，新增花生油100万吨、菜籽油100万吨、棉籽油50万吨、特色油脂100万吨产能，保障食用植物油供给安全；继续实施《全国林纸一体化工程建设“十五”及2010年专项规划》，加快重点项目建设，新增木浆220万吨、竹浆30万吨产能，提高国产木浆比重，推动林纸一体化发展。

（四）实施食品加工安全专项

1. 大力整顿食品加工企业。对全国食品加工企业在生产许可、市场准入、产品标准、质量安全管理方面逐项检查，坚决取缔无卫生许可证、无营业执照、无食品生产许可证的非法生产加工企业，严肃查处有证企业生产不合格产品、非法进出口等违法行为，严厉打击制售假冒伪劣食品、使用非食品原料和回收食品生产加工食品的违法行为。

2. 全面清理食品添加剂和非法添加物。深入开展食品添加剂、非法添加物专项检查和清理工作，按照《食品添加剂使用卫生标准》(GB 2760—2007)，理清并发布违法添加的非食用物质和易被滥用的食品添加剂名单，规范食品添加剂安全使用。

3. 加强食品安全监测能力建设。督促粮油、肉及肉制品、乳制品、食品添加剂、饮料、罐头、酿酒、发酵、制糖、焙烤等行业重点企业，增加原料检验、生产过程动态监测、产品出厂检测等先进检验装备，特别是快速检验和在线检测设备。完善企业内部质量控制、监测系统和食品质量可追溯体系。

4. 提高食品行业准入门槛。明确食品加工企业在原料基地、管理规范、生产操作规程、产品执行标准、质量控制体系等方面的必备条件，加快制定和修订乳制品、肉及肉制品、水产品、粮食、油料、果蔬等重点食品加工行业产业政策和行业准入标准。

5. 建立健全食品召回及退市制度。建立和完善不合格食品主动召回、责令召回及退市制度，建立食品召回中心，明确食品召回范围、召回级别等具体规定，使食品召回及退市制度切实可行。健全食品质量安全申诉投诉处理体系，加强申诉投诉处理管理。

6. 加强食品工业企业诚信体系建设。通过政府指导、行业组织推动和企业自律，加快建立以法律法规为准绳、社会道德为基础、企业自律为重点、社会监督为约束、诚信效果可评价、诚信奖惩有制度的食品工业企业诚信体系。制定食品工业企业诚信体系建设指导意见，开展食品企业诚信体系建设试点工作。跟踪评价食品工业企业诚信体系建设指导意见贯彻实施情况，及时修改完善相关规范和标准。

（五）加强自主品牌建设

1. 支持优势品牌企业跨地区兼并重组、技术改造和创新能力建设，推动产业整合，提高产业集中度，增强品牌企业实力。引导企业开拓国际市场，通过国际参展、广告宣传、质量认证、公共服务平台等多种形式和渠道，提高自主品牌的知名度和竞争力。

2. 支持国内有实力的企业“走出去”，实施本地化生产，拓展国际市场，扩大产品覆盖面，提高品牌影响力。

3. 完善认证和检测制度，积极开展与主要贸易伙伴国多层面的交流与合作，提高国际社会对我国检测、认证结果的认可度，树立自主品牌国际形象。

4. 加强自主品牌保护，加大宣传力度，增强企业和全社会保护自主知名品牌的意识和责任感。

（六）推动产业有序转移

1. 结合优化区域布局，鼓励具有资源优势等条件的地区充分总结和借鉴产业集群发展经验，改善建设条件和经营环境，积极承接产业转移，着力培育发展轻工业特色区域和产业集群。

2. 根据行业特点和发展要求推进产业转移。推动冰箱、空调、洗衣机等家电行业重点产品的研发、制造、集散，逐步由珠三角、长三角和环渤海等地区向本区域内有条件地区和中西部地区转移；引导制革和制鞋行业集中的东部沿海地区，利用其优势重点从事研发、设计和贸易，将生产加工向具备资源优势的地区转移；推进陶瓷和发酵行业向有原料优势、能源丰富的地区转移。

同时，产业转移过程中要严格遵守环境保护法律法规，杜绝产业转移成为“污染转移”。

（七）提高产品质量水平

1. 建立产品质量安全保障机制。一是切实贯彻《中华人民共和国产品质量法》，严格市场准入制度和产品质量监督抽查制度，加快建立质量安全风险监测、预警、信息通报、快速处置以及产品追溯、召回和退市制度，严惩质量违法违规企业。二是落实企业对产品质量安全的主体责任，严格执行产品质量标准，全面加强质量管理，从原料采购、生产加工、出厂检验等环节控制产品质量，确保产品质量符合标准要求。三是建立规范的企业质量信用评价制度和产品质量信用记录发布制度，加强行业自律。四是完善国家产品质量检测技术服务平台，提高检测装备水平。

2. 加快行业标准制订和修订工作。制订食品添加剂、肉品、酿酒、乳制品、饮料、家具、装饰装修材料等行业新标准450项，其中食品添加剂等国家标准70项，家具和装饰装修材料等行业国家标准150项。修订塑料、五金、皮革、洗涤用品、饮料等行业标龄超过5年的标准550项。完善家电、造纸、塑料、照明电器、五金、皮革等重点行业的安全标准、基础通用标准、重点产品标准和检测方法标准。制订和修订塑料降解、制浆造纸、皮革鞣制、电池回收等资源节约与环境保护方面的标准，完善相应的技术标准体系。

（八）加强企业自身管理

加大法律宣传力度，加强企业自律，全面提高企业素质，增强企业守法经营意识和社会责任感。深化企业改革，加快现代企业制度建设，完善公司治理结构，提高企业管理的科学性。树立现代管理理念，加强企业管理，提高经营决策、产品设计、资源配置、产品生产、质量管理、市场开拓等水平，增强对市场需求的快速反应能力，努力开发适销对路产品，通过管理提高效益。重视人才培训，提高员工素质，合理配置人力资源。

（九）切实淘汰落后产能

建立产业退出机制，明确淘汰标准，量化淘汰指标，加大淘汰力度。力争三年内淘汰一批技术装备落后、资源能源消耗高、环保不达标的落后产能。造纸行业重点淘汰年产3.4万吨以下草浆生产装置和年产1.7万吨以下化学制浆生产线，关闭排放不达标、年产1万吨以下以废纸为原料的造纸厂。食品行业重点淘汰年产3万吨以下酒精、味精生产工艺及装置。皮革行业重点淘汰年加工3万标张以下的生产线。家电行业重点淘汰以氯氟烃为发泡剂或制冷剂的冰箱、冰柜、汽车空调器等产能和低能效产品产能。电池行业重点淘汰汞含量高于1ppm的圆柱形碱锰电池和汞含量高于5ppm的扣式碱锰电池。加快实施节能灯替代，淘汰6亿只白炽灯产能。

四、政策措施

（一）进一步扩大“家电下乡”补贴品种。根据农民意愿和行业发展要求，将微波炉和电磁炉纳入“家电下乡”补贴范围，并将每类产品每户只能购买一台的限制放宽到两台。中央财政加大对民族地区和地震重灾区的支持力度。

（二）提高部分轻工产品出口退税率。进一步提高部分不属于“两高一资”的轻工产品的出口退税率，加快出口退税进度，确保及时足额退税。

（三）调整加工贸易目录。继续禁止“两高一资”产品加工贸易。对符合国家产业政策和宏观调控要求，不属于高耗能、高污染的产品，取消加工贸易禁止。对部分劳动密集型产品以及技术含量较高、环保节能的产品，取消加工贸易限制。对全部使用进口资源且生产过程中污染和能耗较低的产品，允许开展加工贸易。

（四）解决涉农产品收储问题。进一步扩大食糖国家储备。鼓励地方政府采取流动资金贷款贴息等措施，支持企业收储纸浆及纸、浓缩苹果汁等涉农产品，缓解产品销售不畅、积压严重的状况。

（五）加强技术创新和技术改造。支持重点装备自主化、关键技术创新与产业化，支持提高重点行业技术装备水平、推进节能减排、强化食品加工安全以及自主品牌建设等。

（六）加大金融支持力度。尽快落实《国务院办公厅关于当前金融促进经济发展的若干意见》（国办发[2008]126号），鼓励金融机构加大对轻工企业信贷支持力度，对一些基本面较好、带动就业明显、信用记录较好但暂时出现经营困难的企业给予信贷支持，允许将到期的贷款适当展期；简化税务部门审核金融机构呆账核销手续和程序，对中小企业贷款实行税前全额拨备损失准备金；支持符合条件的企业发行公司债券、企业债券、中小企业集合债券、短期融资券等，拓展企业融资渠道；中央和地方财政要加大对资质好、管理规范的中小企业信用担保机构的支持力度，鼓励担保机构为中小型轻工企业提供信用担保和融资服务；利用出口信贷、出口信用保险等金融工具，帮助轻工企业便利贸易融资，防范国际贸易风险。鼓励保险公司开展产品质量保险和出口信用保险，为轻工企业提供风险保障。建立和完善中央集中式的、以互联网为基础的动产和权利担保登记中心，简化登记手续，降低登记收费，落实债权人的担保权益。

（七）大力扶持中小企业。现有支持中小企业发展的专项资金（基金）等向轻工企业倾斜，中央外贸发展基金加大对符合条件的轻工企业巩固和开拓国外市场的支持力度；按照有关规定，对中小型轻工企业实施缓缴社会保险费或降低相关社会保险费率等政策。

（八）加强产业政策引导。尽快研究制定发酵、粮油、皮革、电池、照明电器、日用玻璃、农膜等产业政策以及准入条件，研究完善重污染企业和落后产能退出机制，适时调整《产业结构调整指导目录》和《外商投资产业指导目录》。环保、土地、信贷、工商登记等相关政策要与产业政策相互衔接配合，充分体现有保有压的调控作用。

（九）鼓励兼并重组和淘汰落后。认真落实有关兼并重组的政策，在流动资金、债务核定、职工安置等方面给予支持；对于实施兼并重组企业的技术创新、技术改造给予优先支持。各级政府要加大轻工业重点行业淘汰落后产能力度，解决好职工安置、企业转产、债务化解等问题，促进社会和谐稳定。

（十）发挥行业协会作用。充分发挥行业协会在产业发展、技术进步、标准制定、贸易促进、行业准入和公共服务等方面的作用。建立轻工业经济运行及预测预警信息平台，及时反映行业情况和问题，引导企业落实产业政策，加强行业自律。

五、规划实施

国务院有关部门要按照《规划》分工，尽快制定完善相关政策措施，加强沟通，密切配合，确保《规划》顺利实施。要适时开展《规划》的后评价工作，及时提出评价意见。

各地区要按照《规划》确定的目标、任务和政策措施，结合当地实际抓紧制定具体落实方案，确保取得实效。具体工作方案和实施过程中出现的新情况、新问题要及时报送发展改革委、工业和信息化部等有关部门。

二、国务院办公厅发布石化产业调整和振兴规划（二〇〇九年五月十八日）

石化产业是国民经济的支柱产业，资源资金技术密集，产业关联度高，经济总量大，产品广泛应用于国民经济、人民生活、国防科技等各个领域，对促进相关产业升级和拉动经济增长具有举足轻重的作用。为应对国际金融危机的影响，落实党中央、国务院关于保增长、扩内需、调结构的总体要求，确保石化产业稳定发展，加快结构调整，推动产业升级，特编制本规划，作为石化产业综合性应对措施的行动方案。规划期为2009～2011年。

一、石化产业现状及面临的形势

我国是石化产品生产和消费大国。进入21世纪以来，石化产业保持快速增长，产业规模不断扩大，综合实力逐步提高。工业增加值年均增长20%左右，拉动国民经济增长约1个百分点。化肥、农药、成品油、乙烯、合成树脂等产品产量位居世界前列。相继建成了14个千万吨级炼油、3个百万吨级乙烯生产基地，云南、贵州、湖北三大磷肥产区，青海、新疆百万吨钾肥工程。但是，石化产业在快速发展过程中，长期积累的矛盾和问题也日益凸现，主要表现为：集约发展程度偏低，产业布局分散；创新能力不强，高端产品生产技术和大型成套技术装备主要依赖进口；产品结构不尽合理，中低端产品比重较大；资源环境约束加大，产业发展与环境保护的矛盾加剧；农资供给需要加强，低成本产品产能不足，市场调控体系不完善；一些地区不顾资源、环境条件，不注重能源转换效率，盲目发展煤化工。2008年下半年以来，受国际金融危机影响，石化产业受到较大冲击，国内外市场萎缩，生产持续下降，企业库存增加、价格大幅下跌，行业经济效益下滑、生产经营困难。当前，我国石化产品消费仍处于增长期，油品、化肥、农药刚性需求长期存在，高端石化产品市场潜力巨大，必须抓住机遇，加快石化产业的调整和振兴，促进产业平稳运行和健康发展。

二、指导思想、基本原则和目标

（一）指导思想

全面贯彻落实党的十七大精神，以邓小平理论和“三个代表”重要思想为指导，深入贯彻落实科学发展观，按照保增长、扩内需、调结构的总体要求，稳定石化产品市场，保持产业平稳增长；依托大型企业和产业基地，按照炼化一体化、园区化、集约化模式和发展循环经济、保护生态环境、促进安全生产的要求，优化石化产业布局；统筹国内外资源，保障农资供给；推进自主创新，实施技术改造，发展高端产品，着力提高创新能力和管理水平；加快结构调整和产业升级，不断增强产业竞争能力，进一步增强石化产业的支柱产业地位。

（二）基本原则

坚持稳定生产运行与促进产业振兴相结合。既要着力解决当前石化产业面临的突出问题，保障产业平稳运行，又要着眼长远，加快转变增长方式，促进产业升级，增强发展后劲。

坚持调整产品结构与增加有效供给相结合。抓住有利时机，优化资源配置，降低生产成本，提高中高档产品比重，促进产品升级换代，增加有效供给能力，满足市场需求。

坚持加快技术改造与推进自主创新相结合。加大引进技术的消化吸收力度，推动产业技术进步；强化技术改造，促进石化产业技术的系统化和集成化；加强关键和前沿技术研发，增强自主创新对产业发展的支撑能力。

坚持实施重大项目与调整产业布局相结合。加快重大项目建设，严格控制炼油乙烯新布点，统筹考虑对外合作项目规划布局。推动大型企业兼并重组，优化资源配置，促进产业集中布局、集约发展。

（三）规划目标

2009~2011年，石化产业保持平稳较快增长。2009年力争实现平稳运行，经过三年调整和振兴，到2011年，产业结构趋于合理，发展方式明显转变，综合实力显著提高。

1. 产量保持稳步增长。到2011年，原油加工量达到40500万吨，成品油、乙烯产量分别达到24750万吨、1550万吨。

2. 农资保障能力增强。到2011年，化肥产量达到6250万吨（折纯），钾肥产量达到400万吨（折纯），高浓度化肥比重提高到80%；在原料产地生产的化肥比重提高到60%，生产成本大幅下降；化肥储备基本满足市场调控需要。高效低毒低残留农药比重显著提高，县乡农用柴油供应网络不断完善。

3. 产业布局趋于合理。成品油“北油南运”的状况得到改善。长三角、珠三角、环渤海地区产业集聚度进一步提高，建成3~4个2000万吨级炼油、200万吨级乙烯生产基地。煤化工盲目发展的势头得到遏制。

4. 产品结构显著改善。2009年车用汽油全部达到国Ⅲ标准，2010年车用柴油全部达到国Ⅲ标准，2011年轻质油品收率达到75%。高端石化产品自给率明显提高。

5. 技术进步明显加快。丁基橡胶等产业化技术取得突破，千万吨级以上炼油、百万吨级乙烯、大型粉煤制合成氨等成套技术装备实现本地化，煤制油、烯烃、乙二醇等示范工程建成投产。

6. 节能减排取得成效。到2011年，石化产业单位工业增加值能耗下降12%以上，污水、二氧化硫和粉尘等污染物排放量减少6%以上，行业特征污染物排放得到控制。综合能耗普遍降低，大型炼油装置吨原油加工耗标准油低于63kg，大型乙烯装置吨乙烯耗标准油低于640kg，大型煤制合成氨装置吨氨综合能耗低于1.8t标煤。

三、产业调整和振兴的主要任务

（一）保持产业平稳运行

加快实施国家扩大内需、调整和振兴重点产业、增产千亿斤粮食等各项综合措施，拉动石化产品消费。落实有利于石化产业发展的税收和加工贸易政策，扩大石化产品市场。加强对进口石化产品的监测预警，防止境外产品倾销。打击石化产品走私，维护市场秩序。严格执行油品质量标准，严禁达不到国家规定标准的油品进入市场。扩大油品和化肥储备，减轻企业库存压力。采取积极的信贷措施，缓解企业流动资金困难。

（二）提高农资保障能力

采用洁净煤气化和能源梯级利用技术，对现有氮肥生产企业进行原料和动力结构调整，实现原料煤多元化，降低成本；在能源产地适当建设大型氮肥生产装置，替代落后产能。优化磷肥资源配置，推广硫和中低品位磷矿综合利用等技术，继续建设好云南、贵州、湖北三大磷肥基地。加大国内外钾矿资源勘探开发，科学规划青海、新疆钾肥基地发展，加强钾矿共生、伴生资源开发利用。调整农药产品结构，发展高效低毒低残留品种，推动原药集中生产。完善化肥储备制度，提高市场调控能力。加强农用柴油供应网络建设，满足季节性集中消费需要。

（三）稳步开展煤化工示范

坚持控制产能总量、淘汰落后工艺、保护生态环境、发展循环经济以及能源化工结合、全周期能效评价的方针，坚决遏制煤化工盲目发展势头，积极引导煤化工行业健康发展。今后三年停止审批单纯扩大产能的焦炭、电石等煤化工项目，原则上不再安排新的煤化工试点项目，重点抓好现有煤制油、煤制烯烃、煤制二甲醚、煤制甲烷气、煤制乙二醇等五类示范工程，探索煤炭高效清洁转化和石化原料多元化发展的新途径。

（四）抓紧实施重大项目

抓紧组织实施好“十一五”规划内在建的6套炼油、8套乙烯装置重大项目，力争2011年全部建成投产。在现有基础上，通过实施上述项目，形成20个千万吨级炼油基地、11个百万吨级乙烯基地。炼油和乙烯企业平均规模分别提高到600万吨和60万吨。

（五）统筹重大项目布局

坚持保护生态环境、发展循环经济、立足现有企业、靠近消费市场、方便资源吞吐、淘汰落后产能的原则，按照一体化、园区化、集约化、产业联合的发展模式，统筹重大项目布局，严格控制炼油乙烯项目新布点。做好新建重大炼油乙烯项目论证和区域环境影响评价等工作。近期重点做好利用境外资源在国内合作加工的炼化项目前期工作，选择2～3个条件好的现有大型炼化企业进行扩建。结合中缅原油管线的进展情况，适时开展西南地区炼化项目的布局研究。

（六）大力推动技术改造

加快前沿技术自主化、关键技术产业化、工程技术本地化，及时研究制定相关技术和产品标准。推广资源综合利用和废弃物资源化技术，推动园区化发展和清洁生产，实现节能减排。炼油乙烯行业重点推广液化气制高辛烷值汽油、渣油加氢处理、资源梯级使用等技术，提高石油资源利用率。氮肥行业重点推广废水闭路循环等技术，磷肥行业重点推广硫酸生产余热回收等技术。推动企业技术改造，开展炼油企业油品质量升级改扩建，乙烯装置节能降耗改扩建，氮肥企业原料路线和动力结构调整，磷肥企业优化资源配置，农药企业高效低毒低残留产品生产和农药废弃物处置能力建设，高端石化产品产能建设等工作。

（七）加快淘汰落后产能

淘汰工艺技术落后、产品质量差、安全隐患大、环境污染严重的落后产能。对炼油行业采取区域等量替代方式，淘汰100万吨及以下低效低质落后炼油装置，积极引导100～200万吨炼油装置关停并转，防止以沥青、重油加工等名义新建炼油项目。对化肥行业通过上大压小，产能置换，淘汰技术落后、污染严重、资源利用不合理的产能。对农药行业依据行政法规，淘汰一批高毒高风险农药品种。加快淘汰电石、甲醇等产品的落后产能，提高污染防治和产业发展水平。

（八）加强生态环境保护

石化产业属于资源消耗量大、废弃物排放量高的产业，生态环境保护和安全生产责任重大。要加强产业监管，促进产业发展与国家主体功能区规划相协调。加强环境容量调查和规划，引导石化产业合理布局、清洁发展。行业协会要积极配合职能部门加强产业运行的监测管理。生产企业要严格遵守国家法律法规，切实履行生态环境保护和安全生产责任，进一步增强事故应急处置能力。重点加强江河湖泊和人口密集区等敏感地区产业发展的监督指导。依法关停不符合环保和安全生产要求的企业，现有企业必须达标运行，新建项目原则上应进入合规设立、环保和安全设施齐全的产业园区。

（九）支持企业联合重组

推动大型石化集团开展战略合作，优化产业布局和上下游资源配置，增强国际竞争力。引导大型能源企业与氮肥企业组成战略联盟，实现优势互补。支持骨干磷肥企业通过兼并重组，提高集中度。支持钾肥龙头企业开展产业整合，促进钾矿资源合理利用。鼓励优势农药企业实施跨地区整合，努力实现原药、制剂生产上下游一体化。支持有实力的企业开展兼并重组，扩大产业规模，做强高端石化产业。

（十）增强资源保障能力

加大国内石油资源勘探开发力度，稳定石化产业原料的国内供给；开展油钾兼探，推动青海和新疆等地含钾卤水和海相钾矿资源勘查。加强石油天然气、有色金属、煤炭资源开发利用领域硫回收，增强资源保障能力。积极实施“走出去”战略，支持国内有实力的企业开展境外油气、钾矿、硫资源开发与合作。

（十一）提高企业管理水平

石化企业要从自身实际出发，抓住产业调整和振兴的机遇，加强生产要素全球配置能力，深化企业改革，加快现代企业制度建设，完善公司治理结构，不断提高经营管理和科学决策水平，着力增强企业创新能力、风险防范能力及核心竞争力。强化质量管理和节能管理，加强安全生产监督管理，严格安全生产责任。加强环境保护，做好节能降耗和减排工作。加强职工队伍建设，培养高素质企业人才，全面履行社会责任，建设和谐企业。

四、政策措施

（一）完善化肥储备机制

完善中央、地方两级化肥淡季商业储备制度，加强淡储化肥调运，建立健全科学合理的淡储旺供的调控体系，保障供给，稳定市场价格。支持化肥骨干生产企业储备磷铵和尿素。抓紧研究建立国家化肥储备。

（二）抓紧落实油品储备

加快储备设施建设，抓住当前有利时机增加成品油国家储备。参照原油商业储备做法，尽快研究制订成品油商业储备办法和制度。

（三）加强信贷政策支持

鼓励金融机构对基本面较好、信用记录较好、守法经营、有竞争力、有市场、但暂时出现经营或财务困难的石化企业给予信贷支持。

（四）完善成品油价格形成机制

完善成品油价格政策，结合消费税制度改革，积极创造条件，加快建立有利于石化产业发展的成品油消费税征收体制。

(五) 加大技术改造投入

制订《石化产业技术进步与技术改造项目及产品目录》，设立石化产业振兴和技术改造专项，重点支持油品质量升级、化肥农药结构调整、高端石化产品发展。支持异戊橡胶等前沿技术研发和推广应用，丁基橡胶和己内酰胺等关键技术产业化，大型乙烯等工程技术本地化示范工程建设。

(六) 支持境外资源开发

加强引导，简化审批手续，完善信贷、外汇、税收等措施，支持符合条件的企业开展境外资源勘探和开发。

(七) 实施公平税负政策

统筹兼顾石化产业与下游加工贸易发展，科学制定石化产品进出口税收政策和加工贸易政策，实行国产与加工贸易进口石化产品公平税负。抓紧完善化肥出口管理政策。

(八) 推进企业兼并重组

认真落实和完善企业兼并重组的政策措施，妥善解决富余人员安置、企业资产划转、债务核定与处置、财税利益分配等问题。采取资本金注入、融资信贷(银行贷款，发行股票、企业债券、公司债券、中长期票据，吸收私募股权投资)等方式支持中央企业实施兼并重组。支持开展兼并重组的骨干企业实施技术改造，调整产品结构。

(九) 完善产业发展政策

抓紧制(修)订相关产业政策、燃油质量标准、行业污染物排放标准、能源使用和污染排放管理办法、产业准入目录、鼓励发展和研发高端石化产品和技术目录。严格控制甲醇、烧碱、纯碱等产能过剩行业项目建设和炼油乙烯项目新布点。对于没有完成小炼油等落后生产装置关停并转任务的地区，禁止建设新增产能的项目。综合运用提高准入门槛、加强清洁生产审核、实施差别电价等手段，加快淘汰落后产能。建立产业退出机制，完善和落实配套政策措施。加快重点项目的环境评价、用地审核及项目核准工作。

(十) 依法做好反倾销和反走私等工作

完善石化产业损害预警机制，加强对三大合成材料和高端石化产品进出口异常情况及其对我国内产业影响的监测。依法采取反倾销等贸易救济措施，维护公平贸易秩序。加强成品油进出口监管，严厉打击成品油走私活动，防止扰乱国内市场。

五、规划实施

国务院各有关部门要按照《规划》分工，加强沟通协商，密切配合，尽快制定完善各项配套政策措施，并加强指导和监督检查。要建立部门联合发布信息制度，适时向社会发布产业调整和振兴的有关信息。有关部门要适时开展《规划》的后评价工作，及时提出评价意见。

有关地区要按照《规划》确定的目标、任务和政策措施，结合当地实际抓紧制订具体落实方案，确保取得实效。具体工作方案和实施过程中出现的新情况、新问题要及时报送发展改革委、工业和信息化部等有关部门。

三、国务院办公厅发布装备制造业调整和振兴规划(二〇〇九年五月十二日)

装备制造业是为国民经济各行业提供技术装备的战略性产业，产业关联度高、吸纳就业能力强、技术资金密集，是各行业产业升级、技术进步的重要保障和国家综合实力的集中体现。

为应对国际金融危机的影响，落实党中央、国务院关于保增长、扩内需、调结构的总体要求，确保装备制造业平稳发展，加快结构调整，增强自主创新能力，提高自主化水平，推动产业升级，特编制本规划，作为装备制造业综合性应对措施的行动方案。规划期为 2009 ~ 2011 年。

一、装备制造业现状及面临的形势

经过多年发展，我国装备制造业已经形成门类齐全、规模较大、具有一定技术水平的产业体系，成为国民经济的重要支柱产业。特别是《国务院关于加快振兴装备制造业的若干意见》(国发[2006]8 号)实施以来，装备制造业发展明显加快，重大技术装备自主化水平显著提高，国际竞争力进一步提升，部分产品技术水平和市场占有率跃居世界前列。我国已经成为装备制造业大国，但产业大而不强、自主创新能力薄弱、基础制造水平落后、低水平重复建设、自主创新产品推广应用困难等问题依然突出。同时，受国际金融危机影响，2008 年下半年以来，国内外市场装备需求急剧萎缩，我国装备制造业持续多年的高速增长势头明显趋缓，企业生产经营困难、经济效益下滑，可持续发展面临挑战。

应该看到，我国目前正处于扩大内需、加快基础设施建设和产业转型升级的关键时期，对先进装备有着巨大的市场需求；金融危机加快了世界产业格局的调整，为我国提供了参与产业再分工的机遇，装备制造业发展的基本面没有改变。必须采取有效措施，抓住机遇，加快产业结构调整，推动产业优化升级，加强技术创新，促进装备制造业持续稳定发展，为经济平稳较快发展做出贡献。

二、指导思想、基本原则和目标

(一) 指导思想

全面贯彻落实党的十七大精神，以邓小平理论和“三个代表”重要思想为指导，深入贯彻落实科学发展观，依托国家重点建设工程，大规模开展重大技术装备自主化工作；通过加大技术改造投入，增强企业自主创新能力，大幅度提高基础配套件和基础工艺水平；通过加快企业兼并重组和产品更新换代，促进产业结构优化升级，全面提升产业竞争力，努力推进装备制造业由大到强的转变。

（二）基本原则

坚持装备自主化与重点建设工程相结合。加强政策支持和市场引导，充分利用实施重点建设工程和调整振兴重点产业形成的市场需求，加快推进装备自主化，保障工程需要，带动产业发展。

坚持自主开发与引进消化吸收相结合。支持企业自主开发新产品，鼓励开展引进消化吸收再创新，引导企业逐步由依赖引进技术向自主创新转变，大力推进技术产业化。

坚持发展整机与提高基础配套水平相结合。努力实现重大技术装备自主化，带动基础配套产品发展。提高基础件技术水平，开发特种原材料，扭转基础配套产品主要依赖进口的局面。

坚持发展企业集团与扶持专业化企业相结合。支持装备制造骨干企业通过兼并重组发展大型综合性企业集团，鼓励主机生产企业由单机制造为主向系统集成为主转变，引导专业化零部件生产企业向“专、精、特”方向发展，形成优势互补、协调发展的产业格局。

（三）规划目标

1. 产业实现平稳增长。保持装备制造业生产经营稳定，增加值占全国工业增加值的比重逐步上升，为扩大内需、转变发展方式、确保国民经济稳定增长提供保障。

2. 市场份额逐步扩大。提高国产装备质量水平，扩大国内市场，国产装备国内市场满足率稳定在70%左右，巩固出口产品竞争优势，稳定出口市场。

3. 重大装备研制取得突破。全面提高重大装备技术水平，满足国家重大工程建设和重点产业调整振兴需要，百万千瓦级核电设备、新能源发电设备、高速动车组、高档数控机床与基础制造装备等一批重大装备实现自主化。

4. 基础配套水平提高。基础件制造水平得到提高，通用零部件基本满足国内市场需求，关键自动化测控部件填补国内空白，特种原材料实现重点突破。

5. 组织结构优化升级。形成若干家具有国际竞争力的科工贸一体化大型企业集团，形成一批参与国际分工的“专、精、特”专业化零部件生产企业。

6. 增长方式明显转变。生产组织方式和重要生产工艺得到改进，现代制造服务业得到发展，单位工业增加值能耗、物耗和污染物排放显著降低，劳动生产率显著提高，大型企业集团的现代制造服务收入占销售收入比重达到20%以上。

三、产业调整和振兴的主要任务

（一）依托十大领域重点工程，振兴装备制造业

1. 高效清洁发电。以辽宁红沿河、福建宁德和福清、广东阳江、浙江方家山和三门、山东海阳以及后续核电站建设工程为依托，推进二代改进型、AP1000核电设备自主化，重点实现压力容器、蒸汽发生器、控制棒驱动机构、核级泵阀、应急柴油机等主要设备的国内制造。以东北、西北、华北北部和沿海地区大型风电场工程为依托，推进风电设备自主化，重点实现变频控制系统、风电轴承、碳纤维叶片等产品的国内制造。进一步提高70万千瓦以上水电设备、大型抽水蓄能机组、百万千瓦级超临界/超超临界火电设备、大型燃气机组、垃圾焚烧发电设备等技术装备的性能质量。开发太阳能发电设备。发展大型火电、核电站辅机。

2. 特高压输变电。以特高压交直流输电示范工程为依托，以交流变压器、直流换流变压器、电抗器、电流互感器、电压互感器、全封闭组合电器等为重点，推进750kV、1000kV交流和±800kV直流输变电设备自主化。

3. 煤矿与金属矿采掘。以平朔东、胜利东二号、白音华、朝阳等十个千万吨级大型露天煤矿，酸刺沟等十个深井煤矿，以及大型金属矿建设为依托，大力发展新型采掘、提升、洗选设备，重点实现电牵引采煤机、液压支架、大型矿用电动轮自卸车、大型露天矿用挖掘机等设备的国内制造。

4. 天然气管道输送和液化储运。以西气东输二线、陕京三线等天然气管道输送工程为依托，发展长距离输送管道燃压机组、大型管线球阀和控制系统等装备；以浙江、江苏、珠海、青岛等液化天然气接收站工程为依托，发展大型液化天然气运输船及接收站等设备。

5. 高速铁路。以在建的京沪、京广、京沈、沪昆等约1万公里高速铁路客运专线，以及西部干线铁路、煤运通道建设项目为依托，组织实施铁路交通设备自主化，实现高速动车组、大功率交流传动电力/内燃机车、重载货车、大型养护机械等装备的国内制造。

6. 城市轨道交通。以北京、上海、广州、深圳等17个城市近70条线路工程项目为依托，重点实施

城市轨道交通车辆、信号系统、列车网络控制系统、制动系统、主辅逆变器等机电设备自主化。

7. 农业和农村。以国家新增千亿斤粮食工程为依托，大力发展大功率拖拉机及配套农机具、节能环保中型拖拉机等耕作机械，通用型谷物联合收割机、新型半喂入式水稻联合收割机、高效玉米联合收割机、自走式采棉机等收获机械，免耕播种机，节水型喷灌设备等。适应新农村建设、农业现代化的需要，重点发展农产品精深加工成套设备、灌溉和排涝设备、沼气除料设备、农村安全饮水净化设备等。

8. 基础设施。适应交通、能源、水利、房地产等行业发展需要，以大型隧道全断面掘进机、大型履带吊和全路面起重机、架桥机、沥青混凝土搅拌和再生成套设备等为重点，发展大型、新型施工机械；以空管设备和空管自动化系统、行李和货物高速分拣系统、安检设备与智能化监测系统、航显综合系统及设备、机场信息集成系统及设备等为重点，发展机场专用装备；以大型斗轮堆取料机、翻车机、装卸船机等为重点，发展港口机械。

9. 生态环境和民生。适应环境保护和社会民生需要，大力发展污水污泥处理设备、脱硝脱硫设备、余热余气循环再利用设备、环境在线监测仪器仪表，食品、药品、煤矿瓦斯等安全检测设备，重大事故应急救援设备，数字化医疗设备等。

10. 科技重大专项。加快实施高档数控机床与基础制造装备科技重大专项，重点研发高速精密复合数控金切机床、重型数控金切机床、数控特种加工机床、大型数控成形冲压设备、重型锻压设备、清洁高效铸造设备、新型焊接设备与自动化生产设备、大型清洁热处理与表面处理设备等八类主机产品，基本掌握高档数控装置、电机及驱动装置、数控机床功能部件、关键部件等的核心技术。

（二）抓住九大产业重点项目，实施装备自主化

1. 钢铁产业。以钢铁产业调整和振兴规划确定的工程为依托，以冷热连轧宽带钢成套设备、大型板坯连铸机、彩色涂层钢板生产设备、大型制氧机、大型高炉风机、余热回收装置等为重点，推进大型冶金成套设备自主化。

2. 汽车产业。结合实施汽车产业调整和振兴规划，重点提高汽车冲压、装焊、涂装、总装四大工艺装备水平，实现发动机、变速器、新能源汽车动力模块等关键零部件制造所需装备的自主化。

3. 石化产业。以石化产业调整和振兴规划确定的工程为依托，以千万吨级炼油、百万吨级大型乙烯、对苯二甲酸（PTA）、大化肥、大型煤化工和天然气输送液化储运等成套设备，大型离心压缩机组、大型容积式压缩机组、关键泵阀、反应热交换器、挤压造粒机、大型空分设备、低温泵等为重点，推进石化装备自主化。

4. 船舶工业。结合实施船舶工业调整和振兴规划，重点提高焊接、涂装工艺装备水平，实现船用柴油机、曲轴、推进器、舱室设备、甲板机械等关键零部件制造所需装备的自主化。

5. 轻工业。结合实施轻工业调整和振兴规划，以食品机械、制浆造纸机械、塑料成型机械、制革制鞋机械、光机电一体化缝制机械、包装设备以及食品安全检测设备等为重点，推进轻工机械自主化。

6. 纺织工业。结合实施纺织工业调整和振兴规划，以粗细联、细络联、高速织造设备，非织造成套设备、专用织造成套设备，高效、连续、短流程染整设备等为重点，推进纺织机械自主化。

7. 有色金属产业。结合实施有色金属产业调整和振兴规划，以高精度轧机、大断面及复杂截面挤压机等为重点，推进有色冶金设备自主化。

8. 电子信息产业。结合实施电子信息产业调整和振兴规划，以集成电路关键设备、平板显示器件生产设备、新型元器件生产设备、表面贴装及无铅工艺整机装联设备、电子专用设备仪器及工模具等为重点，推进电子信息装备自主化。

9. 国防军工。结合国防军工发展需要，以航空、航天、舰船、兵器、核工业等需要的关键技术装备，以及试验、检测设备为重点，推进国防军工装备自主化。发挥军工技术优势，促进军民结合。

（三）提升四大配套产品制造水平，夯实产业发展基础

1. 大型铸锻件。重点发展大型核电设备铸锻件，百万千瓦级超临界/超超临界火电机组铸锻件，70万千瓦以上等级大型混流式水轮机组铸锻件，石化、煤化工重型容器锻件，冷热连轧机铸锻件，大型船用曲轴、螺旋桨轴锻件，大型轴承圈锻件等。

2. 基础部件。重点发展大功率电力电子元件、功能模块，大型、精密轴承，高精度齿轮传动装置，高强度紧固件，高压柱塞泵/电动机、液压阀、液压电子控制器、液力变速箱，气动元件，轴承密封系统、橡塑密封件等。加快发展工业自动化控制系统及仪器仪表、中高档传感器等。

3. 加工辅具。重点发展大型精密型腔模具、精密冲压模具、高档模具标准件，高效、高性能、精密复杂刀具，高精度、智能化、数字化量仪，高档精密磨料磨具等。

4. 特种原材料。重点发展耐高温、耐高压、耐

腐蚀电站用钢(钢管)，大型变压器用高磁感取向硅钢，高压、特高压输变电设备用绝缘材料，高速列车转向架、轮对用特种钢，飞机用高档铝型材，轴承、齿轮、模具、量具、刃具、高强度紧固件用特种钢，机床滚珠丝杠和直线导轨专用钢材，高耐磨钢，高强度、耐高温、低磨损、长寿命复合密封材料等。

（四）推进七项重点工作，转变产业发展方式

1. 加快产业组织结构调整。重点支持装备制造骨干企业跨行业、跨地区、跨所有制重组，逐步形成具有工程总承包、系统集成、国际贸易和融资能力的大型企业集团。加大对重点基础配套企业的投入力度，引导民营资本和外资投向基础零部件、加工辅具等领域，发展一批高起点、大规模、专业化企业，健全产业配套体系。

2. 增强自主创新能力。加大科研投入力度，集中攻克一批长期困扰产业发展的共性技术。加快建设一批带动性强的国家级工程研究中心、工程技术研究中心、工程实验室等，提升企业产品开发、制造、试验、检测能力。推进以企业为主体的产学研结合，鼓励科研院所走进企业，支持企业培养壮大研发队伍。

3. 提高专业化生产水平。改进企业生产组织方式，合理配置资源，整合区域内铸造、锻造、热处理、表面处理四大基础工艺能力，建设专业化生产中心。加大技术改造投入力度，推广先进制造技术和清洁生产方式，提高材料利用率和生产效率，降低能耗，减少污染物排放。

4. 加快完善产品标准体系。加快制(修)订装备产品技术标准，提高标准水平，促进新技术、新工艺、新设备、新材料的推广应用，淘汰落后产品。跟踪国际先进技术发展趋势，注重与国际标准接轨，积极参与国际标准制(修)订工作，促进自主创新产品进入国际市场。

5. 利用境外资源和市场。充分吸收借鉴境外先进管理经验，有选择地引进先进技术，为海外专业技术人才回国工作创造良好条件，提高我国装备制造业技术水平。支持有条件的企业兼并重组境外企业和研发机构。稳定和扩大装备产品出口，提高出口产品技术含量、附加值和成套水平。

6. 发展现代制造服务业。围绕产业转型升级，支持装备制造骨干企业在工程承包、系统集成、设备租赁、提供解决方案、再制造等方面开展增值服务，逐步实现由生产型制造向服务型制造转变。鼓励有条件的企业，延伸扩展研发、设计、信息化服务等业务，为其他企业提供社会化服务。

7. 加强企业管理和人才队伍建设。引导装备制造企业加快改革步伐，优化产权结构，转换经营机制，建立现代企业制度，加强企业管理，全面提高科学决策和生产、经营水平，增强参与国际竞争和防范市场风险的能力。改进企业生产组织方式，加强产品质量管理，落实各项安全生产措施，提高生产效率和产品质量。加强人才队伍建设，重点引进和培养创新型研发设计人才、开拓型经营管理人才、高级技能人才等专业人才，强化职工培训，提高职工队伍素质，满足企业可持续发展需要。

四、政策措施

（一）发挥增值税转型政策的作用

充分发挥增值税转型政策对企业技术进步的促进作用，鼓励企业加大技术改造力度，加快装备更新，调整产品结构，推动企业技术进步。

（二）加强投资项目的设备采购管理

中央预算内投资项目要支持自主创新的技术装备。项目申报文件中须附有设备采购清单，项目咨询评估阶段需对设备采购方案进行评估，项目实施阶段要加强对设备招投标的监督和指导，确保自主创新设备采购方案的落实。

（三）鼓励使用国产首台(套)装备

建立使用国产首台(套)装备的风险补偿机制。鼓励保险公司开展国产首台(套)重大技术装备保险业务。

（四）加大技术进步和技术改造投资力度

制定《装备制造业技术进步和技术改造项目及产品目录》，支持使用国产首台(套)重大技术装备，支持目录内装备的自主化、节能节材减排改造、企业兼并重组后内部资源整合、区域性四大基础工艺中心建设、发展现代制造服务业等。

（五）支持装备产品出口

完善出口退税政策，适当提高部分高技术、高附加值装备产品的出口退税率。鼓励金融机构增加出口信贷资金投放，支持国内企业承揽国外重大工程，带动成套设备和施工机械出口。

（六）调整税收优惠政策

鼓励开展引进消化吸收再创新，对生产国家支持发展的重大技术装备和产品，确有必要进口的关键部件及原材料，免征关税和进口环节增值税。在对铸件、锻件、模具、数控机床产品增值税实行先征后返的政策到期后，研究制定新的税收扶持政策，调整政策适用范围，引导发展高技术、高附加值产品。

（七）推进企业兼并重组

制定鼓励境内企业跨地区、跨行业、跨所有制

重组的政策措施，妥善解决富余人员安置、债务核定与处置、财税利益分配等问题；对重组企业发行股票、企业债券、公司债券、中长期票据、短期融资券以及申请贷款等予以支持；对境内企业并购境外制造企业和研发机构，可给予相关项目贷款贴息支持。鼓励金融机构在风险可控的条件下开展境内外并购贷款业务。

(八) 落实节能产品补贴和农机具购置补贴政策

用好节能产品补贴资金，对购买高效节能装备产品的终端用户给予补贴，2009 年先行开展对高效电机推广应用的补贴。抓紧落实好农机具购置补贴政策，及早兑现到户。

(九) 建立产业信息披露制度

适时向社会发布产业政策导向、项目核准、企业重组、产能利用、进出口、生产销售库存等信息，为企业投资决策、银行贷款、土地预审等提供信息指导。

(十) 支持产品检验检测和认证机构建设

加强产品质量检验检测能力建设，提高质量检测水平。建设高速铁路、城市轨道交通等新型装备产品检验检测和认证机构，完善国家强制性产品认证体系。

五、规划实施

国务院有关部门要根据《规划》分工，尽快制定完善相关政策措施，密切配合，形成合力，确保《规划》顺利实施。要适时开展《规划》的后评价工作，及时提出评价意见。

各地区要按照《规划》确定的目标、任务和政策措施，结合当地实际抓紧制定具体落实方案，确保取得实效。具体工作方案和实施过程中出现的新情况、新问题要及时报送发展改革委、工业和信息化部等有关部门。

四、中华人民共和国商务部令 2009 年第 1 号禁止进口限制进口技术管理办法(二〇〇九年二月一日)：

根据《中华人民共和国对外贸易法》和《中华人民共和国技术进出口管理条例》，现公布修订后的《禁止进口限制进口技术管理办法》，自公布之日起 30 日后施行。《禁止进口限制进口技术管理办法》(原对外贸易经济合作部、国家经济贸易委员会 2001 年第 18 号令)同时废止。

禁止进口限制进口技术管理办法

第一条 为促进我国技术进口的发展，根据《中华人民共和国对外贸易法》、《中华人民共和国技术进出口管理条例》，制定本办法。

第二条 凡列入《中国禁止进口限制进口技术目录》(另行发布)中禁止进口的技术，不得进口。

第三条 国家对限制进口的技术实行许可证管理，凡进口列入《中国禁止进口限制进口技术目录》中限制进口技术的，应按本办法履行进口许可手续。

第四条 各省、自治区、直辖市商务主管部门(以下简称地方商务主管部门)是限制进口技术的审查机关，负责本行政区域内限制进口技术的许可工作。中央管理企业，按属地原则到地方商务主管部门办理许可手续。

第五条 技术进口经营者进口本办法第三条所规定的限制进口技术时，应填写《中国限制进口技术申请书》(以下简称《申请书》，见附表 1)，报送地方商务主管部门履行进口许可手续。

第六条 地方商务主管部门自收到《申请书》之日起 30 个工作日内，组织技术和贸易专家对申请进口的技术进行技术和贸易审查，并决定是否准予进口。

申请人提供的申请材料不完备、申请内容不清或有其他申请不符合规定的情形，地方商务主管部门可要求申请人对申请材料进行修改或补充。

第七条 限制进口技术的贸易审查应包括以下内容：

(一) 是否符合我国对外贸易政策，有利于对外经济技术合作的发展；

(二) 是否符合我国对外承诺的义务；

(三) 是否对建立或加快建立国内特定产业造成不利影响。

第八条 限制进口技术的技术审查应包括以下内容：

(一) 是否危及国家安全、社会公共利益或者公共道德；

(二) 是否危害人的健康或安全和动物、植物的生命或健康；

(三) 是否破坏环境；

(四) 是否符合国家产业政策和经济社会发展战略，有利于促进我国技术进步和产业升级，有利于维护我国经济技术权益。

第九条 进口申请获得批准后，由地方商务主管部门颁发由商务部统一印制和编号的《中华人民共和国技术进口许可意向书》(以下简称《技术进口许可意向书》，见附表 2)。《技术进口许可意向书》的有效期为 3 年。

技术进口经营者取得《技术进口许可意向书》后，可对外签订技术进口合同。

第十条 技术进口经营者签订技术进口合同后，应持《技术进口许可意向书》、合同副本及其附件、签约双方法律地位证明文件到地方商务主管部门申请技术进口许可证。

第十一条 地方商务主管部门应自收到本办法第十条所规定的文件之日起10个工作日内，对技术进口合同的真实性进行审查，并决定是否准予许可。

第十二条 技术进口经营者依照本办法第五条向地方商务主管部门提出技术进口申请，履行进口许可手续时，可一并提交已签订的技术进口合同副本及其附件和签约双方法律地位证明文件。

地方商务主管部门应在收到前款规定的文件之日起30个工作日内，组织技术和贸易专家对申请进口的技术进行技术和贸易审查，决定是否准予进口。地方商务主管部门自批准进口之日起10个工作日内，对技术进口合同的真实性进行审查，并决定是否准予许可。

申请人提供的申请材料不完备、申请内容不清或有其他申请不符合规定的情形，地方商务主管部门可要求申请人对申请材料进行修改或补充。

第十三条 技术进口经许可的，地方商务主管部门向进口经营者颁发由商务部统一印制和编号的《中华人民共和国技术进口许可证》(以下简称《技术进口许可证》，见附表3)。限制进口技术的进口合同自技术进口许可证颁发之日起生效。

第十四条 技术进口经营者到地方商务主管部门领取技术进口许可证前，应登录商务部网站上的"技术进出口合同信息管理系统"(网址：jsjckqy. fwmys. mofcom. gov. cn)，按程序录入合同内容。

第十五条 需经有关部门审批或核准的投资项目，如涉及限制进口技术，技术进口经营者依照本办法第五条或第十二条规定向地方商务主管部门提出技术进口申请时，应提交有关部门的批准文件。

第十六条 技术进口经营者获得《技术进口许可证》后，如需更改技术进口内容，应按本办法规定的程序重新履行技术进口许可手续。

第十七条 技术进口经营者凭《技术进口许可证》，办理外汇、银行、税务、海关等相关手续。

凡进口《中国禁止进口限制进口技术目录》中限制进口技术的，技术进口经营者应主动向海关出具《技术进口许可证》，海关凭《技术进口许可证》办理验放手续。

第十八条 商务部负责对地方商务主管部门的技术进口许可进行监督检查。

地方商务主管部门应在每年1月31日前将上年度批准的技术进口许可事项向商务部备案。

第十九条 凡违反本办法规定的，将依据《中华人民共和国技术进出口管理条例》，追究有关当事人和单位的责任。

第二十条 国防军工专有技术的进口不适用本办法。

第二十一条 本办法自公布之日起30日后施行。2002年1月1日起施行的《禁止进口限制进口技术管理办法》(对外贸易经济合作部国家经济贸易委员会2001年第18号令)同时废止。

附表：1(样)中国限制进口技术申请书(略)

2(样)中华人民共和国技术进口许可意向书(略)

3(样)中华人民共和国技术进口许可证(略)

五、中华人民共和国商务部令2009年第3号技术进出口合同登记管理办法(二〇〇九年二月一日)：

根据《中华人民共和国技术进出口管理条例》，现公布修订后的《技术进出口合同登记管理办法》，自公布之日起30日后施行。《技术进出口合同登记管理办法》(原对外贸易经济合作部2001年第17号令)同时废止。

技术进出口合同登记管理办法

第一条 为规范自由进出口技术的管理，建立技术进出口信息管理制度，促进我国技术进出口的发展，根据《中华人民共和国技术进出口管理条例》，特制定本办法。

第二条 技术进出口合同包括专利权转让合同、专利申请权转让合同、专利实施许可合同、技术秘密许可合同、技术服务合同和含有技术进出口的其他合同。

第三条 商务主管部门是技术进出口合同的登记管理部门。

自由进出口技术合同自依法成立时生效。

第四条 商务部负责对《政府核准的投资项目目录》和政府投资项目中由国务院或国务院投资主管部门核准或审批的项目项下的技术进口合同进行登记管理。

第五条 各省、自治区、直辖市和计划单列市商务主管部门负责对本办法第四条以外的自由进出口技术合同进行登记管理。中央管理企业的自由进出口技术合同，按属地原则到各省、自治区、直辖市和计划单列市商务主管部门办理登记。

各省、自治区、直辖市和计划单列市商务主管部门可授权下一级商务主管部门对自由进出口技术合同进行登记管理。

第六条 技术进出口经营者应在合同生效后60天内办理合同登记手续，支付方式为提成的合同除外。

第七条 支付方式为提成的合同，技术进出口经营者应在首次提成基准金额形成后60天内，履行合同登记手续，并在以后每次提成基准金额形成后，办理合同变更手续。

技术进出口经营者在办理登记和变更手续时，应提供提成基准金额的相关证明文件。

第八条 国家对自由进出口技术合同实行网上在线登记管理。技术进出口经营者应登陆商务部政府网站上的“技术进出口合同信息管理系统”(网址：jsjckqy. fwmys. mofcom. gov. cn)进行合同登记，并持技术进(出)口合同登记申请书、技术进(出)口合同副本(包括中文译本)和签约双方法律地位的证明文件，到商务主管部门履行登记手续。商务主管部门在收到上述文件起3个工作日内，对合同登记内容进行核对，并向技术进出口经营者颁发《技术进口合同登记证》或《技术出口合同登记证》。

第九条 对申请文件不符合《中华人民共和国技术进出口管理条例》第十八条、第四十条规定要求或登记记录与合同内容不一致的，商务主管部门应当在收到申请文件的3个工作日内通知技术进出口经营者补正、修改，并在收到补正的申请文件起3个工作日内，对合同登记的内容进行核对，颁发《技术进口合同登记证》或《技术出口合同登记证》。

第十条 自由进出口技术合同登记的主要内容为：

(一) 合同号

(二) 合同名称

(三) 技术供方

(四) 技术受方

(五) 技术使用方

(六) 合同概况

(七) 合同金额

(八) 支付方式

(九) 合同有效期

第十一条 国家对自由进出口技术合同号实行标准代码管理。技术进出口经营者编制技术进出口合同号应符合下述规则：

(一) 合同号总长度为17位。

(二) 前9位为固定号：第1~2位表示制合同的年份(年代后2位)、第3~4位表示进口或出口国别地区(国标2位代码)、第5~6位表示进出口企业所在地区(国标2位代码)、第7位表示技术进出口合同标识(进口Y，出口E)、第8~9位表示进出口技术的行业分类(国标2位代码)。后8位为企业自定义。例：01USBJE01CNTIC001。

第十二条 已登记的自由进出口技术合同若变更本办法第十条规定合同登记内容的，技术进出口经营者应当办理合同登记变更手续。

办理合同变更手续时，技术进出口经营者应登录“技术进出口合同信息管理系统”，填写合同数据变更记录表，持合同变更协议和合同数据变更记录表，到商务主管部门办理手续。商务主管部门自收到完备的变更申请材料之日起3日内办理合同变更手续。

按本办法第七条办理变更手续的，应持变更申请和合同数据变更记录表办理。

第十三条 经登记的自由进出口技术合同在执行过程中因故中止或解除，技术进出口经营者应当持技术进出口合同登记证等材料及时向商务主管部门备案。

第十四条 技术进出口合同登记证遗失，进出口经营者应公开挂失。凭挂失证明、补办申请和相关部门证明到商务主管部门办理补发手续。

第十五条 各级商务主管部门应加强对技术进出口合同登记管理部门和人员的管理，建立健全合同登记岗位责任制，加强业务培训和考核。

第十六条 中外合资、中外合作和外资企业成立时作为资本入股并作为合资章程附件的技术进口合同按外商投资企业有关法律规定办理相关手续。

第十七条 商务部负责对全国技术进出口情况进行统计并定期发布统计数据。各级商务主管部门负责对本行政区域内的技术进出口情况进行统计。

第十八条 本办法自公布之日起30日后施行。2002年1月1日起施行的《技术进出口合同登记管理办法》(对外贸易经济合作部2001年第17号令)同时废止。

六、工业和信息化部工信部产业[2009]64号关于在当前形势下进一步做好产业政策工作的通知(二〇〇九年二月十三日)：

各省、自治区、直辖市、计划单列市及新疆生产建设兵团经委、经贸委等工业主管部门：

当前，国际金融危机对工业的影响仍在持续蔓延和深化，工业增长下滑的趋势还没有根本扭转，保持工业平稳较快增长的任务十分艰巨。为贯彻落实中央出台的各项政策措施，按照“保发展、扩内需、调结构、上效益”的根本要求，现就当前进一步做好产业政策工作通知如下：

一、把确保工业发展作为产业政策工作的重中之重。在当前应对国际金融危机、保持经济平稳较快增长的关键时期，充分发挥产业政策作用，确保工业平稳较快增长，调整优化工业结构，具有十分重要的意义。要正确认识和把握当前面临的形势，提高思想认识，增强忧患意识，认真贯彻落实中央提出的各项政策措施，根据本地实际，制定完善相关政策措施和办法，妥善应对金融危机的冲击。要紧紧抓住机遇，加强产业政策引导，加快推进结构调整和优化升级，推动工业经济整体素质和竞争力跃上一个新的台阶。

二、加强调查研究和行业分析。密切关注国内外经济形势和工业行业发展变化，认真分析国际金融危机对工业发展的影响和趋势，及时发现工业、通信业运行中出现的新情况、新问题。强化政策研究，探索新形势下产业政策发挥作用的特点和规律，提出针对性的政策措施，有效解决行业发展中出现的突出矛盾和问题。加强信息分析和引导服务，及时反映行业发展动态，为各级政府决策和企业投资提供参考依据。

三、切实帮助企业解决困难。深入基层，深入企业，第一时间掌握金融危机对本地企业造成的影响，了解企业在生产经营、转型升级、自主创新等发展中遇到的困难和问题，广泛征求企业对政府政策的意见和建议。要制定出台有效政策措施，引导企业坚定信心，不怕困难，勇于创新，加强管理，不断提高自身素质。要增强服务意识，创造宽松的环境，千方百计帮助企业开拓市场、改善经营管理，协调解决生产要素保障困难，帮助企业早日走出困境，保护和发展好重点行业、重点企业、重要品牌和重要市场份额。

四、大力推进企业技术改造。抓住当前原材料和设备价格下跌的机会，把推进企业技术改造作为促进工业平稳较快增长的重要抓手。引导企业把技术改造同结构调整、产业升级和兼并重组结合起来，围绕增加品种、改进质量、节能降耗、保护环境、提高效益，鼓励企业广泛应用新技术、新工艺、新材料、新设备。充分利用国家技术改造贴息政策，根据产业政策要求明确支持重点，加强组织管理，提高资金使用效益，增强工业发展后劲。

五、加快推动企业兼并重组。根据国际国内市场和资源实际情况，鼓励和引导企业之间以资产为纽带、以市场为导向，打破地区、行业和所有制界限，进行兼并、收购和联合。鼓励行业龙头企业、技术领先企业和优势企业兼并落后企业和困难企业，鼓励优势企业强强联合，鼓励关联企业、上下游企业联合重组。重点推动钢铁、电解铝、汽车、水泥、纺织等行业的兼并重组，提高行业集中度，增强自主创新能力，使优势企业在危机中取得新的更大发展。

六、进一步加大落后生产能力淘汰力度。坚持“区别对待、扶优限劣”的基本原则，坚决关闭淘汰一批高耗能、高污染、低水平的落后企业、工艺装备和产品。要按照国务院“十一五”淘汰落后目标，落实中央财政淘汰落后产能专项资金，将淘汰落后任务层层分解、彻底落实到企业。要鼓励发展循环经济，抓好清洁生产工作，推动节能减排，着力解决钢铁、有色、建材、化工等重点行业产能过剩、整体素质不高的问题。

七、积极推进产业集聚和转移。进一步规范发展工业园区，加强公共服务平台建设，积极引导企业入园，推进产业集聚，实现集约使用土地、节约利用资源和集中治理污染。东部地区要抓住当前经济调整的有利时机，加快产业结构升级步伐，把已不具有比较优势的产业逐步向中西部地区转移；中西部地区要立足区位、资源等优势，积极有序、科学合理地承接产业转移，重点防止落后产能转移和地区间恶性竞争。

各地工业主管部门要认真总结应对金融危机的经验，加强交流与合作，及时将工作进展情况、存在的问题和政策建议报工业和信息化部。

七、中华人民共和国住房和城乡建设部公告第256号关于发布国家标准《聚酯工厂设计规范》的公告(二〇〇九年三月十九日)

现批准《聚酯工厂设计规范》为国家标准，编号为GB 50492—2009，自2009年11月1日起实施。其中，第3.2.12（4、6）、3.2.13（2）、7.4.11、7.4.16、8.2.5、8.2.6、9.1.3、9.2.1、9.4.1条(款)为强制性条文，必须严格执行。

本规范由我部标准定额研究所组织中国计划出版社出版发行。

八、中华人民共和国住房和城乡建设部公告第257号关于发布国家标准《化工建设项目环境保护设计规范》的公告(二〇〇九年三月十九日)

现批准《化工建设项目环境保护设计规范》为国家标准，编号为GB 50483—2009，自2009年10月1日起实施。其中，第4.0.3、4.0.6、6.1.6、6.4.11条为强制性条文，必须严格执行。

本规范由我部标准定额研究所组织中国计划出版社出版发行。

九、财政部、国家税务总局财税[2009]43号关于提高轻纺电子信息等商品出口退税率的通知(二〇〇九年三月二十七日)

各省、自治区、直辖市、计划单列市财政厅(局)、国家税务局，新疆生产建设兵团财务局：

经国务院批准，决定提高部分商品的出口退税率。具体明确如下：

一、CRT彩电、部分电视机零件、光缆、不间断供电电源(UPS)、有衬背的精炼铜制印刷电路用覆铜板等商品的出口退税率提高到17%。

二、将纺织品、服装的出口退税率提高到16%。

三、将六氟铝酸钠等化工制品、香水等香化洗涤、聚氯乙烯等塑料、部分橡胶及其制品、毛皮衣服等皮革制品、信封等纸制品、日用陶瓷、显像管玻壳等玻璃制品、精密焊钢管等钢材、单晶硅片、直径大于等于30cm的单晶硅棒、铝型材等有色金属材、部分凿岩工具、金属家具等商品的出口退税率提高到13%。

四、将甲醇、部分塑料及其制品、木制相框等木制品、车辆后视镜等玻璃制品等商品的出口退税率提高到11%。

五、将碳酸钠等化工制品、建筑陶瓷、卫生陶瓷、锁具等小五金、铜板带材、部分搪瓷制品、部分钢铁制品、仿真首饰等商品的出口退税率提高到9%。

六、将商品次氯酸钙及其他钙的次氯酸盐、硫酸锌的出口退税率提高到5%。

具体商品清单见附件。

本通知自2009年4月1日起执行。具体执行时间，以“出口货物报关单(出口退税专用)”海关注明的出口日期为准。

特此通知。

附件：提高出口退税率的商品清单(略)

十、中华人民共和国住房和城乡建设部公告第270号关于发布行业产品标准《水井用硬聚氯乙烯(PVC-U)管材》的公告(二〇〇九年四月七日)：

现批准《水井用硬聚氯乙烯(PVC-U)管材》为城镇建设行业产品标准，编号为GJ/T 308—2009，自2009年10月1日起实施。

本标准由我部标准定额研究所组织中国标准出版社出版发行。

十一、中华人民共和国商务部令中华人民共和国科学技术部2009年第2号禁止出口限制出口技术管理办法(二〇〇九年四月二十日)：

根据《中华人民共和国对外贸易法》和《中华人民共和国技术进出口管理条例》，现公布修订后的《禁止出口限制出口技术管理办法》，自公布之日起30日后施行。《禁止出口限制出口技术管理办法》(原对外贸易经济合作部、科学技术部2001年第14号令)同时废止。

禁止出口限制出口技术管理办法

第一条 为规范我国技术出口的管理，根据《中华人民共和国对外贸易法》、《中华人民共和国技术进出口管理条例》，制定本办法。

第二条 列入《中国禁止出口限制出口技术目录》(另行发布)中禁止出口的技术，不得出口。

第三条 国家对列入《中国禁止出口限制出口技术目录》的限制出口技术实行许可证管理，凡出口国家限制出口技术的，应按本办法履行出口许可手续。

第四条 属于本办法第三条规定的限制出口技术的出口许可由技术出口经营者所在地的省、自治区、直辖市商务主管部门(以下简称“地方商务主管部门”)会同省、自治区、直辖市科技行政主管部门(以下简称“地方科技行政主管部门”)管理。

第五条 技术出口经营者出口本办法第三条所规定的限制出口技术前，应填写《中国限制出口技术申请书》(以下简称《申请书》，见附表1)，报送地方商务主管部门履行出口许可手续。

属于国家秘密技术的限制出口技术，在按本办法履行许可手续前，应先按《国家秘密技术出口审查规定》办理保密审查手续，并持保密审查主管部门批准的《国家秘密技术出口保密审查批准书》按本条第一款规定程序办理出口申请。

第六条 地方商务主管部门自收到《申请书》之日起30个工作日内，会同地方科技行政主管部门分别对技术出口项目进行贸易审查和技术审查，并决定是否准予出口。

申请人提供的申请材料不完备、申请内容不清或有其他申请不符合规定的情形，地方商务主管部门可要求申请人对申请材料进行修改或补充。

第七条 地方商务主管部门应在收到《申请书》之日起5个工作日之内，将相关材料转地方科技行政主管部门。地方科技行政主管部门在收到《申请书》之日起15个工作日内，组织专家对申请出口的技术进行技术审查并将审查结果反馈地方商务主管部门，同时报科技部备案。

第八条 限制出口技术的贸易审查应包括以下内容：

(一)是否符合我国对外贸易政策，并有利于促进外贸出口；

(二)是否符合我国的产业出口政策，并有利于促进国民经济发展；

(三)是否符合我国对外承诺的义务。

第九条 限制出口技术的技术审查应包括以下内容：

(一)是否危及国家安全；

(二)是否符合我国科技发展政策，并有利于科技进步；

(三)是否符合我国的产业技术政策，并能带动大型和成套设备、高新技术产品的生产和经济技术合作。

第十条 出口申请获得批准后，由地方商务主管部门颁发由商务部统一印制和编号的《中华人民共和国技术出口许可意向书》(以下简称《技术出口许可意向书》，见附表2)。《技术出口许可意向书》的有效期为3年。

在申请出口信贷、保险意向承诺时，必须出具《技术出口许可意向书》，金融、保险机构凭《技术出口许可意向书》办理有关业务。

第十一条 对没有取得《技术出口许可意向书》的限制出口技术项目，任何单位和个人都不得对外进行实质性谈判，不得做出有关技术出口的具有法律效力的承诺。

第十二条 技术出口经营者在《技术出口许可意向书》有效期内，未签订技术出口合同的，应按本办法第五条规定的程序向地方商务主管部门重新提出出口申请。

第十三条 技术出口经营者签订技术出口合同后，持《技术出口许可意向书》、合同副本、技术资料出口清单(文件、资料、图纸、其他)(见附表4)、签约双方法律地位证明文件到地方商务主管部门申请技术出口许可证。

第十四条 地方商务主管部门对技术出口合同的真实性进行审查，并自收到本办法第十三条规定的文件之日起15个工作日内，对技术出口做出是否许可的决定，对许可出口的技术颁发由商务部统一印制和编号的《中华人民共和国技术出口许可证》(以下简称《技术出口许可证》，见附表3)。

第十五条 限制出口技术的技术出口合同自《技术出口许可证》颁发之日起生效。

第十六条 技术出口经营者到地方商务主管部门领取《技术出口许可证》前，应登录商务部网站上的“技术进出口合同信息管理系统”(网址为：jsjckqy. fwmys. mofcom. gov. cn)，按程序录入合同内容。

第十七条 技术出口经营者获得《技术出口许可证》后，如需更改技术出口内容，应按本办法规定的程序重新履行技术出口许可手续。

第十八条 凡经批准允许出口的国家限制出口技术出口项目，技术出口经营者在办理海关事宜时，应主动出示《技术出口许可证》，海关验核后办理有关放行手续。

第十九条 商务部会同科技部负责对地方商务主管部门和地方科技主管部门的技术出口许可进行监督检查，同时加强对限制出口技术管理的培训和指导。

地方商务主管部门应在每年1月31日前将上年度批准的技术出口许可事项向商务部备案。

第二十条 凡违反本办法规定的，将依据《中华人民共和国技术进出口管理条例》及其他有关法律规定，追究有关当事人和单位的责任。

第二十一条 核技术、核两用品相关技术、化学两用品相关技术、生物两用品相关技术、导弹相关技术和国防军工专有技术的出口不适用本办法。

第二十二条 本办法自公布之日起30日后施行。2002年1月1日起施行的《禁止出口限制出口技术管理办法》(原对外贸易经济合作部、科学技术部2001年第14号令)同时废止。

附表：1. 中国限制出口技术出口申请书(略)

2. 中华人民共和国技术出口许可意向书(略)

3. 中华人民共和国技术出口许可证(略)

4. 技术资料出口清单(略)

十二、工业和信息化部工信部科[2009]180号关于加强工业产品质量工作的指导意见(二〇〇九年四月二十三日)：

各省、自治区、直辖市、新疆生产建设兵团及计划单列市工业和信息化主管部门，有关中央管理企业，有关行业协会：

质量是企业的生命，是生产力水平的综合反映，是消费者利益所在。改革开放以来，我国工业产品质量水平有了很大提高，较好地满足了广大人民群众日益增长的物质文化生活需要。但一些领域与国际先进水平相比还存在较大差距。当前，我国工业经济正处在结构调整的关键时期，特别是随着金融危机对实体经济影响的逐步加深，出口锐减、内需不足的矛盾更加突出，工业经济发展面临前所未见的挑战。在此形势下，提高工业产品质量已成为“扩内需、保增长、调结构、上水平”的有效途径。

一、当前工业产品质量存在的主要问题

虽然我国工业产品质量的总体水平在不断提高，但近年来，工业产品重大质量安全事件仍时有发生，产品质量水平不高已成为制约我国工业经济平稳较快发展的突出问题。主要表现在：

(一)工业产品标准水平偏低、贯彻不力。不少现有产品标准的技术水平与国际标准和国外先进标准相比存在较大差距，难以适应企业技术进步、产品更新换代和产业结构调整的要求。

目前，强制性标准主要依靠执法监督部门推动贯彻实施；而大量指导产业发展的推荐性标准基本依靠企业自主选择采用和贯彻，缺乏有效政策引导和鼓励措施，导致许多标准没有得到很好贯彻实施，制约了工业产品质量水平的提升。

（二）许多工业产品技术含量不高、品牌附加值低，市场竞争力不强。目前，我国工业发展的核心技术对外依存度仍然较高，自主创新能力不足，许多工业产品的关键技术依靠引进，消化吸收再创新缓慢，工业产品技术含量不高；企业品牌意识淡漠，品牌培育力度不足，产品品牌附加值低，目前多数出口产品为贴牌生产，出口企业中拥有自主品牌的不足20%。

（三）落后的生产技术淘汰缓慢。重投入轻产出、重数量轻质量、重眼前轻长远等现象比较普遍。许多企业仍然采用落后的生产工艺、技术和设备，产品档次低、资源消耗大、环境污染严重、产品质量安全事故多发等问题得不到根本解决。

（四）企业的质量管理体系不完善。一些企业的质量竞争意识不强，质量管理体系缺失，质量工作流于形式。一些企业的老产品质量稳定性、可靠性差，新产品技术成熟度不高，产品研发设计、生产制造、商品流通和售后服务阶段的质量保证能力还有较大差距。大量中小企业产品质量保证能力严重不足。

（五）质量监管不到位，社会诚信体系不健全，企业产品质量责任不落实。有法不依、执法不严、违法不究等问题依然存在。一些企业质量责任主体意识淡漠，缺乏职业道德和社会责任，为获得短期利益降低质量要求，甚至弄虚作假，扰乱了市场经济秩序，侵犯了消费者的合法权益。

二、发展思路和主要任务

（一）指导思想

认真贯彻落实中央领导关于加强质量工作的重要批示，以科学发展观为指导，坚持“政企分开、政事分开、政资分开、政府与中介组织分开”的原则，根据应对金融危机的当前亟需和走新型工业化道路的长远需要，以企业为主体，以创新品种、提升质量、加强品牌建设为着力点，协调各方力量努力解决影响工业产品质量的突出问题，通过抓规划、抓政策、抓标准，指导企业全面提升产品质量水平，促进工业经济又好又快发展。

（二）总体目标

争取用3年左右时间，完善工业产品质量管理的法规、标准、制度，实施一批促进产品更新换代和质量水平提升的技术改造项目，完成1万项工业发展急需标准的制修订，规模以上企业重点产品质量水平达到国家、行业标准，充实和建立300个左右支持中小企业发展的公共技术服务平台，在重点行业培育一批具有国际竞争力的品牌示范企业，切实把我国工业产品质量提高到一个新水平。

（三）主要任务

1. 制定工业产品质量发展规划。结合落实钢铁、汽车、船舶、石化、纺织、轻工、有色金属、装备制造、电子信息及物流十大行业调整和振兴规划，做好行业质量现状调研，针对当前突出问题，分析并制定促进工业产品质量提升的措施。组织制定“工业产品质量发展规划”。

2. 完善工业行业质量政策和法规。一是以修订“工业产品质量责任条例”为主线，梳理并完善工业产品质量行业管理的相关法规制度。二是修订“产业结构调整指导目录”，将影响产品质量提升的落后工艺技术、装备及产品列入淘汰类；制修订行业准入条件，提高对产品质量要求；制修订重点行业产业政策，引导企业推行先进的质量管理体系。三是指导地方工业主管部门落实工业产品质量行业管理职能，严格执行工业产品质量行业管理政策和法规。

3. 推进工业产品标准体系建设和标准贯彻。密切跟踪国际标准和国外先进标准发展动态，会同国家标准化综合管理部门加快修订和补充制定适合我国工业发展的工业产品标准；通过大力推进质量认证、标准符合性认定和新产品鉴定等，推动工业产品标准的贯彻实施，杜绝无标准生产制造；鼓励企业积极采用国外先进的产品标准和质量管理标准，促进我国工业产品的质量、安全、节能、环保等特性逐步达到国际先进标准水平。

4. 加快技术改造，创新品种和提升质量。充分协调运用国家各项财政金融政策，支持企业围绕改善品种、提高质量水平，加大技术改造和产品创新投入，积极采用新技术、新工艺、新设备、新材料，促进产品品种更新和质量水平提升；协调有关部门，组织以企业为主体、产学研用相结合的质量共性技术攻关，为开发品种和提升质量创造条件。

5. 加强工业行业质量管理，充分发挥行业协会作用，强化企业主体责任。充分利用质量规划、产业政策、技术标准、技术改造、企业管理、行规行约等手段，依靠并发挥行业协会的优势，指导支持企业加快品种更新、提高质量和创建品牌；督促企业建立健全从技术创新、产品研发、生产制造、储运销售、技术服务等全员、全过程、全方位的质量管理体系；加强售后服务、质量追溯、缺陷产品召回和质量诚信管理，严格落实产品质量责任。鼓励支持地方建立中小企业质量发展的公共技术服务平台。建立支撑行业发展的质量服务体系，形成“政府指导、行业自律、社会监督、企业诚信”的质量保障长效机制。加强对重点行业工业产品质量的跟踪监测预警，建立工业产品质量评价报告发布制度。

6. 积极配合执法部门加强工业产品质量监督。积极协调配合有关执法监督部门，将产业政策和行业准入条件等有关行业质量要求落实到国家各项监管制度；加强工业产品质量监管，防止违法、违规和不合格产品进入市场；积极配合相关执法监督部门开展质量专项整治、整顿和规范市场经济秩序、打击假冒伪劣等活动；共同做好工业产品质量调查、分析、预警和危机应对工作。充分发挥消费者和社会监督作用，督促企业认真履行产品“三包”和缺陷产品召回等质量责任，维护消费者合法权益，营造保障产业健康发展的市场环境。

7. 加强质量宣传和先进质量管理方法推广应用。充分发挥行业主流媒体在质量宣传方面的主渠道作用，大力加强质量宣传和舆论引导，组织“重质量、讲诚信、树品牌”的典型宣传活动；支持行业协会等中介组织积极开展质量经验交流、先进质量管理方法的推广应用、用户满意度评测和产品检测服务等。

三、2009年质量工作要点

（一）制定落实质量工作政策和指导意见

结合落实十大行业调整和振兴规划，开展十大行业质量调查，编制年度质量状况分析报告。按照本指导意见的要求，完成工业产品质量发展规划前期调研工作，落实地方工业主管部门的质量管理职能。修订《产业结构调整指导目录》，制修订行业质量准入条件，制修订重点行业产业政策，引导企业推行先进的质量管理体系。梳理完善工业行业质量管理的相关法规制度；开展修改《工业产品质量责任条例》的研究、论证工作。

（二）贯彻实施工业行业标准

梳理工业行业标准体系，评估现行工业产品标准的适用性，完成3000项急需标准制修订。采取政策引导和鼓励措施，推动企业严格执行强制性标准和贯彻实施推荐性标准。鼓励工业行业推行ISO 9000质量管理体系标准，在汽车工业推行ISO 16949，在信息服务业推行ISO 20000，在食品工业推行ISO 22000和HACCP等。

（三）落实“三下乡”产品的质量保证措施

积极配合财政部、商务部做好“家电下乡”产品的选点工作，会同有关部门对家电生产企业下乡产品的生产、售后服务进行监督管理；配合国家质检总局对“家电下乡”产品的质量监督抽查。

积极配合农业部、国家发展改革委和财政部做好推荐“农机下乡”产品目录的制定和完善；指导农机企业规范生产管理；加强对补贴农机产品的质量管理和监督，联合有关部门，开展对农机产品的质量调查和监督工作。

指导“汽车、摩托车下乡”产品企业承诺质量，落实责任，签署责任协议书；加强“车辆公告”企业和产品准入管理；加强“公告”产品生产一致性管理。

（四）落实提高产品质量的技术改造项目

在技术改造项目中要安排新产品研制、产品共性质量问题攻关和产品公共质量保障能力等项目，不断提升产品质量水平，促进自主品牌建设，增强企业核心竞争力；支持利用信息技术改造和提升传统产业，加快产品升级换代，支持采用先进适用的新技术、新工艺、新设备、新材料，对现有企业生产进行改造，调整生产结构，增强制造水平。

（五）抓好重点行业、重点产品质量专项整治

开展民爆行业产品质量专项整治，继续做好乳制品行业整顿和规范工作。积极协同工商、质检部门开展手机产品质量和售后服务治理整顿工作；配合有关监管部门做好打击违法添加非食用物质和滥用食品添加剂专项整治有关工作；配合有关部门开展农资整顿和规范工作；配合有关部门积极推进食品工业企业生产者诚信体系建设。研究建立工业产品质量评价报告发布制度。

（六）落实扶持中小企业质量发展的措施

制定推进中小企业质量建设的指导意见。指导中小企业加强质量管理，严格执行产品标准和质量管理标准。支持中小企业加强技术改造，改善产品品种、提高质量，创建品牌。支持地方在产业集群、区域经济圈、特色园区或中小企业密集区，建设50～70个公共技术服务平台，充分利用好质量公共服务平台，开展质量培训、经验交流、方法推广、检测验证、质量改进等。

（七）推广先进的质量管理技术与方法

研究制定推广先进质量管理方法的指导意见。依靠行业协会等中介组织积极推广先进的质量管理，在钢铁、石化、家电行业推广卓越绩效质量管理方法；在汽车、家电行业推广精益生产管理方法；在航空、航天行业推广六西格玛质量管理方法；在机械设备、农机、通信电子设备行业推广可靠性工程。依靠行业协会等中介组织分行业、分片区组织先进质量管理经验交流和方法推广。支持中国质量协会开展通用装备和食品行业质量管理现状调查及汽车、钢铁、手机和“家电下乡”产品用户满意度评测工作。

（八）推进消费品领域质量品牌建设

制定《加快我国服装自主品牌建设指导意见》，研究制定家电行业品牌建设指导意见。从增强企业实力、营造市场环境、完善公共服务体系、开拓海外市场等几个方面，推进服装和家电自主品牌建设，

以服装和家电为切入点，全面推进消费品工业品牌建设。

(九)配合有关部门开展全国“质量月”、“质量万里行”活动

与国家质量监督检验检疫总局、中共中央宣传部、中华全国总工会和共青团中央共同组织好今年“全国质量月活动”。配合国家质检总局和中国质量万里行促进会，围绕今年“质量万里行”开展的食品、农资、家电下乡、建材、絮用纤维、舆论监督等6个方面活动，做好配合、服务、督促工作。

有关工业和通信业“质量和安全年”活动方案另发。

十三、发展改革委发改价格[2009]1198号关于印发《石油价格管理办法(试行)》的通知(二〇〇九年五月七日)

各省、自治区、直辖市、新疆生产建设兵团发展改革委、物价局，中国石油天然气集团公司、中国石油化工集团公司、中国海洋石油总公司：

根据《国务院关于实施成品油价格和税费改革的通知》(国发[2008]37号)等有关规定，现将我们制定的《石油价格管理办法(试行)》印发给你们，请按照执行。

石油价格管理办法(试行)

第一条 为完善我国石油价格形成机制，规范价格行为，根据《国务院关于实施成品油价格和税费改革的通知》(国发[2008]37号)的有关规定，制定本办法。

第二条 本办法所称石油包括原油以及由原油炼制的汽油、柴油、航空煤油和航空汽油等成品油。

第三条 在我国从事石油生产、批发和零售的企业，应遵守本办法。

第四条 原油价格由企业参照国际市场价格自主制定。中国石油化工集团公司(以下简称中石化)和中国石油天然气集团公司(以下简称中石油)之间互供原油价格由购销双方按国产陆上原油运达炼厂的成本与国际市场进口原油到厂成本相当的原则协商确定。中石化、中石油供地方炼厂的原油价格参照两个集团公司之间互供价格制定。中国海洋石油总公司及其他企业生产的原油价格参照国际市场价格由企业自主制定。

第五条 成品油价格区别情况，实行政府指导价或政府定价。

(一)汽、柴油零售价格和批发价格，以及供应社会批发企业、铁路、交通等专项用户汽、柴油供应价格实行政府指导价；

(二)国家储备和新疆生产建设兵团用汽、柴油供应价格，以及航空汽油、航空煤油出厂价格实行政府定价。

第六条 当国际市场原油连续22个工作日移动平均价格变化超过4%时，可相应调整国内成品油价格。

第七条 当国际市场原油价格低于每桶80美元时，按正常加工利润率计算成品油价格。高于每桶80美元时，开始扣减加工利润率，直至按加工零利润计算成品油价格。高于每桶130美元时，按照兼顾生产者、消费者利益，保持国民经济平稳运行的原则，采取适当财税政策保证成品油生产和供应，汽、柴油价格原则上不提或少提。

第八条 国家发展改革委制定各省(自治区、直辖市)或中心城市汽、柴油最高零售价格。汽、柴油最高零售价格以国际市场原油价格为基础，考虑国内平均加工成本、税金、合理流通环节费用和适当利润确定。国家发展改革委根据实际情况，适时调整有关成本费用参数。

已实行全省统一价格的地区，执行国家发展改革委制定的全省统一最高零售价格。暂未实行全省统一价格的地区，由省级价格主管部门以国家发展改革委制定的中心城市最高零售价格为基础，考虑运杂费增减因素合理安排省内非中心城市最高零售价格。省内划分的价区原则上不超过3个，价区之间的价差原则上每吨不大于100元。省际之间价差较大的应适当衔接。省级价格主管部门要将省内价区具体安排报国家发展改革委备案。

成品油零售企业可在不超过政府规定的汽、柴油最高零售价格的前提下，自主制定具体零售价格。

第九条 国家发展改革委制定汽、柴油吨升折算原则。省级价格主管部门会同有关部门依据国家确定的折算原则制定当地汽、柴油吨升折算系数。在此基础上，省级价格主管部门制定当地以升为单位的汽、柴油最高零售价格。

第十条 成品油批发企业销售给零售企业的汽、柴油最高批发价格，合同约定由供方配送到零售企业的，由省级价格主管部门按最高零售价格每吨扣减300元确定；合同未约定配送的，最高批发价格由省级价格主管部门在扣减300元的基础上，再考虑运杂费因素确定。成品油批发企业可在不超过汽、柴油最高批发价格的前提下，与零售企业协商确定具体批发价格。当市场零售价格降低时，批发价格也要相应降低，合同约定配送的，保持批零价差每吨不小于300元；合同未约定配送的，扣除运杂费后，保持批零价差每吨不小于300元。凡合同约定配送的，不得另外收取运杂费；未约定配送的，不得

强制配送。

成品油生产经营企业供给符合国家规定资质的社会批发企业汽、柴油最高供应价格，按最高零售价格扣减400元确定。当市场零售价格降低时，对社会批发企业供应价格相应降低，保持批零价差每吨不小于400元。

第十一条 铁路、交通等专项用户用汽、柴油最高供应价格，在全国平均最高零售价格基础上每吨扣减400元确定。具体供应价格可在不超过最高供应价格的前提下，由供需双方协商确定。当市场零售价格降低时，对专项用户供应价格相应降低。

专项用户是指历史上已形成独立供油系统的大用户，具体名单由国家发展改革委确定。

第十二条 国家发展改革委制定国家储备、新疆生产建设兵团用汽、柴油供应价格以及航空汽油出厂价格。

第十三条 本办法第八至十二条汽油、柴油、航空汽油价格均指标准品价格。

国家发展改革委制定成品油标准品与非标准品的品质比率。省级价格主管部门按规定的品质比率制定汽、柴油非标准品最高批发价格和最高零售价格；成品油生产经营企业按规定的品质比率制定国家储备、新疆生产建设兵团用汽、柴油非标准品供应价格，供应社会批发企业、铁道、交通等专项用户汽、柴油非标准品最高供应价格，以及航空汽油非标准品出厂价格。

第十四条 乙醇汽油价格政策按同一市场同标号普通汽油价格政策执行。

第十五条 国家发展改革委按与国际市场接轨的原则制定成品油生产企业销售的航空煤油标准品出厂价格。非标准品出厂价格由生产企业按标准品出厂价格和规定的品质比率自行确定。

第十六条 成品油批发、零售企业要在显著位置标识成品油的品名、规格、计价单位、价格等信息。销售企业在销售成品油时，不得以其他名目在国家规定的成品油价格之外加收或代收任何费用。

第十七条 国家发展改革委在门户网站公布按吨计算的汽、柴油标准品最高零售价格，国家储备、新疆生产建设兵团用汽、柴油供应价格，专项用户用汽、柴油最高供应价格；省级价格主管部门在指定网站公布本地区汽、柴油标准品和非标准品最高批发价格和最高零售价格；主要成品油生产经营企业通过所在地新闻媒体公布本公司的汽、柴油具体批发价格和零售价格。成品油生产经营企业调整汽、柴油出厂价格、供应价格、批发价格和零售价格的同时，将调价具体方案抄报国家发展改革委和有关省级价格主管部门。

第十八条 价格主管部门依法对成品油生产、批发和零售企业的价格活动进行检查，并依照法律法规规定对价格违法行为实施行政处罚。

第十九条 本办法由国家发展改革委负责解释。

第二十条 本办法自发文之日起试行。

十四、国家发改委发布《轻工业技术进步与技术改造投资方向(2009～2011年)(二○○九年五月十八日)

一、重点装备自主化

行业	实施内容
制浆造纸装备	年产10～20万吨非木纤维制浆和10～15万吨高得率化机浆关键设备。年产20～30万吨废纸浆和10～15万吨废纸脱墨浆成套设备。无元素氯或全无氯制浆漂白设备、高效碱回收设备、高效双盘磨浆机。车速每分钟1200m以上、幅宽6m的大中型文化纸机成套设备。涂布机、软压光机、高速复卷机、水力流浆箱等关键设备
食品粮油加工装备	新型膜分离设备、连续模拟移动床设备、节能高效蒸发浓缩设备、高效结晶设备、高速和无菌罐装设备、膜式错流过滤机、高速吹瓶设备、新型高速贴标机等关键共性设备。日处理万吨级甘蔗(甜菜)制糖关键设备。非粮乙醇生产关键设备。日处理2000t油料加工成套设备。日处理400～500t组合式粮食清理设备。面粉后处理高效混合成套设备。日产50t以上发芽糙米、留胚米、营养强化米等加工设备。日处理150t以上稻谷砻谷机、碾米机、抛光机、色选机等
塑料成型装备	全闭环伺服驱动、动态成型加工、电磁感应加热、拉伸流变塑化、多层共挤技术的挤出设备。超声波废旧塑料清洗设备
制革制鞋装备	全自动控制转鼓、通过式去肉机、精密剖层机、双毡辊挤水伸展机、精密削匀机、皮革染色机、辊涂机、熨平压花机、多板低温循环干燥机等。自动控制无刀模裁剪、电脑控制皮革切割、电脑控制生产鞋楦和电脑控制连帮注塑成型等制鞋设备
工业缝制装备	电控特种工业缝纫机、电控高速多头多功能刺绣机、电控裁剪整烫设备等主要光机电一体化缝制设备

二、重点行业技术创新与产业化

名　　称	实　施　内　容
设施农业用新型多功能塑料材料产业化	“光生态”新型棚膜、宽幅在线涂覆薄膜、高性能温室配套材料和温室专用降解地膜等
新型保温材料和冷媒节能节材型冰箱压缩机产业化	软磁粉末冶金和含油粉末冶金材料、铜铝复合管、卷焊钢管替代铜管、电机铝代铜。采用R600a天然工质作新冷媒压缩机。新型发泡材料和真空绝热板(VIP)
隧道式连续大型洗涤机组及高效缝制设备产业化	节水节能型成套的隧道式机组和高效节能缝制设备
糖能联产与制糖清洁生产技术产业化	糖能联产工艺技术和制糖行业节能节水减排新工艺
节能环保型陶瓷金属卤化物灯生产工艺及装备产业化	节能环保型陶瓷金属卤化物灯生产工艺、技术和装备
新型微生物多效复合材料及关键技术产业化	多菌群有机结合成型材料。多种目标污染物高效单性菌株的定向改造、多效菌群共效复合作用优化污染物处理等关键技术
特殊功能表面活性剂绿色化工程技术产业化	表面活性剂绿色化工程技术。高质量产品制备、节能降耗、催化、关键反应设备制造等关键技术
新型电池关键技术、材料与设备产业化	动力型锂离子电池、超级电容器、太阳能电池以及电极材料、隔膜、电解质等关键材料制备技术。新型结构铅酸蓄电池
造纸、发酵、皮革、酿酒和塑料等行业污染物减排与废弃物资源化利用技术产业化	污染物减排集成技术、过程节水与废水回用技术。废弃物资源化和高值化利用技术
高效直流变频空调核心技术开发及产业化	利用龙芯芯片开发直流变频空调驱动程序以及外部驱动部件。直流变频压缩机技术和高效节能直流无刷电机技术

续表

名　　称	实　施　内　容
高品质日用陶瓷关键生产技术产业化	高品质日用陶瓷关键材料制备和关键生产技术
高档皮革及制品关键生产技术产业化	高档鞋面革、沙发革、汽车坐垫革及其制品等关键生产技术

三、提升行业总体技术水平

行　业	实　施　内　容
造纸	采用深度脱木素技术、无元素氯漂白技术、中高浓技术和全自动控制系统等改造制浆造纸生产线
生猪屠宰	采用肉品分级设备、肉品质量可追溯专用机具、病害猪无害化处理设备等改造生猪屠宰生产线
家电	采用大容积、多门、多温区、无霜、超级节能等生产工艺技术设备改造电冰箱生产线。采用节能、变频等技术改造空调生产线。采用大容量、节能、节水等技术改造洗衣机生产线
塑料	采用绿色建材及特种管材生产技术、多功能宽幅农膜生产技术、废塑料改性及综合利用技术、新型环保阻燃塑料制品生产技术、新型免喷涂塑料生产技术等改造塑料生产线
照明电器	采用高效节能灯生产技术和固态汞替代液态汞新工艺新技术等改造节能灯生产线
表面活性剂	采用绿色催化及连续化工艺技术改造功能性表面活性剂生产线。采用富聚成型技术、高塔喷粉加后配料技术及先进配方技术改造浓缩洗衣粉(剂)生产线
五金	采用先进技术改造钳、刀具、节水喷头、可调套筒、燃气用具、锁具等传统加工工艺和加工装备

四、行业节能减排

行　业	实　施　内　容
食品	新型清洁生产技术替代。副产物和废弃物高值综合利用。废水处理回收再利用

续表

行　业	实　施　内　容
造纸	竹浆、杨木化机浆深度氧脱木素和无元素氯漂白等清洁生产技术改造。非木浆碱回收、白泥回用、热电联产、污水处理、沼气发电等技术改造。污染物在线监测系统配置
电池	无汞扣式碱锰电池及装备推广。锂离子电池替代电动工具用镉镍电池。普通锌锰电池无汞、无铅、无镉化。废旧铅酸蓄电池规模化回收再利用
皮革	制革和毛皮加工中水循环利用。保毛脱毛、无灰浸灰、生态鞣制等清洁生产技术和固体废弃物资源化利用技术推广
塑料、制糖、发酵	塑料动态成型加工、高浓度糖醇废水沼气发电、管束干燥机废汽回收综合利用、锅炉烟道气饱充等节能技术推广

五、食品加工安全能力建设

行　业	实　施　内　容
乳制品	原料乳进厂快速检测设备配置。生产过程监控、产成品质量检验设备配置。乳制品企业质量检测中心检测设备配置。质量安全监控体系建设
粮油	粮油加工原料、生产过程在线检测、产成品快速检测设备配置。粮油加工原料及产品中有毒有害物质检验、农药残留检验及添加剂检验设备配置
生猪屠宰	活体检验、屠宰加工品检验、实验室检验等设备配置
食品添加剂	食品原料中农药残留检验、生产过程在线检测和产成品检验设备配置。产品质量快速检测实验室仪器设备配置
饮料	企业内部质量控制、监测网络和产品质量可追溯体系建设。果品原料农药残留检验、生产过程在线质量检测、产成品检验设备配置。矿泉水溴酸盐控制及检测设备配置
酿酒	企业内部质量控制、监测网络和产品质量可追溯体系建设。葡萄、麦芽等原料检验、生产过程在线质量检测、产成品分析检测设备配置

续表

行　业	实　施　内　容
焙烤	企业内部质量控制、监测网络和产品质量可追溯体系建设。食用油等原料检验、生产过程在线质量检测、产成品检验及金属检出设备配置
罐头	企业内部质量控制、监测网络和产品质量可追溯体系建设。蘑菇和肉等原料检验、罐头生产过程在线监控、在线检测、产成品检验设备配置
发酵	企业内部质量控制、监测网络和产品质量可追溯体系建设。生产过程在线检测和产成品检验设备配置。味精、淀粉糖(醇)、柠檬酸和酶制剂等大宗产品安全检测中心检测设备配置
制糖	制糖生产过程在线检测、重金属残留检测设备配置

六、增加国内有效供给

行　业	实　施　内　容
农副产品深加工	粮食、畜禽、糖料、果蔬及水产品和特色农产品等深加工及综合利用
食用植物油	菜籽油、花生油、棉籽油、葵花油、特色油脂等食用植物油项目建设
造纸	林纸一体化工程建设

十五、国务院批转发改委国发[2009]26号关于2009年深化经济体制改革工作意见的通知(二〇〇九年五月十九日)

各省、自治区、直辖市人民政府，国务院各部委、各直属机构：

国务院同意发展改革委《关于2009年深化经济体制改革工作的意见》，现转发给你们，请认真贯彻执行。

关于2009年深化经济体制改革工作的意见(发展改革委)

今年是进入新世纪以来我国经济社会发展最为困难的一年。国际金融危机尚未见底，经济增速明显放缓，长期积累的体制机制矛盾更加突出。复杂严峻的国际国内经济形势要求我们毫不动摇地继续深化改革开放。要通过深化改革破解发展难题，通过扩大开放赢得发展机遇，确保经济平稳较快发展和“十一五”规划确定的各项目标顺利实现，加快完善社会主义市场经济体制。根据党的十七大、十七届三中全会精神和中央经济工作会议要求，按照“十一五”规划和今年政府工作报告关于经济体制改革的总体部署，结合当前的改革发展形势，现就2009年深化经济体制改革工作提出以下意见：

一、指导思想和总体要求

指导思想。以邓小平理论和“三个代表”重要思想为指导，深入贯彻落实科学发展观，全面贯彻党的十七大、十七届三中全会和中央经济工作会议精神，把应对危机作为深化改革的契机，围绕扩内需、保增长、调结构、惠民生，切实推进重点领域和关键环节改革，推动形成有利于科学发展与社会和谐的体制机制。

总体要求。把立足当前与着眼长远结合起来，抓住时机消除制约当前经济社会发展的突出矛盾和影响长远发展的深层次体制机制障碍；把加强宏观调控与发挥市场机制作用结合起来，进一步完善市场机制，提高宏观调控水平，增强经济发展的内在活力；把整体部署与局部试点结合起来，充分调动中央、地方和人民群众的积极性与创造性，形成全社会共同推进改革的新局面；把应对挑战与把握机遇结合起来，统筹出台改革措施的时机、力度和节奏。

二、加快转变政府经济管理职能，激发市场投资活力

继续削减和调整行政审批事项，切实把政府职能转到主要为市场主体服务和创造良好发展环境上来(监察部牵头)。结合地方政府机构改革，探索建立有利于促进地方政府职能转变的体制机制(中央编办牵头)。建立财政政策、货币政策、产业政策、投资政策协调配合机制，完善宏观调控政策体系(发展改革委、财政部、人民银行负责)。深入推进投资体制改革，修订出台政府核准投资项目目录，最大限度地缩减核准范围、下放核准权限；抓紧研究起草政府投资条例、企业投资项目核准和备案管理条例，进一步规范和优化投资管理程序，提高效率；健全政府投资管理机制，稳步推行非经营性政府投资项目代建制，建立和完善投资项目后评价、重大项目公示和责任追究制度；科学界定政府投资领域和范围，充分发挥政府投资对社会投资的引导和带动作用(发展改革委牵头)。

三、深化垄断行业改革，拓宽民间投资的领域和渠道

加快研究鼓励民间资本进入石油、铁路、电力、电信、市政公用设施等重要领域的相关政策，带动社会投资(发展改革委、工业和信息化部、住房城乡建设部、铁道部、商务部、电监会负责)。抓紧研究制订铁路体制改革方案，加快推进铁路投融资体制改革(铁道部、发展改革委、财政部负责)。继续深化电信体制改革，制定出台配套监管政策，加快形成有效的市场竞争格局；深化邮政体制改革，推动邮政速递物流业务重组改制(工业和信息化部、交通运输部、发展改革委、财政部负责)。落实国家相关规定，实现广电和电信企业的双向进入，推动“三网融合”取得实质性进展(工业和信息化部、广电总局、发展改革委、财政部负责)。加快推进电网企业主辅分离和农电体制改革(发展改革委、电监会、国资委、能源局、财政部、水利部负责)。制订出台盐业管理体制改革方案(发展改革委、工业和信息化部负责)。加快推进市政公用事业改革，扩大城市供水供热供气、污水处理、垃圾处理等特许经营范围(住房城乡建设部、水利部负责)。

四、大力推进资源性产品价格和节能环保体制改革，努力转变发展方式

继续深化电价改革，建立与发电环节适度竞争相适应的上网电价形成机制；推进输配电价改革；调整销售电价分类结构，减少各类用户电价间交叉补贴；适时理顺煤电价格关系；研究制订农村电力普遍服务政策(发展改革委牵头)。推进大用户直接购电和双边交易试点(电监会、发展改革委负责)。完善煤炭成本构成，反映开采、经营过程中的资源、环境和安全成本(财政部牵头)。完善天然气价格形成机制，逐步理顺与可替代能源的比价关系(发展改革委牵头)。加快建立初始水权制度；积极推进水价改革，逐步提高水利工程供非农业用水价格，完善水资源费征收管理体制(水利部、发展改革委、财政部负责)。完善节能减排目标责任评价考核体系和多元化节能环保投入机制；健全高效节能环保产品推广激励制度及落后产能退出机制；研究建立循环经济考核体系(发展改革委、财政部、环境保护部、工业和信息化部、统计局负责)。探索建立环境法制、绿色信贷、政绩考核、公众参与等环境保护长效机制(环境保护部牵头)。加快推进污水处理、垃圾处理等收费制度改革(发展改革委、住房城乡建设部、环境保护部负责)。加快推进跨省流域生态补偿机制试点工作；扩大排污权交易试点范围，完善相关法律法规(财政部、发展改革委、环境保护部、水利部负责)。建立资源型城市可持续发展准备金制度；推进矿产资源补偿费制度改革，建立与资源利用水平和环境治理挂钩的浮动费率机制(财政部、发展改革委、国土资源部、环境保护部负责)。

五、着力优化产业结构与所有制结构，推动服务业和非公有制经济发展

继续推进国有企业公司制股份制改革，健全公

司治理结构，完善现代企业制度；继续推进国有资本结构优化和战略性调整；完善国有资产监督管理体制和制度（国资委、财政部负责）。完善鼓励支持和引导个体私营等非公有制经济发展的政策措施（工业和信息化部牵头）。抓紧完善中小企业贷款担保基金和贷款担保机构等多层次担保体系，建立健全中小企业信用担保风险补偿机制；推进中小企业信用制度和信用担保机构评级制度建设（银监会、工业和信息化部、人民银行、财政部负责）。继续发展中小企业板市场，稳步发展中小企业集合债券，继续开展中小企业短期融资券试点（证监会、发展改革委、人民银行负责）。完善服务业发展规划体系，加快建立促进现代服务业发展的体制机制和政策体系，推动服务业发展和产业结构优化（发展改革委牵头）。进一步放宽服务业市场准入，鼓励非公有制企业参与国有服务企业改革（发展改革委、工业和信息化部、国资委负责）。深化政府机关和事业单位后勤服务社会化改革（中央编办、财政部、国管局负责）。鼓励社会力量兴办民办非企业单位，培育多元化的服务业市场主体（发展改革委、民政部负责）。

六、加快推进民生领域改革，提高居民消费能力和意愿

加强公共就业服务体系建设，加大政策支持力度，建立灵活多样的就业和创业促进机制，进一步完善以创业带动就业的政策措施（人力资源社会保障部牵头）。研究出台关于收入分配调节的指导意见（发展改革委牵头）。规范国有企业负责人薪酬管理制度，合理控制收入分配差距（人力资源社会保障部、财政部、国资委负责）。研究制订事业单位实施绩效工资的意见（人力资源社会保障部、财政部负责）。推动工资集体协商和工资支付保障制度建设，落实最低工资制度；完善基本养老保险制度，继续开展做实个人账户试点，全面推进省级统筹；出台养老保险关系转移接续办法；推进事业单位养老保险改革试点；制订实施农民工养老保险办法；出台新型农村社会养老保险指导意见；研究解决农垦职工社会保障问题（人力资源社会保障部牵头）。建立企业退休人员基本养老金和城乡最低生活保障标准正常调整机制（人力资源社会保障部、民政部、财政部负责）。健全廉租住房制度，规范经济适用住房建设与管理，建立健全保障性住房规划建设管理体制（住房城乡建设部牵头）。推动林区棚户区房屋产权制度改革试点（林业局、住房城乡建设部、国土资源部负责）。健全食品药品安全监管体制，实行严格的食品质量安全追溯、召回、市场准入和退出制度（卫生部、农业部、质检总局、工商总局、食品药品监管局负责）。

七、深化科技、教育、文化、卫生体制改革，加快社会事业发展

以加强企业为主体、市场为导向、产学研相结合的技术创新体系建设为突破口，加快推进国家创新体系建设，促进科技资源的整合与开放共享，动员广大科技人员深入基层服务企业，大力提高企业自主创新能力，充分发挥科技创新在促进经济结构调整和发展方式转变中的重要作用（科技部、发展改革委、教育部、国资委负责）。研究制订国家中长期教育改革和发展规划纲要（教育部牵头）。进一步健全义务教育经费保障机制，推进义务教育资源配置均等化；完善家庭经济困难学生资助政策体系，制定和完善学费和助学贷款代偿政策（财政部、教育部负责）。推进中等职业教育体制改革，建立面向农村地区的免费中等职业教育制度（教育部、人力资源社会保障部、财政部负责）。加快建立进城务工人员子女平等就学制度（教育部牵头）。继续深化文化事业和文化产业体制改革（文化部、广电总局、新闻出版总署负责）。认真组织落实医药卫生体制改革近期重点实施方案（发展改革委、卫生部、人力资源社会保障部、财政部负责）。深化体育体制改革，加强体育公共服务，促进体育产业健康发展（体育总局牵头）。

八、继续深化农村改革，建立健全统筹城乡发展的体制机制

深化农村综合改革，着力增强乡镇政府社会管理和公共服务职能（国务院农村综合改革工作小组牵头）。推进农村集体建设用地管理制度改革，研究制订流转管理办法，探索建立统一规范的城乡建设用地市场；深入推进土地有偿使用制度改革，严格限定划拨用地范围（国土资源部牵头）。开展农村土地承包经营权登记试点，建立健全土地承包经营权流转市场，加强流转管理和服务，发展适度规模经营；推进国有农场体制改革（农业部牵头）。加快推进集体林权制度改革，完善相关配套政策；积极推进国有林区、国有林场体制改革（林业局牵头）。完善粮食等主要农产品价格形成机制；深化国有粮食企业改革（发展改革委、粮食局负责）。完善与化肥、柴油等农资价格挂钩的农资综合补贴动态调整机制（财政部牵头）。加快推进基层农技推广体系改革，构建新型农业社会化服务体系，推进农业产业化和农民专业合作组织发展（农业部牵头）。探索建立城乡规划建设一体化管理体制（住房城乡建设部牵头）。探索建立统筹城乡的就业和社会保障政策体系（人力资源社会保障部牵头）。研究制订放宽中小城市落户条件、允许符合条件的农村居民在城市落户的相关政

策；推动流动人口服务和管理体制创新（公安部牵头）。

九、加快推进财税体制改革，建立有利于科学发展的财税体制

围绕推进基本公共服务均等化和主体功能区建设，健全中央政府和地方政府财力与事权相匹配的体制；推进省直管县财政管理方式改革，逐步建立县级基本财力保障机制；提高一般性转移支付的规模和比例，加快完善统一规范透明的财政转移支付制度；健全公共财政职能，优化财政支出结构（财政部牵头）。深化预算制度改革，研究起草国有资本经营预算条例，试行社会保险预算制度，实现政府公共预算、国有资本经营预算、政府性基金预算和社会保障预算有机衔接（财政部、国资委、人力资源社会保障部负责）。研究建立全国行政事业单位国有资产统计报告制度（财政部牵头）。全面实施增值税转型改革；统一内外资企业和个人城建税、教育费附加等税收制度；研究推进综合和分类相结合的个人所得税制度；研究制订并择机出台资源税改革方案；加快理顺环境税费制度，研究开征环境税；深化房地产税制改革，研究开征物业税（财政部、税务总局、发展改革委、住房城乡建设部负责）。

十、深化金融体制改革，构建现代金融体系

深化国有控股商业银行改革；继续推进政策性银行改革（人民银行牵头）。推进金融资产管理公司改革（财政部牵头）。稳步发展各种所有制中小金融企业和新型农村金融机构；推进农村信贷担保机构发展（银监会牵头）。扩大农村有效担保范围，发展农村多种形式担保的信贷产品（人民银行、银监会负责）。出台放贷人条例，积极引导民间融资健康发展（人民银行、法制办负责）。建立健全存款保险制度（人民银行、银监会负责）。推进利率市场化改革，完善人民币汇率形成机制（人民银行牵头）。加强资本市场基础性制度建设，建立健全有利于资本市场稳定发展和投资者权益保护的法规体系；适时推出创业板，推进场外市场建设，完善资本市场功能（证监会牵头）。完善债券市场化发行机制、市场约束与风险分担机制，逐步建立集中统一的债券市场监管规则和标准（证监会、发展改革委、财政部、人民银行负责）。深化保险业改革，积极发挥保险保障和融资功能（保监会牵头）。加快股权投资基金制度建设，尽快出台股权投资基金管理办法（发展改革委牵头）。建立健全金融监管协调机制和国际合作机制（人民银行、金融监管机构负责）。

十一、深化涉外经济体制改革，健全开放型经济体系

尽快建立服务贸易促进体系，研究制订服务贸易促进条例，制定并实施加快服务外包产业发展的政策措施；建立先进技术、设备和战略性资源进口的协调、管理机制；建立健全有效应对国际贸易摩擦和争端的工作协调机制；积极稳妥实施自由贸易区战略，进一步推进区域和次区域经济合作，推进边境经济合作区建设；着力推进对外劳务合作管理体制改革，加快相关立法进程（商务部牵头）。完善国际贸易投资风险防范机制，研究建立国际经济波动对我国经济影响的信息引导和预测预警机制（商务部、发展改革委、海关总署负责）。加快建立外资并购安全审查机制；完善利用外资的管理体制和政策法规，进一步下放审批权限、简化审批程序（发展改革委、商务部、法制办负责）。研究制订境外投资条例，进一步简化对外投资管理程序，扩大境外投资备案登记范围，完善信贷、外汇、财税、人员出入境等方面支持企业“走出去”的政策措施，加快对外投资合作公共服务体系建设（发展改革委、商务部、人民银行、财政部等部门负责）。

十二、积极推进综合配套改革试点，为全国改革提供示范和借鉴

上海浦东新区、天津滨海新区等国家综合配套改革试验区要按照完善社会主义市场经济体制的方向，针对制约当地经济社会发展的体制机制问题，根据统筹城乡发展、建设资源节约型和环境友好型社会、加快开发开放、促进发展方式转变等发展战略的要求，在行政管理、财政、金融、土地等重点领域和关键环节改革方面积极探索，勇于创新。发展改革委要加强对综合配套改革试点工作的指导，健全试点工作协调推进机制，保障改革试点平稳有序推进。各部门要结合自身职能，积极支持和指导改革试点，将有关专项改革试点放在相应试验区先行先试。各地区可结合自身实际，在有效防控风险的前提下，积极开展各类综合和专项改革试点。

十三、加强统筹协调，认真落实改革任务

发展改革委要加强对重点领域改革的统筹规划和综合设计，建立健全部门间统筹协调推进改革的工作机制，加强对经济体制改革的指导推进和综合协调，督促检查各项改革进展和落实情况，及时向国务院报告。各地区、各部门要结合本意见，提出符合自身实际、操作性强的年度改革意见或实施办法。对年内能够完成的改革任务，要集中力量，确保完成；对跨年度的改革任务，要积极推动，尽快取得突破。各项改革的牵头负责部门要会同相关部门科学制订方案，明确实施步骤和时限要求，落实工作责任。相关部门要结合自身职能，积极配合牵

头负责部门做好有关工作。

十六、科技部　财政部　教育部　国资委　全国总工会　国家开发银行国科发政[2009]269号关于印发《国家技术创新工程总体实施方案》的通知（二〇〇九年六月二日）：

各省、自治区、直辖市及计划单列市、新疆生产建设兵团科技厅（科委、局）、财政厅（局）、教育厅（教委、局）、国资委、总工会，国家开发银行各分行、代表处，各有关行业协会，各有关单位：

为全面贯彻党的十七大和全国科技大会精神，根据国务院《关于发挥科技支撑作用促进经济平稳较快发展的意见》（国发[2009]9号）的要求，科技部、财政部、教育部、国务院国资委、全国总工会、国家开发银行决定共同组织实施技术创新工程，加快以企业为主体、市场为导向、产学研相结合的技术创新体系建设，大力支持企业提高自主创新能力，增强产业核心竞争力。

现将《国家技术创新工程总体实施方案》印发给你们，请结合实际制定具体方案认真组织实施，扎实推动这项工作深入开展，工作中遇到的重要情况和问题请及时报告。

国家技术创新工程总体实施方案

为全面贯彻党的十七大和全国科技大会精神，落实国务院《关于发挥科技支撑作用促进经济平稳较快发展的意见》（国发[2009]9号），大力支持企业提高自主创新能力，组织实施技术创新工程，特制定本方案。

一、指导思想、原则和目标

国家技术创新工程是在现有工作基础上，进一步创新管理，集成相关科技计划（专项）资源，引导和支持创新要素向企业集聚，加快以企业为主体、市场为导向、产学研相结合的技术创新体系建设的系统工程。实施技术创新工程是促进经济平稳较快发展的迫切要求，是加快建设国家创新体系的重大举措，是建设创新型国家的重要任务。

长期以来，党中央、国务院高度重视企业技术创新工作。特别是全国科技大会以来，支持企业技术创新的氛围日益浓厚，确立企业技术创新主体地位的战略思想深入人心，企业的创新动力和活力显著增强。各地方、各部门认真落实《国家中长期科学和技术发展规划纲要（2006～2020年）》（以下简称《规划纲要》），采取有力措施积极支持企业技术创新，取得了重要进展，积累了宝贵经验。但是在技术创新体系建设中还存在许多亟待解决的突出问题，企业尚未成为技术创新的主体，产学研结合松散、围绕产业技术创新链持续稳定的合作不够，创新资源分散重复、布局失衡，企业特别是中小企业技术创新缺乏全面有效的支撑服务等，导致科技与经济结合不够紧密，迫切需要采取系统措施集中加以解决。

实施技术创新工程的指导思想是：深入贯彻落实党的十七大精神，以科学发展观为指导，围绕提高自主创新能力、建设创新型国家的战略目标，促进科学技术更加主动地为经济社会发展服务，经济社会发展紧紧依靠科学技术和自主创新，以确立企业技术创新主体地位为主线，充分运用市场机制，引导和支持创新要素向企业集聚，增强企业自主创新能力和产业核心竞争力，为推进经济结构战略性调整，加快发展方式转变，建设创新型国家提供有力支撑。

实施技术创新工程要坚持“企业主体、政府引导；深化改革、创新机制；立足当前、着眼长远；部门联合、上下联动”的原则。

实施技术创新工程的总体目标是：形成和完善以企业为主体、市场为导向、产学研相结合的技术创新体系，大幅度提升企业自主创新能力，大幅度降低关键领域和重点行业的技术对外依存度，推动企业成为技术创新主体，实现科技与经济更加紧密结合。

二、主要任务

针对技术创新体系建设中存在的薄弱环节和突出问题，从以下方面入手，着力推进产学研紧密结合，为企业技术创新提供有效的支撑服务，促进企业成为技术创新主体：

（一）推动产业技术创新战略联盟构建和发展

统筹推进产业技术创新战略联盟的构建和发展。以增强产业核心竞争力为目标，重点围绕十大产业振兴和战略性产业发展，形成工作布局。

引导产业技术创新战略联盟的构建。促进产学研各方围绕产业技术创新链在战略层面建立持续稳定的合作关系，立足产业技术创新需求，开展联合攻关，制定技术标准，共享知识产权，整合资源建立技术平台，联合培养人才，实现创新成果产业化；指导和鼓励地方结合当地实际，构建支撑本地经济发展的技术创新战略联盟；鼓励行业协会发挥组织协调、沟通联络、咨询服务等作用，推动本行业联盟的构建。

引导产业技术创新战略联盟健康发展。通过科技计划委托联盟组织实施国家和地方的重大技术创新项目；积极探索支持联盟发展的各种有效措施和方式；推动联盟建立和完善技术成果扩散机制，向中小企业辐射和转移先进技术，带动中小企业产品和技术创新；依托联盟探索国家支持企业技术创新的相关政策。

（二）建设和完善技术创新服务平台

明确技术创新服务平台的建设要求，突出资源整合和服务功能；按照“面向产业、需求导向；创新机制、盘活存量；政府引导、多方参与；明确权益、协同发展”的原则，构建面向重点产业振兴和战略性产业发展的技术创新服务平台。

依托高等学校、科研院所、产业技术创新战略联盟、大型骨干企业以及科技中介机构等，采取部门和地方联动的方式，通过整合资源提升能力，形成一批技术创新服务平台。

充分发挥转制院所在技术创新服务平台建设中的作用。加快先进适用技术和产品的推广应用，加速技术成果的工程化，加强产业共性关键技术研发攻关，加强研发能力建设和行业基础性工作。

提高平台服务队伍的专业化水平。建立健全人员保障与激励政策措施，明确岗位职责，完善绩效评价，加强专业技能培训，不断提高服务能力和水平。

（三）推进创新型企业建设

根据国民经济发展和《规划纲要》实施的要求，推进创新型企业建设工作；加强分工协作，针对不同类型的企业进行分类指导，突出对中小企业创新发展的引导。

引导企业加强创新能力建设。引导企业加强创新发展的系统谋划；引导和鼓励创新型企业承担国家和地方科技计划项目；引导和鼓励有条件的创新型企业建设国家和地方的重点实验室、企业技术中心、工程中心等；支持创新型企业引进海内外高层次技术创新人才；支持企业开发拥有自主知识产权和市场竞争力的新产品、新技术和新工艺。

引导企业建立健全技术创新内在机制。完善创新型企业评价指标体系，开展创新型企业评价命名，发挥评价对全社会企业创新的导向作用；加强创新型企业动态管理，形成激励企业持续创新的长效机制；通过科技奖励引导企业技术创新；发挥创新型企业的示范作用。

引导企业加强技术创新管理。通过培训、示范等多种方式在企业中推广应用创新方法；推动企业实施自主品牌战略、知识产权战略，塑造国际知名品牌；通过建立创新型企业信息网，促进企业之间的交流与合作。

发挥广大职工在技术创新中的重要作用。强化企业技术创新群众基础，组织职工开展合理化建议、技术革新、技术攻关、发明创造等群众性技术创新活动，加强职工技术交流与协作，促进职工技术成果转化。

（四）面向企业开放高等学校和科研院所科技资源

引导高等学校和科研院所的科研基础设施和大型科学仪器设备、自然科技资源、科学数据、科技文献等公共科技资源进一步面向企业开放。

推动高等学校、应用开发类科研院所向企业转移技术成果，促进人才向企业流动。鼓励社会公益类科研院所为企业提供检测、测试、标准等服务。

加大国家重点实验室、国家工程技术研究中心、大型科学仪器中心、分析检测中心等向企业开放的力度。将开放工作纳入单位年度工作计划，开放情况作为其运行绩效考核的重要指标。

（五）促进企业技术创新人才队伍建设

加强企业技术创新人才培养。推动高等学校和有条件的科研院所根据企业对技术创新人才的需求调整教学计划和人才培养模式。加强职业技术教育，培养适应企业发展的各类高级技能人才。鼓励企业与高等学校、科研院所联合培养人才。鼓励企业选派技术人才到高等学校、科研院所接受继续教育、参加研究工作，或兼职教学。

引导高等学校学生参与企业创新实践。发挥企业博士后工作站的作用，吸引博士毕业生到企业从事技术创新工作。鼓励高等学校和企业联合建立研究生工作站，吸引研究生到企业进行技术创新实践。引导博士后和研究生工作站在产学研合作中发挥积极作用。鼓励企业和高等学校联合建立大学生实训基地。

协助企业引进海外高层次人才。以实施“千人计划”为重点，采取特殊措施，引导和支持企业吸引海外高层次技术创新人才回国(来华)创新创业。

提高职工科技素质和创新能力。广泛开展岗位练兵、技能比赛、师徒帮教、技术培训等活动。把增强职工创新意识和创新能力与提高职工技能水平结合起来，建设一支知识型、技术型、创新型高素质职工队伍。

（六）引导企业充分利用国际科技资源

发挥国际科技合作计划的作用，引导和支持大企业与国外企业开展联合研发，引进关键技术、知识产权和关键零部件，开展消化吸收再创新和集成创新。鼓励企业与国外科研机构、企业联合建立研发机构，形成一批国际科技合作示范基地。

发挥驻外科技、教育等机构的作用，引导企业“走出去”，开展合作研发，建立海外研发基地和产业化基地，及时掌握前沿技术发展的态势，把握国际市场动向，通过科技援外等方式向发展中国家输出技术，扩大高新技术及产品的出口。

鼓励和引导企业通过多种方式，充分利用国外企业和研发机构的技术、人才、品牌等资源，加强自主品牌建设。

三、保障措施

（一）创新科技计划组织方式

国家科技计划调整和优化立项机制。建立和完善以企业技术创新需求为导向的立项机制；建立和完善企业技术创新需求的征集渠道，应用开发类项目的指南编制、课题遴选、立项论证充分发挥企业作用。加强各类计划之间的联动和有效衔接。

改进科技计划项目的组织实施方式。应用开发类项目应有企业参加、产学研联合实施，围绕产业技术创新链加强项目的系统集成；对符合条件的创新基地、人才团队、产业技术创新战略联盟等持续安排项目支持。

建立支持科技计划成果转化应用的资金渠道和机制，发挥已有科技计划成果支撑企业技术创新的作用。

支持产业技术创新战略联盟组织实施科技计划项目，开展重大产业技术创新活动。支持技术创新服务平台强化面向企业特别是中小企业的服务功能。发挥科技计划对创新型企业加强创新能力建设和掌握自主知识产权核心技术的引导作用。

（二）发挥财政科技投入的引导作用

调整科技支撑计划、863计划、科技基础条件平台等相关计划（专项）的投入结构，形成持续稳定的经费支持渠道，保障技术创新工程重点任务的实施。

创新财政科技投入支持方式。综合运用无偿资助（含后补助）、贷款贴息、风险投资、偿还性资助、政府购买服务等方式，引导全社会资源支持企业技术创新。

（三）建立健全有利于技术创新的评价、考核与激励机制

完善高等学校和科研院所内部分类考核。对从事教学、基础研究、应用技术研究和成果转化的不同工作进行分类评价，使上述各类人员具有同等地位。科技人员承担企业委托的研究项目与承担政府科技计划项目，在业绩考核中同等对待。

支持高等学校和科研院所建立技术转移的激励机制。应用开发类研究以成果的转化应用作为评价标准。有条件的高等学校、科研院所建立专门技术转移机构；对技术转移获得的收益，明确对科技成果完成人和为成果转化做出贡献人员的奖励措施。

完善国有企业考核体系和分配激励机制。发挥业绩考核引导作用，在对企业负责人经营业绩考核中，进一步完善对技术创新能力的考核指标体系，引导企业加大科技投入。推动企业集团将技术创新能力指标纳入内部各层级企业的考核评价体系。进一步研究企业骨干技术人员中长期分配激励机制与政策，调动发挥骨干技术人员积极性。

（四）落实激励企业技术创新政策

抓好政策落实。加快开展国家自主创新产品认定工作，加强有关部门的协调配合，加大宣传培训力度，落实企业研究开发费用所得税前加计扣除、高新技术企业认定、政府采购自主创新产品、创业投资企业和科技企业孵化器税收优惠等重点政策。

不断完善政策。开展政策落实情况评估，及时掌握新的政策需求，促进政策研究制定，完善促进产学研结合、技术转移等政策措施。

（五）加大对企业技术创新的金融支持

建立科技金融合作机制。加强技术创新与金融创新的结合，发挥财政科技投入的杠杆和增信作用，引导和鼓励金融产品创新，支持企业技术创新。

加大对企业技术创新的信贷支持。通过贷款贴息等手段鼓励和引导政策性银行、商业银行支持企业特别是中小企业技术创新。

支持企业进入多层次资本市场融资。鼓励和支持企业改制上市，扩大未上市高新技术企业进入代办股份转让系统试点范围，鼓励科技型中小企业在创业板上市。

开展知识产权质押贷款和科技保险试点，推动担保机构开展科技担保业务，拓宽企业技术创新融资渠道。

大力发展科技创业投资。加大科技型中小企业创业投资引导力度，引导和鼓励金融机构、地方政府以及其他民间资金参与科技创业投资。

四、组织实施

（一）加强组织领导，统筹推进工程实施。科技部、财政部、教育部、国务院国资委、全国总工会、国家开发银行等部门组成的推进产学研结合工作协调指导小组，负责组织实施技术创新工程，定期召开会议，研究决定技术创新工程实施的重大事项，统筹协调相关部门和地方创新资源，督促检查技术创新工程的实施情况。

协调指导小组办公室负责落实协调指导小组的议定事项，做好推动技术创新工程实施的具体工作，加强联络协调，组织调查研究，促进信息沟通，指导地方工作。

（二）加强部门协同，完善分工负责机制。各相关部门根据总体方案，结合部门职能，分解工作任

务，发挥各自优势，制定具体方案，落实相应责任；部门间加强协调配合，针对实施中出现的新情况、新问题，及时研究采取有效措施。充分发挥行业协会在推进企业技术创新中的重要作用。

(三) 发挥地方作用，结合实际开拓创新。各地方要结合当地实际，突出地域特色，在总体方案的指导下，加强组织领导，制定方案，集成相关资源，加大投入，完善保障措施；各级科技、财政、教育、国资监管、工会、开发银行等部门要加强分工协作，与有关部门协调合作，积极探索，大胆创新，落实各项重点任务，扎实推进技术创新工程的实施。

十七、中华人民共和国商务部　中华人民共和国海关总署　公告2009年第37号公布《2009年加工贸易禁止类商品目录》(二〇〇九年六月三日)

经国务院批准，为保持外贸稳定增长，现对加工贸易禁止类目录进行调整，并将有关事项公告如下：

一、根据2009年海关商品编码，对调整后的禁止类目录商品编码进行修订，修订后禁止类目录共计1759项商品编码。

二、对以下情况，按照加工贸易禁止类进行管理

(一) 为种植、养殖等出口产品而进口种子、种苗、种畜、化肥、饲料、添加剂、抗生素等。

(二) 生产出口仿真枪支。

(三) 禁止开展进口料件属于国家禁止进口商品的加工贸易(如含淫秽内容的废旧书刊，含有害物、放射性物质的工业垃圾等)。

(四) 其他国家已公布的禁止进出口目录的商品。

三、列入加工贸易禁止类进口商品目录的，凡用于深加工结转转入，或从具有保税加工功能的海关特殊监管区域内企业经实质性加工后进入区外的商品，不按加工贸易禁止类进口商品管理。

列入加工贸易禁止类出口商品目录的，凡用于深加工结转转出，或进入具有保税加工功能的海关特殊监管区域内企业加工生产的商品，不按加工贸易禁止类出口商品管理。前述商品未经实质性加工不得直接出境。

以上所称"实质性加工"的标准，参照《中华人民共和国海关关于执行〈非优惠原产地规则中实质性改变标准〉的规定》(海关总署令第122号)执行。

四、本公告也适用于保税区、出口加工区等海关特殊监管区域，但本公告发布之前区内已设立并从事相关商品加工贸易的企业除外。

五、自本公告发布之日起，商务部、海关总署2008年第22号公告所附目录停止执行，其他规定仍按原公告执行。

附件：2009年加工贸易禁止类商品目录(略)

十八、财政部　国家税务总局　财税[2009]88号　关于进一步提高部分商品出口退税率的通知(二〇〇九年六月三日)

各省、自治区、直辖市、计划单列市财政厅(局)、国家税务局，新疆生产建设兵团财务局：

经国务院批准，提高部分商品的出口退税率。现就有关事宜通知如下：

一、电视用发送设备、缝纫机等商品的出口退税率提高到17%。

二、罐头、果汁、桑丝等农业深加工产品，电动齿轮泵、半挂车等机电产品，光学元件等仪器仪表，胰岛素制剂等药品，箱包，鞋帽，伞，毛发制品，玩具，家具等商品的出口退税率提高到15%。

三、部分塑料、陶瓷、玻璃制品，部分水产品，车削工具等商品的出口退税率提高到13%。

四、合金钢异性材等钢材、钢铁结构体等钢铁制品、剪刀等商品的出口退税率提高到9%。

五、玉米淀粉、酒精的出口退税率提高到5%。

具体商品清单见附件。

六、本通知自2009年6月1日起执行。具体执行时间，以"出口货物报关单(出口退税专用)"海关注明的出口日期为准。

特此通知。

附件：提高出口退税率的商品清单(略)

十九、国务院关税税则委员会　税委会[2009]6号　关于调整部分产品出口关税的通知(二〇〇九年六月十九日)

海关总署：

经国务院关税税则委员会第四次全体会议审议通过，并经国务院批准，自2009年7月1日起，对部分产品的出口关税(包括暂定关税和特别关税)进行调整，现将有关事项通知如下：

一、取消部分产品的出口暂定关税，主要包括小麦、大米、大豆及其制粉，硫酸，钢丝等，共计31项产品。

二、取消部分化肥及化肥原料的特别出口关税，主要包括黄磷、磷矿石、合成氨、磷酸、氯化铵、重过磷酸钙、二元复合肥等，共计27项产品。同时，对黄磷继续征收20%的出口关税，对其他磷、磷矿石继续征收10%～35%的出口暂定关税，对合成氨、磷酸、氯化铵、重过磷酸钙、二元复合肥等化肥产品(包括工业用化肥)统一征收10%的出口暂定关税。

三、调整尿素、磷酸一铵、磷酸二安等3项化

肥产品征收出口关税的淡、旺季时段，将尿素的淡季出口税率适用时间延长一个月，磷酸一铵、二铵的淡季出口税率适用时间延长一个半月。

四、降低部分产品的出口暂定关税，主要包括微细目滑石粉，中小型型钢，氟化工品，钨、钼、铟等有色金属及其中间品，共计29项产品。

具体详见附件。

附件：部分产品出口关税调整表（略）

二十、国务院办公厅　国办发[2009]48号　关于印发2009年节能减排工作安排的通知（二〇〇九年七月十九日）

各省、自治区、直辖市人民政府，国务院各部委、各直属机构：

《2009年节能减排工作安排》已经国务院同意，现印发给你们，请认真贯彻执行。

2009年节能减排工作安排

“十一五”前三年，各地区、各部门认真落实党中央、国务院的部署，把节能减排作为促进科学发展的重要抓手，作为扩内需、保增长、调结构的重要内容，工作力度不断加大，节能减排取得积极进展。全国单位GDP能耗逐年逐季降低，2006年下降1.79%，2007年下降4.04%，2008年下降4.59%，三年累计下降10.1%，节能约2.9亿吨标准煤。全国二氧化硫、化学需氧量（COD）排放总量不断降低，2007年分别下降4.66%和3.14%，2008年分别下降5.95%和4.42%，“十一五”前三年累计分别下降8.95%和6.61%。

虽然节能减排取得积极进展，特别是今年以来产业结构发生了一些积极变化，但结构不合理的问题仍然突出，第三产业比重偏低，高耗能工业增速较快。国际金融危机对我国影响加剧，给节能减排工作带来新的问题和挑战。有的地方出现盲目上高耗能、高排放项目的苗头，有的地方擅自出台高耗能行业电价优惠政策；一些企业效益回落，影响节能减排重点工程实施。工作层面也还存在着认识不到位、激励政策不完善、机制不健全、监管不到位、基础工作薄弱等问题。从目前进展情况看，“十一五”节能目标完成进度仍落后于时间进度，形势严峻，任务艰巨。

2009年是实现“十一五”节能减排目标具有决定性意义的一年，各地区、各部门要进一步统一思想，充分认识节能减排工作的重要性和艰巨性，增强紧迫感和责任感，以科学发展观为指导，在保持经济平稳较快增长中坚持节能减排不动摇，继续把节能减排作为调整经济结构、转变发展方式的重要抓手，作为应对国际金融危机，扩内需、保增长、调结构的重要内容，作为减缓和适应全球气候变化、促进人类可持续发展的重要举措，全面落实各项节能减排政策措施，进一步加大工作力度，务求取得更大成效，确保节能减排目标完成进度与“十一五”规划实施进度同步。

一、加强目标责任考核。组织相关部门和专家对省级政府2008年节能减排目标完成情况进行现场评价考核，评价考核结果向社会公告，落实奖惩措施，实行严格的问责制。组织各地节能主管部门开展千家企业节能目标责任评价考核，审核汇总考核结果，向社会公告并做好考核结果的运用。发布2008年全国和各地区单位GDP能耗、主要污染物排放及工业增加值用水量指标公报，以及2009年上半年全国单位GDP能耗和主要污染物排放量指标公报。抓好军队资源节约统计与考评工作。

二、推动重点工程实施。继续加大中央预算内投资、新增中央投资、中央财政专项资金和国外优惠贷款对节能减排的支持力度，重点支持十大重点节能工程建设、循环经济发展、淘汰落后产能、城镇污水处理设施及配套管网建设、重点流域水污染治理，以及节能环保能力建设。2009年，通过实施十大重点节能工程，形成7500万吨标准煤的节能能力；实施“节能产品惠民工程”，对能效等级1级或2级以上高效节能空调、冰箱等10大类产品，通过财政补贴方式加大推广力度；推广节能灯1.2亿只；支持在北京、上海、重庆等13个城市开展节能与新能源汽车示范试点。新增城市污水日处理能力1000万立方米，全国36个大城市基本实现污水全部收集处理；新增燃煤电厂烟气脱硫设施5000万千瓦以上，新增钢铁企业烧结机烟气脱硫设施20台（套）。

三、严控高耗能、高排放行业盲目扩张。组织修订《产业结构调整目录》。在抓紧组织实施钢铁、汽车、造船、石化、轻工、纺织、有色金属、装备制造、电子信息、物流等重点产业调整振兴规划过程中，严格执行国家产业政策和项目审核管理规定，强化用地审查、节能评估审查、环境影响评价，从严控制高耗能、高排放行业盲目扩张。继续推动外商投资产业结构优化升级。加大信息技术在传统产业中的应用力度，对高耗能、高排放行业进行改造和提升。加大淘汰落后产能的力度，2009年“上大压小”关停小火电机组1500万千瓦，淘汰落后炼铁产能1000万吨、炼钢600万吨、水泥5000万吨、造纸50万吨、铁合金70万吨、焦炭600万吨。完善淘汰落后产能退出机制，公告淘汰落后产能企业名单，推广大型企业兼并重组落后企业等有效做法，落实好差别电价政策和淘汰落后产能企业职工安置政策措施。发布节能设备指导目录、落后高耗能设备淘汰目录等，推动淘汰落后高耗能设备。落实节能发电调度办法，抓紧出台配套政策。大力促进服务业和高技术产业发展，提高其在国民经济中的比重。

四、加快技术开发和推广。围绕能源、资源、环境等领域，建设和完善若干国家工程中心、国家工程实验室和国家重点实验室，在高效发电、重污染行业清洁生产、建筑节能等方面组织科研攻关，攻克一批节能减排关键和共性技术。编制工业、通信业清洁生产技术指南和重点节能技术推广专项规划。支持大型先进压水堆及高温气冷堆核电站重大科技专项。加大新技术、新产品产业化的实施力度，推动电动汽车产业化，做好“金太阳”太阳能发电、大型超临界发电、有机废水循环利用等技术的规模化推广应用。制定半导体照明(LED)产业发展意见。推进浅层地热能开发利用。加快风能资源的评估与开发。发布农业机械节能减排技术。出台关于推行合同能源管理加快节能服务产业发展的意见，鼓励专业节能公司采用合同能源管理方式，为中小企业、公共机构实施节能改造。启动污泥处理处置示范工作。积极推进环保产业发展，继续开展烟气脱硫特许经营试点，规范城镇污水和垃圾处理特许经营，鼓励排污单位委托专业化公司承担污染治理或设施运营。发布当前国家鼓励发展的环保设备(产品)目录，编制环保装备示范工程规划。广泛开展节能减排国际合作，切实加强双边、区域和多边在节能、新能源和低碳技术研发等方面的交流，积极引进国际先进技术和管理经验。

五、着力抓好重点领域节能减排。继续大力推进千家企业节能行动，发布能源利用状况公告，开展节能管理师试点，形成2000万吨标准煤的节能能力。制定发布钢铁、建材、电子信息、军工和中小企业节能减排指导意见，深入开展重点耗能行业能效水平对标活动。扩大强制性能效标识实施范围，制定发布电风扇、微波炉、通风机、工业锅炉等6种产品能效标识实施规则。组织开展5万个锅炉房节能管理达标活动。2009年底施工阶段执行节能强制性标准比例提高到90%以上；全面开展北方采暖地区既有居住建筑节能改造，2009年改造6000万平方米；继续推进供热按用热量计量收费；扩大可再生能源建筑应用示范规模，出台推动太阳能光电技术在建筑领域应用的实施意见，实施好新建经济适用房、廉租房、新农村农房可再生能源建筑规模化应用项目。大力发展公共交通，优化道路运输组织管理；严格执行汽车燃料消耗量限值标准，实施落后车辆淘汰制度，完善报废汽车回收机制；加快发展水路运输，推进船型标准化；加快电气化铁路建设；优化航线航路，启动机场节电工程，研究建立民航业节能减排激励约束机制；建立交通运输行业节能减排监测考核体系。安排财政资金70亿元，鼓励汽车、家电“以旧换新”。推进节约型机关、学校、科技场馆、文化场馆、医院、体育场馆等“六个100示范工程”建设，研究建立公共机构节能考核制度。开展大型公共建筑能耗统计、审计和公示工作。继续安排中央投资支持农村沼气建设；实施农村清洁工程，加大“以奖促治”工作力度，解决一批村镇存在的突出环境问题。推进零售业节能降耗。

六、大力发展循环经济。做好循环经济促进法贯彻实施工作。组织编制重点行业和重点领域循环经济发展规划，印发省市循环经济发展规划编制指南。建立循环经济发展专项资金，支持循环经济技术研发、示范推广、能力建设等。深化循环经济示范试点，开展“循环经济专家行”活动。加快实施汽车零部件再制造试点，出台促进汽车零部件再制造产业发展意见，建立汽车零部件再制造产品标识制度。组织编制实施再生金属利用规划、重大机电装备再制造产业发展规划。加快国家生态示范工业园区建设。研究建立循环经济评价指标体系和统计制度。发展矿产资源领域循环经济，推进矿产资源综合利用，加快脱硫石膏、磷石膏、农作物秸秆等资源化重点工程建设。启动第三批禁止使用实心黏土砖和第三批“禁止现场搅拌砂浆”工作。制定重点电子信息产品污染物管理目录，推动废弃电器电子产品回收利用。加快第二批再生资源回收体系建设试点，支持建设一批统一规范的社区回收站点、专业化分拣中心和区域集散市场。推进城镇污水处理再生利用。启动餐厨垃圾无害化处理试点。促进灾区建筑废弃物资源化利用。进一步加大“限塑”和秸秆综合利用工作力度。落实国务院办公厅关于治理商品过度包装的有关文件精神，抓紧制定治理商品过度包装的相关标准和政策。推动机电产品包装节材代木。推进循环农业促进行动，重点抓好10个循环农业地市建设，以及农垦制糖业、天然橡胶业的循环产业建设。

七、完善相关经济政策。继续推进资源性产品价格改革，落实成品油价格和税费改革方案。完善天然气价格形成机制。实行鼓励余热余压发电的上网和价格政策。继续推进电价改革，完善需求侧电价管理制度。继续实行促进节约用水的水价制度，鼓励使用再生水。完善老旧汽车报废更新补偿制度。出台农村老旧渡船拆解改造补偿制度。研究调整车辆购置税政策。推进环保收费改革，提高收缴率。

研究建立污染物减排激励机制。修订高污染、高环境风险产品名录，继续控制高耗能、高排放和资源性产品出口。继续实施促进节能减排的政府采购政策，完善清单动态管理制度、公示制度和执行政策的奖惩制度。完善矿产资源有偿使用制度改革。逐步建立生态环境补偿机制。进一步扩大用于节能减排的企业债券发行规模，研究开展污水处理项目收益债券试点、环境污染责任保险试点。金融机构继续加大对节能减排重大项目的信贷支持。推进有条件的地区开展排污权有偿使用和交易试点工作。

八、加快法规和标准建设。完善节能减排法律法规体系，加快节约能源法和循环经济促进法配套法规建设。落实好民用建筑节能条例、公共机构节能条例。研究起草排污许可证条例。尽快出台固定资产投资项目节能评估和审查办法、城镇排水和污水处理条例。修订重点用能单位节能管理办法、能效标识管理办法、节能产品认证管理办法，组织制订、修订电炉钢冶炼和氧化铝、尿素等高耗能产品能耗限额强制性国家标准，以及水源热泵机组、小功率电机、容积式空气压缩机、通风机、工业锅炉等用能产品强制性能效标准。进一步完善并严格执行电石、热轧带肋钢筋等高耗能和易造成环境污染产品的市场准入条件。制订电力企业节能降耗主要指标监管评价标准。

九、强化节能减排监管。加强对各地区节能减排工作的监督检查，督促各项节能减排优惠政策的落实，坚决制止和纠正擅自出台对高耗能行业实行优惠电价、违规乱上高耗能和高排放项目等行为。加强节能减排执法检查，严肃查处严重浪费能源资源、严重破坏环境、违反能源利用状况报告制度、私自排污等问题。开展能效标识、能源计量器具配备、能源计量数据及使用、高耗能特种设备等专项检查。深入开展环保执法专项行动，重点做好电力、钢铁、建材、造纸等12个高耗能、高排放行业排放总量控制和排污许可制度执行情况的监督检查。加强职工节能减排义务监督员队伍建设，强化对义务监督员的培训。发布电力企业节能减排情况通报。

十、加强监管能力建设。加快节能减排统计、监测和考核体系建设。加强资源环境、循环经济基础研究，建立体现资源节约型、环境友好型社会建设的中国资源环境统计指标体系。抓紧组建国家节能中心，健全省级节能监察机构和节能技术服务中心。结合第二次全国经济普查，组织实施第二、三产业用能单位能耗调查和主要耗能行业重点耗能设备普查。继续推进污染源普查工作，加强环境质量监测、污染源自动监控、信息传输与统计等能力建设。进一步完善城镇污水处理管理信息系统，启动建设全国城镇生活垃圾处理管理信息系统。建设电力行业节能减排监管信息平台。

十一、开展规划编制等重大问题研究。编制节能环保产业发展规划，加快培育新的经济增长点。开展“十二五”节能专项规划前期研究，研究节能重大问题，重点做好节能目标预测。对节能中长期专项规划实施情况进行评估。开展“十二五”污染物排放总量控制计划前期研究，重点对实施总量控制的污染物及排放指标等开展专题研究。做好“十二五”城镇污水、垃圾处理设施建设规划的前期研究，重点是目标、技术路线、政策机制等，特别是对垃圾处理技术路线、污泥无害化处理做专题研究，为制订“十二五”规划纲要做好前期准备。

十二、加大宣传教育工作力度。继续广泛深入开展“节能减排全民行动”，以节油节电和全民节能为重点，深入开展节能减排宣传教育，普及节能环保知识，积极倡导节约型的生产方式、消费模式和生活习惯。做好2009年全国节能宣传周、中国城市无车日、世界水日、中国水周、全国城市节水宣传周、“六·五”环境日的宣传活动。各地区要对节能减排做出突出贡献的单位和个人予以表彰，在全社会进行广泛宣传。开展“汽车节能环保驾驶”活动，大力宣传节能环保驾驶理念。新闻媒体要加大节能减排报道力度，宣传先进经验，曝光反面典型，发挥舆论的引导和监督作用。

发展改革委要加强节能减排综合协调，环境保护部要做好减排协调工作，指导、督促、检查各地区、各部门落实国务院节能减排综合性工作方案和本工作安排的各项工作，及时向国务院报告节能减排进展情况，提出意见和建议。

二十一、工业和信息化部　关于开展创建“国家新型工业化产业示范基地”工作的通知(二〇〇九年七月二十三日)：

各省、自治区、直辖市、计划单列市工业和信息化主管部门：

为全面贯彻落实科学发展观，加速推进中国特色新型工业化进程，加快转变经济发展方式，促进信息化与工业化融合，进一步调整优化产业结构，引导产业集聚发展、集约发展，工业和信息化部决定开展创建“国家新型工业化产业示范基地”(以下简称示范基地)工作。现将《创建国家新型工业化产业示范基地管理办法(试行)》(以下简称《管理办法》)印发你们，请按照《管理办法》的要求和程序，组织好本地区示范基地的创建和申报工作。

附件1.《创建国家新型工业化产业示范基地管理

办法》

附件2.《国家新型工业化产业示范基地申报表》(略)

附件　创建国家新型工业化产业示范基地管理办法(试行)

第一章　总　　则

第一条　为全面贯彻落实科学发展观，加速推进中国特色新型工业化进程，加快转变经济发展方式，促进信息化与工业化融合，进一步调整优化产业结构，引导产业集聚发展、集约发展，特制定本办法。

第二条　国家新型工业化产业示范基地(以下简称示范基地)是指以可持续发展为前提，以产业集聚为主要特征，以工业园区为主要载体，主导产业特色鲜明、水平和规模居全国领先地位，在产业升级、“两化融合”、技术改造、自主创新、军民结合、节能减排、效率效益、安全生产、区域品牌发展和人力资源充分利用等方面走在全国前列的产业集聚区。

第三条　示范基地的范围包括：依法设立的各类开发区、工业园区(集聚区)，及国家规划重点布局的产业发展区域等。

第四条　创建示范基地遵循公平、公正、公开原则，统筹规划，合理配置资源，规范、有序推进。

第五条　工业和信息化部负责创建示范基地的相关管理工作。

各省、自治区、直辖市工业和信息化主管部门负责组织本地区创建示范基地的申报工作，并配合工业和信息化部对示范基地进行指导和管理。

第二章　基本条件

第六条　产业集聚区应有较完善的创建示范基地工作方案和产业发展规划，申报名称须反映区内主导产业特色，符合分类规范。

第七条　示范基地应具备的基本条件：

(一) 符合国家有关法律法规和产业政策的规定，符合国家土地利用总体规划、城市总体规划、主体功能区规划及国家相关产业规划。

(二) 集约程度高，规模效益好。主体园区内工业建筑容积率一般应大于0.6，单位土地平均投资强度3000万元/公顷以上、平均产值(销售收入)3000万元/公顷以上。企业销售收入达200亿元/年以上，年上缴税收2亿元以上，全员劳动生产率居国内同行业前列。骨干企业辐射力强，专业化配套体系完善，主导产业突出，规模和水平居国内同行业前列。

(三) 资源消耗低，环境污染少。切实推进资源节约、清洁生产和循环经济。超额完成国家或省级政府下达的年度节能目标。主体园区单位产值能耗、单位工业增加值用水量和污水集中处理率处于国内同行业先进水平。工业“三废”排放、固体废物综合利用率指标全部达到国家或行业标准。主体园区内规模以上企业全部达到清洁生产企业水平，强制清洁生产审核实施率达到100%。

(四) 创新能力强。产业集聚区内研发投入占销售收入比重原则上不低于2%(国家另有规定的从其规定)。有1家(含)以上主导产业方面的国家级企业技术中心或研发机构，或3家(含)以上主导产业方面的省级企业技术中心或研发机构。有效发明专利拥有量居国内同行业前列。

(五) 技术水平高，产品质量优。主体园区内骨干企业工艺技术和装备先进，企业普遍采用国际质量管理体系认证，产品质量处于国际或国内同行业先进水平，拥有国际国内知名品牌。

(六) 安全有保障。企业安全生产管理体系完善，安全生产责任制健全，达到安全生产国家标准或行业标准，近三年未发生重大安全生产事故。

(七) 信息化水平较高。主体园区信息基础设施比较完备，规模以上企业宽带接入率达到100%，企业在研发设计、生产制造、企业管理、电子商务、物流配送等主要环节信息化应用达到国内同行业先进水平。

(八) 人力资源充分利用。产业集聚区所在地有健全的人才工作领导体制，较完善的人才培养、评价、流动、激励等工作机制，设有职业教育或专业培训机构。认真贯彻执行《劳动合同法》，社会保障体系健全，劳动关系和谐。

(九) 公共服务体系完善。产业集聚区内技术开发、检验检测、金融服务、市场开拓、现代物流、人才培养等公共服务设施齐全，功能完善。

(十) 所在地政府大力支持。产业集聚区所在地各级政府在发展规划、财政政策、政务服务和人才发展等方面进一步加大对产业集聚区的支持力度，产业集聚区政府管理机构或地市(县)政府设立一定规模(每年原则上不低于1000万元)专项资金，用于技术改造及公共服务平台建设。

第三章　工作程序

第八条　创建申请

创建示范基地的申请由所在地政府管理机构或地市级政府向省级工业和信息化主管部门提出，由省级工业和信息化主管部门审查后上报工业和信息化部。

第九条　申报材料

(一) 申报材料包括：

1. 申报单位所在省、自治区、直辖市工业和信息化主管部门的上报文件；

2.《国家新型工业化产业示范基地申报表》；

3. 创建示范基地的工作方案；

4. 示范基地产业发展规划及省级工业和信息化主管部门组织的专家论证意见（原件）；

5. 能够证明申报单位所在地政府落实示范基地专项资金的有关文件。

（二）申报材料中的有关数据以各级统计机构和职能部门公开数据为准。

（三）上述申报材料要求提供原件三份及电子版（《国家新型工业化产业示范基地申报表》可在工业和信息化部门户网站 www.miit.gov.cn 下载）。

第十条　审核

工业和信息化部组织对申报材料进行评估和必要的实地考察，提出审核意见，并在工业和信息化部门户网站公示十五个工作日。

第十一条　批复及授牌

工业和信息化部对符合条件的产业集聚区进行批复，并授予"国家新型工业化产业示范基地（示范内容·所在地）"称号。工业和信息化部每半年集中批复和授牌一次。

二十二、财政部　国家发展改革委　工业和信息化部　海关总署　国家税务总局　国家能源局　财关税［2009］55 号发布关于调整重大技术装备进口税收政策的通知（二〇〇九年八月二十日）：

各省、自治区、直辖市、计划单列市财政厅（局）、发展改革委、工业和信息化主管部门、国家税务局，新疆生产建设兵团财务局、发展改革委，海关总署广东分署、各直属海关，财政部驻各省、自治区、直辖市、计划单列市财政监察专员办事处：

为提高我国企业的核心竞争力及自主创新能力，推动产业结构调整和升级，促进国民经济可持续发展，贯彻落实国务院关于装备制造业振兴规划和加快振兴装备制造业有关调整进口税收优惠政策的决定，现将有关事项通知如下：

一、自 2009 年 7 月 1 日起，对国内企业为生产国家支持发展的重大技术装备和产品而确有必要进口的关键零部件及原材料，免征进口关税和进口环节增值税。同时，取消相应整机和成套设备的进口免税政策。对国产装备尚不能完全满足需求，仍需进口的，作为过渡措施，经严格审核，以逐步降低优惠幅度、缩小免税范围的方式，在一定期限内继续给予进口优惠政策。具体规定见附件 1。

二、自 2009 年 7 月 1 日起，对国内企业为开发、制造重大技术装备而进口部分关键零部件及原材料所缴纳关税和进口环节增值税实行先征后退的政策停止执行。附件 2 所列文件同时废止。

三、企业于 2008 年 1 月 1 日至 2009 年 6 月 30 日进口的重大技术装备关键零部件及原材料，申请继续享受有关先征后退进口税收政策的，应当按照《财政部国家发展改革委海关总署国家税务总局关于落实国务院加快振兴装备制造业的若干意见有关进口税收政策的通知》（财关税［2007］11 号）及有关专项进口税收政策的规定，最迟应于 2009 年 9 月 30 日前提交申请文件，逾期不予受理。省级财政部门应在 2009 年 10 月 30 日前将申请文件汇总报财政部。符合条件的企业应在获得退税确认书之日起半年内按照财关税［2007］11 号文件规定的相关程序向进口地海关申请办理退税手续，逾期不予受理。

企业申请享受 2009 年 7 月 1 日至 2009 年 12 月 31 日进口重大技术装备和产品关键零部件及原材料有关进口免税政策的，最迟应于 2009 年 10 月 1 日前提交申请文件，具体申请条件和程序比照本通知附件 1 所列暂行规定执行，逾期不予受理。省级工业和信息化主管部门应在接到企业申请后的 15 个工作日内会同企业所在地直属海关、财政部驻当地财政监察专员办事处完成初审并将申请文件及初审意见汇总上报工业和信息化部，同时抄报财政部、海关总署、国家税务总局（能源装备制造企业的申请文件及初审意见应同时抄报国家能源局）。城市轨道交通项目业主和核电项目业主分别向国家发展改革委和国家能源局提交申请文件，同时抄报财政部、海关总署、国家税务总局。符合条件的企业自 2009 年 7 月 1 日起享受 2009 年度的进口免税政策。

附件：1. 重大技术装备进口税收政策暂行规定（略）2. 废止文件目录（略）

二十三、国家质量监督检验检疫总局令　第 119 号　进口可用作原料的固体废物检验检疫监督管理办法（二〇〇九年八月二十一日）：

《进口可用作原料的固体废物检验检疫监督管理办法》已经 2009 年 5 月 26 日国家质量监督检验检疫总局局务会议审议通过，现予公布，自 2009 年 11 月 1 日起施行。

进口可用作原料的固体废物检验检疫监督管理办法

第一章　总　　则

第一条　为加强进口可用作原料的固体废物检验检疫监督管理，保护环境，根据《中华人民共和国进出口商品检验法》及其实施条例、《中华人民共和国国境卫生检疫法》及其实施细则、《中华人民共和国进出境动植物检疫法》及其实施条例、《中华人民共和国固体废物污染环境防治法》等有关法律法规定，制定本办法。

第二条 本办法适用于进口可用作原料的固体废物(以下简称废物原料)的检验检疫和监督管理。

第三条 国家质量监督检验检疫总局(以下简称国家质检总局)主管全国进口废物原料的检验检疫和监督管理工作。

国家质检总局设在各地的出入境检验检疫机构(以下简称检验检疫机构)负责所辖区域进口废物原料的检验检疫和监督管理。

第四条 国家对进口废物原料的国外供货商、国内收货人实行注册登记制度。国外供货商、国内收货人在签订对外贸易合同前，应当取得注册登记。

第五条 国家对进口废物原料实行装运前检验制度。进口废物原料报检时，收货人应当提供检验检疫机构或者经国家质检总局指定的检验机构出具的装运前检验证书。

进口废物原料到货后，由检验检疫机构依法实施检验检疫。

第六条 国家质检总局对进口废物原料实行检验检疫风险分析和预警通报制度。

第二章 国外供货商注册登记

第七条 国家质检总局负责国外供货商注册登记申请的受理、评审和批准工作。

第八条 国外供货商申请注册登记应当符合下列条件：

(一) 具有所在国家(地区)合法的经营资质；

(二) 具有固定的办公场所；

(三) 熟悉并遵守中国检验检疫、环境保护的法律法规和规章；

(四) 获得 ISO 9001 质量管理体系、RIOS 体系等认证；

(五) 企业应当保证其产品符合与其申请注册登记废物原料种类相适应的中国有关安全、卫生和环境保护的国家技术规范的强制性要求；

(六) 具有相对稳定的供货来源，并对供货来源有环保质量控制措施；

(七) 近 3 年内未发生过重大的安全、卫生、环保质量问题；

(八) 具有在互联网申请注册登记及申报装运前检验的能力，具备放射性检测设备及其他相应的基础设施和检验能力。

第九条 国外供货商申请注册登记应当提供以下材料：

(一) 注册登记申请书；

(二) 经公证的税务登记文件，有商业登记文件的还需提供经公证的商业登记文件；

(三) 组织机构、部门和岗位职责的说明；

(四) 标明尺寸的固定办公场所平面图，有加工场地的，提供加工场地平面图，能全面展现上述场地实景的视频文件或者 3 张以上照片；

(五) ISO 9001 质量管理体系或者 RIOS 体系等认证证书彩色复印件及相关作业指导文件。

提交的文字材料，须用中文或者中英文对照文本。

第十条 国家质检总局对国外供货商提出的注册登记申请，应当根据下列情况分别作出处理：

(一) 申请材料不齐全或者不符合法定形式的，应当当场或者在 5 日内一次告知申请人需要补正的全部内容，逾期不告知的，自收到申请材料之日起即为受理；

(二) 申请材料齐全、符合法定形式，或者申请人按照国家质检总局的要求提交全部补正申请材料的，应当受理。

第十一条 国家质检总局应当自受理国外供货商注册登记申请之日起 10 日内组成专家评审组，实施书面评审。专家评审所需时间不计算在内，但应当书面告知申请人。

评审组应当在评审工作结束后作出评审结论，向国家质检总局提交评审报告。

第十二条 国家质检总局自收到评审报告之日起 10 日内作出是否准予注册登记的决定。

国家质检总局对评审合格的申请人，准予注册登记并颁发注册登记证书；对评审不合格的，不予注册登记，并书面说明理由，告知申请人享有依法申请行政复议或者提起行政诉讼的权利。

进口废物原料国外供货商注册登记证书有效期为 3 年。

第十三条 国外供货商注册登记内容发生变化的，应当自变化之日起 30 日内向国家质检总局提出变更申请，并提交相应材料：

(一) 名称或者法定代表人发生变化的，提交本办法第九条第一、二项规定的材料；

(二) 地址发生变化的，提交本办法第九条第一、二、四项规定的材料。

国外供货商要求新增注册废物原料种类的，应当向国家质检总局提交与新增种类有关的本办法第九条第一、五项规定的材料。

第十四条 国家质检总局应当自收到国外供货商变更注册登记申请之日起 20 日内，作出是否准予变更注册登记的决定。

第十五条 国外供货商的名称和法定代表人均发生变化的，应当重新向国家质检总局提出注册登记申请。

第十六条 国外供货商需要延续注册登记有效期的，应当在注册登记证书有效期届满90日前向国家质检总局提出延续申请，并提交本办法第九条第一、二、四项规定的材料以及证书有效期内供货情况的报告。

第十七条 国家质检总局应当自收到延续注册登记申请之日起90日内，作出是否准予延续注册登记的决定。

第三章 国内收货人注册登记

第十八条 直属检验检疫局负责所辖区域国内收货人注册登记申请的受理、评审和批准工作。

第十九条 国内收货人申请注册登记应当符合下列条件：

（一）具有合法的进出口贸易经营资质；

（二）具有固定的办公场所；

（三）熟悉并遵守中国检验检疫、环境保护技术规范的强制性要求和相关环境保护控制标准；

（四）建立并运行质量管理制度；

（五）具有相对稳定的供货来源和国内利用单位。

第二十条 国内收货人申请注册登记应当提供以下材料：

（一）注册登记申请书；

（二）工商营业执照及其复印件；

（三）组织机构代码证书及其复印件；

（四）《对外贸易经营者备案注册登记证》等进出口资质许可文件及其复印件；

（五）质量管理体系文件；

（六）代理国内利用单位进口的，应当提供代理进口文件、国内利用单位组织机构代码证书（复印件）和《进口可用作原料的固体废物利用单位备案表》。

第二十一条 直属检验检疫局对国内收货人提出的注册登记申请，应当根据下列情况分别作出处理：

（一）申请材料不齐全或者不符合法定形式的，应当当场或者在5日内一次告知申请人需要补正的全部内容，逾期不告知的，自收到申请材料之日起即为受理；

（二）申请材料齐全、符合法定形式，或者申请人按照直属检验检疫局的要求提交全部补正申请材料的，应当受理。

第二十二条 直属检验检疫局应当自受理国内收货人注册登记申请之日起10日内组成专家评审组，实施书面评审和现场评审。专家评审所需时间不计算在内，但应当书面告知申请人。

对书面评审合格的申请人，评审组应当按照《进口可用作原料的固体废物国内收货人注册登记现场评审记录表》的要求进行现场评审。评审组应当制定现场评审计划，并在审核实施日期前15日通知申请人。

评审组应当在评审工作结束后作出评审结论，向直属检验检疫局提交评审报告。

第二十三条 直属检验检疫局自收到评审报告之日起10日内作出是否准予注册登记的决定。

直属检验检疫局对评审合格的申请人，准予注册登记并颁发注册登记证书；对书面评审不合格、现场评审不合格或者新发现存在违反我国法律法规情况的，不予注册登记，并书面说明理由，告知申请人享有依法申请行政复议或者提起行政诉讼的权利。

进口废物原料国内收货人注册登记证书有效期为3年。

第二十四条 国内收货人注册登记内容发生变化的，应当自变化之日起30日内向直属检验检疫局提出变更申请，并提交相应材料：

（一）地址或者法定代表人发生变化的，提交本办法第二十条第一、二项规定的材料；

（二）所代理国内利用单位发生变化的，提交本办法第二十条第一、六项规定的材料。

第二十五条 直属检验检疫局应当自收到国内收货人变更注册登记申请之日起20日内，作出是否准予变更注册登记决定。

第二十六条 国内收货人的名称发生变化的，应当重新向直属检验检疫局提出注册登记申请。

第二十七条 国内收货人需要延续注册登记有效期的，应当在注册登记证书有效期届满60日前向直属检验检疫局提出延续申请，并提交本办法第二十条第一、二、三、四项规定的材料以及企业生产经营情况报告，报告应当包括以下内容：

（一）企业名称、办公及生产地址等变化情况；

（二）企业生产状况及产品变化情况；

（三）证书有效期内进口废物原料的情况，收货人自行加工利用的，还应当提供加工利用废物原料的情况。

第二十八条 直属检验检疫局应当自收到延续注册登记申请之日起60日内，作出是否准予延续注册登记决定。

第四章 装运前检验

第二十九条 废物原料进境前，国外供货商应当向检验检疫机构或者国家质检总局指定的装运前检验机构(以下简称装运前检验机构)申请装运前检验。

第三十条 装运前检验机构应当具备与装运前检验业务相适应的检测设备和专业技术人员。

第三十一条 装运前检验机构应当在国家质检总局规定的检验业务范围和区域内按照中国环境保护控制标准和装运前检验规程实施装运前检验。

第三十二条 装运前检验机构对其检验合格的废物原料签发电子检验证书;检验不合格的,签发《装运前检验不合格情况通知单》。

第三十三条 进口废物原料经检验检疫机构在口岸查验发现货证不符或者环保项目不合格的,装运前检验机构应当向国家质检总局报告装运前检验情况,并提供记录检验情况的图像和书面资料。

第三十四条 国家质检总局对装运前检验机构依据相关规定实施监督管理。

第五章 到货检验检疫

第三十五条 进口废物原料运抵口岸时,国内收货人或者其代理人应当向入境口岸检验检疫机构报检,接受检验检疫。

报检时应当提供《进口可用作原料的固体废物国外供货商注册登记证书》(复印件)、《进口可用作原料的固体废物国内收货人注册登记证书》(复印件)、《装运前检验证书》、废物原料进口许可证(检验检疫联)以及合同、发票、装箱单、提/运单等必要的纸质或者电子单证。

第三十六条 检验检疫机构应当依照国家环境保护控制标准及检验检疫规程在入境口岸对进口废物原料实施卫生检疫、动植物检疫、环保项目检验等项目的检验检疫。

对进口废纸,国家质检总局可以根据便利对外贸易和检验工作的需要,指定在其他地点检验。

第三十七条 检验检疫机构实施进口废物原料检验检疫工作的查验场所应当具备以下条件:

(一) 具有足够的专用查验场地或者库房,配备开箱、掏箱和落地检验必需的机械设备;

(二) 具备实施电子监管、视频监控的设施,并具备现场检验检疫工作所需办公条件;

(三) 配置手持式放射检测仪,进口废金属、废五金、冶炼渣的监管场地还应当配备或者装备通道式放射性检测设备;

(四) 配置可应对突发事件的必要设施(现场防护、消洗、排污和抢险救援器材物资及个人防护用品)及通讯、交通设备;

(五) 其他检验检疫工作所需的通用现场设施。

第三十八条 检验检疫机构对经检验检疫合格的进口废物原料,出具《入境货物通关单》,并在备注项注明"上述货物经初步检验,未发现不符合环境保护要求的物质";对经检验检疫不合格的,出具《检验检疫处理通知单》和《检验检疫证书》。

第六章 监督管理

第三十九条 国外供货商和国内收货人应当保证符合注册登记的要求,依照注册登记范围开展供货、进口等活动。

国内收货人不自行开展加工利用的,应当将进口废物原料交付符合环保部门规定的利用单位。

第四十条 国家质检总局或者直属检验检疫局可以对国外供货商、国内收货人实施现场检查、验证、追踪货物环保质量状况等形式的监督管理。

第四十一条 国家质检总局根据国外供货商所供货物质量状况,动态评价其诚信水平,对其实施分类管理。

第四十二条 国家质检总局对进口废物原料实施A、B、C三类预警管理:

(一) 对必须撤销国外供货商和国内收货人的注册登记,或者源自特定国家/地区、特定类别废物原料进口的,国家质检总局发布A类预警,检验检疫机构不再受理其相关报检申请。

(二) 对国外供货商提供、国内收货人进口或者源自特定国家/地区、特定类别的进口废物原料采取加严检验措施的,国家质检总局发布B类预警,检验检疫机构对相关废物原料实施全数检验;对国内收货人进口的废物原料采取加严检验措施的,也可以由直属检验检疫局发布B类预警,其辖区内检验检疫机构对相关废物原料实施全数检验。

(三) 对环保项目不合格或者需采取其他风险控制措施的废物原料,国家质检总局或者检验检疫机构发布C类预警,口岸检验检疫机构应当在预警有效期内密切关注预警货物及其承载工具的动向,对触发C类预警的相关废物原料实施全数检验。

第四十三条 国外供货商发生下列情形之一触发B类预警的,检验检疫机构对其输出的废物原料实施为期90日的全数检验:

(一) 一年内货证不符或者环保项目不合格累计3批以上(含3批)的;

(二) 检疫不合格并具有较大疫情风险的;

(三) 依据本办法第四十七条的规定被撤销后重新获得注册登记的;

(四) 现场检查发现质量控制体系存在缺陷的。

第四十四条 国内收货人发生下列情形之一触发B类预警的,检验检疫机构对其进口的废物原料实施为期90日的全数检验:

（一）进口的废物原料存在严重货证不符、申报不实，经查确属国内收货人责任的；

（二）国内收货人的登记内容发生变更，未在规定期限内向直属检验检疫局办理变更手续的；

（三）一年内首次发生进口废物原料环保项目检验不合格，经查确属国内收货人责任的；

（四）现场检查发现质量控制体系存在缺陷的；

（五）根据本办法第四十八条的规定撤销后重新取得注册登记的。

第四十五条 国内收货人因下列情形之一触发B类预警的，检验检疫机构对其进口的废物原料实施为期180日的全数检验：

（一）一年内货证不符或者环保项目不合格累计2批以上(含2批)，经查确属国内收货人责任的；

（二）在90日加严检验期内再次发生本办法第四十四条所列情况之一的。

第七章 法律责任

第四十六条 进口废物原料的国外供货商、国内收货人未取得注册登记，或者进口废物原料未进行装运前检验的，按照国家有关规定责令退货；情节严重的，由检验检疫机构按照《中华人民共和国进出口商品检验法实施条例》第五十三条的规定并处10万元以上100万元以下罚款。

第四十七条 国外供货商发生下列情形之一的，由国家质检总局按照《中华人民共和国进出口商品检验法实施条例》第五十三条的规定撤销其注册登记：

（一）提供虚假入境证明文件的；

（二）将注册登记证书或者注册登记编号转让其他企业使用的；

（三）输出废物原料时存在弄虚作假等欺诈行为的；

（四）输出废物原料环保项目严重不合格或者存在严重疫情风险的；

（五）B类预警期间，再次发生本办法第四十三条情形之一的；

（六）不配合退运的；

（七）对已退运的不合格废物原料再次运抵中国大陆地区的；

（八）不接受监督管理的。

第四十八条 国内收货人发生下列情形之一的，由直属检验检疫局按照《中华人民共和国进出口商品检验法实施条例》第五十三条的规定撤销其注册登记：

（一）伪造、变造、买卖或者使用伪造、变造的有关证件的；

（二）将注册登记证书或者注册登记编号转让其他企业使用的；

（三）未按要求将进口废物原料交付相应的加工利用单位的；

（四）B类预警期间，再次发生本办法第四十五条情形之一的；

（五）未按照检验检疫机构的要求实施退运的；

（六）不接受监督管理的。

第四十九条 进口废物原料的国内收货人弄虚作假的，由检验检疫机构按照《国务院关于加强食品等产品安全监督管理的特别规定》第八条的规定处货值金额3倍的罚款；构成犯罪的，依法追究刑事责任。进口废物原料的报检人、代理人弄虚作假的，取消报检资格，并处货值金额等值的罚款。

第五十条 进口废物原料检验检疫工作人员玩忽职守、徇私舞弊或者滥用职权，依法给予行政处分；构成犯罪的，依法追究其刑事责任。

第八章 附 则

第五十一条 对从境外进入保税区、出口加工区等海关特殊监管区域的进口废物原料的管理，按照本办法执行。

前款规定的区域在生产加工过程中产生的废品、残次品、边角料以及受灾货物属于废物原料需出区进入国内的，免于实施检验检疫，依据有关规定签发《入境货物通关单》。

第五十二条 检验检疫机构依据规定对进口废船舶和外籍船舶、航空器及器材在境内维修产生的废物原料，实施检验检疫，国内收货人或其代理人免于提交《国外供货商注册登记证书》和《装运前检验证书》。

第五十三条 本办法中所称证书的电子和纸质证书具有同等效力。

第五十四条 除第十三条、第十六条、第十七条、第二十四条、第二十七条、第二十八条、第四十三条、第四十四条、第四十五条外，本办法中所称“日”均为工作日。

第五十五条 中国香港、澳门和中国台湾地区的废物原料供货商注册登记依照本办法执行。

第五十六条 进口废物原料的国外供货商、国内收货人向国家质检总局或者直属检验检疫局提交的所有文件均以中文文本为准。

第五十七条 从事进口废物原料现场检验检疫工作的人员应当取得国家质检总局规定的上岗资格。

从事注册登记评审的人员应当取得国家质检总局规定的相应资质。国家质检总局根据业务需要和现场评审工作的实际需求，可以聘请相关专业人员辅助现场评审工作。

第五十八条 本办法由国家质检总局负责解释。

第五十九条 本办法自2009年11月1日起施行。此前规定与本办法不一致的，以本办法为准。

二十四、知识产权局 国知发管字[2009]173号

关于印发《关于促进企业运用知识产权应对金融危机的若干意见》的通知(二〇〇九年八月二十七日)

各省、自治区、直辖市、计划单列市、新疆生产建设兵团、副省级城市知识产权局，有关企事业单位：

为贯彻落实党中央、国务院关于“保增长、扩内需、调结构、上水平”的战略部署，充分发挥知识产权在应对金融危机中的重要作用，我局制定了《关于促进企业运用知识产权应对金融危机的若干意见》，现印发给你们，请认真贯彻执行。

特此通知。

关于促进企业运用知识产权应对金融危机的若干意见

为贯彻落实党中央、国务院“保增长、扩内需、调结构、上水平”的战略部署，充分发挥知识产权在抵御金融危机、促进经济发展中的重要作用，引导帮助企业运用知识产权提升核心竞争力，经研究，提出以下意见：

一、深刻认识知识产权对于企业在金融危机中提高抗风险能力、保持竞争优势的重要意义，把促进企业运用知识产权应对金融危机作为一项重要工作来抓

知识产权作为自主创新能力和水平的集中体现，是企业提高竞争力的核心要素，是企业化危为机、实现可持续发展的重要战略资源。金融危机以来，全国企业经营状况表明，具有自主知识产权优势的企业在金融危机中表现出良好的抗风险能力和强劲的发展势头。

各省区市知识产权局要把促进企业运用知识产权应对金融危机纳入重要工作议程，紧密配合当地政府完善政策支撑体系，增强政策驱动效果，立足当前，危中寻机，把培育与运用自主知识产权作为保增长、调结构的主攻方向。受金融危机影响较大地方的知识产权局应建立专门工作机制，把握金融危机为企业自主创新提供的机遇和发展空间，着力帮助企业转变发展方式，通过自主创新培育新的经济增长点，促进经济复苏。

二、全面掌握金融危机及经济复苏时期辖区内企业的知识产权工作状况，建立信息及时上报机制

要加强对企业经营状况，尤其是知识产权工作有关情况的监测与分析，帮助企业梳理其知识产权工作状况，及时向当地政府汇报企业知识产权工作进展，为科学制定、及时调整相关政策措施提供实时决策依据。对于金融危机中企业知识产权工作正反两方面的重大典型，要及时报送当地政府及国家知识产权局。

三、加大企业知识产权工作力度，制定专门帮扶措施，争取设立专项帮扶资金

要积极争取各级政府出台有针对性的帮扶措施，加大对技术创新和企业知识产权工作的支持力度。充分把握国家和地方政府实施积极财政政策的有利时机，协调当地财政等有关部门，在企业知识产权工作各环节设立一定的专项资金，实施企业知识产权资助政策。

四、把知识产权考核评价指标引入地方重点产业调整、应对金融危机振兴规划以及其他重大项目计划中

建立重大项目的知识产权审议机制，加强与发展改革、科技管理、经济贸易等相关部门的协调，在当地重点产业调整和振兴规划中引入知识产权考核评价指标，防止政府投资项目的知识产权流失，防范重大项目实施过程中的知识产权风险。

五、进一步加强企业知识产权试点示范工作，大力支持试点示范企业运用知识产权应对金融危机

要加大对企业知识产权试点示范工作的投入力度，结合当地实际，以及试点示范企业受到金融危机影响的具体情况，认真研究企业面临的困难和存在的问题，有针对性地制定具体对策和实施办法，加大指导、扶持力度，推动试点示范企业建立科学化、专业化、精细化的知识产权工作体系，促进试点示范企业平稳应对金融危机，实现稳步发展。

六、对重点企业进行扶持，建立龙头企业知识产权工作重点联系跟踪机制

要配合国家十大产业振兴计划的实施，选择一批对经济复苏具有较大拉动和示范作用的重点企业，提供重点扶持、服务、引导，帮助其解决知识产权问题，提高核心竞争力。高度重视具有产业带动能力的龙头企业的知识产权工作，支持符合产业发展方向、具有相关配套条件的企业实施自主知识产权的产业化，促进产业链的延伸，保证龙头企业在金融危机中对整个行业发展和社会稳定的良性带动作用，避免对产业链上中下游企业产生多重“传导效应”。

七、积极引导企业充分利用自主知识产权、自主品牌的优势抑制产品出口下滑，促进企业外需市场的稳定

引导、支持企业积极向国外申请专利，积极应对涉外知识产权纠纷。鼓励有条件、有客观需求的

企业充分把握金融危机大幅降低海外并购门槛和成本的契机，采取多种方式以较低成本积极获取核心知识产权。支持、鼓励具有自主知识产权技术和自主品牌的产品出口，促进外贸发展方式转变。

八、加强中小企业知识产权工作，制定针对产业集群发展的知识产权战略规划，促进形成具有自主知识产权优势的重点产业集群

贯彻落实国家12部委《关于支持中小企业技术创新若干政策》，进一步加强中小企业知识产权培训与宣传工作，引导创新要素和知识产权服务资源向中小企业聚集。建立适合创业板拟上市企业特点的知识产权服务机制，加快创业企业的上市进程，推荐拥有自主知识产权的企业优先上市。依靠产业集群内企业协同创新、技术传播迅速等特点，发挥知识产权对于产业集群的黏结、催化作用，促进自主知识产权在产业集群内中小企业中的加快实施，促进产业集群的产业升级、技术改造和节能减排，促进知识产权产业化、商业化和规模化，带动产业集群内企业结构调整和发展方式转变。

九、引导帮助企业通过知识产权进行质押贷款，积极帮助企业解决金融危机中资金紧张、融资困难的难题

认真总结企业运用知识产权实现质押贷款的成功经验，积极协调银行等有关金融机构共同制定金融危机中专利质押贷款的具体措施，在控制风险的前提下争取加大知识产权质押贷款的发放力度。鼓励面临融资难困境的有自主知识产权的企业积极向银行申请知识产权质押贷款，并及时为企业提供办理此项业务的专门指导，从而解决企业发展中流动资金不足的问题。积极向金融机构推荐中小企业自主知识产权项目，促进银企合作，帮助中小企业抓住金融危机加快产业洗牌、重组的重大机遇，依靠知识产权推动市场创新、转变发展方式。

十、进一步促进企业有效运用专利信息，形成金融危机中企业知识产权预警、保护的有效机制

引导企业根据自身实际，特别是金融危机背景下的运营需求，建立企业知识产权信息数据库。鼓励和引导企业建立企业间知识产权战略联盟，开展金融危机下产业、行业内知识产权共性问题研究，制定、实施应对措施。支持企业积极参与国际标准的研究制定，参加国外展会，提前做好境外展会知识产权纠纷预防和应对措施。要引导、促进一批专业化服务能力强、服务业绩突出、受企业欢迎的知识产权示范性服务机构加快发展，形成帮助企业应对金融危机的知识产权预警、法律援助服务机制。

十一、落实中央调结构的决策部署，积极促进建立以专利为纽带的产学研合作有效机制，为企业转型和产业结构调整提供服务

结合当地实际，突出本地特色，积极引导帮助企业、高等院校和科研院所搭建交流和沟通平台，开展对产业关键共性专利技术的研究，解决企业技术与知识产权瓶颈。引导建立产学研合作体内公平、合理、有效的知识产权分享机制，依靠知识产权维持和巩固产学研合作各方战略伙伴关系，促进产学研合作中知识产权更有效的实施和转化，通过有效运用知识产权推动产学研合作良性运转，并向更高层次发展。

十二、充分依托全国专利展示交易平台计划，利用国家专利技术展示交易中心、中国专利周的平台机制，在金融危机中为企业提供有效服务

辖区内已设立国家专利技术展示交易中心的省区市知识产权局要充分借助中心的平台优势和中国专利周的大集市效应与推动促进作用，针对受到金融危机影响的企业积极开展公益性服务，助力企业专利的孵化与转化，加速实现知识产权优势项目与资本市场的对接，促进企业优秀专利技术的实施和产业化，为企业之间合作交流、化解危机风险提供技术和项目上的支持。

十三、充分利用专利工作交流站互动、对接、多赢的平台作用，为企业应对金融危机提供服务和支持

要在国家知识产权局的指导、支持下，充分利用企业专利工作交流站机制，结合应对金融危机的形势要求，组织相关企业、专利工作交流站深入开展企业专利工作交流活动。要按照国家知识产权局的统一部署，具体组织相关专利审查员、专利代理人、知识产权法律工作者、企业资深知识产权管理专家、专利信息分析专家等专业人士深入企业，开展交流服务，为企业提供有效的知识产权专业指导。结合当地重点产业或重大项目，择取具有自主知识产权或具有发展潜力的企业，或者未达到高新技术企业标准的企业，建立知识产权绿色服务通道或知识产权特派员制度，在专利信息检索、专利申请辅导、专利技术分析与评估等方面提供有针对性的“一对一”咨询和辅导服务。

十四、进一步加大经济复苏阶段知识产权人才培养力度，壮大企业知识产权人才队伍

要把企业知识产权人才队伍建设作为一项重要工作来抓，扩展企业知识产权培训的深度和广度，提升培训内容对企业实际工作的指导效果。通过“走出去”、“请进来”等方式为企业培养或引进一批具有知识产权国际视野、熟悉国内外知识产权制度和诉

讼规则的高端专业人才，重点培养或引进一批熟悉企业知识产权实务、具有专业技术背景或掌握金融信贷知识的“复合型”管理人员，打造一支能满足企业知识产权管理体系运转和知识产权战略实施需要的人才队伍。

十五、不断组织总结、推广企业典型经验，树立企业运用知识产权应对金融危机的优秀典型，加强宣传，引导企业更好地依靠和运用自主知识产权赢得市场

要组织深入分析总结试点示范企业在应对金融危机过程中积累的知识产权工作经验，并在各行业领域和区域范围内广泛推广。挖掘一批有效运用自主知识产权应对金融危机的优秀企业典型，通过各类新闻媒体全面宣传推广其成功经验，积极营造企业依靠和运用知识产权应对金融危机、实现创新发展的舆论导向，增强企业发展信心。

十六、各省市知识产权局可根据本意见的精神，结合本地实际，制定并实施更具针对性的促进企业运用知识产权应对金融危机、推动经济发展的具体办法和措施。

二十五、工业和信息化部　工信部运行[2009]446号　关于印发加强工业应急管理工作指导意见的通知(二〇〇九年九月四日)：

国家国防科技工业局、国家烟草专卖局，各省、自治区、直辖市工业和信息化主管部门，部属各高校：

应急管理是新时期工业行业管理的重要内容。为贯彻落实《中华人民共和国突发事件应对法》和《国务院关于全面加强应急管理工作的意见》，做好工业应急管理工作，我们会同有关部门研究制定了《关于加强工业应急管理工作的指导意见》。现印发给你们，请参照执行。

关于加强工业应急管理工作的指导意见

为贯彻落实《中华人民共和国突发事件应对法》和《国务院关于全面加强应急管理工作的意见》，做好工业应急管理工作，制定本指导意见。

工业应急管理是指工业行业保障应对突发事件进行工业产品准备、生产和供给，以及对工业突发事件进行预防、处置和恢复等工作，是工业行业管理的重要内容。

一、指导思想和工作目标

(一) 指导思想：以邓小平理论和“三个代表”重要思想为指导，深入贯彻落实科学发展观，围绕走中国特色新型工业化道路和保障国家应对突发事件，坚持预防为主、协调配合，以完善工业应急预案为基础，以提高工业产品应急保障能力为重点，全面加强工业应急管理工作，最大程度减少、控制或消除工业突发事件及其造成的损失，促进工业经济平稳较快发展。

(二) 工作目标：到2015年，工业应急管理政策法规得到进一步完善，覆盖重点工业领域和企业的应急预案体系基本建成，工业产品应急保障能力显著增强，防范和应对工业突发事件的水平明显提高，应急产业规模不断壮大，工业应急管理与国防动员衔接更加紧密，形成政府主导、部门配合、区域合作、企业参与的工业应急管理工作格局。

二、加强工业应急体系建设

(三) 健全工业应急管理工作体系。工业和信息化部负责全国工业应急管理工作，按规定承担国家相关突发事件的处置工作。国家国防科技工业局和国家烟草专卖局分别负责军工和烟草行业应急管理工作，按职责分工处置相关突发事件。地方工业和信息化主管部门负责本地区工业应急管理工作，推进区域应急联动机制建设。工业企业负责应急工业产品生产，履行应急社会责任。各级工业和信息化主管部门要加强与同级自然灾害、公共卫生等应急管理部门以及有关国防动员管理机构的联系，充分发挥工业行业协会在应急管理中的作用。

(四) 健全工业应急管理法律体系。贯彻国家关于应急管理的法律法规，研究和起草应急预案编制和管理、工业产品应急保障、工业产品应急征用等方面的法规和规章，逐步完善工业应急管理法律体系。地方工业和信息化主管部门根据有关法律法规，结合实际不断健全地方工业应急管理法规和规章。

(五) 健全工业应急预案体系。编制工业突发公共事件应急预案和工业产品保障应急预案，完善相关应急预案，不断健全覆盖重点领域和企业的工业应急预案体系，加强预案间的衔接。加大对地方和企业预案编制工作的指导，加强预案动态管理，建立预案备案制度，不定期开展跨地区、跨行业、跨单位的预案演练，及时修订相关预案，不断增强预案的针对性和可操作性。

(六) 健全工业应急防范体系。要加大工业行业自身存在的风险隐患，如生产原材料等监测力度，及时发现并发出预警信息，采取有效防范手段，避免引发工业突发事件。要做好工业行业防范由自然灾害、事故灾难、公共卫生事件和社会安全事件等外部因素带来的风险隐患，特别要加大对重要工业设施设备，处于洪涝、地震、泥石流等高风险环境的生产厂房，民爆产品生产和有关尾矿库等重点对象的普查力度，深入开展隐患排查治理和风险辩识、评估及控制。加强部门间和企业间的协调配合，健

全管理制度，制定防范措施，消除风险隐患。加快建立工业行业风险隐患普查、控制、治理的长效机制。

（七）健全工业应急管理培训体系。积极推进工业应急管理培训机构、培训师资队伍、培训课程与教材等基础建设。加大工业应急管理专业人才培训力度，积极开展工业企业高级管理人员应急管理能力培训，加强工业企业重点岗位员工应急知识和技能培训。鼓励和引导部属高校结合实际将工业应急管理纳入相关专业教学内容。鼓励工业行业协会发挥优势积极开展工业应急管理培训。

三、增强工业产品应急保障能力

（八）实施工业产品应急保障能力建设规划。工业产品应急保障是应对突发事件保障工作的重要内容。依据国家突发公共事件应急体系建设规划，结合应对相关突发事件应急工业产品需求，编制并实施工业产品应急保障能力建设规划，统筹推进工业产品应急准备、生产和供给能力建设。地方工业和信息化主管部门要结合实际将本地区的工业产品应急保障能力建设纳入地方工业发展规划，有条件的地方可编制本地区的工业产品应急保障能力规划。

（九）开展应急工业产品动态储备。动态储备是指生产能力储备和社会储备。对处置突发事件过程中峰值需求大、正常储备难度高的应急工业产品，各级工业和信息化主管部门要根据需求，引导相关企业利用现有生产条件开展能力储备。对处置突发事件需要的经常性工业产品，各级工业和信息化主管部门要根据需求，支持有能力的企业和社会组织开展工业产品储备。

（十）推进应急工业产品信息共享。开展应急工业产品情况调查，建立基础数据库。加强部门间、地区间和单位间的应急工业产品的信息共享机制建设。鼓励通过举办应急工业产品展示交易活动、建立定期通报制度等形式促进信息交流和共享。

（十一）加快发展应急产业。应急产业是新兴产业。要以救援与运输装备、应急能源与动力装置、应急通信与信息设备、医药与防护用品、反恐装备与安防系统等为重点，编制当前鼓励和支持发展应急产品目录。加快制定应急工业产品相关标准。鼓励企业对现有产品开展适应性改进，满足应急需要。实施应急工业产品应用示范工程，促进应急工业产品推广。加快应急创新成果产业化，推动形成一批应急产业发展聚集园区。

四、提高应对突发事件综合水平

（十二）加强突发事件预测预警和信息报告。不断健全工业突发事件信息报告制度。充分利用国家各类监测平台以及工业经济监测网络和预警预测体系，建设工业突发事件预警系统和应急平台体系。借助现有公众媒体和各种专业手段，建立预警信息通报和发布制度。工业突发事件发生后，事发当地工业和信息化主管部门要按规定及时、准确地向当地政府和上级工业主管部门报告。

（十三）提高企业应急管理能力。健全企业应急管理制度，明确应急管理机构或确定专(兼)职工作人员，将应急管理纳入企业发展规划和经营生产全过程，结合实际制订各类应急预案，增强第一时间应对突发事件的能力。加快建立有关中央管理企业与地方政府处置突发事件协调机制。

（十四）建立工业产品保障应急联动机制。建立部门间应急工业产品需求与生产供给联动机制，必要时可成立相应工作组织。按照就近、就急的原则，加快区域间应急工业产品联动机制建设，开展相关试点工作。探索建立应急工业产品上下游企业之间的动员生产联动机制。加强工业产品应急保障和工业国防动员的联动和衔接。完善应急工业产品调用机制，积极推进应急工业产品物流体系建设。

（十五）全力做好应急处置。工业突发事件发生后，事发当地工业和信息化主管部门按职责分工立即启动应急预案，加强与相关部门的协调配合，及时向可能受到影响的地区、单位、个人发出预警信息，采取措施控制次生、衍生灾害事件；同时，按属地管理原则，在本级人民地方政府的领导下全力做好应急处置工作。对保障应对突发事件，各单位要在现有应急物资管理体制下，加强与处置突发事件牵头部门衔接，根据需要启动工业产品保障应急预案，做好应急工业产品生产调度和供给。处置突发事件要充分发挥专家咨询组的作用。建立突发事件工业损失评估制度，制定工业损失评估规范，及时开展评估工作并掌握相关情况。

五、保障措施

（十六）加强工业应急管理组织领导。各单位要把工业应急管理放在重要位置，主要领导全面抓，分管领导具体抓，健全工业突发事件应急处置责任制，强化监督检查，做好预防和准备、监测和预警、处置和救援、恢复和重建等各个环节的组织工作。

（十七）加大工业应急管理投入。根据我国应急体系建设的需要，逐步完善应急工业产品动态储备机制。各单位要将应急管理日常经费纳入本单位年度预算。鼓励企业通过上市等渠道筹集资金，加大工业应急产业投入。积极推进建立应急工业产品有偿使用机制。

（十八）加大工业应急技术改造。以现有应急保障能力为基础，通过实施必要的技术改造，切实提高应急工业产品的保障能力。以生产安全、产品质量等工业领域可能引发突发事件的薄弱环节和隐患为重点，加大改造力度，不断提高防范标准。鼓励企业、科研机构和高校开展工业应急管理相关技术研究，健全工业应急科技支撑体系。

（十九）加强工业应急管理人才队伍建设。加大工业应急管理人才培养力度，加强专业人才队伍体系建设，表彰为工业应急管理工作做出突出贡献的单位和个人。加快建立由相关部门和行业专家组成的应急管理专家咨询组，为工业应急管理提供决策咨询。逐步建立专业特色突出、布局配置合理的专(兼)职应急工业产品保障后勤支援队伍。

（二十）加强工业应急管理宣传和舆论引导。加大与工业密切相关各类应急预案宣传力度，提高工业行业应对突发事件能力。高度重视突发工业事件信息发布、舆论引导和舆情分析，坚持及时、准确、正面宣传为主，把握正确的舆论导向。

（二十一）加强工业应急管理的国际合作与交流。加强与相关国家、地区及国际组织在工业应急管理领域的沟通与合作，密切跟踪国外工业应急管理发展趋势，学习、借鉴发达国家工业应急管理的有益经验，不断提高我国工业应急管理水平。

二十六、国务院发布进一步实施东北老工业基地振兴的意见(二〇〇九年九月九日)：

各省、自治区、直辖市人民政府，国务院各部委、各直属机构：

实施东北地区等老工业基地振兴战略五年多来，振兴东北地区等老工业基地工作取得了重要的阶段性成果。以国有企业改革为重点的体制机制创新取得重大突破，多种所有制经济蓬勃发展，经济结构进一步优化，自主创新能力显著提升，对外开放水平明显提高，基础设施条件得到改善，重点民生问题逐步解决，城乡面貌发生很大变化。实践证明，中央实施振兴东北地区等老工业基地战略的决策是及时的、正确的。但也要清醒看到，东北地区等老工业基地体制性、结构性等深层次矛盾有待进一步解决，已经取得的成果有待进一步巩固，加快发展的巨大潜力有待进一步发挥。在当前形势下，认真总结振兴工作实践经验，进一步充实振兴战略的内涵，及时制定新的政策措施，既是应对国际金融危机、促进全国经济平稳较快发展的需要，也是推进东北地区等老工业基地全面振兴的需要。为此，现提出以下意见：

一、优化经济结构，建立现代产业体系

（一）加快推进企业兼并重组。要坚持市场主导和政府引导相结合，进一步打破地区、行业、所有制界限，优化资源配置，推动企业兼并重组，培育具有国际竞争力的大型企业集团。东北地区企业联合重组涉及“债转股”资产处置的，应根据实际情况试行新的处置方式，合理处置“债转股”股权。支持中央大型企业集团和地方企业相互联合重组。鼓励民营企业、外资企业等各类投资主体参与老工业基地企业改革重组。优先支持实现兼并重组的企业进行技术改造。

（二）大力发展非公有制经济和中小企业。创造公平竞争环境，平等保护各类产权，促进非公有制经济加快发展。落实融资、财税及市场准入等方面的政策，积极支持民间资本进入基础设施、公用事业、金融服务和社会事业等领域。推动国有资本、民营资本和外资经济的融合，积极发展混合所有制经济。允许职工在企业改制中持有一定比例股份。引导中小企业创新体制机制，提高经营管理水平和市场竞争力。充分发挥东北地区等老工业基地大企业聚集的优势，鼓励中小企业与大企业形成产业链的协作配套关系，促进其向“专精特优”方向发展。完善中小企业创业融资服务，继续推动中小企业信用体系和信用担保体系建设，支持东北中小企业信用再担保公司及其分支机构扩展业务。

（三）做优做强支柱产业。贯彻落实重点产业调整振兴规划，加大结构调整力度，加快淘汰落后，防止重复建设。积极推进信息化与工业化融合，用现代信息手段改造传统产业，提高数字化、智能化水平。提高对东北老工业基地调整改造项目的中央预算内资金支持比例。支持东北老工业基地优势产业、骨干企业、重要品牌扩大市场份额。大力发展东北地区具有优势的大型铸锻件、核电设备、风电机组、盾构机械、先进船舶和海洋工程装备、大型农业机械、高速动车组、大功率机车、高档数控机床等市场急需产品及关键配套件。鼓励采购国产设备和推广应用首台(套)重大技术装备。进出口银行每年安排一定的信贷额度用于支持东北地区重大技术装备出口，人民银行和外汇局要在政策上给予支持。努力促进东北地区汽车产业调整结构，重点发展自主品牌汽车、小排量汽车、新能源汽车及关键零部件。继续调整钢铁工业产品结构，加强节能减排，淘汰落后产能，提高市场竞争力，同时加大资源勘探开发和对外合作力度，提高矿石资源的保障水平。优化提升石化产业，抓紧组织实施大型炼油、乙烯项目，提高加工度，发展精细化工、化肥等。

（四）积极培育潜力型产业。依托装备制造业整机制造能力强的优势，发展基础配套零部件、加工辅具和特殊原材料等。依托国防军工企业汇集的优势，发展军民两用技术，促进军民融合，增强军工企业的辐射带动作用。依托原材料加工基地的优势，努力发展下游特色轻工产业。依托农林产品商品量大、品质好，畜牧养殖业发达的优势，大力发展农林畜产品精深加工业。依托北方中药材资源优势，发展现代中药(北药)产业。依托地处东北亚中心的地缘优势，加强与周边国家的能源和资源开发合作。积极发展航空航天、电子信息、生物医药、新能源、新材料等新兴产业。鼓励地方政府设立专项扶持资金，支持潜力型产业发展。

（五）加快发展现代服务业。继续支持中外金融机构在东北地区设立分支机构和办事机构。鼓励有条件的城市进行金融改革创新，积极稳妥地发展中小金融机构。推动设立汽车金融公司，拓宽汽车消费融资渠道。推进东北产权交易平台互联互通、区域整合和功能拓展。支持大连商品交易所建设亚洲重要期货交易中心，在做精做细现有上市期货品种的基础上，推出东北地区具有优势、符合大连商品交易所功能定位的期货品种。推进现代物流业发展，研究制定东北地区物流业发展专项规划，统筹建设一批重点区域物流园区。加快发展软件和服务外包产业，重点建设好大连、哈尔滨、大庆三个服务外包示范城市，积极支持延吉、绥芬河等城市利用独特区位优势发展软件和服务外包产业。贯彻落实文化产业调整振兴规划，支持文化创意、出版发行、影视制作、演艺娱乐、文化会展、数字内容和动漫等文化产业加快发展，打造具有东北地方特色的文化品牌。加强公共文化基础设施和文化惠民工程建设，完善公共文化服务体系。加大文化遗产保护力度，扩大对外文化交流。大力发展旅游业，抓紧研究出台东北地区旅游业发展专项规划，加强旅游基础设施建设，发展一批特色鲜明、吸引力强的旅游目的地，提高管理服务水平，建立大东北无障碍旅游区。

（六）扶持重点产业集聚区加快发展。推动辽宁沿海经济带、沈阳经济区、哈大齐工业走廊、长吉图经济区加快发展，建设国内一流的现代产业基地。组织编制发展规划，支持沈阳铁西老工业基地调整改造暨装备制造业发展示范区和大连“两区一带”等装备制造业集聚区发展，打造具有国际竞争力的先进装备制造业基地。推进内蒙古东部地区能源重化工基地、黑龙江东部煤电化工基地和辽西北煤化工基地建设，提高资源转化利用水平。充分发挥沈阳、长春、哈尔滨、大连和通化等高技术产业基地的辐射带动作用，形成一批具有核心竞争力的先导产业和产业集群。支持有条件的地区建设一批有影响、有规模的特色产业园区，加快长春汽车产业开发区和轨道交通装备产业园发展，抓紧研究创建大连国家生态工业示范园区(静脉产业类)。加快推进东北地区符合条件的国家经济技术开发区扩区和重点省级开发区升级工作。

二、加快企业技术进步，全面提升自主创新能力

（七）加大企业技术改造力度。企业技术改造是老工业基地调整改造的重要内容，也是振兴工作取得成效的一条重要经验。要继续加大对企业技术改造的支持力度，从现有相关投资专项中分离设立东北地区等老工业基地调整改造专项，以及利用新增中央预算内投资，支持东北地区等老工业基地企业技术改造和技术进步，近期筛选一批项目予以重点支持。中央国有资本经营预算资金用于东北老工业基地中央企业的比例应有所增加。抓紧完成装备制造产业投资基金设立工作，重点支持东北地区装备制造企业技术改造和兼并重组。

（八）提高自主创新能力。充分发挥东北地区等老工业基地的人才优势，建立健全鼓励自主创新的体制机制。要在老工业基地重点发展领域，依托重要骨干企业、重大工程项目，组织实施一批带动力强、影响面广、见效快的技术创新和高技术产业化项目。要充分利用东北地区等老工业基地的科研和产业优势，通过国家重大科技专项和创新能力建设专项，支持建设一批工程研究中心、工程实验室和企业技术中心，突破一批核心技术和关键共性技术。支持企业有效吸纳利用国际创新资源，提高集成创新和引进消化吸收再创新能力。支持老工业基地引进一批重点行业发展急需的创业、研发领军人物及团队。国家“千人计划”、“百人计划”等项目要重点支持东北老工业基地的海外高层次人才引进工作。鼓励采取技术入股、期权激励等更加灵活的政策措施，为引进高端人才并使其发挥作用创造良好的环境。

（九）促进自主创新成果产业化。大力推广应用自主创新成果，努力将其转化为先进生产力，培育新的经济增长点。加大对新能源、新材料、生物、信息、航空航天、高速铁路等高技术领域自主创新成果产业化的支持力度。积极推动产学研用相结合，鼓励高等院校和科研机构向企业转移自主创新成果，鼓励更多科技人员创办科技型企业。优先支持符合条件的科技型企业在创业板上市融资。继续组织实施振兴东北老工业基地高技术产业发展专项，重点用于东北老工业基地国家高技术产业基地建设、自

主创新成果产业化和创新能力建设等。有关地方政府要制定政策，支持老工业基地自主创新成果产业化。

三、加快发展现代农业，巩固农业基础地位

（十）大力发展现代农业。东北地区具有发展现代农业得天独厚的条件。要围绕提高土地产出率、资源利用率和劳动生产率，抓紧研究制定加快东北地区现代农业发展的政策措施。结合实施全国新增1000亿斤粮食生产能力规划，加强东北地区粮食生产能力建设，形成稳固的国家粮食战略基地。加大粮食丰产科技工程实施力度，大力推广高产优质、节本增效新技术。优化农机结构，提高农业机械化水平。加大农机具停放场库和机耕道建设力度。研究实施深松等重点环节农机作业补贴。抓紧研究稳定玉米(资讯，行情)、大豆(资讯，行情)生产的长效机制，适时对东北地区玉米、大豆继续实行国家收储政策。发挥国有农场在建设现代农业、保障国家粮食安全等方面的积极作用，大力开展“场县共建”，为地方农业发展提供示范和社会化服务。加强东北地区农业对外合作，支持有条件的企业到周边国家和地区从事农业合作开发。

（十一）加强农业和农村基础条件建设。开展以水利为重点的农业基础设施建设和以水、电、路、气等为重点的村镇基础设施建设。推进引嫩入白、三江平原灌区、尼尔基水库下游灌区、绰勒水利枢纽下游灌区、大安灌区、大型灌溉排水泵站更新改造等重大水利工程建设，加快实施病险水库除险加固、节水灌溉示范和小型农田水利工程。实施农户科学储粮专项，推广科学储粮技术，支持粮食银行等新型粮食仓储流通业态发展。推进散粮“入关”铁路直达，提高散粮铁水联运比例，建设大型粮食物流基地、节点和战略装车点，以及粮食仓储和烘干设施。积极推进农业信息化，建立和完善农业科技支撑和社会化服务体系，提高服务水平。统筹城乡发展，结合社会主义新农村建设，加快小城镇和中心村发展，全面改善村镇居民生产生活条件。加快解决农村饮水安全问题。取消农村公益性建设项目县及县(场)以下资金配套。

四、加强基础设施建设，为全面振兴创造条件

（十二）加快构建综合交通运输体系。开工建设京沈、沈丹、哈齐客运专线和吉图、大丹、哈牡、哈佳等铁路，推进牡绥等既有线路改造和东北沿边铁路、伊尔施－阿日哈沙特铁路、白音华—赤峰—锦州港(600190，股吧)煤运专线、同江铁路大桥、沿海疏港铁路建设。统筹干线和支线机场建设，完善东北地区机场布局，抓紧推进“十一五”期间东北地区机场的改扩建和新建迁建工作，做好“十二五”期间机场改扩建、新建迁建的前期工作。根据东北地区公路建设相对滞后和高寒地区的特点，进一步加大对黑龙江、吉林和内蒙古东部地区的高速公路和“村村通”公路建设投资力度。成立东北地区交通基础设施建设协调推进组，协调、指导和推进东北地区交通设施建设，组织编制东北地区综合交通运输规划。

（十三）优化能源结构。抓紧开工建设内蒙古东部和东北两大千万千瓦级风电基地、内蒙古东部和黑龙江煤电外送通道等项目，加快辽宁红沿河二期工程、徐大堡和吉林核电项目的前期工作。加强东北地区电网建设，大力推进既有电网改造，提升骨干电网送电能力。加大农村电网特别是粮食主产区和林区的电网改造力度。研究解决风电等分散电源上网问题。率先在东北电网开展智能电网建设试点。

五、积极推进资源型城市转型，促进可持续发展

（十四）培育壮大接续替代产业。发展接续替代产业是资源枯竭城市实现经济转型的根本出路。组织实施好资源型城市吸纳就业、资源综合利用和发展接续替代产业专项，扶持引导资源型城市尽快形成新的主导产业。鼓励开发银行等各类金融机构加大对资源型城市可持续发展的支持。对资源型城市发展接续替代产业，在产业布局、项目审核、土地利用、贷款融资、技术开发、市场准入等方面给予支持。支持资源型城市接续替代产业园区建设，积极承接产业转移。组织研究制定资源型城市接续替代产业发展规划并做好实施工作。

（十五）构建可持续发展长效机制。抓紧出台资源型城市可持续发展准备金制度，由政府统筹部分准备金专项用于解决资源型城市环境治理等问题。在资源开采处于成长期或成熟期的资源型城市开展可持续发展试点。抓紧研究制定《资源型城市可持续发展条例》。省级人民政府要切实负起责任，出台支持资源型城市可持续发展的政策措施，并将转型工作情况纳入资源型城市人民政府主要领导干部综合考核评价体系。

（十六）进一步加大财政政策支持力度。加强对资源枯竭城市转型工作的指导，提高资源枯竭城市财力性转移支付使用效益。中央财政要加大对资源型城市特大型矿坑、深部采空区治理的支持力度。危机矿山接替资源找矿专项资金在安排上要向东北老工业基地资源枯竭城市倾斜。支持资源枯竭城市资源型企业开发利用区外、境外资源。

六、切实保护好生态环境，大力发展绿色经济

（十七）加强生态建设。坚持以生态为主导的林业和林区经济发展方向，进一步调减东北地区国有重点林区木材采伐量，促进林区经济转型和可持续发展。继续实施天然林保护工程，完善政策措施，加大支持力度。巩固退耕还林成果，加强育林和管护。高度重视大小兴安岭的生态屏障作用，组织编制大小兴安岭林区生态保护与经济转型规划。全面推进集体林权制度改革，稳步推进国有林权制度改革试点。切实加强天然草场恢复和保护、黑土区水土流失综合防治等生态工程建设。切实加强湿地保护与恢复、沙化土地治理和矿山环境整治等生态工程建设，组织实施黑龙江扎龙湿地核心区生态移民。

（十八）积极推进节能减排。严格执行相关法律法规、规划和产业政策，加强重点污染源总量控制。限制高耗能、高污染行业扩张，关停小火电、小钢铁、小造纸、小水泥等污染严重的小企业。以能源、原材料、装备制造和农产品(000061，股吧)加工等行业为重点，加强对各类工业园区的建设管理，推行清洁生产。支持开发和应用低碳技术。鼓励发展循环经济。大力推广应用节能技术产品，发展节约能源、节省土地的环保型建筑和绿色建筑，组织实施好节能产品惠民工程。

（十九）加强环境污染治理。加强松花江、辽河等重点流域的水污染防治，支持松花江流域开展主要污染物排放量有偿取得和排污权交易试点。加大城市垃圾和污水处理设施建设力度，推广垃圾分类回收、清洁焚烧，逐步提高城镇污水、垃圾处理以及排污收费标准。严格监控和防治工业污染，统筹解决农业面源污染。全面推进农村环境综合整治工作，创建环境优美的农村新面貌。

七、着力解决民生问题，加快推进社会事业发展

（二十）千方百计扩大就业。要切实把就业工作摆在更加突出的重要位置，落实促进大学生、农民工和困难群体的就业政策，确保就业形势稳定。发挥好政府投资和重大建设项目带动就业的作用，积极开发公益性工作岗位，努力使“零就业家庭”实现至少一人就业。积极落实扶持创业的各项政策措施，以创业带动就业。鼓励服务业、中小企业、非公有制经济更多吸纳就业，引导和支持困难企业采取灵活用工、弹性工时、技能培训等办法，尽量不裁员。

（二十一）积极完善社会保障体系。加快推进城镇职工养老保险省级统筹，适当提高企业退休人员基本养老金标准。进一步完善城乡最低生活保障制度。积极推进农村新型养老保险试点，全面提高新农村合作医疗保险覆盖面。做好被征地农民社会保障工作。完善工伤保险政策法规，进一步扩大工伤保险覆盖面，抓紧解决“老工伤”人员待遇纳入工伤保险统筹管理问题。

（二十二）解决好住房、冬季取暖等突出民生问题。做好群众来信来访工作，下大力气解决好群众反映强烈的民生问题。加大城镇廉租房、经济适用房建设规模和国有林区棚户区、国有垦区危房、农村危房、危旧校舍改造力度，继续做好煤矿棚户区改造工作。支持开展城市棚户区改造工作。加大对东北高寒地区热电联产项目支持力度，加快东北地区城市集中供热管网改造，解决好城市低保户冬季取暖问题。推进农村开发式扶贫，扶持更多农村贫困人口脱贫致富。

（二十三）促进教育、卫生等社会事业发展。研究和推进各级各类教育改革，提高办学质量，为老工业基地全面振兴提供人才支撑。充分发挥东北地区高等教育资源丰富的优势，提高重点高校的办学层次和水平。结合老工业基地产业结构优化升级，合理确定职业教育专业和办学规模。继续加大对东北地区职业教育实训基地、职业教育基础能力建设支持力度。推进医疗卫生体制改革，加快建立覆盖城乡居民的基本医疗保障体系，健全基层医疗卫生服务体系，扩大城镇职工和居民的医疗保险覆盖面。

八、深化省区协作，推动区域经济一体化发展

（二十四）推进区域一体化发展。鼓励东北地区实行跨省(区)经济合作，促进生产要素合理流动，提高一体化发展水平，近期先行组织开展旅游、物流、交通和科技方面的一体化协作。认真组织实施《东北地区振兴规划》，做好规划任务落实、督促检查工作，加快规划内重大基础设施一体化建设。推进内蒙古东部地区与东北三省的产业对接和合理分工。进一步研究支持东北地区等老工业基地调整改造的税收政策。

（二十五）建立东北地区合作机制。建立东北地区四省(区)行政首长协商机制，定期研究协调跨省(区)重大基础设施项目建设、产业布局，以及区域协调发展等问题，并对老工业基地调整改造的重大事项提出意见建议。

九、继续深化改革开放，增强经济社会发展活力

（二十六）深化国有企业改革。加快推进国有企业改革，努力建立健全现代企业制度，进一步增强老工业基地经济活力。在企业改制过程中，要坚持依法按程序办事，公开透明操作，切实维护职工的合法权益，防止国有资产流失。东北地区各级人民政府要加快推进厂办大集体改革试点工作，有关部

门要抓紧总结前期试点工作，进一步完善试点政策。妥善处理中央企业和中央下放地方政策性关闭破产企业及地方依法破产国有企业退休人员医疗、工伤保障和社会职能移交等问题。抓紧完成东北地区装备制造业银行不良贷款处置工作。加快推进粮食、商贸、建筑、农垦、森工、文化等领域的国有企业改革。

（二十七）加快推进其他领域改革。尽快确定东北符合条件的地区开展国家综合配套改革试点。积极推进省直管县财政管理方式改革，研究建立县级基本财力保障机制。完善企业债券发行政策，探索多样化的企业债信用增级方式。大力发展多种形式的新型农村金融机构，推进农村金融产品和服务创新。加快发展农业保险，扩大试点范围、增加险种，加大中央财政保费补贴力度。建立健全农村土地承包经营权流转和林业要素交易市场，规范管理，加强服务。清理涉及企业的行政事业性收费，落实好符合条件企业缓缴社会保险费、降低费率和扩大失业保险基金支出范围等政策措施，进一步减轻企业负担。推进城市供热体制、农村水利管理体制改革。

（二十八）进一步扩大对外开放。加快推进辽宁沿海经济带和长吉图地区开发开放。推动《中国东北地区老工业基地与俄罗斯远东地区合作规划纲要》早日签署并协调组织实施。抓紧编制实施黑瞎子岛保护与开放开发规划。把沿海沿边开放和境外资源开发、区域经济合作、承接国内外产业转移结合起来，支持符合条件的地区建设边境贸易中心、经济合作区、出口加工区、进口资源加工区。研究建立中俄地方合作发展基金，支持中俄地区合作规划纲要项目的实施。利用境外港口开展内贸货物跨境运输合作，推进黑龙江、吉林江海陆海联运通道常态化运营。积极探索海关特殊监管区域管理制度创新，加快推动以大连大窑湾保税港区为核心的大连东北亚国际航运中心建设，抓紧建设好绥芬河综合保税区和沈阳保税物流中心，促进东北地区保税物流和保税加工业的发展。开展货物贸易人民币结算试点。推动东北地区与港澳台地区加强经贸合作。

实现东北地区等老工业基地全面振兴是一项长期艰巨的历史任务。东北地区等老工业基地各级人民政府和国务院有关部门要深入贯彻落实科学发展观，进一步解放思想，开拓创新，齐心协力，真抓实干，推动东北地区等老工业基地在应对国际金融危机中实现新的跨越，加快形成具有独特优势和竞争力的新的增长极，为全国经济发展作出更大贡献。

二十七、国务院　国发[2009]36号　关于进一步促进中小企业发展的若干意见(二〇〇九年九月十九日)

各省、自治区、直辖市人民政府，国务院各部委、各直属机构：

中小企业是我国国民经济和社会发展的重要力量，促进中小企业发展，是保持国民经济平稳较快发展的重要基础，是关系民生和社会稳定的重大战略任务。受国际金融危机冲击，去年下半年以来，我国中小企业生产经营困难。中央及时出台相关政策措施，加大财税、信贷等扶持力度，改善中小企业经营环境，中小企业生产经营出现了积极变化，但发展形势依然严峻。主要表现在：融资难、担保难问题依然突出，部分扶持政策尚未落实到位，企业负担重，市场需求不足，产能过剩，经济效益大幅下降，亏损加大等。必须采取更加积极有效的政策措施，帮助中小企业克服困难，转变发展方式，实现又好又快发展。现就进一步促进中小企业发展提出以下意见：

一、进一步营造有利于中小企业发展的良好环境

（一）完善中小企业政策法律体系。落实扶持中小企业发展的政策措施，清理不利于中小企业发展的法律法规和规章制度。深化垄断行业改革，扩大市场准入范围，降低准入门槛，进一步营造公开、公平的市场环境。加快制定融资性担保管理办法，修订《贷款通则》，修订中小企业划型标准，明确对小型企业的扶持政策。

（二）完善政府采购支持中小企业的有关制度。制定政府采购扶持中小企业发展的具体办法，提高采购中小企业货物、工程和服务的比例。进一步提高政府采购信息发布透明度，完善政府公共服务外包制度，为中小企业创造更多的参与机会。

（三）加强对中小企业的权益保护。组织开展对中小企业相关法律和政策特别是金融、财税政策贯彻落实情况的监督检查，发挥新闻舆论和社会监督的作用，加强政策效果评价。坚持依法行政，保护中小企业及其职工的合法权益。

（四）构建和谐劳动关系。采取切实有效措施，加大对劳动密集型中小企业的支持，鼓励中小企业不裁员、少裁员，稳定和增加就业岗位。对中小企业吸纳困难人员就业、签订劳动合同并缴纳社会保险费的，在相应期限内给予基本养老保险补贴、基本医疗保险补贴、失业保险补贴。对受金融危机影响较大的困难中小企业，将阶段性缓缴社会保险费或降低费率政策执行期延长至2010年底，并按规定

给予一定期限的社会保险补贴或岗位补贴、在岗培训补贴等。中小企业可与职工就工资、工时、劳动定额进行协商，符合条件的，可向当地人力资源社会保障部门申请实行综合计算工时和不定时工作制。

二、切实缓解中小企业融资困难

（五）全面落实支持小企业发展的金融政策。完善小企业信贷考核体系，提高小企业贷款呆账核销效率，建立完善信贷人员尽职免责机制。鼓励建立小企业贷款风险补偿基金，对金融机构发放小企业贷款按增量给予适度补助，对小企业不良贷款损失给予适度风险补偿。

（六）加强和改善对中小企业的金融服务。国有商业银行和股份制银行都要建立小企业金融服务专营机构，完善中小企业授信业务制度，逐步提高中小企业中长期贷款的规模和比重。提高贷款审批效率，创新金融产品和服务方式。完善财产抵押制度和贷款抵押物认定办法，采取动产、应收账款、仓单、股权和知识产权质押等方式，缓解中小企业贷款抵质押不足的矛盾。对商业银行开展中小企业信贷业务实行差异化的监管政策。建立和完善中小企业金融服务体系。加快研究鼓励民间资本参与发起设立村镇银行、贷款公司等股份制金融机构的办法；积极支持民间资本以投资入股的方式，参与农村信用社改制为农村商业（合作）银行、城市信用社改制为城市商业银行以及城市商业银行的增资扩股。支持、规范发展小额贷款公司，鼓励有条件的小额贷款公司转为村镇银行。

（七）进一步拓宽中小企业融资渠道。加快创业板市场建设，完善中小企业上市育成机制，扩大中小企业上市规模，增加直接融资。完善创业投资和融资租赁政策，大力发展创业投资和融资租赁企业。鼓励有关部门和地方政府设立创业投资引导基金，引导社会资金设立主要支持中小企业的创业投资企业，积极发展股权投资基金。发挥融资租赁、典当、信托等融资方式在中小企业融资中的作用。稳步扩大中小企业集合债券和短期融资券的发行规模，积极培育和规范发展产权交易市场，为中小企业产权和股权交易提供服务。

（八）完善中小企业信用担保体系。设立包括中央、地方财政出资和企业联合组建的多层次中小企业融资担保基金和担保机构。各级财政要加大支持力度，综合运用资本注入、风险补偿和奖励补助等多种方式，提高担保机构对中小企业的融资担保能力。落实好对符合条件的中小企业信用担保机构免征营业税、准备金提取和代偿损失税前扣除的政策。国土资源、住房城乡建设、金融、工商等部门要为中小企业和担保机构开展抵押物和出质的登记、确权、转让等提供优质服务。加强对融资性担保机构的监管，引导其规范发展。鼓励保险机构积极开发为中小企业服务的保险产品。

（九）发挥信用信息服务在中小企业融资中的作用。推进中小企业信用制度建设，建立和完善中小企业信用信息征集机制和评价体系，提高中小企业的融资信用等级。完善个人和企业征信系统，为中小企业融资提供方便快速的查询服务。构建守信受益、失信惩戒的信用约束机制，增强中小企业信用意识。

三、加大对中小企业的财税扶持力度

（十）加大财政资金支持力度。逐步扩大中央财政预算扶持中小企业发展的专项资金规模，重点支持中小企业技术创新、结构调整、节能减排、开拓市场、扩大就业，以及改善对中小企业的公共服务。加快设立国家中小企业发展基金，发挥财政资金的引导作用，带动社会资金支持中小企业发展。地方财政也要加大对中小企业的支持力度。

（十一）落实和完善税收优惠政策。国家运用税收政策促进中小企业发展，具体政策由财政部、税务总局会同有关部门研究制定。为有效应对国际金融危机，扶持中小企业发展，自2010年1月1日至2010年12月31日，对年应纳税所得额低于3万元（含3万元）的小型微利企业，其所得减按50%计入应纳税所得额，按20%的税率缴纳企业所得税。中小企业投资国家鼓励类项目，除《国内投资项目不予免税的进口商品目录》所列商品外，所需的进口自用设备以及按照合同随设备进口的技术及配套件、备件，免征进口关税。中小企业缴纳城镇土地使用税确有困难的，可按有关规定向省级财税部门或省级人民政府提出减免税申请。中小企业因有特殊困难不能按期纳税的，可依法申请在三个月内延期缴纳。

（十二）进一步减轻中小企业社会负担。凡未按规定权限和程序批准的行政事业性收费项目和政府性基金项目，均一律取消。全面清理整顿涉及中小企业的收费，重点是行政许可和强制准入的中介服务收费、具有垄断性的经营服务收费，能免则免，能减则减，能缓则缓。严格执行收费项目公示制度，公开前置性审批项目、程序和收费标准，严禁地方和部门越权设立行政事业性收费项目，不得擅自将行政事业性收费转为经营服务性收费。进一步规范执收行为，全面实行中小企业缴费登记卡制度，设立各级政府中小企业负担举报电话。健全各级政府中小企业负担监督制度，严肃查处乱收费、乱罚款及各种摊派行为。任何部门和单位不得通过强制中小企业购买产品、接受指定服务等手段牟利。严格执行税收征收管理法律法规，不得违规向中小企业提前征税或者摊派税款。

四、加快中小企业技术进步和结构调整

（十三）支持中小企业提高技术创新能力和产品质量。支持中小企业加大研发投入，开发先进适用的技术、工艺和设备，研制适销对路的新产品，提高产品质量。加强产学研联合和资源整合，加强知识产权保护，重点在轻工、纺织、电子等行业推进品牌建设，引导和支持中小企业创建自主品牌。支持中华老字号等传统优势中小企业申请商标注册，保护商标专用权，鼓励挖掘、保护、改造民间特色传统工艺，提升特色产业。

（十四）支持中小企业加快技术改造。按照重点产业调整和振兴规划要求，支持中小企业采用新技术、新工艺、新设备、新材料进行技术改造。中央预算内技术改造专项投资中，要安排中小企业技术改造资金，地方政府也要安排中小企业技术改造专项资金。中小企业的固定资产由于技术进步原因需加速折旧的，可按规定缩短折旧年限或者采取加速折旧的方法。

（十五）推进中小企业节能减排和清洁生产。促进重点节能减排技术和高效节能环保产品、设备在中小企业的推广应用。按照发展循环经济的要求，鼓励中小企业间资源循环利用。鼓励专业服务机构为中小企业提供合同能源管理、节能设备租赁等服务。充分发挥市场机制作用，综合运用金融、环保、土地、产业政策等手段，依法淘汰中小企业中的落后技术、工艺、设备和产品，防止落后产能异地转移。严格控制过剩产能和“两高一资”行业盲目发展。对纳入环境保护、节能节水企业所得税优惠目录的投资项目，按规定给予企业所得税优惠。

（十六）提高企业协作配套水平。鼓励中小企业与大型企业开展多种形式的经济技术合作，建立稳定的供应、生产、销售等协作关系。鼓励大型企业通过专业分工、服务外包、订单生产等方式，加强与中小企业的协作配套，积极向中小企业提供技术、人才、设备、资金支持，及时支付货款和服务费用。

（十七）引导中小企业集聚发展。按照布局合理、特色鲜明、用地集约、生态环保的原则，支持培育一批重点示范产业集群。加强产业集群环境建设，改善产业集聚条件，完善服务功能，壮大龙头骨干企业，延长产业链，提高专业化协作水平。鼓励东部地区先进的中小企业通过收购、兼并、重组、联营等多种形式，加强与中西部地区中小企业的合作，实现产业有序转移。

（十八）加快发展生产性服务业。鼓励支持中小企业在科技研发、工业设计、技术咨询、信息服务、现代物流等生产性服务业领域发展。积极促进中小企业在软件开发、服务外包、网络动漫、广告创意、电子商务等新兴领域拓展，扩大就业渠道，培育新的经济增长点。

五、支持中小企业开拓市场

（十九）支持引导中小企业积极开拓国内市场。支持符合条件的中小企业参与家电、农机、汽车摩托车下乡和家电、汽车“以旧换新”等业务。中小企业专项资金、技术改造资金等要重点支持销售渠道稳定、市场占有率高的中小企业。采取财政补助、降低展费标准等方式，支持中小企业参加各类展览展销活动。支持建立各类中小企业产品技术展示中心，办好中国国际中小企业博览会等展览展销活动。鼓励电信、网络运营企业以及新闻媒体积极发布市场信息，帮助中小企业宣传产品，开拓市场。

（二十）支持中小企业开拓国际市场。进一步落实出口退税等支持政策，研究完善稳定外需、促进外贸发展的相关政策措施，稳定和开拓国际市场。充分发挥中小企业国际市场开拓资金和出口信用保险的作用，加大优惠出口信贷对中小企业的支持力度。鼓励支持有条件的中小企业到境外开展并购等投资业务，收购技术和品牌，带动产品和服务出口。

（二十一）支持中小企业提高自身市场开拓能力。引导中小企业加强市场分析预测，把握市场机遇，增强质量、品牌和营销意识，改善售后服务，提高市场竞争力。提升和改造商贸流通业，推广连锁经营、特许经营等现代经营方式和新型业态，帮助和鼓励中小企业采用电子商务，降低市场开拓成本。支持餐饮、旅游、休闲、家政、物业、社区服务等行业拓展服务领域，创新服务方式，促进扩大消费。

六、努力改进对中小企业的服务

（二十二）加快推进中小企业服务体系建设。加强统筹规划，完善服务网络和服务设施，积极培育各级中小企业综合服务机构。通过资格认定、业务委托、奖励等方式，发挥工商联以及行业协会（商会）和综合服务机构的作用，引导和带动专业服务机构的发展。建立和完善财政补助机制，支持服务机构开展信息、培训、技术、创业、质量检验、企业管理等服务。

（二十三）加快中小企业公共服务基础设施建设。通过引导社会投资、财政资金支持等多种方式，重点支持在轻工、纺织、电子信息等领域建设一批产品研发、检验检测、技术推广等公共服务平台。

支持小企业创业基地建设，改善创业和发展环境。鼓励高等院校、科研院所、企业技术中心开放科技资源，开展共性关键技术研究，提高服务中小企业的水平。完善中小企业信息服务网络，加快发展政策解读、技术推广、人才交流、业务培训和市场营销等重点信息服务。

（二十四）完善政府对中小企业的服务。深化行政审批制度改革，全面清理并进一步减少、合并行政审批事项，实现审批内容、标准和程序的公开化、规范化。投资、工商、税务、质检、环保等部门要简化程序、缩短时限、提高效率，为中小企业设立、生产经营等提供便捷服务。地方各级政府在制定和实施土地利用总体规划和年度计划时，要统筹考虑中小企业投资项目用地需求，合理安排用地指标。

七、提高中小企业经营管理水平

（二十五）引导和支持中小企业加强管理。支持培育中小企业管理咨询机构，开展管理咨询活动。引导中小企业加强基础管理，强化营销和风险管理，完善治理结构，推进管理创新，提高经营管理水平。督促中小企业苦练内功、降本增效，严格遵守安全、环保、质量、卫生、劳动保障等法律法规，诚实守信经营，履行社会责任。

（二十六）大力开展对中小企业各类人员的培训。实施中小企业银河培训工程，加大财政支持力度，充分发挥行业协会（商会）、中小企业培训机构的作用，广泛采用网络技术等手段，开展政策法规、企业管理、市场营销、专业技能、客户服务等各类培训。高度重视对企业经营管理者的培训，在3年内选择100万家成长型中小企业，对其经营管理者实施全面培训。

（二十七）加快推进中小企业信息化。继续实施中小企业信息化推进工程，加快推进重点区域中小企业信息化试点，引导中小企业利用信息技术提高研发、管理、制造和服务水平，提高市场营销和售后服务能力。鼓励信息技术企业开发和搭建行业应用平台，为中小企业信息化提供软硬件工具、项目外包、工业设计等社会化服务。

八、加强对中小企业工作的领导

（二十八）加强指导协调。成立国务院促进中小企业发展工作领导小组，加强对中小企业工作的统筹规划、组织领导和政策协调，领导小组办公室设在工业和信息化部。各地可根据工作需要，建立相应的组织机构和工作机制。

（二十九）建立中小企业统计监测制度。统计部门要建立和完善对中小企业的分类统计、监测、分析和发布制度，加强对规模以下企业的统计分析工作。有关部门要及时向社会公开发布发展规划、产业政策、行业动态等信息，逐步建立中小企业市场监测、风险防范和预警机制。

促进中小企业健康发展既是一项长期战略任务，也是当前保增长、扩内需、调结构、促发展、惠民生的紧迫任务。各地区、各有关部门要进一步提高认识，统一思想，结合实际，尽快制定贯彻本意见的具体办法，并切实抓好落实。

二十八、关于落实重大技术装备进口税收政策受理程序的通知（二〇〇九年九月二十三日）

近日，工业和信息化部、财政部、海关总署联合印发了《关于落实重大技术装备进口税收政策受理程序的通知》。通知全文如下：

各省、自治区、直辖市、计划单列市、新疆生产建设兵团工业和信息化主管部门，海关总署广东分署、各直属海关，财政部驻各省、自治区、直辖市、计划单列市、新疆生产建设兵团财政监察专员办事处：

为提高我国企业的核心竞争力和自主创新能力，加快振兴装备制造业，推动产业结构调整和升级，促进国民经济可持续发展，财政部、国家发展和改革委员会、工业和信息化部、海关总署、国家税务总局、国家能源局联合印发了《关于调整重大技术装备进口税收政策的通知》（财关税［2009］55号），对重大技术装备进口税收政策进行了调整。各省级工业和信息化主管部门（含计划单列市，下同）、当地直属海关、财政部驻当地财政监察专员办事处（以下简称财政专员办）要高度重视，抓好落实，做好当地装备制造企业申请的受理和初审工作。有关受理、初审程序通知如下：

一、受理程序

（一）各省级工业和信息化主管部门负责受理当地装备制造企业（城市轨道交通、核电等特殊领域的承担重大技术装备自主化依托项目业主除外，下同）提交的享受“财关税［2009］55号”文规定的新申请享受进口免税政策的企业资格认定申请文件。为便于相关企业做好申报准备，各省级工业和信息化主管部门至少应提前一个月以适当方式通知当地相关装备制造企业，明确申报要求和受理联系部门及联系人，并将有关通知文件抄送当地直属海关、财政专员办。

（二）各省级工业和信息化主管部门应于每年3月1日至3月31日受理当地新申请享受进口免税政策的装备制造企业提交的企业资格认定申请文件。收到申请文件后，省级工业和信息化主管部门应当对申请文件的规范性、完整性、有效性进行形式审查。申请文件符合规定的,应当予以受理,并向申请企业开具受理证明文件。申请文件不符合规定的,应当及时告知企业在5个工作日内补正材料。企业不能按照规定提交申请文件或补正材料的,不予审理。各省级工业和信息化主管部门受理企业申请文件时,应提示企业将相关申请文件及时抄送当地直属海关、财政专员办。

二、初审程序

(一)省级工业和信息化主管部门就企业申请文件的规范性、完整性、有效性进行审核;对企业是否具备享受该项免税政策的资格及企业申报生产能力、产量、确有必要进口的关键零部件和原材料进口需求是否符合政策规定提出初审意见(草案)。对2009年7月1日以前已经通过退税资格审查的企业,重点审核该企业申报确有必要进口的关键零部件和原材料的进口需求量。

(二)省级工业和信息化主管部门、当地直属海关、财政专员办建立联席会议制度,负责对当地企业的申报资料进行初审,对省级工业和信息化部门提出的初审意见(草案)进行审议。

(三)每年4月初,省级工业和信息化主管部门召集联席会议,向会议报告当地企业新申请享受政策的受理情况、审核意见(草案),提请联席会议审议,形成会议纪要。

(四)省级工业和信息化主管部门根据审议情况,完善初审意见(草案),形成报送文件,连同企业申报文件、联席会议纪要一并报送工业和信息化部(一式三份),抄送财政部、海关总署、国家税务总局(能源装备制造企业的申请文件及初审意见还应同时抄送国家能源局)。

三、其他事项

(一)中央企业申请材料直接报送工业和信息化部,抄送财政部、海关总署、国家税务总局(能源装备制造企业的申请文件还应同时抄送国家能源局)。

(二)2009年10月1日前,参照上述程序受理企业申请享受2009年7月1日至2009年12月31日有关进口免税政策的申请,15个工作日内会同当地直属海关、财政专员办完成初审工作,形成报送文件,连同企业申报文件、联席会议纪要一并报送工业和信息化部,抄送财政部、海关总署、国家税务总局(能源装备制造企业的申请文件及初审意见还应同时抄送国家能源局)。

(三)省级工业和信息化主管部门应督促享受该项税收优惠政策的企业做好此政策绩效评价工作,及时按程序报送政策落实情况和需要说明的事项,并对当地企业落实该项政策的情况进行汇总分析。

(四)关于政策执行过程中存在的问题,省级工业和信息化主管部门、当地直属海关、财政专员办可及时提出意见和建议。财政部、工业和信息化部、海关总署等将会同国家有关部门研究完善该项政策。

(五)财关税[2009]55号附件1所附2《重大技术装备和产品进口关键零部件、原材料商品清单》第十三类"新型纺织机械"中"(一)高速喷气织机"的名称变更为"(一)自动络筒机","(二)自动络筒机"的名称变为"(二)高速喷气织机",清单中有关一级部件、单机用量、税则号列不变。

(六)在政策执行过程中,如有咨询事项,可与工业和信息化部财务司和装备工业司、财政部关税司、海关总署关税征管司联系。

二十九、工业和信息化部文件 工信部产业[2009]588号 工业和信息化部关于分解落实2009年淘汰落后产能任务的通知(二〇〇九年十一月二十五日):

为贯彻落实《国务院关于印发2009年节能减排工作安排的通知》(国办发[2009]48号)精神和重点产业调整和振兴规划,进一步做好淘汰落后产能工作,现就有关事项通知如下:

一、统一思想,充分认识淘汰落后产能的重要意义

落后产能环境污染重、资(能)源消耗高、安全保障弱,是经济发展方式粗放的重要原因,严重制约我国经济的可持续发展。落后产能不尽快退出市场,部分行业产能过剩问题就不能有效解决,节能减排和产业调整振兴目标就难以完成,经济发展方式也难以转变。淘汰落后产能是贯彻落实科学发展观,走新型工业化道路的必然选择,是实现产业结构调整和优化升级的重要途径,也是实现节能减排目标的重要措施。各地要把思想和行动统一到中央的决策和部署上,进一步增强淘汰落后产能的自觉性和主动性。

二、采取综合措施,确保完成2009年淘汰落后产能任务

《国务院关于印发节能减排综合性工作方案的通知》(国发[2007]15号)中明确了"十一五"期间电力、炼铁、炼钢、电解铝、铁合金、电石、焦炭、水泥、玻璃、造纸、酒精、味精、柠檬酸等13个行业淘汰落后产能总体目标;《国务院关于印发2009年节能减排工作安排的通知》(国办发[2009]48号)要求2009年全国淘汰落后炼铁产能1000万吨、炼钢600万吨、水泥5000万吨、造纸50万吨、铁合金70万吨、小机焦600万吨;2007年国家发展改革委、环保总局联合发布了《关于做好淘汰落后造纸、酒精、

味精、柠檬酸生产能力工作的通知》(发改运行[2007]2775号)，要求2009年全国淘汰落后造纸产能50.7万吨、酒精35.5万吨、味精3.5万吨、柠檬酸0.8万吨；十大产业调整振兴规划对钢铁、有色金属、轻工、纺织提出了今后3年淘汰落后产能要求。现将相关行业2009年淘汰落后产能任务予以分解明确(参见附件1)。各地工业主管部门要积极会同发改、财政、社会保障、工商、环保、国土、质检、电力等部门加大二作力度，采取综合措施，坚持淘汰落后产能与促进产业升级相结合，坚持增量发展和存量调整相结合，统筹考虑淘汰落后、产业升级、经济发展和职工就业等问题，确保2009年淘汰落后产能任务按期完成。

三、加强督促检查，及时报告淘汰落后产能工作进展情况

各地工业主管部门要加强调查研究，分析淘汰落后产能工作中存在的问题和困难，提出有关政策建议。会同有关部门加强对淘汰落后产能工作的督促检查，建立和完善淘汰落后产能工作定期报告和检查制度。各地要分别于2010年2月底和3月底前将2009年淘汰落后产能任务完成情况总结和2010年淘汰落后产能计划安排(一式5份)报送工业和信息化部(产业政策司)。我部淘汰落后工作联系方式参见附件2。

附表：

1. 2009年各地淘汰落后产能任务分解(略)

2. 工业和信息化部淘汰落后产能工作联系人名单(略)

三十、国务院　国发[2009]38号　批转发展改革委等部门关于抑制部分行业产能过剩和重复建设引导产业健康发展若干意见的通知(二〇〇九年九月二十六日)

各省、自治区、直辖市人民政府，国务院各部委、各直属机构：

国务院同意发展改革委等部门《关于抑制部分行业产能过剩和重复建设引导产业健康发展的若干意见》，现转发给你们，请认真贯彻执行。

为应对国际金融危机的冲击和影响，党中央、国务院审时度势，及时制定和实施了扩大内需、促进经济增长的一揽子计划。按照“保增长、扩内需、调结构”的总体要求，出台了钢铁等十个重点产业调整和振兴规划，在推动结构调整方面提出了控制总量、淘汰落后、兼并重组、技术改造、自主创新等一系列对策措施，各地也相继出台了一些扶持产业发展的政策措施。目前，政策效应已初步显现，企业生产经营困难情况有所缓解，产业发展总体向好。但从当前产业发展状况看，结构调整虽取得一定进展，但总体进展不快，各地区、各行业也不平衡。不少领域产能过剩、重复建设问题仍很突出，有的甚至还在加剧。特别需要关注的是，不仅钢铁、水泥等产能过剩的传统产业仍在盲目扩张，风电设备、多晶硅等新兴产业也出现了重复建设倾向，一些地区违法、违规审批，未批先建、边批边建现象又有所抬头。

对于部分行业出现的产能过剩和重复建设，如不及时加以调控和引导，任其发展，市场恶性竞争难以避免，经济效益难以提高，并将导致企业倒闭或开工不足、人员下岗失业、银行不良资产大量增加等一系列问题，不仅严重影响国家扩大内需一揽子计划的实施效果和来之不易的企稳向好的形势，而且将错失利用国际金融危机形成的市场形势推动结构调整的历史机遇。

各地区、各部门要根据本通知精神，切实把思想和行动统一到党中央、国务院的决策部署上来，认真贯彻落实科学发展观，进一步增强大局意识、责任意识和忧患意识，在保增长中更加注重推进结构调整，坚持产业政策导向，严格执行环境监管、用地管理、金融政策和项目投资管理有关规定，将坚决抑制部分行业产能过剩和重复建设作为结构调整的重点工作抓紧抓好。要大力发展符合市场需求的高新技术产业和服务业，把握好调整的方向、力度和节奏，切实转变经济发展方式，提高经济发展的质量和效益，促进经济社会全面协调可持续发展。

发展改革委　工业和信息化部　监察部　财政部　国土资源部　环境保护部　人民银行　质检总局银监会　证监会　关于抑制部分行业产能过剩和重复建设引导产业健康发展的若干意见

为切实将党中央、国务院应对国际金融危机的一揽子计划落到实处，巩固和发展当前经济企稳向好的势头，加快推动结构调整，坚决抑制部分行业的产能过剩和重复建设，引导新兴产业有序发展，现提出以下意见：

一、部分行业产能过剩和重复建设问题需引起高度重视

为应对国际金融危机的冲击和影响，党中央、国务院审时度势，及时制定和实施了扩大内需、促进经济增长的一揽子计划。按照“保增长、扩内需、调结构”的总体要求，出台了钢铁等十个重点产业调整和振兴规划，在推动结构调整方面提出了控制总量、淘汰落后、兼并重组、技术改造、自主创新等一系列对策措施，各地也相继出台了一些扶持产业发展的政策措施。目前政策效应已初步显现，工业

增速稳中趋升，企业生产经营困难情况有所缓解，产业发展总体向好。

但从当前产业发展状况看，结构调整虽取得一定进展，但总体进展不快，各地区、各行业也不平衡。不少领域产能过剩、重复建设问题仍很突出，有的甚至还在加剧。特别需要关注的是，不仅钢铁、水泥等产能过剩的传统产业仍在盲目扩张，风电设备、多晶硅等新兴产业也出现了重复建设倾向，一些地区违法、违规审批，未批先建、边批边建现象又有所抬头。

(一) 钢铁。2008 年我国粗钢产能 6.6 亿吨，需求仅 5 亿吨左右，约四分之一的钢铁及制成品依赖国际市场。2009 年上半年全行业完成投资 1405.5 亿元，目前在建项目粗钢产能 5800 万吨，多数为违规建设，如不及时加以控制，粗钢产能将超过 7 亿吨，产能过剩矛盾将进一步加剧。

(二) 水泥。2008 年我国水泥产能 18.7 亿吨，其中新型干法水泥 11 亿吨，特种水泥与粉磨站产能 2.7 亿吨，落后产能约 5 亿吨，当年水泥产量 14 亿吨。目前在建水泥生产线 418 条，产能 6.2 亿吨，另外还有已核准尚未开工的生产线 147 条，产能 2.1 亿吨。这些产能全部建成后，水泥产能将达到 27 亿吨，市场需求仅为 16 亿吨，产能将严重过剩。

(三) 平板玻璃。2008 年全国平板玻璃产能 6.5 亿重箱，产量 5.74 亿重箱，约占全球产量的 50%，其中浮法玻璃产量为 4.79 亿重箱，占平板玻璃总量的 80%。2009 年上半年新投产 13 条生产线，新增产能 4848 万重箱，目前各地还有 30 余条在建和拟建浮法玻璃生产线，平板玻璃产能将超过 8 亿重箱，产能明显过剩。

(四) 煤化工。近年来，一些煤炭资源产地片面追求经济发展速度，不顾生态环境、水资源承载能力和现代煤化工工艺技术仍处于示范阶段的现实，不注重能源转化效率和全生命周期能效评价，盲目发展煤化工。传统煤化工重复建设严重，产能过剩 30%，在进口产品的冲击下，2009 年上半年甲醇装置开工率只有 40% 左右。目前煤制油示范工程正处于试生产阶段，煤制烯烃等示范工程尚处于建设或前期工作阶段，但一些地区盲目规划现代煤化工项目，若不及时合理引导，势必出现“逢煤必化、遍地开花”的混乱局面。

(五) 多晶硅。多晶硅是信息产业和光伏产业的基础材料，属于高耗能和高污染产品。从生产工业硅到太阳能电池全过程综合电耗约 220 万千瓦时/兆瓦。2008 年我国多晶硅产能 2 万吨，产量 4000t 左右，在建产能约 8 万吨，产能已明显过剩。我国光伏发电市场发展缓慢，国内太阳能电池 98% 用于出口，相当于大量输出国内紧缺的能源。

(六) 风电设备。风电是国家鼓励发展的新兴产业。2008 年底已安装风电机组 11638 台，总装机容量 1217 万千瓦。近年来风电产业快速发展，出现了风电设备投资一哄而上、重复引进和重复建设现象。目前，我国风电机组整机制造企业超过 80 家，还有许多企业准备进入风电装备制造业，2010 年我国风电装备产能将超过 2000 万千瓦，而每年风电装机规模为 1000 万千瓦左右，若不及时调控和引导，产能过剩将不可避免。

此外，电解铝、造船、大豆压榨等行业产能过剩矛盾也十分突出，一些地区和企业还在规划新上项目。目前，全球范围内电解铝供过于求，我国电解铝产能为 1800 万吨，占全球 42.9%，产能利用率仅为 73.2%；我国造船能力为 6600 万载重吨，占全球的 36%，而 2008 年国内消费量仅为 1000 万载重吨左右，70% 以上产量靠出口；大型锻件存在着产能过剩的隐忧；化肥行业氮肥和磷肥自给有余，钾肥严重短缺，产业结构亟待进一步优化。

必须清醒地认识到，2008 年第四季度以来我国工业生产经营出现的困难，一方面是国际金融危机冲击的外因影响，另一方面也有我国经济发展方式粗放的内因，不少行业重复建设、盲目扩张，在外需严重萎缩的情况下产能过剩矛盾加剧。当前我国经济回升的基础还不够稳固，应对国际金融危机取得的成果还是初步的、阶段性的。对于部分行业出现的产能过剩和重复建设，如不及时加以调控和引导，任其发展，市场恶性竞争难以避免，经济效益难以提高，并将导致企业倒闭或开工不足、人员下岗失业、银行不良资产大量增加等一系列问题，不仅严重影响国家扩大内需一揽子计划的实施效果和来之不易的企稳向好的形势，而且将错失利用国际金融危机形成的市场形势推动结构调整的历史机遇。因此，尽快抑制产能过剩和重复建设，把有限的要素资源引导和配置到优化存量、培育新的增长点上来，大力发展符合市场需求的高新技术产业和服务业，不仅对实现产业的良性发展，而且对转变发展方式，实现经济社会可持续发展具有重要的意义。

二、正确把握抑制产能过剩和重复建设的政策导向

当前，我国经济正处于企稳回升的关键时期，必须认真贯彻落实科学发展观，进一步统一思想，增强忧患意识，在保增长中更加注重推进结构调整，将坚决抑制部分行业产能过剩和重复建设作为结构调整的重点工作抓紧、抓实，抓出成效。抑制产能

过剩和重复建设所涉及的行业具有很强的市场性和全球资源配置特点，既要充分发挥市场机制的作用，又要辅之必要的调控措施，注意把握好以下原则和产业政策导向：

（一）主要原则

一是控制增量和优化存量相结合。严格控制产能过剩行业盲目扩张和重复建设，推进企业兼并重组和联合重组，加快淘汰落后产能；结合实施“走出去”战略，支持有条件的企业转移产能，形成参与国际产业竞争的新格局；依靠技术进步，优化存量，调整产品结构，谋求有效益、有质量、可持续的发展。

二是分类指导和有保有压相结合。对钢铁、水泥等高耗能、高污染产业，要坚决控制总量、抑制产能过剩；鼓励发展高技术、高附加值、低消耗、低排放的新工艺和新产品，延长产业链，形成新的增长点。对多晶硅、风电设备等新兴产业，要集中有效资源，支持企业提高关键环节和关键部件自主创新能力，积极开展产业化示范，防止投资过热和重复建设，引导有序发展。

三是培育新兴产业和提升传统产业相结合。立足于新一轮国际竞争和可持续发展的需要，尽快培育一批科技含量高、发展潜力大、带动作用强的新兴产业，及时制定出台专项产业政策和规划，明确技术装备路线，建立和完善准入标准；抓紧改造提升传统产业，及时修订产业政策，提高准入标准，对结构调整给予明确产业政策引导。

四是市场引导和宏观调控相结合。加强行业产销形势的监测、分析和国内外市场需求的信息发布，发挥市场配置资源的基础性作用；综合运用法律、经济、技术、标准以及必要的行政手段，协调产业、环保、土地和金融政策，形成抑制产能过剩、引导产业健康发展的合力；同时，坚持深化改革，标本兼治，通过体制机制创新解决重复建设的深层次矛盾。

（二）产业政策导向

钢铁：充分利用当前市场倒逼机制，在减少或不增加产能的前提下，通过淘汰落后、联合重组和城市钢厂搬迁，加快结构调整和技术进步，推动钢铁工业实现由大到强的转变。不再核准和支持单纯新建、扩建产能的钢铁项目。严禁各地借等量淘汰落后产能之名，避开国家环保、土地和投资主管部门的监管、审批，自行建设钢铁项目。重点支持有条件的大型钢铁企业发展百万千瓦火电及核电用特厚板和高压锅炉管、25万千伏安以上变压器用高磁感低铁损取向硅钢、高档工模具钢等关键品种。尽快完善建筑用钢标准及设计规范，加快淘汰强度335MPa以下热轧带肋钢筋，推广强度400MPa及以上钢筋，促进建筑钢材升级换代。2011年底前，坚决淘汰400m^3及以下高炉、30t及以下转炉和电炉，碳钢企业吨钢综合能耗应低于620kg标煤，吨钢耗用新水量低于5t，吨钢烟粉尘排放量低于1.0kg，吨钢二氧化硫排放量低于1.8kg，二次能源基本实现100%回收利用。

水泥：严格控制新增水泥产能，执行等量淘汰落后产能的原则，对2009年9月30日前尚未开工水泥项目一律暂停建设并进行一次认真清理，对不符合上述原则的项目严禁开工建设。各省（区、市）必须尽快制定三年内彻底淘汰落后产能时间表。支持企业在现有生产线上进行余热发电、粉磨系统节能改造和处置工业废弃物、城市污泥及垃圾等。新项目水泥熟料烧成热耗要低于105kg标煤/t熟料，水泥综合电耗小于90kW·h/t水泥；石灰石储量服务年限必须满足30年以上；废气粉尘排放浓度小于50mg/m^3。落后水泥产能比较多的省份，要加大对企业联合重组的支持力度，通过等量置换落后产能建设新线，推动淘汰落后工作。

平板玻璃：严格控制新增平板玻璃产能，遵循调整结构、淘汰落后、市场导向、合理布局的原则，发展高档用途及深加工玻璃。对现有在建项目和未开工项目进行认真清理，对所有拟建的玻璃项目，各地方一律不得备案。各省（区、市）要制定三年内彻底淘汰“平拉法”（含格法）落后平板玻璃产能时间表。新项目能源消耗应低于16.5kg标煤/重箱；硅质原料的选矿回收率要达到80%以上；严格环保治理措施，二氧化硫排放低于500mg/m^3、氮氧化物排放低于700mg/m^3、颗粒物排放浓度低于50mg/m^3。鼓励企业联合重组，在符合规划的前提下，支持大企业集团发展电子平板显示玻璃、光伏太阳能玻璃、低辐射镀膜等技术含量高的玻璃以及优质浮法玻璃项目。

煤化工：要严格执行煤化工产业政策，遏制传统煤化工盲目发展，今后三年停止审批单纯扩大产能的焦炭、电石项目。禁止建设不符合《焦化行业准入条件（2008年修订）》和《电石行业准入条件（2007年修订）》的焦化、电石项目。综合运用节能环保等标准提高准入门槛，加强清洁生产审核，实施差别电价等手段，加快淘汰落后产能。对焦炭和电石实施等量替代方式，淘汰不符合准入条件的落后产能。对合成氨和甲醇实施上大压小、产能置换等方式，降低成本、提高竞争力。稳步开展现代煤化工示范工程建设，今后三年原则上不再安排新的现代煤化工试点项目。

多晶硅：研究扩大光伏市场国内消费的政策，支持用国内多晶硅原料生产的太阳能电池以满足国内需求为主，兼顾国际市场。严格控制在能源短缺、电价较高的地区新建多晶硅项目，对缺乏配套综合利用、环保不达标的多晶硅项目不予核准或备案；鼓励多晶硅生产企业与下游太阳能电池生产企业加强联合与合作，延伸产业链。新建多晶硅项目规模必须大于3000t/a，占地面积小于6公顷/kt多晶硅，太阳能级多晶硅还原电耗小于60kW·h/kg，还原尾气中四氯化硅、氯化氢、氢气回收利用率不低于98.5%、99%、99%；引导、支持多晶硅企业以多种方式实现多晶硅—电厂—化工联营，支持节能环保太阳能级多晶硅技术开发，降低生产成本。到2011年前，淘汰综合电耗大于200kW·h/kg的多晶硅产能。

风电设备：抓住大力发展风电等可再生能源的历史机遇，把我国的风电装备制造业培育成具有自主创新能力和国际竞争力的新兴产业。严格控制风电装备产能盲目扩张，鼓励优势企业做大做强，优化产业结构，维护市场秩序。原则上不再核准或备案建设新的整机制造厂；严禁风电项目招标中设立要求投资者使用本地风电装备、在当地投资建设风电装备制造项目的条款；建立和完善风电装备标准、产品检测和认证体系，禁止落后技术产品和非准入企业产品进入市场。依托优势企业和科研院所，加强风电技术路线和海上风电技术研究，重点支持自主研发2.5MW及以上风电整机和轴承、控制系统等关键零部件及产业化示范，完善质量控制体系。积极推进风电装备产业大型化、国际化，培育具有国际竞争力的风电装备制造业。

此外，严格执行国家产业政策，今后三年原则上不再核准新建、扩建电解铝项目。现有重点骨干电解铝厂吨铝直流电耗要下降到12500kW·h以下，吨铝外排氟化物量大幅减少，到2010年底淘汰落后小预焙槽电解铝产能80万吨。要严格执行船舶工业调整和振兴规划及船舶工业中长期发展规划，今后三年各级土地、海洋、环保、金融等相关部门不再受理新建船坞、船台项目的申请，暂停审批现有造船企业船坞、船台的扩建项目，要优化存量，引导企业利用现有造船设施发展海洋工程装备。

三、坚决抑制产能过剩和重复建设的对策措施

各地区、各部门要认真贯彻落实《中共中央国务院转发〈国家发展和改革委员会关于上半年经济形势和做好下半年经济工作的建议〉的通知》(中发[2009]8号)以及重点产业调整和振兴规划中关于坚决抑制产能过剩行业盲目重复建设的有关要求，把思想和行动统一到党中央、国务院的决策部署上来，把握好调整的方向、力度和节奏，切实转变经济发展方式，进一步增强大局意识、责任意识，各司其职，密切配合，采取措施坚决抑制产能过剩和重复建设势头。

(一)严格市场准入。相关行业管理部门要切实履行职责，抓紧制定、完善相关产业政策，尽快修订发布《产业结构调整指导目录》，进一步提高钢铁、水泥、平板玻璃、传统煤化工等产业的能源消耗、环境保护、资源综合利用等方面的准入门槛。加快编制或修订专项规划，对多晶硅、风电设备等新兴产业要及时建立和完善准入标准，避免盲目和无序建设。质量管理部门要切实负起监管责任，按照产业政策的要求和企业的质量保证能力，严格核发螺纹钢、线材、水泥等产品生产许可证，坚决查处无证生产。依法加强产品质量监督，加大处罚力度。建设主管部门要禁止落后水泥进入重点建设工程和建筑结构工程。

(二)强化环境监管。推进开展区域产业规划的环境影响评价。区域内的钢铁、水泥、平板玻璃、传统煤化工、多晶硅等高耗能、高污染项目环境影响评价文件必须在产业规划环评通过后才能受理和审批。未通过环境评价审批的项目一律不准开工建设。环保部门要切实负起监管责任，定期发布环保不达标的生产企业名单。对使用有毒、有害原料进行生产或者在生产中排放有毒、有害物质的企业限期完成清洁生产审核，对达不到排放标准或超过排污总量指标的生产企业实行限期治理，未完成限期治理任务的，依法予以关闭。对主要污染物排放超总量控制指标的地区，要暂停增加主要污染物排放项目的环评审批。

(三)依法依规供地用地。切实加强对各类建设项目用地监管。对不符合产业政策和供地政策、未达到现行《工业项目建设用地控制指标》或相关工程建设项目用地指标要求的项目，一律不批准用地；对未按规定履行审批或核准手续的项目，一律不得供应土地。国土资源部门要切实负起监管责任。对未经依法批准擅自占地开工建设的，要依法从重处理；对有关责任人要追究政纪法律责任，构成犯罪的，依法追究刑事责任。

(四)实行有保有控的金融政策。要加强宏观信贷政策指导和监管，引导和督促金融机构改进和完善信贷审核。对不符合重点产业调整和振兴规划以及相关产业政策要求，未按规定程序审批或核准的项目，金融机构一律不得发放贷款，已发放贷款的要采取适当方式予以纠正。严格发债、资本市场融

资审核程序。对不符合重点产业调整和振兴规划以及相关产业政策要求，不按规定程序审批或核准的项目及项目发起人，一律不得通过企业债、项目债、短期融资券、中期票据、可转换债、首次公开发行股票、增资扩股等方式进行融资。人民银行、银监会、证监会、发展改革委要对违反规定的金融机构和有关单位予以严肃处理。

（五）严格项目审批管理。各级投资主管部门要进一步加强钢铁、水泥、平板玻璃、煤化工、多晶硅、风电设备等产能过剩行业项目审批管理，原则上不再批准扩大产能的项目，不得下放审批权限，严禁化整为零、违规审批。严格防止各级政府的财政性资金流向产能过剩行业的扩大产能项目。尽快修订完善政府投资项目核准目录，在新的核准目录出台前，上述产能过剩行业确有必要建设的项目，需报国家发展改革委组织论证和核准。

（六）做好企业兼并重组工作。产能过剩行业企业兼并和联合重组的任务十分紧迫和艰巨，结构调整、控制总量和淘汰落后产能均需要企业组织结构进行相应的调整。要抓紧建立科学规范、行之有效的工作程序，同时要扎实做好企业改组、改制中的思想政治工作，切实维护群众利益，保持社会稳定，防止国有资产流失。按照重点产业调整和振兴规划要求，尽快制定出台加快企业兼并重组的指导意见。

（七）建立信息发布制度。发展改革委会同有关部门，建立部门联合发布信息制度，加强行业产能及产能利用率的统一监测，适时向社会发布产业政策导向及产业规模、社会需求、生产销售库存、淘汰落后、企业重组、污染排放等信息。充分发挥行业协会作用，及时反映行业问题和企业诉求，为企业提供信息服务，引导企业和投资者落实国家产业政策和行业发展规划，加强行业自律，提高行业整体素质。

（八）实行问责制。地方各级人民政府不得强制企业投资低水平产能过剩行业。政府各有关部门及金融机构要认真履行职责，依法依纪把好土地关、环保关、信贷关、产业政策关和项目审批（核准）关，并加强政策研究、信息共享和工作协调，形成合力，有效抑制部分行业产能过剩和重复建设，引导产业健康发展，促进结构调整和发展方式转变。要按照《中共中央办公厅国务院办公厅印发〈关于实行党政领导干部问责的暂行规定〉的通知》（中办发［2009］25号）的有关要求，对违反国家土地、环保法律法规和信贷政策、产业政策规定，工作严重失职或失误造成重大损失或恶劣影响的行为要进行问责，严肃处理。

（九）深化体制改革。要着眼于推进产业结构调整以及解决长期困扰我国产业良性发展的深层次矛盾，进一步深化财税体制、投融资体制、价格体制、社会保障体制等方面的改革，完善干部考核制度，形成有力促进经济结构战略性调整，推动我国工业实现由大到强转变的体制环境。

三十一、中国国家标准化管理委员会　关于同意延期实施国家标准《食品用塑料自黏保鲜膜》的复函（二〇〇九年十一月二十七日）

中国轻工业联合会：

你联合会《关于申请延期实施 GB 10457—2009〈食品用塑料自黏保鲜膜〉的函》（中轻联综发［2009］192 号）收悉，经研究，同意国家标准《食品用塑料自黏保鲜膜》（GB 10457—2009）实施日期延期至 2010 年 9 月 1 日。

特此函复。

三十二、工业和信息化部　工信部原［2009］664 号　关于印发《促进中部地区原材料工业结构调整和优化升级方案》的通知（二〇〇九年十二月十一日）

山西、安徽、江西、河南、湖北、湖南省工业主管部门，中国石化集团、中国化工集团、武钢集团、中铝集团、中国五矿集团、中国黄金集团、中国建材集团、中国中材集团：

根据《国家发展改革委关于印发 2009 年促进中部地区崛起工作要点的通知》（发改地区［2009］819 号）的相关要求，我部组织拟订了《促进中部地区原材料工业结构调整和优化升级方案》，现印发你们，请遵照执行。

促进中部地区原材料工业结构调整和优化升级方案

中部地区是我国重要的原材料工业基地，原材料工业在中部六省经济社会发展格局中占有重要地位。为贯彻落实钢铁、石化、有色金属等重点产业调整和振兴规划，巩固和提升原材料工业基地地位，促进中部地区崛起战略实施，特提出本方案。方案实施期为 2010～2011 年。

一、现状与形势

中部地区矿产资源丰富，产业基础较好，经过多年发展，钢铁、有色、石化、化工、建材等原材料工业已成为中部地区的支柱产业。2008 年，中部地区原材料工业增加值超过 8000 亿元，占中部地区工业增加值比重超过 30%，形成了一批实力比较雄厚、布局比较合理、优势比较突出的原材料工业基地。

——优势明显的有色金属工业基地。中部地区铝矾土、铜、锑、镁、钨、稀土等矿产资源丰富，已形成与资源优势相匹配的产业基地。2008 年中部地区十种有色金属产量 1053.5 万吨，占全国的 41.8%。稀有金属和铜、铝、铅、锌、镁等冶炼和加工工业在全国占有十分重要的地位。

——独具特色的钢铁工业基地。钢铁是中部地区各省的支柱产业，总体规模较大。2008 年粗钢产量 10835 万吨，占全国的 21.7%。钢铁产品门类比较齐全，满足全国需求，部分产品在国际上具有较强竞争力。硅钢、不锈钢、球墨铸管、高速车轮轮毂等产品优势突出。

——基础较好的化学工业基地。中部地区煤、盐、磷等矿产资源储量较大，化学工业体系比较完整，化肥、农药及煤化工优势明显，石油化工、盐化工、氟化工、磷化工等行业具备一定的产业规模和技术基础。2008 年化肥、农药、甲醇、硫酸、焦化等产品产量分别占全国的 34.9%、29.3%、26.8%、28.9%和 39.7%。

——快速发展的建材工业基地。中部地区非金属矿产资源丰富，建材工业发展迅速，已形成水泥、玻璃及深加工、建筑陶瓷、耐火材料、新型建材等门类较为齐全、技术装备比较先进的建材工业体系。2008 年中部地区水泥产量占全国 25.5%，新型干法水泥比重超过 70%，比全国平均水平高 7 个百分点，玻璃深加工技术处于全国领先水平。

但是，由于多年粗放式发展，中部地区原材料工业也积累了一些深层次的矛盾和问题。主要表现在：产业集中度较低，企业规模偏小，产业布局不合理，如江西稀土冶炼企业平均规模不足 2000 吨，河南规模以上氮肥企业平均产量不足 10 万吨，湖北磷肥企业平均产量不足 4 万吨；落后产能比重较大，湖南新型干法水泥比重仅 37%，远低于全国平均水平；技术装备水平不高，河南 48 条轧钢生产线中仅有 4 条达到国内先进水平；创新能力亟需增强，企业研发投入少，多数企业不具备自主研发能力；产业链条短，产品结构比较单一，高附加值产品少，多数产品位于价值链低端；节能减排压力大，山西每年仍有 40 亿立方米焦炉煤气直接燃烧排放；资源保障程度越来越低，中部地区油气资源贫乏，铁矿石自给率不足 20%，安徽铜精矿 90% 以上依赖进口，河南铝土矿保有储量仅能维持企业 6 ~ 7 年正常生产需要。

受国际金融危机影响，这些深层次的、结构性矛盾进一步暴露，给中部地区原材料工业持续健康发展带来前所未有的挑战。必须充分认识加快原材料工业结构调整的重要性和紧迫性，要紧紧抓住当前有利的市场环境，加大结构调整力度，加快推动产业升级，为中部地区原材料工业在后金融危机时代赢得发展的先机和空间奠定坚实的基础。

二、指导思想、基本原则和目标

（一）指导思想

以科学发展观为指导，按照促进中部地区崛起战略和保增长、调结构的总体要求，深入贯彻落实产业调整和振兴规划，坚决抑制产能过剩和重复建设，加快转变原材料工业发展方式，以结构调整为主线，以技术改造、兼并重组、淘汰落后、节能减排降耗为重点，优化产业布局，加快产业升级步伐，不断提高中部地区原材料工业的整体素质和竞争力。

（二）基本原则

坚持市场导向与政府推动相结合。遵循市场经济规律，充分发挥市场机制对资源配置的基础性作用。加强组织协调、注重政策引导、改善市场环境，发挥政府部门在抑制产能扩张、整合社会资源、推动跨区域合作中的重要作用。

坚持兼并重组与体制创新相结合。扶优扶强，支持企业通过联合重组整合产业资源，提高产业集中度，优化资源配置。通过深化改革，加快构建有利于企业兼并重组的体制和机制。

坚持技术改造与淘汰落后相结合。充分发挥企业自主创新的主体功能，积极采用信息技术和先进适用技术改造提升传统产业，加大落后产能淘汰力度，大力开发新材料，培育新的增长点。

坚持发挥本地优势与区域产业互补相结合。根据各地区资源环境、产业基础和发展潜力，合理调整产业布局，加快整合上下游产业，充分发挥区域比较优势，推动产业集聚发展，提高中部地区原材料工业整体竞争力。

（三）调整目标

1. 兼并重组取得重大进展。有色金属企业兼并重组取得新突破，重点培育 1 ~ 2 家具有国际竞争力、5 ~ 8 家在国内领先的大型企业集团；钢铁冶炼企业数量得到较大幅度压缩，培育 1 家具有国际竞争力、2 ~ 3 家在国内有较强竞争力的钢铁企业集团；建材企业跨地区兼并重组取得新进展，培育 1 家具有国际竞争力的综合性建材企业集团，初步形成 8 家以上年产能超千万吨的区域性水泥企业集团；化工行业兼并重组取得积极成效，年销售收入超百亿企业达到 10 家以上。

2. 产品结构进一步优化。技术含量高、附加值高的金属和非金属深加工产品、精细化工产品比重进一步提高，为新能源、电子信息、装备、航空航天、国防军工等高新技术产业提供新材料的能力进一步增强。玻璃深加工率达到45%，中高档建筑陶瓷占陶瓷比例达到40%，高端石化产品自给率明显提高，高浓度化肥比重提高到80%。

3. 落后产能按期淘汰。全面淘汰400m^3及以下高炉，30t及以下的转炉和电炉，逐步淘汰160KA及以下铝电解槽，限期淘汰年产5万吨以下铅锌冶炼厂、年产1万吨以下金属镁等“小有色”企业，争取全面淘汰中部地区落后水泥和玻璃产能，逐步淘汰能耗高、污染重的8万吨以下合成氨装置。

4. 技术进步明显加快。力争在关键工艺技术、节能减排技术，以及高端产品研发、生产和应用技术等方面取得新突破。重点大中型钢铁企业60%以上产品实物质量达到国际先进水平，采用富氧底吹等先进技术的铅冶炼能力达70%，无铬高档碱性耐火材料实现产业化，新型自主创新煤气化技术取得成功并推广应用。

5. 产业布局更加合理。符合主体功能区定位、与资源禀赋、市场规模、环境承载能力等相协调的原材料工业布局进一步优化，沿江、沿主要交通干线和能源、资源产地的原材料工业基地进一步壮大，逐步形成一批具有区域特色、比较优势明显、竞争力强的产业集群。

6. 节能减排取得积极成效。原材料工业单位增加值能耗比“十五”末明显下降，能源消耗达到国家限额标准，基本实现余热余能100%回收利用，硫利用率达到97%以上，废渣100%无害化处置，污染物排放浓度和排放总量双达标，重金属污染得到有效遏制，清洁生产水平显著提升。

三、主要任务

巩固中部地区原材料工业现有优势，进一步调整优化产业组织结构、产品结构、技术工艺装备结构和区域产业布局，形成若干由大型企业集团主导、产业链完整、技术水平高、配套设施完善、具有循环经济功能的产业基地，构筑符合国家区域战略定位、满足市场需求、优势互补的中部地区原材料工业新格局。

（一）扶优扶强，加快推进企业兼并重组

充分利用国际金融危机所带来的市场倒逼机制，引导企业联合重组或建立战略联盟，鼓励生产要素向武钢等大型企业集团集中，支持武钢集团积极开展区域内和跨区域的联合重组，努力打造成为具有较强国际竞争力的特大型钢铁企业，推动马钢、太钢、华菱等与省内外企业联合重组，形成具有较强实力的企业集团，推动安钢、新钢等与特大型钢铁企业集团跨区域重组，努力减少区内钢铁企业数量。加快区域内外有色金属矿产、冶炼、加工资源的整合，充分发挥中铝、五矿、江铜、铜陵有色、湖南有色、豫光金铅、大冶有色等大型企业集团在整合中部地区有色金属产业中的主导作用，提高资源控制力，提高产业集中度。鼓励“煤、电、铝”企业联姻重组，实现一体化发展。大力推动镁、钨、锡、锑、钼、稀土、黄金等产业集约化发展，支持重点骨干企业横向并购，实现资源高效利用。

按照煤化一体化原则，依托山西晋煤、阳煤、太化、河南煤化、中平能化、淮化等骨干企业，加速整合省内外煤化工上下游产业，打造大型煤化工企业集团。依托宜化、兴发、洋丰、铜化、中盐、沙隆达等大型企业，推进磷、盐、农药等特色化工企业的兼并重组。积极发挥中石化、中国化工、中海油、中石油等战略投资者在中部地区化工产业重组中的引领作用。

进一步发挥海螺、中国建材、中材、华新、天瑞、三峡新材、长利玻璃等龙头企业的带动作用，推动水泥、玻璃、耐火材料、新型建材等行业的兼并联合重组，提高产业集中度。

（二）做精做深，调整和优化产品结构

以市场为导向，以产品为龙头，充分发挥中部地区原材料工业优势，严格控制初级资源类产品产能的盲目扩张，着力增加高技术含量、高附加值产品比重，不断优化产品结构。

钢铁工业：重点发展高磁感低铁损取向硅钢、高牌号不锈钢、高速车轮轮箍、高档汽车面板、高强级管线板、高附加值油井管、高压锅炉管、核电用管及特厚板等产品，不断开发市场适销的新产品。加快推广使用强度400MPa及以上钢筋，促进建筑钢材的升级换代。

有色金属工业：重点发展高精度高性能板带材、箔材等精深加工产品，大力发展合金制品和新材料，加快向产业链高端环节转移。合理控制稀有金属发展规模，提高深加工能力。加快构建覆盖全社会的有色金属资源综合回收利用体系，发展再生有色金属产业。

化学工业：重点发展高附加值精细化工等产品，严格限制产能过剩的传统化工产品发展。延伸焦化、磷、氟、盐化工产业链。发展高浓度基础性肥料和高效复合肥，积极开发新型农药中间体和高效低毒低残留农药品种，提高农资保障能力。以满足中部地区市场需求为主，提高原油深加工能力，增加高品质石化产品生产。

建材工业：重点发展新型干法水泥、绿色耐火材料、超薄超厚超白优质浮法玻璃及LOW－E、ITO

导电膜玻璃等深加工产品，全面提高建筑卫生陶瓷产品档次和技术含量，大力发展节能环保新型建材。

（三）加强技术改造，坚决淘汰落后产能

坚持用高新技术和先进适用技术改造提升原材料工业，大力开展节能减排降耗，推行清洁生产，淘汰落后产能，加快产业升级步伐。

支持关键钢材品种和有色金属新材料生产工艺技术研发，大力发展高温高压干熄焦、烧结余热利用、高炉余压发电、铜铅锌冶炼短流程工艺、烟气脱硫、高性能专用铜铝材生产工艺、吨铝直流电耗低于12500千瓦时的电解铝关键工艺、低品位和难选冶矿产高效利用、尾矿和赤泥综合利用、再生金属保持性能等技术；支持油品质量升级改造，煤焦油综合利用，氮肥原料路线和动力结构调整，磷肥资源优化配置，高效低毒低残留农药生产和废弃物处置能力建设；支持新型干法水泥企业推广应用纯低温余热发电、粉磨节能、利用水泥窑处置废弃物等技术，推进玻璃窑炉全氧燃烧技术产业化。

加快淘汰工艺技术落后、产品质量差、安全隐患大、能源资源消耗高、环境污染严重的落后产能。全面淘汰落后钢铁产能，重点企业和地区要加快淘汰 $1000m^3$ 以下高炉及相应的炼钢产能；按期淘汰反射炉及鼓风炉、电炉炼铜产能、烧结锅炼铅产能、落后锌冶炼产能和落后小型预焙槽电解铝产能，逐步淘汰落后烧结机铅冶炼产能；淘汰12500kVA以下电石炉、间歇蒸馏煤焦油加工装置、单套能力低于10万吨/年的焦油连续加工装置、酸洗法粗苯精制装置、高毒高风险农药以及小炼油、小合成氨、小二硫化碳等落后产能；全面淘汰不符合产业政策的落后水泥产能及“格法”、“小平拉”等落后玻璃产能。

（四）优化产业布局，促进产业集聚

积极推动生产要素合理流动和配置，统筹规划、突出重点、优势互补、合理布局，把促进产业集聚作为优化原材料工业布局的重要途径，推动产业规模化、集约化、园区化发展，进一步发挥中部地区原材料工业基地的整体优势。

结合钢铁企业兼并重组、淘汰落后和技术改造，在总量控制的基础上加快布局调整，重点发展武钢、马钢沿江沿海钢铁基地，推进合钢等城市钢厂搬迁改造，进一步巩固太钢、舞钢、华菱等特色钢铁基地地位，加快安钢、新钢等产业基地结构调整步伐。充分发挥中部地区能源和有色金属资源优势，进一步推动资源向优势企业和重点地区配置，建设中铝、鲁能晋北、新安等铝工业基地，发展江铜、铜陵、大冶有色铜工业基地，优化河南和湖南铅锌生产加工基地、赣南及湘中南钨锑稀土等稀有金属基地建设。

调整优化中部地区石油化工产业布局，加快建设武汉乙烯生产基地，有序建设山西和河南煤化工基地、湖北磷化工基地，进一步突出提升和壮大化肥产业，发展精细化工园区。支持河南、湖北、安徽形成大型、优质、高档浮法玻璃原片生产及深加工基地，促进河南、山西耐火材料加工园区集约化发展，抓住沿海产业转移机遇，利用原料优势，进一步发展江西、湖北陶瓷基地。

四、保障措施

（一）加强统筹协调，形成政策合力

各省级工业主管部门要加强对原材料工业的行业管理、政策引导和协调服务。根据《关于进一步加强原材料工业管理工作的指导意见》(工信部原[2009]294号)，认真研究本地区原材料工业结构调整中存在的突出问题，及时提出有针对性的实施措施。要加强与有关部门的沟通协调和配合，充分利用财税、投资、信贷、法规等手段，统筹做好各项政策措施衔接落实，适时开展实施效果评估工作。

（二）深化改革，消除制约结构调整的体制性障碍

探索企业兼并重组的有效途径和各种方式，妥善解决人员安置、资产划转、债务核定与处置、财税利益分配等关键问题，促进各种资源向优势企业配置。根据即将出台的国务院关于加快推进兼并重组的意见、加快钢铁企业联合重组指导意见等文件精神，抓紧研究制定区域内原材料行业联合重组规划。认真贯彻《国务院批转发展改革委等部门关于抑制部分行业产能过剩和重复建设引导产业健康发展若干意见的通知》(国发[2009]38号)，结合有关行业调整和振兴规划的要求，建立和完善落后产能退出机制，严格实行节能减排、淘汰落后问责制，强化环保、能耗和电价、水价等制约手段，加快落后产能淘汰步伐。

（三）突出低碳经济理念，落实减排目标

坚决贯彻落实党中央、国务院确定的进一步转变增长方式，在2020年以前，大幅度减少单位GDP能耗的战略目标，以节能降耗、治污减排、综合利用、环境保护为重点，抓紧制定出台原材料行业贯彻落实的计划、指标和政策措施，将相关计划目标细化和落实到重点地区、重点行业和重点企业，把各项任务落到实处，确保中部地区各省“十二五”期间各项节能减排指标的完成。

（四）强化行业标准管理，严格市场准入

从更加关注民生、更加关注节能减排、更加关注技术进步和结构调整的大局出发，进一步修订完善准入条件，提高准入门槛。要以技术创新和质量品种为重点，抓紧修订完善钢铁、有色、建材、石化、化工和稀土行业标准。严格贯彻执行国家已经出台的行业准入条件，加强对生产企业执行准入条件情况进行监督检查，对符合准入条件的企业名单实施定期公布、动态管理，同时接受社会的支持和监督。

（五）加大资金支持力度，拓宽企业融资渠道

充分利用国家技术改造专项资金，加大地方配套资金投入，根据各地原材料工业特点，着力向重点产品、重点企业和重点产业基地倾斜。拓宽融资渠道，加强信贷资金与产业政策的协调配合，优先支持符合结构调整方向和重点的企业通过银行贷款、资本市场、引入战略投资者等方式筹集资金。扩大社会投资渠道，鼓励和引导民间资本广泛参与产业整合，推动结构调整工作。

（六）提高技术创新能力，加快技术进步

进一步发挥技术创新对促进结构调整和产业升级的引领和支撑作用。要强化企业创新主体地位，提升产业技术创新和新产品开发能力。依托重点原材料工业基地，建立产学研用一体化的协调机制，形成区域创新联盟，构建多层次多功能的创新平台。大力开发影响行业技术进步的共性技术和关键技术，加快高新技术和信息技术的应用和推广。

（七）开辟多元化资源渠道，提高资源保障能力

加强对中部地区重点矿产资源的保护，充分发挥稀有金属部际协调机制作用。合理规划资源开发规模，树立可持续发展理念。促进矿产资源能源优先向产业基地和重点企业配置，制止无照开采和违章经营。加大短缺资源的地质勘探力度，增加资源储量。积极树立“两种资源、两个市场”的一盘棋概念，进一步实施“走出去”战略，加大境外资源开发力度，鼓励有条件的企业拓展国际化经营，建立长期稳定的资源供应渠道。不断完善国内原材料资源和产品的收储制度。

（八）建立信息沟通平台，发挥信息引导作用

要积极会同有关部门和协会，建立信息联合发布制度，加强行业统计、市场行情、技术动态、产业预警等信息交流，为企业经营和行业管理提供有力支撑。要充分发挥行业协会和中介组织的桥梁和纽带作用，引导行业发展、加强行业自律、提供咨询服务。

三十三、工业和信息化部　工信厅运行[2009]262号　关于开展2009年减轻企业负担检查工作的通知（二〇〇九年十二月十八日）：

各省、自治区、直辖市工业和信息化主管部门、减轻企业负担领导小组（联席会议）：

为认真贯彻中央经济工作会议精神，督促落实党中央、国务院应对金融危机实施的减轻企业负担、支持企业发展、保持经济增长的政策措施，进一步优化企业生产经营环境，按照《工业和信息化部关于做好减轻企业负担工作的指导意见》（工信部运行[2009]684号）的要求，现将开展2009年减轻企业负担工作检查有关事项通知如下：

一、检查的主要内容

（一）中央和地方以及重点产业调整振兴规划规定实施的关于减轻企业负担、促进企业发展的各项优惠政策和收费减免政策落实情况。

（二）涉企收费的审批、收缴和使用管理情况。

（三）企业反映强烈的中介机构、社团组织涉企收费，进出口商品、国内部分产品和设备质量检验检测收费以及重复检验检测重复收费等问题的治理情况，损害企业合法权益突出问题的处理情况。

（四）加强企业维权体系建设，健全企业维权投诉机制和维权服务网络的情况。

（五）企业在生产要素保障、技术改造、节能减排、淘汰落后、兼并重组、提高市场竞争力等诸多方面存在的不合理负担和影响政策实施的不合理规定等情况。

（六）加强减负工作制度建设、机构建设，推进企业减负工作法制化进程，探索建立企业减负工作长效机制的情况。其中包括减负工作责任制度建立与落实情况，牵头单位发挥主管作用的情况，成员单位协作配合、发挥部门职能合力作用的情况。

各地可结合本地的实际情况，把企业反映突出、意见较大的问题，列入本地区的检查内容。

二、检查时间和方式

自2009年12月开始，至2010年1月结束，分为自查和重点抽查两个阶段。

（一）自查。各地减轻企业负担领导机构要在2010年1月中旬前组织完成对本地区的自查自纠。

（二）重点抽查。拟于2010年1月中旬起，由我部会同国务院有关部门组成联合检查组，对部分地区的检查情况进行重点抽查。

三、检查工作的要求

（一）加强组织领导，落实责任制度，注重协调配合。各地工业和信息化主管部门和减负工作机构要切实加强领导，精心组织，将企业负担检查工作列入重要议事日程，明确有关部门的责任，充分发挥相关职能部门的合力作用，认真做好检查工作的组织协调与指导。

（二）突出工作重点，确定工作方案，狠抓工作

落实。要以督促检查落实减轻企业负担政策措施为重点，以查基层单位、查薄弱环节、查突出问题为主要内容，采取多种检查方式，及时拟定检查工作方案，组织好各项检查活动，按时反馈检查情况。加强对企业反映强烈的地区、部门和收费项目的监督检查，掌握各项政策措施的实施效果及企业的意见和建议，及时解决发现的问题或提出解决的措施建议。

（三）加强舆论宣传，实现社会监督，提高检查工作效率。各地区的检查工作要注意与舆论监督、社会监督的结合，应用现代信息技术，建立督促检查工作信息化管理平台和督促检查情况通报制度，通过新闻媒体、政府网站等形式，及时公开贯彻政府决策的落实情况，适时适度公开企业关注的热点难点问题及其解决的进展情况，回应企业的关切和诉求，自觉接受企业的监督。对督促检查中发现的典型和经验，要及时总结推广；对落实工作抓得好的要表彰鼓励，对措施不得力、工作不落实的要督促整改。

（四）严格工作制度，严肃工作纪律，严惩违规行为。对检查中发现的乱收费、乱罚款、乱摊派、乱检查、乱评比、乱培训和其他损害企业合法权益的问题要限期纠正，处理结果要逐级上报，典型案例要向社会公布。对顶风违纪和打击报复举报人或刁难企业的，要严肃处理。对违反规定向企业乱收费、乱罚款、乱摊派的费用要如数退还，对损害企业合法权益情节严重或给企业造成重大损失的，要依法追究有关人员的责任。

检查工作结束后，请各地区减轻企业负担工作机构将检查情况及相关数据，于2010年1月底报送工业和信息化部，同时抄报国家发展改革委、财政部、农业部、监察部、国务院纠风办、审计署、公安部、交通运输部、住房城乡建设部、质检总局。

三十四、中华人民共和国海关总署令　第179号　中华人民共和国海关进出口货物减免税管理办法(二〇〇八年十二月二十九日)：

《中华人民共和国海关进出口货物减免税管理办法》已于2008年9月27日经海关总署署务会议审议通过，现予公布，自2009年2月1日起施行。

中华人民共和国海关进出口货物减免税管理办法

第一章　总　　则

第一条　为了规范海关进出口货物减免税管理工作，保障行政相对人合法权益，根据《中华人民共和国海关法》(以下简称《海关法》)、《中华人民共和国进出口关税条例》(以下简称《关税条例》)及有关法律和行政法规的规定，制定本办法。

第二条　进出口货物减征或者免征关税、进口环节海关代征税(以下简称减免税)事务，除法律、行政法规另有规定外，海关依照本办法实施管理。

第三条　进出口货物减免税申请人(以下简称减免税申请人)应当向其所在地海关申请办理减免税备案、审批手续，特殊情况除外。

投资项目所在地海关与减免税申请人所在地海关不是同一海关的，减免税申请人应当向投资项目所在地海关申请办理减免税备案、审批手续。

投资项目所在地涉及多个海关的，减免税申请人可以向其所在地海关或者有关海关的共同上级海关申请办理减免税备案、审批手续。有关海关的共同上级海关可以指定相关海关办理减免税备案、审批手续。

投资项目由投资项目单位所属非法人分支机构具体实施的，在获得投资项目单位的授权并经投资项目所在地海关审核同意后，该非法人分支机构可以向投资项目所在地海关申请办理减免税备案、审批手续。

第四条　减免税申请人可以自行向海关申请办理减免税备案、审批、税款担保和后续管理业务等相关手续，也可以委托他人办理前述手续。

委托他人办理的，应当由被委托人持减免税申请人出具的《减免税手续办理委托书》及其他相关材料向海关申请，海关审核同意后可准予被委托人办理相关手续。

第五条　已经在海关办理注册登记并取得报关注册登记证书的报关企业或者进出口货物收发货人可以接受减免税申请人委托，代为办理减免税相关事宜。

第二章　减免税备案

第六条　减免税申请人按照有关进出口税收优惠政策的规定申请减免税进出口相关货物，海关需要事先对减免税申请人的资格或者投资项目等情况进行确认，减免税申请人应当在申请办理减免税审批手续前，向主管海关申请办理减免税备案手续，并同时提交下列材料：

（一）《进出口货物减免税备案申请表》；

（二）企业营业执照或者事业单位法人证书、国家机关设立文件、社团登记证书、民办非企业单位登记证书、基金会登记证书等证明材料；

（三）相关政策规定的享受进出口税收优惠政策资格的证明材料；

（四）海关认为需要提供的其他材料。

减免税申请人按照本条规定提交证明材料的，应当交验原件，同时提交加盖减免税申请人有效印章的复印件。

第七条 海关收到减免税申请人的减免税备案申请后，应当审查确认所提交的申请材料是否齐全、有效，填报是否规范。

减免税申请人的申请材料符合规定的，海关应当予以受理，海关收到申请材料之日为受理之日；减免税申请人的申请材料不齐全或者不符合规定的，海关应当一次性告知减免税申请人需要补正的有关材料，海关收到全部补正的申请材料之日为受理之日。

不能按照规定向海关提交齐全、有效材料的，海关不予受理。

第八条 海关受理减免税申请人的备案申请后，应当对其主体资格、投资项目等情况进行审核。

经审核符合有关进出口税收优惠政策规定的，应当准予备案；经审核不予备案的，应当书面通知减免税申请人。

第九条 海关应当自受理之日起10个工作日内作出是否准予备案的决定。

因政策规定不明确或者涉及其他部门管理职责需与相关部门进一步协商、核实有关情况等原因在10个工作日内不能作出决定的，海关应当书面向减免税申请人说明理由。

有本条第二款规定情形的，海关应当自情形消除之日起15个工作日内作出是否准予备案的决定。

第十条 减免税申请人要求变更或者撤销减免税备案的，应当向主管海关递交申请。经审核符合相关规定的，海关应当予以办理。

变更或者撤销减免税备案应当由项目审批部门出具意见的，减免税申请人应当在申请变更或者撤销时一并提供。

第三章 减免税审批

第十一条 减免税申请人应当在货物申报进出口前，向主管海关申请办理进出口货物减免税审批手续，并同时提交下列材料：

（一）《进出口货物征免税申请表》；

（二）企业营业执照或者事业单位法人证书、国家机关设立文件、社团登记证书、民办非企业单位登记证书、基金会登记证书等证明材料；

（三）进出口合同、发票以及相关货物的产品情况资料；

（四）相关政策规定的享受进出口税收优惠政策资格的证明材料；

（五）海关认为需要提供的其他材料。

减免税申请人按照本条规定提交证明材料的，应当交验原件，同时提交加盖减免税申请人有效印章的复印件。

第十二条 海关收到减免税申请人的减免税审批申请后，应当审核确认所提交的申请材料是否齐全、有效，填报是否规范。对应当进行减免税备案的，还应当审核是否已经按照规定办理备案手续。

减免税申请人的申请材料符合规定的，海关应当予以受理，海关收到申请材料之日为受理之日；减免税申请人提交的申请材料不齐全或者不符合规定的，海关应当一次性告知减免税申请人需要补正的有关材料，海关收到全部补正的申请材料之日为受理之日。

不能按照规定向海关提交齐全、有效材料，或者未按照规定办理减免税备案手续的，海关不予受理。

第十三条 海关受理减免税申请人的减免税审批申请后，应当对进出口货物相关情况是否符合有关进出口税收优惠政策规定、进出口货物的金额、数量等是否在减免税额度内等情况进行审核。对应当进行减免税备案的，还需要对减免税申请人、进出口货物等是否符合备案情况进行审核。

经审核符合相关规定的，应当作出进出口货物征税、减税或者免税的决定，并签发《中华人民共和国海关进出口货物征免税证明》(以下简称《征免税证明》)。

第十四条 海关应当自受理减免税审批申请之日起10个工作日内作出是否准予减免税的决定。

有下列情形之一，不能在受理减免税审批申请之日起10个工作日内作出决定的，海关应当书面向减免税申请人说明理由：

（一）政策规定不明确或者涉及其他部门管理职责需要与相关部门进一步协商、核实有关情况的；

（二）需要对货物进行化验、鉴定以确定是否符合减免税政策规定的；

（三）因其他合理原因不能在本条第一款规定期限内作出决定的。

有本条第二款规定情形的，海关应当自情形消除之日起15个工作日内作出是否准予减免税的决定。

第十五条 减免税申请人申请变更或者撤销已签发的《征免税证明》的，应当在《征免税证明》有效期内向主管海关提出申请，说明理由，并提交相关材料。

经审核符合规定的，海关准予变更或者撤销。准予变更的，海关应当在变更完成后签发新的《征免税证明》，并收回原《征免税证明》。准予撤销的，海关应当收回原《征免税证明》。

第十六条 减免税申请人应当在《征免税证明》有效期内办理有关进出口货物通关手续。不能在有效期内办理，需要延期的，应当在《征免税证明》有效期内向海关提出延期申请。经海关审核同意，准予办理延长《征免税证明》有效期手续。

《征免税证明》可以延期一次，延期时间自有效期届满之日起算，延长期限不得超过6个月。海关总署批准的特殊情况除外。

《征免税证明》有效期限届满仍未使用的，该《征免税证明》效力终止。减免税申请人需要减免税进出口该《征免税证明》所列货物的，应当重新向海关申请办理。

第十七条 减免税申请人遗失《征免税证明》需要补办的，应当在《征免税证明》有效期内向主管海关提出申请。

经核实原《征免税证明》尚未使用的，主管海关应当重新签发《征免税证明》，原《征免税证明》同时作废。

原《征免税证明》已经使用的，不予补办。

第十八条 除国家政策调整等原因并经海关总署批准外，货物征税放行后，减免税申请人申请补办减免税审批手续的，海关不予受理。

第四章 减免税货物税款担保

第十九条 有下列情形之一的，减免税申请人可以向海关申请凭税款担保先予办理货物放行手续：

（一）主管海关按照规定已经受理减免税备案或者审批申请，尚未办理完毕的；

（二）有关进出口税收优惠政策已经国务院批准，具体实施措施尚未明确，海关总署已确认减免税申请人属于享受该政策范围的；

（三）其他经海关总署核准的情况。

第二十条 减免税申请人需要办理税款担保手续的，应当在货物申报进出口前向主管海关提出申请，并按照有关进出口税收优惠政策的规定向海关提交相关材料。

主管海关应当在受理申请之日起7个工作日内，作出是否准予担保的决定。准予担保的，应当出具《中华人民共和国海关准予办理减免税货物税款担保证明》（以下简称《准予担保证明》）；不准予担保的，应当出具《中华人民共和国海关不准予办理减免税货物税款担保决定》。

第二十一条 进出口地海关凭主管海关出具的《准予担保证明》，办理货物的税款担保和验放手续。

国家对进出口货物有限制性规定，应当提供许可证件而不能提供的，以及法律、行政法规规定不得担保的其他情形，进出口地海关不得办理减免税货物凭税款担保放行手续。

第二十二条 税款担保期限不超过6个月，经直属海关关长或者其授权人批准可以予以延期，延期时间自税款担保期限届满之日起算，延长期限不超过6个月。

特殊情况仍需要延期的，应当经海关总署批准。

第二十三条 海关依照本办法规定延长减免税备案、审批手续办理时限的，减免税货物税款担保时限可以相应延长，主管海关应当及时通知减免税申请人向海关申请办理减免税货物税款担保延期的手续。

第二十四条 减免税申请人在减免税货物税款担保期限届满前未取得《征免税证明》，申请延长税款担保期限的，应当在《准予担保证明》规定期限届满的10个工作日以前向主管海关提出申请。主管海关应当在受理申请后7个工作日内，作出是否准予延长担保期限的决定。准予延长的，应当出具《中华人民共和国海关准予办理减免税货物税款担保延期证明》（以下简称《准予延期证明》）；不准予延长的，应当出具《中华人民共和国海关不准予办理减免税货物税款担保延期决定》。

减免税申请人按照海关要求申请延长减免税货物税款担保期限的，比照本条第一款规定办理。

进出口地海关凭《准予延期证明》办理减免税货物税款担保延期手续。

第二十五条 减免税申请人在减免税货物税款担保期限届满前取得《征免税证明》的，海关应当解除税款担保，办理征免税进出口手续。担保期限届满，减免税申请人未按照规定申请办理减免税货物税款担保延期手续的，海关应当要求担保人履行相应的担保责任或者将税款保证金转为税款。

第五章 减免税货物的处置

第二十六条 在进口减免税货物的海关监管年限内，未经海关许可，减免税申请人不得擅自将减免税货物转让、抵押、质押、移作他用或者进行其他处置。

第二十七条 按照国家有关规定在进口时免予提交许可证件的进口减免税货物，减免税申请人向海关申请进行转让、抵押、质押、移作他用或者其他处置时，按照规定需要补办许可证件的，应当补办有关许可证件。

第二十八条 在海关监管年限内，减免税申请人将进口减免税货物转让给进口同一货物享受同等减免税优惠待遇的其他单位的，应当按照下列规定办理减免税货物结转手续：

（一）减免税货物的转出申请人持有关单证向转

出地主管海关提出申请，转出地主管海关审核同意后，通知转入地主管海关。

（二）减免税货物的转入申请人向转入地主管海关申请办理减免税审批手续。转入地主管海关审核无误后签发《征免税证明》。

（三）转出、转入减免税货物的申请人应当分别向各自的主管海关申请办理减免税货物的出口、进口报关手续。转出地主管海关办理转出减免税货物的解除监管手续。结转减免税货物的监管年限应当连续计算。转入地主管海关在剩余监管年限内对结转减免税货物继续实施后续监管。

转入地海关和转出地海关为同一海关的，按照本条第一款规定办理。

第二十九条 在海关监管年限内，减免税申请人将进口减免税货物转让给不享受进口税收优惠政策或者进口同一货物不享受同等减免税优惠待遇的其他单位的，应当事先向减免税申请人主管海关申请办理减免税货物补缴税款和解除监管手续。

第三十条 在海关监管年限内，减免税申请人需要将减免税货物移作他用的，应当事先向主管海关提出申请。经海关批准，减免税申请人可以按照海关批准的使用地区、用途、企业将减免税货物移作他用。

本条第一款所称移作他用包括以下情形：

（一）将减免税货物交给减免税申请人以外的其他单位使用；

（二）未按照原定用途、地区使用减免税货物；

（三）未按照特定地区、特定企业或者特定用途使用减免税货物的其他情形。

除海关总署另有规定外，按照本条第一款规定将减免税货物移作他用的，减免税申请人还应当按照移作他用的时间补缴相应税款；移作他用时间不能确定的，应当提交相应的税款担保，税款担保不得低于剩余监管年限应补缴税款总额。

第三十一条 在海关监管年限内，减免税申请人要求以减免税货物向金融机构办理贷款抵押的，应当向主管海关提出书面申请。经审核符合有关规定的，主管海关可以批准其办理贷款抵押手续。

减免税申请人不得以减免税货物向金融机构以外的公民、法人或者其他组织办理贷款抵押。

第三十二条 减免税申请人以减免税货物向境内金融机构办理贷款抵押的，应当向海关提供下列形式的担保：

（一）与货物应缴税款等值的保证金；

（二）境内金融机构提供的相当于货物应缴税款的保函；

（三）减免税申请人、境内金融机构共同向海关提交《进口减免税货物贷款抵押承诺保证书》，书面承诺当减免税申请人抵押贷款无法清偿需要以抵押物抵偿时，抵押人或者抵押权人先补缴海关税款，或者从抵押物的折（变）价款中优先偿付海关税款。

减免税申请人以减免税货物向境外金融机构办理贷款抵押的，应当向海关提交本条第一款第（一）项或者第（二）项规定形式的担保。

第三十三条 海关在收到贷款抵押申请材料后，应当审核申请材料是否齐全、有效，必要时可以实地核查减免税货物情况，了解减免税申请人经营状况。

经审核同意的，主管海关应当出具《中华人民共和国海关准予进口减免税货物贷款抵押通知》。

第三十四条 海关同意以进口减免税货物办理贷款抵押的，减免税申请人应当于正式签订抵押合同、贷款合同之日起30日内将抵押合同、贷款合同正本或者复印件交海关备案。提交复印件备案的，减免税申请人应当在复印件上标注“与正本核实一致”，并予以签章。

抵押合同、贷款合同的签订日期不是同一日的，按照后签订的日期计算本条第一款规定的备案时限。

第三十五条 贷款抵押需要延期的，减免税申请人应当在贷款期限届满前20日内向主管海关申请办理贷款抵押的延期手续。

经审核同意的，主管海关签发准予延期通知，并出具《中华人民共和国海关准予办理进口减免税货物贷款抵押延期通知》。

第六章　减免税货物的管理

第三十六条 除海关总署另有规定外，在海关监管年限内，减免税申请人应当按照海关规定保管、使用进口减免税货物，并依法接受海关监管。

进口减免税货物的监管年限为：

（一）船舶、飞机：8年；

（二）机动车辆：6年；

（三）其他货物：5年。

监管年限自货物进口放行之日起计算。

第三十七条 在海关监管年限内，减免税申请人应当自进口减免税货物放行之日起，在每年的第1季度向主管海关递交《减免税货物使用状况报告书》，报告减免税货物使用状况。

减免税申请人未按照本条第一款规定向海关报告其减免税货物状况，向海关申请办理减免税备案、审批手续的，海关不予受理。

第三十八条 在海关监管年限内，减免税货物应当在主管海关核准的地点使用。需要变更使用地点的，减免税申请人应当向主管海关提出申请，说明理由，经海关批准后方可变更使用地点。

减免税货物需要移出主管海关管辖地使用的，减免税申请人应当事先持有关单证以及需要异地使用的说明材料向主管海关申请办理异地监管手续，经主管海关审核同意并通知转入地海关后，减免税申请人可以将减免税货物运至转入地海关管辖地，转入地海关确认减免税货物情况后进行异地监管。

减免税货物在异地使用结束后，减免税申请人应当及时向转入地海关申请办结异地监管手续，经转入地海关审核同意并通知主管海关后，减免税申请人应当将减免税货物运回主管海关管辖地。

第三十九条 在海关监管年限内，减免税申请人发生分立、合并、股东变更、改制等变更情形的，权利义务承受人(以下简称承受人)应当自营业执照颁发之日起30日内，向原减免税申请人的主管海关报告主体变更情况及原减免税申请人进口减免税货物的情况。

经海关审核，需要补征税款的，承受人应当向原减免税申请人主管海关办理补税手续；可以继续享受减免税待遇的，承受人应当按照规定申请办理减免税备案变更或者减免税货物结转手续。

第四十条 在海关监管年限内，因破产、改制或者其他情形导致减免税申请人终止，没有承受人的，原减免税申请人或者其他依法应当承担关税及进口环节海关代征税缴纳义务的主体应当自资产清算之日起30日内向主管海关申请办理减免税货物的补缴税款和解除监管手续。

第四十一条 在海关监管年限内，减免税申请人要求将进口减免税货物退运出境或者出口的，应当报主管海关核准。

减免税货物退运出境或者出口后，减免税申请人应当持出口报关单向主管海关办理原进口减免税货物的解除监管手续。

减免税货物退运出境或者出口的，海关不再对退运出境或者出口的减免税货物补征相关税款。

第四十二条 减免税货物海关监管年限届满的，自动解除监管。

在海关监管年限内的进口减免税货物，减免税申请人书面申请提前解除监管的，应当向主管海关申请办理补缴税款和解除监管手续。按照国家有关规定在进口时免予提交许可证件的进口减免税货物，减免税申请人还应当补交有关许可证件。

减免税申请人需要海关出具解除监管证明的，可以自办结补缴税款和解除监管等相关手续之日或者自海关监管年限届满之日起1年内，向主管海关申请领取解除监管证明。海关审核同意后出具《中华人民共和国海关进口减免税货物解除监管证明》。

第四十三条 在海关监管年限及其后3年内，海关依照《海关法》和《中华人民共和国海关稽查条例》有关规定对减免税申请人进口和使用减免税货物情况实施稽查。

第四十四条 减免税货物转让给进口同一货物享受同等减免税优惠待遇的其他单位的，不予恢复减免税货物转出申请人的减免税额度，减免税货物转入申请人的减免税额度按照海关审定的货物结转时的价格、数量或者应缴税款予以扣减。

减免税货物因品质或者规格原因原状退运出境，减免税申请人以无代价抵偿方式进口同一类型货物的，不予恢复其减免税额度；未以无代价抵偿方式进口同一类型货物的，减免税申请人在原减免税货物退运出境之日起3个月内向海关提出申请，经海关批准，可以恢复其减免税额度。

对于其他提前解除监管的情形，不予恢复减免税额度。

第四十五条 减免税货物因转让或者其他原因需要补征税款的，补税的完税价格以海关审定的货物原进口时的价格为基础，按照减免税货物已进口时间与监管年限的比例进行折旧，其计算公式如下：

$$\text{补税的完税价格} = \text{海关审定的货物原进口时的价格} \times \left[1 - \frac{\text{减免税货物已进口时间}}{\text{监管年限} \times 12}\right]$$

减免税货物已进口时间自减免税货物的放行之日起按月计算。不足1个月但超过15日的按1个月计算；不超过15日的，不予计算。

第四十六条 按照本办法第四十五条规定计算减免税货物补征税款的，已进口时间的截止日期按以下规定确定：

(一) 转让减免税货物的，应当以海关接受减免税申请人申请办理补税手续之日作为计算其已进口时间的截止之日。

(二) 减免税申请人未经海关批准，擅自转让减免税货物的，应当以货物实际转让之日作为计算其已进口时间的截止之日；转让之日不能确定的，应当以海关发现之日作为截止之日。

(三) 在海关监管年限内，减免税申请人发生破产、撤销、解散或者其他依法终止经营情形的，已进口时间的截止日期应当为减免税申请人破产清算之日或者被依法认定终止生产经营活动的日期。

第四十七条 减免税申请人将减免税货物移作他用，应当补缴税款的，税款的计算公式为：

补缴税款 = 海关审定的货物原进口时的价格 ×

$$税率\times\left[\frac{需补缴税款的时间}{监管年限\times12\times30}\right]$$

上述计算公式中的税率，应当按照《关税条例》的有关规定，采用相应的适用税率；需补缴税款的时间是指减免税货物移作他用的实际时间，按日计算，每日实际生产不满8小时或者超过8小时的均按1日计算。

第四十八条 海关在办理减免税货物异地监管、结转、主体变更、退运出口、解除监管、贷款抵押等后续管理事务时，应当自受理申请之日起10个工作日内作出是否同意的决定。

因特殊情形不能在10个工作日内作出决定的，海关应当书面向申请人说明理由。

第四十九条 海关总署对重大减免税事项实施备案管理。

第七章 附 则

第五十条 违反本办法，构成走私行为、违反海关监管规定行为或者其他违反海关法行为的，由海关依照《海关法》和《中华人民共和国海关行政处罚实施条例》有关规定予以处理；构成犯罪的，依法追究刑事责任。

第五十一条 本办法下列用语的含义：

进出口货物减免税申请人，是指根据有关进出口税收优惠政策和有关法律法规的规定，可以享受进出口税收优惠，并依照本办法向海关申请办理减免税相关手续的具有独立法人资格的企事业单位、社会团体、国家机关；符合本办法第三条第四款规定的非法人分支机构；经海关总署审查确认的其他组织。

减免税申请人所在地海关，当减免税申请人为企业法人时，所在地海关是指其办理企业法人登记地的海关；当减免税申请人为国家机关、事业单位、社会团体等非企业法人组织时，所在地海关是指其住所地海关；当减免税申请人为符合本办法第三条第四款规定的非法人分支机构时，所在地海关是指该分支机构办理工商注册登记地的海关。

情形消除之日，是指因政策规定不明确等原因，海关总署或者直属海关发文明确之日。

减免税额度，是指根据有关进出口税收优惠政策规定确定的减免税申请人可以减税或者免税进出口货物的金额、数量，或者可以减征、免征的进出口关税及进口环节海关代征税的税款。

第五十二条 本办法所列文书格式由海关总署另行制定并公告。

第五十三条 本办法由海关总署负责解释。

第五十四条 本办法自2009年2月1日起施行。

三十五、中华人民共和国住房和城乡建设部公告 第214号 关于发布国家标准《石油化工企业设计防火规范》的公告(二〇〇八年十二月三十日)：

现批准《石油化工企业设计防火规范》为国家标准，编号为GB 50160—2008，自2009年7月1日起实施。其中，第4.1.6、4.1.8、4.1.9、4.2.12、4.4.6、5.1.3、5.2.1、5.2.7、5.2.16、5.2.18（2、3、5）、5.3.3（1、2）、5.3.4、5.5.1、5.5.2、5.5.12、5.5.13、5.5.14、5.5.17、5.5.21（1、2）、5.6.1、6.2.6、6.2.8、6.3.2(1、2、4、5)、6.3.3、6.4.1(2、3)、6.4.2(6)、6.4.3(1、2)、6.4.4(1)、6.5.1(2)、6.6.3、6.6.5、7.1.4、7.2.2、7.2.16、7.3.3、8.3.1、8.3.8、8.4.5（1）、8.7.2（1、2）、8.10.1、8.10.4（1、2、3）、8.12.1、8.12.2（1）、9.1.4、9.2.3(1)、9.3.1条(款)为强制性条文，必须严格执行。原《石油化工企业设计防火规范》GB 50160—92(1999年版)同时废止。

（中国塑料加工工业协会 史立科）

2009 年合成树脂及制品海关关税、税则税率
Customs Puty and Tax Rate in 2009

商品编码	附加编号	商品名称(点击查询商品进出口统计数据)	进口税率		出口税率	增值税	消费税	计量单位	监管条件
			优惠	普通					
39011000	01	初级形状比重 <0.94 的聚乙烯	6.5	45.0	0.0	17.0	0.0	kg	A
39011000	90	初级形状比重 <0.94 的聚乙烯	6.5	45.0	0.0	17.0	0.0	kg	A
39012000	01	初级形状比重≥0.94 的聚乙烯	6.5	45.0	0.0	17.0	0.0	kg	A
39012000	90	初级形状比重≥0.94 的聚乙烯	6.5	45.0	0.0	17.0	0.0	kg	A
39013000		初级形状乙烯-乙酸乙烯酯共聚物	6.5	45.0	0.0	17.0	0.0	kg	A
39019010		乙烯-丙烯共聚物(乙丙橡胶)	6.5	45.0	0.0	17.0	0.0	kg	A
39019020		线型低密度聚乙烯	6.5	45.0	0.0	17.0	0.0	kg	A
39019090		其他初级形状的乙烯聚合物	6.5	45.0	0.0	17.0	0.0	kg	A
39021000	10	电工级初级形状聚丙烯树脂	6.5	45.0	0.0	17.0	0.0	kg	A
39021000	90	其他初级形状的聚丙烯	6.5	45.0	0.0	17.0	0.0	kg	A
39022000		初级形状的聚异丁烯	6.5	45.0	0.0	17.0	0.0	kg	AB
39023010		乙烯-丙烯共聚物(乙丙橡胶)	6.5	45.0	0.0	17.0	0.0	kg	
39023090		其他初级形状的丙烯共聚物	6.5	45.0	0.0	17.0	0.0	kg	
39029000	10	端羧基聚丁二烯, CTPB	6.5	45.0	0.0	17.0	0.0	kg	3
39029000	20	端羟基聚丁二烯, HTPB	6.5	45.0	0.0	17.0	0.0	kg	3
39029000	90	其他初级形状的烯烃聚合物	6.5	45.0	0.0	17.0	0.0	kg	
39031100		初级形状的可发性聚苯乙烯	6.5	45.0	0.0	17.0	0.0	kg	A
39031900		初级形状的其他聚苯乙烯	6.5	45.0	0.0	17.0	0.0	kg	A
39032000		初级形状苯乙烯-丙烯腈共聚物	12.0	45.0	0.0	17.0	0.0	kg	
39033000		丙烯腈-丁二烯-苯乙烯共聚物	6.5	45.0	0.0	17.0	0.0	kg	A
39039000		初级形状的其他苯乙烯聚合物	6.5	45.0	0.0	17.0	0.0	kg	
39041010		聚氯乙烯糊树脂	6.5	45.0	0.0	17.0	0.0	kg	A
39041090	01	聚氯乙烯纯粉	6.5	45.0	0.0	17.0	0.0	kg	A
39041090	90	其他初级形状的纯聚氯乙烯	6.5	45.0	0.0	17.0	0.0	kg	A
39042100		初级形状未塑化的聚氯乙烯	6.5	45.0	0.0	17.0	0.0	kg	
39042200		初级形状已塑化的聚氯乙烯	6.5	45.0	0.0	17.0	0.0	kg	
39043000		氯乙烯-乙酸乙烯酯共聚物	9.0	45.0	0.0	17.0	0.0	kg	
39044000		初级形状的其他氯乙烯共聚物	12.0	45.0	0.0	17.0	0.0	kg	
39045000		初级形状的偏二氯乙烯聚合物	6.5	45.0	0.0	17.0	0.0	kg	
39046100		初级形状的聚四氟乙烯	10.0	45.0	0.0	17.0	0.0	kg	
39046900		初级形状的其他氟聚合物	6.5	45.0	0.0	17.0	0.0	kg	

续表

商品编码	附加编号	商品名称(点击查询商品进出口统计数据)	进口税率		出口税率	增值税	消费税	计量单位	监管条件
			优惠	普通					
39049000		初级形状的其他卤化烯烃聚合物	10.0	45.0	0.0	17.0	0.0	kg	
39051200		聚乙酸乙烯酯的水分散体	10.0	45.0	0.0	17.0	0.0	kg	
39051900		其他初级形状聚乙酸乙烯酯	10.0	45.0	0.0	17.0	0.0	kg	
39052100		乙酸乙烯酯共聚物的水分散体	10.0	45.0	0.0	17.0	0.0	kg	
39052900		其他初级形状的乙酸乙烯酯共聚物	10.0	45.0	0.0	17.0	0.0	kg	
39053000		初级形状的聚乙烯醇	14.0	45.0	0.0	17.0	0.0	kg	AB
39059100		其他乙烯酯或乙烯基的共聚物	10.0	45.0	0.0	17.0	0.0	kg	
39059900		其他乙烯酯或乙烯基的聚合物	10.0	45.0	0.0	17.0	0.0	kg	
39061000		初级形状的聚甲基丙烯酸甲酯	6.5	45.0	0.0	17.0	0.0	kg	
39069010		聚丙烯酰胺	6.5	45.0	0.0	17.0	0.0	kg	AB
39069090	01	聚丙烯酸钠	6.5	45.0	0.0	17.0	0.0	kg	
39069090	90	其他初级形状的丙烯酸聚合物	6.5	45.0	0.0	17.0	0.0	kg	
39071010		初级形状的聚甲醛	6.5	45.0	0.0	17.0	0.0	kg	
39071090		其他初级形状的聚缩醛	6.5	45.0	0.0	17.0	0.0	kg	
39072010		聚四亚甲基醚二醇	6.5	45.0	0.0	17.0	0.0	kg	
39072090		初级形状的其他聚醚	6.5	45.0	0.0	17.0	0.0	kg	
39073000	01	初级形状溴质量≥18%或进口 CIF 价	6.5	45.0	0.0	17.0	0.0	kg	
39073000	90	初级形状的环氧树脂	6.5	45.0	0.0	17.0	0.0	kg	
39074000		初级形状的聚碳酸酯	6.5	45.0	0.0	17.0	0.0	kg	
39075000		初级形状的醇酸树脂	10.0	45.0	0.0	17.0	0.0	kg	
39076011		高黏度聚对苯二甲酸乙二酯切片	6.5	45.0	0.0	17.0	0.0	kg	A
39076019		其他聚对苯二甲酸乙二酯切片	6.5	45.0	0.0	17.0	0.0	kg	A
39076090		其他初级形状聚对苯二甲酸乙二酯	6.5	45.0	0.0	17.0	0.0	kg	A
39077000		初级形状的聚乳酸	6.5	45.0	0.0	17.0	0.0	kg	
39079100		初级形状的不饱和聚酯	6.5	45.0	0.0	17.0	0.0	kg	
39079910	01	未经增强或改性的初级形状 PBT 树	6.5	45.0	0.0	17.0	0.0	kg	
39079910	90	其他聚对苯二甲酸丁二酯	6.5	45.0	0.0	17.0	0.0	kg	
39079990		初级形状的其他聚酯	6.5	45.0	0.0	17.0	0.0	kg	AB
39081011		聚酰胺－6，6 切片	6.5	45.0	0.0	17.0	0.0	kg	
39081019	10	尼龙 11、尼龙 12 切片	6.5	45.0	0.0	17.0	0.0	kg	
39081019	90	聚酰胺－6 切片等	6.5	45.0	0.0	17.0	0.0	kg	
39081090		其他初级形状的聚酰胺－6，6 等	6.5	45.0	0.0	17.0	0.0	kg	
39089000		初级形状的其他聚酰胺	10.0	45.0	0.0	17.0	0.0	kg	
39091000		初级形状的尿素树脂及硫尿树脂	6.5	45.0	0.0	17.0	0.0	kg	

续表

商品编码	附加编号	商品名称(点击查询商品进出口统计数据)	进口税率		出口税率	增值税	消费税	计量单位	监管条件
			优惠	普通					
39092000		初级形状的蜜胺树脂	6.5	45.0	0.0	17.0	0.0	kg	
39093010		聚(亚甲基苯基异氰酸酯)聚合 MDI	6.5	35.0	0.0	17.0	0.0	kg	
39093090		其他初级形状的氨基树脂	6.5	45.0	0.0	17.0	0.0	kg	
39094000		初级形状的酚醛树脂	6.5	45.0	0.0	17.0	0.0	kg	
39095000		初级形状的聚氨基甲酸酯	6.5	45.0	0.0	17.0	0.0	kg	
39100000		初级形状的聚硅氧烷	6.5	45.0	0.0	17.0	0.0	kg	
39111000		初级形状的石油树脂等	6.5	45.0	0.0	17.0	0.0	kg	
39119000	01	芳基酸与芳基胺预缩聚物	6.5	45.0	0.0	17.0	0.0	kg	
39119000	03	改性三羟乙基脲酸酯类预缩聚物	6.5	45.0	0.0	17.0	0.0	kg	
39119000	04	聚苯硫醚	6.5	45.0	0.0	17.0	0.0	kg	
39119000	05	偏苯三酸酐和异氰酸预缩聚物	6.5	45.0	0.0	17.0	0.0	kg	
39119000	90	其他初级形状的多硫化物、聚砜等	6.5	45.0	0.0	17.0	0.0	kg	
39121100	01	未塑化二醋酸纤维素等	6.5	40.0	0.0	17.0	0.0	kg	
39121100	90	初级形状的未塑化醋酸纤维素	6.5	40.0	0.0	17.0	0.0	kg	
39121200		初级形状的已塑化醋酸纤维素	6.5	40.0	0.0	17.0	0.0	kg	
39122000		初级形状的硝酸纤维素	6.5	45.0	0.0	17.0	0.0	kg	
39123100		初级形状的羧甲基纤维素及其盐	6.5	45.0	0.0	17.0	0.0	kg	
39123900		初级形状的其他纤维素醚	6.5	45.0	0.0	17.0	0.0	kg	
39129000		初级形状的其他未列名的纤维素	6.5	45.0	0.0	17.0	0.0	kg	
39131000		初级形状的藻酸及盐和酯	10.0	45.0	0.0	17.0	0.0	kg	AB
39139000		初级形状的其他未列名天然聚合物	6.5	50.0	0.0	17.0	0.0	kg	
39140000		初级形状的离子交换剂	6.5	45.0	0.0	17.0	0.0	kg	
39151000		乙烯聚合物的废碎料及下脚料	6.5	50.0	0.0	17.0	0.0	kg	AP
39152000		苯乙烯聚合物的废碎料及下脚料	6.5	50.0	0.0	17.0	0.0	kg	AP
39153000		氯乙烯聚合物的废碎料及下脚料	6.5	50.0	0.0	17.0	0.0	kg	AP
39159010		聚对苯二甲酸乙二酯废碎料及下脚	6.5	50.0	0.0	17.0	0.0	kg	AP
39159090		其他塑料的废碎料及下脚料	6.5	50.0	0.0	17.0	0.0	kg	AP
39161000		乙烯聚合物制单丝，条，杆及型材	10.0	45.0	0.0	17.0	0.0	kg	
39162000		氯乙烯聚合物制单丝，条，杆及型材	10.0	45.0	0.0	17.0	0.0	kg	
39169010		聚酰胺制的单丝，条，杆及型材	10.0	45.0	0.0	17.0	0.0	kg	
39169090		其他塑料制单丝，条，杆及型材	10.0	45.0	0.0	17.0	0.0	kg	
39171000		硬化蛋白或纤维素材料制人造肠衣	10.0	50.0	0.0	17.0	0.0	kg	A
39172100		乙烯聚合物制的硬管	10.0	45.0	0.0	17.0	0.0	kg	
39172200		丙烯聚合物制的硬管	10.0	45.0	0.0	17.0	0.0	kg	

续表

商品编码	附加编号	商品名称(点击查询商品进出口统计数据)	进口税率		出口税率	增值税	消费税	计量单位	监管条件
			优惠	普通					
39172300		氯乙烯聚合物制的硬管	10.0	45.0	0.0	17.0	0.0	kg	
39172900		其他塑料制的硬管	10.0	45.0	0.0	17.0	0.0	kg	
39173100		塑料制的软管	10.0	45.0	0.0	17.0	0.0	kg	
39173200		其他未装有附件的塑料制管子	6.5	45.0	0.0	17.0	0.0	kg	
39173300		其他装有附件的塑料管子	6.5	45.0	0.0	17.0	0.0	kg	
39173900		塑料制的其他管子	6.5	45.0	0.0	17.0	0.0	kg	
39174000		塑料制的管子附件	10.0	45.0	0.0	17.0	0.0	kg	
39181010		氯乙烯聚合物制糊墙品	10.0	45.0	0.0	17.0	0.0	kg	
39181090		氯乙烯聚合物制的铺地制品	10.0	45.0	0.0	17.0	0.0	kg	
39189010		其他塑料制的糊墙品	10.0	45.0	0.0	17.0	0.0	kg	
39189090		其他塑料制的铺地制品	10.0	45.0	0.0	17.0	0.0	kg	
39191010		丙烯酸树脂类为主的自黏塑料板等	6.5	45.0	0.0	17.0	0.0	kg	
39191091		宽度≤20cm的胶囊型反光膜	6.5	45.0	0.0	17.0	0.0	kg	
39191099		其他宽度≤20cm的自黏塑料板片等	6.5	45.0	0.0	17.0	0.0	kg	
39199010		其他胶囊型反光膜	6.5	45.0	0.0	17.0	0.0	kg	
39199090		其他自黏塑料板，片，膜等材料	6.5	45.0	0.0	17.0	0.0	kg	
39201010		乙烯聚合物制电池隔膜	6.5	45.0	0.0	13.0	0.0	kg	
39201090	01	乙烯－四氟乙烯膜	6.5	45.0	0.0	13.0	0.0	kg	
39201090	10	农用非泡沫聚乙烯薄膜	6.5	45.0	0.0	13.0	0.0	kg	
39201090	90	其他非泡沫乙烯聚合物板，片，膜	6.5	45.0	0.0	17.0	0.0	kg	
39202010		丙烯聚合物制电池隔膜	6.5	45.0	0.0	13.0	0.0	kg	
39202090	10	农用非泡沫聚丙烯薄膜	6.5	45.0	0.0	13.0	0.0	kg	
39202090	90	非泡沫丙烯聚合物板，片，膜，箔	6.5	45.0	0.0	17.0	0.0	kg	
39203000		非泡沫苯乙烯聚合物板，片，膜，箔	6.5	45.0	0.0	17.0	0.0	kg	
39204300	10	农用软质聚氯乙烯薄膜	6.5	45.0	0.0	17.0	0.0	kg	
39204300	90	氯乙烯聚合物板，片，膜，箔及扁条	6.5	45.0	0.0	17.0	0.0	kg	
39204900	10	其他农用软质聚氯乙烯薄膜	6.5	45.0	0.0	13.0	0.0	kg	
39204900	90	其他氯乙烯聚合物板，片，膜，箔	6.5	45.0	0.0	17.0	0.0	kg	
39205100		聚甲基丙烯酸甲酯板片膜箔及扁条	6.5	45.0	0.0	17.0	0.0	kg	
39205900		其他丙烯酸聚合物板片膜箔及扁条	6.5	45.0	0.0	17.0	0.0	kg	
39206100		聚碳酸酯制板，片，膜，箔，扁条	6.5	45.0	0.0	17.0	0.0	kg	
39206200	01	9≤厚≤15.9微米聚酯薄膜	6.5	45.0	0.0	17.0	0.0	kg	
39206200	02	5≤厚≤8.9微米聚酯薄膜	6.5	45.0	0.0	17.0	0.0	kg	
39206200	03	16≤厚≤29.9微米聚酯薄膜	6.5	45.0	0.0	17.0	0.0	kg	

续表

商品编码	附加编号	商品名称(点击查询商品进出口统计数据)	进口税率		出口税率	增值税	消费税	计量单位	监管条件
			优惠	普通					
39206200	04	50≤厚≤99.9微米聚酯薄膜	6.5	45.0	0.0	17.0	0.0	kg	
39206200	09	其他聚对苯二甲酸乙二酯板片膜等	6.5	45.0	0.0	17.0	0.0	kg	
39206300		不饱和聚酯板，片，膜，箔及扁条	10.0	45.0	0.0	17.0	0.0	kg	
39206900		其他聚酯板，片，膜，箔及扁条	10.0	45.0	0.0	17.0	0.0	kg	
39207100		再生纤维素制板，片，膜，箔及扁条	6.5	45.0	0.0	17.0	0.0	kg	
39207300		醋酸纤维素制板，片，膜，箔及扁条	6.5	45.0	0.0	17.0	0.0	kg	
39207900		其他纤维素衍生物制板，片，膜箔	10.0	45.0	0.0	17.0	0.0	kg	
39209100	01	聚乙烯醇缩丁醛膜	6.5	45.0	0.0	17.0	0.0	kg	
39209100	90	聚乙烯醇缩丁醛板，片，箔，扁条	6.5	45.0	0.0	17.0	0.0	kg	
39209200		聚酰胺板，片，膜，箔，扁条	10.0	45.0	0.0	17.0	0.0	kg	
39209300		氨基树脂板，片，膜，箔，扁条	6.5	45.0	0.0	17.0	0.0	kg	
39209400		酚醛树脂板，片，膜，箔，扁条	10.0	45.0	0.0	17.0	0.0	kg	
39209910		聚四氟乙烯制非泡沫塑料板，片，箔	6.5	45.0	0.0	17.0	0.0	kg	
39209990		其他非泡沫塑料板，片，膜，箔，扁条	6.5	45.0	0.0	17.0	0.0	kg	
39211100		泡沫聚苯乙烯板，片，带，箔，扁条	10.0	45.0	0.0	17.0	0.0	kg	
39211210		泡沫聚氯乙烯人造革及合成革	9.0	70.0	0.0	17.0	0.0	kg	5
39211290		泡沫聚氯乙烯板，片，带，箔，扁条	6.5	45.0	0.0	17.0	0.0	kg	5
39211310		泡沫聚氨酯制人造革及合成革	9.0	70.0	0.0	17.0	0.0	kg	5
39211390		泡沫聚氨酯板，片，带，箔，扁条	6.5	45.0	0.0	17.0	0.0	kg	5
39211400		泡沫再生纤维素板，片，膜，箔，扁条	10.0	45.0	0.0	17.0	0.0	kg	
39211910		其他泡沫塑料制人造革及合成革	9.0	45.0	0.0	17.0	0.0	kg	
39211990		其他泡沫塑料板，片，膜，箔，扁条	6.5	45.0	0.0	17.0	0.0	kg	
39219020		以聚乙烯为基本成分的板片	6.5	45.0	0.0	17.0	0.0	kg	
39219030		聚异丁烯为基本成分的板片卷材	6.5	45.0	0.0	17.0	0.0	kg	
39219090	01	离子交换膜	6.5	45.0	0.0	17.0	0.0	kg	5
39219090	10	敏感物项管制结构复合材料的层压	6.5	45.0	0.0	17.0	0.0	kg	35
39219090	90	未列名塑料板，片，膜，箔，扁条	6.5	45.0	0.0	17.0	0.0	kg	5
39221000		塑料浴缸，淋浴盘，洗涤槽及盥洗盆	10.0	80.0	0.0	17.0	0.0	kg	
39222000	10	含濒危动物成分的塑料马桶座圈	10.0	80.0	0.0	17.0	0.0	kg	EF
39222000	90	其他塑料马桶座圈及盖	10.0	80.0	0.0	17.0	0.0	kg	
39229000		塑料便盆，抽水箱等类似卫生洁具	10.0	80.0	0.0	17.0	0.0	kg	
39231000		塑料制盒，箱及类似品	10.0	80.0	0.0	17.0	0.0	kg	
39232100		乙烯聚合物制袋及包	10.0	80.0	0.0	17.0	0.0	kg	
39232900		其他塑料制的袋及包	10.0	80.0	0.0	17.0	0.0	kg	

续表

商品编码	附加编号	商品名称(点击查询商品进出口统计数据)	进口税率		出口税率	增值税	消费税	计量单位	监管条件
			优惠	普通					
39233000		塑料制坛，瓶及类似品	6.5	80.0	0.0	17.0	0.0	kg	
39234000		塑料制卷轴，纡子，筒管及类似品	10.0	35.0	0.0	17.0	0.0	kg	
39235000		塑料制塞子，盖子及类似品	10.0	80.0	0.0	17.0	0.0	kg	
39239000		供运输或包装货物用其他塑料制品	10.0	80.0	0.0	17.0	0.0	kg	
39241000		塑料制餐具及厨房用具	10.0	80.0	0.0	17.0	0.0	kg	AB
39249000		塑料制其他家庭用具及卫生或盥洗	10.0	80.0	0.0	17.0	0.0	kg	B
39251000		塑料制囤，柜，罐，桶及类似容器	10.0	80.0	0.0	17.0	0.0	kg	
39252000		塑料制门，窗及其框架，门槛	10.0	80.0	0.0	17.0	0.0	kg	
39253000		塑料制窗板，百叶窗及类似制品	10.0	80.0	0.0	17.0	0.0	kg	
39259000		其他未列名的建筑用塑料制品	10.0	80.0	0.0	17.0	0.0	kg	
39261000		办公室或学校用塑料制品	10.0	80.0	0.0	17.0	0.0	kg	
39262011		聚氯乙烯制手套(包括分指手套)	10.0	90.0	0.0	17.0	0.0	双	
39262019		其他塑料制手套(包括分指手套)	10.0	90.0	0.0	17.0	0.0	双	
39262090		其他塑料制衣服及衣着附件	10.0	90.0	0.0	17.0	0.0	kg	
39263000		塑料制家具，车厢及类似品的附件	10.0	80.0	0.0	17.0	0.0	kg	
39264000		塑料制小雕塑品及其他装饰品	10.0	100.0	0.0	17.0	0.0	kg	
39269010		塑料制机器及仪器用零件	10.0	35.0	0.0	17.0	0.0	kg	
39269090	10	敏感物项管制结构复合材料的预成	10.0	80.0	0.0	17.0	0.0	kg	3
39269090	90	其他塑料制品	10.0	80.0	0.0	17.0	0.0	kg	

本类注释说明：

一、本目录所称“塑料”，是指品目39.01至39.14的材料，这些材料能够在聚合时或聚合后在外力(一般是热力和压力，必要时加入溶剂或增塑剂)作用下通过模制、浇铸挤压、滚轧或其他工序制成一定的形状，成形后除去外力，其形状仍保持不变。本目录所称“塑料”，还应包括钢纸，但不包括第十一类的纺织材料。二、本章不包括：(一)品目27.12或34.04的蜡；(二)单独的已有化学定义的有机化合物(第二十九章)；(三)肝素及其盐(品目30.01)；(四)品目39.01至39.13所列的任何产品溶于挥发性有机溶剂的溶液(胶棉除外)，但溶剂的重量必须超过溶液重量的50%(品目32.08)；品目32.12的压印箔；(五)有机表面活性剂或品目34.02的制剂；(六)再熔胶及酯胶(品目38.06)；(七)附于塑料衬背上的诊断或实验用试剂(品目38.22)；(八)第四十章规定的合成橡胶及其制品；(九)鞍具及挽具(品目42.01)；品目42.02的衣箱、提箱、手提包及其他容器；(十)第四十六章的缏条、编结品及其他制品；(十一)品目48.14的壁纸；(十二)第十一类的货品(纺织原料及纺织制品)；(十三)第十二类的物品(例如，鞋靴、帽类、雨伞、阳伞、手杖、鞭子、马鞭及其零件)；(十四)品目71.17的仿首饰；(十五)第十六类的物品(机器、机械器具或电气器具)；(十六)第十七类的航空器零件及车辆零件；(十七)第九十章的物品(例如，光学元件、眼镜架及绘图仪器)；(十八)第九十一章的物品(例如，钟壳及表壳)；(十九)第九十二章的物品(例如，乐器及其零件)；(二十)第九十四章的物品(例如，家具、灯具、照明装置、灯箱及活动房屋)；(二十一)第九十五章的物品(例如，玩具、游戏品及运动用品)；(二十二)第九十六章的物品(例如，刷子、钮扣、拉链、梳子、烟斗的嘴及柄、香烟嘴及类似品、保温瓶的零件及类似品、钢笔、活动铅笔)。三、品目39.01至39.11仅适用于化学合成的下列货品：(一)温度在300℃时，压力转为1013毫巴后减压蒸馏出的液体合成聚烯烃以体积计小于60%的货品(品目39.01及39.02)；(二)非高度聚合的苯并呋喃—茚式树脂

(品目39.11);(三)平均至少有五个单体单元的其他合成聚合物;(四)聚硅氧烷(品目39.10);(五)甲阶酚醛树指(品目39.09)及其他预聚物。四、所称“共聚物”,包括在整个聚合物中按重量计没有一种单体单元的含量在95%及以上的各种聚合物。在本章中,除条文另有规定的以外,共聚物(包括共缩聚物、共加聚物、嵌段共聚物及接枝共聚物)及聚合物混合体应按聚合物中重量最大的那种共聚单体单元所构成的聚合物归入相应品目。在本注释中,归入同一品目的聚合物的共聚单体单元应作为一种单体单元对待。如果没有任何一种共聚单体单元重量为最大,共聚物或聚合物混合体应按号列顺序归入其可归入的最末一个品目。五、化学改性聚合物,即聚合物主链上的支链通过化学反应发生了变化的聚合物,应按未改性的聚合物的相应品目归类。本规定不适用于接枝共聚物。六、品目39.01至39.14所称“初级形状”,只限于下列各种形状:(一)液状及糊状,包括分散体(乳浊液及悬浮液)及溶液;(二)不规则形状的块,团、粉(包括压型粉)、颗粒、粉片及类似的散装形状。七、品目39.15不适用于已制成初级形状的单一热塑材料废碎料及下脚料(品目39.01至39.14)。八、品目39.17所称“管子”,是指通常用于输送或供给气体或液体的空心制品或半制品(例如,肋纹浇花软管、多孔管),还包括香肠用肠衣及其他扁平管。除肠衣及扁平管外,内截面如果不呈圆形、椭圆形、矩形(其长度不超过宽度的1.5倍)或正几何形,则不能视为管子,而应作为异型材。九、品目39.18所称“塑料糊墙品”,适用于墙壁或天花板装饰用的宽度不小于45厘米的成卷产品,这类产品是将塑料牢固地附着在除纸张以外任何材料的衬背上,并且在塑料面起纹、压花、着色、印制图案或用其他方法装饰。十、品目39.20及39.21所称“板、片、膜、箔、扁条”,只适用于未切割或仅切割成矩形(包括正方形)(含切割后即可供使用的),但未经进一步加工的板、片、膜、箔、扁条(第五十四章的物品除外)及正几何形块,不论是否经过印制或其他表面加工。十一、品目39.25只适用于第二分章以前各品目未包括的下列物品:(一)容积超过300升的囤、柜(包括化粪池)、罐、桶及类似容器;(二)用于地板、墙壁、隔墙、天花板或屋顶等方面的结构件;(三)槽管及其附件;(四)门、窗及其框架和门槛;(五)阳台、栏杆、栅栏、栅门及类似品;(六)窗板、百叶窗(包括威尼斯式百叶窗)或类似品及其零件、附件;(七)商店、工棚、仓库等用的拼装式固定大型货架;(八)建筑用的特色(例如,凹槽、圆顶及鸽棚式)装饰件;(九)固定装于门窗、楼梯、墙壁或建筑物其他部位的附件及架座,例如,球形把手、拉手、挂钩、托架、毛巾架、开关板及其他护板。子目注释:一、属于本章任一品目项下的聚合物(包括共聚物)及化学改性聚合物应按下列规则归类:(一)在同级子目中有一个“其他”子目的:1. 子目所列聚合物名称冠有“聚(多)”的(例如,聚乙烯及聚酰胺-6,6),是指列名的该种聚合物单体单元含量在整个聚合物中按重量计必须占95%及以上。2. 子目号3901.30、3903.20、3903.30及3904.30所列的共聚物,如果该种共聚单体单元含量在整个聚合物中按重量计占95%及以上,即应归入上述子目。3. 化学改性聚合物如未在其他子目具体列名,应归入列明为“其他”的子目内。4. 不符合上述(一)、(二)、(三)款规定的聚合物,应按聚合物中重量最大的那种单体单元(与其他各种单一的共聚单体单元相比)所构成的聚合物归入该级其他相应子目。为此,归入同一子目的聚合物单体单元应作为一种单体单元对待。只有在同级子目中的聚合物共聚单体单元才可以进行比较。(二)在同级子目中没有“其他”子目的:1. 聚合物应按聚合物中重量最大的那种单体单元(与其他各种单一的共聚单体单元相比)所构成的聚合物归入该级相应子目。为此,归入同一子目的聚合物单体单元应作为一种单体单元对待。只有在同级子目中的聚合物共聚单体单元才可以进行比较。2. 化学改性聚合物应按相应的未改性聚合物的子目归类。聚合物混合体应按单体单元比例相等、种类相同的聚合物归入相应子目。二、子目3920.43所称增塑剂,包括次级增塑剂。

(刘均科)

全国塑料工业生产、经营情况统计

2009 年度塑料制品行业经济运行分析报告
Analysis of Economic Statistics Concerning Plastics Products Industry in 2009

2009 年，中国经济用信心收获复苏，中国在国际金融危机面前果断出台措施，在全世界率先遏制经济下行实现企稳回升，GDP(国内生产总值)达到335353 亿元，比上年增长 8.7%，“保增长”的目标圆满实现，中国经济实现 V 形复苏态势。在国家《轻工业调整和振兴规划》等一系列宏观经济政策扶持下，塑料制品行业企业努力克服国际金融危机带来的严重冲击，积极应对新形势的挑战，行业生产与销售保持平稳较快增长、规模以上工业总产值首超万亿元，增速达到 13.4%。产销率维持较高水平、进出口贸易显止跌企稳，显露回暖迹象、企业效益水平有较大提升。塑料制品行业已度过最低迷时期，行业经济运行显现出积极的态势，行业仍具有较大的发展潜力。

一、2009 年度塑料制品行业经济运行情况

(一)塑料制品行业工业总产值保持平稳较快增长

国家统计局数据显示，2009 年 1～12 月，全国塑料制品行业规模以上企业共计 1.93 万个，累计完成工业总产值(当年价)10992.8 亿元，占轻工行业总产值的 10.21%，同比增长 13.43%。分季度看，总产值增速在 2009 年四个季度实现连续跳跃。2009 年四个季度的塑料制品行业工业总产值同比分别增长 6.75%、8.12%、10.24% 和 13.43%。

分月度产值看，2009 年 12 月当月完成工业总产值 1087.8 亿元，为全年单月最高产值，增幅达到 21.32%。6 月及 9～12 月单月总产值都超过千亿，同比增幅除 4 月、5 月外均在 10% 以上(图 1)。

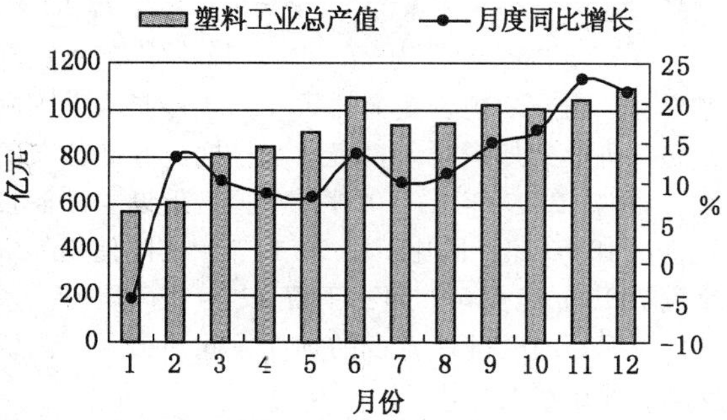

图 1　2009 年塑料制品行业产值及增速变化情况

12 月塑料制品行业规模以上企业生产塑料制品 446.3 万吨，当月同比增加 20.9%。1～12 月累计生产塑料制品业 4479.28 万吨，同比增幅为 10.64%，分品种塑料制品产量均为正增长，塑料薄膜、塑料管、塑料型材、塑料丝绳及编织品、泡沫塑料、塑料包装箱及容器产量增幅都超过 10%，其中：塑料丝绳及编织品产量增幅达到 26.58%，为分品种产品产量增幅之首。从月度产量上看，除 1 月份产量低于上年同期水平外，其余各月与 2008 年同期相比，均呈现良好增长态势(图 2)。

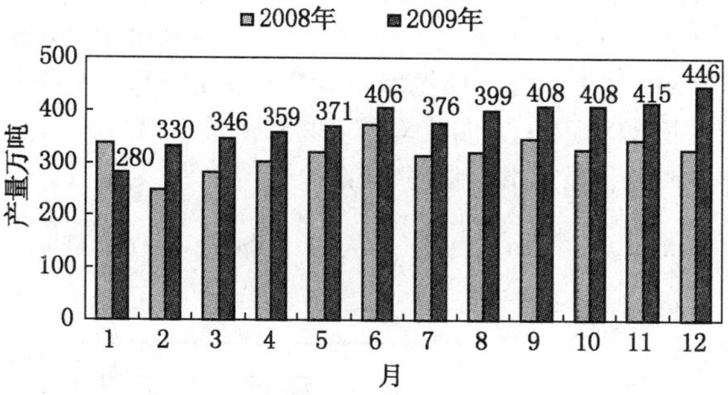

图 2　塑料制品产量月度完成情况

(二) 产销率保持较高水平

2009 年 1～12 月，全国塑料制品行业规模以上企业累计完成工业销售产值(当年价)10714.7 亿元，占轻工行业总产值的 10.23%，同比增长 13.12%。累计增速比年初提高 9.28 个百分点。12 月当月实现销售产值 1069.03 亿元，为全年单月最高产值，增幅为 20.50%。

2009 年四季度累计产销率维持较高水平，达到 97.47%，比一季度提高 1.1 个百分点。12 月当月产销率为 98.27%，是年内月度产销率超过 98% 的两个月份之一，另一个月份是 9 月，说明 2009 年下半年国内市场状况好于上半年(图 3)。

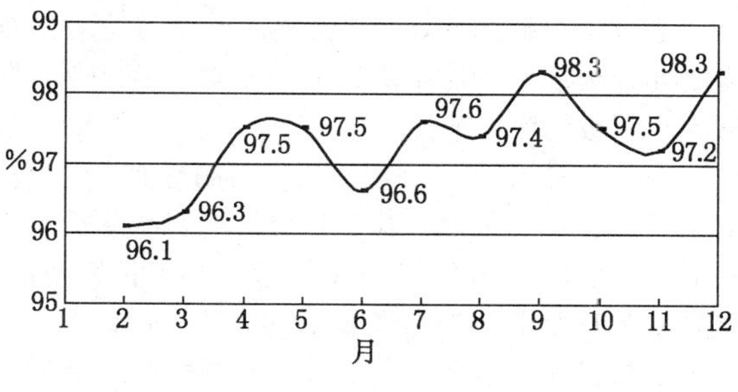

图 3　2009 年塑料制品行业月度产销率

(三) 塑料制品进出口贸易显露回暖迹象

海关总署的统计数据显示，2009 年，作为具有出口导向型特征的塑料制品行业对外贸易形势没有根本转变，进出口贸易总额累计同比仍为负增长，

但降幅已有明显收窄。1～12月，塑料行业进出口贸易总值为449.88亿美元，同比下降5.01%。其中，累计出口334.31亿美元，同比下降5.44%；累计进口115.57亿美元，同比下降3.74%。虽然2009年塑料制品进、出口值同比为负增长，但降幅已有明显收窄。以进口为例，1～12月累计进口值增速为－3.74%，相比一月－47.4%来讲，降幅已明显收窄。

从环比数据来看，3月起塑料行业进出口贸易开始反弹，3月出口值环比增长73.57%，4月增长3.27%；5月受“五一”和端午节两个假日影响，出口环比又略有下降，为－1.72%。6月环比增长3.69%。9月出口环比增长4.73%。12月出口环比增长27.43%。从月度对外贸易值来看，已经开始触底回升，显露出回暖迹象(图4)。

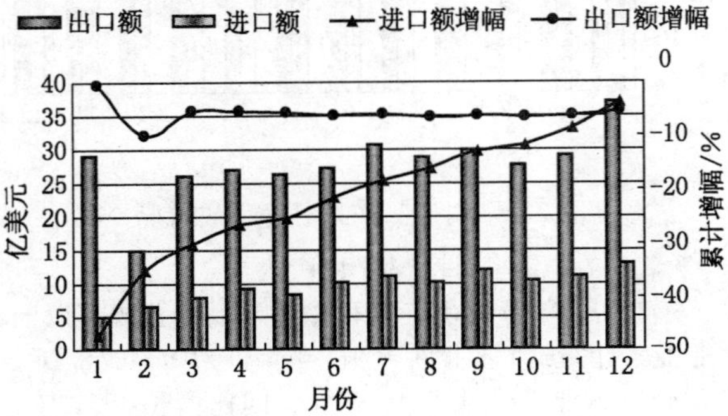

图4　2009年上半年塑料制品海关进、出口值及增速变化图

从规模以上企业出口交货值完成情况看，1～12月，塑料制品行业累计完成出口交货值(人民币)1798.57亿元，比去年同期下降4.74%。与年初相比，降幅收窄。分月度看，今年1～10月塑料制品行业各月度出口交货值呈现负增长状态，但从11月开始以连续2月出口交货值同比由负转正。随着规模以上企业出口形势的好转，必将带动全行业对外贸易逐步走出颓势，这将对2010年塑料制品行业的发展起到积极的促进作用。

分行业看，1～12月除日用塑料制造业出口交货值同比增长8.23%外，其他8个塑料制品业子行业出口交货值均为负增长。塑料薄膜、塑料板管型材、泡沫塑料行业出口交货值累计降幅超过10%。塑料丝绳、塑料人造革合成革、塑料零件行业降幅超过5%。降幅比年初均有所收窄。

2009年塑料制品行业出口交货值占销售产值的比重为16.79%，比去年同期也有所下降，今年以来基本稳定在17%～18%之间，表明国际市场的需求由快速回落状态转为趋于稳定，状况虽有所改善，但尚未发生根本改变，塑料制品行业增长的产值主要依靠国内市场来消化。

国家提高塑料商品的出口退税率、取消部分产品加工贸易限制等政策，对出口企业抵御经济危机，加大塑料制品的出口起到了提振作用，但由于国际市场的萎缩，制约了我国塑料制品的出口，使其出口规模继续呈现负增长局面。而国外订单的减少影响到加工贸易进口需求，是进口负增长及进口下跌的幅度明显高于出口的主要原因。

(四) 行业效益水平有较大提升

随着国内经济形势的好转，塑料制品行业效益水平也有较大提升。2009年1～11月，塑料制品行业规模以企业上主营业务收入9354.79亿元，同比增长11.27%，比1～8月增幅提高3.56个百分点，比1～5月增幅提高4.96个百分点，比1～2月提高8.85个百分点；主营业务的上升也带来了利税的增长：1～11月实现利税685.17亿元，同比增长高达25.75%，比1～2月增幅提高25.11个百分点；实现利润435.48亿元，同比增长28.11%，自上半年开始扭转了一季度行业利润增长－4.15%的下滑局面。利润同比增幅比1～8月提高11.77个百分点。行业销售利润率从一季度的3.4%提高到4.6%，塑料制品行业表现出良好的运行态势。

行业亏损面降低，亏损额下降。1～11月行业亏损企业3245个，亏损面16.91%，比1～8月降低2.43个百分点。亏损企业亏损额50.63亿元，同比下降2.54%，企业利润的增长，使行业亏损企业亏损额比由年初大幅减少。亏损企业亏损额同比增幅由1～2月的同比增长34.71%到1～11月的－2.54%。

塑料制品行业全部从业人员平均人数为240万人，实现正增长，同比增幅为0.03%。生产形势的好转，企业开工率上升，吸纳就业人数增加，同比增幅也由负转正。

(五) 行业组织结构变化情况

行业企业经济类型变化情况：2009年12月塑料制品行业内资企业比重为77.65%，9月为77.52%，6月为77.38%，3月为77.28%，12月比3月提高0.37个百分点。内资企业比重年内逐步扩大。国际金融危机导致外国对华投资减少，据商务部公布的统计数据，2009年1～10月，全国新批设立外商投资企业18163家，同比下降20.11%；实际使用外资金额708.71亿美元，同比下降12.61%。从另一个侧面说明，国内投资力度的加大，此消彼长，内资塑料企业比重上升。

行业企业规模变化情况：塑料制品行业中小企

业众多，仅小型企业就占行业企业总数的近95%，目前行业大中小企业比重仍维持原有水平。

二、振兴规划实施情况及效果分析

2009年，十个重点产业调整和振兴规划总体实施效果良好，既在应对国际金融危机、保持当前经济平稳较快发展中作用明显，又着眼长远，逐步解决长期以来的结构性矛盾，形成一批新的经济增长点，增强产业发展后劲，提高企业竞争力，产业发展水平有较大的提升。

产业调整和振兴规划完善了扩大内需政策，增强消费对工业增长的拉动作用，帮扶企业渡难关，促进中小企业健康发展，进一步完善产业政策，加快推进产业结构调整、加大技术改造和国家科技重大专项实施力度，引导企业加强自主创新提升竞争力，清理和调整外贸政策，巩固和开拓国际市场。规划的实施有力地促进了主要行业回升向好。几大产业相继结束生产大幅下滑局面，实现稳步增长。

十大产业振兴规划中，石化、电子、汽车、轻工、机械等涉及塑料产业链中的重要环节，无疑对塑料制品行业的发展起到了推动作用。

而节能减排更是以石化塑料行业为切入点，加速了塑料产业的升级换代，创新发展。“家电下乡”以及“汽车下乡”在积极扩大内需，加大财政和贸易政策的创新突破的同时，也加速了塑料制品行业的破冰脚步。同时也引领了“家电塑料”、“汽车用塑料”的创新发展的高峰。

振兴规划的实施使塑料制品行业规模不断扩大，行业经济运行质量不断提升，尤其从2009年下半年开始。各项经济指标的变化以反映出这种趋势。规模以上企业工业总产值超过1万亿元，产销率保持较高水平、主营业务收入、利润总额同步增长，职工人数同比增幅由负转正。11月开始出口交货值实现正增长。行业固定资产投资保持较大规模。

振兴规划对塑料制品行业的发展起到了重要推动作用，2009年塑料制品行业经济运行的走势符合自身运行的规律，行业的发展处在正常的运行通道当中。

按照塑料制品行业自身的运行规律，每年一、二月份塑料制品行业经济运行状况为全年的低谷，从三月份起开始复苏，二季度是塑料制品企业生产的旺季，行业进入上升期，达到全年运行的高点，三季度震荡整理，四季度翘尾回升(图5)。

2009年塑料制品行业全年的经济运行数据也再次印证了这种行业运行规律。这表明，塑料制品行业仍处在正常的运行通道中。前期运行的低迷状态应该视为触及了行业自身运行通道的下轨，在产业

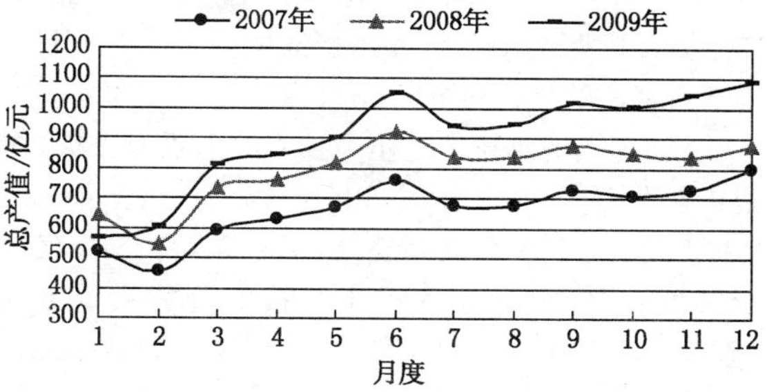

图5　塑料制品行业总产值月度完成情况走势图

振兴规划等一系列宏观政策的推进下，逐步企稳回升，将保持震荡上升态势。

三、影响塑料制品行业发展因素分析

(一) 影响行业发展的积极因素分析

1. 国家宏观经济政策的影响

2009年，几大利好政策的实施对处在低迷中的塑料行业来讲无疑起到了振奋、指导和推动作用。这几大政策有：《中共中央国务院关于2009年促进农业稳定发展农民持续增收的若干意见》(以下简称《意见》)、《轻工业调整和振兴规划》(以下简称《规划》)、增值税转型、出口退税调高、对加工贸易限制类目录进行调整等。

(1)《意见》有助于塑料制品市场扩大

《意见》指出，把保持农业农村经济平稳较快发展作为首要任务，围绕稳粮、增收、强基础、重民生，进一步强化惠农政策，增强科技支撑，加大投入力度，优化产业结构，推进改革创新，千方百计保证国家粮食安全和主要农产品有效供给，千方百计促进农民收入持续增长，为经济社会又好又快发展继续提供有力保障。只有解决好“三农”问题，中国经济的长久稳定发展才能有所保障，中国形成以内需拉动为主导的经济模式才有坚实的基础。具有“服务三农型”特征的塑料行业中相关行业必将从中受益，市场空间将进一步扩大。

(2)《轻工业调整和振兴规划》有效指导塑料行业发展

《轻工业调整和振兴规划》的出台，提振了我国轻工业克服经济危机、实现平稳发展的信心，必将对当前和今后轻工业的发展产生重大深远的影响。《规划》中“加强产业政策引导，推动产业转移，培育发展轻工业特色区域和产业集群。”有利于塑料工业稳定与发展，对行业结构调整，产业升级有重大指导作用。“加大对中小轻工企业的财税和信贷支持”则惠及了占行业企业总量95%以上的塑料企业，为这些中小型企业发展营造了的良好环境。相信在《规

划》的指引下，未来两三年内，我们完全可以加快轻工业走出国际金融危机冲击造成的困境，在塑料行业实现经济的复苏和振兴。

(3)《轻工业技术进步与技术改造投资方向》推进产业升级

《轻工业调整和振兴规划》通过以后，国家发改委发布了《轻工业技术进步与技术改造投资方向(2009~2011年)》，该文件从六个方向，确定了未来几年里，我国轻工行业在技术进步与技术改造方面的投资方向。

这六个方向分别为：①重点装备自主化；②重点行业技术创新与产业化；③提升行业总体技术水平；④推进行业节能减排；⑤食品加工安全能力建设；⑥增加国内有效供给。其中与塑料行业相关的方向在表1中列出：

表1 塑料行业技术进步与技术改造投资方向

方向	内容
重点装备自主化	塑料成型装备：全闭环伺服驱动、动态成型加工、电磁感应加热、拉伸流变塑化、多层共挤技术的挤出设备、超声波废旧塑料清洗设备
重点行业技术创新与产业化	农业用新型多功能塑料材料产业化，涉及材料："光生态"新型棚膜、宽幅在线涂覆薄膜、高性能温室配套材料和温室专用降解地膜等
重点行业技术创新与产业化	行业污染物减排与废弃物资源化利用技术产业化：污染物减排集成技术、过程节水与废水回用技术、废弃物资源化和高值化利用技术
提升行业总体技术水平	采用绿色建材及特种管材生产技术、多功能宽幅农膜生产技术、废塑料改性及综合利用技术、新型环保阻燃塑料制品生产技术、新型免喷涂塑料生产技术等改造塑料生产线
推进行业节能减排	塑料动态成型加工、管束干燥机废汽回收综合利用、锅炉烟道气饱充等节能技术推广

由此可以看出，该文件秉承了《规划》的主张，对行业结构调整，产业升级有积极推动作用。

(4) 增值税转型为企业减压

由财政部、国家税务总局提交的增值税转型改革方案获得国务院批准。自2009年1月1日起，全国范围内将实施增值税转型改革。经测算，实施增值税转型改革将减轻企业税负共约1233亿元，是中国历史上单项税制改革减税力度最大的一次。增值税的全面转型是提振经济的一大长期利好，力度大、影响范围广，对于塑料行业来说，不仅能够通过对整体经济的提振，改善企业的外部生存环境，更能够直接减轻企业税负，减轻企业成本压力，促进利润的提升，更有利于促进企业技术进步，推进行业发展。

(5) 提高出口退税率缓解出口下滑

轻工行业具有出口导向型经济模式特征，出口增速的明显下滑，对经济增长的抑制作用已经越来越大，调整出口退税显得尤为必要。

塑料行业在2007年"压贸易顺差"的大形势下，被定为"两高一资"类行业，除第39章除免税的商品外，出口退税率水平从11%一律下调到5%，给塑料行业发展带来严重的负面影响。目前，在"保增长"的大环境下，国家提高了塑料制品出口退税率，主要商品出口退税率经过数次回调，目前已提高到13%，这项政策给塑料行业企业带来良好发展机会。

但目前造成塑料商品出口下滑的根本原因是全球市场需求的持续萎缩。对于塑料企业来说，是不能单单仅靠政策扶持，调高出口退税率来生存，塑料企业应找出自身中存在的问题，加快技术进步和产品结构调整，提升产品的附加值，寻找更广泛的市场发展空间。

(6) 加工贸易限制类目录调整给企业松绑

2008年12月31日中华人民共和国商务部和海关总署发布公告，将《商务部海关总署2007年第44号公告》限制出口类目录中的部分塑料原料、塑料制品、木制品、纺织品等共计1730个十位商品编码剔除。这意味着，为塑料及塑料制品企业松绑，出口不再受限制。这与出口退税政策一起为我国塑料企业积极应对金融危机和稳定开拓国际市场创造了有利条件。但对于塑料加工的初级产品，国家仍然给予限制。

2. 固定资产投资力度加大，未来行业增长有良好预期

自年初以来，国家逐步加大了塑料制品行业的投资力度，据国家统计局最新统计数据，2009年1~11月塑料制品行业共完成固定资产投资1236.4亿元，同比增长25.1%。月均固定资产投资额超过100亿元，其中，6月投资额达到了192亿元，为年内月度投资额最高水平，这必将对塑料行业未来的增长起到长期稳定的推动作用。

3. 宏观经济政策的连续性和稳定性是长期利好

当前我国经济发展正处在企稳回升的关键时期，宏观政策取向不能改变，调控工作不能放松，调控重点要更加突出。要继续把促进经济平稳较快发展作为经济工作的首要任务，保持宏观经济政策的连

续性和稳定性，全面落实和充实完善刺激经济的一揽子计划和相关政策措施，巩固经济企稳回升的势头。这对行业的发展是一项长期利好。

（二）影响行业发展的不确定因素分析

尽管近期世界经济出现了一些转好迹象，但各方面不确定、不稳定因素仍然较多，世界经济总体仍处在衰退之中，实现复苏是一个缓慢曲折的过程，我国外需萎缩的局面还会持续。制约内需扩大的因素仍然较多，一些企业特别是中小企业效益下滑状况短期内难以扭转，要巩固经济稳定的回升势头还面临较多困难。另一方面，调整经济结构和转变发展方式的压力日益加大。在外需萎缩的情况下产能过剩的矛盾更加凸显，淘汰落后生产能力和企业兼并重组仍受到许多制约。节能减排任务依然艰巨，自主创新不足、可持续发展能力不强等问题突出。同时，世界范围内正在展开新一轮以科技革命为先导的产业升级，这将对我国未来发展和参与国际竞争带来更大挑战。

目前，我国塑料制品外贸出口尚未扭转负增长的局面，随着各国经济的逐步复苏，贸易保护主义也开始抬头。自2008年11月以来，各国已累计推行297项贸易保护措施。全球对华贸易保护展开猛烈攻势，中国成为贸易保护主义最大受害国。除此外，欧盟对塑料添加剂出台新规定，2009年5月1日起生效的欧盟新修订的法规Directive2009/19/EC，对食品接触的塑料制品中各种添加剂的安全提出了新的要求：与食品接触的塑料制品中，炭黑的最高含量不得高于2.5%；炭黑中甲苯抽出物含量应低于0.1%；苯并吡含量应低于0.25mg/kg等。这一新规定的出台，提高了国内塑料制品企业的出口门槛。未来一段时期，外贸形势的不确定性将成为制约行业发展的瓶颈。

行业中小企业数量众多，企业规模普遍偏小，行业自身发展中存在的问题还未得到根本解决。根据国家统计局最新发布的第二次全国经济普查主要数据公报，2008年末，塑料制品业共有9万5千个法人企业，387.4万从业人员，资产合计8650.9亿元，负债合计4689亿元。2008年塑料制品业主营业务收入11362.8亿元，利润645.9亿元。2008年塑料制品行业规模以上企业研究与实验发展经费投入为36.1亿元，研究与实验发展经费投入强度为0.3%。

据测算，塑料制品行业规模以上企业个数约占全部企业的17.2%，规模以上企业中95%的企业是中小企业。行业企业总体装备水平偏低、产品结构不合理、科技投入不足、产品集约化程度低、抵御风险能力不强、行业区域发展不平衡、市场无序竞争等。产业结构调整和节能减排工作还任重道远。今后行业的发展仍会面对巨大的压力与挑战。

四、2010年塑料制品行业发展形势与展望

2009年我国国民经济扭转了增幅快速下滑的局面，呈现V字型复苏态势。经济运行中积极因素不断增多，总体回升向好。

展望2010年，国家将继续保持宏观经济政策的连续性和稳定性，全面落实和充实完善刺激经济的一揽子计划和相关政策措施，投资、消费总体上继续保持2009年的势头，经济企稳回升的局面将得到巩固。世界经济总体将开始缓慢复苏，2010年进出口形势预计将进一步好转。中国经济发展的内外部环境会比2009年得到改善。

轻工业承担着繁荣市场、增加出口、扩大就业、服务“三农”的重要任务，是国民经济的重要产业，在经济和社会发展中起着举足轻重的作用。塑料制品行业是轻工业的支柱产业之一，产值、出口均位居前列。在这种大的发展环境中，随着国家《轻工业调整和振兴规划》等一系列宏观经济政策效果的进一步显现，塑料制品行业将延续2009年末的走势，继续保持平稳较快的发展。

2010年塑料制品业的发展重点是：要在促进发展方式转变上下功夫，真正把保持塑料加工工业平稳较快发展和加快生产方式转变有机统一起来，在发展中促转变，在转变中谋发展；要推进企业节能减排，培育以低能耗、低污染、低排放为基础的低碳经济模式；要增强品牌企业实力，提高产业集中度；要增强自主创新能力，推进关键技术创新与产业化发展；要加快实施技术改造，提升行业总体科技水平。

塑料行业应抓住产业结构调整的机遇，加速产业升级，转变传统的外延扩张式发展方式，实现塑料行业的战略转型，保持平稳健康发展。

（中国轻工业信息中心　张涌涛）

附表1　2009年1～12月全国塑料制品行业规模以上企业产销总值

指标名称	计量单位	汇总企业个数(个)	工业总产值(现价)				其中：新产品产值				
			本月/千元	累计/千元	同月比/%	累计比/%	本月/千元	累计/千元	同月比/%	累计比/%	新产品产值比重/%
塑料制品业	千元	19278	108783694	1099281422	21.32	13.43	5883094	56108765	13.61	7.77	5.10
塑料薄膜制造	千元	1945	13823278	145708707	14.07	7.19	1153895	12311563	-16.83	0.62	8.45
塑料板、管、型材的制造	千元	3161	23400307	243719091	22.34	16.33	1843354	19741770	12.69	-0.14	8.10
塑料丝、绳及编织品的制造	千元	2483	11431626	124277841	29.89	21.15	127578	1243114	58.95	41.35	1.00
泡沫塑料制造	千元	1156	5055692	52733290	28.29	12.66	178379	1248030	6.20	-36.56	2.37
塑料人造革、合成革制造	千元	508	6029888	58662843	17.25	11.74	283306	2592712	-7.75	8.57	4.42
塑料包装箱及容器制造	千元	2131	9747934	102248538	12.07	13.96	549928	4470684	74.28	18.24	4.37
塑料零件制造	千元	2171	10516007	100004119	27.08	6.76	504343	5116215	45.54	54.59	5.12
日用塑料制造	千元	2582	13017500	123093422	16.92	15.81	782386	5013779	31.39	18.69	4.07
塑料鞋制造	千元	639	3469928	31019222	34.11	15.19	79413	954016	-36.29	-8.87	3.08
日用塑料杂品制造	千元	1943	9547572	92074200	11.72	16.02	702973	4059763	49.31	27.76	4.41
其他塑料制品制造	千元	3141	15761462	148833571	26.79	12.63	459925	4370898	34.29	24.60	2.94

指标名称	计量单位	汇总企业个数(个)	工业销售产值(现价)					其中：出口交货值					
			本月/千元	累计/千元	同月比/%	累计比/%	产销率(本月)/%	产销率(累计)/%	本月/千元	累计/千元	同月比/%	累计比/%	出口占销售比重/%
塑料制品业	千元	19278	106903050	1071470804	20.50	13.12	98.27	97.47	18121441	179857050	12.80	-4.74	16.79
塑料薄膜制造	千元	1945	13678551	142355384	-1.71	5.52	98.95	97.70	1767228	18182222	3.08	-15.05	12.77
塑料板、管、型材的制造	千元	3161	23077605	239139169	26.66	17.80	98.62	98.12	1688458	16463486	-2.09	-14.28	6.88
塑料丝、绳及编织品的制造	千元	2483	11276018	121478132	29.09	20.84	98.64	97.75	659810	7504961	-4.86	-7.57	6.18
泡沫塑料制造	千元	1156	5004343	51588914	27.77	11.89	98.98	97.83	379347	3879290	8.01	-13.88	7.52
塑料人造革、合成革制造	千元	508	5783957	56383450	20.06	11.30	95.92	96.11	715221	7837299	17.83	-5.80	13.90
塑料包装箱及容器制造	千元	2131	9626253	99990122	13.88	13.79	98.75	97.79	947017	9521691	5.88	-0.32	9.52
塑料零件制造	千元	2171	10420256	96902897	29.71	6.59	99.09	96.90	2846844	28641608	5.79	-8.32	29.56
日用塑料制造	千元	2582	12801976	119723063	16.57	14.66	98.34	97.26	5102987	48543007	28.56	8.23	40.55
塑料鞋制造	千元	639	3366899	30655107	32.08	14.84	97.03	98.83	1640732	15753156	40.67	14.30	51.39
日用塑料杂品制造	千元	1943	9435077	89067956	11.89	14.60	98.82	96.73	3462255	32789851	23.53	5.54	36.81
其他塑料制品制造	千元	3141	15234091	143909673	30.82	11.71	96.65	96.69	4014529	39283486	17.42	-5.57	27.30

1. 资料来源：国家统计局。

2. “规模以上”是指年主营业务收入500万元及以上全部工业法人企业。

附表 2　2009 年 1～12 月全国塑料制品行业规模以上企业产销总值(分月度)

指标名称	汇总企业个数（个）	工业总产值(现价)					其中：新产品产值			
		本月/千元	累计/千元	同月比/%	累计比/%	本月/千元	累计/千元	同月比/%	累计比/%	新产品产值比重/%
一月										
二月	17629	62819400	121635997	16.15	5.13	2792532	5255154	13.23	1.25	4.32
三月	18786	81285573	206025323	10.42	6.75	3568627	9001178	11.02	8.33	4.37
四月	18808	84185717	290079677	8.73	7.00	3861316	12990652	-4.64	-6.90	4.48
五月	18898	90321334	381573112	8.39	7.46	4114704	17174498	-3.44	-6.11	4.50
六月	18916	105261233	486166361	13.60	8.12	4605360	21986071	0.84	-4.26	4.52
七月	18916	94015054	581328071	10.23	8.60	4826421	26903408	6.74	-2.23	4.63
八月	19100	94502985	677572050	11.14	9.49	4634529	31703256	6.97	-0.38	4.68
九月	19097	102137683	779993821	14.98	10.24	4992684	36848379	6.14	0.58	4.72
十月	19100	100656890	880614351	16.66	11.04	4907602	41924855	7.93	1.91	4.76
十一月	19369	104392714	987302343	23.06	12.48	6009268	49664232	35.61	8.51	5.03
十二月	19278	108783694	1099281422	21.32	13.43	5883094	56108765	13.61	7.77	5.10

指标名称	汇总企业个数（个）	工业销售产值(现价)						其中：出口交货值				
		本月/千元	累计/千元	同月比/%	累计比/%	产销率(本月)/%	产销率(累计)/%	本月/千元	累计/千元	同月比/%	累计比/%	出口占销售比重/%
一月												
二月	17629	60354378	117193083	13.35	3.84	96.08	96.35	10702109	21122840	-7.91	-14.24	18.02
三月	18786	78304197	198544009	8.88	5.17	96.33	96.37	12860928	35621432	-7.31	-12.09	17.94
四月	18808	82079678	282068619	8.44	6.26	97.50	97.24	13534215	49340709	-12.39	-12.19	17.49
五月	18898	88057142	370941446	7.56	6.49	97.49	97.21	14283198	63871855	-12.18	-12.13	17.22
六月	18916	101678710	472690225	12.39	7.58	96.60	97.23	15656907	79830718	-4.84	-10.79	16.89
七月	18916	91751085	564729075	9.86	8.01	97.59	97.14	14699751	94700859	-7.19	-10.22	16.77
八月	19100	92001284	658148935	11.01	8.79	97.35	97.13	15378477	109732218	-5.50	-9.91	16.67
九月	19097	100417107	758783585	16.07	9.83	98.32	97.28	16233394	126510258	-4.91	-8.93	16.67
十月	19100	98165353	858736218	16.63	10.91	97.52	97.52	16564532	142823625	-1.56	-8.24	16.63
十一月	19369	101443305	962602639	23.34	12.40	97.17	97.50	17097021	160825758	3.38	-6.67	16.71
十二月	19278	106903050	1071470804	20.50	13.12	98.27	97.47	18121441	179857050	12.80	-4.74	16.79

1. 资料来源：国家统计局。

2. “规模以上”是指年主营业务收入 500 万元及以上全部工业法人企业。

附表3　2009年1~12月全国塑料制品行业规模以上工业企业主要经济指标

指标名称	汇总企业个数(个)	其中：亏损企业数		亏损企业亏损额		全部从业人员平均人数		资产总计		负债合计	
		本月止累计(个)	累计同比/%	本月止累计/千元	累计同比/%	本月止累计(人)	累计同比/%	本月止累计/千元	累计同比/%	本月止累计/千元	累计同比/%
塑料制品业	19192	3245	3.21	5063748	-2.54	2400095	0.03	724670547	8.75	400912070	6.36
塑料薄膜制造	1936	305	-4.69	908592	-3.03	208030	2.05	109337350	6.89	64105457	7.65
塑料板、管、型材	3146	504	0.40	1044339	0.74	353637	3.93	172504000	11.17	95528905	7.16
塑料丝、绳及编织品	2479	298	-5.40	192651	16.72	306358	2.88	53877723	15.07	26148853	15.02
泡沫塑料制造	1146	191	8.52	373245	-8.57	94543	3.87	31022947	10.29	17940574	5.94
塑料人造革、合成革	506	62	-15.07	84569	-12.00	96818	3.06	37335426	6.71	23043788	7.83
塑料包装箱及容器	2119	341	3.96	288501	-13.21	207014	1.80	79797861	8.90	40756654	5.12
塑料零件制造	2163	495	29.24	984434	35.24	333242	-3.67	84404853	6.19	44756070	-1.00
日用塑料制造	2593	405	-4.71	366732	-30.03	411388	-1.77	66331574	10.20	39581833	13.09
塑料鞋制造	641	73	5.80	85197	-5.15	162353	-2.62	12464808	5.97	7301659	8.92
日用塑料杂品制造	1952	332	-6.74	281535	-35.17	249035	-1.21	53866766	11.23	32280174	14.08
其他塑料制品制造	3104	644	3.54	820685	-15.22	389065	-3.79	90058813	4.69	49049936	1.72

指标名称	汇总企业个数(个)	主营业务收入		利润总额		利税总额		应收账款净额		产成品存货	
		本月止累计/千元	累计同比/%	本月止累计/千元	累计同比/%	本月止累计/千元	累计同比/%	本月止累计/千元	累计同比/%	本月止累计/千元	累计同比/%
塑料制品业	19192	935478743	11.27	43548193	28.11	68516594	25.75	128919337	7.12	55405349	5.33
塑料薄膜制造	1936	125678530	5.51	4723983	20.61	7241303	15.94	14512033	7.06	6986581	3.60
塑料板、管、型材	3146	210561650	16.15	11143362	27.81	18031356	38.74	26399374	12.10	16199607	6.75
塑料丝、绳及编织品	2479	107405486	18.84	5673556	23.68	9027830	23.80	7884429	11.13	4803277	12.69
泡沫塑料制造	1146	43941453	6.64	2082723	33.80	3358798	23.36	6606066	4.12	2594689	10.88
塑料人造革、合成革	506	48971554	9.52	1834831	26.65	2977444	21.11	5037872	5.43	2119442	0.16
塑料包装箱及容器	2119	86623561	13.08	5302312	32.38	7864295	23.66	13994695	7.91	4729955	9.10
塑料零件制造	2163	83972141	2.70	3691390	10.04	5884838	9.42	21476575	4.98	6144512	5.40
日用塑料制造	2593	104151791	15.04	4070883	44.49	6463126	28.90	11425102	4.58	5249589	7.25
塑料鞋制造	641	26735250	16.16	559100	12.57	1116909	7.02	2542204	0.76	784973	5.77
日用塑料杂品制造	1952	77416541	14.66	3511783	51.32	5346217	34.65	8882898	5.72	4464616	7.52
其他塑料制品制造	3104	124172577	7.87	5025153	40.04	7667604	27.43	21583191	4.41	6577697	-4.72

1. 资料来源：国家统计局。

2. “规模以上”是指年主营业务收入500万元及以上全部工业法人企业。本表数据只有2、5、8、11月才有。

附表4 2009年1~11月全国塑料制品行业规模以上工业企业主要经济指标(分月度)

指标名称	汇总企业个数(个)	其中：亏损企业数		亏损企业亏损额		全部从业人员平均人数		资产总计		负债合计	
		本月止累计/个	累计同比/%	本月止累计/千元	累计同比/%	本月止累计/人	累计同比/%	本月止累计/千元	累计同比/%	本月止累计/千元	累计同比/%
二月	17550	4448	24.87	1800065	34.71	2078183	-0.33	619419019	12.26	335658781	8.84
五月	18715	4137	22.51	3483341	23.87	2294004	-1.41	682151874	8.25	377239740	3.99
八月	18897	3654	13.62	4379480	11.93	2334296	-1.38	693705685	7.92	384486827	3.87
十一月	19192	3245	3.21	5063748	-2.54	2400095	0.03	724670547	8.75	400912070	6.36

指标名称	汇总企业个数(个)	主营业务收入		利润总额		利税总额		应收账款净额		产成品存货	
		本月止累计/千元	累计同比/%	本月止累计/千元	累计同比/%	本月止累计/千元	累计同比/%	本月止累计/千元	累计同比/%	本月止累计/千元	累计同比/%
二月	17550	114133337	2.42	3992304	-4.15	7181307	0.64	95222521	1.68	42830707	5.04
五月	18715	361709418	6.31	14585950	9.77	24268252	13.65	113828124	1.75	51555366	3.08
八月	18897	640135194	7.71	28160822	16.34	44720495	17.56	117758835	2.20	51303680	-0.20
十一月	19192	935478743	11.27	43548193	28.11	68516594	25.75	128919337	7.12	55405349	5.33

1. 资料来源：国家统计局。
2. “规模以上”是指年主营业务收入500万元及以上全部工业法人企业。
3. 本表数据只有2、5、8、11月才有。

附表5 2009年1~12月全国塑料制品产量总表(分品种)

产品名称	单位	完成产量		同比增长/%	
		本月	累计	本月	累计
塑料制品	吨	4463050	44792762	20.95	10.64
其中：塑料薄膜	吨	679480	6904337	18.69	12.06
其中：农用薄膜	吨	123970	1193412	13.23	18.39
塑料板、片☆	吨	287575	3202580	27.44	6.37
塑料管及其附件☆	吨	531947	5803665	-6.93	18.92
塑料条、棒、型材*	吨	118365	1603726	17.64	19.19
塑料丝、绳及编织品*	吨	581777	5815626	51.44	26.58
泡沫塑料	吨	170405	1870542	19.76	15.81
塑料人造革、合成革*	吨	230979	1848160	61.41	15.17
塑料包装箱及容器	吨	253625	2744856	32.78	20.67
日用塑料制品	吨	579626	5441831	23.60	8.43
其他塑料制品	吨	1029271	9557439	—	-4.24

1. 统计范围：塑料制品行业规模以上(即年主营业务收入500万元及以上)全部工业法人企业和个别地区的少量规模以下(即年主营业务收入500万元以下)企业。
2. 带“*”的是2009年月度产量统计新增产品，数据仅供参考。
3. 带“☆”的是2009年月度产量统计更名产品，数据与上年不完全可比。

附表6 2009年1~12月全国塑料制品产量总表(分月度)

指标	塑料制品完成产量/t		同比增长/%	
	本月	累计	本月	累计
一月				
二月	3302248	6100675	22.46	10.88
三月	3461615	8970702	8.38	9.38

续表

指　标	塑料制品完成产量/t		同比增长/%	
	本　月	累　计	本　月	累　计
四月	3592615	12500102	9.79	8.02
五月	3712661	16093330	3.05	6.23
六月	4058968	20155815	0.06	4.94
七月	3757202	23884060	7.90	7.24
八月	3986936	27816381	9.25	7.36
九月	4076707	31953509	12.00	7.58
十月	4074880	35866776	13.37	8.83
十一月	4145056	40252410	18.57	9.62
十二月	4463050	44792762	20.95	10.64

1. 统计范围：塑料制品行业规模以上(即年主营业务收入500万元及以上)全部工业法人企业和个别地区的少量规模以下(即年主营业务收入500万元以下)企业。

2. 带“＊”的是2009年月度产量统计新增产品，数据仅供参考。

3. 带“☆”的是2009年月度产量统计更名产品，数据与上年不完全可比。

附表7　2009年1～12月全国塑料制品业主要产品产量(分地区)

地区	塑料制品				1. 塑料薄膜			
	完成产量/t		同比增长/%		完成产量/t		同比增长/%	
	本月	累计	本月	累计	本月	累计	本月	累计
全　国	4463050	44792762	20.95	10.64	679480	6904337	18.69	12.06
北　京	44184	429367	38.27	5.92	4225	46962	11.66	7.53
天　津	69396	694059	24.53	21.50	15444	167712	33.31	24.02
河　北	146340	1595776	18.81	14.59	26135	218130	10.96	5.37
山　西	20109	172515	194.69	10.02	5208	24528	150.99	5.29
内蒙古	13702	150531	10.66	40.95	1401	23688	15.93	174.36
辽　宁	174347	2752052	36.77	18.56	9476	140520	37.31	32.57
吉　林	27837	375424	24.52	21.70	4486	83941	30.33	10.84
黑龙江	19310	186091	42.09	22.07	1413	21511	8.52	49.39
上　海	111481	1169408	20.29	-0.98	25347	252699	59.35	42.94
江　苏	359920	4014030	8.76	10.05	55871	685760	2.53	-1.27
浙　江	801121	8114959	8.12	6.60	176224	2041669	4.07	16.24
安　徽	153676	1463678	43.99	12.50	15727	178816	23.81	-3.05
福　建	154543	1446376	30.04	11.14	15224	127204	32.93	6.55
江　西	39050	303057	44.84	32.30	1383	12051	33.03	20.20
山　东	391704	4385423	-12.36	12.37	54466	620800	6.29	26.06
河　南	173780	1557498	49.32	25.29	28550	230287	94.68	38.52
湖　北	117175	1204580	50.92	27.89	5610	57530	-28.22	-64.44
湖　南	61417	610915	38.64	61.15	5401	41222	18.29	49.72
广　东	1240620	10523225	37.33	-0.50	177875	1497339	44.21	7.94
广　西	42102	388785	53.49	45.51	1719	18614	-40.60	11.48
海　南	1616	18517	-63.70	-34.01	471	5752	-45.86	-42.66
重　庆	46404	499248	49.03	61.07	3365	39525	10.85	97.29
四　川	116577	1412370	29.71	43.08	16274	144093	21.14	27.57
贵　州	18861	174349	43.28	17.40	640	9344	-61.48	-28.26

续表

地区	塑料制品				1. 塑料薄膜			
	完成产量/t		同比增长/%		完成产量/t		同比增长/%	
	本月	累计	本月	累计	本月	累计	本月	累计
云　南	32879	327385	－0. 46	22. 38	8793	79674	－3. 95	12. 18
西　藏								
陕　西	18440	182020	50. 13	24. 92	794	7943	42. 98	56. 36
甘　肃	9016	122225	12. 32	24. 74	2119	28501	－16. 97	25. 07
青　海	272	5113	－44. 44	49. 09				
宁　夏	7235	76605	－15. 52	13. 88	410	4285	－33. 22	71. 25
新　疆	49937	437182	－19. 70	0. 79	15429	94240	－10. 88	－2. 23

地区	其中：农用薄膜				2. 塑料板、片			
	完成产量/t		同比增长/%		完成产量/t		同比增长/%	
	本月	累计	本月	累计	本月	累计	本月	累计
全　国	123970	1193412	13. 23	18. 39	287575	3202580	27. 44	6. 37
北　京	2133	20767	21. 71	22. 76	2883	25237	2. 93	18. 59
天　津	1746	25672	50. 61	31. 89	9389	74746	94. 83	11. 59
河　北	3923	29450	－27. 30	14. 16	6582	59127	28. 76	－7. 01
山　西	5034	22663	147. 01	4. 97	67	763	67. 50	33. 63
内蒙古	1072	13226	－1. 23	237. 50				
辽　宁	2906	42899	257. 88	70. 12	23588	450599	－4. 98	1. 99
吉　林	3129	72197	144. 83	15. 44				
黑龙江	673	10197	19. 75	81. 85	2826	30707	395. 79	3. 36
上　海	2817	28100	266. 32	140. 36	4272	123456	－80. 18	－54. 87
江　苏	3242	37062	148. 93	－3. 34	29530	362249	9. 33	16. 21
浙　江	5995	60314	14. 20	9. 81	28382	285074	36. 90	9. 15
安　徽	1186	8579	－46. 43	－68. 08	47920	658530	10. 18	－1. 50
福　建					1248	10130	－7. 62	－69. 57
江　西					3226	28682	103. 15	35. 87
山　东	33987	391459	－4. 60	21. 22	9146	118678	－7. 68	1. 29
河　南	16581	112415	97. 13	4. 28	3261	29760	54. 72	32. 70
湖　北	951	7095	294. 54	107. 28	10514	104127	239. 48	85. 92
湖　南	1509	12474	59. 48	77. 35	5038	47095	－19. 41	27. 13
广　东	3767	44712	50. 15	40. 07	90628	701925	100. 27	34. 95
广　西	834	9711	－52. 30	8. 08	480	3251	60. 00	73. 93
海　南								
重　庆	1366	15859	10. 47	53. 40	1507	21575	29. 36	99. 65
四　川	8122	57316	－1. 07	9. 83	2911	25746	614. 38	189. 36
贵　州	289	3211	－74. 05	－31. 51	100	3478	－59. 51	－25. 12
云　南	5928	46100	0. 10	26. 77	734	5419	67. 96	－12. 34
西　藏								
陕　西	635	5948	49. 41	59. 59				
甘　肃	1921	27136	－23. 42	25. 27	207	6498	－47. 16	－2. 66
青　海								
宁　夏	410	4136	－26. 26	92. 18				
新　疆	13813	84717	－15. 88	3. 38	3136	25728	42. 67	1. 11

续表

地区	3. 塑料管及其附件				4. 塑料条、棒、型材			
	完成产量/t		同比增长/%		完成产量/t		同比增长/%	
	本月	累计	本月	累计	本月	累计	本月	累计
全　国	531947	5803665	-6.93	18.92	118365	1603726	17.64	19.19
北　京	2697	23500	74.64	13.47	1257	17760	37.68	-6.88
天　津	8115	83828	325.49	128.22	273	6070	-27.61	-25.45
河　北	28900	352840	7.80	29.20	8569	171033	38.73	15.97
山　西	1023	7377	0.95	-2.89	8542	87243	813.58	3.94
内蒙古	3667	30966	86.43	36.14	2342	11774	-12.58	42.76
辽　宁	16420	207114	16.32	15.46	8977	240891	0.26	60.36
吉　林	10674	136227	63.39	45.55	1143	13089	297.94	-6.85
黑龙江	1000	14119	2.99	47.75	61	2241	79.41	-51.48
上　海	10987	114926	24.77	17.68	2219	20593	698.09	318.82
江　苏	7913	103439	-29.59	16.72	3992	53218	6.31	-22.15
浙　江	101633	973017	31.69	14.87	23536	377021	-40.02	-3.39
安　徽	5765	57775	67.32	22.91	4599	28360	243.98	97.34
福　建	52219	455192	86.56	19.31	505	4535	263.31	189.04
江　西	1518	17771	-6.76	1.38	206	1357	128.33	5.70
山　东	47207	658482	-71.77	10.87	7467	73661	28.03	11.48
河　南	18490	181378	-9.72	19.67	2665	28310	46.43	65.85
湖　北	22484	239324	5.95	28.05	4092	19942		91.78
湖　南	5024	55756	37.43	27.83	1647	13458	16.07	63.40
广　东	77572	978462	-2.66	3.22	10751	116196	32.41	6.14
广　西	1271	9173	753.02	345.08	2848	29211	18.52	37.36
海　南								
重　庆	12175	126112	19.25	55.71	5729	66764	493.06	517.96
四　川	38402	454271	15.44	40.37	6694	111229	-7.50	18.96
贵　州	11562	93152	93.54	27.90	90	974	-78.00	-61.80
云　南	14379	137878	-0.03	37.28	50	621	-43.18	-20.99
西　藏								
陕　西	2454	22063	91.14	39.47	8172	56866	104.50	17.97
甘　肃	2646	43014	40.25	96.67				
青　海	37	1783						
宁　夏	4657	30249	-19.14	-5.53	629	17501	9.20	43.80
新　疆	21059	194478	-0.78	5.88	1313	33809	-40.67	18.69

地区	5. 塑料丝、绳及编织品				6. 泡沫塑料			
	完成产量/t		同比增长/%		完成产量/t		同比增长/%	
	本月	累计	本月	累计	本月	累计	本月	累计
全　国	581777	5815626	51.44	26.58	170405	1870542	19.76	15.81
北　京	3982	36369	5.80	-15.46	1736	18706	-13.00	-20.34
天　津	7213	53755	306.92	113.90	2110	21948	274.78	174.58
河　北	13310	169059	5.30	2.26	1877	27685	49.52	15.12

续表

地区	5. 塑料丝、绳及编织品				6. 泡沫塑料			
	完成产量/t		同比增长/%		完成产量/t		同比增长/%	
	本月	累计	本月	累计	本月	累计	本月	累计
山　西	2975	28183	99.62	35.44		438		-64.53
内蒙古	4645	68292	-7.74	32.23	25	319	56.25	-29.39
辽　宁	57072	940533	109.50	16.19	2939	28559	34.73	37.96
吉　林	4891	57046	-7.72	2.31	1090	12771	98.18	17.25
黑龙江	11532	91177	27.94	25.89	185	907	704.35	1.01
上　海	3096	21329		431.50	3313	29166	41.87	-15.00
江　苏	17405	183373	25.05	25.11	49542	614569	1.01	15.45
浙　江	67664	541819	33.82	17.86	20106	178391	36.88	15.57
安　徽	24998	232611	82.88	95.04	2099	23304	165.25	62.26
福　建	5706	52642	-23.88	1.86	8799	49461	311.40	77.38
江　西	21336	158856	33.73	39.97	160	1860	170.34	84.78
山　东	160815	1448200	52.92	17.99	9538	159242	33.98	37.38
河　南	40151	306630	167.14	32.27	2418	51865	-41.19	-5.99
湖　北	24644	284026	31.77	46.06	1475	17579	72.94	32.68
湖　南	16315	206843	43.49	89.01	738	4274	130.63	10.30
广　东	23611	210032	25.81	25.06	57955	590598	12.37	8.36
广　西	20330	170503	57.84	31.64	390	2050	46.62	-2.57
海　南	415	4130	-24.95	-22.64	211	1953	119.79	24.32
重　庆	8652	88365	99.07	51.91	1070	10144	133.44	74.44
四　川	19121	231532	58.16	67.82	164	2108	19.87	27.54
贵　州	2680	27528	48.89	0.71	783	5262		
云　南	5045	59216	1.24	33.04	639	8662	-38.56	-9.04
西　藏								
陕　西	4476	47876	46.22	33.84	136	1873	39.82	84.55
甘　肃	3185	30616	48.59	-11.31	70	1110	62.79	44.47
青　海	235	3331	-51.91	-2.89				
宁　夏	1518	22607	-6.03	11.12				
新　疆	4761	39147	54.76	38.96	840	5741	164.15	4.37

地区	7. 塑料人造革、合成革				8. 塑料包装箱及容器			
	完成产量/t		同比增长/%		完成产量/t		同比增长/%	
	本月	累计	本月	累计	本月	累计	本月	累计
全　国	230979	1848160	61.41	15.17	253625	2744856	32.78	20.67
北　京	667	6631	8.15	-19.62	7928	82332	34.13	3.26
天　津	1267	10152	58.89	0.18	7936	78100	28.26	3.20
河　北	7838	104529	-14.64	15.83	6345	66527	-1.77	23.36
山　西					1225	8796	156.28	1.83
内蒙古					978	10372	19.49	13.20
辽　宁	13375	157892	38.09	13.31	10856	179533	153.70	54.40

续表

地区	7. 塑料人造革、合成革				8. 塑料包装箱及容器			
	完成产量/t		同比增长/%		完成产量/t		同比增长/%	
	本月	累计	本月	累计	本月	累计	本月	累计
吉　林	238	3642	78.30	-1.58	2547	30419	-41.38	-7.15
黑龙江	20	174	300.00	93.33	70	1462	-67.03	-58.16
上　海	5354	53216	78.23	3.06	28464	290215	35.64	1.98
江　苏	30987	289647	73.82	5.23	15271	196350	4.61	-8.36
浙　江	86809	800289	12.40	7.36	35842	383748	12.30	13.71
安　徽	2837	28152	43.93	9.68	5291	45714	104.65	3.56
福　建	19515	179897	82.37	65.74	2288	21919	19.11	37.69
江　西					4016	21454	102.40	-11.97
山　东	1213	13428	138.12	26.97	19518	247263	39.75	36.26
河　南	1992	22788	34.78	45.52	4914	61847	104.67	85.69
湖　北	1262	11934	-33.97	-7.41	7299	90520	3.04	19.74
湖　南	1039	2184	-20.57	-57.38	15491	170893	96.86	95.81
广　东	56566	161289	768.94	64.17	49663	472747	42.84	19.72
广　西					5290	47564	86.79	85.15
海　南					471	3793	-80.03	-35.76
重　庆		62		-33.12	4419	43371	119.20	61.30
四　川		2254		-41.26	14081	139378	37.01	41.65
贵　州					394	3590	57.61	55.97
云　南					727	11006	9.58	9.61
西　藏								
陕　西					542	7305	-17.88	27.38
甘　肃					131	2156	17.21	21.31
青　海								
宁　夏						249		7.79
新　疆					1629	26233	-47.14	5.55

地区	9. 日用塑料制品				10. 其他塑料制品			
	完成产量/t		同比增长/%		完成产量/t		同比增长/%	
	本月	累计	本月	累计	本月	累计	本月	累计
全　国	579626	5441831	23.60	8.43	1029271	9557439		-4.24
北　京	3636	39506	2.11	-0.89	15172	132365		24.55
天　津	468	7856	17.59	-7.32	17181	189893		-0.35
河　北	21871	186343	23.41	3.84	24915	240504		27.62
山　西					1069	15187		41.66
内蒙古					644	5119		-13.30
辽　宁	13289	174935	-12.59	2.07	18356	231476		24.08
吉　林	1793	21273	56.32	141.10	976	17017		29.23
黑龙江	321	2085	234.25	83.21	1882	21709		34.74
上　海	16028	122834	176.70	41.99	12401	140973		-15.60

续表

地区	9. 日用塑料制品				10. 其他塑料制品			
	完成产量/t		同比增长/%		完成产量/t		同比增长/%	
	本月	累计	本月	累计	本月	累计	本月	累计
江　苏	55683	583986	7.33	10.06	93726	941441		19.92
浙　江	119671	1226562	-17.35	-10.05	141254	1307370		0.82
安　徽	4531	41073	111.15	3.35	39910	169344		18.00
福　建	23246	224221	72.44	33.83	25792	321176		-18.49
江　西	3095	27577	22.17	38.02	4111	33450		65.01
山　东	18300	267764	38.24	12.59	64034	777907		-9.52
河　南	19602	155328	42.38	16.32	51737	489305		17.53
湖　北	26885	283675	109.23	68.92	12911	95923		52.96
湖　南	9867	60872	36.41	17.57	858	8317		60.29
广　东	236243	1927866	50.58	11.00	459758	3866771		-17.16
广　西	488	6844	-48.45	14.96	9287	101575		63.74
海　南	31	350	-11.43	-11.84	17	2539		-47.28
重　庆	1155	11835	45.40	92.22	8334	91494		1.44
四　川	1741	40263	170.24	36.05	17189	261497		49.99
贵　州	784	18865	-47.70	16.20	1828	12156		26.83
云　南	86	865	-45.22	-61.69	2426	24044		5.62
西　藏								
陕　西					1867	38094		11.77
甘　肃	50	1855	-75.96	0.49	608	8476		9.52
青　海								
宁　夏					21	1714		
新　疆	764	7201	-60.97	-36.19	1006	10606		-64.55

附表8　2009年1~12月塑料制品海关出口统计(分产品)

产品名称	出口量/t			出口额/万美元		
	当月数量	1-当月量	同比增长/%	当月金额	1-当月额	同比增长/%
塑料制品				369558.5	3343076.7	-5.44
1. 塑料单丝、条、杆、型材及异型材	6947	83917	-21.65	1419.7	14847.6	-25.77
2. 塑料管及其附件	32081	318021	-12.40	9124.5	86314.8	-14.46
3. 塑料板、片、膜、箔、带及扁条	144106	1349803	-9.83	36629.7	324972.3	-15.89
4. 塑料人造革、合成革	44031	409014	8.75	17561.9	148467.1	8.90
5. 塑料包装箱及容器及其附件	184552	1925194	-7.11	44277.5	408588.4	-11.92
6. 塑料零件	3609	29267	-29.21	3051.8	23715.3	-23.60
7. 建筑用塑料制品	120153	1192570	-2.73	17996.8	168378.4	-6.61
(1)塑料糊墙品和铺地制品	68715	641588	-9.09	8639.6	74682.6	-15.27
(2)塑料门、窗、窗板(帘)及类似品	27265	288090	-3.76	4995.8	51071.3	-3.19
(3)其他建筑用塑料制品	24173	262892	18.98	4361.4	42624.5	8.18

续表

产品名称	出口量/t			出口额/万美元		
	当月数量	1－当月量	同比增长/%	当月金额	1－当月额	同比增长/%
8. 日用塑料制品	—	—	—	172099.5	1533496.9	－0.46
(1)塑料制餐具及厨房用具	52336	520572	－1.64	14049.3	130725.8	－1.63
(2)塑料卫生设备、洁具及其配件	49871	490656	－8.75	14894.6	129870.4	－5.1
(3)塑料制办公室或学校用品	32825	346990	－13.01	7678.3	73438.5	－5.88
(4)塑料鞋及塑料制鞋底、鞋跟	0	0	0.00	94040.0	878698.4	7.24
(5)其他日用塑料制品	0	0	0.00	41437.3	320763.8	－14.1
9. 其他塑料制品	—	—	—	67397.2	634296	－6.19

注：数据来源：海关总署。

附表9　2009年1～12月份塑料制品海关出口额统计(分月度)

产品名称	出口额/万美元			产品名称	出口额/万美元		
	当月金额	1－当月额	同比增长/%		当月金额	1－当月额	同比增长/%
一月	290217.5	290217.5	－0.64	七月	306019.4	1818808.2	－5.85
二月	151066.1	441283.5	－9.93	八月	287508.1	2106316.3	－6.58
三月	262207.9	703462.8	－5.39	九月	301140.9	2407407.7	－6.26
四月	270787.7	973880.8	－5.33	十月	276909.8	2684080.6	－6.42
五月	266134.2	1239807.2	－5.81	十一月	290020.4	2973957.9	－6.37
六月	272889.2	1512678.7	－6.20	十二月	369558.5	3343076.7	－5.44

注：数据来源：海关总署。

附表10　2009年1～12月塑料制品海关进口统计(分产品)

产品名称	进口量/t			进口额/万美元		
	当月数量	1－当月量	同比增长/%	当月金额	1－当月额	同比增长/%
塑料制品				128999.1	1155693.6	－3.74
1. 塑料单丝、条、杆、型材及异型材	785	6816	－22.26	520.3	4201.8	－4.80
2. 塑料管及其附件	4346	38873	－4.74	5747.0	45336.4	－3.47
3. 塑料板、片、膜、箔、带及扁条	90221	849477	－3.25	69906.1	626536.0	0.38
4. 塑料人造革、合成革	7463	70600	－21.46	5745.0	53106.4	－14.36
5. 塑料包装箱及容器及其附件	18167	163536	－13.56	11631.2	106081.1	－3.79
6. 塑料零件	2716	22341	－16.19	8132.3	68403.4	－10.32
7. 建筑用塑料制品	6240	58484	5.16	1614.6	14122.6	1.76
(1)塑料糊墙品和铺地制品	5666	53164	6.69	1191.9	11170.7	5.54
(2)塑料门、窗、窗板(帘)及类似品	396	3525	－9.53	157.6	1369.8	－6.92
(3)其他建筑用塑料制品	178	1795	－4.72	265.0	1582.1	－13.22
8. 日用塑料制品	—	—	—	2262.8	20627.5	－7.50

续表

产品名称	进口量/t			进口额/万美元		
	当月数量	1－当月量	同比增长/%	当月金额	1－当月额	同比增长/%
(1)塑料制餐具及厨房用具	522	4438	－37.33	412.5	3637.1	－33.90
(2)塑料卫生设备、洁具及其配件	1246	12077	－18.47	491.1	4264.9	－15.63
(3)塑料制办公室或学校用品	157	1523	－10.64	46.1	497.3	－26.86
(4)塑料鞋及塑料制鞋底、鞋跟	—	—	—	968.1	8665.7	23.88
(5)其他日用塑料制品	—	—	—	345.1	3562.4	－12.39
9. 其他塑料制品	—	—	—	23439.9	217278.6	－9.59

注：数据来源：海关总署。

附表11　2009年1～12月塑料制品海关进口额统计(分月度)

产品名称	进口额/万美元			产品名称	进口额/万美元		
	当月金额	1－当月额	同比增长/%		当月金额	1－当月额	同比增长/%
一月	50878.4	50878.4	－47.42	七月	111877.2	586411.9	－18.26
二月	65058.5	115936.9	－34.92	八月	102702.4	689114.3	－15.92
三月	79841.4	195845.7	－30.19	九月	120424.9	809904.3	－12.74
四月	92180.4	287726.8	－26.29	十月	104973.0	914822.0	－11.54
五月	83554.6	371233.5	－25.38	十一月	111856.5	1026647.3	－8.42
六月	103362.5	474573.2	－21.30	十二月	128999.1	1155693.6	－3.74

注：数据来源：海关总署。

（中国轻工业信息中心　张涌涛）

塑料制品进出口均价差距大
The Huge Average Price Gap between Import and Exprot of Plastic Products

近年我国塑料制品进出口有三大特征：

(1) 出口量和出口金额远超进口量和进口金额；

(2) 近年出口超亿美元金额产品年年有三十只以上，2007年有三十七只，2008年有三十四只，2009年有三十五只出口超亿美元金额产品；

(3) 出口均价远低于进口均价：

2007年年平均出口价低于年进口均价20.85～374.64个百分点。

2008年年平均出口价低于年进口均价18.29～652.79个百分点。

2009年年平均出口价低于年进口均价8.16～625.26个百分点。

一、2006～2009年塑料制品出口分析

面对国内塑料制品出口增速放缓现象，一些业界人士认为这是一件好事，将有利于调整我国塑料产品结构，减少对外贸易摩擦，改变塑料产业长期以来为人作“嫁衣”的现状。

但笔者认为，我国塑料制品出口增速放缓后，能否促进结构调整，改变塑料产业长期以来“为人作嫁”的现状还有待观察。

分析2007年以来，尤其是7月份以来我国塑料制品出口增速大幅回落的原因，不难发现，国家外贸政策的调整是最关键因素。

为遏制“两高一资”产品大量出口，控制一般加工贸易等低附加值产品出口过快增长，减少对外贸易摩擦，减缓人民币升值压力，从2006年开始，我国对塑料制品出口政策由过去的鼓励改为限制。

2006年9月15日，国家将塑料制品出口退税率由13%降至11%，2007年7月1日又将出口退税率由11%下调至5%。

2007年7月23日，商务部和海关总署又将塑料制品列入新增加工贸易限制类出口目录。正是一系列限制政策，迟滞了我国塑料制品出口步伐，迫使塑料制品出口增速明显回落。

但出口增速回落甚至不出口就可以优化国内塑

料产品结构、改变长期以来以低端抢市场给人作嫁衣的现状吗？答案恐怕是否定的。

一是某种产品能否占领国际高端市场，关键要看该产品的技术含量、质量和配套服务水平，而不是取决于产品出口量的多少；

二是产品结构调整往往涉及行业规划、政策引导、原料供给、技术创新、设备工艺改进、市场导向、社会消费水平和企业参与热情等方方面面，绝非只是出口量的多少；

三是能否减少或避免对外贸易摩擦，关键要看产品性能和市场需求，也不取决于出口量的多少。

比如，OPEC 每年有 60% 以上的石油用于出口，而包括美国在内的不少国家石油进口量都十分巨大，但有哪个国家对输入的石油提起过反倾销立案调查呢？

因此，塑料制品出口增速回落，只表明国家限制包括塑料制品在内的低附加值产品出口过快增长、遏制“两高一资”产品出口这一用意基本实现，并不代表我国塑料产品结构因此改变了，更不可能迅速改变我国塑料产品长期以来只能占领国际低端市场的事实。

要想改变我国塑料产业现状，实现结构调整，恐怕还必须从以下几方面努力：

一要搞好行业发展规划，提高行业准入门槛，尤其要提高节能环保、技术和规模的准入门槛；

二要出台政策，鼓励技术进步，推动拥有自主知识产权加工技术的市场化进程；

三要支持一批拥有技术、资金、人才优势的科研机构和生产企业，瞄准工程塑料、汽车零配件、医用塑料、电子元器件、食品饮料、洗涤用品、化妆品等高端领域，集中力量对这些领域所需塑料原料及辅料、改性技术、生产设备和工艺组织研发，实现规模化生产，通过政策支持高端产品打入并迅速占领国内外市场。

只有当高端产品替代了低端产品，并占领了国内外市场，由此实现了出口量和出口额的大幅增长，目前我国塑料制品出口增速回落才具有实质性的意义。

(一) 塑料制品出口频念“紧箍咒”

继 2006 年 9 月 15 日国家将塑料制品出口退税率由 13% 降至 11% 后，2007 年 7 月 1 日出口退税率再次下调至 5%。7 月 23 日，商务部、海关总署联合发布 2007 年第 44 号公告，公布新一批《加工贸易限制类商品目录》，从 2007 年 8 月 23 日起，国家对此类商品实行银行保证金台账实转管理，150 个塑料原料及制品的海关商品编码位列其中。

我国塑料原料一直产不足需，每年都需大量进口，而塑料制品产量却增长迅猛，并且以低端、低价产品出口为主，使得我国每年在花巨资进口塑料原料的同时，又大量出口低附加值产品，不仅出力不讨好，而且也增加了国际贸易摩擦。

自 2008 年 3 月份开始，福建出入境检验检疫局重点整治塑料餐厨具、家具、玩具、服装、油漆涂料、仿真饰品等 6 类出口产品质量。

按照国家相关部门的统一部署，从 2008 年 3 月份起将在全国范围内对部分进出口重点产品质量进行专项整治。第一批重点产品整治行动，从 3 月份开始到 10 月初结束，分四个阶段进行，着重围绕家具、玩具、服装、油漆涂料、仿真饰品 5 类产品的主要质量问题，重点突出安全类指标，开展有针对性的整治。

据介绍，家具、服装、玩具、塑料餐厨具等产品是福建重要的大宗出口产品，出口国家和地区涉及 100 多个。除对第一批 5 类重点产品进行整治外，福建出入境检验检疫局还结合福建省产业特点和质量状况，将出口塑料餐厨具列入了整治范围。

(二) 出口塑料制品须接受强制检验

国家有关部门发布公告，对出口塑料制品进行强制检验。据了解，我国对出口塑料制品实施强制检验管理，是为维护中国产品质量信誉的又一项举措。

2007 年 9 月 7 日，国家质检总局和海关总署联合发布第 131 号公告，临时对塑料餐具及厨房用具、塑料制品其他家庭用具及卫生或盥洗用具等塑料制品实施强制出口检验管理。

杭州出入境检验检疫局立即着手按照该公告做好该类商品的开验工作。调查发现，该类出口生产企业普遍存在安全卫生意识淡薄的情况，不了解进口国相关法规和标准，大多没有采取安全卫生控制和检测手段，有些与食品接触的部件甚至由外包生产或直接从市场采购。

为切实履行好出口塑料制品检验管理工作，杭州出入境检验检疫局采取了多项措施，制定了《出口塑料制品检验管理操作规程》，规范检验工作。

截至目前，杭州出入境检验检疫局接受报检 31 批，检出一批出口美国的橙色浴球和墨绿色浴球总铅含量分别高达 4320mg/kg 和 1870mg/kg，已被禁止出口。

尽管 2007 ~ 2009 年塑料制品出口实现稳步增长，但三方面因素仍然成为制约出口扩大的主要问题。

(1) 成本上升、出口利润下降。

由于国际原油价格持续高涨，导致塑料制品上游合成树脂价格高位运行，塑料制品加工企业将长期面临高价原料冲击。

目前我国塑料制品出口退税率已由13%降至5%，行业出口利润进一步受到挤压。

（2）屡受国外反倾销。

主要出口市场——欧盟继2006年9月29日决定对我国输欧塑料袋征收最高达28.8%的反倾销税后，又于2007年3月9日启动反倾销期中复审调查；

另一主要出口市场——美国，继2004年对原产于中国的聚乙烯零售包装袋作出0.2%～77.33%的反倾销终裁后，又于2007年3月19日对原产于中国的聚乙烯零售包装袋作出反倾销行政复审终裁，裁决结果倾销幅度最高达77.57%，2007年7月19日美国又宣布对我国复合编织袋发起反倾销反补贴合并调查。

我国塑料制品出口企业在屡受国外反倾销之害后产品竞争力将进一步被削弱。

2008年3月19日，欧盟委员会发布公告，对原产于中国的塑料袋作出反倾销期中复审终裁：对新会新利达薄膜有限公司征收4.3%的反倾销税。

在本案中，欧盟委员会并未给予新会新利达薄膜有限公司以市场经济待遇，并选择泰国作为计算该公司涉案产品正常价值的替代国。

印度商工部反倾销局2008年9月23日公布了该局作出的对中国和中国台湾地区尼龙扎带（Cable Ties）反倾销调查的初裁及10月3日做出的更正。

初裁认定，中国和中国台湾地区涉案产品构成倾销（幅度分别为342%和108%），并对印度国内产业造成了实质损害。初裁建议征收临时反倾销税，税额为参考价和进口到岸价之差。中国涉案产品参考价为269.44卢比/千克，中国台湾地区涉案产品参考价为278.14卢比/千克。

2008年10月21日，美国国际贸易委员会发布通知，对原产于中国、巴西、泰国和阿联酋的聚酯薄膜反倾销案作出产业损害终裁。

美国国际贸易委员会的6位委员经投票裁定，原产于中国、巴西和阿联酋的聚酯薄膜的倾销行为给美国国内产业造成了实质性损害威胁，而原产于泰国的聚酯薄膜的倾销行为并没有给美国国内产业造成实质性损害和损害威胁。

根据美国国际贸易委员会的产业损害终裁，美国将按照商务部裁定的倾销幅度，对原产于中国、巴西和阿联酋的聚酯薄膜征收反倾销税，而由于无损害，对于原产于泰国的聚酯薄膜将不实施反倾销措施。

2007年10月31日，美国商务部对原产于中国的聚酯薄膜进行反倾销立案调查，涉案产品海关编码为39206200.90。

2008年9月19日，美国商务部对本案作出终裁，中国涉案产品的倾销幅度为3.49%～76.62%。

2008年11月15日，土耳其外贸署发布27055－2008/33号公告，决定自公告之日起对自中国进口的聚合塑料类产品和聚乙烯、聚丙烯材料机织物产品（土耳其海关税号：392190600011、392190600013、540720119000、540720199000）征收1.06美元/千克的反倾销税。

（3）产品品质难以满足出口要求。

由于国内现行的法规中尚未明确食品容器中增塑剂的最大允许量，国产塑料食品包装和容器，在使用DOP增塑剂方面存在一定的随意性，与美、日、韩、欧等国家（地区）出台的标准和法规相比标准滞后，直接导致国内塑料制品在品质上难以满足出口要求。

国内大量的塑料制品企业技术装备落后、产品档次低，出口产品主要为日常生活用品和工艺品，特殊工程塑料制品比重过低，高技术含量和高附加值产品极少，企业出口量上升但利润却难以增加。

（4）技术壁垒压力。

2007年6月1日起欧盟实施REACH法规，塑料制品企业面临注册、评估、许可的问题，且必须通过欧盟境内的生产商或者进口商进行注册。

由于国内现行的法规中尚未明确食品容器中增塑剂的最大允许量，国产塑料食品包装和容器，在使用DOP增塑剂方面存在一定的随意性，与美、日、韩、欧等国家（地区）出台的标准和法规相比标准滞后，直接导致国内塑料制品在品质上难以满足出口要求。

国内塑料制品生产加工企业约有15万家，规模以上企业仅占1/15。国内大量的塑料制品企业技术装备落后、产品档次低，出口产品主要为日常生活用品和工艺品，特殊工程塑料制品比重过低，高技术含量和高附加值产品极少，企业出口量不少但利润却难以增加。

据估计，由此增加的费用将使我国有关企业对欧盟出口成本普遍提高5%以上。

四大压力制约我国塑料制品出口

一是原材料成本压力。

国际原油价格持续高涨，导致塑料制品上游合成树脂价格高位运行，塑料制品加工企业将长期面临高价原料冲击。

二是出口退税压力。

目前我国塑料制品出口退税率已由13%降至

5%，行业出口利润进一步受到挤压。

三是贸易摩擦压力。

欧盟和美国对我国塑料制品征收反倾销税率分别高达28.8%和77.3%，2007年7月19日美国又宣布对我国复合编织袋发起反倾销反补贴合并调查。

主要出口市场——欧盟继2006年9月29日决定对我国输欧塑料袋征收最高达28.8%的反倾销税后，又于2007年3月9日启动反倾销期中复审调查；

另一主要出口市场美国，继2004年对原产于中国的聚乙烯零售包装袋作出0.2%～77.33%的反倾销终裁后，又于2007年3月19日对原产于中国的聚乙烯零售包装袋作出反倾销行政复审终裁，裁决结果倾销幅度最高达77.57%。

我国塑料制品出口企业在屡受国外反倾销之害后产品竞争力将进一步被削弱。

四是技术壁垒压力。

2007年6月1日起欧盟实施REACH法规，塑料制品企业面临注册、评估、许可的问题，且必须通过欧盟境内的生产商或者进口商进行注册。

我国出口欧盟的塑料制品大致包括塑料成品（如塑料餐具等）、塑料半成品和塑料原料产品。在REACH法规中，塑料制品可分为四种类型：

（1）不含有意释放物质的“物品”，例如普通塑料制品等；

（2）含有意释放物质的“物品”，例如有香味的塑料制品等；

（3）“物质/配制品”，例如塑料切片等。

不同类型的塑料制品在REACH中的责任各不相同，所以塑料制品企业REACH应对的首要步骤就是对照REACH法规和相关的指南文件，分析自己产品在REACH中的类型和需要履行的责任（对比较难以鉴别的产品，需要寻求专业代理机构的帮助）。

鉴于塑料制品的复杂性，为了免受欧盟REACH法规的影响，中国检验检疫REACH解决中心专家强烈建议塑料制品类企业尽快分析自己出口欧盟的产品，并委托专业机构对其涉欧产品进行分析，对需要REACH应对的物质进行（预）注册。

由于国内现行的法规中尚未明确食品容器中增塑剂的最大允许量，国产塑料食品包装和容器，在使用DOP增塑剂方面存在一定的随意性，与美、日、韩、欧等国家（地区）出台的标准和法规相比标准滞后，直接导致国内塑料制品在品质上难以满足出口要求。

国内塑料制品生产加工企业约有15万家，规模以上企业仅占1/15。国内大量的塑料制品企业技术装备落后、产品档次低，出口产品主要为日常生活用品和工艺品，特殊工程塑料制品比重过低，高技术含量和高附加值产品极少，企业出口量不少但利润却难以增加。

据估计，由此增加的费用将使我国有关企业对欧盟出口成本普遍提高5%以上。

二、2008～2009年出口金额超过亿美元的产品汇总

2007～2009年我国石化产品大宗出口产品继续集中在塑料制品、橡胶制品、无机化工原料、石油制品四大类，占出口总金额的63.21%～65.3%，其中塑料制品占出口总金额的20.00%左右。

2009年出口金额超过亿美元的产品有35个，比2008年增加1个；但2009年35个产品出口金额仅有1939232.52万美元，比2008年出口金额超过亿美元的34个产品出口金额减少金额达22539.90万美元。

2009年出口金额超过亿美元的产品35个中，出口数量下降的有未列名塑料管，其他塑料制铺地制品，PP制板、片、膜、带、箔、扁条，其他氯乙烯非泡沫塑料板，片，膜等，硬质PVC制非泡沫板、片、膜、带、箔、扁条，PET非泡沫塑料板，片，膜等，其他塑料板，片，膜等，未列名塑料板，片，膜等，塑料浴缸、浴盆等，塑料马桶座圈及盖，塑料便盆、抽水箱及类似卫生洁具，货物用塑料盒、箱等，货物用乙烯聚合物制的袋和包，货物用其他塑料制的袋和包，塑料塞子、盖子等，货物用其他塑料包装制品，塑料制餐具及厨房用具，塑料制其他家庭用具，塑料制门、窗等，塑料制办公用品或学习用品，塑料制家具及附件，塑料制小雕制品及装饰品，塑料制机器及仪器元件，未列名塑料制品等二十五个产品，分别下降1.59～32.21个百分点。

2009年出口金额超过亿美元的产品35个中，出口金额下降的有未列名塑料管，塑料制管子附件，氯乙烯聚合物制铺地制品，其他塑料制铺地制品，其他自粘板、片、膜、带、箔、扁，PE制板、片、膜、带、箔、扁条，PP制板、片、膜、带、箔、扁条，其他氯乙烯非泡沫塑料板，片，膜等，硬质PVC制非泡沫板、片、膜、带、箔、扁条，PET非泡沫塑料板，片，膜等，其他塑料板，片，膜等，塑料浴缸、浴盆等，塑料马桶座圈及盖，塑料便盆、抽水箱及类似卫生洁具，货物用塑料盒、箱等，货物用乙烯聚合物制的袋和包，货物用其他塑料制的袋和包，货物用其他塑料包装制品，塑料制餐具及厨房用具，塑料制其他家庭用具，塑料制门、窗等，塑料制办公用品或学习用品，塑料制家具及附件，塑料制小雕制品及装饰品，塑料制机器及仪器元件，未列名塑料制品等二十七个产品，分别下降0.33～33.30个百分点。

2009年出口金额超过亿美元的产品35个中，出口数量上升的仅有氯乙烯聚合物制的单丝、条；塑料制管子附件；氯乙烯聚合物制铺地制品；未列名自粘板、片、膜、带、箔；其他自粘板、片、膜、带、箔、扁；PE制板、片、膜、带、箔、扁条；包装用瓶、盒等塑料制品；塑料制窗板、百叶窗或类似制品；未列名的建筑用塑料制品和塑料制衣服及衣着附件等十个产品，分别增长3.14～106.43个百分点。

2009年出口金额超过亿美元的产品35个中，出口金额上升的仅有氯乙烯聚合物制的单丝、条；未列名自粘板、片、膜、带、箔、等；未列名塑料板，片，膜等；包装用瓶、盒等塑料制品；塑料塞子、盖子等；塑料制窗板、百叶窗或类似制品；未列名的建筑用塑料制品；和塑料制衣服及衣着附件八个产品，分别增长4.68～12.76个百分点。

产品名称	2009年		2008年	
	出口数量/t	出口金额/万美元	出口数量/t	出口金额/万美元
塑料加工制品	35个	1939232.52	34个	1961772.32
氯乙烯聚合物制的单丝、条	69181	10625.63		
未列名塑料管	82089	21921.96	104968	29101.37
塑料制管子附件	61657	20482.11	59474	21579.87
氯乙烯聚合物制铺地制品	511817	54868.13	496224	56850.01
其他塑料制铺地制品	122927	18344.97	185932	27503.54
未列名自粘板、片、膜、带、箔、	158168	37287.59	127215	35076.66
其他自粘板、片、膜、带、箔、扁	182192	59054.98	162897	59242.56
PE制板、片、膜、带、箔、扁条	176595	39382.71	169323	43618.21
PP制板、片、膜、带、箔、扁条	169246	31689.87	213386	52259.07
其他氯乙烯非泡沫塑料板，片，膜等	89944	14444.96	127041	21845.67
硬质PVC制非泡沫板、片、膜、带、箔、扁条	123058	18917.86	153235	27002.35
PET非泡沫塑料板，片，膜等	63122	16498.18	92460	24618.42
其他塑料板，片，膜等	43600	11458.36	69714	16477.19
未列名塑料板，片，膜等	84104	19400.91	84124	18532.93
塑料浴缸、浴盆等	53905	13485.35	59557	17040.86
塑料马桶座圈及盖	46635	13058.86	51307	13150.97
塑料便盆、抽水箱及类似卫生洁具	36218	11133.59	40936	12331.71
货物用塑料盒、箱等	326286	69084.34	388189	82248.12
货物用乙烯聚合物制的袋和包	1096900	186841.01	1158268	227765.42
货物用其他塑料制的袋和包	192740	44572.05	198141	45096.56
包装用瓶、盒等塑料制品	96793	33231.04	85456	31214.16
塑料塞子、盖子等	69886	37310.02	71412	34622.82
货物用其他塑料包装制品	117326	28257.15	119452	31056.35
塑料制餐具及厨房用具	520553	130765.98	528966	132821.28
塑料制其他家庭用具	353726	92169.78	380947	93628.25

续表

产品名称	2009年		2008年	
	出口数量/t	出口金额/万美元	出口数量/t	出口金额/万美元
塑料制门、窗等	55232	12330.73	82707	17971.31
塑料制窗板、百叶窗或类似制品	232961	38844.17	215684	34757.43
未列名的建筑用塑料制品	262873	42657.34	220125	39299.58
塑料制办公用品或学习用品	347063	73461.44	387250	76781.11
塑料制衣服及衣着附件	167989	47862.31	159508	42440.76
塑料制家具及附件	35393	11220.72	41507	12909.09
塑料制小雕制品及装饰品	787614	170896.92	1161915	209303.14
塑料制机器及仪器元件	14517	12746.30	16948	15622.00
未列名塑料制品	1244356	334028.28	1360820	358003.55

三、2006~2009年塑料制品进出口价同比分析

统计显示，在一系列政策及外部因素作用下，我国塑料制品出口自2001年以来连年大幅增长的势头已结束，增速明显回落。

2007年1~10月，我国塑料制品出口量同比仅增长5.2%，同比增速下降3.7个百分点，比2007年上半年增速回落4个百分点。2007年我国塑料制品出口增速不超过5.0%，成为自2001年以来增速最慢的一年。

前几年我国塑料制品进出口价差距之大惊人，虽然近两年随着塑料制品成本上升，出口价也在上扬，但进出口差额仍非常大：

1. 泡沫聚氨酯制人造革及合成革

2006年进口1t泡沫聚氨酯制人造革及合成革制品价相当出口1.4827t泡沫聚氨酯制人造革及合成革制品价；

2007年进口1t泡沫聚氨酯制人造革及合成革制品价相当出口1.5658t泡沫聚氨酯制人造革及合成革制品价；

2008年进口1t泡沫聚氨酯制人造革及合成革制品价相当出口2.1232t泡沫聚氨酯制人造革及合成革制品价；

2009年进口1t泡沫聚氨酯制人造革及合成革制品价相当出口2.5092t泡沫聚氨酯制人造革及合成革制品价。

2. 未列名塑料板、片、膜、箔、扁条

2006年进口1t未列名塑料板、片、膜、箔、扁条制品价相当出口3.0926t未列名塑料板、片、膜、箔、扁条制品价；

2007年进口1t未列名塑料板、片、膜、箔、扁条制品价相当出口3.8342t未列名塑料板、片、膜、箔、扁条制品价；

2008年进口1t未列名塑料板、片、膜、箔、扁条制品价相当出口4.0039t未列名塑料板、片、膜、箔、扁条制品价；

2009年进口1t未列名塑料板、片、膜、箔、扁条制品价相当出口3.6503t未列名塑料板、片、膜、箔、扁条制品价。

3. 塑料浴缸、淋浴盘、洗涤槽及盥洗盆

2006年进口1t塑料浴缸、淋浴盘、洗涤槽及盥洗盆制品价相当出口4.031t塑料浴缸、淋浴盘、洗涤槽及盥洗盆制品价；

2007年进口1t塑料浴缸、淋浴盘、洗涤槽及盥洗盆制品价相当出口4.4187t塑料浴缸、淋浴盘、洗涤槽及盥洗盆制品价；

2008年进口1t塑料浴缸、淋浴盘、洗涤槽及盥洗盆制品价相当出口3.7792t塑料浴缸、淋浴盘、洗涤槽及盥洗盆制品价；

2009年进口1t塑料浴缸、淋浴盘、洗涤槽及盥洗盆制品价相当出口4.7528t塑料浴缸、淋浴盘、洗涤槽及盥洗盆制品价。

4. 塑料制盒、箱及类似品

2006年进口1t塑料制盒、箱及类似品制品价相当出口3.1360t塑料制盒、箱及类似品制品价；

2007年进口1t塑料制盒、箱及类似品制品价相当出口2.9963t塑料制盒、箱及类似品制品价；

2008年进口1t塑料制盒、箱及类似品制品价相当出口2.7047t塑料制盒、箱及类似品制品价；

2009年进口1t塑料制盒、箱及类似品制品价相当出口4.7528t塑料制盒、箱及类似品制品价。

5. 其他塑料制袋及包(供运输或包装货物用的)

2006年进口1t其他塑料制袋及包(供运输或包

装货物用的）制品价相当出口2.2193t其他塑料制袋及包（供运输或包装货物用的）制品价；

2007年进口1t其他塑料制袋及包（供运输或包装货物用的）制品价相当出口2.8477t其他塑料制袋及包（供运输或包装货物用的）制品价；

2008年进口1t其他塑料制袋及包（供运输或包装货物用的）制品价相当出口2.5722t其他塑料制袋及包（供运输或包装货物用的）制品价；

2009年进口1t其他塑料制袋及包（供运输或包装货物用的）制品价相当出口2.9703t其他塑料制袋及包（供运输或包装货物用的）制品价。

6. 乙烯聚合物制袋及包（供运输或包装货物用的）

2006年进口1t乙烯聚合物制袋及包（供运输或包装货物用的）制品价相当出口2.6124t乙烯聚合物制袋及包（供运输或包装货物用的）制品价；

2007年进口1t乙烯聚合物制袋及包（供运输或包装货物用的）制品价相当出口2.3196t乙烯聚合物制袋及包（供运输或包装货物用的）制品价；

2008年进口1t乙烯聚合物制袋及包（供运输或包装货物用的）制品价相当出口2.4211t乙烯聚合物制袋及包（供运输或包装货物用的）制品价；

2009年进口1t乙烯聚合物制袋及包（供运输或包装货物用的）制品价相当出口2.8798t乙烯聚合物制袋及包（供运输或包装货物用的）制品价。

7. 塑料制餐具及厨房用具

2006年进口1t塑料制餐具及厨房用具制品价相当出口2.8220t塑料制餐具及厨房用具制品价；

2007年进口1t塑料制餐具及厨房用具制品价相当出口3.1620t塑料制餐具及厨房用具制品价；

2008年进口1t塑料制餐具及厨房用具制品价相当出口3.0940t塑料制餐具及厨房用具制品价；

2009年进口1t塑料制餐具及厨房用具制品价相当出口3.2659t塑料制餐具及厨房用具制品价。

8. 塑料制其他家庭用具及卫生或盥洗用具

2006年进口1t塑料制其他家庭用具及卫生或盥洗用具制品价相当出口1.2707t塑料制其他家庭用具及卫生或盥洗用具制品价；

2007年进口1t塑料制其他家庭用具及卫生或盥洗用具制品价相当出口1.2085t塑料制其他家庭用具及卫生或盥洗用具制品价；

2008年进口1t塑料制其他家庭用具及卫生或盥洗用具制品价相当出口1.1829t塑料制其他家庭用具及卫生或盥洗用具制品价；

2009年进口1t塑料制其他家庭用具及卫生或盥洗用具制品价相当出口1.0816t塑料制其他家庭用具及卫生或盥洗用具制品价。

9. 塑料制窗板、百叶窗及类似制品

2006年进口1t塑料制窗板、百叶窗及类似制品价相当出口1.3426t塑料制窗板、百叶窗及类似制品价；

2007年进口1t塑料制窗板、百叶窗及类似制品价相当出口1.5328t塑料制窗板、百叶窗及类似制品价；

2008年进口1t塑料制窗板、百叶窗及类似制品价相当出口2.0089t塑料制窗板、百叶窗及类似制品价；

2009年进口1t塑料制窗板、百叶窗及类似制品价相当出口2.3044t塑料制窗板、百叶窗及类似制品价。

10. 办公室或学校用塑料制品

2006年进口1t办公室或学校用塑料制品价相当出口1.8760t办公室或学校用塑料制品价；

2007年进口1t办公室或学校用塑料制品价相当出口1.5669t办公室或学校用塑料制品价；

2008年进口1t办公室或学校用塑料制品价相当出口2.0138t办公室或学校用塑料制品价；

2009年进口1t办公室或学校用塑料制品价相当出口1.5518t办公室或学校用塑料制品价。

11. 塑料制衣服及衣着附件

2006年进口1t塑料制衣服及衣着附件制品价相当出口4.3498t塑料制衣服及衣着附件制品价；

2007年进口1t塑料制衣服及衣着附件制品价相当出口4.7464t塑料制衣服及衣着附件制品价；

2008年进口1t塑料制衣服及衣着附件制品价相当出口7.5279t塑料制衣服及衣着附件制品价；

2009年进口1t塑料制衣服及衣着附件制品价相当出口6.5409t塑料制衣服及衣着附件制品价。

12. 塑料制小雕塑品及其他装饰品

2006年进口1t塑料制小雕塑品及其他装饰品制品价相当出口3.2608t塑料制小雕塑品及其他装饰品制品价；

2007年进口1t塑料制小雕塑品及其他装饰品制品价相当出口4.2854t塑料制小雕塑品及其他装饰品制品价；

2008年进口1t塑料制小雕塑品及其他装饰品制品价相当出口5.0207t塑料制小雕塑品及其他装饰品制品价；

2009年进口1t塑料制小雕塑品及其他装饰品制品价相当出口2.7172t塑料制小雕塑品及其他装饰品制品价。

2006～2009年塑料制品进出口价统计

产品代码	产品名称	年份	年平均进出口价/(美元/t)		年平均进出口价同比/%
			年均进口价	年均出口价	
39211310	泡沫聚氨酯制人造革及合成革	2006	7609.13	5132.07	1:1.4827
		2007	8282.81	5297.34	1:1.5658
		2008	8477.99	3993.04	1:2.1232
		2009	8690.39	3463.44	1:2.5092
39219090	未列名塑料板、片、膜、箔、扁条	2006	6005.88	1942.00	1:3.0926
		2007	7126.51	1858.65	1:3.8342
		2008	8820.84	2203.04	1:40039
		2009	8420.41	2306.78	1:3.6503
39221000	塑料浴缸、淋浴盘、洗涤槽及盥洗盆	2006	9340.95	2317.28	1:4.0310
		2007	10192.47	2306.65	1:4.4187
		2008	10813.19	2861.26	1:3.7792
		2009	11890.20	2501.70	1:4.7528
39231000	塑料制盒、箱及类似品	2006	5557.78	1772.23	1:3.1360
		2007	5586.21	1864.38	1:2.9963
		2008	5730.58	2118.76	1:2.7047
		2009	6728.72	2117.30	1:3.1780
39232900	其他塑料制袋及包(供运输或包装货物用的)	2006	4075.97	1905.29	1:2.1393
		2007	5228.69	1836.10	1:2.8477
		2008	5854.34	2275.98	1:2.5722
		2009	6868.92	2312.55	1:2.9703
39232100	乙烯聚合物制袋及包(供运输或包装货物用的)	2006	3908.43	1496.11	1:2.6124
		2007	3894.11	1678.82	1:2.3196
		2008	4760.86	1966.43	1:2.4211
		2009	4905.30	1703.36	1:2.8798
39241000	塑料制餐具及厨房用具	2006	5027.50	1781.55	1:2.8220
		2007	6218.55	1966.66	1:3.1620
		2008	7768.85	2510.96	1:3.0940
		2009	8204.22	2512.06	1:3.2659
39249000	塑料制其他家庭用具及卫生或盥洗用具	2006	2338.38	1839.94	1:1.2707
		2007	2490.39	2060.76	1:1.2085
		2008	2907.25	2457.78	1:1.1829
		2009	2818.20	2605.68	1:1.0816
39253000	塑料制窗板、百叶窗及类似制品	2006	1883.73	1403.07	1:1.3426
		2007	2213.51	1444.09	1:1.5328
		2008	3237.35	1611.50	1:2.0089
		2009	3842.37	1667.41	1:2.3044
39261000	办公室或学校用塑料制品	2006	3118.57	1662.34	1:1.8760
		2007	2763.26	1763.55	1:1.5669
		2008	3992.91	1982.73	1:2.0138
		2009	3284.55	2116.66	1:1.5518

续表

产品代码	产品名称	年份	年平均进出口价/(美元/t)		年平均进出口价同比/%
			年均进口价	年均出口价	
39262000	塑料制衣服及衣着附件	2006	9579.74	2202.33	1:4.3498
		2007	11218.24	2363.51	1:4.7464
		2008	20029.54	2660.72	1:7.5279
		2009	18635.90	2849.13	1:6.5409
39264000	塑料制小雕塑品及其他装饰品	2006	5815.37	1783.44	1:3.2608
		2007	6504.43	1517.82	1:4.2854
		2008	9044.11	1801.36	1:5.0207
		2009	5895.71	2169.81	1:2.7172

塑料制品出口记录的企业多达27000家左右，民营企业在出口中表现活跃。但民营企业相对技术装备较为落后，特别是其中有许多小企业甚至是家庭作坊式生产，产品档次较低。同时，国内市场“跟风”现象严重，中小企业基本上没有属于自己的品牌，产品往往是“大路货”，在国际市场上竞争力不强，主要靠走低端价格路线取得出口。

但是国产塑料制品出口正在遭受国际贸易壁垒的影响，国内生产的塑料日常用品和工艺品中，部分产品仍在使用对人体有害的DOP增塑剂，由于国内现行的法规中尚未明确增塑剂的最大允许量，而欧、美、日、韩等国家和地区已出台标准和法规，引发塑料制品对上述国家出口受阻。而反倾销问题更不容忽视。

此外，随着原材料价格的大幅上涨，废旧塑料进口替代效应也显现出来。2007年原油价格上涨，带动下游塑料原料价格上涨20%以上，而同期塑料制品价格上涨仅9.20%，远远低于原材料上涨速度，企业利润空间进一步减小。

同时，塑料原料价格的大幅上涨引发废塑料的进口替代效应。

有关专家指出，利用废塑料替代塑料原料生产塑料制品虽然一定程度上可以节约企业成本，但由于废塑料质量参差不齐而且有些甚至未经处理就进口并投入生产，因此，会导致用废塑料制成的塑料制品质量堪忧，而且废塑料的大量进口也成为造成环境污染的罪魁祸首。

有关人士提醒广大塑企在发挥地域优势的基础上，应进一步提高产品档次、降低生产成本、加强行业自律、加快产业升级，这样才能确保塑料制品出口的稳步增长。

四、2008～2009年进口金额超过亿美元的产品汇总

2009年进口金额超过亿美元的产品18个中，比2008年减少2个。

进口数量下降的有塑料制的管子附件(如接头，衬管等)，其他宽度≤20cm的自粘塑料板片等，其他自粘塑料板、片、膜等材料，PP制板、片、膜、带、箔、扁条等，其他氯乙烯聚合物制非泡沫塑料的板、片等，硬质PVC制非泡沫板、片、膜、带、箔等，PC制非泡沫板、片、膜、带、箔、扁条等，其他聚酯制非泡沫板、片、膜、带、箔等，PU制合成革，其他PU制泡沫板、片、膜、带、箔、扁条，未列名的塑料制板、片、膜、带、箔、扁条，货运用塑料盒、箱等，塑料塞子、盖子等，货运和包装用其他塑料制品，塑料制机器及仪器用零件，未列名的塑料制品等十四个产品，分别下降1.14～33.75个百分点。

进口数量上升的仅有PE制板、片、膜、带、箔、扁条等，PMMA制非泡沫板、片、膜、带、箔、等，PET制非泡沫板、片、膜、带、箔、扁条，其他非泡沫板、片、膜、带、箔、扁条等四个产品，分别增长21.25%，0.95%，13.58%和10.26%。

进口金额下降的有塑料制的管子附件(如接头，衬管等)，其他宽度≤20cm的自粘塑料板片等，其他自粘塑料板、片、膜等材料，PP制板、片、膜、带、箔、扁条等，其他氯乙烯聚合物制非泡沫塑料的板、片等，硬质PVC制非泡沫板、片、膜、带、箔等，PMMA制非泡沫板、片、膜、带、箔、等，其他聚酯制非泡沫板、片、膜、带、箔等，PU制合成革，其他PU制泡沫板、片、膜、带、箔、扁条，未列名的塑料制板、片、膜、带、箔、扁条，塑料塞子、盖子等，塑料制机器及仪器用零件，未列名的塑料制品等十二个产品，分别下降1.66～31.97个百分点。

进口金额上升的仅有PE制板、片、膜、带、箔、扁条等，PC制非泡沫板、片、膜、带、箔、扁条等，PET制非泡沫板、片、膜、带、箔、扁条，其他非泡沫板、片、膜、带、箔、扁条，货运用塑料盒、箱等，货运和包装用其他塑料制品等六个产品，分别增长3.80%，9.25%，26.63%，18.70%，5.82%和1.24%。

2008~2009年进口金额超过亿美元的产品汇总

产品名称	2009年		2008年	
	进口数量/t	进口金额/万美元	进口数量/t	进口金额/万美元
塑料加工制品	18个	795448.06	20个	813413.97
塑料制的管子附件(如接头，衬管等)	4199	10117.14	4578	10288.14
其他宽度≤20cm的自粘塑料板片等	16513	25825.99	18534	27860.90
24.88 其他自粘塑料板、片、膜等材料	63895	109494.83	74997	118624.84
PE制板、片、膜、带、箔、扁条等	133264	52389.78	109904	50471.24
PP制板、片、膜、带、箔、扁条等	90538	33379.00	91581	34813.04
其他氯乙烯聚合物制非泡沫塑料的板、片等	27800	8611.66	36653	10572.36
硬质PVC制非泡沫板、片、膜、带、箔等	53729	11609.84	81101	17064.67
PMMA制非泡沫板、片、膜、带、箔、等	113408	39861.60	112339	43484.14
PC制非泡沫板、片、膜、带、箔、扁条等	18067	21282.32	20048	19481.86
PET制非泡沫板、片、膜、带、箔、扁条	143229	125222.42	126101	98887.49
其他聚酯制非泡沫板、片、膜、带、箔等	15055	9801.21	21184	10927.25
其他非泡沫板、片、膜、带、箔、扁条	29762	48390.73	26993	40766.58
PU制合成革	17004	14777.20	23202	19670.62
其他PU制泡沫板、片、膜、带、箔、扁条	13553	11719.15	16467	12282.56
未列名的塑料制板、片、膜、带、箔、扁条	42064	35419.31	45465	40103.93
货运用塑料盒、箱等	70994	47769.83	78774	45142.14
塑料塞子、盖子等	9104	11406.94	10524	12868.07
货运和包装用其他塑料制品	39716	19728.43	46599	19486.62
塑料制机器及仪器用零件	11561	34169.41	14865	39800.77
未列名的塑料制品	123645	142844.14	153118	156117.35

（柴国樑）

2009年BOPA行业企业经济指标数据公布与行业发展简述

Brief Introduction of Enterprises' Economic Indicators and the Development of BOPA Industry in 2009

根据2010年3月中国塑协的统计数字，2009年BOPA总产能75000吨，产量为48654吨，比2008年37729吨产量增长28.96%。目前全国共有12家BOPA生产企业，其中东鸿公司分为沧州东鸿和德州东鸿两地，运城塑业分为天津和厦门两地，本次统计全部填报。详细数据如下：

公司名称	生产能力/t	总产量/t	销售额/万元
天津运城塑业有限公司	4500	4000	
沧州东鸿包装材料有限公司	4500	4500	15000
上海紫东化工材料有限公司	5000	4500	14000
上海九天塑料薄膜有限公司	4000	3890	11000
尤尼吉可高分子科技(中国)有限公司	4500	3920	13000
宏铭塑料包装(无锡)有限公司	4500	停产已转给长天	
晓星薄膜(嘉兴)有限公司	5000	5640	
温州金田塑业有限公司	4500	停产	
厦门长天企业有限公司(长华)	14000	10000	
德州东鸿包装材料有限公司	9000	1200	
佛山塑料集团股份有限公司	11000	9004	22265
湛江明和塑胶有限公司(天津运城承包)	4500	2000	
合　计	75000	48654	

由于2008年部分企业经营不佳，导致2008年部分技术和市场不佳的企业处于停产或半停产状态，积极推动着行业重组的步伐。而2009年市场开拓取得的重大进步和需求的持续增加，使得BOPA行业在2009年迎来了久违的春天。

厦门长天由于市场拓展较好，自身产品不够销售，已经并购了原温州金田的一条生产线，搬迁到厦门，并已经于2009年初正式生产，目前又收购了宏铭塑料包装(无锡)有限公司的一条生产线，并计划购买两条新线。沧州东鸿包装材料有限公司，由于设备改造技术成熟，市场拓展较好，自身产品不够销售，收购了山东新东力的两条布鲁克纳两步拉伸生产线，目前生产情况良好，同时其自主组装的第二条同步拉伸生产线即将于2010年投产，并准备再投资购买两条新线，成为中国规模最大的BOPA薄膜生产企业。天津运城塑业有限公司在2009年承租了湛江明和塑胶有限公司的生产线，并于2009年7月正常生产。

由于2009年行业经济好转，温州金田于2010年1月再次启动停产两年的一条生产线。一些行业外企业开始头脑发热，纷纷考虑投资BOPA行业，预计2010年将有超过5条生产线签约，因此未来几年产能又将严重大于需求，行业将可能再次进入寒冬。

特别提醒：各企业在考虑新的投资项目时要充分吸收前几年部分企业倒闭的教训。

（中国塑料加工工业协会　孙冬泉）

2009年BOPET企业经济指标数据公布和行业发展简述

Brief Introduction of Enterprises' Economic Indicators and the Development of BOPET Industry in 2009

根据2010年3月中国塑料加工工业协会的统计数字，2009年BOPET总产能706900t，产量为656328.24t，比2008年542476.05增长20.99%，开工率为92.85%。目前全国共有29家BOPET生产企业，本次统计共有28家企业填报，1家企业未填报。其中江苏中达分常州钟恒、南京金中达、江阴金中达三家，乐凯分保定和南阳两家。详细数据如下：

公司名称	产能/t	产量/t	销售额(万元)
天津万华股份有限公司	23000	19000	
保定乐凯薄膜有限责任公司(含天津远大)	35000	20000	30000
上海紫东薄膜材料股份有限公司	25000	15286	
上海邦凯塑胶科技有限公司	15000	16000	20000
常州钟恒新材料有限公司	22000	16410	19750
南京金中达新材料有限公司	3000	3000	
江阴金中达新材料有限公司	16000	14900	19000
南京兰浦成实业有限公司	25000	23000	30000
常州绝缘材料总厂有限公司	18000	15000	22000
仪化东丽聚酯薄膜有限公司	23000	20000	31000
宿迁市彩塑包装有限公司	46000	50000	
浙江欧亚薄膜材料有限公司	100000	120000	
浙江无名皮塑集团有限公司	50000	43000	
浙江强盟实业股份有限公司(浙江中大包装材料有限公司)	16000	23217	23510
浙江杭州大华塑业有限公司	4000	4000	8000
宁波舜塑科技实业有限公司	15000	16500	24400
浙江中发薄膜有限公司	15000	15000	22000
绍兴翔宇绿色包装有限公司	45000	44459	50840
浙江大东南包装股份公司	30000	21894.4	25282.1
国风塑业股份有限公司	20000	20208	23735

续表

公司名称	产能/t	产量/t	销售额(万元)
安徽铜爱电子材料有限公司	2600	1963	6236
富维薄膜(山东)有限公司(含乐港塑胶)	36800	30000	
河南力嘉科技实业有限公司	10000	停产	
乐凯公司南阳胶片厂进出口公司	5000	4000	
南方塑料薄膜(湖北)有限公司	15000	13000	
佛山杜邦鸿基薄膜公司(包括宁波分公司)	60500	61421	87925
汕头海洋第一聚酯薄膜有限公司	3000	2356	4027
中山盈溢包装有限公司	4000	未统计	
四川东材企业集团公司(四条线)	24000	19000	
1 家未统计单位产能 4000 吨,按照已统计产能产量比例估算		3713.84	
合　　计	706900	656328.24	

2009 年 BOPET 行业取得了产量和利润双丰收的良好局面，行业总产能与需求得到了一定的平衡，这主要得益于中国塑协 BOPET 专委会在徐志强理事长的带领下所做的大量工作。

BOPET 行业 2009 年的健康发展得益于其应用领域的不断拓宽，近年来，BOPET 薄膜被应用于航天、光学、太阳能、电子、电工等高精尖技术领域，推动了相关领域的材料革命和技术进步。聚酯薄膜可持续改性，又符合于发展绿色材料的要求，它的推广和使用可节省能源、资源，减少废弃材料对环境造成的影响，符合国家倡导的环保、节能、减排的可持续发展观和科学发展观。在广阔的应用推广中，我国 BOPET 行业企业纷纷形成了各自的产品侧重点和优势所在，没有出现产品雷同、恶性竞争的格局。

另一方面，行业企业的投资行为在BOPET专委会的引导下逐步规范、有节奏，加上3年来没有新的行业外企业进入，并有部分企业退出，形成了BOPET行业2009年良性发展的格局。

2010年BOPET行业国内产能增长不大，估计在6.1万吨左右，而后的2011～2012年产能增量会达到高峰，两年内增加近40万吨，产能增幅约43.6%。预计2012年中国的产能将达到130万吨，占到世界410万吨总产能(按一般国家5%/年产能增长预估全球的年增幅在9%左右)的31.7%，完全成为全球聚酯薄膜产品生产的重要基地。届时，我国聚酯薄膜市场将遭遇更多的经营争端，而且争端将表现剧烈化、公开化、多样化、综合化等特点，这对行业和企业都是莫大的挑战。如何在竞争中求生存在创新中求发展，是BOPET行业保持稳定增长和全面发展的当务之急。行业要营造良好的市场竞争环境，就必须作好产能的合理控制，规范好行业经营行为，在着眼全球视野的前提下，引导好产品生产模式的规模化和专业化分工，并加大对产品自主创新的研究和投入，把开发高性能、多功能、环保适应性的产品成为聚酯薄膜的发展方向，以适应需求急剧增长和市场竞争日益激烈的现状。

（中国塑料加工工业协会　孙冬泉）

2009年废塑料量升价降
Waste Plastics: Increased Volume vs Decreased Prices

废塑料再生回收是利国利民的产业。但目前在政策、管理和技术等方面存在缺漏，影响了我国废塑料回收行业的健康发展。

目前，我国已超过美国成为最大的塑料消费国，巨大的市场需求酿成了塑料原材料的巨大缺口。

进一步加强废塑料回收加工生产再生料，不仅可填补国内大约25%的塑料原料缺口，而且能有效减少环境污染和能源资源消耗。

有关专家同时指出，当前中国塑料再生利用行业发展依然存在诸多瓶颈，必须采取五大措施予以破解，使其真正走上科学发展轨道。

我国废塑料回收再利用经过近30年发展，已成为资源型环保产业，充满潜力。

目前，国内从事废塑料回收再生的人数已非常庞大，已接近20万家企业，其中大中型企业不多。

在全国有几十个废塑料专业市场分布在各地，其特点是加工交易集约化、配套加工一体化，专业细化，分工明确。废塑料再生利用产值已从2000年的20亿元增长到2009年的1000多亿元。

回收处理1万吨废弃塑料瓶，相当于节约石油5万吨、减排二氧化碳3.75万吨。2009年，我国塑料消费总量达5833.95万吨，居世界首位。

2009年，国内废弃塑料回收量约1000万吨，回收率约20%；进口废塑料733万吨，回收总量达1733万吨。我国已成为全球最大的再生塑料市场。

从废塑料进口的国家和地区分布来看，我国废塑料进口来自118个国家和地区。

在国内，我国废塑料回收网点已遍布全国各地，形成了一批较大规模的再生塑料回收交易市场和加工集散地，主要分布在广东、浙江、江苏、山东、河北、辽宁等省。

再生塑料回收、加工、经营市场规模越来越大，年交易额大都在数亿到几十亿元。

虽然我国已成为全球最大的废旧塑料市场，但目前塑料制品回收再利用仍处于起步阶段。从行业发展上看，需突破政策、管理和技术三道关。

一、政策关

废塑料回收利用可有效减少能源消耗和环境污染，但目前我国在宏观层面还没有对废塑料回收利用行业发展的综合规划，缺乏具体政策扶持，缺乏废塑料分类技术规范，缺乏对采购使用废塑料并达到产品安全要求企业的认定和鼓励。

一些政府部门与广大民众将再生塑料制品看作劣质产品，很大程度上制约了废塑料回收再生行业的发展。

2011年1月1日，《废弃电子电器产品回收处理管理条例》将强制执行。而塑料作为家电产品的重要原材料之一，其回收及再生利用也因此得到了家电行业的广泛关注。

1. 家电产品回收塑料比例增大

塑料已成为家电产品的第二大用材。据介绍，我国正面临着电子电器产品更新报废高峰期。以每台电脑使用3kg塑料，电视机使用4kg塑料，电冰箱使用5kg塑料，手机使用100g计算，这些即将报废的电子电器产品每年将产生废旧塑料高达50万吨以上。

家电产品回收中，塑料的比例正在逐年增大。如果能够对这些废弃塑料实现有效的回收和充分的再生利用，则可以节省大量石油资源并节约大量的能源。

2. 废弃塑料回收存在误区

尽管目前很多大型家电企业已经开始注意到塑料回收的重要作用，但由于国内设施不完备，技术不先进，再加上对塑料的认识不足，因此对废弃塑料回收还存在误区，导致许多不同种类的塑料完全混合在一起，使塑料的再生利用性大大降低。

据介绍，目前废弃塑料回收方法主要有材料式回收和能量式回收两种。其中材料式回收可分为：机械式再循环、原料式再循环和生物式再循环。

机械式再循环式是通过一定工艺加工经过富集分离后的塑料回收材料。制得新产品的过程。这种方式比较适合大型家电、通讯设备中的主要塑料以及材料单一的塑料回收；原料式再循环则是利用化学试剂、热解、水解等作用使废旧塑料分解生成单体或化学原料，获得有使用价值的产品，并加以回用的过程，该方法比较适用于电冰箱中回收发泡聚氨酯绝缘热材料，通过分解，使氨酯再生为原料的组成成分多元醇。

能量式回收是将废弃塑料直接燃烧或与其他物质共同燃烧回收能量的过程。主要用于电冰箱等废旧家电破碎、分类后产生的塑料粉末挤压造粒成型，制成衍生材料。

3. 案例分析：电视机外壳回收过程

针对电视机外壳 HIPS 回收利用，通过合金化、复合化，实现废弃 HIPS 高性能化，采用废弃电视机外壳的塑料回收料作为电视机的原材料，大大降低了产品的生产成本，并且通过对助剂体系的优化，使材料的性能优越，一次合格品率达到 99.6%。

以四川长虹为例，若其生产 800 万台电视机，将消耗 2.4 万吨 HIPS 塑料，如全部使用回收专用料，每年将节约 3600 万元。

4. 电视机外壳 HIPS 回收

废旧电视机等电器外壳塑料的资源化综合利用意义重大，如果废旧电视机外壳塑料的再生利用改性料的产量达 2 万吨，可以节约 6 万吨以上的石油资源。

同时对废旧电视机塑料回收并进行了重新利用，可以减少堆埋场地，节约土地资源；重新应用于电器产品后，可降低用户的综合成本，有利于提升本国电子产品的国际市场竞争力，推动相关产业的发展。

中国政府有望撤消禁止直接进口废旧 PET 整瓶的老规定，这一变动受到了全球再生业界的密切关注，因为这可能意味着对中国的再生 PET 出口将进一步增多，而其他国家可用的再生 PET 可能随之减少。

但出于其他一些较复杂的因素，现在很难衡量法规更改会带来哪些实际影响。

在目前已经有一些废旧整瓶流入中国，这是违背当前法律规定的。这些废瓶通常先从整瓶进口合法的中国香港入境，然后再分成小份利用一些内地港口的执法漏洞输入中国大陆。

对于现在以间接方式进口的整瓶数量尚不清楚，也难以预测今后可能将流入多少废瓶。

二、管理关

据了解，目前废塑料行业由环境保护部、国家发改委、商务部、海关总署和质检总局等共同管理。因为行业归口不明确，致使缺乏行业指导、技术规范。

所以应尽早确立归口部门，将生活垃圾分类回收工作与之密切结合，从而建立起全社会的回收体系。

随着废塑料回收利用行业并购、重组、兼并、控股等形式的结构调整大幕拉开，国内外产业资本和金融资本将角逐中国庞大的废塑料产业。

废塑料回收利用企业将出现分化，综合实力强的企业将越做越强，部分中小企业将消亡。废塑料再生利用的产品也将由低端走向高端，市场将更加规范，行业整体规模化发展条件将日益成熟。

当前，国内废塑料回收利用行业存在七大瓶颈问题：

其一是我国缺乏宏观层面对废塑料回收利用行业发展的综合规划，缺乏对废塑料回收利用行业和再加工企业扶持的具体政策，尤其是缺乏塑料来源分析和监控，消费者将再生塑料制品等同于劣质产品的认识误区，很大程度上制约了废塑料回收行业的健康发展；

其二是对现存的废塑料专业加工、交易市场缺乏管理，致使普遍存在管理混乱、再生产品缺乏标准、缺乏技术研发支持、人员素质差等状况，迫切需要政策引导规范。

同行业企业间价格恶性竞争加剧，废塑料加工企业为获得原料不得不提高采购价格，原有脆弱的盈利平衡很容易被打破，造成大面积亏损。

此外，国内废塑料进口市场混乱，洋垃圾的进口风险不断加大。

随着我国塑料再生利用产业的兴起，国外不法商人将一些不易加工处理或无法再利用的废塑料垃圾以次充好或非正常途径出口到中国，不仅严重污染了国内的环境，也给国内塑料再生利用产业造成了不小损失。

虽然国内环境监管不断加强，但许多小型废塑料再生利用企业集中在农村，技术投入不够，缺乏先进处理装备，造成二次污染的现象普遍存在，以污染环境为代价赚取利润的现象难以杜绝。

此外，目前我国废塑料量越来越大，却仍没有废塑料来源可靠的调查数据，以及引导行业发展的分类技术规范，影响了行业技术进步和处理水平的提升。

鉴于此，专家学者和企业代表提出了五大措施，以破解这些难题。

一是提高废塑料再生产品附加值。

目前，许多企业至今仍然沿用传统技术进行废塑料再生，各种污染物难以彻底清除，致使产品的附加值大打折扣。

而实现这一目标，在现有工艺条件下是完全有可能的。相关企业应争取与技术力量雄厚的专业机构合作，选取吨加工利润1000元以上的项目及相应技术，只有这样企业才能抵御市场风险。

二是完善工艺技术条件。

走规模化路子，采用新的工艺路线，是降低成本的最有效途径，也是废塑料再生利用企业取得竞争优势的重要手段。

三是注重清洁生产。

废塑料行业要不断改进设计，改善管理，从源头削减污染，提高资源综合利用率。

四是推进产业延伸发展。

国内废塑料的产业链分回收、分拣、清洗、造粒或改性、成型，分工精细，但正是这样，每个环节成本的叠加使得废塑料再生利用的最终成本大幅增加，条件成熟的企业可向产业链上下延伸，这样能大大节约成本。

五是国家推行的循环经济政策应向废塑料再生利用行业倾斜，鼓励其走向循环经济道路。

三、技术关

国际上，塑料回收再生方法有物理再生、能量回收、化学还原和用作固体燃料等。而目前我国塑料回收主要还是以物理再生为主。

只有少数大中型企业能够重视长期成长，不断加强技术升级和环保设施投入，按照环保部门的要求处理和生产，达到国家环保法规要求。多数小企业的技术投入不够，难以达到环保要求，处理废塑料的技术仍以人工为主，劳动保护投入不够。

这几年国内废塑料行业的发展，很大程度上是规模的发展，由于政策导向不明确，一些企业信心不足，不敢进一步投资，只是人员、厂房、设备等的线性增加，而技术开发投入不大。

比如，塑料再生过程中，清洗是重要环节。

清洗1t废塑料如用德国生产的清洗剂需要70元，虽然废料清洗干净了，清洗废水也需环保，但成本太高。

国内企业一般都用烧碱来清洗，但碱水排放后会对环境造成污染。而我国现在没有关于清洗剂的标准，没规定不能含碱。

专家认为，应该在高校设置专门的学科，进行废塑料回收问题的研究和人才培养，从而使废塑料回收再生产业能更快、更好地发展起来。

2009年12月28日，国家高新技术企业浙江丰利粉碎设备有限公司承担的国家重大产业技术开发专项“废塑料基复合材料粉体法综合利用技术开发”项目，通过了浙江省发改委、经信委组织的专家验收。

该项目自国家发改委发改高技〔2007〕3194号文批复列项以来，经过两年多时间的努力，已完成了各项开发内容，技术设计合理，生产工艺先进，环保、消防、安全生产等符合国家有关规定和要求。

运用粉体法这种无污染的物理法工艺技术，对废铝塑复合材料进行有效分离，使得回收后的塑料组分及复合材料具有纯度高、性能好等特点，广泛适用于铝塑复合膜、铝塑板、药板、塑料复合膜、光缆电缆、光电缆护套等铝塑复合制品的回收处理，是废铝塑复合材料回收利用技术发展的方向。

近年来，随着铝塑技术的快速发展，铝塑包装材料在日常生活中得到越来越广泛的应用。资料显示，我国铝塑包装材料每年需求达800万吨，约占塑料制品总量的30%，并且每年以20%的速度增长。

铝塑制品在给人们带来方便的同时，其废弃物的回收利用也成为亟待解决的重要课题。现阶段，塑料回收行业绝大多数企业只把目标锁定在那些传统单纯的原料回收上，而忽视了越来越多的复合材料的存在。

这些铝塑复合材料以低于单纯塑料40%～70%的价格被简单处理，根本没有发挥应有的回收价值。因此，寻求切实可行的废塑料基复合材料综合防治对策已迫在眉睫。

浙江丰利顺应市场需求，率先推出的废塑料基复合材料回收处理成套设备，就是针对废塑料基复合材料的特点，重点对废塑料基复合材料的大型破碎技术、中碎技术、粉碎解离技术、高精度高压电选技术、废塑料基复合材料回收处理专用智能化自控技术等进行创新研制，成功开发出废铝塑复合材料的粉碎解离技术和高压静电分选技术，将难于处理的废塑料基复合材料进行综合回收处理，从而有效破解了此前国内无法用物理方法来解决废塑料基回收利用的技术难题，实现了资源的再生利用，进一步减少废塑料造成的“白色污染”。

目前，浙江丰利已建成废塑料基复合材料粉体法综合利用设备的示范生产线，产量高、能耗低。经浙江方圆检测集团股份有限公司检测，生产线各项技术指标均达到要求，其处理量为1028kg/h；回收金属的纯度达99.5%；金属回收率为99.1%；回收塑料的纯度为98.3%；粉碎解离率达99.6%；塑料的回收率达98.9%。项目产品经用户使用，反映良好。

近年来，农膜的大量使用使废旧农膜回收利用技术的开发和推广引起广泛关注。

日前，中国石化集团公司组织开发的废旧塑料回收再生利用技术已通过鉴定，这项技术，可把废旧地膜、棚膜回收后再生为油品、石蜡、建筑材料等，既解决了环保问题，又提高了可再生资源的利用率和经济效益，为治理废旧农膜对环境造成的"白色污染"开辟了一条经济有效的途径。

农膜应用技术的不断创新，提高了农业技术的集成度，有力地推动着传统农业向现代农业转变。目前，农用薄膜在农村用量逐年增加，一般使用2~3年后变成废弃物，由于不能自然降解，严重污染环境。

对于废弃农膜的治理渠道，国内外多年来普遍采取填埋和焚烧方式。但研究表明，废弃塑料在填埋后200多年才能分解完毕，且分解过程中会溶出有毒物质，易产生对土质的破坏，焚烧方式会使有害气体释放到空中，造成空气污染。

如今，把废弃农膜经催化裂解制为燃料的技术已获成功，采用该项技术设备在连续生产的情况下，日处理废弃农膜能力强，出油率可达40%~80%，汽柴油转化率高，符合车用燃油的标准和环境排放标准。

另外，由于聚氯乙烯薄膜中含有30%~37%的邻苯二甲酸二辛酯DOP，可采取常温溶剂萃取DOP技术，在低于800℃的温度下回收溶剂。

DOP是一种用途广泛的增塑剂，目前市场价格7000~8000元/t，回收1t废聚氯乙烯薄膜可获利2000多元，而且消除了环境污染。

把废旧农膜等热塑性材料，经过一定的工艺处理后，作为基体材料，再配以适当的添加剂，通过特殊的界面处理和复合工艺，形成的以球－球、球－纤维堆砌体系为基础的复合材料。

不同的固体废弃物，采用不同配方和工艺，能开发出具有不同性能的复合材料。由于这种材料的热态可塑性和冷态可加工性，可以制成各种代木、代钢、代塑和代瓷制品。这种材料的原料95%以上都是最普通的废弃物，价格比同类产品要低得多。

第一节　中国废塑料进口分析综述

1. 2009年废塑料量升价降

由于进口废塑料进口许可证审批及进口验关加严，同时一二类废塑料来源不多，故2008年废塑料总进口量仅比2007年上升2.37%，多进口了163724t，突破700万吨大关。

从海关资料来看，2009年废塑料及下脚料进口同比均增长。

2009年乙烯聚合物的废塑料及下脚料进口2206162t，同比增长2.90个百分点；

2009年苯乙烯聚合物的废塑料及下脚料进口137126t，同比增长41.36个百分点；

2009年氯乙烯聚合物的废塑料及下脚料进口1969611t，同比增长7.68个百分点；

2009年聚对苯二甲酸乙二酯的废塑料及下脚料进口1360974t，同比增长28.34个百分点；

2009年其他废塑料进口1652024t，同比下降15.04个百分点。

2004~2009年总废塑料进口平均年增长12.33%（表1）。

表1　2004~2009年中国废塑料进口统计　　（吨，万美元）

项目＼年份	2004	2005	2006	2007	2008	2009
PE废料进口量/t	1431016	1323844	1739319	2260700	2143928	2206162
PE废料进口金额/万美元	45060.63	48247.37	69174.78	100686.09	132568.88	110387.26
进口年平均单价	314.89	364.45	397.71	445.38	618.35	500.36
PS废料进口量/t	338247	380711	237010	203200	97001	137126
PS废料进口金额/万美元	10881.32	13661.97	9266.95	9760.13	5846.28	7874.58
进口年平均单价	321.70	358.85	390.99	480.32	602.70	574.26
PVC废料进口量/t	624022	906530	1174675	1155486	1829191	1969611

续表

项目 \ 年份	2004	2005	2006	2007	2008	2009
PVC 废料进口金额/万美元	20943.58	32849.46	45774.82	50542.90	99913.22	79686.86
进口年平均单价	335.62	362.36	389.68	437.42	546.22	404.58
聚酯废料进口量/t		667063	755396	1108150	1060483	1360974
聚酯废料进口金额/万美元		36396.76	39586.71	62522.86	73818.92	73280.08
进口年平均单价		545.63	524.05	564.21	696.09	538.44
其他废塑料进口量/t	1702439	1678380	1959331	2183909	1944566	1652024
其他废塑料进口金额/万美元	60925.70	61639.12	76905.22	97675.70	119341.00	83384.46
进口年平均单价	357.87	367.25	392.51	447.25	613.72	501.74
废塑料总进口量/t	4095724	4956528	5865731	6911445	7075169	7325897
年增长率/%	35.44	21.02	18.34	17.83	2.37	3.54

2. 私营企业占据进口主导

从海关统计中可看出，2003～2009 年，广东省、浙江省、江苏省等省市私营企业进口废塑料进口总量的 85.00% 左右。

3. 自欧盟进口有所下降，自东盟进口迅猛增长

从海关统计中可看出，2009 年转口地中国香港废塑料的主要进口来源，进口 171.39 万吨，占进口总量的 23.40% 左右；

自东盟进口翻番，2009 年进口 112.61 万吨，占进口总量的 15.37% 左右；

自欧盟进口 114.18 万吨，占进口总量的 15.59% 左右，有所下降。

中国－东盟自贸区建设推动资源型产品大量进口，东盟 2006 年首次成为第 3 大废塑料进口来源地。

第二节　2009 年废塑料进口分析

从海关统计中可看出，2009 年废塑料主要进口地为中国香港，其次为德国、美国、日本、中国台湾、加拿大、澳大利亚、菲律宾、马来西亚、西班牙、比利时，进口量占总进口量的 75.00% ～ 80.00% 左右。

1. 乙烯聚合物的废塑料及下脚料进口

从海关统计中可看出，2009 年乙烯聚合物的废塑料及下脚料进口地有 83 个（比上年减少 2 个进口地），主要进口地为中国香港（占 14.94%），其次为德国（13.44%）、美国（8.54%）、中国台湾（7.41%）、法国（6.58%）、比利时（5.56%）、日本（5.54%）、韩国（4.63%），八进口地进口量占总进口量的 66.64%（表 2）。

2. 苯乙烯聚合物的废塑料及下脚料进口

从海关统计中可看出，2009 年苯乙烯聚合物的废塑料及下脚料进口地有 49 个（比上年减少 2 个进口地），主要进口地为中国香港（占 27.75%），其次为中国台湾（21.10%）、日本（11.59%）、德国（6.98%）、美国（5.53%）、菲律宾（2.93%）、马来西亚（2.24%）、加拿大（2.21%），八进口地进口量占总进口量的 80.33%（表 3）。

表 2　2009 年乙烯聚合物的废碎料及下脚料三大进口国家/地区统计

排序	原产进口地	进口金额/美元	进口数量/kg	占比例/%	进口商数量
1	中国香港	171513044	329523219	14.94	78
2	德国	147672291	296429256	13.44	106
3	美国	97343149	188475635	8.54	88
进口总计		1103872578	2206161781	100.00	148

表3　2009年苯乙烯聚合物的废碎料及下脚料三大进口国家/地区统计

排　序	原产进口地	进口金额/美元	进口数量/kg	占比例/%	进口商数量
1	中国香港	22210991	38045857	27.75	38
2	中国台湾	16401014	28928367	21.10	25
3	日　本	9308768	15893911	11.59	31
进口总计		78745808	137125616	100.00	69

3. 氯乙烯聚合物的废塑料及下脚料进口

从海关统计中可看出，2009年氯乙烯聚合物的废塑料及下脚料进口地有46个(比上年减少2个进口地)，主要进口地为中国香港(占42.38%)，其次为泰国(12.90%)、中国台湾(10.64%)、菲律宾(8.18%)、德国(7.08%)、澳门(5.98%)、马来西亚(3.19%)、美国(1.48%)，八进口地进口量占总进口量的91.83%(表4)。

4. 聚对苯二甲酸乙二酯的废塑料及下脚料进口

从海关统计中可看出，2009年聚对苯二甲酸乙二酯的废塑料及下脚料进口地有99个(比上年减少3个进口地)，主要进口地为日本(占23.06%)，其次为美国(11.72%)、泰国(6.27%)、德国(5.58%)、中国台湾(4.28%)、韩国(3.72%)、墨西哥(3.63%)、中国香港(3.43%)，八进口地进口量占总进口量的61.69%(表5)。

5. 其他塑料的废塑料及下脚料进口

从海关统计中可看出，2009年其他塑料的废塑料及下脚料进口地有81个(比上年减少4个进口地)，主要进口地为中国香港(占28.18%)，其次为中国台湾(15.21%)、日本(12.45%)、德国(8.14%)、美国(6.27%)、菲律宾(5.46%)、泰国(3.69%)、马来西亚(2.59%)，八进口地进口量占总进口量的81.99%(表6)。

表4　2009年氯乙烯聚合物的废碎料及下脚料三大进口国家/地区统计

排　序	原产进口地	进口金额/美元	进口数量/kg	占比例/%	进口商数量
1	中国香港	341797595	834774439	42.38	44
2	泰　国	107310254	253984757	12.90	22
3	中国台湾	78981125	209596756	10.64	28
进口总计		796868636	1969610718	100.00	88

表5　2009年聚对苯二甲酸乙二酯的废碎料及下脚料三大进口国家/地区统计

排　序	原产进口地	进口金额/美元	进口数量/kg	占比例/%	进口商数量
1	日　本	175155786	313814095	23.06	70
2	美　国	86709779	159477377	11.72	50
3	泰　国	49202249	85362038	6.27	32
进口总计		732800810	1360974202	100.00	122

表6　2009年其他塑料的废碎料及下脚料三大进口国家/地区统计

排　序	原产进口地	进口金额/美元	进口数量/kg	占比例/%	进口商数量
1	中国香港	236461086	465529420	28.18	82
2	中国台湾	131437337	251333543	15.21	53
3	日　本	101877912	205735065	12.45	78
进口总计		833842580	1652024252	100.00	143

第三节 2009年废塑料进口商分析

从海关资料来看，2009年乙烯聚合物的废塑料及下脚料进口商有642家，比2008年增加65个进口商。

2009年乙烯聚合物的废塑料及下脚料前八位进口商进口量占总进口量的12.47%，福清冠威塑料工业有限公司、福州瑞泓华进出口有限公司、天津市双荣纸制品有限公司、福建华厦塑胶有限公司、福州友峰塑胶有限公司、青岛海达国际贸易有限公司、广东省恒通工贸发展公司、临沂财茂五金塑业有限公司，分别位居2009年乙烯聚合物的废塑料及下脚料进口量1~8位，进口量分别占总进口量的1.86%、1.64%、1.52%、1.37%、1.35%、1.35%、1.06%和1.04%。

从资料分析，乙烯聚合物的废塑料及下脚料进口生产使用企业以塑料制品工业、家用电器工业、纸制品工业、塑料改性工业、环保工业为主，2009年乙烯聚合物的废塑料及下脚料进口商25大进口商，其中十七大进口商为贸易商，进口量占总进口量的15.62%。

八大进口生产企业以塑料制品工业、家用电器工业、纸制品工业、塑料改性工业、环保工业为主，进口量占总进口量的9.69%（表7）。

表7 2009年乙烯聚合物的废碎料及下脚料三大进口商统计（642）

排序	进口商	进口数量/kg	占比例/%	进口航次
1	福清冠威塑料工业有限公司	41045249	1.86	53
2	福州瑞泓华进出口有限公司	36204528	1.64	117
3	天津市双荣纸制品有限公司	33593795	1.52	21
进口总计		2206161781	100.00	11312

从海关资料来看，2009年苯乙烯聚合物的废塑料及下脚料进口137125616kg，同比增长41.37个百分点；2009年苯乙烯聚合物的废塑料及下脚料进口商有168家，比2008年增加43个出口商。

2009年苯乙烯聚合物的废塑料及下脚料前八位进口商进口量占总进口量的30.18%。

佛山市三水南威塑胶电子制品有限公司、东莞市环球工艺进出口贸易有限公司、淄博英科框业有限公司、上海英科实业有限公司、东莞市通美塑料有限公司、飞跃（台州）塑胶实业有限公司、佛山市顺德区杏坛镇森玛实业有限公司、广东省东莞轻工业品进出口有限公司，分别位居2009年苯乙烯聚合物的废塑料及下脚料进口量1~8位，进口量分别占总进口量的4.67%、4.46%、3.97%、3.61%、3.11%、2.91%、2.19%和2.16%。

从资料分析，苯乙烯聚合物的废塑料及下脚料进口生产使用企业以塑料制品工业、家用电器工业、塑料改性工业、薄膜包装工业、化学工业为主，2009年苯乙烯聚合物的废塑料及下脚料进口商25大进口商，其中十七大进口商为贸易商，进口量占总进口量的31.33%。

八大进口生产企业以塑料制品工业、家用电器工业、塑料改性工业、薄膜包装工业、化学工业为主，进口量占总进口量的22.34%（表8）。

表8 2009年苯乙烯聚合物的废碎料及下脚料三大进口商统计（168）

排序	进口商	进口数量/kg	占比例/%	进口航次
1	佛山市三水南威塑胶电子制品有限公司	6408863	4.67	8
2	东莞市环球工艺进出口贸易有限公司	6111953	4.46	12
3	淄博英科框业有限公司	5447725	3.97	72
进口总计		137125616	100.00	1541

从海关资料来看，2009年氯乙烯聚合物的废塑料及下脚料进口1969610718kg，同比上升7.68个百分点；2009年氯乙烯聚合物的废塑料及下脚料进口商有346家，比上年增加32个进口商。

2009年氯乙烯聚合物的废塑料及下脚料前八位进口商进口量占总进口量的22.49%，广州市恒昊化工科技有限公司、广东省恒通工贸发展公司、清远市宏恩贸易有限公司、吴川市良发塑料有限公司、深圳市凤凰世纪商贸有限公司、广州市和远进出口有限公司、深圳市聚宝盆商贸有限公司、广州市昊昕进出口贸易有限公司，分别位居2009年氯乙烯聚合物的废塑料及下脚料进口量1~8位，进口量分别占总进口量的 5.10%、4.41%、2.63%、2.32%、2.04%、2.04%、2.00%和1.95%。

2009年氯乙烯聚合物的废塑料及下脚料前二十五位进口商全部为属于广东省企业。

从资料分析，氯乙烯聚合物的废塑料及下脚料进口生产使用企业以塑料制品工业、塑料改性工业、化学工业为主，2009年氯乙烯聚合物的废塑料及下脚料进口商二十五大进口商，其中二十大进口商为贸易商，进口量占总进口量的33.30%。

五大进口生产企业以塑料制品工业、塑料改性工业、化学工业为主，进口量占总进口量的10.44%(表9)。

表9　2009年氯乙烯聚合物的废碎料及下脚料三大进口商统计(346)

排序	进口商	进口数量/kg	占比例/%	进口航次
1	广州市恒昊化工科技有限公司	100538728	5.10	88
2	广东省恒通工贸发展公司	86821847	4.41	92
3	清远市宏恩贸易有限公司	51728102	2.63	39
进口总计		1969610718	100.00	3053

从海关资料来看，2009年聚对苯二甲酸乙二酯的废塑料及下脚料进口1360974202kg，同比增长28.34个百分点；2009年聚对苯二甲酸乙二酯的废塑料及下脚料进口商有302家，比上年增加18个进口商。

2009年聚对苯二甲酸乙二酯的废塑料及下脚料前八位进口商进口量占总进口量的32.87%，宁波大发化纤有限公司、宁波振邦进出口有限公司、宁波舜象科技实业有限公司、宁波港豪进出口有限公司、慈溪市江南化纤有限公司、福州隆诚实业有限公司、慈溪市三泰化纤实业有限公司、江阴市南阳彩色纤维母粒有限公司，分别位居2009年聚对苯二甲酸乙二酯的废塑料及下脚料进口量1~8位，进口量分别占总进口量的8.23%、5.20%、4.83%、4.65%、4.01%、2.23%、2.05%和1.67%。

2009年聚对苯二甲酸乙二酯的废塑料及下脚料前八位进口商中，有六家属于浙江宁波市；2009年聚对苯二甲酸乙二酯的废塑料及下脚料25家进口商中，有11家属于浙江宁波市，进口量占总进口量的35.20%。

从资料分析，聚对苯二甲酸乙二酯的废塑料及下脚料生产使用企业以塑料制品工业、塑料改性工业、化纤工业为主，2009年聚对苯二甲酸乙二酯的废塑料及下脚料进口商二十五大进口商，其中十二大进口商为贸易商，进口量占总进口量的25.41%。

十三大进口生产企业以塑料制品工业、塑料改性工业、化纤工业为主，进口量占总进口量的26.84%(表10)。

表10　2009年聚对苯二甲酸乙二酯的废碎料及下脚料三大进口商统计(320)

排序	进口商	进口数量/kg	占比例/%	进口航次
1	宁波大发化纤有限公司	112062984	8.23	193
2	宁波振邦进出口有限公司	70750927	5.20	190
3	宁波舜象科技实业有限公司	65766108	4.83	63
进口总计		1360974202	100.00	7540

从海关资料来看，2009年其他塑料的废塑料及下脚料进口1652024252kg，同比下降15.04个百分点。

2009年其他塑料的废塑料及下脚料进口商有564家(比2008年增加了42家进口商)。

2009年其他塑料的废塑料及下脚料前八位进口商进口量占总进口量的16.71%，天津金狮五矿国际物流有限公司、广州市恒昊化工科技有限公司、广东省恒通工贸发展公司、广州纳源科技有限公司、广州市昊昕进出口贸易有限公司、深圳市聚宝盆商贸有限公司、长沙鑫煜进出口贸易有限公司、佛山市南海区嘉搏塑料有限公司，分别位居2009年其他塑料的废塑料及下脚料进口量1~8位，进口量分别占总进口量的2.17%、1.80%、1.79%、1.702%、1.48%、1.43%、1.23%和1.110%。

2009年其他塑料的废塑料及下脚料前八位进口商中六大为属于广东省企业；2009年其他塑料废塑料及下脚料25家进口商中，有16家属于广东省。

从资料分析，其他塑料的废塑料及下脚料进口生产使用企业以塑料制品工业、塑料改性工业、薄膜包装工业、化学工业、化纤工业为主，2009年其他塑料的废塑料及下脚料进口商二十五大进口商，其中十七大进口商为贸易商，进口量占总进口量的18.66%。

八大进口生产企业以塑料制品工业、塑料改性工业、薄膜包装工业、化学工业、化纤工业为主，进口量占总进口量的8.73%(表11)。

表11　2009年其他塑料的废碎料及下脚料二十五大进口商统计(564)

排序	进口商	进口数量/kg	占比例/%	进口航次
1	天津金狮五矿国际物流有限公司	35919285	2.17	39
2	广州市恒昊化工科技有限公司	29692916	1.80	64
3	广东省恒通工贸发展公司	29585328	1.79	67
进口总计		1652024252	100.00	7488

第四节　2009年废塑料进口消费地区流向分析

从海关资料来看，2009年废塑料及下脚料主要进口流向为广东省、浙江省、江苏省、上海市、湖南省、天津市和山东省，进口量占总进口量的85%以上。

从海关资料来看，2009年乙烯聚合物的废塑料及下脚料进口消费省市有22个，比2008年增加1个进口消费省市。主要进口流向为广东省、山东省和天津市，前八位2009年乙烯聚合物的废塑料及下脚料进口消费省市进口量占总进口量的95.91%，广东省、山东省和天津市进口量分别占总进口量的31.31%、22.79%和12.44%(表12)。

从海关资料来看，2009年苯乙烯聚合物的废塑料及下脚料进口消费省市有21个，比2008年增加1个进口消费省市。

主要进口流向为广东省、浙江省和江苏省，前八位2009年苯乙烯聚合物的废塑料及下脚料进口消费省市进口量占总进口量的98.55%，广东省、浙江省和江苏省进口量分别占总进口量的53.13%、20.58%和7.43%(表13)。

从海关资料来看，2009年氯乙烯聚合物的废塑料及下脚料进口消费省市有16个，与2008年持平。

主要进口流向为广东省、浙江省和江苏省，前八位2009年氯乙烯聚合物的废塑料及下脚料进口消费省市进口量占总进口量的99.28%，广东省、浙江省和江苏省进口量分别占总进口量的94.33%、1.53%和0.99%(表14)。

从海关资料来看，2009年聚对苯二甲酸乙二酯的废塑料及下脚料进口消费省市有20个，与2008年持平。

主要进口流向为浙江省、江苏省和福建省，2009年聚对苯二甲酸乙二酯的废塑料及下脚料前八位进口消费省市进口量占总进口量的97.32%，浙江省、江苏省和福建省进口量分别占总进口量的53.19%、20.74%和7.45%(表15)。

从海关资料来看，2009年其他塑料的废塑料及下脚料进口消费省市有23个，比2008年增加1个进口消费省市。

主要进口流向为广东省、天津市和浙江省，前八位2009年其他塑料的废塑料及下脚料进口消费省市进口量占总进口量的93.74%，广东省、天津市和浙江省进口量分别占总进口量的57.15%、10.12%和8.79%(表16)。

表12　2009年乙烯聚合物的废碎料及下脚料三大进口省市统计

排序	进口省市	进口金额/美元	进口数量/kg	占比例/%	进口商数量
1	广东省	347367647	690740213	31.31	27
2	山东省	245307896	502794601	22.79	21
3	天津市	208696798	410589921	18.61	15
进口总计		1103872578	2206161781	100.00	148

表13　2009年苯乙烯聚合物的废碎料及下脚料三大进口省市统计

排序	进口省市	进口金额/美元	进口数量/kg	占比例/%	进口商数量
1	广东省	42272726	72854467	53.13	20
2	浙江省	16689196	28226436	20.58	10
3	江苏省	6180622	10188415	7.43	7
进口总计		78745808	137125616	100.00	69

表 14　2009 年氯乙烯聚合物的废碎料及下脚料三大进口省市统计

排　　序	进口省市	进口金额/美元	进口数量/kg	占比例/%	进口商数量
1	广东省	750550693	1857975090	94.33	28
2	浙江省	13146246	30190626	1.53	11
3	江苏省	8106899	19422038	0.99	9
进 口 总 计		796868636	1969610718	100.00	88

表 15　2009 年聚对苯二甲酸乙二酯的废碎料及下脚料三大进口省市统计

排　　序	进口省市	进口金额/美元	进口数量/kg	占比例/%	进口商数量
1	浙江省	410038900	723929446	53.19	15
2	江苏省	145109384	282199205	20.74	17
3	福建省	47534624	101392877	7.45	8
进 口 总 计		732800810	1360974202	100.00	122

表 16　2009 年其他塑料的废碎料及下脚料三大进口省市统计

排　　序	进口省市	进口金额/美元	进口数量/kg	占比例/%	进口商数量
1	广东省	475410040	944065389	57.15	28
2	天津市	83351177	167171415	10.12	12
3	浙江省	77615573	145171186	8.79	15
进 口 总 计		833842580	1652024252	100.00	143

第五节　2009 年废塑料出口生产地分布分析

从海关资料来看，2009 年乙烯聚合物的废塑料及下脚料出口生产省市仅有 8 个，比 2008 年减少 1 个出口生产省市。

主要出口生产省市为江苏省、广东省和山东省，2009 年乙烯聚合物的废塑料及下脚料前三位出口生产省市出口量占总出口量的 998.69%，江苏省、广东省和山东省出口量分别占总出口量的 81.28%、15.58% 和 1.83%(表 17)。

表 17　2009 年乙烯聚合物的废碎料及下脚料三大出口省市统计

排序	出口省市	出口金额/美元	出口数量/kg	占比例/%	出口商数量
1	江苏省	905916	1595350	81.28	4
2	广东省	81107	305740	15.58	4
3	山东省	56143	35962	1.83	2
出口总计		1073084	1962820	100.00	17

从海关资料来看，2009 年苯乙烯聚合物的废塑料及下脚料出口生产省市仅有 7 个，比 2008 年减少 2 个出口生产省市。

主要出口生产省市为河北省、广东省和天津市，2009 年苯乙烯聚合物的废塑料及下脚料前三位出口生产省市出口量占总出口量的 93.97%，河北省、广东省和天津市出口量分别占总出口量的 49.82%、33.51% 和 10.64%(表 18)。

表 18　2009 年苯乙烯聚合物的废碎料及下脚料三大出口省市统计

排序	出口省市	出口金额/美元	出口数量/kg	占比例/%	出口商数量
1	河北省	445982	224730	49.82	1
2	广东省	62328	151160	33.51	1
3	天津市	18510	48000	10.64	1
出口总计		555950	451119	100.00	9

从海关资料来看，2009 年氯乙烯聚合物的废塑料及下脚料出口生产省市仅有 9 个，比 2008 年增加 1 个出口生产省市。

主要出口生产省市为广东省、福建省和四川省，2009 年氯乙烯聚合物的废塑料及下脚料前三位出口生产省市出口量占总出口量的 87.79%，广东省、福建省和四川省出口量分别占总出口量的 47.16%、

29.33%和11.30%(表19)。

表19　2009年氯乙烯聚合物的废碎料及下脚料三大出口省市统计

排序	出口省市	出口金额/美元	出口数量/kg	占比例/%	出口商数量
1	广东省	258082	696005	47.16	4
2	福建省	178854	432865	29.33	1
3	四川省	210216	166776	11.30	1
出口总计		824764	1475857	100.00	14

从海关资料来看，2009年聚对苯二甲酸乙二酯的废塑料及下脚料出口生产省市仅有4个，比2008年减少3个出口生产省市。

主要出口生产省市为广东省、江苏省和天津市，2009年聚对苯二甲酸乙二酯的废塑料及下脚料前三位出口生产省市出口量占总出口量的99.95%，广东省、江苏省和天津市出口量分别占总出口量的79.16%、19.44%和1.35%(表20)。

表20　2009年聚对苯二甲酸乙二酯的废碎料及下脚料三大出口省市统计

排序	出口省市	出口金额/美元	出口数量/kg	占比例/%	出口商数量
1	广东省	94641	246121	79.16	1
2	江苏省	50282	60450	19.44	1
3	天津市	2386	4194	1.35	1
出口总计		147758	310915	100.00	4

从海关资料来看，2009年其他塑料的废塑料及下脚料出口生产省市有16个，比2008年4个出口生产省市。

主要出口生产省市为广东省、福建省和黑龙江省，2009年其他塑料的废塑料及下脚料前八位出口生产省市出口量占总出口量的81.42%，广东省、福建省和黑龙江省省出口量分别占总出口量的67.41%、7.62%和6.39%(表21)。

表21　2009年其他塑料的废碎料及下脚料三大出口省市统计

排序	出口省市	出口金额/美元	出口数量/kg	占比例/%	出口商数量
1	广东省	3138120	19606885	67.41	12
2	福建省	2101730	2216970	7.62	10
3	黑龙江省	1129183	1858440	6.39	4
出口总计		12313076	29086309	100.00	70

第六节　废塑料发展趋势

1. 废弃塑料来源

目前，废弃塑料交易场所遍布中国，已经形成一批较大规模的废弃塑料回收交易市场集散地和加工聚集地，主要分布在广东、浙江、江苏、山东、河北、辽宁等塑料加工业发达省份。

我国废塑料回收再利用经过近30年发展，已成为资源型环保产业，充满潜力。

目前，我国废塑料回收利用企业有20万多家，其中大中型企业不多，在全国有几十个废塑料专业市场分布在各地，其特点是加工交易集约化、配套加工一体化，专业细化，分工明确。废塑料再生利用产值已从2000年的20亿元增长到2009年的1000多亿元，年均增长56.09%。

在中国，废弃塑料的主要来源包括塑料薄膜、塑料丝及编织品、泡沫塑料、塑料包装箱及容器、各种日用塑料制品、各式各样的塑料袋和农用地膜等(表22)。

表22　2009年全国塑料制品主要产品产量　t

主要产品	12月产量	累计	比去年同期增长/%	
			12月	累计
塑料制品	4463050	44792762.19	20.95	10.64
其中：塑料薄膜	679480.2	6904337.23	18.69	12.06
其中：农用薄膜	123969.9	1193411.94	13.22	18.39
塑料板、片	287574.9	3202579.84	27.44	6.37
塑料管及其附件	531947.1	5803664.79	-6.93	18.92
塑料条、棒、型材	118365.4	1603725.74	17.64	19.19
塑料丝、绳及编织品	581776.7	5815626.32	51.44	26.58
泡沫塑料	170405.5	1870542.18	19.76	15.81
塑料人造革、合成革	230978.8	1848159.83	61.41	15.17
塑料包装箱及容器	253624.8	2744856.42	32.78	20.67
日用塑料制品	579626.1	5441830.81	23.60	8.43

2. 废塑料循环利用亟待加强

从"禁塑"到回收，废塑料循环利用亟待加强我国目前对垃圾中废塑料的处理，仍是以填埋为主，即污染了环境又浪费了大量资源。

面对"白色污染"的批评，"禁塑令"的实施，业内人士认为，一种包装材料是否"绿色"，要从产品的整个生命周期看其对环境所产生的影响。

例如纸包装回收处理不当也可能对环境产生不良影响，而塑料包装如果实现了减量化、资源化、无害化等目标，照样可能成为绿色包装产品。

目前，即使在严格推行绿色包装的发达国家，塑料也是增长最迅速的包装材料，减轻塑料对环境影响的主要措施是加强回收利用，而非全面禁止。

据粗略计算，目前每年国内约消耗5亿升原油来生产塑料袋，需消耗掉4%的石油开采量来生产塑料产品。

石油是不可再生的资源。因此，除了发展可降解的塑料外，回收再利用环节是塑料工业发展的关键，"不扔掉就不会造成污染"。

塑料强度高，在绝大部分的塑料成品里，加入5%的废旧塑料，同样可长久、正常地使用。这样一来，不仅降低了塑料产品的成本而且环保。

塑料是可再生的资源，可以通过优惠政策和当地政府的主导，整个塑料行业实现压小上大、规模化生产、行业技术升级、产品高附加值等。

目前我国大部分回收、加工废旧塑料的企业规模小、实力不够雄厚，二次污染严重，导致公众对"白色污染"的恐惧。

如山东莱州，当地政府用行政、经济的手段把市场管理的非常好。从原来的700多家废旧塑料回收再生产企业压缩到现在的30多家，所有污水集中处理，解决了生产中的环境问题；企业实现了规模化经营、做大做强，更好地进行资源再生利用和环境保护；当地的税收也大幅增加，经济发展了。因此，对于塑料或者废旧塑料行业来说，关停、禁止，还不如进行技术和产品升级，加强管理和回收再利用。

第七节 中国废塑料价格分析

2002年废塑料进口价仅202~240美元/t；

2004年废塑料进口价跃过300美元/t大关，达到314~360美元/t；

2007年废塑料进口价进一步上升，突破400美元/t大关，PE废塑料进口年平均单价达到445.38美元/t，PS废塑料进口年平均单价达到480.32美元/t，PVC废塑料进口年平均单价达到437.42美元/t；

2008年废塑料进口价进一步上升，突破600美元/t大关，PE废塑料进口年平均单价达到618.35美元/t，比上年上升38.84个百分点；

2009年废塑料进口价回落，跌破600美元/t大关，PE废塑料进口年平均单价达到500.36美元/t，比上年下降19.08个百分点；

PS废塑料进口年平均单价下降到574.26美元/t，比上年下降4.72个百分点；

PVC废塑料进口年平均单价跌破410美元/t大关，降到404.58美元/t，比上年下降25.93个百分点；

2009年聚酯废塑料进口年平均单价，跌破600美元/t大关，降到528.44美元/t，比上年下降24.04百分点。

2009年其他废塑料进口年平均单价501.74元/t，比上年下降18.25百分点(表23)。

2004~2009年PE废塑料进口年平均单价年均增长9.70%；

2004~2009年PS废塑料进口年平均单价年均增长12.29%；

2004~2009年PVC废塑料进口年平均单价年均增长3.78%；

2005~2009年PVC废塑料进口年平均单价年均下降0.64%；

2004~2009年其他废塑料进口年平均单价年均增长6.99%。

表23　中国2004~2009年废塑料进口平均单价统计　　吨/美元

项　目	2004	2005	2006	2007	2008	2009
PE废塑料进口年平均单价	314.89	364.45	397.71	445.38	618.35	500.36
PS废塑料进口年平均单价	321.70	358.85	390.99	480.32	602.70	574.26
PVC废塑料进口年平均单价	335.62	362.36	389.68	437.42	546.22	404.58
聚酯废塑料进口年平均单价		545.63	524.05	564.21	696.09	528.44
其他废塑料进口年平均单价	357.87	367.25	392.51	447.25	613.72	501.74

（柴国樑）

综　　述

合成树脂

Synthetic Resin

第一章　概　　况

一、2009年合成树脂生产概况

1. 2003～2009年国内合成树脂产量分析

到2009年底，国内新增的聚烯烃产能近400万吨；五大合成树脂的产能达到3897万吨，产量在3500万～3600万吨。

2003～2009年国内合成树脂产量年均增长率为14.56%（表1）。

2. 2009年全国塑料树脂及共聚物树脂月产量分析

2009年一、二月份由于假期多，塑料树脂及共聚物树脂生产量一般均较低，一、二月份产量仅占全年总产量的6.99%左右。

从统计数字来看，2009年合成树脂生产上半年不正常，产量仍较低迷，但八月份开始波动上升，八月份产量上升至3056kt；比七月份上升5.42%，产量增加了157kt；九月份进一步上升，九月份产量比七月份上升8.18%，产量增加了237kt。

十月份产量继续上升，比九月份又上升2.65%，十一月、十二月产量继续上升，十二月份塑料树脂及共聚物树脂产量比七月份上升22.56%，产量增加达654kt（表2）。

3. 东西部合成树脂产品生产比较分析

中国合成树脂市场正在走向自给自足，并出现供过于求。这是由于受到当前经济危机、合成树生产商经济性下降的双重影响。

目前我国共有716家合成树生产企业，总能力近4700万吨/年，约占世界总能力的32%。但是有些建设项目正在被搁置，2008年到2012年的需求年增长率将仅为4.4%。

合成树脂生产商主要分布在我国东部地区地区，那里有先进的技术、人才和庞大的消费市场。

虽然近几年我国合成树脂的发展十分迅速，但是，原料来源、国家政策、国际油价以及环保等因素将对其发展产生重大影响，尤其是最近一段时间，我国合成树脂行业整体低迷情况已显现出来。

2009年全国合成树脂总产能突破4600万吨大关，比2008年增长5.26%。

从早年的大量进口，到近年来的产销基本平衡，再到现在出现供需失衡趋势。由此，我国合成树脂行业格局已发生深刻变化。

2009年国内31省市中，仅西藏自治区暂无合成树脂生产。

从生产大区划分来看，合成树脂产能主要集中在华东、华南、东北、华北四大区，华东七省市占全国总产能达45.03以上；其次是华南和东北地区，分别占全国总产能的14.50%和9.25%左右。

2008～2009年东西部合成树脂生产产量比较统计，2009年东部地区合成树脂生产产量占全国总产能达82.37%，中西部地区聚乙烯树脂生产产量仅占全国总产能达17.63%。详见表3。

表1　2003～2009年国内合成树脂产量统计　　kt

项目 \ 年份	2003	2004	2005	2006	2007	2008	2009
合成树脂全计	15938.0	17910.0	21419.40	25257.0	30735.53	31295.91	36032.39
年增长率/%	16.63	12.37	19.59	17.60	21.69	1.82	15.13
其中：PE产量	4132.0	4413.0	5290.40	5993.00	6924.70	6894.70	8128.54
PP产量	4268.0	4749.0	5229.50	5842.00	7126.49	7332.06	8128.54
PS产量	1301.60	1480.00	2365.00	1747.00	2056.80	2061.00	2100.00
PVC产量	4007.0	5032.0	6492.00	8238.00	9716.78	8816.42	9155.18
ABS产量	928.00	1020.00	1160.00	1320.00	1630.00	1130.00	1320.00

注：资料来源历年国家统计局统计数。2002～2009年PS，ABS全部为估算。

表2　2009年全国塑料树脂及共聚物树脂月产量统计　　kt

1月～2月	3月	4月	5月	6月
2519	2865	2896	2872	2903

7月	8月	9月	10月	11月	12月
2899	3056	3136	3219	3360	3553

表3　2008～2009年东西部合成树脂生产产量比较统计　　t

东部地区	年产量		中西部地区	年产量	
	2009年	2008年		2009年	2008年
江苏省	5331593	4651928	新疆维吾尔自治区	1851202	1279590
广东省	4193301	3649039	甘肃省	1153989	1169632
浙江省	3838935	3245223	四川省	970361	805542
上海市	3048222	3078286	内蒙古自治区	658463	435332
山东省	2794590	2628221	湖北省	641446	509378
天津市	1871605	1778970	宁夏回族自治区	444362	451004
黑龙江省	1253278	1264736	陕西省	340385	338775
河南省	1225948	1162653	山西省	162130	176957
北京市	1208078	1216884	青海省	24448	27620
辽宁省	1061800	1149817	重庆市	16236	12925
吉林省	1017619	895098			
河北省	682790	620842			
福建省	598259	301123			
安徽省	488391	375484			
湖南省	436107	367513			
海南省	228122	214226			
云南省	214122	139851			
广西壮族自治区	116982	100116			
江西省	125284	129733			
贵州省	34341	47661			
合　计	29680529		合　计	6351860	

华东、华南、东北、华北地区成为合成树脂产能相对集中的地区。进入2009年，行业产扩能工作依旧没有停止，新建、扩建项目仍旧陆续上马。

二、2009年合成树脂进出口总述

据海关统计，2009年我国有机化工产品进口量同比增长50.3%，其中乙烯和甲醇进口量同比分别增长35.1%和268.8%；合成树脂进口量同比增长25%，其中聚乙烯、聚丙烯、聚氯乙烯的进口量同比分别增长64.8%、51.8%和73.5%。石化产品进口大增，是造成国内市场持续低迷的最重要原因之一。

同时，受外需不足和贸易保护主义影响，我国石化产品出口严重受阻。我国全年无机和有机产品出口量分别下降10.1%和7%；合成树脂下降18.3%；化肥下降7%。进口大增、出口下降，使国内石化市场竞争日趋激烈。

这一增一减大大加剧了国内市场的竞争，也暴露了我国石化产业大而不强，国际竞争能力、产业整体素质有待提高的阶段性矛盾。

统计显示，2009年，我国化工行业遭遇贸易摩擦案件共20起，大大超过前几年水平。贸易保护主义盛行，成为影响我国2009年部分石化产品出口下降的重要原因。

2009年合成材料进口额3996078.95万美元，比2008年下降0.71%；

2009年合成材料出口额518722.35万美元，比2008年下降28.43%。

从整体看，国际油价和人民币汇率等仍将是决定塑料原料进口数量和价格的主要因素。2009年塑料原料进口继续保持量价齐增局面。

2004～2009年间合成树脂进口量年均增长为0.92%，低于2004～2009年同期国内产量年均增长率13.64%(表4)。

三、合成树脂消费分析

2009年PE、PP、PS、PVC、ABS五大通用塑料产量为2745.48万吨，占总合成树脂产量的89.33%左右。

2009年我国合成树脂表观消费量为5833.95万吨，比2008年增长19.38%。

2003～2009年间合成树脂表观消费量年均增长率为7.34%，低于同期产量年均增长率7.47%(表5，6)。

表4 2004~2009年合成树脂进出口统计 kt

产品 \ 年份		2004	2005	2006	2007	2008	2009
合成树脂合计	进口	21310.20	18787.90	19174.60	20463.10	20868.90	22307.15
	出口	1086.70	1859.10	2728.60	3582.65	3295.20	3056.65
其中：1. PE	进口	5265.88	5706.33	5324.37	5051.43	4950.796	8066.22
	出口	56.79	109.03	120.95	124.71	210.303	217.43
LDPE	进口	1341.54	1109.81	931.79	772.60	708.22	1349.55
	出口	6.51	17.78	14.77	15.58	16.97	24.01
HDPE	进口	2316.0	2445.76	2419.49	2091.23	2312.59	3859.12
	出口	10.228	26.510	20.01	37.95	39.86	30.63
LLDPE	进口	1139.03	1704.43	1540.49	1670.56	1475.75	2200.89
	出口	3.113	13.002	4.86	6.86	9.85	7.30
2. PP	进口	2913.92	3023.31	2944.74	3070.06	2788.92	416.46
	出口	15.32	22.491	26.237	31.13	41.66	44.77
3. PS	进口	1382.79	1280.16	1198.47	1214.12	1066.25	1107.44
	出口	32.689	51.99	38.989	32.58	29.01	15.97
改性的PS	进口						195.59
	出口						8.72
其他聚苯乙烯	进口						911.85
	出口						7.25
EPS	进口	179.76	141.29	120.67	109.56	85.25	77.47
	出口	41.74	73.813	149.39	275.43	294.43	258.77
4. ABS共聚物	进口	1963.1	1987.04	2014.74	2172.75	1951.86	2168.08
	出口	15.870	14.24	19.58	32.36	43.26	49.82
改性的ABS树脂	进口						183.38
	出口						21.64
ABS共聚物	进口						1984.70
	出口						28.18
5. PVC	进口	2129.2	1678.7	1467.85	1410.80	1148.47	1971.90
	出口	44.45	151.7	501.26	752.99	651.59	278.53
聚氯乙烯糊树脂	进口					63.24	85.54
	出口					7.61	3.29
纯PVC	进口	1628.80	1307.49	1147.02	1014.33	797.54	1629.92
	出口	17.10	118.59	460.32	711.70	599.56	235.65
未塑化PVC	进口	373.0	243.846	197.50	183.75	176.47	167.06
	出口	3.2	6.496	14.622	12.86	5.75	6.34

续表

产品 \ 年份		2004	2005	2006	2007	2008	2009
已塑化 PVC	进口	108.5	109.934	107.634	105.80	89.53	72.65
	出口	23.1	24.491	24.431	28.43	33.38	29.79
以上五大通用塑计	进口	12690.16	13815.83	13070.84	13028.72	10925.30	18713.48
	出口	203.75	423.26	856.41	1299.20	1226.99	887.31
聚酰胺（PA）	进口	385.648	393.86	608.02	786.93	854.36	921.99
	出口	33.491	43.20	75.76	102.78	127.28	96.01
聚碳酸酯（PC）	进口	729.813	730.809	899.271	1020.76	1017.45	1026.86
	出口	117.650	132.093	185.437	306.13	278.59	214.71
聚甲醛（POM）	进口	188.51	172.260	172.248	184.86	178.85	165.95
	出口	14.684	21.88	32.533	39.03	42.98	31.17
PBT	进口				155.10	147.30	127.17
	出口				27.10	43.10	51.73
聚苯硫醚	进口	29.96	30.07	37.94	47.42	49.43	41.79
	出口	1.91	2.49	2.80	6.19	9.35	10.67
塑料下脚料	进口	4095.72	4956.53	5865.73	5871.51	7075.17	7325.90
	出口	40.00	41.59	98.897	29.06	23.60	33.29

1. 资料来源——历年国家海关统计。
2. 聚氯乙烯糊树脂 2008 年才单独新列出代码，无历年数据，因此无法同比。
3. 改性的 ABS 树脂 2009 年才单独新列出代码，无历年数据，因此无法同比。
4. 改性的聚苯乙烯 2009 年才单独新列出代码，无历年数据，因此无法同比。

表 5　2003～2009 年国内合成树脂表观消费量统计　　kt

产品 \ 年份	2003	2004	2005	2006	2007	2008	2009
合成树脂	34092.96	38133.51	43125.47	44431.60	47615.58	48869.61	58339.54
年增长率/%	6.70	11.85	13.09	3.03	7.17	2.63	19.38
国内总自给率/%	46.75	46.97	49.67	56.84	64.55	64.04	61.76
其中：PE	9195.97	9622.09	10887.7	11196.42	11801.42	11635.19	15977.33
年增长率/%	-3.34	3.95	13.15	2.84	5.40	-1.41	37.32
国内自给率/%	44.93	45.86	48.59	53.53	58.68	59.26	50.88
PP	6990.34	7647.40	8230.32	8786.74	10165.42	10079.33	12322.87
年增长率/%	13.27	9.40	7.62	6.76	15.69	-0.85	22.26
国内自给率/%	61.06	62.10	63.54	66.49	70.11	72.74	66.58
PS	2668.449	2830.103	2855.70	2877.76	3072.47	2888.90	3008.10
年增长率/%	6.11	6.06	0.90	0.77	6.77	-5.97	4.13
国内自给率/%	48.78	52.29	54.63	60.71	66.94	71.34	69.81

续表

产品 \ 年份	2003	2004	2005	2006	2007	2008	2009
PVC	6259.0	7116.75	8017.30	9204.59	10374.59	9313.30	10848.65
年增长率/%	11.44	13.70	12.65	14.81	12.71	-10.23	16.49
国内自给率/%	64.02	70.71	80.97	89.50	93.66	94.66	84.39
ABS	2696.700	2967.230	3132.80	3273.66	3770.39	3038.60	3438.24
年增长率/%	26.05	10.03	5.58	4.50	15.17	-19.41	13.15
国内自给率/%	34.42	34.38	37.03	39.05	43.23	37.19	38.39

注：由于改性聚苯醚无海关独立统计和产量统计，POM、PS、ABS无较完全的产量统计，故上述表中数据均为资料积累估算，仅供参考。

表6　国内合成树脂消费结构

消费结构	比例/%	
	2010年	2008年
建筑材料	30.00	29.00
包装材料	34.00	36.00
农业	9.20	9.00
家用电器	7.30	7.00
家庭用品	5.20	5.00
服装鞋帽	2.40	2.20
汽车工业	2.20	2.00
工矿配件	1.70	1.60
家具	2.90	2.80
玩具娱乐用品	3.00	2.80
医疗器械	1.10	1.50
其他	1.00	1.10
合计	100.00	100.00

（一）2010年中国合成树脂类产品需求增长38%

据位于上海的商品信息服务商CBI公司于2009年12月1日发布的报告认为，因国内消费需求强劲，中国2009年聚乙烯（PE）和聚丙烯（PP）纯树脂需求将比上年增长最高达38%。

高密度聚乙烯（HDPE）的需求增长38%，达到700万吨，而线性低密度聚乙烯（LLDPE）的需求上升30%至460万吨，低密度聚乙烯（LDPE）的需求增长20%至340万吨。

另外，聚丙烯（PP）需求增长24%至1300万吨。

CBI公司和一家大型聚烯烃生产商均表示，对回收利用材料需求的下降，也有助于使需求推向新高。

根据聚烯烃的等级，2009年需求或有下降，或略有增长。

据统计，2009年线型低密度聚乙烯（LLDPE）的需求下降4.5%，PP需求下降1.4%，而LDPE需求增长2.2%，HDPE需求增长1%。

据估算分析，2009年整个聚乙烯需求增长约31.5%，PP需求增长约24%。

分析人士指出，强劲复苏背后的一个重要因素是回收利用材料的使用大幅下滑。

但是，至2009年9月，回收的材料与新材料之间的价差已接近最低值400美元/t。

国际贸易出版商（ITP）引用来自中国海关数据的研究表明，2009年1～10月，聚乙烯废料的进口同比下降了11%，达到173万吨。ITP是总部设在美国的全球化学品贸易数据分析服务商。

2009年是需求强劲增长的一年，聚丙烯的需求增长约20%～25%。分析认为，国内聚烯烃的需求也受到政府巨大经济刺激计划的推动，包括银行贷款的增加。

（二）汽车工业

中国汽车工业协会2009年1月11日发布2009年国产汽车产销统计，2009年国产汽车产销突破1300万辆，同比增长创历年最高，乘用车产销首次超过1000万辆，商用车总体呈良好表现。2009年汽车工业的迅猛发展，使我国成为世界第一汽车生产和销售国家。

1. 中国汽车工业平稳发展

统计显示，2009年，国产汽车产销1379.10万辆和1364.48万辆，同比增长48.30%和46.15%。乘用车产销1038.38万辆和1033.13万辆，同比增长54.11%和52.93%；商用车产销340.72万辆和331.35万辆，同比增长33.02%和28.39%。

在全球经济恢复举步艰难的情况下，2009年我国汽车工业取得了全球瞩目的成绩，首次超过美国，成为全球产销量第一的国家。

近年来，我国宏观经济持续快速增长，居民生活水平稳步提高，由于人口众多，人均汽车保有量仍然很低，巨大的购买潜力陆续变成拉动我国汽车工业快速增长的动力，汽车工业成为国民经济的重要支柱产业(表7，8)。

表7 2005～2009年乘用车产量分析

年份	轿车	MPV	SUV	微客及其他	合计
2005年产量总计/辆	2754065	140936	208354	737175	3840530
2006年产量总计/辆	3869494	194710	238113	930815	5233132
同比/%	40.50	38.15	14.28	26.27	36.26
2007年产量总计/辆	4738690	212596	378440	999769	6329495
同比/%	22.46	9.19	58.93	7.41	20.95
2008年产量总计/辆	4989954	189214	480381	1068278	6727827
同比/%	5.30	-11.00	26.94	6.85	6.29
2009年产量总计/辆	7427138	252624	712553	1996782	10389097
同比/%	48.84	33.51	48.33	86.92	54.42

注：数据来源：中国汽车工业协会。

表8 2007～2009年国内乘用车生产企业情况表 辆

排行	生产企业	2009年销量	2008年销量	2007年销量
1	上汽通用五菱	976808	586036	496628
2	上海大众	728238	490087	456424
3	上海通用	708356	444756	474546
4	一汽大众	669180	498953	461369
5	北京现代	570309	294506	231137
6	东风日产	518968	350520	291715
7	长安汽车股份	518494	265681	294354
8	奇瑞汽车	500303	356093	380817
9	比亚迪	448397		
10	天津一汽丰田	417299	366045	282632

注：数据来源：中国汽车工业协会。

据中国汽车工业协会对2009年新上市(含改进和新推出的车型)的乘用车品种统计，与往年相比，2009年新上市品种创历年最高，各企业累计上市新品种共有221款(约327个品种)，比2008年多出114款，其中轿车最多，达到175款，比上年多出75款。SUV和MPV分别达到28和15款，比上年分别多出24和12款。

从国别来看，自主品牌最多，共有120款，比上年多出83款，其次是日系，为40款，以下为德系和美系，分别达到24款和18款，法系和韩系最少，为10款和9款。

从企业来看，上汽集团新上市品种最多，共达到31款，但年内推出的全新品牌只有科鲁兹和昊锐两款；相比较而言，奇瑞表现较为突出，在2009年新上市24款乘用车品种中，有8款为全新品牌，为各企业最多。

此外一汽、东风和长安(含昌河和铃木)新上市品种也超过20款；在自主品牌生产企业中，比亚迪和吉利在2009年分别有三款全新品牌上市，表现同样出色。

2009年，1.6升及以下排量新上市车型品种占所有新上市车型的比重达到44%；此外，在所有1.6升及以下排量新上市车型品种中，自主品牌所占比重达到63.19%，日系、美系、德系、法系和韩系所占比重分别达到11.11%、8.33%、7.64%、5.56%和4.17%。

2. 2009年汽车工业发展形势简析

据中国汽车工业协会统计分析，2009年初，国家及时出台了《汽车产业调整与振兴规划》，有力地遏制了2008年下半年以来的下滑态势，乘用车市场率先回暖，成为拉动汽车工业快速增长的主力军，商用车市场从2009年下半年逐步回暖，四季度也呈现快速增长。2009年中国汽车市场的产销两旺和国际汽车市场的销量大幅下滑是冰火两重天，受国家政策的影响，不仅保增长的任务提前完成，汽车产品结构的调整也取得了良好的效果，此外，汽车企业的兼并重组和新能源汽车产业都在稳步推进中，我国汽车工业总体呈现一片欣欣向荣的发展态势。

具体而言，2009年我国汽车工业发展大致呈现以下特点：

(1) 汽车市场呈高速增长，累计产销双超1300万辆。

(2) 乘用车市场需求旺盛，产品结构调整效果初步显现。

① 基本型乘用车(轿车)需求快速增长，自主品牌份额有所增加。

② 运动型多用途乘用车(SUV)市场继续保持较

快增长。

③ 多功能乘用车(MPV)需求回升，四季度销量增长最快。

④ 交叉型乘用车增速迅猛，累计销量接近二百万辆。

(3) 商用车市场下半年需求明显回升，货车市场贡献度最大。

① 货车市场总体表现较好，微型货车增长最快，半挂牵引车需求逐步回暖。

② 客车市场需求小幅回升，下半年同比增长明显。

据中国汽车工业协会统计分析，2009 年，客车行业发展缓慢，受铁路客运竞争等因素影响，客车市场需求乏力，上半年表现更为明显，进入下半年后，逐月需求同比呈现稳定增长，降幅逐步趋缓。2009 年，客车销售 32.32 万辆，同比下降 0.37%，降幅略低于 2008 年。

据中国汽车工业协会统计分析，2009 年是不同寻常的一年，金融危机继续蔓延，世界经济总体低迷，我国经济受到严重冲击，产品出口骤然下降，特别是摩托车出口的大幅下滑，使全行业产销失去了原有的增长动力，全年产销量低于上年。

面对非常严峻的经济形势，国家及时出台一系列刺激政策，围绕扩内需、保增长、调结构、惠民生的目标，坚定信心，狠抓落实，使国民经济逐步回暖向好，尤其是加大了对“三农”的支持力度，使农民生活条件不断改善，对摩托车的需求不断增加。

此外，摩托车企业顺应市场的变化，及时调整产品结构，生产适销对路的产品，并通过加强管理、采用各种促销手段等扩大销售，从而使全行业产销从今年下半年开始呈恢复性上升。

据统计，2009 年，全行业累计完成摩托车产销 2542.77 万辆和 2547.01 万辆，同比下降 7.54% 和 7.39%，其中：二轮摩托车产销 2359.26 万辆和 2365.79 万辆，同比下降 9.06% 和 8.81%；三轮摩托车产销 183.51 万辆和 181.22 万辆，同比增长 17.70% 和 16.37%。

从月度产销情况看，除 1、2 月份受元旦、春节假期的影响产销量较低外，其他月份产销多在 200 万辆以上，全年走势大体为上半年平稳发展，下半年明显回升。

从季度产销情况看，一季度产销 562.98 万辆和 561.62 万辆，同比下降 11.04% 和 12.27%；

二季度产销 617.73 万辆和 629.86 万辆，同比下降 17.21% 和 14.85%；

三季度产销 634.39 万辆和 631.08 万辆，同比下降 12.52% 和 11.77%；

四季度产销 716.51 万辆和 713.26 万辆，同比增长 14.69% 和 12.35%。可见，摩托车产销逐季增加，四季度产销量实现正增长。

从全年行业销售量和出口量的整体走势看，销售量下半年回升趋势比较明显，而出口量变化区间十分有限，说明国内需求的增加带动了行业销售量的小幅回升。

据中国汽车工业协会统计，2009 年，摩托车销售量排名前十家企业分别为大长江、隆鑫、建设股份、北方企业、力帆、宗申、嘉陵、钱江、广州摩托和广州大运，前 10 家企业 2009 年市场占有率达到 58.14%，比上年提高 0.85%。

据对全国 95 家摩托车生产企业出口情况统计，2009 年摩托车生产企业累计出口摩托车 628.60 万辆，同比下降 35.70%。粗略计算，全年摩托车内销增长约 8% 左右。

总体来看，2009 年客车市场大致呈现出以下几个方面的特点：

① 市场需求与上年大致持平，下半年表现较好；

② 六大地区客车市场表现不一，主要细分品种市场需求略好于上年；

③ 骨干企业继续维持较高占有率。

(4) 行业骨干企业继续保持主导，前十家汽车生产企业(集团)市场占有率稳步提升。

(5) 全行业经济效益明显好转，重点企业稳居主导。

据中国汽车工业协会统计分析，2009 年，我国摩托车工业经济运行呈企稳回升的发展态势。全年摩托车产销受出口的影响，产销量低于上年，但从下半年开始产销量明显回升；全行业经济效益状况不断改善，主要经济效益指标保持增长。详细情况如下：

① 全年产销量低于上年，但从下半年开始产销呈恢复性上升。

② 125mL、110mL 和 150mL 三种排量二轮车成为市场的最大卖点，其中 110mL 和 150mL 产销实现小幅增长。

③ 全行业经济效益状况不断改善，主要效益指标保持持续增长。

④ 摩托车企业竞争更加激烈，骨干企业取得了较好的经济效益。

塑料及其复合材料是最重要的汽车轻质材料，它不仅可减轻零部件约 40% 的质量，而且还可以使采购成本降低 40% 左右，因此近年来在汽车中的用量迅速上升。

目前汽车内饰件已基本实现塑料化，今后的重点发展方向是开发结构件，外装件用的增强塑料复合材料、高性能树脂材料与塑料，并增加汽车塑料材料的可回收性。

目前塑料在汽车中的应用范围正在由内装件向外装件、车身和结构件扩展，应用日益深化。除聚烯烃材料近来在汽车领域的应用量大增外，聚氨酯、增强复合材料等在汽车行业的运用也日益增加。

聚氨酯产品自身耐磨性、均匀性好，被许多汽车材料工程开发商所重视。目前聚氨酯在汽车塑料中的用量为20%，车用泡材则达60%。

在增强型复合材料中，汽车方面的需求量目前占增强塑料市场总消费量的31%。其中最重要的是纤维增强复合材料。

目前，西欧纤维增强塑料的年用量已超过40万吨，其中约50%应用于汽车工业。我国纤维增强塑料人均年用量和世界平均水平相差3.57倍，和发达国家最高水平相差14.3倍。根据发达国家的经验，汽车业和建筑业将占去增强塑料消费市场的50%以上。

了解世界的发展趋势，缩短和世界先进水平的差距，将有助于我国纤维增强塑料产业的发展。

目前国外发达地区车用塑料占塑料总消耗量的7%~11%，在我国的发展远远落后于发达国家。预计2010年，我国汽车产量达724.57万辆，届时汽车用塑料将达到128.7万吨。

在车用塑料居前7位的塑料材料品种与所占比例大致为：聚丙烯21%、聚氨酯19.6%、聚氯乙烯12.2%、热固性复合材料10.4%、ABS8%尼龙7.8%、聚乙烯6%。

据业内专家分析，预计到2005年我国汽车消费的各种聚烯烃制品总量将达到15万吨左右，2010年需求量将达到23万吨，并将保持年均10%的增长率。

(三) 家电工业

中国家电的规模情况，从产量的情况看，中国的小家电产量大约占全球80%，从2002年到2008年中国小家电出货情况以出口为主，占了整个产量的75%左右。

整个中国的小家电生产的分布情况：

从(PPT)看到整个中国的小家电生产是比较的集中，主要是分布在民营企业比较活跃的东南沿海城市，包括广东、江苏、福建、特别是广东省击中了63.3的生产能力，分析原因是因为珠三角有相对完整的产业链，集中了配件商和服务商，广东还有区位的优势，因为广东和深圳是发展比较好的城市，比较有全球发货的一个窗口，这样就导致了广东地区成为了小家电生产的主要集中地。

1. 中国家电产值国际、国内市场出现双双下滑现象

据中国工业和信息化部网站透露，受国际金融危机等影响，中国家电产值国际、国内市场出现双双下滑现象。其中吸尘器，冰柜，电风扇，空调等家电产量部分出现负增长。

据资料显示2008年家电产量里：吸尘器产量同比下降最厉害达到了13%，其次是电风扇同比下降11%，接着是较为强势的空调同比下降4.9%，冰柜(含冷冻箱冷藏箱展示柜)同比下降1.4%，微波炉同比下降1.6%。

其余洗衣机，电冰箱，抽油烟机，电热水器这几种产品则呈现增长的趋势：洗衣机产量同比增长11.1%，电冰箱增长8%，抽油烟机增长23.4%，电热水器增长7.9%。

2008年家用电力器具制造行业工业总产值累计同比增长13.9%，增幅回落12.2%；工业销售产值同比增长13.3%，增幅回落14.9%，产销率累计97.9%；出口额同比增长13.7%。

国家统计局年度快报数据显示，2008年大家电行业产量三升三降，冰箱、洗衣机和电热水器产量均有不同幅度上升。

其中，洗衣机产量为4231万台，同比增长11%，增幅最高；冰箱产量为4757万台，同比增长8%；电热水器产量为1637万台，同比增长8%。空调产量为8307万台，同比下降5%，下滑幅度最大；微波炉产量为6286万台，同比下降2%；冷柜产量为1178万台，同比下降1%。产量变化的态势与2007年几乎所有产品都高速增长的情况已经完全不同，总体上增幅大大回落。

2008年小家电产品产量同样有升有降。其中，电饭锅产量达1.24亿台，同比增长7%；电热烘烤器具的产量也有所增长，为1.72亿台，同比增长6.6%；而吸尘器产量下降严重，产量为6368万台，同比下降13%；电风扇产量为1.39亿台，同比下降11%；饮水机产量为956万台，比2007年有0.9%的下降。

2. 三大家电制造基地——顺德、青岛、合肥

家电业在我国已经是十分兴盛的企业，全国各地区的家电产量的数字都很庞大，计划2010年将超过千亿的年产值将会在合肥诞生。

合肥家电行业2009年实现快速增长，全年产值达到600亿元，并争取2010年达到1000亿元，成为合肥八大产业中第一个千亿元产业。合肥已成为国

内仅次于顺德、青岛的第三大家电制造基地，2009年10月，中国轻工业联合会、中国家用电器协会正式授予合肥市“中国家电产业基地”称号。

在金融风暴影响下，合肥家电产业逆势上扬，工业总产值近400亿元。2009年，家电产业继续发力，生产量突破3000万台(套)，2009年1~9月实现工业总产值408.89亿元，同比增长98.93%，美芝压缩机、广州万宝、宝兰格、京东方等配套企业相继落户合肥，目前已经形成了从研发到零部件构造、整机组装、物流和售后服务的完整产业链(表9，10)。

表9　2008年家用电冰箱十大生产省市

排序	生产省市	2008年产量/台	比去年同期增长/%
1	安徽省	11304718	22.86
2	广东省	8033902	-2.85
3	江苏省	6029086	22.59
4	山东省	5962155	-12.56
5	浙江省	5884390	10.96
6	河南省	2908500	-1.00
7	上海市	1232139	12.17
8	江西省	760258	217.88
9	四川省	353243	567.94
10	湖北省	290302	-41.07

表10　2001~2009年全国家电产量统计

时间	产量/万台		
	房间空气调节器	家用电冰箱	家用洗衣机
2001年	3135.11	1278.48	1442.98
2002年	2312.88	1349.08	1334.33
2003年	3153.11	1598.87	1587.08
2004年	4812.50	2207.50	1942.64
2005年	7046.63	3033.38	2348.85
2006年	7469.10	3105.58	2952.62
2007年	8991.70	4415.80	3856.20
2008年	8307.20	4756.90	4231.20
2009年		6063.55	4935.82

（四）建材

1. 聚乙烯管材期待快速发展

2010年我国塑料管产量将达450万吨，到2015年将达600万吨，届时我国将成为世界上塑料管产量最大的国家。目前我国产量仅次于美国。我国塑料管材行业面临难得的发展机遇。

2. 塑料模板

青岛科润塑料机械有限公司自主研发的环保型PP/PE木塑板材生产线日前推向市场。产品适用于室内外建筑模板、游泳池、家具、装饰装修以及活动房屋等领域。该设备可完全替代进口。

用该设备生产出的PP/PE木塑板材以原材料或废旧回收再利用的PP、PE加入60%以上的木粉为主要原料，添加有关助剂，通过自由挤出工艺制成。产品内部组织分布均匀，表面平整、光洁，平均密度为1.0g/cm左右，不仅耐腐、防潮、耐候、耐老化、防水，而且无甲醛成分，寿命长。如果用做建筑模板，利用次数可达到30次以上。

2007年，我国房屋建筑施工面积达48.2亿平方米。按施工面积与模板面积之比为10：1算，要使用4.82亿平方米建筑模板。如果这些模板全部为木模板，要消耗482万立方米木材，要砍伐1446万棵直径为30厘米的大树。这仅仅是房屋建筑。

若算上桥梁、码头、堤坝等所有使用模板的建筑物，这个数字会更惊人。

3. PVC塑胶运动地板悄然崛起

在木地板行业经历阵痛、进行洗牌的情况下，PVC塑胶运动地板正在悄然崛起，市场需求带来的巨大商机凸显无疑。

近年来，国际、国内比赛中已经开始采用PVC塑胶运动地板替代大部分传统材料铺装体育馆地面。例如，2008北京奥运会球类比赛场馆几乎全部铺的是PVC塑胶运动地板。

中国作为人口大国、体育强国，一直提倡大力发展体育事业，发动全民参与运动健身。随着我国经济的快速发展和人民群众日益增长的体育锻炼需求，人们对于运动场地的要求也必然越来越高。

所以，在今后全国各地运动场馆及单位内部活动室的建设中，专业PVC塑胶运动地板必将会成为运动市场的主流。然而，根据调查统计，目前我国运动场馆及各单位活动室的专业PVC塑胶运动地板占有率仅有百分之几，还有很大的市场开发空间。

（五）塑料制品

玩具制造业工业销售产值当月同比增长17.48%，累计增长8.24%；玩具制造业当月产销率97.36%，同比增长2.44%，累计产销率97.96%，同比增长0.85%；出口的交货值当月同比增加5.86%，累计减少3.06%(表11，12)。

表11　2009年全国塑料制品主要产品产量

主　要　产　品	2009年累计/t	比2008年年同期增长/%
塑料制品总计	44792762	10.64
其中：塑料薄膜	6904337	12.06
其中：农用薄膜	1193412	18.39

续表

主 要 产 品	2009 年累计/t	比 2008 年年同期增长/%
塑料板、片	3202580	6.37
塑料管及其附件	5803665	18.92
塑料条、棒、型材	1603726	19.19
塑料丝、绳及编织品	5815626	26.58
泡沫塑料	1870542	15.81
塑料人造革、合成革	1848160	15.17
塑料包装箱及容器	2744856	20.67
日用塑料制品	5441831	8.43

表 12　2009 年塑料制品产量的分省市统计

省　　市	企业数	2009 年累计产量/t	2008 年累计产量/t
总　计	9500	44792762	40485840
广东省	2515	10523225	10575652
浙江省	2204	8114959	7612236
山东省	704	43854239	3902595
江苏省	635	4014030	3647342
辽宁省	439	2752052	2321139
河北省	235	1595777	1392610
河南省	278	1557498	1243118
安徽省	188	1463678	1301086
福建省	281	1446376	1301375
四川省	199	1412370	987121
湖北省	241	1204580	941892
上海市	113	1169408	1181003
天津市	158	694059	571262
湖南省	102	610915	379104
重庆市	126	499248	309956
新疆维吾尔自治区	124	437182	433735

续表

省　　市	企业数	2009 年累计产量/t	2008 年累计产量/t
北京市	272	429367	405355
广西壮族自治区	100	388785	267194
吉林省	98	375424	308478
云南省	82	327385	267523
江西省	73	303057	229069
黑龙江省	79	186091	152441
陕西省	45	182020	145709
贵州省	51	174349	148510
山西省	42	172515	156798
内蒙古自治区	38	150531	106794
甘肃省	42	122225	97987
宁夏回族自治区	21	76605	67267
青海省	5	5113	3430
海南省	10	18517	28059

第二章　2009 年聚乙烯产量进口大幅增长国内自给率下降

一、2009 年产量大幅增长(表 13)

2003 ~ 2009 年，聚乙烯产量年均增长率为 11.94%。

2009 年一、二月份由于假期多，聚乙烯树脂生产量一般均较低，一、二月份产量仅占全年总产量的 7.48% 左右。

从统计数字来看，2009 年合成树脂生产上半年不正常，产量仍较低迷，1 ~ 7 月月产量仅维持在 600 ~ 700kt内，六月份低迷仅 589kt，但九月份开始波动上升，九月份产量上升至 730kt；比七月份上升 15.32%，产量增加了 97kt；十月份进一步上升，十月份产量比九月份上升 9.04%，产量增加了 66kt。

十二月份产量继续上升，比十月份又上升 1.63%，产量增加达 13kt(表 14)。

表 13　2003 ~ 2009 年 PE 产量统计表　　kt

项　目	2003 年	2004 年	2005 年	2006 年	2007 年	2008 年	2009 年
生产能力	4300	4560	5800	6820	7685	7850	9300
产　量	4132.00	4413.0	5290.4	5993.00	6924.70	6894.70	8128.54
开工率/%	96.09	96.78	91.21	87.87	90.11	87.83	87.40
年产量增长率/%	16.49	6.80	19.88	13.28	15.55	-0.43	17.90

表 14　2009 年全国聚乙烯树脂月产量统计　　kt

1 月 ~ 2 月		3 月	4 月	5 月	6 月
608		647	661	650	589
7 月	8 月	9 月	10 月	11 月	12 月
633	684	730	796	779	809

二、2009年国内聚乙烯树脂出口生产省市集中在东部沿海地区

1. 2009年初级形状的聚乙烯(比重小于0.94)出口同比增长

2009年初级形状的聚乙烯(比重小于0.94)出口省市有22家，比2008年减少1个出口省市，出口24007014kg，同比增长41.47%。

初级形状的聚乙烯(比重小于0.94)出口生产企业主要集中在广东省，出口数量9172403kg，占总出口数量的38.21%，比2008年增加出口数量58.17%；

其次为上海市，出口数量5141741kg，占总出口数量的21.42%，比2008年增加出口数量49.69%；

辽宁省出口数量2351750kg，占总出口数量的9.80%，比2008年增加出口数量135.24%。

五省市出口商小计有48家，占总出口商数量的43.64%，出口数量占初级形状的聚乙烯(比重小于0.94)2009年总出口数量的85.51%，比2008年增加7.43%(表15)。

表15　2009年初级形状聚乙烯(比重小于0.94)三大出口省市统计

排序	出口省市	出口金额/美元	出口数量/kg	占比例/%	出口商数量
1	广东省	14409188	9172403	38.21	16
2	上海市	8826603	5141741	21.42	12
3	辽宁省	3656030	2351750	9.80	5
出口总计		37232200	24007014	100.00	110

2. 2009年初级形状的聚乙烯(比重在0.94及以上)出口同比下降

2009年初级形状的聚乙烯(比重在0.94及以上)出口省市有20家，比2008年减少1个出口省市，出口30632547kg，同比下降23.15%。

2009年初级形状的聚乙烯(比重在0.94及以上)出口生产企业主要集中在江苏省，出口数量14429182kg，占总出口数量的47.10%，比2008年增加出口数量60.82%；

其次为上海市出口数量5650124kg，占总出口数量的18.44%，比2008年出口下降65.79%；

广东省出口数量4847078kg，占总出口数量的15.82%，比2008年减少出口数量9.69%。

五省市出口商小计有60家，占总出口商数量的53.57%，出口数量占初级形状的聚乙烯(比重在0.94及以上)2009年总出口数量的91.6891.35%，比2008年上升0.33%(表16)。

表16　2009年初级形状的聚乙烯(HDPE)三大出口省市统计

排序	出口省市	出口金额/美元	出口数量/kg	占比例/%	出口商数量
1	江苏省	21037955	14429182	47.10	13
2	上海市	6975076	5650124	18.44	15
3	广东省	5692511	4847078	15.82	11
出口总计		41198946	30632547	100.00	112

3. 2009年初级形状的线型低密度聚乙烯(LLDPE)出口同比下降

2009年初级形状的线型低密度聚乙烯(LLDPE)出口省市有16家，与2008年持平，出口7301663kg，同比下降26.60%。

2009年初级形状的线型低密度聚乙烯出口生产企业主要集中在广东省，出口数量3865738kg，占总出口数量的52.94%，比2008年出口数量上升16.97%；

其次为上海市出口数量1701664kg，占总出口数量的23.31%，比2008年减少出口数量65.36%；

新疆维吾尔自治区出口数量579600kg，占总出口数量的7.94%，比2008年增加出口数量457.69%。

五省市出口商有37家，占总出口商数量的46.25%，出口数量占初级形状的线型低密度聚乙烯2009年总出口数量的91.12%，比2008年下降4.37%(表17)。

表17　2009年线型低密度聚乙烯LLDPE三大出口省市统计

排序	出口省市	出口金额/美元	出口数量/kg	占比例/%	出口商数量
1	广东省	2756460	3865738	52.94	15
2	上海市	2283222	1701664	23.31	8
3	新疆维吾尔自治区	894300	579600	7.94	4
出口总计		7943890	7301663	100.00	80

4. 2009年初级形状的乙烯-乙酸乙烯酯共聚物出口同比增长

从海关资料来看，2009年初级形状的乙烯-乙酸乙烯酯共聚物(EVA)出口39335267t，同比增长14.12%。

出口口岸以广东省口岸为主，其次为福建省口岸。

2009年EVA出口商企业主要集中在广东省，出

口数量 11780412kg，占总出口数量的 29.95%，比 2008 年增加出口数量 68.29%；

其次为福建省，出口数量 10877355kg，占总出口数量的 27.65%，比 2008 年增加出口数量 26.07%；

浙江省，出口数量 5843915kg，占总出口数量的 14.864%，比 2008 年增加出口数量 101.31%。

五省市 EVA 出口商有 44 家，占总出口商数量的 49.44%，出口数量占 EVA2009 年总出口数量的 87.20%，比 2008 年上升 6.21%(表 18)。

表 18　2009 年初级形状的乙烯－乙酸乙烯酯共聚物三大出口省市统计

排序	出口省市	出口金额/美元	出口数量/kg	占比例/%	出口商数量
1	广东省	12284459	11780412	29.95	12
2	福建省	15322257	10877355	27.65	7
3	浙江省	8984156	5843915	14.86	13
出口总计		56984817	39335267	100.00	89

三、2009 年初级形状聚乙烯出口商以改性聚乙烯树脂为主

2009 年初级形状聚乙烯(比重小于 0.94)出口商共计有 346 家，出口额最高的八位出口商六家为贸易商，二家为生产企业，出口数量占总出口数量的 48.43%。

赛拉尼斯(上海)国际贸易有限公司、东莞鹏远塑胶有限公司、丹东金华贸易有限公司、东莞对外加工装配服务公司、珠海保税区好利工贸有限公司、浙江万马高分子材料股份有限公司、深圳深九国际物流有限公司、广州番禺光耀星瀚塑料有限公司，分别位居 2009 年初级形状的聚乙烯(相对密度小于 0.94)出口量 1～8 位，出口量分别占总出口量的 12.45%、6.30%、5.70%、5.12%、4.87%、4.85%、4.62% 和 4.52%。

2009 年初级形状聚乙烯(相对密度小于 0.94)二十五大出口商中大生产企业仅占五大，出口数量占总出口数量的 14.23%，无一聚乙烯树脂原料生产厂，均为改性聚乙烯树脂(即 PE 合金)生产企业(表 19)。

2009 年初级形状聚乙烯(HDPE)出口商共计有 312 家，出口额最高的八位出口商四家为生产企业，四家为贸易商，出口数量占总出口数量的 67.66%。

江阴市宝利沥青有限公司、珠海保税区好利工贸有限公司、常州市登峰塑料有限公司、

上海林达塑胶化工有限公司、深圳宝昌利外商投资服务有限公司、浙江惠隆对外贸易有限责任公司、上海华英仓储有限公司、上海贝莱特塑胶有限公司，分别位居 2009 年初级形状的聚乙烯(HDPE)出口量 1～8 位，出口量分别占总出口量的 37.82%、8.43%、6.15%、5.24%、3.01%、2.62%、2.29% 和 2.10%。

2009 年初级形状聚乙烯(HDPE)二十五大出口商中大生产企业占九大，出口数量占总出口数量的 57.72%，无一聚乙烯树脂原料生产厂，均为改性聚乙烯树脂(即 PE 合金)生产企业(表 20)。

表 19　2009 年初级形状聚乙烯(相对密度小于 0.94)5 大出口商统计(346)

排序	出口商	所属行业	出口数量/kg	占比例/%	出口航次
1	赛拉尼斯(上海)国际贸易有限公司	贸易商	2989120	12.45	94
2	东莞鹏远塑胶有限公司	改性 PE 树脂	1512250	6.30	4
3	丹东金华贸易有限公司	贸易商	1369500	5.70	18
4	东莞对外加工装配服务公司	贸易商	1230177	5.12	39
5	珠海保税区好利工贸有限公司	贸易商	1169750	4.87	9
出口总计			24007014	100.00	940

表 20　2009 年初级形状的聚乙烯(HDPE)5 大出口商统计(312)

排序	出口商	所属行业	出口数量/kg	占比例/%	出口航次
1	江阴市宝利沥青有限公司	改性 PE 树脂	11586000	37.82	5
2	珠海保税区好利工贸有限公司	贸易商	2582000	8.43	12
3	常州市登峰塑料有限公司	改性 PE 树脂	1883000	6.15	11
4	上海林达塑胶化工有限公司	改性 PE 树脂	1603800	5.24	21
5	深圳宝昌利外商投资服务有限公司	贸易商	923500	3.01	10
出口总计			30632547	100.00	749

2009年线型低密度聚乙烯LLDPE出口商共计有160家，出口额最高的八位出口商中仅有一家为生产企业，七家为贸易商，出口数量占总出口数量的72.97%。

珠海保税区好利工贸有限公司、上海华英仓储有限公司，罗定市中京科林环保塑料有限公司、乌鲁木齐长景伟业工贸有限公司、上海通运国际物流有限公司、深圳宝安外经发展有限公司、济南海天力商贸有限公司、上海通运国际物流有限公司、分别位居2009年线型低密度聚乙烯LLDPE出口量1~8位，出口量分别占总出口量的30.67%、14.39%、9.51%、6.59%、4.39%、2.55%、2.55%和2.32%。

2009年线型低密度聚乙烯LLDPE二十五大出口商中大生产企业仅占一家，出口数量占总出口数量的9.51%，一家为改性聚乙烯树脂(即PE合金)生产企业(表21)。

2009年初级形状的乙烯-乙酸乙烯酯共聚物出口商共计有419家，出口额最高的八位出口商中六家为生产企业，二家为贸易商，出口数量占总出口数量的38.28%。

福州宏德盛塑胶制品有限公司、台州山江橡塑有限公司、大连化工(江苏)有限公司、福州益泰鞋材有限公司、浙江天天塑胶有限公司、普立万聚合体(上海)有限公司、福建泛亚太平国际贸易有限公司、宁波保税区华东进口商品市场开发有限公司，分别位居2009年初级形状的的乙烯-乙酸乙烯酯共聚物出口量1~8位，出口量分别占总出口量的12.63%、6.49%、4.60%、3.97%、3.06%、2.74%、2.40%和2.39%。

2009年初级形状的乙烯-乙酸乙烯酯共聚物二十五大出口商中大生产企业占八大，出口数量占总出口数量的35.90%，无一乙烯-乙酸乙烯酯共聚物生产厂，均为改性乙烯-乙酸乙烯酯共聚物树脂(即EVA合金)生产企业(表22)。

四、2009年国内聚乙烯树脂进口大幅增长出口小幅上升

2009年，我国共进口聚乙烯806.62万吨，同比增长62.93%；

2009年出口聚乙烯21.74万吨，同比增长3.39%。

2009年国内聚乙烯对外依存度为47.94%，比2008年我国合成树脂对外总依存度高出7.20%(表23)。

表21　2009年线型低密度聚乙烯LLDPE 5大出口商统计(160)

排序	出口商	所属行业	出口数量/kg	占比例/%	出口航次
1	珠海保税区好利工贸有限公司	贸易商	2239500	30.67	10
2	上海华英仓储有限公司	贸易商	1050967	14.39	23
3	罗定市中京科林环保塑料有限公司	改性PE树脂	694700	9.51	18
4	乌鲁木齐长景伟业工贸有限公司	贸易商	481000	6.59	7
5	上海通运国际物流有限公司	贸易商	320600	4.39	7
出口总计			7301663	100.00	293

表22　2009年初级形状的乙烯-乙酸乙烯酯共聚物五大出口商统计(419)

排序	出口商	所属行业	出口数量/kg	占比例/%	出口航次
1	福州宏德盛塑胶制品有限公司	EVA树脂	4967425	12.63	75
2	台州山江橡塑有限公司	EVA树脂	2552410	6.49	32
3	大连化工(江苏)有限公司	EVA树脂	1809900	4.60	70
4	福州益泰鞋材有限公司	EVA树脂	1559825	3.97	25
5	浙江天天塑胶有限公司	EVA树脂	1202600	3.06	19
出口总计			39335267	100.00	1318

表23　2004~2009年PE进出口统计　　t

产品		2004年	2005年	2006年	2007年	2008年	2009年
PE(相对密度≤0.94)	进口	1341543	1109812	931791	772597	708216	1349546
	出口	6513	17783	14772	15575	16970	24007

续表

产　品		2004年	2005年	2006年	2007年	2008年	2009年
PE(相对密度≥0.94)	进口	2315998	2445756	2419487	2091227	2312588	3859125
	出口	10228	26510	20007	37946	39862	30633
LLDPE	进口	1139028	1704429	1540492	1670555	1475755	2200894
	出口	3113	13002	4846	6857	9948	7302
乙烯－乙酸乙烯酯共聚物	进口	412619	393936	368468	427368	363573	505635
	出口	5414	8019	15796	24127	34469	39335
其他乙烯聚合物	进口	51231	52397	54480	89679	90664	151022
	出口	31525	43718	65181	90202	109056	116148
合计	进口	5265884	5706330	5314718	5051426	4950796	8066222
	出口	56793	109032	120602	174707	210303	217425
净进口合计		5209091	5597298	5194116	4876719	4740493	7848797
年增长率/%		1.05	7.45	－7.20	－6.11	－2.79	65.57

注：上述数据均摘自海关进出口统计，其他非正常进出口均不包括在上述。

2004～2009年间，PE进口增长53.18%；年均增长8.90%；

2004～2009年间，PE净进口增长50.67%；年均增长8.54%。

分析显示，韩国、美国、沙特阿拉伯和新加坡已成为中国进口PE前四大产地，2009年四大产地进口量占中国进口总量的46.24%，比2008年减少2.69%。

2009年，中国从韩国、美国、沙特阿拉伯和新加坡四产地国进口PE分别为140.07万吨、95.58万吨、83.40万吨和53.94万吨，同比分别增长59.62%，增长112.64%，增长34.91%和增长13.06%；

泰国、马来西亚、俄罗斯等周边国家近年来也在大规模扩建聚乙烯生产装置，除了满足他们本国需求外，主要是为向中国出口。

2009年，从中东卡塔尔、伊朗、沙特阿拉伯、科威特、阿拉伯联合酋长国五国进口聚乙烯超过191万吨、占中国进口总量的23.67%。

预计2010年中东将成为世界上最大的聚乙烯出口地区。

1. 初级形状的聚乙烯(相对密度小于0.94)LDPE进出口同比上升

从海关统计中可看出，2009年初级形状的聚乙烯(相对密度小于0.94)进口量为1349546321kg，同比增加90.56%；进口地有38个，比上年减少1个进口地。

主要进口地为俄罗斯，进口数量192175310kg，占总进口数量的14.24%；

其次为马来西亚，进口数量171829550kg，占总进口数量的12.73%，比2008年增加进口数量14.32%；

韩国进口数量154359036kg，占总进口数量的11.44%，比2008年增加进口数量82.88%；

卡塔尔进口数量143182555kg，占总进口数量的10.61%，比2008年增加进口数量62.91%；

日本进口数量117547361kg，占总进口数量的8.71%，比2008年增加进口数量107.46%；

五原产进口地进口数量占初级形状的聚乙烯(相对密度小于0.94)2009年总进口数量的57.73%，比2008年下降5.77%(表24)。

表24　2009年初级形状聚乙烯(相对密度小于0.94)3大进口国家/地区统计

排序	原产进口地	进口金额/美元	进口数量/kg	占比例/%	进口商数量
1	俄罗斯	193060619	192175310	14.24	51
2	马来西亚	187652557	171829550	12.73	117
3	韩　国	179089872	154359036	11.44	144
进口总计		1577850285	1349546321	100.00	272

从海关统计中可看出，2009年初级形状的聚乙烯(相对密度小于0.94)出口地有63个，(比上年减少23个出口地)，出口24007014kg，同比上升41.47%。

主要出口地为中国香港，出口数量4507350kg，占总出口数量的18.78%，比2008年增加出口数量85.09%；

其次为泰国，出口数量2346864kg，占总出口数量的9.78%，比2008年增加出口数量56.78%；

朝鲜出口数量2293883kg，占总出口数量的9.56%，比2008年增加出口数量43.29%；

印度尼西亚出口数量1748530kg，占总出口数量的7.28%，比2008年增加出口数量67.85%；

印度出口数量1409833kg，占总出口数量的5.87%；

五出口地2009年初级形状的聚乙烯(相对密度小于0.94)出口量占总出口量的51.27%，比2008年上升5.27%(表25)。

表25　2009年初级形状聚乙烯(相对密度小于0.94)3大出口国家/地区统计

排序	出口目的地	出口金额/美元	出口数量/kg	占比例/%	出口商数量
1	中国香港	6498845	4507350	18.78	12
2	泰　国	3570289	2346864	9.78	9
3	朝　鲜	3591386	2293883	9.56	18
出口总计		37232200	24007014	100.00	110

2. 初级形状的聚乙烯(相对密度在0.94及以上)进口增长出口下降

从海关统计中可看出，2009年初级形状的聚乙烯(相对密度在0.94及以上)进口量为3859124654kg，同比增长66.87%；进口地有47个，比上年减少2个进口地。

主要进口地为韩国，进口数量859016915kg，占总进口数量的22.26%，比2008年增加进口数量33.12%；

其次为美国，进口数量495713179kg，占总进口数量的12.85%，比2008年增加进口数量113.65%；

沙特阿拉伯进口数量385367221kg，占总进口数量的9.99%，比2008年增加进口数量57.09%；

伊朗进口数量342432685kg，占总进口数量的8.87%；

中国台湾进口数量290151540kg，占总进口数量的7.52%，比2008年增加进口数量57.55%；

五进口地进口量占2009年初级形状的聚乙烯(相对密度在0.94及以上)总进口量的61.49%，比2008年下降4.13%(表26)。

从海关统计中可看出，2009年初级形状的聚乙烯(比重在0.94及以上)出口地有68个(比上年减少2个出口地)，出口30632547kg，同比下降23.15%。

表26　2009年初级形状的聚乙烯(HDPE)3大进口国家/地区统计

排序	原产进口地	进口金额/美元	进口数量/kg	占比例/%	进口商数量
1	韩　国	957623257	859016915	22.26	203
2	美　国	551968792	495713179	12.85	163
3	沙特阿拉伯	397172735	385367221	9.99	141
进口总计		4248087607	3859124654	100.00	293

主要出口地为阿尔及利亚，出口数量11745325kg，占总出口数量的38.34%，比2008年增加出口数量213.20%；

其次为中国香港，出口数量33708775kg，占总出口数量的11.00%；

阿拉伯联合酋长国出口数量1816745kg，占总出口数量的5.93%，比2008年减少出口数量25.20%；

马来西亚出口数量1569580kg，占总出口数量的5.12%，比2008年减少出口数量29.94%；

墨西哥出口数量1059100kg，占总出口数量的3.46%；

五出口地出口量占总出口量的63.85%，比2008年上升29.12%(表27)。

表27　2009年初级形状的聚乙烯(HDPE)3大出口国家/地区统计

排序	出口目的地	出口金额/美元	出口数量/kg	占比例/%	出口商数量
1	阿尔及利亚	17547455	11745325	38.34	4
2	中国香港	2704307	3370877	11.00	17
3	阿拉伯联合酋长国	1663865	1816745	5.93	6
出口总计		41198946	30632547	100.00	112

3. 2009年初级形状的线型低密度聚乙烯进口上升出口下降

从进口量方面来看，2009年我国LLDPE进口变化可分三阶段：

第一阶段2009年1月，是我国LLDPE需求的传统淡季，进口量明显下降，这主要是因为我国传统节日春节的来临，大部分企业放假，因此下游对LLDPE的需求速度减少。

第二阶段2009年2~4月，进口量逐步上升，由1月份的16.14万吨迅速上升至2月份的22.76万吨，增幅达41.02%，并且在随后几个月内进口量稳步20万吨。

第三阶段2009年5~11月，进口量再次萎缩，月进口量缩到18万吨以下，受全球经济危机影响，使得我国制品出口受到严重打击，出口受阻，以加工出口贸易为主的下游塑料制品企业生存环境受到巨大打压，由此LLDPE的进口量也随之递减。

与2008年同期相比，均比2008年同期增长。与LLDPE进口相比，LLDPE出口是少之又少，主要因为我国的LLDPE的品种偏少，主要是以生产通用薄膜及农用膜为主的7042牌号，并且此牌号属中低档次产品，而中高档次产品，国内LLDPE与国外的产品相比缺乏相应的竞争力。

从海关统计中可看出，2009年初级形状的线型低密度聚乙烯进口量为2200894221kg，同比增加49.14%；进口地有32个，比上年减少3个进口地。

主要进口地为沙特阿拉伯，进口数量382124566kg，占总进口数量的17.36%，比2008年增加进口数量36.50%；

其次为美国，进口数量318369649kg，占总进口数量的14.47%，比2008年增加进口数量73.69%；

新加坡进口数量14029116kg，占总进口数量的14.27%，比2008年增加进口数量7.53%；

韩国进口数量298924599kg，占总进口数量的13.58%，比2008年增加进口数量58.86%；

加拿大进口数量187881093kg，占总进口数量的8.54%，比2008年增加进口数量12.70%；

五进口地进口量占总进口量的68.22%，比2008年下降7.01%(表28)。

表28　2009年线型低密度聚乙烯LLDPE 3大进口国家/地区统计

排序	原产进口地	进口金额/美元	进口数量/kg	占比例/%	进口商数量
1	沙特阿拉伯	393490863	382124566	17.36	143
2	美　国	399274353	318369649	14.47	149
3	新加坡	354872740	314029116	14.27	125
进口总计		2450661410	2200894221	100.00	248

从海关统计中可看出，2009年初级形状的线型低密度聚乙烯出口地有38个，比2008年增加1个出口地，出口7301663kg，同比下降26.60%。

主要出口地为中国香港，出口数量2793385kg，占总出口数量的38.26%，比2008年减少出口数量23.25%；

其次为泰国，出口数量1209050kg，占总出口数量的16.56%，比2008年增加出口数量35.23%；

吉尔吉斯斯坦出口数量565100kg，占总出口数量的7.74%；

越南出口数量432560kg，占总出口数量的5.92%，比2008年减少出口数量17.52%；

中国台湾出口数量294145kg，占总出口数量的4.03%；

2009年五出口地初级形状的线型低密度聚乙烯出口量占总出口量的72.51%，比2008年上升9.61%(表29)。

表29　2009年线型低密度聚乙烯LLDPE 3大出口国家/地区统计

排序	出口目的地	出口金额/美元	出口数量/kg	占比例/%	出口商数量
1	中国香港	2338918	2793385	38.26	15
2	泰　国	1186667	1209050	16.56	7
3	吉尔吉斯斯坦	852268	565100	7.74	7
出口总计		7943890	7301663	100.00	80

4. 2009年初级形状的乙烯－乙酸乙烯酯共聚物进出口上升

从海关统计中可看出，2009年初级形状的乙烯－乙酸乙烯酯共聚物进口地有26个(比上年减少1个进口地)，进口505635377kg，同比增长39.07%。

主要进口地为中国台湾，进口数量179532879kg，占总进口数量的35.51%，比2008年增加进口数量48.99%；

其次为韩国，进口数量88415813kg，占总进口数量的17.49%，比2008年增加进口数量2.65%；

日本进口数量87393839kg，占总进口数量的17.29%，比2008年增加进口数量58.02%；

新加坡进口数量57934365kg，占总进口数量的11.46%，比2008年增加进口数量61.24%；

美国进口数量44290948kg，占总进口数量的8.76%，比2008年增加进口数量26.79%；

五原产进口地进口数量占2009年初级形状的乙烯－乙酸乙烯酯共聚物总进口数量的90.51%，比2008年下降1.02%(表30)。

表30　2009年初级形状的乙烯－乙酸乙烯酯共聚物3大进口国家/地区统计

排序	原产进口地	进口金额/美元	进口数量/kg	占比例/%	进口商数量
1	中国台湾	265960297	179532879	35.51	94
2	韩　国	129208570	88415813	17.49	102
3	日　本	135700402	87393839	17.29	102
进口总计		758426591	505635377	100.00	178

从海关统计中可看出，2009年初级形状的乙烯－乙酸乙烯酯共聚物出口地有48个(比上年减少1个出口地)，出口39335267kg，同比增长14.12%。

主要出口地为坦桑尼亚，出口数量3776269kg，占总出口数量的9.60%，比2008年增加出口数量94.84%；

其次为乌兹别克斯坦，出口数量3276077kg，占总出口数量的8.33%，比2008年增加出口数量19.30%；

肯尼亚出口数量3237228kg，占总出口数量的8.23%；

尼日利亚出口数量2670533kg，占总出口数量的6.79%，比2008年增加出口数量60.04%；

阿尔及利亚出口数量1835435kg，占总出口数量的4.67%。

五出口地出口数量占2009年初级形状的乙烯－乙酸乙烯酯共聚物总出口数量的37.62%，比2008年增加2.10%(表31)。

表31　2009年初级形状的乙烯－乙酸乙烯酯共聚物3大出口国家/地区统计

排序	出口目的地	出口金额/美元	出口数量/kg	占比例/%	出口商数量
1	坦桑尼亚	3786410	3776269	9.60	16
2	乌兹别克斯坦	4727414	3276077	8.33	11
3	肯尼亚	3926091	3237228	8.23	11
出口总计		56984817	39335267	100.00	89

五、消费

2009年聚乙烯树脂表观消费量为15613.34kt，同比增长34.19%。

2009年聚乙烯树脂国内自给率为52.06%，同比下降7.20%(表32)。

2003～2009年间聚乙烯树脂表观消费量年均增长率为9.22%，低于同期产量年均增长率2.72%。

1. 2009年初级形状聚乙烯进口商以贸易商为主

2009年初级形状聚乙烯(比重小于0.94)进口商共计有2742家，进口额最高的八位进口商进口数量占总进口数量的11.66%。

浙江前程石化有限公司、利乐包装(昆山)有限公司、东宁弘叶贸易有限公司、爱施开国际贸易(上海)有限公司、世天威物流(上海外高桥保税物流园区)有限公司、浙江远大进出口有限公司、宁波晶海工贸有限公司、天津建发实业有限公司，分别位居2009年初级形状聚乙烯(相对密度小于0.94)进口量1～8位，进口量分别占总进口量的3.33%、1.31%、1.27%、1.25%、1.13%、1.13%、1.12%和1.12%。

初级形状聚乙烯(相对密度小于0.94)八大进口商中仅有生产使用企业二家，进口贸易商七家，分别占总进口量的4.64%和7.02%。

从资料分析，初级形状聚乙烯(相对密度小于0.94)进口生产使用企业以塑料工业、包装工业、五金工业、塑料改性工业为主，2009年初级形状聚乙烯(相对密度小于0.94)二十五大进口商中仅有有六家为进口生产企业，进口量占总进口量的7.64%(表33)。

2009年聚乙烯(HDPE)进口商共计有3104家，进口额最高的八位进口商进口数量占总进口数量的10.62%。

浙江前程石化有限公司、浙江远大进出口有限公司、厦门海润进出口有限公司、余姚市中宇经贸有限公司、世天威物流(上海外高桥保税物流园区)有限公司、潍坊亚星化学股份有限公司、山东省国际贸易集团中心、临沂市华扬进出口有限公司，分别位居2009年初级形状的聚乙烯(HDPE)进口量1～8位，进口量分别占总进口量的2.18%、1.80%、1.28%、1.24%、1.20%、1.09%、0.94%和0.89%。

初级形状聚乙烯(HDPE)八大进口商中仅有进口生产使用企业二家，进口贸易商六家，分别占总进口量的3.27%和7.35%。

从资料分析，初级形状聚乙烯(HDPE)进口生产使用企业以塑料制品工业、汽车部件工业、塑料改性工业为主，2009年初级形状聚乙烯(HDPE)进口商二十五大进口商中有七大为进口生产企业，进口量占总进口量的6.85%(表34)。

表32　2003～2009年国内聚乙烯树脂表观消费量统计

年份 产品	2003	2004	2005	2006	2007	2008	2009
表观消费量/kt	9195.97	9622.09	10887.7	11196.42	11801.42	11635.19	15613.34
年增长率/%	－3.34	3.95	13.15	2.84	5.40	－1.41	34.19
国内自给率/%	44.93	45.86	48.59	53.53	58.68	59.26	52.06

表33　2009年初级形状聚乙烯(相对密度小于0.94)3大进口商统计(2742)

排序	进　口　商	所属行业	进口数量/kg	占比例/%	进口航次
1	浙江前程石化有限公司	塑料工业	44884243	3.33	72
2	利乐包装(昆山)有限公司	包装工业	17656340	1.31	59
3	东宁弘叶贸易有限公司	进口贸易商	17080000	1.27	11
进　口　总　计		1349546321		100.00	16360

表34　聚乙烯(HDPE)3大进口商统计(3104)

排序	进　口　商	所属行业	进口数量/kg	占比例/%	进口航次
1	浙江前程石化有限公司	塑料改性工业	83985576	2.18	161
2	浙江远大进出口有限公司	进口贸易商	69513841	1.80	139
3	厦门海润进出口有限公司	进口贸易商	49581792	1.28	134
进　口　总　计		3859124654		100.00	23424

2009年初级形状的线型低密度聚乙烯进口商共计有1846家，比2007年增加265家进口商，进口额最高的八位进口商进口数量占总进口数量的13.20%。

天津港保税区中轻腾发实业有限公司、浙江前程石化有限公司、山东省国际贸易集团中心、山东省塑料工业有限公司、浙江远大进出口有限公司、淄博天鹤塑胶有限公司、骏业塑胶(深圳)有限公司、上海外联发物流有限公司，分别位居2008年初级形状的线型低密度聚乙烯进口量1~8位，进口量分别占总进口量的2.36%、1.9%、1.76%、1.74%、1.60%、1.30%、1.30%和1.23%。

初级形状聚乙烯(相对密度小于0.94)八大进口商中有生产使用企业和进口贸易商各三家和五家，分别占总进口量的4.51%和8.69%。

从资料分析，初级形状的线型低密度聚乙烯进口生产使用企业以塑胶工业、塑料改性工业为主，2009年初级形状的线型低密度聚乙烯进口商二十五大进口商中有五大为进口生产企业，进口量占总进口量的6.53%(表35)。

2009年初级形状的乙烯－乙酸乙烯酯共聚物进口商共计有1091家，进口额最高的八位进口商全部为进口贸易商，进口数量占总进口数量的20.33%。

重庆二轻工业供销总公司、厦门象屿集团有限公司、东莞对外加工装配服务公司、杜邦贸易(上海)有限公司、湖石化学贸易(上海)有限公司、杜邦中国集团有限公司、江苏弘业国际集团有限公司、厦门建发物流有限公司，分别位居2009年初级形状的乙烯－乙酸乙烯酯共聚物进口量1~8位，进口量分别占总进口量的4.85%、3.66%、3.01%、2.55%、1.63%、1.56%、1.55%和1.52%。

从资料分析，初级形状的乙烯－乙酸乙烯酯共聚物进口生产使用企业以塑料工业、服装工业、包装工业、文化用品工业为主，2009年初级形状的乙烯－乙酸乙烯酯共聚物进口商二十五大进口商中仅有三家为进口生产企业，进口量占总进口量的3.82%(表36)。

表35　2009年线型低密度聚乙烯LLDPE 3大进口商统计(1846)

排序	进　口　商	所属行业	进口数量/kg	占比例/%	进口航次
1	天津港保税区中轻腾发实业有限公司	进口贸易商	51884690	2.36	12
2	浙江前程石化有限公司	塑料改性工业	42001595	1.91	106
3	山东省国际贸易集团中心	进口贸易商	38657175	1.76	41
进　口　总　计		2200894221		100.00	17227

表36　2009年初级形状的乙烯－乙酸乙烯酯共聚物3大进口商统计(1091)

排序	进　口　商	所属行业	进口数量/kg	占比例/%	进口航次
1	重庆二轻工业供销总公司	进口贸易商	24536825	4.85	28
2	厦门象屿集团有限公司	进口贸易商	18518125	3.66	76
3	东莞对外加工装配服务公司	进口贸易商	15207226	3.01	180
进　口　总　计		505635377		100.00	7152

2. 进口消费省市集中流向东部沿海地区

从海关资料来看，2009 年初级形状的聚乙烯（相对密度小于 0.94）进口消费省市有 22 个，比 2008 年增加 1 个进口消费省市，2009 年初级形状的聚乙烯（相对密度小于 0.94）前五位进口消费省市进口量占总进口量的 74.6482.04%，比 2008 年下降 7.04%。

2009 年初级形状的聚乙烯（比重小于 0.94）主要进口流向为广东省，进口商有 42 家（比上年减少 102 个进口商），进口数量 348689505kg，占总进口数量的 25.84%，比 2008 年进口增加 56297918kg；

其次为浙江省，进口商有 28 家（比上年减少 39 个进口商），进口数量 247092499kg，占总进口数量的 18.31%，比 2008 年进口增加 189832564kg；

上海市，进口商有 24 家（比上年减少 53 个进口商），进口数量 167299432kg，占总进口数量的 12.40%，比 2008 年进口增加 5213893kg；

山东省，进口商有 27 家（比上年减少 4 个进口商），进口数量 131511266kg，占总进口数量的 9.74%，比 2008 年进口增加 71776666kg；

江苏省进口商有 33 家（比上年减少 55 个进口商），进口数量 56043455kg，占总进口数量的 8.35%，比 2008 年进口增加 56692653kg（表 37）；

表 37 2009 年初级形状聚乙烯（相对密度小于 0.94）3 大进口省市统计

排序	进口省市	进口金额/美元	进口数量/kg	占比例/%	进口商数量
1	广东省	409450458	348689505	25.84	42
2	浙江省	265860460	247092499	18.31	28
3	上海市	212629153	167299432	12.40	24
进口总计		1577850285	1349546321	100.00	272

从海关资料来看，2009 年初级形状的聚乙烯（相对密度在 0.94 及以上）进口消费省市有 24 个，比 2008 年减少 1 个进口消费省市，2009 年初级形状的聚乙烯（相对密度在 0.94 及以上）前五位进口消费省市进口量占总进口量的 79.28 比 2008 年进口减少 2.28%；

2009 年初级形状的聚乙烯（相对密度在 0.94 及以上）主要进口流向为浙江省，进口商有 26 家（比上年减少 54 个进口商），进口数量 791249643kg，占总进口数量的 20.50%，比 2008 年进口增加 414118096kg；

广东省进口商有 37 家（比上年减少 96 个进口商），进口数量 722820669kg，占总进口数量的 18.73%，比 2008 年进口增加 231399127kg；

其次为山东省，进口商有 32105 家（比上年减少 72 个进口商），进口数量 643465134kg，占总进口数量的 16.67%，比 2008 年进口增加 195152230kg；

上海市，进口商有 2689 家（比上年减少 63 个进口商），进口数量 564504619kg，占总进口数量的 14.63%，比 2008 年进口增加 145815493kg；

福建省进口商有 12 家（比上年减少 22 个进口商），进口数量 337696217kg，占总进口数量的 8.75%，比 2008 年进口增加 192570047kg（表 38）；

表 38 2009 年初级形状的聚乙烯（HDPE）3 大进口省市统计

排序	进口省市	进口金额/美元	进口数量/kg	占比例/%	进口商数量
1	浙江省	829947443	791249643	20.50	26
2	广东省	805801223	722820669	18.73	37
3	山东省	710811560	643465134	16.67	32
进口总计		4248087607	3859124654	100.00	293

从海关资料来看，2009 年初级形状的线型低密度聚乙烯进口消费省市有 22 个，比 2008 年增加 1 个进口消费省市，2009 年初级形状的线型低密度聚乙烯前五位进口消费省市进口量占总进口量的 76.44，比 2008 年进口减少 0.14%。

2009 年初级形状的线型低密度聚乙烯主要进口流向为广东省，进口商有 34 家（比上年减少 83 个进口商），进口数量 563102467kg，占总进口数量的 25.59%，比 2008 年进口增加 78156706kg；

其次为上海市，进口商有 23 家（比上年减少 49 个进口商），进口数量 334485563kg，占总进口数量的 15.20%，比 2008 年进口增加 76048383kg；

浙江省，进口商有 25 家（比上年减少 42 个进口商），进口数量 296767344kg，占总进口数量的 13.48%，比 2008 年进口增加 171052986kg；

山东省，进口商有 3168 家（比上年减少 37 个进口商），进口数量 284969381kg，占总进口数量的 12.95%，比 2008 年进口增加 126655752kg；

北京市，进口商有 12 家（比上年减少 18 个进口商），进口数量 202832640kg，占总进口数量的 9.55%，比 2008 年进口增加 135776120kg（表 39）；

表 39 2009 年线型低密度聚乙烯 LLDPE 3 大进口省市统计

排序	进口省市	进口金额/美元	进口数量/kg	占比例/%	进口商数量
1	广东省	637912560	563102467	25.59	34
2	上海市	379246318	334485563	15.20	23
3	浙江省	315431338	296767344	13.48	25
进口总计		2450661410	2200894221	100.00	248

从海关资料来看，2009 年初级形状的乙烯－乙酸乙烯酯共聚物进口消费省市有 22 个，比 2008 年增加 1 个进口消费省市，2009 年初级形状的乙烯－乙酸乙烯酯共聚物前五位进口消费省市进口量占总进口量的 85.78%。

2009 年初级形状的乙烯－乙酸乙烯酯共聚物主要进口流向为广东省，进口商有 37 家(比上年减少 75 个进口商)，进口数量 161290697kg，占总进口数量的 42.48%，比 2008 年进口增加，543559kg;

其次为福建省，进口商有 12 家(比上年减少 21 个进口商)，进口数量 133847901kg，占总进口数量的 26.47%，比 2008 年进口增加 69492631kg;

上海市，进口商有 1952 家(比上年减少 33 个进口商)，进口数量 51911110kg，占总进口数量的 10.27%，比 2008 年进口增加 10679756kg;

江苏省，进口商有 22 家(比上年减少 31 个进口商)，进口数量 44583994kg，占总进口数量的 8.82%，比 2008 年进口增加 12969104kg;

浙江省，进口商有 2151 家(比上年减少 30 个进口商)，进口数量 42062319kg，占总进口数量的 8.32%，比 2008 年进口增加 14512506kg(表 40);

表 40　2009 年初级形状的乙烯－乙酸乙烯酯共聚物 3 大进口省市统计

排序	进口省市	进口金额/美元	进口数量/kg	占比例/%	进口商数量
1	广东省	246513726	161290697	31.90	37
2	福建省	188011960	133847901	26.47	12
3	上海市	82231423	51911110	10.27	19
进口总计		758426591	505635377	100.00	178

六、2009 年聚乙烯价格先涨后跌(表 41～46)

表 41　LDPE Q281 上海石化 2009 年中国塑料城月均价走势　元/t

1 月	2 月	3 月	4 月	5 月	6 月
9025	9325	9327	10080	9952	10336
7 月	8 月	9 月	10 月	11 月	12 月
10621	11376	10919	11123	12340	12984

表 42　LDPE 2426H 扬子巴斯夫 2009 年中国塑料城月均价走势　元/t

1 月	2 月	3 月	4 月	5 月	6 月
8993	9192	9106	10088	9968	10229
7 月	8 月	9 月	10 月	11 月	12 月
10623	11271	10858	11061	12304	12950

表 43　HDPE 5000S 扬子石化 2009 年中国塑料城月均价走势　元/t

1 月	2 月	3 月	4 月	5 月	6 月
8537	8960	9609	11928	11457	11309
7 月	8 月	9 月	10 月	11 月	12 月
11163	11185	10365	10297	10823	11089

表 44　HDPE HD5301AA 上海赛科 2009 年中国塑料城月均价走势　元/t

1 月	2 月	3 月	4 月	5 月	6 月
8443	8412	8802	10838	10792	11161
7 月	8 月	9 月	10 月	11 月	12 月
11213	10833	9915	10108	10585	10810

表 45　LLDPE DFDA－7042 扬子石化 2008 年中国塑料城月均价走势　元/t

1 月	2 月	3 月	4 月	5 月	6 月
8787	9177	9215	9938	9660	9972
7 月	8 月	9 月	10 月	11 月	12 月
10371	11195	10450	10538	11288	11495

表 46　LLDPE LL0209AA 上海赛科 2009 年中国塑料城月均价走势　元/t

1 月	2 月	3 月	4 月	5 月	6 月
8681	8990	9025	9823	9623	9909
7 月	8 月	9 月	10 月	11 月	12 月
10254	11003	10439	10485	11261	11547

1. LLDPE 期货冲高回落

大连 LLDPE(线型低密度聚乙烯)指数由 2010 年 1 月 7 日高点 12795 元(吨价，下同)下跌至 2010 年 1 月 18 日低点 11687 元，跌幅达 8.65%。2010 年 1 月该指数探底遇撑，并返身回升，围绕 12000 元一线震荡整理。

2009 年国内 PE(聚乙烯)供应量出现增长，不论是产量还是进口量均较前两年有所增加。2009 年 1～11 月我国共生产 PE728.8 万吨，同比增加 4.8%；进口 PE676.1 万吨，同比增加 82.8%。其中，共进口 LLDPE198.7 万吨，同比增加 51.1%。

尽管 2009 年国内 PE 市场供应增长，但价格同样上涨，原因就是国内 PE 需求增长速度仍大于供应，供需失衡导致价格连续攀升。就 LLDPE 品种而言，其大部分用量是在薄膜领域，主要包括地膜、棚膜等农膜以及包装膜等，尤其是农膜刚性需求较强。随着极端天气出现，国内对于农膜需求增长，前期北方地区暴雪天气，导致对农膜需求急剧放大。另外，包装膜的需求则与经济的发展周期吻合，国内经济快速发展，对于包装膜需求也增加。

此轮 LLDPE 遇阻回落主要是由于前期累计涨幅较大，引发技术性回调所致，而供需关系偏多失衡，成为限制 LLDPE 价格深幅下跌的主要因素。

2. 2010 年 LLDPE 期货蓄势待涨

大连商品交易所 LLDPE 期货自 2010 年 1 月 7 日高点 12795 元（吨价，下同）遇阻回落，18 日下探 11687 元遇撑回升，目前围绕 12000 元一线窄幅收敛整理。因供需关系偏多，LLDPE 整理后向上突破的可能性相对较大。

2010 年出台一批新的强农惠农政策。由于政府推出惠农政策目的在于改善农民生活，提升农民收入，因此惠农政策将继续维持在上游农业种植和农村消费力两大方向，将使塑料薄膜的需求更为旺盛，助推 LLDPE 价格稳步上行。

从季节性生产规律来看，春节前后和 7～10 月是集中生产地膜与大棚膜的季节，此阶段对 LLDPE 的需求比较旺盛。而从历史价格走势上看，通常随着农膜消费旺季的来临，LLDPE 价格走势相对坚挺，季节性需求炒作使得 LLDPE 表现活跃。

2010 年春节临近，包装膜需求也会大幅上升，总的看来需求在未来 1～2 个月会显著增加。目前下游厂商库存规模很低，旺季来临之前，下游厂商会择机大规模采购维持生产。

因后期中东及北亚地区将会逐步进入乙烯装置检修比较集中的时期，后期亚洲乙烯供应方面可能会出现比较紧张的局面。另外原油高位，下游市场坚挺上行，乙烯价格后期仍将会维持上涨趋势。

与此同时，大连商品交易所仓单开始急剧减少，如果这样的情形能持续下去，势必对市场心理构成较大影响。虽然 2009 年年底需求清淡，但随着 2010 年的到来，1～3 月市场需求将有望逐步恢复，加之东盟自由贸易区的建成，纺织、服装、玩具、塑料制品等均在零关税行列中，给予出口带动巨大的商机。

在这种形势下，石化企业因库存始终保持在正常偏低水平，无明显销售压力之下适时推涨价格意愿强烈。市场则受到成本支撑而继续向好，美元弱势也为油价重返 80 美元/桶大关提供较大支持。因此在 3 月底前，大连商品交易所 LLDPE 期货有望展开一波上攻行情。

七、发展趋势

2010 年中国有 324 万吨/年的新建 PE 产能将陆续投产。

这些装置包括天津石化 30 万吨/年 HDPE 装置和 30 万吨/年 LLDPE 将在 2010 年第一季度投产；

镇海乙烯 20 万吨/年 HDPE 装置和 25 万吨/年 LLDPE 装置将在 2010 年第一季度投产；

包头神华集团 20 万吨/年 HDPE 装置将在 2010 年第三季度投产。

第三章 聚丙烯树脂表观消费量大幅增长国内自给率下降

聚丙烯（PP）是一种性能优良的热塑性合成树脂，具有比重小、无毒、易加工、抗挠曲性以及电绝缘性好等优点，广泛应用于注塑、挤管、吹膜、涂覆、喷丝、改性工程塑料等各种工业和民用塑料制品领域。

一、2009 年聚丙烯生产能力的不断提升，产量不断增长

福建联合 PP 老装置产 T30S；新建 40 万吨装置目前 2 号装置由于 2009 年 9 月 9 日故障停工，于 2009 年 9 月 17 日恢复生产，产 1080K；

1 号线目前正常生产 1080K，两条线负荷率均在 72%。T30S 挂牌 9700 元/t，1080K 挂牌在 9650 元/t，副牌料 HPPSS 挂牌 9500 元/t。

从 2009 年 9 月 15 日开始聚乙烯、聚丙烯两条 1 号线产品为外方所有，两条 2 号线产品为中方所有。

福建联合 PP 新装置投产以后，所产新产品将按照股东股份的比例分配产品销售权，其中原福建炼厂和福建省的销售配额将由中石化华南分公司买断销售，外资股份部分将由其自行销售。

新建 40 万吨/年聚丙烯装置，采用 ABB 公司的 NOV OLEN（诺沃伦工艺技术）气相聚丙烯工艺，是中石化系统首家引进该工艺，装置设计两条生产线。1 号线以生产均聚物和无规共聚物为主，设计能力为年产量 18 万吨；

2 号线以生产均聚物和抗冲共聚物为主，设计能力为年产量 22 万吨；该项目由中石化、福建省、埃克森美孚、沙特阿美联合投资。

湛江东兴石油化工有限公司新建 14 万吨/年 PP 装置于 2009 年 8 月投产，该装置采用国产化环管法，是目前国内外最先进和最主要的聚丙烯生产技术之一；产品质量稳定，熔体流动速率可控范围较宽，加之有共聚产品，用途广泛。

其中 T30S、V30G、Z30S、T36F 等 4 个牌号将是该公司 PP 装置主要生产的产品。

我国西部大开发标志性工程、国内最大的炼化一体化工程——中国石油独山子石化千万吨炼油百万吨乙烯工程日前在新疆建成投产。

独山子石化千万吨炼油百万吨乙烯工程，是我国与哈萨克斯坦能源合作战略的重要组成部分，工程包括1000万吨蒸馏、200万吨加氢裂化等10套炼油装置，100万吨乙烯、90万吨聚乙烯、55万吨聚丙烯等11套化工装置以及公用工程，主要加工哈萨克斯坦高含硫原油，总投资300亿元，占地455公顷。

该工程于2005年2月获国务院批准，2006年6月开始装置建设。该工程炼化装置集中控制，均为世界级规模，其中100万吨乙烯为国内首套规模最大乙烯，采用了世界最先进技术，炼油产品全部达到欧Ⅳ标准，化工产品大部分为高性能产品。

2009年下半年中国国内即将投产的新增PP产能达到80万吨/年，主要来自于福建炼化公司、独山子石化、天津石化和盘锦乙烯公司(表47)。

表47 2003～2009年国内PP产量统计表

年份 / 项目	2003	2004	2005	2006	2007	2008	2009
产量/kt	4268.00	4749.00	5229.50	5842.00	7126.49	7332.06	8205.18
年增长率/%	14.06	11.27	10.12	11.71	21.99	2.88	11.61

2003～2009年PP产量年均增长率为11.51%。

2009年一、二月份由于假期多，聚丙烯树脂生产量一般均较低，一、二月份产量仅占全年总产量的7.31%左右。

从统计数字来看，2009年合成树脂生产上半年不正常，产量仍较低迷，但七月份开始波动上升，八月份产量上升至697kt；比六月份上升11.52%，产量增加了72kt；十月份进一步上升，十月份产量比九月份上升13.57%，产量增加了89kt；

十一月份产量继续上升，比十月份又上升1.21%，十二月产量继续上升，十二月份塑料树脂及共聚物树脂产量比七月份上升13.21%，产量增加达91kt(表48)。

表48 2009年全国聚丙烯树脂月产量统计 kt

1～2月		3月	4月	5月	6月
600		687	647	640	625
7月	8月	9月	10月	11月	12月
689	697	656	745	754	780

二、2009年聚丙烯树脂生产集中于东部沿海地区

从早年的大量进口，到近年来的产销基本平衡，再到现在出现供需失衡趋势。由此，我国聚丙烯行业格局已发生深刻变化。

2009年国内31省市中，有重庆、山西、广西、云南、四川省、西藏六省区暂无聚丙烯树脂生产。

从生产大区划分来看，聚丙烯树脂产能主要集中在华东、中南、东北、华北四大区，华东七省市占全国总产能达41.97%以上；其次是中南和东北地区，分别占全国总产能的18.48%和12.88%左右；华北占12.06%左右。

四大区合计占全国总产能的85.39%左右，也就是说全国八成以上的聚丙烯树脂产能集中在东部沿海地区。

2008～2009年东西部聚丙烯树脂生产产量比较统计，2009年东部地区聚丙烯树脂生产产量占全国总产能达82.51%，中西部地区聚丙烯树脂生产产量占全国总产能达17.49%(表49)。

表49 2008～2009年东西部聚氯乙烯树脂生产产量比较统计 万吨

东部地区	年产量		中西部地区	年产量	
	2009年	2008年		2009年	2008年
山东	852975	531374	甘肃省	411417	424919
天津	72475	66401	新疆	327035	233045
江苏	599076	548116	内蒙古	39242	14001
河北	201777	215844	陕西	133338	107831
上海	707389	724773	湖南	197136	195852
浙江	947438	764259	湖北	286705	236340
福建	193659	87333	青海	17270	21863
辽宁	538372	542112	宁夏回族自治区	22933	22319
北京	461876	446620			

续表

东部地区	年　产　量		中西部地区	年　产　量	
	2009 年	2008 年		2009 年	2008 年
河　南	213901	151073			
黑龙江	495760	489413			
广　东	1091109	1006655			
海南省	228122	214226			
安　徽	39986	35620			
江　西	103162	113271			
吉　林	23030	54741			
合　计	6770197	6098209	合　计	1434986	1233851

三、2009 年国内聚丙烯树脂出口生产省市集中于东部沿海地区

2009 年国内聚丙烯树脂出口生产省市集中于东部沿海地区。

从海关统计中可看出，2009 年初级形状的聚丙烯出口生产企业主要集中在广东省，出口商有 18 家，比 2008 年减少 38 个出口商，出口数量 18863569kg，占总出口数量的 43.33%，比 2008 年进口增加 4113985kg，比上年增加 27.89%；

其次为上海市，出口商有 12 家，比 2008 年减少 33 个出口商，出口数量 8814911kg，占总出口数量的 20.25%，比 2008 年进口增加 2785083kg，比上年增加 46.19%；

河北省出口商有 2 家，比 2008 年减少 4 个出口商，出口数量 5360142kg，占总出口数量的 12.31%，比 2008 年进口减少 1167418kg，比上年减少 17.88%；

山东省出口商有 10 家，比 2008 年减少 10 个出口商，出口数量 2721891kg，占总出口数量的 6.25%，比 2008 年进口 1197309kg；

江苏省出口商有 12 家，比 2008 年减少 33 个出口商，出口数量 2057825kg，占总出口数量的 4.73%，比 2008 年出口减少 665716kg。

2009 年五省市初级形状的聚丙烯出口商有 54 家，占总出口商数量的 46.96%，出口数量占 2009 年总出口数量的 86.8783.91%，比 2008 年增加 2.96%（表 50）。

表 50　2009 年初级形状的聚丙烯三大出口省市统计

排序	出口省市	出口金额/美元	出口数量/kg	占比例/%	出口商数量
1	广东省	28855844	18863569	43.33	18
2	上海市	10806924	8814911	20.25	12
3	河北省	6186128	5360142	12.31	2
出口总计		67600669	44773316	100.00	115

四、国内聚丙烯（PP）出口以改性聚丙烯树脂为主

2009 年初级形状的聚丙烯出口商共计有 358 家，出口额最高的八位出口商六家为生产企业，二家为贸易商，出口数量占总出口数量的 55.62%。

东莞三星道达尔工程塑料有限公司、中国金山联合贸易有限责任公司、佳施加德士（廊坊）塑料有限公司、LG 化学（广州）工程塑料有限公司、广州金发科技股份有限公司、青岛恒鑫物流有限公司、上海大赛璐塑料工业有限公司、日精工程塑料（南通）有限公司，分别位居 2009 年初级形状的聚丙烯出口量 1～8 位，出口量分别占总出口量的 13.92%、12.31%、11.92%、5.69%、4.37%、2.92%、2.64% 和 1.85%。

2009 年初级形状的聚丙烯二十五大出口商中大生产企业占十五大，出口数量占总出口数量的 49.74%，无一聚丙烯树脂原料生产厂，均为改性聚丙烯树脂（即 PP 合金）生产企业。

聚丙烯 2009 年出口商企业主要集中在上海，二十五大出口商企业中广东有 11 家出口商，出口数量占总出口数量的 33.37%；其次为上海，二十五大出口商企业中占 4 家，出口商出口数量占总出口数量的 16.97%（表 51）。

五、2009 年国内聚丙烯树脂进出口同增长

从统计数据看出，近年进口量波动较大，1991～1998年八年中四年跌四年升，1991～1999 年 8 年年均增长率为 13.05%。

2002～2009 年八年中二年跌六年升，2002～2009 年 8 年年均增长率为 7.91%。

2009 年聚丙烯进口量为 4162.46kt，同比增长 49.25%（表 52）。

表51　2009年初级形状的聚丙烯三大出口商统计(358)

排序	出　口　商	所属行业	出口数量/kg	占比例/%	出口航次
1	东莞三星道达尔工程塑料有限公司	改性聚丙烯树脂	6033950	13.92	10
2	中国金山联合贸易有限责任公司	出口商贸易商	5336000	12.31	28
3	佳施加德士(廊坊)塑料有限公司	改性聚丙烯树脂	5168992	11.92	60
出　口　总　计		44773316		100.00	1025

表52　2003~2009年PP进出口统计

项　目＼年　份	2003	2004	2005	2006	2007	2008	2009
进口/kt	2734.27	2913.92	3023.31	2944.74	3070.06	2788.92	4162.46
出口/kt	11.940	15.32	22.492	26.237	31.13	41.655	44.77
净进口量/kt	2722.33	2898.60	3000.82	2918.50	3038.93	2747.27	4117.69
年增长率/%	12.04	6.47	3.53	-2.74	4.12	-9.60	49.88

2003~2009年间，进口量年均增长为7.26%。

2003~2009年间，净进口量年均增长为7.14%。

1. 2009年聚丙烯进口大幅增长

2009年韩国、中国台湾和美国为我国聚丙烯进口前三大市场，2009年韩国、中国台湾和美国三大市场进口聚丙烯数量分别为1114752t、561827t和492941t，同比分别增长19.59%、6.32%和318.91%。

美国2008年聚丙烯进口数量列位据第七位，进口聚丙烯数量为117673吨，仅占进口总量的4.22%；2009年进口数量大幅增长，进口聚丙烯数量突破49万吨大关，大幅增长达3.19倍，超过新加坡位居第三位。

韩国、中国台湾和美国三进口地2008年进口数量占全部进口数量的56.59%，比2007年增加1.85%；

2009年韩国、中国台湾和美国三进口地进口数量占全部进口数量的52.20%，比2008年减少4.39%；

而2009年韩国、中国台湾和美国三进口地进口数量2169521t，超过2008年1578229t达37.47%。

从海关统计中可看出，2009年初级形状的聚丙烯进口地有44个，比2008年增加1个进口地，进口4162462482kg，同比增长49.25%。

主要进口地为韩国进口数量1114752256kg，占总进口数量的26.82%，比2008年增加进口数量19.59%；

其次为中国台湾进口数量561827213kg，占总进口数量的13.52%，比2008年增加进口数量6.32%；

美国进口数量492941395kg，占总进口数量的11.86%，比2008年进口数量增长318.91%；

沙特阿拉伯进口数量440913171kg，占总进口数量的10.61%，比2008年进口数量增加111.91%；

日本进口数量267887775kg，占总进口数量的6.44%，比2008年进口数量增加49.51%；

五原产进口地进口数量占聚丙烯2009年总进口数量的73.64%，比2008年下降2.77%(表53)。

表53　2009年初级形状的聚丙烯三大进口国家/地区统计

排序	原产进口地	进口金额/美元	进口数量/kg	占比例/%	进口商数量
1	韩　国	1238903921	1114752256	26.82	227
2	中国台湾	639797637	561827213	13.52	155
3	美　国	513196102	492941395	11.86	146
进口总计		4560298319	4162462482	100.00	304

2. 2009年聚丙烯出口大幅增长出口均价回落

中国香港地区为我国聚丙烯最主要出口市场，2009年向中国香港地区出口数量达13691757kg，同比增长37.79%，出口数量占同期全部出口数量的31.45%，出口平均价格达1666.681728.34美元/t，同比下降3.57%。

从海关统计中可看出，2009年初级形状的聚丙烯出口地有36个，比2008年增加1个进口地，主要出口地为中国香港出口数量13691757kg，占总出口数量的31.43%，比2008年出口数量增长37.79%；

其次为越南，出口数量2959782kg，占总出口数量的6.80%，比2008年出口数量减少34.67%；

韩国出口数量2680649kg，占总出口数量的6.16%，比2008年出口数量增加9.65%；

日本出口数量2173882g，占总出口数量的

4.99%，比2008年出口数量减少22.27%；

俄罗斯出口数量2099075kg，占总出口数量的4.82%，比2008年出口数量减少35.44%；

五出口地出口数量占聚丙烯2009年总出口数量的54.22%，比2008年下降1.98%(表54)。

表54　2009年初级形状的聚丙烯三大出口国家/地区统计

排序	出口目的地	出口金额/美元	出口数量/kg	占比例/%	出口商数量
1	中国香港	22819737	13691757	31.45	28
2	越　南	3198920	2959782	6.80	17
3	韩　国	2592827	2680649	6.16	10
出口总计		67600669	44773316	100.00	115

六、聚丙烯表观消费小幅下降

1. PP消费概述

2003~2009年间，中国PP表观消费量年均增长达9.91%，低于同期产量年均增长率1.60%。

2009年PP表观消费量为12322.87kt，同比增长22.26%。

2009年PP国内自给率为66.58%，同比下降6.16%(表55)。

2. PP进口消费省市集中流向东部沿海地区

从海关资料来看，2009年初级形状的聚丙烯进口消费省市有21个，比2008年减少1个进口消费省市，五进口消费省市2009年初级形状的聚丙烯进口消费省市进口量占总进口量的85.41%，比2008年减少3.53%。

表55　2003~2009年国内PP表观消费量统计资料

项目＼年份	2003	2004	2005	2006	2007	2008	2009
表观消费量/kt	6990.34	7647.40	8230.32	8786.74	10165.42	10079.33	12322.87
年增长/%	13.27	9.40	7.62	6.76	15.69	-0.85	22.26
国内自给率/%	61.06	62.10	63.54	66.49	70.11	72.74	66.58

2009年初级形状的线型低密度聚乙烯主要进口流向为广东省，进口商有45家(比上年减少138个进口商)，进口数量1905979940kg，占总进口数量的45.85%，比2008年进口增加340363吨，增长21.74%；

其次为浙江省，进口商有29家(比上年减少77个进口商)，进口数量841060638kg，占总进口数量的20.23%，比2008年进口增加489487吨，增长139.02%；

福建省，进口商有13家(比上年减少39个进口商)，进口数量280444465kg，占总进口数量的6.75%，比2008年进口增加183092吨，增长188.07%；

江苏省，进口商有35家(比上年减少85个进口商)，进口数量265487315kg，占总进口数量的6.39%，比2008年进口增加65986吨，增长33.08%；

山东省，进口商有34家(比上年减少71个进口商)，进口数量257162816kg，占总进口数量的6.19%，比2008年进口增加84596吨，增长49.02%(表56)。

表56　2009年初级形状的聚丙烯三大进口省市统计

排序	进口省市	进口金额/美元	进口数量/kg	占比例/%	进口商数量
1	广东省	2117165012	1905979940	45.85	45
2	浙江省	860500579	841060638	20.23	29
3	福建省	292425399	280444465	6.75	13
进口总计		4560298319	4162462482	100.00	304

3. 聚丙烯消费结构分析

编织制品是我国聚丙烯消费的最大市场。主要用于粮食、化肥及水泥等的包装，2009年扁经和编织品消耗的聚丙烯占聚丙烯总消费量的46.02%。

聚丙烯的第二大市场是注塑制品，主要应用在小家电、日用品、玩具、洗衣机、汽车和周转箱上。由于国内注塑级聚丙烯主要依靠进口，因此影响了注塑制品的发展，其在聚丙烯消费中所占的份额相对较小。2009年注塑制品的聚丙烯占聚丙烯总消费量的18.10%。

薄膜料主要是BOPP和CPP，由于其具有质轻、防潮、高抗冲强度等优点，被广泛应用于食品、医药、服装、香烟等包装材料领域，成为聚丙烯下游应用中增长最快的领域之一。但由于近年来国内BOPP生产线的大量建设，已呈供大于求的状况．竞争较为激烈。2009年薄膜料的聚丙烯占聚丙烯总消费量的15.20%。

聚丙烯纤维(即丙纶)主要应用在装饰、产业和服装三大领域，其生产厂家主要集中在东南沿海地区，其中苏、鲁、粤、浙四省的生产能力占全国的75%。

我国聚丙烯消费结构见表57。

表57　我国聚丙烯消费结构预测

应用领域	2007年		2010年	
	消费量/(万吨/年)	所占比例/%	消费量/(万吨/年)	所占比例/%
BOPP薄膜	135.00	13.37	153.00	11.18
CPP薄膜	42.00	4.16	51.00	3.73
纤维制品	125.00	12.38	193.00	14.10
编织制品	475.00	47.02	620.00	45.29
注塑制品	172.00	17.03	271.00	19.80
管材制品	39.50	3.91	54.00	3.94
其他制品	21.50	2.13	27.00	1.97
合　计	1010.00	100.00	1369.00	100.00

4、聚丙烯进口生产使用企业分析

从海关资料来看，2009年初级形状的聚丙烯进口商有4493家，比2008年减少774家进口商，前8位初级形状的聚丙烯进口商进口量占总进口量的10.74%，深圳宝安外经发展有限公司、深圳龙岗区对外经济发展有限公司、东莞对外加工装配服务公司，浙江远大进出口有限公司、宁波保税区高新货柜有限公司、宁波柏森国际贸易有限公司、广州市合诚化学有限公司、宁波晶海工贸有限公司，分别位居2009年初级形状的聚丙烯进口量1~8位，进口量分别占总进口量的2.47%、1.55%、1.47%、1.45%、1.27%、1.04%、0.76%和0.73%。

从资料分析，初级形状的聚丙烯进口生产使用企业以塑料制品工业、家用电器工业、塑料改性工业、薄膜包装工业、化学工业、电子工业、幼童用品、化纤工业为主，2009年初级形状的聚丙烯进口商25大进口商，其中十七大进口商为贸易商，进口量占总进口量的15.41%；

八大进口生产企业以塑料制品工业、薄膜包装工业、塑料改性工业、幼童用品、家用电器工业、化纤工业为主，进口量占总进口量的5.17%(表58)。

表58　2009年初级形状的聚丙烯三大进口商统计(4493)

排序	进　口　商	所属行业	进口数量/kg	占比例/%	进口航次
1	深圳宝安外经发展有限公司	进口贸易商	102584293	2.47	310
2	深圳龙岗区对外经济发展有限公司	进口贸易商	64142796	1.55	222
3	东莞对外加工装配服务公司	进口贸易商	60952441	1.47	234
进　口　总　计		4162462482		100.00	36367

七、2009年PP树脂行情跌宕起伏

国际油价似乎在经历了2008年过山车似的走势之后，2009年处于逐步回暖的态势。随着欧佩克维持量稳定的计划逐步实现，以及美元走势高位大幅回落，油价从33美元(桶价，下同)起企稳反弹，直到逼至85美元大关。

中间起伏式的上涨令PP市场波动较大，在年内走出几波正当的行情。国内宏观方面随着石化振兴计划的出台，一定程度上支撑了聚丙烯行业的发展，从而推动了PP的价格稳定性上涨。

而从中石油、中石化这一年对PP产销调整来看，中长期PP行情仍会具有一定的反弹空间，2009年尤其是在需求稳步增长的趋势下，2010年交易商对后市存在更好的预期。

如果说将PP2009年全年走势分为上下半场的话，以万元大关为分界线，上半年行情基本以冲击万元大关为主，多数商家追涨热情较高，市场氛围比较热烈。

而下半年多数交收品种陆续创出年内新高，市场操作比较谨慎，但炒作气氛逐步显现，市场人士陆续看好后市(表59~62)。

表59　PP T30S上海石化2009年中国塑料城月均价走势　元/t

1月	2月	3月	4月	5月	6月
7862	7872	8365	10061	9802	9886
7月	8月	9月	10月	11月	12月
10254	10566	9878	10047	10571	10915

表 60　PP T30S 镇海炼化 2009 年中国塑料城月均价走势　元/t

1 月	2 月	3 月	4 月	5 月	6 月
7450	7830	8134	9892	9476	9704
7 月	8 月	9 月	10 月	11 月	12 月
10067	10240	9539	9691	10064	10478

表 61　PP EP300R 韩国大林 2009 年中国塑料城月均价走势　元/t

1 月	2 月	3 月	4 月	5 月	6 月
8237	8247	8806	10442	10294	10415
7 月	8 月	9 月	10 月	11 月	12 月
10747	11266	10815	10852	11047	11460

表 62　PP H110MA 印度信诚 2009 年中国塑料城月均价走势　元/t

1 月	2 月	3 月	4 月	5 月	6 月
7350	7875	8143	9547	9423	9652
7 月	8 月	9 月	10 月	11 月	12 月
9815	10138	9408	9555	9880	10221

2010 年 PP 行情的总体走势还将延续 2009 年的震荡上扬格局。从本年度的走势来看，2010 年国际油价将维持长期居高不下，震荡空间大概在 70 ~ 100 美元左右。

延续年末的反弹格局，预计在一季度前，需求继续恢复的情况下，PP 行情有望站上 11000 元上方的大关，在二三季度需求向好、油价开始上升的带动下，PP 可能会形成新一轮的拉升行情。其间中石油、中石化的一些新近产能的陆续投产可能会给行情构成一定的压力。

另外年末一般行情需求较淡，并且多数贸易商可能会陆续离场结清，因此价格可能会逐步回落。在金融危机逐步恢复下的 2010 年，市场人士仍继续看好它未来的走势，PP 整体行情则有望再上一个台阶。

八、发展趋势

我国聚丙烯工业呈现三大特点：

1. 投资主体多元化

近几年，巨大的市场需求潜力使我国成为世界 PP 生产巨头争夺的焦点，为了填补高达 30% 的供需缺口，巴塞尔、BP、埃克森美孚分别在我国广东、上海、福建等地与国内企业合资建设了 3 套大型炼化一体化工程，配套建设的 PP 装置总产能达到 89 万吨/年，目前除福建炼化一体化工程外，其余已投产。

另外，港商、台商也加入聚丙烯的建设行列中。外资的加盟、港商和台商的涉足，打破了我国聚丙烯产业国有资本一统天下的格局，投资主体正在朝着多元化方向发展。

2. 生产规模逐渐扩大，在国际上的竞争力不断增强

与以前小规模的一窝蜂投资方式明显不同，在新建 PP 装置中，无论是国有资本、民营资本还是外来资本，各投资主体都选择了规模化、技术化的投资策略，规模大多在 30 万吨/年以上。未来几年，中国石化 PP 产能将超过目前排名第一的巴塞尔公司，跃居世界榜首，中国石油也将跻身世界前 5 位，这将大大增强我国聚丙烯在未来市场中的竞争能力。

3. 原料路线发生变化

目前，我国 PP 装置原料丙烯主要来自乙烯装置副产和炼油厂。传统的丙烯生产路线已不能满足 PP 等下游产品需求增长的要求，其他丙烯生产技术，如烯烃转化工艺、烯烃易位工艺、甲醇制烯烃工艺、丙烷脱氢工艺已经或正在走向工业化，原料路线也正在向多元化方向发展。

近年来，国内多家企业正在进行可行性论证，研究开发或引进丙烯新生产技术，建设丙烯新工艺装置，进而配套建设聚丙烯生产装置。其中，甲醇制烯烃（MTP）的新技术是目前的热点项目。这些丙烯新工艺路线的崛起，为我国聚丙烯原料路线朝着多样化的发展方向奠定了坚实的基础，从而形成多种原料路线并举、相互竞争的格局。

目前，我国 PP 工业的技术水平及生产能力与国外相比还存在一定的差距，主要是生产规模小，集约化程度低，产品档次和附加值低，市场竞争力差，通用牌号树脂供应多，而高中档产品空缺严重。在高端市场和部分中端市场占据垄断地位的国外生产商凭借地域和低成本优势，将继续扩大对我国的出口。

我国聚丙烯装置通常与乙烯厂和炼油厂配套建设，中小装置居多，装置布局过于分散。北方装置生产的聚丙烯除部分商品就地加工编织制品外，其余产品南运，运输成本过高。珠三角市场基本饱和，长三角市场潜力有限。

为抢占先机，部分聚丙烯下游加工企业战略北移，但东北和西北市场距离“做强、做大”尚有距离。另外，由于新增产能过于集中，市场将重点消化扩能高峰期形成的产能，今后的竞争将更加激烈，聚丙烯行业重新洗牌不可避免，中小型装置逐步退出

生产领域将成为必然结局。

今后我国聚丙烯行业发展应该从多方向努力。

第一，加快新型催化剂的研究开发。

通过改进现有工业化齐格勒-纳塔催化剂，加强新型内外给电子体的研究开发，进一步提高催化剂的性能。同时还应该加大茂金属催化剂和非茂金属催化剂的研究开发力度，并尽快实现产业化。

第二，调整产品结构，增加高档次品种牌号的生产比例。

加快注塑级和纤维级聚丙烯产品的开发，特别是高结晶、高流动性、刚韧性能平衡好的新型抗冲共聚物和高乙烯含量无规共聚聚丙烯牌号等，满足国内汽车、包装以及建筑等行业快速增长的需求。努力开发 BOPP 热封膜及高速生产线专用树脂，加速三元共聚 CPP 树脂的开发。加强高透明 PP 产品的研究、生产和应用，开发 PP 洗衣机内桶和底座专用树脂、薄壁注塑制品专用树脂以及 PP 吹塑容器等市场急需的专用树脂。

第三，扩大国际出口贸易。

目前世界聚丙烯市场的重心正在东移，中国近邻印度与中国一起将成为全球聚丙烯消费增长的原动力。近年来印度经济出现快速增长的发展势头，可支配收入快速增长，这极大地刺激了消费的增长。印度还是亚洲巨大的汽车、各类器具和包装食品市场之一，加之印度正在大力改善基础设施，这一切都刺激了聚丙烯消费的强劲增长，届时还将有大量聚丙烯衍生物进口。我国可以利用地域优势辐射邻邦，以扩大国际出口贸易，化解国内的供需矛盾，使我国聚丙烯行业健康、稳步、快速发展。

第四，要加紧在建和扩建聚丙烯项目的实施，扩大产量，满足国内市场消费。

另外，要加紧行业重组和企业间并购，以降低生产成本，增强抵御市场风险的能力。

国内 PP 强劲的增长势头和巨大的需求潜力，使我国成为国外石化巨头投资的焦点，一大批装置纷纷上马，扩能高峰期主要集中在 2010～2011 年(表 63)。

表 63　2009～2012 年我国主要 PP 生产企业扩能计划表

企业名称	原产能/(万吨/年)	新增产能/万吨	扩 能 情 况
盘锦乙烯	5	22	于 2009 年建成投产
大唐内蒙古多伦煤化工有限公司		46	2009 年 11 月 16 日建成投产
镇海石化	20	30	计划于 2010 年第一季度投产
福建联合	12	40	合资新建，预计 2010 年建成投产
延安炼厂	10	35	新建九套装置，预计 2010 年建成投产
武汉石化		40	新建八套装置，预计 2010 年建成投产
抚顺石化	9	30	新建九套装置，预计 2010 年建成投产
天津石化	7	45	预计 2010 年建成投产
独子山石化	10	40	大乙烯配套项目，预计 2010 年建成投产
四川石化		45	预计 2011 年年底中交
大港石化		10	2010 年第一季度投产
宁夏神华		50	2010 年中期投产
包头神华		30	2010 年第三季度投产
广西石化		20	2010 年第三季度投产
洛阳石化		14	2010 年第三季度投产

(1) 天津石化 45 万吨/年聚丙烯装置开车成功

45 万吨/年聚丙烯装置是天津百万吨乙烯项目中八套生产主装置之一，也是世界上同行业单线生产能力最大的装置之一。

该装置在国内首家采用德国巴士顿最新开发的斯赛尔中聚丙烯工艺技术，拥有目前世界上设计能力最高的造粒机组，设计产量达 70t/h。

装置的主反应器和干燥器被列为中国石化重大装备国产化项目。作为天津百万吨乙烯装置其中的一套下游主装置，以乙烯装置生产的丙烯、乙烯和氢气为原料，生产的均聚产品、无规共聚产品、抗冲共聚产品和三元共聚产品主要应用于管材、包装薄膜和家装用品等领域，具有非常广阔的市场前景。

该装置自 2008 年 3 月 12 日打下第一根桩，经过一年半的建设，于 2009 年 9 月 10 日实现工程中交。

工程交接后，天津石化积极配合施工单位进行未完工程和工程尾项的消除工作，并积极做好开车前各项准备工作，先后顺利完成了离心压缩机组、循环气压缩机和造粒机组等82台大型设备的试车工作及52000米管线的吹扫。

2010年1月6日16:36操作人员向反应器注入催化剂，16:41发生反应，聚丙烯装置实现一次开车成功。

目前，聚丙烯装置已经全面进入试运行状态，技术人员针对开车中出现的问题，正进行紧张消缺作业，为下一步百万吨乙烯装置按时开车，打通全流程创造条件。

（2）大唐启动中国第一套UNIPOL聚丙烯装置

陶氏化学公司与中国大唐内蒙古多伦煤化工有限公司2009年11月16日宣布，中国第一套UNIPOL™聚丙烯气相技术装置于11月18日正式投料试车成功，首批Aim级聚丙烯树脂已成功生产，实现重大突破。

大唐工厂位于内蒙古自治区锡林郭勒盟多伦县，是中国第一家大型煤制烯烃厂。全面投产后，工厂每年将生产46万吨的聚丙烯。

自2006年来，亚洲有七家聚丙烯工厂选择了UNIPOL聚丙烯技术，这种技术具有设计简单、安全可靠、投资费用低的优点，而且生产工艺极具经济竞争力，是中国聚丙烯生产商的理想解决方案。

（3）2010中国将新增199万吨/年PP产能

2010年中国大陆有199万吨/年的新建PP产能将陆续投产。

天津石化45万吨/年PP装置、镇海乙烯30万吨/年PP装置、大港石化10万吨/年PP装置将在2010年第一季度投产；

宁夏神华50万吨/年PP装置将在2010年中期投产；包头神华30万吨/年PP装置、广西石化20万吨/年PP装置、洛阳石化14万吨/年PP装置将在2010年第三季度投产。

（4）四川石化45万吨聚丙烯装置正式开建

四川石化45万吨聚丙烯装置正式开建。该工程由中国寰球工程公司EPC总承包，中国石油第六建设公司负责施工建设，中国石油质量监督站兰州站负责质量监督，中咨监理公司负责工程监理。装置占地51800平方米，总投资约13亿元，项目自2009年开始土建施工，2010年进行设备安装，预计2011年年底中交。

（5）世界上最大的煤基烯烃化工项目2010年投料

日前，神华宁夏煤业集团煤化工分公司相关负责人透露，世界上最大的以煤为原料生产聚丙烯的煤化工项目——神华宁夏煤业集团煤基烯烃项目预计2010年投料试车。

据悉，煤基烯烃项目于2005年底开工，总投资约170亿元，设计规模为年产52万吨聚丙烯，同时每年副产18.48万吨汽油、4.12万吨液态燃料、1.38万吨硫磺。

据介绍，煤基烯烃项目2009年7月底第一台锅炉点火产气，2010年4月甲醇制丙烯装置投料试车，7月气化装置投料试车。

（6）镇海炼化30万吨/年的PP新装置

镇海炼化PP装置现产T30S，该厂产能30万吨/年的PP新装置计划于2010年2月6日试开车，上游裂解能力100万吨/年的蒸汽裂解装置3月28日试车；届时为保证新装置丙烯单体的供给，老装置将停车，停车时间待定。

（7）存在问题不容忽视

应该看到，我国聚丙烯还存在生产规模小、集约化程度低、产品档次和附加值低等问题，聚丙烯工业的技术水平及生产能力与国外先进水平相比还存在一定的差距。

由于国内聚丙烯的消费量增长很快，而产量的增长幅度相对较小，因此导致通用牌号树脂供应多，而高中档产品空缺严重。

在高端市场和部分中端市场占据垄断地位的国外生产商凭借地域和低成本优势，将继续扩大对华出口。我国聚丙烯装置通常与乙烯厂和炼油厂配套建设，中小装置居多，装置布局过于分散。

北方装置生产的聚丙烯除部分商品就地加工编织制品外，其余产品南运，运输成本过高。珠三角市场基本饱和，长三角市场潜力有限。

为抢占先机，部分聚丙烯下游加工企业战略北移，但东北和西北市场距离“做强、做大”尚有距离。由于竞争激烈，聚丙烯行业重新洗牌不可避免，中小型装置逐步退出生产领域将成为必然结局。

第四章　聚氯乙烯糊树脂

2009年供大于求

一、全球聚氯乙烯糊树脂工业生产概况——开工率不断下降

近半个世纪来，全球聚氯乙烯糊树脂工业发展较快，特别是近十年来，产能与产量呈跳跃式增长，在亚洲地区增长尤为显著。

2008年，全球聚氯乙烯糊树脂总产能约374.20万吨/年，亚洲总产能约91.80万吨，占总产能的24.50%。

中国是聚氯乙烯糊树脂工业发展最快的地区，产能约占全球总产能的13.40%，占亚洲总产能约

57.6%，是亚洲地区最大的生产国。

2008年，全球聚氯乙烯糊树脂总产量约309万吨，中国产量38万吨，约占全球总产量12.30%。产能与产量位居世界第三位，仅次于德国和美国。

2008年，美洲地区产能约88.80万吨，其中：美国约73.30万吨/年、加拿大约15.50万吨/年。

欧州地区产能约193.60万吨/年，其中：德国112.50万吨/年、法国14.00万吨/年、挪威8.00万吨/年，比利时7.60万吨/年、俄罗斯10.00万吨/年。其他约41.50万吨。

亚洲地区产能约91.80吨/年，其中：中国59.20万吨/年、韩国5.00万吨/年、日本14.40万吨/年、中国台湾7.40万吨/年、马来西亚6.00万吨/年、其他5.80万吨。

全球聚氯乙烯糊树脂产能约占普通聚氯乙烯(简称PVC)总产能4500万吨/年的8.7%。2008年，受全球经济经济危机影响，全球糊PVC树脂装置平均开工率约70%，比上一年下降约15百分点。

二、中国聚氯乙烯糊树脂工业

1. 聚氯乙烯糊树脂产能高发展，开工率不断下降

我国PVC糊状树脂的工业生产始于20世纪50年代，在50~70年代共建有8个生产厂，生产规模为100~500吨/年，生产工艺主要以种子乳液法为主，只能生产3个型号的PVC糊状树脂。

进入80年代，我国PVC糊状树脂生产厂家先后引进了国外7家PVC糊状树脂生产技术。

中国聚氯乙烯糊树脂工业发展始于上个世纪。由于工艺技术水平原因，80年代前，每年仅有500吨级以下的装置生产运行，无法满足市场需求，进口依赖度强。

80年代后，通过引进国外先进生产技术与装备，产能、产量、产品质量均得到大幅提高，可生产多种型号产品。

从2005年开始，我国粉状PVC树脂由于扩能迅速，行业竞争日趋激烈，企业利润下降。与粉状PVC相比，2005年以前我国PVC糊树脂发展相对缓慢，市场基本处于供需平衡状态，行业整体发展较为平稳，糊状树脂的利润也明显高于粉状树脂(表64)。

表64 1988~2009年中国糊PVC树脂产能与产量增长统计

项目 \ 年份	1988	2000	2005	2008	2009
产能/kt	1.00	15.90	30.00	59.20	68.20
产量/kt	0.70	约11.50	约25.00	约38.00	约44.00
年增长/%		800.00	117.39	52.00	15.80
开工率/%	70.00	72.33	83.33	64.19	64.52

虽然糊树脂市场近几年发展相对比较稳定，但是产能也有了比较大的增长。

据统计，2005年中国糊树脂总生产能力达到30万吨，产量达25万吨左右，进口量约为12万吨，与当年约38万吨的需求相比基本处于供需平衡状态。

但是2005年以来，国内PVC糊树脂行业发展十分迅猛，现有企业生产能力不断增加。其中，沈阳化工股份有限公司糊树脂生产能力扩产之后已经达到12万吨/年，生产能力居亚洲第一位，世界前三位；其他老牌糊树脂生产企业，如上海氯碱、上海天原、天津化工、郴州华湘等也都已经完成或者正在进行糊树脂的扩产计划。

2009年，除部分高端产品外，我国已完全能够满足国内需求，部分产品出口国际市场。

2009年，中国聚氯乙烯糊树脂产能68.20万吨，产量约44万吨，聚氯乙烯糊树脂生产装置平均开工率约64.52%，比2008年64.19%增加约0.33%，装置负荷运行率处于较低水平。

中国聚氯乙烯糊树脂发展速度较快，产能与产量始终保持约30%的较高增长速度。特别是近年来，增长呈跳跃式发展。

中国聚氯乙烯糊树脂产能由上个世纪80年代末的1万吨、产量0.7万吨，增至2009年的产能68.20万吨、产量约44.0万吨。

1988~2009年产能增长了6820.00%，年均增长率为22.27%；

1988~2009年产量增长了6285.71%，年均增长率为20.71%。

2. 聚氯乙烯糊树脂出口省市分析

从海关统计中可看出，2009年聚氯乙烯糊树脂出口生产企业主要集中在浙江省，出口商有5家，比2008年减少4个出口商，出口数量1068111kg，占总出口数量的32.43%；

其次为湖南省，出口商有1家，比2008年减少1个出口商，出口数量888000kg，占总出口数量的26.97%；

辽宁省出口商有2家，比2008年减少4个出口商，出口数量555600kg，占总出口数量的16.72%；

河南省出口商有2家，与2008年持平，出口数量420750kg，占总出口数量的12.78%；

黑龙江省出口商有3家，2008年无出口商，2009年出口数量96160kg，占总出口数量的2.92%。

2009年五省市聚氯乙烯糊树脂出口商有13家，占总出口商数量的39.39%，出口数量占2009年总出口数量的91.82%(表65)。

表65 2009年聚氯乙烯糊树脂三大出口省市统计

排序	出口省市	出口金额/美元	出口数量/kg	占比例/%	出口商数量
1	浙江省	1988989	1068111	32.43	5
2	湖南省	943899	888000	26.97	1
3	辽宁省	590127	550600	16.72	2
出口总计		4360238	3293118	100.00	35

3. 聚氯乙烯糊树脂出口商以贸易商为主

聚氯乙烯糊树脂出口商以贸易商为主，2009年聚氯乙烯糊树出口商中八成为贸易商。

2009年聚氯乙烯糊树出口商共计有44家，出口量最高的八位出口商有四家为生产企业，四家为贸易商，出口数量占总出口数量的87.12%。

杭州远远化工贸易有限公司、郴州华湘化工有限责任公司、沈阳化工股份有限公司、郑州金仕达化工有限公司、郑州氟沃化工产品有限公司、翔森化工贸易(上海)有限公司、温州市精锐电器有限公司、哈尔滨铁路局对外经济技术合作公司绥芬河公司，分别位居2009年1~11月聚氯乙烯糊树出口量1~8位，出口量分别占总出口量的28.63%、26.97%、14.65%、6.19%、5.16%、1.94%、1.94%和1.64%。

2009年聚氯乙烯糊树二十五大出口商中生产企业仅有四家，出口数量占总出口数量的49.75%；而贸易商占二十一家(表66)。

表66 2009年聚氯乙烯糊树脂三大出口商统计(44)

排序	出口商	所属行业	出口数量/kg	占比例/%	出口航次
1	杭州远远化工贸易有限公司	贸易商	942900	28.63	27
2	郴州华湘化工有限责任公司	生产企业	888000	26.97	18
3	沈阳化工股份有限公司	生产企业	482500	14.65	14
出口总计		3293118		100.00	115

三、2009年聚氯乙烯糊树脂进口量升价降

聚氯乙烯糊树脂2008年才单独新列出代码，无历年数据，因此无法同比。

1. 2009年聚氯乙烯糊树脂进口增长

2008年，中国聚氯乙烯糊树脂进口总量为6.3万吨，比2007年的7.0万吨下降约10.1%；出口0.73万吨，比2007年的2.3万吨下降约68.2%。

从海关统计中可看出，2008年聚氯乙烯糊树脂进口地有18个。

主要进口地为中国台湾，进口数量25429070kg，占总进口量的40.21%；

其次为韩国，进口数量18015005kg，占总进口量的28.49%；

日本进口数量8465426kg，占总进口量的13.39%；

泰国进口数量3658050kg，占总进口量的5.78%；

马来西亚进口数量3139062kg，占总进口量的4.96%；

五产进口地进口数量占聚氯乙烯糊树脂2008年总进口数量的98.61%(表67)。

表67 2008年聚氯乙烯糊树脂三大进口国家/地区统计

排序	原产进口地	进口金额/美元	进口数量/kg	占比例/%	进口商数量
1	中国台湾	33912107	25429070	40.21	24
2	韩国	23658386	18015005	28.49	57
3	日本	12082543	8465426	13.39	39
进口总计		86073714	63241685	100.00	114

据海关统计，2009年我国进口聚氯乙烯糊树脂进口地有18个。

主要进口地为韩国，进口数量32597659kg，占总进口量的38.11%；

其次为中国台湾，进口数量26684126kg，占总进口量的31.20%；

日本进口数量15805144kg，占总进口量的18.48%；

泰国进口数量2799050kg，占总进口量的3.27%；

马来西亚进口数量2660850kg，占总进口量的3.11%；

五产进口地进口数量占聚氯乙烯糊树脂2009年总进口数量的94.17%(表68)。

表68　2009年聚氯乙烯糊树脂三大进口国家/地区统计

排序	原产进口地	进口金额/美元	进口数量/kg	占比例/%	进口商数量
1	韩　国	31873452	32597659	38.11	42
2	中国台湾	29355413	26684126	31.20	22
3	日　本	17584987	15805144	18.48	29
进口总计		90029981	85539413	100.00	75

2. 2009年聚氯乙烯糊树脂出口下降

从海关统计中可看出，2008年聚氯乙烯糊树脂出口地有32个。

主要出口地为印度，出口数量3315725kg，占总出口数量的43.55%；

其次为中国香港，出口数量879180kg，占总出口数量的11.55%；

埃及出口数量858175kg，占总出口数量的11.27%；

韩国出口数量6297400kg，占总出口数量的8.27%；

阿拉伯联合酋长国出口数量578200kg，占总出口数量的7.59%；

五出口地出口数量占初聚氯乙烯糊树脂2008年总出口数量的82.23%(表69)。

表69　2008年聚氯乙烯糊树脂三大出口国家/地区统计

排序	出口目的地	出口金额/美元	出口数量/kg	占比例/%	出口商数量
1	印　度	3638617	3315725	43.55	8
2	中国香港	1083811	879180	11.55	6
3	埃　及	833229	858175	11.27	5
出口总计		8696796	7613288	100.00	48

从海关统计中可看出，2009年聚氯乙烯糊树脂出口地有30个。

主要出口地为俄罗斯，出口数量881910kg，占总出口数量的26.78%；

其次为中国香港，出口数量757700kg，占总出口数量的23.01%；

韩国出口数量598000kg，占总出口数量的18.16%；

印度出口数量205300kg，占总出口数量的6.23%；

巴基斯坦出口数量171000kg，占总出口数量的5.19%；

五出口地出口数量占初聚氯乙烯糊树脂2009年总出口数量的79.37%(表70)。

表70　2009年聚氯乙烯糊树脂三大出口国家/地区统计

排序	出口目的地	出口金额/美元	出口数量/kg	占比例/%	出口商数量
1	俄罗斯	1745269	881910	26.78	2
2	中国香港	779259	757700	23.01	4
3	韩　国	675495	598000	18.16	2
出口总计		4360238	3293118	100.00	35

四、消费结构分析

全球聚氯乙烯糊树脂应用主要包括几个方面：弹性材料、发泡地板材料(卷材)，约占29%；墙壁纸、沙发、人造革等家庭装饰材料，约占22%；电器、工具把手、手套、玩具和日用消费品，约占21%；汽车、运输带、金属涂层，约占18%；其他约占10%。

欧洲聚氯乙烯糊树脂的消费结构是：地板革38%，人造革12%，涂料11%，壁纸9%，汽车密封体8%，其他22%。

中国聚氯乙烯糊树脂消费结构：弹性材料、发泡地板材料(卷材)约占30%，墙壁纸、沙发、人造革、运输带、等家庭装饰材料约占35%，电器、工具把手、手套、玩具和日用消费品约占15%，汽车、金属涂层、密封材料约占10%，其他约占10%。

随着我国经济的稳步发展和人民生活水平的不断提高，加之PVC糊状树脂应用开发的不断深入，国内市场对聚氯乙烯糊树脂的需求有了较大增长，特别是在汽车、建筑、电子和涂料等方面的需求显著增加。

1. 进口生产使用企业以塑胶工业为主

2009年聚氯乙烯糊树进口商共计有164家，比2008年减少16家进口商，进口额最高的八位进口商进口数量占总进口数量的49.56%，比2008年增长2.08%。

淄博蓝帆塑胶制品有限公司、徐州富山医疗制品有限公司、上海金腾山塑胶企业有限公司、淄博鸿烨上勤塑胶有限公司、隆基(厦门)塑胶有限公司、东莞市领会进出口有限公司、山东佳展塑胶制品有限公司、江门市中塑进出口有限公司，分别位居2009年1~11月聚氯乙烯糊树进口量1~8位，进口量分别占总进口量的13.15%、12.29%、5.02%、

4.79%、4.41%、4.04%、3.00%和2.86%。

从资料分析，聚氯乙烯糊树进口生产使用企业以塑胶工业、医疗制品工业、建材工业、医保用品工业、塑料制品工业、电线电缆工业为主，2009年聚氯乙烯糊树二十五大进口商其中十五大进口生产企业进口量占总进口量的54.58%。

淄博蓝帆塑胶制品有限公司2009年聚氯乙烯糊树进口10092t，占总进口量的13.15%；

广州宏信塑胶工业有限公司2009年聚氯乙烯糊树进口9007t，占总进口量的12.29%；

上海荣威塑胶工业有限公司2009年聚氯乙烯糊树进口4294t，占总进口量的5.02%；

南亚硬质胶布(广州)有限公司2009年聚氯乙烯糊树进口3592t，占总进口量的4.79%；

广州宏纶新型材料有限公司2009年聚氯乙烯糊树进口3471t，占总进口量的4.41%(表71)。

表71　2009年聚氯乙烯糊树脂三大进口商统计(164)

排序	进口商	所属行业	进口数量/kg	占比例/%	进口航次
1	淄博蓝帆塑胶制品有限公司	塑胶制品	11251600	13.15	28
2	徐州富山医疗制品有限公司	医疗制品工业	10515000	12.29	23
3	上海金腾山塑胶企业有限公司	塑胶制品	4294000	5.02	12
进口总计		85539413		100.00	789

在消费结构方面，总体来看中国与世界差异不大。特别是由于高端产品应用差距正在快速缩小。

2008年，中国聚氯乙烯糊树脂销量约35万吨，进口6.3万吨，出口0.73万吨，表观消费量40.57万吨。

中国聚氯乙烯糊树脂年消耗量的40%经加工后出口，进口绝大部分经加工后复出口。

2. 进口消费省市主要集中在长江三角洲及珠江三角洲

从海关资料来看，2009年聚氯乙烯糊树脂进口消费省市有14个，比2008年增加1个进口消费省市。

2009年聚氯乙烯糊树脂主要进口流向为山东省，进口商有7家，进口数量22454679kg，占总进口数量的26.25%；

其次为江苏省，进口商有16家，进口数量18287940kg，占总进口数量的21.38%；

上海市，进口商有12家，进口数量15239343kg，占总进口数量的17.82%；

广东省，进口商有16家，进口数量14610338kg，占总进口数量的17.08%；

福建省进口商有3家，进口数量7600039kg，占总进口数量的8.88%；

2009年聚氯乙烯糊树脂五大进口省市进口商有54家，占总进口商数量的72.00%；进口数量占总进口数量的91.41%(表72)。

中国聚氯乙烯糊树脂需求市场主要分布在长江三角洲及珠江三角洲约占75%。

由于中国聚氯乙烯糊树脂大都流向东部与南部区域，所以北方地区物流成本就显得较为重要。

华中地区至长江三角洲及珠江三角洲物流主要为陆路，平均成本约250元/t。

表72　2009年聚氯乙烯糊树脂三大进口省市统计

排序	进口省市	进口金额/美元	进口数量/kg	占比例/%	进口商数量
1	山东省	23739598	22454679	26.25	7
2	江苏省	21182818	18287940	21.38	16
3	上海市	16553300	15239343	17.82	12
进口总计		90029981	85539413	100.00	75

华北地区物流主要为海运及部分陆路，平均成本约300元/t。这意味着，北方物流成本约占产品价格的4%~5%。

五、2009年价格走势及原因分析

1. 2009年中国聚氯乙烯糊树脂国内市场价格走势

2009年聚氯乙烯糊树脂价格由上半年低价格回升：

2009年9月初产品价格首次挺进9000元/t大关，9月23日上海氯碱聚氯乙烯糊树脂出厂价为9400~9500元/t。

由于目前悬浮法PVC产品市场竞争激烈，大部分企业处于亏损状态，上海氯碱化工股份有限公司为了平衡生产悬浮法PVC产品的亏损，开始满负荷进行聚氯乙烯糊树脂产品的生产，国内其他聚氯乙烯糊树脂生产厂家装置也相继开足马力，处于高负荷运行状态。

目前在国内，聚氯乙烯糊树脂生产能力约为65万吨/年，由于受2008年聚氯乙烯糊树脂不景气的影响，2009年国内主要PVC糊树脂生产厂家均没有扩能计划，但宁夏英力特化工股份有限公司新建了3万吨/年PVC糊树脂装置计划在2009年10月投产，预计 2009 年国内聚氯乙烯糊树脂增加到 68 万吨/年。

2009 年 9 月份国内糊树脂市场走势较好，行情继续呈稳中有升态势，9 月末糊树脂主流送到价涨至 9000 ~ 9400 元(吨价，下同)。

10 月份糊树脂市场以稳为主。

9 月份糊树脂市场走好的主要原因：

一是 9 月份是下半年糊树脂市场需求旺季，虽然 2009 年受各种不利因素影响，下游需求没有往年同期好，但需求仍呈温和放大、缓慢增长态势；

二是 9 月中旬武汉祥龙停产检修一周，市场供应量有所下降；

三是多数厂家糊树脂库存量不大，有利于糊树脂价格稳定或上扬；

四是 9 月份原料行情上涨，糊树脂成本有所上升。

10 月份仍是糊树脂市场需求较好季节，下游开工率保持相对稳定。由于多数厂家糊树脂库存量不大，有利于企业市场运作和价格整固。

虽然三季度糊树脂价格出现一定幅度上涨，企业也有所减亏，但全年部分厂家生产经营扭亏为盈难度依然较大，因此糊树脂价格在上涨乏力情况下，下跌空间也有限，将以盘整为主。

10 月上旬有国庆节和中秋节两大节日，部分下游用户放假或减产，此期间部分生产厂家糊树脂销量受到了一定影响，但 10 月中下旬糊树脂销售状况有所好转。

11 月上旬糊树脂价格下降，11 月 1[illegible] 日上海氯碱聚氯乙烯糊树脂出厂价为 7900 ~ 8100 元/t。

2. 中国聚氯乙烯糊树脂进出口价格呈下降趋势

聚氯乙烯糊树脂 2009 年 1 ~ 6 月平均进口价格为 1.00 美元/kg，2008 年平均进口价格为 1.29 美元/kg。进口价呈下降趋势(图 1)。

聚氯乙烯糊树脂 2009 年 1 ~ 6 月平均出口价格为 1.34 美元/kg，2008 年平均出口价格为 1.06 美元/kg。出口价有上升趋势(图 2)。

中国聚氯乙烯糊树脂市场总体呈供大于求局面。总产量的 40% 须经加工出口，以此转移国内市场压力。

国际经济走势、全球贸易市场变化，对中国糊 PVC 树脂工业影响较大。

2009 年第二季度初，投资计划初见成效，国内经济增长下滑的势头已得到有效遏制，部分行业已出现回升迹象，产品销售也出现温和增长势头。

由于国内经济复苏，聚氯乙烯糊树脂下游生产商生产能力提高，聚氯乙烯糊树脂市场开始看好，国内 PVC 的厂家生产的聚氯乙烯糊树脂产品几乎全部赢利。

2008 年中国聚氯乙烯糊树脂进口月平均价/(美元/t)	1 月	2 月	3 月	4 月	5 月	6 月
	1235.65	1291.91	1264.17	1268.06	1349.70	1386.28
	7 月	8 月	9 月	10 月	11 月	12 月
	1418.86	1422.98	1512.69	1548.26	1405.45	1266.87
2009 年中国聚氯乙烯糊树脂进口月平均价/(美元/t)	1 月	2 月	3 月	4 月	5 月	6 月
	1107.20	1037.35	954.53	960.95	952.28	1017.48
	7 月	8 月	9 月	10 月	11 月	12 月
	972.46	1080.85	1121.41	1187.86	1159.01	1169.25

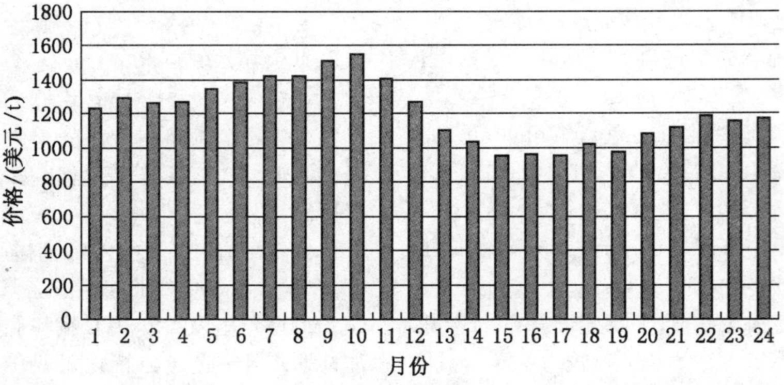

图 1　2008 ~ 2009 年中国聚氯乙烯糊树脂月度进口价格变化趋势图

2008 年中国聚氯乙烯糊树脂出口月平均价/(美元/t)	1 月	2 月	3 月	4 月	5 月	6 月
	948.10	1010.40	1101.75	1246.18	1213.48	1288.25
	7 月	8 月	9 月	10 月	11 月	12 月
	1308.04	1405.56	1556.14	1410.11	1663.14	1148.84
2009 年中国聚氯乙烯糊树脂出口月平均价/(美元/t)	1 月	2 月	3 月	4 月	5 月	6 月
	1202.27	1296.41	1093.31	1553.44	1190.41	1417.62
	7 月	8 月	9 月	10 月	11 月	12 月
	1203.31	1370.48	1213.44	1484.14	1373.85	1558.96

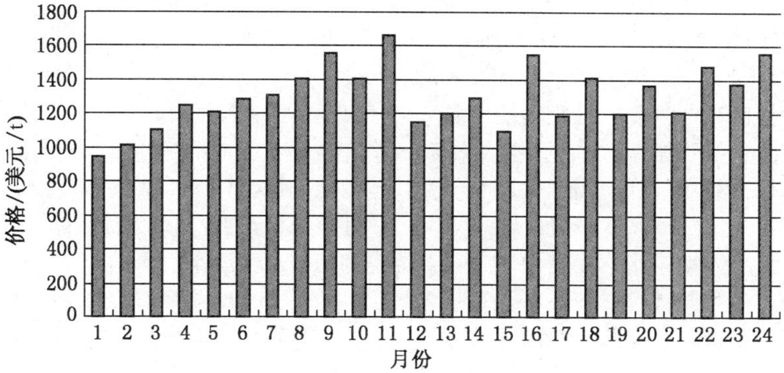

图 2　2008～2009 年中国聚氯乙烯糊树脂月度出口价格变化趋势图

六、2009 年聚氯乙烯糊树脂供大于求

中国 2009 年总装置能力比 2008 年提高约 15.20%，2009 年聚氯乙烯糊树脂产量约 440000 吨，同比上升 15.80%；聚氯乙烯糊树脂 2009 年 1～11 月进口 77026214kg；同比上升 32.51%，2009 年中国聚氯乙烯糊树脂表观消费量超过 53 万吨，比 2008 年增加 10 万吨左右，增加 23.25%。供大于求的市场压力将会进一步增加。

中国聚氯乙烯糊树脂产品总体分为三类：

第一类：普通型糊 PVC 树脂，主要用于制造人造革、水田靴、工具把手、壁纸、地板卷材等相对低档产品。

由于生产工艺较易掌握，为国内大多数生产企业所生产。市场供大于求，产品竞争较为激烈。2008 年末，最低出厂价格为 7000 元/t，多为亏损经营。

第二类：高张力型，主要用于浸渍手套、医疗器具、革材表面高张力处理等方面。

由于生产技术水平相对较高，目前仅有少数厂家生产，2008 年总产量约 4 万吨。但目前我国该产品在质量稳定性方面与国外同类产品尚有一定差距，且数量也不能完全满足国内市场需求。

第三类：高品质的氯醋共聚聚氯乙烯糊树脂树脂，是国外开发最早、应用最广的共聚糊树脂，可降低加工温度，提高塑化速度，改善制品性能，广泛应用于聚氯乙烯汽车塑溶胶（包括底盘防石击涂料、车身焊缝密封胶、点焊胶、滤芯胶、缓冲胶等）、聚氯乙烯方块地毯背衬胶黏剂、印花油墨、热敏织物涂层、搪塑鞋跟、篷布和化学发泡制品等领域，既能够单独使用，也可与聚氯乙烯糊树脂配合使用，国内市场现使用的大多为进口产品，价格较贵。

沈阳化工股份有限公司从日本引进的 1 万吨/年微悬浮聚合工艺聚氯乙烯糊树脂装置自 1987 年正式投产以来，现年产量已达到 3.5 万吨，居国内同行首位。在激烈的市场竞争中，该公司成功开发出特色专用树脂——氯醋糊树脂，但由于刚刚实现工业化生产，产量尚处于较低水平，不能满足国内市场需求，须进口补充。

中国糊 PVC 树脂高端产品目前尚不能完全满足国内市场需求，需要进口予以补充。普通型糊 PVC 树脂市场则总体呈饱和状态，市场供大于求。

七、总结

中国聚氯乙烯糊树脂工业增长势头强劲，但产品结构仍有待于完善，主要是高端产品产能较小、产量较低，而低端产品产能与产量均相对较大，这与中国糊PVC树脂工业发展相对较晚有关，这也是中国糊PVC树脂工业产品结构需要改进的主要方向与目标。

中国聚氯乙烯糊树脂工业应建立有序的发展规划，特别对供大于求的低端产品重复建设项目应十分谨慎。提高装置利用率，降低生产成本，是现阶段主要重点。

扩大对中、高端产品的科研、开发与生产，提升产品在国际、国内市场竞争能力，是糊PVC树脂工业今后几年所侧重的目标。

虽然我国引进了聚氯乙烯糊树脂生产技术，但是与世界先进水平相比，仍然存在一定差距。特别是国内产品存在牌号通用、无特色专用树脂的缺点。

引进的35种牌号都是通用型均聚物，无共聚牌号，这就导致了一方面国产聚氯乙烯糊树脂大量积压，另一方面国外各种专用树脂大量涌入国内市场。因此，我国聚氯乙烯糊树脂行业急需开发特色专用树脂。

应该看到，聚氯乙烯糊树脂市场短缺与产品高利润时代已经结束，过快与无序扩张，不仅不利于中国糊PVC树脂工业发展，还有可能影响20多年来行业发展取得的成果。

造成国内PVC糊树脂发展迅猛的主要原因：

一是国内糊树脂的生产企业较少，行业竞争明显小于粉状树脂；

二是糊树脂市场利润情况较好，在成本与粉状树脂相差不多的情况下，售价却明显高于粉状树脂；

三是近年来糊树脂下游需求有比较明显的增长，进口数量占国内消费量的比例较大。

由于以上原因，吸引了越来越多的企业准备投身于糊树脂生产行列中，一方面现有的企业生产能力仍在不断增加，另一方面一部分传统的粉状树脂生产企业也准备加入到糊状树脂生产行列之中。

从表格中不难看出，未来几年我国糊树脂产能增长速度较快，虽然进口数量变化不大，而且下游需求也有一定的增长，但是产能和产量的增长速度明显大于需求的增长速度。其中，产能和产量的增长速度达到25% ~30%，而下游增长速度仅在10%左右。

到2006年，我国糊树脂产能已基本能够满足国内市场需求。

鉴于目前聚氯乙烯糊树脂的国内市场消费空间的有限性，企业应着眼于国际市场，同时应努力提高产品质量，生产适合市场需求各种不同牌号及类型的优质产品，为提高产品在国际、国内市场竞争能力奠定坚实地基础。

第五章　国内聚苯乙烯树脂进口量价同跌，出口量价同降

聚苯乙烯(Polystyrene，PS)是世界上用量最大的“五大通用塑料”品种之一，仅次于聚乙烯、聚丙烯和聚氯乙烯，容易射出成型和压出成型、便宜的价格和平衡的特性，是工程及日用品中最佳的材料。

PS具有平衡的特性和较便宜的价格，是工程及日用品中最佳的材料。主要用途：家用电器部件(电产品外壳、光源散射器、绝缘薄膜、仪器仪表配件等)，其次是PS泡沫制品(主要是饭盒、包装材料、建筑板材等)；其余为日用品、办公用品、一次性医药用品、玩具等。

一、2009年聚苯乙烯生产增长小幅回升

2009年中国大陆PS产业继续呈现七雄逐鹿的局面；中国石油天然气集团公司、中国石油化工集团公司、中国海洋石油集团公司、镇江奇美化工有限公司、雪佛龙化工(张家港)有限公司、扬子巴斯夫有限公司、斯泰隆石化(张家港)有限公司。

中国石油化工集团公司包括湛江新中美、广石化、齐鲁石化和燕山石化，中国石油天然气股份公司包括抚顺石化、大庆石化和中国海洋石油集团包括中油三水和南海石化(表73)。

2003 ~2009年间PS产量增长了61.34%，年均增长达8.30%。

二、2009年聚苯乙烯树脂出口生产分析

1. 2009年国内聚苯乙烯树脂出口生产省市集中于东部沿海地区

2009年可发性聚苯乙烯出口生产企业主要集中在江苏省，出口商有10家，比2008年减少4家出口商，出口数量142720159kg，占总出口数量的55.12%，比2008年出口减少11780470kg，下降7.62%；

表73　2003 ~2009年国内PS生产能力和产量表

项目 \ 年份	2003	2004	2005	2006	2007	2008	2009
生产能力/万吨	160.00	220.00	250.00	280.00	295.00	295.00	310.00
产量/万吨	130.16	148.00	236.50	174.70	205.61	206.10	210.00
开工率/%	81.35	67.27	62.40	62.50	69.70	69.86	67.74
年增长率/%	20.52	13.71	5.41	12.18	17.69	0.24	1.89

注：2002 ~2009年全部为估算。

其次为浙江省，出口商有5家，比2008年减少3家出口商，出口数量74936049kg，占总出口数量的28.94%，比2008年出口减少6425184kg，下降7.90%；

广东省出口商有9家，比2008年减少6家出口商，出口数量24821847kg，占总出口数量的9.59%，比2008年出口减少1105795kg，下降4.26；

天津市出口商有2家，比2008年减少4家出口商，出口数量11404979kg，占总出口数量的4.40%，比2008年出口减少17060398kg，下降59.93%；

福建省出口商有2家，比2008年减少1家出口商，出口数量1689432kg，占总出口数量的0.65%，比2008年增加486309kg，增长65.57%。

2009年五省市可发性聚苯乙烯出口商有28家，占总出口商数量的15.73%，出口数量占总出口数量的98.70%（表74）。

表74　2009年初级形状的可发性聚苯乙烯三大出口省市统计

排序	出口省市	出口金额/美元	出口数量/kg	占比例/%	出口商数量
1	江苏省	157669053	142720159	55.12	10
2	浙江省	84305316	74936049	28.94	5
3	广东省	27333994	24821847	9.59	9
出口总计		290285042	258772614	100.00	178

改性的聚苯乙烯2009年才单独新列出代码，无历年数据，因此无法同比。

2009年改性的初级形状的非可发性聚苯乙烯出口生产企业主要集中在广东省，出口商有8家，出口数量5140727kg，占总出口数量的58.96%；

其次为江苏省，出口商有3家，出口数量2246811kg，占总出口数量的26.77%；

上海市出口商有6家，出口数量633810kg，占总出口数量的7.27%。

辽宁省出口商有3家，出口数量403655kg，占总出口数量的4.63%；

福建省出口商有1家，出口数量89500kg，占总出口数量的1.03%；

2009年五省市改性聚苯乙烯出口商有21家，占总出口商数量的75.00%，出口数量占总出口数量的97.66%（表75）。

2009年初级形状的其他聚苯乙烯出口生产企业主要集中在广东省，出口商有15家，比2008年减少21家出口商，出口数量4494577kg，占总出口数量的61.96%，比2008年减少出口15110171kg，下降77.07%；

表75　2009年改性的初级形状的非可发性聚苯乙烯三大出口省市统计

排序	出口省市	出口金额/美元	出口数量/kg	占比例/%	出口商数量
1	广东省	9373532	5140727	58.96	8
2	江苏省	3277953	2246811	25.77	3
3	上海市	1069903	633810	7.27	6
出口总计		15299263	8718372	100.00	28

其次为江苏省，出口商有9家，比2007年减少8家出口商，出口数量905950kg，占总出口数量的12.49%，比2008年减少出口3017483kg，下降76.91%；

天津市出口商有4家，比2008年减少1家出口商，出口数量699091kg，占总出口数量的9.64%，比2008年增加出口610066kg，大幅增长685.27%。

浙江省出口商有3家，比2008年减少12家出口商，出口数量569552kg，占总出口数量的7.85%，比2008年出口减少253827kg，下降80.98%；

上海市出口商有8家，比2008年减少10家出口商，出口数量227165kg，占总出口数量的3.13%，比2008年增加出口751898kg，下降76.80；

2009年五省市其他聚苯乙烯出口商有39家，占总出口商数量的61.90%，出口数量占总出口数量的95.07%（表76）。

表76　2009年其他初级形状的聚苯乙烯三大出口省市统计

排序	出口省市	出口金额/美元	出口数量/kg	占比例/%	出口商数量
1	广东省	5443281	4494577	61.96	15
2	江苏省	1853479	905950	12.49	9
3	天津市	1804649	699091	9.64	4
出口总计		12053453	7254197	100.00	63

2. 2009年国内可发性聚苯乙烯树脂出口商以生产企业为主

从海关资料来看，2009年其他初级形状的可发性聚苯乙烯出口258773t，同比下降12.11%；其他初级形状的可发性聚苯乙烯出口商有178家，比2008年减少185家出口商，前八位其他初级形状的可发性聚苯乙烯出口商出口量占总出口量的91.95%。

二十五大出口商中有十三家为可发性聚苯乙烯生产企业，十二家可发性聚苯乙烯贸易商，分别占总出口量的97.80%和1.41%；

前八位其他初级形状的可发性聚苯乙烯出口商

改性全部为非可发性聚苯乙烯生产企业。

宁波新桥化工有限公司2009年其他初级形状的可发性聚苯乙烯出口74237975kg，占总出口量的28.67%；

江阴新和桥化工有限公司2009年其他初级形状的可发性聚苯乙烯出口60531700kg，占总出口量的23.38%；

无锡兴达泡塑新材料有限公司2009年其他初级形状的可发性聚苯乙烯出口42116000kg，占总出口数量的16.27%；

东莞新长桥塑料有限公司2009年其他初级形状的可发性聚苯乙烯出口24667900kg，占总出口量的9.53%；

江苏丽天新材料有限公司2009年其他初级形状的可发性聚苯乙烯出口13307100kg，占总出口量的5.14%(表77)。

表77　2009年初级形状的可发性聚苯乙烯五大出口商统计(178)

排序	出　口　商	所属行业	出口数量/kg	占比例/%	出口航次
1	宁波新桥化工有限公司	EPS生产企业	74237975	28.67	270
2	江阴新和桥化工有限公司	EPS生产企业	60531700	23.38	242
3	无锡兴达泡塑新材料有限公司	EPS生产企业	42116000	16.27	213
4	东莞新长桥塑料有限公司	EPS生产企业	24667900	9.53	171
5	江苏丽天新材料有限公司	EPS生产企业	13307100	5.14	147
出　口　总　计		258772614		100.00	1704

3. 2009年国内改性非可发性聚苯乙烯树脂出口商以生产企业为主

从海关资料来看，2009年其他初级形状的改性非可发性聚苯乙烯出口8718372kg，其他初级形状的改性非可发性聚苯乙烯出口商有274家，前八位其他初级形状的改性非可发性聚苯乙烯出口商出口量占总出口量的88.22%。

前八位其他初级形状的改性非可发性聚苯乙烯出口商改性全部为非可发性聚苯乙烯生产企业。

二十五大出口商中有十五家为改性非可发性聚苯乙烯生产企业，十家改性非可发性聚苯乙烯贸易商，分别占总出口量的91.86%和6.88%；

广州金发科技股份有限公司2009年其他初级形状的改性非可发性聚苯乙烯出口3140250kg，占总出口量的36.02%；

雪佛龙菲利普斯化工(中国)有限公司2009年其他初级形状的改性非可发性聚苯乙烯出口1987500kg，占总出口量的22.80%；

优利(东莞)塑胶材料有限公司2009年其他初级形状的改性非可发性聚苯乙烯出口529925kg，占总出口数量的6.08%；

星际塑料(深圳)有限公司2009年其他初级形状的改性非可发性聚苯乙烯出口508192kg，占总出口量的5.83%；

上海锦湖日丽塑料有限公司2009年其他初级形状的改性非可发性聚苯乙烯出口483550kg，占总出口量的5.55%(表78)。

表78　2009年改性的初级形状的非可发性聚苯乙烯五大出口商统计(51)

排序	出　口　商	所属行业	出口数量/kg	占比例/%	出口航次
1	广州金发科技股份有限公司	改性PS	3140250	36.02	72
2	雪佛龙菲利普斯化工(中国)有限公司	改性PS	1987500	22.80	16
3	优利(东莞)塑胶材料有限公司	改性PS	529925	6.08	11
4	星际塑料(深圳)有限公司	改性PS	508192	5.83	12
5	上海锦湖日丽塑料有限公司	改性PS	483550	5.55	13
出　口　总　计		8718372		100.00	274

4. 2009年国内其他初级形状聚苯乙烯树脂出口商以生产企业为主

从海关资料来看，2009年其他初级形状的聚苯乙烯出口7254197kg，同比下降75.00%；其他初级形状的聚苯乙烯出口商有143家，比2008年减少64家出口商，前八位其他初级形状的聚苯乙烯出口商出口量占总出口量的63.94%。

二十五大出口商中有张家港迪爱生化工有限公司(占总出口量的8.66%)、道达尔石化(佛山)有限公司(占总出口量的5.77%)、斯泰隆石化(张家港)有限公司(占总出口量的3.46%)三家是聚苯乙烯原料生产集团，均为外商投资企业；

其余均为改性聚苯乙烯专用产品粒料生产企业(10家)及聚苯乙烯贸易商(12家),分别占总出口量的50.63%和37.32%;

东莞市环球工艺进出口贸易有限公司2009年其他初级形状的聚苯乙烯出口1398700kg,同比减少49.55%;

天津松井塑料有限公司2009年其他初级形状的聚苯乙烯出口688110kg,占总出口数量的9.49%;

张家港迪爱生化工有限公司2009年其他初级形状的聚苯乙烯出口627950kg,占总出口数量的8.66%,同比减少35.85%;

东莞毅兴塑胶原料有限公司2009年其他初级形状的聚苯乙烯出口482050kg,占总出口数量的6.65%,同比减少68.18%;

漂莱特(中国)有限公司2009年其他初级形状的聚苯乙烯出口436008kg,占总出口数量的6.01%,同比减少83.24%(表79)。

表79　2009年其他初级形状的聚苯乙烯五大出口商统计(143)

排序	出　口　商	所属行业	出口数量/kg	占比例/%	出口航次
1	东莞市环球工艺进出口贸易有限公司	贸易商	1398700	19.28	12
2	天津松井塑料有限公司	改性PS粒料	688110	9.49	22
3	张家港迪爱生化工有限公司	聚苯乙烯原料	627950	8.66	13
4	东莞毅兴塑胶原料有限公司	改性PS粒料	482050	6.65	7
5	漂莱特(中国)有限公司	改性PS粒料	436008	6.01	7
出　口　总　计		7254197		100.00	343

三、国内可发性聚苯乙烯树脂进口逐年下降出口量价同跌

随着我国可发性聚苯乙烯行业的发展,我国可发性聚苯乙烯由进口国发展到净出口国,2005年前我国可发性聚苯乙烯进口大于出口,2006年起我国可发性聚苯乙烯出口超过进口,成为净出口国。

2009年,进口可发性聚苯乙烯数量7.75万吨,同比减少9.12%,进口年平均价格为1260.35美元/t,同比下降10.45%。

我国出口产品价一般均低于进口价,但可发性聚苯乙烯少见,2000~2008年出口价均远高于进口价。

而2009年年平均出口单价为1121.78美元/t,比2008年平均进口单价低10.99%,低出138.57美元/t(表80)。

改性的聚苯乙烯2009年才单独新列出代码,无历年数据,因此无法同比。

2004~2009年间初级形状的可发性聚苯乙烯国内出口量增长5.20倍,年均增长率为44.04%,平均出口单价年均下降6.61%;

表80　2003~2008年初级形状的可发性聚苯乙烯进出口统计

项目 \ 年份	2004	2005	2006	2007	2008	2009
进口量/t	179757	141294	120670	109560	85246	77468
年增长率/%	0.94	-21.40	-14.60	-9.21	-22.19	-9.12
进口金额/万美元	16788.32	14396.93	13282.94	13927.31	11997.93	9763.65
年平均进口单价/(美元/t)	933.95	1018.93	1100.77	1271.20	1407.45	1260.35
年增长率/%	6.93	9.10	8.03	15.48	10.72	-10.45
出口量/t	41740	73813	149387	275426	294427	258773
年增长率/%	21.02	76.84	102.39	84.37	6.90	-12.11
出口金额/万美元	5013.99	9266.70	20778.48	42173.88	45502.20	29028.50
年平均出口单价/(美元/t)	1201.24	1255.43	1390.92	1531.22	1545.45	1121.78
年增长率/%	41.29	4.51	10.79	10.09	0.93	-27.41
净进口量/t	138017	67481	-28717	-165866	-209181	-181305
年增长率/%	-3.88	-51.11				

注:资料来源——历年国家海关统计。

2004～2009 年初级形状的可发性聚苯乙烯国内进口量下降 56.90%，年均下降 15.49%，平均进口单价年均增长率为 6.18%。

我国初级形状的可发性聚苯乙烯进出口均以进料加工贸易方式为主。

1. 可发性聚苯乙烯进口逐年下降，进口单价逐年上升

2002～2008 年可发性聚苯乙烯进口逐年下降，进口单价逐年上升，2009 年可发性聚苯乙烯进口下降，进口单价同时下降。

从海关统计中可看出，2009 年初级形状的可发性聚苯乙烯进口地有 20 个，比 2008 年减少 2 个进口地，进口 7746797385245913kg，同比下降 9.12%。

主要进口地为中国台湾，进口 40574618kg，占总进口数量的 52.38%，比 2008 年减少进口数量 18.11%；

其次为韩国，进口 10215517kg，占总进口数量的 13.19%，比 2008 年增加进口数量 25.18%；

中国香港进口 6490525kg，占总进口数量的 8.38%，比 2008 年减少进口数量 113.87%；

美国进口 5564655kg，占总进口数量的 7.18%，比 2008 年减少进口数量 38.09%；

新加坡进口 3903271kg，占总进口数量的 5.04%，比 2008 年减少进口数量 34.72%；

五进口地进口数量占可发性聚苯乙烯 2009 年总进口数量的 86.17%，比 2008 年上升 2.29%（表 81）。

表 81　2009 年初级形状的可发性聚苯乙烯三大进口国家/地区统计

排序	原产进口地	进口金额/美元	进口数量/kg	占比例/%	出口商数量
1	中国台湾	52682431	40574618	52.38	48
2	韩　国	8539383	10215517	13.19	28
3	中国香港	5431578	6490525	8.38	11
进口总计		97636466	77467973	100.00	90

2. 可发性聚苯乙烯出口量价同时下降逐年增长

2009 年可发性聚苯乙烯出口量 258772614kg，同比下降 12.11%。

海关统计数据显示，我国可发性聚苯乙烯出口市场相对分散，2009 年我国共向全世界 86 个国家（地区）出口了可发性聚苯乙烯，比上年减少 7 个出口地，其中，伊朗、俄罗斯和美国是其中最主要的三个出口市场，2009 年，我国向伊朗市场出口可发性聚苯乙烯 79240200kg，同比大幅增长 22.47%，出口数量占全部出口数量的 30.60%，出口平均价格 1121.78 美元/t，，同比下降 27.41%；

其次为向俄罗斯出口 31947351kg，同比下降 38.19%，出口数量占全部出口数量的 12.34%，出口平均价格下降 1148.68 美元/t，，同比下降 29.85%；

向美国出口 14678174kg，出口数量占全部出口数量的 5.67%，出口平均价格 1096.501506.47 美元/t，同比下降 27.21%；

向土耳其出口 10607475kg，同比大幅下降 26.82%，出口数量占全部出口数量的 4.10%，出口平均价格 1089.85 美元/t，同比下降 30.13%；

向澳大利亚出口 8668400kg，同比增加 5.18%，出口数量占全部出口数量的 3.35%，出口平均价格 1101.74 美元/t，同比下降 28.22%；

五出口地出口数量占可发性聚苯乙烯 2009 年总出口数量的 56.06%，比 2008 年下降 1.73%（表 82）。

表 82　2009 年初级形状的可发性聚苯乙烯三大出口国家/地区统计

排序	出口目的地	出口金额/美元	出口数量/kg	占比例/%	出口商数量
1	伊　朗	89349226	79240200	30.60	10
2	俄罗斯	36697219	31947351	12.34	15
3	美　国	16094614	14678174	5.67	9
出口总计		290285042	258772614	100.00	178

四、国内聚苯乙烯树脂进口量价同跌，出口量价同降

中国近几年聚苯乙烯（PS）国内自给率仅在 50% 以下，大部份 PS 资源靠进口。

随着我国聚苯乙烯行业的发展，但国内消费需求仍要依靠进口满足。

2009 年，我国共出口聚苯乙烯 1.60 万吨，比 2008 年同期（下同）下降 44.95%，出口平均价格 1661.58 美元/t，同比下降 7.72%。

同期，进口聚苯乙烯数量达 110.74 万吨，同比增长 5.20%，进口平均价格 1192.91 美元/t，同比下降 17.10%（表 83）。

我国初级形状的其他聚苯乙烯进出口均以进料加工贸易式为主。

1. 2009 年聚苯乙烯进口增长，进口单价下降

从海关统计中可看出，2009 年其他聚苯乙烯进口地有 33 个，比 2008 年减少 3 个进口地。

主要进口地仍为中国台湾，进口数量 293343651kg，占总进口数量的 32.18%，比 2008 年进口数量增加 1.82%；

表 83 2004～2009 年聚苯乙烯(PS)进出口统计

项目 \ 年份	2004	2005	2006	2007	2008	2009
其他聚苯乙烯						
进口量/t	1382792	1280161	1198472	1214121	1066247	911845
年增长率/%	-0.25	-7.42	-6.38	1.31	-12.18	
进口金额/万美元	127077.69	129688.40	134206.27	159450.74	153421.02	108774.99
年平均进口单价/(美元/t)	918.99	1013.06	1119.81	1313.30	1438.89	1192.91
年增长率/%	10.20	10.24	10.54	17.83	9.56	-17.10
出口量/t	32689	51989	38989	32598	29013	7254
年增长率/%	68.68	59.04	-25.01	-16.39	-11.00	
出口金额/万美元	4022.30	6273.43	4955.20	4543.94	5223.80	1205.35
年平均出口单价，美元/t	1230.48	1206.68	1270.92	1393.91	1800.50	1661.58
年增长率/%	25.43	-1.93	5.32	9.67	29.17	-7.72
改性的聚苯乙烯						
进口量/t						195591
年增长率/%						
进口金额/万美元						26024.34
年平均进口单价/(美元/t)						1330.55
年增长率/%						
出口量/t						8718
年增长率/%						
出口金额/万美元						1529.93
年平均出口单价/(美元/t)						1754.83
年增长率/%						
总计净进口量/t	1350103	1228172	1159483	1181523	1037234	1091134
年增长率/%	-1.23	-9.03	-5.59	1.90	-12.21	5.20

1. 资料来源——历年国家海关统计。
2. 改性的聚苯乙烯 2009 年才单独新列出代码，无历年数据，因此无法同比。

2004～2009 年聚苯乙烯国内进口量年均增长率为下降 4.34%，平均进口单价年均增长率为 5.36%。

2004～2009 年聚苯乙烯国内出口量年均增长率为上升 8.41%，平均出口单价年均下降为 13.35%。

其次为中国香港，进口数量 224643178kg，占总进口数量的 24.64%，比 2008 年进口数量减少 14.58%；

韩国进口数量 145852786kg，占总进口数量的 16.00%，比 2008 年进口数量减少 28.22%；

泰国进口数量 99324345kg，占总进口数量的 10.90%，比 2008 年进口数量减少 20.59%；

新加坡进口数量 60259839kg，占总进口数量的 6.61%，比 2008 年进口数量减少 19.54%；

五原产进口地进口数量占其他聚苯乙烯 2009 年总进口数量的 90.33%，比 2008 年增长 0.84%(表 84)。

表 84 2009 年其他初级形状的聚苯乙烯三大进口国家/地区统计

排序	原产进口地	进口金额/美元	进口数量/kg	占比例/%	出口商数量
1	中国台湾	348400377	293343651	32.18	105
2	中国香港	258531270	224643178	24.64	79
3	韩 国	175304705	145852786	16.00	98
进口总计		1087749853	911845307	100.00	175

2. 2009 年聚苯乙烯出口量、价同时下降

海关统计数据显示，我国聚苯乙烯出口市场相对分散，2009 年我国共向全世界 43 个国家(地区)出口了聚苯乙烯，比 2008 年减少 2 个出口地，2009 年中国香港地区、印度和日本是其中最主要的 3 个出口市场，2009 年，我国向中国香港出口聚苯乙烯 3041185kg，同比下降 47.20%，出口数量占全部出口数量的 41.92%，出口平均价格为 1839.51 美元/t，比 2008 年上升 22.54%；

其次向印度出口 1343550kg，同比减少 47.41%，占总出口量的 18.52%，出口平均价格为 654.18 美元/t，比 2008 年上升 37.67%；

向日本出口 1097215kg，同比减少 33.72%，占总出口量的 15.13%，出口平均价格为 2070.66 美元/t，比 2008 年下降 8.45%。

向美国出口 319121kg，同比减少 84.75%，占总出口量的 4.40%，出口平均价格为 1823.75 美元/t，比 2008 年下降 25.61%。

向南非出口 247000kg，占总出口量的 3.40%，出口平均价格为 1402.96 美元/t。

五出口地出口数量占初级形状的其他聚苯乙烯 2009 年总出口数量的 83.37%，比 2008 年上升 15.31%(表 85)。

表 85　2009 年其他初级形状的聚苯乙烯三大出口国家/地区统计

排序	出口目的地	出口金额/美元	出口数量/kg	占比例/%	出口商数量
1	中国香港	5594303	3041185	41.92	22
2	印　　度	878923	1343550	18.52	4
3	日　　本	2271966	1097215	15.13	13
出口总计		12053453	7254197	100.00	63

虽然聚苯乙烯产业快速发展，出口快速增长，但国内生产远远不能满足国内需求，产品质量和性能仍与国外同类产品存在较大的差距，进口依存度仍然非常高，国内消费市场还存在相当大的空间。

因此，国内聚苯乙烯生产企业应该抓住机遇，努力提高产品性能和质量，力争在最大范围内替代进口产品。同时在大力促进产业发展、扩大出口的同时，要尽量避免国内企业间恶性竞争、争相低价出口，避免其他国家对我国实施反倾销措施，阻碍我国聚苯乙烯出口和产业健康发展。

3. 2009 年改性的聚苯乙烯进口

从海关统计中可看出，2009 年改性聚苯乙烯进口地有 22 个。

主要进口地为韩国，进口数量 61913683kg，占总进口数量的 31.66%；

其次为中国台湾，进口数量 49761212kg，占总进口数量的 25.44%；

中国香港进口数量 45512352kg，占总进口数量的 23.27%；

日本进口数量 12685413kg，占总进口数量的 6.49%；

泰国进口数量 9391706kg，占总进口数量的 3.58%；

五原产进口地进口数量占改性聚苯乙烯 2009 年总进口数量的 90.94%(表 86)。

表 86　2009 年改性的初级形状的非可发性聚苯乙烯三大进口国家/地区统计

排序	原产进口地	进口金额/美元	进口数量/kg	占比例/%	出口商数量
1	韩　　国	73890633	61913683	31.66	65
2	中国台湾	64658892	49761212	25.44	63
3	中国香港	58295971	45512352	23.27	34
进口总计		260243390	195591215	100.00	113

4. 2009 年改性的聚苯乙烯出口

海关统计数据显示，我国改性聚苯乙烯出口市场相对分散，2009 年我国共向全世界 41 个国家(地区)出口了改性聚苯乙烯，中国香港地区、墨西哥和土耳其是其中最主要的三个出口市场，2009 年，我国向中国香港出口改性聚苯乙烯 2455158kg，出口数量占全部出口数量的 28.16%，出口平均价格为 1660.38 美元/t；

其次向墨西哥出口 1197850kg，占总出口量的 13.74%，出口平均价格为 2115.91 美元/t；

向土耳其出口 1101700kg，占总出口量的 12.64%，出口平均价格为 1482.36 美元/t；

向印度出口 988891kg，占总出口量的 11.34%，出口平均价格为 1025.48 美元/t；

向马来西亚出口 642000kg，占总出口量的 7.36%，出口平均价格为 1651.90 美元/t。

五出口地出口数量占初级形状的改性聚苯乙烯 2009 年总出口数量的 73.24%(表 87)。

表 87　2009 年改性的初级形状的非可发性聚苯乙烯三大出口国家/地区统计

排序	出口目的地	出口金额/美元	出口数量/kg	占比例/%	出口商数量
1	中国香港	4076501	2455158	28.16	12
2	墨西哥	2534857	1197850	13.74	1
3	土耳其	1633113	1101700	12.64	3
出口总计		15299263	8718372	100.00	28

五、PS 表观消费量下降

2003～2009 年国内 PS 表观消费年均增长率为 2.02%，低于同期产量年均增长率 6.28%(表 88)。

表 88　2003～2009 年国内 PS 表观消费量统计资料

项　目 \ 年　份	2003	2004	2005	2006	2007	2008	2009
表观消费量/kt	2668.449	2830.103	2855.70	2877.76	3072.47	2888.90	3008.10
年增长率/%	6.11	6.06	0.90	0.77	6.77	-5.97	4.13
国内自给率/%	48.78	52.29	54.63	60.71	66.94	71.34	69.81

1. PS 进口消费省市流向集中于东部沿海地区

从海关资料来看，2009 年可发性初级形状的聚苯乙烯进口消费省市有 23 个，比 2008 年减少 1 个进口消费省市，主要进口流向为广东省、浙江省、福建省、江苏省和上海市，五进口消费省市 2009 年初级形状的可发性聚苯乙烯进口消费省市进口量占总进口量的 94.38%。

2009 年可发性初级形状的聚苯乙烯主要进口流向为广东省，进口商有 24 家(比上年减少 38 个进口商)，进口数量 55833592kg，占总进口数量的 72.07%，比 2008 年进口减少 11023t；

其次为浙江省，进口商有 11 家(比上年减少 3 个进口商)，进口数量 7097341kg，占总进口数量的 9.16%，比 2008 年进口增加 3289t；

福建省，进口商有 5 家(比上年减少 7 个进口商)，进口数量 5149883kg，占总进口数量的 6.65%，比 2008 年进口减少 1213t；

江苏省，进口商有 13 家(比上年减少 1 个进口商)，进口数量 2758414kg，占总进口数量的 3.56%，比 2008 年进口增加 617t；

上海市，进口商有 12 家(比上年减少 12 个进口商)，进口数量 2275800kg，占总进口数量的 2.94%，比 2008 年进口减少 184t；

五原产进口地进口数量占可发性聚苯乙烯 2009 年总进口数量的 94.38%，比 2008 年减少 1.38%(表 89)。

表 89　2009 年初级形状的可发性聚苯乙烯三大进口省市统计

排序	进口省市	进口金额/美元	进口数量/kg	占比例/%	进口商数量
1	广东省	70632919	55833592	72.07	24
2	浙江省	7022879	7097341	9.16	11
3	福建省	7056324	5149883	6.65	5
进口总计		97636466	77467973	100.00	90

从海关资料来看，2009 年改性初级形状的聚苯乙烯进口消费省市有 19 个，主要进口流向为广东省、浙江省、上海市、辽宁省和江苏省，五进口消费省市 2009 年初级形状的改性聚苯乙烯进口消费省市进口量占总进口量的 87.81%。

2009 年初级形状的改性聚苯乙烯主要进口流向为广东省，进口商有 30 家，进口数量 94021245kg，占总进口数量的 48.07%；

其次为浙江省，进口商有 13 家，进口数量 44322148kg，占总进口数量的 22.66%；

上海市进口商有 9 家，进口数量 15587269kg，占总进口数量的 7.97%；

辽宁省进口商有 9 家，进口数量 9728568kg，占总进口数量的 4.97%；

江苏省进口商有 15 家，进口数量 8100144kg，占总进口数量的 4.14%(表 90)。

表 90　2009 年改性的初级形状的非可发性聚苯乙烯三大进口省市统计

排序	进口省市	进口金额/美元	进口数量/kg	占比例/%	进口商数量
1	广东省	124528329	94021245	48.07	30
2	浙江省	50528787	44322148	22.66	13
3	上海市	23792657	15587269	7.97	9
进口总计		260243390	195591215	100.00	113

从海关资料来看，2009 年初级形状的聚苯乙烯进口消费省市有 18 个，比 2008 年减少 1 个进口消费省市，主要进口流向为广东省、浙江省、江苏省、上海市和山东省，五进口消费省市 2009 年初级形状的聚苯乙烯进口消费省市进口量占总进口量的 95.09%。

2009 年初级形状的聚苯乙烯主要进口流向为广东省，进口商有 42 家(比上年减少 107 个进口商)，进口数量 574990232kg，占总进口数量的 63.07%，比 2008 年进口减少 170715t；

其次为浙江省，进口商有 16 家(比上年减少 45 个进口商)，进口数量 96267675kg，占总进口数量的 10.56%，比 2008 年进口增加 67t；

江苏省进口商有 23 家(比上年减少 47 个进口商)，进口数量 80382906kg，占总进口数量的 8.82%，比 2008 年进口减少 15818t；

上海市进口商有 19 家(比上年减少 39 个进口商)，进口数量 73511731kg，占总进口数量的

8.06%，比2008年进口增加33117t；

山东省进口商有16家(比上年减少22个进口商)，进口数量41795635kg，占总进口数量的4.58%，比2008年进口减少3816t；

五原产进口地进口数量占初级形状的其他聚苯乙烯2009年总进口数量的95.09%，比2008年减少0.71%(表91)。

表91　2009年其他初级形状的聚苯乙烯三大进口省市统计

排序	进口省市	进口金额/美元	进口数量/kg	占比例/%	进口商数量
1	广东省	696848911	574990232	63.07	42
2	浙江省	93791501	96267675	10.56	16
3	江苏省	94963852	80382906	8.82	23
进口总计		1087749853	911845307	100.00	175

2. 初级形状的聚苯乙烯2009年进口生产使用企业分析

从海关资料来看，2009年初级形状的可发性聚苯乙烯进口商有326家，前八位初级形状的可发性聚苯乙烯进口商进口量占总进口量的43.69%。

初级形状的可发性聚苯乙烯八大进口商中有生产使用企业和进口贸易商各四家，分别占总进口量的17.08%和26.61%。

东莞对外加工装配服务公司、华鸿控股集团有限公司、佛山市三水南威塑胶电子制品有限公司、福清永大塑胶有限公司、深圳宝安外经发展有限公司、深圳龙岗区对外经济发展有限公司、鸿大发泡包装材料(深圳)有限公司、深圳市宜盛实业有限公司，分别位居2009年初级形状的可发性聚苯乙烯进口量1~8位，进口量分别占总进口量的11.49%、7.28%、7.06%、5.74%、5.65%、4.43%、2.24%和2.04%。

从资料分析，2009年初级形状的可发性聚苯乙烯25大进口商中有十七家为生产使用企业，八家为进口贸易商。.

2009年初级形状的可发性聚苯乙烯进口生产使用企业以电子工业、塑胶工业、包装工业、家用电器工业、建材工业、日用制品为主，2009年初级形状的可发性聚苯乙烯进口商有2505家，其中十七大进口生产企业进口量占总进口量的33.38%。

佛山市三水南威塑胶电子制品有限公司2009年初级形状的可发性聚苯乙烯进口5472510kg，占总进口量的7.08%；

福清永大塑胶有限公司2009年初级形状的可发性聚苯乙烯进口4450000kg，占总进口量的5.74%；

鸿大发泡包装材料(深圳)有限公司2009年初级形状的可发性聚苯乙烯进口1737000kg，占总进口量的2.24%(表92)。

表92　2009年初级形状的可发性聚苯乙烯五大进口商统计

排序	进　口　商	所属行业	进口数量/kg	占比例/%	进口航次
1	东莞对外加工装配服务公司	进口贸易商	8898751	11.49	59
2	华鸿控股集团有限公司	进口贸易商	5638000	7.28	26
3	佛山市三水南威塑胶电子制品有限公司	电子工业	5472510	7.06	11
4	福清永大塑胶有限公司	塑胶工业	4450000	5.74	12
5	深圳宝安外经发展有限公司	进口贸易商	4379915	5.65	61
进　口　总　计		77467973		100.00	1729

从海关资料来看，2009年初级形状的改性聚苯乙烯进口商有599家，前八位初级形状的改性聚苯乙烯进口商进口量占总进口量的33.46%。

初级形状的改性聚苯乙烯八大进口商中有生产使用企业和进口贸易商各四家，分别占总进口量的16.05%和17.41%。

浙江远大进出口有限公司、广州金发科技股份有限公司、宁波保税区高新货柜有限公司、海信容声(广东)冰箱有限公司、乐金电子(天津)电器有限公司，陶氏化学(上海)有限公司、东莞对外加工装配服务公司和珠海格力电器股份有限公司，分别位居2009年初级形状的改性聚苯乙烯进口量1~8位，进口量分别占总进口量的8.18%、6.98%、3.33%、3.22%、3.15%、3.04%、2.86%和2.70%。

从资料分析，2009年初级形状的改性聚苯乙烯25大进口商中有15家为生产使用企业，10家为进口贸易商。

从资料分析，2009年初级形状的改性聚苯乙烯进口生产使用企业以塑料改性工业、包装工业、电子工业、家用电器工业、建材工业、日用制品为主，2009年初级形状的改性聚苯乙烯进口商有599家，其中15大进口生产企业进口量占总进口量的30.31%。

广州金发科技股份有限公司2009年初级形状的改性聚苯乙烯进口13643500kg，占总进口量的6.98%；

海信容声(广东)冰箱有限公司2009年初级形状的改性聚苯乙烯进口6288500kg，比占总进口量的3.33%；

乐金电子(天津)电器有限公司2009年初级形状的改性聚苯乙烯进口6161600kg，占总进口量的3.15%(表93)。

从海关资料来看，2009年初级形状的聚苯乙烯进口商有2316家，比2008年减少189家进口商。

前八位初级形状的聚苯乙烯进口商进口量占总进口量的24.97%，比2008年进口减少1.98%。

深圳宝安外经发展有限公司、东莞对外加工装配服务公司、陶氏化学(上海)有限公司、深圳龙岗区对外经济发展有限公司、深圳永合科技化工有限公司、浙江远大进出口有限公司、青岛海尔国际贸易有限公司、斯泰隆石化(张家港)有限公司，分别位居2009年初级形状的聚苯乙烯进口量1~8位，进口量分别占总进口量的6.71%、4.34%、3.79%、2.79%、1.94%、1.83%、1.82%和1.75%。

从资料分析，2009年初级形状的聚苯乙烯进口生产使用企业以塑料改性工业、包装工业、电子工业、家用电器工业、建材工业、日用制品为主，2009年初级形状的聚苯乙烯进口商有2316家，初级形状的其他聚苯乙烯25大进口商中有生产使用企业15家和进口贸易商10家，分别占总进口量的18.91%和22.53%其中15大进口生产企业进口量占总进口量的18.91%，比2008年进口减少3.75%。

初级形状的其他聚苯乙烯八大进口商中有生产使用企业3家和进口贸易商5家，分别占总进口量的7.48%和17.49%。

陶氏化学(上海)有限公司2009年初级形状的聚苯乙烯进口34542025kg，占总进口量的3.79%；

深圳永合科技化工有限公司2009年初级形状的聚苯乙烯进口17656200kg，比2008年减少16.22%，占总进口量的1.94%；

斯泰隆石化(张家港)有限公司2009年初级形状的聚苯乙烯进口16584000kg，比2008年增加52.05%，占总进口量的1.75%(表94)。

六、2009年价格走势(表95)

表93　2009年改性的初级形状的非可发性聚苯乙烯五大进口商统计(599)

排序	进　口　商	所属行业	进口数量/kg	占比例/%	进口航次
1	浙江远大进出口有限公司	进口贸易商	16001000	8.18	23
2	广州金发科技股份有限公司	塑料改性工业	13643500	6.98	28
3	宁波保税区高新货柜有限公司	进口贸易商	6512750	3.33	17
4	海信容声(广东)冰箱有限公司	家用电器工业	6288500	3.22	22
5	乐金电子(天津)电器有限公司	家用电器工业	6161600	3.15	17
进　口　总　计		195591215		100.00	3121

表94　2009年其他初级形状的其他聚苯乙烯五大进口商统计(2316)

排序	进　口　商	所属行业	进口数量/kg	占比例/%	进口航次
1	深圳宝安外经发展有限公司	进口贸易商	61190197	6.71	174
2	东莞对外加工装配服务公司	进口贸易商	39548091	4.34	135
3	陶氏化学(上海)有限公司	塑料改性工业	34542025	3.79	32
4	深圳龙岗区对外经济发展有限公司	进口贸易商	25439365	2.79	149
5	深圳永合科技化工有限公司	塑料改性工业	17656200	1.94	25
进　口　总　计		911845307		100.00	15558

表95　2004~2009年初级形状的可发性聚苯乙烯进出口统计

项　目＼年　份	2004	2005	2006	2007	2008	2009
可发性聚苯乙烯						
年平均进口单价/(美元/t)	933.95	1018.93	1100.77	1271.20	1407.45	1260.35
年增长率/%	6.93	9.10	8.03	15.48	10.72	-10.45
年平均出口单价/(美元/t)	1201.24	1255.43	1390.92	1531.22	1545.45	1121.78
年增长率/%	41.29	4.51	10.79	10.09	0.93	-27.41

续表

项　目 \ 年　份	2004	2005	2006	2007	2008	2009
其他聚苯乙烯						
年平均进口单价/(美元/t)	918.99	1013.06	1119.81	1313.30	1438.89	1192.91
年增长率/%	10.20	10.24	10.54	17.83	9.56	-17.10
年平均出口单价/(美元/t)	1230.48	1206.68	1270.92	1393.91	1800.50	1661.58
年增长率/%	25.43	-1.93	5.32	9.67	29.17	-7.72

在2009年第一季度大部分时间内，行情处在"热生"当中，成交量低，场内交投气氛季度冷清，价格低位徘徊。随着国际原油、苯乙烯等上游运料以及石化厂家出厂价格逐步走强，令PS价格渐渐回暖，至期末已经上升到10500元/t上方，但成交量让未放大。

第二季度初，家电下乡、汽车下乡等新政策出台让行情延续了上一季度的涨势，继续摸高，累积涨幅达1500元，报12000元/t左右。但随着利好消息被逐步消化，库存过高的现实压力，导致行情上升乏力，行情逐步进入弱势调整阶段。

在第三季度的大部分时间里，上游原料价格走势成为了PS行情变幻的主导因素。在本季度的前中期，上游原料价格的上涨令行情突破调整区间，发力上攻，但到了季末，上游原料价格回落以及下游需求恶化等因素都令行情再次走低，下跌势头一直延续到了第四季度的初期。

在第四季度的中后期由于受到上游原料价格的走高，以及家电、汽车下乡等政策效果的逐步显现，令下游需求开始逐步活跃，同时也让ABS价格稳步走高，至期末价格已经13500元的上方。

PS的走势大致与ABS行情的走势相类似，第一季度先跌后升，但成交量一直匮乏，导致仅仅能勉强筑底7200~7500元之间。二季度行情在原油价格的带动下强劲上涨，成功收复9000元大关，涨幅在1500~1800元之间。三季度PS行情受制于下游需求无法打开的困境影响，令行情先扬后抑，继续在9000元的上方震荡调整，四季度在国庆回来后行情在小幅下探低点后，掉头迅速上涨，行情逐步逼近万元关口，并在年末成功冲上万元大关，收于10400元附近(表96~98)。

表96　GPPS 666D燕山石化2009年中国塑料城月均价走势　　元/t

1月	2月	3月	4月	5月	6月
6875	7285	7981	9314	8778	9318
7月	8月	9月	10月	11月	12月
9891	10292	9782	9873	10083	10430

表97　GPPS 525盘锦乙烯2009年中国塑料城月均价走势　　元/t

1月	2月	3月	4月	5月	6月
6706	7175	7718	9314	9126	9215
7月	8月	9月	10月	11月	12月
9921	10276	10313	9858	9885	10166

表98　HIPS PH-88镇江奇美2009年中国塑料城月均价走势　　元/t

1月	2月	3月	4月	5月	6月
7968	8580	9804	11680	10268	10445
7月	8月	9月	10月	11月	12月
11073	11428	10947	10570	10895	11469

2010年我国以及世界经济大环境将会进一步好转，经济复苏将会加大对原油的需求，原油价格以及上游原料价格也将会进一步的上升。

与此同时，国家4万亿投资效果将会在2010年进一步显现，下游需求将会有一个更为明显的提升，这些都将会成为2010年PS走强的利好因素。

另外，利空因素就是2010年经济复苏程度的不确定性，现在许多发达国家的经济复苏仍然步履满跚。

许多专业学者都预测本次金融危机存在第二波冲击的可能性，若真的存在二次触底，那么对世界经济的危害将会造成怎样的后果现在还是一个未知数。

我们预计在2010年PS行情将会在年初继续稳步上扬，但行情在二三季度将会存在一定的回调机会，到了第四季度，行情将会重新坚挺。

七、PS产业发展趋势及问题

由于各种原因，我国的聚苯乙烯生产(不包括外资及合资企业)无论在产品性能、质量还是装置规模上都与世界先进水平有较大差距，严重影响了我国聚苯乙烯产品的市场竞争能力。

1. 国产产品性能和质量较差，不能满足市场的

要求

我国聚苯乙烯产品的质量和性能较差，除外资及合资企业产品外，国内厂商的产品多数不能满足电子行业等用户对产品性能和质量的要求，难以进入这个庞大的市场。

在聚苯乙烯需求量最大的电子/电器行业中，进口产品占绝对优势，国产树脂只有少量应用，而且只能用于低档产品。

国内知名电器制造商为了保证其产品质量，全部使用进口原料或外资合资企业的产品，连用于防震外包装的发泡聚苯乙烯也通常使用进口产品或合资企业的产品。

2. 装置规模偏小，缺乏竞争力

目前国内有聚苯乙烯生产厂近40家，大部分能力在3万吨/年以下，还有不少规模在1万吨/年左右的小型装置。能力达到10万吨/年的生产厂仅有5家。小装置不但产品质量不能和先进的大型生产装置相比，而且生产成本也较高，在市场竞争中处于劣势。

3. 原料供应不足，装置开工率低

与聚苯乙烯生产的高速发展不相适应的是，其原料苯乙烯生产发展相对较慢，聚苯乙烯装置的原料来源受到限制，开工率受到影响。

1999年，我国苯乙烯生产能力为84.6万吨/年，产量60.2万吨，即使全部用于生产聚苯乙烯也仅能满足国内聚苯乙烯生产需要的43%。

原料供应的不足是造成装置开工率较低的主要原因之一。1999年，我国聚苯乙烯产量约94万吨，装置的平均开工率仅为67%，生产能力大量闲置，进一步增加了我国对进口聚苯乙烯的依赖程度。

我国国内大部分聚苯乙烯企业年产能力在3万吨以下，其中还有不少年产规模在1万吨左右的小装置，不但产品质量差，而且生产成本高，在竞争中处于明显的劣势。

除外资及合资企业产品外，国内聚苯乙烯厂商的产品多数不能满足电子电器行业用户对产品性能和质量的要求，难以进入这个聚苯乙烯需求量最大的消费领域，使得在电子电器行业中进口聚苯乙烯占据了绝对优势，国产货只有少量应用，而且只用于低档产品。国产聚苯乙烯的质量有待提高。

第六章 ABS树脂2009年进出口同比增长

ABS树脂是市场需求量最大的合成树脂之一。目前，国际上ABS树脂的生产方法主要有乳液接枝掺混法和连续本体法。

一、2009年生产

吉林石化公司与长春工业大学联合开展的合成技术研究与高性能系列产品开发项目，日前获2009年度吉林省科技进步一等奖。

该项目包括汽车仪表板表皮专用ABS树脂开发、透明ABS树脂产品的合成技术研究等。其中，汽车仪表板表皮专用ABS树脂是一种特殊的板材级树脂，具有很高的冲击强度、拉伸强度等良好的真空吸塑成型性能。吉林石化公司合成树脂厂采用该技术生产出了批量汽车仪表板表皮专用ABS树脂，并已在一汽集团公司卡车仪表板表皮上获得成功应用（表99）。

表99 2003~2009年ABS近年产量统计

项目 \ 年份	2003	2004	2005	2006	2007	2008	2009
生产能力/t	1160000	1450000	1410000	1800000	2000000	2000000	2000000
产量/t	928000	1020000	1160000	1320000	1630000	1130000	1320000
开工率/%	80.00	70.34	82.27	71.03	81.50	56.50	66.00
年产量增长率/%	78.12	9.91	13.73	10.22	23.48	-30.67	16.81

注：资料来源：2000~2009年为笔者估算。

2003~2009年间ABS产量增长了42.24%，年均增长约为6.05%。

大庆石化公司化工三厂经过近千次小试、中试之后，自主研制开发出ABS纳米大粒径附聚胶乳，并在工业化放大生产实验中获得一次成功。

ABS600纳米大粒径附聚胶乳接枝试验正在按计划进行。这一重大攻关项目填补了国内空白，将为我国生产性能优异的高新ABS树脂材料提供技术支持。

ABS600纳米大粒径附聚胶乳具有颜色纯白、黏度低、流动性极好、强度高和抗击性强等特点，可显著提高产品性能，尤其是与小粒径附聚胶乳结合，产品性能更加优异，强度及抗冲击性也更佳。同时，大粒径附聚胶乳还可以开发特种ABS树脂如塑料合金等，为我国下一步研发双峰、三峰、多峰等不同性能的ABS树脂新产品提供了技术支持。

据了解，由于大粒径附聚胶乳可有效提高ABS产品的强度和抗冲击性能，因此广泛应用于飞机、汽车的高精尖零部件制造，还能代替部分金属应用于轴承及防磨损零部件上，具有广阔的市场前景。这项独特的技术成果攻克了国内高分子附聚胶乳开发中的附聚剂合成反应稳定性、粒径控制、合成转化率过低等难题。其采用的高分子附聚法可以使后续的生产过程更加稳定。

目前我国制备的ABS树脂粒径为100～300nm，除大庆石化外，主要采用一步法生产工艺。国外虽然也有附聚胶乳技术并生产出了600nm的附聚胶乳，但大庆石化的附聚技术与其相比操作简便，粒径控制自由灵活，胶乳性能稳定。

二、2008年国内ABS树脂出口商和出口生产地主要分布在珠江三角洲和长江三角洲

改性的ABS树脂2009年才单独新列出代码，无历年数据，因此无法同比。

2009年，改性初级形状的ABS树脂出口生产企业主要集中在广东省，出口商有13家，出口数量16699425kg，占总出口数量的77.16%；

其次为上海市，出口商有8家，出口数量2151281kg，占总出口数量的9.94%；

江苏省出口商有6家，出口数量1546735kg，占总出口数量的7.15%；

山东省出口商有2家，出口数量625208kg，占总出口数量的2.89%；

浙江省出口商有5家，出口数量319263kg，占总出口数量的1.48%。

改性初级形状的ABS树脂五省市出口商小计有34家，出口数量占总出口数量的98.62%（表100）。

表100　2009年改性初级形状的ABS树脂三大出口省市统计

排序	出口省市	出口金额/美元	出口数量/kg	占比例/%	出口商数量
1	广东省	35230293	16699425	77.16	13
2	上海市	4769070	2151281	9.94	8
3	江苏省	3728756	1546735	7.15	6
出口总计		45730053	21642821	100.00	51

2009年，其他初级形状的ABS树脂出口生产企业主要集中在浙江省，出口商有6家，比2008年减少11家出口商，出口数量12436525kg，占总出口数量的44.17%，比2008年增加出口3263565kg，增加35.58%；

其次为广东省，出口商有18家，比2008年减少29家出口商，出口数量11998720kg，占总出口数量的42.61%，比2008年出口减少10671429kg，减少47.07%；

北京市出口商有2家，比2008年减少5家出口商，出口数量1288000kg，占总出口数量的4.57%，比2008年增加出口271665kg，增加26.77%；

上海市出口商有10家，比2008年减少21家出口商，出口数量1017456kg，占总出口数量的3.61%，比2008年出口减少3645855kg，减少78.18%；

辽宁省出口商有5家，比2008年减少7家出口商，出口数量413866kg，占总出口数量的1.47%，比2008年出口增加34557kg，增加9.23%。

其他初级形状的ABS树脂五省市出口商小计有41家，占总出口商数量的48.81%，出口数量占总出口数量的96.43%，比2008年增加0.93%（表101）。

表101　2009年其他初级形状的ABS树脂三大出口省市统计

排序	出口省市	出口金额/美元	出口数量/kg	占比列/%	出口商数量
1	浙江省	15434430	12436525	44.17	6
2	广东省	19579157	11998720	42.61	18
3	北京市	2071383	1288000	4.57	2
出口总计		42742018	28176167	100.00	84

三、ABS树脂出口商以ABS改性生产企业为主

2009年初级形状的丙烯腈－丁二烯－苯乙烯（ABS）共聚物出口以ABS改性为主。

从海关资料来看，2009年改性ABS出口21642821kg；改性ABS出口商有107家，国内前八位出口商统计出口量占总出口量的65.60%，出口生产企业7家，ABS贸易商1家，分别占总出口量的85.66%和2.04%；

二十五大出口商中出口生产企业有23家，仅有宁波乐金甬兴化工有限公司（占总出口量的1.32%）一家是ABS树脂原料生产厂，其余均为ABS改性（22家）及ABS贸易商（2家），分别占总出口量的96.72%和2.38%；

出口主要以ABS/PP、ABS/PA合金为主；

出口企业以外商独资、合资和私企为主；

出口口岸以广东省口岸为主，其次为上海口岸。

LG化学（广州）工程塑料有限公司2009年ABS出口7740400kg，同比增长出口133.29%；

广州金发科技股份有限公司2009年ABS出口3754050kg，同比减少出口8.79%；

日超工程塑料（深圳）有限公司2009年ABS出口3346867kg，占总出口量的15.46%；

旭化成（苏州）复合塑料有限公司2009年ABS出

口 1248083kg，同比减少出口 40.40%；

上海锦湖日丽塑料有限公司 2009 年 ABS 出口 1161600kg，占总出口量的 5.37%；

日超工程塑料(中山)有限公司 2009 年 ABS 出口 442000kg，占总出口量的 2.04%(表 102)。

从海关资料来看，2009 年 ABS 出口 28176167kg，同比下降 34.87%；ABS 出口商有 317 家，比 2008 年减少 49 家出口商，国内前八位出口商统计出口量占总出口量的 74.48%，二十五大出口商中仅有宁波乐金甬兴化工有限公司(占总出口量的 43.84%)一家是 ABS 树脂原料生产厂，其余均为 ABS 改性(13 家)及 ABS 贸易商(11 家)，分别占总出口量的 30.44% 和 12.27%；

出口企业以外商独资、合资和私企为主；

出口口岸以广东省口岸为主，其次为上海口岸。

宁波乐金甬兴化工有限公司 2009 年 ABS 出口 12345800kg，同比增长出口 35.63%；

鸿富锦精密工业(深圳)有限公司 2009 年 ABS 出口 2118506kg，同比减少出口 55.56%；

LG 化学(广州)工程塑料有限公司 2009 年 ABS 出口 1606300kg，同比减少出口 51.59%；

东丽塑料(深圳)有限公司 2009 年 ABS 出口 1265000kg，同比增长出口 1.04%；

大日精化(深圳)有限公司 2009 年 ABS 出口 842643kg，同比增长出口 59.36%；

东莞普力特玛塑料材料有限公司 2009 年 ABS 出口 805125kg，同比减少出口 57.00%(表 103)。

四、国内 ABS 树脂 2009 年进出口同比增长(表 104，105)

2004～2009 年间 ABS 进口量年均增长率为 2.01%；

2004～2009 年间 ABS 出口量年均增长率为 2.78%。

表 102　2009 年改性初级形状的 ABS 树脂五大出口商统计(107)

排序	出　口　商	所属行业	出口数量/kg	占比例/%	出口航次
1	LG 化学(广州)工程塑料有限公司	ABS 改性	7740400	35.76	35
2	广州金发科技股份有限公司	ABS 改性	3754050	17.35	72
3	日超工程塑料(深圳)有限公司	ABS 改性	3346867	15.46	9
4	旭化成(苏州)复合塑料有限公司	ABS 改性	1248083	5.77	6
5	上海锦湖日丽塑料有限公司	ABS 改性	1161600	5.37	41
出　口　总　计			21642821	100.00	487

表 103　2009 年其他初级形状的 ABS 树脂五大出口商统计(317)

排序	出　口　商	所属行业	出口数量/kg	占比例/%	出口航次
1	宁波乐金甬兴化工有限公司	ABS 树脂原料	12345800	43.84	25
2	鸿富锦精密工业(深圳)有限公司	ABS 改性	2118506	7.52	13
3	LG 化学(广州)工程塑料有限公司	ABS 改性	1606300	5.70	9
4	东丽塑料(深圳)有限公司	ABS 改性	1442318	5.12	12
5	中国石化国际事业有限公司	ABS 贸易商	1265000	4.49	14
出　口　总　计			28176167	100.00	716

表 104　2006～2009 年我国 ABS 树脂进口来源

进口来源	2006 年		2007 年		2008 年		2009 年	
	进口量/万吨	比例/%	进口量/万吨	比例/%	进口量/万吨	比例/%	进口量/万吨	比例/%
中国台湾	90.35	44.84	102.37	47.43	92.23	47.25	101.45	46.79
韩　国	68.92	34.21	72.64	33.65	62.83	32.19	73.35	33.83
日　本	13.24	6.57	13.77	6.38	13.84	7.09	9.42	4.34
马来西亚	10.53	5.23	10.57	4.90	11.07	5.67	14.42	6.65
泰　国	8.73	4.33	8.39	3.88	7.12	3.65	9.47	4.37
美　国	1.98	0.98	2.23	1.03	1.96	1.01	1.31	0.60

续表

进口来源	2006 年		2007 年		2008 年		2009 年	
	进口量/万吨	比例/%	进口量/万吨	比例/%	进口量/万吨	比例/%	进口量/万吨	比例/%
中国香港	0.33	0.16	0.20	0.09	0.16	0.08	0.22	0.01
新加坡	0.40	0.20	0.18	0.08	0.17	0.09	0.14	0.06
其　他	6.99	3.48	5.56	2.56	4.63	2.37	7.03	3.24
合　计	201.47	100.00	217.27	100.00	195.19	100.00	216.81	100.00

表 105　2003 ~ 2009 年我国 ABS 树脂进出口量统计

产品 \ 年份	项　目	2004	2005	2006	2007	2008	2009
ABS 树脂	进口/万吨	196.31	198.70	201.474	217.275	195.186	216.81
同比增长	/%	9.66	1.22	1.40	7.84	-10.17	11.08
ABS 树脂	出口/t	15870	14240	19580	32357	43264	49816
同比增长	/%	-25.90	-10.27	37.50	65.26	33.71	15.15
改性的 ABS 树脂	进口/万吨						18.34
	出口/t						21643
ABS 共聚物	进口/万吨						198.47
	出口/t						28176

1. 资料来源——历年国家海关统计
2. 改性的 ABS 树脂 2009 年才单独新列出代码，无历年数据，因此无法同比。

1. 2009 年 ABS 树脂进口增长

虽然中国 ABS 树脂产能和产量均增长很快，但仍不能满足国内实际生产需求，每年都需要大量进口。中国 ABS 树脂的需求量和进口量均已居全球第一，并成为世界 ABS 树脂第一大进口国。

随着国内产量的大幅度增长及技术水平的提高，未来几年 ABS 树脂进口量会有下降的趋势。今后随着生产能力的增加，自给率将不断增加，2010 年其自给率预计达到 80%。

我国 ABS 共聚物进出口均以进料加工贸易方式为主。

2009 年进口 183376006kg，进口平均价格 1946.79 美元/t。

从海关统计中可看出，2009 年改性初级形状的 ABS 树脂进口地有 18 个，中国台湾和韩国仍为我国 ABS 树脂进口的主要市场，2009 年，自韩国进口 105530750kg，进口平均价格 1909.61 美元/t，占总进口量的 57.56%；

自中国台湾进口 42260415kg，进口平均价格 11762.96 美元/t，占总进口量的 23.05%；

五原产进口地进口数量占改性初级形状的 ABS 树脂 2009 年总进口数量的 95.36%(表 106)。

表 106　2009 年改性初级形状的 ABS 树脂五大进口国家/地区统计

排序	原产进口地	进口金额/美元	进口数量/kg	占比例/%	进口商数量
1	韩　国	201523396	105530750	57.56	102
2	中国台湾	74503586	42260415	23.05	58
3	日　本	36311528	12494941	6.82	62
4	泰　国	13169510	8733353	4.76	17
5	马来西亚	9629480	5817823	3.17	20
进口总计		356994943	183376006	100.00	148

2009 年其他初级形状的 ABS 树脂进口 1984696326kg，同比上升 1.68%；进口平均价格 153.98 美元/t，比 2008 年同期(下同)下降 17.57%。

从海关统计中可看出，2009 年其他初级形状的 ABS 树脂进口地有 21 个，比 2008 年减少 1 个进口地，中国台湾和韩国仍为我国 ABS 树脂进口主要市场，2009 年，自中国台湾进口 972233283kg，同比上升 5.42%，进口平均价格 1486.221724.37 美元/t，比 2008 年同期(下同)下降 13.81%，占总进口量的 48.99%，比 2008 年增加 49942t；

自韩国进口 627980098kg，同比下降 0.06%，进口平均价格 1490.12 美元/t，比 2008 年同期(下同)下降 22.49%，占总进口量的 31.64%，比 2008 年减少 356t；

自上述两大主要市场进口数量之和占全部进口数量的 80.63%。

其次为马来西亚进口 138359482kg，同比增加进口 25.01%，占总进口量的 6.97%，比 2008 年进口增加 27682t；

泰国进口 86010323kg，同比上升 20.72%，占总进口量的 4.33%，比 2008 年进口增加 14765t；

日本进口 81715473kg，同比下降 40.98%，占总进口量的 4.12%，比 2008 年进口减少 56734t；

五原产进口地进口数量占其他初级形状的 ABS 树脂 2009 年总进口数量的 96.05%，比 2008 年上升 0.20%(表 107)。

表 107　2009 年其他初级形状的 ABS 树脂五大进口国家/地区统计

排序	原产进口地	进口金额/美元	进口数量/kg	占比例/%	进口商数量
1	中国台湾	1444949604	972233283	48.99	150
2	韩　国	935765475	627980098	31.64	175
3	马来西亚	207139979	138359482	6.97	86
4	泰　国	125378633	86010323	4.33	60
5	日　本	186451614	81715473	4.12	127
进口总计		3040513483	1984696326	100.00	239

2. 出口逐年上升，2009 年 ABS 树脂出口继续增长

与其他几大通用塑料原料相比，中国 ABS 树脂的出口一直处于较低水平，2004 年、2005 年出口量还出现持续下降的现象，虽然 2006 年出口大幅增加，但整体出口量基本与 2002 年持平。

随着我国合成树脂工业的发展，2006 年，我国 ABS 树脂出口出现止跌回升，出口数量取得了大幅跃进，但绝对数量仍处于较低水平，仍以进口为主。

虽然出口量大幅增加，但绝对量仍处于较低水平。

2009 年，我国改性初级形状的 ABS 树脂共出口 21642821kg，出口平均价格为 2112.94 美元/t；

从海关统计中可看出，2009 年改性初级形状的 ABS 树脂出口地有 25 个；

中国香港地区为中国内地改性初级形状的 ABS 树脂最主要的出口目的地，2009 年中国内地共向中国香港地区出口改性初级形状的 ABS 树脂 12217137kg，占全部出口量的 56.45%，出口平均价格 1954.23 美元/t。

其次为日本出口改性初级形状的 ABS 树脂 4232904kg，占全部出口量的 19.56%，出口平均价格 2386.08 美元/t；

墨西哥出口改性初级形状的 ABS 树脂 2299250kg，占全部出口量的 10.62%，出口平均价格 2679.77 美元/t；

印度出口改性初级形状的 ABS 树脂 976770kg，占全部出口量的 4.51%，出口平均价格 1609.18 美元/t。

马来西亚出口改性初级形状的 ABS 树脂 441600kg，占全部出口量的 2.04%，出口平均价格 1867.68 美元/t。

五出口地出口数量占改性初级形状的 ABS 共聚物 2009 年总出口数量的 93.18%(表 108)。

表 108　2009 年改性初级形状的 ABS 树脂五大出口国家/地区统计

排序	出口目的地	出口金额/美元	出口数量/kg	占比例/%	出口商数量
1	中国香港	23875037	12217137	56.45	23
2	日　本	10100046	4232904	19.56	15
3	墨西哥	6161454	2299250	10.62	1
4	印　度	1571798	976770	4.51	5
5	马来西亚	824766	441600	2.04	6
出口总计		45730053	21642821	100.00	51

2009 年，我国共出口其他 ABS 树脂 28176167kg，比 2008 年同期(下同)下降 34.87%，出口平均价格 1516.96 美元/t，比 2008 年同期(下同)下降 24.17%；

有关数据显示，从海关统计中可看出，2009 年其他 ABS 共聚物出口地有 24 个，比 2008 年减少 1 个出口地。

中国香港地区为中国内地其他 ABS 树脂最主要的出口目的地，2009 年中国内地共向中国香港地区出口其他 ABS 树脂 24334643kg，同比大幅下降 25.97%，占全部出口量的 86.42% 以上，出口平均价格 1490.16 美元/t，比 2008 年同期(下同)下降 21.85%。

其次为越南其他改性初级形状的 ABS 树脂 785829kg，占全部出口量的 2.79%，出口平均价格 1286.96 美元/t；

日本出口其他初级形状的 ABS 树脂 647238kg，占全部出口量的 2.30%，出口平均价格 2075.03 美元/t，比 2008 年同期(下同)下降 22.57%；

中国台湾出口其他初级形状的 ABS 树脂 620577kg，占全部出口量的 2.20%，出口平均价格

1583.30 美元/t，比 2008 年同期（下同）下降40.91%；

泰国出口其他初级形状的 ABS 树脂 362990kg，占全部出口量的 1.29%，出口平均价格 1561.48 美元/t，比2008年同期(下同)下降33.27%；

五出口地出口数量占其他 ABS 共聚物2009 年总出口数量的 95.00%，比 2008 年上升 4.33%（表109）。

表 109　2009 年其他初级形状的 ABS 树脂五大出口国家/地区统计

排序	出口目的地	出口金额/美元	出口数量/kg	占比例/%	出口商数量
1	中国香港	36262591	24334643	86.42	37
2	越　南	1011330	785829	2.79	10
3	日　本	1343039	647238	2.30	19
4	中国台湾	982560	620577	2.20	13
5	泰　国	566818	362990	1.29	6
出口总计		42742018	28176167	100.00	84

在一定程度上，进口料的大幅增加，增强与国产料之间的竞争，从而进一步遏制原料价格增长的空间。同时随着国外中东地区聚烯烃产量增加，由于中东地区原料成本相对较低，价格相对便宜，将逐渐取代欧洲、北美及日本产品，成为供应我国的主要来源地，加之国内中石油、中石化与中海油不断增加产量，满足市场对合成树脂产量、质量的需求，这样也导致聚烯烃产品、尤其是聚乙烯树脂市场价格能保持相对的稳定。

除以上的因素外，政府对经济的宏观调控也将影响塑料行业，政府还是有意控制一些国内重要商品的价格，试图减少大宗商品对国内的冲击。同时石化统销策略的完善和市场控制力的增强，也将减小塑料现货价格的波动频率并锁定行业一部分利润空间。

五、2008 年 ABS 消费暴跌国内自给率下降

2009 年 ABS 表观消费量 343.82 万吨，比上年增长 13.15%。

2003～2009 年间 ABS 表观消费量年均增长率为 4.13%，低于同期产量年均增长率 1.92%（表 110）。

表 110　2002～2008 年国内 ABS 表观消费量统计资料

项目 \ 年份	2003	2004	2005	2006	2007	2008	2009
表观消费量/kt	2696.70	2967.230	3132.80	3273.66	3770.39	3038.60	3438.24
年增长率/%	26.05	10.03	5.58	4.50	15.17	–19.41	13.15
国内自给率/%	34.42	34.38	37.03	39.05	43.23	37.19	38.39

1. ABS 进口消费省市流向珠江三角洲和长江三角洲

从海关资料来看，2009 年改性初级形状的 ABS 树脂进口消费省市有 21 个。

主要进口流向为广东省、江苏省、福建省、上海市和浙江省，前五位 2009 年改性初级形状的 ABS 树脂进口消费省市进口量占总进口量的 77.97%（表111）。

表 111　2009 年改性初级形状的 ABS 树脂五大进口省市统计

排序	进口省市	进口金额/美元	进口数量/kg	占比例/%	进口商数量
1	广东省	108324857	56697820	30.92	27
2	江苏省	69613892	35279696	19.24	22
3	福建省	46338303	26914483	14.68	6
4	上海市	28550270	13204066	7.20	13
5	浙江省	24071099	10874223	5.93	16
进口总计		356994943	183376006	100.00	148

从海关资料来看，2009 年其他初级形状的 ABS 树脂进口消费省市有 20 个，比 2008 年进口减少 1 个进口消费省市。

主要进口流向为广东省、浙江省、江苏省、上海市和山东省，前五位 2009 年其他初级形状的 ABS 树脂进口消费省市进口量占总进口量的 94.23%，比 2008 年进口增加 1.61%（表 112）。

表 112　2009 年其他初级形状的 ABS 树脂五大进口省市统计

排序	进口省市	进口金额/美元	进口数量/kg	占比例/%	进口商数量
1	广东省	1853390900	1216365908	61.29	45
2	浙江省	384933847	279291084	14.07	23
3	江苏省	290810699	185660249	9.35	30
4	上海市	180420946	108375294	5.46	24
5	山东省	148616073	80664366	4.06	22
进口总计		3040513483	1984696326	100.00	239

2009 年 ABS 共聚物主要进口流向为广东省，进口商有 45 家，比上年减少 125 个进口商，进口数量 1216365908kg，占总进口数量的 61.29%，比 2008 年进口减少 111778 吨；

其次为浙江省，进口商有 23 家，比上年减少 46 个进口商，进口数量 279291084kg，占总进口数量的 14.07%，比 2008 年增加 156401 吨；

江苏省，进口商有 30 家，比上年减少 62 个进口商，进口数量 185660249kg，占总进口数量的 9.35%，比 2008 年进口增加 1290 吨；

上海市，进口商有 24 家，比上年减少 55 个进口商，进口数量 108375294kg，占总进口数量的 5.46%，比 2008 年进口减少 17 吨；

山东省，进口商有 22 家，比上年减少 39 个进口商，进口数量 80664366kg，占总进口数量的 4.06%，比 2008 年进口增加 16865 吨。

2. ABS 共聚物进口商以贸易为主

从海关资料来看，2009 年改性初级形状的 ABS 树脂进口商有 863 家，前八位改性初级形状的 ABS 树脂进口商进口量占总进口量的 22.75%。

东莞对外加工装配服务公司、福清福捷塑胶有限公司、苏州瑞登科技有限公司、深圳宝安外经发展有限公司、福建日新塑料制品有限公司、山东省国际贸易集团中心、凯硕电脑(苏州)有限公司、博西华家用电器有限公司，分别位居 2009 年改性初级形状的 ABS 树脂进口量 1 ~8 位，进口量分别占总进口量的 4.77%、3.44%、3.12%、2.84%、2.72%、2.19%、2.01% 和 1.66%(表 113)。

初级形状的 ABS 树脂八大进口商中有生产使用企业和进口贸易商各五家和三家，分别占总进口量的 12.95% 和 9.80%。

从资料分析，2009 年改性初级形状的 ABS 树脂进口商有 863 家，二十五大进口商中有六大进口贸易商进口量占总进口量的 13.10%。

从资料分析，2009 年改性初级形状的 ABS 树脂进口生产使用企业以建材工业、塑胶工业、家用电器工业、塑料制品、电子工业为主，其中十九大进口生产企业进口量占总进口量的 29.67%。

福清福捷塑胶有限公司 2009 年改性初级形状的 ABS 树脂进口 6301275kg，占总进口量的 3.44%；

苏州瑞登科技有限公司 2009 年改性初级形状的 ABS 树脂进口 5711500kg，占总进口量的 3.12%；

福建日新塑料制品有限公司 2009 年改性初级形状的 ABS 树脂进口 4980875kg，占总进口量的 2.72%；

凯硕电脑(苏州)有限公司 2009 年改性初级形状的 ABS 树脂进口 3686725kg，占总进口量的 2.01%；

博西华家用电器有限公司 2009 年改性初级形状的 ABS 树脂进口 3043200kg，占总进口量的 1.66%。

从海关资料来看，2009 年 ABS 共聚物进口商有 4380 家，比 2008 年减少 216 家进口商，前八位 ABS 共聚物进口商进口量占总进口量的 18.36%，比 2008 年下降 6.38%。

东莞对外加工装配服务公司、深圳宝安外经发展有限公司、深圳龙岗区对外经济发展有限公司、宁波晶圆贸易有限公司、浙江前浪进出口有限公司、鸿富锦精密工业(深圳)有限公司、广州金发科技股份有限公司、镇江奇美化工有限公司，分别位居 2009 年 ABS 共聚物进口量 1 ~8 位，进口量分别占总进口量的 4.35%、4.19%、2.96%、2.03%、1.69%、1.69%、1.67% 和 1.47%。

从资料分析，2009 年 ABS 共聚物进口商有 4380 家，二十五大进口商中有十二大进口贸易商进口量占总进口量的 17.56%。

从资料分析，2009 年 ABS 共聚物进口生产使用企业以塑料改性工业、建材工业、家用电器工业、电子工业为主，其中十三大进口生产企业进口量占总进口量的 11.67%(表 114)。

鸿富锦精密工业(深圳)有限公司 2009 年其他初级形状的 ABS 树脂进口 33572225kg，比 2008 年进口增加 0.78%，比 2008 年增加进口 260t；

广州金发科技股份有限公司 2009 年其他初级形状的 ABS 树脂进口 33142605kg，比 2008 年进口增加 66.37%，比 2008 年增加进口 13222t；

表 113　2009 年改性初级形状的 ABS 树脂五大进口商统计(863)

排序	进　口　商	所属行业	进口数量/kg	占比例/%	进口航次
1	东莞对外加工装配服务公司	进口贸易商	8746164	4.77	81
2	福清福捷塑胶有限公司	塑胶工业	6301275	3.44	39
3	苏州瑞登科技有限公司	电子工业	5711500	3.12	17
4	深圳宝安外经发展有限公司	进口贸易商	5210204	2.84	66
5	福建日新塑料制品有限公司	塑料制品	4980875	2.72	31
进　口　总　计			183376006	100.00	5761

表 114　2009 年其他初级形状的 ABS 树脂五大进口商统计(4380)

排序	进　口　商	所属行业	进口数量/kg	占比例/%	进口航次
1	东莞对外加工装配服务公司	进口贸易商	86269113	4.35	167
2	深圳宝安外经发展有限公司	进口贸易商	83137235	4.19	199
3	深圳龙岗区对外经济发展有限公司	进口贸易商	58818004	2.96	161
4	宁波晶圆贸易有限公司	进口贸易商	40309000	2.03	57
5	浙江前浪进出口有限公司	进口贸易商	33587000	1.69	47
进　口　总　计		1984696326		100.00	35648

镇江奇美化工有限公司 2009 年其他初级形状的 ABS 树脂进口 29130512kg，比 2008 年进口减少 19.24%，比 2008 年减少进口 6.938t；

浙江前程石化有限公司 2009 年其他初级形状的 ABS 树脂进口 24909025kg，占总进口量的 1.26%；

东丽塑料(深圳)有限公司 2009 年其他初级形状的 ABS 树脂进口 1634148kg，比 2008 年进口减少 0.61%，比 2008 年减少进口 100t。

六、2009 年价格走势

在 2009 年第一季度大部分时间内，行情仍处在“热生”当中，成交量低，场内交投气氛季度冷清，价格低位徘徊。随着国际原油、苯乙烯等上游运料以及石化厂家出厂价格逐步走强，令 ABS 价格渐渐回暖，至期末已经上升到 10500 元/t 上方，但成交量让未放大。

第二季度初，家电下乡、汽车下乡等新政策出台让行情延续了上一季度的涨势，继续摸高，累积涨幅达 1500 元，报 12000 元/t 左右。但随着利好消息被逐步消化，库存过高的现实压力，导致行情上升乏力，行情逐步进入弱势调整阶段。

在第三季度的大部分时间里，上游原料价格走势成为了 ABS 行情变幻的主导因素。在本季度的前中期，上游原料价格的上涨令行情突破调整区间，发力上攻，但到了季末，上游原料价格回落以及下游需求恶化等因素都令行情再次走低，下跌势头一直延续到了第四季度的初期。

在第四季度的中后期由于受到上游原料价格的走高，以及家电、汽车下乡等政策效果的逐步显现，令下游需求开始逐步活跃，同时也让 ABS 价格稳步走高，至期末价格已经达 13500 元的上方。

PS 的走势大致与 ABS 行情的走势相类似，第一季度先跌后升，但成交量一直匮乏，导致仅仅能勉强筑底 7200～7500 元。二季度行情在原油价格的带动下强劲上涨，成功收复 9000 元大关，涨幅在 1500～1800元。三季度 PS 行情受制于下游需求无法打开的困境影响，令行情先扬后抑，继续在 9000 元的上方震荡调整，四季度在国庆回来后行情在小幅下探低点后，掉头迅速上涨，行情逐步逼近万元关口，并在年末成功冲上万元大关，收于 10400 元附近(表 115～121)。

表 115　ABS 0215A 吉林石化 2009 年中国塑料城月均价走势　元/t

1 月	2 月	3 月	4 月	5 月	6 月
9718	10115	11254	12961	11710	12038
7 月	8 月	9 月	10 月	11 月	12 月
12452	13016	12486	12561	12869	13578

表 116　ABS 750A 大庆石化 2009 年中国塑料城月均价走势　元/t

1 月	2 月	3 月	4 月	5 月	6 月
9756	10055	11127	12880	11684	12009
7 月	8 月	9 月	10 月	11 月	12 月
12434	12985	12469	12488	12788	13517

表 117　ABS HI－121H LG 甬兴 2009 年中国塑料城月均价走势　元/t

1 月	2 月	3 月	4 月	5 月	6 月
9700	10270	11527	13271	11736	12181
7 月	8 月	9 月	10 月	11 月	12 月
12482	13090	12747	12738	13071	13726

表 118　ABS AG15A1 宁波台化 2009 年中国塑料城月均价走势　元/t

1 月	2 月	3 月	4 月	5 月	6 月
9925	10275	11309	12976	11657	12163
7 月	8 月	9 月	10 月	11 月	12 月
12508	13000	12695	12747	13052	13773

表 119 ABS GP－22 韩国巴斯夫 2009 年中国塑料城月均价走势 元/t

1月	2月	3月	4月	5月	6月
11312	10400	11177	12857	11768	12100
7月	8月	9月	10月	11月	12月
12426	12919	12708	12432	12766	13578

表 120 ABS D－120 镇江国亨 2009 年中国塑料城月均价走势 元/t

1月	2月	3月	4月	5月	6月
12200	11000	11704	13176	12994	12818
7月	8月	9月	10月	11月	12月
13000	13352	13400	13400	13500	14008

表 121 ABS PA－757K 镇江奇美 2009 年中国塑料城月均价走势 元/t

1月	2月	3月	4月	5月	6月
9900	10330	11363	12976	11863	12372
7月	8月	9月	10月	11月	12月
12608	13090	12808	12817	13142	13808

七、发展趋势

1. 吉林石化公司 40 万吨 ABS 建设项目开工奠基

2009 年 7 月 17 日上午，吉林石化公司合成树脂厂年产 1000 万吨炼油扩建暨年 40 万吨 ABS 建设项目开工奠基仪式隆重举行。

年 1000 万吨炼油扩建项目包括常减压蒸馏、催化裂化、气体分馏、柴油加氢、汽油加氢和硫黄回收六个子项目。除硫黄回收装置将于今年年底建成投产外，其他装置将于 2010 年 10 月建成投产。年 40 万吨 ABS 建设项目，包括年 20 万吨 ABS 专用料生产线、年 20 万吨 ABS 通用料生产线和年 32 万吨苯乙烯装置三个子项目，计划 2011 年 10 月建成投产。投产后，吉林石化 ABS、苯乙烯年生产能力将分别达到 58 万吨和 46 万吨。

2. 中海油联手 LG 化学建年产 30 万吨 ABS 工厂

韩国 LG 化学周二发表公告宣布，该公司将与中海油联手在广东惠州兴建一家年产 30 万吨丙烯腈－丁二烯－苯二烯共聚物（AcrylonitrileButadieneStyrene，简称 ABS）的工厂。两家公司将向这家新工厂总计投资 3.7 亿美元，各自持股 50%。

这家工厂将于 2010 年上半年开始建设。LG 化学表示，第一期工程产能为 15 万吨，将于 2011 年下半年开始商业化生产；第二期工程将于 2013 年建设。

LG 化学是韩国销售额排名第一的化学制品公司，通过本次合资，LG 化学计划在 2012 年前将位于中国的 ABS 工厂产能从现有的 58 万吨提高至 70 万吨。

上述最新计划将使该公司 ABS 工厂年均总产能提高到 160 万吨，其中包括韩国工厂的 60 万吨。

3. 镇江奇美 10 万吨 ABS 扩建项目 8 月末完成调试

镇江奇美年 10 万吨 ABS 扩建项目于 2009 年 8 月末进入调试阶段，其 ABS 总产能将达到 70 万吨/年，包括镇江奇美原有年 35 万吨、镇江国亨年 25 万吨以及镇江奇美新扩年 10 万吨，成为国内最大的 ABS 生产基地，投产后，势必将增加对于丙烯腈的采购量。

4. 辽宁华锦 15 万吨 ABS 新项目 12 月份进入试车阶段

因 2008 年底，盘锦乙烯有限责任公司破产重组，旗下年产 5 万吨 ABS 生产装置从 2009 年 1 月 5 日起停车，持续至同年 6 月 10 日试探重新启动，维持到 7 月中旬因造粒段故障而意外停车，随后因原料丁二烯短缺未能如期恢复运行，11 月份该装置开车，下旬因原料丙烯腈供应不足而再次停车，期间因公司抬头“盘锦乙烯”已经弃用，厂方表示财务等相关事宜暂时归入总公司辽宁华锦集团，至截稿前这套 5 万吨的 ABS 装置暂时没有开车计划，其 15 万吨的 ABS 新扩项目已经于 2009 年第四季度建设完成，随后在 2009 年 12 月份进入试车阶段，然而至截稿前具体投产时间也没有确定。

5. 上海自主开发 20 万吨级本体法 ABS 项目动工

2009 年 12 月 29 日，我国首个 20 万吨/年连续本体法 ABS 树脂项目一期工程在上海化学工业区开工建设。由上海华谊聚合物有限公司自主研发建设的这一项目，不仅对提高国内 ABS 树脂生产技术水平具有里程碑意义，而且标志着我国合成材料产业加速产品结构调整、自主开发高端合成树脂产品又迈出新的步伐。

在建设上海华谊聚合物有限公司 20 万吨/年本体法 ABS 项目之前，我国还没有自主研发的本体法 ABS 树脂项目，国内已建和在建的 ABS 项目，全部采用的是引进的乳液法技术。

据了解，本体法 ABS 技术是一种绿色聚合技术，具有投资省、工艺流程短、灵活性高、无废水排放等优点和低污染、低成本、低能耗的特点，代表着 ABS 树脂生产技术的发展方向。而且，以该技术生产的 ABS 树脂，光泽低、着色易、单体残留量低，再加具备优良的机械性能，因而在汽车、电子电气、塑料合金等众多领域具有很强的竞争优势。

上海华谊聚合物有限公司是上海华谊(集团)公司全资子公司，也是华谊集团自主开发本体法 ABS 树脂生产技术并实施产业化的平台。华谊聚合物公司经过多年攻关，终于打破了跨国公司的技术垄断，研发出了具有自主知识产权的本体聚合 ABS 工业化成套技术，填补了国内空白。

目前，其核心技术已经获得国家发明专利，20 万吨/年本体法 ABS 项目也被列为上海市高新技术成果转化项目和新增中央投资重点产业振兴和技术改造专项资金项目。

此次开工的本体法 ABS 项目一期工程，总投资近 5 亿元，计划 2010 年底建成投产，预计年销售收入可达 5.49 亿元。

2010 年我国以及世界经济大环境将会进一步好转，经济复苏将会加大对原油的需求，原油价格以及上游原料价格也将会进一步的上升。

与此同时，国家 4 万亿投资效果将会在 2010 年进一步显现，下游需求将会有一个更为明显的提升，这些都将会成为 2010 年 ABS 走强的利好因素。

另外，利空因素就是明年经济复苏程度的不确定性，现在许多发达国家的经济复苏仍然步履满跚。许多专业学者都预测本次金融危机存在第二波冲击的可能性，若真的存在二次触底，那么对世界经济的危害将会造成怎样的后果现在还是一个未知数。

我们预计在 2010 年 ABS 行情将会在年初继续稳步上扬，但行情在二三季度将会存在一定的回调机会，到了第四季度，行情将会重新坚挺。

第七章　聚氯乙烯树脂 2009 年进口增长出口和自给率下降

一、2009 年聚氯乙烯产量实现同比正增长

1. 2009 年聚氯乙烯生产概述

2009 年 5 月，在完成对内蒙古海吉氯碱公司的收购后，内蒙古宜化全面恢复了原海吉氯碱 15 万吨电石、6 万吨烧碱、8 万吨 PVC 的生产能力，并投资 40 亿元建设了年产 60 万吨电石、40 万吨烧碱、40 万吨 PVC、20 万吨甲酸钠项目。工程全部投产后，可实现年销售收入 60 亿元，利税 8 亿元，新增就业岗位 2000 个。

湖北宜化于 2008 年 1 月进驻内蒙古以来，在鄂尔多斯市投资 30 亿元建设了年产 104 万吨大化肥项目；在巴彦淖尔市投资 15 亿元建设了 30 万吨硝铵项目；在鄂尔多斯市投资 40 亿元建设了 40 万吨 PVC 等项目，目前湖北宜化公司在内蒙古的投资总额已达 93 亿元。

2009 年上半年国内 PVC 市场仍相对低迷。国内 PVC 企业整体产品销售不畅、开工率较低、企业经营发展仍面临较大困境。虽然国家宏观调控的加强以及经济刺激措施效果的逐渐显现，当前 PVC 市场也出现些许回暖迹象，但企业生产经营方面仍存在一定压力。

2009 年 11 月 19 日内蒙古乌海化工股份有限公司 30 万吨/年 PVC 竣工投产。

据不完全统计数据来看，截至 2009 年底，中国聚氯乙烯的总生产能力达到创纪录的 1800 万吨，虽然有部分企业的生产装置因为特殊原因而将开车时间推迟，但总生产能力与 2006 年的 1200 万吨相比还是有大幅度的增加，增幅超过 30%，开工率仍低于六成。

统计数据显示，2009 年 12 月份全国聚氯乙烯产量为 83.1 万吨，同比增长 42.3%，1～12 月份的累计产量为 915.5 万吨，与 2008 年同期累计相比增加了 3.84%(表 122)。

2003～2009 年产量增长了 128.48%，年均增长率为 14.76%；

目前，新疆天业的开工率在 90% 以上；英力特从 2009 年末开始就处于满负荷生产状态。

2009 年 5 月成立以来，内蒙古宜化化工有限公司依靠资源优势、一流的技术优势和人才优势，不断发展壮大，正步入良性发展轨道。

2. 2009 年全国聚氯乙烯树脂月产量分析

虽然 2009 年全球金融危机不断蔓延深入，但中国氯碱行业的两大主要产品——烧碱、聚氯乙烯全年产量仍然实现了同比正增长。

表 122　2003～2009 年中国 PVC 产能产量统计

项目＼年份	2003	2004	2005	2006	2007	2008	2009
产能/kt	4300	6300	9100	12000	15200	16000	18000
年增长/%	22.86	23.26	44.44	31.87	26.67	5.26	12.50
产量/kt	4007.0	5032.0	6682.00	8238.0	9716.78	8816.42	9155.28
年增长/%	18.24	25.58	29.01	23.29	17.95	-9.27	3.84
开工率/%	93.19	79.84	79.17	68.65	67.15	55.10	50.86

上游原料方面的统计数据显示，2009 年 12 月全国电石产量为 130.8 万吨，同比增加 76%，1～12 月份的累计产量为 1503.3 万吨，累计同比增加 8.5%。

2009 年 12 月全国原盐产量为 398.3 万吨，同比增加 21.8%，1～12 月累计产量为 5845.1 万吨，累计同比增长 5.6%。

年头年尾往往属于 PVC 行业的淡季，但进入 2010 年，PVC 行业却呈现出淡季不淡的景气现象。据了解，新疆天业、英力特、氯碱化工、中泰化学等多家从事 PVC 生产的企业，开工率在年初均较高。

2009 年 1～2 月由于假期多，聚氯乙烯树脂生产量一般均较低，1～2 月产量仅占全年总产量的 7.27% 左右。

从统计数字来看，2009 年合成树脂生产上半年不正常，产量仍较低迷，但 6 月开始波动上升，6 月产量上升至 802kt；比 5 月上升 4.84%，产量增加了 37kt；9 月进一步上升，9 月产量比 7 月上升 9.20%，产量增加了 71kt；

12 月产量继续上升，12 月塑料树脂及共聚物树脂产量比 11 月上升 4.72%，产量增加达 38kt（表 123）。

表 123　2009 年全国聚氯乙烯树脂月产量统计　　kt

1～2 月		3 月	4 月	5 月	6 月
666		701	706	765	802
7 月	8 月	9 月	10 月	11 月	12 月
772	795	843	818	793	831

3. 我国聚氯乙烯生产相对集中于东部地区

中国聚氯乙烯（PVC）市场正在走向自给自足，并出现供过于求。这是由于受到当前经济危机与乙炔法 PVC 生产商经济性下降的双重影响。

目前我国共有 100 多家 PVC 生产企业，总能力近 1800 万吨/年，占世界总能力的近 33%。但是有些建设项目正在被搁置，2008 年到 2012 年的需求年增长率将仅为 4.4%，其中，电石法 PVC 企业已经占到企业总数的 92%，产量占 PVC 总产量的 75%。

乙炔法 PVC 生产商主要分布在我国北部、中部和西部地区，那里有廉价和丰足的电力、煤炭和原材料电石。

目前，国外 PVC 生产主要以乙烯路线为主，在我国，由于乙烯法 PVC 受原料乙烯、氯乙烯、二氯乙烷供应紧张，氧氯化工艺装置投资高等因素的影响，发展受到很大的制约。

而电石法 PVC 因其投入资金少，国产化程度高，工艺流程简单、利润空间相对较大等优势，成为我国当前 PVC 行业投资发展的热点，在今后几年，我国 PVC 装置的新建或扩建项目，大多数仍采用电石法原料，未来几年电石法原料路线仍将是我国 PVC 生产发展的主要来源。

虽然近几年我国 PVC 的发展十分迅速，但是，原料来源、国家政策、国际油价以及环保等因素将对其发展产生重大影响，尤其是最近一段时间，我国 PVC 行业整体低迷情况已显现出来。

2009 年全国 PVC 总产能突破 1800 万吨大关，比 2008 年增长 12.50%。

2003～2009 年 PVC 总产能增长了 418.60%，年均增长率为 26.95%。

从早年的大量进口，到近年来的产销基本平衡，再到现在出现供需失衡趋势。由此，我国 PVC 行业格局已发生深刻变化。

2009 年国内 31 省市中，仅海南、重庆、云南、甘肃省、西藏五省区暂无聚氯乙烯树脂生产。

从生产大区划分来看，聚氯乙烯树脂产能主要集中在华东、华北、西南、西北四大区，华北占全国总产能达 37.38% 以上；其次是华东七省市和西南地区，分别占全国总产能的 24.77% 和 12.97% 左右；西北三省区占 9.61% 左右。

2008～2009 年东西部聚氯乙烯树脂生产产量比较统计，2009 年东部地区聚乙烯树脂生产产量占全国总产能达 62.03%，中西部地区聚乙烯树脂生产产量占全国总产能达 37.97%（表 124）。

表 124　2008～2009 年东西部聚氯乙烯树脂生产产量比较统计　　t

东部地区	年　产　量		中西部地区	年　产　量	
	2009 年	2008 年		2009 年	2008 年
山　东	607786	550843	四　川	946446	794112
天　津	1453714	1400334	新　疆	452217	403110
江　苏	504135	519236	内蒙古	619221	403306
河　北	439224	351907	宁　夏	421429	428685
上　海	397415	379492	广　西	100122	93088
浙　江	578162	555431	陕　西	207047	230944

续表

东部地区	年产量		中西部地区	年产量	
	2009年	2008年		2009年	2008年
福建	27019	81972	青海	6145	5758
辽宁	145466	162603	山西	150776	145838
北京	0	103	湖北	324266	250461
黑龙江	13685	43128	贵州省	34341	47661
广东	281545	215525			
安徽	142196	95221			
河南	759147	719850			
湖南	167821	140889			
江西	10827	11805			
吉林	151028	75322			
合计	5679170	5303661	合计	3476106	2942662

华东、华北、西北地区成为聚氯乙烯树脂产能相对集中的地区。进入2009年，行业产扩能工作依旧没有停止，新建、扩建项目仍旧陆续上马。

二、2009年出口

进出口方面，2009年因受到金融危机的影响出口数量急剧减少，而国外部分低价货源也大量涌入中国，对国内市场造成冲击。

海关统计数据显示，2009年9月份中国PVC(聚氯乙烯)出口连续第三个月出现增长，这也是自2007年初以来中国PVC出口最长的上升周期。9月中国共计出口PVC 57237t，比上月增长20%，比2008年同期增长94%。

市场人士表示，2009年9月中国PVC出口的大幅增长的主要原因有两个：其一是国际PVC下游市场需求增加；

其二是在乙烯价格上涨的过程中，中国电石法PVC生产商的竞争能力获得提高。近几个月来乙烯价格的大幅上扬已经增加了乙烯法PVC生产商的生产成本，于是电石法PVC生产商的成本优势得以体现。不过，一些生产商对当前市场的反弹仍持谨慎的态度。

但随着经济形势的好转，进口数量已经呈现下降走势，而出口外销也逐渐恢复。

聚氯乙烯反倾销复审胜诉以及聚氯乙烯出口退税上调虽然在2009年并未取得立竿见影的效果，但随着国际贸易形势的变化，反倾销和出口退税是对聚氯乙烯的进出口形势具有战略意义的政策。

2009年上半年，国内PVC(聚氯乙烯)市场处于低潮。1~2月底，由于春节长假和下游需求低迷，PVC市场震荡走低，每吨价格一度跌破6000元。从3月份开始，下游市场陆续进入加工旺季，PVC价格小幅上涨100~150元/t。4~6月，下游制品行业需求始终未有明显恢复，PVC涨势受阻，转入盘整状态。

2009年上半年国内PVC企业整体产品销售不畅、库存升高、开工率降低、亏损压力增加，尽管国家宏观调控政策的效果逐渐显现，企业生产经营仍面临较大困难。

1. 下游需求不旺，产能闲置问题突出

2009年上半年，由于需求不旺、“碱氯平衡”问题严重等原因，PVC生产企业开工率仍旧较低，价格低位徘徊，销售处于“去库存”状态。

受金融危机影响，2009年以来化工、钢铁、造纸、电解铝、纺织印染等烧碱下游领域开工率明显不足，尤其此前一度支撑烧碱市场高位运行的造纸、电解铝行业开工率明显下降，减少了对烧碱的需求。

作为PVC企业的副产品，烧碱产品大多为32%和50%的碱液，无法长期大量存储。烧碱需求的萎缩，迫使PVC企业只能降负荷生产。

PVC作为主要的耗氯产品，在很大程度上决定着氯碱企业的经济效益，PVC市场的低迷对企业发展影响巨大。

二季度以来，虽然PVC市场低迷的情况有所缓解，但氯碱企业烧碱销售困难，在一定程度上影响PVC开工率和氯碱企业的整体经济效益。

在这种形势下，PVC产能闲置问题较为突出。据中国氯碱网统计，2009年1~5月国内PVC总产量为344万吨，同比减少6.7%。出口方面，1~5月PVC纯粉累计出口量为2.61万吨，同比减少92.2%。

2. 期货上市促发展，出口重现曙光

2009年5月25日，大连商品交易所PVC期货上市。此后，除了现货市场外，生产企业又多了一条交易途径，并可以通过期货套期保值业务的开展，增加一个有效控制经营风险和市场风险的工具。

PVC企业依托期货平台可提高国际市场话语权，实现期货、现货市场共同发展与繁荣。随着期货市场的逐渐成熟以及各方人士参与力度的加大，PVC期货对现货市场的影响力正逐渐加大，更多PVC生产企业对期货市场予以关注。

总体来看，未来一段时间，PVC市场仍面临较大的压力，行业整合、产能过剩、进口冲击、需求低迷等问题仍旧是行业需要面对的问题。

从新扩建装置的情况来看，由于受到市场、资金以及技术等因素的影响，大部分计划投产的项目延迟，总产能不会有大的变化，而部分长期停产的企业将面临被淘汰、整合的危险；市场方面，供需关系仍旧是决定市场走势的关键，国内市场需求相对稳定，国外市场仍有待恢复；

出口方面，由于中国PVC产能明显过剩，必须坚持走出口外销的道路，随着出口退税的提升以及国际原油价格的回升，国内电石法PVC成本优势重现，PVC的出口也将重现曙光。

预计2010年进口聚氯乙烯的数量将继续呈现下降走势，而聚氯乙烯的出口也将重现曙光。

3. 2009年国内聚氯乙烯树脂出口生产省市分析

2009年因行情突变，供需失衡，出口因海外市场及汇率等众多因素，造成出口突降。降幅达60.70%。

2009年初级形状的聚氯乙烯出口省市有24家，比2008年减少1个出口省市。

2009年初级形状的聚氯乙烯出口生产企业主要集中在新疆维吾尔自治区，出口商有6家，比2008年减少6个出口商，出口数量94342365kg，占总出口数量的40.04%，比2008年出口减少79631040kg，比2008年下降45.77%；

其次为天津市，出口商有3家，比2008年减少7个出口商，出口数量42712780kg，占总出口数量的18.13%，比2008年出口减少149266982kg，比2008年下降77.75%；

山东省出口商有6家，比2008年减少5个出口商，出口数量19654075kg，占总出口数量的8.34%，比2008年出口减少2545954kg，比2008年下降11.47%；

上海市出口商有12家，比2008年减少7个出口商，出口数量17850015kg，占总出口数量的7.57%，比2008年出口减少22742549kg，比2008年下降56.03%；

江苏省出口商有9家，比2008年减少7个出口商，出口数量13289627kg，占总出口数量的5.64%，比2008年出口减少48231177kg，比2008年下降78.40%。

五省市出口商有36家，占总出口商数量的41.38%，出口数量占初级形状的聚氯乙烯2009年总出口数量的79.7285.01%，比2008年减少5.29%（表125）。

表125　2009年初级形状的聚氯乙烯（未掺其他物质）三大出口省市统计

排序	出口省市	出口金额/美元	出口数量/kg	占比例/%	出口商数量
1	新疆维吾尔自治区	80748896	94342365	40.04	6
2	天津市	35577983	42712780	18.13	3
3	山东省	17074970	19654075	8.34	6
出口总计		202189505	235649410	100.00	87

2009年初级形状的未塑化聚氯乙烯出口省市有23家，与2008年持平。

初级形状的未塑化聚氯乙烯出口生产企业主要集中在浙江省，出口商有13家，比2008年增加3个出口商，出口数量1176225kg，占总出口数量的18.56%，比2008年出口增加616518kg，比2008年增加110%；

其次为广东省，出口商有8家，比2008年减少9个出口商，出口数量1078553kg，占总出口数量的17.02%，比2008年出口增加286700kg，比2008年增加110%；

天津市出口商有1家，比2008年减少1个出口商，出口数量986400kg，占总出口数量的15.56%，比2008年出口增加370292kg，比2008年增加60.10%；

福建省出口商有3家，比2008年减少1个出口商，出口数量498654kg，占总出口数量的7.87%，比2008年出口增加420804kg，比2008年增加639.74%；

北京市出口商有3家，比2008年减少2个出口商，出口数量491107kg，占总出口数量的7.75%，比2008年出口增加216.384kg，比2008年增加78.55%。

五省市出口商有28家，占总出口商数量的46.67%，2009年出口数量占初级形状的未塑化聚氯乙烯总出口数量的66.76%（表126）。

2009年初级形状的已塑化聚氯乙烯出口省市有19家，比2008年增加1家。

表126　2009年初级形状的未塑化的聚氯乙烯三大出口省市统计

排序	出口省市	出口金额/美元	出口数量/kg	占比例/%	出口商数量
1	浙江省	1002008	1176225	18.56	13
2	广东省	859881	1078553	17.02	8
3	天津市	1270603	986400	15.56	1
出口总计		7157896	6338527	100.00	60

2009年初级形状的已塑化聚氯乙烯出口生产企业主要集中在广东省，出口商有20家，，比2008年减少22个出口商，出口数量17069111kg，占总出口数量的57.31%，比2008年下降15.55%；

其次为浙江省，出口商有20家，比2008年减少5个出口商，出口数量3290630kg，占总出口数量的11.05%，比2008年上升40.94%；

辽宁省出口商有5家，比2008年减少6个出口商，出口数量2010168kg，占总出口数量的6.75%，比2008年下降4.05%；

新疆维吾尔自治区出口商有8家，比2008年减少7个出口商，出口数量1972587kg，占总出口数量的6.62%，比2008年下降28.93%；

江苏省出口商有18家，比2008年减少14个出口商，出口数量1925486kg，占总出口数量的6.46%，比2008年下降35.12%。

五省市出口商有71家，占总出口商数量的54.20%，2009年出口数量占初级形状的已塑化聚氯乙烯总出口数量的88.19%(表127)。

表127　2009年初级形状的已塑化的聚氯乙烯三大出口省市统计

排序	出口省市	出口金额/美元	出口数量/kg	占比例/%	出口商数量
1	广东省	22010993	17069111	57.31	20
2	浙江省	4631674	3290630	11.05	20
3	辽宁省	3857070	2010168	6.75	5
出口总计		43173542	29786286	100.00	131

三、2009年进口增长出口下降

随着我国聚氯乙烯(PVC)行业的快速发展，我国聚氯乙烯进出口格局发生了重大变化，出口迅速扩张，进口逐年减少。

2004～2009年间，中国VCM聚合物出口量增长5.26倍，年均增长达44.34%；

虽然我国聚氯乙烯出口绝对数量仍然远远少于进口，但与2000之前我国聚氯乙烯几乎全部依靠进口，出口数量几乎为零的进出口格局相比，我国聚氯乙烯行业已经发生了实质性的飞跃，出口扩张速度也居五大合成树脂国之首。

2009年，我国共出口聚氯乙烯278.53kt，比2008年同期(下同)大幅下降达57.25%(表128)。

表128　2004～2009年PVC树脂进出口统计　kt

项目		2004	2005	2006	2007	2008	2009
初级状PVC，不掺其他物质	进口	1628.80	1307.49	1147.02	1014.33	797.54	1629.92
	出口	17.10	118.59	460.32	711.70	599.56	235.65
聚氯乙烯糊树脂	进口	—	—	—	—	63.24	85.54
	出口	—	—	—	—	7.61	3.29
初级状未塑化的PVC	进口	373.0	243.846	197.50	183.75	176.47	167.06
	出口	3.2	6.496	14.622	12.86	5.75	6.34
初级状已塑化PVC	进口	108.5	109.934	107.634	105.80	89.53	72.65
	出口	23.1	24.491	24.431	28.43	33.38	29.79
氯乙烯-乙酸乙烯酯共聚物	进口	9.20	7.40	96.64	11.61	9.24	8.83
	出口	0.32	0.24	0.55	1.15	1.20	2.41
其他氯乙烯共聚物	进口	8.50	8.30	6.04	7.34	8.93	7.90
	出口	0.10	0.77	1.33	2.12	2.50	1.05
合计	进口	2129.20	1678.70	1467.85	1325.34	1148.47	1971.90
	出口	44.45	151.70	501.26	757.71	651.59	278.53
净进口	合计	2084.75	1527.00	966.59	567.63	496.88	1693.37
年增长/%		-7.43	-26.76	-36.70	-41.27	-12.46	240.80

2004～2009 年间，中国 VCM 聚合物进口量下降 7.39%，年均下降达 1.52%；

2004～2009 年间，中国 VCM 聚合物净进口量下降 18.77%，年均下降达 4.07%。

1. 继续对进口聚氯乙烯实施反倾销措施

中国商务部 2009 年 9 月 28 日公布 2009 年第 69 号公告，决定自 2009 年 9 月 29 日起，继续对原产于美国、韩国、日本、俄罗斯和中国台湾地区的进口聚氯乙烯实施反倾销措施，实施期限为五年。

公告称，2003 年 9 月 29 日，商务部发布 2003 年第 48 号公告，决定对原产于美国、韩国、日本、俄罗斯和中国台湾地区的进口聚氯乙烯实施最终反倾销措施，实施期限为五年。2008 年 9 月 28 日，商务部决定对上述产品所适用的反倾销措施进行期终复审调查。

商务部经调查裁定，如果终止原反倾销措施，原产于美国、韩国、日本、俄罗斯和中国台湾地区的进口聚氯乙烯对中国大陆的倾销以及对相关产业造成的损害可能继续发生。因此，自 2009 年 9 月 29 日起，进口经营者在进口上述产品时，应向中国海关继续缴纳相应的反倾销税。

2. 受低成本冲击，进口产品大量涌入

从 2008 年四季度开始，由于国际原油价格的大幅回落，国外乙烯法 PVC 成本降低，大量进口 PVC 涌入国内市场，尤其是前几年受到反倾销限制而无法进入国内市场的一般贸易方式死灰复燃，挤占国内市场份额，对 2009 年原本低迷的国内市场更是雪上加霜。

国内有约 75% 的 PVC 生产商以电石为主要原料，而当前电石价格的下跌幅度远远小于原油和乙烯价格的下跌幅度。

国内电石价格比 2008 年峰值价格下跌了约 25%，而同期原油价格下跌 50% 以上，甚至一度超过 60%。由于不能与进口乙烯基 PVC 相竞争，中国 PVC 生产商采取了削减开工率或停工的措施，这使得当前国内 PVC 产业的平均开工率仅为 50%～60%。

据统计，2009 年 1～4 月，我国共进口 PVC82.838 万吨，同比增长了 101.85%。其中，进口 PVC 纯粉 75.87 万吨，同比猛增 141.27%。1～5 月 PVC 纯粉累计进口量为 91.55 万吨，同比增长 153.96%。

2009 年 PVC 进口主要来源为日本（占 PVC 总进口量的 21.80%），其次为中国台湾（占 PVC 总进口量的 19.20%）、美国（占 PVC 总进口量的 17.32%）、韩国（占 PVC 总进口量的 8.70）、泰国（占 PVC 总进口量的 4.47%）、印度尼西亚（占 PVC 总进口量的 4.44%）等。

2009 年六大 PVC 进口主要来源占总进口量 75.95%，仅占 PVC2009 年国内供应源总资源 13.8111.15%，比 2008 年上升 2.66%。

国产料以中低档产品为主，主要的竞争对手来自日本、中国台湾、韩国、泰国等地区。

3. 2009 年初级形状的聚氯乙烯（不掺其他物质）进口增长、出口下降

从海关统计中可看出，2009 年初级形状的聚氯乙烯（不掺其他物质）进口地有 28 个，比 2008 年增加 1 个进口地，进口 1629923138kg，同比增长 104.37%。

主要进口地为日本，进口数量 391988872kg，占总进口量的 24.05%，同比增长 19.75%；

其次为中国台湾，进口数量 326112173kg，占总进口量的 20.01%，同比增长 16.74%；

美国进口数量 302156899kg，占总进口量的 18.54%，同比增长 391.24%；

韩国进口数量 107870899kg，占总进口量的 6.62%，同比增长 228.48%；

印度尼西亚进口数量 84810700kg，占总进口量的 5.20%，同比增长 160.68%；

五进口地进口数量占初级形状的聚氯乙烯（不掺其他物质）2009 年总进口数量的 74.42%，比 2008 年下降 17.70%（表 129）。

表 129　2009 年初级形状的聚氯乙烯（未掺其他物质）三大进口国家/地区统计

排序	原产进口地	进口金额/美元	进口数量/kg	占比例/%	进口商数量
1	日　本	304414413	391988872	24.05	97
2	中国台湾	252613896	326112173	20.01	83
3	美　国	210780735	302156899	18.54	59
进口总计		1210054507	1629923138	100.00	162

从海关统计中可看出，2009 年初级形状的初级形状的聚氯乙烯（不掺其他物质）出口地有 70 个，比 2008 年减少 1 个出口地，出口 235649410kg，同比 60.70%。

主要出口地为俄罗斯，出口数量 69400105kg，占总出口数量的 29.45%，比 2008 年出口数量下降 59.05%；

其次为印度，出口数量 36927875kg，占总出口数量的 15.67%，比 2008 年减少出口数量 70.18%；

乌兹别克斯坦出口数量 19842640kg，占总出口数量的 8.42%，比 2008 年增加出口数量 1.36%；

土耳其出口数量 19338806kg，占总出口数量的

8.21%，比2008年出口数量增加22.71%；

哈萨克斯坦出口数量11413565kg，占总出口数量的4.84%，比2008年增加出口数量14.31%；

五出口地出口数量占初级形状的初级形状的聚氯乙烯(不掺其他物质)2009年总出口数量的66.59%，比2008年上升降6.45百分点(表130)。

表130 2009年初级形状的聚氯乙烯(未掺其他物质)三大出口国家/地区统计

排序	出口目的地	出口金额/美元	出口数量/kg	占比例/%	出口商数量
1	俄罗斯	60363103	69400105	29.45	20
2	印　度	30413571	36927875	15.67	20
3	乌兹别克斯坦	17588977	19842640	8.42	7
出口总计		202189505	235649410	100.00	87

4. 2009年初级形状未塑化的聚氯乙烯进口下降出口增长

从海关统计中可看出，2009年初级形状的未塑化聚氯乙烯进口地有32个，比2008年增加2个进口地，进口167057027kg，同比下降5.37%。

主要进口地为韩国，进口数量56293950kg，占总进口量的33.70%，比2008年下降3.21%；

其次为美国，进口数量31457019kg，占总进口量的18.83%，比2008年进口量增加1458.82%；

中国台湾进口数量31106196kg，占总进口量的18.62%，比2008年进口量减少50.09%；

日本进口数量25293680kg，占总进口量的15.14%，比2008年进口量减少20.71%；

马来西亚进口数量12989900kg，占总进口量的7.78%，比2008年进口量增加7.56%；

五原产进口地进口数量占初级形状的未塑化聚氯乙烯2009年总进口数量的94.07%，比2008年下降2.21%(表131)。

表131 2009年初级形状的未塑化的聚氯乙烯三大进口国家/地区统计

排序	原产进口地	进口金额/美元	进口数量/kg	占比例/%	出口商数量
1	韩　国	55407569	56293950	33.70	49
2	美　国	26465427	31457019	18.83	38
3	中国台湾	32757748	31106196	18.62	41
进口总计		166656778	167057027	100.00	119

从海关统计中可看出，2009年初级形状的未塑化聚氯乙烯出口地有38个，比2008年减少1个出口地，出口出口6338527kg，同比增长10.21%。

主要出口地为印度尼西亚，出口数量1625520kg，占总出口数量的25.65%，比2008年出口数量增加389.76%；

其次为俄罗斯，出口数量1135450kg，占总出口数量的17.91%，比2008年减少出口数量15.49%；

塞内加尔出口数量438750kg，占总出口数量的6.92%，比2008年出口数量增加65.04%；

哈萨克斯坦出口数量381517kg，占总出口数量的6.02%，比2008年出口数量减少55.37%；

吉布提出口数量380657kg，占总出口数量的6.01%；

五出口地出口数量占初级形状的未塑化聚氯乙烯2009年总出口数量的62.51%，比2008年下降2.41%(表132)。

表132 2009年初级形状的未塑化的聚氯乙烯三大出口国家/地区统计

排序	出口目的地	出口金额/美元	出口数量/kg	占比例/%	出口商数量
1	印度尼西亚	1159872	1625520	25.65	14
2	俄罗斯联邦	1419987	1135450	17.91	7
3	塞内加尔	518498	438750	6.92	1
出口总计		7157896	6338527	100.00	60

5. 2009年初级形状已塑化的聚氯乙烯进出口同比下降

从海关统计中可看出，2009年初级形状的已塑化聚氯乙烯进口地有29个，比2008年增加1个进口地，进口72650114kg，同比下降23.23%。

主要进口地为中国台湾，进口数量16468827kg，占总进口量的22.67%，比2008年进口量下降21.05%；

其次为日本，进口数量11549627kg，占总进口量的15.90%，比2008年进口量下降20.14%；

美国进口数量7743360kg，占总进口量的10.66%，比2008年进口量增加16.00%；

中华人民共和国进口数量7659135kg，占总进口量的19.54%,，比2008年进口量下降25.50%；

韩国进口数量6744454kg，占总进口量的9.28%，比2008年进口量增加1.69%；

五原产进口地进口数量占初级形状的已塑化聚氯乙烯2009年总进口数量的69.05%，比2008年进口量增加3.25%(表133)。

从海关统计中可看出，2009年初级形状的已塑化聚氯乙烯出口地有35个，比2008年减少3个出口地，出口29786286kg，同比下降19.76%。

表 133　2009 年初级形状的已塑化的聚氯乙烯三大进口国家/地区统计

排序	原产进口地	进口金额/美元	进口数量/kg	占比例/%	进口商数量
1	中国台湾	19626173	16468827	22.67	67
2	日　本	31982342	11549627	15.90	68
3	美　国	17297329	7743360	10.66	60
进口总计		130965731	72650114	100.00	172

主要出口地为中国香港，出口数量 10765281kg，占总出口数量的 36.14%，比 2008 年出口数量下降 24.86%；

其次为美国，出口数量 3216875kg，占总出口数量的 10.80%，比 2008 年出口数量增加 66.17%；

新加坡出口数量 2179033kg，占总出口数量的 7.32%，比 2008 年出口数量下降 0.09%；

越南出口数量 1985520kg，占总出口数量的 6.67%，比 2008 年出口数量增加 42.26%；

乌兹别克斯坦出口数量 1097374kg，占总出口数量的 3.68%，比 2008 年出口数量下降 14.76%；

五出口地出口数量占初级形状的已塑化聚氯乙烯 2009 年总出口数量的 64.6063.76%，比 2008 年出口数量增加 0.85%（表 134）。

表 134　2009 年初级形状的已塑化的聚氯乙烯三大出口国家/地区统计

排序	出口目的地	出口金额/美元	出口数量/kg	占比例/%	出口商数量
1	中国香港	14624098	10765281	36.14	22
2	美　国	4759638	3216875	10.80	20
3	新加坡	4680440	2179033	7.32	9
出口总计		43173542	29786286	100.00	131

四、消费

2003 ~2009 年间 PVC 树脂总表观消费量年均增长 9.60%，低于同期产量年均增长率 5.16%（图 3）。

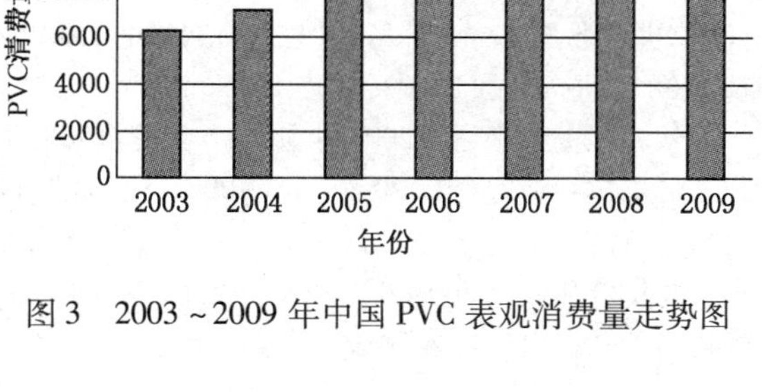

图 3　2003 ~2009 年中国 PVC 表观消费量走势图

2009 年我国 PVC 表观消费量为 1084.87 万吨，同比增长 16.49%（表 135 ~136）。

表 135　2010 年 PVC 消费结构

行　业	占比例/%	行　业	比例/%
管材管件	22.00	薄膜	15.00
型　　材	20.00	电线电缆	11.00
片材管材	6.00	人造革	6.00
其他硬制品	4.00	其他软制品	16.00

注：其他 PVC 软制品包括墙纸、发泡、材料以及地板革材。

表 136　2009 年 PVC 管材管件区域分布

省　市	占比例/%	省　市	占比例/%
广　东	16.90	四川	8.60
浙　江	17.20	新疆	3.80
山　东	11.10	湖北	6.00
福　建	10.00	上海市	4.30
京津冀	11.80	其他省市	10.30

由于国内建筑业项目延顺投入，对 PVC 管材、型材等硬制品需求大幅下降，导致 PVC 消费量下降。

1. 建材

聚氯乙烯行业的情况显示，塑料型材（包括板片材）2009 年产量为 320.3 万吨，累计同比增长 6.4%；塑料管及其附件 2009 年产量为 580.4 万吨，累计同比增长 18.9%。

PVC 的最大消费领域是型材、异型材和管材，主要用于建筑领域，所以未来国内房地产市场的发展态势对 PVC 的需求起决定性作用。

支撑 2009 年 PVC 消费回升的主要因素是房地产业的快速复苏。房地产业具有自身的周期性，房地产开发投资额在 6 月和 12 月有增长；而 PVC 需求的周期比房地产业的周期要滞后 3 个月左右，因此 PVC 的需求在 3 月和 9 月比较旺盛。

这与 PVC 的年内周期性相符。PVC 价格通常在 1 ~2 月较低，3 ~5 月价格加速上涨，年内首次高点，5 ~7 月价格平稳波动，7 ~9 月需求旺盛，价格达到年内高点，10 ~12 月需求低迷，价格回落。

我国房地产行业目前已显示出了强劲的复苏迹象。2009 年 1 ~5 月，房地产开发固定投资当月值已经超过了 2007 年的同期水平，恢复到了 2008 年的同期水平。其中 5 月份的房地产开发固定投资达到了 2875 亿元，较 2008 年 5 月的投资额增长了 12%；6 月份的投资额更是达到了 4340.12 亿元，同比增长 18%，增幅再度扩大。随着下半年经济自己措施效果的逐渐显现，房地产行业复苏的脚步更加坚实，对 PVC 的需求起到有力支撑。

PVC2009 年国内供应源总资源为 1084.87 万吨，国内自给率达 84.39%，比 2008 年国内自给率下降 10.27%。

根据市场研究公司 ChemSystems 新的研究，经济衰退之后，由于房屋开工率的复苏攀升，导致 2010 年聚氯乙烯(PVC)在全球建筑业的发展前景一片光明。中国和印度等人口众多的高消费国家使亚洲成为全球 PVC 消费增长的主要动力。

除此之外，墨西哥市场的增长以及美国需求的复苏将支持未来北美地区的高增长率。报告还指出，西欧出现了最低的增长，主要是因为西欧的人均消费已经很高了，GDP 处在低增长阶段。

在东欧和中东地区，由于石油资源的丰富，PVC 以飞速增长的态势不断发展着。而在南美洲的需求增长则受益于高速增长的 GDP 和基础设施的发展。

聚氯乙烯产能在中国和中东的发展被描叙为“史无前例”，需求的快速增长已经超过了发展需要。许多亚洲国家的新兴中产阶级导致了一个巨大的住房和城市基础设施领域的行成，从而使得出现了如中国的部分地区 PVC 出现了双位数的增长率。

目前这些地区的增长还不足以满足需求增长的要求，因此，这些地区未来的经济发展仍然是以依靠进口为主。

该研究公司还认为，尽管在过去 PVC 的整体销售中存在着环境和安全生产等负面影响，但是聚氯乙烯的低廉价格还是使得其在建筑行业材料中的广泛应用低位不断加强。

一些国家已经立法禁止含聚氯乙烯的塑料在儿童玩具中的使用，而 PVC 在食品包装中的消费量也有所下降。但另一方面，作为节约成本的好办法，PVC 在其他聚合物中使用更多了。此外，PVC 在一些聚烯烃电缆和电线中被替代和某些建设用地中的应用缓解了其在某些领域的增长。但是 PVC 在关键的建筑部门的成本竞争力有望持续增长。

2. PVC 进口消费省市集中流向东部沿海地区

从海关资料来看，2009 年初级形状的聚氯乙烯进口消费省市有 20 个，比 2008 年减少 1 个进口消费省市，前五位 2009 年初级形状的聚氯乙烯进口消费省市进口量占总进口量的 94.37%。

2009 年初级形状的聚氯乙烯主要进口流向为广东省，进口商有 31 家(比上年减少 68 个进口商)，进口数量 934539381559045355kg，占总进口数量的 57.34%，比 2008 年进口增加 67.17%；

其次为福建省，进口商有 11 家(比上年减少 15 个进口商)，进口数量 170338715kg，占总进口数量的 10.45%，比 2008 年进口增加 92.29%；

浙江省进口商有 18 家(比上年减少 21 个进口商)，进口数量 170141330kg，占总进口数量的 10.44%，比 2008 年进口增加 1420.20%；

上海市，进口商有 20 家(比上年减少 26 个进口商)，进口数量 151677443kg，占总进口数量的 9.31%，比 2008 年进口增加 122.11%；

江苏省，进口商有 22 家(比上年减少 29 个进口商)，进口数量 111329654kg，占总进口数量的 6.83%，比 2008 年进口增加 137.02%(表 137)。

表 137　2009 年初级形状的聚氯乙烯(未掺其他物质)三大进口省市统计

排序	进口省市	进口金额/美元	进口数量/kg	占比例/%	进口商数量
1	广东省	718000552	934539381	57.34	31
2	福建省	117512996	170338715	10.45	11
3	浙江省	114487835	170141330	10.44	18
进口总计		1210054507	1629923138	100.00	162

从海关资料来看，2009 年初级形状的未塑化聚氯乙烯进口消费省市有 18 个，比 2008 年 1 个，主要进口流向为河北省、江苏省、福建省、广东省和上海市，前五位 2009 年初级形状的未塑化聚氯乙烯进口消费省市进口量占总进口量的 95.94%。

2009 初级形状的未塑化聚氯乙烯主要进口流向为河北省，进口商有 7 家(比上年减少 10 个进口商)，进口数量 70086586kg，占总进口数量的 41.95%，比 2008 年进口增加 13.36%；

其次为江苏省，进口商有 18 家(比上年减少 21 个进口商)，进口数量 40553338kg，占总进口数量的 24.28%，比 2008 年进口增加 16.69%；

福建省，进口商有 8 家(比上年减少 6 个进口商)，进口数量 38514115kg，占总进口数量的 23.05%，比 2008 年进口减少 20.01%；

广东省进口商有 20 家(比上年减少 35 个进口商)，进口数量 9218934kg，占总进口数量的 5.52%，比 2008 年进口减少 59.38%；

上海市，进口商有 14 家(比上年减少 12 个进口商)，进口数量 1904923kg，占总进口数量的 1.14%，比 2008 年进口增加 56.02%(表 138)。

从海关资料来看，2009 年初级形状的已塑化聚氯乙烯进口消费省市有 20 个，比 2008 年增加 2 个，主要进口流向为广东省、江苏省、浙江省、上海市和天津市，前五位 2009 年初级形状的已塑化聚氯乙烯进口消费省市进口量占总进口量的 78.33%。

表 138　2009 年初级形状的未塑化的聚氯乙烯三大进口省市统计

排序	进口省市	进口金额/美元	进口数量/kg	占比例/%	进口商数量
1	河北省	75925654	70086586	41.95	7
2	江苏省	35736356	40553338	24.28	18
3	福建省	29386797	38514115	23.05	8
进口总计		166656778	167057027	100.00	119

2009 初级形状的已塑化聚氯乙烯主要进口流向为广东省，进口商有 32 家，进口数量 32868230kg，占总进口数量的 45.24%，比 2008 年进口减少 23.08%；

其次为江苏省，进口商有 32 家，进口数量 10027622kg，占总进口数量的 13.80%，比 2008 年进口减少 9.56%；

浙江省，进口商有 15 家，进口数量 4905072kg，占总进口数量的 6.75%，比 2008 年进口减少 28.14%；

上海市进口商有 17 家，进口数量 4727517kg，占总进口数量的 6.51%，比 2008 年进口减少 37.34%；

天津市，进口商有 13 家，进口数量 4380636kg，占总进口数量的 6.03%，比 2008 年进口增加 2.95%（表 139）。

表 139　2009 年初级形状的已塑化的聚氯乙烯三大进口省市统计

排序	进口省市	进口金额/美元	进口数量/kg	占比例/%	进口商数量
1	广东省	48926171	32868230	45.24	32
2	江苏省	22109662	10027622	13.80	25
3	浙江省	10170540	4905072	6.75	15
进口总计		130965731	72650114	100.00	172

2009 年初级形状的聚氯乙烯进口商共计有 991 家，比 2008 年增加 151 家进口商，进口额最高的八位进口商进口数量占总进口数量的 18.41%，比 2008 年减少 13.01%。

浙江远大进出口有限公司、宇达（中国）投资有限公司、广州宏信塑胶工业有限公司、上海海螺国际投资发展有限公司、上海荣威塑胶工业有限公司、深圳龙岗区对外经济发展有限公司、汕头市华翔塑胶有限公司、深圳宝安外经发展有限公司，分别位居 2009 年初级形状的聚氯乙烯进口量 1～8 位，进口量分别占总进口量的 3.99%、3.88%、2.40%、1.88%、1.55%、1.45%、1.45% 和 1.39%。

从资料分析，初级形状的聚氯乙烯进口生产使用企业以塑胶工业、装饰材料工业、建材工业、医保用品工业、塑料制品工业、电线电缆工业为主，2009 年初级形状的聚氯乙烯进口商二十五大进口，其中十二大进口生产企业进口量占总进口量的 14.59%。

浙江远大进出口有限公司 2009 年初级形状的聚氯乙烯进口 65002163kg，占总进口数量的 3.99%；

宇达（中国）投资有限公司 2009 年初级形状的聚氯乙烯进口 63291000kg，占总进口数量的 3.88%，比 2008 年进口减少 5.18%；

广州宏信塑胶工业有限公司 2009 年初级形状的聚氯乙烯进口 39054104 占总进口数量的 2.40%，比 2008 年进口增加 3.14%；

上海海螺国际投资发展有限公司 2009 年初级形状的聚氯乙烯进口 30620500kg，占总进口数量的 1.88%；

上海荣威塑胶工业有限公司 2009 年初级形状的聚氯乙烯进口 25279213kg，占总进口数量的 1.55%，比 2008 年进口减少 21.79%（表 140）。

表 140　2009 年初级形状的聚氯乙烯（未掺其他物质）三大进口商统计（991）

排序	进口商	所属行业	进口数量/kg	占比例/%	进口航次
1	浙江远大进出口有限公司	贸易商	65002163	3.99	60
2	宇达（中国）投资有限公司	贸易商	63291000	3.88	17
3	广州宏信塑胶工业有限公司	塑胶工业	39054104	2.40	19
进口总计			1629923138	100.00	7089

2009 年初级形状的未塑化的聚氯乙烯进口商共计有 325 家，进口额最高的八位进口商进口数量占总进口数量的 57.77%，全部为进口生产使用企业。

明达工业（福建）有限公司、张家港市易华塑料有限公司、唐山中红普林集团有限公司、

石家庄万力塑胶制品有限公司、石家庄鸿业塑胶制品有限公司、石家庄鸿远塑料制品有限公司、石家庄鸿翔塑料制品有限公司、宿迁市彩塑包装有限公司、分别位居 2009 年初级形状的未塑化的聚氯乙烯进口量 1～8 位，进口量分别占总进口量的 22.01%、7.65%、5.87%、5.81%、5.36%、4.67%、3.35% 和 3.05%。

从资料分析，初级形状的未塑化的聚氯乙烯进

口生产使用企业以塑胶工业、包装工业、建材工业、手套工业、塑料制品工业、电线电缆工业为主，2009年初级形状的聚氯乙烯进口商二十五大进口，其中十八大进口生产企业进口量占总进口量的82.71%。

明达工业(福建)有限公司2009年初级形状的未塑化的聚氯乙烯进口36776000kg，占总进口数量的22.01%；

张家港市易华塑料有限公司2009年初级形状的未塑化的聚氯乙烯进口12786000kg，占总进口数量的7.65%；

唐山中红普林集团有限公司2009年初级形状的未塑化的聚氯乙烯进口9811200kg，占总进口数量的5.87%；

石家庄万力塑胶制品有限公司2009年初级形状的未塑化的聚氯乙烯进口9714050kg，占总进口数量的5.81%；

石家庄鸿业塑胶制品有限公司2009年初级形状的未塑化的聚氯乙烯进口8952730吨，占总进口数量的5.36%(表141)。

表141　2009年初级形状的未塑化的聚氯乙烯三大进口商统计(325)

排序	进口商	所属行业	进口数量/kg	占比例/%	进口航次
1	明达工业(福建)有限公司	建材工业	36776000	22.01	28
2	张家港市易华塑料有限公司	塑料制品工业	12786000	7.65	12
3	唐山中红普林集团有限公司	塑料制品工业	9811200	5.87	25
进口总计			167057027	100.00	1684

2009年初级形状的已塑化的聚氯乙烯进口商共计有919家，进口额最高的八位进口商进口数量占总进口数量的23.23%。

苏州百特医疗用品有限公司、惠州住润汽车线业有限公司、大连爱丽思生活用品有限公司、东莞对外加工装配服务公司、宁波和富塑胶实业有限公司、正规电线电缆(东莞)有限公司、威海金元电线有限公司、中山市煌琪塑胶有限公司，分别位居2009年初级形状的已塑化的聚氯乙烯进口量1～8位，进口量分别占总进口量的5.06%、3.39%、3.22%、2.57%、2.46%、2.28%、2.16%和2.09%。

从资料分析，初级形状的已塑化的聚氯乙烯进口生产使用企业以塑胶工业、装饰材料工业、建材工业、医保用品工业、家用电器工业、改性树脂、工业电线电缆工业、玩具工业为主，2009年初级形状的聚氯乙烯进口商二十五大进口，其中二十一大进口生产企业进口量占总进口量的39.80%。

苏州百特医疗用品有限公司2009年初级形状的已塑化的聚氯乙烯进口3672901kg，占总进口数量的5.06%；

惠州住润汽车线业有限公司2009年初级形状的已塑化的聚氯乙烯进口2461850kg，占总进口数量的3.39%；

大连爱丽思生活用品有限公司2009年初级形状的已塑化的聚氯乙烯进口2340153kg，占总进口数量的3.22%；

东莞对外加工装配服务公司2009年初级形状的已塑化的聚氯乙烯进口1870294kg，占总进口数量的2.57%；

宁波和富塑胶实业有限公司2009年初级形状的已塑化的聚氯乙烯进口1790603kg，占总进口数量的2.46%(表142)。

表142　2009年初级形状的已塑化的聚氯乙烯三大进口商统计(919)

排序	进口商	所属行业	进口数量/kg	占比例/%	进口航次
1	苏州百特医疗用品有限公司	医保用品工业	3672901	5.06	13
2	惠州住润汽车线业有限公司	电线电缆工业	2461850	3.39	52
3	大连爱丽思生活用品有限公司	装饰材料工业	2340153	3.22	23
进口总计			72650114	100.00	5125

五、2009～2010年价格走势

1. 2010年PVC走势分析

在2009年，下游先导产业的复苏带动PVC为代表的化工产品需求，市场呈现恢复性上涨。展望2010年，业内人士预计，在通货膨胀预期及流动性充裕的影响下，PVC等化工产品期货价格有望迎来上市后的首轮大牛市。

纵观2009年，化工市场恢复性上涨成为主题。PVC价格3月份之后，脱离了2008年低点，起起伏伏，维持在6200～7000元波动，分别在2009年的4月、6月、8月及11月触及年内高点。

2009年7月中旬以来，PVC期货价格涨势凶猛，PVC0911合约价格由6800元/t一度上涨至7800元/t。尽管8月3日至5日连续三天阴跌，但是8月6日再度拉出一根阳线，依然显示了强劲的上涨势头。

如此大幅度的上涨，还是受到了需求方面的支撑。

同时，2009 年 PVC 进口量大幅增加，进口料价格不断走高，年底最低到最高点涨幅超过了 35%，先后受到国内市场 PVC 价格走高、货源较少、原料价格上涨等因素影响。

2010 年不论是在下游的逐步回暖，亦或是在上游抬高的支撑下，PVC 价格都会有所上升。鉴于 PVC 市场成熟度较低，可能再度出现暴涨暴跌或非理性价格波动，对于风险的控制应当采取较强措施（表 143～145）。

表 143　PVC WS800S－1300S（粉料）上海氯碱 2009 年中国塑料城月均价走势　元/t

1 月	2 月	3 月	4 月	5 月	6 月
6718	6827	6672	7038	6952	6861
7 月	8 月	9 月	10 月	11 月	12 月
7091	7347	7206	6961	7119	7445

表 144　PVC S700－1300（粉料）齐鲁石化 2009 年中国塑料城月均价走势　元/t

1 月	2 月	3 月	4 月	5 月	6 月
6800	6810	6593	7104	7221	6904
7 月	8 月	9 月	10 月	11 月	12 月
7117	7333	7152	7000	7090	7510

表 145　PVC SLK1000（粉料）天津大沽 2009 年中国塑料城月均价走势　元/t

1 月	2 月	3 月	4 月	5 月	6 月
6600	6600	6563	6961	6984	6654
7 月	8 月	9 月	10 月	11 月	12 月
7000	7066	7073	6900	6900	7221

2. 价格高位波动运行

从价格波动的情况来看，2009 年聚氯乙烯市场价格多在 6000～7500 元（吨价，下同）的区间波动，较 2008 年的 5000～9000 元的波动区间明显减小，由此分析，2010 年市场大涨大跌的局面仍旧不会出现，成本和供需关系仍是决定市场价格的关键所在。

由于产能过剩的问题仍将较为突出，供大于求的局面难以改变，因此市场价格很难有大的提升；但由于原材料电石以及乙烯价格高位运行的可能较大，尤其是电价上涨之后，成本支撑的因素也将起到很大的作用，因此聚氯乙烯市场价格难有大的回落。

预计 2010 年国内聚氯乙烯市场价格小范围波动的可能性较大，但由于聚氯乙烯期货的出现，也要时刻关注期货市场对现货市场价格变动带来的影响和放大因素。

PVC 行业仍然在我们估计的复苏路径上前进，近期 PVC 期货价格的上涨是对 PVC 成本上涨和需求拉动预期的综合反映，但考虑到目前仍然是淡季，现货价格的上涨会滞后；PVC 期货价格在 2010 年年初将出现更为明显的上涨，并带动现货价格逐渐上扬。

国际油价依旧看高：近期国际原油价格一直在 80 美元/桶左右，我们依然认为弱势美元和经济转好带来的需求预期会在接下来的 3～6 个月内逐步推高原油价格，2009 年年底至 2010 年初这一强度达到最大，2010 年一季度国际油价会快速走高。

进口 PVC 成本依旧高企：随着油价走高，国际乙烯法 PVC 成本继续高企，2009 年 9 月份的进口 PVC 量继续下降，对国内 PVC 行业的冲击继续减小；而均价继续提升，对价格的支撑力度仍然很大。

国内销售电价提高将抬高边际成本：国内各地区销售电价上调的预期比较强烈，PVC 属于高耗能行业，用电成本的提高将会明显抬升行业的边际成本，有利于电力自给程度比较高的西部 PVC 企业获得超额利润。

需求拉动将逐渐体现：2009 年 10 月份房地产新开工面积的同比增速依旧很快，我们预计地产拉动效应将会在 2010 年年初开始体现，有效的带动 PVC 市场销售和现货价格的逐渐走高。

3. 房产市场降温，大连 PVC 持续弱势

大连 PVC 期货 1005 合约 2010 年 1 月 28 日报收于 7420 元/t，下跌 2.11%。地方政府纷纷表态抑制房价高增长，房地产市场可能会持续降温，令 PVC 需求更加低迷。受此影响，市场短期内仍将持续弱势。

由于中国政府近期调控房地产市场的措施加大，市场对今年的房产市场开始存有疑虑，这给 PVC 的实际需求带来忧虑，加上始终对中国政府收缩流动性的担忧，造成 PVC 期货的下滑，而现货市场虽成交清淡，但下滑幅度不高。预计近期 PVC 期货仍将保持弱势，未来一段时间将在 7200～7500 元/t 一线震荡，等待天气转暖后消费旺季的来临。

2010 年 1 月 27 日亚洲乙烯 CFR 东北亚价格收盘大幅上涨，CFR 东南亚价格收盘小幅上涨。东北亚裂解装置将进入检修期，供应趋紧，其中，韩国 LG 化学和日本方面的装置将于 3 月份进入检修，另外，中东供应也紧张，伊朗 NPC 关闭了两套总计 232 万吨/年的裂解装置，重启时间未定。

受此影响，贸易商出货意向价格提高。电石市场，西北地区报价持稳，华北地区报价持稳，华南

地区报价持稳，华东地区报价持稳。乙烯价格保持强势，而且供应形势未有明显改善，电煤供应紧张和道路运输压力支持电石价格，上游对 PVC 价格利好。

2010 年 1 月 28 日齐鲁化工城 PVC 市场表现欠佳，各家跟进不积极，仍多观望。震荡空间较小，商家表示仍难操作。石化定价后，部分调低出货。目前各料不含税报 S700 至 7290 元/t，S1000 报价 7270 元/t，QS1050P 报价 7010 元/t 左右，心态不稳定。

杭州 PVC 市场开盘表现仍不理想。5 型电石料集中 7250 元/t 左右，部分商家仍坚持出库，但此价格成交困难，部分稍好料商家操作 7250 元/t 送到，成交一般，信发 5 型料贸易商出 7200 元/t 左右送到。高型号货源仍不多，价格暂稳 7500 ~ 7550 元/t 左右。

2010 年 1 月 28 日，上海 PVC 市场表现欠佳。5 型电石料 7300 元/t 送到基本无人问津，较多商家操作 7250 元/t 送到，但受仓单仍冲击，市场 7200 元/t 送到价格也较多出现，市场部分合格品价格更低。高型号货源不多，仍是 7450 ~ 7550 元/t 左右送到。

4. 成本有效支撑 PVC 有望逐步走稳

展望 2010 年，在国内地产新开工率增加、国际油价上涨的双重利好下，PVC 等化工产品中长期上涨趋势纷纷被业界看好，同时，成本上升也推动价格重心上移。

展望 2010 年，在通货膨胀预期及流动性充裕的影响下，PVC 期货有望迎来上市后的首轮大牛市。

2010 年 3 月前受传统消费淡季影响，PVC 需求难以有效改变，同时注册仓单的压力将阻碍 PVC 持续上行，PVC 期货以震荡调整为主，价格波动区间预计在 6600 ~ 7500 点之间。

3 月之后预计注册仓单的压力将大大减少，PVC 期价打开上升空间将会少了重要阻力，PVC 期价或将走出一波震荡上行的行情，期价预计运行于 7000 ~ 8000点区间。

2010 年 7 ~ 9 月份，多头力量在充分蓄势之后，将在 PVC 消费旺季上演一轮连续拉升的牛市行情，期货价格有望逼近或达到 9000 元/t。10 月后随着 PVC 逐渐进入消费淡季，期价将进入大涨之后的回调阶段。

预计，2010 年成本重心将上移，在下游复苏和通胀预期的支撑下，2010 年煤炭价格将趋涨，2010 年电煤价格上涨已经成为了大概率事件，一旦 2010 年煤炭价格上涨，电力企业成本增加，PVC 的成本重心将再度抬高，预计 2010 年 PVC 市场均价将在 7000 元/t 左右。

据了解，我国 PVC 生产主要是电石法，因此电石价格的变动对 PVC 价格有直接重大的影响。2009 年电价的上调，直接导致了 PVC 生产成本上升了 160 元/t 左右。当国际油价超过 80 美元/桶，国内电石法 PVC 将具有成本优势。

大连 PVC 期货 1005 合约 2010 年 1 月 29 日报收于 7350 元/t，下跌 1.21%。中央政府正督促地方政府贯彻落实新房地产政策，PVC 市场的需求较难恢复，但在成本支撑下，2 月初有望逐步走稳。

亚洲乙烯 CFR 东北亚价格收盘持稳，CFR 东南亚价格收盘持稳。一单美国货销往中国，用户信心有所减弱。

东南亚市场方面，壳牌新装置不久将投产，供应紧张局面将缓解，市场气氛清淡。电石市场，西北地区报价持稳，华北地区报价持稳，华南地区报价持稳，华东地区报价持稳。乙烯价格保持强势，而且供应形势未有明显改善，电煤供应紧张和道路运输压力支持电石价格，上游对 PVC 价格利好。

六、聚氯乙烯发展趋势

受全球金融危机的影响，中国聚氯乙烯行业产能过剩、供大于求的矛盾日益突出，进口货源对国内市场形成巨大冲击。2010 年，中国的聚氯乙烯行业仍将处于一个相对较为艰难的整合期，聚氯乙烯生产企业盈利情况不佳，多数企业仍面临较大的成本、生产、经营等各方面的压力。

从产能变化的情况来看，虽然目前行业盈利情况不佳，供大于求的问题十分明显，但扩产扩能的步伐并未停止。

据中国氯碱网统计，2010 年中国计划新增聚氯乙烯产能 444 万吨，按以往的惯例分析，最终实现的扩产能力约为计划投产数量的 50% ~ 60%，因此预计最终实现的产能增量仍旧将在 200 万吨以上的水平，产能过剩的压力将进一步显现。

与此同时，在新的产能形成的同时，也有部分竞争力较差的企业退出历史舞台。以 2009 年为例，产能闲置半年以上的生产能力达到 100 万吨，因此扩产的过程从另外一个角度来看也是行业整合的过程。

1. 2009 年聚氯乙烯的产能再添 200 万吨

尽管目前氯碱行业的聚氯乙烯、烧碱产能都远远供大于求，但氯碱行业的扩产还在继续。据统计，2009 年氯碱行业有 9 家企业进行了新建和扩建，新增产能达到 200 万吨。

据介绍，受金融危机的影响，加之近几年氯碱行业过度扩产，从 2008 年的 4 季度开始，中国氯碱行业进入了下行通道。

下游需求锐减和产能过剩的双重压力使氯碱行业进入了艰难的调整期。

据氯碱协会统计，2008年行业的平均开工率只有55%；2009的平均开工率预计也只能达到50%，聚氯乙烯闲置企业有17家，闲置产能为93.5万吨。

尽管如此，2009年依然有一大批氯碱项目投产。平煤神马30万吨聚氯乙烯、30万吨烧碱，陕西北元20万吨聚氯乙烯、20万吨烧碱，广西田东锦盛一期20万吨聚氯乙烯、20万吨烧碱，内蒙古君正40万吨聚氯乙烯、40万吨烧碱，内蒙古乌海15万吨聚氯乙烯、15万吨烧碱，宏力化工12万吨聚氯乙烯、12万吨烧碱，广西柳化10万吨聚氯乙烯、10万吨烧碱和甘肃颖川20万吨聚氯乙烯项目等都会如期投产。

2. 聚氯乙烯产能远远供大于求

黑龙江昊华化工有限公司30万吨/年离子膜烧碱、30万吨/年聚氯乙烯及其配套产品装置正式开工建设，预计2010年10月竣工投产。

2009年12月8日，位于宁波大榭经济开发区的年产30万吨聚氯乙烯(PVC)项目首台反应器一次吊装成功，标志着该项目正式进入设备安装阶段。

该项目由韩国韩华集团下属子公司韩华石油化学株式会社投资建设，预计2010年11月投产。

韩华石油化学PVC项目落户大榭主要基于市场优势、物流优势、原料就近供应等方面的考虑。大榭项目是韩华石油化学在中国投资的最大项目，总投资达3.8亿美元。一期项目建设年产50万吨二氯乙烷、30万吨氯乙烯、30万吨PVC装置等。一期项目建成后，韩华计划筹建二期，2014年产能将翻一番。

甘肃新川化工有限公司20万吨/年聚氯乙烯工程已于2009年11月正式投入生产。一期项目土建工程于2007年8月中旬正式动工，目前生产运行正常。

据了解，新川化工依托金川公司烧碱副产的氯气资源和周遍地区丰富的电石资源，预计聚氯乙烯总规模为80万吨/年，总投资约30亿元人民币，打造中国西部聚氯乙烯树脂生产基地。二期项目已有规划，但由于当地冬季气候寒冷，故还没有进行二期项目的建设施工。

新川化工与金川集团公司、金泥集团公司共同构建成利废减排、循环经济的产业链。

2009年5月成立以来，内蒙古宜化化工有限公司依靠资源优势、一流的技术优势和人才优势，不断发展壮大，正步入良性发展轨道。

继2009年成功建设40万吨PVC项目之后，2010年，公司计划在乌海市建成捣固焦、PVC等项目，打造百万吨级氯碱化工企业。

经过半年多的建设，内蒙古宜化40万吨PVC项目已进入单机试车阶段，创造了投资最省、建设期最短、单套规模最大的业内工程建设纪录。

目前，公司是亚洲规模最大的采用改型挪威埃岗密闭型电石炉生产电石的企业和全国最大的引进国外装置采用本体法生产聚氯乙烯的企业，多项工艺技术处国内领先水平。

据了解，湖北宜化于2008年1月进驻内蒙古以来，在鄂尔多斯市投资30亿元建设了年产104万吨大化肥目；在巴彦淖尔市投资15亿元建设了30万吨硝铵项目；在内蒙古投资40亿元建设了40万吨PVC等项目，目前湖北宜化在内蒙古自治区的投资总额已达93亿元。宜化公司计划2010年在内蒙古建成200万吨捣固焦、40万吨PVC等项目，建成后将形成年产120万吨电石、100万吨烧碱、100万吨PVC、200万吨捣固焦的产能。届时，公司将成为全国大型氯碱化工生产企业。

由新浦化学(泰兴)有限公司投资建设的30万吨/年离子膜烧碱及30万吨/年氯乙烯(VCM)项目已于2009年10月中下旬正式动工。目前项目建设进展顺利，预计2011年建成投产。

该项目计划投资3.7亿美元，除烧碱及配套的氯乙烯装置外，还将新上年产32万吨苯乙烯项目。

目前，在泰兴工业园区内，以新浦烧碱和氯气为源头的氯碱产业链，已集聚了法国爱森、荷兰阿克苏诺贝尔、芬兰诺旺、隆盛化工、兴安化工等10多家中外企业，随着新浦化学氯碱产品产能的不断扩大，也吸引了了世界500强企业——中国台湾联华神通集团所属的联成化学科技公司。

据企业人士介绍，联成化工规划的30万吨/年乙烯法PVC及下游塑料项目，已成为新浦化学扩大氯碱产能的重要支撑。联成化工PVC及下游项目的投建，不仅为新浦化学产品销售提供了保障，也为企业新一轮的扩张提供了机遇。

新疆中泰化学股份有限公司阜康工业园日前正式开工建设。工业园建成后，将成为新疆首个废物循环经济工业园，园内产生的工业固体废物电石渣和废盐酸都将变成工业原料，不仅从源头消除了污染，降低了污染治理成本，还将创造巨大的经济效益。

据了解，工业园项目分4期实施，计划总投资150亿元，建设项目包括年产160万吨聚氯乙烯树脂、年产120万吨离子膜烧碱、3×33万千瓦热电联产装置、年产320万吨电石渣制水泥循环经济项目等。

近期开工建设的一期工程总投资36亿元，建设项目为年产40万吨聚氯乙烯树脂、年产30万吨离子膜烧碱项目，计划2011年10月建成投产。

到2015年10月，工业园项目全部建成投产后，中泰化学公司聚氯乙烯树脂、离子膜烧碱的生产规模将分别达到年产260万吨和年产200万吨，聚氯乙烯树脂产量占全国聚氯乙烯总产量的25%；实现销售收入300亿元、利税56亿元，成为居全国氯碱行业首位的特大型氯碱企业。

工业园建成后，工业园生产的氯气可作为特变电多晶硅厂的生产原料，多晶硅厂的盐酸废料又能成为中泰化学生产聚氯乙烯树脂的原料，而产生的电石废渣可作为水泥生产原料，从而形成一套较为完善的循环经济产业链。

日本东曹公司已经宣布计划投资100亿日元(1.09亿美元)在中国广州新建一套30万吨/年的聚氯乙烯(PVC)装置，这将是东曹公司在中国的第二套PVC装置。该PVC装置将由东曹(广州)化工有限公司负责运营。

该PVC装置将在2012年建成投产，届时东曹公司在全球的PVC产能将达到约160万吨/年。

上海希望集团拟建中的120万吨PVC及配套项目规划选址工作已完成。该项目选址位于乌海市海南区拉僧庙化工园区内，总用地面积209.33公顷，其中120万吨PVC、l00万吨烧碱项目占地16公顷，200万吨白灰项目占地2388公顷，240万吨电石项目占地69.45公顷。

按照《建设项目选址规划管理办法》的要求，以上各项目的规划选址审查意见正向自治区建设厅申请办理。另外，与该项目相配套的电厂及600万吨电石渣制水泥项目规划选址将随项目的进展情况后确定。

另外2010到2012年还会有新项目开工或建成投产。

如山东信发化工40万吨聚氯乙烯项目；安徽华塑100万吨聚氯乙烯项目已开工，预计于2011年5月投产。

面对源源不断的新增产能，氯碱行业要实现健康和可持续发展，就必须推进行业重组和整合，依靠技术进步和科技创新，实现氯碱行业的国际化。

预计2015年中国PVC装置产能将增加约600～700万吨/年，PVC总产能将超过2200万吨/年．超过消费发展，远远供大于求。

由于PVC生产能力扩张速度快于下游行业的发展速度，2010年后国内PVC市场将严重供过于求。

供需严重失衡的状况短期内难以改善，市场稍有好转，闲置产能就将集中释放，从而冲击市场，出现产品价格下跌的局面。只有经过市场竞争的洗礼，淘汰落后产能，通过行业不断地调整和整合，才能使中国氯碱工业步入良性发展的轨道。

今后两年我国PVC市场的发展趋势不甚明朗，能否达到原先预期的增长将主要取决于宏观经济的走势。今后几年我国PVC产业进入艰难的整合期，将出现洗牌效应，不具资源优势的企业将会被迫关停并转，而综合竞争力较强的企业仍将发展壮大。

随着PVC产能迅速增加，供大于求的局面开始出现，开工率呈现逐年走低趋势，目前总体开工率仍不足60%。但机遇与挑战并存，氯碱行业应顺应趋势，化“危”为“机”，尽早完成行业的整合以及产品结构的调整和升级，实现行业的可持续发展。

分析了国际PVC发展情况后认为，中国氯碱行业的洗牌和企业间的并购将是必然的，在经过市场的竞择后，中国也将会走世界氯碱行业发展同样的路子，即世界性的区域企业集团主导产业市场。并预测2010年将会是中国氯碱企业最为艰难的一年。

3. 期货对现货影响深化

值得关注的是，2009年5月25日PVC上市以来经过半年多的发展，随着参与群体的逐渐增多，成交量的逐步放大，PVC已经成为化工品种的期货新星，而且PVC期货市场定价权和话语权得到大幅提升，金融属性也大大提高。

2009年5月25日，PVC期货合约正式在大连商品交易所上市，PVC期货推出后获得各方面人士的追捧，合约成交量及持仓量在短期内大幅提升，国内PVC企业积极参与到PVC期货的套保过程中在一定程度上对PVC期货的推广起到了非常重要的作用。

而随着PVC期货的逐渐成熟以及生产企业对PVC期货认知程度的提升，可以预计，未来PVC期货将不仅仅实现价格定位的作用，其对PVC行业的影响也将逐步深化。而聚氯乙烯企业无论对聚氯乙烯期货参与与否，都将对其予以高度的关注。

PVC期货交易的开展也将有利于PVC价格的回归。

PVC期货上市交易以来，市场发展很快，运行状况良好，呈现五大特点：

一是交易活跃，市场规模发展迅速。

PVC期货上市交易以来，月均增幅达到273%，是国内近年上市的三个石化品种中最成功的一个，上市最初5个月的交易量平均分别是LLDPE和PTA的29倍和11倍，月末持仓平均分别是LLDPE和PTA的18倍和4倍。

二是交割通畅，品牌效应突出。

2009年9月16日PVC期货顺利完成首次交割，

共计交割1.84万手，9.22万吨，参与交割的会员达到31家，产业客户51个，交割顺畅无一例违约。PVC期货交割采用“质量检验+推荐品牌”的制度，推荐品牌为接货企业所青睐，提高了市场的效率和诚信度。

三是客户数量迅速增长，企业客户参与踊跃。

在5个月里参与客户超过4万，达到了上市交易近两年的LLDPE的水平，其中法人客户参与程度非常高，截至9月底法人持仓占PVC持仓总量的62.69%，超过了很多成熟的品种。

四是期现价格联系紧密，价格发现作用得到体现。

上市近5个月来，PVC期货价格和现货价格的相关系数已达到0.8259，具有较强的正相关性，期货价格及时准确地反映了现货市场的变化趋势。

2009年8月上旬，PVC期货市场异常火爆，带动了国内现货市场价格节节攀升，引发自2008年以来始终处于低迷状态的氯碱企业一阵躁动。

五是避险功能逐步完善，套期保值效果显著。

聚氯乙烯期货上市后，现货企业参与十分踊跃，部分企业在实际操作过程中已经获得很好的保值效果，出现了一批可以为其他相关企业提供借鉴的典型案例，期货市场为企业稳健经营保驾护航的功能得到了有效发挥。

期货价格是强催化剂：在油价上涨和需求恢复的刺激下，期货价格预计在2010年一季度出现快速上涨，根据2009年7月份和近期的PVC上市公司股价对期货价格的反应，PVC企业的股价与期货价格有着很强的相关性，2010年初期货价格的快速上扬将强烈刺激相关公司的二级市场表现。

我国PVC的供给中，乙烯法占20%～30%，电石法占70%以上。2010年1月份电石法PVC和乙烯法PVC近期的价格高点分别为7650元/t和7900元/t，而2009年12月初分别是6900元/t、7050－7100元/t。由于大雪天气影响了短期运输，加上投机资金的介入，因而PVC价格被市场爆炒。而随着天气的逐渐好转，价格又开始回落。

影响PVC价格的因素很多，如需求的拉动、资金的炒作、政策面变化及成本变动等因素，因此现货价格往往会出现较大幅度波动。

在这种情况下，判断产品价格走势的难度加大，生产企业通过期货市场进行套期保值的难度也随之加大，参加套保的企业如何控制风险成为关键。

分析人士表示，在原料价格稳定的情况下，生产企业一般通过卖出套期保值，以锁定收益，因此套保只是业绩的稳定器，不会给企业带来超额利润。

同时套保也存在风险，如期货价格短期内朝不利方向变动时，如没有足够保证金追加则可能被迫斩仓。目前PVC期货难以理性地承担对于现货的价格发现，企业套保一定要根据自身的产能和贸易量来决定参与单量的大小。

4. PVC产能过剩下的走势分析

每次价格下跌周期之后都会导致整个行业重新洗牌。2010年，聚氯乙烯产能严重过剩导致价格持续低迷的状况可能发生改变。

2009年PVC价格开始走出近几年的低谷，2010年受货币流动性因素、季节性因素影响，PVC的价格走势将很可能呈现前涨后跌的走势。预期2010年上半年PVC价格将震荡上扬至7800元/t附近，并将在7～8月份见顶，下半年将呈现震荡下行走势并于10月份见底。

2009年我国商品价格创40年来最大升幅，但是具体到聚氯乙烯(PVC)行业，整体价格的回升并没有带来多少利好。

当原油价格在30～40美元/桶徘徊时，占我国产量3/4的电石法PVC生产工艺的生产企业由于失去了成本优势以及下游需求低迷，普遍处于亏损状态。

进入下半年，随着原油价格回升至70美元/桶以上，电石法PVC的成本优势开始体现，企业开始摆脱亏损并进入微利状态，但是严重的产能过剩制约了PVC价格的上升。

近年来，我国PVC产能急剧增长，由2000年320万吨迅猛发展到2008年的1584万吨，8年增长了5倍。

电石法PVC产能扩张尤其快速，增长了6.5倍。与此同时，PVC表观消费量增长速度却远远低于产能扩张速度。2009年PVC供给量达到1674.5万吨，表观消费量仅1064万吨，产能过剩600余万吨。

聚氯乙烯产能已然供大于求，但行业的扩产还在继续。据统计，2009年氯碱行业有9家企业进行了新建和扩建，新增产能达到167万吨，全国产能达到1748万吨/年。2010年，国内产能或将达2000万吨/年左右，这更加剧了产能过剩的态势，产能过剩成为抑制PVC价格上涨的主要因素。

（柴国樑）

五大合成树脂

Review of 5 Generd-purpose Synthetic Resin

2009年尽管世界金融危机的爆发使得世界经济

增长出现了下降，但从2009年下半年起，世界经济逐步恢复，市场对石化产品的需求也有所反弹，据SRI估计2009年世界对五大合成树脂的需求在1.68亿吨，较2008年增长了1.7%。而中国经济在国家促进内需和加大投资的推动下，国内GDP增速达到了8.7%，仍然保持了相对较高的增速。在经济增长的拉动下，2009年国内合成树脂，特别是聚烯烃树脂需求得到了强力恢复。

受世界石化产业蓬勃发展的影响，国内合成树脂产业也迎来了新的发展时期，2009年乙烯装置国内进入了投产高峰期，国内合成树脂产量大幅增加，但国内需求的快速增长，仍使得国内合成树脂进口保持增长。

一、世界五大合成树脂供需状况

2008年尽管世界合成树脂产能出现了大幅增长，但受到世界金融危机的影响，世界合成树脂需求出现了下降，全球合成树脂装置开工率明显下降。其中聚乙烯的开工率为85%，聚丙烯的开工率为87%，较2007年下降了3~4个百分点。从生产能力看，2008年全球五大合成树脂产能达到了20223万吨/年，同比增长了3.4%。其中亚洲地区(不包括中东)是世界上最大的合成树脂生产地区，2008年产能为8567万吨/年，同比增长了4.6%，约占世界总能力的42.3%；北美和西欧地区同样是世界上主要的合成树脂生产地，2008年其生产能力分别达到4307万吨/年和3627万吨，分别占世界总能力的21.2%和17.9%。近年来中东随着其乙烯工业的快速发展，合成树脂工业，特别是聚乙烯和聚丙烯也增加迅速，2008年其能力达到了1406万吨/年，2000~2008年年均增幅达到了9.3%，是世界上合成树脂增长最快的地区。

从产量上看，2008年全球五大合成树脂产量为16777万吨，其中聚乙烯产量为6711万吨。聚丙烯为4506万吨，聚氯乙烯为3365万吨，聚苯乙烯为1539万吨，ABS为657万吨。亚洲仍是世界合成树脂产量最大的地区，2008年其产量达到了7169万吨，约占世界总产量的42.7%；北美地区是仅次于亚洲地区的第二大合成树脂生产地区，2008年产量为3544万吨，西欧为3061万吨。从增长情况看，中东是近年来产量增长最快的地区，2000~2008年年均增幅超过了10%，达到10.4%，其次是亚洲地区，年均增幅为4.3%。

从消费情况看，2008年全球五大合成树脂的消费量在16598万吨，其中聚乙烯产量为6556万吨。聚丙烯为4450万吨，聚氯乙烯为3393万吨，聚苯乙烯为1544万吨，ABS为656万吨。亚洲、北美和西欧同样是世界上五大合成树脂主要的消费地。其中亚洲2008年消费五大合成树脂7169万吨，约占世界总消费量的43.3%；北美地区消费3171万吨，约占19.1%；西欧地区消费3056万吨，约占17.8%。亚洲仍是世界上合成树脂消费增长最快的地区(表1)。

表1　2008年世界五大合成树脂供需状况　万吨/年

品种		世界	亚洲	北美	西欧	中东
PE	产能	7885.1	2394.5	2114.3	1512.2	867.5
	产量	6711.0	2156.1	1745.0	1260.3	770.5
	消费量	6555.8	2416.3	1475.0	1301.2	347.0
PP	产能	5167.8	2161.0	912.4	991.3	411.9
	产量	4505.5	1991.4	778.5	883.8	343.5
	消费量	4449.6	2022.6	739.6	813.3	271.6
PVC	产能	4172.3	2144.3	809.5	690.9	93.9
	产量	3364.6	1686.0	669.1	582.2	80.4
	消费量	3393.0	1595.7	583.1	604.2	174.5
PS	产能	2163.8	1189.5	370.0	376.4	25.5
	产量	1538.8	788.8	285.8	291.7	27.2
	消费量	1544.1	663.5	305.1	277.3	88.7
ABS	产能	834.3	677.5	100.3	56.7	7.0
	产量	657.3	546.4	65.6	42.8	6.7
	消费量	655.9	495.4	68.1	60.2	12.4
总计	产能	20223.4	8566.7	4306.6	3627.4	1405.7
	产量	16777.2	7168.7	3544.0	3060.8	1228.3
	消费量	16598.4	7193.5	3170.9	3056.3	894.2

二、中国合成树脂生产概况

2009年中国在经历了世界金融危机的冲击后，国内GDP仍保持了较快增长，达到了8.7%。其中工业增加值达到了13.46万亿元，同比增长了8.3%。这说明我国宏观经济增长稳定性明显提高。

2009年我国经济运行的基本特征为：

第一，2009年为了应对世界金融危机的挑战，国家加大了基础建设的投资，4万亿投资计划在国内经济建设中得到良好体现。全社会固定资产投资达到了22.48万亿元，同比增长30.1%。

第二，农业生产继续取得好成绩，农业综合生产能力进一步加强，形势继续趋好。粮食产量连续5年超过5亿吨，2009年达到了5.3亿吨。农业增长对GDP增长的贡献率约为18%左右，继续保持在较高水平。同时，农村居民人均纯收入增长率为8.5%。农业生产的增长和农民收入增幅的持续提高对稳定宏观经济全局起到了至关重要的作用。

第三，金融危机的影响使得国内进出口受到的明显影响，全年货物进出口总额22072亿美元，比上年下降13.9%，这也是我国进出口近20年来的首次下降。

第四，城乡居民收入继续保持较高增长，居民消费增长速度为9.8%。2005年全年社会消费品零售额为12.5万亿元，实际增长15.5%。消费增长对宏观经济增长的作用越来越显著，消费增长正逐步成为宏观经济增长的一个重要方面。

1. 合成树脂总体概况

2009年尽管受到世界金融危机的影响，但国内合成树脂供应继续保持良好的增长态势，我国合成树脂总产量达到了3603.2万吨，比去年同期增长11.8%。其中五大合成树脂的产量为3003.5万吨，同比增长7.8%，约占合成树脂总产量的83.3%。目前中国已经成为世界上最大的合成树脂生产国。

2004年以来，国内合成树脂产量大幅增加，从当年的1736万吨增加到2009年的3003万吨，5年间增长了72%，年均增长达到了11.6%(表2)。

表2　国内合成树脂生产状况　　万吨

产　品	2004年	2005年	2006年	2007年	2008年	2009年
合成树脂合计	1791.0	2142.0	2593.7	3803.3	3222.4	3603.2
年增长率	12.4	19.6	17.1	18.9	4.5	11.8
其中：PE	432.5	503.5	607.8	715.3	715.6	777.3
PP	474.9	522.9	613.1	731.9	754.3	833.9
PVC	503.2	649.2	823.8	971.7	881.7	915.5
PS	226.7	251.2	272.2	301.1	292.2	321.0
ABS	99.2	110.3	127.4	150.2	143.2	155.8

2009年受到世界金融危机的影响，国际原油价格大幅下跌，使得合成树脂价格水平较2008年大幅下降。但从2009年价格走势看，由于中国经济的恢复，同时废旧塑料及重置库存等因素的影响，全球合成树脂供应相对趋紧，使得国内合成树脂价格几乎呈现了单边上扬的走势。从2009年价格情况看，合成树脂的平均价格仍较2008年出现明显下降，其中LDPE平均价格为10268元/t，同比下降了20.4%；HDPE为10354元/t，下跌了20.6%；LLDPE为9968元/t，下跌了22.0%；PP为9248元/t，下跌了22.7%。

我国合成树脂生产主要集中在中国石化和中国石油两大集团内，中国石化主要合成树脂生产企业有：齐鲁石化股份有限公司、北京燕山石油化工股份有限公司、上海石油化工股份有限公司、扬子石油化工股份有限公司、茂名石油化工公司、广州石油化工分公司、中原石油化工有限责任公司、金陵石油化工公司、九江石油化工分公司、天津石油化工有限公司、巴陵石油化工公司、武汉石油化工总厂、济南炼油厂、高桥石油化工有限公司、荆门炼油厂、福建炼油化工有限公司、镇海炼油化工股份公司、上海赛科、扬巴石化等；中国石油集团下的公司有：大庆石油化工有限公司、抚顺石油化工分公司、兰州石化公司、独山子石油化工公司、大连石化公司、大庆炼化分公司、吉林石化公司等。

2. 聚乙烯

截止2009年底，全国共有聚乙烯装置47套，能力合计889.6万吨/年。其中高压低密度聚乙烯装置13套，生产能力合计214.5万吨/年；高密度聚乙烯装置16套，生产能力合计318.5万吨/年；线性低密度和全密度聚乙烯装置18套，生产能力合计256.3万吨/年。

2009年国内聚乙烯产量为777.3万吨，较2008年增加了8.6%，约占国内合成树脂产量的21.6%。其中LDPE产量为212.6万吨，HDPE产量为276.2万吨，LLDPE产量为226.8万吨。除新建装置外，其他绝大部分装置产量都突破了其设计能力。

2009年中外合资建设的福建炼化有限公司和沈阳蜡化有限公司建设的聚乙烯装置均在2009年8月投产，使得国内聚乙烯生产企业增加到22家。

3. 聚丙烯

截止到2009年底，国内聚丙烯生产厂家超过了80个，生产能力为956.3万吨/年，其中连续法聚丙烯装置49套，生产能力为777万吨/年，间歇法小本体装置110套，产能约178.9万吨/年。

国内的连续法聚丙烯生产工艺主要是采用日本三井油化的液相本体法-气相法工艺和HIMONT的液相本体法-气相法工艺，1998年和2002年燕山、扬子先后引进AMOCO公司气相法工艺，上海石化利用国内技术建设的20万吨/年聚丙烯装置，成为了目前我国单套能力最大的聚丙烯装置。间歇法小本体装置是20世纪60年代原化学工业部北京化工研究院(现中国石化集团公司北京化工研究院)开发的，由于该装置对丙烯原料要求较低、工艺流程简单和装置工程建设期短等优势，短时期内受到许多炼厂的欢迎，但是这些装置与连续生产装置相比，该工艺还存在质量稳定性差，产品品种少，消耗高等问题。

2009年国内聚丙烯生产企业开工率都很高，许多企业开工率都在100%以上。2009年国内聚丙烯的总产量为833.9万吨，较2008年增加了11.9%，约占国内合成树脂产量的23.1%。

2009年国内聚丙烯新投产的装置较多，主要有：中国石油新疆独山子石化分公司新建的55万吨/年在2009年9月投产，福建炼化有限公司建设的40万吨/年在2009年8月投产，延炼实业集团公司下属的延安炼油厂新建的20万吨/年装置在2005年7月份投产，另外锦西炼化公司、天津大港油田聚丙烯分厂均在2009年有新建的聚丙烯装置投产。

4. 聚氯乙烯

目前，国内聚氯乙烯树脂生产厂90余家，遍布全国，2009年我国聚氯乙烯生产能力为1680万吨/年，其中产能在20万吨/年以上的有32家，合计产能为1094万吨/年，占全国总产能65.8%。2009年国内聚氯乙烯产量为915.5万吨，同比增长了3.7%。

2009年国内新增产能约152万吨/年，主要为河南神马氯碱发展有限责任公司20万吨/年，广西田东锦盛化工有限公司20万吨/年，山东信发化工有限公司20万吨/年，宜宾天原18万吨/年，河南恒通化工有限公司14万吨/年，北方三泰化工有限公司12万吨/年，衡阳建滔化工有限公司10万吨/年等。

近几年来国内聚氯乙烯生产装置规模水平在不断提高，目前我国聚氯乙烯树脂生产装置平均规模约为12万吨/年左右，国外聚氯乙烯平均装置规模为15~20万吨/年、最大装置规模在100万吨/年以上，相比之下，我国仍存在一定的差距。例如，美国平均装置规模为30万吨/年，日本平均装置规模为15万吨/年。

5. 聚苯乙烯

20世纪90年代以后，受国内需求增长的推动，引进装置日趋大型化，聚苯乙烯工业得到了新发展，目前我国已成为亚洲最大的聚苯乙烯市场。截止2009年底，我国聚苯乙烯生产能力已达到443万吨/年，其中GPPS/HIPS生产能力为217万吨/年，EPS生产能力约为216万吨/年。

我国聚苯乙烯装置也是绝大多数采用国外或中国台湾地区技术。国内有近40家聚苯乙烯生产厂，一些产能偏小的企业不但产品质量差，而且生产成本高，在竞争中处于明显的劣势。除外资及合资企业产品外，国内聚苯乙烯厂商的产品多数不能满足电子电器行业用户对产品性能和质量的要求，难以进入这个最大的消费领域，使得在电子电器行业中进口聚苯乙烯占据了绝对优势，国产货只有少量应用，而且只用于低档产品。

2009年我国聚苯乙烯产量达到321万吨，是2000年的2倍。其中GPPS/HIPS产量为162.2万吨，EPS产量为158.8万吨。

2009年新投产的聚苯乙烯装置只有中国石油独山子石化分公司的15万吨/年GPPS/HIPS生产装置。

6. ABS

2009年我国共有10家ABS生产企业，生产能力为215.2万吨/年，实际生产量为155.9万吨。生产企业主要分布在江浙和东北地区。

从国内ABS生产企业看，大部分为台资和外资企业，其中浙江宁波LG甬兴化学有限公司的产能达到了50万吨/年，目前是中国最大的ABS生产企业。

三、合成树脂进出口统计

1. 合成树脂进口概况

2009年虽然国内进出口贸易出现了大幅下降，但合成树脂进口却保持了较快增长。从国家海关总署的统计资料看，2009年国内进出口贸易额达到22073亿美元，较上年同期下降了13.9%，其中合成树脂贸易总额为434亿美元，约占国内贸易总额的2.0%，合成树脂产品的贸易逆差高达332亿美元。

2009年中国合成树脂进口总量达到了3113.8万吨，2005~2009年均增长达到了7.7%。在合成树脂进口中，五大合成树脂一直占主导地位，2009年五大合成树脂进口量为1687.9万吨(见表3)，约占合成树脂总进口量的54.2%(表3)。

表 3 2005～2009 年五大通用树脂进口量变化情况 万吨

品 种	2005 年	2006 年	2007 年	2008 年	2009 年
PE	526.0	489.2	453.4	449.7	740.9
LDPE	111.0	93.2	77.3	70.8	134.9
LLDPE	170.4	154.0	167.1	147.6	220.1
HDPE	244.6	241.9	209.1	231.3	385.9
PP	302.3	294.5	307.0	278.9	416.2
PS	142.1	131.9	132.4	115.1	118.5
可发性 PS	14.1	12.1	11.0	8.5	7.7
其他 PS	128.0	119.8	121.4	106.6	110.7
改性					19.4
其他					91.3
PVC	166.1	145.2	130.4	112.7	195.5
纯 PVC	130.7	114.7	101.4	86.1	171.5
糊树脂类				6.3	8.6
其他				79.8	163.0
未塑化 PVC	24.4	19.7	18.4	17.6	16.7
已塑化 PVC	11.0	10.8	10.6	9.0	7.3
ABS	198.7	201.5	217.3	195.2	216.8
改性					18.3
其他					198.5
小计	1335.3	1262.2	1240.5	1151.6	1687.9
树脂进口总量	2317.6	2393.2	2588.1	2477.7	3113.8
占总量比例/%	57.6	52.7	47.9	46.5	54.2

2. 合成树脂进口主要来源

近年，我国五大通用树脂的进口基本来自亚太地区，如韩国、中国台湾、日本、新加坡、泰国、马来西亚及中国香港等，另外部分来自美国、沙特和加拿大等地。2009 年来自周边国家和地区的进口继续保持稳定增长，同时来自中东、北美等地区的产品在大幅增加。

在我国五大通用树脂的进口量中，来自亚太地区的约占 57.6%，比 2008 年的 73.5% 下降了 15.9 个百分点。尽管来自韩国和中国台湾的进口量大幅增加，分别增加了 77.7 万吨和 31.4 万吨，但占总进口量的比例却下降了 1.2 个和 5.9 个百分点。韩国、中国台湾和日本一直居我国五大通用树脂进口来源地的前 4 位，2009 年来自三地的进口量合计为 765.8 万吨，占我国总进口量的 45.4%，但较上年的 53.9% 下降了 8.5 个百分点(表 4)。

3. 工程树脂进口概况

工程塑料的进口也保持一定的增长，但近年来国内 POM 和 PC 能力增长迅速，国内产量明显增加，使得国内进口增长缓慢。2009 年以上 PMMA、POM、PC 和 PA 四类工程塑料国内的进口量在 230.5 万吨(表 5)。

表 4 2009 年国内五大合成树脂主要来源 万吨

国家或地区	PE	PP	PVC	PS	ABS	合 计
韩 国	131.2	111.5	20.4	21.8	73.4	358.3
中国台湾	41.3	56.2	40.0	38.4	101.4	277.4
美 国	91.1	49.3	34.2	1.0	1.3	177.0
日 本	44.7	26.9	44.5	4.7	9.4	130.1
沙 特	83.4	44.1	0.0	0.1	0.0	127.7
新加坡	48.2	19.0	0.3	6.8	0.1	74.4
泰 国	30.0	12.7	9.1	11.0	9.5	72.2

续表

国家或地区	PE	PP	PVC	PS	ABS	合　计
马来西亚	29.0	5.2	8.2	3.3	14.4	60.1
伊　朗	50.1	4.1	0.0	0.0	1.1	55.3
巴　西	16.1	13.3	2.2	0.0	0.0	31.6
其　他	175.9	73.9	36.6	31.5	6.2	323.9
合　计	740.9	416.2	195.5	118.5	216.8	1687.9

表5　2005～2009年主要工程树脂进口量变化情况　　万吨

品　　种	2005	2006	2007	2008	2009
PMMA	11.5	13.8	14.9	16.4	19.0
POM	17.2	17.2	18.5	17.9	16.6
PC	73.1	89.9	102.1	101.7	102.7
PA	49.4	60.8	78.7	85.4	92.2
小　计	151.1	181.7	214.2	221.4	230.5

四、合成树脂需求分析

近年来受到国内经济发展的影响，国内合成树脂消费保持了较快增长，2004～2009年国内合成树脂表观消费量年均增长为8.6%。

塑料制品作为重要的基础材料之一已渗透到国民经济的各个领域，特别是在农业、包装、建筑装修、交通运输、邮电通讯、电子电器及生活日用品等领域，已成为不可缺少的重要材料。进入20世纪80年代以来，我国的塑料加工业发展迅速，从1983年到1997年塑料制品产量年均增长速度高达16.7%，远高于同期国内生产总值10.3%的平均增长率，更高于世界塑料制品产量约5%的年均增长率。自1996年产量突破1500万吨大关后，我国已成为世界第二塑料制品生产大国。1998年以来，尽管世界经济陷入衰退，全球塑料制品产量增长缓慢，但我国塑料制品产量仍以年均15%左右的速度增长，2005年后全国塑料制品产量增速仍保持了较高的水平，塑料加工业已成为拉动国民经济增长的重要因素之一。

据国家统计局统计，2009年我国全部国有及500万元产值以上非国有企业塑料制品产量为4479万吨，比上年增长了10.6%。

2009年，我国五大合成树脂的表观消费量达到4621万吨，同比增长了20.7%。

“十一五”期间，中国经济仍保持了较快增长，尽管2008年爆发的全球金融危机对中国经济造成了严重冲击，但在中国政府加大政府投入和扩大内需的政策推动下，国内GDP增速仍保持了较高的增速，2009年在全球GDP出现下降的情况，中国经济增速仍达到了8.7%。其中汽车、建筑、家电、农业等行业的大力发展对国内经济发展起到了不可替代的作用。

(1) 汽车工业“一枝独秀”，成为了拉动合成树脂需求的主要动力

进入21世纪后，中国汽车工业的快速发展，大量先进技术引进到中国，使得国内汽车塑料使用水平大幅提高，其中轿车单车塑料使用量从1997年的75kg提高到2005年的108kg，近年来国内轿车塑料使用量进一步提高，2008年中国轿车单车塑料使用量已超过了120kg，部分车型的单车用量甚至超过了130kg。2009年在“振兴汽车产业规划”的推动下，国内汽车产量大幅增加。全年国内汽车产量达到1376万辆，同比增加了47.6%，成为了拉动合成树脂消费的主要动力。估计2009年国内汽车行业消耗合成树脂超过了140万吨，较上年增长约50%。

(2) 国家4万亿投资拉动了建筑产业的快速发展

中国经济的发展和人民生活水平的不断提高，使得国内建筑产业始终保持了较快增长，虽然2008年国内房地业出现了短暂的疲软，但2009年在国家4万亿投资和宽松的货币政策带动下，国内建筑业出现了明显反弹，国内新开工建筑工程明显增加。全年国内房地产业完成投资4.3万亿元，同比增长了19.9%。

随着对建筑节能要求的不断提高，建筑业对合成树脂需求也显著提高，从建筑业对合成树脂要求看，PVC仍是建筑塑料制品的主要原料，而HDPE和PP也保持较快增长。EPS在墙体保温等领域发展潜力巨大。估计2009年国内建筑业对合成树脂的需求在640万吨，同比增长8.5%。

（3）家电工业仍是拉动合成树脂消费的重要力量

2009年尽管国内出口出现了一定的下降，但在“家电下乡”和“以旧换新”政策的影响下，国内家电工业仍保持了较快增长。全年国内微型计算机的产量达到1.82亿台，同比增长33%；电视机产量9899万台，增长9.6%；电冰箱产量5930万台，增长24.7%；洗衣机产量为4936万套，增长13.0%。虽然目前家电产业仍在进行产品结构调整，如电视机平板化，电脑微型化等，但这并不影响家电工业对合成树脂需求的较快增长。估计2009年国内电子电器行业对合成树脂的需求将达到500万吨，同比增长6.1%。

五、合成树脂价格分析

业内比较认同一个结论，我国石化产品价格是国际定价的产品。一种产品国际定价功能成立的前提是此产品具备明显的对外依存度。只有充分贸易并且净进口率比较高的产品，国际价格指导器的作用才得以显现。通过对进口依赖度统计分析，目前国内对外依赖度较高的石化产品主要集中在原油、合成树脂、合成纤维原料和部分有机产品。

2009年尽管受到金融危机的影响，国际原油价格回到了80美元/桶以下，但从2009年情况看，国际原油价格呈现了单边上扬的走势。以布伦特原油为例，2009年1月其平均价格仅为45.1美元/桶，到2009年12月其平均价格达到了74.8美元/桶，原油价格上涨明显。原油价格的上涨使得石化产品的成本明显提高，同时世界石化产品供应紧张的局面仍在持续，因此2009年石化产品的价格一直维持了上涨走势，但平均价格仍较2008年出现了大幅下降。具体价格见表6。

表6　2008－2009年国内市场聚烯烃价格比较

元/t

	LDPE	LLDPE	HDPE	PP均聚物	PP共聚物
2009年	10268	9968	10354	9248	10095
2008年	12898	12781	13036	11958	12472
增长率/%	－20.4	－22.0	－20.6	－22.7	－19.1

六、未来合成树脂需求预测

1.“十二五”期间中国合成树脂能力仍将显著增加，其中煤制聚烯烃将成为亮点

“十二五”是中国石化工业发展的关键时期，除中国石化和中国石油大力发展乙烯工业外，外资也将大规模进入到中国石化工业中，中国石油同卡塔尔、委内瑞拉合资建设大型炼化一体化装置将进入到实施阶段，中国石化同科威特、韩国建设的大型炼化一体化项目也将建设或投产。同时“十二五”期间国内煤制烯烃领域也将有较大发展，除2010年投产的大唐多伦建设50万吨/年煤制聚丙烯、神华包头建设的30万吨/年煤制聚乙烯和30万吨/年聚丙烯、神华宁煤建设的50万吨/年煤制聚丙烯投产外，国内仍有许多地区在规划建设煤制聚烯烃的项目，其中贵州、陕西、宁夏、云南、内蒙古、河南等地规划建设的煤制烯烃项目就超过10个，预计总投资将超过1万亿元，如果这些规划项目有一半在“十二五”期间得到批准，中国将新增烯烃生产能力350万吨/年以上，煤化工的建设将成为中国石油化学工业的重要补充。

综上所述，预计到2015年中国乙烯生产能力将达到2178万吨/年，五大合成树脂生产能力将达到5289万吨/年，其中聚乙烯生产能力为1448万吨/年，聚丙烯生产能力为1481万吨/年，发展均十分迅速。

2.“十二五”期间中国经济的快速发展仍将带动中国聚烯烃需求保持稳定的增长

合成树脂消费主要分布在农业、建筑、包装、电子电器和汽车等产业，因此下游行业的发展将直接关系到合成树脂的需求。

（1）农业

经过三十年的发展，我国棚膜覆盖面积已突破2600万亩，地膜覆盖面积约21900万亩，分别占可覆盖面积的60%和40%。2009年我国农业用各类塑料制品共消耗聚乙烯和聚丙烯树脂210万吨。

根据中国国情与世界部分国家农业结构状况，预测在2010～2015年期间中国农业内部结构有如下变动趋势：

2005年畜牧业占农业总产值31.3%，2009年比例则上升到36%左右，预计2015年畜牧业比重将进一步提高，约为44%。从未来发展情况看，农膜覆盖面积增长将极为有限，再加上农膜生产技术的改进使得棚膜厚度逐步变薄、寿命不断延长，使得大田农膜覆盖所需的合成树脂将基本维持在目前的水平。因此未来农膜需求增长主要集中在大棚养畜和氨化膜上。

我国是缺水较严重的国家，农用节水灌溉技术却刚刚起步，因此未来在农业灌溉方面主要发展节水灌溉器材、渠道防渗管材和防渗膜，这些材料将主要使用聚乙烯和聚丙烯。

预计到2015年农业用合成树脂的需求将达到

247万吨。

(2) 建筑业

建筑塑料制品主要包括：不同建筑类型管材、管件，型材(门窗)和各类其他制品，如大口径上下水管、新型室内上水管、热水管、燃气管、复合管与复合型材、各类保温材料、防水材料、墙体装饰材料等。2009年我国建筑行业共消耗合成树脂640万吨，其中以聚氯乙烯和聚乙烯为主。

未来五年，我国的城镇人口的持续增长将不断创造新的住房需求。预计2015年城市化水平达到53%，城镇人口增至7.44亿；住宅建设质量的不断提高，也将日益成为推动总需求增长的重要因素。按照建设部提出的小康社会的住房标准，2015年人均住房面积将达到32平方米左右。考虑到旧房翻新，估计未来五年，每年需新建住房10亿平方米。同时城镇化水平不断提高，也将带动相关公共用房需求的增加。预计到未来每年新建的公共用房的面积将接近5亿平方米。从未来对住宅的要求看，节能、舒适、安全等绿色环保住宅将成为房屋建设的发展方向。因此大量使用塑料制品将成为未来住房建设的方向。预计2015年建筑用合成树脂需求将达到900万吨。

(3) 包装业

20世纪90年代以来，我国塑料包装取得了长足的进步，行业装备水平得到提高，涌现了一批新产品，市场需求迅猛增长。2009年国内塑料包装业对五大合成树脂需求在1320万吨左右。

随着人民生活水平的提高，对食品如粮食、肉、蛋、菜、奶、饮料的需求将逐年增加，社会对食品包装材料的需求将加大。另外化肥、水泥、石化产品的包装也需要大量的合成树脂。

2009年中国出口产品达到了12016亿美元，据估算其包装就需要合成树脂370万吨左右。未来中国对外贸易将逐步扩大，出口产品仍以制成品为主，预计到2015年中国出口产品总额将超过1.5万亿美元，出口产品包装对合成树脂的需求还将保持较快增长。

综合以上因素考虑，估计2015年我国塑料包装材料将超过1680万吨。

根据以上判断，预计2010~2015年间我国合成树脂需求年均增长速度为5.1%，到2015年国内五大合成树脂需求将达到6250万吨，其中聚乙烯需求为1930万吨，聚丙烯需求为1680万吨。

(中国石化集团公司经济技术研究院　高春雨)

工程塑料
Engineering Plastics

第一章　聚碳酸酯

聚碳酸酯(简称PC)是一种性能优良的热塑性工程塑料，具有突出的抗冲击能力，尺寸稳定性好，有较高的抗张强度、抗弯强度、伸长率和刚性、吸水率低、无毒、介电性能优良等特点，被广泛应用于电子电器、通讯器材、玻璃装配业、航空航天、机械零件、光盘、包装、计算机、医疗器械、薄膜、休闲和防护器材等诸多领域，是近年来增长速度最快的通用工程塑料。

一、2009年聚碳酸酯生产概况

由甘肃银光化学工业集团有限公司为期三年建设的年产500t聚碳酸酯科技开发项目，日前通过行业档案验收。该项目填补了中国聚碳酸酯技术空白。

2003年，银光集团同中科院长春应用化学研究所开始合作开发聚碳酸酯生产技术。2004年，完成小型试验，开发了具有自有知识产权的聚合技术，并通过吉林省科学技术厅成果鉴定，达到国内领先水平。

2005年，该项目被甘肃省科技厅列为高新产业项目。2006年，在双方共同努力下，完成了前期技术积累，编制出了年产500t聚碳酸酯的中试装置工艺软件包。

2007年10月22日顺利通过银光集团开车前验收，并于10月29日正式投料试车，生产出合格聚碳酸酯粉末。经过多批次投料试车，其产品质量和生产能力达到设计能力，生产出合格的PC产品。

中国是全球聚碳酸酯市场需求增长最快的国家，由于工艺技术落后、生产装置规模较小、产能低、产品质量差，国内尚没有形成自主知识产权的生产技术和工业规模的生产装置，长期依赖进口。

该成果的成功开发打破了国外对中国聚碳酸酯生产技术的垄断，形成了具有中国完全自主知识产权的聚碳酸酯全套生产技术，为今后开发万吨级聚碳酸酯工艺技术，并加速实现规模产业化奠定了重要的技术基础。

二、2009年聚碳酸酯出口概况

1. 出口生产省市分布分析

2009年初级形状的聚碳酸酯出口省市有15家(与2008年持平)，2009年初级形状的聚碳酸酯出口生产企业主要集中在广东省，出口数量109913679kg

（比 2008 年同比下降 22.23 个百分点），占总出口数量的 51.19%；

其次为上海市，出口数量 59204527kg（比 2008 年下降 36.47 个百分点），占总出口数量的 27.57%；

浙江省出口数量 43041168kg（比 2008 年上升 4.68 个百分点），占总出口数量的 20.05%；

江苏省出口数量 764570kg（比 2008 年下降 50.84 个百分点），占总出口数量的 0.36%；

天津市出口数量 552145kg（比 2008 年上升 321.37 个百分点），占总出口数量的 0.26%。

五省市出口商出口数量占 2009 年初级形状的聚碳酸酯总出口数量的 99.43%，比 2008 年下降 0.31 个百分点（表 1）。

表 1　2009 年初级形状的聚碳酸酯三大出口省市统计

排　序	出口省市	出口金额/美元	出口数量/kg	占比例/%	出口商数量
1	广东省	315088782	109913679	51.19	21
2	上海市	164447277	59204527	27.57	16
3	浙江省	92951380	43041168	20.05	11
出　口　总　计		580018361	214706394	100.00	103

2. 聚碳酸酯出口生产商分析

从海关资料来看，2009 年初级形状的聚碳酸酯出口商有 460 家，比上年增加 22 家聚碳酸酯出口商。

2009 年前十位初级形状的聚碳酸酯出口商出口量占总出口量的 76.42%，帝人聚碳酸酯有限公司，沙伯基础创新塑料（中国）有限公司，拜耳（上海）聚合物有限公司，帝人化成复合塑料（上海）有限公司，美国通用电器塑料中国有限公司，东莞市环球工艺进出口贸易有限公司，鸿富锦精密工业（深圳）有限公司，LG 化学（广州）工程塑料有限公司，分别位居 2009 年初级形状的聚碳酸酯出口量 1～8 位，出口量分别占总出口量的 18.33%、16.18%、11.83%、10.33%、9.69%、4.10%、3.24% 和 2.72%。

2009 年帝人聚碳酸酯有限公司初级形状的聚碳酸酯出口量超过美国通用电器塑料位居首位，出口量占 2009 年总出口量的 18.33%。

2009 年初级形状的聚碳酸酯 25 大出口商出口量中有十九家为生产企业，仅有拜耳（上海）聚合物有限公司和帝人聚碳酸酯有限公司两家是 PC 树脂原料生产厂，其余均为 PC 改性（即 PC 合金）生产企业，合计出口量占总出口量的 85.32%（表 2）。

表 2　2009 年初级形状的聚碳酸酯三大出口商统计（460）

排　序	出口商	所属行业	出口数量/kg	占比例/%	出口航次
1	帝人聚碳酸酯有限公司	PC 树脂	39355553	18.33	38
2	沙伯基础创新塑料（中国）有限公司	PC 改性	34744885	16.18	76
3	拜耳（上海）聚合物有限公司	PC 树脂	25391178	11.83	161
出　口　总　计		214706394		100.00	2288

三、2009 年进口上升出口大幅下降

2004～2009 年间 PC 进口量年均增长 7.07%，比 2002～2007 年间 PC 进口量年均增长率 19.70% 又下降 12.63 个百分点。

2009 年 PC 进口量比上年增长 0.93 个百分点；

2009 年 PC 出口量比上年下降 22.93 个百分点；

2009 年 PC 净进口量比上年增长 9.78 个百分点（表 3）。

表 3　2004～2009 年 PC 进出口统计

年　　份	2004	2005	2006	2007	2008	2009
PC 进口量/t	729813	730809	899271	1020757	1017451	1026863
年增长率/%	36.47	0.14	23.05	13.51	-0.32	0.93
PC 出口量/t	117650	132093	185437	306129	278586	214706
年增长率/%	31.41	12.28	40.38	65.09	-9.00	-22.93
PC 净进口量/t	612163	598716	713834	714628	738865	811147
年增长率/%	37.48	-2.20	19.23	0.11	3.39	9.78

资料来源：历年海关资料汇总。

从海关统计中可看出，2009年初级形状的聚碳酸酯进口地有32个(比上年减少1个进口地)，进口1026862775kg，同比增长0.93%。

主要进口地为韩国，占总进口数量的20.96%，比2008年增加进口数量51.59个百分点；

其次为泰国，占总进口数量的16.00%，比2008年增加进口数量12.91个百分点；

中华人民共和国占总进口数量的13.98%，比2008年减少进口数量25.97个百分点；

中国台湾占总进口数量的13.41%，比2008年增加进口数量13.81个百分点；

日本占总进口数量的9.05%，比2008年进口数量减少3.90个百分点；

美国占总进口数量的9.02%，比2008年进口数量减少27.56个百分点；

新加坡占总进口数量的5.92%，比2008年进口数量减少9.39个百分点；

西班牙占总进口数量的4.98%，比2008年进口数量减少7.94个百分点；

八进口地进口量占总进口量的93.32%。

韩国、泰国、中国台湾三原产进口地进口数量大幅增长，日本、美国、新加坡、西班牙四原产进口地进口数量回落(表4)。

从海关统计中可看出，2009年初级形状的聚碳酸酯出口地有40个(比上年减少1家出口地)，出口214706394kg，同比下降22.93%。

主要出口地为中国香港(占72.21%)，其次为韩国(8.19%)、中国台湾(5.47%)、日本(4.13%)、泰国(2.62%)、美国(1.65%)、马来西亚(0.98%)、印度(0.88%)，八出口地2009年初级形状的聚碳酸酯出口量占总出口量的96.13%(表5)。

表4　2009年初级形状的聚碳酸酯三大进口国家/地区统计

排　序	原产进口地	进口金额/美元	进口数量/kg	占比例/%	进口商数量
1	韩国	533671122	215279115	20.96	152
2	泰国	403334171	164307602	16.00	125
3	中华人民共和国	452040606	143557776	13.98	103
进　口　总　计		2777064964	1026862775	100.00	241

表5　2009年初级形状的聚碳酸酯三大出口国家/地区统计

排　序	出口目的地	出口金额/美元	出口数量/kg	占比例/%	出口商数量
1	中国香港	447085101	155039964	72.21	51
2	韩国	34998346	17581043	8.19	33
3	中国台湾	21102327	11736288	5.47	34
出　口　总　计		580018361	214706394	100.00	103

四、聚碳酸酯消费

PC需求正在发生变化。人们更多地通过下载来观看电影和收听音乐，DVD需求衰退，从而对全球PC行业造成了冲击。在我国，随着视频网站的大量涌现，在线收看也对DVD销量造成一定影响。长期看，光学媒体将不再是PC最大的应用市场。

我国在经历了一系列的产品质量风波后，预计对这方面的关注度也将增强。PC的潜在增长可能来自于汽车零部件以及片材和薄膜应用。

2010年将要召开的世博会各种场馆的建设，要用到大量PC产品。我国建筑领域PC需求仍将保持较快增长。未来几年，随着全球经济的逐渐复苏，PC在我国仍具有广阔的发展前景。

铁路、公路、机场及城市建设，对中空阳光板需求依然强劲，而且近年来国内长江和珠江三角洲一带利用PC加工生产板材企业经济效益比许多聚合物树脂生产企业好很多，预计中空阳光板未来对PC的需求年均增长率为8%～10%左右；

目前我国成为世界上第二大光盘消费国，以前全部依赖进口光盘级PC生产，随着拜耳公司上海光盘品级PC投产，未来几年光盘对PC需求仍将保持5%以上高速度增长；

专家预测未来国内PC需求增长最快的领域将是以PC为基材共混合金类复合材料，其中汽车工业将是主要拉动力。

预计未来几年我国PC的需求年均增长率将保持15%～20%之间，2009年国内的PC市场需求量达到(90～95)万吨/年。

专家预测2010年国内的PC市场需求量将达到100～102万吨/年。

国内产能仍无法满足国内市场需求，将从周边国家日本、韩国、泰国等进口大量产品供应国内市场(表6)。

1. 进口消费流向分析

从海关资料来看，从2009年PC树脂出口流向来看，仍主要集中在广东省、上海、江苏省三省市。

2009年初级形状的聚碳酸酯进口消费省市有20个(聚碳酸酯进口消费省市与上年持平)，主要进口流向为广东省、上海市和江苏省，2009年初级形状的聚碳酸前八位进口消费省市进口量占总进口量的92.17%，广东省、上海市和江苏省进口量分别占总进口量的47.66%、20.39%和12.41%(表7)。

表6　国内2009～2012年PC消费结构分配

消　费　领　域	2009年消费量/kt	消费比例/%	2012年消费量/kt	消费比例/%
VCD、CD、DVC等用光盘片、镜片	360	37.90	400	36.36
阳光板、屏障等的中空板	205	21.58	250	22.73
饮用水桶、瓶等包装用	170	17.89	200	18.18
板材、管材	65	6.84	75	6.82
汽车工业用	35	3.68	40	3.64
安全玻璃	22	2.32	30	2.73
仪表、电子电器用	20	2.11	22	2.00
工矿配件	12	1.26	14	1.27
各类照明灯具用	10	1.05	12	1.09
医疗器械用	7	0.74	8	0.73
其他用途	44	4.63	49	4.45
合计	9500	100.00	1100	100.00

表7　2009年初级形状的聚碳酸酯三大进口省市统计

排　序	进口省市	进口金额/美元	进口数量/kg	占比例/%	进口商数量
1	广东省	1329041702	489501227	47.66	43
2	上海市	571153612	209439828	20.39	24
3	江苏省	386848816	127514063	12.41	32
进　口　总　计		2777064964	1026862775	100.00	241

2. 2009年初级形状的聚碳酸酯进口商以外商独资企业为主

2009年初级形状的聚碳酸酯进口商共计有3757家，比上年增加22家进口商，进口额最高的八位进口生产使用企业进口数量占总进口数量的19.37%。

沙伯基础创新塑料(中国)有限公司、GE塑料上海有限公司、帝人化成复合塑料(上海)有限公司、东莞对外加工装配服务公司、鸿富锦精密工业(深圳)有限公司、深圳宝安外经发展有限公司、美国通用电器塑料中国有限公司、通用电气百龙特塑料国际贸易(上海)有限公司，分别位居初级形状的聚碳酸酯2009年进口企业进口量1～8位，进口量分别占总进口量4.91%、2.82%、2.35%、2.25%、2.09%、1.95%、1.58%和1.42%。

2009年初级形状的聚碳酸酯二十五大进口商中有十一家为生产使用企业，主要为为聚碳酸酯改性(即PC合金)生产企业，其次为电子工业(手机外壳、电脑外壳等)，多媒体CD，工矿配件，合计进口量占2009年总进口量的19.77%。

2009年初级形状的聚碳酸酯八大进口商中美国通用电器塑料旗下三家进口商进口量占2009年总进口量的5.82%(表8)。

五、2009年国内聚碳酸酯(PC)价格走势

聚碳酸酯(PC)具有良好的透明性、耐热性、耐冲击性，以及广泛的工业用途而受到追捧，全球范围内的供应长时间来处于偏紧状态。

2009年4月在双酚A报价坚挺和下游需求趋暖的支撑下，亚洲聚碳酸酯现货价格上扬50美金/t。

上游纯苯跟丙烯价格的大涨使得一些贸易商将后市价格调高了50美金/t甚至更多。光学级聚碳酸酯现货价格上涨50美金/t，高价位成交在1750～1800美金/t CIF中国香港。

2009年4月市场意向报盘在1800美金/t甚至更高，但是贸易商认为报盘在1800美金/t CIF中国香港的价格，买家反映冷淡(表9～11)。

表8　2009年初级形状的聚碳酸酯三大进口商统计(3779)

排　序	进　口　商	所属行业	进口数量/kg	占比例/%	进口航次
1	沙伯基础创新塑料(中国)有限公司	PC改性	50393953	4.91	111
2	GE塑料上海有限公司	PC改性	28928717	2.82	52
3	帝人化成复合塑料(上海)有限公司	PC改性	24179325	2.35	32
进　口　总　计			1026862775	100.00	37143

表9　PC K－1300日本帝人2009年中国塑料城月均价走势　元/t

1月	2月	3月	4月	5月	6月
31125	30475	29568	29380	29000	29250
7月	8月	9月	10月	11月	12月
30565	31380	31786	31582	32500	33304

表10　PC IR2200日本出光2009年中国塑料城月均价走势　元/t

1月	2月	3月	4月	5月	6月
23675	22970	20872	21404	21026	19750
7月	8月	9月	10月	11月	12月
19721	20476	21000	21135	21819	23273

表11　PC 131R－111美国GE2009年中国塑料城月均价走势　元/t

1月	2月	3月	4月	5月	6月
33500	33500	33500	33500	33500	33500
7月	8月	9月	10月	11月	12月
33500	34642	35000	35000	35000	35000

六、发展趋势

近几年，随着国内建筑、汽车和光学媒体等行业快速发展，中国聚碳酸酯(PC)需求持续增加。表观消费量由2005年的62万吨增加到2008年的约97万吨。由于国内产量太小，中国PC供应主要依赖进口。

为抢占中国市场，拜耳、帝人等跨国公司陆续在国内投资兴建PC项目。2008年我国PC产能达到21.6万吨/年。拜耳材料科学公司在上海漕泾有10万吨/年装置，帝人聚碳酸酯有限公司在嘉兴的PC产能也达到10万吨/年。

随着世界化学品需求逐渐回暖，三菱化学公司近期重启其全球聚碳酸酯扩能计划。

2009年8月，三菱化学与中石化集团在北京燕山石化公司组建合资公司，打算建设6万吨/年聚碳酸酯和15万吨/年双酚A装置。

双方的合资项目原定于2010年春建成并投产，后因一些原因将投产时间推迟至2011年春季。该合资企业由中石化持股50%，三菱化学公司和其旗下的三菱工程塑料公司持股50%。另外，三菱化学在日本黑崎新建的6万吨/年聚碳酸酯项目也将在2010年4月投入运行。

受2008年末的全球性经济衰退影响，聚碳酸酯需求出现下降，三菱化学因此推迟了项目的投产期。

但自2009年春季开始，亚洲聚碳酸酯市场特别是中国市场快速回升，需求甚至超过了2007年创下的峰值，三菱化学随即决定重新启动一系列聚碳酸酯新建和扩能项目，进一步扩大其全球市场份额。

2009年6月，三菱化学宣布对石油化工业务进行重组，退出己内酰胺和苯乙烯单体业务，并与帝斯曼交换聚碳酸酯和尼龙业务——帝斯曼将收购三菱化学的尼龙业务，而帝斯曼公司的聚碳酸酯业务将置换给三菱化学公司。三菱化学获得帝斯曼聚碳酸酯业务后有助于加强其聚碳酸酯业务在全球的地位。

面对外商咄咄逼人的扩张，我国也加快建设新的PC装置。

中国蓝星沈阳石化有限公司将建28万吨/年PC项目；蓝星新材料公司依托业内龙头企业蓝星新材料无锡树脂厂，将兴建10万吨/年PC装置。

吉化公司将建10万吨/年PC装置；东营经济开发区将建设一套10万吨/年PC装置；唐山市南堡开发区计划建设6万吨/年PC项目；内蒙古乌审旗15万吨/年PC项目开始向国内外进行公开招商；嘉兴帝人聚碳酸酯有限公司19万吨/年聚碳酸酯项目，通过环评、安评后均列入2009年实施计划，年内计划投资12.1亿元。这也是全球较大、国内最大聚碳酸酯项目。

在我国PC行业将进入发展快车道之际，PC扩能的步伐也在继续。Saudi Kayam公司将在2011年投产一座26吨产能的大装置，业内人士认为，这将使全球PC开工率降至70%的水平。部分新建装置已被迫推迟投产。

菱优工程塑料(上海)有限公司8万吨/年聚碳酸酯项目，由日本三菱瓦斯株式会社投资建设，选址在上海化学工业区E3地块。项目总投资1.9亿美元，其中环保投资为811万美元，占总投资的4.3%。

拟建项目采用三菱公司自开发的光气界面缩聚法生产，该工艺技术适用于大规模和连续生产，是目前国际主流生产技术。

聚碳酸酯业的投资“惯性”仍在，不少项目在2008~2009两年建成，其中包括：中石化三井合资上海12万吨/年装置，中石化三菱合资北京6万吨/年装置，三菱日本黑崎6万吨/年装置，帝人浙江3期6万吨/年装置，拜耳上海2期为10万吨/年装置，LG-DOW在韩国2期8万吨/年装置，中国台湾旭美化成2期10装置。

上述产能合计达58万吨/年，此外尚有一批宣布计划开工项目，几乎全部集中在以中国为主的亚洲；如果东亚和中东地区也加入“扩建大军”，则新增生产能力规模更大。因此，2009~2010年预期供应过剩压力有进一步增长的可能。届时对聚碳酸酯—双酚A—环氧树脂产业链的影响，业界拭目以待。

全球知名的弗若斯特沙利文咨询公司最近发布报告称：未来五年，我国工程塑料市场的年均增长率将达到10.2%，至2013年工程塑料需求量将接近300万吨；销售额增长的速度更快，将保持在11.2%左右，在2013年将达115.6亿美元。主要的推动因素包括汽车和电子电气行业的稳健发展，以及在技术和应用方面的改进。

报告认为，未来五年我国聚碳酸酯市场仍可强劲发展。这一市场从2005年以来持续低迷，主要是因为价格大幅上涨，客户一改以往下大单的做法，选择按照实际需求进行购买。未来几年，我国聚碳酸酯市场的产量年增长可能达到9%，销售额年增长将达10%。

第三章 2009年聚苯硫醚

聚苯硫醚简称PPS，被称为第六大工程塑料，具有优秀的热稳定性、耐强酸耐强碱的化学稳定性、绝缘性以及阻燃性，在各个行业应用范围极为广泛。

一、国内聚苯硫醚(PPS)生产

由四川德阳科技股份有限公司承担的国家级高新产品研发项目——聚苯硫醚纤维产业化生产，于2008年1月在位于德阳市高新技术园区的四川德阳科技股份有限公司生产基地投料开车成功。

这一项目是由四川德阳科技股份有限公司承担的，中国纺织科学研究院参与工艺路线的研制，在2008年年初试生产成功的基础上，克服了四川汶川特大地震所带来的不利影响，在震后不到两个月的时间内恢复生产并一次开车成功。

此前，只有美国和日本可以生产聚苯硫醚母粒，对于一些具有高性能的聚苯硫醚合成材料对中国限制出口，形成了对中国的技术封锁和产品销售的垄断。

德阳科技股份有限公司经过数年的潜心研制，在开发出聚苯硫醚母粒的基础上，又成功地开发生产了纤维级的聚苯硫醚并纺丝成功，彻底打破了外国公司的技术垄断和贸易禁令，为我国的航天航空、电子、环保的领域提供了当今世界最先进的工程塑料。

目前，德阳科技股份有限公司的聚苯硫醚生产能力已经接近30000吨/年，生产规模达到世界第一位。为适应国内外市场的不断增长的需求，该公司已经规划实施了新的扩产项目，预计在2010年前后，聚苯硫醚的生产能力将稳居世界首位，产品的性能也将达到世界先进水平。

山西福思特1万吨级的聚苯醚项目，四川德阳科技2.2万吨的聚苯六醚项目都获成功。

国内主要聚苯硫醚(PPS)工程塑料改性厂有巴斯夫化工有限公司、东丽塑料(深圳)有限公司、苏威(上海)有限公司、四川德阳科技股份有限公司、亚什兰(常州)化学有限公司、清远市建德工程塑料有限公司、上海麦斯特建材有限公司、上海花王化学有限公司、天津市金龙化工有限公司、东莞大日化工厂有限公司、上海智通化工有限公司、上海怡康化工材料有限公司等，从沿海到内地、从外商独资、合资企业发展到乡镇企业，以外商独资、合资和私企为主。

北京首塑新材料科技有限公司研制出两种高性能PPS产品，7107G8具有耐高温性能优良、耐电性能优异(击穿电压超过3万伏)、外观光亮、综合力学性能高等特点，可用于汽车点火线圈壳体等高温使用环境下要求高电性能的场合。7100G8具有优异的耐开裂性能，适合于不同尺寸和不同壁厚的产品，产品的尺寸精度均可满足较高的要求，可用于带金属镶件的各类精密制品中。

二、聚苯硫醚PPS出口生产省市分布分析

2009年聚苯硫醚出口省市有16家(比上年增加1家出口省市)，2009年聚苯硫醚出口生产企业主要集中在上海市，出口数量5604566kg(比上年同比增长36.18个百分点)，占总出口数量的52.53%；

其次为广东省，出口数量2637231kg(比上年同比下降19.73个百分点)，占总出口数量的24.72%；

天津市，出口数量967300kg(比上年同比增长1915.21个百分点)，占总出口数量的9.07%；

江苏省，出口数量479170kg(比上年同比增长174.50个百分点)，占总出口数量的4.49%；

四川省，出口数量325301kg(比上年同比下降2.90个百分点)，占总出口数量的3.05%。

五省市出口商出口数量占2009年初级形状的聚甲醛总出口数量的93.86%，比2008年同比下降0.40个百分点(表12)。

三、聚苯硫醚PPS出口增幅大于进口增幅(表13)

表12　2009年初级形状的多硫化物五大出口省市统计

排　序	出口省市	出口金额/美元	出口数量/kg	占比例/%	出口商数量
1	上海市	31286031	5604566	52.53	9
2	广东省	10437233	2637231	24.72	14
3	天津市	1158166	967300	9.07	1
4	江苏省	830903	479170	4.49	9
5	四川省	2068594	325301	3.05	1
出　口　总　计		47424519	10668942	100.00	62

表13　2004~2009年聚苯硫醚进出口统计

项目＼年份	2004年	2005年	2006年	2007年	2008年	2009年
进口量/t	29956	30069	37935	47424	49426	41792
进口金额/万美元	11205.56	13820.42	18025.90	23630.57	26463.66	21874.42
出口量/t	1907	2485	2798	6190	9345	10669
出口金额/万美元	419.80	822.43	1095.77	2828.24	3980.92	4742.45
净进口量/t	28049	27584	35129	41234	40081	31123
年增长率/%	34.07	-1.66	27.35	17.38	-2.80	-22.35

2004~2009年间聚苯硫醚进口增长了39.51%，年均增长6.89%。

2004~2009年间聚苯硫醚净进口增长了459.47%，年均增长41.11%。

2009年聚苯硫醚进口量回落到4.18万吨，暴跌15.45个百分点。

2009 年聚苯硫醚总出口量又突破一万吨大关，比 2008 年增长 14.17 个百分点。

从进口量方面来看，2009 年我国聚苯硫醚进口变化可分三阶段：

第一阶段 2009 年 1 ~ 2 月，是我国聚苯硫醚需求的传统淡季，进口量明显下降，这主要是因为我国传统节日春节的来临，大部分企业放假，因此下游对聚苯硫醚的需求速度减少。

第二阶段 2009 年 3 ~ 7 月，进口量逐步上升，由 2 月份的 0.16 万吨迅速上升至 3 月份的 0.20 万吨，增幅达 30.51%，并且在随后几个月内进口量稳步回升，7 月份进口量达到 0.40 万吨，比 6 月增幅达 13.06%。

第三阶段 2009 年 8 ~ 12 月，进口量再次回升—萎缩—回升，9 月份进口量达到 0.51 万吨，比 8 月增幅达 13.32%；10 月份进口量萎缩到 0.39 万吨，比 9 月下降达 22.37%。

受全球经济危机影响，使得我国制品出口受到严重打击，出口受阻，以加工出口贸易为主的下游塑料制品企业生存环境受到巨大打压，由此聚苯硫醚的进口量也随之递减(表 14)。

1. 2009 年聚苯硫醚年进口量大幅回落

从海关统计中可看出，2009 年聚苯硫醚进口地有 31 个(比上年增加 1 个聚苯硫醚进口地)，进口 41791887kg，同比下降 15.45 个百分点。

主要进口地为日本(占 29.39%)，其次为韩国(15.98%)、美国(13.46%)、德国(13.39%)、中国台湾(8.87%)、中华人民共和国(6.37%)、新加坡(3.16%)、法国(2.41%)，八进口地进口量占 2009 年总进口量的 93.03%，比 2008 年增长 0.76 个百分点(表 15)。

表 14　2009 年聚苯硫醚月进出口统计

	1 月	2 月	3 月	4 月	5 月	6 月
进口数量/kg	1319202	1569908	2049316	2986076	3342157	3543993
进口额/美元	8238276	7847630	10727904	15521263	16804160	18737968
出口数量/kg	335525	393095	521972	618401	743864	883880
出口额/美元	1894524	2169001	2524743	3101631	3622185	4462273
	7 月	8 月	9 月	10 月	11 月	12 月
进口数量/kg	4006813	4472712	5068908	3935420	4565302	4932080
进口额/美元	21938182	21018155	26729773	21673251	22976351	26531327
出口数量/kg	847083	1509027	1233784	872557	1002684	1707070
出口额/美元	4077377	4843370	5328533	3296798	4089809	8014275

表 15　2009 年初级形状的多硫化物五大进口国家/地区统计

排　序	原产进口地	进口金额/美元	进口数量/kg	占比例/%	进口商数量
1	日本	82758016	12282646	29.39	111
2	韩国	19573464	6676500	15.98	50
3	美国	39541632	5624743	13.46	83
4	德国	25830102	5594123	13.39	55
5	中国台湾	10494411	3707573	8.87	48
进　口　总　计		218744240	41791887	100.00	167

2. 2009 年聚苯硫醚年出口量大幅增长

从海关统计中可看出，2009 年聚苯硫醚出口地有 92 个(比上年增加 2 个聚苯硫醚出口地)，出口 10668942kg，比 2008 年增长 14.17 个百分点。

主要出口地为中国香港(占 27.40%)，其次为蒙古(10.69%)、韩国(8.96%)、新加坡(7.84%)、日本(7.64%)、印度(4.09%)、阿拉伯联合酋长国(3.92%)、埃及(3.45%)，八出口地 2009 年聚苯硫醚出口量占总出口量的 73.99%，比 2008 年减少 8.06 个百分点(表 16)。

表16 2009年初级形状的多硫化物五大出口国家/地区统计

排 序	出口目的地	出口金额/美元	出口数量/kg	占比例/%	出口商数量
1	中国香港	17158989	2923341	27.40	15
2	蒙古	1376361	1141000	10.69	2
3	韩国	5156138	956261	8.96	12
4	新加坡	3616130	836223	7.84	14
5	日本	4346209	814834	7.64	14
出 口 总 计		47424519	10668942	100.00	62

四、聚苯硫醚PPS集中于东部沿海地区

2009年聚苯硫醚PPS进口省市有19家(比上年减少1家聚苯硫醚PPS进口消费省市)。

2009年聚苯硫醚PPS进口商主要集中在广东省，进口数量19133769kg(比上年同比下降14.35个百分点)，占总进口数量的45.78%；

其次为上海市，进口数量15730359kg(比上年同比下降11.37个百分点)，占总进口数量的37.64%；

江苏省进口商进口数量2500265kg(比上年同比下降34.00个百分点)，占总进口数量的5.98%；

山东省进口商进口数量1394785kg(比上年同比增长99.29个百分点)，占总进口数量的3.34%；

北京市进口商进口数量962153kg(北上年同比下降51.59个百分点)，占总进口数量的2.30%。

五省市进口商进口数量，比2008年增长1.10个百分点(表17)。

表17 2009年初级形状的多硫化物五大进口省市统计

排 序	进口省市	进口金额/美元	进口数量/kg	占比例/%	进口商数量
1	广东省	82341489	19133769	45.78	29
2	上海市	89742363	15730359	37.64	22
3	江苏省	14976568	2500265	5.98	24
4	山东省	9568896	1394785	3.34	17
5	北京市	8210549	962153	2.30	11
进 口 总 计		218744240	41791887	100.00	167

五、聚苯硫醚PPS出口商以外资企业为主

从海关资料来看，2009年聚苯硫醚PPS出口商有152家(比上年增加20家聚苯硫醚PPS出口商)，2009年前十位聚苯硫醚PPS出口商出口量占总出口量的82.63，比2008年增长1.40个百分点。

巴斯夫化工有限公司、东丽塑料(深圳)有限公司、中国石油集团渤海钻探工程有限公司、拜耳涂料系统上海有限公司、亨斯迈纺织染化(中国)有限公司、四川德阳特种新材料有限公司、爱森(中国)絮凝剂有限公司、上海黎仓物流有限公司，分别位居2009年聚苯硫醚PPS出口量1~8位，出口量分别占总出口量的40.78%、14.59%、9.04%、6.23%、3.82%、3.05%、3.02%和2.09%。

2009年聚苯硫醚(PPS)二十五大出口商中有十二家为生产企业，仅有四川德阳特种新材料有限公司一家是聚苯硫醚PPS原料生产厂，其余均为聚苯硫醚改性(即PPS合金)生产企业，合计出口量占总出口量的76.54%。

从2009年聚苯硫醚PPS出口生产企业分布来看，主要集中在广东省、上海市、江苏省、北京市四省市(表18)。

表18 2009年初级形状的多硫化物五大出口商统计(152)

排 序	出 口 商	出口数量/kg	占比例/%	出口航次
1	巴斯夫化工有限公司	4350715	40.78	166
2	东丽塑料(深圳)有限公司	1556749	14.59	12
3	中国石油集团渤海钻探工程有限公司	965000	9.04	6
4	拜耳涂料系统上海有限公司	664475	6.23	9
5	亨斯迈纺织染化(中国)有限公司	408000	3.82	26
出 口 总 计		10668942	100.00	701

六、聚苯硫醚(PPS)工程塑料进口消费以改性(即PPS合金)为主

从海关资料来看，2009年聚苯硫醚PPS进口商有1061家(比上年减少64家聚苯硫醚PPS进口商)，2009年聚苯硫醚(PPS)进口额最高的八位进口生产使用企业进口数量占总进口数量的30.79%。

拜耳材料科技贸易(上海)有限公司、日邦聚氨酯(上海)有限公司、雪佛龙菲利普斯化工贸易(上海)有限公司、金冠建材(深圳)有限公司、东莞对外加工装配服务公司、深圳龙岗区对外经济发展有限公司、东丽塑料(深圳)有限公司、深圳宝安外经发展有限公司，分别位居聚苯硫醚(PPS)2009年生产使用企业进口量1~8位，进口量分别占总进口量的6.71%、4.98%、4.18%、3.37%、3.22%、3.03%、2.76%和2.54%。

2009年聚苯硫醚(PPS)二十五大进口商中有九家为生产使用企业，主要为聚苯硫醚改性(即PPS合金)生产企业，其次为涂料工业，电子工业(手机外壳、电脑外壳等)，家用电器，工矿配件，合计进口量占2009年总进口量的20.25%(表19)。

七、聚苯硫醚(PPS)价格走势(表20~21)

表19　2009年初级形状的多硫化物五大进口商统计(1061)

排　序	进　口　商	所属行业	进口数量/kg	占比例/%	进口航次
1	拜耳材料科技贸易(上海)有限公司	贸易商	2804458	6.71	96
2	日邦聚氨酯(上海)有限公司	涂料工业	2081782	4.98	13
3	雪佛龙菲利普斯化工贸易(上海)有限公司	贸易商	1748413	4.18	63
4	金冠建材(深圳)有限公司	4403945125	1408000	3.37	9
5	东莞对外加工装配服务公司	贸易商	1346303	3.22	90
进　口　总　计		41791887		100.00	6046

表20　PPS R-7-02美国菲利浦2009年中国塑料城月均价走势　　元/t

1月	2月	3月	4月	5月	6月
55000	55000	55000	55000	55000	55000
7月	8月	9月	10月	11月	12月
55000	55000	55000	55000	55000	55000

表21　PPS(R-4耐高温)美国菲利浦2009年中国塑料城月均价走势　　元/t

1月	2月	3月	4月	5月	6月
80000	80000	80000	80000	80000	80000
7月	8月	9月	10月	11月	12月
80000	80000	80000	80000	80000	80000

第四章　2009年PBT树脂

聚对苯二甲酸丁二醇酯(以下简称PBT树脂)是五大通用工程塑料之一，广泛应用于电子电气、汽车通讯、信息、照明、家电、商用机器及机械等多种行业。

PBT树脂是机械特性和耐热性出色的工程塑料，结晶速度快，有利于提高产能。因此，广泛用于汽车部件及电气、电子产品部件的射出成型材料。最近，在减轻环境负荷的背景下，产品的小型化和轻量化要求不断提高。为了实现部件的薄型化和提高生产能力，就需要流动性强的PBT。

一、国内PBT树脂生产

江阴和时利工程塑胶科技发展有限公司PBT装置2007年9月正式开车。江阴和时利工程塑胶科技发展有限公司是江阴化工机械有限公司和新西兰人共同投资兴建的一家中外合资公司，主要从事工程塑料的研究、开发、制造、加工。一期工程设计产能2万吨/年，年消耗BDO的量在1万吨左右。

江苏常熟经济开发区沿江工业园内的长春化工

(常熟)有限公司年产6万吨PBT树脂工厂2007年8月投产。

总投资4亿元人民币的一项外商投资高分子工程材料项目于2009年10月28日在距离乌鲁木齐市30公里的新疆昌吉市正式投产。

这一名为"新疆蓝山屯河聚酯有限公司年产6万吨PBT"的项目,可实现年销售收入10亿元,填补了西北地区高分子工程材料生产的空白。

蓝山屯河化工有限公司作为目前新疆最大的一家外商投资企业,在石油化工及新材料开发方面具有先进的技术和雄厚的实力。

该项目正式投产后,可达年产6万吨规模,这将成为中国西北乃至中亚地区规模最大、品种最多、技术含量及产品档次最高规格的多功能差别化工工程塑料生产企业,并填补西北地区高分子工程塑料生产的空白。

蓝山屯河聚酯有限公司通过技术改造与依托新疆丰富的资源优势,将引进世界最先进的德国吉玛公司三釜工艺,使用最先进过程管理系统和监控仪表,足以保证产品的技术领先地位。

新疆蓝山屯河聚酯有限公司PBT项目于2008年5月正式启动建设,该项目位于昌吉市,投资1.95亿元人民币,项目建设完成后,实现年销售收入6.4亿元。

目前国内主要有3家PBT树脂生产企业:星新材料控股69%的子公司南通星辰合成材料有限公司(1.5万吨/年PTA直接酯化法、0.6万吨DMT酯交换法)和仪化集团公司工程塑料厂(2万吨/年,PTA直接酯化法),蓝山屯河化工有限公司(6万吨/年,PTA直接酯化法)。

国内PBT工程塑料基础树脂生产厂不多,而从事改性PBT品种生产的厂家和产能大大超过了基础树脂生产厂。近年来我国PBT改性发展较快,主要由于双螺杆混炼挤出机的引进和国产双螺杆混炼挤出机的推出,给改性PBT创造了有利条件。

国内主要PBT工程塑料改性厂有广州金发科技股份有限公司、东丽塑料(深圳)有限公司、南通中蓝工程塑胶有限公司、帝斯曼工程塑料(江苏)有限公司、长春化工(漳州)有限公司、新光工业(杭州)有限公司、长春化工(江苏)有限公司、日超工程塑料(深圳)有限公司、朗盛(无锡)化工有限公司、东莞山阳稻畑工程塑料有限公司、北京华腾工程新材料有限责任公司、南亚塑胶工业(惠州)有限公司、上海金发科技发展有限公司、巴斯夫应用化工有限公司、龙口市道恩工程塑料有限公司、江阴济化新材料有限公司、舒尔曼塑料(东莞)有限公司、GE塑料上海有限公司、深圳市科聚新材料有限公司、LG化学(天津)工程塑料有限公司等,从沿海到内地、从国有企业、合资企业发展到乡镇企业,以外商独资、合资和私企为主。

PBT由于生产技术问题以及市场开发等众多因素影响,中国PBT开工率还很低,详见表22。

表22　2004~2009年中国近年PBT树脂产量统计

年　份	2004	2005	2006	2007	2008	2009
生产能力/t	60000	72000	80000	100000	120000	180000
产量/t	18000	25000	31000	56000	61500	85000
开工率/%	38.46	38.89	38.75	56.00	51.25	47.22

从上表可看出,由于众多原因,我国PBT树脂产量虽然在逐年上升,但开工率仍在60%以下。(表中数据为业内人士估测,仅供参考)

二、国内聚对苯二甲酸丁二酯(PBT)出口生产省市分布分析

2009年聚对苯二甲酸丁二酯出口省市有14家,比2008年增加1个进口消费省市,2009年聚对苯二甲酸丁二酯前五位进口消费省市进口量占总进口量的98.02%。

2009年聚对苯二甲酸丁二酯出口生产企业主要集中在江苏省,出口商有17家(比上年减少6个出口商),出口数量27627496kg,占总出口数量的53.40%,比2008年出口增加68.44个百分点;

其次为广东省,出口商有15家(比上年减少20个出口商),出口数量10681747kg,占总出口数量的20.65%,比2008年进口减少10.96个百分点;

福建省出口商有6226398家(比上年减少1个出口商),出口数量6226398kg,占总出口数量的12.59%,比2008年出口增加14.66个百分点;

上海市出口商有12家(比上年减少10个出口商),出口数量3186218kg,占总出口数量的6.16%,比2008年出口减少19.32个百分点;

浙江省出口商有7家(比上年减少1个出口商),出口数量29828243532520kg,占总出口数量的5.77%,比2008年出口减少15.57个百分点(表23)。

三、2009年聚对苯二甲酸丁二酯(PBT)海关进口下降出口增长

2009年聚对苯二甲酸丁二酯(PBT)海关进口下

降出口增长(表24)。

表23　2009年初级形状的聚对苯二甲酸丁二酯三大出口省市统计

排　序	出口省市	出口金额/美元	出口数量/kg	占比例/%	出口商数量
1	江苏省	44925184	27627496	53.40	17
2	广东省	23293533	10681747	20.65	15
3	福建省	12186260	6226398	12.04	3
出　口　总　计		98089688	51732727	100.00	73

表24　2003~2009年聚酯产品进出口统计　　万吨

产　　品	2003	2004	2005	2006	2007	2008	2009
PET切片，进口	17.20	18.00	17.54	23.54	33.24	2.12	3.25
出口	19.18	11.49	57.10	77.12	102.24	77.23	59.21
PBT，进口					15.51	14.73	12.72
出口					2.71	4.31	5.71
初级形状的其他聚酯，进口	33.94	49.80	22.01	26.07	11.28	34.31	33.58
出口	5.24	2.78	2.48	4.45	3.48	22.60	12.55
聚酯产品合计，进口	51.14	67.80	39.55	49.61	60.03	51.16	49.58
出口	24.42	14.27	59.58	81.57	108.43	104.14	77.47
净进口	26.72	53.53	-20.03	-49.61	-48.40	-52.98	-27.89
年增长/%	-4.36	100.34					

海关统计从2007年起将聚对苯二甲酸丁二酯(PBT)从“初级形状的其他聚酯”代码分离出来独立。

2007~2009年间聚对苯二甲酸丁二酯(PBT)进口量年均增长率为负9.44%；

2003~2009年间聚酯总进口量年均增长率为负0.51%；

2003~2009年间聚酯总出口量年均增长率为21.22%；

2007年聚酯总出口量进一步超过108.00万吨；

2008年聚酯总出口量104.14万吨，比2007年减少进口数量3.96个百分点；

2009年聚酯总出口量暴跌到77.47万吨，比2008年减少进口数量25.61个百分点。

PBT树脂需求的扩大带动了国内PBT树脂生产规模的不断扩大，同时也推动PBT树脂进口量的不断上升。

然而，尽管国内PBT树脂生产能力受市场需求拉动逐年增长，但是仍低于国内市场需求的增长；

国内PBT树脂产业产量和销售量总体上呈增长趋势，但是增长速度远低于中国大陆市场需求的增长速度。

2007年前，海关统计将聚对苯二甲酸丁二酯(PBT)树脂包括在“初级形状的其他聚酯”代码中统计。

海关统计从2007年起聚对苯二甲酸丁二酯(PBT)从“初级形状的其他聚酯”代码分离出来独立。

1. PBT树脂2009年进口下降

从海关统计中可看出，PBT树脂2009年进口地有24个(比上年减少1个进口地)，进口127168012kg，同比下降13.68%。

主要进口地为中国台湾，进口数量46753129kg，占总进口数量的36.76%，比2008年进口量下降8.55个百分点；

其次为马来西亚进口数量27232661kg，占总进口数量的21.41%，比2008年减少进口量2.68个百分点；

中华人民共和国进口数量17514768kg，占总进口数量的13.77%，比2008年进口量减少13.56个百分点；

日本进口数量16948295kg，占总进口数量的13.33%，比2008年进口数量减少36.91个百分点；

韩国进口数量5589520kg，占总进口数量的4.40%，比2008年进口数量减少32.44个百分点；

五原产进口地进口数量占PBT树脂2009年总进

口数量的89.67%，比2008年下降1.35个百分点(表25)。

2. PBT树脂2009年出口增长

从海关统计中可看出，PBT树脂2009年出口地有85个(比上年减少4个出口地)，出口5173272743143717kg，同比上升19.91%。

主要出口地为中国香港，出口数量19505963kg，占总出口数量的37.71%，比2008年出口量减少17.25个百分点；

其次为韩国出口数量14890276kg，占总出口数量的28.78%，比2008年出口量增加262.91个百分点；

印度出口数量4645323kg，占总出口数量的8.98%，比2008年出口量增加2122.49个百分点；

日本出口数量2788341kg，占总出口数量的5.39%，比2008年出口量减少57.92个百分点；

美国出口数量1819796kg，占总出口数量的3.52%，比2008年出口量减少78.00个百分点；

五出口地出口数量占PBT树脂2009年总出口数量的84.38%，比2008年下降4.52个百分点(表26)。

表25 2009年初级形状的聚对苯二甲酸丁二酯三大进口国家/地区统计

排序	原产进口地	进口金额/美元	进口数量/kg	占比例/%	进口商数量
1	中国台湾	97243108	46753129	36.76	71
2	马来西亚	58197871	27232661	21.41	64
3	中华人民共和国	35594052	17514768	13.77	54
进口总计		314480276	127168012	100.00	170

表26 2009年初级形状的聚对苯二甲酸丁二酯三大出口国家/地区统计

排序	出口目的地	出口金额/美元	出口数量/kg	占比例/%	出口商数量
1	中国香港	41377684	19505963	37.71	37
2	韩国	22420561	14890276	28.78	16
3	印度	7058527	4645323	8.98	18
出口总计		98089688	51732727	100.00	73

四、聚对苯二甲酸丁二酯进口消费省市集中于东部沿海地区

从海关资料来看，2009年PBT树脂进口消费省市有18个，比2008年增加1个进口消费省市，2009年PBT树脂前五位进口消费省市进口量占总进口量的89.96%。

2009年PBT树脂主要进口流向为广东省，进口商有35家(比上年减少68个进口商)，进口数量6681776780664311kg，占总进口数量的52.54%，比2008年进口增加17.17个百分点；

其次为上海市，进口商有22家(比上年减少44个进口商)，进口数量26693657kg，占总进口数量的20.99%，比2008年进口增加2.61个百分点；

江苏省进口商有28家(比上年减少34个进口商)，进口数量1132789414748725kg，占总进口数量的8.91%，比2008年进口减少23.19个百分点；

福建省进口商有11家(比上年减少19个进口商)，进口数量5006701kg，占总进口数量的3.94%，比2008年进口增加55.02个百分点；

北京市进口商有8家(比上年减少8个进口商)，进口数量4558493kg，占总进口数量的3.58%，比2008年进口减少7.30个百分点(表27)。

表27 2009年初级形状的聚对苯二甲酸丁二酯四大进口省市统计

排序	进口省市	进口金额/美元	进口数量/kg	占比例/%	进口商数量
1	广东省	150312776	66817767	52.54	35
2	上海市	70028118	26693657	20.99	22
3	江苏省	34743699	11327894	8.91	28
4	吉林省	121344	36275	0.03	3
进口总计		314480276	127168012	100.00	170

五、聚对苯二甲酸丁二酯(PBT)出口商以外资企业为主

从海关资料来看，2009年聚对苯二甲酸丁二酯(PBT)出口商有210家，比上年增加28个出口商2009年聚对苯二甲酸丁二酯(PBT)前十位出口商出口量占总出口量的76.45%，全部为生产企业。

长春化工(江苏)有限公司、长春化工(漳州)有限公司、南通星辰合成材料有限公司、广州金发科技股份有限公司、日超工程塑料(深圳)有限公司、新光工业(杭州)有限公司、东丽塑料(深圳)有限公司、南亚塑胶工业(惠州)有限公司，分别位居2009年聚对苯二甲酸丁二酯(PBT)出口量1~8位，出口量分别占总出口量的41.75%、12.03%、5.51%、4.20%、3.93%、3.79%、2.68%和2.56%。

2009年聚对苯二甲酸丁二酯(PBT)二十五大出口商中有二十一家为生产企业，仅有南通中蓝工程塑胶有限公司一家是PBT树脂原料生产厂，其余均为PBT改性(即PBT合金)和粉体涂料生产企业，合计出口量占总出口量的86.20%。

2009年初级形状的其他聚酯二十一大出口生产企业主要集中在江苏省、福建省、浙江省、广东省四省。

2009年聚对苯二甲酸丁二酯(PBT)出口商以外资企业为主(表29)。

表28　2009年初级形状的聚对苯二甲酸丁二酯三大出口商统计(210)

排　序	出口商	所属行业	出口数量/kg	占比例/%	出口航次
1	长春化工(江苏)有限公司	PBT改性	21596300	41.75	60
2	长春化工(漳州)有限公司	PBT改性	6223375	12.03	21
3	南通星辰合成材料有限公司	PBT改性	2848600	5.51	39
出　口　总　计		51732727		100.00	1461

六、聚对苯二甲酸丁二酯生产使用企业以改性PBT为主

在汽车制造领域，PBT广泛地用于生产保险杠、化油器组件、挡泥板、扰流板、火花塞端子板、供油系统零件、仪表盘、汽车点火器、加速器及离合器踏板等部件。PBT与增强PA、PC、POM在汽车制造业中的竞争十分激烈，PA易吸水，PC的耐热性耐药性不及PBT；在汽车用途接管方面，由于PBT的抗吸水性优于PA，将会逐渐取代PA。在相对湿度较高、十分潮湿的情况下，由于潮湿易引起塑性降低，电器节点处容易引起腐蚀，常可使用改性PBT。在80℃、90%相对湿度下，PBT仍能正常使用，并且效果很好。

其中PBT/PC合金，在高级轿车中应用最为广泛；沙伯创新塑料更是将Xenoy聚酯合金用于汽车。它的耐热性好，耐应力开裂，具有优良的耐磨，耐化学腐蚀性，低温冲击强度高，易加工和涂饰性好，主要应用于高档轿车保险杠，车底板，面板和摩托车护板等。

2009年聚对苯二甲酸丁二酯进口商共计有1487家，比上年增加11个进口商，进口额最高的十大进口商进口数量占总进口数量的25.11%。

广州金发科技股份有限公司，深圳宝安外经发展有限公司，昆山新宁公共保税仓储有限公司，东莞对外加工装配服务公司，巴斯夫应用化工有限公司，宝理塑料贸易(上海)有限公司，中海物流(深圳)有限公司，杜邦贸易(上海)有限公司，分别位居2009年聚对苯二甲酸丁二酯八大进口商进口量1~8位，进口量分别占总进口量的3.71%、3.58%、3.03%、2.91%、2.69%、2.23%、1.97%和1.68%。

2009年聚对苯二甲酸丁二酯二十五大进口商中有11家为生产使用企业，主要集中在广东省、上海市、江苏省三省市，合计进口量占2009年总进口量的18.15%。

11家生产使用企业分别属改性PBT、电子工业、塑胶制品行业，以改性PBT为主表29。

七、价格趋势(表30~33)

表29　2009年初级形状的聚对苯二甲酸丁二酯三大进口商统计(1487)

排　序	进口商	所属行业	进口数量/kg	占比例/%	进口航次
1	广州金发科技股份有限公司	改性PBT	4722025	3.71	16
2	深圳宝安外经发展有限公司	贸易商	4550762	3.58	131
3	昆山新宁公共保税仓储有限公司	贸易商	3850300	3.03	22
进　口　总　计		127168012		100.00	11121

表 30　PBT G0 三房巷 2009 年中国塑料城月均价走势　元/t

1 月	2 月	3 月	4 月	5 月	6 月
23000	23000	23000	21571	21000	21000
7 月	8 月	9 月	10 月	11 月	12 月
21234	21600	21704	22000	22000	22000

表 31　PBT G20 三房巷 2009 年中国塑料城月均价走势　元/t

1 月	2 月	3 月	4 月	5 月	6 月
19200	19200	19200	18557	18300	18300
7 月	8 月	9 月	10 月	11 月	12 月
18495	18800	18800	18800	18800	18800

表 32　PBT G30 三房巷 2009 年中国塑料城月均价走势　元/t

1 月	2 月	3 月	4 月	5 月	6 月
18200	18200	18200	17557	17300	17300
7 月	8 月	9 月	10 月	11 月	12 月
17495	17800	17800	17800	17800	17800

表 33　PBT 420SEO 美国 GE2009 年中国塑料城月均价走势　元/t

1 月	2 月	3 月	4 月	5 月	6 月
30000	30000	30000	30000	30000	30000
7 月	8 月	9 月	10 月	11 月	12 月
30000	30000	30000	30000	29371	28800

第五章　2009 年尼龙树脂进口上升出口下降

一、2009 年尼龙生产概况

在大量低价货源源源进入，原材料价格却不断高企的双重夹击下，中国的尼龙生产企业唯有缩减开工率、降低库存，尽管如此中国的尼龙 66 切片产业企业大多还是出于亏损状态，中国尼龙市场更是受到强烈冲击。

自 2009 年 6 月 26 日起，进口经营者在进口原产于美国、意大利、英国、法国和中国台湾地区的进口聚酰胺-6，6 切片时，应依据本初裁决定所确定的各公司的倾销幅度向中华人民共和国海关提供相应的保证金。

该产品归在《中华人民共和国进出口税则》：39081011。该税则号项下经螺杆二次混炼加入玻璃纤维、矿物质、增韧剂、阻燃剂的改性尼龙-6，6 切片(简称“改性聚酰胺-6，6 切片”)不在本次被调查产品范围之列。

至此中国尼龙 66 生产企业才算是得以喘息，获利最多的为几家大型尼龙生产企业：神马平煤、正邦尼龙等(表 34)。

表 34　中国 PA 树脂和 PA 改性产量统计

年　份	PA 混炼装置规模/kt	改性 PA 产量/kt	市场需求量/kt
2002	150	120	180
2003	180	140	220
2004	220	160	280
2005	250	180	350
2006	300	220	400

续表

年　份	PA 混炼装置规模/kt	改性 PA 产量/kt	市场需求量/kt
2007	400	290	480
2008	450	320	515
2009	480	330	530

注：由于PA改性混炼装置同时改性混炼PP、PC、ABS、PBT等产品，很难确切分割规模，改性混炼PA数据仅为业内人士估算。上表数据包括PA/PP、PA/PC，PA/ABS等产品产量。

政策和市场双双直接刺激了国内聚酰胺行业的生产稳步回升。目前，占国内产能80%左右的中平能化集团尼龙化工公司的尼龙66产品产销量出现恢复性增长，开工率恢复到2006年的水平，2009年7月份该公司的尼龙66盐销售量环比增幅超过10%。

二、2009年PA树脂出口生产省市分布分析

1. 2009年其他初级形状的聚酰胺出口下降

其他初级形状的聚酰胺2009年出口省市有16家（比上年减少6家出口省市），出口21839879kg，同比下降9.57%。

其他初级形状的聚酰胺2009年出口生产企业仍主要集中在江苏省，出口数量8670816kg，占总出口数量的39.70%，比2008年减少出口数量19.22个百分点；

其次为上海市，出口数量5698659kg，占总出口数量的26.09%，比2008年出口数量增加146.82个百分点；

广东省出口数量4462117kg，占总出口数量的20.43%，比2008年出口数量减少23.31个百分点；

浙江省出口数量2145642kg，占总出口数量的9.82%，比2008年出口数量减少34.19个百分点；

福建省出口数量269208kg，占总出口数量的1.23%，比2008年出口数量减少76.67个百分点。

五省市出口数量占其他初级形状的聚酰胺2009年总出口数量的97.27%，比2008年增加0.95个百分点(表35)。

表35　2009年其他初级形状的聚酰胺三大出口省市统计

排　序	出口省市	出口金额/美元	出口数量/kg	占比例/%	出口商数量
1	江苏省	44893547	8670816	39.70	18
2	上海市	33207770	5698659	26.09	9
3	广东省	14554019	4462117	20.43	14
出　口　总　计		99551927	21839879	100.00	86

2. 聚酰胺-6，6切片出口上升

聚酰胺-6，6切片2009年出口省市有14家(比上年增加1家出口省市)，出口29348068kg，同比上升16.94%。

聚酰胺-6，6切片2009年出口生产企业主要集中在广东省，出口数量12239077kg，占总出口数量的41.70%，比2008年出口数量减少22.19个百分点；

其次为上海市，出口数量7386678kg，占总出口数量的25.17%，比2008年增加出口数量23.78个百分点；

河南省出口数量5601500kg，占总出口数量的19.09%，比2008年出口数量增加192.17倍；

江苏省出口数量3119911kg，占总出口数量的10.63%，比2008年增加出口数量57.89倍；

天津市出口数量517914kg，占总出口数量的1.76%，比2008年出口数量减少2.45个百分点。

五省市出口数量占聚酰胺-6，6切片2009年总出口数量的98.35%，比2008年上升0.24个百分点(表36)。

表36　2009年聚酰胺-6，6切片三大出口省市统计

排　序	出口省市	出口金额/美元	出口数量/kg	占比例/%	出口商数量
1	广东省	43189415	12239077	41.70	16
2	上海市	21398655	7386678	25.17	11
3	河南省	14185993	5601500	19.09	1
出　口　总　计		90840804	29348068	100.00	62

3. 其他初级形状的聚酰胺-6，6等出口下降

其他初级形状的聚酰胺-6，6等2009年出口省市有16家(比上年增加2家出口省市)，出口4292672kg，同比下降26.92%。

其他初级形状的聚酰胺-6，6等2009年出口生产企业主要集中在上海市，出口数量2525068kg，占总出口数量的58.69%，比2008年减少出口数量38.89个百分点；

其次为江西省，出口数量481080kg，占总出口数量的11.18%，比2008年出口数量增加121.66个百分点；

河北省出口数量402250kg，占总出口数量的9.35%，比2008年增加出口数量209.23个百分点；

广东省出口数量393340kg，占总出口数量的9.14%，比2008年出口数量减少35.04个百分点；

江苏省出口数量347832kg，占总出口数量的8.08%，比2008年出口数量减少40.72个百分点。

五省市出口数量占其他初级形状的聚酰胺-6，6等2009年总出口数量的96.44%，比2008年下降0.10个百分点(表37)。

表37　2009年其他初级形状的聚酰胺-6，6等三大出口省市统计

排　序	出口省市	出口金额/美元	出口数量/kg	占比例/%	出口商数量
1	上海市	9214485	2525068	58.69	11
2	江西省	1538567	481080	11.18	1
3	河北省	1035314	402250	9.35	2
出　口　总　计		14128181	4292672	100.00	53

4. 2009年聚酰胺-6、聚酰胺-11、聚酰胺-12、聚酰胺-6，9等切片出口下降

其他初级形状的聚酰胺-6等切片2009年出口省市有14家(比上年增加2家出口省市)，出口40532547kg，同比下降43.82%。

其他初级形状的聚酰胺-6切片等2009年出口生产企业主要集中在江苏省，出口数量21685686kg，占总出口数量的53.50%，比2008年出口数量减少0.57个百分点；

其次为广东省，出口数量13771240kg，占总出口数量的33.98%，比2008年出口数量减少69.03个百分点；

上海市出口数量4322492kg，占总出口数量的10.66%，比2008年出口数量减少12.31个百分点；

浙江省出口数量218000kg，占总出口数量的0.54%，比2008年减少出口数量56.49个百分点；

山东省出口数量205761kg，占总出口数量的0.51%，比2008年出口数量增加14.44个百分点。

五省市出口数量占其他初级形状的聚酰胺-6等切片2009年总出口数量的99.19%，比2008年下降0.54个百分点(表38)。

表38　2009年聚酰胺-6、聚酰胺-11、聚酰胺-12、聚酰胺-6，9、聚酰胺-6，10、聚酰胺-6，12切片三大出口省市统计

排　序	出口省市	出口金额/美元	出口数量/kg	占比例/%	出口商数量
1	江苏省	50725808	21685686	53.50	15
2	广东省	26362328	13771240	33.98	14
3	上海市	13064295	4322492	10.66	10
出　口　总　计		92426740	40532547	100.00	66

三、2009年进口增长出口下降

2004～2009年间PA年进口增长达19.04%。2004～2009年间PA年净进口增长达18.59%(表39)。

表 39　2004～2009 年国内 PA 树脂进出口统计　t

项目＼年份		2004	2005	2006	2007	2008	2009
聚酰胺－6，6 切片	进口		238802	167804	205513	223996	174111
	出口		10945	17806	26763	25096	29348
PA6、11、612 12、610 等切片	进口	217532	99786	334375	491495	551207	681699
	出口	15707	6155	21650	41643	72154	40533
其他形状 PA－6、11、 12、66、610 等	进口	69943	67195	32972	23943	21523	18492
	出口	4568	6314	6341	7613	5875	4293
其他初级状态的 PA	进口	98173	87861	72867	65974	57638	47690
	出口	13216	25936	30961	26763	24150	21840
PA 总进口量		385648	493644	608018	786925	854364	921992
PA 总出口量		33491	49350	75758	102782	127275	96013
PA 净进口量		352157	444294	532260	684143	727086	825979
年增长率/%		23.41	26.16	19.80	28.54	6.28	13.60

1. 2009 年其他初级形状的聚酰胺进出口同时下降

从海关统计中可看出，其他初级形状的聚酰胺 2009 年进口地有 36 个(比上年减少 2 个进口地)，进口 47689611kg，同比下降 17.26%。

主要进口地为日本，占总进口数量的 20.08%，比 2008 年进口数量减少 23.35 个百分点；

其次为美国，占总进口数量的 19.77%，比 2008 年进口数量增加 44.32 个百分点；

中华人民共和国占总进口数量的 13.79%，比 2008 年减少进口数量 10.21 个百分点；

中国台湾占总进口数量的 8.78%，比 2008 年进口数量减少 24.28 个百分点；

荷兰占总进口数量的 8.63%，比 2008 年减少进口数量 35.08 个百分点；

五原产进口地进口数量占其他初级形状的聚酰胺 2009 年总进口数量的 71.05%，比 2008 年上升 4.73 个百分点(表 40)。

表 40　2009 年其他初级形状的聚酰胺三大进口国家/地区统计

排　序	原产进口地	进口金额/美元	进口数量/kg	占比例/%	进口商数量
1	日本	47706486	9577562	20.08	101
2	美国	42289782	9429520	19.77	76
3	中华人民共和国	32980664	6576526	13.79	42
进　口　总　计		220973261	47689611	100.00	166

从海关统计中可看出，其他初级形状的聚酰胺 2009 年出口地有 48 个(比上年减少 1 个出口地)，出口 21839879kg，同比下降 9.57%。

主要出口地为中国香港，出口数量 8449353kg，占总出口数量的 38.69%，比 2008 年减少出口数量 34.21 个百分点；

其次为日本，出口数量 3374114kg，占总出口数量的 15.45%，比 2008 年出口数量增加 459.67 个百分点；

韩国出口数量 2408487kg，占总出口数量的 11.03%，比 2008 年出口数量增加 108.17 个百分点；

中国台湾出口数量 1570779kg，占总出口数量的 7.19%，比 2008 年出口数量减少 41.64 个百分点；

比利时出口数量 762485kg，占总出口数量的 3.49%，比 2008 年出口数量增加 9.17 个百分点。

五原产出口地出口数量占其他初级形状的聚酰胺 2009 年总出口数量的 75.84%，比 2008 年增加 0.50 个百分点(表 41)。

表41　2009年其他初级形状的聚酰胺三大出口国家/地区统计

排　序	出口目的地	出口金额/美元	出口数量/kg	占比例/%	出口商数量
1	中国香港	43524224	8449353	38.69	23
2	日本	15726987	3374114	15.45	18
3	韩国	15085603	2408487	11.03	19
出　口　总　计		99551927	21839879	100.00	86

2. 2009年聚酰胺-6，6切片进口下降、出口增长

从海关统计中可看出，聚酰胺-6，6切片2009年进口地有25个(比上年减少2个进口地)，进口174111462kg，同比下降22.27%。

主要进口地为美国，进口36285381kg，占总进口数量的20.84%，比2008年进口数量减少48.32个百分点；

其次为韩国，占总进口数量的13.37%，比2008年进口数量增加43.26个百分点；

德国占总进口数量的12.59%，比2008年进口数量减少21.85个百分点；

中国台湾占总进口数量的10.76%，比2008年减少进口数量25.72个百分点；

日本占总进口数量的9.62%，比2008年减少进口数量14.54个百分点；

五原产进口地进口数量占聚酰胺-6，6切片2009年总进口数量的67.18%，比2008年下降4.40个百分点(表42)。

表42　2009年聚酰胺-6，6切片三大进口国家/地区统计

排　序	原产进口地	进口金额/美元	进口数量/kg	占比例/%	进口商数量
1	美国	86045219	36285381	20.84	81
2	韩国	68450656	23275943	13.37	93
3	德国	65699773	21923881	12.59	79
进　口　总　计		513563099	174111462	100.00	177

从海关统计中可看出，聚酰胺-6，6切片2009年出口地有85个，(比上年减少2个出口地)，出口29348068kg，同比上升16.94%。

主要出口地为中国香港，出口数量16466673kg，占总出口数量的56.11%，比2008年出口数量减少2.12个百分点；

其次为韩国，出口数量5082040kg，占总出口数量的17.32%，比2008年增加出口数量794.72个百分点；

日本出口数量2073530kg，占总出口数量的7.07%，比2008年出口数量减少43.82个百分点；

中国台湾出口数量1360662kg，占总出口数量的4.64%，比2008年增加出口数量90.08个百分点；

马来西亚出口数量1217393kg，占总出口数量的4.15%，比2008年出口数量增加748.08个百分点。

五原产出口地出口数量占聚酰胺-6，6切片2009年总出口数量的89.29%，比2008年上升0.68个百分点(表43)。

表43　2009年聚酰胺-6，6切片三大出口国家/地区统计

排　序	出口目的地	出口金额/美元	出口数量/kg	占比例/%	出口商数量
1	中国香港	54038958	16466673	56.11	32
2	韩国	13307367	5082040	17.32	14
3	日本	7657439	2073530	7.07	19
出　口　总　计		90840804	29348068	100.00	62

3. 2009年其他初级形状的聚酰胺-6，6等进出口同比下降

从海关统计中可看出，其他初级形状的聚酰胺-6，6等2009年进口地有30个(比上年减少2个进

口地)，进口18491804kg，同比下降14.08%。

主要进口地为日本，进口数量2928873kg，占总进口数量的15.84%，比2008年减少进口数量16.95个百分点；

其次为美国，进口数量2883308kg，占总进口数量的15.59%，比2008年进口数量增加28.36个百分点；

中华人民共和国进口数量2744118kg，占总进口数量的14.84%，比2008年进口数量减少9.68个百分点；

中国台湾进口数量2698746kg，占总进口数量的14.59%，比2008年进口数量减少61.24个百分点；

韩国进口数量2262103kg，占总进口数量的12.23%，比2008年进口数量增加13.10个百分点。

五原产进口地进口数量占其他初级形状的聚酰胺-6，6等2009年总进口数量的73.09%，比2008年增加2.65个百分点(表44)。

表44　2009年其他初级形状的聚酰胺-6，6等三大进口国家/地区统计

排　序	原产进口地	进口金额/美元	进口数量/kg	占比例/%	进口商数量
1	日本	13863348	2928873	15.84	90
2	美国	9047867	2883308	15.59	55
3	中华人民共和国	8462126	2744118	14.84	28
进　口　总　计		74373183	18491804	100.00	171

从海关统计中可看出，其他初级形状的聚酰胺-6，6等2009年出口地有38个(比上年减少1个出口地)，出口4292672kg，同比下降26.92%。

主要出口地为中国香港，出口数量1497301kg，占总出口数量的34.80%，比2008年减少出口数量47.75个百分点；

其次为法国，出口数量505125kg，占总出口数量的11.74%，比2008年出口数量增加182.12个百分点；

伊朗出口数量489650kg，占总出口数量的11.38%，比2008年出口数量增加202.47个百分点；

中国台湾出口数量451120kg，占总出口数量的10.48%，比2008年出口数量减少55.74个百分点。

马来西亚出口数量404630kg，占总出口数量的9.40%，比2008年出口数量减少37.31个百分点。

五原产出口地出口数量占其他初级形状的聚酰胺-6，6等2009年总出口数量的77.80%，比2008年下降5.60个百分点(表45)。

表45　2009年其他初级形状的聚酰胺-6，6等三大出口国家/地区统计

排　序	出口目的地	出口金额/美元	出口数量/kg	占比例/%	出口商数量
1	中国香港	5456454	1497301	34.80	11
2	法国	1746133	505125	11.74	2
3	伊朗	1238658	489650	11.38	4
15	尼日利亚	12400	20000	0.46	1
出　口　总　计		14128181	4292672	100.00	53

4. 2009年聚酰胺-6、聚酰胺-11、聚酰胺-12、聚酰胺-6，9等切片进口增长出口下降

从海关统计中可看出，2009年聚酰胺-6、聚酰胺-11、聚酰胺-12、聚酰胺-6，9、聚酰胺-6，10、聚酰胺-6，12切片2009年进口地有25个(比上年减少1个进口地)，进口681699493kg，同比增长23.67%。

主要进口地为中国台湾，占总进口数量的48.60%，比2008年进口数量增加33.99个百分点；

其次为美国，占总进口数量的13.64%，比2008年进口数量增加46.46个百分点；

德国占总进口数量的8.07%，比2008年进口数量增加17.40个百分点；

俄罗斯占总进口数量的8.00%，比2008年增加进口数量24.92个百分点；

韩国占总进口数量的5.67%，比2008年进口数量增加12.74个百分点。

五原产进口地进口数量占2008年聚酰胺-6、聚酰胺-11、聚酰胺-12、聚酰胺-6，9、聚酰胺-6，10、聚酰胺-6，12切片2009年总进口数量的

83.98%，比2008年上升3.56个百分点(表46)。

表46　2009年聚酰胺-6、聚酰胺-11、聚酰胺-12、-6，9、聚酰胺-6，10、聚酰胺-6，12切片三大进口国家/地区统计

排　序	原产进口地	进口金额/美元	进口数量/kg	占比例/%	进口商数量
1	中国台湾	642015698	331273388	48.60	103
2	美国	176320383	93016092	13.64	95
3	德国	121542962	55016798	8.07	88
进　口　总　计		1363862394	681699493	100.00	190

从海关统计中可看出，2008年聚酰胺-6、聚酰胺-11、聚酰胺-12、聚酰胺-6，9、聚酰胺-6，10、聚酰胺-6，12切片2009年出口地有44个(比上年减少1个出口地)，出口40532547kg，同比下降43.82%。

主要出口地为中国香港，出口数量18653195kg，占总出口数量的46.02%，比2008年出口数量减少61.90个百分点；

其次为韩国，出口数量7970925kg，占总出口数量的19.67%，比2008年增加出口数量5.27个百分点；

日本出口数量2775123kg，占总出口数量的6.85%，比2008年出口数量减少31.89个百分点；

印度出口数量2510274kg，占总出口数量的6.19%，比2008年增加出口数量28.78个百分点；

泰国出口数量2156696kg，占总出口数量的5.32%，比2008年出口数量增加79.30个百分点。

五原产出口地出口数量占2009年聚酰胺-6、聚酰胺-11、聚酰胺-12、聚酰胺-6，9、聚酰胺-6，10、聚酰胺-6，12切片2009年总出口数量的84.05%，比2008年下降4.93个百分点(表47)。

表47　2009年聚酰胺-6、聚酰胺-11、聚酰胺-12、聚酰胺-6，9、聚酰胺-6，10、聚酰胺-6，12切片三大出口国家/地区统计

排　序	出口目的地	出口金额/美元	出口数量/kg	占比例/%	出口商数量
1	中国香港	39028826	18653195	46.02	27
2	韩国	18561432	7970925	19.67	20
3	日本	6989133	2775123	6.85	20
出　口　总　计		92426740	40532547	100.00	66

四、消费

随着我国汽车工业、电子电气工业的发展，PA工程塑料消费呈快速上升趋势。

2009年本体树脂和改性PA的实际消耗已超过73万吨。

PA工程塑料消费1999～2006年年均增长达17.75%。

PA工程塑料消费2004～2009年年均增长达16.20%(表48)。

表48　国内PA消费分配

用途＼年份	2009		2007	
	需求量/(kt/a)	占比例/%	需求量/(kt/a)	占比例/%
电器电子产品	220.00	30.14	190.0	31.67
交通运输	180.00	24.66	160.0	26.67
机械工业	95.00	13.01	75.0	12.50
日用五金	52.00	7.12	41.0	6.83
尼龙薄膜	30.00	4.11	28.0	4.67
单丝、棕丝	20.00	2.74	17.0	2.83
尼龙粉末	23.00	3.15	16.0	2.67
其他	110.00	15.07	73.0	12.16
合计	730.00	100.00	600.00	100.00

1. 汽车工业

工程塑料尤其是聚酰胺产品主要用于汽车发动机及发动机周边部件，其作用是使汽车轻量化，从而达到节油提速的目的。目前国内工程塑料产品在汽车上的应用不断扩展，在汽车新材料等领域的应用越来越深入，行业成熟度正在不断提高。

尼龙主要用于汽车发动机及发动机周边部件，主要品种是 GFPA6、GFPA66、增强阻燃 PA6 等产品。

2. 建材

随着国家扩大内需措施相继出台，铁路客运专线等一批重点基础项目建设将陆续上马。记者了解到，正在建设的温州至福州高速铁路系统中，70%的专用尼龙 66 塑料扣件都采用了平煤神马能源化工集团旗下的华威塑胶工程公司的产品。这是国产尼龙 66 工程塑料首次为国家高速铁路重点基础项目保驾护航。

国家在大力发展高速铁路客运专线的同时，提出了系统专用材料采购要实现国产化的目标。据该公司总经理郭选政介绍，高速铁路客运专线每公里需用铁路扣件专用材料 2.2～3t。而高速铁路客运专线尼龙切片生产技术一直被英国、德国等国的跨国公司垄断，国内产品还是空白。为此，该公司抓住这一难得机遇，积极与中国铁路科学研究院密切合作，加大技术创新力度，研发适合高速铁路需要的尼龙改性切片。

据了解，他们在精选添加剂品种时，仅单个配方就实验了一百多次，双螺杆设备的组合调整了三十余次，生产工艺调整更是不计其数。经过长时间的攻关，该公司于 2007 年 12 月成功研制出尼龙 66 高速铁路系统工程塑料扣件专用材料。经中国铁路科学研究院鉴定，该产品具备高强度、耐冲击、高钢性等特性，完全符合技术要求，部分性能指标超越了国外跨国公司同类产品。因性能出色，该产品被中国铁路科学研究院指定为专用产品，国内高速铁路客运专线中第一次出现了国产尼龙 66 的身影。2009 年 3 月，该公司的尼龙 66 高速铁路系统工程塑料扣件专用材料实现了规模化生产。

据了解，在 4 万亿拉动内需的投资计划中，铁路被列为重中之重。随着多个铁路快速客运通道以及城际快速客运系统的开工建设，尼龙 66 高速铁路系统工程塑料扣件专用材料市场需求将会大幅度增加。

神马华威塑胶工程公司是平煤神马能源化工集团下属的一个子公司，2008 年 6 月组建，其生产的尼龙及其他塑胶改性切片产品广泛应用于电气、军工、铁路、汽车、纺织等领域，产品畅销全国各地。

3. 聚酰胺塑料进口消费地区流向分析

3.1　其他初级形状的聚酰胺集中流向东部沿海地区

从海关资料来看，其他初级形状的聚酰胺 2009 年进口消费省市有 18 个（比上年增加 1 个进口消费省市）。

主要进口流向为上海市，进口数量 15838985kg，占总进口数量的 33.22%，比 2008 年进口数量增加 10.58 个百分点；

广东省进口数量 15802066kg，占总进口数量的 33.14%，比 2008 年减少进口数量 34.62 个百分点；

江苏省进口数量 9958576kg，占总进口数量的 20.88%，比 2008 年减少进口数量 24.03 个百分点。

2009 年其他初级形状的聚酰胺前五位进口消费省市进口量占总进口量的 93.29%，，比 2008 年下降 1.78 个百分点（表 49）。

表 49　2009 年其他初级形状的聚酰胺三大进口省市统计

排　序	进口省市	进口金额/美元	进口数量/kg	占比例/%	进口商数量
1	上海市	74017143	15838985	33.22	23
2	广东省	68240762	15802066	33.14	28
3	江苏省	47863698	9958576	20.88	26
进　口　总　计		220973261	47689611	100.00	166

3.2　聚酰胺 -6，6 切片集中流向东部沿海地区

从海关资料来看，聚酰胺 -6，6 切片 2009 年进口消费省市有 17 个（比上年减少 1 个进口消费省市）。

主要进口流向为广东省，进口数量 70555293kg，占总进口数量的 40.52%，比 2008 年进口数量减少 24.47 个百分点；

上海市进口数量 48701705kg，占总进口数量的 27.97%，比 2008 年进口数量减少 30.97 个百分点；

浙江省进口数量 17375191kg，占总进口数量的 9.98%，比 2008 年进口数量减少 31.59 个百分点。

2009 年聚酰胺 -6，6 切片前五位进口消费省市进口量占总进口量的 91.23%，比 2008 年下降 2.33 个百分点（表 50）。

表 50　2009 年聚酰胺 -6，6 切片三大进口省市统计

排　序	进口省市	进口金额/美元	进口数量/kg	占比例/%	进口商数量
1	广东省	217671568	70555293	40.52	34
2	上海市	140695214	48701705	27.97	22
3	浙江省	42230479	17375191	9.98	20
进　口　总　计		513563099	174111462	100.00	177

3.3　其他初级形状的聚酰胺 -6，6 等集中流向东部沿海地区

从海关资料来看，其他初级形状的聚酰胺 -6，6 等 2009 年进口消费省市有 18 个(比上年增加 1 个进口消费省市)。

主要进口流向为广东省，进口数量 11119986kg，占总进口数量的 60.13%，比 2008 年减少进口数量 10.11 个百分点；

江苏省进口数量 1799472kg，占总进口数量的 9.73%，比 2008 年减少进口数量 49.55 个百分点；

河北省进口数量 1168754kg，占总进口数量的 6.32%，比 2008 年进口数量增加 27.51 倍。

2009 年其他初级形状的聚酰胺 -6，6 等前五位进口消费省市进口量占总进口量的 86.32%，比 2008 年下降 3.33 个百分点(表 51)。

表 51　2009 年其他初级形状的聚酰胺 -6，6 等三大进口省市统计

排　序	进口省市	进口金额/美元	进口数量/kg	占比例/%	进口商数量
1	广东省	34864045	11119986	60.13	32
2	江苏省	8120297	1799472	9.73	26
3	河北省	9303650	1168754	6.32	3
进　口　总　计		74373183	18491804	100.00	171

3.4　2008 年聚酰胺 -6、聚酰胺 -11、聚酰胺 -12、聚酰胺 -6，9、聚酰胺 -6，10、聚酰胺 -6，12 切片集中流向东部沿海地区

从海关资料来看，2009 年聚酰胺 -6、聚酰胺 -11、聚酰胺 -12、聚酰胺 -6，9、聚酰胺 -6，10、聚酰胺 -6，12 切片进口消费省市有 16 个(比上年减少 2 个进口消费省市)。

主要进口流向为浙江省，进口数量 255236067kg，占总进口数量的 37.44%，比 2008 年增加进口数量 34.45 个百分点；

福建省进口数量 149545784kg，占总进口数量的 21.94%，比 2008 年增加进口数量 37.61 个百分点；

上海市进口数量 98958902kg，占总进口数量的 14.52%，比 2008 年增加进口数量 12.09 个百分点。

2009 年聚酰胺 -6、聚酰胺 -11、聚酰胺 -12、聚酰胺 -6，9、聚酰胺 -6，10、聚酰胺 -6，12 切片前五位进口消费省市进口量占总进口量的 90.94%，比 2008 年上升 0.26 个百分点(表 52)。

表 52　2009 年聚酰胺 -6、聚酰胺 -11、聚酰胺 -12、聚酰胺 -6，9、聚酰胺 -6，10、聚酰胺 -6，12 切片三大进口省市统计

排　序	进口省市	进口金额/美元	进口数量/kg	占比例/%	进口商数量
1	浙江省	490313687	255236067	37.44	25
2	福建省	286726308	149545784	21.94	10
3	上海市	189527497	98958902	14.52	21
进　口　总　计		1363862394	681699493	100.00	190

4. 2009 年聚酰胺进口企业

4.1　聚酰胺 -6，6 切片进口以外商独资企业为主

聚酰胺 -6，6 切片 2009 年进口商共计有 1525 家，比上年增加 48 个进口商，进口额最高的 8 家进口生产使用企业进口数量占总进口数量的 26.21%。

东莞对外加工装配服务公司，旭化成塑料(上海)有限公司，杜邦贸易(上海)有限公司，英威达特种纤维(上海)有限公司，巴斯夫应用化工有限公司，深圳宝安外经发展有限公司，杭州帝凯工业有限公司，罗地亚聚酰胺(上海)有限公司，分别位居聚酰胺 -6，6 切片 2009 年二十五大进口企业进口量 1 ~8 位，进口量分别

占总进口量的4.10%、3.09%、2.92%、2.84%、2.76%、2.72%、2.65%和2.62%。

聚酰胺-6，6切片2009年二十五大进口商中有15家为生产使用企业主要为聚酰胺改性(即聚酰胺合金)、玩具制品、化纤工业、电子工业(手机外壳、电脑外壳等)生产企业，十五大进口生产使用企业合计进口量占2009年总进口量的27.10%(表53)。

表53　2009年聚酰胺-6，6切片三大进口商统计(1525)

排　序	进　口　商	所属行业	进口数量/kg	占比例/%	进口航次
1	东莞对外加工装配服务公司	贸易商	7133499	4.10	191
2	旭化成塑料(上海)有限公司	聚酰胺改性	5377610	3.09	29
3	杜邦贸易(上海)有限公司	贸易商	5087660	2.92	122
进　口　总　计		174111462		100.00	12029

4.2　其他初级形状的聚酰胺-6，6等

其他初级形状的聚酰胺-6，6等2009年进口商共计有987家，比上年减少33个进口商，进口额最高的八家进口生产使用企业进口数量占总进口数量的26.94%。

深圳宝安外经发展有限公司，河北亚大汽车塑料制品有限公司，广州华炜实业有限公司，深圳龙岗区对外经济发展有限公司，天津认知汽车配件有限公司，古道尔工程塑胶(深圳)有限公司，惠阳亚伦塑胶电器实业有限公司，漳州灿坤实业有限公司，分别位居其他初级形状的聚酰胺-6，6等2009年二十五大进口企业进口量1~8位，进口量分别占总进口量的7.39%、6.15%、3.60%、2.77%、2.16%、1.72%、1.64%和1.51%。

其他初级形状的聚酰胺-6，6等2009年二十五大进口商中有16家为生产使用企业主要为聚酰胺改性(即聚酰胺合金)、汽车工业、家用电器、工矿配件、电子工业(手机外壳、电脑外壳等)、塑胶制品生产企业，十六大进口生产使用企业合计进口量占2009年总进口量的24.66%(表54)。

表54　2009年其他初级形状的聚酰胺-6，6等三大进口商统计(987)

排　序	进口商	所属行业	进口数量/kg	占比例/%	进口航次
1	深圳宝安外经发展有限公司	贸易商	1367329	7.39	142
2	河北亚大汽车塑料制品有限公司	汽车工业	1137754	6.15	20
3	广州华炜实业有限公司	贸易商	665012	3.60	4
进　口　总　计		18491804		100.00	5010

4.3　其他初级形状的聚酰胺-6等

其他初级形状的聚酰胺-6等2009年进口商共计有1362家，进口额最高的8家进口生产使用企业进口数量占总进口数量的32.38%，其中6家为锦纶生产企业。

义乌市华鼎锦纶有限公司，上海古比雪夫氮贸易有限公司，浙江新纶化纤有限公司，长乐力恒锦纶科技有限公司，福建锦江科技有限公司，福建省长乐市创造者锦纶实业有限公司，长乐力源锦纶实业有限公司，浙江美丝邦化纤有限公司，分别位居其他初级形状的聚酰胺-6，等2009年二十五大进口企业进口量1~8位，进口量分别占总进口量的6.02%、5.80%、4.33%、4.13%、3.58%、3.38%、2.69%和2.45%。

其他初级形状的聚酰胺-6等2009年二十五大进口商中22家为生产使用企业主要为化纤工业、聚酰胺改性(即聚酰胺合金)、电子工业(手机外壳、电脑外壳等)生产企业，二十二大进口生产使用企业合计进口量占2009年总进口量的50.22%，其中16家锦纶生产企业合计进口量占2009年总进口量的39.66%(表55)。

表55　2009年聚酰胺-6、聚酰胺-11、聚酰胺-12、聚酰胺-6，9、聚酰胺-6，10、聚酰胺-6，12切片三大进口商统计(1362)

排　序	进　口　商	所属行业	进口数量/kg	占比例/%	进口航次
1	义乌市华鼎锦纶有限公司	化纤工业	41038400	6.02	64
2	上海古比雪夫氮贸易有限公司	贸易商	39550000	5.80	18
3	浙江新纶化纤有限公司	化纤工业	29529000	4.33	17
进　口　总　计		681699493		100.00	9414

5. 其他初级形状的聚酰胺

其他初级形状的聚酰胺2009年进口商共计有1195家(比上年减少62家进口商),进口额最高的8家进口生产使用企业进口数量占总进口数量的37.94%。

帝斯曼工程塑料(江苏)有限公司、杜邦贸易(上海)有限公司、中涂化工(上海)有限公司、苏威(上海)有限公司、深圳宝安外经发展有限公司、日通国际物流(深圳)有限公司、上海豪纳实业有限公司、张家港保税区三井允拓复合材料有限公司、分别位居其他初级形状的聚酰胺2009年二十五大进口企业进口量1~8位,进口量分别占总进口量的8.49%、8.18%、7.04%、4.43%、2.71%、2.62%、2.50%和1.97%。

其他初级形状的聚酰胺2009年二十五大进口商中有14家为生产使用企业主要为聚酰胺涂料,聚酰胺改性(即聚酰胺合金)、五金制品工业等生产企业,十四大进口生产使用企业合计进口量占2009年总进口量的33.37%(表56)。

表56　2009年其他初级形状的聚酰胺三大进口商统计(1195)

排　序	进　口　商	所属行业	进口数量/kg	占比例/%	进口航次
1	帝斯曼工程塑料(江苏)有限公司	聚酰胺改性	4048552	8.49	53
2	杜邦贸易(上海)有限公司	贸易商	3900240	8.18	102
3	中涂化工(上海)有限公司	涂料工业	3356214	7.04	35
进　口　总　计			47689611	100.00	6808

以改性塑料为主要产品的企业总数几百家,从业人数达数十万人,改性塑料产品达年产200多万吨的新兴行业,并成为飞速发展的中国塑料产业的一支重要生力军。

据介绍,塑料改性技术看似简单,但所发挥的作用却不可低估。普通塑料经过改性,可以获得具有独特功能的新型高分子聚合物,如耐老化、阻燃、抗静电等,而如果要开发具有同样功能的新高分子聚合物,有时是不可能的,有的则耗资巨大,采用改性技术往往会轻而易举。

这不仅对提升塑料原料技术含量和制品附加值具有非常重要的意义,而且在保证使用性能要求的前提下,可以有效降低塑料制品成本,而这一点又是对塑料加工企业最具吸引力的。

五、聚酰胺塑料出口生产商分析

1. 其他初级形状的聚酰胺

从海关资料来看,其他初级形状的聚酰胺2009年出口商有225家(比上年减少1家聚酰胺出口商),前八位其他初级形状的聚酰胺出口商出口量占总出口量的68.28%。

帝斯曼工程塑料(江苏)有限公司、杜邦贸易(上海)有限公司、张家港保税区三井允拓复合材料有限公司、江苏阜宁伊士曼化工有限公司、日超工程塑料(中山)有限公司、苏威(上海)有限公司、浙江黄岩树脂化工有限公司,日通国际物流(深圳)有限公司、分别位居其他初级形状的聚酰胺2009年年出口量1~8位,出口量分别占总出口量的18.38%、17.97%、8.48%、6.45%、5.13%、4.62%、3.69%和3.56%。

其他初级形状的聚酰胺2009年二十五大出口商中有14家为出口生产企业,均为聚酰胺改性(即聚酰胺合金)生产企业,合计出口量占总出口量的55.07%(表57)。

表57　2009年其他初级形状的聚酰胺三大出口商统计(225)

排　序	出　口　商	出口数量/kg	占比例/%	出口航次
1	帝斯曼工程塑料(江苏)有限公司	4013542	18.38	204
2	杜邦贸易(上海)有限公司	3924344	17.97	134
3	张家港保税区三井允拓复合材料有限公司	1851295	8.48	64
出　口　总　计		21839879	100.00	1403

2. 聚酰胺-6,6切片

从海关资料来看,2009年聚酰胺-6,6切片出口商有169家,前十位聚酰胺-6,6切片出口商出口量占总出口量的70.83%。

杜邦中国集团有限公司、平顶山神马工程塑料有限责任公司、巴斯夫应用化工有限公司、朗盛(无锡)化工有限公司、广州金发科技股份有限公司、杜邦贸易(上海)有限公司、罗地亚聚酰胺(上海)有限公司、嘉里物流(上海外高桥)有限公司、分别位居聚酰胺-6，6切片2009年年出口量1~8位，出口量分别占总出口量的23.92%、17.06%、9.61%、8.02%、3.50%、3.00%、2.92%和2.80%。

聚酰胺-6，6切片2009年二十五大出口商中有17家为出口生产企业，仅有中国神马集团有限责任公司一家是聚酰胺-6，6切片原料生产厂，其余均为聚酰胺改性(即聚酰胺合金)生产企业，合计出口量占总出口量的77.94%(表58)。

表58　2009年聚酰胺-6，6切片三大出口商统计(182)

排　序	出　口　商	出口数量/kg	占比例/%	出口航次
1	杜邦中国集团有限公司	7018825	23.92	114
2	平顶山神马工程塑料有限责任公司	5006500	17.06	36
3	巴斯夫应用化工有限公司	2821275	9.61	72
出　口　总　计		29348068	100.00	1135

3. 其他初级形状的聚酰胺-6等

从海关资料来看，2009年其他初级形状的聚酰胺-6等出口商有176家，前八位其他初级形状的聚酰胺-6等出口商出口量占总出口量的86.54%。

朗盛(无锡)化工有限公司、新会德华尼龙切片有限公司、帝斯曼工程塑料(江苏)有限公司、巴斯夫应用化工有限公司、新会美达-DSM尼龙切片有限公司、杜邦中国集团有限公司、联信国际贸易(上海外高桥保税区)有限公司、深圳中信协调货运有限公司，分别位居其他初级形状的聚酰胺-6等2009年年出口量1~8位，出口量分别占总出口量的32.79%、20.90%、17.50%、5.13%、4.10%、2.50%、2.38%和1.24%。

其他初级形状的聚酰胺-6等2009年二十五大出口商中有17家为出口生产企业，新会德华尼龙切片有限公司、新会美达-DSM尼龙切片有限公司和杜邦兴达(无锡)单丝有限公司为化纤尼龙切片生产企业，14家为聚酰胺改性(即聚酰胺合金)生产企业，合计出口量占总出口量的88.94%(表59)。

表59　2009年聚酰胺-6、聚酰胺-11、聚酰胺-12、聚酰胺-6，9、聚酰胺-6，10、聚酰胺-6，12切片三大出口商统计(176)

排　序	出　口　商	公司编号	出口数量/kg	占比例/%	出口航次
1	朗盛(无锡)化工有限公司	3202340022	13292014	32.79	156
2	新会德华尼龙切片有限公司	4407922248	8472535	20.90	15
3	帝斯曼工程塑料(江苏)有限公司	3216940904	7091937	17.50	177
出　口　总　计		40532547	100.00	1025	

4. 其他初级形状的聚酰胺-6，6等

从海关资料来看，2009年其他初级形状的聚酰胺-6，6等出口商有98家，前八位其他初级形状的聚酰胺-6等出口商出口量占总出口量的88.99%。

罗地亚聚酰胺(上海)有限公司、江西省宜春远大化工有限公司、石家庄和骏天科贸有限公司，南通兴鑫化工有限公司、普立万聚合体(深圳)有限公司、杭州色彩化工有限公司、南通宝鑫化工有限公司、上海耐特复合材料制品有限公司，分别位居其他初级形状的聚酰胺-6，6等2009年年出口量1~8位，出口量分别占总出口量的54.22%、11.18%、9.30%、5.86%、2.34%、2.32%、1.95%和1.82%。

其他初级形状的聚酰胺-6，6等2009年二十五大出口商中有13家为出口生产企业，均为聚酰胺改性(即聚酰胺合金)生产企业，合计出口量占总出口量的83.90%(表60)。

表60　2009年其他初级形状的聚酰胺-6，6等三大出口商统计(98)

排　序	出　口　商	公司编号	出口数量/kg	占比例/%	出口航次
1	罗地亚聚酰胺(上海)有限公司	3111941549	2332938	54.22	113
2	江西省宜春远大化工有限公司	3608960243	481080	11.18	23
3	石家庄和骏天科贸有限公司	1301961014	400250	9.30	12
出　口　总　计		4292672	100.00	345	

但由于国内工程塑料产业总体仍处初级阶段，与发达国家还有10~20年的差距，因此，我国发展工程塑料产业不应走国外的老路，必须瞄准中高端市场实现跨越式发展。

行业分析显示，我国近年来工程塑料应用需求增势迅猛。“十五”期间，我国工程塑料消费量以年均26.2%的高速度增长，成为世界上最大的工程塑料进口国。

预计2010年，全国工程塑料总需求量将近170万吨。由于利润率较高，专家预测我国工程塑料产业将迎来快速增长期。

目前，在工程塑料消费构成中，汽车制造业占10%，电子行业占30%左右。同时，工程塑料已占轿车总质量的20%。

“十一五”期间，电子通讯、汽车、建材、办公器材、生活用品等，仍然是拉动工程塑料快速发展的动力，预计年均消费量将增长18%。

六、2009年价格走势

2009年8月尼龙价格飙升，国内各大尼龙巨头股票价格猛升的新闻不断冲击着读者视网膜，尼龙66由于广泛用于工业、民用纺织和汽车、电子电器、军工等领域而备受关注。

其实尼龙66价格的上涨并不应该是近几个月或2009年的事，早在2006年制作尼龙66的主要原料己二酸价格暴涨，2006年7月己二酸价格更是涨至25000元/t。

但是尼龙66的价格却没有相应上涨，反而出现了销售量增加，销售价格下降的奇怪现象，国内尼龙生产龙头企业如神马平煤等不但没有有盈利反而节节亏损。而且一亏就是两三年，这是何原因呢?

在我国产业发展历程中，己二酸尚处于进口替代阶段、进口依存度较高，因而国内尼龙66的成本压力主要来自于己二酸价格上涨的压力，成本上升能够顺利向下游传导，己二酸价格近期上涨势头猛烈，从7000元/t上升到了12000元/t。

但是在2006年、2007年、2008年随着尼龙66用量的增加，价格却没有相应的上涨。源于大批原产于美国、意大利、英国、法国的聚酰胺66切片进入中国市场，其由于拥有低成本与高技术的双重优势，尼龙66切片“价格低得让人惊讶”。于是在大量低价货源源进入，原材料价格却不断高企的双重夹击下，中国的尼龙生产企业唯有缩减开工率、降低库存，尽管如此中国的尼龙66切片产业企业大多还是出于亏损状态，中国尼龙市场更是受到强烈冲击。

表(61~68)内所例的价格系中国塑料城交易价的月平均价。

表61　PA1010 09-12 上赛厂 2009年中国塑料城月均价走势　元/t

1月	2月	3月	4月	5月	6月
55000	55000	55000	53571	53500	53500
7月	8月	9月	10月	11月	12月
53500	53471	53400	53400	54152	57739

表62　PA6 M2500I 新会美达 2009年中国塑料城月均价走势　元/t

1月	2月	3月	4月	5月	6月
17875	17370	16754	17928	18500	18500
7月	8月	9月	10月	11月	12月
19369	20257	20265	20300	20500	22069

表63　PA6 CM1017 日本东丽 2009年中国塑料城月均价走势　元/t

1月	2月	3月	4月	5月	6月
25200	24540	23050	22942	21968	21154
7月	8月	9月	10月	11月	12月
20973	21457	21713	22000	22000	24821

表64　PA6 B3S 德国巴斯夫 2009年中国塑料城月均价走势　元/t

1月	2月	3月	4月	5月	6月
29800	29800	29800	29057	28500	28500
7月	8月	9月	10月	11月	12月
28347	28000	27173	27658	27900	27900

表 65 PA66(A205F，上海罗地亚)2009 年中国塑料城月均价走势 元/t

1 月	2 月	3 月	4 月	5 月	6 月
32000	31400	31000	31000	31000	30772
7 月	8 月	9 月	10 月	11 月	12 月
30000	31428	33000	33000	33000	33000

表 66 PA66(EPR27，平顶山神马)2009 年中国塑料城月均价走势 元/t

1 月	2 月	3 月	4 月	5 月	6 月
24000	24000	23636	20047	20594	20800
7 月	8 月	9 月	10 月	11 月	12 月
23295	25000	24921	24800	25280	28760

表 67 PA66(A3K，德国巴斯夫)2009 年中国塑料城月均价走势 元/t

1 月	2 月	3 月	4 月	5 月	6 月
31800	31800	31800	30200	29000	29000
7 月	8 月	9 月	10 月	11 月	12 月
28847	30142	35000	35000	35000	34782

表 68 PA66(101L，美国杜邦)2009 年中国塑料城月均价走势 元/t

1 月	2 月	3 月	4 月	5 月	6 月
31500	31500	31500	31500	31500	31500
7 月	8 月	9 月	10 月	11 月	12 月
32086	33819	34173	34000	34000	34739

第六章 聚甲醛树脂

一、2009 年聚甲醛生产小幅上升

1995 年至 2007 年我国进口量平均年增长 20% 以上，2008 年进口约 20 万吨。目前只有中国香港的富艺国际工程有限公司向国内转让生产技术，该公司转让技术在国内建设的第一套年产 4 万吨聚甲醛生产装置(上海新材料厂)于 2008 年投产。

上海蓝星化工新材料厂的 4 万吨/年聚甲醛项目日前通过环境保护部环评司组织的验收。该项目总投资 13.8 亿元，环保投资占 4.72%。项目配套环境设施有 2 台废气焚烧炉，2 套废气洗涤塔，1 套实际处理量 1400 吨/日的废水处理装置，1 套 1200 吨/日处理能力的中水回用装置，建有 1100m^3 的事故废水池，雨水口设置了切断阀。

2009 年国家环保部环评司组织上海市环保局、奉贤区环保局对上海蓝星化工新材料工厂年产 4 万吨年聚甲醛项目，进行竣工环保现场检查和验收。

上海蓝星化工新材料厂 4 万吨/年聚甲醛项目位于奉贤区星火开发区内。项目由银法甲醛合成装置、三聚甲醛装置、二氧五环装置、本体法聚甲醛装置，以及配套建设相应的公用辅助设施组成。工程总投资 13.8 亿元，其中环保投资 6514 万元，占总投资的 4.72%。

预计 2010 年国内聚甲醛的生产能力超过 32.00 万吨(表 69)。

表 69 2001～2009 年中国聚甲醛产能产量统计

年 份	生产能力/t	产量/t
2001 年	13000	680
2002 年	13000	2500
2003 年	13000	3200
2004 年	63000	26000
2005 年	120000	65000
2006 年	170000	90000
2007 年	230000	150000
2008 年	280000	155000
2009 年	280000	165000
预测 2010 年	320000	200000

注：表中产量数据为业内人士估测，仅供参考。

二、2009 年出口生产省市分布集中于东部沿海地区

2009 年初级形状的聚甲醛出口省市有 13 家(与 2008 年持平), 2009 年初级形状的聚甲醛出口生产企业主要集中在江苏省出口数量 18460353kg(比上年减少 39.48 个百分点), 占总出口数量的 59.23%;

其次为广东省, 出口数量 10213911kg(比上年减少 6.95 个百分点), 占总出口数量的 32.77%;

上海市出口数量 1466250kg(比上年增加 213.25 个百分点), 占总出口数量的 4.70%;

云南省出口数量 835700kg(比上年减少 4.02 个百分点), 占总出口数量的 2.68%;

天津市出口数量 93514g(比上年减少 3.09 个百分点), 占总出口数量的 0.30%。

五省市出口数量占 2009 年初级形状的聚甲醛总出口数量的 99.68%(表 70)。

表 70　2009 年初级形状的聚甲醛五大出口省市统计

排　序	出口省市	出口金额/美元	出口数量/kg	占比例/%	出口商数量
1	江苏省	30860193	18460353	59.23	7
2	广东省	22292493	10213911	32.77	13
3	上海市	2857390	1466250	4.70	11
4	云南省	1138620	835700	2.68	1
5	天津市	370119	93514	0.30	3
出　口　总　计		57741162	31167375	100.00	53

三、出口生产商以外资企业为主

从海关资料来看, 2009 年初级形状的聚甲醛出口商有 148 家(比上年增加 11 家聚甲醛出口商), 2009 年前十位初级形状的聚甲醛出口商出口量占总出口量的 91.15%。

宝泰菱工程塑料(南通)有限公司、杜邦中国集团有限公司、杜邦 - 旭化成聚甲醛(张家港)有限公司、旭化成(苏州)复合塑料有限公司、天盟农资连锁有限责任公司、上海蓝星化工新材料厂、日超工程塑料(深圳)有限公司、东莞市石龙镇对外加工装配服务公司, 分别位居 2009 年初级形状的聚甲醛出口量 1 ~ 8 位, 出口量分别占总出口量的 36.81%、23.87%、17.95%、3.96%、2.68%、2.14%、2.03% 和 1.71%。

2009 年初级形状的聚甲醛二十五大出口商中杜邦集团属下 3 家出口商出口量占总出口量的 42.02%。

2009 年初级形状的聚甲醛二十五大出口商中有 12 家为生产企业, 仅有宝泰菱工程塑料(南通)有限公司和杜邦 - 旭化成聚甲醛(张家港)有限公司和上海蓝星化工新材料厂三家是初级形状的聚甲醛原料生产厂, 其余均为 POM 改性(即 POM 合金)生产企业, 合计出口量占总出口量的 64.18%(表 71)。

表 71　2009 年初级形状的聚甲醛五大出口生产企业统计(148)

排　序	出　口　商	出口数量/kg	占比例/%	出口航次
1	宝泰菱工程塑料(南通)有限公司	11473800	36.81	17
2	杜邦 - 旭化成聚甲醛(张家港)有限公司	5596100	17.95	38
3	旭化成(苏州)复合塑料有限公司	1235000	3.96	26
4	上海蓝星化工新材料厂	668100	2.14	25
5	日超工程塑料(深圳)有限公司	632485	2.03	12
出　口　总　计		31167375	100.00	731

四、2009 年聚甲醛(POM)海关进出口下降

2004 ~ 2009 年聚甲醛进口量年均下降 2.52%, 比 2001 ~ 2006 年聚甲醛进口量年均增长率 9.58% 下降 12.10 个百分点。

2008 年聚甲醛总出口量又突破 4.20 万吨, 2009 年聚甲醛出口量回落, 出口量仅 3.12 万吨, 下降达 27.48 个百分点。

2004 ~ 2009 年间聚甲醛出口量年均增长 16.24%, 比 2003 ~ 2008 年间聚甲醛进口量年均增长下降 19.48 个百分点(表 72)。

表 72　2004～2009 年聚甲醛进出口统计

项目＼年份	2004 年	2005 年	2006 年	2007 年	2008 年	2009 年
进口量/t	188510	172260	172248	184861	178846	165951
进口金额/万美元	27112.49	27793.36	29611.14	35262.32	36906.93	33568.49
出口量/t	14684	21288	32533	39032	42979	31167
出口金额/万美元	2321.55	3547.55	5180.54	6662.47	8053.56	5774.12
净进口量/t	173826	150972	139715	145829	135867	1354784
年增长率/%	22.25	－13.15	－7.46	4.38	－6.83	－0.80

从进口量方面来看，2009 年我国聚甲醛进口变化可分三阶段：

第一阶段 2009 年 1～2 月，是我国聚甲醛需求的传统淡季，进口量明显下降，这主要是因为我国传统节日春节的来临，大部分企业放假，因此下游对聚甲醛的需求速度减少。

第二阶段 2009 年 3～7 月，进口量逐步上升，由 2 月份的 0.72 万吨迅速上升至 3 月份的 0.97 万吨，增幅达 34.99%，并且在随后几个月内进口量稳步回升，7 月份进口量达到 1.68 万吨。

第三阶段 2009 年 8～12 月，进口量再次回升—萎缩—回升，受全球经济危机影响，使得我国制品出口受到严重打击，出口受阻，以加工出口贸易为主的下游塑料制品企业生存环境受到巨大打压，由此聚甲醛的进口量也随之递减(表 73)。

表 73　2009 年聚甲醛月进出口统计　　kg/美元

	1 月	2 月	3 月	4 月	5 月	6 月
进口数量	5696362	7162237	9667561	11874571	11943535	16110972
进口美元	12216308	14845812	18824078	23403415	23291706	32081590
出口数量	1145092	994108	1464592	2367229	2374578	2988784
出口美元	2320496	1722944	2627207	4239365	4047177	5102807
	7 月	8 月	9 月	10 月	11 月	12 月
进口数量	16825310	16183857	19200237	15355070	16339692	19591904
进口美元	33916841	32693065	39102169	31104461	33665735	40539735
出口数量	3183646	2986368	4180574	2632385	2729363	4120656
出口美元	5354006	5533260	8609196	5102951	5252879	7828874

从海关统计中可看出，2009 年初级形状的聚甲醛进口地有 41 个(比上年增加 1 个聚甲醛进口地)，主要进口地为中国台湾(占 20.52%)，其次为韩国(18.51%)、中华人民共和国(14.69%)、日本(12.54%)、泰国(11.09%)、荷兰(7.78%)、美国(6.70%)、马来西亚(4.36%)，八进口地进口量占总进口量的 96.19%(表 74)。

从海关统计中可看出，2009 年初级形状的聚甲醛出口地有 29 个(比上年减少 1 个出口地)，主要出口地为中国香港(占 80.77%)，其次为越南(3.25%)、日本(2.58%)、伊朗(2.46%)、中国台湾(2.04%)、泰国(1.78%)、以色列(1.54%)、比利时(1.12%)，八出口地 2009 年初级形状的聚甲醛出口量占总出口量的 95.54%(表 75)。

表 74　2009 年初级形状的聚甲醛五大进口国家/地区统计

排　序	原产进口地	进口金额/美元	进口数量/kg	占比例/%	进口商数量
1	中国台湾	62087708	34045735	20.52	74
2	韩国	53880420	30721464	18.51	100
3	中华人民共和国	51245208	24370013	14.69	68
4	日本	55730642	20807377	12.54	100
5	泰国	29178184	18403699	11.09	47
进　口　总　计		335684915	165951308	100.00	185

表75 2009年初级形状的聚甲醛五大出口国家/地区统计

排 序	出口目的地	出口金额/美元	出口数量/kg	占比例/%	出口商数量
1	中国香港	45790133	25172359	80.77	22
2	越南	1438973	1012575	3.25	5
3	日本	2279503	805472	2.58	15
4	伊朗	1137898	767100	2.46	5
5	中国台湾	1499038	635298	2.04	10
出 口 总 计		57741162	31167375	100.00	53

五、消费

聚甲醛是一种性能优良的工程塑料，素有“夺钢”、“超钢”之称，在某些方面可替代锌、黄铜、铝和钢等，是世界五大工程塑料之一，广泛应用于航天航空工业、汽车工业、电子电气和仪表、管件等领域。

随着航天航空工业、汽车工业和电子电气等的快速发展，全世界需求量每年以5%左右的速度增长，具有广阔发展前景。但聚甲醛生产主要集中在美国、日本、德国和波兰等国家，这些国家长期对中国实施技术封锁。国内技术与国外相比仍有较大差距，国内需求的聚甲醛主要依赖进口。

1.2009年初级形状的聚甲醛进口商

2009年初级形状的聚甲醛进口商共计有2031家(比上年减少3家进口商)，进口额最高的十位进口商进口数量占总进口数量的30.34%。

2009年初级形状的聚甲醛八大进口商全部为贸易商。杜邦中国集团有限公司、东莞对外加工装配服务公司、浙江新长城进出口有限公司、余姚市周佳塑料进出口有限公司、深圳宝安外经发展有限公司、深圳龙岗区对外经济发展有限公司、赛拉尼斯(上海)国际贸易有限公司、宝理工程塑料贸易(上海)有限公司，分别位居初级形状的聚甲醛2009年生产使用企业进口量1~8位，进口量分别占总进口量的4.88%、4.85%、4.06%、3.93%、3.66%、2.52%、2.24%和1.96%。

2009年初级形状的聚甲醛二十五大进口商中有5家为生产使用企业，主要为POM改性(即POM合金)生产企业，其次为电子工业(手机外壳、电脑外壳等)，卫浴工业，家用电器，合计进口量占2009年总进口量的5.52%(表76)。

表76 2009年初级形状的聚甲醛五大进口生产使用企业统计(2031)

排 序	进 口 商	所属行业	进口数量/kg	占比例/%	进口航次
1	上海怡康化工材料有限公司	POM改性	2456000	1.48	12
2	厦门瑞尔特卫浴工业有限公司	卫浴工业	2064000	1.24	16
3	旭化成塑料(上海)有限公司	POM改性	1926952	1.16	14
4	佛山市顺德区美的微波电器制造有限公司	家用电器	1403000	0.85	13
5	旭化成(苏州)复合塑料有限公司	POM改性	1304000	0.79	11
进 口 总 计			165951308	100.00	17616

2. 进口消费地区流向分析

2009年初级形状的聚甲醛进口省市有21家(比上年减少1家)，2009年级形状的聚甲醛进口商主要集中在广东省，进口数量90648553kg(比上年减少16.12个百分点)，占总进口量的54.62%；

其次为上海市，进口数量29282826kg(比上年增加1.22个百分点)，占总进口数量的17.65%；

浙江省进口数量18461883kg(比上年增加30.07个百分点)，占总进口数量的11.12%；

福建省进口数量8503056kg(比上年增加12.80个百分点)，占总进口数量的5.12%；

辽宁省进口数量5288655kg(比上年增加21.30个百分点)，占总进口数量的3.19%。

五省市进口数量占2009年初级形状的聚甲醛总进口数量的91.90%(表77)。

六、2009 年价格走势

表(78 ~ 82)内所例的价格系中国塑料城交易价的月平均价。

表 77 2009 年初级形状的聚甲醛五大进口省市统计

排 序	进口省市	进口金额/美元	进口数量/kg	占比例/%	进口商数量
1	广东省	181267497	90648553	54.62	38
2	上海市	64658633	29282826	17.65	22
3	浙江省	28285998	18461883	11.12	14
4	福建省	13853317	8503056	5.12	12
5	山东省	14785728	5288655	3.19	18
进 口 总 计		335684915	165951308	100.00	185

表 78 POM 100P 美国杜邦 2009 年中国塑料城月均价走势 元/t

1 月	2 月	3 月	4 月	5 月	6 月
31000	31000	31000	31000	31315	32000
7 月	8 月	9 月	10 月	11 月	12 月
34739	38571	36326	33000	33023	31739

表 79 POM M270 云天化 2009 年中国塑料城月均价走势 元/t

1 月	2 月	3 月	4 月	5 月	6 月
13200	12840	12800	12800	12800	12800
7 月	8 月	9 月	10 月	11 月	12 月
12708	12500	12500	11705	11600	11600

表 80 POM FM090 中国台湾丽钢 2009 年中国塑料城月均价走势 元/t

1 月	2 月	3 月	4 月	5 月	6 月
14900	14900	14381	14471	14500	14500
7 月	8 月	9 月	10 月	11 月	12 月
14604	14738	14765	14800	14800	14800

表 81 POM F20 – 02 韩国工程 2009 年中国塑料城月均价走势 元/t

1 月	2 月	3 月	4 月	5 月	6 月
16000	15800	15600	15542	15368	15081
7 月	8 月	9 月	10 月	11 月	12 月
14913	14595	14413	14300	14200	13995

表 82 POM F20 – 03 泰国三菱 2009 年中国塑料城月均价走势 元/t

1 月	2 月	3 月	4 月	5 月	6 月
16000	15950	15640	15571	15405	15027
7 月	8 月	9 月	10 月	11 月	12 月
14708	14500	14269	14200	14100	14117

（柴国樑）

法规环境下塑料助剂的应对和开发进展

To Develop Additives for Plastic Products Complying with Regulations

摘要：通过汇集分析国内外主要的环保卫生法规，分析了法规对塑料助剂行业的冲击和影响，尤其是增塑剂、阻燃剂、热稳定剂这三个品种。从技术、研发环节剖析了塑料助剂行业应对环保卫生法规的方案和重点，并应注重发展自主创新助剂品种。

关键词：环保卫生法规、塑料助剂、应对方案、技术研发

一、前言

中国塑料产业真正感受到环境、卫生法规的影响和压力始于2002年欧盟RoHS和WEEE出台。其实，早在20世纪70年代，欧美地区针对塑料制品的环保卫生法规就已经不断实施，如美国食品药物管理局关于直接接触食品的塑料制品中添加剂品种和数量的限制规定。而今，我国塑料加工业面对的法规也不仅仅限于电子信息产品中有毒有害物质的防范规定，外有美国的FDA、加州62号令、欧盟RoHS、WEEE、REACH、玩具标准EC、包装标准EC、日本厚生省法文等等；内有《中国电子信息产品污染防治办法》、《食品安全法》、GB 9685—2008。更为可怕的是下游客户为了保护自己的市场力求法律免责，纷纷把法规的压力上移给供应商，甚至一直追溯到基本化工原料生产商。在塑料加工这个产业链中，法规的压力最终大部分转嫁到塑料助剂的设计、开发与应用环节。

面对压力，塑料助剂何去何从？是壁垒、是保护、更是机遇。塑料助剂的开发不仅要追求高效，更要追求环保、卫生、满足法规。长期的应用实践证明，一些典型结构成分的助剂性价比是“无可比拟”的，如邻苯二甲酸酯类增塑剂、溴系阻燃剂、铅盐热稳定剂等。短时间内新产品对传统助剂品种的全方位替代是不现实的，但法规是刚性的，塑料助剂从业者就必须接受挑战。

二、法规覆盖范围概述

截至目前，各国家和地区已颁布实施的涉及塑料制品所含化学物质限制的法律法规已有许多，较具代表性的法律法规如表1所示。

表1　具有代表性的国内外法律法规

法规代码或编号	法规名称	法规内容	所属国家
GB 9685—2008	食品容器、包装材料用助剂使用卫生标准	对可允许使用的958种物质作了详细规定	中国
FDA	美国食品药品管理局法规	第21章描述了间接接触食品的添加剂和聚合物的相关卫生许可规定	美国
CONEG	CONEG包装测试：包装用品之毒性要求	Pb、Cd、Hg、Cr(Ⅵ)+总和不超过100mg/kg	美国
2002/72/EC	与食品接触的塑料材料与物品的补充指令	全面迁移测试(分为：水、乙醇、乙酸、橄榄油中迁移测试)	欧盟
WEEE 2002/96/EC	关于报废电子电气设备的指令	欧盟针对电子产品回收制订的环保指令，主要针对销售商	欧盟
RoHS 2002/95/EC 2005/618/EC	电气、电子设备中限制使用某些有害物质指令	电子电气设备中铅、汞、六价铬、多溴联苯和多溴联苯醚的最大允许含量为0.1%(1000ppm)，镉为0.01%(100ppm)	欧盟
94/62/EC	欧盟包装及包装废弃物指令	包装中Pb、Cd、Hg、Cr6+总和不超过100ppm	欧盟

续表

法规代码或编号	法规名称	法规内容	所属国家
EN71Part3	玩具安全标准：可溶性金属元素迁移量测试	测试玩具上所有可触及材料，从玩具材料和玩具部件中可溶元素不得超过最大限量元素，锑、砷、钡、镉、铬、铅、汞、硒最大溶出量分别为60、25、1000、75、60、90、60、900ppm	欧盟
REACH	关于化学品注册、评估、许可和限制法案	将欧盟市场上约3万种化工产品和其下游的纺织、轻工、制药等500多万种制成品全部纳入注册、评估、许可3个管理监控系统，列出了多种受限物质和不同等级的受关注物质	欧盟

深入研读上述法规，限制内容大致为：①特定重金属元素的限用品种和数量；②已证明存在或发现有潜在的环境、卫生危害的特定结构化合物，如REACH的29种SVHC；③在指定塑料制品应用领域允许使用的物质品种和数量。这些被限内容绝大多数是由塑料助剂渠道引入的。

三、法规对塑料助剂的冲击

国内塑料助剂行业近几年发展迅速，2007年全国塑料助剂的消费量为268万吨。去年全球经济危机的影响使得国内塑料助剂产销量减缓，但即便是这样，国内2008年全国塑料助剂的消费量仍达到了273万吨，保持了增长。表2统计了国内2008年各种主要塑料助剂品种的消费量，并预测了未来三年的消费量发展趋势(表2)。

表2　国内2008年塑料助剂消费量及其未来三年的消费量预测[1]　　万吨

品　种	2008年	2009年预计	2010年预计	2011年预计
增塑剂	169.3	170	180	190
阻燃剂	24.0	28	30	32
热稳定剂	32.0	32.6	33.3	35
冲击改性剂与加工改良剂	18.0	19	20.5	23.5
润滑剂	10.0	11	12	13
发泡剂	12.0	14	16.5	19
抗氧剂	3.0	2.3	2.6	3.2
抗静电剂	0.7	0.7	0.8	1
防雾滴剂	0.34	0.36	0.36	0.38
光稳定剂	0.6	0.5	0.6	0.66
偶联剂	1.0	1.05	1.1	1.15
其他	2.4	2.5	2.7	2.9
合计	273.3	282	300.5	321.8

上述国内外相关法律法规对于行业的技术开发、产品升级、市场占有、产业布局等各个环节的影响已无所不至。其中，塑料助剂群族中受冲击最严重的当属增塑剂、阻燃剂、热稳定剂。这三大助剂，占了我国塑料助剂消费量的82.4%，更新换代的影响涉及整个塑料助剂产业和下游应用，因此备受关注。

塑料助剂行业予以应对的上策就是按照法律法规的规定，合理合法的一一拆解其内容细节，并相应地采取措施应对。

1. 重金属品种和限量的冲击与应对

对于重金属的限制主要是基于欧盟RoHS对于铅、汞、镉、六价铬这四种重金属的限制，WEEE关于废弃电子电器设备中重金属含量，94/62/EC关于包装物及包装废弃物中四种重金属的总量限制，及其REACH对于重金属的限用。综合上述法规，欧盟EN71part3:1994(含修订案A1:2000)对以下八种重金属含量作了限定(见表3)。最近，在塑料包装制品特别是食品包装领域关于重金属限用的法规标准又陆续出台。

表3　欧盟对八种金属的限量标准

金属种类	最大限量/(mg/kg)
Pb	90(1000)
Sb	60
As	25
Ba	1000
Cd	75(100)
Cr	60(1000)
Hg	60(1000)
Se	500

注：括号内为RoHS标准。

含有这些重金属的塑料助剂品种较多。包括PVC用铅、镉等皂盐类热稳定剂，重金属颜料，偶联剂，阻燃剂，无机矿物填充材料等。不可否认这些含有重金属的塑料助剂品种具有良好的功效，几个较大品种占据绝对的市场地位，具有最佳性价比。如PVC铅盐热稳定剂、三氧化二锑阻燃剂等，都是目前市场上暂时无法完全替代的塑料助剂品种。

针对上述含有重金属的塑料助剂品种，应当有一种战略眼光对待它们。这些助剂品种仍处于产品成熟期，因为法律法规对于环境适应性的硬性要求而需要完成对它们的更替。短时间内，尚无从找到极为合适的替代品。单纯从市场规律来说，还没有到这些助剂品种“退休”的时候。

因此，处于技术、市场成熟期却又含有重金属主流产品的更新换代需要一个过程。需要企业积累一定的技术研究成果，为更新替代产品做好一定的市场应用铺垫，并逐步扩大其认知程度，最终完成这些含有重金属助剂产品的更新换代。

除上述含有重金属的产品外，其他一些金属，如锡，包括有机锡热稳定剂、锡类催化剂等，也有相关法律法规进行了限量。这类金属化合物产品也有一个产品替代问题。

从产品替代角度来说，真正完全消除重金属在助剂产品中的引入和存在才能达到我们的目的。因此，战略性替代时间表和加强产品技术研发应是良好的应对方案。

2. 特定结构的溴系阻燃剂的限量与应对

溴系阻燃剂的限用同样是来源于欧盟RoHS对于多溴联苯和多溴联苯醚的规定，这中间还掺入了关于十溴联苯醚的争议，针对性的评估程序仍在继续。虽然国内外法律法规对于聚合型溴系阻燃剂并未做限制和限量规定，但是从SONY、SHARP、DELL、APPLE、IKEA、PANASONIC等电器、家具国际大公司对于含溴阻燃剂的态度来看，其销售产品将逐步过渡到完全无卤阻燃产品。在这里，我们不对十溴联苯醚和聚合型溴系阻燃剂是否能符合法律法规，是否能长期使用下去做讨论。

溴系阻燃剂减量使用甚至退出市场已是大势所趋。无卤产品的替代方案并不复杂。以目前的技术发展来看，阻燃剂的无卤化多以磷系阻燃剂应对为主。磷是一种变价元素，几乎其所有价态的化合物均已成功地应用到阻燃领域，如-1价的氧化膦、0价态的红磷、+1价态的次膦酸盐、+3价态的亚磷酸酯、+4价的磷酸酯、+5价态的磷酸酯。近期的诸多研究成果表明磷碳键含量越多、磷含量越高，其作为燃烧过程中的凝聚相阻燃效果也就越好。而且，耐水解能力、耐热稳定性大幅提高，塑化能力明显降低。

有机硅、含氮阻燃剂和磺酸盐等结构的阻燃剂研究也逐步扩大了应用范围，品种得到了较大扩展，但还需在性价比的市场认可度上做相当大的工作。

以水合镁、铝氧化物为典型代表的无机类阻燃剂的市场应用拓展不断深化，在某些特定领域的针对性应用取得了良好的效果。

本征阻燃材料的开发进展显著。有的在传统聚合物链段中引入反应型阻燃剂作为共聚单体制得本体阻燃的聚合物基材树脂；也有的成功设计开发了自阻燃单体，再通过多种聚合方式获得各聚合链段均可阻燃的高分子材料。上述本征阻燃材料有望首先在纤维、纺织领域得到应用。

3. 邻苯二甲酸酯的限用与应对

PVC增塑剂邻苯二甲酸酯的争论由来已久，欧盟REACH法规则已经将其明确列为环境高度关注物质，很多国际大公司也将其列入了观察对象。虽然没有立即判处“死刑”，但是邻苯二甲酸酯增塑剂的替代确实已经到了必须应对的阶段了。

邻苯二甲酸酯增塑剂的替代问题和铅盐热稳定剂和溴系阻燃剂类似，就产品的性价比而言，还没有哪个产品能够与之相媲美。国内替代邻苯二甲酸酯增塑剂的方案多集中于环氧植物油及其衍生物、柠檬酸酯等。在尚未找到最佳替代方案之前，可考虑以下几种应对思路：

① 邻苯二甲酸酯同系结构增塑剂的开发，如将邻苯二甲酸换作对苯二甲酸，目前国内已有一些企业开发出此产品。几个经济较为发达的地区甚至已经为其进行了厂房、设备等资金投入。可以预见，该产品的规模化生产已经具备了资金、技术上的条件。但对苯二甲酸酯的增塑效果尚待全面考证。

② 多元醇脂肪酸酯、多聚多元醇脂肪酸酯的开发。国外已开发成功相当数量的该类产品。如丹麦DANISCO公司已经开发出符合FDA要求的油脂化增塑剂，应用效果已经达到了邻苯二甲酸酯的效果，但因为价格问题影响了市场接受程度。因此，在原料、工艺环节降低成本，提升此类产品的市场接受程度将是影响此类产品的最大问题。

③ 非邻苯二甲酸类的聚酯类增塑剂的开发。国内外均有很成熟的聚酯、聚醚类的生产技术，那么将其引入到增塑剂产品，并针对黏度、色度等难点进行针对性的研究开发，并且尽一切可能降低其成本，将有望实现此产品在增塑剂领域上的大幅推广使用。

4. 食品安全法规的限制与应对

除上述倍受关注的产品外，国内外相继出台了一些新的食品安全规定。2009 年 6 月 1 日正式实施的《食品安全法》将食品包装制品明确列入了食品相关产品予以法律监管。在这些新规定中，提升了食品接触类塑料包装产品及其相关衍生产品中的化学物质的准入程度。如 GB 9685—2008 规定了食品包装中允许使用的 958 种物质及其限量。国内相关企业对于此类法律法规应做及时性了解，以判断自身产品在食品安全领域内的可用性和预计产品周期。

法律是刚性的，法律允许的为合法，否则即为非法。使用法律未涉及的化合物也视为违法，这一点是毋庸置疑的。这一点确实在业界引起很大争议。作为国家法律的遵守者，我们不应刻意将法规未涉及的产品品种从许可产品行列中消除，而应当根据其实际情况去在法律范围内予以最大限度的争取。但是争取法规授权使用不代表在许可之前，就能随意使用法律法规未涉及的产品。

四、新型塑料助剂的开发思路

国家和地区的法规是刚性的，任何企业都没有权利去自行定义法律法规的含义。应当及时、主动的理解相关法律法规的确切含义，并予以遵守。企业面临着这些法律法规的范围规定和实施时间表的严格执行，应对的最佳良方即是在产品上予以改进，完成满足法规要求。这些工作都是以技术为核心，作为企业发展的后盾。产品研发不是轻松容易的事情，应当在把握法律法规的基础之上，理解其含义加以应对，才能保证研发思路不跑偏，少走弯路，为企业实现战略性的转折打好基础。

1. PVC 热稳定剂

随着 PVC 制品应用领域的拓展，PVC 制品向非洲等欠发达地区出口量的增加，和我国城镇化建设速度的加快以及交通运输、供电、供水、供气等公共设施更新改造工程的实施，国内热稳定剂市场受全球金融危机影响不会太大，总体呈现增长态势。热稳定剂行业预测，未来三年热稳定剂产量总体呈增长态势，但增长幅度低于前三年，约在 2% 左右。其中，硬脂酸盐类、复合金属稳定剂、稀土类稳定剂、有机锡稳定剂均有望逐步替代铅盐热稳定剂的部分市场。

热稳定剂行业要顺应安全环保发展的大趋势，在技术创新、产品升级方面投入力量，积极开发新型环保、技术含量高、附加值高的新产品。

开发思路无外乎两种：一是采用非重金属皂类化合物替代原来沿用的有毒有害重金属化合物，优选协效剂和增效剂，组成高效复合热稳定剂。已显成功曙光的是钙锌系列热稳定剂。包括国内正在如火如荼地开发的钙锌复合热稳定剂、锌基热稳定剂、稀土热稳定剂、稀土钙锌热稳定剂、稀土水滑石热稳定剂、钙锌水滑石热稳定剂。技术研发焦点除集中于阴离子部分的选择外，还应着力于 β-二酮、亚磷酸酯螯合物等辅助热稳定剂和特种润滑剂的开发与优化，加大应用研究力度，满足下游用户的个性化要求。

铅盐稳定剂将主要被钙和锌的金属混合物替代。北美市场 PVC 热稳定剂主要是锡稳定剂。利用稀土、与钙、锌结合形成的稀土钙锌热稳定剂充分利用了中国的特有资源，并且产品的热稳定效果较好，是一种新型的无毒无害热稳定剂[2]。

Dover Chemical 公司推出金属盐稳定体系的替代产品 PhosBooster，比传统的混合金属盐稳定体系具有更好的热稳定性、透明度、耐候性和印刷性。

稀土有机酸盐，β-二酮，β-氨基巴豆酸酯、二氢吡啶衍生物、马来酰亚胺等含氮有机化合物，水滑石、沸石、高氯酸盐、碱式亚磷酸钙铝等无机化合物作为锌基热稳定剂的协效稳定剂是值得关注的品种。日本的 TodaKogyo 公司在最近发表的专利中报道，通过一种特殊的合成工艺得到的晶片直径为 0.1～1.0μm、厚度为 0.02～0.08μm 并经表明处理的水滑石，具有非常高的效能。

Gupta[3] 等研究了 PVC 中 HCl 释放和变色机理，提出将水滑石、沸石、硬脂酸钙、乙酰丙酮镁络合物组合起来应用于 PVC 中，发现水滑石和沸石可提供长期稳定性。

第二条有效路径就是选择开发非金属热稳定剂。有机热稳定剂成为首选。日本水泽化学工业公司开发出的新型 PVC 热稳定剂完全不含金属。新产品主要以环氧化合物与胺基化合物为基本原料。两成份都具有持续耐热稳定性。产品与传统的铅系及非铅系稳定剂具有同等性能[4]。Chemturo 公司已开发出新一代无金属的 PVC 稳定剂——有机稳定剂(OBS)，可应用于 PVC 管材和制品领域。该类稳定剂已获专利，是具有独特性能的有机分子，完全不含重金属。有机稳定剂(OBS)可用的加工范围广泛，拥有良好的加工稳定性，加工过程中无臭无味。采用有机稳定剂的 PVC 体系可用现在所有的挤出和注塑设备加工。

对于易挥发有机化合(VOC)物的限制也越来越严格。Akcostab 新产品钡锌混合物和钙锌混合金属稳定剂产品具有百分之百的活性。考虑到对环境、健康、和安全的影响，添加剂尽量减少粉末和溶剂。

汽巴精化公司推出了一种液体 IRGASTAB 稳定剂，作为无溶剂的乳胶用在 PVC、MBS、和 ABS 上，也可专门用于聚氨酯，满足汽车内饰件 VOC 限量要求。为了满足 PVC 和聚氨酯的应用要求，烷基亚磷酸酯盐将逐渐代替芳基亚磷酸酯盐[5]。

2. PVC 增塑剂

在 REACH 的影响下，增塑剂工业的产品结构已开始发生变化。国内环氧植物油的产量已由 2003 年的 4 万吨提高到 2007 年的 24 万吨，柠檬酸酯类和偏苯三酯类的产量也有大幅度提高。

国内外增塑剂的研究工作最多的是围绕基于植物油基的高效、无毒、可降解的环保型增塑剂，例如天然多元醇类、环氧化油脂类增塑剂。

丹麦 DANISCO 公司推出了新型增塑剂 GRINDSTED SOFT－N－SAFE，该产品以植物油为主要成分，已获得 FDA 许可。LG Chemicals 公司宣布开发成功与内分泌扰乱物质无关的环保型增塑剂 LG Flex-EBN、LG Flex BET、LG Flex EBNW，并在韩国及海外取得了专利，产品符合美国 FDA 的 21CFR 和 16CFR，并取得了相应认证[6]。

英国政府部分资助的一个项目成功开发出一种生物降解塑料用增塑剂，用于薄膜和其他软包装用聚乳酸（PLA）中，可大幅改善 PLA 的力学性能。该项目得到英国政府可持续发展技术启动计划的支持，它使常规硬 PLA 的柔性得以改进，其延伸度可从原来的 5% 提高到 320%。这类增塑剂可被生物降解，它们在产品中的用量为助剂的 10% ～20%。这种改性剂基于 PLA 与聚乙烯乙二醇之间生成的嵌段共聚物。经过改性的 PLA 可在混合料中在 20～25 天消失。目前，该类助剂已实现工业化规模生产。

Joseph 等采用甲酸和过氧化氢水溶液为环氧化剂，合成了环氧值 5% 的环氧橡胶籽油。后期实验表明，环氧橡胶籽油加入 PVC 中，作为第二增塑剂，具有良好的热稳定性和较好的耐析出性。Okieimen 等采用过氧乙酸做还氧化剂，浓硫酸做催化剂，制备了环氧橡胶籽油，并对其进行了动力学研究，认为乙酸比过氧化氢对环氧化反应更具优越性，50～60℃的适中温度对于提高环氧值有利，用于 PVC 获得较好的性能，是一种很有应用价值的 PVC 稳定剂和增塑剂。

刘元法等[7]采用脂肪酶作催化剂对环氧棉籽油制备工艺进行研究，建立了一种可以实现棉籽油快速环氧化的方法。脂肪酶催化活性高，在较低的温度下即可催化植物油的环氧化反应。反应温度 45℃下，所得环氧棉籽油的环氧值达 5.39%。所制备的环氧油颜色呈浅黄色，流动性差，并且有很强的黏性。

程从亮等[8]研究了环保增塑剂环氧脂肪酸甲酯的合成工艺。环氧脂肪酸甲酯在常温下为浅黄色液体，是以脂肪酸甲酯为主要原料的新型环保增塑剂，是一种无毒、无味的聚氯乙烯增塑剂兼稳定剂，它能有效地替代邻苯二甲酸二辛酯（DOP），与聚氯乙烯的相容性好，挥发性低，对光和热有良好的稳定作用，可适用于所有的聚氯乙烯塑料制品，并可改善制品的光泽性。

在柠檬酸酯类增塑剂方面，已经形成了较多成熟的产品和高效的增塑剂物质。

Persico 等[9] 通过对比 DOP、己二酸二辛酯（DOA）、乙酰柠檬酸三正丁基酯（ATBC）应用于旋转模塑软质 PVC 中含量、分子结构、分子极性的不同而带来的流变行为变化和力学性能变化。流变行为的变化证实了上述三种产品在溶剂溶解力的效果差异，对于旋转模塑样品的测试显示 ATBC 由于其分子中的枝状结构和极性更适用于硬质 PVC 体系。而最终样品的力学性能对比，完全符合法规的环保型增塑剂在力学性能上稍微有所下降。

陈志勇[10]采用酸性膨润土催化合成柠檬酸三丁酯（TBC），探讨了催化剂的结构特征及最佳催化条件。结果表明，酸性膨润土对柠檬酸三丁酯的合成具有良好的催化活性，以此催化合成柠檬酸三丁酯，不需后处理过程中的减压蒸馏操作，且产物纯度达 99.25% 以上，收率为 93.50%。

刘静等[11]以壳聚糖硫酸盐为催化剂合成 TBC，探讨了酸醇的物质的量比、催化剂用量、反应时间、反应温度等因素对反应的影响。当酸醇的物质的量比为 1∶10、催化剂为柠檬酸用量 21.4%、反应时间为 8h、反应温度为 120℃时，酯化率可达 97.26%，并且催化剂可重复使用多次。

第三，环已烷二酯系列增塑剂也成为开发的一个方向。

ExxonMobil 化学公司的 Godwin 等[12]的发明专利以环己烷羧酸 C8～C11 脂肪醇酯为慢相容性组分和快速相容性组分组合成了混合增塑剂，其应用效果良好。

第四，聚合型、离子液体、特殊结构等无毒环保型增塑剂的开发也逐步引起了越来越多的关注。

王静刚等[13]合成了就有能量特性和热安定性的叠氮类增塑剂。

PVC 用新型环保增塑剂的开发日益升温。就性价比完全等同而言，此类新品种尚待时日。因此，开发目标应集中在完全等效等量替代。

3. 无卤阻燃剂

磷、氮系阻燃剂仍然是无卤阻燃剂领域里的主力军，其吸引的研究人数和形成的成果和产品在无卤领域里是最多的。

几乎不同价态的磷元素化合物都可以用作阻燃剂。此类应用事例不胜枚举。高耐热性、高抗水解性、低增塑性成为磷系阻燃剂的开发方向。磷系阻燃剂的适应范围很广，从聚烯烃、聚酯、聚酰胺、聚醚等通用塑料和工程塑料类的热塑性树脂，到环氧树脂、聚氨酯等热固性树脂，均有良好的应用。尤其是磷系阻燃剂作为反应型阻燃剂应用于环氧树脂、聚酯、聚氨酯等材料时，效果极其突出。

新型磷、氮系阻燃剂的的分子结构设计原则基本立足于酸源、气源、炭源“三位一体”的膨胀型阻燃剂（IFR）起效原理。对比已公布的磷、氮系阻燃剂可以发现，炭源明显不足。可以考虑高温（近燃烧温度）诱导阻燃基材降解，诱导酸源的高温降解，实现炭源自供，达到低用量、低成本、高效使用。

美国环境保护署为科莱恩新一代无卤阻燃剂———ExolitROP560 颁发了新化学品项目 P2 杰出项目奖。该产品是由科莱恩针对用于汽车、家具和消费类产品的聚氨酯发泡而开发的。在评价科莱恩 ExolitROP560 时，美国环保署特别褒奖其在聚合物燃烧，或通过降解，这一独特的无卤化学品能够在带来最高阻燃效率的同时，保证不释放可能进入大气的有毒气体。科莱恩颜料和添加剂业务特种应用市场经理 MarkSelf 先生表示：“作为高效阻燃剂，ExolitROP560 的独特之处在于通过较小的剂量就可达到目前业内的防火安全标准。”ExolitROP560 中独特的化学物使阻燃效率最大化，在与含卤材料结合使用时并没有明显缺点。”

美国 3M 公司开发生产出了一种专用于聚碳酸酯（PC）的耐高温阻燃剂 FRMB5010，它不含溴和氯化合物，在 PC 中溶解性高，而且用量少、加工简便，对材料生产及加工工艺没有特定要求：添加 1% 时可以达到 2mm 厚度 V0 阻燃级别，不需要造粒、搅拌后直接成型，特别适用于透明 PC 的应用领域；通过在通用级 PC 树脂中。添加这种阻燃剂达到 PC 阻燃专用料的使用效果，用户可以节省成本每吨 3000 元以上，即原料成本的 1/10 左右。

加大对含硅阻燃剂，特别是有机硅酮类、倍半硅氧烷（POSS）阻燃剂的研发力度，并实现产业化生产，一直承载着无卤阻燃新产品和高效产品的希望。

水合镁、铝氧化物是公认的无毒型阻燃剂，各个企业和研究单位均对其保持了持续和系统的研究工作。尤其是纳米技术和新型合成工艺的进步使得其添加量的劣势逐步淡化。

纳米材料可用作阻燃剂的协效剂。Albemarle 推荐氢氧化镁和氢氧化铝使用过程中可混合部分纳米黏土。纳米黏土降低了无机阻燃剂的用量，保持了聚合物材料的性能。如果能适度提高纳米黏土用量，降低无机阻燃剂用量，无卤阻燃材料的应用领域将有效拓展。

4. 自主创新的助剂品种

近几年，我国塑料助剂研发领域的自主创新成果可谓层出不穷，其中最为典型的就是稀土元素掺杂的 PVC 热稳定剂和聚丙烯用稀土类 β 晶型成核剂等塑料用稀土类塑料添加剂，充分利用了我国独有资源，经过业内科研生产人员十余年的不懈努力，已获得原创性自主知识产权。

但是，业内技术人员过多重视自主知识产权的获得，忽视新化学物质的注册、化合物毒理评价、配套应技术开发，导致新产品、好产品只能局限在有限领域使用，无法走出国门。行程仿制国外老产品竞争力不强，只能赚取加工费用；防止国外专利产品，无法登上大雅之堂；备受法律约束；自主创新产品，为获得有效注册登记，自产自销，难以长大的被动局面。塑料助剂业者知晓法规，遵从法规，势在必行。

五、结束语

塑料助剂行业需要发展，不仅仅需要符合市场规律。在全球绿色环保的意识逐步加强，并不断渗透到各行各业引领着行业发展方向和趋势的同时，相关的法律法规成为确保绿色环保行为实施的强有力工具。在市场经济还未接受诸多代价高昂的绿色环保产品时，刚性的法律法规正逐步扮演着越来越重要的角色，甚至引导着行业的走向，直接决定着企业的命运。全球的法律法规正逐步趋于同时同质，各个国家对此均保持着一致的态度。

了解这些法律法规的详细内容，将有助于塑料助剂企业把握由法律法规主导的行业走向，加强应对，提高企业的抗风险能力。在诸多的应对方案中，技术创新应是根本的解决之道。占据塑料助剂行业绝大部份消费量的增塑剂、阻燃剂、热稳定剂三个品种的产品替换方案及其实施将决定着塑料助剂行业技术升级换代水平。利用中国的特色资源，加速开发满足国际法规的自主创新助剂品种，将有利于提升国内企业的技术水平、影响力和形象。

（陈　宇　王朝晖　崔　正　孙　晨）

塑料助剂的分类与功能塑料的环境友好化

Classification of Additives and Environment-friendly Development of Functional Plastics Products

摘要：本文分别以塑料助剂的来源和功效进行分类，阐述了金属有机配合物塑料助剂、无机粉体塑料助剂、生物质塑料助剂和石油化工塑料助剂等四类塑料助剂的制备原则，介绍了塑料加工助剂和塑料功能助剂的主要作用原理；遵循塑料材料构建的产品系统生态设计的理念，综述了塑料产业有毒有害元素替代技术、塑料材料的源治理和零排放，论述了塑料助剂绿色化是实现功能塑料环境友好化的前提；重点推介了几种典型的塑料加工助剂的技术发展方向、功能塑料产业链的开发思路；讨论了制订环境友好型塑料助剂的相关行业标准的必要性和可行性。

关键词：塑料产业，塑料助剂，替代技术，功能塑料，环境友好

一、前言

随着我国“建设环境友好型社会”战略的实施，材料与环境的协调发展已成为共识。此外，随着世界各国进口产品市场准入标准的不断升级与人们环保意识和自我保护意识的不断增强，对材料的安全性、卫生性、舒适性和环境协调性提出了越来越高的要求，也迫使我们必须重新审视材料与环境之间的关系。为此，推动材料科学向绿色化方向不断迈进，实现材料的环境友好化，必将成为21世纪材料产业发展的主流方向。在这样的历史背景下，作为在国民经济发展中起着重要支撑作用的改性塑料产业必将迎来发展的新契机，塑料产业应紧紧依托于材料环境友好化的大背景，调整研发思路，不断革新技术，与上游的助剂生产行业共同努力，逐步实现塑料材料的环境友好化和高值化。

笔者所在的研究团队长期致力于“环境友好塑料的开发与应用研究”，率先将环境友好化的概念引入到塑料材料领域，从1999年开始倡导主办了三届中国塑料与环保产业研讨会，并多次通过发出倡议、撰文和学术报告等方式呼吁全行业共同努力，大力开发绿色、高效塑料加工助剂，加快塑料产业有毒有害元素替代技术研发，在实现塑料多功能化高值化的同时实现塑料材料环境友好化，强调了通过回收塑料的环境友好化、高值化和财税扶持经常化等，促进为塑料产业健康持续发展。

二、以塑料助剂的来源对塑料助剂进行分类

1. 金属有机配合物类塑料助剂的制备

近几十年来，金属有机配合物尤其是稀土有机配合物的合成与应用一直是塑料料研究领域的一个热点，这类功能助剂在当今快速发展的塑料产业中有着广泛的应用。目前业界已利用金属配合物成功开发了稀土偶联剂、稀土稳定剂、硬脂酸铁、硬脂酸稀土类光敏剂、光转化剂、发光稀土高分子配合物等功能性助剂，并且成功开发了一系列的产品，如采用羧酸稀土配合物作为光敏剂开发的“可环境消纳塑料”具有避光继续氧化降解功能，这是实现“可环境消纳塑料”在垃圾系统中与土壤同化的关键技术之一[1]；以Eu(Ⅲ)配合物制备了PE转光农膜(UTR膜)，可将太阳光中的紫外光转换成植物光合作用所必需的光谱成分红光和蓝光，在农业方面显示出巨大的潜在应用前景，这就是光能转换农用棚膜，它可加强植物的光合作用，获得农作物增产、早熟及提高营养成分的效果。

2. 无机粉体类塑料助剂的制备

无机粉机来源于自然又可回归于自然，无毒无害，在一般的加工和使用温度下不挥发、不分解，且具有环境协调性好、成本低等优点。随着无机粉体表面改性技术和填充改性技术的发展，无机粉体不仅可以改善塑料材料的强度、刚性、尺寸稳定性及耐热性等性能，而且可以提高或赋予塑料材料的阻燃、防菌、防静电、导电等性能及可环境消纳性，塑料填充改性具有许多其他改性方法不可替代的优点。

由福建师范大学章文贡教授等发明的铝酸酯偶联剂、广东炜林纳功能材料公司研发的WOT系列稀土偶联剂，以及福建师大环境材料开发研究所研发的稀土“壳－核”无机粉体表面改性技术，对多类无机粉体进行表面处理都取得了良好的效果，很好地解决了无机粉体在树脂基体的分散性问题，对无机粉体功能材料的产业化发展起到了很好的推动作用。目前已有企业利用无机粉体微纳米粒子开发塑料抗冲改性剂，在提高塑料材料的韧性的同时，还能使其刚性、硬度、耐热性，以及制品的尺寸稳定性和耐蠕变都得到不同程度的提高，与有机抗冲改性剂相比有着很大的优越性。广东炜林纳功能材料有限公司也延伸其WOT系列稀土偶联剂的下游产业，采

用微细化的碳酸钙、硫酸钡、滑石粉等无机矿物粉体为基料，通过独特的表面化学包覆处理技术，研发投产了“PVC 用 WMH 稀土无机刚性粒子增韧剂”、“新型无机增韧材料 WMH 系列改质剂”等无机粉体功能性助剂。

3. 生物质绿色化工助剂类塑料助剂的制备

生物质来源于自然界的光合作用又可回归于自然，无毒无害，是一类绿色化工助剂的资源，近年来，随着人们对环保和卫生意识的提高，越来越注重产品的安全性，国内外有关公司科研机构也大力发展生物质绿色化工助剂的开发，已利用农林资源开发了一系列功能性助剂，如：①以松香为原料开发松香甘油脂、松香季戊四醇脂、氢化松香、松香酚醛树脂、聚合松香等；②利用竹木产品加工的废弃物以及植物秸秆等废弃资源开发了活性炭及可用于生产木塑复合板材的植物纤维等可应用于塑料工业领域的助剂；③利用植物油脂开发生产了环氧类生物柴油替代 DOP、DBP 等传统增塑剂应用环保型软质 PVC 制品；④利用木薯等高淀粉作物的淀粉开发可应用于“可环境消纳塑料”专用淀粉母料等。

4. 石油类塑料助剂的绿色化技术

目前，石油化工仍然是增塑剂、热稳定剂、抗氧剂、光稳定剂、有机阻燃剂、发泡剂和偶联剂、润滑剂、脱模剂等大宗塑料助剂的最主要来源，其发展方向主要朝合成原料选材的绿色化、合成过程的绿色化、助剂产品的绿色化，尤其是产品性能高效化和多功能化方向发展。如：①增塑剂，从最常用的邻苯二甲酸二辛酯（简称 DOP）品种，向多功能化增塑剂的方向发展，如：己二酸和癸二酸的酯类（具有良好耐寒性），磷酸酯类（具有阻燃作用），环氧油和环氧酯类（与热稳定剂有协同作用），偏苯三酸酯和季戊四醇酯（耐热性较好），氯化石蜡（辅助增塑剂和阻燃增塑剂）；②热稳定剂，用量较大的是聚氯乙烯和氯乙烯共聚物的热稳定剂。目前，热稳定剂从早期的盐基性铅盐，朝着脂肪酸皂、有机锡、有机辅助稳定剂和复合稳定剂等无铅化方向发展；③有机阻燃剂，氯系阻燃剂是有机助燃剂的主要品种之一，正朝着无污染、高纯度、高热稳定性、高含氯量方向发展，其代表产品是氯蜡－70，国外已经使用的全氯环戊癸烷和反应型氯系阻燃剂氯菌酸等。

三、以塑料助剂的主要功效进行塑料助剂分类

按宏观用途和主要功效分，可以把塑料助剂分为功能助剂和加工助剂两大类，其中功能助剂可赋予塑料材料各种特殊的功能化属性，如光、电、磁、阻燃、抗菌等；加工助剂则能赋予塑料材料优良的加工性能，因此，只要是能促进塑料材料加工顺利进行的助剂都可称做塑料加工助剂。实现塑料功能化的基本措施是通过橡塑共混或塑塑共混形式添加使用各种功能化助剂，以发挥其特殊的功能。因此可以说，塑料的加工性能是实现其使用性能和功能化的前提，故塑料加工助剂的有效使用成了实现塑料功能化的核心条件。

1. 塑料加工助剂

根据改性塑料加工过程的需要，塑料加工助剂主要包括以下三个方面。

（1）加工稳定剂

主要包括热稳定剂、抗氧剂、金属离子钝化剂等。许多聚合物在结构上都存在着薄弱环节——弱化学键，如聚丙烯分子结构中叔碳上的氢原子，聚氯乙烯上的氯原子等。这些弱化学键在聚合物的加工过程中，在热、氧及变价金属离子的多重作用下，成为了反应活性点，使聚合物发生氧化、断链及自由基连锁反应等，产生了降解和非控制性的交联，最终导致聚合物材料的使用性能下降。所以多数聚合物只有在添加适量的热稳定剂、抗氧剂及金属离子钝化剂的情况才能顺利地进行加工，故稳定剂是一种极其重要的加工助剂。

（2）熔体流动促进剂

主要包括增塑剂和润滑剂等。熔体流流动促进剂主要作用是降低塑料材料内部分子间及塑料与加工机械间的摩擦力，增大塑料熔体的加工流动性，从而促进加工过程的顺利进行。

PVC 等聚合物由于分子上带有极性较大的基团，且分子间排列规整，故分子间力大，使其加工温度高于分解温度，如果不添加润滑剂根本就无法进行加工。增塑剂作用机理是进入聚合物分子间，以使聚合物分子间的距离增大，分子间作用力减弱，相互间的移动性增加。随着增塑剂添加量的增加，塑料熔体流动性增大，加工性能变好，制品的抗冲击强度及耐寒性增加，但强度、刚性力学性能等则下降，故增塑剂添加量应依据制品的综合性能要求而定。

润滑剂除了能降低塑料内部分子间的摩擦力外，还可降低塑料与加工机械间的摩擦力，从而有效地增加塑料材料的熔体流动性。在降低塑料内部分子间的摩擦力从而增加塑料熔体的流动性方面，润滑剂的作用机理与增塑剂相似，只是塑化效率不如增塑剂。

可见，对于硬质塑料，尤其是 PVC 等，熔体流动促进剂也是必不可少的加工助剂。

(3) 促进共混改性助剂

主要包括相容剂和偶联剂等。为实现塑料的功能化，必须使功能化助剂或第二组分的塑料、橡胶在加工过程中均匀的分散在主体树脂基体中，然而许多功能化助剂或第二组分的塑料、橡胶在结构、极性等性质方面与基体树脂存在着较大差异，致使其无法在主体树脂基体中很好的分散和相容。这不仅使得预期的功能化改性目的无法达到，还会因为分散相与基体的界面清晰，使塑料复合材料产生应力集中区，导致塑料制品力学性能降低。采用相容剂和偶联剂可以很好地解决这问题。

相容剂可提高主体树脂与第二组分塑料、橡胶、有机颜料等有机功能化改性助剂间的相容性，并形成良好的界面结合，促使有机功能助剂在基体树脂中均匀分散，从而使功能化改性加工过程顺利进行，制得质量均一、稳定的功能化塑料制品。

偶联剂的作用是在无机粉体功能化助剂与主体树脂基体间“架起一座桥梁”，即通过偶联剂分子使无机粉体与基体树脂间形成强有力的化学结合，从而促进了无机粉体在基体间有效分散，使无机粉体的补强等功能化作用得以很好的发挥。

可见，促进共混改性助剂是实现塑料功能化的必要的加工助剂。

2. 塑料功能助剂

我国改性塑料行业自20世纪80年代以来，经过二十多年的发展，为我国塑料工业持续快速的发展及至整个国民经济的发展做出了突出贡献！已初步形成以填充母料和各种功能母料、改性塑料专用料为主要产品，企业总数数千家，从业人员数万人，产品达几百万吨的新兴行业。目前，改性塑料领域的发展主要朝以下六方面发展：①通用塑料工程化，尽管工程塑料品种逐渐增加，不断拓展应用领域，生产装置扩大使成本持续降低，然而随着改性设备、技术的进步，通用热塑性树脂具有的价格优势，正通过改性提高性能化的方式抢占着传统工程塑料的应用市场；②工程塑料高性能化，随着汽车、电气、电子、通讯和机械工业的蓬勃发展，改性工程塑料的需求大幅上升，高强度耐热型等高性能工程塑料将得到更广泛的应用；③高性能工程塑料低成本化，聚苯硫醚（PPS）、聚酰亚胺（PIM）、聚醚醚酮(PEEK)、聚砜(PSF)等高性能工程塑料，具有电性能好、耐高温和尺寸稳定等特性，还具有优异的阻燃性、耐放射性、耐化学性和机械性能，在电子电器、汽车、仪表、家电、航空、涂料行业、石油化工以及火箭、宇航等尖端科技领域具有越来越重要的应用；④纳米复合技术将给改性塑料带来生机，聚合物纳米复合材料的制造与应用将成为未来发展方向；⑤塑料改性的环保要求正在成为共识；⑥开发新型高效助剂成为改性塑料的重要课题，也是实现塑料功能化的核心。

改性塑料朝六方面发展的核心之一是塑料功能助剂的系列化。

(1) 延长使用寿命的塑料助剂

塑料材料因分子结构不同，或者虽然分子结构相同但因聚合工艺不同、加工工艺不同、使用环境和条件不同，其自身的热氧化、光氧化反应速度和抗热氧化、光氧化反应能力有很大不同。通过在塑料材料之中添加抗氧剂和光稳定剂，可以有效抑制或降低塑料大分子的热氧化、光氧化反应速度，显著提高塑料材料的耐热、耐光性能，延缓塑料材料的降解、老化过程，延长塑料制品使用寿命的塑料助剂。

目前，常用于塑料中的防老化剂主要由以下三大类：①热稳定剂，其主要功能是防止加工时的热降解，也有防止制品在长期使用过程中老化的作用。用量较大的是聚氯乙烯和氯乙烯共聚物的热稳定剂。热稳定剂的主要类别有盐基性铅盐、脂肪酸皂、有机锡、有机辅助稳定剂和复合稳定剂；②抗氧剂即抗氧化剂，在室温和较高的温度下，大多数聚合物都会发生速度不等的自动氧化反应，它引起塑料发黄、降解和强度下降，凡能抑制或延缓此反应的物质均可称为抗氧剂。塑料用抗氧剂主要是酚类主抗氧剂和硫代二丙酸酯、亚磷酸酯等辅助抗氧剂。主、辅抗氧剂通常并用，以发挥协同效应；③光稳定剂，塑料和其他聚合物吸收了紫外光能量，可引发自动氧化反应，并导致降解。这一过程称为光氧化或光老化，能够抑制或延缓这一过程的物质称为光稳定剂。主要有猝灭剂和光屏蔽剂。

(2) 提高综合力学性能的塑料助剂

近年来，国内外有众多研发团队在塑料增强增韧，提高塑料材料的综合力学性能方面投入了大量的人力、物力进行研发。目前已取得了一系列的技术成果，如采用特殊的表面处理剂与处理工艺对无机类(如玻璃纤维、石棉纤维、碳纤维、晶须、石英纤维、石墨纤维及陶瓷纤维等)、有机类(如PAN纤维、聚乙烯纤维、PA纤维、PC纤维、PVC纤维及聚酯纤维等)、金属类(如硼纤维及铝、钛、钙等金属晶须等)增强用纤维类材料进行加工处理，在增强塑料材料的同时也得到了良好的增韧效果，提高了塑料材料的综合力学性能。此外，对于PP、PET等结晶塑料，添加适当的成核剂也可以很好的达到增强增韧、提高热变形温度等效果。通过无机刚粒子与橡胶增韧剂的复配可以实现增韧效果。

（3）赋予塑料光、电、磁性能的塑料助剂

通过添加有效的助剂可赋予塑料光、电、磁等性能，使塑料的应用领域得到了进一步的扩展，目前在光、电、磁性能的塑料与助剂方面也取得了一定的技术成果。①发光塑料与助剂，将发光颜料掺入透明树脂如丙烯酸树脂，乙烯基树脂、达玛树脂、醇酸树脂、三聚氰胺改性的醇酸树脂中可以制成可发光的塑料。根据所加发光颜料的不同，可分为自发光塑料和受激发光塑料，目前的助剂主要有荧光颜料和磷光颜料，通过掺杂锌、钙、钡或锶的硫化物、少量的助熔剂（如氯化钠）和微量的活化剂的方法可以调出多种光色；②导电塑料与助剂，通过将树脂和导电物质混合，可以获得抗静电材料、导电材料和电磁波屏蔽材料等，目前比较常用的导电助剂一般为金属粉末、炭黑、有机络合物、金属螯合物等；③磁性塑料与助剂，磁性塑料是带有磁性的塑料制品，可分为结构型和复合型两种。目前主要通过在塑料基体里共混磁粉来获得，主要的磁粉助剂有锶铁氧体、钡铁氧体和稀土永磁粉等。

（4）实现可环境消纳的塑料助剂

随着塑料工业的蓬勃发展和塑料制品的大规模使用，大量的废旧塑料制品与塑料垃圾带来的环境污染也日趋严重，“白色污染”已成为家喻户晓的塑料材料污染环境的代名词，并成为全球瞩目的环境公害。正确认识废弃塑料对环境的影响，开发环保型塑料材料，研究它们的处理、处置工艺，对保护环境、资源利用都具有重要意义。

为了解决日益严重的塑料“白色污染”问题，本研究团队提出“环境友好塑料材料”[2]的定义时引入了可环境消纳塑料的概念，从广义上讲，具有耐用、价格性能比好、易于清洁生产、可回收利用、可环境消纳等性能的塑料材料，都应属于环境友好塑料材料范畴。可环境消纳的环境友好塑料材料应同时具有可环境降解、可焚烧、可堆肥性能。其特点是对自然环境、人类、生物圈无害或相对危害较小。“可环境消纳塑料”的研发主要依赖于“可环境消纳塑料助剂”开发，目前的助剂体系包含了光降解剂、生物降解剂和焚烧促进剂等。

近年来国内外在光降解剂研究方面取得了一系列的进展，开发了一系列的高性能产品。一般情况下，过渡金属络合物、碳基化合物、有机过氧化物和氢过氧化物、稠环芳烃衍生物、N－卤代乙内酰脲衍生物、N－卤代酸亚胺、三嗪类化合物等都具有吸收紫外光，诱导高分子断链的功能。其中，过渡金属络合物类光敏剂具有合成工艺简单、光降解效果好、贮存稳定、成本低廉、可控性较准确等优点，应用较广。

四、含毒害元素化合物助剂的绿色化替代技术是改性塑料的主题之一

由于传统塑料工业中所用的许多塑料助剂都含有毒有害元素和化合物，对环境和生物圈构成了严重的威胁，为此，围绕有毒有害元素和化合物的替代技术进行科技攻关，开发一剂多能的多功能新型助剂，实现塑料助剂绿色化与多功能化已成为改性塑料产业的重要内容。

1. 塑料制品中有毒有害元素和化合物的替代的重要性

众所周知，塑料制品在生产过程中要使用一系列的助剂，而传统的助剂有许多品种含有毒有害元素和化合物，会在加工或使用过程中逐步释放出来，从而使塑料制品的安全性和卫生性受到威胁。目前在塑料相关行业最受关注的有毒有害元素和化合物是铅、镉、卤素等和有机物如三苯、甲醛、芳烃类溶剂、邻苯类增塑剂和NOBS类硫化促进剂等。许多出口的电工电器和玩具等产品受绿色壁垒的制约，很大部分是由于其配套的塑料等高分子材料制品被检验出含有这些有毒有害物质。因此，高分子材料行业的无害化技术是提高材料的环境协调性、应对欧盟绿色壁垒的关键技术之一，有毒有害元素和化合物的替代技术应成为改性塑料的主题之一。

2. 有毒有害元素和化合物替代技术概述

（1）铅、镉和卤素元素的替代技术

在铅的替代方面：钙锌复合稳定剂是国内外普遍认为铅稳定剂较为安全的替代产品，有固体和液体两种。固体复合钙锌皂稳定剂以硬脂酸皂为主，其次是月桂酸皂和油酸皂。产品的特点是润滑性好，不降低PVC硬制品软化点，适用于硬质PVC管材和异型材加工。液体钙锌稳定剂是钙锌有机酸盐、亚磷酸酯、多元醇、抗氧剂和溶剂等多组分的复合物[3]。钙锌热稳定剂单独使用热稳定性能较差，仅限于软制品中使用，但通过与特定的辅助热稳定剂复配，充分发挥各组分间的协同效应，可大大提高体系的热稳定性。已有的辅助热稳定剂品种有亚磷酸酯类、一二酮类、环氧化合物类、多元醇类、水滑石类等。如环氧化合物主要有环氧大豆油、环氧硬脂酸酯、环氧四氢邻苯二甲酸酯和缩水甘油醚。环氧化合物与钙锌稳定剂并用有良好的协同作用，能明显改善钙锌类稳定剂的性能[4]。章文贡等[5]通过将新型锌皂与硬脂酸钙按一定比例复合，制得了新型钙锌复合稳定剂，产品显示出较好的协同效应，初期着色性小，长期稳定性高，有很好的推广价值。

在镉的替代方面：国内外已开展了硫化稀土系、钒酸盐系、氮化钽(铌)酸盐系颜料用关键原料的合成方法及工艺研究，掌握了复合稀土系、硫醇锑系、甘油锌系橡塑稳定剂材料的合成方法及生产工艺。目前开发的无镉橡塑稳定剂的稳定性、耐侯性等指标达到或超过现有含镉橡塑稳定剂水平，形成多种系列，取代的含镉橡塑稳定剂在诸多产品上的获得了应用。替代产品的性能满足用户要求，替代产品的性能满足用户要求，可进入国内外市场。

在卤素元素的替代方面：主要是研制和推广无卤绿色化阻燃剂，如硼系、磷系、氮系阻燃剂、无机阻燃剂(包括氢氧化铝、氢氧化镁)及膨胀型阻燃剂等。

(2) 含毒害有机物的替代技术

我国对替代毒害有机物系列产品的关键技术问题关注较晚，研究工作缺乏整体规划和协调，研究力量分散，工程化、产业化程度低，许多有价值的科研成果未能及时在国民经济中发挥作用。在此形势下，开展替代毒害有机物的系列产品开发与产业化更加紧迫。筛选长期从事应用基础和开发研究，有较扎实的理论基础和较强的科研开发能力，目前已取得多项前期研究成果的单位，采用“产学研”三结合的研究模式，通过跨越性的合作攻关才能在短时间内建立有我国自主知识产权的替代技术体系，以应对绿色壁垒。值得欣慰的是我国科技主管部门着手组织国家“十一五”产学研攻关。本研究团队参与的有毒害有机物的替代技术研发已列入国家“十一五”科技支撑计划，该计划项目主要应围绕以下三个方面开展工作：①无毒害有机物的装饰材料及家具等系列环保型黏合剂的开发与应用；②替代有毒害有机溶剂的离子液体及生物可降解有机溶剂的开发和应用；③无毒橡塑助剂的开发及应用。该项目目前进展顺利，通过上述三个技术层面的研发有望解决好高分子材料，尤其是塑料的含毒害有机物的替代技术，希望可以起到示范作用，可以带动相关行业的替代技术的跨越性发展。

例如：植物油酯类是一种新型的可生物降解环境友好型有机物，来源于林产化工，具有易生物降解、无毒、闪点高、可挥发性有机物含量低、溶解能力强、沸点高、绿色环保等特点。既可替代或部分替代有毒有害的芳烃类或氯代烃类等溶剂，也可以替代目前许多领域禁用的 DOP、DBP 等非绿色增塑剂，应用在 PVC 软制品的生产。可以预见，这种环境友好型的有机溶剂和增塑剂在我国具有广阔的发展前景。

五、实现塑料材料环境友好化的技术措施

1. 塑料助剂绿色化是实现塑料材料环境友好化的前提

塑料一般是由基体树脂与塑料助剂复配而成，而许多助剂在加工或使用过程中会因为挥发、分解等物理或化学作用而从塑料中脱离出来，不仅降低了塑料的性能，而且对环境造成了很大的危害。例如，含铅热稳定剂在 PVC 中有着广泛的应用，我国目前的 U－PVC 水管的年生产能力达 30 万吨，如果铅含量按管材总重量的 1% 计算，则我国每年有 3000t 的铅包含在这些排水管中，这些铅在排水管的使用过程在环境因素的作用下不断地从塑料基体中析出，进入到水体中，从而对水体产生严重的污染，最终危及人类的健康。因此，实现功能材料的环境友好化首先应实现塑料助剂的绿色化、无毒化。

绿色化塑料助剂的构建应根据生命周期分析原理(LCA)和源治理、零排放的思想，从助剂结构设计、生产和复配的源头，到产品的使用，再到废弃物的处置等整个生命周期过程对塑料助剂产品系统进行生态设计。据此，塑料助剂的绿色化应包括合成原料选材的绿色化、合成过程的绿色化、助剂产品的绿色化以及助剂的可再生利用性及可环境消纳性四个部分。

(1) 塑料助剂合成原料选材的绿色化

塑料助剂合成原料选材的绿色化是其源治理的重要内容，它要求选择助剂的合成原料时，在保证助剂具有合适的性能价格比的同时，应减少使用或不使用那些沸点低、挥发性较大、或含有有毒有害元素和化合物(如铅、镉、卤素等元素及甲醛等化合物)的原料，而应力求采用高沸点、低挥发性，与树脂相容性好且无毒或低毒的原料品种，以保证助剂在功能塑料的使用寿命内尽可能少地释放到外界环境中，即使有所释放也不会对环境造成大的危害。

传统塑料助剂的合成过程中很大部分需要用到有机溶剂，而绝大部分有机溶剂是有毒的，如果在合成过程中因为挥发而逸散到空气中，或是合成结束后未加处理、回收就排放到环境中，必然会对环境造成很大的污染。因此，积极倡导塑料助剂的合成溶剂应尽量采用无毒、绿色化的溶剂，如水、酒精等，少用三苯类等会给环境和人类健康造成威胁的有机溶剂，以从源头上杜绝溶剂可能造成的危害。

对于一些必须采用的有毒溶剂应重视其回收利用和无害化处理。许多科技工作者在有毒有害有机合成溶剂的替代上付出辛勤的努力，也取得了令人可喜的成绩。

(2) 塑料助剂合成过程的绿色化

塑料助剂合成工艺的绿色化是其源治理的必要条件，也是其零排放的重要组成部分，合成技术路线的绿色化即本着原子经济理念、绿色化反应理念和节能减排理念，在整个合成过程中力求做到：①使反应物尽可能多转化为生成物，以使反应物料的利用率得到最大化，既有利于节省成本，提高效率，又能使产物性质均一、稳定；②反应产生的副产物无毒或低毒，并能通过一般的方法从主产物中除去；③在合成中通过采用催化剂等以控制和调整反应进程，选择能耗低、污染小的技术路线；④新技术的研发与应用：超临界流体技术的应用，离子液体制备和应用以及固定化溶剂的研究与应用。

(3) 塑料助剂产品的绿色化

塑料助剂产品的绿色化即要求合成出的助剂产品无毒、高效，能在功能塑料的加工和使用过程中保持性质的稳定，并在塑料使用寿命内长期发挥作用，以减少助剂的使用量，从而减少其生产给环境带来的危害，为此，除无毒、高效外，塑料助剂主要还应具备：①热稳定性好；②分散性好；③色污性小等性质。

(4) 塑料助剂的可再利用性及可环境消纳性

塑料助剂的可再利用性是指要追求塑料制品在一次加工后，其中所添加的助剂能够被多次再加工而不会严重破坏其原有的功能。在塑料的生产和加工过程中，对于产生的边角料和废次品，只需要再补加或直接就能够在生产线上回用，或者降级使用，不仅可提高助剂的有效利用率，还可以大大降低成本。对于废弃塑料中的助剂，如果在采取了一定的技术措施后也能够进行回收再生利用，也将会为降低成本，还可减轻塑料固废给垃圾处理系统带来的压力，缓解环保压力做出积极贡献。可见，塑料助剂的可再利用具有明显的社会、经济和环保效益，应该做为技术研发的一个方向。

塑料助剂的可环境消纳性是指对于一些无法回收再利用的塑料制品中的助剂，在与塑料一同进入垃圾处理系统后，应具有较好环境协调性，能够促使废弃的塑料材料适合当前的垃圾处理技术，以达到综合治理的目的。目前，国内固体废弃物的处置方式主要有填埋、堆肥和焚烧三种，这就要求塑料助剂在填埋时能促进塑料的降解；在堆肥时不产生对土壤和作物有害的分解物质；在焚烧时不产生有毒有害气体。

2. 源治理和零排放是塑料环境友好化改性的根本目的

源治理是实现塑料材料与环境协调发展的主渠道，从源头上遏制了塑料材料可能对环境产生的危害，达到塑料材料绿色化改性的根本目的。目前塑料材料的开发应沿着：①减量化—减少材料的用量；②资源化—可回收利用；③无害化—可环境消纳；④清洁化—可进行清洁生产；⑤节能化—降低成型能耗等五个方面努力[6]。

零排放是指塑料制品完成使用价值后，能回收降级使用，最终通过高效溶剂或能分解塑料材料废弃物的物质就地或异地转变，无毒地回归大自然生态环境的系统工程。零排放技术的实质是回收利用技术、降解技术、天然高分子开发应用技术、低负荷设计技术及减少金属——高分子材料复合构件等。天然高分子材料的开发和应用被认为是实现有机高分子材料零排放的最理想途径。零排放从根本上杜绝了塑料材料对环境造成的危害，是塑料材料绿色化改性的又一根本目的。

六、几种典型的塑料助剂的技术发展方向

如上所述，要实现功能塑料的环境友好化，首先应实现塑料助剂的绿色化，并且，随着世界各国对进口产品的市场准入标准的不断升级，实现塑料助剂升级换代，使之朝向绿色化方向发展将变得越来越迫切，为此，调整研发战略思路，努力实现塑料加工助剂的技术研发模式向绿色化、环境友好化转型，是新时期塑料助剂发展的主流方向。下面以环境友好化和多功能化为出发点，重点介绍几类典型的塑料加工助剂的技术发展方向。

1. 钙类无机粉体功能助剂

无机粉机来源于自然又可回归于自然，无毒无害，且在一般的加工和使用温度下不挥发、不分解，且与环境协调性好。近年来，由于原油价格的不断飙升，造成树脂价格随之上涨，采用无机粉体填充改性塑料可以使塑料成本显著下降，随着无机粉体材料超细化技术和表面处理技术的飞速发展，以及改性加工设备和工艺的合理运用，使得填充改性塑料不仅能够满足材料使用性能的要求，同时具有很好的环境协调性，加之促使行业加大了对无机粉体改性塑料技术的研发与推广。无机粉体改性塑料技术发展的主要技术攻坚是提高偶联剂表面处理性能。

福建师大环境材料开发研究所具有自主知识产权的稀土“壳－核”无机粉体表面改性技术，对多类无机粉体进行表面处理都取得了良好的效果，很好地解决了无机粉体在树脂基体的分散性问题。开发无机粉体微纳米粒子作为塑料抗冲改性剂，在提高塑料材料的韧性的同时，还能使其刚性、硬度、耐热性，以及制品的尺寸稳定性和耐蠕变都得到不同程度的提高，与有机抗冲改性剂相比有着很大的优越性。目前，福建万旗非金属材料有限公司已经采用福建师大环境材料开发研究所的稀土“壳－核”无机粉体表面改性技术成果，建成了年产2万吨的高性能功能性钙类无机粉体生产线。

2. 稀土类塑料助剂

我国拥有丰富的稀土矿产资源，成矿条件优越，堪称得天独厚，探明的储量居世界之首，为发展我国稀土工业提供了坚实的基础。稀土金属已广泛应用于电子、石油化工、冶金、机械、能源、轻工、环境保护、农业等领域。在塑料领域目前也已应用稀土生产了一系列如：荧光材料、稀土无机粉体表面处理剂、稀土热稳定剂、稀土成核剂、催化材料等等，在塑料助剂领域的发展中起到了极大的推动作用。广东炜林纳功能材料有限公司顺利完成了国家“863”计划课题项目“用于高分子材料的新型高效多功能稀土助剂开发”。

随着市场对塑料制品的高性能和低成本化要求，偶联剂的技术发展将朝着高效、无毒、复合化方向发展。目前已经投产WOT稀土系列无机粉体多功能表面改性剂，取得了良好的市场反响。

稀土热稳定剂作为我国自主研制生产的一类热稳定剂，由于具有优异的热稳定性、良好的耐候性、优良的加工性、储存稳定性等诸多优点，尤其是它的环保无毒，使其成为了真正的绿色、高效的热稳定剂。我国的稀土资源非常丰富，原料来源广、成本低，且分离加工技术成熟。因此，深入研究和大力发展稀土热稳定剂，研制完全替代有毒的重金属类热稳定剂和部分替代价格昂贵的有机锡类热稳定剂也将是我国未来热稳定剂技术发展的主要方向。

3. 铝体系塑料助剂

目前，市场上已产业化的铝体系绿色化工助剂主要是氢氧化铝阻燃剂等无机类和铝酯酸偶联剂有机类两大类。

(1) 氢氧化铝阻燃剂

氢氧化铝占无机阻燃剂消费量的80%以上，是现有无机阻燃剂中最主要的一种，具有阻燃、消烟、填充三大功能，而且热稳定性好、不挥发、无毒、无腐蚀性、易于储存、来源丰富、阻燃效果持久、不产生二次污染，并能与其他阻燃剂产生协效作用，是一种绿色、经济的阻燃剂品种，广泛应用于各种塑料、涂料、聚氨酯、弹性体和橡胶制品中，但由于其添加量大，成本较高，此外，还存在着其粒度和用量对材料阻燃性能和物理性能影响很大等缺陷，目前无机阻燃剂正朝着复配化方向发展。

福建师大环境材料开发研究所在研究氢氧化钙改性制备环境友好塑料材料时发现：氢氧化铝与氢氧化钙及膨胀型稀土配合物复配后所形成的无卤阻燃—包化技术产品应用于一些塑料后具有较明显的阻燃效果。

(2) 铝体系有机物

铝酸酯偶联剂是由福建师范大学高分子研究所章文贡教授等于1984年发明的，由于铝酸酯偶联剂具有成本低，具有色浅、无毒、使用方便、热稳定性好等特点，且偶联效果可与钛酸酯偶联剂相媲美，故广泛应用于无机填料的表面活化处理。经铝酸酯偶联剂活化处理的活性碳酸钙具有吸湿性低、吸油量少、平均粒径较小、在有机介质中易分散、活性高等特点，广泛适用于PE、PP、PVC、PS和PU等多种塑料的填充改性。经铝酸酯偶联剂处理后碳酸钙等无机粉体填充于塑料制品后，不仅能保证制品的加工性能和物理性能，还可提高碳酸钙等无机粉体的填充量，从而降低成本。

在对铝酸酯结构与性能关系进行系统研究的基础上，结合铝元素的特殊电子结构和配位功能，通过改变配体成分，将具有紫外光吸收结构等基团连接到铝酸酯的中心铝原子上，可以使其热稳定性大大提高，获得了具有良好热稳定性的新型铝酸酯光稳定剂等品种。已开发出如二(邻甲酸甲酯苯酚)·乙醇胺铝酸酯，二(邻氨基苯酚)·三乙醇胺铝酸酯，二(对羟基苯甲醚)·三乙醇胺铝酸酯，二(壬基苯酚)·三乙醇胺铝酸酯浅黄色黏稠液，二(苯酚)·三乙醇胺铝酸酯，二(邻甲酸甲酯苯酚)·三乙醇胺铝酸酯等一系列具有特殊功效的多功能助剂。也可以通过铝离子与相关金属离子如稀土等的配位开发一系列相关技术产品，经过设计和研发一系列铝体系有机物有望使铝体系助剂形成系列化加工和功能助剂。

(3) 建立绿色铝体系助剂产业，延伸功能塑料产业链

福建师大环境材料开发研究所与战略合作企业福州杰邦环保科技有限公司建立了战略合作框架协议，携手致力于建立绿色铝体系助剂产业，并延伸建设其功能塑料产业链。依托绿色铝体系功能助剂生产技术可以开发出偶联剂体系、相容剂体系助剂、多功能加工助剂、绿色阻燃体系助剂等助剂产品，并可延伸开发环境友好型改性塑料专用料，如可环境消纳塑料、绿色无卤阻燃塑

料、玻纤增强塑料、无机粒子增强聚烯烃、刚性粒子增韧聚烯烃、高抗冲 PS、TPR 鞋用材料、功能性母料以及开发回收塑料高值化技术产品如高性能管材用 PE 料、小电器外壳用 ABS 料、再生 TPR 鞋材等，可服务于汽车电子配件、包装材料、鞋材产业、建筑材料、农用材料等五大行业，具有很好的社会、经济、环境效益。

4. 硅体系塑料助剂

有机硅聚合物是一类具有半有机半无机结构的特殊高分子材料，与塑料基材碳 - 碳链高聚物既相容又相异，因而既可相互混合发挥特有作用，又不会被基础聚合物完全"淹没同化"失效，因此应用少量的有机硅助剂即可达到明显的改进效果，应用有机硅材料作塑料加工助剂，常常收到较小的投入即可换取重大效益的理想效果。由于有机硅材料自身的特点，助剂中的有机硅组分应用广泛，因而有机硅材料获得"工业味精"和"高新技术发展催化剂"的美誉。近年来，中国的有机硅产业取得了长足进步，不仅产量急剧增加，而且产品品种型号扩展。

在塑料加工领域中，有机硅组分作为塑料加助剂和辅料的应用，主要包括偶联剂、交联剂、润滑剂、分散剂、脱模剂、填料处理剂、增强剂、增黏剂、泡孔控制剂等。应用有机硅助剂可以改善塑料加工工艺条件或提高塑料产品性能。在大多数情况下，应用有机硅助剂可以在不增加生产成本、甚至降低成本的前提下，达到改善工艺条件和提高塑料产品质量的理想效果。

5. 氟化工塑料助剂

氟行业是硅氟行业中的一个重要分支，我国拥有占世界，总储量 2/3 的萤石，同时我国还拥有相对廉价的劳动力。氟化工，尤其是有机氟产品，作为工业味精广泛应用与社会生产的各个行业和各个角落，其潜在应用范围广阔；如新兴的氟中间体行业、塑料橡胶助剂行业、氟树脂氟聚合物行业等。

PTFE 超细粉是低分子质量的细粉，又叫"PTFE 蜡"，相对分子质量约(3 ~ 20)万，平均粒径在 2 ~ 25μm 之间。具有许多特性：①不黏性能好，②耐化学性能全面，③实用温度较宽(- 190 ~ 260℃)，④不老化，⑤耐候和耐紫外线性能好，⑥绝缘性好等。可作为高分子材料的优质改性添加剂：①润滑性：PTFE 与其他固体相比有更低的动摩擦系数，它与其他热塑性材料均匀共混可以显著降低材料的摩擦系数、改善基材的润滑性和耐磨性；②阻燃性：PTFE 超细粉本身不燃，将少量 PTFE 超细粉添加到其他材料中，可以提高基材的阻燃系数；③PTFE 超细粉与其他弹性体混合使用，可以改善材料的弹性、刮损性和损坏性，特别适用于密封材料。

6. 林产化工助剂之一——植物油酯

近年来，我国已成为亚洲地区增塑剂生产量和消费最多的国家。但是随着世界各国环保意识的提高，医药及食品包装、日用品、玩具等各个行业对塑料制品中的增塑剂提出了越来越高的纯度、卫生等环保要求，但从目前来看，国产增塑剂尚难满足这一要求，为此加快开发推广新型无毒增塑剂，逐步淘汰有毒增塑剂是我国增塑剂产业今后发展的必然趋势。

今后增塑剂的技术发展方向主要有：①发展高分子类增塑剂，高分子类增塑剂迁移性小，污染小；②发展无毒、抗霉菌、无味、价廉的柠檬酸酯类增塑剂；③开发与基体相容性、耐久性、耐抽出性及热稳定性好，挥发性小的增塑剂品种，减小增塑剂的使用量；④开发高效、适用性广的增塑剂品种。

依托我国丰富的林场资源，利用植物油基开发生物降解型增塑剂，生产出高效、无毒、可降解的环保型增塑剂，以使增塑剂在塑料制品废弃后能自动降解，以减轻塑料给环境造成的负担。既可以增加农民收入，提高林场经济效益；同时，此类增塑剂属无毒、环保型助剂，可代替 DOP、DBP，应对欧盟就以欧盟委员会决定的形式发布了在玩具中禁止使用邻苯二甲酸酯类增塑剂的禁令。

7. 高聚物类相容剂

相容剂又称增容剂，是指借助于分子间的键合力，促使不相容的两种聚合物结合在一起，进而得到稳定的共混物的助剂。通过相容剂的起作用，能大大提高复合材料的相容性和填料的分散性，从而提高复合材料机械强度，在无卤阻燃、填充、玻纤增强、增韧，金属黏结、合金化等改性领域得到了广泛的应用。目前相容剂通常以马来酸酐接枝聚合物为主，马来酸酐接枝相容剂通过引入强极性反应性基团，使材料具有较高的极性和反应性，是一种高分子界面偶联剂、相容剂、分散促进剂。当今，相容剂主要朝高接枝率、低单体残留和基体树脂及接枝位置可控化的方向发展。目前已有采用"光接枝法"在聚烯烃、PS、PVC、橡胶、PET、Nylon、PC 等基体树脂上接枝上 MAH、苯乙烯、丙烯酸、GMA、MAH/Vac、MA/AA、MA/EA 等接枝物，而且具有催化剂和单体残留极低，无气味性，接枝率水平可控(1.0% ~20%)，色泽纯净(净白色)等优点，大大丰富了相容剂的品种，同时也扩展了应用领域，尤其是很好的满足了回收塑料合金化高值化应用对相容剂的要求。

七、制订相关行业标准的必要性和可行性

塑料助剂产业是随着塑料工业的发展而快速发展的，至今已形成一个品种多、门类全的精细化工行业，在促进塑料工业的蓬勃发展中起到了重要的反推作用。

然而，正是由于塑料助剂产业的快速发展，使得许多相关的配套标准跟不上其发展步伐，导致企业处于"无标可依"的状态，致使许多助剂产品存在生产不规范、质量无标准、产品叫法不一的混乱局面。例如，一些企业在没有相关行业标准的情况下，为了迅速占领市场，简单地参照其他标准进行生产，或者许多企业索性自定标准进行生产，更有甚者，一些企业在无行业标准和又没有制定企业标准的情况下胡乱生产，从而导致市场的混乱和产品质量的良莠不齐，使用户莫衷一是。

另有一些助剂品种虽有地方标准，但适用范围小，无法在全国范围内推广应用，从而极大的限制了该助剂的发展。例如："铝酸酯偶联剂"的问世和"光钙型可环境消纳塑料"的提出和产业化至今已分别历时二十五年和六年，在此期间，"铝酸酯偶联剂"在塑料等高分子复合制品界面及其无机粉体的表面改性中起到重要推动作用，"光钙型可环境消纳塑料"也在加快"无机粉体改性塑料环境友好材料"的研发与产业化进程中扮演了重要的角色。作为这两项技术和理念的发明者和倡导者，福建师范大学曾分别对"铝酸酯偶联剂"及"可焚烧可降解塑料"制定了福建省地方标准(其中，铝酸酯偶联剂的标准号为EDB/HG－88，"可焚烧可降解塑料"的标准号为DB353－1999)，但由于没有全国的统一产品标准，以至于市场上存在着许多标榜为"铝酸酯偶联剂"和"光钙型可环境消纳塑料"的质量低劣的产品，甚至是打着"铝酸酯偶联剂"和"光钙型可环境消纳塑料"之名进行造假，严重影响到这两个行业的的健康发展和产品的推广应用。

为此，呼吁尽快制定相关行业的国家标准，以促进塑料助剂行业的健康有序发展，使市场摆脱目前的产品质量纷乱的局面，也使用户摆脱对不同企业的产品莫衷一是的顾虑。此外，我国的塑料助剂产品发展至今，已具有相当规模，并掌握了相关核心技术，发展已较成熟，也有这个能力对相关行业做出质量规范标准，建议中国塑料加工工业协会将制订环境友好型塑料助剂类标准化工作列入与制订功能塑料标准同等重要的位置来对待，我们也呼吁相关生产企业协同有关部门，集思广益，共同参与，为促进相关行业标准的制定贡献力量。

(福建师范大学环境材料开发研究所、福建省改性塑料技术开发基地杨松伟、许剑海、肖荔人、汪海、陈庆华)

我国塑料机械工业发展状况与趋势

Development Status and Trends of China's Plastics Processing Machinery Industry

一、行业基本情况

塑料机械工业是为塑料原材料工业、塑料制品加工业提供技术装备的支柱产业，是我国机械工业的重要组成部分之一，也是我国机电产品出口中的优势产业，其发展水平关系国计民生和国家综合实力的提升。塑料机械生产的塑料产品不仅遍及人民生活的各领域，而且广泛应用于国民经济的各行各业，已成为建筑材料工业、包装工业、电器、电子、通讯工业、汽车及交通业、农业、轻工业、石化工业、机械工业、国防工业等部门的重要技术装备。其产业关联度高，资本技术密集，市场需求量大，带动性强，是相关行业转型升级、科技进步的重要保障，为国民经济的建设和发展作出了积极贡献，日益显示出极为重要的作用。

经过五十多年的发展，特别是改革开放以来的快速发展，我国塑料机械行业现已形成了以科技创新为先导、门类齐全、具有世界最大规模和较先进水平的产业体系，生产产量已连续九年位居世界第一，是进入新世纪以来我国机械工业中增长最快的产业之一，是名符其实的塑料机械制造大国和出口大国，在全球塑机市场上具有重要地位。2009 年 5 月，国务院颁布的《装备制造业调整和振兴规划》，将塑料机械工业的"塑料成型机械"等多个产品列入发展重点，为产业的做大做强提供了难得的有利条件和重要机遇。

1. 近年塑料机械行业生产情况

近三年来，我国塑料机械行业保持了稳步发展，尽管 2008 年发生了金融危机，但我国塑料机械工业总产值、工业销售产值和出口交货值均实现了同比增长，2006～2008 年塑料机械制造企业主要经济指标统计见表 1。

表1　2006～2008年塑料机械制造企业主要经济指标

年份	工业总产值		新产品产值		工业销售产值		出口交货值		统计企业数(个)
	产值/亿元	同比增减/%	产值/亿元	同比增减/%	产值/亿元	同比增减/%	交货值/亿元	同比增减/%	
2006	210.96		24.36		205.93		40.33		
2007	255.24	20.99	32.17	32.06	247.75	20.31	51.3	27.22	438
2008	280.43	4.89	32	-2.75	262.98	1.27	54.83	6.47	473

注：数据来源于国家统计局。

进入2009年以来，受国际金融危机的进一步影响，我国塑料机械工业的发展有所放缓，多项经济指标出现不同程度的下滑。但在5月以后，行业经济指标呈上升趋势，预计2009年仍然能超过去年的经济指标，但出口额有所下降。

2. 近年塑料机械行业进出口情况

在世界塑料机械产销量中，进出口贸易约占70%的份额。推动对外贸易的发展，是我国塑料机械产品走向国际化、并在国际竞争中提升竞争力的重要渠道。

与我国众多工业行业连年出现高位贸易顺差的格局不同，我国塑机产品进出口持续出现贸易逆差的局面。

2006～2008年塑机产品进出口总体情况见表2。

表2　2006～2008年塑机产品进出口总体情况(未包含零件)

年份	进　口			出　口			贸易逆差/万美元
	金额/万美元	数量/台	平均单价/(万美元/台)	金额/万美元	数量/台	平均单价/(万美元/台)	
2006	216002	31236	6.92	82941	66444	1.25	133061
2007	233208	25765	9.05	118070	100633	1.17	115138
2008	256445	21153	12.12	158962	100612	1.58	97483

注：数据来源于中国海关。

从总体发展趋势看，因出口数量增加、进口数量减少，我国塑机产品贸易逆差金额呈递减趋势，然而进出口产品的平均单价却在逐渐拉大：2006～2008年我国塑机产品出口数量分别为进口数量的2.1倍、3.9倍、4.8倍，但出口金额仅为进口金额的38.4%、50.6%、62%，进口产品的平均单价分别是出口产品平均单价的5.5倍、7.7倍、7.7倍。

3. 国内外塑料机械市场情况

目前，中国已成为全球最大的塑料机械消费国，其消费额占全球市场的20%左右。近年来，中国塑料机械设备市场已经越来越受到国外企业的关注。

(1) 国际市场分析预测

据美国工业市场研究公司公布的调查结果显示，未来全球塑料加工设备市场规模将以年均3.5%的速度递增。由于世界各国都在加大措施促进经济走出金融危机的阴霾，塑料产品消费需求和产量将持续增长。中国、印度和俄罗斯塑料机械设备销售前景看好；土耳其、捷克、伊朗及其他发展中国家和地区，得益于经济稳步发展、工业化持续推进，对塑料机械设备的需求也将增长。

(2) 国内市场分析预测

2008年，我国塑料加工行业产值已达9638.36亿元人民币，这表明我国拥有非常庞大的塑料终端市场。建筑材料工业、包装工业、汽车工业、电器、电子、通信工业以及农业中的农膜节能、节水、排灌、滴灌、微灌设备，使用塑料制品的比重将继续增加。此外，随着节能、节材和环保工作的推进，废塑料的回收与利用，也成为塑料行业新的关注点。由此可见，塑料机械作为塑料加工的上游行业，孕育着巨大的市场潜力。

从人均塑料消费量来看，预计到2010年，北美人均塑料年消费量将达到145kg；西欧人均塑料年消费量将达到132kg；拉丁美洲人均塑料年消费量将达到31kg；而我国人均塑料年消费量将达到22.8kg，仅为发达国家的1/6、中等发达国家的1/4。虽然数字差距明显，但这也意味着我国塑料产业还拥有较大的攀升空间和美好的发展前景，市场需求的增加将带动塑料机械行业的快速增长。2006～2008 年中国塑机市场容量情况见表 3。

表 3　2006～2008 年中国塑机市场容量情况

年　份	国内塑料机械市场容量/亿元	其中：进口/亿元	国产/亿元	进口占比/%	国产占比/%
2006	314.75	168.48	146.27	53.53	46.47
2007	341.6	174.91	166.69	51.2	48.8
2008	348.67	179.51	169.16	51.48	48.52

二、同发达国家相比存在的主要差距及问题

我国塑料机械工业在取得快速发展、长足进步的同时，也要客观地审视与发达国家和地区相比所存在的差距，同时存在着一些问题。

1. 速度、效益、节能方面的差距

高速、高效、节能一直是近年来国际塑料机械不断改进的主旋律，而我国大多数塑料机械的差距明显：能耗大多为国外同类型机的 2 倍，速度一般为国外设备的 1/2；产品开发周期约为国外的 3 倍，产品寿命却比国外低 1/2。以高效节能注塑机为例，国产机的能耗是国外高效全电动注塑机的 2～4 倍。高生产效率挤出技术、高速高效的塑化系统研制以及节能、高效、响应速度快的双轴伺服控制系统等，都有待于进一步加强。

2. 缺乏核心技术，控制水平方面的差距。

国产塑料机械虽然门类、品种齐全，但一些技术含量高、目前市场或潜在市场广阔、代表当今世界塑料机械制造技术发展方向的产品，技术落后甚至空白。

注射成型中的精密注射机，目前世界上已发展至三个品种：全液式、全电子式和电子液压混合式，各种方式的精密机都有各自的应用范围和局限性。全液压精密机我国已取得一定优势。全电子精密机我国虽有部分企业试制，但核心技术没有自主知识产权，推广缓慢。混合式精密机国内空白。

挤出成型中的流延薄膜、双向拉伸薄膜近年虽已研发，但在规格、生产效率、塑料制品结构上与国外比较存在 20 年以上的差距。螺杆直径 150mm 以上或生产效率达 10t/h 级的混炼双螺杆挤出机依然全部依靠进口。

中空吹塑成型中的大规格设备如生产效率大于 20000 瓶/时的一步法和大于 4000 瓶/时的二步法聚酯瓶拉伸吹塑设备国内仍然空白。

在国际上，为使设备更加高速、高效，相继采用了高级的电脑控制系统。相比之下，我们的测量和控制技术要落后国外 10～15 年，控制精度、制品重复精度等，与国外先进水平存在较大的差距。

3. 缺乏品牌、拳头产品，竞争力的差距

目前我国塑机产品年产量约占世界总产量的 25%，但是产值却只占 9% 左右。按照国际上公认的对企业竞争力评价方法，从销售额、投资回报率、研究开发投入及生产规模和能力四个表现企业竞争力的参数来看，我国企业的整体水平明显低于国际同行。与国际知名公司相比，国内塑机厂家在品牌知名度、技术研发及总体实力有较大的差距，难以抗衡。

三、塑机行业发展趋势

根据国家统计局和中国海关进出口统计 2008 年我国塑机行业实现工业总产值 260 亿，同比增长 14%，销售收入 238 亿，同比增长 9.13%。其中注塑机约占道整个塑机行业的 60%，海天蝉联全行业的销售冠军，总销售 36.94 亿，其他如震雄、浙江申达均有不俗表现。预计以后塑机行业将以大约 10% 的速度增长。这个趋势将会延续 10 年以上。到 2014 年整个行业的规模将达到 418 亿，到 2019 年达到 674 亿。其中蕴含的巨大成长机会。此阶段塑机行业的发展特点主要体现在以下几方面特点：

① 行业集中度不断提高，竞争激烈，产能过剩。2008 年前 20 位的企业销售收入 127 亿，占全行业销售的 53%。排除统计口径中挤出机等其他塑机行业的企业的因素，仍可以明显地看出，注塑机行业的竞争在加剧，行业集中度不断的集中。

② 产业转型和升级的趋势非常明显。以海天为首的注塑机企业，加紧推出伺服节能注塑机，全电等节能环保注塑机。海天、浙江申达等公司伺服机器的销售额比例大幅上升，行业规模以上企业都迅速跟进。

③ 行业发展潜力巨大。与塑机行业相关的汽车、家电行业和电子电器等行业的发展空间决定了塑料机械行业仍然有很多发展的空间。

④ 节能降耗成为最主要的发展趋势。随着塑料

制品竞争日益白热化，节能降耗注塑机已经成为市场主流。在注塑产品的成本构成中，电费占了相当的比例，设计与制造新一代“节能型”注塑机，就成为迫切需要关注和解决的问题。依据注塑机设备工艺的需求，普通注塑机油泵马达存在较大损耗，因而极具节能潜力。

我国长期以来靠大量消耗资源维持经济低效益增长，对消费者来说，能源效率通常不是选购用能设备的决定因素。因此，节能虽有着巨大的潜力，但其潜力的有效挖掘出来要靠合适的政策来推动，例如对节能投资项目实行税收减免或加速折旧的优惠政策。国家全面推行强制性节能标准。目前全球已有 37 个国家和地区使用节能标识。可见，中国实行节能政策是大势所趋，无法实现“节能技术”升级的企业将不可避免地彻底出局。

如果每台注塑机节能 50%，一台普通液压注塑机功耗 15kW，平均每天工作 12 小时，按公司目前年产量 15000 台计，如果都使用节能系统 15kW × 12 小时 × 365 天 × 15000 台 × 50%，每年将为国家节约电能超过 5 亿度。另外，还能节约大量的冷却水，在水资源日益紧张的今天，其社会效益显而易见。

在欧美先进国家，节能已完成为注塑机电液系统的研究重点，针对阀控电液系统有较大能量损失的不足，德、日等国发展了应用变量泵和电液比例阀结合的负载感应型的注塑机电液控制系统。随着伺服电机的成熟应用和价格的大幅度下降，近年来全电动式的精密注塑机越来越多。日本、美国政府都对购买全电动注塑机提供补贴。在日本，全电动大约已占中小型注塑机的销量的 80%。

全电动、两板式注塑机节能降耗都很显著，符合国家产业政策，现在在国外已经开始普及，相信这是一个发展潮流。与传统液压注塑机相比，全电动注塑机由于不采用液压油，因而更加清洁，也意味着不需要冷却，这样就不存在冷却管路购置、运行和维护产生的费用，同时可降低能耗达 30% ~ 50%，而且运行稳定，产品重复精度高，特别适用于精密注塑。在日本和欧美市场，全电动注塑机技术已经大规模使用。在国内新上项目中，该机型也已经得到认可，成为塑机企业开发的重点。全电动注塑机控制系统非常复杂，目前国内注塑机企业海天、浙江申达已经向市场推出了此类产品，填补了国内空白。

浙江申达机器制造股份有限公司　王珏

中国塑料机械产业现状与发展建议

Development Status and Proposals Concerning China's Plastics Processing Machinery Industry

根据行业统计数据，我国塑料表观消费量从 2001 年的 28537kt/a 增长到 2008 年的 37138kt/a，位居世界第二，成为了名副其实的塑料制品生产大国。按照行业发展规划，我国塑料制品的年增长率，在“十一五”(2006 ~ 2010)期间要达到 10% 左右，“十二五”(2011 ~ 2015)期间要达到 8% 左右，增长速度高于国民经济的平均增长速度。塑料制品产量的快速增长，为塑料机械产业的发展提供了良好的发展机遇。如何抓住机遇，实现我国塑料机械的跨越式发展，成为我国塑料机械行业面临的重要课题。

一、我国塑料机械产业发展现状

1. 发展速度快

塑料机械的快速发展动力在于我国塑料制品需求量的快速增长。据中国塑料加工工业协会的统计数据，2008 年我国塑料制品行业规模以上企业共计 16277 个，制品产量达到 3713.79 万吨，比上年同期增长 10.10%；总产值 9638.36 亿元，同比增长 20.86%，占轻工行业总产值 93898 亿元的 10.26%，居第三位。工业销售产值为 9407.07 亿元，同比增长 20.50%，产销率为 97.60%；其中出口交货值 1847.20 亿元，同比增长 6.52%；新产品产值为 549.96 亿元，同比增长 31.11%。中国塑料机械工业连续八年主要经济指标快速增长，目前年制造能力约 20 万台(套)，世界排名第一，近一半产品出口。国内具有规模生产能力的塑料机械制造企业(年销售额 500 万元以上的企业)超过 400 家，大、中型企业 200 家左右。中国塑料机械企业主要分布在东南沿海、珠江三角洲一带，其中宁波地区发展势头最猛，现已成为中国最大的注塑机生产基地，产量占国内注塑机产量的 1/2 以上，占世界注塑机产量的 1/3。目前，国内塑料机械市场销售数量 70% 左右为国内企业产品，进口产品占 30% 左右。

从塑料机械的增长速度上看，完全能够跟上塑料制品的增长步伐，2006 年国内塑料机械行业的总产值为 216 亿元，2007 年达到 240 亿元，2002 年到 2007 年的年平均增长率达到 20.71%。近年来，中国塑料机械在国际市场上的销售量也有很快的增长，

2007年塑料机械行业的出口总额为15.885亿美元，2002年到2007年间的平均增长率达到55.67%。

2. 市场潜力大

表1为世界上人均塑料消费量最多的几个国家的统计数据。我国塑料制品的总量虽然已经位居世界第二，但人均消费量2005年为29.5kg，2008年为33.8kg。而早在2005年，美国、比利时、德国的人均年塑料消费量就达到了171kg、169kg和155kg，我国与上述国家的差距达5倍之多。所以，我国塑料制品和塑料机械的市场需求还将继续增长，并有很大的发展空间。

表1 2005年世界人均塑料消费量排行榜

kg/a

美国	比利时	德国	韩国	加拿大	法国	日本	中国
171	169	155	111	110	90	85	29.5

3. 塑料机械制造企业状况

我国有大大小小的塑料机械制造企业超过千家，2006年规模以上(年销售额500万元以上)的企业为388家。以注塑机生产企业为例，国内有注塑机生产厂家200家以上，而生产和销售规模上差距非常明显，其中年销售额超过5亿元的企业有宁波海天集团、无锡格兰集团、广东震德塑料机械有限公司、东华机械有限公司等，仅这四家企业的注塑机产量就超过了国内注塑机总产量的60%以上。在数百家挤出装备生产厂家中，上海金纬机械制造有限公司、大连橡胶塑料机械股份有限公司、潍坊中云机器有限公司、广东金明塑料设备有限公司、南京艺工电工设备有限公司、青岛德意利集团、南京橡塑机械厂有限公司、上海申威达公司、山东通佳机械有限公司等20余家产值过亿元的企业创造了国内挤出装备总产值的70%以上。

塑料机械制造企业主要分布在江苏、浙江、广东、山东、辽宁(大连)等省，并且按地域形成了以浙江宁波为中心的注塑机城、以浙江黄岩为中心的塑料模具城、以浙江舟山为中心的塑机螺杆机筒城、以广东顺德为中心的挤出-注塑-吹塑兼备的塑机城、以张家港为中心的塑机辅机城等。

4. 注塑机制造大国

2006年全世界注塑机总产量为91480台，中国的产量就达57600台，占62.97%。其中，宁波海天集团的产量达到17200万台，占世界总产量的18.8%，是世界上注塑机产量最大的企业。2008年，宁波海天集团的销售收入超过40亿元。

5. 挤出装备水平提高

近年来我国挤出装备的技术水平不断提高，在大口径实壁管、双壁波纹管、缠绕管、大口径超高分子量聚乙烯管等管材挤出生产装备，同向平行双螺杆混炼挤出机、聚丙烯拉丝和编织装备、聚苯乙烯发泡板材(XPS板)挤出装备、多层共挤吹塑薄膜装备、塑木制品挤出装备等方面发展迅速，与世界先进水平的差距在缩小。

6. 产学研合作有成效

随着塑料机械产业的快速发展，企业越来越重视科技创新工作，特别是与高校的产学研合作，取得了成效。高校在科技创新过程中十分重视与有实力的企业进行合作，实现优势互补、强强结合，极大地推进了科技成果的转化。

华南理工大学与广东金明塑胶设备有限公司合作，研发成功具有高效、低耗特点的叶片式挤出机，在多层吹塑薄膜等装备上采用取得良好效果报价；华南理工大学与东莞德科摩华大机械有限公司合作，采用华南理工大学发明的聚合物三螺杆动态混炼挤出技术及设备的科研成果，通过优化激振系统、螺杆式挤压混炼系统、驱动及动力分配系统、控制系统等，研制开发出高效、高性能的聚合物三螺杆动态混炼挤出机。

北京化工大学与宁波海天集团共建海天北化科技有限公司，与浙江大学共同承接国家"十一五"科技支撑计划重点项目"精密注射成型工程技术研发及产业化"，在精密注塑机的设计理论和工程化成套技术上取得突破；北京化工大学与舟山市定海区共建舟山北化聚合物加工技术研究所，通过与舟山塑料机械企业的合作，开发出三角排列式三螺杆连续混炼机，该装备可以对物料施加剪切和拉伸复合应力场，混炼效果极佳。北京化工大学还与企业合作开发塑木复合材料及制品生产装备、精密挤出成型装备等，取得良好的效果。

二、国产塑料机械与国外先进水平的差距

我国塑料机械行业生产的塑料机械主要满足中、低端用户的要求，在中、低端市场上具有较大的竞争性。国产塑料机械的总体技术水平达到或接近港、台同类设备的水平，在第三世界国家中处于前列，但在国际上处于二、三流水平。

我国在塑料机械上与国外先进水平的主要差距表现在生产效率、精密化、微型化、大型化装备，以及自动化控制水平上。

1. 单机生产速度上的差距

2008年雅士国际橡塑展上Husky公司展示的Hylectric400注塑机是世界上产能最高的瓶盖生产装备，注塑机螺杆直径为80mm，模具为1模96腔，成型周期为2.9s，每分钟可以生产1986个瓶盖，每

年按8000h计算可以生产9.5亿个。国外高速注塑机生产厚度为0.6mm的DVD光盘，成型周期不到4s。国外吹塑250mL饮料瓶的单机产量一般可达15000~20000个/h，最高可达50000个/h，而国产设备的最高产量为6000~8000个/h。国内螺杆直径为90mm的单螺杆挤出机加工HDPE的产量在500kg/h以下，德国KraussMaffei公司的同规格单螺杆挤出机的产量可以达到950kg/h。国产SHJ-132H系列同向平行双螺杆挤出机的产量为1500~4000kg/h，而德国CoperionWP公司的ZSK133系列机的产量可以高达11000kg/h。

尽管国产设备的价格仅为进口设备的1/10~1/5，但由于国产塑料机械的单机生产速度与国外差距大，使得单位重量产品的生产能耗和人员工资上的消耗明显增大，所以在很多场合，国产设备在性价比上并不占优势。

2. 成型精度上的差距

日本Nissei公司生产的锁模力为20~360t的ES系列电动注塑机，成型制品的质量偏差可以控制在0.00132g以内，合模机构的位移控制精度可达0.03mm，控温精度可达±0.5℃；美国Precision Extrusion公司生产的医用导管设备的控温精度在±0.5℃以内，管材直径偏差可以控制在±0.0125mm以内，达到了机械加工的精度。相比之下，国产装备的制造精度比国外产品低1~5倍。

北京化工大学在国内开展精密挤出成型原理及装备的研究近10年，通过技术创新和技术集成，取得了系列具有自主知识产权的创新成果。精密挤出装备在光导纤维、精密医用导管、多层汽车燃油管、精密汽车液压管等制品的生产线上采用，装备的整体水平达到国际同类产品的先进水平。

3. 大型装备上的差距

目前，我国乙烯工程配套的200kt/a以上规模的大型挤压造粒机组全部依赖进口，该设备的市场完全被德国Coperion WP公司、日本制钢所、日本神户制钢所、美国法雷尔公司等公司所垄断，每套装备的价格超过1000万美元。我国有关单位正在进行联合攻关，有望近年内实现大型挤压造粒机组的国产化。由于装置大型化面临着设计、制造、材料、配套件等系列技术难点，大型塑料装备国产化的道路还很长。

4. 微成型装备上的差距

微/纳米科学与技术是当今集机械工程、仪器科学与技术、光学工程、生物医学工程与微电子工程所产生的新兴、边缘、交叉前沿学科技术。微/纳米系统技术是以微机电系统为研究核心，以纳米机电系统为深入发展方向，并涉及相关微型化技术的国家战略高新技术。微机电系统(Micro Electro Mechanical System，MEMS)和纳机电系统(Nano Electro Mechanical System，NEMS)是微米/纳米技术的重要组成部分，逐渐形成一个新的技术领域。MEMS已经在产业化道路上发展，NEMS还处于基础研究阶段。

聚合物是许多微纳米系统的基础材料，聚合物微纳系统是最有希望在近期实现实际应用的系统，聚合物微纳尺度制造科学与技术在微纳制造技术中占有及其重要的地位。聚合物微纳制造技术是一门涉及材料、工艺、制造、测量表征、控制等多学科交叉的科学技术领域，应该抓住机遇，占领聚合物微纳尺度制造科学与技术的前沿。

以微注塑成型为代表的聚合物微制造科学于技术的研发源于20世纪70年代，20世纪80年代，现代加工技术，尤其是微细加工技术不断发展，促进了微注塑成型机的成功研制和微型模具的制造，使得微注塑成型技术有了历史性的突破。1985年，世界上第一台专门用于加工微型塑件的注射装置Micromelt在德国问世后，其他国家紧随其后，先后开发出了各种不同类型的微注塑成型机，这为发展微注塑成型技术以及实际生产微小塑件都提供了强有力的支持和最有效的保证，微注塑成型技术进入了发展的黄金时期。但由于我国整体技术实力的原因，我国目前在微注塑、微挤出等领域基本上处于空白。

在聚合物微纳制造科学与技术领域，大连理工大学精密与特种加工教育部重点实验室在国内率先开展了微注塑成型机理及模具的研究。他们在进口微型注塑机上开展了微注塑过程的流变、传热、充模等基础问题的研究，得到了国家自然科学基金等项目的资助。哈尔滨工业大学等少数2~3个单位也进口了微型注塑机，开展微注塑成型的研究。但这些单位的研究目前主要局限于材料在微注塑过程中的流变行为及传热特性等的研究，较少涉及微注塑设备、控制、模具设计等重要方面。

5. 测控水平上的差距

塑料加工装备的水平在很大程度上取决于测控水平的高低。国外先进塑料机械的控制系统普遍采用了以PC、PLC、PCC等为核心的可编程系统，并在一些高精度生产装备上采用了模糊控制、统计过程控制(SPC)，以及基于网络的远程监控、故障诊断和控制系统。

基于红外、激光、超声波、电磁感应、高能射线等测量原理的先进在线测量系统，是现代塑料加工装备的先进控制系统的基础，而我国在先进测量系统方面，基本上依赖进口。国内在基于网络的远程控制、基于信息技术的数字图谱控制和产品质量信息化技术等方面还基本处于空白状态。

6. 技术创新能力上的差别

国内塑料机械企业在技术创新上的投入很少，主要走仿制国内外同行产品的途径，鲜有自主知识的产品。这就造成国内塑料机械产品长期滞后于国外，国内各塑料机械厂家的产品雷同的局面。同时，国内塑料机械专职研究机构少，普遍存在着科技创新经费严重不足的问题。

三、塑料机械发展建议

1. 加大力度开发精密注塑机和精密挤出机

近年来，我国出口和进口注塑机的数量基本持平，均为1.5万台左右，但进口额为9.2亿美元，出口额为3.5亿美元。目前精密注塑机主要是国外品牌。挤出装备中的双向拉伸PET(PA、BOPP)膜机组、精密医用导管挤出机组等也一直是国外公司的领地。开发具有自主知识产权的国产精密注塑和挤出装备非常必要，一方面可以替代进口，还可以使得我国在国际塑料机械高端市场上占据一席之地。

2. 大型机和微型机的开发

我国中小型塑料机械门类、规格比较齐全，但大型机和微型机还处于起步阶段。大型和微型塑料机械的设计和制造与国家整体机械制造和材料技术水平密切相关，要在起步阶段就注重相关技术基础和知识产权体系的建立。2009年下半年，宁波海天集团将推出国内首台微型注塑机，打破微注塑装备由欧洲和日本厂商一统天下的局面。

3. 节能型塑料机械的开发

节能型塑料机械的开发主要有如下三方面的技术途径：

(1) 以节能为目标对传统塑料机械进行优化设计

传统塑料机械在节能方面还具有一定的潜力，原因是以往的设计往往只注重单机的生产能力。在节能型塑料机械的设计中，生产速度已不是最重要的指标，最重要的指标是加工单位重量制品的能耗。所以，必须对设备的机械结构、控制模式，以及操作工艺条件进行基于最小能耗的优化设计。

(2) 新型塑料机械的开发和应用

以降低加工能耗为主要目标的新型塑料加工装备不断涌现，如无齿轮箱传动的单螺杆挤出机、电磁动态挤出机、电磁动态注射机、电磁动态三螺杆挤出机、混沌混炼型低能耗挤出机、离心式挤出机、塑料超切变塑化挤出机等。尽管一些装备还存在需要解决的技术问题，但随着对新型装备机理的深入研究和关键技术的突破，这些装备将在塑料加工领域占有一席之地。

(3) 先进节能技术的采用

低压、低温成型技术的采用：降低塑料加工成型的温度和压力是最有效的节能措施。实现低压、低温成型，需要采用新型成型方法，如将振动场、电磁场、微波等引入塑料加工过程就能够有效地降低加工能耗。注塑机二次合模技术的应用，气体辅助成型技术、液体辅助成型技术等先进工艺技术的采用也具有明显的节能效果；

变频调速电机的电能转换效率明显高于以往的电磁调速电机、直流电机等，随着变频调速技术的成熟以及变频调速器成本的降低，在塑料机械中，特别是在挤出装备上得到了广泛采用；

发展电动式注塑机和电动式吹塑机，替代液压式注塑机和液压式吹塑机，可以节约能耗2/3左右，对大型注塑机和吹塑机尤为明显；

精密传动减速箱、滚珠丝杠、齿形同步带等精密传动元件的采用，显著提高了传动效率，已在挤出机、全电动注塑机和全电动吹塑机上应用；

热流道技术的采用。在高速注塑成型中常采用热流道技术，不仅可以显著缩短成型周期，还可以节约大量电能；

广泛采用一模多腔技术。该技术在注塑机和吹塑机上已是成熟技术，近年来在门窗型材、塑料管材的挤出装备上开始采用，明显提高了生产效率。

国外合模力为1200kN的注塑机成型ABS制品的能耗仅为0.5～0.7kw·h/kg；螺杆直径为48mm的平行双螺杆挤出机的能耗仅为0.16～0.17kw·h/kg，WP公司的ZSK系列同向平行双螺杆挤出机的比能耗已达到0.1kw·h/kg左右的水平；电磁动态挤出机可以降低挤出温度20℃以上，比传统挤出机节能20%～50%；全电动注塑机比传统注塑机节能40%～70%。

4. 先进控制技术的开发

控制水平的高低不仅可以影响装备的自动化程度，对降低能耗也有重要意义。

提高温控精度，包括挤出注射塑化及各种加热冷却装置的温度控制。加热冷却系统的能耗约占塑料加工成型总能耗的40%左右，精密控制温度，一方面是为了满足成型工艺条件的要求，另一方面也是节约能耗的重要手段。国产设备在20世纪80年代中期前，温控精度为±5℃，90年代中期为±3℃，目前可以达到了±1℃。应根据使用需求开发控温精度为±0.5℃的控温系统，以及等时到温等先进控温系统。

机器人技术在注塑机、大型波纹管生产线等装备上的应用技术；

微型化、预固化、响应快的机、电、磁、光、声控制器件技术；

数字图谱控制及其与CAD、CAE、CAM系统的集成；

基于总线技术的数据传输和数据控制系统；

基于Windows NT的在线网络控制技术；

基于Internet的在线设备网络通信、调试、故障诊断和排除技术。

5. 螺杆机筒及模具材料及热处理技术

为适应聚合物材料高温、高黏、高磨蚀、高腐蚀的特点，要对螺杆机筒及模具材料进行技术升级，包括采用新型材料、新的热处理和表面处理工艺，以及采用双金属复合结构等，以提高塑料机械的使用寿命和可靠性。

6. 产学研紧密结合促进技术创新

随着我国进入WTO，国内在知识和技术产权方面不断完善，加大科技创新的投入、吸引专业技术人才、实现规模化和专业化生产、努力缩短国内外塑料机械技术水平上的巨大差距，已成为了塑料机械领域有识之士的共识。企业应成为技术创新的主体，高等院校和科研机构应与国内大型塑料机械制造企业实行战略性合作，实现强强联合、优势互补，在技术创新和人才培养方面走出新的道路。

（北京化工大学　吴大鸣）

2009年中国模具制造行业发展与改革报告

The Development and Reform in China's Mold Manufacturing Industry in 2009

2009年是中国模具工业发展十分艰难的一年，先抑后扬的走势以及总体发展滞缓的情况印证了一年以前的预测，全年发展只有3%的增长，利润率下滑，亏损面和亏损额增加，经济运行困难。困难环境之下求发展所取得的成绩也不少：结构调整有成效，产品水平显著提高，经过"严冬"考验之后的企业已积储了力量，适应环境的能力得到提高，新的增长点正在形成，发展的信心得到了加强。

一、行业概述

模具是金属和非金属材料成形的特殊工具，是十分重要的基础工艺装备。模具制造业在行业分类中属于专用设备制造业，是装备制造业的重要组成部分。模具品种繁多，应用面十分广泛，几乎涉及各主要工业部门，因此模具工业也是加工制造工业的基础。2009年我国模具总销售额约为980亿元，仍旧是一个生产大国，但离强国的距离仍旧还很远。在10大类模具中，塑料模具约占模具总量的45%，冲压模具约占37%，铸造模具约占9%，其他各类模具总和约占9%。用模具生产制品，材料利用率极高，节能降耗效果十分显著，而且具有高效率、高一致性、高精度和高复杂程度等优点，因此应用越来越广泛，地位也越来越重要了。

二、政策与市场环境

由于受国际金融危机影响，国际模具市场环境普遍不好，全世界模具需求量总体减少，日本等不少工业发达国家2009年约比上年减少20%～30%。国际机电产品市场紧缩也给我国外贸和出口产品的模具需求带来很大影响。这是大环境下的不利因素。另一方面，鉴于中国模具在性价比方面在国际市场上尚存在一定比较优势，加之工业发达国家在金融危机之中更注重降低成本，因此有更多的模具国际采购进入中国，这对我们发展出口有利。国内方面，我国虽然扩内需、保增长的一系列拉动经济增长的政策措施已见成效，但对模具总需求量的拉动尚不明显，这一是因为4万亿元投入主要在基础设施和惠民工程方面，对模具需求拉动不直接，而且有较长时间的滞后性；二是因为机电、轻工等产品出口大幅下降，使对模具的需求大幅下滑。汽车和家电下乡等政策虽然对模具需求有一些拉动，但新车型和新产品开发量不大，因此模具需求上升与汽车和家电等销售上升并不成正比。在2009年发布的《装备制造业调整振兴规划》中，将夯实产业发展基础，"重点发展大型精密型腔模具、精密冲压模具、高档模具标准件"作为装备制造业调整和振兴的主要任务之一，以及在政策措施部分提出对模具等四类产品要"研究制定新的税收扶持政策，调整政策适用范围，引导发展高技术、高附加值产品"，这对模具发展有利。2009年开始实行的增值税转型也对模具发展有利，但过去实行多年的对部分模具企业的模具产品增值税先征后退政策到2008年12月31日截止后，2009年并无后续优惠政策出台，对模具发展不利。许多模具产品实际出口退税率已达到15%，这对鼓励出口也起到了积极作用。

三、行业经济运行概况

由于受国际金融危机的影响，2008年下半年开始模具工业发展增速明显放缓，2009年增速进一步放缓，下半年开始情况有了好转，四季度已恢复正常，订单增加较多，产值产量上升较快，全年与上年同比约有3%的增长，总销售额达到980亿元。2009年模具进出口总额达38亿美元，其中进口19.6亿美元，出口18.4亿美元。根据我国机械工业联合会月报统计资料，2009年1~12月，模具制造业规模以上企业共计2740个，实现产值1243.64亿元，比上年同比增长10.01%，总的来看，模具工业增速放缓了，但运行质量有了提高，结构调整取得了成效，积聚了力量，增加了后劲。这主要表现为：

① 企业改革成效显著，以民营企业为主的国有、民营、股份制、三资等多种所有制企业共同发展的格局已经形成，整个行业的活力进一步增强。在所有制改革的同时，企业内部改革也成效显著，尤其是在管理方面更为明显。过去作坊式的以钳工为核心进行承包的粗放经营管理模式正在被以设计为主导，按程序生产的规范化、信息化经营管理模式所替代。

② 以大型、精密、复杂、长寿命模具为主要代表的中高档模具比例不断上升，模具进出口比较稳定，在国际市场大幅度萎缩的情况下，进出口总额只比上年下降3%，2009年外贸逆差仍保持在1亿美元左右。

③ 模具市场不断开拓发展。国内市场方面，新能源、自动化装备、医疗器械、航空航天、节能减排产品等领域已开始成为模具新的增长点。在国际市场方面，除了发展欧美和东南亚等市场外，许多企业正抓住机遇开拓巴西、印度、俄罗斯、南非、澳大利亚等新兴市场，已取得了较好的成效。

④ 集群式生产方式得到进一步发展，全国已有20多个模具生产集聚区，产出模具约170亿元，模具中小企业协作配套集约化生产成效显著。

⑤ 自主创新能力不断增强，高水平模具不断涌现。2009年模具总体水平进一步提升，达到或接近国际先进水平的模具继续增多，突出的例子有单套模具重量达120T的特大型模具和制造精度达到0.5μm的超高精度模具等，都已达到国际先进水平。

2009年必竟是近年来最困难的一年，困难主要有如下两方面：

① 在模具市场需求总体乏力的情况下，多数企业订单不足，市场竞争加剧，用户对模具交货期要求越来越短，价格要求越来越低，付款情况越来越差，致使模具企业生产管理难度增大，货款回笼速度减慢，应收款额不断增加，资金周转发生困难，成本增大，利润和利润率进一步下降。

② 在模具行业实施了多年的对部分模具产品实行的增值税先征后返政策已于2008年底截止，而《装备制造业调整振兴规划》中已明确的继续扶持模具发展新的财税政策至今尚未出台；国家多次提高机电产品出口退税率，目前已有1771个税号商品享受到了出口全额退税的优惠，但都没有惠及模具制造业；中小企业贷款仍旧很困难等，这些政策层面上的不到位，使许多企业不仅要面对成本的上升、资金的减少、困难的增大，更重要的是企业失去了对技术进步的政策引导，部分企业甚至对前途产生了疑虑，从而对模具工业发展产生了不利影响。

四、科技创新与新产品开发

在世界金融危机冲击下，创新能力强、技术先进、实力强大的企业和具有“专、优、特”的小企业发展情况要好于一般企业，这一情况促进了行业科技创新与新产品开发，地方和企业的技术中心和公共服务平台建设及产学研结合也得到了加强。北京、余姚、宁海、中山、昆山、北仑等地的模具技术中心和公共服务平台得到了发展，深圳、福州、常州、芜湖、东莞等地的模具技术中心和公共服务平台也已开始建设，这些为广大中小模具企业服务的地方性技术中心和公共服务平台在行业的科技创新与新产品开发方面将发挥越来越重要的作用。现将2009年模具行业部分科技成果及部分重大新产品列于表1、表2。

2009年，中国模具工业协会对全国各地拟上报申请国家级新产品的96个模具项目进行了专家评审，对其中51个项目写出了推荐意见，认为这些项目都达到了国内领先水平，有的还达到或接近国际水平，基本上体现了我国模具工业不断进步的发展趋势。现将这51个模具项目列于表3。

表1　2009年模具行业部分科技成果

序号	项目名称	主要完成单位	成果水平及获奖情况
1	基于电弧喷涂方法的汽车钢基模具快速制造技术	沈阳工业大学 沈阳金杯汽车工业有限公司	中国机械工业科学技术奖二等奖
2	金属零件注射成形模具CAD及连续烧结温控系统开发与应用	山东金属粉末注射制造有限公司、济南大学、山东大丰机械有限公司	中国机械工业科学技术奖三等奖
3	集成电炉自动冲切成型系统高技术产业化示范工程	安徽铜陵三佳科技股份有限公司	国家高技术产业化十年成就奖
4	无碴轨道Ⅰ型板钢模具技术	南车集团洛阳机车公司	世界先进

续表

序号	项　目　名　称	主要完成单位	成果水平及获奖情况
5	塑料注塑模具的浇口套结构	深圳市昌红模具科技股份有限公司	实用新型专利
6	汽车内饰件模内层压注塑模具及数控设备	深圳市群达行精密模具有限公司	国内领先
7	汽车发动机进气岐管模具技术	深圳市群达行精密模具有限公司	国内领先
8	钢化玻璃风栅成型器	福建宏达模具塑料厂 福建工程学院	福建省科技一等奖
9	铸造用砂芯模具的内抽机构	宁波合力模具科技股份有限公司	新型实用专利
10	一种用于汽车轮胎模具表面纳米化的装置	广东巨轮模具股份有限公司	新型实用专利
11	一种注塑模具的斜顶机构及包括该斜顶机构的注塑模具	深圳市银宝山新实业发展有限公司	新型实用专利
12	多种模具设计工具、辅助检测、加工和管理软件	深圳市银宝山新实业发展有限公司	软件著作权专利

表 2　2009 年模具行业部分重大新产品

序号	产　品　名　称	完　成　单　位	水　　平
1	芯片封装模具	铜陵三佳山田科技股份有限公司	国家重点新产品
2	双列大回转多工位级进模（108 × 108）	宁波鸿达电机模具有限公司	国家重点新产品
3	大型工程车翻新胎模具	广东巨轮模具股份有限公司	国家重点新产品
4	大断面复杂截面铝合金型材挤压用模具	江阴市江顺模具有限公司	国家重点新产品
5	高韧高耐磨冷作模具钢 HYC3	河冶科技股份有限公司	国家重点新产品
6	巨型工程机械子午线轮胎模具	山东豪迈机械科技有限公司	填补国内空白
7	V6 汽车发动缸体压铸模	宁波市北仑辉旺铸模实业有限公司	填补国内空白
8	特大型卫星接收器压铸模	宁波北仑赛维达机械有限公司	填补国内空白
9	生物芯片超精模具	无锡国盛精密模具有限公司	填补国内空白
10	重型卡车齿轮箱低压铸造模具	宁波合力模具科技股份有限公司	新型实用专利
11	汽车发动机气管类部件的砂芯铸造模具	宁波合力模具科技股份有限公司	新型实用专利
12	具有表面纳米晶层的铝镁合金汽车轮胎模具	广东巨轮模具股份有限公司	新型实用专利

表3　2009年度模具国家级新产品推荐申报项目

序　号	模　具　名　称	单　位　名　称
1	内螺顺流三通模	浙江黄岩东方模具厂
2	双驱动双滑轨复合折边机构	天津众鑫模具标准件有限公司
3	冰箱、冷柜箱体发泡膨胀模	长沙市金镂实业有限公司
4	一模多腔双螺纹90度弯头模	台州市黄岩炜大塑料机械有限公司
5	左/右翼子板侧翻边侧整形侧冲孔模	山东潍坊福田模具有限责任公司
6	背门外板压合模	山东潍坊福田模具有限责任公司
7	变速器壳体大型压铸模具	宁波市北仑赛维达机械有限公司
8	大型精密数控可调式折弯模	安徽联盟模具工业股份有限公司
9	汽车下缸体压铸模	广州市型腔模具制造有限公司
10	康明斯大齿轮室压铸模	广州市型腔模具制造有限公司
11	W23汽车格栅注塑模具	宁海县第一注塑模具有限公司
12	叠层模具	青岛海尔模具有限公司
13	前围面罩(引擎盖板)模	台州正立塑模制造有限公司
14	轮辐一次冲风孔模具	山东小鸭模具有限公司
15	汽车座椅BACKREST成型模具	天津市津兆机电开发有限公司
16	880×880大型精密拼块复合模	宁波鸿达电机模具有限公司
17	超薄注塑模具	北京东明兴业科技有限公司
18	高音喇叭罩模	浙江黄岩美多模具厂
19	2000×2000环保用塑料压滤片模具	浙江荣信模具塑料有限公司
20	110850-1GII120燃油蒸发控制净化器注塑模	天津轻工职业技术学院
21	PLS过滤器模	慈溪市观海卫镇龙海模具厂
22	12升汽车发动机缸体全自动制芯中心缸筒芯冷芯盒模具	宁波全力机械模具有限公司
23	头盔透明面罩模	浙江黄岩中亚模业有限公司
24	JM-S高精度水晶模具	杭州萧山精密模具标准件厂
25	快速开口挤出模头	浙江精诚模具机械有限公司
26	1.8T发动机缸体模具	宁波合力模具科技股份有限公司
27	24242404自动变矩箱壳体模具	宁波合力模具科技股份有限公司
28	日本本田475C车型左右门槛加强梁多工位自动生产线全序模具	江苏振世达汽车模具有限公司
29	墙壁开关面板(热流道)模	温州市胜利精密模具有限公司
30	D210大灯支架模	浙江赛豪实业有限公司
31	MIM胃镜钳头模具	天津市津荣天和机电有限公司
32	巨型轮胎活络模具(以37.00R57规格为例)	山东豪迈机械科技股份有限公司
33	组合式塑料托盘模	台州市黄岩树华模塑有限公司
34	SGM308汽车前右门板注塑模具	宁波远东制模有限公司

续表

序 号	模 具 名 称	单 位 名 称
35	L5588 实心透明件注塑模具	东莞康佳模具塑胶有限公司
36	NEW9 - 918 插脚冷冲连续模具	浙江正泰电器股份有限公司
37	圣诞节礼物盒盖模	宁海县大鹏模具塑料有限公司
38	洗衣机内桶模	宁海县大鹏模具塑料有限公司
39	管件阀门模	浙江亨达塑料模具有限公司
40	超高强度车门防撞梁成形模具	浙江黄岩冲模厂
41	德国大众挡泥板模具	台州精超力模塑有限公司
42	光圈模	浙江金典模具有限公司
43	10 款尊驰后门桃木压条模具	浙江模具厂
44	ZX256 电池托盘注塑模	黄岩震雄模具有限公司
45	红旗汽车后尾灯灯罩双色模具	浙江伟基模业有限公司
46	三菱 GS 后保险杆本体模具	浙江嘉仁模具有限公司
47	FB0808 软管手柄主体模具	浙江航宇模具有限公司
48	德国封口管道模具	陶氏模具集团有限公司
49	方太热水器前壳模具	陶氏模具集团有限公司
50	XT090056 六层复合橡胶轿车油箱吹塑模具	黄岩星泰塑料模具有限公司
51	汽车风叶模	浙江凯华模具有限公司

除了表3中所列的科技新产品成果之外，还有不少成果值得重视。例如在模夹一体化产品这一发展方面，深圳市昌红模具科技股份有限公司和宁波合力模具科技股份有限公司等企业都已研制出了自己的专利产品，汽车模具方面也出现了一些新型模夹一体化产品。2009年，还有一些模具被列入国家科技型中小企业技术创新基金项目，如黄岩辉达塑料模具有限公司的“UT管型腔旋转注射模”和黄岩星泰塑料模具有限公司的“单型腔双料（PP + EPDM）/橡胶一体高档轿车落水槽精密模具”以及铜陵市耐科科技有限公司的“低密度发泡模具”等。以上创新项目，均达到国内领先水平。

五、固定资产投资情况

由于受国际金融危机影响，尤其是国际模具市场需求总体下滑，因此2009年模具行业固定资产投资比较谨慎，估计全行业总计只有200亿元左右，比上年略有下降，投资方向主要是面向高技术含量的中高档模具产品和以模具为核心的产业链的延伸方面，这有利于结构调整。广东省仍旧是投资最多的省份，其投资主要集中在深圳、东莞和佛山。深圳模具生产集聚基地已有8家企业进驻，其中深圳亿和模具制造有限公司的一期工程3亿元投资已竣工投产。投资6亿元的深圳比亚迪汽车有限公司模具工厂已投产。东江集团的东江科技工业园投资3亿元的一期工程也已竣工投产。深圳市一胜特工模具材料有限公司也完成投资一亿多元。用地2000亩的清源模具产业基地及惠州模具园区已开始建设。中日合资注册资本52亿日元的珠海格力大金精密模具公司已开始建设。珠海麦斯优模具有限公司已完成了5亿多元投资建成了三条模具自动生产线。东莞市投资超过了10亿元。其中东莞市横沥镇为打造模具名镇，横沥汇英（国际）模具城一期工程2亿元投资已竣工投产，总投资4亿元的南方冲压模具联盟项目也已在横沥桃子园开工建设。青岛海尔模具有限公司2009年从欧洲引进关键模具加工设备完成投资900多万美元，项目总投资已累计完成4.5亿元。一汽模具制造有限公司长春新工厂投资3.1亿元项目已开始建设。青岛海信模具有限公司完成投资3875万元。总投资2500万美元，集研发与生产为一体的中国台湾联成汽车模具研发中心项目也已开始在青岛建设。山东潍坊福田模具有限责任公司完成投资3000万元。投资近亿元的湖大三佳（湖南）模具工程有限公司新工厂已竣工投产。总投资2.3亿元的安徽成飞集成瑞鹄汽车模具公司已建成投产。

模具园区的建设仍旧有不少亮点。规划总投资30亿元的芜湖(国际)模具城已在芜湖高新技术开发区开工建设。昆山国际模具城首期项目总投资3亿元已完成一半以上。总投资6.7亿元的余姚模具城二期工程已有8家科技潜力型企业竣工投产。黄岩模具新城一期核心区622亩建设工程已开始建设。苏州高新国际模具城占地700亩的二期工程和模具城内的苏州胜利精密制造有限公司投资1.5亿元的模具中心都已开始建设。沈阳辽中近海模具产业园、江苏模具工业实验区、宁海模具城、大连模具城等2009年继续有不少投入。总投资6亿元的重庆西部模具城已于年底前开工建设。

在中国模协认定的110家重点骨干模具企业中，许多企业2009年都有2000万元以上的投入。另外值得一提的是民营模具钢生产企业的发展，浙江一胜特模具股份有限公司、深圳市集美特钢有限公司、广东雄峰特殊钢有限公司、湖北方圆特钢厂等为发展国产模具钢分别都有不少投入。

六、重点骨干企业的发展

继前三批共95个“中国重点骨干模具企业”之后，按照2009年企业经营情况，中国模具工业协会又公布了第四批共15个企业名单，使得“中国重点骨干模具企业”总数达到了110个。现将这15个企业名单列于表4。

表4　第四批“中国重点骨干模具企业”名单

序号	公司（厂）名称	授牌名称
1	湖大三佳(湖南)模具工程有限公司	中国汽车覆盖件模具重点骨干企业
2	湖南晓光汽车模具有限公司	中国汽车覆盖件模具重点骨干企业
3	安徽江淮福臻车体装备有限公司	中国汽车覆盖件模具重点骨干企业
4	河北金环模具有限公司	中国汽车覆盖件模具重点骨干企业
5	即墨市吉泰模具制作公司	中国汽车覆盖件模具重点骨干企业
6	合肥大道模具有限责任公司	中国子午线轮胎模具重点骨干企业
7	宁波全力机械模具有限公司	中国铸造模具重点骨干企业
8	连云港杰瑞模具技术有限公司	中国塑料异型材挤出模具重点骨干企业
9	铜陵市耐科科技有限公司	中国塑料异型材挤出模具重点骨干企业
10	深圳市昌红模具科技股份有限公司	中国精密注塑模具重点骨干企业
11	深圳市信懋实业有限公司	中国精密注塑模具重点骨干企业
12	成都新志实业有限公司	中国玻璃模具重点骨干企业
13	增城市实力模具标准件有限公司	中国模具标准件重点骨干企业
14	嘉兴迈特尔宝欣机械工业有限公司	中国模具标准件重点骨干企业
15	苏州海华集团有限公司	中国模具制造服务业重点骨干企业

七、对外贸易情况

2009年我国模具进出口总额为38.07亿美元，比2008年下降了3.03%。其中进口总额为19.64亿美元，比2008年减少2%；出口总额为18.43亿美元，比2008年减少4.11%。有关情况如下：

(1) 按模具种类分，进出口最高的仍是塑料橡胶模具，分别占了进出口额的50.12%和70.26%；其次是冲压模具，分别占了进出口额的42.42%和22.07%。具体如表5。

表5　各类模具2009年进出口情况表

模具种类	进口		出口	
	金额/亿美元	所占比例/%	金额/亿美元	所占比例/%
塑料橡胶模具	9.84	50.12	12.95	70.26
冲压模具	8.33	42.42	4.07	22.07
其他模具及模具标准件	1.47	7.46	1.41	7.67

（2）按进口货源地分，进口模具主要来自日本、韩国、德国，其次是中国台湾、美国、加拿大、意大利、新加坡、丹麦和法国。具体如表6。

（3）按出口目的地分，我国出口模具的市场主要是中国香港、美国和日本，其次是德国、印度、中国台湾、法国、巴西、韩国和越南。具体如表7。

（4）按进口目的地分，进口最多的是广东、江苏和上海，其次是天津、北京、辽宁、吉林、福建、山东和浙江。具体如表8。

（5）按出口货源地分，出口模具主要来自广东、浙江和江苏，其次为上海、山东、天津、福建、辽宁、北京和吉林。具体如表9。

表6　2009年进口模具主要货源地情况表

货源地	日本	韩国	德国	中国台湾	美国	加拿大	意大利	新加坡	丹麦	法国
进口量/亿美元	6.70	3.98	2.41	1.69	0.54	0.49	0.39	0.22	0.19	0.18
所占比例/%	34.10	20.26	12.27	8.58	2.73	2.49	2.01	1.10	0.96	0.90

表7　2009年出口模具主要目的地情况表

目的地	中国香港	美国	日本	德国	印度	中国台湾	法国	巴西	韩国	越南
出口量/亿美元	3.78	1.72	1.58	0.97	0.94	0.67	0.52	0.46	0.38	0.36
所占比例/%	20.54	9.32	8.56	5.26	5.09	3.65	2.83	2.48	2.04	1.97

注：表中出口到中国香港的部分，由于中国香港多为转口贸易，其最终目的地并非都是中国香港。

表8　2009年进口模具最多的10个省市情况表

目的地	广东	江苏	上海	天津	北京	辽宁	吉林	福建	山东	浙江
进口量/亿美元	3.68	3.39	2.36	2.04	1.40	1.24	1.07	0.70	0.67	0.44
所占比例/%	18.75	17.26	12.00	10.38	7.13	6.29	5.47	3.56	3.43	2.27

表9　2009年出口模具最多的10个省市情况表

货源地	广东	浙江	江苏	上海	山东	天津	福建	辽宁	北京	吉林
出口量/亿美元	7.56	2.92	2.78	1.84	0.68	0.65	0.55	0.31	0.15	0.11
所占比例/%	41.04	15.83	15.06	9.99	3.70	3.55	2.97	1.68	0.83	0.60

从上述数字可以看出，2009年受国际金融危机的冲击，进、出口额都有下滑，其中上半年出口8.8亿美元，同比增长1.96%，下半年出口9.63亿美元，同比下降了8.63%，这与往年相比，反差很大。2009年进出口逆差为1.21亿美元，比上年扩大0.39亿美元。上述情况虽然差于往年，但在国际金融危机的大背景下，我国模具进出口还是保持了相对的稳定。

再从进出口模具价格进行分析：2009年出口冲压模具平均每吨价8894.5美元，比上年上升13.5%；出口塑料橡胶模具平均每套价963美元，比上年上升15.6%。如果与进口价相比较，则冲压模具平均每吨进出口之比为1.8:1；塑料橡胶模具平均每套进出口之比为2.5:1。这与上年冲压模2.1:1、塑料橡胶模3.6:1相比，差距明显缩小。从上述价格分析可看出，我国出口模具的技术含量和附加值比上年又有了上升，与进口模具相比，技术和价格差距也在不断缩小，充分体现出了2009年我国模具产业的技术进步。由于国际金融危机及我国的技术进步，2009年进口模具的平均价格是下降的，冲压模具下降了2.2%，塑料橡胶模具下降了24.5%，这为我国模具用户节约了不少资金，这也是我国模具行业作出的贡献。

八、国际交流与合作

2009年6月2日至5日，中国模具工业协会和上海市国际展览公司在上海新国际博览中心成功举办了“中国国际模具、制造应用设备及相关工业展览会（DMC2009）”，展出面积近4万平方米，有500家国内外厂商参展，观众4万多人次，总成效额3.85亿元。展览期间，中国模协举办了“海外人才推介研讨会”等活动。这一展会及有关活动，对推进模具行业国际交流与合作有较大作用。

2009年3月，中国模协代表团参加了在韩国首尔举行的亚洲模具协会联合会（FADMA）的理事长会议，与各成员单位进行了交流，促进了合作。4月，大连模协率大连理工大学、大连工业大学两校师生参加了由日本模协在东京举办的“日、中、韩大学生模具制作展示交流活动”。10月，“中日模具企业交流会”在大连召开。

2009年6月，中国香港模具协会的“模具制造卓越营运大奖”分别在深圳和东莞颁发。9月，为发展海峡两岸经济区，福建信息职业技术学院与中国台湾区电脑辅助成型技术交流协会签订了合作协议。

2009年，我国还有近百家企业分别参加了在日本、俄罗斯、美国、巴西、德国等国举办的五个国际展览会，展出了自己的模具产品及相关设备，广交客户，在国际金融危机影响下，仍收到了较好的效果。

虽然我国模具行业也受到了国际金融危机影响，但模具行业国际交流与合作的各项活动仍旧很多，除了我们组团出展、出访及组织国际交流活动之外，我国模具界还接待了日、美、德、意、加拿大、澳大利亚、新加坡、瑞典、韩国及我国中国香港等许多国家和地区的模具同行和相关组织，各种活动都在通过交流促进合作等方面起到了促进作用。

九、2010年展望

国际金融危机仍在影响着我国经济发展，经过了艰难的2009年，2010年情况一定会好于上年。全世界经济正在缓慢回升，中国经济在国家宏观调控利好政策影响下，其回升速度将快于许多发达国家，2010年GDP仍将有8%以上的增长。在这一大好形势下，我国模具行业增速也将快于2009年。从2009年下半年，尤其是四季度以来，模具企业接到的订单已明显增加，投资也逐渐趋向活跃，由于多数模具都需几个月的生产周期，因此2009年四季度接到的许多订单将于2010年才反映出产值和销售，再加上国内模具需求大户汽车、机电、电子、轻工等行业预计2010年都将会有10%以上的增长，所以2010年将是模具恢复发展的一年，其发展速度预计能达到10%左右。由于成本压力，工业发达国家将模具向我国转移的趋势明显，加之我国模具制造仍有一定的比较优势，因此出口也将会不断增加。与此同时，结构也将进一步改善，产品水平也将进一步提高，市场适应能力也将不断提高。2009年是贯彻落实《装备制造业调整振兴规划》关键的一年，在国家政策支持下，模具行业结构调整和产业振兴将进一步显效。

十、新中国成立以来模具行业发展主要成就及经验教训

中华人民共和国成立之前，由于工业基础十分薄弱，因此，模具用得很少，主要依靠钳工用手工制作。

中华人民共和国成立后，中国政府陆续派人赴前苏联、前捷克斯洛伐克、前民主德国学习模具设计制造技术，并翻译出版一些模具书籍和图册等技术资料。随着前苏联援建的156项重点项目的建设，部分企业开始建设模具车间(工具车间、工模具车间)。1955年中国出现了第一个专业模具厂——天津电讯模具厂。此后，专业模具厂陆续诞生。经过10年的发展，到1965年，全国已有专业模具厂50多个。改革开放后，中国的模具工业从20世纪80年代开始进入了快速发展阶段。1984年成立了中国模具工业协会。1986年两委一部(当时的国家计划委员会、国家经济委员会、机械工业部)转发了该会《关于振兴模具工业的报告》以后，模具工业蓬勃发展。1986年5月，中国在上海举办了第一届国际模具技术与加工设备展览会，开辟了模具行业国内外经济技术交流与合作的新渠道。20世纪80年代开始，由于引进了美国、日本、联邦德国的模具技术和设备，中国的模具制造水平提高很快。80年代后期开始，由于技术攻关、技术开发取得成果，使中国的模具工业水平得到进一步提高。1989年3月，中国颁布了《国务院关于当前产业政策要点的决定》，在机械工业中，模具被列为技术改造序列的第一位，生产发展和基本建设序列的第二位，极大地促进了模具工业的发展。由于投资的增加和个体私营企业及“三资”企业的快速发展，中国模具工业在20世纪90年代得到了极为快速的发展，年均增幅约15%。进入21世纪，发展进一步增速，2000～2008年8年时间年均增幅达16.5%。2009年，中国模具总销售额已达980亿元(未含港、澳、台，下同)。同时，模具技术水平也有极大提高。例如，目前中国已能生产中档轿车的全部模具和高档轿车的部分模具；精度0.001mm，寿命3亿冲次以上的精密多工位级进模；重量达70t的大型塑料模具、60t的大型冲压模具和120T的工程轮胎橡胶模具；8注射头7800腔的精密塑封模具和精度达0.01mm，寿命100万模次以上的内镶式滴灌管滴头热流道精密塑料模具及多腔精密小模数塑料齿轮模具；制造精度达到0.5μm的超精密生物芯片模具和导光板模具；全钢子午线橡胶轮胎活络模；双腔高速塑料异型材挤出模；自动扶梯和汽车齿轮箱箱体及发动机壳体和缸体、缸盖等大型、复杂铝合金压铸模等。

为发挥模具专业化生产优势和加强企业间的协作配套，20世纪90年代开始，中国出现了“模具城”。最早的模具城位于浙江省余姚市。至2009年，全国已有达到一定规模的模具城20多个，还有10多个模具城(模具园区、模具集聚生产基地)正在建设或已开始筹建。

现在，CAD/CAE/CAM一体化技术、高速加工、逆向工程、并行工程、电子网络乃至虚拟技术，都已在我国模具行业中应用，数字化信息化技术正在进一步发展。

党的十一届三中全会以后，确立了改革开放的政策，我国模具产业从此有了快速的发展。从1985

年第一次有了模具全年产值统计数字至2009年，模具产值增加了近百倍，销售收入增加了几百倍。产品水平也有了质的飞跃，目前有些模具产品，已经达到或接近国际先进水平。上述成就来之不易，总结其经验教训，主要有下列几点。

1. 党的领导和改革开放大政策是模具工业发展的根本保证

中国共产党的坚强领导以及改革开放的大政策使我国政局稳定，经济快速发展，市场繁荣，人民生活水平不断提高，各行各业蓬勃发展，这一方面造就了模具大市场，另一方面也造就了模具行业的制造体系。与此同时，由于科技和外贸的发展，也使模具行业结构得到改善，水平得到快速提高。

改革开放使我国模具行业的规模迅速发展，而且使模具商品化程度从过去的约10%发展到现在的约60%。模具生产从过去“闭塞的后方”和被动的地位，转变成了市场经济中的独立经营者。民营和三资企业在改革开放进程中，迅速拔地而起，已逐渐发展成为行业的主力。

2. 深化改革和科技进步，推动了模具工业全面发展

以前，模具生产主要依靠人工和机械，效率低、质量差。改革开放以来，随着改革的深化，模具技术得到了快速发展。现在数控加工和CAD/CAM技术已经普及，CAD/CAE/CAM以及CAT、CAPP、PDM、PLM、MES、ERP等数字化、信息化技术，在行业中的应用面越来越大，平行工程、逆向工程、知识工程，敏捷制造、网络和虚拟技术以及电子商务等，许多高新技术不断被采用，模具生产的技术进步，已经使得行业面貌焕然一新，实现了从过去以技艺型小生产为主，向以技术型现代化生产为主的方向转变。

通过加大对研发方面的投入和运用高新技术，以及制度、管理等方面的创新，近年来成果不断涌现。高新技术企业和拥有自主知识产权的专利技术逐年迅速增加，企业创名牌意识不断增强，名牌不断增多，科技成果及新产品不断涌现（包括国家科技进步奖一、二等奖及国家级新产品等）。

过去很长一段时间内，模具行业一直存在小、散、低的情况。现在，这一情况已大为改观。综合实力强、水平高的较大型模具生产企业不断涌现，截至2009年底，获得“中国重点骨干模具企业”称号的企业已有110个，他们技术装备先进，技术力量强，产品质量优良，生产经营管理规范，生产水平和能力明显高于一般模具企业。他们是我国模具制造业的中坚力量。

科技是第一生产力，科技的发展也促进了我国模具工业的全面发展。

3. 政策引导和发挥多方面积极性是模具工业发展的关键

1986年二委（国家计划委员会、国家经济委员会）一部（机械工业部）转发中国模具工业的《关于振兴模具工业的报告》、1989年国务院发布《关于当前产业政策的决定》以及1997年开始财政部和国家税务总局对部分模具企业实行模具产品增值税先征后退等一系列政策引导，对调动模具行业和地方政府发展模具工业的积极性起到了十分关键的作用。在一系列利好政策的引导下，各地、各企业都加大了投入，尤其是由于集群式生产方式所具有的优越性，各地“模具城”（模具园区、模具集聚生产基地）发展很快，现在分布全国各地的已形成一定规模的模具城已有20多个，正在迅速改变模具行业原本存在的“散”的状况。

4. 行业协会的作用十分重要

作为政府与企业之间的桥梁和纽带，除了向国家有关部门诉求行业所需及上传下达等重要作用之外，行业协会在行业发展中还起着十分重要的作用。中国模协在国家宏观政策指导下，根据行业情况与特点，不失时机，与时俱进地提出一些指导方针，积极开展各项活动，有力地促进了行业的发展。

例如我国模具工业在起步阶段，大家只注意到国内市场，而未重视国际市场。在改革开放政策的引导下，中国模协开始指导企业并积极组织各项活动来开拓国际市场，成效显著。1990年模具出口突破1000万美元；1999年，突破1亿美元。之后，模具行业开始对国际市场逐渐重视起来，加上我国加入WTO所带来的机遇，1999～2006年，仅用了7年的时间，模具出口额就从1亿美元突破到了10亿美元；2008年达到了19.22亿美元。现在已有不少企业的出口模具，占到了其模具总产值的一半以上，个别的已达到80%～90%，成为了名符其实的外向型企业，综合水平也提高到了国际先进水平。从整个行业来看，出口模具在模具生产总值中所占的比重，也由20世纪90年代以前的不足1%，发展到了2008年的15%以上。

再如我国模具工业在起步阶段基本上都是自产自用发展缓慢，中国模协就一直提倡专业化与商品化，模具企业要小而专、小而精。在这一传统思路的指导下，我国模具工业一度得到了较快发展。但是，随着社会的发展和技术的进步，原有的模式对企业扩大再生产，产生了一定的制约。而国际上，规模效应和集群式生产方式，已被逐渐提到议事日程上，有些模具企业向集团化和国际跨国公司发展，

成效显著。因此，自21世纪开始，在继续强调专业化和走小而精、小而专、小而特道路的同时，不失时机地经常强调规模效应和集群式生产方式，以及模具行业产业链的发展。与时俱进的生产方式，使行业的生产集中度不断提高，产业链得到较快发展。现在，不少模具企业已不单是只生产模具，而是在发展模具生产的同时，其产品不断向后端和前端延伸，模具与其前、后端产品相互促进，共同发展。一些模具生产相对集中的地方，更是配套发展了生产性服务业和公共服务平台，这些做法都有效地促进了模具工业的长足发展。

5. 人才问题日渐突出

行业发展离不开人才这是显而易见的。模具行业从过去作坊式以钳工为主体的生产模式发展到现在的以设计为主体进行现代化生产，对人才就提出了更高的要求。模具从业人员从20世纪80年代的30万左右发展到现在的近100万人，这不但是一个量的发展，更重要是人员素质水平的提高。师傅带徒弟、学校正规教学及各种培训都对人才培养作出了贡献。与此同时，加强国际交流与合作，积极引进技术、人才及管理，对我国模具工业快速发展起到了很大的作用。无论是引进高水平模具先进技术、装备和管理以及高技能人才，都使我们接触到了国际先进水平，派员到国外考察、研修和培训，更感受到了国外模具工业先进之所在，通过消化吸收、集成创新、模具出口，使模具行业更加了解国际水平及国外标准等，也促进了我国模具工业综合水平的快速提高。在行业发展的进程中，随时随地都在感受人才的重要，而且随着时间的推延，人才问题日渐突出。因此，重视人才，搞好教育培训也是行业发展的根本和关键所在。

（中国模具工业协会　周永泰）

科 技 进 步

Scientific and Technological Progress

塑木复合材料发展历史和现状

The Development History and Status Quo of Wood and Plastic Composit

摘要：介绍了塑木复合材料的基本概念、发展历史及现状，并对其未来的发展作了分析。

Abstract：the basic concept，History and Current Situation of wood plastic composties are introduced，the development of wood plastic composties are analyzed in thefuture.

Keywords：wood plastic composites；history；Current Situation；progress

一、塑木复合材料的基本概念

塑木复合材料(wood－plastics composites，WPC)是生物质材料与热塑性塑料或热固性塑料复合而成。其中生物质材料包括木屑、刨花、竹屑、麦秸、谷糠、椰子壳、甘蔗渣、花生壳、大麻等。WPC与木材、塑料相比，有以下主要优点：

与木材相比：

① 具有优良的物理化学特性，无木材节疤、斜纹。

② 容易清洗，防水和防火性能好。

③ 制品能回收再利用，也可生物降解，环境友好。

④ 可加入着色剂、抗菌剂、发泡剂等，赋予其相应需要的功能，使制品具有抗菌、抗藻、防虫和防鼠咬等功效。

⑤ 使用寿命长，维护成本低。

⑥ 具有塑料的成型加工性，易加工，可挤出、注塑、压制成型各种尺寸、形状制品。

与塑料相比：

① 具有类似木材的二次加工性，可锯、可刨、可黏接、可用钉子或螺钉固定，容易维修。

② 原料来源广、制品成本低于同类塑料制品。因为地球每年在太阳照射下，通过光合作用生长出约1万亿吨植物(世界塑料年产量约2.6亿吨，只占其万分之2.6)。其中成材的木料较少，而不成材的很多，包括各种灌木、木粉、稻糠、农作物秸秆等产量巨大，且是可再生资源，可作为WPC的生物质材料来源。

③ 类似天然木质的外观和手感。

④ 尺寸稳定性，硬度比塑料好。

由于WPC综合了塑料与木材两种材料的性能特点，因此具有非常广泛的用途。

目前，在文献、企业命名、推广使用过程中，WPC的中文翻译有“塑木复合材料”和“木塑复合材料”两种译法，分别简称为“塑木”或者“木塑”，造成了一些人的疑惑，不知两者是否为同一概念。本质上讲，“塑木复合材料”和“木塑复合材料”是同一概念，两个概念均广泛使用。但同一类产品叫法不同会给生产者、使用者、设计和管理人员等各方面带来一定的麻烦。目前国家或行业尚未制定统一的标准，相关WPC的国家标准仍在制订中。

从科学、规范的角度讲，WPC 翻译为"塑木复合材料"更加准确。理由有以下几点：

① 首先塑木复合材料的中文名称是来源于 Wood - plastic Composites 的翻译，英文翻译时通常采用逆序翻译，比如 Carbon dioxide、Silicon dioxide 翻译为二氧化碳、二氧化硅而不翻译成碳化二氧、碳化二硅；②在美国 ASTMD7031 和 D7032 标准中对 WPC 是这样定义的："acomposite made primarily from wood - orcellulose - based materials and plastic(s)"。直译为"是一种主要由木材或者纤维素为基础材料与塑料(也可是多种塑料)制成的复合材料"。在美国标准的定义中表述了以木质纤维为基础原料的意思，"木"是主体。欧洲试行标准 CEN/TS 15534 - 1：2007 的英国标准中定义 WPC 为"是一种或多种纤维素材料和一种或多种热塑性塑料经由塑料加工工艺复合加工或进一步加工而成的材料或产品。也表达了类似意思；③因为 WPC 的主要用途是替代木材，它与松木、杨木、桉木等天然木材的差别在于它是一种用塑料和木质纤维合成的"木"。目前我国生产的塑木复合材料产品中木质材料的含量大部分都大于 50%，以木为主，因此称"塑木"较为贴切；④国内外对这种材料还起了一些别名，如"防水木"、"环保木"等，都是与"木"相提并论，中国以前也有"合成木材"的说法。因此称其为"塑木复合材料"(简称"塑木")更为合理些。2007 年 3 月，中国塑料加工工业协会新成立的专委会也命名为"塑木制品专业委员会"，引导 WPC 行业发展。

二、塑木复合材料发展历史及现状

塑料中无机矿物粉体与木粉、纤维素、天然纤维等一直均为重要的添加料(填料或增强材料)。人们在酚醛树脂中加入木粉；在氨基塑料、三聚氰胺塑料中加入 α 纤维素；在层压塑料及增强塑料中也广泛使用 α 纤维纸浆、棉纤维、棉布等天然纤维以制造黄蜡布(绝缘用)、塑料齿轮等。随着科技的发展，从合成树脂中添加木粉、纤维素及无机粒子制备"合成木材"到发展塑木复合材料，一百年来人们都在努力。

1907 年，贝克莱(Baekeland)对酚醛树脂进行系统、深入研究后，发现在酚醛树脂中加入木粉或某些填料组成的混合物料可以克服酚醛树脂脆性大的缺点，并研究了加热、加压下的模压固化成型，获得了真正意义上的合成塑料——酚醛塑料。但由于受科学发展水平和技术条件的限制，最早的纤维主要是尺寸较长的韧皮类纤维，如亚麻、黄麻等，被填充的树脂基体多为热固性树脂，如酚醛树脂和不饱和聚酯树脂等，其产品有飞边、毛刺等缺点，因而应用受到限制。

1910 年，贝克莱申请酚醛树脂加压、加热固化的专利后，成立了巴克兰(Bakelite)公司，是世界上第一家生产酚醛树脂和模塑料的企业，同时也是世界上第一家生产合成高分子化合物的企业。

1916 年劳斯莱斯公司将 WPC(酚醛树脂产品)用作变速排挡的手柄，是该技术的第一个工业产品。但由于木粉和塑料之间的相容性差，该技术并没有得到推广。

1963 年，Bridgeford 发明了一种催化反应系统，改善了木纤维和塑料之间的相容性。1964 年，塑木复合材料被誉为当年的世界十大科学成就之一。1965 年在纽约举行的专题讨论会上，美国的耶尔发表了在单体中引入化学引发剂，用催化加热法制造塑木复合材料的论文。

1967 年，国际原子能协会在曼谷召开了大型国际会议，塑木复合材料被列为和平利用原子能的研究项目。80 年代，WPC 开始逐渐应用于汽车行业，90 年代，WPC 开始进入建材市场。21 世纪，塑木行业得到了更快、更全面的发展。

据 Principia Partners 报道，截至 2008 年，全球 WPC 市场为 90 万吨，北美占 70%，欧洲大约 20%，亚洲大约 10%。其他地区用量很少。

1. 国外塑木复合材料发展历史和现状

(1) 北美

1966 年美国 AMF 公司 Bouling 分部建成了世界上第一条催化加热法生产塑木复合材料的生产线，浸渍单体为甲基丙烯酸甲酯，产品主要应用于制作台球杆。

1968 年，美国阿科(ARCO)化学公司采用 γ 射线生产的塑木复合材料，用其制作镶木地板。同年，Meyer 第一次将偶联剂引入到木材纤维和塑料的复合过程之中。偶联剂的出现使木材纤维和高聚物的界面特性得到了很大的改善，复合材料的物理性能显著提高。

1973 年 SonnessonPlast AB 公司销售商品名为 Sonwood 的 PVC/木粉复合材料。该材料是由木粉和 PVC 复合制成片状，然后挤塑成型。同期，意大利 Bausano 公司和 ICMASanGiorgio 公司开始从事木粉填充塑料配混料加工设备工作，并用异向锥型双螺杆机生产 50% 木粉和 50% PP 的热成型板材。

1983 年，Lear Corp.'s 公司获得意大利的挤出技术专利许可权，生产汽车内饰材料，产品是约含 50% 木粉的聚丙烯复合材料，(该材料以前叫 woodstock，由意大利 ICMA San Giorgio 和 G. O. RApplicazioni Speciali SpA 公司共同发明并申请专利，后者于 1971 年用其生产菲亚特车的门板和其他内饰件。)先挤出成平板，然后再热压成型制作汽车内镶板(如门芯板)，最后成为福特汽车的内衬板材。此后，WPC在汽车领域的应用不断报道，制造商也开始逐步使用天然纤维代替木粉增强，专利报道逐渐增多，应用领域不断扩大。

1991年在威斯康星州麦迪逊召开了有关塑木复合材料的第一次国际会议。首次聚集了塑料工业和木制品工业的研究和相关工作者。该国际会议的目的是把塑料工业界和林业界的研究人员和行业代表集中到一起，共享WPC领域的思路和技术。之后，国际会议隔年在北美和塑木复合材料市场有所增长的地方召开，后来就定期举行一些塑木复合材料国际会议。

20世纪90年代初，Strandex Corporation公司发明了高木粉含量(大约70%重量比)WPC。后来Strandex公司将该专利技术许可转让给几家其他公司，推广后使得WPC中木粉含量逐渐提高，成本大幅度降低，提高了WPC产品竞争力。

1991年，美国先进环保回收技术公司(Advanced Environmetnal Recycling Techlologies，AERT，Junction Texas)及其分公司莫比化学公司(Mobil Chemical Company，后成为Trex公司)开始生产含有50%木质纤维的聚乙烯、聚丙烯基塑木复合材料，主要产品有甲板、野外用型材、野餐桌和工业地板等，同时还生产类似的塑木复合门窗异型材。今天，户外用品已成为发展最快、最大的市场。

1993年，美国安德森公司(Andersen CorPoratin)开始为法式门生产木质纤维增强的PVC窗框托副槛，后来发展成PVC基塑木复合窗生产线，随后PVC基塑木复合窗发展成一个很大的市场。

1996年，一些美国公司开始用木材纤维与塑料混合生产颗粒型原料，造粒后直接提供给厂家使用，省去了一些前处理和造粒过程。

1997年，Doroudiani S等成功将HDPE与牛皮纸浆、木粉进行混合，经过造粒，注射成样条，将WPC的应用领域从挤出拓展到注塑，基材料也扩展到PS和ABS等。

目前，北美WPC生产、开发和应用技术均居全球领先地位，应用量世界第一，据Principia Partners咨询公司专题报告，北美WPC需求约占世界总量的85%，2001年400kt，2006年1000kt，产值超过10亿美元，年增长超过25%。增长较快的为各种板材、窗框、门框、栅栏和围墙。其中用量最大的板材，产值从2001年的4.10亿美元增加为2006年的9亿美元，塑木栅栏和围墙产值从2001年的1.63亿美元，提高到2006年的3.15亿美元，而塑木窗框和门框的产值也从2001年的0.65亿美元，提高到2006年的1.35亿美元。2007年北美年WPC年需求总量已超过700kt，预计2010年将达1600kt。

2006年底统计表明，美国有101家WPC加工厂，加拿大11家。WPC原料树脂中PE、PP和PVC分别占75%、12%和10%。塑木铺板占总铺板(70万吨)中的一半(35万吨)，其次为窗框系统，约7万吨，包括铺板、门窗框系统的挤出型材和屋面板、墙面板。美国Freedonia集团咨询公司最新研究报告预计美国WPC铺板在2006~2011年间将以年均12.6%的速率递增。年需求量将从2006年的1.372亿米增长为2011年的2.146亿米，总产值将达56亿美元。而同期木铺板将从2006年的8.245亿米下降为2011年的8.077亿米。

(2) 欧洲

欧洲WPC生产企业不多，产业总体发展不如北美地区，但其拥有强大的生产设备制造能力，发展潜力不可小视。欧洲人WPC品种花色的要求高于北美，室内装修、装饰和户外建筑齐头并进，但应用技术和商品市场还不成熟，还有高速增长的空间。以德国为例，2004年德国每年仅生产5ktWPC，2007年达20kt，而2008年已达35kt。

如表1。欧洲2004~2009年，WPC产量的年平均增长率为11%，其中热固成型WPC产量每年都在降低；挤出领域中，年增长率最低的是其他窗户应用领域，产量最低的是花园围栏(栅栏和花园家具)，因其基数小，增长率高达138.9%；产量最高的是汽车片材。2009年，欧洲建筑领域(包括铺板、挂板、窗户、厨房工作台、花园围栏、门内饰等)WPC的用量为62kt，较2004年增长18%。

欧洲WPC最大用户是汽车工业，目前占总消费量的一半以上，与世界总格局(仅占7%)不同，预计未来欧洲汽车生产厂会转向用植物纤维(如亚麻、大麻)的WPC部件。建筑是欧洲WPC第二大应用领域，预计WPC会在高速公路隔声等基础结构应用方面获得更多市场空间。2004年后，欧洲WPC铺板已成为除汽车工业应用以外发展最快的产品。欧洲窗框市场已被PVC占有和基本趋于饱和，因此未来扩大应用需进入更多的新领域。

2005年欧洲生产厂家已达61家，其中德国19家，英国7家，瑞典6家，芬兰、奥地利各5家。欧洲WPC用基础树脂与美国结构不同，欧洲只有为数不多的厂家使用PVC为基材，大部分是PP基材料，PP占82%，PE10%，PVC8%。原因是美国用PE和回收木粉制备铺板的成本低，而欧洲WPC应用目标主要为汽车工业，铺板等型材应用少。

表1　2004～2009年欧洲WPC制品应用情况

应用领域	2004	2005	2009	年均增长率/%
汽车领域				
滚塑制品(大部分是热固性树脂)	21000	21125	16950	-3.9
热成型片材(热塑性树脂)	33345	35140	41411	3.8
挤出型材				
铺板	12534	15297	33928	34.1
壁板	3838	4356	7939	21.3
窗型材	1221	1163	1746	8.6
其他窗户应用领域	4810	4891	5739	3.9
浇铸成型产品	964	1200	2418	31.1
其他建筑应用领域	1625	1915	4527	35.7
结构材料	972	1087	2027	21.7
花园围栏	150	343	1192	138.9
门内饰	1273	2040	4093	44.3
家具	2321	2600	5741	29.5
汽车片材	33346	35140	41411	4.8
其他	1723	1951	4432	31.4
总计	64777	71983	115193	15.6
注塑领域				
包装	2351	2432	2782	3.6
家具	120	132	993	145.5
汽车工业	60	66	97	12.3
鞋	238	250	328	7.6
其他	15	0	755	986.6
总计	2784	2880	4955	15.6
总和	88561	95988	137098	11.0

(3) 亚洲(除中国)

亚洲WPC开发比较成熟的主要是日本。日本由于地理和环保意识等原因，塑木材料的应用比较普遍，产品质量亦较优良。以EINWOOD(艾因木)株式会社为代表的塑木研究机构经过十多年的努力，开发出高品质的木塑材料，其产品具有自然的木材色泽和质感，已在房屋建设和室内装饰领域得到广泛应用，是目前国际上品质最高的产品之一，代表了WPC替代天然木材的质量水平和发展方向。该公司于2001年也成功研制出比木屑板、MDF板、胶合板具有更优良性能的大型木塑板材。此外，还开发出了专门用于医院、诊所、候诊室、厕所等场所的抗菌木塑复合材料技术。虽然日本塑木复合材料发展较成熟，从1992年开始也较早的进行了商品化，但制品发展仍然缓慢，原因主要有：市场容量小；墙板受到防火法规的限制；还不能很好的适应大部分结构材料；日本民族特点(希望完美的材料)；要求产品的回收塑料和木材的使用量的总和按标准规定进行标识，并且对挥发性物质的释放量和有害物质的溶出量有严格的指标规定；造价比较高妨碍出口。

2　塑木复合材料国内发展历史及现状

我国解放以来，塑料工业取得很大进展。从1950年生产合成树脂200t，到2006年的2500多万吨，国家历来重视塑料的发展及木材的节约和合理利用。1974年在哈尔滨召开的全国塑料科技工作会上，即有不少高校、科研院所及企业，热烈地讨论“合成木材”的发展问题。随后的年代，利用木粉、棉麻纤维于塑料中的工作，一直有所进行。今后对大量纤维素、木质素进行新的化学反应(不是重复硝化、醋酯化等)、生物发酵、细胞的基因转移等，可以制备更多更新更好的材料。

过渡伐木带来的环境问题得到社会普遍关注，各国出台各种措施来限制森林的采伐。我国作为一个林业资源贫乏的国家，人均木材消费水平远低于发达国家人均116m^3的消费水平，人均森林蓄积量不足10立方米，不到世界的四分之一，人均木材消费水平仅0.22m^3/a，但我国的木材消耗量却急剧上升，不得不从国外进口大量木材。但另一方面，我国每年由于木材加工余下的废弃木粉量在几百万吨以上，如将这些木粉用于塑木复合材料可以减少塑料用量，减轻环境污染，又可有效缓解木材资源紧缺的现状，促进资源的综合利用和循环经济的发展。

制造塑料所用原料大部分来自于石油，随着石油、煤资源的日益枯竭，如何减少这些非可再生资源的用量，提高其利用率也具有重要意义。2007年国内塑料实际消费量为3742.3万吨，进口废塑料近600万吨，国内回收约800万吨，废塑料回收行业已成为国家一系列资源战略的成功典范。预计2010年我国塑料回收量将超过1000万吨，回收率为25%，2015年将达30%。

由于WPC主要利用废弃生物质材料和废旧塑料，产品节材、节能、环保、符合循环经济发展要求，国家出台了相应政策鼓励WPC的发展。2001～2007年国家发改委(包括原国家经贸委)都将塑木复合材料项目列入“国家高技术产业化新材料专项”。2005年6月，国务院下发了《关于做好建设节约型社会近期重点工作的通知》，该《通知》就完善资源综合利用和废旧物资回收利用的税收优惠政策等方面提出了一系列具体的指导性意见。国家发改委、科技部、国家环保总局于2005年10月28日联合公布了

《国家鼓励发展的资源节约综合利用和环境保护技术》(发改委公告2005年第65号),其中第52项技术为“利用城市垃圾中混杂废塑料制造代木材料的技术”。国家发展改革委员会、科学技术部联合印发(发改高技[2005]275号)国家重大产业技术开发专项规划明确确定塑木复合材料的发展方向。国务院办公厅也在2005年年底向国家发改委等十二个部委下发了《关于加快推进木材节约和代用工作的意见》,要求“加强政策引导,加大技术支持力度。把木材节约和代用作为完善资源综合利用优惠政策的重要内容,由国家发改委牵头,会同有关部门研究提出《木材节约和代用技术政策大纲》,综合运用财政、税收、价格等经济杠杆,鼓励发展木材节约和代用,限制不合理生产、使用木材和浪费木材的行为。我国塑木行业在国家政策的鼓励和企业潜在效益驱动下,发展迅猛,目前为止大致经历了三个发展阶段:

① 第一阶段:塑木托盘阶段。1999年,安徽蒙城县铝塑型材有限公司与蒙城县铝塑研究所合作,投建了纯国产技术的WPC生产线。随后无锡市南丰塑业有限公司、沈阳沃而得、安徽国风、南京聚锋、上海舒博木、青岛诚信塑料(赛维纳斯)都开始生产托盘产品。但由于制品种类单一,生产成本高,性能低(产品较脆),附加值低,市场逐渐萎缩。

② 第二阶段:PE塑木景观型材逐渐发展,室外建材,如室外地板、扶手、景观等中低档产品为主,产品附加值低,主要用于出口和政府工程。国内也出现了一些塑木景观产品生产公司:惠东美新、安徽国风、沈阳沃而得、杨陵秦川未来新材料、南京聚锋、青岛诚信塑料(赛维纳斯)、杭州新远见、广州赫尔普等。这是WPC真正较广泛应用于国内市场,包括北京奥运会和奥运村,让普通中国人开始了解塑木产品。

③ 第三阶段:建材的不断发展。PVC塑木室内建材:门和门套、窗,地板,橱柜板,室外建材:建筑模板、墙体板等。该阶段,国内生产商已经开发出性能良好、做工精细、形态复杂、表面美观的型材及成套终端产品。

截止2008年底,全国直接从事塑木材料研发、生产的企事业单位有200家,塑木制品年产量约10万吨,年产值约12亿人民币。为了促进塑木行业的发展及与世界同行的交流,中国塑料工业协会塑木制品专业委员会自2007年成立伊始每年均主办国际论坛。2007年11月,首届中国国际塑木复合材料(WPC)发展及现状研讨会在陕西西安召开,来自中国、美国、加拿大、奥地利、墨西哥、乌克兰等12个国家的200多名代表共同探讨了WPC发展及现状;2008年10月,第二届国际塑木高峰论坛在辽宁沈阳成功召开,它标志着WPC向更高层次的方向发展迈进。

三、塑木复合材料研究进展

随着WPC的发展,企业和相应研究人员对WPC力学性能、蠕变性能、老化性能、褪色、耐磨性能、表面印刷(表面张力)、吸水性、抗微生物侵蚀等方面都作了广泛的研究,取得了可喜成绩。

1. 基材

(1) 生物质材料

WPC中使用的生物质材料主要是木质材料,它是由纤维素、半纤维素、木质素以及各种抽提物组成的天然高分子复合材料,它不但具有生物学特征,也具有化学和物理特征。由于组成木质材料的纤维素、半纤维素、木质素以及各种抽出物的含量在各种植物中均有差异,因此,WPC中,选择不同品种的木质材料,所生产出的塑木材料性能会有很大区别。应考虑木质材料的种类、表面自由能、填充量、粒径、形状、含水量等。最终结合实际情况,找出一种来源丰富、性价比优越的木质材料。

木质材料一般根据外形可分为木粉($L/D=1\sim2$)、木纤维($L/D=10$)。根据不同的生产要求选择,使用木纤维比使用木粉一般能够得到更好机械性能的WPC,如具有更高的强度、伸长率和无缺口冲击强度。但是木纤维难以喂料限制了其在生产中的应用。通常WPC中选用木粉粒径一般在20~200目。在此基础上,要保证木粉和塑料在混合前进行烘干处理。一般木粉含水量应控制在1%以内。烘干设备可采用电加热,也可用微波加热烘干或自然干燥。烘干后的木粉应存放在干燥的地方,不可二次吸潮,否则会对加工影响较大。需要一提的是,在用带排气功能的挤出机,特别是双螺杆挤出机加工塑木材料时,可以不对木粉进行特别的烘干处理,只需日光下自然干燥即可直接进行挤出加工。目前国内大部分厂家在实际生产过程中对木粉是没有经过活化处理的,只是加入一些相容剂。国内的生产商主要使用木粉和谷糠,竹粉价格较高限制其推广使用。通常情况下,在相同木粉填充量的情况下,随着木粉粒径的减小,复合材料拉伸强度、冲击强度、硬度、维卡软化点均升高,材料吸水率降低,塑化时间延长。具体粒径对材料的影响,因各研究者采用的树脂基体、木粉和处理方式的不同,不具有太大的横向可比性,需根据相应设备、工艺做集成研究。

(2) 废旧塑料

我国合成树脂的表观消费量2007年已达到4500多万吨,同年作为原料使用的废弃塑料进口量也已达到586万吨，加上国内每年产生约1000多万吨的废弃塑料(其中大部分已得到不同程度的再生利用)[44]。国内农业植物纤维的年产量几千万吨以上，木质材料100万吨以上，其他天然纤维也有500～1000万吨，为我国塑木复合材料的发展提供了丰富的原料基础。若要制备高性价格比的塑木复合材料，必须首先选择好基体树脂。通常情况下，在树脂中加入木质材料后，其流动性能下降，耐高温能力降低，在有氧气的条件下，200℃左右时木质材料会剧烈发烟，减重5%～10%，产品有明显的烧焦味，色泽变深变黑，性能下降。通常选用能在200℃下熔融加工的热塑性塑料为基体，以尽量避免在成型加工过程中植物纤维的热降解。目前基体主要为PE、PVC、PP、PS等。采用新的原料会导致成本过高，一般采用废旧、回收塑料。目前企业应用主要关注回收塑料的分拣、检测，多种废料细分、掺混，尽量保证质量稳定、可控。以往我国WPC的研究主要采用单一木质材料与单一塑料，最近出现基体由单组分再生料向多组分再生料方向发展的趋势，使用回收的多组份废旧塑料原料和经过表面改性的植物纤维进行混合成型，这值得关注。

2. 专用助剂的开发

(1) 偶联剂

由于木质材料的强极性和吸水性具有很高表面能，限制了它与低表面能的塑料的相容性。如何提高木质材料在塑料中的分散性也是一个关键问题。木质材料可采用物理方法(拉伸、压延、热处理、表面放电处理、低温等离子处理法、气爆法等)和化学方法(偶联剂法、乙酰化处理法、碱处理法、酸处理法等)进行表面处理。处理时应考虑处理方法、温度和工艺等影响。

实际生产中为得到综合性能良好的WPC，通常采用加入偶联剂提高界面相容性。在合适的条件下使用偶联剂，可以提高WPC的弯曲和拉伸强度两倍左右，提高弯曲强度40%左右，提高冲击强度2～3倍(与测试方法有关)，降低吸水率2～4倍以及提高其他性能。偶联剂的酸值、平均相对分子质量和用量是影响WPC中界面黏结强度的三个重要因素，通常太高用量对界面黏结强度有负面影响，而增大偶联剂平均相对分子质量有利于提高界面连接强度，偶联剂的主链结构也影响界面黏结强度，例如在酸值、平均相对分子质量相同或接近时，LDPE和HDPE为主链的偶联剂作用差别不大，但LLDPE为主链结构的偶联剂效果优于LDPE和HDPE。考虑到适用性和成本原因，常用的偶联剂主要是马来酸酐接枝物(目前部分厂家生产塑木复合材料未加入偶联剂)。

(2) 润滑剂

塑料中加入生物质材料后，熔体流动性差，挤出生产效率低，加工成本高，且制品表面粗糙不平，外观差，因此WPC挤出必须采用润滑剂。润滑剂可提高挤出加工产量和制品质量、改进疏水的聚合物和亲水的木纤维界面的结合状况。一般采用内润滑剂和外润滑剂结合的方法，内润滑剂促进塑料熔体浸渍纤维和两者之间的混合，外润滑剂有助于塑木熔体较顺利地通过挤出机机头和包括注塑或挤出的“后加工”过程，降低能耗，改进最终制品表面平滑性。在有些发泡材料中，选择合适的润滑剂也很重要，因为有些极性的润滑剂也是消泡剂，例如因为熔体强度低和含有硬脂酸钙(消泡剂)，通常PP和PE基WPC难发泡。

聚烯烃和PVC基WPC常用润滑剂有石蜡、乙撑双硬脂酰胺(EBS)、硬脂酸锌(ZnSt)、硬脂酸、脂肪烃蜡、环氧大豆油、氧化聚乙烯等。WPC润滑剂用量大约是一般塑料加工的2倍。EBS和ZnSt组合曾被称为WPC用工业标准润滑剂，二者配比为1:1，后来发展了EBS和ZnSt分别与其他不同润滑剂的新复配物，提高功效，降低用量，产品种类更为丰富，用户有更大的选择空间。须指出的是硬脂酸金属皂会使马来酸酐(MAH)接枝共聚物偶联剂失去偶联作用，润滑剂、偶联剂功效均降低。许多公司开发出机润滑剂替代ZnSt，避免了ZnSt与偶联剂的冲突。

(3) 其他助剂

WPC由于某些功能性需要，可选择性加入其他助剂，赋予其相应功能。包括紫外光稳定剂、抗菌剂、发泡剂、增塑剂、阻燃剂、增韧剂等。WPC制品，尤其是户外制品中，木纤维的羰基可充当发色基团(老化引发剂)，对聚合物的老化有加速作用，造成复合材料表面褪色。

UV稳定剂可以保护塑料但木粉的褪色仍然是个问题，防止褪色最有效的方法是表层涂敷，其次是加入稳定性优异的紫外光稳定剂。一些常用的紫外光稳定剂配方对塑木体系是无用的，因此相应专用UV助剂和着色剂成为研究热点。为了提高WPC防老化性能，研究者对气候、湿气、虫或细菌对WPC的抗腐蚀作用作了全面详细的研究，得到了一些经验性规律。WPC的密度为普通木材的两倍左右，等体积的价格比木材贵，质量较木材重，安装、使用均不方便，制品轻量化(发泡)是发展趋势。目前发泡WPC占WPC总量的20%左右，使用微发泡法减小密度，并通过结皮发泡、共挤出法发泡等工艺生产出在密度、结构、外观等方面与真实木材相似的仿木材料，不仅可减少木材用量、降低成本，也可开拓新的市场。相应新型发泡助剂及兼具热稳定、润滑、发泡、整泡等多功能综合剂也相继问世。在对某些对防火有要求的地方，可添加阻然剂使其符合相应法规。

3. 加工设备的开发

早期的塑木材料被填充的基体树脂多为热固性塑料，如酚醛树脂、不饱和聚醋等，工艺比较简单，多采用多层压制法。现今，塑木复合材料的生产工艺主要以挤出成型为主，挤出成型产量大、生产连续、效率高，适合各种异型材、板材的生产。

随着加工技术的不断发展，挤出设备进行了不断改进，目前可用于 WPC 挤出成型的设备有单螺杆挤出机、锥形双螺杆挤出机、同向和异向旋转平行双螺杆挤出机等。

通用的塑料加工设备在进料系统、木质材料的分散能力、流道和模头设计等许多方面不太适合做塑木制品。目前国外已有系列塑木复合材料的专用加工设备，如加拿大的 DURA，意大利的 ICMA、Bausano，美国的 Andex、Davis - Standard、Krupp、W&P、Cincinatti，德国的 Battenfeld、PALLMANN 等公司。但这些公司开发的塑木复合材料专用生产设备也无统一的标准，有的采用锥形双螺杆、有的采用同向平行双螺杆、也有采用异向平行双螺杆挤出机；在加料方式上有的是原料混合后一起加入设备料筒，有的用单螺杆设备将塑料熔融后从侧面加入主机；设备结构上，有的是一体的，有的是双阶的挤出机，各有优缺点。近年来，我国的通用的塑料挤出设备性能有很大的提高，有的已经出口到国外。保持制品的使用性能情况下提高木质材料填充量，提高挤出机的挤出量，提高生产塑木材料的生产效率是降低成本的关键。挤出速度的高低取决于多种因素：设备、模具、助剂、配方、冷却定型的方式、工艺条件的设计等，各项技术的集成应用也取得了成效，目前挤出速度已由 0.5m/min 提高到 2m/min。同时，伴随着更复杂注塑制品的出现，WPC 专用注塑设备的开发也会成为热点。

4. 配方及加工工艺的提升

塑木复合材料有很多优点，但迄今仍存在不足，如韧性、抗老化性、抗蠕变性、色彩的一致性和持久性仍待提高、易吸湿、易翘曲变形、会受微生物侵蚀、弯曲模量和拉伸强度都明显低于普通木制品。这些不足还需要从配方、加工工艺(挤出、压延、注塑)和工艺参数(成型速度、温度、冷却等)等方面入手做深入的集成研究，不断提高塑木产品的生产技术和质量水平，促进塑木复合技术的不断提高和成熟。例如，高填充是未来发展趋势，填充量高达 80%，复合工艺直接影响产品性能。追求木质木感的完美性，保持木质木感前提下，如何改善基本性质，并赋予其新的功能，也是努力的重要方向。配方和加工的工艺条件对于最终制品的美观和耐老化很关键。由于木质材料并不吸附普通的矿物基颜料，因此木质材料的色彩完全取决于木质材料被树脂湿润的好坏和木纤维在聚合物基体中分散的好坏。不充分的分散将导致没有着色的木质材料的出现可见的白点。表面的木质材料颗粒也将得不到树脂的保护，而容易潮湿和受到微生物的攻击，从而丧失力学性能。塑木复合材料的抗蠕变性、硬度和强度性能均低于实木，脆性较塑料差。因此，尚不能用于对结构性能要求较高的用途。未来可考虑加入少量热固性树脂、玻纤或碳纤维与木纤维混合增强。WPC 基体也有从通用塑料向其他工程塑料及生物降解材料发展的趋势，比如近年来关于 PLA、PA、PC、环氧树脂类 WPC 的研究报道逐渐增多。

5. 产品应用领域

目前在欧美等发达国家，WPC 制品在塑料制品中已占有相当的份额。在北美，建材如码头、护栏、路标和门窗等大约占了塑木复合材料市场的 75%。目前我国的塑木复合材料主要以铺垫板、托盘等产品为主，WPC 应用领域包括：

① 建筑和装饰行业：如建筑铺板、天花板、栅栏、装饰板、门窗、扶手、踏脚板、壁板、海边铺板、防潮板、建筑模板、混凝土模板、装饰条、装饰板、镜框条、窗帘杆、窗帘圈及装饰件、活动百叶窗等。

② 园林方面应用：室外桌椅、庭院扶手及装饰板、花箱、露天铺地板、凉亭、花盆、小桥、垃圾桶等。

③ 汽车业：主要是用来制造门板，顶蓬的内饰、门内装饰板、底板、备用轮罩、坐椅靠背、仪表板、扶手、手套箱、后架等。

④ 物流方面的应用：各种托盘，尤其是特殊规格的托盘、仓库铺垫板、包装箱、玻璃运输货架等。

⑤ 文化体育用品：乐器材，音箱柜橱、枪托、高尔夫球棒等。

⑥ 交通运输业：如高速公路的噪音隔板、防护栏、铁道防护栏、铁轨木枕等。

随着技术水平的提高，塑木制品还在向更多的应用领域拓展，比如军用包装，营房建设，军港设施。随着注塑技术的突破，可制备一些家用产品，如仿木梳、筷子等创新产品，符合未来生态趋势的发展。

6. 标准化

目前美国和日本已制定了统一的国家标准，欧洲也颁布了 WPC 的试行标准。1993 年，美国材料试验协会 ASTM 建立了加工再循环塑木材料及型材的 ASTM 分技术委员会。先后制定了塑木型材抗压性能、材料挠性、体积密度与比重、压力蠕变、挠性蠕变及蠕变断裂、机械紧固件、热膨胀线性系数和剪切等 7 个测试方法标准，并在 1997 ~ 1999 年间陆续颁布。2001 年完成 ASTMD6662 基于聚烯烃的塑木材料的铺地板规范。2004 年制定了 D7031 - 2004“塑木复合材料制品物理力学性能测试的标准规范”，同年还颁布了 D7032“塑木复合材料铺板和围栏体系（护栏或扶手）性能等级建立的标准规范“。ASTM D7031 - 04 和 ASTM D7032 - 05 中对纤维增强塑料复合材吸湿性、厚度膨胀率、耐冻融性、生物降解性和抗紫外线老化性等测试的必要性和具体测试方法都做了说明。欧洲 2007 年 5 月正式公布 CEN/TS15534 - 1 ~ 3 塑木复合材料（WPC）的技术规范为欧洲试行标准，该标准由三个部分组成：WPC 材料和产品性能的测试方法、WPC 材料的性能、WPC 制品的性能。日本 2006 制定了 JIS. A5741：2006：《木材・プラスチック再生複合材》，界定 WPC 为回收塑料和木材复合制成的产品，并要求产品的回收塑料和木材使用量的总和按标准规定进行标识，并且对挥发性物质的释放量和有害物质的溶出量有严格的指标。WPC 第一个认证标志是由位于德国吉森（Gieben）的木质材料社会质量 e. V.（Qualitatsgemeinschaft Holzwerkstoffee. V.）于 2007 年底颁布的。持有此认证标志产品所使用的纤维必须源于 100% 的认证木材（FSC 或 PEFC），认证产品所使用的聚合物必须是新塑料或清洗分离后的工业剩余物。WPC 防霉性能相关的测试方法或者标准有美国的 ASTM21 - 2002（合成高分子材料防霉性能测试）、ISO846（塑料 - 微生物行为的测定）和日本 JISZ2911（工业材料及制品防霉测试）等方法。与 WPC 相关还有更多的标准。

国内仅有的塑木托盘和地板的标准，大多是参照木制托盘和地板的标准制订的，缺乏塑木材料特色，例如防霉方面，国内有 GB/T 18261—2000（防霉剂防治木材霉菌及蓝变菌的试验方法）、GB/T 4857. 21—1995（包装、运输包装件防霉试验方法）和 QB/T 2591—2003（抗菌塑料：抗菌性能试验方法和抗菌效果）等，但没有直接的 WPC 标准。应加快制定塑木原料、制品等行业和国家标准。可喜的是中国塑料加工工业协会已正式组织成立了中国塑料工业协会塑木专业委员会。中国塑料工业协会塑木制品专委会牵头，由塑木行业内有实力和影响力的几家企业和研究及检测单位参与，已成立塑木行业标准技术化起草委员会，相关人员正着手进行起草标准制订工作。

四、结语

塑木复合材料节材、环保，具有多种优点，是一种极具发展前途的材料，世界各地都在大力发展。我国大力发展塑木复合材料，既符合国家经济形势发展的需要，也符合国家的产业政策，而且产品使用范围广，具有广阔的市场前景、良好的经济效益和社会效益，随着技术和市场开拓的不断推进，今后世界及我国塑木工业必将继续蓬勃发展。

（黄锐[1]　何阳[2]　钱玉英[2]　郑德[2]）
（1. 四川大学高分子科学与工程学院
2. 广东炜林纳功能材料有限公司）

高性能高分子材料——聚苯硫醚产业化状况与发展方向

The Industrialization and Development Tendency of PPS, a High Performance Polymer

摘要：本文主要介绍了聚苯硫醚产业化状况以及国内的主要研发单位，论述了聚苯硫醚的发展趋势，并对国内聚苯硫醚产业的进一步发展方向与应注意的问题提出了建议。

聚苯硫醚（PPS）是一种新型的高性能热塑性树脂，具有优异的耐热性、阻燃性、绝缘性和耐腐蚀性，综合性能极其优良。PPS 主要是通过复合改性后，制成不同性能与品级的特种工程塑料来使用，是迄今为止世界上性价比最高的特种工程塑料，被称为第一大特种工程塑料；因其产能的增加和成本的下降，PPS 又被列在了通用工程塑料的排行中，成为继聚碳酸酯、聚酯、聚甲醛、尼龙和聚苯醚之后的第六大工程塑料。

PPS 的用途十分广泛，主要应用于汽车、电子电气、机械行业、石油化工、制药业、轻工业以及军工、航空航天等特殊领域。此外，PPS 树脂还被制成了高性能的特种纤维和薄膜等产品，使其应用领域更加广泛。

一、PPS 生产及市场情况

1. 全球概况

由于 PPS 具有优良的综合性能，其应用领域在不断扩展，市场容量日增，全球 PPS 需求量剧增，

2004年后，虽由于原油价格持续上涨导致PPS树脂价格上涨，但PPS树脂仍然供不应求，因此，2006年以来，各生产商纷纷对原PPS树脂生产线进行扩能，甚至采用建立新的生产装置等手段来应对PPS需求量的快速增长。2009年，Chevron－Phillips化学公司建成了新的万吨级的PPS树脂生产线，而吴羽化学工业公司、大日本油墨化学公司等公司也有计划或者准备建设万吨级的PPS树脂生产线。

目前，掌握了PPS树脂工业化生产制造技术的只有美、日、中三国的几家公司，其总的生产能力已经达到100000吨/年。

全球PPS树脂的主要生产厂及生产能力如表1所示。

表1　2009年全球PPS树脂主要生产厂商情况

国别	生产厂家	产品类型	商品名称	产能(t/a)	备注
美国	雪佛隆菲利普斯化学(Chevron－Phillips Chemical，CPChem)	交联型、线型	Ryton®	20000	2000年雪佛隆和Phillips-Petroleum公司合并组建
	泰科纳(Ticona)	交联型、线型	Fortron®	15000	1994年吴羽化学工业与Ticona公司合资组建
日本	东丽工业公司(Toray Industries)	交联型、线型	Torelina®	10000	前身是东丽菲利浦株式会社，1994年菲利浦退出
	吴羽化学工业公司(Kureha Chemical Industry，KCI)	交联型、线型	Fortron®	10000	产品全部交由日本保理公司进行后加工与销售
	东曹公司(Tosoh Corporation)	交联型、线型	Susteel®	5000	前身是东曹－保士谷公司，1996年进入东曹
	大日本油墨化学工业(Dainippon Ink & Chemicals，DIC)	交联型、线型	DIC®	10000	包括2001年兼并的东燃(Tohpren)石油化学工业公司
中国	四川德阳科技公司(华拓实业发展股份有限公司)	交联型、线型	Haton®	30000	2003年建成；由四川华通路桥集团、四川大学、中蓝晨光化工研究院、中国高新技术投资公司等组建
	合计			100000	

相对于PPS树脂生产厂商，PPS的复合改性生产厂商就多了许多，其中大部分复合改性厂商通过购买PPS树脂或合作的方式，进行PPS工程塑料以及纤维、薄膜的生产与销售。目前，PPS工程塑料复合改性品种已达200余种，需求量的递增速度高于每年10%。

2. 我国PPS发展历史

我国的PPS研究和生产始于20世纪70年代初期，其间经历了如下几个主要阶段：

(1) 初始期

20世纪70年代初至80年代初，我国也与美、日一样，广泛开展了PPS树脂的合成研究。在这些早期研发中，天津合成材料研究所、广州市化工研究所和四川大学的PPS合成工艺路线具有代表性，并分别得到了相关部门的支持和经费资助，但只有四川大学在各方面取得了突破，并坚持了下来。

(2) 发展期

20世纪80年代中期至90年代中期为PPS在我国的发展期，期间一个主要特征为四川大学在四川省自贡市化学试剂厂建立了9t/a PPS树脂合成扩试装置，其PPS研究也被连续列入了七五、八五和九五期间的国家“863”高技术发展计划之中。在此基础上，四川大学同化工部第八设计院和自贡市化学试剂厂共同承担了国家计委的重大新产品开发项目，在自贡市化学试剂厂(后改名四川特种工程塑料厂)建立了国内首套百吨级(150t/a)PPS工业化试验装置，并成功通过了四川省科委、化工厅组织的72h生产考核和国家计委的鉴定、验收，成为当时国产

PPS树脂最主要的供货单位。因此原因，国外的PPS产品开始大规模进入中国市场。

发展期的另一个特征是八五期间，以四川大学为牵头单位，联合国内一些研究单位如北京市化工研究院和晨光化工研究院、生产单位如四川特种工程塑料厂以及应用单位如国营719厂等共同承担了国家计委八五攻关项目“聚苯硫醚制品开发”，进行了大规模的PPS复合材料品种的研究开发、加工生产和应用推广，为PPS在我国的发展和应用打下了坚实的基础。

发展期的第三个特征是国内PPS生产装置遍地开花，据不完全统计，这期间在四川、甘肃、河北、新疆、内蒙古、山东、沈阳等地先后建有二十多套50~200t/a规模（在规模和能力上多进行了夸大宣传）PPS生产装置，其中仅四川就有十多套，但由于这些装置都采用了极不成熟的技术源头，普遍在技术上存在先天不足的毛病，产品分子量低、质量差、成本高，因而这些装置不久纷纷被关、停、并、转，有的甚至还未试车就被拆除并处理了，损失巨大。

（3）产业化酝酿期

20世纪90年代中、后期，国内有关领导职能部门规划了我国PPS的产业化发展方向，四川、吉林、山东等地的一些企业也纷纷瞄准了建设PPS千吨级规模化生产装置的目标，并分别在国家的相关领导职能部门进行了千吨级PPS产业化项目的立项，但这些项目却分别因为企业技术不过硬或自有配套资金不足等原因而迟迟未能启动。

（4）产业化期

进入21世纪后，四川自贡华拓实业发展股份有限公司和自贡鸿鹤特种工程塑料有限责任公司（现为中昊晨光化工研究院旗下的昊华西南化工有限责任公司）均在原四川特种工程塑料厂合成PPS技术的基础上分别建立了85t/a和70t/a的PPS树脂合成装置，并相继通过了四川省组织的72h生产考核。以此为资本，四川华拓实业发展股份有限公司联手四川大学等单位正式接手国家计委的高技术产业化示范工程，于2002年底在四川德阳建成了千吨级的PPS产业化装置并试车成功，于2003年以四川德阳科技股份有限公司的名义开始了PPS树脂的正式生产和复合材料的销售，成为了几乎是唯一的国产PPS树脂生产与供应商。

目前国内PPS复合增强、改性粒料的市场总需求量超过1.6万吨/年，且需求量增长很快，年增长速率高达15%～20%。消费产品型号仍以通用品种——40%玻璃纤维增强料及玻纤与矿物的填充料为主，消费领域主要以电子电气、精密机械为主，同时，在汽车、摩托以及石油、化工等领域的消费也在稳步增长。随着我国在电子电气、汽车行业的高速发展，PPS的市场前景极为广阔。

近年来，国内从事PPS复合材料生产开发的单位较多，但国内的复合粒料生产厂仍然存在产量小、品种单一的毛病，并且大多以通用品种——玻璃纤维增强料及无机物填充改性品种为主，一些高性能或特殊品种的PPS复合改性料与合金目前仅有四川大学、四川德阳科技股份有限公司以及四川中物材料有限公司、德阳科吉公司等少数单位有部分产品销售；其中，规模最大的是四川德阳科技股份有限公司，该公司已有60多种规格型号的复合改性料与合金品种进入市场销售。

3. 我国PPS研发的主要单位介绍

现今，国内从事PPS研究和开发最主要和最成功的单位为四川大学和德阳科技公司。

（1）四川大学

四川大学对PPS的研究和开发贯穿了我国PPS的发展历史，是国际上聚苯硫醚类材料最主要的研究中心之一，是国内聚苯硫醚类材料的权威研究与开发中心，自“七五”到“十一五”期间，已连续获得“863”五个五年计划以及国家攻关计划、重大新产品开发计划等国家级科研项目的支持，在合成与工艺路线、基础与工业化放大、产品结构与性能、产品加工与制品开发等各领域对PPS进行全方位的研究与开发，取得了具有广泛国际影响的成就，研究成果得到了广泛的推广与应用，并获得了国家教委科技进步二等奖、四川省科技进步一等奖等多项奖励。此外，四川大学的PPS的研究和开发还为我国培养了一批从事PPS研究和开发的骨干人才，极大地推动和促进了我国PPS事业的发展。

（2）四川德阳公司

四川德阳公司是一家专业从事聚苯硫醚（PPS）等高分子新材料研究、开发、生产及销售为一体的高新技术企业。现已发展成为我国PPS产业的龙头企业，其生产能力居世界首位，所生产的聚苯硫醚（PPS）树脂、纤维及系列复合改性产品通过了ISO 9001:2000质量管理体系和ISO 14001环境管理体系认证，产品通过UL、SGS和ROHS认证，产销量名列国内外同类产品第一。

公司先后成功的承担了国家高新技术产业化示范项目、国家科技部火炬计划项目、国家“863”课题产业化项目、西部重点工程建设项目，以及“四川省政府一号工程”等30余项国家、部（省）、市重大科技项目。在我国工程塑料领域建成了第一套拥有完全自主知识产权的千吨级产业化生产装置，使我国成为了继美、日之后成功地将聚苯硫醚这一战略性高性能材料进行工业化生产的国家，该工作与四川大学共同获得了四川省科技进步一等奖。此外，PPS纤维产业化项目被中国化纤行业协会评为科技进步一等奖；产品被国家五部委认定为“国家重点新产品”、四川省“高新技术新产品”等荣誉称号，并拥有国家发明专利20余项。

经过近几年的高速发展，目前，公司拥有年产30000t/a的合成树脂生产线，成为世界上单产规模最大的PPS树脂生产商；同时拥有年加工能力达20000t/a的改性粒料生产线，以及5000t/aPPS纤维生产线，由原来的四川德阳科技公司一家企业，发展演变成四川德阳科技股份公司、四川德阳新材料有限公司、四川德阳化学有限公司等三个不同投资主体，产业横跨成都、德阳两地的高新技术产业集群。

（3）昊华西南公司

由在国内较早从事PPS开发的自贡化学试剂厂经过多次演变而来的昊华西南化工有限责任公司（自贡化学试剂厂——四川特种工程塑料厂——自贡鸿鹤特种工程塑料有限责任公司——昊华西南化工有限责任公司）在长期进行PPS开发的基础上，近年来又承担了四川省科技攻关计划项目、国家科技支撑计划项目、四川省国际合作合作计划项目等一系列的国家及省部级项目，进行“纤维级聚苯硫醚及后加工技术研究”、“纤维级聚苯硫醚树脂及纺长丝产业化关键技术开发”和“聚苯硫醚合成副产物苯硫醚齐聚物制备耐高温酞菁树脂的技术研究”的研究与开发。目前，已取得了多项科研成果，并申报专利6项，获授权1项。

2007年7月，公司通过完善工艺技术和装置设备的改进，成功研发出了纺丝用PPS高端产品。在现有的中试生产装置基础上，昊华西南公司正在自贡晨光工业园区建设15000t/aPPS树脂产业化项目的首期工程：2000t/a纤维级PPS树脂项目。

二、PPS的发展趋势与新产品开发

当前及相当一段时间内，PPS的发展趋势可从以下三个方面体现。

1. 高端PPS树脂及产品的研发与产业化

与国外相比，我国的PPS树脂合成技术及通用品级的树脂质量都处于世界先进水平，但与通用品的注塑级树脂相比较，高端PPS树脂在结构、分子量、分子量分布以及纯度上都有不同和更高的要求。目前，我国在应用于高性能复合材料的树脂基、电子封装、纤维、薄膜等的高端PPS树脂等方面与国外相比还有较大差距，因此，结合国内外PPS及新材料的发展动向，我国“十二五”期间及更长一段时间，高端PPS树脂的发展目标与方向应为：

（1）PPS纤维

1983年，高性能PPS纤维首先由美国Phillips Fibers公司实现了工业化生产，1987年后，日本的东丽、东洋纺、帝人和吴羽等公司也相继推出了自己的PPS纤维产品。其中日本大和纺织公司首先将PPS纤维开发为工业滤布，用于湿法过滤领域中化学品过滤，取得了非常好的效果，受到广泛关注。由于PPS纤维具有良好的耐热性、阻燃性和耐化学腐蚀性，用其制成的针刺过滤毡，在电厂燃煤锅炉的烟气除尘和城市垃圾焚烧炉尾气处理中成为了首选滤料品种之一，由此促使PPS纤维获得了快速的发展。据不完全统计，2007年全球总产量约5000t，其生产80%集中在日本；2008年全球总产量6000多吨，在我国消耗了3000多吨。

2007年，四川德阳科技公司和中国纺织科学研究院合作进行的“聚苯硫醚纺丝产业化”项目：建设3000吨/年短纤维生产系统，被国家发改委列入了2007年纺织新型和特种化纤专项项目给予支持，2009年该项目被中国化纤行业协会评为科技进步一等奖。

（2）PPS薄膜

PPS薄膜是目前所知的性价比最高的F级绝缘薄膜，其具有优异的耐热性（长期工作在160℃温度下，其力学性能基本不下降，而长期工作在200℃的温度下其介电强度表现优异）、阻燃性（V-0级）、耐腐蚀性、耐蠕变性及介电性能，是生产高性能耐温电子元器件的首选介电薄膜材料，同时以PPS薄膜为原料制备的高性能复合材料在航空和航天及军工等领域有着非常重要的用途。

目前世界上只有日本东丽公司生产销售PPS薄膜产品。每年能进入我国的PPS薄膜产品十分有限。我国现在是国际上最重要的电子电器产品的生产和研发基地，对高性能绝缘薄膜的需求十分巨大，加之PPS薄膜本身的重要经济价值及其对下游产业链的带动，必将带动新产品的创新和老产品的升级换代，从而极大地促进我国相关领域的产品及技术进步。

采用PPS薄膜来制备高性能热塑性复合材料可应用于制造机械装备的结构件、次承力件等；在飞机设计中采用热塑性树脂基复合材料已成为一种新的趋势，空客A380、A340为代表的新型客机在设计上大量采用了热塑性树脂基复合材料，目前已采用薄膜和复合材料制造了大型机翼前缘、龙骨梁、舱门、舱内部件及内装饰等，并取得了较好的效果。

国内PPS薄膜级树脂及薄膜的研发集中在四川大学，并获得了“863”“十一五”计划项目和广东省教育部产学研项目的支持，已制得了性能优良的PPS薄膜。

此外，还应重视高性能复合材料用树脂基、电子封装、挤出级等专用料的研究和开发，以满足国防、航空、航天对PPS高性能复合材料、电子工业对新型电子封装以及生产PPS复合板材及各类型材的需求，这对发展我国高性能结构材料，对于打破国外的限制和封锁，满足国民经济以及军工各领域对高性能结构材料的需求等方面具有极为重大的意义。

2. 万吨级PPS树脂生产线的建设、完善与达产

万吨级PPS树脂生产线的建设、完善与达产，是衡量PPS产业化水平的一个标杆，这对改善工艺、提高技术、满足需求，降低成本都具有重大意义，并可在国际上占据应有的位置。该产业化装置应更注重PPS树脂合成放大工艺的可靠性、稳定性、经济性，工艺设备的先进性、可靠性以及环保性。

3. 新型聚芳硫醚材料的研究与开发

聚芳硫醚（Polyarylene Sulfide，PAS）树脂是指聚合物分子主链结构为硫与芳基结构交替连接的一类高分子聚合物，其分子通式为：$[—Ar—S—]_n$，具有与PPS类似的结构，PPS是PAS类树脂中最具代表性的品种，也是PAS树脂中研究最成熟、应用最广泛、人们最熟知的品种。

聚芳硫醚类材料研究与生产主要集中在美、日和我国。开发具有更高耐热等级或更优性能的PAS是PPS类材料的发展方向。

目前，PAS树脂已开发和在研的主要品种有聚苯硫醚（PPS）、聚芳硫醚砜（PASS）、聚芳硫醚酮（PASK）、聚芳硫醚砜酰亚胺（PASSI）、聚芳硫醚酰胺（PASA）等，它们都可以看成是在PPS的主链结构上引入强极性基团后形成的高性能树脂，且普遍都达到了提高PPS树脂耐热性的目的。根据基团的不同，PAS树脂中有与PPS一样为结晶性树脂的，如PASK；也有完全变成非晶性树脂的，如PASS；还有处于研究开发阶段，结合了部分聚酰亚胺优点的PASSI等。表2是PAS树脂的主要品种及其结构式。

表2　PAS树脂分子结构示意图

树　脂	简　称	结　构　式
聚苯硫醚	PPS	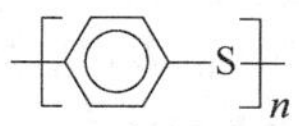
聚芳硫醚砜	PASS或PPSS	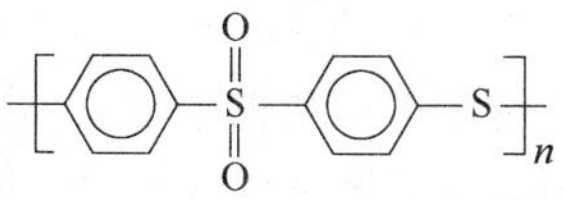
聚芳硫醚酮	PASK或PPSK	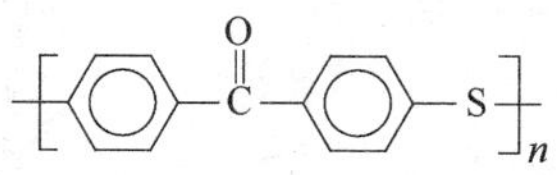
聚芳硫醚酰胺	PASA	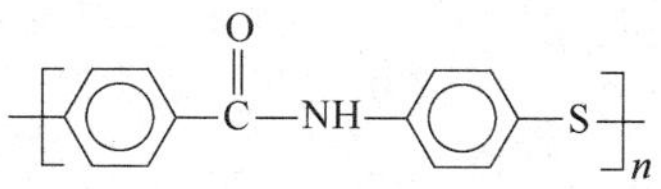
聚芳硫醚砜酰亚胺	PASSI	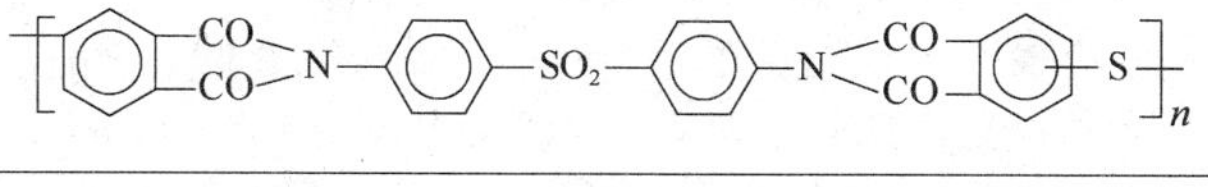
聚芳硫醚腈	PACS	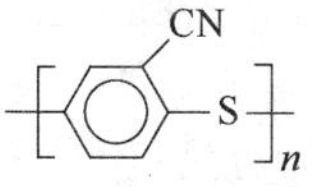

四川大学的聚芳硫醚砜（PASS）研究，被列入了国家“十五”“863”计划，也获得省科技厅的项目支持，该工作现处在中试放大阶段，其聚芳硫醚酮（PASK）、聚芳硫醚酰胺（PASA）、聚芳硫醚砜酰亚胺（PASSI）等一系列品种也都分别处于实验室的不同研究阶段。作为我国PAS类材料最主要和权威的研发中心，四川大学有责任和义务进行该类材料的研究与开发，这对于继续保持我国在该类材料研究中所处的前列水平，使我国在高技术新材料领域占有应得的一席之地是非常重要的，同时，也将为我国

的PPS产业进一步深入的发展和进步提供坚强有力的保障。

三、PPS产业化发展方向建议

我国是继美国、日本、德国等少数几个发达国家之后，能产业化聚苯硫醚的国家，在传统经济受到全球金融危机冲击的今天，聚苯硫醚的研发、成果推广应用，以及产业化发展理应作为我国经济跨越式发展的突破口和着力点。为了实现我国高分子新材料产业的大发展，应重视以下几个方面的问题。

1. 研发与技术积累——发展的基础

(1) PPS新产品的研发

工程塑料级PPS树脂的产业化已卓有成效，但除纤维级树脂外，挤出级、薄膜级树脂以及它们的产品形式如板材、棒材、异型材、薄膜等产品的开发尚处于起步或空白阶段，需要大力加强。

(2) PPS类树脂新品种、新合成制备技术的研发

为保证产业发展的后劲，立足国际先进水平，紧跟甚至引导PPS类材料的发展方向，仍需大力扶持基础研究工作，支持PPS类树脂新品种、新合成制备技术的研发，同时，企业与研发单位应形成紧密的产学研合作机制，在进行聚苯硫醚产业化的同时，共同进行新型聚芳硫醚的研发，形成成熟一个、产业化一种的态势，保证企业的发展后劲。

2. 产业化发展——机遇与挑战并存

(1) 落实与规范市场

国内现有的PPS树脂产能和正在建设的产能规模宏大，还有相当部分企业准备或者希望建设新的PPS树脂生产装置，这些未来的产能已远远超出了市场消化的能力，这就需要企业和政府部门和行业共同努力，做好发展规划和引导，规避风险，落实与规范市场，形成良性竞争局面，促进协同发展，避免出现以前在PPS发展过程中的大起大落现象。

(2) 技术进步与产品质量

新建的大型PPS树脂生产装置及工艺应在原有的基础上有较大的提高与革新，而不应是小装置的简单扩大与翻版。此外，新建的生产装置及工艺条件需要一个调整和完善过程，期间必然存在产品质量和性能的稳定性问题，需要着眼长远，提高品牌意识，严格把关产品质量，杜绝不合格产品出厂。

(3) 完善产品系列与产业链的延伸

需着眼于我国经济社会长远发展和构建循环经济的战略需求，补充并完善产品系列，加强聚苯硫醚产业及产业链的延伸，如，工程塑料级产品需要完善各种规格和型号产品的生产，扩展各种专用料的开发与生产；进一步提高纤维级树脂和纤维的性能及产品质量，实现纤维规模化生产，延伸PPS纤维产业链；加强挤出级、薄膜级树脂以及板材、棒材、异型材、薄膜等产品的开发，尽快形成生产力，满足市场需要，形成新的经济增长点。

（四川大学高分子材料工程学院
四川大学材料科学技术研究所
高分子材料工程国家重点实验室　杨杰）

炭黑填充抗静电聚丙烯的研究进展

Research Progress of Antistatic PP Filled with Carben Black

摘要：表面电阻率为$10^6 \sim 10^9 \Omega/sq$的炭黑填充聚丙烯是电子电器工业用塑料制品的理想抗静电材料。本文综述了炭黑填充抗静电聚丙烯的研究进展。以围绕降低渗滤阈值、为综合改善炭黑填充聚丙烯的电性质、力学性质和成型加工性能而进行的理论研究，从渗逾理论向双重渗逾理论进而向三重渗逾理论发展创新的过程并在相应的理论指导下，相继开发了二元复合体系、三元复合体系、四元复合体系的炭黑填充抗静电聚丙烯复合材料。其中新型的四元复合体系的炭黑填充抗静电聚丙烯复合材料将会成为炭黑填充抗静电聚丙烯的发展方向，而新型的极低炭黑填充的四元复合体系抗静电聚丙烯将会成为研发的焦点和热点。

大多数塑料都具有优良的电绝缘性和耐水性，这些特性使它们在电子和电器工业中得到了广泛的应用，然而高绝缘性反过来给塑料带来静电的危害。当塑料制品因摩擦而产生静电时，由于它们的电阻率很高，加上吸水性很低，形成的静电不易消除，静电压和容量急剧增大，使塑料制品容易吸附尘埃，影响制品的透明性及表面洁净和美观，甚至还可能影响制品的使用性能。塑料的电阻率值越大，越容易积累电荷而产生静电，越容易吸附尘埃。根据塑料表面电阻率大小，一般可将塑料分为防尘级($10^9 \sim 10^{11} \Omega/sq$)、抗静电级($10^6 \sim 10^9 \Omega/sq$)、导电级($10^3 \sim 10^5 \Omega/sq$)、电磁屏蔽级($<10^2 \Omega/sq$)几个级别。

要根据产品的具体要求，选择电阻率适当等级的塑料。作为电子产品的包装材料，如周转箱、吹塑类或挤塑类的包装容器以及包装膜(袋)，一般采用防尘级或抗静电级就可以满足使用要求。而一般与电子产品生产有关的工具，容器，座椅等产品也最好采用防静电级的塑料制备。而导电级的塑料由

于填充了数量较多的导电材料(如导电碳黑、导电石墨、金属纤维或碳纤维等)，虽导电性能高，但力学性能相对较差，成型性较差，有时会发生引入电荷的负面影响，导致电子产品失效。

电子产品易受到静电的损害。每年全球的电子元件和产品在生产、装配、贮存和运输过程中由于静电造成的损失高达数百亿美元。抗静电材料可以防止静电损害。

按抗静电剂的使用方法可分为外涂型和内加型两类。外涂型通过涂刷、喷涂或渍涂等方法将抗静电剂涂敷于制品的表面，见效快、适用面广，但容易因摩擦、洗涤而失效，因此它们的抗静电效果是暂时的或短期的。而内加型，是将抗静电剂均匀地分散于整个聚合物内，起到比较永久性的抗静电作用，耐磨擦，耐洗涤，效能持久，故而使用广泛。

使用抗静电剂制得的制品的表面电阻率一般在 $10^9\Omega/sq$ 以上，而欲制得表面电阻率小于 $10^9\Omega/sq$ 的材料就必须使用复合型的导电添加剂，其中主要是炭黑。但炭黑用量较低时复合材料的电阻率变化很小，随着炭黑的增加，电阻率下降。电阻率的下降与炭黑含量的增加并不成正比，而是有一个狭窄的突变区域。在此区域内，炭黑用量的微小变化均会导致电阻率的显著变化，这种现象称为“渗滤现象”，炭黑在基体中形成连续的导电通路或网络所需的临界用量通常称为“渗滤阈值”。渗滤阈值越低越好。炭黑用量低于此值，复合材料的电阻率很高，而高于此值复合材料的电阻率则迅速下降。因此要制备表面电阻率 $10^6\sim10^9\Omega/sq$ 的抗静电级的材料难度较大，往往只能制备表面电阻率为 $10^3\sim10^5\Omega$ 的导电级塑料。故目前报道较多的是炭黑填充导电聚丙烯，而炭黑填充抗静电聚丙烯的报道却较少。

一、表面电阻率与静电特性的关系

不同塑料产生静电荷的难易程度与其表面电阻率有关。表面电阻率越大，“漏电”越少，表面静电障碍程度则越大。当静电障碍严重时，积累的电荷就会产生静电现象，如产生火花、发出噼啪声响等。不同塑料产生电荷难易程度是不同的，如 PA、PS、PMMA 等最易产生电荷，而 PVC、聚烯烃较难产生电荷，氟塑料是最难产生静电的一种塑料。表 1 表示了塑料的表面电阻率静电特性之间的关系。

表 1　塑料表面电阻率与静电特性的关系

表面电阻率/(Ω/sq)	1013	1012 - 3	1011 - 12	1010 - 11	108
“漏电”半衰期	>30min	10 ~ 30min	10 ~ 30s	0.01s ~ 10.8s	0.01s
静电障碍程度	强	较强	一般	弱	可忽略不计

“漏电”半衰期：指表面电阻率降至一般值所需时间，为常用的表示漏电速度的方法。

二、二元复合体系

炭黑填充抗静电和导电塑料是目前用途最广用量最大的一种填充型导电塑料。所谓二元复合体系是指在 PP 基体中添加导电炭黑及其他添加剂而组成的复合体系，由这种方法制得的复合型抗静电 PP 成型加工简单。根据填充量的不同，可灵活调节复合材料的电阻率，而且持久稳定。

由炭黑与单一聚合物共混制备的抗静电或导电材料，通常需要填充 15% ~20% 质量份数的炭黑。只有当相邻两个炭黑粒子之间的距离缩短到 1.5 ~ 10nm 时，两粒子相互导通，进而形成导电通道；相邻两个炭黑粒子之间的距离约 0.35nm 时，粒子间的接触可近似为纯粒子的接触。高填充会带来许多不利影响，如复合体系的熔体黏度增大、加工性能变差；材料力学性能特别是冲击强度明显降低；炭黑粒子容易从复合体系中脱落，造成对环境的污染；电阻率不易精确控制，再现性差等。因此降低炭黑填充量是改善复合型抗静电或导电聚合物性能的关键。

影响炭黑填充复合抗静电和导电塑料的性能因素很多，首先在于炭黑本身的基本结构，不同的炭黑结构，粒径分布也不同。炭黑粒子不仅以原生态粒子形式存在，而且有由于原生粒子经化学键合而形成的凝聚体。在凝聚过程中，由大量链枝的原生凝聚体构成的炭黑称为高结构炭黑；而原生凝聚体由较少链枝原生粒子组成的炭黑称为低结构炭黑。炭黑的结构即炭黑凝聚体的形态，一般链枝越多越密其结构越高，形成网络结构的几率越大，导电性越好。表 2 表示了炭黑结构与有关性能之间的关系。

表 2　炭黑结构与有关性能间的关系

	分散性	导电性	润湿性	黏度	主色黑度	填充量	光泽	着色力
高结构	易	高	慢	高	低	低	低	低
低结构	难	低	快	低	高	高	高	高

对炭黑导电性起决定性作用的是其表面的化学性质，即表面活性基团的多少。由于活性基团会束

缚载流子的迁移，降低导电性，因此，抗静电或导电塑料不宜选用活性基团较多的炭黑。表面官能团少的炭黑通常为弱碱性或中性。我国中橡集团炭黑工业研究设计院研制的 SL30、SL32 炭黑可望成为塑料专用炭黑，其表面积大、结构高、分散性好、导电性好。目前新的方法是采用具有活性基团的有机小分子原位接枝到炭黑表面而生产的导电炭黑，它不仅有好的导电性，还与多种塑料如 HDPE、PC、PMMA 等具有很好的相容性和透明性。

一般，在相同的炭黑体积份数下，炭黑的粒子尺寸越小，比表面积越大，吸油值越高，其复合材料的导电性越好。

另外，PP 的种类对炭黑填充量即临界阈值也有影响。HPP 结晶度比 COPP 高，临界阈值前者较后者要低，在相同的炭黑体积份数下，其导电性高。这是因为炭黑优先分散在非结晶区域，结晶度高的 HPP 其非结晶区域比 COPP 小，炭黑的分散浓度高，故导电性 HPP 比 COPP 好。在不同的基础树脂中，添加相同的炭黑体积份数的同一种导电炭黑，其导电性大小的顺序如下：HPP > COPP > HDPE > LLDPE > LDPE > EVA。

杨波等在 PP/EAA/CB 三元复体系的研究中证实了以上的结论，如表 3 所示。

表 3　PP 种类与电阻率的关系

炭黑含量/%	PP 种类	体积电阻率/Ω · cm
7	HPP	105 左右
	COPP	106
8	HPP	103
	COPP	105 – 6
10	HPP	102
	COPP	105
13	HPP	10
	COPP	104

另外，交联体系的导电率下降，可能是因为交联使聚合物的结晶度减少，非晶区域增大之故。

刚性较大的聚合物基体加入无机填料后，脆性增加，但导电性能好；而对分子间力较小又比较柔顺的基体，导电性能差，但力学性能有所改善。

树脂的表面张力越低，导电临界阈值就越低。如在 PP 中，炭黑的体积份数在 5% 即可导电，而 PA 则需 27% 的体积份数的炭黑；PP 的临界表面张力为 29mN/m，HDPE 的临界表面张力为 31mN/m，而 PA6 的临界表面张力为 42mN/m。

材料渗滤阈值的大小不仅仅依赖于炭黑和聚合物的类型，而且依赖炭黑与聚合物的相互作用和炭黑在聚合物基体中分散状况。

分散剂对 PP/CB 复合材料的导电阈值有很大的影响。分散剂的加入大大提高了炭黑粒子在 PP 中的分散性能，能促使在加入少量导电炭黑时就能在 PP 中形成导电通道，降低了复合体系的导电阈值。张清华等研究了在未加分散剂时 PP/CB 复合材料的导电阈值是炭黑质量份数为 20%，而添加了自制的分散剂后体系的导电阈值却低于 8%，电导率可高达 $10^{-2}(\Omega \cdot cm)^{-1}$。通过用扫描电镜（SEM）和透射电子显微镜（TEM）研究了炭黑在复合材料中的分散形态，表明炭黑以葡萄状聚集体的形式存在是复合材料具有低导电率和良好导电性能的重要原因。这既可降低复合材料的成本，又可改善材料的加工性能，同时对材料力学性能的影响相对较小。

目前，国外导电炭黑的品种在不断的增加，美国 Cabot 公司和 Philips 公司都有“超导”功能的炭黑品种推出，该产品的电导率是普通炭黑的 2 ~ 3 倍，只需用较少的量就能达到与一般炭黑相同的电导率，使得炭黑系抗静电或导电塑料的使用效率进一步提高，同时复合材料的力学性能等进一步得到改善。

滕参等对各种“超导”炭黑填充 PP 的抗静电和导电复合材料进行了系统的研究。图 1 表示了主要的几种“超导”炭黑含量与体积电阻率之间的关系。由图 1 可见，它们的导电渗滤阈值都比普通导电炭黑要低得多。如 Cabot2000 填充量在 8% 左右时，就可制得体积电阻率在 $10^6 \sim 10^9 \Omega \cdot cm$ 的 PP 复合材料；而 CBA 的填充量则更少，在 4% 左右时也可制得体积电阻率在 $10^6 \sim 10^9 \Omega \cdot cm$ 的 PP 复合材料。同样 CBA 的填充量在 6% ~ 7% 左右、PrintexXE2 填充量在 8% ~ 10% 左右，就可制得体积电阻率在 $10^3 \sim 10^5$

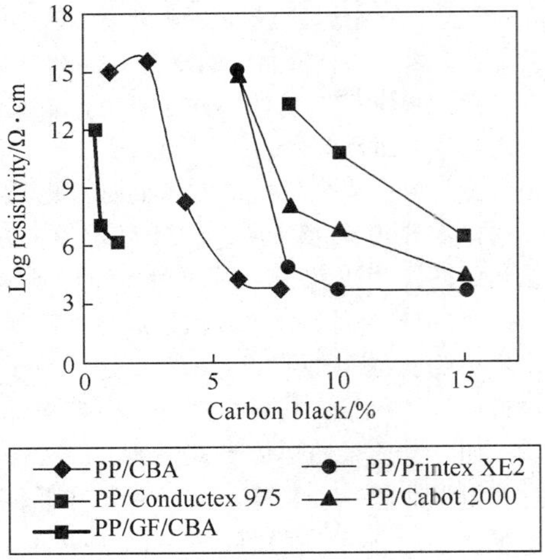

图 1　主要的几种“超导”炭黑含量与体积电阻率之间的关系

Ω·cm 的导电 PP 复合材料。

这些"超导"炭黑一般粒径都较小，通常为 10～30nm，比表面积较大，吸油值相对较高。导电炭黑的颗粒在范德华力作用下团聚或带有小支链的链状结构。一般来说，呈链状结构的炭黑的吸油值高，导电性能好。但这些"超导"炭黑一般价格相对较高。

丁乃秀等研究了炭黑填充 PP 导电复合材料的性能以及增韧剂对域性能的影响。结果表明：PP 导电复合材料具有明显的渗滤效应，当炭黑质量份数为 8%时，复合材料有较好的导电性能。增韧剂热塑性弹性体(POE)的加入，对复合材料的导电性能影响不大，其用量控制在一定范围内，可使 PP 复合导电材料的综合性能得到较好的改善。当 POE 用量为 5%左右时，复合材料的拉伸强度约为 20MPa，20%时的冲击强度为 28.89kJ/m^2。

三、三元复合体系

在 PP/CB 的二元复合体系中，由于炭黑填充到 PP 中的量较大，对材料的力学性能和加工性能有着显著的不利影响，因此在设计导电或抗静电复合材料的性质时，须在电导率、力学性能、加工性能三者之间选择一个合适的平衡。

采用不相容的两相聚合物作为基体，能有效地降低复合型导电或抗静电聚合物中炭黑的填充量。这类复合型导电或抗静电聚物的渗滤阈值与炭黑在两相聚合物基体中的非均相分布有关。这有两种情况：①炭黑优先分布于其中一相，在该相形成较为均匀的分布，此时渗滤阈取决于炭黑在富集相的浓度及该相的连续性，当炭黑富集相形成连续相时，即实现双重渗逾(Double Percolation)，可以得到比单一组成炭黑/聚合物复合材料低的渗滤阈值；②聚合物基体形成双连续相，炭黑位于双连续相的界面处，这样复合体系的渗滤阈将显著降低。

炭黑填充多相聚合物体系的双重渗逾行为被认为是炭黑在互不相容的聚合物组分中产生的渗逾现象。它是受一相在共混物中形成的结构连续性和炭黑在该相中的逾渗行为的影响，也就是说双重渗逾行为是由炭黑在一个连续相中的逾渗过程和该连续相在另一个聚合物中的逾渗过程两部分所组成。据有关文献报道，炭黑粒子主要分布在连续相中或相界面区域内，它在两相中的不均匀分布造成了炭黑粒子分布的局部浓缩，有利于炭黑逾渗网络的形成，这是用聚合物共混体系降低逾渗值的根本原因。

界面能是影响炭黑粒子在聚合物共混体系中分布的最重要的原因之一。炭黑一般优先分布在对其亲和力大的一相中，通常该相具有更高的极性或更大的表面张力；或炭黑优先结合于亲合力大的聚合物一相中的无定型区域或结晶不完全的区域。若当炭黑先与亲合力小的一相混合，再加入亲合力大的聚合物时，炭黑会从与其亲合力小的一相向亲合力大的一相转移或逾渗。Miyazawa 等经研究发现，表面聚合物的极性(表面张力)越大，渗滤阈值就越高。

Sumita 通过对炭黑填充 HDPE/PP/CB、PP/PMMA/CB、HDPE/PMMA/CB 体系的研究发现，在 HDPE/PP/CB 体系中，CB 主要分布在 HDPD 相中，和 CB 在单一 HDPE 基体中的分布相类似；在 PP/PMMA/CB 中，CB 主要分在两相的界面区域，在 PMMA 相区的周围形成一个壳层；在 HDPE/PMMA/CB 体系中，CB 主要分布在 HDPE 中，并在两相界面区域有较高的浓度分布，在 HDPE 相区周围形成一壳层。

Tchoudakov 等对 PP/PA/CB 的研究中发现表明，CB 分布在 PA 相中或 PP/PA 界面处，当共混基体形成双连续相时，由于双重渗滤效应，可以得到很低的电阻率。

丁乃秀等以不相容的两相其合物作基体，添加导电炭黑，采用 LLDPE 为基体树脂，将其与表面经过处理的导电炭黑共混制得 CB 母料，后再利用熔融共混的方法制得炭黑填充 PP 复合材料，该复合材料的渗滤阈值在炭黑质量份数为 6%左右时其表面电阻率为 $10^6\Omega$ 左右。

杨波等在 PP/EAA/CB 三元复体系的研究中发现，当 PP/EAA 的质量比为 80/20 时，导电炭黑含量为 6%，复合材料的体积电阻率为 $10^8\Omega\cdot cm$。当导电炭黑含量为 4.8%时，PP/COPP/EAA 复合材料的体积电阻率相对于 PP/COPP 下降了 8 个数量级，渗滤阈值从 7%降至 4.8%。当导电炭黑含量为 2.4%时，CB/HPP/EAA 复合材料的体积电阻率相对于 CB/HPP 下降了 7 个数量级。当导电炭黑含量为 4.8%时，下降了 8 个数量级，渗滤阈值从 9%降至 4.8%。他们认为较高结晶度 PP 更有利于降低体系的电阻率，PP 的结晶度对体积电阻率的影响在双基体的体系中更为明显；炭黑表面含有羟基、羧基等极性基团，EAA 的极性端与炭黑有较好的亲合力，炭黑极易选择性分散于 EAA 相中，而在 PP 中的含量极少。另外 EAA 的熔融黏度远低于 PP，更有利于炭黑分散于 EAA 相中。此外，PP/EAA/CB 复合材料的拉伸强度相对于 PP/CB 体系有所下降，而断裂伸长率有所提高。图 2 中 P1 为共聚物；PP2 为均聚物。

综上所述可见，双重逾渗行为是降低炭黑的逾渗滤值的最佳途径。

四、四元复合体系

三元复合体系相对于二元复合体系来说，炭黑

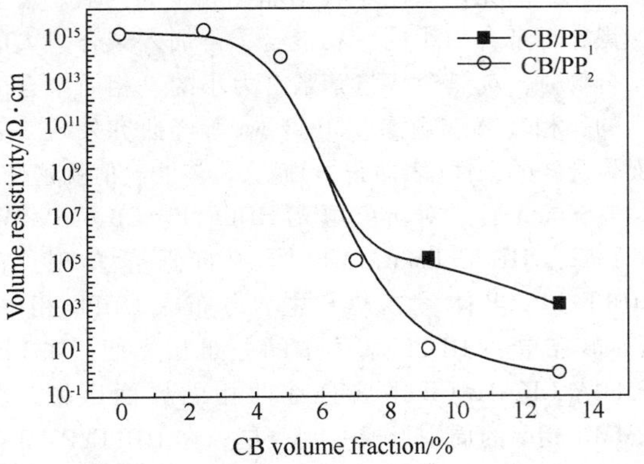

图 2 表示了炭黑含量与电阻率之间的关系

的逾渗滤阈值有所降低，体系中炭黑的质量份数有所下降，这对于改善生产环境、提高材料的性能是有利的。但是，因为在体系中加入了与 PP 不相容的聚合物，这对复合材料的性能又是有不利的影响。在杨波等的研究中也反映了类似的问题。如何在保证材料的抗静电性能或导电性能的前提下，提高材料的力学性能和加工性能，进一步降低导电炭黑的用量，这为研制和开发抗静电材料提供了新的途径，并已成为人们关注的焦点。不少的学者已在这方面进行了有益的探索。

李莹等在系统研究了 PP/CB、PP/epoxy(环氧树脂)/CB 复合体系的电性能、形态结构和结晶行为等的基础上，尝试在 PP/epoxy/CB 中加入 GF，得到了具有较低渗滤阈值和优良力学性能的 PP/epoxy/CB/GF 的四元复合材料，逾渗阈值为 3～6phrCB，体积电阻率在 $10^{12}\sim10^{3}\,\Omega\cdot cm$。在该体系中，炭黑是分布于环氧树脂中。

滕参等在研究了 PP/CB、PP/PA/CB 的基础上，系统研究了新型 PP/PA/GF/CB 抗静电材料的电性能和力学性能。他们在双重逾渗理论的基础上，结合优先结合理论和原位成纤理论，提出了三重逾渗结构。该体系在熔融混合阶段自发形成 PA 包覆 GF、CB 沉积于 PP/PA 界面和 PA 相中的导电网络结构。这种独特的结构包括：连续的玻纤网络、连续的 PA 相(PA 包覆 GF)和连续的炭黑导电路径。该结构在国内首先报道。与炭黑填充单一 PP、炭黑填充不相容聚合物的 PP 复合材料相比，新型 PP/PA/GF/CB 在炭黑含量低于 2% 时就能够很好地满足抗静电($10^{6}\sim10^{9}\,\Omega$/sq)的要求，这种极低的炭黑含量有利于材料的加工成型，对力学性能的损失降到了最低，从而解决了目前存在的炭黑含量与材料性能之间的矛盾。

表 4 是利用 VXC－72 导电炭黑时 PP/PA/GF/CB 材料与 PP/PA/CB、PP/CB 材料的性能对比。

表 4 PA/GF/CB 材料与 PP/PA/CB、PP/CB 材料的性能对比

材料性能	PP/PA/GF/CB	PP/PA/CB	PP/CB
拉伸强度/MPa	47	33	27
弯曲模量/MPa	2828	2196	1450
冲击性能/(J/m)	266	162	97
表面电阻率/(Ω/sq)	10^{6}	10^{6}	10^{6}

五、结语

导电炭黑填充永久型抗静电 PP($10^{6}\sim10^{9}\,\Omega$/sq)是电子电器行业使用比较理想的复合材料。随着电子电器工业技术的进步，导电炭黑填充永久型抗静电 PP 的研发不断的深入，理论得到了不断创新，围绕为降低渗滤阈值先后提出了逾渗滤理论、双重逾渗滤理论和三重逾渗滤理论，继而开发了二元、三元、四元复合导电炭黑填充的复合材料。降低渗滤阈值是提高抗静电性能、提高复合材料力学性能、改善加工性能的最佳途径。四元复合体系特别是极低炭黑含量的新型四元复合体系是目前制备导电炭黑填充永久型抗静电材料的最新进展，也将是今后导电炭黑填充永久型抗静电材料的研究和生产的主要发展方向，是人们关注的焦点和热点。

(苏州工业园区富事达塑业有限责任公司　包建成　丁常楷)

超细粉体技术在高分子材料制备和回收利用中的应用研究进展

The Progress of Ultrafine Powder Technology for Preparation and Recycling of Polymer

聚合物具有良好的加工性能，并易于通过化学或物理方法进行改性，赋予其新的性能。利用聚合物微粒的加工性、分散性，可以实现不同功能的超微粒子之间的复合，如高分子超微粒子与无机物粒子，高分子超微粒子与生物活性物质的复合，从而设计、研究、制造高性能和功能化的新材料。机械粉碎是制备聚合物超细粉体的重要方法之一，聚合物在机械粉碎过程中，在颗粒微细化的同时，粉体的形态结构、物理－化学性质和化学反应活性将发生变化，在应力承受点或受应力反复作用的局部区域将产生力化学反应，产生常规化学过程不能得到的非平衡态结构，近年来利用应力场来控制和改变聚合物的链结构、超分子结构和织态结构正逐步发展成为通用高分子材料高性能化和功能化的重要途径之一，如聚合物的自增塑、不相容聚合物混合物的自增容、聚合物纳米复合材料的制备等，机械粉碎技术在废旧高分子材料回收利用中也发挥了重要的作用。本课题组近年来在将固相力化学反应应用于废弃高分子材料特别是难回收利用的交联高分子材料的回收利用，实现了废旧橡胶的常温超微粉碎、固相力化学脱硫；废旧交联聚乙烯电缆的解交联再生和废旧聚氨酯发泡材料的回收利用，制备了高性能、低成本的以废旧高分子为基材的复合材料。本文主要介绍近年来本课题组在聚合物粉体和高分子材料高值化回收利用的相关研究成果。

一、固相剪切粉碎制备聚合物超微粉体研究进展

1. 聚碳酸酯(PC)微粉

固相剪切粉碎聚碳酸酯可得到平均粒径小于50μm 的纤维状结构的超细粉体(图 1)，可用于弹性体增强。分析表明，碾磨粉碎过程中剪切应力使 PC 分子量略有下降且分布变窄，分子链松弛、自由体积变化，材料玻璃化转变温度下降。

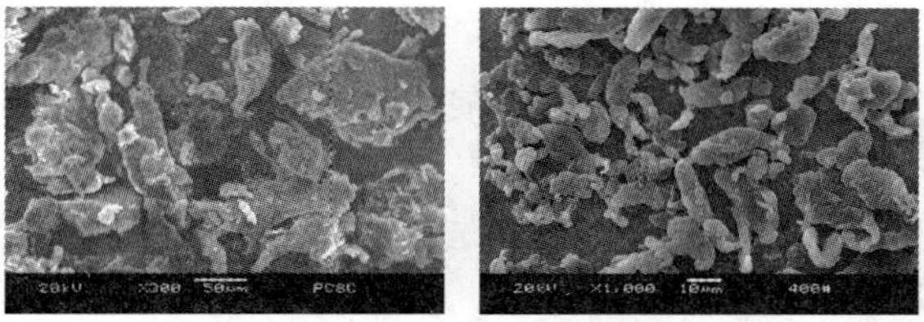

碾磨8次　　　　碾磨20次

图 1　不同碾磨阶段聚碳酸酯粉末的 SEM 形貌

2. 聚苯硫醚(PPS)微粉

固相剪切碾磨粉碎聚苯硫醚(PPS)可制得平均粒径小于20μm 超细粉体(图 2)。PPS 粉末广泛用于机械、化工、电子电器、导轨的涂装。但 PPS 在 200℃下几乎不溶于任何溶剂，其超微粉体难以采用溶解-结晶、溶解-沉淀等常规方法制备，目前尚未见相关产品报道。磨盘碾磨粉碎常温制备的 PPS 超微粉粒 2～20μm。物理、化学性能更加优异，表面能大大提高，与各组分及基材间结合更牢固。磨盘碾磨制得 PPS 粉末在制件表面更易均匀分布，可解决大型、复杂曲面制件难以获得优质均匀涂层的难题。

3. 特种工程塑料微粉

固相力化学反应器可有效粉碎特种工程塑料(图 3、图 4)，为高性能聚合物超细粉体制备开拓新途径。特种工程塑料聚醚砜(PES)和聚醚醚酮(PEEK)尺寸稳定性优良、耐腐蚀、高温环境长期使用性可靠。其超细粉末在电子电气、航空航天、国防军工等重要领域用作先进树脂基复合材料及高性能涂层，

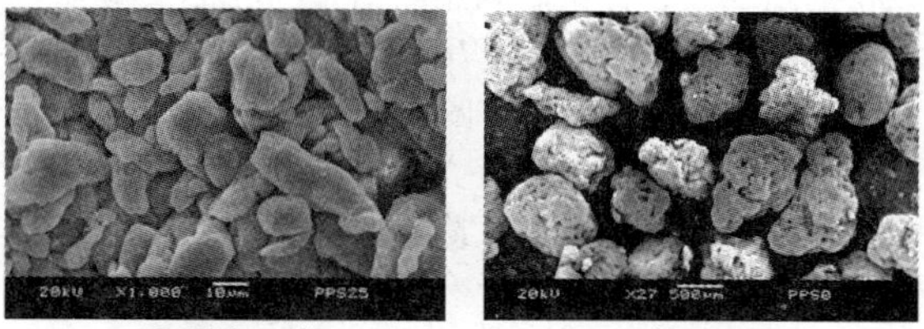

(a)和碾磨25次　　　　(b)的SEM形貌

图 2　聚苯硫醚碾磨前

国外仅个别公司拥有专利生产技术。

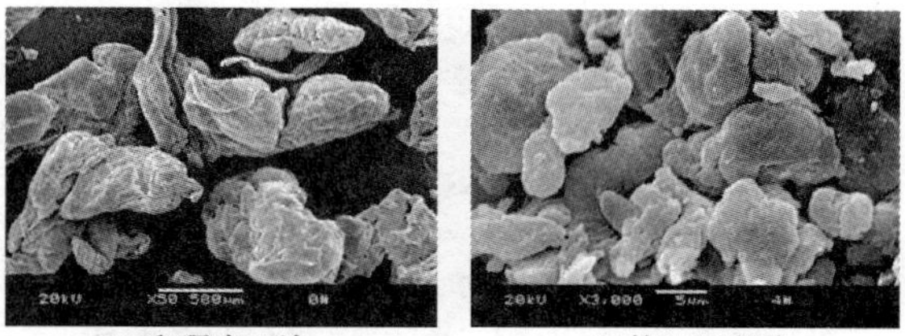

(a)和碾磨20次　　　　(b)的SEM形貌

图 3　聚醚砜(PES)碾磨前

(a)和碾磨50次　　　　(b)的SEM形貌

图 4　聚醚醚酮(PEEK)碾磨前

固相剪切碾磨可常温制备粒径 1～10μm 的 PES 和 PEEK 超细粉体，粉碎过程中力化学效应可改善树脂流动性、降低加工温度，烧结后材料无孔隙、结构密实、性能优异。特种工程塑料超细粉体制备技术的成功开发和应用将打破国外对我国的技术封锁，为我国航空航天和国防先进武器装备提供重要的战略材料。

4. 生物高分子材料微粉

力化学反应器可在常温下有效粉碎生物高分子材料，产生的力化学效应促进了壳聚糖的非晶化，改善了壳聚糖的水溶性，为制备吸收性能良好的壳聚糖提供新方法。生物高分子材料壳聚糖通过超细粉碎制备成微米或纳米颗粒，可大幅度提高表面活性和生物活性，用于口服药组分时，可提高溶解吸收性能。目前壳聚糖粉碎主要采用球磨、气流粉碎、沉淀粉碎等方法，但由于壳聚糖为强韧性材料，难

以得到超细微粉，我们利用磨盘形力化学反应器常温碾磨制备了平均粒径7.7μm，粒径分布范围0.4～32μm的壳聚糖超细粉末(图5)，FTIR、XRD和分子量研究表明，超细粉碎后壳聚糖的化学结构及分子量变化不大，但结晶度下降，非晶化趋势加强，水溶性提高，为制备分散性和溶解吸收性能良好的壳聚糖超细粉体提供了新方法。

纤维素在碾磨过程中会逐渐失去其纤维状的形貌，而被碾磨成形状不规则的粉体。粉体的粒度随碾磨时间的增加而减小，而比表面积则逐渐增大，碾磨40遍后纤维素的体积平均粒径降至20μm，粉体的粒径可达450nm，比表面积增至0.8m^2/g；力化学预处理将导致纤维素氢键体系的破坏和羟基基团的活化，同时纤维素的主链有一定的降解，碾磨40遍后，聚合度从初始的375降至167；其结晶结构也会受到破坏，晶粒尺寸随碾磨进行不断减小，而晶面间距则不断下降，结晶度显著下降，结晶指数从碾磨前的65降低至22，但晶型并未改变；力化学作用会导致纤维素热稳定性降低，在碱溶液中的溶解度提高，碾磨40遍的硬木纤维素的溶解程度可达56%。

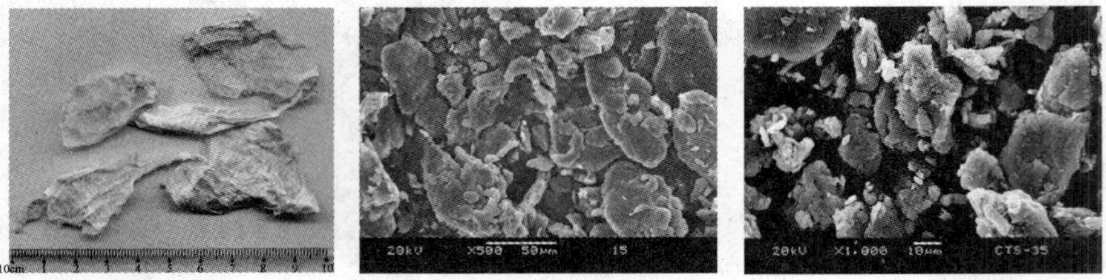

(a)和碾磨15次　(b)35次　(c)的SEM形貌

图5　壳聚糖碾磨前

图6　纤维素纤维碾磨前和碾磨5次和40次的SEM形貌

二、粉体技术在废旧交联高分子材料高值化回收利用和环境友好材料中的应用

目前，世界合成树脂总产量已超过3亿吨。2007年中国合成高分子材料年消费量超过6280万吨，国产自给率<50%，高档产品大量依赖进口，世界最大进口国。随着国民经济的持续发展和生活水平的提高，废弃高分子材料的产出量相应增多。近年来，我国在废弃高分子材料再生利用方面有了显著进步，特别是热塑性材料的回收和再生利用得到广大企业的重视，废旧轮胎的综合利用技术和设备开发都取得显著成效，但大都处于低值化利用水平，资源不能得到充分有效利用；另一方面，众多的废弃交联高分子材料(如大量的轮胎、热固性高分子材料、交联聚乙烯电缆和管材、聚氨酯发泡材料、各类交联或硫化鞋用材料、聚合物复合材料等，如图7所示)，由于含有交联结构，不能通过常规的熔融加工，是材料再生利用的技术难题，目前主要采用填埋和焚烧处理。废弃高分子材料的回收利用是环境保护和资源充分利用的关键需求，对建设循环经济、节约型社会意义重大。

废旧轮胎　鞋材厂边角料和废品　废弃电缆

图7　部分难回收的废弃(废旧)交联高分子材料

1. 废旧轮胎高值化利用新进展

(1) 通过力化学反应器制备微米级胶粉

本文建立了基于固相力化学原理的利用废弃轮胎橡胶制备微米级胶粉新技术，克服了常规常温粉碎方法导致胶粉严重并合、团聚，形成的橡胶微粉难以分散的难题，所获得的胶粉分散性良好，颗粒间几乎未黏连，碾磨 21 次后，大部分橡胶微粉的粒径小于 1μm，分散性良好(图 8)。微米级胶粉在高弹性水乳型涂料、塑料增韧剂应用效果良好。

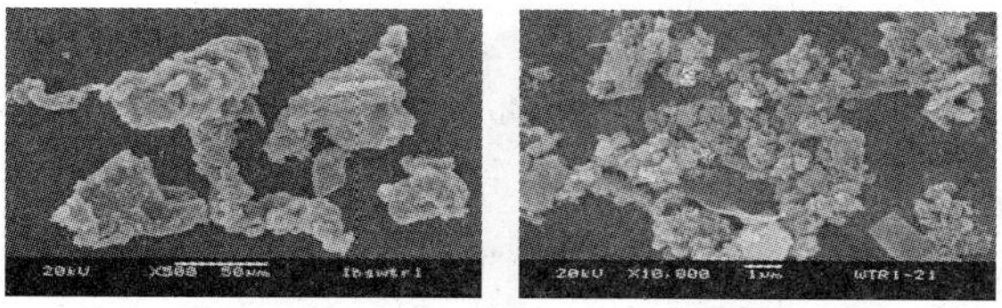

废旧轮胎橡胶粗粉　　微米级橡胶微粉

图 8　废旧轮胎橡胶制备高分散性微米级胶粉

(2) 利用废旧橡胶和废帘子线制备纤维增强橡胶复合材料

采用固相力化学共碾磨技术，制备了脱硫 GTR/废旧轮胎纤维复合材料，实现废旧轮胎制品中所含的帘子线，且免除了短纤维预处理工序。力化学处理，可以进一步使废旧短纤维受到剪切，提高纤维在橡胶基体中的分散性；增加短纤维的比表面积，同时剥离纤维表面的黏合剂胶层，在废旧纤维表面原位生成废旧橡胶的结合胶，改善废旧纤维与橡胶基体间的界面结合；能够显著提高 GTR/废旧纤维复合材料的力学性能。研究结果表明，力化学共碾磨提高了纤维在橡胶基体中的分散性，改善了废旧纤维与橡胶基体间的界面黏合。相对于采用常规共混制备的脱硫 GTR/废旧帘子线纤维复合材料，其拉伸强度和扯断伸长率分别提高了 95.5% 和 66.6%。废纤维增强脱硫化 GTR 再硫化胶的最佳填充量为 5%。脱硫 GTR/废旧轮胎纤维复合材料显示了各向异性的特点，取向度约为 60%，低于用原料纤维和生胶制备的复合材料。

(3) 利用力化学脱硫胶粉制备天然橡胶(NR)/胶粉(GTR)复合材料

GTR 的加入，导致 NR 硫化胶的硫化扭矩增大，焦烧时间和最佳硫化时间减少，但变化不大，不影响硫化工艺的焦烧安全性和加工效率；脱硫化 GTR 制备的复合材料的硫化扭矩高于未脱硫 GTR，焦烧时间和最佳硫化时间少于未脱硫 GTR 制备的复合材料。固相力化学脱硫化可以提高 NR/GTR 复合材料的力学性能。在相同 GTR 含量的 NR/GTR 复合材料中，采用脱硫化 GTR 制备的复合材料的力学性能显著优于未脱硫 GTR，其力学性能接近或高于 NR 生胶硫化胶。特别地，当脱硫化 GTR(dGTR)含量为 10% 时，dGTR/NR 复合材料的拉伸强度较之未脱硫 GTR(rGTR)/NR 复合材料增强了 73%，扯断伸长率提高了 28%。

(4) 利用废旧轮胎橡胶和废弃交联聚乙烯电缆废料制备热塑性硫化物(TPV)

经过力化学处理的废旧轮胎橡胶和交联聚乙烯电缆废料，二者的部分交联键破裂，恢复了热可塑性和加工性能，表 1 为利用废旧轮胎橡胶和废弃交联聚乙烯电缆废料制备热塑性硫化物的原料配方。表中采用了硫黄和过氧化物两种硫化体系，研究结果表明采用过氧化物作交联剂，材料的拉伸强度和断裂伸长率下降，而采用硫黄作硫化剂的体系力学性能明显提高。

表 1　利用废旧轮胎橡胶和废弃交联聚乙烯电缆废料制备热塑性硫化物的原料配方

Ingredients	Amoun tused/phr	
	Sulfur system	Peroxide system
XLPE/GTR blends	100	100
ZnO	2.5	
Stearic acid	1	
MBT	0.375	
TMTD	0.75	
Sulfur	1.5	
DCP		0.5

图 9 为利用力化学处理、硫黄硫化获得的 XLPE/GTR(50/50)热塑性硫化物的再加工性能，图中结果显示，所制得的 TPV 具有良好的再加工性，经过 3 次重复加工 TPV 的拉伸强度和断裂伸长率变化不大，均保留较好的力学性能。

2. 废弃交联聚乙烯电缆料高值化利用新进展

采用固相力化学反应器和超细粉体技术，针对废弃交联聚乙烯电缆料不溶解、不熔化，难以再生加工直接成型，也不容易粉碎等问题，应用固相力化学反应器提供的强大剪切力实现废弃交联聚乙烯的固相力化学解交联，制备了过氧化物交联 PE/高密度聚乙烯(XLPE/HDPE)和硅烷交联 PE/高密度聚乙烯(Si - XLPE/HDPE)共混体系。

固相力化学处理使 XLPE 发生解交联作用，XLPE 的凝胶含量随碾磨次数的增加显著降低，说明力化学处理破坏了原有的网状交联结构。固相力化学处理后的 XLPE 可以进行热塑性加工，经碾磨 5 次，XLPE 拉伸强度为 13.7MPa，断裂伸长率为 383% 比碾磨一次的 XLPE 分别提高了 23.5% 和

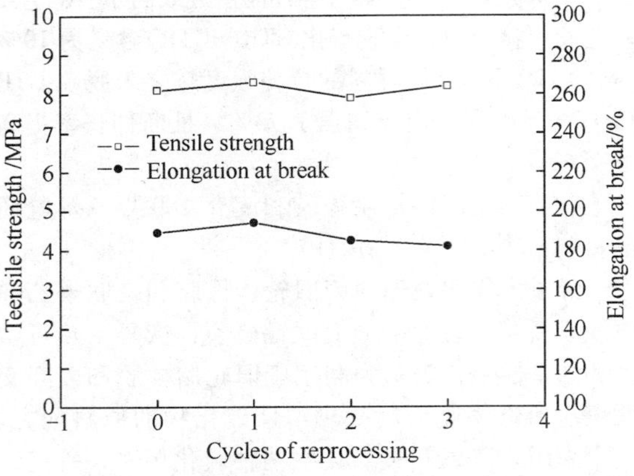

图 9　加工次数对 XLPE/GTR(50/50)热塑性硫化物的力学性能的影响

54.5%，增加碾磨次数拉伸强度和断裂伸长率呈逐步提高的趋势。碾磨 15 次后，拉伸强度达 15.5MPa，断裂伸长率达到 481%，分别比碾磨 1 次的 XLPE 提高了 38.5% 和 94.3%。高压毛细管的流变测试结果表明，随碾磨次数增加，XLPE 在宽的剪切速率范围内，表观黏度都显著下降，固相力化学处理能够显著提高 XLPE 的热塑加工性性能。

制备了 XLPE/HDPE 共混体系，其力学性能较 XLPE 有很大提高，从碾磨 5 次到 20 次，其拉伸强度都保持在 18.5MPa 以上，断裂伸长率都保持在 500% 以上。XLPE/HDPE 共混体系可进行注塑成型，制备的样条拉伸后的断口处 SEM 断面形貌分析表明，固相力化学处理可使 XLPE/HDPE 共混体系中 XLPE 和 HDPE 两相的相容性变好。

图 10(a)是 XLPE/HDPE 共混体系挤出切粒得到的粒料，由图可见，所得颗粒表面光滑，颗粒均匀。

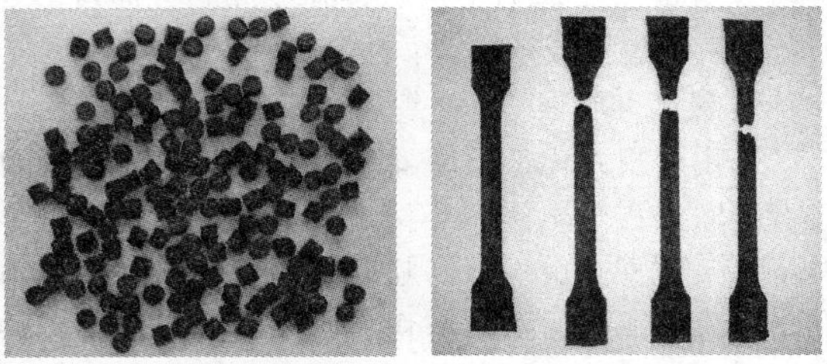

(a) Extruder granules　　(b)Injection splines

图 10　Photographs of XLPE/HDPE blend

本课题组还应用高剪切粉碎技术，制备了废弃硅烷交联聚乙烯电缆料微粉，处理后 Si - XLPE 的凝胶含量降低了 33.3%，有利于材料进一步的塑性加工；制备了 Si - XLPE/HDPE 共混体系，DSC 和 XRD 分析表明，材料的结晶度在 50% 以上，HDPE 的加入使材料的晶粒尺寸明显增大，结晶度稍微下降。共混体系具有优异的力学性能和较好的加工性能。HDPE 的加入改善了注塑成型时样条整体结合情况，当 HDPE 加入量达到 40% 时，力学性能接近纯的 HDPE。Si - XLPE/HDPE 共混体系注塑样条的冲击强度和远浇口端的 SEM 断面形貌表明，HDPE 的加入改善了共混体系注塑样条的远浇口端的材料内部结合情况，使远浇口端的冲击强度有了较大的提高。

3. 力化学制备表面改性纤维素粉体及其在天然橡胶复合材料中的应用

橡胶工业中广泛使用填料作为增强材料。在过去的 20 世纪里，人们开发出了多种增强橡胶的填料，其中最重要的就是炭黑。但是，由于其制备依赖于石油资源所以价格昂贵，也由于单一的黑色限制了其更广泛的应用。近年来在纤维素纤维方面的研究表明它也具有作为橡胶增强填料的潜在价值。与其他填料相比，纤维素具有很多优点，如可再生性，价格低廉，低密度，易于化学改性，可生物降解等性能。然而，由于纤维素表面具有较强极性和亲水性导致其与橡胶基体的界面相容性差，而且在吸水之后，复合材料的力学性能也会显著下降。为了改善纤维素填料与橡胶基体的界面相容性，各国学者做了大量的研究。其中，纤维素填料的表面改性是实现这个目标的一种有效途径。Varghese 等发现剑麻纤维的表面乙酰化改性能够提高其与天然橡胶的界面相容性。Martins 等报道加入表面改性纤维素填料的橡胶复合材料性能得到很大的改善。然而目前几乎所有对纤维素填料的表面化学改性都是在有机溶剂里，在升温有催化剂的条件下进行的，所以由于有机溶剂挥发造成对环境的污染以及溶剂回收所需高昂的费用和能耗是不能避免的。

通过纤维素与乙酸酐在固相力化学反应器中的共碾磨在常温无溶剂无催化剂的条件下成功制备出表面乙酰化改性纤维素微粉。红外光谱以及水接触角测试证实了纤维素粉体的表面化学改性。力化学处理前后纤维素的动态和平衡水接触角测试表明纤维素由亲水性变成了憎水性的粉体。分别制备了由木纤维和表面改性的纤维素粉体填充的天然橡胶复合材料，并测定了其硫化性能和力学性能。结果表明，相对于木纤维填充的天然橡胶复合材料，使用表面改性纤维素粉体作为填料的复合材料具有更好的加工性和焦烧安全性，其拉伸强度、撕裂强度、100%，300% 定伸模量都明显高于在同等填充量下未处理木纤维填充的橡胶复合材料，而硬度和断裂伸长率却相对较小。特别是在较低的填充量(30phr)下，使用表面改性纤维素粉体作填料的天然橡胶复合材料显示出优异的力学性能，拉伸强度达到14.5MPa，断裂伸长率为930%。表面改性纤维素粉体在橡胶基体中良好的分散性以及界面相容性是其力学性能大为增加的主要原因。本研究为综合利用纤维素这一可再生天然高分子资源，提升纤维素价值提供简便、高效、无污染的绿色技术路线。

三、结语

利用超细粉体技术和固相力化学技术突破了传统粉碎设备的局限，在室温下实现了对脆性、韧性、高弹性等通用高分子材料、工程塑料、特种工程塑料、生物高分子材料体等材料性质迥异材料的有效粉碎，为聚合物超微粉体的制备提供适用性广泛的新技术。聚合物在粉碎过程中产生了可控的力活化、力降解和交联，晶体结构变化，结晶度下降等力化学效应，赋予原有材料所不具备的新的物理、化学性质和成型加工性质。利用废弃高分子材料常温超细粉碎的力化学活化和力化学降解作用，实现了废旧轮胎橡胶的超微化、力化学脱硫、交联聚乙烯电缆废料的解交联和再生利用，以及利用超细粉碎和固相力化学反应制备了综合性能优异的表面改性纤维素增强天然橡胶复合材料，为环境友好高分子材料的制备提供了思路。

（高分子材料工程国家重点实验室，四川大学高分子研究所　卢灿辉　梁梅　张新星　张伟）

新型热塑性聚酰亚胺特种工程塑料的开发

The Development of Thermoplastic Polyimide, a Special Engineering Plastic

摘要：本文着重介绍了热塑性聚酰亚胺（TPI）的主要品种 Ultem 的市场和用途，分析了当前国内外 TPI 的研发现状和趋势，并介绍了中科院宁波材料所开发的新型 TPI 树脂，指出该树脂的产业化开发是高性能塑料企业当前面临的机遇之一。

ABSTRACT: The market and application of the main brand of thermoplastic polyimide (TPI)——Ultem are presented, and the domestic and overseas situation of research and trend of development of TPI are analyzed. The characteristics of novel TPI resins developed by NIMTE are introduced. It is pointed that the industrialization development is one of the opportunities which are currently faced by company of high performance plastics.

一、特种工程塑料介绍

特种工程塑料是指比普通工程塑料综合性能更好，长期使用温度在150℃以上的工程塑料。主要包括聚苯硫醚、聚醚砜、聚酰亚胺、聚芳酯、液晶聚合物、聚醚醚酮、含氟聚合物等。上世纪特种工程塑料被列为战略物资，国外对中国禁运，因此我国投入大量资金研究，以满足国内航空航天、尖端电子设备和国防军工的需要。由于特种工程塑料具有其他材料无法比拟的诸多特性，如耐高温、耐疲劳、耐腐蚀、耐磨损、耐辐照、高强度、高韧性、电性能优异等，无论对航空、航天、造船等军事领域，还是对电器、电子、汽车、机械、食品医疗等军民兼顾领域高新技术的发展，都是不可或缺的材料。从20世纪90年代开始，特种工程塑料在西方发达国家的应用领域和市场范围不断扩展，聚酰亚胺以它优异的综合性能迅速获得市场的认可，成为目前少有的全球年均消费量达万吨级规模的特种工程塑料品种之一。

二、热塑性聚酰亚胺主要品种及用途介绍

聚酰亚胺（PI）是分子结构中含有酰亚胺环的芳杂环高分子化合物，热分解温度450～600℃，长期使用温度可达200～380℃，短期使用温度在400℃以上，是目前已经工业化的聚合物中使用温度最高的材料。聚酰亚胺还具有优异的力学性能、介电性能及耐湿、耐磨、耐辐射和耐腐蚀等诸多优点，在耐高温的工程塑料中，可谓是最有价值的品种之一。随着航空航天、汽车、特别是电子工业持续快速发展，迫切要求电子设备小型化、轻量化、高功能和高可靠性，性能优异的聚酰亚胺在这些高端领域大有作为。据专家预计全球未来几年对聚酰亚胺的需求将以年均10%左右的速度递增，具有很好的发展前景。

聚酰亚胺（PI）又分为热固性和热塑性两类，热塑性聚酰亚胺（TPI）因其具有更好的性能而受到市场的青睐。目前市场上应用最广泛的TPI品种是GE公司开发的商品名为Ultem的树脂，也叫聚醚酰亚胺（PEI）。目前Ultem的全球消费量超过2万吨，仅美国本土年消费量就有14000吨。Ultem®由GE公司在1982年开发成功推向市场，2007年被SABIC公司收购，主要应用领域为汽车、航空、计算机、电子/电气、医疗和包装市场。Ultem®在回收市场领域同传统的陶瓷和不锈钢形成竞争。陶瓷价格昂贵且沉重易碎，而不锈钢缺乏美感又价格昂贵。

由于具有较高的力学强度、良好的抗冲击性和尺寸稳定性，PEI树脂是汽车发动机零件的理想候选者。PEI还可用于油泵和气泵的外壳以及温度传感器。PEI良好的耐热性和较低的热膨胀系数使得它在替代铝制零件方面也引人注目。Ultem ®在美国还被用于汽车头灯。

在电子/电器方面，PEI树脂通常用在老化插座、插头、印刷电路板(PCB)和计算机硬盘。PEI薄膜还用于柔性印刷电路板，树脂用做集成电路芯片载体。SABIC Ultem ® D7000系列在商用机械市场应用中还有静电耗散功能。

PEI在航空上还用于机舱内有效负载系统和电子/电气零件。GE还开发了用于飞行器内部零件的PEI预浸渍制品。这类预浸渍制品被SABIC归到Ultem ® 8000(一种聚碳酸酯/PEI共混物)牌号下销售。这些产品具有优异的耐化学腐蚀性和抗冲击性，满足美国联邦航空管理局(FAA)放热规程和飞机机身制造商对烟雾、毒性的要求标准。

PEI耐蒸汽、热稳定、微波透过、符合FDA要求的特性使得其树脂成为能满足高要求食品包装需求的理想产品。PEI树脂可以和PC树脂熔融共挤出加工成食品托盘和餐具用于微波炉和传统的烹调领域。

Ultem树脂用在医疗器械领域的其中一个主要原因是能够经受反复的清洗、杀菌和消毒。医疗器械包括外科手术用订书机和工具箱、医疗托盘等等。

三、国外TPI的研发现状及趋势

目前较具代表性的TPI商品除了上述原GE公司开发的Ultem，还有原Amoco公司的Torlon，以及日本三井化学公司的Aurum。

Ultem是GE在1982年开发出来的一种聚醚酰亚胺，由于含有双酚A链段，耐溶剂性较差，T_g仅217℃，使用温度仅150～180℃，是作为工程塑料用聚酰亚胺中使用温度最低的一个品种。但由于工艺先进，据说合成二酐时几乎没有副产物和损失，价格低廉，市场竞争力很强。据世界化学经济2008年的报告[1]，2006年Ultem在美国的消费超过了14000t，并且每年还以5%左右的速度递增，近年来，GE公司仍在致力于发展新品种，进一步提高其耐热性。据报道，GE公司历经十年努力，于2006年11月在Ultem的基础上开发出了商品名为Extem的新型TPI塑料，它是一种新型的可熔融加工的热塑性聚酰亚胺，据称其耐热性和耐化学性都达到了新高，可在230℃高温连续使用，并具有耐氯化溶剂和自阻燃性能。

原美国Amoco公司的Torlon模塑料是一种由偏苯三酸苯酐与二胺缩聚的聚酰胺－酰亚胺(PAI)，可注射成型，但是必须二次硫化长达15天以获得最理想的物理性能。在其非硫化状态，PAI易碎、强度低，操作必须非常小心防止其破裂。通过硫化周期酰亚胺化过程完成，强度、耐磨性能以及热性能都加以完善。一旦PAI产品被硫化，就不能回收和重复使用，如同热固性塑料一样。PAI目前的研究重点在增强改性，同其他塑料进行合金化，以满足更多用途的需要。

日本三井化学公司在20世纪80年代末向市场推出了热塑性的聚酰亚胺Aurum。Aurum的玻璃化温度250℃，能注射和挤出成型，适合加工成各种构件。为了得到更高使用温度，三井公司于近期开发出结晶速率比Aurum快得多的Super Aurum，注射成型冷却时成为高结晶性PI，其热变形温度超过杜邦的Vespel，达359℃，可用于耐高温要求达250℃以上甚至300℃以上的制品，现已在市场上销售。但由于Aurum系列所采用的二胺结构特殊，产品成本较高。

四、我国TPI的研发现状及趋势

我国聚酰亚胺的研究始于1962年，目前涉及单位多达60家，全国生产能力估计有1000多吨，但绝大部分为热固性树脂和薄膜产品。有能力从事特种工程塑料研制的仅上海合成树脂研究所、中科院长春应用化学研究所、南京岳子化工有限公司和常州广成新型塑料有限公司。据统计，2007年我国聚酰亚胺特种工程塑料的实际产量仅10t左右，与国外差距太大。中科院长春应用化学研究所和上海合成树脂研究所早在20个世纪六七十年代就已开发成功了不同种类的TPI树脂，在TPI的研发、基础原材料与小规模产业化方面，都有近40年的经验积累。上海合成树脂所目前致力于开发新型特种单体(酸酐和二胺)、新型加工成型工艺和新型热塑性模塑料。长春应化所目前着重新型原料单体和新型制备技术的研究。南京岳子化工有限公司和常州广成塑料公司与南京工业大学合作，分别成功开发出了不同级别的热塑性聚酰亚胺品种，结构尚未公开，牌号和产量较少，在价格上也未见有明显的竞争优势。

近年来国内不同品种的聚酰亚胺工程塑料产能正在形成，应用领域也在不断扩展，但与国外相比，产量小、质量低和价格高是我们的主要特征。整体来看我国聚酰亚胺的基础研究并不落后于世界发达国家，在产品和原料方面的生产技术也已达到相当的规模和水平。在此之前，由于下游的高技术产品主要在国外应用，仅仅原料大量出口外销，利润空间很小。随着我国制造业的发展，对聚酰亚胺等特种工程塑料制品的需求日益增加，对材料成本和成型工艺提出越来越迫切的要求，因此亟待开发出更具竞争力的核心技术，为新一代热塑性聚酰亚胺的规模化生产奠定基础。

五、我国目前面临的挑战与机遇

高性能聚酰亚胺特种工程塑料的产业化与国家“十一五”期间确定的“致力于资源节约、环境友好型和谐社会的建立，使我国经济建设走上全面协调可持续发展”的政策相一致。生产和使用特种工程塑料，“以塑代钢”、“以塑代木”，是节约能源和资源的重要举措。大力支持军民结合产业发展，大力支持军民两用技术的开发也是我国高技术产业的重要组成部分。高性能聚酰亚胺特种工程塑料是促进我国高技术产业发展和传统产业升级不可缺少的一种新型高分子材料，市场前景十分广阔，其发展与很多行业密切关联。

聚酰亚胺的研究工作在我国已经有相当的积累，其中也不乏具有先进水平的成果，但产业化的程度却远远落后于先进国家，这一方面说明了我国工业水平和企业理念比较落后，另一方面也说明了聚酰亚胺产业化的潜力巨大。与国外发达国家相比，我国目前的聚酰亚胺树脂生产规模较小，价格和成本较高，产品的质量也有一定差距。因此，进一步提高产品质量，加大系列产品的研制和原材料生产技术的开发力度，提高在国际上的竞争能力，将成为今后我国聚酰亚胺工业发展的重点。

六、宁波材料所开发的新型热塑性聚酰亚胺特种工程塑料

中国科学院宁波材料技术与工程研究所(简称宁波材料所)是中国科学院(简称中科院)在浙江省建立的首家国立研究机构，本着“以制造业和材料产业的发展需求为导向，以材料科技进步为牵引，瞄准世界前沿，面向全国需求，立足宁波、服务浙江、辐射长三角”的宗旨，在高分子材料及其复合材料方面大力发展新型热塑性聚酰亚胺特种工程塑料。宁波材料所以热塑性聚酰亚胺树脂的低成本制造为目标牵引，以热塑性聚酰亚胺树脂的结构设计和先进制备方法为突破口，采用新型催化剂助剂技术和聚合工艺，成功开发出成本低廉、结构新颖、性能优异的热塑性聚酰亚胺树脂。该技术具有自主知识产权，已经申请国内外发明专利 4 项，其中包括国际专利 1 项。利用该技术生产的聚酰亚胺树脂耐热性和 Aurum 相当，比 Ultem 高 30 ~ 50℃，成本则远低于 Aurum，和 Ultem 相当，性价比高，具有很强的市场竞争力。该研究成果对有志于提高自主创新能力，开发新型高性能高附加值塑料品种，走科技创新型可持续发展道路的企业而言无疑是个很好的机遇。

(中科院宁波材料技术与工程研究所　方省众　严庆)

塑料异型材用仿金属天然质感多功能母料

Multi-function Masterbatch Imitating Natural Texture Applied to Plastic Profiles

摘要：列举了塑料合金异型材表面装饰的各种技术，详细分析了塑料异型材表面装饰技术的优缺点，应用特点及现状。并介绍了塑料异型材用仿金属天然质感多功能母料的工艺和效果及其环保、节能、可循环使用等优势。

关键词：仿金属多功能母料　天然质感效果　环保节能　可循环使用

一、前言

环保节能是当今制造业发展的趋势，尤其是在工艺改进和调整上。目前塑料异型材表面装饰技术有诸多工艺可以选择：如喷涂、UV 罩光、电镀、贴膜、印刷、复合共挤等。与金属、木材等常用的造型材料相比，塑料的可着色、透明性和可塑性，使其制品更具特色，“以塑代木、以塑代钢、以塑代藤、以塑代石”已成为合成材料取代天然资源的事实行为，但塑料制品外观始终停留于色彩和形状的变换，色彩效果和材料质感始终无法替代天然材料的质感。

塑料异型材已广泛用于家电、建材、家具、浴具、厨具等领域，市场需求巨大，消费者感官上不希望大量合成材料充斥家庭、办公室和公共场所。因此，在塑料异型材的表面装饰技术上具有极大的市场前景。为解决这个问题，塑料异型材表面通过各种技术进行加工后，可得到不同纹理、色彩、图文的表面效果，以满足预定的表观要求。

复合共挤工艺是目前最先进的一种塑料异型材表面装饰技术，塑料异型材基材与高技术含量的仿金属天然质感多功能母料复合共挤，一次性成型，使其达到具有仿金属天然质感效果，尤其是在仿金属质感效果方面具有无可比拟的观感效果，而且在环保节能、性价比、材质性能、材料回收循环使用等方面，比各传统工艺具有更大的竞争优势。

二、塑料异型材表面装饰层的主要工艺

目前用于实现塑料异型材各种表面装饰效果的方法主要有模塑成型和附加装饰。

模塑成型是根据塑料异型材的表面要求，经选料、配色及在模具上加工出装饰图文，成型后直接体现在塑料异型材上。附加装饰是塑料异型材成型后，为获得所需纹理、色彩和文字等所进行的二次装饰处理，方法通常有：喷涂、UV罩光、电镀、贴膜、印刷、复合共挤等。

与模塑成型相比，附加装饰工艺相对复杂，但因其设计变数大，获得的纹理、色彩、图文的表面效果丰富多彩，能更好地满足日趋个性化的消费，是塑料异型材表面装饰的主要发展方向。

1. 模塑成型工艺

模塑成型工艺条件下，塑料异型材表面装饰效果主要取决于选料、配色等环节。

（1）选料

塑料种类繁多，根据不同塑料异型材产品所需的性能要求，可进行塑料改性及合金，制备出所需的塑料异型材专用料。

（2）配色

度身订造配色是目前的主要配色方式，较为普遍和常规。即使采用电脑配色，由于是在常用的着色剂范围内对来样进行配色，很多配色企业没有全方位考虑材料的物理性能与着色剂，是否相容或产生不良效果等问题，导致基材与着色剂在生产时产生诸多的不良效果，令配出的样品不一定与来样相符，或难以保证色泽和性能的准确性和理想效果。有效的操作模式应是针对不同基材，充分考虑到色母、色粉等着色剂与材料的物理性能，绝不影响到对象材料的性能甚至对对象材料性能有一定的提升和帮助。

传统的模塑成型工艺由于模具费用较高，仅适合大批量生产，而在当前塑料异型材表面装饰设计更新换代较快的情况下，其设计、开发的进度明显跟不上不断变换塑料异型材外观的需求。因此，采用塑料异型材基材与多功能母料进行复合共挤、一次成型的表面装饰技术就成了赋予塑料异型材各种各样外观和不同的观感效果，具有灵活快速、综合成本低、性价比最优等优势。

2. 表面装饰工艺

塑料异型材表面装饰的主要工艺有：喷涂、UV罩光、电镀、贴膜、印刷、复合共挤等。其中喷涂、UV罩光、电镀、贴膜、印刷为传统工艺技术。这些传统的工艺各有特点，可根据表观要求、使用要求、成本等方面去选择合适的工艺，但这些传统的工艺都有共同的弊病：生产过程中的溶剂、废水对环境造成严重污染，不环保，能源消耗大；不合格品率高，废品因不环保，不能直接回收循环使用，如需回收，工艺复杂，成本高且不能彻底清洁干净，影响产品材质性能下降。

而复合共挤技术是近年发展起来有别于传统工艺的一种新技术，其最大特点是工艺简单，耗能低，无污染，废品可回收，是塑料异型材表面装饰技术的发展趋势。表1对比了塑料异型材传统表面装饰工艺与仿金属天然质感效果的复合共挤工艺，在工艺先进性、材质性能、观感效果、环保节能等方面的不同。

表1　传统表面装饰工艺和复合共挤工艺的对比

工艺名称	工艺要点	全过程环保情况	主要质量特性	可靠性及寿命	成本及资源利用率	不合格品及处理	废品回收
喷涂	在塑料异型材表面复合一层或多层高分子油墨类材料	生产过程中的溶剂、废水对环境造成严重污染，不环保	涂层附着力低、涂层表面硬度低（约为HB～1H）、抗磨划性差	在使用过程中易刮花，长期接触磨擦部位易发黑、易露底	生产成本高，能源消耗大，油墨固化过程中的溶剂不可回收	不合格率高，不合格品多采用脱漆、打磨后返喷处理，质量不稳定，成本高	废品因不环保，不能直接回收循环使用，如需回收，工艺复杂，成本高且不能彻底清洁干净，影响产品材质性能下降
UV罩光	在塑料异型材表面涂装一层或多层UV油墨类材料	生产过程中的溶剂、废水对环境造成严重污染，不环保	涂层脆，附着力低、涂层表面硬度高（≥1H）、抗磨抗划性好	在使用过程不易刮花，但长期接触磨擦部位易发黑、易露底	生产成本高，能源消耗相对较低，油墨固化过程中的溶剂不可回收	不合格率高，不合格品多采用脱漆、打磨后返喷处理质量不稳定，成本高	废品因不环保，不能直接回收循环使用，采用脱漆回收，工艺复杂，成本高且不能彻底清洁干净，影响产品材质性能下降

续表

工艺名称	工艺要点	全过程环保情况	主要质量特性	可靠性及寿命	成本及资源利用率	不合格品及处理	废品回收
电镀	在塑料表面电镀一层金属装饰膜	生产过程中的溶剂、酸、碱、盐、废水对环境造成严重污染，不环保	涂层脆，附着力低、涂层表面硬度高（≥1H）、抗磨抗划性好	在使用过程不易刮花，但长期接触磨擦部位易发黑、易露底	生产成本高，能源消耗大，电镀过程中的废酸、碱、盐不可回收	不合格率高，不合格品多作报废处理	废品不环保，不可直接回收循环使用
贴膜	在塑料异型材表面，通过胶黏剂黏贴一层成品装饰膜	胶黏剂中的溶剂、废水对环境造成严重污染，不环保	膜层附着力低、成品膜表面硬度差、抗磨划性差决定了产品表面性能	在使用过程中膜层易脱落、易刮花、易露底	生产成本高，能源消耗相对较低，胶黏剂中的溶剂不可回收	不合格率高，不合格品多采用脱膜回收处理，质量不稳定，成本高	废品因不环保，不能直接回收循环使用，采用脱皮回收，工艺复杂，成本高且不能彻底清洁干净，影响产品材质性能下降
印刷	在塑料异型材表面，通过移印或烫印一层装饰膜	移印油墨中的溶剂、烫印载体膜对环境造成严重污染，不环保	膜层附着力低、抗溶剂性差、抗磨、抗划性差	在使用过程中易刮花，长期接触磨擦部位易发黑、易露底	生产成本高，能源消耗大，油墨固化过程中的溶剂不可回收	不合格率高，不合格品多采用脱漆回收处理，工艺复杂，成本高	废品不环保，不可直接回收循环使用，回收成本高，工艺复杂，且不能彻底清洁干净，影响产品材质性能下降
复合共挤	基材层和表面装饰层完全相熔，一次性挤出成型	生产全过程不使用任何化学溶剂、重金属，受限有机物质，全过程完全环保	超强附着力，超高耐磨性，超高机械强度，耐酸、碱、盐腐蚀	在使用过程不易划伤、抗碰撞、耐磨擦、不褪色、不露底、不发黑、可抛光，使用寿命长	生产成本低，能源消耗小，合格率高，完全环保，可回收，可循环使用	不合格率低，按普通塑料破碎，重做即可，工艺简单成本低，完全环保	不需要脱漆处理，仅采用普通ABS、HIPS等回收工艺即可，质量稳定，全过程完全环保

3. 塑料异型材用仿金属天然质感多功能母料

塑料异型材用仿金属天然质感多功能母料，是广东盛恒昌化学工业有限公司专业生产的一种用于新型塑料合金异型材最重要表面部分的材料，令其产生非常优异的天然金属质感观感效果，具有超高耐磨性、超强附着力、超高机械强度、耐酸、碱、盐、腐蚀等优异性能的材质，并能实现装饰层材料的功能化，如耐候、抑菌防霉、抗静电、阻燃等。制造出优于目前家电、家具、卫具、浴具、洁具、厨具、建材、特别是冰箱门柱、塑钢门窗等行业使用的各类高档仿金属效果异型材产品。仿金属多功能母料与塑料合金异型材基材在生产全过程中，不使用任何化学溶剂、重金属、受限有机物质，是全过程完全环保的绿色产品。在工艺技术的先进性而言，仿金属多功能母料，是整个仿金属异型材中是最为关键的核心材料，仿金属多功能母料与基材在生产全过程不使用任何化学溶剂、重金属、受限有机物质、全过程完全环保，复合共挤一步成型，工艺简单，符合ROSH标准，观感效果优异，成品率高，高性能低成本，环保可循环使用、节约能源，是性价比最优的先进产品，节约了不可再生的石化资源。

三、仿金属天然质感的塑料异型材的工艺和效果

复合共挤工艺生产的仿金属天然质感的塑料异型材主要由主体型坯和仿金属多功能母料组成。其仿金、仿银、仿铜及其他仿金属天然质感效果的体现，主要取决于颜料或染料的选择配合与塑料异型材基材性能的相容性处理。广东盛恒昌化学工业有限公司已成功研制出各种不同仿金属天然质感效果的多功能母料，并已成功地应用于各种家用电器外壳和彩色塑钢门窗等各行业，异型材制品中的仿金属天然质感效果亮丽、性能优异。

1. 实验

树脂选择 UPVC/ABS，选用 PVC 粉料 100kg，ABS20kg，其他各类助剂若干。

仿金属多功能母料由广东盛恒昌化学工业有限公司生产。

仿金属多功能母料在 UPVC/ABS 的主体型坯上涂覆经真空冷却定型后，牵引切割，成品包装。

2. 结果与讨论

(1) 材料力学性能

经化学工业合成材料老化质量监督检验中心依据国家标准 GB/T 1033—2008、GB/T 1040—2006、GB/T 1843—2008、GB/T 1043—2008、GB/T 1633—2000 检测，结果如表 2 所示。

表 2　材料的力学性能

检验项目	检验结果
拉伸强度/MPa	32.7
断裂伸长率/%	42.9
悬臂梁缺口冲击强度(侧向平行)/(kJ/m^2)	10.53
简支梁缺口冲击强度(侧向平行)/(kJ/m^2)	10.84
密度/($g \cdot cm^3$)	1.464
维卡软化温度 B50/℃	80.3

(2) RoHS 指令符合情况

经过瑞士通标公司(SGS)进行 RoHS 指令(2002/95/EC)包含项目测试，结果如表 3 所示。

表 3　材料的 RoHS 指令符合情况

测试项目	单位	测试结果	MDL	限值
镉(Cd)	毫克/千克	N. D.	2	100
铅(Pb)	毫克/千克	N. D.	2	1000

续表

测试项目	单位	测试结果	MDL	限值
汞(Hg)	毫克/千克	N. D.	2	1000
碱性溶液萃取测六价铬(Cr Ⅵ)	毫克/千克	N. D.	2	1000
多溴联苯(PBBs)之和	毫克/千克	N. D.	—	1000
单溴联苯	毫克/千克	N. D.	5	
二溴联苯	毫克/千克	N. D.	5	
三溴联苯	毫克/千克	N. D.	5	
四溴联苯	毫克/千克	N. D.	5	
五溴联苯	毫克/千克	N. D.	5	
六溴联苯	毫克/千克	N. D.	5	
七溴联苯	毫克/千克	N. D.	5	
八溴联苯	毫克/千克	N. D.	5	
九溴联苯	毫克/千克	N. D.	5	
十溴联苯	毫克/千克	N. D.	5	
多溴二苯醚(PB-DEs)之和	毫克/千克	N. D.	–	1000
单溴二苯醚	毫克/千克	N. D.	5	
二溴二苯醚	毫克/千克	N. D.	5	
三溴二苯醚	毫克/千克	N. D.	5	
四溴二苯醚	毫克/千克	N. D.	5	
五溴二苯醚	毫克/千克	N. D.	5	
六溴二苯醚	毫克/千克	N. D.	5	
七溴二苯醚	毫克/千克	N. D.	5	
八溴二苯醚	毫克/千克	N. D.	5	
九溴二苯醚	毫克/千克	N. D.	5	
十溴二苯醚	毫克/千克	N. D.	5	

1. 毫克/千克 = ppm；
2. N. D. = 未检出(< M)；
3. MDL = 方法检测限；
4. “—” = 未规定；
5. 多溴二苯醚 = 多溴联苯醚。

(3) 材料耐候性能

经化学工业合成材料老化质量监督检验中心依据国家标准 GB/T 16422.2—1999、GB/T 8814—2004(门窗用未增塑聚氯乙烯(PVC – U)型材)检测经 6000h 氙灯老化后的材料 ΔE 色差，结果如表 4

所示。

表 4　材料的耐候性能

时间/h	500	1000	1500	2000	2500	3000	3500	4000
△*E* 色差	0.14	0.18	0.20	0.19	0.23	0.25	0.35	0.47
时间/h	4500	5000	5500	6000	6500	7000	7500	8000
△*E* 色差	0.55	0.58	0.67	0.65	0.69	0.73	0.75	0.78

注：材料耐光老化性能按照 GB/T 250—2008 标准规定评定变色用灰色样卡，根据材料表面的颜色变化标度△*E* 的值来评判耐光性等级，具体分为 5 级 9 档：

①△*E*＝0±0.2 为 5 级；②△*E*＝0.8±0.20 为 4.5 级；③△*E*＝1.7±0.30 为 4 级；④△*E*＝2.5±0.35 为 3.5 级；⑤△*E*＝3.4±0.40 为 3 级；⑥△*E*＝4.8±0.50 为 2.5 级；⑦△*E*＝6.8±0.60 为 2 级；⑧△*E*＝9.6±0.70 为 1.5 级；⑨△*E*＝13.6±1.00 为 1 级。

可见，在氙灯照射 8000h 后△*E* 色差为 0.78，耐光性仍为 4 级，耐候性能优异。

（4）大气自然老化性能

按 GB/T 3681—2000 标准于自然条件下暴晒 3 年，测试△*E* 色差值，结果表 5 所示。

表 5　材料大气自然老化性能

时间/h	半年	1 年	1 年半	2 年	2 年半	3 年
△*E* 色差	0.16	0.20	0.35	0.48	0.68	0.72

（5）红外线热氧老化性能

依据 ASTM D4803—97 标准，反射红外线比例达到了 78%，明显降低了因红外热量引起的热氧老化。

四、结束语

随着生活质量的逐步提升，人们对于工作和居住环境的材质外观要求越来越高，不再单纯追求材料的基本功能，要求材料提供的符合 ROSH 等环保指令及美观性、实用性、质感效果、高性能低成本、耐候、防尘、防霉等提出了越来越高的要求。

复合共挤塑料异型材用仿金属天然质感多功能母料，相比传统喷涂、UV 罩光、电镀、贴膜、印刷等表面装饰工艺，具有节能、环保、仿金属天然质感、高性能、低成本、废品率低、技术先进，废料和废弃物可回收循环使用等优势，属于新型的先进工艺，随着塑料制品逐步替代天然材料，具有较大的市场前景。

具有仿金、仿银、仿铜及其他仿金属天然质感的塑料异型材表面装饰技术可提供传统工艺无法达到的质感效果，完全可以消除塑料制品和金属材料制品在金属效果感官上的差异，并可通过耐候、抗静电、防霉、抗菌等满足更多功能性的需求。

（广东盛恒昌化学工业有限公司　罗崇远）

2009 年降解塑料综述

The Development of Degradable Plastics in 2009

塑料广泛应用于国民经济及人们日常生活的各个领域，上至航天航空器件，下至儿童玩具和日常用品，处处均有塑料的身影，特别是二次世界大战以后，石油化工迅速发展，促使五花八门的塑料新产品诞生。就高科技的支柱之一——新材料而言，塑料是应用最广泛的材料，当前世界塑料产量已达到 3 亿吨，如按体积计，产量已居世界首位，超过了钢铁、铝、铜等金属材料的总和，成为名副其实的第一大材料工业。

人们一提起塑料就感到害怕，总认为它是污染之源，似乎由于有了塑料的存在，地球生态就没救了，甚至有生态学家警告说："塑料！塑料！到处都是塑料，弄得不好，塑料会使人间乐土变得荒无人烟"。

鉴于日益增长的塑料"垃圾山"越来越为人们看作是对生态系统的威胁，因而 20 世纪 70 年代以来降解塑料风靡全球，科学家和环保工作者以为找到了一条解决塑料污染的希望途径，美国降解塑料以 75% 的年增长速度发展，其中绝大多数是填充型淀粉塑料。意大利、丹麦、瑞士、瑞典等国家及美国的部份州甚至立法禁止作短期使用的非降解材料或对其征收额外税。然而，曾几何时，风光一阵的降解塑料热迅速降温，因为当时主要是填充型光降解塑料和填充型淀粉塑料，而 20 世纪 90 年代后科学家们发表了众多研究结果指出，填充型淀粉塑料含淀粉量在 10% ~30% 之间，通常使用的是 15% 左右，作为垃圾，能降解的仅是其中的淀粉，被填充的 PE、PVC 等塑料不能降解，因而包括美国环保委员会在内的一批环保机构和专家反而起来反对生产和使用降解塑料。

然而，地球生态的恶化促使人们仍孜孜以求地寻找能真正生物降解的塑料，40年来已有多种降解塑料问世，不少是有发展前景的新材料，当然其中也是良莠不齐。我国对此领域的发展也给予了重视，原轻工部、科技部和国家自然科学基金委员会从20世纪80年代开始就多次列项支持研究，国家发改委从2006年开始，建立生物质专项基金支持生物基材料的发展，国务院在2008年颁布了限塑令，在2008年召开的奥运会期间成功应用了生物降解塑料(包括垃圾袋、办公用品和餐具等)。

按照中国塑料工业协会降解专业委员会的统计，我国2007年生物降解塑料的生产量约30kt，近两年研发热潮不减，但生产量增加不快，据有关资料报道，2009年国内生产能力约为8kt，实际生产量约为5kt左右，大部分仍为淀粉塑料或添加了淀粉的塑料，其中有含某些不完全降解塑料品种。

到2009年为止，降解塑料从其原料来源方式可分为三类：石化基生物降解塑料、可再生资源基降解塑料和以上两种材料共混加工得到的塑料。

一、可再生资源基生物降解塑料

1. 天然资源基生物降解塑料

这类塑料的原料主要是淀粉、纤维素、甲壳素、大豆蛋白等天然聚合物及其各种衍生物和混合物。

淀粉基塑料生产量最大，是目前应用最广的降解塑料，武汉华丽公司、福建百事达公司等均已规模生产。以前国内生产以填充型淀粉塑料为主，因工艺简便，可用传统塑料加工设备生产而受到厂商的欢迎，但由于其不可能完全降解而成为淘汰品种，虽然目前还有不少厂家在生产，但应用已难推广。完全生物降解淀粉塑料是将淀粉热塑性化再生产塑料，江西科学院和天津大学在完成中试后正在扩产，青岛科技大学等开发的挤出发泡工艺使淀粉基泡沫塑料可能成为绿色包装材料，另外不少企业也宣称其淀粉塑料产品已是可完全降解的。

将植物纤维粉末通过热塑成型生产出植物纤维模塑料制品已经产业化，其他天然资源塑料仍有开发，如四川大学研究的纤维素高分子复合膜，武汉大学张俐娜教授研究将纤维素溶解，再制成塑料制品也在产业化中试，还有蛋白质降解塑料、甘蔗渣降解塑料和甲壳素塑料等。

2. 天然资源发酵降解塑料

利用可再生天然资源如淀粉等，通过微生物发酵直接合成聚合物，如聚羟基烷酸酯类(PHA、PHB、PHBV等)；或发酵产生乳酸等单体，再化学合成聚合物，如PLA等。

(1) 聚乳酸PLA

淀粉发酵制得L-乳酸，再经化学合成聚乳酸PLA，它是无色、透明的热塑性聚合物，熔点为175℃，可采用通用热塑性塑料的加工工艺生产产品，如薄膜、纤维、包装材料、医疗用品等，其拉伸强度20~50MPa，断裂伸长率≥130%，直角撕裂强度≥110N/mm，完全可以实际应用，美、德、日等国已生产，其中美国NatureWorks公司已达到大批量产业化，但由于价格较高，目前只能用于高档产品。国内中科院长春应用化学研究所与浙江海正生物公司建成了5kt/a的生产线，并在降低成本方面有进展，江西科学院与日本武藏野公司合作在南昌规模生产L-聚乳酸的同时，已小批量生产聚乳酸，石家庄金迪化工公司和韩国BHP株式会社合作，2009年6月在韩国建立聚乳酸母料生产线，正在研发和中试的还有新疆大学、兰州大学、华南理工大学和上海同杰生物材料有限公司、江苏九鼎集团、云南富集公司、四川柯因达公司、广东罗宾生化公司等。预计到2010年底，生产能力将超过50kt/a。

(2) 聚羟基烷酸酯PHA

PHA具有良好的生物相容性能、生物降解性和塑料的热加工性能，现已用于医用和包装产品，是降解材料研究最活跃的热点之一，美国Metabolik公司、英国ICI公司、德国Biomer公司和意大利Degrapol公司均已规模生产。我国研究起步较早，处于世界先进水平。清华大学、天津大学和山东大学均在该项研究中取得进展。宁波天安生物材料有限公司已建成2kt/a的生产线，目前正筹建年产万吨的生产线，该公司也是目前全世界生产PHA规模最大的企业；天津国韵生物科技有限公司和荷兰DSM公司合作正在建设年产10kt/a规模的PHA；正在中试的还有江苏南天集团和深圳意可曼公司等。

二、石化基生物降解塑料

这是以石化产品为单体，通过化学合成工艺产生的一类聚合体，如聚已内酯(PCL)、聚丁二酸丁二醇酯(PBS)、聚对二氧环已酮(PPDO)、聚乙烯醇(PVA)、聚对苯二甲酸/已二酸丁二醇共聚物(PBAT)、二氧化碳共聚物等。

1. 脂肪族二元醇、二元酸缩合得到脂肪族聚酯(PBS、PBSA)

PBS是由丁二醇和琥珀酸合成，PBSA是由丁二酸、已二酸和丁二醇共聚制成。PBS的熔点约114℃，可由注塑、挤出吹膜等成型工艺生产出塑料产品，如薄膜、发泡材料和注塑产品等，产品的拉伸强度20~35MPa，断裂伸长率280%~600%。国内清华大学和安庆和兴公司建成了10kt PBS生产线并已投入运行；中科院理化所和杭州鑫富药业公司合作，改造了3kt PBS生产装置；广州金发科技公司正在建设5kt的PBS生产线。正在研发的还有南京工业大学、四川大学等。

2. 聚已内酯PCL

PCL是由ε-已内酯在辛酸烯锡等催化剂存在下开环聚合而成，其熔点较低，只有60℃，所以很少单独使用，但由于PCL与许多树脂有较好的相容性，可与其他生物降解聚脂共混加工，国内从事研究的有国防科技大学、西南科技大学和四川大学等，中试单位有武汉天生成公司、汕头东方中玉公司等。

3. 改性脂肪族芳香族共聚酯

这类典型代表是PBAT，其熔点为110～135℃，拉伸强度20～45MPa，断裂伸长率560%～700%。它可以挤出吹膜，也可以和其他降解塑料树脂如聚羟基丁酸戊酸酯(PHBV)、PLA等共混吹膜，还可以添加淀粉等天然资源进行吹膜成型。国内研究开发的单位有四川大学、北京工商大学和北京化工研究院等。

4. 聚对二氧环已酮PPDO

PPDO是由单体对二氧环已酮(PDO)在催化剂的作用下开环聚合而成。其熔点为110℃，热变形温度在90℃左右，具高强度和优良的韧性，是一种极具应用前景的可生物降解塑料。它最早由美国Ethicon公司在20世纪70年代合成，并开发出商品名为PDS的手术缝合线，但由于其成本很高，未能推广应用。我国四川大学近年来在降低成本和高性能化方面作了大量研究，已取得了进展，目前正与企业合作进行产业化。

5. 二氧化碳共聚物

二氧化碳基塑料是以二氧化碳矿源或工业生产过程产生的二氧化碳废气为原料，与环氧化物(主要是环氧丙烷)共聚反应得到的聚合物，由于可利用废气，不与粮食争原料，引起了人们高度重视。美国和日本虽然早已开始研究，但尚未工业化生产。我国开展研究和生产的单位有中科院广州化学研究所，并在江苏泰兴中科金龙公司投产，生产发泡材料、包装材料和薄膜等；中科院长春应用化学研究所与内蒙古蒙西集团合作，利用水泥生产过程所产生的二氧化碳建成年产千吨二氧化碳/环氧化合物共聚物装置，其产品用于包装和医用材料，中科院长春应化所并与中国海洋石油总公司合作，在海南东方化工城兴建二氧化碳共聚物可降解项目，计划内2010年9月投产；中山大学和河南天冠公司联合攻关，2009年3月在河南省南阳市建成年产5000t二氧化碳聚合物降解塑料生产线，已开发出多种产品；中兴恒和投资集团正在吉林省松原市建设50kt/a二氧化碳基降解塑料。另外浙江大学、南通华成公司等也开展了研究开发。

6. 其他石化基合成降解塑料

聚乙烯醇是国内外多年研发降解塑料的主要原料之一，美、日等国已有生产，用于医疗产品和包装材料。国内从事聚乙烯醇改性研究的单位很多，四川大学研制PVA/PLA吹塑薄膜和北京工商大学研制了聚乙烯醇吹塑薄膜，重庆大学和江西科学院推出流延法生产聚乙烯醇薄膜工艺。

巴陵石化公司建设了国内具有自主知识产权的200t/a ε-已内酯中试装置，2009年开车成功，生产出纯度为99%的合格产品，它是以环已酮和双氧水为主要原料合成的，可作为生产可降解塑料的重要原料，产品应用于生物医学工程和高附加值的包装材料等。

三、共混生物降解塑料

这类材料是利用几种生物降解塑料共混加工得到的产品，国内研究较多的单位有四川大学通过原位合成脂肪族聚酯，与天然高分子共混，制备出淀粉/脂肪族聚醋和大豆蛋白/脂肪族聚酯复合降解塑料；江西科学院、重庆大学等研制成功淀粉/聚乙烯醇复合薄膜，应用于包装材料。

为了解决降解塑料成本较高、性能某些缺陷问题，采用几种降解塑料原料共混生产制品是有一定效果的，国内这类材料生产企业很多，规模较大的如武汉华丽、河北昭和、福建百事达、广东上九、浙江天禾、浙江华发等。

四、降解塑料的困境与展望

降解塑料在国内研发已30年，虽然也曾风起云涌，喧闹一时，20世纪90年代曾有三百多家企业生产，有资料说引进国外生产线达70多条，但一哄而上的结果是烟消云散，绝大多数企业以亏损收场，中国化工报2009年11月25日报道，据降解塑料专业委员会透露，目前我国企业从事生物降解塑料产品的大约有100家，大多徘徊在生死线上，宁波天安公司投入6000多万元，经营了8年还没有盈利，很多企业已关门倒闭，该领域的发展难度可想而知。

降解塑料在国外也不是一帆风顺的，其现状和发展前景也远非科学家和环保工作者在20世纪70和80年代所设想的那样辉煌。

首先是降解塑料本身存在技术缺陷，如降解速度缓慢、不彻底、可控性差，使用性能不佳、可加工性差等等。虽然降解塑料是因为人们为了解决塑料严重污染环境而问世的，且发展迅速，但其解决污染的技术并不很成熟，研究初期以淀粉填充型塑料为主，这类塑料主要原料还是聚烯烃类树脂，根本就不能完全降解，但商家胡乱解释混淆降解概念，一直到现在，不少企业在生产过程中仍加入不能降解的石化产品，但仍称为“完全降解”，以致人们怀疑降解塑料的真正降解性。

其次，降解塑料的定义及标准均需进一步研究。国内外对降解塑料的定义解释有多种多样，究竟如何才算降解塑料，各方面解释不同，以致有关标准也难标示出真正的降解塑料，即使是国际标准化组织(ISO)的定义和有关标准也引起各国科学家的不同反映，更不要说国内各种降解塑料生产商各自为政的解释了，直到现在，可降解塑料及其制品尚无统一的定义、试验评价方法、识别标志和产品检测标准，因此市场上降解塑料品种众多，很多不能降解或不能完全降解的塑料也打出降解的旗号，令人真假莫辨，由于检验标准不完善及各地解释不同，认证真假降解塑料很难。国家及很多地方制定有关治理污染环境的法规中多有一项内容涉及一次性泡沫塑料饭盒，原国家经贸委还曾颁布6号令，要求2000年底前淘汰一次性发泡餐具，希望推动可降解餐具的发展，但由于产品市场混乱，国内限制一次性塑料餐盒并没有给降解塑料制品带来发展商机，因为很多普通塑料制品打上“降解塑料”标签照样横行市场，以致工商和技术监督部门也无法认真执行有关法规，人们更是难以相信降解塑料可以解决塑料的污染了。

再者，降解塑料，即使生产简便的填充型淀粉塑料其价格均高于普通塑料，有的甚至高出十倍以上，因此难以被人接受而推广应用，有些真正可生物降解塑料也只能应用于高档产品，如医疗用品、高档化妆品容器等。

另外，降解塑料的降解机理和降解过程对周边生态环境的影响还未能深入研究，令环保人士不断提出疑问。

我国在降解塑料研究虽然已经30多年，基本与世界同步，但一方面国家支持还需加大，另一方面目前研究单位虽然有30多家，但此起彼落，前后有上百家大学、科研单位和企业参予研究，国家、省部已上了几百个攻关项目，但均各自为政、研究团队不大，所需各种专业人员也不齐全，因此很多研究都是重复，创新性不高，所以该领域的研究工作还需大力加强。有关部门应该对有发展前景的品种，如二氧化碳聚合物、聚乳酸塑料、热塑性全淀粉塑料、纤维素塑料等投入更大的财力、人力，集中突破，使真正生物降解的塑料成本大幅度降低，广泛应用。

塑料的广泛应用要求同时解决其严重污染生态的问题，可降解塑料是有效途径之一，因此发展可生物降解塑料是塑料生产中重要的一环，符合世界产业发展趋势。我们相信我国科技工作者在国内大好形势下，和企业一道努力研究，将开发出成本可与现行塑料相比、性能优越的可生物降解塑料的众多产品，这一领域定有辉煌的前景。

（江西师范大学　邱威扬）

发展循环经济，推动 BOPS环保材料的产业化

Promoting the Industrialization of BOPS, an Environmental Protection Material for the Benefits of Circular Economy

摘要：本文简要介绍了循环经济对BOPS环保材料的迫切需求，阐述了绿色环保聚苯乙烯(BOPS)薄膜系列产品的性能特点及发展前景，论述了该产品产业化生产的关键技术。

循环经济是指人类最有效利用资源和保护环境为基础的一种新的可持续发展的经济形态。循环经济作为人类发展历史上一种先进的模型选择，正越来越为国际社会所接受。传统经济运行方式遵循一种由“资源消耗—产品工业—污染排放”所构成的物质单向流动的开放式线性经济。在这种经济运行方式中，人类通过对资源的粗放型经营和一次性利用，实现经济的数量型增长，这种经济产生的高消耗、高产量、高废弃的现象直接造成了对自然环境的恶性破坏。循环经济倡导的是一种与环境和谐的经济发展模式。它要求把经济活动组织成一个“资源—产品—再生资源”的反馈式流程，其特征是低开采、高利用、低排放。“减量化、再利用、再循环”是循环经济最重要的实际操作原则。

21世纪是环保的世纪。环境问题日趋重要，资源、能源更趋紧张，构筑循环经济社会，走可持续发展的道路已成为全球关注的焦点和迫切任务，并成为各行各业发展及人类进步的准则。党的十六届五中全会通过的“十一五”规划也已明确这点。随着《中华人民共和国循环经济促进法》于2009年1月1日的颁布实施，我国开始向进入循环经济型社会而努力，产业结构逐渐向绿色环保、生态经济调整，塑料包装行业也不例外。

一、开发绿色环保 BOPS 包装薄膜取代 PVC 薄膜产品，是循环经济发展的需要

随着世界经济的发展，世界塑料制品的生产呈稳定增长之势，其应用领域不断拓展，塑料包装材料发展迅速，产量已超过纸板和金属，薄膜包装作为新兴产业在生活和生产中已经愈来愈显示重要作用。包装材料行业的发展水平随商品包装要求的提高而不断提高，尤其近年我国国民经济的迅速发展、人们生活水平的提高以及生活质量的改善，社会需求量的增长以及出口商品的扩大，故对国内薄膜包装材料从质量到数量都提出了更高、更新的要求。

在各类塑料包装薄膜中，收缩膜的地位正日益提高。但是，目前我国大量使用的热收缩膜为聚氯乙稀(PVC)制品，虽然聚氯乙烯具有良好的化学稳定性，不易被酸、碱侵蚀，但对光、热、紫外线等不稳定，耐热温度低，若加热温度高易放出氯化氢(HCI)和析出增塑剂，影响内装物质质量，因此该材料不宜包装食品和药品。PVC 收缩包装膜在发达地区被认为其废弃物加以焚烧时会污染大气而不符合环保要求，因而纷纷加以禁止和限制，欧洲一些国家已从法律上规定禁止使用该材料包装食品和药品，如德国全面禁止 PVC 收缩包装膜包装的产品，美国虽未明文规定，但在消费者心中已不能接受用此材料来做包装。美国市场 BOPS 年增长率达到 5.5%，而 PVC 片不但无增长反而减退 2.8%，之所以这样是由于在医学界已在认真讨论 PVC 中氯乙稀(VCM)单体含量对人体的危害，认为可能产生致癌物质。美国虽然没有禁用 PVC 制品，但对食品级 PVC 中聚氯乙稀单体含量规定为 0.01ppm，我国的规定是 5ppm，是美国标准的 500 倍。目前，我国已禁止 PVC 用做食品保鲜膜，PVC 扭结膜直接与糖果接触，其危害性和保鲜膜是一样的。但由于 PVC 价格低廉，在热收缩膜领域仍然有广泛的应用。

自 20 世纪 90 年代以来，随着国内包装行业的迅速发展，PVC 扭结膜和热收缩膜的需求量不断上升，特别是我国作为世界饮料大国，用 PVC 热收缩膜制作的标签更是异军突起，一举成为贴体包装的首选材料。截止 2008 年底仅作为饮料商标的 PVC 热收缩膜已经超过 10 万吨，并将随着中国饮料发展以每年 15% ~20% 以上的速度增长。大量使用 PVC 包装薄膜会产生很多不环保的废弃物，给废弃物处理带来了许多问题。如果加之以 PVC 扭结膜等粗略估计，全国每年将有 15 万吨左右的 PVC 废膜等待处理。这些废膜难以回收再用，但是却无法焚烧转换成能源。PVC 助剂中的增塑剂和稳定剂在以垃圾填埋方式处理时，会对地下水及土壤产生污染，而需要焚烧方式处理时，则会产生一种叫二恶英(dioxin)的致癌物对环境和人体造成不利的影响。

由于上述原因，日本，欧盟等工业发达国家早在 20 世纪末就已禁止使用聚氯乙烯(PVC)作为食品包装材料；韩国和中国台湾 2005 年分别颁布了《关于食品接触材料标准和范围修正案》和《废弃物清洁法》，明文规定禁止使用聚氯乙烯(PVC)包装饮料和食品等。目前，在我国建设循环型社会的今天，发展绿色安全环保型的收缩膜产品是急需提上日程的项目。

聚苯乙烯(BOPS)薄膜是近年来发展起来的一种新型、高档、绿色环保软包装材料，因其优异的包装性能和环保特征，在收缩标贴膜，糖果扭结膜，信封窗口膜等方面替代 PVC 薄膜并得到日益广泛的应用。聚苯乙烯无毒、无味、无臭、耐水、耐化学品性能好、透明度高、易成型加工、电性能和抗静电性好，密度较低，通过添加某些特殊助剂还可获得更高的透明度。聚苯乙烯包装薄膜在环保方面有两大优势：一是对使用过的制品可以回收循环使用；二是在回收或处理焚化过程中不产生任何对人体健康有害的物质。聚苯乙烯包装薄膜的推广应用对大力提倡绿色环保、建设循环型社会具有重要意义。

作为热收缩膜 PVC 的替代品有 PE、BOPP、POF、PET-G 等，由于 PE 热收缩膜的收缩张力小，BOPP 热收缩膜的收缩率低，POF 热收缩膜价格昂贵，PET-G 收缩张力高，因而，这几种收缩膜在使用方面有各自的局限性，难以得到广泛的应用。BOPS 热收缩薄膜，是一种符合环保要求的新型贴体饮料商标材料。其做成的标签，不仅符合食品安全卫生要求，易回收、不污染环境，而且具有强度高、刚性好、性能稳定、加工方便、容易着色、印刷性能好及良好的光泽度和透明度等优点，符合建设循环型社会的需要，应大力推广。

能替代聚氯乙烯(PVC)扭结膜的材料有玻璃纸、聚酯(PET)扭结膜、BOPS 扭结膜，都可应用于糖果包装。玻璃纸本身虽然没有毒性，但其生产过程和造纸一样会对环境造成极大影响且价格极高。PET 扭结膜在环保角度上优于 PVC 扭结膜和玻璃纸，但其密度大，成本高，扭结性能一般。BOPS 扭结膜具有无毒、无味、高透明度且力学性能优良，无回弹性，综合性能好的特点，符合循环型社会发展的需要，具有其他扭结膜无可比拟的优势。

BOPS 窗口膜的基体是聚苯乙烯(PS)。采用填充增强、添加特殊助剂等措施，可使该窗口膜具有高强度、高透明度、超低静电。该产品本身具有良好的耐水性和抗静电性，在包装领域中非常受欢迎。主要应用于商业信函制作，使客户直观、清晰的看到信函封面的内容；也可用于CD包装袋，美观大方，并且在电子阅读时也不容易出错；同时，还大量应用在巧克力等食品的包装上。就商业信函为例，目前，这种窗口膜国内年使用量大约在600t左右。随着国内经济的发展，在商业信函上使用的这种窗口膜必然达到万吨以上。随着对环保要求的日益提高，环保型BOPS窗口膜的广泛应用势在必行。

二、BOPS薄膜的性能特点及发展前景

BOPS是20世纪50年代初由美国Emhart、Plam股份公司首先开发的，主要用于食品包装。二次大战以后，先后有多条生产线投入生产，美国陶氏化学公司也是世界上树脂产量最高和质量最好的厂家。

与市场上各种塑料薄膜相比，BOPS在可选择的收缩温度、收缩率以及收缩力的方面具有相当大的优势，各种塑料材料的收缩温度、收缩率和收缩力如表1所示。

表1　各种塑料薄膜性能对比

薄膜名称	厚度/μm	收缩率/%	收缩张力/(N/cm^2)	收缩温度/℃	烘道空气温度/℃	热封温度/℃
Surlyn	24.5~76.2	20~40	100.4~172.4	90.5~135	121~176.6	121~204.5
聚丁烯	12.7~50.8	40~80	68.96~241.4	87~176.6	121~204.5	148.9~204.5
PE，一般	25.4~50.8	20~70	24.46~68.96	87~148.9	121~190.5	121~204.5
PE，重荷	50.8~254.0	20~70	24.46~68.96	87~148.9	121~246.1	121~204.5
EVA	25.4~254.0	20~70	27.58~62.4	65.5~121	93.3~160	93.3~176.6
交联PE	15.24~38.1	50~80	206.8~413.7	93.3~176.6	148.9~232	176.5~204.5
PP	12.7~38.1	50~80	206.8~413.7	93.3~176.6	148.9~232	176.5~204.5
PVC，一般	12.7~38.1	30~70	103.4~206.8	65.5~148.9	167.2~154.5	135~187.9
PVC，重荷	38.1~76.2	55	162.4~206.8	65.5~148.9	167.2~154.5	135~187.9
PVDC(同PVC共聚物)	10.16~16.4	15~60	34.5~137.5	66~143	93.3~144.9	121~148.9
PS	25.4	40~70	68.96~413.7	98.9~132.2	132.2~160	121~148.9

从上表可看出，BOPS膜具有收缩张力调节范围较大的优点，又由于其还具有透明度高、电性能好、透气性好等优点，因此，BOPS膜用于许多商品的包装具有很强的优势。

BOPS热收缩膜是BOPS系列品种中应用最广泛的一个品种，之所以是当今世界关注的好材料，除它本身是很好的环保材料，并有很好的收缩性能外，还具有许多良好使用性能：

具有良好的透明度和光泽性，可提高包装产品的显示效果，给消费者良好的感觉，有利于直接观察到商品的外形细节，从而提高产品的销售档次；

具有良好的耐水性和电性能，其吸水率是PVC膜的1/2，PET膜的1/5，在湿度极高时表面也不会形成冷凝水；

抗拉强度比PVC高，收缩率和收缩应力均有较大的调节范围，适合于各类商品的热收缩包装要求；

易于印刷、装饰，可采用传统的胶印、丝印、涂复、复合、真空镀膜等后加工工艺；

相对密度小(1.05左右，PVC为1.37左右)，在达到相同强度与PVC壁厚比可减低25%；

耐低温、冷冻性能好。

由于其优异的环保特征和包装性能，开展环保型绿色热收缩BOPS包装薄膜的产业化研究，不仅对我国创造循环经济社会具有重要意义，同时对于增强我国产品的出口能力、克服环保壁垒具有重要的市场意义和市场前景。

目前，BOPS又有了许多其他的用途，包括装饰标签和防干扰包装。1975年，世界范围BOPS薄膜总产量达到每年16万吨。接下来十年产量增长25%，达到年产20万吨。到1995年，由于加工设备的发展，材料成本费用降低，使年产量上升到每年32.5万吨，在十年里增长了62%。到2005年，产量达到每年51万吨，市场增长57%。尽管亚太市场增长相对缓慢，但北美市场保持强劲的增长势头，欧洲的BOPS薄膜市场也在增长。

有关机构预测，世界 BOPS 薄膜市场将以每年 14% 的速度持续增长。

三、攻克 BOPS 薄膜的产业化关键技术

BOPS 薄膜的生产技术和原材料多年来一直垄断于国外少数几家公司，由于配方难以掌握、生产工艺难调整、原材料供应紧张等原因，国内对 BOPS 薄膜生产和应用的研究目前还处于初步阶段。本项目的研究开发将在环保型热收缩薄膜及扭结膜领域突破国外技术的封锁，提高我国包装技术与材料的档次。我们主要研究开发了如下内容：

1. 研发和改造现有生产设备

目前，国内对 BOPS 薄膜生产的研究还处于小规模试验线阶段，我们着眼于对国外关键生产设备的消化吸收，并通过自身的研发能力，改革创新，形成具有自主知识产权的关键国产化生产装备，产品的技术性能指标达到了国际先进水平。

① 生产线操作及控制采用 PLC 控制。对挤出机组传动装置实行速度控制和压力控制，确保薄膜纵向公差的均匀性。冷鼓和纵拉慢速辊之间，以及纵拉快速辊和横拉之间采用张力传感器进行速度协调。所有传动系统均采用全数字调速装置，并配置有总线通讯卡、能直接联网与 PLC 控制器构成现场总线网络。操作人员能根据生产过程要求多种形式的速度快速变换、自动调节、程序动作、前后跟踪等。

② 在拉伸过程中，关键在于材料温度的均匀和稳定。低温拉伸是热收缩膜生产的关键，其拉伸温度的精确控制尤为重要。为了保证温度的准确，采用热煤油或软化水加热，由铂电阻检测温度，输入到 PLC 并通过 PID 运算，控制比例流量控制阀来实现温度控制。温度控制器可采用 PID 控制方式，又可采用模糊逻辑控制，并具有自适应功能，控制参数可自整定。

③ 挤出机系统。挤出机系统的好坏直接影响到 PS 熔融以及各种助剂在熔体内的分散效果，本项目采用具有自主知识产权的同向平行三螺杆挤出机加计量泵的方式，保证挤出过程的稳定和物料的良好塑化。过滤装置将其中杂质、异物剔除并保持较高背压，使物料得到更好的塑化。采用齿轮泵精确计量，经模唇挤出形成厚度均匀、表面光洁的厚片。

整条 BOPS 生产线具有一系列的生产设备，构成材料循环回收生产的特性。它包括主要生产设备以及相关的附属设备，如工艺供料系统、时效处理系统、回收造粒以及公用工程系统等。有关设备详见主要设备一览表(表 2)。

表 2　生产线主要设备一览表

序号	设备名称	数量
1	PS 树脂计量、输送系统	1 套
2	助剂计量、输送系统	3 套
3	边角料计量、输送系统	1 套
4	动态同向平行三螺杆挤出机及辅助挤出机	1 套
5	膜片冷却成型和纵向拉伸系统	1 套
6	横拉机	1 套
7	牵引系统	1 套
8	电晕系统	1 套
9	薄膜测厚系统	1 套
10	收卷机	1 台
11	边料粉碎回收系统	1 套
12	电气系统	1 套
13	计算机过程控制系统	1 套
14	全自动分切机	1 台
15	质量检测仪器	1 套
16	PS 新料仓	1 台
17	助剂料仓	3 台
18	回收料仓	1 台
19	卷轴	1 套
20	时效处理架	1 套

2. 专用料配方、工艺条件及流程

BOPS 膜用的原料通过挤出机挤出、双向拉伸、冷却定型、卷取等工序而得。由于双向拉伸工艺可以使 PS 分开取向，因此其强度较高。目前国外发达国家，如美国、加拿大、日本等的用量已占所有薄膜类的 60% 以上。由于配方难掌握、生产工艺难调整及原材料供应紧张等原因，至今国内尚未有此类产品批量投产的报道。我们立足于主要原料国产化以及专用料高性能化，在 BOPS 专用料方面的研发主要包括以下内容：

(1) BOPS 专用料

PS 母料：采用薄膜级高抗冲聚苯乙烯(PS)透明颗粒，要求 MFR 在 1.2 ~ 2.5g/10min 之间，维卡软化点在 105℃左右。目前提供生产原料的主要国内外生产厂家有近十家左右。从主要原料国产化的目的出发，本项目采用国产的 PS 材料。

添加增韧剂：薄膜级高抗冲聚苯乙烯(PS)透明颗粒其质硬且脆，为改善其脆性和 PS 的热成型性能，需加入一定量的增韧剂。

回收料：回收料是将横拉切边和分切 PS 大母卷时得到的边料，经粉碎、造粒，制成清洁的 PS 颗粒。加入一定量的回收料，既可以降低成本，又不影响薄膜质量。

其他助剂：为了改善收缩膜的某些性能，还根据不同需要添加一定量的其他助剂，如：改性剂、抗黏连剂、抗静电剂、润滑剂等。

(2) 工艺条件及流程(表3)

表3　基本成型工艺条件

项　　目	成型条件
树脂温度/℃	230～250
冷却辊温度/℃	90～120
纵向拉伸温度/℃	100～130
横向拉伸温度/℃	110～130
拉伸前速度/(m/min)	15～30
拉伸后速度/(m/min)	40～100
纵向拉伸倍率/倍	1.05～3

四、项目产业化的社会和经济效益

塑料包装是塑料应用中的最大领域，在各类型塑料包装薄膜中，环保型 BOPS 薄膜的地位正日益提高。由于其优越的物理、光学性能及表面不带静电，同时又是环保性材料，使其在热收缩食品包装领域，商业信函、CD 产品包装等窗口膜包装领域，食品、糖果、鲜花和新鲜蔬菜的扭结包装方面等领域具有相当优势，因此很受欢迎。另外，产品各项性能均达到或超过国外同类产品指标，不但填补国内技术空白，实现以产顶进，节约大量外汇，在产量允许的情况下，还可以将产品推向国际市场，实现出口创汇。在使用的过程中，可根据不同的需求，在后工序深加工过程中，采用平面或立体设计，配套精美的印刷，达到客户满意的包装效果。该产品市场前景广阔，无论经济效益或者是社会效益都十分显著。

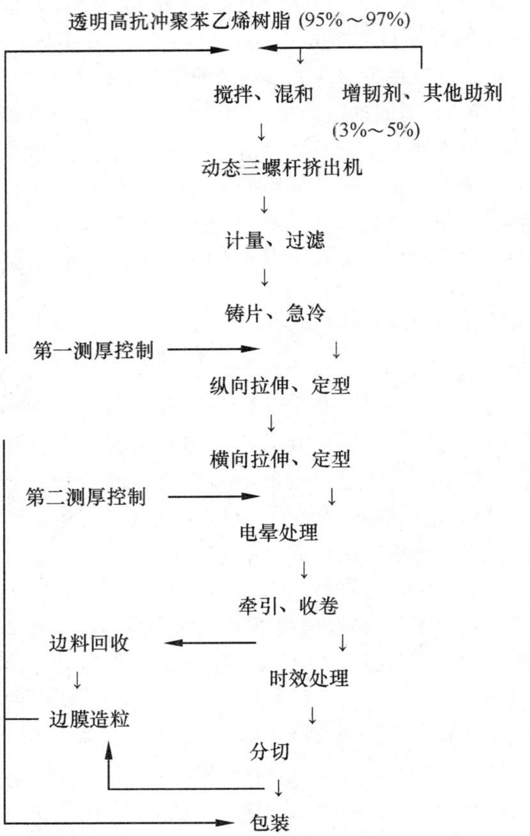

BOPS 薄膜生产工艺流程

五、结论

中国是一个人口密度高、人均资源贫乏的国家，人均土地占有量和水资源占有量只有世界人均占有量的 1/3 和 1/4，人均矿产资源不足世界平均水平的 1/2。与此同时，环境污染非常严重。在资源越来越紧缺的今天，资源环境因素在国际贸易中的作用日益突显出来。"绿色壁垒"成为我国扩大出口面临最多也是最难突破的问题，有的已对我国产品在国际市场的竞争力造成重要的影响。循环经济必然成为可持续发展的必由之路。

第一，发展循环经济是实施资源战略，促进资源永续利用，保障国家经济安全的重大战略措施。我国的资源状况，一方面人均资源量相对不足，另一方面资源开采和利用方式粗放、综合利用水平低、浪费严重。加快发展循环经济在节约资源方面是大有可为的。

第二，发展循环经济是防治污染、保护环境的重要途径。首先，发展循环经济要求实施清洁生产，这可以从源头上减少污染物的产生，是保护环境的治本措施。另外，各种废弃物的回收再利用也大大地减少了固体污染物的排放。

第三，发展循环经济是应对入世挑战，促进经济增长方式转变，增强企业竞争力的重要途径和客观要求。加入世贸组织后，企业面临更加激烈的市场竞争，企业要生存和发展，必须转变增长方式，走内涵发展道路。发展循环经济，可以降低产品成本，提高经济效益，使企业的竞争能力得到增强。

第四，开发环保新型包装材料，带动塑料包装行业的资源再回收循环利用，是实施循环经济促进法的有效尝试。我们相信，随着《中华人民共和国循环经济促进法》的颁布实施以及诸如《包装物回收利用管理办法》等相关配套的法规的陆续出台，一个环境友好型的社会模式将逐步建立起来。

(广东华业包装材料有限公司　洪之全)

消失模铸造用泡沫原料及泡沫模样的品质研究

Research on the Foam Materials and the Foam Quality for Casting of LFC

摘要：本文介绍了我国消失模铸造行业的基本情况，重点对消失模铸造用泡沫原料及泡沫模样的品质进行了评价和研究，介绍了不同泡沫原料的应用范围和企业应用状况。

20世纪90年代初，继美国、德国和日本等发达国家之后，中国掀起研究和推广消失模铸造技术的高潮，至今热度不减。为推动中国消失模铸造技术的健康发展，1995年中国机械工程学会铸造分会设立消失模铸造技术委员会。2003年创办全国消失模铸造网站www. xsm. com. cn。进入21世纪后，中国消失模铸造有了长足进步。据消失模铸造技术委员会和消失模网站统计，目前我国消失模铸造企业超过400家，2008年中国消失模铸造产量估计近100万吨。

消失模铸造工艺过程（参见图1所示）简述为：①采用发泡模具生产泡沫模样或浇注系统；②将模样和浇道黏接成模束模组；③在模束模组上浸挂涂料；④烘干涂料；⑤将模组放入砂箱，填入干砂；⑥振动造型使干砂充填到内腔并紧实；⑦浇注使泡沫模样气化消失形成铸件；⑧铸件冷却后取出清理，干砂循环使用。

没有好的泡沫模样便不会生产出好的铸件。消失模铸造用泡沫原料是聚苯乙烯（EPS）和苯乙烯与甲基丙烯酸甲脂的共聚物（STMMA）。根据泡沫模样的制造方法将消失模铸造分为两大类：基于泡沫板材加工的消失模铸造和基于模压成型的泡沫模样的消失模铸造。本文重点就消失模铸造用泡沫原料及泡沫模样的品质进行评价。

一、基于泡沫板材加工的消失模铸造

基于泡沫板材加工的消失模铸造的产品主要有三大类：汽车用覆盖件冲模模具（见图2）、机床车身（见图3）和各种较大型机械类产品。

基于泡沫板材加工的消失模铸造代表性企业有：白城通业（集团）有限责任公司实型铸造厂，天津京泊模具有限责任公司，天津三达铸造有限公司表，河南省禹州市实型铸造厂，湖北东风集团通用铸锻厂，湖北齐星汽车车身股份有限公司，湖北十堰龙

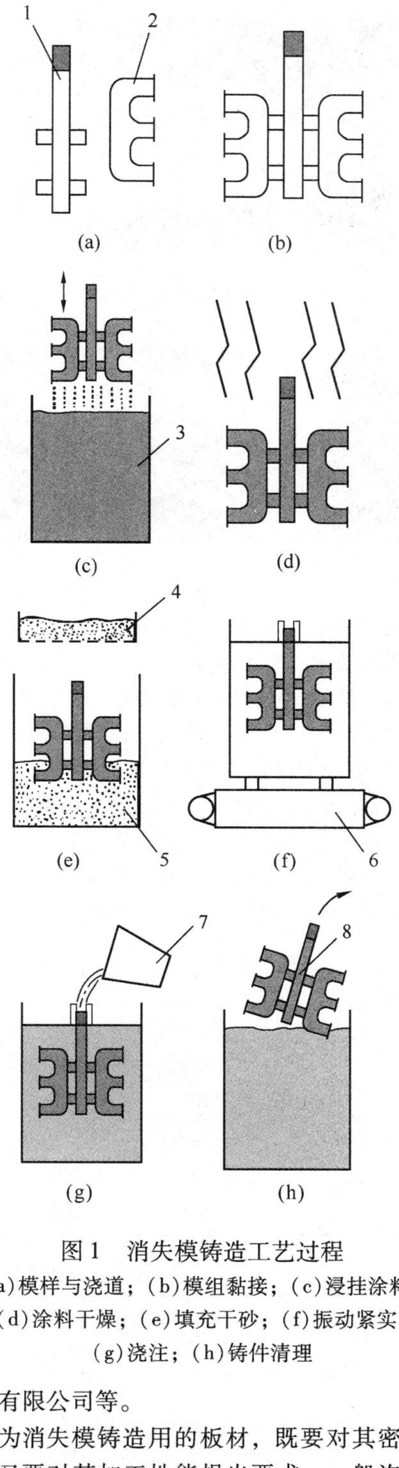

图1　消失模铸造工艺过程

（a）模样与浇道；（b）模组黏接；（c）浸挂涂料；（d）涂料干燥；（e）填充干砂；（f）振动紧实；（g）浇注；（h）铸件清理

岗铸造有限公司等。

作为消失模铸造用的板材，既要对其密度提出要求，又要对其加工性能提出要求，一般泡沫密度愈大，其加工性能愈好，而且模具原型在加工和铸造过程中不易变形。但泡沫密度偏大又影响到消失模铸造和铝合金毛坯的内在质量。因此聚苯乙烯泡沫板材的加工性能好坏是该工艺的关键。国内生产消失模铸造用的板材企业有：十堰新百强工贸有限

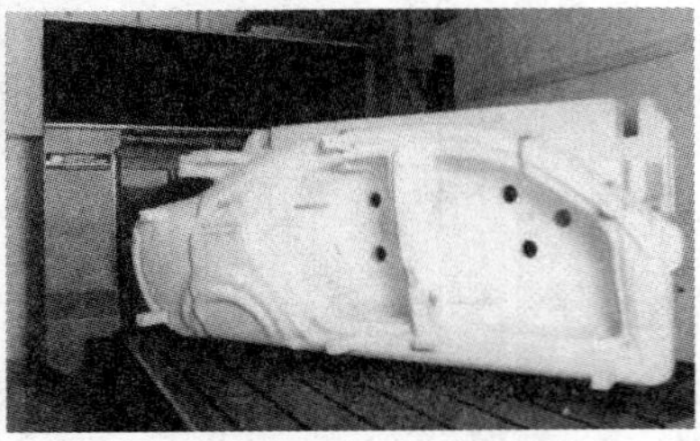

图 2　冲模模具泡沫模样

图 3　机床床身泡沫模样

公司，采用抽真空成型设备，年产 200tEPS 泡沫板材；柳州天勤塑料泡沫制品有限公司（产能 700t，实际年产 200tEPS 板材，法国进口风冷成型机）；天津奥新海塑料汽车模具 EPS 消失型专用板材有限公司（采用抽真空成型设备生产 EPS 板材）。

为选择同时适合数控加工又适合消失模铸造用的泡沫板材，笔者对国内两家生产的聚苯乙烯泡沫板料进行取样，按照 GB 10801—89 聚苯乙烯泡沫塑料板材规范，委托武汉国家塑料产品质量监督站作对比试验。

表 1　泡沫塑料板材的技术指标和数控加工后的状态评定

试样	相对密度/（kg/m^3）	压缩强度/kPa	吸水率 V/V/%	数控加工后状态
未抽真空试样	16	84	2.6	加工表面少无坑孔
抽真空式样	16	102	2.1	加工表面较多坑孔

根据表 1 所列举数据，得出以下评价：同样相对密度条件下比较 EPS 泡沫板材，未抽真空泡沫板材，其内部泡沫珠粒欠融合，造成较多坑孔。加工后暴露出来，影响加工后的泡沫模样及铸件表面质量。而且采用真空填料 + 真空成型 + 真空冷却的工艺，可以保证在规定的泡沫密度限制下，充分让泡沫珠粒融合，确保了泡沫珠粒的密实排列、充分融合以及脱水干燥，避免了内部的空洞出现。因此，全国消失模技术委员会推荐用户应选取有真空辅助发泡成型的板材成型机生产的 EPS 泡沫模样，且泡沫板材的压缩强度大于 100kPa 之间，吸水率（V/V）<2.5%，其相对密度范围为 16 ~ 18kg/m^3，可满足消失模铸造的高要求。

二、基于 EPS 发泡成型泡沫模样的消失模铸造

泡沫原料种类与检测

消失模铸造用泡沫珠粒聚苯乙烯（EPS）品牌见表 2 所列。采用 EPS 泡沫模样的消失模铸造企业名录见表 3。

表 2　消失模铸造用可发性泡沫珠粒

牌　号	规　格	平均粒径/mm	适用范围	生产企业
嘉昌牌 EPS	106	0.50 ~ 0.80	厚壁铸铁件	江苏嘉盛化学品工业有限公司
	107	0.40 ~ 0.60	薄壁铸铁件	
龙王牌 EPS	G - 4s	0.30 ~ 0.60	薄壁铸件	宁波和桥化工有限公司
锡发牌 EPS	401	0.40 ~ 0.70	厚壁铸铁件	无锡兴达泡塑新材料有限公司
	501	0.30 ~ 0.50	薄壁铸铁件	

表 3　采用 EPS 泡沫模样的消失模铸造企业名录

序　号	企业名称	生产状况
1	陕西法士特汽车传动集团 www.chinafastgear.com	北京天哲消失模铸造技术有限公司生产线年产 30000t 消失模齿轮箱体等
2	山西华恩集团	年产 30000t 消失模铸铁箱体等
3	湖南桃江新兴管件有限公司	1996 年北京农机研究院生产线，年产 20000t 球墨铸铁管件
4	重庆飞龙机械制造公司 www.cqfeilong.com.cn	年产 5000t 消失模卡车箱体类
5	无锡永鑫实型铸造公司 www.yxcast.com	北京天哲消失模铸造技术有限公司生产线年产 3000t 消失模耐热耐磨钢
6	湖北随州随通机械有限公司	北京天哲消失模铸造技术有限公司生产线，年产 5000t 卡车箱体

EPS易发泡成型，价格较低，广泛用于铝合金、铜合金、灰铸铁、高锰钢和中碳钢等铸件生产。苯乙烯中含8个碳原子，占分子量92%。因此EPS含碳量高，高温裂解后产生的碳渣多。由于球墨铸铁原铁液已呈过共晶碳饱和状态，易在铸件上表面和侧表面形成碳夹渣和碳皱皮缺陷。而对于含碳量较低的铸钢件，EPS会造成铸件增碳，影响到铸件的加工性能、焊接性能和抗冲击韧性等。

三、基于共聚物原料的发泡成型模样的消失模铸造

我国杭州凯斯特化工有限公司开发出具有自主知识产权的共聚物STMMA(70%甲基丙烯酸甲脂和30%苯乙烯)，并于2002获得专利(ZL02118011.3)。共聚物成功应用到消失模球铁件、灰铁件以及铸钢生产中，明显减少碳缺陷。为便于用户选择参考，表4所示凯斯特STMMA的产品规格和适用范围。表5为EPS与STMMA的性能和成本对比。

表4　STMMA的应用性能对比

牌号	规格	平均粒径/mm	适用范围
STMMA	2#	0.45~0.60	厚壁灰铁和球铁件
	3#	0.35~0.50	球铁件和铸钢件
	4#	0.25~0.35	薄壁球铁和灰铁件

表5　EPS与STMMA的应用性能对比

对比项目	EPS	STMMA
碳的质量分数/%	92	69.6
实用范围	铝合金、灰铁和普通碳钢	球铁、灰铁和低碳铸钢件
预发密度(g/cm^3)	0.018~0.022	0.020~0.024
预发珠粒保存期/天	1~2	2~5
每吨铸件消耗泡沫珠粒质量/kg	3.4~3.8	3.6~4.0
铸铁件表面碳缺陷	明显	不明显
铸钢件增碳量/%	0.2~0.3	≤0.1
铸件合格率/%	≤90	≥95

杭州凯斯特化工有限公司共聚料3#料(简称杭州料)和日本三菱公司共聚料CL600A(简称日本料)性能对比：

① 两者基本性能指标对比见表6。

表6　杭州料与日本料性能指标对比

	发泡剂/%	水分/%	最大倍率	表观密度/(g/cm^3)	重均分子量(万)
杭州料	9	0.3~0.6	90	0.540	20~25
日本料	8	0.85	89	0.625	28~29

② 两者原始珠粒颗粒大小均匀，有利于制得内部结构均匀一致的泡沫模样，见图4~7。

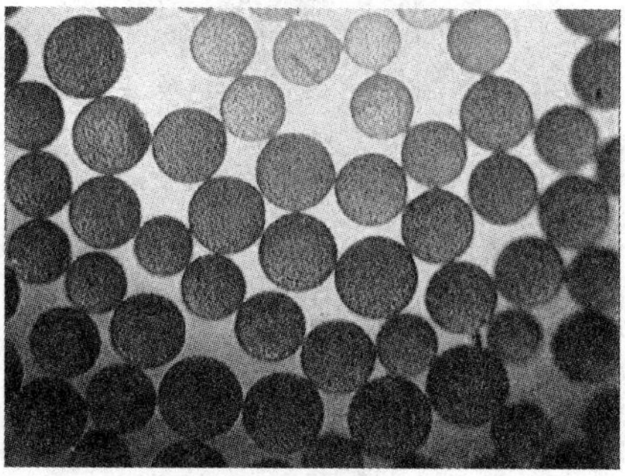

图4　日本料原始珠粒

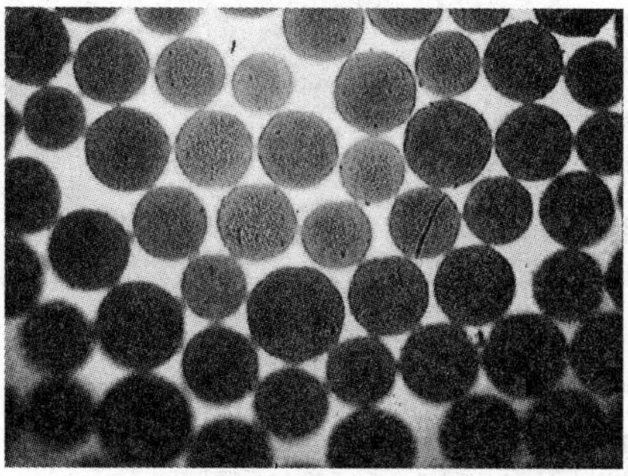

图5　杭州料原始珠粒

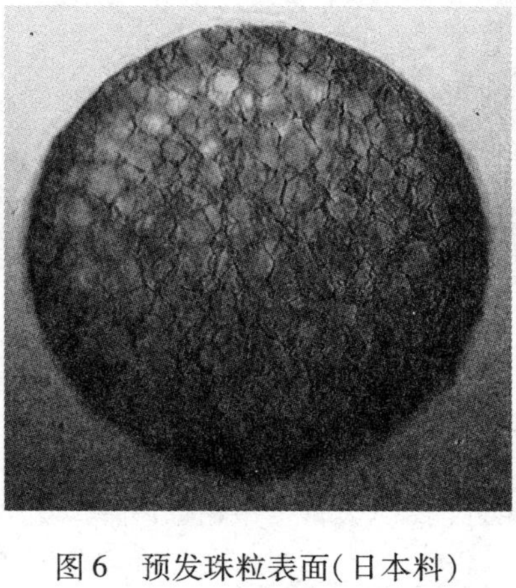

图6　预发珠粒表面(日本料)

③ 日本料原始珠粒外观润泽透明，手感滑腻，预发后的球体手感很软，稍一捏就瘪了，弹性较差，

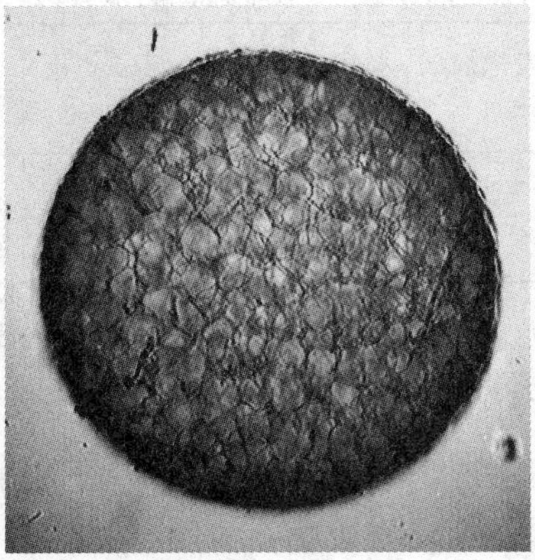

图7　预发珠粒表面(杭州料)

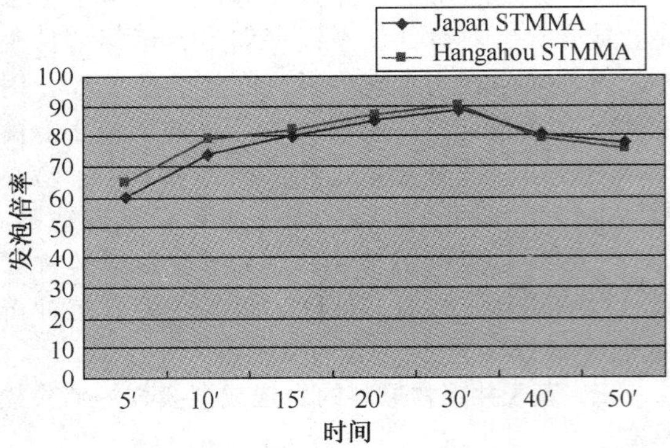

图10　杭州料和日本料发泡倍率对比

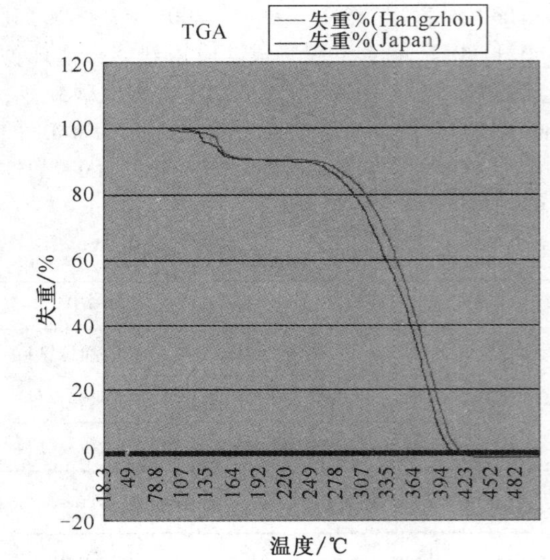

图11　杭州料和日本料热失重分析对比

所以成型密度相近时，比杭州料强度差，但杭州料表面光洁度不如日本料，日本料表面质量接近EPS，日本料比杭州料融合性更好，见图8，9。

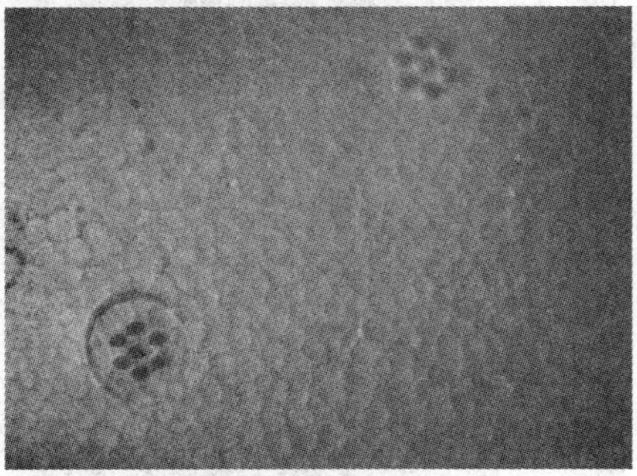

图8　泡沫模样表面质量(日本料)

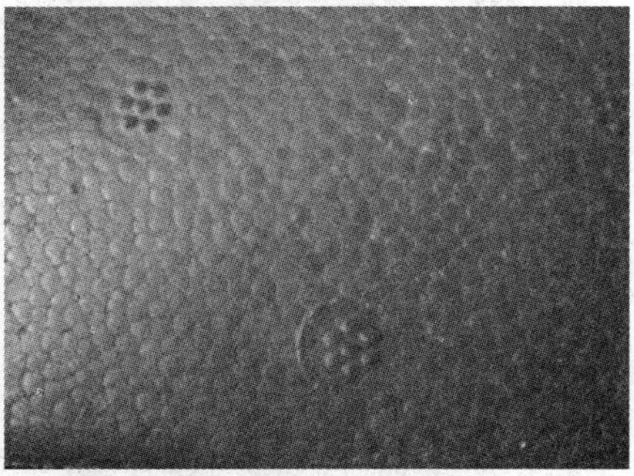

图9　泡沫模样表面质量(杭州料)

④发泡倍率对比(发泡温度120℃)及热失重分析见图10，11。

由表2和图10可以看出，杭州料和日本料发泡剂含量相近，最大发泡倍率相近，前者发泡膨胀速度稍快，而衰减速度相当，因此预发泡和成型发泡特性相近。从图11可以看出，杭州料和日本料热分解特性几乎一样，起始分解温度和终了分解温度相近，各个温度区间的分解速度也相近，只是在约300～400℃的高速分解区间，在相同的温度下，杭州料比日本料稍大。因此杭州凯斯特化工有限公司生产的共聚料性能与日本三菱的共聚料性能相近。

球墨铸铁消失模铸造一般建议采用共聚料，相比EPS可以大大减少铸造缺陷。见图11为某减速器壳体泡沫模样，材质要求为QT450－10，使用普通EPS生产铸件，铸件的表面很容易出现表面碳缺陷和皱皮，内部出现碳夹杂；使用共聚料后效果改善明显。见图15为使用共聚料生产的合格铸件。

如图14，涡轮箱铸件内腔非常复杂，材质要求为QT400－15，采用普通EPS制得的泡沫模样很难生产出合格的铸件，见图15为采用共聚料泡沫模样制得的合格铸件。

2009年杭州凯斯特化工有限公司销售的共聚物约350t，其中出口美国36t，销售国内314t。按泡沫模样与铸铁件的相对密度之比1:300计算，国内消失模铸造企业采用共聚物生产的铸铁件估算为 9 万吨。
主要客户见表 7。

图 12　某减速器壳泡沫

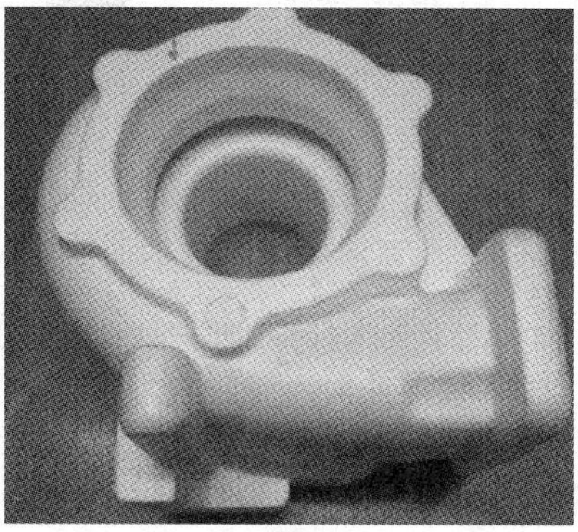

图 14　共聚料涡轮箱模样

图 13　某减速器壳铸件

图 15　涡轮箱铸件

表 7　采用共聚料的消失模铸造企业

序号	企业名称	生产状况
1	安徽合力股份公司合肥铸锻厂 www. hfzdc. com. cn	1998 年引进德国/美国消失模设备，年产 6000t 箱体类件 2002 采用第四研究院设计的 V 法生产线年产 5000t 叉车配重
2	山西华恩集团	年产 30000t 消失模铸铁箱体等
3	陕西法士特汽车传动集团 www. chinafastgear. com	北京天哲消失模铸造技术有限公司生产线年产 30000t 消失模齿轮箱体等
4	安徽全椒柴油机集团 www. cimatron. com. cn	1997 年引进美国消失模铸造设备及生产线，年产 1000t 消失模柴油机缸盖
5	重庆飞龙机械制造公司 www. cqfeilong. com. cn	年产 5000t 消失模卡车箱体类
6	福建龙工铸锻公司	年产 5000t 消失模工程车箱体类
7	湖北随州随通机械有限公司	北京天哲消失模铸造技术有限公司生产线，年产 5000t 卡车箱体
8	无锡永鑫实型铸造公司 www. yxcast. com	北京天哲消失模铸造技术有限公司生产线年产 3000t 消失模耐热耐磨钢铸件
9	马鞍山海天重工科技公司	年产 3000t 消失模耐热耐磨钢件

四、存在的主要问题

① 泡沫板材可加工性较差，数控加工后的泡沫模样表面质量较差，造成铸件表面质量降低，粗糙度大，加工余量大；

② 为消失模铸造生产泡沫模样的企业规模较小，生产效率低下。

(华中科技大学材料学院材料成型与模具技术国家重点实验室　叶升平　贺闻豪　易娜)

电磁加热在塑料加工中环保减排、节能高效的可行性研究

Feasibility Study on the Emissions Reduction and Energy Efficiency Promotion of Electromagnetic Heating in the Plastic Processing Industry

摘要：本文介绍一种新型高效的加热方式，变频电磁加热技术以及该技术在塑料加工中的应用，阐述了电磁加热在塑料加工中环保减排、节能高效的可行性和必要性，让塑料加工生产企业，塑机行业推广应用该项新技术。

一、概述

众所周知，塑料加工离不开加热，不管是热塑性塑料，还是热固性塑料，在加工成塑过程中，都必须让塑料高分子材料加热到熔融状态塑化，再挤压成型。目前常见的塑料加工成型设备，如挤出机(吹膜机、拉丝机、吹瓶机、板片材机、造粒机、再生机等)、注塑机，其加工工艺都是采用电阻式电热圈(片、管)套在机筒或模头上，电热圈(片、管)发热传导给机筒、模头，再对机筒内、模腔内的塑料加热。这种加热方式热效率只有40%～60%，加热慢、温度控制不准确，且易损坏、不安全。随着科学技术的发展，一种新型的直接加热方式已取代传统的电阻式传导加热方式。

这种新型的加热方式就是变频电磁感应加热技术。变频电磁加热技术是采用电磁感应的原理，将电能转化为电磁能，电磁能转变成直接热能，热效率达95%以上，平均可节约用电30%～50%，且具有热源稳定、加热迅速、使用寿命长、降低加热功率、维护简单等优点，完全可以替代传统电阻式加热方式，广泛应用于塑料橡胶制品加工、化工、医药、食品、能源、印刷、建筑等行业。

塑料加工的主要成本是用电费用，而电机和电热的用电占了绝大部分，生产中电机(动力)和电热差不多各占一半，电机部分现在都用了变频调速，减少了动力用电的浪费，而加热部分如果应用电磁加热技术，可以节约40%的加热功率，加热部分省电30%以上。

如果说，家用电磁炉为厨房厨具带来了一场革命，那么，工业微电脑变频电磁加热器则是工业加热器的一块里程碑，是工业企业环保减排、节能增效，降低生产成本、提高竞争力之必走之路。

二、电磁加热技术应用于塑料加工的可行性分析

1. 电磁感应原理

变频电磁加热器采用电磁感应加热原理，将电能转换成为热能。首先，通过内部整流滤波电路将市电(50Hz/220V/380V)的交流电变成直流电，再经过PWM(技术核心)控制电路将直流电转换成频率为20～30kHz的高频高压电，高速变化的电流通过加热线圈会产生高速变化的磁场，当磁场内的磁力线通过被加热金属物体(导磁导电物体)时，会在被加热金属物体内产生无数的小涡流，从而使被加热金属物体本身高速发热。塑料加工中，料筒、螺杆、模头都是金属材质，都可以通过电磁加热技术把它自身变成加热器，从而对处于其中的塑料进行加热。

2. 电磁加热与传统电阻丝加热的热效率比较

目前市场上的塑料机械料筒所用的加热方式普遍为传统的电热圈加热，通过接触传导方式把热量传到料筒上，只有紧靠在料筒表面发热丝的热量传到料筒内，电热圈外侧的热量大部分散失到空气中，存在热传导损失。而采用电磁感应技术，加热线圈和料筒之间没有直接接触，是通过磁场磁力线使金属料筒自身发热，而且在料筒外部包裹了一层隔热保温材料，以减少热传导损失，热效率达到95%以上。经过对汕头贝多电磁公司的DCR系列工业微电脑变频电磁加热器的实验测试和改装之后对比，节电效果在30%～50%以上，特别对于大功率设备节电效果更为明显。

3. 电磁加热对生产环境的影响

(1) 环境温度

采用传统电阻丝加热方式，因为大部分的热量散失到空气中去，这样就造成环境温度升高，特别是在夏天，工人生产环境非常恶劣。采用电磁感应加热方式时，因为加热线圈和料筒之间没有直接接触，是通过磁场磁力线使金属料筒自身发热，而且在料筒外部包裹了一层隔热保温材料，不再有大量热量散失到空气中，大大改善了生产现场的工作条件，将有力提高工人生产积极性，降低厂区通风降温费用。

（2）设备表面温度

采用电磁加热，热量聚集于加热体内部，外部热量耗散几乎没有，设备表面温度只有50～60℃，这个温度我们人体是完全可以触摸的，避免传统加热方式易造成烧伤、烫伤事故的发生，改善了工作环境，给我们的工人提供了一种人身安全的保障。

（3）电磁辐射

现代生活是绝对离不开电磁波的，且我们生活的空间也充满着各式各样波长的电磁波，像雷达、电台、无线电、移动通信、电力输送以及自然界雷电、气象活动等等，凡是家用电器都会有电磁辐射，电磁加热也会产生电磁辐射。汕头贝多电磁科技有限公司生产的DCR系列微电脑变频电磁加热器，经检测，其电磁辐射符合《国家电磁辐射防护规定》标准，根据欧盟EN62233：2008D的标准测试，其辐射剂量非常微弱，测试结果W值为0.0234（国家标准为≤0.3），还不到国家标准的十分之一，在人体安全范围以内，完全达到国际EMC的要求，且对周围环境设备没有任何干扰，可以放心使用。

4. 电磁加热优越性

（1）加热时间与温度控制

传统的电阻丝加热原理，是电阻丝本身产生高温后热量再慢慢地从料筒外表面高温区传到料筒的中心低温区速度缓慢，并且位于料筒中心的塑料实际温度和料筒表面温度有较大误差，当塑料温度达到要求时虽然电阻丝停止加热，由于存在温度误差，料筒表面仍然向料筒内部传导热量，导致温度控制不准确，既影响了产品成型质量，也降低了生产效率。

电磁感应加热，是使机筒、螺杆、模头等通过自身发热，直接对塑料加热，温度控制实时准确，料筒内外温度一致，明显改善了产品的质量和提高了生产效率。

（2）使用寿命与维护

电磁加热器采用绝缘材料和高温导线绕制，绕线本身不会产生热量，并可承受500℃以上高温。电阻式电热圈（片、管）的电阻丝在高温状态下容易氧化而缩短使用寿命，因此，采用电磁加热技术，具有使用寿命长、升温速率快、无需要维修等优点。

三、采用电磁加热技术利国利民、造福社会、企业得益

（1）减少电网的负荷，减少企业电容量

采用电磁感应加热，加热功率只是传统加热功率的60%就可以达到原来的电热效果，大量减少电网负荷。据不完全统计，全国现有塑料生产机械约160万台套，每年还以15%的速度递增，加热部分的电容量为2000万千瓦，日用电量约为2000万千瓦×0.5×20h＝2亿千瓦时，（0.5为机器加热通断比，20为机器一天生产的工时），按每台机每年300个工作日计算，全国塑料加工机械全年用电量为600亿千瓦时，若所有的机器都安装了电磁加热装置，那么全国节约电能约在180亿千瓦时，这比葛洲坝全年的发电量还多23亿千瓦时。

工业用电是推动全社会用电量增长的主要力量，塑料机械电磁加热是一项重要节能减排技术，采用该技术对缓解国家电力紧张和降低国家电力投资都有十分积极的作用和意义。对企业来说，也可以成为减少电容量或把减少电容量用到发展生产，扩大生产规模上。

（2）节能减排，提高效益

进入新世纪，节能减排工作越来越受到重视，2008年4月1日，新修订的《中华人民共和国节约能源法》正式施行，明确规定，节约资源是我国的基本国策，节能减排工作已成为全社会参与的国事、大事。国家实施节约与开发并举、把节约放在首位的能源发展战略。可见，我国已将节能减排工作提升到了战略性的高度。应用电磁加热技术节能，不但给国家和社会节能减排带来了积极的社会意义，而且也给企业带来可观的经济效益。

（3）企业直接效益与间接效益

随着制造业成本的增加，使得中国塑料制造业竞争日益激烈，节能已作为企业增效，降低经营成本，提高竞争力的重要手段。而电费在我们塑胶行业产品成本中又占有很大比例，因此，降低企业电费能够有效减低企业产品的生产成本，提高竞争力。

采用电磁感应加热技术，根据对直接效益与间接效益的分析评估，企业进行此项节能技术改造的投资，在不同类型的塑料设备可在半年至一年内完全可以收回投资；由于工作环境的改善，将直接影响到工人工作热情，提高工作效率，提升本企业的形象，其经济效益和社会效益都十分显著。

四、国内外目前电磁加热技术的状况

1. 技术水平

在德国杜赛尔多夫举办的K2007展览会上，Xaloy公司展出了一种名为Indx的新型加热系统，与普通的电热圈相比，具有明显降低能耗、可靠性更高并且响应速度也更快的特点。这种新型非触式机筒加热系统利用了大家早就比较熟悉的电磁感应原理。电磁感应原理通常用于加热大型工业锅炉、注射熔融金属的特殊装加工热固性塑料用模具、以及一些日本产的热流道注嘴等。但应用于注塑机和挤出机的机筒加热还是一个相当新的应用尝试。Indx业务推广经理 BruceF. Taylor 认为，随着感应硬件成本下降以及能源价格的上涨，感应加热技术迎来了前所未有的发展良机。

电磁感应加热随着技术的发展和成熟，元器件生产工艺和技术的提升，软件的可靠保护等，目前已经广泛应用于塑料拉丝、吹膜、造粒、注塑机等节能改造，输油管道加热以及食品，化工等领域。

2. 应用动态

目前，塑料机械电磁加热节能改造技术已引起众多企业的关注和使用，电磁感应加热技术本身是一项较为成熟的技术，在欧美已经相当普及，然而，由于国内产品价格偏高、缺乏扶持政策、人们环保意识较为淡薄等原因，虽然在国际市场广泛应用，在国内却受到冷遇，已有的技术成果没有得到有效地推广和应用，无法发挥其巨大的节能作用，严重制约着电磁节能的发展。

3. 市场动态

由于电磁技术在市场上得到了广泛的认可，越来越多的厂家开始涉及电磁加热领域，许多商家看到了市场发展契机进入这个领域，这是一种正常的现象。但是由于电磁加热领域的进入者不断的涌入，技术水平参差不齐，对市场运行造成了一定的影响，在负面给电磁加热的应用方面造成了不良后果。有些电磁加热生产厂家号称节电率是多少，然而并没有对用户负责，不实事求是而是夸大其词；有些电磁加热厂家技术不成熟，却蒙骗用户说有很多的成功案例，安装后却运行效果不可靠，造成用户的生产受到了影响。这些给予电磁加热领域的市场认知度蒙上了阴影。

五、加大力度推广电磁加热节能新技术

1. 政府引导鼓励

必须依靠政府力量大力推广、普及和应用节能减排科技成果，充分调动社会公众的积极性和主动性，全方位参与到节能减排行动中去，针对高耗能、高污染行业节能减排的关键技术瓶颈，开展节能减排高新技术、适用技术和新产品的研发，采取切实有效的措施，面向全社会普及节能减排科技知识，推广应用节能减排科技成果和方法，提高全民节能减排的科学素质和能力，为转变生产方式，提高企业的节能减排技术水平和管理水平提供技术保障，让科学技术惠及普通民众。

电磁加热推广脚步缓慢的一个重要原因是由于开发成本高，目前节能产品的价格仍处在高位，令消费者望而却步。政府近来对节能灯、节能空调的环保补贴已受到广大企业和消费者的支持，所以，希望国家也制定切实可行的政策、规范来支持工业节能技术，促进工业节能产业的发展。

2. 行业组织推广、宣传

电磁加热应用在塑料加工行业上还是一个比较新的尝试，需要大力地推广、宣传，让多数企业认识到该技术的优势。而在我们国家、省，乃至各个地区都有关于塑料行业的组织、协会，需要通过这些组织机构的拥护、鼓励，定期或不定期组织一些塑商沙龙和信息交流会等，促进塑料行业企业家们的技术信息交流，让环保节能技术快速推广，让科学技术惠及广大企业。

3. 科研生产单位的技术创新与完善

电磁加热已经是一项比较成熟的技术，但科研需要不断创新，才能满足塑料加工行业的不断需求，才不会给行业所淘汰，在市场上立足并健康成长，这需要各科研单位大力支持，生产单位与生产单位共同合作，做到理论与实际相结合，使电磁加热技术不断进步，逐步完善产品的性能，满足客户的要求。

4. 生产企业的产品品质，技术服务

在各行各业产品日益同质化的今天，企业必须在开发产品时就立足创新，产品和价格的优化组合，开创全新的市场格局。同时还要不断回访客户，听取客户意见，开发潜在的适合塑料加工生产行业的实用性产品。在做好产品品质的同时，还要做好技术服务工作。做好售后服务非常重要，依靠售后服务去保护客户群，去维护这个客户群，保持顾客满意度，提高企业的知名度。

（汕头高新区贝多电磁科技
有限公司　林泽平　李秀贤）

中国塑料管道的新产品、新工艺与建筑应用科技

The Application of China's New Plastic Pipes and New Technology in Construction Industry

前言

对一个现代化国家，遍布城乡的各种管道网就像人的血管一样，保障着社会正常生产、生活，促进经济发展的基础设施。从20世纪30年代至今，塑料管道已被广泛应用于各个领域：城市给水和排水工程、建筑物内的给水和排水工程、电力和通讯工

程，燃气输送工程，农业灌溉工程等。我国在20世纪80年代初开始大力发展塑料管道，代替传统落后的管道系统，对我国的城市化建设，环境保护和人们生活水平的提高等作出了突出的贡献。在我国塑料管道行业已经成为塑料加工行业的重要组成部分。

我国的塑料管道行业是以PVC、PE和PP传统管道为代表的产品体系。主要的品种为通过挤出和注塑成型的口径不大于250mm的实壁管道和配件。但这几年来，随着塑料管道的应用进一步扩大，市场对新型高性能的管道的需求加大，塑料管道新产品的推出速度加快。

塑料管道新产品的推出主要体现在以下三个方面：①由于新材料、新的加工工艺的推出使得新产品的推出变为可能；②由于塑料管道的结构设计的改变使得新产品的推出变为可能；③由于塑料管道的用途进一步扩大使得新产品的推出变为可能。

一、传统的塑料管道产品

1. PVC－U给水、排水管道

PVC－U给水和排水管道是我国发展的最好的塑料管道品种。产品以PVC树脂为主要原料，添加必要的助剂(主要包括热稳定剂、加工助剂、润滑剂等)加工成型的管道系统。目前广泛用于建筑内和建筑外的给水、排水工程，农村的给水、灌溉工程等领域。连接方式主要采用专用的胶水黏接和橡胶圈扩口承插两种方式。

2. PE给水管、PE燃气管

PE给水和燃气管道是在20世纪80年代末随着HDPE压力管道专用料的发展而发展起来的。通过在聚合是加入共聚单体丁烯、已烯等使得聚乙烯材料长期抗压的性能提高。通过长期静液压测试来获得材料的最小要求强度MRS值，从而对材料进行定级。目前常用的PE管材专用料包括PE80和PE100。PE管道的连接方式主要为热熔承插、热熔对接和电熔连接。

3. PPR管道

聚丙烯原料在制备的过程中除了丙烯单体之外，加入含量不高于2%的乙烯进行无规共聚，得到的三元无规共聚聚丙烯(PPR)改进了普通均聚聚丙烯(PPH)的低温脆性，同时提高了产品的长期静液压强度和耐高温强度。PPR管道也是20世纪末在全世界范围内兴起的一种管道。主要用于室内输水，长期输水温度可以达到60℃。PPR管道的连接主要也是采用热熔承插连接的方式。

4. 铝塑复合管

铝塑复合管是一种金属和塑料的复合管道，口径较小，一般不大于75mm。内外是塑料层，中间是铝层，塑料和铝层的中间用热熔胶层进行黏合。塑料的种类有PE、PEX或PPR。在中国比较常见的为PE的铝塑复合管道。根据铝带的焊接方法铝塑管可分为对接焊和搭接焊的铝塑管。铝塑管道的连接一般采用铜配件进行连接。

5. PVC/HDPE双壁波纹管和缠绕管

双壁波纹管和缠绕管属于结构壁管材，区别于普通的实壁管道在于存在内壁和外壁的结构。主要用于埋地用的排水或通讯用管道，口径可以做到3m甚至更大。内壁为了满足输送流体需要是光滑结构，外壁则为了满足埋地抗外压的需要形成波纹状或中空状的结构。做成结构壁管道主要是为了满足使用的要求同时节约原料，对比同样的实壁管道，结构壁管可以节约原料30%～50%。原材料可以为PVC或HDPE。连接主要有橡胶圈密封连接、热收缩带焊接等。

6. 其他的一些塑料管道

包括用于电力输送护套管和化工用途的CPVC管道，用于光纤和通讯护套管用的PE管道和硅芯管，用于地板采暖用的PEX管和PB管道等。

二、新型塑料管道产品和技术

随着我国高度重视建设节约型社会问题，节能、节水、节材、节地的“四节”工作将促进塑料管道有更大的应用市场。同时管网改造、污水处理、建筑物内增加污水回用的中水管网设计等许多机会将会极大地促进塑料管道的进一步推广应用。

在塑料管道新产品的更新换代过程中，改性材料、新材料的出现速度将会更快。由单一材料加工逐步倾向高抗冲、改性复合材料，以提高管道某方面特性或综合性能。同时复合结构管道能集多种材料的特点，将越来越受到重视。非开挖技术、水中铺设技术、大口径管道连接技术等先进的工程安装技术将会得到普遍关注。

1. 新材料和新工艺的应用推出的新型塑料管道产品

塑料管道是一种塑料制品，同时塑料管道的加工又是典型的挤出和注塑加工工艺。原材料和加工工艺的革新是塑料管道新产品推出的重要的动力。

(1) PVC－M管(ModifiedPVC)

新型的PVC－M管道提高管材配方中抗冲击改性剂的加入量，达到提高材料韧性。良好的韧性提高了管材抗水锤和点载荷的能力。在表征塑料管道的抗冲击性能的0℃落锤冲击试验中，PVC－U管材与PVC－M管材的冲击高度均为2m，PVC－U锤头重量为2kg，但PVC－M锤头重量为10kg，且要求是韧性破坏。在国际标准中，切口管材液压试验要求

PVC－M 管具有抵抗点载荷的能力。

PVC－M 管材较同规格的 PVC－U 管材承压能力高。PVC－U 管材的设计应力 δ_s = 12.5MPa，而 PVC－M管材的设计应力 δ_s = 16MPa。承受相同压力前提下，PVC－M 压力管的壁厚大约比对应的 PVC－U 小 30%。

(2) PVC－O 管(OrientedPVC)

双轴取向聚氯乙烯(PVC－O)管材是通过特殊的取向加工工艺制造的管材。这一加工工艺是把采用挤出方法生产的 PVC－U 管材进行轴向拉伸和径向拉伸，使管材中的 PVC 长链分子在双轴向规整排列，将垂直于双向拉伸这个拉伸面的强度，叠加到拉伸面方向来，增加材料拉伸面方向的强度，获得高强度高韧性、高抗冲、抗疲劳的新型 PVC 管材，性能远优于普通 PVC－U 管材。双轴取向的 PVC－O 的产生薄片层状分子结构，分层结构会阻止由于缺陷和点负载产生的裂纹在材料中通过。裂纹在各层通过时会由于应力集中的减少，裂纹扩展被有效的抑制。这样 PVC－O 管材提高了冲击强度和抗裂纹扩展能力。

目前 PVC－O 管道还没有正式的国际标准。在 2006 年发布的 ISO/DIS16422 版本中，规定了其 MRS 为 45MPa，比普通的 PVC－U 的 25MPa 高了不少。这表明在同样的口径和设计压力下，PVC－O 管材比 PVC－U 管材可节约原料 30% 以上。同时，通过双轴拉伸之后，其产品的冲击强度可以提高 10 倍以上。

(3) PE－RT 管

耐热聚乙烯是一种新型的可以用于热水管道的非交联聚乙烯材料。它是通过特殊的分子设计和合成工艺生产的乙烯和辛烯的共聚物，具有可控制的支链分布结构。目前耐热型聚乙烯树脂主要是 DOW 化学公司和韩国 SK 化学公司生产。

PE－RT 管材具有良好的柔韧型，其弯曲模量为 550MPa，弯曲产生的内应力较低。这样避免了在使用时由于应力集中而容易引起管道在弯曲处出现破坏的现象。施工时(特别在冬季)，不需要特殊的工具或加热就能弯曲。导热系数为 0.4W/m·k，与 PEX 管相当，远高于 PPR 的 0.22W/m·k 和 PB 的 0.17W/m·k 导热性能优异，适合用做地板采暖管。

(4) β－PPR 管

普通的 PPR 管其结晶型态主要是 α 晶型。通过在混配料中添加 β 晶成核剂，促使管材中的 β 晶的形成，是使 PPR 管道高性能化的另外的重要途径。通过晶型的改性，可以得到高韧性耐高温的 β－PPR 管材。目前国际上已经有北欧化工公司推出 β－PPR 专用料。

与 α－PP 管道相比，β－P 管道冲击韧性可提高 2 至 4 倍，热变形温度可提高 10～30℃，而强度和模量基本不变，既能保留 PP 固有的较高强度和刚性，又能大幅度提升 PP 的韧性和耐热性。

2. 塑料和金属复合管道的管道

塑料管道有诸多的优点，但也有一些不可避免的缺点。长期以来，塑料管道强度不够，单纯的塑料管道产品耐压强度不高是制约其应用的重要一个因素。采用塑料和金属的复合是提高其强度的重要途径。传统的铝塑复合管道就是其中一个例子。

(1) 钢丝网骨架增强 PE 管

钢丝网骨架增强的 PE 管是以高强度钢丝和聚乙烯为原料，以缠绕成型的高强度钢丝为芯层，以高密度聚乙烯为内外层，形成整体管壁的新型复合管。

该复合管道有聚乙烯管道的优点，在加入钢丝网骨架增强后体系具有更为突出的特点。塑料层内嵌金属网，使耐压能力比普通 PE 实壁管提高，具有更高的承压强度和抗蠕变性能。其增强体被包覆在连续塑料中，钢丝的使用寿命更加长久，保证管材的耐压性能和整体使用寿命。这种新型的复合管道在保证低线性膨胀系数和高强度的同时在轴向具有一定的柔韧性，环境适用性强。

(2) 钢带增强 PE 螺旋波纹管

塑料埋地排水管道其重量轻、耐腐蚀、使用寿命长等优点使得在工程上有着广泛的应用。但是单纯的塑料管道固有的刚度较低的缺点也制约了其在一些埋深要求较高的工程中的应用。

钢带增强 PE 的螺旋波纹管较好的解决了纯塑料埋地管道环刚度低的问题。它是以高密度聚乙烯为基体，以“U”形钢带为增强体，以独特的成型机和多次复合、多次同步、多次加热的制造工艺，用热熔胶将钢带和 PE 黏合在一体的五层结构壁的管材。该管材整体环刚度有大幅的提高，抗外压性能优异，同时保持塑料管道的优点。

3. 新型管道系统

(1) 同层排水系统

隔层排水系统是卫生间洁具排水通过管道穿越到下一层，在下一层顶部横向进入立管的排水方式。同层排水系统是指厨房、卫生间内卫生器具排水管(排污横管和水支管)均不穿越楼板进入他户，在同楼层内平面施工敷设使得污水及废弃物的排放达到或超过同类和其他排水方式，一旦发生需要疏通清理的情况，在本层套内就能解决问题的排水方式

同层排水技术的三种模式：①沉箱方式：以卫生间楼板(或局部楼板)下沉为主要特征；②墙排方式：以管道隐弊安装系统为主要特征；③升板方式：

以把卫生间楼板(或局部楼板)抬高，并在管道系统中设排水集水器为主要特征。

（2）地源热泵系统

发展地源热泵系统是我国HVAC行业的技术发展方向。在我国某些地区。既没有燃煤也没有天然气可以供热。发展地源热泵供暖空调系统既是经济发展的需要，也是市场发展的必然趋势。

地源热泵系统由室内换热系统与室外换热系统两部分组成。室内换热系统有两种方式：①土－气型地源热泵：从浅层土壤或地下水中取热或向其排热；②土－水型地源热泵：从地下水中取热或向其排热。室外换热系统有三种方式：水平式、垂直式及地表水式。

地源热泵特点：节能、高效；绿色环保无污染；舒适、低噪音；运行费用、维护费用低。

应用领域：可应用于别墅、宾馆、工厂、学校、商场、医院、办公室等场所等自用、公用、商用楼并能实现区域集中供热与制冷。

（3）雨水利用系统

应用领域：解决生活用水的雨水利用工程，农业生产需要而修建的雨水利用工程，舒缓城市及周围地区的水环境问题而修建的雨洪利用工程。

选用聚乙烯材质的穿孔管道，可以承载较大的荷载。不仅有良好的渗透效果，同时与雨水渗透井、弃流井的连接方式更加简便牢固。雨水渗透管的使用可以达到回补地下水的功能。是市政工程及雨水入渗工程。

三、塑料管道行业发展机遇

“十一五”期间，塑料管道行业仍有十分难得的发展机遇和前景，应用市场将会不断扩大。城市化、小城镇建设的高速发展推动了基础设施建设的加快，给各种管道带来新的机遇。每年城市和农村新建建筑的面积大约为10亿平方米。

排水和污水处理用大口径埋地塑料管道应用仍会保持较高的增长速度。随着国家对环境保护的日益重视，未来几年内国家在许多城市污水处理场的建设、排水管网建设方面将投入巨资。而2010年计划污水再生利用的中水量要达到污水总量的30%，需要专门铺设输送管道。农村安全饮水项目和灌排工程也需要大量的塑料管道。我国规划到2020年基本解决农村饮水安全问题。

（广东联塑科技实业有限公司　林少全）

各地区塑料工业

北　京　市
Beijing

【大事记】

1. 学习和贯彻科学发展观，紧密结合政府的中心工作，研究开展协会工作

2009年按照北京市关于深入开展学习科学发展观的部署，组织和学习了科学发展观的内容，深刻领会其精神，进一步理解建设节约资源型社会，是科学发展观的重要内容，也是转变增长方式的重要举措。北京市投入了大量人力、物力和财力，做了许多工作，塑料工业协会也要紧跟形势积极行动，按照加快建设资源节约型社会的思路，协会把大力调整产业和产品结构，以节能、节水、节地、节材、资源综合利用和循环经济工作作为重中之重来抓，2009年重点抓好塑料管道行业推广PVC－M新型节能型管材及同程排水管道技术等工作，在建筑工程和市政施工领域反响较大。

2. 引进国外先进技术，组织编译发表《技术资料汇编》

北京塑料工业协会受到一些企业的委托和支持，2009年继续开展了对于我国塑料管业的全面调查研究和详细分析，并对市场需求进行预测，在此基础上通过协会的现有渠道和国内、国外专业网站搜集了当今世界发达国家的先进技术资料，组织了国内部分塑料企事业的科技人员，先后选译编印了《国际塑料管道最新技术资料汇编》和《非开挖铺设和无砂铺设用塑料管技术资料汇编2009》等技术资料，受到了国内众多塑料管道生产企业和工程设计施工单位的欢迎，推动了技术创新和国内管道业的进步，提高了我国塑料管道企业的技术水平和市场竞争能力。这两篇“汇编”已成为全国几百家塑料管企事业单位的重要资料，《非开挖铺设和无砂铺设用塑料管技术资料汇编2009》被全国非开挖铺设专业会议选为会议的基础资料。

3. 推动开发高新科技塑料产品，努力做好调查研究和咨询服务

为更好帮助企业了解管道的产品技术和市场发展趋势，以应对国际金融危机对我国的冲击，继续进行调查研究，开展咨询服务。大量搜集了国内外有关的技术和市场资料，对当前塑料行业的发展状况、成绩和问题以及面临的挑战和机遇进行分析，对于市场需求、技术创新、今后的发展方向提出了客观的判断和意见。特别是在塑料管道方面得到较大的反响，不少企业以此作为制定发展规划的重要参考依据，有的企业还引用报告资料内容，作为申请上市和投资建厂的依据。

2009年北京塑料工业协会还帮助浙江“尤尼克”、广州“励进”等企业制定新产品发展方案，起草和审查技术标准。

4. 协助北京市建委编制《北京市建设工程材料采购指导手册》

北京建委针对包括塑料建材在内的建材产品应用迅速增长的情况，近年来组织了一系列加强质量监督和管理的工作，包括开展专题调研，制定指导文件等。北京塑料工业协会给予了积极主动的配合，包括提供资料和咨询，参与专家讨论评议并提出了有利于规范北京市塑料建材市场的积极建议。2009年根据建委建材办的安排，北京塑料工业协会参与、组织、审核、讨论、编制了建设工程材料采购指导手册中的“保温材料”和“管材部分”两方面的内容，对这两部分的有关产品品种、产品标准进行了审订，该《手册》对确保建设工程的质量和规范北京市建材市场起到了一定的监督保证作用。

5. 完成了《北京工业能耗水耗指导指标》跟踪调查工作

北京市工业促进局等四部门，于2008年6月联合发布的京工促发［2008］76号《北京工业能耗水耗指导指标》〔第二批〕，已经执行了近两年，按照北京市经信委的要求需要了解《指导指标》的贯彻执行情况，以及对北京工业节能降耗的促进作用，北京塑料工业协会根据北京市工业经济联合会具体部署，对所涉及的相关企业进行了跟踪调查，塑料薄膜等产品指标都达到了指导指标的要求，按照调查要求予以上报，顺利完成了政府下达的任务。

6. 圆满完成北京塑料工业协会的换届工作

北京塑料工业协会第四届理事会成立于2005年，四年来协会在北京市经信委、北京市民政局社团办直接领导和北京市工业经济联合会指导下，坚持塑料协会的宗旨和理念，即“面向市场和服务”，在极为困难的情况下贯彻党和国家的方针和政策，坚持科学发展观，以市场为导向，以服务为最终目的，在推动技术进步、节能减排、开发市场方面做了一定的工作，完成了四届理事会的历史使命，按照上级有关规定和协会章程，2009年把换届工作作为一项重点工作来抓，在北京市经信委、社团办和市工经联的指导和帮助下，根据北京市工业发展趋势和塑料行业具体现状，对塑料协会的结构组成进行了调整，补充了新的协会成员并于2009年12月19日召开了换届大会，通过民主推荐和投票选举方式，

选举产生第五届理事会组织机构。第五届理事会理事单位80个，理事会首先推举廖正品、王玉庆、端木玉林、张玉川、杨清雨为名誉理事长，并选举中石化北京燕山分公司副总经理、总工程师华炜为第五届理事会理事长，中石化北京燕山分公司树脂应用研究所所长赵丽梅、原四届理事会常务副理事长刘济为第五届理事会常务副理事长，赵丽梅兼任秘书长，同时选举产生了10位副理事长和26位常务理事及监事会成员，领导机构组成人员已在上级领导部门备案，新一届北京塑料工业协会理事会已开始进行工作。

7. 发挥首都科技、人才优势，大力发展高新技术

2009年，北京塑料工业和其他工业一样，加快了产业结构调整，发挥首都科技、人才优势，大力发展高新技术，有效提升了北京塑料工业的技术含量。

8. 加大了对工业污染治理力度

2009年，北京塑料工业加大了工业污染治理力度，实施污染扰民企业搬迁，配合有关部门清理整顿“五小”企业。

9. 实施了城市中心区塑料工业企业向郊区县转移战略

2009年，为适应北京城市发展的需要，北京工业加快布局调整，塑料工业和其他工业一样实施了城市中心区工业企业向郊区县转移战略，使工业布局日趋合理，集聚效应初步显现。

10. 吸引社会多方资金投入，积极培育龙头企业

2009年，北京塑料工业立足现有产业基础，采取多种措施优化工业发展环境，规划引导产业发展和投资方向，吸引社会多方资金投入，着力建设一批高端项目和重大项目，积极培育龙头企业，带动产业链发展，逐步实现产业集聚，强有力地拉动了北京塑料工业经济的增长。

11. 塑料工业节能、节水、节地工作全面开展

2009年，北京塑料工业节能、节水、节地工作全面开展，按照走新型工业化道路的要求，落实科学发展观，北京塑料工业采取多种措施提高能源、土地、水资源的集约化利用程度，在经济总量快速增长的同时，实现了单位产出能耗、水耗的持续大幅下降。

12. 推动自主创新和品牌建设

2009年，推动自主创新和品牌建设，北京塑料工业加强了对企业自主创新的支持，加快企业技术中心建设，重视企业与科技资源的对接。

【基本情况】

21世纪前二十年是我国经济与社会发展的重要战略机遇期，尤其“十一五”时期，是北京市塑料工业落实“新北京，新奥运”战略构想、建设现代化国际城市基本框架的关键时期。当前，首都社会步入了全面推进城镇化进程和着力构建社会主义和谐社会首善之区的新阶段，首都经济发展进入了转变增长方式和调整结构的关键阶段，北京塑料工业的发展面临着新的要求和挑战。

塑料工业现代化是首都现代化的重要组成部分，对首都的现代化起着强大的支撑作用。为继续保持持续快速协调发展，北京塑料工业必须进一步推进产业结构升级，优化产业空间布局，转变增长方式，大力发展循环经济，实现产业集聚、布局集中、资源集约的产业发展格局，为“十一五”时期北京经济社会的发展作出应有的贡献。

2009年北京市生产加工初级形态的塑料(塑料树脂及共聚物)1208077t，其中：生产加工聚乙烯树脂649060t，累计比同期增加0.12%；生产加工聚丙烯树脂461876t，累计比同期增加3.42%。

2009年北京市制造塑料加工专用设备499台，累计比同期减少24.05%。

2009年北京市生产加工塑料制品合计429367t，累计比同期5.92%，其中：生产加工塑料薄膜46962t，累计比同期增加7.53%；生产加工塑料板、片材25237t，累计比同期增加18.59%；生产加工塑料管及其附件23500t，累计比同期增加13.47%；生产加工塑料条、棒、型材17760t，累计比同期减少6.88%；生产加工塑料丝、绳及编织品36369t，累计比同期减少15.46%；生产加工泡沫塑料18706t，累计比同期减少20.34%；生产加工塑料人造革、合成革6631t，累计比同期减少19.62%；生产加工塑料包装箱及容器82332t，累计比同期增加3.26%；生产加工日用塑料制品39506t，累计比同期减少0.89%；生产加工其他塑料制品132365t，累计比同期增加24.55%。

2009年，北京市委市政府高度重视北京塑料工业的发展，统一思想认识，以科学发展观为统领，坚持走新型工业化道路，作出了“振兴北京现代制造业”的重大战略决策，确定了北京市工业发展的战略方向、目标，为北京塑料工业持续健康发展奠定了战略基础。

【重点企业】

北京地区拥有众多的塑料研究、开发机构和出版传媒机构，形成了北京的特色。

1. 北京地区拥有众多的塑料科研机构，涵盖了包括基础研究、原辅材料开发、加工开发、应用研究等独特科研资源，其中包括：

（1）中国科学院理化技术研究所——工程塑料国家工程研究中心，主要研究领域包括：聚烯烃改性材料研究、全生物降解塑料（PBS）研究、抗菌剂/抗菌母料的产业化研究、医用高分子材料研究等。

（2）中国科学院化学研究所——工程塑料国家重点实验室，主要研究领域包括：功能聚烯烃和高性能工程塑料研究、有机光电磁功能材料研究、生物医用材料研究、仿生与智能材料研究、糖的化学合成及其化学研究、生物学研究生物催化和生物转化研究等。

（3）中石化北京燕化股份有限公司树脂应用研究所，主要研究领域包括：PP、PE管材专用料；PP洗衣机系列专用料；汽车专用料；PE农膜系列专用料；包装用PP（包括BOPP、CPP）、电缆专用料；PP、PE饮料瓶盖专用料；透明PP专用料；高挤出涂层专用料；PP板材专用料等。

（4）中国石油化工股份有限公司北京化工研究院，主要研究领域包括：乙烯技术和有机化工、聚烯烃催化剂和工艺、塑料改性和加工应用、化工环境保护、三次采油助剂技术等。

（5）北京市化学工业研究院，主要研究领域包括：集热塑性高分子材料树脂合成与功能化改性技术研究与产业化为一体的综合性研发单位，在聚酯工程塑料PBT、PET树脂合成与改性；聚苯醚PPO树脂合成与改性；聚苯硫醚PPS改型；特种聚酰胺PA－11树脂合成与改性；通用聚酰胺PA66、PA6的改性；工程塑料合金、磁性塑料、导电塑料、聚氨酯黏合剂、功能性塑料助剂等领域取得了国内外瞩目的科研成果。

（6）北京市塑料研究所，主要研究领域包括：聚四氟乙烯微孔过滤材料；PTFE多孔板、管、片等过滤材料；含氟塑料涂层、镀层；可溶性氟塑料PFA、FEP注射成型制品；挤出成型制品；PTFE填充改性模压产品；PTFE缠绕制品；旋转成型制品；其他氟塑料产品等氟塑料加工应用技术研究与开发。

ABS/PC合金；PP/PA合金；改善PA的吸水性、尺寸稳定性和加工性并降低成本；PP/弹性体合金：增强工程塑料；超高分子量聚乙烯注射制品与挤出棒材等高性能工程塑料加工应用技术开发与研究。

导电塑料、电磁屏蔽材料、降解塑料、农膜用功能性母料、护卡膜等功能性塑料加工应用技术开发与研究等。

（7）清华大学化工系高分子研究所，主要研究领域包括：光响应性聚合物的制备、偶氮聚电解质的静电层层自组装；双亲性偶氮聚合物在溶液中的自组装；胶体球的光响应性研究、偶氮聚合物的表面起伏光栅性能、非线性光学性能研究；软刻技术制备纳/微米功能性结构；高密度分离垂直磁记录材料等光电材料方向研究。

高性能高分子合；环境友好高分子材料；高性能高分子合金材料；高分子凝聚态的基本问题研究；聚合物加工工程；聚合物基纳米复合材料等高分子合金和复合材料方向研究。

生物可降解高分子材料的合成、表征和加工性能；高分子的生物相容性和医用材料的成型制备；高分子在口服和注射药物输送技术中的应用；高分子药物的设计合成及其生物活性的研究等生物医药高分子方向研究。

超支化聚合物；具有氢键识别作用的超分子聚合物超分子水凝胶；超疏水涂层及环境友好聚合物涂料；水性聚合物体系；功能性聚合物微球；有机硅材料、聚合物材料分析研究等精细高分子方向研究。

（8）北京化工大学塑料机械及塑料工程研究所，主要研究领域包括：可视化系列实验装备及研究单螺杆、双螺杆挤出理论研究精密挤出原理及装备；三螺杆挤出装备；挤胀成型原理及装备；天然高分子材料挤压原理及装备；超高分子量聚乙烯成型技术木塑复合材料制品成型技术软硬共挤；医用高分子材料、光导纤维、木塑复合材料、阻燃复合材料研究；塑料微发泡材料制备技术；纳米－聚合物复合材料制备技术；塑料注塑CAE技术；PLC的塑料生产机械控制技术；统计过程控制技术；基于以太网和互联网的网络控制技术等方面。

（9）北京航空航天大学高分子与复合材料系，主要研究领域包括：耐高温树脂及复合材料研究；热固性树脂及复合材料研究；低成本电磁屏蔽功能复合材料研究；低密度聚酰亚胺泡沫材料研究；各种胶黏剂的等研究。

（10）北京理工大学国家专业阻燃材料实验室，主要研究领域包括：无卤阻燃剂合成与应用；新型聚合物无卤阻燃材料；聚合物阻燃材料结构、性能表征及阻燃机理研究；耐高温、耐烧蚀聚合物材料等研究。

（11）北京工商大学轻工业塑料加工应用研究所，主要研究领域包括：新型全生物降解高分子材料的合成、改性、成型加工以及降解机理的研究；降解高分子材料的性能测试、评价、相关国家标准的制修订等生物基与降解高分子材料及技术的研究。

环境友好型阻燃剂的合成和应用、高性能无卤阻燃高分子材料的开发研究；阻燃高分子材料的性能测试、评价、相关国家标准的制修订等阻燃高分子材料及技术的研究。

新型热塑性聚合物发泡材料的制备、新型热塑性聚合物连续挤出发泡成型装备的研究;高分子轻量化材料的性能测试、评价、相关国家标准的制修订等高分子轻量化材料及轻量化技术的研究。

2. 北京地区拥有独特的信息资源,其中《塑料》、《中国塑料》、《国外塑料》、《合成树脂与塑料》、《高分子学报》、《中国化工报》等刊物,在行业中较有影响。

(1)《中国塑料》杂志:《中国塑料》是国家科委和国家新闻出版署批准的全国性(中央级)科学技术期刊,国内外公开发行,由中国塑料加工工业协会、北京工商大学轻工业塑料加工应用研究所主办。属全国中文核心期刊,中国科技论文统计与分析源期刊、美国化学文摘(CA)收录。

《中国塑料》以推动塑料工业的科技进步和发展为己任,准确报道国内外塑料工业的发展趋势,及时反映塑料工业的发展动态,注重创造性、新颖性、实践性、可靠性;以学术水平高、内容丰富为特色,得到了广大读者的充分肯定。围绕塑料工业发展这一主题,兼顾不同层次读者的需要,成为在行业中最有影响的杂志之一。

《中国塑料》的栏目设置包括:综述、材料与性能、加工与应用、助剂、标准与测试、塑料与环境、机械与模具、论坛交流、访谈、展会报道等。

(2)《塑料》杂志:《塑料》是一本专业技术性杂志,创刊于1972年,至今已出版39卷,200余期。《塑料》杂志国内、外公开发行,为《中文核心期刊要目总览》核心期刊、《中国科技论文统计源期刊》核心期刊、《中国科学引文数据库》来源期刊和美国化学文摘收录期刊。被中国知网和万方数据库收录。

(3)《国外塑料》杂志:《国外塑料》是中国塑料加工工业协会的国内国外交流刊物。

“把国外先进科技介绍进来,把我国优秀成果传播出去,让我们了解世界,让世界了解我们!”是办刊理念。

以及时报道国外塑料行业的先进技术成果为主要特色,同时结合报道中国塑料工业的发展状况,为国内业界了解世界先进同行的发展潮流搭建起理想的平台。

坚持“传播创新科技,开展中外交流,引导行业健康发展,为整个产业链服务”是办刊宗旨。

(4)《高分子学报》:(英文刊名为Acta Polymerica Sinica,简称APS)创办于1957年,是由中国化学会和中国科学院化学研究所共同主办的高分子学科领域的学术刊物,其宗旨是及时地刊载本领域具有创造性的高水平的研究论文和有重要意义的系统研究成果。

(5)《中国化工报》:是面向石油和化学工业,以产经类新闻和信息为主要内容的行业报,由中国石油和化学工业协会主管、主办,中国化工报社出版。

《中国化工报》全方位报道国内外石油和化学工业及相关领域重大新闻、国家产业经济政策、市场行情和信息、贸易和投资热点、业内重大项目、最新科技成果、国际化工动态等内容。多年来,《中国化工报》秉承全心全意为中国石油和化学工业持续健康发展做好舆论宣传和信息服务的宗旨,坚持“新深结合、内外结合、专商结合、点面结合”的编辑方针,已经成为行业不可或缺、无法替代、难以模仿的行业信息平台。

【发展趋势】

1. 首都功能定位明确塑料工业发展方向

按照国务院对北京城市总体规划的批复精神,北京的产业发展要突出首都的特点,充分发挥科技优势,加快发展高新技术产业,适度发展现代制造业。首都功能定位要求,北京塑料工业必须加快调整经济结构和转变增长方式,优先并着力发展高端、高效、高辐射力和低消耗、低污染的产业,走新型工业化道路,实现首都工业经济和社会发展的和谐统一。

2. 总体规划推进工业加快布局调整

北京城市总体规划提出了“两轴—两带—多中心”的城市空间新格局,进一步明确了工业发展方向和区县功能定位,有利于引导北京塑料工业加快布局调整,推动各类资源和生产要素的有序流动和优化配置。

3. 产业融合为工业发展提供新途径

根据国际大都市发展的一般规律,北京市正处于由工业化中期向后期推进的阶段。国际大都市发展内在规律要求北京塑料工业必须加快技术创新和高新技术产业化进程,完善产业链,提高产品附加值。当前,新型塑料工业化道路出现的二、三产业之间相互融合的趋势,有利于充分发挥北京的比较优势,推动高新技术产业和现代服务业的互相促进、共同发展,为将北京建设成为现代制造业重要的高端研发、制造基地和国际化现代服务业中心提供新途径。

4. 区域经济合作拓展工业发展空间

京津冀都市圈区域经济合作的进程加快,有利于北京塑料工业合理配置区域资源供给、产品市场,消除部分资源和市场约束,发展具有首都特色的产业；有利于北京利用产业链的新型分工关系掌握高端，在周边地区实现高新技术成果产业化，提高科技辐射力，拓展产业发展空间。

5. 建设资源节约型工业仍然任重道远

北京自然资源匮乏，水资源短缺，能源基本依靠外埠供给，北京塑料工业要按照“减量化、再利用、资源化”的原则，以提高资源利用效率为核心，以节水、节能、节材、节地、资源综合利用为重点，大力发展循环经济，着力构建节约型的产业结构，努力实现节约发展、清洁发展、安全发展和可持续发展。

（北京市塑料工业协会　刘济、
中国塑料加工工业协会　史立科）

天　津　市
Tianjin

【大事记】

1. 国内最大的百万吨乙烯单套装置之一天津100万吨乙烯装置建成投产。该项目全部建成后每年可生产合成树脂和化纤150万吨。

2. 10月22日大连实德集团与天津市宝坻区签约，正式落户天津市宝坻经济开发区。建设年产16万吨聚氯乙烯型材生产线，该项目计划2010年底全部竣工投产。

3. 天津市塑料行业协会2009年理事会议在天津市万华股份有限公司举行。会长何骏星及各位副会长和理事单位22人参加了会议。会议通过了2009年协会工作报告以及2010年的协会工作计划。理事会选举了下一届协会负责人和理事单位。

4. 天津市塑料行业协会对天津市润生塑胶有限公司和天津福顺德工贸公司，申请天津市著名商标工作进行了认真的审议和调查。向天津市工商局推荐了上述两家企业，申请2009年天津市著名商标称号。

5. 天津市塑料行业协会与天津市科技大学高分子材料学院合作拟在津建立高分子材料国家实验室项目。利用天津科技大学的实验仪器、设备、人员等优势，结合天津市现有的航空、汽车、电子、建材、包装用高分子材料开展服务。

6. 就2009年聚氯乙烯期货上市天津市塑料行业协会组织部分聚氯乙烯树脂生产企业、制品企业、贸易企业的座谈会，会上天津市塑料行业协会秘书长郑天禄介绍了全国和天津市塑料工业以及树脂产业现状和发展趋势，并邀请了天津市一德期货公司技术人员讲解了聚氯乙烯期货上市的意义及期货操作流程等。

7. 为了提升天津市注塑行业整体水平，天津市塑料行业协会筹备建立天津市注塑专业委员会，在筹备期间开展了对注塑企业的操作人员、技术人员、管理人员、模具设计等相关人员的培训工作。2009年培训在岗操作人员700多人次。2010年天津市塑料行业协会协助在津的《全国塑料工业培训基地》开办注塑机原理和维修、注塑行业管理、注塑产品检验、注塑工艺、高分子材料、模具加工及设计等培训班。

8. 天津市军星管业集团公司“军星”牌管材获得国家商标管理总局批准的中国驰名商标称号。

9. 天津市塑料行业协会于2009年底搬迁到《天津市东丽区卫国道李明庄工业园区(军星集团院内)。

10. 天津市第一届塑料行业协会工作

天津市塑料行业协会自2005年初成立以来，经历了5年多由创立、探索和谋求发展的磨炼。几年来，天津市塑料行业的制品产量由40多万吨发展到2009年的128万吨，产品销售产值159.2亿元。整个行业的产品结构有了调整，在不同产品中已出现了有一定规模和实力的强势企业。协会工作推动了天津市塑料行业的健康发展。

(1) 多年来协会一直重视行业的调研工作，摸清了天津市塑料行业的基本情况。在协助政府适时搞好行业发展规划的工作上努力当好政府参谋。几年来协会参与策划组织了“天津市环渤海地区塑料展览和发展论坛”活动；编制了《天津市塑料工业发展方向和重点开发项目规划》，并组织邀请了国内10名知名专家对规划进行了论证。结合滨海新区开发开放重大战略的实施，以《天津市塑料行业的发展》和《环渤海地区塑料工业的现状与展望》为有关政府部门提供了，针对国际金融危机落实国家轻工业调整和振兴规划有利的素材。

(2) 在引导行业产业升级方面，针对天津市塑料行业，产业和企业规模小，产业集中度差和企业竞争实力弱的问题。协会从企业解放思想，转变观念入手，让企业走出去了解外部塑料行业，学习先进地区、优秀企业的经验。努力组织会员单位参加中塑协主办的每年一届的国际橡塑展览和技术讲座或联谊活动，搜集信息，了解动态。利用理事会或调研活动等方式把企业所关心的最新信息传递给大家，为企业在开拓市场、选择新技术新装备，甚至企业改制运作等方面提供了可借鉴的样板，客观上促进了产业和企业的转型和升级工作。

(3) 发挥职能，创造条件，努力搞好为企业服务是协会的重要工作之一。在围绕企业生产经营工作方面。为扩大企业影响，积极推荐有实力企业参加相关协会组织和会展及技术交流活动；为他们的企业和产品调整提供有价值的市场和产品技术信息；针对调研发现的行业存在的共性问题，协会先后多次组织相关方面的专家，对部分企业从技术工艺、营销策划、质量检验、产品开发、项目规划以及产品升级等方面进行了管理咨询诊断。受到会员们的欢迎。

几年来天津市塑料行业协会的工作由起步到探索发展，有了一定的起色。但是受大小环境及各种因素的影响，协会还应在思想观念、协会建设和运行机制、协会职能作用的发挥等方面努力。使天津市塑料行业协会的建设和工作达到一个新水平。

【基本情况】

天津市的塑料产品领域广泛有农业、工业、包装、建材、汽车、航空、电子通讯、机械、军工等涵盖了国内外塑料加工工业塑料产品。从品种上分析，型材、管材、包装，电子通讯、汽车配套产品无论在品质、档次和总量上都在国内占有显著的地位。

近年来天津市塑料企业经过改造重组，塑料行业的格局发生了较大的变化。原来占有主导地位的国有企业现所占比例不到6%。随着天津市电子通讯、汽车、航空、化工、食品药品等行业的发展，外资、合资企业的进入，使天津市塑料加工行业有了质上和量上的飞跃。应用技术推动了技术改造和技术创新的实施，使企业新产品开发的能力大大加强。几年来先后引进及开发了一些技术含量高市场需求大的产品支撑了天津市塑料工业的发展和壮大。尤其是在工程塑料和改性塑料研发和生产方面发展较快捷直到2009年底已经发展近100家。这些企业以大专院校为龙头，围绕天津电子通讯、汽车、航空、家电行业所需材料进行开发研制，部分改型材料已达到了先进水平。一些耐侯性强、耐高温、耐刚性、阻燃等专用材料已经被相关企业认可。

2009年天津地区共有主营塑料制品加工企业809户，非主营塑料制品企业约610户。主营从业人员约3.95万人。2009年天津地区共生产塑料制品128.3万吨。产值159.2亿元。其中塑料薄膜23.4万吨占总产量的18.2%，日用塑料杂品4.8万吨，占总产量的3.74%；塑料板、片、管材及其附件、型材39.5万吨，占总产量的30.78%；塑料包装箱及容器7.1万吨，占总产量的5.5%；塑料丝、绳及编织品5.5万吨，占总产量的4.28%；塑料人造革1.9万吨，占总产量的1.48%；泡沫塑料3.4万吨，占总产量的2.6%；其他塑料制品42.7万吨，占总产量的33.28%。

【重点企业】

天津市塑料行业部分重点企业：

企业名称	产品
日新天津塑胶有限公司	注塑制品
金鹏塑钢型材有限公司	聚氯乙烯型材
亚光耐普罗精密注塑(天津)有限公司	塑料件加工
天津军星管业集团	塑料管材
天津盛象管业有限公司	塑料管材
天津中富瓶胚有限公司	塑料瓶
天津津港塑料制品有限公司	汽车塑料件等
天津实发－紫江包装有限公司	塑料瓶
绿点(天津)塑胶有限公司	塑胶配件
天津万华股份有限公司	塑料薄膜
天津顺昌塑胶制品有限公司	发泡革
天津阳光塑料有限公司	BOPP塑料薄膜
奥科亚国际瓶盖系统天津有限公司	热压密封塑料瓶盖
雷盛实业(天津)有限公司	中空制品
欣阳塑胶工业(天津)有限公司	注塑制品
富裕注塑制模(天津)有限公司	注塑制品
天津福助工业有限公司	塑料制品
天津市管道集团有限公司保温管厂	塑料板、管、棒材
天津市大邱庄泡沫塑料有限公司	泡沫塑料
天津市四维包装有限责任公司	聚乙烯膜
天津育新塑料包装有限公司	塑料包装制品
津泽塑料实业(天津)有限公司	流延法聚烯烃薄膜
天津市津信塑料制品有限公司	注塑制品
天津市碧隆电子塑料制品厂	注塑制品
天津星达塑料包装有限公司	塑料包装
天津市三禧印刷有限公司	塑料软包装
天津中富联体容器有限公司	塑料制品
天津第二塑料厂	农用塑料薄膜
天津美和工业发展有限公司	塑料制品
天津顺成旅游制品有限公司	发泡革
柯梅令(天津)高分子型材有限公司	聚氯乙烯型材

续表

企业名称	产品
天津市三山塑料有限公司	中空制品
天津市五环塑料有限公司	注塑制品
天津市中科塑业股份有限公司	塑料管材
合美容器(天津)有限公司	塑料制品
天津市春海钢塑制品有限公司	注塑制品
天津大源精密注塑有限公司	精密注塑
天津市双兆有限公司	注塑加工
天津新型材料包装有限公司	BOPP 塑料薄膜
天津吉田有限公司	塑料制品
天津力士包装有限公司	中空制品
天津和升塑料制品有限公司	一次性餐具
天津博科达药品包装新技术有限公司	药用塑料瓶
天津乐金塑钢门窗有限公司	聚氯乙烯型材
天津顶正印刷包装有限公司	包装制品
天津市华伦塑料制品有限公司	注塑制品
北海容器(天津)有限公司	中空塑料制品
天津市润生塑胶制品有限公司	发泡材料
奥普拉天津塑料制品有限公司	注塑吸塑模具

【企业经营】

从全年的统计数据，2009 年金融危机对天津市塑料行业的总体规模有一定的影响。主要表现在电子通讯配套、出口加工贸易出现负增长。由于天津市滨海新区的建设和诸多大项目在津的开工建设，给市政、建筑用塑料制品行业带来了新的增长。一部分重点企业塑料制品规模进一步扩大，技术创新能力得到了进一步增强。2009 年天津市规模以上塑料加工企业完成塑料制品产量 71 万吨，产值 88.9 亿元。保持平稳的发展趋势。随着经济的复苏一些产品出现了市场需求增长的趋势，例如；军星管业生产的聚乙烯上水管，盛象生产的大口径钢带管，金鹏生产的聚氯乙烯型材、二塑农膜等产品。

2009 年天津市塑料产品表观消费量约 148 万吨，其中塑料建材、工业、食品包装，汽车、电子行业占天津市塑料产品消费量的 70.8%。随着国内外经济的好转和天津市大的工业项目开工建设，可以带动天津市市政建材塑料市场、航天航空复合材料市场、电子汽车塑料市场、工业包装市场和功能性材料市场新一轮的发展，并吸引着国内较大的塑料生产企业进驻天津共同发展。

【存在问题】

1. 天津塑料制品行业的一些老问题仍然存在，例如天津市塑料制品加工方面的研发力量薄弱，塑料加工工业的技术升级，产业换代艰难。制品加工从业人员素质的提高。缺乏宏观引导，产品重复、盲目发展现象仍有发生等。

2. 产业业体系不尽完善；在加工设备、模具制造、改性塑料、复合高分子材料等开发应用方面发展滞后。不适应为天津地区高新技术产业配套的能力。

3. 部分包装材料和产品技术含量不高，创新能力薄弱。有市场发展的；高阻隔、防渗透、全降解包装材料，无菌、保味、功能性包装发展缓慢。

4. 人才缺乏，特别是专业人员和胜任的管理人员的缺乏，影响塑料行业整体发展。

5. 塑料产业检测体系的建设与天津市塑料工业发展不匹配。尚没有一个机构拥有对电子、航空、汽车、军工乃至工、民、建用高分子材料评价、认可的资质和能力。

6. 制品的档次和品牌的建设以及国内市场开拓能力有待提高。

【发展趋势】

1. 利用原料资源和产业优势，拓展市场需求

天津市 100 万吨乙烯的投产将形成 PE 100 万吨、ABS 80t、PP 100 万吨、PVC 150 万吨、PS 80 万吨的原料资源，也是天津塑料工业发展的一大契机。利用好天津市的树脂资源和产业基础优势，拓展在汽车、航空、电子通讯、医疗器具等高新技术领域的市场需求。发展节能、低碳、多功能、技术含量高、附加值高的产品。

2. 工程塑料、改性材料、高分子复合材料前景广阔

随着高新技术的日趋完善，应用领域对材料的要求更加专业化。工程塑料、改性材料、高分子复合材料及制品正在逐步成为天津乃至全国塑料工业的重点和热点。开发研制耐高温性、耐候性、耐磨性、阻燃、超导电、高电磁性合金材料以及具有屏蔽功能的材料及产品将是天津地区高新技术产业和先进制造业的需求。

3. 塑料建材、市政工程用产品应强化品牌提升功能

天津生产的建筑及城市建设用塑料制品涵盖所有应用领域。随着天津市的城市发展建设和今后环渤海地区开发建设的需求，继续开发节源、节能、环保、多功能的产品提升产品的水平。强化企业的品牌意识加大宣传力度。开发新型的土工防水合成

材料、MDPE管材、低噪排水管道、系列化大型塑料埋地管道等。尤其是做好滨海新区、天津生态城市建设用的排水、排污工程，供水系统、海水淡化工程、农城镇化建设用塑料制品的配套。

4. 提高包装材料的技术含量和技术创新能力

提高包装材料和产品技术含量，提升企业的创新能力。开发有市场发展的包装材料和制品，例如高阻隔、防渗透、全降解包装材料，无菌、保味、功能性包装等。

5. 做精、做强医用塑料

做精做强和提高医用塑料制品质量是未来这一领域发展的方向。一是从材料上要新的突破，瞄准世界前沿科学技术和应用材料，二是发展技术含量高、高附加值的高分子材料的人体器官填补国内空白。开拓各类医疗器具和药品包装制品的市场并推广应用。

6. 加强专业人员和从业人员的培训

利用天津市科技大学的资源理，组织行业管理、产品检验、加工工艺、高分子材料、模具加工及设计、操作人员等培训。提高行业的整体水平。

7. 坚持开发开放，加大力度招商引资，进一步加强与国内外上游树脂企业、下游用户企业的沟通与合作，促进相互协调同步健康发展。

8. 大力发展循环经济，减少环境污染。加强废料回收的处置和再生塑料的应用。

天津市塑料行业经过多年的结构调整和技术改造，整体上有了较大的提升。天津市滨海新区新一轮的建设也带动了天津市塑料行业的全面进步和发展。我们应该抓住环渤海经济圈兴起这一历史机遇，加快天津市塑料产业不断发展创新、强化自主创新能力和科技创新能力，开拓新的应用领域和需求市场，实现天津市塑料产业新的发展和腾飞。

(天津塑料行业协会秘书长　郑天禄)

山　西　省

Shanxi Province

【大事记】

1. 在中国塑料工业经过“十五”实现了两位数增长，取得举世瞩目跨越式发展的时代里，山西省的塑料工业也有了令人欣慰的发展，在山西省塑料工业“十一五”发展规划的指引下，不仅塑料企业的数量和产量增加较快，而且出现了一批发展速度很快的企业和特色产品，省经委“振兴山西省工业2009～2015年振兴规划”中，将塑料行业列入山西省轻工行业首位。根据山西省发改委、山西省经济信息化委员会和山西省轻工行管办的指示和要求，我们经过大量调查总结和认真研究，编制了“山西省塑料工业2009～2015年的振兴行业发展规划”，受到了各级领导的好评。

2. 2009年4月29日，山西中德塑钢型材有限公司在四川省成都市温江技术经济开发区的四川公司举行了隆重的投产剪彩仪式。山西中德塑钢型材有限公司四川公司投资1.2亿元，一期工程占地50多亩，生产线70条，年生产各种型材4.5万吨，实现年收入4.5亿元，为四川灾区提供300多个就业岗位；异地建厂，逆市扩张。中德型材继出口蒙古后又以自主身份，出口到泰国、俄罗斯、乌克兰、危地马拉等国家，成功实现了由国内市场向海外市场的扩展。2009年产量达到了9.5万吨，销售额为7亿元。为了宣传中德人的创业精神，《山西塑协通讯》2009年第四期封二，专为中德人做了一期“山西中德公司四川公司生产基地投产剪彩仪式”隆重现场及山西省、四川省和中国塑料工业协会领导参观四川生产基地的盛况彩页，山西省中德塑钢型材有限公司跻升全国同行前五名也是我们山西省的骄傲。

3. 晋城凤凰实业有限责任公司：生产各种矿用塑料管材、管件、洗煤用筛网、筛篮、矿用聚氨酯制品等，是我省最大的矿用塑料生产企业，2009年增产扩线年产量达3万吨、产值3亿元以上。现有技术人员70人；建有功能完善的凤泰工业园区；2009年又研制出矿用塑料专用料、煤矿用聚乙烯(PE)管材、管件(dn20～dn1000)，各种规格的聚氨酯筛板、张力筛、聚氨酯包胶不锈钢编织筛网等。煤矿用聚乙烯(PE)管材、管件荣获山西省塑料行业名优产品，聚氨酯筛板获得了国家实用型专利证书。

4. 山西华星塑料有限公司是我国超高分子量聚乙烯(HUMW－PE)大口径特种耐磨管材研发生产基地。是国内从事超高分子量聚乙烯新材料集应用研究、开发、生产、销售、服务一体化的高新技术企业。该公司与北京化工大学联合研发生产了超高分子量聚乙烯大口径(直径63～700mm)特种耐磨管材，该项目填补了国家空白获得国家专利技术，2009年10000t/a超高分子量聚乙烯大口特种耐磨管材项目，正式列入“国家星火计划项目工程”，该项目是高科技并领先世界先进水平的。产品广泛用于火力发电、煤矿工业、石油化工、矿山行业及航天、航空和核工业等领域，特别是在钢铁企业的尾矿输送，如太钢、包钢、唐钢、宝钢、武钢等钢铁企业都采用了该公司的超高分子量聚乙烯管材。

5. 为了加强中国与澳大利亚之间的交流与合作，澳大利亚国际商会特组织高层代表团于2009年2月中旬来华进行访问。此次澳洲访华团以澳大利亚国际商会首席代表为团长，于2月17日访问山西省，届时举办了“2009中澳经贸洽谈会”，为中澳两国各个领域的政府部门、行业协会、企业单位架构友好、互利的交流搭建了平台，加强双边协作和交流，加深友谊，扩大共识，澳大利亚国际商会首席代麦克.果，向张会长发出邀请函。张会长一行三人于2月17日下午二时在三晋国际宾馆出席了“2009中澳经贸洽谈会”。

6.“中国塑料加工工业协会五届四次理事会暨二十周年庆典表彰大会”于2009年5月16日在广州市召开。经山西省塑料行业协会推荐，中国塑料加工工业协会评选、审定：山西省塑料行业协会、山西中德塑钢型材有限公司、山西晋特塑料制品有限公司、山西惠丰塑料型材有限公司，被评为“中国塑料行业先进单位”；山西省塑料行业协会张玉英会长、山西中德塑钢型材有限公司董事长程田青、山西晋特塑料制品有限公司董事长李建国、山西惠丰塑料型材有限公司总经理杨世钦、被评为“中国塑料行业先进个人”。

7. 中国香港雅式展览有限公司为了把《第二十三届中国国际塑料橡胶工业展览会》搞的更好，要求我协会的《山西塑料网站》和《山西塑协通讯》作专题广告和专题宣传报到，并签订了合作协议。我们根据中国香港雅式展览有限公司的要求和合作协议的内容，《山西塑料网站》从2008年9月1日~2009年9月1日首页上作了旗帜广告和专题塑料展览会介绍，并与《山西塑料行业协会网站》进行了链接。《山西塑料网站》对《第二十三届中国国际塑料橡胶工业展览会》和2010年的第二十四届的广告宣传在全国、在我省起到了很好的宣传效果。中国香港雅式展览有限公司对我协会的合作非常满意，特地给山西省塑料待业协会发感谢致电函。为了学习和了解世界的新技术，新材料，新工艺，推动我省塑料工业的发展，协会组织山西汾西机械制造有限公司、山西明坤集团有限公司、山西新阳新材料有限公司、山西科洁塑料有限公司、山西信塑科技有限公司、祁县旺中塑料有限公司、山西中德塑钢型材有限公司、山西万士达工程塑料有限公司、山西晋特塑料有限公司等20多个单位的董事长、总经理(厂长)、管理人员等于2009年4月赴广州参观《第二十三届中国国际塑料橡胶工业展览会》，并组织山西省中德钢型材有限公司、山西晋特塑料有限公司等有关单位出席了《中美塑料发展高峰论坛》，使我们企业的董事长、总经理(厂长)、管理人员及科技人员开拓了眼界、了解塑料行业新技术、新产品、新材料的发展趋势，为我省塑料行业产品结构调整和持续、快速发展提供了极好的机遇和平台。在《山西塑料加工工业协会通讯》2009第三期刊登2009国际橡塑展盛况报到。题目是：逾七万中外观众齐聚《2009国际橡塑展》。

8.《塑料期货投资报告会》在太原市隆重举行

随着我国塑料工业的飞速发展，塑料在市场经济中，供求因素的变化，市场竞争愈来愈加剧，为此企业在商品生产经营活动中，不可避免地会遇到各种各样的风险。这就需要企业经营者做出正确的决策，从而规避企业经营过程中遇到的风险。而企业生产经营决策正确与否的关键，在于能否正确的把握市场供求状态，特别是能否正确掌握市场下一步的变动趋势。期货市场的建立，不仅能使企业通过期货市场获取未来市场的供求信息，提高企业生产经营决策的科学合理性，真正做到以需定产，而且为企业通过套期保值来规避市场价格风险提供了场所，在增进企业经济效益方面发挥着重要的作用。山西塑协和大连商品交易所主办，和合期货经纪有限公司承办，于2009年8月8日在太原市青龙大酒店召开了《塑料期货投资报告会》。专家们重点介绍：①品种有关基本常识和规则；②上市后交易特点和交割情况；③相关企业参与的效果和套期保值的特点；④2009年国内PVC走势和塑料制品供求趋势分析；⑤期货功能及套期保值的运用；⑥期货交割制度详解；⑦如何有效运用套期保值；企业和专家之间热烈的互动。

出席会议的36个企业，58名代表。我省是PVC生产大省，也是使用PVC/LLDPE的主要省份，通过这次报告，大家对目前宏观形势下中国经济现状前景，原油对PVC的影响，国家政策对PVC市场的影响和PVC今后的发展趋势有了较深的认识，特别是对期货这一新概念及如何利用期货交易来规避经营风险有了一定的认识。企业要积极利用期货，防范市场剧烈波动对企业经营的伤害，以减缓价格波动对企业经营的影响并降底综合成本，提高资金利用率。为做大做强塑料企业，振兴山西的塑料工业共同努力!

9. 张玉英会长应邀出席“第九届中国塑料交易会”的剪彩仪式。

“中国塑料交易会”(以下简称塑交会)是台州市创办的品牌会展，打造台州塑料产业品牌之主旨，塑交会的主办，走上了一条品牌发展之路。近几年来，台州日用塑料制品除了占据国内市场半壁江山，一些企业开始开拓国际市场，出口量每年快速增长，塑交会将对海外采购商及专家观众在组织作为重点，越来越多的海外客商看好台州的塑料交会。塑交会正式成为台州塑料产业与国际的进一步融合。“第九届中国塑料交易会”于2009年9月17在台州市国际会展中心隆重开展，张玉英会长应邀出席“第九届中国塑料交易会”的剪彩仪式。

10. 山西省塑料行业协会应邀参加“中国(国际)塑料台州论坛”大会

受2008年全球金融危机影响，我国塑料工业也受到一定冲击。怎样在危机中寻求新的突破点，怎样在全球经济回暖中快速升级？为此，台州市塑料行业协会依托“中国塑料交易会”的平台，创办“中国(国际)塑料台州论坛”。“中国(国际)塑料台州论坛”以‘塑料’为核心，秉承“共创、共进、共享”的宗旨，力争实现高端、权威、前沿的优势，汇聚国内外知名人士，共同剖析当前经济形势，把握行业前沿动态，有效促成项目、资金的对接与合作。中国中小企业国际合作协会会长、原劳动和社会保障部部长郑斯林作了主题演讲，演讲的题目是：金融危机我们应接受的经验教训。中国人民大学教授也是就“金融危机及我国经济发展趋势”进行了讲演。他们精彩的演讲受到了全体与会代表的热烈欢迎和高度评价。本次论坛活动设有各种专题活动，山西省塑料行业协会会长张玉英教授应邀出席了“中国(国际)塑料台州论坛”大会。山西省塑料行业协会、介休塑料有限公司等单位出席了本次论坛，感受很深，收获很大。

11. 产品质量安全关系到国家安全和民生；通过品牌建设可以促使企业更规范化经营，为了把山西省塑料行业的品牌做大做强；更好地实施品牌建设与企业产业发展相结合的方针，提高企业的科技创新能力和技术水平，使企业逐步向高端发展；协会努力为企业搭建平台，推进行业名优品牌评选工作与高新技术产业化有机结合，共同促进、激励企业向高新技术产业发展。2009年8月8日，协会给会员单位下发“关于开展(2009)山西省塑料行业名优产品评审申报工作的通知”，并同时在网上公示通知，根据<山西省塑料行业名优产品评选办法>和<山西省塑料行业名优产品评选实施细则>的规定，成立了山西省塑料行业名优产品评选委员会及其评优办公室。评优办公室负责对申报的资料收集、整理及资格审查。评委会组成由行业管理部门、塑料行业协会、大专院校、科研单位、检验机构、塑料企业等单位代表组成的专家评审组，全权负责对申报(2009)山西塑料行业名优产品的企业及申报的产品进行了初评、复评、审核、认定，评出了山西省塑料行业(2009)名优产品，并决定授于奖牌和证书。并将获得名优产品的13个企业，14种类型，17个产品的名单公布如下：

山西省塑料行业2009年度重新认定名优产品名单

序号	单位名称	注册商标	产品名称
1	山西万士达工程塑料有限公司	双鲸牌	给水、燃气用埋地聚乙烯(PE)管材、管件
2	山西中德塑钢型材有限公司	中德牌	门窗用未增塑聚氯乙烯(PVC－U)型材
3	晋城凤凰实业有限责任公司	凤泰牌	煤矿井下用聚乙烯(PE)管材
4	山西华星塑料有限公司	华星牌	煤矿井下用聚乙烯(PE)管材
5	山西华星塑料有限公司	华傲牌	超高分子量聚乙烯(UHMW－PE)大口径特种耐磨管材
6	山西乾通塑胶有限公司	乾通牌	聚丙烯(PP)静音排水管材、管件
7	山西乾通塑胶有限公司	乾通牌	冷热水用耐热聚乙烯(PE－PR)管材、管件
8	山西明坤科工贸集团有限公司	明坤牌	冷热水用交联聚乙烯(PE－X)管材
9	山西明坤科工贸集团有限公司	明坤牌	冷热水用耐热聚乙烯(PE－RT)管材
10	山西民生塑料制品有限公司	民生牌	聚乙烯(PE)塑料薄膜
11	山西华龙塑料有限公司	可莱德牌	矿用塑料拉伸网
12	临汾市方达新型建材有限公司	金座牌	建筑排水用硬聚氯乙烯(PVC－U)管材、管件
13	晋城市晋韩塑料型材有限公司	五洋牌	门窗用未增塑聚氯乙烯(PVC－U)型材
14	山西飞达塑胶有限公司	永乐宫牌	冷热水用聚丙烯(PP－R)管材、管件
15	山西飞达塑胶有限公司	永乐宫牌	冷热水用耐热聚乙烯(PE－RT)管材
16	山西华鹏铝塑型材有限公司	华鹏一生牌	建筑门窗用铝塑共挤微发泡型材
17	山西焕德塑钢工贸有限公司	焕德牌	门窗用未增塑聚氯乙烯(PVC－U)型材

12. 国际金融危机对世界经济的影响是深远的，对我省塑料工业的冲击也是很严重的。但金融危机既给经济发展既带来机遇也带来挑战。全球每一次大的经济危机都会伴随着科技的新突破，进而推动产业革命，催生新兴产业，形成新的经济增长点。为应对金融危机，进一步振兴和发展山西塑料工业，提升行业的整体水平，发展我省的特色产品，“山西中德塑钢型材有限公司”等企业，始终坚持在创新上下功夫，发挥自主创新和开放创新相结合的精神，把发展高技术及产业作为带动企业发展的战略突破口，取得了创新和效益双丰收，成为应对金融危机的佼佼者。为了总结和交流经验，更好的应对金融危机，进一步推动我省塑料行业产品结构调整和科技创新，为此特表彰在应对金融危机中取得科技创新和经济效益显著的模范企业：

跻身全国同行前五名的山西中德塑钢型材有限公司；

创新型产值超亿元的晋城凤凰实业有限责任公司；

产值超亿元的长治清华机械厂；

产值超亿元的山西万士达工程塑料有限公司；

技术先进具有创新能力的山西乾通塑胶有限公司；

高科技企业并有发明专利的山西华星塑料有限公司；

开发多项新产品的山西晋特塑料制品有限公司。

【基本情况】

在中国塑料工业经过“十五”实现了两位数增长，取得举世瞩目跨越式发展的时代里，山西省的塑料工业也有了令人欣慰的发展，不仅塑料企业的数量和产量增加较快，而且出现了一批发展速度很快的企业和特色产品。主要是塑料型材（含板、片材）、塑料棒、管材、塑料农地膜、部分塑料丝及编织制品和塑料包装箱及容器、日用塑料制品等。山西省是煤炭重化工基地，为了满足地方工业发展的需求，近几年矿用塑料在山西省发展速猛，各种煤矿用阻燃抗静电塑料管材、管件、采矿用阻燃抗静电塑料拉伸网等相继研究开发并广泛推广应用，成为山西省的特色产品。据不完全统计：山西省的塑料企业约有400多个，已登记285个，其中国有企业31个，集体企业50个，合资企业3个，民营企业201个。2009年塑料制品生产能力约60万吨，产量约45万吨左右，产值50亿元左右。2009年生产原料PVC约50万吨左右，比2008年降低35%。

【企业经营】

2009年由于受世界金融危机的冲击，本省塑料行业也受到一定的影响，但整体经营情况还是良好的，大多数企业经济效益不错，少数企业特别是有出口产品的企业微利或亏损。塑料工业在我省经营形势较好的品种有农膜、地膜、塑料管材、塑料异型材及塑钢门窗、防水卷材、包装膜、泡沫塑料、矿用塑料等。效益较好的产品有塑料管材、塑料异型材、防水卷材和燃气管、矿用塑料、超高分子量PE管、板材等。塑钢型材不仅销售到山东、河北、河南、内蒙、宁夏、新疆等地，中德塑钢型材占领了全部青藏高原地区。部分产品出口到蒙古、泰国、俄罗斯、乌克兰等地。山西万士达工程塑料有限公司等单位的燃气管材供不应求，大都销售到广东、广西、福建以及西部重点建设项目中，并出口到新加坡等东南亚地区。山西华星塑料有限公司生产高科技产品—超高分子量聚乙烯特种耐磨管材，是我国唯一的能生产分子量为(500～900)万的超高分子量聚乙烯管材的企业。广泛用于火力发电、煤矿工业、石油化工、矿山行业及航天、航空和核工业等领域，特别是在钢铁企业的尾矿输送如：太钢、包钢、唐钢、宝钢、武钢等钢铁企业都采用了该公司的超高分子量聚乙烯管材，山西晋城凤凰实业有限公司生产各种矿用塑料管材、管件产量三万吨，产值三亿元以上，产品供不应求，“通缝聚氨酯筛板”荣获国家实用新型专利证书，该公司是我省最大的矿用塑料的生产企业，也是山西省科技厅命名的“高新技术企业”。

【重点企业】

序号	企业名称	产量/t	加工能力/t	主要品种
1	长治中德塑钢型材有限公司	90000	110000	PVC型材、断桥隔热PVC型材、彩色仿木纹型材双色共挤型材
2	长治清华永腾建材有限公司	50000	65000	铝塑、PPR、PE－RT、PE－X、PE矿用管、PE给水管材、UPVC排水管及管件、UPVC型材
3	晋城凤凰实业有限责任公司	30000	35000	各种煤矿用聚乙烯管材、管件；聚氨酯筛板、燃气用埋地管材、件管；给水用PPR管等
4	山西万士达工程塑料有限公司	13500	15000	PE燃气管材、PE管材、PE矿用管材及管件

续表

序号	企业名称	产量/t	加工能力/t	主要品种
5	山西华鹏铝塑型材有限公司	10000	15000	建筑门窗用铝塑、木塑共挤型材
6	山西新超管业公司	7000	10000	纳米抗菌不锈钢复合管、PPR、PE－RT管、PEX
7	山西华星塑料有限公司	6500	10000	超高分子量PE大口径特种耐磨管材
8	山西惠丰塑料型材有限公司	75000	90000	PVC塑钢型材、管材等
9	山西迎太塑料有限公司	25000	30000	塑料管材、农用薄膜、10m宽幅双防无滴膜、保鲜袋、PVC型材等
10	山西华鹏铝型材有限公司	15000	20000	各种铝塑、木塑共挤型材
11	山西塑料总厂	7500	10000	PE波纹管、给水管
12	山西乾通塑胶有限公司	3500	4000	PPR、PE－RT管材、管件
13	晋城市晋韩塑料有限公司	13000	15000	UPVC型材、PE管材、高分子环保免漆板
14	山西晋特塑料制品有限公司	3000	4500	各类塑料周转箱
15	山西省民生塑料制品厂	4000	5500	农地膜、各种包装膜
16	太原市塑料四厂	3000	12000	农地膜、发泡片材
17	山西众和新型建材有限公司	5000	6000	钢塑共挤型材
18	山西明坤科工贸集团	3000	4000	PEX、PPR、PE－RT管材、管件
19	山西省榆社化工公司	250000	500000	PVC树脂
20	太化股份公司氯碱分公司	60000	100000	PVC树脂
21	山西省阳煤集团PVC树脂厂	80000	200000	PVC树脂
22	山西汾西机电有限公司	注射机		合模力600kN到40000kN注射量80g到60000g

【设备技术引进】

山西华鹏铝塑型材有限公司，2009年一期工程引进德国20条先进的共挤型材生产线，以及配套的混料设备、七大系列型材模具100多套。固定资产投入8000万元。年产优质铝塑、木塑共挤型材15000多吨。

华鹏型材采用德国先进的工艺生产技术和型材技术标准，结合国内钢塑共挤的成功技术经验，已经形成一套成熟、完善的型材生产技术和型材枝术标准，属于国内专利技术。成型生产过程把铝合金型、木质型材与塑料型材完美的融为一体，使铝塑、木塑共挤型材同时兼容了铝合金型材、木质型材的高强度和塑料型材保温隔热及隔音效果好等优点。华鹏公司生产的铝塑、木塑共挤门窗型材产品，全部采用先进的防老化氟碳彩色喷涂技术，有各种颜色可供用户选择。

【塑料制品进出口】

本省2009年塑料制品出口总量约1200t，进口原辅材料约850t左右，长治清华永腾建材公司、新派塑胶有限公司、山西明坤科工贸集团、山西乾通塑胶有限公司等单位生产的PE燃气管、PP－R管，大多是进口韩国和北欧的原料、中德塑钢型材有限公司在原料上采用美国的钛白粉、英国的稳定剂、瑞士的抗紫外线吸收剂、西班牙的群青等；中德塑钢型材有限公司的塑钢型材出口蒙古、泰国、俄罗斯、乌克兰等地国，少部分彩色型材出口美国，山西万士达工程塑料有限公司生产的燃气管出口新加坡等东南亚国家；山西华龙塑料有限公司生产的阻燃抗静电塑料拉伸网出口俄罗斯等。

【新产品开发】

受世界金融危机的冲击，我省国民经济也受到很大影响，但塑料在我省已成为国民经济发展出的支柱产业，为了加快我省塑料工业的发展，我们必须重点发展扶持一批具有特色的企业和特色产品。山西省是煤炭重化工基地，煤炭的安全生产已提到重要议事日程，发展矿用塑料是符合山西国情和国家产业政策的，扶持矿用塑料的发展，是重中之重，另外要扶持环保、节能及高科技产业及产品，促进塑料工业发展，为加快我省国民经济发展作出新贡献。

1. 晋城凤凰实业有限责任公司：2009 年产品除了给水用聚乙烯(PE)管材、管件(dn20 ~ dn1000)外，又增产扩线新增：燃气用埋地聚乙烯(PE)管材、管件(dn20 ~ dn630)，煤矿用聚乙烯(PE)管材、管件(dn20 ~ dn1000)，冷热水用聚丙烯(PP - R)管材、管件(dn20 ~ dn160)。生产工艺装备能力达 30000t 以上，企业规模雄居山西省同行业前列。凤泰工业园区也是晋煤集团筛网的生产基地。研制生产；聚氨酯筛板、张力筛、聚氨酯包胶不锈钢编织筛网、筛机用聚氨酯附件、聚氨酯清带刮片、旋流器、旋流器底锥、喷流嘴、承重轮、密封件、耐压板、联轴节等。其产品多次通过了国家技术监督检验中心对产品的监督抽查，并获得"国家实用型专利"。

2. 太原杰森实业有限公司：购买了国内一流的双螺杆挤出机、混料机、钢丝缠绕机等先进设备，生产出煤矿用"阻燃抗静电、高承压的钢塑复合管"，2009 年增产扩线，增加了大口径管材生产线，可生产 dn630 ~ dn1200 阻燃抗静电、高承压的钢塑复合管材，产品供不应求。

3. 山西稷山科洁塑料应用有限公司：开发出"循环利用聚乙烯环保农用地膜"又称一次性熔融再生聚乙烯塑料环保农用地膜(袋)，该项成果是 100% 利用废 PE 塑料膜，采用自已的发明专利设备，一次性熔融成膜，生产出包装袋、农用地膜等产品，获得了国家发明专利。2009 年增产扩线 4 条，并自行研制开发出：循环利用聚乙烯塑料膜生产设备，下一步将进行生产设备、工艺配方、生产技术等配套的"交钥匙技术转让"，将这项发明专利推广应用。

4. 山西乾通塑胶有限公司开发出"超静音节能塑料管材、管件"并组织制定了行业标准，为了适应我国航天工业发展的需要，2009 年又与北京航天凯撒国际投资管理有限公司，联合开发了高科技塑料产品——铝合金衬塑(PP - R)复合管道。该管道的特点是：采用全球广泛应用并具有环保性的聚丙烯 PP - R高分子材料，极轻且高强度、能够承载复杂线性预应力的铝合金材料，精确实现 ASAK 复合管道结构的轻质刚性及牢固永久性，在航天系统供不应求。

5. 山西华星塑料有限公司，是我国唯一生产分子量(500 ~ 900)万的超高分子量聚乙烯管材企业。该公司的产品是高科技产品，填补了国内空白，达到国际领先水平。产品广泛用于火力发电、煤矿工业、石油化工、矿山行业及航天、航空和核工业等领域，特别是在钢铁企业的尾矿输送如：太钢、包钢、唐钢、宝钢、武钢等钢铁企业都采用了该公司的超高分子量聚乙烯管材。

塑料已成为国民经济发展的支柱产业，为了加快我省塑料工业的发展，必须重点发展扶持一批具有特色的企业和特色产品。山西省是煤炭重化工基地，煤炭的安全生产已提到重要议事日程，发展矿用塑料是符合山西国情和国家产业政策的，扶持矿用塑料的发展，是重中之重，另外要扶持环保、节能及高科技产业及产品，促进塑料工业发展，为加快我省国民经济发展作出新贡献，这也是山西人民和山西塑料工业赋予协会的神圣职责。

【市场需求】

塑料制品主要是塑料型材(含板、片材)、塑料棒、管材、塑料农地膜、矿用塑料、超高分子量聚乙烯的大口径特种耐磨管材、部分塑料丝及编织制品和塑料包装箱及容器、日用塑料制品等，由于受山西省地方特色经济影响，近几年矿用塑料需求量及发展都很快。塑料制品需求量约(55 ~ 60)万吨左右，对原材料主要需求主要是：通用塑料及部分工程塑料，主要树脂 PVC 本省自给，其他从国内调购或国外进口。

【存在问题】

在金融危机席卷全球的形势下，山西省的塑料行业也受到了一定的冲击，特别是一些出口产品的企业影响较大。但山西是内陆省份，塑料行业出口企业较少，其他企业冲击不太明显，都能从容面对，影响不大，但与国外及沿海发达地区的差距较大，主要表现在工装设备、工艺技术较落后，产品花色品种少等诸多方面。影响本地企业发展的主要因素：

1. 塑料行业企业布局和区域分布、发展不平衡

我省塑料工业较发达地区主要是以太原、晋城、运城、长治、等城市为中心，形成了我省塑料工业的主要产区，规模以上的塑料企业大多集中在这些区域，而且目前发展势头仍比较强劲。一些县区、乡镇虽也办起了很多民营小型塑料厂。但从规模及产品技术含量上都较小较差，总之，发展不平衡。

2. 产品结构、生产工艺技术及问题

由于缺乏宏观引导，产品生产中的中低档产品重复、盲目发展现象仍时有发生，高新技术产品的开发不够的情况仍在继续，技术装备相对落后。

3. 科技投入和开发能力问题

塑料虽然是国民经济中必不可少的重点行业，2009年政府在政策优惠、特殊支撑方面及政府主管部门或行业协调等方面已有了很大改进，2009年山西省经信委、山西省轻工行管办已把塑料行业排为重点发展和扶持产业。但仍显不足。高等院校、科研院所与企业携手引进高新技术或共同开发技术含量高的产品不力，企业的品牌意识还明显不够。

4. 原料生产发展滞后，产品技术进步受限

塑料产业是综合行业，其制品的研发、生产涉及轻工、化工、机械等多个行业，具体涉及到原料、助剂、设备、模具等多个产业。而塑料原料是最重要的环节。我省更是原材料生产弱省，除PVC树脂外，其他均不产，所用原材料主要靠国内外进口。

【发展趋势】

近年来山西省国民经济发展发生了新的飞跃，一些热点行业、重点行业、支柱产业的崛起和发展以及对塑料产品的需求，推动了本省塑料行业的技术改造、技术进步及产业的提升和塑料工业的发展，根据我国塑料发展动向和市场需求、预测，结合我省实际情况，我们及时对塑料产业，特别是行业产品结构进行调整，以省内外市场需求为导向，以“品种、质量、效益”为调整中心，以行业骨干企业为依托，全力推动企业的技术进步。在继续推进总产量增长的同时，着重增强塑料产品的经济效益和科技含量。也更加注重高、精、特殊用途及具有本省特色产品的研发。进一步加强产品结构调整，把产品分为鼓励发展类产品、改造提高类产品和限制淘汰类产品。大力开发符合产业和环保政策的产品。重点和方向是：围绕当前世界塑料材料和产品发展方向，即“高性能化、复合化、环保化、信息化”，大力发展与国民经济支柱产业密切相关的新型材料和制品，用高新技术大力改造传统塑料材料和产品。山西省是煤炭重化工基地，结合地方经济特色，塑料工业重点发展方向是：2015年期间，PVC树脂产量要力争达到(100~120)万吨。塑料制品主要是煤矿井下用塑料制品：如各种矿用钢丝缠绕塑料复合管、矿用给排水管材、管件、采煤顶柱、抽瓦斯管、阻燃抗静电拉伸网、矿用电线、电缆、矿工安全帽、矿用打包条、矿用假顶网、矿用茅杆等以塑代钢，以塑代木的矿用产品；超高分子量聚乙烯特种耐磨管材；高科技塑料产品——铝合金衬塑(PP-R)复合管材；循环利用废塑料一次熔融聚乙烯薄膜；环保节能建材；农用塑料制品及包装塑料；再生及降解塑料制品；塑料日用品及医用高分子材料；汽车用塑料等。随着我省经济的发展将成为开发的重点和发展方向。

山西省塑料行业协会今后要加强自身建设，充分用好党和政府给我们的各项政策，更好的发挥纽带和桥梁作用，组织更多、更好的各种行业考察、培训等活动。把塑协通讯、塑协网站办的更好，真正办成为企业服务的平台，让我们的企业走出去，让更多的国内外企业进入我省、为我们引进、消化、吸收国际先进技术、先进设备开辟绿色通道。同时我们要培育一批代表我省形象、水平、实力的在国内国际有竞争能力的代表性企业和优秀企业家。这批企业，技术上应具备或接近届时国际先进水平和国内领先水平，逐步形成自已的特色和优势。我们必须努力打造更多的名企和名牌产品，赶超国内外先进水平。让全国和世界了解山西的塑料企业，了解山西的塑料产品，为提高我省塑料行业整体水平而努力！

(山西省塑料行业协会　张玉英)

黑龙江省
Heilongjiang Province

【基本情况】

黑龙江省目前塑料制品综合加工能力大约是70多万吨，规模企业塑料制品的年产量仅为18多万吨，占全国的0.42%，在全国31个省市自治区中名列第22位。我省有大庆石化、黑龙江华尔化工等国内大型塑料原料生产企业，PE、PP、PS、PVC、ABS等塑料原料，品种、牌号众多，产量占全国总产量的3.5%以上，绝大多数销往外省，缺少深加工增值。企业决策层根据省委、省政府为了积极贯彻实施国家可持续发展战略及振兴东北老工业基地建设，促进我省消费结构和产业结构升级，决定重点支持和培养出医药、化工、塑料等各行业的龙头企业，形成一批具备国际、国内竞争力的企业集团。

根据黑龙江省统计部门2009年对全省塑料制品119户企业的统计，其中：国有企业4户，集体企业4户，私企65户，股份合作企业4户。从业人数12174人，制品产量186091吨，产值513545万元，利税36179万元，出口交货值3180万元。

我省年销售额在5000万元以上的塑料企业有18家：大庆庆港塑料有限公司、大庆林港塑胶有限公司、哈尔滨哈轻塑胶公司、哈高科绥棱二塑有限公司、黑龙江齐塑塑料制品有限公司、哈尔滨塑五有限公司、五常塑料有限公司、穆棱市塑料有限责任公司、哈尔滨工业大学五塑实业有限公司、北安市

进发塑料制品有限责任公司、黑龙江双峰塑料制品有限公司、哈尔滨华加新型材料有限公司、哈尔滨兰根塑料门窗有限公司、哈尔滨特种塑料制品有限公司等。

【主要产品及重点企业】

1. 农用塑料薄膜

主要生产企业有哈尔滨塑五有限公司、五常塑料有限公司、穆棱市塑料有限责任公司、哈尔滨工业大学五塑实业有限公司。

2. 塑料门窗及节能膜

黑龙江省塑料门窗行业的发展较早，为我省的建设事业作出了很大的贡献。目前已经形成以塑料型材、组装门窗、配套五金件等完整产业链，年产值及相关产值超过30亿元，从业人员超过20万。其中规模较大的有中大集团、哈尔滨蓝根塑料门窗有限公司、黑龙江美城集团公司、齐齐哈尔鲁宏塑窗型材厂、牡丹江市华安塑料型材有限公司、哈尔滨华加新型建材有限公司和大庆威泰型材有限公司、黑龙江成才塑胶改性新材料总厂。

目前我省的门窗已打进了俄罗斯远东地区，全球经济一体化的大趋势将不断促使我省企业扩大在整个俄罗斯市场的销售渠道，未来产品出口必然呈上升趋势。

节能膜，就目前典型的建筑围护部件而言，建筑外门窗的能耗约占建筑物全部热损失的30% ~ 40%，其中玻璃的热辐射散热占70%，渗漏占15%，窗框占15%。因而增强外门窗的保温隔热性能，减少门窗能耗的同时必须考虑玻璃的能耗，是改善室内热环境质量和提高建筑节能水平的重要环节。建筑玻璃节能膜的应用将赋予普通中空玻璃更高的保温、安全、隔音、消除霜露等功能，是一种多功能性、高技术产品，对于有效利用能源、节约能源、保护环境等方面意义重大，是建筑玻璃应用的发展趋势。主要生产企业有黑龙江成才塑胶改性新材料总厂。

3. 塑料管材

塑料管材的应用领域很大，我省塑料管材生产企业有60多家，生产的管材主要可以分为以下四大方面：

（1）建筑用方面：建筑用塑料管材包括室内、外水管和室内外排水管。管材的材质主要有PE、PP－R、PEX、PE－RT、PVC－U、铝塑复合管、玻璃钢管等；室外排水管材包括排污水管材和排雨水管材，管材的材质有PVC－U、PP、PE等。

（2）市政建设方面：包括埋地排水管材和燃气管材。埋地排水管材包括排污水管材和排雨水管材，管材的材质有PVC－U、PE、PP实壁和结构壁管，玻璃钢管材。燃气管材主要是城镇燃气管网用管材，材质是MDPE。

（3）工业用方面：包括电力和通讯用的护套管，工业生产中使用的输送液体、气体和液固混合物体的管道。工业用塑料管道繁多，其材质也较繁杂，主要有PE、PP、PVC－U、ABS、UHMWPE和钢塑复合管等。

（4）农业用方面：包括水井、滴灌、微喷灌、渗灌等用管，管材的材质有PE、PP、PVC－U。

目前，我省塑料管材生产能力一直保持高速增长，品种和规格不断丰富，质量不断提高，并呈现向规模化、系列化方向发展。先后开发出了硬质聚氯乙烯管(PVC－U)、聚乙烯管(PE)、铝塑复合管(PAP)、交联聚乙烯管(PE－X)、共聚聚丙烯管(PP－R、PP－B)、钢塑复合管(SP)、ABS工程塑料管等。

主要生产企业有哈尔滨市阿城金大管材厂、哈尔滨特种塑料制品有限公司、哈尔滨百富通、大庆铝塑复合管厂、肇东华澳钢建材有限公司、哈尔滨建筑塑料厂、哈尔滨东光直埋保温管厂、齐齐哈尔佳昌塑料制品有限公司、明水塑料厂、哈尔滨市塑料四厂、黑龙江省兴业管材厂、华诚塑料厂、黑龙江成才塑胶改性新材料总厂。

4. 汽车塑料配件制品

东北是我国的汽车工业重地，汽车占全国的1/4，有我国最大的汽车企业一汽集团，此外，还有哈飞、华晨等重量级企业。而一批为其配套的零部件厂商紧紧分布在主企周围，形成集群式布局，使与之配套的汽车零部件企业获得了巨大的市场空间，带动了我省汽车零部件(包括汽车塑料零部件)的飞速发展。

我省生产汽车用塑料制品的企业有几十家，主要集中在哈尔滨平房汽车零部件产业园区及其周围，其中较有规模的只有哈尔滨哈轻塑胶公司、黑龙江齐塑塑料制品有限公司、北安进发塑料制品有限公司等三四家。其中哈尔滨哈轻塑胶公司、黑龙江齐塑塑料制品有限公司是为哈飞“松花江”、“赛马”、“中意”、“民意”等车型提供配件，主要产品有保险杠、仪表板、内饰件等；北安进发塑料制品有限公司是为一汽“捷达”、“奥迪”、“高尔夫”等提供配件。这些企业除生产汽车用塑料制品以外，还生产其他塑料产品。其中塑料进气歧管以其重量轻、成本低、性能好等特点迅速取代了金属进气歧管，成为新型发动机的首选，生产企业有黑龙江成才塑胶改性新材料总厂。

5. 塑料包装材料

塑料包装方面具备注塑成型、挤出成型、中空成型、吹塑成型、压延成型、发泡成型、流延成型、复合成型等十几种塑料成型工艺。产品有：编织系列产品、吹塑膜袋产品、共挤复合软包装类产品、干式复合软包装和中空容器等包装用塑料制品。主要生产企业有：哈尔滨隆华彩印厂、牡丹江彩印总厂、黑龙包装公司、北大荒包装公司、哈尔滨塑五公司等。

6. 建筑隔热保温材料

黑龙江省是我国最北部的一个省份，属高寒地区，采暖期长达180天，采暖能耗在全国居于前列。近几年来，我省加大了保温节能住宅建设的力度，外墙保温聚苯乙烯发泡板的用量逐年增加，硬质发泡聚氨脂保温技术刚刚开始推广。目前我省模塑聚苯乙烯发泡板(EPS)生产企业约80家左右，产量约5000t(25万立方米)。挤出发泡苯板(XPS)的企业有大庆石化总厂塑料制品厂(年产6万立方米)、大庆绿福建筑材料有限公司(年产8万立方米)等近十家，硬质发泡聚氨脂有哈尔滨天硕建材工业有限公司等。

【存在问题】

1. 发展速度缓慢。近十年来我省已开始加大对塑料工业的投入力度，引进了一些国内外先进的技术和设备，但是行业的总体装备水平仍然偏低、工艺技术相对落后，产品结构不合理，中低档产品偏多；科技投入不足、开发能力薄弱、具有自主知识产权自行研制的塑料制品较少。

2. 二十年来在激烈的市场竞争中，省内一大批国有、集体企业及后来的个体企业纷纷倒闭，失去了当年的繁荣景象。

3. 在改革大潮中，我省也新建立了不少塑料企业，其性质都是股份制和私有制企业，其特点都是规模小，其产品只能立足本省市场，缺少走出去参与全国竞争的实力和勇气，这与我省是经济属于欠发达地区有直接关系，塑料生产企业规模小、资金积累少，上新项目产品缺少资金，大环境吸引外资能力又较差，尤其塑料行业更是如此。

4. 关于产业链问题。塑料作为一种新材料，在国计民生的许多方面都有大量应用。如汽车等现代运输工具、农业、家电、电子产品等方面的应用量都很大。塑料制品在产业链中，为别人所需，是带动不了别人的句号，因而不能带动其他产业。在我省的经济结构中，汽车工业、大家电，甚至小家电、电子工业、包装行业等领域和南方发达地区相比差距较大，因此影响了塑料制品工业的发展。

5. 市场不规范。外省产品严重冲击我省塑料产品市场，如日用塑料制品，几乎已被外省产品所占领。外省产品有的以水货或废旧塑料为原料，有的在质量上打折扣，价格低廉，对我省冲击很大，尤其塑料建材市场混乱。

6. 全省塑料行业处于无序状态，行业协会管理近乎瘫痪，对于规范企业行为，加强行业管理等无能为力。

【发展趋势】

1. 利用我省原料资源充足和产业基础优势，发挥边贸优势，调整产业结构，拓展内需市场，扩大出口，加速发展塑料工业。

2. 加强技术创新能力，推动塑料重点产品的技术升级和产业新发展，重视产品的品牌发展战略，培育一批名牌产品和企业，例如：塑料包装制品、工程塑料制品和工业配套、塑料建材制品、农用塑料制品、塑料节水器材等。

在发展关系国计民生的重点产品同时，积极制定品牌发展战略，培育名牌产品，重视其他塑料制品市场开发，加大投资力度，逐步增强企业的竞争实力，走出国门，实现黑龙江经济大发展。

3. 针对黑龙江塑料工业以及轻工行业现状制定科学发展规划，发挥塑料产业特点和优势，为黑龙江省经济发展发挥作用。

4. 重视行业协会组织建设，积极研究行业存在问题，找出制约行业发展的因素，引导行业健康发展，积极为振兴黑龙江经济服务。

5. 为减少环境污染应加强废塑料回收利用及降解塑料的研究开发，注重能源资源节约和合理利用，在节能降耗、废弃塑料回收利用和环境保护等方面发挥作用，大力发展循环经济。

(黑龙江省塑料制品行业协会　邹奇，黑龙江省塑料研究所　王岩)

上　海　市
Shanghai

【大事记】

1月12日，在"上海市经济团体联合会2009年迎春联欢会"上，本协会再次荣获"先进行业协会"称号。

2月17日，上海市促进小企业发展协调办公室、市小企业(生产力促进)服务中心和市小企业(贸易发展)服务中心联合召开上海行业协会服务工作座谈会。本协会副会长兼秘书长刘景芬被聘为"2009年度上海中小企业行业发展顾问”。会议对共同联手打造企业服务新环境，做好对相关行业成长性中小企业的政策支持和服务工作进行了交流探讨。

2月25日，本协会受“2009国际橡塑展”主办方雅式展览服务有限公司委托，组织了华东六省一市同业协会和上海塑料用家协会的会长/秘书长在上海古象大酒店举行了华东六省一市塑料行业工作会议及“2009国际橡塑展”展商说明会。本协会副会长兼秘书长刘景芬发表了“国家四万亿刺激经济方案对业界的影响分析”演讲，并在会后接受了雅式出版有限公司《CPRJ中国塑料与橡胶》记者采访，就上海和华东各省塑料行业发展的状况、产业重点需求、金融危机对塑料行业的影响等议题作了访谈。

2月下旬，经上海塑料行业协会诚信企业创建办公室预审推荐，上海市“知荣辱、讲文明、迎世博、建诚信”活动组委会审核，13家申报参加2008年度“上海市诚信企业”创建活动的会员企业荣获“上海市诚信企业”和“上海市诚信创建企业”称号，并被授予荣誉证书和牌匾。其中，6家荣获“上海市诚信企业”的是：上海海棠头盔厂、华德塑料制品有限公司、上海力卡塑料托盘制造有限公司、上海南翼包装有限公司、上海日之升新技术发展有限公司、上海新上化高分子材料有限公司；7家荣获“上海市诚信创建企业”的是：上海安诺塑胶制品有限公司、上海林达塑胶化工有限公司、上海金菲石油化工有限公司、上海天马精塑有限公司、上海普利特复合材料股份有限公司、上海樱宝塑胶软管有限公司、上海长隆塑胶制品有限公司。

3月4日，本协会出席了由上海市工商局组织召开的上海商标发展工作推进大会。会上，经上海塑料行业协会实地调查并重点推荐的上海日之升新技术发展有限公司、上海三乐高分子材料有限公司、上海派瑞特塑业有限公司、上海紫日包装有限公司和上海华谊丙烯酸有限公司等5家会员单位和业内企业商标荣获“上海市著名商标”称号；会员企业华东理工大学华昌聚合物有限公司商标经重新认定，也再次荣获“上海市著名商标”称号。

4月13~14日，在易贸资讯上海有限公司主办的《2009再生塑料产业发展论坛》暨再生通用及工程塑料研讨会上，本协会副会长兼秘书长刘景芬作了“我国再生塑料回收概况暨谈金融危机下华东地区塑料行业面临的机遇和挑战”演讲。

4月21日，本协会联同上海市期货同业公会及大连商品交易所在长泰国际金融大厦举行“2009上海PVC期货上市推介会”。部分会员单位、业内企业代表及投资者近60人出席会议。本协会副会长兼秘书长刘景芬到会致辞并作《塑料工业发展概况及PVC发展趋势》报告。上海证券报等多家媒体到现场进行采访报道。

5月16日，在广州召开的《中国塑料加工工业协会五届四次理事扩大会议暨成立二十周年庆典表彰大会》上，上海塑料行业协会荣获“中国塑料行业协会先进单位”称号。

5月17~19日，上海塑料行业协会组织了华东六省塑料协会会长、秘书长和上海24家会员单位及业内企业的领导和代表共50余人组团赴广州参加“2009国际橡塑展”开幕式并参观展览；拜访了部分会员单位和业内企业的展位，与参展企业的代表进行了交流；参加了华东国际塑化城“新机遇-新平台——太仓华东国际塑化城商务推介会”；出席了广东塑料交易所“广塑论坛——国际塑料企业市场研讨会”，并参观考察了塑料现货电子交易大厅和塑料现货仓储系统。

5月22日，上海塑料行业协会四届二次会长办公会议在华敏翰尊国际大厦中石化上海石化股份有限公司会议厅召开。第四届理事会会长，上海石化总裁戎光道及各位副会长或代表计15人出席会议；名誉会长龚兆源，名誉副会长姚锡福、谢振羽等老领导应邀出席。会议审议通过了《上海塑料行业协会2009年工作计划》和《上海塑料行业技术人员职称资格认证暂行办法》。

6月19日，本协会党支部组织全体党员和协会工作人员去中国共产党二大会址参观学习，并召开“学习实践科学发展观”活动分析检查专题会议，推进了党支部的建设及协会各项工作。

6月30日，在北京钓鱼台国宾馆，由慧聪网主办、本协会支持的《“彼此激励、共同成长”中国塑料产业发展论坛暨2008年中国塑料行业十佳企业年度总评选颁奖典礼》隆重召开。本协会副会长兼秘书长刘景芬应邀出席。到会的有来自全国塑料行业协会的领导、专家学者及300多家塑料制品、塑料原料及塑料机械企业的代表。会上，副会长单位上海日之升新技术发展有限公司荣获2008年度十佳供应商；上海锦湖日丽塑料有限公司荣获2008年度行业贡献奖。

7月8日和16日，雅式展览服务有限公司董事长朱裕伦先生、副总彭华女士等出席由本协会分两次组织召开的部分用家行业协会座谈会。会议推介了2010年4月19~22日将在上海新国际博览中心举办的“2009国际橡塑展”；动员到会的近20家用家及相关行业协会会长、秘书长积极宣传展会，组织专业观众；并与来自汽车、自行车、家用电器、电子电器、照明电器、电线电缆、化学建材、工具、医疗器械等重点行业用家协会就如何协同上海塑料行业协会，加强合作，紧密配合，沟通信息，共享资源，共同拓展“国际橡塑展”服务内涵，进一步提升展会品位，促进我国塑料工业及相关产业的发展进行了深入探讨。

8月18日和25日，本协会先后召开了两次上海塑料行业专业技术职务评审委员会会议。经上海塑料行业协会专业技术职务资格认证工作委员会的预审和上海塑料行业协会专业技术职务评审委员会的评审，59名参加申报的业内人士分别获得高、中、初级专业技术职务任职资格。其中，高级工程师20名，工程师24名，助理工程师15名。

9月16~18日，应中国(国际)台州塑料交易会组委会邀请，本协会副会长兼秘书长刘景芬带队，协会秘书处和PVC制品专业委员会、塑料包装专业委员会的有关人员一同前往出席了“第九届中国塑料交易会”开幕式和“台州国际塑料城开业典礼”，并参加了同期举行的“中国(国际)塑料台州论坛”和“中国塑料行业协会联席会议”。

9月23日，在副会长单位上海普利特复合材料股份有限公司会议室，本协会秘书处与普利特公司领导就筹建上海塑料行业协会工程塑料专业委员会进行磋商，双方对在筹建工作中的主要内容及班子人员的组成达成一致意见。

10月9日，协会就上海市“知荣辱、讲文明、迎世博、建诚信”活动组委会与“上海塑料行业协会诚信企业创建办公室”联合开展2009年度“上海市诚信企业”创建活动及2008年度获证企业升级“诚信企业”、“星级诚信企业”的推荐工作发出通知，2009年度“上海市诚信企业”创建活动拉开序幕。

10月14日，上海塑料行业协会塑料包装专业委员会会议在副会长单位上海南翼包装有限公司举行。上海南翼包装有限公司、上海金浦塑料包装材料有限公司等企业领导在会上交流了企业应对国际金融危机，同舟共济，齐心合力，抓管理，降成本，改革创新，调整结构，开拓市场，化“危”为“机”，走出困境，为上海塑料包装行业发展作出贡献的经验。与会代表还参观了东道主生产现场及会长单位上海石化厂史陈列馆。

10月14日，协会发出“关于筹建上海市轻工业工会联合会塑料行业分会的通知”。塑料工会组织的建立，将为业内制品企业的工会组织提供一个新的交流沟通平台。

10月22日，2009年度上海塑料行业名优品牌评选委员会会议召开。经评委审议，上海天原集团胜德塑料有限公司胜德牌医用聚氯乙烯粒料/物流塑料周转箱系列等5家企业8项新报产品(系列)、上海爱思塑料制品有限公司爱思牌箱包万向轮系列等17家企业21项续报产品(系列)荣获2009年度上海塑料行业名优品牌；中石化上海石油化工股份有限公司塑料事业部等8家企业荣获2009年度上海塑料行业名优品牌企业。

11月4日，协会应邀出席在上海浦西洲际国际酒店1楼钻石厅举办的“2009中国国际工业博览会——仪器仪表和自动化控制系统发展论坛”，有关企业代表及专家先后作了相关主题演讲。

11月4日，在上海国际展览中心由上海贸促会和上海国际展览中心有限公司联合举办“第十届中国国际润滑油、脂及调和技术设备展览会”座谈会，二十余位各行业协会的领导参加本次座谈会，本协会也派代表参加。会上，各行业协会纷纷表示支持和配合上海贸促会和上海国际展览中心有限公司做好“第十届中国国际润滑油、脂及调和技术设备展览会”的宣传和专业观众组织工作，共同为本次展览会的圆满成功做好配合工作。

11月6日，本协会副会长兼秘书长刘景芬应邀出席在上海金桥开发区、巴斯夫浦东基地会议室召开的“巴斯夫创新社会议”，并在会上作了《塑料在汽车上的应用现状及发展趋势》的发言。

11月6日，协会应邀出席了在上海国际会议中心长江厅举行的《产业转移与合作论坛》。会后，相关人员就“产业转移与合作中的要素和实务探讨”议题，与会企业代表和市商务委有关处室领导、绍兴市政府领导、第三方机构代表进行了互动讨论。本协会推荐的上海新上化高分子材料有限公司、上海塑料制品公司和上海天氯化学品有限公司等企业代表参加了本次论坛。

11月12日，本协会受“2009国际橡塑展”主办方雅式展览服务有限公司委托，组织了华东六省一市同业协会和上海塑料用家协会的会长/秘书长及用家企业在上海古象大酒店召开了华东六省一市塑料行业工作会议及“2010国际橡塑展”新闻发布会。本协会副会长兼秘书长刘景芬发表了“振奋精神，团结一致，推进塑料行业可持续发展”演讲；重点用家协会上海市汽车行业协会和上海电器行业协会等分别发表了塑料在各自用家领域的应用现状及发展趋势报告。

11月26日，以“绿色低碳世博与长三角”为主题的“第四次长三角节能减排联席会议暨上海浦东都市圈科技与发展促进中心成立大会”在上海社科院分部举行，协会应邀出席。此次会议对行业协会如何更好地推进节能减排工作有所启示，我们将努力为以“低碳世博”为理念的2010上海世博会作出应有的贡献。

12月4日，上海塑料行业协会四届三次会员大会暨理事会会议讲座上海金沙江大酒店天伦堂举行。本次会议审议并通过了《上海塑料行业协会2009年工作总结》，以及上海塑料行业协会2009年度财务收支情况的报告；审议通过并上报《关于申请成立上海市工商业联合会塑料行业商会的报告》；审议并通过了《关于成立上海塑料行业协会工程塑料专业委员会的报告》；本次会议还审议通过了《关于调整上海塑料行业协会第四届理事会成员的报告》；增补了9家理事单位，晋补了1家副会长单位。籍此，上海塑料行业协会第四届理事会成员单位总计53家；正、副会长17人。本协会会长、中石化上海石化股份有限公司董事长总经理戎光道亲临大会并作重要讲话。

12月7日，由中国塑料加工工业协会滚塑专业委员会主办的“第三届(2009)中国国际滚塑技术应用论坛暨展览会”在上海好望角大酒店隆重召开，协会应邀参加。整个论坛会议聚集了中国滚塑行业的精英，为发展中国的滚塑事业出谋划策。

12月8日，上海塑料行业协会常务副秘书长刘建国与上海轻工业工会联合会副主席应蓓卿等一行为筹建上海轻工业工会联合会塑料分会走访企业进行实地调研，听取企业工会的需求和了解企业生产情况。本协会在上海轻工业工会联合会的指导下，年内有望组建上海轻工业工会联合会塑料分会。

12月9日，深圳市塑胶行业协会秘书长王文广前来本协会拜访。宾主双方交流了行业协会如何发挥职能为推动塑料行业发展的情况，并结合2010年“第二十四届中国国际塑料橡胶工业展览会”在上海举办前夕，于4月17、18日在上海举办“第二届中国国际生物降解塑料应用研讨会”，经友好洽谈，本协会答应作为“第二届中国国际生物降解塑料应用研讨会”主办方之一，并积极推进研讨会成功举办。

12月10日，在富豪环球东亚酒店二楼会议厅召开了“上海企业可持续发展协约论坛”，本协会应邀出席本次论坛。

12月11日，协会应邀出席在上海华亭宾馆二楼大宴会厅举行的“2009中国国际工业博览会WTO论坛暨上海WTO事务咨询中心顾问委员会年会”。

12月17日，本协会分别拜访业内企业上海紫江彩印包装有限公司和上海蓝泉塑料制品有限公司，为他们申请认定的“紫江”商标和“APOLLO阿波罗”商标为上海市著名商标事项提出协会的征询意见而进行实地考察。

12月23日，上海市轻工业协会副会长兼上海工艺美术行业、上海室内装饰行业协会会长沈国臣，市轻工业协会执行副会长俞友涌等一行三人来本协会拜访。沈会长、俞会长就上海塑料行业协会中的塑料制品企业如何深入贯彻国务院《轻工业调整和振兴规划》，结合“十二五”规划的制订，联手借上海市轻工业协会的平台共同推进产业发展，发表了很好的建议。上海市轻工业协会，也是上海市技术职称授权单位，他们愿与本协会一起，对在已获上海塑料行业专业技术职称并经外语、计算机考试合格的人员中推荐通过市一级专业技术职称申报认定工作进行探索。

【基本情况】

1. 上海塑料行业协会概况

上海塑料行业协会成立于1990年2月，系本市塑料行业同业企业及其他经济组织自愿组成的跨部门、跨地区、跨所有制的非营利的行业性社会团体。涵盖石化、化工、轻工、机电、建材等系统的国有、民营、合资、独资企业和相关高校、科研院所，覆盖五大专业领域：树脂塑料、塑料制品、塑料助剂、塑料模具、塑料机械、塑料流通等完整的塑料产业链。

协会下设PVC制品专业委员会、塑料包装专业委员会、工程塑料专业委员会（筹）和技术咨询部，建有专业网站《上海塑料网》、定期出版《上海塑料通讯》月刊。

协会本届会长单位：中国石化上海石油化工股份有限公司。目前会员单位180余家，在会员中除了塑料原料生产企业：中石化上海石化、高桥石化、上海氯碱化工股份有限公司等企业为国有控股企业，及上海相关大专院校等科研院所属国有外，从事塑料制品、塑料助剂、塑料模具和塑料机械等绝大多数企业均为民营企业，约占整个行业80%以上，例如：上海普利特复合材料股份有限公司、上海日之升新技术发展有限公司、上海杰事杰新材料（集团）股份有限公司、上海南翼包装有限公司、上海林达塑胶化工有限公司等民营企业已发展为业内的龙头企业。

本协会以服务会员单位及业内企业为宗旨，认真落实“服务、协调、维权、自律”的职能，积极开展行业调研、信息交流、技术咨询、会展服务、品牌培育、诚信建设、职称评定等工作。

协会连续多年荣获上海市工业系统“先进行业协会”和“先进党支部”称号，2009年又被中国塑料加工工业协会评为全国先进行业称号。

2. 上海塑料行业概况

2009年底,上海地区从事塑料加工行业的企业已基本完成向工业园区集中的目标,数量较之前期有所减少,但产能增加幅度较大,从业人数也有所增加,约30万人;从事塑料树脂、共聚物树脂及共混合金、改性树脂研发生产的规模以上工业企业有较大幅度的增加,从业人数约10万人;从事研发生产塑料加工助剂、机械设备、模具等领域的企业也有所减少,从业人员约有1万人。2009年,上海的塑料制品年生产量约117万吨,占全国比例为2.61%;其中塑料薄膜约253kt(含农用薄膜28kt),型材(含板片材)约144kt,管材管件约115kt,塑料丝及编织品约21kt,人造革、合成革约53kt,泡沫塑料约3万吨,包装箱及容器约29万吨,日用塑料制品约123kt,其他塑料制品约141kt。2009年,上海的塑料树脂(不含PET)及共聚物的年生产量为约305万吨,同比增长8.5%,占全国比例为约8.5%;其中PVC树脂约40万吨,同比增长4.7%,占全国比例为约4.3%;PE树脂约135万吨,同比下降4.4%,占全国比例为约16.6%;PP树脂约70万吨,同比下降2.4%,占全国比例为约8.6%;PS、ABS、PC、含氟树脂等的年产量为约60万吨,占全国比例为约8%。另外,上海2009年聚酯(包括其他行业用聚酯)产量为约1238kt,同比增长9.9%,占全国比例为约10.7%。上海的塑料加工专用设备2009年产量为2217台套,同比下降约60%,占全国比例为约1.1%。

上海塑料工业系统体制和结构改革不断深化,除原料树脂生产企业及塑料制品加工骨干企业由中石化上海石化、上海华谊集团控股管理外,原由上海塑料工业公司和上海塑料制品公司管理的多数生产企业现已完成转型改制。从事工程塑料改性、通用料/专用料改性产品研发生产的企业(金发科技、浙江俊尔、普利特、上海金昌、日之升、锦湖日丽、杰事杰等)正完成异地和本地转移,在转移扩能中壮大做强;如上海普利特复合材料股份有限公司2009年12月18日在深交所中小企业板上市即是典型一例。另外,为本市重点产业、支柱产业有关领域配套的塑料制品企业在激烈的市场竞争中也得到了长足的发展。

【重点企业】

序号	单位名称	地址	联系电话	主要产品
1	中石化上海石油化工股份有限公司	金山卫金一路	57941941	塑料、化纤、化工原料等
2	上海汤臣塑胶实业有限公司	浦东合庆凌白公路865号	58972068	PVC管、管件
3	上海心尔新材料科技股份有限公司	奉贤泰日大叶公路6133号	57586000	降解母粒、塑料浓缩色母粒等
4	上海奔奔门业有限公司	浦东沪南公路7635号	58178888	型材、木塑门
5	上海氯碱化工股份有限公司	龙吴路4747号	64342640	塑料、碱、化工原料等
6	上海南翼包装有限公司	石化地区临桂路2853号	57946859	吨装袋、编织袋、打包带等
7	中石化上海石油化工股份有限公司塑料部	金山卫纬二路143号	57943160	聚乙烯、聚丙烯、农膜
8	中石化化工销售上海分公司	延安西路728号华敏翰尊国际大厦	32124688-19101	塑料、化工原料等
9	上海日之升新技术发展有限公司	闵行沪闵路3078号	51083277	工程塑料、改性塑料
10	上海中山化工市场经营管理有限公司	中山北路2299号	62148777	市场服务
11	上海普利特复合材料股份有限公司	青浦工业区新业路558号	69210096	PC/ABS合金系列、改性ABS、PP、PA系列等
12	上海塑料制品公司	定西路739号三楼	62811022	各类塑料制品
13	雅式展览服务有限公司	北京朝阳区北三环东路6号中国国际展览中心1号馆4层312室	010-51293366	会展服务等
14	上海新上化高分子材料有限公司	杨树浦路1578号	65193960	聚酯薄膜、电缆料、氟制品、注塑、离子膜等

续表

序号	单 位 名 称	地 址	联系电话	主 要 产 品
15	上海白蝶管业科技有限公司	奉贤金汇镇明星村799号	57586927	PPR管、管件等
16	中石化上海高桥石油化工公司	浦东大道3000号	58711001	油品、塑料、化工原料
17	上海天原集团胜德塑料有限公司	龙吴路4747号	62561049	汽车、家电等工程塑料注塑件
18	上海华伟塑胶有限公司	青浦区新胜路399号	59228122	日用工业用塑胶制品、配套电器五金零件
19	上海和汇模具有限公司	奉贤区西渡工业园区奉金大道469号	67157378	模具设计、制造与销售
20	上海卓跃精密模塑有限公司	莘庄工业区春光路99弄60号B区	54830951	注塑成型加工、专用模具设计及制造
21	上海康培企塑料有限公司	松江区塔闵路669弄2号	57847801	汽车车身及内构内装饰零件等
22	爱康企业集团(上海)有限公司	浦东新区新坦瓦公路828号	68155413	PP－R管材管件
23	上海阿丽贝塑料防腐设备有限公司	金山区枫泾镇环东一路118号	67355751	工业用塑料储罐、洗涤塔等防腐设备
24	上海樱宝塑胶软管有限公司	嘉定江桥工业区高潮路309号	59143939	各种塑胶软管
25	上海尼邦高分子材料有限公司	南汇康桥工业区康梧路228号甲	68121899	改性工程塑料
26	上海众杰塑料制品有限公司	青浦公园东路399号	69719370	注塑、周转箱、撕裂带等
27	上海爱思塑料制品有限公司	南汇沪南公路8948号	58182194	箱包塑料制品、箱包配件等
28	上海三承高分子材料科技有限公司	松江区佘山天马经济区新宅路668号	57663735	功能母粒、树脂改性材料等
29	上海紫日包装有限公司	闵行颛兴路899号	64426588	塑料防盗瓶盖
30	上海力卡塑料托盘制造有限公司	金山区漕泾镇共建路128号	67251106	塑料托盘、垃圾箱等
31	上海锦湖日丽塑料有限公司	闵行华漕镇纪高路1399号	62969608	ABS、AES、ASA及热塑性弹性体等
32	上海人民塑料印刷厂	朱行路55号	64760855	塑料印刷、包装、装潢膜等
33	上海匡成塑料有限公司	闵行开发区北斗路188号	54750752	塑料百叶窗、卷帘、PVC、PPR管
34	上海爱平塑胶有限公司	浦东港城路1580号	50402079	PVC膜、医用尿袋等
35	上海欧亚合成材料有限公司	闵行万源路88号	64803347	酚醛模塑料、氨基模塑料
36	上海金菲石油化工有限公司	金山区卫三路99号	57958866	高压聚乙烯
37	上海金山星星塑料有限公司	金山区金山卫镇板桥西路2299号	57260372	三合一编织袋、PP、PE蓬布、沙滩布
38	上海仪表塑料件有限公司	松江区九亭镇恒江路58号	67690015	仪表塑料件

续表

序号	单位名称	地址	联系电话	主要产品
39	维卡塑料(上海)有限公司	松江新桥工业分区民益路39号	57686111	型材、塑钢门窗等
40	上海金浦塑料包装材料有限公司	金山区卫二路140号	57956554	BOPP膜
41	上海市塑料制品工业研究所	浦东王桥开发区利航路468号	58380108	保鲜膜、PVC输血管、PVC跟踪粒料等
42	延锋伟世通汽车饰件系统有限公司	钦州北路1001号	24015370	轿车塑料饰件
43	上海杰事杰新材料股份有限公司	闵行北松路800号	64900066	工程塑料、改性塑料
44	上海光乾塑胶有限公司	浦东宁阳路33号	58810884	BOPP膜、PVC电缆料
45	上海申德精密注塑有限公司	浦东恒大路65号	58426402	注塑件
46	上海瑞赛可塑料有限公司	奉贤区南桥镇杨跃路688号D幢	57475115	塑料造粒(改性PC、PC/ABS、PPO等)
47	华德塑料制品有限公司	宝山区城市工业园区振园路269号	36162626	汽车塑料件、反射器类产品
48	上海迦南塑料有限公司	宝山顾村镇陈富路1295号	56027612	各类异型材
49	上海风华塑料制品有限公司	曹安路4988号	59592363	汽车、家电塑料注塑件
50	上海双树塑料厂	浦东顾高路3151号	58638343	酚醛、氨基模塑料
51	上海俊尔新材料有限公司	青浦工业园区新胜路379号	59228515	A6、66、PP、PC、PBT、TPE
52	上海达凯塑胶有限公司	浦东凌桥江东路1992弄358号	58649985	PVC片、信用卡基片、印刷片
53	上海金昌工程塑料有限公司	金山区卫二路8号	57930720	改性聚丙烯
54	上海四通塑料型材有限公司	南汇新场工业区古翠路9号(近新坦瓦)	38015308/9	型材、线槽等
55	维龙(上海)包装工业有限公司	奉贤奉浦开发区环城北路688号	57436288	BOPP薄膜系列产品
56	华东理工大学华昌聚合物有限公司	梅陇路130号352信箱	64253377	防腐蚀树脂(乙烯基树脂)
57	上海林汇塑料制品有限公司	南汇工业区汇成路601号5号楼	68014980	PVC、PP层压板、挤出板材、焊条等
58	上海安诺塑胶制品有限公司	闵行区墨江路398号	54871171	PP－R给水管、UPVC排水管
59	上海国嘉塑化有限公司	甘河路8号17D室	55394989	销售塑料原料、制品及化学危险品等
60	上海裳锦装饰材料有限公司	祁连山南路2199号626室	69185563	PA66隔热条等
61	上海天马精塑有限公司	松江工业区东区大道456号	57742451	加工精密塑料件、日用塑料制品
62	上海恒欣化工有限公司	祁连山路1526弄300号	63636381	化学清洗剂、导热油、导轨油等
63	上海海棠头盔厂	青云路755号	56630281	高抗冲塑料安全帽

续表

序号	单 位 名 称	地 址	联系电话	主 要 产 品
64	上海樱宝塑胶软管有限公司	嘉定江桥工业区高潮路309号	59143939	各种塑胶软管
65	上海长隆塑胶制品有限公司	青浦外青松公路3547弄226号	57942299	塑料地板
66	上海三乐高分子材料有限公司	金山区浦卫公路16393号	57246262	聚丙烯专用涂膜料/编织袋专用中缝料等
67	上海派瑞特塑业有限公司	金山区亭林镇兴工路1号	57230990	塑料托盘、周转箱、吹塑桶、模具等
68	上海上塑控股(集团)有限公司	奉贤青村镇青港经济园区上塑路88号	57567890	塑料管材、电线电缆等
69	上海生之木建筑科技有限公司	奉贤区金钱公路4708号	57599669	室内门及其配套产品

【新产品开发】

1. 2009年12月29日，我国首个20万吨/年连续本体法ABS树脂项目一期工程在上海化学工业区开工建设。由上海华谊聚合物有限公司自主研发建设的这一项目，不仅对提高国内ABS树脂生产技术水平具有里程碑意义，而且标志着我国合成材料产业加速产品结构调整、自主开发高端合成树脂产品又迈出新的步伐。ABS树脂是市场需求量最大的合成树脂之一。目前，国际上ABS树脂的生产方法主要有乳液接枝掺混法和连续本体法。在建设上海华谊聚合物有限公司20万吨/年本体法ABS项目之前，我国还没有自主研发的本体法ABS树脂项目，国内已建和在建的ABS项目，全部采用的是引进的乳液法技术。据了解，本体法ABS技术是一种绿色聚合技术，具有投资省、工艺流程短、灵活性高、无废水排放等优点和低污染、低成本、低能耗的特点，代表着ABS树脂生产技术的发展方向。而且，以该技术生产的ABS树脂，光泽低、着色易、单体残留量低，再加具备优良的机械性能，因而在汽车、电子电气、塑料合金等众多领域具有很强的竞争优势。上海华谊聚合物有限公司是上海华谊(集团)公司全资子公司，也是华谊集团自主开发本体法ABS树脂生产技术并实施产业化的平台。华谊聚合物公司经过多年攻关，终于打破了跨国公司的技术垄断，研发出了具有自主知识产权的本体聚合ABS工业化成套技术，填补了国内空白。目前，其核心技术已经获得国家发明专利，20万吨/年本体法ABS项目也被列为上海市高新技术成果转化项目和新增中央投资重点产业振兴和技术改造专项资金项目。此次开工的本体法ABS项目一期工程，总投资近5亿元，计划2010年底建成投产，预计年销售收入可达5.49亿元。

2. 德国拜耳公司总投资31亿美元在上海化工区建设的一体化化工项目，目前已建成投产的装置有年产1万吨聚异氰酸酯、年产20万吨的聚碳酸酯、年产8万吨的聚氨酯原材料MMDI生产装置和年产8万吨的涂料原材料HDI装置。同时还有一座年产35万吨的MDI工厂已在2008年竣工投产。

3. 上海华谊(集团)公司投资建设的一体化基地项目，已于2008年底建成20万吨/年ABS(乳液法)、5万吨/年顺酐、1万吨/年助剂装置。

4. 由德国赢创德固赛公司在上海化工区投资建设的多用户基地，总投资3.305亿美元，分五期建设。其中一至三期的9000t/a聚酯、8500t/a色浆项目和3665t/a有机过氧化物项目都已建成投产；四期10万t/aMMA及下游产品装置于2007年7月开工建设，2009年初已建成投产；五期3000t/a聚酰胺于2007年年中开工，也已于2009年三季度建成投产。

5. 2009年12月8日，由日本三菱瓦斯化学株式会社(MGC)和日本三菱工程塑料株式会社共同投资组建的菱优工程塑料(上海)有限公司在上海化工区举行奠基仪式。该公司拟在化工区建设8万吨/年聚碳酸酯项目，项目预计2012年春正式投产。

6. 2009年11月24日，赢创甲基丙烯酸酯一体化生产基地在上海化工区举行开工仪式。赢创工业集团目前是市场上的供应商中唯一一家能够提供所有甲基丙烯酸酯类产品的企业。赢创新建的这一全球领先的综合型生产基地每年将生产10万吨甲基丙烯酸甲酯，此外还生产甲基丙烯酸、甲基丙烯酸盐、氢氧基酸酯、特种单体、聚甲基丙烯酸酯聚合物以及热塑性甲基丙烯酸树脂。当前，全球甲基丙烯酸甲酯市场每年正以5%的速度增长，而将这类产品广泛应用于LCD显示屏、建筑及汽车行业。

7. 作为国家技术转移中心首批项目——位于上海化工区的华东理工大学华昌聚合物有限公司新基地，2009年9月16日举行了落成启用典礼。新基地与世界一流化工巨头巴斯夫、拜耳公司相邻而座；一期工程总投资1.2亿人民币，占地8.4万平方米，厂房2万平方米比校区原址厂房扩大十倍；新工厂全部采用DCS集散系统集中控制。树脂年总产能达3.8万吨，其中MFE乙烯基酯树脂1万吨、UP特种不饱和树脂2万吨、HZF防腐蚀涂料5000t和特种合成胶黏剂3000t。这标志华昌公司已成为国内最大规模的乙烯基酯树脂生产厂家。该公司自主研发、具有知识产权和专利成果的MFE乙烯基树脂系列产品，年产规模5000t，产量连续六年国内第一。2006年华昌公司MFE被评为上海市著名商标、名牌产品。目前系列产品多达几十个牌号，如用于高速铁路的高强度、高弹性"高铁树脂"，用于风力发电机叶片制造的"叶片树脂"，用于海底光缆通讯的"光纤树脂"，用于核能发电的耐核辐射的"核纯树脂"等。这些产品的核心技术已申请了20项发明专利，多项技术达国际领先水平。

【发展方向】

坚持落实科学发展观，紧紧围绕市委、市府所确定的上海市各支柱产业，特别是航空航天、核能工程、海洋工程、风电、世博园区的后续开发利用、城市轨道交通建设等重大工程、重点工程，研发生产所需的新型工程塑料树脂、塑料合金、改性复合材料；建筑及装饰材料、汽车零部件及内外饰件、电力电子和通讯工程中的电线电缆、光缆等新型材料。依靠科技进步和技术创新，不断提高产品的技术含量；推进行业名优品牌建设；注重资源节约和回收利用；向绿色生态、节能低碳、多元化、高端化发展，努力赶上发达国家的水平。

1. 塑料在汽车上用量潜力巨大

中国汽车行业的良好发展给汽车产业相关产品带来了巨大的市场需求。据有关资料统计显示，汽车工业大量使用的材料中，塑料占7%～10%。近些年来，汽车轻量化的要求使其塑料用量的增长正在快速增长，预计到2010年，国际上汽车的塑料材料用量比将达到20%的水平。而国内生产的汽车在橡塑材料的使用上与国外尚有较大差距，经济型轿车的塑料用量约每辆为40～50kg，载货汽车为50～60kg，重型货车为80kg。按此计算，全年汽车塑料用量将达(60～80)万吨，若按世界平均用量计算，则还将翻一番。可见，塑料在汽车上用量潜力巨大。

2. 塑料在电线电缆行业的应用趋势

电线电缆行业是我国仅次于汽车行业的第二大行业，其主营业务收入约占我国电器工业的四分之一。在世界范围内，我国电线电缆总产值已超过美国，是世界上第一大电线电缆生产制造国，但不是强国，绝大部分高端产品都掌握在外国人手里，其中，关键是我国的电线电缆使用材料不过关，特别是绝缘材料——塑料。我国的电线电缆行业估计2009年所耗用的各类塑料有几百万吨，有五百多家线缆用塑料造粒厂为电线电缆行业供货。本行业用量最大的塑料是聚氯乙烯(PVC)，其次是聚乙烯(PE)和交联聚乙烯(XLPE)。聚丙烯(PP)和热塑弹性体(TPE)的用量估计不足总量的1%～2%，氟塑料只用于特种线缆上。但是，随着全球经济的逐渐复苏，特别是我国中央政府四万亿元投资计划的实施，电线电缆的"春天"已经来临，其需求将不可估量。

3. 塑料在电器工业的应用趋势

电器工业是以生产发电、输配电、工业用电设备和特种电气装备等产品为主的产业。国家将该产业列入中国装备制造业重点发展产业。工程塑料以其优异的综合性能在工业电器产品中取代金属和无机非金属材料被大量地应用，已成为电器产品的主导材料之一。据统计，近两年我国电器工业所应用的塑料材料仅绝缘制品量即达百万吨的规模，足以证明电器与塑料是一对紧密相关的兄弟行业。我国塑料工业的快速持续发展，有力地支持了电器工业的快速持续发展，新型的工程塑料为工业电器产品更新换代，为行业科技创新、自主创新提供了强有力的保证。

4. 塑料在化学建材行业的应用及发展趋势

塑料用于化学建材行业主要有聚氯乙烯、聚丙烯、聚乙烯、聚丁烯、ABS、PP-R、PEX、PE-RT等品种，主要生产建筑用塑料管道、塑料门窗型材等。塑料管道已被广泛应用于城市建设工程中给水、排水、排污、燃气、电力、采暖、通信等各种领域。十几年来，在本市塑料管道企业和全国生产企业的工程技术人员的不懈努力和开发下，先后开发应用了各种品种和结构的塑料管道有：硬质PVC管道(直壁、发泡、螺旋、加筋、波纹)、HDPE管(PE、PE-RT给水管、PE排水、PE燃气、PE双壁波纹管、PE缠绕管)、PP管(PP-R管、PP-R稳态管、PP-R铝塑管、PP静音排水管)、CPVC给水管、电力管、ABS、PB工程塑料管、玻璃钢夹砂管、钢塑复合管、钢丝网状复合管、PEX地板采暖管、M-PP电力电缆管、FR-PP排水管等等，满足了各种工程的选用之需。从趋势看，随着我国城镇化进程加快，为塑料管道发展提供了巨大市场需求；另外，国家对节能减排等产业技术政策的扶持，为塑料管道业的发展提供了更多的市场机遇。

5. 医用塑料在医疗领域的应用和发展趋势

塑料作为一种十分重要的材料，在医疗领域正得到广泛的应用，从药品、药剂的包装，到一次性医疗器械（如输液瓶，注射器等）和非一次性医疗器械（如计量器、非外科器械等）的应用，都有塑料的参与。自从20世纪30年代人们首次使用高分子材料赛璐珞作为透析膜制成人工肾应用于临床获得成功以来，高分子材料正在逐步替代传统的无机材料。塑材具有易塑性和良好的组织相容性，血液相容性，且便于加工成复杂的形状并开发新型医疗产品，正是由于它的优良性质，可靠性能，方便的成型工艺已使其在医用领域极具发展前景。

鉴于塑料的优良性质，可靠性能，方便成型，价格低廉，理应大量取代传统产品，在医疗领域有更广泛的应用，因此开发新型的治疗、诊断、预防、保健用塑料材料及其制品是塑料业界所肩负的任务。国内医用塑料还是个新兴产业，我国医用塑料产值仅仅只有发达国家的7%。据专家推测，我国医疗器械市场将会在“十二五”期间有大幅增长，因此市场空间十分巨大，这将给生产医用塑料的企业带来无限商机。

6. 塑料在家电行业应用的发展趋势

塑料已经称成为家电行业不可或缺的制造材料，由于应用范围广，品种多，且随着新型环保、绿色健康材料的研发生产和应用，必将带动家电行业的更新换代，从而带动行业的整体发展；另一方面，家电行业的发展又可提升塑料行业的产业规模和技术水平，两者相互发展、相互促进。

【存在问题】

1. 当前存在的主要问题是，五大通用树脂品种虽已齐全，但原有多数生产装置（主要指PE、PP、PVC）的技术经济指标相对较低、综合能耗相对较高，树脂通用品种多，专用料品种少，仍须加大技术改造力度，提升生产装置技术含量，特别是PVC树脂，必须努力研发生产更多的专用料牌号；对于GPPS、HIPS、ABS等树脂也存在如何进一步提高产品品质及其市场竞争力的问题。

2. 上海塑料制品行业当前主要存在两方面的问题。一方面是由原油涨价引起的原材料大幅涨价或价格大幅波动严重打压了制品企业的利润空间，甚至处于亏损状态，长此下去，必将影响该行业的生存和发展。另一方面主要体现在市场的无序竞争，阻碍了行业的良性发展。企业的品牌意识虽经这几年的引导有所提高，但相对还是比较淡薄，打价格战或以低成本的恶性竞争参与市场仍有存在。另外，较多企业规模较小，自身开发能力相对较差、产品更新速度较慢，产品模仿多，具有自主知识产权的新产品少；通用产品多，高技术、高附加值产品少；这些都阻碍了企业的生存和发展。

3. 上海本土的塑机制造、大型模具设计开发以及助剂研发生产等行业，近两年起色不大甚至有所后退，这不仅有技术上的问题，也有诸如竞争环境、商务成本等方面的问题。

（上海市塑料行业协会　刘景芬）

浙　江　省
Zhejiang Province

【基本情况】

1. 2009年经济效率比上年有所提高

据统计，500万元以上的企业共2296家，完成销售收入1507.65亿元，比上年增长6.0%；实现利税121.39亿元，增长17.5%，其中利润74.52亿元，增长15.3%；工业总产值1596.33亿元，比上年增长6.61%，增幅比2007年下滑13.8%。低于全国平均水平，新产品产值187.37亿元。行业发展趋稳（详见表1）。

表1　2009年浙江塑料行完成经济情况表

项　　目	单位	2006年	2007年	2008年	2009年
1. 统计单位数	个	2654	2888	2480	2296
其中：亏损企业	个	234	167	441	501
2. 产品销售收入	亿元	1123.43	1421	1497.48	1507.65
3. 利税总额	亿元	69.4321	85.07	103.93	121.39
其中：利润	亿元	48.321	51.39	64.62	74.52
4. 亏损企业亏损额	亿元	1.9543	2.56	4.28	3.21
固定资产实净值平均余额	亿元	245.21	341.53	415.35	456.89

续表

项　　目	单位	2006年	2007年	2008年	2009年
资产总值全年		432.321	496.605	636.60	685.45
5. 固定资产投资总额	亿元	68.986	40.28	70.33	24.23
其中用于技术改造	亿元	32.12	32.02	37.46	18.65
6. 工业总产值(现价)	亿元	1200.321	1459.14	1534.58	1596.19
7. 工业增加值	亿元		224.1	207.37	187.37
8. 从业人数	万人	26.321	28.4524	32.2345	31.43

2. 制品产量有所增加

2009年规模以上的企业，完成塑料制品总产量811.49万吨，增长6.6%；其中塑料薄膜204.17万吨，增长18.61%；(农膜：6.0314万吨比上年增36.1%)板片材、塑料棒、条、型材合计66.207万吨，增41.5%；塑料棒管材97.30万吨，增5.91%；塑料丝及编织品54.19万吨，增12.21%；人造革及合成革80.02万吨，增长17.3%；泡沫塑料17.84万吨，增长53.1%；塑料包装箱及容器38.37万吨，增长52.1%；日用塑料制品122.65万吨，增长1.6%；其他塑料制品137.07万吨。(详见表2)

表2　2009年浙江塑料行完成制品产量情况表　　t/a

产　品　名　称	2006年	2007年	2008年	2009年
塑料制品总计	5552482	7661152	8051981.53	8114959
比上年增/%	19.11	20.48	5.05	6.6
总计中：塑料薄膜	1316229	1637239	1721556.04	2041669
其中：农用薄膜	32725	46643	44395.62	60314
塑料板片材	282685	458294	467669.21	285074
塑料棒、条、型材	2008年前均归入塑料棒、管异形材及其他塑料内			377021
塑料棒、管、异形材	495696	616572	918688.25	973017
塑料丝及编织制品	411442	466697	482676.57	541819
人造革	408547	513512	410245.39	800289
合成革	181423	200179	270726.01	
泡沫塑料	79608	107479	116195.47	178391
塑料包装箱及容器	221250	264652	252224.41	383748
日用塑料制品	827668	1043591	1206969.32	1226562
其他塑料制品	1335463	2352936	2205030.86	1370737

3. 全社会塑料制品产量突破千万吨

浙江省全社会塑料制品产量仍然维持在1200万吨左右。工业总产值达到2350余亿元。在历史罕见的挑战和风险面前，我们能够取得这些成绩，确实来之不易。

4. 出口受阻，内销有所拓展

受经济危机的影响，2008年出口交货值比2007年下滑25个百分点，2009年没有出现明显回升，而内销市比上年有所上升。造成塑料商品出口下滑的根本原因是全球市场需求的持续萎缩。对于塑料企业来说，是不能单单仅靠政策扶持及调高出口退税率来生存，企业要加快技术进步和产品结构调整，提升产品的附加值，寻找更广泛的国内市场发展空间。特别要开辟农村市场。

5. 温台宁三大塑料集聚地坚持以“稳”求发展

(1) 温州市塑料制品产量逐步回升

2009年温州市全社会塑料制品产量423万吨，同比增长13.1%，完成工业总产值507亿元，同比下降0.2%。金田、东威等多家企业的塑料薄膜增幅达到30.84%。320家规模企业的统计中，去年1～

12月，累计塑料制品产量达到140.1万吨，同比增长13.10%，增幅高于全国水平。在塑料薄膜、塑料条、塑料编织制品、人造革及日用塑料制品等10类产品中，增幅最高的为塑料薄膜，达到30.84%。根据统计显示，塑料薄膜，塑料丝、绳及塑料制品，塑料人造革和合成革仍为全市塑料行业三大主要产品，占全市总产量的79.26%。更可喜的是，去年全行业节能降耗成效显著，用电增幅仅为2.79%，与行业产量相抵后，用电量还下降了10.31%。

（2）台州塑料行业的整体表现和抵御风险的手段是"稳"

在经历了2008年原材料价格波动、石油危机、利润挤压、"限塑令"之后，作为台州六大支柱产业之一的塑料业度过了其二十多年发展中最为艰难的一年。"稳"是此次金融危机中台州塑料行业的整体表现和抵御风险的手段，近日在台州采访了数家塑料行业中的龙头企业，在"稳"中，一股寻求升级的暗潮已经在涌动。

以纺织塑料为主要产品的三友控股集团，此次受金融危机影响较大，但他们抓住机遇正在积极转型升级，投资8000万元的木塑材料项目已获得项目审批。而他们最看好的建筑幕墙和车用防爆膜项目的技术和设备考察也已经完成。张小赧董事长说，只等市场企稳后，新的项目就将上马。同时，一项更为先进而长远的技术——从海洋中提取植物塑料的新能源技术已经进入他的视野。

（3）宁波余姚市获国家特色塑料模具产业基地称号

2009年，国家科技部火炬高技术产业开发中心发文，命名余姚市为"国家火炬计划宁波余姚塑料模具特色产业基地"。据了解，国家火炬计划特色产业基地是指在一定地域范围内，在实施火炬计划等国家科技计划和开展自主创新活动的基础上，充分发挥人才、技术、资本等资源集聚的优势，依托一批产业特色鲜明、产业关联度较大、产业链较完整、技术水平较高、创新能力较强的骨干企业和与之密切相关的科技型中小企业而建立起来的高新技术产业集群或创新集群。

作为国内主要的塑料模具产业集聚区，余姚市有着良好的塑料模具产业基础，拥有1000余家各类塑料模具企业，上下游产品关联度高，市场竞争力较强，区域支撑作用明显。同时，余姚市塑料模具产业具有较强的技术创新能力，与相关科研院所和高等院校建立了紧密的产学研合作关系，创建了一批公共创新服务平台和专业服务机构，形成了以企业为核心的技术创新体系。

建立"国家火炬计划余姚塑料模具特色产业基地"对于促进宁波市塑料模具产业转型升级，进一步巩固提升我市塑料模具产业的知名度和影响力具有十分重要的意义。此外，浙江省科技厅授牌余姚塑料城为浙江省首家塑料专业文献服务站，这是中国浙江网上技术市场塑料专业市场与浙江省科技厅相互之间的又一次合作。

6. 转型升级有新行动

危机给行业造成巨大的困难，但是也是一次大好的机遇。一部分企业已经在转型升级方面开始有所行动，目前至少已有以下企业积极申报转型升级项目。其中，已列入2009～2010年的浙江省技改项的主要有：①废弃塑料纯净分离及并合聚变法制造塑料合金（浙江佳妮复合材料有限公司）；②年新增7万吨新型纳米生物降解膜技改项目（杭州萧山华益塑料有限公司）；③年产8万吨BOPP膜（温州晨光塑胶有限公司）；④年产25000t环保型聚酯扭结抹膜生产线技术改造项目（浙江强盟实业股份有限公司）；⑤年新增2000套精密模具技术改造项目（合兴集团有限公司）；⑥年产30万吨丙聚丙烯、及聚丙烯合成纸及薄膜生产线项目（浙江绍兴三锦石化有限公司）；⑦年产20万吨聚酯切片工程项目（浙江万凯新材料有限公司）；⑧年产6万吨，BOPET薄膜生产线项目（绍兴翔宇绿色包装有限公司）；⑨年产28000万吨BOPET特种薄膜生产线项目（绍兴未名塑料有限公司）；⑩年产2万吨CPP共挤流涎FDA食品膜技术改造项目（浙江大东南包装股份有限公司）；⑪年产300吨级PVF薄膜生产线项目（浙江蓝天环保氟材料有限公司）；⑫年产2500tBOPP电容膜、6000tMPA高阻隔薄膜生产线技改项目；（浙江高精新型科技材料有限公司）；⑬年产1500万件软体塑料玩具生产线技改项目（金华金丰玩具有限公司）；⑭年产5万吨BOPP合成纸生产线项目（浙江新天衣薄目有限公司）；⑮年产500台全自动塑料中空吹瓶机生产线技改项目（兰溪市机器制造厂）；⑯年产1.5万吨废塑改性及综合利用技改项目（台州利丰洁具有限公司）；⑰大型新型塑料改性材料开发应用节能新技术技改项目（浙江三门县三门湾工艺有限公司）；⑱年产3000万平方米PU合成革生态化生产示范项目（浙江方源人造革有限公司）；⑲年产5000t合成革用花纹转移膜生产线项目（浙江池禾科技有限公司）。以上项目总投资达51.41亿元。增加产能约86万吨。此外，还有浙江三友控股集团有限公司正在积极申报年产5万吨木塑复合材料项目、年处理3万吨废旧轮胎资源化高值循环综合利用项目、年产3万吨PVB中间膜项目、年产500万套塑料轴承项目、加工5万吨废旧改性塑料项目等。

7. 浙江镇海炼化大乙烯项目即将在镇海炼化动工建设

浙江省首个大乙烯工程即将在镇海炼化动工建设，这个投资200多亿元的大项目不但将带动2000多亿元下游产业，还将引发一场浙江石化及相关产业的“震动”。据了解，宁波市正以镇海炼化大乙烯项目为依托，规划建设国家级石化产业基地。届时，宁波作为环杭州湾产业带的重要一极，与北岸的上海石化工业区一起，将共同构成南北呼应、相互补充的世界级石化工业带。经初步估算，镇海炼化100万吨大乙烯工程投产后，将繁衍出大约250万吨产品用于下游开发和综合利用，这其中包括65万吨乙二醇(包括10万吨环氧乙烷)、10万吨环氧丙烷、60万吨苯乙烯、45万吨聚乙烯、30万吨聚丙烯、9万吨裂解燃料油(PFO)及丁二烯等，可极大地满足浙江、宁波市场对塑料、化纤原料的需求。

镇海炼化大乙烯工程的下游产品方案只延伸到二道产品，有些还只是一道产品，这样安排正是充分考虑到浙江省的市场需求和加工深度，留给地方深加工更多的余地。浙江是全国重要的化纤、塑料、精细化工、原料药制造大省，对聚乙烯、聚丙烯、乙二醇相关产品需求非常大。

镇海炼化大乙烯工程的建设，将大大缓和浙江石化基本原料的短缺矛盾。专家理论测算，乙烯对下游产业的带动效应是1：6，也就是说将带动6倍的下游产业产值，将渗透到纺织、服装、汽车、电子、建材、塑料、化工等行业，推动产业结构的优化升级。

此外，浙江台州市120万吨乙烯项目正在申报和评估之中。

8. 生物塑料受到重视

生物质降解材料是继传统塑料材料之后全球公认的绿色环保产品。这种产品的原料主要从玉米、土豆、木薯等农产品中提取，再制成生物质降解塑料制品，具有可再生、可生物降解等优点，可以实现减量使用石油资源的目的。

从国家的政策规定到人们对环保问题的高度重视，生物塑料就开始越来越受到人类的欢迎。生物塑料凭借其明显的环保优势，预计不久的将来生物塑料将成为塑料行业的主宰。

浙江华发生态科技有限公司万吨级生物质降解材料(DPM)生产线前不久建成投产，由此一跃成为国内规模最大的一次性医疗用具、电子、化妆品、保健品、玩具、食品包装容器等材料及制品供应基地之一，为打造国际生物质降解塑料产业基地奠定了良好基础。而据介绍，华发只是浙江生物塑料产业大军中的一员。

浙江作为塑料加工业大省，在生物质降解塑料产业化进程中最为人关注。宁波天安生物材料有限公司、浙江天禾生态科技有限公司、浙江海正生物材料有限公司、浙江华发生态科技有限公司等国内几家较早从事生物质降解塑料生产的企业，纷纷加快提升产品性能和品质步伐，使品种开发更加多样化，产销量也迅速增长。

浙江天禾生态科技有限公司是一家国家级高新技术企业，其自主研发的生物基全分解包装材料技术，以玉米淀粉及其他农产品为主辅原料，2009年2月中旬，这项技术通过科技成果鉴定，其中全降解餐盒等食品包装容器通过了国家塑料制品质量监督检验中心的检测以及国际ISO 14855标准认证，生产成本仅为国际同类产品的70%，受到国内外市场广泛青睐。

浙江海正生物材料有限公司在建成30t/a聚乳酸树脂中试生产线后，目前正在扩产，欲使规模达到年产5000t。此外，这家公司还成立了塑料制品研究所，已开发出10多个品种，并出口日本。

浙江华发生态科技有限公司、浙江天禾生态科技有限公司等企业获得由中国塑协降解塑料专委会首次颁发的市场开拓奖。

浙江华发生态科技有限公司试制的产品委托国家塑料制品质量监督检验中心检测，各项卫生指标均符合国家有关标准要求，具有良好的使用性能，日本、美国、欧洲多家专业采购商纷纷来电洽谈生物质降解产品的采购事宜。该公司正与国内10余家相关企业共同编制行业规范标准，以期把生物质降解塑料制品产业推向深入。

浙江一些企业看到生物质降解塑料所带来的好处和市场前景，目前发展这一产业的热情颇为高涨，纷纷投入人力、资金进行这一新产品的研发生产。

2006年12月中旬，中科院宁波材料技术与工程研究所和浙江华发生态科技有限公司签署了《生物质降解塑料合作意向书》，希望通过解决生物降解塑料加工技术这一瓶颈问题，带动浙江省生物降解塑料产业快速发展。“十一五”期间，我国中长期科技发展规划也将生物分解塑料列入重点开发项目。业界人士分析认为，浙江省依靠其在塑料产业方面的传统优势，以及在生物质降解塑料研发生产中取得的先机，生物质降解塑料产业将在国内率行实现大规模产业化。

宁波天安生物材料有限公司正在大力推进“PHBV(聚羟基丁酸—戊酸酯)生物炼制技术”科技项目，

被列入国家“863”计划，获得国家经费资助达840万元。这是宁波市科技项目中迄今所获国家经费补助额最大的一个。

9. 新材料开发与改性塑料有新进展

温州俊尔高聚物有限公司是浙江省规模最大、品种最齐全、技术力量最强的改性塑料生产基地，公司拥有先进的高聚物改性生产设备，技术力量雄厚、年产量超过1.2万吨，是浙江省高新技术企业，并被评为中国改性塑料明星企业；温州市经济技术开发区新星工业企业和科技进步先进企业；现有主要产品：①苯乙烯系列弹性体、(TPR)；②聚脂热塑性弹性体；③PR动态硫化热塑性弹性体(TPV)；④电力电工(PVC)电缆料；⑤还有(PC合金)还有墙壁开关专用料PC、断路器专用料、尼龙开关后座专料、高光PP、热塑性弹性体TPE、浴霸料、PBT阻燃系列、新型工程塑料及其合金、电缆用塑料、热塑性弹性体等，为电子、低压电器、通讯器材、汽车、建材、交通运输、电线电缆、制鞋、制革等产业提供新型和多用途的改性高分子新材料。

该公司目前正在申报和正在实施的高技术项目还有：《高性能汽车发动机周边用增强尼龙专用料研发及产业化》，《低密度EPP可发性珠粒材料的研制》等也正在进行之中。

10. 浙江省塑料行业协会开展了有效的活动

(1) 2008～2009年在国际国内发生金融和经济危机期间，为了使全省塑料行业的干部、职工充分、及时、准确了解国内外经济信息，协会通过《浙江塑协通讯》、电子邮件、会议资料大量发送、刊登了《国内外经济信息》，党和国家领导的重要讲话，省委、省政府领导重要指示、相关文件及国内有关经济专家发表的专论等达30余篇。其中主要有：《金融危机及对中国的影响》专辑、《专家分析美国金融危机原因》、《美国金融危机前景及对中国金融安全的影响》、《美国金融危机原因及反思》、《超前消费经济是美国金融危机的深层次原因》、《美国金融危机是经济过度虚拟化和自由化的后果》、《货币滥发是美国金融危机的主要原因》、《道德风险与监管缺失，美国金融危机的原因》、《美国金融危机的原因解析》、《三论美国金融危机的原因及对策》、《金融危机的原因和美国金融危机的启示》、《全球金融危机的根本原因是美国国家信用长期透支过多》、《美国此次金融危机的根本原因是新自由主义的资本主义》、《金融危机根本原因是对自由经济过度信任和依赖》、《浅析美国金融危机对我国经济的影响与对策》、《论当今世界金融危机的原因》、《美国政府出台金融体系改革方案》、《美国金融危机爆发的根本原因》、《房利美、房地美的救赎》等达30余万字。并在《浙江塑协通讯》2009年12月第6期上刊登了《2010年宏观经济形势分析》专题，内容包括：《继续保持政策的连续性和稳定性》、《我们应该复苏一个什么样的经济》、《把握自身发展特征推进增长方式转变》、《相互借鉴共同发展》、《关注形势与热点推动新一轮发展》、《经济复苏更稳固，政策退出存隐忧等》、《当前国内经济形势及宏观政策调控信息专题》、《经济资料》、《国内外经济》等。

(2) 抓住国家振兴调整塑料产业等相关优惠政策及各级支持行业经济发展政策实施的机遇纷纷新上项目，加大固定资产投资力度。

国务院发布《轻工业调整和振兴规划》立即发布给企业学习，并针对《轻工业调整和振兴规划》附件中提到的与塑料行相关的技改16个项目进行整理，并对每一个项目收集了大量的技术资料加以解读汇编《轻工振兴项目解读》100页发给企业参考，已有温州俊尔高聚物改性项目、EPE发泡材料、台州三友集团的多功能农膜、农用塑料、瑞安东威的医用输液袋等十余个申报高新技术的项目。

(3) 为了贯彻《轻工业调整和振兴规划》三年振兴规划的要求，将重点放在贯彻科学发展观，调整产业结构，面对危机坚定信心，总结生产、技术进步等方面的经验，交流信息，根据浙江塑料行的实际，制订了《浙江省塑料加工业现状与行业振兴规划》：主要内容：①2008年基本情况；②当前行业存在的四大危机；③六大优势；④七项问题；⑤四项重要对策；⑥十项振兴措施。

十项振兴措施是：一要抓住机遇，加快转变经济发展方式，推动产业结构优化升级，推进产品结构调整；二要采用高新技术和先进工艺，推进行业科技进步；三要推进产品结构调整；四要坚持自主创新，促进行业转型；五要淘汰落后工艺，狠抓节能降耗；六要大力推进废塑回收再利用，改善环境，减少环境污染；七要严控工艺配方，确保用户使用安全和卫生；八要加大技术改造和创新项目投入力度；九要规范行业道德和行业行为；十要加强行业诚信建设。

(4) 召开浙江省塑料行业协会四届二次理事会。6月30日在台州路桥召开，到会理事34人。会长汪路平主持会议并发表讲话，理事会听取了秘书长周理水关于《浙江省塑料行业协会章程》修改草案的说明。理事会听取了副秘书长汪建萍关于《浙江省塑料行业协会财务管理制度》修改草案、《浙江省塑料行业协会会费管理办法》修改草案、《浙江省塑料行业协会2008年度协会财务收支情况》报告等文件说明。

与会理事对上述报告和文件及协会工作提出了许多宝贵的意见和建议。经审议，一致同意将上述报告和议案提交会员大会表决通过。

(5) 浙江省塑料行业协会四届一次会员大会于2009年7月1日在台州路桥区召开。到会会员单位100人。会员大会由常务副会长张小赧主持。会长汪路平作《认清形势 坚定信心 迎接新的挑战 实现新的跨越》的工作报告，常务副秘书长汪建萍、副秘书长郭利强分别就《浙江省塑料行业协会章程》修改草案、《浙江省塑料行业协会财务管理制度》修改草案、《浙江省塑料行业协会会费管理办法》修改草案、《浙江省塑料行业协会2008年度协会财务收支情况报告》等议案。会议审议并表决通过了《浙江省塑料行业协会工作报告》、《浙江省塑料行业协会章程》修改草案、《浙江省塑料行业协会财务制度》修改草案、《浙江省塑料行业协会会费管理办法》修改草案，《浙江省塑料行业协会2008年度协会财务收支情况报告》。

(6) 2009年6月30日由浙江省塑料行业协会主办、台州市塑料行业协会协办的“浙江省塑料产业高峰论坛”在我国塑料制品集散地台州路桥区隆重召开，我省有关领导、专家，以及来自全省各地的170多位企业代表汇聚一堂，交流企业发展经验，分享塑化市场看法，共谋我省塑料行业可持续发展大计。就当前中国塑料工业形势，浙江省塑料工业现状及发展趋势、塑化商品市场行情等情况进行分析研讨。

中塑协副会长兼秘书长马占峰、浙江省塑料行业协会常务副会长兼秘书长周理水、浙江省经信委综合处处长周必健、温州俊尔总经理黄志杰、台州三友董事长张小赧、浙江明日总经理韩新伟在会上分别发表了《中国塑料加工业上半年经济运行情况及下半年发展预测》、《浙江省塑料加工业现状品与行业振兴规划的建议》、《2009年上半年浙江工业经济形势》、《练内功蓄能量 谋发展》、《以新“四千”精神促发展》、《当前塑料原料市场分析与预测》的精采演讲、还有台州塑料城、会展中心等单位分别进行了企业交流，论坛还邀请了埃克森美孚化工嘉宾作了专题技术交流。会上发布的书面信息《中国塑料工业现状及发展趋势》(专辑95页)《塑料包装》专辑40页。

(7) 为切实帮助会员单位应对金融危机，2009年协会深入企业，走访会员单位，详细了解金融危机带来的影响与冲击，针对会员单位的实际情况提供服务。

(8) 为行业创造一个公平、公正、公开的和谐市场环境，积极发挥桥梁作用，规范行业行为，维护好浙江省塑料行业市场的健康发展。协会制定了《浙江省塑料行业协会行规行约》、《浙江省塑料行业名优产品评选评选办法(试行稿)》。

(9) 及时反映行业运行中存在的困难和问题，提出可操作的政策建议，为国家宏观调控和制定行业发展规划、政策提供了有力支撑。除此之外，有些政府部门还时常需要了解行业或企业当时的一些具体情况，协会都会在第一时间安排专人了解、沟通，及时将有关数据或情况反馈。一是上传，通过电子邮件省轻纺行业管理办公室、发改委上传行业信息、发展方向、规划建议、重点产品发展指南、产品结构调整等问题及政府代表部门交办的事项。《浙江省塑料行业振兴的及点意见》、《浙江塑料加工业生产力调研报告》、《浙江省塑料加工业现状与行业振兴规划的建议》等资料中详细报告了行业现状、存在问题、发展趋势、措施、政策等方面的建议，间接参与政府决策。二是下达，通过《浙江塑协通讯》、电子邮件、会议、发送即时“政策法规”54条，《中华人民共和国商务部、海关总署公告2008年第120号对加工贸易限制类目录进行调整》、《商务部:调整加工贸易限制类和禁止类目录》、《政策法规汇编123页》等及事下达给会员企业。《轻工业调整和振兴规划解读》及16个项目的详细分解资料101页等，起到了行业宣传和舆论引导的效果。三是完成专题调研报告:《浙江省塑料加工业现状及发展前景展望80页》、《国内外塑料工业近期主要进展及发展动向72页》、《国内外塑料加工技术最新进展56页》。并向有关企业和单位提供。

(10) 中国塑料产业化研讨会暨2009中国塑协塑料技术协作委员会会议在余姚召开，周理水秘书长应邀参加并作《浙江省塑料行业现状及发展趋势》演讲。

(11) 2009年9月17日，国家商务部重点支持展会之一的第九届中国塑料交易会在台州举行，同期还举行中国(国际)塑料台州论坛。展会期间举办了中国(国际)塑料台州论坛、中国塑料行业协会联席会议、中国(国际)塑料日用品创新设计大赛、废塑料原料现场展示洽谈、中国模塑工业关键技术应用交流会等多项活动。我会常务副会长兼秘书长周理水、常务副会长韩新伟、副秘书长汪建萍、郭利强等参加展会。周理水、韩新伟、汪建萍还参加了中国塑料行业协会联席会议，韩副会长发表演讲。

(12) 参加了浙江省民政厅组织的关于《浙江省行业性社团星级协会评估》活动。协会完成了《浙江省行业性社团评估报送材料》400余页、《浙江省行业性社团评估备查材料》600余页，合计100余万字。经过评审和现场考查，浙江省塑料行业协会被评为2009年度四A级协会(最高为五A级，有效期三年)。

【存在问题】

① 长期存在的结构性矛盾未能得到根本解决；②产品重复，档次低；③内销市有待进一步拓展；④加工技术和设备相对落后；⑤粗放型管理模式仍占主到地位；⑥省内区域发展不平衡；⑦企业创新力量薄弱，产业推动主要依靠投入；⑧科技力量薄弱，高级人员资源匮乏等。

【发展趋势】

今明两年发展速度有所放慢，但要争取达到8%的递增速度；同时将有一批新兴企业正在崛起，浙江塑料行业将掀起新一轮技改高潮，并将有一批新兴的企业首先转型升级。同时还会一批几十年未进行技术改造，装备、技术、管理日趋落后，产品日趋老化、人才日趋匮乏，这些企业将会破产或倒闭。浙江塑料寄希望于一批科技起点高、具有当代国内外一流现代化技术、装备、一流的现代化管理，能适应国内外新潮流和有能力应对风云突变的骨干企业。

【“十二五”期间发展重点和目标】

1. 发展重点

① 积极开发高技术、新颖、特种塑料制品；②传统塑料制品，重在提升档次和增加功能；③着力研发特种功能性塑料制品，提高塑料制品的附加值；④着力发展医用、药用高分子材料和医用、药用塑料制品；⑤积极开发新型多功能、高性能包装材料和制品；⑥围绕资源和环保努力研发新一代生物塑料、环保塑料和生态型、卫生、可降解、可分解、可回收的绿色塑料；⑦大力推进节能减排进程；⑧坚决淘汰“三高一资”及危害人类生存环境的落后生产力；⑨继续大力推进废塑料回收再生利用；⑩着力开发工程塑料；⑪通过改性等高新技术，努力提高塑料制品的使用价值，提高资源的合理使用。⑫在企业管理方面，要逐步向职业经理人的新型的现代管理方向推进。

2. 发展目标

到2015年，浙江塑料规模以上企业的制品总产量达到(1050～1200)万吨，更重的是要更好的发展，要使浙江塑料行业的整体水平要有较全面的提升。

（浙江省塑料行业协会　周理水）

温　州　市
Wenzhou

【基本情况】

2009年温州市塑料制品产量423万吨，同比增长13%；实现工业总产值507亿元，同比下降0.22%。规模企业531家，截至2009年底资产总额220.56亿元，同比增加13.40%；产量140.10万吨，同比增长13.10%；产值247.44亿元，同比下降0.22%；占全市规模企业工业总产值6.95%；主营业务收入235.16亿元，同比下降0.83%；出口交货值21.15亿元，同比下降13.23%；新产品产值6.82亿元，同比下降1.10%；完成利税总额15.58亿元，同比增长10.21%；其中：利润总额7.11亿元，同比增长9.27%；亏损企业42家，亏损金额4104万元，同比下降42.93%；全部从业人员平均数63098人，同比减少2.27%；从业人员劳动报酬12.28亿元，同比提高4.04%；规模企业全年用电量169200万千瓦时，同比提高2.79%。

全市各类塑料制品产量及各县(市)区产量详见表1、2。

表1　2009年全市规模企业塑料制品产量

品　　种	12月		1～12月		占总产量比例
	产量/t	%	产量/t	%	%
塑料制品总计	158638	18.21	1401021	13.10	100
塑料薄膜	40508	2.96	417973	30.84	29.83
其中：农用薄膜	139	10.18	1116	39.53	
塑料板片及类似型材	1407	57.28	10776	-1.23	0.77
塑料制管子及其附件	221	45.31	2239	-0.96	0.16
塑料条、棒	113	61.71	1219	-18.83	0.08
塑料丝及编织制品	51667	29.23	432909	17.59	30.9
泡沫塑料	2258	-20.80	21287	13.59	1.52
塑料人造革、合成革	32427	8.73	259572	-1.57	18.53
塑料包装箱及容器	42	50.00	376	-12.56	0.03
日用塑料制品	6379	126.00	38066	-2.21	2.72
其他塑料制品	23616		216604		15.46

表2　2009年各县、市(区)塑料制品产量

地　区	产量/t	同比/±%	占全市/%	地　区	产量/t	同比/±%	占全市/%
平阳县	370150	16.69	26.42	鹿城区	5236	1.0	0.37
苍南县	356941	24.69	25.48	龙湾区	274463	0.38	19.59
瑞安市	334375	14.96	23.87	瓯海区	8362	28.36	0.60
乐清市	26645	-15.35	1.90	开发区	16434	-12.75	1.17
泰顺县	6183	4.07	0.44				
永嘉县	2233	7.25	0.16				

【大事记】

1. 温家宝总理亲切接见俊尔董事长陈晓敏

2009年8月22日晚，国务院总理温家宝在浙江青田主持召开中小企业经营情况调研座谈会。俊尔公司董事长陈晓敏作为小企业家代表应邀出席会议，受到温总理的亲切接见。温总理主持会议分别听取了来自全省的8家企业代表的意见和建议。他鼓励中小企业要发挥积极性、主动性、创造性，依靠企业自身的努力奋斗，加快自主创新，充分利用"船小好调头"的优势，积极开拓国内外市场。温总理会上强调，要对产能过剩、污染严重、技术含量低的企业重组兼并，加强企业管理、加强制度创新，注重专、新、高发展，他还要求各企业要维护好职工权益，履行社会责任。参加会议的主要有省、市有关部门领导及16家企业代表，温州有俊尔、正泰、华峰集团参加。

2. 瑞安市成立高分子材料研究院

瑞安市华泰塑胶集团有限公司、瑞安市东威有限公司、瑞安市澳华塑胶有限公司、瑞安市塑料薄膜厂、瑞安市中兴塑胶有限公司、瑞安市鹏威塑胶有限公司、瑞安市威泰塑胶有限公司、瑞安市建达机械有限公司等12家企业与中国科学院长春应用化学研究所联合组建了"瑞安市高分子材料研究院"。

研究院以股份合作形式，注册资金1000万元，用房面积3500多平方米，设二个实验室，一个检测中心，一个试验基地，并将引进一系列先进仪器设备。研究院由董事会、监事会、院务委员会、专家咨询委员会、专业研究和中试实验孵化中心、职能管理部门等七部分组成。

研究院实行市场化运作，企业化管理，主要任务是依托大院名校，整合各种社会科技资源，通过创建公共研发、技术交流与幅射平台，营造良好的研究环境，引进与培养高级人才，以构建高分子材料基于自主创新的核心竞争力。主要功能是行业应用技术研究开发的公共平台，核心与共性技术研究，新技术项目孵化与推广应用；整合瑞安市高分子材料企业研发力量，组织重大项目攻关，并向一级申请科技计划项目支持；开展标准制定、产品检测、知识产权保护、出口技术壁垒和反倾销应对工作；为政府行业主管部门提供行业发展规划、行业技术发展战略、经贸政策和技术政策决策提供支持。

该研究院的成立对于支撑与带动瑞安市高分子行业自主创新和科技进步起到重要作用，将成为瑞安市高分子行业应用技术研究及新技术孵化的平台，有力推动行业核心和基础技术研究，为瑞安市高分子行业和全市经济发展作出积极贡献。

3. 中轻联杨立副会长来温调研

3月9日，中国轻工业联合会杨立副会长一行5人来温专题调查有关振兴轻工业发展规划和温州地区相关行业情况，本协会余正光秘书长先后二次参加座谈会。

3月11日，杨立副会长一行考察了浙江俊尔新材料有限公司和煌盛集团有限公司，他们先参观了生产现场、样品室，又听取了企业领导的汇报，杨立副会长对该两公司生产经营情况和创新活动十分赞赏，宋云鹤副会长和余正光秘书长陪同参观，并汇报了温州市塑料行业发展情况。

4. 温州市塑料行业编制三年振兴规划

2009年4月温州市塑料行业协会根据中国塑料工业协会与温州市人民政府的要求，为了应对国际金融危机，编制了《温州市塑料行业2009～2011年振兴规划》，规划在分析了温州市塑料行业的现状的基础上提出今后三年发展的指导思想，发展目标，实现目标的主要措施及建议和要求。规划要求到2011年底全市塑料制品产量为446万吨，产值为627亿元，其中规模企业产值为308亿元，塑料制品产量为178万吨，利税总额为16.88亿元，其中利润7.5亿元，生产装备和产品技术水平20%达到国际先进水平，60%达到国内先进水平。建议市府加快大、小门岛石化基地建设，尽快上马100万吨乙烯工程。

5. 国标委批准南塑、华正为塑料编织袋国标修订起草单位

2009年11月26日国家标准化管理委员会以国标委综合[2009]93号文《关于下达2009年第二批国

家标准制修订计划的通知》中计划编号 20091819 - T - 607 批准南塑料集团有限公司，温州市华正塑业有限公司为《塑料编织袋通用技术要求》国标修订起草单位，本项目主管部门为中国轻工业联合会，技术归口单位为全国塑料制品标准化技术委员会，本项目主要任务是负责修订 GB/T 8946—1998 塑料编织袋国家标准和 GB 8947—1998 复合塑料编织袋国家标准的修订。

6. 多家企业获高新技术企业

到 2009 年底止，本协会有浙江俊尔新材料有限公司、浙江强盟实业股份有限公司、温州赵氟隆有限公司、浙江金石包装有限公司、煌盛集团有限公司获得高新技术企业称号。享受三年企业所得税减免 10% 的优惠政策。

7. 俊尔公司通过国家实验室认可

8 月 21 日至 23 日，中国合格评定国家认可委员会(CNAS)专家评审组对俊尔公司实验室和检测中心进行现场评审，一致认为俊尔公司检测中心的管理体制和技术能力满足认可评审准则要求，给予通过评审。

8. 开展专业培训和职称评审

由协会申请，经市职称改革领导小组以温职改办[2009]12 号文批准，本协会进行 2009 年“塑料加工成型”专业技术资格评审工作。经专业技术培训、笔试、答辩及专家评审后上报市人事局。温州市人事局于 10 月 14 日以温人专[2009]140 号文批准叶孙勇等 43 人具有“塑料加工成型”中、初级专业技术职务任职资格，并于 12 月 21 日会员大会上给予公布和发证。

【技术改造及设备引进】

1. 金田集团有限公司 2009 年投资 5 亿元，引进德国布鲁克纳新型年产 3 万吨双向拉伸聚丙烯(BOPP)薄膜生产线 2 条分别安装在重庆云阳、江苏宿迁，加上原有苍南龙港本部 2 条线，江苏宿迁 1 条，安徽 1 条共有 BOPP 薄膜生产线 6 条，再加上早年引进德国布鲁克纳公司的双向拉伸尼龙(BOPA)薄膜生产线 1 条，全部投产后集团年产双向薄膜能力可达 20 万吨，年产值可达 23 亿元，一跃成为亚洲地区 BOPP 薄膜最大生产基地，且所有生产线幅阔都在 8m 以上，线速度都在 400m/min 以上，具有世界先进水平。

2. 华正塑料集团有限公司以塑编产业为基础，投资 3 亿多元开拓锂电池和电动车生产。

3. 南塑集团继 2008 年投资温州神硅电子公司共建太阳能单晶硅生产流水线基础上，2009 年又投资 11.6 亿元，南塑占 30% 股份，在县工业园区征地 120 亩，建设年产 200 兆瓦太阳能电池及组件项目，发展新能源生产，实施企业转型升级，产品结构调整计划。

4. 瑞安市东威塑胶有限公司投资 1.8 亿元，引进德国布鲁克纳公司年产 2.5 万吨多层降解型双向拉伸聚丙烯(BOPP)薄膜生产线于 2009 年 11 月正式投产，使全公司 BOPP 薄膜产能达 5 万吨，一跃成为瑞安市塑料行业产能最大企业。

5. 煌盛集团有限公司投资 500 多万元从山东引进大口径 HDPE 双壁波纹管生产线 2 条，该产品主要用来城市污水与工业污水排放工程，填补了我市空白，并可彻底改变我市依靠水泥管和铸铁管排放污水落后局面。

6. 2009 年 3 月金田集团有限公司计划投资 7.57 亿元，征地 200 亩，建设年产 30 万吨双向拉伸聚丙烯薄膜专用聚丙烯树脂，项目可行性研究报告已经苍南县经贸局组织县有关部门评审通过。

7. 浙江强盟实业股份有限公司投资 2.5 亿元，引进新型双向拉伸聚酯(BOPET)薄膜生产线，设备进口合同已签，全套设备将于 2010 年底到货。

【协会活动】

1. 温州市塑料行业协会召开三届二次常务理事会

4 月 9 日上午温州市塑料行业协会在奥林匹克大酒店会议室召开第三届第二次常务理事会，会议由余正光秘书长主持，会上宋云鹤常务副会长传达了全市经贸大会、市开放型经济工作会议和全市人事工作会议精神，陈晓敏副会长等介绍如何应对金融危机冲击，开拓市场、保增长的先进经验。获 2008 年度市优秀企业家称号的常务理事先后发言，交流经验。会议最后由邵泰清会长作总结性讲话。本次会议内容丰富、发言勇跃，大家纷纷表示坚定信心，认真应对金融危机，力保全市塑料行业稳定较快发展。

2. 瑞安市塑料行业协会召开经济危机分析会

12 月 5 日瑞安市塑料行业协会在瑞安国际大酒店召开了“应对 2009 年经济危机分析会”。会上，华泰塑胶集团有限公司、瑞安市东威塑胶有限公司、瑞安市塑料薄膜厂负责人作了针对性发言，他们分析了国际金融危机对企业带来的影响和冲击，详谈企业当前存在的困难与问题，提出了如何摆脱困境的措施和办法，并向市政府及有关部门提出了建议和要求。会上市劳动仲裁院潘霄剑院长就有关劳动合同签订问题作了专题发言。协会秘书长林锡洪在会上谈了如何采取有效措施，应对 2009 年更大危机的十四条应对措施的建议。最后方晖副市长作了重要讲话。瑞安市经贸局、二轻联社、温州市塑料行业协会有关领导和瑞安市塑料行业协会全体会员企业参加会议。

3. 瑞安市塑协召开节能减排技术交流会

9月24日上午，瑞安市塑料行业协会在浙江华滨包装材料有限公司会议室召开节能减排技术交流会，会议由林锡洪秘书长主持，会上浙江华滨包装材料有限公司介绍了公司在节能减排方面的工作经验；温州市塑料行业协会宋云鹤常务副会长在会上谈了塑料行业节能减排的重要性和塑料行业如何开展节能减排的方法和一些节能减排的技术及器材；瑞安市经贸局张明华副局长在会上作了瑞安市对工业企业进行节能减排的要求与具体措施，最后由瑞安市东进塑胶有限公司董事长张子斌代表瑞安市塑料行业协会宣读瑞安市塑料行业协会关于开展节能减排的倡议书，会议得到了会员企业的支持与赞同，纷纷表示要认真贯彻科学发展观，深入开展节能减排技术活动。

4. 中国塑料工业协会塑料编织制品专业委员会在平阳召开第三届第一次会员大会，专委会秘书处迁往北京

中国塑料工业协会塑料编织制品专业委员会于2009年11月26日下午在平阳县萧江镇晨光大酒店会议厅召开第三届第一次会员大会，参加会议有170多人，会议由林宣朗副秘书长主持，中国塑料工业协会常务副会长李国俊、副秘书长孙冬泉、质管部主任田岩及平阳县、萧江镇有关领导到会指导。会议首先由平阳县人民政府常务副县长申卫国致欢迎辞，姜集康会长作第二届塑编专委会理事会工作报告，林增标常务副会长作关于修改专委会工作条例的报告，吴美秋副会长作关于第二届专委会财务收支报告，到会代表一致通过三个报告。专委会常务副秘书长宋云鹤代表第二届专委会常务理事会向大会介绍了第三届理事会候选人名单，大会以举手表决的方式选出了以姜集康等70人为第三届理事。接着，由孙冬泉副秘书长主持第三届理事会全体会议，会上选出了第三届常务理事、会长、常务副会长、副会长、秘书长、副秘书长。杨学寿副会长代表第三届理事会向大会宣布选举结果，浙江华庆集团有限公司董事长姜集康当选会长、南塑集团有限公司林增标、广庆塑业集团有限公司董事长傅广伟当选为常务副会长、温州晨光集团有限公司王岳言等14人当选为副会长，中国塑料工业协会副秘书长孙冬泉当选为秘书长。经大会通过专委会秘书处由浙江温州迁到北京。

新当选会长姜集康、秘书长孙冬泉先后作表态性发言，并宣布聘请宋云鹤同志为中国塑料工业协会塑编专委会高级顾问，大会最后由中国塑料工业协会常务副会长李国俊作重要讲话，大会完成各项议程后宣告闭幕。

5. 温州市塑料行业协会举行第三届第三次会员大会

温州市塑料行业协会于12月21日下午在维多利亚大酒店多功能厅举行第三届第三次会员大会，大会由余正光秘书长主持，大会首先听取了邵泰清会长的协会2009年工作总结及2010年工作计划(建议)，余正光秘书长向大会汇报协会2009年度财务收支报告，常务副会长姜集康宣读市人事局[2009]140号文件《温州市人事局关于公布叶孙勇等43位同志具有塑料加工成型中、初级专业技术职务任职资格的通知》并颁发了证书。会上金田集团有限公司、浙江俊尔新材料有限公司、浙江金石包装有限公司、华泰集团有限公司作典型发言，宋云鹤常务副会长作“温州市塑料行业2009年运行情况及下步发展的建议”的发言。最后，市民间组织管理局章高会局长作了重要讲话，市人事局陈玲初处长到会指导，市经贸委游聚森副主任到会与大家见面。

6. 召开人事、人才工作会议

3月5日上午在八楼会议室召开了市塑料行业协会人事、人才工作会议，会上由宋云鹤常务副会长传达了市人事局有关人才工作站工作内容和要求及协会人才工作站2009年度工作计划，并布置了“温州市塑料行业协会会员企业人才现状及需求调查表”。市人事局吴松河同志到会作指导性讲话，有28家会员企业参加会议，通过会议初步建立起协会人才工作网络和一些重点企业人才现状及需求情况。

7. 组织企业参观2009年广州第二十三届中国国际塑料橡胶工业展览会

温州市塑料行业协会于5月18日组织40多家企业共48位企业负责人和技术人员由常务副会长宋云鹤，秘书长余正光带队前往广州参观第二十三届中国国际塑料橡胶工业展览会。

8. 参加2009年度海峡两岸塑料行业高端论谈

5月17日由协会邵泰清会长带队，一行4人参加在广州亚洲国际大酒店举行的2009年海峡两岸塑料行业合作与发展论坛，会上先后听取了中国塑料加工工业协会廖正品会长《可持续发展中的中国塑料工业》、中国塑料机械工业协会伐辉恩秘书长《中国塑料机械现状与出口前景》、中国台湾区塑胶制品工业同业商会总干事谢胜海先生《中国台湾塑料制品产业发展现状及未来趋势》、中国台湾区机械同业公会总干事王正青先生的《中国台湾塑料机械产业趋势及

未来发展》等报告，在交谈中，协会常务副会长宋云鹤提出组团到中国台湾参观考察，受到了中国台湾有关部门的欢迎。

9. 组织会员参加中组部组织的技术交流

中共组织部组织中科院院士、专家来温，帮助企业解决在生产科研中遇到的难题。市委组织部、市人事局、市经贸委于5月8日上午在万和豪生大酒店为市塑料行业协会等单位专题解难，由北京航空航天大学王华明教授和北京理工大学教授给我们解难，协会组织了煌盛集团有限公司、浙江俊尔新材料有限公司、金田集团有限公司、浙江强盟实业股份有限公司、温州晨光集团有限公司、瑞安市东威塑胶有限公司、华泰塑胶集团有限公司、瑞安市高分子材料研究院、浙江经纬集团有限公司、温州市塑料厂有限公司、苍南县塑料行业协会等12家单位14人参加会议，市塑料行业协会宋云鹤常务副会长在会上介绍了温州市塑料行业概况，会上各单位与教授们进行了具体交流。并希望今后建立长期合作关系。

【重点企业】

温州市塑料行业2009年年产值超亿元企业

序号	企业名称	2009年产值/万元	备注
1	金田集团有限公司	131589	BOPP、BOPA薄膜
2	温州市亚泰进出口有限公司	84071	塑料原料经营
3	温州晨光集团有限公司	63642	塑料编织袋
4	浙江华庆集团有限公司	52458	塑料编织袋
5	瑞安市东威塑胶有限公司	50105	BOPP薄膜、PVC压延薄膜
6	南塑集团有限公司	37952	塑料编织袋、PVC压延薄膜
7	浙江华滨包装材料有限公司	30976	BOPP薄膜
8	华正塑料集团有限公司	30197	塑料编织袋
9	华泰塑胶集团有限公司	28876	PVC压延薄膜
10	浙江俊尔新材料有限公司	27809	工程塑料
11	煌盛集团有限公司	23543	钢丝增强聚乙烯管
12	浙江强盟实业股份有限公司	23510	BOPET薄膜
13	长虹塑料有限公司	22350	尼龙配线器材
14	浙江贤超包装有限公司	21515	塑料编织袋
15	温州市朗顺进出口有限公司	19052	塑料原材料经营
16	佑利控股集团有限公司	16189	塑料管材
17	海特克液压有限公司	16105	塑机配件制造
18	瑞安市塑料薄膜厂	15300	PVC压延薄膜
19	浙江建新塑胶股份有限公司	14800	PVC压延薄膜
20	瑞安市奥华塑胶有限公司	12539	PVC压延硬片
21	浙江佰通防腐设备有限公司	12210	防腐塑料
22	浙江经纬集团有限公司	12125	塑料管材
23	温州华利集团有限公司	11920	塑料编织袋
24	广天集团有限公司	11400	塑料编织袋
25	大发强盟包装有限公司	10083	真空镀铝膜

（温州塑料行业协会　宋云鹤）

温州合成革行业
Synthetic Leather Industry of Wenzhou

【概况】

温州合成革行业产业现拥有上规模合成革企业107家，先进生产线400多条，日生产能力达500万米，产品在国内市场占有率达50%，是全国乃至亚洲最大的合成革生产基地。2009年是温州合成革发展历程中最为困难的一年，面对国际金融危机的冲击，市场需求萎缩，企业压力重重。在各级政府的帮助下，各会员企业以科学发展观为指导，提振信心，克难攻坚，取得了解困化危的明显效果。据统计，2009年温州合成革行业工业总产值达120亿元，与2008年基本持平，实现了平稳健康发展。

【出口贸易工作】

温州合成革行业的出口贸易自2004年起连续6年实现较大幅度增长。但从2008年11月份开始，连续负增长4个月，2009年3月起止滑回升，连续10个月实现正增长。2009年全市合成革外贸出口总值达3.02亿美元，同比增长7.48%，尤其是12月单月外贸出口值达2995万美元，同比增长29.67%，走在温州市前列。

【开拓市场】

2009年，为积极应对国际金融危机，温州市合成革商会积极帮助企业开拓境内外市场。3月，组织会员企业赴香港参观亚太皮革展。5月，和广东省皮具行业协会30多家企业在温州举行产业发展对接会，9月，又和香港合成皮革暨金属物料供应商商会、广东省鞋材行业协会、广东省皮具行业协会、河北白沟五金皮革行业协会和广东省皮具商会等100多家企业在温州举行2009合成革产业链友好商(协)会座谈会，这些活动就交流信息、开发产品、诚信经营、规范市场等问题进行深入探讨，并取得共识，为区域合作和产业链发展提供了新平台。9月又组织以龙湾区为主的近40家合成革企业参加第14届中国(温州)国际皮革展，设展位183个，比上年增加11%，观展的客商达2.5万人次，达成交易额3亿多元，这些活动在开拓市场、解困化危中有明显的效果。

【品牌建设】

2009年，温州市合成革企业继续开展温州市合成革商会提出的“家家争品牌，百家创名牌”活动，品牌建设成效显著。温州市华康合成革有限公司华康(图形)商标荣获浙江省著名商标、温州强丰合成革有限公司(图形)牌合成革、温州市新祥合成革有限公司(图形+新祥)牌合成革荣获温州市名牌产品称号，截止2009年底为止，温州市合成革行业共获得各类品牌46个，其中省级以上14个。

【培训工作】

2009年，温州市合成革商会组织合成革企业开展各种形式的业务培训，先后组织了环境治理、清洁生产审核、消防安全、新闻报道共16期培训班，受培训员工近1000多人次，有效提高员工素质。其中举办了8期废水治理技术培训班，分批细化培训操作工，提高了他们的技术水平和应急处理能力。

【清洁生产审核】

企业清洁生产审核是对工业生产进行节能降耗和预防污染的分析和评估，是企业实施清洁生产的关键和核心。2009年3月，温州市合成革商会专门举办《企业开展清洁生产审核培训班》，70多位企业董事长、总经理和相关负责人参加。在有关咨询公司的配合下，倾力推进企业开展清洁生产审核，到2009年底止，全市通过清洁生产审核和待验收的企业共81家，占会员企业总数的81.8%。

【承接政府委托工作】

2009年，温州市合成革商会人才工作站努力做好信息传递，组织或代理会员企业积极参加各类招聘活动，搭建企业和人才服务平台，被评为2009年度考核优秀行业协(商)会人才工作站，受到表彰。2月，商会经批准设立贸易壁垒预警应对机制服务点。一年来，服务点密切关注行业外贸出口动向，举办开拓市场座谈会，并在网站设置“外贸预警专栏”，提供最新外贸动态，为行业开拓国际市场和预防反倾销发挥了积极的作用。

【商会换届选举工作】

12月29日，温州市合成革商会第四届第一次会员大会隆重召开，总结三届理事会工作，选举产生第四届理事会，17人当选四届理事会副会长，41人当选理事会理事，温州市华康合成革有限公司董事长王永康当选温州市合成革商会第四届理事会会长，决定温州华都皮革有限公司董事长王会弟和温州强丰合成革有限公司董事长姜方强为四届理事会常务副会长。

12月，经温州市社会组织评估委员会评审，温州市合成革商会荣获5A级社会组织称号。

(温州市合成革商会　郑笪权)

江 苏 省
Jiangsu Province

塑料是20世纪全球经济发展中增长最快的行业之一，进入21世纪以来更是以强劲的发展势头迅猛推进。塑料合成树脂与合成橡胶、合成纤维三大类合成高分子材料与钢铁、木材、水泥一起构成现代社会中的四大基础材料，是支撑现代高科技发展的重要新型材料之一，是信息、能源、工业、农业、交通运输乃至航空航天和海洋等国民经济各重要领域都不可缺少的生产资料，已成为人类生存和发展离不开的消费资料。

江苏是我国最主要的塑料加工工业基地之一，改革开放给江苏的塑料加工工业发展带来了巨大的生机和活力，随着改革开放的不断深入而有了突飞猛进的发展。通过引进国外的先进设备与技术，兴办三资企业，改造了一大批中小企业，涌现了大批的具有新的形象和活力的高新企业和龙头企业；产品质量和档次显著提高，产品品种不断增多，应用领域不断扩大，出口创汇逐年增加，全行业整体水平上了历史新台阶。

江苏塑料加工工业始于20世纪60年代初，是当时的新兴行业。初期的产量仅1200多吨，1969年产量才超过1万吨。1979年，江苏塑料制品总量在全国同行业中率先突破10万吨，并连续十一年位据全国同行业第一，其总量占全国总产量的十分之一，是中国为数不多的、主要的塑料加工业基地之一。

江苏的塑料产品涉及领域广泛，从农业，工业和消费品包装，到建材、汽车、机械、军工、电子通讯等，几乎当前国内外塑料界所有的塑料产品都有生产，和国际先进国家相比的主要差别，在于优级品的比例和高档次产品的覆盖面。从品种上分析，农用薄膜的产量随着宽辐大蓬膜的推广应用和长寿无滴膜的新型多功能膜的兴起，无论在品质、档次上还是在总量上都有了显著的提高和增长。工业用膜(包括收缩膜、双向拉伸膜、缠绕膜、内衬膜、食品、服装、玩具日用品包装膜等)占薄膜总量的80%以上。板材中的ABS、PS复合板、铝塑复合板、PC板、PET板以及为家电、汽车配套用板的产量逐年上升。塑料编织袋及其他编织产品进过多年的调整和发展，在品质上有了很大改善，品种上有了新的发展，应用领域有了进一步的拓展，其产量仍然保持着增长的趋势，编织吨装袋的直接和间接出口量都在逐年增长。管材和型材以惊人的速度在发展，已出现五万吨级的生产厂，凸现该类产品对规模经济的要求和品牌效应的威力，但该类产品的经济效益不很明显，企业之间的差异很大。而普通泡沫制品和普通桶类包装容器的产量增长速度较缓。

全省具有一定规模的企业3500余家，其中销售收入500万元以上的企业1000多家。现阶段江苏的塑料企业主要以民营企业和股份制企业为绝大多数，全行业制品生产能力达400万吨以上，由于全球金融危机对塑料行业的危机影响，许多为汽车工业、食品工业配套以及出口型企业在明显滑坡的后续，有了缓慢回升。2009年完成生产吨位逾450多万吨，增幅逾8.5%。

近十年内，江苏的塑料企业重组和格局的变化相当大，原来占主导地位的国有企业、集体企业纷纷改制后，真正的国有企业或国有控股企业所占比重已很小。加上近年来不断涌现出的新的民营塑料企业，发展迅速、面貌一新。起点高，管理新，观念新、效益佳是现阶段江苏塑料企业的几个主要特点。改制后的各企业都投入了大量的资金，谨慎地选择时代热点项目，进行技术提升改造和新产品开发和引进。为数不少的民营化企业都实施了工厂的整体搬迁，以土地的区位优势换资金、换发展后劲。使整个塑料加工行业从质和量两个方面的取得了突飞猛进的发展。全省各类技改项目的成功实施，大大提高了企业新产品的开发能力和市场竞争力，先后开发出一批技术含量高、紧跟市场热点的新产品，近年来除了为汽车工业，高速铁路等交通新热点配套的项目外，江苏已有为数不少的塑料企业在为航空航天的发展做积极的配套工作。江苏的塑料行业继续在汽车燃油箱、保险扛、仪表板、大巴内饰、小轿车内饰、民用航空内饰、城市和农村供水用塑料件、大口径管材管件、多功能复合膜和多功能农膜、双向拉伸聚酯、双向拉伸聚丙烯、双向拉伸聚苯乙烯、共挤复合膜、聚碳酸酯板、光导板、铝塑复合板、信用卡基材、身份证材料、装饰广告用材料、防水材料、手机、电视、冰箱、音响、电器电气用材等方面，为包装、电子、交通、机械、通讯、航空航天等领域的发展作出巨大贡献。

随着改革开放的深入发展，技术装备的引进和自身技术开发能力的提高，江苏塑料工业已形成成型工艺齐全、产品品种繁多、生产规模持续趋大、社会效益和经济效益较好的基本格局，成为全省经济发展的重要支柱行业之一，尽管江苏塑料已从计划经济时代的全国第一位被广东、浙江超越，仍然位居全国塑料工业的第三位。广东、浙江、江苏、山东四省占据全国塑料总量的65%，江苏继续保持着在中国塑料界举足轻重的塑料工业基地的地位。

江苏的塑料工业另一个值得注意的特点，塑料工业上游的石化产业和塑料机械装备业都相当地发达，有塑料原料和塑料装备大省之号称。PP、PE、PS类的大型石化企业有扬子石化及扬巴石化、金陵石化等在全国享有盛名；仪征化纤、申龙高科、安得利化工等的塑料级和瓶级PET原料不仅在全国负有盛名，而且已成功打开出口市场。坐落于镇江大港的国亨化工、奇美化工的PS、ABS以及太仓港的氯碱化工和遍布徐州、新沂、镇江、南通、常州、无锡等地的PVC树脂在全国享有很高的知名度。苏、锡、常的塑料机械尤其是张家港的塑料机械非常发达，在全国具有一定的知名度。这几年来在行业发展的思路上，立足于消化吸收和提高控制水平，在加工设备的节能降耗上倍加关注。

仅仅从产品的种类和配套服务面来看，江苏的塑料工业无论从品种种类还是规模上都已经达到相当高的水平，尤其是产品品种种类，几乎能提供世界上所有的已有产品。但是在整体水平上升的大趋势下，江苏塑料工业仍然存在一些共性的问题。产品结构的不合理性仍然困扰着江苏的塑料工业，高精尖产品开发仍显不够充足，较低水平产品重复交叉，没有一个权威机构能够协调和真正做到适应性调整；企业间盲目模仿相当普遍，企业的自我创新意识在不断上升，可开发能力仍然不足，自主知识产权的拥有和自主知识产权自我保护能力很差。重量级塑料加工企业所占比例仍然有待提高。尽管涌现出了中达股份、江阴申龙高科、江南模塑集团、常州巨力集团、江苏琼花集团、常州创佳型材、连云港中金医药包装、昆山彩华包装、江阴龙山集团、江阴龙奇包装、无锡环宇包装、无锡环亚包装、无锡国泰包装、常州海企塑业、无锡巨龙、苏州富事达、江苏华信塑业等重量级企业，在江苏新建地级市的宿迁市也已出现了重量级塑料企业。这些新塑料工业企业的出现，加之原来的龙头企业如中达股份、申龙高科、江苏琼花等的崛起，极大地改变了江苏的塑料包装面貌，极大地影响了江苏塑料包装的发展进程，某种意义上将改变江苏乃至全国的塑料包装历史进程。但除此而外，大多数塑料加工企业规模不大，原材料消耗和能源消耗偏高，大部分企业的经济效益偏低。

江苏塑料工业的发展应在以下几个方面重点关注：

新型塑料建材和多功能塑料复合包装材料仍将是江苏塑料制品工业的重点发展和快速增长的主要领域；农用塑料不但继续占据重要位置，而且将会随着农业种植结构的优化调整出现新的发展机遇；科技含量高的高附价值的工程塑料、工业配套塑料件及其他改性复合材料的应用领域将不断扩大。重点大类塑料产品如工业配套件、管材、建材、软/硬压延制品、薄膜、片材、及高档包装材料的生产将朝着规模经济的方向发展，为减少对环境的污染，将加大塑料回收利用和降解塑料应用。功能性塑料的开发和研究将是今后的发展重点。

塑料管材的主要发展领域是各种规格(尤其是大口径)、多材质和多种结构的管材管件；燃气管已进入发展的大机遇时期，已成为将持续一相当长发展期的热点产品。塑料建材的发展将要超出仅仅是型材的格局，型材也应朝着优化结构的方向发展，增加品种，提高档次。结构发泡材料、轻型墙体、隔断材料将进入活跃期。懂塑料不懂建筑设计和懂建筑不懂塑料是塑料建材发展的制约因素。应加强设计和应用的研究，加强塑料人才和建筑艺术人才的多学科人才的培养，推进建材产品快速健康。在发展的过程中必须同步考虑标准化、系列化、适用化、配套化、美感化等新型建材发展的几大要素。

塑料包装广阔的市场前景，使塑料包装行业的规模随着市场需求的快速增长和品种、品质的不断涌现而不断扩大。骨干塑料包装企业的崛起、新型高阻隔材料的成功开发，改变着江苏的塑料包装行业面貌，改变着塑料包装的形象。骨干塑料包装企业主要依靠引进先进设备以及和国外同行一流企业建立技术合作开发纽带，加速了与国际塑料包装行业技术水平的靠拢，加快了塑料包装进入国际市场的步伐。塑料包装材料的发展经历了简单塑料包装、复合塑料包装阶段，当今的市场需求正向着塑料包装的多功能化发展。塑料包装的复合化、多功能化、环保化是江苏今后发展的重点方向。塑料包装应按食品药品等包装物的要求，努力开发多功能性包装材料，提供被包装物性能保护功能；开发延长货物保质保鲜寿命的高阻隔、防渗透包装材料，无菌包装材料，热灌装材料，保味包装材料，耐蒸煮包装材料；开发水果、蔬菜等的气调环境保鲜包装材料以及粮食等储存、运输的防霉防蛀包装材料。尽管就整体而言，高技术含量、高附加值的塑料包装产品目前所占的比例仍然不高，未能满足日益增长的市场要求。但是，随着社会进步和人们生活质量要求的持续提高，塑料包装作将随着食品、饮品、药品、生物制品等朝阳行业的发展而大发展。随着这些行业对塑料包装的要求不断提高，塑料包装始终存在很大的发展空间。塑料包装可持续发展的前景广阔，一个大发展的时机已经成熟。

农用塑料的发展重点是果蔬、花卉、经济作物、育苗等用途的长寿、无滴、防雾、高强度高透明、保温等多功能塑料棚膜及其相关配件制品，除草、防虫等多功能地膜。深入发展农田水利建设用的各类塑料管道、管槽、管件、节水型微灌、渗灌、滴灌以及水利建设中的水渠、大坝建设用土工材料。农用塑料应引入现代农业的概念，农用塑料的研究开发应着眼于现代农业的目标、着眼于农业科技的发展和新技术的应用。

工业配套件的开发重点是工程塑料、汽车、家电、电子信息产品的配套件。邮电通讯用新型电缆、穿线管。信息、通讯、机械、国防工业配套的各种科技含量较高、附加值较高的配套产品。汽车工业中的塑料比重将大幅度增长，十年后的汽车塑料件将有一半以上采用复合材料和回收利用材料。航空航天工业技术进步的着眼点之一是减轻自重，高分子复合材料将大有作为，塑料将担当非常重要的角色。电子电器工业的配套将围绕节能省料的方针，对高电磁性能塑料合金、超导电塑料、电磁屏蔽材料、光机能性材料、光学纤维复合材料、新型传感高分子材料、信息处理用各种计录、储存材料、CAD静电记录膜、微缩用胶片等的需求将急剧上升。塑料工业要继续当好热点行业的配角，为朝阳行业服务，塑料行业将随着朝阳行业的发展而获得新的发展机遇，将随着朝阳行业的大发展而大发展。

日用塑料制品的发展仍然有着不可估量的前景。关键是设计理念的突破，能否侧重以人为中心，追求现代美学设计观，朝便捷、舒适、适用、经济、美观的方向发展，提高质量和降低成本是这一领域极其重要的行业发展要素。

轻量化、节材、安全可靠的塑料工程材料、塑料医疗领域一次性可靠材料、易弯曲材料以及胰岛素笔针以及吸入器用微量泵等配药辅助用具的发展和应用趋势值得我们关注。包装材料发展趋势值得业内有识之士的高度关注，建筑领域的绝缘绝热材料及新型铺地材料的发展也值得我们去研究和开拓市场。各种体育休闲用品、运动器材、运动系列产品、和运动有关的人造草皮等的需求量的不断增长也值得我们去关注。由于具有很高的发光效率很低的能耗效应，发光二级管（LED）的发展非常迅速，从手电到汽车等的车灯，无处不在的广泛推开应用趋势很猛，目前和此有关的塑料的开发速度也很迅猛。LED周围的反光镜可控制灯光的偏转并将光源集中起来，目前正在开发的耐温、传热、可任意成型的此类材料的开发对推动下一家用节能光源有着基础性铺垫的不可估量的发展前途，我们必须要高度关注。合成纤维塑料的应用近几年有了更大的发展。可制成抗压性强但结构非常轻量化的的元件的开发已市场化多年。将玻璃纤维嵌入热固性基体中或将用环形纤维制成的模制件嵌入热固性基体中的产品市场化已是指日可待，这将是外科手术中的假肢、假臂以及涵盖到风涡轮转动叶片的一系列配套产品的工业化也是展望之中了。对纳米技术在塑料中的应用研究和关注已经很多年了，如今的现状是已有很大的迈进，纳米填料盒基于纳米技术的添加剂使得塑料的特性有了质的飞跃，使得塑料能提供更多更新的特性。甚至可以将原来不可实现的表面上看起来互相矛盾的特性要求互相结合起来。透明性和随机性、折射率和硬度、表面功能和材料机械性能、材料的绝缘性能和传导性能等都可以通过纳米技术友好的共存和同时提供。纳米技术在塑料领域的应用可以使塑料具有高级流变学特性和高的电传导性，前者可以使塑料变得更易于加工成型，后者可以更好的防止静电问题的干扰。塑料的表面自动清洁也将在纳米技术的应用中得以实现。

塑料制品工业经历了从计划经济向市场经济转变的历程，企业在从计划经济模式转向市场经济的过程中，遇到许多困难，面临许多问题，为数不少的企业步履艰难，原有的历史烙印仍然影响着企业的发展和管理模式。因此，解决塑料企业今后发展中的矛盾和问题的根本出路在于真正实现深化改革。虽然已经实施了企业股份改造，但是我们的管理模式还很落后，有的甚至停留或倒退在家族式管理模式，不能适应新的发展了的新形势，必须引入新的管理思想和模式。

塑料制品企业应根据市场需求调整产品结构，加速发展短线、三高产品，根据不同品种适度掌握产品规模。下决心停掉一批低档产品和长线产品。坚持市场决定生产的导向原则，坚决从数量主导型过渡到质量、品种、出口、效益主导型。地方政府应重点扶持一批大型企业、特大型企业、重点企业、明星企业。以名优产品为龙头，以经济效益为中心，以资本投入为纽带，以市场发展为导向，组建具有实力的、符合经济规律的、有利于企业发展的企业集团，实现适应市场需求产品的规模效应。继续改变和直至结束老、小、散、差的落后状况。

随着技术装备的不断升级提高以及产品精度和档次的提高，江苏的出口塑料逐年在增加，但相对于江苏庞大的塑料总量，全省的塑料制品的出口量占总量的比例相对较低，制品技术含量不高。出口总量中间接配套出口占主大多数。应继续研究国际市场的需求情况，研究国际市场新产品，在提高原有出口产品质量、巩固和扩大原有产品的出口量的同时，重点开发热点产品，重点发展新市场。应鼓励和引导有条件的企业跨出国门，直接参与国际竞争。可将国内渐趋饱和的产品生产移到其他仍然有着较大需求的国家，境外办企业应从输出技术和设备为主。尽管国际金融危机在短期内获得全球性回暖的可能性预期不大，国际市场的需求目前看不到活力，但我们从长远看，经济全球化的势头仍然不可逆转。而风险往往伴随着机遇，经济低潮时期未必不是我们出击的最佳时机，等所有的人都看到了光明时，我们再启动投资往往就要付出加倍的代价，尤其是在投资时效上不能获得最大收益。在汇率发生了较大变化的新形势下，要研究我们的出口方向和调整出口品种，使我们的出口能继续保持一定范围的优势。

当今世界的经济发展显著特点之一，是技术已成为推动企业发展和经济增长的极其重要的因素，更是企业能得以持续发展的基本要素，技术含量低的产品和企业不可能有持续的生存空间。所以重视产品的技术含量，以新技术促进企业的持续、快速发展，是塑料行业能保持持续发展的核心竞争力。塑料加工业的技术发展非常迅速，出现了许多新技术新工艺，许多新产品的出现本身就伴随着新技术的开发和应用。计算机辅助注射成型、新型异型吹塑成型、超微孔塑料、受控低压注射成型、多相聚合物片状注射成型、可熔芯技术注射成型、挤出浸渍复合成型、熔体挤拉成型、多元材料复式加工技术、壳芯注射成型、双注射成型、模内背衬注射成型、液－气辅助成型等新技术的开发和应用推广，将为塑料产品的开发和设计提供更为广阔的空间。企业应格外重视技术，尤其是新技术工作。应根据自身的条件和发展需要，选择开发研究、综合吸收、引进消化、技术合作、购买软件等各种方式，积极采用高新技术。在引进先进装备的同时注重引进软件和技术。

实现现代化，人是决定因素。企业和产品的竞争，越来越表现为人才的竞争。人才是任何企业发展宝贵的财富，企业应从制度、分配机制上解放思想，引入激励机制、股份机制，高薪用人才、创造条件留住人才，用好人才，确保塑料工业的持续高速发展。为此，江苏塑料界应加强和大学的合作和沟通，在继续重视高科技人才培养、重视工艺和设备的结合性培养、重视塑料工程类人才的培养的同时，更应注重第一线实用型技术人才的培养，重视高职高专类人才的培养。进一步提高职工队伍的素质，注重职工技术的培训，大力培养和吸引人才，在培养实用性技术人才中要注重和生产性企业的衔接和沟通，尽量缩短高职类人才到达岗位后的适应期和过渡期。

塑料作为一门新兴的材料工业，与传统工业相比，其发展历史不长，但发展速度相当快。新项目的上马已从计划经济式的逐级审批制转向市场经济体制下的市场主导化。企业对项目的实施与否具有绝对的决定权。社会主义市场经济体制下的集体企业投资风险主要由投资单位而非经营者或单位领导，对投资项目的可行性研究存在诸多不踏实因素和投资项目的目的不明确性。这是上一轮投资热潮中为数不少的项目失败的主要原因，也是造成不少企业效应严重滑坡的不良因素。盲目投资、盲目发展不仅对单位本身造成重大损失，也对金融界构成严重风险威胁，最大的伤害是国家利益的受损。一哄而上，不仅使投资单位在一开始就步履艰难，也对原来生产销售较能维持的单位构成严重威胁。因此，呼吁政府重视行业的管理和协调。

节约能源、资源，建立节约型社会是当代中国经济和社会发展的一个鲜明主题。塑料加工是通过塑料加工机械和使用塑料原料成型出市场所需制品的过程，在加工过程中消耗电能和原料，能源和材料的节约使用一直是塑料行业降低成本努力奋斗的目标。随着科技日新月异不断发展，通过变频伺服等电子自动化先进技术和新型装备降耗节能比以往得到了很大提高，提高生产率的同时还节约劳动力资源。在材料节约方面通过塑料制品合理用材设计、材料科学选用、材料改性、多功能材料开发等多种方式减薄制品壁厚、增加应用功能达到节约材料的目的，通过机头、边角料的直接回用、使用后塑料循环利用实现省资源化，成效显著。

降低能耗是塑料机械行业一直在努力追求的目标。从过去的流量比例和压力比例控制，发展到变量控制、变频控制和伺服控制。注塑机的高效率主要体现在工作节拍快，制品周期短。这方面的努力和工作仍需要继续深入和推广。

在塑料制品加工领域，节能降耗不但需要从塑料加工机械方面着手，还应该深入到塑料原料及加工技术的节能领域。如高熔体流动指数树脂在较低的温度下获得较好的流动性，在加工中可显著减少能耗，并能明显地缩短成型周期。合理选择材料或添加增强材料、填充物等以达到提高性能、节约树脂用量等目的，如复合塑料、纤维增强塑料、塑木复合材料等都属于节能型原料。利用化学或物理发泡的方式能够制得质轻、保温性好的发泡塑料制品，它的密度低、机械性能较好，可以大大降低树脂的使用量。

在做好上述各项工作的同时，更应加大重视废旧塑料的回收利用工作的力度，应加强宏观指导与管理，建立切实可行的回收激励机制，建立回收利用体系。建议尽快制定有关塑料回收利用的法律法规，规范回收利用的工作，杜绝不良形象的发生。提供条件设立塑料回收利用基金，从税收政策等方面鼓励塑料回收利用工作。

关于闹得沸沸扬扬的塑料袋的废弃与使用话题，应科学地对待。应体现实事求是，把贯彻科学发展观融入其中。人们使用塑料袋是因为塑料袋能满足他们需求，就使用量来说比其他购物袋、包装袋占压倒性优势，如果不使用塑料袋换用其他材质的袋如布袋、纸袋。如果仍被人们随意地丢弃，类似性质的“白色污染”同样存在，非但并不能减轻环境压力，而且浪费的资源和造成的污染可能更大。使用布袋、纸袋同样也浪费资源，而且浪费的是森林资源，因为造纸需要砍伐大量木材，加工过程的对水资源和土质的污染迫在眉睫，远远甚于所谓的白色污染对我们日常生活的危害。塑料袋回收后还可再生他用，能够实现循环再利用，是典型的资源节约型和环境友好型材料。实践证明，不管使用任何材质的购物袋、包装袋，回收再利用或者循环使用是解决问题有效的途经。

滥用包装袋、购物袋是指人们滥用这种行为，滥用塑料袋会影响生态环境。关键要做的是解决滥用和随意丢弃，而不是禁用。塑料袋回收后再制造成垃圾袋和其他性能要求不高的包装袋，是很有现实意义的，实现了资源循环利用。塑料袋的过量使用或者无节制使用会给生态环境造成危害，应当采取措施规范人们乱扔的恶习和加强回收利用加以解决。“禁止”和“弃用”塑料袋的提法不符合我国国情。应当加强回收利用、减少和循环使用塑料袋。要为塑料包装袋和塑料包装盒正名，造成视觉污染的所谓“白色污染”的问题所在不在塑料本身，问题出在使用塑料袋和塑料盒的人身上，是人们的不良习惯让塑料背上了悲剧色彩的误解。

建议加强治理白色污染工作，加强相关立法，从优化人们的良好消费习惯，提高人的行为素质入手，变废为宝。在找到更经济有效、更有利于环保的新型替代材料成功研制之前，切忌因噎废食。

塑料是能源依赖性极强的一大类化工产品，今年来塑料原料的价格随着石油的价格暴涨飞速上涨，塑料加工企业的原料成本已超过其承受极限。进口原料的关税在很大程度上影响着国内塑料原料的价格，继续呼吁国家调整塑料和石化原料的进口关税税则，逐步取消塑料原料的进口关税。

根据目前的能源态势，呼吁国家在制定关税政策时应鼓励进口，把有限的、宝贵的资源尽可能多地留给子孙后代。

（江苏省塑料加工工业协会　韦华）

山　东　省

Shandong Province

进入2009年以来，山东塑料行业根据国家和省宏观调控政策，克服国际金融危机带来的不利影响，使生产迅速恢复并得到快速发展，除少数出口产品因各种原因仍然尚未恢复到危机前的水平外，其他绝大多数产品的生产销售已经恢复到危机前的水平，甚至有些产品还借机得到快速发展。

一、山东省塑料工业经济发展状况

【经济总量】

全省塑料行业2009年完成主营业务收入1382亿元，比上年增长23.15%；实现利润总额83.6亿元，比上年增长19.32%；实现利税总额128.3亿，远比上年增长21.89%；出口主营业务收入实际完成129.27亿元人民币，比上年增长9.2%；塑料制品总量完成1150万吨，比上年增长25.39%。塑料制品总产量约占全国总量的10%以上。产业结构、产品结构和企业结构等都得到进一步改善。

【产业结构】

就产业结构而言，山东塑料行业的塑料制品生产和塑料加工专用设备制造相对发达，塑料树脂及共聚物次之，模具在设计和加工以及科研开发力量相对滞后。

山东塑料行业经过多年的发展，其产品应用范围已经涵盖国民经济的各个领域及人民生活的各个方面，多种大类产品在全国位居第一或前茅。其中农用塑料制品、塑料编织制品、塑料建材、塑料包装材料、土工材料(膜、片、网)、建筑用安全绳网、一次性塑胶手套等几大类产品生产规模较大，品种比较齐全，生产企业众多，无论是生产总量，还是生产技术水平在全国均处于领先地位。就整个山东省塑料行业发展而言，由于产品趋同性及行业进入壁垒较小，某些产品存在产能过剩现象，竞争将更加激烈。

塑料树脂及共聚物2009年达到300万吨，自给率不足30%，约占全国总产量的8%；塑料加工专用设备占全国总产量的24%。

随着企业规模的不断扩大，市场范围的不断开拓，有部分塑料制品生产企业向其上游—塑料原料的生产发展，特别是塑料编织袋生产企业，已有多家生产企业投资生产聚丙烯粉料。同时，随着齐鲁石化公司“三轮乙烯改造”工程的加快，青岛石化大炼油项目的百万吨乙烯工程，烟台万华集团、烟台巨力公司加快发展 MDI、TDI、聚碳酸酯、聚氨酯等，万达集团、淄博广通化工公司和济宁凯赛集团加快发展聚酰亚胺、尼龙 1010、尼龙 1212、尼龙 1313 等新型合成材料，以及各种塑料助剂的研发和生产等，预计到 2011 年，我省塑料原材料的表观产量达到 700 万吨，塑料原材料的自给率达到 60% 左右。

【产品结构】

按国家统计局统计目录和统计范围的统计结果，山东塑料行业全部塑料制品总产量中，各大类产品所占比重分别是：①塑料编织制品占 32%；②塑料管材及附件 15%；③塑料薄膜 13.8%；④日用塑料制品 6.2%；⑤塑料包装及容器 5.8%；⑥泡沫塑料 3.6%；⑦塑料板、片材 2.8%；⑧塑料型材 2.2%；⑨塑料人造革合成革 0.5%；⑩其他塑料制品 18.5%。

按国家统计局统计目录和统计范围的统计结果，山东塑料行塑料制品中在全国塑料制品总量中的比重为：①塑料包装及容器 36.35%；②塑料编织制品 24.4%；③塑料管材及附件 10.92%；④塑料薄膜 9.1%(其中农用薄膜 33.41%)；⑤泡沫塑料 8.81%；⑥日用塑料制品 5.13%；⑦塑料型材 4.61%；⑧塑料板、片材 3.73%；⑨塑料人造革合成革 0.76%；⑩其他塑料制品 8.85%。

山东塑料原材料及塑料专用设备的生产，按国家统计分类：塑料树脂及共聚物约占全国的 8.3%。其中：①聚乙烯树脂占 10.22%；②聚丙烯树脂占 10.4%；③聚氯乙烯树脂占 6.65%；④聚酯占 0.01%。塑料加工专用设备占 24%。

在省政府名牌战略的积极推动下，山东省塑料协会积极与各地市政府和企业加强沟通和配合，名牌战略和品牌建设取得积极成果。到 2009 年底共有 5 个产品获得中国名牌荣誉称号，山东名牌产品共 46 个。

中国驰名商标、山东省著名商标：截至 2009 年底，山东塑料行业拥有“中国驰名商标”3 个；拥有“山东省著名商标”42 个。

【企业结构】

在全省 8000 多家塑料制品生产企业中，85% 以上为中小型企业，总资产 620 亿元，全部从业人员 62 万人；列入国家和省统计范围的制品生产企业近 1500 家，平均年实现主营业务收入 7200 万元。

重点生产企业评选。为了促进我省塑料制品生产企业规模化发展，提高塑料行业的科技水平和社会认知度，加强行业自律，逐步发挥重点生产企业的主渠道作用，根据省政府批准的《山东省轻工产业振兴规划》和《山东省塑料工业调整振兴指导意见》的要求，协会在全省塑料行业开展 2009 年度全省塑料行业重点生产企业评选认定工作。共有 25 家企业被评定为“2009 年度山东省塑料行业重点生产企业”，这 25 家企业基本涵盖了我省塑料行业各大优势板块，在各领域能起到龙头带动和示范作用。根据评审资料汇总，25 家行业重点企业 2009 年完成制品总产量 29.7 万吨，主营业务收入 36 亿元，实现利税总额 2.6 亿元(其中利润总额 1.7 亿元)，出口制品总量 2.1 万吨，出口交货值 4856 亿美元。下一步，协会将继续推动该项活动，充分发挥重点生产企业的带动作用，以重点企业带动特色区域及产业集群建设。

特色区域建设。为使山东塑料产业继续保持健康、快速、高效的发展势头，落实科学发展观，进一步加强和培养产业集群和制造业基地建设，实现生产力空间布局上的优化和生产要素的有效集中，加快产业资源优化配置，促进区域经济的发展，提高山东塑料制造业大省在全国乃至在国际上的整体竞争力，山东省塑料协会在全省范围内开展了塑料产业集群培育和制造业基地建设的活动。

截止 2009 年底，被授予中国产品生产加工基地称号的共 6 家(其中 2009 年度授予 5 家)：昌乐县“中国 PVC 增强软管加工生产基地”、“中国塑料包装材料出口生产基地”；淄博市临淄区金岭回族镇“中国农用塑料研发生产基地”、“中国塑料编织制品生产基地”；德州市临邑县“中国塑料编织之乡”。另外，山东天鹤塑胶股份有限公司因聚乙烯土工膜生产出口，被授予“中国土工合成材料聚乙烯土工膜生产出口基地”。

被授予山东省产品生产加工基地称号的共 3 家：昌乐县乔官镇和城南街道办事处等两个镇(办)“山东省塑料加工基地镇(街道办)”、滨州市惠民县“山东省塑料安全绳网加工生产基地”。

通过以上产业基地和特色集群的培育和发展，有力地推动了当地塑料产业的壮大，产业集群的带动作用明显提高，对促进当地经济发展和社会进步起到了积极作用。以上 8 个产业集群汇集了 2200 多家企业，从业人员 11 万多人，全部生产能力 300 万吨。2009 年度完成产量 200 万吨，实现主营业务收入 180 亿元。

【技术进步】

2009年，山东塑料行业继续加大科研开发力度，一大批科研项目得到立项和研发成功；为应对国际金融危机而启动的三年调整振兴规划中28个拟新上项目和24个在建项目，都具有较高的技术含量和技术前瞻性；塑料医疗废弃物回收炼油项目、聚烯烃类可控性全降解塑料研究项目等重点联系招商引资项目已向外公布。

山东省塑料研究开发中心（抗菌ABS纳米复合材料的研究及应用、淀粉与PVB全降解塑料的研制与开发、利用废旧塑料再生生产汽车密封条研究应用）、潍坊日科化学有限公司（工程塑料用增韧剂AMB树脂和抗冲改性剂－抗低温）、山东春潮色母料有限公司（专用涂覆改性材料的研制与开发）、山东天鹤塑胶股份有限公司（涂覆持久消雾流滴棚膜）、聊城华塑工业有限公司（多功能界面分子纳米改性大棚膜）、淄博中南塑胶有限公司（医药用塑料包装薄膜及“中国塑料压延技术中心”）等科研项目均已研发成功或获得项目鉴定。

二、加快结构调整，促进行业快速发展的的主要措施

从2009年经济运行情况看，受国际金融危机的影响虽还远未消除，但对于塑料行业整体而言，其影响程度已大为降低，受影响的范围也大幅度缩小。除少数出口产品因各种原因仍未恢复到危机前的水平外（山东塑料行业出口在整个行业中所占的比重相对较轻，2009年出口产品实现的销售收入仅占全部主营业务收入的11.7%），其他绝大多数产品的生产销售已经恢复到危机前的水平，甚至有些产品还借机得到快速发展。为应对国际金融危机的影响，贯彻《山东省塑料工业调整振兴指导意见（2009～2011年）》，加快结构调整，促进行业快速发展，山东省塑料协会做了大量工作，其主要工作做法和措施：

1. 做好宣传工作，使整个山东塑料行业对三年调整振兴规划有足够的了解和充分的认识

在三年调整振兴规划制定前期，我们对部分重点企业进行了广泛的调研，对行业发展过程中存在的突出矛盾和问题，有了比较深刻的了解。对于这些问题和矛盾解决的思路与有关企业也进行了必要的沟通。

在三年调整振兴规划制定出草案后，我们又利用山东轻联网和山东省塑料协会网站进行登载宣传。同时我们还利用与企业间的相互交流与沟通，一方面对《山东省塑料工业调整振兴指导意见》征求意见，另一方面也广泛宣传三年调整振兴规划的原则、指导思想和重点内容。

三年调整振兴规划正式公布后，我们利用各种不同形式，对列入行业振兴规划的重点产业、重点产品以及重点企业进行重点宣传，专项落实。

2. 深入开展调查研究，为基层提供有效服务

根据面临的新形势，我们把贯彻落实塑料产业调整振兴规划，帮助企业渡难关、保稳定、求发展、上水平，作为我们各项工作的出发点和落脚点。协会选择部分地区深入开展调查研究。

一是，对贯彻落实《山东省塑料工业调整和振兴规划》情况的调研。《山东省塑料工业调整和振兴规划》分析了当前塑料工业的形势，明确了山东省塑料工业调整和振兴的指导思想、发展原则、发展目标、发展重点、政策措施，对塑料行业及重点产品科技进步、技术改造、产品结构调整、特色区域建设、实施名牌战略、重视人才培养、发挥行业协会作用等都提出了明确要求。塑料行业各级服务部门高度重视，认真学习和全面领会《山东省塑料工业调整和振兴规划》的内容和精神，搞好调研和落实工作。特别是摸清重点企业产品订货、市场销售、出口产品退税、企业融资、经济效益、从业人员、职工收入水平等变化情况，提出帮助企业渡难关、谋发展等有关政策扶持的建议。

同时了解企业依靠科技进步、开发新产品，满足用户需求，多方面开源节流，形成循环经济，走资源节约型、环境友好型新路子等成功的典型，总结推广塑料企业落实科学发展观的新鲜经验，促进山东塑料工业健康发展。

二是，搞好先进典型和困难企业的调研。①对先进典型进行调研和总结。塑料行业内的主要生产企业已经完成改革改制的大约为90%，其中有一些无论是组织形式，还是体制机制都有新的突破和成功经验。各地方有一批企业发展成新型企业，安置了大量就业，解决了群众的困难；还有一些地方行业主管部门在工作范围和工作方式、工作方法上进行了新的探索取得了较好的效果。通过深入实际开展调研，认真总结一批好的典型，然后进行宣传，让实践证明传统的原有企业通过改革同样能焕发青春，是建设中国特色社会主义的重要力量。②摸清困难企业情况和典型。通过调研，摸清各地区塑料企业职工因缺乏改革成本，目前仍没有解决养老、医疗、失业保险，甚至最低生活保障金的底数，这种情况到底有多少企业、多少人数，需要如何解决，需要什么具体政策等。只有做到心中有数，向上级反映情况和提出解决办法才能具体，有理、有力，有针对性。

3. 面向市场主动调整产品结构

在国际金融危机冲击下，市场压力是摆在塑料企业面前的主要问题。因此，落实规划首先要解决的就是市场问题。目前国际市场的“需求疲软”实际上是金融危机造成的消费结构变化。由于金融危机影响日益深入、农村市场需求逐步扩大等原因，这种消费结构变化在国内市场也同样存在。因此，积极应对国内外市场变化，调整产品结构，稳定原有市场，开拓新的市场，这是当前行业企业紧迫而重要的一项工作。

积极引导企业内销外销并举，全方位开拓市场，扩大产品销售。一是积极调整产品结构，努力开发新产品，开发适销对路的产品，大力开拓农村市场，扩大国内市场消费。二是全面拓展多元化出口市场，在巩固美、日、欧、东盟等传统市场的同时，加快开拓前景广阔的新兴市场，支持具备条件的企业在境外建立生产基地和原材料供应基地。在出口市场方面，我们一直在讲稳定原有市场，开拓新的市场，以质量取胜。现在更要积极调整产品结构，适应市场变化，同时高度关注各类贸易风险。

4. 重点扶持行业研发中心，搭建高级技工的培养平台

为实现山东塑料工业的持续快速发展，须进一步增强科研开发力量，提高行业科技研究开发水平。我们继续向省政府有关部门争取政策，重点支持全省现有唯一专业研发机构——山东省塑料研究开发中心，使其充分发挥省直科研机构在促进行业发展中的作用。同时，进一步加强与山东大学、山东轻工学院和济南大学等在高分子材料及塑料材料领域的研究、与山东理工大学在塑料模具领域的研究开发等的合作。另外，积极创造条件，建立农用薄膜、塑料土工材料、塑料模具、医疗塑料及其他塑料废弃物灭菌回收再利用等行业技术研发平台的工作也正在积极争取中，从而从根本上提高我省塑料工业的科研开发水平。

培养和造就塑料行业一大批高技能人才已成为山东塑料工业必须认真对待的问题。我们拟在省政府有关部门的直接领导和关怀下，加强与山东劳动职业技术学院、山东烟台职业学院等院校的合作，建立塑料培训基地，设置多种塑料工艺学科的专业，以及不定期地举办高级技工的培训。

三、围绕行业振兴规划，各项基础工作已初见成效

为了尽量降低因国际金融危机给我省塑料工业带来的不利影响，同时为制定和贯彻行业振兴规划提供必要的外部条件，山东省塑料协会已经从特色区域建设、行业外经工作、行业产学研工作、行业名牌战略、行业重点骨干企业带动、行业自律等整体提升行业素质的各个方面开展扎实工作，并已初见成效。

1. 塑料行业特色区域建设取得新突破

继滨州市惠民县“山东省塑料安全绳网专业生产基地”和潍坊市昌乐县“中国 PVC 增强软管加工生产基地”等分别被省和国家有关部门命名后，2009 年，我们又分别对潍坊市昌乐县的塑料包装材料出口、临淄区金岭回族镇的农用塑料薄膜和塑料编织制品生产、德州市临邑县的塑料编织制品的生产出口等塑料特色区域建设给予重点培育。到年底以上 4 个塑料特色区域已得到国家有关部门的正式命名。

另外，日照市莒县刘官庄镇的“塑料小包装专业生产基地”、淄博市桓台县的“塑料管材生产基地”、淄博市张店区的“一次性塑胶手套生产基地”、淄博市博山区的“医用塑料专业生产基地”、菏泽市单县的“聚乙烯软管生产基地”、郓城县的“农用塑料薄膜生产基地”、“临沂塑料小商品专业批发城”等具有区域特色的专业生产基地正在积极培育中。

2. 进一步明确行业外经工作整体思路

我们根据要求，明确提出了山东省塑料协会“在 2009 年对外经济工作中，将进行充分细致的行业调研，摸清家底，认真听取企业意见和建议，针对不同行业板块认真分析，找出特点、优势以及发展方向，制定相应对策”的指导思想和工作思路。①对劳动密集型同时出口比例比较大的企业，鼓励他们到境外创办企业；②对已经占领国际市场的小包装袋、塑料编织袋等产品，在稳固既有市场份额的前提下，努力开拓新市场，积极应对反倾销、反补贴和保障措施等的贸易争端，积极申诉、应诉，主动做好行业调查等相关工作，积极主动地规避风险，提高搏击商海的能力；③对刚刚进入国际市场的塑料土工材料等产品生产企业，鼓励他们通过展览会等形式进一步拓展海外市场。同时，积极向国家有关部门争取包括出口退税在内的更多的优惠政策；④对我省塑料行业的弱势板块进行大力培养、扶持。

同时，对招商引资与开拓国际市场工作、应对贸易摩擦维护产业安全工作和重点联系招商引资项目等作出安排。

3. 行业重点企业产学研工作已取得新进展

为贯彻落实行业调整振兴规划，按照省经贸委的统一部署，山东省塑料协会在行业内重点生产企业积极推进产学研工作。山东省塑料研究开发中心已将多年来研发的尚未转化的几十项科研项目向社会公开征询合作伙伴或转让意向；聊城华塑工业有限公司与聊城大学开展多功能农用薄膜新技术研究

开发，已取得多项国家发明专利；山东道恩集团已分别与北京化工大学、青岛科技大学等10多家高等院校、科研院所建立了长期的产学研合作关系，直接将研发工作延伸到高等院校。在设立技术中心的基础上，成立了专门的研发机构——山东道恩塑料研究院，一方面为公司进行新产品研发和技术创新，另一方面又为塑料行业的中小企业提供技术服务。临淄中南塑胶有限公司依靠科技进步，逐年加大高新技术开发的投资，在与齐鲁石化研究院、山东建材学院化工系、北京大学纳米科学与技术研究中心建立技术协作关系的基础上，形成了产学研体系。长期开发新产品的能力使企业具有了广阔的发展前景，使企业成为山东省高新技术企业。

4. 提升行业整体素质的具体工作正在积极进行中

为使规划能够落实到实处，力争通过三年的时间，整体提高山东塑料工业的水平和在全国同行业的位次，山东省塑料协会将在主管部门的领导下，从今年开始，逐步实施山东塑料行业名牌战略、行业重点产品重点企业的推荐、行业内诚信企业和消费者满意企业的推荐活动。同时，加强行业协会建设，积极为企业提供优质服务，加强行业自律。

四、当前行业结构调整中存在的突出矛盾和问题

1. 企业组织规模小而散，国际竞争力不强

由于企业过去追求“大而全”、“小而全”，专业化协作水平低，没有形成合理的分工协作关系。绝大多数企业规模过小，产业集中度低，资金和技术投入分散，资产负债率高，在生产、市场、研究与开发等方面难以形成规模经济的优势。2009年我省近万家塑料制品生产企业中，列入国家统计范围的规模以上企业不足1500家，约占14.5%。

与企业组织结构不合理相关的是企业社会化分工、专业化协作水平不高，没有形成以大企业为主导、中小企业为支撑的产业体系。专业化协作水平低，规模经济效益得不到有效发挥，中小企业没有形成“专、精、特、新”的优势，发展后劲不足。

2. 产品结构层次低，高附加值产品少

我国产品结构不合理的矛盾十分突出，一般产品相对过剩与技术含量高、附加值大的产品短缺同时并存。在主要塑料产品中，有80%以上的产品生产能力利用不足或严重不足，但是由于产品结构不合理，产品差别化不足、档次不够高、附加值较低，许多高档塑料制品（特别是高档日用品）仍然需要从外省市或外国调入，以满足人们的日常需要。

3. 技术水平低，创新能力不足

我省塑料产品结构层次低的根源在于技术水平落后。一是企业技术改造投入不足，企业的落后设备不能及时得到改造或更新，不少企业（主要是尚未改制的国有或国有控股企业和集体企业）设备陈旧、老化，带病运转，甚至一些七八十年代的设备还在超期服役，造成多数产品单耗高、浪费大，资源利用率低。

二是企业创新能力不足。科研开发经费投入比重低，我省大中型工业企业研发费支出占销售收入比例不足2%，有的甚至更低。

三是高技术产业发展缓慢。从反映产业核心竞争力的高新技术产业发展看，我省塑料行业目前尚处于起步阶段，产业规模小，技术基础薄弱。高新技术产业增加值占整个行业生产总值的比重仅为3.5%左右，远低于发达国家和新兴工业化国家以及个别发达省份水平。

四是人才结构不合理，高级技术人才短缺。山东塑料行业有近万家生产企业，员工62余万人。现有技术员工只占全部员工的1/3左右，而且多数是初级工。技工、技术员、工程师和高级工程师仅占4%左右。许多企业引进世界上先进的技术和设备往往是把工人送到国外培训后才能投入生产，仅少数企业技术和管理人才较雄厚，这直接影响到尽快使塑料制品业缩小与先进国家的差距。

4. 区域结构趋同，地区发展差距仍在拉大

由于在传统的计划经济体制下，各地长期追求自成体系，重复建设十分严重，造成地区产业结构趋同，近年来虽有改善，但特色经济、比较优势和协作效益不明显，特别是中东部工业基础好的优势和西部地区的潜在优势均未发挥出来，生产要素在区域间合理流动和配置的体制和机制没有形成。东中西部塑料工业发展不平衡，差距不断拉大，地区产业结构严重趋同。

5. 调整振兴规划中确定的重点项目和发展重点，在贯彻落实时遇到诸多困难，特别是所需资金难以落实

为加快工业结构的调整，三年调整振兴规划中确定了一些重点项目和发展重点，但在贯彻落实时却遇到诸多困难，特别是所需资金难以落实。如列入《山东省轻工业调整振兴规划（2009～2011年）》的“支持山东省塑料协会加快实施医疗塑料废弃物的灭菌回收再利用，减少环境污染，实现变废为宝”和《山东省塑料工业调整振兴指导意见（2009～2011年）》中“加强回收利用和清洁生产，促进节能环保”、“争创医疗塑料废弃物灭菌回收再利用国家级试点，推进山东省塑料研究开发中心与山东塑料制品试验厂有限公司等塑料企业的合作，研究开发塑料废弃

物回收再利用技术”等工作，由于受多方面因素的制约，目前实质性工作难以取得进展。

(山东省塑料行业协会　刘丰田)

湖　南　省
Hunan Province

【大事记】

1. 2009年4月，湖南省协会会长蒯建政、秘书长潘小梅出席湖南省轻工业振兴规划座谈会，并在会中提出有关我省塑料行业振兴规划方案的建议。6月，湖南省政府印发《湖南省轻工业振兴实施规划(2009～2011年)》，规划中明确将塑料制品纳入了我省重点发展的五大轻工产业之一。

2. 2009年11月，湖南省塑料行业协会第二届一次理事(扩大)会在长沙湖南宾馆隆重召开。湖南省轻工行业管理办公室主任董小新、副主任蔡梅春，湖南省城镇集体工业联社副巡视员张小华，湖南省经济委员会政策法规处处长崔国强等领导出席了此次会议。湖南省轻工行业管理办公室主任董小新在会上作了重要讲话。此次会议共聚集了来自全省各个地区塑料企业的代表及大专院校的教授专家等70余人。会上，蒯建政同志当选第二届理事会会长，潘小梅同志当选第二届理事会副会长兼秘书长。

【基本情况】

2009年，我省塑料工业企业面对国际金融危机的严重冲击，深入学习实践科学发展观，全面贯彻中央应对金融危机的一揽子计划和政策措施，着力落实“保增长、扩内需、调结构、促就业、强基础”等各项工作，行业经济实现了高开稳走，各项指标突破了历史最好水平。

随着“3+5”城市群一体化和城市化建设的提速，我省城际铁路、交通道路及基础设施建设步伐明显加快，加之我省两型社会建设和农村改水工程的不断深化，这大大促进了我省塑料产业结构调整。同时，作为中南地区塑料编织制品最大的集散地的益阳沧水铺地区，以产业集群的独特优势，发展迅速。据中国塑料加工工业协会统计数据显示，我省塑料丝、绳及编织品在2009年产量达到20.7万吨，同比增长超过了140%，是我省塑料制品中增幅最快的产品，其次是塑料包装及容器，产量达17.1万吨，增长超过120%。

据不完全统计，截止2009年底，我省规模以上塑料加工及配套企业约226家，规模以上企业塑料制品产量约61.09万吨，产量较2008年实现了成倍增长(详见下表)。

2008年湖南省塑料产品产量统计

产品名称	产量/t
塑料制品总计	610914
塑料薄膜	41222
其中：农用薄膜	12474
塑料板、片及类似型材	47095
塑料制管及其附件	55756
塑料条、棒、型材	13458
塑料丝及编织制品	206843
塑料人造革/合成革	2184
泡沫薄膜	4274
塑料包装箱及容器	170893
日用塑料制品	60872
其他塑料制品	8317

注：以上统计为规模以上企业。

【重点企业】

序号	企业名称	主要产品	产能/(t/a)
1	湖南路路通塑业股份有限公司	C－PVC、U－PVC管材等	35000
2	湖南神塑科技有限公司	PVC、PPR、PE管材、管件	60000
3	株洲湘瑞塑料建材有限公司	PVC异型材、UPVC、PP－R管材等、塑钢门窗	25000
4	株洲时代工程塑料制品有限公司	注塑产品、工程塑料	20000
5	湖南省塑料研究所	工程塑料、塑料改性专用料	10000
6	湖南五强新材料有限公司	PVC型材	15000
7	湖南省坤源塑化有限公司	U－PVC管材、管件	12000
8	长沙天卓塑胶有限公司	HDPE双壁波纹排水管	30000
9	湖南长沙双龙塑料型材事业有限公司	PVC异型材	10000

续表

序号	企业名称	主要产品	产能/(t/a)
10	湖南万容包装有限公司	食品包装	10000
11	湖南晶鑫科技股份有限公司	复合膜食品软包装袋	10亿只
12	益阳市湘衡塑业有限公司	编织袋等	20000
13	湖南长丰汽车塑料制品有限公司	汽车用塑料制品	10000
14	汨罗平桂制塑实业有限公司	PVC板材、PVC胶粒	20000
15	长沙日松管业有限公司	PP－R、CPVC、HDPE	10000
16	湖南省宏通实业有限公司	UPVC管材、电力管材等	8000
17	常德七星泰塑业有限公司	U－PVC系列管材、管件、电缆套管	20000
18	株洲塑料有限公司	PVC软、硬板、PVC管材、件，氟塑料	25000
19	株洲晶昱实业有限责任公司	橡胶、塑料改性胶粒	6000
20	湖南光顺管材有限公司	PVC、PPR给排水管	5000
21	浏阳市塑料厂	农地膜	10000
22	湖南振云塑胶公司	塑料管道	20000

【存在问题】

2009年受国际金融危机影响，我省塑料行业大部分企业步履维艰，运行困难，许多企业在上半年产销量降幅达往年的50%，更有一部分加工式作坊塑料企业关门闭业，原因在于以下几个方面：

1. 原材料波动剧烈。从2008年到2009年开始，原材料价格波动幅度较大，给企业生产经营成本带来巨大压力，原材料价格上涨时，由于下游产品市场价格滞后，使企业的利润相对降低甚至亏损，而当原材料价格下跌时，企业购买了原材料尚未生产，却在生产成本上相对高于了同类产品的生产企业，失去了市场竞争力。

2. 内外需求缩减。金融危机影响下的全球经济，各个企业都为追求稳定而不盲目扩大生产和采购，因此，对于整个市场环境而言，内外需求量下降给企业经营带来困难，许多企业属于薄利多销，当生产不能满负荷时，能耗、劳动力成本都在增加，生产成本在提高，仅存的利润也就丧失了。

3. 科技含量不高，缺乏竞争力。我省塑料工业整体状况相对落后，技术和生产装备水平不高，企业自主创新能力不强，新产品开发力量薄弱，企业可持续健康发展困难，产品市场竞争力弱，市场一旦萎靡，企业便难以维持生计。

4. 企业规模小，抗风险能力弱。我省塑料企业2000余家，规模以上企业只有226家，大多数塑料企业都属于加工作坊式企业，抗风险能力太弱，在面临金融危机冲击时，没有丝毫抵抗能力，以至于企业一蹶不振，甚至破产倒闭。

【发展趋势】

2009年，我省出台《湖南省轻工业振兴实施规划(2009～2011年)》，重点发展食品、造纸、陶瓷、烟花爆竹、塑料制品五大产业，做大做强骨干企业与扶持中小企业并举，调整整合存量与科学发展增量并举，走绿色生态、质量安全和循环经济的新型发展之路。其主要发展趋势表现在以下几个方面：

1. 农村市场

我省是一个农业大省，拥有5750万亩耕地，4200多万农村人口。特别是近年来，我省认真贯彻落实中央"三农"工作方针政策，在发展现代农业、建设社会主义新农村的新形势下，农用薄膜、农用沼气管、农用塑料节水器材等农用塑料的需求市场在我省十分旺盛。因此，我省应大力发展自主农用塑料品牌的生产与销售，把提升我省塑料农业技术水平作为研发重点，以推进我省农业的结构调整、农民增收。

2. 汽车工业

随着我省新型工业化进程的不断推进，汽车工业在我省已成为支柱产业并作为重点扶持产业在发展，在短短几年里，我省汽车整车生产企业不断增多，同时长丰集团与广汽集团实现战略合作，广汽集团与意大利菲亚特的乘用车合资项目在长沙正式破土动工，比亚迪公司收购美的三湘，其基地正式在长沙开始建设，吉利成功收购沃尔沃，加上众泰江南长沙项目、陕汽长沙重卡项目等一批重点工程建设均顺利推进，我省汽车工业在“十二五”期间将进入快速发展阶段。据统计，2009年我省汽车整车产量突破20万辆，预计2010年将超过30万辆，实现工业总产值550亿元左右，同比增长30%以上。到“十二五”末期，湖南汽车整车的产能将达到200万辆以上，其中轿车为主的乘用车将达到180万辆以上。

3. 城市化基础设施建设

“十二五”期间，湖南省委省政府将“一化三基”战略调整完善为“两化三基”，即在原来新型工业化的基础上增加“新型城镇化”提法。而城镇化进程的加快，推动了我省塑料管道行业的快速发展，城市给排水、市政排污管道等基础设施用塑料管道市场需求旺盛。

4. 铁路、地铁等电力机车用、风力发电用工程塑料

近年来，随着我省高铁的建设、长沙地铁工程的开工以及两型社会改革示范区的确立，高性能化工程塑料需求量明显增多，如特种结构泡沫材料、塑料轴承、电子电器用塑料元件等。因此，我省塑料企业应加强科研投入，依托技术，实现自主创新，推动我省工程塑料技术发展，为我省支柱产业作好配套服务。

5. 可降解塑料包装制品

在长株潭“两型社会”试验区改革建设的不断深入下，我省已将发展“低碳经济”作为试验区改革建设的重要内容之一，攸关可持续发展的生态环境和气候变化问题是人类社会面临的最大挑战，环境保护已成为每个公民不可懈怠的责任。在“白色垃圾”泛滥的今天，可降解塑料包装制品逐步成为塑料行业急需攻关解决的技术课题，可全降解塑料材料的使用已十分迫切，市场潜力巨大。

(湖南省塑料行业协会　林云)

广　东　省

Guangdong Province

【基本情况】

2009年全球金融风暴引发的经济危机给世界经济带来巨大的影响，包括塑料行业在内的多个产业在非常困难的环境和条件下运营，我国特别是广东省塑料行业和企业遭遇改革开放三十年来最大的挑战。但在国家应对金融危机出台的各项政策和措施的强力支撑下，塑料加工业渡过了最困难的时期，仍取得相当可观的成绩。以消费品及作为新型材料应用为主导的塑料制品行业，尤其得益于：国家加大多个领域建设投资规模以拉动内需、国务院审议通过的包括轻工等10个重点产业振兴规划特别是轻工、石化、家电等与塑料行业关联密切的重点产业的振兴规划和细则的实施，有效地化解金融风暴对塑料行业的影响。而聚集于珠江三角洲的广东塑料产业除以上国家一系列政策、措施的支撑，还得益于国务院通过的《珠江三角洲地区改革开放发展规划纲要》的实施以及广东省轻工等行业(9+1)振兴规划的制定和实施，加上改革开放三十年来广东塑料工业高速发展，“十一五”规划实施以来，产业、产品结构加快调整，塑料行业基础良好，骨干企业抗风险能力强，因而金融风暴下广东塑料产业逆市图强，仍有很大的发展。2009年，广东省塑料制品总产量1052万吨，占全国23.5%，产值2624亿元，出口交货值787亿元，广东省成为全国塑料制品产量首个超1000万吨省份。除总产量、出口仍据全国省份首位外，10大类塑料制品中；塑料板、片材，塑料管及附件，塑料包装箱及容器，日用塑料制品，其他塑料制品等5大类产品产量居省份第一；塑料薄膜，泡沫塑料等2类产品产量居省份第二；塑料条、棒、型材、人造革、合成革2类产品产量居省份第四；塑料丝、绳及编织品产量居省份第八。此外，2009年广东省塑料树脂产量419万吨，占全国11.64%，排名全国省份第二；广东省塑料设备产量5.13万台，占全国25.03%，居全国省份第二。2009年的统计数据表明(详见表1、2)，塑料行业、企业规模也有较大的扩张，2009年规模以上塑料制品企业达4234家，占全国的22%，比2008年增加765家，增长22%，其中，增加最大的塑料制品企业是其他塑料类，规模企业2009年比2008年(下同)增加241家，增长27.3%，塑料零件类企业增加123家，增长26.6%，塑料薄膜类企业增加84家，增长26.3%，塑料板、管、型材类企业增加76家，增长22.6%，可见，尽管受金融风暴冲击，广东塑料仍是我国塑料制品制造第一大省，塑料原料和塑料设备制造大省。

表1　2009年全国及广东省塑料制品产量情况

项目分类	总产量	塑料薄膜	塑料板、片材	塑料管及附件	塑料条、棒、型材	塑料丝、绳及编织品	泡沫塑料	人造革合成革	塑料包装箱及容器	日用塑料制品	其他塑料制品
全国/万吨	4475	690	320	580	160	581	187	184	274	544	955
广东省/万吨	1052	150	70	98	12	21	59	16	47	192	386
占全国/%	23.49	21.69	21.92	16.86	7.25	3.61	31.57	8.73	17.22	35.43	40.46
省份排名	1	2	1	1	4	8	2	4	1	1	1

表2　2008年与2009年广东省塑料行业基本情况对比(规模以上企业)

产品类别		企业数(个)		产值/亿元		出口交货值/亿元	
		2009年	2008年	2009年	2008年	2009年	2008年
塑料制品(全行业)		4234	3469	2624	2372	787	824
塑料薄膜		403	319	327	310	72	85
塑料板、管、型材		412	336	446	438	67	83
塑料编织丝制品		132	112	70	49	10	6
泡沫塑料		274	234	121	118	18	27
人造革、合成茸		77	56	85	72	23	19
塑料包装箱、容器		426	374	210	223	38	51
塑料零件		585	462	293	280	114	136
日用塑料	塑料鞋	255	213	133	95	77	48
	日用塑料杂品	549	483	312	277	129	137
其他塑料		1121	880	627	507	239	232

【大事记】

1. 向省经贸委和中塑协上报“拟建轻工行业专业市场情况表”

为应对金融危机，国家出台《轻工业调整和振兴规划》，相关部门提出了大力发展和扶持轻工行业专业市场的建设。为此，2009年初，我会及时将“拟建轻工行业专业市场情况表”分别报送广东省经贸委和中国塑料加工工业协会，希望我省塑料专业市场的建设和发展能得到相应的扶持。

2. 提出“广东省资源综合利用中长期规划”编写大纲中涉及塑料再生利用的意见

2009年2月19日，我会参加由经贸委组织召开的《广东省资源综合利用中长期规划》编写大纲讨论会，就塑料再利用等问题提出建议和意见，并于会后上报了相关材料。

3. 完成编写《2009广东年鉴》塑料制品部分及《2009中国塑料工业年鉴》

按广东省经贸委和广东年鉴社的要求，我会在4月份完成了《2009广东年鉴》塑料制品业部分及《2009中国塑料工业年鉴》广东部分的编写工作。

4. 广东雄塑科技实业有限公司“雄塑”商标产品被认定为“中国驰名商标”

广东雄塑科技实业有限公司是我省塑料管材管件骨干生产厂家之一，其生产规模、产品质量及市场占有率等均排省内同行前列，“雄塑”商标知名度较高。2009年4月，该公司“雄塑”商标系列产品获“中国驰名商标”称号。

5. 中国塑料加工工业协会第五届四次理事会暨协会成立二十周年庆典表彰大会在广州召开

2009年5月16日，中国塑料加工工业协会第五届四次理事扩大会议暨协会成立二十周年庆典表彰大会在广州三寓宾馆隆重召开，来自全国塑料业界的代表约400多人欢聚一堂参加庆典活动，我会和多家会员单位或个人获先进单位和先进个人奖荣誉。我还会配合中塑协做好会务工作，受到好评。

6. 首届"海峡两岸塑料行业合作与发展论坛"在广州举行

由中国塑料加工工业协会、中国塑料机械工业协会、台北世界贸易中心、中国台湾区机器工业同业公会、广东省塑料工业协会和雅式展览服务有限公司联合主办的"海峡两岸塑料行业合作与发展论坛"于2009年5月17日在广州亚洲国际大酒店隆重举行。本次论坛是海峡两岸塑料行业首次合作举办的活动。来自海峡两岸的塑料业界代表围绕"对话合作、互利共赢"的主题，对两岸塑料产业的现状与未来、发展与挑战展开交流和探讨。

7. 第二十三届中国国际塑料橡胶工业展览会在广州开幕

塑料业界一年一度的盛事——第二十三届中国国际塑料橡胶工业展览会于2009年5月18日在中国广州进出口交易会琶洲展馆开幕，来自35个国家的1840多家参展商展示1800多台当今国际先进水平的塑料机械设备及多款新型绿色环保塑料原材料。本届展览会展览面积达14万平方米，专业参观商和购买商约7万人，均创历史新高。我会作为今届展会的主要协办单位，协助主办单位积极做好展会的推广及宣传工作。另外，本届展会还专门设立"塑料建材"展区。

8. 四川灾后重建之全国塑料建材采购说明会暨共建"中国塑料建材之都"投资推介会在琶洲展馆召开

由中国塑料加工工业协会、广东省塑料工业协会、佛山市顺德区龙江镇人民政府和雅式展览服务有限公司联合主办的"四川灾后重建之全国塑料建材采购说明会暨共建"中国塑料建材之都"投资推介会，于2009年5月19日在国际橡塑展期间于琶洲展馆召开。四川省人民政府驻广州代表介绍了四川灾后重建情况及重建项目。龙江镇人民政府廖流波副镇长介绍了龙江镇塑料建材产业及投资情况，多位专家介绍了塑料建材的开发及应用。会上，中国塑料加工工业协会廖正品会长、广东省塑料工业协会符岸会长和龙江镇人民政府李建华镇长共同签署了"共建中国塑料建材之都合作框架协议"。龙江镇人民政府并首次组织辖内塑料建材生产企业在橡塑展上展示了塑料建材产品。

9. 广东省塑料工业协会改性塑料专业委员会获批成立

随着当今塑料新型材料和改性材料的发展，为更好地服务于该行业，促进行业自律与健康的发展，经我会积极筹备和申报工作。广东省塑料工业协会改性塑料专业委员会2009年7月9日正式获广东省民政厅批准成立。专委会会长单位拟定为佛山市顺德区华塑龙塑料实业有限公司，会长为该公司黎波总经理，待交第一届会员大会通过。

10. 塑料食品包装容器质量卫生研讨会在广州白天鹅宾馆召开

由我会与广州市振兴实业有限公司联合主办的"塑料食品包装容器质量卫生研讨会"于2009年7月22日在广州白天鹅宾馆召开，来自省内多家媒体和企业代表及有关专家参加了该研讨会。我会符岸会长介绍了我国及我省塑料食品包装、容器、工具等卫生细则及生产许可准入制度的实施情况；广东轻工职业技术学院吴清鹤教授作"塑料食品包装容器生产过程及质量的主要影响因素"讲解；广州市振兴实业有限公司方文川工程师作"如何购买合格的食品用塑料制品"，研讨会同时向大家现场介绍了消费者如何辨别日常塑料食品容器的优劣。

11. 参加打造"广东价格"话语权行业协会座谈会

我会参加了由广东省物价局于2009年8月20日召开的"广东价格"话语权行业协会座谈会，就如何体现广东为塑料工业的大省、打造塑料的"广东价格"话语权发表了意见。并介绍了目前省内几大塑料专业市场的基本情况，上报省内大型塑料专业市场和重点经营企业的基本情况。

12. 报送塑料制品类"2009年广东省名牌产品评价目录"建议

根据我省塑料制品产业以及企业的实际情况，我会于2009年8月20日向广东省名牌产品评价中心报送了塑料制品类"2009年广东省名牌产品评价目录"的建议。除到期复评的产品继续作为今年评价目录外，今年新增加了真空保鲜盒、PP-R冷热管材管件、PE-RT冷热管材管件新列入评价产品目录。

13.《橡胶塑料注射成型机安全要求》标准研讨宣贯会在珠海召开

由我会与全国橡胶塑料机械标准化委员会、国家塑料机械产品监督检验中心联合主办，广东省塑料工业协会注塑专业委员会承办的《橡胶塑料注射成型机安全要求》标准研讨宣贯会于2009年8月20～21日在珠海市召开，来自省内注塑机生产企业及相关单位的代表出席会议。我会符岸会长、国家塑料机械产品监督检验中心主任郭一萍及省塑协注塑专委会秘书长蔡恒志等领导出席并作了重要讲话。

14. 召开筹备"广东省塑料工业协会改性塑料专业委员会"成立大会工作会议

为筹备广东省塑料工业协会改性塑料专业委员会成立大会，我会于2009年10月12日在佛山顺德区华塑龙塑料实业有限公司召开了筹备工作会议。

来自省内多家改性塑料生产企业及相关科研和经营单位的代表参加了筹备工作会议，认为成立专业会对我省改性塑料行业的发展具有必要性和重要性，均表示积极加入专委会，并就专委会今后开展工作发表了有益的意见和建议。

15. 主办“第四届中国塑料包装与新材料行业高峰论坛”

由中国塑料加工工业协会、广东省塑料工业协会及佛山市南海区狮山镇人民政府联合主办，中塑协流延薄膜专委会协办，广东仕诚塑料机械有限公司承办的“第四届中国塑料包装与新材料行业高峰论坛”于2009年11月6日在南海狮山南国桃园枫丹白鹭酒店隆重举行。来自省内、国内多家企业和相关单位约400多名代表出席了本次峰会。会上，多位行业领导和专家就当今塑料包装与新材料的发展问题及技术应用为题目发表了演讲，并举行多场专业报告会，此项活动已成为行业每年的一大盛事。

16. 组织企业参加“赴省产业转移工业园考察暨调研”活动

2009年11月18日，我会组织了佛山塑料集团股份有限公司、珠海远康企业有限公司、佛山市顺德区华塑龙塑料实业有限公司等企业代表参加由省经信委组织的“赴省产业转移工业园考察暨调研”活动，此次我会组织企业主要到茂名的省产业转移工业园区考察，并根据我省特别是珠三角塑料企业就转移涉及的问题发表了意见和建议，希望当地政府部门加以重视。

【存在问题】

1. 尽管金融危机造成巨大的冲击，但行业规模仍不断扩大，广东省塑料制品业规模以上企业2009年和2008年相比增加22%，大于全国增长水平。塑料制品总产量继续快速增长，2009年塑料制品产量1052万吨，比2008年838万吨增加210万吨，仅增加产量部分就占2009年全国总产量的4.7%，仅增加量部分就可排在全国省份第6位；广东塑料制品总产量甚至比许多塑料行业发达的国家还大，但规模及产量扩张仍处于珠三角一带，产业扩张和转移未见向相对落后地区铺开。

2. 产品出口受抑，金融危机冲击最大的2008年，广东塑料制品出口846亿元，比2007年增长5.5%，占当年全国塑料制品出口的44%，而2009年广东塑料制品出口787亿元，占广东轻工产品出口值13.8%，比2008年减7%左右，为多年不遇的负增长。金融危机导致国际市场需求萎缩，在塑料行业的反应呈滞后现象。

3. 金融危机引发的一系列因素，导致企业经营困难、经济效益不高，出口产品量大值低，竞争力不强。国家经济普查数据表明，塑料制品业的利润仅为5.7%，广东塑料2009年出口量较大的产品中，塑料板、膜类产品单价2082美元/t，价格约为同类进口产品的42%左右，塑料管出口单价1924美元/t，约为同类进口产品价格的23%，塑料包装箱、容器类产品出口单价1801美元/t，合成革产品出口单价3054美元/t，也仅是同类进口产品价格的55%左右，出口值最高的是塑料零件制品，单价为7915美元/t，但出口量少，仅占塑料制品出口额的0.68%，难以改变出口塑料制品低端、低值的状态。

4. 广东与华东等省份的差距在缩短，虽然近五年广东在我国塑料产业所占比重变化不大明显，但金融危机带来经济格局变化以及市场需求、相关产业发展变化可能会引起塑料产业区域发展的变化，特别是华东地区，近年塑料应用领域的深度、广度，都比广东和华南要强，许多新兴产业、高科技产业对塑料的需求潜在市场正在挖掘。此外，广东塑料行业发展还将长期面对珠三角地区企业共性的问题，如发展成本不断加大，安全生产、环境保护成本升高，人力资源、用工成本升高，中、小企业融资难等。

广东塑料产业当前特别是金融危机中碰到的问题，实际上是传统塑料制造业在经济发展中需要跨越的门坎，塑料行业的规模发展到如今，就如走到十字路口，若继续沿着传统的发展途径，产业追求以量取胜、大而不强，则传统模式的塑料产业将无法走向世界产业链的高端。

【主要对策】

1. 走科学、持续发展之路

金融危机对经济发展造成冲击的同时，也为我们塑料行业在后金融危机时期科学、持续发展带来启示。就塑料行业来说，金融危机实际就是对传统塑料产业发展模式的挑战，传统模式实际处于世界产业链的低端，其现实表现为规模、总量很大，但实际效益很少，产业发展为粗放型、资源环境代价大等。另一方面，金融危机实际上也是市场经济机制对产业结构的检验和自发调整，其揭示的另一个道理就是市场经济的优胜劣汰，印证了密集型劳动和简单加工为特色的产业必须转型升级、科学发展。

其实党的十七大早就明确提出：实现未来经济发展目标关键环节之一就是加快转变经济发展方式，改变现有不合理经济发展方式。针对金融危机的冲击，实际上在2009年初就广东塑料行业的现状我们已明确提出“传统塑料制造业要转型升级”、广东塑料行业“要有新的发展思维，坚持改革开放、科技创新、推动广东塑料产业转型升级和产品结构优化，保持塑料产业稳定持续发展”的论点。今后一个时期要在“十一五”发展基础上，结合即将制定的中国塑料加工工业“十二五”规划，制定好广东塑料产业科学持续发展实施计划。

2. 推动传统塑料制造业转型升级

塑料工业的发展离不开社会经济发展的格局。广东塑料工业三十年来一直离不开广东改革开放的经济发展。当前广东塑料产业高度聚集地珠江三角洲经济结构和发展方式面临新的转变，《珠江三角洲地区改革开放发展规划纲要》提出珠三角要成世界先进制造业基地，加快发展先进制造业成为重中之重；广东省委、省政府《关于加快建设现代产业体系的决定》提出构建现代产业体系必须要建设以现代服务业和制造业双轮驱动的主体产业群。去年以来，全球性金融危机对广东塑料行业企业造成一定的冲击，企业普遍遭遇外需减弱，经济景气面临周期性收缩、生产运营高成本的多重压力。在危机中，塑料行业要充分利用国家的振兴经济和扶持企业政策，主动融入当地实施经济振兴的环境，解决好大部分属于中、小型企业的塑料行业企业融资难、技术创新能力弱、管理水平不高等共性问题，拓展国内外市场，提升自主创新能力。要在振兴发展中注意整合和聚集塑料行业资源，在政府的支持和政策的引导下，进行行业调整，扶持符合塑料产业发展导向、发展成长性高的企业向行业领军企业发展，打造广东塑料行业发展和传统产业升级转型的新的增长点，引导构建产业结构高级化，产业发展聚集化，产业水平国际化的新型广东塑料现代产业体系，力争广东塑料产业在金融危机中突围和实现行业发展中的转型升级。

3. 发展思维和产业定位要有新观念

塑料产业历来被定位于传统的产品制造业，其终端产品功能大部分止于日用消费品范畴，以至塑料制品产业链不长，影响到应用领域的拓展，而现代塑料工业最重要的功能，即塑料属新兴材料的地位不被关注。随着我国塑料制造业高速发展，广东塑料也处于高速增长时期，目前其总产量甚至超过许多发达国家，塑料人均消费量大大高于全国平均水平，接近发达国家水平，是名副其实的塑料制品生产大省。今后广东塑料发展之路，不应仍是简单追求数量和速度的增长。广东塑料行业转型发展重要的是行业发展思路要转型，推动产业结构的升级，要构建现代广东塑料产业体系和促进产业结构的优化。广东塑料要继续领先于全国，其塑料产业要定位于强化塑料产业的现代新型材料功能，充分认识塑料的新型材料属性，使塑料制品加工从传统制造业向新型先进制造业转化，产业的升级，才能促进广东塑料工业在广东经济新的发展中有所作为。

4. 产品结构转型要适应广东经济发展需求

强调广东塑料产业转型发展，强化塑料新型材料工业功能的产业属性，必须有广东塑料产品结构调整和发展新的思路。结合国家制定实施重点产业调整和振兴规划的部署，广东省制定出台了钢铁、船舶、汽车、石化、纺织、轻工、有色金属、设备制造、电子信息和建材(9+1)产业振兴规划，并将在今后一时期组织实施国务院通过的《珠江三角洲地区改革开放发展规划纲要》这为广东塑料产品结构调整和转型发展开拓了空间。塑料作为新型材料，将在实施国家十大重点产业和广东省9+1重点产业振兴规划中发挥重要作用。塑料制品应该随传统产业升级而向产业链高端发展。广东是家电、汽车、电子信息等产业大省，国家振兴规划的实施将会极大刺激这些产业进一步发展，根据广东经济发展规划，广东塑料产品结构除继续保持传统制品发展外，将作为新型材料配套于多个产业，向为家电、汽车、电子信息、包装、市政建筑等产业配套倾斜，重点应该围绕当前世界塑料材料和产品发展方向，即“高性能化、复合化、环保化、信息化”以高新技术改造传统塑料材料和产品，大力发展与广东和我国支柱产业密切相关的新型塑料材料和制品，在尽可能短的时间内进一步缩小与国际先进水平的差距，适应多个产业发展需求。

金融危机带来的市场需求变化，暴露了塑料产业一些产品结构上的不合理或者产能过剩，广东塑料行业企业应以此为契机，合理调整，在结构转型的同时，要强调技术进步和环境保护，扶持先进新型技术，产品、改造提高目前已成熟产品和工艺，坚决淘汰落后产能和产品。

5. 建立自主创新、科技创新型的广东塑料产业

广东塑料三十年来的发展历程以及抗击金融风暴，逆势发展，其关键一是依靠改革开放，再就是依靠科技创新。改革开放促进了广东经济发展的同时，也促进了广东塑料工业的大发展，这也是在今后广东塑料继续发展的动力。而科技创新一直是广东塑料技术、工艺领先，争创优势的保证，也是广东塑料拓展市场的敲门砖，显示了科技创新是生产力，也是竞争力，在新的发展时期，广东塑料要坚持行业科技创新，尤其是广东经济受金融危机冲击大，塑料产业也一样，更要靠改革开放和科技创新，才能尽快摆脱困境。从广东塑料的发展经验看，强调行业的高新技术，实施产业转型从而推动塑料产

业向新型产业发展是一个较长期的过程，因而坚持科技创新促进广东塑料工业发展，必须兼顾长远转型发展以及短期兼顾传统产业健康稳定发展，实现广东塑料产业由传统产业向高新新型塑料产业提升。着眼于建设自主创新、科技创新新型的、有强大国际竞争能力的广东塑料产业。

2008 年底以来国家为应对金融危机出台了多项政策和措施，包括扩大投资 4 万亿元，加大多个领域建设投资规模以拉动内需，国务院审议通过包括轻工等 10 个重点产业振兴规划等的实施，为扭转经济增长下滑，保证经济平稳较快发展提供有力的保证。广东省塑料行业在积极对接国家出台的经济政策和振兴规划，特别是轻工、石化、家电等与塑料行业相关密切的重点产业振兴规划和细则；聚集于珠江三角洲的广东塑料工业还要积极参与国务院通过的《珠江三角洲地区改革开放发展规划纲要》的实施以及广东省轻工等行业(9 + 1)振兴规划的制定和实施，抓住机遇，推动产业和区域调整，引导珠三角区域塑料产业向区外扩张，逐步实现省委、省政府提出的“双转移”决策等都取得了显著的效果，全行业仍要加倍努力，加快塑料行业发展方式的转型和加快产品结构调整，以适应国内、国际市场需求变化，保证广东塑料产业科学发展和保持产品结构处于市场高端和能为多个行业配套的优势；面对金融危机更要强调广东塑料行业的自主创新能力和科技创新能力的提高，保持广东塑料产业在国际和国内的竞争能力；保证多个主打塑料产品的稳定增长，以保证广东乃至全国塑料制品工业在困难中稳定持续发展。争取经过全行业共同努力，广东塑料产业能尽快转型升级，实现塑料产业科学、持续发展。

（广东省塑料工业协会　符岸）

福　建　省
Fujian Province

2009 年福建省塑料制品行业规模以上企业 1000 家，比上年增加 150 家，从业人员 15.8 万，增长 3.8%。完成工业总产值 571 亿元，比上年增长 12%，出口交货值 176 亿元，比上年下降 9.1%。塑料品产值居全国第六位、出口交货值居全国第四位。塑料制品业产量 144.6 万吨，比上年增长 11.1%，总量居全国第八位。塑料制品行业实现利润 21.4 亿元，比上年增长 36.9%。

2009 年福建省塑料制品出口的主要特点：一是外商投资企业出口占主导，私营企业出口出现增长趋势；二是对欧美出口下降，对日本和东盟出口看涨；三是塑料制小雕塑品及其他装饰品成为最大出口品种，其次是塑料袋及塑料包、塑料餐具和厨房用品等。塑料制品业出口遇到以下压力：首先是更严格的技术标准考验，如自 2009 年 5 月 1 日起，欧盟新修订的法规 Dirctive2007/19/BC 正式生效，对与食品接触的塑料制品中各种添加剂的安全提出了新要求，美、日等国也纷纷出台塑料制医药用品、食品包装、日用品等增塑剂 DOP 标准和法规；其次是原材料价格上涨加大经营成本压力，如 8 月 5 日中国塑料价格指数收于年度最高点 1029.76 点，较年初上涨 39.5%，而塑料制品出口价格涨速却远低于原材料价格涨速；再次是产品竞争力有待提升，福建省塑料制品技术含量和附加值低，像 BOPP 复合膜材料及特殊工程塑料制品等高档产品的研发、生产能力都较为薄弱。

2009 年福建省塑料制品行业品牌战略成效明显。有 14 家企业的产品获福建名牌产品：分别为福建融音塑业有限公司的融鹰牌塑料管材(件)，福建祥龙塑胶有限公司轩龙牌塑料管材管件，福州叶下塑革有限公司的图形 + HARP BIRD、浩福牌塑料拖鞋，福建茶花家居塑料用品有限公司的茶花牌塑料餐具，福建亚太建材有限公司的亚通牌门窗用未增塑聚氯乙烯(PVC - U)型材，福清市友谊胶黏带制品有限公司的友日久牌 BOPP 封箱胶带，福建正大集团有限公司的正大 + ZHD + 图形牌 EVA 外底，福建宏玮鞋塑有限公司的 HW. SNCAN 牌 TPR、EVA 鞋底，福建隆上超纤有限公司的隆上 + LONGSHANG 牌超细纤维合成革，福建省中意药用包装有限公司的中意牌药用 PE 塑料瓶，惠安县友达包装用品有限公司的友达 + 图形牌封箱胶带，福建省南安市新源塑胶有限公司的图形牌塑料饮水杯，厦门聚富塑胶制品有限公司的图形 + 聚富牌拉伸缠绕膜，南亚塑胶工业(厦门)有限公司的图形 + 南亚 + NANYA 牌塑料管材管件。在福建省广播影视集团主办、福建省广播影视集团电视经济生活频道承办，福建省质量技术监督局、福建省工商行政管理局、福建省企业与企业家联合会、福建省政府发展研究中心・企业评价中心联合协办的评选“福建改革开放三十年最具影响力、贡献力品牌”活动中，福建亚通新材料科技股份有限公司亚通(塑料管材管件)入选。

2009 年塑料制品行业研发、创新等方面又有新进展。福建亚太建材有限公司被国家科技部认定为国家火炬计划重点高新技术企业；全省共有 11 家企业项目列入福建省企业技术创新重点项目，分别为：莆田市新元塑胶有限公司的轻质双密度环保鞋用大底技术开发，莆田市越特鞋材有限公司的记忆慢回弹聚氨酯泡沫材料，福建省功能材料技术开发基地的聚烯烃/芳纶纤维高性能复合材料及关键共性技术开发及推广，福建省改性塑料技术开发基地的福建省石化下游产业高分子材料技术转移中心，福建亚通新材料科技股份有限公司的建筑工程防渗塑料排水检查系统，福建振云塑业股份有限公司的新型无铅化高抗冲改性聚氯乙烯特种塑料管材，福建祥龙塑胶有限公司的制浆废液木质素改性碳素电力护套管，莆田市恒通通讯器材有限公司的稀土环保型高性能聚氯乙烯管材技术研发与产业化，福建佳友树脂有限公司的功能性丙烯酸酯类织物涂层材料研发与产业化，欧瑞喜(福州)塑料橡胶科技有限公司的热塑性弹性体(TPE)颗粒料，福州市杰邦环保科技有限公司的废弃塑料环境友好和高值化产业关键技术研发及示范推广。福建思嘉环保材料科技有限公司的新型高强工业聚酯纤维充气艇材料被授予“2009 年福建省优秀新产品二等奖”称号。福建亚通新材料科技股份有限公司被福建省科技厅、经贸委、国资委、总工会四部门授予福建省首批创新型企业。为推动福建省塑料制品行业技术进步和产品结构调整，福建省经贸委组织开展了“福建省塑料管材行业技术提升辅导”、“福建省废旧塑料高值化利用技术诊断提升”活动，并组织有关专家对“非开挖(埋地式)高压电力电缆护套管增强、增韧研究”和“无机粉体改性回收塑料管材”、“无铅化 PVC 管材”和“无卤矿用管”加工技术进行了研究。福建省塑料工业协会召开了石化下游高分子材料产业发展研讨会”和“2009 海峡两岸塑料行业合作与发展论坛”两场会议。

2009 年福建省塑料制品行业循环经济有新突破。2009 年福清永超鞋革制品有限公司的 EVA 边角料再生循环利用、福州隆诚实业有限公司的再生塑料回收利用、三明市明江化纤有限公司的回收废弃塑料可乐瓶生产涤纶短纤、福建省大田县新泉包装制品有限公司回收利用废旧塑料生产包装袋、莆田市三迪鞋服有限公司的回收鞋材加工边角料生产 EVA、PU 再生颗粒、莆田市丰盛橡塑发泡鞋材有限公司的废橡胶回收利用、福建晋江市金鸿鞋塑有限公司的废塑料回收生产再生塑料、石狮市福华再生资源有限公司的利用废塑料可乐瓶生产涤纶短纤等 9 家企业项目获省经贸委循环经济项目资金补助；福建省塑料行业协会牵头举办了“回收塑料产业环境友好高值化关键共性技术和节能降耗新设备发布会”、“仙游县改性塑料产业循环经济生态园区筹建座谈会”、“塑料再生行业如何走规范化、高值化、环境友好化发展之路技术洽谈会”等多项活动，对促进塑料行业循环经济工作的开展起了积极的促进作用。

(福建省经贸委轻纺办　许榕)

云　南　省
Yunnan Province

【基本情况】

2009 年云南省经济社会发展经历了重大挑战和考验。面对全球金融危机的严重影响，省委、省政府坚决贯彻落实党中央、国务院的决策部署，带领全省人民攻坚克难，努力化挑战为机遇，变压力为动力，保增长、调结构、促改革、惠民生取得明显成效。全省国民经济运行总体上呈现了稳步复苏、回升态势，社会事业全面协调发展，民生不断改善，和谐安定的社会局面进一步巩固。数据显示，2009 年全省生产总值(GDP)完成 6168.23 亿元，比上年增长 12.1%，高于全国平均水平 3.4 个百分点；增长速度在全国排名第 15 位。全省人均 GDP 达到 13539 元(按年末汇率折合 1983 美元)，比上年增长 11.4%。

全省塑料行业共完成了 34.3 万吨塑料制品，比上年同期增长了 22.1%。塑料制品业生产企业 481 个，从业人员 14746 人；资产合计 38.60 亿元，负债合计 21.17 亿元，所有者权益合计 17.43 亿元；主营业收入 40.56 亿元，利润总额 3.63 亿元；规模以上工业企业研究与试验发展经费投入 1517 万元，投入强度 0.50%(云南省第二次经济普查数据)。

从分类上看，日用塑料制品，塑料条、棒、型材，泡沫塑料，塑料板、片，有不同程度的下降。与去年相比，日用塑料制品降幅为 46.9%；塑料条、棒、型材降幅为 17.5%；泡沫塑料降幅为 8.7%；塑料板、片降幅为 3.2%。其他塑料制品却出现了不同程度的增长。其中，增幅最大的是塑料管及其附件，增幅为 37.61%；塑料丝及编织制品增幅为 33.6%；农用薄膜为 26.5%；塑料包装箱及容器增幅为 9.6%。详见表 1。

表 1　2009 年云南省塑料制品生产情况表

项　目	2008 年产量/t	2007 年产量/t	累计比同期增长/%
塑料制品	343060.9	280925.0	22.1
塑料薄膜	80283.8	71784.3	11.8
其中：农用薄膜	46322.6	36615.2	26.5

续表

项　目	2008 年产量/t	2007 年产量/t	累计比同期增长/%
塑料板、片	6721.0	6946.0	-3.2
塑料管及其附件	139166.6	101133.5	37.6
塑料条、棒、型材	976.2	1182.6	-17.5
塑料丝及编织制品	63216.3	47326.0	33.6
泡沫塑料	8727.8	9561.8	-8.7
塑料包装箱及容器	11006.4	10041.8	9.6
日用塑料制品	1402.6	2642.2	-46.9

资料来源：云南省统计局。

【大事记】

1. 开展深入学习实践科学发展观活动

云南省塑料行业协会在省民政厅的统一部署和省工信委组织科学发展观学习实践活动办公室的指导下，按照《新社会组织开展深入学习实践科学发展观整改阶段工作意见》的要求，参加省工信委组织的学习实践科学发展观活动动员会议及民主生活会议，协会把学习教育贯穿学习实践活动始终，组织深入学习党的十七届三中全会精神，学习毛泽东同志的《实践论》和胡锦涛等同志在《纪念党的十一届三中全会召开30周年大会上的讲话》等一系列重要讲话精神和省委有关部署精神，专门安排时间，采取个人学、集中学、辅导学、交流学等多种方式，引导协会工作人员把思想和行动进一步集中到党中央的部署上来，积极参加学习实践活动，进一步提高认识，改进工作，取得实效。对自查梳理出来的问题，明确了整改落实目标、整改落实措施、整改落实责任，圆满地完成学习调研阶段、分析检查阶段、整改落实阶段的各项工作。

2. 推荐全省中低产田地改造及农村饮用水安全工程使用塑料管材企业及名单

为认真贯彻省委、省政府关于为全省中低产田地改造及农村饮用水安全工程做好配套服务的要求，加强塑料行业在生产、经营中的质量、安全和诚信管理，保障消费者合法权益，维护市场秩序。云南省塑料行业协会在省工信委的指导下，经过三次广泛讨论和征求意见，确定了推荐中低产田地改造用塑料管活动办法（试行稿），协会于4月23日正式下发通知执行。第一批申报云南省塑料行业协会推荐全省中低产田地改造及农村饮用水安全工程使用塑料管有21家塑料管生产企业，45个塑料管产品，协会按公平、公开、公正的原则对自愿申请参与行业自律活动的企业和产品经初审、公示、现场核查、专家评审等程序，于2009年8月19日确定了具有配套服务能力的12家企业及具备一定生产质量管理条件的21个产品作为第一批向全省推荐名单公布，详见表2。第二批申报的企业有16家，17个产品，经初审、公示、现场核查、专家评审等程序于2009年12月28日确定了具有配套能力的14家企业及具备一定生产质量管理条件的15个产品作为第二批向全省推荐名单公布，详见表3。两次推荐都印发文件资料寄送省、州、市、各有关部门、公司，并在《云南塑料》网、《云南工业》网上进行长期展示，还分别于2009年9月23日，2010年1月14日在省主流媒体《云南日报》上登载。这个工作得到了省政府中低产田地改造协调领导工作小组和省农业厅、省烟草公司的肯定和支持。

表2　全省中低产田地改造及农村安全饮用水工程使用塑料管材企业及产品推荐名单（第一批）

企业名称	商标	产品名称
云南金恒实业有限公司	“金恒”牌	给水用聚乙烯（PE）管材
		冷热水用聚丙烯管材
		给水用硬聚氯乙烯（PVC-U）管材
昆明创辉塑胶科技有限公司	“创辉”牌	给水用聚乙烯（PE）管材
		给水用硬聚氯乙烯（PVC-U）管材
		冷热水用聚丙烯管材
昆明普尔顿管业有限公司	“普顿”牌	给水用聚乙烯（PE）管材
		聚乙烯（PE）缠绕结构壁管材
云南塑料厂	“迎春花”牌	给水用聚乙烯（PE）管材
昆明耀龙塑胶有限公司	“耀龙”牌	给水用聚乙烯（PE）管材
楚雄宝丰塑料制品有限责任公司	“润丰”牌	给水用聚乙烯（PE）管材

续表

企 业 名 称	商 标	产 品 名 称
澄江恺达塑胶有限公司	“恺德”牌	给水用聚乙烯(PE)管材
昆明增荣鑫塑料工贸有限责任公司	“增荣鑫”牌	给水用聚乙烯(PE)管材
云南龙塑实业有限公司	“龙塑”牌	给水用聚乙烯(PE)管材
昆明泉水塑料制品有限责任公司	“金通”牌	给水用聚乙烯(PE)管材
云南经纬塑胶管道有限公司	“云南经纬”牌	给水用聚乙烯(PE)管材
		聚乙烯(PE)缠绕结构壁管材
		聚乙烯(PE)双壁波纹管
昆明特瑞特塑胶有限公司	“特瑞”牌	给水用聚乙烯(PE)管材
		给水用硬聚氯乙烯(PVC－U)管材
		冷热水用聚丙烯管材

表3　全省中低产田地改造及农村安全饮用水工程使用塑料管材企业及产品推荐名单(第二批)

企 业 名 称	注册商标	产 品 名 称
玉溪龙腾塑胶有限责任公司	“龙腾”牌	给水用聚乙烯(PE)管材
昆明瑜隆工贸有限公司	“瑜隆”牌	给水用聚乙烯(PE)管材
昆明金连山塑胶化工工贸有限责任公司	“云山”牌	给水用低密度聚乙烯(LDPE，LLDPE)管材
昆明海午塑胶科技有限公司	“海午”牌	给水用聚乙烯(PE)管材
昆明恒欣仁商贸有限公司	“恒欣仁”牌	给水用聚乙烯(PE)管材
云南森发塑胶制品有限公司	“森发”牌	给水用聚乙烯(PE)管材
		聚乙烯(PE)缠绕结构壁管材
昆明常达塑胶有限责任公司	“常达”牌	给水用聚乙烯(PE)管材
祥云县原闻塑业有限公司	“元生”牌	给水用聚乙烯(PE)管材
云南德政塑业科技有限公司	“德政”牌	给水用聚乙烯(PE)管材
云南钰庭塑料制品有限公司	“钰庭”牌	给水用聚乙烯(PE)管材
云南鹏峰科技实业有限公司	“鹏峰”牌	给水用聚乙烯(PE)管材
云南成友工贸有限责任公司	“成友”牌	给水用聚乙烯(PE)管材
曲靖市源通新型建材有限公司	“源通”牌	给水用聚乙烯(PE)管材
云南云建塑料建材有限公司	“源保”牌	给水用聚乙烯(PE)管材

3. 开展云南省聚乙烯微膜示范企业标准的复审工作和支持农膜企业办理微膜企业标准备案

2008年12月，协会经过向省质监局汇报并广泛征求意见后于2009年1月12日召开了云南省聚乙烯微膜示范企业标准技术审查会，大家普遍认为，协会在2005年制订的云南省聚乙烯微膜示范企业标准经过多年实践考验，是个好标准，主要指标也是科学、合理的，不必修改。技术审查会决定：除了封面按照省质监局标准化处的要求修改外，其余部分不作改变。接着协会以2009年1号文件通知农膜企业开展微膜企业标准复审、备案工作，各农膜企业积极响应，有90%以上的微膜生产企业到当地质监部门备案。

4. 继续开展微膜产品行业自律，促进农膜产品质量稳定提高

这方面工作从2008年11月就展开了，第一阶段自查自纠，第二阶段协会抽样检验，随机抽取的十一个农膜产品全部合格。3月9日和3月26日协会两次以《农膜简报》形式将农膜行业自律情况和抽样检验名单，送样检验名单向社会公布，登录《云南塑料》和《云南工业》两个网站，详见表4。并向省、州、市的各有关部门、公司寄送。针对市场上假冒

伪劣产品的动态，协会又以《农膜简报》形式发布了《警惕当前农膜市场的不良行为》，引导消费者正确选购农膜。

表4　2009年春耕年度云塑协抽样检验合格的农膜产品名单

产品名称	注册商标	厚度/mm	生产企业
聚乙烯微膜	“旭日”牌	0.005	玉溪市旭日塑料有限责任公司
聚乙烯农用（烤烟）地膜	“春叶”牌	0.006	昆明春叶塑料制成品有限公司
聚乙烯微膜	“小高炉”牌	0.006	大理高炉塑业有限公司
聚乙烯微膜	“勐巴娜西”	0.006	潞西市民族塑料薄膜厂
聚乙烯微膜	“金葉牌”牌	0.005	曲靖市麒麟金叶塑料有限公司
聚乙烯微膜	“昆鑫”牌	0.005	昆明新鑫润丰塑料有限公司
聚乙烯微膜	“金花”牌	0.006	大理博云塑料有限公司
聚乙烯微膜	“新龙”牌	0.005	昆明市日新新龙塑料有限责任公司
聚乙烯微膜	“文笔”牌	0.005	云南师宗文昌塑料厂
聚乙烯微膜	“科农”牌	0.005	昭通盛祥塑胶有限责任公司
聚乙烯地膜	“嘉禾”牌	0.008	祥云嘉阳塑业工贸有限公司

5. 组团参加2009年国际橡塑展

5月18～21日，由雅式展览服务有限公司主办的“第二十三届中国国际塑料橡胶工业展览会”在广州召开。云南省塑料行业协会第一次组团参加，有12个企业34位代表前往参观，普尔顿管业公司还租用摊位让云南产品第一次在国际橡塑展亮相。这两个第一次为云南产品走向全国，走向世界开了个头。我省参会企业在展会期间收集了大量实用的技术资料，观看了新设备、新产品、新技术、新材料的展示，有的企业还与设备、原料、助剂供应商达成意向。通过参加此次展会，大家看到云南省塑料行业与沿海地区的差异，企业负责人纷纷表示收获很大，不仅目睹了当今塑料行业的新设备、新产品、新技术、新材料，而且也找到了企业存在的差距，对今后如何提高生产力、调整产品结构和技术改造有重要的参考价值。

6. 召开第二届一次会员大会暨第二届四次理事会

2009年9月24日上午，云南省塑料行业协会第二届一次会员大会暨第二届四次理事会在昆明金山生态园举行。会议按预定议程进行，协会秘书长靳树伟主持会议。省民政厅张瑞林处长，省中低产田地改造综合协调领导小组朱毅科长和谭仲夏老师到会指导工作。会议首先由詹家驹理事长作“珍惜机遇，调整结构，提高素质”的讲话，分析了我省塑料行业的现状、市场问题、市场特点和党中央、国务院、省委、省政府一系列保增长、保民生、保稳定的政策，特别是促进农业稳定发展、农民持续增收的政策，及全省中低产田地改造及农村饮用水安全工程做好配套服务的要求，并简要报告了2008年度协会完成的工作和2010年工作初步的打算。在靳树伟的主持下大会通过了2008年理事会工作报告和2008年协会财务报告；增补了昆明瑜隆工贸有限公司等13家企业为理事单位，除名昆明自发塑料有限公司等6家理事单位。接着由詹家驹理事长主持理事会，进入审查和表决程序，以全体通过的方式审查确认了下列文件和议案，经会员大会审议通过的文件和议案分别有：①协会秘书处增补云南普尔顿企业集团有限公司等26家企业为会员单位，除名昆明自发塑料有限公司等6家会员单位的备案名单；②增补澄江恺达塑胶有限公司等9家公司为常务理事单位，除名昆明自发塑料有限公司等6家公司常务理事单位；③增补云南普尔顿企业集团有限公司等7家企业为副理事长单位；④增补云南普尔顿企业集团有限公司等6家企业为塑料管道专委会副主任委员，除名昆明自发塑料有限公司塑料包装专委会副主任委员。

7. 推动科技进步，促进节能降耗

协会市场技术部经过将近一年的工作，对鲁谷（北京）科技有限公司和该公司开发生产的LG系列电加热节能产品进行了接触和研究，判断该公司节能产品可以使用。4月17日，我们在昆明春叶塑料制成品有限公司总经理林辉忠的支持下，用7号吹膜机和8号吹膜机进行了节电改造。改造结果良好，节电明显（升温节电率54%～57%，生产过程耗电每吨农膜节电47～50度，加热部份节电率72%～82%），工作环境改善，口膜温度均匀，农膜厚度控制精度从15%提高到10%。

8. 完成了协会四个专委会正式登记备案工作

2001年云南省塑料行业协会成立时就同时登记

成立了四个专委会，近年随着政策法规的要求逐渐提高，需要一个个单独申报和办理登记备案工作，我们按新的要求完成了这项工作，于7月2日获准登记，四个专委会成为有法律地位的专委会。

9. 推荐中国塑料工业协会专家委员会专家

这项工作2009年2月23日以云塑协(2009)35号文件发出通知，经过认真细致的工作，我们根据中国塑料工业协会推荐专家资质要求，向中国塑料工业协会推荐了靳树伟，周听昌为企业管理专家，詹家驹为行业管理专家。

10. 推荐中国塑料行业“先进单位”“先进个人”

根据中国塑料工业协会[2009]第036号文件精神，经过认真细致的工作，按照文件评选条件要求，玉溪旭日塑料有限责任公司等8个单位获得中国塑料行业“先进单位”荣誉；靳树伟等7位同志获得中国塑料行业“先进个人”荣誉。

11. 新吸收会员单位30家

协会秘书处按章程规定，审核批准了云南普尔顿企业集团有限公司等30家企业加入协会。

12. 做好宣传和信息交流工作

(1) 以每月定期的《云南塑料信息》开展行业信息交流；为会员单位牵线搭桥，介绍了十八条经贸合作信息。

(2) 加大《云南塑料》网的宣传力度

为了提高协会的知名度和管理效率，整合行业信息和资源，搭建云南塑料行业信息交流平台，协会免费为有网站的会员单位在《云南塑料》网上进行友情链接，发布信息，受到了广大会员单位的好评。

13. 组织塑料行业企业厂长、经理参加有价值的培训活动

在省级协作单位的支持下，协会两次组织企业领导免费参加高层次宏观论坛和中国—东盟自由贸易区知识讲座。通过学习，使参加培训的企业经理、厂长增长了知识，大家普遍反映较好。

【企业经营】

1. 全省中低产田地改造给塑料管企业带来新机遇

随着世界金融危机的不断蔓延，为应对全球性金融危机，省委省政府果断采取扩大内需的一揽子有效政策措施，加大中低产田地改造，使平时浇不上水的低产田地经铺设管网后变成高产田地。去年全省共完成中低产田地改造230万亩。这一新举措给塑料管生产企业带来了难得的好机遇，产量大幅度上升。

2. 云南省塑料丝及编织制品行业承接了东部西迁的任务，产量增加明显

云南省本土塑料丝及编织制品企业由于设备、经营理念陈旧，技术落后都相继退出行业，取而代之的是沿海省市的先进设备、经营观念和技术，近几年来新落户云南省的塑料丝及编织制品企业有近40家左右，大部分是江浙一带的设备和技术。2009随着经济的企稳回升塑料丝及编织制品企业产量增加明显。

3. 现代烟草农业建设、加大“三农”投入及一系列强农惠农措施使塑料薄膜生产企业经营状况有所改善

烟草一直以来是云南省经济的支柱产业。现代烟草农业建设、新烟区建设和特色优质烟叶开发推进，加大“三农”投入及一系列强农惠农措施使塑料薄膜生产企业经营有所改善，特别是农用塑料薄膜生产企业产量比去年增加26.5%，其次是工业用膜。

4. 全球性的金融危机给我省日用塑料制品、泡沫塑料制品及塑料条、棒、型材企业造成影响

云南省得天独厚的自然气候，利于果蔬、花卉基地的发展。2009年受全球金融危机的影响，云南省果蔬、花卉出口量减少，使日用塑料制品和泡沫塑料企业受到不同程度的影响。日用塑料制品、泡沫塑料制品的产量比去年同期明显下降。另外，塑料条、棒、型材制品的产量也出现了下降的趋势。

5. 2009年云南市场销路较好的产品，主要产品的使用情况及产品市场分布情况

2009年云南市场销路较好的产品是塑料管及其附件、塑料薄膜，其次是塑料丝、绳及编织袋。

随着西部大开发、新昆明的建设、中低产田地的改造等，塑料管及其附件是云南省塑料行业发展的一个新亮点，近年保持着25% ~37%的年增长速度，2008年生产量为10.1万吨，2009年的产量为13.9万吨，已成长为云南省塑料行业产量最大的产品；塑料薄膜主要受益现代烟草农业建设、新烟区建设及特色优质烟叶开发推进和果蔬、花卉基地的建设。

塑料管及其附件，塑料丝、绳及编织袋，农用薄膜的产品销售分布在云南省各地、州、市、县，工业用塑料薄膜的产品销售分布主要在昆明市和玉溪市。

【重点企业】

随着西部大开发和社会主义新农村的建设，云南省塑料工业承接了东部塑料制品企业西迁的任务，涌现出了一批在省内影响力大、实力雄厚的骨干企业。详见表5。

表 5　2009 年云南省塑料制品产量在 3000 吨以上的企业名单

序号	企业名称	产量/t	主要产品
1	云南金恒实业有限公司	100000	管材、管件
2	玉溪市旭日塑料有限责任公司	11300	农用薄膜
3	昆明特瑞特塑胶有限公司	10000	管材、管件
4	昆明创辉塑胶科技有限公司	8000	管材、管件
5	云南普尔顿企业集团有限公司	8000	管材、管件
6	云南德政塑业科技有限公司	5000	管材、管件
7	昆明金连山塑胶化工工贸有限责任公司	5000	管材、管件
8	昆明春叶塑料制成品有限公司	5000	农用薄膜、包装材料
9	昆明耀龙塑胶有限公司	5000	管材、管件
10	昆明海午塑胶科技有限公司	4000	管材、管件
11	云南新同基塑料工程有限责任公司	4000	管材、管件
12	宣威市中博塑料有限公司	3000	农用薄膜、管材
13	云南塑料厂	3000	农用薄膜、管材
14	大理博云塑料有限公司	3000	农用薄膜、包装材料
15	昆明鑫慧新包装材料有限公司	3000	PC 饮水罐
16	云南龙塑实业有限公司	3000	管材、管件
17	昆明泉水塑料制品有限责任公司	3000	管材、管件
18	曲靖麒麟海绵有限责任公司	3000	聚氨酯泡沫塑料
19	昆明民族塑料化工有限公司	3000	注塑产品
20	昆明仙织塑业有限公司	3000	塑料编织袋
21	云南恩典塑业有限公司	3000	塑料编织袋

（云南省塑料行业协会　韩简吉）

安　徽　省

Anhui Province

【大事记】

1. 安徽省塑料协会第一届第七次理事会（扩大）会议于 2009 年四月十二日至十五日在海南省海口市召开

安徽省民政厅民管局夏惠芬处长、安徽省轻工协会行业处张卫平处长等出席了本次会议。会议听取了宣华荣会长作了全省塑料行业经济发展的情况和 2009 年度塑料行业工作重点的讲话；听取了省民政厅民管局夏惠芬处长关于协会工作及协会发展的讲话；审议翟光景常务副会长兼秘书长所作的 2008 年度协会工作总结及 2009 年度协会工作计划；会上有关理事和代表介绍了各自企业应对金融危机保稳定求发展的经验；参会理事还就塑料协会今后的工作提出了建设性的意见；会议讨论并通过了有关议项。

会议通报了全省塑料行业持续快速发展的情况。2009 年全省规模以上 645 户塑料企业，完成工业总产值 306.6 亿元，实现销售产值 295.38 亿元，出口交货值达到 9.09 亿元，全年生产塑料制品 146.37 万吨。年增长速度一直保持在 10% 以上，高于全省轻工行业的平均增长水平，为全省轻工业的支柱产业之一，经济总量位居省轻工行业第三位。

会议分析了 2009 年度全省塑料行业的发展趋势，提出了发展的重点和主要措施：

一是要扩内需，促稳定，保增长，抓订单，保质量，创效益；

二是要加快企业技改步伐，用好用足当前中央、省、各地出台的优惠政策；

三是要抓好节能减排，加大治污力度，加快节能技术的推广应用；

四是要重视自主品牌建设，安徽省塑料协会网站要加大宣传企业及产品；

五是要重视人才的培养，充分利用省塑料协会会员中各大学的教学资源，为企业培育各类专业人才；

六是要积极推进产业重组，按照市场化和自愿的原则，鼓励企业间的兼并重组。

会议强调：进一步做好塑料协会工作，要按照省经信委、省民政厅关于社团组织建设、工作职能的要求，积极开展各项工作和活动；要规范协会职能，增强服务意识，加快协会自身建设；要严格按照协会章程办事，积极为会员、为政府、为行业企业服务；努力把协会办成有特色、有凝聚力的社团组织，使之真正成为全省塑料行业和企业的“娘家”。

为保证协会正常工作的开展，会议要求各会员单位认真遵循协会《章程》的有关规定，按时足额交纳会费。

为了企业的发展，会议要求秘书处加快组建有关专业委员会。

会议讨论通过了有关议项：

（一）讨论通过了协会秘书处关于 2008 年度的工

作总结及2009年度工作安排意见。

(二)讨论通过了协会2008年度财务决算和2009年财务预算的报告。

(三)讨论和通过了安徽恒通通讯器材有限公司等22户企业和个人入会的申请报告。

(四)会议决定，国内、外塑料行业的重大活动，协会应组团带领企业参加。第23届国际塑料橡胶工业展览会组团观展并由会长、秘书长带队。

会议由杨作文副会长主持。会议期间，海南省政府、工商局、国税局等有关部门的领导介绍了海南省工业和塑料工业发展态势，与会理事们还与海南省个私企业协会、海南省安徽商会、海南省部分塑料企业以及我省在海南省投资的塑料企业负责人进行了座谈交流。

与会代表普遍反映：这次会议开得很好，内容丰富，安排紧凑，取得了预期的效果。

2. 2009年安徽省塑料协会为塑料行业战胜金融风暴，开展了各项工作和活动

今年1月，受中国塑料协会的要求，协会完成了中国塑料年鉴安徽篇的编辑任务，使中断多年的安徽塑料又续上中国年鉴大本，方便全国塑料同仁了解安徽塑料行业的基本情况。

2月，在协会会长和秘书长参加雅式华东六省一市在上海的新闻发布会期间，与兄弟省市协会共谋如何提升为行业服务的本领，进一步加深了协会之间的深厚感情。

3月，协会主要领导携同专家，分别深入滁州、蚌埠、宣城等地了解塑料企业生产经营、节能减排、规划发展、招商引资等情况，帮助企业解决发展中的问题。

4月，在海南省举办省塑协第一届第七次理事扩大会议，讨论全行业面临金融危机，抱团取暖，互相支持，互相援助，共渡难关。会议期间海南省有关领导、兄弟协会、有关塑料企业，与会进行了交流和联欢，会议提高了我省塑料企业抗风暴求发展的能力，也了解到在海南省的塑料产品开发，如塑木地板等均要满足潮湿气候条件的要求，海南省市场的需求吸引着我省部分塑料企业到海南发展。

5月，协会组团，率会员及行业近50家企业62人赴广州，参观第23届国际塑料工业展，使企业在展会上汲取了塑料产业在科研、工艺、新材料、新装备以及产品创新，市场开拓等方面的大量信息，企业在展会上选购到满意的装备、原料、模具。

同月，协会积极建议地方政府注重塑料产业集聚基地建设，做好各方面的协调工作。由中国塑料协会与我省塑协组成的专家组共同深入桐城市调研评审，协会协助桐城市向中国塑协递交了请授予安徽桐城市“中国塑料包装产业基地”的申请。

6月，协会负责人多次赴界首、阜阳等地市指导帮助破产塑料企业重组，了解企业面临困难，积极向省相关部门反映，争取政策支持。

7月，省塑协与深圳市塑协合作，引进深、港塑胶企业到安徽庐江县考察，并与庐江县政府签定了产业转移的多个投资项目合同。

同月，中国塑料加工工业协会批准并授予安徽省桐城市为“中国塑料包装产业基地”荣誉称号。

8月，受省政府和省发改委的委托，配合政府做好向中央六部委检查团来安徽检查“限塑工作”。省塑协以高度负责任的态度率协会有关专家赴会，在会上作了汇报，得到了检查团的高度赞扬，称为全国由行业协会主动从生产源头做好限塑工作的典范，省塑协在会上所提建议得到重视，对塑协提出废旧家电、废旧汽车应由厂家以旧换新回收，集中交由拆解中心拆解和如何促进减少塑料袋的使用和重视增大废塑料回收等意见得到了采纳。会后各有关媒体都作了重点的专门报道。

同月，为方便塑料企业与大学的紧密合作和联系，省塑协与安徽大学化学化工学院决定，由该院在安大提供办公场所，省塑协即搬迁至校园内，努力把安徽塑协办成以科技为先导的协会。

9月，省塑协组织近四十多家省内塑料企业，率团赴浙江台州，参加第九届中国塑料交易会，会后省塑协带领企业学习考察浙江上虞、绍兴塑料企业抱团突危的经验和招商引进，使赴会企业得到意外收获。

10月，为了表彰安徽省塑料企业在经济增长中的先进模范作用，6月起，有关地市经委、轻工协会收集塑料企业、个人的先进事迹，向省塑协推荐、协会的会员单位互相提名，塑协召集理事以上单位，对推荐、提名单位、个人先进事迹材料逐一评审，在初选名单获得通过后即在省塑协网站进行公开公示，经广泛征求意见后，最终决定授予安徽安利合成革等49户企业荣获安徽省塑料行业先进单位称号。安徽华隆塑料有限公司陈华坤等38名同志荣获安徽省塑料行业先进个人光荣称号。整个评选过程没向企业征收一分钱，同时还发给获奖证书和奖金。

11月，省塑协受中国轻工联合会等单位的委托，组织省内60多户塑料企业，赴上海观看第十一届亚太国际塑料展，使企业又寻找到新的经济增长机遇。

12月，省塑协负责人赴淮南市，就如何在淮南地区建立矿用塑料件产业基地与淮南轻工协会、经委、塑料企业、煤矿领导进行座谈，为淮南市轻工

"十二五"发展规划塑料产业发展提出指导意见。

安徽省塑料协会通过开展多种有利于企业、行业的活动，极大的调动了企业的积极性，形成行业内的团结互惠，共同战胜金融风暴，在塑料产品出口受阻严重，加大开发国内需求的产品，保证了全省塑料行业经济总量持续升高。会员通过参加协会的活动更加了解协会在行业中的作用，增强了协会的凝聚力。

3. 认真完成政府部门交予的工作

2009 年安徽省塑料协会接受省政府相关部门委托，承接全省塑料行业的科技成果鉴定、新产品鉴定、项目评审等任务等近二十多项，协会专家组的专家都从技术、行业、市场角度出发，帮助企业评审资料的修改、补充，认真完成每一项的鉴审工作，评审质量较高。

4. 与高等院校合作，为协会发展创新一条新路

安徽省塑料协会更加注重企业的科技发展与创新。塑料行业，主要是在塑料材料方面的技术创新，为企业服务要拿出"真东西"，为此，经多次调研，省塑协与安徽大学化学化工学院商定，在国内著名安大校园内高分子材料研究所提供我会办公地点，我会即搬迁至安徽大学，为塑料企业与大学直接接触提供方便，使安徽塑料产、学、研真正实现联合为一体。企业来到到协会，能随时把企业生产出现的技术问题及时向教授、专家请教，带来的生产原料可立即进行实验室试验和研究。

5. 2009 度安徽省塑料行业先进单位、先进个人

为突出安徽省塑料企业和个人在行业中的先进模范事迹，经省有关地、市经委，轻工协会等单位向我会推荐，我会副会长单位认真推选，会员单位开展互评互荐，并组成评选组评选，拟定荣获先进的名单向社会公示，广泛征求意见后，确定下列单位和个人被评选为安徽省塑料行业先进单位、先进个人的光荣称号：

（1）荣获安徽省塑料行业先进单位名单(49 个)

1. 安徽华隆塑料有限责任公司
2. 安徽华猫软包装有限公司
3. 滁州市博康模具塑料有限公司
4. 蚌埠蓝天塑料包装有限公司
5. 蚌埠鑫诚塑业有限公司
6. 安徽国风塑业股份有限公司
7. 安徽神剑科技双玖塑业公司
8. 合肥康乐塑料电器厂
9. 合肥宜鑫汽车配件有限公司
10. 淮南宏昌科技有限责任公司
11. 淮南市众意工程塑料制品有限公司
12. 淮南市中港塑料彩印有限公司
13. 淮南市夏集庆东塑业有限公司
14. 安徽天泰实业有限公司
15. 安徽省汉福管业有限公司
16. 淮北阳光塑业有限公司
17. 安徽玉发塑业有限公司
18. 舒城恒通通讯器材有限公司
19. 安徽安远塑胶股份有限公司
20. 安徽国风塑料建材有限公司
21. 芜湖海达塑胶有限公司
22. 安徽罗宝建筑节能材料有限公司
23. 延峰伟世通
24. 中科大火灾实验室
25. 安徽富光实业股份有限公司
26. 合肥普特化轻材料有限公司
27. 安徽省轻工业设计院有限公司
28. 合肥安陆轻工机械有限公司
29. 巢湖市荣达塑业有限公司
30. 芜湖荣事达塑胶有限公司
31. 中石化股份有限公司安庆分公司
32. 安庆光大树脂有限公司
33. 安徽天大集团公司
34. 合肥海尔塑胶有限公司
35. 安徽金扬塑料工业有限公司
36. 合肥杰事杰新材料有限公司
37. 安徽金裕物资回收有限公司
38. 安徽信通通信产业有限公司
39. 安徽广德金鹏塑料异型材制造有限公司
40. 桐城中安塑业有限公司
41. 合肥市中科阻燃新材料有限公司
42. 安徽诺克罗安全防护用品有限公司
43. 合肥富鑫塑胶有限公司
44. 安徽紫金鹏集团
45. 安徽省舒城三乐童车有限责任公司
46. 安徽振汉塑胶制品有限公司
47. 安徽美螺建材有限公司
48. 安徽国华教育专科学院
49. 淮南市龙强机械制造有限公司

荣获先进车间、班组(1 个)

1. 滁州市搏康模具塑料有限公司设备技术部

（2）荣获安徽省塑料行业先进个人名单(38 名)

1. 安徽华隆塑料有限责任公司　陈华坤
2. 滁州市搏康模具塑料有限公司　程　辉
3. 蚌埠蓝天塑料包装有限公司　任柏成
4. 安徽神剑科技双玖塑业公司　吴卫东
5. 合肥康乐塑料电器厂　柏　平

6. 合肥宜鑫汽车配件有限公司　李宜功
7. 安徽国风塑料建材有限公司　徐　辉
8. 淮南宏昌科技有限责任公司　贺昌雨
9. 淮南市中港塑料彩印有限公司　孔　琴
10. 淮南夏集乡庆东塑业有限公司　刘庆东
11. 安徽华滔管业有限公司　何华丰
12. 安徽玉发塑业有限公司　舒玉发
13. 舒城恒通通讯器材有限责任公司　施启平
14. 安徽安远塑胶股份有限公司　汤　毅
15. 安徽富光塑胶有限公司　吴秀杰
16. 东华机械合肥办事处　程劲松
17. 安徽轻工设计院有限公司　李　玮
18. 巢湖荣达塑业有限公司　戴祥国
19. 安徽金扬塑料工业有限公司　李　琦
20. 延峰伟世通汽车饰件系统公司　凌德明
21. 中国科技大学火灾实验室　胡　源
22. 芜湖海达塑胶有限公司　胡文峰
23. 安徽罗宝建筑节能材料有限公司　查　飞
24. 安徽罗宝建筑节能材料有限公司　王振东
25. 安徽安利合成革股份有限公司　王义峰
26. 合肥富鑫塑胶有限公司　张　辉
27. 合肥中科阻燃新材料有限公司　王立贵
28. 安徽国风塑料建材有限公司　何祥燕
29. 安徽华隆塑业有限公司　许先荣
30. 安庆市光大树脂有限公司　李大关
31. 安徽大学　钱家盛
32. 合肥学院　丁　明
33. 安徽大学　杨建军
34. 合肥工业大学　王平华
35. 安徽大学　章于川
36. 安徽美螺建材有限公司　石建洲
37. 安徽国华教育专科学院　马云峰
38. 淮南市龙强机械制造有限公司　葛强虎

【基本情况】

2009 年，安徽省塑料工业全年保持快速增长势头，年增长速度一直保持在 10% 以上，高于全省轻工行业的平均增长水平，成为全省轻工业的支柱产业之一，经济总量仍稳居省轻工行业第三位。

2009 年全省规模以上 645 户塑料企业，完成工业总产值 306.6 亿元，同比增长 20.69%；实现销售产值 295.38 亿元，同比增长 19.49%；出口交货值达到 9.09 亿元，同比下降 22.35%。全年生产塑料制品 146.37 万吨。

全省塑料制品总产量增长较快，2009 年位居全国第六位，居中部六省第一。

【企业经营】

主要呈现以下几个特点：

一是我省塑料行业与其他行业一样受到了金融危机的影响和冲击，但是我省塑料行业是最早进入市场的产业之一，具有较强的抗险能力，发展前景仍然看好。

二是中央家电、汽车下乡的宏观政策促进安徽家电、汽车工业的快速发展，带动了塑料配件企业的大发展。

三是一批重点骨干企业起到了支撑作用，如海螺、天大、国风、富光、安利合成革、博康公司等企业。

四是规模以上企业数增速较快，由 2008 年底的 505 户增至 2009 年底的 645 户，净增 140 户。

五是省及地方政府提供的优惠政策，促进了企业发展。

2009 年安徽省塑料制品主要品种、产量：

塑料品种	全年产量/t	比同期/%
塑料制品总量	1463678.4	+12.50
塑料薄膜	178816	-3.05
板片材	658529.56	-1.50
塑料管及附件	57774.55	+22.91
塑料丝及编织	106738	+21.00
合成革	24228	+6.11
泡沫塑料	13859	+10.60
包装箱及容器	108998	+6.97
日用塑料制品	17371	+10.53

【重点企业】

1. 滁州市博康模具塑料有限公司

滁州市博康模具塑料有限公司始建于 2000 年，专业从事注塑件的生产。产品主要是为国内外著名家电企业合作配套，是安徽康佳电子有限公司、安徽康佳电器公司、德国西门子家用电器公司、南京 LG 新港显示有限公司、南京海信有限公司、扬州科龙有限公司、伊莱克斯电器有限公司、六安索伊电器有限公司的长期合作伙伴。

公司的主导产品是电视机前后壳、冰箱抽屉、顶盖、吸尘器等注塑件，目前正在积极开发为汽车配套的注塑件，具有年产值伍亿伍仟万元的生产能力。

公司现有职工 1100 余人，资产总计 14000 万元，厂区面积 100000 平方米，厂房面积 32500 平方米。2009 年实现销售收入 1.5 亿元，上交税金 700 万元。公司于 2001 年顺利通过了 ISO 9001 质量体系认证，是目前国内规模较大的注塑、喷涂专业生产厂家之一。

公司始终坚持以“做中国最优秀的注塑企业”为奋斗目标，从严要求。

公司逐年扩大投资规模，陆续购进各种型号的注塑机，扩大生产规模和品种。仅2004年一年就增资3800万元，在城南工业园内进行新厂房的建设，新机器的购进和新生产线的安装，2005年公司投资1200万元，安装了两条高光无尘喷涂生产线，是目前华东地区最大喷涂生产线。经过生产线处理后的产品表面光泽度、硬度都有了极大的提高，这两条线体主要用来喷涂生产康佳高清数字、液晶和等离子电视机的面壳，年喷涂生产能力可达120万台，并在汽车件、冰箱件、LCD显示器等领域显示出良好的发展前景。2005年，又投资400万元，购进2800吨注塑机，用于大型注塑件的生产。2009年，投资500万元，购进各种类型注塑机12台。公司拥有锁模力在2800～100t的各种型号注塑机达70余台，公司投资组建了高档模具研发部，不仅对模具进行维护保养，还能对模具加工生产。

公司生产出的吸尘器、咖啡加工机等也全部用于出口。

博康公司是一家民营企业。公司董事会就注重把人才队伍的建设放在各项工作的首位。公司在积极吸纳优秀人才加盟的同时，又牢牢抓住对现有人才队伍的再培养。公司采用内培、外送委培、在岗深造、集中授课、分批轮训等方式对管理层和基层管理人员进行再教育和提高，满足了公司快速发展的需要。

为丰富员工业余文化生活，公司斥资35万元，修建了羽毛球馆，篮球场，安装了单杠、双杠等运动器械，充实了员工的文化生活。公司连续多年荣获省、市、区多种先进称号，2009年获得安徽省塑协行业先进单位荣誉称号。

公司在不断发展壮大自身实力的同时，也时刻不忘回报社会。除积极按章纳税外，还积极参与社会公益事业和主动地承担起企业的社会责任。

我们完全相信，博康人的不懈努力，一定能够铸就新的成功，迎来博康公司更加辉煌灿烂的明天。

2. 神剑集团双玖塑业

安徽神剑科技股份有限公司(曾用名：安徽省皖西机械厂)，国防科工委企业编号：国营九九〇厂，国有大型二档企业。1964年建厂，1992年搬迁至合肥，位于合肥市政务新区。公司设有若干职能部门和一个子公司(安徽双玖机电公司)、二个分公司(塑业公司、铸件公司)、三个分厂(机加分厂、精工分厂、总装分厂)，公司占地28.4万平方米(其中现有厂房16.4万平方米，经济开发区新厂房12万平方米)总资产2.3亿元，拥有各类主要生产设备297台(套)，计量、试验仪器设备50台套。公司现有在职员工1176人，其中专业技术人员446人，高级专业技术人员114人，享受政府津贴9人。

“十一五”、“十二五”期间我公司争取国防科工委技术改造、研制条件保障，安全改造等项目国拨资金4507万元。目前国防科技工业民品销售收入占整个行业60%。为此国防科工委制定“十二五”民品发展纲要，并配套大量资金，以鼓励军工企业向军民结合型企业发展。公司2006年已在经济技术开发区征地200余亩，现双玖塑业公司已顺利实现了搬迁复产，力争“十二五”期间民品发展有大的突破，同时积极争取国防科工委民品发展资金，来支持公司的发展与壮大。

安徽神剑科技双玖塑业公司专业生产塑料管材、管件及各类注塑件，拥有国内外先进的塑料挤出生产线和电脑控制精密注塑机二十余台(套)，并拥有完备的产品检测和试验设备。主要生产“双玖”牌PVC－C地埋式高、低电力电缆用套管，UPVC排水管材、管件，UPVC电工套管及配件，PPR给水管材、管件，PE给水管、梅花管等系列塑料产品，公司年生产能力2万吨。

安徽神剑科技双玖塑业公司，始终把提升企业知名度和提高企业的经济效益放在工作首位，外拓市场、内抓管理，充分利用现有资源，在严峻的市场竞争形势和当前金融危机的影响和冲击下，仍然取得了累累硕果。

该公司各项管理工作突出，特别是在节能减排工作方面。破碎料的回用，工序的梳理合并，以及搬迁后的物流改造、冷却水系统的设计使用均体现了节能减排的理念。

2009年神剑科技公司投资了1000万建设塑业公司新区工业园，对冷却系统进行了合理规划和设计，经评审投标后，投资85万元建成新的冷却系统，该冷却系统彻底解决了多条生产线的水冷问题，在行业中处领先地位。分两处进水，新区冷却塔水池850m^3，分一个上水池一个下水池，通过水塔及水坝翻淋使生产用水冷却，一次可供20条生产线的集中冷却。新区工房顶上面积约8000m^2，所有接下的雨水经管道排至水池，实现水的另外一个补给方式。

该公司始终把质量当作企业的生命，1996年企业通过了ISO 9001质量体系认证，2003年荣获国家权威检测达标——国家质量检测合格建材产品证书，2007年被中国品牌价值评估中心评定为“全国质量诚信AAA级品牌企业”，“双玖”牌已成长为安徽省的著名品牌。

3. 安徽安利合成革股份有限公司

安徽安利合成革股份有限公司是安徽省重点外商投资企业，成立于1994年，地处安徽省合肥市经济技术开发区，主要生产经营中高档聚氨酯合成革。2006年5月，经国家商务部商资批[2006]1155号文批准，公司整体变更为港澳台外商投资股份有限公司。公司是“中国名牌”、“中国驰名商标”企业和“国家火炬计划重点高新技术企业”。公司综合实力位居全国同行业前3名，特别在中高档聚氨酯合成革领域处于领先水平，被誉为“中国鞋用聚氨酯合成革第一品牌”、“全球沙发家具用合成革第一品牌”，部分高档鞋用、沙发家具用聚氨酯合成革全球市场占有率超过30%。连续两年被评为“安徽省百强企业”。

公司是目前全国规模最大的聚氨酯合成革专业生产企业之一。主要设备工艺是从意大利、中国台湾和韩国引进，设备先进，工艺成熟，技术精湛，具有当今国际领先水平。公司产品品质优越，用途广泛，行销全球。产品广泛用于男女鞋、运动休闲鞋、沙发家具、手袋、证件、文具、球类等的加工制作。许多国内外知名的品牌企业，如阿迪达斯（adidas）、锐步（REEBOK）、彪马（PUMA）、乐途（LOTTO）、斐乐（FILA）、茵宝（UMBRO）、斯凯捷（SKECHERS）、新百伦（New Balance）、匡威（Converse）、爱威亚（Avia）、爱斯克斯（asics）、安踏、特步、贵人鸟、德尔惠、金莱克、雷速、爱乐、双星、森达、富贵鸟、百丽、达芙妮等，与公司建立了稳定的合作关系。

公司产品用于北京人民大会堂沙发座椅面料和上海虹桥机场装修改造座椅面料，是正在卡塔尔多哈建设的世界第二个七星级酒店内装饰指定用合成革材料；产品畅销全国各地，并直接出口到50多个国家和地区，连同制成品出口。公司自主创新能力全球领先。公司是国家发改委、科技部、财政部、海关总署、国家税务总局等综合部门考核认定的“国家级企业技术中心”，是安徽省商务厅认定的“安徽省外商投资先进技术型企业”，名列“中国科技创新品牌500强”，是“中国聚氨酯合成革创新研发基地”、“安徽省创新型试点企业”和“合肥市聚氨酯合成革与树脂工程技术研究中心”，多次承担“国家级火炬计划项目”和“安徽省科技创新攻关项目”，多项产品被认定为“高新技术产品”和“国家重点新产品”。

公司是安徽省商务厅认定的“安徽省名牌出口商品”和“安徽省重点进出口企业”。

公司人才队伍敬业进取，整体素质高。公司现有员工1200人，其中大专以上学历人员占员工总人数的27.69%，员工平均年龄29岁，大部分具有十余年的人造革、合成革生产经营和管理经验，富有活力和创新精神。

公司董事长、总经理姚和平，研究生学历，高级工程师、中国注册会计师、注册企业法律顾问；是安徽省人大代表、合肥市政协委员，全国轻工行业劳动模范，享受安徽省政府特殊津贴专家；是中国塑料加工工业协会副会长、安徽省外商投资企业优秀企业家。

公司管理科学、规范，是行业标杆企业。公司是全国实施卓越绩效模式先进企业、安徽省质量管理先进单位，荣获“安徽省质量奖”；通过ISO 9001国际质量管理体系认证、ISO 14001环境管理体系认证、OHSAS 18001职业健康安全管理体系认证、中国环境标志（II型）产品认证以及ISO /TS16949汽车行业质量管理体系认证，是安徽省政府表彰的“安徽省节能先进单位”，是“合肥市环保先进单位”和“中国生态合成革”生产单位，是安徽省第一家通过清洁生产审核的企业。公司是安徽省劳动保障诚信示范企业、安徽省税收A类纳税信誉等级单位、合肥海关A级信誉良好企业、“安徽省银行诚信客户”，银行信誉“AAA级”。

公司连续9年保持20%左右的速度增长。2009年，公司及关系企业实现含税销售收入11.2亿元，实现出口创汇4900万美元，实现利税1.03亿元，经济效益和社会效益良好。公司连续6年跻身全国外商投资经济效益和出口创汇双优企业，是合肥市委市政府表彰的“合肥市先进单位”和“对外贸易先进企业”。

公司是安徽省政府重点扶持的拟上市公司之一，目前，公司已通过中国证监会安徽省监管局的上市辅导验收，计划择机申报上市。

2010年，公司计划实现产值12.5亿元、出口创汇5200万美元、利税1.1亿元左右，为安徽省工业发展及科技创新做出新的贡献。

公司发展后劲充足，成长性良好。计划3～5年，形成年产值达到25亿元、年利税超过2亿元的生产经营能力，打造全球规模最大、竞争实力最强的聚氨酯合成革生产基地之一。

4. 合肥杰事杰新材料有限公司

合肥杰事杰新材料有限公司（以下简称合肥杰事杰），是由上海杰事杰新材料（集团）股份有限公司（以下简称杰事杰新材料集团）于2006年6月在合肥经济技术开发区投资4.3亿，占地150.3亩，建筑面积10余万平方米，亚洲单体最大的年产8.4万吨工程塑料及高分子复合材料的研发生产基地。

合肥杰事杰依托的上海杰事杰新材料集团成立于1992年底，是由中国十大杰出青年杨桂生博士创办，依托于中国科学院化学研究所，经国家科技部、中国科学院和上海市人民政府认定的高新技术企业。集团下辖合肥杰事杰新材料有限公司、辽宁杰事杰新材料有限公司、滁州杰事杰新材料有限公司。自创立之日起，杰事杰就致力于工程塑料等高分子材料的研究、开发、产业化及四技服务，并依托遍布全国20多个大中城市的销售网络，强大的研发和技术支持人员组成的售前、售后服务体系，成为汽车、电工、电器、IT、蓄电池等领域的知名用户，如神龙富康、东南汽车、大众、通用、TCL国际电工、三菱电机、日立、松下、夏普、海尔、哈尔滨光宇、斯瑞高能、韩国三星、LG等众多知名企业的杰出工程塑料供应商和良好的合作伙伴。建成的杰事杰合肥基地位于合肥经济技术开发区莲花路以西，方兴大道以北，规划占地150亩，建筑总面积约8万平方米，项目总投资4.15亿元人民币，2007年6月底前完成设备安装并投产，2008年底达到8万吨工程塑料及复合材料产品的生产规模。实现产值38亿元人民币，建设成为中国乃至亚洲最大的工程塑料及复合材料生产、销售基地。

5. 安徽天大企业(集团)有限公司

系全国重点高新技术企业、国家级守合同重信用企业，省级文明单位，始建于1986。集团公司下设安徽天大石油管材股份有限公司(股票代码：HK839)、安徽年天大(集团)股份有限公司、安徽天大企业集团塑料复合制品有限公司、安徽天大电子科技安徽天股份有限公司等十余家企业。

公司拥有德国三辊轧管机组，日本东芝、三菱、德国KRAUSSMAFFEI注塑生产线、日本日高两器生产线，日本四通换向阀生产线及美国、德国、瑞士模具加工机床等一系列世界先进水平的加工制造设备。其主导产品是特种钢管(油井管，船用、锅炉、汽车专用无缝管)，家电零部件(塑料件、制冷件)和塑料复合包装制品。

公司坚持以人为本、科技兴企，注重人才的培养和文化的塑造，不断提高企业的创新、研发能力，目前公司拥有技术研发人员500多人，与中国石油天然气集团公司管材研究所、中国通用机械研究所、上海宝钢特钢技术中心、中科院固体物理研究所、中国科技大学、上海交通大学等科研机构建立联合技术开发中心和性能检测中心，不断提高天大产品的技术含量和附加值，相关产品通过了API、UL、TUV、CE、GS及CCC等认证，并获得了免检产品和名牌产品称号及多项专利成果。

公司不断进行产品创新，调整优化产品结构，走产品异化的路线。公司高度重视与国际市场接轨，以优良的产品品质及商业信誉，展开全球贸易合作，和世界知名企业建立了长期稳定的贸易伙伴关系，为公司进一步发展壮大奠定了坚实的基础。

天大人遵循“厚德、诚信、精业、敬业”的企业精神，以“安康、和顺、共生、共荣”为治企宗旨，实现产品规模化、管理数字化、经营国际化，不断创造价值服务社会。

6. 安徽省富光实业股份有限公司

公司创建于1984年，最初名为肥西县三河塑料配件厂，1993年更名为合肥市三河富光塑胶有限公司，1998年正式更名为安徽省富光塑胶有限公司。2007年12月，公司更名为安徽省富光实业股份有限公司。经过二十多年的发展，已成为中国饮水口杯行业的生产制造基地。

公司坚持以人为本的管理理念，注重加强内部员工培训与教育，与西安交通大学、合肥工业大学、浙江美术学院、中国科技大学等高校保持着密切的联系，以优越的办公条件和优厚的薪酬吸引高级人才的加盟，从而使富光产品的研发和技术创新能力始终走在业界的前列。

富光实业集研发、设计、制造及销售于一体，基础设施完善，技术力量雄厚。拥有国内最先进的注塑设备260多台(套)，工程技术人员200多名。公司在口杯用品生产领域具有较强的研制开发能力，取得各类专利技术28项(受理发明专利两项)。富光“泡茶师”和“塑玻双层杯”获2006年度安徽省省级新产品，2007年，富光技术中心被省经济委员会等7部门确定为省认定企业技术中心，科研水平在同行业中一直处于领先地位。富光实业现拥有五大事业部：塑胶事业部、真空杯事业部、玻璃杯事业部、安全帽事业部和外贸事业部。公司于2003年3月顺利通过ISO 9001:2000国际质量管理体系认证，同年12月份取得进出口贸易自主经营权。根据国家质检总局市场准入制的要求，富光塑料口杯和安全帽产品均已通过“QS”质量安全认证，并取得国家质检总局颁发的“全国工业产品生产许可证”。

目前富光产品销售网络覆盖全国，口杯及安全帽已出口东南亚、美国、加拿大、欧盟等国际市场。富光饮水杯自2002年连续六年产销量稳居全国同行业第一，“富光”商标在2000年和2004年两度被认定为“安徽省著名商标”，富光饮水杯2003年和2006年也连续两度被认定为“安徽省名牌产品”。2008年

3月，“富光”注册商标，被国家工商总局认定为“中国驰名商标”。同时，企业正在大力实施名牌战略，在申请认定“中国驰名商标”的同时，积极争创中国名牌。通过企业不懈努力，中国名牌战略推进委员会也正式公告，于2008年在饮水口杯行业设立“中国名牌”目录。“富光”品牌和“富光”商标已成为业界一面辉煌的旗帜，并成为中国口杯行业的排头兵和领头雁。

富光实业始终坚持以“一流的质量，优质的服务”为市场准则，坚持以“顾客满意至上”的营销理念，积极引导饮水杯消费潮流，最大限度地满足多样化、追求高质量产品的市场需求，扩大和完善营销网络，更好地树立“富光”的品牌形象，成为口杯行业的销售典范。

通过规范的内部管理，稳定的产品质量，健全的营销网络，富光实业和“富光”品牌产品获得了社会各界的一致认可。富光实业先后被授予“安徽省百强民营企业”、“安徽省优秀民营企业”、“安徽省农业银行AAA级信用企业”、“安徽省出口创汇百强民营企业”、“安徽省质量管理先进企业”、“全国轻工业质量效益型先进企业”。由于“富光”饮水杯在全国口杯行业的知名度和影响力，富光实业被行业推选为中国轻工业联合会理事单位、中国日用杂品工业协会副理事长单位和中国口杯用品专业委员会主任单位，参与经国家发改委立项批准的《双层口杯》行业标准的起草和编制工作。

多年来，富光实业在不断发展壮大过程中，始终不忘作为一个发展中的企业应当履行的社会责任，努力回报社会。迄今为止，富光实业已向社会公益、社会慈善事业累计捐款捐物500多万元。憧憬未来，富光实业将继续发扬“敬业进取，团结奉献”的企业精神，坚持“一丝不苟，精益求精”的工作作风，开拓进取，努力奋斗，不断开创中国口杯行业的新纪元。

【新产品开发】

2009年我省塑料企业，瞄准国内外市场资源，围绕拉动内需，注重和加快开发新产品。

如：安徽国风塑业股份有限公司开发双向拉伸聚脂消光白包膜，热封型双向拉伸聚酯薄膜，双向拉伸云雾型消光聚丙烯薄膜；安徽省森泰塑木新材料有限公司开发户外用竹塑复合型(WPC)等新产品。

安徽黄山永新股份有限公司复合软包装材料高性能化关键技术的研究与应用；安徽国风塑业双面热封型双向拉伸聚丙烯薄膜均获得2009年度安徽省科技成果奖。

安徽利华塑业科技有限公司研究的聚氯乙烯白色家电配件生产技术研究，安徽思维新型建材有限公司研究的废弃聚脂催化降解制备新型聚酯多元醇，芜湖海螺型材科技股份有限公司开发MC共挤高性能PVC型材关键技术等获2009年度省科技进步奖。

安徽国通高新管业股份有限公司，安徽天大石油管材股份有限公司，延峰伟世通(合肥)汽车饰件系统有限公司等企业被认定为“2009年度安徽省高新技术企业”。

【存在问题】

在看到安徽省塑料行业发展的同时，也应看到存在的主要问题和不足。

一是投入少，技术装备水平仍较低，工艺相对较落后，研发能力较薄弱。

二是人才缺乏，特别是缺乏专业技术人才和优秀管理人才。

三是原材料、设备和模具市场依赖外省提供，加大了企业的成本。

四是安全生产，环境保护企业支付成本高。

五是缺乏宏观引导，塑料配套产品门类广，企业多头分散，条块分割，形成塑料行业宏观引导缺位，产品重复和盲目发展的现象发生。

六是塑料中小企业融资难。

七是拥有自主知识技术产权少，著名品牌不多。

八是废旧塑料回收再利用集中区域建立仍存在难度。

九是行业协会的作用有待进一步增强，政府应把属于行业、市场、企业的职责委托或还权于协会。

【发展趋势】

“十二五”期间，安徽省塑料行业重点向高技术含量、高附加值、低污染、低能耗方向发展，以市物为导向，以品种、质量、效益为中心，以安徽省汽车工业、家电电器、高新技术的发展为依托，用高新技术带动整个塑料行业的提升发展。

我省塑料行业是最早进入市场的产业之一，具有较强的抗险能力，发展前景仍然看好。今后要重点发展家电、汽车塑料配套件；电线、电缆和通讯电缆配套件；煤矿及矿山用塑料件；农、渔用塑料制品；塑料建材；医用塑料件；合成树脂和聚氨脂产品等。

为企业在以下几个方面做好工作：

一要认真学习，领会中央经济工作会议关于“促转变”的精神，行动要早，动作要快。紧密围绕国务院批复皖江城市带承接产业转移示范区的重要机遇，塑料行业要奋力发展；

二要认真落实国务院常务会通过轻工业产业调整振兴规划，大力推进塑料行业技术改造，促进产品结构的调整，满足市场需求；

三要坚持扩内需，促稳定，保增长，同时把握机遇，组织产品出口；

四要加快企业技改步伐，用好用足中央、省、各地出台的优惠政策；

五要抓好节能减排，加大治污力度，加快节能技术的推广应用；

六要注重产品自主技术创新，重视自主品牌建设。安徽省塑料协会网站要加大宣传企业及产品；

七要重视人才的培养。充分利用省塑料协会会员中各大学的教学资源，为企业培育各类专业人才；

八要积极推进产业重组。按照市场化和自愿的原则，鼓励企业间的兼并重组；

九要积极与政府勾通，争取创建安徽省塑料市场，要寻找合适的投资伙伴，在服务安徽省塑料行业中共同得到发展。

【协会工作】

进一步做好协会工作，要按照国务院和省经委、省民政厅关于社团组织建设的要求，积极开展各项工作，发挥协会在产业发展、技术进步、标准制定、贸易促进、公共服务等方面的作用加强行业自律，规范行业行为。同时要规范协会职能，增强服务意识，加快协会自身建设。要严格按照协会章程办事，积极为会员、为政府、为行业企业服务。

1. 认真总结2009年度工作，找出问题和不足，制定好工作计划。学习贯彻党中央经济工作“促转变”的重大决策，协会围绕这个中心，为行业经济发展的转变多做实事：力争促成废家电回收集中拆解工业园的完善、发展；推进煤矿用塑料件产业基地建设，为消灭煤矿爆炸，透水事故的发生，多作贡献；大力促进开发医用塑料件和人体用塑料件，为人民健康服务；促进传统产品的创新和推进倡导低碳经济的发展；做好废塑料回收利用的宣传，减少污染，节约资源；力争我省塑料全行业增长保持在10%以上。

2. 围绕上述任务，完成先期调研，认真安排好实施计划，召开理事会，讨论计划，落实人员具体负责。

3. 认真贯彻为会员服务的宗旨，多方位、多层次的开展会员活动为企业发展多做工作。

4. 主动接受省轻工协会、省经信委和省有关部门委托的行业方面的工作，并认真完成交办工作。

5. 多方收集资料，更好的完成今年中国塑料年鉴安徽篇，重点突出行业整体形象，突击企业发展和产品创新和抱团取暖的经验，推介安徽塑料。

（安徽省塑料行业协会　翟光景）

海　南　省
Hainan Province

2009年12月，海南省塑料行业协会宣告成立，同时在海南省召开了“海南省塑料行业协会成立大会暨海南省第一届塑料行业发展战略研讨会”。

近年来，海南省塑料工业取得了长足发展。在振兴经济的形势之下，海南省塑料行业协会成立大会暨海南省第一届塑料行业发展战略研讨会的召开，将为推动海南省地区塑料工业乃至全国塑料工业的发展起到积极促进作用。海南省塑料行业协会的成立，是海南地区塑料行业的一件大喜事，也是我国塑料行业的一件大喜事。

一、在2010年2月6日的第一次理事会会议上通过了“2010年对外工作纲要”，主要内容如下：

1. 加强与中塑协的联系。在投资、置业、海洋旅游、热带雨林生态旅游、培训与会务服务等方面，做好咨询服务工作。

2. 加强与周边塑协的联系，组成华南塑协联络圈。加强信息与技术交流，促进海南塑料行业之发展。

3. 加强与本省相关协会的联系，组成本省相关产业互助经济圈。

4. 进一步推动“限塑令”的实施，与省人大环资委、省工商、省质监、省工信及媒体联合，形成常效机制。力争2010年下半年农贸市场上基本见不到不合格的塑料袋。

5. 与省质监配合，推动塑料包装QS认证市场准入制度。向消费者宣传与推广QS认证产品。

6. 与文体厅、工信厅、海口市人民政府、农垦总局、海南日报联合，策划实施海南省第一届塑胶产品与高端设备展览会。

7. 策划实施海南工业园区项目选址、立项申报工作。

8. 就海南塑料行业面临的技术、设备等问题，通过省外塑协，到先进企业观摩学习。

9. 就海南塑料行业面临的政策问题，与省人大及相关部门沟通汇报，以研讨会形式形成报告，最大限度地取得政府支持。

10. 举行两次融资与投资洽谈会。

11. 塑料行业调查、掌握第一手资料。

12. 建立理事会成员活动机制，每月举行一次，以健身、娱乐、生态旅游为主。

二、关于执行"限塑令"的情况

海南省人大2008年5月30日颁发的《海南经济特区限制生产运输销售储存使用一次性塑料制品规定》(下称"限塑令"),自2008年10月1日施行以来,省国土环境资源厅领导十分重视,严格要求相关企业令行禁止,依法生产,迫使一些设备简陋、效率低下、产品质量不合格的中小企业关停并转,促进了产品结构升级,对保护环境、从源头上消除一次性塑料制品对环境的污染,起了重要作用。

海南省国土环境资源厅一如既往的支持与关注,是"限塑令"进一步执行的有力保证,海南省塑料行业协会汇同行内企业,按国土环境资源厅的要求与部署,依法生产,为建设国际旅游岛作贡献。情况如下:

1. 行业基本情况

(1) 全省的塑料行业包括原料生产、塑料管材、吹膜制袋、塑料型材、塑料泡沫、塑料编织袋、注塑产品、塑料网绳、工程塑料、塑料回收等相关生产加工企业近200家,年产值50亿余元。其中,中石化海南炼化的聚丙烯(PP)生产、盛之业的PET切片等,年产值近40亿余元。

(2) 塑料加工企业大部分为中小企业,从业人员12000余人,分布在海口、三亚及其他水果、蔬菜生产集散地,为海南的工农业生产、水产养殖、航空运输、商品流通、宾馆酒店等提供相应的塑料制品。

(3) 海口、三亚、儋州等市县,包括塑料管材型材、塑料膜袋、注塑、塑编、发泡塑料、塑料回收加工等企业,仅有几家拥有工厂土地使用权,绝大多数企业租用厂房,搬迁频繁,厂房租用及相关成本高。

2. 与"限塑令"相关的市场动态

(1) 大型商业广场、综合型超市、沿街店铺使用大量的塑料包装袋(含背心袋、冲口袋、保鲜袋等),年使用量近3亿只,计2000余吨。

(2) 全省农贸市场485个,每月使用塑料袋,市县级农贸市场用量8000余万只,乡镇农贸市场及露天市场用量3000余万只,年使用量13亿余只,约6000t。

(3) 2009年海南旅游2200万人次,全省的238家星级酒店、其他类别酒店、招待所及休闲场所等,年消耗垃圾袋、礼品袋、洗衣袋、衬衣袋、西服袋等近1.5亿只,约1500余吨。

(4) 全省医疗机构2200余个,病床床位2.32万张,年使用CT片袋、垃圾袋、专用污物袋、背心袋等约3.5亿只,总计2000余吨。

(5) 农业生产用地膜、棚膜,每年12000余吨,香蕉等水果套袋每年约500t,总计12500余吨,且每年以5%~8%的速度递增。

3. 与"限塑令"相关的塑料袋(膜)回收利用情况

(1) 塑料袋每年用量约21.2亿只,计24000余吨。

(2) 农用地膜、棚膜回收不足40%,香蕉等水果套袋回收不足5%,每年有7000余吨塑料膜袋滞留于田间地头。

(3) 医疗污物袋被焚烧,其他包装袋回收不足20%,作为垃圾填埋的占60%,仍有20%分布于各种环境,即每年有近6000t塑料袋作为垃圾填埋,有2000余吨滞留分布于各种环境。

每年有数千吨的超薄塑料袋(膜)从省外的广东、广西、福建甚至安徽等地涌入,使用后大量遗弃于田地等各种环境,这些遗弃物需二百年甚至更长时间才会分解,污染国际旅游岛,威胁岛内依法生产塑料袋(膜)企业的生存。

4. 进一步执行限塑令的建议

(1) 进一步加强监管,完善征收处置费办法

"限塑令"第三条规定,"对商品零售场所、服务场所销售合格塑料购物袋,征收废旧塑料袋回收处置费。"量化征收标准。

征收标准(每年征收一次)。征收处置费的利用:40%左右用于专项补贴塑料回收企业,保证一次性塑料制品的彻底回收利用。

(2) 进一步加强对企业的支持力度,集中生产,统一管理,造福海南

在海口建立海南塑料循环利用工业园区,集中海口及周边地区的塑料加工及塑料回收企业,既便于政府监管,保证"限塑令"在本岛的彻底执行,又便于最大程度的发展本岛塑料加工业,防止污染,保护环境,有效形成循环产业链。

(3) 进一步加强对塑料回收加工企业的监管力度,清洁海南,造福国际旅游岛

在主要市县建立塑料回收加工区,保证"限塑令"规定的塑料袋(膜)制品有效的回收利用,同时保证建筑用水泥塑编袋、废旧塑料管材型材、水产养殖废弃塑料制品、水果蔬菜废弃塑料包装物、废旧工程塑料等的有效利用,清洁一方,保证"限塑令"的第十八条、第二十一条的落实。

(*海南省塑料行业协会　周鸿勋*)

新疆维吾尔自治区
Xinjiang Uygur Autonomous Region

【大事记】

1. 积极配合政府部门，编制“新疆塑料行业振兴规划”，并启动“十二五”规划前期工作

为引导行业企业正确应对突如其来的全球金融风暴，积极参与了自治区经信委布置、轻工行办主持的“新疆轻工行业振兴规划”工作，还单独编制了“塑料行业振兴规划(纲要)、“振兴规划重点科技项目”，引导全行业科学分析与正确把握形势，共度逆境，持续发展。

参与新疆轻工业“十二五”规划的编制工作。开展了塑料行业“十二五”规划调研工作，先后对变化较大的南疆、东疆及乌昌地区塑料工业现状及发展趋势进行了专项考察调研，完成了轻工“十二五”规划——塑料工业部分的初步文稿撰写；起草了“新疆塑料行业‘十二五’发展规划”初稿。

2. 突出主题，召开2009年度新疆塑料行业工作会议

每年冬春季是新疆塑料行业农地膜、节水器材等产品生产旺季的一贯情况，针对严重的全球金融风暴的宏观形势，结合农地膜、节水器材等产品当时的市场出现疲软等现实问题，于3月召开了年度行业工作主题会议暨五届二次理事会(扩大)会议，专题研讨农地膜、节水器材产品产销中的若干问题，全疆骨干企业代表与自治区相关部门领导参会并展开了面对面的交流。

3. 及时利用政策，重点开展中小企业融资、科技等服务

针对国家、自治区关于促进中小企业发展的扶持政策，主动加强政策宣贯，积极组织企业参与政府相关部门召开的座谈会、交流会等，引导企业多渠道争取政府部门的政策和专项资金支持；加强与金融机构协调，组织企业参加“银企流动资金对话”、“中小企业发展情况调研”等银企对接活动，帮助企业缓解流动资金短缺压力。

推进中小型塑料制品企业利用各类科技政策，加快企业技术进步步伐。在各级各类科技开发项目计划申报中，针对部分企业技术力量较弱，对有关政策、项目计划不甚了解等问题，积极组织相关专家、专业机构开展了个性化服务。主要有：项目申报、论证、鉴定材料组织、编写及企业标准编制等。

4. 组织行业专家解决热点、焦点问题

针对近年来时有发生的“膜下滴灌带阳光灼伤”现象，在得到有关企业反映：今年某地区再次出现较多的膜下滴灌带遭受阳光灼伤的现象，协会秘书处于第一时间组织有关专家进行了现场勘验、分析，找到了形成原因与预防措施，形成了书面专家意见。还将鉴定结果向全行业进行了警示通报，避免了不必要的纠纷或损失。

5. 普及期货知识，把握原料行情

“季节性生产、销售”是新疆塑料行业的最大运行特征，多年来，广大塑料制品企业，尤其是中小企业深受由原料或产品的季节性涨跌，给经营带来的风险之痛楚。为使企业利用好各类市场资讯或平台，借助“金融风暴”之机，首先建立了与期货公司的联系，并在行业会议期间主办了塑料期货知识专题讲座；利用协会宣传媒体，将期货行情、期货公司的市场研究成果适时在网站、会刊上发布，帮助企业及时了解原料行情。

6. 坚持组团参加“乌洽会”等行业会展活动

协会除坚持组织会员企业参加中塑协等主办行业会议活动、参观中国塑料橡胶工业展览会等国内外行业展览外，也重视每年一次的“乌鲁木齐边贸洽谈会”。为更好地服务会员企业，照常组织了部分业内企业参展，受到中外客商及各界人士的强烈关注，达到了整体展示行业形象、交流服务等多重效果。

7. 组织“膜下滴灌用地膜”地方标准验证实验，参与“微灌体系”相关标准编制、审查工作

农地膜、滴灌带都是我区塑料行业的支柱产品，在国内也有相当的影响。根据“膜下滴灌”技术的广泛应用后给地膜提出的种种新要求，协会于2008年向自治区标准化管理部门提出了制订《膜下滴灌专用地膜》地方标准的申请并列入当年自治区地方标准制订计划，为提高本标准的科学性与实用性，协会于2009年3月份组织并启动了制标实验工作，由两个人工加速老化和7个田间自然老化实验同步结合，有9家会员单位的数十个科技人员参与，经过5个月的田间实验和系统的数据分析，实验获得圆满成功，现已完成实验报告和标准文本起草工作。

协会秘书处和有关会员单位还积极配合自治区地方标准——《农田微灌标准体系总则》的各项产品标准、规范的起草、审查、论证工作，共完成了16项标准的起草。这些标准的完成，将全面提高我区“微灌”或高效节水灌溉领域的标准化水平，并对我区处于全国领先地位的农用塑料节水器材及技术的持续、健康发展起到积极推动作用。

8. 组建新疆塑协专家委员会，向有关机构推荐行业专家人才

人才一直是新疆塑料行业的紧缺资源，为充分发挥现有人才作用，根据协会建设计划，在原“新疆塑料行业专业技术人才资料库”的基础上，从数百名行业专业技术人员中，选出47名业绩突出、有中、高级技术职务的专家，组成了新疆塑料协会专家团队。按照《新疆塑料协会专家人才管理办法》，这些成员已通过网站公示、理事会批准等程序。首届“新疆塑料协会专家委员会”也将于2010年正式成立。

根据中塑协专家委员会的安排，我们向该委员会推荐的新疆地区的行业专家有23名获得聘用。另外还向自治区、乌鲁木齐市等有关部门推荐了塑料、高分子材料等领域的行业专家，他们已经或将在这些部门的专业技术活动中发挥重要作用。

9. 开展农用节水器材调研与发展态势课题研究

在国家和自治区大力推进农业节水灌溉的政策支持下，我区高效节水灌溉及以滴灌带为主要产品的农用塑料节水器材产业得到快速发展，现已成为当今国内及全世界最重要的农用塑料节水器材产销地区。但针对日益激烈的市场竞争环境和生产经营中存在的若干突出问题，协会组织开展了“新疆当前节水器材产业发展与企业经营现状”的专项调研究。调研工作于2008年12月启动，向342家节水器材生产企业发出了专项调查问卷：组成三个调研小组分赴乌昌、北疆、南疆、东疆四个区域，累计调查了129家滴灌带、管材生产企业，走访了自治区农业、水利等部门。通过调研，摸清了已经高速发展了近十年的滴灌带等农用塑料节水器材产业现状、存在的主要问题与发展趋势等情况。形成了《全疆农用塑料节水器材(滴灌带)产业现状与存在问题》调查报告和《新疆农用节水器材产业发展现状与对策研究》课题研究报告。

10. 坚持行业信息交流平台建设

《新疆塑料》会刊、《新疆塑料信息网》网站、《新疆塑料协会会员单位经济技术信息交流报表》是协会的主要信息交流平台。是协会联系和服务会员单位、宣传新疆塑料行业、沟通同业协会的重要工具。通过会刊和网站，编发国家出台的政策法规、国内外行业发展态势、科技论文、协会工作等综合资讯，报道区内外塑料工业动态，会员单位专题介绍，行业内重大文件的发布等，已成为广大会员单位的重要资讯渠道。协会大力开展行业统计及经济分析工作，并及时向会员单位发布价格、产销情况等快报信息，为企业的生产经营提供可靠资讯，同时，为统计部门的行业数据核对提供了依据。

【基本情况】

据统计资料显示，2009年全疆塑料制品总产量为68万吨，较2008年增长15.33%。其中：塑料薄膜制品13.02万吨，占制品总量的19.14%，同比增长11.34%(其中农地膜121.36万吨，同比增长9.72%)；管材制品(含节水器材)27.26万吨，占制品总量的40.08%，较上年增长27%；异型材及板片材制品9.84万吨，占制品总量14.47%，较上年增长106.21%；塑料丝及编织制品8.2万吨，占制品总量的12%，较上年增长16.66%；塑料泡沫制品1.4万吨，主要是PE发泡片、网，PS板、PU泡沫，较上年增长17.51%；塑料包装箱及容器3.27万吨，与上年略有下降，见表1。

表1　2009年全疆各类塑料制品产量分析

品　种	2009年/kt	同比增长/%
总产量	680.84	15.33
1. 薄膜制品	131.02	11.34
其中：农地膜	121.36	9.72
2. 管材制品	272.65	27.01
3. 板片条异型材	98.44	106.21
4. 丝及编织制品	82.06	16.66
5. 泡沫塑料制品	14.47	17.51
6. 包装箱及容器	32.75	-0.31
7. 日用塑料制品	20.38	28.21

各类制品中，由于受建筑装饰市场的拉动和生产企业进一步本地化生产，塑料板、片、条、棒及异型材制品比上年增长了一倍多；在“大力发展节水农业”的政策导向下，节水灌溉面积持续扩大，成就了管材(含滴灌产品)制品的持续、高速增长；农地膜中，地膜覆盖面积已基本稳定、棚膜需求主要靠内地供应的格局尚未改变，使得农地膜产量增幅不大；而箱包容器类塑料制品的持平。

【塑料制品进出口】

据乌鲁木齐海关的资料，受国内外宏观形势的影响，2009年新疆各口岸塑料制品商品进出口贸易停止了多年保持快速增长态势，反而出现较大降幅。各口岸全年累计进出口总量6.06万吨，同比下降23.71%；其进出口总值19924.8万美元，同比下降31.07%。其中：各类塑料制品出口6.03万吨，同比下降34.34%；出口总值19819.5万美元，同比下降27.18%。各类塑料制品进口0.02万吨，同比增长252.25%；进口总值105.24万美元，同比下降3.45%。

2009年新疆各口岸的外贸情况大幅度下滑的主要原因有两个：首先是国际金融风暴对中亚地区各

国家的冲击很大，严重影响了他们的购买力，2009年1～6月份的统计数据表明，同比下降幅度已达三成多。其次是“7.5”事件后，疆内外贸业务曾一度几乎停止。

深入分析后可知新疆各口岸塑料制品的对外贸易特点主要表现为：从进出口净额看，表现为“净出口”性质；从贸易方式看，边境小额贸易方式仍占主导地位，其进出口总值占全部商品的一半多；而一般贸易方式突出地表现在进口方面，其出口量已达到六成多的份额；从经营单位性质看，民营中小型商贸企业已是主力军，其人份额超过贸易总量的七成；从商品产地看，地产商品份额虽已超过两成，但比重仍很小。反视也说明：新疆的对外贸易潜力也十分巨大。

【科技开发】

新疆塑料行业的技术创新和新产品开发能力主要集中在型材、管材、塑料节水器材及材料改性等部分产品和领域中，目前全疆有企业技术研发机构4个，自治区级技术中心7个，比上年增加了2个。大部分重点企业也设立了专门的技术工作机构，各骨干企业率先加大技术创新与新产品开发力度，在促进行业技术进步方面做着努力。主要有：

1. 新疆天业股份有限公司。继2008年自主开发的纳米滴灌带项目获得自治区科技进步一等奖后，该公司主持《西部干旱地区节水技术及产品开发与推广》项目又获得2009年国家科技进步二等奖。该项目的核心技术是“大田膜下滴灌”、代表性产品是一次性“边缝式滴灌带”。农业方面在新疆已经推广了近2000万亩，年节水量上亿立方米；工业方面仅新疆就已形成了有数百家企业、数千人从业者、近20万吨的产业规模。

2. 新疆中油管业有限公司。进入21世纪以来，秉承“以人为本，以质取胜，诚信发展，勇创新高”的理念，注重品牌意识，在日益激烈的市场竞争中脱颖而出，规模、效益均以年增30%～50%的高速度递增，迅速成为极具影响力的企业。公司产品还远销到哈萨克斯坦、吉尔吉斯斯坦等中亚国家。2009年管材销售量，比2008年增长了87%；型材销售量比2008年增长了32%。2009年“中油”型材被评为“新疆名牌产品”。公司获得“2009成长中国·新疆具成长力百强企业”评选活动中的“十强企业”称号。

重视科技开发投入是高速增长的基础，该公司近年来先后有复合型材、复合防腐管卡箍式管接头等8项产品获得国家专利；先后有4项产品获得“新疆高新技术产品”称号，有“玻璃钢复合管”列入“国家重点新产品”等，每年都有自主开发项目列入自治区或乌鲁木齐市相关科技计划。

3. 新疆蓝山屯河化工有限公司。在利用外方投资资金完成资本结构调整及技术升级、扩能改造后，其旗下的屯河型材、节水科技等公司龙头地位将得到进一步巩固。同时该公司利用中石油独山子石化公司的扩建之机，并利用其PS资源，在奎屯－独山子石化工业园内投资4亿元开发EPS树脂，经过近三年的建设，年产16万吨的项目工程已于2009年10月投产。该项目投产后将填补新疆及西北五省在此领域的空白，对丰富新疆合成树脂工业及塑料原料资源，促进新疆塑料行业发展及石油石化产业链的延伸，都将起到重要作用。

4. 疆内塑企忙技改，迎接挑战。既有大型国企，也有小型民企。如新疆芳兴塑化有限公司、新疆中油管业工程公司、新疆福美塑胶有限公司等一批国有或民营企业也投入巨额资金，把企业技术改造进行得热火朝天：不是大幅度扩大生产规模，就是引进更新先进生产设备、控制系统，还有更多的民企是在购地建新厂区。

5. 内地集团忙进疆，瓜分市场。受新疆石油石化大开发、国际市场风云变幻等方面的影响，尤其是新疆丰富的原料资源——近年内新疆合成树脂总产量将达到400万吨/年以上，新疆的塑料市场再次受到内地同行的关注。前些年成功落户乌鲁木齐经济技术开发区的新疆中富包装，追加投资，使其PET饮料瓶产能提高到(2.5～3)亿瓶。海螺型材公司斥资亿元，已在乌鲁木齐开工建设一个年产5万吨的PVC型材工厂。浙江中财管业的型材、管材工厂也已在建设中。

【市场需求】

总体上讲，新疆地区的塑料制品消费结构没有发生太大的变化，仍以农用塑料制品、建筑工程用塑料材料、包装塑料材料及日用塑料制品等通用塑料材料或制品为主。也因内地塑料制品主要生产基地与新疆都相距数千公里，除少数可长距离运输、制造技术难度较高、需求量较少及附加值较高塑料制品或材料外，一般都是本地生产，与外来购入量相比，本地生产的各类塑料制品占市场部份额的比例高达80%以上。而在农地膜、滴灌带、通用管材、普通板型材、箱包容器、泡沫塑料等制品方面，疆内生产的比例高达90%以上。多功能大棚膜、彩印包装薄膜基材、医用塑料、复合及特殊管道等材料或制品，来自沿海省区的大型企业较多。

塑料行业对合成树脂的消费类似，一般来说，PE、PP、PVC、PET等通用或大宗树脂疆内已自给有余，只有部分牌号和其他树脂需要从内地购入或进口。到2009年底，疆内合成树脂生产企业已有11家，各类树脂总产能已达到300万吨以上。

【存在问题】

当前新疆塑料工业正处于快速发展阶段，在取得诸多发展成绩的同时也不可避免的存在着种种问题和困惑。主要表现为：

1. 产业体系结构不尽合理。整体上缺乏与之适应的塑料机械、模具制造工业、助剂化工业和塑料改性材料工业等。

2. 行业企业品种单一，附加值的农用塑料制品比重过大，全行业各类制品基本上为附加值较低或简单再生产的通用塑料加工业，产品技术含量低，企业资金、技术积累能力弱，而技术含量较高的工业塑料件、工程塑料、包装塑料等成长缓慢。

3. 企业规模偏小，低水平的同质化竞争明显。统计数据显示的企业平均年产量仅千余吨。

4. 技术水平相对落后，缺少自主知识产权，市场竞争能力薄弱。

这些问题都需要我们在今后的发展中去不断努力克服和协调解决。

【发展趋势】

从宏观上看，未来相当一段时期内，新疆整体经济必将有很大程度的提升和发展。主要有两方面的理由：一是早就开始的新疆石油石化工业等资源性工业的大力开发；二是正在积极进行的中央和内地各省市对新疆专项对口支援。已经并将更大程度地调整和优化新疆工业经济结构，同时将不可避免地给新疆塑料工业的快速发展形成重大且积极的影响。主要有：

1. 石化工业提供的丰富原料将促进全疆塑料工业整体上台阶。中石油及新疆各地的一系列重点石油石化、煤盐化工工程项目将在今后两三年内陆续建成投产，到全部工程项目建成时，新疆将具备总计有400万吨以上的合成树脂产能，其主要品种不仅有目前已大量需要的PE、PVC、PP树脂，还有PS、PET、ABS、PC等。可以给塑料制品或材料提供应用领域或消费市场的除传统的设施农业、水利工程、农副产品加工业，油、气、煤、盐、有色金属等新疆特有的资源的大力开发。

2. 塑料节水器材在增量中出现集约化和技术升级。严重缺水而又需要大力发展农林业的新疆，具有发展塑料节水器材的独特优势。已有规划表明，仅农业方面还有目前规模一倍以上的节水农田需要改造。从生产领域看，经过近十年的发展，以滴灌带、管材为主的生产企业，将开始整合，向提高规模、提高技术装备水平方向发展。因此未来几年中将会有一批较大规模的塑料节水企业分布在天山南北。节水器材品种也将进一步丰富并系列化。

3. 包装塑料制品领域会逐渐成为亮点。一是重化工及精细化工业增加包括纺织袋、重包装薄膜（袋）、托盘、箱、桶等包装制品或材料的需求；二是农副产品深加工业和轻工业的进步也给各类包装材料提供了良好的发展机会。

4. 外贸出口在快速增长中形成本地化产业。除2009年外，新疆各口岸的塑料制品出口一直保持着年增30%以上的较快速度。而到目前为止80%左右的塑料制品都产自内地，属典型的"过境"贸易。而随着疆内塑料工业结构进一步优化和中亚地区各国经济的发展，出口商品地产化趋势已经十分明显并加速进行。

5. 配套工业加速。首先会因基础树脂的丰富和制品加工业的发展，为各类塑料改性材料、功能材料、助剂材料提供了发展机遇或应用空间，相应的生产企业或将很快地转移到疆内，其多余部分会以产品形式销往内地。其次是塑料机械、和模具，也将跟随疆内塑料加工业的扩大，其消费市场空间将有效扩大，将从简单开始、分梯度地填空、发展。

（新疆塑料行业协会　孔德海）

主要制品行业情况

专家委员会
Expert Committee

中国塑料工业协会专家委员会将于2009年9月中旬举行换届大会，将选举新一届领导机构成员；为第二届中国塑料工业协会受聘专家颁发聘书并进行塑料新材料、新技术、新成果科技交流活动。内容包括技术、学术和市场信息交流，科研成果发布，技术转让洽谈和宣传成果的展示活动。会议将邀请国内橡塑材料、加工机械、模具制造、制品应用各领域的知名专家和企业家做专题报告。也欢迎科学家、企业家、发明家携带软式展板在报告大厅外规定的地方免费悬挂展示、交流，希望参与者在回执中注明展板数量，以便统一安排。

1. 中国塑料工业协会专家委员会活动

举办首届中国(包头·九原)塑料产业论坛、中国塑料专家委员会二届一次会议暨2009年塑料新材料、新技术、新成果交流会。

10月16~18日，首届中国(包头·九原)塑料产业论坛、中国塑料专家委员会二届一次会议暨2009年塑料新材料、新技术、新成果交流会在包头市万號国际酒店举行。

中国轻工业联合会名誉会长陈士能，中国塑料加工工业协会会长廖正品，中共内蒙古自治区党委常委、包头市委书记莫建成，包头市副市长冀学斌等领导出席论坛。中国塑料工业协会专家委员会常务副主任兼秘书长王德禧主持开幕式。

包头市副市长冀学斌代表市委、市政府向与会代表的到来表示热烈的欢迎，并向代表们介绍了包头的概况以及包头塑料产业的发展现状。

中国塑料工业协会会长廖正品指出，我国塑料工业发展前景广阔，西部地区发展潜力巨大。当今，中国塑料市场巨大，蕴藏着无限商机。我国塑料工业具有巨大发展潜力，产品产量从5月起逐月上升，成品存货累计同比达-0.2%。为了应对国际金融危机的影响，政府出台了《轻工业调整振兴规划》，把塑料列入三大重点行业之中来规划，把塑料加工业作为重点行业给予支持。

中国塑料工业协会专家委员会秘书长王德禧强调：中国塑料工业协会专家委员会成立的目的在于进一步拓展以中国塑料加工工业为核心，包括树脂与助剂、塑料机械与模具为一体的塑料朝阳产业的发展，充分体现了协会“为行业服务、为企业服务”的宗旨，把“塑料新材料、新技术、新成果的交流推广”作为塑料交流会永恒的主题，就是立足于促进科技成果的转化。

本届论坛由中国塑料加工工业协会、中国神华煤制油化工有限公司主办，由中国塑料加工工业协会专家委员会承办，九原区人民政府协办。全国各地行业协会主要领导、各大院校和研究机构专家、塑料行业企业的近300人参加论坛，是近年来中国塑料行业极具高度及广度的一次盛会。这次会议反映了近年来我国塑料界蓬勃发展的新局面，一些科研和产业化成果已经达到了国际领先水平。内蒙古新闻网、内蒙古日报、联合早报、包头人民广播电台、包头电视台、新华网内蒙古频道、包头新闻网、包头市人民政府、九原区委宣传部、中国塑料工业协会网等新闻媒体对此次论坛进行了全程报道。

会议期间，与会专家学者就我国塑料产业的现状、发展及远景规划展开学术性交流。神华包头煤化工项目总经理助理武兴彬、四川大学高分子研究所教授王琪、华南理工大学瞿金平教授等40位专家作了专题报告，报告分为两个会场进行，分别由陈宇、杨鸣波、吴大鸣、于建教授主持，精彩的报告受到了与会者的热烈欢迎。84篇文章收入会议论文集。

为了配合包头市塑料产业的发展，论坛特地在17日下午安排了“科技成果对接专场”报告会。报告会精选了“PVC-M的研发及其应用”、“卫生级、节能型、高强度的新一代给水用PVC-M管材”、“高速铁路用膨胀型微发泡垫板的制备及应用”、“超细粉体技术在高分子材料制备和回收利用中的应用研究进展”、“HDPE中空壁缠绕管在云南省的应用推广探讨”、“发展循环经济，推动BOPS环保材料的产业化”、“新型热塑性聚酰亚胺特种工程塑料的开发”等多篇适合当地发展的专题项目报告。通过广泛的交流，促进科技成果的转化，为科学家、专家、企业家的联手架设起一座金色的桥梁。

包头市九原区政府有关部门联系当地50多家企业，与论坛所提供的新型塑料产业化项目进行了对接。专场对接会上，参会企业杭州汇金化工公司、苏州富事达塑业有限公司、秦皇岛宏岳管业有限公司、河北颐通管材有限公司、天津军星管材有限公司、江苏联冠科技有限公司等多家企业与九原区签署7个塑料产业项目，拟投资10亿元。

会议期间，代表们还实地参观考察了神华集团和九原区工业园区。随着投资195亿元的包头神华煤化工项目的建成，必将带动西部一批下游塑料制品企业的发展。

2. 第二届专家名单

姓　名	专　　业	
	中　文	英　文
陈士能	行业管理	Trade Management
徐　僖	高分子材料	Polymer Materials
廖正品	行业管理	Trade Management
段　雪	塑料助剂	Plastics Auxiliary
安齐放	滚塑设备及制品	Rotational Molding Equipment & Products
白　杰	塑料加工	Plastic Processing
白文业	高分子材料	High Polymer Material
包建成	塑料加工	Plastic Processing
毕　超	聚合物加工成型设备	Forming & Equipment of Polymer
蔡恒志	塑料标准化	Plastics Standardization
蔡彤旻	塑料改性及应用	Modification & Application of Plastics
曹化武	工艺师	Technologist
曹剑奇	行业管理	Trade Management
柴柏苍	滚塑制品设备和模具	Finishing Tools & Equipment of RotationalMolding Products
常　军	节水	Water saving
陈　科	技术管理	Technological Management
陈　琪	塑料机械	Plastic Processing Machinery
陈　寿	应用化学	Applied Chemistry
陈　宇	塑料助剂及应用	Plastics Auxiliary & its Applications
陈　志	化学建材	Chemical Building Materials
陈成泗	塑料加工	Plastic Processing
陈更新	塑料加工	Plastic Processing
陈国南	高分子化工	Chemical Engineering of High Polymer
陈晋南	化学工程	Chemical Engineering
陈开国	塑机及塑料工艺	Plastic Machinery & Plastic Technology
陈　科	塑料加工	Plastic Processing
陈明辉	机械制造	Mechanical & Manufacture
陈庆华	高分子材料	Polymer Materials
陈　鹊	高分子及塑料加工	High Polymer Material & Plastic Processing
陈　寿	塑料吹瓶	Bottle Blow of Plastics
陈小明	工商管理	MBA
陈欣杰	化工	Chemical Engineering
陈肇汉	企业管理	Enterprise Management
陈祖欣	塑料助剂应用	Applications of Plastics Auxiliary

续表

姓　名	专　　业	
	中　文	英　文
程田青	塑料管道	Plastic Piping
揣成智	高分子材料	Polymer Materials
崔海龙	技术开发/质量管理	Developing Technology & Quality Administration
丁家德	塑料改性	Plastic Modification
丁金造	塑料加工	Plastic Processing
丁金山	塑料加工	Plastic Processing
丁华雄	塑料加工	Plastic Processing
范佳忠	高分子材料	High Polymer Material
房华江	滚塑	Rotational Molding
房双宽	高分子材料	High Polymer Material
冯藏河	注塑制品	Injection-Molding Products
冯金茂	高分子材料	Polymer Materials
冯庶君	塑料加工	Plastic Processing
冯伟刚	塑料型材及门窗	Plastic Profiles & Door and Mindow
富宝玉	化学	Chemistry
高　明	企业管理	Enterprise Management
高　岩	企业管理	Enterprise Management
高长全	塑料管道	Plastic Pipes
高吉良	高分子化工	Chemical Engineering of Polymer
高坤光	行业管理	Trade Management
高立新	塑料管道	Plastic Pipes
高　岩	塑料加工	Plastic Processing
耿传智	轨道交通用材料设计及应用	Design & Applications of Materials for Railway Transit
谷金河	塑料加工	Plastic Processing
顾刘谦	塑料加工	Plastic Processing
郭宝华	高分子材料	High Polymer Material
郭铭蕊	塑料加工	Plastic Processing
郭少云	高分子材料	Polymer Materials
韩　刚	塑料加工	Plastic Processing
韩和良	高分子	Polymer
韩连贵	农业薄膜	Agricultural Film
韩小刚	企业管理	Enterprise Management
杭新华	滚塑制品	Rotational Moulding Products
何　芃	塑料制品检测及标准	Detection & Standard of Plastic Products

续表

姓　名	专　业	
	中　文	英　文
何　征	注塑制品	Injection-Molding Products
何海潮	企业管理	Enterprise Management
何和智	高分子材料成型机械	Forming Machines of Polymer
何祥燕	塑料成型	Forming of Plastics
何　征	塑料改性	Plastic Modification
洪之全	塑料薄膜	Plastic Film
侯树亭	塑料加工	Plastic Processing
胡贵安	企业管理	Enterprise Management
胡振庭	塑料加工	Plastic Processing
胡正华	塑料加工	Plastic Processing
华若中	EPS 发泡材料	EPS Foam Material
华啸威	泡塑新材料	Advanced Materials of Expanded Plastic
黄　虹	塑机设计与制造	Design & Manufacture of Plastic Processing Machinery
黄　艳	有机化学	Organic Chemistry
黄　勇	塑料工程	Polymer Engineering
黄汉雄	塑料加工	Plastic Processing
黄金永	塑料型材加工	Plastic Forming Technology
黄全春	企业管理	Enterprise Management
黄　锐	高分子材料	Polymer Materials
黄绍均	塑料加工	Plastic Processing
黄险波	塑料加工	Plastic Processing
黄学祥	企业管理	Enterprise Management
黄耀荣	行业管理	Trade Management
黄云华	无机粉体	Inorganic Powder
黄志杰	塑料加工	Plastic Processing
霍云芳	塑料加工	Plastic Processing
季建仁	塑料加工	Plastic Processing
贾仁广	塑料改性	Plastic Modification
贾润礼	塑料机械	Plastic Machiner
翦建政	塑料加工	Plastic Processing
蹇锡高	塑料改性及应用	Modification & Application of Plastics
江　波	高聚物成型加工装备	Machine-Shaping Equipment of Polymer
姜传庚	机械制造	Mechanical & Manufacture
蒋　维	化工机械	Chemical Engineering & Machinery

续表

姓　名	专　业	
	中　文	英　文
蒋炳炎	精密注射成型	Precious Injection Molding
蒋顶军	高分子	Polymer
金昌伍	塑料加工	Plastic Processing
金春花	科技管理	Technological Management
金世源	塑料制品设计与加工	Design & Processing of Plastics Products
瞿金平	塑料机械	Plastic Machinery
康　军	塑料加工	Plastic Processing
孔德海	行业管理	Trade Management
孔　杰	农用塑料加工	Agricultural Plastic Processing
雷湘军	销售管理	Marketing Management
李　杰	塑料助剂及应用	Plastics Auxiliary & its Applications
李　群	企业管理	Enterprise Management
李　治	塑料管道	Plastic Piping
李毕忠	塑料加工	Plastic Processing
李晨曦	塑料机械	Plastic Machinery
李凤河	技术研发	Technology Development
李　革	合成革	Synthetic Lwather
李国俊	行业管理	Trade Management
李汉鹏	主编	Editor in Chief
李洪波	自动化程序开发	Automated Application Development
李建军	塑料加工	Plastic Processing
李生德	塑料制品检测及标准	Detection & Standard of Plastic Products
李双全	塑料节水器材	Water Saving Equipment
李文东	高分子化学	Polymer Chemistry
李显贵	塑料加工	Plastic Processing
李元珍	聚合物复合材料	Polymer Composites
李云新	塑料加工	Plastic Processing
林　海	企业管理	Enterprise Management
林宝树	塑料模具	Plastic Mould
林东亮	塑料加工	Plastic Processing
林华义	塑料加工	Plastic Processing
林津强	塑料建材及塑料标准化	Plastic Building Materials &PlastiStandardization
林松生	企业管理	Enterprise Management
林泽平	塑料改性	Plastic Modification

续表

姓　名	专　业	
	中　文	英　文
凌　伟	塑料制品检测及标准	Detection & Standard of Plastic Products
刘　敏	行业管理	Line Management
刘安友	塑料编织	Plastics Weave
刘　济	塑料加工	Plastic Processing
刘均科	塑料成型技术	Machine-Shaping Technique of Plastics
刘奇祥	技术管理	Technological Management
刘　姝	行业管理	Trade Management
刘文静	纺织机械学	Textile Mechanics
刘西周	PVC 塑料成型	Forming of PVC Plastics
刘信社	塑料型材	Plastic Profiles
刘义成	塑料加工及产品开发	Plastic Processing & Product Developer
刘英俊	塑料改性及应用	Modification & Application of Plastics
龙云正	塑料加工	Plastic Processing
卢灿辉	高分子材料	Polymer Materials
鲁忠瑛	塑料成型	Forming of Plastics
陆惠琴	塑料加工	Plastic Processing
陆晓中	高分子材料	High Polymer Material
吕雪梅	塑料机械设计与制造	Mechanical Designing & Manufacture of Plastics
罗贝尔多·塔尔塔里亚	管理和技术	Management & Technology
罗崇远	工商管理	MBA
罗荣尧	塑料成型	Forming of Plastics
罗　雄	技术管理	Technological Management
马　君	企业管理	Enterprise Management
马耿才	塑料注射制品	Injection-Molding Productc of Plastics
马永梅	塑料加工	Plastic Processing
马占峰	行业管理	Trade Management
毛国玉	塑料异型材	Plastics Profile
孟庆军	环保管理	Environmental Management
倪众勤	塑料加工	Plastic Processing
宁凯军	技术管理	Technological Management
牛建华	高分子材料工程	High Polymer Material Engineering
欧玉春	塑料加工	Plastic Processing
潘成才	道路与桥梁工程	Road & Bridge Engineering
裴整社	高分子材料	Polymer Materials

续表

姓　　名	专　　　　业	
	中　文	英　　文
钱家盛	高分子材料	Polymer Materials
钱耀恩	企业管理	Enterprise Management
秦立洁	塑料薄膜	Plastic Film
邱建成	机械设计与制造	Mechanical Designing & Manufacture
饶回生	异型材加工	Processing of Plastic Profiles
邵佳敏	塑料加工	Plastic Processing
申继国	塑料加工	Plastic Processing
沈千新	塑料挤出	Plastic Extruding
施珣若	精细化工	Industry of Fine Chemicals
时云刚	塑料机械	Plastic Machinery
宋维宁	高分子加工	Polymer Processing
宋旭彬	塑料加工及管理	Plastic Processing & Administer
孙　健	塑料型材及门窗	Plastic Profiles & Door and Mindow
孙　凯	塑料工程	Plastic Engineering
孙罗娇	技术和经营管理	Technology & Operation Management
孙卫东	氟塑料加工及成型技术	Proceesing & Machine-Shaping Technique of Fluorin Plastics
索亚敏	自动控制	Automatic Control
谭寿再	塑料加工与改性	Plastic Processing & its Modification
田兴友	纳米复合材料	Nano- Composite
田学刚	企业管理	Enterprise Management
田　岩	塑料加工工艺	Plastic Processing & its Technology
王　谊	技术管理	Technological Management
王春能	化工	Chemical Engineering
王存吉	异型材加工	Processing of Plastic Profiles
王德禧	高分子材料	Polymer Materials
王登勇	高分子材料	Polymer Materials
王笃金	高分子形态与加工	Polymer Morphology & its Process
王贵宾	高分子材料	Polymer Materials
王贵斌	企业管理	Enterprise Management
王星坤	塑料加工	Plastic Processing
王坚毅	化学工程	Chemical Engineering
王建国	塑料成型工艺	Plastics Forming Technology
王克亮	合成纤维	Synthetic Fiber
王玫瑰	塑料工程	Plastic Engineering

续表

姓　名	专　业	
	中　文	英　文
王　琪	高分子材料	Polymer Materials
王廷举	塑料型材	Plastic profiles
王文广	塑料加工	Plastic Processing
王晓青	塑料加工	Plastic Processing
王新宇	塑料加工	Plastic Processing
王兴为	无机化学	Inorganic Chemistry
王　毅	塑料加工	Plastic Processing
王永强	高分子材料改性	Polymer Materials Modification
王占杰	塑料管道	Plastic Pipes
王志勇	PVC 热稳定剂的开发和应用	Applications & Development of PVC Thermal Stabilizer
王仲文	塑料加工	Plastic Processing
王梓刚	企业管理	Enterprise Management
韦坚红	精细化工	Industry of Fine Chemicals
魏若奇	化学建材	Chemical Building Materials
吴大鸣	塑料机械	Plastic Machinery
吴海祥	塑料加工	Plastic Processing
吴汉民	塑料机械	Plastic Machinery
吴建国	塑料改性及应用	Modification & Application of Plastics
吴精华	塑料管道	Plastic Pipes
吴旅良	化 学	Chemistry
吴　念	塑料加工	Plastic Processing
吴绍镃	企业管理	Enterprise Management
吴伟杰	塑料改性	Plastic Modification
吴晓芬	塑料管道加工	Processing of Plastic Piping
吴鑫文	企业管理	Enterprise Management
吴耀根	塑料改性及塑料加工	Modification & Processing of Plastics
吴忠文	高分子材料	Polymer Materials
武清平	企业管理	Enterprise Management
夏　冶	有机化工	Organic Chemical Industry
夏秋春	滚塑	Rotational Molding
肖望东	高分子材料	High Polymer Material
谢冬梅	塑料加工	Plastic Processing
谢鹤鹏	化工	Chemical Engineering
谢镇铭	化学化工	Chemistry and Chemical Engineering

续表

姓　名	专　业	
	中　文	英　文
熊　陶	塑料改性	Plastic Modification
徐百平	塑料机械	Plastic Machinery
徐德胜	高分子材料成型与加工	Forming and Processing of High Polymer Material
徐红越	技术管理	Technological Management
徐双宏	生产技术管理	Productive Technology Management
徐同考	塑料加工	Plastic Processing
徐卫兵	塑料改性	Plastic Modification
徐文良	机械制造	Mechanical & Manufacture
徐文清	塑料加工	Plastic Processing
徐向宇	等离子体物理学	Plasma Physics
徐元敏	生产技术管理	Productive Technology Management
徐志强	企业管理	Enterprise Management
许国志	塑料加工应用	Processing & Application of Plastics
许　琳	行业管理	Trade Management
许三五	塑料管道	Plastic Piping
许盛光	塑料加工	Plastic Processing
严　庆	高分子材料	Polymer Materials
严为群	塑料加工	Plastic Processing
严一丰	塑料加工	Plastic Processing
杨秉正	塑料加工和塑料机械	Plastic Processing & Plastic Machinery
杨东武	企业管理	Enterprise Management
杨飞虎	塑料型材门窗	Plastic Profiles & Door and Mindow
杨桂生	塑料加工	Plastic Processing
杨明锦	主编	Editor In Chief
杨鸣波	高分子材料成型加工	Machine-Shaping & Processing of Polymer
杨　升	塑料加工	Plastic Processing
杨世钦	塑料型材及门窗	Plastic Profiles & Door and Mindow
杨卫民	高分子材料成型加工	Machine-Shaping & Processing of Polymer
杨忠久	塑料加工	Plastic Processing
姚钟梁	塑料机械	Plastic Machinery
叶芬弟	聚氨酯	Polyurethane
叶南飚	技术管理	Technological Management
雍　跃	塑料加工	Plastic Processing
于　建	高分子材料	Polymer Materials

续表

姓　名	专　业	
	中　文	英　文
余卫平	技术管理	Technological Management
喻建民	高分子化学	Polymer Chemistry
袁居伟	企业管理	Enterprise Management
袁绍彦	材料加工	Material Processing
詹家驹	行业管理	Trade Management
詹茂盛	企业管理	Enterprise Management
张　冰	化工机械设计	Design of Chemical Engineering Machinery
张　献	纳米复合材料	Nanometer Composite
张灿明	有机合成	Organic Synthesis
张成耀	技术管理	Technological Management
张红兵	塑料加工	Plastic Processing
张华集	塑料加工	Plastic Processing
张金柱	塑料加工	Plastic Processing
张　晶	塑料加工与应用	Processing & Application of Plastics
张　军	塑料异型材	Plastic Shaped Profile
张开和	塑料加工	Plastic Processing
张胜军	橡塑材料	Rubber/Plastic Materials
张双全	高分子材料	Polymer Materials
张彦成	塑料管道	Plastic Duct System
张友新	技术管理	Technological Management
张玉爱	塑料成型加工	Machine-Shaping & Proceesing of Plastics
张玉川	塑料加工	Plastic Processing
张玉霞	主编	Editor In Chief
张岳林	滚塑制品设计及制造	Design & Manufacturing of Rotational Molding Products
赵安赤	高分子材料	Polymer Materials
赵红玉	塑料加工	Plastic Processing
赵兼国	企业管理	Enterprise Management
赵建华	塑料加工	Plastic Processing
赵文聘	塑料加工	Plastic Processing
赵兴义	塑料加工及节水灌溉	Plastic Processing & Water Saving Irrigation
赵学华	企业管理	Enterprise Management
郑　康	高分子材料	High Polymer Material
郑　德	塑料助剂	Plastics Auxiliary
郑贵萍	塑料加工成型	Processing & Forming of Plastics

续表

姓　名	专　　业	
	中　文	英　文
郑天禄	高分子材料	High Polymer Material
郑雪芳	塑料加工	Plastic Processing
郑玉婴	高分子化工	Chemical Engineering of High Polymer
郑　重	塑料节水器材	Water Saving Equipment of Plastics
仲新文	塑料加工	Plastic Processing
周　豪	塑料加工	Plastic Processing
周南桥	塑料加工	Plastic Processing
周听昌	生产和销售管理	Management in Production and Sales
周文莉	行业管理	Industry Management
朱弟雄	塑料加工	Plastic Processing
朱国胜	技术管理	Technological Management
朱建新	工商管理	MBA
朱建一	高性能塑料	High Performance Plastics
邹开林	高分子材料和机械	Machine and Material of High Polymer

（中国塑料加工工业协会　许　琳）

塑料技术委员会
Plastic Technology Committee

中国塑料工业协会塑料技术协作委员会为减少世界金融风暴对行业的影响，在2009年积极开展各项活动，首先召开了年会，加强了理事会活动，推进标准化工作中的技术验证工作，展开新技术的合作开发工作，取得一定进展。

【行业活动】

1. 年会

（1）年会概况

2009年中国塑料工业协会塑料技术协作委员会与余姚塑料城、工程塑料协会合作，于2009年6月29－30日在浙江余姚通用宾馆承办召开了“中国塑料技术产业化研讨会暨2009中国塑料工业协会塑料技术协作委员会/工程塑料专委会年会”，会议由中国塑料加工工业协会和浙江省余姚市人民政府主办，中国塑料工业协会塑料技术协作委员会、中国塑料工业协会工程塑料专委会和中国塑料城管理委员会承办，广东省塑料工业协会、浙江省塑料工业协会和中国塑料城塑料研究院协办，鲁谷（北京）科技有限公司、河北精信化工集团为支持单位，支持媒体有：中国化工报、《中国塑料》、《国外塑料》、《塑料》、中国塑料工业协会网/www.cppia.com.cn、中国塑料技术网/www.plastech.cn、中国聚合物网/www.polymer.cn、浙江中塑在线/www.21cp.net、中国塑料网/www.plaschina.com.cn、浙江塑料城网上市场/www.ex－cp.com等。来自全国大专院校、科研院所、塑料原料和生产加工企业的100多名代表参加了会议。

开幕式上中国塑料加工工业协会秘书长马占峰和余姚市副市长诸晓蓓分别致辞；大会报告有中国塑料工业协会秘书长马占峰、浙江省塑料工业协会秘书长周理水、上海市包装技术协会绿色包装委员会秘书长陈昌杰、广东工业大学轻工化工学院教授吴茂英、华南理工大学聚合物新型成型装备国家工程研究中心周南桥教授、鲁谷（北京）科技有限公司等6个报告，内容包括行业形势、会议重点推广的电磁节能加热技术、绿色包装、创新挤出成型机械、新型助剂等，中塑在线做了网上直播；两个分会场专题报告共33个，内容涉及原料、助剂、机械、加工、新产品等行业各领域的新技术；会议就石化下游产品、特种BOPET产品生产线国产化、全塑轴承开发进展等内容进行了专题讨论，四川省彭州市商务局周强副局长在讨论会上介绍了彭州市的石化和塑料项目概况。

会议还取得两项实质性成果：决定成立特种 BOPET 产品开发小组，开展联合攻关工作；对前阶段全塑轴承开发结果进行深化，进一步进行产业化试验。

(2) 主要报告主要内容

可持续发展中的中国塑料工业(2008)

中国塑料加工工业协会/廖正品

主要内容：介绍了中国塑料工业概况：2008 年，塑料制品行业规模以上企业共计 16277 个，累计完成产量达到 37137.9kt，比上年同期增长 10.10%；总产值(现价)9638.36 亿元，同比增长 20.86%，占轻工行业总产值 93898 亿元的 10.26%，居第三位。工业销售产值为 9407.07 亿元，同比增长 20.50%，产销率为 97.60%，仍保持较高水平；其中出口交货值 1847.20 亿元，同比增长 6.52%；新产品产值为 549.96 亿元，同比增长 31.11%。据海关总署统计，2008 年 1～12 月全国塑料制品进出口贸易总额为 388.4 亿美元，同比增长 12.6%，同比增幅回落 2.6 个百分点，贸易顺差 149.8 亿美元。

2008 年中国塑料回收再生利用行业报告

中国塑料加工工业协会/马占峰

主要内容：介绍了 2008 年中国废塑料再生利用行业概况：国内塑料回收再生的小企业数量庞大，至少有 2 万多家，大中型企业并不多。回收量 2007 年预测为 8000kt，2008 年将达 9000kt 以上。2007 年进口废塑料 6840kt，比上年增长 16.7%；2008 年进口量预计将维持 2007 年水平。

浙江省塑料加工业现状与发展趋势

浙江省塑料行业协会/周理水

主要内容：介绍了浙江省塑料工业概况：2008 年，500 万元以上的企业共 2480 家，(比上年减少 380 家)，完成销售收入 1497.48 亿元，比上年增长 12.99%；实现利税 103.93 亿元，增长 9.97%，其中利润 64.62 亿元，增长 7.96%；工业总产值 1534.58 亿元，比上年增长 12.64%，新产品产值 207.37 亿元，比上年增长 17.429%，出口交货值 319.83 亿元，比上年增长 11.47%；亏损企业 441 个，比上年增加 93.42%，亏损额为 4.28 亿元，比上年增加 79.13%。固定资产实净值平均余额 415.35 亿元，同比增长 24.67%，资产总值全年 636.60 亿元，同比增长 24.12%，实际投资额 70.33 亿元，增长 0.31%，其中用于技术改造 37.46 亿元，增长 -3.88%。完成塑料制品总产量 8052.0kt，增长 5.09%；其中，塑料薄膜 1721.6kt，增长 4.65%(农膜：44kt，比上年增 -4.37%)；板片材 467.7kt，增长 11.18%；塑料棒管材 918.7kt，增长 23.81%；塑料丝及编织品 482.8kt，增长 5.54%；人造革 410.2 万吨，增长 -19.6%；合成革 270.7kt，增长 14.86%；泡沫塑料 116.2kt，增长 35.77%；塑料包装箱及容器 252.2kt，增长 -4.8%；日用塑料制品 1206.9kt，增长 15.66%；其他塑料制品 2205.0kt。浙江省全社会塑料制品产量已达到 12000kt 以上，工业总产值达到 2350 余亿元。

鲁谷高效电磁加热节能器在塑料加工工业中的应用

鲁谷(北京)科技有限公司/张红中

主要内容：介绍电磁加热节能器在塑料成型加工中应用的原理、节能效果，以及在塑料挤出、注射、中空、混炼过程中的应用实例。

PET 用成核剂的研究现状及作用机理

华东理工大学化学工程国家联合重点实验室，联合化学反应工程研究所/辛忠、唐仕东

主要内容：综述了 PET 用成核剂的研究现状。主要介绍了无机类、有机小分子羧酸盐类和离聚物成核剂对 PET 结晶的影响及其成核作用机理。并展望了 PET 成核剂的发展前景。

高分子材料抗静电剂的应用与发展

杭州市化工研究院有限公司/韦坚红　徐战　王坚毅

主要内容：介绍了高分子材料抗静电剂的作用机理，探讨了抗静电剂影响效果因素，并介绍了相关应用研究情况。

激发态猝灭剂型稀土光稳定剂

广东工业大学轻工化工学院/吴茂英

主要内容：以聚顺式 1,4 - 丁二烯(PB)作为模型聚合物，通过测定其溶液在氙灯光源照射下黏度的变化研究了两个系列稀土配合物 LSRE - 1 和 LSRE - 2 对聚合物的光稳定作用，结果表明，LSRE - 1 比 LSRE - 2 具有更高的光稳定效能，而两个系列稀土配合物光稳定剂的光稳定效能均明显高于传统激发态猝灭剂型含镍光稳定剂 UV - 2002、UV - 1084。系统的实验研究显示，稀土配合物对聚合物的光稳定作用是通过利用其富余配位价与聚合物中的光敏基团(氢过氧化物或羰基等)发生配位作用，从而使聚合物光敏基团的激发态猝灭而实现的。

炭黑填充抗静电聚丙烯的研究进展

苏州工业园区富事达塑业有限责任公/包建成、丁常楷

主要内容：表面电阻率为 10^6 ～ $10^9\Omega$/sq 的炭黑填充聚丙烯是电子电器工业用塑料制品的理想抗静

电材料。综述了炭黑填充抗静电聚丙烯的研究进展，包括围绕降低渗滤阈值、为综合改善炭黑填充聚丙烯的电性质、力学性质和成型加工性能而进行的理论研究，从渗逾理论向双重渗逾理论进而向三重渗逾理论发展创新的过程并在相应的理论指导下，相继开发了二元复合体系、三元复合体系、四元复合体系的炭黑填充抗静电聚丙烯复合材料。其中新型的四元复合体系的炭黑填充抗静电聚丙烯复合材料将会成为炭黑填充抗静电聚丙烯的发展方向，而新型的极低炭黑填充的四元复合体系抗静电聚丙烯将会成为研发的焦点和热点。

释放负离子 PVC/Anion 纳米复合材料的滴塑织物研究

亚稳材料制备技术与科学国家重点实验室，燕山大学/吴舒、李青山、任宇红

主要内容：分析了负离子添加剂的微观结构，并通过掺杂共混工艺，以及滴塑技术对织物进行加工，获得释放负离子的滴塑织物。通过 SEM 图片观察到聚氯乙烯/负离子添加剂复合材料，发现发泡气孔分布及大小均匀，表明负离子添加剂不影响 PVC 糊树脂的发泡效果及加工工艺；另外，负离子发生量测试表明，滴塑织物释放负离子数可达 4000 个/cm^3，已超过了雨天海边的空气清新度。

在塑料上激光打标的研究进展

上海交通大学高分子材料研究所/李思源、党晓容、张勇

主要内容：介绍了激光打标对于在塑料材料上印标的优点，塑料等聚合物材料的激光标记性和激光在这类材料上打标的原理；着重介绍了最近各种激光打标添加剂的开发，并按照添加剂性质、制备原理、标记色彩等不同方面对这些发明进行了分析与比较；简要介绍了我们课题组所开发的激光打标记，同时对在塑料上激光打标领域作了展望。

PE 薄膜压花成型新工艺及设备研究

吉林省塑料研究院/门春江

主要内容：国内 PE 薄膜压花的研制已经有十几年的历史，成型设备的种类和样式也非常多。最早国内的生产线都依赖从国外引进，价格非常高，动辄几百万，甚至上千万。近十年国内设计加工 PE 薄膜压花机组的生产厂家逐年增加，设备的造价由几十万到上百万不等，现在 PE 薄膜压花的加工工艺首先是加工出基膜，然后再进行压花，最后分切卷取加工出成品，整个工艺流程是分开的。这里介绍了一种 PE 薄膜压花的新工艺及设备，将大大减少设备投资，减少厂房面积，将三个工序合为一个工序完成，减少了工人数，大大降低生产成本。

高速铁路用膨胀型微发泡垫板的制备及应用

江苏联冠科技发展有限公司严为群、黄学彬、陈勇、赵德建、高坤光，中国科学院化学研究所王德禧

主要内容：采用微胶囊发泡剂制得微孔发泡成型铁路垫板，用于轨道交通。轨道交通提速所造成轮轨作用力明显增大，轨枕和道床震动加速，不仅对轨枕结构强度和稳定性提出了更高的要求，产生的震动噪声也不能忽视。为保证在高速、安全、舒适的前提下，降低轮轨动力效应、减低噪声就成了轨道交通方面研究的重要课题。微孔发泡成型铁路垫板，主要原料为聚酯弹性体，与未发泡塑料产品相比，微孔发泡塑料减重 20% ~60%，在受冲击时，吸收的能量可增加 5 ~7 倍，冲击强度可提高 6 ~7 倍，断裂韧性提高近 4 倍，可望成为铁路垫板更新换代的新材料。

双螺杆模具结构对硬质聚氯乙烯挤出过程的影响

北京理工大学化工与环境学院胡敏、陈晋南、彭炯

主要内容：数字设计了双螺杆挤出扁口和圆口模具，使用有限元方法数值模拟了硬质聚氯乙烯双螺杆模具挤出过程，计算了两种模具内硬质聚氯乙烯熔体的非等温流场，分析比较模具结构对熔体流场各物理量的影响，为模具的设计提供技术支持和理论依据。研究结果表明，在螺杆出口机筒内熔体除压力以外的各物理量相差不大。在两种模具过渡段内熔体流场差异明显，扁口模具内熔体流场沿轴向变化较剧烈。在出口截面上，两种模具内熔体压力分布规律不同，扁口模具内熔体压力、剪切应力、剪切速率和黏度梯度大，速度和黏性热梯度小。

另有其他报告题目如下：

- 逆势图强——金融风暴中的广东塑料产业现状及转型发展

广东塑料工业协会/符岸

- 对循环经济促进法的理解

全国人大环境与资源保护委员会调研室/翟勇

- 软包装行业发展动向——节能减排、安全卫生与降低成本

上海绿色包装协会/陈昌杰

- 我国医用塑料现状及趋势

天津塑料研究所/中国塑料工业协会医用塑料专委会/曹常在

- 中国 BOPET 薄膜产业现状及发展方向

中国 BOPET 网/夏冶

- 输液包装材料的发展历程国内外现状及发展

趋势

吉林省塑料研究院/门春江

• 我国工程塑料技术现状和发展趋势

中国科学院宁波材料技术与工程研究所/严庆

• 汽车抗冲击聚丙烯开发进展

北京燕山石化公司树脂应用研究所/孙颜文

• 注射成型技术进展

中国塑料工业协会塑料技术协作委员会/杨惠娣

• 转型升级是塑料机械自主创新科学发展的理念

宁波海达塑料机械有限公司/张友根

• 新型聚酰亚胺特种工程塑料的产业化开发

浙江鑫甬生物化工有限公司/张虎寅

• 开发超高分子量聚乙烯纤维级专用料

上海化工研究院新技术开发室/王新威等

• 环境友好材料聚乙烯醇工业产业链的建立与发展

北京工商大学材料科学与工程系/项爱民

• 聚合物/碳纳米管导电复合材料研究

清华大学高分子材料研究所/于建

• PPO/PA 合金和复合材料

上海交通大学化学化工学院/高分子材料研究所/张勇

• 改性塑料配方功效的技术优化

广东华南精细化工研究院/陈宇、王朝晖/北京化工大学/崔正、张胜

• 塑料加工助剂与功能塑料的环境友好化

福建师范大学环境材料开发研究所/陈庆华

• 3V 公司高效光稳定剂及其他塑料助剂的性能和应用

瑞士 3V 国际集团有限公司上海代表处/古庆山

• 稀土 beta 成核剂及其对聚丙烯性能的影响

广东炜林纳功能材料有限公司/郑德、钱玉英

• 新型 PP 用稀土成核剂

华东理工大学化工学院院长/辛忠

• HYPODTM——新型的高固含量聚烯烃的水分散溶液

陶氏化学公司

• 高分散性中间体及其高性能专用料与新产品技术

石油大学(北京)/柯扬船

• 新型特殊用途钙锌稳定剂

杭州三叶助剂有限公司/施珣若

• 甲基锡热稳定剂 HTM2012 在 PVC－U 型材中的应用

浙江海普顿化工科技有限公司研发部/唐伟

• PVC 用热稳定剂行业及国标制定概况

中国塑料工业协会塑料助剂专委会稳定剂分会/施珣若/塑料技术协作委员会/杨惠娣

• 一种使水弱碱性化的 PVC 给水管材研制

燕山大学亚稳材料制备技术与科学国家重点实验室/葛一兰、李青山/宏岳塑胶公司郭晓玲、孙忠学、于鹏

• 线形聚乙烯熔体不稳定流动及第二光滑区的研究

中国石油化工股份有限公司齐鲁分公司研究院/王雪梅、贾秀丽

• 无机粉体材料改性 CPVC 高压电力电缆用护套管的研发

甘肃省皮革塑料研究所/汪晓鹏、张玉爱、连钦、贺建梅、张定军/兰州鼎泰塑胶有限公司/张宏祥

• 塑料薄膜多层共挤的材料层设计和模具设计

北京化工大学教授材料学院/苑会林

• 塑料超切变塑化挤出机

华南理工大学聚合物新型成型装备国家工程研究中心/瞿金平、何和智

• 电磁加热在塑料加工工业中环保减排、节能高效的可行性研究

汕头高新区贝多电磁科技有限公司/林泽平

• 科倍隆挤出配混技术的革新及应用

科倍隆科亚(南京)有限公司/陈杰

• 在线配混复合材料的塑化注射系统的研究

宁波海达塑料机械有限公司/张友根

• 生物质纤维/废旧塑料橡胶复合材料宽幅厚板挤出技术研究

中国塑料加工协会技术委员会/沈阳市塑料机械研究所/金世源

• 铝塑蜂窝芯复合板专用胶的改性研究

福州塑胶行业技术创新中心/邹春林

• 聚合物多层气辅共挤精密成型机制的数值分析

南昌大学环境科学与化学工程学院/周文彦、周国发

• 特性黏度的自动测试技术

上海思尔达科学仪器有限公司/姚汉樑

• 塑料管材耐压试验方法及设备

承德精密试验机有限公司/鲁晓成

2. 理事会活动

2009 年共召开了两次理事会。

(1) 第一次理事会

2009 年 6 月 29 ~ 30 日浙江余姚的“中国塑料技

术产业化研讨会暨2009中国塑料工业协会塑料技术协作委员会/工程塑料专委会年会"期间召开了2009年中国塑料工业协会塑料技术委员会的第一次理事会，出席理事会的单位有苏州工业园区富士达塑业有限责任公司丁常楷总工、华南理工大学聚合物新型成型装备国家工程研究中心周南桥教授、中国科学院宁波材料技术与工程研究所副所长严庆、吉林省塑料研究院门春江、轻工业塑料加工应用研究所杨惠娣、北京燕山石化公司树脂应用研究所赵红竹高工、中国石油化工股份有限公司齐鲁分公司研究院王雪梅、苑东兴高工、南京橡塑机械厂有限公司赵建华总经理、福州市福塑科学技术研究所有限公司所长彭超、上海交通大学化学化工学院高分子材料研究所张勇教授、华东理工大学联合化学反应工程研究所辛忠教授、杭州三叶助剂有限公司施珣若总经理、北京市化学工业研究院/北京华腾工程新材料有限责任公司/广东华南精细化工研究院陈宇院长、沈阳市塑料机械研究所金世源所长、北京市平惠科贸有限公司(原中科院化学所)严为群高工、燕山大学/亚稳材料制备技术与科学国家重点实验室李青山教授、鲁谷(北京)科技有限公司张红中总经理，中国塑料工业协会副秘书长许琳也出席了理事会议。河北精信化工集团、山西化工研究院、德国科倍隆集团、天津塑料研究所、福建师大、湖南塑料研究所、广西塑料研究所、四川大学高材所、太原市塑料研究所等单位因故请假。会议汇报了工作总结和讨论了工作安排，同时通过了鲁谷(北京)科技有限公司为委员会副理事长单位的申请。

(2) 第二次理事会

2009年11月23日在苏州工业园区富事达塑业有限责任公司资助下，在江苏苏州雅都大酒店召开了第二次理事会，理事单位20人出席了会议，中国塑料加工工业协会廖正品会长也在百忙中抽出宝贵时间出席了会议。会议开幕式包建成理事长作了工作报告，总结了2009年主要工作：聚氯乙烯用热稳定剂稳定性方法标准、纺锭用聚醚醚酮轴承开发和气体辅助挤出成型产业化等工作进展，提出了2010年工作要点；廖正品会长介绍了2009年行业概况，肯定了塑料技术协作委员会工作的重要性并对塑料技术协作委员会的工作作了重要指示。

会议按照2008年12月1日南京橡塑机械厂有限公司理事会议精神，围绕《中国塑料工业技术水平调查报告》分工内容作了发言：包括科倍隆(南京)机械有限公司陈杰总经理的同向型双螺杆挤出机混配技术革新和应用，中科院化学所王德禧研究员的超高分子量聚乙烯加工技术新进展以及聚酯弹性体，鲁谷(北京)科技有限公司张红中总经理的塑料加工设备中的高效加热节能技术，苏州富事达塑业有限责任公司包建成总经理和丁常楷总工、上海交通大学张勇教授的我国PEEK现状与发展趋势和难加工材料成型技术，福州市福塑科学技术研究所有限公司、河北精信化工集团有限公司、湖南省塑料所的国内阻燃剂开发应用现状和塑料助剂的开发，吉林塑料研究院程慧荣总工的塑料输液包装材料现状与发展趋势，北京理工大学化工与环境学院陈晋南教授的聚合物螺杆挤出过程的数值研究进展，中国石化北京燕山树脂所和中国石化齐鲁分公司研究院介绍了通用树脂的概况；北京市化工研究院陈宇院长因故未能出席，提出了供讨论的报告"法规环境下塑料助剂的应对和开发进展"，其余未能出席而提供的报告有：中科院宁波材料技术与工程研究所的工程塑料技术现状和发展趋势、轻工业塑料加工应用研究所许国志所长的中国的生物降解塑料、天津塑料研究所曹常在所长的我国医疗器械产业状况、特色与水平和华南理工大学瞿金平教授的塑料超切变塑化挤出机等。

会议也讨论了《中国塑料工业技术水平调查报告》的编制要点、格式、完成时间，以及成立编委会等相关事宜。

会议还讨论了2010年工作，要在继续做好正在进行的3项工作和日常工作外，争取能将《中国塑料工业技术水平调查报告》编制出版。

会议还参观了苏州工业园区富事达塑业有限责任公司和苏州工业园区，并夜游了苏州古运河并同时进行了充分的交流。

3. 日常工作进展

(1) 聚氯乙烯用热稳定剂的订标工作

聚氯乙烯用热稳定剂的订标工作的组织工作继续进行了一系列的验证试验，并于2009年8月13日和10月31日分别召开了工作会议。8月13日的工作会议在江西靖江高湖镇金罗湾度假村召开，主要介绍了PVC树脂要求和动态迁移试验初步结果；10月31日的工作会议在北京卧佛山庄召开，温州天盛塑料助剂有限公司晏苏学、浙江海普顿化工科技有限公司高尔金、齐鲁石化齐鲁分公司研究院桂俊杰、广东炜林纳功能材料有限公司钱玉英、江西宏远化工有限公司洪颖、广州市普同实验分析仪器有限公司张成耀、广东顾地塑胶股份有限公司王文治分别介绍了聚氯乙烯热稳定性试验方法——静态烘箱法、动态双辊法和动态流变仪法的试验配方和试验条件的验证试验结果，广东炜林纳功能材料有限公司和苏州富士达塑业有限公司(书面)还就色差和力学性能关系作了初步试探试验；轻工业塑料加工应用研究所杨惠娣介绍了聚氯乙烯热稳定剂迁移性试验方法设想，以及通报了杭州三叶助剂有限公司关于动态聚氯乙烯热稳定剂迁移性试验的验证结果；会议对温州天盛塑料助剂有限公司、齐鲁石化齐鲁分公司研究院和广东顾地塑胶股份有限公司提交的《聚氯乙烯热稳定性试验方法——静态烘箱法》、《聚氯乙烯热稳定性试验方法——动态双辊法》和《聚氯乙烯热稳定性试验方法——动态流变仪法》3 个标准文本稿件进行了讨论，提出了许多修改意见；会议还重点讨论了有机锡的毒性、三甲基锡的测试方法以及毒性指标等问题。

(2) 产业化项目

继续推进全塑轴承开发制造和气体辅助挤出成型的工业化。与双向拉伸专委会合作组织的 PET 收缩膜工作小组应加快实质性工作的开展。

(3) 中国塑料技术水平调查报告

中国塑料技术水平调查报告的组织工作正在分头进行。

(4) 网站和电子版杂志

网址：www. Plastech 和电子会刊双月刊出版正常。

【新会员介绍】

(1) 上海善有进出口有限公司

Shanghai Shanyou Import & Export Co. , Ltd.

地址：上海市曹安路 1855 号曹安国际商城 803 室

Room 803, Cao An International Mart, 1885, Cao An Road, Shanghai

邮政编码：201824

电话：021 - 33518556　传真：021 - 33518556

电子邮件：jiyunwang@ hotmail. com

网址：www. shshanyou. com. cn

法人代表：王际云　联系人：王际云

职工人数：5 人

注册资本(万元)：50

主要研究课题：阻燃剂及阻燃产品

(2) 鲁谷(北京)科技有限公司

北京市中关村八大处创新园 K 座

No. K, Chuangxinyuan, Badachu, Zhongguancun, Beijing

邮政编码：100041

电话：010 - 88793725　传真：010 - 88793591

E - mail：lugukj2008@ 163. com

网址：www. Lugukj. cn

法人代表：张红中

主要产品：高效电磁加热器

【存在问题】

塑料技术协作委员会的宗旨，应该通过各种方式，推进中国塑料工业的技术进步。但是委员会的工作进展较慢，主要原因活动经费短缺，人力不足。今后应进一步加强与企业联系，发挥企业在产业化过程中的主体作用。也可尝试组织企业联盟，推进产业化。

（中国塑料加工工业协会塑料技术委员会　杨惠娣）

塑料管道
Plastic Pipes

【行业现状】

为应对 2008 年下半年开始的国际金融危机，促进经济稳定快速回升，2009 年来政府相继出台了一系列拉动内需、促进经济增长的政策措施，有效遏止了经济增长明显下滑态势，率先实现经济形势总体回升。面对新的经济形势，中国塑料管道行业积极贯彻科学发展观，实现了塑料管道行业全面、协调的发展。这一年对于中国塑料管道行业也是充满机遇的一年，虽然遭遇了由金融危机带来的种种不利影响，但在相关政策的指导下，在各级领导和相关部门的支持下，在需求的拉动下，在行业和企业的共同努力下，2009 年中国塑料管道行业还是取得了丰厚的成果。据相关统计，2009 年全国塑料管道产量为 580. 37 万吨，比上年同期增长 18. 92% 。

随着塑料管道生产和应用技术的提高，2009 年，塑料管道应用范围也在进一步扩大，在城乡建设的各领域都发挥了重大的作用。

由于国际市场需求下降、出口困难加剧影响，2009 年的塑料管道出口量为 31. 8 万吨、出口额为 8. 63 亿美元，同比下降了 12. 4% 和 14. 5% 。

【重点企业】

福建亚通新材料科技股份有限公司
河北宝硕管材有限公司
公元塑业集团
南亚塑胶工业(厦门)有限公司
湖北凯乐科技股份有限公司
广东顾地塑胶有限公司
广东联塑科技实业有限公司
成都川路塑胶集团有限公司
亚大集团公司
安徽国通高新管业股份有限公司

山东胜邦塑胶有限公司

上海白蝶管业科技股份有限公司

佛山市日丰企业有限公司

山东环球塑业有限公司

金德管业集团有限公司(金德铝塑复合管有限公司)

浙江枫叶集团有限公司

浙江中财管道科技股份有限公司

宁夏青龙塑料管材有限公司

武汉金牛经济发展有限公司

浙江伟星新型建材股份有限公司

秦皇岛宏岳塑胶有限公司

天津市军星管材制造有限公司

康泰塑胶科技集团

山东华信塑胶股份有限公司

【专委会活动】

1. 加强专委会自身建设，做好行业服务

2009年专委会进一步完善了秘书处人员结构，工作进一步细化，除了在会员服务区域化、用户市场专人化、专项工作分工化的工作进一步明确外，秘书处还增加了英文翻译人员，在加强行业对外交流上起到重要作用。在2009年4月中国塑料工业协会塑料管道专委会八届二次理事会上任命了专职的常务副理事长，专委会职能进一步加强并得到有效的发挥。

在不影响工作的同时，2009年9月完成了秘书处办公室的搬迁，完善了各项办公设施，增添了会议室，满足了学习、开会及接待客人需求。

专委会继续做好行业服务的首要工作。一方面，专委会做好会员联系、接待、咨询、信息收集等基本工作，尽可能为会员单位提供行业信息以及技术信息、行业标准，创造会员企业间的交流机会，解决会员单位遇到的问题，为企业发展提供合理化建议。另一方面，专委会积极走访、调研部分会员单位，参加会员单位的用户会议、设计师交流会，了解行业及市场发展的真实情况，为企业生产、技术创新和市场推广提出及时有效建议和帮助，也为行业发展的正确方向提供可靠的依据。

发展新会员，增强行业协会的力量，扩大行业协会影响力，也是专委会工作的重要任务，但同时专委会也谢绝了有的规模过小的企业和为了某些不正当目的的企业入会。2009年专委会新增加了6家理事单位及40家会员单位。此外，专委会增加了第八个工作小组——“检查井和塑料管件工作组”。

专委会积极向相关部门提出各项意见和建议，维护行业利益。在上级部门和专委会的共同努力下，自2009年4月起，包括塑料管道等塑料制品出口退税由2007年7月以来的5%提高到11%，在国际市场需求下降，产品出口困难加剧等困难条件下，依然促进了塑料管道的出口，虽然2009年的塑料管道出口量为31.8万吨、出口额为8.63亿美元，同比下降了12.4%和14.5%，但也是行业经过了极大努力的结果。此外专委会还完成了多项上级领导布置的有关行业规划、发展、产业安全、技术进步等方面的多项工作。

2. 加强与上下游行业的合作与交流，提高行业影响力

塑料管道行业作为一个中间加工行业，在发展中一直处于尴尬的地位。2009年，专委会积极参与上游原料、下游应用及塑料管道行业标准工作会议等相关行业活动，促进上下游行业之间的交流，不断扩大了塑料管道行业的影响力，使得塑料管道行业在上下游行业中有了进一步的发言权。

2009年3月20日由中国氯碱工业协会和中国塑料加工工业协会共同主办了“重点聚氯乙烯专用树脂生产与加工企业交流会”，其中塑料管道专业委员会和塑料门窗和异型材专业委员会是积极的主导和参与单位。我们还参加了中石化系统组织的“HDPE管材料产品推介与应用座谈会”，在金融危机的影响下，这种交流实现了上游原料行业与塑料管道行业的平等对话，对塑料管道行业的发展起到了积极的推动作用。此外，专委会还积极参加了由国家住房和城乡建设部科技发展促进中心主办的“全国塑料管道生产和应用技术推广交流会”、由盘锦市政府主办的“2009东北三省塑料产业高峰论坛”、中国城镇供水排水协会地方秘书长会议、中国水协设备委召开的“第二届非金属管材选型与应用技术交流研讨会”、中国农业节水技术协会主办的“农业节水灌溉和农村供水产品质量管理工作座谈会”、北京市建设工程物资协会地板采暖分会、管材管件分会主办的“北京地暖与塑料管道技术发展研讨会”、天津建材业协会塑料管道专业委员会2009年年会、浙江省化学建材协会2009年年会、由全国塑料制品标准化技术委员会塑料管材、管件及阀门分技术委员会主办的多个塑料管道国家标准工作会议等多个活动，内容涉及行业技术、标准、应用、推广等多方面，极大提升了塑料管道在相关领域的影响力。

为进一步做好农村饮水安全工作，为各地提供性能优、质量好、信誉佳的产品和企业信息，保证全国农村饮水安全工程建设材料设备的质量，2009年专委会配合水利部农村饮水安全中心，对全国塑料管道生产企业进行了调研和评价。按照“公开、公

平、公正”原则，根据现行国家标准和有关产品行业标准，从企业的规模、经营状况、信誉、用户评价以及产品质量、性能、先进性、实用性和经济性等方面，协助相关单位对申请企业进行了综合审查筛选和推荐。

为更好的帮助城市供水企业解决选择橡胶密封圈中存在的问题，加强推广和应用质量可靠的橡胶密封圈产品，保证城市供水管网安全供水，专委会还参与配合中国城镇供水排水协会设备材料委管道部，完成了《供水管网橡胶密封圈的应用及安装方法》文件。

专委会还协助海关、企业等单位，参与完成了聚乙烯(PE)和聚氯乙烯(PVC)硬管的加工贸易单耗标准的制定，为产品出口和海关等主管部门对加工贸易企业进行加工贸易单耗审批、备案和核销管理创造了条件。

3. 加强行业的市场管理，规范行业市场行为

为更好贯彻科学发展观，维护用户合法权益，更大限度的推广节能型、环境友好型塑料管材，推动塑料管道行业可持续性健康发展，2009 年年会发出了“给水用聚氯乙烯管道禁止使用铅盐热稳定剂”宣言。宣言称：全面制止给水用聚氯乙烯管道生产企业使用铅盐热稳定剂，倡导以绿色环保的其他热稳定剂品种代替；进一步推广普及无铅绿色管材，提高用户健康环保的意识；增强监督意识，欢迎用户、媒体相关行业协会等单位、个人对给排水聚氯乙烯管道生产企业使用铅盐稳定剂情况进行监督；若塑料管道专业委员会会员企业存在给水用聚氯乙烯管道产品中使用铅盐热稳定剂的情况，一律以退会处理。

专委会继续认真做好塑料管道产品行业指导价格工作，为会员单位的生产、营销决策提供参考数据，为用户合理选择产品提供帮助。

此外我们还协助相关部门在产品质量管理、市场规范等方面做了一些相关工作，尽管办法相对还少，效果还不是十分明显，但高端市场已经开始逐步成为主流，行业整体的产品质量水平在提高。

4. 加强与国际交流，学习国外先进技术和理念

2009 年 11 月 4 ~ 5 日，中国塑料工业协会塑料管道专业委员会与国际塑料管道会议协会联合主办了 2009 年(北京)国际塑料管道交流会，这是专委会第一次筹办国际性的会议。来自美国、英国、德国、比利时、日本等 10 多个国家的塑料管道行业专家参加了本次会议，并就 PE 压力管在欧洲的发展趋势，聚乙烯管道焊接质量的有损和无损检测，多层管道结构的研究，污水的可持续处理与今后面临的挑战等作专题报告。部分国内专家就中国塑料管道行业现状、发展和趋势，冷、热供水管透氧性研究，分子量 920 万超高分子量聚乙烯管材挤出制品，塑料供水管网全周期成本核算，PVC - U 管材热稳定剂生产现状及发展趋势等做了相关报告，并回答了参会代表的提问。

本次交流会是专委会首次与国外相关协会合作举办的大型国际性交流会，它为国内外塑料管道工业发展架起了一座新的桥梁，使国内外塑料管道行业有了一个全面的接触和了解。

交流会的成功举办扩大了中国塑料管道行业在国际市场上的影响力，紧密加强与国际市场联系，了解国际塑料管道发展新动向，对推动国际国内行业发展有着重要的意义；国外专家带来了国际上先进的生产和应用技术，新产品、新技术、新理念在会议中的展现，不但让我们认识与国际的差距，也学习了国外先进的生产技术和理念，加强创新能力，有利于全面提高国内塑料管道的生产和应用技术；2008 年以来金融危机席卷全球，整个世界经济低迷，随即 2009 年下半年，各国保护主义抬头，对国内出口产生了很大的影响。本次会议在积极落实“走出去”的同时，实现“请进来”战略，摆脱了行业被动地接受国际市场影响的局面，主动参与国际市场，让中国塑料管道行业在经济低迷中看到了发展的新机遇。

2009 年 2 月，专委会参加由中国塑料工业协会组团赴印度的考察交流活动。本次活动主要包括参加 2009 年印度与中国塑料行业合作与发展高峰论坛；参观 2009 第七届印度国际塑料机械展览会。展览上中国的塑料设备及相关原辅材料引起印度同行的重视，中国的塑料设备与辅助材料性价比高，因此在印度有一定的市场前景。

2009 年 7 月，专委会参加了由中国塑料工业协会组团赴美参观 NEP2009 国际塑料展览会，展览会为期一周。在参观展会期间，中国塑料加工工业协会交流考察团还与美国塑料工业协会(SPI)举行了交流座谈。中国塑料工业协会廖正品会长和美国塑料工业协会总裁 WILLIAM. CARTEAUX 先生分别介绍了各自的情况，并对中美两国塑料行业的状况交换了意见。6 月 24 日上午“中国塑料行业现状与发展”新闻发布会在 NPE 会展中心举行，SPI 常务副总裁 GENE SANDERS 先生及媒体、相关单位的代表出席了发布会，足见展会主办方对中国代表团的重视。本次专题新闻发布会使中国的塑料加工行业与国外相关行业加强了联系，也让国外相关行业更加了解了中国塑料行业的现状，促进了今后更广阔的合作。

积极参与国际大市场，积极参加国际行业间的交流，一定是行业发展的必然经历，也是塑料管道大国向塑料管道强国迈进的必经之路。只有通过取长补短，不断进步，才能提高综合竞争能力，加大话语权，在国际市场上有一定份额。

5. 加强塑料管道资讯和网站建设，加大行业宣传力度

专委会秘书处不断加强对塑料管道行业的宣传力度，《中国塑料管道资讯》和专委会网站作为专委会的两大对外宣传窗口，充分发挥了各自的作用。

专委会杂志《中国塑料管道资讯》目前由专人负责编辑，在杂志的形式、内容、版式上都有了较大的提高。2009年杂志共出刊六期，基本能够按时编辑、发放。杂志传递了专委会最新动态，提供了最及时有效的行业信息及相关的市场信息和原料信息，打造了一个塑料管道技术交流平台，是一本集信息、交流、宣传、推广于一体的专业性刊物。杂志发行对象也在逐步扩大，除了会员单位外，还分发到相关政府部门、相关协会、设计院、检测单位、自来水公司、水务局、排水公司、燃气公司等用户单位，对塑料管道的推广应用起到了积极的作用。

2009年专委会自行管理网站，并实现了网站全新改版。本次网站改版在继承旧网站的优点后，增加了新的内容版块和服务功能，旨在能够发挥网络的作用，为广大用户在今后的工作中带来更多的便利，从而也为整个塑料管道行业发展创造便利条件。我们正在努力将中国塑料工业协会塑料管道专业委员会网站打造成一个集信息资讯、会员服务、沟通交流、对外宣传于一体的网络平台。

6. 组织召开年会及相关重要会议，促进行业交流

2009年4月10日，中国塑料加工工业协会塑料管道专业委员会第八届二次理事会议在江苏溧阳召开。中国塑料加工工业协会廖正品会长、中国塑料工业协会塑料管道专业委员会陈力辉理事长、专委会34家理事单位及其他相关单位共49人参加会议。中国塑料加工工业协会廖正品会长参会并发表重要讲话；专委会陈力辉理事长对2008年专委会工作进行了总结。理事会议的召开为2009年行业的工作统一了思路，奠定了基础。

2009年6月16~18日，中国塑料加工工业协会塑料管道专业委员会2009年年会在内蒙古乌海市阳光万豪大酒店召开。来自全国150多家相关单位领导和专家、以及会员单位、塑料管道生产企业、上下游企业、相关媒体、检测机构、认证组织等单位的代表近300人参加了本次会议。年会会议主题为“贯彻科学发展观，把握机遇，促进行业发展”。中国塑料加工工业协会会长廖正品、乌海市副市长施文学、住房和城乡建设部科技发展促进中心处长高立新、水利部农村饮水安全中心工程师彭克奇、中国城市燃气协会秘书长迟国敬、中国城镇供水排水协会副秘书长王岚、中国氯碱工业协会副秘书长张文雷、中国房协经济合作委员会秘书长江书平等相关领导参加了本次会议，并作了精彩发言。

会议指出，面对金融危机的影响，塑料管道行业应落实科学发展观，坚持发展为第一要务，准确把握以人为本，统筹兼顾，实现全面、协调、可持续发展。要依靠国家政策，寻找行业市场；加大科技投入，增强品牌意识；规范行业市场，提升产业结构；积极开拓国内国际广阔的市场空间。只有积极从危机中找到生存和发展的机会，化危为机，提升行业应对危机的能力，才能有效促进行业发展。

会议期间，参会代表听取了塑料管道相关政策标准、生产技术、市场状况、企业管理等方面14个交流报告。

【存在问题】

专委会工作还存在一些不足，主要有：

1. 行业的管理职能还没有得到全面发挥。

2. 行业调查工作滞后。

3. 行业质量管理、规范和引导市场工作办法还少。

4. 行业培训工作尚未开展，为会员单位提供学习的机会较少。

5. 参与制定塑料管道相关产品的标准、规程、规范工作力度还不够。

（中国塑料加工工业协会塑料管道专业委员会　王占杰）

塑料异型材及门窗制品
Plastic Profile, Doors and Windows

【行业现状】

1. 国际、国内经济形势

我国2009年上半年经济形势有所缓解，部分指标好转复苏已经已初露端倪。但是，外部需求持续萎缩，国内产能过剩问题仍显突出。在国家救市政策和措施的支持下，2009年下半年房地产业率先全面复苏，拉动了相关产品制造业的强劲回复，悬浮在塑料异型材及门窗行业头上的阴云随之散去。

欧美经济衰退是个长期的过程，因为它是一场由资产泡沫崩溃导致的经济衰退。当资产价格泡沫

破灭后，大量的金融机构和企业都会处于资不抵债的状况，从而大规模地遏制经济活动(2009年500强总市值缩水11万亿美元，跌幅达42%)。由此而造成的持续衰退，就是资产负债表衰退。为了扭转资不抵债的状况，企业的经济行为方式会发生变化，由以往追求利益的最大化，转变成追求债务最小化——企业会把收入的大部分用于还债，而不会用于再投资。此外，企业利润下降也会引起投资能力和信心不足，其结果必然会导致市场乏力、经济停滞。总体说来：世界各国经济下滑严重，我国经济喜忧参半。

任何一个国家的宏观经济，不管这个国家是什么样的政治制度和经济体制，都要看四大指标：一是经济增长率，二是就业或者是失业率，三是物价上涨率，四是国际收支平衡状况。短期内通过庞大的刺激需求计划来增加就业，拉动经济增长的办法固然重要，但是更重要的是：要把重点放在产业结构政策、产业组织政策、产品换代、技术升级等方面，来降低企业成本，提高企业效率，增加就业。这对消费需求的扩张具有根本的意义，也是长期提升经济增长的重要方法。我国经济体系更深层的问题，在于它的经济发展方式。

对中国经济产生重大影响的几方面情况：①人民币持续升值(极大影响了我国的对外出口贸易)；②劳动合同法的颁布(增加了企业成本及其他相关问题，尤其是劳动密集型的中小企业)；③食品安全问题(三鹿奶粉事件波及我国食品行业的对外销售)；④对我国房地产市场发展不成熟的分析判断及推行的若干措施，如：1)对市场性质的房地产开发用地地价、土地审批、房地产贷款融资及加收房屋购置税、二手房转让费用等；2)对政府有社会责任的低收入群体住房的开发建设迟缓；3)地方政府廉价征用了农村土地加价出售开发，而对以土地赖以生存的农民有无妥善、合理的补偿与安置等。

2. 我国塑料制品行业的发展形势

自2008年四季度以来，由于经济环境恶化导致需求放缓，加上全球范围内大量石化新增产能投产，造成出口受阻和国外产品低价倾销的双重压力，我国的石化、塑料相关产业经营环境日趋困难，产业安全受到威胁。目前国内生产的大宗塑料制品品种并不具备明显的竞争优势。过去20年，依靠良好的市场环境和廉价劳动力，世界制造业纷纷向中国聚集，同时也为塑料制品拓宽了应用市场，出口逐年大幅度递增。虽然目前困难重重，但是今后十年，中国将逐步从制造大国向制造强国转变，我国各种塑料制品的使用量会有更大幅度的增加(中国塑料消费量已居世界首位，但在人均消费量上仅为发达国家的七分之一，中等发达国家的四分之一)。未来十年预计，我国将要接近或达到中等发达国家的塑料消费水平。

目前，我国塑料制品企业普遍存在着巨大的成本压力，对各种原辅材料本土化的需求也越来越高，这将会给我国的塑料制品原辅材料供应商带来无限的商机和广阔的发展、提高和应用前景，并推动我国塑料制品业进入高速发展的时期。

我国目前仍是发展中国家，国内市场总需求仍是不断增长态势，我国的惠农拉动农村消费的政策、国家投巨资救市、房地产市场下半年率先复苏等，我国的经济运行态势很快扭转，我国塑料制品行业虽然目前困难不少，总体发展形势仍十分乐观。

3. 2009年中国房地产业形势

年初，从我国房地产业权威人士获悉：①2009年初我国商品房总空置面积达2.5亿平方米，空置面积仍有增大的趋势；②2009年房地产市场供应增幅会大幅下降，可能会出现负增长；③2009年房地产开发企业并购重组将会增加，企业总数量减少，烂尾楼会增加；④2009年全国房地产平均利润接近于零或亏损。大企业也难逃噩运；⑤2009年仍为政策年，中央、地方会有大小政策、措施频出救市；⑥各种舆论仍会笼罩全国，有可能对房地产市场环境不利；⑦2009年房价基本平稳或微涨。

从2009年五月份以后，房地产市场运行态势开始好转，全国各地房地产商大部分已经投入积极经营运作，持观望态度的大量减少。今年5月份有专家分析：今年下半年房市略有回暖，可能在不太长的时间内房市上涨存在喷发的可能。我国房地产业的复苏与恢复，一定会走在我国其他行业的前面，走在我国国民经济形势好转的前面，房地产业的复苏会有效拉动众多与建筑相关制品业的复苏，会有力促进我国国民经济的好转。从2009年下半年我国房地产业情况分析，我国房地产业已经走出谷底，整个房地产业在政府的支持与帮助下已经复苏，许多在建、待建工程重新启动，许多拆建项目工地也开始施工，许多开发商争取利用目前物美价廉的大好时机，努力创造更高、更多的效益。2009年三季度以后全国各大中城市的房价均有较大幅度的提升，全国总体呈现房价上涨，而全国现房销售总量同期下跌。

4. 2009年塑料异型材及门窗制品业基本经营状况

进入2009年第一季度以后PVC树脂价格一路走低，三月份树脂价格下滑至5000元/t以下的近年来历史最低价位。二季度以后开始缓步小幅上扬，但均低于往年同期水平。与往年同期相比，PVC 树脂价格平均低幅 1000～1500 元/t，与高价位年同期相比平均低幅在 2000 元/t 左右(国际市场同期降幅达 2000 元人民币/t)，其他辅料、助剂等价位与去年基本接近。截止 2009 年 7 月上旬 PVC 树脂价格徘徊在 6500 元/t 左右，历史同期在 8000～9000 元/t 或更高。而同期塑料异型材价格下调 800～1000 元/t。自去年四季度后市场突然大幅萎缩，进入 2009 年二季度以后市场有较强的回复。截止目前看，与 2008 年下半年相比已经是冰、火两重天，与其他行业相比并未显现出较严重的经济运行态势(主要原因是原材料价格低廉)。年初业内众多人士的担忧和紧张情绪基本得到缓释，因为有了一定的利润空间，压力自然减轻了许多。进入 2009 年下半年以后，伴随房地产业的复苏，塑料异型材及塑料门窗的市场需求日渐强盛，不少企业进入满负荷生产状态，而市场供应仍显不足。市场供求态势是业内众多人士始料未及。

由于经营压力的减轻，利润空间的加大以及对今年下半年经营形势看好，不少型材企业自觉的逐步调整配方结构、改善工艺条件提升型材制品的力学性能及耐候性能，争取在质量方面提升市场形象。总体看来，我国的塑料异型材质量今年是转折年，由近几年的质量水平下滑转变为逐步提升。质量是企业的立足之本，长久保持高品质才能获取市场诚信和赞誉，是企业良性发展的基石之一。谁能保证在最艰难的时候品质不降低，始终坚持毫不妥协的质量标准，他必定是最后的赢家。更可喜的现象是部分制造低劣产品的中小企业倒闭或转为制造合格产品，市场在逐步走向成熟。

2009 年行业总体综合状况基本看好，市场在稳步回升。2009 年塑料异型材制品行业总产量超过 2007 年水平，2009 年总产销量达 280 万吨；2009 年行业总体平均盈利水平超过 2007 年平均盈利水平。

2009 年二季度以后，我国的塑料异型材挤出设备、模具出现新一轮旺销状况。自 1998 年至 2003 年间，是我国塑料异型材产能快速扩增的一段时间，而早期投入应用的设备已经使用了十几年的时间而严重陈旧、老化而面临更新。在 2009 年有一定利润空间的条件下，更新、淘汰陈旧设备是必然选择。未来 5～6 年间将是国产挤出设备进行淘汰、更新而引发的塑料异型材挤出设备、模具的旺销阶段。

【存在问题】

1. 产业结构不合理

企业规模结构不合理。大型企业产能规模最高可达 50 万吨/年以上，小企业产能低的只有 1～2kt/a，差距达百倍以上，技术水平、研发实力相差悬殊。

2. 企业水平差异巨大

(1) 除投资、规模、硬件的巨大差异外，企业的技术、研发、试验检测、产品制造水平等同样存在着巨大的差异。

(2) 产能布局不合理。在个别省区高度集中。

(3) 低水平重复建设发展严重。

(4) 普通技术产品多，高技术含量、高附加值产品少。

(5) 超越合理销售范围，跨区域销售较为普遍。有的企业销售点遍布全国。大型企业产能规模异地分散近几年虽已经见成效，但企业总部所在地仍旧偏大。

3. 成本压力大，企业利润低。

近年来，受国际原油价格大幅波动的影响，原料、助剂、填加剂的价格均有较大幅度的上升，电价、运输费用、人工成本等在不断的发生逐年增大的压力。终端产品受房地产市场的挤压呈逐年下滑态势，产业链利润空间的大部分被房地产业挤占。型材价格极难随成本增大向上浮动，整个产业群体饱受重挫。

4. 不正当和无序竞争情况突出

巨大的供需矛盾导致激烈的市场竞争，引发价格大战，以超低价位抢占市场份额，企业的经营目标由盈利多少演变成了市场占有率大小。为了达到目的，许多企业投入巨额资金填补亏空。大型企业由本地扩大到邻近地区乃至全国进行角逐，与众多以区域销售为主的中小企业展开竞争，凭实力大以超低价位逼使对手退出市场。

5. 产品质量下滑

迫于市场压力，一些企业为了生存和得到微薄的利润以增大碳酸钙份额降低生产成本，以牺牲高质量换取利益，造成行业产品整体质量偏低，给塑料异型材及塑料门窗带来极大的声誉损害。可喜的是 2009 年下半年市场强有力的回复，企业利润率较高，产品质量有较大、较全面的好转。

6. 产品品位偏低

多数厂家的产品基本雷同。中低档推拉窗占市场主要份额，高品质塑窗除出口外，国内少有订单。

7. 引进设备的优势发挥不明显

绝大部分引进设备均为欧州一流先进设备，约占总产能的 30%，可是这些设备大部分用来生产的产品与国产设备生产的产品品质区别不明显。

8. 产品质量透明度差，社会认知、认可度低

产品质量透明度差，社会认知、认可度低。门窗约80%销售给房产商，不足20%销售给城镇居民。房产商只看重价格，对门窗的性能、质量并不在意，使门窗的质量、品位难以提升，售后服务不能满意，市场应用总量与市场总需求不能同步发展，呈萎缩态势。

9. 原料、助剂、填加剂对型材质量影响严重

原料、助剂、填加剂质量参差不齐，型材企业对其质量缺少必要的分析手段和质量标准；某些原料、助剂、填加剂企业在其制品中填加不定量的替代材料和无效材料，对行业产生重大不良后果。

10. 行业缺失“企业诚信”管理

掺杂使假、以次充好、虚假宣传、不按标准进行生产制造等有失企业诚信的行为较为普遍存在，尚无良方杜绝。

11. 行业主产品：塑料异型材及塑料门窗缺乏市场宣传

目前，国内众多各方面人士对塑料异型材及塑料门窗缺少正确的认识，以及正确选择塑料异型材及塑料门窗产品的基本常识。

12. 行业科技研发与自主创新实力不够

科技研发投入不足、自主创新能力薄弱，大专院校没有对口的专业和相关国家级的研究机构。先进的成型工艺、配方设计、针对市场的变化需求而适时进行的高性能结构设计和产品设计主要是由企业的研发机构来完成。塑料异型材除门窗外，其他应用领域的产品开发及市场开拓基本处于停滞状态。科技成果少有大的突破。

13. 上下游制品间协作进行科研、开发尚未有效实现

【专委会活动】

1. 进入2009年以后面对主市场：房地产的疲软，专委会及时提出坚持以科学发展观面对当前行业形势，调整市场方向，在保持开拓新建市场份额的条件下千方百计寻求大中城市的旧窗更换、即有建筑的改造；寻求开发小城镇、乡村的低水平消费市场；寻求刚性消费市场，确保在市场疲软阶段行业总销量损失控制在不大于10%，认真贯彻、坚持科学发展观才是行业摆脱困境、保持良性发展的唯一途径的行业发展指导意见。。

2. 2009年上半年为了确保出口产品少受损失，专委会为促使国家为塑料异型材制品增加出口退税率而进行了必要的工作和努力。最终促成国家相关部门进行了出口退税率的调整。由取消出口退税调整为11%出口退税率。

3. 针对行业发展现状，专委会向行业发出了质量自律、价格自律、发展自律的倡议：

（1）产品质量自律。要求企业对产品质量实行严格管理，不合格产品坚决不准许出厂，把好质量关；合理选配原辅材料，配方要可靠，严禁无把握情况下过量填加填料份数；加强对高水平、高品质、高性能产品的销售推广力度，大幅度增加高品位的塑料门窗的市场份额，争取三年内高品位的塑料门窗的市场份额占总份额的15% ~20%。

（2）产品价格自律。要求企业合理计算成本，合理制定产品价格，争取在实现利润率7%左右范围制定产品价格。不打价格战、不搞恶意竞争。遵守行规、行约。

（3）企业发展自律。企业杜绝“比大”的非理性发展；不搞低水平重复建设。充分利用自身的多方面优势，以科技领先为原则走差异化发展的道路，以格外慎重的措施对待扩产、异地建厂。

4. 组织编制《钛白粉技术条件》行业标准。

5. 筹备、组织召开2009年行业年会、召开六届二次理事会。

6. 与中国氯碱工业协会、中国无机盐工业协会、助剂专业委员会等上游制品协会展开合作。

7. 为促进我国黄石模具整体快速提高进行了多方面工作。

8. 继续进行科技创新项目的研究试验工作，数项重大科技攻关项目已经有重大突破，预计在2010年将有几项成果。

高科技创新项目：

（1）超高性能硬PVC合金塑料异型材；

（2）较高性能高填充硬PVC塑料异型材的研制；

（3）高气密性、高水密性、高保温性能塑料推拉窗的研制；

（4）类晶体表面彩色装饰塑料异型材、高光亮度表面彩色装饰塑料异型材的研制；

（5）不含任何重金属环保有机热稳定剂的研制；

（6）提高城市工作、生活质量高效隔声窗的研制。

9. 促进上游制品的创新改造工作。

10. 评选奖励行业科技创新优秀企业、优秀专业技术工作者。促进行业科技进步、创新工作广泛开展。

11. 编制、印刷、发放第七集《技术交流汇编》，为行业科技创新工作奠定坚实基础。

12. 拟组织出国参观德国纽伦堡国际门窗博览会。

13. 继续编辑出版《塑料异型材》杂志、专委会网站等其他多方面的连续工作。

14. 组织申报数项行业标准编制计划。

【人物风采】

【程田青】山西中德型材公司董事长

一位具有行业传奇特色的企业领军人物，八载春秋展现了山西中德型材公司的神速成功发展之路，展示了程田青董事长伴随公司不断发展而呈现出的一位企业家不断成长、不断创造神话的辉煌里程。

1. 程田青董事长领导的中德型材公司发展缩影

放眼全国塑料型材市场，中德型材的身影无处不在。中德型材公司作为一家民族民营企业，在八年时间里，以科学发展观为指导，坚持走"特色"之路，与时俱进，开拓创新，实现了快速高效、超常规跨越式发展：

生产线：从2001年组建之初的4条生产线迅速成长为今日的200条生产线；

员工人数：公司成立之初仅有十几人，现增加到1200余人；

产品：由原来的单一品种发展到现如今的九大系列三百余个品种；

公司规模及销售网络：公司旗下有华北基地、潞矿基地、西南基地、西北基地及遍布全国各地的400余家办事处；产品不仅覆盖山西，同时还辐射华北、东北、西南、西北等地区。一举中标青藏铁路和奥运工程等多项国家重点工程建设项目。在做好国内市场的同时加大了品牌国际化进程，将品牌推向世界。凭着极高的品牌美誉度和卓越的产品品质赢得了国际市场，产品远销美洲、欧洲和东南亚等地区，已基本形成了"立足山西、辐射全国、跨出国门"的营销格局；

荣誉：公司先后荣获"全国民族团结进步模范集体"、"全国用户满意企业"、"中国轻工业企业文化建设先进集体"、"山西省百强民营企业"、"中国塑料加工工业协会副理事长单位"等诸多殊荣。程田青也因此荣获"魅力长治十大经济人物"、"山西省优秀企业家"、"依靠职工办企业优秀企业家"、"优秀人大代表"、"中国塑料加工工业协会专家委员会专家"等荣誉称号，2008年光荣当选为奥运火炬手，在2009年9月29日举行的国务院第五次全国民族团结进步表彰大会上，受到党和国家领导人的亲切接见。

业界人士称，中德塑钢型材有限公司的成长历程，是山西长治经济近年来快速发展的一个缩影。一家企业在短短八年当中能有如此骄人成绩，不能不谓之奇迹！在观察和揣度中德塑钢型材有限公司和她的掌舵人程田青的时候，我们更深刻地领悟到这一点。

2. 从无到有、以质取胜，彩绘早期发展的人生道路

刚过不惑之年的程田青是回族人，中学毕业后蹬过三轮车，学过画画，进过阿语学校，摆过台球，被亲友们称之为"爱折腾"的他开始跑运输、贩服装、经营钢材，直到1990年开始给别人经销铝合金型材、塑料型材，从此与塑料型材结下了不解之缘。

2000年，经营销售10多年并且生意红火的程田青，决定从经营领域向生产领域转变。当时，仅长治市就有5家具有一定规模的同类企业。程田青能否从市场的缝隙中闯出一片天地，不少人为他捏着一把汗。而程田青"固执"地认为，只要靠不断开发适合需求的新产品，打好客户至上的服务牌，就一定会有市场，就一定会成功。

目标确定之后，程田青开始了他紧张而细致的谋划。他远赴沈阳参加行业年会，到国内多家型材生产知名厂家取经……2001年11月18日，投资580万元的中德塑料型材有限公司正式运营，从此进入建材塑料异型材行业。

公司在起步之时，便保持了高起点，瞄准科技含量高，辐射带动强，市场容量大，发展前景好的产品，引进国际领先的PVC塑料异型材生产线，而且从工艺到配方均采用国际先进的德国挤出技术和绿色环保配方，生产的产品具有断面结构更加合理，表面光洁度更高，而且不变形，不变色，寿命长等优点。

新生的中德型材产品进入市场，刚好赶上各种原材料价格猛涨，而产成品的型材却价格低迷。这一高一低，无疑对于一个新生的公司是一个严峻的考验。程田青敏锐地意识到，类似的种种考验肯定还会无数次地遇到。处事果断的他此时显得格外冷静，他想，如果随大流生产普通型材产品，既没有规模优势，又没有品牌优势，那么结果自然是艰难生存。

"我们只能从寻找市场空白点上下功夫！"程田青在普通型材上寻求亮点。2002年8月，中德型材公司进行了扩产增线二期技改工程，使公司的生产规模明显扩张。2003年初，掀起了一场声势浩大的产品革新热潮，创建只有一年时间的中德型材公司，通过技术改进，研制出塑胶共挤(双密封)新产品，实现了密封胶条和型材一体化生产，显著提高了塑钢门窗的水密性能、气密性能、渗透性能。塑胶共挤(双密封)新产品的问世，增强了中德型材公司的核心竞争力，也为中德型材开拓了新的市场。2004年2月，又一项新产品铝塑复合(断桥隔热)盛装上市，它集中了铝合金型材及塑料型材的优点，不仅大大提高了门窗结构强度和抗老化性，而且隔热和

隔声效果十分显著。这一新产品再次让中德型材公司独步三晋。

尽管中德型材公司改革创新的产品赢得了畅销市场的“身份证”，但是，中德并非不切实际地盲目研制，而是目标明确地进行创新，那就是：以满足客户的需求为宗旨，生产实用性强的新产品，精准地把握消费者的需求，从而建立一整套科学有效的创新体系。在这一理念的支撑下，一款款独具个性的新产品：彩色(仿木纹)、彩色覆膜、彩色通体、四密封(UPVC)88四滑道、双色共挤型材等相继面市，并且由于外观新颖，质量上乘，深受用户的喜爱，中德型材把原本只为遮风挡雨的门窗做到了极致，研发、生产的九大系列、两百余个品种的产品，充分满足了用户个性化需求，多项产品获得国家专利。凭借不断推陈出新的竞争力，中德顺利走过了那个激情燃烧的岁月。

3. 以文化的力量推动企业的持续健康发展，学识才智的展现

回顾中德型材公司8年超常规跨越式的发展，其中一个重要的原因，就是公司始终不渝致力于企业文化建设，以企业文化的力量推动企业的持续健康发展。在中德，“人为本、技为先、质为根”的理念几乎路人皆知。不管是中德的客户还是朋友，在这里都能够深深地体味到企业文化的魅力。

有着睿智头脑的程田青在不断学哲学、学管理、学领导者艺术的同时，研究了大量成功企业的管理经验，以自己的智慧和魄力打造出与时俱进的企业文化。当你步入中德公司厂门后“门窗博物馆”、“五多”、“三个主动”、“三个管理”、“三个影响”、“三字工作真经”、“四考虑”、“四竞争”、“四表现”、“四事”、“五正确”、“六字方针”、“吃饼原理”等企业文化理念会不断展现在你的眼前。程田青董事长还坚持倡导：小事也是大事，细节决定成败，一个领导的综合素质等于一个企业的核心竞争力等。如今，阅读中德，企业文化所蕴含的中德品质，已十分和谐地贯彻到公司各个部门：用“五多”格式化自己，并为工作号脉，已成为每一位员工工作与学习的航标。中德型材公司将自己浓郁的企业文化通过具体实践以和风细雨、润物无声、潜移默化的形式植根于员工心灵深处。

2004年6月，公司再次扩产增线，处于强势发展态势的企业一方面产品供不应求，一方面人员紧缺。在这种情况下，公司决定把困难分解到每个员工头上。对此，程田青亲自召集员工，以通俗易懂的方式把公司企业文化“吃饼原理”很形象地运用到工作中，他说道：“假如有会议室这么大一张饼，让中层干部来吃需要几天?”员工有答三天的、有答五天的，还有人说十天。“就按十天算。那么现在让全体员工来吃需要几天?”这一次员工们不加思索异口同声地回答：“一天。”，“十比一啊！同志们，这就是效益，企业的经营管理需要大家参与，企业的困难需要大家分担”。在“吃饼原理”的感召下，全公司车间与车间之间、班组与班组之间、员工与员工之间，掀起了比、学、赶、帮、超的劳动竞赛热潮，生产很快进入正常轨道。

以人为本，科技领先，不拘一格用人才。具有远见卓识的程田青董事长领导的中德型材公司技术团队，高级管理人员及高级工程师来自湖北、上海、内蒙、山东等全国各地。科技创新、科技研发经费投入从起始几百万元逐年递增到千万元以上，并投资1200余万元建成了山西省规模最大的型材研发基地。“尊重人才、尊重科技”的企业文化奠定了企业快速良性发展的基础。

把企业文化建设作为培育中德品牌的一项重要工程。2002年8月18日，一份旨在弘扬企业精神、凝聚员工力量、营造企业文化、传递共享信息知识的《中德广场》正式出版。《中德广场》创办以来共出版243期，得到了社会各界的好评和认可。一位叫李秀晖的读者还给《中德广场》送来了一幅自己的书法作品：浇心励志，重塑人生。现在，《中德广场》已经成为展示中德文化的一扇窗口，成为管理者与员工交流的一方园地，成为社会了解中德、中德服务社会的一个平台……

中德型材公司企业文化建设的脚步永远不会停止。2007年7月20日，一个旨在提高员工职业技能和综合素质的综合性培训学校——中德塑钢型材有限公司职工大学挂牌成立。中德职工大学的独特之处，不仅注重对员工进行技术技能的培训，更注重对员工进行人生观、价值观、责任感、使命感等理念的熏陶和教化。

与此同时，中德还在全国同行业中，率先创办了门窗博物馆。通过展示我国门窗的历史沿革，让观者从中感悟和领略5000年中华文明史的源远流长，以及中华民族生生不息的顽强生命力。一位远道而来的客人参观了门窗博物馆后说，太行山作为我们民族的发祥地，不仅见证了我们民族的每一个历史进程，而且还把我们民族的光荣与骄傲，永远地镌刻在了它坚硬的脊梁上。

4. 蓄势待发的中德扩张之路，胆识魄力的展现

2006年，中德型材公司在长治市城区机械工业园区有了自己的新家，新厂一期工程仅用了10个月新建了总面积达20000余平方米的大型轻钢生产车间，

35kV 高压变电站，办公大楼、道路等主体工程项目，同期进行的还有老厂设备的搬迁、安装、调试、投产等各项工作，创造了长治市第一家“当年设计、当年建设、当年投产、当年达效”四同步速度。优质高效地完成了新厂二期、三期工程建设后，达到了先进挤出生产线100条，型材年产6万吨的生产规模，市场份额迅速扩大，品牌美誉度再次提升，产品相继中标青藏铁路拉萨火车站和奥运工程自行车场等多项国家重点工程建设项目。新厂的建立，为中德的腾飞搭建了良好平台。面对企业生产规模迅速扩大，市场不断做大的良好形势，程田青董事长领导的中德型材公司管理团队审时度势、科学决策，以开放超前的意识和眼光，积极实施“走出去”战略，以求在更大范围，更广领域和更高层次上的发展。

2008 年国庆节后，就在“中德”刚刚感知市场“凉气”时，程田青果断推出了“三个偏移”：由长距离市场向短距离市场偏移；由城市市场向农村市场偏移；由房地产商品房市场向经济适用房和廉租房市场偏移，作为新的发展战略的一个重要举措，化“危”为“机”，积极应对，紧紧抓住国家保增长、扩内需的契机，以自己的实际行动支援灾区重建，在成都温江海峡科技园投资 1.2 亿元，建设了生产线将达70余条，年生产能力可达 4.5 万吨，实现销售收入 4.5 亿元，为当地提供300余个就业岗位的西南生产基地——中德型材四川公司。专业的科研队伍，先进的设备，充满激情敬业爱岗的员工，保障了中德型材四川公司的飞速发展。短短 4 个月时间就以良好的信誉、优质的服务在四川首创佳绩，销售业绩不断攀升，已基本形成西南地区“四省一市”的营销网络。为满足不断增长市场需求，8 月 26 日，中德型材四川公司进行一期扩产增线工程，标志着中德型材公司的发展再次向着更高、更新的里程跨越。此举，再次彰显了程田青的魄力和眼光，为民营经济在金融危机下的转型发展创出了一条新路。

5. 无私奉献，以行动回报社会，大爱无疆的情怀

“乐善好施，扶危济困”是中华民族文化的优良传统，“达则兼济天下”是胸怀抱负人士的人生理想。在企业驶向迅速发展的快车道后，程田青把回馈社会作为自己的一项责任，八年时间，累计捐款捐物达600余万元；

2002 年 10 月 14 日重阳节，中德型材公司董事长程田青带着祝福的礼品，慰问长治市社会福利老年公寓的老人；

2003 年 5 月 20 日，中德型材公司向战斗在“抗击非典”一线的五马卫生院捐款10000元；

2004 年 12 月开始至今，程田青每月为残疾人申旭萍家庭提供300元资助；

2007 年 5 月 31 日，中德型材公司为青少年活动中心捐资 50 万元；

2008 年 8 月 27 日，中德型材公司董事长程田青出席了长治市回族教育基金会第十三届助学金发放仪式并捐赠了爱心款 3 万元。

2008 年 5 月 12 日汶川大地震后，在了解到四川灾区活动安置房急需塑钢门窗型材的情况后，中德型材公司毅然暂时放下原有订单，立即组织人力物力加班加点，以最快的速度赶制完价值 110 余万元的安置房塑钢型材，并迅速捐往灾区。

未来的日子里，程田青董事长将继续带领中德型材公司继续播洒大爱无疆的种子，让爱的阳光普照在生命的每一个角落；将继续带领中德型材公司不断创造奇迹为我国的低碳经济做出更大贡献，不断续写自己传奇辉煌人生。

【陈明辉】江苏联盟化学有限公司副总工程师

行业前列资深专家。二十多年来，始终在生产一线不断求索、潜心钻研、细心积累、大胆创新、无私奉献，为所在企业的发展和行业发展做出了功勋卓著的贡献。良好的职业道德是专业技术人员的楷模，在行业专业技术人员口碑中享有极高的声誉。

陈明辉总工自 1993 年进入塑料加工行业，一直在 PVC 塑料异型材及门窗制造企业和稳定剂制造企业从事专业技术工作至今。此前先后任中外合资胜利油田大明恒泰塑料建材有限公司总工程师、中外合资秦皇岛龙辰塑料建材有限公司总工程师、天津开发区金鹏塑料异型材制造有限公司总工程师。是中国塑料加工工业协会第一届、第二届专家委员会专家、中塑协异型材及门窗制品专委会会刊《塑料异型材》杂志顾问专家、北京市建材流通协会钢结构分会专家、天津市建材协会型材门窗专委会专家。现任江苏联盟化学有限公司副总工程师，从事无(低)重金属有机基稳定剂的研发和推广。

陈明辉总工具有坚韧的职业道德，在所有从事工作的单位始终坚持质量第一的原则，从来不以牺牲质量谋求利润的方式去研制产品。他耗费了大量的心血走科技创新之路，实现了自己以科技领先要市场、以不断创新为企业谋求高利润的理想之路。

陈明辉总工具有较强的事业心、社会责任感和创新能力。在长期从事 PVC 异型材及门窗企业的产品设计开发和生产管理、工艺技术与质量管理的过程中积累了较丰富的经验，熟悉欧美两大体系塑料门窗异型材的配方、工艺及门窗结构，作为唯一发明人拥有涉及塑料异型材门窗结构、模具方面的中

国发明专利2项、实用新型专利7项、外观设计专利53项。曾为有关企业提供了多个PVC异型材项目的工艺设计和项目建议书的编制。熟悉ISO 9000和ISO 14000标准，为多个企业建立了质量管理体系和主持编写全套质量体系文件，并通过了相应认证机构的认证。在《化学建材》、《塑料异型材》、《建筑门窗幕墙与设备》等刊物上发表过有关专业论文多篇。

陈明辉总工积极参与协会组织的行业活动：①在为贯彻GB/T 8814—2004国标的《实施新标准—开展配方试验及相关原辅材料评价活动》中作为主要的组织者之一参与了该项活动，并为其执笔撰写了《原辅材料评价及配方试验报告》；②2008年参与《PVC塑料异型材专用钛白粉》行业标准的制定；③2009年参与PVC塑料异型材专用原料标准的制定；④2009年参与节能型推拉窗攻关项目等。2009年获中国塑料加工工业协会颁发的“中国塑料工业先进工作者”称号和“中国塑料行业科技振兴卓越贡献奖”。

（中国塑料加工工业协会异型材及门窗制品专业委员会 王存吉）

注 塑 制 品
Injection Molding Products

【行业现状】

2009年，是中国塑料工业积极应对国际金融危机冲击的一年，经济总体形势呈现“低谷—反弹—回升”的运行态势。2009年全国塑料制品产量达到4479万吨，同比增长10.6%，工业总产值为10992亿元首超万亿元，同比增长13.4%，经济运行状况良好，发展势头看好。

在子行业塑料管道行业应用领域继续扩大，产量达580万吨，同比增长19%；塑料包装箱及容器向多样化、大型化、功能化迅速发展，产量达到550万吨，同比增长22%；托盘用量超过9亿个，年增长保持15%以上，其中塑料托盘和木塑复合材料托盘需求量达到2000万个；汽车工业高速增长带动车用注塑制品高增长，有力推动注塑制品需求继续稳步增长，市场应用份额持续扩大(表1)。

表1 2009年全国注塑制品主要产品产量表 万吨

建筑管件	电子电器	工业配件	汽车配件	塑料包装		日用制品
				周转箱	托 盘	
58	90	90	30	9.8	4	220

根据中国塑料工业协会注塑专委会2009年全国轻工注塑制品行业企业技术经济指标汇总分析，行业二十五家企业完成工业总产值12.5亿元。其中周转箱产值4.1亿元；汽车配件产值4.8亿元；家电配件产值0.23亿元；日用制品产值0.13亿元；其他制品产值3.2亿元。同比工业总产值增长10.3%。其中周转箱增长5.8%；汽车配件增长27.2%；家电配件增长4.4%；日用制品增长20.4%；其他制品增长-13.6%。完成工业总产量54085t。其中周转箱产量27780t；汽车配件产量12795t；家电配件产量1074t；日用制品产量604t；其他制品产量12222t。同比工业总产量增长6%。周转箱产量增长8.3%；汽车配件产量增长71.4%；家电配件产量增长-7.2%；日用制品产量增长17.3%；其他制品产量增长-22.7%。工业增加值2.3亿元，同比增长12.4%。固定资产净值平均余额3.95亿元，同比增长6.4%。2009年行业完成产品销售收入12.6亿元，完成利润5565万元。同比销售收入增长4.4%，利润增长74.5%。行业中8家企业销售收入超5000万元，7家企业利润超百万元，行业亏损企业4家，亏损额534万元，1家企业停产改行。行业职工平均人数3867人，同比增长-3.2%，行业职工年平均收入18153元/人，同比增加1101元/人。

【重点企业产能】

2009年度全国轻工注塑制品行业企业完成技经指标实绩排行榜：

排行名次	销售收入/万元	实现利润/万元	工业总产值/万元	工业总产量/t	
				总产量	其中：周转箱产量
1	浙江远翅控股集团有限公司 50299	浙江远翅控股集团有限公司 3394	浙江远翅控股集团有限公司 29912	浙江远翅控股集团有限公司 41401	无锡市巨龙塑化有限公司 8483
2	哈尔滨哈轻塑胶有限公司 12793	无锡市巨龙塑化有限公司 797	苏州富事达塑业有限公司 13760	新疆珠江塑料有限公司 8113	顺德大良塑料二厂有限公司 4618

续表

排行名次	销售收入/万元	实现利润/万元	工业总产值/万元	工业总产量/t	
				总产量	其中：周转箱产量
3	苏州富事达塑业有限公司 12590	苏州富事达塑业有限公司 563	哈尔滨哈轻塑胶有限公司 13112	顺德大良塑料二厂有限公司 5772	新疆珠江塑料有限公司 3035
4	新疆珠江塑料有限公司 10133	哈尔滨哈轻塑胶有限公司 370	新疆珠江塑料有限公司 10545	无锡市巨龙塑化有限公司 5598	杭州万里塑胶有限公司 2841
5	无锡市巨龙塑化有限公司 8483	威海市威鹰塑胶有限公司 289	无锡市巨龙塑化有限公司 9432	苏州富事达塑业有限公司 4723	苏州富事达塑业有限公司 2542
6	顺德大良塑料二厂有限公司 6860	顺德大良塑料二厂有限公司 266	天津津英达塑料制品有限公司 7341	哈尔滨哈轻塑胶有限公司 3724	烟台一塑科技发展有限公司 2000
7	天津津英达塑料制品有限公司 5376	山西晋特塑料有限公司 120	顺德大良塑料二厂有限公司 6682	威海市威鹰塑胶有限公司 3378	大连七宝塑料有限公司 1694
8	威海市威鹰塑胶有限公司 3926	大连七宝塑料有限公司 87	威海市威鹰塑胶有限公司 4700	杭州万里塑胶有限公司 3109	威海市威鹰塑胶有限公司 1625
9	杭州万里塑胶有限公司 3853	杭州万里塑胶有限公司 50	杭州万里塑胶有限公司 3793	四川广汉锐星塑胶有限公司 2176	山西晋特塑料有限公司 1400
10	烟台一塑科技发展有限公司 2750	天津津英达塑料制品有限公司 49	四川广汉锐星塑胶有限公司 3034	烟台一塑科技发展有限公司 2000	西安弘涛塑业有限公司 932

【专委会活动】

1. 为了表彰近年来为中国注塑行业发展过程中作出突出贡献的单位和个人，我专委会决定在国庆六十周年和庆祝协会成立二十周年之际，组织开展本行业首届“先进单位”、“先进工作者”的评选表彰活动。在广大成员单位推荐的基础上，经审核评定，决定授予刘军等二十名同志“先进工作者”荣誉称号。

我专委会号召全行业成员单位，在中国塑料加工工业协会的领导下，进一步解放思想、与时俱进、开拓创新，为促进我国塑料行业又好又快的发展作出重大贡献。同时希望受表彰的单位和个人珍惜荣誉、戒骄戒躁，扎实工作，充分发挥典型模范作用，在各自的岗位上发挥特长，再创佳绩。

先进单位名单(排序不分先后)

无锡市巨龙塑化有限公司

天津市永濠天速塑料制品有限公司(原天津市塑料制品模具厂)

山西晋特塑料制品有限公司

苏州工业园富事达塑业有限责任公司

杭州万里塑胶有限公司

浙江远翅控股集团有限公司

昆明市民族塑料化工实业总公司

新疆珠江塑料有限责任公司

天津市津英达塑料制品有限公司

大连七宝塑料有限公司

哈尔滨哈轻塑胶有限公司

义乌市一切塑料有限公司

烟台一塑科技发展有限公司

威海市威鹰塑胶有限公司

四川广汉锐星塑胶有限公司

西安弘涛塑业有限公司

佛山市顺德区大良塑料二厂有限公司

先进工作者名单

吴海祥　无锡市巨龙塑化有限公司

陆惠琴　无锡市巨龙塑化有限公司

张志伟　天津市永濠天塑塑料制品有限公司

李建国　山西晋特塑料制品有限公司

包建成　苏州工业园区富事达塑业有限责任公司

孔小炎　浙江远翅控股集团有限公司

丁国荣　杭州万里塑胶有限公司

陈锡洪　杭州万里塑胶有限公司

高　岩　新疆珠江塑料有限责任公司

郑雪芳　新疆珠江塑料有限责任公司

顾大全　中国塑料工业协会注塑制品专业委员会

李全明　天津市津英达塑料制品有限公司

刘　军　哈尔滨哈轻塑胶有限公司

车传馨　苏州工业园区富事达塑业有限公司

朱一切　义乌市一切塑料有限公司

陈文红　杭州万里塑胶有限公司

张志东　杭州万里塑胶有限公司

栾武利　烟台一塑科技发展有限公司

胡　涛　西安弘涛塑业有限公司

赵丽芬　昆明市民族塑料化工有限公司

哈尔滨哈轻塑胶有限公司被“汽车配件质量攻关QC小组”推荐为2009年轻工业优秀质量管理小组

2. 为了实施全国轻工业“塑料三年规划”，贯彻落实2009年中国塑料工业协会五届四次理事会的各项工作任务，振兴注塑制品行业，使行业经济持续发展，2009年6月25日在重庆市召开“先进塑料成型技术名家讲坛暨2009年中国塑料工业协会注塑专委会年会”。会议由先进塑料成型技术论坛(CAMFO)和中国塑料工业协会注塑专委会主办，重庆长安汽车工程研究院协办。专委会正、副理事长单位、理事成员单位以及其他行业的专家领带共计八十名代表出席了会议。中国塑料工业协会信息部许琳主任，重庆长安汽车股份有限公司汽车工程研究院梁光忠副院长，刘永清副所长等领导亲自列席会议，并作重要讲话。

会议由天津永濠天塑塑料制品有限公司张志伟副理事长主持开幕，长安汽车研究院梁光忠副院长致欢迎词，中国塑料工业协会许琳主任致开幕词，由无锡市巨龙塑化有限公司陆惠琴理事长代表理事会作“中国塑料工业协会注塑制品专委会2009年年会工作报告”。工作报告回顾2008年行业生产形势，2008年是塑料工业不平凡的一年，受国际金融危机的影响和石油价格暴涨暴跌，我们注塑制品行业受到了严峻的挑战，同比工业总产值增长2.3%，产量增长-6.5%，销售收入增长0.9%，利润增长-34.6%，总体形势不容乐观，但行业仍有五家企业销售产值双双超亿元，八家企业利润超百万，取得较好业绩，成为行业排头兵，支撑行业发展重任。总结注塑专委会主要工作(1)2008年12月在昆明市及时组织召开中国塑料工业协会注塑专委会理事长会议，面对全球金融危机，认真总结工作，不怕困难，坚定信念，共商对策，千方百计确保行业生产经济继续平稳发展。(2)根据中国塑料工业协会要求，专委会组织力量制定了“2009~2011年注塑制品行业振兴规划”，编写了2009年度《中国塑料工业年鉴》和推荐第二届中国塑料工业协会专家名单上报工作。(3)为了迎接国庆60周年和中国塑料工业协会成立20周年庆典活动，为了表彰近年来为中国塑料行业发展过程中作出突出贡献的单位和先进个人，注塑专委会推荐6个单位和8位个人为中国塑料行业先进单位和个人，推荐哈尔滨哈轻塑胶有限公司“汽车配件质量攻关QC小组”为全国轻工优秀质量管理小组等等工作，最大程度上发挥专委会的行业优势，全心全意为行业成员单位服务好，在认真总结工作的基础上，提出今后主要工作计划：(1)根据全国轻工业“塑料三年规划”的要求，结合注塑制品行业“三年振兴规划”，未来三年注塑制品行业塑料工业振兴目标为产量、产值、销售、利润年增长10%以上，注塑行业将培育一批年产量超5000t，产值、销售超亿元，利税超千万的行业“小巨人”。(2)配合中国塑料工业协会标准化办公室的要求，做好行业产品标准化管理基础工作，搭建塑料标准体系框架规划。(3)在全行业内加快经济增长方式转变，推行节能减排，可持续发展，大力发展“绿色塑料”、“环保塑料”，实施今后三年节能降耗12%的目标。(4)树立典型企业，交流推广先进事迹。为表彰近年来为注塑行业发展作出贡献的成员单位和个人，今年在行业内开展评选“先进单位”和“先进个人”活动。(5)商讨筹措2010年中国塑料工业协会注塑专委会年会的各项准备工作。理事会报告得到与会代表的一致赞同，审议通过。

接着，大会安排华南注塑技术管理顾问有限公司余成根先生作“科学注塑成型工艺——观念创新及技术要点”的讲座。宁波百川模具制造公司方辉忠总经理作“通过产品和模具设计削减塑料制品的成本——观念创新及技术要点”的讲座。金发科技股份有限公司技术研究部王大中作“模流分析在汽车制造件上的应用案例和常见缺陷处理”的讲座。苏州模福殴模塑科技有限公司吴凤智作“型腔压力/温度传感器，先进成型技术可视化解决方案”的讲座。并组织合作交流，宗旨加快和提高企业产品创新，管理创新的力度和水平，推动企业的转型升级，提高企业的核心竞争力和扩展市场能力，提高行业整体技术水平。讲座得到与会代表的一致好评。

最后，会议组织部分会议代表参观考察重庆远翅塑料有限公司，对贵公司的热情和接待表示衷心的感谢。对重庆长安汽车股份有限公司汽车工程研究院为保证讲坛年会顺利进行提供支持表示感谢。

3. 继续认真作好基础信息平台建设，坚持作好全行业的经济指标年度汇总、统计分析工作，建立行业数据库，为行业制定发展规划、决策，相互了解沟通，提供重要数据。继续做好《中国塑料工业协会注塑专委会通讯》出版发行工作。2009 年出版三期。

4. 遵照中国塑料工业协会专业委员会管理办法，认真做好中国塑料加工工业协会布置的各项工作，组织力量编写好《中国塑料工业年鉴》；协助协会做好行业产品标准的调整汇总，制订年度新标准计划；接待会员单位来访、来信和电话等多种方式的询问服务，配合兄弟行业和上、下游行业的技术咨询、业务往来、展览等项活动，积极帮助会员单位产品上品牌和创驰名商标活动等。更大程度上发挥专委会的行业优势，提高专委会的公信力。

【重点企业】

中国塑料工业协会注塑制品专业委员会理事会会长单位

2009 年中国塑料行业先进单位

无锡市巨龙塑化有限公司(原无锡市塑料一厂)，始建于 1956 年，半个世纪以来，公司从小到大，从生产塑料发夹、鞋底等日用小商品，发展形成拥有国内外先进 80g 至 20000g 注塑机群、塑料制品年加工能力 7000t 的专业化公司。年生产销售 200 万只/4000t 八个系列，一百多个品种规格塑料周转箱，系列大型塑料托盘和配套生产汽车、家电、电子、电器塑料配件以及高新技术工程塑料制品。获得上海大众、一汽集团、美的、小天鹅、春兰、松下等配套企业的好评。公司现有员工 250 余人，其中工程技术人员占 17%。有一支文化水平高、技术管理好、团结求实、创新高效的员工队伍。产品荣获国家银奖质量，公司于 1998 年通过 ISO 9000 质量认证。

公司引进建立注塑模具 CAD 辅助设计系统和 CAD/CAM 模具加工中心，模具设计制造能力达到国内模具行业的先进水平。

公司是中国塑料加工行业的骨干单位。1990 年被列为中国轻工总会和江苏省重点企业，1994 年以来连续被评为江苏省明星企业。1990 年以来一直担任中国塑料加工工业协会注塑制品专业委员会理事长和中国包协塑料制品的包装委员会箱包组组长的职务。是两个行业组织的所在驻地，为行业发展作出贡献，被评为“中国塑料工业协会优秀专委会”、“2009 年度中国塑料行业先进单位”。

中国塑料工业协会注塑制品专业委员会理事会副会长单位

2009 年中国塑料行业先进单位

杭州万里塑胶有限公司是专业生产各种塑料制品的中型企业。现为中国塑料加工工业协会注塑制品专业委员会副理事长单位，浙江省塑料工业协会理事单位。公司地处杭州莫干山路方家塘路，紧邻杭州汽车北站，交通十分便利。公司拥有固定资产原值 2882 万元，土地面积 22582m^2，建筑面积 13573m^2，职工人数 170 人，其中各类专业技术人员 59 人。公司有从 45g 到 6300g 注塑机和从 Φ45 到 Φ150 的挤出机等塑料加工专用设备 23 台(套)，塑料制品年生产能力 8930t。各种塑料烫金、印刷、制版、加工辅助设备 6 台(套)。各种塑料性能检测和产品检测设备 18 台(套)。各种金加工设备 15 台(套)。

2009 年公司工业总产值 4000 万元，塑料制品总产量 3200t，产品销售收入 3900 万元，实现利税 300 万元。主要产品有 24 瓶啤酒箱、12 瓶啤酒箱、食品周转箱、饮料周转箱、活塞专用周转箱、扑克专用周转箱、各种规格的通用周转箱和多种规格的异型周转箱、周转筐等；各种规格的高发泡聚乙烯(EPE)片材、复合片材、管材、棒材；各种汽车和工业配套件；高档家电塑料件；中空制品和日用塑料制品等 500 余种。为杭州松下电器公司、可口可乐公司和南京依维柯汽车有限公司指定塑料制品合格供应厂家。

公司质量检测手段齐全，质量管理体系完善，取得由“万泰认证”颁发的 ISO 9001:2000《质量管理体系》认证证书和 ISO 14001:2004《环境管理体系》认证证书。公司生产的产品在历年国家、省、市质量监督检查中所有指标全部合格，其中塑料饮料周转箱和食品周转箱多次被评为轻工部优质产品和浙江省优质产品。公司的“万里”商标是杭州市著名商标。公司信用等级 AAA 级。

公司十分重视技术进步和产品开发。近年来，公司加快设备更新换代，引进了 6 台全电脑控制的塑料注塑成型机。2006 年公司开发了符合现代商业概念的塑料周转箱和工业专用周转箱 6 只，汽车工业和其他工业新产品 2 只。这些产品进入市场后，深受用户欢迎，并取得了很好的社会效益和经济效益。

公司努力按社会主义市场经济要求完善内部管

理，建立灵活、快速、以人为本的反应机制，提高生产效率，降低生产成本，提高产品质量，提供优质服务、增加经济效益。公司将积极努力加强与大专院校和科研单位的联合；重视和完善信息交流工作、完善公司网络平台；积极引进先进技术、加大技术投入、引进各类人才；不断调整产品结构、努力向高科技含量、高附加值、产品深加工和精加工的方向发展；积极寻求与社会各方面、多层次、多方位、多种形式的合作；为用户提供更加优质的多种类型的服务，真正使公司成为用户可信任的朋友。

中国塑料工业协会注塑制品专业委员会理事会副会长单位

2009 年中国塑料行业先进单位

浙江远翅控股集团有限公司是国内最早研制、开发、配套生产汽车仪表板、保险杠、方向盘等汽车塑料零部件的企业之一，是“九五”国家重点扶持和发展的300家汽车零部件企业之一。2009年共计生产汽车仪表板102万套，保险杠、门板、方向盘等各50~100万套，集团完成销售4.4亿元并进入中国机械行业500强。2006年至今远翅被评为萧山百强企业，远翅产品为杭州名牌产品，远翅商标为浙江省驰名商标，远翅技术中心为浙江省级技术中心，2005年浙江远翅被评为省科技创新优秀单位。公司于1998年通过ISO 9002质量管理体系认证，2001年通过ISO 9001:2000版质量管理体系认证，2004年1月通过QS9000质量管理体系认证，2006年首次通过ISO/TS 16949质量管理体系认证。

浙江远翅控股集团总部位于杭州萧山新街镇山末址，集团总资产5.5亿元，现有员工1300人，下设柳州远翅、昌河远翅、重庆远翅、南京远翅、九江远翅和浙江公司六家全资或控股子公司，总占地13.7万平方米，建筑面积9.3万平方米。位于杭州萧山新街镇山末址集团总部占地面积5.5万平方米，建筑面积4.2万平方米。

浙江远翅控股集团目前产品的主要工艺有：注塑、发泡、吹塑、热成型、热压、涂装、包皮，水转印、塑料焊接、冲压及其他机加工等。

浙江远翅控股集团塑料制品年生产能力达15000t，新品开发投入占公司全年销售额的5%左右。主要产品有汽车仪表板、保险杠、方向盘(硬、软、包皮及桃木纹)、门内板、公交座椅等汽车内外饰件。主要配套车型有轿车、微型车、商务车、轻卡、大客车、重型车等。主要客户有一汽、上汽、东风、长安汽车、长安福特、昌河汽车、昌河铃木、福田汽车、南汽、西沃、重汽、江铃汽车、普美驾驶室等。

中国塑料工业协会注塑制品专业委员会理事会副会长单位

2009 年中国塑料行业先进单位

苏州工业园区富事达塑业有限责任公司(苏州塑料一厂)专业生产工程注塑制品、波纹管、片板材和改性材料，积累了50年的塑料加工专业技术经验。是江苏省高新技术企业，拥有自营进出口权，名列国家统计局公布的中国塑料加工企业的前列。

公司现有员工250人，各类专业技术人员100多人，工厂占地面积3.7万平方米，建筑面积2.5万平方米，固定资产3900万元。注塑生产基地位于苏州工业园区，挤出生产基地位于相城区。

追求质量零缺陷，满足并超越顾客的期望，是我们孜孜以求的目标，也是公司持续发展的基石之一。目前已通过了TUV公司的ISO 9001:2000、DVA6.1、QS9000的质量体系认证，2006年完成TS16949体系的转变。

公司实验室拥有研究分析测试设备近40台(套)，能按ISO、DIN、ASTM、GB等标准进行塑料理化性能测试。目前实验室通过了CMA认证，并被授权为江苏省塑料质量监督检测站苏州分站。

公司注重新品开发能力提升，引进了美国UG公司的CAD/CAM/CAE，实现了设计无纸化，成型过程演示化，制模程序电脑化。同时不断完善创新机制，加入新品开发投入力度。特别是加强特种工程塑料制品的开发。研究所被批准为苏州市工程塑料应用和开发技术中心，是首批市政府批准的10家技术中心之一。

企业将逐步建成在工程塑料行业中规模适度、技术领先、管理先进、装备精良、员工优秀、产品适销，拥有自身核心竞争力众多比较优势的塑料加工企业，办成一个蕴含公司经营哲学及企业文化有相当个性特点的优秀企业。

中国塑料工业协会注塑制品专业委员会理事会副会长单位

2009 年中国塑料行业先进单位

天津市塑料制品模具厂建于1965年1月，是国内著名的注塑机加工专业厂和塑料模具制造专业厂。现任中国模协理事长单位和中国塑料加工工业协会注塑制品专业委员会副理事长单位，中国包协塑料制品包装会箱包组副理事长单位。主要生产经营注塑、挤出、模具制造三大产品系列。

本厂是在20世纪70年代全国最早生产塑料周转箱的厂家，“冰山”牌塑料周转箱系列产品曾多次荣获市级及国家级优质产品称号。

本厂开发的塑料保温箱属于专利产品，这项产品的开发，当时填补了国内空白。多年来为本厂创造了稳定的经济效益，目前我们正致力于将该产品规格化、系列化。

近年来，本厂致力于外向型发展，在站稳内地市场的同时，我们积极拓展国外市场，通过各种渠道，与国外客户接洽，相继开发了晒鱼盘及大型花盆两项产品，在产品开发研制过程中，倾注了全体职工大量心血，使产品顺利进入国外市场，并为本厂争取了长年订单，成为我厂新的经济增长点。

天津市塑料制品模具厂完成改制，更名为天津市永濠天塑塑料制品有限公司。改制后我们计划在原设备基础上重新购置设备1600t、1100t、650t注塑机，继续开发汽车配件、电动自行车配件，抓住开发滨海新区的机遇，开发大型捕捞容器和渔业配套设施。

中国塑料工业协会注塑制品专业委员会理事会单位

天津市津英达塑料制品有限责任公司是1995年天津钢管公司和汉沽春光塑料厂合资组建的联营企业，是中国塑料加工协会会员单位，2009年中国塑料行业先进单位，主要产品是石油套管、油管用钢塑螺纹保护器。

公司位于天津市汉沽区东风北路，占地面积14869.3m^2，厂房占地10880.43m^2，办公楼及附属设施占地459.81m^2，公司现有员工400多名，科技人员15名。

目前公司总资产6000万元，投入巨资进行基础建设，更新全部生产设备，选用世界先进水平的德国DEMAG和日本全电脑控制系统注塑机，从125~3600T不同型号22台，45~200T液压机9台，CNC数控机床20余台，还拥有模具加工的全套设备，车、铣、刨、磨、钻床、线切割等共计15台，使用的中小型模具完全由企业自行设计制作。有一条金属喷涂生产线，能完成各种金属件的表面涂层处理。

本公司已于2000年通过了ISO 9001:2000版国际质量体系认证，2003年公司获取了中华人民共和国进出口企业资格证书。

十几年来，我们自行开发研制了螺纹保护器10大系列300多个品种，填补了多项国内外同类产品的空白，其中有16种产品获得国家发明专利，并有几项产品多次荣获国际大奖。

2009年，完成工业总产值7350万元，年实现利税400万元，被命名为纳税大户，为了促进企业的发展，适应市场的需求，我们确立了以钢管公司为依托，开发自己的产品，开拓广阔的塑料制品市场的经营思路，于是我们在2003年5月份又与天津钢管公司组建了鑫广塑料制品有限责任公司(劳服企业)，投资920万元，主要生产塑料托盘，目前已开发了10种不同规格的托盘，同时还开发了不同规格的卫生垃圾桶以及家电、汽车配件等产品的制造。其中塑料托盘先后开辟了工业、医药、食品等行业的市场。

2006年4月份又组建了广达石油制管有限公司，投资1500万元，主要生产石油套管和油管用接箍，目前正在准备开发二期工程，到今年11月底二期工程正式投入生产，生产产品最大规格为20″，生产能力为60万只/年.

目前，公司塑料制品市场在不断的开拓，产品品种不断增加。产品不仅仅局限于螺纹保护器、塑料托盘和垃圾桶，还逐步向家电和汽车配件等产品发展，这就要求我们对新产品、新设备、新技术和新原料有更近一步的了解和学习，尤其是在原料的改性方面我们还有一定的欠缺，所以公司领导决定将以下三个方面作为首要的技术攻关点；一是新型原材料的使用与改性助剂的选择，二是新型的注塑工艺，三是塑模设计、制作及试模结果检验水平的提高。

公司奉行“追求科学管理，坚持质量第一，满足客户需求”的质量方针，视产品质量为生命，不断融合国内外先进的质量方针和技术手段，产品质量的可靠性和稳定性得到充分的保障，公司现有专业质量管理人员20名，从班组操作工开始层层把关，形成立体的质量管理体系，确保产品出厂合格率为100%。

几年来，津英达塑料制品有限责任公司被评为国家级“守合同、重信用”单位，被市政府命名为“优秀企业”“三星级企业”“明星企业”，被市精神文明办命名为“精神文明单位”，被市总工会命名为“十五”立功先进单位，被评为区级“绿色企业”。

中国塑料工业协会注塑制品专业委员会理事会单位

哈尔滨哈轻塑胶有限公司是在原哈尔滨市塑料九厂的基础上重组的集团公司，2009年中国塑料行业先进单位。

哈尔滨哈轻塑胶有限公司，国有控股企业。黑龙江省从事塑料成型加工的龙头企业，最大的汽车塑料零部件系统供应商，是哈飞汽车、东安动力、奇瑞汽车等公司的重要零部件供应商。已从原生产单一的电器附件小厂，发展成为生产多品种，涉及多领域的综合性塑料加工企业。注塑加工制品注塑量从100g到50000g成系列配套，注塑锁模力80t至4000t，年注塑加工能力18000t。

公司员工总数455人，现有专业技术人员127人(高级专业技术人员9人，中级专业技术人员28人，初级专业技术人员90人)，占在岗员工总数的28%；工人技师26人，占在岗员工总数6%；本科学历人员44人，占在岗员工总数的9.7%，专科学历人员60人，占在岗员工总数的13.3%。公司为提高产品研发能力和强化质量保证体系，近年已培养一批能够熟练应用AUTOCAD软件、PRO/ECATIA/UG软件，从事产品三维设计的研发队伍，在研发手段，技术技能，实验检测，经验积累，工作流程方面基本与国外先进国家同步，并拥有专利多项。

公司目前资产总额20893万元，净资产13003万元。2009年度公司实现销售收入12793万元，在全国轻工注塑制品行业技经指标销售收入排名第二位；实现利润370万元，在全国轻工注塑制品行业技经指标排名第四位；实现工业总产值13112万元，在全国轻工注塑制品行业技经指标排名第三位。

近几年获得荣誉及体系认证情况

(1)公司曾荣获哈尔滨市第二十八届、第二十九届、第三十届劳模大会"先进单位"、"先进集体"称号；

(2)2008年公司被评为黑龙江省企业技术中心及哈尔滨市第一批企业技术中心；

(3)荣获2007年黑龙江省和谐劳动关系优秀企业称号；

(4)荣获2004年哈尔滨市纳税A级企业称号；

(5)企业连续十几年荣获哈尔滨市"守信用、重合同"优秀企业称号；

(6)1999年通过ISO 9002:1994版国际质量管理体系认证；

(7)2003年10月又通过ISO 9001:2000版国际质量管理体系换版认证；

(8)2006年6月通过ISO /TS16949认证；

(9)2006年12月通过3C认证；

(10)2009年9月，企业获得黑龙江省注塑行业唯一一家"高新技术企业"称号。

中国塑料工业协会注塑制品专业委员会理事会单位

佛山市顺德区大良塑料二厂有限公司始建于1972年，是一个综合性的塑料制品加工企业，主要生产大、中型的系列塑料周转箱、周转箩、奶品箱以及生产大、中型的中空异型制品、各类中空瓶罐制品，并兼生产塑料货架及出口钢塑制品。2009年中国塑料行业先进单位。

本公司是国家塑料制品加工协会始创会员，已获ISO 9001:2000国际体系认证，同时取得多家知名国际品牌饮料集团的质量认证，在1984年已注册使用的"高山"牌商标在客户中有很高的认知度，企业拥有稳定的客源。

公司占地2万平方米，其中净空(绿化)面积占35%，建筑面积1.8万平方米。年产塑料制品1万吨以上，生产能力充足，设备先进，技术力量雄厚，能设计和研发具有工艺技术含量高、结构较复杂、质量要求严的模具和塑料制品。

公司以"以人为本，诚信为上"的经营理念和"认真、有序、和谐、进步"的敬业精神，并用环保理念推动企业的发展。厂区内生产、生活配套设施完备，环境优美，员工队伍稳定。各项主要经济指标和技术质量指标连年提高。

公司真诚希望支持塑二公司的客户和同行能给予更多宝贵的意见和建议，以促进公司乃至塑料行业的蓬勃发展。

中国塑料工业协会注塑制品专业委员会理事会单位

四川广汉锐星塑胶有限公司是由四川省广汉塑料厂改制建立的塑料制品加工和塑料模具制造的股份制企业，与四川大学共同建立的塑料工程"科研生产实习基地"。公司位于美丽富饶的川西平原腹地——广汉市，占地4万平方米，距省会成都市30km。处成绵高速公路，川陕大件公路，广金公路交汇点。西距宝成铁路广汉站3km，南距中国民航飞行学院机场3km，交通便利。2009年中国塑料行业先进单位。

公司创建于1965年，经过多年的奋斗，公司已发展为具有吹塑中空容器、大型注塑制品、挤出板材、热成型工艺，以及塑料模具加工和塑料辅机制造的综合性塑料加工企业。公司通过ISO 9001:2000质量管理体系、"危险化学品包装物容器定点生产"认证，产品广泛服务于国民经济相关领域，主要系列有：塑料中空吹塑容器(容积2~200L)；塑料周转箱及日用品、塑料包装制品；塑料挤出板材及热成形制品；信息及家电产品塑料配件、工程塑料制品；CAD/CAM塑料模具、塑料辅机设计加工。

公司坚持"质量第一，持之以恒，优质产品+优良服务"的经营理念，愿与相关企业和商家互利合作共谋发展，为我国塑料工业的发展作出贡献。

中国塑料工业协会注塑制品专业委员会理事会单位

昆明民族塑料化工实业总公司(原昆明市民族塑料制品厂)，系股份合作制企业，2009年中国塑料行业先进单位。云南省最大的注塑专业厂。现有职工170人，固定资产3700万元，总资产4100万元。主要设备有日本东芝公司的2万克大型注塑机，日本三菱公司的1万克注塑机及日产四千克等各种中、小型注塑机，有为塑料制品二次加工的日本喷涂烫印设备，年生产能力达6500t以上，年产值可达4000万元左右。

现有产品五个系列三百多个品种：

（1）汽车配件系列：主要为一汽红塔汽车制造公司及二汽云南汽车公司配套。

（2）塑料周转箱系列有六十多个品种规格（其中最大容量300L）。

（3）各种工业配件（塑料托盘等）。

（4）民用产品（包括环卫用垃圾桶系列、塑料家具、花卉产品）。

（5）药品包装产品。

目前，平均开机率在50%左右的情况下，我们每年实现产值（500～2000）万元，产量1000t左右，销售额（1500～2000）万元，实现利税150万元左右。

随着科学技术的发展，塑料作为一种新型材料，越来越广泛地运用在国民经济各个领域，特别是纳米高新技术应用于塑料原料后，各种以塑代木、以塑代钢、以塑料代替玻璃等产品将会得到更迅猛的发展，并逐渐向"轻量化、复合化和功能化"三个方面发展。由于云南工业基础比较薄弱，市场有限，我们多年来都是采取少批量、多品种的办法，努力提高开机率，降低生产成本。

产品是企业的生命。企业的发展源于产品的不断创新，多年来，我们一直坚持两条腿走路的方针，即一方面进行技术改造，一方面不断开发新产品，以多品种、小批量适应市场、占领市场。这一切使公司从小到大，不断发展，并具有较强的抗风险能力，随着中央西部大开发的战略部署的落实，对企业发展的外部环境会越来越好，公司愿与社会同仁携手并进，共同发展。

公司地址：昆明市北京路凤凰村10号
总经理：赵丽芬
电话：(0571)5151743
传真：(0571)5172490
邮政编码：650051
网址：http//www. ynsuliao. com
E－mail：LF@ ynsuliao. com

中国塑料工业协会注塑制品专业委员会理事会单位

西安泓涛塑业有限公司，2009年中国塑料行业先进单位（原西安市塑料制品四厂），始建于1955年，是由建厂初期的5人刻章小组逐步发展起来的，尤其是近几年来迅速发展，到目前为止，已拥有总资产600万元，2003年产值首次突破1000万元；主要设备已全部更换为先进的电脑控制注射成型机（规格为200t至850t）。主要产品有各类塑料周转箱、工业配件。民用产品三大类，上百个品种，公司的注册商标"丽丽"，"丽丽"牌塑料周转箱在西北地区有较高的知名度，1985年通用周转箱产品获得陕西省优质产品称号；2000年乳制品周转箱系列产品获西安市优秀新产品奖。

近年来，我们凭借自己雄厚的技术力量和先进的设备，不断开发出适销对路的新品种，使我厂的产品多样化，系列化，满足广大用户的需求。2003年我厂开发新品种十多个（储物、整理系列箱；各种规格的桶产品等）今年计划增加5～10个新品种（工位器具等）。

随着国家对西部政策的倾斜，西部大开发为西部塑料制品包装、储运业提供了更加广阔的发展前景，但市场竞争也会更为激烈，为了更多的占领市场份额，根据目前我厂现实，计划增添1200～2000t大型注塑机，开发规格较大的周转箱及工业配件。

中国塑料工业协会注塑制品专业委员会理事会单位

山西晋特塑料制品有限公司，2009年中国塑料行业先进单位，是在2000年原太原塑料制品三厂和太原塑料模具机械厂合并的基础上成立的塑料制品专业生产企业。现企业占地面积约30亩，其中生产建筑面积10000余平方米。现有职工200余人，其中各类专业技术人员40人。

公司拥有固定资产3000余万元，下设注塑分厂等生产、管理机构，现有主要塑料机械设备20余台，已形成较完善的大型和精密系列注塑产品规模生产线，产品以各类塑料周转箱为主。现已有适用于冷饮、乳制品、禽蛋、蔬菜、水果、肉食、食品及工业专用箱系列和塑料办公用品、酒店餐饮用品和家居用品等系列产品，年综合加工塑料能力达4000余吨。

我公司产品均执行国家标准和企业内控标准，符合国家通用尺度堆码标准，企业采用科学的营销战略和战术，经过几年的努力，已形成了"一个依托，三个中心"：即以本省为依托，以"环渤海区域的北京为中心，以长江三角洲区域的上海为中心，以珠江三角洲区域的广州为中心的产品销售网络，产品辐射到全国20余个省、市，在国内同类产品中占有一定的市场份额。

卓越源于品质—作为现代化的企业，我公司愿一如既往地以诚信、卓越的企业理念，追求产品的完美，把产品的品质作为企业的核心竞争力，为社会提供品质更高，服务更好的产品，竭诚欢迎国际、国内客商来人、来电、来函选样订购，并可根据客商的要求，承接各种非标产品的设计加工。

企业地址：山西省太原市大东兴街92号

电话：0351－4421632

传真：0351－4431155

邮编：030013

中国塑料工业协会注塑制品专业委员会理事会单位

威海市威鹰塑胶有限公司（原文登市苘山福利塑料厂）位于胶东半岛东端文登市苘山镇镇区，是胶东半岛塑料制品种类最全、生产规模较大的生产厂家。始建于1979年，厂区占地51000m^2，建筑面积19000m^2，现有职工135人，拥有固定资产4800万元。

该厂工艺设备先进，技术力量雄厚，有注塑机18台，其中6300g2台，2500g2台，2000g2台，1500g2台，1000g2台，500g2台，200g2台，120g2台，60g1台，年可生产注塑制品5000t，有6台套挤出机，年生产自来水管1700t，大口径双壁缠绕管2000t，ABS管1200t，PVC异型材3000t，塑料子管1500t。威海市威鹰塑胶有限公司是中国注塑制品专业委员会理事单位、中国管道制品专业委员会会员单位，2009年中国塑料行业先进单位，连续多年被评为"重合同，守信用"企业，AAA级信誉企业，省级先进企业，全国500家最佳经济效益福利企业，市级文明单位和工业先进企业，并率先在全国同行业中获得ISO 9002国际质量体系认证。

中国塑料工业协会注塑制品专业委员会理事会单位

烟台一塑科技发展有限公司其前身为烟台塑料一厂，2009年中国塑料行业先进单位，是主要从事塑料注塑制品生产加工的股份制企业，拥有从原料进厂到产品出厂一整套管理体系和质量检测设备。先进的设备、工艺和丰富的生产经验，使企业具备了相当的规模和实力，在全国同行业中享有很高的声誉。

公司以促进塑料行业的发展和为社会作贡献为己任，努力为客户提供高质量服务。一次性通过ISO 9002质量体系认证，并取得美国可口可乐、百事可乐公司的严格质量认证，产品远销蒙古、俄罗斯、韩国等国家，年产量6000t。公司将依靠设备更新、技术进步，不断提高产品质量，以价格低、质量优、守信用竭诚为广大客户提供优质服务。

厂址：山东省烟台市只楚南路5号

电话：0535－6511121 6532310

传真：0535－6532309

网址：Http：//www. ytyisu. com

E－mail：ytyskj@163169. net

中国塑料工业协会注塑制品专业委员会理事会单位

义乌市一切塑料有限公司是专业生产迪风牌发动机配件企业。主要产品有潍柴、重汽、一汽等主机厂配套用发动机冷却风扇及发动机油气分离器等配套产品。同时生产各类工业用工位器具周转箱和民用各类生产用塑料制品。

本公司有三十余年生产历史。拥有国内最先进200～6000g注塑成型机，并通过ISO 9000:2001质量认证及TS16949国际汽车质量管理体系认证。2009年中国塑料行业先进单位。

中国塑料工业协会注塑制品专业委员会理事会单位

宁波东海塑料有限公司地处浙江宁波东海之滨，是中国塑料加工工业协会注塑制品专业委员会理事单位，专业生产塑料周转箱和工程塑料制品。产品有：液压动力单元用塑料油箱、工程塑料部件、家用电器配件、外贸塑料件、工业配件、日用塑料制品及各种系列塑料周转箱。

公司拥有大、中、小注塑机及塑料制品模具，配有塑料热转印、丝网印刷、热熔塑料焊接等专用设备，能广泛满足塑料加工的各种特殊要求。

公司宗旨"诚信为本，精益求精"，公司理念："用户需求高于一切"。

网站：http：//www. nbdhsl. com

http：//ccn. mofcom. gov. cn/202379

邮箱：dhsl@nbdhsl. com

【新产品开发】

1. 包装物流仓储产品

新产品名称	开发研究单位
300L塑料周转箱 垃圾分类和大型垃圾桶	昆明民族塑料化工实业总公司
系列塑料托盘	无锡市巨龙塑化有限公司
Z043型超强可口可乐箱 雪花啤酒12瓶箱 F118型超市周转箱、梅匾酒瓶折叠架 豆腐干、豆制品货架、海鲜、家禽塑料模板	杭州万里塑胶有限公司
塑料保温箱、电力系统电表专用箱 晒鱼箱、大型捕捞容器、建筑配件	天津市永濠天塑制品有限公司

续表

新产品名称	开发研究单位
邮箱、可口可乐 GEP 冷柜机组整套塑件	苏州富事达塑业有限公司
多用周转箱	四川锐星塑胶有限公司
畜牧专用箱	威鹰塑胶有限公司
叉车托盘、环保清洁箱	哈尔滨哈轻塑胶有限公司

2. 汽车塑料配套件

新产品名称	开发研究单位
CA6371 仪表板 北汽福田皮卡门板 爱迪尔系列整车塑料内外饰件 CH7140 门内板 北汽福田方向盘 CH7101 整车塑料件 CV6 保险杆 CV7 轿车仪表板总成	浙江远翅塑料有限公司
仪表盘、同色保险杆、门内护板、门槛立柱类	哈尔滨哈轻塑胶有限公司
一汽红塔汽车配件 二汽云南汽车配件	昆明民族塑料化工实业总公司

3. 日用制品

新产品名称	开发研究单位
塑料家具系列产品 药品包装	昆明民族塑料化工实业总公司
高档座厕板系列 塑料家具系列产品	广州洛民塑料有限公司
绿化托盘、塑料轴承、7055 樱花家电产品	苏州富事达塑业有限公司
电动自行车塑料配件、新能源配件	无锡市巨龙塑化有限公司
滑雪用具、XPS 保温板	哈尔滨哈轻塑股有限公司
大型花盆、电动自行车配件	天津塑料制品模具厂

【存在问题】

目前行业注塑制品专业化生产企业，大多数是由 20 世纪六七十年代改革开放轻工业创办国有集体塑料制品企业经改制成为民营、私营和合资企业，虽然经过改革开放几十年已取得较大发展，但总体水平仍然跟不上国民经济快速发展的要求，与国外先进国家比存在着一定差距，主要存在以下问题：

1. 国内注塑制品企业整体技术装备、生产管理水平、产品标准、质量与国外先进水平比还处于相对落后状态，产品档次处于末端，产品开发、自主创新能力、深度加工跟不上市场需求。

2. 我国注塑制品行业企业以配套加工产品为主，自主开发最终产品品种少，对注塑制品工业化标准体系和质量控制体系制定缺乏认识，相关标准不配套，产品标准不能适应商业市场需求，缺少自主知识产权制品和国家知名品牌产品。

3. 我国注塑制品市场法制建设滞后。由于注塑制品市场低技术含量、商品性强的产品居多，一些小型甚至家庭作坊式塑料企业以偷工减料、低档次、低价格倾销产品冲击市场，阻碍注塑产业的健康发展，国家目前缺乏完善的法规体系，缺乏有力的经济政策干预和法律处罚手段，扰乱了市场秩序，损害了消费者利益。

4. 塑料原材料供应方面，近几年来随着石化产业的高速发展，国内塑料原材料的自给率有了明显提高，达到 60% 左右，但仍不能满足下游制品加工企业需求，原料品种牌号少，选择余地小。近年来国际原油价暴涨暴跌，也严重影响到国内注塑制品企业稳定性。

5. 注塑制品行业专业技术和管理人才资源开发滞后，人才资源存量不足，人才的数量和素质水平跟不上行业的快速发展需求，解决尚待时日。

6. 我国注塑机产业与国外的差距主要表现在：(1) 特种机型的研发力度不够，如多组分注塑机，多工位注塑机，微发泡注塑机。适应汽车制品的专用化注塑机，主机匹配模具，辅机塑料成型车间的自动化、连续化、智能化注塑系统工程设备的研发等。(2) 国外普遍应用的全电动注塑机，以追求节能、精密、环保、高速、智能化、人性化的高档机，而国内以追求性价比为主的中档机。

7. 注塑模具产业发展不平衡，产品总体水平较低。虽然个别企业的产品已达到相当高的水平，个别企业的部分产品已达到或接近国际水平，但总体看来，模具精度、型腔表面粗糙度、模具材料、生产周期、寿命等指标与国外先进水平相比尚有较大的差距。包括生产方式和企业管理在内的总体水平与国外工业发达国家相比尚有 10 年以上的差距。

8. 2009 年中国塑料工业在国际金融危机冲击下，继续保持良好运行状况，作为分支行业，发展的同时也面临着困难，首先发展成本不断升高，国家不断提高油价、电价、运输价，增加企业的运行成本；能源、原材料等的上游产品价格上涨挤占了企业的大部分效益；同时企业安全生产、低碳、低耗、绿色环境保护费用投入升高；人力资源用工成本提高；给企业生存带来挑战，目前国内注塑加工企业以中小型企业为主体，再融资发展生产仍存在不少困难，希望能得到国家产业政策上的支持和各地区政府相关部门人力、财力上的支持，调整产业结构，否则只能退出市场，寻求出路。

【发展趋势】

随着现代制造业的发展，我国塑料加工业将从现在的塑料加工大国向塑料加工强国迈进。有利于低碳经济发展的绿色环保产品将受到政策鼓励和市场的青睐，原始创新、自主品牌、高附加值新产品、新工艺将成为塑料加工企业今后发展的总体趋势。

1. 全面落实科学发展观，走可持续发展的道路，在中央推出进一步扩大内需，确保经济稳定增长的十项重要措施指引下，当前重点开拓市场，扩大生产销售，保增长，积极采用信息处理技术、网络技术和电子商务在生产、销售经营管理中的应用。

2. 调整产业结构，发展规模经济，实现规模效益，切实做大做强一批注塑制品行业龙头企业。今后三年打造一批年销售超亿元，产量超万吨骨干企业，使优势企业在自主开发，规模性和市场竞争力上再上一个新台阶，培育1～2只国家名牌产品。

3. 遵照中国塑料工业未来重点发展方向要求，企业从过去“三低两高”(低附加值、低质量、低价值和高污染、高耗能)向高质量和高附加值的增长方式转变，走绿色发展道路。鼓励注塑制品企业开发无污染的绿色制品，节能环保组织生产，有条件的企业积极采用国际先进的环保、节能全电动注塑机。行业构建绿色制品评价体系，总体交流、表彰先进、营造绿色环保社会氛围，推动绿色产品的发展。

4. 促进产学研结合，坚持自主创新，增强企业活力，逐步实现由新产品设计制造，带动成型机械和模具创新设计发展的生机勃勃的行业发展局面。

5. 加强注塑制品行业与其他行业(上游行业中国塑料模具工业协会、中国塑料机械工业协会和中国石油化工工业协会；下游行业工业汽车行业协会、家电行业协会、建筑建材企业协会、物流包装工业协会)的交流与合作，共同建设一个社会化、网络化、开放式的服务体系，为注塑制品行业的企业技术创新和高新技术产业化的各种需求提供全方位服务，帮助上下游行业企业新产品开发，科技成果产业化提供服务平台，拓展注塑制品销售市场，充分发挥行业的联合作用。

6. 广泛开展职业培训，努力提高员工素质。当今注塑加工业技术水平体现一个国家塑料现代化的水平。注塑行业新技术、新装备、新材料、新工艺不断推陈出新，需要大量能掌握先进设备和加工工艺技术的员工，才能保证产品的高质量，满足需求，因此广泛开展职工培训，提高员工技术水平，建立行业培训基地，加快产业发展，适应新一轮的发展需要。

（中国塑料加工工业协会注塑制品专业委员会　顾大全　陆惠琴）

改性塑料
Modified Plastics

中国塑料加工工业协会改性塑料专业委员会近几年来国内外政治、经济、金融各方面风浪骤起，我国经济受到国际动荡局势影响，一度出现危机继而在全球范围内率先走出低谷，正在步入良性发展阶段。作为国民经济中与各个应用领域密切相关的塑料加工工业克服重重困难，始终保持着稳定发展的势头，为国民经济和社会生活作出了应有的贡献！

在科学发展观指引下，改性塑料专委会始终以增强为企业服务责任感，引领行业健康发展为目标。改性塑料行业是塑料加工产业的重要组成部分，它扎根于整个大行业之中，又服务于整个大行业，它有力地推动着塑料行业在新的历史时期以全新的模式发展，在为行业发展作出贡献的同时自身也在不断壮大，茁壮成长。做为改性塑料行业发展的引导者，改性塑料专委会以科学发展观做为工作的指路明灯，紧跟党和政府的战略部署，以创新的思维、创新的技术和创新的产品宣传行业、动员行业、引导行业，在缺乏经济实力、行政手段、舆论影响的困难条件下，做了一些力所能及的工作，得到上级协会的肯定，也得到业内外各方面的认可和鼓励！

【行业现状】

随着石油价格的大起大落，塑料的基础原料合成树脂价格在达到历史巅峰之后迅速回归到理性状态，仅为高价的一半左右，而金融危机迅速向实体经济蔓延，包括大量塑料制品加工或配套加工企业在内的直接或间接出口的外向型企业轰然倒闭更是让业内人士始料不及。

1. 合成树脂价格下降带来改性塑料需求骤减

曾几何时，合成树脂价格高企，为降低原材料成本，制品加工企业纷纷把目光投向无机粉体材料和废弃再生塑料，很多填充母料企业日产、月产都达到历史最高产量。一旦树脂价格下降，使用替代材料的积极性势必弱化，引起市场需求的剧烈波动，量减且利润空间大大紧缩。

2. 社会上的“事件”频发，过度的反应和保全的消费心理成为改性塑料健康发展的障碍

从2007年开始的“QS市场准入”要求到前年的“限塑”通知，从“三聚氰胺”到“密胺塑料餐具”，在对食品安全和食品包装安全日趋恐惧的消费者心里，深深埋下了对塑料制品和改性塑料常用物料的不信任的种子。

3. 尽管形势严峻，困难与责难重重，改性塑料行业仍然取得引人瞩目的成绩

国家发展和改革委员会已将“塑料改性与加工国家工程实验室”的建设任务下达给广州金发科技股份有限公司。

全国塑料标准化技术委员会已将“改性塑料”列为正式起草的国家标准项目，有关分技术委员会已经组建，标准正在制定过程之中。

国家发展和改革委员会已将国家循环经济试点项目(第二批)落在四川绵阳长鑫新材料发展有限公司，其主要任务就是通过有效的改性手段将废弃塑料加以资源化再利用。

国家科技部评审的“863”项目中有关高分子材料方面的多个课题都与改性技术有关，广东省科学技术厅、福建省经贸委等多个省级部门也都将改性塑料列为产学研结合产业化项目或重大科技产业化项目，寄予厚望。

4. 以广州金发科技股份有限公司为代表的改性塑料行业队伍日益壮大，成为塑料加工行业大军中一支不可小视的方面军

广州金发科技股份有限公司1993年建立，16年一路拼搏，产值从400万元上升到2007年的75亿元，2009年预计可达到100亿元，增长2500倍，其产品有改性聚乙烯、PP合金、HB级PP、阻燃PP、汽车用改性PP、改性PC、PC/ABS合金、阻燃ABS、ABS/PBT合金、PC/PET合金、改性PA6、改性PA66、改性PBT、PET、增强PP、ABS、阻燃HIPS、改性PVC、PVC/ABS合金、弹性体TPE以及改性工程塑料(聚苯醚、聚苯硫醚、AES、ASA、PLA等)和各种用途、级别的色母料、功能母料等。

其他改性塑料行业的骨干企业有浙江俊尔、上海日之升、上海杰事杰、上海心尔股份、南京聚隆、北京华腾、北京大正伟业、海尔科化、青岛宏信、山东道恩等数十家，也都具有相当的科技水平和经济实力；而数以百计的众多年产几百吨到几千吨改性塑料产品的中小企业更是各具特色。

改性塑料在塑料产业乃至整个国民经济中的重要地位是不言而喻的：

(1) 改性塑料大量使用资源相对丰富的非金属矿原料替代以石油为主要原料制成的合成树脂，这对当今将石油做为重要战略资源的国际国内形势都是影响深远的。

(2) 改性塑料可以使用大量可再生资源，如废弃塑料、植物纤维、淀粉等，其绿色、环保的特色明显。

(3) 改性塑料发挥科技创新的威力，可显著提高高分子材料的性能价格比，赋予单纯高分子材料本身所不可能具有的功能性，是调整产品结构，抢占经济科技制高点的有力举措。

(4) 改性塑料加工过程工艺流程短，投资少见效快，对安排就业，维护社会稳定也具有不可低估的贡献。

(5) 改性塑料在塑料产业中占据重要地位，发展前景十分乐观。

【专委会活动】

1. 举办多次学术和技术交流活动

(1) 2006年8月在河北省承德市召开专委会第六届理事会第一次会议，酝酿并产生了以赵安赤教授为理事长的新一届理事会领导机构。会议期间举办了“改性塑料优秀科技成果展示、推荐、交流、洽谈活动”。

(2) “2007改性塑料专用料在塑编包装制品中应用论坛”在北京召开，中国塑料工业协会塑料编织制品专业委员会理事长和秘书长都亲自到会助阵，北京纵与横塑编包装咨询服务部、《塑编包装》杂志编辑部协办了此次会议。

(3) 2007年8月在河北省秦皇岛市召开专委会第六届理事会第二次会议，同期举办了以“创新·发展”为核心思想的技术与信息交流会。

(4) 与余姚中国塑料城管委会于2008年6月共同承办了“全国改性塑料技术、装备、产品展示交流大会”。

该活动由中国塑料加工工业协会和浙江省余姚市人民政府共同主办，来自全国二十多个省市的企、事业单位二百多位代表及余姚本地一百多家企业参与了此次行业盛会，对行业和余姚地方企业“展现行业风貌、解读发展趋势、促进技术创新、扩大技贸业务”起了重要推动作用，而且为举办专业性、特色鲜明的行业交流活动，实现以会带展、以展强会，做到更加贴近企业，更加注意实效积累了有益的经验。

(5) 专委会第六届理事会第三次会议于2008年10月在江西省吉安市举行，同期举办了“碳酸钙等粉体材料在塑料中应用高峰论坛”。此次会议得到江西

省永丰县县委、政府、人大、政协的全力支持，而且还邀请到人造革、PVC异型材、塑编制品、管道、PVC电缆料等多个兄弟专委会的秘书长或行业专家到会宣讲下游用户对碳酸钙等粉体材料的需求，对改性塑料产业链的扩展和不同领域相互了解合作起了很好的作用。

(6) 2009年5月在广州与多功能母料专业委员会联合举办"改性塑料及功能母料产业发展论坛"，正值第23届中国国际塑料橡胶工业展览会开幕前夕，参加会议的企事业单位格外踊跃。中国塑料加工工业协会廖正品会长到会做了"发挥节材降耗、绿色环保、功能改性三大优势，携手共创改性塑料及功能母料产业美好未来"的报告。会议期间，代表们还兴致勃勃地参观了金发科技股份有限公司和华南理工大学聚合物新型成型装备国家工程研究中心，大家普遍反映此次会议达到了"激发智慧、拓展视野、解读趋势、搭建平台"的目的，是近年来改性塑料及功能母料产业领域不可多得的一次内容丰富，特色鲜明、成效显著的行业活动，将在行业健康发展的道路上留下深深的印记。

(7) 2010年元月在北京召开专委会第七届理事会第一次会议，选举产生了新一届理事会理事长、副理事长、秘书长和副秘书长，开始了新一轮征程。会议期间全体代表作为嘉宾出席了"塑料行业2010年春节团拜会"，还举办了小型实物展示和经贸交流活动。

2. 遵照上级协会要求，及时完成推荐专家、评选先进、树立典型等方面的工作，激励企业和业内科技人员作出更大成绩

(1) 中国塑料加工工业协会于2009年4月发出在全行业范围内评选"先进单位"和"先进个人"，并在2009年5月在广州召开的"中国塑料加工工业协会五届四次理事会扩大会议暨二十周年庆典大会"上公布了评选结果并颁发了荣誉证书。我专委会推荐的上海心尔新材料科技股份有限公司和浙江俊尔新材料有限公司两个企业以及赵安赤、刘英俊、徐同考、陈庆华四位同志获此殊荣。

(2) 2006年至2007年专委会先后两批共推荐28位科技人员入选中国塑料加工工业协会专家委员会第一届专家成员，已全部被吸纳。

(3) 2009年中国塑料工业协会专家委员会第二届第一次会议在内蒙古包头市举行。我专委会推荐的27位科技人员中除因本人未能到包头出席会议等原因未被批准的6位之外，其他21位均被吸纳为第二届专家委员会成员，名单如下：

赵安赤、刘英俊、徐同考、陈庆华、陈更新、
黄艳、申纪国、谢冬梅、张玉霞、
赵文聘、谷金河、张华集、凌伟、李群、
王梓刚、丁家德、赵兼国、黄云华、
杨东武、赵学华、张金柱

(4) 积极推荐企业参与"中国塑料行业企业信用等级评价"活动。中国塑料加工工业协会是国家商务部信用办和国资委行业协会办公室批准的组织实施单位。评价工作本着"自愿、公开、公正"原则进行，其结果将报商务部和国资委备案，并进行社会公示和推广宣传。目前我专委会推荐的青岛宏信塑胶(造粒)有限公司和山东得亚利高分子有限公司的申报已通过论证并获得相应证书。

3. 专委会为鼓励会员单位以科技为先导，创办科技型企业，发挥行业骨干及样板作用，在条件成熟的地方陆续设立"改性塑料科研试验生产开发基地"。三年来先后将余姚市汇合塑化有限公司、江西广源化工有限公司、天津玉泉工贸有限公司、福建奥峰科技有限公司设立为"改性塑料科研试验生产开发基地"，并颁发了证书和铭牌

4. 近三年里编辑出版会刊《塑料改性通讯》(包括会议论文资料集)12期，总字数达四百余万，内容丰富、详实、贴近企业、贴近实际，深受会员单位和业内各界人士欢迎。每年论文资料集都被中国科技信息研究所收藏，成为科技界可查询、调阅的文献资料

5. 积极为会员单位提供多方位优质服务

专委会主要领导和业内知名专家以服务企业，推动行业技术进步和业务发展为宗旨，积极参与会员单位的成果鉴定、项目论证、开业盛典等活动，采用口头、电话、电子邮件等多种方式为企业家和广大科技人员排忧解难，献计献策，得到会员单位的认可，增强了专委会的引领作用和凝聚力，也进一步体现出现代行业组织存在的必要性和重要性。

6. 积极参与产业链上相关行业的技术及经贸交流活动，一方面提升专委会的知名度，扩大影响；另一方面也沟通不同行业之间的往来，相互促进实现共赢！

近三年来参加的重要活动有：

中国农用塑料应用技术学会农用塑料制品分会2006年理事会、中国建材工业协会粉体技术分会成立大会暨第一届理事扩大会议、吉林省临江市主办的"硅藻土开发及综合利用研讨会"、中国沼气学会召开的"工厂化生产户用沼气池开发利用研讨会"、"食品用塑料包装、容器、工具等制品市场准入(QS)宣传交流会"、中国资源综合利用协会主办的"奥运场馆用木塑复合材料与制品应用现场会"、"中

国第三届塑料与环保产业研讨会”、“福建省塑料产业产学研现场会”、“全国塑编行业联谊会”、“第一届和第二届国际塑木复合材料(WPC)现状与发展研讨会”、“第七届塑料和第八届产品配方设计学习研讨班”、雅式出版公司组织的“中美塑料产业发展高峰论坛”、“第一届全国非金属矿加工与应用新技术讲座及交流大会”以及“非金属矿行业知识与加工技术培训班”、“国际粉体技术与应用论坛暨全国粉体产品设备应用技术交流大会”、“中国无机盐工业协会钙镁盐分会2008年年会”、“广西贺州石材重钙产品展销暨项目招商洽谈会”、“非金属矿行业知识与加工技术培训班”、“全国粉体技术—设备—产品信息交流大会”、“中国无机盐工业协会钙镁盐分会2009年年会”、“2008年东北三省塑料行业高峰论坛”、“福建省石化下游产业暨改性塑料项目对接会”、“2008全国塑料造纸化学品生产与应用技术研讨会”、“第二届四次年会暨国内外塑编行业发展及创新产品发布会议”、中国五矿化工进出口商会举办的“第八届中国工业矿物大会”、中国染料工业协会色母粒专业委员会召开的“2009全国塑料着色与色母粒学术交流会”、中国塑料工业协会塑料编织制品专委会承办的“第三届全国塑编及产业链联谊会暨科技、交流与市场对接会”、中国塑料工业协会助剂专委会召开的“2009年塑料助剂生产与应用技术信息交流会”、浙江省长兴县人民政府和中国建材协会粉体技术分会联合举办的“国际粉体技术产品商贸交流大会”、慧聪塑料网组织的“彼此激励共同成长——中国塑料行业十佳企业总评选活动”、深圳市塑胶行业协会主办的“第一届中国国际生物降解塑料应用研讨会”等。

7. 坚持不懈地推进专委会组织建设

在社会团体生存相对宽松的今天，专委会会员的流动频率高，数量大，但专委会的生存和正常运作离不开会员单位精神上、物质上两方面的支持。专委会采取巩固骨干队伍、吸纳新鲜血液、默认会员单位选择等策略，同时为会员单位提供热情周到的服务以增强向心力和凝聚力，始终保持着一支具有广泛性、代表性和权威性的会员队伍。第六届理事会于2006年8月召开第一次会议至2009年，先后共有二百多个单位正式成为理事单位，其中常务理事单位占45%，副理事长单位达到21个。新生力量不断涌现不仅体现了改性塑料行业兴旺发达的盛况，也极有力地支持了专委会的正常运转和良性发展。

8. 受上级协会委托承办“2010年塑料行业春节团拜会”

中国塑料加工工业协会在每年春节到来之前例行举办全行业春节团拜会，塑料加工行业的老领导、业内知名教授、专家、关心和支持塑料行业发展的国家部委和轻工业联合会各主管部门领导、专家、协会所属各专业委员会以及地方塑料协会工作人员以及全国各地的企业家欢聚一堂、共迎新春，起到联络感情、振奋精神、增强协会凝聚力、推动行业发展的重要作用！

受协会领导委托，2010年塑料行业春节团拜会由改性塑料专委会承办。在协会领导亲自主持、督促和谋划下，落实举办地点、选定出席嘉宾、筹措举办经费、发出盛情邀请，得到政府主管部门和业内外领导、专家、企业家的热情响应，于2010年元月31日成功举办。

9. 召开改性塑料专委会理事会七届一次会议，选举产生了新一届理事会领导机构

专委会理事会每三年为一届，第七届理事会任期为2009年7月至2012年6月，新一届理事会和领导机构换届的筹备工作自2009年5月开始，原计划2009年10月召开理事会七届一次会议，因故推迟至2010年1月举行。

2009年5月专委会秘书处发布“中国塑料工业协会改性塑料专委会入会及交费办法”，要求继续出任专委会理事单位的企事业单位填报“第七届理事会理事单位、个人理事登记确认表”。至2009年底共有125个单位和75位专家学者分别成为第七届理事会第一批理事单位和个人理事。

2009年11月专委会在会刊《塑料改性通讯》上和中国改性塑料网上公布获得第七届理事会第一批理事单位和理事资格的会员名录，并公布“专委会第七届理事会领导机构产生办法”和“第七届理事会常务理事候选人名单”、“第七届理事会理事长、副理事长、秘书长候选人名单”，广泛征求各方意见，并在第七届理事会第一次会议开会之前及时进行了调整。

2009年11月20日专委会将“第七届理事会常务理事、理事长、副理事长、秘书长、副秘书长产生办法”和“第七届理事会理事长、副理事长、秘书长候选人名单”上报中国塑料加工工业协会，并已得到批复。

专委会第七届理事会第一次会议于2010年元月30日召开，顺利完成预定各项议程。

【发展趋势】

改性塑料行业充满生机，改性塑料专委会诞生将近20年，得到行业内众多企业的真诚拥护和支持，在新的形势下如何办好民间社团性质的行业组织也积累了许多宝贵的经验，大家对行业的发展和专委会的成长充满信心。我们的工作不断得到上级

协会的肯定和社会各方面的赞许，但限于大环境的影响和自身条件的限制，我们深知离广大会员单位和社会各界的期望还差得很远。今后要努力向兄弟专委会学习，遵循行业组织的发展规律，重视新生力量的培养，强化为会员单位和行业服务的意识，争取把工作做得更加出色！

敢问路在何方，路在脚下，我们要步步为营；敢问希望何寻，希望就在远方，我们还要昂首前行！

（中国塑料加工工业协会改性塑料专业委员会　刘英俊）

农用薄膜
Agricultural Film

【行业现状】

2009年是新世纪以来我国经济发展最为困难的一年，对于农膜行业则更是奋力向上且艰难爬坡、极不平凡又令人振奋的一年。受2008年下半年席卷全球国际金融风暴冲击，2008年底农膜行业深探谷底，当年规模以上企业农膜产量仅为93.91万吨，比2007年的同期减少了5.66%。面对危机，举国一致唱响保增长、调结构、扩内需，促消费主旋律。党中央、国务院果断决策，及时出台一揽子计划，包括编制出台《轻工产业调整振兴规划》等，进入2009年国民经济逐渐显现回暖，农膜行业开始走出谷底，产量逐月回升，到年底规模以上企业农膜产量首次突破百万吨，达到119.34万吨，比2008年同期增长18.39%。据统计，2008～2009年度全国农膜的使用量达207.9万吨。其中棚膜102.3万吨，覆盖面积达5020万亩；地膜105.6万吨，覆盖面积达2.8～2.9亿亩。目前我国农膜行业拥有生产企业千家，总生产能力约400万吨，千家企业中规模以上企业约200家，年产量120万吨左右，年产量万吨以上企业30多家，3000t以上企业50多家，其余大多数企业年产在3000t以下，千家企业分布在31个省（市、区），规模以上企业主要集中在山东、东北、江浙、河南等地。山东省是国内农膜生产和应用量最大的省份，有各类农膜企业百家，实际产量估计百万吨，省内应用量约50万吨，其中规模以上企业产量接近40万吨，约占全国规模以上企业总产量的三分之一，可谓独占鳌头。排在其后的第2～6名的河南、新疆、吉林、浙江、四川五省规模以上企业产量合计，可与山东一省的产量持平。上述6个省的产量相当全国的三分之二，在很大程度上代表了我国农膜行业的总体水平。我国农膜行业中的7家“中国名牌”企业：山东清源集团有限公司、北京华盾雪花塑料集团有限责任公司、河北宝硕股份有限公司创业塑料分公司、天塑科技集团天津第二塑料制品厂、白山喜丰塑料股份有限公司、佛山塑料集团股份有限公司、浙江大东南集团有限公司是行业中技术水平最高，生产经营实力最强的农膜生产企业。我国大型企业农膜产品中，地膜的种类有较大发展，目前有流滴、除草、保温、渗水、降解、转光、各种颜色包括黑、绿、银灰、黑/白、黑/银双色及配色地膜，还有打孔、微孔等多种功能地膜；棚膜产品同国外有一定差距，正向着高保温、高透光、超长寿、转光及流滴、消雾功能与寿命同步方向发展。能适应不同地域如高寒、强紫外线、低纬度等特殊要求的薄膜，特种瓜果、蔬菜、花卉等抗农药、遮光等特殊要求的薄膜、涂覆型流滴、消雾功能与寿命同步棚膜等新产品也不断涌现。特别是在我国普遍使用的厚度0.01mm以下薄型膜的使用寿命、转光及流滴、消雾等功能方面，生产技术已处世界先进水平。目前以防老化功能为基础的农膜在我国正处于产品寿命成长期、蓬勃发展阶段，市场前景广阔，但产品质量有待进一步提高。

【存在问题】

过去二三十年里我国的农膜产业得到了迅猛发展，取得了长足的进步。整个行业从产业规模、技术装备、加工技术和工艺水平、产品数量品质、从业人员素质等方面都得到了较大提升，企业技术创新，科研成果转化等也取得较大的进展，产量和使用量居世界第一，基本满足现阶段农业生产的需求和一般农业栽培技术要求。但就品种、质量、功能而言，还不能完全满足现代化农业栽培技术和国家优质高效、绿色环保和资源节约的要求，与国外先进水平比较还存在着差距，特别是数量众多的中小企业差别更加明显，主要表现在：

1. 技术水平方面

（1）科技投入不足，产品开发能力薄弱

农膜生产本身是微利行业，中小型企业多，技术力量薄弱，融资困难，无足够实力进行新产品研发。由于科技投入不足，创新能力差，则缺乏自主知识产权技术。国内现有的大专院校和研究院所，也存在着研究经费不足、研究手段不够，研究开发力不够且与生产实际结合不紧密的问题。由于相关产业如助剂、设备的发展相对滞后和农业生产的特殊性，农用薄膜新产品开发和应用的周期一般都在3～5年，致使高技术产品的发展和推广迟缓，在高端农用薄膜的开发、应用方面，明显与先进国家差距较大，有的高档农用薄膜，如ETFE高强度高耐候农膜（寿命10年、15年）我国尚不具备生产能力。

（2）产品结构尚不合理，中低档产品偏多

我国农膜行业存在部分产品生产能力相对过剩、产品结构不合理的矛盾，表现为中低档产品偏多，高档产品少；通用技术产品多，高技术含量、高附加值产品少。行业内长寿命、涂覆型等高档农膜仅占农膜总量的2%左右，具有2年以下寿命、3个月流滴、消雾功能的中档农膜不到40%；而普通棚膜、地膜这些低档农膜仍占总量的60%以上，与发达国家高、中、低档农膜各占20%、50%、30%的水平相比有相当大的差距。究其原因：农产品市场价格不稳定，农民的价格承受能力较低，使得中低档产品市场存在明显的恶性竞争，影响高档农膜产品的发展和推广，如具有高透光、高强度、高耐候性能、寿命三年以上，甚至流滴、消雾功能与寿命同步的农膜国内生产、应用量很少。

（3）总体装备水平低、工艺技术相对落后

功能性农膜发展到今天，许多加工方面的难题都要靠设备的改造和工艺技术创新才能解决，近年来有实力的农膜企业加快了技术改造和研究开发的步伐，不断改造、更新设备。但多数企业因技术改造能力和资金上的限制，装备多年一贯制，陈旧老化、技术性能落后的塑机仍占较大比例，目前正在使用的设备约60%属高能耗、低产能型。在控制系统、辅机系统、容量、速度、精度方面问题较多，致使农膜产品在厚薄均匀度、外观质量、内在性能方面与进口产品的差距较大。

2. 企业质量管理方面

（1）产品质量管理体系不健全

国内农膜生产企业，仅部分大、中型企业通过了ISO 9000国际质量体系认证，拥有专业的质量工程师，具备完备的产品质量检测仪器和手段，大多数中小生产企业不具备相应的质量管理和检测手段，部分小型企业甚至没有专门的质量检测部门，产品的质量控制仅仅依靠卷尺、千分尺和眼看手摸控制，产品质量没有保障。

（2）员工队伍不够稳定，素质有待提高

一方面，用户对农膜的要求越来越高，薄膜是要越来越薄、越来越宽，而厚度、宽窄的偏差要越来越小，致使生产难度加大，对操作工的技术水平要求也越来越高；另一方面，由于农膜生产为低利行业，企业经济能力有限，难以吸引和招聘到高素质人才；加之企业生产季节性强，不能保证操作工的连续使用。上述原因使得企业生产人员流动性大，技术队伍不够稳定，生产技术水平难于平稳提高。

（3）管理体制不健全，部分企业家族式管理色彩较浓厚

农膜生产企业以中小型企业居多，家族企业较多，片面地把追求利润放首位。此种模式下，企业没有长远打算，缺乏质量意识，没有完善的管理制度和管理模式，管理水平低下，造成产品疏于检验，粗制滥造，极大地影响了产品质量。

3. 原材料方面

（1）国产树脂、助剂贫乏质低，影响农膜档次提高

国内农膜专用树脂、助剂的品种少、性能差，每年需高价进口大量农膜专用树脂、助剂，如高VA含量的EVA树脂、C6、C8的LLDPE及m－LLDPE树脂及高透明、高弹性的LDPE树脂等。国内现有农用薄膜的功能性助剂效能低、发展较缓慢，各助剂企业的新产品开发多数处于追赶或模仿国际先进水平状态，因此高性能树脂、助剂受制于人，成为我国农膜上水平上档次高质量的严重障碍之一。

（2）农膜原料质量稳定性影响产品质量

许多不合格产品是由于原材料、助剂质量不稳定造成的。相同牌号产品，批与批之间质量不一致（此种情况以国产料居多），但由于企业自身监控能力有限，没有检测意识，造成产品的外观、性能变化，质量没有保障。其他包括树脂在运输、贮存时出现进水、污染，助剂因天气而吸潮、变质等问题，都有可能造成产品质量的不稳定。

（3）农膜原材料价格变化，企业生产难度大、质量难保证

适用牌号的原料不能稳定供应，成为影响产品质量的一个突出问题。农膜生产所需原料经常随着国际原油的价格暴涨暴跌。而农膜生产经营中原材料成本占产品生产成本的比重为80%到90%，且农膜属季节性销售产品，企业生产经营的特点是短时间、大批量、销售区域广，资金占用量大。一旦遇到原料大涨，流动资金紧张，各生产企业因生产规模小而散，相对于供应商议价能力偏弱，没有大量的资金，只得小批量进料；遇到大跌，购买原料就意味着贬值，企业不敢放手组织生产，生产经营的难度加大。因此有的企业什么料价低用什么，不管原料是否适合棚膜、地膜使用，甚至有的企业使用废旧聚乙烯塑料加工生产农膜，这样的产品质量根本无法保证。

【专委会活动】

1. 面对国际金融危机对中国农膜企业带来的严重影响，为使上级部门及时了解下情和存在的困难，专委会工作人员深入基层走访座谈，认真倾听企业意见和建议，通过调查研究，将农膜行业当前的状况和存

在的各类问题，以及希望上级给予的政策支持，比如切实解决企业融资难问题，对节能减排设备改造给予适当的专项资金支持等，及时上报中塑协和有关部委，得到上级重视，为国家出台扶持轻工业发展的政策措施提供了依据和素材。同时利用《中国农膜》期刊和网站，及时发布和宣传国家政策、引导行业动态，以提升信心，鼓舞战胜困难的斗志。

2. 中国塑料工业协会农膜专委会于2009年5月18~21日组团参观了“2009国际橡塑展”，参观企业共20余家，78人。云集了国内国际名、优、新塑料原材料和机械的“国际橡塑展”，已成为农膜行业了解技术趋势及寻求业务新伙伴的一个重要的平台。

“2009国际橡塑展”展出农用薄膜原材料及助剂，包括高密度聚乙烯、线性低密度聚乙烯、低密度聚乙烯、乙烯醋酸乙烯酯共聚合塑胶原料、PVC抗冲击改性剂，无毒钙锌复合稳定剂，铅盐复合稳定剂，三盐基硫酸铅，二盐基亚磷酸铅，硬脂酸铅，硬脂酸钡，硬脂酸钙，硬脂酸锌，二盐基硬脂酸铅、最新色母粒、着色剂、颜料及添加剂产品及方案、PVC热稳定剂、紫外线吸收剂、注射级和挤出级的全降解胶粒、光稳定剂、抗氧剂、荧光增白剂等以及各类塑料机械注塑机、挤出设备、吹膜机等。

此外，展会开幕前一天还举行了“2009海峡两岸塑料行业合作与发展论坛”，同期举行十余场专业讲座，丰富的活动令展会更加充实。

3. 中国塑料加工工业协会农用薄膜专业委员会第三届六次会员代表大会于6月11~15日在昆明新亚洲尼斯酒店隆重召开。

应邀出席本次会议的领导有国务院研究室工交贸易司刘健生副司长、国家工业和信息化部消费品司张军副处长、中国塑料加工工业协会马占峰秘书长、中国塑料加工工业协会质量标准部田岩主任、云南省塑料行业协会詹家驹理事长。应邀参加本次会议的还有中石化市场专家、中石油价格信息专家，外商驻中国代理机构和商社代表，以及全国各地的农膜企业及相关的原料、助剂、设备科研院所等单位的专家、代表共计171位。

开幕式由农膜专委会耿葆刚副理事长主持，云南省塑料行业协会詹家驹理事长对各位代表的来临表示热烈欢迎，他介绍了云南省塑料行业的发展情况，表示相信本次会议的召开将对云南省的农膜及工业经济的发展会有极大的促进作用。

中国塑料加工工业协会马占峰秘书长作了重要的讲话，他代表中国塑料加工工业协会及廖正品会长对农用薄膜专委会第三届六次会议表示祝贺，向大会介绍了中国塑料制品工业今年1~4月份的发展情况；介绍了中国轻工联合会落实国家《轻工业调整和振兴规划》的措施和轻工业技术进步与技术改造投资方向(2009~2011年)中与农膜有关的重点专项内容；同时充分肯定了农膜专委会取得的成绩，对专委会今后的工作和发展提出了要求：加强农膜专委会建设，做好换届准备、抓好农膜质量和标准工作、配合国家搞好农膜准入相关工作和加强行业调研，找出问题差距，争取农膜行业在大的基础上继续做强。

韩连贵理事长向大会作了专委会工作报告，对农膜专委会一年来的工作作了总结，下一步工作进行了安排，鼓励大家振作精神，奋发有为，把专委会工作做得更好。

农膜专委会刘敏常务副秘书长向大会作了财务报告并就理事会换届及调整的相关事宜做了简要说明。

国家工业和信息化部消费品司张军副处长介绍了国家对农膜行业准入制及节能减排等相关政策的制定情况。

国务院研究室工交贸易司刘健生副司长介绍了国家促进农业发展及农膜产业的有关政策，对行业发展有一定指导意义。

本次会议上，还举行了农膜市场及原料市场分析研讨，农膜生产及相关技术等方面的论文及讲座共12篇，加强了彼此间的技术交流。

会议还安排代表们于6月13日参观昆明春叶塑料制品有限公司应用高效电加热节能技术于农膜设备的情况。

4. 中国轻工业联合会按照国家工业和信息化部下达的《工业和信息化部关于加强工业产品质量工作的指导意见》(工信部[2009]180号)文件提出的“要围绕国家轻纺业调整振兴规划，作好行业质量现状调研、组织制定“工业产品质量发展规划”的要求，牵头组成了调研组，为对轻工系统包括农膜在内的四个重点行业、重点产品、重点企业开展质量调研工作。

农膜调研组成员由国家工业和信息化部消费品司张军处长、中国轻工业联合会廖常星处长、中国塑料加工工业协会田岩主任、中国塑料工业协会农膜专业委员会刘敏常务副秘书长组成。

调研组通过调查问卷、实地走访、企业座谈、研讨等方式，对企业的农膜产品的质量现状、质量管理及市场情况进行了了解，特别对我国农膜生产及使用大省——山东进行了重点调研，专门走访了其省内的全国第一个蔬菜大棚集中生产地也是棚膜应用量最大、应用品种最多、应用技术水平最高的寿光市场，并且在全国农膜生产企业最多、最集中的淄博地区召开了有16个企业(其中农膜生产企业14家)加1个生产基地(基地内有60多个农膜生产企业)参加的座谈会，山东省塑料协会刘丰田会长应邀参加了本次调研。

调研组先后走访了北京、天津、山东等地的包括3个中国名牌企业在内的7家农膜生产企业，对农膜产品的生产、应用及质量特点，总体生产、质量水平，企业的产品质量管理体系、产品标准体系、质量控制方法、企业质量信息管理现状、质量监督与评价体系情况和质量管理水平情况，工业技术水平、供应链相关情况、市场环境等进行了深入了解，征求了各方对提高农膜产品质量及国家管理政策方面的意见和建议。中国塑料加工工业协会与中国塑料工业协会农膜专业委员会对本次调研活动情况进行整理汇总，以书面形式上报国家工业和信息化部和中国轻工业联合会，调研报告内容真切、丰富，对农膜产品质量以及行业发展具有指导作用。

5. 由国家工业和信息化部牵头组织，并委托中国塑料工业协会农膜专委会组织承办的《农用薄膜行业准入条件》论证会于2009年10月30日在北京圣豪酒店召开，农膜专委会和农膜生产企业会员代表共92人参加了本次会议，国家工业和信息化部产业政策司于小东处长、片飞主任科员、消费品司张军处长、中国轻工业联合会廖常星处长、中国塑料加工工业协会田岩主任参加了本次会议。会议由中国塑料农膜专委会韩连贵理事长主持。

会前国家工业和信息化部就《农用薄膜行业准入条件》(征求意见稿)征求了国务院有关部门的意见，并进行了汇总整理。召开农膜行业准入条件论证会是准入条件发布前的最后一次论证会，参会代表分组进行了热烈讨论，对准入条件逐条款项研究分析并提出修改意见和建议，代表们纷纷表示制定农膜产品生产准入制度，对于从源头规范企业生产经营秩序，提高企业核心竞争力，促进行业结构调整和产业优化升级，具有十分重要意义。

国家工业和信息化部领导对与会代表提出的意见和建议十分重视，表示将对征求意见稿进一步修改完善，随后还将制定《农膜行业准入管理办法实施细则》，并尽快出台。

6. 2009年10月16～18日，首届中国(包头·九原)塑料产业论坛、中国塑料专家委员会二届一次会议暨2009年塑料新材料、新技术、新成果交流会在包头市万號国际酒店举行。中国塑料工业协会农膜专委会按照中国塑料工业协会的要求，积极推荐并组织当选的十七名专家参加了上述会议，明确了专家委员会职责，会上颁发了专家证书。

中国塑料工业协会专家委员会秘书长王德禧强调：中国塑料工业协会专家委员会成立的目的在于进一步拓展以中国塑料加工工业为核心，包括树脂与助剂、塑料机械与模具为一体的塑料朝阳产业的发展，充分体现了协会“为行业服务、为企业服务”的宗旨，把“塑料新材料、新技术、新成果的交流推广”作为塑料交流会永恒的主题，立足于促进科技成果的转化。

全国各地行业协会主要领导、各大院校和研究机构专家、塑料行业企业的近300人参加了本届论坛，是近年来中国塑料行业极具高度及广度的一次盛会。与会专家学者就我国塑料产业的现状、发展及远景规划展开学术性交流。代表们还实地参观考察了神华集团和九原区工业园区。随着投资195亿元的包头神华煤化工项目的建成，必将带动西部一批下游塑料制品企业的发展。

7. 做好日常管理工作

包括发展新会员单位；办好《中国农膜》刊物的编辑、刊印和分发工作；继续发挥《中国农膜》网站的作用，为会员单位和企业提供一个交流的平台，以此促进中国农膜的发展；积极完成中国塑料工业协会交办的任务，并及时反馈完成情况；对基层咨询的答复和服务以及专委会自身业务和组织建设等。

【发展趋势】

2010年是实施“十一五”规划的最后一年，即将到来的“十二五”将是我国抢占经济社会发展制高点、经济增长由量变向质变大转化的关键时期，农膜行业要认清形势，更新观念，抓住机遇，加快发展。总体思路是：以科学发展观为统领，以服务“三农”为主线，以产业政策为导向，以结构调整为重点，推动企业科技进步，加快产业升级步伐，强化自主品牌建设，提高产业整体水平，造就产品质量优、创新能力强、效益显著，节能环保，符合国情的农膜行业。今后农膜行业的重要目标：一是限制、淘汰落后过剩产能，“十二五”期间总产能控制在400万吨以下，企业数量控制在千家以下；二是通过兼并重组逐步减少水平低、耗能高的小企业数量，争取在“十二五”期间组建1～2个产业集团，提高核心竞争力。三是调整产品结构，使高、中、低档产品份额由目前的2%：38%：60%优化为10%：40%：50%；四是狠抓节能降耗，通过科技创新，技术改造，争取使全行业吨能耗五年中降低20%；五是实施品牌战略，力争到“十二五”末有15种农膜产品获“中国名牌”殊荣。通过“十二五”努力，为中国农膜由大向强的转变奠定扎实基础。今后主要工作如下：

1. 认真宣传贯彻《农膜行业准入条件》

通过《农膜行业准入条件》的实施，限制低水平重复建厂，遏制产能盲目扩张。同时要尽快制订《农膜行业准入办法实施细则》，使现有企业中规模过小、产品质量不稳定，技术管理水平偏低，甚至作坊式的小企业，逐步退出，使存留的企业增强危机感，加快技术进步，不断壮大规模和实力，从而改变目前行业内企业数量多、大部分规模小、水平低、效益差、抗风险能力弱的局面，逐步实现淘汰落后过剩产能，使全行业产能在今后五年间控制在400万吨以下，推进农膜由量的增长向质的优化的转变。

2. 培育大型农膜产业集团，提高农膜产品产销集中度

农膜企业要生存和发展，必须走兼并重组和强强联合之路，实现优势互补，资源合理配置，组建大型产业集团，以此提高产品产销集中度，增强核心竞争力，提升抗御重大风险的能力，为农膜大发展、大振兴，与国际同行业竞争奠定基础。“十二五”期间将继续抓紧抓好此项工作。

3. 调整产品结构，增加中高档产品市场份额

由于农民购买力低下，使得低档农膜产品具有相当市场需求，也给低档产品的生产提供了机会。随着党的惠农政策的持续出台和切实贯彻，农民收入不断增加以及通过中高档产品大力推广示范，刺激市场对中高档产品的需求，从而反逼企业加快产品升级换代，逐步改变落后的产品结构模式，“十二五”期间争取使高、中、低档产品份额分别达到10%，超过40%和低于50%，使农膜产品结构更趋合理。另外，在农膜功能性上要着重解决耐老化与防雾滴同步、防滴又消雾的问题，同时大力推广高保温、高光效薄膜的制造技术，使棚膜集耐老化、防雾滴、高保温、高光效等多种功能于一体，适应农业增产增效的需要。要特别关注干法涂布膜的研发和应用，关注可降解农膜的研发与应用，关注液态地膜、可除蚜虫、除草、有色等多功能地膜的研发与应用，关注废旧农膜的回收与再生利用技术的开发与应用。

4. 多途径推动节能降耗

节能降耗是落实科学发展观、构建资源节约型、环境友好型社会的主要方面。“十二五”期间要从以下三个途径开展工作：一是毫不手软地淘汰和限制高能耗、低效益的小企业，逐步压缩行业能耗总量；二是大力扶持高效能、专用化、功能与寿命同步以及低环境影响的功能性农地膜的生产和推广应用，如果把60%的普通棚膜换成寿命一年以上的功能性薄膜，全国每年将减少30万吨的用量，若换成寿命两年以上的功能性薄膜，则用量将减少50万吨，相当于新建一个大型乙烯装置，每年节约的石油资源和资金将数以亿计；三是对现有生产设备进行技术改造。农膜加工企业是耗电大户，吨制品耗电约在500kW·h，如果采用高效节能技术改造设备，可大大用电量，我们将继续完善和逐步推广应用高效节能设备。通过以上三方面工作，争取将农膜行业的现有吨能耗以每年4%的速度递减，五年合计节能降耗20%。

5. 尽早健全农膜产品标准体系

现有国家、行业标准仅4个，一些新开发的功能膜产品仅有企业标准，农膜在不断发展中出现的特有功能尚无性能指标标准及测试方法标准，可以说我国农膜的标准体系是滞后于行业产品发展的。因此，建立和完善农膜标准化体系是亟待进行的工作，具体问题：一是GB 13735—92地膜标准多年沿用未更新，已不适应现实情况；二是尚未形成系列农膜产品标准，也缺少规范大棚膜使用技术的标准，在应用中常出现纠纷无法断定；三是缺少对棚、地膜消雾、除草、转光等检验、测试方法的国家或行业标准。我国是农膜生产和应用大国，健全农膜产品标准体系将大大推动农膜行业上水平和健康快速发展，“十二五”期间要积极配合有关部门努力作好体系的建立。

6. 加强自主品牌建设

中国名牌事业最终落脚点是企业实施“品牌战略”，创建中国名牌要从思想和行动两方面着手，增加品牌创建意识，加大品牌培育力度，树立“质量第一，以质取胜”的经营理念。没有高质量和良好的信誉，也就没有名牌。我们农膜行业已有7家聚乙烯大棚膜获得“中国名牌”称号，但仅此7家是不够的，还应扩大品种范围，培育更多“中国名牌”农膜。“十二五”期间要做好宣传、培育和推荐工作，力争到2015年有15种农膜产品获得“中国名牌”称号。

7. 积极争取政府加大对农膜行业的政策支持力度

缩小农膜行业同国外先进水平的差距，实现农膜产品由量的增长向质的优化的转变，仅仅依靠企业自身努力和市场导向是不够的，争取政府政策支持必不可少。我们将积极反映行业情况，使上级部门了解农膜行业的状况及存在问题，以取得对农膜行业的政策扶持：一是享受同化肥、农药等农资产品相同的优惠政策；二是对符合准入条件的企业给予信贷资金、生产用电、产品运输、淡季仓储等方面的优惠；三是对符合产业政策，在技术改造、新产品研发方面取得初步效果的农膜企业给予政策和

资金的支持，在新产品产业化生产和推广应用时给予原料、税收等方面的优惠政策；四是降低或减免进口原料、助剂关税，支持有实力的农膜企业在高端农膜市场与国外产品竞争。

【重点企业】

1. 北京华盾雪花塑料集团有限责任公司

北京华盾雪花塑料集团有限责任公司是集农地膜、土工膜、包装膜、功能母粒、滴灌带、管材、中空容器、注射产品等生产、经营的综合性集团，拥有亚洲最宽一机双用吹生产线及大型千升容器生产设备，是国家经贸委认定的重点生产企业之一。

公司技术力量雄厚，拥有国家级专家 3 人，高级技术职称人员 8 人，1999 年通过 ISO 9001 国际质量体系认证，2000 年建成一流的产品质量检测中心并荣获“北京市质量管理先进单位”和“用户满意企业”荣誉称号，是国内农膜行业中唯一产品关键指标全部自行检验的企业。现为中国塑料工业协会副理事长单位、建设部“科技成果技术依托单位”和中国农用塑料应用技术学会农用塑料制品分会理事长单位。

“华盾”牌农膜产品销后荣获国家银奖、首届全国轻工博览会银奖北京市科技进步奖，1994 年至今保持“北京市名牌产品”荣誉，2003 年被评为“国家免检产品”，2004 年被评为“中国名牌产品”。

公司 1999 年初被国家经贸委列为土工膜重点生产企业，可生产幅宽 3 ~ 12m、厚 0.2 ~ 2mm 的 LDPE、HDPE、EVA 材质的防渗土工膜，广泛用于水库、堤坝、路基、隧道及污水处理、垃圾掩埋场等。2003 年被推荐为“中国环保优质建材”，2004 年纳入建设部“科技成果推广项目”和“小城镇先进实用技术与产品‘十五’攻关项目”，并被评为“北京名牌产品”。

我公司拥有完善的市场信息、市场销售系统，产品销往全国各 27 个省区、直辖市及俄罗斯、日本、东南亚、美国等国家和地区。

2. 天塑集团第二塑料制品厂

天津市天塑科技集团有限公司第二塑料制品厂是具有五十余年塑料加工历史的大型塑料薄膜专业生产企业，其主导产品“兰花”牌农用薄膜获中国名牌、国家免检产品荣誉和首届亿万农村消费者信得过产品金奖、国家产品质量银质奖、国家科技进步二等奖、天津市著名商标、中国塑料制品行业十大影响力品牌等荣誉，企业年综合生产能力 5 万余吨。产品销往国内 20 多个省、市、自治区，为我国农业种植技术发展和“菜篮子”工程作出重要贡献，产品深受广大农业种植户、养殖户的好评，多年来一直是农业生产资料市场的畅销产品。

企业通过了 ISO 9001 质量管理体系认证，并因良好的诚信度和产品质量成为全国同行业中唯一获得国家有关部门认定的少数民族用品（牧区用膜）定点生产企业和应急物资供应单位。

近年来，企业不断加大技术及装备投入，技术改造获得多项国家专利，自行设计的宽幅农膜及设备填补了国内空白，率先自主研发的多功能农膜引领了中国农膜产品的更新换代，大幅提升了设施化农业的生产效率和经济效益，受到农业技术推广部门和广大用户的好评。同时二塑也是农膜产品国家标准制定的主要参与单位，其中聚乙烯吹塑薄膜国家标准 GB 4455—94 由企业独自负责起草制订。企业的产能、加工技术及研发能力在国内同行业中居于领先地位，“兰花”牌农膜在产品市场竞争中始终处于领先优势。

企业主导五大系列三十多个农地膜产品，其中不乏广受市场欢迎的中国农膜最高档产品——兰花之星 EVA 多功能农膜，此外还有 EVA 日光膜、EVA 高保温消雾膜，全新开发的高新一号、高新二号、高新三号等国内市场畅销的高档农膜产品和不同档次规格的长寿流滴系列，长寿系列精品农膜以及茂金属西瓜专用膜，蔬菜专用膜，甜瓜专用膜，油桃专用膜，花卉专用膜，茂金属高透光长寿膜等专用农膜和长寿流滴系列多功能农用地膜产品。优质的产品使二塑在市场上树立了良好的口碑，赢得广大客户的认可和信赖。

因天津市政建设需要，天津二塑实施整体搬迁重建，新厂区占地面积 $76000m^2$，建有两个 $6000m^2$ 的大型生产车间。同时在重建过程中对全部农地膜生产设备进行了技术性改造，并购进 12m 吹膜机组，使企业加工工艺和产能提升到一个新水平。随着发展平台的构建，企业的总体战略规划是，充分凝结几十年积累的丰富生产技术优势，市场资源和品牌资本，进一步加大农用薄膜向高技术含量、高附加值、绿色环保领域的产品结构转化，将“兰花”牌农用薄膜做精、做强、做大，即增加高附加值多功能复合膜产量，棚膜产品结构要向多层复合化发展，性能向高透光、高保温、高强度、长寿命和持续的流滴期、防雾期、转光期、防尘期、防菌期等功能化、专用化和综合化方向发展，并形成系列化产品。同时要开发功能化和专用化地膜，产品向保墒、增温、除草、防虫等功能化方向发展，品种向棉花、烟草、花生、大蒜、芦笋、韭菜等专用化方向发展，从而为国内现代农业发展提供急需的品种，以适应不同用户的需要。

企业通过市场细分、规范经销商、建立市场服务和宣传体系以及完善的品牌管理制度，有效推动企业品牌建设。经过几年努力，企业高档膜市场国内占有率由3.2%提升到5.8%，整体产品市场占有率由2.6%提升到3.9%。同时以产品和市场服务为基础，从产品的定位到包装、推广与传播，加大了品牌的宣传力度，通过利用各种传媒对“兰花”品牌和产品的宣传以及维权打假等社会活动的积极参与，有效提升品牌的知名度和无形资产价值。

通过企业产品战略的有效实施，使企业在农膜行业继续保持和扩大领先优势，成为中国北方最大的农地膜综合加工技术型企业和农膜行业国内第一品牌。

3. 河北宝硕股份有限公司创业塑料分公司

本公司前身为保定塑料总厂，始建于1957年，具有50多年建厂历史。主要生产经营“宝硕”牌聚乙烯薄膜、功能性薄膜、土工膜等产品，已被国家列入支农产品基地，年生产能力7万吨，居全国同行业前茅。

公司坐落在保定市高开区，现有员工近300人，其中工程技术人员占35%，技术力量雄厚。公司拥有五十多年的农地膜生产经验，是农地膜专业生产企业，国家支农产品基地，中国塑料农膜专委会理事长单位。公司主要产品：PE耐老化棚膜、流滴耐老化棚膜、耐老化流滴消雾棚膜、EVA流滴消雾棚膜、花卉专用膜、西瓜种植专用膜、除草地膜、双色地膜、棉花专用和大蒜专用地膜等宝硕牌支农系列产品。

创业公司是以农地膜为主导产品的上市公司，固定资产1.2亿元，拥有70多台套国内国际一流农地膜生产、控制设备及产品检验仪器，其中土工膜、20米宽大棚膜系引进德国莱芬豪舍最新技术设备生产；4～12m宽箱装功能膜采用韩国原装优金箱装设备；8～12m卷装功能膜产品引进美国戴维斯－标准公司三层共挤吹膜全自动生产线；1～4m宽卷装功能膜引进日本普拉克双层、双色生产线，目前已成为国内规模最大、品种齐全的集农用地膜、大棚功能膜、土工膜研发与生产制造的高新技术企业。

公司检测设施齐全，检测人员专业技术水平较高，并拥有完善的管理制度，严格遵守上市公司要求规范动作，全面通过了ISO 9001国际质量管理体系认证、ISO 14001国际环境管理体系认证，多次被轻工部、省轻工厅授予“产品质量信的过企业”，“宝硕”牌农用聚乙烯大棚膜2004年、2007年两届被评为“中国名牌产品”，农用聚乙烯吹塑薄膜、聚乙烯吹塑地面覆盖膜已获“中国免检产品”的称号，2005年“宝硕”被评为中国驰名商标。

公司本着“用户永远是正确的”宗旨，坚持“产品出厂合格率100%、用户满意100%”的质量目标，以优质原料、稳定质量、成熟工艺、完善售后服务积极开拓市场，产品已覆盖整个华北地区，并远销新疆、甘肃、广州、湖北、内蒙古、陕西、山西等地区。

4. 白山市喜丰塑料股份有限公司

白山市喜丰塑业有限公司是农膜行业排头兵企业。公司主要生产农用薄膜、节水器材、汽车零配件、化工、纸制品等七大系列200多个产品。现有职工1235人，其中专业技术人员367人，占员工总人数的30%。公司股本总额5584万元，年产农膜能力10万吨，农膜产销量连续多年在全国第一，是目前亚洲最大的农用薄膜生产企业。公司先后荣获全国“五一劳动奖状”和全国首批“重合同、守信用”企业，喜丰农膜荣获中国名牌产品、国家免检产品。“喜丰”牌商标荣获中国驰名商标。喜丰公司始终以振兴民族工业为己任，以“让喜丰农膜为亿万农民带来最大收益”为企业宗旨，坚持“一切服从质量、一心为了用户”的质量方针，在全国农膜企业率先通过ISO 9001质量体系认证。2003年进入中国塑料二十强、2004年荣获国家免检产品、2005年被国家工商总局认定为中国驰名商标、2007年喜丰牌产品荣获中国名牌产品

5. 山东清源集团有限公司

山东清田塑工有限公司位于山东省淄博市临淄区，以科研、试验、生产、推广、销售的完善体系，承载着服务“三农”的历史重托。它以丰富的企业文化内涵，恪守着“品牌战略、持续创新”的百年目标，成为塑膜行业的领军企业。

经过不懈的努力，公司生产的“清田”牌塑膜产品被农业部农业技术推广服务中心列为重点推广产品：被全国最大的菜篮子消协——寿光市消费者协会连续五年评为“优质农膜推荐产品”；“清田”牌农用塑料薄摸2002年被山东省工商局评定为“山东省著名商标”；被山东省质量技术监督局评定为“山东省质量免检产品”；荣获中国专刊高新技术产品博览会“金奖”；2003年被国家质量监督检验检疫总局评定为“国家免检产品”。2004年9月．“清田”牌农用塑料薄膜被评为“中国名牌产品”。2005年12月，“清田”牌商标又被认定为“中国驰名商标”。2008年度“清田”牌商标又获得了“中国塑料薄膜十大具有影响力品牌”的殊荣。

几年来，公司始终围绕依靠科技、走科技兴企之路。为增强企业实力，公司加强了同大专院校、

科技院所的联合，成立了省级技术研究中心——山东省功能性塑料薄膜工程技术研究中心。到目前为止，公司已经获得国家发明、实用新型和外观设计专利共计26项。公司的主要产品有“清田”微地膜系列、功能膜系列。1999年顺利通过ISO 9002国际质量体系认证；2001年又率先通过了ISO 9001国际质量体系认证。2005年公司又通过了质量、环境、职业健康安全三大体系认证。

以心血炼精品，以人品铸品牌。山东清田塑工有限公司正以“以质取信，服务无限”的姿态向更大、更强、更高迈进，不断把企业做强做大，为社会提供更多、更好的产品，为“三农”服务，为发展民族经济作出应有的贡献。

6. 佛山塑料集团股份有限公司经纬分公司

佛山塑料集团股份有限公司(简称佛塑股份)是一家为现代工、农业以及现代科技、交通通讯领域提供新型材料的高新企业集团。佛塑股份主要从事各种塑料复合包装材料、薄膜、人造革、塑料编织复合制品、化学建筑材料与装饰材料以及其他功能性高分子材料等五大系列产品的生产经营。公司的主要产品BOPP薄膜、BOPET薄膜、BOPA薄膜、PVC人造革、各类塑料管材和宽幅塑料编织复合材料，多年来在全国同行中产销量和市场占有率均处于领先位置，公司还是全国唯一的BOPA(双向拉伸尼龙)薄膜生产基地。佛塑股份的主要生产设备和生产工艺已达国际水平，是中国塑料加工工业的“排头兵”。2000年5月25日，佛塑股份A股在深圳证券交易所挂牌上市。

佛山塑料集团股份有限公司经纬分公司是佛塑股份下的分公司，该公司集研究、开发、生产和销售塑料编织系列制品、辐照交联PE－Xc管及辐照加工为一体的专业厂家，其中编织产品是其工艺最为成熟的基础核心产品，主要产品“双象”复合塑料编织布1991年荣获国家金质奖、1995年获“广东省名牌产品”称号，公司上下团结、进取、求实、创新，不断开发出适用工程方面的防渗土工膜、适用于农业方面的大棚膜与人参膜等系列的新产品，农用大棚膜获得国家级重点新产品、广东省科技进步奖、且2004年获得“中国名牌产品”称号，防渗土工膜获得广东省科技进步奖。2001年以来，公司在华北的山西、西南的广西两地建立了大型的生产基地，而在佛山本部则以产品研发为主。

7. 山东淄博天鹤塑胶有限公司

山东天鹤塑胶股份有限公司是国内大型塑料制品加工企业，现为中国塑料加工工业协会副会长单位，中国塑料加工工业协会农膜专业委员会副理事长、中国农用塑料应用技术学会农膜制品分会理事，中国土工合成材料学会会员单位，中国土工合成材料聚乙烯土工膜生产出口基地；山东省塑料行业综合实力50强，省级“重合同守信用”单位。

公司占地面积150000m^2，员工238人，固定资产5587万元。公司有20年塑料制品生产经验，拥有强大的生产技术力量和产品开发能力。已成立了仪器精良齐全的技术开发和检测中心，并具备完善的质量管理体系。公司拥有先进的各种塑料加工设备98台套，可生产各种土工膜及防水卷材；农用功能性大棚膜；PE实壁管等系列产品，年加工能力80000t。公司开发的EVA系列阳光膜采用世界一流的意大利道尔奇三层共挤机组制造，产品性能居国内领先地位，2008年底成功研制开发了流滴消雾性能与薄膜寿命同步的星级金阳光薄膜，投放市场以来得到了用户的好评，成为越冬棚膜市场上的新秀，是现有棚膜的更新换代产品。天鹤公司先后荣获十项国家专利，产品先后荣获“山东名牌”和“国家免检”的称号。

公司拥有完善的售后队伍，从设计、生产、运输、培训、施工等方面均严格按照ISO 9001:2000、ISO 14000:2004标准规范管理和服务，公司一贯以诚信勤勉，创新超越为企业精神，以至精至美、创造卓越为生产经营理念，努力打造世界名牌，争做行业龙头，确保天鹤公司合作者能长期获得精美的产品和满意的服务。

8. 哈尔滨塑五有限公司

哈尔滨塑五有限公司是以原哈尔滨市塑料五厂为原身于2005年12月重组的股份制公司。

哈尔滨市塑料五厂始建于1956年，是原国家轻工业部在黑龙江定点的聚乙烯农、地膜专业生产厂，全国轻工业重点支持的200家大中型企业之一，是中国塑料加工工业协会理事单位，中国塑料加工工业协会农用薄膜专业委员会和中国应用技术协会农用塑料制品专业委员会副理事长单位、黑龙江省塑料工程学会农用塑料制品专业委员会理事长单位、黑龙江省包装协会会员单位。企业共有国内、外设备47套，年生产能力万吨以上，技术力量雄厚，主导产品为聚乙烯农、地膜、包装膜、捆扎绳、多层共挤聚乙烯输水带、微喷灌带。企业的“双丰牌”商标被认定为黑龙江省著名商标和哈尔滨市知名商标。农、地膜产品曾获得省优、部优产品，省、市名牌免检产品，全国及全省用户满意产品，东北三省农村市场最受欢迎产品，协作城市产品质量认定产品，哈尔滨地产最畅销产品，黑龙江省特别推荐产品等荣誉称号。

公司在2004年通过了ISO 9001:2000年国际质量体系认证，2007年通过复审，产品畅销省内外，并出口到日本、韩国、朝鲜、俄罗斯、澳大利亚等国。

9. 焦作咏春塑胶有限公司

焦作咏春塑胶有限公司成立于2001年9月，是中国塑料加工工业协会改性塑料专业委员会副理事长单位、中国农用塑料应用技术学会农用塑料制品分会常务理事单位、中国塑料加工工业协会农用薄膜专业委员会副理事长单位、中国管道专业委员会会员单位，河南省科技企业、河南省一级先进企业、河南省资金信誉AAA级信誉企业。企业拥有资产3000多万元，各类机械设备90余台(套)，其中各类塑料制品加工生产机械设备60余台(套)，主要塑料制品加工生产设备技术水平达到国内外本世纪初先进水平，年加工生产塑料制品生产能力为20000t以上，其中聚乙烯农用薄膜的生产能力为12000t，主导产品有EVA三层共挤复合日光温室专用膜、转日光型聚乙烯高光效农用棚膜、EVA耐老化流滴膜、聚乙烯耐老化流滴膜、聚乙烯耐老化膜、除草地膜、黑色地膜等产品。

自20世纪90年代以来，焦作咏春塑胶有限公司始终坚持“以科技为先导，以市场为导向”，实施科技兴厂战略，不断加大企业新技术、新产品的研制开发和推广应用工作，先后研制开发了“农业用聚乙烯耐老化吹塑棚膜”、“农业用聚乙烯耐老化流滴吹塑棚膜”、“烟草育苗膜”、“农业用聚乙烯多种覆盖功能吹塑棚膜”和“转日光型聚乙烯高光效农用棚膜”等农用薄膜新产品，先后通过了由河南省科学技术厅和河南省经济贸易委员组织的新产品新技术鉴定，产品技术水平达到了国内同行业同类产品的先进水平，填补了河南省空白。并先后荣获“国家轻工业部科技成果奖”、“河南省科技成果奖”、“河南省优秀新产品奖”、“河南省优质产品奖”、“河南省轻工业科技成果奖”和“焦作市科技成果奖”等多项荣誉称号，创造了显著的经济效益和社会效益。

10. 杭州新光塑料有限公司

杭州新光塑料有限公司创建于1964年10月，前身为杭州新光塑料厂，2000年12月，企业改制为有限责任公司，是国内塑料行业的骨干企业，浙江省高新技术企业、杭州市科技示范企业。总资产2.1亿元，总占地126亩，建筑面积35000m^2，拥有专业生产线50余条，年综合生产能力60000t。生产各类“星光牌”吹塑农用薄膜、软包装、包装材料三大类60余种产品，广泛应用于农业生产、工业包装、食品包装等领域。

20多年成功引进国内外一流的专业设备和技术经验，依靠创新精神和科学管理造就了新光品质一流的各类膜产品。雄厚的技术力量，不懈致力于新产品开发，不断推出档次高、技术含量高、附加值高的新产品，为推进企业技术进步，加快发展奠定了坚实的技术基础。企业产品荣获轻优、省优称号，浙江省、杭州市新产品、新技术和科学技术进步奖等30余项。

新光始终以“精益求精、尽善尽美”为质量宗旨，严格执行ISO 9000、ISO 1400等认证体系。公司被中国质量诚信促进会评为浙江省质量诚信消费者信得过单位，公司是中国塑料加工工业协会农用薄膜专业委员会理事单位，企业资信3A级和纳税信誉3A级企业，新光塑料为浙江省知名商号，新光牌商标为杭州市著名商标，农膜为国家免检产品，流延薄膜为中国包装名牌产品。

传承精心、精诚、精制服务理念，以客户为中心，以为客户创造价值为己任，携同客户共同进步。

（中国塑料加工工业协会
农用薄膜专业委员会　刘　敏）

多功能母料
Multi functional Masterbatch

【行业现状】

1. 基本态势

多年来随着塑料、合成纤维、橡胶等高分子材料工业的持续发展，尤其是塑料工业的快速健康发展，以及绿色、环保概念的深入人心，国内母料行业步入了发展的快车道。据AMI最近出版的专题研究报告《亚洲母料市场》报道，2009年亚洲母料需求比上一年增长6%，尽管亚洲母料市场的增长幅度可能会放缓，但是该地区未来的发展空间还很广阔，未来的需求会在塑料零部件、包装、消费品和其他产品的需求带动下继续增长，预计2013年前需求将以每年7% ~8%的速率递增。

总体来看，中国的母料市场在迅速发展，在过去几年中一直保持近两位数的年增长率。塑料加工业的迅速发展带动了需求的增加，当然这要归功于投资的兴盛和宏观经济的发展。即使在不景气的2008年，持续增长的包装需求仍帮助母料实现了8%的增长。

亚洲是世界母料产品增长最快的地区，而中国塑料母料需求增加和快速市场开发是亚洲母料需求增大最主要的拉动因素，目前中国需求和产量占亚洲地区的50%左右。中国母料市场未来将继续以年均8%的速率增长，近5年中国塑料母料产量已增加一倍多，并从母料净进口国转为净出口国，增加的产量出口到邻国，而且价格很有竞争力。

AMI 估算 2009 中国的母料消费量超过 80 万吨。尽管看起来想一个国家性的市场，但实际上中国的市场情况比较复杂，各地区的需求特点都不一样，供应商需要建立销售网络，根据不同地区的特点为这个市场提供商品。中国的市场目前是一个技术先进竞争激烈的市场，几乎所有全球的领先产品都登陆中国市场，包括 Clariant、PolyOne、Schulman、Cabot Plastics、Dainichiseika。中国仍将是亚洲母料市场的发动机。

近几年来，中国塑料工业呈现明显的产业聚集发展态势，规模企业数量增长迅速。产业结构逐渐向规模化、集约化方向调整。作为塑料工业的一支快速发展的新生力量，母料产业也正向规模化、集约化方向调整，这在色母料、填充母料、功能母料方面表现特别明显。

色母料新产品的开发和生产已经成为塑料加工业最活跃的领域之一，尤其是建筑材料、工程塑料和塑料薄膜用色母料最具发展潜力。经过十多年快速发展，目前我国已经成为全球塑料消费增长最快的国家之一，是世界上最大的染料生产国和供应国。染颜料工业和合成树脂工业的发展刺激和推动了我国色母粒工业的飞速发展，许多国外著名色母粒企业在国内投资建厂，这些都极大地促进了我国色母粒行业的发展。2009 年在北京举行的全国塑料着色与色母粒学术、技贸信息交流会上传出信息，尽管受全球金融危机影响，色母粒及下游的塑料制品出口量骤减，但国内需求稳定，加之占据行业主流的大企业经营状况良好，色母粒产业仍然保持了近几年景气上行的势头。据中国染料工业协会色母粒专业委员会最新统计，目前我国色母粒年产能约为 50 万吨。在调查的 243 家色母粒企业中，尽管遇到金融危机，但大部分企业产量和经营效益没有下降，仅有约 1/5 的企业受全球金融危机影响较大。

2008 年以来，国际市场上家用电器、汽车等行业萎缩，我国相关塑料制品、橡胶制品、合成纤维等出口量大幅下降，导致上游母粒用量的减少。在国内塑料制品市场需求稳定的情况下，大部分企业仍保持良好的经营状况。国家出台的家电及汽车消费刺激政策，推动家电和汽车消费量的上升，带动了对高分子材料的需求，同时出口退税率的提高也拉动了橡塑制品等产业的增长，给母粒企业带来了良好的发展机遇。

2. 突出优势

母料是指能增加聚合物材料功能、提高其性能或降低成本的聚合物助剂浓缩体。根据应用领域，母料主要可分为塑料母粒、橡胶母料、纤维母料；根据具体用途，母料又可主要分为填充母料、色母料、功能母料。其中功能母料包括耐老化母料，防雾滴母料、抗静电母料、增韧母料、阻燃母料、降解母料、抗菌母料、及多功能组合母料等。母料作为当今世界高分子材料助剂应用的最主要形式之一，与我国高分子材料工业一样，属于朝阳工业。母料是把助剂超常量地载附于树脂中而制成的浓缩体，制造塑料、橡胶、合成纤维等高分子材料制品时，不必再加入助剂，而只需加入相应的母料即可。因此，使用母料具有如下突出优势：

（1）提高高分子材料工业的专业化程度。母料有利于包括塑料在内的高分子材料的成型加工行业简化生产工序，减少设备投入，提高生产效率，进一步促进高分子材料加工工业的专业化。例如，一个塑料薄膜生产企业采用母料后，可省去配备提高助剂分散水平的专用设备(如密炼机、研磨机等)，节约了大量的初始设备投资。

（2）使用便捷，提高产品质量。使用母料可简化各种助剂和聚合物树脂复杂的混合工序，不需要专用的助剂分散设备，母料直接加入即可，或只需和树脂简单混合，工艺简单，便于实现生产自动化。

（3）绿色环保。目前，国内塑料、橡胶、纤维等合成树脂加工企业数不胜数，如果每家企业都进行树脂和助剂的混合，那么环境污染风险将随企业数目增加成倍增长，因为助剂多是难以控制的小分子液体或固体粉尘。而采用母料化，则可规模化集中生产，便于污染治理，从而减少污染点，同时也有利于工人健康的清洁文明生产。

（4）有利于企业集中有限的资源进行技术、产品创新。随着塑料制品的迅速发展，其应用领域逐渐拓宽，在某些使用场合，要求塑料制品在具有较好性能的基础上，对其功能性也提出了相应的要求。因此，近年来对塑料制品功能性的研究引起了社会的广泛关注。作为一种功能性助剂，功能母料的研制开发，为塑料制品的功能化提供了一条捷径。近年来，白色污染、可降解塑料薄膜受到越来越多的关注。完全生物降解母料可带动下游塑料薄膜的创新与繁荣：生物可降解、环境可降解聚乙烯地膜就曾列入国家“八五”、“九五”科技攻关计划。

3. 自主创新

真正有市场潜力的高新技术是不可能从国外引进来的，技术创新能力也不是花钱就能买到的。国内母料行业的自主创新情况究竟如何呢？作者通过收索和分析中国母料的发明专利情况洞察整个母料行业的自主创新情况。

以母料或母粒为名称，收索中国发明专利，结果从1985年中国专利法实施以来到2010年4月国内共申请了379项。中国专利法实施第一年，北京化工学院就申请了一项发明专利：聚氯乙烯塑料的着色母粒。自从2001年中国正式成为世贸组织成员后，专利的申请量大幅度提高，2008年高达53件。因2008年的全球金融危机的影响，2009年专利申请量明显下降，仅17件，如图1所示。可以看出，发明专利的申请量基本上反映了国内整个母料行业的发展态势。

检索结果显示，母料发明专利申请人数为290。平均下来，每个申请人仅有1.31件，说明母料行业发明专利的聚集度不高。申请量最多的申请人为四川大学，共8件，25年来平均每年才0.32件。发明专利达到或超过5件的申请人仅8家，其中高校为4家，国内企业2家，外企1家，如表1所示。数据表明母料发明专利还是集中在高校或科研院所，国内企业尚未成为发明专利的主体。数据显示，发明人数共830个，平均每人为0.46件。申请最多的为王梓刚，主要是关于填充母料方面的专利。申请量达到或超过5件的共11人。总体来看，发明专利分布较散，这和行业内企业数目多，大型企业较小的现状相互印证。

表1 前8位申请数量最多的申请人

序号	申请人	数量
1	四川大学	8
2	上海林达塑胶化工有限公司	7
3	华南理工大学	7
4	旭化成化学株式会社	6
5	福建师范大学	6
6	北京理工大学	6
7	山东春潮色母料有限公司	5
8	上海香料研究所	5

结果显示，发明专利主要集中在C08大类，涉及C08L、C08K、C08J、C08F、C08G等多个小类，其他申请数量比较多的有B29大类。因为一项专利涉及多个分类，所以各类统计数据有重复和交叉。申请数量最多是C08L小类：高分子化合物的组合物，这说明创新主要以母料的配方为主。D01F主要是纤维用母料，如高吸湿涤纶母粒及其制法、抗菌锦纶母粒、纤维及其制备方法、制造纱线的色母粒的制法等。与颜色有关的约有52项申请，约占14%(表2)。

表2 前10个申请数量最多的IPC小类

序号	IPC 分类	数量
1	C08L 高分子化合物的组合物	288
2	C08K 使用无机物或非高分子有机物作为配料	244
3	C08J 加工；配料的一般工艺过程；不包括在 C08B，C08C，C08F，C08G 或 C08H 小类中的后处理	156
4	B29C 塑料的成型或连接；塑性状态物质的一般成型；已成型产品的后处理，如修整	72
5	B29B 塑料的加工；一般处于塑性状态物质的加工	66
6	D01F 制作人造长丝、线、纤维、鬃或带子的化学特征；专用于生产碳纤维的设备	27
7	C09K 不包含在其他类目中的各种应用材料；不包含在其他类目中的材料的各种应用	18
8	C09C 纤维状填料以外的无机材料的处理以增强它们的着色或填充性能；炭黑的制备	16
9	C08F 仅用碳－碳不饱和键反应得到的高分子化合物	13
10	C08G 用碳－碳不饱和键以外的反应得到的高分子化合物	9

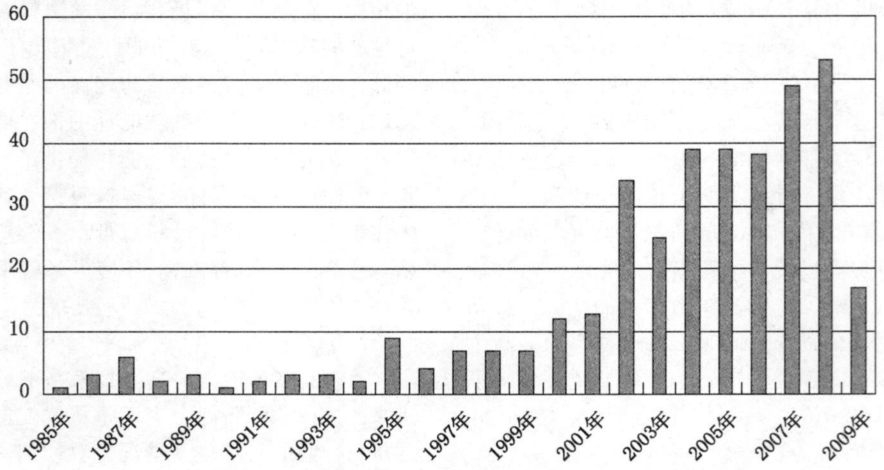

图1 发明专利的年度分布(以申请日期统计)

近年来，母料行业申请发明专利数量较大，说明“十一五”期间母料行业更注重科技投入、加大研发力度，依靠科技进步，推动自主创新。但高校院所申请量比重偏高，其科研成果转变为生产力的压力较大。全球金融危机对中国经济的影响有限，相信母料行业将会不断出现更多的专利成果，以原始创新、自主品牌、高附加值产品推动行业向深度和广度进军，将成为今后该领域发展的总体趋势。

【专委会活动】

由中国塑料工业协会多功能母料专委会联合中国塑料工业协会改性塑料专委会主办的，金发科技股份有限公司、华南理工大学联合承办的“改性塑料及功能母料产业发展论坛”于2009年5月16～17日在广州顺利召开。来自全国各地的功能母料、改性塑料、加工机械、助剂、添加剂等相关行业的企业家、专家、科技人员和管理人员近250人出席了论坛。

本次论坛的主题之一是母料行业的可持续发展。在我国母料产业飞速发展，母料新产品的研发和生产已成为塑料加工行业最为活跃的领域之一的大背景下，主要围绕环保、循环再生、可持续发展等以塑料为代表的新材料行业最关心的热点和难点问题展开。

中国塑料加工工业协会廖正品会长出席论坛并致开幕辞。他认为功能母料产业是我国塑料行业的新兴产业之一，他希望业界代表能通过此次交流和观摩学习，更好地武装头脑，开创出功能母料产业发展的新局面。

中国塑料加工工业协会多功能母料专委会理事长、金发科技股份有限公司副董事长李建军在论坛上发表重要讲话，他说：“源于华尔街的金融危机迅速蔓延全球，并逐步冲击实体经济，面对60多年来最严重的经济危机，全世界没有任何一个国家、一个地区、一个行业可以完全置身事外。在严峻的国内外形势下，企业要生存和发展，就要把握好经济发展的周期、剖析国家宏观政策走向，认清形势、抓住机遇，合理预测未来走势，制定正确的发展规划、及时调整发展战略、积极开拓新的市场，在危机中立于不败之地，在发展中更上一层楼。”

金发科技股份有限公司技术总经理蔡彤旻在论坛上发言，他对金发科技自主创新能力进行了详细的阐述。金发科技车用材料部罗忠富部长在会上作了《汽车非金属材料的可持续发展》报告，品质部吴博部长作了《改性塑料的绿色方向》的报告，中国塑料工业协会改性塑料专业委员会刘英俊高工作了《用创新思维、创新技术、创新产品促进改性塑料产业持续快速发展》的报告，华南理工大学副校长瞿金平作了《高分子材料拉伸流变塑化加工技术与装备》的报告，广东华南精细化工研究院院长陈宇作了《关于塑料改性技术的几点思考》的报告，福建师范大学化学与材料学院副院长陈庆华作了《塑料加工助剂体系的构建及环境友好塑料》的报告，广东炜林纳功能材料有限公司总经理郑德作了《稀土助剂在聚烯烃高性能化中的应用》的报告，中山大学教授黄少慧作了《热塑性弹性体的种类及其应用技术》的报告。

最后与会人员前往金发科技股份有限公司或华南理工大学聚合物新型成型装备国家工程研究中心参观。

此次论坛由《现代塑料工业》、中国塑料工业协会网、中国色母粒网、广东塑协网等媒体参与了报道。论坛的顺利召开，激发了业内专家、企业家智慧，拓展了功能母料产业发展思路和视野，解读了功能母料产业发展趋势，搭建了交流与合作平台，引导企业发展方向，提升功能母料产业的整体水平。

（中国塑料加工工业协会多功能母料专业委员会
袁绍彦，刘奇祥，叶南飚）

聚　氨　酯
PU

1. 聚氨酯行业各种制品概况

聚氨酯（PU）材料是世界六大合成材料之一，近年来，亚太地区，特别是我国的聚氨酯工业发展迅速。聚氨酯材料涉及聚氨酯泡沫、弹性体、纤维、涂料、胶黏剂、皮革等，在化工、材料、建筑、汽车、电子、纺织等领域具有广泛的应用。2008年度的世界聚氨酯产品需求约为1300万吨。受国际金融危机影响，2009年与2008年基本持平或略有增长。

2. 聚氨酯泡沫制品

在聚氨酯产品中，聚氨酯泡沫塑料是聚氨酯材料的最重要品种，产量占聚氨酯总量的60%以上。我国是世界聚氨酯泡沫行业的重要市场。近年来，汽车、家电、家具、节能保温等方面的巨大需求促进了我国聚氨酯原材料和聚氨酯泡沫材料的快速发展。按照所使用的原料和产品用途的不同，聚氨酯泡沫可以分为三大类：聚氨酯软泡、聚氨酯硬泡和自结皮泡沫。

（1）聚氨酯软质泡沫制品

聚氨酯软泡具有良好的回弹性，广泛应用于家具、服装、交通、仪器仪表等行业。按照使用的原料不同，聚氨酯软泡又可以分为聚醚型泡沫和聚酯型泡沫；我国的聚氨酯软泡产品绝大部分为聚醚型泡沫，占到聚氨酯软泡的95%以上。按照产品性能的不同，可以分为普通软质泡沫、高回弹泡沫、慢回弹泡沫和网状泡沫等。

2009年，受国际金融危机影响，聚氨酯软泡的主要下游产业，家具行业产量萎缩较大，家具家居用海绵产量有5%～10%左右的下降；汽车用软泡略有增长。2009年聚氨酯软泡产量约为70万吨。

目前国内主要聚氨酯软泡生产企业大多数采用平顶发泡工艺，少量企业采用垂直发泡工艺，还有少量产品采取箱式或模塑工艺。2009年国内规模较大的聚氨酯软泡生产企业及其产量为：圣诺盟控股集团有限公司约5万吨，新乡鑫源化工实业有限公司约2万吨，江苏绿源新材料有限公司约4700t，上海馨源海绵有限公司约10.4万吨，杭州创丽聚氨酯有限公司约9000t，成都锦江泡沫有限公司约4500t，南通新艺海绵有限公司约1900t。全国约有1500条海绵生产线。

(2) 聚氨酯硬脂泡沫制品

聚氨酯硬泡主要作为绝热材料使用，是目前已知绝热能力最好的材料，广泛应用于国民经济各部门中。据了解，目前使用PU硬泡的主要行业有家电(冰箱、冰柜、电热水器、消毒柜等)、太阳能热水器、建筑保温隔热材料(喷涂泡沫、非连续夹芯板、连续夹芯板)、制冷、冷藏运输(冷藏集装箱和冷藏车)、石油化工、汽车、航空航天、家具制造等，少量用于非保温用途如制鞋、浮体、部分胶黏剂等。

2009年，我国聚氨酯硬泡制品的产量约83.9万吨，比2008年约增长5%。其中家电产品是最大应用领域，用量占聚氨酯硬泡的约40%，其次是喷涂泡沫、管道保温、聚氨酯夹芯板和太阳能热水器等领域，各占7%左右。

(3) 聚氨酯自结皮泡沫制品

自结皮泡沫具有弹性良好的内芯和强度良好的表皮，主要用于汽车和家具等行业，如座椅、方向盘、扶手等。2008年，我国自结皮泡沫用量约7万吨。

(4) 非泡沫聚氨酯制品

非泡沫聚氨酯制品主要包括聚氨酯弹性体(TPU)、纤维(氨纶)、涂料、胶黏剂、聚氨酯人造革等。

3. 聚氨酯泡沫原料

聚醚型软质泡沫使用的主要原料有甲苯二异氰酸酯(TDI)和聚醚多元醇；聚氨酯硬泡的主要原料为二苯甲烷二异氰酸酯(聚合MDI)和聚醚多元醇。辅助原料有发泡剂、泡沫稳定剂、阻燃剂、催化剂等。

(1) 甲苯二异氰酸酯主要用于生产为聚氨酯软质泡沫，其次在聚氨酯涂料、黏合剂、弹性体等制品中也有一定应用。

(2) 二苯甲烷二异氰酸酯(简称MDI)：其中纯MDI主要用于聚氨酯浆料和聚氨酯鞋底原液。

(3) 发泡剂，过去我国聚氨酯软泡行业曾普遍使用全氯氟烃(CFCs，其中聚氨酯泡沫行业使用CFC－11，其臭氧层破坏潜能值ODP＝1)作为发泡剂。CFC－11是一种消耗臭氧层物质(ODS)，对地球的重要屏障臭氧层有破坏作用。我国泡沫行业从20世纪90年代初参与淘汰ODS活动，聚氨酯泡沫行业逐渐减少，并于2008年1月1日起停止使用CFC－11。目前聚氨酯软泡行业主流发泡剂为二氯甲烷，少量企业使用更加环保和卫生的变压发泡技术；聚氨酯硬泡和自结皮泡沫主要使用含氢氯氟烃(HCFC－141b)作为发泡剂，此外，环戊烷和水作为发泡剂也有较大用量。

(4) 泡沫稳定剂(或称匀泡剂)，是一种高效表面活性剂，具有成核、乳化配方中各个组分、稳定泡沫、使泡沫开孔和冲孔等作用，它的用量虽然不大，但对泡沫体的泡孔大小和结构、物理性能、制造工艺都有着重大影响。目前使用的泡沫稳定剂多属于有机硅泡沫稳定剂。

(5) 阻燃剂，聚氨酯软泡、硬泡的许多应用如建筑保温材料、家具、床垫、汽车坐垫及内饰件材料等都有相应的阻燃要求，特别是GB 20286—2006《公共场所阻燃制品及组件燃烧性能要求及标识》和GB 8624—2006《建筑材料燃烧性能及分级》等国家标准的颁布和实施，对聚氨酯泡沫材料的阻燃性能提出了更高的要求。聚氨酯泡沫塑料用阻燃剂的种类较多，卤－磷系、卤系、磷系、氮系及无机阻燃剂等在聚氨酯材料中均有使用。随着环保及阻燃法规的更严格的要求，高效、无卤、低雾值及低VOC阻燃剂是聚氨酯泡沫塑料用阻燃剂的发展趋势。

(6) 催化剂，在聚氨酯材料的生产过程中，催化剂也是必不可少的助剂。常用的催化剂有叔胺类、有机锡类、有机铅类和有机汞类等，其中以叔胺类、有机锡类应用最为普遍。

4. 聚氨酯泡沫行业与淘汰消耗臭氧层物质活动

臭氧层是地球生态环境的重要屏障。20世纪80年代，科学家发现南极上空出现了臭氧空洞，进一步的研究发现，氯氟烃(CFCs)和哈龙(Halons)等人造化学物质的大量使用，是臭氧空洞产生的原因。为了保护人类共有的地球，国际社会分别在1985年和1987年签署了两个保护臭氧层的国际环境公约和协定，即：《关于保护臭氧层的维也纳公约》和《关于消耗臭氧层物质的蒙特利尔议定书》(以下简称《议定书》),决定逐步削减和控制消耗臭氧层物质的生产和使用。1990年通过的《议定书》伦敦修正案确定了建立基金机制、确保国家间的技术转让在最优惠的条件下进行的原则。

聚氨酯泡沫生产曾广泛使用CFC-11作为发泡剂。我国聚氨酯泡沫行业从20世纪90年代初开始CFC-11淘汰活动,先后以单个项目和伞形项目方式申报和执行项目。2001年,蒙特利尔多边基金执委会批准了中国PU泡沫行业CFC-11整体淘汰计划。截止到2008年底,中国PU泡沫行业CFC-11整体淘汰计划完成CFC-11淘汰量11458.264t,圆满完成了预定淘汰目标。从2007年7月1日开始,我国已经停止了CFCs的生产,从2008年1月1日开始,聚氨酯泡沫行业停止了CFC-11的使用。

2007年9月,在《议定书》第十九次缔约方大会上,各缔约国同意调整含氢氯氟烃(HCFCs)淘汰时间表。我国将在2013年冻结HCFCs的生产和消费,并将在2015年削减生产和消费量的10%,2020年削减35%,直到2030年实现完全淘汰。目前使用HCFCs作为发泡剂的是聚氨酯硬泡和自结皮泡沫。

2008年7月,蒙特利尔多边基金执委会第55次会议批准了中国聚氨酯泡沫行业HCFCs淘汰管理计划(HPMP)编制项目,标志着我国PU泡沫行业HCFC-141b替代工作正式启动。PU泡沫行业淘汰管理计划将制定2030年以前HCFC-141b淘汰战略,制定为达到2013年冻结目标和2015年淘汰目标采取的具体行动计划;评估不同淘汰时间表和替代品情况下,在气候变化等方面的影响;为顺利执行淘汰计划应建立的政策和规章制度;为实现全部控制目标需要的执行机制、监督评估计划等。

受国家有关部门委托,中国塑料加工工业协会负责聚氨酯泡沫行业HCFCs使用情况调查,以及HCFCs替代技术的选择和评估工作。这项工作在2009年已经基本完成。2010年,聚氨酯泡沫行业将抓紧HPMP编制工作,争取在年内获得多边基金执委会的批准。

(中国塑料加工工业协会
聚氨酯制品专业委员会　孟庆君)

氟　塑　料

Fluoro-plastics

【行业现状】

中国氟塑料加工行业现有加工企业2000余家,与2008年相比,2009年氟塑料加工产量基本持平,部分出口企业销售有所下降。随着竞争的日益加剧,企业普遍加强了研发力度,推出了不同品种的新产品,出现了更多的深加工产品,企业在设备改造上投入了很大力量,自动化程度有了明显的增强,规模化、自动化生产正在逐步取代传统的生产方式。人工的使用量减少,取而代之的是更加人性化、自动化的现代化设备。随之而来的是对于原料的稳定性要求的提高。

近三年氟塑料供需情况　　t

年　份	2007	2008	2009
PTFE树脂产量	42000	44599	42987
PTFE树脂消耗量	38100	38400	36974
FEP产量	3135	3225	2700
PTFE树脂出口	12606	16269	11804
PTFE树脂进口	6856	6633	4791
PTFE制品的出口	7520	9826	9572
PTFE制品的进口	1756	2209	3076
其他氟聚合物的出口	1689	2632	3190
其他氟聚合物的进口	7893	7895	7908

【存在问题】

产品结构不合理,低档产品产能相对过剩;

总体装备水平偏低、工艺技术相对落后;

企业缺乏有效的监测手段和检测设备;

科技投入不足、自主创新能力薄弱;国产原料扩产过快,同质化严重,无法满足差异性需求,恶性竞争致使价格波动过于频繁;

企业品牌意识不强,缺乏世界知名企业;

售后服务体系不健全。

【发展建议】

调整产业结构,减少低水平的重复,增加制品品种;

加快行业相关标准的制订、修订工作;

树立现在化管理制度,树立品牌意识,打造知名企业;

加大科研投入,组建专业研发机构,重视与上下游企业的合作,培养专业的技术和管理人才;

健全制品的质量检测体系,提高制品的品质;

提高装备制造水平,改善加工环境,使产品升级换代。

开展国际交流与合作,促进行业健康发展;

关注贸易壁垒,反对低价倾销;

保持原料价格的相对平稳,反对价格联盟;

建议重新划定氟塑料制品的出口编号,以利于出口。

1. 悬浮 PTFE 树脂加工的制品

提高现有产品的品级，关注电子、汽车、机械等市场；

增加自动化程度，开展后处理技术研究，提高产品的精度；

调整产品结构，开发深加工产品；

开发专用原料，提高国产改性 PTFE 的品级和品种，提高填料质量，建立专业的共混料工厂；

打造知名的半成品企业。

2. 分散 PTFE 树脂加工制品

提高常规产品档次，开发新产品；

开发国产高压缩比分散树脂；

提高管材的精度和洁净度；

开发膨体 PTFE 制品；

提高薄膜、纤维制品的质量，与国际接轨；

研制改性 PTFE 密封板。

3. FEP 制品

提高线缆产品的质量，增加产品品种，提高在线检测能力，制定产品标准；

开发适应于不同品种的原料，提高装备水平，培养企业自身的设计研发人员。开发应用市场。

4. PVDF 制品

主要产品：涂层、薄膜、型材(在建材、半导体、纯水、化工流程等领域应用广泛)；

制约发展的主要原因：

国产原料的产量与品级、技术人才严重匮乏；

设备制造能力不足，消费结构与欧洲差异较大；

PVDF 在欧洲用量很大，中国近几年发展很快，需求增加明显，预计需求还将继续增长。

5. ETFE 制品

提高旋转成型制品的质量及品种；

开发建材用膜和农用薄膜；

研制高性能电线及车用管材；

开发适用的国产原料。

【专委会活动】

1. 2009 年 5 月 11 日，第 29 届国际化学工程、环境保护和生物技术展览暨会议(ACHEMA 2009)在德国法兰克福会展中心开幕，中国塑料工业协会氟塑料加工专业专委会的 15 家会员单位组成“中国氟塑料展团”参加了此次展会，其中包括宁波天塔工业材料有限公司等 10 家参展企业，以及广州景联机械设备有限公司等 5 家参观企业。展出产品包括：聚四氟乙烯半成品、密封件、纤维、过滤膜、建筑棚膜等适合化工、环保等必须的多种制品。

ACHEMA 由德国德西玛 - 化学工程与生物技术协会(DECHEMAe. V.)创办，每三年一次在德国法兰克福举行。本届 ACHEMA 展为期 5 天，参展商达 3800 个，展位面积达 13. 4 万平方米。其中，46% 的展商为非本土厂商，观众 173000 余名，28% 为海外观众，中国展商总数在 178 家，达到历史最高。ACHEMA 展可谓是关于氟塑料行业的一次盛会，众多与氟塑料有关的行业，如：化工流程、环境保护、生物技术等带动了氟塑料产品不断更新与发展。

中国氟塑料企业此次集中展示，宣传力度大、展出效果显著，多数企业纷纷表示，还将参加下届的德国阿赫玛展。参展企业为适应欧洲市场，纷纷推出新品展示，通过与客户的交流取得预期效果。同时参展的还有德国 ELRINGKLINGER、意大利 GUARNIFLON、瑞士工程塑料等数十家国外氟塑料企业。

中国氟塑料展团的此次成功出展，为中国的氟塑料产品走出国门迈出了有力的一步。

2. 召开中德氟塑料协会交流会

在中欧氟塑料协会的共同努力下，中德氟塑料交流会 5 月 15 日在德国工业半成品与消费塑料制品协会(pro - k)总部召开，中德双方的 20 余名代表参加了会议。

Pro - k 会长 Ralf Olsen 先生和氟聚合物组负责人 Michael Schlipf 先生分别介绍了 pro - k、欧洲塑料市场和氟塑料市场情况。与会双方还就共同关心的金融危机对行业的影响，以及共同开发应用领域展开了讨论。

中国塑料工业协会氟塑料加工专业委员会秘书长陈生介绍了中国氟塑料市场发展现状。

Pro - K 成立于 2006 年，由家具和工业半成品及消费塑料制品两个协会合并而成。它包括 16 个分支机构，氟聚合物组是其中之一。

据 Michael Schlipf 先生介绍，2008 年全球 PTFE 消费约为 10. 4 万吨，其中西欧约占 27%，中国占 28%；可熔性氟树脂全球消费约为 7. 5 万吨，西欧约占 20%，其中消费最多的是 PVDF 树脂，占整个西欧消费的 65% 左右。

会议在友好的气氛中结束。双方都希望今后能经常举行各种交流活动。

3. 召开四届七次常务理事会

2009 年 9 月 9 日中国塑料工业协会氟塑料加工专业委员会第四届七次常务理事会在杭州香溢大酒店召开。北京市塑料研究所等 10 家常务理事单位和部分骨干企业以及国内聚四氟乙烯的 6 家树脂生产企业出席了会议，会议由常务理事单位理事长庄甦主持。首先，会议听取并审议了陈生秘书长作的 2009 年上半年专委会的工作总结。

与会代表共同就专委会秘书处编写的氟塑料发展建议初稿展开讨论。大家普遍认为中国氟塑料加工行业通过50年的发展，已经取得了长足的进步，但相当一批企业存在制品附加值低，生产能力供过于求的现象，今后的发展趋势应该将是品牌间的竞争，代表们建议提高产品标准，建立现代化的管理体制，产品向深加工延伸，改善加工环境、引进、更新、改造现有装备，提升设备精度和自动化水平，提高产品的检测手段，加大自主研发的力度，完善售后服务等。

制品企业的发展与原材料的发展是分不开的，此次常务理事扩大会议特别邀请了国内聚四氟乙烯树脂得主要生产企业的销售负责人参加，就大家共同关心的国产聚四氟乙烯原料在销售和使用中存在的问题展开座谈。

4. 召开第四届六次理事会

2009年11月4日，中国塑料工业协会氟塑料加工专业委员会第四届六次理事会在无锡举行，专委会的40多家理事单位的50余名代表出席了会议。会议由庄甦理事长主持，中国塑料加工工业协会廖正品会长出席会议并讲话。廖会长表示，看到参加氟塑料专委会的理事会人数比刚成立时全体会员的数量还要多，感到非常欣慰，这说明了氟塑料加工行业的高速发展，也表明了行业在国家经济建设中的重要性，氟塑料是尖端塑料，在某些方面我们仍然受到的国外的限制，因此，我们应加倍努力，开发更多的新产品。建议着手制定十二五规划，抓好标准制定、设备改造等问题，从管理入手，加强培训工作的落实，努力提高全体从业人员的业务和管理水平。廖会长同时感谢会员对协会活动的支持。

与会代表听取了陈生秘书长做的2008~2009年度的专委会工作报告。一年来，专委会通过行业调研、组团参加国外展会、筹备氟塑料加工论坛等工作，引导行业健康发展，加强的专委会的凝聚力，专委会工作受到的会员的肯定。同时，会员希望专委会加强培训工作，组织相关标准的制订，开展更多有益于行业发展的活动。

代表们畅谈了一年来企业的发展情况，讨论了2010年工作计划。一年来，由于大环境的影响，多数企业的发展速度趋缓，但从2009年2季度开始，生产增长逐步恢复，预计到年底，将恢复到双位数增长。

值得高兴的是，很多企业利用开工不足的时期进行产品的升级、环境改造、设备更新等工作，研发新产品。开拓的新的应用领域。预计，在今后的几年，氟塑料加工将向深加工发展。

5. 举办“2009中国国际氟塑料加工发展论坛”

2009年11月5~6日，由专委会主办的“2009中国国际氟塑料加工发展论坛”在无锡雷迪森广场酒店隆重举行。国内氟塑料行业以及德国、日本、美国、瑞士、比利时、印度等国家的260余名代表到会并参加交流活动。开幕式上，庄甦理事长致开幕辞，中国塑料加工协会会长廖正品发表了热情洋溢的讲话，工业和信息化部规划司王建忠处长发来贺信预祝大会圆满成功。德国工业半成品与消费塑料制品协会氟聚合物专委会负责人 Dr. Michael Schlipf 专程从德国前来参加本次会议，并对欧洲氟塑料加工的现状和发展趋势进行了精辟的分析。陈生秘书长代表专委会作了中国氟塑料加工发展建议的报告。

本次会议内容丰富，论坛会刊共收集论文24篇，18位代表在论坛上作了精彩的报告。参会代表对会议内容表示出浓厚的兴趣。演讲主题涉及国内外行业发展趋势，最新氟树脂的性能及应用介绍，氟塑料新产品及设备介绍等。会场气氛热烈而愉悦，大家对论坛上介绍的新产品和新工艺表示了浓厚的兴趣。可以看出，中国氟塑料加工行业正朝着深加工的方向发展。

浙江巨化股份有限公司氟聚厂、大金氟化工(中国)有限公司、江苏华奥高科技发展有限公司、日氟荣高分子材料研发(上海)有限公司、无锡市祥健四氟制品有限公司、本溪市华日氟塑料制品厂等单位在会场外进行了展览，取得了良好效果。

5日晚上，氟塑料专委会准备了欢庆晚宴，与全体参会人员欢聚一堂，举杯庆祝。宴会中间，别开生面的抽奖活动将宴会推向了高潮，庄甦理事长为获奖企业颁奖祝贺。6日下午，与会代表共同前往灵山景区游览，华丽而庄重的无锡梵宫给代表们留下了深刻的印象，代表们在游览中交流沟通，进一步增进了感情。

代表们纷纷表示，此次会议是氟塑料专委会又一次成功的跨越。对经济危机下的中国氟塑料企业起到了很好的指引和推动作用，也为中外氟塑料企业进一步交流打下基础。

（中国塑料加工工业协会
氟塑料加工专业委员会　陈　生）

塑料包装
Plastic Packaging

改革开放30多年来，我国塑料包装工业总产值以年均递增15%以上的速度持续快速发展。目前已发展成为门类比较齐全，既能基本满足国内市场需求，又具有一定国际竞争能力的产业。

2009年塑料包装行业在克服全球金融与经济危机的困难下，积极调整产品结构，转变生产经营和经济增长方式，产销趋于平稳发展，并向好的方向发展。主要产品产量分析见表1。

表2　2009塑料包装材料主要产品产量分析表

		2009年产量/万吨
软包装薄膜		819.06
其中	221.21	221.21
	71.64	65.63
	4.87	4.87
	52.35	52.35
	50	50
	180	180
	180	180
	65	65
塑编制品		710
包装容器		550
泡沫包装材料		120
包装片材		80
合　计		2279.06

1. 软塑包装材料保持平稳地发展

(1) BOPP行业总量持续增加，经济效益下降

2010年3月中国塑料工业协会双向拉伸聚丙烯薄膜(BOPP)专委会的统计数字，2009年BOPP总产能2680780t，产量为2212098.67t，比2008年1957992t产量增长12.98%。

尽管2009年产能已经开始大于需求，但受2009年国家刺激投资政策驱动，2009年仍有19条新线签约，新增产能近60万吨，这些产能将于2011年形成实际产能，如果加上2010年投产的8条线，要到2012年底才能消化掉，2010年和2011年乃至2012年上半年行业将不可避免地进入低谷。

(2) BOPET薄膜发展良好

2009年BOPET总产能706900t，产量为656328.24t，比2008年542476.05t增长20.99%，开工率为92.85%。

BOPET行业2009年的健康发展得益于其应用领域的不断拓宽，近年来，BOPET薄膜被应用于航天、光学、太阳能、电子、电工等高精尖技术领域，推动了相关领域的材料革命和技术进步。聚酯薄膜可持续改性，又符合于发展绿色材料的要求，它的推广和使用可节省能源、资源，减少废弃材料对环境造成的影响，符合国家倡导的环保、节能、减排的可持续发展观和科学发展观。在广阔的应用推广中，我国BOPET行业企业纷纷形成了自己各自的产品侧重点和优势所在，没有出现产品雷同、恶性竞争的格局。

(3) BOPA薄膜行业健康发展

2009年BOPA总产能75000t，产量为48654t，比2008年37729t产量增长28.96%。2009年市场开拓取得的重大进步和需求的持续增加，使得BOPA行业在2009年迎来了久违的春天。

(4) BOPS片材行业开拓国际市场成绩显著

BOPS行业全国7条生产线，产能6.2万吨，除国内使用1万吨左右外，目前通过开拓出口，其余5万吨左右全部出口，行业企业实现共赢格局。目前部分企业已在投资新线，扩大生产能力。

(5) 流延薄膜稳定增长

① CPP薄膜行业2009年发展情况

2009年CPP实际总产能约为845100t，实际产量约为523502.82t，开机率61.95%，产量比2008年369843.51t增长70.65%。

CPP行业2009年产量比2008年增加比较多，主要是2008年下半年因原料暴跌造成的主动停产得到恢复，同时国内经济仍然保持了8.7%的增长，因此CPP行业在2009年得到了一定的喘息与恢复。

2009年值得关注的一个问题是，虽然国内市场需求仍然在以超过10%以上的速度增长，然而，由于新增产能仍然比较多，因此全行业经济效益比2008年没有根本好转，尤其是采用进口线和2006年以前投产的国产线生产CPP膜的企业仍然处于亏损的状态。

行业的亮点是最近三年上线的国产宽幅新线，由于设备性能大幅提高，生产成本降低，因此经济效益相对较好，具有较强的市场竞争力。

② CPE缠绕膜发展情况

从生产规模来看，国内缠绕膜总产能在60万吨左右，产量约50万吨，其中一线大厂的产量在7万吨左右，国产大线的产量近15万吨，国产缠绕膜小线厂的产量在28万吨左右。从缠绕膜市场的分布区域看，95%以上的用量集中在沿海的经济发达地区。今后随着中西部地区经济的崛起，缠绕膜市场也将逐步扩大。

(6) 功能性包装薄膜市场方兴未艾，引领市场新潮流

随着软包装行业装备水平的不断提高，塑料包装薄膜向功能化发展的趋势日渐明显，高性能、高阻隔性、高技术含量的塑料包装复合薄膜正成为许多企业的支柱产品和研发目标，从而提高企业的技术水平，提高经济效益，增强市场竞争力。2009年

各种功能性薄膜的产量约65万吨，主要包括耐蒸煮、抗静电、高阻隔、抗菌、纳米薄膜等。

（7）镀铝膜行业已经形成规模

2009年底，我国已有大小镀铝膜生产企业100多家，生产能力超过40万吨，2009年全国真空镀铝膜总产量约35万吨，年产值超过70亿元。中国目前拥有各种型号进口镀铝机约100多台，主要的设备供应商来自德国莱宝、德国应用材料、英国GVE、意大利伽利略、美国大力、日本真空等公司，另外国产大型号的镀铝机也约有100多台。

（8）塑料购物袋逐步规范发展

2009年中国塑料购物袋全年产量约180万吨，其中出口约100万吨，总产值可达280亿元，上缴税额18多亿元。自2008年6月1日国家实行限塑令以来，整个行业正在朝着规范、环保的方向转变发展。

（9）复合软包装行业规模巨大

我国吹膜、复合、彩印、制袋行业规模越来越大，全国具有一定规模的软包装彩印企业超过10000家，其中年销售额在3亿元以上的企业有25家，销售额在1亿元以上的企业70家，我国的软包装彩印行业总规模在全球处于第一的位置。

2. 塑料中空容器行业产业规模持续发展

塑料中空容器是塑料包装的一个重要部分，2009年塑料中空制品行业在克服全球金融与经济危机影响、市场竞争激烈的困难下，积极调整产品结构，转变生产经营和经济增长方式，产销趋于平稳发展，并向好的方向发展。全国塑料中空制品总产量估计超过550万吨。

（1）塑料饮料瓶产量增长迅速，估计2009年市场容量近220万吨

① 碳酸饮料包装中PET瓶的应用比例占57.4%，市场前景看好。目前行业中PET聚酯瓶产量较大的企业有珠海中富和上海紫江集团，分别占有国内PET瓶30%和20%的市场份额。

② 随着国内茶饮料市场异军突起，2009年茶饮料产量超过770万吨，因此热灌装85～90℃ PET瓶已成为聚酯瓶增长最快的品种，年增长率超过50%，2009年茶饮料用聚酯瓶约88亿只，可用塑料市场容量约35万吨。

③ 聚丙烯透明包装瓶的开发是近几年国内外塑料包装的一个热点。随着透明改性剂－成核剂的开发成功，在普通PP中加入0.1%～0.4%山梨醇缩二甲苯（苯甲醛）成核剂（美国米利肯，新日本理化，三井东亚、牌号Mil－lad 3988等），高透明PP可广泛用于注射、吹挤、吹拉、挤压、热型容器、食品、药品瓶等，其价格适宜，是PS、ABS、PET、PE瓶的竞争对手，有着广阔的市场前景。

（2）饮水包类瓶（桶）

2008年全国瓶装水产量达到2100万吨，比前一年增长27%，占饮料总量的35%，每年需要超过350亿只塑料瓶，以每只需用塑料40g计算，饮水瓶总需求量约140万吨。2009年预计需求量超过155万吨。经过多年的竞争，目前瓶装水行业已形成规模化生产，涌现一批较强的企业，如娃哈哈、康师傅、怡宝、农夫山泉等十强企业，品种包括纯净水、矿泉水、矿物质水等，并向品牌化发展，所需包装瓶的质量要求也愈高。这将是一个朝阳的市场，有着美好的前景。

2009年全国PC桶生产线已超过280条，每条生产线生产能力约20万个，全国饮用水桶年生产能力约为5600多万个，实际产量约4400万个，按照每个桶750g核算，产量约3.3万吨。

（3）啤酒塑料包装瓶得到应用

在我国95%的啤酒通过巴氏灭菌方式生产，要求包装瓶的使用要耐62～67℃温度。这些要求成为塑料啤酒瓶开发中的关键问题。

（4）药品固体剂型包装发展前景广阔

据统计，2007年中国医药包装市场容量已达到163.7亿元，2009年约为200亿元。目前，药品包装正在成为我国包装领域分支。随着我国医疗体制的改革，药品种类增加，药品包装形式也在发生变化。由原来的纸袋包装、塑料袋包装、玻璃瓶到现在的聚乙烯瓶、聚丙烯瓶、聚酯瓶、铝塑包装、条形包装。扭转了药品包装落后的局面。

国外药品包装已大量采用汽罩PTP包装及条形SP包装，应用于片剂、胶囊等圆体剂型包装。在国内我国药品汽罩包装以及条形复合膜包装也将成为主流并有着广阔的发展前景。

（5）大型化工液体包装容器发展迅速

适用于化工液体、润滑油、涂料、化妆品等工业用桶是近几年发展起来的新大型包装容器。已成为新的发展热点，到2009年底已引进超过30条线，生产能力超过150万个。

（6）塑料托盘在物流运输中得到应用

托盘是仓储、运输业使用的消耗品，目前制作托盘用材料为木材、金属、塑料、塑木复合材料。目前，托盘大部分是木制的，每只木制托盘需耗0.05m^3木材，不仅耗用大量的木材资源，而且需经蒸煮或高温处理，否则国外拒绝入境，以防虫害携入（光肩天牛虫）。因此，发展塑料托盘势在必行。它可以反复使用，耐水、耐晒、节约运费，有利于露天作业和存放，节省港口一大批周转仓库，与木

制托盘比较硬度及周转使用率提高了3~5倍，符合节约木材资源的要求。

(7) 塑料汽油箱在轿车中得到广泛的应用

目前国内塑料油箱行业集中度非常高，2009年亚普、考泰斯、八千代三家的产量已经占到国内生产总量的约70%。主要生产企业除了亚普、塑光以及芜湖顺荣外，其他是三资企业，如考泰斯(长春、上海、广州)、邦迪管路(天津)、武汉英瑞杰、八千代(武汉、中山)等。国内生产企业主要依靠引进国外设备来获得国外技术支撑。

我国2009年塑料油箱产量约为660万只，其中仅亚普公司产量估计接近220万只。

(8) 化妆品、洗涤用品包装用量越来越大

2007年1~12月全国日用化学品制造工业总产值为1829亿元，2009年预计超过2200亿元，对塑料包装容器的需求量越来越大。

3. 塑编行业向价值创新、节能降耗、实现良性循环方向发展

据国家统计局信息，全国规模以上塑编企业2009年塑编及丝总产量约完成581.56万吨(表2)，同比增长26.58%。

塑编行业规模以上和规模以下企业不完全统计，2009年全国所有塑编企业共生产各种塑编产品约710万吨(含再生料约180万吨)，产值约810亿元。比2008年全国共生产各种塑编产品约550万吨(含再生料120万吨)，增长约29%，产值比2008约680亿元增长了19%左右。

表2 2009年1~12月全国塑料编织制品产量表 t

地区	塑料丝、绳及编织品			
	本月	本月止累计	累计比同期/±%	占全国比例/%
全国	581777	5815626	26.58	100.00
北京	3982	36369	-15.46	0.63
天津	7213	53755	113.90	0.92
河北	13310	169059	2.26	2.91
山西	2975	28183	35.44	0.48
内蒙古	4645	68292	32.23	1.17
辽宁	57072	940533	16.19	16.17
吉林	4891	57046	2.31	0.98
黑龙江	11532	91177	25.89	1.57
上海	3096	21329	431.50	0.37
江苏	17405	183373	25.11	3.15
浙江	67664	541819	17.86	9.32
安徽	24998	232611	95.04	4.00
福建	5706	52642	1.86	0.91
江西	21336	158856	39.97	2.73
山东	160815	1448200	17.99	24.90
河南	40151	306630	32.27	5.27
湖北	24644	284026	46.06	4.88
湖南	16315	206843	89.01	3.56
广东	23611	210032	25.06	3.61
广西	20330	170503	31.64	2.93
海南	415	4130	-22.64	0.07
重庆	8652	88365	51.91	1.52
四川	19121	231532	67.82	3.98
贵州	2680	27528	0.71	0.47
云南	5045	59216	33.04	1.02
西藏				
陕西	4476	47876	33.84	0.82
甘肃	3185	30616	-11.31	0.53
青海	235	3331	-2.89	0.06
宁夏	1518	22607	11.12	0.39
新疆	4761	39147	38.96	0.67

注：以上数据来源于国家统计局。

塑编行业2009年各种产品总产量超过710万吨。塑编行业潜力很大，应不断开拓除传统市场外的其他领域，如食品、医药等。在市场似乎饱和、产品似乎过剩的状况下，企业要靠自身的智慧和努力，在微利中取胜，在提高塑编产品价值的同时，开拓国内外市场。

4. 泡沫包装材料行业情况

我国泡沫包装材料生产企业主要分布在华东和华南地区，2009年产量约70万吨，未来发展仍具潜力。

5. 包装片材行业情况

我国包装片材行业2009年产量约60万吨，企业分布集中于华东和华南地区，多为中小型企业。

(中国塑料加工工业协会 孙冬泉)

双向拉伸聚丙烯薄膜(BOPP)
BOPP Film

【行业现状】

根据2010年3月中国塑料工业协会双向拉伸聚

丙烯薄膜(BOPP)专委会的统计数字，2009 年 BOPP 总产能 2680780t，产量为 2212098.67t，比 2008 年 1957992t 产量增长 12.98%。2009 年全国共有 84 家 BOPP 生产企业，本次统计共有 83 家企业填报，1 家企业未填报。其中佛塑集团分为 4 家填报(东方分公司、无锡环宇、成都东盛、涿州东华)，南亚分南通和惠州两地，奔多分慈溪和南通两地，瑞安华宝分浙江瑞安和山东两地，昆岭分云南和苏州两地。详细数据如下：

公 司 名 称	产能/t	产量/t	销售额/万元
天津天塑科技有限公司新型包装材料分公司	4000	4000	5200
天津阳光塑料有限公司	14000	11000	
宝硕富太塑料包装材料公司	35000	26029	32640
涿州东华包装材料有限公司(佛塑集团)	8000	10000	12000
中国石油抚顺石油化工公司合成洗涤剂厂	29000	24000	25200
山西迎太塑料有限公司	3000	未投产	
大连天成包装材料有限公司	12000	停产	
大连三荣化学有限公司	19000	7600	12400
黑龙江庆港塑料有限公司	11000	11000	13000
大庆市林港塑胶有限责任公司	3000	停产	
上海光乾塑胶有限公司	4000	停产搬迁	
维龙(上海)包装工业有限公司	15000	14000	16800
上海金浦塑料包装材料公司	28000	26055	29000
上海高昌包装材料有限公司高龙分公司	4000	2503.86	2452.08
宝燕工业科技(上海)有限公司	25000	25000	27500
苏州瑞泰包装材料有限公司(含桂林集琦包装有限公司)	9500	8000	12000
江苏恒创包装材料有限公司	115000	97000	117000
苏州昆岭薄膜工业有限公司	25000	25000	
常州金氏集团金海塑业有限公司	50000	35000	43750
常州越浩软塑新材料有限公司	25000	21883	38562
江苏中达新材料集团股份有限公司(江阴)	25000	21000	30000
无锡环宇包装材料公司(佛塑集团)	40000	25850	30000
南亚塑胶(南通)公司	24000	25000	
浙江伊美薄膜工业集团有限公司	85000	70000	100000
浙江百汇包装有限公司	88000	60000	
浙江绍兴富陵控股集团有限公司	100000	100000	150000
瑞安市东威塑胶有限公司新型包装材料公司	55000	45000	50000
浙江奔多实业有限公司	60000	55000	65000
宁波大榭开发区金源复合材料有限公司	55000	36000	46800
浙江华滨包装材料有限公司	40000	50000	
泉州利昌塑胶有限公司	60000	60000	

续表

公 司 名 称	产能/t	产量/t	销售额/万元
浙江新风塑业有限公司	55000	60000	100000
浙江杭宝集团公司	8000	10000	
浙江大东南包装股份有限公司(含宁波大东南)	85000	56549.1	105946.2
金田集团塑业有限公司	120000	107328	131853
温州康达包装材料有限公司	4000	4000	5000
瑞安市华宝包装材料有限公司	5000	4000	5000
海宁长盛包装有限公司	20000	20000	23000
杭州萧山华益塑料有限公司	60000	68000	
宁波亚塑科技有限公司	50000	38000	35000
福建时代包装材料有限公司	60000	58000	70000
合肥金菱里克塑料有限公司	75000	58593.5	79160
烟台世昊塑业有限公司	4000	4000	
青岛庆昕塑料有限公司	24000	24000	28000
济南康雅薄膜有限公司	25000	15000	17100
山东群力塑胶有限公司	45000	45000	55000
烟台恒源包装有限公司	5000	5000	6000
青岛英诺包装科技有限公司	15000	15000	
中塑投资集团	25000	18000	21000
山东宝利特包装材料有限公司(原临沭金星，现同属于瑞安华宝)	5000	4000	5000
山西鸿基包装材料有限公司	6000	5000	
洛阳石化聚丙烯有限责任公司	20000	15000	
河南偃师天龙实业有限公司	4000	2503	2452.8
湖北狮虹材料科技有限公司(富思特)	20000	21000	40000
中山新亚洲胶黏制品有限公司	25000	21000	26000
广东德冠双轴拉伸薄膜有限公司	65000	60000	100000
广东华业包装材料有限公司(含原奕峰)	42000	44570.71	38588.04
汕头丰兴盛包装材料有限公司	50000	48500	50000
汕头冠华薄膜工业有限公司	55000	40000	40000
宏铭材料科技股份有限公司(包括无锡和广州)	101000	88375	92725.35605
揭阳市运通塑料包装有限公司	100000	35000	100000
永宁塑料制品有限公司	48000	40000	
广东普宁市威孚包装材料厂	31000	6000	
湛江包装材料有限公司	11000	10354	22779
南亚塑胶胶膜(惠州)有限公司	30000	26684	27111

续表

公司名称	产能/t	产量/t	销售额/万元
中港合资顺德美嘉思食品有限公司	10000	4000	
珠海现代华诺包装材料有限公司（原华丰）	7000	2500	
潮州市展鹏塑胶制品有限公司	10000	10000	12000
汕头市雄伟塑料包装材料公司	18000	9000	14000
佛山塑料集团股份有限公司东方分公司	117780	86227	109882
贵州西众塑胶股份有限公司	7000	3000	5000
成都东盛包装材料有限公司（佛塑集团）	22500	20000	26000
海南赛诺实业有限公司（海南现代）	8500	6400	12000
云南昆岭薄膜工业有限公司	10000	8000	
云南红塔塑胶有限公司	28000	21281	24366
河北海伟集团电子材料有限公司	35000	35000	48000
丹东申海塑业有限责任公司	1500	停产	
南通奔多电子材料有限公司	6000	6000	18000
浙江台州富洋电子工业有限公司	6000	未统计	
泉州嘉德利电子材料有限公司	2500	3000	1050
安徽铜峰电子股份有限公司	12000	7941	26000
湖北中大高新包装材料有限公司	3500	3700	11000
江门市润田实业投资有限公司	2500	2120	8050
四川东材企业集团公司	4500	4800	19000
1 家未统计单位产能 6000t，按照已统计产能产量比例估算		4951.47	
合计	2680780	2212098.67	

BOPP 行业 2009 年值得关注的问题是，由于 2008 年新购买生产线较多，产能已经大于需求，因此企业的经济效益有所下降，虽然产量比 2008 年增长近 13%，但每吨薄膜价差明显缩小，部分企业已经不再盈利，仅在成本水平维持，受此影响，部分 2008 年签约的生产线将推迟到 2010 年投产。

【发展趋势】

尽管 2009 年产能已经开始大于需求，但受 2009 年国家刺激投资政策驱动，2009 年仍有 19 条新线签约，新增产能近 60 万吨，这些产能将于 2011 年形成实际产能，如果加上 2010 年投产的 8 条线，要到 2012 年底才能消化掉，2010 年和 2011 年乃至 2012 年上半年行业将不可避免地进入低谷。

值得警惕的是，目前还有多家企业有意上线，建议各有关企业控制风险。

【专委会活动】

1. 积极向中国塑料工业协会和有关部门反映行业因全球金融与经济危机冲击带来的困难情况，呼吁国家有关部门出台政策，帮助企业渡过难关；

2. 2009 年 6 月 15 日召开第一届四次常务理事会会议，组织行业企业积极应对全球金融与经济危机；

3. 积极发展会员，壮大专委会队伍；

4. 继续办好《双向拉伸薄膜》杂志；

5. 2009 年 12 月 9 日召开 2010BOPP、BOPA 薄膜产业链创新发展论坛。

由中国塑料工业协会双向拉伸聚丙烯薄膜专委会（以下简称中国塑料工业协会 BOPP 专委会）主办的“2009BOPP、BOPA 薄膜产业链创新发展论坛”于 2009 年 12 月 11 日在沧州胜利闭幕。本次会议由中国石油化工股份有限公司协办，河北省沧州市人民政府和沧州经济开发区承办，沧州东塑集团股份有限公司对本次论坛提供特别支持，德国布鲁克纳机械股份有限公司、利安德巴赛尔工业集团、博斯特（上海）有限公司、浙江百汇包装有限公司、江苏领航材料科技有限公司、上海川野轴承有限公司、浙江省浦江宏达有限公司为本次论坛提供赞助，来自全国BOPP、BOPA薄膜产业链的200多家骨干企业共计超过370多名负责人出席了本次会议。

本次会议分为两个阶段，10日和11日上午为主题发言阶段，10日下午为沧州开发区投资介绍和参观考察，11日下午为分组交流阶段。主题发言阶段由中国塑料加工工业协会副秘书长BOPP专委会秘书长孙冬泉，BOPP专委会理事长佛山塑料集团总工程师吴耀根共同主持。分组交流中，BOPP薄膜生产企业高层关于行业发展有关问题与对策座谈会由孙冬泉主持，双向拉伸设备维修保养技术与备品备件供需座谈会由德国布鲁克纳公司施耐特经理和东鸿包装材料有限公司张树庆总工程师共同主持。

本次会议本次会议得到国外主流双向拉伸设备与分切机生产企业的积极参加，包括德国布鲁克纳、法国DMT、日本制钢所英国阿特拉斯、德国康甫、德国格贝尔、英国ASHE等国际著名企业。

本次会议得到国内外上游原料行业企业的大力支持，包括中国石油化工股份有限公司、利安德巴赛尔工业集团、大唐能源化工营销有限公司、博禄中国香港有限公司、住化塑料化工贸易(上海)有限公司、沙伯基础(上海)商贸有限公司、中海石油中捷石化有限公司等，并得到有关辅助材料、备品备件和下游行业企业的大力支持。

10日上午8:30论坛正式开幕，出席本次论坛主席台的领导和嘉宾包括中国塑料加工工业协会常务副会长李国俊，沧州市副市长宋友洪，中国塑料工业协会BOPP薄膜专委会理事长佛山塑料集团股份有限公司总工程师吴耀根，中石化北京化工研究院宋文波主任，河北沧州东塑集团股份有限公司董事长于桂亭，德国布鲁克纳机械股份有限公司董事总经理埃卡特先生，利安德巴赛尔工业集团亚太区PP/PE业务管理经理唐钧，博斯特(上海)有限公司王达经理，中国塑料工业协会BOPP薄膜专委会常务理事长江苏中达新材料集团股份有限公司副总经理单卫忠，沧州开发区工委副书记、管委会主任郭万义，安徽铜峰电子集团有限公司董事长王晓云，江苏恒创包装材料有限公司总经理单昱林，浙江百汇包装有限公司副总经理汪在朝，江苏领航材料科技有限公司王杰红经理，上海川野精密轴承有限公司总经理许继羡，浙江省浦江宏达有限公司张必球经理。

中国塑料加工工业协会李国俊常务副会长在百忙之中专程到沧州参加本次会议，代表中国塑料工业协会致开幕辞，并就节能减排等重要工作对行业企业提出要求，给予本次论坛大力支持。

沧州市副市长宋友洪代表沧州市人民政府致欢迎辞，并向与会代表介绍了沧州市近年来的发展情况，使得与会代表对华北重镇沧州有了一个了解，并让与会代表充分感受到沧州市人民政府对于BOPP、BOPA产业链企业的热情与重视。

中国塑料工业协会BOPP专委会理事长、佛山塑料集团股份有限公司总工程师吴耀根作了“控制产能扩张，促进BOPP、BOPA行业创新发展”的重要发言，给与会代表以启发与指导。

随后会议进入主题交流阶段，中国石油化工股份有限公司化工事业部树脂处副处长蔡志强的代表宋文波、河北沧州东塑集团股份有限公司于桂亭董事长、中国塑料工业协会BOPP专委会常务副理事长、江苏中达新材料集团股份有限公司副总经理单卫忠、德国布鲁克纳机械股份有限公司销售总监斯万达先生、利安德巴赛尔工业集团聚丙烯及聚乙烯应用技术经理陈谊品先生、博斯特(上海)有限公司王达经理、江苏领航材料科技有限公司王杰红经理、上海川野精密轴承有限公司许继羡总经理、浙江省浦江宏达有限公司张必球经理，分别作了“国内BOPP原料生产及供求形势分析”、“打造BOPA薄膜企业航母，促进我国BOPA行业走向世界”、“2009年中国BOPP市场发展分析与2010年需求探讨”、“BOPP薄膜生产线的节能技术”、“BOPP树脂材料的新发展”、“双向拉伸薄膜分切技术”、“BOPP专用母料的性能介绍”、“双向拉伸设备用链夹轴承的国产化研究”、“双向拉伸薄膜生产线用过滤碟片和熔体滤芯的性能介绍”的重要发言，受到与会代表的一致好评。

10日下午，沧州经济开发区专题介绍会召开，会议由沧州经济开发区管委会纪检委书记李宗兆主持，沧州开发区工委副书记、管委会主任郭万义向与会代表们介绍了沧州经济开发区发展情况，中石油任丘炼油厂、中石化沧州炼油厂、中海油中捷炼油厂有关领导分别致词，沧州经济开发区沧州经济开发区管委会副主任韩光普详细介绍了开发区招商引资的政策，加深了与会企业对沧州开发区的认识。随后，全体代表乘车考察了沧州经济开发区塑料工业园，对今后该工业园的发展壮大有了进一步的了解。

11日上午，论坛专题研讨会继续召开，广东德冠双轴拉伸薄膜有限公司研发技术总监徐文树首先作了“坚持持续创新战略　推动产业链良性发展”的发言。安徽铜峰电子(集团)有限公司董事长王晓云由于有重要事务提前离会，特委托作专委会秘书处苗丹宣读“2009年中国电容器行业发展情况及其对

BOPP电容膜的需求”报告，给电容膜生产企业以指导。接下来，群力塑胶有限公司董事长吴昌硕，东塑集团东鸿包装材料有限公司技术部长杨建梅，伊斯拉视像设备制造(上海)有限公司销售经理乔海涛，北京博众易顺科技有限公司总经理王晓梅，中国塑膜网总经理胡晓娜，北京印刷学院黄少云，分别作了“我国塑料编织行业发展对BOPP薄膜的需求分析”、“BOPA薄膜的生产工艺简介及其应用”、“伊斯拉高级薄膜/复合材料表面视像检测系统”、“2009年度中国BOPP薄膜市场价格行情综述”、“我国BOPP胶带行业2009年发展现状分析与2010年市场预测”、“低溶剂残留聚丙烯薄膜”的精彩报告，得到与会代表的热烈欢迎，有关会议发言内容将在《双向拉伸薄膜》杂志上进行刊登。

11日下午，与会代表分为两个分会场进行分组专题座谈交流，包括BOPP薄膜生产企业高层关于行业发展有关问题与对策座谈会、双向拉伸设备维修保养技术与备品备件供需座谈会两个部分，对行业关心的热点问题交换意见，取得了非常好的效果。

本次论坛提出的加强行业交流、促进BOPP薄膜企业技术进步与产品开发、加大BOPP薄膜出口、提高设备维修保养水平、加强节能降耗工作、控制企业各项生产成本、控制销售欠款周期、控制BOPP生产线投资、建议新上生产线分步骤缓慢投产等意见，必将在未来对BOPP薄膜产业链的可持续发展产生重要的指导作用。

本次论坛的召开对于促进BOPP薄膜产业链的交流提供了一个良好的平台。BOPP薄膜行业多年来的经验教训表明，BOPP薄膜企业的健康发展离不开上游原辅材料、下游软包装、电容器等行业的配合与发展，离不开设备的技术进步与有序投入，与备品备件的供应渠道紧密相连，因此整个产业链已经是一个一损俱损、一荣俱荣的整体，未来行业的发展要从产业链的高度去规划、沟通与落实。

本次论坛的胜利召开对于促进BOPP、BOPA薄膜行业未来的健康发展将起到积极的推动作用。

（中国塑料加工工业协会双向拉伸聚丙烯薄膜专业委员会　孙冬泉）

镀铝膜
Sub-sector of Aluminium Film

【行业现状】

进入21世纪以来，随着中国经济的快速发展，中国的塑料薄膜加工行业也迎来了快速发展的黄金机遇，各种薄膜及相关的产业发展欣欣向荣，然而在塑料薄膜的产业链中，镀膜行业也开始崭露头角，一枝独秀，从20世纪90年代的起步发展到今天，产业规模已经扩大了几十倍，年产量达到了近50万吨，拥有各种功能型号镀膜设备几百台(套)，从最初的国产设备到世界各国先进设备的不断引进，同时由于世界各国最先进设备及技术的引进，大大促进了中国真空镀膜行业的产品升级换代及技术的快速进步。

目前中国真空镀膜市场的需求来说产品主要分为：镀铝PET薄膜，镀铝CPP薄膜，镀铝OPP薄膜，镀铝尼龙薄膜，镀铝PE薄膜等产品，其中需求量最大的是镀铝PET薄膜，它的应用领域及范围也是最广阔的；其次是镀铝CPP薄膜，该产品主要应用于食品包装领域；相对于以上两种镀膜产品来说其他各种镀膜产品目前在中国的应用还是非常少的。

真空镀膜目前常见的形态为镀铝薄膜产品，然而随着镀膜产品的应用领域越来越广泛，随着各个国家金属镀膜的设备及技术的不断完善及快速发展，在薄膜基材的表面可以镀各种金属材料如：金、银、铜、锌、铬、铝等，同时也可以镀各种金属氧化物，金属及非金属镀的方式也可以分为电阻式蒸发、电子枪蒸发及磁控溅射等各种方法。

【发展趋势】

目前从世界各国食品包装的镀膜产品应用发展趋势来看，随着世界各国生产镀膜设备公司的技术不断进步及生产成本的降低，将来必定会以非金属镀膜产品来替代目前主流的真空镀铝薄膜产品，以下主要介绍一下非金属镀膜产品的状况。

20世纪90年代以来，随着人们对商品包装品质要求的不断提高，随着微波食品的快速发展及微波杀菌消毒技术的应用，给微波食品包装提出了新的更高的要求，食品的包装材料不仅要具有优良的阻隔性能，而且还要耐高温、微波透过性好等特点，然而传统的包装材料很难全面具备这些特点。因此从20世纪90年代年以来日本、美国、德国、英国、意大利等发达国家都开始投入大量的人力物力来研究开发新型的高阻隔性包装材料——氧化硅(SiO_x)和其他各种金属氧化物镀膜包装材料。这类材料除了阻隔性能可以与铝箔复合材料相媲美外，同时还具有微波透过性好、耐高温、透明、受环境温度湿度影响小等优点，特别适合食品长期储存，同时又能让顾客清楚的看到食品的状况，因此特别受客户的青睐，由此，也称之为透明镀膜包装材料。该产品广泛应用于食品、药品、化妆品、医疗等包装安全卫生性能要求高、使用时间较长的一类商品包装;尤其适合微波加热技术应用的食品包装材料。

非金属镀膜包装材料的阻隔性能
(基材:PET,仅供参考)

国　家	蒸镀材料	阻隔性能指标	
		透氧性/(mL/m² · d)	透湿性/(g/m² · d)
日本	SiO_x	0.8	1.0
德国	SiO_x	0.5	1.0
美国	SiO_x	1.0	1.5

【专委会活动】

1. 积极向中国塑料工业协会和有关部门反映行业因全球金融与经济危机冲击带来的困难情况,呼吁国家有关部门出台政策,帮助企业渡过难关;
2. 组织行业企业积极应对全球金融与经济危机;
3. 帮助镀铝膜企业申报新产品的海关编码;
4. 积极发展会员,壮大专委会队伍;
5. 在《双向拉伸薄膜》、《流延薄膜》杂志上刊登镀铝膜行业资讯,共同办好两本刊物;
6. 召开镀铝膜专委会成立大会。

【应对全球金融与经济危机研讨会镀铝薄膜专委会成立大会】

镀铝膜行业应对全球金融与经济危机研讨会暨中国塑料工业协会镀铝薄膜专委会成立大会于2009年5月9日在上海胜利闭幕。本次会议由中国塑料加工工业协会副秘书长、镀铝膜专委会秘书长孙冬泉主持,来自全国镀铝膜行业的25家企业负责人出席了本次会议。

中国塑料加工工业协会廖正品会长在百忙之中专程参加会议,对镀铝膜专委会工作给予高度支持。

会议首先召开镀铝膜专委会成立大会,理事会19名成员中14名镀铝膜专委会理事会候选人及其代表出席了本次会议,成都富全包装材料有限公司、安徽省通达包装材料有限公司、沈阳市富士镀铝包装材料厂、杭州盈丰包装材料有限公司、青州金青云新材料有限公司的理事会候选人因故请假。会议通过了由镀铝膜专委会筹备组提交的中国塑料工业协会镀铝膜专委会工作条例,选举产生了中国塑料工业协会镀铝膜专委会第一届理事会成员,洪晓冬、曹赤鹏分别当选专委会理事长、常务副理事长,孙冬泉当选副理事长兼秘书长,吴培服、唐新国、曹瑞、冯世豹、王连军、田守文、梁维雄、田有为当选副理事长,林晓、柳百文、诸炳浩、余兴明、肖岗行、高忠东、陈建权、赵光剑当选为理事。

洪晓冬理事长和曹赤鹏常务副理事长在当选后代表专委会第一届理事会致辞,表示将尽心尽力,共同做好专委会工作,为镀铝膜行业做好服务,带领行业企业共同发展。

中国塑料加工工业协会廖正品会长随后发表重要讲话,对镀铝膜专委会第一届理事会当选成员表示祝贺,并提出了殷切的期望。廖会长同时要求与会企业充分利用本次会议时间,加强行业市场与信息交流,促进相互合作,共同抵御全球金融与经济危机冲击,促进行业健康稳步发展。

本次会议的召开,正值全国上下积极应对全球性金融与经济危机之际,会议通报了当前全球金融与经济危机的新动向,指出当前欧美发达国家需求仍然比较低迷,镀铝膜产品出口受到影响比较大,市场开拓工作仍需加强。会议传达了国家各有关部门自2008年8月全球金融危机爆发以来所采取的各项经济刺激与振兴措施,大大增强了与会企业抵御金融与经济危机的信心。

本次会议重点开展镀铝膜行业市场与信息交流,包括13家理事会成员单位在内的25家行业骨干企业,对近期上游原料供应情况、下游市场需求进行了交流与沟通。洪晓冬、曹赤鹏、邹兆云、金一军、曹瑞、冯世豹、刘汉良、王海峰、梁维雄、林晓、张履康、余兴亮、肖岗行、程基余、孙雪卿、毕作成、倪芙芬等纷纷发言,提出各自观点和建议。与会企业一致认为企业应该理性竞争,维持企业一定的利润,以保证企业的原辅材料正常采购、设备折旧、研发投入等费用,从而保障企业可持续发展。

与会代表对镀铝膜产品标准的重新制定进行了讨论,决定由上海永超真空镀铝有限公司和海宁长宇镀铝材料有限公司先起草出一个标准草案的讨论稿,并在下次行业会议上提交会议讨论后形成标准申报草案,然后向有关部门申请报批。

与会企业对镀铝膜产品出口退税率进行了探讨,认为出口退税率对于鼓励出口、增加出口企业效益非常重要,专委会还要尽可能向国家有关部门申请提高。同时浙江宇狮包装材料有限公司提出烫金膜的出口退税率为0%,海关在商品分类上存在误解,需要专委会共同做一些沟通工作。

最后,洪晓冬和曹赤鹏对本次会议进行了总结性发言,要求秘书处在会后将会议精神向行业企业传达,对与会代表提出的工作建议进行落实,会议在热烈的气氛中圆满闭幕。

(中国塑料加工工业协会镀铝膜专业委员会　孙冬泉)

浅谈中国镀膜行业的发展趋势及展望
The Development of Sub-sector of Aluminium Film

进入21世纪以来，随着中国经济的快速发展，中国的塑料薄膜加工行业也迎来了快速发展的黄金机遇，各种薄膜及相关的产业发展欣欣向荣，然而在塑料薄膜的产业链中，镀膜行业也开始崭露头角，一枝独秀，从20世纪90年代的起步发展到今天，产业规模已经扩大了几十倍，年产量达到了近50万吨，拥有各种功能型号镀膜设备几百台(套)，从最初的国产设备到世界各国先进设备的不断引进，同时由于世界各国最先进设备及技术的引进，大大促进了中国真空镀膜行业的产品升级换代及技术的快速进步。

真空镀膜产品的发展趋势：由于金属镀膜产品的环保特性及节约能源的特性，现在已经从最初传统的食品包装的应用逐步扩大到应用于电子、汽车、医药、建筑、能源、航天等各个领域，其应用的范围已经大大超出了很多人的传统思维及范畴，由于世界各个国家对于环保及能源的重视程度越来越高，未来无论是真空镀膜产品还是镀膜设备的研发及应用必然要围绕着环保的需求，围绕着节约能源的需求而发展，这是未来发展的必然趋势！

从目前中国真空镀膜市场的需求来说产品主要分为：镀铝PET薄膜，镀铝CPP薄膜，镀铝OPP薄膜，镀铝尼龙薄膜，镀铝PE薄膜等产品，其中需求量最大的是镀铝PET薄膜，它的应用领域及范围也是最广阔的；其次是镀铝CPP薄膜，该产品主要应用于食品包装领域；相对于以上两种镀膜产品来说其他各种镀膜产品目前在中国的应用还是非常少的。

真空镀膜目前常见的形态为镀铝薄膜产品，然而随着镀膜产品的应用领域越来越广泛，随着各个国家金属镀膜的设备及技术的不断完善及快速发展，在薄膜基材的表面可以镀各种金属材料如：金、银、铜、锌、铬、铝等，同时也可以镀各种金属氧化物，金属及非金属镀的方式也可以分为电阻式蒸发、电子枪蒸发及磁控溅射等各种方法。

目前从世界各国食品包装的镀膜产品应用发展趋势来看，随着世界各国生产镀膜设备公司的技术不断进步及生产成本的降低，将来必定会以非金属镀膜产品来替代目前主流的真空镀铝薄膜产品，以下主要介绍一下非金属镀膜产品的状况：

20世纪90年代以来，随着人们对商品包装品质要求的不断提高，随着微波食品的快速发展及微波杀菌消毒技术的应用，给微波食品包装提出了新的更高的要求，食品的包装材料不仅要具有优良的阻隔性能，而且还要耐高温、微波透过性好等特点，然而传统的包装材料很难全面具备这些特点。因此从20世纪90年代年以来日本、美国、德国、英国、意大利等发达国家都开始投入大量的人力物力来研究开发新型的高阻隔性包装材料——氧化硅(SiO_x)和其他各种金属氧化物镀膜包装材料。这类材料除了阻隔性能可以与铝箔复合材料相媲美外，同时还具有微波透过性好、耐高温、透明、受环境温度湿度影响小等优点，特别适合食品长期储存，同时又能让顾客清楚的看到食品的状况，因此特别受客户的青睐，由此，也称之为透明镀膜包装材料。该产品广泛应用于食品、药品、化妆品、医疗等包装安全卫生性能要求高、使用时间较长的一类商品包装；尤其适合微波加热技术应用的食品包装材料。

非金属镀膜包装材料的阻隔性能
(基材：PET，仅供参考)

国　家	蒸镀材料	阻隔性能指标	
		透氧性 ($mL/m^2 \cdot d$)	透湿性 ($g/m^2 \cdot d$)
日本	SiO_x	0.8	1.0
德国	SiO_x	0.5	1.0
美国	SiO_x	1.0	1.5

随着我国经济的快速发展，随着新技术、新产品的不断研发及应用，真空镀膜产品必将会在中国包装工业材料应用的舞台上展现它精彩的一页，也会对中国新型包装材料的产品升级换代起到巨大的推动作用。

(中国塑料加工工业协会镀铝膜专业委员会　洪晓冬)

流 延 薄 膜
Sub-sector of Casting Film

【行业现状】

根据2010年3月中国塑料工业协会流延薄膜专委会的统计数字，2009年CPP实际总产能约为845100万吨，实际产量约为523502.82万吨，开机率61.95%，产量比2008年369843.51万吨增长70.65%。目前全国共有约135家CPP生产企业，本次统计共有97家企业填报，约38家企业未填报。详细数据如下：

公司名称	产能/t	产量/t	销售额/万元
上海紫藤包装材料有限公司	20000	10000	18000
上海美丰包装材料有限公司	18000	9500	
上海亿中塑料制品有限公司	4000	未统计	
上海金午实业有限公司	3000	停产	
上海创发包装材料有限公司	未统计	未统计	
天津星达塑料包装有限公司	35000	28000	
保定宝来塑料包装材料公司	4000	停产	
河北沧州佳创塑业公司	2000	2000	2000
河北雄县盛世佳铝塑包装材料有限公司	2500	1600	
华中塑胶制品有限公司	5000	5000	
河北泰达包装材料有限公司(新上3.5米线)	7500	8000	
河南许昌浩达塑胶有限公司	5000	4000	5000
山西迎太塑料有限公司	10500	5000	
大连天成包装材料有限公司	7000	停产	
哈尔滨光宇电源有限公司	1000	停产	
丹东申海塑业有限责任公司	1000	停产	
南京金中达新材料有限公司	15000	10000	13300
徐州润彭塑料制品有限公司	2000	停产	
无锡环亚包装材料公司	4500	3200	5000
江阴市通利包装材料有限公司	10000	8000	10000
常州海企塑业有限公司	6000	600	
张家港昊隆制膜有限公司	2000	1800	2200
张家港市华鑫彩印包装有限公司	2500	1500	
美塑化科技(苏州)有限公司	5000	2000	
徐州润田塑业有限公司	2500	1000	1500
江苏宝丽鑫文具有限公司	4000	未统计	
浙江百汇包装有限公司	3000	3000	
浙江绍兴富陵塑料纺织有限公司	7300	7100	11000
杭州新光塑料有限公司	8000	7000	10400
浙江大东南包装股份有限公司	20000	9801.9	13017.2
龙港盛华软包装材料厂	未统计	未统计	
富阳天纬塑胶有限公司	1000	600	1000
浙江和和塑胶有限公司(金华塑料总厂)	1200	300	
温州远大塑胶有限公司	19000	13000	
浙江九洲印务有限公司	4000	3000	

续表

公　司　名　称	产能/t	产量/t	销售额/万元
温州华夏包装材料有限公司	3000	3000	3300
浙江光华化工有限公司	8500	8236	10132
宁波东科塑胶有限公司	3000	2000	
杭州东恒塑胶有限公司	1100	未统计	
宁波保美新型材料有限公司	7000	4300	
宁波瑞成包装材料有限公司	4000	4000	1700
安徽宁国双津(集团)实业有限公司	12000	12000	20000
安徽双永包装装饰材料有限公司	2500	停产	
安徽凌云包装材料有限公司	2500	1000	
黄山永新股份有限公司	11500	5000	
福州佳通第一塑料有限公司	13200	6300	
福州乐尔佳塑胶有限公司	1500	停产	
厦门顺峰包装材料有限公司(含连达)	5000	5000	
福建晋江市新达塑料制品有限公司	1200	未统计	
福建晋江市越峰鞋塑有限公司	1200	400	
石狮市炎英塑胶制品有限公司	未统计	未统计	
漳州新乐塑胶有限公司	20000	14000	20000
庆丰(江西)包装材料科技有限公司	12000	8000	
山东烟台兴德包装材料有限公司	3000	未统计	
烟台世昊塑业有限公司	4000	2000	
烟台恒源包装有限公司	2000	1820	2000
山东振鲁塑料制品有限公司	1800	未统计	
临沂市中钢塑业有限公司(原通达)	2500	未统计	
潍坊科达塑胶有限公司	5000	3700	3800
青岛凯姆拓塑胶工业有限公司	18000	14000	18000
仙桃慧狮塑业有限公司(5条线，停一条)	14000	12800	20120
湖北江裕塑料工业发展有限公司	2000	停产	
佛山塑料集团股份有限公司	26500	18253	18272
广东华业包装材料有限公司	10500	8129.92	
汕头市惠业食品包装实业有限公司	2000	停产	
汕头市澄海区汉钊塑料薄膜厂	6000	4000	
佛山东美包装材料有限公司	2000	未统计	
佛山市德先包装材料有限公司	3500	4000	5000
广州市华富包装材料有限公司	3000	2000	
广东艺美包装工业有限公司	1000	停产	

续表

公司名称	产能/t	产量/t	销售额/万元
金宇达实业有限公司	1200	停产	
庵埠南新塑料工艺厂	4600	停产	
潮安县庵埠镇佳阳塑料材料厂(卖掉一条线到义乌)	5000	700	
佛山市万田塑料有限公司	4500	未统计	
汕头从泰塑料薄膜有限公司(原广东省包装总公司汕头包装材料公司)	1500	停产	
深圳市大仓和实业发展有限公司	300	停产	
深圳太昌胶品企业有限公司(东星)	2500	改做 CPE	
汕头双润包装材料有限公司	3500	停产	
广东江门市新会区奥特塑料制品厂	3000	停产	
汕头市德福包装材料公司	7000	5000	
潮安县宏辉工贸有限公司	4000	3500	
广东潮安县雅格利实业有限公司	8000	停产	
潮安县利群包装有限公司	12000	8000	
汕头市新达橡塑制品有限公司	2000	停产	
潮安县宏慧工贸有限公司	4000	3000	
广东威孚包装材料有限公司	8000	8000	
长盛达包装塑料包装材料有限公司	2500	停产	
佛山市富兴塑料材料厂	2000	600	
广州普洛夫尔薄膜有限公司	5000	4500	
阳江明轩实业有限公司	2000	100	
广州三华塑料有限公司	2000	1825	
汕头市春风行包装材料有限公司	8000	4000	
东莞金友信包装材料有限公司	6000	2500	
鹤山山友软塑包装材料有限公司	8000	3000	
江虹包装	3500	1000	
天虹包装材料有限公司	3000	未统计	
福建省冠泓塑胶有限公司	7000	7000	
福建泉州环球流延薄膜有限公司	800	700	
武汉鑫鸣塑料制品有限责任公司	3000	3000	
山东省青州市金诺尔塑胶有限公司(青州市星达塑料包装材料有限公司)	5000	3000	
除以上 100 家企业外，全国还有 35 家左右企业，合计估算产能	300000		
未统计单位总产能 300000t，按照以统计产能产量比例(开机率)估算产量		185837	
合计	845100	523502.82	

CPP 行业 2009 年产量比 2008 年增加比较多，主要是 2008 年下半年因原料暴跌造成的主动停产得到恢复，同时国内经济仍然保持了 8.7% 的增长，因此 CPP 行业在 2009 年得到了一定的喘息与恢复。

2009 年值得关注的一个问题是，虽然国内市场需求仍然在以超过 10% 以上的速度增长，然而，由于新增产能仍然比较多，因此全行业经济效益比 2008 年没有根本好转，尤其是采用进口线生产 CPP 膜的企业仍然处于连续 4 年亏损的状态。

2009 年全行业统计开机率 61.95%，比 2008 年 57.86% 有所提高，残酷的价格竞争已经使得单独做 CPP 薄膜很难取得利润，即便是国产线最集中，价格最低的汕头市场，也是如此，一些企业仅仅因为同时还进行镀铝而拥有一定的利润。

2009 年是 CPP 行业整合和重新洗牌的一年，由于新投产国产大线仍然比较多，因此许多企业的销售都受到影响，许多企业虽然继续生产但经营亏损，部分未统计产量的企业自 2008 年 3 月以来已经失去联系，估计经营情况非常困难，亦或已经倒闭。

【发展趋势】

2010 年预计采用近两年来制造的国产宽幅高产能流延机的 CPP 薄膜生产企业仍然能够保持微薄的利润，北方和中西部地区的企业由于成本较低可能利润空间稍好，其余大部分地区的进口大线和 2006 年以前投产的国产线将仍然亏损。

【专委会活动】

1. 积极向中国塑料工业协会和有关部门反映行业因全球金融与经济危机冲击带来的困难情况，呼吁国家有关部门出台政策，帮助企业渡过难关；

2. 2009 年 4 月 10 日召开 CPP 薄膜行业骨干企业应对全球金融与经济危机研讨会，组织行业企业积极应对全球金融与经济危机；

3. 积极发展会员，壮大专委会队伍；

4. 继续办好《流延薄膜》杂志；

5. 2009 年 11 月 27 日组织召开 2009 年第二次 CPP 行业骨干企业信息交流会；

6. 召开流延薄膜行业 2009 年年会。

【中国塑料工业协会流延薄膜专委会 2009 年年会】

由中国塑料加工工业协会与广东省塑料工业协会、广东省佛山市南海区狮山镇人民政府共同主办，流延薄膜专委会协办，广东仕诚塑料机械有限公司承办的“2009 年暨第四届中国塑料包装与新材料行业高峰论坛”暨中国塑料工业协会流延薄膜专委会 2009 年年会于 2009 年 11 月 7 日在广东佛山狮山镇胜利闭幕。

本次会议由流延薄膜专委会理事长上海紫江薄膜基材事业部总经理徐志强、流延薄膜专委会荣誉理事长中山市新中升包装材料有限公司董事长林惠翘、流延薄膜专委会副理事长秦皇岛嘉华塑胶有限公司董事长邢宗敏等流延薄膜专委会常务理事会成员共同主持，来自全国 CPP、CPE、PVB 等流延薄膜及镀铝与彩印行业的 304 家骨干企业共计超过 463 名负责人和代表出席了本次会议。流延薄膜行业骨干企业单位，包括上海紫江薄膜基材事业部徐志强总经理、上海紫藤包装材料有限公司戴炼总经理、中山新中升包装材料有限公司林惠翘董事长、佛山塑料集团股份有限公司东方分公司技术科长张广强、湖北慧狮塑业有限公司王焕清董事长、安徽宁国双津(集团)实业有限公司软包装事业部王帮新技术总监、秦皇岛嘉华塑胶有限公司邢宗敏董事长、庆丰(江西)包装材料有限公司洪文革董事长、福州佳通第一塑料有限公司吴庆瑞总经理、东莞市致腾塑胶制品有限公司朱素良总经理、宁波保美新型材料有限公司杨锦国副总经理、积水中间膜(苏州)有限公司张俊副总经理均出席本次会议。

本次会议得到国内外知名企业的积极响应，德国布鲁克纳、哈勒科技、巴赛尔、埃克森美孚、赛默飞世尔、依迪埃精密模具、德国莱宝、德国应用材料、精诚模具、上海金纬等知名公司参加了本次会议。

6 日上午论坛举行开幕式，出席本次论坛的领导和嘉宾有中国塑料加工工业协会会长廖正品，中国塑料加工工业协会常务副会长李国俊，中国塑料加工工业协会秘书长马占峰，广东省塑料工业协会会长符岸，狮山镇党委副书记镇长王雪，全国工商联新能源商会副秘书长史利民，中国塑料工业协会镀铝膜专委会理事长上海永超真空有限公司总经理洪晓冬，中国塑料工业协会流延薄膜专委会荣誉理事长中山市新中升包装材料有限公司董事长林惠翘，中国塑料加工工业协会副秘书长、流延薄膜专委会秘书长孙冬泉，南海经济开发区管委会委员狮山镇党委委员招思源，南海区中小企业局副局长梁伟棠，广东仕诚塑料机械有限公司总经理张春华，以及汕头塑胶行业商会、广东省包协情报委员会的领导。

中国塑料加工工业协会廖正品会长在百忙之中专程到佛山参加本次会议，给予流延薄膜专委会大力支持，廖会长代表中国塑料工业协会致开幕辞，并对当前流延薄膜行业面临的问题和解决办法提出了许多精辟的参考意见。廖会长指出，作为流延薄膜专委会的 2009 年年会，本次会议规模庞大，体现了流延薄膜专委会的号召力与凝聚力。廖会长介绍了我国塑料行业在2009年克服全球性金融与经济危机影响快速复苏的有关情况，指出流延薄膜行业复苏增长速度在塑料各子行业中名列前茅，他的发言给与会企业以鼓舞，增强了行业企业的信心。

广东省塑料工业协会会长符岸随后致辞，对本次论坛的召开进行祝贺，并希望以本次论坛为锲机带动广东省塑料包装工业复苏发展。

佛山市南海区狮山镇党委副书记、镇长王雪代表当地政府致欢迎辞，并介绍狮山镇有关工业发展情况。

大会随后进入主题发言阶段，全国工商联新能源商会副秘书长史利民、中国塑料工业协会镀铝膜专委会理事长上海永超真空镀铝有限公司总经理洪晓冬、埃克森美孚化工商务(上海)有限公司市场拓展经理张颖、广东仕诚塑料机械有限公司董伟民、积水中间膜(苏州)有限公司市场部孙宏坚、汕头市贝斯特科技有限公司销售经理徐磊、德国应用材料有限公司高级销售经理严珍妮分别作了“中国光伏产业发展现状及趋势”、“我国镀铝膜行业2009年发展状况和2010年市场需求探讨”、“Vistamaxx™树脂——为更好的流延聚丙烯(CPP)薄膜的热封性能以及更快的包装线速度”、“新能源(太阳能电池)用薄膜材料生产设备的介绍”、“积水化学及其PVB中间膜的进展”、“打造国际水平CPP母料，提升客户使用价值”、“CPP镀铝机的技术介绍”的主题发言，受到与会代表的大力欢迎。

6日下午，与会代表分为包装流延薄膜专场、玻璃夹层膜专场、食品包装安全与包装检测技术专场三个分会场进行分组交流。

包装流延薄膜专场由中国塑料工业协会流延薄膜专委会荣誉理事长中山市新中升包装材料有限公司董事长林惠翘主持，上海紫藤包装材料有限公司总经理戴炼、远东国际租赁有限公司李建成、厦门聚富塑料有限公司总经理陈建朝、CLOEREN INC公司桂富春经理、北京博众易顺科技有限公司总经理王晓梅、广州思肯德电子测量设备有限公司总经理王广彪、意大利MERO公司销售经理胡海燕，分别作了“关于CPP行业发展的若干思考”、“融资租赁助力企业发展”、“2009年拉伸缠绕膜发展情况介绍及拉伸缠绕膜国家标准制定探讨”、“解析CLOEREN模具新技术”、“2009年CPP薄膜市场行情分析”、“流延薄膜在线厚度检测及控制技术”、“流延薄膜的电晕处理技术”的发言，受到会场听众的一致好评。

玻璃夹层膜专场由中国塑料工业协会流延薄膜专委会副理事长秦皇岛嘉华塑胶有限公司邢宗敏董事长主持，青岛昊成实业有限公司总经理助理李信、德国辛克博士公司张智仁、马格泵系统上海代表处占先球、广州鹿山化工有限公司李连春经理、灵思亚洲有限公司王进经理、美国NDC红外技术公司王德志经理，分别作了“聚乙烯醇缩丁醛树脂性能介绍”、“薄膜瑕疵检测技术”、“马格泵在PVB、EVA产品中的应用”、“高耐候太阳能电池封装胶膜的制备与性能研究”、“美国开创失重喂料技术特点和优势”、“挤出流延厚度检测技术比较”的发言，得到与会人员的欢迎。

食品包装安全与包装检测技术专场由广东省包协情报委员会范军红主持，希仕代仪器贸易(上海)有限公司刘海峰、嘉铭科技开发有限公司杨伟添、岛津国际贸易(上海)有限公司广州分公司姜华、苏州中亚油墨有限公司徐建明、SGS公司崔小勤、广州通泽包装机械有限公司林华祥、赛默飞世尔科技(中国)有限公司费维强经理，分别作了“软包装技术与食品货架期、食品安全的关系”、“静电吸墨系统在软包装安全生产中的应用”、“岛津在食品包材中残留溶剂检测新技术及新应用”、“无苯、无丁桐油墨在软包装印刷中的应用技术”、“食品软包企业应对REACH的实施方案”、“无溶剂复合机演示会介绍”、“IPlus！厚度测控系统在流延挤出生产线的应用”的发言，得到与会人员的欢迎。

会议还进行了行业发展座谈会，CPP与CPE行业改革发展座谈会由流延薄膜专委会徐志强理事长、林惠翘荣誉理事长共同主持，就行业企业共同关心的问题进行座谈，上海紫江薄膜基材事业部徐志强总经理、上海紫藤包装材料有限公司戴炼总经理、中山新中升包装材料有限公司林惠翘董事长、佛山塑料集团股份有限公司东方分公司技术科长张广强、湖北慧狮塑业有限公司王焕清董事长、安徽宁国双津(集团)实业有限公司软包装事业部王帮新技术总监、庆丰(江西)包装材料有限公司洪文革董事长、福州佳通第一塑料有限公司吴庆瑞总经理、东莞市致腾塑胶制品有限公司朱素良总经理、宁波保美新型材料有限公司杨锦国副总经理等企业代表纷纷发言，提出了许多有益的观点。PVB玻璃夹层膜行业座谈会方面，南京金永发塑胶加工制品有限公司金科民总经理等企业代表均提出行业发展的参考意见。

本次论坛的召开正值我国流延薄膜行业持续复苏之际，必将在未来对流延薄膜行业的可持续发展产生重要的指导作用。

本次会议得到不少下游企业的积极参与，包括黄山永新股份有限公司、上海永超真空镀铝有限公司在内的许多下游企业参加了会议。

会议呼吁全国的流延薄膜及相关企业积极加入到流延薄膜专委会会员队伍中来，共同为行业发展献计献策。会议对流延薄膜专委会未来工作进行了探讨，专委会秘书处将进行汇总，并在制订2010年专委会工作计划时予以结合，从而更好地做好行业工作。

（中国塑料加工工业协会流延薄膜专业委员会　孙冬泉）

中空制品
Hollow Plastic Products

【行业现状】

改革开放30年来，我国塑料中空制品行业总产值以年均递增15%以上的速度持续快速发展。目前已发展成为门类比较齐全，既能基本满足国内市场需求，又具有一定国际竞争能力的产业。

2009年塑料中空制品行业在克服全球金融与经济危机影响、市场竞争激烈的困难下，积极调整产品结构，转变生产经营和经济增长方式，产销趋于平稳发展，并向好的方向发展。全国塑料中空制品总产量估计超过550万吨。

1. 塑料饮料瓶产量增长迅速，估计2009年市场容量近220万吨

（1）碳酸饮料包装中PET瓶的应用比例占57.4%，市场前景看好。目前行业中PET聚酯瓶产量较大的企业，有珠海中富和上海紫江集团，分别占有国内PET瓶30%和20%的市场份额。

（2）随着国内茶饮料市场异军突起，2009年茶饮料产量超过770万吨，因此热灌装85～90℃ PET瓶已成为聚酯瓶增长最快的品种，年增长率超过50%，2009年茶饮料用聚酯瓶约88亿只，可用塑料市场容量约35万吨。

（3）聚丙烯透明包装瓶的开发是近几年国内外塑料包装的一个热点。随着透明改性剂—成核剂的开发成功，在普通PP中加入0.1%～0.4%山梨醇缩二甲苯(苯甲醛)成核剂(美国米利肯，新日本理化，二井东亚、牌号Mil－lad3988等)，高透明PP可广泛用于注射、吹挤、吹拉、挤压、热型容器、食品、药品瓶等，其价格适宜，是PS、ABS、PET、PE瓶的竞争对手，有着广阔的市场前景。

2. 饮水包类瓶(桶)

2008年全国瓶装水产量达到2100万吨，比前一年增长27%，占饮料总量的35%，每年需要超过350亿只塑料瓶，以每只需用塑料40g计算，饮水瓶总需求量约140万吨。2009年预计需求量超过155万吨。经过多年的竞争，目前瓶装水行业已形成规模化生产，涌现一批较强的企业，如娃哈哈、康师傅、怡宝、农夫山泉等十强企业，品种包括纯净水、矿泉水、矿物质水等，并向品牌化发展，所需包装瓶的质量要求也愈高。这将是一个朝阳的市场，有着美好的前景。

2009年全国PC桶生产线已超过280条，每条生产线生产能力约20万个，全国饮用水桶年生产能力约为5600多万个，实际产量约4400万个，按照每个桶750g核算，产量约3.3万吨。

3. 啤酒塑料包装瓶得到应用

在我国95%的啤酒通过巴氏灭菌方式生产，要求包装瓶的使用要耐62～67℃。这些要求成为塑料啤酒瓶开发中的关键问题。

4. 药品固体剂型包装发展前景广阔

据统计，2007年中国医药包装市场容量已达到163.7亿元，2009年约为200亿元。目前，药品包装正在成为我国包装领域分支。随着我国医疗体制的改革，药品种类增加，药品包装形式也在发生变化。由原来的纸袋包装、塑料袋包装、玻璃瓶到现在的聚乙烯瓶、聚丙烯瓶、聚酯瓶、铝塑包装、条形包装。扭转了药品包装落后的局面。

国外药品包装已大量采用汽罩PTP包装及条形SP包装，应用于片剂、胶囊等圆体剂型包装。在国内我国药品汽罩包装以及条形复合膜包装也将成为主流并有着广阔的发展前景。

5. 大型化工液体包装容器发展迅速

适用于化工液体、润滑油、涂料、化妆品等工业用桶是近几年发展起来的新大型包装容器。已成为新的发展热点，到2009年底已引进超过30条线，生产能力超过150万个。

6. 塑料托盘在物流运输中得到应用

托盘是仓储、运输业使用的消耗品，目前制作托盘用材料为木材、金属、塑料、塑木复合材料。目前，托盘大部分是木制的，每只木制托盘需耗0.05m^3木材，不仅耗用大量的木材资源，而且需经蒸煮或高温处理，否则国外拒绝入境，以防虫害携入(光肩天牛虫)。因此，发展塑料托盘势在必行。它可以反复使用，耐水、耐晒、节约运费，有利于露天作业和存放，节省港口一大批周转仓库，与木制托盘比较硬度及周转使用率提高了3～5倍，符合节约木材资源的要求。

7. 塑料汽油箱在轿车中得到广泛的应用

目前国内塑料油箱行业集中度非常高，2009年亚普、考泰斯、八千代三家的产量已经占到国内生

产总量的约70%。主要生产企业除了亚普、塑光以及芜湖顺荣外，其他是三资企业，如考泰斯(长春、上海、广州)、邦迪管路(天津)、武汉英瑞杰、八千代(武汉、中山)等。国内生产企业主要依靠引进国外设备来获得国外技术支撑。

我国2009年塑料油箱产量约为660万只，其中仅亚普公司产量估计接近220万只。

8. 化妆品、洗涤用品包装用量越来越大

2007年1~12月全国日用化学品制造工业总产值为1829亿元，2009年预计超过2200亿元，对塑料包装容器的需求量越来越大。

【十二五发展目标】

1. 发展速度目标：根据“十二五”期间塑料中空制品行业现实基础，发展速度及全国“十二五”发展规划的总体要求，优化结构、提高效益和降低消耗的基础上，保持塑料中空制品行业发展速度略高于国民经济发展速度，塑料中空制品行业在“十二五”期间塑料中空制品产值、销售收入年均增长率为12%，产品产量平均年增长率为10%，到2015年全国塑料中空制品总产量达到885万吨；

2. 开发一批具有自主知识产权的新型塑料中空制品行业系统，使塑料中空制品行业中的高端产品与包装机械的技术水准接近或达到同期国际先进水平；

3. 重要塑料中空制品生产设备和市场需求量大的主要塑料中空制品都能够生产，基本满足国民经济社会发展需求；

4. 建立比较完善的塑料中空制品行业人才教育和培训体系，编制一套适合现代化生产和管理的培训教材，培养出一大批塑料中空制品行业专业高级研究人才，加快建设一支基础理论扎实、设备工艺熟悉、操作熟练、责任心强的塑料中空制品专业技术队伍，为塑料中空制品行业的技术创新、传统产品的提升奠定基础。到“十二五”末，要求塑料中空制品企业专业技术人员的在职工总数中达到10%以上；

5. 建立比较完善的塑料中空制品行业标准体系，制订一批有利塑料中空制品行业技术进步、循环经济发展、促进节约型社会和环境友好型社会建立的标准，大力发展绿色塑料中空制品产业，推动社会环境和谐发展。

【专委会活动】

1. 积极向中国塑料工业协会和有关部门反映行业因全球金融与经济危机冲击带来的困难情况，呼吁国家有关部门出台政策，帮助企业渡过难关；

2. 配合有关部门积极调查行业情况；

3. 积极发展会员，壮大专委会队伍；

4. 继续办好《塑料中空制品》杂志；

5. 积极准备专委会换届筹备；

6. 配合中国塑料加工工业协会有关工作。

(中国塑料加工工业协会中空制品专业委员会　孙冬泉)

流延聚丙烯 CPP 薄膜
CPP Film

1. 目前CPP薄膜行业的基本情况及发展趋势

(1) CPP薄膜行业的市场现状：

经过近30年的发展，中国的塑料软包装产业已经发展成为世界软包装产业的重要力量，各类塑料软包装材料的产量和消耗量迅猛增长，作为软包塑材的主要基材之一的CPP薄膜伴随着国内塑料工业的发展以每年约超过10%的市场需求增长率不断发展着。

随着经济和消费市场的飞速发展，CPP的应用领域不断扩大，其发展速度和空间得以提高和扩大。自2004年下半年以来，由于国产流延设备技术发展迅速，使得进入CPP行业的门槛大幅降低，从而吸引了大批竞争者加入，随着多条流延设备的开机运行，造成了CPP产品的年产量直线上升。据不完全统计，到2009年末，我国CPP进口生产线已接近80条，年产能超过40万吨。国产线近250多条，年产能超过45万吨。合计CPP年产能已超过85万吨。

(2) CPP薄膜行业的发展趋势

到2009年年底为止，国内CPP产品的市场需求量从2000年开始的8万吨到2009年的约50万吨，增长了近6倍，占国内软包装材料市场需求量的9%。

随着CPP薄膜市场竞争的加剧，各生产企业为了使产品在激烈的市场竞争中又立足之地，如何提高产品的市场竞争力保持CPP产品在塑包产业中不可或缺的一席之地是行业内每位经营者都必须面临和思考的问题。因此，规模化、专业化、差异化已成为行业发展的主流趋势，特别是开发具有高附加值的差异化产品，努力扩大CPP应用领域，提高CPP产品在国际上的地位已成为业内同仁们的共识。

2. 流延聚丙烯薄膜的应用

CPP是通过流延挤塑工艺生产的聚丙烯(PP)薄膜。该类薄膜与BOPP(双向聚丙烯)薄膜不同，属非取向薄膜。主要是通过在冷铸辊上快速冷却，在薄膜上形成优异的清晰度和光洁度。

（1）CPP 薄膜的主要特性包括：

与 LLDPE、LDPE、HDPE、PET、等其他薄膜相比，成本更低，产量更高；

比 PE 薄膜挺度更高；

水气和异味阻隔性优良；

多功能，可作为复合材料基膜；

可进行金属化处理；

作为食品和商品包装及外包装，具有优良的演示性，可使产品在包装下仍清晰可见。

（2）当前用途和潜在用途

CPP 的当前用途和潜在用途包括：服装、针织品和花卉包装袋，小袋，外包装，文件和相册薄膜，食品包装，及适用於阻隔包装和装饰的金属化薄膜，泡罩包装（代替 PVC），食品外包装，糖果外包装（扭结膜），药品等医疗包装（输液袋），农药等农用包装，易揭易撕膜等，在相册、文件夹和文件等领域代替 PVC，合成纸，不干胶带，报告封面，名片夹，圆环文件夹以及站立袋复合材料。

CPP 薄膜具有如此大的吸引力，与一些替代材料相比，除了具有价格优势和密度差异以外，还由於流延薄膜内在的快速冷却性质，可形成优异的光洁度和透明度。对于要求清晰度较高的包装用途而言，这一特性使 PP 薄膜成为首选材料。它能提供透明窗口，使内装物清晰可见，特别适合於软包装市场。通过电晕处理后，便於使用各种工艺进行印花。这一特性能改善薄膜的最终外观。

CPP 耐热性优良。由於 PP 软化点大约为 140℃，该类薄膜可应用於热灌装、蒸煮袋、无菌包装等领域。加上耐酸、耐碱、耐油脂性能优良，使之成为面包产品包装或层压材料等领域的首选材料。其食品接触性安全，演示性能优良，不会影响内装食品的风味，并可选择不同品级的树脂以获得所需的特性。

3. 当前 CPP 行业行业发展存在的问题与困境

由于 CPP 薄膜行业处于供大于求的状态，导致部分企业出现停产或半停产状态。

俗话说，冰冻三尺非一日之寒。CPP 行业面临目前的困境，与其近十年来的发展轨迹不无关系。在已成既成事实的今天与其是埋怨后悔，还不如究其原因，从中引起我们的一些思考和反思，或许对今后的发展带来一些帮助。

（1）利益驱动、盲目扩能是行业面临的最大困境

在市场经济条件下，经济利润的巨大力量得以充分体现，利益刺激投入，资本追逐利润已成不争的事实。

由于近几年来国产宽幅大线技术水平的快速提升，单机产能增加，与进口生产线相比，采用国产宽幅大线的企业或是成本优势明显或是自产自销通过产业链升级等尚有利可图，因此投资国产线的热情仍持续不减，加上行业进入门槛不高等因素，造成 CPP 产能剧增，供过于求的矛盾尤为突出，使得进口大线企业和 2006 年以前投产的国产小线面临严重亏损，许多国产小线以及部分进口小线已经退出市场，成为目前行业性亏损的根源所在。

（2）产品同质化、应用领域局限加剧行业的无序竞争

目前国内的 CPP 企业由于经济实力不一，生产规模差异以及经营管理理念的不同，致使各自在市场竞争中采取的策略各异，但由于 CPP 产品的创新不足应用领域相对有限，品种大同小异，在差异不大的情况下，用户往往把价格作为主要采购和应用考量，一些硬件尚好注重品牌效应的产品反而因成本偏高和价值过剩失去市场竞争力，低价竞争成为市场的主流。

（3）原料专用，依赖进口使企业经营成本难以控制

CPP 行业的发展很大程度还受制于原料的开发应用，CPP 因其特点对原料也不断提出更新更高的要求，但由于 CPP 原料的产能在石化产品中的比重不大，也不足以引起石化行业对原料开发应用的热情和投入，造成国内专用产品品种单一，数量有限，流通短缺，致使有特色、有功能的原料被国外跨国公司垄断，价格居高不下，造成 CPP 生产企业采购风险大，机会成本高，产品竞争力下降。

4. 2010 年 CPP 薄膜行业创新发展探讨

2010 年 CPP 行业要走出困境，获得发展，必须在以下几个方面进行积极的探索：

（1）要以“科学发展观”为统领走技术创新的道路，不断探索，求新求变。要使产品的研发努力走在市场前沿具有“有技术、有水平、有效益”的基本要素，变满足需求为创造需求，唯有持续的技术创新才能使企业保持长久的生命力。

（2）发挥行业协会的协调作用，维护 CPP 行业的根本利益。充分利用行业信息资源丰富，横向联系广泛的优势，努力把从原料到最终消费的产业链协同联手，既可以整合国内 CPP 生产企业的各项资源，发挥行业互补的作用，促进行业健康发展，又可以引导行业内企业合理定位，控制产能，满足和创造需求，避免企业资本盲目投入造成不可挽回的损失。同时又有利于规范市场行为，防止各生产企

业之间压价竞争最终自食恶果的局面。

(3) 规模化运作，树立品牌。我们可以借鉴国外中小企业发展的成功经验，CPP 生产企业的最终发展方向，是融入到塑料软包装的综合产业中去，减少资金分散，提升综合实力，实现规模经营，通过技术创新提高产品质量树立企业形象和产品品牌，使企业能够实现适应国内国际两个市场、两种竞争的跨跃式发展。

(4) 开拓市场引导需求。许多具有实力的生产企业，为了避免国内恶性价格竞争所带来的影响，其市场经营着眼点已经投向了国际市场。而要使 CPP 产品的市场需求获得进一步突破，除了作好新产品的开发、调整市场策略外还需要进一步的开发新的应用领域。目前 CPP 的主要用途是在食品和日用品包装方面，在工业产品和农产品的包装领域中用量还很少，而在当今高速发展的现代轻重工业、电子信息产品所需要的大量包装材料的应用领域中，CPP 产品更是涉足不多。做好这些应用领域的开发推广工作，有利于提高 CPP 生产企业的核心竞争力，使得 CPP 产品获得可持续发展。

总之，CPP 薄膜已经成为包装行业不可或缺的产品之一，许多企业采用新设备和新材料不断地扩大生产规模，提升生产效率，增加产品品种，扩展新的应用领域。可以预料，随着我国经济飞速发展和人们消费水平的不断提高，CPP 行业将会迎来新一轮的发展和提高。

(上海紫藤包装材料有限公司　戴炼)

医用塑料
Medical Plastic Products

2009 年 3 月 18 日至 4 月 21 日，第 61 届中国国际医疗器械博览会在深圳举行，此展览会专业观众超过了 3 万人，有 2400 多家参展商参展。为此，我专委会向国药励展公司申请了一定数量的展位，专委会单独组团参加了此次展会，受到了参展企业的欢迎。

随着我国医疗技术水平的不断提高和国家对卫生事业资金的投入及国内医保制度的逐步完善，各种医用塑料制品的使用范围越来越广泛，而为了加大国家医疗改革力度，国家投入巨额资金，这对产业链相关企业来说是前所未有的机遇。企业如何了解市场把握发展机遇多为关键的问题，为了帮助相关企业认识到行业现状，我专委会和上海化工易贸公司在 2009 年 9 月 7 日至 8 日联合主办了 2009 医用塑料器械市场应用研讨会，帮助相关企业搭建了一个了解医用塑料制品市场现状和前景并同时把握商机的平台。为了开好本次论坛，我们拟定了几大主题，并邀请了国内外相关厂商做了主题演讲，受到了与会人员的一致好评。扩大了专委会的影响。

由美国商务部批准的“国际医疗设备设计与技术暨研讨会”2009 年 9 月 8 日至 10 日在上海举办，是专门为中国及其他国际医疗设备和器械制造商提供展示平台的专业展会。展会同时还为医疗行业人士提供一次与来自世界各地顶级医疗行业代表会面的机会。我专委会作为协作单位也参与了展会的组织工作，作为展会的贵宾，我专委会理事长曹常再在开幕式上致贺词并剪彩。作为展会的共同部分，还同时召开了“医疗器械技术创新论坛”。我专委会代表作为演讲嘉宾出席了论坛并作了主旨演讲“中国医用塑料的发展趋势与前景及如何选择供应商”。此次展会是业内领军及科技创新机构全面展示最新技术、产品和解决方案的最佳平台，为我国医疗器械行业注入具有时代元素的设计理念和生产技术，开阔了广阔的国际视野，加强了与国际先进技术的融合与交流，促进中国医疗器械行业走向国际领先行列。

2009 年 10 月，我专委会作为协办单位亦组织了企业参加了第 62 届国际医疗器械博览会。

由雅式展览服务公司主办，中国塑料工业协会等单位协办的“2009 国际橡塑展”于 2009 年 5 月 18 日至 21 日在广州举办。尽管面对下滑的经济局势，这个久负盛名的专业展会依然魅力不减。世界和国内行业顶尖企业都参加了本次展会，随着塑料在医疗领域的应用持续扩展，“国际橡塑展”越来越受到医疗器械行业的欢迎，不断增长的设计自由度，生物相容性及制造小型、复杂形状的能力，使得塑料在医疗应用中极具吸引力，我专委会组团参加了此次展会。

我医用塑料专委会原秘书长刘志民同志已到退休年龄，办理了退休手续。经专委会理事长曹常再提名，聘任天津市塑料研究所副所长孟永新同志为专委会秘书长，按章程规定征求了副理事长成员的意见，结果一致同意孟永新同志接替秘书长工作，同时上报中国塑料工业协会征得了中国塑料工业协会领导的批准，使得我专委会新老秘书长顺利完成交接工作。

理事长单位天津塑料研究所与加拿大安大略省医疗器械协会会长单位成立了合资公司，公司名称为卡迪美(天津)医疗技术有限公司，将于 2010 年上半年引进全自动安全采血针生产线。

(中国塑料加工工业协会医用塑料专业委员会　曹常再)

双向拉伸聚酯薄膜(BOPET)
BOPEJ Film

【行业现状】

2009年，世界聚酯薄膜的产能在320万吨，中国的产能已经达到85万吨，当年新增产能17.35万吨，年增长率为25.9%。国内聚酯薄膜生产商类型分布有合资企业、民营企业、国营企业和股份制企业，既有的生产线已形成五个基本层面：国外膜商主控国内企业技术的生产线、国内生产企业的3m左右进口小线、国内生产企业的5~6m左右进口线、国内生产企业的8m左右进口大线、国内生产企业的3~5m国产线。

2009年国内聚酯薄膜市场的整体需求呈阶梯型上升，总需求在92.09万吨(总产能84.43－出口5.8575＋进口13.5194，未扣除生产厂家年末库存)。市场销售表现出新的现象：产品价格两级分化的趋势加大；不同厂家同类产品的价格差距拉大；产品功能化的价值需求明显凸现；整个行业的基本售价未能摆脱跟从原料跌涨趋势的现象等。行业内呈现出新特点是：多元化发展带来市场细分明确，规避了部分交叉竞争；BOPET依赖自身的使用价值，取代其他基膜在某个使用领域形成的暂时垄断；新的工业化用途的研发，以及产品在薄型化、厚型化的诸多方面大显神通；原料结算价制约愈加明显，各厂家面对原料价格的涨跌幅度都建立了快速有效的应对措施等。

促成行业2009年变化的根本原因：一是市场需要的不断变动与购买能力的提高；二是由于行业竞争力量的推动。

【专委会活动】

1. 倡导经营的规范化和多元化

① 针对行业经营局面，举行了三次工作会议，共同商讨应对行业发展面临的问题。2010年1月组织召开年度会议，会议安排市场、技术专题报告与信息交流，内容包括多种功能性聚酯薄膜在设备、工艺上的对策；聚酯薄膜的新型原料；薄膜的涂层工艺和2010年市场预测分析等。②撰编《聚酯薄膜行业三年发展振兴规划(2009~2011)》上报中国轻工业联合会；向国家发改委、财政部和商务部上呈报告——《建议将本行业和“特种功能性聚酯薄膜技术开发及应用”列入国家“鼓励发展的重要行业”和鼓励发展的产品》；③收集行业各循环周期的变化数据，向中国塑料加工工业协会递交《对我国聚酯薄膜行业加强引导抑制产能过剩的建议》。

2. 提供行业经营信息的多样性

① 行业的门户网站(中国BOPET网)开通一年来，由于坚持舆论导向的专业性和服务性，已经引起行业内外相关人士的关注，目前的浏览量已达到375811PV(至09年12月24日)。② 本专委会秘书处编撰了《中国BOPET行业的现状分析报告(2008版)》；还编撰了内部期刊《聚酯薄膜资讯》在年末发行。《聚酯薄膜资讯》内容包括：热点关注、统计数据、分析与评论、科技前沿、新视野等十个栏目。

3. 维护行业利益的基本面

① 行业内4家企业以积极合作的态度参与美国的反倾销行政复审调查，企图争取或保持比较有利的反倾销税税率，并获得解决长期权益问题的办法。② 专业委员会秘书处收集行业专家的意见，向商务部提出建议认为：韩国SKC公司的SKYROL热收缩膜属于聚酯薄膜反倾销案被调查产品范围，已经进口的产品应按规定交纳反倾销税。

4. 广泛开展行业内外的交流

① 参与上级协会在广州主办的“2009海峡两岸塑料行业合作与发展论坛”，分享两地企业与业界人士带来的新观念、新体验。参展5月18~21日广州23届中国国际塑料橡胶工业展览会。重点推广聚酯薄膜在建筑、光学、太阳能、电子、电容、新型包装等领域的应用，受到观展者的广泛关注。② 参加6月在余姚召开的中国塑料技术产业化研讨会；参加10月在包头召开的2009年塑料新技术、新材料、新成果交流会。③ 8、9月，行业企业先后参加中石化仪征化纤公司和中石化华东销售公司组织的南北片薄膜用户两次座谈会。通过会议交流，增强了双方的了解，缓解了供需之间的部分矛盾，提高了日后开展合作的信心。

5. 推动产业生产的标准化

按照中国轻工业联合会(中轻联综[2008]92号)的布置，协助海关总署和国家发展改革委办公厅落实《聚对苯二甲酸乙二酯薄膜加工贸易单耗标准》的编制工作。已对6家单位作实地调研，26家单位征询意见单，完成了《聚对苯二甲酸乙二酯薄膜加工贸易单耗标准》草案稿。

6. 注意吸收行业的新会员

本专委会制定并通过“扩展09年会员单位和参与活动的意见”的内部文件。上半年，新增中心会员单位3家(宿迁彩塑、合肥国风、佛山多能)；新增加盟会员单位9家。

【主要成员单位】

理事长单位：

上海紫东薄膜材料股份有限公司

副理事长单位(按汉语拼音字母顺序排列，下同)：

常州钟恒新材料有限公司

富维薄膜(山东)有限公司

天津万华股份有限公司

杭州大华塑业有限公司

成员单位：

佛山多能薄膜有限公司

湖北富思特集团(云梦德邦实业有限公司)

江苏裕兴薄膜科技股份有限公司(常州绝缘材料总厂有限公司)

江苏宿迁彩塑包装有限公司

江阴金中达新材料有限公司

南京金中达新材料有限公司

南京兰埔成实业有限公司

宁波舜塑科技实业有限公司

上海邦凯塑胶科技有限公司

汕头海洋第一聚酯薄膜有限公司

四川东材科技集团股份有限公司

绍兴未名塑胶有限公司

绍兴翔宇绿色包装有限公司

仪化东丽聚酯薄膜有限公司

浙江欧亚薄膜材料有限公司

浙江中发薄膜有限公司

浙江强盟实业股份有限公司

中山市泓溢薄膜科技有限公司(中山市盈溢包装有限公司)

佛山杜邦鸿基薄膜有限公司

浙江大东南高科包装有限公司

【存在问题】

聚酯薄膜在前几年发展中存在以下致命的通病：新上马的生产线大多追求产量的提高，而忽视生产线差异化配置水平的提升，既有的生产设备都用差不多的工艺配方，所出产薄膜大多是单层结构的或简用性能的，只能适合一般的软包装用途；设备引进时缺乏生产、研发特殊性产品的规划，大多不能生产高附加值的或者用途特殊的差异性产品，致使整个行业呈现出通用性产品供大于求，而特殊性产品供不应求、一味依赖进口的态势。

历经的现实让行业认识到：企业根据自身的生产技术条件和对市场需求的了解，开发、生产出能够满足市场的新产品，就能提升企业的核心竞争能力；众多企业的富裕产能转换生产高附加值的功能性薄膜，展现产品的区隔化生产和错位竞争，就能有效地缓解国内市场的供需矛盾，也能提升整个聚酯薄膜行业的核心竞争水平。相反，则降低竞争能力和竞争水平，增加市场的供需矛盾。

【关注开发的高端产品】

现阶段，光电、电子、电器等相关领域的薄膜产品生产还是出自于日、美、韩等一些发达国家，其各类功能性的聚酯薄膜品种就有上百种之多。我国聚酯薄膜产业虽然具备了一定的生产规模和集中度，可是受到专用聚酯切片配套开发和薄膜生产工艺技术的限制，功能性聚酯薄膜的品种目前只有十几种，很多高端产品在国内还缺乏相关的技术和研发基础，无法在短时间内形成一定的生产力。光电、电子、电器等方面的薄膜产品乃是市场争夺的热点，关系到我国聚酯薄膜产业的技术水平和市场地位。因此，加快对国外功能性聚酯薄膜的工艺研究，同时增强消化吸收新技术和自主创造新技术的能力，是进一步提升中国聚酯薄膜产业产品的当务之急。

1. 光学用聚酯薄膜

光学聚酯薄膜乃是LCD产品必不可少的原辅材料，其中的保护膜、离型膜、反射膜、扩散膜和增亮膜等均为高附加值的功能性聚酯薄膜产品，有着巨大的市场潜力。

2. 太阳能领域用聚酯薄膜

以聚酯薄膜等为主材的太阳能TPT背材，具有水气阻隔性、电气绝缘性、尺寸稳定性，易加工性及耐撕裂性、耐候性等特点，已被开发利用到太阳光源方面，成为国外大量企业关注、开发的热点。

3. 建筑用聚酯薄膜

以节能为目的建筑贴膜的出现，被认为是节约建筑物能耗较为有效的手段之一。热反射贴膜在炎热的夏季可避免室内温度升高，从而降低室内的空调负荷，利于节省能耗；低温辐射电热膜能充分利用太阳光辐射和室内物体的长波辐射，能在寒冷地区和采暖建筑中起到保温和节能的作用。应用于建筑物装饰装修方面的隔热保温膜、防爆膜，铺设到地下的地暖膜、防渗水膜等，也是利用功能性聚酯薄膜的特点，衍生变化为建筑防水、密封材料、隔热保温材料、隔声材料等，有可能成为我国“十二·五”期间要重点发展的新型建筑材料。

4. 电子、电容专用聚酯薄膜

功能性聚酯薄膜能够为电子信息材料向集成化、大尺寸、高均匀性和高完整性方向发展提供积极的配套。可为通讯设备、照明器材、电源开关、家用电器等整机配套，还可制成特殊的聚合物基复合材料，在压电、导电、雷达隐身、永磁、光致变色、吸声、阻燃等方面具有广阔的发展潜力。特别是薄至3.5μm的专用聚酯薄膜，应用到超薄型电容器上，兼有体积小、耐压高、损耗小、容量大等优点，是汽车工业、航天工业、精密仪器等领域必不可少的配套材料。

5. 印刷电路用聚酯薄膜

此类膜用于印刷线路板(PCB)之干膜产品的盖膜层，起到隔绝氧气、分层和避免机械划伤的作用，它可以防止由薄膜表面所带静电的放电引起的灾害、防止灰尘或尘埃等被吸附在基薄膜的表面、防止由异物黏附引起图案的不整齐、使品质稳定化，并且能将平坦的薄膜卷绕成卷轴状时有良好的操作性、滑动性等加工特性。

6. 新型包装用聚酯薄膜

目前，普通印刷、镀铝用途是聚酯薄膜最大的应用领域之一，未来包装用聚酯薄膜要进一步向特殊功能和性能方向发展。如：聚酯热收缩薄膜，是一种新型热收缩包装材料，可用于集束包装、套标、封口包装、电池标鉴等领域。在发达国家已成为取代聚氯乙烯(PVC)热收缩薄膜的理想替代品。热封聚酯薄膜，可改变聚酯薄膜自身的热封性能差的缺陷，直接用于食品、药品等内容物的包装，大大免去下游的二次复合加工程序，有利于进一步扩展聚酯薄膜的应用领域。聚酯扭结膜，为一种高性能环保新产品，符合我国食品卫生标准和国际FDA(美国食品药物管理局)条例，不仅解决了传统PVC扭结薄膜卫生性能差等环保技术难题，而且减薄厚度，包装面积更大，包装成本更低，扭结效果更好，可广泛用于糖果、小食品(牛肉干、凉果等)、礼品、水果的包装。亚光、高亮聚酯薄膜，除具有普通聚酯薄膜优越的化学物理性能外，还具有与普通聚酯薄膜不同的光学性能，具有较好的镀铝和印刷性能，可用于转移、烫金、镀铝、复合包装、贴合、激光镭射等用途，可适用于家用电器、电脑精密仪器设备等特殊高档标签的制作、室内亚光装饰材料和高档烟、酒等印刷包装、高档图书的覆膜应用等。

【发展趋势】

聚酯薄膜是我国1965年开发投产后逐渐发展起来的一种新型薄膜材料，其无毒无害和优良的性能，被人们广泛应用到磁记录材料、感光材料、包装材料、印刷材料、办公材料和绝缘材料、建筑材料等各个领域。近年来，又被应用于航天、光学、太阳能、电子、电工等高精尖技术领域，推动了相关领域的材料革命和技术进步。聚酯薄膜可持续改性，又符合发展绿色材料的要求，它的推广和使用可节省能源、资源，减少废弃材料对环境造成的影响，符合国家倡导的环保、节能、减排的可持续发展观和科学发展观。

1. 市场消费量增大是化解行业产能过剩的最好出路；市场消费量不足就容易促使供给结构产生扭曲。过渡依赖高速多产来降低产品单位成本，势必挤压整个经营空间，不利于企业财源的必要储备，大大削减新技术新装备的投放能量，不利于实现行业的可持续发展。因此，在聚酯薄膜行业的产品结构中，维护普通类的常用薄膜的基本赢利面是绝对不可或缺的。

2. 行业发展必须适应市场经济的更替变化。任何一种商品都有替代品，所以，聚酯薄膜依赖自身使用价值在市场的出现，不可能形成在某个使用领域的永久垄断。随着科学技术的进步和渗透，既使“产业融合”改变过去单一知识及其技术的产业划分标准，又使产业更新换代的周期缩短，技术创新尤其是自主技术创新一直成为行业经济增长的重要力量。

3. 行业选择产品竞争的途径可能有两条：或以成本为基础；或以用户认可的产品特征为基础。一个企业的产品品牌不对某些消费用户有独具一格的市场意义，其成功的可能性就非常小。先强后大才能抗风险。成功的企业，无论是专一化还是多元化，其核心业务都是专一的，即使多元化，也是专一下的多元化，围绕着核心业务散发的多元化。

4. 预计2011～2012年聚酯薄膜的市场两极分化将会更加严重，市场细分将更加清晰，届时，技术优势、服务理念、资源优势、成本优势将成为竞争法宝。将会再次验证：企业产品要满足市场，既要有理化性质的有形部分(实体)，还要兼有品牌、服务、商品印象等无形效用。

聚酯薄膜行业能在竞争中求生存、在创新中求发展，即是我们行业诸多从业者能共同保持行业的稳定增长和全面发展。行业要营造良好的市场竞争环境，就必须作好产能的合理控制，规范好行业经营行为，在着眼全球视野的前提下，引导好产品生产模式的规模化和专业化分工，并加大对产品自主创新的研究和投入，把开发高性能、多功能、环保适应性的产品成为聚酯薄膜的发展方向，以适应需求急剧增长和市场竞争日益激烈的现状。

(中国塑料加工工业协会双向拉伸聚酯薄膜专业委员会　王德钧)

编 织 制 品

Woven Plastic Products

【行业现状】

截止2009年底，全国有塑编专业生产企业7000

多家，从业人数45万多人，拥有各种园织机23万多台，年综合生产能力920多万吨。

2009年全国规模企业塑料丝、绳及编制品(以下简称塑编制品)产量5815626t，同比增长26.58%，产值约760亿元。2009年全社会塑编制品产量约850万吨，同比增长25%；全社会产值1100多亿元。由于国家为应对国际金融危机实施了一系列扶持政策，使我国经济保持持续稳定的发展态势，给塑编产业提供了广大市场，使塑编产量获得高速增长，全年增幅比上年提高1.28个百分点，产量增幅列塑料制品十大品种之首。

1. 分布与趋势

塑编产业分布和发展状况有所变化，全年产量列全国前十位的省(市)中有6个省(市)属东北、西北、中原地区；产量增幅列全国前十位的省(市)有8个省(市)属东北、西北中原地区；产量增幅高于全国平均水平的15个省(市)中有13个属东北、西北、中原地区。塑编产业分布继续从东南沿海向东北、西北、中原地区转移的趋势。但是，目前山东、浙江、广东、江苏、福建、上海等东南沿海6个省(市)的塑编产量仍达245.73万吨，占全国塑编总产量的42.25%，仍占较大的优势，而这种优势将逐步减弱(全国各省市塑编产品产量详见表1)。

表1　2009年全国各省(市)塑编制品产量表

序号	地区	本年产量/t	±%	占全国比例/%
1	山东	1448200	17.99	24.00
2	辽宁	940533	16.19	16.17
3	浙江	541819	17.86	9.32
4	河南	306630	32.27	5.27
5	湖北	284026	46.06	4.88
6	安徽	232611	95.04	4.00
7	四川	231532	67.82	3.98
8	广东	210032	25.06	3.61
9	湖南	206843	89.01	3.56
10	江苏	183373	25.11	3.15
11	广西	170503	31.64	2.93
12	河北	169059	2.26	2.91
13	江西	158856	39.97	2.73
14	黑龙江	91177	25.89	1.57
15	重庆	88365	51.91	1.52
16	内蒙古	68292	32.23	1.17
17	云南	59216	33.04	1.02
18	吉林	57046	2.31	0.98
19	天津	53755	113.90	0.92
20	福建	52642	1.86	0.91
21	陕西	47876	33.84	0.82
22	新疆	39147	38.96	0.67
23	北京	36369	-15.46	0.63
24	甘肃	30616	-11.31	0.53
25	山西	28183	35.44	0.48
26	贵州	27528	0.71	0.47
27	宁夏	22607	11.12	0.39
28	上海	21329	431.50	0.37
29	海南	4130	-22.64	0.07
30	青海	3331	-2.89	0.06
31	西藏			
	全国	5815626	26.58	100

2. 创新与提升

2009年塑编产品科技创新、产品结构调整与提升成绩显著，废塑回收利用循环经济发展步伐加快：

兖州宏泰塑料制品有限公司几年来深入贯彻科学发展观，下苦功开发出透明编织袋，透明度高，质量上乘，产品深受国内外市场欢迎，享有很高信誉，并带动兖州地区一批企业从事透明编织袋生产，形成了我国高档次透明编织袋产区。

四川绵阳市华美塑料有限责任公司通过6年的研究开发出以废弃聚酯瓶回收造粒制造编织袋，产品各项性能都超过以聚丙烯为原料生产的编织袋：其拉力强度是聚丙烯的1.5倍，耐温性能好，能达到40℃，不裂丝、耐老化、原料价格低、经济效益好，利用废弃聚酯瓶回料生产编袋，为塑编产品开辟了新的原料渠道，取得了提高产品质量、节约资源、减少环境污染、提高企业经济效益多项成果。

利用改性母料，提高编织袋某些物理性能、降低成本、降低主体树脂消耗，该项技术已在全国塑编行业深入全面推广，取得了可喜的成果。

利用废弃塑料生产利废编织袋，其生产规模日益扩大，预计2009年利用废弃塑料量约为180万吨左右，大部分是用来生产再生编织袋，也有加入新料中使用。利用废弃塑料生产再生塑料编织袋既节约了资源，又减少了环境污染发展了循环经济，其发展趋势日益加大。

3. 塑编机械

塑编机械制造水平日益提高，使塑编生产单位能耗有较大幅度降低。常州永明机械制造有限公司、常州恒力机械有限公司开发的高速拉丝机其拉丝线速度已达450m/min，接近国际先进水平；以平阳雁峰集团有限公司、浙江通用包装机械厂为代表的温州地区塑编机械制造企业开发出宽幅模头，使拉丝产量提高一倍，能耗大幅降低；浙江通用、平阳雁峰、温州恒一、常州永明、常州恒力、广州高奥、烟台永太等企业推出各种类型的节能圆织机，使编织袋能耗降低40%左右，深受广大塑编生产企业欢迎，如上列设备推广应用较为普遍的温州地区许多企业每吨塑料编织袋的能耗已从原来的1700kW·h降低到1500kW·h，少数龙头企业其能源耗还低于这个水平。又如北京明顺包装机械厂的全自动切袋机、烟台双华机械有限公司的卧式内黏机、青岛创新机械制造有限公司的胶黏式全自动阀口袋生产线、青岛建华包装机械有限公司的全自动塑编袋片缝纽机丝，都代表新的一代塑编生产机械，为塑编产业的提升提供了有利条件。9月19日在常州召开的第三届全国塑编及产业联谊会暨科技交流与市场对接会上，中国塑料工业协会对本行业作出突出贡献的常州永明机械制造有限公司等十家企业进行了表彰，并发给铜牌，充分说明我国塑编机械制造技术水平的进步与深入贯彻科学发展观的成效。

【大事记】

1. 编制《塑料编织制品2009～2011年振兴规划》

据中国塑料工业协会指示，专委会于2009年3月编制了《塑料编织制品2009～2011年振兴规划》，并在2009年3月26日中国塑料工业协会塑编专委会第二届第五次常务理事会上讨论通过，并在“塑编专委会简讯第十五期”上向全体会员公布。规划目标要求2009年到2011年全国塑编制品产量年增长幅度分别为10%、15%、25%；塑编制品产量分别达到525万吨、604万吨和755万吨。在品牌运作上到2011年有5家企业获中国名牌称号。规划要求在三年内要深入开展节能降耗为中心的技术活动，到2011年底，要求编织制品生产单位能耗，使之接近和赶上世界同行先进水平。规划要求三年内塑编行业要大力推进产业内部结构调整和优化升级，要加快发展方式的转变。要努力发展抗静电、耐老化的多功能、高性能的编织袋生产，使我国塑料编织袋的质量水平接近和赶上国际先进水平。要积极发展循环经济，要加快发展废旧塑料再生利用，推进资源节约型和环境友好型社会建设。

2. 塑编专委会召开二届五次常务理事会

3月26日上午九时，在平阳县萧江镇浙江华庆集团有限公司会议室举行中国塑料工业协会塑编专委会第二届第五次常务理事会，会议由常务理事余正光主持，姜集康等十位常务理事或常务理事代表参加会议，符合法定人数，会议主要讨论了由常务副秘书长宋云鹤起草的全国《塑料编织制品2009～2011年振兴规划》和浙江省经贸委关于制订塑料编织袋能源消耗定额，及专委会常务副秘书长由于年龄偏大，身体健康等原因要求不再担任常务副秘书长和后备人选等有关协会工作。会议在完成各项议程后宣告结束。

3. 专委会受到中国塑料工业协会表彰

5月16日中国塑料加工工业协会在广州嘉应宾馆召开五届四次理事扩大会议暨协会成立二十周年庆典表彰大会，专委会宋云鹤常务副秘书长、刘德川副秘书长等5人参加会议，会上中国塑料工业协会表彰377家“先进单位”和375名“先进工作者”。中国塑料加工工业协会塑料编织制品专业委员会、浙江华庆集团有限公司、温州晨光集团有限公司、苍南县塑料行业协会获“先进单位”荣誉称号，中国塑料工业协会塑编专委会会长姜集康、常务副秘书长宋云鹤、副秘书长王永仁获“先进工作者”荣誉称号。

4. 参加2009年海峡两岸塑料行业合作与发展论坛

“2009年海峡两岸塑料行业合作与发展论坛”于5月17日在广州亚洲大酒店举行，会议由中国塑料工业协会常务副会长李国俊主持。会上，中、台双方协会负责人分别作了报告，交流了两岸塑料行业发展情况，中国塑料工业协会塑编专委会常务副秘书长宋云鹤等5人参加会议，在会上提出组团前往中国台湾参观考察，受到台方欢迎。

5. 中国塑料工业协会副秘书长孙冬泉来温

6月2日孙冬泉副秘书长来温，3日到平阳萧江浙江华庆集团有限公司，召开了平阳籍塑编专委会正、副会长和副秘书长座谈会。会上，孙冬泉副秘书长传达中国塑料工业协会决定把塑编专委会秘书处迁往北京，有利于专委会在全国更好发展，宋云鹤同志因年龄、身体等原因，不再担任专委会常务副秘书长职务，但仍希参与专委会工作，希望平阳塑包协会今后仍需支持塑编专委会工作。到会同志纷纷表示同意，希望中国塑料工业协会今后仍需关心温州塑编行业的发展，4日孙秘书长一行到苍南，在苍南塑料行业协会召开了苍南籍常务副会长、副会长、副秘书长会议，传达中国塑料工业协会的决定，林增标常务副会长等都表示同意中国塑料工业协会的决定。孙冬泉副秘书长完成中塑协交办任务后，于4日晚离温返京，期间由宋云鹤常务副秘书长陪同。

6. 参展与参观国际塑橡展

第二十三届中国国际塑料橡胶工业展览会于5月18日至21日在广州琶洲展览馆举行，中国塑料工业协会塑编专委会与温州市塑料行业协会联合组团前往参观，参观团由专委会常务副秘书长宋云鹤、副秘书长余正光带队，共有45人参观展览。

本届展会中国塑料工业协会塑编专委会会员企业中有赛澳(广州)机械有限公司、常州恒一机械有限公司、常州永明机械有限公司、青岛华建包装机械有限公司、雁峰集团有限公司、温州恒一塑料机械有限公司带着新开发的塑编机械参加展览，他们的产品深受国内外用户欢迎和赞赏。

7. 国务院关税税制委员会来函征求有关塑编袋出口退税率的调整意见，专委会以中国塑料加工工业协会塑料编织制品专业委员会的名义提出提高出口编织袋退税率的建议，国务院关税税制委员会采纳了专委会的建议，将塑料编织袋出口退税率从原来的11%逐步提高到17%，有力地支持了编织袋的出口销售。

8. 抗击"莫拉克"台风

2009年8月9日下午4时20分，第8号台风"莫拉克"在福建省霞浦县壁乡登陆，这次台风暴雨、大水给苍南灵溪、湖前、新库、平阳萧江、麻步等地数百家塑编企业带来严重灾害。

苍南县受害企业45家，预计经济损失151817万元，平阳县萧江、麻步塑编企业基本都受水淹，损失达3亿元左右，协会在县政府领导下，引导企业奋力抗灾，自力更生，恢复生产。

9. 中塑协副秘书长等来温慰问

9月2日中国塑料工业协会孙冬泉副秘书长、专委会王永仁副秘书长代表中国塑料工业协会先后到平阳苍南了解受灾情况，并代表中国塑料工业协会对受灾企业和广大职工表示慰问。并宣布塑编专委会决定受灾企业免缴2009年会费，期间专委会常务副秘书长宋云鹤陪同。

10. 浙江省制订塑料编织袋电耗限额标准

根据浙江省技术监督局2009年第一批地方标准制订计划，由浙江省经贸委提出，浙江省节能协会组织承担制订《塑料编织袋可比单位限额及计算方法》强制性地方标准及计算方法，由温州市节能协会秘书长胡宝成、温州市塑料行业协会常务副会长宋云鹤、平阳县塑包协会林宣朗、苍南县塑料行业协会秘书长刘德川、温州市工业设计院陈倍昆等人起草，经组织企业座谈，深入企业调查研究，召开标准征求意见会，组织专家评审，公示等程序后，最后定稿。

11. 第三届全国塑编联谊会在常州召开

由中国塑料加工工业协会主办，常州市工商联合会塑化商会、中国塑料工业协会塑编专委会承办，常州市包装行业协会协办的第三届全国塑编及产业链联谊会暨科技交流与市场对接会于9月22日在江苏省常州市江南宾馆隆重举行，650多人出席盛会。

会议由中国塑料加工工业协会副秘书长孙冬泉、中国塑料工业协会塑编专委会常务副秘书长宋云鹤、中国塑料工业协会塑编专委会副秘书长王永仁、中国塑料工业协会塑编专委会副会长芮品钢共同主持。会上由常州市领导致词后，由中国塑料加工工业协会会长廖正品在会上作"齐心协力，促进塑编行业保持平衡发展"的报告，报告介绍了我国塑料行业和塑编产业上半年发展态势，预计下半年，塑料工业增长有望回复至10%以上水平。孙冬泉副秘书长作了"塑编产业链2008年发展状态与2009年创新发展介绍"。专委会常务副秘书长宋云鹤作"浅谈塑编产业的创新优化升级"的发言。会上中国塑料加工工业协会表彰了为行业作出突出贡献技术创新成绩显著的常州市永明机械制造有限公司等十家企业，并颁发了铜牌。会议内容丰富，众多塑编专家在会上介绍了行业节能降耗、新工艺、新技术等创新成果，会议并安排由塑编专委会王永仁、宋云鹤、刘厚义、刘安友、李亚六、孙立荣、郑信修等塑编行业专家答疑。会议上还准备了由中国塑编专委会副秘书长、北京纵与横塑编包装咨询服务部主编王永仁撰写的《涂复疑难问题及处理》、《全国塑编优秀论方案》、《国家塑编标准修订意见汇编》等资料，受到会员企业的欢迎。

会议还参观了常州市塑料机械零件制造企业。

会议在完成各项议程后宣布圆满闭幕，这次会议的胜利召开将在中国塑编史上写下光辉的一页。

12. 召开第二届第六次常务理事会

2009年10月28日中国塑料工业协会塑编专委会在平阳县萧江镇浙江华庆集团有限公司会议室召开第二届第六次常务理事会，参加会议的有姜集康等12位常务理事，超过常务理事总数17人的三分之二，符合法定人数。

会议由林宣朗副秘书长主持，姜集康会长向常务理事会作第二届塑编专委会工作报告，林增标常务副会长作专委会工作条例修改报告，吴美秋副会长作专委会第二届财务收支报告，到会常务理事认真讨论审核了三个报告，并一致通过三个报告。常务副秘书长宋云鹤向到会常务理事汇报了专委会第三届理事会候选人、会长、常务副会长、副会长、秘书长、副秘书长候选人名单及推选的过程，到会常务理事经过认真讨论，一致通过了专委会第三届领导班子候选人名单。

会议还讨论了专委员第三届第一次会员大会的内容，开会地点及有关会议筹备工作和分工，会议完成各项议程后宣告结束。

13. 召开三届一次会员大会

2009 年 11 月 26 日中国塑料工业协会塑料编织制品专业委员会在浙江省平阳县萧江镇晨光大酒店召开第三届第一次会员大会。

出席本次大会的有中国塑料工业协会常务副会长李国俊、副秘书长孙冬泉、质量标准部主任田岩、平阳县常务副县长申卫国、平阳县萧江镇镇长胡立左和 140 家会员单位 160 名代表，超过会员总数三分之二，符合法定人数。

会议由塑编专委会副秘书长林宣朗主持，首先平阳县常务副县长申卫国代表平阳县人民政府致欢迎辞。随后姜集康会长代表塑编专委会第二届理事会向大会作第二届塑编专委会作工作报告。专委会常务副会长林增标向大会报告了专委会工作条例修改意见，其主要修改内容是将专委会秘书处从浙江省温州市马鞍池东路 237 号二轻大楼 7 楼迁至北京市长安街 6 号和调整部分会员会费收取标准。副会长吴美秋向大会作了关于中国塑料工业协会塑编专委会第二届财务收支报告，到会代表审议了三个报告，并一致通过三个报告。

随后，大会进行专委会换届选举工作，首先由第二届常务副秘书长宋云鹤代表常务理事会介绍第三届理事会理事候选人名单及推荐的过程，中国塑料工业协会李国俊常务副会长宣读了关于同意塑编专委会第三届理事会组成名单的复函。与会代表对第三届理事会候选人进行了认真的讨论和审核，并以举手表决的方式一致通过中国塑料工业协会塑编专委会第三届理事会候选人成员名单。

接着召开中国塑料工业协会塑编专委会第三届第一次理事会，理事会由孙冬泉副秘书长主持，理事会选举产生了常务理事、副会长、常务副会长、会长、秘书长和副秘书长，浙江华庆集团有限公司董事长姜集康当选为第三届会长，南塑集团有限公司董事长林增标、山东广庆塑业集团有限公司董事长傅广伟为常务副会长，温州晨光集团有限公司董事长王岳言、江苏常编集成科技有限公司董事长芮品钢、华正塑料集团有限公司董事长赵平、广天集团有限公司董事长吴美秋、立天集团有限公司董事长杨学寿、温州华中塑业有限公司董事长陈均雪、宜昌双龙塑业有限公司责任公司董事长方跃进、山东省昌邑市海美塑品有限公司总经理丛陆军、江苏中乾塑业有限公司董事长王学保、兖州宏泰塑料制品有限公司总经理刘元珍、温州升阳塑业有限公司总经理黄兆立、常州永明机械制造有限公司总经理何敏、雁峰集团有限公司董事长陈志淡、浙江通用包装机械厂董事长叶帮镐等 14 人当选为副会长，中国塑料工业协会副秘书长孙冬泉当选为秘书长，中国塑料工业协会质量标准部主任田岩、北京市纵与横塑编咨询服务部经理王永仁、平阳县塑包协会秘书长林宣朗、苍南县塑料行业协会秘书长刘德川当选为副秘书长，立天集团董事长杨学寿向大会宣布了第三届第一次理事会的选举结束。

新当选会长姜集康、秘书长孙冬泉在会上作表态或发言，孙冬泉秘书长在会上宣布“关于聘用宋云鹤同志担任中国塑料工业协会塑料编织制品专业委员会高级顾问的通知”。

最后，中国塑料加工工业协会常务副会长李国俊发表了重要讲话，首先他对新当选的第三届理事会班子表示热烈祝贺，并提出要求，希望新一届领导班子要适应全国塑编产业发展的新形势，更多更好地开展工作，并积极准备制订塑编行业“十二五”发展规划。会议在热烈的气氛中圆满结束。

中国塑料工业协会塑编专委会重点企业 2009 年产值：

序号	企业名称	2009 年产值/万元	销售收入/万元
1	温州晨兴集团有限公司	63642	61218
2	广庆塑业集团有限公司	58517	58302
3	浙江华庆集团有限公司	52458	43817
4	南塑集团有限公司	37952	35483
5	华正塑料集团有限公司	30197	29587
6	昆明雨龙新发塑业有限公司	24000	23851.98
7	浙江贤超包装有限公司	21525	21387
8	诸城市贝斯特工贸有限公司	19000	18100
9	山东桦阳塑料工业有限公司	15950	18214.5
10	江苏中乾塑业有限公司	15600	15600
11	江西金沙新印包装厂	15500	13000
12	温州华利集团有限公司	11920	11840
13	广天集团有限公司	11400	11291
14	杭州瑞裕实业有限公司	10030	10001

（中国塑料加工工业协会编织制品专业委员会　宋云鹤）

降解塑料
Degradable Plastics

1. 发展降解塑料的必要性和意义

大量塑料的使用不仅消耗了大量的石油和能源，而且因为不能自然降解，燃烧时又释放出大量二氧化碳，部分地造成和加重了"白色污染"和"温室效应"。2005年全世界塑料消耗量在2亿吨以上，而我国在3000万吨以上，其中塑料包装材料的发展最迅速。塑料包装材料占生活垃圾的41%，而这种垃圾实际上是"永久性"的不能被降解。怎样面对及如何处理塑料垃圾已成为世界性的环保问题。为净化周围环境，消除塑料废弃物，人们努力地做好以下工作来减少污染：一是卫生填埋(用土掩埋垃圾)，二是废物利用。卫生填埋虽可明显地缓解环境污染，但是却将环保的重任推到下一代人身上。废物利用是较可行的办法，世界上相继出现了焚烧利用热能、回收再利用、自然降解等三种主要的解决塑料废弃物方法。回收再利用是从垃圾中回收塑料，要经过分拣、冲洗、干燥、粉碎等过程，最后加工成制品，虽然会耗费一定的人力和物力，但一定程度上能使环境有所改善。不过人们不禁要问这些塑料材料到底能回收再加工利用多少次、不能回收后如何处置？专家建议应大量开发和生产能自然降解且可回收再利用又对自然界、生物界无害的塑料，这才是从根本上解决"塑料垃圾"问题的办法。

无论是从能源替代、二氧化碳减少，还是从环境保护以及部分解决"三农"问题，发展降解塑料都是必要，也是十分有意义的。

(1) 利用可再生能源，替代石化资源，可持续发展

我国石油储量是世界的2%，消费量是世界第二。石油进口由1994年的300万吨增加到2004年的1.4亿吨，进口依存度达46%。在我国，能源的多元化、可持续与环境友好以及降低进口依存度已是大势所趋。

生物基降解塑料其原料主要来源于以阳光和二氧化碳为能源和碳源的可再生资源，如淀粉和纤维素等。相对于普通塑料，生物基降解塑料可降低30%～50%石油资源的消耗，减少我们对石油资源的依赖。如果用生物分解塑料替代100万吨传统塑料，则可以减少二百万吨的石化资源。

(2) 减少二氧化碳排放，防治温室效应

我国二氧化硫和二氧化碳的排量分居世界第一和第二位，每年燃烧和填埋处理的塑料废弃物释放的二氧化碳在百万吨以上。而生物基降解塑料在生产过程中，其原料主要以消耗二氧化碳和水(植物光合作用将其变成淀粉)来生产，可以减少二氧化碳排放，有利于"京都协议"执行，是"绿色塑料"理念的完美体现。如果用生物基降解塑料替代原有通用塑料100万吨，则可以减少二氧化碳排放量约在300万吨以上。

(3) 促进环境保护，减少白色污染

据有关部门统计，一次性塑料包装材料和制品废弃物产生量达180万吨；中国可覆盖地膜的面积为2.2亿亩(55万吨)，加上育苗钵、农副产品保鲜材料等预计需求量达120万吨，由于塑料地膜较薄，用后破碎在农田中并夹杂了大量的沙土，很难回收利用；一次性日用杂品和医疗材料中一部分也是难以收集或不宜回收利用的，预计其需求量达100万吨。据此，难以回收利用的塑料废弃物将达到350万吨，由此引发的环境问题日益严重。若其中50%采用降解塑料替代的话，则降解塑料的需求量将达到175万吨，因此降解塑料在中国具有较大的市场潜力。

(4) 部分解决三农问题

目前生物基降解塑料多以淀粉、秸秆等可再生资源为原料生产，其大量推广后会拉动国内玉米、土豆等农副产品的需求，促进玉米、土豆等农产品种植、农副产品加工业的发展，提高农民收入。

(5) 突破贸易壁垒

现在一些发达国家对一些进口物品的包装提出了一些更新要求，即规定不能使用不可降解的材料进行包装货物，而降解塑料的出现有利于突破这些贸易壁垒。

(6) 改善企业形象

生物分解包装材料作为传统聚合物的环保型替代物将不断获得进展，一些零售商正在着力使用生物分解包装材料来提高他们自己的形象。

意大利连锁超市IPER、美国沃尔玛公司等大型超市，丰田公司、马自达公司等汽车公司也纷纷推出了使用生物分解塑料制品。这些公司的目的就是提高企业的形象。

2. 降解塑料和生物基塑料

(1) 降解塑料

降解塑料根据降解途径可以分为光降解塑料、热氧降解塑料和生物分解塑料。

光降解塑料，由自然日光作用下，经过一段时间和包含一个或更多步骤，导致材料化学结构的显著变化而损失某些性能(如完整性、分子量、结构或

机械强度）和/或发生破碎的塑料。光降解塑料由于其降解需要光的条件，而塑料废弃物废弃后，要么是被搁在封闭的垃圾处理系统（焚烧、填埋、堆肥等）中，要么就是曝露在条件不固定的自然环境中，很难保证光降解塑料所需要的固定条件。因此，在大多数情况下，光降解塑料因为受条件限制无论是在垃圾处理系统中还是在自然环境而不能全部降解。

热氧降解塑料，在热和/或氧化作用下，经过一段时间和包含一个或更多步骤，导致材料化学结构的显著变化而损失某些性能（如完整性、分子量、结构或机械强度）和/或发生破碎的塑料。热氧降解塑料因为受条件限制，大多数情况下也很难彻底降解。

生物分解塑料是指，在自然界如土壤和/或沙土等条件下，和/或特定条件如堆肥化条件下或厌氧消化条件下或水性培养液中，由自然界存在的微生物作用引起降解，并最终完全降解变成二氧化碳（CO_2）或/和甲烷（CH_4）、水（H_2O）及其所含元素的矿化无机盐以及新的生物质的塑料。生物分解塑料按照其原料来源和合成方式可以分为三大类，即利用石化资源合成得到的生物分解塑料、可再生材料衍生得到生物分解塑料以及以上两类材料共混加工得到的塑料。

生物分解塑料因为在一定条件下可以生物分解，不增加环境负荷，是解决白色污染的有效途径。普通塑料如常用的聚乙烯（如塑料袋）、聚丙烯（如塑料餐具）、聚酯（如饮料瓶）等不能生物分解，在目前常用的垃圾处理方式即卫生填埋条件下，普通塑料将存在上百年以上，而生物分解塑料在堆肥条件下几周内就可以完全分解，回归自然。

生物分解塑料可以和有机废弃物（如厨余垃圾）一起堆肥处理，因此和一般塑料垃圾相比，省去了人工分拣的步骤，大大方便了垃圾收集和处理，从而使城市有机垃圾堆肥化和无害出处理变得极为现实。

（2）生物基塑料

生物基塑料是指由生物体（包括动物、植物和微生物）或其他再生资源如二氧化碳直接合成的具有塑料特性的高分子材料，如聚羟基烷酸酯（PHA，包括PHB、PHBV等），或从天然高分子或生物高分子（淀粉、纤维素、甲壳素、木质素、蛋白质、多肽、多糖、核酸等）出发，或从它们的结构单元或衍生物出发，通过生物学或化学的途径而获得的具有塑料特性的高分子材料，或者以这些高分子材料为主要成分的共混物或复合物，如聚乳酸、聚氨基酸、可热塑型淀粉、淀粉基塑料、植物纤维模塑制品、改性纤维素、改性蛋白质、生物基聚酰胺、二氧化碳共聚物等。

由可再生的天然生物质资源，如淀粉、植物秸秆、甲壳素等衍变得到的生物基塑料（biobase polymer）是一类绿色塑料，具有良好的生物分解性，并因原材料丰富易得，其研究开发更是受到各国的重视。开发生物基塑料的根本出发点，是因为目前大量使用的石化资源是有限的，而可再生资源却是可持续发展的。相对于普通塑料，生物基降解塑料可降低30% ~50%石油资源的消耗，减少我们对石油资源的依赖。

（3）降解塑料、生物分解塑料、可堆肥塑料与生物基塑料之间的区别

① 降解性能的区别

首先是要理解降解塑料和生物分解塑料之间的区别。从第一节的定义上可以看出，降解塑料是一个大类，包括了光降解、热氧降解塑料和生物分解塑料，生物分解塑料只是其中一种，只是它在自然环境、堆肥等条件下可以生物分解成二氧化碳（或甲烷）和水等。因此，降解塑料包括了生物分解塑料，而生物分解塑料是降解塑料中的一种，只是它能在自然条件下能被完全降解。

其次是要理解生物分解塑料和可堆肥塑料的区别。生物分解塑料是指在自然环境或堆肥化条件或土壤条件或高固态等条件下可以生物分解的一类塑料，而可堆肥塑料指在堆肥化条件下可以分解成二氧化碳和水的一类塑料，后者除了材料要求变成二氧化碳和水外，还要求在堆肥周期内塑料能变成小于2cm大小的小块，并要求堆肥产生的堆肥的重金属含量要满足各国的标准要求，并且堆肥与传统堆肥比较不会对植物的生长产生不良影响。国际上对生物分解性能要求虽不完全一样，但基本类同，检验方法主要为ISO 14855堆肥条件下生物分解性能测定（我国标准为GB/T 19277，等同采用ISO），对单一聚合物生物分解率要求在50%以上（180d内），对共混物要求成分在1%以上的每种材料生物分解率在60%以上。欧洲的要求直接要求相对生物分解率或绝对生物分解率在90%以上。我国的降解性能要求国家标准为GB/T 20197。可堆肥塑料要求的标准美国主要为ASTM D 6400、ASTM D 6868，欧盟的标准为EN13432、14995，我国在GB/T 20197中也作了类似的规定。目前，ISO 17088正在颁布阶段，其基本在ASTM D 6400和EN 13432基础上制定。关于生物分解塑料的降解性能要求，目前国际上各国要求基本接近，但是必须要搞清楚检验的条件和依据标准。

再次要清楚生物基塑料、降解塑料及生物分解塑料之间的区别。根据降解塑料的定义，在一定条

件下具有降解性能的塑料都可以称作降解塑料，而生物基塑料由于其成分中有很大一部分为生物质材料，所以生物基塑料可以称作降解塑料。但是根据生物分解塑料的定义，生物分解塑料应该是在一定条件下能被降解成二氧化碳或甲烷、水以及生物死体的一类降解塑料，所以生物基塑料就不能简单地称为生物分解塑料，只有当其降解性能满足生物分解性能要求或其所有组分均为生物分解塑料时，才可以称作生物分解塑料。

再次，要理解生物基和生物分解之间的区别。生物分解主要是从塑料废弃后它对环境消纳性能出发提出的概念，而生物基则是从原材料来源角度出发提出的概念。生物分解塑料在使用废弃后在一定条件下可以变成二氧化碳和水，而生物基塑料的原材料来源主要为可再生资源如淀粉、纤维素等。虽然大多数生物基塑料能够生物分解，但生物基塑料不一定能生物分解，而生物分解塑料也不一定是生物基塑料。换句话说，生物基塑料是降解塑料，但不一定是生物分解塑料；生物分解塑料是降解塑料，但降解塑料不一定是生物分解塑料；生物分解塑料也不一定是生物基塑料。

② 从原材料来源角度来区别

从生物基塑料的定义可以看出，其成分中应该有很大比例的一部分材料是可再生资源材料，目的是突出其原材料来源的可再生性，重点要解决的问题是资源可持续发展问题。因此，有的生物基塑料可能是生物分解的，但有的生物基塑料也可能不是生物分解的。

而从生物分解塑料定义可以看出，其制品使用并废弃后，能在自然条件或堆肥等环境下被分解成二氧化碳、水等小分子物质，目的是突出其最终制品对环境无污染性，不会对环境造成额外的负担，重点要解决的问题是原先塑料废弃后不正当处理情况下的白色污染问题。因此，其原材料可能是生物基的，也可能是石化基的。

③ 从使用后废弃处理角度来区别

目前，塑料制品使用完毕并被废弃后，有几种处理途径，第一种处理方式是塑料制品废弃后，对其进行分类回收，这也是首选的一种处理方式。不管是降解塑料或生物基塑料，其最佳处理办法就是进行回收再利用。我国国家标准 GB/T 16288—1996《塑料包装制品回收标志》于 2008 年重新修订为 GB/T 16288—2008《塑料制品的标志》，目的就是要对塑料制品进行标识，不仅要标识材质，还需要进行回收标志，目的就是加强塑料制品废弃后的分类回收，增加资源循环使用。第二种处理方式是将其与其他垃圾进行填埋，这是不合理的一种方式，但却是我国目前用的最多的一种处理方式。第三种处理方式是与其他垃圾进行焚烧处理，按照发达国家许多有机垃圾进行焚烧处理，并回收热能进行发电等，但我国多数情况下焚烧也是垃圾处理运用较多的方式且主要目的只是处理垃圾。在这种情况下，由于生物基塑料在焚烧时，其释放的二氧化碳等废气比传统塑料相对说来要少，有利于环境保护。第四种处理方式就是将无法回收的无机垃圾进行填埋而将不易回收利用的有机垃圾进行堆肥化处理，而塑料如果是可以进行堆肥化处理，那么垃圾的包装以及处置将会非常方便且能省去许多人工和麻烦。

如果对垃圾的管理体系很合理情况下，垃圾始终在密封体系进行运输和处理，可以回收利用的塑料制品进行回收再利用，对不能回收的一些一次性塑料制品设计成可以生物分解，那么对降解塑料来说光降解等部分降解塑料的意义就不是特别大的了，因为对包装有机垃圾的垃圾袋可以使用可堆肥塑料袋，其他一些一次性包装可以是生物分解塑料制做，这样的话原来的白色污染也就不再存在了。

因此，按照以上垃圾处理的方式来区别降解塑料、生物分解塑料、可堆肥塑料和生物基塑料的话，那么可以进行用有机垃圾处理方式来处理的有生物分解塑料、可堆肥塑料，而对不能生物分解的生物基塑料则有利于焚烧处理。

3. 现状

国家发改委从 2006 年开始，建立生物质专项基金支持生物基材料的发展，从 2008 年 6 月 1 日开始实行限塑令，并在 2008 年 8 月召开的奥运会期间成功应用了生物分解塑料(包括生物分解塑料垃圾袋、办公用品、餐具等)。另外，海关总署颁布了相关生物分解塑料的海关编号(初级形状的聚乳酸 3907700000、初级形状的聚乙烯醇 3905300000)，这些政策促进了生物基和生物分解塑料的快速发展。

按照中国塑料工业协会降解塑料专业委员会的统计，我国 2003 年生物分解材料的用量约 15kt，其中不添加淀粉的生物分解塑料约 1kt；2007 年实际生产约 30kt，国外进口 10kt，出口 30kt；预计 2010 年产能将达到 250kt 左右。

(1) 化石基生物分解塑料

化石基生物分解塑料是指主要以石化产品为单体，通过化学合成的方法得到的一类聚合物，如聚己内酯(PCL)、聚丁二酸丁二醇酯(PBS)(也可归于“可再生材料基生物分解塑料”)、聚对二氧环己酮(PPDO)、聚乙烯醇(PVA)、聚对苯二甲酸/己二酸丁二醇共聚物(PBAT)、二氧化碳共聚物等。

① 脂肪族二元醇、二元酸缩合得到脂肪族聚酯

脂肪族二元醇、二元酸缩合得到脂肪族聚酯主要有 PBS 和聚丁二酸/己二酸丁二醇共聚物（PBSA）。丁二醇和琥珀酸缩合成 PBS，丁二醇和己二酸缩聚合成 PBA，PBSA 则是丁二酸、己二酸和丁二醇的共聚物。

PBS 熔点约为 114℃，目前已经能规模化生产，开发出来的产品有发泡材料、薄膜、注塑制品等。国内研究 PBS 的单位主要有中科院理化所、清华大学、四川大学等。浙江杭州鑫富药业公司和安徽安庆和兴公司的 PBS 产品已推向市场，可用于注塑、挤出吹膜等成型工艺，新疆蓝山屯河聚酯有限公司正在采用四川大学开发的新一代合成技术生产 PBS 产品。

浙江杭州鑫富药业公司与中科院理化所合作，建立了年产 3000 吨生产线。该公司生产的 PBS 根据不同牌号，其熔点范围为 110～120℃，维卡软化点 101℃，拉伸强度≥35MPa，断裂伸长率≥600%。

清华大学与安徽安庆和兴公司合作，完成了 10000t/a 规模生产线的建设。M_n = 100400，M_w = 184500，拉伸强度≥20MPa，断裂伸长率 280%。

国内正采用微生物发酵的方法获得丁二酸，然后再通过化学合成方法制得 PBS 或 PBSA。我国科技部有科技专项支持这方面工作，主要是以南京工业大学欧阳平开院士为代表的一批科学家从事这方面的工作。

② PCL

PCL 由七元环的 ε－己内酯在辛酸烯锡等催化剂作用下开环聚合而成。PCL 熔点较低，只有 60℃，所以很少单独使用。但 PCL 与许多树脂有较好的相容性，可与其他生物分解性聚脂共混加工。国内从事 PCL 研究的单位有国防科技大学和四川大学等，四川大学采用己二醇一步法合成己内酯单体，生产工艺绿色环保。中试的单位有武汉天生成公司、汕头东方中玉公司等。

③ 改性脂肪族芳香族共聚酯

改性脂肪族芳香族共聚酯的典型代表 PBAT，其单体为：己二酸、对苯二甲酸、1，4－丁二醇。

BASF 公司的 Ecoflex® 的加工性能与 PE－LD 非常相似，因此其可以与 PE－LD 一样挤出吹膜，也可以和其他生物分解塑料如聚羟基丁酸戊酸酯（PHBV）、PLA 等共混吹膜，还可以添加天然材料如淀粉等进行吹膜成型。BASF 的 Ecoflex FBX 7011 的密度 1.25g/cm^3，熔体流动指数 2.7～4.9g/10min，熔点温度 110～120℃，热变形温度 82℃，拉伸强度≥45MPa，断裂伸长率≥560%。

四川大学研究开发的 PET、PES、PBS 三元脂肪－芳香族共聚体系的发明专利已获得授权。

北京化工研究院正从事改性脂肪族芳香族共聚酯这方面研究，其主要用对苯二甲酸、丁二酸及丁二醇共聚，正准备中试生产。得到的 PBST 的重均分子量在 6 万以上，熔点温度约 135℃，拉伸强度≥20MPa，断裂伸长率≥700%。

④ 聚对二氧环己酮（PPDO）

PPDO 由单体对二氧环己酮（PDO）在催化剂的作用下开环聚合而成。其合成反应式如图所示：

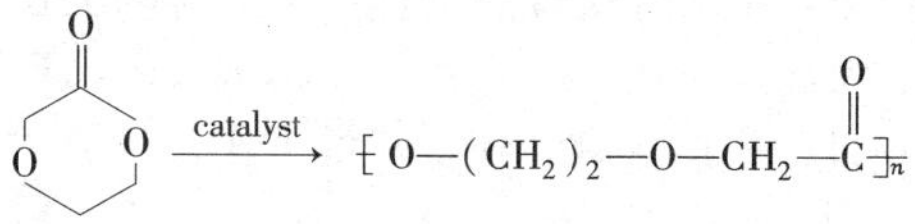

PPDO 的玻璃化温度为－17～－10℃，熔点为 110℃，热变形温度在 90℃左右，其最大特点是兼具高强度和优良的韧性，是一种极具应用前景的可生物分解塑料。该聚合物最早由美国 Ethicon 公司在 20 世纪 70 年代成功合成出来，并开发出商品名为 PDS 的手术缝合线。但由于其成本很高，一直未能进入通用材料领域。近几年，我国四川大学在 PPDO 的低成本和高性能化方面进行了大量的研究，取得了突破性进展，特别是其生产成本在合成生物分解塑料中具有很强的竞争力，并且其具有较高的分子量，能进行吹塑等加工。该产品另一个突出特点是，通过热化学回收，可回收其原料 PDO 单体，并且回收率高达 93%～96%，回收的单体可以直接用于合成 PPDO。目前四川大学开发的 PPDO 的拉伸强度≥29MPa，断裂伸长率≥200%，开发的 PPDO 纳米复合材料的拉伸强度和断裂伸长率分别高达 50MPa 和 500% 以上，目前正与企业合作进行产业化。

⑤ 二氧化碳共聚物

二氧化碳共聚物是以二氧化碳矿源或工业生产产生的二氧化碳废气为原料，与环氧丙烷或环氧乙烷催化合成得到的聚合物。

近年来，二氧化碳聚合物的生产也受到广泛关注。国外最早研究二氧化碳共聚物的国家是日本和美国，但一直没有工业化生产，目前其应用主要集中在包装和医用材料上。日本井上祥平等发现二氧化碳可与环氧化物开键开环聚合生成脂肪族聚碳酸酯，这是迄今为止最有应用前景的二氧化碳共聚物；中国于 1985 年由前期的国家自然科学基金开始立项研究，主要研究单位有中科院广州化学研究所，长春应用化学研究所，浙江大学，中山大学理工学院等。

内蒙古蒙西集团公司与长化所合作，利用水泥生产过程中产生的二氧化碳，已建成年产千吨二氧

化碳/环氧化合物共聚物的装置，其产品主要用于包装和医用材料。产业化的 PPC 的密度 1.25 ~ 1.30g/cm³，拉伸强度 30MPa，分子结构式如下图。

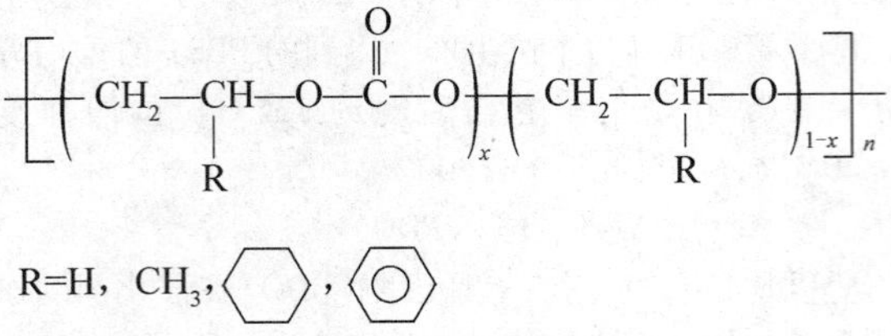

另外，中国海洋石油总公司和中科院长化所合作，在海南东方化工城兴建二氧化碳共聚物可降解塑料项目，并正式启动项目建设工作，该项目设计能力为 3kt/a。

中科院广州化学所研究所的技术已在江苏泰兴中科金龙公司开始投产，生产分子量较低的二氧化碳，分子量较低的二氧化碳再与异氰酸酯反应生成聚合物，产品用于发泡材料、家用电器包装、薄膜等，生产能力为 15kt/a。

河南天冠集团与中山大学合作，以酒精发酵过程中产生的 CO_2 为原料，在高效纳米催化剂作用下与环氧丙烷高效合成聚碳酸亚丙酯树脂(PPC)可降解塑料母粒，2005 年建成一条年产 50t 的中试生产线，目前正建设 5kt/a 的生产线。

⑥ 其他

其他化学合成聚合物也有一部分市场，如改性聚乙烯醇等。PVA 类材料经改性后才具有良好的生物分解性能。国内从事 PVA 改性加工的单位有北京工商大学等，四川大学也成功研制出一种可热塑性加工吹塑成膜的 PVA/PLA 复合材料。北京工商大学的干法吹膜得到聚乙烯醇薄膜的拉伸强度≥60MPa，断裂伸长率≥100%，透光率≥91%，氧气透过系数为 $2.64\times10^{-17}cm^3\cdot cm/cm^2\cdot s\cdot Pa$。

(2) 可再生材料基生物分解塑料

① 天然材料基生物分解塑料

天然生物分解塑料是指以天然聚合物为原料，可通过各种成型工艺制成的生物分解塑料。这类材料包括淀粉、纤维素、甲壳素、大豆蛋白等天然聚合物及其各种衍生物和混合物。

其中，热塑性淀粉和植物纤维模塑已经产业化，植物纤维模塑是指将植物纤维粉末通过热塑成型办法制得的制品。其他天然材料尚处于基础研究阶段。例如，四川大学研究开发的基于纤维素的天然高分子复合膜，是通过易于回收再利用的绿色室温离子液体作为共溶剂，使纤维素分别与淀粉、木质素、大豆蛋白等天然高分子中的一种或两种在不添加任何其他助剂的情况下复合成膜，获得光学透明性和阻隔性好的完全生物分解的天然高分子复合膜。

武汉大学张俐娜教授在溶液中将纤维素溶解，然后再将其处理后来制作纤维、薄膜等，目前也正在产业化中试过程中。

② 生物基生物分解塑料

利用可再生天然生物质资源如淀粉等，通过微生物发酵直接合成聚合物，如聚羟基烷酸酯类(PHA，包括 PHB，PHBV 等)；或通过微生物发酵产生乳酸等单体，再化学合成聚合物，如 PLA 等。

聚乳酸：

PLA 是以淀粉发酵法制得的 L－乳酸为原料，再经化学合成得到。所以是介于微生物产生类和化学合成类之间的高分子。PLA 是无色、透明的热塑性聚合物，熔点为 175℃，可采用通用热塑性塑料的加工方法加工，挤出成型可将板材制成托盘，还可制成薄膜、纤维、食品包装材料、医用导入管等。

我国 PLA 的生产仍属起步阶段，建成的生产线较少，目前产业化的有中科院长春应用化学所与浙江海正生物材料有限公司，已经实现 5kt/a 的生产能力。其熔体质量流率 2 ~ 15g/10min，拉伸强度≥50MPa。

正在中试的单位有上海同杰良生物材料有限公司、江苏九鼎集团、云南富集公司等。其中上海同杰良生物材料有限公司 2006 年完成了百吨级中试，生产状态稳定，正在筹建万吨级生产线。

为提高 PLA 的热性能、韧性和加工性能，四川大学采用共聚的方法对 PLA 进行改性，改性后的 PLA 断裂伸长率可提高到 300%，并显著改善了加工性能，特别是吹塑加工性能。目前已与五粮液集团的一个全资子公司签订了合作中试开发协议。到目前为止，国内 PLA 总产能约为 6kt/a，预计到 2010 年，我国 PLA 生产能力将超过 50kt/a。

四川柯因达公司对聚乳酸改性后，其熔体质量流率 2 ~ 3g/10min，熔融温度范围 140 ~ 145℃，拉伸强度≥20MPa，断裂伸长率≥130%，直角撕裂强度≥110N/mm，生产的产品有 PLA 收缩薄膜、日用塑料袋、垃圾袋等。

广东汕头罗宾生化公司，对聚乳酸进行改性后，可以生产耐热的咖啡杯盖、吸管等餐具。

聚羟基烷酸酯：

自然界中许多微生物都用 PHA 贮藏能量。PHA 具有良好的生物相容性能、生物分解性和塑料的热加工性能，因此可将其同时作为生物医用材料和生物可降解包装材料，已经成为生物材料领域最为活跃的研究热点。我国在 PHA 研究方面介入较早，处于世界先进水平。

国内规模化生产的单位有宁波天安生物材料有限公司，已经达到2kt/a的生产能力，目前正准备筹建年产万吨的生产线，该公司也是目前全世界生产PHA规模最大的企业。

天津国韵生物科技有限公司和DSM公司合资在天津正在建设年产10kt/a规模的PHA（P（3HB，4HB），3HB和4HB的共聚物），预计2009年年底可以投产。

另外，正在中试的单位有江苏南天集团股份有限公司和深圳意可曼公司（在山东邹城进行中试生产，规模5kt/a）等。

（3）共混生物分解塑料

共混生物分解塑料是指利用上述几种生物分解材料共混加工得到的产品。国内已产业化或已中试的单位有武汉华丽、浙江华发、南京比澳格、河北昭和、浙江天禾、广东上九、肇庆华芳、福建百事达、博事雅高分子、烟台万利达等公司。

其中武汉华丽公司目前年产能已经达到1万吨以上，熔体流动速率0.5～1.0g/10min，密度1.20～1.30g/cm^3，拉伸强度9～11MPa，产品包括了粒料、薄膜、片材、注塑品等。最近，四川大学通过原位合成脂肪族聚酯，与天然高分子，特别是淀粉和大豆蛋白共混，成功地制备出相容性与成型加工性能好、耐水性好和力学性能优异的淀粉/脂肪族聚酯和大豆蛋白/脂肪族聚酯复合材料。该产品中天然高分子物质可以不经过改性，且含量高，生产工艺简单，因此复合材料的成本低廉。

（4）2008年奥运应用

2008年北京奥运期间在奥运村、媒体大楼等场地共使用了186t生物分解塑料垃圾袋，在奥运场馆、奥运酒店等使用了生物基的办公用品、餐具以及酒店用品等。

（5）生物分解塑料入市前准备工作

生物分解塑料产业直面我国“三农”、能源和环境三大主题，是世界发展之大势和新兴的产业，在宏观和战略上是可行的。战术层面上，原料及其来源特别是生物质生物分解塑料其资源的丰度与成本，原料生产与转化技术，以及产品市场等都是可行的。但问题在于当前成本与价格尚难与石油基产品竞争，瓶颈是如何通过技术进步以降低生产成本。虽然生物分解塑料经过多年的研发，在欧洲和北美已经多有商业应用，但国外大公司在成本问题上也和我们一样面临着同样的问题。

因此，对生产企业来讲，如何做好产品上市前的准备就显得尤为重要。

首先，生产者应该全面了解国内外产品生产、应用和销售现状，即应该了解国际市场需求到底有多大、各类原料的价格到底有多大的区别、原料的生产能力到底有多大。在目前以供应为主的国内市场背景下，生产者应根据实际情况来选择适合自己投资规模的项目。

其次，要根据降解塑料的定义，正确定位生产产品，有效进行宣传。从降解塑料降解机理上，降解塑料可以分为热氧降解塑料、光降解塑料、生物分解塑料。从原料来源角度，降解塑料可以分为生物基塑料和石化基塑料，生物基塑料是强调其原料来源的可再生性，生物基塑料可以是100%来自于可再生材料，也可以是部分来自于可再生材料。石化基的生物分解其原料来源主要是石油，但却具有生物分解性能。因此，生物基塑料不一定是生物分解塑料，而生物分解塑料也不一定是生物基的，生物基概念主要强调其原料来源，生物分解概念主要强调其产品使用废弃后的环境可处理性。从垃圾处理角度上看，生物分解塑料如果用于可堆肥有机材料的盛装，则可以叫作可堆肥塑料。所以在产品上市前，应该正确定位产品，进行合理的宣传。另外，不管是生物基的生物分解塑料，还是化石基的生物分解塑料，因为其具备了碳绿色循环的概念，因此，它的广泛应用对促进低碳经济有着重要的意义。

再次，要完善产品质量保证的证书工作。生产企业不管生产何种产品，应当首先确保产品的物理力学性能能满足使用的要求，如果是食品接触包装材料，其卫生性能应该满足相关国家的卫生要求。在此基础上，应该进行生物分解性能的检验，对出口产品的生物分解性能，目前美国认证的依据标准主要为astm d 6400（纸类产品主要为astm d 6868），欧盟主要为en 13432。对生物基含量的测试主要为astm d 6866。目前，国家塑料质量监督检验中心（北京）的生物分解检验能力已经得到美国、欧盟和日本等国的认可，也是国内唯一被认可的实验室，生产企业可以凭借该实验室的检验报告到美国、欧盟和日本进行生物分解塑料的相关认证及标志许可。

最后，生产企业在入市前还应根据需要做好原料的储备、流动资金的准备工作，对出口型的企业还应该注意知识产权保护等。

4. 影响降解塑料发展的问题

（1）企业生产规模小，原料供应不足，缺乏资金支持

生物分解塑料产业是一项新兴产业，经过十几年努力实践和探索，形成了一套的发展经验。但是，由于该技术建设资金投入至少达到一定规模后才有利润产生。中小型企业资金实力有限，无法达到规

模性成本效益和市场推广力度，形成产品成本过高，在国内难以推广应用，只是在国外寻求出路进行销售，发展过程举步艰难。

另外，目前多数生物分解塑料企业以生产原料为主，销售对象主要是塑料加工企业，由于产量能力达不到一定规模总量，许多塑料加工企业不敢下大量的订货单，使得企业只能零星采购原材料进行生产，因而造成采购成本增大。

再者，生物质降解树脂生产企业没有足够的货物储备供应，塑料加工企业更无法预测生物分解塑料企业供应保障度，也不敢冒然使用这种材料。因此，生物分解塑料企业的生产规模问题，决定企业是否能进入良性循环。

（2）技术有待进一步完善

首先是降解塑料制品的性能还无法完全满足各种消费者需求。尽管目前市场上已有的生物分解塑料品种众多，但每种材料本身的机械和加工性能只是某一方面有突出的特性，综合性能还存在这样或那样的不足，这一点将是制约其市场应用推广的瓶颈之一；其二是目前国内从事制品加工研究的力量尚显薄弱，大部分企业将关注的重点集中在材料合成上，而忽略了制品加工开发，而这一点恰恰是生物分解塑料能否大规模市场化的关键。

（3）产品生产成本偏高

生物分解塑料产业直面我国“三农”、能源和环境三大主题，是世界发展之大势和新兴的产业，在宏观和战略上是可行的。战术层面上，原料及其来源特别是生物质生物分解塑料其资源的丰度与成本，原料生产与转化技术，以及产品市场等都是可行的。问题在于当前成本与价格尚难与石油基产品竞争，瓶颈是如何通过技术进步以降低生产成本。虽然生物分解塑料经过多年的研发，在欧洲和北美已经多有商业应用，但国外大公司在成本问题上也和我们一样面临着同样的问题。

显而易见，现有生物分解塑料与大量的合成树脂相比，价格确实偏高，降低成本已成为迫切需要解决的问题。

（4）缺乏产业政策支持

我国曾在2001年发布了382号《关于立即停止生产一次性发泡塑料餐具的紧急通知》；我国人大于2004年通过了《可再生能源法(草案)》和《固废法(修订)》，鼓励再生生物质能的利用和降解塑料推广应用；国家中长期科技发展规划纲要和“十一五”科技发展规划中，都将发展生物分解塑料产业作为重要内容之一；在国家发改委2005的40号政府令中，也明确要鼓励生物分解塑料的使用和推广。最近，国家发改委又启动了关于推广生物质生物分解材料发展的专项基金项目；2007年国务院72号文件，出台了限塑令。以上这些政策都鼓励或支持发展生物分解塑料，但是没有专门有关强制推进某一领域发展生物分解塑料的政策措施。

而在国外，出台了一些政令来直接推进生物分解塑料。欧洲制定了有关可生物分解堆肥塑料的标准EN13432《利于堆肥和生物分解来回收的包装物试验和最终评价的要求》。在此背景条件下，在欧洲以新生垃圾袋和堆肥处理等相关材料处理为中心的绿色塑料市场正在逐年扩大，每年的使用量已经达到3万吨左右。德国从2005年6月开始强制执行包装物政令，塑料包装物必须回收利用，但在第6章中明确规定可生物分解堆肥塑料或生物塑料制得包装物在2005年5月28日至2012年12月31日的过渡期间内，可以豁免普通塑料的相关义务规定，意在发展和推进生物分解塑料。2005年10月，法国议会通过一项法律，规定从2010年1月1日起全面禁止销售、使用无法生物分解的一切塑料袋和塑料包装制品，还规定法国政府要为包装制品企业采用新技术，转产合法包装制品提供必要的支持。荷兰和意大利等国已立法规定某些塑料包装材料必须采用可降解塑料，有害环境的包装一律不得投放市场。

美国纽约州1989年开始禁止使用非生物分解蔬菜袋，对生产降解塑料的厂家给予补贴，并要求市民将可再生与不可再生垃圾分开，否则罚款500美元。美国加利福尼亚州从2007年开始强制推广生物分解购物袋。

5. 降解塑料重点推进领域

（1）扩大聚乳酸生产能力

建议聚乳酸生产企业以非粮食用的淀粉，如玉米、红薯等庄稼生产等淀粉为原料生产聚乳酸，同时鼓励乳酸生产企业开发以秸秆等植物纤维为原料来生产L-乳酸。目前，浙江海正集团已经建设了年产5000t规模的工厂来生产聚乳酸。力争在“十二五”期间，使聚乳酸的产能达到10万吨。

（2）扩大聚羟基烷酸酯的生产能力

建议聚羟基烷酸酯的生产企业以非粮食用可再生资源如玉米淀粉等为原料，提高生产转化率和提取技术，降低生产成本。“十二五”期间，国家应该增大投入力度，力争在“十二五”期间使PHA的产能达到10万吨的规模。

（3）扩大其他化学合成生物分解塑料产能

鼓励企业使用易得原料合成生物分解塑料树脂，如聚己内酯、聚丁二酸丁二醇酯、脂肪族和芳香族共聚酯等材料。预计在“十二五”期间共完成年产10

万吨的能力工厂的建设。

（4）重点发展二氧化碳共聚物及产品加工应用

内蒙古蒙西集团公司采用长春应用化学研究所的技术，利用稀土作为催化剂，利用二氧化碳和环氧丙烷合成二氧化碳共聚物，目前已建成年产3kt二氧化碳/环氧化合物共聚物树脂的装置。

河南天冠集团采用中山大学孟跃中教授的技术，利用自制的催化体系，已经建成中试规模的二氧化碳共聚物生产线。

中科院广州化学研究所陈立班博士的二氧化碳共聚物的技术已在江苏泰兴开始投产，品种是低分子量二氧化碳/环氧化合物共聚物，目前产能已经达到15000t/a。

（5）有序发展淀粉共混企业

由于淀粉共混企业，其许多原料受生物分解树脂企业规模和建设周期影响，建议加大产品性能提高科研的投入，有序地按照订单需求扩大生产规模，切忌盲目扩产，从而造成无必要的损失。由于淀粉共混后，生物分解塑料制品的成本能降低，因此在"十二五"期间该类材料还会占很大比例。

（6）加强和扩大制品的应用领域

应扩大材料的应用领域，可以在包装领域如塑料袋、餐具、工业包装，可以在农艺制品如花钵、埋地管；服务业如酒店易耗用品、民航客机用餐具等方面进行多方面的产品拓展。

总之，当前最急需的是制定和实施推进我国降解塑料产业的国家重大专项计划，制定推动产业发展的政策。

（中国塑料加工工业协会降解塑料专业委员会　翁云萱）

塑 木 制 品

Wood and Plastic Composites

塑木复合材料在中国的发展和应用表明国人对资源综合利用的重视，为了保护生态环境，保护有限的森林资源，我们有必要对发展到今天的中国塑木产业进行一些综合的分析；明确方向，找出发展过程中的问题，使这个新兴的朝阳产业在政府部门的支持和民众的努力下朝着健康的方向发展。

1. 塑木复合材料

塑木复合材料：采用工业或民用废弃塑料，(PE、PP、PVC、ABS等)和木粉(废弃木材、锯末、树枝杆)以及农业废弃物(稻糠、秸秆、果壳)等其他植物纤维(亚麻、大麻、黄麻、剑麻、竹粉等)通过科学的合理配制，并配以偶联剂(相容剂)和其他助剂，将不相容的两种物质复合在一起，通过特殊加工而成，是具有明显不同于木材和塑料的一种新型材料。他能够广泛替代木材，甚至超越木材的使用范围(塑木原料可以通过模压，注射或者挤出成型各种制品)。

塑木复合材料及其产品兼备木材与塑料的双重特性，其质感和性能具备塑料与木材的优点，克服了木质材料吸水率高、易变形开裂、易被虫蛀霉变的缺点，并具有许多木材所没有的特性，机械性能高、质轻、防潮、抗酸碱、不腐烂、便于清洗。可广泛应用于制作物流周转托盘、港口码头建设；新型木塑室内外装饰材料、木塑强化建筑模板、木塑防火墙板、铁路枕木、道路阴井盖等领域。尤其适合应用于园林景观户外装潢，亭园护拦，道路拦杆等场合。

由于生产原料中废弃资源的利用比例高达95%以上，塑木复合材料主要原料来源广泛，且能百分之百回收再生，是真正意义上的绿色产品，因此对塑木复合材料的研究和生产受到了各国科学家和企业家高度重视。当然它也特别适合中国可持续发展经济的需求。

2. 塑木复合材料是木材的理想代用品

我国是一个森林资源并不富裕的国家，我国森林蓄积量仅占世界的2.9%，远不能满足占世界22%的人口生产生活的需要。市场急需有一种产品来代替木材的使用。我国经济的高速发展对林产品的需求不断增长，供需矛盾日益突出。目前世界人均年消耗木材0.58m^3，而我国只有0.29m^3，我国每年对林木及其制品的需求折合资源蓄积量为3亿立方米以上，而现有森林资源的年合理供给量仅占需求量的60%左右。另一方面，在未来5～10年，全国人口年均净增1100万左右，经济增速每年7%以上，这对本来就已经很贫乏的木材供应，提出了更高的要求，急需一种产品来代替木材。

世界木材紧缺，澳大利亚、美国的自给率为90%；我国的自给率35%，日本自给率不足20%，木材进口额居世界前三位的是美国、中国和日本。我国更需要木材的代用品。目前，国内木材需求量已达到3～3.3亿立方米，按照国家下达的"十五"期间森林采伐限额，每年只能提供(1.4～1.5)亿立方米，也就是说我国每年还缺少(1.5～1.6)亿立方米，假设在目前我国木材缺少的(1.5～1.6)亿立方米木材中，用3%～5%的塑木来代替使用，那么国内的塑木材料的使用量应该在(450～750)万吨左右，而目前我国塑木生产的实际产量能力只为80万吨左右。使用量还不到50万吨，目前产能的80%左右出口。可见我国塑木的潜在市场是巨大的。

3. 用塑木生产来解决资源的循环利用

中国木材的短缺，要求寻求木材替代材料。同时，随着农村生活水平的日益提高，在广大的中国农村，过去被大量用作农村烧柴主要原料的农业植物纤维已逐渐被液化气、煤气、天燃气等清洁燃料所取代，除少量农业植物纤维被用于生产饲料及经济作物(如蘑菇)以外，大量的农业植物纤维(尤其是稻糠、秸秆、果壳等难于自然腐变的材料)被焚烧处理。这不仅造成自然资源的严重浪费，更对农村及其周边城市的环境造成了巨大的损害。我们必须找到一条无污染处理农业纤维的道路。根据我们对几个省份的调查分析，国内农业纤维，包括稻糠、各种秸秆等，每年的产量都在几千万吨以上，木粉应有100万吨以上，其他天然纤维也有(500～1000)万吨。它们正是我国可持续经济发展所需要的可再生、可持续发展的资源。如果按照制成工业产品后，每吨木粉或天然纤维增值人民币1000元，这些资源的价值就在几百个亿以上。它们是中国的宝贵的天然资源之一。

由于缺乏一个完整的塑料回收再生渠道以及成熟可靠的技术，并以经济有效的方法，规模化地对回收的废旧塑料制品加以综合利用，目前中国城市及农村地区因塑料废弃制品处理不当而造成的“白色污染”问题严重，这已成为我国环保事业中的一个棘手难题。据统计，各大城市塑料废弃物已占垃圾总量的1/5到1/4。而与之相对的数字是中国目前人均塑料的消费不到10kg/a，低于世界平均25kg/a的水平，更低于西方发达国家人均近90kg/a的水平。即使如此，我国城市人口产生的废旧塑料每年约500万吨左右。塑料加工作为一个行业，必须考虑所生产产品使用寿命之后的回收利用。这是我们制造者的责任。采用回收塑料来生产塑木复合材料产品，可以提高塑料的回收率，降低并消除塑料制品对环境的潜在危害，并提高回收资源的附加值。这对国家的环境综合整治工程具有十分重要的意义。

国外有咨询公司认为，木材是正在被塑木复合材料取代的主要材料，目前塑木复合材料仅渗入未来潜在市场的4%，因此研究发展和生产塑木复合材料有巨大的市场潜力，塑木复合材料将与PVC、增强塑料、混凝土和铝等材料共同完成弥补我国木材紧缺现象，满足消费，满足市场，创造财富和效益。

4. 塑木在我国发展低碳经济过程中的作用

塑木已经成为当今世界公认并推广的绿色环保材料，塑木产品是典型的绿色低碳产品，符合我国大力发展循环经济与低碳经济的要求：

(1) 废物资源化的典型代表。资源随着经济发展紧缺度日益显著，与此同时，木材加工和使用过程中有20%～30%的木粉和边角余料未被有效利用，农村超过90%的秸秆被焚烧或腐烂在地里，废旧塑料造成严重环境污染。塑木使用废塑料和木屑、稻壳、秸秆等为原材料，实现了废物高效资源化的利用，避免了焚烧、填埋废塑料、废木屑过程中产生的环境污染。

(2) 替代木材，减缓木材短缺。天然木材资源不足已成为一个世界性的问题，我国更是一个木材资源极其贫乏的国家，预计到2015年，我国生产建设用木材需求量约为4.8亿立方米，缺口将达1.9亿立方米。塑木是木材的良好替代品，目前我国塑木复合材料的生产能力约为80万吨/年，实际产量约为50万吨，按1t塑木材料替代3.5m^3木材核算，则实现木材替代175万m^3。预计到2015年，我国生产建设用木材需求量约为4.8亿立方米，缺口达2亿立方米。利用废塑料和木粉、秸秆等废料，通过技术创新和技术改造生产出合格的塑木产品。那么如果2015年有1%的木材能够通过塑木得到替代，这样将节省480万立方木材，相当于实现碳汇2200万吨。因此，塑木在我国发展低碳经济过程中的作用是不可低估的。

(3) 碳汇与固碳相结合，实现温室气体减排。塑木实现木材的替代，减少了森林的砍伐，增加了碳汇。根据1m^3木材大约可以吸收1.83t二氧化碳，1t塑木替代3.5m^3木材，可增加碳汇6.4t。塑木的原材料生物质纤维(如秸秆、木屑等)和塑料，如按常规处理方法将这些材料焚烧，将会有大量的二氧化碳排放，因此木塑材料本身也是二氧化碳的减排过程，据推算，生产1t塑木材料，其本身固碳作用还可实现减排二氧化碳2.6t。制造1t塑木材料二氧化碳排放量为1t。因此，应用木塑材料替代天然木材则可以实现减排二氧化碳17.6t。2008年，实现木材替代15万吨，减排CO_2约为264万吨。

(4) 产品绿色环保，循环利用典范。塑木产品本身不需要任何黏合剂，是真正无甲醛的环保绿色产品。塑木的生产过程中，没有污染排放，且能够100%回收利用，不产生二次污染。

5. 国外塑木的发展

塑木的产业化推广源于20世纪80年代的美国，经快速发展北美已成为世界上塑木材料发展最快、用量最大的地区。随着技术水平的提高，塑木逐渐具备了塑料、木材、金属等单质材料的优点，成为自成体系的新型材料。目前，各类塑木制品在美国、加拿大、德国、英国、荷兰、日本和韩国等国已得到较为广泛的应用，形成了比较规范的产业和市场。

北美(美国、加拿大)的 WPC 技术、生产、开发和应用均居全球绝对领先地位，而其中铺板占总量中的一半，其次为窗框系统，包括铺板、门窗框系统的挤出型材和屋面板、墙面板等约占总消费的80%。另外，铁路轨枕应用引人注目，市场巨大。据最新报道，美国有 101 家 WPC 加工厂，其中最大的几家公司已在纽约证券交易所上市。

从全球看，据美国 Principia Partners 咨询公司的研究报告，2007 年世界塑木复合材料市场已超过 14 亿美元，2010 年前后仍将保持良好的增长势头，最大的应用仍是挤出建筑制品，预计近几年会出现更多种类的塑木建筑制品，汽车和运输工业也是塑木复合材料不容忽视的市场。美国最大的塑木复合材料厂家 Trex 公司 2002 年总收入比上年提高 43%，净收益比上年提高 85%，达 1680 万美元。

欧洲 WPC 生产和市场远落后于北美，起步晚，但英国 Hackwell 集团公司的咨询报告"2006 年欧洲塑木复合材料市场"中指出，有信息表明，欧洲 WPC 市场正以北美 WPC 曾有过的高发展速率起飞，增速加快，2005 年生产厂家已达 61 家，其中德国 19 家，英国 7 家，瑞典 6 家，芬兰、奥地利各 5 家。2005 年欧洲市场总量为 99.288kt，2008 年将增大为 145kt，年均增长率接近 10%。欧洲 WPC 最大用户是汽车工业，目前占总消费量的一半以上，与世界总格局(仅占 7%)不同，预计未来欧洲汽车生产厂会转向用植物纤维(如亚麻、大麻)的 WPC 部件。建筑是欧洲 WPC 第二大应用领域，虽然 WPC 家具量很小，但已有滚塑成型的 WPC 椅子，预计 WPC 会在高速公路隔声等基础结构应用方面获得更多市场空间。注塑 WPC 制品优于常用天然材料制品，而且有利于降低对以石油为原料的塑料的依赖性。2004 年以后，欧洲 WPC 铺板已成为除汽车工业应用以外发展最快的产品。

在日本，塑木复合材料产品不仅被用于室外建材，也被用于室内门板、地板和楼梯结构件等。2006 年，塑木复合材料在建材中的应用占了总产量的 70%，土木工程占 10%(高速公路护栏、消音板等)，家电(音箱等)、汽车和家具等占了 20%，近年来韩国塑木复合材料的发展也有积极向欧洲靠拢的趋势，尤其是在塑木复合材料产品的质感上，技术并不亚于欧洲同类产品。

澳大利亚、新西兰、新加坡、马来西亚等国也在发展塑木复合材料。预计在近两年内东南亚地区至少会新增加 15 万吨的塑木复合材料生产能力。

6. 我国塑木产品目前的实际使用情况

随着人们生活水平、文明程度的提高，环境保护意识的增强，在国内外应用越来越广泛，市场前景越来越宽阔。塑木材料已经逐步被国人所接受，据不完全统计，从国内几个大的塑木生产销售出口和内销的比例来分析，2007 年：85/15，2009 年：70/30，使用场合由单一的企业，市政建设逐步扩到的民用。现在几乎在全国各地都能够看到用塑木材料制作的景观椅、凉亭，栏杆、清洁桶、树池、花池，许多建筑物也在选用塑木材料做外挂墙壁，物流方面使用托盘更是随处可见，人们对塑木这一新材料不再感到陌生了。在典型工程上：

2008 年的北京奥运会公共设施已经大面积的使用了这种新材料；

2010 年在上海要召开的世博会的一些基础设施建设正在大面积的使用；

2010 年广州的亚运会、也在积极选用这种材料；

2011 年深圳的大运会和一些公共设施，园林建设，物流和铁路建设等方面都在考虑大量的采用塑木复合材料。

随着国民经济的发展，又由于我国森林资源本来就并不富裕，木材的需求量越来越多，随着人们环保意识的提高，对使用塑木材料的接受程度也在逐步提高。

目前在我国塑木复合材料的生产能力约为 80 万吨/年，实际产量约为 50 万吨，具有万吨/年塑木生产厂家不到 10 家。从事塑木生产设备制造、助剂生产的相关企业合计约为 150 多家，从业人员 3 万多人。总体塑木生产的规模与先进国家相比还处于规模小产量低的阶段，因受到技术、设备和市场接受方面的影响和约束，塑木复合材料的生产和推广应用工作应该说处在发展阶段。政府对这一行业的监管也不到位，但从发展的趋势来看目前仍以每年 35% 的增长速度迅速增长，应用领域也迅速扩展。相继的塑木复合材料成套生产设备厂，模具厂，助剂生产厂也在不断出现。

铁路作为中国交通运输的动脉，对中国国民经济有着不可轻视的作用。铁路枕木传统上采用木材。近年来，也有钢筋混凝土枕木。但木质枕木需要大量的优质木材，而且易损坏，需要不断的维护和更新。钢筋混凝土枕木缺乏弹性，对车辆和路基的磨损大，在山洞的进出口、铁路弯道处，混凝土枕木的损坏也很大。经研究开发已表明塑木复合材料枕木可以达到木质枕木的机械性能，而且经济性强，是现有枕木理想的替代品。经计算修建一万公里的铁路需要 135 万立方米的木材，仅枕木一项，每年的市场需求就高达150万吨至200万吨塑木复合材料，约人民币140亿的市场。

建筑业大量使用的模板有钢模版、木模板、竹胶板。钢模版重量大，生产能耗高，模板面积小，拼缝多。木模板、胶合板、竹胶板则易吸水，易霉变，周转使用次数少，无法回收再利用。木模版大量消耗木材，对森林环境资源的保护提出了极大的挑战。木塑复合材料建筑模板的优点在于强度高，便于加工，重复使用率高、可回收利用，制品不怕虫咬、抗酸碱、耐老化、不易吸水、易和混凝土剥离等，是木模版和胶合板模板最理想的替代品。

作为人口大国、能耗大国、建筑大国，建筑材料对资源的依赖性越来越大。在中国430多亿平方米的建筑中，99%都属于高能耗建筑。即使是新建筑，也有95%以上仍是高能耗的，单位面积采暖能耗相当于国际上气候条件相近国家的两三倍。这是中国城市可持续发展的最大难题之一。中国建筑的高能耗，还与使用的建材关系很大。目前仍占中国墙体材料总量的70%左右的黏土实心砖，由于保温隔热性能差，使得中国建筑单位面积能耗为发达国家的3~5倍。使用研发的塑木轻质墙体制造塑木整体房屋具有健康环保、节能降耗、轻质防火、抗震高效等特性。可广泛适用于新农村建设、别墅、办公用房、旅游观光性房屋、售楼处、车间厂房、高层建筑物的隔墙、办公及家庭的装饰材料等各类永久性、临时性建筑的结构及装饰。可以为由自然灾害造成房屋倒塌等情况快速提供临时型住房，例如可以用于地震后灾区的恢复重建临时性用房。

7. 对促进我国塑木产业发展的几点建议

我国塑木产业前景广阔，但目前的投资有过热倾向。受技术、资金、设备和市场推广能力的限制，塑木产业整体发展状况不理想。问题表现为：

(1) 产品研发处于发展阶段，研究力量分散、经费不足。大多木塑生产企业工艺技术薄弱，缺乏创新能力，产品种类单一，生产成本高，附加值低。国有研发机构与塑木企业缺乏沟通、协调和合作机制，科研成果难以转化。

(2) 企业弱小、分散，市场化程度较低。产业化、规模化的企业数量少，尤其缺乏大型骨干企业，不能形成一定规模的产业集群，无法产生群体拉动和市场推广效应。塑木材料商业化推广严重缺位，信息通道不通畅。

(3) 产品标准滞后。国内仅有的塑木托盘和地板的标准大多是参照木制托盘和地板的标准制订的，缺乏塑木材料特色。

加大国家对塑木产业的扶持力度。将塑木产业作为国家发展循环经济和资源综合利用的重点支持产业，纳入国家"十一五"《资源综合利用专项规划》。制订具有可操作性的定性、定量标准，落实国家生物质复合材料项目的产业化决策。希望在以下几个方面加强引导：

(1) 支持鼓励企业成为自主技术创新主体，重点培养、支持骨干木塑企业，建立国家级木塑产业示范基地。将塑木制品纳入政府采购目录，或由相关国家部委发出指令推广应用。行业纳入一个部门统一管理，充分解决好目前国内存在两个塑木专委会的弊端。

(2) 迅速制订有关塑木的国家标准或行业标准。规范塑木材料及制品的检测方法和销售行为。

(3) 增加塑木的海关编码。塑木复合材料是一种以天然纤维为改性剂的改性塑料，具有木材和塑料的优良性能，在应用领域也突破了很多木材和塑料产品的限制。但到目前为止，却没有自己合法的出口编码，给塑木产品的出口带来很多麻烦和极大的不便，为了鼓励出口扩大内销，目前把塑木这一类环保型产品归类到聚烯烃塑料里很不合理，没有体现国家对环保类品出口在政策方面的倾斜，因此建议相关部门尽快制定出塑木产品的独立编码。

(4) 发挥塑木产业行业协会的协调和引导作用。遵照在科技、经济领域"充分发挥社团的积极性和主动性"的精神，支持、鼓励塑木专委会在行业内的协调作用和服务工作，引导其充分利用对外开放的有利条件，积极开展多种形式的国际和地区科技合作与交流。

(中国塑料加工工业协会塑木制品
专业委员会　林东亮　季建仁)

硬质PVC发泡制品
Rigid PVC Foam Products

【行业现状】

2009年，硬质PVC发泡制品行业由于出口比例较大，受到国际市场影响也比较明显，在国际金融危机影响下，该行业延续2008年底的市场低迷状况，直到2009年的6月才开始有了好转。随着国际及国内的经济刺激计划实施后的影响逐渐显现，国内外的市场均快速回升，硬质PVC发泡制品行业的实际产量在2009年的下半年大幅度上升，使得2009年的总产量与2008年相比略有增长，达到了60万吨以上。但由于该行业的生产企业规模大都较小，容易受市场环境影响；同时，部分产品的标准未统一，市场不是很规范，行业的健康发展也受到一定影响。

硬质 PVC 发泡实心板方面：该产品也叫雪弗板、安迪板，从工艺来分可分为：自由发泡板、结皮发泡(CELUKA 法)板及共挤发泡板，产品的厚度从可达 30mm 以上。该类产品发展历史较长，生产技术较成熟，其中的结皮发泡板及共挤发泡板出口量占其产量的 80% 以上。为了更好发展国内市场，行业相关企业共同研发出了"微结皮"发泡技术，充分结合了自由发泡与结皮发泡的优点，从模具结构及配方工艺等方面进行改进，达到提高板材的表面硬度、板材的平整度及降低板材的密度，既提高了板材的质量，又降低了板材的成本，为扩大国内市场打下基础。

中空格子板方面：硬质 PVC 发泡中空格子板由于其采用中空结构及内外结皮发泡技术，使其具有光洁平整外观及良好的机械性能，同时还具有重量轻的特点，其可以用于替代木材用于门、窗、家具、厨柜、卫浴柜等领域。自从大连实德集团于 2001 年从欧洲全套引进硬质 PVC 发泡中空格子板整体门项目后，经过几年消化吸收及发展，使该技术日臻完美，同时也带动了国内的相关模具及设备快速发展。目前具备生产该类产品的企业已经超过 50 家，总产能超过 30 万吨。

室内外装饰材料方面：由于 PVC 发泡型材不但具有木材的优点，又克服了木材易变形、易虫蛀、易燃烧、需要油漆等缺点，已经广泛用于室内外各种装饰装修等领域。具体产品包括：门框门套、窗框窗套、百叶窗、内墙板、外墙挂板、装饰线条等。

【专委会活动】

1. 完善专委会网站，及时更新网站内容，提升行业宣传力度

网站的维护更新是该网站是否吸引大家关注的关键，没有大家的关注，网站就起不到应有的作用。因此，在网站正式开通后，我们一方面不断对网站的"重点报道"及"行业动态"等项目进行更新，以便会员单位能及时了解到相关信息，同时还利用网站的"产品介绍"、"推荐产品"及"广告宣传"等栏目为会员单位的产品进行宣传。另外，我们还将大量的国家标准、行业标准、相关行业的标准、国内外 PVC 发泡技术资料等上传到网站供会员单位下载。同时，我们还建立了 PVC 发泡产品生产相关技术讨论的论坛，各会员单位均可将自己的经验或遇到的问题发布到论坛上供大家学习或讨论。另外，我们还根据会员反馈及建议，对专委会网站结构进行适当调整，以便更能体现专委会的特点，更方便大家浏览及交流。为了增加专委会的知名度，我们还在中国塑料工业协会等塑料专业网站或论坛上进行宣传。

2. 制定标准，规范行业行为，促进行业健康发展

PVC(塑木)发泡中空格子板近年发展迅速。由于该类产品真正的投产时间短发展快，目前该类产品既无国家标准也无行业标准，只有一些相关的企业标准，有的甚至连企业标准都没有，导致市场上同类产品的质量差别较大。为了促进该类产品健康发展，在行业标准制定计划得到国家有关单位批准后，专委会已经按照标准制定程序召开了"标准起草小组成立会议"、组织起草小组进行标准起草、召开了"第一次修改讨论会"，并组织相关人员根据讨论结果对标准草稿进行修改，目前还在较大范围内进行意见征求。

PVC 发泡板材现有标准为 1999 年制定的行业标准，包括硬质 PVC 自由发泡板、结皮发泡板及共挤发泡板等三个标准，制定标准时，PVC 发泡技术还比较落后，所制定的标准在某些指标上要求也比较低。随着发泡技术不断发展及市场对该类产品要求越来越高，该标准急需修订。为此，我们联合了主要生产企业，讨论出了这些标准的修订计划。根据这三个行业标准及相关情况，在与有关管理部门沟通后，申请制定"硬质 PVC 发泡板"的国家标准。

除大力推进对上述两类产品标准的制定工作以外，专委会积极组织相关企业对《QB 2495—2000 聚氯乙烯塑料生产防尘、防毒技术规程》、《QB 1532—1992 塑料制品加工企业职业安全卫生设计规定》以及《QB 1766—1993 塑料压延设备劳动安全技术规程》等三个行业标准提出合理建议，为完善行业标准提供参考意见和数据。

3. 紧跟国家政策指导，大力发展环保产品

由于硬质 PVC 发泡产品重量只有普通硬质 PVC 产品的一半，可大量替代木材的使用，而且其隔热、隔音性能非常好。因此，其使用时不但可以节约材料，减少森林的砍伐，还可降低能耗，特别是该产品无毒无味，在使用过程中无任何对人体有害的物质释放，用作室内装饰材料时可以极大改善室内环境。因此，PVC 发泡产品是一类非常环保的产品，值得大力推广及发展。为此，专委会加强了其在行业的宣传力度，在专委会网站及其他相关网站上均发表了宣传文章，对其节能环保等优势进行大力宣讲，强化政府和公众对该产品的了解，逐步提高政府和公众意识里对该类产品的接受程度，积极培育和拓展市场。同时，还组织一些规模不断扩大的企业进行技术改造项目进行申报，争取在国家政策及

资金上获得支持。

4. 积极发展会员，壮大专委会队伍

通过网络宣传、行业走访、提供专业技术支持等方法来积极发展会员，2009 年本专委会一共新增加了 11 个成员，为本专委会逐渐壮大打下了坚实的基础。

5. 加强合作交流，促进行业发展——成功举办 2009 年年会暨技术交流会

2009 年专委会年会暨技术交流会于 2009 年 9 月在安徽铜陵市成功举办，参会人员近三百人。铜陵市崔玉奇副市长、塑料加工工业协会廖正品会长等领导亲临现场，并发表重要讲话。年会还对专委会的发展进行了总结，也对专委会今后的方向作出了具体指示。会议还邀请了英国 Celukatech 公司的 David 及 Peter 技术专家介绍了 PVC 发泡的优势、特点、配方及工艺控制；邀请了铜陵市耐科模具胡火根总工介绍了硬质 PVC 发泡制品模具的特点及设计技巧；邀请了山东日科的赵东日博士讲解了发泡调节剂在 PVC 发泡中的作用及作用机理。每位专家讲解后，都对各参会代表提出的问题进行了认真详细的解答，为各企业在生产制造过程中遇到的问题提供了一些解决方法。

【发展趋势】

随着国际金融危机逐渐缓和，以及国内经济刺激计划的实施，硬质 PVC 发泡制品行业也将同其他行业一样迎来发展机会。专委会将在中国塑料加工工业协会领导下，落实好科学发展观，大力发展环保产品，为国家及行业发展作出应有的贡献。

1. 标准制定与完善，促进行业健康发展

继续进行《硬质 PVC 中空格子板》行业标准的制定工作。目前该标准已经进行到广泛征询意见阶段，今年将继续推动该项工作有条不紊的进行：首先对征询的意见进行汇总，然后组织讨论后形成该标准的“送审稿”，并报送相关部门。最后组织专家进行评审。

推动硬质 PVC 发泡板材标准的制修订工作。硬质 PVC 发泡板材按生产工艺进行区分，有自由发泡板、结皮发泡板及共挤发泡板三类产品，目前该三类产品都有与之相对应的行业标准。但这三个标准自 1999 年制定后从未进行修订，已远远超出标准制定与修订的周期规定。随着生产技术进步，以及市场提出的更新更高的要求，这三个标准已经严重滞后，有些项目已经完全不能满足实际需要。因此，专委会已经申请对该标准进行修订。下一步，在征求行业主要成员意见后，计划将这三个行业标准汇合成一个国家标准进行修改和制定。

启动《硬质 PVC 室内门行业标准》的制定工作。随着利用硬质 PVC 发泡中空板加工制作整体门项目的迅速发展，硬质 PVC 发泡门的市场拥有量不断攀升，急需建立相应的产品行业标准。专委会将联合该产品主要生产企业编制《硬质 PVC 室内门行业标准》，为该产品快速发展提供质量保障。

2. 办好年会及技术交流会，提升行业整体水平

通过组织一到两次 PVC 发泡技术交流，并邀请国内外 PVC 发泡制品专家进行技术交流，达到提升行业技术水平的目的；通过积极筹办并成功举办 2010 年度年会，引导行业健康稳定向前发展，同时也为行业内各成员及其他相关行业提供一个交流平台，为推进行业技术提供帮助。

3. 加强网络建设，为会员提供优质服务

及时更新网站中各重点栏目内容，将相关行业最新标准发布到网站上；同时，利用网站平台做好会员单位产品宣传工作，为提高会员单位产品竞争力提供应有的支持。同时继续利用和借助塑料协会、各塑料相关专业网站等资源，扩大该行业和产品在市场中的影响，积极推进整个行业的发展。

4. 行业走访，了解行业状况

走访硬质 PVC 发泡制品生产企业，特别是新进入该行业的企业，了解企业生产及经营的实际情况，提供及时、周到的服务，为行业发展及专委会发展作出应有的贡献。

（中国塑料加工工业协会硬质 PVC 发泡制品专业委员会　黄　勇）

复　合　膜

Composite Film

2009 年是世界经济剧烈动荡的一年，复合膜行业也面临着前所未有的困难和挑战。一是来自国内外需求下滑与同业竞争加剧的压力进一步加大；二是来自企业上游原材料供应商涨价与下游客户要求降价的两面挤压进一步加大；三是来自国家政策法规的压力进一步加大；四是来自自身技术管理能力不适应发展需要的挑战更为严峻。面对行业存在的种种压力，软包装企业在国家包装产业方针政策指导下，贯彻落实科学发展观，以大力发展绿色包装为目标，以节能减排为重点，直面困难，坚定信心，化危为机，克服了世界金融危机对行业带来的影响，确保了软包装行业的稳步增长。

【行业现状】

1. 企业规模

我国软包装彩印企业起步于 20 世纪 70 年代中

期，经历了引进、仿制、探索、消化、增长的发展历程，目前已进入品牌化、集团化、国际化发展阶段，涌现了一批规模大、效益好、研发能力强、海外、跨国公司订单占多数的向外拓展的强势企业。这些企业代表着我国复合膜行业的主流技术水平，且占具国内绝对优势的主流产品市场。目前具有一定规模的软包装彩印企业8000余家，其中已有三家销售额突破10亿人民币的软包装彩印集团；销售额在3亿人民币以上的软包装彩印企业有近20余家；销售额在1亿人民币以上的软包装彩印企业有40余家。大部分软包装彩印生产企业具有3条生产线，并配有相应的吹膜、调墨配色、原料、成品检测等相关配套设施。最大的软包装彩印企业生产线达18条之多，在国际软包装行业中也是名列前茅。

2. 推进节能减排，加快环境友好型工艺的推广

在党的"十七大"要求"全社会都要加强能源资源节约和生态环境保护，增强可持续发展能力"的精神指引下，软包装企业把增强自主创新能力和发展循环经济作为转变经济增长方式的中心环节，让节能降耗成为包装业新的经济增长点。很多企业努力围绕着节能降耗目标，采取有利措施，完善制度，落实资金，把节能降耗落实到企业发展的每个阶段，每项工作中。全行业进一步认识到，软包装业今后必须下大力气，把节能降耗作为企业效益的增长点，把节能减排作为创新工作之一抓紧抓好。

追溯到20世纪80年代初期，我国从日本引进了干法复合膜工艺已有近30年的历史，它的引进为改变我国的包装面貌起了很重要的作用。但这种工艺存在的问题，也让我们的生态环境和生产人员的身心健康付出了昂贵代价。就干法复合工艺和无溶剂复合工艺相比，其缺陷是能耗高，生产中排放出大量的有机废气，企业未加治理，直接向大气排放，对大气造成严重污染，浪费了大量资源和能耗，目前已有少数综合实力强的软包装彩印企业已在印刷或干式复合设备上安装了溶剂回收处理装置，减少了有机废气的排放并将其回收再利用，取得了较好的社会效应与经济效益，在软包装彩印行业起了带头示范推广作用。国产溶剂回收处理装置的质量得到了不断提高，并在行业逐步推广。同时水性聚氨酯胶黏剂及水性丙烯酸胶黏剂的应用在行业的应用也有了迅速增长，目前在市场的占用率已达到3.2%。通用型无苯、无酮油墨已在软包装彩印行业普遍推行、扩展，水性凹版油墨的应用也在逐步推进中，减少了有毒有害气体的排放。

经过近10余年的努力，环境友好型复合工艺应用比例不断加大，推进了行业节能减排工作的不断向前发展。从1995年开始我专委会在行业逐步推广了国际上已成熟的具有节能、高效、环保、安全、卫生、制品无溶剂残留的无溶剂复合工艺，2009年是我国推广应用无溶剂复合工艺取得进展最快的一年，约10余条无溶剂设备投入生产，至今我国已引进40余条生产线。可喜的是国产无溶剂设备也在这一年有了迅速的进步，投产的企业2~3家，上市投入运营的设备也有4~5台。近年来由于适应共挤出加工工艺的原料品种日益增加，共挤设备改进不断取得新进展从而赋予了共挤出复合工艺诸多优点：工序少、成本低、效率高、环保、制品无溶剂残留及废气排放问题、安全、卫生性好等。特别是利用昂贵价格的特殊黏合树脂和高性能树脂生产时，具有减薄的独特性能，从而降低了原材料成本，吸引了越来越多的行业内领导和专业人士的高度关注。使近年来引进的共挤出生产线不断增多，目前共挤复合工艺正成为我国软包装行业发展中的一个显著特点。已有的共挤出复合工艺类型如下：多层共挤出上吹，多层共挤出下吹，多层共挤出流延以及多层共挤出收缩薄膜。前三种工艺技术与国外同类产品的技术和质量相比差异不大。

3. 溯源法建立食品软包装卫生安全保系

众所周知，食品包装材料的卫生安全已成为不容忽视的社会问题，也是构建和谐社会的重要课题。由于软包装行业所生产的产品60%~70%用于食品包装，因此食品包装产品的安全应始终是行业高度关注的重点。增强行业对食品包装材料的安全性评价与管理研究也显得尤为重要，实现"绿色包装"保证食品安全，一直是复合膜软包装行业追求的目标。2009年6月1日我国正式实施了"GB 9685—2008 食品容器、包装材料用添加剂使用卫生标准"。该标准限定的添加剂多达958种，该标准的发布与实施在社会上引起了普遍的重视，而在软包装行业反响更为强烈。目前我国的彩印软包装企业所用原辅料主要靠上游供应商提供进行再加工，如何控制好进厂原材料的卫生安全是不可忽视的重要且又难以做好的环节，加之我国生产食品包装的企业在不同程度上存在产品质量、环境及卫生安全管理体系不健全，自检自控能力与规范要求还存在差距，原料库、生产车间及产品库存在安全隐患等问题。使企业面对众多化学物质标准的规定难以适应，从而使卫生标准的顺利实施造成了一定障碍。针对行业存在的问题，我专委会理事单位北京化工研究院陈宇副院长在理事会上提出了"行业携手开展溯源法建立食品软包装卫生安全管理体系的建议"。该体系是以溯源梳理食品包装产业链，从产业链源头开始，即由化学

原材料直至形成复合软包装产品，全面解析了各个环节需要控制的化学物质种类及对应的卫生标准，细分了各类化学物质在产业链中可能的引入路径，通过对产业链中各个环节的节点控制，达到控制危害性化学物质的目的。该体系的建立，可以实现在生产复合软包装产品的各个环节进行监测，有效地控制危险物质引入目标产品中，从而形成一个完整的科学体系。可以更好地促进国家各项卫生标准的贯彻执行，不仅在帮助复合制品生产企业降低产品风险的同时，也为其他包装材料的生产企业提供了有效的借鉴作用。将会推进整个包装行业绿色可持续发展。上述体系建议的提出得到了专委会理事会全体理事的赞同与支持。理事会已决定由北京化工研究院陈宇副院长负责组织该体系的建立与实施。目前该体系的建立正在有计划、有效地进行。

【存在问题】

1. 企业规模小，尚未形成产业集群。小企业过多、大企业太少，年销售额亿元以上的企仅占全行业企业总数的2%左右。目前中国最大的复合软包装企业的年销售收入12亿人民币，而加拿大铝业包装集团，在76个国家有工厂，年销售收入76亿欧元；中国最大的单个复合软包装企业的产能仅是日本凸版印刷的群马工厂产能的50%。行业集中度过低表明行业发展还处于无序竞争和不成熟阶段。

2. 技术水平低。大部分企业的生产和检测技术装备水平不高，与国际先进水平有较大差距，国际最先进的技术设备由于价格高，进口税率高，只有个别大企业有实力引进；产品、材料自主研发能力低，主要着重模仿性和应用性研发，基础性研究与开发几乎为空白。

3. 绿色包装进展迟缓。绿色包装的意识不强，包装的安全性重视不足，目前，大量采用苯溶性油墨印刷，溶剂型黏合剂复合，许多小企业的产品残留溶剂缺乏控制能力，过度追求印刷精美而采用8～10个甚至更多的颜色，既增加了资源消耗，又造成环境污染。虽然生产食品包装的企业已经过QS认证，但许多小企业现场条件仍难以坚持按食品包装的基本要求进行生产。

4. 人才匮乏。未有国家统一的职业等级考核和评定方案，使得从业人员得不到必要的认证和影响人才培养基流动，尤其是高级管理人员、研发人员、生产技师缺乏，制约行业的发展。

【发展方向】

1. 调整产品结构，研发高技术含量、高附加值产品，将新材料、新结构、新工艺、新产品、新设备等作为各企业新的利润增长点，增加产品的竞争力并拓展市场。

2. 大力发展绿色包装，抓好包装废弃物处理和资源的回收再利用工作，实现可持续发展要求。解决包装溶剂残留的食品安全问题，除发展符合卫生安全的水溶性油墨、水性或醇溶性黏合剂外，还要开发共挤技术新产品，开发共挤薄膜应用市场，促进更多的塑料包装企业走绿色包装之路。大力推广塑料印刷、复合加工过程中废气治理和回收利用新技术的应用，减少挥发性有机化合物(VOC)排放。

3. 发挥行业协会的作用，整合国内企业专家资源，加速完善复合膜标准体系的建立，制定符合绿色环保理念且达到国际先进标准的复合膜软包装标准，以提高行业门槛，促进行业整合，提升中国复合软包装企业的国际竞争力。

4. 鼓励行业内企业兼并、重组及复合软包装上下游企业形成战略合作伙伴关系，打造高效率、低成本的产业链条。在现有企业分布格局的基础上，强化长三角、珠江角、环渤海京津冀3个大规模的集软包装生产、包装设备、版辊、油墨、黏合剂、吹膜和包装设计的复合软包产业集群。

5. 在参与世界经济一体化进程中，软包装彩印企业应不断提升企业竞争能力；走科学化、集团化、专业化、发展化道路，做专做强，建立自身的核心技术与研发中心，走出国门，参与世界包装市场的角逐，为世界品牌企业、品牌产品提供包装材料，提高在世界软包装行业的份额。

【专委会活动】

1. 制定了复合膜行业三年振兴规划

根据中国塑料工业协会2009第017号文要求，五届七次理事会决定成立了复合膜行业2009～2011年振兴规划制定小组。小组工作人员付出了极大的努力，查阅了大量资料，征集了大多数理事单位的意见，几经易稿，共同完成了规划征求意见稿。此稿通过邮件的方式发给全体理事单位征求意见，最终完成了复合膜行业三年振兴规划上报稿。希望此规划能纳入轻工振兴规划中的塑料版块，以争取国家产业政策的支持，同时我们更希望通过规划的制定能凝聚行业共识与加强行业自律管理，促进行业持续健康稳定发展。

2. 开展了以溯源法建立食品用塑料软包装卫生安全管理体系的工作

在专委会五届七次理事会上，北京化工研究院陈宇副院长倡导，为了更好地执行GB 9685及相关的卫生标准，提出以溯源法建立食品用塑料软包装卫生安全管理体系的建议，该体系的目的是从产业链的角度出发。对企业进行管理，对产品的关键生产节点进行控制和监测，最终达到从源头控制有毒有害化学物质引入产品，以保证其产品符合卫生安全要求。为此会议决定由北京化工研究院陈宇副院长牵头，行业联手展开溯源法食品塑料用软包装材料卫生安全体系的论证、试验和实施工作。体系的建立工作在陈宇副院长的领导下有序、有力、有效的进行：

（1）2009 年 6～7 月进行了食品包装用复合膜安全隐患调查工作。

（2）2009 年 9 月底完成了“食品包装材料用添加剂使用手册”的编写，已由中国轻工业出版社出版发行。该手册是北京化工研究院在走访了卫生部、国家质监局等部门的基础上，针对 GB 9685—2008 标准中规定的 958 种物质查阅了大量资料，对每种物质的英文名称、结构式、性质、用途、毒性、卫生性或生产厂家等信息进行了介绍，有利于企业更好地学习、理解和执行国家标准。该手册是帮助企业更好地执行 GB 9685—2008 标准的重要参考书。

（3）完成了物质列表和符合性声明等程序过程。

（4）已将食品软包装卫生安全管理体系的各项要求标准融入 ISO 9000 及 14000 体系中，建立了几个体系的对应列表，并形成文件。

3. 完成了塑料复合膜制品国家标准制定项目的申报

根据五届七次理事会的决议，专委会今年决定申报三项塑料复合膜国家标准制定计划：(1)食品包装用复合盖膜；(2)食品包装用塑料和铝箔蒸煮复合膜、袋；(3)食品包装用纸、铝、塑料复合膜、袋。理事会后，秘书处与有关的第一起草单位多次讨论于5月底完成了 2009 年申报计划所需的有关文件，并上报中国塑料工业协会和全国塑料制品标准化技术委员会。

4. 为举办中国软包装中级技术培训班进行了积极地筹备

根据五届七次理事会的决定，专委会应于 2010 年上半年举办中国软包装中级技术培训班，由专委会教育工作委员会的负责单位——理事长单位惠州宝柏包装有限公牵头筹备。在惠州宝柏包装有限公司的大力支持下，经有关领导的积极努力圆满地完成了以下筹备工作：(1)培训内容及计划的拟定并经理事会讨论通过；(2)培训教师的聘请；(3)培训教材的编辑；(4)培训地点的选择。

5. 组团赴美参观包装展览与工厂

根据五届七次理事会的决定为了满足会员的要求，加强对外交流，促进行业竞争力的提升，于 2009 年 10 月 3 日至 12 日组成中国软包装代表团赴美参观 2009“美国国际包装博览会”（Pack ExpoInternational 2009），同期还参观了美国软包装加工企业，访问了美国知名软包装代表机构美国软包装协会（FPA）及美国造纸与纸浆工业协会（TAPPI）。这次出访活动是在专委会理事长张瑞霖先生的积极努力与领导下，得到有关会员单位的帮助与配合，在全体团员的热情参与下，获得了圆满成功。大家反映尽管这次出访时间短，但内容丰富，每项活动都得到了不同程度的收获。希望今后能多组织类似的活动，加强与国外交流，得以扩大视野，促进我国软包装事业健康、持续发展。

6. 组织专题研讨对 GB/T 10004—2008 提出了修改意见

自 2009 年 8 月 1 日国家标准“GB/T 10004—2008 包装用复合膜、袋干法复合、挤出复合”实施以来，在复合膜生产行业与食品生产行业引起了极大的反响和争议。广大复合膜生产企业对 GB/T 10004—2008 中 5.6 条款的规定指标意见很大，本着标准制定应考虑科学性、先进性、实用性以及我国国情的原则，我专委会曾多次召开理事会，针对大家提出的意见进行了严肃认真的讨论和分析，并组织行业的专家对标准存在的问题进行了研讨，同时对 5.6 条款的规定指标开展了广泛的调查及一系列的试验验证工作，取得了大量的试验数据。在五届十次理事会上各位理事针对上述调查及实验结果进行了深入的讨论，对现行标准规定的溶剂残留指标值提出了修改意见，得到了出席理事会的 27 个厂家 39 位代表一致同意。会后中国塑料工业协会与专委会秘书处会同有关理事单位于 3 月 29 日、4 月 23 日将中国塑料工业协会复合膜专委会“关于对 GB/T 10004—2008 中‘溶剂残留量’限值的意见”向中国国家标准化管理委员会、国家质检总局食品生产监管司、全国塑料制品标准化技术委员会秘书处、全国食品容器、包装材料卫生标准分委员会、GB 9683 起草小组等单位进行了反映与沟通。

【重点企业】

1. 黄山永新股份有限公司

黄山永新股份有限公司成立于 1992 年 5 月，主要生产经营塑料彩印复合软包装材料、真空镀铝膜、药品包装材料、多功能薄膜等高新技术产品，是中国包装龙头企业、国家创新型企业、国家火炬计划重点高新技术企业。用户涉及食品、医药、日化、农化、电子、建材等多个领域。2004 年，永新股份在深交所中小企业板块成功上市，成为国内首家在中小企业板块上市的外商投资企业，也是安徽省首家中小企业板块上市公司。2007 年 7 月，永新股份增发股票1194万股。

永新股份总部占地面积11万余平方米，厂房建筑面积23015m²。现有员工1000多人。2005年，投资成立控股广州永新包装有限公司，2006年，收购成立全资河北永新包装有限公司。永新股份自成立以来，先后荣获“全国五一劳动奖状”、“全国就业与社会保障先进民营企业”、“全国先进包装企业”、“中国医药包装优秀单位”、“全国守合同重信用企业”、“安徽省创新型企业”、“安徽省管理先进企业”等荣誉称号。2009年，公司共实现主营业收入10.5亿元，各项主要经济指标均居全国同行业前列。

永新股份硬件设备处于国内领先水平。建有10万级、30万级全封闭洁净车间共五座现代化生产厂房。各生产厂房均依据科学的流程设计，配备恒温、恒湿、高效空气过滤、消毒、灭菌等装置，保障包装生产全过程的环保、卫生、消防、安全等要求。拥有从美国、德国、日本等地引进的世界一流生产线，具备强大的年生产能力，能充分满足客户大批量、高质量、及时供货的需求。同时，公司引进先国内领先的气相色谱仪、透湿透氧检测仪等质量检测设备，为产品品质提供可靠的保障，最新引进的柔版印刷、多层共挤、无溶剂复合等先进设备和技术，保持在国内包装行业的领先水平。

作为国家创新型企业，永新股份具有较强的自主开发和技术创新能力。公司建有软包装工程研究中心，拥有省级企业技术中心、博士后科研工作站，通过与中国科学技术大学和其他高等院校的合作，在把握新技术、引领技术潮流等方面有了更多的尝试。2006年，永新股份“软包装材料研发”创新团队被列为首批“安徽省115产业创新团队”，通过在国内外招聘高级技术人才，进一步提升企业技术创新水平。目前，永新股份已掌握高阻隔真空镀铝薄膜技术、激光全息防伪塑料复合软包装材料工艺技术、液体农药软包装工艺技术、宽幅多通道医药自动包装膜生产技术、无苯印刷复合工艺技术、等离子表面处理技术、多模头一次成型复合工艺技术等多种先进工艺技术，其中包括发明专利3项、实用新型专利17项、外观专利1项，3项国家重点新产品、3个国家火炬计划项目、1项国家技术创新计划项目，并有多个项目被列入安徽省861计划，并获得安徽省科学技术进步奖二等奖2项、三等奖3项。

永新股份注重科学的管理方法的应用。1995年永新股份在国内同行业内率先实施6S现场管理，通过十多年的深入推广，已培养出员工的良好作业习惯，保持整洁、规范的生产环境。1998年，永新股份通过ISO 9001认证，通过规范的质量控制，保证了产品品质；同时，积极引入GMP标准、HACCP管理体系，以第三方审核不断推动企业管理的规范化，2007年通过了食品安全管理体系(ISO 22000)和环境管理体系(ISO 14000)认证；积极开展ERP信息管理、TPM精益生产管理、SOP标准作业管理及OA办公自动化管理，有效配置资源，优化工作流程，提高工作效率，保障生产高效运行。

在企业经营过程中，永新股份积极总结企业发展经验，形成徽文化为核心的永新企业文化，注重继承徽商“诚信义”优良经营传统，坚持“永恒创新、追求卓越”企业精神，以人为本，增强企业的凝聚力和向心力；诚信为本，以客户满意度为衡量各项工作的准绳。通过大力开展企业文化建设，永新股份已拥有具备诚信、敬业、勤奋精神和拥有优良技术、良好行为规范的员工队伍。

面对机遇和挑战并存的未来发展道路，永新股份已确立“建成世界一流、中国第一的绿色软包装制造的知名品牌公司”为长期目标，重点把永新股份建设成为国内乳制品包装、医药包装和休闲食品包装的主力供应商。为实现目标，永新股份在今后的发展中，将继续强化培训，不断提高员工素质；努力调整产品结构、挖掘新的经济增长点；将继续加大技术开发投入、加快技术创新步伐，坚持不断的产品开发，扩大国际、国内市场的占有率，继续保持良好的发展态势和竞争优势，为中国塑料软包装事业的发展作出应有贡献。

2. 上海三樱包装材料有限公司

成立于1992年3月，是由三樱企业(维京)有限公司、日本三菱商事株式会社、日本凸版印刷株式会社、上海江桥资产管理有限公司四家企业共同投资设立的中外合资企业，占地7.2万平方米，注册资本4150万美元，投资总额11950万美元，资产总额达6.3亿元人民币。

主要致力于复合包装材料的生产和销售，产品种类涵盖食品包装、日化用品包装以及药品包装等诸多领域。基于对自身数十年复合包装材料制造经验的信赖，在和美国杜邦、美国陶氏、日本三菱、日本三樱化研、日本凸版等公司合作的基础上，通过不断地加大技术研发力量，陆续开发出了立式袋、高温杀菌袋等多种软性包装产品外，还运用多层共挤技术开发了铝塑复合软管和全塑复合软管等国际领先的各式预包装产品，并与中国牙膏同业一起推动了中国牙膏市场由铝管向铝塑复合软管的历史性变革。我们从2000年进入制管领域，通过引进进口高速制管线、收编闲置制管线、设立厂中厂三大策略的运用，在四年不到的时间里，市场占有率从零提升到42%以上。目前拥有年产15亿支牙膏用复合管的丰硕产能，在与国际顶尖制管企业的激烈竞争中逐步成长为中国复合软管包装领域居于领导地位的供应厂商，位列全球第三大制管厂。

我们致力于建立安全、绿色、环保的产品架构以及生产体系。我们拥有各式生产设备六十多台套，并依据GMP标准，建立了包括吹膜、印刷、复合、裁切、制袋、制管在内的10万级净化车间，同时运用菌检用超净台、异物检出机、自动固化室等先进生产及检测设备，使包材生产过程在受控状态下进行，所有产品均采用无苯无丁酮油墨印刷使产品更安全，确保了产品品质的卓越。2002年公司获得了药包材注册证书注册。公司连续多年名列上海市工业企业500强，获"上海市外商投资先进技术企业"、"上海市企业技术中心"、"上海市著名商标"等多项殊荣。

我们致力于运用环球资源打造全球化的营销及生产网络。我们与宝洁、强生、欧莱雅、雀巢、联合利华、辉瑞、花王、庄臣、曼秀雷敦、LG、狮王、美乐家、如新、统一、喜之郎、旺旺、日清、蜡笔小新、两面针、冷酸灵、六必治、田七、隆力奇、纳爱斯、开米、马应龙、云南白药等国内外客户展开了紧密合作。为最大限度满足客户需求、改善交期、降低运输及包装成本，以更积极的态度与客户在更深更广的领域开展合作，三樱采用"厂中厂"这一全新运营模式与冷酸灵等国内各主要牙膏生产厂商建立稳固的战略合作关系，建立了广州、梧州、重庆、天津、北京、丹东、昆明七个非独立核算的制管分公司，通过总部生产片材，分公司加工制管的运作模式，使三樱在成本控制上傲出同业，并在有效压缩运输及包装成本的基础上返利客户，与客户共同分享这一成果，真正实现了公司经营理念中"贡献社会，回馈社会"的目标。

我们致力于产品创新和技术研发，十年磨一剑！自2008年开始，三樱携多年在复合软管领域所积累的技术资源，重磅出击化妆品管市场，突破传统多层拉管工艺，研发并融合了多层复合、凹版里印、平面烫金、平面丝印、无缝对接、异型注肩等多种独创工艺，能够满足客户对于圆形管、椭圆管等不同管型、烫金及丝网印等多种印刷效果的需求，展现出绝佳的图形表现力，赋予化妆品以最佳的包装美感和价值增值，目标是为全球化妆品客户设计和提供系统化的包装解决方案，提升客户价值。目前，已经在强生的可伶可俐系列、欧莱雅的卡尼尔、巴黎欧莱雅系列、宝洁的玉兰油系列等产品上全面采用。

在未来，三樱将秉持"至善至美、包装无限"的质量方针，凭借自主技术及对客户需求的关注，秉承开放创新与合作共赢的理念，研发最先端的包装技术，竭尽所能提供最适合的包装材料，持续为客户创造价值，与大家携手共创未来。

（中国塑料加工工业协会复合膜专业委员会　文秀松、包燕敏）

人造革合成革
Synthetic Leather & Artificial Leather

1. 人造革合成革新增发展潜力

随着国民经济的发展，人造革合成革广泛应用于工农业以及人们日常生活各个领域，随着人们物质文化生活水平的提高，对于高档人造革合成革需求的不断增长。国家的循环经济和节能减排政策，将继续促进人造革合成革行业在未来以采用先进技术为基础，不断调整产业结构和产品结构，开拓市场应用领域；加快产品更新换代，合成革高物性、功能性、生态合成革品牌将有一个新的飞跃，实现提升产业整体水平，产业集群块状经济发展将更加明显。

我国人造革合成革工业在2009年战胜金融危机的影响，企业的总量、资产总量、产销量进一步得到发展，从规模以上企业统计，2009年年产量完成184.48万吨，年工业总产值539亿。2009年出口8.8亿多米，其中出口聚氯乙烯人造革2.91亿米/16.74万吨，占出口吨位的41%；出口聚氨酯合成革5.58亿米/22.63万吨，占出口总吨数量的55.76%，总计8.8亿米/40.58吨，同比增长27.5%。2009年进口聚氯乙烯人造革3.14万吨与进口聚氨酯合成革为3.31万吨总量基本一致各自占据占进口总量的44.5%、46.9%，充分说明我国需要相当量的国外聚氯乙烯人造革产品。

从2009年轻工信息中心提供数据看，已经将聚氯乙烯人造革和聚氨酯合成革合并统计，从统计数据反应看全国18个省市生产人造革合成革，全国平均增长速度为15.17%，高于全国增长速度的占了三分之一，有福建省、河北省、山东省、河南省、广东省、黑龙江省，其中福建17.99万吨，增长65.74%、广东省16.13万吨，增长64.17%。河北1.02万吨，增长15.83%；负增长的占了有三分之一，主要是北京市、吉林省、湖北省、湖南省、四川省、重庆市。浙江的产量占了全国的43.3%，江苏占了15.67%，福建占了9.73%、广东省占了8.73%。

2. 第五届三次理事会议在深圳召开，讨论准入

制度问题

2009 年 10 月 21 日在广东省深圳市召开了第五届三次理事会议，43 家企业 50 名代表参加了会议，会议由上海华峰公司总经理叶芬第主持。全国塑料标准技术委员会秘书长陈家琪出席了会议，中国塑料加工工业协会刘姝主任到会作了《行业信用等级评价工作报告》。会议对于 2008 年专业委员会主要工作进行了总结，增加了江苏宝泽公司、河北昊明人工皮革公司为副会长单位；大会提出讨论了人造革合成革准入条件，探索行业的准入制度；同时对于行业的相关标准的起草制定工作以及研究了 2009 年工作重点。

3. 组织超细纤维合成革产业高新技术与发展论坛会议

2009 年 7 月 9 人造革合成革专业委员会与产业用纺织品协会在北京九华山庄共同组织召开“中国第二届超细纤维合成革产业高新技术与发展论坛”。会议来自各地的企业代表 120 名，会议由理事长孙福荣主持。大会听取了廖正品会长、朱民儒会长所作的工作报告以及专家演讲，取得了良好的反应。

4. 组织合成革企业可持续发展研讨会，互动交流

在 2009 年 10 月 21 日在深圳组织召开了“中国合成革产业基地座谈会”。高明塑料协会对于“中国合成革产业基地”建设作了交流性发言、温州合成革商会作了“中国合成革之都”建设经验的经验交流，丽水市“中国合成革循环经济基地”、白沟“中国合成革产销基地”、义乌“中国合成革国际贸易基地”也作了大会交流。

5. 推动人造革合成革企业基地与研发中心的建设工作

在中国塑料加工协会的大力支持下，2009 年 1 月 17 日在浙江丽水市优耐克水性树脂科技有限公司成立了“中国合成革用水性聚氨酯树脂与生态合成革”研发中心，并组织专家召开了筹建启动会。会议同期举办了“安徽大学与丽水市优耐克水性树脂科技有限公司共建‘研究生联合培养创新基地’协议签字仪式”。

在中国塑料加工工业协会的大力支持下，2009 年 10 月 7 日在江苏宝泽公司成立了“中国合成革用聚氨酯功能性材料研发中心”，并组织了合成革助剂专家会议。

6. 积极支持企业参加和组织标准化建设工作

专业委员会组织了《生态合成革建设规范》、《合成革生产安全建设规范》行业标准的联络与申报工作；参加并组织了《合成革清洁生产指南》、《环境标志产品——合成革》环境行业标准的审定工作；组织企业对于海关等单位起草的《PU 合成皮革加工贸易单耗标准》的征求意见工作；组织 30 余家相关单位在北京大学召开《汽车用聚氨酯合成革安全技术条件》、《家居用聚氯乙烯人造革安全技术条件》两项强制国家标准和《箱包手袋用聚氨酯合成革》、《鞋里用聚氨酯合成革》两项行业标准的审定工作并完成上报。

7. 进一步协助和落实各部委提出的工作任务

组织行业企业内征求对于国家部委提出的涉及人造革合成革行业政策的调整的意见征求工作：(1)国家鼓励目录；(2)进口技术和产品鼓励目录；(3)对欧盟问题单的申报工作；(4)部分国家和地区进口关税的意见申报工作；(5)人造革合成革三年规划的制定任务。

8. 组织展览会议

2009 年 10 月组织人造革合成革企业在“中国(深圳)国家工业博览会——合成革专业展区”，得到高明塑料协会组织 11 家企业参加展览、白沟镇政府组织特装展示合成革以及箱包制品、优耐克公司组织水性聚氨酯合成革专业区域，20 多家单位 450m^2 展区取得交流效果。在大会上我协会、高明塑料协会、白沟镇等单位获得站位设计奖项，17 家单位获得大会组委会新产品创新奖。2009 年组织部分企业参加了在大连举办的“第八届接大连国际塑料橡胶展览会”。积极筹办“中国人造革合成革工业展览会”的前期调研与策划工作。

9. 支持并服务于企业各项科研建设服务工作

专业委员会 3 月参加奥昌公司组织的“关于玉米纤维合成革产品鉴定会”鉴定会议工作；2 月 15 日在太仓市参加江苏东泰合成革公司一期工程竣工活动；参加温州合成革商会组织的“友好商协会”座谈会、义务皮革行业协会年会，为企业办理驰名商标提供支持文件；为上市企业做好咨询与业务相关服务工作；积极为参加中国塑料加工协会专家委员会的合成革专家，做好相关服务工作。

10. 做好企业社会责任与生态化建设调研工作

专业委员会与北京大学、荷兰社会科学院共同对于温州、丽水、高明、白沟四个合成革基地以及兰州、临沂、文安等其他地区开展了调查研究，走访了十几家企业，与地方政府部门、企业家进行了座谈交流，听取了企业家对于社会责任、环境保护、生态化建设方面的意见，为今后开展神会责任建设奠定基础。组织九家企业申报中国塑料行业信用等级申报工作、三家企业申报科技进步奖等工作。

（中国塑料加工工业协会人造革合成革专业委员会　冯庶君）

挤出聚苯乙烯泡沫板材(XPS)
XPS Foam Plastics

1. 挤出聚苯乙烯泡沫板材行业概况

挤塑聚苯乙烯泡沫板材(XPS)是20世纪60年代研制成功的一种新型绝热材料。其生产过程是将聚苯乙烯(PS)树脂、发泡剂和相关助剂通过挤出机进行连续挤出发泡成型，产品具有闭孔的泡体结构，绝热性能优异、持久，吸水率较低，尺寸稳定性好，抗蒸汽渗透性优良，压缩强度高，综合性能十分优异。

XPS行业在中国是一个新兴行业，2000年，中国最早的XPS产品在欧文斯科宁(南京)建筑材料有限公司投产，距今不过十年左右时间。估计目前企业数量在400家以上。

在中国，XPS主要用作建筑保温材料，近年来，受国家大力推行建筑节能保温的政策影响，XPS泡沫行业发展迅速。中国每年新建建筑面积巨大，建筑的高能耗是造成中国总体能耗水平居高不下的重要原因。XPS泡沫是一种优良的保温材料，可以显著减少建筑能耗水平，具有较高性能价格比。近年来，XPS泡沫在建筑保温材料的市场占有率不断上升。据中国建筑研究院材料研究所估计，目前XPS泡沫的市场占有率约20%～25%，并仍有继续上升的趋势。在北京等大城市，XPS的市场占有率更达到50%左右。

2002年，上海新兆塑业有限公司、南京法宁格节能科技有限公司等公司完成了XPS设备国产化工作。几乎同时，使用回收聚苯乙烯(PS)生产XPS泡沫的技术也取得了突破。这两项重大突破显著的降低了XPS生产成本，为XPS在中国迅速普及创造了条件。废弃的泡沫餐盒等PS塑料制品过去被称为“白色污染”，对环境造成了很大破坏，现在作为XPS泡沫原料供不应求。中国XPS泡沫行业为建筑节能、保护环境和促进资源循环利用作出了重大贡献。

2. 挤出聚苯乙烯泡沫板材生产设备和工艺

XPS生产设备由主机和辅机两部分组成。主机部分最重要的是挤出单元。XPS挤出单元分为两个相对独立的功能段，第一段为热挤出段，与一般挤出工艺相同，起把PS树脂熔融的作用；第二段为冷挤出段，即把在第一段已经熔融的PS树脂与发泡剂混合并逐渐降低熔体温度，使足量发泡剂与树脂形成稳定熔体。多数挤出单元由两台挤出机分别作为热挤出段和冷挤出段，但少数挤出单元由一台挤出机完成。此外，主机部分还包括上料系统、计量系统、控制系统、发泡剂注入系统等。辅机部分由机头、定型装置、牵引装置、裁断装置、切边装置、废料回收系统等组成。

中国XPS生产设备绝大部分为国产设备，挤出单元由两条挤出机串连组成。第一台挤出机一般为单螺杆挤出机，螺杆直径120～135mm，长径比(L/D)30～32，少量第一台挤出机为双螺杆挤出机，螺杆直接70～92mm；第二台挤出机除个别例外均为单螺杆挤出机，螺杆直径为150mm，长径比(L/D)34～35，生产能力400kg/h左右。

3. XPS泡沫板材主要原料

(1) 聚苯乙烯(PS)树脂：我国XPS泡沫行业普遍使用回收PS树脂。

(2) 发泡剂：目前我国XPS泡沫行业使用的发泡剂主要有HCFC－22、HCFC－142b以及它们的混合物。

(3) 成核剂：我国XPS泡沫行业使用的成核剂主要是滑石粉。

(4) 色母料：主要作用是使XPS产品着色。

(5) 阻燃剂：XPS泡沫板材主要作为保温隔热材料使用，为达到建材的阻燃标准，一般需要添加一定阻燃剂。XPS泡沫板材中使用的阻燃剂主要是环六溴十二烷。

4. XPS泡沫板材用途及近年我国XPS泡沫板材产量

在中国，XPS泡沫板材几乎全部作为建筑保温材料使用。其主要用途有：

(1) 房屋保温：主要用于房屋外墙保温和屋顶保温，也少量应用于房屋内部隔墙或地面，起保温、隔音作用。

(2) 冷库保温：主要用于装配式PU预制板材冷库和PU喷涂冷库地面保温，也少量与PU喷涂泡沫一起用作墙体保温材料。XPS泡沫具有良好的压缩强度，使用XPS泡沫保温的地面可以直接通行载重汽车。

(3) 其他用途：XPS泡沫还用于铺设高速铁路、高原普通铁路路基、飞机场跑道隔热层等用途，起到隔热、防止翻浆软化地基、防止路面龟裂等作用。此外，还用于制造野外移动通讯机房、通风管道，与其他材料复合后作为保温装饰(装修)材料等。

近年中国XPS泡沫产量估计见下表。

年度	2006年	2007年	2008年	2009年
XPS泡沫产量/10^4m^3	575	729	872	1026

(中国塑料加工工业协会　孟庆君)

工 程 塑 料
Engineering Plastics

【行业现状】

工程塑料具有优异的机械性能、电性能和耐热性、耐磨性、耐化学性、尺寸稳定性，且质轻、易成型加工、成型能耗少的特点，使其在能源、资源日益从紧的当下，被广泛地用于国民经济的各个领域，尤其是汽车、建筑、电子电器、医疗等各个方面。中国工程塑料工业起步较晚，10年前，中国工程塑料业生产能力与需求相比严重滞后，原料树脂85%以上依靠进口，一半以上的改性树脂材料使用国外产品。而时至今日，我国工程塑料成果丰硕，已逐步形成了具有树脂合成、塑料改性与合金、加工应用等相关配套能力的完整产业链。我国的工程塑料聚合能力已经达到每年60万吨左右，改性树脂材料年产量也有200多万吨，就连过去国外对我国禁运的特种工程塑料树脂，现在国内几乎都有生产，并且能够少量出口。

在过去的10年里，我国工程塑料产值年均增长20%以上，企业规模不断发展壮大，科技水平日益提高。目前，在工程塑料合成方面已有中蓝集团、云天化集团、神马集团、仪征化纤、德阳科技等上规模的企业。由于工程塑料具有特别优异的性能，其技术发展水平受到政府层面的重视，已被列入国家中长期科技发展纲要中高新技术的重点选项。在2009年科技部产业支撑计划中，有非光气法聚碳酸酯等7个工程塑料项目被列入。另外，经过长期的技术攻关，目前我国工程塑料技术水平发展较快，在改性材料与树脂合金方面，部分产品技术、质量指标也已接近国外先进水平。一些特种工程塑料产品的工艺技术已经进入到国际先进行列。尽管我国的工程塑料在合成和加工方面取得了长足发展，但总体看来仍存在产能过度集中在一些技术含量相对较低产品上的缺点。

2009年初，国家轻工业和石化产业的振兴规划中指出，我国的精细化工产品和新型材料等一批位居化学工业高端的产业，长期以来发展缓慢，且技术落后，国内需求主要依赖进口满足。规划中特别提及了有机硅、聚酯和工程塑料等化工新材料。此外，我国“十一五”规划中亦将聚碳酸酯、聚甲醛、聚酰胺、PBT、LCP、聚苯醚、聚苯硫醚、聚醚醚酮等工程塑料列为自主创新、大力发展的重点产品。政策的重视和鼓励必将为我国工程塑料行业的发展带来了更为良好的契机。因此，工程塑料行业应借助于日益增长的产业需求，顺应当前低碳经济的大潮流，把握住大飞机等一批国家重点工程建设的契机，提升科技水平，加快产品结构升级，促进我国工程塑料行业更快、更健康的发展。当前工程塑料的发展趋势如下所示。

1. 工程塑料的合成生产能力不断提升

我国在20世纪90年代明确了“工程塑料的生产技术及其装备和通用塑料高性能化”是国家化学工业高新材料发展的重点，并作为优先发展的鼓励类项目，制定了一系列扶持政策，鼓励和支持工程塑料产业的发展。在此推动下，随着市场需求的巨大增长，一大批树脂共混、改性、合金化的企业应运而生。这些企业以专业化的发展思路，在电子、汽车、家电相对集中的沿海、东部地区快速发展起来，形成工程塑料应用市场产业，并以此带动了整个工程塑料行业产业链的形成。

产业链的最上游即合成企业也在市场推动下应运而生，国内一些企业通过引进技术或自主开发，实现了PA、PBT、POM等树脂的工业化生产，现已涌现出了如中蓝集团、云天化集团、神马集团、仪征化纤、德阳科技、巴陵石化等一批拥有大型合成装置的工程塑料树脂生产领航企业。

与此同时，外资带动也是我国工程塑料行业的一个重要发展特征。目前，我国工程塑料行业年销售收入已超过230亿元。快速的增长，丰厚的利润，巨大的市场极大地吸引着外资的进入。早在1994年，国际巨头GE公司率先在广东番禺独资建设20000t/a改性装置，生产PC及其合金。1997年杜邦公司在深圳建厂生产POM改性材料。此后，日本三井、宝理塑料，法国罗地亚，韩国锦湖，拜耳、帝人、宝理、旭化成/杜邦、DSM，我国台湾南亚塑胶等企业也纷纷在前来投资设厂、扩产。2009年开始，中国神马集团(2009年与平煤集团合并，更名为中平能化集团)的PA66盐年产能由现在的20万吨提高到30万吨，年销售PA66切片15万吨，特别是2009年PA66反倾销成功后，PA66的需求国产化优势日益凸显，使国产化PA66在欧美及东南亚地区的市场占有率急剧提升。目前外资生产能力已占全部产能的半壁江山，在高中端市场更占有绝对优势。跨国公司的纷纷进入，给我国的合成树脂企业的发展带来极大的冲击。

当然，鉴于合成能力对行业的重要意义，国家也增加了对工程塑料合成技术的投入，特别是对特种工程塑料。借助“863”、支撑计划等科技计划，一批高校、科研院奋力攻克工程塑料领域的技术难题，已实现了在特种工程塑料某些领域上的突破：吉林大学研制出了特种工程塑料聚醚醚酮(PEEK)，并成立长春吉大高新材料有限公司，实现了PEEK的产业化，成为全球第二家生产PEEK的企业；四川华拓科技有限公司率先在国内实现聚苯硫醚(PPS)产业化；上海合成树脂所开发成功了聚酰亚胺(PI)，中国科学院宁波材料技术与工程研究所也以热塑性聚酰亚胺树脂的结构设计和先进制备方法为突破口，采用新型催化剂助剂技术和聚合工艺，成功开发出成本低廉、结构新颖、性能优异的热塑性聚酰亚胺树脂，这都使我国在该领域实现了巨大突破，为今后发展打下了很好的基础。

2. 工程塑料的加工技术不断进步

混合与混炼、成型、后加工是聚合物加工的一般过程。加工机械是加工过程的具体载体，也是各方研究的重点，具有最直接的经济效益。

单螺杆、双螺杆挤出机目前已被广泛应用，追求更好的综合效果，北京化工大学研制的三螺杆挤出机，这是近年来出现的一种新颖独特的三螺杆挤出机，有预测它将成为今后塑料行业生产设备的主力军。北京化工大学在2006年8月为该项目举行了鉴定会，时至2009年，该机组已经运行两年多。通过各种实验考验，该机组目前运转平稳安全可靠。三螺杆呈倒"品"字型排列，具有剪切效率高，塑化效果好；密练功能、分散效果好；产量高、能耗低；排气性能好；物料在机筒内停留时间短、不易被降解等优点。

在中国科学院宁波材料技术与工程研究所的技术支持下，慈溪洁达纳米复合材料有限公司成功开发电脑自动计量秤给料的，分段式加工的积木式螺杆加工技术，目前由该技术成功应用到工业研磨丝(俗称磨料丝)的规模化生产，2009年，产品销量比2008年翻了一番。

在节能思想的倡导下，电磁动态原理被逐渐应用于加工领域。辉隆公司与中国塑料机械研究权威发明"电磁动态塑化挤出机"的华南理工大学轻工装备与控制工程研究院进行技术合作，对挤出复合机进行了深层的研制与开发。根据"动态塑化平衡"的基本原理开发出一种新型节能高塑化动态平衡挤出机。

在制品成型中，"无痕注塑"RHCM是当下的一个热点。源于日本的蒸汽辅助注模技术，是一种全新的高温模具注塑科技，它令树脂在模腔流动达至最佳状态，从而避免塑料在传统注塑充填过程中，因逐渐冷却而引致的材料物理特性改变，所造成的各种材料性能缺陷，如扭曲变形、表面凹陷、溶接痕(冷却痕)、流痕、波纹、银条纹等不良现象，可以减少两成至三成喷涂废品。RHCM技术直到2007年中国电视生产商才开始使用在生产液晶平板电视外壳上，如中国大同机械有限公司研发生产的F2－600注塑机，韩国ITC模温控制器以及小型蒸汽锅炉。

3. 工程塑料的应用领域持续开拓

汽车制造、工业品制造、电子电器和消费品包装行业是工程塑料目前最大的四个应用领域。以汽车为例，工程塑料行业不再只是单纯迎合汽车工业的发展，而是作为参与者要在汽车工业发展中发挥更重要的作用。轻量化、舒适化、节能化是汽车发展的最新趋势，这一趋势将加速汽车塑料化的进程。汽车自重每减少10%，燃油的消耗可降低6%～8%，汽车塑料的用量已成为衡量一个国家汽车生产技术水平的标志之一。目前我国每辆轿车塑料用量平均为100kg，离150kg的国际水平尚有差距。

除了在传统的汽车、医疗、电子电气等领域内有层出不穷新的技术，工程塑料在太阳能、激光印刷等新的应用领域也日渐受到重视，当然这许多突破的主题目前还多数是大型跨国企业。

太阳能光伏元件(PV)的各种关键材料。如杜邦公司的TedlarPVF(聚氟乙烯)薄膜已经是背材不可或缺的元件。霍尼韦尔的PowerShield采用五层设计，包括两个基于乙烯－三氟氯乙烯(ECTFE)含氟聚合物薄膜的外保护层、一个聚对苯二甲酸乙二醇酯(PET)中间层，以及两个专有黏合材料构成的内黏合层。它为PV元件生产商提供了聚氟乙烯背板材料的替代产品，其定位是一种能够在恶劣环境下保护光伏太阳能电池的新型材料。

激光印刷电路领域。HARTINGMitronicsAG公司成功地大幅提高了RFID(无线射频识别技术)应答器的效率和探测范围。其利用激光直接线路成形技术(LDS)制造三维塑料印刷电路(也称为模内互联装置，MID)，开发出新一代的应答器。LDS工艺采用热塑性塑料，在热塑性塑料中加入有机金属复合物。在注塑后，用激光在三维部件上"烧制"高分辨的电路图。通过在化学电镀金属浴中，在经活化的区域镀覆铜、镍和/或金电路。

4. 通用塑料的工程化与工程塑料高性能化是发展趋势

高性能化、低成本化及通用塑料工程化将是未来工程塑料发展趋势。该趋势也是工程塑料行业30多年发展的实践总结，既符合我国实际情况，也符合世界发展趋势。采用新单体合成塑料新品种难度高、周期长、投资大、收效慢，20世纪80年代后期已呈减少趋势，今后短期内也不会有太多新品种面市；而由现有的聚合物和单体经过特种催化剂改变结构，通过合金化、共混、改性等技术制成新品种材料，满足市场的不同需求。使通用塑料工程化、工程塑料高性能化和低成本化，将成为今后发展的主要趋势。

特种改性通用塑料代替工程塑料也同时是我国工程塑料行业当前的主要特点。通用塑料以其价格便宜、成型方便等特点，得到了广泛的应用。但其结构强度、冲击韧性、耐老化性能难以满足工程化应用的需要，所以依据不同的用途，针对需求改性的项目，分别采取不同的方法对通用塑料进行改性以达到工程塑料所具有的性能，作为工程塑料使用，既降低成本，又扩大了应用领域。以PP为例，其宽广的性能范围使之可以应用到不同的市场，如汽车内外部件、包装、家庭用品、纤维、管材、医用器材等方面，而今PP已不再被认为是生产大宗产品的廉价材料，像纤维增强PP已经开始占领以前工程塑料的应用市场，如汽车保险杠90%已经采用PP材料。

【专委会活动】

2009年度，在塑协的领导下，工程塑料专委会秉承为企业服务为行业服务的宗旨，做好行业内的信息交流工作，按时赠送会员《工程塑料通讯》，每期精选国内外20多种期刊杂志和网上信息的相关条目，以文摘的形式刊登，使读者便于了解当今国内外塑料产业发展的最新动态。

同时协会还开展了丰富多样的技术交流活动。2009年6月28~30日，在余姚组织召开2009中国塑协工程塑料专委会年会；6月29日，在宁波余姚召开“工程塑料专委会2009理事会议”，讨论专委会的工作总结、计划等；2009年12月在中科院宁波材料所组织召开了“研产学”企业恳谈日活动，邀请了众多的企业和国内院士、资深专家等参加，通过学术报告、海报、面对面交流等形式促进企业家与科研人员近距离接触和深入交流，促进产学研合作。

2009年11月，协助中科院宁波材料所参与组织“2009中国(宁波)新材料产业化国际论坛”，以专题报告的形式进行交流，主题包括：金属材料与表面工程、非金属材料及其应用、新材料与模具、新材料与现代汽车工业等，共有17位专家进行交流。协会与中科院宁波材料所技术转移办紧密结合，协助组织了若干次对接会，促进了研究人员和企业的交流。

【重点企业】

中国化工集团公司、云天化集团公司、神马集团公司、中蓝集团、仪征化纤、星新材料公司、德阳科技等是具有一定规模的工程塑料企业，为我国工程塑料发展奠定了基础。特别是中国化工集团公司已经或正在建设PBT、PC(聚碳酸酯)、POM、MPPO(改性聚苯醚)等生产装置，成为发展工程塑料产业的领袖。但总体而言，有实力的企业进入工程塑料领域迟缓。

星新材料公司是国内目前综合的化工新材料上市公司，公司拥有世界排名第三位、全国排名第一的有机硅装置，亚洲唯一的连续法PBT工程塑料生产装置，以及国内领先的PPO等工程塑料、双酚A、环氧树脂、彩色显影剂等产品生产装置。星新材料的产品种类齐全、储备丰富，公司新材料业务处于行业龙头地位，具有较强的规模优势以及一体化优势。该公司在江苏南通拥有2万吨PBT产能，并计划新建6万吨PBT产能，是亚洲唯一采用连续法生产PBT的装置；在山西芮城有1万吨PPE产能。2006年7月份商务部作出的反倾销终裁决定使得国内PBT生产企业获得了良好的发展环境，目前公司的PBT销售情况良好。公司在山西芮城PPE装置是国内最大的PPE生产装置，该产品目前正处在市场开拓期。

云南云天化集团拥有3万吨聚甲醛生产能力，是国内首个万吨级聚甲醛生产装置。2007年4月12日，云天化6万吨/年聚甲醛项目奠基仪式在重庆(长寿)化工园区举行，建成后将是其成为国内最大的工程塑料生产基地。同时，云天化集团也是国内效益最好的玻纤生产公司，玻纤年生产能力24万吨，是国内三大玻纤基地之一。

中国神马集团有限责任公司的主导产品是国内最大尼龙66工程塑料生产商，是我国聚酰胺领域的领头羊。2009年开始，中国神马集团与平煤集团合并，更名为中平能化集团，PA66盐年产能由现在的20万吨提高到30万吨，年销售PA66切片15万吨，特别是2009年PA66反倾销成功后，PA66的需求国产化优势日益凸显，使国产化PA66在欧美及东南亚地区的市场占有率急剧提升。

金发科技是国内改性塑料行业第一家上市公司，公司的主营业务即为改性塑料的研制、生产和销售。金发科技具备产年50万吨改性塑料的生产能力，公司是全球改性塑料行业产品覆盖种类最为齐全的企业之一。公司旗下拥有控股子公司广州金发、上海金发和绵阳长鑫，形成了横跨东、南、西部的生产制造格局。此外，公司先后在美国、加拿大、日本、马来西亚、泰国、墨西哥、印度、韩国等20多个国家注册了“Kingfa”商标。公司产品销售额增长迅速，

2009年完成销售额已逾100亿元人民币。2010年，公司预计销售额达150亿人民币，国内的市场占有率达到15%～20%。除此之外，我国还有温州俊尔、南京聚隆、宁波福天等一大批从事改性塑料生产与开发的企业。

从地域分布上看，中国化工园区的建设和发展成为外商投资的热土。这些化工园区集中于长江三角洲的上海江苏的长江两岸沿线地区（南京、南通、张家港、泰兴、无锡、常州等）。其中，中国化工新材料（嘉兴）园区在全国化工新材料行业中有"标杆"地位。2007年，园区内聚碳酸酯产量10.3万吨，占全国产量的50%以上；有机硅混合单体产能6万吨，居全国第三；新型阻燃剂产能5.5万吨，居全国第一。此外，在中西部，重庆的长寿化工园区则有全国最大的聚甲醛生产基地，年产10万吨聚碳酸酯项目也正在规划中。

【新产品开发】

工程塑料的研究从对现有树脂的改性和树脂合成两方面都体现出良好的势头，各企业纷纷推出的不同的新产品，拓宽应用领域。

中国科学院微生物所利用淀粉发酵技术，提取十二烷二酸原料合成PA612，该项技术已由山东凯塞生物科技有限公司放大生产，年产能达10万吨；郑州大学已通过生物发酵法制备出十二碳二酸进而制备出长链尼龙PA1212，这是生物技术在合成树脂制备方面一个突破。

博禄采用PP为基材，开发了GB266WG和MB350WG分别用于西门子洗碗机的底座部分和吸尘器的底座上。

赢创开发了聚甲基丙烯酸甲酯模塑料PLEXALLOY EyeTouch PFE50用于显示器边框、电子类产品外壳，具有高光表面、高耐刮擦、优秀的抗冲击性、流动性和耐候性；PLEXALLOY EyeTouch PFE70适用于高端电视机边框，也同样具有抗冲击性、最高的耐刮擦等级和优秀的流动性，可以提供多种色彩的透明、半透明及不透明效果和高光表面。这两个系列产品目前的年产能均达到7000～9000t。

巴斯夫化工有限公司推出高性能的聚合物Polystyrol，它具有多种优良品质，如良好的加工性能、高抗冲强度、高延伸性、抗低温性能，残留苯乙烯单体含量极低。它适用于冰箱、电视机、空调等产品。此外还推出了聚醚砜材料UltrasonE取代传统材料用作液晶显示器的底膜，比玻璃的厚度减少了50%，重量减轻了30%，完全可以替代玻璃用于显示器。

亚太国际企业（香港）有限公司制备了改良性聚酯材料PBT/ABS合金，该产品尺寸稳定，表面效果更好，广泛应用于液晶电视边框及相机外壳。目前这一材料已经被TCL、创维、康佳等电视机厂商使用，亚太国际正在同海尔、海信等电视机生产企业接触。这一材料目前的年产能为2500t。

三星道达尔的PP产品主要用于小家电、洗衣机、冰箱、空调。生产的PPPlus、RandomPP具有很高的均一性和优秀的物性，这些产品的性能比原有的产品有显著的提高，可以满足顾客更多的需求。

普力马弹性体技术有限公司生产的ABS/PC黏附系列、尼龙黏附系列等，适用于烫发器、电动剃须刀、冰箱等把手部分。其中A系列热塑性弹性体产品具有多种硬度选择，有很强的耐磨性和低温韧性，该系列产品年产能达到800t。

住友化学推出PMMA（聚甲基丙烯酸甲酯）成形树脂SUMIPEX，具有良好的透明度、耐气候性能及表面硬度高等，在汽车工业，家庭用品，镜片，挤压板材，手机面板等有非常广泛的应用。

宝理塑料的VECTRA是目前最引人注目的液晶聚合物之一，可用于电脑、手机的接插件材料。TOPAS是环状烯烃共聚高分子（COC）的商品名，它与通常的以聚乙烯、聚丙烯为代表的结晶性聚烯烃不同，是具有环状烯烃结构的非晶性透明共聚高分子。可用于手机镜头、液晶显示导光板的制造，它具有与PMMA相匹敌的光学性能以及高于PC的耐热性，还具有比PMMA、PC更优良的尺寸稳定性等，在市场上获得了很高的评价。

埃克森美孚化工商务（上海）有限公司的聚丙烯树脂产品从ExxonMobil均聚聚丙烯、无规共聚聚丙烯和抗冲击共聚聚丙烯，到Exxtral高性能聚烯烃和Achieve茂金属聚丙烯，适用于洗衣机、烘干机、洗碗机、冰箱、小型电器和吸尘器的树脂应用。ExxonMobil AP3N和AP03B聚丙烯树脂特别适用于洗衣机、冰箱、真空吸尘器和其他小型电器的注塑部件。ExxonMobilAP3AW树脂是一种加入UV稳定剂，专门为电池外壳而设计的牌号。

帝人化成株式会社的聚碳酸酯树脂应用广泛，"Panlite Sheet"树脂可应用于大型液晶电视；"PURE－ACE"可应用于手机液晶显示器的零部件等；"FIREGUARD"可应用于增强塑料的防水性能。

利安德巴塞尔提供特制和高性能的Hostacom改性聚丙烯，用途包括电子电气产品和白色家电的注塑结构件，如滚筒洗衣机的外桶，工程塑料（ABS、HIPS、PA）的替代材料。利安德巴塞尔还在亚太区增添了多种高透明PP新产品，当中有极佳抗击力的Clyrell高抗冲共聚丙烯，茂金属催化剂产品系列Metocene 及 Pristene，透明度是目前 PP 可以达到的世界级最高水准，及以最新 Spherizone 工艺生产的 Clyrell 无规共聚丙烯，拥有出色的透明度、柔韧度和抗冲强度的平衡。

【存在问题】

尽管我国的工程塑料在合成和加工方面取得了长足发展，但总体来说还落后于发达国家。与先进国家相比，我国工程塑料业仍存在生产能力不足、产品质量差、产品规格少、没有实现系列化、高性能产品不足、规模小、生产分散、缺乏大型领军企业等缺点。此外，国家对工程塑料行业的支持仍有不足，使得部分产品研发缓慢，产品认可度仍与国外有一定差距，国际竞争力比较弱。另外，受业内青睐的两个行业 PA(尼龙)及 PC(聚碳酸酯)，在经历了金融危机的洗礼后，国内企业也更加关注改性技术应用和未来的发展方向。

这主要是由于，一方面研发投入不足，资金无法跟上科研的需要；另一方面，科研成果的转化进程相对缓慢。我国特种工程塑料的研究同国外差距并不大，但从实验室研究走向产业化的时间与国外相差了几十年。杜邦、巴斯夫、住友化学等国际大公司，对于看好的品种，会大力推进，投入大量的人力物力，实验室－中试－投产－市场推广环环紧扣，产品开发进展顺利。反观我国的产品开发，则远非如此。首先研发力量相对分散，其次产学研结合不够紧密，其中还涉及到经费、转让等诸多需要各方协调的中间历程，因而进展缓慢。以聚酰亚胺为例，美国杜邦公司在 1960 年开始有商品问世，国内中科院长春应化所在同期也完成了实验室的研发，并与相关工厂联合试制出小批量产品，满足国防军工的急需。但时至今日，国内还未能真正实现产业化。值得欣慰的是我国科研人员一直在坚持这项研发工作，并且不断有新的研究人员跟进，而且我国宏观政策也在不断调整，以适应科技创新和产品开发的客观规律，因此将来工程塑料产业发展前景看好。

此外，现阶段国内工程塑料技术开发主要集中在使通用塑料工程化、高性能化和低成本化，而对于基础树脂的研究较少。国内工程塑料主要生产方式是利用改性造粒技术将通用塑料工程化、合金化，而工程塑料树脂的工业化合成生产却停滞不前，这与国内蓬勃发展的市场需求不相适应。基础树脂国内牌号少，进口量大，在很大程度上制约了我国工程塑料的发展，导致我国相关产业的高对外依存度。

还不得不考虑的是化工新材料所遭遇的高技术壁垒。一般而言，化工新材料产品都经历了一个国外技术封锁、市场垄断、产品高价高毛利、自主研发、装置建成、国外倾销、国家保护、反倾销、合作、市场稳定、合理价格的过程。目前国内还是主要依赖进口相关产品或者对进口技术进行消化吸收并创新。如 MDI 行业，就具有明显的“寡头”性质。目前，世界上真正掌握 MDI 核心技术的只有 8 家公司，均为诸如巴斯夫、拜耳等国际知名的化工企业，国内只有烟台万华掌握了此项技术。

【发展趋势】

今后，我国的工程塑料产能还需进一步提升。未来 5 年，我国工程塑料市场的年均增长率预计将达到 10.2%，至 2013 年工程塑料需求量将接近 300 万吨；销售额增长的速度更快，将保持在 11.2% 左右，在 2013 年将达 115.6 亿美元。主要的推动因素包括汽车和电子电气行业的稳健发展，以及在技术和应用方面的改进。但中国工程塑料供应却不尽如人意，国内自给率不到 20%，每年进口量已占世界贸易总量的 30% 以上。预计“十二五”期间中国工程塑料消费年均增速将保持 18%，国内供给仍将严重不足。

工程塑料业应瞄准中高端市场，坚持树脂、改性一体化的发展模式。工程塑料具有产量吨位较小、品种牌号较多、客户要求苛刻等特点，适合原料、树脂、改性合金一体化发展。有实力的公司要立足自有原料，降低生产成本。树脂合成企业必须重视延伸产业链，开发专用料和共混合金化，并创立自己的品牌，以掌握市场主动权。技术创新能才能给企业带来核心竞争力。

汽车、电子电器等领域消费的拉动，为工程塑料业的发展提供了广阔的应用前景；大量知名跨国公司的进入，又激化了国内市场的竞争。这给国内工程塑料生产企业的生存和发展同时带来机遇和挑战，各企业要不断提升整体素质和产品技术含量，加强服务意识与市场开发力度，增加研发力量的投入，以期真正壮大我国的工程塑料产业。

从技术趋势上分析，节能与环保是工程塑料发展的必然趋势。环境问题是今后的研究与生产中必须考虑的首要问题。另外塑料废弃物的有效回收利用将成为塑料工程的重要课题，特别是工程塑料的回收利用，也将是未来发展的一个热点。同时，要高度认识纳米技术等给工程塑料行业带来的深刻影响，我国中科院化学所已在天然纳米材料改性工程塑料研究上取得一定成果，纳米技术的应用不管在树脂制备还是在助剂应用方面，都将极大推动工程塑料业的发展。另外，要抓住生物技术给工程塑料带来的契机，占领新兴产业技术高地。

（中国塑料加工工业协会工程塑料专业委员会　李娟）

滚　　塑
Rotational Molding

随着国际金融风暴带来的全球经济危机，2009年滚塑行业和其他行业一样面临严峻的经济形势，滚塑专委会以国际交流和滚塑标准化建设为工作主线在中国塑协的统一领导下，协助滚塑会员企业积极投入到我国政府以拉动内需保证我国经济继续稳定增长的宏伟计划中去。2009年我们主要工作如下：

1. 开展行业交流，协助滚塑企业积极应对严峻的经济形势

我们的滚塑生产企业普遍存在生产规模小，技术研发力量薄弱的特点，在面对较大的经济风波时，都将经受严峻的生存考验，我们企业间要竞争，同时也要交流学习，共同推动滚塑行业的发展。2009年专委会积极引导滚塑生产企业开展行业交流，推动企业之间开展学习提高活动，先后组织慈溪滚塑企业与无锡滚塑企业之间互相考察学习，还组织以慈溪滚塑企业为主的会员企业与温州教玩具协会所属的滚塑玩具生产企业开展了考察学习，这些活动中，参与企业开阔了眼界，找到了不足，获益匪浅。针对企业在生产过程中遇到的困难，专委会组织相关科研技术人员为困难企业提供服务。例如当浙江埭泗的滚塑企业在研发滚塑船艇遇到困难的时候，专委会组织行业资深滚塑企业为他们出谋划策，慈溪的滚塑企业还专门组团去该企业考察，并为他们提供了宝贵的经验和改进意见。

2. 认真做好滚塑标准化制订工作

标准化建设是个系统的工作，过程长，内容多，还要投入相当的费用，但这是滚塑行业走向规范化生产和行业发展必不可缺的。宁波江南塑胶容器有限公司等“PE容器滚塑生产国家标准”的参编企业作为滚塑行业的骨干企业勇敢地挑起了首个滚塑标准制定的重任。随后，以无锡海溪防腐设备厂为主的滚塑防腐设备生产企业又开始了“塑钢滚塑容器生产国家标准”的草拟工作，目前这两项标准的草案都已上报中国塑料制品标准化委员会，正等待国家相关部门批准立项。希望广大会员单位在标准制定的过程中积极参与并积极配合。

3. 推动滚塑原料优化选用和国产化的工作

滚塑专委会开展了对各种滚塑原料的调研工作，以便协助和引导滚塑生产企业针对不同的产品优化选用不同的滚塑原料，同时专委会与中石化开始沟通，希望推动我国滚塑用料的研发和生产工作，协助中石化组织生产研发的国产滚塑原料的推广销售工作，在稳定提高滚塑产品品质的前提下降低滚塑企业的原料成本，为滚塑企业的健康发展而努力。

4. 协助中塑协专家委员会开展了第二届中塑协专家委员中的滚塑专家委员的推荐评选工作，并组织专家委员会成员就进一步发挥中塑协专家委员会滚塑委员的行业作用，为广大滚塑企业提供有益帮助，推动我国滚塑标准制定等方面的工作开展了讨论，统一了认识。

5. 根据行业发展和企业需求召开“2009第三届中国国际滚塑技术与应用论坛暨展览会”

为继续推动滚塑产业的国际交流，为我国滚塑生产企业的技术进步，新产品研发等创造有利条件，经过半年多的准备，在滚塑专委会各位热心滚塑行业发展的理事成员和会员单位的大力支持下，“2009第三届中国国际滚塑技术与应用论坛暨展览会”终于成功召开了，借会员大会召开之际滚塑专委会对给予本次展会筹备工作以大力支持的各理事单位和会员单位表示衷心的感谢！有了大家的支持和我们共同的努力我国滚塑行业一定能做大做强。

6. 2009年滚塑专委会发展新会员27家，增加理事单位5家，财务情况由中塑协报告说明。

以上是对2009年滚塑专委会工作的简单总结和回顾。

2010年滚塑行业将迈开新的步伐，在我国经济领先恢复和全球经济回暖的大形势下，在中塑协统一领导下，专委会将着手开展以下工作：

1. 加强会员服务，继续完善专委会工作

2010年专委会将加强与中国塑协下属的兄弟专委会、其他相关协会的联络与沟通，充分发挥专家组和中国滚塑网的作用，通过解决会员企业的技术难题，为会员寻找合作伙伴，创造供需对接平台，加强专委会对会员单位的服务能力，创新服务内容。为更好地开展各项工作，专委会将聘用专职工作人员改变以往工作人员义务兼职的状况，同时对各项工作制定明确目标要求并进行阶段考评，例如加强会费收取和费用支出管理，增加工作透明度，鼓励推动新产品研发，规范行业行为倡导良性竞争，完善滚塑网的建设，利用网络宣传滚塑、宣传滚塑企业、宣传滚塑产品，建设滚塑行业专家库等，使专委会的各项工作真正落到实处。专委会将在理事会支持下，选择参与部分有利于滚塑行业发展的商业运作项目，获取合理的收益，以便开展更多有益于广大会员企业的活动，增加专委会在行业的凝聚力，扩大会员队伍。

自2005年滚塑专委会成立已经五年，至2010年

第一届滚塑专委会将任期届满，届时本届专委会将在中国塑协的指导下，按章程规定程序，产生新一届滚塑专委会，我们将按计划、有步骤地进行这项工作，希望得到会员单位的大力支持。

2. 筹建滚塑制品研发中心，搭建滚塑制品研发的商业平台

我国滚塑行业目前产品种类少，行业间销售竞争已日趋激烈，开发新的滚塑产品，提高滚塑产品档次、消化引进国际新产品已成为滚塑行业的当务之急。我国滚塑企业还是中小企业居多，企业开发产品的能力薄弱，对滚塑行业发展的情况不够全面了解，对滚塑生产的新技术新工艺新原料的应用了解不多，为了集行业之力突破我国滚塑的这一发展瓶颈，我们计划在2010年筹建“中国滚塑制品研发中心”。我们将本着切实可行、循序渐进、多方参与、商业化运作的原则，充分倾听理事单位和会员单位的意见，将该项工作落到实处并加快工作节奏。

3. 加强中国滚塑网的建设完善工作

滚塑专委会将进一步做好中国滚塑网的建设工作，完善网站的各项服务功能，继续做好滚塑网的内容更新，收集并发布最新的行业国内外新闻和动态信息，捕捉滚塑科技发展动态，定期与会员及理事联络，收集理事单位会员单位的产品、技术等方面的宣传资料，并上网发布，使中国滚塑网更好地成为我国滚塑行业的权威网站，希望所有理事、会员单位今后能继续积极参与，踊跃提供滚塑方面的各种信息，丰富中国滚塑网和滚塑专栏的内容，利用先进的网络工具更好地发送和获得需要的滚塑信息，充分利用网上展示厅功能，为滚塑事业及产品的宣传提供有效帮助。

4. 组织开展滚塑技术、营销等方面的培训工作和滚塑后备技术人员的培养

为了更好的推动滚塑行业的技术进步和产品更新，提升行业的整体效益，我们必须改善目前滚塑行业专业技术人员缺乏规范系统的专业培养训练的状况。专委会计划2010年根据会员企业的实际需要，邀请国内外专业讲师开设各类技术培训讲座，提高行业技术水平。我们已经在与部分相关院校联系，开设滚塑专业进修班，着重培养滚塑专业人才，为滚塑行业的发展夯实基础。专委会还计划开展一些座谈活动，让一些企业谈谈各种挫折经历，以免其他同类企业再走同样的弯路，减少不必要的损失，推动行业共同进步。

5. 在合适的时候组织滚塑企业开展更多的国际交流活动以及与其他行业开展更多的行业交流活动，开阔我们的眼界，拓展滚塑产品的使用空间。针对滚塑企业关注的热点项目，我们可以利用协会作为行业权威组织的影响力向政府相关部门和相关企业推介宣传滚塑工艺和产品，来帮助滚塑的快速发展。同时专委会拟将滚塑展与论坛固定下来，定期定时召开，希望通过几年努力，将展示会和论坛办成有国际影响力的活动，可以利用世界各国行业协会之间的联络，针对我们关注的问题，联系相关国家去出国考察或参加国际滚塑同行的相关活动，学习引进国际先进的生产技术、工艺装备等。

6. 从2010年开始，出版滚塑通讯，定期介绍滚塑业内动态、国际滚塑动态及相关滚塑内容。

总之，2010年滚塑专委会将在中国塑协的统一领导下积极开展各项工作，团结国内滚塑相关企业，充分发挥大专院校、科研院所的技术力量，加强国际间的交流与合作，与广大的滚塑企业的员工、工程技术人员和企业家携起手来、为应对复杂的经济形势，做大做强我国的滚塑相关企业，迅速发展我国的滚塑工业，满足各产业和社会对滚塑制品的需求发挥更大的作用。

（中国塑料加工工业协会滚塑专业委员会　秦惠民）

泡沫塑料EPS
EPS Foam Products

【行业现状】

2009年中国EPS产业在全球金融危机的影响下，在国家重视发展绿色经济的背景下前行。上半年，受金融危机和国内宏观经济形势变化的影响，EPS包装行业市场需求减少，产品出口受阻明显。据不完全统计，今年国内EPS包装制品市场整体萎缩近20%，为历年来最低；另一方面，随着国家大力发展低碳经济产业，EPS以其在建筑领域保温节能方面的优异表现，以及回收循环利用率高的特点，获得了众多业内人士的肯定，发展前景光明。EPS板材使用率较高的三北地区，今年整体的应用量仍稳定在较高的水平，但在西南、华东、华南等地，EPS的使用情况存在不同程度上的波动。根据专委会的统计，2009年中国EPS原料产量接近180万吨、制品的实际用量约为164万吨，均低于去年同期平均水平。而就目前了解的情况估算，今年全行业累积EPS树脂生产能力已超过370万吨。部分企业存在开工率严重不足的现象。全国新建泡沫厂与往年比明显减少，行业生产能力主要集中在一些已有一定规模并在社会上或行业内有较高知名度的企业当中。

【专委会活动】

1. 推进行业标准制定及审核的进程

行业标准的制定与落实，受到了广大EPS从业者的关注。本届专委会自2003年成立至今，一直致力于推动行业标准的制定，先后联合多家国内知名的原料、设备、制品生产企业，就行业标准的制订、审查等开展了大量细致的工作，取得了较好的成果：《可发性聚苯乙烯EPS树脂》行业标准已进入最后审批阶段；“泡沫塑料机械系列”国家标准，于今年开始编写，目前已形成征求意见稿并报审国标委审批。

在专委会的牵线下，由无锡兴达泡塑新材料有限公司牵头，吉林科龙装饰工程有限工司等企业以及EPS专委会积极参与的《建筑节能用EPS板材标准》的制定工作目前已提到议事日程中来，标委会有望在年后成立。

长期以来，由于EPS板材国家标准的缺失，直接导致了建筑领域对EPS导热系数的误读，特别是在各省市陆续将建筑节能标准由50%提高到65%的前提下，EPS未来在超低能耗建筑中有可能会被限制使用。因此，板材标准的制订已成为目前行业刻不容缓的问题。

板材标准的制订受到了全国塑料制品标委会、中国建筑设计院、中科院物理研究所、中国塑料工业协会等国家相关部门的关注与支持。特别是无锡兴达的华若中董事长对标准的制订格外关注，不但积极联系北京相关部门为该标准进行申请立项，同时表示愿出资组建标准委员会，并甄选适合的单位参与标准的制定。

2. 赴各地区、企业开展行业培训

为帮助各企业摆脱困境，寻求机遇，专委会在认真总结历年培训经验的基础上，精心筹划了本年度的一系列讲座。经过仔细研讨对培训课程进行精选，去粗取精，尽量压缩培训时间，为学员节省了时间，减少了餐旅支出，得到了学员的一致好评。这其中，专委会分别在沈阳、济南、成都等城市面向地区召开EPS高级经理培训班，吸引了众多EPS从业者的积极参与。现场培训除包含行业发展状况、生产技术、能耗管控讲座以外，主要围绕危机下的中国EPS行业的严峻形势而展开，为学员们分析当前的危机和机遇、同类竞争对手对EPS的冲击，并提出了一系列对策，为当地企业化危机为机遇提供了有益的借鉴。除此之外，培训还邀请了部分企业嘉宾以自身企业或本地区的EPS行业发展情况为例分析了当前的形势，收到了良好的效果。

在行业培训之余，专委会又应无锡兴达、江阴倪家巷等企业的邀请，分别为这些企业管理人员开展了关于企业执行力的培训，得到了企业的一致认可。

3. 开展行业名优产品评选

为提高EPS行业、企业知名度和整体素质，落实“走循环经济之路 建设绿色EPS行业；创名优产品引领EPS行业健康发展”的口号，专委会从今年起开始逐步地在行业内开展“中国EPS行业名优产品”的评选活动。这一设想在今年7月召开的常委会上，得到了众多与会常委的肯定，大家就评选方式、评选范围等进行了热烈的探讨并提出了具有建设性的建议。经过历时五个月的初评、复审等工作，共有九家企业的产品入围最终审查，被评为首批“中国EPS行业名优产品”。他们分别是：无锡兴达新材料有限公司“锡发”牌可发性聚苯乙烯系列；合肥海景包装制品有限公司EPS包装制品系列；上海大道包装隔热材料有限公司EPS保温材料；江阴倪家巷新材料有限公司外墙外保温（专用）可发性聚苯乙烯；吉林科龙装饰工程有限公司耐丽特成品EPS装饰件；兰州金晟泡沫塑料有限公司8kg系列泡沫垫；上海益青德塑料制品有限公司苯板（EPS）；山东秦恒科技有限公司EPS保温板；重庆刹车管厂EPS泡沫板材。此次活动为企业树立了优秀标杆，对推动行业科技创新和产品质量的全面提高起到了重要的推动作用。

4. 通过网站和杂志加强业内信息技术交流

《EPS特刊》是专委会为广大从业者传播行业信息，宣传国家政策法规，介绍EPS行业新产品、新工艺、新技术，通报行业动态，掌握市场规则的专业性刊物，受到了中国塑料工业协会的赞扬和会员单位和广大读者的的喜爱。《EPS特刊》2009年发行了2期，刊印近9000份，“EPS特刊”在为广大会员企业服务，为行业的技术提升、新产品研发、新技术推广以及企业间的相互沟通等方面起到了推动作用。

专委会官方网站（HTTP：//WWW. CPPIAEPS.COM）作为对外交流的重要窗口，每天全面地报道中国EPS行业内的重大事件及行业动态，行业人员可及时地了解行业各领域的资讯，更好地掌握行业发展动态。

5. 加强专委会组织结构建设

专委会在做好服务的同时，根据行业发展及企业意愿，随时调整常委会人员组成，将热心行业事业、积极为行业服务的企业逐步纳入到常委会中来。此外经常委会议研究通过，专委会工作人员王庆圆被聘为EPS专委会专职秘书长，负责专委会日常工作。通过一系列举措，专委会不断的完善组织职能，以期能更好地为行业服务。

作为政府与企业间的桥梁，专委会在服务行业的同时，积极配合上级主管部门完成本行业调研、推荐工作。今年应中国塑料工业协会的要求，根据中国EPS行业发展的现状和趋势，专委会共向中国塑料工业协会专家委员会推荐三名行业专家。在专委会的带动下，专委会下属企业沈阳乾赫泡塑制品有限公司、无锡兴达泡塑新材料有限公司、中国海景控股有限公司先后被评为中国塑料行业"先进企业"；攀登贸易公司李步成、金柏包装集团胡振庭等人被评为中国塑料行业"先进工作者"。

6. 举办年会推动行业发展

专委会每年举办的EPS行业年会，都为参会人员提供了国家新的产业政策等信息。对于新产品、新技术等课题，通过开设论坛，请业内专家进行交流，以往每届年会搭建的平台都使参会者得到了大量的信息及现代化企业管理的新理念，也为企业的发展提供了可供参考的方向。

特别是今年，专委会联合辛集市泡塑协会共同举办2009中国EPS行业年会，使专委会更好的走进企业中来，了解企业发展现状，把握行业发展脉搏，同地方协会互通有无，加强交流，更好的为行业提供服务。

在这里，专委会对所有支持中国EPS产业，关心EPS行业发展的各级政府、行业主管部门、企业、协会表示衷心的感谢!

【重点企业】

见龙机构是世界最大的EPS产业集团，"龙王"牌EPS享誉海内外，公司在宁波、江阴、东莞、青岛等地设有生产基地，2008年见龙机构生产EPS原料80万吨，占国内EPS原料产量的40.6%，产销量居同行之首。

无锡兴达泡塑新材料有限公司的"锡发牌"EPS在行业内拥有极高的知名度，公司已在全国设置了52个销售公司、办事处，并与欧、亚、美、大洋洲等几十个国家、地区建立了贸易关系。2008年无锡兴达泡塑新材料有限公司生产EPS原料56万吨，占国内EPS原料产量的28.4%，产量列居行业第二名。

海景控股有限公司是国内著名的EPS制品生产连锁企业，在全国设有多家连锁EPS包装制品公司，拥有包装制品行业内最先进的技术和设备，公司为海尔、西门子、格力、康佳等知名企业提供配套的EPS制品。

吉林科龙装饰工程有限公司是EPS板材行业的领军企业，技术力量雄厚，在建筑节能方面，公司研制出了一整套EPS墙体外保温系统所需的各种材料，其性能可与进口材料相媲美。科龙公司坚持以科技为先导，获得国家和省级科研项目资金三年累计近千万元。

这些EPS行业的领军企业，凭借技术创新和科学管理不断发展壮大，走上了可持续发展之路，为中国EPS行业注入了强劲的动力，成为EPS行业的先锋和榜样。

【存在问题】

EPS不属于高耗能、高污染材料，但EPS行业环保水平仍需进一步提高。是否要禁止EPS作为包装材料的问题，在发达国家曾经有过争论，但目前焦点已经转向如何更好回收利用的问题，然而我国对此问题仍在争论不休。21世纪初国内刮起的一股"EPS是白色污染，以纸代本、以纸代塑"的风潮，至今还在误导着部分企业、民众以及政府对EPS的认识。最近更有海尔等大型企业提出"EPS不环保，要用全纸包装代替EPS包装"的宣言，甚至国际连锁经销商沃尔玛也对进入其商场销售的商品提出了"限制和减少使用EPS包装"的要求，加之长期以来EPS行业没有足够重视"EPS白色污染指责"问题，多种因素的相互作用逐渐将EPS包装行业推向了日薄西山的危急境地。在倡导产业机构转型的今天，国内各界对EPS的误解和质疑将为EPS的市场前景蒙上一层阴霾，EPS行业必须从提高环保水平方面寻找解决问题的途径。

缺乏统一规范的行业标准是EPS行业长期存在的问题之一，目前EPS树脂生产标准已通过审核但暂未得到批复，各原料生产企业仍采用各自的标准；泡沫塑料机械标准制定尚未完成，国内企业大都采用各自的企业标准或按技术协议生产，造成了泡塑机械市场的混乱，阻碍了泡塑机械的国际化进程；外墙保温泡沫板生产行业缺乏必要的行业标准，EPS板材质量良莠不齐，部分产品质量较差，由此引发的保温性、阻燃性等问题降低了EPS板材行业的信誉度，制约了EPS板材行业的发展。EPS树脂生产、泡沫塑料机械生产以及外墙保温泡沫板生产等EPS相关行业缺少统一、规范的行业标准，标准不统一，加之检测手段不同，导致了其检测结果无法统一。部分企业利用标准空白生产伪劣产品，伪劣产品将严重破坏EPS的市场信誉，最终将导致整个EPS行业陷入绝境。

EPS行业的传统物流模式存在诸多弊端，国内EPS企业的运输手段较单一，运输网络不完善，重复、对流运输比率较高；EPS原料被列为第九级危险品，运输过程存在重重困难；原料生产企业不能一站式满足客服品种多、数量小的个性化需求；采购商缺乏专业的知识和丰富的阅历难以辨认EPS原料的优劣性及适用性；EPS原料企业物流信息化程度低，无法实现与上游供应商和下游消费企业的信息共享，缺少与社会物流合作的兼容接口。已暴露出诸多弊端的传统物流模式不适应目前高速发展的EPS行业，EPS行业需要高效、便捷、低成本的物流模式。

【发展趋势】

1. 绿色环保和科技研发是未来EPS行业的核心竞争力

EPS行业应该适应时代要求进一步加强环保观念，树立绿色发展观，在全行业各领域以及各环节推广清洁生产。清洁生产必须通过科技研发与创新才能实现，而目前科技研发与创新是中国EPS行业的一块软肋，只有充分重视科技研发与创新，才能保障EPS行业的生存和可持续发展，绿色环保和科技研发是未来EPS行业发展的核心竞争力。

(1) 采用先进的科学技术手段实现EPS原料及EPS制品生产过程中的节能减排，将对环境的污染降到最低水平，最大限度实现绿色生产。

(2) 加强在EPS制品再循环利用方面的研究，重视EPS制品的回收再利用，避免废弃物产生。采用先进的科学技术手段确保EPS制品再循环利用过程和废弃物处理过程符合环保要求，从而降低EPS行业对资源的需求和对环境的污染。

此外针对“EPS白色是污染”的指责，EPS行业应该通过各种形式以充分的数据和材料向企业、公众、政府澄清事实，使人们充分认识到EPS不是高耗能、高污染材料，而是一种环保、节能型产品，在包装、运输、建筑、工艺品等领域唯一能够替代EPS的瓦楞纸板，其环保性能远不如EPS，特别是在建筑方面，EPS被行业专家认定是不可替代的新型建筑保温材料。

2. 编写统一的行业标准，规范国内EPS市场

由专委会组织编写的《可发性聚苯乙烯EPS树脂》标准工信部公示完毕，预计2010年年内批准公布。在完成EPS树脂行业标准的基础上，杭州方圆塑料机械有限公司同清华EPS产业于2008年着手编写《国家泡沫塑料机械》标准，内容涵盖所有泡塑机械(EPS)，编写工作计划于2009年以前完成报批稿。行业标准的制定将规范国内EPS市场，促进EPS行业健康有序地发展，提高EPS行业的国际竞争力。

(中国塑料加工工业协会EPS专委会　侯树亭)

专利技术

2009 年专利
Patents Technology in 2009

【名称】 利用超声波焊接塑料制品的方法
【公开(公告)号】 CN101337430
【公开(公告)日】 2009.01.07
【申请(专利权)人】 深圳市欣旺达电子有限公司
【地址】 广东省深圳市宝安区石岩水田同富康工业区C栋
【发明(设计)人】 鄢启洪
【摘要】 一种利用超声波焊接塑料制品的方法，包括如下步骤：在第一塑件的第一贴合面上设有数个超声线，每个超声线的下部是楔形超声线溶化头；在第二塑料件的第二贴合面上设有超声槽，所述超声槽的底面为向下倾斜的斜面；将第一塑件和第二塑料件分别装入模具内，并将第一塑件的超声线插入第二塑料件的超声槽内，在超声槽内留有一定容纳塑胶的间隙；启动超声波发生器，将第一塑件的超声线的超声线溶化头溶化在第二塑料件的超声槽内，并将第一塑件与第二塑料件连为一体。本发明能引导超声线很好的与超声槽溶融连接，达到两被连接塑料件的之间焊接牢固的目的，并且由于熔塑间隙的存在，可以克服溢胶、变形等问题。

【名称】 筛管用塑料丝
【公开(公告)号】 CN101337144
【公开(公告)日】 2009.01.07
【申请(专利权)人】 魏新时
【地址】 浙江省湖州市二里桥明都锦绣苑9幢301室
【发明(设计)人】 魏新时
【摘要】 本发明公开了一种筛管用塑料丝，其横截面为不规则六边形，底部为水平直线，侧面下部由斜线构成上宽下窄状，侧面上部为垂直直线，顶部为圆弧线。本发明将三角形的不锈钢丝改进为不规则六边形的塑料丝，底部平面便于缠绕在经丝上时起稳定作用。侧面下部上宽下窄，容易形成外宽内窄的筛管，便于运行时堵住滤料。反洗时水力加大，冲走堵住缝隙的污垢。侧面上部留有一定的垂直缝隙，使外表的磨损面延长。采用高精度的塑料拉丝机，通过固定的模具，挤拉成型，再通过冷却水槽和高精度的牵引机把产品送入缠绕架。产品加工过程简单、方便。采用塑料丝的使用环境也优越，受外界环境影响不大。

【名称】 低密度高压聚乙烯闭孔泡沫塑料板生产工艺
【公开(公告)号】 CN101337401
【公开(公告)日】 2009.01.07
【申请(专利权)人】 衡水大禹工程橡塑科技开发有限公司
【地址】 河北省衡水市北方工业园区工业大街001号
【发明(设计)人】 张全新
【摘要】 本发明提供了一种低密度高压聚乙烯闭孔泡沫塑料板生产工艺，涉及混凝土道桥建筑技术领域。它是用下列物质按一定组份经密炼制片模压发泡制成的：塑料颗粒，AC或H发泡剂，硬脂酸活性剂或润滑剂，碳酸锌或氧化锌促进剂，过氧化二异丙苯DCP交联剂，尿素；三盐基硫酸铅稳定剂抗氧剂，碳黑。本发明解决了长期以来待解决的技术难题，用本发明生产的低密度高压聚乙烯闭孔泡沫塑料板，密度小，回复率高，具有独立的气泡结构，表面吸水率低，防渗透性能好，耐酸、碱、盐、油等有机溶剂腐蚀，耐老化性能优越，高温时不流淌，低温时不脆裂，回复率高，而且使用寿命长、施工方便、节材、重量轻、工艺性好、无毒、无污染、应用范围广。

【名称】 一种高性能聚合物管材的制备方法及其装置
【公开(公告)号】 CN101337425
【公开(公告)日】 2009.01.07
【申请(专利权)人】 四川大学
【地址】 四川省成都市磨子桥四川大学高分子研究所
【发明(设计)人】 王琪；张杰；郭岳；白时兵；华正坤
【摘要】 本发明公开的一种高性能聚合物管材的制备方法，该方法是既在管材的挤出成型过程中，通过机头内的芯棒相对于口模旋转，或者通过机头内口模相对于芯棒旋转，或者芯棒与口模同时同向旋转或反向旋转产生的剪切作用，又同时对挤出管材内外壁进行冷却定型，并在管材挤出成型中调节和控制温度场、冷却速度和温度梯度，从而调控和固定聚合物管材的结晶、取向或分散相形态结构。本发明还公开了根据该方法设计的装置。通过本发明能够将诱导产生的大分子取向、结晶或分散相形态结构能保留在塑料管件中，既避免了解取向的出现，又减少了管材的内应力，从而提高了管材的性能。

【名称】 聚苯乙烯泡沫塑料回收再生缓冲包装衬垫及其制作方法
【公开(公告)号】 CN101337607

【公开（公告）日】 2009.01.07
【申请（专利权）人】 北京印刷学院
【地址】 北京市大兴区黄村镇兴华北路25号
【发明（设计）人】 曹国荣；许文才；耿东伟；陈俊帅
【摘要】 聚苯乙烯泡沫塑料回收再生缓冲包装衬垫及其制作方法属于包装材料领域，主要解决聚苯乙烯泡沫塑料、废纸纤维循环利用、节能环保问题，将回收的聚苯乙烯泡沫塑料粉碎成2～10mm的颗粒，废纸纤维制成纸浆，并自然滤出水，按一定质量比与水稀释后的水基型胶黏剂混合均匀后，注入模具，并加压脱水成型，然后膜模、干燥，最后表面整饰处理即得成品；有益之处，聚苯乙烯泡沫塑料、废纸纤维均为回收材料，易得、成本低，制作的缓冲包装衬垫质轻、缓冲性能优良，完全能满足产品包装要求，还可循环利用，胶黏剂又是环境友好的水基型，不仅大大减少"白色污染"，节约能源和资源，而且能变废弃物为资源，促进循环经济发展，同时工艺简便，易实施，无污染。

【名称】 用于非极性塑料表面修饰或黏接用聚合物树脂及其制备方法和应用
【公开（公告）号】 CN101338020
【公开（公告）日】 2009.01.07
【申请（专利权）人】 华南师范大学
【地址】 广东省广州市番禺小谷围大学城
【发明（设计）人】 石光；周杰
【摘要】 本发明公开了一种用于非极性塑料表面修饰或黏接用聚合物树脂及其制备方法和应用，该树脂为含有疏水长烷基碳链侧链、端基带有羟基或侧基带有羟基的梳型结构的聚合物树脂，其羟值含量为60～120mgNaOH/g，其侧链的疏水长烷基碳链是含碳原子数为10～22烷烃线型碳链，其主链为碳链、或含脂基的杂链、或含胺脂基的杂链，所述侧链与所述主链通过酯键键接相连。该聚合物树脂可以通过分子链中具有的长烷烃碳链与聚烯烃基材进行黏附，甚至交缠，可以为涂覆层提供良好的附着力，分子中具有的酯键以及氨酯键又可以为树脂本身提供良好的机械性能。可用在对聚烯烃塑料制品的不处理表面进行涂饰剂或黏接剂中。

【名称】 一种可完全降解塑料薄膜
【公开（公告）号】 CN101338048
【公开（公告）日】 2009.01.07
【申请（专利权）人】 河南省南街村（集团）有限公司
【地址】 河南省临颍县南街村颍松大道
【发明（设计）人】 安保杰；王厚昌；李盘欣；王宗学
【摘要】 本发明公开了一种可完全降解塑料薄膜，其原料包括高密度聚乙烯或低密度聚乙烯和中密度聚乙烯颗粒与填充剂，并加入适量加拿大EPT公司生产的TDPATM添加剂和回收的同性质废旧再生塑料颗粒，其原料及重量比为：聚乙烯颗粒40%～70%、TDPATM添加剂2%～30%、填充剂2%～30%、废旧再生塑料颗粒2%～30%。在原料中加入1%～8%带颜色聚乙烯颗粒可制成带色彩的薄膜。将上述原料根据生产需要按比例进行混合，加入吹膜机升温到规定温度即可生产出可完全降解的塑料薄膜。本发明配方简单，制作容易，工艺步骤少，流程短，设备投入少，主要是吹膜机。本发明可生产厚度最薄0.02的薄膜，其中厚度为0.025的薄膜，其机械性能：拉伸度纵向33MPa横向25MPa；伸长率：纵向260%横向620%；降解时间：3个月至2年可调。

【名称】 一种完全生物降解增韧型聚乳酸树脂及制备方法
【公开（公告）号】 CN101338069
【公开（公告）日】 2009.01.07
【申请（专利权）人】 中国科学院长春应用化学研究所
【地址】 吉林省长春市人民大街5625号
【发明（设计）人】 刘南安；姚彬；冉祥海；董丽松
【摘要】 本发明涉及一种完全生物降解增韧型聚乳酸树脂的制备方法。聚乳酸基础树脂、增韧剂和抗氧剂在60℃烘箱中干燥，然后在橡塑混炼机上密炼，工艺温度180℃，转速40转/分，时间5分钟，得到一种完全生物降解增韧型聚乳酸树脂。乳酸基与增韧剂具有较好的相容性，可按任意比例进行混合；增韧剂成本低，混合后可减低成本；原材料无毒无害，产品应用安全卫生；适当调整增韧剂单体配比和增韧剂用量，在较宽的范围内都会得到性能优良的增韧材料。所得产物可用于制备薄膜、板材、片材、发泡和注塑成型塑料件。

【名称】 硅塑复合模板及生产方法
【公开（公告）号】 CN101338077
【公开（公告）日】 2009.01.07
【申请（专利权）人】 威海市鸿益塑料有限公司
【地址】 山东省威海市经济技术开发区崮山镇工业园
【发明（设计）人】 徐承清；任亮
【摘要】 本发明是一种硅塑复合模板及生产方法，其主要由塑料、粉煤灰、竹条组成，先对废旧塑料进行处理并制成塑料颗粒，采用加温排气式高速混合机按比例将上述塑料颗粒和粉煤灰混合，加入由碳酸钙、陶土、抗老化剂、抗养化剂、促进剂、稳定剂和偶联剂组成的添加剂形成原料，将原料放入脉动挤压排气复式挤出机，加温至100～220℃，塑化挤出后，按配比辅以竹条，经模具复合挤压成型，本发明主要原料采用造纸厂废料、废塑料和粉煤灰等工业、生活固体废弃物，生产过程中不产生二次污染，产品无毒、无味、耐老化、耐酸碱、抗冲击，有木材的可钉、可锯性；有金属的硬度和可铣、耐磨性，具有节约能源、保护环境、原料和产品的加工简单、生产成本低廉等优点，产品可作为建筑用模板、城市下水道的井盖、绿化带盖板等，具有很强的市场竞争力。

【名称】 塑料基中空型材与无机发泡胶凝材料复合体及其生产方法

【公开(公告)号】 CN101338586

【公开(公告)日】 2009.01.07

【申请(专利权)人】 卢文成

【地址】 北京市大兴区芦城邮局西50米中科筑诚建材科技

【发明(设计)人】 闫振甲；卢文成

【摘要】 本发明涉及一种塑料基中空型材与无机发泡胶凝材料复合体及其生产方法，包括塑料基中空型材外壳和复合在塑料基中空型材中的无机发泡胶凝材料芯材。壳体为各种塑料基中空型材，包括木塑、石塑、橡塑中空型材等各种方法成型的中空塑料基型材。该型材具有一个或多个不同或相同排列方式的空腔，形成中空结构。芯材为各种发泡无机胶凝材料，包括水泥基、或石膏基、或复合胶凝材料基的泡沫混凝土；或发泡水泥、发泡石膏、发泡复合胶凝材料等。本发明具有轻质、保温隔热、防火、强度高、装饰效果好的优点，且成本低于传统产品。既可用于建筑保温装饰，又可用于建筑保温结构，大大扩展了其用途。

【名称】 同介质导热塑料软包装印刷行业有机废气回收方法

【公开(公告)号】 CN101342440

【公开(公告)日】 2009.01.14

【申请(专利权)人】 孙宗长

【地址】 河南省洛阳市西工区纱厂南路中泰新城泰安苑13A

【发明(设计)人】 孙宗长；胡建林；孙绍文

【摘要】 本发明涉及一种有机废气回收方法。本发明公开了一种同介质导热塑料软包装印刷行业有机废气回收方法，有机废气通过高压风机加压后，经过滤装置过滤出废气中杂质，经表冷器将废气降温，降温至适合吸附的温度经集风分配器进入吸附器吸附。当排放气体接近环保排放标准时吸附器转入同介质导热脱附，脱附气体进入回收塔冷凝回收。本发明解决了现有的水蒸气脱附回收的溶剂水分含量超标，无法直接用于再生产；避免了例如乙酯遇水分解成乙醇及乙酸，造成回收溶剂的纯度、质量下降；解决了醇类溶剂混溶于水而无法直接回收；同时也解决了因酸腐蚀造成的设备材料价格高，工作寿命短的问题。

【名称】 塑料合金复合毛坯板材的处理方法

【公开(公告)号】 CN101342523

【公开(公告)日】 2009.01.14

【申请(专利权)人】 冯兆雄

【地址】 广东省广州市江南西路116号802

【发明(设计)人】 冯兆雄

【摘要】 本发明公开了一种塑料合金复合毛坯板材的处理方法，主要由以下步骤实现：1)使用喷枪在塑料合金复合毛坯板材表面喷涂上一层腻子灰；2)使用刮板将塑料合金复合毛坯板材表面的腻子灰刮匀，令腻子灰均匀的吸附在其表面；3)使用打磨设备对塑料合金复合毛坯板材表面进行打磨；4)使用抛光设备对塑料合金复合毛坯板材表面进行抛光处理。本发明方法简单、通过该方法能够使得板材在上漆或印刷油墨后表面光滑平整，是一种广泛应用于塑料合金复合毛坯板材在上漆或印刷油墨前的一道处理工序。

【名称】 一种具有顶梁式加强筋的滚塑储罐

【公开(公告)号】 CN101342982

【公开(公告)日】 2009.01.14

【申请(专利权)人】 无锡市海溪防腐设备厂

【地址】 江苏省无锡市惠山区堰桥镇西漳锡澄北路140号

【发明(设计)人】 夏秋春

【摘要】 本发明涉及一种滚塑储罐，尤其是一种具有顶梁式加强筋的滚塑储罐。按照本发明提供的技术方案，在罐体的顶部设置封头，在封头上开设有连通罐体内部空腔的操作孔，在封头上表面设有若干由操作孔指向封头边缘的加强筋，使得加强筋在封头上表面呈放射状分布。本发明使用时，其封头强度可以得到大大加强，避免滚塑储罐长期使用后因载荷使塑料产生蠕变现象使封头产生塌陷现象，使用安全性能高。

【名称】 铣切加工塑料制品的定位方法

【公开(公告)号】 CN101342662

【公开(公告)日】 2009.01.14

【申请(专利权)人】 成都飞机工业(集团)有限责任公司

【地址】 四川省成都市青羊区黄田坝
【发明(设计)人】 何凯；朱之红；黄胜勇
【摘要】 本发明公开的一种铣切加工塑料制品的定位方法，是用双面压敏胶带将热塑性塑料产品的非加工定位面与加工台面或夹具贴合面黏接牢固，使被加工产品与定位面之间完全贴合，并固定在铣床上进行铣切加工。本发明方法简单可行，定位可靠，不会夹伤夹持部位，保证了热塑性塑料产品铣切的可靠定位、加工不变形、不卷曲。能够避免被加工件因为铣切力产生变形和回弹。解决了用真空专用设备吸附固定，夹具成本高，不适合于小尺寸的产品加工的问题。
【名称】 塑料圆织机的无梭轮滚动轨道
【公开(公告)号】 CN101342715
【公开(公告)日】 2009.01.14
【申请(专利权)人】 周德川
【地址】 浙江省平阳县鳌江镇鳌江大道487号
【发明(设计)人】 吴劲松；周德川
【摘要】 本发明公开了一种塑料圆织机的无梭轮滚动轨道，包括梭子、上门圈、下门圈、周向分布于上门圈和下门圈之间的若干滚柱，还包括直接周向安装在上门圈上的若干上滚轮组件和直接周向安装在下门圈上的若干下滚轮组件，所述梭子的梭体上侧位于上滚轮组件与滚柱之间，梭体下侧位于下滚轮组件与滚柱之间。本发明克服了有梭轮滚动轨道经丝易被滚轮刮伤、刮断和缠绕的缺陷，且梭子刚性好，重量轻。与现有无梭轮滚动轨道相比，因将上滚轮组件及下滚轮组件直接安装在上门圈及下门圈上，故有结构简单、成本低、滚轮调整更换方便的优点，且上滚轮及下滚轮的轴心线均通过梭子的回转中心点，使滚轮与梭子配合为纯滚动，提高了滚轮和轴承的使用寿命。
【名称】 一种在塑制件凹面复合膜材的方法及用它制作的集波器
【公开(公告)号】 CN101342773
【公开(公告)日】 2009.01.14
【申请(专利权)人】 朱明
【地址】 上海市徐汇区钦州路760号221室
【发明(设计)人】 朱明
【摘要】 本发明公开了一种在塑料零件凹面复合膜型材料的方法及用该方法制作的集波器。该方法采用的塑料成型模具也是拉伸模。在塑料成型前，先对平展的膜型材料压边，然后用凸模对膜型材料拉伸，接着进行塑料成型，这就会产生具有用膜型材料复合的内凹表层。用该方法便能制成具有抛物面内凹表层(含有金属箔层)的集波器，保持了塑料件减少零件数的设计优点，又具有了金属反射层这一集波器必不可少的前提。
【名称】 可校正塑料制品孔心轴线平行度的模具斜顶调整方法
【公开(公告)号】 CN101342778
【公开(公告)日】 2009.01.14
【申请(专利权)人】 中国华录・松下电子信息有限公司
【地址】 辽宁省大连市高新技术园区华路1号(中国华录・松下电子信息有限公司)
【发明(设计)人】 李刚
【摘要】 本发明公开一种可校正塑料制品孔心轴线平行度的模具斜顶调整方法，按照如下步骤进行：将两个等径的轴(1)、(2)分别插入在塑料成型制品上有轴线平行度要求的孔(3)、(4)及孔(5)、(6)中且水平放置；在轴(1)的轴母线两端头设定测量点A、B，在轴(2)的两端设定测量点C、D，线段AB与CD等距；用激光高度表分别测量点A、B、C、D的高度；计算点A与C、B与D或者点A与B、C与D的高度差值；按高度差值调整与A、B、C、D四点相对应的模具斜顶高度。可快速、准确校正塑料制品孔心轴线平行度，无需反复检测、调整、试模，省时省力，可明显提高生产效率、减少原材料浪费。
【名称】 塑料基泡沫金属化的方法
【公开(公告)号】 CN101342786
【公开(公告)日】 2009.01.14
【申请(专利权)人】 陈群星
【地址】 贵州省贵阳市乌当区新添大道北段248号
【发明(设计)人】 陈群星；张力平；何家康
【摘要】 一种塑料基泡沫金属化的方法，涉及有机材料的覆层工艺，该方法是通过以下步骤实现的：将塑料基泡沫浸于低温热固化型聚合物银浆或将低温热固化型聚合物银浆喷涂到塑料基泡沫上，使塑料基泡沫的纤维黏附上导电层，在120～180℃条件下进行30～60分钟热固化形成泡沫金属化层。所用的银浆组成为银粉30%～60%，有机载体70%～40%。银粉为片状银粉，有机载体组成为氟橡胶树脂5%～15%，附着力促进剂“N742”商品1%，邻苯二甲酸二丁脂5%～15%，乙酸丁脂69%～89%。采用本发明提供的塑料基泡沫金属化的方法，泡沫塑料内部能很好地实现金属化，经过后续电镀后可以将塑料基泡沫制成能够承载电流的泡沫金属栅板，成为泡沫基铅酸蓄电池板栅电极。
【名称】 无卤阻燃的玻璃纤维增强环氧模塑料
【公开(公告)号】 CN101343398
【公开(公告)日】 2009.01.14

【申请(专利权)人】 常熟东南塑料有限公司
【地址】 江苏省常熟市虞山镇大义山明路
【发明(设计)人】 张文军；王康建；魏卫；杨乐恩；王可强
【摘要】 一种无卤阻燃的玻璃纤维增强环氧模塑料，其是由以下重量份比的原料组成：环氧树脂20~25份；酚醛树脂7~9份；固化剂1.4~3.4份；矿物填料60~75份；磷酸盐4~7.5份；金属氧化物0.8~2份；脱模剂1.8~2.5份；增强纤维15~20份。优点：由于配方中不含有卤素，因此在燃烧时不会产生有毒有害气体，能保障人体安全和保护环境；收缩率0.4%~0.7%，弯曲强度105~120MPa，缺口冲击强度大于2.2kJ/m^2，电阻$1\times10^{12}\Omega$，耐漏电起痕指数大于600V，耐电弧大于180s，电气强度大于10MV/m，阻燃性达到UL-94-V-0(1.6mm)级，能适合于制造汽车换向器、及电子产品的封装材料。

【名称】 磺化改性废旧聚酯塑料的方法
【公开(公告)号】 CN101343356
【公开(公告)日】 2009.01.14
【申请(专利权)人】 东南大学
【地址】 江苏省南京市四牌楼2号
【发明(设计)人】 肖国民；许泽宁；周金能
【摘要】 磺化改性废旧聚酯塑料的方法将回收的聚酯塑料(聚对苯二甲酸乙二醇酯(PET)/聚碳酸酯(PC))通过化学改性使其成为可再生资源，不仅可以减轻环境污染，而且也是节约型社会的发展趋势。选用来源广泛的废旧聚酯高分子材料通过磺化反应在主链上引入磺酸基团作为亲水基团，从而构成两亲分子结构的表面活性剂。本发明通过改变反应时间、反应温度、磺化剂用量得到一系列不同磺化度的高聚物。本发明的磺化物其原料来源广泛、价格低廉、用途广泛、生产工艺路线简单，是一种非常有发展前途的磺化高聚物。

【名称】 发泡剂和采用此发泡剂的硬质泡沫塑料的制备方法
【公开(公告)号】 CN101343375
【公开(公告)日】 2009.01.14
【申请(专利权)人】 南京红宝丽股份有限公司
【地址】 江苏省南京市高淳县太安路128号
【发明(设计)人】 邢益辉；孔德森；孔玉荣；傅振华
【摘要】 本发明的目的在于提供一种成本较低、ODP值较低的发泡剂以及采用此发泡剂的硬质泡沫塑料的制备方法。所述发泡剂由5%~95wt%的一氟二氯乙烷和5%~95wt%的二甲醚组成。由于二甲醚的ODP值为零，它的加入，减少了HCFC-141b用量，明显降低了发泡剂的ODP值，对保护环境有利。此外，将两种化合物按一定的比例混合用作发泡剂，综合性能有明显的改善，可燃性降低甚至不燃，混合气体导热系数适宜，制得泡沫尺寸稳定性获得改善。所述硬质泡沫塑料的制备方法，原料包括多异氰酸酯和多元醇，采用的发泡剂由5%~95wt%的HCFC-141b和5%~95wt%的二甲醚组成。

【名称】 防火阻燃氟塑料及防火阻燃电缆
【公开(公告)号】 CN101343394
【公开(公告)日】 2009.01.14
【申请(专利权)人】 孔凡亮
【地址】 山东省新泰市开发区中心大道泰川电缆电器有限公司
【发明(设计)人】 孔凡亮
【摘要】 本发明公开了一种含有四氟乙烯-乙烯共聚物的氟塑料，其中，所述的氟塑料是以四氟乙烯-乙烯共聚物为主料，另加入云母粉等进行混合配料而成。其中四氟乙烯-乙烯共聚物占所述氟塑料成份的重量百分比在65%~80%之间，加入的配料中有云母粉、二茂铁(二聚环戊二烯铁)、$Al(OH)_3$、$Mg(OH)_2$、$CaCO_3$等。所述氟塑料耐热性、电气特性，极低温可挠性，耐水性，耐化学腐蚀性，阻燃性，机械强度等性能都十分优异，所以它是电绝缘性能和机械强度兼优的电气绝缘材料。用它作为被覆材料制成的防火阻燃电线电缆，具有很好的阻燃防火性能。

【名称】 无卤阻燃的玻璃纤维增强环氧模塑料
【公开(公告)号】 CN101343398
【公开(公告)日】 2009.01.14
【申请(专利权)人】 常熟东南塑料有限公司
【地址】 江苏省常熟市虞山镇大义山明路
【发明(设计)人】 张文军；王康建；王伟江；朱叶刚；唐铁雯；魏卫；王可强
【摘要】 一种无卤阻燃酚醛模塑料，其是由以下重量份比的原料构成：酚醛树脂40~45份；固化剂4~9份；固化促进剂1.1~2.3份；脱模剂1.5~3份；磷酸盐4.8~6.3份；金属氧化物1.5~2.8份；矿物填料45~50份；增强纤维20~25份。优点在于：由于配方中不含有卤素，在燃烧时不会产生有毒和有腐蚀的气体，因此可保障人体安全和保护环境；阻燃性能可达到UL-94-V-0级(0.45mm)，绝缘电阻达到$\geq1\times10^{12}\Omega$；弯曲强度(MPa)85以上；热变形温度≥240℃。

【名称】 工程塑料关节轴承外壳材料、内球材料及其成型方法
【公开(公告)号】 CN101343411

【公开(公告)日】 2009.01.14
【申请(专利权)人】 西北工业大学；泉州市德源轴承实业有限公司
【地址】 陕西省西安市友谊西路127号
【发明(设计)人】 张广成；邢亚娟；马科峰；林德庆
【摘要】 本发明公开了一种工程塑料关节轴承外壳材料，其特点是含有重量份为58.2～66.0的聚酰胺6，重量份为28.3～38.8的玻璃纤维，重量份为2.4～4.7的MoS_2，重量份为0.4～0.6的分散剂TAT，重量份为0.1～0.2的抗氧剂168及重量份为0.1～0.2的抗氧剂1010。还公开了一种工程塑料关节轴承内球材料，其特点是含有重量份为92.0～95.5的聚酰胺66，重量份为2.5～4.8的固体润滑剂，重量份为1.5～2.4的增容剂POE-g-MAH，重量份为0.4～0.6的分散剂TAT及重量份为0.1～0.2的抗氧剂1098。还公开了一种工程塑料关节轴承成型方法，先注射内球，然后将内球作为嵌件放入外壳模具中注射外壳，将注射成型后的工程塑料关节轴承放入烘箱中进行后处理。采用本方法，生产效率由现有技术成型单件产品的30min提高到1min。
【名称】 无卤阻燃的不饱和聚酯模塑料
【公开(公告)号】 CN101343407
【公开(公告)日】 2009.01.14
【申请(专利权)人】 常熟东南塑料有限公司
【地址】 江苏省常熟市虞山镇大义山明路
【发明(设计)人】 张文军；王康建；孙理玉；须志英；魏卫；王可强
【摘要】 一种无卤阻燃的不饱和聚酯模塑料，其是由以下重量份比的原料构成：不饱和聚酯树脂18.2～20.5份；添加剂11.2～13.3份；引发剂0.3～0.55份；阻聚剂0.003～0.005份；增稠剂0.1～0.25份；填料68～75份；磷酸盐10.2～14.8份；金属氧化物2.7～4.6份；脱模剂1.4～1.7份；增强纤维15～18份。优点：具有阻燃效果好、强度高、收缩低、电性能优异并且阻燃无卤而能体现对人体安全和对环境友好，可应用于开关、日用电器外壳等制件。
【名称】 复合增塑剂增塑大豆蛋白塑料及其制备方法
【公开(公告)号】 CN101343417
【公开(公告)日】 2009.01.14
【申请(专利权)人】 河南工业大学
【地址】 河南省郑州市高新技术产业开发区莲花街
【发明(设计)人】 陈复生；郭东权；刘东亮；李红良等
【摘要】 一种复合增塑剂增塑大豆蛋白塑料，其特征在于：它是由以下原料混合热压而成，大豆分离蛋白、水、己内酰胺和甘油。本发明的优点在于：a. 采用适量的己内酰胺可使塑料的拉伸强度和断裂伸长率及抗水性能都得到提高，并可通过调节己内酰胺的含量得到不同力学性能的材料，科技含量高；b. 本发明完全是由大豆分离蛋白和复合增塑剂在热压条件下形成的，废弃后会分解成二氧化碳和水，对环境无污染，且大豆是可再生资源，与石油原料相比用之不竭；c. 本发明的大豆蛋白塑料不需经化学改性或物理改性，只需与复合增塑剂简单的混合，容易加工成型，生产成本低，塑料具有较好的韧性和延展性；d. 采用常规塑料加工设备与方法制备，生产工艺简单。
【名称】 一种塑料模板
【公开(公告)号】 CN101343927
【公开(公告)日】 2009.01.14
【申请(专利权)人】 靳培军
【地址】 北京市大兴区黄村镇太福庄3号院
【发明(设计)人】 靳培军
【摘要】 本发明涉及一种塑料模板，包括上、下表层和中间芯层，其中上、下表层由以下步骤制成：将氢氧化镁粉末在高速搅拌机中用r-胺丙基三乙氧基硅烷处理；将处理过的氢氧化镁与无规聚丙烯、三氧化二锑、十溴二苯醚、过氧化苯甲酰、硬脂酸钙、硬脂酸钡、氧化锌、季戊四醇双亚磷酸二(2,4-二特丁基苯基)酯按比例在高速搅拌机中预混合均匀；然后在双螺杆挤出机上挤出，水冷，造粒制得；中间芯层是将回收聚丙烯加入1%(重量)AC发泡剂、2%(重量)硅油，通过常规方法制成。本发明有益效果：原材料价格低廉，制造时生产效率高，劳动强度低，能耗低，生产成本低；产品可以反复使用，无需维修，施工使用报废后100%可以重复回收。
【名称】 滚塑成型带钢圈塑料复合管材及其制造方法
【公开(公告)号】 CN101344199
【公开(公告)日】 2009.01.14
【申请(专利权)人】 付志敏；陈蕴
【地址】 重庆市璧山县青杠镇顾地工业园区
【发明(设计)人】 付志敏；陈蕴
【摘要】 本发明公开了一种滚塑成型带钢圈塑料复合管材及其制造方法，所述波纹管本体(1)的波峰内包裹有钢圈(2)。制造方法由模具(3)制作、涂脱模剂、钢圈表面处理、计算原料的重量、加料合模、旋转加热保温、冷却、脱模、修饰、检验、成品入库等步骤制得。本发明滚塑成型带钢圈塑料复合管材与钢圈增强结合，塑料管本体和钢圈能有机结合为一体，取长补短，相得益彰，能满足大口径管道所需刚度和强度的需要，也满足防腐及延长使用寿命的需要，可制造任意环刚度和直径的管材；生产设备投入少，设备维修方便，原材料利用率高，几乎无废品产生，达到了管材成本与刚度的有机统一，制造出成本适宜的任意大口径、可自带承口并可进行承插连接的埋地管材。

【名称】 全水发泡聚氨酯硬质泡沫组合聚醚
【公开(公告)号】 CN101348551
【公开(公告)日】 2009.01.21
【申请(专利权)人】 常熟理工学院
【地址】 江苏省常熟市元和路98号
【发明(设计)人】 俞丽珍；杨刚；张建耀；柴文；石建东
【摘要】 一种全水发泡聚氨酯硬质泡沫组合聚醚，属于聚氨酯泡沫塑料技术领域。其是由下列重量份比的原料组成：全水聚醚58～70份；聚醚多元醇42～30份；催化剂Ⅰ0.1～0.5份；催化剂Ⅱ0.2～0.7份；催化剂Ⅲ0.4～0.7份；催化剂Ⅳ0.3～0.5份；硅油1.5～2.5份；水3.49～3.64份。优点：配比合理，黏度为800～990MPa·s，平均芯密度低；导热系数为0.0230～0.0248(m·K)，具有良好的保温性能，当使用于隔热材料或保温材料时，有利于节约电能；由于平均芯密度低，还可以节约全水发泡聚氨酯硬质泡沫组合聚醚与异氰酸酯的原料用量；尺寸稳定性好，-25℃、48h的变形量0.06%～0.1%。

【名称】 植物多元醇聚氨酯硬泡材料
【公开(公告)号】 CN101348553
【公开(公告)日】 2009.01.21
【申请(专利权)人】 福建省新达保温材料有限公司
【地址】 福建省将乐县日照东门4幢11号
【发明(设计)人】 高孝良；王虹喜；顾友鸿
【摘要】 植物多元醇聚氨酯硬泡，涉及聚氨酯材料，其特征在于将杂木、毛竹粉碎，以80目细度筛选，而后按重量比将混合粉700～800kg、聚乙二醇350～400kg、二甘醇18.7～19kg、甘油(医用级)70～80kg，植物活化剂5.5～6kg，生物降解酯20～40kg，植物粉80～120kg投料给反应釜进行液化，产生植物多元醇，并以此替代2/3的聚醚参与组成发泡基料，再与催化剂、水、异氰酸脂混合反应形成聚氨酯硬泡。优点在于用植物杂木为原料进行粉碎、液化制作成植物多元醇，以植物多元醇替代2/3原材料制作聚氨酯泡沫塑料。实现了石油化工原料环氧丙的替换，不但节约了石油原料，而且实现杂木利用同时达到可降解环保要求，使高标准可降解聚氨酯用途更广泛。

【名称】 利用废聚苯乙烯泡沫塑料和废胶粉制备阻尼材料的方法
【公开(公告)号】 CN101348584
【公开(公告)日】 2009.01.21
【申请(专利权)人】 南昌航空大学
【地址】 江西省南昌市红谷滩新区丰和南大道696号
【发明(设计)人】 徐泳文；李明俊；楚合磊；孙艳平；曾桂生
【摘要】 本发明涉及一种利用废聚苯乙烯泡沫塑料和废胶粉制备阻尼材料的方法。该方法经过配制混合溶剂、改性废聚苯乙烯泡沫塑料、预处理废胶粉、混炼、硫化工艺，制备出具有优良阻尼特性的环境功能材料类产品。该方法工艺简单、生产成本低、设备投资少，是综合利用废聚苯乙烯泡沫塑料和废胶粉变废为宝的理想途径，用该方法制得的产品安全性好，有较宽的频率阻尼平台区和温度阻尼平台区，适用于车辆、舰船、工程机械和建筑物等减震隔音方面，也可根据实际需要确定阻尼产品的参数，以确定加工特定产品。

【名称】 透明增强填充母料
【公开(公告)号】 CN101348586
【公开(公告)日】 2009.01.21
【申请(专利权)人】 赵建伟
【地址】 河南省漯河市西平县五沟营乡供销社
【发明(设计)人】 赵建伟；赵亚红；赵振江；康国欣；罗淑勋
【摘要】 本发明公开了一种透明增强填充母料，以重量百分含量表示，该填充母料是由原料聚乙烯10%～25%，透明玻璃粉65%～85%，聚乙烯蜡3%～7%和铝酸酯1%～3%组成。聚乙烯为低密度或线性低密度聚乙烯，透明玻璃粉为非金属硅酸盐。本发明透明增强填充母料添加量较大，可以减少塑料制品的收缩性以及因收缩而引起的变形；既可增强制品的刚性也可增加制品的重量。本发明填充母料分散性较好，与聚丙烯、聚乙烯等相溶性较好，即使加入较大量的填充母料，仍可获得外观光洁度很好的产品；使用本发明填充母料，不仅可以使制品保持良好的机械性能，还可延长制品的使用寿命。

【名称】 增强热塑性塑料管
【公开(公告)号】 CN101349367
【公开(公告)日】 2009.01.21
【申请(专利权)人】 张家港中联科技有限公司；江苏联冠科技发展有限公司
【地址】 江苏省张家港市经济开发区留学生创业园

【发明(设计)人】 王德禧；黄学祥；严为群；姚仲梁；钟少锋

【摘要】 本发明公开了一种重量较轻、耐压性能得到大幅提高的增强热塑性塑料管，包括内层管和外层管，其特点是：在内层管和外层管之间还设置有增强层，增强层由至少两层经过等离子体处理过的玄武岩纤维缠绕而成。上述的增强热塑性塑料管的重量仅为钢管重量的1/4，耐压性能也有了很大提高，可以承受800Pa的压力，使用寿命长，抗腐蚀性强；而且该种管材可加工成几百米长的盘卷，施工铺设更加方便，并且接头更少。上述管材可广泛应用于输送原油和天然气等。

【名称】 塑料件涂装前的处理方法

【公开(公告)号】 CN101352708

【公开(公告)日】 2009. 01. 28

【申请(专利权)人】 佛山市顺德区汉达精密电子科技有限公司

【地址】 广东省佛山市顺德区伦教街道熹涌伦兴中路一号

【发明(设计)人】 胡文龙

【摘要】 本发明提供了一种塑料件涂装前的处理方法，其中，该处理方法主要包括以下步骤：首先针对塑料件上存在结合线、气痕及模痕等缺陷状况配制相应强度的消痕水；然后对塑料件上存在缺陷的喷涂面进行整体喷涂消痕水；最后对塑料件喷涂油漆。本发明所述之塑料件涂装前的处理方法，在喷涂油漆前进行消痕水喷涂，且所述消痕水的主要成分为白电油及稀释剂。本发明有效的处理了塑料件上的结合线、气痕等状况，避免了人工打磨造成的塑料件间的外观差异，且增加了油漆在塑料件上的附着力。

【名称】 一种复合塑料及其制备方法

【公开(公告)号】 CN101352948

【公开(公告)日】 2009. 01. 28

【申请(专利权)人】 侯兴福

【地址】 广东省中山市黄圃镇马新工业区添业路中山市万事杰塑料板材有限公司

【发明(设计)人】 侯兴福

【摘要】 本发明公开一种复合塑料，包括聚碳酸酯层和聚对苯二甲酸乙二醇酯层，所述聚对苯二甲酸乙二醇酯层为此复合塑料的表层。本发明所提供的复合塑料，包括聚碳酸酯层和聚对苯二甲酸乙二醇酯层，聚对苯二甲酸乙二醇酯为复合塑料的表层，在使用过程中，聚对苯二甲酸乙二醇酯暴露于环境中，随着时间的延续，灰尘、油污等污渍积累在表层上，由于对苯二甲酸乙二醇酯具有良好的耐化学溶剂性能，所以当利用酒精、汽油、洗涤剂、天那水等清洗液来清洗的过程中，这些溶剂不会接触到聚碳酸酯层，因此也不会引起聚碳酸酯的损坏，接触的对苯二甲酸乙二醇酯表层也可以得到很好的清洗。

【名称】 高淀粉含量的可生物降解热塑性淀粉塑料的制备

【公开(公告)号】 CN101353400

【公开(公告)日】 2009. 01. 28

【申请(专利权)人】 四川大学

【地址】 四川省成都市双流县川大路

【发明(设计)人】 向明；谢新春；谭磊；蔡燎原；蓝方；黄蜀华

【摘要】 本发明涉及一种高淀粉含量的可完全生物降解塑料的生产技术，该技术是先将天然淀粉、增塑剂和其他助剂共混，经双螺杆挤出机挤出制成热塑性淀粉颗粒。将热塑性淀粉颗粒与共混树脂、增容剂、化学引发剂和其他助剂混合，在双螺杆挤出机中，通过反应性挤出，制成高淀粉含量的可完全生物降解塑料；本发明生产设备及工艺流程简单，反应速度快，生产效率高；所制备的可完全生物降解塑料中热塑性淀粉含量可达80%，材料成本低、加工性能好，机械性能优良、具备完全可生物降解性，可直接用于制造各种包装材料、薄膜、购物袋、餐具等。

【名称】 用于彩色烫印的聚乙烯塑料及其烫印方法

【公开(公告)号】 CN101353456

【公开(公告)日】 2009. 01. 28

【申请(专利权)人】 苏州市科思佳塑化科技有限公司

【地址】 江苏省苏州市苏州高新区珠江路68号

【发明(设计)人】 陶淞祥；周涵

【摘要】 一种用于彩色烫印的聚乙烯塑料及其烫印方法，烫印方法是针对聚乙烯塑料表面，以烫印粉箔为膜载体颜料，以含有文字或/和图案作用面的模具为工具，通过热压方法将颜料以及文字或/和图案转移到聚乙烯塑料表面上的加工，其特征在于：聚乙烯塑料的原料配方包括以下成份及其含量：高密度聚乙烯80～100重量份数；聚丙烯3～15重量份数；无机粉末填充剂15～30重量份数；其中，无机粉末填充剂为：碳酸钙、滑石粉、高岭土和黏土；无机粉末填充剂的颗粒度在700～1300目；模具作用面上设有凹凸花纹；热压压力为2～9MPa，热压温度为130～210℃，热压时间为10～40s。本发明解决了PE塑料烫印的难题，烫印后的PE塑料上颜料附着牢度高。

【名称】 有含氟聚合物或其他有机氟物质的家具
【公开(公告)号】 CN101353468
【公开(公告)日】 2009.01.28
【申请(专利权)人】 王晗
【地址】 北京市海淀区车道沟国家测绘局宿舍
【发明(设计)人】 王晗
【摘要】 有含氟聚合物或其他有机氟物质的家具可属精细化工、材料学技术领域。现有的家具存在缺点或可以改进；比如说，不防污耐污或防污耐污性能差。本发明所述的含氟聚合物或其他有机氟物质，可以是下段部分物质或下段全部物质：氟塑料－4；分散聚四氟乙烯；聚四氟乙烯水分散液；可熔性聚四氟乙烯；氟树脂－46；氟树脂－46水分散液；氟树脂－1；氟树脂－2；氟树脂－3；氟树脂23－14；氟树脂23－19；氟塑料－30；氟塑料－40等含氟聚合物或其他有机氟物质。本发明创造的产品具有很强的防污性能。实施例简介：将一种或多种，含氟聚合物或其他有机氟物质实施于家具。

【名称】 一种改性聚氨酯光油及其应用
【公开(公告)号】 CN101353549
【公开(公告)日】 2009.01.28
【申请(专利权)人】 华南师范大学
【地址】 广东省广州市广州石牌岗顶华南师范大学
【发明(设计)人】 石光；周杰
【摘要】 本发明公开一种改性聚氨酯光油及其应用。本发明的改性聚氨酯光油其成膜物质为改性的苯酐聚酯型聚氨酯，其配方组成简单，生产方便，具有良好的热性能特别是低温柔韧性，符合聚烯烃薄膜的使用环境，且使用硬脂酸单甘酯改性苯酐聚酯多元醇所得产品，对聚烯烃基材的润湿性能好，耐溶剂性优良，成本较低，光泽度好，能够很好的适用于聚烯烃塑料制品。

【名称】 塑料件上的螺钉沉孔结构
【公开(公告)号】 CN101354056
【公开(公告)日】 2009.01.28
【申请(专利权)人】 李浩典
【地址】 广东省佛山市南海区黄岐白天鹅花园2栋703
【发明(设计)人】 李浩典
【摘要】 本发明公开了一种塑料件上的螺钉沉孔结构，包括沉孔，所述沉孔上设有螺钉固定件；将塑料件安装固定到家居内壁或底部之前，先将螺钉按压螺钉固定件，螺钉穿破固定件后被开裂后形变的固定件卡住，使得螺钉的尖端在穿透沉孔之前就被固定在沉孔中，这样，人们不须手持螺钉，只须一手按住塑料件将其顶压在家具内壁或底部的预装位置，另一只手用螺丝批旋入即可，安装完后固定件隐藏在螺钉与沉孔之间，极大地降低了操作过程的难度，简化了安装工作和安装效率，是一种广泛应用于与家具连接的塑料件上的螺钉沉孔结构。

【名称】 一种装饰塑料异型材及其生产方法
【公开(公告)号】 CN101354106
【公开(公告)日】 2009.01.28
【申请(专利权)人】 毕道平
【地址】 广东省佛山市顺德区容桂街道康富花园赏湖阁702号
【发明(设计)人】 毕道平
【摘要】 一种装饰塑料异型材及其生产方法，装饰塑料异型材的主体型坯表面热熔涂覆有至少一层涂覆膜；克服了现有技术中的装饰塑料异型材存在涂层附着力差、表面硬度低、耐磨性差；在长期使用过程中，易刮花，接触摩擦部分易露底；产品返工率高的缺陷；本发明生产方法包括：(1)选择材料、着色；(2)塑料异型材主体型坯挤出；(3)涂覆膜挤出并覆合；(4)定型模冷却定型；(5)深度冷却、牵引、切割。在生产过程中，无废液、无废气排放，不合格产品，及废品回收再利用方便。

【名称】 软塑料膜太阳能热水装置
【公开(公告)号】 CN101354190
【公开(公告)日】 2009.01.28
【申请(专利权)人】 朱军
【地址】 上海市闵行区罗秀路1980弄83号502室
【发明(设计)人】 朱军
【摘要】 本发明是关于采暖。一种软塑料膜太阳能热水器，包含热水箱、自力式温度控制阀、集热器，其特征在于该集热器由一个以上软塑料膜集热单元组成，该软塑料膜集热单元由有色的厚度为0.2～2mm线型低密度聚乙烯或高密度聚乙烯或聚丙烯软塑料膜经热焊形成2～3层曲折回绕通路的中空体，每层曲折回绕通路分别设置有一进水口和一出水口，前一软塑料膜集热单元各层的出水口分别用水管与下一软塑料膜集热单元对应层次的进水口相连，最尾的软塑料膜集热单元最上层的出水口经自力式温度控制阀与热水箱进水口相连，其最下层和次下层的出水口分别用水管与首位软塑料膜集热单元次下层和最上层的进水口相连。解决集热器无需框架，直接铺设于屋顶或挂置在墙面上，充分吸收建筑物阳光照射面的热能的技术问题。

【名称】 塑料型材的定型冷却方法、制造方法、以及相应的系统
【公开(公告)号】 CN101357498
【公开(公告)日】 2009.02.04

【申请(专利权)人】 汪均衡
【地址】 广东省广州市白云大道北永平街同泰二街2号D201
【发明(设计)人】 汪均衡
【摘要】 本发明涉及塑料加工领域，公开了一种塑料型材的定型冷却方法、制造方法、以及相应的系统，该塑料型材定型冷却的系统包括：顺次连接的空气定型机(201)、红外校正装置(202)，所述空气定型机(201)与模具相连接，定型模具中的熔化的塑料材料，制成塑料型材，再将所述塑料型材传送至红外校正装置(202)，红外校正装置(202)采用红外线消除产品的应力。应用该系统有利于提高塑料型材的质量，降低生产成本，改善生产环境。
【名称】 一种吸塑制造方法
【公开(公告)号】 CN101357507
【公开(公告)日】 2009.02.04
【申请(专利权)人】 比亚迪股份有限公司
【地址】 广东省深圳市龙岗区葵涌镇延安路比亚迪工业园
【发明(设计)人】 程序；李会然
【摘要】 本发明公开了一种吸塑制造方法，包括如下步骤：a)用塑料板材裁成合适大小的毛坯；b)将毛坯夹紧在中间挖空的两压框上；c)把夹紧毛坯后的压框放入烘房，进行恒温软化；d)将软化后的毛坯压框压紧在吸塑模具上，软化后的毛坯覆盖在模具上；e)启动真空压缩设备对吸塑模具进行吸塑；f)对吸塑后的吸塑件进行尺寸裁剪。通过将软化后的板材直接与模具接触，起到密封作用，因软化后的板材较软，很容易与模具造型室形成密封腔，因此，不需要单独设置密封结构，因而成本低，且操作方便；对于在试制阶段需要验证数模，修改原件的情况，只需要更换板材即可重新吸塑，因而简化了工作流程，并能成功地缩短产品开发周期。
【名称】 无卤阻燃塑料
【公开(公告)号】 CN101358010
【公开(公告)日】 2009.02.04
【申请(专利权)人】 中山市纳普工程塑料有限公司
【地址】 广东省中山市东升镇兆益路
【发明(设计)人】 冯波；冯建棋
【摘要】 本发明公开了一种无卤阻燃塑料，其包含有如下重量百分比的组分：聚丙烯55.5~86.4、硫酸三苯酯1.5~10.0、三聚氰胺10~30、抗氧剂0.1~0.5、助剂A1.5~3.0、助剂B0.5~1.0；本发明不含卤素阻燃剂，在燃烧时低烟无卤、烟密度低，符合环保的要求，阻燃效果好，能达到1.6mmV-O级，尤其灼热度750℃，测试无火焰；密度小，有利于减轻制品重量，降低成本；发明耐冲击性好，伸长率在同类产品中是最高的(同阻燃等级而言)，无缺口冲击强度NB(不断)，非常适合于制作耐高冲击强度的制件，如各类壳体和受冲击的零件等。
【名称】 无卤阻燃增强PBT塑料
【公开(公告)号】 CN101358021
【公开(公告)日】 2009.02.04
【申请(专利权)人】 中山市纳普工程塑料有限公司
【地址】 广东省中山市东升镇兆益路
【发明(设计)人】 胡家海
【摘要】 本发明公开了一种无卤阻燃增强PBT塑料，其包含有如下重量百分比的组分：聚对苯二甲酸丁二醇脂37%~47%、γ-(2、3环氧丙氧)丙基三甲氧基硅烷0.3%~0.8%、间苯二酚双磷酸酯10%~15%、三聚氰胺焦磷酸盐10%~15%、乙烯-丙烯酸甲酯-甲基丙烯酸缩水甘油酯共聚物2%~5%、四[3-(3，5-二叔丁基-4-羟基苯基)丙酸]季戊四醇酯0.2%~0.5%、玻璃纤维28%~32%；本发明采用含氮阻燃剂三聚氰胺焦磷酸盐和无卤阻燃剂间苯二酚双磷酸酯组合，能较好地兼顾无卤阻燃增强PBT塑料的机械性能和阻燃性能，制备的无卤阻燃增强PBT塑料具有断裂伸长率高、机械性能好、无卤环保、可着色、电性能好、低腐蚀性烟气、低烟密度等特点。
【名称】 增加塑料材料强度的新工艺
【公开(公告)号】 CN101362131
【公开(公告)日】 2009.02.11
【申请(专利权)人】 上海蓝盎电子科技发展有限公司
【地址】 上海市闸北区共和新路912号801戊室
【发明(设计)人】 马雪松；顾苏兰
【摘要】 本发明是将塑料零部件的表面挂上一层胶液，胶液干透后便与此部件的表面结合成一体，最终使塑料零部件的结构强度得到提高。本发明达到的积极效果是，可以在用料量不变的情况下大幅增加塑料产品的机械强度，或在原机械强度不变的情况下减少塑料产品的用料量进而降低成本。
【名称】 一种氨基塑料的制备方法
【公开(公告)号】 CN101362817
【公开(公告)日】 2009.02.11
【申请(专利权)人】 任志广
【地址】 山东省东阿县刘集镇镇政府
【发明(设计)人】 郭锋；任志广
【摘要】 一种氨基塑料的制备方法，采用真空造粒反应釜(30)及附属设施，以尿素(N)、甲醛(Q)为基本原料，加入添加剂和辅料，经过连续工艺过程，制成氨基塑料成品(Z)。真空造粒工艺(A)过程为:搅拌(1)、送气(2)、进料(3)、进料口密封(4)、真空抽气(5)、送循环热水(6)、高速搅拌(7)、低速搅拌(8)、送循环冷水(9)、破真空进气(10)、停抽真空(11)、出料(12)。破碎筛选工艺(B)过程为:物料破碎(13)、风管送料(14)、物料粉碎(16)、物料粗选(17)、物料细选(18)、进行送料(19)。轧片制粒工艺(C)过程为:物料经过制粒料斗(20),进入制粒机械轧片制粒(21)。整个工艺过程在封闭状态下自动进行,对环境无污染,产品质量好,生产效率高。

【名称】 一种热塑性大豆蛋白质塑料的制备方法

【公开(公告)号】 CN101362824

【公开(公告)日】 2009.02.11

【申请(专利权)人】 天津科技大学

【地址】 天津市经济技术开发区第十三大街29号

【发明(设计)人】 崔永岩;黄晓辉

【摘要】 本发明涉及一种热塑性大豆蛋白质塑料的制备方法,是采用一种碱和尿素的混合溶液溶解豆粕,离心去除不溶物质,得到大豆蛋白质饱和溶液,然后缓慢添加各种改性剂对溶液中的大豆蛋白质进行改性制得。本热塑性大豆蛋白质塑料具有良好的流动性,既适用于模压加工,也适用于注塑和挤出加工,生产成本低廉,工艺简单,具有可降解性,在大豆分离蛋白生产设备的基础上稍加改变就能生产,广泛应用于生产力学强度以及耐水性要求不高的各种塑料产品。本发明从全新的角度分析和解决问题,选择完全在溶液中进行改性,很好地解决了改性的均一性和添加剂的分散性问题,因为没有使用甘油等小分子醇作为增塑剂,很好地避免了小分子醇类增塑剂在空气中的挥发和在水中的溶出问题。

【名称】 一种无卤阻燃高性能聚碳酸酯工程塑料及其制备方法

【公开(公告)号】 CN101362857

【公开(公告)日】 2009.02.11

【申请(专利权)人】 华南理工大学

【地址】 广东省广州市天河区五山路381号

【发明(设计)人】 赵建青;左建;刘述梅

【摘要】 本发明公开了一种无卤阻燃高性能聚碳酸酯工程塑料及其制备方法。按质量百分比计该工程塑料组成为:PC树脂78%~92%、含硫特种工程塑料5%~10%、含硅阻燃剂0.1%~3%、防滴落剂0.1%~1%、相容剂1%~5%、抗氧剂0.1%~1%,其中含硫工程树脂为聚苯醚砜或与聚苯硫醚的配合物,含硅阻燃剂为丙烯酸酯类接枝改性聚硅氧烷或与聚甲基苯基硅氧烷的复配物。其制备方法是将配方材料在高速混合器中充分混合,再送入同向啮合双螺杆挤出机中进行熔融共混挤出。本发明将含硫特种工程塑料与含硅阻燃剂配合使用,赋予聚碳酸酯良好的阻燃性能和较高的耐热性,良好的相容性改善了复合材料的力学性能,克服了小分子含硫阻燃剂易析出、吸潮的缺点。

【名称】 拉挤玻璃纤维增强塑料杆拉伸试验机

【公开(公告)号】 CN101363786

【公开(公告)日】 2009.02.11

【申请(专利权)人】 江苏明珠试验机械有限公司

【地址】 江苏省江都市真武杨庄工业园区

【发明(设计)人】 朱安明

【摘要】 拉挤玻璃纤维增强塑料杆拉伸试验机,涉及试验机的技术领域,上、下夹头块分别通过滚道布置在上、下夹具体内;在上、下夹头块之间分别布置相对面为光面的一对钳口压板。本发明为拉挤玻璃纤维增强塑料杆拉伸试验专用试验机,符合GB/T 13096.1标准要求,不会夹伤塑料杆表面,同时能施加预紧力,在开始试验时能夹紧试样,在塑料杆拉伸试验过程中由于受拉力而变细时能紧紧夹住试样而不打滑,试样不易开裂。

【名称】 塑料制光学组件的多层膜真空蒸镀方法及其影像撷取组件

【公开(公告)号】 CN101363919

【公开(公告)日】 2009.02.11

【申请(专利权)人】 大立光电股份有限公司

【地址】 中国台湾

【发明(设计)人】 朱国强;张建邦

【摘要】 本发明公开了一种塑料制光学组件的多层膜真空蒸镀方法,在塑料制光学组件表面真空蒸镀多层滤光薄膜,该多层滤光薄膜包含多数高折射率薄膜及多数低折射率薄膜,且使高折射率薄膜及低折射率薄膜彼此交叉层迭。本发明还公开了一种塑料制光学组件的多层膜影像撷取组件结构,包含有:一塑料制光学组件,位于光学影像撷取组件中;以及一多层滤光薄膜,该多层滤光薄膜包含高折射率薄膜及低折射率薄膜,且该高折射率薄膜及低折射率薄膜彼此交叉层迭蒸镀在该塑料制光学组件表面。本发明的塑料制光学组件的多层膜真空蒸镀方法及其影像撷取组件,不仅降低光学影像撷取组件在原料上及组装上的成本,而且有效减小光学影像撷取组件的体积。

【名称】 在塑料/木塑型材表面包覆木皮的复合型材及其制造方法

【公开(公告)号】 CN101367220

【公开(公告)日】 2009.02.18

【申请(专利权)人】 北京市森诺家具材料有限公司
【地址】 北京市通州区张家湾镇北大化村第558号
【发明(设计)人】 孙大庆；杨佳平
【摘要】 为了克服现有技术中塑料表面与木质层的黏结采用单面涂布单一种类的冷胶的方式带来的固化速度慢、胶膜易产生缺陷和黏结不牢固的缺陷，本发明提供一种在塑料/木塑型材表面包覆木皮的复合型材及制造方法，包括如下步骤：A. 对塑料/木塑型材的待包覆表面进行去污除尘处理；B. 在木皮的内表面涂布热熔胶黏剂，并对经过步骤A处理后的塑料/木塑型材的待包覆表面涂布界面亲合剂；C. 通过包覆机的造型辊轮将木皮辊压包覆在塑料/木塑型材的表面上，所述木皮的内表面与塑料/木塑型材的待包覆表面黏结在一起。采用本发明的制造方法极大地提高了木皮与塑料/木塑型材表面间的黏结力、并且胶膜质量好，使得塑料/木塑型材与木皮间黏结牢固。

【名称】 一种具有嵌件的塑料制品的制造工艺
【公开(公告)号】 CN101367260
【公开(公告)日】 2009.02.18
【申请(专利权)人】 上海皓月电气有限公司；上海皓月电容器有限公司
【地址】 上海市金山工业区定业路8号
【发明(设计)人】 张自魁；许峰；潘浩
【摘要】 本发明涉及塑料制品技术领域，尤其是一种具有嵌件的塑料制品的制造工艺。在注塑加工过程增加抽真空工艺，在负压下嵌件自动被吸附到位，解决嵌件放置不到位；在合模时因负压吸附嵌件，嵌件不因合模振动而脱出，解决在合模时因振动而导致嵌件脱出问题；在注胶过程能够根据产品及设备特点对抽真空时间进行调整控制。

【名称】 一种减速级别可切换式大口径塑料管材拽引机
【公开(公告)号】 CN101367263
【公开(公告)日】 2009.02.18
【申请(专利权)人】 张家港市贝尔机械有限公司
【地址】 江苏省张家港市经济开发区振兴路6号
【发明(设计)人】 何德方；邓少东
【摘要】 一种减速级别可切换式大口径塑料管材拽引机，其传动系统由两个单级传动的减速机、两个传动电机及一个电磁离合器组成。两个电机中其中一个电机和一级减速级的输入轴相连，为拽引提供动力，另一个电机和二级减速机的输入轴相连，为反向放开钢丝绳提供动力。电磁离合器将一级减速机的输出轴和二级减速机的输入轴连接在一起，在拽引时，与一级减速机的输入轴连接的电机工作，电磁离合器啮合，整个传动系统为双级减速传动，满足了大口径塑料管材在生产过程中的很低速度的拽引需求。在反向放开钢丝绳时，与一级减速机的输入轴连接的电机不工作，电磁离合器分离，与二级减速机的输入轴连接的电机开始工作，完全避开了一级减速机的减速作用，减速级别由二级减速切换为一级减速，极大地提高了钢丝绳的放开速度。提高了工作效率，在电气控制系统上，两台电机联锁，保证了系统的安全稳定运行。

【名称】 一种用植物油脂甲酯化产物作减容剂回收聚苯乙烯泡沫塑料的方法
【公开(公告)号】 CN101367956
【公开(公告)日】 2009.02.18
【申请(专利权)人】 吉林大学
【地址】 吉林省长春市解放大路2519号
【发明(设计)人】 高贵；曹淑桂；韩四平；郑良玉
【摘要】 本发明公开一种用植物油脂甲酯化产物作减容剂回收聚苯乙烯泡沫的塑料的方法。具体步骤包括提供植物油脂甲酯化产物，聚苯乙烯泡沫塑料破碎，聚苯乙烯泡沫塑料溶解，聚苯乙烯沉淀分离，滤液处理；减容剂与沉淀剂(0#柴油)全部用于制备复合生物柴油。该方法工艺过程简单，减容剂的使用效率达98%以上；工艺过程能源消耗小，反应条件温和，聚苯乙烯回收率高，达到97%以上，所用原料来源丰富，安全无毒，不会产生二次污染。

【名称】 一种涂覆膜专用白色母料及其制备方法
【公开(公告)号】 CN101367969
【公开(公告)日】 2009.02.18
【申请(专利权)人】 山东春潮色母料有限公司
【地址】 山东省新泰市开发区
【发明(设计)人】 王培利；曹智；欧阳秋英；牛伟；王永
【摘要】 本发明公开了一种涂覆膜专用白色母料，由颜料、塑料助剂、填料和载体树脂组成，各组分的重量百分比为：颜料30%～67%、填料40%～3%、低分子聚乙烯蜡7%～10%、偶联剂0.7%～1%、光亮剂0.7%～1%、载体树脂21.6%～18%，所述的塑料助剂包括低分子聚乙烯蜡、光亮剂和偶联剂。该涂覆膜专用白色母料的制备方法是先将颜料、填料、低分子聚乙烯蜡、光亮剂和载体树脂加入高速混合机内混合，然后加入偶联剂再高速搅拌，最后将上述搅拌的混合料投入双螺杆挤出机中挤出，冷却、烘干、切粒制成所需母料。本发明具有易分散、遮盖力高、成本低、添加后平整性好等特点，可广泛用于涂覆膜加工。

【名称】 回收聚氯乙烯或偏聚氯乙烯塑料的方法

【公开(公告)号】 CN101367957
【公开(公告)日】 2009.02.18
【申请(专利权)人】 浙江大学；杭州双安科技有限公司
【地址】 浙江省杭州市西湖区浙大路38号
【发明(设计)人】 阳永荣；黄正梁；蒋斌波；王靖岱
【摘要】 本发明公开了一种回收聚氯乙烯或偏聚氯乙烯塑料方法，利用超临界抗溶剂技术回收聚氯乙烯或偏聚氯乙烯塑料制品，用溶剂溶解塑料制品碎块后过滤除去不溶物，然后使超临界流体与得到的滤液接触，使溶解在溶液中的聚合物沉淀，并萃取出溶剂，再通过减压分离，分别回收超临界流体和溶剂后循环使用，最后回收聚合物颗粒。本发明的溶剂和超临界流体可以循环使用，无污染，绿色环保；聚合物的沉淀、干燥可以在同一反应器中完成，流程简单；超临界流体和溶剂容易分离，能耗低。

【名称】 一种专用于透明塑料的新材料及其制备方法
【公开(公告)号】 CN101367970
【公开(公告)日】 2009.02.18
【申请(专利权)人】 山东春潮色母料有限公司
【地址】 山东省新泰市开发区
【发明(设计)人】 王培利；曹智；欧阳秋英；牛伟；王永
【摘要】 本发明公开了一种专用于透明塑料的新材料，各组分的重量百分比为：透明粉75%～80%、分散剂8%～10%、助剂0.003%～0.01%、偶联剂1%～2%、载体树脂15.997%～7.99%。该专用于透明塑料的新材料的制备方法：首先将各组分按重量百分比准确称量好备用，然后将透明粉置于高速混合机进行高速混合烘干，加入偶联剂进行活化处理，加入分散剂、载体树脂、助剂后将混合料放在电流控制为30～50A的捏合锅中进行高速混合，捏合至透明粉完全被包覆，润湿后出料备用，最后将该捏合料投入到主机温度控制在100～160℃的平行双螺杆挤出机挤出，经热切、风冷制成所需母料，检验、包装入库。采用本发明所提供的专用于透明塑料的新材料制得的塑料制品，具有透明度好、分散好、添加量高、显著降低成本等优点。

【名称】 一种仿云石塑料及其配方
【公开(公告)号】 CN101367980
【公开(公告)日】 2009.02.18
【申请(专利权)人】 潘家红
【地址】 广东省中山市古镇曹一开发区A区二排一号
【发明(设计)人】 潘家红
【摘要】 本发明公开了一种仿云石塑料及其配方，包括两种或两种以上可透光塑料、透明或半透明塑料，包含聚甲基丙烯酸甲酯、聚氯乙稀、聚苯乙烯、聚丙烯、聚碳酸酯、聚酰胺、透明ABS塑料或MS树脂，其优选重量百分比是：聚碳酸酯30%，聚丙烯40%，透明ABS塑料15%，填料15%，填料中包含有增塑剂和填充剂，其中增塑剂含量是70%，填充剂含量是30%。与现有技术相比，本发明能够形成类似于云石图案的暗花纹，表面具有金属光泽，可以起到较好的反光作用；在光线照射下能够产生光彩夺目的视觉效果，暗花纹更加显现，更加美观；本发明表面的乳白色可以适应各种颜色的灯光，不仅用途更加广泛，而且增强了装饰效果。

【名称】 一种紫外防护透明塑料的制备方法
【公开(公告)号】 CN101367989
【公开(公告)日】 2009.02.18
【申请(专利权)人】 上海金发科技发展有限公司；金发科技股份有限公司
【地址】 上海市青浦区朱家角工业区康园路88号
【发明(设计)人】 陈延安；袁绍彦；李志平；丁超；周英辉；陈广强
【摘要】 本发明提供了一种紫外防护透明塑料的制备方法，其特征在于，其步骤为按下述重量百分配比备料：透明树脂95%～99%，热稳定剂0.2%～1.5%，光稳定剂0.3%～1.5%，助剂0.2%～1%，紫外变色防护剂0.3%～1%，色粉0～0.01%；将步骤1中的所有原料投入高速混合机中混合均匀；经低剪切分散型双螺杆机挤出造粒，在80～110℃干燥后得到紫外防护透明塑料。本发明的优点是：通过本发明制备得到的紫外防护透明塑料由于紫外变色防护剂渗透在透明塑料内，因此不会磨损剥落，也不会发生老化失效，同时不存在黏接不够牢固的问题。

【名称】 塑料瓶盖杀菌装置及其杀菌方法
【公开(公告)号】 CN101371926
【公开(公告)日】 2009.02.25
【申请(专利权)人】 中国轻工业机械总公司南京轻工业机械厂
【地址】 江苏省南京市中山东路532－1号
【发明(设计)人】 许圣萍；史敏炜；管金岳
【摘要】 本发明公开了一种杀菌效果好，生产能力及空间利用率高的塑料瓶盖杀菌装置及其杀菌方法，适用于饮料及药品灌装生产线。该装置主要包括浸泡杀菌室、无菌水喷淋室和无菌空气喷冲室；塑料瓶盖进入浸泡杀菌室内的阿基米德螺旋线型的瓶盖通道浸泡杀菌；再进入斜升瓶盖通道提升并翻转；随后瓶盖进入直线型瓶盖通道，顺序进入无菌水喷淋室和无菌空气喷冲室，依次接受无菌水喷淋和无菌空气的喷冲。浸泡杀菌室内喷头为瓶盖前行、斜升、翻转提供动力；无菌水和无菌空气喷冲室的喷头对瓶盖进行残留杀菌液的冲洗和喷扫并提供前进动力。经对杀菌后瓶盖检测，杀菌效果达到6D(log6)，消毒液残留量≤0.5ppm。均符合无菌冷灌装对瓶盖的杀菌要求。

【名称】 塑料除铁屑用复合式磁力分离装置

【公开(公告)号】 CN101371996

【公开(公告)日】 2009.02.25

【申请(专利权)人】 上海金发科技发展有限公司；广州金发科技股份有限公司

【地址】 上海市青浦区朱家角工业园康园路88号

【发明(设计)人】 杨定吉甫

【摘要】 本发明涉及一种塑料除铁屑用复合式磁力分离装置，由永磁块、分离板、支撑架、挡板、出料口五部分组成，其特征在于：A. 嵌有永磁块(1)的分离板2由螺杆(8)自上而下地左右错位状设置在支撑架(3)上，直至最底层的分离板与出料口(4)连接；B. 所述的分离板(2)的表面设有与物料流向相垂直的吸附槽(7)。由于复合有较大面积的不同方向的粗糙分离板，能有效分离较大颗粒的金属屑甚至金属块。塑料粒有一定的弹性，在接触分离板表面时会弹起和向下运动，平面上的凹坑也比传统磁力棒上的凹坑更有效的保证已吸附的铁屑不被再次卷入塑料粒子的固体流中，在生产应用中能有效保证一次或少数几次过磁的效果，明显提高生产效率。

【名称】 一种色晶及其用于塑料着色的方法

【公开(公告)号】 CN101372533

【公开(公告)日】 2009.02.25

【申请(专利权)人】 广州市波斯塑胶颜料有限公司

【地址】 广东省广州市云埔(白云)工业区22号地C1号

【发明(设计)人】 阳范文；卢俊文

【摘要】 本发明公开了一种色晶及其用于塑料着色的方法。它由如下组分和重量份数组成：载体0.1~80，润滑剂0.1~30，超级分散剂0.1~20，颜料0.1~50，抗氧剂0.1~5，填料0.1~30。将各组分按配比称量，采用高速混合机混合均匀，然后采用双辊塑炼机或三辊研磨机进行熔融混炼，然后破碎成色晶。本发明的色晶体积小、数目多、着色点多，着色的稳定性、均匀性显著提高。本发明以单一颜色的色晶作为色库，只需将其组合而拼出所需的颜色，容易控制库存、减少浪费。本发明的色晶能适用于自动喂料系统，着色剂不需预先混合，采用自动喂料进行计量添加，对于保持车间卫生洁净、减轻工人的劳动强度、避免烘料引起车间高温等方面具有重要意义。

【名称】 复合塑料及其用途

【公开(公告)号】 CN101372554

【公开(公告)日】 2009.02.25

【申请(专利权)人】 郑文秀

【地址】 浙江省乐清市柳市新光工业区振兴路8号

【发明(设计)人】 林叶刚；郑文秀

【摘要】 本发明公开了一种复合塑料及其用途，该复合塑料主要由下列质量百分比成分的原料制成：聚酰胺树脂占40%~60%；云母占10%~30%；光稳定剂占0.1%~6%；阻燃剂占10%~25%。该复合塑料组合物用于作为固封性塑料封装电气产品。该种塑料组合物固化后的电气绝缘性能、抗紫外线性能和阻燃性能均较好。

【名称】 一种塑料成型的方法

【公开(公告)号】 CN101376263

【公开(公告)日】 2009.03.04

【申请(专利权)人】 番禺得意精密电子工业有限公司

【地址】 广东省广州市番禺南沙经济技术开发区板头管理区金岭北路526号

【发明(设计)人】 朱德祥

【摘要】 本发明公开了一种塑料成型的方法，包括将塑料颗粒注入储料桶；输入非氧气气体；排出氧气；将塑料颗粒挤入混炼区；将塑料物质送进加热区；将加热后的塑料液体置于熔料区通过喷嘴进行射出成型。本发明可以排出储料桶中的氧气从而防止塑料与氧气发生化学反应而使颜色变暗。

【名称】 塑料吹瓶机底模锁定机构

【公开(公告)号】 CN101376269

【公开(公告)日】 2009.03.04

【申请(专利权)人】 林明茳

【地址】 浙江省台州市黄岩区县前街源鸿大厦904室

【发明(设计)人】 林明茳

【摘要】 塑料吹瓶机底模锁定机构，包括安装在机座上的左、右模架，左、右模架有导柱相连接，在左、右模架上安装左、右模板，左、右模板上安装模具，左、右模板由开、合模机构带动，底模板由活塞杆连接底模气缸到气缸固定板，其特征在于底模板两侧分别经导杆穿过气缸固定板连接底模锁紧板，气缸固定板经连接板安装在导柱上，在左模架与右模板上分别安装底模锁紧支架，底模锁紧支架的顶部安装挡板，挡板下安装调节锁紧块，调节锁紧块与底模锁紧板两侧相接触。本方案由调节锁紧块将底模锁紧板挡住，拉吹时不会出现胀模。一是左、右模板开合模与底模同时移动，缩短时间，提高工作效率；二是避免瓶子黏在底模上，保证机器不出故障。

【名称】 导电塑料组合物
【公开(公告)号】 CN101376732
【公开(公告)日】 2009.03.04
【申请(专利权)人】 奇菱科技股份有限公司
【地址】 中国台湾台南县
【发明(设计)人】 黄奉仁
【摘要】 本发明提供一种导电塑料组合物，其包含：(A)包含苯乙烯嵌段和丙烯酸酯嵌段的共聚物；(B)包含烯烃嵌段和烯酸酯嵌段的共聚物；以及(C)炭黑。所述组合物对于每100重量份的所述包含苯乙烯嵌段和丙烯酸酯嵌段的共聚物(A)含有5到40重量份的所述包含烯烃嵌段和烯酸酯嵌段的共聚物(B)；且对于每100重量份的所述包含苯乙烯嵌段和丙烯酸酯嵌段的共聚物(A)含有5到35重量份的所述炭黑(C)。

【名称】 建筑保温用硬质聚氨酯泡沫塑料及其制备方法
【公开(公告)号】 CN101376743
【公开(公告)日】 2009.03.04
【申请(专利权)人】 上海应用技术学院
【地址】 上海市徐汇区漕宝路120号
【发明(设计)人】 孙揭阳；吴蓁
【摘要】 本发明公开了一种建筑保温用硬质聚氨酯泡沫塑料，由下列组分组成：聚醚多元醇4100、聚醚多元醇403、多苯基多次甲基多异氰酸酯、乙醚、硅油、三乙醇胺、三氯乙基磷酸酯。本发明采用乙醚作为硬质聚氨酯泡沫塑料的发泡剂，聚氨酯泡沫塑料泡体的力学性能好，而且DOP值为零，更环保。经检测本发明硬质聚氨酯泡沫塑料泡体的拉伸强度可达0.65MPa，断裂伸长率达27.21%，大大优于“喷涂聚氨酯硬泡体保温材料”行业标准(JC/T998－2006)规定的力学性能指标。

【名称】 大型塑料管接头的成型方法
【公开(公告)号】 CN101380808
【公开(公告)日】 2009.03.11
【申请(专利权)人】 联塑(杭州)机械有限公司；陆孝庭
【地址】 浙江省临安市经济开发区南环61号
【发明(设计)人】 韩志翔
【摘要】 大型塑料管接头的成型方法，包括如下步骤：取与管接头所配用的管道的管径相适配的直管；制备具有管接头的形状的模腔的变温模；将所取的直管放入变温模内，对直管需变形的部分所对应的模腔加热，使直管对应部分软化熔融；对直管尾部加压，使直管的熔融部分变形、并填满模具的模腔，变成管接头的形状；冷却变温模，使产品冷却定型，再开模。具有设备简单、加工费低、电耗小、成型速度快的优点。

【名称】 大口径骨架管聚乙烯缠绕结构壁管材生产设备
【公开(公告)号】 CN101380819
【公开(公告)日】 2009.03.11
【申请(专利权)人】 石家庄宝石克拉大径塑管有限公司
【地址】 河北省石家庄市开发区黄河大道9号
【发明(设计)人】 杨跃海；牛建英；张向杰；王玲；王淑娟；孙纲
【摘要】 本发明公开了一种大口径骨架管聚乙烯缠绕结构壁管材生产设备。属于塑料管材加工技术领域。其用于解决生产的聚乙烯缠绕结构壁管材原材料消耗多，产品重和成本高的问题。大口径骨架管聚乙烯缠绕结构壁管材生产设备包括燃烧系统、骨架管输送系统、挤塑机、骨架管卷盘、移动台车、电气控制柜、循环冷却装置、压力架、旋转辊架，特别是流道系统中扁平模口部长度尺寸为170～230mm，包覆模角度为181～200，辊筒模具中支撑连杆的一端通过销轴与传动轴套连接，其另一端与支撑连杆架连接，支撑连杆架通过长销轴与主传动轴连接组成。采用这种大口径骨架管聚乙烯缠绕结构壁管材生产设备可广泛地应用于塑料管材加工领域。

【名称】 全塑中排装置
【公开(公告)号】 CN101381122
【公开(公告)日】 2009.03.11
【申请(专利权)人】 魏新时
【地址】 浙江省湖州市二里桥明都锦绣苑9幢301室
【发明(设计)人】 魏新时
【摘要】 本发明公开了一种全塑中排装置，包括由若干四通依次连接构成的母管和全塑支管，所述母管的一端设置有第三法兰，另一端设置有母管闷头，四通的前口和后口上均设置有第二连接件，所述全塑支管的一端设置有支管闷头，另一端设置有第一连接件，所述第一连接件与第二连接件固定连接。本发明完全改写了采用316L不锈钢等金属材料制作中排装置的历史。采用价格更低、重量更轻、性能更优的塑料材料制作进水装置，在水处理行业是具有划时代意义的根本性改进。整套进水装置的全塑支管采用超声波焊接而成，使筋丝与绕丝形成一个整体，既有钢性又有韧性。母管由四通定位黏接，制作简便，整个过程均可在无声、无息、无尘中进行，既干净又卫生。

【名称】 无机高分子橡塑增韧剂

【公开(公告)号】 CN101381478

【公开(公告)日】 2009.03.11

【申请(专利权)人】 南京亚东奥土矿业有限公司

【地址】 江苏省南京市六合区雄州工业园区

【发明(设计)人】 马正东；周仁进

【摘要】 本发明提供了一种以凹凸棒石黏土为主要原料的无机高分子橡塑增韧剂，在高聚物基体中分散均匀，与高聚物相容性好。所述无机高分子橡塑增韧剂制备方法如下：(1)高温提纯凹凸棒石黏土；(2)研磨、分选；(3)酸化处理；(4)热活化；(5)充油；(6)表面处理。本发明利用凹土棒石黏土的纤维微孔结特性，对颗粒内层的纤维孔道进行改性，在保持其纤维结构的前提下，提高其与高聚物的相容性，具有了独特的改性功能，不仅替代了增韧剂树脂，并通过多项应用试验证明，相比传统填料/增韧树脂组合，本发明与多种合成树脂共混所得塑料制品体现的抗老化性能和物理性能更优越。

【名称】 高分子化合物医用完全生物降解塑料

【公开(公告)号】 CN101381480

【公开(公告)日】 2009.03.11

【申请(专利权)人】 梁二宝

【地址】 河南省荥阳市汜水镇汜水村黄河路0084号

【发明(设计)人】 徐锋；梁二宝

【摘要】 本发明公开了一种高分子化合物医用完全生物降解塑料的生产方法。高分子化合物医用完全生物降解塑料以直链淀粉为基础材料，加入添加剂和助剂通过高速混合机冷热混合，使直链淀粉改性、塑化、再通过捏和、挤出造粒制成。可广泛应用于医用膜材料、医药包装、医疗器皿、医用纤维、医用导管、输液容器、医药瓶、托盘及医用高分子微球等，产品生物相容性好，产品使用废弃后可完全生物降解，使用安全。

【名称】 一种塑料成型机销轴表面硬化处理方法

【公开(公告)号】 CN101381799

【公开(公告)日】 2009.03.11

【申请(专利权)人】 浙江申达机器制造股份有限公司；浙江工业大学

【地址】 浙江省杭州市转塘镇村口208号

【发明(设计)人】 姚建华；王珏；杜镒时；楼程华

【摘要】 本发明提供了一种塑料成型机销轴表面硬化处理方法，所述方法包括：所述的销轴为40Cr或45钢材质，先在清洁处理过的销轴表面、涂覆激光淬火涂料，再对销轴表面进行激光处理，通过调节激光处理的搭接量，使销轴表面具有硬化带和软化带相间并呈螺旋型的激光处理带。本发明利用激光对销轴表面进行硬化处理，成本低、操作简单，得到销轴具有储油功能，润滑性能良好，使用寿命长。

【名称】 一种羧甲基纤维素钠螯合吸附镍的塑料基体表面无钯活化方法

【公开(公告)号】 CN101381865

【公开(公告)日】 2009.03.11

【申请(专利权)人】 中国人民解放军第二炮兵工程学院

【地址】 陕西省西安市灞桥区洪庆骊山路1号

【发明(设计)人】 刘祥萱；吴春；王煊军；黄洁

【摘要】 本发明提供一种使用非贵金属的羧甲基纤维素纳螯合吸附镍的塑料基体表面无钯活化方法，包括：待镀的塑料基材表面预处理、活化成膜液配置、活化成膜处理、还原处理、化学镀镍工艺步骤；含镍的二价离子的水溶性盐所组成的金属有机络合物溶液，利用强还原剂直接使活性金属镍还原并沉积在基体上，然后进行化学镀镍。扫描电镜及金相显微镜对镍镀层进行形貌表征的结果是，所得镀层结合致密，颗粒分布均匀；通过划痕试验测试表明镀层结合力优良；本发明工艺简单，操作简便；所使用的羧甲基纤维素纳来源广泛，价格便宜；用镍取代昂贵的钯，成本大大降低，减少了贵金属污染；同时由于活化温度低，可适用于绝大多数塑料，具有很高的实用价值和应用前景。

【名称】 建筑用的正多边形柱塑料模板

【公开(公告)号】 CN101382012

【公开(公告)日】 2009.03.11

【申请(专利权)人】 阮中亮

【地址】 重庆市大足县石马镇跃进水库管理所

【发明(设计)人】 阮中亮

【摘要】 本发明公开了一种建筑用的正多边形柱塑料模板，其关键在于：几块面板组成正多边形，在面板的背面设有竖筋和横筋，在面板的四周设有边框，边框由上边框、下边框、左边框、右边框组成，上边框与下边框平行，在左边框上设有外凸的定位条，在右边框上设有内凹的定位槽。本发明的建筑用的正多边形柱塑料模板不易变形、耐水、抗晒、不易破裂，使用方便，有利施工，同时，生产成本较低，使用成本低，减轻工人的劳动强度，使废旧塑料得到充分的综合利用，容易回收，有益环保，具有推广价值。

【名称】 光缆发泡填充绳颗粒料及其生产方法
【公开(公告)号】 CN101382626
【公开(公告)日】 2009.03.11
【申请(专利权)人】 龙泽飞
【地址】 浙江省临安市太湖源镇畈龙开发区天茗公司内
【发明(设计)人】 龙泽飞
【摘要】 一种光缆发泡填充绳颗粒料及其生产方法，原料和重量份配比是：低密度高压聚乙烯50~60份、高密底低压聚乙烯15~25份、聚丙烯10~30份、聚乙烯蜡0.5~1.5份、硬脂酸0.5~1.5份、硬脂酸钙0.4~1.2份、四季戊四醇脂0.4~1.2份经加温捏和、挤出、冷却、干燥、切粒而成。该粒，密度$0.944 \pm 0.015 g/cm^3$、拉伸强度≥20MPa、断裂伸长率≥580%、体积电阻率≥1.0×1013Ω·m、氧化诱导期≥30min、溶体动速≤2.0g/10min、水份≤0.08%。本颗粒料径原料的混和与捏和、捏和物的熔融与挤出成长条、长条的冷却与切粒三个步骤制成，专用于作生产光缆发泡填充绳原料。具有轻质、省料、适于发泡、与PBT塑料紧密结合等优点。

【名称】 一种汽车用电线电缆软聚氯乙烯塑料及其制备方法
【公开(公告)号】 CN101386697
【公开(公告)日】 2009.03.18
【申请(专利权)人】 中国石油化工股份有限公司
【地址】 山东省淄博市临淄区124信箱
【发明(设计)人】 李静；刘容德；王晶等
【摘要】 一种汽车用电线电缆软聚氯乙烯塑料，由化学交联而成，其主要组成为PVC、增塑剂、热稳定剂、润滑剂、抗氧剂、填料、交联剂、引发剂、交联助剂和耐磨改性剂。该聚合物共交联塑料材料具有良好的耐磨性能，优异的力学性能，较好的耐高低温性能(耐热等级可达120℃，低温可到-40℃)，在150℃、168小时的老化条件下拉伸强度、断裂伸长率在70%以上，重量损失小，且加工工艺简单。

【名称】 木塑复合材料及其制备方法
【公开(公告)号】 CN101386709
【公开(公告)日】 2009.03.18
【申请(专利权)人】 上海国成塑料有限公司
【地址】 上海市闵行区北斗路188号
【发明(设计)人】 何小军
【摘要】 本发明涉及聚合物加工技术领域，具体涉及一种木塑复合材料及其制备方法。本发明公开了一种木塑复合材料，由下列重量比的原料制备而成：木纤维30%~60%；废旧塑料30%~60%；硬脂酸1%~4%；工业白油1%~4%；偶联剂1%~3%；润滑剂4%~6%。本发明还公开了所述木塑复合材料的制备方法和采用所述木塑复合材料制备的木塑制品。采用本发明所述木塑复合材料为原料生产出的木塑制品，无论在外观质量还是理化性能上都优于同类产品。

【名称】 建筑用的阴角塑料模板
【公开(公告)号】 CN101387154
【公开(公告)日】 2009.03.18
【申请(专利权)人】 阮中亮
【地址】 重庆市大足县石马镇跃进水库管理所
【发明(设计)人】 阮中亮
【摘要】 本发明公开了一种建筑用的阴角塑料模板，其关键在于：模板各部用塑料材料成为一体，面板的工作面呈阴角，在面板的背面设有横筋和竖筋、角筋，面板的四周设有边框，边框由上边框、下边框、纵向边框组成，上边框与下边框平行。本发明的建筑用的阴角塑料模板不易变形、耐水、抗晒、不易破裂，使用方便，有利施工，同时，生产成本较低，使用成本低，减轻工人的劳动强度，使废旧塑料得到充分的综合利用，容易回收，有益环保，具有推广价值。

【名称】 建筑用的阳角塑料模板
【公开(公告)号】 CN101387155
【公开(公告)日】 2009.03.18
【申请(专利权)人】 阮中亮
【地址】 重庆市大足县石马镇跃进水库管理所
【发明(设计)人】 阮中亮
【摘要】 本发明公开了一种建筑用的阳角塑料模板，其关键在于：模板各部用塑料材料成为一体，面板的工作面呈阳角，在面板的背面设有横筋和竖筋、角筋，面板的四周设有边框，边框由上边框、下边框、纵向边框组成，上边框与下边框平行。在面板的背面的横筋与竖筋构成的框格内设有辅助筋。本发明的建筑用的阳角塑料模板不易变形、耐水、抗晒、不易破裂，使用方便，有利施工，同时，生产成本较低，使用成本低，减轻工人的劳动强度，使废旧塑料得到充分的综合利用，容易回收，有益环保，具有推广价值。

【名称】 建筑用的圆柱形塑料模板
【公开(公告)号】 CN101387156
【公开(公告)日】 2009.03.18
【申请(专利权)人】 阮中亮
【地址】 重庆市大足县石马镇跃进水库管理所
【发明(设计)人】 阮中亮

【摘要】 本发明公开了一种建筑用的圆柱形塑料模板，其关键在于：面板呈圆弧形，面板所对的弧心角小于或等于180°，在面板的背面设有横筋和竖筋，面板的四周设有边框，边框由上边框、下边框、左边框、右边框组成，上边框与下边框平行，在左边框上设有外凸的定位条，在右边框上设有内凹的定位槽。面板的工作表面设为平滑面或凹凸形体、图案。本发明的建筑用的圆柱形塑料模板不易变形、耐水、抗晒、不易破裂，使用方便，有利施工，同时，生产成本较低，使用成本低，减轻工人的劳动强度，使废旧塑料得到充分的综合利用，容易回收，有益环保，具有推广价值。

【名称】 一种塑料复合管

【公开(公告)号】 CN101387358

【公开(公告)日】 2009.03.18

【申请(专利权)人】 广东东方管业有限公司

【地址】 广东省佛山市顺德区杏坛镇东村工业区

【发明(设计)人】 林津强；梁锦明；王德禧；姚钟梁

【摘要】 本发明公开了一种塑料复合管，其特征在于：它是以玄武岩纤维作为增强体，由若干层塑料复合而成，相邻的两管层之间通过黏结剂连接；所述复合管依次由内层塑料、玄武岩纤维层、热熔胶层以及外层塑料层复合而成，内层塑料层采用耐高温交联聚乙烯或聚乙烯。本发明强度高，耐高温、低温，热熔性好，具有良好的推广价值。

【名称】 一种钢塑复合管内塑料层生产工艺

【公开(公告)号】 CN101387359

【公开(公告)日】 2009.03.18

【申请(专利权)人】 吴爱国

【地址】 江苏省海安县海安镇宁海南路146号

【发明(设计)人】 吴爱国

【摘要】 一种钢塑复合管内塑料层生产工艺，它涉及一种管子的生产工艺，具体涉及一种钢塑复合管内塑料层的生产工艺。用挤出机将塑料管通过共挤模具将市售的热熔胶均匀地涂在塑料管的外表面，专用机械手将塑料管拉入钢管内，将经除锈处理或表面镀锌的钢管固定在加工台上，将专用机械手从钢管的一端内穿至另一端，并将塑料管卡住；从另一端向塑料管内充气，将内置塑料管的钢管通过加热设备加热；内置塑料管的钢管冷却定型制成钢塑复合管。本发明提高了钢塑复合管的产品质量，简化了生产工艺，降低了生产成本。

【名称】 基于柱坐标的泡沫塑料三维快速成形方法及装置

【公开(公告)号】 CN101387881

【公开(公告)日】 2009.03.18

【申请(专利权)人】 西安交通大学

【地址】 陕西省西安市咸宁路28号

【发明(设计)人】 孙琨；方亮；蔡洪能；赵嘉；叶庆光

【摘要】 本发明公开了一种基于柱坐标的泡沫塑料材料三维快速成形方法及装置，根据零件形状特征，生成加工旋转轴，建立坐标原点在旋转轴上的柱坐标系统，将零件的直角坐标系CAD模型转换成柱坐标系下的模型；再将零件STL文件格式的柱坐标系下模型按照定角度或定厚度切层形成特定的多层切层轮廓数据；在计算机控制下，通过本发明快速成形装置，按照切层加工路径控制热刀平面二维运动和泡沫塑料坯件的绕旋转轴运动，逐层非接触气化切割，最终一次整体成形三维零件。本发明使得单件或小批量的复杂形状泡沫塑料零件制造成本大大降低、加工精度和效率得到提高。

【名称】 微孔塑料负压给水管

【公开(公告)号】 CN101391242

【公开(公告)日】 2009.03.25

【申请(专利权)人】 宋毅夫；大连市水利科学研究所

【地址】 辽宁省沈阳市沈河区文艺路顺发巷17号113

【发明(设计)人】 宋毅夫；王明治；卢玉

【摘要】 本发明微孔塑料负压给水管，是一种应用在植物负压给水系统中的给水管。形状管形，管壁含大量微孔，并有少量是透水孔(见附图1)，孔径在10~50μm。其特征一：充水后可形成负压，管路在土壤中在负压状态下植物根系可从管中自动获取水分，当植物无需水要求时，管内水分不向外供水。其特征二：微孔塑料负压给水管比重轻，比重在0.5~0.68，较一般灌溉管材价格低。微孔塑料负压给水管主要应用在植物负压给水系统(负压)中，在灌溉系统(有压)中也可用作滴灌、渗灌。微孔塑料负压给水管也可应用在过滤系统中，起过滤作用。

【名称】 带无纺织物的塑料轮罩一次成型的方法

【公开(公告)号】 CN101391471

【公开(公告)日】 2009.03.25

【申请(专利权)人】 上海天原集团胜德塑料有限公司

【地址】 上海市龙吴路4747号

【发明(设计)人】 王恩洪；姚双奎；马喆敏；陈志炜

【摘要】 本发明涉及一种带无纺织物的塑料轮罩一次成型的方法，是通过以下技术方案实现的：裁切合适大小的无纺织物；机械输送；型腔定位；注射成型；切除进料流道，即可为完成制品；本发明的有益效果是：由于是利用机械中部定位，每块无纺织物本体为一整体，经注塑成型加工，多块无纺织物的组合，产品弯曲弧度自然，连接顺畅，结合牢固，保证整体产品的重量下降，降低车的能耗，吸音降噪效果提高；同时，对需多次焊接或黏接的加工，成型只需经一道工序就可完成，提高了生产效率。

【名称】 型腔旋转塑料注射模

【公开(公告)号】 CN101391474

【公开(公告)日】 2009.03.25

【申请(专利权)人】 张欢庆

【地址】 浙江省台州市黄岩区西工业园区茂丰街17号

【发明(设计)人】 张欢庆

【摘要】 型腔旋转塑料注射模，包括上、下型腔和型芯组成的模具，其特征在于下型腔的底部安装在旋转机构上，下型腔的浇口下方安装顶杆，在下型腔支承板上安装斜顶块，斜顶块的斜面与顶杆相接触。本注射模采用型腔旋转而不需摆杆，注塑机与加工产品的大小相对应，设备利用合理，由顶杆顶起产品浇口而带动整个产品从下型腔中脱出，脱模顺利，实现自动化，不需另装机械手或者手工操作，工人劳动强度低，生产效率高，适用于加工各种弧形产品。

【名称】 一种无机抗菌塑料薄膜及其制备方法

【公开(公告)号】 CN101392065

【公开(公告)日】 2009.03.25

【申请(专利权)人】 上海塑料制品公司群利塑料制品厂

【地址】 上海市浦东南路2230号

【发明(设计)人】 林国珍

【摘要】 一种无机抗菌塑料薄膜及其制备方法涉及无机纳米载银抗菌剂的应用，尤指载银量大且变色性能稳定的银离子无机抗菌剂在塑料薄膜中的应用方法。本发明采用载银量大且变色性能等稳定的银离子无机抗菌剂，将其很好地分散到聚乙烯树脂中，并通过改进挤出、吹塑生产工艺、设备获得最终薄膜制品良好的透明度、外观特性、力学性能及很好的广谱抗菌性。

【名称】 一种灌溉用水渠塑料管道系统

【公开(公告)号】 CN101392520

【公开(公告)日】 2009.03.25

【申请(专利权)人】 广东联塑科技实业有限公司

【地址】 广东省佛山市顺德区龙洲路龙江段联塑工业村

【发明(设计)人】 杨继跃

【摘要】 一种灌溉用水渠管道系统，一种灌溉用水渠塑料管道系统，包括主管道、支管道、接出水管，主管道与支管道热熔连接，所述主管道和支管道为敞口方形管道，所述主管道内设有分流水道，所述分流水道截面为方形管道，所述主管道和支管道上扣合有顶盖，主管道与接出水管通过黏接、法兰连接或螺纹连接；所述支管道与接出水管通过黏接、法兰连接或螺纹连接。为了方便科学计量，所述接出支管上设有流量计、阀门和止回阀。由于本发明可以使用塑胶管道材料制造，杜绝了水泥引水渠道中引水不流畅、渠道塌方、渗水等造成水资源的浪费；同时，连接、维护、拆卸等都可根据需要随时进行，系统中流量计等附件的安装，可以实现科学计量。

【名称】 树脂塑料复合式可回收锚杆

【公开(公告)号】 CN101392655

【公开(公告)日】 2009.03.25

【申请(专利权)人】 魏韶华

【地址】 河北省衡水市胜利西路2518号

【发明(设计)人】 魏韶华；许建军

【摘要】 本发明涉及一种树脂塑料复合式可回收锚杆，它主要由金属杆(1)、托盘(2)、紧固螺母(3)和黏结套(4)组成，其中：金属杆(1)两端均设有螺纹，并且金属杆(1)尾端设有扁头(11)，并接有托盘(2)和紧固螺母(3)，金属杆(1)头端设有档圈(12)，并通过内注在黏结套(4)中心孔内的带翼堵口螺母(43)与黏结套(4)连接，黏结套(4)头部为圆锥型结构，黏结套(4)的头部锥体上设有R型螺纹凸环(42)，黏结套(4)杆体部分依次设有螺旋凸环(40)、中部圆周凸环(41)和螺旋凸环(40)。它与现有技术相比，锚固力大，工艺性能好，锚杆强度高，金属杆可回收。

【名称】 一种三维模塑互连器件导电线路的制作和修复方法

【公开(公告)号】 CN101394710

【公开(公告)日】 2009.03.25

【申请(专利权)人】 华中科技大学

【地址】 湖北省武汉市洪山区珞喻路1037号

【发明(设计)人】 曾晓雁；曹宇；李祥友；刘建国

【摘要】 本发明公开了一种三维模塑互连器件导电线路制作和修复方法，步骤为：①按照导电线路的设计图形，将导电浆料在模塑结构件表面上沉积0.1～50μm厚度的预置浆料层；②烘干或晾干导电浆料预置层，去除其中的有机溶剂；③利用激光束辐照预置浆料层，使导电浆料中的金属导电颗粒和塑料基体表面5～500μm的薄层发生熔化和混合，导电浆料中的金属导电颗粒埋植在基体表面，得到导电图形；④在上述导电图形表面进行化学镀2～10μm的铜，然后再进行化学镀1～3μm的耐腐蚀金属。本发明能够在各种塑料基材的三维模塑结构件表面快速直接地制备或修复各种复杂的导电线路，对基体材料无可镀性要求，对模塑成型工艺无特殊要求，工艺简单，环境友好，成本低，柔性程度高。

【名称】 双螺杆挤出机喂料器与主机螺筒进料口的连接装置

【公开(公告)号】 CN101396863

【公开(公告)日】 2009.04.01

【申请(专利权)人】 上海金发科技发展有限公司；广州金发科技股份有限公司

【地址】 上海市青浦区朱家角工业区康园路88号

【发明(设计)人】 王培武；赵宇；田须然；刘红兵

【摘要】 一种双螺杆挤出机喂料器与主机螺筒进料口的连接装置，涉及改性塑料行业中矿物粉高填充混合物加工设备的改进，通过料斗与螺筒进料口连接，设有固态混合物流道和气体流道，其中，所述的料斗为一上大下小的锥形斗，底部设在双螺杆挤出机的进料口处，上端支撑顶盖，且顶盖上设有气体流道；所述的固态混合物流道为柱状筒体，入口设置在喂料器处，上端通过定位圈与顶盖连接，在筒体下部设有网状透气孔。优点是：由多部件组装而成，拆装清理方便，使用本装置可以在下料口处分离粉体与气体，气体从气体流道排出，而粉体在其自重的作用下自动流入混合物料中，从而有效解决了高填充混合物主喂料下料口返料问题，并对生产环境有所改善。

【名称】 改进的塑料薄膜包装袋制作机

【公开(公告)号】 CN101396880

【公开(公告)日】 2009.04.01

【申请(专利权)人】 吴建思

【地址】 广东省揭西县东园镇桃围村委仙宝村56号

【发明(设计)人】 吴建思

【摘要】 一种能够提高生产效率和产品质量、降低生产成本的改进的塑料薄膜包装袋制作机。包括折叠、封口、剪切装置，其特征在于，还包括塑料薄膜冲孔装置和自动标贴装置以及塑料薄膜运行缓冲装置，塑料薄膜在运行过程中被冲孔，自动标贴装置的导向板使标贴接触塑料薄膜冲孔装置中的贴标轴上面的有孔塑料薄膜，运行中的标贴脱离底纸的同时黏贴于塑料薄膜且完全覆盖冲孔，带有标贴的塑料薄膜通过塑料薄膜运行缓冲装置改变运行速度后，进入折叠、封口、剪切装置。用于生产卫生巾、纸巾等制品的包装袋。

【名称】 用工程塑料制作的平面或空间网格结构及其制作方法

【公开(公告)号】 CN101397827

【公开(公告)日】 2009.04.01

【申请(专利权)人】 贵州喀斯特钢结构有限公司；贵州大学空间结构研究中心等

【地址】 贵州省贵阳市金阳新区高新开发区创新路1号

【发明(设计)人】 马克俭；杨大春；覃士杰等

【摘要】 本发明公开了一种用工程塑料制作的平面或空间网格结构及其制作方法，它包括由上弦杆、下弦杆和腹杆连接构成的平面或空间网格结构，该方法是将构成平面或空间网格结构的上弦杆、下弦杆和腹杆采用工程塑料制作，并通过熔焊的连接方式连接工程塑料制作的上弦杆、下弦杆和腹杆，并将工程塑料制做的平面或空间网格结构的上弦杆和下弦杆之间的距离制作为整个平面或空间网格结构跨度的1/10～1/8，从而使工程塑料制作的平面或空间网格结构的刚度能满足平面或空间网格结构的技术规程要求。本发明不仅能带来很好的经济效益，而且对建筑节能，保护环境节约森林资源均有深远意义。

【名称】 微孔塑料过滤元件及其制备方法

【公开(公告)号】 CN101402011

【公开(公告)日】 2009.04.08

【申请(专利权)人】 舟山市虹源高分子科技有限公司

【地址】 浙江省舟山市定海工业园区盐仓分区

【发明(设计)人】 陈虹

【摘要】 本发明过滤元件，是以聚乙烯或聚丙烯或它们的混合物压制而成的，在结构上滤孔孔径沿过滤方向上从500μm以下向0.5μm以上呈梯度变化。本发明制造方法，其工艺过程是：i. 原料加水和水蒸气以高转速进行搅拌；ii. 将搅拌完成物料加入模具中进行均匀加热并达到恒温，且保证同一规格产品的每模恒温温度一致；iii. 分别在过滤元件的上下游对模具进行不等温加热模压成型；iv. 分别在过滤元件上下游对模具进行不同程度的受控冷却。仅用物理方法就解决了众多结合了化学方法所未能解决的技术问题。与现有技术相比本发明提供的微孔塑料过滤元件及其制造方法提供了一种不易堵塞和便于再生的过滤元件，而且其制造过程简单、安全、无环境污染。

【名称】 一种塑料颗粒色选设备

【公开(公告)号】 CN101402090
【公开(公告)日】 2009.04.08
【申请(专利权)人】 汕头大学；汕头轻工装备研究院
【地址】 广东省汕头市金平区大学路243号
【发明(设计)人】 包能胜；谢荣生；张银辉；梁华锦
【摘要】 本发明公开了一种塑料颗粒色选设备，包括主体部分，所述主体部分由支架底座、支撑支架和主体装配架组成，通过主体装配架把各部件有机地结合在一起，所述部件包括塑料颗粒输送机构部分、CCD图像识别分析部分和气动颗粒分拣部分，所述CCD图像识别分析部分分别与塑料颗粒输送机构部分、气动颗粒分拣部分连接。本发明的色选性能与市场上流行的色选设备相当，并且在对塑料颗粒进行色选过程中具有更高的可靠性和针对性。

【名称】 车床式泡沫塑料电热丝切割台
【公开(公告)号】 CN101402208
【公开(公告)日】 2009.04.08
【申请(专利权)人】 深圳职业技术学院
【地址】 广东省深圳市南山区西丽湖
【发明(设计)人】 管巧娟；朱文和；周红海
【摘要】 本发明涉及一种车床式泡沫塑料电热丝切割台，包括台架、坯体夹紧装置、三维行走机构、固定于三维行走机构的刀架上的刀具夹、由刀具夹夹持的刀具及电源装置，刀具夹包括刀架轴、用于夹持刀具的第一夹板和第二夹板，第一夹板、第二夹板的夹持面均设有导电板，第一夹板的导电板与刀架轴之间电绝缘但与电源一极相连，第二夹板的导电板通过导电材质的第二夹板与刀架轴电连通，刀架轴再通过三维行走机构、台架与电源另一极相连；刀具包括刀柄及借助支撑结构装设于刀柄前端的电热丝，刀柄供夹持的两表面上分别设有导电板，刀柄的两导电板分别通过导电结构连接电热丝两端。本发明在装刀具时通过导电板的对接导通而为电热丝供电，简化了电路设计及布线。

【名称】 一种热固性塑料平板状成型的匀温热压模装置及制备方法
【公开(公告)号】 CN101402235
【公开(公告)日】 2009.04.08
【申请(专利权)人】 上海工程技术大学
【地址】 上海市松江区龙腾路333号
【发明(设计)人】 廖秋慧；张孝民
【摘要】 本发明属于塑料模具制造加工领域，它提供了一种热固性塑料平板状成型的匀温热压模装置及制备方法，其装置由螺钉、加热棒、温控仪、上模、下模和模盒组成。利用该装置及制备方法能确保热固性塑料在新设计的模具中受热均匀、交联反应固化充分，所制备的热固性塑料平板状塑件制品质量优良。

【名称】 塑机
【公开(公告)号】 CN101402244
【公开(公告)日】 2009.04.08
【申请(专利权)人】 联塑(杭州)机械有限公司；陆孝庭
【地址】 浙江省临安市经济开发区南环61号
【发明(设计)人】 陈文魁；韩志翔
【摘要】 本发明所述的塑机，包括合模机构、对模具射出供料的加料射出单元，所述的加料射出单元包括料管、螺杆、螺杆驱动机构、进料机构，所述的料管上配置有加热机构和保温机构，所述的料管的管体上设有塑料颗粒的进料口，螺杆设置于所述的管体内，其特征在于：所述管体的内腔壁上开有前后延伸的线槽。本发明具有送料速度快、可设置较高的保压力的优点。

【名称】 一种注吹塑料中空容器的模具成型工艺方法
【公开(公告)号】 CN101402248
【公开(公告)日】 2009.04.08
【申请(专利权)人】 黄锦强
【地址】 广东省台山市台城镇新荻路100号
【发明(设计)人】 黄锦强
【摘要】 本发明属于塑料加工技术领域，具体涉及一种注吹塑料中空容器的模具成型工艺方法，其具体步骤包括：注塑机的注塑过程及吹塑机的吹塑过程。所述注塑过程与吹塑阶段中，模具开启后，成型芯棒始终固定在动模中，不需要动力机构驱动旋转或平移；注射成型坯料黏附在芯棒上，模具完全开启后，型芯两侧的吹塑成型模块在推杆的作用下闭合，当吹塑模块完全闭合后，芯棒内部吹气，完成中空容器的吹塑成型；其整个工艺操作维修简单，从型坯到制品一步完成，产品表面无夹缝，产品质量更容易保证。

【名称】 多种塑料树脂共裂解制蜡的方法
【公开(公告)号】 CN101402697
【公开(公告)日】 2009.04.08
【申请(专利权)人】 上海焦耳蜡业有限公司
【地址】 上海市青浦区朱枫公路6188号11号厂房
【发明(设计)人】 张硕鹏；杨慧英；陈盛；郑义红；李慧慧；段翠翠；王瑾；李红；张建雨
【摘要】 本发明公开了一种多种塑料树脂共裂解制蜡的方法，将聚烯烃原料放入反应釜中；将反应釜抽真空，然后充入氮气至100kPa；使用油浴或红外线的方法加热釜内原料；加热直至原料完全熔融；温度控制在300～450℃，恒温保持0.5～10h；停止加热，温度降至200℃以下时，放出原料即为蜡产品；测试产品性能。本发明的优点：具有高软化点、高硬度、高韧性、润滑性及耐湿性等优点；生产操作简单，用途广泛。

【名称】 一种碳酸钙复合降解塑料及其制备方法
【公开(公告)号】 CN101402756
【公开(公告)日】 2009.04.08
【申请(专利权)人】 深圳海王集团股份有限公司
【地址】 广东省深圳市南山区南海大道海王大厦A座27楼
【发明(设计)人】 张锋
【摘要】 本发明涉及一种碳酸钙复合降解塑料及其制备方法，采用价格低廉的碳酸钙作为主体原料，降低了聚乙烯的用量，本发明制备的可降解塑料粒料，再直接进行注塑成型、挤出成型或吹膜成型，不需添加任何助剂，制得可降解塑料制品，本发明方法，具有生产工艺简单，成本低，效率高，且降解时间可控的优点。

【名称】 导电塑料及其制备方法
【公开(公告)号】 CN101402776
【公开(公告)日】 2009.04.08
【申请(专利权)人】 惠州市沃特新材料有限公司
【地址】 广东省惠州市惠城区小金口科技产业园
【发明(设计)人】 张尊昌；韦联生；何征
【摘要】 本发明涉及一种导电塑料，其包括按质量百分比计的下列成份：30%～70%的聚合物基材，15%～50%的玻璃纤维，10%～35%的导电炭黑，以及1%～5%的改性剂。本发明还提供一种导电塑料的制备方法。该导电塑料既包括玻璃纤维，又包括导电炭黑，其中玻璃纤维可以增强导电塑料的机械性能，改善了塑料的收缩率，通过炭黑的导电性能，可以有效地消除静电，同时具有极好的耐高温性能。

【名称】 可生物降解的聚丁二酸丁二醇酯泡沫塑料及其制备方法
【公开(公告)号】 CN101402783
【公开(公告)日】 2009.04.08
【申请(专利权)人】 中国科学院长春应用化学研究所
【地址】 吉林省长春市人民大街5625号
【发明(设计)人】 刘浩；韩常玉；庄宇刚；董丽松
【摘要】 本发明涉及可生物降解的聚丁二酸丁二醇酯泡沫塑料及其制备方法。该泡沫塑料的构成为：聚丁二酸丁二醇酯数均分子量为3万至10万，其重量份数为100，发泡剂重量份数为1～20，助交联剂重量份数为0.2～5，填料重量份数为1～30；该泡沫塑料具有优异的物理性能，在使用后可完全生物降解；该泡沫塑料的制备方法为在聚丁二酸丁二醇酯中加入多功能团单体和化学发泡剂，经辐射交联后发泡，得到均匀、细密的可生物降解的聚丁二酸丁二醇酯泡沫塑料，其密度为0.05～0.35g/cm^3，压缩模量为0.5～33MPa，压缩强度为0.29～8.7MPa。

【名称】 改性热固性团状模压塑料材料及加工方法
【公开(公告)号】 CN101402788
【公开(公告)日】 2009.04.08
【申请(专利权)人】 福建山亚开关有限公司
【地址】 福建省福州市仓山区金山大道618号仓山园18－22幢
【发明(设计)人】 张锡南
【摘要】 本发明公开一种改性热固性团状模压塑料材料，包含下列原材料按重量组份混合而成，所有原材料总重量350份，2～3种不饱和聚酯树脂55～75份，2～3种低收缩树脂25～45份，内脱模剂1.2～1.6份，碳酸钙20～40份，氢氧化铝110～140份，偶联剂1～3份，引发剂0.7～2.7份，氧化镁0.5～0.8份，无碱玻纤短切纱12～25mm60～80份，色浆0～6份。此材料变形小、强度高、外观美观，适用于3～40.5kV供配电设备中的绝缘结构件。

【名称】 一种多功能可降解液态地膜、制备方法及应用
【公开(公告)号】 CN101402794
【公开(公告)日】 2009.04.08
【申请(专利权)人】 中国科学院遗传与发育生物学研究所
【地址】 河北省石家庄市槐中路286号
【发明(设计)人】 孙宏勇；张喜英；王学虎；陈素英；王艳梅；裴冬
【摘要】 本发明提供一种多功能可降解液态地膜，其组成包括如下重量比例的：聚醚多元醇－聚乙烯醇－聚天门冬氨酸盐聚合物15.0%～40.0%，乳化剂1.0%～5.0%，分散展着剂0.5%～5.0%，pH值调节剂0.1%～5.0%，防冻剂1.0%～5.0%，水余量；本发明地膜兑水喷施于土壤表面后，其中的高分子与土壤颗粒结合，可迅速在土壤表面形成一层黑色的固化膜，抑制土壤水分蒸发，促使土壤吸收较多的太阳能，起到提高地温的功效。液态地膜完全降解为农作物可吸收的腐植酸类有机肥、水和二氧化碳，降解产物有效促进土壤团粒的形成，水稳性团粒数量提高10%～15%，土壤容重可降低5%～10%。在沙性土壤地表喷施，有效减缓水分下渗，

保水、节约灌溉用水量。可在一定范围内替代塑料地膜，具有一定的社会意义及市场前景。

【名称】 一种导电热塑性粉末及其制备方法和应用
【公开(公告)号】 CN101402812
【公开(公告)日】 2009.04.08
【申请(专利权)人】 广州市鹿山化工材料有限公司
【地址】 广东省广州市黄埔区云埔工业区埔北路12号
【发明(设计)人】 陈占春；王大伟；汪加胜；唐舫成；范德辉；朱东湖
【摘要】 本发明公开了一种导电热塑性粉末，按重量份数计算配方包含以下组分：导电母料20~25份、接枝黏结母料10~15份、配合助剂47~74份。本发明采用高混机将特导电炭黑和聚乙烯粉料混合均匀，并通过双螺杆挤出机造粒备用；将造好的粒料与其他组合物再通过双螺杆挤出机造粒并磨粉，制得的导电热塑性粉末在保证高黏结强度的情况下，组合物的熔指提高，有较好的流平性，可以降低加工能耗，且具有良好的附着力。本发明可用于金属管材表面的涂覆，将塑料的优点与金属管材的优点有机的结合起来，可以应用于煤矿井下环境，延长了管材的使用年限，同时不降低管材的强度，减小了煤矿企业的投资。

【名称】 废弃塑料及橡胶热裂解设备的排渣装置
【公开(公告)号】 CN101402872
【公开(公告)日】 2009.04.08
【申请(专利权)人】 李建国
【地址】 甘肃省兰州市城关区南砖瓦窑4号301
【发明(设计)人】 李建国；李亚明
【摘要】 本发明涉及一种在处理废弃塑料及橡胶的热裂解设备中使用的，带有螺旋输送器的排渣装置，特别是用于水平布置的热裂解反应器的排渣装置。本发明是在裂解釜下部沿釜的纵向设置有螺旋推进装置，螺旋推进器的末端位于排渣通道内，在螺旋推进装置轴旁平行设置有至少一个驱动轴，驱动轴上各设置有可使渣产生扰动的装置，虽然这一装置不直接起到将渣排出反应釜的作用，但由于使渣形成不规则的运动，可以破坏渣的稳定，使其能不断地落入螺旋输送器内。

【名称】 氟塑料薄膜在线疵点检测系统和方法
【公开(公告)号】 CN101403704
【公开(公告)日】 2009.04.08
【申请(专利权)人】 东华大学；郑州市新大新科技实业有限公司
【地址】 上海市松江区松江新城区人民北路2999号
【发明(设计)人】 郝矿荣；邹林刚；丁永生；宋绍宁
【摘要】 本发明涉及一种氟塑料薄膜在线疵点检测系统和方法，包括并行图像传感器装置：由多个高分辨率线阵CCD组成以获得线阵图像；图像传感器阵列的控制装置：由多台工控机和触摸屏构成线阵CCD图像传感器阵列的控制装置，可同时对多个线阵CCD摄像机实现同步控制；图像传输和处理装置：与并行图像传感器装置相连，由多个工控机组成的工控局域网构成，可实现多个线阵CCD传感器的并行数据传输和数据处理；照明装置：采用适合运动带状缠绕材料特点的照明装置。本发明首次将像素点匹配的二次差分用于氟塑料薄膜的在线检测，避免了由于薄膜运动带来的测量误差。本发明广泛应用于航空、电子电气、化工、机械、建筑、轻纺、食品、医疗等行业。

【名称】 一种电镀生产设备用塑料联槽
【公开(公告)号】 CN101403130
【公开(公告)日】 2009.04.08
【申请(专利权)人】 匡优新
【地址】 江苏省无锡市惠山区钱桥镇藕塘东风工业园
【发明(设计)人】 匡优新
【摘要】 本发明为一种电镀生产设备用塑料联槽。其可以将清洗的污水及时排出，减少污水对工件的污染，同时安装方便、简捷。其包括由隔板分隔的进水槽、出水槽、溢流斗，出水口、溢流口，其特征在于：所述出水槽与所述进水槽的宽度一致，所述出水口沿着所述隔板水平间隔分布，所述溢流斗分布于所述出水槽内，所述溢流斗的底部接排污管道。

【名称】 一种利用液氮低温技术剥离废塑料电线外皮的方法及装置
【公开(公告)号】 CN101404194
【公开(公告)日】 2009.04.08
【申请(专利权)人】 天津理工大学
【地址】 天津市南开区红旗南路263号
【发明(设计)人】 崔宏祥；王志远；万钧；赵乾
【摘要】 一种利用液氮低温技术剥离废电线外皮的方法，按如下步骤实施将废塑料电线在常温下进行分拣、水洗、干燥，然后切割成3~5cm长度的块料；放入液氮中浸渍冷却10~15min；在辊压式粉碎设备中粉碎成颗粒；利用筛分分选设备进行分选。该装置由分拣机、水洗机、干燥机、切割机、预冷罐、浸渍冷却器、履带式输送机、辊压破碎机、换热器、筛分分选机、过滤器、冷凝器和液氮存储罐组成，并通过管道连接。本发明的优点是：利用塑料外皮在低温下处于脆化状态易粉碎且不产生降解和积累热的特性，生产技术先进、能量消耗低；破碎后的塑料颗粒保持物质原有的高弹性及固有的物理性能，再生品的品质好；不污染环境；容易实施，具有良好的经济效益。

【名称】 一种分离塑料粒子表面粉末的装置
【公开(公告)号】 CN101406883
【公开(公告)日】 2009.04.15
【申请(专利权)人】 上海金发科技发展有限公司；广州金发科技股份有限公司
【地址】 上海市朱家角工业园康园路88号
【发明(设计)人】 王培武；赵宇
【摘要】 本发明系对塑料粒子表面黏附的粉末进行分离去除的一种装置。一种分离塑料粒子表面粉末的装置，包括一个由风机为动力源，从风机的进、出口由风道管路相连的系统中，其特征在于在风机出风口相继接入振动分选组件和分离集尘单元。在封闭式振动箱体的中间，呈水平设置振动筛，振动筛的上部箱盖的出风口及下部箱盒的进风口均由柔性接管与风机的风道管路连接，在上部箱盖的出风口上设置阻挡筛，在箱体的振动筛上方分别开设进料口和出料口，振动筛和阻挡筛的筛网孔径均小于塑料粒子粒径，振动筛由振动机构驱动。本技术方案结构简单，设置配置容易，操作使用方便，可以充分、彻底、干净地从塑料粒子上分离出黏附的粉尘，并且将粉尘集中。

【名称】 塑料芦苇复合材料
【公开(公告)号】 CN101407074
【公开(公告)日】 2009.04.15
【申请(专利权)人】 李培石
【地址】 河南省林州市采桑镇舜王峪
【发明(设计)人】 李培石
【摘要】 本发明属材料领域，主要技术以芦苇为骨架，塑料为基体，通过芦苇的不同排列、堆砌适应各种用途的复合材料。

【名称】 注塑模伺服同步自动脱螺纹机构及其控制方法
【公开(公告)号】 CN101407103
【公开(公告)日】 2009.04.15
【申请(专利权)人】 顺德职业技术学院
【地址】 广东省佛山市顺德区大良德胜东路1号
【发明(设计)人】 畅国帏；乡碧云；许中明
【摘要】 一种注塑模伺服同步自动脱螺纹机构，包括模架、定模板、推板、动模板、螺纹型芯和设有螺纹的注塑件，其螺纹型芯和推板分别与转动机构和升降机构传动连接，两机构通过控制系统控制，以实现转动机构旋出螺纹的轴向速度与升降机构推出推板的速度一致。本发明在用步进电机脱螺纹情况下，配以用伺服控制的新型模具脱螺纹同步机构，从而较好地解决目前由于脱螺纹时不同步所造成的各种质量问题。可以适应不同螺距、不同塑料工件材料，突破传统机械式脱螺纹结构的限制，具有明显的技术先进性。有较好的应用价值和市场前景。其结构简单合理、高效率、高质量、操作方便、适用范围广。

【名称】 一种塑料挤出机水槽
【公开(公告)号】 CN101407107
【公开(公告)日】 2009.04.15
【申请(专利权)人】 上海金发科技发展有限公司；广州金发科技股份有限公司
【地址】 上海市朱家角工业园康园路88号
【发明(设计)人】 吴晶晶；周连风；杨定吉甫
【摘要】 本发明系对塑料挤出机挤出的条料进行冷却的一种水槽结构。一种塑料挤出机水槽，包括水槽本体，在水槽底部的两端开设进、出水口，其特征在于，在水槽本体进水口的上方设置呈开口向下的匣子状，底板为平板，周边为网孔板的防冲装置；在水槽本体出水口一端的侧部设置溢流集杂槽，在局部槽体与水槽本体之间设置一块平板形的溢流板，溢流板高度低于槽体高度，溢流板的上方覆盖一块网孔板型的集杂板，集杂板沿与溢流板相连接的边向下倾斜，局部槽体的底部开设一出水口。其优点在于：能有效缓解进水口的水压，使料条平稳通过水槽进入切粒系统，有效的解决了在拉条时易被烫伤问题，易于清理杂质，槽中水不会溢出，出水口不易堵。

【名称】 塑料膜焊接装置
【公开(公告)号】 CN101407111
【公开(公告)日】 2009.04.15
【申请(专利权)人】 四川蒙特工程建设有限公司
【地址】 四川省成都市武侯区二环路南三段三号
【发明(设计)人】 彭罡
【摘要】 本发明公开了一种塑料膜焊接装置，包括由驱动器带动的加热板、与加热板配合的加热电极和用于放置塑料膜的两个工作平台，将加热电极设置在两工作平台之间，加热板设置在加热电极上方。本发明不仅可用于普通塑料膜的焊接，尤其适用于乙烯－四氟乙烯共聚物膜的焊接，并且使焊接后的乙烯－四氟乙烯共聚物膜在接缝处的强度大于其本体强度，连接牢固，增强了安全性。

【名称】 塑料膜焊接器
【公开(公告)号】 CN101407112

【公开(公告)日】 2009.04.15
【申请(专利权)人】 四川蒙特工程建设有限公司
【地址】 四川省成都市武侯区二环路南三段三号
【发明(设计)人】 彭罡
【摘要】 本发明公开了一种塑料膜焊接器，包括牵引辊、加热辊和将塑料膜边缘叠加形成焊接层的叠加板，所述加热辊包括上加热辊和设置在上加热辊下方与上加热辊配合的下加热辊，所述叠加板包括上叠加板和设置在上叠加板下方与上叠加板配合的下叠加板。本发明不仅可用于普通塑料膜的焊接，尤其适用于乙烯－四氟乙烯共聚物膜的焊接，并且使焊接后的乙烯－四氟乙烯共聚物膜在接缝处的强度大于其本体强度，连接牢固，增强了安全性。

【名称】 抗菌塑料片状菜板及其制造方法
【公开(公告)号】 CN101407607
【公开(公告)日】 2009.04.15
【申请(专利权)人】 武汉璞儿抗菌用品有限公司
【地址】 湖北省武汉市武昌南湖花园江南村东1墅16号商铺
【发明(设计)人】 王毅忠
【摘要】 本发明公开了一种抗菌塑料片状菜板及制备方法，它由功能母粒、聚丙烯高分子材料、抗菌母粒一定比例配制，其步骤是：首先是将无机填料碳酸钙、滑石粉、立德粉、聚乙烯低分子蜡，直接加入聚丙烯高分子材料树脂中，混合机混合，造粒；其次是将无机硅酸盐抗菌剂、聚乙烯低分子蜡，直接加入聚丙烯高分子材料树脂中，混合，造粒；第三是功能母粒与聚丙烯高分子材料和无机含银离子的硅酸盐抗菌母粒的比例拌和；第四是将混合物倒入装有菜板模具的塑料注塑机中，加热，搅拌、溶解，注塑，成型，冷却；第五是将制成的含抗菌母粒与热塑性橡胶搅拌后，放置模具中，成型，得抗菌防滑菜板。本发明方法易行，操作简便，实用性强，防滑和抗菌效果好。

【名称】 PVC发泡建筑装饰材料及其制备工艺
【公开(公告)号】 CN101407613
【公开(公告)日】 2009.04.15
【申请(专利权)人】 胡大忠
【地址】 黑龙江省哈尔滨市南岗区花园街172号
【发明(设计)人】 胡大忠
【摘要】 本发明涉及一种PVC发泡建筑装饰材料及其制备工艺，将废弃经过筛选研磨后的PVC塑料，碳酸钙、稳定剂、抗氧剂、润滑剂、发泡剂、改质剂、发泡调节剂、分散剂、着色剂等按上述的重量比依次加入高混机中，混合5～10min后，(120～125℃)然后放入低温混合机中5～10min后，在35～45℃放料而得到的材料，再用平行锥型双螺杆挤出机挤出，定型、真空冷却、牵引贴膜、切割、检验、成品得到发泡的塑料制品。本发明适用于家庭、宾馆、办公室、娱乐场所，是绿色环保的最理想的家居装饰材料，也是家居最实用地板材料。

【名称】 一种阻燃PBT/PC塑料合金及其制作方法
【公开(公告)号】 CN101407621
【公开(公告)日】 2009.04.15
【申请(专利权)人】 佛山市顺德区金康业塑料有限公司
【地址】 广东省佛山市顺德区大良凤翔工业区金翔路3号
【发明(设计)人】 叶常青；郝勇；杨俊；李翠丽
【摘要】 本发明涉及一种阻燃PBT/PC塑料合金及其制作方法，阻燃PBT/PC塑料合金的原料组份包括主料和辅料，主料为聚对苯二甲酸丁二醇酯和聚碳酸酯，辅料包括相容剂、复合阻燃剂和抗氧剂，其特征是辅料还包括润滑剂，其中，各组份的质量份数依次为：(1)主料：1)聚对苯二甲酸丁二醇酯，30.1～55；2)聚碳酸酯，20～40；(2)辅料：1)相容剂，5～15；2)复合阻燃剂：四溴双酚A聚碳酸酯齐聚物，8～16；三氧化二锑，1.5～6；3)抗氧剂：0.2～0.4；4)润滑剂，0.2～0.6。本发明具有高效相容性、冲击韧性好、高效阻燃性、环保程度高、加工性能优异、材料成本低特点。

【名称】 一种耐高温、高强度的改性环氧树脂胶黏剂及其制备方法
【公开(公告)号】 CN101407708
【公开(公告)日】 2009.04.15
【申请(专利权)人】 中南大学
【地址】 湖南省长沙市河西麓山南路1号
【发明(设计)人】 李芝华；丑纪能；卢健体
【摘要】 一种耐高温、高强度的改性环氧树脂结构胶黏剂，首先用聚醚二元醇和2，4－甲苯二异氰酸酯反应制备得到聚氨酯预聚体(PUP)，然后在制备好的PUP中加入1，4－丁二醇及三羟甲基丙烷，经搅拌后一起加入TDE－85/E－51环氧树脂中；再将固化剂加入TDE－85/E－51环氧树脂中，最后加入固化促进剂。制备的胶黏剂韧性高，耐高温性能优异，反应活性高。固化后，胶黏剂的室温拉伸剪切强度达到25.81MPa，160℃高温拉伸剪切强度为12.85MPa，剥离强度达到51.68N/cm，可广泛应用于金属、陶瓷、塑料、木材等黏结。

【名称】 塑料圆织机棕杆的导向装置
【公开(公告)号】 CN101407965
【公开(公告)日】 2009.04.15

【申请(专利权)人】 周德川
【地址】 浙江省平阳县鳌江镇鳌江大道487号
【发明(设计)人】 周德川；黄美昌；叶萍萍；童广土
【摘要】 本发明公开了一种塑料圆织机棕杆的导向装置，包括长导向柱、上滑块、下滑块、上导向滑块、下导向滑块，所述长导向柱固定在底盘和中圈上，长导向柱上设有上滑块、下滑块、上导向滑块、下导向滑块，长棕杆紧固在下滑块和下导向滑块上，组成长棕杆组件，短棕杆紧固在上滑块和上导向滑块上，组成短棕杆组件。本发明克服了传统棕杆导向时，棕杆上端直接由棕杆进行导向、造成棕杆易磨损的缺陷，从而大大提高棕杆的使用寿命，减少织机的维护费用，提高织机生产效率。
【名称】 全自动泡沫塑料电动成型机
【公开(公告)号】 CN101412270
【公开(公告)日】 2009.04.22
【申请(专利权)人】 袁国清
【地址】 浙江省富阳市新登工业园区(方圆塑机)
【发明(设计)人】 袁国清；袁健华
【摘要】 一种全自动泡沫塑料电动成型机，涉及一种电驱动的全自动泡沫塑料成型设备。本成型机主要由支架、模具及快换模架装置、动模电驱动装置、制品自动取出装置、防护装置和控制系统等组成；支撑架上设有移模电驱动装置；本快换模架装置主要由行走座、固模框组成；提供的新型排水通道结构，主要是将固模框底部做了改进设计，将原采用前装模方式改为后装模方式；所述的锁紧拉杆机构由四根竖向丝杆导柱连接水平方向的四根拉杆构成，拉杆之间设有连结盘，连结盘下方的丝杆上固定有锁紧螺母。本发明移模驱动动力系统完全简化，不需庞大的液压驱动系统，仅由电机及动模运动导向和支撑机构即可实现动模运动。
【名称】 塑料薄膜包装袋的生产方法
【公开(公告)号】 CN101412294
【公开(公告)日】 2009.04.22
【申请(专利权)人】 吴建思
【地址】 广东省揭西县东园镇桃围村委仙宝村56号
【发明(设计)人】 吴建思
【摘要】 一种能够提高生产效率、降低生产成本的塑料薄膜包装袋的生产方法，包括塑料薄膜折边、边重叠、热焊接等成型步骤，特点是还包括以下步骤：先将运行中的塑料薄膜进行开孔，再将运行中的黏贴有易拉贴的底纸卷上的易拉贴黏贴于已经开孔的塑料薄膜上，该易拉贴将塑料薄膜上的孔完全覆盖，易拉贴与底纸分离，底纸回收，已经开孔的且黏贴有易拉贴的塑料薄膜进入折边、边重叠、热焊接等成型步骤。开孔的工具是滚刀。所述的易拉贴与底纸分离，包括黏贴有易拉贴的底纸接触已经开孔的塑料薄膜，易拉贴逐渐脱离底纸同时逐渐黏贴于已经开孔的塑料薄膜。所述的底纸为格拉辛离型底纸，其表面涂有轻离型硅油。该方法用于生产卫生巾、纸巾、食品、茶叶、日用品等塑料包装袋。
【名称】 塑料折叠箱
【公开(公告)号】 CN101412446
【公开(公告)日】 2009.04.22
【申请(专利权)人】 上海派瑞特塑业有限公司
【地址】 上海市金山区亭林镇兴工路1号
【发明(设计)人】 张纪明；胡波
【摘要】 一种塑料折叠箱，包括底座、前侧板、后侧板、左侧板、右侧板，其特征在于：所述的前侧板、后侧板、左侧板、右侧板与底座的连接处设有铰链，所述的前侧板与左侧板、右侧板的连接处都设有弹簧锁，所述的后侧板与左侧板、右侧板的连接处都设有弹簧锁，所述的前侧板、后侧板上设有门。本发明的优点在于重量轻、强度高、可折叠、回收节省空间比例高、方便装配和拆卸、易清洗。
【名称】 发光塑料瓶及其制备方法
【公开(公告)号】 CN101412444
【公开(公告)日】 2009.04.22
【申请(专利权)人】 骆红星
【地址】 海南省海口市美兰区龙舌坡428号司法厅2栋201
【发明(设计)人】 骆红星
【摘要】 本发明涉及一种发光瓶子及其制备方法，属食品饮料包装类，其特征是：一种用发光复合塑料制成的瓶子，是将发光粉直接共熔于制瓶原料中，按常规方法吹制而成，发光瓶子是新一代更换产品，定会受到广大消费者和厂家的青睐，具有广阔的市场前景和良好的社会经济效益。
【名称】 保温增温箱箱体的塑料原辅料配方
【公开(公告)号】 CN101412827
【公开(公告)日】 2009.04.22
【申请(专利权)人】 上海康捷保塑料制品有限公司
【地址】 上海市徐汇区陕西南路888号6号楼35楼A4室
【发明(设计)人】 刘石
【摘要】 本发明提供了一种保温增温箱箱体的塑料原辅料配方，其原辅料成份和配比是：HDPE高密度聚乙烯80kg、LDPE低密度聚乙烯15kg、LLDPE线性低密度聚乙烯3kg，EVA乙烯-醋酸乙烯2kg，色母粒0.03kg，纳米级塑料功能改性剂0.3kg，填充料

0.5kg。本发明通过对HDPE高密度聚乙烯材料进行改性再改性，使塑料表面增加微孔，因此提高了塑料壳体内、外表面塑料薄板与PU聚氨酯泡沫保温层的结合力，从而有效克服保温增温箱塑料壳体易变形、开裂的缺陷。

【名称】 一种改性聚丙烯组合物及其制备方法
【公开(公告)号】 CN101412828
【公开(公告)日】 2009.04.22
【申请(专利权)人】 中国石油化工股份有限公司；中国石油化工股份有限公司北京化工研究院
【地址】 北京市朝阳区惠新东街甲6号
【发明(设计)人】 乔金樑；张晓红；高建明；宋志海；张红彬；赖金梅；蔡传伦
【摘要】 本发明提供一种改性聚丙烯组合物及其制备方法，涉及成核剂改性聚丙烯塑料技术。该组合物包含有共混的聚丙烯树脂和复合了成核剂的粉末橡胶，所述复合粉末橡胶的总重量和聚丙烯树脂总重量的比为(0.005~3)∶100。其中所述复合粉末橡胶是通过将经过或不经过辐照硫化的橡胶胶乳和有机羧酸盐类成核剂的水溶液或乳液，按所需的干重的比例混合并搅拌均匀，然后经干燥所制得的。所述粉末橡胶，其橡胶粒子的平均粒径为20~2000nm，凝胶含量大于等于60%重量；其中所含橡胶的重量与所含成核剂的重量比为(99∶1~10∶90)。本发明的聚丙烯组合物，由于复合成核剂的粉末橡胶中橡胶相和成核剂组分在聚丙烯基体中能够均匀分散，可以具有良好的刚性、耐热性而且同时获得高的韧性。

【名称】 尼龙66超韧级热塑性工程塑料
【公开(公告)号】 CN101412846
【公开(公告)日】 2009.04.22
【申请(专利权)人】 上海耐特复合材料制品有限公司
【地址】 上海市嘉定区安亭镇曹安路5388号
【发明(设计)人】 陈勋森
【摘要】 本发明涉及一种尼龙66超韧级热塑性工程塑料，该工程塑料包含尼龙66树脂、增韧中间体、聚乙烯、偶联剂，所述的尼龙66树脂为400~700重量份，所述的增韧中间体为100~300重量份，所述的聚乙烯为10~200重量份，所述的偶联剂为1~20重量份。与现有技术相比，本发明的尼龙66超韧级热塑性工程塑料具有良好的耐磨性、耐热性、耐油性及耐化学药品性，采用乙烯共聚物接枝马来酸酐体系进行增韧改性，改性后的超韧尼龙可以耐辐射，耐紫外线，并具有优异的机械强度，尤其是具有优异的低温耐冲击性能，可用于耐低温零部件，应用范围广。

【名称】 塑料圆织机凸轮
【公开(公告)号】 CN101413174
【公开(公告)日】 2009.04.22
【申请(专利权)人】 周德川
【地址】 浙江省平阳县鳌江镇鳌江大道487号
【发明(设计)人】 周德川；吴劲松
【摘要】 本发明公开了一种塑料圆织机凸轮，包括凸轮座和安装在凸轮座上的凸轮圈，所述凸轮圈由二块或以上的弧形导板拼装而成，所述弧形导板的外周面上开有凸轮槽。本发明采用拼装式凸轮结构，即凸轮用凸轮座和凸轮圈构成，并凸轮圈采用多块弧形导板拼装而成，故使弧形导板采用工程塑料等轻质高性能材料成为可能，在保证凸轮强度和耐磨性不变的前提下，大大减轻凸轮的重量和转动惯量，改善织机的启动与停机性能，达到减少编织废品率、节约电能和降低成本的效果。

【名称】 静电消除装置及塑料产品表面消除静电的方法
【公开(公告)号】 CN101415290
【公开(公告)日】 2009.04.22
【申请(专利权)人】 鸿富锦精密工业(深圳)有限公司；鸿海精密工业股份有限公司
【地址】 广东省深圳市宝安区龙华镇油松第十工业区东环二路2号
【发明(设计)人】 吕育翰
【摘要】 本发明提供一种静电消除装置，其包括：机械手、控制系统以及设置于机械手的离子化空气发生装置。机械手包括机械手臂及与该机械手臂相连的夹持部。离子化空气发生装置包括离子化空气输出端。控制系统分别与机械手臂和离子化空气发生装置相连，用于分别控制机械手、夹持待处理物件的同时使离子化空气发生装置向待处理物件喷射离子化空气，以消除静电。该静电消除装置，可方便快捷的消除产品表面静电。本发明还提供一种塑料产品表面消除静电的方法。

【名称】 利用植物秸秆和废旧塑料制造木塑复合材料的方法及其材料
【公开(公告)号】 CN101417459
【公开(公告)日】 2009.04.29
【申请(专利权)人】 新疆天玖凯帝复合材料有限公司
【地址】 新疆维吾尔自治区石河子市乌伊公路210号
【发明(设计)人】 成玉彪；李建新；黄立新；朱玉
【摘要】 本发明涉及一种利用植物秸秆和废旧塑料制造木塑复合材料的方法及其材料，将聚酯和植物木质纤维材料如木屑、竹粉、稻壳、秸梗等材料按一定比例混合，并添加特制的助剂，经高温、挤压、成型等工艺制成复合建筑型材，该木塑材料可代替木材、塑料等，主要用于包装、建材、家具、物流等行业。本发明加工工艺简单，所生产的产品具有良好的加工性能和强度性能、优良的耐水、耐腐性能以及可调整性能，原料来源和用途都十分广泛，尤其是可以利用北方地膜种植模式下所回收的含有残旧地膜的植物秸秆和废旧塑料进行生产，既废旧利用，又能有效地抑制目前地膜种植对土地的污染。

【名称】 汽车塑料饰件机械式冲孔机

【公开(公告)号】 CN101417445

【公开(公告)日】 2009.04.29

【申请(专利权)人】 钱周忠

【地址】 江苏省江阴市开发区澄江东路1号

【发明(设计)人】 施荣海；刘彬；钱周忠

【摘要】 本发明涉及一种汽车塑料饰件机械式冲孔机，主要用于汽车塑料饰件的机械式冲孔。包括底座(13)和整体支架(2)，整体支架(2)包括立柱(2.1)、横梁(2.2)和工作台(2.3)，横梁(2.2)与工作台(2.3)之间的立柱(2.1)内侧还竖直设置有一导轨(11)，立柱(2.1)的外侧竖直设置有一气缸(12)，该气缸(12)的缸尾与底座(13)外侧铰接，该气缸(12)的活塞杆与一连杆机构(3)铰接，该连杆机构(3)与一连接块Ⅰ(4)铰接，该连接块Ⅰ(4)的下方用弹簧(8)弹性连接有压块(6)，该压块(6)中间竖向开设有一冲头孔，该冲头孔内竖直插置有一冲头(10)，该冲头(10)上端与所述连接块Ⅱ(5)下端固定连接。本发明能冲切带圆角的直孔和异型孔。

【名称】 发泡塑料射出成型方法及其设备

【公开(公告)号】 CN101417495

【公开(公告)日】 2009.04.29

【申请(专利权)人】 联塑(杭州)机械有限公司；陆孝庭

【地址】 浙江省临安市经济开发区南环61号

【发明(设计)人】 韩志翔；陆孝庭

【摘要】 本发明所述的发泡塑料射出成型方法包含：形成发泡塑料融液，注入储料机筒，将融液压出储料机筒、二次注气后注入射出机筒，同时使螺杆暂停转动，最后射出成型。本发明所述的发泡塑料射出成型装置，包括加料机筒、储料机筒，加料机筒内腔的前端连通储料机筒的内腔，储料机筒设有压出机构、第一容量测量机构，储料机筒的容腔的前端通过第二止回阀连通射出机筒的内腔，第二止回阀后连接第二输气装置，射出机筒装有射出机构和射出量测量机构，射出机筒前端装有搅拌机和喷嘴。可制造高减重比的发泡塑料。

【名称】 一种塑机料管

【公开(公告)号】 CN101417499

【公开(公告)日】 2009.04.29

【申请(专利权)人】 联塑(杭州)机械有限公司；陆孝庭

【地址】 浙江省临安市经济开发区南环61号

【发明(设计)人】 陈文魁；韩志翔

【摘要】 一种塑机料管，包括管体，所述管体前端设有射出部，所述管体上设有塑料颗粒的进料口，螺杆设置于所述的管体内，所述管体的内腔壁上设有前后延伸的凸条。本发明具有送料速度快、可设置较高的保压力的优点。

【名称】 一种PE塑料管与PE钢丝网骨架塑料复合管的连接方法

【公开(公告)号】 CN101417505

【公开(公告)日】 2009.04.29

【申请(专利权)人】 广东联塑科技实业有限公司

【地址】 广东省佛山市顺德区龙洲路龙江段联塑工业村

【发明(设计)人】 杨继跃

【摘要】 本发明公开了一种PE塑料管与PE钢丝网骨架塑料复合管的连接方法，包括的步骤为：将PE钢丝网骨架塑料复合管插入PE电热熔套；从PE电热熔套的另一端插入PE塑胶管；使PE电热熔套的电熔芯通电发生热熔，实现PE钢丝网骨架塑料复合管和PE塑胶管连接。采用本发明所述的连接方式连接管道，管件连接焊接安全，而且管材的连接强度和密封性能都得到很大提高，实用性高，易于推广，使得管道安装技术得到更进一步的发展，具有广阔的应用前景。

【名称】 一种流延膜用热塑性聚氨酯树脂及其生产配方

【公开(公告)号】 CN101418069

【公开(公告)日】 2009.04.29

【申请(专利权)人】 于龙洲

【地址】 江苏省泰州市高港区科技园展帆路1号

【发明(设计)人】 于龙洲

【摘要】 本发明公开了一种流延膜用热塑性聚氨酯树脂及其生产配方，应用于塑料工业的熔融流延加工，成品为TPU薄膜，具有高模量、高强度、高伸长和高弹性，优良的耐磨、耐油、耐低温、耐老化性能。生产原料为：(1)大分子二醇采用分子量为1500的聚已二酸-1，4丁二醇酯二醇；(2)扩链剂采用1，4丁二醇；(3)二异氰酸酯采用二苯基甲烷二异氰酸酯(MDI)。分子结构参数：软段浓度

45.5%、硬段浓度 54.5%、异氰酸酯指数 NCO/OH 为 1.02。

【名称】 聚乙烯/尼龙塑料合金及其生产方法和其相容结合剂

【公开(公告)号】 CN101418093

【公开(公告)日】 2009.04.29

【申请(专利权)人】 张发饶

【地址】 浙江省宁波市北仑区明州西路科技创业园天麟座 B1 宁波能聚工程塑料有限公司

【发明(设计)人】 张发饶

【摘要】 一种聚乙烯/尼龙塑料合金及其生产方法和其相容结合剂，其步骤依次为：(1)PE－PA 相溶结合剂的制备：首先配置混合液：按比例称取马来酸酐、硫化剂双二五、接枝第二单体己内酰胺，搅拌均匀，再加入稀释剂，搅拌均匀并冷却到常温，制成混合液；再制备 PE－PA 相容结合剂：按配比将高密度聚乙烯、聚丙烯、混合液彻底混合均匀后，用双螺杆挤出机进行反应挤出造粒，得到 PE－PA 相容结合剂；(2)低成本高性能聚乙烯/尼龙塑料合金按照合金比例配方，将 PE－PA 相容结合剂、高密度聚乙烯、尼龙 66、分散剂、抗氧化剂、加工助剂混合均匀后，用双螺杆挤出造粒机进行挤出造粒，在加工过程中，导入计量好的、已经表面处理过的玻璃纤维，得到 HDPE/PA66/GF 合金粒料。其性能高，价格低，基本上可替代纯的 PA6。

【名称】 塑料合金及其制备方法和应用

【公开(公告)号】 CN101418095

【公开(公告)日】 2009.04.29

【申请(专利权)人】 济南志信电力设备制造有限公司

【地址】 山东省济南市长清区归德工业开发区

【发明(设计)人】 吴志平；李方文；吴志新

【摘要】 本发明公开了一种塑料合金及其制备方法和应用属于一种高分子化合物为原料的组合物及其制备方法，特别是以超高密度聚乙烯和聚氨酯为主要原料的高分子化合物的组合物。本发明公开了一种以超高密度聚乙烯、聚氨酯为主要原料的 UHMWPE－LCPU－EAA 塑料合金制备技术，该塑料合金与钢板或钢管具有非常高的黏合强度，以保证复合层不脱落，不堵塞管道，降低流动阻力，耐腐蚀、耐磨损，提高使用寿命，本发明公开的塑料合金为内衬材料的复合钢管为化工行业提供了一种长寿命、耐腐蚀、耐磨损的物料传输管道，同时为城市主干供水管网，提供一种新的管道。

【名称】 空腔塑料聚氨酯金属复合板

【公开(公告)号】 CN101418598

【公开(公告)日】 2009.04.29

【申请(专利权)人】 孟真

【地址】 山东省烟台市牟平区政府大街 520 号王虹转

【发明(设计)人】 孟真

【摘要】 本发明公开了一种空腔塑料聚氨酯金属复合板，它包括聚氨酯层(1)，其特点是在聚氨酯层(1)上设骨架层(2)，然后再在骨架层(2)上设空腔层(3)，最后在空腔层(3)上设金属板层(4)；骨架层(2)、空腔层(3)和金属板层(4)可设在聚氨酯层(1)的下面；骨架层(2)、空腔层(3)和金属板层(4)还可对称地设在聚氨酯层(1)的上下两面，形成双空腔塑料聚氨酯金属复合板；具有减少污染环境、材料保温性能好、隔音效果好、施工工艺简单等优点。

【名称】 塑料管强度检测仪

【公开(公告)号】 CN101419142

【公开(公告)日】 2009.04.29

【申请(专利权)人】 卢能晓

【地址】 浙江省临海市军体路 8 号台州初级中学

【发明(设计)人】 叶家祺；卢能晓

【摘要】 本发明是塑料管强度检测仪，包括传感器和放大电路，传感器是在一个电动拖板的滑块上装有和拖板走向垂直的应变传感器，应变传感器上装有划针，电动拖板固定在基座上，基座的左右两端还装有固定塑料管的卡脚，应变传感器的信号输出线和放大电路的输入端电连接。检测时，基座通过卡脚夹在塑料管上，划针刺入塑料管表面，电机带动拖板滑块移动，划针对塑料进行微观的剪切、挤压、拉伸，划针受到的阻力作用于应变传感器，通过放大电路放大，显示出塑料材料的强度大小。本装置具有损伤轻微，检测快速、准确的优点。

【名称】 修补抛光高光塑料表面的抛光头及其方法

【公开(公告)号】 CN101422880

【公开(公告)日】 2009.05.06

【申请(专利权)人】 四川长虹电器股份有限公司

【地址】 四川省绵阳市高新区绵兴东路 35 号

【发明(设计)人】 廖松涛；魏友军；彭成

【摘要】 本发明提供一种对免喷涂、高光塑料表面擦、划伤的修补抛光的抛光头及其方法。修补抛光高光塑料表面的抛光头，由芯部和表层部组成，芯部的材料的硬度为邵氏 30～50 度；表层部的材料的纤维细度小于 0.4μm。高光塑料表面的修补抛光方法，该方法包括以下步骤：1)制作抛光头；2)清洁；3)初抛；4)抛光膏的涂覆；5)精抛；6)清洁和保护。本发明的抛光头具有良好的吸水性和柔软度，采用本发明方法对高光塑料零件表面损伤位置处理后，修补区域可以达到未修补前同等表面质量的水平，完全消除擦伤，大大减轻深度划伤对外观的影响。本发明方法成本较低，修补抛光一处擦、划伤时，耗材成本低于1元人民币。

【名称】 塑料模具分型面进气脱模机构
【公开(公告)号】 CN101422938
【公开(公告)日】 2009.05.06
【申请(专利权)人】 李新贵
【地址】 浙江省台州市黄岩西工业园区康强路33号黄岩精科模具有限公司内
【发明(设计)人】 李新贵
【摘要】 塑料模具分型面进气脱模机构，包括凸模和凹模组成，在凸模上装有推板，在凹模上装有拉钩，拉钩与推板相接触，其特征在于凹模中制有吹气道，吹气道有进气口和出气口，在凸模中制有顶部风道和多个分型面进风道，顶部风道有进风口和排风口，各个分型面进风道分别有注风口和吹风口，各自吹风口产生的气流位于凸模与塑料制品之间的空隙中。本脱模机构的脱模时间短，在注塑机开模完成时间内塑料制品就可自动脱落，提高生产效率。另一方面，推板推出的行程短，模具影响小，使用寿命长。

【名称】 塑料包装膜生产线的张力控制系统
【公开(公告)号】 CN101422961
【公开(公告)日】 2009.05.06
【申请(专利权)人】 大连橡胶塑料机械股份有限公司
【地址】 辽宁省大连市周水子广场一号
【发明(设计)人】 闫志国；任允通；于洪涛；浦松；贾连东
【摘要】 塑料包装膜生产线的张力控制系统，由三个张力段串联组成，上牵引至下牵引之间为一个张力段，下牵引至摩擦卷为一个张力段，摩擦卷至中心卷取为又一个张力段，上牵引电机、下牵引电机及摩擦卷取电机分别给定速度给定值，下牵引电机、摩擦卷取电机及中心卷取电机分别给定张力给定值，各张力段给定值与反馈值均送至控制器进行PID运算，由控制器送出控制信号实施三个张力段不同张力要求的控制。本发明实施分段不同张力要求的控制，使整机速度全线联动，平稳运行，没有因张力过大而产生的断膜、过度拉伸以及张力过小而引起的堆膜、松卷等现象，进一步提高制品质量和精度，达到国际先进水平的生产线。

【名称】 一种高纯微粉硅胶塑料开口剂的生产方法
【公开(公告)号】 CN101423216
【公开(公告)日】 2009.05.06
【申请(专利权)人】 山西天一纳米材料科技有限公司
【地址】 山西省晋中市榆次区经纬路134号
【发明(设计)人】 张原僖；周日升；庚廷瑞；赵建卿；梁建强；王洁
【摘要】 一种高纯微粉硅胶塑料开口剂的生产方法，用高纯度水玻璃与硫酸反应生成硫酸钠与硅酸，将硫酸钠水洗后得硅酸胶体，经离心脱水与微波干燥后得纯净二氧化硅粉体，经气流粉碎机粉碎得高纯微粉硅胶塑料开口剂。本发明的一种高纯微粉硅胶塑料开口剂的生产方法工艺简单，所得产品纯度高，粒径小，适合高档塑料薄膜的生产与使用。能显著提高薄膜的优级品率，降低产品成本；提高膜的拉伸屈服强度，一般可达13.5～14.5MPa；提高膜的拉伸断裂伸长率至1400%左右；显著减少膜的鱼眼数。

【名称】 一种片材用热塑性聚氨酯树脂及其生产配方
【公开(公告)号】 CN101423597
【公开(公告)日】 2009.05.06
【申请(专利权)人】 于龙洲
【地址】 江苏省泰州市高港区科技园展帆路1号
【发明(设计)人】 于龙洲
【摘要】 本发明公开了一种片材用热塑性聚氨酯树脂及其生产配方，应用于塑料工业的熔融压延加工，成品为TPU片材(厚度0.08～2mm)，跨越橡胶和塑料，既有橡胶的柔性，又有塑料的钢性。承载能力、吸收能量、抗切割性、低温柔性以及耐油性、耐天候老化等性能都很优异。本发明突破了传统，不使用扩链剂，直接由低聚物多元醇和多异氰酸酯采用本体聚合一步法得到TPU，低聚物多元醇采用分子量为3000的聚己二酸-1，4丁二醇酯二醇，多异氰酸酯采用二苯基甲烷二异氰酸酯(纯MDI)，两者按摩尔比1:1投料。

【名称】 一种阻燃型全硫化聚烯烃热塑性弹性体及其制备方法
【公开(公告)号】 CN101423631
【公开(公告)日】 2009.05.06
【申请(专利权)人】 中国石油化工股份有限公司；中国石油化工股份有限公司北京化工研究院
【地址】 北京市朝阳区惠新东街甲6号
【发明(设计)人】 谭邦会；张晓红；乔金樑；高建明；黄帆；宋志海；魏根栓；赖金梅
【摘要】 本发明提供一种阻燃型全硫化聚烯烃热塑性弹性体及其制备方法，涉及热塑性弹性体领域。本发明通过将聚烯烃塑料、溴类阻燃剂、锑氧化物类辅助阻燃剂及橡胶组分经熔融共混得到阻燃型全硫化聚烯烃热塑性弹性体。其中橡胶组分为具有交联结构的橡胶粒子。所述橡胶粒子的平均粒径为0.02～1μm，凝胶含量为60%重量或更高。所述橡胶组分与聚烯烃塑料的重量比为(30:70)～(80:20)。溴类阻燃剂的用量以除溴类阻燃剂及辅助阻燃剂以外的所有原料重量计为5%～30%wt，辅助阻燃剂用量以此计为5%～12%wt。本发明全硫化聚烯烃热塑性弹性体具有良好综合性能，可达到UL94阻燃标准的V-0级阻燃水平。

【名称】 一种高刚性高耐热性聚丙烯组合物及其制备方法

【公开(公告)号】 CN101423636

【公开(公告)日】 2009.05.06

【申请(专利权)人】 中国石油化工股份有限公司；中国石油化工股份有限公司北京化工研究院

【地址】 北京市朝阳区惠新东街甲6号

【发明(设计)人】 张晓红；乔金樑等

【摘要】 本发明提供一种高刚性高耐热性聚丙烯组合物及其制备方法，涉及成核剂改性聚丙烯塑料技术。该组合物包含有共混的聚丙烯树脂和复合了成核剂的粉末橡胶，所述复合粉末橡胶的总重量和聚丙烯树脂总重量的比为(0.001～3):100。其中所述复合粉末橡胶是通过将经过或不经过辐照硫化的橡胶胶乳和有机磷酸酯类成核剂的水溶液或乳液，按所需的干重的比例混合并搅拌均匀，然后经干燥所制得的。所述粉末橡胶，其橡胶粒子的平均粒径为20～2000nm，凝胶含量大于等于60%重量；其中所含橡胶的重量与所含成核剂的重量比为(99:1)～(10:90)。本发明的聚丙烯组合物，由于复合成核剂的粉末橡胶中橡胶相和成核剂组分在聚丙烯基体中能够均匀分散，可以具有良好的刚性而且同时获得高的热变形温度及透明性。

【名称】 低烟无卤耐燃热塑性弹性体

【公开(公告)号】 CN101423646

【公开(公告)日】 2009.05.06

【申请(专利权)人】 益阳达普林科技有限公司

【地址】 湖南省益阳市赫山区益阳大道698号益安小区11栋汤彬转

【发明(设计)人】 张大志

【摘要】 本发明公开了一种低烟、无卤、耐燃的低烟无卤耐燃热塑性弹性体，其特征是以重量100%计，SEBS 30%～70%，PPO 15%～45%，PS 5%～15%，阻燃剂4%～12%，稳定剂1%～3%，本产品不含卤素，符合欧盟ROHS标准；可通过UL耐燃VW-1测试；由于采用本身具有阻燃的极性工程塑料，既可印刷，又提高基体的阻燃性，且采用高黏度的液体阻燃剂，既可作阻燃剂又起到一定增塑作用，硬度范围在70～80ShoreA之间，其延伸率超过400%，拉伸强度>12MPa；也提高了其耐热变温度，使用温度达-35～150℃；又由于没有使用常规的MgOH、AlOH等高比重且高比例投放的阻燃剂，基体轻质，比重可控制在1.0～1.05；同时由于产品采用物理交联，可100%回收使用。

【名称】 可降解的电缆用塑料绝缘和护套材料及电缆

【公开(公告)号】 CN101423654

【公开(公告)日】 2009.05.06

【申请(专利权)人】 江苏中超电缆股份有限公司

【地址】 江苏省宜兴市西郊工业园振丰东路

【发明(设计)人】 吴鸣良；孙曙光

【摘要】 本发明公开了一种可降解的电缆用塑料绝缘和护套材料，要解决的技术问题是增强材料的电性能和物理机械性能。本发明的可降解的电缆用塑料绝缘和护套材料包含的重量比组分为：可降解树脂100份，抗铜剂0.02～0.2份，偶联剂0.5～4.5份，抗氧剂0.05～0.1份，补强剂5～40份。本发明的电缆的导体外包覆有绝缘层，绝缘层包含有降解树脂100份，抗铜剂0.02～0.2份，偶联剂0.5～4.5份，抗氧剂0.05～0.1份，补强剂5～40份。本发明与现有技术相比，在满足可降解的电缆塑料绝缘和护套材料降解的前提下，提高了其使用时的电性能和物理机械性能。

【名称】 一种用于塑料表面防静电的紫外光固化涂料及其制备方法

【公开(公告)号】 CN101423675

【公开(公告)日】 2009.05.06

【申请(专利权)人】 四川大学

【地址】 四川省成都市双流县川大路

【发明(设计)人】 黄婉霞；智茂永；刘兴豪；何鹏；刘小杰

【摘要】 本发明涉及一种用于塑料表面防静电的紫外光固化涂料及其制备方法，尤其是含有金属氧化物系导电粉末或复合导电粉末的光固化涂料。该涂料的组成和配比为：低聚物含量为30%～70wt%，活性稀释剂含量为25%～65wt%，光引发剂含量为0.5%～10wt%，导电粉末含量为5%～40wt%，助剂含量为0.2%～8wt%，溶剂含量为0%～50wt%。因为添加的金属氧化物系导电粉末或复合导电粉末为白色或浅色，制备的光固化涂料具有易于调色的特点，并且具有持久防静电性、很高的硬度和耐磨性，可用于电子设备、塑料容器、电器外壳、办公用品和体育器材等塑料制品表面的防静电。

【名称】 一种利用废旧聚苯乙烯制备无毒胶黏剂的方法
【公开(公告)号】 CN101423738
【公开(公告)日】 2009. 05. 06
【申请(专利权)人】 上海大学
【地址】 上海市宝山区上大路99号
【发明(设计)人】 陈晋阳；沈岚；金鹿江
【摘要】 本发明涉及一种利用废旧聚苯乙烯泡沫废塑料制备无毒胶黏剂的方法，本发明的工艺步骤为：(1)将废旧聚苯乙烯泡沫塑料剪切破碎成粒度为16～32目粉粒，随后清洗烘干；(2)用乙酸乙酯和d－柠檬烯的混合溶剂溶解；(3)加入增塑剂邻苯二甲酸二丁酯在76～78℃下搅拌60min；(4)加入丙烯酸和顺丁烯二酸酐混合改性剂，加热搅拌；(5)冷却至50～55℃，随后加入OP－10乳化剂和十二烷基苯磺酸钠，加热搅拌混合均匀；(6)调节乳液pH值，加入少量氢氧化钠固体粉末，调节其pH值为5～6，即得乳白色黏稠状乳液胶黏剂。本发明方法制得的胶黏剂黏接性能好，而且具有一定耐水性、耐酸性和耐碱性。本发明方法利用的有机溶剂无毒，有利于环保。此胶黏剂可用于木材、纸张、铝材及陶瓷材料的黏接。
【名称】 一种可混料的塑料粒子储料罐
【公开(公告)号】 CN101428201
【公开(公告)日】 2009. 05. 13
【申请(专利权)人】 上海金发科技发展有限公司；广州金发科技股份有限公司
【地址】 上海市青浦区朱家角工业园康园路88号
【发明(设计)人】 何威
【摘要】 本发明系一种储存物料的容器，特别是涉及一种储存塑料粒子的储料罐结构。一种可混料的塑料粒子储料罐，包括圆柱形罐体，罐体的下部呈圆椎形，圆椎形底部有出料口，罐体下部的外壁有长杆件组成的支撑架，在罐体顶部盖板近罐壁处开设进料口；在罐体盖板的中心处，在盖板外部设置电机，电机输出轴向下，经联轴器与盖板内部的螺旋搅拌器连接；在螺旋搅拌器外周设置筒套，筒套外壁由杆件组成的固定架支撑在罐体的内壁。采用本技术方案所述的塑料粒子储料罐，既可以作为普通储料使用，在需要混色、混合时，又可以方便地进行混料，省去了为混料的搬运、装入、卸出、清理等工序，节约的人力和时间，产生了很大的经济效益。
【名称】 滚塑成型方法
【公开(公告)号】 CN101428456
【公开(公告)日】 2009. 05. 13
【申请(专利权)人】 王军海
【地址】 浙江省嵊泗县菜园镇东花苑A幢401室
【发明(设计)人】 王祥富
【摘要】 本发明提供的滚塑成型方法，先将塑料及其他原料加入中空模具[1]中，然后不断旋转或摆动模具，同时加热模具，待塑料原料熔融黏附于模具中空腔的表面形成中空半成品后，再经冷却定型而成制品，其中在冷却过程中向半成品的空心腔内用压缩空气给压。本发明提供的滚塑成型方法，在冷却时对半成品的空心腔内施压，使塑料与模具之间紧密贴合阻止塑料层脱离模具表面，与现有技术相比，本发明方法所制得的产品在冷却过程中不会变形，质量更好。
【名称】 塑料材料与金属部件的接合方法及其产品
【公开(公告)号】 CN101428460
【公开(公告)日】 2009. 05. 13
【申请(专利权)人】 中国香港生产力促进局
【地址】 中国香港九龙
【发明(设计)人】 李国强；孙国伟；岑振辉
【摘要】 本发明公开了一种塑料材料与金属部件的接合方法，包括如下步骤：将该金属部件布置在模具内；将该塑料材料和接合剂的熔融状混合物注塑到该模具中；以及冷却该混合物从而使得该塑料材料在凝固成型时与金属部件接合。本发明还公开了一种通过上述方法形成的塑料金属复合产品。
【名称】 发泡塑料射出成型方法及其射出装置
【公开(公告)号】 CN101428462
【公开(公告)日】 2009. 05. 13
【申请(专利权)人】 联塑(杭州)机械有限公司；陆孝庭
【地址】 浙江省临安市经济开发区南环61号
【发明(设计)人】 韩志翔
【摘要】 本发明所述的发泡塑料射出成型方法包含：形成发泡塑料融液、注入储料机筒、注入射出机筒、射出成型、调整储料机筒的压出量。本发明所述的发泡塑料射出成型装置，包括加料机筒、储料机筒，储料机筒的容腔的前端通过一止回阀连通射出机筒的内腔，射出机筒还装有定量射出机构和射出量测量机构，射出机筒前端装有搅拌机和喷嘴；还有一连接所述的射出机筒的射出量测量机构和储料机筒的压出量测量机构的中央控制器，所说的中央控制器比较当次射出量和当次压出量，在两者不相等的情况下输出调整命令信号至储料机筒的定量压出机构、加料机筒上的输器装置、料斗。
【名称】 松散塑料吹膜扁丝二用单螺杆挤出机
【公开(公告)号】 CN101428467

【公开(公告)日】 2009.05.13
【申请(专利权)人】 李亚六
【地址】 海南省万宁市后安镇乐来墟乐声矿品加工厂
【发明(设计)人】 李亚六
【摘要】 本发明公开了一种松散塑料吹膜扁丝二用单螺杆挤出机。该机由减速器(1)、机筒(2)与螺杆(3)三大部分组成。它的进料口容易喂料与进料段有充分的容载能力保证后区段供料，既解决了松散塑料在进料段中的固体输送问题，又能产生足够的传递压力，克服了漏流的熔体阻力与缩短熔体在机筒中的停留时间，有利于降低功率消耗。同时，该机对再生料挤出过程磨损集中的混炼元件与相对应的分段机筒是可以更换、修复的。本发明有利于结晶型松散塑料固体输送与混炼，适应挤塑成型多种塑料制品，只需更换模头，配以相应的辅助设备，便能吹塑薄膜和生产扁丝，做到一机二用。

【名称】 塑料薄膜的制造装置及方法
【公开(公告)号】 CN101428473
【公开(公告)日】 2009.05.13
【申请(专利权)人】 上海大伟机电设备有限公司
【地址】 上海市南汇区浦江镇联星村联乐路198号
【发明(设计)人】 王伟生
【摘要】 本发明公开了一种塑料薄膜的制造装置，其中包括控制装置，所述控制装置检测进料装置向吹膜装置输送原料的速度，牵引滚轮处设置有测量滚轮线速度的检测器，所述检测器将牵引滚轮的线速度信息传送给所述控制装置，所述控制装置控制牵引滚轮的线速度。本发明还提供了一种塑料薄膜的制造方法，所述控制装置检测所述进料装置向吹膜装置输送原料的速度，根据预先设定的参数值，计算所述牵引滚轮的理想线速度，所述控制装置检测所述牵引滚轮的线速度，然后根据计算得到的理想线速度调整所述牵引滚轮的线速度。本发明通过采集进料装置输送原料的速度计算并控制牵引滚轮的线速度，能够稳定的生产塑料薄膜，既保证塑料薄膜的质量可靠，又不会浪费原料。

【名称】 废旧塑料与工业石膏制成的复合板及其生产方法
【公开(公告)号】 CN101429000
【公开(公告)日】 2009.05.13
【申请(专利权)人】 贵州大学
【地址】 贵州省贵阳市蔡家关贵州大学科技处
【发明(设计)人】 陈前林；刘彤；曾光；杨光君
【摘要】 本发明公开的是一种废旧塑料与工业石膏制成的复合板及其生产方法，它是用废旧塑料与工业石膏按照一定重量比制备而成。本发明采用工业生产和人类生活所遗弃的废旧聚丙烯塑料、废旧聚乙烯塑料、废旧聚苯乙烯塑料和废旧聚氯乙烯塑料等废旧塑料与工业石膏为主要原料，经破碎、热压后制成复合板，达到国家建筑模板的标准，既减少了工业石膏与塑料废弃物对环境的污染，又可用于取代目前建筑施工中广泛使用的木质建筑模板或钢质建筑模板，不仅生产成本低廉，重量轻、强度高、耐冲击、易脱模，而且可“化害为利、变废为宝”，大大加快我国废弃物资源化的进程。

【名称】 全生物降解的塑料淀粉母粒及其制备方法和应用
【公开(公告)号】 CN101429294
【公开(公告)日】 2009.05.13
【申请(专利权)人】 孙彦升
【地址】 河北省承德市承德县南环路金楼大酒店
【发明(设计)人】 孙彦升
【摘要】 本发明公开了一种全生物降解的塑料淀粉母粒及其制备方法和应用。本发明塑料淀粉母粒包括以下重量份的各组分组成：淀粉60~75份、载体20~30份、相容剂1~5份、润滑剂1~5份、改性剂1~5份和降解促进剂1~5份。本发明塑料母料以淀粉为生物活性物质，添加光、氧、热降解促进剂，在光、氧、热和微生物作用下，具有多重降解的特性。其降解过程为诱导期(可控)过后，制品降解为碎片和粉末，最后与环境同化，在一定环境条件下(有氧)继续降解，最终生成 CO_2 和水，进入土壤中不会造成二次污染，降解周期视需要，可通过改变复合降解调节剂和生物活性物质的添加量加以调控。本发明还具有制备工艺简单、生产成本低等优点。

【名称】 聚乙烯高温塑料板
【公开(公告)号】 CN101429301
【公开(公告)日】 2009.05.13
【申请(专利权)人】 戴世文；戴道鸿；戴道忠
【地址】 吉林省吉林市船营区北山街泡子胡同55-3号
【发明(设计)人】 戴世文
【摘要】 高温聚乙烯塑料板是多用材料，代替木、铁、油沾纸、砖、水泥等材料的新产品，生产工艺简单，造价低，是废物利用，不怕酸、碱、盐等物质腐蚀，本板抗高温110℃，低温-50℃，不变型。本板主要做楼上层防水，可做活动房随意搬迁，重新组装都可以，没有任何损失，可做化工用的各种槽、罐等用具，是代替古老楼上防水的新材料，本板寿命可达20~30年不变形。

【名称】 密封条用PVC/超细粉体复合材料

【公开(公告)号】 CN101429315
【公开(公告)日】 2009. 05. 13
【申请(专利权)人】 天津德昊超微新材料有限公司
【地址】 天津市经济技术开发区南海路156号25-C
【发明(设计)人】 王燕；揣成智
【摘要】 密封条用PVC/6000目超细重钙复合材料改变了传统的单一原料(橡胶)构成的密封条制品，采用了共混的途径，改善了制品的性能，因为聚氯乙烯(PVC)是一种性能优良、价格便宜、用途广泛的塑料，它的主要缺点是热稳定性不好，抗冲击强度低耐寒性不佳和加工性差，通过共混进行改性，由添加增塑剂、稳定剂、改质剂、6000目改性重钙及加工助剂加工而成。该产品具有良好的柔韧性，长期热稳定性、耐老化、耐腐蚀、使用寿命长等特点。其产品表面细腻、光滑、流动性好，而且无毒、卫生性能安全可靠，是一种绿色环保材料。
【名称】 一种塑料粒子的半自动缝包装置
【公开(公告)号】 CN101429707
【公开(公告)日】 2009. 05. 13
【申请(专利权)人】 上海金发科技发展有限公司；广州金发科技股份有限公司
【地址】 上海市青浦区朱家角工业园康园路88号
【发明(设计)人】 曹勇；杨学刚
【摘要】 本发明系对改性塑料加工中一种辅助工具，特别是涉及一种对塑料粒子装包后的缝包装置。一种塑料粒子的半自动缝包装置，包括缝包机，其特征在于，在梯形底座一侧的平面上垂直设置立柱，在立柱上方横向设置连接臂，连接臂上装接所述的缝包机；在梯形底座另一侧的平面上设置一排滚轮，滚轮外圈为输送皮带，滚轮由电机驱动，电机由电源开关控制；梯形底座两端的斜面为包装袋上、下滑台。所述立柱为上、下两段套接高度可变式。调速范围是输送皮带的速度为0.05~0.2m/s。解决了人工缝包的不足，其结构简单，成本低，有效地降低了生产成本，装置的高度符合人体工程的要求，减轻了人工手持操作的疲劳度和劳动强度，有利提高缝合操作质量和工作效率。
【名称】 建筑塑料模板及其制造方法
【公开(公告)号】 CN101429812
【公开(公告)日】 2009. 05. 13
【申请(专利权)人】 江苏南通六建建设集团有限公司
【地址】 江苏省如皋市福寿路336号
【发明(设计)人】 石光明；石志祥；陈忠建；周向东；陈小兰
【摘要】 建筑塑料模板由塑料、竹纤维或棉杆纤维、黏接剂组成，各组分按重量百分比为：塑料：75%~85%，竹纤维或棉杆纤维：12%~25%，黏接剂：4%~6%。本发明的建筑塑料模板的制造方法是：将塑料加工成粉末状，将竹纤维或棉杆纤维加工成直径不超过1mm、长度不超过5mm的针状物，将塑料和竹纤维或棉杆纤维和黏接剂按上述重量百分比搅拌均匀；将混合物料放在开炼机中进行塑炼，温度在165~175℃；自然冷却，切边，成品。本发明的有效效果是，应用本发明的建筑塑料模板，不消耗自然资源；重量小，成本低，使用也很方便。
【名称】 塑料蝶阀
【公开(公告)号】 CN101430010
【公开(公告)日】 2009. 05. 13
【申请(专利权)人】 浙江大学
【地址】 浙江省杭州市西湖区浙大路38号
【发明(设计)人】 匡继勇；王德宏；张含；金志江
【摘要】 本发明公开了一种塑料蝶阀。阀体上下部设有凸耳，上、下凸耳分别与上旋塞、下旋塞螺纹连接，阀杆的一端穿过上旋塞一直插入到下旋塞底部，另一端与安置在阀体外部的驱动微电机转动连接，位于阀腔内的阀杆部分中心固定有蝶板，蝶板外圆周开有环形凹槽，环凹槽内嵌密封圈，在阀壁与阀杆的上下连接处安装密封橡胶环，在闭合状态下密封圈所在位置处的阀体内壁上设有环形密封突纹。利用密封橡胶环以及密封圈，可有效防止阀门泄露，密封性能好；由于避开了传统蝶阀典型的阀座密封结构，不存在阀座沿流动方向的位移扯动，延长了阀门寿命。特别适用于低压气体管道、密封可靠、结构简单，可实现远程控制的无偏心塑料蝶阀。
【名称】 用于塑料、橡胶加工的热载体加热工艺
【公开(公告)号】 CN101434111
【公开(公告)日】 2009. 05. 20
【申请(专利权)人】 新奥(廊坊)燃气技术研究发展有限公司
【地址】 河北省廊坊市经济技术开发区华祥路鸿润道30号
【发明(设计)人】 杨俊杰；徐朋亿；陈建伦；李连成；王长林；李忠诚；温海琴
【摘要】 一种用于塑料、橡胶加工的热载体加热工艺。它主要包括加热部分：换热器(7)；加热器(1)；热载体循环管路：主干管(5)、(9)；热载体温度及流量控制设备(3)、(4)、(8)。加热器先将热载体加热，加热后的热载体再对物料进行加热。加热区温度由温控设备进行监控，温控设备控制加热器的启停和加热负荷的大小。通过采用清洁低廉的天然

气作为能源，加热热载体，用于塑料、橡胶加工的热载体加热工艺，提高了一次能源利用效率，在保证不降低生产量的情况下，降低了单位产品的能耗和生产成本；达到节能降耗，降低生产成本的目的。

【名称】 一种模压成型方法及增强塑料及该方法专用的贴面材料

【公开(公告)号】 CN101434119

【公开(公告)日】 2009.05.20

【申请(专利权)人】 苏州工业园区科逸卫浴设备有限公司

【地址】 江苏省苏州市唯亭分区望江路189号

【发明(设计)人】 陈忠义；胡福涛；陈兆忠；胡建陆

【摘要】 本发明公开了一种增强塑料及其模压成型方法，此方法首先需制备一种专用的贴面材料，该贴面材料是将配制好的树脂糊涂敷在纸张表面，经预固化和干燥制的。然后在通常的模压步骤中，将贴面材料铺在模具表面，然后再投入通常的模塑料，使得在模压之后，贴面材料形成附着在结构层表面的表面层，这样就能解决所制得的增强塑料表观质量不佳的问题，避免玻璃纤维等填料进入表面层。

【名称】 塑料波纹管定型冷却装置

【公开(公告)号】 CN101434126

【公开(公告)日】 2009.05.20

【申请(专利权)人】 潍坊中云科研有限公司

【地址】 山东省潍坊市高新技术产业开发区民营工业园

【发明(设计)人】 张泽奎；韩炳强；王培森

【摘要】 本发明公开了一种塑料波纹管定型冷却装置，包括套体，所述套体上设有螺旋状的冷却通道，所述冷却通道为中空管材螺旋缠绕而成的冷却通道；解决了在制作定型冷却套时加工困难、成本高的缺陷，可以更容易的制作各种尺寸的定型冷却套，尤其是制造大直径塑料波纹管生产所需的大直径定型冷却套；本发明使用寿命比现有技术提高2倍以上，制作成本降低50%。

【名称】 不含邻苯类增塑剂的医用软聚氯乙烯塑料及其制作方法

【公开(公告)号】 CN101434732

【公开(公告)日】 2009.05.20

【申请(专利权)人】 佛山市顺德区金康业塑料有限公司

【地址】 广东省佛山市顺德区大良凤翔工业区金翔路3号

【发明(设计)人】 李翠丽；叶常青；杨俊；郝勇

【摘要】 一种不含邻苯类增塑剂的医用软聚氯乙烯塑料及其制作方法，医用软聚氯乙烯塑料的原料组份为聚氯乙烯树脂、增塑剂、稳定剂、辅助稳定剂和润滑剂，其特征是增塑剂为固体增塑剂和液体增塑剂，各组份所占的质量份依次为：聚氯乙烯树脂占100份，固体增塑剂占10～50份，液体增塑剂占20～80份，稳定剂占1～5份，辅助稳定剂占0～5份，润滑剂占0.1～2份。固体增塑剂为乙烯丙烯酸丁酯羧基共聚物。液体增塑剂为均苯四酸四辛酯、均苯四酸四异辛酯、聚己二酸丙二醇酯、聚己二酸丁二醇酯、聚癸二酸丁二醇酯和聚癸二酸丙二醇酯中的任一一种或一种以上的组合。本发明具有毒副作用小、且增塑剂被抽出的可能性极小的特点。

【名称】 聚酯/聚乙烯/苯乙烯—丁二烯—苯乙烯嵌段共聚物废塑料合金材料及其制备方法

【公开(公告)号】 CN101434738

【公开(公告)日】 2009.05.20

【申请(专利权)人】 章鼎铭

【地址】 浙江省宁波市鄞州区长寿南路126弄202号2802室

【发明(设计)人】 章鼎铭

【摘要】 一种聚酯/聚乙烯/苯乙烯—丁二烯—苯乙烯嵌段共聚物废塑料合金材料，以聚酯、聚乙烯、苯乙烯—丁二烯—苯乙烯嵌段共聚物为基材，加入相容剂等助剂，各组份的质量份数如下：PET：50～80；PE：10～30；SBS：10～15；相容剂：3～15；填料：6～20；抗氧剂：0～15；扩链剂：0～9；分散剂：0～9。将PET瓶片投入反应釜内，边搅拌边加温，然后依次加入扩链剂、PE瓶片、聚乙烯接枝马来酸酐和SBS、抗氧剂及分散剂以及填料，搅拌均匀后，进行挤出造粒。本发明取材方便、成本低、生产工艺简单，可向汽车、建筑、家用电器等工业领域提供性价比高的原材料，它可变废为宝，有效促进全社会循环经济的可持续发展。

【名称】 一种环保型耐热不饱和聚酯电工塑料

【公开(公告)号】 CN101434742

【公开(公告)日】 2009.05.20

【申请(专利权)人】 桂林工学院

【地址】 广西壮族自治区桂林市建干路12号桂林工学院

【发明(设计)人】 吕建；刘庆；韦春

【摘要】 本发明涉及一种环保型耐热不饱和聚酯电工塑料。由包括亚胺改性耐热不饱和聚酯树脂、交联体系、增强纤维材料和阻燃剂体系及其他助剂组成。所述的不饱和聚酯树脂为25～40重量份，所述的交联体系为8～15重量份，增强纤维材料为15～25重量份，所述的阻燃剂体系为25～40重量份，其他助剂2～8重量份，所述其他助剂为引发剂、脱模剂、着色剂中的一种或几种。本发明制备的塑料其突出优点不仅在于具有良好的耐热性和机械电气性能，同时有害物质含量指标符合欧盟RoHS指令要求，适用于新型环保型电子电器绝缘件的制造。

【名称】 用废旧塑料和植物纤维做板材的材料及其制备方法

【公开(公告)号】 CN101434751

【公开(公告)日】 2009.05.20

【申请(专利权)人】 沈阳市塑料机械研究所

【地址】 辽宁省沈阳市苏家屯区香杨路10号

【发明(设计)人】 金世源

【摘要】 用废旧塑料和植物纤维做板材的材料及其制备方法涉及一种利用废旧塑料和天然植物纤维制备建筑模板的材料及其制备方法。本发明就是提供能够充分利用废旧塑料和天然植物纤维制备建筑模板的材料及其制备方法。其特征在于，本发明包括下列原料，按重量份数比为：废旧热塑性树脂30～60份、天然纤维粉30～60份、聚乙烯蜡1～2份、EVA1～2份、硬脂酸锌1～2份、硬脂酸1～2份、硅酸偶联剂0.8份、滑石粉5～10份及硅灰石5～10份。本发明的生产方法：其特征在于，包括如下步骤：a)热混后经挤出造颗粒；b)将上述颗粒经挤出机加热塑化，挤入到本发明的模具内，挤出板型坯，再经平板式冷却定型机冷却定型，牵引切割成形。

【名称】 高密度聚乙烯铁路轨道枕木

【公开(公告)号】 CN101435177

【公开(公告)日】 2009.05.20

【申请(专利权)人】 潘成才

【地址】 黑龙江省哈尔滨市松北区集乐工业园一号楼(黑龙江成才管业集团股份有限公司)

【发明(设计)人】 潘成才

【摘要】 本发明采用模具成型的办法制备轨道枕木，其中包括：a. 制模，将所述成型模具制成与轨道枕木匹配的枕木形状。b. 在模具内固定安装钢制夹片，分上下两层，使之包裹在高密度聚乙烯材料内，形成枕木加强筋的作用。c. 将螺栓固定在夹片预植好的螺栓孔内焊接成型，螺栓形成横向均匀受力效果，避免螺栓松动。d. 同时打开加热装置对成型模具加热，对成型模具加热到140～250℃时，将聚乙烯料原料倒入成型模具中，塑料原料不断附着于已加热的成型模具内壁，并使其达到成型枕木的效果。本发明以《国家铁路建筑标准设计图集》为依据，对其中的轨道枕木进行技术改造。方法是：采用与之相同尺寸的混凝土枕木为基本图形，制备成高密度聚乙烯铁路轨道枕木。该项发明实现原材料多元化发展的方向，起到了改善行车条件作用，并且，利用高分子化学性能非常稳定的特点，大大提高了铁路行车的使用寿命，从而降低了工程造价。

【名称】 改进的塑料母膜翻制金属母版的方法

【公开(公告)号】 CN101435091

【公开(公告)日】 2009.05.20

【申请(专利权)人】 广东东南薄膜科技股份有限公司

【地址】 广东省汕头市龙湖区珠津工业区玉津南路9号东南工业城

【发明(设计)人】 蔡旭楠；吴乐毅

【摘要】 一种改进的塑料母膜翻制金属母版的方法，其特征在于：包括以下步骤：1)将带有信息资料的塑料母膜拉膜上框；2)对上述塑料母膜表面真空镀银；3)然后将上述塑料母膜放入电铸液翻制金属母版。本发明对照现有技术的有益效果是，采用成熟的真空镀银生产工艺替代传统工艺中的喷银工序，因此可以简化传统工艺中的喷银工序前的准备工序，大幅提高生产效率，有效的降低生产成本，并且由于镀银前无需用0～50℃的蒸馏冷水冷却塑料母膜，因此翻制金属母版时塑料母膜温度变化不大，能够有效的避免塑料母膜的银层损坏，从而大幅提高翻制金属母版的成功率，成功率可以提高到80%以上。

【名称】 纤维增强塑料锚网及其加工工艺

【公开(公告)号】 CN101435199

【公开(公告)日】 2009.05.20

【申请(专利权)人】 李长城

【地址】 重庆市北碚区歇马镇小湾工业区

【发明(设计)人】 李长城

【摘要】 本发明公开了一种纤维增强塑料锚网，由两层经向纤维增强材料及夹在该两层经向纤维增强材料之间的纬向纤维增强材料固化在一起构成，所述纤维增强材料是以热塑性塑料为基体，以玻璃纤维或玄武岩纤维或碳纤维为增强材料，该锚网的强度高；本发明还公开一种连续生产纤维增强塑料锚网的生产工艺，先将浸渍热塑性塑料后的连续纤维经向均匀排列，再将浸渍热塑性塑料后的纤维纬向均匀铺在经向纤维层上，然后将浸渍热塑性塑料后的连续纤维经向均匀铺在纬向纤维层上，再送入加热装置加热，使经向、纬向纤维层固化，再经辊压轮滚压、冷却成型。

【名称】 一种薄壁塑料制品的注塑成型工艺

【公开(公告)号】 CN101439575

【公开(公告)日】 2009.05.27

【申请(专利权)人】 北京东明兴业科技有限公司

【地址】 北京市怀柔雁栖经济开发区

【发明(设计)人】 王炜；王宏烈；王玉林

【摘要】 本发明为一种薄壁塑料制品的注塑成型工艺，成型塑料制品的壁厚在0.5mm以内，主要分为注射阶段、保压阶段及冷却阶段，熔体温度采用推荐温度，不需要提高；根据不同塑料原材料的性质以及模具结构调整模具温度20～150℃之间，根据不同成型面积控制注射压力在1500～3000kg/cm^2，注射速度400～2000mm/s，把熔体注射入模具，然后迅速切换到保压，保压要分段进行，采用2或3或4段，调节各段的保压压力及保压时间，经冷却后完成成型过程。

【名称】 双壁塑料管的成型装置

【公开(公告)号】 CN101439577

【公开(公告)日】 2009.05.27

【申请(专利权)人】 江苏维达机械有限公司

【地址】 江苏省苏州市张家港市塘桥镇维达工业园

【发明(设计)人】 武停敢；高学飞；周丽芳；陆楠

【摘要】 本发明公开了一种不需大量成型模块，控制极为方便，且能节约大量生产成本的双壁塑料管的成型装置，包括内管芯模体，设置在内管芯模体外面的内管口模体，设置在内管芯模体一侧的水套，设置在水套外面的定径套，设置在定径套一侧端的链轮，设置在链轮侧面的筋料机头芯，设置在筋料机头芯内侧且与定径套外表面相对应的小筋料机头，筋料机头芯通过轴承设置在筋料机头壳的内侧，在定径套的另一侧设置有外管芯模体，外管芯模体的外面设置有外管口模体。本发明的优点是：该装置结构简单，制造方便，设备的生产成本较低；用于生产双壁管材时，可确保产品质量，并能降低能耗。

【名称】 自动塑料拉吹机自由落管输送机构

【公开(公告)号】 CN101439578

【公开(公告)日】 2009.05.27

【申请(专利权)人】 林明茳

【地址】 浙江省台州市黄岩区县前街源鸿大厦904室

【发明(设计)人】 林明茳

【摘要】 自动塑料拉吹机自由落管输送机构，包括机架，机架上安装拉吹机构，机架下安装模板，模板由开合模机构带动，模板中安装模具，在机架的一侧上方安装加热装置，加热装置中安装塑料瓶管输管机构，输管机构带动塑料瓶管，模板的模具与加热装置之间安装瓶管输送机构，其特征在于加热装置有开放的输出口，所述的瓶管输送机构是上接加热装置开放输出口，而下与模具对应的落管接筒。本技术方案与已有技术相比，具有如下优点：一是以接筒为塑料瓶管输送机构，构造简单，制造成本低，安装方便；二是不需动力，无机械磨损，使用寿命长；三是工作可靠，不会出故障；四是不占专用空间。

【名称】 一种易撕型塑料薄膜的制造设备

【公开(公告)号】 CN101439581

【公开(公告)日】 2009.05.27

【申请(专利权)人】 浙江金石包装有限公司

【地址】 浙江省温州市乐清市北白象镇塔王工业区

【发明(设计)人】 张文锋；孙国锦

【摘要】 本发明公开了一种易撕型塑料薄膜的制造设备，包括至少一个拉伸规整装置；所述各拉伸规整装置包括用于对薄膜加热的加热辊、用于对薄膜进行冷却的冷却辊和用于把薄膜压在冷却辊上的压辊；所述冷却辊的线速度大于所述加热辊的线速度。本发明结构较为简单、紧凑，占用空间较小；另外，采用本发明制成的塑料薄膜，在沿着拉伸方向撕裂时，具有容易撕裂、且撕口成直线状的优点。

【名称】 连续纤维增强塑料预浸料的制造方法及其所用的浸渍模具

【公开(公告)号】 CN101439586

【公开(公告)日】 2009.05.27

【申请(专利权)人】 李长城

【地址】 重庆市北碚区歇马镇小湾工业区

【发明(设计)人】 李长城

【摘要】 本发明公开了一种连续纤维增强塑料预浸料的制造方法，纤维纱束经导纱装置进入浸渍模具内，并通过展开装置使纤维纱束在浸渍模具内展开，纤维纱束充分浸渍后，通过浸渍模具出口端的成型模具成型后出来，然后冷却固化或进入产品成型系统，该制造方法使纤维纱丝在塑料中充分浸渍，所制得的增强纤维增强塑料的强度高；同时本发明公开了一种用于连续纤维增强塑料预浸料的制造方法的浸渍模具。

【名称】 一种用以回收工程塑料的增容扩链剂

【公开(公告)号】 CN101440141

【公开(公告)日】 2009.05.27

【申请(专利权)人】 佛山市顺德区汉达精密电子科技有限公司

【地址】 广东省佛山市顺德区伦教街道熹涌伦兴中路一号

【发明(设计)人】 郑一泉

【摘要】 本发明提供了一种用以回收工程塑料的增容扩链剂，每升溶液中含有苯乙烯1～99g；甲基丙烯酸酯0～60g；甲基丙烯酸缩水甘油酯1～80g；过氧化二异丙苯0.1～5.0g；链转移剂0.1～5.0g。其中，苯乙烯、甲基甲基丙烯酸酯以及甲基丙烯酸缩水甘油酯为共聚物组成，过氧化二异丙苯为引发剂，上述物质在150℃的温度下进行自由基共聚反应，得到共聚产物，该共聚产物有效提升废旧工程塑料的分子量，以达到重新回收工程塑料的目的。

【名称】 生物质改性酚醛泡沫塑料的制备方法
【公开(公告)号】 CN101440170
【公开(公告)日】 2009.05.27
【申请(专利权)人】 中国林业科学研究院林产化学工业研究所
【地址】 江苏省南京市锁金五村16号
【发明(设计)人】 周永红；胡立红；刘红军
【摘要】 一种生物质改性酚醛泡沫塑料的制备方法：在100质量份的苯酚中，加入5～10质量份的碱催化剂水溶液和30～60质量份的木质素，碱催化剂水溶液的质量百分比浓度为2%～10%，在90～150℃回流温度下反应1～2h，再滴加混合液72～39质量份，混合液由甲醛和糠醛组成，其质量比为(60～35)∶(40～65)，在90～150℃回流温度下反应2－3h，反应结束用酸中和，得到固含量为78%～83%的甲阶酚醛树脂，将100质量份甲阶酚醛树脂及5～15质量份发泡用催化剂、1～5质量份表面活性剂和6～15质量份发泡剂搅拌均匀，在5～160℃下发泡，得到一种低污染建筑保温材料，其性能指标达到石化产品水平。

【名称】 可生物降解的柔韧性聚乳酸合金薄膜及其制备
【公开(公告)号】 CN101440165
【公开(公告)日】 2009.05.27
【申请(专利权)人】 上海华酝化工科技有限公司；华东理工大学
【地址】 上海市普陀区真南路4278号A0875
【发明(设计)人】 李勇锋；程树军；陆冲；戎宗明；桂宗彦；程晓燕
【摘要】 本发明提供了一种可生物降解的柔韧性聚乳酸合金薄膜及其制备方法和制品，其组分包括(A)聚乳酸基树脂和(B)聚多元酸多元醇，(A)聚乳酸类树脂的重量含量为50%～99.5%，(B)聚多元酸多元醇的重量含量为0.5%～50%，按照ISO6721标准塑料动态机械性能的测试方法，薄膜25℃的储能模量E′为200～4000MPa。本发明在保持材料的完全生物降解和高力学强度前提下，有效的改善了可生物降解的柔韧性聚乳酸合金薄膜的柔韧性，薄膜可应用于包装材料、农用薄膜、标签用薄膜等，克服了增塑剂容易挥发、渗出的缺点，保持材料的透明性。本发明工艺方法简单，成本低廉，可有效促进环保型聚乳酸制品的广泛应用。

【名称】 不锈钢纤维增强塑料管道及其生产工艺
【公开(公告)号】 CN101440899
【公开(公告)日】 2009.05.27
【申请(专利权)人】 李长城
【地址】 重庆市北碚区歇马镇小湾工业区
【发明(设计)人】 李长城
【摘要】 本发明公开了一种轴向、环向强度高的不锈钢纤维增强塑料管道，它的管壁由从里到外依次下列三层结合在一起构成，由连续长纤维浸渍热塑性塑料后轴向排列构成的内衬层，由连续长纤维浸渍热塑性塑料的环向浸渍纤维和连续长纤维浸渍热塑性塑料的轴向浸渍纤维交替缠绕构成的结构层，由不锈钢带螺旋缠绕构成的不锈钢外层。本发明还公开了一种不锈钢纤维增强塑料管道的生产工艺，该工艺采用拉挤与缠绕相结合的工艺生产不锈钢纤维增强塑料管道，以增强管道的轴向强度、环向强度及扭曲强度。

【名称】 一种用聚苯乙烯/SBS/废品白球复合材料生产的催化树脂及其制备方法
【公开(公告)号】 CN101444752
【公开(公告)日】 2009.06.03
【申请(专利权)人】 凯瑞化工有限责任公司
【地址】 河北省河间市西留庄工业区
【发明(设计)人】 王金明；刘文飞；张勇
【摘要】 本发明提供了一种用聚苯乙烯/SBS/废品白球复合材料生产的催化树脂及其制备方法，所述催化树脂是将制作大孔型树脂的不合格白球提蜡后作为原料，先粉碎成粉体待用；将聚苯乙烯与SBS的混合物料，先用双螺杆挤出机进行第一次共混物造粒，再将共混造粒得到的粉体与之前白球提蜡粉碎后的粉体和硬脂酸进行第二次共混，用塑料注射成型机注塑成圆盘状或其他特定形状，然后用丙酮或乙醇浸泡出硬脂酸，乙醇清洗，水洗，得到具有微孔结构的树脂，再按所共知的大孔阳离子交换树脂磺化生产工艺，将上述树脂经磺化，挂挡，从而制得具有特定形状的强酸性阳离子催化树脂。利用该方法制得的强酸性阳离子催化树脂具有各种特定形状，易于装填，且用制作大孔型树脂的不合格白球作为原料，废品利用，可降低成本，从而可广泛的作为催化剂应用于醚化，酯化，烷基化等领域。

【名称】 快速控制注塑模具温度变化的装置及控制方法
【公开(公告)号】 CN101444952
【公开(公告)日】 2009.06.03
【申请(专利权)人】 北京中拓机械有限责任公司
【地址】 北京市昌平区回龙观北京中拓机械有限责

任公司

【发明(设计)人】 侯珏；桓锁成；范汝富；唐庆华

【摘要】 本发明涉及塑料制品加工中的模具，具体的讲是一种通过实现注塑成型模具型腔表面温度周期性变化从而获得高质量外观的树脂聚合物注射成型产品的温控装置及控制方法。本发明包括步骤：1)在模具开始闭合时，向模具的流体通路中通入高温压力蒸汽，将模具中型腔表面的温度升高到一个设定温度，然后向注塑成型机发出可以射胶的信号；2)同时或延后一个射胶需要的时间，关闭向模具中的蒸汽供应，同时向模具的流体通路中供应压缩空气，将模具冷却通路中的蒸汽吹出；3)而后立即向模具中的流体通路中供应冷却水，将模具型腔表面的温度降低到一个设定温度；4)向注塑成型机发送开模信号，同时停止向模具的流体通路中供应冷却水，并向模具的流体通路中供应压缩空气，将冷却水从流体通路中吹出。本发明的优点是是在蒸汽和冷却水交替通过模具中流体通路之间采用压缩空气将流体通路中的蒸汽或冷却水吹出，从而提高换热效率和缩短成型周期。

【名称】 多层钢塑复合板及其制备方法

【公开(公告)号】 CN101444980

【公开(公告)日】 2009.06.03

【申请(专利权)人】 无锡新开河储罐有限公司

【地址】 江苏省无锡市洛社镇雅西开发区新园路68号

【发明(设计)人】 王江明；沈浩良

【摘要】 本发明涉及一种用于制造储液(气)罐的钢板预制件，尤其是一种钢塑复合板，按照本发明提供的技术方案，所述钢塑复合板，在金属板本体的其一表面固定有金属网状体，在金属板本体内壁附着将金属网状体包覆其内的增强塑料层，在增强塑料层表面设有耐腐蚀塑料内层，且金属网状体、增强塑料层与耐腐蚀塑料内层的边缘尺寸均小于金属板本体的边缘尺寸。本发明具有钢、塑两者黏结牢固、塑料不易脱落、有效防腐、可以有效分散塑料热胀冷缩幅度、耐压并耐腐蚀等优点。

【名称】 清洗废旧塑料的污水循环利用方法及装置

【公开(公告)号】 CN101445303

【公开(公告)日】 2009.06.03

【申请(专利权)人】 王静丽

【地址】 北京市朝阳区百子湾16号后现代城6号楼A605室

【发明(设计)人】 黄家新

【摘要】 本发明涉及一种清洗废旧塑料的污水循环利用方法及装置，该方法包括将废旧塑料分选、粉碎、清洗、烘干，即可出售，洗涤污水经过滤、电解、曝气、絮凝、沉淀、过滤后即可循环使用。所述的装置其特征在于：粉碎机和清洗机之间设有传送带，清洗机的污水出水管依次与集水过滤槽、电解池、曝气池、加药池、沉淀池、过滤池、蓄水池连通；所述曝气池和加药池底部设有与涡轮瀑气机连通的瀑气头；所述加药池和沉淀池底部通过污泥管和回流泵与污泥池连通；蓄水池通过管道和回水泵与清洗机连通。该方法和装置不仅其能对废旧塑料回收利用、减少白色垃圾对环境的污染，而且污水经处理后能被循环利用，最终达标排放；在污水处理过程中产生的污垢，经浓缩后能被再利用。

【名称】 超临界流体辅助动态硫化制备热塑性弹性体的方法

【公开(公告)号】 CN101445612

【公开(公告)日】 2009.06.03

【申请(专利权)人】 华南理工大学

【地址】 广东省广州市天河区五山

【发明(设计)人】 黄汉雄；陈玉坤；赵杨

【摘要】 本发明公开一种超临界流体辅助动态硫化法制备塑料/橡胶热塑性弹性体的方法，包括下述步骤：(1)塑料、橡胶与硫化体系按一定比例混合并投入挤出机或注塑机进行混炼，聚合物熔融塑化为熔体；(2)超临界流体输送系统控制气体处于超临界状态，并将其注入挤出机或注塑机机筒内；(3)所注入的超临界流体与聚合物熔体及硫化体系混合；(4)塑料、橡胶和硫化体系发生化学反应，超临界流体在此过程中促进化学反应的进行；(5)超临界流体在低于其临界值的压力下下从聚合物熔体中释出，并转化成气体，由真空泵抽出。本发明应用超临界流体辅助塑料/橡胶的动态硫化，可促进橡胶相在塑料中的分散和尺寸的减小，有效降低挤出或注射成型的加工能耗。

【名称】 电力电缆用可化学交联聚乙烯绝缘塑料和应用

【公开(公告)号】 CN101445626

【公开(公告)日】 2009.06.03

【申请(专利权)人】 上海新上化高分子材料有限公司

【地址】 上海市杨浦区杨树浦路1578号

【发明(设计)人】 沈彬华；徐永卫；穆肖斌；肖明宇

【摘要】 本发明提供了一种电力电缆用可化学交联聚乙烯绝缘塑料和应用，组分和重量份数包括：聚烯烃树脂100份，过氧化物0.5~3.0份，复配抗氧剂0.02~2份，聚烯烃树脂为聚乙烯树脂或乙烯与

4～12个碳的α烯烃的共聚物，过氧化物为1，3－二(2－X基过氧化异丙基)苯中的一种或几种，所说的复配抗氧剂为醇类抗氧剂和硫代类抗氧剂的复配物。本发明可用于110kV及以下电力电缆的绝缘层或护套层。本发明可以减少过氧化物用量，减少硫化时低分子杂质的产生，同时过氧化物的高引发温度可以抑制预交联现象的产生。

【名称】 抗水树电力电缆用可化学交联聚乙烯绝缘塑料和应用

【公开(公告)号】 CN101445628

【公开(公告)日】 2009.06.03

【申请(专利权)人】 上海新上化高分子材料有限公司

【地址】 上海市杨浦区杨树浦路1578号

【发明(设计)人】 沈彬华；徐永卫；穆肖斌；肖明宇

【摘要】 本发明公开了一种抗水树电力电缆用可化学交联聚乙烯绝缘塑料和应用，组分和重量份数包括：聚乙烯树脂100份，乙烯－丙烯酸酯共聚物0.5～4份，过氧化物1.0～3.0份，复配抗氧剂0.02～2份，成核剂0.1～0.5份，硅氧烷0.1～1份，本发明的新型中低压抗水树电力电缆用可化学交联聚乙烯绝缘塑料，挤出性和成缆性好，杂质含量小，抗水树性能优异，内润滑性提高，表面性能好，相同电流下，电缆挤出速度大，加工温度降低，低分子气体产生较少，材料内部杂质和缺陷变少，结晶度提高，抗水树性能提高，降低生产能耗，提高生产效率。可用于中低压电力电缆的绝缘层或护套层。

【名称】 聚氯乙烯/丁腈橡胶/层状硅酸盐纳米复合编织网带

【公开(公告)号】 CN101445635

【公开(公告)日】 2009.06.03

【申请(专利权)人】 生寿斋

【地址】 山东省平度市青岛路103号1号楼105户

【发明(设计)人】 生寿斋

【摘要】 本发明涉及一种聚氯乙烯/丁腈橡胶/层状硅酸盐纳米复合编织网带，这种复合编织网带主要以聚氯乙烯为基材，通过加入氯化聚乙烯、ACR、纳米层状硅酸盐、丁腈橡胶粉、轻质碳酸钙、导电炭黑或抗静电剂、增塑剂、润滑剂、加热稳定剂；上述原材料除丁腈橡胶粉外称量混合，混合后经高速捏合机捏合，捏合温度为65～150℃，然后将捏合后的材料放入冷混机冷混，并在冷混时加入称量的丁腈橡胶粉，冷混至低于40℃后放料，再用挤出机挤到带有钢丝绳的模具中成型制成编织条，编织条再通过编织机或人工编织成网带。本发明所述聚氯乙烯/丁腈橡胶/层状硅酸盐纳米复合编织网带的拉伸强度和抗冲击性较现有塑料钢丝芯编织网带可成倍提高，生产成本约为它的2/5，可广泛应用煤矿、油田、天然气及矿山等要求阻燃抗静电环境领域。

【名称】 塑料材料表面的电磁波隔离功能的处理方法

【公开(公告)号】 CN101445926

【公开(公告)日】 2009.06.03

【申请(专利权)人】 仕钦科技企业股份有限公司

【地址】 中国台湾省台北县土城市土城工业区10号1楼

【发明(设计)人】 江仲培；邱耀弘；林柏州；吴昱汉

【摘要】 本发明公开了一种塑料材料表面的电磁波隔离功能的处理方法，在一电子装置的塑料机壳表面，以喷漆方式涂布一层亲金属的高分子聚合物底漆，然后，等到该底漆干燥后，再于该底漆表面以低温真空镀膜方式镀着一层作为引导电波用的金属膜，接着，再以相同的低温真空镀膜方式镀着一层作为表面抗氧化兼具引导磁波用的表面金属膜。通过亲金属高分子聚合物底漆的封孔作用，可将电子装置所产生的电磁波干扰(EMI)屏蔽于机壳内，以避免电磁波外泄伤害人体，以及由抗氧化的表面金属膜保护金属膜，使不致生锈而失去引导电磁波的效能。

【名称】 钢塑复合带或塑料带网片的自动编织机

【公开(公告)号】 CN101445987

【公开(公告)日】 2009.06.03

【申请(专利权)人】 杭州华硕机电技术有限公司；杭州纺织机械有限公司

【地址】 浙江省杭州市下城区石桥路279号

【发明(设计)人】 杨明；陈金龙

【摘要】 本发明提供了一种钢塑复合带或塑料带网片的自动编织机，它包括纬向带的穿带模块，自动编织机设有沿纬向排列的多个穿带模块，且相邻穿带模块之间存在间隔；自动编织机还设有多个推带件，推带件可沿经向穿过穿带模块间隔而来回运动；自动编织机在穿带模块的经向带行进方向下游侧设有多个经向带的顶带件，顶带件至少可升降并具有经向带的顶带部位。本发明结构简单、产量大，能把纬向带主动推出穿带模，快速地在整个网面把纬向带子整根直接推入焊接模下定位焊接，保证网格的质量。

【名称】 用塑料缠绕结构壁管材制作的塑料窨井

【公开(公告)号】 CN101446108

【公开(公告)日】 2009.06.03

【申请(专利权)人】 上海清远管业科技有限公司
【地址】 上海市金山区枫泾工业园区曹黎路35号
【发明(设计)人】 苏长裕；李华维
【摘要】 一种用塑料缠绕结构壁管材制作的塑料窨井，包括井筒、接入管、接出管和上方连接管。井筒、接入管、接出管和上方连接管分别由塑料缠绕结构壁管材制作而成。本发明用塑料缠绕结构壁管材制作的塑料窨井具有施工方便、密封性好、抗氧化腐蚀性能好、使用寿命长等优点。

【名称】 内衬超高分子量聚乙烯管的复合管材的生产方法
【公开(公告)号】 CN101446373
【公开(公告)日】 2009.06.03
【申请(专利权)人】 煌盛集团有限公司
【地址】 浙江省温州市经济技术开发区西片30号小区雁荡西路45号
【发明(设计)人】 李广忠；邵汉增
【摘要】 本发明公开了一种内衬超高分子量聚乙烯管的复合管材的生产方法，其特征在于：该方法包括以下几个步骤：1. 利用挤出成型工艺，生产出规定长度的外层增强复合材料管材。2. 将预先成型的超高分子量聚乙烯管插入外层增强复合材料管材内壁，超高分子量聚乙烯管与外层增强复合材料管材内壁紧贴固定。利用本发明生产出来的内衬超高分子量聚乙烯管的增强塑料复合管材结合了超高分子量聚乙烯管和增强塑料复合管材的优点，可广泛应用于港口、河道的清淤、电厂粉煤灰输送、煤矿粉煤浆输送、矿浆输送、尾矿输送、固/液混合物及固体物质输送等领域。

【名称】 塑料加工设备的料管加热方法及装置
【公开(公告)号】 CN101450525
【公开(公告)日】 2009.06.10
【申请(专利权)人】 联塑(杭州)机械有限公司；陆孝庭
【地址】 浙江省临安市经济开发区南环61号
【发明(设计)人】 韩志翔
【摘要】 塑料加工设备的料管的加热方法，其要点是加热环的内腔通过介质输送管连接加热管，温度控制通过控制加热管的加热炉的燃料输入来实现。该方法的专用设备包括在塑料加工设备的料管上沿轴向设置的加热环和温度传感器，温度传感器连接中央处理器，中央处理器中预存有各加热环的温度预定值，加热环的内腔通过介质输送管连接加热管，加热管设置在燃烧加热炉上，介质输送管上设置输送泵；加热炉的燃料输入管上装有流量控制阀，流量控制阀与中央处理器的输出端电连接。

【名称】 塑料扩口管件的加工模具及加工方法
【公开(公告)号】 CN101450532
【公开(公告)日】 2009.06.10
【申请(专利权)人】 张欢庆
【地址】 浙江省台州市黄岩区西工业园区茂丰街17号
【发明(设计)人】 张欢庆
【摘要】 塑料扩口管件的加工模具，包括型芯和型腔，型芯和型腔构成模腔，管件位于模腔内，其特征在于型芯的一头紧固通气杆，通气杆制有通气道，通气道两头分别有进气孔和吹气孔，进气孔连通气泵，吹气孔通向管件内侧，通气杆由动力部件带动，通气杆外装型芯套，型芯套与型芯相接触，型芯套两头分别制上挡块和下挡块，型芯套外有加热滑块，加热滑块内有限位螺钉，限位螺钉与上挡块或者下挡块相碰，加热滑块由斜导柱带动，与挡板相接触，加热滑块两侧分别安装扩口用滑块，扩口用滑块内侧制有扩口用凹槽；型芯的另一头连接下滑块，下滑块装在型腔内，由下滑块、型芯和型芯套组成管件内模，由型腔、加热滑块或者扩口用滑块组成管件外模。

【名称】 增塑剂邻苯二甲酸戊(2-丙基庚)酯
【公开(公告)号】 CN101450902
【公开(公告)日】 2009.06.10
【申请(专利权)人】 潘永佳
【地址】 广东省广州市东山区先烈中路69号东山广场2801室
【发明(设计)人】 潘永佳
【摘要】 本发明提供一种增塑剂邻苯二甲酸戊(2-丙基庚)酯。本发明的增塑剂是通过如下方法制备：苯酐先与2-丙基庚醇单酯化生成邻苯二甲酸单(2-丙基庚)酯，然后再用戊醇在催化剂存在下酯化生成邻苯二甲酸戊(2-丙基庚)酯。本发明的增塑剂可用于改变聚氯乙烯聚合物的性能以满足生产各种软质塑料制品的要求。

【名称】 非节能塑料推拉窗改造及提高塑料窗抗风压强度方法
【公开(公告)号】 CN101451417
【公开(公告)日】 2009.06.10
【申请(专利权)人】 王怀金
【地址】 山西省长治市城北西街182号
【发明(设计)人】 王怀金
【摘要】 由于本发明采取轻质填料方法，使塑料型材及其门窗抗风压强度提高到符合标准要求，满足使用要求，取代现用型钢来增加塑料窗强度的方法，成本比用型钢来增加强度降低40%，减少不可再生能源用量，增加农林副产品用量，增加农民收入，对既有非节能推拉门窗采用增加⊥形密封板，把毛条换成胶管及增加斜度件方法，使非节能推拉门窗成为节能门窗，气密性达到4级以上且成本只有换成新节能窗的5%～10%。大量节约不可再生能源，直接减少温室气体排放。

【名称】 塑料板、覆设该塑料板的混凝土管道及塑料板加工设备
【公开(公告)号】 CN101451632
【公开(公告)日】 2009.06.10
【申请(专利权)人】 侯兴福
【地址】 广东省中山市黄圃镇马新工业区添业路(中山市万事杰塑料板材有限公司)
【发明(设计)人】 侯兴福
【摘要】 本发明涉及一种用于覆设混凝土管道内壁的塑料板覆设该塑料板的混凝土管道及塑料板加工设备。所述塑料板包括基材和在该基材一侧表面设置的多个固定爪，该固定爪根部宽度小于端部的宽度。所述加工设备，包括塑料板成型装置，该塑料板成型装置包括：一成型辊，一压辊，至少二对环形模具，至少二个剥离刀，及一输送辊。采用本发明的塑料板所覆设的混凝土管道抗渗透能力更强，使用寿命更长，而且其造价较低。而所述加工设备可以把塑料经过挤出机挤出进入成型辊和压辊之间，由环形模具压出板材的固定爪，而该固定爪可以在剥离刀分开各对环形模具时从该环形模具脱出，从而使得塑料板的加工更为简单，加工效率更高。

【名称】 承插式塑料管道
【公开(公告)号】 CN101451634
【公开(公告)日】 2009.06.10
【申请(专利权)人】 上海清远管业科技有限公司
【地址】 上海市金山区枫泾工业园区曹黎路35号
【发明(设计)人】 苏长裕；裴姣姣
【摘要】 一种承插式塑料管道，包括顺序连成一体的直管段和承插口段，直管段为塑料缠绕结构壁管材，承插口段为注塑成型的整体结构件，直管段和承插口段用热熔胶焊接成一体。与现有技术的塑料缠绕管材相比，本发明具有连接方便快捷、耐腐蚀性强、密封安全可靠等优点。

【名称】 带承插口的大口径塑料缠绕管及其制作方法
【公开(公告)号】 CN101451633
【公开(公告)日】 2009.06.10
【申请(专利权)人】 上海清远管业科技有限公司
【地址】 上海市金山区枫泾工业园区曹黎路35号
【发明(设计)人】 苏长裕；吴海燕
【摘要】 一种带承插口的大口径塑料缠绕管，包括由塑料方管螺旋缠绕并用热熔胶焊接连接而成的大直径直管段以及由塑料带直接在直管段一端缠绕形成的承插口段。上述带承插口的大口径塑料缠绕管的制作方法包括将塑料螺旋缠绕成双壁缠绕塑料管材并定长切割成直管段、将直管段固定在缠绕机上并在其一端套接一个承插口内模、将塑料带材在直管段及承插口内模上缠绕压合形成与直管段连成一体的承插口段等步骤。本发明具有一次加工即可成型，省工、省电，管件与管材之间的连接强度增加、便于现场安装等优点。

【名称】 塑料缠绕结构壁管道及其制作方法
【公开(公告)号】 CN101451635
【公开(公告)日】 2009.06.10
【申请(专利权)人】 上海清远管业科技有限公司
【地址】 上海市金山区枫泾工业园区曹黎路35号
【发明(设计)人】 苏长裕；李华维
【摘要】 一种塑料缠绕结构壁管道，由塑料方管螺旋缠绕并用热熔胶焊接连接而成，其中的塑料方管以超高分子量聚乙烯作为外层、以普通聚乙烯作为内层制作而成。上述塑料缠绕结构壁管道的制作方法，包括以下步骤：a. 使用两台挤出机分别挤出超高分子量聚乙烯外层料胚和普通聚乙烯内层料胚；b. 将外层料胚和内层料胚结合在一起，通过口模挤出定型为方管；c. 将方管送入缠绕装置进行螺旋缠绕并用热熔胶焊接连接，经冷却、定型、定长切割，成为产品。本发明由于采用了超高分子量聚乙烯作为方管的外层，使得管道不但具有良好的耐刮伤、耐腐蚀性能，而且可以提高管材的环刚度。

【名称】 塑料双壁缠绕波纹管道
【公开(公告)号】 CN101451636
【公开(公告)日】 2009.06.10
【申请(专利权)人】 上海清远管业科技有限公司
【地址】 上海市金山区枫泾工业园区曹黎路35号
【发明(设计)人】 苏长裕；裴姣姣
【摘要】 一种塑料双壁缠绕波纹管道，由塑料方管螺旋缠绕并用热熔胶焊接连接而成，其中的塑料方管的内侧边向两侧延伸有一短边，热熔胶连接在各相邻两塑料方管的短边之间，形成波纹形管道壁。本发明具有结构合理、节省原料、熔胶焊接牢固、环刚度高等优点。

【名称】 塑料制品材料强度微损检测仪
【公开(公告)号】 CN101451932
【公开(公告)日】 2009.06.10
【申请(专利权)人】 徐菁
【地址】 浙江省临海市巾山小区2－18幢201

【发明(设计)人】 徐菁

【摘要】 本发明是塑料制品材料强度微损检测仪，包括传感器和检测电路，传感器是在减速电机的转轴上套设转盘，转盘的轴心位置设有定位针，偏心位置还设有一根划针；在检测电路中，减速电机的绕组和一电阻串联连接在稳压电源的两极，组成单臂电桥，电桥的接点与电压指示电路的采样输入端连接，该电路的输出显示元件为表头，在表头的刻度盘上刻有不同强度塑料材料相应的刻度值。检测时，转盘转动，划针对塑料进行微观的剪切、挤压、拉伸，根据电机的负载大小，通过电路的检测，反映出塑料材料的强度。本装置具有损伤轻微，检测快速、准确的优点。

【名称】 用于制造塑料产品的方法和装置

【公开(公告)号】 CN101454138

【公开(公告)日】 2009. 06. 10

【申请(专利权)人】 诚盟塑胶制品(东莞)有限公司

【地址】 中国广东省东莞市厚街镇白濠第二工业区

【发明(设计)人】 罗灿彬

【摘要】 一种用于制造塑料产品的方法，其中，使用具有至少一个模腔的模具，该模腔具有内部移动的部分，该移动部分至少部分地置于收回位置，其中将塑料颗粒、特别是粉末或粉末和颗粒的混合物导入模具中并且至少一个所述移动部分在模腔中移动，优选随后，使得颗粒、特别是粉末或混合物至少部分地被压缩并且至少部分地被熔解。

【名称】 管网和乱丝共存式塑料软垫及生产工艺及旋转式成型机头

【公开(公告)号】 CN101455495

【公开(公告)日】 2009. 06. 17

【申请(专利权)人】 大连塑料研究所有限公司

【地址】 辽宁省大连市甘井子区周家街 11 号

【发明(设计)人】 孙成伦；林建邦；王善君；李振宇；贾元祝；高志俭

【摘要】 管网和乱丝共存式塑料软垫包括无序排列并有连接点的塑料乱丝，其内有管网。工艺步骤为：将原料送入挤出机内进行加温塑化形成熔体状；再通过旋转式成型机头挤出，自固定模出料孔挤出的塑料丝向下运行经定型辊形成无序的乱丝状，并在相互接触处形成连接点；在固定模内侧的转动模周边沟槽处挤出的塑料丝形成管网状，其内侧有空腔；对挤出的中间有管网分布，外围有乱丝的已成型的塑料软垫进行冷却定型；将定型后的塑料软垫牵引出冷却装置，按规格进行切割。旋转式成型机头结构是在固定模上设有转动模并加工沟槽，转动模接转动机构。本工艺及机头加用的软垫具有整体密度适中、丝条连接点适中、无需喷胶增强、牢固程度高、无污染、可安装调温件的优点。

【名称】 三用塑料焊枪

【公开(公告)号】 CN101456252

【公开(公告)日】 2009. 06. 17

【申请(专利权)人】 王玉强

【地址】 山东省文登市葛家镇子葛家村 529 号

【发明(设计)人】 王玉强

【摘要】 一种三用塑料焊枪，其包括枪体、加热管、风机、出风口、出料口、开关组和电源线，特征是：在枪体内设有热风加热管、熔化加热管、熔化室和风机，在枪体外设有开关组、电源线和出料开关，在枪体的出料口上设有整理件。热风加热管、熔化加热管和风机通过导线与开关组和电源线相接，出料开关可以控制出料量的大小，整理件可以将刚才热熔的部位整理的美观整齐。本发明的有益效果是：一枪三用、结构简单、操作方便、成本低廉。

【名称】 环保减薄复合包装塑料软管及其生产方法

【公开(公告)号】 CN101456466

【公开(公告)日】 2009. 06. 17

【申请(专利权)人】 深圳市通产丽星股份有限公司

【地址】 广东省深圳市布吉坂田五和大道 49 号

【发明(设计)人】 陈寿；陈文涛；林茂清

【摘要】 本发明为一种环保减薄复合包装塑料软管及其生产方法。本发明的环保减薄复合包装塑料软管包括管头和管身，在所述管身的材料中含有 60% ~100% 重量的改性塑料，所述改性塑料是由添加了 30% ~50% 重量的纳米材料的改性塑料原料制成。本发明的生产方法，是在对原料造粒时，在塑料原料中加入 30% ~50% 重量的纳米材料制得改性塑料原料，然后采用现有的拉管机及拉管工艺生产管身，将管身注头，即得本发明的环保减薄复合包装塑料软管。本发明能增强管身的刚度和韧性，使管身的厚度减少 25% ~40%，大幅度减少了原材料以及生产能源的损耗，采用软管柔版印刷技术进行管身表面加饰，可实现节能减排。

【名称】 有含氟聚合物或其他有机氟物质的玻璃

【公开(公告)号】 CN101456679

【公开(公告)日】 2009. 06. 17

【申请(专利权)人】 王晗

【地址】 北京市海淀区车道沟国家测绘局宿舍

【发明(设计)人】 王晗

【摘要】 有含氟聚合物或其他有机氟物质的玻璃可属精细化工、材料学技术领域。现有的玻璃存在缺点或可以改进；比如说，不防污耐污或防污耐污性能差。本发明所述的含氟聚合物或其他有机氟物质，可以是下段部分物质或下段全部物质：氟塑料－4；分散聚四氟乙烯；聚四氟乙烯水分散液；可熔性聚四氟乙烯；氟树脂－46；氟树脂－46 水分散液；氟树脂－1；氟树脂－2；氟树脂－3；氟树脂 23－14；氟树脂 23－19；氟塑料－30；氟塑料－40 等含氟聚合物或其他有机氟物质。本发明创造的产品具有很强的防污性能。实施例简介：将一种或多种含氟聚合物或其他有机氟物质实施于玻璃。

【名称】 用于 PBT 工程塑料制备中的无卤阻燃体系以及一种 PBT 复合材料及其制备方法
【公开（公告）号】 CN101456971
【公开（公告）日】 2009. 06. 17
【申请（专利权）人】 北京华腾工程新材料有限责任公司
【地址】 北京市海淀区中关村北大街 123 号
【发明（设计）人】 陈宇；赵欣等
【摘要】 本发明用于 PBT 工程塑料制备中的无卤阻燃体系以及一种 PBT 复合材料及其制备方法，属于高分子材料领域，PBT 复合材料是由 PBT 树脂、玻璃纤维、增韧剂另外组配 A、B 两种组分共同引入双螺杆挤出机，挤出、冷却、切粒得到；其中：A 组分为有机稀土磷酸酯盐成核剂、抗氧剂、外润滑剂、聚乙烯混合后制备的母粒；B 组分为由三种有机膦酸酯（盐）按 2:1:1 的比例混配形成的无卤阻燃体系。本发明无卤阻燃体系耐热、耐水解、阻燃性能好，添加该阻燃体系制备得到的产品综合性能优良，兼具环境友好性、环境关联物质含量符合欧盟 RoHS 标准的特点，适用于电子电器产品。

【名称】 一种环保阻燃苯乙烯类树脂
【公开（公告）号】 CN101456995
【公开（公告）日】 2009. 06. 17
【申请（专利权）人】 天津德昊超微新材料有限公司
【地址】 天津市经济技术开发区南海路 156 号 25－C
【发明（设计）人】 程驰；揣成智；高阳
【摘要】 本发明涉及高分子材料技术领域的一种环保阻燃苯乙烯类树脂。本环保阻燃苯乙烯类树脂由苯乙烯类树脂、主阻燃剂、辅助阻燃剂、增韧剂、抗氧剂、稳定剂，经过高速混合，双螺杆挤出、热切、风冷制得。本环保阻燃苯乙烯类树脂可以随意进行颜色选择；具有良好的流动性和稳定性，广泛适用于注塑和挤出加工，可以使得用户在现有材料的生产工艺条件下或很小的调整就能替换使用，无需复杂冗长的新工艺调试；解决了类似欧盟 RoHS 指令之类的限制问题，为广大塑料制件生产商提供一种可适应更大市场的优良材料。本发明在只是略微降低树脂力学性能的情况下实现 UL94V0 级阻燃，并且成本只维持在使用多溴联苯和多溴联苯醚产品的水平。

【名称】 有含氟聚合物或其他有机氟物质的，塑料或其制品
【公开（公告）号】 CN101457001
【公开（公告）日】 2009. 06. 17
【申请（专利权）人】 王晗
【地址】 北京市海淀区车道沟国家测绘局宿舍
【发明（设计）人】 王晗
【摘要】 有含氟聚合物或其他有机氟物质的，塑料或其制品可属精细化工、材料学技术领域。现有的塑料或其制品，存在缺点或可以改进；比如说，不防污耐污或防污耐污性能差。本发明所述的含氟聚合物或其他有机氟物质，可以是下段部分物质或下段全部物质：氟塑料－4；分散聚四氟乙烯；聚四氟乙烯水分散液；可熔性聚四氟乙烯；氟树脂－46；氟树脂－46 水分散液；氟树脂－1；氟树脂－2；氟树脂－3；氟树脂 23－14；氟树脂 23－19；氟塑料－30；氟塑料－40 等含氟聚合物或其他有机氟物质。本发明创造的产品具有很强的防污性能。实施例简介：将一种或多种，含氟聚合物或其他有机氟物质实施于塑料或其制品。

【名称】 有含氟聚合物或其他有机氟物质的机械
【公开（公告）号】 CN101457002
【公开（公告）日】 2009. 06. 17
【申请（专利权）人】 王晗
【地址】 北京市海淀区车道沟国家测绘局宿舍
【发明（设计）人】 王晗
【摘要】 有含氟聚合物或其他有机氟物质的机械可属精细化工、材料学技术领域。现有的机械存在缺点或可以改进；比如说，不防污耐污或防污耐污性能差。本发明所述的含氟聚合物或其他有机氟物质，可以是下段部分物质或下段全部物质：氟塑料－4；分散聚四氟乙烯；聚四氟乙烯水分散液；可熔性聚四氟乙烯；氟树脂－46；氟树脂－46 水分散液；氟树脂－1；氟树脂－2；氟树脂－3；氟树脂 23－14；氟树脂 23－19；氟塑料－30；氟塑料－40 等含氟聚合物或其他有机氟物质。本发明创造的产品具有很强的防污性能。实施例简介：将一种或多种，含氟聚合物或其他有机氟物质实施于机械。

【名称】 一种低烟无卤阻燃 ABS 类树脂
【公开（公告）号】 CN101457010
【公开（公告）日】 2009. 06. 17
【申请（专利权）人】 天津德昊超微新材料有限公司
【地址】 天津市经济技术开发区南海路 156 号 25－C
【发明（设计）人】 程驰；揣成智；高阳

【摘要】 本发明涉及高分子材料技术领域的一种低烟无卤阻燃ABS类树脂。本低烟无卤阻燃ABS类树脂由ABS类树脂、主阻燃剂、辅助阻燃剂、抑烟剂、增韧剂、抗氧剂、颜料，经过高速混合，双螺杆挤出、热切、风冷制得。本低烟无卤阻燃ABS类树脂使用范围限制在红色、黑色及其中间色的产品；具有良好的流动性和稳定性，广泛适用于注塑和挤出加工，可以使得用户在现有材料的生产工艺条件下或很小的调整就能替换使用，无需复杂冗长的新工艺调试；解决了类似欧盟RoHS指令之类的限制问题，为广大塑料制件生产商提供一种可适应更大市场的优良材料。本发明在只是略微降低树脂力学性能的情况下实现UL94V0级阻燃。

【名称】 双环戊二烯改性不饱和聚酯树脂玻璃纤维增强模塑料组合物

【公开(公告)号】 CN101457015

【公开(公告)日】 2009.06.17

【申请(专利权)人】 四川东材科技集团股份有限公司

【地址】 四川省绵阳市高新区普明南路95号

【发明(设计)人】 许自贵；马庆柯

【摘要】 本发明公开了一种双环戊二烯改性不饱和聚酯树脂玻璃纤维增强模塑料组合物，其特征是重量组成为：不饱和聚酯树脂18~23份，666D聚苯乙烯7~10份，氢氧化铝40~50份，无碱无捻玻璃纤维粗纱21~30份，过氧化苯甲酸叔丁酯0.2~0.4份，硬脂酸锌1~1.5份，颜料糊2~4份，以及活性氧化镁0.2~0.4份；所述不饱和聚酯树脂是可增稠双环戊二烯改性不饱和聚酯树脂，或可增稠双环戊二烯改性不饱和聚酯树脂与可增稠间苯型或邻苯型不饱和聚酯树脂按9:(1~9)的重量配比混合。本发明组合物经热压成型后，具有表面硬度高、收缩率低、机械强度高等特点；适用于压制成型火车箱体的墙板、卫生洁具、绝缘隔板等。

【名称】 释放负离子的聚氨酯复合材料及其制备技术

【公开(公告)号】 CN101457017

【公开(公告)日】 2009.06.17

【申请(专利权)人】 赵勐

【地址】 河北省秦皇岛市海港区河北大街西段438号

【发明(设计)人】 赵勐；李青山；谢磊；郭晓峰

【摘要】 本发明采用纳米氧化硅与可释放负离子的系列超细粉体，通过掺杂共混的方法创制了Anion系列负离子添加剂，加入到聚氨酯纤维、塑料、橡胶、涂料、黏合剂等高分子材料中，成功的生产了具有释放负离子功能的改性聚氨酯复合材料。可应用于化学化工、纺织、服装、制鞋、汽车内饰、健康、环保等领域。纳米氧化硅和可释放负离子的超细微粉在复合材料中具有非常好的分散性，在加工过程中不存在任何工艺缺陷。

【名称】 一种塑料圆织机用棕框组件

【公开(公告)号】 CN101457432

【公开(公告)日】 2009.06.17

【申请(专利权)人】 吴劲松；周德川

【地址】 浙江省平阳县鳌江镇鳌江大道487号温州恒一塑料机械有限公司

【发明(设计)人】 吴劲松；班建平

【摘要】 本发明公开了一种塑料圆织机用棕框组件，包括塑料棕框和塑料棕杆，所述塑料棕框包括固定边框和若干平行设置的辐条，固定边框与辐条为一体结构，辐条上设有用于穿过塑料扁丝的棕丝眼，塑料棕杆设置在塑料棕框的下方靠近中部位置，与固定边框连接。本发明采用塑料棕框和塑料棕杆，可以采用一次注塑成型，制作装配方便，并且重量轻，成本低。棕框组件在连续高速往复运动中的能耗大大降低，能够节省耗电高达30%~40%，并且可进一步提高主机转速，提高塑料圆织机的生产效率。同时，其制作和维护成本也大大降低。

【名称】 一种组合式塑料管

【公开(公告)号】 CN101457856

【公开(公告)日】 2009.06.17

【申请(专利权)人】 昆明普尔顿管业有限公司

【地址】 云南省昆明市高新区二环西路220号软件园

【发明(设计)人】 胡俊强

【摘要】 一种组合式塑料管，属于塑料管产品，尤其是一种分片管件组合成的塑料管。本发明的组合式塑料管，其特征在于它是由若干分片管件组合而成的。所述的管件成片状，其边缘设置法兰边，法兰边上设置若干螺孔，管件之间由螺栓穿过法兰边上的螺孔进行组合。本发明根据塑料管材料的特性，将原来完整的管体分片生产，使用时再组装，组合式塑料管的片状结构在运输中可以叠放，改变了完整管体在运输中浪费空间的现状，大大提升了塑料管的运输半径，降低了运输成本，同时并不影响整个管体的密封性能。另外，由于组合成塑料管的管件上分布了加强筋使得成型的塑料管的强度增强，能够满足标准的要求，牢固可靠耐用。

【名称】 一种检测塑料制品中多环芳烃的方法

【公开(公告)号】 CN101458236

【公开(公告)日】 2009.06.17

【申请(专利权)人】 重庆市计量质量检测研究院
【地址】 重庆市江北区观音桥小苑二村2号
【发明(设计)人】 黄强；周冕；刘守琼；王娇娜；宋磊；李夏；毛明英；刘苏锐
【摘要】 本发明提供一种检测塑料制品中多环芳烃的方法，包括：1)提取：将塑料制品样品破碎、称量后，包裹在滤纸中，置入样品瓶内，加入丙酮与二氯甲烷按体积比1:1的主辅萃取剂20mL，超声提取60~80min；2)净化：在层析柱中，由佛罗里硅藻土吸收萃取液中的多环芳烃；再洗脱、收集，再浓缩洗脱液后定容；3)样品测定：采用气相色谱法对样品进行测定，定性和定量分析多环芳烃成份。本发明在样品前处理的过程中采用了丙酮与二氯甲烷作溶剂对样品中多环芳烃进行提取，大大缩短了提取时间，提高了提取效率，采用佛罗里硅藻土对提取液进行净化，减少了气相色谱测定样品中的多环芳烃时的干扰，检出限低，可满足快速检测塑料制品中PAHs的需要。
【名称】 一种塑料光纤材料
【公开(公告)号】 CN101458340
【公开(公告)日】 2009.06.17
【申请(专利权)人】 深圳市中技源专利城有限公司
【地址】 广东省深圳市宝安区西乡铁岗水库桃花源科技创新园B栋610
【发明(设计)人】 王亚辉；郑徐平
【摘要】 本发明提供了一种塑料光纤材料，其由99.1~90重量份树脂和0.9~10重量份加工助剂组成，所述树脂为PS、PMMA、氟塑料、PC、TPX、CYTOP，所述加工助剂为有机硅类或含氟弹性体。本发明塑料光纤由于使用塑料加工助剂改善了塑料光纤的加工性能，降低了拉制光纤时的加工温度，增加挤出速度，从而保证光纤芯皮结构的圆整性，降低塑料光纤的非固有损耗，生产出高质量的塑料光纤。
【名称】 一种温变的塑料光纤材料
【公开(公告)号】 CN101458342
【公开(公告)日】 2009.06.17
【申请(专利权)人】 深圳市中技源专利城有限公司
【地址】 广东省深圳市宝安区西乡铁岗水库桃花源科技创新园B栋610
【发明(设计)人】 王亚辉；郑徐平
【摘要】 本发明提供了一种温变的塑料光纤材料，其由99.9~90重量份树脂和0.1~10重量份温变颜料组成，所述温变颜料为有机类、无机类或液晶类热敏材料。本发明塑料光纤由于使用温变颜料加入塑料光纤的皮层中，因此在不同的温度下，塑料光纤能够变化出多种颜色，增加了塑料光纤的装饰功能，可应用于光纤工艺品、玩具、服装，光纤圣诞树及塑料光纤照明等领域。
【名称】 热气喷塑技术
【公开(公告)号】 CN101462095
【公开(公告)日】 2009.06.24
【申请(专利权)人】 穆兴叶
【地址】 北京市海淀区甘家口景王坟2号楼1单元1406号
【发明(设计)人】 穆兴叶
【摘要】 本发明涉及一种热气喷塑技术：它是继火焰喷塑技术、静电喷塑技术、流化床涂装技术问世以来，又一新的喷塑工艺技术发明。热气喷塑具备火焰喷塑的全部优势(如可现场喷涂大型结构物，无须入炉烘烤，涂料无溶剂，可厚涂、重涂等)，又没有火焰喷塑的高温火焰对涂料造成的热恶化。它的涂装原理是：将喷涂用料经塑料挤出、加热呈熔融流态，经挤出机出料口涌入雾化区；同时，压力气源送出压力气体进入压力气体加热器，生成压力热气流，从锥形气流通道进入雾化区，锥形热气流对涌入雾化区的喷涂材料进行剪切、雾化，形成细微熔粒，与热气流形成熔粒束流，喷至经预处理(喷砂或磷化等)预热的基材表面，沉积成膜，形成连续、均匀、无孔隙的塑料涂层。
【名称】 一种组合式塑料管
【公开(公告)号】 CN101457856
【公开(公告)日】 2009.06.17
【申请(专利权)人】 昆明普尔顿管业有限公司
【地址】 云南省昆明市高新区二环西路220号软件园
【发明(设计)人】 胡俊强
【摘要】 一种组合式塑料管，属于塑料管产品，尤其是一种分片管件组合成的塑料管。本发明的组合式塑料管，其特征在于它是由若干分片管件组合而成的。所述的管件成片状，其边缘设置法兰边，法兰边上设置若干螺孔，管件之间由螺栓穿过法兰边上的螺孔进行组合。本发明根据塑料管材料的特性，将原来完整的管体分片生产，使用时再组装，组合式塑料管的片状结构在运输中可以叠放，改变了完整管体在运输中浪费空间的现状，大大提升了塑料管的运输半径，降低了运输成本，同时并不影响整个管体的密封性能。另外，由于组合成塑料管的管件上分布了加强筋使得成型的塑料管的强度增强，能够满足标准的要求，牢固可靠耐用。
【名称】 一种检测塑料制品中多环芳烃的方法
【公开(公告)号】 CN101458236

【公开(公告)日】 2009.06.17
【申请(专利权)人】 重庆市计量质量检测研究院
【地址】 重庆市江北区观音桥小苑二村2号
【发明(设计)人】 黄强；周冕；刘守琼；王娇娜；宋磊；李夏；毛明英；刘苏锐
【摘要】 本发明提供一种检测塑料制品中多环芳烃的方法，包括：1)提取：将塑料制品样品破碎、称量后，包裹在滤纸中，置入样品瓶内，加入丙酮与二氯甲烷按体积比1:1的主辅萃取剂20mL，超声提取60～80min；2)净化：在层析柱中，由佛罗里硅藻土吸收萃取液中的多环芳烃；再洗脱、收集，再浓缩洗脱液后定容；3)样品测定：采用气相色谱法对样品进行测定，定性和定量分析多环芳烃成份。本发明在样品前处理的过程中采用了丙酮与二氯甲烷作溶剂对样品中多环芳烃进行提取，大大缩短了提取时间，提高了提取效率，采用佛罗里硅藻土对提取液进行净化，减少了气相色谱测定样品中的多环芳烃时的干扰，检出限低，可满足快速检测塑料制品中PAHs的需要。
【名称】 一种塑料光纤材料
【公开(公告)号】 CN101458340
【公开(公告)日】 2009.06.17
【申请(专利权)人】 深圳市中技源专利城有限公司
【地址】 广东省深圳市宝安区西乡铁岗水库桃花源科技创新园B栋610
【发明(设计)人】 王亚辉；郑徐平
【摘要】 本发明提供了一种塑料光纤材料，其由99.1～90重量份树脂和0.9～10重量份加工助剂组成，所述树脂为PS、PMMA、氟塑料、PC、TPX、CYTOP，所述加工助剂为有机硅类或含氟弹性体。本发明塑料光纤由于使用塑料加工助剂改善了塑料光纤的加工性能，降低了拉制光纤时的加工温度，增加挤出速度，从而保证光纤芯皮结构的圆整性，降低塑料光纤的非固有损耗，生产出高质量的塑料光纤。
【名称】 一种温变的塑料光纤材料
【公开(公告)号】 CN101458342
【公开(公告)日】 2009.06.17
【申请(专利权)人】 深圳市中技源专利城有限公司
【地址】 广东省深圳市宝安区西乡铁岗水库桃花源科技创新园B栋610
【发明(设计)人】 王亚辉；郑徐平
【摘要】 本发明提供了一种温变的塑料光纤材料，其由99.9～90重量份树脂和0.1～10重量份温变颜料组成，所述温变颜料为有机类、无机类或液晶类热敏材料。本发明塑料光纤由于使用温变颜料加入塑料光纤的皮层中，因此在不同的温度下，塑料光纤能够变化出多种颜色，增加了塑料光纤的装饰功能，可应用于光纤工艺品、玩具、服装，光纤圣诞树及塑料光纤照明等领域。
【名称】 热气喷塑技术
【公开(公告)号】 CN101462095
【公开(公告)日】 2009.06.24
【申请(专利权)人】 穆兴叶
【地址】 北京市海淀区甘家口景王坟2号楼1单元1406号
【发明(设计)人】 穆兴叶
【摘要】 本发明涉及一种热气喷塑技术：它是继火焰喷塑技术、静电喷塑技术、流化床涂装技术问世以来，又一新的喷塑工艺技术发明。热气喷塑具备火焰喷塑的全部优势(如可现场喷涂大型结构物，无须入炉烘烤，涂料无溶剂，可厚涂、重涂等)，又没有火焰喷塑的高温火焰对涂料造成的热恶化。它的涂装原理是：将喷涂用料经塑料挤出、加热呈熔融流态，经挤出机出料口涌入雾化区；同时，压力气源送出压力气体进入压力气体加热器，生成压力热气流，从锥形气流通道进入雾化区，锥形热气流对涌入雾化区的喷涂材料进行剪切、雾化，形成细微熔粒，与热气流形成熔粒束流，喷至经预处理(喷砂或磷化等)预热的基材表面，沉积成膜，形成连续、均匀、无孔隙的塑料涂层。
【名称】 一种聚苯乙烯厚型板材的制备方法
【公开(公告)号】 CN101462333
【公开(公告)日】 2009.06.24
【申请(专利权)人】 中昊晨光化工研究院
【地址】 四川省富顺县晨光路135号
【发明(设计)人】 温汉东；熊泽林；陈明炜
【摘要】 本发明提供了一种聚苯乙烯厚型板材的制备方法，其包括如下步骤：先将耐热聚苯乙烯树脂在140～165℃下经挤出机挤出塑化，然后以6～12MPa的压力进入模具型腔，最后在模具型腔内进行压制成型。本发明采用挤出压制成型工艺方法成型聚苯乙烯厚型板材，有利于塑料熔体中挥发成分的排出，避免塑料熔体长时间处于高温状态而引起高聚物分子链链段发生断链反应，降低产品性能。本发明制备工艺可生产大型介质透镜材料特厚聚苯乙烯塑料板材。
【名称】 一种塑料管件密封结构成型方法
【公开(公告)号】 CN101462339
【公开(公告)日】 2009.06.24
【申请(专利权)人】 金日
【地址】 吉林省延吉市江南公寓1号楼1501

【发明(设计)人】 金日

【摘要】 本发明涉及一种塑料管件密封结构成型方法，包括制作其截面带有V型或U型开槽的弹性密封圈；用高分子材料制作所需的嵌件或传动件；将所述密封圈套在嵌件或传动件上；将套有所述密封圈的嵌件或传动件置入用于制作塑料管件本体的注塑模具中，经注塑一次成型塑料管件等步骤。本发明具有工艺简单、密封效果优异、制造成本低廉、产品使用寿命长等特点。

【名称】 一种注塑成型柔性滑拉门制品的技术方案

【公开(公告)号】 CN101462343

【公开(公告)日】 2009.06.24

【申请(专利权)人】 宁波双林模具有限公司

【地址】 浙江省宁海县西店镇璜溪口

【发明(设计)人】 胥树志

【摘要】 本发明公开了一种注塑成型柔性滑拉门制品的技术方案包括活动型芯(1)、硬塑模具(2)、软塑模具(3)。本发明采用活动型芯(1)、二副注塑模具，在二台普通卧式注塑机上，分二步成型的技术方案，第一步，用活动型芯(1)在硬塑模具(2)上注塑成型硬质塑料部分；第二步，将带有硬质龙骨及拉手塑件的活动型芯(1)在软塑模具(3)上复合注塑成型软质塑料部分，克服了现有技术存在的技术局限和高额成本的问题与不足，所提供的一种注塑成型柔性滑拉门制品的技术方案，使注塑成型柔性滑拉门制品，达到了技术上可行、注塑综合成本低廉的目的。

【名称】 一种塑料异型材同模异出挤出模具

【公开(公告)号】 CN101462351

【公开(公告)日】 2009.06.24

【申请(专利权)人】 大连理工大学

【地址】 辽宁省大连市甘井子区凌工路2号

【发明(设计)人】 赵丹阳；王敏杰；宋满仓

【摘要】 本发明公开了一种塑料异型材同模异出挤出模具，属于塑料挤出模具设计与制造领域。其特征是该挤出模具包括分流底座、过渡板、分流锥、过渡垫板、分流支架板、预压缩板、压缩板、预成型板、口模板和型芯。从挤出机挤出的塑料熔体通过分流底座上不同结构参数的分流道分流后，各自进入不同结构参数的模具左侧流道和右侧流道，经过分流和压缩后从口模板挤出，形成不同截面形状的塑料型坯，最后经过冷却定型后形成不同截面形状的塑料异型材。模具流道结构参数采用有限元数值分析和优化方法确定，保证各自流道内熔体的流动平衡和挤出速度的相同，实现在一条挤出生产线上同时生产两种不同截面形状的塑料异型材制品。该发明具有结构简单、生产效率高的优点。

【名称】 一种塑料多腔管微挤出流动平衡检测装置

【公开(公告)号】 CN101462354

【公开(公告)日】 2009.06.24

【申请(专利权)人】 大连理工大学

【地址】 辽宁省大连市甘井子区凌工路2号

【发明(设计)人】 赵丹阳；王敏杰；宋满仓

【摘要】 本发明公开了一种塑料多腔管微挤出流动平衡检测装置，属于塑料挤出成型技术领域。其特征是该检测装置包括：连接底座、分流锥、分流支架板、型芯、口模垫板、口模镶块、对中调整螺栓、控温仪、热电偶和加热圈。检测装置上的分流锥、型芯和口模镶块，根据塑料熔体冷却成型后截面形状尺寸测量结果进行更换；口模镶块与型芯的同轴度通过安装在口模垫板上的对中调整螺栓调节；控温仪、热电偶和加热圈用于控制塑料熔体挤出成型过程中保持检测所需的温度。通过本发明直接获得塑料熔体微挤出流动平衡时多腔管截面形状尺寸与流道结构参数以及挤出工艺参数之间的匹配关系与变化规律，建立塑料多腔管微挤出模具设计理论。

【名称】 一种覆膜塑料片材的制备方法

【公开(公告)号】 CN101462393

【公开(公告)日】 2009.06.24

【申请(专利权)人】 于滨

【地址】 北京市通州区台湖镇安定营工业区北京美宝龙食品包装材料有限责任公司

【发明(设计)人】 于滨

【摘要】 本发明公开了一种覆膜塑料片材的制备方法，所述覆膜塑料片材由具有覆膜功能的挤出片材机制备；片材机包括料斗、挤出装置、模头、片材成型装置及收卷装置，片材成型装置包括压延片材的三辊压延装置、冷却传输辊及牵引辊；片材成型装置上装设一覆膜装置，覆膜装置包括有一架体，架体上架设一薄膜放卷轴，在三辊压延装置与模头之间架设一输送展平薄膜的展平辊，并于薄膜放卷轴与展平辊之间装设至少一个导向辊。本发明通过覆膜装置把薄膜送入三辊压延装置的原始片材入口，使薄膜与片材一同经过三辊压延装置压延形成具覆膜的片材，覆膜方便快捷、质量可靠。它生产的塑料片材外层为覆膜层，充分利用了生产过程中的下脚料，降低成本。

【名称】 PU复合材料和其制造方法

【公开(公告)号】 CN101462395

【公开(公告)日】 2009.06.24

【申请(专利权)人】 三芳化学工业股份有限公司

【地址】 中国台湾高雄市

【发明(设计)人】 冯崇智；姚伊蓬；王格峯；郑振泰；康开丰

【摘要】 本发明涉及一种PU复合材料和其制造方法，所述制造方法包括以下步骤：(a)提供离型纸；(b)涂布面料层在所述离型纸上，其中所述面料层包含PU树脂、抗磨剂和色料；(c)烘干所述面料层；(d)涂布第一贴合层在所述面料层上；(e)烘干所述第一贴合层；(f)贴合湿式PU发泡层在所述第一贴合层上；(g)分离所述离型纸，以形成半成品；(h)提供塑料层，所述塑料层的材质为热可塑塑料；(i)涂布第二贴合层在所述塑料层上；(j)烘干所述第二贴合层；以及(k)将所述步骤(g)的半成品贴合在所述第二贴合层上，以形成PU复合材料。与常规PU复合材料相比，本发明的PU复合材料具有较佳的耐UV性、耐溶剂性以及耐磨性。

【名称】 废旧泡沫隔热砖及其制作方法

【公开(公告)号】 CN101462847

【公开(公告)日】 2009.06.24

【申请(专利权)人】 王传

【地址】 山东省烟台市莱州市府前街212号文化宫内莱州市府前科技中心

【发明(设计)人】 王传

【摘要】 本发明涉及一种废旧泡沫隔热砖及其制作方法，属于保温隔热技术领域。一种废旧泡沫隔热砖，其特殊之处在于按重量比，包含有废旧泡沫颗粒4%～18%，氧化镁13%～56%，氯化镁3%～56%，明矾4%～25%，水4%～25%，硼砂4%～25%。本发明利用废弃的聚苯乙烯和聚氨酯等，将其粉碎，然后再成型，成本低廉，不燃烧，强度高，保温效果好，而且解决了废旧塑料的回收利用问题。

【名称】 一种硅橡胶与塑料黏合用表面处理剂及其制备和使用方法

【公开(公告)号】 CN101463138

【公开(公告)日】 2009.06.24

【申请(专利权)人】 武汉工程大学

【地址】 湖北省武汉市洪山区雄楚大街693号

【发明(设计)人】 樊庆春；孙波；郭怀兵；郭嘉；张良均

【摘要】 本发明涉及一种硅橡胶与塑料黏合用表面处理剂及其制备和使用方法，包含有含氨基硅烷偶联剂和有机溶剂经混合配制而成，各种配料含量按质量百分比计为：含氨基硅烷偶联剂0.5%～5%，有机溶剂95%～99.5%，所述的有机溶剂为苯、甲苯、二甲苯和石油醚中的任意一种或任意两种及两种以上的混合，任意两种及两种以上的混合时，为任意配比。本发明的有益效果在于：有机溶剂能使高分子的硅橡胶体积膨胀，从而使含氨基硅烷偶联剂容易均匀扩散到硅橡胶的表面，而且能使部分含氨基的硅烷偶联剂渗入硅橡胶表面的细孔中，从而进一步提高胶黏性能，α-氰基丙烯酸酯胶黏剂能与塑料快速黏结达到难分离的使用强度，24小时后完全固化。

【名称】 通用塑木材料

【公开(公告)号】 CN101463161

【公开(公告)日】 2009.06.24

【申请(专利权)人】 林光

【地址】 湖南省常德市武陵区新安路2号

【发明(设计)人】 林光

【摘要】 本发明涉及一种通用塑木材料，它主要由废旧聚丙烯料、草本纤维等组成，经配料、化学反应、热融搅拌后再填入成型模内、一次压制成型、检验、包装入库而成。它不仅可以替代塑料制品、还能制作纯塑料不能达到的厚度的制品，取代壁厚及工艺复杂的木制品，制作速度是手工木制品的50～100倍，主要用于各种精美工艺礼品盒、浮雕像框、实心木门、建筑模板、防水地板、托盘等产品，其机械性能、抗冲击力与塑料、硬木相当，机械加工一次成型，生产速度快、可钉、锯、刨、可热黏接，吸水量小、不易受潮、不易变形、价格便宜、不被任何虫蛀，不长真菌，抗酸碱，耐冲击，制品稳定性强，既有利环保、防治污染，又可保护自然资源。

【名称】 一种用于生产聚丙烯双壁加筋波纹管的共聚物及其制备方法

【公开(公告)号】 CN101463162

【公开(公告)日】 2009.06.24

【申请(专利权)人】 粟阳

【地址】 上海市闵行区中春路1020号

【发明(设计)人】 粟阳

【摘要】 本发明涉及埋地排水用的塑料管道的生产材料及其加工工艺，具体是一种用于生产加筋双壁波纹管的共聚物包括以下组分和重量份：聚丙烯树脂75～100；氯化聚氯乙烯2～15；碳酸钙15～80；滑石粉10～60；聚乙烯蜡分散剂(PE蜡)0.1～2；硬脂酸(HSt)润滑剂0.1～1.8；钛酸酯偶联剂(NDZ-101)0.2～3份。使用本发明生产的管道具有耐腐性强，强度及韧性高的特点。

【名称】 一种波纹式连续增强塑料保温复合管

【公开(公告)号】 CN101463930

【公开(公告)日】 2009.06.24

【申请(专利权)人】 长春高祥特种管道有限公司

【地址】 吉林省长春市高新产业开发区众恒路66号

【发明(设计)人】 李诗春；韩东；修艳华

【摘要】 本发明属于一种波纹式连续增强塑料保温复合管。在输送层1上通过编织机编制一层或多层钢丝构成增强层2，在增强层外再包覆聚乙烯防护层3，在防护层3均匀的涂上一层热塑性弹性体溶剂型胶黏剂，形成黏接层，在黏接层4上通过连续保温包覆机纵向连续包卷闭孔发泡交联聚乙烯保温层5；通过波纹管生产线复合一层波纹状保护层6。本发明设计的管道为连续柔性管，无接头减少薄弱点，保温层为闭孔发泡交联聚乙烯材料，柔性好，记忆性强，压缩变形后能很好回弹，特别是保护层采用波纹状结构，最大限度提升管道抗外压效果，弯曲半径更小，穿越弯曲更方便，保温采用出厂预制方式，施工更加快捷。

【名称】 一种塑料干燥机用的节能型空气热交换器

【公开(公告)号】 CN101464100

【公开(公告)日】 2009. 06. 24

【申请(专利权)人】 孔巧仪

【地址】 广东省佛山市顺德区大良街道文秀路麦地7号

【发明(设计)人】 孔巧仪

【摘要】 本发明涉及一种塑料干燥机用的节能型空气热交换器，包括壳体，所述壳体内设有换热腔，壳体上开有换热腔入气口和换热腔出气口，换热腔内还设置有至少两条内管，内管两端分别与壳体上的内管入气口和内管出气口相连通。本发明的有益效果是，其干燥效果理想，结构合理，而且其壳体为可拆式设置，清洗方便，使用寿命长，节能环保。

【名称】 金属管内覆塑料膜的工艺方法及承口覆膜设备

【公开(公告)号】 CN101468517

【公开(公告)日】 2009. 07. 01

【申请(专利权)人】 新兴铸管股份有限公司

【地址】 河北省武安市2672工厂

【发明(设计)人】 刘明忠；王黎晖；申勇；宋亚峰；刘延学；叶炳义；李铁良；葛华光；陈芹英；段国荣；张晓琦；段欣

【摘要】 一种金属管内覆塑料膜的工艺方法，包括如下步骤：制造外径比金属管内径稍小的外覆热溶胶的塑料管膜；将外覆热溶胶的塑料管膜送入金属管内；外覆热溶胶的塑料管膜在插口段翻至金属管插口端头的外表面；金属管插口段、直管段覆膜；其中：上述步骤之后的承口段覆膜的方法如下：将承口段的塑料管膜内部用密封胶圈密封；对承口段的塑料管膜内部逐步冲入沸水；通过给沸水加压使塑料管膜压紧在金属管承口段内壁上；将塑料管膜与金属管内壁之间的残余气体抽出；加热承口段的塑料管膜使其黏贴在金属管的承口段上。本发明金属管内覆塑料膜的工艺方法，解决了金属管两端分别为插口和承口时，口径变大、形状复杂的承口段难以覆膜的问题。

【名称】 一种塑料袋简易切割封口的方法

【公开(公告)号】 CN101468529

【公开(公告)日】 2009. 07. 01

【申请(专利权)人】 上海市民办双翼学校

【地址】 上海市南汇区惠南镇拱极路2151号

【发明(设计)人】 吴晓茹；马元璐

【摘要】 一种塑料袋简易切割封口的方法，采用常用的电烙铁，在所述电烙铁上烙铁头的顶端用机加工的方式向内开出一个凹槽，所述凹槽的深度约5～10mm；再从烙铁头的一个侧面用自攻螺丝制出螺孔，螺孔的内壁开有供螺丝旋入的丝牙，所述的螺孔与凹槽相通；将一块薄钢刀片插入到烙铁头的凹槽中，烙铁头的侧面用小螺丝旋入螺孔中，螺丝的端部垂直方向将凹槽中的薄钢刀片固定在凹槽的内壁上，形成简易的切割封口器。产生的有益效果是电烙铁的前端加装了薄钢刀片，在电烙铁接通后加热，让烫而锋利的刀片沿着钢尺切割塑料袋，刀口整齐光洁，而且同时切口被烫溶封合。不仅对集邮有用，而且对于封存照片、图片也可使用。

【名称】 一种塑料发泡蜂窝复合板

【公开(公告)号】 CN101468532

【公开(公告)日】 2009. 07. 01

【申请(专利权)人】 冷鹭浩

【地址】 福建省厦门市枋湖工业区枋湖西路139号

【发明(设计)人】 冷鹭浩

【摘要】 本发明公开了一种塑料发泡蜂窝复合板，它至少包括支撑主体以及塑料面板。该支撑主体至少包括支撑芯，该支撑芯为蜂窝结构并是由塑料发泡材料加工而成。该塑料面板固接支撑在支撑主体之上，而且，该支撑芯和塑料面板固接在一起。本技术方案与背景技术相比：由于支撑芯为蜂窝结构并是由塑料发泡材料加工而成，因此具有如下的优点：由塑料发泡材料加工的蜂窝结构，支撑强度高，造价低；支撑芯的材质与塑料面板、塑料底板的材质属于同一类，因此它们之间的焊接或黏接牢固，不会脱离，它们之间热膨胀系数相同能够防止因热胀冷缩而脱离；采用塑料发泡材料加工蜂窝结构，可一次成型，可直接成型出规则或不规则状支撑芯。

【名称】 一种可生物降解塑料母料的制备方法

【公开(公告)号】 CN101469042

【公开(公告)日】 2009. 07. 01

【申请(专利权)人】 上海汇康生物科技有限公司
【地址】 上海市卢湾区思南路105号216室
【发明(设计)人】 李峰
【摘要】 本发明是提供一种可生物降解塑料母料的制备方法。以丙烯酸淀粉酯与苯乙烯为原料，采用乳液共聚方式制得可生物降解塑料母料，以此母料可加工制造各种塑料成品。本发明塑料母料制得的塑料制品具有自然环境中较好的生物侵蚀降解性，绿色环保。
【名称】 一种可提高生物降解型塑料产量的方法
【公开(公告)号】 CN101469043
【公开(公告)日】 2009.07.01
【申请(专利权)人】 上海汇康生物科技有限公司
【地址】 上海市卢湾区思南路105号216室
【发明(设计)人】 李峰
【摘要】 本发明涉及一种可提高生物降解型塑料产量的方法。本发明以丙烯酸淀粉酯与丙烯酸酯为反应原料，两种原料之间采用最适比例为5:4，另外在塑料母料成型过程中，通过反应物多次回流再反应，反应容器内残留物回收，真空干燥等方法，可使生物降解型塑料产量提高45%。
【名称】 一种可降解生物泡沫塑料的制备方法
【公开(公告)号】 CN101469048
【公开(公告)日】 2009.07.01
【申请(专利权)人】 上海汇康生物科技有限公司
【地址】 上海市卢湾区思南路105号216室
【发明(设计)人】 李峰
【摘要】 本发明涉及一种可降解生物泡沫塑料的制备方法。将丙烯酸淀粉酯与烯烃单体共聚，采用乳液共聚方式。共聚完成后，采用模压发泡方式使淀粉基泡沫塑料发泡成型。本发明可降解生物泡沫塑料不仅具有自然环境中较好的生物侵蚀降解性，还具有优良的疏水、弹性、拉伸性能。
【名称】 一种废弃硬质聚氨酯泡沫塑料的再生利用方法
【公开(公告)号】 CN101469050
【公开(公告)日】 2009.07.01
【申请(专利权)人】 中国科学院过程工程研究所
【地址】 北京市海淀区中关村北二条1号
【发明(设计)人】 曹宏斌；董金路；张懿
【摘要】 本发明涉及一种废弃硬质聚氨酯泡沫塑料的再生利用方法。本方法是将废弃硬质聚氨酯泡沫塑料经破碎机破碎后在聚醚多元醇醇解剂的作用下降解成液体低聚物，此低聚物可以不经分离提纯直接与异氰酸酯和发泡剂助剂反应重新合成新的聚氨酯泡沫塑料。本发明废弃硬质聚氨酯泡沫塑料再生利用方法操作简单、工艺流程短、回收率高，再生时所需异氰酸酯少，实现了废弃硬质聚氨酯泡沫塑料的高效、绿色循环利用。
【名称】 利用活性污泥生产可生物降解塑料的方法
【公开(公告)号】 CN101469061
【公开(公告)日】 2009.07.01
【申请(专利权)人】 中国科学院生态环境研究中心
【地址】 北京市海淀区双清路18号
【发明(设计)人】 刘俊新；曲波
【摘要】 本发明涉及环境生物技术领域，特别涉及一种利用活性污泥生产可生物降解塑料(聚羟基链烷酸酯(PHA))的方法。在序批式反应器中，以活性污泥为菌种，采用动态底物投加方式将包含挥发性脂肪酸的矿物盐培养液加入到序批式反应器中，在好氧条件下培养具有聚羟基链烷酸酯贮存能力的活性污泥。将序批式反应器排出的具有贮存聚羟基链烷酸酯能力的活性污泥转移到另外一个反应器中，同时投加包含挥发性脂肪酸的矿物盐培养液，经好氧反应，使活性污泥中的微生物细胞内贮存的聚羟基链烷酸酯达到饱和。含有聚羟基链烷酸酯的污泥进入下游工艺提取聚羟基链烷酸酯。本发明的方法，为低成本的生产环境友好型新材料提供了可能。
【名称】 高温水溶性塑料薄膜及其制备工艺
【公开(公告)号】 CN101469074
【公开(公告)日】 2009.07.01
【申请(专利权)人】 杨建军
【地址】 河北省石家庄市飞机制造厂宿舍东区8栋3单元101室
【发明(设计)人】 黄振江
【摘要】 本发明公开了一种高温水溶性塑料薄膜及其制备工艺，由下述重量份的原料制成：聚乙烯醇10～15、聚乙二醇1～2.5、乙二醇1～13、木糖醇1～1.5、丙二醇聚氧乙烯聚氧丙烯醚0.1～0.15、聚丙烯酰胺1～5、尿素0.1～0.3、乙酸乙酯0.3～0.8、抗坏血酸0.03～0.1、柠檬酸0.05～0.08、水溶性蜡片0.3～0.5、水100。本发明高温水溶性塑料薄膜，在90～100℃温度水中能迅速溶解，无毒无味，且其原料价格低廉，制备工艺简单易操作，制备成本低，所制薄膜的力学性能良好，成膜薄厚均匀，平整度高，可用在水转移印刷、医用洗涤袋、服装及纺织品包装以及出口产品的包装等多个领域。
【名称】 一种废弃物回收制备塑料母料的方法
【公开(公告)号】 CN101469080
【公开(公告)日】 2009.07.01
【申请(专利权)人】 上海汇康生物科技有限公司
【地址】 上海市卢湾区思南路105号216室

【发明(设计)人】 李峰

【摘要】 本发明涉及废弃物回收再利用领域。具体是涉及一种以废弃物回收制备塑料母料的方法。以废弃谷物、面粉等为主要原料，经水解，发酵，分离，蒸发后即得塑料母料聚乳酸。本发明采用废弃物为原料，工艺简单，原料来源廉价，且制得的塑料母料降解完全，无毒，无污染。

【名称】 一种制备管材用无卤聚乙烯组合物及其制备方法

【公开(公告)号】 CN101469089

【公开(公告)日】 2009.07.01

【申请(专利权)人】 上海化工研究院

【地址】 上海市普陀区云岭东路345号

【发明(设计)人】 刘彦明；郝冬梅；陈崇伟；尹亮；陈涛；林倬仕

【摘要】 一种制备管材用无卤聚乙烯组合物及其制备方法，所述组合物以重量份计，包括无卤阻燃剂11~45份、抗静电剂0.1~8份、聚乙烯45~85份，其中，无卤阻燃剂是由膨胀型阻燃剂和膦酸酯阻燃剂复配而成。所述的组合物具有不含卤素、对环境友好、阻燃性好的特点，能达到UL-94的V-0级标准，具有优异的抗静电性和优良的力学机械性能，是一种适合于制造在煤矿、井下、给排水、输导气体等危险作业中应用的管材用塑料组合材料。

【名称】 一种可生物降解材料组合物及其注塑制品

【公开(公告)号】 CN101469110

【公开(公告)日】 2009.07.01

【申请(专利权)人】 比亚迪股份有限公司

【地址】 广东省深圳市龙岗区葵涌镇延安路比亚迪工业园

【发明(设计)人】 王威；肖海源；常明珠

【摘要】 本发明提供了一种可生物降解材料组合物，该组合物含有聚乳酸、有机层状硅酸盐和含有偶联剂的天然纤维。本发明提供的可生物降解材料组合物克服了现有技术中可生物降解材料的机械性能及热性能差难以应用于工程塑料的缺点，提供了一种机械性能及热性能均良好的可以满足工程塑料要求的可生物降解材料组合物及其注塑制品。本发明提供的可生物降解材料组合物，具有显著提高的接近于常规工程塑料的机械性能及热性能。作为环保材料，本发明的可生物降解材料组合物其工程塑料替代材料领域尤其是未来结构部件材料市场具有广阔的前景。

【名称】 全降解生物塑料聚3-羟基丁酸酯4-羟基丁酸酯共聚物与植物纤维共混合金

【公开(公告)号】 CN101469111

【公开(公告)日】 2009.07.01

【申请(专利权)人】 深圳市意可曼生物科技有限公司

【地址】 广东省深圳市南山区蛇口南海大道1007号北科创业大厦108-112室

【发明(设计)人】 张向南

【摘要】 本发明涉及一种全降解性生物塑料聚3-羟基丁酸酯4-羟基丁酸酯共聚物(英文缩写代号为P3HB4HB)与植物纤维共混改性的一种合金材料的配方及其制备方法。其特征在于该合金材料主要由聚3-羟基丁酸酯4-羟基丁酸酯共聚物、植物纤维、增塑剂、润滑剂、热氧稳定剂、填充剂、偶联剂、颜料等构成；并通过准确计量、初混、高速混合，然后在一定温度和螺杆转速下经双螺杆挤出机塑炼、挤出、冷却、造粒而成；该材料具有全生物降解特性，在自然环境下，一年内全部降解，降解后的最终产物为水、二氧化碳和有机生物质肥料，且对环境无污染。材料的物理性能好、光学活性高、透氧性低、抗紫外线辐射强、具有较好的生物降解性和生物相容性，可完全应用在通用塑料及木质制品所能应用的领域，并赋予了材料的可环境消纳特性，且材料的降解性能可通过材料的不同组合根据应用情况可控，成本低廉，制造工艺简单，可在通用塑料加工机械上进行加工，适应当今绿色环保发展要求。

【名称】 一种低光泽、高抗冲、高流动聚碳酸酯组合物

【公开(公告)号】 CN101469120

【公开(公告)日】 2009.07.01

【申请(专利权)人】 上海普利特复合材料股份有限公司

【地址】 上海市虹口区四平路421弄20号2楼

【发明(设计)人】 陈永东；李文龙；张祥福；周文

【摘要】 本发明公开了一种低光泽、高抗冲、高流动聚碳酸酯组合物，包括聚碳酸酯、苯乙烯基树脂、乙烯-丙烯酸酯共聚物弹性体和凝胶化的苯乙烯与丙烯腈的共聚物。所述的聚碳酸酯为40~85重量份，苯乙烯类树脂为10~55重量份，乙烯-丙烯酸酯共聚物弹性体为2~5重量份，凝胶化的苯乙烯与丙烯腈的共聚物为1~3重量份。本发明的PC塑料合金具有低光泽、高抗冲、以及良好的耐热性；同时，流动性佳，易于充填成形大尺寸模具，可用于各种汽车内饰件等。

【名称】 一种高光泽、高硬度、抗紫外聚碳酸酯塑料合金

【公开(公告)号】 CN101469121

【公开(公告)日】 2009.07.01
【申请(专利权)人】 上海普利特复合材料股份有限公司
【地址】 上海市虹口区四平路421弄20号2楼
【发明(设计)人】 陈永东；李文龙；张祥福；周文
【摘要】 本发明涉及一种高光泽、高硬度、抗紫外聚碳酸酯塑料合金组合物，包括聚碳酸酯、苯乙烯基树脂、甲基丙烯酸酯树脂、丙烯酸酯类接枝橡胶以及其他填剂；所述的聚碳酸酯为40~80重量份，甲基丙烯酸酯树脂为10~25重量份，苯乙烯类树脂为5~20重量份，丙烯酸酯类弹性体为5~15重量份。本发明的PC塑料合金具有高光泽、高抗冲、高表面硬度、以及良好的流动性；能够省略表面喷漆涂装过程；可用于手机、移动式DVD电子产品及电视机、液晶显示器等家用电器、汽车仪表显示器外壳等。

【名称】 一种塑料合金及其制备方法
【公开(公告)号】 CN101469123
【公开(公告)日】 2009.07.01
【申请(专利权)人】 比亚迪股份有限公司
【地址】 广东省深圳市龙岗区葵涌镇延安路比亚迪工业园
【发明(设计)人】 王技
【摘要】 本发明提供了一种塑料合金，该塑料合金含有聚碳酸酯、聚对苯二甲酸丁二醇酯、无机增韧剂以及阻燃剂，其中，所述塑料合金还含有聚丙烯酸烷基酯和/或聚甲基丙烯酸烷基酯。本发明还提供了该塑料合金的制备方法。本发明提供的塑料合金具有优良的力学性能以及阻燃性能。

【名称】 一种聚丙烯塑料用网印油墨及其制造方法
【公开(公告)号】 CN101469151
【公开(公告)日】 2009.07.01
【申请(专利权)人】 比亚迪股份有限公司
【地址】 广东省深圳市龙岗区葵涌镇延安路1号比亚迪工业园
【发明(设计)人】 徐林红；苏炜
【摘要】 一种聚丙烯塑料用网印油墨，它是由溶于溶剂的树脂基体加适量的助剂、填料和着色颜料组成，基于所述油墨的总量，所述的树脂基体是分子量为1000~2000000，环化率为10%~90%，环化橡胶20~60重量份和氯化聚丙烯10~30重量份。将树脂基体加入溶剂在反应器中加热搅拌，使树脂溶解。在另一反应器中加入碳酸钙、蓖麻油、乙醇的混合物，搅拌分散均匀，然后加入颜料，研磨。将球磨好的混合料加入到原先溶解的树脂连接料中，搅拌分散后，将浆料在研磨机上研磨。

【名称】 工业连续化塑料裂解器
【公开(公告)号】 CN101469270
【公开(公告)日】 2009.07.01
【申请(专利权)人】 牛斌
【地址】 山东省济南市天桥区无影山北路78号
【发明(设计)人】 牛斌
【摘要】 本发明为一种通过实现工业连续生产的塑料裂解器。其技术方案包括外筒体及内筒体，内筒体的两端均与外筒体相通，外筒体及内筒体中的至少一个装有加热机构，外筒体主体内壁上固定螺旋带，内筒体设置有与外筒体送料方向相反的输送机构，内筒体的入口端设置与外筒体之间的固态热载体导入机构；外筒体内设置有裂解生成的固态物与固态载热体的分离机构；外筒体上有油气出口及固态生成物出口。本发明的结构简单，能减少占用空间，而且，固态热载体在筒体内循环没有热能的损失，使设备的运行成本大大降低。

【名称】 纳米防腐抗菌塑料金属复合管
【公开(公告)号】 CN101469792
【公开(公告)日】 2009.07.01
【申请(专利权)人】 上海中塑管业有限公司
【地址】 上海市奉贤区航南公路1249号
【发明(设计)人】 郑祥义
【摘要】 本发明涉及一种纳米防腐抗菌塑料金属复合管，包括塑料外层、塑料内层及金属层，塑料层与金属层之间黏有热熔胶；所述塑料外层与塑料内层的配方分别如下：塑料外层配方为：无机纳米防腐剂：为塑料原料重量的0.2%~8%，偶联剂：为无机纳米防腐剂用量的1%~8%，增塑剂：为塑料原料重量的0.1%~3%，酚类抗氧剂：为塑料原料重量的0.3%~1.0%；塑料内层配方为：无机纳米抗菌剂：为塑料原料重量的0.1%~10%，偶联剂：为无机纳米抗菌剂用量的1%~5%，增塑剂：为塑料原料重量的0.1%~2%，酚类抗氧剂：为塑料原料重量的0.3%~1.0%；本发明的有益效果是：对水质具有杀菌功能，而且其外层塑料还具有不易老化、使用寿命长、无污染的特点。

【名称】 多壁层间中空塑料保温、保冷管道
【公开(公告)号】 CN101469793
【公开(公告)日】 2009.07.01
【申请(专利权)人】 张征年
【地址】 北京市丰台区卢沟桥街道办事处京铁家园2区7号楼0911室
【发明(设计)人】 张征年
【摘要】 本发明公开了一种多壁层间中空塑料保温、保冷管道，包括内管壁、中空管壁、外管壁、管壁

之间由植筋联接，与介于内管壁、中空管壁、外管壁两壁之间的中空隔热层构成，其特征是中空隔热层内用常压或负压的气体或填充保温材料为隔热体，各管壁、植筋可浸、喷、涂低发射率的混合层或中空隔热层内管壁表面挤贴低发射率的功能层，外管壁、中空管壁、植筋可制成塑料、铝粉、吸附吸气剂按比例配料的混合筋、壁，塑料内管壁内可以嵌入金属管、其线膨胀差由补偿器或波纹管消融，管道横截面可为各种形状，用多壁复合管机头挤出加工或用其他成型技术，管道用热熔卡具热熔或用金属管件外壁螺母与内壁螺母与接头体紧固或用法兰盘、黏接、焊接等连接方法。

【名称】 一种可成型测试用塑料密度片的模具
【公开(公告)号】 CN101470053
【公开(公告)日】 2009.07.01
【申请(专利权)人】 上海金发科技发展有限公司；广州金发科技股份有限公司
【地址】 上海市青浦区朱家角工业园康园路88号
【发明(设计)人】 戴阁青；陆体超
【摘要】 本发明涉及的一种压片成型测试用塑料密度片的模具，其特征在于：它为一块布有多个大小等同、分布规则的圆孔(3)的磨具板(1)、以及与之匹配的脱模底板(2)；所述的圆孔(3)呈倒置锥台状，所述的脱模底板(2)上设有与圆孔(3)匹配的凸台(4)。该磨具不仅结构简单、成型出来的塑料片重量符合标准，且一次可以成型多个、多种塑料同时成型，非常适合于生产过程中对于密度的监测。

【名称】 一种塑料反应瓶
【公开(公告)号】 CN101474583
【公开(公告)日】 2009.07.08
【申请(专利权)人】 华南理工大学
【地址】 广东省广州市天河区五山路381号
【发明(设计)人】 莫越奇
【摘要】 本发明公开了一种塑料反应瓶，包括瓶体，瓶体上设有一个或多个瓶口，其特征在于：瓶体底部设有两个或两个以上的反应槽。与玻璃反应瓶相比，塑料加工性能优异，可以加工成底部具有多个反应槽的形状，而玻璃因为内部应力太高，难以甚至无法实现这种特殊形状的加工。本发明的塑料反应瓶抗冲击性能强，质量轻。

【名称】 全自动三辊齿式废弃塑料薄膜编织袋破碎专用机
【公开(公告)号】 CN101474586
【公开(公告)日】 2009.07.08
【申请(专利权)人】 侯志柔
【地址】 浙江省临海市邵家渡街道山下坦村3－37C号现住大田街道浦田一巷4号
【发明(设计)人】 侯志柔
【摘要】 本发明公开了一种用于废弃塑料薄膜编织袋破碎专用机械设备的全自动生产线主机，涉及到环境生态保护，减少白色污染，节约资源，废弃塑料再生利用的领域。该机三辊齿式不等速组合运转切割，在轴中间设置着许多凸齿(附图9)凹槽(附图10)按序排列在轴中间，依理三角几何原理，物料在三角中心线中点顺逆齿(附图11－56.57)将物料切割成块状物，该机在AB辊之间设置物料进入口(附图2－53)木梳型压料装置(10)，设置在两辊凹槽内(附图2－10)通过组合压力调节装置(13.16)将进入多层折叠齐乱的物料压破套入凸齿内，切割成块状物，提供研磨机清洗使物料附着脱落达到符合质量的要求，再生利用。

【名称】 一种模温热传导塑料模具
【公开(公告)号】 CN101474836
【公开(公告)日】 2009.07.08
【申请(专利权)人】 杨东佐
【地址】 广东省东莞市长安镇乌沙村李屋第六经济开发区石西工业大厦
【发明(设计)人】 杨东佐
【摘要】 本发明公开了一种模温热传导塑料模具，包括模架及模仁；设有导热固体所制成的导热件，导热件的一端设在模仁内，另一端伸出模仁。利用本发明能较好的快速提升模具的温度，传导热量的速度快，且使用安全。

【名称】 改善硬质聚氨酯发泡塑料填充性能的方法
【公开(公告)号】 CN101474842
【公开(公告)日】 2009.07.08
【申请(专利权)人】 南京红宝丽股份有限公司
【地址】 江苏省南京市高淳县太安路128号
【发明(设计)人】 芮敬功；邢益辉；姚志洪
【摘要】 本发明涉及一种改善硬质聚氨酯发泡塑料的填充性能的方法，其特征在于在发泡过程中采用引气装置对需填充硬质聚氨酯发泡塑料的腔体内压进行控制，将影响反应液流动的气体引出，以使反应液在整个发泡反应过程中容易流动。本发明可将影响反应液产生的气体不断引出，使得反应液在整个反应过程中容易流动，从本质上解决了现有的聚氨酯硬泡成型过程中流动性能低、充填性差问题，大幅改善了泡沫成型过程中的充填性能。采用本发明制备的硬质聚氨酯泡沫，在保证性能的情况下，与不采用本发明相比，充填量减少了5%～20%。本发明利用现有的泡沫生产设备，并略作改造即可实施。

【名称】 用于生产泡沫塑料的双效模具模框
【公开(公告)号】 CN101474844
【公开(公告)日】 2009.07.08
【申请(专利权)人】 天津市鑫联华工贸有限公司
【地址】 天津市河西区珠江道58号
【发明(设计)人】 陈俊伟；顾志元
【摘要】 本发明涉及生产泡沫塑料的大型设备，特别涉及一种用于生产泡沫塑料的双效模具模框。本发明包括左模框、中模框和右模框，左模框和中模框通过中左模框导杆连接，中模框和右模框通过中右模框导杆连接。本发明所产生的有益效果是：将原有的单方面生产变为双面生产，实现双倍功能与效益(简称双效)，节约了能耗和成本，在原设备同等条件允许下，实现产能提高80%～100%，从而达到为生产单位提高效益80%～100%，即达到效益翻倍的目的，大大节省了财力、物力、人力的投入。

【名称】 一种注塑产品模内印刷的成型方法
【公开(公告)号】 CN101474849
【公开(公告)日】 2009.07.08
【申请(专利权)人】 朱伟霞
【地址】 浙江省玉环县珠港镇陈屿铁龙头社区
【发明(设计)人】 朱伟霞
【摘要】 本发明公开了一种注塑产品模内印刷的成型方法，通过在注塑机的动模板上端和下端分别设置有卷膜机构，双向可拉伸印花膜通过两端的卷膜机构来传送，在模具安装前，印花膜放置在模具型腔与压模板之间的空隙内，模具合模后，注塑机通过螺杆将熔融塑料注入模腔，高温高压下熔融塑料将印花膜紧贴在模具型腔壁上，此时，印花膜上的图案在高温及高压的作用下被转印到注塑产品上，注塑成型。本发明方法可以在产品的曲面、台阶或者产品的转角处印刷上图案，提高了生产效率。

【名称】 注塑成型模具和塑料制品制造方法
【公开(公告)号】 CN101474850
【公开(公告)日】 2009.07.08
【申请(专利权)人】 群康科技(深圳)有限公司；群创光电股份有限公司
【地址】 广东省深圳市宝安区龙华镇富士康科技工业园E区4栋1层
【发明(设计)人】 黄协停
【摘要】 本发明提供一种注塑成型模具和塑料制品制造方法。该注塑成型模具包括一母模仁和一公模仁，该母模仁包括一母模仁主体和一母模仁入子。该公模仁、该母模仁主体和该母模仁入子合模形成一模穴。

【名称】 注塑装置的液相加热恒温系统
【公开(公告)号】 CN101474855
【公开(公告)日】 2009.07.08
【申请(专利权)人】 楼正荣
【地址】 浙江省义乌市义东工业区龙潭路8号
【发明(设计)人】 楼正荣
【摘要】 本发明涉及一种注塑装置中的加热及恒温系统，尤其是一种在注塑设备中的料筒、注塑模具的热流道浇口中，采用导热硅油的液态物质进行恒温和温度控制，包括导热硅油池、温控系统、注塑装置，导热硅油池中的硅油经油泵、注塑装置中设有的各区段油路恒温装置组成液压回路，温控系统按注塑装置中各区段温度要求控制其液压回路的油温，在注塑料筒、注射头、模具浇口等周围，设置成一定的硅油通道，实现浇口区域温度达到所需温度，完全避免堵积料，本系统油路功率损耗低，导热性好，温度保持恒定。

【名称】 塑料挤出机的过载保护装置
【公开(公告)号】 CN101474861
【公开(公告)日】 2009.07.08
【申请(专利权)人】 冯德富
【地址】 广东省鹤山市雅瑶直水工业区德塑实业有限公司
【发明(设计)人】 冯德富
【摘要】 本发明公开了一种塑料挤出机的过载保护装置，包括传动系统的输出轴和挤压系统的输入轴，所述的传动系统的输出轴安装有输出轴连接座，挤压系统的输入轴上安装有输入轴连接座，输出轴连接座和输入轴连接座上分别布置有多个对应的通孔，输出轴连接座和输入轴连接座的通孔之间插接有超负荷断开动力传输连接条。连接条所承受的输出轴和输入轴之间的扭力超过所设定承受的范围时，连接条断开，从而保护了挤出机的机台等部件，节约了成本开支，使机台、螺杆的使用寿命大大增加，使用安全可靠，并且由于连接条是插接在输出轴连接座和输入轴连接座上所对应的通孔上，连接条的更换方便，方便的插入和取出。

【名称】 一种热吹冷保吹瓶法及其装置
【公开(公告)号】 CN101474862
【公开(公告)日】 2009.07.08
【申请(专利权)人】 楼正荣
【地址】 浙江省义乌市义东工业区龙潭路8号
【发明(设计)人】 楼正荣
【摘要】 本发明涉及一种塑料加工方法以及这种加工方法的装置，尤其是涉及一种塑料吹瓶技术及其装置。热吹冷保吹瓶法分为热吹瓶和冷保压两个步骤，所述的热吹瓶是指采用温度较高的热气进行吹瓶，使瓶坯在模具中形成一定的空腔形状；冷保压是指在热吹瓶之后，通入一定压强的冷气，使热吹瓶形成的空腔内保持一定的压强。为了实现上述方法，本发明提供了一种吹冷保吹瓶法的装置，有一个吹气系统，其特征在于所述的吹气系统分别设有一个热气装置和一个冷气装置。热气装置和冷气装置分别提供吹瓶时用的一定压强的热气与冷气。

【名称】 自动拉吹机塑料瓶管输入排列机构

【公开(公告)号】 CN101474863

【公开(公告)日】 2009. 07. 08

【申请(专利权)人】 蔡业

【地址】 浙江省台州市黄岩区二环西路890号

【发明(设计)人】 蔡业

【摘要】 自动拉吹机塑料瓶管输入排列机构，包括安装在机座上的塑料瓶管加热装置和拉吹机构，在加热装置与拉吹机构之间有塑料瓶管输入轨道，其特征在于塑料瓶管输入轨道上有排列机构，排列机构有固定在拉吹机构支架上的固定架，固定架下安装由动力带动的甲、乙链轮和链条组成的传动机构，链条上安装排列推动杆，排列推动杆与塑料瓶管相接触。本方案在输入轨道上方有排列机构，排列机构中的链条上安装排列推动杆，排列推动杆插到瓶管内，一是推动瓶管，使瓶管的运行速度由链轮转速确定，而链轮的转速与拉吹机构的速度互相配合一致；二是推动杆使各只瓶管排列间距一致，有利于进入拉吹机构，保证拉吹质量。

【名称】 增强热塑性塑料管的生产工艺及设备

【公开(公告)号】 CN101474873

【公开(公告)日】 2009. 07. 08

【申请(专利权)人】 李志雄

【地址】 广东省广州市天河区中山大道西高新科技工业园建工路9号6楼

【发明(设计)人】 李志雄

【摘要】 本发明是一种增强热塑性塑料管的生产工艺及设备。本发明的工艺包括有如下步骤：1)将颗粒状的PE用负压送到挤出机的料斗；2)第一挤出机将PE塑料加热，并以较高压力连续通过模头挤出；3)融化的PE通过真空水槽的真空定径套，在负压中水冷定型为PE内管；4)PE内管在喷淋水槽中继续冷却成型；5)第一冷风机把从喷淋水槽中拿出来的PE内管将其表面吹干；6)牵引机连续稳定的牵引PE内管，提供PE内管成型的动力；7)缠绕机将采用钢丝或纤维丝合股成绳制成的覆塑增强带以恒定的张力分别以相反方向缠绕在PE内管或者其最外层上；8)第二挤出机将融化的PE塑料，通过外复模头包覆在缠绕好的增强带的外面，形成包覆好的RTP管；9)包覆好的RTP管在水槽中喷淋冷却成型；10)第二冷风机用冷风吹干把从水槽中拿出来的RTP管的表面。本发明的工艺简单可行，本发明的设备结构简单、操控性能好、工作稳定可靠。

【名称】 提高注塑抗冲墨性能的印刷工艺

【公开(公告)号】 CN101474919

【公开(公告)日】 2009. 07. 08

【申请(专利权)人】 天津市中环高科技有限公司

【地址】 天津市西青区微电子工业区微三路6号

【发明(设计)人】 鲍一兵；石云；曾晓东；刘晓亮；刘利

【摘要】 本发明涉及一种提高注塑抗冲墨性能的印刷工艺，其特征是，在需后续注塑成型加工的PC透明片材的注塑浇口处采用UV油墨和溶剂型油墨局部叠加印刷，其中溶剂型油墨中加入的硬化剂比例为15%，稀释剂比例为10%；本发明产生的有益效果：比现有工艺直接减少了两遍油墨印刷次数，使得裂墨不良率得到控制，满足了产品抗冲墨品质的要求，IML的印刷工艺不仅仅要能抗冲墨，而且在高压三维成型时墨层不断裂，满足在墨层和墨层之间，墨层和注塑料之间具有良好的附着力，在冷热冲击和水煮试验中不会产生膜与注塑料剥离、墨层间剥离的情况。

【名称】 钞券塑料产品箱开箱设备

【公开(公告)号】 CN101475064

【公开(公告)日】 2009. 07. 08

【申请(专利权)人】 中国印钞造币总公司

【地址】 四川省成都市温江区黄金路189号

【发明(设计)人】 肖福君；宁晨；张楠岚；宋燕宁；李岗；鲁家庚

【摘要】 钞券塑料产品箱开箱设备，涉及一种印钞企业或银行等金融机构使用的钞券塑料产品箱的开箱设备，目的是解决目前同类产品开箱效率低、劳动强度大、易损坏箱体的问题，包括设置在机架上的电气控制柜、带动刀架动作的工作油缸以及设置在刀架上的刀具，刀架及工作油缸为四组，分别设置在上、下、左、右四个方向，各刀架所围空间内设置有定位板，定位板上设置有与钞券塑料产品箱的箱盖表面上的空槽相配合的定位条，下方刀架的外侧设置有工作台，工作台下设置有可牵引工作台及其上的钞券塑料产品箱移向或移离定位板的定位复位油缸，可以一次性切开产品箱上的所有榫头或封签，具有省时、省力、劳动强度低、不损坏箱体的优点。

【名称】 一种水性聚氨酯丙烯酸酯树脂及其制备方法和应用

【公开(公告)号】 CN101475679
【公开(公告)日】 2009.07.08
【申请(专利权)人】 中山大桥化工集团有限公司
【地址】 广东省中山市东区中山六路6号
【发明(设计)人】 于学亚；张博；夏必来；邱继会
【摘要】 本发明提供了一种应用于塑料底材的高光泽、可快速紫外光固化的水性聚氨酯丙烯酸酯及其制备方法。该方法首先采用多异氰酸酯、多元醇或羧基改性聚己内酯二元醇等原料制备聚氨酯预聚物；随后主要通过使该预聚物与含有活性双键的双羟基扩链剂进一步反应，从而制备侧链上带有一定数量不饱和双键、且分子量更高的聚氨酯丙烯酸酯预聚物。该树脂具有高度的光反应活性且分散体的稳定性更好。本发明还涉及一种水性聚氨酯丙烯酸酯树脂分散体，该分散体具有良好物理化学成膜能力及附着力，而且硬度高、耐磨性能优异，特别适用于涂层ABS塑料底材。

【名称】 一种阻燃型超支化聚合物的制备方法
【公开(公告)号】 CN101475683
【公开(公告)日】 2009.07.08
【申请(专利权)人】 苏州海博特树脂科技有限公司；吴江市太湖绝缘材料厂
【地址】 江苏省吴江市汾湖经济开发区北厍育才路36号
【发明(设计)人】 张道洪；施文磊；张春琪；徐晓风；许坤；井丰喜；高慧君；许向阳
【摘要】 本发明涉及一种阻燃型超支化聚合物的制备方法，以多元醇或多元胺或它们的混合物为第一单体，以含磷二氯化合物或三氯氧磷为第二单体，以多元酸或酸酐为第三单体，三种所述的单体在催化剂和有机溶剂的存在下，于40～200℃反应4～20h制得所述阻燃型超支化聚合物，第一单体、第二单体及第三单体的摩尔比为1:(0.05～1.0):(0.25～2)，所述催化剂用量为三种单体总质量的0.1%～2%。本发明以多元酸或其酸酐取代部分价格较高的三氯氧磷或二氯磷化物，这样的原料成本更加低廉，制备工艺路线简单。同时，采用本方法制得的超支化聚合物中含有可起阻燃作用的磷酸酯基团，其与其他高分子材料有良好的相容性，因此可作为塑料、涂料、胶黏剂等领域的增强增韧和阻燃助剂。

【名称】 利用力化学法快速剥离铝塑复合材料的方法
【公开(公告)号】 CN101475702
【公开(公告)日】 2009.07.08
【申请(专利权)人】 浙江大学；浦江恒捷服饰有限公司
【地址】 浙江省杭州市西湖区浙大路38号
【发明(设计)人】 雷华；李振华；鲁阳；陈建党；董圣航
【摘要】 本发明公开了一种利用力化学法快速剥离铝塑复合材料的方法，包括：将铝塑复合材料粉碎成碎片，置于分离剂中，经过快速升温、保温和快速降温过程使铝和塑料完全分离，再经过滤、浮选分离、干燥分别得到铝和塑料；所述分离剂由如下重量百分比的组分组成：有机羧酸10%～99.9%，表面活性剂0.1%～1%，余量为水。该方法不需要特殊的设备，操作简单，所需成本低，利于工业化生产，可实现铝和塑料的分别回收，不仅提高了铝塑复合材料的回收利用价值，而且减少了废弃物对环境的污染。

【名称】 橡胶、塑料行业专用的仿铅铬黄颜色颜料及制备方法
【公开(公告)号】 CN101475705
【公开(公告)日】 2009.07.08
【申请(专利权)人】 上海一品颜料有限公司
【地址】 上海市嘉定区嘉松北路4839号
【发明(设计)人】 高福君；翁思定；徐俊；王丹英；秦泽荣；沈琴华；马岚
【摘要】 本发明提供了一种橡胶、塑料行业专用的仿铅铬黄颜色颜料及制备方法，所述颜料其组分包括偶氮黄色颜料、白色颜料和体质颜料，重量百分比含量为：偶氮颜料9%～35%，白色颜料0～10%，体质颜料60%～91%。本发明是一种橡胶、塑料行业专用的仿铅铬黄颜色的颜料，为一种无铅无铬的环保产品，颜料的耐光性、耐热性、耐酸性、耐碱性也明显比铅铬系列黄色颜料强。本发明的制备方法，由于采用了无铅铬的原料，解决了铅铬黄颜料在制备中造成的有毒有害离子的废液污染问题。

【名称】 用于PA66工程塑料制备中的无卤阻燃体系以及一种PA66复合材料及其制备方法
【公开(公告)号】 CN101475707
【公开(公告)日】 2009.07.08
【申请(专利权)人】 北京华腾工程新材料有限责任公司
【地址】 北京市海淀区中关村北大街123号
【发明(设计)人】 陈宇；张宜鹏；曹亮；赵春梅；毕立；张艳明；赵欣；贾义军；王朝晖
【摘要】 本发明用于PA66工程塑料制备中的无卤阻燃体系以及一种PA66复合材料及其制备方法，属于高分子材料领域，PA66复合材料是由PA66和部分PA6树脂、玻璃纤维、增韧剂另外组配A、B两种组分共同引入双螺杆挤出机，挤出、冷却、切粒得到；

其中：A组份为有机稀土磷酸酯盐成核剂、抗氧剂、外润滑剂、颜料、聚乙烯混合后制备的母粒；B组份为由有机膦酸盐、蜜胺焦磷酸盐(MPP)、硼酸锌三种物质按重量比3∶1∶0.5的比例混配形成的无卤阻燃体系。本发明无卤阻燃体系耐热、耐水解、阻燃性能好，添加该阻燃体系制备得到的产品综合性能优良，兼具环境友好性、环境关联物质含量符合欧盟RoHS标准的特点，适用于电子电器产品。

【名称】 微发泡低烟无卤阻燃铝塑复合板芯材专用料及其制备方法

【公开(公告)号】 CN101475716

【公开(公告)日】 2009.07.08

【申请(专利权)人】 大连亚泰科技新材料有限公司

【地址】 辽宁省大连市中山区友好路105号曼哈顿大厦3111室

【发明(设计)人】 孙忠祥；王锡臣

【摘要】 本发明涉及塑料建材范畴，确切地说是属于防火性塑料建材，具体涉及一种微发泡低烟无卤阻燃铝塑复合板芯材专用料及其制备方法。该专用料由主体母粒A和发泡母粒B两组分构成。使用时，根据铝塑复合板对发泡率的要求不同，确定A、B两组份的配比，一般A∶B=(90~98)∶(10~2)为宜。本发明与目前铝塑复合板通用的无卤阻燃芯材相比，密度小，隔音隔热性能好、韧性好，成本低。各项技术指标如弯曲模量、剪切强度、剥离强度、热变形温度、耐水性和抗阻燃性均达到或超过GB11115、GB11116、GB/T15182国标标准。

【名称】 一种改性聚丙烯材料及其制造方法和应用

【公开(公告)号】 CN101475718

【公开(公告)日】 2009.07.08

【申请(专利权)人】 宝山钢铁股份有限公司

【地址】 上海市宝山区富锦路果园

【发明(设计)人】 谷开峰；闻景超；王仲庆

【摘要】 本发明公开了一种改性聚丙烯材料及其制造方法和应用。该改性聚丙烯材料组成主要包括聚丙烯、高密度聚乙烯、玻璃纤维[(55~80)∶(10~25)∶(10~35)]和界面改性剂；组成材料经过混和、熔融挤出改性、冷却、牵引和粉碎几个步骤后制造为聚丙烯塑料合金；这种改性聚丙烯材料可广泛应用于家电制造、化工冶金等行业，尤其是在酸再生环保设备的应用。本发明有效克服纯聚丙烯存在耐热性差、耐光性差、抗老化性差及低温易脆断等问题，大幅度提高聚丙烯机械性能、耐温性能，并改善韧性提高抗低温冲击性能，尤其在酸再生环保设备的应用上，大大提高聚丙烯产品的稳定性，延长其使用寿命。

【名称】 一种聚乳酸的注塑成型方法

【公开(公告)号】 CN101475736

【公开(公告)日】 2009.07.08

【申请(专利权)人】 上海同杰良生物材料有限公司

【地址】 上海市赤峰路65号313室

【发明(设计)人】 任杰；张乃文；王秦峰

【摘要】 本发明属于高分子材料技术领域，具体涉及一种聚乳酸的注塑成型方法。具体步骤是：将成核剂混入有机溶剂中，高速搅拌条件下使成核剂均匀分散在溶剂中，然后将重均分子量为(6~20)万的聚乳酸粒子均匀混入，控制成核剂的质量为聚乳酸粒子的0.1%~10wt%；将得到的混合物置于真空烘箱或转鼓中，在真空或常压下蒸发脱除有机溶剂，温度为0~80℃；待有机溶剂完全蒸发后，在真空条件下对聚乳酸粒子进行低度结晶，温度为80~140℃，结晶度不超过50%；将制得的聚乳酸粒子直接进行注塑成型，制备聚乳酸制品。注塑温度控制在140~210℃，模具温度控制在60~130℃。通过本方法制得的聚乳酸制品不仅具有很好的耐热变形性，脆性也得到了改善，可作为通用塑料广泛应用。

【名称】 色彩变换的干涉色珠光颜料及其制备方法

【公开(公告)号】 CN101475757

【公开(公告)日】 2009.07.08

【申请(专利权)人】 林一中

【地址】 浙江省温州市经济技术开发区滨海园区A503小区

【发明(设计)人】 林一中；金文松

【摘要】 本发明公开了一种色彩变换的干涉色珠光颜料及其制备方法，该珠光颜料具有以下结构，以透明或半透明薄片为基片，在基片上依次涂覆钛酸盐吸收色涂层、透明中间夹层和透明二氧化钛干涉色涂层，外层涂覆外保护层，所述的透明中间夹层为二氧化硅涂层或氧化铝涂层。本发明的干涉色颜料，采用湿法化学涂膜工艺制备，颜料使用透明或半透明薄片为基片，在基片上依次直接涂覆钛酸盐吸收色涂层、透明中间夹层和透明二氧化钛干涉色涂层后，经一次煅烧一次成型。本发明的颜料色彩丰富，彩色鲜艳，从反射光视角到遍离反射光视角具有多种色彩变换的效果，可以用于油漆、油墨、塑料、化妆品配方、装饰材料以及造纸、玻璃等领域。

【名称】 一种利用废塑料提高油页岩得油率的方法

【公开(公告)号】 CN101475816

【公开(公告)日】 2009.07.08

【申请(专利权)人】 东北大学

【地址】 辽宁省沈阳市和平区文化路3号巷11号

【发明(设计)人】 薛向欣；刘艳辉；李勇；高景龙

【摘要】 一种利用废塑料提高油页岩得油率的方法，属于化工技术领域，其步骤为：(1)将粒度为0.05～5mm的油页岩粉末与废塑料混合；(2)将混合物料加热到300～650℃进行干馏，干馏时间为0.5～5h；(3)将干馏操作中获得的油气经过冷凝后收集，获得页岩油。本发明不仅解决了废塑料的环境污染问题、同时提高了页岩油产率，得油率可比普通方法提高50%以上，具有良好的应用前景。

【名称】 一种从废电镀塑料中分离回收铜、镍及再生塑料的方法

【公开(公告)号】 CN101476041

【公开(公告)日】 2009.07.08

【申请(专利权)人】 佛山市邦普镍钴技术有限公司；清华大学核能与新能源技术研究院；李长东；黄国勇；徐盛明

【地址】 广东省佛山市南海区里水镇上沙工业区

【发明(设计)人】 李长东；黄国勇；徐盛明

【摘要】 本发明公开了一种从废电镀塑料中分离回收铜、镍及再生塑料的方法。其主要特点是：将废电镀塑料用破碎机破碎后，采用硝酸将表面铜、镍等金属溶解，不溶物过滤洗涤后得纯净塑料，可用于再生处理；而含铜、镍溶液经铁粉置换后得高纯度海绵铜；余液经黄钠铁矾法除铁，P204萃取除铜、铁等杂质离子后，得纯净硝酸镍溶液，经电积处理后可生产金属镍板。本发明工艺简单，原辅料便宜，产品附加值高。

【名称】 一种塑料板材的新用途

【公开(公告)号】 CN101476384

【公开(公告)日】 2009.07.08

【申请(专利权)人】 张江恩

【地址】 浙江省诸暨市山下湖镇宜桥村

【发明(设计)人】 张江恩

【摘要】 本发明提供一种塑料板材的新用途。本发明将塑料板材应用于建筑施工中的建筑模板，不仅可以为建筑施工带来有益效果，而且能够有效提高废旧塑料的利用率，节约木材资源。

【名称】 多功能建筑塑料模板水箱

【公开(公告)号】 CN101476386

【公开(公告)日】 2009.07.08

【申请(专利权)人】 张江恩

【地址】 浙江省诸暨市山下湖镇宜桥村

【发明(设计)人】 张江恩

【摘要】 一种多功能建筑塑料模板水箱，包括：箱体内设置存水槽，其特征在于：所述箱体由至少1个单元塑料模板水箱组装而成，所述的单元塑料模板水箱底部为浇注模板面，其上层设置至少一个存水槽，箱体内存水槽部位设置至少两个横向串连孔，连接管件穿过横向串连孔串联为整体箱体，所述的存水槽内及存水槽之间设置流水通道，存水槽连通出水管，所述的箱体通过法兰盘与箱盖螺接。它作为模板使用，具有制造方便、成本低廉，重量轻，运输方便，支模、卸模的操作简便快捷，省工省力，降低了施工成本，缩短了施工周期。同时，它具有屋顶水箱的功能，工程完毕，它可以直接用作屋顶水箱，用作屋顶水箱也具有重量轻，运输方便、坚固耐用、使用寿命长的优点。

【名称】 一种增强聚丙烯工业管材及其制备方法

【公开(公告)号】 CN101476651

【公开(公告)日】 2009.07.08

【申请(专利权)人】 佛山高明顾地塑胶有限公司

【地址】 广东省佛山市高明区沧江工业园西园更合镇

【发明(设计)人】 宋波；赵侠

【摘要】 本发明公开了一种增强聚丙烯工业管材，其特征是在外皮层(2)和内皮层(1)之间复合挤压有增强耐热芯层(3)，内外皮层材料为β晶型聚丙烯，芯层材料为晶须增强β晶型聚丙烯，能在温度－20～120℃输送酸、碱和盐类等腐蚀性介质。本发明还涉及该管材制备方法，首先制备硅钙镁晶须增强β晶型聚丙烯母料，然后将硅钙镁晶须增强β晶型聚丙烯母料与β晶型聚丙烯复合共挤来制备管材。本发明的优点是：与以聚丙烯管为内衬、外缠玻璃纤维或其织物的增强塑料玻璃钢为加强层的复合工业管和以玻璃纤维增强聚丙烯工业管相比，具有韧性好、耐腐蚀性更强的优点，同时其制造工艺步骤简单、使用安装方便。

【名称】 具有纳米透气网目的再生塑料发泡物制造方法

【公开(公告)号】 CN101480830

【公开(公告)日】 2009.07.15

【申请(专利权)人】 张坤潢

【地址】 中国台湾省台中县丰原市隆丰街73巷7号

【发明(设计)人】 张坤潢

【摘要】 一种再生塑料发泡物制造方法，依序是将包含有塑料发泡物与非塑料发泡物的废弃物料粉碎至3mm以下作为起始物料；将该已粉碎的起始物料予以脆化；磨切该被脆化的起始物料至0.5mm以下；将含有polyol、催化剂以及添加剂的第一发泡溶液注入该被磨切至0.5mm以下的起始物料并搅拌约10～25min；将份量至少为该第一发泡溶液三分的一的含有二异氰酸盐的第二发泡溶液注入前述混合有第一

发泡溶液的起始物料并搅拌约10~15min；将前述混合有第一以及第二发泡溶液的起始物料至入一模具内，并将非饱和含水量的水蒸气注入该模具内进行发泡反应约15~20min，然后开启模具即可取再生塑料发泡物。

【名称】 超临界流体发泡剂输送装置和控制方法
【公开(公告)号】 CN101480831
【公开(公告)日】 2009.07.15
【申请(专利权)人】 北京中拓机械有限责任公司
【地址】 北京市昌平区回龙观北京中拓机械有限责任公司
【发明(设计)人】 唐庆华；桓锁成；侯珏；范汝富
【摘要】 本发明涉及一种预制超临界流体发泡剂和控制输送的流量的装置和控制方法，更具体地涉及采用超临界状态的氮气或二氧化碳作为发泡剂加工热塑性泡沫塑料时准备超临界发泡剂流体和精确控制输送流量的系统。主要包括低压气体源1、高压隔膜压缩机2、高压容器4等和安装在挤出机机筒上发泡剂引入接口16依次由压力管道连接组成的发泡剂输送管路，由在高压容器4之上的包覆有加热器3等元件组成的发泡剂超临界状态保持装置及控制部分组成。本发明的优点是，本发明可以用于将可用作发泡剂的低压气体进行加压和加热并保持在一个超临界状态，然后根据设定的向加工装置注入的发泡剂流量和温度值，采用闭环控制发泡剂气体的流量和温度，精确而均匀地将发泡工艺所需的发泡剂流量引入聚合物中。

【名称】 塑料制品冷却定型方法及设备
【公开(公告)号】 CN101480842
【公开(公告)日】 2009.07.15
【申请(专利权)人】 王明信；李强；傅庆蓉
【地址】 山东省潍坊市昌乐城南工业园潍坊欧尼斯塑料设备制造有限公司
【发明(设计)人】 王明信；李强；傅庆蓉；史佛保
【摘要】 本发明涉及到一种塑料制品的冷却定型方法及设备，所述冷却定型设备包括冷却定型装置，以及与其相连接的冷却用流体供应装置，其中，所述冷却定型装置包括本体，所述本体中成型有冷却通道，在所述冷却通道壁上成型有与所述冷却用流体供应装置连通的数条流体槽。通过通入流体槽中的流体实现对所述塑料制品的冷却，所述流体在所述冷却定型装置成型的所述冷却通道内形成流体垫，避免了所述塑料制品与所述冷却定型装置直接接触，使得所述塑料制品的表面光滑，气体冷却的采用使得所述塑料制品各部位温度均一，所述塑料制品表面平整。

【名称】 并列整体式手工取管加热拉吹机
【公开(公告)号】 CN101480844
【公开(公告)日】 2009.07.15
【申请(专利权)人】 蔡业
【地址】 浙江省台州市黄岩区二环西路890号
【发明(设计)人】 蔡业
【摘要】 并列整体式手工取管加热拉吹机，包括拉吹机组件和塑料瓶管加热装置，所述的拉吹机组件有机架，机架中安装前后运动的模板、模具和开合模机构，在机架上正对着模具安装拉吹机构，其特征在于拉吹机组件一侧的同一机架上安装塑料瓶管加热装置，塑料瓶管加热装置包括前后排列的两只链轮和环形传动链条，在环形传动链条的中间上安装一组加热灯管，环形传动链条的两侧各自安装加热反射板，传动链条带动瓶管支承座，瓶管支承座下有自转齿轮和上有插头，自转齿轮与齿条或者链条相接触，插头与塑料瓶管口相配合，塑料瓶管口向下。

【名称】 多层共挤吹膜设备和多层共挤吹膜工艺
【公开(公告)号】 CN101480847
【公开(公告)日】 2009.07.15
【申请(专利权)人】 马镇鑫
【地址】 广东省汕头市潮汕路金园工业城5A5片区
【发明(设计)人】 陈新辉；黄虹；李浩；林梓生；孙伟龙；蒋中成；袁汉清；林永忠
【摘要】 一种多层共挤吹膜设备，其表层挤出机和基层挤出机分别设有料筒和螺杆，各螺杆依次设有加料段、压缩段、计量段，其中一台或两台表层挤出机的螺杆在计量段后面还设有加气段，加气段的螺槽深度大于计量段的螺槽深度，在加气段对应位置的料筒侧壁还开设有气体输入口，气体输入口连接有气体输入设备。本发明还公开一种多层共挤吹膜工艺。本发明的设备和工艺生由于可以在一面或两面表层的熔融物料中混入稳定气体，所以生产出来的复合塑料膜表层具有密集的小气孔，因而可以直接形成单面或双面的粗糙表面。

【名称】 抗风雨振双螺旋线HDPE缆索护套管的制造方法
【公开(公告)号】 CN101480849
【公开(公告)日】 2009.07.15
【申请(专利权)人】 江阴法尔胜住电新材料有限公司；江苏省长江公路大桥建设指挥部
【地址】 江苏省江阴市璜土镇澄常工业开发区6号
【发明(设计)人】 费汉兵；陈策；冯兆祥；钟建驰；单继安；吉林；马伟杰；王志刚；金平；王昀；刘峰

【摘要】 本发明涉及一种双螺旋线 HDPE 管的制造方法，其特征在于它是利用 HDPE 圆管自身的余温，依靠安装在塑料挤出机的机头外侧的双螺旋线挤压定型装置上的可沿 HDPE 管轴线旋转的带凹槽并对称布置的两个挤压滚轮，同步挤压 HDPE 圆管，使 HDPE 圆管外表面上同步形成两条螺旋线，并通过真空冷却定型，制作成双螺旋线 HDPE 管。本发明充分利用 HDPE 圆管自身热量，节约能源；HDPE 管上的双螺旋线与管体基本同步成型，不易脱落，质量稳定。

【名称】 一种利用废弃泡沫塑料制做装饰用框条的工艺方法

【公开(公告)号】 CN101480898

【公开(公告)日】 2009.07.15

【申请(专利权)人】 上海英科实业有限公司

【地址】 上海市奉贤区胡滨公路1299号

【发明(设计)人】 刘方毅

【摘要】 本发明涉及一种利用废弃泡沫塑料制做装饰用框条的工艺方法。其特征在于下列步骤：(1)将泡沫塑料加热后挤压成毛坯框条，(2)在毛坯框条上进行涂泥，放入模型中自然干燥，(3)对毛坯框条的泥层表面砂光，(4)在砂光的毛坯框条的表面用压花轮将压花泥，自然干燥，(5)喷底色油漆，自然干燥，(6)修补后再喷油漆，自然干燥，(7)表面修饰后打光，(8)喷蜡后抛光，(9)自然干燥后成品包装。在步骤(6)后可以在毛坯框条的表面进行贴薄，所用的材料为金、银、铜箔。本发明的优点是可以变废为宝，将废弃的塑料泡沫制成具有天然木材质感的装饰用框条。

【名称】 封口工艺、塑料容器封口和陈列盒

【公开(公告)号】 CN101481025

【公开(公告)日】 2009.07.15

【申请(专利权)人】 东莞堡盛威塑胶五金制品有限公司

【地址】 广东省东莞市塘厦镇科苑城工业园科苑7路7号

【发明(设计)人】 黄伟雄

【摘要】 本发明涉及塑料容器的封口以及其封口的加工工艺技术领域，特指封口工艺、塑料容器封口和陈列盒；封口的加工工艺是在塑料容器的封口上涂上一层在紫外线光照射下迅速固化的胶黏剂，再在封口上张贴可拉伸薄膜，从而将封口封闭起来，封口的加工效率高，大幅度降低封口的成本，且不会损坏塑料容器；塑料容器的封口是在封口壁体的上端面或边沿通过胶黏剂黏贴并固定住至少一层可拉伸薄膜，大幅度降低封口的成本；陈列盒中上盒体和下盒体的封口分别通过第一 UV 胶水层、第二 UV 胶水层黏贴固定住第一可拉伸薄膜、第二可拉伸薄膜，上盒体和下盒体的封口环保元毒，安全无害，大幅度降低封口的成本，且不会损坏上盒体和下盒体。

【名称】 硬质聚氯乙烯型材软硬共挤胶条的生产方法

【公开(公告)号】 CN101481463

【公开(公告)日】 2009.07.15

【申请(专利权)人】 李国良；郑生力；宋庆弟；陈学智；曾省成；吴草木

【地址】 江苏省南京市滨江开发区飞鹰路20号

【发明(设计)人】 李国良；郑生力；宋庆弟；陈学智；曾省成；吴草木

【摘要】 本发明提供一种用于与硬质 PVC 型材共挤的密封胶条的生产方法，其生产出的密封胶条黏结性能、拉伸性能和低温韧性较好，材料硬度随温度的变化波动较小，密封胶条的加热后尺寸变化率与 PVC 异型材接近，不会出现因收缩率不同而引起的两者分离现象，以保证塑料门窗的长期密封功能。该生产方法，包括配料、混料、造粒、干燥、挤出步骤，配料的各组分重量如下：PVC100 份；碳酸钙 10～15 份；邻苯二甲酸二异壬酯 60～90 份；钛白粉 10～15 份；钙锌稳定剂 1～4.5 份。

【名称】 一种木塑材料及其制作方法

【公开(公告)号】 CN101481477

【公开(公告)日】 2009.07.15

【申请(专利权)人】 戴福寿；吴绮云；刘琳；李国喜

【地址】 安徽省宁国市山门路绿宝花园一期76号

【发明(设计)人】 戴福寿；吴绮云；刘琳；李国喜

【摘要】 本发明提供了一种木塑材料及其制作方法，该木塑材料是将预先板栗包壳、竹笋壳粉碎成 60～100 目的板栗包粉、竹笋壳粉与塑料、废旧回收塑料、改性剂、助剂及其他原料，按不同的比例，经混合后通过挤出机挤出造粒得到系列木塑粒料，或者直接挤出制造木塑板材、木塑型材和木塑管材等不同产品。该系列的木塑板材、型材和管材可大规模连续批量生产，具有生产效率高、成本低、性价比高等特点，其成本显著低于目前市场上应用木粉、竹粉制造的各种木塑材料，但机械强度却不低于它们，不仅可广泛推广使用，部分替代这类木塑材料，通过大量使用废弃塑料及板栗包粉、竹笋壳粉，有利于盛产板栗和竹笋的南方山区环境保护、资源的可循环再生利用。

【名称】 具有抗菌隔热隔音阻燃功能的改性塑料

【公开(公告)号】 CN101481478
【公开(公告)日】 2009.07.15
【申请(专利权)人】 郑文芝；周星
【地址】 广东省广州市天河区茶山路245号402房
【发明(设计)人】 郑文芝；周星
【摘要】 具有抗菌隔热隔音阻燃功能的改性塑料，本发明由于在塑料基体中同时掺杂了二氧化硅气凝胶微粒、阻燃剂和抗菌剂，使得改性后的塑料同时具有了抗菌、隔音、隔热、阻燃的性能，加上基体材料本身的绝缘性能，本发明之改性塑料具有了抗菌、隔音、隔热、阻燃、绝缘的性能，能满足家用电器发展的新要求，在洗衣机、电饭煲、焖锅和电冰箱等需要隔音、隔热、抗菌、阻燃的家电中有着广泛的用途。
【名称】 电缆桥架用高强度晶须改性塑料
【公开(公告)号】 CN101481481
【公开(公告)日】 2009.07.15
【申请(专利权)人】 福建省三明市开关有限公司
【地址】 福建省三明市梅列区陈大碧玉路86幢
【发明(设计)人】 王维勇；周南芳
【摘要】 电缆桥架用高强度晶须改性塑料，涉及塑料组分配制，包括PVC树脂粉、碳酸钙、稳定剂、钛白粉、硬脂酸润滑剂、CPE增韧剂，其特征在于按重量比计：PVC为100份；晶须改性碳酸钙为40~60份；热稳定剂为4.5~6份；金红石钛白粉为4~6.5份；PE蜡和硬脂酸润滑剂为4.5~5份；ACR-401抗冲剂为3~4.5份；CPE增韧剂为4~4.5份；400H亮光剂为2~2.2份。优点在于：克服了传统产品材料易碎、硬度低、亮度低、易褪色、抗紫外线效果差、易老化的缺点，提高了产品硬度、韧性及光泽度。
【名称】 用于模具法制备齿轮的尼龙母料组合物
【公开(公告)号】 CN101481499
【公开(公告)日】 2009.07.15
【申请(专利权)人】 南京师范大学
【地址】 江苏省南京市亚东新城区文苑路1号
【发明(设计)人】 章峻；方珏；徐九春；周宁琳；莫宏；沈健；李利；马振毛
【摘要】 用于模具法制备齿轮的尼龙母料组合物，重量份组成如下：高分子量塑料尼龙：50~65；集束短切玻璃纤维：30~40；微米尺寸的有机蒙托土：5~10；微米尺度的玻璃微粉：5~10。高分子量塑料尼龙包括高分子量的尼龙6或尼龙66。集束短切玻璃纤维为50~100根/束，经硅烷偶联剂表面处理，每根玻璃纤维的直径为6~11μm，长度为6mm。有机蒙托土的粒径为1~5μm，且已经过有机化处理的蒙托土。玻璃微粉为直径7~14μm、长径比为(1:5)~(1:10)、经硅烷偶联剂表面处理的玻璃微粉。本发明工艺简单，操作容易，可提高玻璃纤维改性尼龙母料的尺寸稳定性，耐热性，耐磨和润滑性，以及良好的耐候性能和防变形性能。
【名称】 一种采暖用塑料散热器及其材料及散热器的制备方法
【公开(公告)号】 CN101481602
【公开(公告)日】 2009.07.15
【申请(专利权)人】 余姚市舜海塑业有限公司
【地址】 浙江省余姚市中国塑料城新建北路424-1-2号
【发明(设计)人】 周金瑞；熊金辉
【摘要】 本发明提供了一种体轻、耐腐蚀、耐高温、使用寿命长久的以尼龙石墨为主体的改性导热塑料，并使用该材料制备多种形状的柱型或柱翼型塑料散热器。
【名称】 全螺纹纤维增强热塑性塑料锚杆及其加工工艺
【公开(公告)号】 CN101482024
【公开(公告)日】 2009.07.15
【申请(专利权)人】 李长城
【地址】 重庆市北碚区歇马镇小湾工业区
【发明(设计)人】 李长城
【摘要】 本发明公开了一种全螺纹纤维增强热塑性塑料锚杆，由2股以上的浸渍热塑性塑料后的纤维粗纱相互捻合、固化构成，该杆体的纤维粗纱之间除了黏接力之外，还存在捻合力，大大增大了锚杆的抗拉强度；本发明还公开一种全螺纹纤维增强热塑性塑料锚杆的生产工艺，先将浸渍热塑性塑料后的连续长纤维相互捻合形成粗纱，再将粗纱相互捻合，然后固化成型，所生产的锚杆抗拉强度高、延伸率大、环保可重复利用。且实现了锚杆的连续生产，生产效率高。
【名称】 衬塑复合管
【公开(公告)号】 CN101482213
【公开(公告)日】 2009.07.15
【申请(专利权)人】 钱功海
【地址】 浙江省绍兴市越城区坡塘龙虎山口绍兴市同正塑胶管业有限公司
【发明(设计)人】 钱功海
【摘要】 本发明公开了一种衬塑复合管，包括塑料内管、金属外管，在塑料内管与金属外管之间复合一高分子弹性隔热层。本发明利用塑料内管与金属外管之间的一高分子弹性隔热层的可伸缩性，解决塑料内管和金属外管因线性膨胀系数的不同而导致的问题，使塑料内管和金属外管配合更加稳定，同时，本发明还具有保温隔热性能好，可靠性强的特点。

【名称】 一种快速检测塑料制品中邻苯二甲酸酯类化合物的方法
【公开(公告)号】 CN101482505
【公开(公告)日】 2009.07.15
【申请(专利权)人】 重庆市计量质量检测研究院
【地址】 重庆市江北区建北三村17号
【发明(设计)人】 黄强；周晃；刘守琼；宋磊；李夏；毛明英；刘苏锐；王娇娜
【摘要】 一种快速检测塑料制品中邻苯二甲酸酯类化合物的方法，包括制定标样；红外光谱透射测试；求线性回归方程和相关系数和检测塑料制品。本发明以邻苯二甲酸二(2－乙基)酯－DEHP为主要研究对象，采用在空白溶液中滴加DEHP的方法制备标准样品，避免了在开辊过程中由于添加助剂的影响及高温等原因引起特征物质DEHP含量的变化，确保了标准曲线的可靠性，而溶剂的影响用红外光谱不易检测出来；采用相对峰面积的方式进行计算，以羰基峰和碳氢伸缩震动峰面积比对浓度作曲线，降低了外源性污染和其他因素的影响，更加合理地确保了标准曲线的可靠性与结果的真实性；样品处理方式简捷，只需对待测塑料制品进行溶解，进行红外光谱透射测试，有利于实验室快速检测。

【名称】 一种废旧橡胶或塑料连续裂解工艺及其设备
【公开(公告)号】 CN101484551
【公开(公告)日】 2009.07.15
【申请(专利权)人】 牛斌
【地址】 中国山东省济南市天桥区无影山北路78号
【发明(设计)人】 牛斌
【摘要】 本发明为废旧橡胶或塑料连续裂解工艺以及实现该工艺的设备，它是利用废旧橡胶或塑料生产油等产品的关键技术。其裂解过程，是将催化剂及橡胶或塑料进行挤压输送而实现隔离空气或氧化的送料，使上述原料进入密封裂解仓，使原料由进料口向出料口运动，并在此过程中完成裂解，最后由与能将外界气体隔离的出料机构自动导出。本发明通过对裂解仓进料口和出料口对空气和氧气的隔离，完全避免了氧气进入裂解仓而导致的安全隐患，从而实现了连续送料的工业化生产。而且能使油品比率由现有技术的19%能够提高到45%～48%，并能降低生产设备损耗，从而降低了生产成本，提高了安全措施，真正实现了高效连续化生产。

【名称】 塑料粒料惯性淘析器及其淘析工艺和用途
【公开(公告)号】 CN101486032
【公开(公告)日】 2009.07.22
【申请(专利权)人】 青岛科技大学
【地址】 山东省青岛市四方区郑州路53号
【发明(设计)人】 王伟文；王立新；陈光辉；叶臣；李建隆
【摘要】 一种塑料粒料惯性淘析器及其淘析工艺和用途，涉及塑料生产。淘析器包括淘析圆筒体、出料口N4。进气口N3、对流分离筒、出气口N2、加速内筒、加速筒、锥筒、进气筒、进气口N5和加料筒。加料筒上端为进料口下端插入进气筒中。淘析圆筒体中固定两层格栅，格栅倾角30～60(°)、间距30～100mm。加速筒的长度为600～1200mm，其管径与加料筒相同，对流分离筒的长度为300mm时效果最好。最佳工艺条件是：进气口N5的风速为10～20m/s，进气口N3的风速为10～15m/s，进料口N1的进料速度小于800g/s，加速内筒和对流分离筒环隙中的风速小于15m/s。它可清除粒料中的细粉尘、大大减少粒料随气流的溢出。综合分级效率达97.8%，提高28%。

【名称】 连续增强塑料复合管用轻型扣压机
【公开(公告)号】 CN101486178
【公开(公告)日】 2009.07.22
【申请(专利权)人】 长春高祥特种管道有限公司
【地址】 吉林省长春市高新产业开发区众恒路66号
【发明(设计)人】 李诗春；李玉峰；王金山；修艳华；韩东
【摘要】 本发明属于连续增强塑料复合管用轻型扣压机的设计，本发明在校圆的同时将连续增强塑料复合管卡住，紧接着油缸活塞杆的移动把扣压接头套在连续增强塑料复合管上，随后松开拉马卡紧油缸，安装上内胀支撑套，内胀支撑套带有豁口，油缸活塞杆向后拉动，使内胀头从扣压接头中脱出，完成内胀工序；然后油缸活塞杆推动扣压接头，通过外扣模块完成外扣工序。本发明轻型扣压机结构简单，操作方便，而且整体结构尺寸紧凑合理，运输方便、安装扣压接头快捷，这更适合野外沼泽地或是稻田地里挖掘坑里的抢修作业，并且制造成本低廉，具有广泛经济、适用价值。

【名称】 泡沫塑料环保回收造粒机组
【公开(公告)号】 CN101486234
【公开(公告)日】 2009.07.22
【申请(专利权)人】 冯龙初
【地址】 浙江省余姚市马渚工业园区世纪路14号余姚市绿岛橡塑机械设备有限公司
【发明(设计)人】 冯龙初；叶仕超

【摘要】 本发明涉及一种泡沫塑料环保回收造粒机组。粉碎机包括进料主体，安装在进料主体内的粉碎滚筒，安装在粉碎滚筒下面的筛网板，与进料主体相连的风集式出料斗；输送管道包括由上料风机与管道组成的径向上料管道，与径向上料管道相连的切向下料器，与切向下料器相连的正多边形进料桶；主机包括一次压缩挤出部件和与一次压缩挤出部件相连的二次压缩挤出部件。本发明采用封闭循环供料系统，提高环保再生利用效率，降低回收成本，节约能源损耗和减少回收的二次污染。

【名称】 泡沫塑料环保回收造粒机组的输送管道

【公开(公告)号】 CN101486248

【公开(公告)日】 2009.07.22

【申请(专利权)人】 冯龙初

【地址】 浙江省余姚市马渚工业园区世纪路14号余姚市绿岛橡塑机械设备有限公司

【发明(设计)人】 冯龙初；叶仕超

【摘要】 本发明涉及一种泡沫塑料环保回收造粒机组的输送管道。其特征是由上料风机与管路组成的径向上料管道，与径向上料管道相连的切向下料器，与切向下料器相连的正多边形进料桶组成，进料桶内安装有搅拌器；所述切向下料器的主体为圆柱状，顶部安装有切向进风管，中间有与切向进风管垂直设置的中间分离风管；进料桶为正六边形立方体，顶部有上盖，主体分为上、中、下三部分，上部为密封结构，中间为可拆卸的网式结构，下部为锥形密封结构，三者通过框体连接。本发明采用封闭循环供料系统，提高环保再生利用效率，降低回收成本，节约能源损耗和减少回收的二次污染。

【名称】 泡沫塑料环保回收造粒机组的压缩挤出主机

【公开(公告)号】 CN101486249

【公开(公告)日】 2009.07.22

【申请(专利权)人】 冯龙初

【地址】 浙江省余姚市马渚工业园区世纪路14号余姚市绿岛橡塑机械设备有限公司

【发明(设计)人】 冯龙初；叶仕超

【摘要】 本发明涉及一种泡沫塑料环保回收造粒机组的压缩挤出主机。其特征在于主机由将泡沫材料熔化、排气形成半流体状的一次压缩挤出部件，与进行二次排气式挤出的二次压缩挤出部件组成。一次压缩挤出部件内的主挤压螺杆的螺旋槽深为直径的1/3，螺距为直径的0.75～1倍，前端部的1/4～1/3圈为头部对称挤压螺旋；主料筒出料板内设置有锥度的斜面，板的正面打多个小孔，小孔按倒置的等边三角形分布，在出料板小孔的外侧面设置防护台阶。本发明采用封闭循环供料系统，提高环保再生利用效率，使轻质泡沫材料进入高速压缩挤出，提高挤出造粒效率和操作性，并且使造出来的粒子大小均匀饱满而有光泽。

【名称】 用激光焊接热塑性塑料件的装置

【公开(公告)号】 CN101486255

【公开(公告)日】 2009.07.22

【申请(专利权)人】 俞国麟

【地址】 浙江省余姚市世南西路肖东工业园区宁波唯尔激光科技有限公司

【发明(设计)人】 谭威；俞国麟；武松

【摘要】 一种用激光焊接热塑性塑料件的装置，包括焊接工作头(1)、可调焦机构和激光器(9)，其特征在于：所述可调焦机构设置于焊接工作头(1)内，所述焊接工作头(1)通过光纤(2)与激光器(9)相连接，焊接工作头(1)下端部设置有可滚动的球形聚焦透镜(7)，焊接工作头(1)通过管道(5)去连接在吹气和塑料件的反作用力的作用下能使球形聚焦透镜(7)处于悬浮状态的吹气装置，在可调聚机构和工作头(1)进风口之间设置有密封的全透明的挡风镜(6)，且球形聚焦透镜(7)的直径必须大于工作头(1)出光口的直径。与现有技术相比，本发明采用球形滚动焊接，其优点在于能生成精密、牢固和密封的焊接；极大地减小了制品的振动应力和热应力，比传统焊接更精确美观；在焊接过程中树脂降解少、产生碎屑少。

【名称】 一种表面阻燃木塑复合材料板材及其制备方法

【公开(公告)号】 CN101486267

【公开(公告)日】 2009.07.22

【申请(专利权)人】 南京林业大学

【地址】 江苏省南京市龙蟠中路159号

【发明(设计)人】 雷文；徐逸

【摘要】 本发明一种表面阻燃木塑复合材料板材及其制备方法涉及的是一种复合材料、环境友好材料及其制备方法，适用于制作交通领域如汽车、飞机等交通工具的地板、货架板等，建筑领域的行道板、栅栏、墙板、走廊栏杆等，家具行业的室外露天桌椅、办公室隔板、贮存箱、花箱、活动架、海滩椅等。表面阻燃木塑复合材料板材由两层晶须改性塑料层、植物纤维增强塑料层构成，在两层晶须改性塑料层之间模压有植物纤维增强塑料层。晶须改性塑料层由改性碱式硫酸镁晶须、塑料粒子等混合压延而成。植物纤维增强塑料层由塑料粒子、植物纤维混合压延而成。

【名称】 一种改质剂的制备方法

【公开(公告)号】 CN101486725
【公开(公告)日】 2009.07.22
【申请(专利权)人】 靖江旭光塑胶有限公司
【地址】 江苏省靖江市东兴工业园区
【发明(设计)人】 芮立
【摘要】 本发明公开一种改质剂的制备方法，其特征在于采用硼酸或者水杨酸与有机酸及多元醇在非酸性催化剂的作用下，控制反应温度在150～220℃，反应6～20h，获得水杨酸多元醇酯或者硼酸多元醇酯，所述有机酸为C_{12}～C_{18}脂肪酸所述有机酸优选硬脂酸所述多元醇为二甘醇、三甘醇、甘油、三羟甲基丙烷。所述非酸性催化剂为钛酸四丁酯或草酸亚锡。本发明不需任何其他有机溶剂，一次合成，获得改质剂，稳定性强、抗氧化性好，能显著提高塑料、橡胶制品的拉伸强度和抗冲击强度。
【名称】 塑料加工用钙锌复合稳定剂的制备方法
【公开(公告)号】 CN101486805
【公开(公告)日】 2009.07.22
【申请(专利权)人】 靖江旭光塑胶有限公司
【地址】 江苏省靖江市东兴工业园区
【发明(设计)人】 芮立
【摘要】 本发明公开了一种PVC塑料加工用钙锌复合稳定剂的制备方法，其特征在于包括：(1)将有机酸、氧化钙、氧化锌粉末分散在水相中，在相转移催化剂作用下，反应生成有机酸钙锌复合物；(2)将步骤(1)获得的复合物加热，加入油脂物，搅拌至物料与水相完全分离；(3)将分离后获得的产物置于双辊捏和机中，加热至130°，搅拌，逐渐加入抗氧剂、稳定化助剂、有机稳定剂后压片成型，即得成品。本反应一步完成、流程短、不产生三废；配方优化，获得的复合钙锌稳定剂热效率高，稳定时间要比市售产品提高50%～100%；产品为片状或小颗粒状，无粉尘污染，初融温度低，适应性广。
【名称】 一种用于模塑料的不饱和聚酯树脂及其制法
【公开(公告)号】 CN101486828
【公开(公告)日】 2009.07.22
【申请(专利权)人】 常州市华润复合材料有限公司；江苏柏鹤涂料有限公司
【地址】 江苏省常州市武进区横林镇新横崔路92号
【发明(设计)人】 包柏青；李秋萍
【摘要】 本发明涉及不饱和聚酯树脂。一种用于模塑料的不饱和聚酯树脂，其由丙二醇、乙二醇、二丙二醇、邻苯二甲酸和顺酐的聚合物溶于苯乙烯而制得。本发明的优点是：(1)采用二丙二醇和甲基丙二醇来合成不饱和聚酯树脂，使树脂具有良好的耐水性和柔韧型，其制品具有良好的抗湿能力和优良的力学性能；(2)树脂和合适的低轮廓剂配合使用，可以使生产的制品达到零收缩，保证制品尺寸的精确性；(3)采用邻苯二甲酸酐可以缩短反应的时间，降低能耗。
【名称】 一种提高夜光粉在有机树脂体系中相容性的方法
【公开(公告)号】 CN101486846
【公开(公告)日】 2009.07.22
【申请(专利权)人】 南京林业大学
【地址】 江苏省南京市玄武区龙蟠路159号南京林业大学理学院化学与材料系
【发明(设计)人】 郭斌；银鹏；乙福翠
【摘要】 本发明涉及一种提高夜光粉(长余辉发光材料)在有机树脂体系中相容性的新方法。该方法针对无机盐类夜光粉(碱土铝酸盐)表面极性较大，与非极性的有机高分子树脂体系相容性较差的缺点，采用硬脂酸(十八碳烷酸)为有机功能配位体的新型铝锆偶联剂，对夜光粉表面进行修饰改性，应用时添加重量百分比8%～12%的硬脂酸基铝锆偶联剂。本发明的优点在于：改性后夜光粉与有机树脂的接触角最小可达41°(改性前为68.3°)，相容性提高显著，且对发光性能影响不大。该方法可广泛用于溶剂型涂料、油墨、塑料和化学纤维等领域。
【名称】 复合地板及其制备方法
【公开(公告)号】 CN101487336
【公开(公告)日】 2009.07.22
【申请(专利权)人】 好地地板(来安)有限公司
【地址】 安徽省滁州市来安县工业园区经一路10号
【发明(设计)人】 张俊娥
【摘要】 本发明涉及复合地板以及其制备方法，它是利用热塑性塑料与木粉混合挤出得到的混合层再与热熔性树脂混合挤出得到的型材作为地板基础材料，于该地板基础材料表面上依次铺设装饰层和表面耐磨层后即可获得地板坯料，最后经常规开槽等处理工序后即可得到复合地板成品。所获复合地板具有实木地板的天然纹理和舒适性，克服了传统木质地板不防水、易腐朽、易变形、不耐磨的缺点，其制备方法简单易行，成本低廉。
【名称】 塑料型材螺旋缠绕管及其制备方法
【公开(公告)号】 CN101487549
【公开(公告)日】 2009.07.22
【申请(专利权)人】 河北科力空调工程有限公司
【地址】 河北省枣强县富强北路167号
【发明(设计)人】 李英宽；崔海英；李建伟；李红霞；刘长海；王霞；刘彦峰；刘金青；康玉梅；李

俊宝

【摘要】 本发明属于塑料管以及制造方法技术领域，公开了塑料型材螺旋缠绕管及其制备方法。主要技术特征为：在所述的型材本体的一侧带有搭接条，在该搭接条上设置有凸肋，在位于所述的型材本体的另一侧的空腔间隔开有与该凸肋匹配的凹槽，在螺旋缠绕制成管状时，所述的搭接条与另一侧的型材壁相搭接，所述的凸肋和凹槽相互嵌合，所述的型材壁和空腔间隔包括有下列重量份的材料构成：PVC－SG5树脂100、轻质碳酸钙填充剂26～30、氯化聚乙烯增韧剂10～12、聚丙烯酸酯改型剂2～4、稀土复合稳定剂5.5～6、润滑剂0.25～0.5、炭黑3～5、纤维15～20。产品成本低、质量轻、阻燃性能高、抗静电力强、耐腐蚀性能好、承压性高、运输安装方便、使用寿命长，加入纤维后，管材的抗冲击性能和承压性能大大增强。

【名称】 在塑料片上形成具有3D纹路的方法和产品

【公开(公告)号】 CN101489805

【公开(公告)日】 2009.07.22

【申请(专利权)人】 东莞万德电子制品有限公司；万德国际有限公司

【地址】 中国广东省东莞市东城区温塘管理区皂一(1)村

【发明(设计)人】 叶逸仁

【摘要】 一种在塑料片(1)上形成具3D纹路(3)的方法和产品，在该方法中预先准备一模具，该模具上设有3D纹路(3)；在上述模具的3D纹路(3)面上涂敷光固性胶体层(2)，于光固性胶体层(2)上铺设一层塑料片(1)，经辊压平整后进行光固，脱模，即制得塑料片(1)上成型有一具有3D纹路(3)的光固性胶体层(2)；于塑料片(1)具3D纹路(3)的光固性胶体层(2)上通过真空电镀或直接喷涂方法形成一光干扰涂层(4)，成模后，将塑料片(1)具光干扰涂层(4)的那面倒扣于注有光固性胶体的模具内，经辊压、光固、脱模，使光干扰涂层(4)上形成另一表面平整的光固性胶体层(5)，进而制得塑料片(1)上形成具3D纹路(3)之产品。

【名称】 一种塑料异型材挤出模具快捷拆装方法及拆装锁扣

【公开(公告)号】 CN101491938

【公开(公告)日】 2009.07.29

【申请(专利权)人】 洛阳市建园模具制造有限公司

【地址】 河南省洛阳市偃师市开洛高速引线西50米

【发明(设计)人】 刘军团；李乾斌；朱华；张李忠

【摘要】 本发明公开了一种塑料异型材挤出模具快捷拆装方法及拆装锁扣，拆装方法在定型模板(3)的侧面设置卡槽，在定型模底板(4)的侧面与卡槽相对设置夹紧斜面，在卡槽和夹紧槽之间设置锁扣，通过锁扣和底板的斜面相对位移产生拉力，进而能够通过在侧面操作，把定型模固定到定型模底板上。所述的锁扣包括压紧块(1)和压紧螺钉(2)，压紧块(1)通过压紧螺钉(2)和定型模底板(4)固定。本发明针对塑料异型材挤出模具，解决常规紧固方式螺钉头处轴向位置空间小产生的难于操作的问题。把螺钉的紧固操作安排在定型模的侧面，在保证紧固的同时提高模具零部件装拆操作的效率和方便性，提高模具产品的竞争力，提高模具产品的技术水平。

【名称】 塑料中空容器拉吹机

【公开(公告)号】 CN101491939

【公开(公告)日】 2009.07.29

【申请(专利权)人】 王自强

【地址】 浙江省台州市黄岩区西工业园区经四路东浙江东方州强塑模实业公司

【发明(设计)人】 王自强

【摘要】 塑料中空容器拉吹机，包括机架，机架上有拉吹系统和瓶管加热系统，拉吹系统包括前模板、中模板、后模板、底模板和拉吹机构，前模板和后模板由导杆相固接，各导杆穿过中模板活动配合，导杆有调节螺母，前、后模板由气缸及开合模机构带动，底模板由底模气缸带动，瓶管加热系统包括输送机构、支架和加热装置，其特征在于开合模机构包括开合模气缸的活塞杆带动上、下推杆，两推杆各自连接直连杆，各直连杆连接L形曲臂的短臂，其长臂与后推动杆相连，其曲拐与前连杆相连，各前连杆与前推动杆相连，动力是前模板的外壁安滑轨和一侧安固定板，固定板上装推动气缸，滑轨上有滑块连拨叉，活塞杆带动滑块和拨叉，拨叉头部与链条销子相接触。

【名称】 塑料瓶坯输送装置

【公开(公告)号】 CN101491941

【公开(公告)日】 2009.07.29

【申请(专利权)人】 王自强

【地址】 浙江省台州市黄岩区西工业园区经四路东浙江东方州强塑模实业公司

【发明(设计)人】 王自强

【摘要】 塑料瓶坯输送装置，有环形传动链，传动链固接瓶坯支承座，其特征在于所述传动链的每个链节下安装支承板，支承板制有轴孔，轴孔内装有轴套，轴套的上端制有凸台，凸台与支承板的上平面相接触，轴套装有两头贯穿的自转轴，自转轴上头制有固定腔，固定腔内活动安装瓶坯支承座，瓶坯支承座与瓶坯口部相配合，自转轴下部装有自转链轮。整个结构由自转轴主导连接，结构简单，安装方便，运行可靠性好，当要拉吹异径管口的瓶坯时，由于固定腔与瓶坯支承座活动安装，因此易于取出，更换上所需的瓶坯支承座即可，无需拆卸自转轮和自转轴，安装相当方便。

【名称】 塑料中空成型机模板助动运行机构

【公开(公告)号】 CN101491942

【公开(公告)日】 2009. 07. 29

【申请(专利权)人】 王自强

【地址】 浙江省台州市黄岩区西工业园区经四路东浙江东方州强塑模实业公司

【发明(设计)人】 王自强

【摘要】 塑料中空成型机模板助动运行机构，包括机架，安装在机架上的塑料瓶管加热系统和拉吹系统，所述的加热系统包括两只平面安装的链轮和相配合的链条，带动链条运行的动力，以及加热支架和加热件，链条上安装瓶管支承座，所述的拉吹系统包括前模板，中模板和后模板，带动模板的开合模机构，以及拉吹机构，其特征在于带动链条运行的动力有前模板的外壁上安装滑轨和一侧安装固定板，固定板上安装推动气缸，滑轨上有相配合的滑块，滑块连接拨叉，推动气缸的活塞杆带动滑块和拨叉，拨叉的头部与链条的销子相接触。本运行机构依靠模具的开合带动拨叉，由此节省一个气缸，降低成本，并且由模具的运动直接控制拨叉，无时间差，安装、调试、维修方便。

【名称】 塑料中空容器拉吹机自动脱瓶机构

【公开(公告)号】 CN101491943

【公开(公告)日】 2009. 07. 29

【申请(专利权)人】 王自强

【地址】 浙江省台州市黄岩区西工业园区经四路东浙江东方州强塑模实业公司

【发明(设计)人】 王自强

【摘要】 塑料中空容器拉吹机自动脱瓶机构，包括机架，机架上有拉吹系统和瓶管加热系统，所述的拉吹系统包括前模板、中模板和后模板，带动模板运动的开合模机构，以及拉吹机构，所述的瓶管加热系统包括链轮、链条和动力组成的输送机构，以及支架和灯管组成的加热装置，其特征在于前模板的侧边安装固定板，固定板连接支承板，支承板中安装直线导轨，直线导轨中有上下运动导杆，导杆的下部与机架上的升降顶块或者凸轮相接触，导杆的上部安装脱瓶叉，脱瓶叉的口部与塑料容器凸环相配合，导杆的顶部安装横向推瓶装置。本机构依靠前模板自身的开合运动直接带动安装在导杆上的脱瓶叉来实现脱瓶，无时间差；并且不需另设气缸等动力，构造简单，费用省。

【名称】 一种制造长纤维增强热塑性塑料压力膜壳的方法

【公开(公告)号】 CN101491944

【公开(公告)日】 2009. 07. 29

【申请(专利权)人】 大连宇星净水设备有限公司

【地址】 辽宁省大连市旅顺口区北海镇创业街8号

【发明(设计)人】 杨兆敏

【摘要】 本发明公开了一种制造长纤维增强热塑性塑料压力膜壳的方法，主要采用模压工艺基于长纤维增强热塑性塑料材质制造压力膜壳产品。具体包括如下步骤：1. 制作模具；2. 准备原材料，原材料为2～3mm厚板材形式的长纤维增强热塑性塑料；3. 将原材料加热至190℃，模具加热到90～110℃；4. 在模具上定位原材料，利用压力成型机压制，成型压力控制在9～12MPa，保压时间为2～3min；5. 在保压、定型后开模、取出成品。本发明采用的模压工艺是一种高效、低耗的生产方式；而选用了长纤维增强热塑性模压材料来生产压力膜壳，能够进一步满足产品成型的需要。因此，本发明适于较复杂结构的产品生产，具有能耗小、生产效率高、成本低、产品质量高等诸多优点。

【名称】 一种树脂或塑料类装饰品的制作工艺

【公开(公告)号】 CN101491991

【公开(公告)日】 2009. 07. 29

【申请(专利权)人】 季玉云

【地址】 浙江省龙游县城北开发区龙岗路6号

【发明(设计)人】 季玉云

【摘要】 本发明涉及一种树脂或塑料类装饰品的制作工艺，该工艺是先将树脂或塑料类材料制成毛坯，经刨光、表面电镀后，根据花色和字样的需要，采用金属激光镭射方法，去除表面电镀层的部分金属至露出内层的树脂或塑料类材料，再进行罩漆保护。采用这样的方法，对利用树脂、塑料类材料制作纽扣、皮带扣、化妆品盒等装饰品的表面进行处理，能实现金属与非金属材料的组合，使装饰品表面花色和字样极具美感，具有完美的视觉效果。

【名称】 一种利用废塑料生产多孔保温砖的方法

【公开(公告)号】 CN101492265

【公开(公告)日】 2009. 07. 29

【申请(专利权)人】 叶长青；朱奎

【地址】 浙江省温州市瓯海区金川路4号

【发明(设计)人】 朱奎

【摘要】 本发明公开了一种利用废塑料生产多孔保温砖的方法包括：(1)制成浆料：将塑料袋用机器绞碎成塑料粉，倒入丙酮溶液，用搅拌机搅拌成浆料，在浆料的搅拌过程中掺入FX-706浆料稳定剂，稳定剂掺量为塑料颗粒重量的3%；(2)掺入矿物贴加剂：将浆料中加入矿物贴加剂进行混合，混合后采用双轴搅拌机进行强力搅拌；(3)困料：混合体进行困料；(4)成型：成型采用真空制砖机挤出；(5)切砖坯：把砖坯切成砖块，砖块尺寸可根据需要而定；(6)干燥：把砖坯放入逆流式隧道干燥室，预热段干燥室气流的相对湿度保持为80%～95%，温度为35～45℃，以免造成预热段砖坯凝露吸潮倒塌，此后进入干燥段，干燥段干燥室气流的相对湿度保持为30%～40%，温度为55～65℃。利用固体塑料废弃物生产出的多孔保温砖，具有保温，隔热，耐酸碱等优点，还可以达到节约能源、节约土地资源、充分利用废料的目的。

【名称】 一种水作为发泡剂制备聚丙烯泡沫材料的方法

【公开(公告)号】 CN101492547

【公开(公告)日】 2009.07.29

【申请(专利权)人】 中国科学院长春应用化学研究所

【地址】 吉林省长春市人民大街5625号

【发明(设计)人】 韩常玉；边俊甲；汪树生；刘浩；董丽松

【摘要】 本发明涉及一种水作为发泡剂制备聚丙烯泡沫材料的方法，这种方法以聚丙烯作为原料，水作为发泡剂，选择蒙脱土、硅藻土、纤维素、淀粉、聚丙烯酰胺等作为水载体，采用直接挤出的方法制备聚丙烯泡沫塑料，本发明中不使用有机发泡剂，因此该技术生产过程安全、环保，可以实现连续化生产。制备的聚丙烯泡沫塑发泡倍率为1～15倍。

【名称】 一种塑料丝堵及其制备方法

【公开(公告)号】 CN101492556

【公开(公告)日】 2009.07.29

【申请(专利权)人】 赵金利

【地址】 辽宁省海城市中小镇兴龙村52号

【发明(设计)人】 赵金利

【摘要】 本发明涉及一种塑料丝堵及其制备方法，它由下述原料按重量份比例组成：颗粒状PPR 50～75，增强剂玻璃纤维15～30，色母粒5～15。先将上述三种原料按所述重量份比例放入搅拌机中搅拌均匀；然后放入注塑机中，加温到270℃，成糊状后打到模具内，1分钟后起模，注塑成型；最后上机，装配后入库。本发明的有益效果是：采用无毒环保的原料制成，造价低，耐高温，保温性能良好，耐腐蚀，耐磨损，内侧光滑不易结垢，重量轻，强度高，韧性好，耐冲击，安装维修方便。

【名称】 耐候仿木纹PVC塑料异型材及其制造方法

【公开(公告)号】 CN101492987

【公开(公告)日】 2009.07.29

【申请(专利权)人】 华之杰塑料建材有限公司

【地址】 浙江省德清县武康镇中兴北路898号

【发明(设计)人】 吴铁恒；李荣顺；沈鑫忠

【摘要】 本发明涉及PVC塑料异型材，尤其涉及一种耐候色彩PVC塑料异型材及其制造方法。耐候仿木纹PVC塑料异型材，该异型材包括通体仿木纹着色的PVC异型材，PVC异型材的外表面通过共挤复合有高耐候性的透明材质层，所述的高耐候性的透明材质层为具有透明的光学效果，且适合塑化挤出的材质。作为优选，上述的高耐候性的透明材质层为PMMA或ASA。本发明还提供了上述的PVC塑料异型材的制造方法。本发明的PVC塑料异型材长期具有鲜艳的色彩和花纹、生产工艺成熟的特点。

【名称】 缆线护套防水塑料密封件

【公开(公告)号】 CN101494368

【公开(公告)日】 2009.07.29

【申请(专利权)人】 于建新

【地址】 江苏省江阴市青阳镇星宇塑胶有限公司

【发明(设计)人】 于建新

【摘要】 缆线护套防水塑料密封件，外套管(1)和密封部件构成，在外套管的至少一端设有密封部件，所述密封部件包括橡胶密封层、支撑件和固定圈构成，橡胶密封层(2)和支撑件(2-1)上设有缆线孔(3)用于穿过缆线孔，固定圈与外套管丝口配合用于固定橡胶密封层和支撑件；橡胶密封层、支撑件上开有若干个缆线孔。本发明电缆光缆等从地沟中进入建筑物的导引与保护装置，结构简明可靠，安装方便，密封效果远优于现有技术产品；避免了地下水沿着电缆进入地下构筑物内，能满足各种工程构筑物中的水密(也达到防虫防鼠)性能要求。

【名称】 一种废旧塑料再生自动进料机

【公开(公告)号】 CN101497220

【公开(公告)日】 2009.08.05

【申请(专利权)人】 李金喜

【地址】 山东省烟台市莱州市沙河镇八里庄

【发明(设计)人】 李金喜

【摘要】 本发明涉及一种废旧塑料再生自动进料机，属于塑料自动进料装置技术领域。一种废旧塑料再生自动进料机，特征在于包括渐变锥形料斗，在渐变锥形料斗的上口设有托盘支架38，托盘支架38中间部位穿插固定有与废料推进动力装置连接的向下推进装置及旋转推压装置。本发明的一种废旧塑料再生自动进料机，克服了现有恶劣的工作条件和工作环境，安全可靠，操作简便，完全适用于粉碎后的絮状塑料原料的自动入料。

【名称】 一种蜂窝木塑板的生产方法

【公开(公告)号】 CN101497224

【公开(公告)日】 2009.08.05

【申请(专利权)人】 赵舒

【地址】 辽宁省锦州古塔区大凌里278-9

【发明(设计)人】 赵舒；赵立；李而豪

【摘要】 一种蜂窝木塑箱的生产方法为用废塑料粉30%～40%，废橡胶粉20%～30%，纤维粉20%～40%，化学助剂10%装入搅拌机里混合搅拌均匀，投入到挤出机中塑炼成半液态备用；将蜂窝木塑板成型模具放置在液压机底板上，将挤出机中的半液态物料挤入蜂窝木塑板成型模具中，通过液压机的挤压将蜂窝木塑板成型模具中文物料挤压成预定形状和厚度并保压5～10s，开模取出成型的蜂窝木塑板，优点为工艺简单，抗折抗压强度高，防潮、防腐性能好，隔音、不变形，制造成本低。

【名称】 一种帘子布复合塑料板的加工方法

【公开(公告)号】 CN101497232

【公开(公告)日】 2009.08.05

【申请(专利权)人】 史汉祥

【地址】 浙江省慈溪市宗汉街道宁波太极环保设备有限公司

【发明(设计)人】 史汉祥

【摘要】 本发明涉及一种帘子布复合塑料板的加工方法，系将热塑性塑料颗粒分别加到在同一轴线上挤出口宽度相等的N台挤出机料斗中，经电热熔融软化，挤出N条等宽的板状塑料熔体由N-1帘子布放膜架送出N-1条帘子布，每条帘子布分别置于两塑料熔体间，帘子布与塑料熔体等宽夹有帘子布重叠在一起的塑料熔体进入五辊压光机，压制成复合板，再经二辊压光机后进入多辊冷却机吹风冷却定型经冷却托辊，进入红外线校直机，被压平整，以压制出符合要求的N层帘子布复合塑料板。本发明采用将塑料加工成层间加帘子布的多层复合板方法，在不增加板厚的条件下，提高了塑料板的抗拉抗压强度和刚性，达到制造出厚度变薄，而承载能力不变差的塑料板的目的。

【名称】 一种塑料管道在线变径的生产设备及生产方法

【公开(公告)号】 CN101497235

【公开(公告)日】 2009.08.05

【申请(专利权)人】 广东联塑科技实业有限公司

【地址】 广东省佛山市顺德区龙洲路龙江段联塑工业村

【发明(设计)人】 文巍伟

【摘要】 本发明提供了一种塑料管道在线变径的生产设备及生产方法，包括挤出设备、一次真空定型冷却设备、切割设备，在一次真空定型冷却设备与切割设备之间设置有加热装置和二次真空定型冷却设备，所述一次真空定型冷却设备、加热装置、二次真空定型冷却设备、切割设备通过牵引机的牵引在生产过程中按照前后排序。本发明依托连续生产的在线平台，通过在生产设备上引入加热装置和二次真空定型冷却设备，在管道挤出成型后进行加热和变径，采用二次加热和外径真空定径的方式，在迅速冷却的前提下，使塑料管道尺寸变化，并具有了热收缩或热膨胀的记忆功能。

【名称】 一种钢塑复合管的在线复合方法

【公开(公告)号】 CN101497240

【公开(公告)日】 2009.08.05

【申请(专利权)人】 广东联塑科技实业有限公司

【地址】 广东省佛山市顺德区龙洲路龙江段联塑工业村

【发明(设计)人】 文巍伟

【摘要】 本发明提供了一种钢塑复合管的在线复合方法，为将钢管以及内层塑料管或外层塑料管进行复合，在塑料管材生产设备上生产出管径与钢管内径或外径大致吻合的内层塑料管或外层塑料管，并在内层塑料管或外层塑料管挤出成型后通过二次加热及定型冷却，使之与钢管内径或外径存在一定间隙，然后将内层塑料管或外层塑料管套在钢管上，再对内层塑料管或外层塑料管进行加热，使之与钢管紧密结合。

【名称】 一种塑料专用炭黑的生产方法

【公开(公告)号】 CN101497708

【公开(公告)日】 2009. 08. 05

【申请(专利权)人】 杜黎明；临汾市建浩新型材料有限公司

【地址】 山西省临汾市尧都区贡院街1号山西师大测试中心

【发明(设计)人】 杜黎明；马张龙；吴昊；郑玉金；平书林；杨吉元

【摘要】 本发明涉及一种炭黑生产方法，具体为一种塑料专用炭黑的生产方法，解决利用现有方法提取的炭黑灰粉大、不适用于塑料行业以及回收和处理废弃炭黑规模小等问题，利用化肥厂排出的重油造气副产废弃炭黑，自然风干后，在130～150℃温度下干燥，粉碎过筛使其粒度达到150～200目；将得到的炭黑与改性剂进行配料并搅拌均匀；再将混合料研磨成粒度为250～300目的炭黑粉末，经静态沉淀后造粒即可。具有原料易得、工艺简单、设备投资小等特点，采用本方法不仅给副产废气炭黑的环境治理提供了有效方法，而且给塑料添加剂行业提供了一种塑料专用炭黑新品种，完全能达到塑料专用炭黑的要求及塑料各项性能指标要求，更重要的是这种炭黑的价格比塑料煤焦油炭黑低20%～30%。

【名称】 改性硅白粉
【公开(公告)号】 CN101497751
【公开(公告)日】 2009.08.05
【申请(专利权)人】 上海麦登复合材料有限公司
【地址】 上海市闵行区虹梅南路3918号东区
【发明(设计)人】 倪国庆；朱海月；倪明
【摘要】 本发明涉及工程塑料填充材料，特别涉及一种用于工程塑料填充材料的改性硅白粉。一种改性硅白粉，它的组成为：$SiO_2$41%～50%，Ca O46%～50%，$Al_2O_3$2%～5%，MgO 2%～5%，以上百分比为重量百分比。由于采用了上述的技术解决方案，完全解决了用于工程塑料填充材料钛白粉的替代问题，显著降低了工程塑料的成本。

【名称】 改性硅白粉与硅烷偶联剂偶联的方法
【公开(公告)号】 CN101497752
【公开(公告)日】 2009.08.05
【申请(专利权)人】 上海麦登复合材料有限公司
【地址】 上海市闵行区虹梅南路3918号东区
【发明(设计)人】 朱海月；倪国庆；倪明
【摘要】 本发明涉及一种用于工程塑料的填充材料改性硅白粉与硅烷偶联剂偶联的方法。该改性硅白粉与硅烷偶联剂偶联的方法，它包括加入改性硅白粉步骤；加入硅烷偶联剂步骤：打开所述偶联反应罐的搅拌装置，搅动使改性硅白粉旋转，将硅烷偶联剂直接喷洒在所述改性硅白粉中，搅拌装置旋转速度越高，越有助于硅烷偶联剂分散，所述硅烷偶联剂的用量为所述改性硅白粉重量的2.0%～3.0%；偶联步骤：在上一步骤获得的混合物的温度达到130℃，反应13～20min后偶联完成。由于采用了上述的技术解决方案，增强了改性硅白粉与树脂偶联时的分散性和流动性，使偶联后的工程塑料产品的抗拉力和柔性得到显著加强。

【名称】 金属骨架增强塑料复合管网及连接方法
【公开(公告)号】 CN101498386
【公开(公告)日】 2009.08.05
【申请(专利权)人】 甘国工
【地址】 四川省成都市龙泉驿区经济技术开发区星光中路东泰(成都)工业有限公司
【发明(设计)人】 甘国工
【摘要】 本发明提供了一种金属骨架增强塑料复合管网。有带凸台的内层套管，内层套管中至少外圆周与金属骨架增强塑料复合管道端部的塑料内层熔融连接，管道连接件与金属骨架增强塑料复合管道端部的塑料外层和内层套管的凸台外圆周面熔融连接，管道连接件与内层套管熔融连接为一体并形成一环状U型承插口，环状U型承插口将金属骨架增强塑料复合管道端头的塑料外层和塑料内层及管道端面完全熔融包覆，复合管道与复合管道通过管道连接件连接而形成管网。本发明管道连接件环状U型承插口将金属骨架增强塑料复合管道端头的塑料外层和塑料内层及管道端面完全紧密包覆，连接牢固、可靠，无泄漏，连接处机械强度高，并且防止了流体串入金属骨架对其腐蚀，管道使用寿命长。本发明还提供了金属骨架增强塑料复合管网的连接方法。

【名称】 金属骨架增强塑料复合管及制造方法
【公开(公告)号】 CN101498387
【公开(公告)日】 2009.08.05
【申请(专利权)人】 甘国工
【地址】 四川省成都市龙泉驿区经济技术开发区星光中路103号东泰(成都)工业有限公司
【发明(设计)人】 甘国工
【摘要】 本发明提供了一种金属骨架增强塑料复合管，金属骨架增强塑料复合管端部有带凸台的内层套管，内层套管中至少外圆周与带孔洞的金属骨架增强塑料复合管道端部的塑料内层熔融连接。管道连接件与金属骨架增强塑料复合管道端部的塑料外层和内层套管的凸台外圆周面熔融连接，管道连接件与内层套管熔融连接为一体并形成一环状U型承插口，环状U型承插口将金属骨架增强塑料复合管道端头的塑料外层和塑料内层及管道端面完全熔融包覆。本发明环状U型承插口将金属骨架增强塑料复合管道端头的塑料外层和塑料内层及管道端面完全紧密包覆，连接牢固、可靠，无泄漏，连接处机械强度高，并且防止了流体串入金属骨架对其腐蚀，管道使用寿命长。本发明还提供了金属骨架增强塑料复合管的制造方法。

【名称】 一种用氟塑料为载体制作吸附剂的方法
【公开(公告)号】 CN101502791
【公开(公告)日】 2009.08.12
【申请(专利权)人】 林养高
【地址】 广东省珠海市香洲翠香路296号9栋1单元402房
【发明(设计)人】 林养高
【摘要】 本发明公开了一种用氟塑料为载体制作高效率、高吸附能力的吸附剂的方法。该方法是利用现有技术中的爱德华力理论和驻极技术相结合，将氟塑料制成多孔或微粒等吸附剂载体，所述吸附剂载体有着很大的比表面积，通过驻极技术处理后能获得大量的表面电荷和空间电荷，吸附能力和吸附效率大大提高。本发明广泛应用于工业、医药、食品、环保等领域。

【名称】 一种用于高速加工非金属材料的铣刀
【公开(公告)号】 CN101502894
【公开(公告)日】 2009. 08. 12
【申请(专利权)人】 湖南大学
【地址】 湖南省长沙市河西麓山南路2号
【发明(设计)人】 杨旭静；朱克忆；王伏林
【摘要】 本发明公开了一种用于高速加工非金属材料的铣刀，相邻的主切削刃(3)之间设有过渡槽刃(5)，副切削刃(4)的螺旋角 ω 为 50～60(°)，主切削刃(3)的前角 a_1 和后角 β_1 为15°，副切削刃(4)的前角 a_2 为12°，后角 β_2 为15°，主切削刃(3)的圆弧槽半径 D4 为1.5～3.5mm，前刀面(6)的螺旋沟槽的径面横截面形状为一段半径 D2 为3.5～6mm 的圆弧，后刀面(7)由宽度 D1 为1.5mm 的一个主后刀面(8)、一个径向截面为一段其半径 D3 为7.5～15mm 圆弧的副后刀面(9)组成，刀直径 D5 为20～50mm。本发明切削效率高，切削阻力小，排屑顺畅，刀体轻且强度好，适用于泡沫、树脂、塑料、有机玻璃等非金属化学材料的高速粗、精铣削加工。

【名称】 用于切割机的塑料管材多爪夹紧装置
【公开(公告)号】 CN101502969
【公开(公告)日】 2009. 08. 12
【申请(专利权)人】 宁波方力集团有限公司
【地址】 浙江省宁波市鄞州区长丰工业区15号
【发明(设计)人】 周开瑞
【摘要】 本发明公开了一种用于切割机的塑料管材多爪夹紧装置，包括墙板(1)和气缸(8)，其特征在于：它还包括连接板(11)、至少三个转臂(2)和与转臂(2)一一对应的支承轴(7)、连杆装置、上下加强板(6)，所述的支承轴(7)沿墙板(1)的圆周均匀分布，所述的动臂(2.1)与摆臂(2.2)的连接点铰接在支承轴(7)上，所述的上下加强板(6)与动臂(2.1)固定连接，所述的连杆装置分别设在相邻的两个上下加强板(6)之间且与上下加强板(6)的两端铰接，所述的连杆装置和上下加强板(6)首尾相接组成一个多边形。该装置能在一定直径范围内装夹不同外径的塑料管材且省工省时、使制造成本低。

【名称】 聚烯烃泡沫材料回收再利用的方法
【公开(公告)号】 CN101502989
【公开(公告)日】 2009. 08. 12
【申请(专利权)人】 天津市润达塑料包装有限公司
【地址】 天津市津南区双港镇李楼道
【发明(设计)人】 万君；崇培元；王鑫；李永学
【摘要】 本发明涉及泡沫材料回收再利用的方法，特别是涉及聚烯烃泡沫材料回收再利用的方法。本发明的是将聚烯烃泡沫塑料破碎成大小均一的块状物，并且不破坏其表皮结构，然后通过高压蒸汽将破碎后的块状物表皮熔接，在外形固定的模具中形成制品。本发明制品仍具有聚烯烃泡沫材料特有的性能，可以用于缓冲包装、汽车隔热层、建筑隔声、保温等各个领域。

【名称】 中空塑料成型机的合模锁紧机构
【公开(公告)号】 CN101502999
【公开(公告)日】 2009. 08. 12
【申请(专利权)人】 张家港市同大机械有限公司
【地址】 江苏省张家港市塘桥经济开发区(204国道883公里处)
【发明(设计)人】 邱建成；褚元洪；徐文良
【摘要】 一种中空塑料成型机的合模锁紧机构，属于中空塑料制品成型机技术领域。包括一固定套；一锁扣滑套，固设在固定套内，且在该锁扣滑套的一端构成有一第一锁扣凸台腔，另一端构成有一第二锁扣凸台腔；一膨胀套，容纳在锁扣滑套的膨胀套腔内，且该膨胀套由一组结构相同的且用于共同地围合成一筒形体的锁扣构成，各锁扣的一端构成有一第一锁扣凸台，各另一端构成有一第二锁扣凸台；一压套，设在固定套一端的压套腔内；一联动杆，容纳于膨胀套内且与锁扣相配合。优点：加工、安装和维护方便，且可节约材料；合模锁紧的可靠性高；膨胀套在锁扣滑套内移动平稳，不会因使用时间的推移而退化。

【名称】 一种塑料挤压焊接内衬隔热板及其装配方法
【公开(公告)号】 CN101503001
【公开(公告)日】 2009. 08. 12
【申请(专利权)人】 南相吉
【地址】 山东省青岛市城阳区夏庄丹山村天台城67号楼802室
【发明(设计)人】 南相吉
【摘要】 本发明公开了一种塑料挤压焊接内衬隔热板及其装配方法。塑料挤压焊接内衬隔热板，设有：板体、在板体上设置的凸起、以及在板体上设置的结合口；结合口部分设置为在硬塑料基质上涂敷一层软塑料。装配方法包括以下步骤：加热软化软塑料和/或挤入的塑料焊接料之后，冷却挤压焊接部位，使之连接为一体，所述焊接部位为硬塑料与软塑料结合处的结合口。本发明可以用作集装箱或其他冷藏箱体的内衬隔热板，相对于集装箱或其他重物的钢结构而言，采用部分聚乙烯隔热板替代内部金属结构，减轻其自身重量，有利于运输，强度大，缓冲性能、隔热性能、隔音性能好，不易腐蚀。

【名称】 塑料热稳定剂专用氢氧化钙的制备方法

【公开(公告)号】 CN101503207

【公开(公告)日】 2009.08.12

【申请(专利权)人】 杭州稳健钙业有限公司

【地址】 浙江省杭州市建德市大同镇工业功能区

【发明(设计)人】 项建平；盛转小；胡富明

【摘要】 本发明涉及一种塑料热稳定剂专用氢氧化钙的制备方法，步骤如下：(1)石灰石破碎、清洗后与折标粒子煤或块煤进行煅烧；(2)煅烧好的氧化钙经滚动筛去除煤灰，进入乳化池，控制氧化钙与水的质量比在1:(4~5)，水温在50~90℃，乳化时间在20h以上；(3)乳化好的浆液经粗筛网去除大颗粒杂质后，对浆液进行精制提纯；(4)采用压滤、气流干燥设备烘干、粉磨、筛选工序而制得成品，压滤时控制滤饼的水分在45%以内。本发明的优点在于：本工艺各项指标参数满足塑料热稳定剂用氢氧化钙的要求，弥补了国内高纯氢氧化钙生产的空白，实现了国内高纯氢氧化钙的产业化生产，可直接替代进口，大大减少了用户的使用成本，深受用户好评。

【名称】 一种热塑性硬质聚氨酯泡沫塑料及其制备方法

【公开(公告)号】 CN101503502

【公开(公告)日】 2009.08.12

【申请(专利权)人】 上海巨安科技有限公司

【地址】 上海市嘉定区曹新公路1268号

【发明(设计)人】 徐师兵；郑福安

【摘要】 本发明涉及一种热塑性硬质聚氨酯泡沫塑料及其制备方法，所述的泡沫塑料包括多元醇组合料、多苯基多亚甲基多异氰酸酯，所述的多元醇组合料与多苯基多亚甲基多异氰酸酯的重量比为1:(1.3~1.4)；所述的多元醇组合料包括以下组分及含量(重量)：蓖麻油及蓖麻油衍生物41%~55%，聚醚多元醇40%~50%，甘油0%~8.5%，发泡剂3%~4%，泡沫稳定剂0.5%~1.7%，其他助剂0~0.2%。与现有技术相比，本发明的热塑性硬质聚氨酯泡沫塑料以蓖麻油及其衍生物为主要成分，克服多元醇组合料对石油制品的依赖性，成本低，同时具有尺寸稳定、机械强度较高、耐冷热交变和高开孔率等优点，属环保型易降解材料，可广泛应用。

【名称】 添加于塑料供水管原料中的抗菌剂

【公开(公告)号】 CN101503527

【公开(公告)日】 2009.08.12

【申请(专利权)人】 周锦彪

【地址】 浙江省磐安县尖山镇尖山村南街12号

【发明(设计)人】 周锦彪

【摘要】 一种添加于塑料供水管原料中的抗菌剂，所述抗菌剂的各个组份及其质量比例为：电气石粉90~120份；氧化锌：20~35份；纳米银：10~20份；沸石粉：45~55份；2，4，4'-三氯-2'-羟基二苯醚10~15份。本发明提供一种能有效抑制微生物生长、抗菌效果好、符合安全标准要求的添加于塑料供水管原料中的抗菌剂。

【名称】 一种纳米复合膨胀阻燃聚氨酯泡沫塑料及其制备方法

【公开(公告)号】 CN101503567

【公开(公告)日】 2009.08.12

【申请(专利权)人】 中国科学技术大学

【地址】 安徽省合肥市金寨路96号

【发明(设计)人】 胡源；倪健雄；宋磊

【摘要】 本发明公开了一种纳米复合膨胀阻燃聚氨酯泡沫塑料及其制备方法，特征是按重量百分比将40%~80%的多元醇、0.1%~3%的发泡剂、0.1%~2%的泡沫稳定剂、0.1%~2%的催化剂、0.5%~4%的可膨胀石墨、0.5%~9%的不含卤的磷酸酯或膦酸酯和0.5%~5.5%的有机改性纳米无机填料混合均匀后，再与具有两个或多个异氰酸酯基的多异氰酸酯化合物按重量比(1:2)~(2:1)混合均匀后，注入5~40℃的模具中发泡；所得纳米复合膨胀阻燃聚氨酯泡沫塑料产物可有效降低其燃烧时热释放速率和总热释放量，提高其氧指数和垂直燃烧阻燃性能，减少膨胀型阻燃剂对材料力学性能下降的影响，满足消防安全和工程应用的要求。

【名称】 一种PVC塑料鞋底表面处理剂的制备方法

【公开(公告)号】 CN101503600

【公开(公告)日】 2009.08.12

【申请(专利权)人】 杭州电子科技大学

【地址】 浙江省杭州市江干区下沙高教园区2号大街

【发明(设计)人】 聂秋林；袁求理

【摘要】 本发明涉及一种PVC塑料鞋底表面处理剂的制备方法。本发明方法首先制备氯化聚乙烯与甲基丙烯酸甲酯共聚物，然后将氯化聚乙烯与甲基丙烯酸甲酯共聚物以及过氯乙烯树脂、甲苯、乙酸乙酯、环己酮、丁酮、丙酮、防老剂264加入反应釜中，在50~80℃条件下搅拌2~4h，制得PVC塑料鞋底表面处理剂成品。其中制备氯化聚乙烯与甲基丙烯酸甲酯共聚物的具体方法是将甲苯、乙酸乙酯、丁酮、丙酮、甲基丙烯酸甲酯、氯化聚乙烯混合搅拌，使氯化聚乙烯充分溶解，充入氮气并升温至70～90℃后，加入过氧化苯甲酰，恒温反应3～6h后降至常温。采用本发明方法制备的表面处理剂，处理效果好，能够满足制鞋工业的黏接要求。

【名称】 塑料薄膜镀铝方法

【公开(公告)号】 CN101503790

【公开(公告)日】 2009.08.12

【申请(专利权)人】 上海永超真空镀铝有限公司

【地址】 上海市青浦区青浦工业园区崧盈路1288号

【发明(设计)人】 洪晓冬；曾文东

【摘要】 本发明涉及一种塑料薄膜镀铝方法，是通过以下步骤实现的：打开真空箱，将塑料薄膜装放于放卷轴上，固定于穿膜带上，自动穿膜，进入生产准备状态；在真空箱内安装N条材性是二硼化碳的蒸发舟；在真空箱内安装N盘普通铝丝，铝丝纯度为99.99%以上；将真空箱关闭；进行抽气，将真空室内的真空度数值抽到3.5×10^{-4}mbar以上；将镀膜鼓的温度设定为0～2℃；将蒸发舟的工作温度数值设定为1300～1350℃；将铝丝的送丝速度设定为200～280mm/min；将镀膜的卷绕速度设定为9.5～13m/s；开启等离子装置；将铝层厚度设定为3.5Ω/□(300Å)－54Ω/□(60Å)；观察镀铝层的均匀度，均匀度的要求在±2%以内；镀铝层的厚度以及均匀度的误差从±10%以上提到±3%的精度，满足了产品质量的要求。

【名称】 可导电的连续增强塑料复合管扣压接头及扣压方法

【公开(公告)号】 CN101504102

【公开(公告)日】 2009.08.12

【申请(专利权)人】 长春高祥特种管道有限公司

【地址】 吉林省长春市长春高新产业开发区众恒路66号

【发明(设计)人】 李诗春；李玉峰；王金山

【摘要】 本发明属于可导电的连续增强塑料复合管扣压接头及扣压方法。本发明在生产可导电的连续增强塑料复合管的同时，将管道接头部分的钢丝编织层暴露出来，并将扣压接头圆形外套内腔距离斜面的一段设置为光面内环面，将连续增强塑料复合管暴露出来的钢丝编织层插入光面内环面位置，进行扣压使钢丝编织层与扣压接头外套内腔的光面内环面贴在一起，当将扣压接头外套与中空管焊接后，整个管线形成一个完整的导电通路，两管之间的连接通过焊接完成。本发明将连续增强塑料复合管所具备的导电、保温功能合理利用，大大节约生产成本，提高了解堵的施工效率。

【名称】 一种竹塑型材及成型方法

【公开(公告)号】 CN101504109

【公开(公告)日】 2009.08.12

【申请(专利权)人】 杭州华海木业有限公司

【地址】 浙江省杭州市余杭区良渚镇勾庄勾运路50号

【发明(设计)人】 陆铜华

【摘要】 本发明涉及一种将竹材与塑料混合成材的一种竹塑型材的成型方法，它包括竹子和塑料，去除竹子皮及竹蜡且将竹子粉碎成粉状颗粒，按1:(0.4～0.65)比例将粉状竹颗粒和塑料粒子混合均匀且构成竹塑粒子混合料，然后将竹塑粒子混合料置入竹塑粒子混炼塑化机中混炼塑化或置入竹塑挤出成型机注塑成型或挤出成型。优点：一是竹塑型材具有强度高、防水、防腐、抗酸抗碱、不易变形、阻燃、无甲醛、可重复使用优点，既可用作户外装饰材料，又可作为室内装饰材料；二是可以将无法回收的边角竹片、竹屑、竹头、竹节粉碎回收二次进行加工利用，不仅避免了环境污染和资源浪费，而且还变废为宝，实现了资源的循环利用，实为环保产品。

【名称】 注塑机下料口冷却器

【公开(公告)号】 CN101508165

【公开(公告)日】 2009.08.19

【申请(专利权)人】 宁波旭升机械有限公司

【地址】 浙江省宁波市北仑区沿山河北路68号

【发明(设计)人】 徐曦东

【摘要】 本发明涉及一种注塑机下料口冷却器，由换热壳(3)和装在换热壳中的冷却管(2)构成，所述的换热壳(3)为开口的圆环形，其内壁由导热材料制成，开口处装有紧固螺钉孔(4)，所述冷却管(2)上装有进出水口(1)。本发明通过水循环冷却，使发热料筒螺杆温度降低，保护料筒螺杆的磨损，提高螺杆使用寿命，使用该产品后使温度降低到80～90℃，能够保持塑料颗粒的顺利通过进行注塑，使用后解决了颗粒堵塞疑难问题全面提高生产效益，使注塑机性能提高。

【名称】 塑料管材挤出机的塑料熔体混色装置

【公开(公告)号】 CN101508167

【公开(公告)日】 2009.08.19

【申请(专利权)人】 宁波方力集团有限公司

【地址】 浙江省宁波市鄞州区长丰工业区15号

【发明(设计)人】 彭林

【摘要】 本发明公开了一种塑料管材挤出机的塑料熔体混色装置，包括过渡联接体(3)、前过渡套(6)、后过渡套(2)、加热圈(5)和至少两个混色组件(4),所述的前过渡套(6)和后过渡套(2)设在过渡联接体(3)内腔的两端,所述的混色组件(4)依次设在过渡联接体(3)内腔且两端分别与前过渡套(6)和后过渡套(2)相抵,所述的每个混色组件(4)包括环形基体(4.1)和环形基体(4.1)相互之间的周向定位装置,所述的环形基体(4.1)内设有由栅板(4.2.1)和栅栏联接板(4.2.2)组成的栅栏(4.2)。该装置使塑料管材的外观颜色均匀,表面无气纹及阴影现象,同时增加着色剂的利用效率。

【名称】 塑料中空成型机的扁平型坯成型机构

【公开(公告)号】 CN101508170

【公开(公告)日】 2009.08.19

【申请(专利权)人】 张家港市同大机械有限公司

【地址】 江苏省张家港市塘桥经济开发区(204国道883公里处)

【发明(设计)人】 邱建成;徐彦飞;马建军

【摘要】 一种塑料中空成型机的扁平型坯成型机构,属于中空塑料成型机技术领域。包括一成型机头、一用于将熔融塑料喂入到所述成型机头内并且还挤出到成型机头外形成型坯的储料装置和一用于控制型坯壁厚的型坯壁厚控制装置,所述的成型机头为扁平的矩形体构造,所述的储料装置有一对,彼此对应地安装在成型机头的上部并且与成型机头连接和相通,所述的型坯壁厚控制装置安装在成型机头的上部,位于所述的一对储料装置之间与成型机头联结。优点:能成型出扁平型坯,而藉以缩短塑料中空成型机的成型机构的模具的开合模行程,为提高加工效率和节约能源提供了技术保障;保障最终成型后的中空塑料制品的壁厚匀致;可以节约空间。

【名称】 纤维基材热塑淋膜型双面复合工艺与装置

【公开(公告)号】 CN101508173

【公开(公告)日】 2009.08.19

【申请(专利权)人】 常州市武进红星机械有限公司

【地址】 江苏省常州市武进区郑陆镇牟家村

【发明(设计)人】 章兴中

【摘要】 本发明涉及塑性状态物质的加工领域,尤其是纤维基材热塑淋膜型双面复合工艺与装置,丝线平整展开形成基料片材;片材通过牵引压平,后经过预展,初步形成平板状;预展后的纤维基材进入加热区,进行烘干加温,片材的表面加热温度达到热塑性塑料的熔融点;片材进行归丝聚中,丝线的表面涨力一致且无间隙;片材进入复合系统,片材表面淋膜后进行挤压成型,并进行冷却,形成复合片材;复合片材进行压平、切边,消除静电;复合片材进行卷收。装置具有用于放置丝线的纱架,丝线由纱架出丝依次通过用于丝线均匀分布的涨力装置、加热丝线的烘箱、用于丝线间无间隙的归丝聚中系统、复合系统、卷收装置,复合系统具有挤压复合滚筒,生产工艺简单,操作方便。

【名称】 一次性塑料针筒输送装置

【公开(公告)号】 CN101508354

【公开(公告)日】 2009.08.19

【申请(专利权)人】 常熟乙星包装机械有限公司

【地址】 江苏省常熟市董浜镇徐市工业园旗杆二路8号

【发明(设计)人】 吴弼济

【摘要】 一种一次性塑料针筒输送装置,属于包装机械技术领域。包括一机架,一转盘座,一转盘,一对第一导轨,一压板,一对第一引出导轨,一对第一引出导轨之间的第一导槽,特点是:还包括有一对第二引出导轨、至少一枚第二导轨和一分检块,一对第二引出导轨对应于一对第一引出导轨的下部且与隙道相对应,该对第二引出导轨之间构成有第二导槽,第二导槽与第一导槽相对应,第二导轨对应于第一导轨的下部,且第二导轨与第一导轨之间构成有第一通道,分检块在对应于隙道的部位与转盘座固定,在该分检块的长度方向开设有起针槽。优点:既可减轻工人的劳动强度、提高后道的包装效率和包装质量,又可彻底杜绝不合格针筒流入包装工序。

【名称】 生物质与聚合物催化共裂解制取碳氢化合物的方法

【公开(公告)号】 CN101508619

【公开(公告)日】 2009.08.19

【申请(专利权)人】 浙江大学

【地址】 浙江省杭州市玉古路20号

【发明(设计)人】 崔艳丽;毛建卫

【摘要】 一种生物质与聚合物催化共裂解制取碳氢化合物的方法,以生物质和聚合物废弃物为原料,通过催化共裂解技术制备碳氢化合物,裂解在耐压反应器中进行,生物质包括稻壳、麦秆、毛竹及玉米等农林加工废弃物;聚合物废弃物包括聚苯乙烯、聚乙烯、聚丙烯、废轮胎和日常废弃塑料等。反应条件为:压力在2~6kPa;反应气为氢气或氮气、真空无氧;热解温度在320~450℃,时间30min~6h。本发明总混合废弃物的转化率达55%~64%,总产品中碳氢化合物气体占20%~33%,碳氢化合物液体60%~58%,残渣14%~19%。

【名称】 一种制造混合苯二甲酸和苯乙酸的方法

【公开(公告)号】 CN101508638

【公开(公告)日】 2009.08.19

【申请(专利权)人】 周向进
【地址】 北京市朝阳区惠新东街甲6号1号楼404室
【发明(设计)人】 周向进
【摘要】 本发明采用工业原料混合二甲苯(简称二甲苯)作原料，经过氧化生成混合苯二甲酸(MA)以及苯乙酸的混合物，分离提纯可以得到苯乙酸产品。混合苯二甲酸(MA)(对苯二甲酸、间苯二甲酸和邻苯二甲酸的混合物)经过精制得到高纯度混合苯二甲酸(PMA)产品。精混合苯二甲酸(PMA)产品跳越了对二甲苯(PX)生产工序，是一种新型聚酯树脂的原料，可以替代精对苯二甲酸(PTA)与乙二醇(EG)原料经过酯化和缩聚反应生成聚混合苯二甲酸乙二醇酯(PEM)。聚混合苯二甲酸乙二醇酯(PEM)与常规的聚对苯二甲酸乙二醇酯(PET)相比，具有熔点低的特点，适合作为塑料原料，而且生产成本低廉。精混合苯二甲酸(PMA)可以按照任意比例与精对苯二甲酸(PTA)混合，用于生产多种差异化的聚酯树脂，如瓶用聚酯树脂、膜用聚酯树脂等。

【名称】 一种磷系无卤阻燃共聚聚酯的制备方法
【公开(公告)号】 CN101508770
【公开(公告)日】 2009.08.19
【申请(专利权)人】 四川东材科技集团股份有限公司
【地址】 四川省绵阳市高新区普明南路95号
【发明(设计)人】 梁倩倩；胡俊祥
【摘要】 一种磷系无卤阻燃共聚聚酯的制备方法，其特征是包括：取无卤含磷共聚型阻燃剂和乙二醇，混合在温度140～210℃、压力40～70kPa进行酯化反应4～6h，过滤，滤液即制得阻燃酯化物溶液；取对苯二甲酸二甲酯、乙二醇和助剂，混合在温度160～240℃下进行酯交换反应2～4h，反应完成后，再加入阻燃酯化物溶液；再加入催化剂、稳定剂，在温度240～290℃、压力100Pa以下，进行聚合反应2.5～4h，出料即制得磷系无卤阻燃共聚聚酯。该聚酯切片可作为生产阻燃性能达94UL V－0级或VTM－0级(统称为V0级)薄膜、阻燃Ⅰ级及以上阻燃纤维及V0级阻燃塑料制品的原料，具有优异阻燃性能。

【名称】 一种可生物降解塑料薄膜的生产方法
【公开(公告)号】 CN101508791
【公开(公告)日】 2009.08.19
【申请(专利权)人】 邢金香
【地址】 山西省太原市新建南路63号
【发明(设计)人】 邢金香；梁爱军
【摘要】 本发明属于塑料薄膜的生产方法，具体涉及一种可生物降解塑料薄膜的生产方法，提供了一种使用Ecoflex和PHBV生产可生物降解塑料薄膜的方法。可生物降解塑料薄膜的生产方法，将5%～50% PHBV聚羟基丁酸戊酸共聚酯和50%～95% Ecoflex脂肪族芳香族无规共聚酯混合均匀，再外加占上述混合物总重量5%的$CaCO_3$。本发明具有如下有益效果：其工艺简单、易于操作，所生产的薄膜在土壤微生物的作用下，可完全分解成水、二氧化碳及有机物，无污染，可广泛应用于农用地膜、包装袋(食品包装、工业包装)等，是一种绿色的环保产品。

【名称】 一种从塑料中抽提增塑剂的方法
【公开(公告)号】 CN101508794
【公开(公告)日】 2009.08.19
【申请(专利权)人】 长春中科应化特种材料有限公司
【地址】 吉林省长春市高新区普天路228号
【发明(设计)人】 姜治伟；王海波；王治；姜治轩；张晓波
【摘要】 一种从塑料中抽提增塑剂的方法，属于化工产品回收技术领域，采用以下步骤完成，以液化丙烷、液化丁烷或液化石油气作为萃取剂，将塑料固体粉碎成碎片，干燥除去水分，浸入萃取剂中，温度0～30℃条件下浸泡0.5～4h，加热至40～80℃放出液体，其中小分子烷烃泄压后气化，最后的剩余物即为增塑剂。本发明采用改变温度和压力的方法使低分子烷烃气体方便的进行液化萃取和气化浓缩，从而实现增塑剂的抽出和浓缩，大大降低了增塑剂回收的能耗。

【名称】 三元水滑石－稀土－钙/锌无毒复合热稳定剂及其制备方法
【公开(公告)号】 CN101508796
【公开(公告)日】 2009.08.19
【申请(专利权)人】 江西宏远化工有限公司
【地址】 江西省上高县科技工业园锦锈路13号
【发明(设计)人】 吴旅良
【摘要】 本发明涉及塑料加工助剂中复合型热稳定剂的制备方法，属塑料加工助剂技术领域。本发明公开一种三元水滑石－稀土－钙/锌无毒复合热稳定剂及其制备方法，包括组成该稳定剂的三元水滑石、有机稀土化合物、钙化合物、锌化合物的材料及其合成制备方法和三元水滑石－稀土－钙/锌无毒复合热稳定剂的优化复配方法。本发明的三元水滑石－稀土－钙/锌无毒复合热稳定剂作为新一代的高效无毒稳定剂，可替代传统铅盐及价格昂贵的有机锡热稳定剂而广泛应用于PVC管材、型材、电线电缆、医用器械、薄膜等领域。

【名称】 一种木塑型材及成型方法

【公开(公告)号】 CN101508804

【公开(公告)日】 2009.08.19

【申请(专利权)人】 杭州华海木业有限公司

【地址】 浙江省杭州市余杭区良渚镇勾庄勾运路50号

【发明(设计)人】 陆铜华

【摘要】 本发明涉及一种将木材与塑料混合成材的一种木塑型材的成型方法，它包括木屑和塑料，按1:(0.4~0.65)比例将粉状木屑和塑料粒子混合均匀且构成木塑粒子混合料，然后将木塑粒子混合料置入木塑粒子混炼塑化机中混炼塑化或置入木塑挤出成型机注塑成型或挤出成型。优点：一是木塑型材具有强度高、防水、防腐、抗酸抗碱、不易变形、阻燃、无甲醛、可重复使用优点，既可用作户外装饰材料，又可作为室内装饰材料；二是可以将无法回收的边角木片、木屑、木头、木节粉碎回收二次进行加工利用，不仅避免了环境污染和资源浪费，而且还变废为宝，实现了资源的循环利用，实为环保产品。

【名称】 一种高光ABS合金及其制备方法

【公开(公告)号】 CN101508817

【公开(公告)日】 2009.08.19

【申请(专利权)人】 深圳市科聚新材料有限公司

【地址】 广东省深圳市宝安区福永镇富桥工业区三区二期A19栋

【发明(设计)人】 徐东；贺永；张博

【摘要】 本发明公开了一种高光ABS合金及其制备方法。其组成按重量百分比为：ABS 30%~60%；PMMA 20%~30%；AS 10%~25%；增韧剂1%~15%；黑色母1%~3%；润滑剂0.3%~0.6%。本发明材料具有较高冲击强度、高模量、高刚性，高的表面光泽度和良好的表面耐刮擦性，保留了ABS良好的加工性、韧性，同时兼具PMMA和AS优异的耐候性、表面硬度，光泽性等优点，使得该ABS合金具有比普通ABS材料好得多的耐候性、表面耐刮擦性和光泽性。本发明PMMA含量低，可以降低生产成本。本发明的制备方法包括以下工艺步骤：首先将原料按上述比例混合，然后进入塑料挤出机中，温度控制在185~220℃，再进行造粒，得到高光ABS合金。

【名称】 一种ABS/PET合金及其制备方法

【公开(公告)号】 CN101508818

【公开(公告)日】 2009.08.19

【申请(专利权)人】 深圳市科聚新材料有限公司

【地址】 广东省深圳市宝安区福永街道桥头富桥第三工业区二期C2幢

【发明(设计)人】 徐东；贺永；杨德武

【摘要】 本发明公开了一种ABS/PET合金及其制备方法。其组成按重量配比为/%：ABS 21%~72%；PET 14%~60%；相容剂3%~10%；抗氧剂0.4%~0.6%；增韧剂5%~15%；润滑剂0.3%~1%。本发明通过选用合适的相容剂和增强剂，将ABS体系和PET体系很好地熔融在一起，制造出的材料具有尺寸稳定、高强度、高模量、高流动性。它综合了ABS和PET的优点，改善了耐PET的耐热性、冲击性、加工性等。该塑料的制造方法包括以下工艺步骤：首先将原料按上述比例混合，然后进入塑料挤出机中，温度控制在230~260℃，再进行造粒，得到ABS/PET合金。

【名称】 一种新型轻质、阻燃、保温泡沫模壳颗粒材料及其制备方法

【公开(公告)号】 CN101508822

【公开(公告)日】 2009.08.19

【申请(专利权)人】 刘兴国

【地址】 辽宁省沈阳市皇姑区陵东街69号楼573号

【发明(设计)人】 刘兴国；朱盈豹；曹新社；刘彧

【摘要】 本发明涉及一种新型轻质、阻燃、保温泡沫模壳颗粒材料及其制备方法。它是由以下组分组成的：70~85重量份的脲醛泡沫塑料，10~20重量份的浓度为15%~25%的纤维素溶液，5~10重量份的浓度为30%~50%的脲醛树脂胶溶液。本发明由于在泡沫表面可以形成一层坚硬的外壳，因此具有轻质、高阻燃、耐热温度高大约在215~230℃、保温隔热性能好、压缩强度高、环保、尺寸稳定性好、导热系数低、耐水、防水性能好、特别是和水泥混合亲和力强的特点。所以是建筑建材领域和各行各业保温材料的核心母料。

【名称】 一种用于模塑料做低收缩剂的饱和聚酯树脂及其制法

【公开(公告)号】 CN101508828

【公开(公告)日】 2009.08.19

【申请(专利权)人】 常州市华润复合材料有限公司；江苏柏鹤涂料有限公司

【地址】 江苏省常州市武进区横林镇新横崔路92号

【发明(设计)人】 包柏青；李秋萍

【摘要】 本发明涉及用于模塑料的低收缩剂。一种用于模塑料低收缩剂的饱和聚酯树脂，由丙二醇、乙二醇、二丙二醇和脂肪族二元酸的聚合物溶于苯乙烯而制得。本发明的优点是：(1)采用二丙二醇来合成饱和聚酯树脂，使树脂具有良好的耐水性和柔

韧性，其制品具有良好的抗湿能力和优良的力学性能；(2)用二丙二醇生产的低收缩剂适应性强，可以和多种模塑料树脂配合使用并可以使生产的制品达到零收缩，保证制品尺寸的精确性；(3)采用脂肪类二元酸替代芳香族类二元酸，特别是间苯二甲酸一则可以缩短反应的时间降低能耗，二则可以增加模塑料制品的抗老化性。

【名称】 一种塑料合金及其制备方法
【公开(公告)号】 CN101508836
【公开(公告)日】 2009.08.19
【申请(专利权)人】 重庆友强高分子材料有限公司
【地址】 重庆市江津区珞璜工业园A区
【发明(设计)人】 殷昌华；谭如友
【摘要】 本发明提供了一种塑料合金及其制备方法，其特征在于它是由下列重量百分比的原料共熔塑化制成：聚碳酸脂50%～80%、丙烯腈－丁二烯－苯乙烯共聚物10%～40%、甲基丙烯酸甲酯－丁二稀－苯乙烯三元共聚物2%～5%、马来酸酐1%～2%、助剂1%～2%和引发剂适量。本发明产品在低制造成本的前提下获得了较高的综合性能，从而使本发明产品在价格和性能上全面满足了市场的需求，当然它得益于本发明产品中各种原料的配比和本发明产品制备方法中的一系列工艺参数的确定。

【名称】 复合型结构壁塑料检查井
【公开(公告)号】 CN101509273
【公开(公告)日】 2009.08.19
【申请(专利权)人】 戚培发
【地址】 辽宁省盘锦市兴隆台区于楼街辽河油田筑路公司资产科
【发明(设计)人】 戚培发
【摘要】 本发明涉及一种市政排水、排污用埋地塑料检查井产品，它是由井筒管、井室管、收口件、下底盖板、连接地下排污管道承口所组成；本发明检查井产品由于采用结构外壁空间内填充具有充分密实度的石英砂与树脂的混拌物填充，制品的环刚性好，抗轴向变形能力强，适用于市政排水、排污等领域。

【名称】 薄壁金属外壳衬塑管件的设计制造方法
【公开(公告)号】 CN101509579
【公开(公告)日】 2009.08.19
【申请(专利权)人】 黄玉臣
【地址】 重庆市沙坪坝区大石村414号3－2
【发明(设计)人】 黄玉臣
【摘要】 一种薄壁金属外壳衬塑管件的设计制造方法，其要点是：内衬塑料管件的设计造型简化了薄壁金属外壳零件的设计制造工艺。通过带端盖的圆套外壳零件与非封闭形状的外壳零件对塑料管件外部的组合装配，完成衬塑管件的制造。

【名称】 聚氨酯改性硬质聚异氰脲酸酯泡沫塑料PIR节能保温板
【公开(公告)号】 CN101509590
【公开(公告)日】 2009.08.19
【申请(专利权)人】 唐达理
【地址】 上海市奉贤区齐贤开发区锦墩路95号
【发明(设计)人】 唐达理
【摘要】 一种聚氨酯改性硬质聚异氰脲酸酯泡沫塑料PIR节能保温板，该PIR节能保温板为PIR夹芯板材结构，或是PIR裸板结构。PIR夹芯板材结构，是中间夹芯层为聚氨酯改性硬质聚异氰脲酸酯泡沫塑料PIR高分子结构单体，在中间夹芯层上下两面层为金属或非金属薄板；PIR裸板结构，是指无任何附着物的按箱式发泡生成的聚氨酯改性硬质聚异氰脲酸酯泡沫塑料PIR高分子结构单体。PIR聚氨酯改性硬质聚异氰脲酸酯泡沫塑料是在聚异氰脲酸酯分子链中植入聚氨酯分子链而获得的一种新型高分子结构体。本发明的优点是与聚氨酯保温材料相比，具有防火性能好的优势，并具有更好的保温性能。

【名称】 一种测试超高分子量聚乙烯耐磨性能的方法
【公开(公告)号】 CN101509860
【公开(公告)日】 2009.08.19
【申请(专利权)人】 上海化工研究院
【地址】 上海市普陀区云岭东路345号
【发明(设计)人】 王新威；张炜；张玉梅；洪尉；夏晋程
【摘要】 本发明涉及一种测试超高分子量聚乙烯耐磨性能的方法，该方法是在国家标准"塑料滑动摩擦磨损试验方法"(GB 3960—83)的基础上，将胶黏有砂纸的摩擦环固定在MH－20型摩擦磨损试验机上，固定摩擦环转动速度，经样品与摩擦环对磨，测试超高分子量聚乙烯的质量磨损量与磨痕宽度并计算体积磨损量、摩擦系数，获得不同分子量、不同品级的超高分子量聚乙烯的耐磨性能。与现有技术相比，本发明具有快速、简易、合理等优点。

【名称】 基于工控机的氟塑料薄膜疵点在线检测控制系统
【公开(公告)号】 CN101510085
【公开(公告)日】 2009.08.19
【申请(专利权)人】 东华大学
【地址】 上海市松江区松江新城区人民北路2999号
【发明(设计)人】 郝矿荣；詹司佳；丁永生；宋邵宁

【摘要】 本发明涉及一种基于工控机的带状材料疵点在线检测控制系统，包括五个模块：适合带状材料特点的生产线照明模块(本文以氟塑料薄膜为例)；对步进电机进行高精度控制的运动控制模块；驱动多个高分辨率线阵CCD同步采集的采集控制模块；对带状材料疵点进行图像识别的检测处理模块；以及用于工厂网络内对检测结果面板进行实时监测的网络监测模块。提出了步进电机与及图像采集协同控制的关键技术以及多个高分辨率线阵CCD同步采集的采集控制关键技术；本发明具有速度快、精度高等优点，可普遍适用于塑料薄膜、纸张制品等类似的透明(半透明)、带状、宽幅产品的疵点实时自动检测。

【名称】 氟塑料绝缘带状电缆
【公开(公告)号】 CN101510458
【公开(公告)日】 2009.08.19
【申请(专利权)人】 淮南文峰航天电缆有限公司
【地址】 安徽省淮南市经济技术开发区建设北路
【发明(设计)人】 徐文利；李建明；朱小红；叶桦
【摘要】 本发明涉及一种氟塑料绝缘带状电缆，包括有护套，还包括有并排的多根导电线芯，每根导电线芯外包敷有绝缘层，所述绝缘层外包敷有扁平的护套，所述绝缘层材料采用氟塑料。本发明结构简单，采用氟塑料作为绝缘层材料，具有耐高低温、耐潮湿、耐化学药品腐蚀、轻而强韧和体积小、结构紧凑等特点。

【名称】 塑料泡罩
【公开(公告)号】 CN101513575
【公开(公告)日】 2009.08.26
【申请(专利权)人】 顾益均
【地址】 江苏省南通市通州市金沙镇狮子桥村十组31号
【发明(设计)人】 顾益均
【摘要】 本发明涉及一种塑料泡罩，包括塑料罩帽(1)、塑料复合型升气管(2)、鼓泡窗(3)，其特征在于本实施例的材质全部采用具有韧性的非金属材料尤其是塑料制成，塑料复合型升气管(2)设置在塑料罩帽(1)内，鼓泡窗(3)呈流线型设置在塑料罩帽(1)的外周下壁上，塑料罩帽(1)的直径从上至下逐渐增大。本发明的有益效果是，该塑料泡罩不仅耐腐蚀、鼓泡效果，尤其适用于特殊工况，而且结构简单，值得市场推广。

【名称】 PVC用加工助剂的合成方法
【公开(公告)号】 CN101514236
【公开(公告)日】 2009.08.26
【申请(专利权)人】 郑勇
【地址】 山东省潍坊市高新区富华新村2-701号
【发明(设计)人】 郑勇
【摘要】 本发明公开了一种PVC用加工助剂的合成方法，该合成方法采用乳液聚合工艺，为将含不饱合双键的单体、分散介质水和乳化剂混合后，加入引发剂聚合反应的方式合成特性黏度为1~13的PVC用加工助剂；水和单体质量比为(1:0.4)~(1:1)，乳化剂为单体质量含量的1.5%~2%，引发剂为单体质量的0.03%~0.1%，聚合温度≤90℃。本发明的合成方法，便于实施，聚合效率高，能够方便的合成在PVC加工中具有促进塑化，改善塑料流动性，提高表面光泽度等优点的PVC用加工助剂。

【名称】 一种耐磨擦、增韧PA66纳米复合材料的制备方法
【公开(公告)号】 CN101514245
【公开(公告)日】 2009.08.26
【申请(专利权)人】 上海瑞尔实业有限公司
【地址】 上海市嘉定区安亭大众工业园区一区米泉南路625号
【发明(设计)人】 史芸；任庆平
【摘要】 本发明属工程塑料的改性技术领域，特别是一种耐磨擦、增韧PA66纳米复合材料的制备方法。它采用双螺杆挤出机熔融共混和注射成型方法，并通过紫外辐照在线性低密度聚乙烯(LLDPE)的分子链上引入C=O、C—O、—OH含氧基团制备改性、增韧LLDPE/Si_3N_4/PA66纳米复合材料。此材料能充分满足工程塑料的要求，并且加工性能增强，提高加工效率。

【名称】 塑料水管接头的连接机构
【公开(公告)号】 CN101514775
【公开(公告)日】 2009.08.26
【申请(专利权)人】 张欢庆
【地址】 浙江省台州市黄岩区西工业园区茂丰街17号
【发明(设计)人】 张欢庆
【摘要】 塑料水管接头的连接机构，包括直通接头，直通接头制有边孔，边孔经连接机构连接侧接头，其特征在于所述的连接机构为侧接头制有内扩咀和外壁制有螺纹，在边孔的外壁安装孤形开孔护板，护板的孤形外壁制有端面和开孔中制有顶块，在侧接头的螺纹上安装紧固圈，侧接头穿过护板开孔使紧固圈壁面与护板的端面相接触，在侧接头上套入垫圈和密封圈，密封圈包括前部的密封边和后部的推动边，垫圈的一面与护板中的顶块相接触，垫圈的另一面与密封圈的推动边相接触，侧接头的内扩咀和密封圈前部的密封边安入直通接头的边孔中。

【名称】 蔬菜大棚用塑料膜
【公开(公告)号】 CN101518194
【公开(公告)日】 2009.09.02
【申请(专利权)人】 苏玉香
【地址】 山东省东平县东平农业局
【发明(设计)人】 苏玉香
【摘要】 本发明公开了一种蔬菜大棚用塑料膜，具有基膜，基膜表面上设置一层复膜，基膜与复膜之间设置网格。本发明的保温效果得到极大改善，尤其是在采用了塑料气泡膜网格结构后保温效果更为理想。本发明也可作为地膜用于育苗覆盖。

【名称】 聚苯乙烯挤塑发泡保温管生产设备及其生产方法
【公开(公告)号】 CN101518941
【公开(公告)日】 2009.09.02
【申请(专利权)人】 南京法宁格节能科技有限公司
【地址】 江苏省南京市江宁区汤山工业集中区
【发明(设计)人】 郭鑫齐；周占胜；姚建鑫；杜小刚；袁鹤翔
【摘要】 本发明涉及一种聚苯乙烯挤塑发泡保温管生产设备及其生产方法，属于聚苯乙烯塑料挤出发泡生产技术领域。生产设备由上料部分、发泡剂注入部分、1号单螺杆挤出机、2号单螺杆挤出机、静态混合器、模头、挤出模具、定型套和双辊牵引机组成；聚苯乙烯原料通过上料部分进入挤出机中；发泡剂注入部分包括发泡剂贮罐和计量泵，发泡剂是通过计量泵注入的；1号单螺杆挤出机和2号单螺杆挤出机依次串联组成生产聚苯乙烯挤塑发泡保温管的挤出机，同时1号单螺杆挤出机和2号单螺杆挤出机的机筒被划分为13个温控区，每个温控区装有电加热板和温度传感器，其中1号单螺杆挤出机的机筒Ⅰ划分为7个温控区，2号单螺杆挤出机的机筒Ⅱ划分为6个温控区。

【名称】 以水为发泡剂的生物质材料发泡塑料及其制备方法
【公开(公告)号】 CN101519503
【公开(公告)日】 2009.09.02
【申请(专利权)人】 武汉华丽生物材料有限公司
【地址】 湖北省武汉市江夏区火炬路2号
【发明(设计)人】 张先炳；汤运章；张立斌；任超
【摘要】 本发明涉及一种以水为发泡剂的生物质材料发泡塑料的制备方法。一种以水为发泡剂的生物质材料发泡塑料的制备方法。本发明既经济又环保，并且不需要专门的发泡挤出机、也不需要通过特殊方式将发泡剂预先加入到材料中，只要普通的螺杆挤出机即可挤出发泡。所得发泡产品的发泡倍率在5~50倍之间，发泡产品的密度在0.01~0.1g/cm^3之间，可用于食品包装和工业产品包装等领域。

【名称】 一种水作为发泡剂制备聚乙烯泡沫材料的方法
【公开(公告)号】 CN101519504
【公开(公告)日】 2009.09.02
【申请(专利权)人】 中国科学院长春应用化学研究所
【地址】 吉林省长春市人民大街5625号
【发明(设计)人】 汪树生；边俊甲；刘浩；韩常玉；董丽松
【摘要】 本发明涉及一种水作为发泡剂制备聚乙烯泡沫材料的方法，这种方法以聚乙烯作为原料，水作为发泡剂，选择蒙脱土、硅藻土、纤维素、淀粉、聚丙烯酰胺等作为水载体，采用直接挤出的方法制备聚乙烯泡沫塑料。本发明中不使用有机发泡剂，因此，该技术生产过程安全、环保，可以实现连续化生产。制备的聚乙烯泡沫塑料发泡倍率为3~20倍。

【名称】 医用橡塑复合材料
【公开(公告)号】 CN101519517
【公开(公告)日】 2009.09.02
【申请(专利权)人】 山东威高集团医用高分子制品股份有限公司
【地址】 山东省威海市高技区世昌大道312号
【发明(设计)人】 李忠志；夏欣瑞；张璐
【摘要】 本发明涉及一种医用橡塑复合材料，是改进的PVC塑料，其由聚氯乙烯(PVC)树脂粉、复合橡塑粒子、邻苯二甲酸酯、稳定剂和润滑剂等组成，每100重量份聚氯乙烯(PVC)树脂粉共混复合橡塑粒子10~30份、邻苯二甲酸酯20~40份、环氧大豆油3~10份、硬脂酸盐0.5~2份、有机亚磷酸酯0.5~1份，硅油0.1~0.5份。所得复合材料化学性质稳定，柔性、弹性、韧性好，容易加工且不易分解；制造的血袋生物性能好，化学溶出物少，对于储存血液是极为安全的，可用于制作单联袋或多联袋中的母袋和子袋进行血液成分的分离、保存。本发明配方合理、性能稳定，是可在净化车间大批量生产。

【名称】 PVC加强塑料粒子及其制成的改性硅胶软管
【公开(公告)号】 CN101519518
【公开(公告)日】 2009.09.02
【申请(专利权)人】 朱伟全
【地址】 江苏省常州市武进区前黄镇杨桥村常州雷顿机械配件有限公司
【发明(设计)人】 朱伟全

【摘要】 本发明涉及PVC塑料技术领域，尤其涉及一种抗压耐候性强的PVC塑料及其制品，一种PVC加强塑料粒子，其中各组分的质量含量为：聚氯乙烯50%～65%，增塑剂8%～20%，填充物0～5%，助剂1.5%～3%，有机硅混炼胶20%～40%，颜料0～0.5%，所述的助剂为阻燃剂、防水剂、热稳定剂、稳定剂和光亮剂，将原料按照上述的质量配比进行混合熔炼硫化造粒制成PVC加强塑料粒子，本发明解决现有的PVC材料存在应用性能差的问题。

【名称】 一种单层塑料复合板

【公开(公告)号】 CN101520125

【公开(公告)日】 2009.09.02

【申请(专利权)人】 冷鹭浩

【地址】 福建省厦门市枋湖工业区枋湖西路139号

【发明(设计)人】 冷鹭浩

【摘要】 本发明公开了一种单层塑料复合板，包括塑料单板和主要连接在塑料单板边缘的注塑塑料件，以及嵌接在塑料单板与注塑塑料件相接处的加强件，注塑塑料件联接在塑料单板的周边边缘，塑料单板周边与注塑塑料件的相接处通过超声波焊接方式和/或胶水黏接方式使塑料单板的边缘与注塑塑料件结合在一起。该结构的单层塑料复合板可以作为桌子面板、茶几面板、椅子的座板和靠背、抽屉的围板、书架或橱柜的功能隔板、床头或床尾的挡板、组合柜的组板等等多种用途的板材来使用，并且可十分方便地实现与其他连接件的连接，还具有边缘连接强度强，制作成本低、用料少、易加工、质量轻、生产工艺易于自动化、复合板表面平整、光洁的优点。

【名称】 塑胶充气布板基材及制作方法

【公开(公告)号】 CN101519922

【公开(公告)日】 2009.09.02

【申请(专利权)人】 杭州中凌广告器材有限公司

【地址】 浙江省杭州市余杭区运河镇塘宁路39号杭州中凌广告器材有限公司

【发明(设计)人】 凌正然

【摘要】 本发明涉及一种塑胶充气布板基材及制作方法，该充气布板基材根据需要可以设计成各式各样的板形结构，并且将板形结构的四周密封、配置流体进口，便可以充气、充液、或腔内发泡，充气布板基材的面置有塑料膜，构成充气布板基材的上、下两层布间的间距由密布的纱线连接。优点：构成充气布板基材的上、下两层布间的间距由密布的纱线连接的设计，所形成的相互牵引力非常大，当充气布板基材被流体充成平板，不会形成凸凹不平，特别适用于各行各业、各种领域中对塑胶充气布板应用，如用于军事流动营房的建造、救生筏、行军床、手术台等等，同样也可以用于膜结构房屋、膜玩具、充气广告板、充气膜型、充气用具的快速成型等等，数不胜数，属充气布板基材制造领域。

【名称】 一种低电阻导电塑料及制备方法

【公开(公告)号】 CN101525468

【公开(公告)日】 2009.09.09

【申请(专利权)人】 中国工程物理研究院电子工程研究所

【地址】 四川省绵阳市919信箱516分箱

【发明(设计)人】 刘联；刘效疆；陈茂斌；冯秀丽；李晓兵；宋学兵

【摘要】 本发明涉及一种低电阻导电塑料及制备方法。本发明的低电阻导电塑料的原料的质量百分含量组成为：环氧树脂30%～85%、固化剂10%～60%、促进剂0%～3%、碳毡1%～55%。本发明的低电阻导电塑料的制备方法包括步骤：将环氧、固化剂以及促进剂放入烘箱中烘至30～150℃，得混合物A；将碳毡浸泡在混合物A中，放入模具中固化得复合板；将复合板放入20～150℃的浓硫酸中搅拌，同时采用超声波振荡处理；取出复合板，将其放入50～90℃的热水中，再经超声波清洗数次，烘干。本发明的低电阻导电塑料具有优良的导电性能，不会被钒电解液刻蚀，能耐电堆过充，机械强度高，生产成本低。

【名称】 一种用废塑料低温制备立方碳化硅超细粉的方法

【公开(公告)号】 CN101525134

【公开(公告)日】 2009.09.09

【申请(专利权)人】 山东大学

【地址】 山东省济南市历下区山大南路27号

【发明(设计)人】 钱逸泰；鞠治成；马小健；庞巧莲；邢政；徐立强

【摘要】 本发明涉及一种用废塑料低温制备立方碳化硅超细粉的方法，利用废塑料作为碳源与硅粉来合成碳化硅，金属钠、金属镁粉为还原剂，硫粉为辅助剂，在高压釜中于350～500℃、0.5～10MPa条件下反应10～30h；在经洗涤、提纯得产品。本发明在相对较低温度下廉价和大规模制备结晶程度良好的3C－SiC超细粉，扩大碳化硅陶瓷及其相关复合材料的应用，特别是以废塑料作为碳源，有利于节能降耗和降低原料成本，并且可实现废弃物资源化和环境污染控制。

【名称】 利用PC膜结合塑料成型并可变换花纹色泽的膜壳制法

【公开(公告)号】 CN101524908

【公开(公告)日】 2009.09.09
【申请(专利权)人】 友嘉兴业股份有限公司
【地址】 中国台湾彰化县
【发明(设计)人】 林位仁
【摘要】 一种利用PC膜结合塑料成型并可变换花纹色泽的膜壳制法，系准备具花纹离型布或离型纸，涂布湿式PU树脂，入水凝固，其后经水洗烘干卷取后，形成基础PU层，其后该基础PU层涂布PU接着剂后，烘半干，贴合PC板，熟成并分离离型纸成表面有花纹的结合有PU湿式膜的PC膜板。其中该结合有PU湿式膜的PC膜板经PU面热压软化定型，模注PC或ABS与结合有PU湿式膜的PC膜板的PC面，冷却成具有花纹及颜色的膜壳，该花纹及颜色均呈现在膜壳的外表，利用PC膜结合塑料成型即可达到各式花纹色泽变换的效果。

【名称】 一种可环境降解的复合材料及其制备方法
【公开(公告)号】 CN101525487
【公开(公告)日】 2009.09.09
【申请(专利权)人】 武汉华丽生物材料有限公司
【地址】 湖北省武汉市江夏区火炬路2号
【发明(设计)人】 白娟；张立斌
【摘要】 本发明涉及一种可环境降解的高分子复合材料，它由以下组分的原料按重量份数混合制备而成：20～80份的适度交联的脂肪族聚酯酰胺无规嵌段共聚物、10～70份的可再生原料、5～20份的添加剂和0～30份的填料。本发明产物具有优异的力学性能，其拉伸强度15～30MPa，断裂伸长率300%～1000%。弯曲强度10～25MPa，缺口冲击强度20～90kJ/m^2。同时又有良好的环境降解性能，12周堆肥后生物分解率为90%以上。并且成型加工性能良好，可在普通塑料的加工设备上通过挤出、注塑、吹塑、热压等方法成型为各种各样的制品。

【名称】 收发一体光模块及塑料光纤通信系统
【公开(公告)号】 CN101527602
【公开(公告)日】 2009.09.09
【申请(专利权)人】 东莞市一普实业有限公司
【地址】 广东省东莞市虎门镇港口路喜来登商贸大厦806东莞市一普实业有限公司
【发明(设计)人】 王自和；胡承恩
【摘要】 本发明涉及光通信技术领域，尤其涉及一种基于塑料光纤的收发一体光模块及塑料光纤通信系统。收发一体光模块包括光接收机和光发射机，所述光发射机包括用于发射波长在可见光波段光信号的光发射组件，以及驱动所述光发射组件发光的光发射组件驱动器；所述光接收机包括将输入的波长在可见光波段光信号转换为电信号的光接收组件，以及将所述光接收组件输出的电信号进行限幅放大的限幅放大器。本发明采用工作波长在可见光波段的光发射组件以及探测面积大的光电探测器，使得收发一体光模块可以应用于塑料光纤通信。

【名称】 一种加湿过滤网及其制作方法
【公开(公告)号】 CN101530697
【公开(公告)日】 2009.09.16
【申请(专利权)人】 佛山市顺德区阿波罗环保器材有限公司
【地址】 广东省佛山市顺德区容桂国家级高新技术园朝桂路9号
【发明(设计)人】 邓飞英；熊含勇；梁国巨；钟耀武
【摘要】 本发明公开了一种加湿过滤网，其特征在于：由下述质量百分比的原材料制成：塑料83.8%～97.8%，亲水剂2%～15%，色粉0～0.1%，分散剂0～0.1%，抗菌防霉剂0.2%～1%；本发明在制作材料的配方中加入了亲水剂，从而使得制造出的材料就具有亲水性，无需后续加工，节省工序、节省材料，且亲水性更好。因为材料有良好的亲水性，作为载体浸泡添加其他功能性材料，如各种催化剂或抗菌剂等，制作成过滤器，可广泛应用于空调、空气清新机等空气调节设备。另外，在制造亲水过滤材料时添加了抗菌防霉剂，可防止加湿过滤网发霉和抑制细菌生长。

【名称】 带条码保护凹槽的包装箱及其制作方法、设备
【公开(公告)号】 CN101531269
【公开(公告)日】 2009.09.16
【申请(专利权)人】 四川长虹电器股份有限公司
【地址】 四川省绵阳市高新区绵兴东路35号
【发明(设计)人】 曹宏；张涛；颜静；滕久勇；周彬
【摘要】 本发明公开了一种带条码保护凹槽的包装箱及其制作方法、设备。该包装箱的箱体上设置有条码保护凹槽，所述条码位于条码保护凹槽内。制作该包装箱时，通过着色模压或"印刷"在箱体上加工出条码保护凹槽，将条码黏贴于所述条码保护凹槽内。或在箱体印刷时就在箱体上加工出条码保护凹槽，并将条码印刷于所述条码保护凹槽内。所使用的箱体印刷设备包括设置有凹槽预印工装的印刷单元，所述凹槽预印工装为形状、位置与箱体上的条码保护凹槽相匹配的凸台，凹槽预印工装表面还可附着有条码印刷板。本发明解决了条码易被磨花、掉墨等造成无法扫码的技术难题，适合于各类包装箱，尤其适合于塑料箱、纸塑复合箱等材质的包装

箱应用。

【名称】 一种汽车车身的滚塑成型工艺
【公开(公告)号】 CN101531046
【公开(公告)日】 2009.09.16
【申请(专利权)人】 应革
【地址】 浙江省永康市城南别墅28号
【发明(设计)人】 应革
【摘要】 一种汽车车身的滚塑成型工艺，包括如下步骤：加料：先将粉末状塑料原料加入模具中，合上模具；加热：将模具转入加热室内并使之沿相互垂直的主轴与副轴不断旋转、加热，模具内的塑料原料在重力和热能的作用下，逐渐均匀地途布、熔融黏附于模腔的整个表面上，加热时的条件为：风热，温度310～350℃，时间25～30min；冷却：将模具转入冷却室内进行冷却，冷却时保持主轴与副轴转动，冷却时的条件为：气流冷却，时间50～60min；脱模：将制品从模具内脱模取出。本发明不但可以简化车身结构和生产工艺，提高车身制品强度和抗冲击性，而且还可以减少模具数量，缩短制作周期，并降低车身重量，促进车辆轻量化。

【名称】 双效式泡沫塑料制品成型机
【公开(公告)号】 CN101531048
【公开(公告)日】 2009.09.16
【申请(专利权)人】 天津市鑫联华工贸有限公司
【地址】 天津市河西区珠江道58号
【发明(设计)人】 顾志元；陈俊伟
【摘要】 本发明涉及一种双效式泡沫塑料制品成型机。它包括机架、主体框架、主导杆、液压系统、蒸气管、水冷管、填料器、顶出杆、推杆板，主体框架包括左侧凹模框架、中侧凸模框架和右侧凹模框架，左侧凹模框架、中侧凸模框架和右侧凹模框架均串联在主导杆上，主导杆的两端分别安装在机架和左侧凹模框架上。本发明所产生的有益效果是：在原有设备同等条件下，实现产能提高50%～100%以上，即达到效益翻倍目的，大大节省了财力、物力、人力的投入；同时既节约了能源，又利于环保。

【名称】 旋转式升降装卸塑料瓶坯加温插头
【公开(公告)号】 CN101531056
【公开(公告)日】 2009.09.16
【申请(专利权)人】 汪祥建
【地址】 浙江省台州市黄岩区后洋模具城科达塑料模具机械有限公司
【发明(设计)人】 汪祥建
【摘要】 旋转式升降装卸塑料瓶坯加温插头，包括连接在加热器运行机构上的机体，机体中安装芯轴，芯轴的端部连接插头头部，头部的外壁制有活动槽，活动槽中安装涨套，涨套的一头白限位块相固定，涨套内侧安装弹性圈，其特征在于芯轴上安有上挡圈、弹簧和滑套，滑套连接轴销，轴销上安装滚子，推料凸轨与滚子相接触，在机体的下部连接卸坯套。本技术方案的插头，以芯轴的升降自动完成瓶坯的装卸，整个部件安装在机体内，结构简单，机械运行定位准确，效果可靠。

【名称】 一种采用水滑石催化聚合物分解制备碳纳米管的方法
【公开(公告)号】 CN101531363
【公开(公告)日】 2009.09.16
【申请(专利权)人】 北京化工大学
【地址】 北京市朝阳区北三环东路15号
【发明(设计)人】 张法智；张利霞；雷晓东；李如事；徐赛龙；段雪
【摘要】 本发明公开了属于碳纳米管制备技术领域的一种采用水滑石催化聚合物分解制备碳纳米管的方法。其技术方案为首先制备出粒径为纳米级或亚微米级的水滑石，然后将水滑石加入到聚合物中，经高温焙烧后再用酸处理得到纳米级碳纳米管。采用本发明提供的方法制备碳纳米管，不仅具有产量高、管径均匀、结构缺陷少、杂质含量低、成本低廉、制备方法简便，适宜大规模工业化生产等优点，而且解决了废塑料的回收并资源化利用的问题。

【名称】 MDI基异氰酸酯组合物、软模塑泡沫塑料
【公开(公告)号】 CN101531753
【公开(公告)日】 2009.09.16
【申请(专利权)人】 北京科聚化工新材料有限公司；烟台万华聚氨酯股份有限公司
【地址】 北京市昌平科技园区星火街5号北京科聚化工新材料有限公司
【发明(设计)人】 赵怡；董京荣；林芳茜；喻建明
【摘要】 本发明公开了一种MDI基异氰酸酯组合物及冷固化型软模泡沫塑料，所述组合物主要由以下组分反应生成：以100重量%的(1)和(2)计，(1)70～97重量%的多亚甲基多苯基多异氰酸酯；(2)3～30重量%的碳化二亚胺和/或脲酮亚胺改性二苯甲烷二异氰酸酯；和(3)氧亚乙基含量为7～76重量%的聚醚多元醇、或由a)氧亚乙基含量大于50重量%的聚醚多元醇和b)氧亚乙基含量为10～20重量%的聚醚多元醇组成的混合物。本发明具有良好的工艺加工特性，避免了收缩和滚压过程中的开裂、塌泡，尤其是制得的软模塑泡沫塑料具有良好的压缩变形性能，且该MDI基异氰酸酯组合物在低温储存中不易结晶。

【名称】 聚硫醚酰亚胺及其制备方法

【公开(公告)号】 CN101531758
【公开(公告)日】 2009.09.16
【申请(专利权)人】 中国科学院宁波材料技术与工程研究所
【地址】 浙江省宁波市镇海区庄市大道519号
【发明(设计)人】 方省众；胡本林；严庆；丁孟贤
【摘要】 一种聚硫醚酰亚胺及其制备方法，其特征在于采用结构式Ⅱ的单取代苯酐异构体作为反应的原料，与半摩尔当量的有机二胺 NH_2RNH_2 在温度为约100℃到约350℃之间反应生成双取代酞酰亚胺，双取代酞酰亚胺再和约等摩尔当量的硫磺在还原剂、催化剂和反应助剂下，温度为约60℃到约260℃之间发生偶联聚合反应生成如结构式Ⅰ的聚硫醚酰亚胺树脂，该树脂的分子量可通过链封端剂进行调节，该制备方法能大大节约制备成本，减少反应步骤，整个工艺更加合理实用，且获得的树脂具有很好的耐热性能、机械性能和熔融加工性能等优异综合性能，可广泛应用于耐高温的工程塑料、薄膜、胶黏剂、漆包线、泡沫塑料、纤维、以及先进复合材料等相关领域；式Ⅱ其中A取代基为氯原子或硝基，A取代基在3-或4-位；式Ⅰ其中R为取代或未取代的有机基团。

【名称】 一种淀粉/疏水性高分子复合材料的相容剂
【公开(公告)号】 CN101531780
【公开(公告)日】 2009.09.16
【申请(专利权)人】 武汉启恩科技发展有限责任公司
【地址】 湖北省武汉市武汉东湖新技术开发区东信路数码港E栋1156
【发明(设计)人】 伍强贤
【摘要】 亲水性淀粉和疏水性高分子是不相容的，两者的复合材料的力学性能随淀粉含量的增加而迅速降低，最终导致复合材料在应用中受到很大的限制。所以，有效地解决淀粉和疏水性高分子之间的相容性问题是淀粉/疏水性高分子复合材料领域的一个技术关键点。本发明公开了一种淀粉/疏水性高分子复合材料的相容剂。该相容剂是一种两亲性淀粉。这种两亲性淀粉是由淀粉、水和聚氨酯预聚体在挤出机或密炼机中固相反应而成。本发明实验证明该相容剂可提高复合材料的相容性并改善材料的力学性能，从而有效地解决了淀粉/疏水性高分子复合材料相容性问题。该相容剂可以混配到淀粉/疏水性高分子复合材料中制备高性能和低成本的塑料粒料。

【名称】 一种延缓交联型的硅烷交联聚乙烯塑料
【公开(公告)号】 CN101531783
【公开(公告)日】 2009.09.16
【申请(专利权)人】 上海高分子功能材料研究所
【地址】 上海市南汇区新场工业区古翠路19号
【发明(设计)人】 陈肖勤
【摘要】 一种延缓交联型的硅烷交联聚乙烯塑料，其特征在于：使用特定的改性助剂来改善该塑料组合物受含水环境影响的程度，提高它的贮存稳定性并降低其预交联速度。所述改性剂的作用在于在材料表面产生一层非亲水的基团，阻缓聚合物与水分子的接触，延缓交联速度。

【名称】 黑色哑光导电塑料
【公开(公告)号】 CN101531786
【公开(公告)日】 2009.09.16
【申请(专利权)人】 田小明
【地址】 广东省江门市蓬江区花园新村南1号403
【发明(设计)人】 田小明
【摘要】 本发明公开了一种黑色哑光导电塑料，其原料配料组成为，特导电炭黑、聚乙烯、二氧化硅、聚苯乙烯、复合胶黏剂、白油、分散油、偶联剂、PE蜡、抗氧剂和增韧剂。制备方法为：(1)以特导电炭黑、聚乙烯、白油、分散油、偶联剂和抗氧剂制备导电浓母A；(2)以二氧化硅、聚乙烯、白油、复合交黏剂、PE蜡、抗氧剂制备哑光母粒B；(3)将A、B与聚苯乙烯、聚酰胺、增韧剂按一定的比例混合，抽粒得到不同添加比例的哑光导电聚苯乙烯。其配料组成简单合理，成本低，制作容易，导电和哑光效果好。

【名称】 PS回收料制作高韧性缓燃HIPS复合物的制备方法
【公开(公告)号】 CN101531790
【公开(公告)日】 2009.09.16
【申请(专利权)人】 深圳市亚塑科技有限公司
【地址】 广东省深圳市龙岗区平湖镇新木社区黏米岭工业区第一栋
【发明(设计)人】 (请求不公开姓名)
【摘要】 PS回收料制作高韧性缓燃HIPS复合物的制备方法：PS回收料制作高韧性缓燃HIPS复合物，属于高分子材料领域。该复合物包括不同类型应用后的PS回收料70~90重量%，溴系阻燃剂5~10重量%，阻燃协效剂2~3重量%，增韧剂4~8重量%，热稳定剂1~4重量%，抗氧剂1~3重量%，加工助剂0.5~5重量%，采用高速预混合分散一次挤出工艺制得。本发明的复合物解决了利用现有废弃的各类PS塑料制品，生产再生塑料HIPS，其冲击强度高、韧性好，阻燃达到FH-3级，同时表面光泽好，易加工成型，广泛应用于显示器、电视机等家电行业领域，对PS进行回收利用，实现了资源再生综合利用，不会对环境造成额外的负担。

【名称】 低膨胀系数聚氯乙烯合金材料及其制备方法

【公开(公告)号】 CN101531792

【公开(公告)日】 2009.09.16

【申请(专利权)人】 四川大学

【地址】 四川省成都市双流县川大路二段二号

【发明(设计)人】 郭少云；陈光顺；邓志伟；苏琳；熊雷

【摘要】 本发明提供了一种低膨胀系数聚氯乙烯合金材料及其制备方法。合金材料的原料组分主要包括聚氯乙烯基体、耐热改性剂、热稳定剂、润滑剂、填料和加工助剂，采用熔融共混技术制备。本发明的原料组分加工助剂和填料为采用新方法改性处理的加工助剂和经有机化处理的填料，且通过力化学反应使PVC的自增塑、增韧和增强得以有机结合，改善了聚氯乙烯与填料和耐热树脂的相容性和分散性，解决了聚氯乙烯热膨胀性能及耐热性能的提高与加工性能、强度和韧性的矛盾，制备出了低膨胀系数、高耐热、高强度和高韧性以及具有良好耐老化性能和优良加工性能的聚氯乙烯工程塑料，具有广阔的工业市场前景，其制备方法工艺简单，操作控制方便，质量稳定，生产效率高。

【名称】 耐热聚氯乙烯合金材料及其制备方法

【公开(公告)号】 CN101531793

【公开(公告)日】 2009.09.16

【申请(专利权)人】 四川大学

【地址】 四川省成都市双流县川大路二段二号

【发明(设计)人】 郭少云；陈光顺；熊雷；苏琳；邓志伟

【摘要】 本发明提供了一种耐热聚氯乙烯合金材料及其制备方法。合金材料的原料组分主要包括聚氯乙烯基体、耐热改性剂、热稳定剂、润滑剂、填料、抗冲改性剂和加工助剂。本发明的原料组分加工助剂和填料为采用新方法改性处理的加工助剂和经有机化处理的填料，且通过力化学反应使PVC的自增塑、增韧和增强得以有机结合，改善了聚氯乙烯与耐热树脂的相容性，解决了聚氯乙烯耐热性能的提高与加工性能、强度和韧性的矛盾，克服了聚氯乙烯耐热温度低，氯化聚氯乙烯的耐热温度虽然高但加工性能很差的问题，制备出了高耐热、高强度和高韧性以及加工性能优良的聚氯乙烯工程塑料。本发明的耐热聚氯乙烯合金材料制备方法工艺简单，操作控制方便，质量稳定，生产效率高。

【名称】 一种高效软质PVC抗菌塑料及其制备方法

【公开(公告)号】 CN101531795

【公开(公告)日】 2009.09.16

【申请(专利权)人】 浙江工业大学

【地址】 浙江省杭州市下城区朝晖六区

【发明(设计)人】 钟明强；蒋东升；王永忠；杨晋涛

【摘要】 本发明公开了一种高效软质PVC抗菌塑料，由如下质量份的组份组成：PVC树脂：100份；吡啶硫酮锌：0.4～0.8份；DOP：40～60份；HSt：0.1～0.3份；CaSt：0.5～1.0份；钙锌复合稳定剂：1.0～1.5份；甲基锡181：0.6～0.8份；填料：5～15份。本发明还公开了所述高效软质PVC抗菌塑料的制备方法。本发明的有益效果主要体现在：抗菌高效，可有效抑制革兰氏阳性、阴性细菌及霉菌的生长，采用吡啶硫酮锌为抗菌剂，生产工艺简单，成本低廉，性能稳定。

【名称】 PMMA/木塑人造石复合材料及其制备方法

【公开(公告)号】 CN101531799

【公开(公告)日】 2009.09.16

【申请(专利权)人】 青岛泰旭木业有限公司

【地址】 山东省青岛市城阳区惜福镇泰旭工业园

【发明(设计)人】 傅振瑞

【摘要】 本发明涉及一种PMMA/木塑人造石复合材料及其制备方法，该复合材料由木塑材料与人造大理石复合而成，具有良好机械性能，在不损失表面硬度和机械强度基础上能够使人造大理石使用厚度降低50%。木塑材料成分可以选用聚丙烯(PP)基、聚氯乙烯(PVC)基、聚乙烯(PE)基、聚甲醛基、PET基、环氧树脂基、酚醛树脂基或其他热塑性、热固性塑料一种或几种，并被作为基体挤出或模压，木塑材料结构可以是中空或实体板材。人造大理石可以选用不饱和聚酯树脂型、丙烯酸改性树脂型、树脂与岩石粉末共混型的一种或几种，采用模压固化反应或浇注成型获得。木塑材料和人造石的复合可以采用一次浇注成型或者根据材料不同而选用合适的绿色环保型黏合剂贴合。

【名称】 一种尼龙66无卤阻燃玻纤增强级热塑性工程塑料

【公开(公告)号】 CN101531810

【公开(公告)日】 2009.09.16

【申请(专利权)人】 上海耐特复合材料制品有限公司

【地址】 上海市嘉定区安亭镇曹安路5388号

【发明(设计)人】 陈勋森

【摘要】 本发明涉及一种尼龙66无卤阻燃玻纤增强级热塑性工程塑料，该工程塑料采用包括以下组分及含量(重量份)为原料：尼龙66树脂300～700；玻璃纤维 200～400；抗氧化剂 1～10；无卤阻燃剂100～300。与现有技术相比，本发明尼龙 66 无卤阻燃玻纤增强级热塑性工程塑料比重轻、热稳定性好，具有力学性能好、电性能优、阻燃性能好等优点，燃烧后生成的烟密度小、毒性低，成本较低，符合当今环保要求。

【名称】 一种尼龙 66 无卤无磷阻燃级热塑性工程塑料

【公开(公告)号】 CN101531811

【公开(公告)日】 2009.09.16

【申请(专利权)人】 上海耐特复合材料制品有限公司

【地址】 上海市嘉定区安亭镇曹安路 5388 号

【发明(设计)人】 陈勋森

【摘要】 本发明涉及一种尼龙 66 无卤无磷阻燃级热塑性工程塑料，该工程塑料采用包括以下组分及含量(重量份)为原料：尼龙 66 树脂 300～900；抗氧化剂 1～10；无卤无磷阻燃剂 50～150。与现有技术相比，本发明的尼龙 66 无卤无磷阻燃级热塑性工程塑料色泽佳、比重轻，具有力学性能好、电性能优、阻燃性能好等优点，燃烧后生成的烟密度小、毒性低，成本较低，符合环保要求。

【名称】 一种尼龙 66 耐热水解级热塑性工程塑料

【公开(公告)号】 CN101531812

【公开(公告)日】 2009.09.16

【申请(专利权)人】 上海耐特复合材料制品有限公司

【地址】 上海市嘉定区安亭镇曹安路 5388 号

【发明(设计)人】 陈勋森

【摘要】 本发明涉及一种尼龙 66 耐热水解级热塑性工程塑料，该工程塑料包括以下组分及含量(重量份)为原料：尼龙 66 树脂 300～700；玻璃纤维 200～400；耐热水解剂 1～10；抗氧化剂 1～10；浮纤改善剂 5～50。与现有技术相比，本发明采用铜化合物对尼龙 66 热塑性树脂进行耐热水解改性，并且添加相应浮纤改善剂，运用本发明所述配方共混而成的材料不仅具有优异的耐热水解性、强度、刚性等，而且所生产的制品表面光洁，无浮纤。

【名称】 圆柱滚子轴承工程塑料保持架

【公开(公告)号】 CN101532538

【公开(公告)日】 2009.09.16

【申请(专利权)人】 北京隆轩橡塑有限公司

【地址】 北京市丰台区南四环西路 188 号 5 区 8 号楼

【发明(设计)人】 刁克军；刘凤山；戴树林；潘安徽

【摘要】 一种圆柱滚子轴承工程塑料保持架，包括两个圆形圈梁以及均匀环布地连接于两个圈梁之间的若干窗梁，相邻两窗梁之间形成窗孔，窗梁的内径侧制有限制滚子的凸台锁口，其中：圈梁的外径面上均匀而间断地分布若干凸台，每个凸台对应一个窗孔，相邻凸台之间形成圈梁外径面凹槽，圈梁外端面有一圈凹槽，凹槽内均布加强筋，窗梁的外径面设有窗梁凹槽，窗梁滚子接触面与圈梁内端面相交处有导油槽。本发明能减小保持架的变形，提高保持架的力学性能，从而延长保持架的使用寿命；它能节省材料减轻重量、提高轴承运转速度和油脂均匀分布，尤其保持架圈梁外径面的凸台能够保证与轴承外圈内径支撑面的良好接触并能改善润滑状态，减少轴承外圈的磨损。

【名称】 塑钢缠绕管

【公开(公告)号】 CN101532593

【公开(公告)日】 2009.09.16

【申请(专利权)人】 周志刚

【地址】 河北省沧州市运河区团结小区二中宿舍 1－3－203 号

【发明(设计)人】 周志刚

【摘要】 本发明涉及一种塑钢缠绕管，包括由塑钢复合异型带材螺旋缠绕扣接在一起的塑料结构的管体和与管体成一体的加强肋，加强肋内复合有增强钢带，塑钢复合异型带材加强肋的端部为突出的公锁扣，桥接塑料带材的两侧有母锁扣，扣接帽含有母锁扣；生产单层塑钢缠绕管时，扣接帽与公锁扣复合，起到密封和固定钢带的作用；生产双层塑钢缠绕管时，两塑钢复合异型带材通过桥接塑料带材的架桥连接，螺旋缠绕形成双层结构壁塑钢缠绕管道(9)，管道的壁厚增加了两倍，管道的结构为内、外平壁，中间为方孔、田字形结构。本发明的优点是实现了大口径管道的现场生产，降低了运输成本，管道结构合理，容易加工，制造成本低。

【名称】 一种金属塑料复合材料结构的优化方法

【公开(公告)号】 CN101533423

【公开(公告)日】 2009.09.16

【申请(专利权)人】 江苏大学

【地址】 江苏省镇江市学府路 301 号

【发明(设计)人】 骆志高；陈保磊；庞朝利

【摘要】 本发明公开了一种金属塑料复合材料结构的优化方法，先确定影响复合材料性能的主要结构参数；通过有限元分析得出若干组相关结构参数值及与之对应的复合材料性能的影响值；再用上步以得出的数据对自适应神经模糊推理系统进行训练并建立各相关结构参数输入与复合材料性能输出之间的全局映射关系，获得复合材料性能的自适应神经模糊推理系统模型；最后以复合材料性能作为目标利用遗传算法对相关结构参数值进行复制、交叉和变异操作，最终得出与复合材料最优性能对应的各个结构参数值。本发明用有限元的方法得到结构参数及其对复合材料性能的影响值并借助自适应神经模糊推理遗传算法进行优化，既保证了精度，又提高了效率。

【名称】 金属塑料复合自润滑材料塑料工作层成分优化方法

【公开(公告)号】 CN101533483

【公开(公告)日】 2009.09.16

【申请(专利权)人】 江苏大学

【地址】 江苏省镇江市学府路301号

【发明(设计)人】 骆志高；庞朝利；陈保磊

【摘要】 本发明公开了一种金属塑料复合自润滑材料塑料工作层成分优化方法，先根据给定需要进行设计的塑料工作层各成分配比及优化设计目标，给出对BP神经网络进行训练用的样本，再训练BP神经网络，构造出一个系统反应输入和输出的映射关系，最后将训练好的BP神经网络模型作为优化设计的观察工具，在塑料工作层指定成分含量参数组合的基础上分别变化各参数大小，选择各个参数的最优解，本发明结合BP神经网络和正交试验获得数据作为神经网络训练样本，建立输入为塑料工作层各成分配比，输出为材料的摩擦学性能的神经网络模型，并通过样本检验模型的准确性，从而减少实验验证材料最佳配比的实验数量，提高优化设计的效率。

【名称】 耐低压力引流导气塑料薄膜软管的制备和使用方法

【公开(公告)号】 CN101537696

【公开(公告)日】 2009.09.23

【申请(专利权)人】 上海能正渔业科技开发有限公司

【地址】 上海市青浦区青浦镇青安路408弄25号501室

【发明(设计)人】 阳清发

【摘要】 耐低压力引流导气塑料薄膜软管的制备和使用方法，主要以聚乙烯对太酸酯(PET)、或聚乙烯奈酸酯(PEN)或聚丙烯(PP)树脂为原材料，挤压成一种单层树厚度均匀的塑料薄膜软管或者用物理或化学方法将按尺寸裁好的塑料薄膜片热合成为空心软管，单层管壁厚0.08～0.4mm。在软管两端用稍小的塑料圆环或方框热合，拉直后成为中空的管道，软管直径0.003～5.0m，放置于液体或气体中使用，软管中的低压气体、液体、气液混合体定向流动不受管外气液体的逆向影响。软管可制成双层薄膜软管，层间充气，工作时软管悬浮于液体中起引流导气作用。其优点是使用方便，可折叠盘绕存放，适合水产养殖和污水处理领域使用。

【名称】 一种去除工程塑料表面涂层的方法

【公开(公告)号】 CN101537670

【公开(公告)日】 2009.09.23

【申请(专利权)人】 北京建筑工程学院

【地址】 北京市西城区展览馆路1号

【发明(设计)人】 王崇臣

【摘要】 本发明是一种去除工程塑料表面涂层的方法，它有四大步骤。步骤一：喷砂前对待处理的工程塑料进行人工分拣清理；步骤二：将分拣清理后的工程塑料放入1010DK型滚筒式喷砂机中，对工程塑料进行喷砂处理，去除表面涂层；步骤三：喷砂后的工程塑料用S－770型高压喷枪产生的高压气流冲刷，以去除喷砂后附着在工程塑料表面上的粉尘和杂物；步骤四：清洁后的工程塑料归类再送入CPM－550型粉碎机进行粉碎成粒径为20～200目的颗粒后进行造粒或者直接注塑成塑料制品。本发明是采用喷砂这一物理方法去除工程塑料上的表面涂层并直接造粒而实现有效回收再利用。该方法生产效率高，不破坏工程塑料的成分和性能，成本低，排放少，污染少。它具有广泛的实用价值和应用前景。

【名称】 一种用于塑料注塑成型设备上的分体式模板

【公开(公告)号】 CN101537690

【公开(公告)日】 2009.09.23

【申请(专利权)人】 广东新协力科仕特精密机械有限公司

【地址】 广东省佛山市顺德区五沙工业区沙坑(新协力科仕特精密机械有限公司)

【发明(设计)人】 谭艳雄；吴金明；张志坚；邝杰文

【摘要】 本发明公开了一种用于塑料注塑成型设备上的分体式模板，其包括模板撑板和模板垫板，所述模板撑板与模板垫板的安装面上设置有多个安装槽，所述模板垫板上设置有与安装槽相互对应的安装孔，所述模板撑板与模板垫板之间通过安装螺钉穿过安装孔、安装槽连接固定；本发明由于将模板撑板、模板垫板分解为两个独立的零件，从而使得模板分体后各自的结构大为简化，铸件成型容易，另外，结构尺寸减小，方便加工，节省材料，从而可以广泛应用于塑料注塑成型设备上的固定模板或活动模板上。

【名称】 一种塑料挤出机的玻纤调向装置
【公开(公告)号】 CN101537694
【公开(公告)日】 2009.09.23
【申请(专利权)人】 上海金发科技发展有限公司;金发科技股份有限公司
【地址】 上海市青浦区朱家角工业园康园路88号
【发明(设计)人】 杜赏;赵宇;刘红兵;林家军
【摘要】 本发明涉及生产长玻纤增强改性塑料过程中,调节玻纤进入玻纤口的一种调向装置。一种塑料挤出机的玻纤调向装置,包括挤出机(1)、挤出机(1)的玻纤口(2)及位于玻纤口(2)正上方的隔离顶板(3),在隔离顶板(3)上向下由至少三根固定杆(5-4)连接一导向固定环(5-1),导向固定环(5-1)上向下伸出导向杆(5-2),导向杆(5-2)的端头为呈圆弧的导向钩(5-5)。导向固定环(5-1)上均匀分布,垂直向下伸出3至9根导向杆(5-2),导向杆(5-2)端头的导向钩(5-5)钩心正对固定环的中心线。本发明结构简单、操作方便、实用性强,可以有序地将玻纤送入需要调节玻纤方向的玻纤口。节约了人工在生产中的监视和调节,提高了玻璃纤维送入的规范性、有序性,提高产品质量。

【名称】 耐低压力引流导气塑料薄膜软管的制备和使用方法
【公开(公告)号】 CN101537696
【公开(公告)日】 2009.09.23
【申请(专利权)人】 上海能正渔业科技开发有限公司
【地址】 上海市青浦区青浦镇青安路408弄25号501室
【发明(设计)人】 阳清发
【摘要】 耐低压力引流导气塑料薄膜软管的制备和使用方法,主要以聚乙烯对太酸酯(PET)、或聚乙烯奈酸酯(PEN)或聚丙烯(PP)树脂为原材料,挤压成一种单层树厚度均匀的塑料薄膜软管或者用物理或化学方法将按尺寸裁好的塑料薄膜片热合成为空心软管,单层管壁厚0.08~0.4mm。在软管两端用稍小的塑料圆环或方框热合,拉直后成为中空的管道,软管直径0.003~5.0m,放置于液体或气体中使用,软管中的低压气体、液体、气液混合体定向流动不受管外气液体的逆向影响。软管可制成双层薄膜软管,层间充气,工作时软管悬浮于液体中起引流导气作用。其优点是使用方便,可折叠盘绕存放,适合水产养殖和污水处理领域使用。

【名称】 全自动塑料瓶管加热拉吹机
【公开(公告)号】 CN101537700
【公开(公告)日】 2009.09.23
【申请(专利权)人】 王自强
【地址】 浙江省台州市黄岩区西工业园区经四路东浙江东方州强塑模实业公司
【发明(设计)人】 王自强
【摘要】 全自动塑料瓶管加热拉吹机,包括瓶管上料机构、加热输送机构、拉吹机构和瓶子脱出机构,所述上料机构包括输管、分管、上管和引导装置,所述加热输送机构包括安装在机架上的瓶管输送轨道,轨道中安装瓶管支承件,其所述输管装置是斜滑道,出口处安挡管板;所述分管装置包括固定板和滑板,固定板上安分管气缸,分管气缸带动滑板,滑板上安装U形板,托板上安装吹气块;所述上管装置包括上管板,其上制有接管口,上管气缸由上管板带动;所述引导装置包括引导气缸,引导气缸带动引导头子;所述的瓶管输送轨道是滑轨,所述的支承件包括滑块,滑块中安装转动轴,滑块在滑轨中由气缸推动,推动滑块的气缸包括加热区推动气缸和拉吹区推动气缸,滑块进入加热区改为横向排列并前进。

【名称】 塑料管栅加工工艺及设备
【公开(公告)号】 CN101537708
【公开(公告)日】 2009.09.23
【申请(专利权)人】 杜娟
【地址】 北京市朝阳区北土城西路7号国恒基业大厦F301
【发明(设计)人】 杜娟;白静
【摘要】 本发明公开了一种塑料管栅加工工艺和设备。通过使用如下工艺解决现有的塑料管栅连接壁厚不小于2mm的限制和接头连接处耐压能力低的问题:在干管管壁上按一定间隔距离打孔,通过使用带凸起的填充支撑件支撑塑料干管,并使用楔紧芯棒将填充支撑件的凸起从干管的开孔处伸出,采用热熔方式将支管道的端面与干管的管壁开孔部位连接,并用加强垫片辅助固定支管与干管的连接处。一种专用于上述工艺的设备:其由管道固定部件、机械手、焊接部件和具有凸起的填充支撑件构成。

【名称】 一种超高分子量聚乙烯低阻耐磨支座摩擦副材料及制备
【公开(公告)号】 CN101538385
【公开(公告)日】 2009.09.23
【申请(专利权)人】 洛阳双瑞特钢科技有限公司
【地址】 河南省洛阳市高新开发区滨河路32号
【发明(设计)人】 冯刚宪;刘绍辉;姜文英
【摘要】 一种超高分子量聚乙烯低阻耐磨支座摩擦副材料,按重量百分比组成为:超高分子量聚乙烯

40%～97.8%，经偶联剂处理的无机增强填料1%～30%，经偶联剂处理的润滑填料1%～15%，抗氧剂0.1%～2%，光屏蔽剂0.1%～5%，该支座摩擦副材料制备经过填料预处理→混料→模压成型三个步骤。超高分子量聚乙烯UHMWPE具有很低的摩擦系数，自润滑性优异，其耐磨性居塑料之冠，但超高分子量聚乙烯表面硬度低、机械强度低、耐高温性能差，需要通过填充或交联的方法来对其进行改性，材料承压强度、耐磨损性均优于纯聚四氟乙烯，具有摩擦系数低、蠕变小特点，提高了相容性，进一步保证了材料本身的耐磨性能，满足使用要求。

【名称】 一种β晶聚丙烯/尼龙合金的制备方法
【公开(公告)号】 CN101538388
【公开(公告)日】 2009.09.23
【申请(专利权)人】 中山大学
【地址】 广东省广州市新港西路135号
【发明(设计)人】 麦堪成；杨竹根；章自寿
【摘要】 本发明公开一种β晶聚丙烯/尼龙合金的制备方法，该方法是先将聚丙烯和尼龙高温熔融共混后，将合金熔体温度降低到尼龙的结晶温度以下，然后再加入β晶成核剂，混炼制备得到β晶聚丙烯/尼龙合金。本发明采用降低温度后再加入成核剂，因所选尼龙已经结晶，成核剂主要均匀分散在聚丙烯相，成核效率提高，同时减弱了尼龙的α晶成核作用，从而形成高含量的β晶聚丙烯/尼龙合金。本发明的制备方法采用降低温度后加入成核剂，避免高温时成核剂与尼龙极性基团发生作用破坏成核剂的结构，使成核剂对聚丙烯起到有效的成核作用。本发明的制备方法其工艺简单，成本低廉，且制备所得β晶聚丙烯/尼龙合金兼具工程塑料优异性能和聚丙烯的特性。

【名称】 一种增强塑料合金及其生产方法
【公开(公告)号】 CN101538404
【公开(公告)日】 2009.09.23
【申请(专利权)人】 沈阳际华三五四七特种装具有限公司
【地址】 辽宁省沈阳市东陵区北大营街81号
【发明(设计)人】 韩同毅；张文全；傅树深
【摘要】 一种增强塑料合金及其生产方法，属于塑料技术领域中的共混合金技术。增强塑料合金其组分按质量计份如下：PA66：40～60；POE－g－MAH：4～20；抗氧剂168：0.1～0.3；抗氧稳定剂1098：0.2～0.5；介石硅烷偶联剂KH550：0.3～0.8；超细无碱玻璃纤维：30～50。增强塑料合金的生产方法如下：(1)按组分量将PA66放入80℃的烘箱中干燥6小时。(2)按组分量将PA66、POE－g－MAH抗氧剂168、抗氧稳定剂1098、介石硅烷偶联剂KH550等5种材料，放入高速搅拌机均匀混合。(3)将混合后的材料用混炼挤出机溶融共混造粒。(4)将共混后的粒料在105℃的烘箱中干燥6小时。(5)将干燥粒料用注塑机注射成型，塑化时加入超细无碱玻璃纤维。

【名称】 塑料件补缺剂
【公开(公告)号】 CN101538448
【公开(公告)日】 2009.09.23
【申请(专利权)人】 芜湖众力部件有限公司
【地址】 安徽省芜湖市弋江区高新技术产业开发区汽配城
【发明(设计)人】 刘国兵
【摘要】 本发明公开了一种塑料件补缺剂，其特征在于包括A剂与B剂，其A剂为502胶水，B剂为爽身粉，二者混合使用。本发明在502胶水中加入爽身粉，可达到可塑性好、固化速度快、使用方便、黏接力强的效果，且黏接的材料广泛，可以再加工，能减少产品因局部缺损、尺寸偏小等原因造成的浪费。

【名称】 一种热塑性复合材料建筑模板及其制备工艺和专用设备
【公开(公告)号】 CN101538934
【公开(公告)日】 2009.09.23
【申请(专利权)人】 苏州格瑞特格栅有限公司
【地址】 江苏省苏州市苏州工业园区唯亭葑亭大道733号
【发明(设计)人】 冯毅；周猛
【摘要】 本发明涉及一种热塑性复合材料建筑模板，包括在热塑性塑料中加入了8～30mm长玻璃纤维，并发明该建筑模板的制备工艺和用于实施制备工艺的专用设备，从而保证在所述热塑性复合材料建筑模板中8～30mm的长玻璃纤维占该建筑模板重量的5%～60%。本发明提供的建筑模板，其中长度为8～30mm的长玻璃纤维占该建筑模板重量的5%～60%，显著提高了建筑模板的刚度/质量比和抗蠕变性能，以及模板的拉伸、弯曲、冲击性能。同时热塑性塑料的采用使得建筑模板在损坏或需要其他形状时可回收重新制造加工，更加环保，更加节省材料；无机填料的加入还可提高建筑模板表面的耐磨性能、模板的重复使用率，降低成本。

【名称】 强化塑料建筑模板
【公开(公告)号】 CN101538935
【公开(公告)日】 2009.09.23
【申请(专利权)人】 正太集团有限公司
【地址】 江苏省姜堰市三水大道188号

【发明(设计)人】 孟向惠；吴春林；宋增贤；秦春华；鞠林群

【摘要】 本发明公开了一种强化塑料建筑模板，它以主体层为主的多层实心板，主体层平面黏结表面层。所述主体层是以发泡聚氨酯为主原料的构件，定向连续的玻璃纤维分层嵌在发泡聚氨酯中，定向连续的玻璃纤维构成主体层内的筋络结构，内嵌定向连续的玻璃纤维显著提高塑料建筑模板的强度及承载能力。在主体层外平面上用聚氨酯双组分胶黏结表面层，表面层是一种共聚聚丙烯薄板。本发明在表面层上外涂含氯化聚丙烯的液体，使表面层产生疏水性，实用时模板不黏混凝土，脱模操作十分容易，而且构件表面达清水混凝土质量要求。本发明制造的强化塑料建筑模板比现有技术产品强度高30%～40%，且板薄、自重轻、易安装及运输，反复使用次数达100次。

【名称】 高强度工程塑料管件接头

【公开(公告)号】 CN101539228

【公开(公告)日】 2009.09.23

【申请(专利权)人】 浙江中亿管业有限公司

【地址】 浙江省诸暨市店口镇金二路99号

【发明(设计)人】 黄新萍

【摘要】 本发明公开了一种高强度工程塑料管件接头，包括中心设有流道的接头体和中空的卡套体，所述卡套体与接头体间还设有外套，外套与接头体通过卡接机构活络卡接，外套可绕接头体转动，外套与接头体固定连接，所述卡套体和外套为高强度工程塑料制作，所述卡接机构包括设在接头体后部的挡块部及设在挡块前端的止回式结构的卡勾部，所述外套的后端面活络抵接在挡块部上，外套内设有与卡沟部对应的卡接台阶，所述接台阶活络卡接在卡勾部上，从而实现外套和接头体的转动连接。本发明可以方便安装和调整接头体两端接管的角度调整，无需繁杂的操作，还可有效解决现有管件接头密封性、稳定性差的问题。

【名称】 塑料油箱表层氟化效果的检测方法

【公开(公告)号】 CN101539513

【公开(公告)日】 2009.09.23

【申请(专利权)人】 亚普汽车部件有限公司

【地址】 江苏省扬州市扬子江南路508号

【发明(设计)人】 孙岩；姜林；管云祥；许正伟

【摘要】 本发明公开了一种塑料油箱表层氟化效果的检测方法，包括如下步骤：(1)在燃油箱上选取平整、清洁且无磨损的位置取样；(2)用样刀将样品切成10mm×10mm大小的样块；(3)打开红外光谱检测仪，将样品被测面朝下放置于检测台上，调节压头压力，将样品压紧；(4)扫描出样品红外光谱图；(5)分析光谱图，算出对称CH键的吸收峰峰值与CF键的吸收峰峰值；(6)计算出CF键的吸收峰峰值与CH键的吸收峰峰值的比值，如该比值大于或等于3.4，判定塑料燃油箱氟化效果合格；如比值小于3.4，则判定此塑料燃油箱氟化效果不合格。该检测方法速度快、误差小且稳定性高。

【名称】 双壁塑料管道、双壁塑料管道的制造方法及挤出模具

【公开(公告)号】 CN101539223

【公开(公告)日】 2009.09.23

【申请(专利权)人】 潍坊中云科研有限公司

【地址】 山东省潍坊市高新技术产业开发区民营工业园

【发明(设计)人】 张泽奎；韩炳强；王培森

【摘要】 本发明公开了一种双壁塑料管道、双壁塑料管道的制造方法及挤出模具，双壁塑料管道包括内表面平整的内层管壁和外表面平整的外层管壁，所述内层管壁和外层管壁之间设有连接肋，所述连接肋包括轴向肋和环向肋；轴向肋保证了管材可满足施工时的轴向拖拽，同时环向肋保证了管材具有较强的环向抗压能力。同实壁管材相比节省材料消耗，重量轻，便于施工、运输、储存。本发明提供的制造方法，采用挤出模具成型轴向肋，通过控制牵引机、塑料挤出机和充气管路的工作参数形成环向肋，方法简单易行，克服了环向肋难以成型的技术难题。本发明提供的模具，结构简单，成型准确，保证了本发明塑料管道的制造质量。

【名称】 废旧电线的金属与塑料外皮的分离方法与装置

【公开(公告)号】 CN101540224

【公开(公告)日】 2009.09.23

【申请(专利权)人】 天津大学

【地址】 天津市南开区卫津路92号

【发明(设计)人】 张书廷

【摘要】 本发明涉及一种废旧电线的金属与塑料外皮的分离工艺方法与装置。至少包括如下过程：将废旧电线切成段节；对切断成段节的电线分离成长节与短节；长节线返回切断过程的入口使其再次被切断；短节电线进行金属线与塑料皮分离；短节中塑料皮与金属线未剥离的段节的再剥离过程；被剥离线的塑料外皮与金属线的皮线分离过程。本发明通过不设筛网的切断机高效切断，长短节分离后长节返料再切断的方式提高了切断效率，避免了磨损塑料外皮和金属线，同时也大幅降低了动力消耗，提高了机器的处理能力。通过用两个相对速度不同

的运动体对未剥离电线节进行剥离，使塑料外皮变形和塑料外皮与金属丝发生相对位移，为后续分离奠定基础。

【名称】 耐高寒充气式双层中空超强塑料大棚
【公开(公告)号】 CN101543174
【公开(公告)日】 2009.09.30
【申请(专利权)人】 李素明
【地址】 山东省青岛市李沧区北山三路9号楼2单元101室
【发明(设计)人】 李素明
【摘要】 一种耐高寒充气式双层中空超强保温塑料大棚，有上下两层塑料薄膜，两层塑料薄膜中间均匀分布有支撑气柱；其特征是每块耐高寒充气式双层中空超强保温塑料大棚的下边缘处有充气口，上边缘处有防气孔，边缘大棚与大棚衔接处靠加厚橡胶条用紧固塑料条固定在大棚支架上。本发明的优点是：(1)耐高寒保温性能优越，(2)耐压强度高，(3)光线吸收率高，(4)安装快捷简便，(5)抵御风、雨、雪灾害能力强，(6)使用寿命长达3年，为传统塑料大棚使用寿命的三倍。

【名称】 中空塑料矮凳
【公开(公告)号】 CN101543355
【公开(公告)日】 2009.09.30
【申请(专利权)人】 上海和欣金属制品有限公司
【地址】 上海市宝山区罗店镇罗北路1188号
【发明(设计)人】 赵良才
【摘要】 本发明创造涉及座椅技术领域，具体地说是一种中空塑料矮凳，包括靠背、椅腿，三角形支撑板，其特征在于椅腿由三块中空塑料板连接而成，椅腿呈Z型，椅腿的三块中空塑料板连接处设有三角形支撑板，椅腿左侧顶部连接有靠背，靠背与每块中空塑料板上设有六条加强劲，加强劲之间设有若干通气孔。本发明创造与现有技术相比，结构简单、新颖，结构刚性好，表面承载力强，连接牢固，造型美观，中空塑料制成，自重较轻，携带、安装方便。

【名称】 中空塑料座椅
【公开(公告)号】 CN101543356
【公开(公告)日】 2009.09.30
【申请(专利权)人】 上海和欣金属制品有限公司
【地址】 上海市宝山区罗店镇罗北路1188号
【发明(设计)人】 赵良才
【摘要】 本发明创造涉及座椅技术领域，具体地说是一种中空塑料座椅，包括座椅板、支撑杆、椅腿，其特征在于椅腿和支撑杆由金属构成，椅腿顶部与支撑杆一端相连接，支撑杆另一端与座椅板相连接，座椅板右侧与椅腿相连接，构成整体，座椅板背面设有六条加强劲，加强劲之间设有若干通气孔。本发明创造与现有技术相比，结构简单、新颖，使用方便、安全、可靠，结构刚性好，表面承载力强，连接牢固，将传统座椅与钢管椅有效的结合。

【名称】 连续反应共挤热扩散法制备梯度型塑料光纤的方法
【公开(公告)号】 CN101544045
【公开(公告)日】 2009.09.30
【申请(专利权)人】 四川汇源塑料光纤有限公司
【地址】 四川省成都市崇州市工业集中发展区四川汇源塑料光纤有限公司
【发明(设计)人】 储九荣；李凯；吴祥君；张海龙；刘中一
【摘要】 本发明连续反应共挤扩热散法制备梯度型塑料光纤的方法是在主单体中加入折射率高于主单体折射率的惰性掺杂剂作为芯层材料、在预聚反应装置中聚合出透光率大于93%的光纤芯层熔体送入双层共挤模具的芯层区，同时将与主单体成分相同的材料经过聚合而成的聚合物作为包层材料熔融挤出到双层共挤模具的包层区，二者在双层共挤模具中熔融复合为双层圆截面的光纤，光纤从双层共挤模具中挤出后再经过温度控制扩散成形区，停留10～20min，形成梯度型塑料光纤，主单体材料为透光率大于90%的聚合物。本发明方法可连续大批量稳定生产、生产效率高、生产简便、生产成本低、产品性能优，特别是可大规模生产损耗低于0.2dB/m、带宽高于1GHz·100m的梯度型塑料光纤。

【名称】 连续反应共挤法制备侧光塑料光纤的方法
【公开(公告)号】 CN101544046
【公开(公告)日】 2009.09.30
【申请(专利权)人】 四川汇源塑料光纤有限公司
【地址】 四川省成都市崇州市工业集中发展区四川汇源塑料光纤有限公司
【发明(设计)人】 李凯；储九荣；吴祥君；张海龙；刘中一
【摘要】 本发明提供了一种生产具有发光效果的侧光塑料光纤的方法。该方法是将至少两种不同材料共聚而成的具有邵氏硬度≤90A的半透明的包层和邵氏硬度≤90A、折射率大于包层折射率透光率≥93%的柔性芯层分别熔融挤入共挤模具的包层区和芯层区，形成同心圆截面的条状挤出物，冷却后即制成具有通体发光效果的侧光塑料光纤。本发明方法能连续稳定生产高柔性、高侧光均匀性、低光损耗的侧光塑料光纤。

【名称】 一种吹塑式易拉罐罐体制备装置

【公开(公告)号】 CN101544053
【公开(公告)日】 2009.09.30
【申请(专利权)人】 徐其峰；胡保阔
【地址】 山东省青岛市城阳区惜福镇小庄村青岛斯米奇机械有限公司
【发明(设计)人】 徐其峰；胡保阔
【摘要】 本发明涉及一种吹塑式塑料易拉罐罐体制备装置，主体结构包括全自动吹瓶机以及安装在全自动吹瓶机线体上的切割装置、毛胚瓶取出装置和瓶口修整装置；切割装置安装在自动吹瓶机生产线的毛胚瓶出口位置的一侧，毛胚瓶取出装置对应切割装置安装在毛胚瓶出口位置的另一侧上方，瓶口修整装置固定在自动吹瓶机的罐体输出方向对侧，并对应于毛胚瓶取出装置的下方，三者由单片机电连通控制构成协调动作的连动机构，对应于全自动吹瓶机吹制的塑料易拉罐罐体输出并进行整修加工；其结构简单，自动化程度和生产效率高，成本低，节省资源。

【名称】 塑料拉吹机上坯和自动脱瓶机构
【公开(公告)号】 CN101544054
【公开(公告)日】 2009.09.30
【申请(专利权)人】 蔡业
【地址】 浙江省台州市黄岩区二环西路890号
【发明(设计)人】 蔡业
【摘要】 塑料拉吹机上坯和自动脱瓶机构，包括机架，安装在机架上的模板、模具和开合模机构，以及拉吹机构，其特征在于所述的模具安有上坯装置和自动脱瓶机构，所述的上坯装置包括安装在机架或者模具上的托板，托板中安有塑料瓶坯导向筒，导向筒中心与模具中心在一直线上，在活动模具模口上安装接坯叉，接坯叉与塑料瓶坯相接触；所述的自动脱瓶机构包括瓶口推出装置和底模转动装置，所述瓶口推出装置包括安装在固定模具模口上的推板和弹簧，在活动模具上安装顶杆，顶杆与推板相配合；所述的底模转动装置包括串联各底模的转轴，转轴的头部安有扳动块，扳动块与安在机架或者模具上的碰杆相接触转动，转轴有复位弹簧。

【名称】 全自动塑料拉吹机上坯和脱瓶机构
【公开(公告)号】 CN101544055
【公开(公告)日】 2009.09.30
【申请(专利权)人】 蔡业
【地址】 浙江省台州市黄岩区二环西路890号
【发明(设计)人】 蔡业
【摘要】 全自动塑料拉吹机上坯和脱瓶机构，包括安在机架上的开合模机构、拉吹机构和加热装置，加热装置有上料机构、进坯口、运行系统和出坯口及输送机构，其输送机构包括滑道，滑道两侧的搁板为长搁板和短搁板，机架上安支架，支架有带动块和推动杆，支架气缸带动，推动杆与瓶坯内口接触，带动块由气缸带动，各带动块间由定位杆相连；模具安有上坯装置和脱瓶机构，上坯装置包括安在机架或者模具上的托板，托板中安有导向筒，模口上安接坯叉，接坯叉与瓶坯接触；脱瓶机构包括推出装置和底模转动装置，推出装置包括安在模口上的推板和弹簧，模具上安顶杆，顶杆与推板配合；底模转动装置包括串联各底模的转轴，转轴的头部安有扳动块，扳动块与安在机架上的碰杆相接触转动，转轴有复位弹簧。

【名称】 金属塑料复合自润滑材料及其制备方法
【公开(公告)号】 CN101544080
【公开(公告)日】 2009.09.30
【申请(专利权)人】 江苏大学
【地址】 江苏省镇江市学府路301号
【发明(设计)人】 骆志高；庞朝利；陈保磊
【摘要】 本发明公开了一种金属塑料复合自润滑材料及其制备方法，由金属层、塑料结合层和塑料工作层组成，塑料结合层通过分子的化学键将金属层与塑料工作层结合在一起；塑料工作层的一部分在金属层的凹坑中镶嵌；塑料工作层材料成份按质量百分含量为：聚醚醚酮60%～90%，聚四氟乙烯5%～20%，石墨7%，MoS_2 1%，三氧化二铝5%～10%；塑料结合层材料成份按质量百分含量为：聚醚醚酮70%～90%，聚苯硫醚5%～20%，三氧化二铝5%～10%。本发明在金属与塑料的工作层间添加一层塑料结合层，进一步提高金属与塑料的结合强度，具有良好的耐热性和抗化学性腐蚀、对环境无污染、噪音低且节能；使用温度为－60～250℃，摩擦系数为0.08～0.32，磨损率为$0.8 \sim 3.5 \times 10^{-6}$ $mm^3/N \cdot m$。

【名称】 中空塑料折叠式包装箱
【公开(公告)号】 CN101544289
【公开(公告)日】 2009.09.30
【申请(专利权)人】 上海和欣金属制品有限公司
【地址】 上海市宝山区罗店镇罗北路1188号
【发明(设计)人】 赵良才
【摘要】 本发明创造涉及仓储技术领域，具体地说是一种中空塑料折叠式包装箱，包括挡板、折叠板、底座，其特征在于前后挡板与左右折叠板和底座构成正方体，折叠板由两块中空塑料板通过铰链连接而成，每块中空塑料板上设有八条加强劲和若干通气孔。本发明创造与现有技术相比，结构简单、新颖，使用方便、安全、可靠，结构刚性好，表面承载力强，连接牢固，制造成本低，可折叠，减少占用面积，透气性好，可反复使用，使用寿命长。

【名称】 阻燃MAA/AN共聚物泡沫塑料及其所用阻燃剂的制备方法

【公开(公告)号】 CN101544720

【公开(公告)日】 2009.09.30

【申请(专利权)人】 西北工业大学

【地址】 陕西省西安市友谊西路127号

【发明(设计)人】 张广成；陈挺；董善来；马瑞

【摘要】 阻燃MAA/AN共聚物泡沫塑料的制备配方由单体1(甲基丙烯酸MAA)，单体2(丙烯腈AN)，引发剂、交联剂、发泡剂、成核剂、分子量调节剂和阻燃剂(3－氯－2－羟基丙基磷酸二甲酯或磷酸(3－氯－2－羟基)丙酯二铵盐)组成。其制备步骤为将配方混合液在闭合模具内聚合成可发泡共聚物板，然后在高温下发泡和后处理成为结构型阻燃MAA/AN共聚物泡沫塑料。本发明所用的一种阻燃剂3－氯－2－羟基丙基磷酸二甲酯由亚磷酸二甲酯、环氧氯丙烷和醇钠合成，所用的另一种阻燃剂磷酸(3－氯－2－羟基)丙酯二铵盐由磷酸、环氧氯丙烷、碳酰胺或碳酸铵或碳酸氢铵合成。本发明实现了MAA/AN共聚物泡沫塑料的结构型阻燃。

【名称】 一种硬质聚氨酯泡沫塑料及其制备方法

【公开(公告)号】 CN101544737

【公开(公告)日】 2009.09.30

【申请(专利权)人】 广东格兰仕集团有限公司

【地址】 广东省佛山市顺德区容桂大道南25号

【发明(设计)人】 吴振泰

【摘要】 一种硬质聚氨酯泡沫塑料及其制备方法，硬质聚氨酯泡沫塑料，其特征是硬质聚氨酯泡沫塑料由异氰酸酯和粗聚醚反应而成，其反应过程中加入成核剂和发泡剂，粗聚醚由聚醚多元醇、水、催化剂和稳定剂组成，聚醚多元醇由多种单体聚醚混合组成，聚醚多元醇的平均羟值为300～700mgKOH/g，聚醚多元醇的羟基官能度为2～8，单体聚醚由环氧乙烷和/或环氧丙烷与具有2～8个活泼氢原子的引发剂反应生成，引发剂包括多元醇和多胺，多元醇包括甘油、三羟甲基丙烷、三羟乙基胺、季戊四醇、山梨醇和蔗糖醇。本发明具有硬质聚氨酯泡沫塑料完全符合环保要求且聚醚多元醇的溶解稳定性好的特点。

【名称】 一种室温自交联水性聚氨酯丙烯酸树脂及其制备方法与应用

【公开(公告)号】 CN101544738

【公开(公告)日】 2009.09.30

【申请(专利权)人】 中山大学

【地址】 广东省广州市新港西路135号

【发明(设计)人】 王小妹；何彦萱；范云玉

【摘要】 本发明公开一种室温自交联水性聚氨酯丙烯酸树脂及其制备方法与应用，该方法是采用原位乳液聚合法，对现有制备方法进行改进，在原料中引入四甲基苯二亚甲基二异氰酸酯或2，4甲基环已基二异氰酸酯，和扩链剂一缩二丙二醇或新戊二醇，从而降低了聚氨酯预聚体的黏度，达到完全不使用有机溶剂进行合成反应，引发剂采用油溶性引发剂和水溶性引发剂共同引发自由基共聚，使油溶性单体和水溶性的单体都可以更有效地进行自由基聚合，从而提高了反应转化率，此外两种引发剂的组合还使得反应过程中乳液保持稳定，不容易发生凝胶及分层的现象。本发明树脂可用于制备塑料、铝箔软包装复合胶，纸塑复合胶，水性油墨、水性上光油、水性木器涂料或水性塑胶涂料。

【名称】 增强MAA/AN共聚物泡沫塑料的方法

【公开(公告)号】 CN101544772

【公开(公告)日】 2009.09.30

【申请(专利权)人】 西北工业大学

【地址】 陕西省西安市友谊西路127号

【发明(设计)人】 张广成；陈挺；董善来；马瑞

【摘要】 本发明公开了一种增强MAA/AN共聚物泡沫塑料的方法，首先在MAA/AN共聚物泡沫塑料上以4～8mm为间距钻直径是1～2mm的通透小孔，所钻小孔与MAA/AN共聚物泡沫塑料平面呈90°角或者45°角。在小孔中穿入与所述小孔等直径的单向纤维束，在20～120℃条件固化2～48h即可。由于在MAA/AN共聚物泡沫塑料中通过穿刺单向纤维束，处理后的MAA/AN共聚物泡沫塑料，其压缩强度由现有技术的0.8～1.7MPa提高到3.2～4.8MPa；压缩模量由现有技术的32～56MPa提高到180～400MPa；剪切强度由现有技术的0.8～1.3MPa提高到1.2～1.5MPa。

【名称】 一种用于制作硬质聚氨酯泡沫塑料的发泡剂组合物及其应用

【公开(公告)号】 CN101544778

【公开(公告)日】 2009.09.30

【申请(专利权)人】 广东格兰仕集团有限公司

【地址】 广东省佛山市顺德区容桂大道南25号

【发明(设计)人】 吴振泰

【摘要】 一种用于制作硬质聚氨酯泡沫塑料的发泡剂组合物及其应用，发泡剂组合物，包括发泡剂和成核剂，其特征是对于由含烃类HC的发泡剂与成核剂所组成的发泡剂组合物中，其各自所占整个发泡剂组合物的质量百分比为：含烃类HC的发泡剂

55% ~99%，成核剂 45% ~1%；对于由含四氟乙烷的发泡剂与成核剂所组成的发泡剂组合物中，其各自所占整个发泡剂组合物的质量百分比为：含四氟乙烷的发泡剂 50% ~98%，成核剂 50% ~2%；对于由含 1，1，1，3，3 五氟丙烷的发泡剂与成核剂所组成的发泡剂组合物中，其各自所占整个发泡剂组合物的质量百分比为：五氟丙烷 50% ~99%，成核剂为 50% ~1%；其具有完全符合环保要求且热导率低的特点。

【名称】 疏水性纳米水滑石基 PVC 用复合热稳定剂及其制备方法

【公开(公告)号】 CN101544783

【公开(公告)日】 2009. 09. 30

【申请(专利权)人】 山东慧科助剂股份有限公司

【地址】 山东省淄博市沂源县经济开发区山东慧科助剂股份有限公司

【发明(设计)人】 唐守余

【摘要】 疏水性纳米水滑石基 PVC 用复合热稳定剂，是由如下质量百分数的原料组成：硬脂酸钙 30% ~50%、硬脂酸锌 10% ~20%、疏水性纳米水滑石 10% ~30%、润滑剂 5% ~15%、表面改质剂 4% ~7%、辅助热稳定剂 5% ~15%。其中疏水性纳米水滑石采用共沉淀的方法，添加油酸钠制备出 Mg∶Al摩尔比为(2 ~3)∶1 的疏水性纳米水滑石。本发明制备的纳米水滑石具有较好的疏水性，把它应用于 PVC 用复合热稳定剂，能与 PVC 基体有很好的相容性，用作 PVC 等塑料加工的稳定剂，具有不易析出、稳定效果好的特点。添加疏水性纳米水滑石可降低平衡扭矩、提高加工性能、降低成本。本发明制备方法无污染、能耗低。

【名称】 一种采用废塑料改性的高抗冲地铁隧道管片橡塑定位棒

【公开(公告)号】 CN101544791

【公开(公告)日】 2009. 09. 30

【申请(专利权)人】 周修君

【地址】 江苏省宜兴市周铁镇彭干村市桥 50 号

【发明(设计)人】 周修君

【摘要】 本发明公开了一种采用废塑料改性的高抗冲地铁隧道管片橡塑定位棒。本发明的橡塑定位棒专用料采用以下重量份的原料：100 份高抗冲 PP 回料、65 份低密度 PE 回料、6 ~20 份热塑性丁苯橡胶 SBS、2 ~12 份 EVA 回料、1 ~8 份塑料相容剂、2 ~8 份塑料增韧剂。本发明充分利用了废塑料回料，并且所得的定位棒剪切强度高，10cm 长定位棒剪切强度大于 8kN，明显优于目前 4kN 的剪切强度。

【名称】 大功率电子元器件封装使用硅酮模塑料

【公开(公告)号】 CN101544830

【公开(公告)日】 2009. 09. 30

【申请(专利权)人】 陕西华星线绕电阻有限公司

【地址】 陕西省咸阳市文汇东路 16 号

【发明(设计)人】 张兴科；赵宏涛；张晓年；王进元

【摘要】 本发明涉及一种大功率电子元器件封装使用硅酮模塑料，该材料是由以下几种原材料按重量比组成：有机硅树脂 25 ~30 份、玻璃纤维 20 ~25 份、金属氧化物 45 ~50 份、硬脂酸盐 0. 5 ~1 份、苯甲酸 0. 1 ~1 份、碱式碳酸铅 0. 1 ~1 份、四氧化三铁 1 ~4 份；本发明中采用了耐高温性能好的有机硅树脂，提高了硅酮模塑料的工作温度，在高温下不会发生分解现象，改善了功率型电子元器件的高温工作性能和产品工作的可靠性。收缩率：0. 3% ~0. 5%，弯曲强度 100 ~110MPa，电阻 $15 \times 10^{12}\ \Omega \cdot cm^3$，pH 值 4 ~6，介电常数 4. 4，阻燃性 UL –94 –V –0，适合于大功率电子元器件的塑封，以及耐高温接插件的封装。

【名称】 一种聚丙烯纤维 – 秸秆碎料复合材料及其热压制造方法

【公开(公告)号】 CN101544837

【公开(公告)日】 2009. 09. 30

【申请(专利权)人】 东北林业大学

【地址】 黑龙江省哈尔滨市香坊区和兴路 26 号

【发明(设计)人】 王伟宏；袁森林；王清文；王海刚；宋永明

【摘要】 一种聚丙烯纤维 – 秸秆碎料复合材料及其热压制造方法，它涉及一种复合材料及其制造方法。它解决了现有木材 – 塑料复合材料生产存在秸秆原料易热解碳化、只能用细小植物原料且制品幅面较窄及制品性能差、颗粒状或粉末状聚丙烯塑料加热后局部集中现象严重、增加成本和不利于工业化生产的问题。聚丙烯纤维 – 秸秆碎料复合材料由纤维状聚丙烯塑料、秸秆碎料和马来酸酐接枝聚丙烯制成。方法：一、取原料混合后铺装成板坯；二、板坯预热后热压，经减压冷却和卸压后即得。本发明中聚丙烯纤维 – 秸秆碎料复合材料的原料混合均匀性好，消除了塑料局部集中现象，避免了秸秆碎料热解碳化，采用原料比现有原料大，产品幅面较大，生产成本降低且适用于工业化生产。

【名称】 中空塑料地砖

【公开(公告)号】 CN101545315

【公开(公告)日】 2009. 09. 30

【申请(专利权)人】 上海和欣金属制品有限公司

【地址】 上海市宝山区罗店镇罗北路 1188 号

【发明(设计)人】 赵良才

【摘要】 本发明创造涉及地砖技术领域，具体地说是一种中空塑料地砖，其特征在于地砖呈正方形，地砖表面设有八条加强劲，加强劲之间设有若干通气孔，地砖背面设有两条凹槽。本发明创造与现有技术相比，结构简单、新颖，使用方便、安全、可靠，结构刚性好，表面承载力强，连接牢固。

【名称】 塑壳式断路器装配与调试工具及使用方法

【公开(公告)号】 CN101546678

【公开(公告)日】 2009.09.30

【申请(专利权)人】 天津市百利电气有限公司

【地址】 天津市西青经济开发区民和道12号

【发明(设计)人】 史祺；高云旭；于振国；刘丽君

【摘要】 本发明涉及一种塑壳式断路器装配与调试工具及使用方法。它包括有手柄、与断路器操作机构的杠杆进行定位镶套的工具主体、定位销和镶块；在主体前侧壁下部有一向上可容纳断路器操作机构杠杆上操作手柄定位的象鼻式弯板的凹槽，在主体前、后侧壁有镶插断路器操作机构杠杆用第一、二、三、四定位面；以及在主体前侧壁两侧的凹缺部分。由于定位镶套的工具主体采用了具有四个定位面的技术方案，本发明可被广泛应用于类似的较小壳体的普通型及体积小、结构模块化的智能型塑料外壳式断路器机构的安装及调试。采用该装置后，机构的安装及调试程序大大简化，极大提高了工作效率，也降低了工人的劳动强度。

【名称】 高可靠半导体塑料封装体及其焊线焊接方法

【公开(公告)号】 CN101546719

【公开(公告)日】 2009.09.30

【申请(专利权)人】 南通富士通微电子股份有限公司

【地址】 江苏省南通市崇川区崇川路30号

【发明(设计)人】 施建根

【摘要】 本发明涉及一种高可靠半导体塑料封装体焊线焊接方法，包括以下步骤：1)在载片台(9)上用导电黏接物(8)黏接金属片(7)；2)在金属片(7)上焊接金属焊线(5)。一种高可靠半导体塑料封装体，包括环氧树脂(1)、半导体芯片(2)、芯片黏接物(3)、金属导线(4)、金属引线框架(6)、载片台(9)，所述的载片台(9)上用导电黏接物(8)黏接金属片(7)，金属焊线(5)焊接在金属片(7)上。本发明能避免恶劣的高温或低温环境中载片台平面与塑封体之间产生的应力对载片台上焊线焊接点的破坏，提高了产品的可靠性。

【名称】 一种废旧塑料造粒过程中产生的有机废气的处理方法

【公开(公告)号】 CN101549255

【公开(公告)日】 2009.10.07

【申请(专利权)人】 浙江省环境保护科学设计研究院

【地址】 浙江省杭州市西湖区天目山路111号

【发明(设计)人】 徐灏龙；仝武刚；孙福成；徐国华

【摘要】 本发明公开了一种废旧塑料造粒过程中产生的有机废气的处理方法。废旧塑料造粒过程中产生的有机废气进入生物滤池底部，生物滤池内置生物填料，循环液自滤池顶部喷淋而下，然后从池底流到储槽，再通过水泵提升到生物滤池顶部进行循环；有机废气被循环液润湿，然后与生物填料接触，通过生物填料表面固定的微生物降解废气中的有机污染物，净化后的废气从顶部排放。本发明采用生物法处理废旧塑料造粒过程中产生的有机废气运行成本低、处理气量大，无须增湿器和除尘设施，结构简单。

【名称】 一种木塑防火板材及其制备方法

【公开(公告)号】 CN101549514

【公开(公告)日】 2009.10.07

【申请(专利权)人】 谢志伟

【地址】 广东省佛山市顺德区大良街道碧鉴大石街二巷6号

【发明(设计)人】 谢志伟

【摘要】 本发明涉及一种木塑防火板材及其制备方法，它公开了塑料、木质碎纤维、树脂相容剂的重量份数比为(0.15:1:0.01)~(1:0.25: 0.09)，所述塑料是聚乙烯、聚丙烯、氯化聚乙烯，所述树脂相容剂为亚磷酸三己内酰胺、马来酸酐接枝相容剂。它利用最经济的方法、简明的操作，能制得增强木塑两界面有效溶解结合，且具备明显防火性能。

【名称】 一种高耐磨锥型磨头

【公开(公告)号】 CN101549306

【公开(公告)日】 2009.10.07

【申请(专利权)人】 梁军

【地址】 江苏省徐州市九里区小南湖工业园8号(徐州华永橡塑机械制造厂)

【发明(设计)人】 梁超；梁勇；梁军

【摘要】 属于橡胶和塑料粉碎机中的一种高耐磨锥型磨头。它解决了现有技术中粉碎机的核心部件——锥型磨头不耐磨，产量低，特别是细胶粉产量低的缺点。其主要特点是：锥型定磨头和锥型动磨头的剪切研磨部分全部为硬质合金或其母体材料为合金工具钢或高速工具钢。

【名称】 一种新型高耐磨平行磨头
【公开(公告)号】 CN101549534
【公开(公告)日】 2009.10.07
【申请(专利权)人】 梁军
【地址】 江苏省徐州市淮海西路延长段韩山路1号公交修造厂
【发明(设计)人】 梁超；梁勇；梁军
【摘要】 属于橡胶和塑料粉碎机中的一种新型高耐磨平行磨头，它解决了现有技术中粉碎机的核心部件——平行磨头不耐磨，发热量大，产量低，特别是生产出的细胶粉含量低的缺点。其主要特点是：定磨头和动磨头的剪切和研磨部分全部为硬质合金或其母体材料为合金工具钢或高速工具钢，定磨头没有进料槽，进料完全由动磨头来完成，定磨头的刀刃和刀刃之间的距离小于9mm。
【名称】 利用废旧HDPE塑料制备大口径双壁波纹管的方法
【公开(公告)号】 CN101549535
【公开(公告)日】 2009.10.07
【申请(专利权)人】 江苏圣通环境工程有限公司
【地址】 江苏省句容市后白工业园
【发明(设计)人】 张兴兵；丁永红；苏中悦；陈凯
【摘要】 本发明公开了一种利用废旧HDPE塑料制备大口径双壁波纹管的方法，主要包括：由废旧高密度聚乙烯(HDPE)制备口径达1200mm的双壁波纹管；将片状、纤维状和球状填料进行协同组合并且以新型弹性体为基本树脂，制备对废旧HDPE具有增强、增韧功能的改性母料，使用该功能母料对废旧HDPE进行改性可使其力学性能达到HDPE新树脂的水平；大口径双壁波纹管挤出成型模具在波峰部分采用圆弧结构，提高了产品的环刚度，使产品参数满足了标准要求。
【名称】 可用于汽车仪表零部件的塑料件焊接工装
【公开(公告)号】 CN101549555
【公开(公告)日】 2009.10.07
【申请(专利权)人】 震宇(芜湖)实业有限公司
【地址】 安徽省芜湖市经济技术开发区凤鸣湖南路108号
【发明(设计)人】 宁成刚；魏开明
【摘要】 本发明公开了一种可用于汽车仪表零部件的塑料件焊接工装，其包括汽缸、汽缸活塞杆伸出端的连接板、与连接板固接的隔热板、隔热板下方的发热盘、与发热盘相连的具有突出焊头的焊接上模、工作台、工作台上方的焊接下模、工作台上方的改变汽缸活塞杆推力的调压机构、改变焊接时间长短的调时机构、温控机构和位于汽缸旁侧的操作面板，工作时，所述的汽缸活塞杆与连接板、隔热板、发热盘和具有突出焊头的焊接上模一起沿着汽缸活塞杆轴向作往返运动。本发明可用于汽车仪表零部件的塑料件焊接工装采用这样的结构，可避免产生漏焊、焊接不牢或过焊现象，能提高焊接效率，保证焊接质量，降低批量生产的焊接成本。
【名称】 塑料托盘热合机
【公开(公告)号】 CN101549554
【公开(公告)日】 2009.10.07
【申请(专利权)人】 王少峰
【地址】 辽宁省辽阳市文圣区鹅房街11－10号辽阳利丰集团有限公司
【发明(设计)人】 王少峰
【摘要】 塑料托盘热合机，包括机座、机头、上压头、下定位挡、上定位挡、加热板、里、外滑道。机座上面设置有下定位挡，在下定位挡的两端分别设有里、外滑道，在里、外滑道之间装设有加热板，加热板可沿滑道滑动。机头内装设成品件液压缸，液压缸的活塞连杆的前端设置一上压头，活塞连杆与上压头同定连接，上压头的底下面上设置有上定位挡，上、下定位挡在垂直方向相互对位。本发明设计科学、合理、富有创意、结构紧凑、严密，效率高，结构简单，制作方便，稳定可靠，具有较好的发展前景，本发明适用于塑料托盘的热合使用。
【名称】 一种长效广谱抗菌聚丙烯塑料及其制备方法
【公开(公告)号】 CN101550250
【公开(公告)日】 2009.10.07
【申请(专利权)人】 浙江工业大学
【地址】 浙江省杭州市下城区朝晖六区
【发明(设计)人】 钟明强；蒋东升；王永忠；杨晋涛
【摘要】 本发明公开了一种长效广谱抗菌聚丙烯塑料，由如下质量份的组份组成：聚丙烯100份、吡啶硫酮锌0.5～5份、抗氧剂0.5～2份、分散剂1～2份。本发明还公开了所述长效广谱抗菌聚丙烯塑料的制备方法。本发明的有益效果主要体现在：耐高温性能好，抗菌广谱高效，操作简单方便，成本低廉，具有良好的经济效益。
【名称】 改性PC+ABS合金材料的制造方法以及电视机前壳
【公开(公告)号】 CN101550269
【公开(公告)日】 2009.10.07
【申请(专利权)人】 青岛海信电器股份有限公司
【地址】 山东省青岛市崂山区株洲路151号
【发明(设计)人】 何洋；宋吉智

【摘要】 本发明公开了一种改性 PC + ABS 合金材料的制造方法，属于塑料合金材料生产技术领域。所述改性 PC + ABS 合金材料的制造方法，包括：将 PC + ABS 合金粒料、耐热助剂以及增韧助剂按比例添加到塑料挤出机中；调节所述塑料挤出机的温度到 220 ~ 250℃，挤出改性 PC + ABS 合金材料。同时本发明还提供了一种电视机前壳，由改性 PC + ABS 合金材料制成。通过对 PC + ABS 合金材料进行改性，在保证 PC + ABS 合金材料注塑流动性不降低的前提下，提高了耐热性以及强度，而且大幅降低了等离子电视机前壳材料的成本。

【名称】 一种热塑性弹性体复合材料制备方法及其制品

【公开(公告)号】 CN101550281

【公开(公告)日】 2009. 10. 07

【申请(专利权)人】 株洲时代工程塑料制品有限责任公司

【地址】 湖南省株洲市石峰区北站路 69 号

【发明(设计)人】 邓凯桓；黄安民；李宏伟；曹喆；彭少飞

【摘要】 一种热塑性弹性体复合材料制备方法及其制品，采用二次成型工艺。该二次成型工艺，通过先采用注塑或模压成型的方法制备模芯；再将模芯放入模具中用注塑方法成型出带模芯的产品，再用机械破碎将模芯从产品中取出，得空心的热塑性弹性体复合材料产品。二次成型方法，包括如下步骤：1)采用注塑或模压成型方法制备模芯；2)将模芯放入模具中用注塑方法成型出带模芯的产品；3)采用机械破碎将模芯从产品中取出，得空心的产品；4)破碎的模芯可回收重新制造利用。本发明所提出的成型制备方法所制备的热塑性弹性体制品的配方是(按质量份数配比)：热塑性弹性体 100 份；热塑性塑料 1 ~ 50 份；抗氧剂 0. 5 ~ 10 份；紫外线吸收剂 0. 5 ~ 10 份；润滑剂 0. 1 ~ 5. 0 份。

【名称】 一种塑料薄壁盒

【公开(公告)号】 CN101550742

【公开(公告)日】 2009. 10. 07

【申请(专利权)人】 邱则有

【地址】 湖南省长沙市芙蓉中路二段 59 号顺天城 28 楼

【发明(设计)人】 邱则有

【摘要】 一种塑料薄壁盒，包括上板(1)、周围侧板(2)、下底板(3)，上板(1)、周围侧板(2)、下底板(3)彼此围合形成封闭的空腔薄壁盒，其特征在于所述的上板(1)、周围侧板(2)、下底板(3)均为塑料板片(4)拼合而成，拼合部位由连接件(5)连接成整体，至少一块塑料板片(4)上设置有支撑薄壁盒内壁的内撑壁构件(6)和封盒端壁的封壁构件(7)，塑料板片(4)上的内撑壁构件(6)和封盒端壁的封壁构件(7)构成塑料板片(4)上的母槽(8)，塑料板片(4)的端部插入母槽(8)内，封闭薄壁盒，塑料板片(4)上的母槽(8)内有撑壁锥形撑件(9)，薄壁盒的空腔内设置有可分体的支撑杆环圈架(10)、支撑圈架(11)、支撑杆(12)或者支撑板(13)中的至少一种，并与薄壁盒的塑料板片(4)的内壁接触连接。适用于各种现浇钢筋砼或预应力钢筋砼的空心板、空心楼盖、屋盖、基础底板、墙体和空腹桥梁使用，特别适用于空心无梁楼盖使用。

【名称】 塑料模具钢抛光性能干涉测量仪

【公开(公告)号】 CN101551327

【公开(公告)日】 2009. 10. 07

【申请(专利权)人】 上海大学

【地址】 上海市宝山区上大路 99 号

【发明(设计)人】 谢尘；汪宏斌；吴晓春；罗毅

【摘要】 本发明涉及一种塑料模具钢表面抛光性能干涉测量仪。它包括一个激光器和一个计算机，激光器发出的激光经一个衰减器调整后，经一个光阑控制光束，然后经一个分光镜分为两路，分别垂直照射一个参考平面镜和待测试样，并分别从参考平面镜和待测试样上反射回来会合，从而产生干涉条纹图像，由一个 CCD 摄取干涉条纹图像，传送到计算机进行结果分析。该干涉测量仪可测范围大、使用简便、结果直观，既可以在实验室中评价材料的抛光性能，为塑料模具钢的组织控制提供指导，又能够方便地用于实际的塑料模具行腔抛光性能的检测中，并提出相应的评级标准。

【名称】 一种花键轴尼龙覆膜精整机

【公开(公告)号】 CN101554735

【公开(公告)日】 2009. 10. 14

【申请(专利权)人】 林绿高

【地址】 浙江省缙云县壶镇镇市心南路 301 号

【发明(设计)人】 林绿高

【摘要】 本发明涉及一种花键轴尼龙覆膜精整机，其包括：底座、第一推动装置、滑轨、下滑块、上滑块、上顶尖、第二推动装置、床身、刀座、下顶尖，底座上固定有床身，床身上安装有滑轨，滑轨上滑动连接有上滑块和下滑块，床身底部安装有第一推动装置，第一推动装置与下滑块连接，床身顶部安装有第二推动装置，第二推动装置与上滑块连接，下滑块上固定有下顶尖，下顶尖的中心正与床身上方安装的上顶尖的中心相一致，上滑块固定有安装刀片的刀座，刀座的中心与上顶尖中心和下顶尖中心的连线重合，本发明加工精确度，解决了单边吃刀现象，加工尺寸不合格，零件报废的情况，提高了加工汽车传动轴外花键齿塑料涂层的效率。

【名称】 发泡塑料射出成型方法及其设备

【公开(公告)号】 CN101554762

【公开(公告)日】 2009.10.14

【申请(专利权)人】 联塑(杭州)机械有限公司；陆孝庭

【地址】 浙江省临安市经济开发区南环61号

【发明(设计)人】 陈文魁

【摘要】 发泡塑料射出成型方法包含：形成发泡塑料融液、注入储料机筒、注入射出机筒、射出成型、调整储料机筒的压出量。发泡塑料射出成型设备，包括加料机筒，加料机筒上连接有输气装置、料斗、加热装置，加料机筒内装螺杆；加料机筒内腔的前端连通储料机筒的内腔，储料机筒连接第一数字式背压阀，第一数字式背压阀连接中央控制器；第一数字式背压阀对液压缸做压力控制；储料机筒通过止回阀连通射出机筒，射出机筒前端装有喷嘴；射出机筒连接第二数字式背压阀，第二数字式背压阀连接中央控制器；第二数字式背压阀对顶推油缸做压力控制。本发明具有螺杆连续运转、料液压力波动小，控制方法简便的优点。

【名称】 一种流体控制阀阀体的注塑工艺

【公开(公告)号】 CN101554767

【公开(公告)日】 2009.10.14

【申请(专利权)人】 宁波和美住宅设施有限公司

【地址】 浙江省宁波市樟树街49弄22号506室

【发明(设计)人】 王亮

【摘要】 本发明属于注塑工艺技术领域，具体涉及一种应用于流体控制阀阀体的二次注塑成型工艺。通过对阀体模进行塑料注塑成型，本发明的特征在于所述的注塑工艺包括以下工序：(a)注塑形成阀体内衬体，内衬体设有若干注塑工艺孔；(b)注塑形成与所述内衬体注塑工艺孔配合的塞块；(c)所述的塞块堵塞内衬体注塑工艺孔；(d)已塞封注塑工艺孔的内衬体嵌入包覆模具，注入包覆材料注塑成型。本发明技术方案解决了内衬体和包覆体材质的不同需求，兼顾了热稳定性和外部美感，内衬体和包覆体间通过热融合和机械式配合结合紧密，从而避免使用黏合剂；本发明使用堵塞封闭注塑工艺孔突破了长期以来在二次注塑工艺中的技术瓶颈，使得一些结构较为复杂的水暖器材也可使用二次注塑工艺。

【名称】 塑料水管接头模具的进料系统

【公开(公告)号】 CN101554769

【公开(公告)日】 2009.10.14

【申请(专利权)人】 张欢庆

【地址】 浙江省台州市黄岩区西工业园区茂丰街17号

【发明(设计)人】 张欢庆

【摘要】 塑料水管接头模具的进料系统，包括型腔和型芯，型腔和型芯构成模腔，型腔制有主流道，主流道一头连接注塑机喷嘴，另一头经分流道、模腔进料口连通模腔，其特征在于所述的模腔进料口制在型芯侧壁上，分流道穿过型芯从型芯侧壁的模腔进料口进入模腔。与已有技术相比，本方案将模腔进料口设在型芯侧壁，并且与模腔进料口相通的分流道也从型芯内部穿过，成型后进料口及分流道内的凝料留在制品(水管接头)的内壁，脱模时凝料自动被拉断，由于拉痕落在制品内壁，从而不会影响制品外观。

【名称】 软管注肩机的吐塑装置

【公开(公告)号】 CN101554770

【公开(公告)日】 2009.10.14

【申请(专利权)人】 中山市新宏业自动化工业有限公司

【地址】 广东省中山市火炬开发区

【发明(设计)人】 袁信

【摘要】 本发明涉及的软管注肩机的吐塑装置，包括有机体，机体上设有一机筒、螺杆轴以及驱动螺杆轴的伺服电机，机体上还设置有吐塑阀装置，所述机筒上部开有进料口，机筒圆周设置有加热圈，螺杆轴装在机筒内，其设计要点在于机筒下方与吐塑阀装置之间设置有连接通道，连接通道或与连接通道相通的其他熔融料室内设置有与伺服电机相连的压力感应器。本发明的目的是提供一种存储熔融塑料量大、可有效控制吐塑量大小，从而保证注肩大小、形状的一种软管注肩机上的吐塑装置。

【名称】 塑料输液瓶吹制中焊环工艺

【公开(公告)号】 CN101554779

【公开(公告)日】 2009.10.14

【申请(专利权)人】 乌鲁木齐华佳成医药包装有限公司

【地址】 新疆维吾尔自治区乌鲁木齐市河南东路45号

【发明(设计)人】 李海齐；邵益民；王波涛；马清河

【摘要】 塑料输液瓶吹制中焊环工艺，涉及塑料输液瓶吹制以及焊接吊环的工艺，在瓶坯吹制过程中成型前进行焊环。在瓶坯吹制过程中加热期间，在吹瓶工序完成的同时完成塑料输液瓶底部焊接吊环，此工艺较瓶成型后焊环可节电90%，节约人力80%，而且仅需在传统吹瓶机设备上增设长 15cm，高 2.5cm，宽 2.5cm 体积较小的吊环烫合器即可，避免焊坏、漏焊等质量缺陷，机动性能好，可同步满足不同生产速度的吹瓶机，能显著提高产品成品率、生产效率和经济效益，同时也显著降低能耗和对环境的影响程度。

【名称】 溶剂高分子树脂溶液产品涂布印刷转移全息膜

【公开(公告)号】 CN101554810

【公开(公告)日】 2009.10.14

【申请(专利权)人】 马立胜

【地址】 湖北省武汉市硚口区荣华东村 29 号 5 楼 2 号

【发明(设计)人】 马立胜

【摘要】 本发明涉及一种溶剂型高分子树脂溶液产品转移全息膜，它是将溶剂高分子树脂溶液产品作全息的载体，印刷在模压了全息图文的塑料薄膜的全息面上，干燥成固膜，然后再将固膜层通过黏结剂(包括热熔黏结剂)黏结到承印物上，使印刷产品或包装品表面具有美观图文的同时又具有全息高光华丽的装饰效果，以提高商品的档次和价值。该转移全息膜中的溶剂高分子树脂溶液产品可以是自制或市售的光油、底油、涂料等；产品中也可添加或不添加颜色，如珠光色粉等；薄膜卷用可加工模压图文的；涂布印刷后可预涂或不涂黏接剂收卷备用。转移全息膜可适用于烟、酒、饮料、药品及化妆品包装材料的应用，同时用后全息塑料卷基材还可以重复多次再涂再转印使用。

【名称】 一种真空包装袋

【公开(公告)号】 CN101554942

【公开(公告)日】 2009.10.14

【申请(专利权)人】 石正兵

【地址】 广东省中山市石岐区康华路怡东街 3 号

【发明(设计)人】 石正兵

【摘要】 本发明公开了一种真空包装袋，包括塑料袋体，在塑料袋体上设有真空抽气阀，其特征在于在塑料袋体开口端的顶部连接有盖片，盖片设有连接边及活动边，连接边连接在塑料袋体上，活动边与塑料袋体的上边形成开口，在活动边与塑料袋体之间设有可将开口封住的扣合装置。本发明的目的在于克服现有技术的不足之处，提供了一种设计简单，操作方便、封闭开口更加省力、快捷的真空包装袋。

【名称】 利用废旧聚苯乙烯泡沫塑料制备溴化聚苯乙烯的方法

【公开(公告)号】 CN101555302

【公开(公告)日】 2009.10.14

【申请(专利权)人】 重庆工商大学

【地址】 重庆市南岸区学府大道 19 号

【发明(设计)人】 陈盛明；傅敏；李宁

【摘要】 本发明公开了一种利用废旧聚苯乙烯泡沫塑料制备溴化聚苯乙烯的方法，包括以下步骤：将废旧聚苯乙烯泡沫塑料溶于非极性有机溶剂中制成质量百分浓度为 5% ~20% 的溶液，向该溶液中加入与废旧聚苯乙烯泡沫塑料质量比为(3 ~15):100 的相转移催化剂，升温至 35 ~45℃，搅拌使溶解，再滴加与废旧聚苯乙烯泡沫塑料质量比为(1 ~3.5):1 的单质溴，滴加完毕后于温度 35 ~45℃ 搅拌反应 3 ~6h，加入碱溶液终止反应，用水洗涤至中性，再滴加至沸水中析出溴化聚苯乙烯，过滤，干燥，即得成品；本发明方法操作简便，充分回收利用废旧聚苯乙烯泡沫塑料，大大减少环境污染，而且降低溴化反应要求，减少反应试剂，降低生产成本。

【名称】 一种性能改进的硬质泡沫塑料及其制备方法

【公开(公告)号】 CN101555312

【公开(公告)日】 2009.10.14

【申请(专利权)人】 南京红宝丽股份有限公司

【地址】 江苏省南京市高淳县太安路 128 号

【发明(设计)人】 袁海顺；邢文兴；陶学飞；傅振华

【摘要】 本发明涉及一种性能改进的聚氨酯硬质泡沫塑料，由以下原料按重量份数比经高压发泡机充分混合反应而成：组合聚醚:混合发泡剂:异氰酸酯 = 100:(7 ~27):(110 ~150)。前述组合聚醚由以下组份按重量份数比制备而成:组合多元醇:泡沫稳定剂:催化剂:水:乳化剂 =100:(1.0 ~4.0):(0.5 ~5.0):(0.5 ~3.5):(0.5 ~10)，其中前述组合多元醇包括二种或二种以上的多元醇。采用本发明制备的泡沫导热系数较环戊烷泡沫和氢氟烃泡沫明显低，在异氰酸酯与组合料反应过程中，可获得更宽的操作范围。降低反应对物料、模具及环境条件等参数的敏感性。

【名称】 均匀密度浮床白球树脂的制备方法

【公开(公告)号】 CN101555323

【公开(公告)日】 2009.10.14

【申请(专利权)人】 辽宁地质工程职业学院

【地址】 辽宁省丹东市振兴区地质路 386 号

【发明(设计)人】 孟繁生；王士贺

【摘要】 一种用于水处理离子交换器使用的均匀密度浮床白球树脂的制备方法：将苯乙烯油相与分散剂和水组成的水相，投入反应釜中进行悬浮聚合，第一段聚合温度为 60 ~85℃，时间为 3 ~8h，第二段为86~95℃，时间为4~10h，反应后，加入苯乙烯质量1%~5%的发泡剂，105~115℃，3~8h制得粒径0.5~2.0mm的球状颗粒；将悬浮反应器风量调节到0.2~10kPa，温度90~110℃时，球粒的停留时间为20~300s，制成粒径0.8~3.0mm，堆积密度0.10~0.55g/mL的白球树脂。本发明制成的聚苯乙烯球体，粒度、密度均匀、强度好。通过调节风量和温度来控制球体的密度，制得不同密度层次的均质材料，可满足水处理交换器、泡沫塑料过滤层以及高发泡倍率苯乙烯聚合物的技术要求。

【名称】 一种废旧高分子聚合物处理方法及设备

【公开(公告)号】 CN101555325

【公开(公告)日】 2009.10.14

【申请(专利权)人】 云南省电子工业研究所

【地址】 云南省昆明市人民西路145号

【发明(设计)人】 任兴平；夏世德；王杰红；李志华

【摘要】 本发明是一种废旧高分子聚合物处理方法及设备。将沥青与废旧聚合物按照沥青:废旧聚合物=(3:1)~(4:1)的比例在高温、惰性气体下液化反应釜中混合，液化，得到聚合物改性沥青——塑料柏油。反应釜的结构为：在顶部为沥青入口，入口处设置沥青分布板，釜的中部为液化炉，釜内有加热丝，釜的下部为塑料柏油出口，出口上部设置塑料柏油分布板和搅拌器。本发明的废旧高分子聚合物液化反应釜及处理方法改变了废弃塑料的用途，把电子废弃物中的废弃塑料不分类、不清洗直接在高温常压下液化后，制成塑料沥青，塑料沥青与普通沥青相比具有更好的耐流动、防滑、耐磨耗、减少低温开裂和更好排水性，减少工艺流程，实现资源的再生利用。

【名称】 一种利用粗羊毛酸制备PVC用钙锌复合热稳定剂的方法

【公开(公告)号】 CN101555326

【公开(公告)日】 2009.10.14

【申请(专利权)人】 福州大学

【地址】 福建省福州市工业路523号

【发明(设计)人】 郑玉婴

【摘要】 本发明提供一种利用粗羊毛酸制备PVC用钙锌复合热稳定剂的方法，该步骤为：将粗羊毛酸熔融；将氢氧化钠在乙醇-水溶液中溶解；将熔融的羊毛酸逐渐加入到氢氧化钠乙醇溶液中，搅拌、皂化反应；反应液趁热调整pH，降温，先加入温水，然后顺次加入钙盐和锌盐，反应一段时间后产物经抽滤醇洗、水洗、烘干研碎后即为成品。本发明的该方法采用粗羊毛酸为主要原料，解决工业采用以羊毛脂为原料制取胆甾醇时的副产品——羊毛酸的浪费问题，并将其应用于塑料热稳定剂中金属皂类物质的制备中，以发挥其多元酸以及较强的润滑性能，变废为宝，提供了羊毛酸钙锌皂的一步法制备工艺方法，该方法制备流程简易、易操作且效果好，产品性能优异。

【名称】 环保型家用电源线专用的聚氯乙烯塑料

【公开(公告)号】 CN101555338

【公开(公告)日】 2009.10.14

【申请(专利权)人】 浙江跃华电讯有限公司

【地址】 浙江省乐清市乐成镇宁康西路337号

【发明(设计)人】 王朝圣；王圣

【摘要】 一种环保型家用电源线专用的聚氯乙烯塑料，它各组分的重量含量为：1300型聚氯乙烯树脂粉50%、增塑剂环氧大豆油(ESO)4%、增塑剂偏苯三酸三辛脂(TOTM)30%、钙锌复合稳定剂(Ca-Zn)4%、阻燃剂三氧化二锑(Sb_2O_3)2%、填充剂纳米级碳酸钙($CaCO_3$)8%、润滑剂聚乙烯蜡0.8%、加工改性剂甲基丙烯酸多元酯(ACR-401)1.2%。它在保证现有聚氯乙烯塑料优良物理性能的前提下，其中有害物质的成分含量符合欧盟ROHS指令最新规定和部分世界顶级家电制造商对家用电源线的特殊环保要求。

【名称】 高流动性氨基模塑料的制备

【公开(公告)号】 CN101555343

【公开(公告)日】 2009.10.14

【申请(专利权)人】 德州市华兴塑胶制品有限公司

【地址】 山东省德州市宁津县银河工业区

【发明(设计)人】 黄志海；姜立敏；任娜娜

【摘要】 本发明是一种高流动性氨基模塑料的制备，包括氨基树脂制造—捏合—烘干—粉碎—氨基模塑料，其特征是在氨基树脂制造工序中，加入氨水和三乙醇胺、或一乙醇胺、或二乙醇胺的混合溶液，是以37%甲醛溶液1000份计，25%浓度的氨水用量在80至250份之间，三乙醇胺的用量在0.1至5份之间，把制造好的树脂送进捏合机内加入纸浆进行捏合，同时加入固化剂、硬脂酸锌，捏合时间两小时，然后经烘干粉碎得到氨基模塑料，本发明可以根据实际需求调整产品的储存期，不受气候条件的影响，确保产品的流动性不受损失，且不易褪色和染色。

【名称】 纳米PBT工程塑料及其制备方法

【公开(公告)号】 CN101555346

【公开(公告)日】 2009.10.14

【申请(专利权)人】 陈百良

【地址】 浙江省余姚市牟山镇工业园区

【发明(设计)人】 陈百良

【摘要】 本发明公开了一种纳米PBT工程塑料及其制备方法，该纳米PBT工程塑料是由占质量百分比59.4%的PBT、15%的纳米SiO_2、10%的POE(聚烯烃弹性体)、15%的阻燃剂、0.1%的增白剂以及0.5%的太白粉配比后注塑成型而得到的。本发明的纳米PBT工程塑料其在保持PBT工程塑料原有的电性能、热性能、耐化学腐蚀性能、耐疲劳性能等不变的前提下，降低成本达20%，并且冲击强度显著提高。

【名称】 利用废PCB板粉与树脂纤维合成的炭化环保板材

【公开(公告)号】 CN101555356

【公开(公告)日】 2009.10.14

【申请(专利权)人】 宋金有；宋党记

【地址】 广东省阳江市阳东县北惯镇万象工业城广东有金宋地板制造有限公司内

【发明(设计)人】 宋金有；宋党记

【摘要】 本发明公开了一种利用废PCB板粉与树脂纤维合成的炭化环保板材，所述炭化环保板材包括重量比如下的组分：20~40份塑料，50~70份废弃电路板回收粉，10~20份活性碳酸钙；按该组分配比的材料生产的板材具有良好的强度和韧性的、可以减少环境污染的、防水不膨胀防变形。其中利用废PCB板粉与树脂纤维合成的炭化环保板材还可以相应添加1~2份分散剂，2~3份偶联剂，1~3份硬酸脂锌，0.5~1.5份氯化石蜡，1份阳离子表面活性剂，0.3~1份抗氧剂，1~2份阻燃剂，1份除味剂，1.5份耐温剂，0.5份杀菌防霉剂；可以使得板材具有更加良好的强度、韧性、防水性以及不膨胀防变形等性能。

【名称】 塑料表面电镀方法

【公开(公告)号】 CN101555614

【公开(公告)日】 2009.10.14

【申请(专利权)人】 深圳富泰宏精密工业有限公司

【地址】 广东省深圳市宝安区龙华镇富士康科技工业园F3区A栋

【发明(设计)人】 苏忠义；陈政师；王仁宁

【摘要】 本发明提供一种塑料表面电镀方法，其包括如下步骤：提供一塑料基体；对该基体表面进行前处理；于该基体表面形成一镀铜层；于该基体的镀铜层表面用三价铬电镀一第一铬层；在该基体的第一铬层表面用六价铬电镀一第二铬层。该塑料表面电镀方法生产成本低，有利于环保，所得镀层对人体无害。

【名称】 一种环保的仿木装饰线材

【公开(公告)号】 CN101555727

【公开(公告)日】 2009.10.14

【申请(专利权)人】 上海英科实业有限公司

【地址】 上海市奉贤区胡桥镇胡滨公路1299号

【发明(设计)人】 刘方毅

【摘要】 本发明涉及一种环保的仿木装饰线材。其特征在于：线材芯为聚苯乙烯塑胶，在聚苯乙烯塑胶外层覆有一层石膏，在石膏外涂有一层颜料。所述的聚苯乙烯塑胶线材芯为废弃泡沫塑料热熔模压成形条。所述的颜料为环保水性涂料。本发明的优点是一方面大大降低了废弃的泡沫塑料对环境造成的污染，同时也给装饰业提供了一种能够替代木材的可循环使用的新材料。

【名称】 提高管腔形塑料设备高温工作极限的方法

【公开(公告)号】 CN101556120

【公开(公告)日】 2009.10.14

【申请(专利权)人】 林明

【地址】 福建省福州市鼓楼区鼓西路230号

【发明(设计)人】 林明

【摘要】 本发明涉及一种提高管腔形塑料设备高温工作极限的方法，其特征在于在管腔形塑料设备外设置由夹套封板封闭的夹套，该夹套与管腔形塑料设备之间具有可填充冷却液的冷却空间；冷却液管穿过夹套与冷却空间连通。另外，还可以将带有喷淋头的喷淋管穿过夹套、冷却空间和管腔形塑料设备，且喷淋头位于管腔形设备内，该喷淋管与装有喷淋冷却液的装置连通。本发明主要解决现有的管腔形塑料设备在超过塑料通常的许用温度(60℃)的气氛中，不利于这些设备的正常运行，并且容易缩短这些设备的使用寿命的问题。

【名称】 卡扣式塑料封志及其使用方法

【公开(公告)号】 CN101556753

【公开(公告)日】 2009.10.14

【申请(专利权)人】 陈兴华

【地址】 陕西省西安市碑林区交大三村32舍136号

【发明(设计)人】 陈兴华

【摘要】 本发明涉及一种卡扣式塑料封志及其使用方法，该封志包括卡扣体、与卡扣体配合的卡座和设置在卡座底部的底封盖，所述卡扣体上端为水平端盖，所述水平端盖下端中心设置有分隔部，所述分隔部两侧设置有卡扣腿，所述分隔部底端设置有柱状凸块；所述卡座上设置有与所述卡扣腿和分隔部相匹配的卡扣孔和分隔部孔，所述卡座上端卡扣孔和分隔部孔之间设置有两道卡线槽，所述底封盖中心设置有与柱状凸块相匹配的通孔；使用时，首先将所述底封盖固定；将所述卡扣体与卡座卡合，形成具有两个穿线通孔的半扣合封志；将两根棉蜡绳穿入所述穿线通孔，使用铅封钳压紧封志使柱状凸块形成压痕，封装完成。本发明封志具有良好的防撬性能，并且使用方便可靠。

【名称】 塑料注塑助滑垫及其加工方法

【公开(公告)号】 CN101558945

【公开(公告)日】 2009. 10. 21

【申请(专利权)人】 张立峰

【地址】 浙江省余姚市梨洲街道南郊路 19 号

【发明(设计)人】 张立峰

【摘要】 本发明公开了一种塑料注塑助滑垫，包括滑垫工作表面(1)和填充物(2)；滑垫工作表面(1)使用 PTFE 或 UHMW－PE 为材料制作，填充物(2)选用 PP、HDPE、TPEE、TPE、TPR、EVA、PVC、NYLON、EPDM 中的一种或数种为材料，随后用高黏性双面胶与黏结体(3)黏结连接。另外，本发明还提供了塑料注塑助滑垫的加工方法，所述加工步骤为：a. 将 PTFE 或 UHMW－PE 薄膜单面表面采用活化技术处理；b. 再将 PTFE 或 UHMW－PE 活化面采用特种胶水处理，处理后的 PTFE 放入模具型腔，用塑料注塑机采用热塑性塑料注塑成型，使 PTFE 或 UHMW－PE 与填充物塑料连接成为整体。所述加工步骤中注塑温度为 170～240℃，成型时间 50～70s。

【名称】 一种新一代橡塑破碎机

【公开(公告)号】 CN101559400

【公开(公告)日】 2009. 10. 21

【申请(专利权)人】 梁超

【地址】 江苏省徐州市九里区小南湖工业园 8 号(徐州华永橡塑机械制造厂)

【发明(设计)人】 梁超；梁勇；梁军

【摘要】 一种新一代的橡塑破碎机，属于橡胶和塑料机械中的一种破碎设备，它解决了现有技术中刀具不耐磨、易损坏、破碎产量低的不足。其主要特点是：动刀体组件由动刀体、动刀片压板、动刀片及刀片调整垫所组成；定刀体组件由定刀片、定刀片压板、刀片调整垫及紧固螺栓所组成；它具有刀具耐用度高、易于刃磨、产量高等优点。

【名称】 一种用于注塑机的新型注射装置

【公开(公告)号】 CN101559642

【公开(公告)日】 2009. 10. 21

【申请(专利权)人】 佛山市顺德区震德塑料机械有限公司

【地址】 广东省佛山市顺德区大良红岗工业区

【发明(设计)人】 谭树发；张贤宝；陈桂烽

【摘要】 本发明为一种用于注塑机的新型注射装置，包括有具有圆柱内腔的空心定子、置于定子内腔中并与定子偏心的柱形转子，转子由驱动装置带动并可在 0～180°范围内正反转动；在转子的径向截面通孔中设有叶片，叶片在跟随转子转动并在通孔中滑动的同时其两端始终在定子的内腔壁周边上滑动；转子的竖直轴线到定子内腔壁的最短距离等于转子的半径；定子内腔由转子外表面和叶片分隔成两个空间，其中一个空间为盛料空间，在盛料空间所在的定子表面上开有分别接收熔融塑料的进料口和与模具进料口相连接的出料口；在盛料空间容积由大变小时出料口与模具相通而进料口不通，在盛料空间容积由小变大时进料口打开工作。它的结构简单、生产和维护成本低，适用范围广。

【名称】 塑料管材缠膜机

【公开(公告)号】 CN101559645

【公开(公告)日】 2009. 10. 21

【申请(专利权)人】 张家港市龙马机械有限公司

【地址】 江苏省张家港市杨舍镇泗港村

【发明(设计)人】 冯建忠；吴风志

【摘要】 本发明公开了一种塑料管材缠膜机，包括：底座，在底座上设置有滑轨和机架，在机架上分别设置有左固定板和右固定板，在左固定板上设置有上托轮座和下托轮座，上托轮座和下托轮座分别与高度调节装置相连接，在上托轮座和下托轮座上分别转动设置有上托轮轴和下托轮轴，在右固定板上设置有与右安装孔相互配合的空心轴，在空心轴上固定设置有转盘，在转盘上分别固定设置有包装膜安装轴和胶膜安装轴。其优点是：这种结构的塑料管材缠膜机可以在塑料管材被挤出的同时将包装膜和胶膜缠好，工作效率高，缠膜效果好，节省材料，减少白色污染，转盘采用轴承支承使转盘旋转灵活、同心、稳定。

【名称】 一种聚氯乙烯塑料/橡胶输墨辊及其制备方法

【公开(公告)号】 CN101559667

【公开(公告)日】 2009. 10. 21

【申请(专利权)人】 中国印钞造币总公司；西安印钞厂

【地址】 北京市西城区西直门外大街甲 143 号凯旋大厦主楼

【发明(设计)人】 符利民；杨立志；刘天江；查江辉；王磊

【摘要】 本发明涉及一种聚氯乙烯塑料/橡胶输墨辊及其制备方法，包括金属辊芯(1)、包裹金属辊芯(1)的橡胶层(2)，所述橡胶层(2)外表面涂布有聚氯乙烯塑料层(3)。本发明克服现有输墨辊表面较粗糙、油墨易渗透、着墨不匀、不易清洗、橡胶表层易龟裂的技术问题，本发明提供一种表面光滑、油墨不易渗透、着墨均匀、易清洗、橡胶表层不易龟裂的聚氯乙烯塑料/橡胶输墨辊及其制备方法。

【名称】 间歇式包装机塑料薄膜制袋牵引控制系统及控制方法

【公开(公告)号】 CN101559845

【公开(公告)日】 2009.10.21

【申请(专利权)人】 天津电子信息职业技术学院

【地址】 天津市红桥区大新街183号天津电子信息职业技术学院

【发明(设计)人】 刘印贵；吕玉明；刘伟信；岑永祚；吴家礼

【摘要】 本发明涉及一种间歇式包装机塑料薄膜制袋牵引控制系统及控制方法，由旋转编码器、色标传感器、放纸传感器、放纸驱动器、纵封牵引辊启动传感器、纵封牵引辊驱动器、计算机及系统控制器构成，工作时通过系统控制器的相应功能轻触按键输入包装材料设定尺寸的参数并存入系统的存储器，包装机主电机运行，系统计算机接收被测信息，并按设置参数执行程序操作，纵封牵引辊执行拉袋走纸、拉袋袋长误差补偿操作，下料装置执行物料充填操作，放纸装置执行放纸操作，周而复始，完成制袋、充填、封合的全过程。本发明采用普通交流电机实现包装材料定长牵引或光标跟踪定位控制，结构简单，系统配置部件少，设备安装、调试、维护方便快捷，配套生产成本低。

【名称】 一种医疗器材吸塑包装用薄膜及其制备方法

【公开(公告)号】 CN101559854

【公开(公告)日】 2009.10.21

【申请(专利权)人】 陈亦锋

【地址】 浙江省余姚市工业园区纬五路106号宁波华丰包装有限公司

【发明(设计)人】 陈亦锋

【摘要】 本发明涉及到一种医疗器材吸塑包装用薄膜及其制备方法，该薄膜具有五层结构，第一层为热封层A，其成分为：线性低密度聚乙烯和采用辛烯作为共聚单体的茂金属催化聚乙烯的共混树脂；其中茂金属催化聚乙烯在共混树脂中的含量为20%～40wt%；第二层为次内层B，其成分是含有己烯共聚单体的线性低密度聚乙烯；第三层为核心层C，其成分是含有丁烯共聚单体的线性低密度聚乙烯；第四层为黏接层D，其成分为经马来酸酐接枝的聚乙烯；第五层为耐候层E，其成分为尼龙6或尼龙66；其制备方法可以采用下吹水冷式共挤工艺或流延法，塑料熔融、经过口模吹胀或流延后，在15～18℃的水温下快速冷却。本发明制备方法简单，产品兼取各种树脂的优点，不需涂胶即能够与透晰纸良好热封，降低了薄膜厚度、综合性能好、并可回收利用。

【名称】 一种PEB－g－SAN增韧剂及其制备方法与工程塑料AEBS

【公开(公告)号】 CN101560282

【公开(公告)日】 2009.10.21

【申请(专利权)人】 金发科技股份有限公司；华南理工大学

【地址】 广东省广州市高新技术产业开发区科丰路33号

【发明(设计)人】 王炼石；吴敌；朱勇平；蔡彤旻；张安强；曾祥斌

【摘要】 本发明公开了一种PEB－g－SAN增韧剂及其制备方法与工程塑料AEBS。本发明以乙烯－丁烯共聚物(PEB)为接枝基体，苯乙烯(St)、丙烯腈(AN)为接枝单体，在有机溶剂存在下，用悬浮接枝共聚技术制备PEB含量为40%～60wt%的接枝共聚物PEB－g－SAN。接枝共聚体系的单体转化率达到85%～95%。用所合成的PEB－g－SAN与SAN树脂共混制备出耐天候老化黄变性能优异的高抗冲工程塑料AEBS。AEBS的缺口冲击强度为2～52.5kJ/m^2。

【名称】 鸡毛角蛋白降解塑料的制备方法

【公开(公告)号】 CN101560303

【公开(公告)日】 2009.10.21

【申请(专利权)人】 东华大学

【地址】 上海市松江区松江新城区人民北路2999号

【发明(设计)人】 何瑾馨；刘保江；高品；程绪帮；刘路；赵强强

【摘要】 本发明涉及一种鸡毛角蛋白降解塑料的制备方法，包括：(1)将鸡毛溶解离心，加角蛋白络合剂；(2)将角蛋白粉、长链季铵盐加入容器中，加去离子水，恒温水浴，通氮气，加入过硫酸钾和亚硫酸钠溶液；搅拌加入羧甲基淀粉、多元羧酸和季铵盐壳聚糖混合液，混合物液明显变稠后，立即将反应液倒入氯化钙溶液中，恒温水浴中反应；(3)取上述改性角蛋白粉、海藻酸钠、羧甲基壳聚糖、改性大豆蛋白混匀后置于模具中，将柠檬酸三酯增塑剂、氨基聚醚和乙醇水溶液混合均匀滴加到模具中，加热加压。本发明的制备方法简单，在一般塑料加工设备上进行各种加工成型、成本低，适用于工业化生产；制备得到的角蛋白塑料可完全降解，无污染，并可长期使用。

【名称】 一种用于PMMA塑料基体上光固加硬工艺

【公开(公告)号】 CN101560305

【公开(公告)日】 2009.10.21

【申请(专利权)人】 杭州博纳特光电科技有限公司
【地址】 浙江省杭州市西湖经济开发区西园四路2号
【发明(设计)人】 赵斌通；张双文；崔龙范；宋光耀
【摘要】 本发明涉及一种用于PMMA塑料基体上光固加硬工艺，一种用于PMMA塑料基体上光固加硬工艺，在车间温度为22～28℃、湿度为40～60，加硬的操作可分为如下几个步骤：1.1开机：指对加硬设备进行开机，使之能够运转起来；1.2上架：将板材通过夹具固定在基片架上；1.3淋涂：指板材通过进料室后对其表面进行淋涂，使其表面吸附一层待紫外光固化的加硬液，达到固化前所需的表面状态；1.4固化：指板材淋涂后通过固化室进行一定能量的紫外光固化，同时需要有温度等因素的保证；1.5下架：指板材完成固化后从出料室出来。

【名称】 磷氮类阻燃母粒及含有此阻燃母粒的阻燃组合物
【公开(公告)号】 CN101560310
【公开(公告)日】 2009.10.21
【申请(专利权)人】 财团法人塑胶工业技术发展中心
【地址】 中国台湾台中市
【发明(设计)人】 潘毓豪；陈旭；林永裕；罗志明
【摘要】 本发明涉及磷氮类阻燃母粒及含有此阻燃母粒的阻燃组合物，本发明进一步涉及一种磷氮类阻燃母粒，包含磷氮类复合型阻燃剂及包覆该磷氮类复合型阻燃剂且在侧链或端基具有酸酯类基团的聚烯烃，其中，该磷氮类复合型阻燃剂是选自磷类阻燃剂与氮类阻燃剂的组合或由磷氮化合物构成的阻燃剂。本发明的磷氮类阻燃母粒适用于与其他塑料一起使用，并可有效提升阻燃剂的阻燃效果。

【名称】 煤粉体改性大豆蛋白塑料及其制备方法
【公开(公告)号】 CN101560329
【公开(公告)日】 2009.10.21
【申请(专利权)人】 西安科技大学
【地址】 陕西省西安市雁塔路中段58号
【发明(设计)人】 汪广恒；周安宁
【摘要】 本发明公开了一种煤粉体改性大豆蛋白塑料及其制备方法，所制备煤粉体改性大豆蛋白塑料由大豆蛋白粉、煤粉、增塑剂和界面改性剂组成，且各组分质量百分比为：大豆蛋白粉30%～74%、煤粉1%～45%、增塑剂25%～40%和界面改性剂0～9%；其制备方法包括以下步骤：一、用高速搅拌机将所述大豆蛋白粉与煤粉按比例充分混合搅拌均匀；二、按比例加入增塑剂并充分均匀混合；三、在(4±2)℃温度条件下静置(24±5)h，使其均一化；四、模压成型。本发明制备工艺简单、操作方便且成本低廉，所制备的煤粉体改性大豆蛋白塑料质量好，具有较好的力学性能和耐水性。

【名称】 用废旧聚丙烯塑料生产聚丙烯纤维的方法
【公开(公告)号】 CN101560700
【公开(公告)日】 2009.10.21
【申请(专利权)人】 福建三宏再生资源科技有限公司
【地址】 福建省泉州市经济技术开发区2－16A
【发明(设计)人】 苏清阅；张振文
【摘要】 用废旧聚丙烯塑料生产聚丙烯纤维的方法，包括：将二种或二种以上不同熔指的聚丙烯再生料混合进行共混改性，以分子量调节的方式控制聚合体流变性的可控流变性，所获得的共混物熔融指数控制在12～20g/10min之间，造粒制得聚丙烯再生料颗粒，再用纺牵一步法纺丝。采用本发明的方法生产的聚丙烯纤维表现出独特的性能，使改性后的再生塑料纺丝性能极大提高，纺制的聚丙烯纤维产品光泽度好，毛丝、松圈丝较少，提高了废旧聚丙烯塑料使用价值。

【名称】 物料真空干燥的方法与装置
【公开(公告)号】 CN101561217
【公开(公告)日】 2009.10.21
【申请(专利权)人】 王敬达
【地址】 江苏省无锡市华清路113号华美不锈钢公司
【发明(设计)人】 王敬达
【摘要】 封闭式塑料真空除湿干燥的装置：由起码上层和中层二层不同功能的工作室上下叠加集合组成；上层工作室中通入加热至干燥温度的气体加热塑料胶粒，达到干燥温度时即被移至中层工作室中抽真空去湿；上中层工作室之间采用阀门开启互相串通物料，所述阀门关闭时各工作室独立完成各自的工序。尤其是中层工作室下部设有下层工作室，下层工作室是干燥料的储运工作室，采用三层不同功能的工作室上下叠加集合组成。本发明结构简单可靠、运行能耗很低，本发明的物料真空除湿干燥装置为立式叠加集合组成，占地小，结构紧凑，封闭性能好，由于工作室之间为上下连在一起与外界完全隔离，物料转换功能时在一个相对封闭的环境中完成。

【名称】 连续增强伴热塑料复合管
【公开(公告)号】 CN101561061
【公开(公告)日】 2009.10.21
【申请(专利权)人】 长春高祥特种管道有限公司

【地址】 吉林省长春市长春高新产业开发区众恒路66号

【发明(设计)人】 李诗春；刘兴海；王金山；修艳华；韩东

【摘要】 本发明提供一种连续增强伴热塑料复合管。该复合管依次由内管层1、增强层2、绝缘层3、增强层4、保护层5、屏蔽层6、保温层7、防护层8构成，管材的一端设有导电接线端子9、10，另一端设有金属环夹紧卡套11，与增强层2和4连接，导线12与电热控制调节器13连接；利用两个增强层作为加热体给管材进行通电加热，使管道中输送的介质升温，便于介质的流动，防止管道堵塞，可实现单管集输、在不用停止生产时进行通电加热，因此降低了输送成本；屏蔽层可以保护管材由于各种原因造成漏电时，能够及时的关掉电源，防止事故的发生。

【名称】 新型日光温室塑膜

【公开(公告)号】 CN101563993

【公开(公告)日】 2009.10.28

【申请(专利权)人】 刘艳

【地址】 辽宁省鞍山市千山区汤岗子街道办事处

【发明(设计)人】 刘艳

【摘要】 本发明属于一种用于开发工厂化农业的园艺设施塑膜日光温室的塑料薄膜材料，涉及一种新型日光温室塑膜，其特征在于：采用双层的塑膜结构，在二层塑膜中间等距离的设置连接部件，连接部件采用塑料薄膜，二层塑膜中间的距离为20cm。本发明新型日光温室塑膜，是塑膜日光温室的新型塑料薄膜材料，具有高效、节能和双层保温作用，可节省大棚用草毡、纸被等外覆盖保温物，使采光和保温更加合理，有利于积温及作物生长，节省人力、电力，可以不再每天卷放草毡、纸被，降低了建筑材料消耗，降低了生产成本。

【名称】 防滑透气型开背式PVC超弹防护手套

【公开(公告)号】 CN101564208

【公开(公告)日】 2009.10.28

【申请(专利权)人】 上海瑞斯达防护制品有限公司

【地址】 上海市普陀区曹杨路500号206室

【发明(设计)人】 裘耀明

【摘要】 本发明涉及一种防滑透气型开背式PVC超弹防护手套，由针织纱线无缝整体编织而成的五指手套充任的针织内衬和由紧贴针织内衬设置、具有透气、耐磨和防滑功能的超弹微孔发泡PVC塑料构成的防滑透气耐磨层充任的外表涂层构成，由于在针织内衬手套上以开背留空的方式在手套的主要触及工作的手掌部一侧的整体表面上和手背部一侧与手掌部相交接的接续部位及指甲处设置防滑透气耐磨层，具有整体透气性佳、戴着舒适，工作可靠、且耐磨和耐用，生产工艺简单，外表涂层的材料用量少和总体生产成本低等诸多优点，有效克服了现有的同类防护手套所存在的涂层厚，穿戴舒适度、透气性和操作灵活性均差及容易引发湿疹等诸多不足之处，因而有很强的实用性和极佳的经济性，特别适合于精细加工和轻工作业的操作中使用。

【名称】 塑料叶面环填料

【公开(公告)号】 CN101564671

【公开(公告)日】 2009.10.28

【申请(专利权)人】 姚光纯

【地址】 江西省萍乡市高新技术工业园北区工业大道21号(江西应陶康顺实业有限公司内)

【发明(设计)人】 姚光纯；张汪明

【摘要】 本发明公开了塑料叶面环填料，它包括中心环(1)、外环(3)和至少一个内环(2)，所述中心环、内环和外环同心设置，在中心环与外环之间的每一个环体内间隔交错设置有叶片(4)。本发明由于将环体设置成多层开窗敞开、叶片在环体错开环绕并与环体相搭接，使填料环壁开窗，表面全部敞开，提高了环内空间和环内表面利用率，叶面环填料高径比下降，使得气体绕填料外壁的平均路径大为缩短，液体在填料表面两侧均匀流动，增加了气液流动量，同时填料堆积时不会套叠，使填料之间的线接触变成点接触，液体流动更均匀分散，加快了液膜表面更新，从而提高了气液传质效率。

【名称】 塑料表面成型立体图案的方法

【公开(公告)号】 CN101564882

【公开(公告)日】 2009.10.28

【申请(专利权)人】 中国香港多耐福有限公司

【地址】 中国香港荃湾德士古道188号立泰工业中心第二期17楼G座

【发明(设计)人】 陈德钦

【摘要】 本发明涉及一种塑料表面成型立体图案的方法，包括如下步骤：制作电极毛坯，该电极毛坯具有需要表面成型立体图案的塑料制品的形状；用雕刻机在电极毛坯上雕刻出立体图案制成电极，该立体图案为塑料制品表面所要呈现的立体图案；在模板上制作出模穴，该模穴具有所述塑料制品的形状；利用所述电极在模穴的表面进行电火花加工，在模穴表面形成与所需立体图案相反的图案；在完成的模具中利用注塑成型制作出塑料制品，该塑料制品表面具有立体图案。本发明采用电火花加工的方式加工注塑模具，然后注塑成型，在塑料表面成型立体图案，该方法制作模具成本低、周期短；用此方法获得塑料制片外形美观、新颖，而且有防滑的作用，更符合人体工程学。

【名称】 微孔塑料物理发泡剂连续注入与混合方法
【公开(公告)号】 CN101564885
【公开(公告)日】 2009.10.28
【申请(专利权)人】 福建工程学院
【地址】 福建省福州市闽侯县上街镇福州地区大学新校区学园路
【发明(设计)人】 范有发
【摘要】 一种微孔塑料物理发泡剂连续注入与混合方法，在注射机料筒与旋转式锁闭注料喷嘴之间增加一个微孔塑料物理发泡剂连续注入与混合装置，预处理后的物理发泡剂通过所述微孔塑料物理发泡剂连续注入与混合装置连续的注入塑料熔体中，并以旋转运动方式进行混合，使物理发泡剂溶解于塑料熔体。本发明的优点在于：物理发泡剂连续注入，有利于发泡剂注入量和压力的控制，有利于物理发泡剂与塑料熔体更好、更均匀地混合，物理发泡剂的注入和混合过程与微孔塑料注射成型过程保持相对的独立性，减小二者的同步性要求和设备的控制难度。

【名称】 塑料注射喷嘴的旋转锁闭控制方法
【公开(公告)号】 CN101564886
【公开(公告)日】 2009.10.28
【申请(专利权)人】 福建工程学院
【地址】 福建省福州市闽侯县上街镇福州地区大学新校区学园路
【发明(设计)人】 范有发
【摘要】 本发明提供了一种塑料注射喷嘴的旋转锁闭控制方法，将所述注射喷嘴的注料通道分为固定注料通道和转动注料通道两个部分，通过旋转所述转动注料通道，使之与固定注料通道之间有相互错开而关闭注料通道以及相互对正而开启注料通道的两种状态。本发明方法使喷嘴的开启与关闭速度较快、反应灵敏，容易控制，且该方法所使用的锁闭结构所占空间尺寸小。

【名称】 一种在塑料上的激光标记方法
【公开(公告)号】 CN101564947
【公开(公告)日】 2009.10.28
【申请(专利权)人】 深圳市大族激光科技股份有限公司
【地址】 广东省深圳市南山区高新技术园北区新西路9号大族激光大厦
【发明(设计)人】 高云峰；周宇超；吕启涛；马淑贞
【摘要】 一种在塑料上的激光标记方法，选定含有色素微粒的被标记塑料，该方法包括如下步骤：设置被标记塑料与外光路传导系统的相对位置；中央控制系统使激光发生器发出激光；激光通过外光路传导系统进入振镜组；激光通过振镜组高速摆动在被标记塑料上，形成单个标记点；中央控制系统继续使激光发生器发出激光，使一定能量的激光通过外光路传导系统进入振镜组激光通过振镜组高速摆动在被标记塑料形成一个点阵的填充标记。本发明根据塑料中的色素微粒的吸收特性选择相应波长的激光，且每两个标记点之间距离相等，使得激光在塑料上单点的能量达到一个使塑料中的色素完全变色，但又不伤害到基础塑料基底的一个值，使激光在塑料上产生清晰及高效率标记效果。

【名称】 水性阳离子聚氨酯热熔胶预聚体及其乳液的生产方法
【公开(公告)号】 CN101565494
【公开(公告)日】 2009.10.28
【申请(专利权)人】 天津博苑高新材料有限公司
【地址】 天津市南开区华苑产业园区榕苑路16号
【发明(设计)人】 李春刚；鹿秀山；潘换明；郑江东；刘柏松；王毅；郭平胜；王传增
【摘要】 本发明涉及水性阳离子聚氨酯热熔胶预聚体及其乳液的生产方法。前期由低聚物二元醇、二异氰酸酯单体和阳离子亲水扩链剂在70～90℃反应1～5h生成预聚体；后期合成工艺如下：(1)向预聚体中加入1～5份的第一种中和剂或者不加；(2)向(1)产物中加入1～10份的三异氰酸酯单体；(3)将2.4～12份第二种中和剂分散到120～300份的水中；(4)将(2)产物分散在(3)产物中。最终制得固体含量25%～40%的水性阳离子聚氨酯热熔胶乳液。此法工艺成熟简单，利于大规模生产，可制备高交联度的聚氨酯乳液；制得的水性聚氨酯乳液在5～35℃稳定存放一年以上，层压塑料和油墨有着很好的黏结效果，对比国内外产品，具有优异的品质和较低的成本。

【名称】 改性PBAT发泡材料的制备方法
【公开(公告)号】 CN101565509
【公开(公告)日】 2009.10.28
【申请(专利权)人】 上海交通大学
【地址】 上海市闵行区东川路800号
【发明(设计)人】 林士全；杨斌；严洁峰；杨婧；赵亚平
【摘要】 一种发泡材料技术领域的改性PBAT发泡材料的制备方法，包括如下步骤：步骤一，将硬脂酸甘油酯和PBAT置于三氯甲烷中溶解，18～25℃下挥发去除三氯甲烷，制备得到改性PBAT材料；硬脂酸甘油酯为PBAT重量的0.1%～10%；步骤二，将改性PBAT材料置于超临界状态的CO_2流体中进行溶胀，卸压，发泡，得到改性PBAT发泡材料。本发明的改性PBAT发泡材料是一种可以完全生物降解的绿色塑料，是一种完全绿色的发泡材料。

【名称】 一种物理浸渍液及物理浸渍法制备高性能柔性聚氨酯泡沫塑料
【公开(公告)号】 CN101565511
【公开(公告)日】 2009.10.28
【申请(专利权)人】 圣诺盟聚氨脂(上海)有限公司
【地址】 上海市嘉定区马陆镇科福路899号
【发明(设计)人】 张卫东；张小军；陈小华；郭新焕；陈妙
【摘要】 本发明涉及一种物理浸渍液及物理浸渍法制备高性能柔性聚氨酯泡沫塑料的方法，该物理浸渍液以水、乙醇、乙二醇、2-丙醇、1-丁醇、丙酮等为溶剂，以磷酸钾、磷酸钠、磷酸氢钾、磷酸二氢钾、碳酸钠、碳酸氢钠、磷酸三乙酯、磷酸三苯酯、甲基膦酸二甲酯、聚磷酸胺、聚磷酸等为溶质。方法是将物理浸渍液对柔性聚氨酯泡沫塑料进行浸渍处理，使该柔性聚氨酯泡沫塑料表面没有气泡，被物理浸渍液充分浸渍3～250min，在20～200℃下干燥至恒重，以除去柔性聚氨酯泡沫塑料表面残留的物理浸渍液，得到高性能柔性聚氨酯泡沫塑料。本发明所制备的满足各类需求的特种新型柔性聚氨酯泡沫塑料，不受柔性聚氨酯泡沫塑料合成工艺限制，成本较低。

【名称】 纳米稀土钙锌镁铝PVC复合稳定剂
【公开(公告)号】 CN101565512
【公开(公告)日】 2009.10.28
【申请(专利权)人】 内蒙古皓海化工有限责任公司
【地址】 内蒙古自治区通辽市扎鲁特旗鲁北镇
【发明(设计)人】 富宝玉
【摘要】 本发明涉及一种应用于PVC树脂的纳米稀土钙锌铝镁PVC复合稳定剂。其采用高纯稀土化合物、钙锌化合物、醇类、碱式镁铝盐、亚磷酸酯类和β二酮类等无重金属污染的化学品制成。其具体组分是由氧化镧、氧化钙、氧化锌、硬脂酸、双季戊四醇、抗氧剂1010、聚乙烯蜡、环氧大豆油、山梨醇、叔丁基苯甲酸、氢氧化铝、氢氧化镁、纯碱、硫酸铝、冰蜡酸、酒石酸、丁醇等化学品组成的，如果制作PVC管材另加亚磷酸，制作PVC型材另加二苯甲酰甲烷。采用上述组方生产的纳米稀土钙锌PVC复合稳定剂，不仅能够取代传统的铅盐镁稳定剂，清除重金属的污染，而且与其他类产品相比，能够使PVC塑料制品的使用性能得到进一步的提高。

【名称】 一种环保复合塑料油墨及其制备方法
【公开(公告)号】 CN101565577
【公开(公告)日】 2009.10.28
【申请(专利权)人】 黄山新力油墨科技有限公司
【地址】 安徽省黄山市徽州区永佳大道169号
【发明(设计)人】 汪建中；吴土华；罗平平；汪健；方正；吴秉祯；洪锋；丁全柱
【摘要】 本发明涉及一种环保复合塑料油墨及其制备方法，其原料包括改性氯醚树脂液、改性附着力增进树脂液、颜料、填料、聚乙烯蜡、亚光粉、助剂、慢干溶剂和溶剂，其中溶剂为乙醇、异丙醇和醋酸乙酯；制备方法包括一次分散原料、二次分散研磨和三次分散调整等步骤。本发明能有效消除残留溶剂对包装物的侵害，保证了卫生安全；使用乙醇、异丙醇、醋酸乙酯作为溶剂，利于环保，且乙醇是可再生资源，节约了能源。

【名称】 一种塑料薄壁盒
【公开(公告)号】 CN101565982
【公开(公告)日】 2009.10.28
【申请(专利权)人】 邱则有
【地址】 湖南省长沙市芙蓉中路二段59号顺天城28楼
【发明(设计)人】 邱则有
【摘要】 一种塑料薄壁盒，包括上板(1)、周围侧板(2)、下底板(3)，上板(1)、周围侧板(2)、下底板(3)彼此围合形成封闭的空腔薄壁盒，其特征在于所述的上板(1)、周围侧板(2)、下底板(3)均为塑料板片(4)拼合而成，拼合部位由连接件(5)连接成整体，薄壁盒的空腔内设置有可分体的支撑杆环圈架(6)、支撑圈架(7)、支撑杆(8)或者支撑板(9)中的至少一种，并与薄壁盒的塑料板片(4)的内壁接触连接，支撑杆环圈架(6)、支撑圈架(7)、支撑杆(8)或者支撑板(9)上设置有承插凹口(10)，承插凹口(10)处的塑料板片(4)上设置有加强筋(11)或定位块(12)，并与承插凹口(10)叠合嵌固连接，支撑杆(8)中有至少一根支撑杆(8)为塑料空杆与砼或砂浆芯复合而成，支撑杆(8)中有至少一根支撑杆(8)为空心杆件。适用于各种现浇钢筋砼或预应力钢筋砼的空心板、空心楼盖、屋盖、基础底板、墙体和空腹桥梁使用，特别适用于空心无梁楼盖使用。

【名称】 一种金属塑料复合材料工作层成分配比的优化方法
【公开(公告)号】 CN101567020
【公开(公告)日】 2009.10.28
【申请(专利权)人】 江苏大学
【地址】 江苏省镇江市学府路301号

【发明(设计)人】 骆志高；陈保磊；庞朝利

【摘要】 本发明公开了一种金属塑料复合材料工作层成分配比的优化方法，通过若干组正交试验得出聚苯硫醚、尼龙66和碳纤维的工作层配比参数及与之对应的复合材料的减振性与牢固性的材料性能参数；对自适应神经模糊推理系统进行训练并分别建立全局映射关系，利用三维分析软件建立系统模型并进行修正得到各参数；以减振性与牢固性各占50%的最优性能作为目标，利用遗传算法对配比参数进行复制、交叉和变异操作，得出与最优性能所对应的配比参数值，取经遗传算法优化所得的配比参数值及对应的性能参数，与用三维分析软件修正的相同的性能参数对应的配比参数相比较。本发明既保证了精度，又提高了效率，使金属塑料复合材料的减振及牢固性大幅提高。

【名称】 微孔塑料平底育秧盘

【公开(公告)号】 CN101569275

【公开(公告)日】 2009.11.04

【申请(专利权)人】 杨庚

【地址】 北京市西城区百万庄南街10号院5号楼1402

【发明(设计)人】 杨庚

【摘要】 本发明公开一种用于农作物育苗的微孔塑料平底育秧盘。它是由盘底联结盘壁再联结盘框组成，有的盘的盘底和盘壁还间隔有凸凹加强条或凸起加强条加固，在盘底均匀分布有许多微孔，有的盘的盘壁或盘框也有许多微孔。这种微孔结构的育秧盘解决了肥水的渗透和幼苗串根的问题，在育苗时苗床中的水肥能均匀渗透入育秧盘内为幼苗提供更多的养分，提高育苗的质量，达到培育壮苗和大苗的目的，但由于微孔极小阻止了根系扎入苗床。使用该育秧盘育秧水肥的利用率高，节水省肥，育秧质量好，起盘脱苗容易，不损坏秧盘，不断根伤苗。另外，它的材质有微孔，可节省原料，减轻重量，便于运输，便于加工。

【名称】 全塑复合层时温可控单兵水壶

【公开(公告)号】 CN101569459

【公开(公告)日】 2009.11.04

【申请(专利权)人】 高东方

【地址】 广东省深圳市福田区上梅林中康生活区五栋702

【发明(设计)人】 高东方

【摘要】 一种能将任何气温中的壶内热开水温度调控成各自需饮时的适饮水温的全塑复合层时温可控单兵水壶。它以无毒硬塑料的壶体、壶盖经壶嘴螺旋封盖，被硬塑料复合双层的壶壳和壶壳盖螺旋封闭。壶壳底部设壶壳底孔和塞坑，由铬钢螺钉旋压两头为胶塞的胶联；壶壳嘴箍软胶垫圈，周围匀竖3个长孔。壶壳盖经软胶垫圈与壶壳嘴螺旋封盖，外顶部穿经壳盖绳与网状套于壶壳的背带系结。当壶内装入热开水而旋紧壶盖后，热量便逐渐释放于壶壳内；壶壳、壶壳盖的复合层之间经封闭形成的隔导空间可大量阻挡热量向外的对流、传导和幅射。以胶塞是否塞入壶壳底孔或塞入多少，以及壶壳盖是否封闭长孔或露出多少，单兵便可在任何气温中调控出各自需饮时的适饮水温。

【名称】 一种塑料瓶盖模压机的液压油路系统

【公开(公告)号】 CN101570043

【公开(公告)日】 2009.11.04

【申请(专利权)人】 绍兴县皇冠机械有限公司

【地址】 浙江省绍兴县福全镇工业区(东园村)

【发明(设计)人】 金土良；金文广

【摘要】 本发明公开了一种塑料瓶盖模压机的液压油路系统，包括机架、主轴，主轴上端套设有旋转内接头、接头外套，旋转内接头与主轴周向固定，接头外套与机架连接；主轴下端套设有分油盘；接头外套上设有进油口和出油口，接头外套和旋转内接头之间设有多个环形油槽，这些环形油槽的上下均通过密封圈密封，旋转内接头内设有与环形油槽一一对应并单独连通的多个输油通道，这些输油通道分别通过独立的输油管路与设在分油盘内的供油空间和回油空间连通，分油盘内的供油空间和回油空间均密封并且相互独立不连通，供油空间和回油空间均通过独立的分油管分别与每个模压单元的换向阀连接。本技术方案具有供油充足、油压稳定、结构合理、方便维护等优点。

【名称】 一种采用挤塑的蜘蛛网结构塑料光纤制备模具和方法

【公开(公告)号】 CN101570051

【公开(公告)日】 2009.11.04

【申请(专利权)人】 江苏亨通光电股份有限公司

【地址】 江苏省吴江市七都工业区

【发明(设计)人】 王英明；周春东；马建林；吴志平；吴金华；蔡迪

【摘要】 本发明提供一种了蜘蛛网结构的塑料光纤的制备模具和方法，其中所述模具包括模芯和模套，其中所述模芯包括模芯后端和模芯前端；模芯后端与机头分流锥相接，模芯前端由多层扇形微管组成，扇形微管从模芯的中轴线到边缘逐步变大，扇形微管不交叉间隙为多层同心圆，交叉间隙呈米字形；模芯前端与模芯后端通过各扇形微管导通。在挤出生产时，恒压空气或氮气直接从分流锥中间导入模芯后端，然后由模芯后端导入至各扇形微管，最后由各个扇形微管导出；塑料从模芯外表面与模套之间以一定的压力挤出，直接灌注模芯前端各扇形微管间的间隙。本发明以一种简洁合理的方法首次实现了蜘蛛网结构，保证了蜘蛛网结构的完整。

【名称】 用于制造塑料双壁波纹管材的新型冷却装置

【公开(公告)号】 CN101570053

【公开(公告)日】 2009.11.04

【申请(专利权)人】 潍坊中云科研有限公司

【地址】 山东省潍坊市高新技术产业开发区民营工业园

【发明(设计)人】 张泽奎；韩炳强；王培森

【摘要】 本发明公开了一种用于制造塑料双壁波纹管材的新型冷却装置，包括对波纹管材外表面成型的成型模块，安装在挤出摸头上且对波纹管材内表面成型冷却的定型套，所述定型套的外端部固定安装有对波纹管材内表面冷却的内冷却装置；并在内冷却装置的流道内通入连续循环流动的冷却介质，实现了双壁波纹管材生产时内、外表面同时冷却，大大提高了塑料双壁波纹管的冷却效率，生产线运行电能消耗降低20%以上。

【名称】 应用环保树脂材料制成收缩塑料膜的方法

【公开(公告)号】 CN101570060

【公开(公告)日】 2009.11.04

【申请(专利权)人】 杨启赞

【地址】 中国台湾省彰化市

【发明(设计)人】 杨启赞

【摘要】 一种应用环保树脂材料制成收缩塑料膜的方法，是以OPS、PET、PLA等环保树脂材料，以吹气成型机将其成型管状塑料膜后，再滚压形成折叠塑料膜，经第一步骤的强迫降温，使所述的折叠塑料膜产生较强的韧性，再进入第二步骤的加热软化，所述的折叠塑料膜经第三步骤的定位装置，以避免行进热水中产生的扭转飘动而使膜壁厚度造成不均现象，同时将多余不均厚度的物料被挤至位于定位装置的折叠塑料膜两侧折痕位置，以提供吹气后的管状塑料膜膜壁厚度获得平均，而后再进入第四步骤的急速冷却，凭借急速冷却模管将所述的成型的管状塑料膜制成较佳韧性，并提升其收缩率，经卷收后，以提供使用者在表面上仅进行两侧折痕部分的裁切，以形成两片厚度均匀的塑料膜，供印刷与包覆容器后，提升其加热收缩品质，且具有无毒性的环保效果。

【名称】 采用蛋托构成的可装运的包装体及其包装方法

【公开(公告)号】 CN101570262

【公开(公告)日】 2009.11.04

【申请(专利权)人】 福建光阳蛋业股份有限公司

【地址】 福建省福州市杨桥东路11号中闽大厦B座16层

【发明(设计)人】 余劼

【摘要】 本发明涉及一种采用蛋托构成的可装运的包装体及其包装方法。本发明是采用蛋托构成的可装运的包装体，所述的蛋托为塑料蛋托，由底框和蛋槽构成，在底框内设有若干纵横规则分布的、相互连接的向下凹陷的蛋槽，将塑料蛋托层层叠放后，通过捆扎带将若干层塑料蛋托捆扎成为一体。本发明与现有的纸皮蛋托相比，在运输过程中蛋品的破损率明显降低，由于采用塑料蛋托，使得蛋托可以反复多次循环使用，显著降低了包装体的使用成本，同时，本发明可大量节约纸皮和纸箱的使用量，因此能够产生巨大的经济效益和社会效益，能为企业节省大笔经费，能为国家节约大量的森林资源，为国家的水土保存做出巨大的贡献。

【名称】 亚克力人造石及其制备方法

【公开(公告)号】 CN101570413

【公开(公告)日】 2009.11.04

【申请(专利权)人】 上海新天和树脂有限公司；浙江天和树脂有限公司

【地址】 上海市奉贤区金汇镇大叶公路5995号

【发明(设计)人】 林定多；马勇；常鹏

【摘要】 本发明涉及一种具有天然大理石表面花纹和优异耐热水性能的亚克力人造石及其制备方法。一种亚克力人造石，按重量份计包括下述组分：亚克力树脂单体40～70份、增稠剂10～25份、无机填料200～350份、固化剂0.01～2份、不饱和树脂0～30份，所述的增稠剂为丙烯酸类聚合物与亚克力树脂单体的热溶混合物，丙烯酸类聚合物的分子量在100000～400000。针对上述的亚克力人造石的制备方法为：捏合机中按配方加入不饱和树脂、亚克力树脂单体、增稠剂、无机填料和固化剂，将原料捏合，获得亚克力模塑料，将模塑料填充到模具中，在100～145℃，10～20MPa压力下固化，制得亚克力人造石。制成的亚克力人造石具有优异的外观和性能。

【名称】 一种膨胀型三聚氰胺次磷酸盐阻燃剂的制备方法

【公开(公告)号】 CN101570518

【公开(公告)日】 2009.11.04

【申请(专利权)人】 东华大学

【地址】 上海市松江区松江新城区人民北路2999号

【发明(设计)人】 彭治汉；陈晓锋

【摘要】 本发明涉及一种膨胀型三聚氰胺次磷酸盐阻燃剂的制备方法，包括：采用水相合成法，将摩尔比为1:(0.5～3)的三聚氰胺和次磷酸加入到水中，以300r/min的搅拌速度，于0～100℃搅拌反应2h，然后将反应产物进行抽滤、洗涤，于150℃干燥3h，即得三聚氰胺次磷酸盐阻燃剂。该制备方法简捷、高效、无卤，对环境友好，成本低，具有良好的经济效益；且制得的阻燃剂磷含量高，常温下为固体，热稳定性高，与高聚物相容性好，不仅可用于聚烯烃的无卤素阻燃体系，还可以用于聚酯、聚酰胺等工程塑料的无卤素阻燃。

【名称】 一种聚醚醚酮类聚合物及其制备方法
【公开(公告)号】 CN101570591
【公开(公告)日】 2009.11.04
【申请(专利权)人】 河北工业大学
【地址】 天津市红桥区丁字沽光荣道8号
【发明(设计)人】 刘宾元；刘宝兴；曲佳燕；张旭；杨敏
【摘要】 本发明涉及一种工程塑料，具体为一种聚醚醚酮类聚合物及其合成方法。该聚醚醚酮类聚合物的结构式为式(Ⅰ)，其中为式(Ⅱ)，$n=48\sim170$。上面所述聚醚醚酮类聚合物的制备方法为将双酚单体和无水碳酸钾按照1:1.26的摩尔比加入到反应器中，再加入溶剂、双氟单体和甲苯，加热反应后，再经浸泡、过滤，最后烘干得到上述聚醚醚酮类聚合物。本发明中聚醚醚酮聚合物提高了聚合物的溶剂性，并保持了良好的耐热性能和力学性能。T_g达到170℃，T_m达到350℃，抗拉强度达到92MPa，并提高了聚合物的溶解性，使其可溶解与二氯甲烷、三氯甲烷，四氢呋喃等常规溶剂，使其在加工方面更具优势。

【名称】 一种高性能合成型光降解抗菌塑料的制备方法
【公开(公告)号】 CN101570608
【公开(公告)日】 2009.11.04
【申请(专利权)人】 垦利三合新材料科技有限责任公司
【地址】 山东省东营市垦利县经济开发区
【发明(设计)人】 梁延民；冷亮；曹会民；伊常亮
【摘要】 本发明涉及一种高性能合成型光降解抗菌塑料的制备方法，主要用于一种高性能合成型光降解抗菌塑料的制备。采用无机纳米碳酸钙颗粒为载体在表面包覆剂的作用下与抗菌剂混合后制得无机纳米抗菌母粒，将光降解剂、制备好的抗菌母粒与烯烃类原料、增溶剂、增塑剂、交联剂、分散剂按一定比例在170～180℃的温度下经双螺杆机熔融共混，在烯烃类原料的主链上引入光降解剂，冷却后切粒制得高性能合成型光降解抗菌塑料，所制得的高性能合成型光降解抗菌塑料密度1.05～1.3g/cm^3，拉伸强度≥15MPa，断裂伸长率≥400%，分解度≥99%。该种产品广泛用于母料、包装膜、食品包装袋、一次性餐盒、医疗等行业。

【名称】 一种无卤阻燃热塑性聚氨酯塑料及其制备方法
【公开(公告)号】 CN101570632
【公开(公告)日】 2009.11.04
【申请(专利权)人】 中纺投资发展股份有限公司
【地址】 上海市浦东新区浦东南路500号国家开发银行大厦4202室
【发明(设计)人】 刘森林；王东庆；李泽阳；沈贵宏
【摘要】 本发明公开了一种无卤阻燃热塑性聚氨酯塑料，包括以下重量百分比的原料：(1)至少一种热塑性聚氨酯聚合物，40%～95%；(2)5%～40%具有式Ⅰ结构的有机磷酸酯阻燃剂，其中的$R_1\sim R_4$为相同或不同的烷基、环烷基、苯环或含取代基团的苯环，$n=1\sim20$；(3)0%～20%的无机填料。本发明还提供了这种无卤阻燃热塑性聚氨酯塑料的制备方法，所得产品符合环保要求，力学性能保持良好，易于加工，阻燃性好，且阻燃剂不析出。

【名称】 阻燃型木塑复合材料及其制备方法
【公开(公告)号】 CN101570639
【公开(公告)日】 2009.11.04
【申请(专利权)人】 东北林业大学
【地址】 黑龙江省哈尔滨市香坊区和兴路26号
【发明(设计)人】 王清文；房轶群；高华；隋淑娟；王海刚；宋永明
【摘要】 阻燃型木塑复合材料及其制备方法，它涉及一种木塑复合材料及其制备方法。本发明解决了现有的阻燃型木塑复合材料中采用的含卤阻燃剂烟雾大、聚磷酸铵为阻燃剂主体不适合成型加工温度要求高的木塑复合材料的制备及制备得到的木塑复合材料力学性能差的问题。本发明材料由改性废旧塑料、木质纤维、膨胀型阻燃剂、润滑剂和助剂制成。方法：一、称取原料；二、木质纤维预处理；三、原料混合得到预混料；四、预混料进行熔融复合制得木塑复合材料熔体；五、熔体通过挤出、注射、热压或模压成型即得阻燃型木塑复合材料。本发明膨胀型阻燃剂适合加工温度要求高的木塑复合材料的制备，本发明的阻燃型木塑复合材料阻燃性能和力学性能好，烟雾小。

【名称】 一种节能环保型平面凸轮塑料圆织机

【公开(公告)号】 CN101570912
【公开(公告)日】 2009.11.04
【申请(专利权)人】 黄美昌
【地址】 浙江省平阳县敖江镇浦下路93号
【发明(设计)人】 黄美昌
【摘要】 本发明涉及塑料圆织机领域，特别是一种节能环保型平面凸轮塑料圆织机，其特征是所述平面凸轮上设计有宽窄两道凹槽封闭曲线，所述摆架的一端同轴上安装有直径一大一小的两只滚轮，宽凹槽一侧槽壁与摆架上的大滚轮滚动接触，窄凹槽一侧槽壁与摆架上的小滚轮滚动接触，摆架与摆架座活动连接，摆架的另一端与铰链的一端活动连接，铰链的另一端与棕带紧固件活动连接，棕带紧固件上设计有滑孔，滑孔与滑孔导柱滑动接触，棕带紧固件与棕带紧固连接，这种新结构彻底克服了现有技术圆织机工作能耗大、粉尘大的缺陷，可使圆织机节电30%以上。
【名称】 一种用于预测改性塑料熔接性能的试样模具
【公开(公告)号】 CN101571462
【公开(公告)日】 2009.11.04
【申请(专利权)人】 苏州禾盛新型材料股份有限公司等
【地址】 江苏省苏州市工业园区后戴街108号
【发明(设计)人】 赵东明；汪倩文；郁文娟
【摘要】 本发明提供一种用于预测改性塑料熔接性能的试样模具，包括静模板、型腔板及动模板，型腔板上设有用于模塑标准拉伸试样的型腔、与型腔相连通的浇口及与浇口相连通的分流道，型腔板上设有3个型腔，3个型腔的外形尺寸完全一致；其中两个型腔沿水平方向呈平行并列排布，水平方向两个型腔的一端设置浇口；另一个型腔沿垂直方向布置，设置在水平方向两个型腔的旁侧，垂直方向型腔的两端均设置浇口；垂直方向型腔的上端浇口与水平方向一型腔的浇口相对，垂直方向型腔的下端浇口与水平方向另一型腔的浇口相对。一次注塑成型即可同时获取有熔接痕与无熔接痕两种类型的拉伸试样，比较两种不同试样的拉伸数据，可表明熔接痕对材料性能的影响。
【名称】 一种全无铅X射线屏蔽塑料复合材料
【公开(公告)号】 CN101572129
【公开(公告)日】 2009.11.04
【申请(专利权)人】 北京化工大学
【地址】 北京市朝阳区北三环东路15号
【发明(设计)人】 刘力；张立群；魏宗源；臧立伟；胡水；温世鹏
【摘要】 本发明涉及一种全无铅X射线屏蔽塑料复合材料。以稀土的混合物来代替铅，同时加入金属锡及其化合物、金属钨及其化合物、铋及其化合物等作为屏蔽主体材料，再与塑料复合，制备可在40~170kVp能量区间实现全屏蔽和完全无铅的复合材料。在使用稀土和铋材料时，采取这两种金属元素无机化合物和不饱和有机配合物并用的方式，通过原位反应与高分子基体复合，使屏蔽元素分散相在基体中形成纳米-微米级分散粒子。本发明制备的材料兼具屏蔽元素优异的X射线屏蔽性能和基体高分子材料优良的常规物理机械性能，可广泛用于医用诊断X射线光机、X射线衍射仪及其伴有X射线产生的场合工作人员的射线防护。
【名称】 穿孔膜成型机构及成型方法
【公开(公告)号】 CN101574818
【公开(公告)日】 2009.11.11
【申请(专利权)人】 黄利光
【地址】 浙江省温州市瓯海梧田街道沙门北路2号
【发明(设计)人】 黄利光
【摘要】 本发明涉及一种用于制造穿孔膜的穿孔膜成型机构，它包括薄膜放卷辊、上顶张紧辊、下压张紧辊、挤压针刺成型辊及薄膜收卷辊，所述挤压针刺成型辊中的针刺成型辊的辊面为针刺辊面且针刺辊面内置有多根电加热管。优点：一是结构简单，生产效率高，每分钟达300m以上，大大地降低了穿孔膜的制造成本；二是穿孔膜微孔成型效率高且针直径规则；三是通过对针刺成型辊的变带，实现了在塑料薄膜成型椭圆孔的目的。
【名称】 塑胶外壳无缝包边工艺以及专用高压成型模芯
【公开(公告)号】 CN101574843
【公开(公告)日】 2009.11.11
【申请(专利权)人】 杨洪熹
【地址】 中国香港九龙红勘比利街23号1座29楼D室
【发明(设计)人】 杨洪熹
【摘要】 一种塑胶外壳无缝包边工艺以及专用高压成型模芯，它属于塑料加工技术领域，所述的工艺步骤包括印刷；使用专用的模芯进行高压成型，使得塑胶材片成行为三维壳体；再使用冲切模具沿着三维壳体的折弯处上端或者内凹弯曲的弯曲处上端进行冲切，切去废料区域；最后使用普通工艺对于已经完成冲切的三维壳体用干燥的塑胶粒进行注塑，最后成型；所述的模芯形状为：长方体且在其两个侧面的下部沿水平位置设置有内凹弧形槽。本发明使得塑胶外壳的塑料片材的覆盖区域得到突破性的增加，可以覆盖到注塑模具的分形面以下，甚至可以覆盖到之前无法覆盖的倒扣位置区域，使得塑胶外壳完全没有漏边的现象，从而可以使最终的产品更加美观。

【名称】 一种塑料管材在线扩径装置及扩径方法
【公开(公告)号】 CN101574847
【公开(公告)日】 2009. 11. 11
【申请(专利权)人】 广东联塑科技实业有限公司
【地址】 广东省佛山市顺德区龙洲路龙江段联塑工业村广东联塑科技实业有限公司
【发明(设计)人】 文巍伟
【摘要】 本发明提供了一种塑料管材在线扩径装置及扩径方法，装置由冷却水套(1)、真空定径套(2)和冷却真空箱(3)组成，所述真空定径套(2)安装在冷却真空箱(3)的内部前端，所述冷却水套(1)安装在冷却真空箱(3)的外部前端。本发明与管道生产设备配合使用，在管道挤出成型后即通过冷却水套进行冷却，然后通过冷却真空箱及设于冷却真空箱内部的真空定径套直接扩径，改变了现有技术需要重新加热的二次定径方法，使塑料管道尺寸变化，并具有了热收缩的记忆功能。

【名称】 一种塑料挤出机的喂料堵料报警器
【公开(公告)号】 CN101574848
【公开(公告)日】 2009. 11. 11
【申请(专利权)人】 上海金发科技发展有限公司；金发科技股份有限公司
【地址】 上海市青浦区朱家角工业园康园路 88 号
【发明(设计)人】 刘敏
【摘要】 本发明涉及一种塑料挤出机的报警装置，特别是塑料挤出机在喂料部分发生堵料的一种报警装置。一种塑料挤出机的喂料堵料报警器，包括横置的双螺杆高温加热筒和与之垂直的下料管，在下料管的一侧设置一块翻转板，翻转板中央的转轴位于下料管的侧壁，翻转板的一半在下料管内，一半在下料管外；所述翻转板外部一半的上方设有固定挡板，下方设有微动开关，并通过电线连接报警器。本发明结构简单，操作方便，有益效果是：只要一出现主喂料返料，报警器就会发出声光报警，提醒员工进行清理，大大减少了浪费，且提高了产成品的合格率；由于清理及时，能有效避免主机螺杆的卡死，降低了设备的故障率。

【名称】 一种钢塑复合管内衬设备及其运行方法
【公开(公告)号】 CN101574850
【公开(公告)日】 2009. 11. 11
【申请(专利权)人】 广东联塑科技实业有限公司
【地址】 广东省佛山市顺德区龙洲路龙江段联塑工业村广东联塑科技实业有限公司
【发明(设计)人】 李清；朱双生；袁栋平
【摘要】 本发明提供了一种钢塑复合管内衬设备及运行方法，设备包括机架(1)、电磁感应线圈(2)、顶管及充气装置(3)，钢塑复合管位于机架(1)内部，所述顶管及充气装置(3)设置在钢塑复合管的一个端口或两个端口侧面，并能够固定钢塑复合管的外层钢管及内层塑料管，所述电磁感应线圈(2)也设置在机架(1)的内部，并能够套在钢塑复合管的外围来回移动。本发明为直接对钢管均匀加热、能源消耗及损失小、高生产效率的钢塑复合管内衬设备。

【名称】 具有图案的塑料组件及其制作方法
【公开(公告)号】 CN101574873
【公开(公告)日】 2009. 11. 11
【申请(专利权)人】 华硕电脑股份有限公司
【地址】 中国台湾省台北市北投区立德路 150 号 4 楼
【发明(设计)人】 林祺坤；庄文德；潘弘崧；李吉丰
【摘要】 本发明提供一种具有图案的塑料组件及其制作方法，上述具有图案的塑料组件包括：一薄膜基板；一成膜图案，通过热转印工序来形成于该薄膜基板上；一复合材料层，形成于该成膜图案上；以及一塑料基板，形成于该复合材料层上。

【名称】 一种塑料瓶的防伪结构
【公开(公告)号】 CN101575032
【公开(公告)日】 2009. 11. 11
【申请(专利权)人】 上海奇谋能源技术开发有限公司
【地址】 上海市松江区松汇西路 1558 号 A－208
【发明(设计)人】 王武生
【摘要】 本发明公开了一种塑料瓶的防伪方法，本发明的目的在于克服现有技术的缺点，提供一种将防伪标记置于饮料瓶的瓶体的瓶嘴上，开启后瓶体上的防伪标记不能重新复原，购买时极易识别真假的防止被回收假冒的塑料瓶防伪结构。所述结构是在瓶体的瓶嘴上有一次性的易断材料。本发明的易断材料是安装在瓶体的瓶嘴上，一方面是因为瓶体的生产成本比瓶盖高得多，另一方面是因为人们在喝饮料时嘴是与瓶体上的瓶嘴相接触。采用瓶体的一次性既可以增加制假的成本，同时也可以保证人们的健康。本发明用于塑料瓶的制作可以提高防伪的效果，保护人民的身体健康。

【名称】 一种聚酯改性聚乙烯材料及制备方法
【公开(公告)号】 CN101575428
【公开(公告)日】 2009. 11. 11

【申请(专利权)人】 高唐县德文钢塑有限公司
【地址】 山东省聊城市高唐县经济技术开发区
【发明(设计)人】 唐文林
【摘要】 本发明提供一种聚酯改性聚乙烯材料及制备方法，属于塑料制品领域，是由下述重量百分比的原料组成：聚乙烯树脂：84.2%～92.5%，抗紫外线吸收剂：0.1%～0.3%，齐酸剂：0.3%～1%，氯化聚乙烯：1.5%～3.5%，邻苯二甲酸二庚酯：0.7%～1.5%，抗氧剂：0.5%～1.2%，C油：0.1%～0.3%，活性纳米碳酸钙：4%～8%。本发明的聚酯改性聚乙烯材料使用价格不高的活性纳米碳酸钙做填充料，大大降低了聚酯改性聚乙烯的生产成本，比没有加填充料的聚乙烯材料价格降低百分之七左右。其制备工艺简单，制造成本低。广泛应用于太阳能冷热水管、自来水管、建筑用地暖管以及各种板材、片材等领域。

【名称】 轨道交通用不燃SMC聚酯模塑料及其制备方法
【公开(公告)号】 CN101575443
【公开(公告)日】 2009.11.11
【申请(专利权)人】 无锡新宏泰电器科技股份有限公司
【地址】 江苏省无锡市惠山区堰新路18号
【发明(设计)人】 夏宏伟；赵敏海；冯伟祖；肖新；倪新梅；吴玉亚
【摘要】 一种轨道交通用不燃SMC聚酯模塑料及其制备方法，所述不燃SMC聚酯模塑料是由以下重量份数的原料组成：不饱和聚酯树脂50～70份、低收缩添加剂30～50份、降黏剂5～8份、浸润剂4～6份、液态颜料8～10份、固化剂0.5～1.5份、阻聚剂0.1～0.3份、稀释剂4～6份、填充材料385～420份、慢速增稠剂1～3份、短切玻璃纤维90～120份。本发明通过添加大量级配过的氢氧化铝，同时添加一定比例的降黏剂和工艺助剂控制体系黏度、流动性、脱模性，并添加一定比例的增稠剂控制材料的起始增稠速度，使材料既保持了良好的流动性和表面质量，又达到不燃的要求，其阻燃级别为UL94V－0t＝1mm。

【名称】 低密度SMC聚酯模塑料及其制备方法
【公开(公告)号】 CN101575444
【公开(公告)日】 2009.11.11
【申请(专利权)人】 无锡新宏泰电器科技股份有限公司
【地址】 江苏省无锡市惠山区堰新路18号
【发明(设计)人】 夏宏伟；赵敏海；冯伟祖；肖新；倪新梅；吴玉亚
【摘要】 本发明公开了一种低密度SMC聚酯模塑料及其制备方法。它是用不饱和聚酯树脂、低收缩添加剂、液态颜料、降黏剂、固化剂、增稠剂、脱模剂、碳酸钙粉末、短切玻璃纤维按一定比例混合，并加入一定比例的密度为0.3～0.4g/cm^3的纳米二氧化硅或空心玻璃微珠作为轻质填充材料而成。这种塑料保持了聚酯模塑料原有的优良性能，具有更小的密度，能够节省能源，降低企业的生产成本，提高竞争能力。

【名称】 低温快速固化聚酯模塑料及其制备方法
【公开(公告)号】 CN101575445
【公开(公告)日】 2009.11.11
【申请(专利权)人】 无锡新宏泰电器科技股份有限公司
【地址】 江苏省无锡市惠山区堰新路18号
【发明(设计)人】 夏宏伟；赵敏海；冯伟祖；肖新；倪新梅；吴玉亚
【摘要】 本发明公开了一种低温快速固化聚酯模塑料及其制备方法，通过混合匹配多种固化剂并辅以新型的复合型阻聚剂来调节材料的固化过程、通过加入新型的降黏浸润剂来提高材料的脱模平滑性、并通过增加在固化体系后又加入少量纤维预分散的步骤对材料的成型工艺进行改良，使聚酯模塑料在保持原有优良性能的同时，成型温度明显降低至只有110～130℃，同时固化周期缩短至8～10s/mm，既节省了能源，又降低了企业的生产成本。本发明的低温快速固化聚酯模塑料是一种具有优异的机械性能、电性能及耐热性能的节能环保材料，广泛适用于电器、仪表、汽车制造、航空、交通、建筑等各领域。

【名称】 一种用于钢塑复合管黏接的热熔胶
【公开(公告)号】 CN101575484
【公开(公告)日】 2009.11.11
【申请(专利权)人】 广东联塑科技实业有限公司
【地址】 广东省佛山市顺德区龙洲路龙江段联塑工业村广东联塑科技实业有限公司
【发明(设计)人】 文巍伟
【摘要】 本发明公开了一种用于钢塑复合管的专用热熔胶。该热熔胶包括如下重量份数的组分：EVA100，松香5～100，PE蜡10～50，LLDPE10～80，HDPE0～50，碳酸钙0～10，抗氧剂1～10。本发明的热熔胶材料兼有黏结极性和非极性材料的双重黏结效果。是应用于钢塑复合管中PVC/CPVC、PE/PERT等塑料与钢管黏合的较适合的热熔胶。

【名称】 曲轴箱通风系统膜片式PCV阀
【公开(公告)号】 CN101575997

【公开(公告)日】 2009. 11. 11
【申请(专利权)人】 上海万捷汽车控制系统有限公司
【地址】 上海市浦东新区川大路 211 号
【发明(设计)人】 陈玉峰；龚国京；童少荣
【摘要】 本发明公开了曲轴箱通风系统膜片式 PCV 阀，包括固定连接的上壳体和下壳体，上壳体底部设有压环，下壳体顶部设有与压环对应的限位柱，限位柱从下至上依次套接有膜片塞网支架和膜片，压环套接在限位柱上抵住膜片，压环通过加强筋 I 竖直固定在上壳体底部，加强筋 I 斜向下均匀分布在上壳体内壁上，限位柱通过加强筋 II 竖直固定在下壳体顶部，加强筋 II 均匀分布在下壳体内壁上，上壳体、下壳体和膜片塞网支架采用 PA6 - GF30 塑料，膜片采用软质增韧氟橡胶。本发明可以提高汽车尾气净化能力，稳定限制气体流量，确保发动机安全平稳工作，并达到气体循环效果；同时提高了空气流通性，降低了重量和模具开发成本，提高了加工工艺稳定性。

【名称】 一种通风机叶轮塑料叶片
【公开(公告)号】 CN101576090
【公开(公告)日】 2009. 11. 11
【申请(专利权)人】 安徽华瑞塑业有限公司
【地址】 安徽省潜山县综合经济开发区华瑞路
【发明(设计)人】 汪政
【摘要】 本发明公开了一种通风机叶轮塑料叶片，包括叶型，该叶型固定于圆弧状叶型座上，叶型座的一侧边设有凹槽、另一侧边设有与该凹槽匹配的凸条，叶型座的下方固定连接四边形叶柄，叶柄上设有安装孔，通过凹槽和凸条之间的拼接安装形成所需要的叶轮。它解决了现有技术制作工艺复杂、噪音高、安全性能差的问题，具有精度高、效率高、安全性能好、成本低、噪声低的特点。

【名称】 塑料管制造工艺及由其制造的塑料管
【公开(公告)号】 CN101576177
【公开(公告)日】 2009. 11. 11
【申请(专利权)人】 上海三樱包装材料有限公司
【地址】 上海市曹安路 2611 号(9 号桥西堍)
【发明(设计)人】 陈晓岚；邓伟；唐娜
【摘要】 本发明涉及一种塑料管制造工艺，包括以下步骤：a. 挤出复合获得复合片材卷膜；b. 将所述复合片材卷膜两边焊接制管获得管身；c. 在步骤 b 获得的管身上通过挤出注塑铸肩；较佳地，挤出复合包括第一次挤出复合和第二次挤出复合，第一次挤出复合是将塑料热封层、第二黏合层和阻隔层进行挤出复合加工成卷膜，第二次挤出复合是将所述卷膜与第一黏合层、塑料印刷层进行挤出复合加工，其中印刷可在挤出复合前进行，也可在挤出复合后进行，还提供了由上述制造工艺制造的塑料管，本发明的塑料管制造工艺设计巧妙，极大地提高了生产效率并降低了生产成本，且生产出的软管外观精美。

【名称】 塑料件后加工处理耐摩擦测试机
【公开(公告)号】 CN101576462
【公开(公告)日】 2009. 11. 11
【申请(专利权)人】 震宇(芜湖)实业有限公司
【地址】 安徽省芜湖市经济技术开发区凤鸣湖南路 108 号
【发明(设计)人】 侯继昆；宁成刚
【摘要】 本发明公开了一种塑料件后加工处理耐摩擦测试机，其包括底座、底座一侧的支架、电控箱、红外线电子感应器、放置于支架上的电机、电机输出轴端部的转盘、转盘上固接的伸出的偏心销轴、连接杆、砝码放置件和摩擦体，所述的连接杆的一端与偏心销轴转动连接，连接杆的另一端具有摩擦体，连接杆靠近摩擦体的位置具有可放置砝码的砝码放置件，所述的电控箱上具有圈数显示器，所述的转盘的旁侧布置有红外线电子感应器。本发明塑料件后加工处理耐摩擦测试机采用这样的结构，操作方便，可克服橡皮磨损、操作人员擦拭不均、计数不准确等导致测试不准确的因素，能确保塑料件后加工处理的质量，降低了操作人员的劳动强度，降低了检验成本。

【名称】 一种新型高强度工程塑料灯头
【公开(公告)号】 CN101577210
【公开(公告)日】 2009. 11. 11
【申请(专利权)人】 王跃农
【地址】 江苏省南京市鼓楼区西康路 1 号河海大学离退休处
【发明(设计)人】 王跃农；王田田
【摘要】 一种新型高强度工程塑料灯头。本发明系一种耐高温、高强度的工程塑料灯头，由灯头的基体、接触片、导电片、弹簧和接线柱共同组成，基体本身附有罗纹，其特征是：灯头的基体是由耐高温的高强度工程塑料制造的，如 PBT 材料，而接线部分用的是接线柱，里面的接触片和导电片的两边，设置有挡板，以方便安装和定位。目前，市场上找不到一种既耐高温、强度高、不怕摔，而又接线非常方便，软线硬线都能用的灯头，本发明解决了这个问题。

【名称】 金属与塑料的结合件及其制造方法
【公开(公告)号】 CN101578018

【公开(公告)日】 2009.11.11
【申请(专利权)人】 富准精密工业(深圳)有限公司;鸿准精密工业股份有限公司
【地址】 广东省深圳市宝安区龙华镇油松第十工业区东环二路2号
【发明(设计)人】 游永铭
【摘要】 一种金属与塑料结合件,包括金属本体及塑料部,该金属本体与塑料部采用嵌入成型技术一体成型,该金属本体与该塑料部结合处形成至少一个定位结构。该金属本体的材料选自镁合金、铝合金、钛合金的其中之一,该塑料部的材料选自液晶高分子聚合物、聚苯硫醚、聚对苯二甲酸丁二醇酯的其中之一。本发明还提供了一种金属与塑料结合件的制造方法。本发明金属与塑料结合件具有强度高、不容易变形开裂且适于薄型化设计的优点。
【名称】 一种旋转脱模塑料瓶盖模压机
【公开(公告)号】 CN101579905
【公开(公告)日】 2009.11.18
【申请(专利权)人】 绍兴县皇冠机械有限公司
【地址】 浙江省绍兴县福全镇工业区(东园村)
【发明(设计)人】 金土良;金文广
【摘要】 本发明公开了一种旋转脱模塑料瓶盖模压机,包括机架和转盘,转盘上设上模总成和下模总成,上模总成包括上模顶杆、上模滚轮和上模,上模设置有成型瓶盖外壁的凹模型腔;下模顶杆下端通过拉板与下模总成连接;下模总成包括与转盘轴向滑动连接的运水管,运水管下端连接所述拉板,在运水管顶部设有定位结构,运水管上端套设有螺纹模,螺纹模与转盘以轴向固定并且周向可以转动的方式连接,螺纹模上端套设有可以轴向移动的封料顶套,封料顶套与螺纹模弹性相抵连接,螺纹模下端固定有止转板和小齿轮;机架上与转盘圆周相对应设置有与主轴同轴的止转圈和弧形齿条。本技术方案具有结构合理、运行稳定、制品品质优良、加工效率高等优点。
【名称】 一种注塑成型工艺
【公开(公告)号】 CN101579909
【公开(公告)日】 2009.11.18
【申请(专利权)人】 李永能
【地址】 广东省佛山市南海区里水镇邓岗南隅工业区佛山市诚丰模具塑料有限公司
【发明(设计)人】 李永能;陈长
【摘要】 本发明涉及一种注塑成型工艺,其工艺步骤是:1)向模具内的水道输送水蒸气,使模具升温并保持该温度;2)往模具注入高温熔融塑料;3)往水道输送冷却水;4)开模取成品。水蒸气在送进水道前先经软水器软化。本工艺技术的优点是:产品成型后,其表面光亮度非常高,不用再进行表面处理,产品壁体材料内部结构一致性好,不存在熔接线问题,力学性能出色,整个产品的收缩率一致。
【名称】 一种塑胶挤出机
【公开(公告)号】 CN101579914
【公开(公告)日】 2009.11.18
【申请(专利权)人】 东莞市燿安塑胶机器有限公司
【地址】 广东省东莞市大朗镇莞樟路杨涌加油站段安富塑胶机器有限公司内
【发明(设计)人】 谭伟苏
【摘要】 一种塑胶挤出机,属于塑料加工机械技术领域,为提高产能,节省能源而发明。它包含电热装置(1)、螺杆挤出装置(2)和供料装置,其供料装置包含一个其位置高于螺杆挤出装置的料斗(30);其特征是:在料斗(30)的下方设置有螺杆推进装置(31),该螺杆推进装置的出口接续到螺杆挤出装置(2)。
【名称】 塑料挤出机用预定型支撑组合模具
【公开(公告)号】 CN101579915
【公开(公告)日】 2009.11.18
【申请(专利权)人】 甘肃比高塑胶电气有限公司
【地址】 甘肃省兰州市安宁区枣林路93号
【发明(设计)人】 郭毛
【摘要】 本发明属于制作塑料管材使用的塑料挤出机,具体地说是一种塑料挤出机用预定型支撑组合模具,包括口模与芯棒,其特征在于:芯棒出口端面长于口模出口端面,口模出口端面与定径套之间构成支撑段M;芯棒出口端面位于定径套内,芯棒与定径套构成重合段。口模出口端设有冷媒腔体,口模出口端设有与冷媒腔体相连通的媒体进口与媒体出口。本发明可用于PVC、PE、PPR等各种原料塑料管材的制作。在不改变原有的生产工艺、设备及原料配方的前提下,生产速度明显提高,成品率大幅度提高,并且生产出的产品柔韧性好、抗压强度高,消除了起毛起包,产品外壁光洁、光亮度好。
【名称】 全塑气相防锈复合膜及其制作方法
【公开(公告)号】 CN101579956
【公开(公告)日】 2009.11.18
【申请(专利权)人】 武汉市江夏区江南实业有限公司
【地址】 湖北省武汉市江夏区世纪大街特3号
【发明(设计)人】 刘威;王菊珍;陈立艳;潘启顺;刘雄文
【摘要】 本发明涉及一种钢材防锈、防护包装用的发泡涂布型全塑气相防锈复合膜及其制作方法,包括有多层共挤膜层，在多层共挤膜层的一面覆有发泡膜层，发泡膜层上涂布有气相缓蚀剂。本发明由挤出机挤出多层共挤膜淋在发泡膜层上通过复合机形成多层共挤膜层和发泡膜层相复合的复合膜，或者由挤出机挤出多层共挤膜时，使最外面一层膜发泡并在其中添加适量的亲水性物质形成含有发泡膜层的多层共挤膜，然后在发泡膜层上涂布气相缓蚀剂即成。本发明具有良好的包装防锈性能和包装防护功能，多层共挤膜的物理性能和机械强度明显优于单层塑料膜，使用后的防锈复合膜能完全回收重复利用，即减少浪费又有利于环境保护；本发明生产工艺简便，制作成本低。

【名称】 一种可降解塑料及其制备方法

【公开(公告)号】 CN101580571

【公开(公告)日】 2009. 11. 18

【申请(专利权)人】 郑家卫

【地址】 福建省福鼎市管阳镇永铭路 109 号

【发明(设计)人】 郑家卫

【摘要】 本发明公开的是一种以 CO_2 为原料生产可降解塑料，可制成薄膜、板材，成本低廉，对环境无影响。

【名称】 高阻燃低产烟率柔性聚氨酯泡沫塑料的制备方法

【公开(公告)号】 CN101580576

【公开(公告)日】 2009. 11. 18

【申请(专利权)人】 圣诺盟聚氨脂(上海)有限公司

【地址】 上海市嘉定区马陆镇科福路 899 号

【发明(设计)人】 张小军；张卫东；陈小华；郭磊；唐小林；陈欣

【摘要】 本发明涉及一种高阻燃低产烟率柔性聚氨酯泡沫塑料的制备方法，该方法是将端羟基化合物按质量百分比为：高活性聚醚多元醇 50% ~90%，聚合物多元醇 10% ~50% 进行配比；以端羟基化合物质量 100 份作为基数，依次溶入适量的发泡剂、扩链剂、匀泡剂、复合催化剂；按照异氰酸酯指数为 98 ~110 的比例，与上述端羟基化合物在 20 ~27℃下反应，制得高阻燃低产烟率柔性聚氨酯泡沫塑料。本发明不使用添加型阻燃剂来达到柔性聚氨酯泡沫塑料的阻燃效果，因而柔性聚氨酯泡沫塑料的拉伸强度、硬度、回弹等性能指标都不受影响。使用本发明生产的柔性聚氨酯泡沫塑料产烟毒性低、烟密度等级低，阻燃性能好，柔性聚氨酯泡沫塑料的整体性能优异。

【名称】 用于制备冰箱用水盘的改性塑料及其生产工艺

【公开(公告)号】 CN101580611

【公开(公告)日】 2009. 11. 18

【申请(专利权)人】 泰州申视塑料有限公司

【地址】 江苏省泰州市金东路 118 号

【发明(设计)人】 房元俊

【摘要】 本发明涉及一种用于制备冰箱用水盘的改性塑料组合物，各组份的重量百分比为，聚丙烯 F401 塑料：聚丙烯 K7726 塑料 = (3 ~4):(1 ~1.5)，其最佳配方为(重量百分比)：聚丙烯 F401 塑料：聚丙烯 K7726 塑料为 3:1。本发明的改性塑料组合物流动性好，不易变形、成本低。其拉伸强度 ≥25 ~28MPa，热变形温度≥108 ~109℃，熔体流动速度为 22 ~18g/10min，悬臂梁冲击强度为 80 ~88J/m。本发明还提供上述改性塑料的生产工艺。通过对加工工艺中各参数的改进，大大缩短了加工周期，提高了班产量，节约了生产成本，班产(模/班)由 450 增至 600，增加了经济效益。

【名称】 一种 PP/PET 合金材料及其制备工艺

【公开(公告)号】 CN101580612

【公开(公告)日】 2009. 11. 18

【申请(专利权)人】 东莞普能塑料科技实业有限公司

【地址】 广东省东莞市高埗镇凌屋工业区东莞普能塑料科技实业有限公司

【发明(设计)人】 林进帆；闫家国；季建仁；王玉梅；袁海兵

【摘要】 本发明属于高分子复合材料领域，特别涉及一种 PP/PET 合金材料及其制备工艺，它由以下重量百分比的原料制成：PP/PET 复合材料 60% ~90%、相容剂 3% ~9%、增强剂 6% ~30%、偶联剂 0.5% ~6%、抗氧剂 0.1% ~1%；其制备工艺包括烘干，混合、挤出，拉伸牵引，冷却造粒；本发明采用废旧 PP/PET 复合膜和/或 PP/PET 无纺布为主要原料，加入复合相容剂促使 PP 和 PET 达到分子水平上的相容，偶联剂和增强剂可有效改善 PP/PET 复合材料的力学性能，制得的 PP/PET 合金材料弯曲模量达 1900MPa，弯曲性能好，冲击强度达 120J/m 以上，冲击强度高，可广泛应用于注塑家用电器、玩具、汽车零部件的塑料制件；另外，采用废旧 PP/PET 复合膜和/或 PP/PET 无纺布为主要原料，大大减少环境污染，达到变废为宝的目的。

【名称】 一种用于制备高耐热聚丙烯塑料的母料及其制备方法和应用

【公开(公告)号】 CN101580613

【公开(公告)日】 2009. 11. 18

【申请(专利权)人】 佛山市南海美之彩塑化有限公司

【地址】 广东省佛山市南海区官窑镇禅碳路马鞍岗路段

【发明(设计)人】 黄仁勇

【摘要】 本发明提供了一种用于制备高耐热聚丙烯塑料的母料及其制备方法和应用。所述母料是由聚丙烯与粉料按重量比100：30～45制成；所述粉料由以下重量份数的组分制成：11～30份片状填料、1～3份纳米填料以及0.1～0.3份聚丙烯成核剂；所述片状填料为白云母或绢云母。所述用于制备高耐热聚丙烯塑料的母料的制备方法是：将片状填料和纳米填料混合；用丙酮将成核剂溶解然后均匀洒入混合填料；混均后干燥；将干燥的粉料与聚丙烯熔融混合，制得用于制备高耐热聚丙烯塑料的母料。所述母料在制备高耐热聚丙烯塑料中的应用，是将所述5～10重量份母料粉碎后与50～100份聚丙烯熔融挤出制备得到高耐热聚丙烯塑料。本发明通过各组分的协同作提高了聚丙烯的耐热性，市场前景广阔。

【名称】 一种环保型瓷塑高分子复合材料配方及其制备方法

【公开(公告)号】 CN101580615

【公开(公告)日】 2009.11.18

【申请(专利权)人】 章建华；徐月明

【地址】 山东省济南市经七纬十二新世界阳光花园17号楼1单元1602室

【发明(设计)人】 章建华；徐月明

【摘要】 本发明属于建筑材料领域，尤其涉及一种环保型瓷塑高分子复合材料配方及其制备方法。本发明的技术方案为：一种环保型瓷塑高分子复合材料，包括热塑性塑料、竹木粉、增塑剂、内外润滑剂、交联改性剂、填充剂、阻燃剂、颜料，还包括灰料。本发明所提供的技术方案，节能减排；材料耐酸、碱；温度敏感度低，理化性能优越。运用本发明的材料制造的各类型材物理、化学性能稳定，强度高无毒、无味，耐酸、碱；耐高低温，经过表面处理后，可以产生木质感，仿真度相当高，并具有可锯、可钉、可切割或螺钉固定的二次加工性质。

【名称】 一种阻燃帆布叠层芯输送带混炼胶用塑料糊及其制备方法

【公开(公告)号】 CN101580616

【公开(公告)日】 2009.11.18

【申请(专利权)人】 无锡宝通带业股份有限公司

【地址】 江苏省无锡市新区梅村张公路19号

【发明(设计)人】 贾剑珉

【摘要】 本发明涉及一种阻燃帆布叠层芯输送带混炼胶用塑料糊及其制备方法，特征是：将酯类增塑剂、液体氯化石蜡、环氧氯烃、抗静电剂、十二烷基苯磺酸钠、丙三醇、三乙醇胺加入溶解釜中，搅拌均匀；加入液体丁腈橡胶、三氧化二锑、三盐式硫酸铅、硬酯酸铅并搅拌均匀；再加入聚氯乙烯糊树脂并搅拌均匀，即制得帆布叠层芯输送带橡胶用塑料糊。本发明的塑料糊在混炼胶中使用后，使得煤矿井下用阻燃帆布叠层芯输送带既继承了普通帆布叠层芯输送带原有的机械性能，又保持了整体编织芯输送带良好阻燃性能，且塑料糊的制备方法简单、易操作。

【名称】 抗菌聚氯乙烯塑料及其制备方法

【公开(公告)号】 CN101580617

【公开(公告)日】 2009.11.18

【申请(专利权)人】 温州大学

【地址】 浙江省温州市茶山高教园区

【发明(设计)人】 王舜；林娟娟；林大杰；周环

【摘要】 本发明公开了一种抗菌聚氯乙烯塑料及其制备方法。所述抗菌聚氯乙烯塑料包括聚氯乙烯树脂基体、塑料助剂以及组装在聚氯乙烯树脂基体表面的纳米二氧化钛光触媒，其特征在于所述纳米二氧化钛光触媒掺杂有无机非金属阴离子。本发明的纳米抗菌聚氯乙烯塑料本身无毒，且在可见光照射条件下具有高的抗菌、抑菌、防霉、防污的功能，对黑曲霉、土曲霉、赭色青霉等霉菌具有很强的防霉性能，其防霉等级达0级，对大肠埃希氏菌、白假丝酵母、金黄色葡萄球菌、革兰氏菌等的杀灭率大于91%。

【名称】 废弃热固塑料(环氧树脂)的循环利用和循环再塑技术和工艺

【公开(公告)号】 CN101580625

【公开(公告)日】 2009.11.18

【申请(专利权)人】 陆书玉；施舒

【地址】 上海市宛平南路300弄4号803室

【发明(设计)人】 陆书玉；施舒

【摘要】 本发明是一项关于废弃热固塑料(环氧树脂)的循环利用和循环再塑技术和工艺的发明。它首次实现了在通用热塑加工设备上再生利用废旧热固塑料(例如废旧环氧树脂)的设想。其工艺过程为：将外表洗净的废旧环氧树脂粉碎至100～120目，充分烘干后(通用真空烘箱，120℃，5～15min即可)，与聚氯乙烯(或洗净粉碎后的废旧聚氯乙烯)按如下重量比例混合均匀：100份废旧环氧树脂：30～400份聚氯乙烯(或废旧聚氯乙烯)，加入适量(通常为配方总量的0.5%～3%)的加工助剂(如稳定剂、润滑剂等)，通过挤出机或液压机加工成形。按本发明的工艺过程制作的产品具有抗压强度高、抗拉强度高、抗绕曲能力强、抗蠕变能力强的特点。其单位强度指标虽不及相应的热固塑料——交联后的环氧树脂，却在相应的热塑塑料(例如聚氯乙烯)之上，且可循环再生使用。本发明的工艺过程不产生固体或液体废弃物污染。

【名称】 一种经热处理的植物纤维和塑料共混制备木塑复合材料的方法

【公开(公告)号】 CN101580640

【公开(公告)日】 2009.11.18

【申请(专利权)人】 福建师范大学

【地址】 福建省福州市闽侯县福建师大旗山校区福建师大科技处

【发明(设计)人】 陈清松；丁富传；周发青；赖寿莲；李晓燕

【摘要】 本发明涉及木塑复合材料制备方法，具体涉及一种由经过热处理的植物纤维和塑料共混而成的木塑复合材料的制备方法。本发明通过下述方案实现：将植物纤维粉碎，20～120目过筛制成植物纤维粉末。经粉碎的植物纤维采用缺氧条件下进行热处理，热处理时间为0.5～24h，温度为140～350℃，优选温度范围为180～250℃。经热处理改性后的植物纤维与塑料、润滑剂、增塑剂、稳定剂、相容剂，在转速为800～1000r/min的高速搅拌下混合均匀制成混合物料。将混合物料在双螺杆挤出机中反应挤出、切粒得到粒料或经口模直接挤成制品。本发明所述的植物纤维粉末，经过热处理之后，减少了羟基数量，降低了亲水性，降低了最终制品的吸水率，尺寸稳定性得到提高。

【名称】 一种可交联聚乙烯热熔胶组合物及其制备方法和应用

【公开(公告)号】 CN101580680

【公开(公告)日】 2009.11.18

【申请(专利权)人】 广州市鹿山化工材料有限公司

【地址】 广东省广州市黄埔区云埔工业区埔北路12号

【发明(设计)人】 淡小翀；唐舫成；朱东湖；陈占春；汪加胜

【摘要】 本发明公开了一种可交联聚乙烯热熔胶组合物，其配方以重量份计算包含以下组分：聚乙烯60～92份、其他聚烯烃8～30份、引发剂0.01～0.2份、硅烷偶联剂0.3～3份、极性单体0.1～2份、助剂0.1～5份，通过一步法制得。本发明具有黏接强度高，耐温性好，耐化学性能优异，同时耐环境应力开裂性能好的特点，可广泛应用于耐温及酸碱等苛刻条件下的金属、塑料黏接，同时亦可磨成粉料后用作容器内外涂层，如容器内衬、热水器内胆以及管道内外涂层等。

【名称】 塑料膜层间气泡式多功能便携席地睡垫

【公开(公告)号】 CN101584548

【公开(公告)日】 2009.11.25

【申请(专利权)人】 高东方

【地址】 广东省深圳市福田区上梅林中康生活区五栋702

【发明(设计)人】 高东方

【摘要】 塑料膜层间气泡式多功能便携席地睡垫，是席于野地或地板的多功能床垫，它将无毒塑料膜匀布隆起的若干塑膜气泡顶部融帖一层无毒塑料膜，成整体为垫芯；可分解局部压力于大部，使其不易被踩爆。各塑膜气泡与上下层塑料膜形成隔导空间，可阻隔人体热量与地温的对流、传导和辐射，使各塑膜气泡之间的人体热量向周边外散。垫芯外套棉纱的垫套并经按扣封口，装入棉布的外套为睡垫。可展开铺于易消静电并防水防潮的垫布而使用，可缩卷装入袋筒而放置或携带。袋筒与环围网纱的筒盖经拉链结合以遮尘通风，系背带以背挎提携。适用野外、办公室和家庭睡眠歇息；隔凉散热，防水防潮，易消静电，柔软舒适，轻小便携，结构简单，美观耐用。

【名称】 一种塑料件切割装置

【公开(公告)号】 CN101585196

【公开(公告)日】 2009.11.25

【申请(专利权)人】 上海金发科技发展有限公司；金发科技股份有限公司

【地址】 上海市青浦区朱家角工业园康园路88号

【发明(设计)人】 马泽平；封中群；张小峰；刘贤文；丁正亚；唐雪刚；杜芹；凌沫然；崔旺

【摘要】 本发明涉及一种塑料零件的加工装置，特别是一种对塑料色板、塑料样条及各种塑料制件端口的切割装置。一种塑料件切割装置，在呈矩形的底板(11)的一端由固定块(1)上设置一根轴销(2)，轴销(2)穿入长条形切割刀端部的销孔，切割刀尾部设置手柄(6)，切割刀内设置电加热丝(5)，切割刀由位于上部的刀片架(3a)和位于下部的刀片(3b)组成，电加热丝(5)设置在刀片(3b)上中。在底板(11)上，与刀片(3b)相应的位置开设长条形的切割导槽(10)，电加热丝(5)经温度控制器(8)连接电源，刀片(3b)内设置温度传感器(4)。本装置结构简单，可以将色板、样条轻松的地从加热刀锋刀片上经过即可使端口平整光滑，此操作安全可靠，方便简捷，工作效率高。

【名称】 一种可交联聚乙烯电缆料的制备方法

【公开(公告)号】 CN101585214
【公开(公告)日】 2009.11.25
【申请(专利权)人】 上海交通大学
【地址】 上海市闵行区东川路800号
【发明(设计)人】 张军；江平开；汪根林；衣庆晖；马芝森
【摘要】 本发明公开了一种可交联聚乙烯电缆料的制备方法，以下均以重量份表示：在转速为80~120rpm的高速混合机中投入聚乙烯75~95份、乙烯-乙酸乙烯酯共聚物0~20份，不饱和硅烷1.0~5份、自由基引发剂0.1~2份、有机锡催化剂0.1~1份、有机酸化合物0.1~1份、抗氧剂0.1~0.5份、抗铜剂0.1~0.5份、润滑剂0.5~2份，混合15~25分钟，然后加入双螺杆挤出机，熔融造粒得到一种可交联聚乙烯电缆料。本发明采用所有物料先混合分散均匀，再进行接枝反应，从而实现接枝反应更均匀，以保证交联过程的均匀性，另外本发明采用了有机酸化合物显著提高有机锡催化剂的催化作用，提高了硅烷交联的速度，克服了传统的硅烷交联塑料只有在温水或蒸汽环境下长时间蒸煮才能交联的缺陷，为生产厂家大大节约了生产成本。本发明得到的一种可交联聚乙烯电缆料经过塑料电缆挤出机组挤出得到电缆绝缘层，在温度23℃和湿度50%条件下自然放置1天，即可完成交联过程，并能够通过国家标准要求的热延伸性能测试、力学测试和老化性能测试的性能指标。

【名称】 工程塑料型无塔供水罐的制作方法
【公开(公告)号】 CN101585220
【公开(公告)日】 2009.11.25
【申请(专利权)人】 杨福成
【地址】 河南省南阳市工业路66号南阳市财政局唐娟收转
【发明(设计)人】 杨福成；杨童威
【摘要】 本发明公开了一种工程塑料型无塔供水罐的制作方法，是按下述工艺步骤制作：1. 首先称取线性低密度PE改性材料；2. 打开水罐模具，将称取的材料装入水罐模具中，合模；3. 模具进入滚塑机的加热箱内进行加热，在250~320℃温度下加热20~30min，加热箱内的设置加热成型；4. 水罐模具出箱空冷至常温；5. 开模取出成型的工程塑料水罐。与现有技术相比，操作工艺简单，制作成本低廉，外形美观，易于推广应用。

【名称】 制备块状柔性聚氨酯泡沫塑料的发泡料槽
【公开(公告)号】 CN101585222
【公开(公告)日】 2009.11.25
【申请(专利权)人】 圣诺盟聚氨脂(上海)有限公司
【地址】 上海市嘉定区马陆镇科福路899号
【发明(设计)人】 张卫东；张小军；陈小华；郭新焕；陈妙；潘春胜
【摘要】 本发明涉及一种块状柔性聚氨酯泡沫塑料的发泡料槽。该发泡料槽由铁合金基材框架与内衬部分为氟树脂不黏涂层所组成，氟树脂不黏涂层的厚度为10~120μm。氟树脂不黏涂层由以下物质组成：聚四氟乙烯、聚偏三氟化烯、四氟乙烯和乙烯共聚物、四氟乙烯和全氟烷基乙烯基醚共聚物、四氟乙烯和六氟丙烯共聚物、四氟乙烯和三氟氯乙烯共聚物、云母粉、二硫化钼，上述各组分质量百分比之和为100%。本发明可降低甚至去除掉结料现象，可以明显改善块状柔性聚氨酯泡沫塑料体的质量，制造单位成品柔性聚氨酯软质泡沫塑料所耗用的甲苯二异氰酸酯的量有不同程度下降，提高了水平平顶发泡设备整机的使用性能，降低了成本，增加市场竞争力。

【名称】 一种塑料瓶的挤压吹成型方法及其实施该方法的吹瓶设备
【公开(公告)号】 CN101585228
【公开(公告)日】 2009.11.25
【申请(专利权)人】 郭锡南
【地址】 广东省佛山市容桂镇朝阳区环翠巷二号
【发明(设计)人】 郭锡南
【摘要】 本发明涉及一种塑料瓶的挤压吹成型方法及设备，其将塑料放入挤出机的料斗混炼，挤出熔融状态的实心塑料，压制成型瓶口并形成瓶身及瓶底的雏形，再经吹塑处理瓶身及瓶底，最后脱模制成塑料瓶成品。本发明使用低温高黏的塑料，对挤出的熔融实心塑料先压制，再吹塑，不仅克服了注塑吹瓶工艺耗能高、成本高，产品工时长的缺点，还解决了以往挤压吹瓶工艺的产品外观缺陷，本发明适用于生产药品、化妆品、食品、化工等领域的塑料中空器皿。

【名称】 塑料地砖及其表层的制造方法
【公开(公告)号】 CN101585286
【公开(公告)日】 2009.11.25
【申请(专利权)人】 大进实业股份有限公司
【地址】 中国台湾省台中市
【发明(设计)人】 尤文邦
【摘要】 本发明是一种塑料地砖及其表层的制造方法，其由不含氯的塑料材质的底部层、印刷层，以及耐磨层等依序贴合组成具环保概念的塑料地砖。主要是在所述的底部层、印刷层以及耐磨层其彼此贴合的表面，在贴合前先施予表面处理程序，使其贴合面具有提升附着度的毛细孔，用来增加所述的塑料地砖贴合成型的结构强度。

【名称】 易拉罐塑料罐盖及其专用生产模具
【公开(公告)号】 CN101585428
【公开(公告)日】 2009.11.25
【申请(专利权)人】 陶明甫
【地址】 福建省福州市金山工业区橘园洲41栋4层
【发明(设计)人】 陶明甫
【摘要】 本发明涉及一种易拉罐塑料罐盖及其专用生产模具，所述易拉罐塑料罐盖体包括具有出料管口的塑料罐盖体，所述罐盖体周部具有向上延伸的凸缘以利与罐体上边缘的包覆边相连接，或罐盖体周部具有用以与罐体上边缘相联接的拱形包覆边，所述罐盖专用生产模具包括相互扣合的上模板和下模板，所述上模板与下模板之间形成用以容纳塑料罐盖体的型腔，上模板上还设有用以形成联接在罐盖体周部的上凸缘的环形槽道，上模板底侧面上还镶嵌有用以形成具有外螺纹的管口的螺纹罩状体，所述螺纹罩状体中央顶部设有凹孔与联接在下模板上的用以形成管口的芯棒配合对接。

【名称】 一种水性聚氨酯及其制备方法
【公开(公告)号】 CN101585903
【公开(公告)日】 2009.11.25
【申请(专利权)人】 丽水市优耐克水性树脂科技有限公司
【地址】 浙江省丽水市水阁工业区金亭路8号
【发明(设计)人】 谢镇铭
【摘要】 本发明提供一种水性聚氨酯树脂及其制备方法，该树脂由脂肪族和/或脂环族二异氰酸酯与聚酯二元醇聚合而成，其中所述聚酯二元醇由己二酸与二元醇聚合而成。本发明通过多异氰酸酯与低聚物多元醇反应制得一种水性聚氨酯分散液，再加入一些功能助剂，制得机械强度高，软而不黏的产品，以克服传统型水性聚氨酯低模量、发黏、机械湿度不高、黏度难调整的缺点，其物理和化学性能满足多种工业领域，特别是合成革产业的物性要求。同时，通过后增稠复配技术，将水性聚氨酯分散液制成符合化工、纺织、塑料工业要求，特别是合成革工业化要求的浆料，实现工业上的可应用性。

【名称】 一种水性油墨用连接料树脂的制备方法与应用
【公开(公告)号】 CN101585904
【公开(公告)日】 2009.11.25
【申请(专利权)人】 北京高盟燕山科技有限公司；北京高盟化工有限公司
【地址】 北京市房山区燕山东流水工业区14号(2)
【发明(设计)人】 赫常生；沈峰；邓煜东
【摘要】 本发明公开一种水性油墨用连接料树脂的制备方法及应用，方法包括：将聚酯和/或聚醚多元醇、离子化试剂、二异氰酸酯反应制备成NCO含量为4% ~5%的预聚体；将扩联剂在冷水中溶解，在搅拌状态下加入到所述预聚体中，得聚氨酯乳液；将所述得到的聚氨酯乳液、28%的氨水、去离子水与增稠剂搅拌均匀，得水性乳液；将甲基丙烯酸甲酯、丙烯酸丁酯、丙烯酸、丙烯酰胺、十二烷基硫酸钠、过硫酸钾与所述水性乳液混合，即得水性油墨用树脂。该方法在合成丙烯酸改性的水性聚氨酯，利用聚氨酯的耐温性，柔韧性同时在分子结构中引进丙烯酸链段，使得到的连接料树脂制备的水性油墨可用于多种塑料基材，针对极性、非极性基材均有优异的附着牢度，良好的润湿性能。

【名称】 全生物降解包装膜及其制备方法
【公开(公告)号】 CN101585932
【公开(公告)日】 2009.11.25
【申请(专利权)人】 深圳市环之源生物科技有限公司
【地址】 广东省深圳市福田区滨河路景福大厦景惠阁16F
【发明(设计)人】 李保银；唐志雄
【摘要】 一种全生物降解包装膜，其各组份有如下的重量百分比：胺化淀粉为40% ~80%，改性聚乙烯醇为15% ~45%，增塑剂为2% ~10%，络合剂为1% ~5%，润滑剂为0.5% ~1%，剩余量是其他助剂。本发明还提出了一种制造上述全生物降解包装膜的制备方法。本发明全生物降解包装膜性能良好、能够被环境中有机微生物降解；其制备方法简单、成本低廉；并且其符合资源替代和产品环保的塑料包装工业可持续发展的要求，是一种具有很大发展潜力和市场需求的全生物降解包装膜。

【名称】 低成本耐高温离型塑料复合膜的制备
【公开(公告)号】 CN101585947
【公开(公告)日】 2009.11.25
【申请(专利权)人】 上海琢玥科技有限公司
【地址】 上海市浦东新区张江高科技园区碧波路518号303室
【发明(设计)人】 杨虎
【摘要】 本发明属于高分子材料领域，其目的是制备一种耐高温、且具有离型功能的塑料薄膜，同时尽量控制其成本。其薄膜的耐温性能可以达到200度以上。可以用作电子线路板生产中的离型功能膜。本发明的采用低廉的聚丙烯原料取代进口昂贵的聚四甲基1－戊烯。但是大量聚丙烯的引入会降低膜的耐温性，以及离型性。为了改善和提高薄膜的耐温性和离型性，在原料配方中引入适量的无机纳米材料，以及含氟材料，以及成核剂等。其原理是利用无机纳米材料的增强作用，以及含氟添加剂与聚烯烃的不相容导致其迁移到薄膜表面从而提高了膜的离型性。

【名称】 三聚氰胺甲醛模塑料的制备方法

【公开(公告)号】 CN101585953

【公开(公告)日】 2009.11.25

【申请(专利权)人】 中国林业科学研究院林产化学工业研究所

【地址】 江苏省南京市锁金五村16号

【发明(设计)人】 储富祥；王春鹏；金铁铃；吕延；金立维

【摘要】 本发明公开了一种三聚氰胺甲醛模塑料的制备方法，将100质量份37%wt的甲醛用30%wt的氢氧化钠调节pH值为6~10，然后升温，加入30~100质量份三聚氰胺和改性剂，继续升温至80~95℃，并在此温度下反应1~3h后，降温并同时加入甲醛捕捉剂，当温度降至60℃时，加入三乙醇胺，然后真空脱水后，出料备用。将树脂和增强材料捏合15~60min，得到湿料。将湿料置于50~90℃下，真空度0.01~0.3MPa下真空干燥6~9h，得干料。先将干料用粉碎机中粉碎至40目左右，再加入2~10质量份的无机填料、0.1~2质量份的脱模剂于球磨机中球磨10~30h，即得三聚氰胺甲醛模塑料。提高了模塑料的强度和韧性。弯曲强度>90MPa，冲击强度>1.8kJ/m^2。可提取甲醛含量低于10mg/L。

【名称】 一种彩色导电耐高温模塑料及其制备方法

【公开(公告)号】 CN101585963

【公开(公告)日】 2009.11.25

【申请(专利权)人】 惠州市沃特新材料有限公司

【地址】 广东省惠州市惠城区小金口镇科技产业园

【发明(设计)人】 张尊昌；何征

【摘要】 本发明适用于导电模塑料领域，提供了一种彩色导电耐高温模塑料及其制备方法，以重量百分比计，该彩色导电耐高温模塑料包括：60%~89%热塑性工程塑料，1%~30%玻璃纤维，8%~20%导电碳纤维，0~10%抗冲击改性剂，>0~1%润滑剂，>0~1%抗氧剂，5%~30%白色无机填料，>0~10%耐高温色粉。该制备方法，包括步骤：(1)混合；(2)挤出造粒；熔融状态下充分捏合后的挤出冷却切粒。采用本发明注塑的产品可是蓝、红、黄、绿等色，同时，得到的塑料耐高温又具有导电、消除静电的特性，可以注塑成型彩色导电/静电消散型胶盘、胶盒，易于通过包装来区别产品，能广范应用于半导体元件制造、传输、成品包装过程。

【名称】 一种低吸水率的聚烯烃木塑复合材料

【公开(公告)号】 CN101585970

【公开(公告)日】 2009.11.25

【申请(专利权)人】 杭州师范大学；吕群

【地址】 浙江省杭州市下沙高教园区学林街

【发明(设计)人】 吕群；李姗姗

【摘要】 本发明提供了一种低吸水率的聚烯烃木塑复合材料，以改性植物纤维和改性塑料为主要原料制备得到；本发明通过将植物纤维和塑料改性，可以制得比常规木塑复合材料吸水率低得多的木塑复合材料，从而有助于防止木塑复合材料发霉、腐烂、吸水变形，提高其抗冻熔性能等；干性油具有良好的防腐、防霉性能，被植物纤维吸收后，可使木塑复合材料的防腐、防霉性能得到明显改善；本发明通过将植物纤维和塑料改性，制得的木塑复合材料力学强度显著高于一般木塑复合材料，具有吸水率低、植物纤维粉含量高、外观仿真木效果好、强度高、成本低廉等优点。

【名称】 一种塑料制品清洗剂的配制方法

【公开(公告)号】 CN101586059

【公开(公告)日】 2009.11.25

【申请(专利权)人】 刘庆民

【地址】 江苏省铜山县柳新镇利民福利厂

【发明(设计)人】 刘庆民

【摘要】 一种塑料制品清洗剂的配制方法，乙酸乙酯4%~10%，丁醇6%~15%，溶纤剂粉6%~10%，过硼酸钠10%~15%，硅酸钠10%~15%，无水焦磷酸钠5%~12%，纯碱5%~9%，硫酸镁2%~3%，三聚磷酸钠1%~2%，非离子表面活性剂1%~2%，硫酸钠3%~9%，液态皂6%~12%，无水磺酸钠5%~9%，过碳酸钠3%~6%，香料1%~3%，所述的百分比为重量百分比；按比例取乙酸乙酯、丁醇、溶纤剂粉、过硼酸钠、硅酸钠、无水焦磷酸钠、纯碱、硫酸镁、三聚磷酸钠、非离子表面活性剂、硫酸钠、液态皂、无水磺酸钠、过碳酸钠、香料全部混合一起，倒入搅拌机中搅拌180min，取出后全部放入烘干机中，控制烘干机的温度为30℃，烘制时间为2~3h，控制被烘干物质的干燥度为98%，取出后待凉，分别按重量大小包装即可。

【名称】 一种上装式塑料球阀

【公开(公告)号】 CN101586673

【公开(公告)日】 2009.11.25

【申请(专利权)人】 广东联塑科技实业有限公司

【地址】 广东省佛山市顺德区龙洲路龙江段联塑工业村
【发明(设计)人】 杨继跃；黄虹宾
【摘要】 本发明提供了一种上装式塑料球阀，包括阀杆帽(1)、阀杆(2)、阀杆密封圈(3)、阀球密封圈(5)、阀球密封圈支撑环(6)、阀球(7)、接管(8)、阀体(9)，阀体(9)内部设有中空的阀球室(911)，所述阀体(9)在阀球室(911)正上方开有一个阀盖孔(912)，该阀盖孔(912)的宽度大于阀球(7)的直径，球阀还包括阀盖(4)，阀盖(4)设有让阀杆(2)穿过的阀杆轴孔(410)，所述阀盖(4)与阀盖孔(912)相对应，阀盖(4)盖住阀盖孔(912)并与阀体(9)相互熔接。
【名称】 一种下装式塑料球阀
【公开(公告)号】 CN101586674
【公开(公告)日】 2009. 11. 25
【申请(专利权)人】 广东联塑科技实业有限公司
【地址】 广东省佛山市顺德区龙洲路龙江段联塑工业村
【发明(设计)人】 杨继跃；黄虹宾
【摘要】 本发明提供了一种下装式塑料球阀，包括阀杆帽(1)、阀杆(2)、阀杆密封圈(3)、阀杆端面密封圈(4)、阀球密封圈(5)、阀球密封圈支撑环(6)、阀球(7)、接管(8)、阀体(9)，阀体(9)内部设有中空的阀球室(911)，其特征在于所述阀体(9)在阀球室(911)正下方开有一个阀底盖孔(912)，该阀底盖孔(912)的宽度大于阀球(7)的直径，球阀还包括阀底盖(10)，所述阀底盖(10)与阀底盖孔(912)相对应，阀底盖(10)盖住阀底盖孔(912)并与阀体(9)相互熔接。
【名称】 紫菜用塑料帘片
【公开(公告)号】 CN101589841
【公开(公告)日】 2009. 12. 02
【申请(专利权)人】 徐洪
【地址】 江苏省南通市经济开发区中央路68号
【发明(设计)人】 徐洪
【摘要】 本发明公开了一种紫菜用塑料帘片，包括塑料条通过编织线编制的帘片，帘片中间隔设置扁平形塑料条，扁平形塑料条表面设置防滑柱。本发明结构合理，工作效果好。
【名称】 注射剂药瓶用组合盖
【公开(公告)号】 CN101589989
【公开(公告)日】 2009. 12. 02
【申请(专利权)人】 中山博泰药械有限公司
【地址】 广东省中山市火炬高新技术开发区康乐大道创业中心
【发明(设计)人】 王新明；靳纯青；刘岩；张力
【摘要】 本发明公开了注射剂药瓶用组合盖，包括有可安装在瓶口处的塑料主盖，塑料主盖上设有正对瓶口密封胶塞的开口，在塑料主盖上方盖设有能打开与之分离的塑料副盖，该塑料副盖与塑料主盖的开口之间设置有密封连接结构。本发明的目的是克服现有技术的不足，提供了一种结构简单、节约材料、成本低且密封效果好、质量高的注射剂药瓶用组合盖。
【名称】 塑料薄膜造粒机
【公开(公告)号】 CN101590671
【公开(公告)日】 2009. 12. 02
【申请(专利权)人】 青岛聚泰机械有限公司
【地址】 山东省即墨市湘江二路富丽公寓1号楼
【发明(设计)人】 孙为苏；徐京业
【摘要】 一种塑料薄膜造粒机，包括机体、主电机、控制开关，其特点是机体右上部装有主轴，主轴上从前到后依次装有齿形分切圆刀、分条刀辊主动同步带轮、花型压辊主动同步带轮、被动皮带轮，上分条刀辊下侧装有下分条刀辊，上花型压辊下侧装有下花型压辊，上花型压辊左侧上下并排装有上热风斗、下热风斗。它解决了目前造粒设备容易使塑料老化、造成二次污染等问题，适应于回收塑料薄膜再生造粒。
【名称】 氟化梯度型塑料光纤的制造方法
【公开(公告)号】 CN101590676
【公开(公告)日】 2009. 12. 02
【申请(专利权)人】 江西大圣塑料光纤有限公司
【地址】 江西省井冈山市新城区工业园
【发明(设计)人】 王寿泰；陈明
【摘要】 本发明涉及由可见光固化预成型材料制造具有折射率呈梯度型分布的塑料光纤，用于光通信、光传感器件和照明装饰等领域，具体是一种氟化梯度型塑料光纤的制造方法，采用试样旋转成型可见光固化法制造梯度型塑料光纤预制棒，可见光波长为380～600nm，可见光照射照度为5000～10000Lux，光照时间为1～6h；本发明的有益效果：不但使固化时间缩短，且由于是在室温下进行反应，消除了预制棒中的气泡。另外，紫外线波长短，对人体有危害，且紫外光照射空气产生较多臭氧，对人体亦有损，而可见光无此缺陷，且因波长长，穿透力深，可固化厚壁多层结构预制棒。
【名称】 塑料波纹管成型模块冷媒循环控制装置
【公开(公告)号】 CN101590691
【公开(公告)日】 2009. 12. 02
【申请(专利权)人】 潍坊中云科研有限公司

【地址】 山东省潍坊市高新技术产业开发区民营工业园

【发明(设计)人】 张泽奎；韩炳强；王培森

【摘要】 本发明公开了一种塑料波纹管成型模块冷媒循环控制装置，包括在波纹管成型机工作平台的轨道上循环运动的成型模块，所述轨道包括模块工作段和模块返回段，所述成型模块内部设有冷却腔，所述冷却腔上设有冷媒出液口，所述冷媒出液口处安装有常闭排液控制阀，所述工作平台的模块工作段上安装有常闭排液控制阀开启装置，有效地解决了模块在非工作段冷却液的滴漏，而且返回工作段时冷却腔内的冷却液始终存在，保证了成型模块的冷却效果，提升了设备的使用寿命，并使塑料波纹管生产速度得以提升。

【名称】 一种模塑料玻璃纤维网格布复合片材的制造方法

【公开(公告)号】 CN101590696

【公开(公告)日】 2009. 12. 02

【申请(专利权)人】 杭州金盟道路设施有限公司

【地址】 浙江省临安市於潜镇方元工业区

【发明(设计)人】 董万春

【摘要】 本发明属于材料制造技术领域，特别是涉及一种由SMC模塑料复合玻璃纤维网格布制成的复合片材W－SMC制造方法，该材料适用于车辆船舶、建筑、航空、交通、化工等各个领域，尤其是适用于公路、城市道路用窨井盖、水箅等产品的制造。包括以下步骤：将调制好的模塑料糊涂覆于薄膜的一面，在涂有模塑料糊的薄膜上铺设一层短切玻璃纤维纱后将至少一层玻璃纤维网格布铺设于涂有模塑料糊的薄膜之上或直接将至少一层玻璃纤维网格布铺设于涂有模塑料糊的薄膜之上，将另一涂有模塑料糊的薄膜覆盖于玻璃纤维网格布之上，压合上述迭放的薄膜、模塑料和玻璃纤维网格布，制成模塑料玻璃纤维网格布复合片材。

【名称】 在真空浸渍压力下纤维增强塑料制品的一次成型方法及其塑料制品

【公开(公告)号】 CN101590697

【公开(公告)日】 2009. 12. 02

【申请(专利权)人】 上海正安电工材料技术有限公司

【地址】 上海市闵行区莘东路521号

【发明(设计)人】 周佩中；周宁

【摘要】 本发明涉及纤维增强材料制品的一次成型方法。一种在真空浸渍压力下纤维增强塑料制品的一次成型方法，它包括一个带有模具、真空泵、空气压缩机、树脂处理装置和电气控制台的可控真空压力系统，并包括下列步骤：步骤1. 清理模具，利用真空泵抽真空；步骤2. 浸渍用无溶剂树脂准备，根据配比将树脂混合，并添加固化促进剂，抽真空，保持温度在室温；步骤3. 加热模具达到80℃，在真空条件下注入步骤二得到的浸渍树脂，待所述树脂注满模具后，继续加热模具，施加气压，使树脂在压力条件下固化，并在130～180℃温度下保温3～8h；步骤4. 停止加热模具，自然冷却到室温，脱模得到所述塑料制品。本发明的生产过程能避免大气对制品的影响，有效提高制品机电性能。

【名称】 一种塑料瓶盖顶部烫金机

【公开(公告)号】 CN101590724

【公开(公告)日】 2009. 12. 02

【申请(专利权)人】 山东丽鹏股份有限公司

【地址】 山东省烟台市牟平区姜格庄镇邹革庄村

【发明(设计)人】 曲德堂；仉明亮；贺传富

【摘要】 本发明提供了一种塑料瓶盖顶部烫金机，包括机架，安装在机架上的电机，电机的小皮带轮通过皮带、同步带、传动轴、小同步带轮、大同步带轮与安装在机架上的间歇分度箱传动轴相连，机架上固定安有立柱，立柱上设可上、下滑动的烫金头，间歇分度箱输出轴上安有回转体，回转体上设多个胎具，胎具上装有工件；回转体外套有胶木环，胶木环外圆用支撑架固定在机架上，胶木环、胎具设内孔，胶木环的内孔与压缩空气塑料软管相连接。本发明实现了瓶盖烫金整个过程的全自动控制，提高了工作效率，减轻了劳动强度，且安全性能高。

【名称】 一种单组分磷酸盐结合耐磨耐火可塑料的制备方法

【公开(公告)号】 CN101591181

【公开(公告)日】 2009. 12. 02

【申请(专利权)人】 北京通达耐火技术股份有限公司

【地址】 北京市海淀区清河安宁庄东路1号

【发明(设计)人】 李燕京；张钧；齐进；郑华；焦成梁

【摘要】 本发明提供一种单组分磷酸盐结合耐磨耐火可塑料的制备方法，该方法制备的可塑料采用刚玉为主要原料，以氧化铝粉、刚玉粉、硅灰和硼酸为基质组成，以固体磷酸铝为结合剂，采用铝酸钙水泥做促硬剂，采用抑制剂抑制磷酸盐的鼓涨反应。按本发明方法制备的单组分磷酸盐结合耐磨耐火可塑料与传统磷酸盐结合耐磨耐火可塑料相比具有下列优点：1. 不需要困料，生产工艺简单；2. 不再配以桶装液体磷酸盐，发货时为混合均匀的干料；3. 施工简便，只需加入适当配合比的水搅拌即可；

4. 强度高，保存期长，耐磨性能好，综合性能优异。

【名称】 片状模塑料/团状模塑料用不饱和聚酯树脂的改性工艺

【公开(公告)号】 CN101591430

【公开(公告)日】 2009.12.02

【申请(专利权)人】 温州市中侨树脂化工实业公司

【地址】 浙江省温州市杨府山涂村工业区涂田路32号

【发明(设计)人】 朱超；王麒；庄加勇；金小钊

【摘要】 本发明涉及一种片状模塑料/团状模塑料用不饱和聚酯树脂的改性工艺，包括以下步骤：(1)Na-MMT的表面改性；(2)不饱和聚酯的改性：本发明通过以上工艺对不饱和聚酯树脂进行改性，使不饱和聚酯树脂具有剥离型纳米复合结构，极性基团之间形成氢键实现了对玻璃纤维界面浸润性的提高。

【名称】 一种聚丙烯表面改性添加剂树脂及制备方法

【公开(公告)号】 CN101591443

【公开(公告)日】 2009.12.02

【申请(专利权)人】 汕头大学

【地址】 广东省汕头市大学路243号

【发明(设计)人】 陈汉佳；李可峰；许曼

【摘要】 本发明涉及一种聚丙烯塑料表面具有生物相容性和亲水性的改性添加树脂及制备方法。本发明表面改性添加树脂，是由亲基体的聚丙烯链段和具有亲水亲生物体功能链段所构成的嵌段或接枝共聚物；亲基体聚丙烯链段和亲水亲生物体性能的链段的分子量分别为100至2万；亲水亲生物体性能的链段是单端羟基聚甲基丙烯酸甲酯、单端羟基聚乙二醇、聚二甲基硅氧烷、端羟基脂肪族聚酯、单端羟基聚乳酸、单端羟基聚羟基脂肪酸酯中的任一种。本发明改性添加剂可直接与聚丙烯共混并于成型时吸附于聚丙烯的表面，改性添加剂与聚丙烯之间具有良好的附着力，又能改善聚丙烯的表面抗凝血等生物相容性能。

【名称】 玉米等淀粉塑料薄膜

【公开(公告)号】 CN101591456

【公开(公告)日】 2009.12.02

【申请(专利权)人】 张双元

【地址】 河北省邯郸市峰峰矿区临水镇黑龙洞村

【发明(设计)人】 张双元

【摘要】 本发明公开了一种玉米等淀粉塑料薄膜，以淀粉及乙烯-丙烯酸聚合物为原料，掺入混溶性其他化学助剂，经混溶、挤压、吹塑制成，可用于制作农田薄膜、包装袋及其他吹塑制品，其性质能被土壤中的微生物吞食、分解、腐烂，能够启示研究加工发酵中合反应后能作为牛羊饲料，尤其是能够解决塑料袋包装称为白色污染问题，又可以解决石油原材料一再涨价问题，所采用本发明所用材料成本低，来源于自然广阔，节能环保，推广性强。

【名称】 利用废弃印刷电路板制备木塑复合材料的方法

【公开(公告)号】 CN101591459

【公开(公告)日】 2009.12.02

【申请(专利权)人】 上海交通大学

【地址】 上海市闵行区东川路800号

【发明(设计)人】 许振明；郭杰；施迎春

【摘要】 本发明公开了一种工业废弃物回收技术领域的利用废弃印刷电路板制备木塑复合材料的方法，将经过破碎和分选后获得的废弃电路板非金属材料作为原材料，代替部分木粉用于生产木塑复合材料。将热塑性塑料25~35份，废弃电路板非金属材料颗粒15~40份，木粉30~60份，接枝相容剂2~4份，润滑剂1~2份，偶联剂0.3~0.6份经过计量、混合和塑炼制成便于成型的木塑粒子，然后将木塑粒子送入挤出机进行挤出成型，经冷却定型后切割成型。本发明既可以解决废弃电路板非金属材料的处置及污染问题，也可以降低木塑复合材料的生产成本。

【名称】 阻燃ACS/PVC塑料合金及其制造方法

【公开(公告)号】 CN101591463

【公开(公告)日】 2009.12.02

【申请(专利权)人】 宁波镇洋化工发展有限公司

【地址】 浙江省宁波市镇海宁波化学工业区海天中路655号

【发明(设计)人】 傅建永；沈曙光；周文斌；徐小武；邱琪浩

【摘要】 本发明涉及一种阻燃ACS/PVC塑料合金及其制造方法，该合金以ACS树脂、PVC树脂为基材，按重量份数比例加入复合阻燃剂、稳定剂、相容剂、加工助剂、抗氧剂、润滑剂，经高速混合，在双螺杆挤出机中共混挤出造粒得到。本发明所制得的阻燃ACS/PVC塑料合金具有优异的阻燃性能，具有良好的耐候性能、抗静电性能、机械性能及加工性能，可广泛地应用于电子、电器、通讯、仪表、建材及汽车零部件等领域，是一种具有良好发展前景的工程塑料合金。

【名称】 一种导电聚碳酸酯模塑料及其制备方法

【公开(公告)号】 CN101591469

【公开(公告)日】 2009.12.02

【申请(专利权)人】 惠州市沃特新材料有限公司

【地址】 广东省惠州市惠城区小金口镇科技产业园

【发明(设计)人】 张尊昌；何征

【摘要】 本发明适用于导电模塑料领域，提供了一种导电聚碳酸酯模塑料及其制造方法，该导电聚碳酸酯模塑料以重量百分比计，含有60%～90%的聚碳酸酯树脂，或聚碳酸酯树脂和聚对苯二甲酸丁二醇酯树脂的混合物；5%～30%的导电炭黑；1%～10%的抗冲击改性剂；>0～1%的润滑剂；>0～1%的抗氧剂。该制备方法，包括步骤：(1)混合；(2)挤出造粒；(3)熔融状态下充分捏合后的挤出冷却切粒。本发明的导电模塑料能满足高清洁度测试。

【名称】 一种填充增韧PA66复合材料及其制备方法
【公开(公告)号】 CN101591470
【公开(公告)日】 2009.12.02
【申请(专利权)人】 上海普利特复合材料股份有限公司
【地址】 上海市虹口区四平路421弄20号2楼
【发明(设计)人】 刘正军；张祥福；周文
【摘要】 本发明公开了一种填充增韧PA66复合材料及其制备方法，按重量比包括以下组分：PA66树脂50%～94.8%，无机填料5%～45%，填料处理剂0.01%～1%，其他助剂0.1%～10%。该方法具体步骤如下：称取这些材料，在高速混料机混合3～5min，将混匀的物料加入双螺杆挤出机，自喂料口至挤出模头温度分别是220～240℃，230～250℃，230～250℃，220～250℃，240～270℃，主机转速是40～50Hz，然后用塑料注塑机制样。该复合材料耐冲击，易加工，平整度好。

【名称】 环保降解泡沫塑料
【公开(公告)号】 CN101591475
【公开(公告)日】 2009.12.02
【申请(专利权)人】 王文献
【地址】 山东省曹县青岗集乡王新庄村
【发明(设计)人】 徐锋；王文献
【摘要】 本发明涉及泡沫塑料领域，提供一种以农作物的废弃物品加工成的植物纤维为主要原料，加入变性淀粉、乙烯－丙烯酸乙酯共聚物和助剂，经过混炼、挤出造粒发泡制成的一种环保降解泡沫塑料颗粒。此环保降解泡沫塑料制品使用废弃后，可完全降解变为肥料。原材料丰富、造价低，可广泛用于生产一次性餐具，各种缓冲垫泡沫包装材料以及各种食品、日用品、电器等一次性的包装材料。生产工艺简单，生产成本低。

【名称】 具有加强肋的塑料排水管的连接方法及其形成的管接头
【公开(公告)号】 CN101592279
【公开(公告)日】 2009.12.02
【申请(专利权)人】 哈尔滨斯达维机械制造有限公司
【地址】 黑龙江省哈尔滨市南岗区红旗大街180号26号楼234室
【发明(设计)人】 何铁良
【摘要】 本发明提供一种表面具有螺旋或环状加强肋的热塑性塑料排水管材的连接方法，以及该方法所形成的管接头。连接方法包括：在管材端部连接区域的螺旋肋片间设置挡水块，用具有热稳定性的填充材料填充肋片间槽道，在肋片外圆包履连接塑料层形成圆柱形管接头，用电热熔带或热收缩带对管接头进行连接。所说的管接头包括：螺旋肋片间设置的挡水块，肋片间槽道内填充的发泡材料和以挤出片材缠绕形式包履的连接塑料层。本发明解决了此类管材由于外壁凹凸不平无法采用电热熔带连接的问题。

【名称】 室外表贴LED结构
【公开(公告)号】 CN101592316
【公开(公告)日】 2009.12.02
【申请(专利权)人】 北京利亚德电子科技有限公司
【地址】 北京市海淀区颐和园北正红旗西街9号
【发明(设计)人】 卢长军
【摘要】 一种结构简单、使用方便的室外表贴LED结构。技术方案是：包括LED本体，其特征是在LED本体外设置一个由透明材料制成的防护罩。所述防护罩与LED本体卡接在一起。所述透明材料为透明塑料。

【名称】 一种立体光刻快速成形光敏树脂及其制备方法和应用
【公开(公告)号】 CN101592859
【公开(公告)日】 2009.12.02
【申请(专利权)人】 广州机械科学研究院
【地址】 广东省广州市黄埔区茅岗路828号
【发明(设计)人】 刘海涛；钟汉荣；薛纪东
【摘要】 本发明提供了一种立体光刻快速成形光敏树脂及其制备方法和应用。它主要包括以下质量配比的原料组份：环氧树脂30%～80%；丙烯酸酯10%～35%；自由基引发剂1.0%～5.0%；阳离子型引发剂1.0%～8.0%；稀释剂5%～40%。将原料组份按所述的质量配比混合；然后加热，搅拌直至成为透明的淡黄色均匀液体，即得到该光敏树脂。光敏树脂通过立体光刻成形后，成形零件的精度高，耐热性好。成形零件的精度高，则通过立体光刻三维造型产生的零件尺寸误差越小，翘曲变形量小，提高了成形精度。成形零件的耐热性好，可以将成形零件应用在高温场合，如制造汽车车灯塑料外壳等。

【名称】 耐高温特软氟塑料绝缘分支电缆组件
【公开(公告)号】 CN101593575
【公开(公告)日】 2009.12.02
【申请(专利权)人】 淮南新光神光纤线缆有限公司
【地址】 安徽省淮南市大通区国庆东路经济技术开发区
【发明(设计)人】 汪元林；刘传思；邵武；刘道青；刘永
【摘要】 耐高温特软氟塑料绝缘分支电缆组件，其特征是采用一主控缆和多分支缆的结构形式；一主控缆与各分支缆之间的导电线芯的连接采用镀银插接件，在镀银插接件的外部以耐高温热缩套管为封套，封套的外层依次形成镀锡铜丝编织屏蔽层、F4生料带绕包层，以及以芳纶丝为材质的护套层；一主控缆与各分支缆的缆线结构是内环为屏蔽信号线、外环为工作线。本发明可以较大地减少线束用量、方便施工，并能满足耐高低温、阻燃、耐气候、耐腐蚀、抗老化、耐霉菌、可靠性、柔软性、体积小、重量轻等特殊性能要求。

【名称】 一种塑料勾片黏扣带的制备工艺
【公开(公告)号】 CN101596034
【公开(公告)日】 2009.12.09
【申请(专利权)人】 陈胜华；余福琴；余维平
【地址】 浙江瑞安汀田镇商业街1013号
【发明(设计)人】 陈胜华；余福琴；余维平
【摘要】 本发明公开了一种塑料勾片黏扣带的制备工艺，其特征在于将增韧尼龙材料熔化后经挤出机(1)挤出，再经平滑的片状模具(2)后成为连续性的片材进入牵引机构，由带高低错落勾齿的造齿辊筒(3)在柔软的片材上滚压出勾齿后进入平压辊筒(4)定型，而后进行经分切机(5)分切成条形黏扣带产品进行包装。

【名称】 一种防虫过滤网及其制造方法
【公开(公告)号】 CN101596383
【公开(公告)日】 2009.12.09
【申请(专利权)人】 佛山市顺德区阿波罗环保器材有限公司
【地址】 广东省佛山市顺德区容桂国家级高新技术园朝桂路9号
【发明(设计)人】 钟耀武
【摘要】 本发明公开了一种防虫过滤网，由下述质量百分比的原材料制成：热塑性塑料85%～99.5%、防虫剂0.5%～5%、色母粒0～5%、功能性材料0～5%；本产品由于添加有防虫剂，防虫剂可经高温处理后仍然具有良好的杀虫效果，并且在防虫过滤网使用过程中不会出现药剂挥发后失效的情况，可反复清洗使用。对各类害虫，如蚊子、蚂蚁、蟑螂、螨虫、苍蝇都有很好的预防杀灭效果，并且无毒环保。

【名称】 水力再生塑料浮选机
【公开(公告)号】 CN101596489
【公开(公告)日】 2009.12.09
【申请(专利权)人】 刘明曦
【地址】 重庆市大足县龙水镇永益路32-10-2号
【发明(设计)人】 刘明曦
【摘要】 本发明涉及一种水力再生塑料浮选机，由无级调速电机1，传动轴3，推进叶轮4，罐体8等构成。它是利用推进叶轮4适当的转速推动水向上翻动的升力，来分离再生塑料和杂质。较传统的代学分离法具有操作方便，节约成本，减少污染的特点。

【名称】 木塑复合地板的生产方法
【公开(公告)号】 CN101596732
【公开(公告)日】 2009.12.09
【申请(专利权)人】 浙江世友木业有限公司
【地址】 浙江省湖州市南浔镇吴越公路
【发明(设计)人】 倪月中；章昕；于学利；潘成锋；王明俊；涂登云
【摘要】 本发明涉及一种木地板生产方法，具体涉及木塑复合地板的生产方法。本发明包括以下步骤：用200～240℃的温度对木粉进行炭化处理，处理时间为5～15min，得到改性木粉；将改性木粉50～70重量份与塑料粉30～50重量份混炼预塑化，得到木塑混合粉；将得到的木塑混合粉放入挤出机，通过模头将木塑混合粉挤出呈板材型，即为木塑复合板；将木塑复合板冷却定型，并经行后期加工即得到木塑复合地板。本发明的木粉由于经过木粉处理步骤，使木纤维表面的极性基团被破坏，处理后的改性木粉吸水率降低50%以上，然后再进行粉料混合步骤，以降低木塑复合材料的吸水回弹性，从而达到减小塑料比例，提高产品质量的目的。

【名称】 一种间歇式泡沫发料机
【公开(公告)号】 CN101596764
【公开(公告)日】 2009.12.09
【申请(专利权)人】 杭州富阳东山塑料机械有限公司
【地址】 浙江省富阳市新登镇双江路25号杭州富阳东山塑料机械有限公司
【发明(设计)人】 徐元朝；朱红卫；周接红；孙金群；徐学军
【摘要】 本发明涉及一种以聚苯乙烯为原料生产塑料泡沫的间歇式泡沫发料机，属于一种制造塑料泡沫的机械设备。目前还没有一种适用面广、生产效率高的间歇式泡沫发料机。本发明包括一号进料装置、顶部排气装置、桶体、搅拌装置和底部进气装置，其中一号进料装置和顶部排气装置均固定在桶体的顶部，其特征在于：还包括二号进料装置，所述二号进料装置包括下料斗和称量桶，所述下料斗固定在称量桶的顶部，所述称量桶的底部通过输送管与桶体的顶部相连通。本发明的结构设计合理，适用面广，生产成本低，发泡效率高，不仅能够用于塑料泡沫的一次发泡，而且还能够对塑料泡沫进行二次以上发泡。

【名称】 一种塑料球阀的制作方法及其模具

【公开(公告)号】 CN101596766

【公开(公告)日】 2009. 12. 09

【申请(专利权)人】 蔡金福

【地址】 浙江省玉环县珠港镇陈屿下青塘村仓里中巷38-1号

【发明(设计)人】 蔡金福

【摘要】 本发明提供了一种塑料球阀的制作方法及其模具，属于阀门技术领域。它解决了现有球阀制造中存在的工艺复杂、污染严重和生产成本高等技术问题。一种塑料球阀的制作方法，该制作方法包括以下步骤：A. 零件制作；B. 组装阀芯组件；C. 装模、合模；D. 注塑、退模；E. 组装成品。一种模具，包括上模体和下模体，下模体上具有用于定位阀芯组件的定位杆，下模体上具有凹入的导向直槽，导向直槽处还设有两块能沿导向直槽滑动的滑块，滑块侧部具有凹入的模腔且当两滑块接触时相对的两个模腔形成注塑腔且上述的定位杆位于注塑腔内，上模体与下模体之间还设有当两滑块接触时能将其锁定的夹紧机构。本塑料球阀制作成本低、使用简便、产品成品率高。

【名称】 一种缓黏结预应力钢筋外包护套挤出成型机

【公开(公告)号】 CN101596776

【公开(公告)日】 2009. 12. 09

【申请(专利权)人】 中国京冶工程技术有限公司；中冶建筑研究总院有限公司

【地址】 北京市海淀区西土城路33号

【发明(设计)人】 范蕴蕴；尚仁杰；吴转琴；刘刚；张马俊；张利军；郝志军

【摘要】 本发明公开了一种缓黏结预应力钢筋外包护套挤出成型机，它包括：料斗、机体、机头和电机，机体和机头外表面分别设有加热套，机体和机头之间通过法兰连接；机体包括料筒和设于料筒内的螺杆，螺杆通过皮带轮和皮带与电机相连接，机头外形成T字形，机头由模套和固定连接在模套内的与机体垂直的筒状模芯组成，模套的出口与模芯之间形成一环形开口，模芯内设有同轴的芯管，芯管的两端套设有固定圈，固定圈通过点焊与模芯相连接，芯管和模芯之间具有一间隙。本发明缓黏结预应力钢筋外包护套挤出成型机使塑料护套在成型过程中，缓凝胶黏剂不会出现滴落现象，从而保证缓黏结预应力钢筋的质量。

【名称】 塑料片材热压制杯机

【公开(公告)号】 CN101596782

【公开(公告)日】 2009. 12. 09

【申请(专利权)人】 瑞安市江南机械有限公司

【地址】 浙江省温州市瑞安市经济开发区新埠路833号

【发明(设计)人】 杨松；王礼权；詹印聪

【摘要】 一种用链轮、丝杠和铰链连杆机构加压、保压、锁模和裁切的塑料片材热压制杯机。动力通过轴、链轮、链条，带动丝杠转动，推动螺母和十字头，驱动动模板到达工作工位时，继续移动驱使铰链连杆机构发生作用，起到增大和保持锁模力的功能，同时从塑料片材上切下杯子。本发明摒弃现有液压驱动装置，使得制杯机的工作噪声减小、故障率极大降低、工作环境改善、维修保养简单、方便。由于没有油污，成品更卫生。

【名称】 一种塑料管材定型挤出生产工艺及挤出装置

【公开(公告)号】 CN101596790

【公开(公告)日】 2009. 12. 09

【申请(专利权)人】 福建祥龙塑胶有限公司

【地址】 福建省福清市融侨经济技术开发区福玉路

【发明(设计)人】 李基安；姚忠亮；林振宇；戴永顺

【摘要】 本发明公开了一种塑料管材定型挤出生产工艺及挤出装置，本发明通过选择合适的挤出模具，使挤出模具的口模出口外径小于定径套的内径，在挤出模具中通入空气，使挤出模具挤出的管坯在口模出口后，在空气的作用下吹涨，吹涨后的管坯外径达到略大于定径套的内径，而后再采用牵引机进行纵向牵引拉伸。本发明的优点在于：本发明的塑料管材定型挤出生产工艺及挤出装置，可使管材在出口模时同时受到径向力与轴向力的作用，从而使其在轴向与径向同时发生变形，使管材塑料冷却结晶的晶粒形状由条状转为砾石状，从而大大的提高管材的耐压强度和拉伸强度。

【名称】 薄膜结构及其制造方法

【公开(公告)号】 CN101596803

【公开(公告)日】 2009.12.09
【申请(专利权)人】 颖台科技股份有限公司
【地址】 中国台湾省桃园县
【发明(设计)人】 陈信元；谢育芸；谢姗娥
【摘要】 本发明公开了一种薄膜结构及其制造方法，用于模内装饰工艺，涂布一包含有至少两种具弹性的树脂微粒的涂层于薄膜上方表面，其中该至少两种树脂微粒包含用以增加绒毛触感的第一树脂微粒及用以增加防刮耐磨性的第二树脂微粒，之后形成一油墨层于该薄膜下方表面，并通过热处理将薄膜成型为预定形状，再利用射出成型的方式将一塑料基材成型并贴合于该油墨层下面，最后使用紫外光硬化该涂层；借此，使得薄膜具有绒毛般的触感及防刮耐磨耗的特性。

【名称】 塑料箩筐底下滑轮装置
【公开(公告)号】 CN101596957
【公开(公告)日】 2009.12.09
【申请(专利权)人】 连江县宏大激光测量仪器研究所
【地址】 福建省连江县城关玉荷西路8号楼205室(中山路9号对面2层)
【发明(设计)人】 游源匡
【摘要】 本发明提供的塑料箩筐底下滑轮装置，主要研究解决的问题塑料箩筐构造其底下装置“四只滑轮”其中前“二只滑轮”是万向滑轮，后“二只滑轮”顺向滑轮，箩筐身设置通风其在箩筐底在滑轮位置用比较厚和硬的塑料支撑着承重压力穿透着轴杆，滑轮滚动其箩筐身不产生变形破裂，塑料箩筐身造型式样“型”滑轮装置稳敝着其底下善于叠装缩小占地空间。如遇地面凸凹不平，塑料箩筐上端左右孔柄可以用双手提起搬运。其特征在于：塑料箩筐底滑轮装置，物品盛箩筐短途搬运过程中能够减轻80%繁重体力劳动，特别适合商贩作为流动运输工具。

【名称】 单片塑料瓶盖
【公开(公告)号】 CN101596958
【公开(公告)日】 2009.12.09
【申请(专利权)人】 上海紫日包装有限公司
【地址】 上海市闵行区颛兴路899号
【发明(设计)人】 韩明；王世春；邱诚韡；侯爱玲
【摘要】 一种单片塑料瓶盖，盖体的内顶面设置有与瓶口相配合的环型内塞和柱状环型外侧封；环型内塞外表面为向外鼓形；可起到密封作用。如果瓶内压力升高，其内压力施加于内塞的内表面，可使其更紧密地抵住瓶内壁。柱状环型外侧封根部为圆弧密封区A，中间为直线侧部密封区B，顶部为引导区C。圆弧密封区A与瓶口外侧壁顶部圆弧E紧密贴合产生极大的接触面，通过旋盖时施加的压力使其产生极佳的密封效果。直线侧部密封区B的直径小于瓶口外壁F的直径，由于轴向作用力为张力，能有效的通过过盈的弹性变形起到密封效果。引导区C能在柱状环型外侧封12起到很好的定位作用，减少旋盖时高、歪盖产品的出现，避免浪费的产生。

【名称】 一种缓冲包装衬垫及其制作方法
【公开(公告)号】 CN101596970
【公开(公告)日】 2009.12.09
【申请(专利权)人】 北京印刷学院
【地址】 北京市大兴区黄村镇兴华北路25号
【发明(设计)人】 曹国荣；许文才；刘淑婧
【摘要】 一种缓冲包装衬垫及其制作方法属于缓冲包装材料领域，解决聚苯乙烯泡沫塑料(简称EPS)带来的“白色污染”及其再利用问题；以回收的EPS、回收的废纸纤维及廉价的膨胀珍珠岩(简称EP)为主要原料，并以环境友好的水基型胶黏剂为助剂，功能互补效果显著，经原料加工、母料配制、模具成型，最后干燥的方法制作；所含组分及其质量份数比为，回收的EPS1～3份、回收的废纸纤维1～3份、EP1～5份、水基型胶黏剂2～5份；有益之处，产品质轻、缓冲性能优良，满足包装要求，尤其广泛适用于对轻质小型产品的缓冲包装，而且易于制作，成本低，并能回收再利用，大大减少“白色污染”，有利于环保，节约资源，能促进循环经济发展，经济及社会效益可观。

【名称】 一种生物降解塑料及其制备方法
【公开(公告)号】 CN101597368
【公开(公告)日】 2009.12.09
【申请(专利权)人】 武汉大学
【地址】 湖北省武汉市武昌珞珈山
【发明(设计)人】 黎厚斌；刘娟
【摘要】 本发明涉及一种可生物降解塑料及其制备方法，该塑料的原料组成为：油菜籽饼粕、甲苯-2，4-二异氰酸酯、聚丙二醇、1，2-二氯乙烷、甘油和桐油；其中，所述甲苯-2，4-二异氰酸酯与聚丙二醇的摩尔比为2:1；甲苯-2，4-二异氰酸酯和聚丙二醇的质量总量与油菜籽饼粕质量比为(2:3)～(3:2)，所述1，2-二氯乙烷、甘油和桐油的用量分别为油菜籽饼粕、甲苯-2，4-二异氰酸酯及聚丙二醇三种物质总质量的3%，0.6%～3%和0.9%～3%。本发明的生物降解塑料具有好的拉伸强度(8～10MPa)，较低的吸水率(0.5w/w%～1.2w/w%)，较好的土壤填埋生物降解性(90天后降解率在45%～51%)。该生物降解塑料主要原料油菜籽饼粕来源丰富、价格低廉、可降解，因而性价比高。

【名称】 一种稀土催化二氧化碳与氧化环已烯共聚的制备方法

【公开(公告)号】 CN101597375

【公开(公告)日】 2009. 12. 09

【申请(专利权)人】 宇星科技发展(深圳)有限公司

【地址】 广东省深圳市南山区高新技术产业园清华信息港研发楼B座301号

【发明(设计)人】 吴迅海；王富生；文秋红；何姝

【摘要】 本发明涉及三元稀土催化体系在二氧化碳与氧化环已烯聚合中的应用，聚合得到的高聚物可用于可降解塑料行业。本发明包括以下步骤：将含有 P_2O_4 的三元稀土催化剂作为催化体系，加入在常温下按摩尔比 P_2O_4:CHO 1:200 加入氧化环已烯；在氮气保护下将混合后的悬浊液转移到已经干燥并抽真空的500mL高压反应釜；向高压反应釜内充入二氧化碳至指定压强2.5MPa，控制反应温度在40～80℃；反应时间24h，催化聚合得到二氧化碳－氧化环已烯共聚物。本发明催化体系催化效率高，稳定性好，在低温低压下催化聚合二氧化碳和氧化环已烷，最高产量达87%，二氧化碳固定量达47%，催化效率达520mol/mol Nd。

【名称】 一种聚氨酯甲基乙撑碳酸酯材料及其制备方法

【公开(公告)号】 CN101597376

【公开(公告)日】 2009. 12. 09

【申请(专利权)人】 中山大学

【地址】 广东省广州市新港西路135号

【发明(设计)人】 孟跃中；吴静姝；王拴紧；肖敏；贺虎；韩东梅

【摘要】 本发明公开一种聚氨酯甲基乙撑碳酸酯材料及其制备方法，该材料是由二氧化碳、环氧丙烷和异氰酸酯共聚合制备而得。本发明向二氧化碳和环氧丙烷的共聚体系中加入了双官能团的异氰酸酯，可以达到扩链和微交联作用，对制备所得聚氨酯甲基乙撑碳酸酯进行化学改性，使得该聚合物的机械性能和热性能均高于二元共聚物——聚甲基乙撑碳酸酯材料，拓宽了聚甲基乙撑碳酸酯的应用范围。本发明将负载型二元羧酸锌应用于二氧化碳、环氧丙烷和异氰酸酯的三元共聚体系，其催化效率可达到87.31g/gcat.。本发明原料成本低廉，工艺简单，为二氧化碳塑料的工业化应用开拓了新的途径。

【名称】 一种在塑料板表面制备透明硬化涂层的方法

【公开(公告)号】 CN101597382

【公开(公告)日】 2009. 12. 09

【申请(专利权)人】 杭州博纳特光电科技有限公司

【地址】 浙江省杭州市西湖经济开发区西园四路2号

【发明(设计)人】 高基伟；闫欣；刘光平；阮一清；宋利权；赵斌通

【摘要】 本发明公开的在塑料板表面制备透明硬化涂层的方法，采用的是淋涂制膜、紫外光辐射固化法，其步骤包括：用丙烯酸酯类齐聚物、丙烯酸酯类单体和有机溶剂、光引发剂、助剂配制光固化涂料；清洁塑料板材表面；将光固化涂料淋涂到塑料板材上；将塑料板上的湿膜自然流平，烘烤、冷却；用紫外线将塑料板上的湿膜固化形成透明硬化涂层。本发明方法简单，以淋涂方法成膜，对设备和技术要求低，可以在各种塑料基材上非常方便地实现，所得涂层表面透明光滑，透过率高，硬度比原板材可提高6～8个等级。制得的硬化涂层具有可印刷性、可雕刻加工性、可镀膜性等优异性能，有利于更好地保护塑料基材，并适应电子、电器、数码产品的新发展。

【名称】 PP－R高分子用聚合物

【公开(公告)号】 CN101597394

【公开(公告)日】 2009. 12. 09

【申请(专利权)人】 沈阳大圆天地塑料制品有限公司

【地址】 辽宁省沈阳市铁西区景星南街90号中城大厦

【发明(设计)人】 毕忠义

【摘要】 本发明公开了一种塑料制品的母料，特别是PP－R高分子用聚合物。PP－R高分子用聚合物，它是由下述原料按所述重量份数制备而成：碳酸钙55～75、润滑剂1～3、聚乙烯蜡0.3～0.8、聚丙烯蜡0.3～0.8、聚乙烯5～15、聚丙烯3～8、偶联剂1～5、硬脂酸锌0.5～2.5、硬脂酸1～3、滑石粉5～15。本发明PP－R高分子用聚合物的发明填补了这一领域的空白；它拥有填充量大，填充后原有的物性不变，可提高强度，增加韧性，定型好等特点，而且大大的降低了PP－R制品厂家的成本。在当前能源紧张的情况下，可节约大量的能源。

【名称】 核电站电缆用耐辐照无卤低烟阻燃护套材料及制备方法

【公开(公告)号】 CN101597397

【公开(公告)日】 2009. 12. 09

【申请(专利权)人】 宝胜科技创新股份有限公司

【地址】 江苏省宝应县苏中北路1号

【发明(设计)人】 王巧娥；王永；房权生；梁彤祥；庞玉春；郭文利

【摘要】 本发明公开了一种核电站用耐辐照无卤低烟阻燃电缆护套材料及制备方法，其原料包括乙烯-乙酸乙烯酯橡胶、马来酸酐接枝乙烯-乙酸乙烯酯塑料、氢氧化镁阻燃剂、有机硅阻燃剂、纳米氧化铈、快压出炭黑、硬脂酸锌、硬脂酸、乙烯基三硅烷、莱茵散A-16、莱茵散A-25、聚碳酸二亚胺(PCD-50)、2，2，4-三甲基-1，2-二氢化喹啉、防老剂DDA、双叔丁过氧异丙基苯、三烯丙基氰脲酸酯、癸二酸二辛酯，经加热混炼制得。本发明配方、配比科学合理，工艺先进。制得的护套材料具有优良的抗辐照性能，机械性能优异，使用寿命长，是一种很好的生产制造核电站电缆用耐辐照无卤低烟阻燃护套材料。

【名称】 一种膨胀型无卤阻燃热塑性动态硫化橡胶组合物

【公开(公告)号】 CN101597409

【公开(公告)日】 2009.12.09

【申请(专利权)人】 四川晨光科新塑胶有限责任公司

【地址】 四川省什邡马祖镇

【发明(设计)人】 赵丕龙；陈双辉

【摘要】 本发明涉及一种膨胀型无卤阻燃热塑性动态硫化橡胶组合物，该组合物含有：(1)50~90重量份的热塑性动态硫化橡胶；(2)10~50重量份的膨胀型无卤阻燃剂；(3)0~20重量份的协效剂；(4)0~5重量份的加工助剂；(5)0.3~6重量份的表面改性剂；膨胀型无卤阻燃剂由碳源、气源、酸源组成，三者的重量比为1:(0.1~3):(0.5~4)。该组合物阻燃剂含量少，该组合物无卤低毒，满足苛刻的环保要求；具有优异的阻燃性能、机械物理性能和加工性能，可用普通的热塑性塑料加工设备加工成型，可用于汽车、船舶、建筑、家电、通讯等行业，特别适合用于制作电线电缆、建筑密封条。

【名称】 复合塑料和塑料制品

【公开(公告)号】 CN101597413

【公开(公告)日】 2009.12.09

【申请(专利权)人】 深圳市毅彩鸿翔塑料有限公司

【地址】 广东省深圳市龙岗区街道中心社区丁山桥工业区明和街6号

【发明(设计)人】 安小革

【摘要】 本发明涉及复合塑料技术领域，该复合塑料包括按重量份计的下列成分：20%~90%的聚甲基丙烯酸甲酯，5%~50%的聚碳酸酯，以及0.1%~30%的相溶剂。该复合塑料还可以是包括聚甲基丙烯酸甲酯，丁二烯-苯乙烯共聚物或聚苯乙烯，以及相溶剂。本发明还提供一种由上述各种复合塑料制成的塑料制品。由于该复合塑料都包含聚甲基丙烯酸甲酯，不需要进行额外的喷涂，也无需添加珠光颜料等，其表面就能表现出自然的珍珠光彩及流纹效果，同时可耐化学腐蚀，不会产生脱落褪色等现象，具有良好的化学稳定性能以及相当高的光亮度。

【名称】 淀粉基可降解塑料

【公开(公告)号】 CN101597414

【公开(公告)日】 2009.12.09

【申请(专利权)人】 杨凌瑞丰环保科技有限公司；王治

【地址】 陕西省咸阳市杨凌示范区神农路创业大厦324号

【发明(设计)人】 王治

【摘要】 本发明公开了一种淀粉基可降解塑料，由高分子组合物制成，高分子组合物各组分及重量份为，淀粉50~80份，聚乙烯醇5~15份，多元醇7~15份，有机醛化合物5~10份，引发剂0.1~0.5份。本发明所使用的淀粉、聚乙烯醇均是易于生物降解的高分子材料，有利于消除“白色”污染，保护环境；生产工艺简单，降解效果明显，易于工业化生产。

【名称】 用于制造塑料管道嵌件的聚合物合金

【公开(公告)号】 CN101597415

【公开(公告)日】 2009.12.09

【申请(专利权)人】 成都信息工程学院

【地址】 四川省成都市双流县西南航空港经济开发区学府路一段24号

【发明(设计)人】 吴锡；吴廷禄；魏明兴

【摘要】 本发明是一种用于制造塑料管道嵌件的聚合物合金，其主要成分是2，6-二甲基-1，4苯醚，接枝型高冲击强度耐热聚苯乙烯、液晶聚合物、苯乙烯/乙烯-丁烯/苯乙烯嵌段共聚物和少量低密度聚乙烯，以及用于改善该聚合物合金加工性能的助剂、硬脂酸钙、液体石蜡以及少量的抗氧剂。本发明提供的聚合物合金，其热变形温度、熔点温度和分解温度高，低温脆化温度低，成型收缩率低且恒定，密度小重量轻，机械性能和加工性能好，用其加工生产的塑料管道嵌件，生产成本只有铜嵌件的1/8，不锈钢嵌件的1/6，铸铁嵌件的1/5，而且无锈蚀，无污染，可承受5MPa以下的水压，可在冷、热水条件下长期使用，使用寿命可达50年，具有极高的应用价值。

【名称】 1.0米宽片状模塑料及其成型工艺

【公开(公告)号】 CN101597424

【公开(公告)日】 2009.12.09

【申请(专利权)人】 温州市中侨树脂化工实业公司
【地址】 浙江省温州市杨府山涂村工业区涂田路32号
【发明(设计)人】 朱超；王麒；庄加勇；金小钊
【摘要】 本发明公开了一种1.0米宽片状模塑料及其成型工艺，包括有下述质量份数比的组分：不饱和聚酯树脂，60份±10%；低轮廓收缩剂，40份±10%；润湿分散剂，1.5份±10%；加工助剂，4份±10%；过氧化苯甲酰叔丁酯，1.5份±10%；钴促进剂，1份±10%；对苯醌，0.5份±10%；碳酸钙，210份±10%；氧化镁，2.6份±10%；玻璃纤维，质量占上述组分总质量的18%~28%。本发明的优点在于能制得1.0米宽且表面增稠均匀，性能好。

【名称】 硅微粉表面处理改性方法及环氧树脂组合物及其制备方法
【公开(公告)号】 CN101597436
【公开(公告)日】 2009.12.09
【申请(专利权)人】 北京石油化工学院；广东榕泰实业股份有限公司
【地址】 北京市大兴区黄村清源北路19号
【发明(设计)人】 杨明山；李林楷；何杰；罗海平；张建国
【摘要】 本发明公开一种硅微粉表面处理改性方法及环氧树脂组合物及其制备方法。该方法包括：在真空条件下，采用射频频率为13.56MHz的射频等离子体放电使单体在所处理的硅微粉表面聚合包覆，得到等离子聚合包覆改性硅微粉。用改性硅微粉制备环氧树脂组合物的方法包括：将改性硅微粉与环氧树脂、固化剂、咪唑类固化促进剂、润滑剂、增韧剂等混合后，经混炼，粉碎和消磁处理，得到环氧树脂组合物。利用上述方法制得改性硅微粉制得的环氧树脂组合物可用于制备大规模集成电路封装用模塑料(EMC)，其弯曲强度和冲击强度大大提高，CTE和吸水率大大降低，大大提高了EMC的综合性能。

【名称】 聚碳酸酯工程塑料表面微蚀方法
【公开(公告)号】 CN101597782
【公开(公告)日】 2009.12.09
【申请(专利权)人】 陕西师范大学
【地址】 陕西省西安市长安南路199号
【发明(设计)人】 王增林；李志新
【摘要】 一种聚碳酸酯工程塑料表面微蚀方法，由除油、膨润、微蚀处理、中和反应步骤组成，本发明采用N，N'－二甲基甲酰胺水溶液为膨润剂，MnO_2/H_2SO_4为微蚀液对聚碳酸酯表面进行化学微蚀处理，使其表面粗化过程的操作简单易行，降低了生产成本。聚碳酸酯板表面经本发明微蚀处理后，用扫描电镜和接触角测量仪进行了检测，效果较好。并采用现行的化学镀和电镀工艺步骤在聚碳酸酯板表面镀铜，检测了镀层和基板之间的黏结强度，结果表明，其黏结强度最大值可达1680g/cm，完全满足黏结强度的要求。

【名称】 直接在管道敷设沟内制造任意长度塑料管道的方法
【公开(公告)号】 CN101598245
【公开(公告)日】 2009.12.09
【申请(专利权)人】 魏权；宋涛；李绍波
【地址】 海南省海口市海秀路34号计量大院1幢502室
【发明(设计)人】 魏权；宋涛；李绍波
【摘要】 一种直接在管道敷设沟内制造任意长度塑料管道的方法，包括选用挤塑成型的塑料制管机，制管机直接在管道敷设沟内制造管道，敷设沟的弯曲处开挖成适合制管机回转的形状，制管过程中，制管机沿敷设沟移动，其运动速度与制成管相对于制管机的运动速度大小相等方向相反，管道需弯曲处适时操纵行走机构以制成管在沟底的落点为圆心在沟底平面内转动，由此使制成管直接落在沟底的指定位置上，在敷设沟内制管机行进的前方配备同步移动的行走式上料机，上料机将原料连续添加到制管机进料口中，保证制管机可制造任意长度的管道，实现在管网相邻两节点间管道全程无接口。

【名称】 一种注塑成型具3D纹路的塑料片及其制造方法
【公开(公告)号】 CN101600553
【公开(公告)日】 2009.12.09
【申请(专利权)人】 东莞万德电子制品有限公司；万德国际有限公司
【地址】 中国广东省东莞市东城区温塘管理区皂一(1)村
【发明(设计)人】 叶逸仁
【摘要】 一种注塑成型具3D纹路的塑料片之制备方法，其预先准备一模具，该模具上设有3D纹路；再于上述模具的3D纹路面上以注塑方式成型一层塑料，脱模后制得具有3D纹路的塑料片材；然后在塑料片材的3D纹路上通过真空电镀或直接喷涂方法形成光干扰涂层；最后于光干扰涂层上形成一表面平整的保护膜层。

【名称】 一种无粉尘注塑原料生产方法及装置
【公开(公告)号】 CN101602247
【公开(公告)日】 2009.12.16
【申请(专利权)人】 东莞市泰至塑料五金有限公司

【地址】 广东省东莞市茶山镇超朗工业区
【发明(设计)人】 陈泰明
【摘要】 本发明公开了一种无粉尘注塑原料生产方法，其包括以下步骤：选择有高低落差的三楼层，在第三和第二层上分别设置一可移动的料斗；在第二层设置一原料混合机组；在第一层设置一塑料管材挤出机组；贯穿所述第三层、第二层楼板分别设置一送料管道；将所述原料混合机组的进料管与第三层楼板上的送料管道密封连接，将所述塑料管材挤出机组的进料管与第二层楼板上的送料管道密封连接；在第二层楼板上的料斗顶部设置一防尘罩；在第三层，将注塑原料加入料斗，拉开拉闸，注塑原料落入到原料混合机组，通过原料混合机组混合均匀，注塑原料输出至料斗中，将料斗移至送料管道处，拉开拉闸，注塑原料即落入塑料管材挤出机组，整个过程全封闭，避免粉尘飞扬。

【名称】 用于塑料挤出系统熔体净化的旋转过滤器
【公开(公告)号】 CN101602249
【公开(公告)日】 2009.12.16
【申请(专利权)人】 梁斌
【地址】 浙江省台州市黄岩区西城模具城浙江精诚模具机械有限公司
【发明(设计)人】 梁斌
【摘要】 本发明公开了用于塑料挤出系统熔体净化的旋转过滤器，具有进料端机体和出料端机体，过滤网盘通过连接紧固元件设置在进料端机体和出料端机体之间，过滤网盘通过棘爪式传动装置的配合动作而产生旋转运动，过滤网盘上设置有多个过滤网孔而形成多个过滤通道，过滤网盘被进料端机体和出料端机体紧密覆盖住，在进料端机体上开有换网室，换网室外部设置有可打开或锁紧换网室的门体，通过门体打开或锁紧换网室，可以在高压生产时也能保证压力近乎不变的情况下，方便安全地完成过滤网孔上新旧网片的更换。

【名称】 一种稀土催化二氧化碳与环氧丙烷交替共聚物的制备方法
【公开(公告)号】 CN101602850
【公开(公告)日】 2009.12.16
【申请(专利权)人】 宇星科技发展(深圳)有限公司
【地址】 广东省深圳市南山区高新技术产业园清华信息港研发楼B座301号
【发明(设计)人】 吴迅海；王富生；文秋红；何姝
【摘要】 本发明涉及一种稀土催化二氧化碳与环氧丙烷交替共聚物的制备方法，聚合得到的高聚物可用于可降解塑料行业。该方法包括以下步骤：$Y(P_2O_4)_3$、$Al(i-Bu)_3$ 以及丙三醇混合制备得到三元稀土催化剂；以1，4－二氧六环作溶剂加入三元稀土催化剂，加入环氧丙烷，制的悬浊液；在氮气保护下将混合后的悬浊液转移到已经干燥并抽真空的500ml高压反应釜后充入二氧化碳；控制反应温度在45～90℃，反应时间24h，催化聚合得到二氧化碳－环氧丙烷共聚物。三元稀土化剂共聚二氧化碳和环氧丙烷，具有催化效率高、共聚物分子量大且分布窄等优点。在低温低压下催化聚合二氧化碳和环氧丙烷，得到聚碳酸酯单元含量大于90%的共聚物，催化剂的催化效率最高达500g/mol Y。

【名称】 一种用马来酸酐接枝高分子材料的方法
【公开(公告)号】 CN101602830
【公开(公告)日】 2009.12.16
【申请(专利权)人】 南京棠城塑胶有限公司
【地址】 江苏省南京市六合区方州路666号
【发明(设计)人】 沈文祥
【摘要】 本发明属于高分子复合材料生产技术领域，涉及一种用马来酸酐接枝高分子材料的制备方法。将基础树脂和处理后的引发剂接枝单体，通过高速搅拌机混合后，进入具有双压缩比结构的单螺杆挤出机在设定的工艺条件下，通过引发剂打开高分子链端接上极性单体，从而制得所需马来酸酐接枝高分子材料；本发明所制得马来酸酐接枝高分子材料，由于具有极性功能基团，广泛用于多层共挤出高阻隔薄膜的生产和工程塑料生产领域。

【名称】 一种软质导电塑料及其制造方法
【公开(公告)号】 CN101602890
【公开(公告)日】 2009.12.16
【申请(专利权)人】 惠州市沃特新材料有限公司
【地址】 广东省惠州市惠城区小金口镇科技产业园
【发明(设计)人】 张尊昌；何征；李昌浩；谢迎洪
【摘要】 本发明提供了一种软质导电塑料及其制造方法，该软质导电塑料以重量百分比计，含有10%～40%的聚苯醚树脂，或聚苯醚树脂与聚苯乙烯树脂的混合物；30%～60%的热塑性弹性塑料；10%～35%的导电炭黑或导电碳纤维；>0～1%的润滑剂；>0～1%的抗氧剂；5%～30%的增塑剂；1%～10%的相容剂；其中，聚苯醚树脂在聚苯醚树脂和聚苯乙烯树脂的混合物中百分比含量为50%～95.5%。该制造方法包括步骤：(1)混合；(2)造粒；(3)各组分充分捏合后挤出冷却切粒。本发明的软质导电塑料可用于电线、电缆的磁屏蔽层，能与电线电缆的绝缘层同步挤出，提高电线、电缆的生产效率；也可用于其他需要软导电料的领域。

【名称】 塑料和涂料用钛白粉表面处理的改性方法
【公开(公告)号】 CN101602897

【公开(公告)日】 2009.12.16
【申请(专利权)人】 徐志昌
【地址】 北京市海淀区圆明园花园别墅17号楼1单元502
【发明(设计)人】 徐志昌；张萍
【摘要】 本发明涉及塑料和涂料用钛白粉表面处理的改性方法，其工序包括普通钛白粉和少部分并用包核在离子型聚丙烯酰胺水溶液中的分散、无机复合氧化物和有机化合物的双层包覆、陈化、过滤、干燥、收尘等。完成无机内层包膜的方法是溶胶-凝胶方法；完成有机外层包膜的方法是极性化学键吸附。最后，过滤所制得的滤饼，连续在粉碎干燥机内干燥，在旋风分离机和布袋过滤机内分别收取细粒度和超细粒度的钛白粉产品。该表面处理钛白用于塑料和涂料等增强和增白，具有改进的分散性、稳定性和流变性。

【名称】 一种用于锚固纤维增强塑料绞线筋或拉索的黏结式锚具与锚固方法
【公开(公告)号】 CN101603354
【公开(公告)日】 2009.12.16
【申请(专利权)人】 湖南大学
【地址】 湖南省长沙市麓山南路2号
【发明(设计)人】 方志；王诚
【摘要】 一种用于锚固纤维增强塑料绞线筋或拉索的黏结式锚具与锚固方法，锚具有一端设有端盖而另一端有定位孔的套筒，套筒有锥形内腔，设有灌浆孔和排气孔的套筒外周装有螺母，纤维增强塑料绞线筋或拉索穿过定位孔且其位于锥形内腔中的一端扎花成分叉的七股，在该七股之间楔入带锥度贯通孔的支撑楔块而使之成楔形；所述筋或拉索一端的分叉起始部位套有约束环且其通过所述定位孔的部位套有薄壁铝套管，套筒的锥形内腔中充满活性粉末混凝土。方法主要是，将所述筋或拉索轴向穿过锚具的套筒后对其施加预张力，再向套筒灌入活性粉末混凝土。本发明提高了黏结介质与FRP绞线筋的锚固性能，由此减小了锚固长度，且其结构简单，使用方便，安全可靠，造价低，RPC制作和养护简单。

【名称】 一种预应力塑料波纹管及其制造方法
【公开(公告)号】 CN101603615
【公开(公告)日】 2009.12.16
【申请(专利权)人】 天津帅耀科技发展有限公司
【地址】 天津市河东区泰兴南路32号219室
【发明(设计)人】 刘耀俭
【摘要】 本发明提供了预应力塑料波纹管及其制造方法，它是由回收再生塑料30~50份；回收再生塑料30~60份；纯再生塑料30~50份；防腐剂2~8份；抗老化剂1~4份；黏接剂1~6份；色素0.1~3份组成。其生产方法是将配方物料加入挤出机中进行高速熔融捏合混炼10~30min，由挤出机挤出进入挤出模具中，在170~185℃下挤压塑化并在成型机中成型，通过再加热成型装置对圆度进行再加工，然后通过冷却装置冷却定型，再通过对管材进行牵引，提高其拉伸应力，最后按需要进行切割。本发明的预应力塑料波纹管主要用于市政，水利，邮电等部门，可作为排水排污管道，高速公路立交桥、高架桥、铁路桥梁输水处的安装。

【名称】 模塑内连装置的制造方法
【公开(公告)号】 CN101605431
【公开(公告)日】 2009.12.16
【申请(专利权)人】 欣兴电子股份有限公司
【地址】 中国台湾桃园县
【发明(设计)人】 余丞宏；李奇恩
【摘要】 本发明提供一种模塑内连装置的制造方法，包括：提供注射成型的塑料本体，其中该塑料本体的表面上具有至少一个图案化线路的凹槽结构；以及在该图案化线路的凹槽结构内填入导电材料，直接在该塑料本体的该表面上形成导电线路。

【名称】 高强度离心管架及其制造方法
【公开(公告)号】 CN101607216
【公开(公告)日】 2009.12.23
【申请(专利权)人】 上海主健生物工程有限公司
【地址】 上海市国定路335号2号楼6楼
【发明(设计)人】 王铁铭
【摘要】 本发明公开了一种适用于离心机标准水平转子的高强度离心管架及其制造方法。它是通过在ABS工程塑料板材中嵌入玻璃纤维布料制成高强度工程塑料，采用机械加工的方法制成，并且可配置自重配重孔。本发明的特点与优点在于大大加强了离心管架的强度，使其更适合于高速离心，且制作工艺简单，无需开固定模具，成本低。

【名称】 弹性金属塑料轴瓦瓦面与钢基间的钎焊方法
【公开(公告)号】 CN101607331
【公开(公告)日】 2009.12.23
【申请(专利权)人】 辽源市科学技术研究所有限公司
【地址】 吉林省辽源市人民大街180号
【发明(设计)人】 柳盛春；王建武；徐俊明；李文山
【摘要】 弹性金属塑料轴瓦瓦面与钢基间的钎焊方法，属于机械领域，提出在钢基上钎焊瓦面的最佳工艺，克服现有技术中存在的焊接不充分的缺点。本发明的钎焊方法的步骤包括：将铅和锡熔化混合成焊料。将瓦面放入氯化锌饱和水溶液中浸泡或涂刷金属丝垫，清除其表面氧化物。将瓦面铜丝垫朝上放入熔融的焊料中，至无气泡，使铜丝垫浸满焊料。将钢基放入加热炉中加热表面挂一层焊料。将瓦面放置在热钢基上，加压 1～8MPa，保压自然冷却至 130℃以下，完成钎焊焊接。本发明的积极效果是给出一种焊接充分，焊缝无夹层、瓦面与钢基结合强度高的弹性金属塑料轴瓦瓦面与钢基的钎焊方法，规范了弹性金属塑料轴瓦瓦面与钢基的钎焊的焊接工艺。

【名称】 一种提高高岭土悬浮稳定性的方法

【公开(公告)号】 CN101607418

【公开(公告)日】 2009.12.23

【申请(专利权)人】 陕西科技大学

【地址】 陕西省西安市未央区大学园陕西科技大学

【发明(设计)人】 鲍艳；马建中；徐群娜；李娜；吕斌

【摘要】 本发明涉及一种提高高岭土悬浮稳定性的方法，特别涉及一种采用蒙脱土提高高岭土悬浮稳定性的方法。高岭土由于具有许多优良的工艺性能，目前已在造纸、耐火材料、橡胶、塑料、油漆和搪瓷等工业中广泛应用。高岭土在水中易分散、可形成悬浮液，但其悬浮稳定性较差，易产生沉淀，这在较大程度上限制了高岭土的应用领域。本发明采用蒙脱土提高了高岭土水悬浮液的悬浮稳定性，其稳定程度可达 10h 以上，且其黏度可适用于喷雾干燥。同时，采用蒙脱土提高高岭土水悬浮液的稳定性对于高岭土后续的应用不会产生大的影响，一定程度上弥补了常规分散剂的不足。

【名称】 聚氨酯弹性体浇注机的结构改良

【公开(公告)号】 CN101607427

【公开(公告)日】 2009.12.23

【申请(专利权)人】 浙江省天台祥和实业有限公司

【地址】 浙江省天台县天桐路 1005－1

【发明(设计)人】 汤啸

【摘要】 本发明属于浇注机技术领域，特指一种聚氨酯弹性体浇注机的结构改良，包括有控制器、与控制器连接的料罐及加温器、与料罐的输料管连接的搅拌器及成型模具，在料罐的下部设置有包裹住料罐下部设备的保温箱，在搅拌器壳体外表面套设有加注冷却介质用的外套，在成型模具的侧壁上设置有开口并铰接有侧盖，输料管采用不带加温装置的细塑料管，优点是：本发明的保温、节能效果显著，减少了原料在搅拌器内的冷却时间，提高生产效率，产品的外形美观、强度一致，输料管用细塑料管可节约原料，减少浪费，提高企业的生产效益，适宜在同类型的聚氨酯弹性体浇注机上应用。

【名称】 热流道喷嘴位置调整结构及其调整方法与应用

【公开(公告)号】 CN101607434

【公开(公告)日】 2009.12.23

【申请(专利权)人】 南烽精密机械(深圳)有限公司

【地址】 广东省深圳市龙岗区坂田上雪村亿达工业园 B 栋一楼北侧

【发明(设计)人】 刘广发；陈兆鸣；游强；廖剑光；徐志江

【摘要】 本发明提供一种热流道喷嘴位置调整结构，包括主进料口、流道板、旋转过渡块、喷嘴，旋转过渡块设置有进料口和出料口，进、出料口的对称轴线相平行设置，两对称轴线相距一定距离；旋转过渡块的进料口与流道板的出料口可旋转地密封对接，旋转过渡块的出料口与喷嘴的进料口可旋转地密封对接；所述喷嘴或喷嘴与喷嘴延伸块组合在一起的喷嘴组件的进料口和出料口的对称轴线亦平行设置，两对称轴线相距一定距离。本发明结构以喷嘴或旋转过渡块进料口的对称轴为圆心，旋转喷嘴及旋转过渡块两者之一，或同时旋转喷嘴及旋转过渡块，使喷嘴的出料口位于一定范围内的某一确定位置，以实现调整热流道喷嘴位置的效果。本发明可应用于塑料注塑的热流道系统。

【名称】 塑料门窗焊接加工设备及其焊接的方法

【公开(公告)号】 CN101607439

【公开(公告)日】 2009.12.23

【申请(专利权)人】 济南德佳机器有限公司

【地址】 山东省济南市高新区齐鲁软件园创业广场 B 座 5 层 511 室

【发明(设计)人】 毕伟祥；张慧

【摘要】 本发明公开了一种塑料门窗焊接加工设备，包括机架；设置在机架上的直线导轨；和通过滑块依次安装在直线导轨上的第一焊接机头、第二焊接机头、第三焊接机头、第四焊接机头及第五焊接机头；每个机头工进方向和钳口方向各不相同。一种焊接的方法，包括以下步骤：1)机头到位；2)将各个机头的定位板伸出，将型材放好并逐一压紧；3)各机头上压钳到压紧位置，并压紧型材；4)对型材进行加热；5)活动压钳工进完成焊接操作；6)将焊接完成的窗框取出或由设备自动输出。本发明的有益效果：1. 通过此塑料门窗焊接加工设备，将四道工序一次焊接成功，提高了焊接效率，降低了生产成本；2. 在焊接过程中焊接件无须来回翻转或颠倒，焊缝不会变形，提高了焊接质量。

【名称】 一种超声波封口机
【公开(公告)号】 CN101607440
【公开(公告)日】 2009.12.23
【申请(专利权)人】 李冬富
【地址】 浙江省台州市路桥区新桥镇新桥路525号
【发明(设计)人】 李冬富
【摘要】 本发明属于封口设备技术领域，涉及一种超声波封口机，在工作台上垂直设置有皮带轮架，在皮带轮架前侧的上、下部的两侧分别设置有两对皮带轮，在上部的一对皮带轮和下部的一对皮带轮上分别设置有通过挤压输送塑料布/袋的皮带，皮带轮通过电机及传动装置带动其转动，在皮带轮的前侧、传动装置的传动轴上还固定设置有封口齿，在封口齿对应的工作台的下方设置有超声波塑料焊接机的换能器，换能器与封口齿形成一焊区，超声波塑料焊接机、电机均与电源箱连接，本发明可使焊件达到美观、快速、坚固的熔接效果；焊接速度快，成本低，工作效率高；适用于塑料膜封口领域。

【名称】 建筑用网格材料的强化方法
【公开(公告)号】 CN101607443
【公开(公告)日】 2009.12.23
【申请(专利权)人】 温州中城建设集团有限公司
【地址】 浙江省温州市将军桥长城大厦二楼
【发明(设计)人】 陈中华；倪明连；潘一忠；徐佩林
【摘要】 一种由相互隔开的线构成的建筑用网格材料的强化方法，该法由以下内容构成：挤出两条塑料线，这两条线或任一条线内，可以包含一条钢芯线。这两条塑料线位于上述网格片材平面的相对的两边。紧接着两条塑料线被挤出后，当它们处于高度塑化并将近融熔的状态下，在上述片材网格线的中间位置，将两条塑料线熔合为一条。这种网格材料的一个重要优点是重量轻、加工性能好，用于大批量生产方法简单，成本低；也即该网格材料强度高、组合安装快捷、拆卸方便。本发明的其他优点是提供一种非常适合于机器进行自动化连续生产的，高效、经济的方法。

【名称】 一种纤维网格塑料板及其制备方法
【公开(公告)号】 CN101607457
【公开(公告)日】 2009.12.23
【申请(专利权)人】 蒋建明
【地址】 上海市控江一村36号601室
【发明(设计)人】 蒋建明
【摘要】 本发明公开了一种纤维网格塑料板，其特征在于：所述的纤维网格塑料板含有重量百分比为0.5%～60%的纤维，其形态为连续的纤维网格，余量为热塑性塑料，至少一层纤维网格置于塑料中。本发明采用挤出工艺，使用纤维连续网格生产出的增强塑料板，大幅度地提高了复合材料的性能，同时挤出成型工艺可连续生产板材，比模压成型工艺生产成本低很多，制品质量易于控制，节约了加工能耗。而本发明使用的纤维网格价格便宜；纤维在板材中以张紧的状态存在，能发挥最大的承力作用；使用挤出成型工艺，生产效率高，设备投入低；本发明可使用废旧塑料，材料的可再生利用率高。本塑料板材是一种应用很广的塑料板材制品，可用于制作橱柜、寄包柜、文件柜、家具、建筑模板、地板、墙面板、抗震活动房等，使用纤维网格增强后能极大地提高板材的强度、刚性，所以在相同的使用要求下可以减少板材的厚度，节约材料。

【名称】 塑料袋密封杆
【公开(公告)号】 CN101607606
【公开(公告)日】 2009.12.23
【申请(专利权)人】 王晓霞
【地址】 江苏省启东市城河新村102号楼106室
【发明(设计)人】 王晓霞
【摘要】 一种塑料袋密封杆，主要由密封杆、线圈、加热片、手柄、电线及插头组成，其中线圈捆绑在加热片上装于密封杆中，并且线圈用电线与插头串连在一起。当我们需要密封塑料袋时，只要把塑料袋密封杆通电，使加热片在线圈的作用下发热从而传到密封杆上，然后把塑料袋的口靠上密封杆，使塑料袋的口部呈高温状态实现密封。

【名称】 铝塑纸复合包材封口黏合方法及其装置
【公开(公告)号】 CN101607607
【公开(公告)日】 2009.12.23
【申请(专利权)人】 朱长宝
【地址】 江苏省南京市栖霞区胜利村32幢二单元402室
【发明(设计)人】 朱长宝
【摘要】 本发明涉及铝塑纸复合包材封口黏合方法及其装置。其方法是在高频铁氧体磁通构件上产生高频交变磁通的磁路，并在构件的磁路方向上设置间隙，将铝塑纸复合包材的封口处置于该间隙中，感应电流使该铝箔层发热，形成加热靶区，使铝箔层上下的聚丙烯塑料薄膜层被加热，并熔融，再对封口处施压，使封口处的复合包材相互融合，黏接。其装置安装在封口机的压紧机构上，包括组成闭合磁路的第一高频铁氧体构件、第二高频铁氧体构件和缠绕在第一高频铁氧体构件上的感应线圈及与感应线圈连接的高频感应电路，第二高频铁氧体构件置于第一高频铁氧体构件的开口端，并与该开口端存有一缝隙优点是热量直接在铝箔上产生，加热迅速，热效率高，价格优势明显。

【名称】 易开口铝塑复合包装软管及其制造方法
【公开(公告)号】 CN101607613
【公开(公告)日】 2009. 12. 23
【申请(专利权)人】 扬州鸿轩实业有限公司
【地址】 江苏省扬州市广陵产业园桃园路15号
【发明(设计)人】 韩萍
【摘要】 本发明易开了一种易开口铝塑复合包装软管及其制造方法，采用铝塑复合片材制造管身，先将铝塑复合片用紫外光消毒，然后，经高速制管机高频加热、焊接成长管；制得的长管旋转切削成一支支短管。短管在液压注膏机上，用模具一次注射成型肩胛上带螺纹、管口有多边形管口盖的管头；成型后的管子装入转箱；用聚乙烯塑料一次注射成型帽盖，帽盖内有螺纹和多边形凹坑。本发明的工艺先进，方法简单，降低成本和提高生产效率，使用方便，管口盖开启快捷、卫生，避免因管口开启而使管内物品受到污染。

【名称】 耐高温医疗器材吸塑包装用薄膜及其制备方法
【公开(公告)号】 CN101607616
【公开(公告)日】 2009. 12. 23
【申请(专利权)人】 陈亦锋
【地址】 浙江省余姚市工业园区纬五路106号宁波华丰包装有限公司
【发明(设计)人】 陈亦锋
【摘要】 本发明涉及到一种耐高温灭菌医疗器材吸塑包装用薄膜及其制备方法，该薄膜的第一层为热封层A，其成分是嵌段共聚的聚丙烯和用茂金属催化的聚丙烯(mPP)的共混树脂；其中，所述嵌段共聚的聚丙烯的熔点大于131℃，mPP的用量占共混树脂的20%～50wt%；第二层为次内层B，其成分是均聚的聚丙烯；第三层为中间层C，其成分是均聚的聚丙烯；第四层为黏接层D，其成分为经马来酸酐接枝的聚丙烯；第五层为耐候层E，其成分为尼龙6或66。其制备采用下吹水冷式共挤工艺或流延法，塑料充分熔融、经过口模吹胀或流延后，在15～18℃水温下冷却。本发明制备方法简单，产品可长时间耐受高温蒸汽灭菌且与透析纸热封性能好。

【名称】 连续式塑料薄膜充气袋制造机
【公开(公告)号】 CN101607622
【公开(公告)日】 2009. 12. 23
【申请(专利权)人】 厉勇
【地址】 浙江省温州市鹿城区水窟头17号
【发明(设计)人】 厉勇；李镇东；徐启源
【摘要】 本发明涉及一种塑料薄膜袋充气、封口设备，是一种连续式塑料薄膜充气袋制造机，包括机架立板和设置在机架立板上的供膜装置、传送装置、充气装置、加热封口装置和电气控制装置，本发明由供膜装置连续供膜，经传送装置、充气装置和封口装置连续形成一个个的充气袋，实现充气袋的连续生产，大大提高了塑料充气袋制造设备的生产效率。经过封口后的充气袋非常牢固，重物挤压时，承受能力极高，以确保防震效果。根据袋子大小可对充气量进行调整，以保持袋内压力的均匀。

【名称】 一种集装箱内衬板及其使用方法
【公开(公告)号】 CN101607627
【公开(公告)日】 2009. 12. 23
【申请(专利权)人】 南相吉
【地址】 山东省青岛市城阳区夏庄街道丹山村天泰城迦南美地67号楼802室
【发明(设计)人】 南相吉
【摘要】 本发明公开了一种集装箱内衬板，包括板体和均匀设置在板体上的多个突起，其中，板体在硬塑料基质上进一步设置有软塑料层，板体的一端或两端设置有结合口，板体上设置有支撑柱；支撑柱、软塑料层，板体和突起在制造时一体成型。结合口为“U”形，“U”形结合口的内壁两侧在硬塑料基质上设置有软塑料的顶部变形端和底部变形端，支撑柱的一端设置有支撑面和支撑槽，支撑面的两端在硬塑料基质上设置有可弹性形变的软塑料变形端。支撑槽为一侧开口的矩形，开口部分设置有内凹的勾状端。本发明集装箱内衬板，抗冲击能力强，安装时不使用任何惰性气体和黏合剂，环保健康。

【名称】 环保型外墙防渗阻燃超低温保温材料
【公开(公告)号】 CN101608009
【公开(公告)日】 2009. 12. 23
【申请(专利权)人】 上海凯耳聚氨酯有限公司
【地址】 上海市奉贤区大叶公路6970号
【发明(设计)人】 邢伟英；张敏
【摘要】 本发明涉及一种环保型外墙防渗阻燃超低温保温材料。聚氨酯塑料具有十分广泛的用途，尤其作为保温材料，更是得到了人们的青睐。聚氨酯的组分和重量份数包括：发泡剂20～40，异氰酸酯130～500，聚醚100～150，交联剂10～15，稳定剂3～5，催化剂8～12，阻燃剂15～40。本发明具有十分优异的超低温保温性能，在196℃的条件下，其导热系数为9～10‘3W/m·K，线膨胀系数为80～100('10″6)。本发明的聚氨酯可采用常规的喷涂方法喷涂于金属容器表面，与金属容器表面具有较好的黏结效果。由于本发明采用了与异氰酸酯具有较好配伍应性能和交联性能的交联剂，对异氰酸酯进行结构改性，因此，本发明的聚氨酯在超低温下保温性能优良，同时配方中不含有氟材料，为一种环保型超低温聚氨酯保温材料，可用作液氮贮罐运输的保温材料。

【名称】 环烷烃类酸酐增塑剂的制备方法

【公开(公告)号】 CN101607905

【公开(公告)日】 2009.12.23

【申请(专利权)人】 镇江联成化学工业有限公司

【地址】 江苏省镇江市新区临江西路57号

【发明(设计)人】 曹锋

【摘要】 本发明涉及一种用于塑料生产的添加剂的制造，具体是一种环烷烃类酸酐增塑剂的制备方法。该方法经过以下步骤：第一步，将2~4份异壬醇和1份六氢邻苯二甲酸酐进行单酯化反应；第二步，在升温至160~180℃时，加入催化剂；第三步，继续升温至225℃，进行双酯化反应；第四步，降温至210~215℃，进行减压脱醇1~2h至含醇质量百分数小于0.05%；第五步，降温至85~98℃，加入釜内反应物质量百分数2%~5%的纯水杀四异丙基钛酸酯，充分反应后升温至100~110℃减压脱水；第六步：加入活性炭、硅藻土脱色过滤，得到成品。本发明获得的产品不含有苯环结构、对环境友好、对人体无毒、高阻抗，可添加应用于各类PVC塑料产品中。

【名称】 一种用于电器制品模塑料的不饱和聚酯树脂及其制法

【公开(公告)号】 CN101608015

【公开(公告)日】 2009.12.23

【申请(专利权)人】 常州市华润复合材料有限公司；江苏柏鹤涂料有限公司

【地址】 江苏省常州市武进区横林镇新横崔路92号

【发明(设计)人】 包柏青；曹建兴；李秋萍

【摘要】 本发明属于高分子化工领域。一种用于电器制品模塑料的不饱和聚酯树脂，其由如下原料配制而成：丙二醇、二乙二醇、乙二醇、邻苯二甲酸酐和顺酐经缩合反应至终点溶解于苯乙烯配制而成。本发明的优点是：(1)采用常用的二元醇来合成不饱和聚酯树脂，使树脂具有良好的耐水性和柔韧型，其制品具有优良的力学性能；(2)树脂和合适的低轮廓剂配合使用，特别是生产白色制品，可以使生产的制品达到零收缩，保证制品尺寸的精确性；(3)采用邻苯二甲酸酐可以缩短反应的时间，降低能耗；(4)不饱和酸与饱和酸的比例高，使树脂具有超高的活性，使生产制品的具有很好的光泽。

【名称】 以植物皮壳、纤维、植物粉为原料的可降解橡塑膜及其制备方法

【公开(公告)号】 CN101608027

【公开(公告)日】 2009.12.23

【申请(专利权)人】 苏笑海

【地址】 湖北省武汉市江汉区万松小区25-3-8-3号

【发明(设计)人】 苏笑海

【摘要】 本发明属于生物降解材料技术领域，具体涉及一种可降解橡塑膜及其制备方法。以植物皮壳、纤维、植物粉为原料的可降解橡塑膜，其特征在于它由植物皮壳、植物纤维、植物粉末、高分子聚合物、增容增塑剂和功能性助剂原料制备而成；各原料所占重量百分数为：植物皮壳5%~15%、植物纤维4%~10%、植物粉末30%~70%、高分子聚合物3%~7%、增容增塑剂17%~40%、功能性助剂1%~5%；所述的功能性助剂为去味剂、防虫剂、防腐剂、消泡剂中的任意一种或任意二种以上的混合，任意二种以上混合时为任意配比。本发明的可降解橡塑膜具有橡胶、塑料物理机械化性能和一般橡胶、塑料的综合功能；该方法制备的可降解橡塑膜具有成本低、又可生物降解的特点。

【名称】 一种快速硅烷交联聚乙烯专用料的制备方法

【公开(公告)号】 CN101608031

【公开(公告)日】 2009.12.23

【申请(专利权)人】 无锡丰力塑化科技有限公司

【地址】 江苏省无锡市惠山区堰桥街道堰玉路85号

【发明(设计)人】 汪根林；倪新海；刘伯元

【摘要】 一种快速硅烷交联聚乙烯专用料的制备方法，其专用料组成包括：聚乙烯60~95重量份、乙烯-乙酸乙烯酯共聚物0~35重量份、不饱和硅烷1~5重量份、吸水剂0.1~1重量份、交联助剂0.5~5重量份、抗氧剂0.1~0.5重量份、润滑剂0.5~2重量份，将上述所有原料充分混合经挤出机造粒得到专用料。该专用料经挤出制成管道或电缆绝缘层后，在23℃室温下放置24h，即可自动完成交联过程，交联度达65%以上；本发明克服了以往硅烷交联塑料只有在温水池或蒸汽房环境下水煮才能交联的缺陷，为生产厂家大大节约了生产成本。

【名称】 结构纳米材料六方(β)晶聚丙烯NMPP-R(H)CT材料的制备

【公开(公告)号】 CN101608035

【公开(公告)日】 2009.12.23

【申请(专利权)人】 林世平

【地址】 上海市宝山区宝钢二村29号甲403室

【发明(设计)人】 林世平

【摘要】 以单斜晶(α晶)共聚聚丙烯(PP－H、PP－R)为基础原材料，添加了纳米级 $CaCO_3$ 为异相成核剂，在组合六方(β)晶成核剂的作用下，使 PP－R(H)转变成物理性能优良的含有纳米结构材料的六方(β晶)共聚聚丙烯材料 NMPP－R(H)CT。该材料具有晶粒细化、抗高温蠕变、耐压力高、韧性好、表面光滑、加工性能好等优点。用 NMPP－RCT 材料制成的塑料管道系统，具有比 PP－R 更高的耐热性、耐压性和更好的韧性。该管道系统比 PP－R 管道系统可节约材料 20% 以上，具有节能、节材、环保之功效。NMPP－RCT 管道系统最适用于高温采暖、中央空调用管道系统。用 NMPP－HCT 材料做成的板材，用在化工、电度等领域盛装液体介质，具有耐热、耐酸、碱腐蚀，使用寿命长等特点，用在汽车用塑料制品中，具有高强度、高钢度、高韧性、耐磨刮性能。可做为仪表盘、保险杠、导流板。

【名称】 微孔聚四氟乙烯密封板材及其制备方法

【公开(公告)号】 CN101608042

【公开(公告)日】 2009.12.23

【申请(专利权)人】 上海骏焱化工材料有限公司

【地址】 上海市青浦区青浦镇新阳村

【发明(设计)人】 谢苏江

【摘要】 本发明公开了一种微孔聚四氟乙烯(PTFE)密封板材及其制备方法。所述的微孔聚四氟乙烯密封板材，是由聚四氟乙烯树脂经过发泡改性而成，其中聚四氟乙烯树脂占总质量的 50%～90%，其余为发泡剂。本发明的微孔聚四氟乙烯密封板材是由预处理、混合、模压、干燥、高温烧结、冷却等步骤制备而成。与现有技术相比，本发明的微孔聚四氟乙烯密封板材具有与纯 PTFE 相同的耐化学特性和耐温性能，较高的压缩回弹性能，优异的抗蠕变松弛性能和长期密封性能，可以广泛替代传统 PTFE、填充 PTFE 和膨体 PTFE 密封材料，特别适用于塑料及玻璃钢管道及设备，高腐蚀工况对密封的要求。

【名称】 可控型光/生物双降解塑料材料

【公开(公告)号】 CN101608045

【公开(公告)日】 2009.12.23

【申请(专利权)人】 杨凌瑞丰环保科技有限公司；王治

【地址】 陕西省咸阳市杨凌示范区神农路创业大厦 324 号

【发明(设计)人】 王治

【摘要】 本发明公开了一种可控型光/生物双降解塑料材料，由高分子组合物制成，高分子组合物各组分及重量份为，聚乙烯醇 20～40 份，多元醇 5～25 份，硼砂 0～10 份，乙烯－丙烯酸共聚物 20～40 份，有机醛化合物 5～15 份，光敏剂 0.05～0.5 份。本发明具有生物降解与光降解双重作用，对于不易生物降解的乙烯－丙烯酸共聚物主要应用光催化降解，而对于聚乙烯醇，主要进行微生物降解。

【名称】 一种仿陶瓷塑胶材料

【公开(公告)号】 CN101608055

【公开(公告)日】 2009.12.23

【申请(专利权)人】 东莞市宝临塑胶有限公司

【地址】 广东省东莞市沙田镇福禄沙村委会

【发明(设计)人】 刘邵君

【摘要】 本发明公开了一种仿陶瓷塑胶材料，经混合挤压制得，它的主要原料是：聚对苯二甲酸丁二醇酯(PBT)27.4%、硫酸钡 71%、硅烷偶联剂 0.6%、乙烯基双硬脂酰胺(EBS)0.3%、液体石蜡 0.3%、以及 0.2% 的抗氧剂 1010 和 0.2% 的抗氧剂 168；本发明由聚对苯二甲酸丁二醇酯(PBT)、乙烯基双硬脂酰胺(EBS)和硅烷偶联剂等有机化合物组成，既具有陶瓷制品的优良特点，又具有塑料有机高分子的优良性能，可代替陶瓷在各个领域使用，环保而又实用。

【名称】 一种导电工程塑料及其制备方法

【公开(公告)号】 CN101608066

【公开(公告)日】 2009.12.23

【申请(专利权)人】 惠州市沃特新材料有限公司

【地址】 广东省惠州市惠城区小金口镇科技产业园

【发明(设计)人】 韦联生；谢迎洪；何征

【摘要】 本发明提供了一种导电工程塑料及其制造方法，该工程塑料以重量百分比计，含有 25%～65% 聚砜类树脂，0.5%～5% 碳纳米管，15%～45% 针状硅灰石，10%～30% ABS 塑料，0%～10% 抗氧剂，0%～10% 辅助抗氧剂，0%～10% 分散剂。该制造方法包括如下步骤：(1)配比原料，将除针状硅灰石和碳纳米管外的各组分混合后加入到双螺杆挤出机的主喂料口；(2)将针状硅灰石和碳纳米管混合后加入到侧喂料口；(3)在树脂熔融状态下捏合后挤出、冷却、干燥、切粒，生成复合塑料。本发明的导电工程塑料，可赋予制品良好的静电消散能力、机械性能、耐热性能，尺寸稳定、翘曲小，且外观清洁不掉尘。

【名称】 一种导电工程塑料及其制备方法

【公开(公告)号】 CN101608067

【公开(公告)日】 2009.12.23

【申请(专利权)人】 惠州市沃特新材料有限公司

【地址】 广东省惠州市惠城区小金口镇科技产业园

【发明(设计)人】 韦联生；谢迎洪；张尊昌；何征

【摘要】 本发明适用于导电工程塑料领域，提供了一种导电工程塑料，其含有按质量百分比计的下列成份：35% ~60%的聚砜类聚合物，0.5% ~5%的碳纳米管，10% ~30%的玻璃纤维，5% ~15%的云母和8% ~20%的丙烯腈－丁二烯－苯乙烯。本发明还提供了一种导电工程塑料的制备方法。该导电工程塑料具有比现有材料更优良的导电性能和均匀的表面电阻，且制品耐冲击、耐热、尺寸稳定，不掉尘，用于制造半导体托盘，特别适合制造焙烤温度为150℃或180℃的半导体托盘。

【名称】 一种红色颜料及其制备方法

【公开(公告)号】 CN101608072

【公开(公告)日】 2009.12.23

【申请(专利权)人】 湖南师范大学

【地址】 湖南省长沙市岳麓区麓山路

【发明(设计)人】 廉世勋；周明明

【摘要】 本发明是一种新型稀土大红颜料及其制备技术。化学表示式是：$M_xR_yB_zCe_8/3-2x/3-y/3S_4$（$M=Ca^{2+}$，$Sr^{2+}$，$Ba^{2+}$，$Zn^{2+}$；$R=Li^+$，$Na^+$，$K^+$，$Rb^+$，$Cs^+$），$0\leq x\leq 2.5$，$0\leq y\leq 0.6$，$0<z\leq 2$。其制备方法是以$Ce(SO_4)_2$为原料，碱金属或碱土金属的碳酸盐或者其他碱金属或碱土金属的化合物和H_3BO_3为添加剂，其中碱金属/铈的摩尔比为0~0.3，碱土金属/铈的摩尔比为0~0.6，H_3BO_3的质量为铈盐质量的0~15%，将原料混合均匀。于80~150℃烘干，待完全干燥后将所得样品放入瓷舟内，置于密闭管式炉内的高温区。先用氮气或者氩气赶跑管式炉中反应系统的空气，迅速升温至400~550℃，转换N_2气氛为CS_2/N_2，升温至600~1000℃，煅烧1~5h。冷却至室温，冷却速度1~3℃/min，得到大红色颜料。该大红色颜料M_xR_y-$BzCe_8/3-2x/3-y/3S_4$的$L\times a\times b$值可达到$L\times 39$~53，$a\times 47$~53，$b\times 36$~42，可以用于塑料和陶瓷着色。

【名称】 ABS塑料地板

【公开(公告)号】 CN101608499

【公开(公告)日】 2009.12.23

【申请(专利权)人】 上海稼生商贸发展有限公司

【地址】 上海市青浦区练塘镇朱枫公路3035号152－B室

【发明(设计)人】 李波

【摘要】 本发明公开了一种ABS塑料地板，它由ABS塑料射出成型技术制备而成，所述的ABS塑料是丙烯睛、丁二烯、苯乙烯组成的三元共聚物，其中三种原料的重量份配比是：包括以下重量份配比的原料组分：丁二烯5~30份，丙烯腈10~30份，苯乙烯40~70份。所述ABS塑料地板表面形状是正方形或长方形，其上表面做有防滑皮纹，边缘处有凸凹接口，下表面有若干条状加强筋。它具有抗腐蚀、防潮、耐高温、耐磨、不导电、易清洗、环保、无毒无味等优点。

【名称】 一种PP－R稳态覆铝管及制造用的分体式机头结构

【公开(公告)号】 CN101608720

【公开(公告)日】 2009.12.23

【申请(专利权)人】 上海爱康新型建材有限公司

【地址】 上海市南汇区新坦瓦公路828号

【发明(设计)人】 郑立克

【摘要】 一种PP－R稳态覆铝管及制造用的分体式机头结构，涉及一种管材和制作管材的设备，PP－R稳态覆铝管从内到外依次包括内管、内胶层、铝层、外胶层和外层塑料。所述内管和铝层之间，铝层和外层塑料之间均通过胶水涂敷黏结在一起。通过分体式结构机头挤出的外层塑料壁厚均匀，而且外层胶水用真空覆膜技术挤出后能和铝层更好的黏合在一起，制出的PP－R稳态覆铝管性能更加稳定，可以广泛的应用于中央空调系统、冷热水系统、散热器采暖系统中，完全能够取代传统的钢管和镀锌钢管。

【名称】 低压输水用钢塑复合管材

【公开(公告)号】 CN101608721

【公开(公告)日】 2009.12.23

【申请(专利权)人】 范圣昌

【地址】 山东省济南市历下区工业南路32号10号楼2单元302室

【发明(设计)人】 范圣昌

【摘要】 本发明公开了低压输水用钢塑复合管材，属于输水管，其结构包括一个塑料管体和与管体成一体的加强肋，加强肋内复合有金属增强带，所述的塑料管体的搭接面上设置有相配合的条形凸起和条形凹槽，在具有搭接面的两个加强肋之间环形缠绕有增强面。与现有技术相比，本发明的低压输水用钢塑复合管材具有可承受内压，增大了搭接面积，焊缝焊接牢固，焊接均匀，增加焊接强度，不会出现焊缝处漏水或断裂现象，密封性能好，抗腐蚀，抗氧化，增加使用寿命，降低使用成本等特点，因而具有很好的推广应用价值。

【名称】 一种钢塑复合管的连接方法

【公开(公告)号】 CN101608725

【公开(公告)日】 2009.12.23

【申请(专利权)人】 范圣昌

【地址】 山东省济南市历下区工业南路32号10号

楼2单元302室

【发明(设计)人】 范圣昌

【摘要】 本发明公开了一种钢塑复合管的连接方法，分别将两个钢塑复合管的连接端的加强肋之间，填满通过挤出机挤出的塑料熔料，然后将两个钢塑复合管连接端的端部熔接。与现有技术相比，本发明的一种钢塑复合管的连接方法具有焊接均匀，施工操作简便，增大了焊接面积，施工质量保险系数高，使用寿命长，不会漏水，使用方便等特点，因而具有很好的推广应用价值。

【名称】 高分子塑料太阳能热水器内胆及其生产工艺

【公开(公告)号】 CN101608839

【公开(公告)日】 2009.12.23

【申请(专利权)人】 李福根

【地址】 浙江省杭州市上城区海月路清怡花苑6-2-601

【发明(设计)人】 李福根

【摘要】 一种高分子塑料太阳能热水器内胆及其生产工艺，它涉及到用注塑、吹塑等塑料工艺生产太阳能热水器内胆的方法和技术领域。本发明的目的是提供一种高分子塑料太阳能热水器内胆及其生产工艺，通过目前已经成熟的注塑、吹塑生产工艺，用一体成型的方法，做成既安全、又环保的绿色产品。它克服了目前市场上不锈钢内胆、钢板搪瓷内胆、钢板水晶内胆的许多缺点和不足，提供一种工艺成熟、结构简单、保温性好、安全性高、节能环保、寿命长久、价廉物美的高性价比的太阳能热水器内胆产品，高分子塑料太阳能热水器内胆它既能承压力、又能耐100℃左右的高温热水，使用寿命长达50年。

【名称】 一种制备高压塑化木的方法及设备

【公开(公告)号】 CN101612746

【公开(公告)日】 2009.12.30

【申请(专利权)人】 白麟鹏

【地址】 辽宁省鞍山市铁东区南胜利路40号2315房间鞍山大千专利事务所收转

【发明(设计)人】 白麟鹏

【摘要】 本发明涉及一种制备高压塑化木的方法及设备，其特征在于：在高压容器的上盖上设有充气嘴、泄压阀和压力表，高压充气管道的一端用卡紧装置与充气嘴固定连接，高压充气管道的另一端与空气压缩机或高压气泵连接制成制备高压塑化木的设备。制备高压塑化木的方法为：1. 原料选择；2. 配制塑料溶液；3. 将原料木材置于塑料溶液内高压浸泡塑化；4. 高压浸泡塑化时间为1~10h；5. 自然晾干制成高压塑化木。本发明高压塑化木，具有美观、装饰性强的效果，用于室内及地面装饰，其比重、强度和密实度都有很大的增强，使之成为一种具有优良品质的新一代的木材深加工品种，大大地延长了木材的使用寿命，使日趋紧张的木材市场得到缓解。

【名称】 一种塑料挤出机的断条搭条装置

【公开(公告)号】 CN101612766

【公开(公告)日】 2009.12.30

【申请(专利权)人】 上海金发科技发展有限公司；金发科技股份有限公司

【地址】 上海市青浦区朱家角工业园康园路88号

【发明(设计)人】 曹勇；黄丽丽；张小峰；刘贤文；丁正亚；唐雪刚；杜芹；凌沫然；崔旺

【摘要】 本发明系一种塑料挤出机出现断条时的搭条装置。一种塑料挤出机的断条搭条装置，包括塑料挤出机机头(8)和位于机头(8)下部的冷却水槽(3)，在横跨水槽(3)两边的长条支架(5)上，一侧设置一垂直气缸(2)，垂直气缸(2)的推杆端部连接一水平气缸(1)，水平气缸(1)的推杆方向与长条支架(5)的长度方向一致，在水平气缸(1)推杆端头设置由微型电机(7)驱动可旋转的杆状刮刀(6)。本装置结构简单可靠，避免了人工操作搭条产生的烫伤事故，消除了现有技术在搭条时不慎将金属条沾在条料上损坏后续机器设备，保证了塑料粒料产品中不混杂金属碎屑的缺陷。

【名称】 一种塑料饮料瓶自动回收方法

【公开(公告)号】 CN101612767

【公开(公告)日】 2009.12.30

【申请(专利权)人】 浙江工业大学

【地址】 浙江省杭州市下城区朝晖六区

【发明(设计)人】 应艳杰；王涌；李国丽

【摘要】 一种塑料饮料瓶自动回收方法，设置供饮料瓶投放的投放口，所述投放口比最大容量的饮料瓶大，在饮料瓶上设有用以表明饮料瓶种类和大小的条形码，包括以下步骤：(1)饮料瓶投入所述投放口，扫描饮料瓶上的条形码，获得饮料瓶的种类和大小信息；(2)依照预先设置的饮料瓶的种类、大小和回收价格的对应关系，控制装置保存当前投入的饮料瓶的价格；(3)投入完成后，控制装置对不同回收价格的饮料瓶分别计数，计算分类价格和总价格，并打印输出代金券凭条；(4)将塑料瓶挤压成扁平形状，当压扁的塑料瓶达到预设的厚度，启动粉碎机进行粉碎，将塑料瓶粉碎成小块塑料片。本发明实现自动回收、大大提高回收效率、环保性良好。

【名称】 塑料燃油箱接口的专用模具

【公开(公告)号】 CN101612776
【公开(公告)日】 2009.12.30
【申请(专利权)人】 亚普汽车部件有限公司
【地址】 江苏省扬州市扬子江南路508号
【发明(设计)人】 孙岩；姜林；刘亮；管云祥；洪乐
【摘要】 本发明公开了一种塑料燃油箱接口的专用模具，包括挤压盘、蝶形卡盘、外套、内衬，挤压盘中部向下连接有控制其升降的顶出柱，蝶形卡盘分为等分的四部分，四部分合围后卡在挤压盘的圆周上，挤压盘升至最高位后，其上平面与蝶形卡盘的内腔共同构成蝶形法兰的外廓，蝶形卡盘各部分的外周均连接有燕尾滑槽，四部分合围后的外壁呈上大下小的锥面，内衬位于蝶形卡盘与外套之间，外套为圆筒状结构，内衬外壁为圆柱状，内壁为与蝶形卡盘的外周相适配的锥面，内壁的四个相位上分别设有与燕尾滑槽相适配的滑块，当内衬沿外套向下移动时，滑块拉动燕尾滑槽及蝶形卡盘径向向外移动。该模具不但能轴向挤压成蝶形卡盘，而且成型后能够顺利脱模。
【名称】 塑料燃油箱的制造方法
【公开(公告)号】 CN101612787
【公开(公告)日】 2009.12.30
【申请(专利权)人】 亚普汽车部件有限公司
【地址】 江苏省扬州市扬子江南路508号
【发明(设计)人】 孙岩；姜林；徐松俊；吴陆顺；高德俊；刘萍
【摘要】 本发明公开了一种塑料燃油箱的制造方法，使用六台带自动称重控制的专用挤出机，泵出定性定量的熔料，通过共挤模头连续不断地挤出一个型胚，型坯由内向外共有六层，各层厚度比例为，高密度聚乙烯:黏接料:阻隔料:黏接料:再回用料:高密度聚乙烯=37:1.5:2:1.5:46:12，吹塑模内设有两个油箱的模腔，各模腔内分别设有进气孔和回气孔，两模腔之间设有溢料区，溢料区中部设有凸起的分割线。该制造方法使用单工位吹塑机，在一个模具内一次能吹塑出两个燃油箱，大大提高了生产效率，减小了生产空间的占用，降低了吹塑机的投资及能耗，同时减少了单个燃油箱的原料消耗量。
【名称】 一种用于高印刷精度塑料筒的印刷方法
【公开(公告)号】 CN101612826
【公开(公告)日】 2009.12.30
【申请(专利权)人】 上海南部塑料制品有限公司
【地址】 上海市浦东新区张江工业小区蔡伦路159号
【发明(设计)人】 高田敬一
【摘要】 本发明涉及印刷工艺技术领域，特别涉及一种用于高印刷精度塑料筒的印刷方法通过设置二个静电除尘风筒，并在滚筒外端部设置有一轻触开关，将轻触开关控制连接电机，并将轻触开关通过延时器连接控制所述的二个静电除尘风筒；在所述静电除尘风筒和移印丝网之间设置一红外线感应开关，并将所述红外感应开关控制连接所述的静电除尘风筒和所述气缸，实现精确定位并除尘的效果。
【名称】 颗粒灌装器
【公开(公告)号】 CN101613007
【公开(公告)日】 2009.12.30
【申请(专利权)人】 上海永冠商业设备有限公司
【地址】 上海市崇明县向化镇向化中心公路8号
【发明(设计)人】 施孝彰；丁建斌；苏雄
【摘要】 本发明涉及一种颗粒灌装器，包括前道口(1)、机体左片(2)、顶盖(3)、机体右片(4)、手柄(5)、机座(6)，其特征在于，它由塑料压制成的机体左片(2)和机体右片(4)通过搭扣和卡槽相互搭扣形成箱体，底部通过卡槽和基座(6)连接，前面通过搭扣槽和前道口(1)联结，手柄(5)安装在前道口上，上由顶盖(3)封口。由于各组件的部件独自成型，所有组件可拆卸，因此，具有可拆装性强，结构简单合理，灵活轻巧，操作简便等优点。
【名称】 密封警示塑料瓶盖
【公开(公告)号】 CN101613011
【公开(公告)日】 2009.12.30
【申请(专利权)人】 刘强
【地址】 辽宁省大连市中山区智仁街爱民巷15-1-1号
【发明(设计)人】 刘强
【摘要】 本发明为密封警示塑料瓶盖，属于包装容器领域。可以匹配各种材质的瓶体。适合各种强调密封性与安全性及外观视觉效果的产品包装。其设计可以简化现有流水线。且有利于环保回收利用。瓶盖底端圆环的一段，形成一端相连而另一端为尖角内齿的警示条。止退环上设有斜向缺口，形成尖角外齿。瓶盖旋开时外齿可以同步扳动内齿，将警示条沿其周围的连桥撕裂开启，精确而显著地标示印证包装瓶的密封状况。瓶盖内顶部设有密封圈，环瓶口设有密封槽，形成嵌入式密封结构。效果优于橡胶瓶塞等现有方式。即使意外发生些许变形或角向错位，密封效果也能保障。瓶盖与警示条一次注塑成型，外观无切口，无浇口，无合模线。工艺简单，投入少。成本低，成品率高。
【名称】 塑钢门套制造新工艺
【公开(公告)号】 CN101613196

【公开(公告)日】 2009.12.30
【申请(专利权)人】 谢建平
【地址】 湖南省益阳市桃江县辉煌材料有限责任公司
【发明(设计)人】 谢建平
【摘要】 本发明是提供一种具有无需打磨即表面光滑、硬度强、拉力大、抗老化、节省原材料、可废塑料再生利用、工艺简单等显著特点的塑钢门套制造新工艺。将塑钢门套的原材料进行配制，主要成份百分比为：三盐 4.5%，二盐 2.6%，酸 1.3%，钙 0.5%，锌 0.5%，钡 0.7%，铅 0.7%，石腊 0.7%，铁红 0.07%，发泡剂 8.8%，石粉 52.8%，大豆油 7.5%，再生料 18.8%。再将配制好的原材料进入搅拌机，进行高速(1300～1500r/min)搅拌，配料搅拌均匀后，进行加温搅拌，放入挤压设备，由多形活动模具定形产品。本发明的突出特点是：加入豆油使产品成型后光滑，硬度大，黏合性强，注再生料，节约原材料，产品脱模快，色泽好，活动模具能产各种尺寸的产品。通过这几道主要工艺，生产的组合塑钢套装门，花色品种多，拉力大，抗老化，防水、火、表面光滑持久耐用等特点。

【名称】 一种醇溶性聚丙烯酸酯树脂及其制备方法与应用
【公开(公告)号】 CN101613434
【公开(公告)日】 2009.12.30
【申请(专利权)人】 华南理工大学
【地址】 广东省广州市天河区五山路381号
【发明(设计)人】 皮丕辉；陈泽成；唐富龙；文秀芳；郑大锋；程江；杨卓如
【摘要】 本发明公开了一种醇溶性聚丙烯酸酯树脂及其制备方法与应用。其制备工艺为：取 260～800 份醇类溶剂，加到装有搅拌器、回流冷凝装置、加热套和氮气覆盖层的反应釜中，然后体系升温至 70～150℃，搅拌 10～30min；再取丙烯酸酯类硬单体、丙烯酸酯类软单体、极性官能团单体、有机硅烷单体和引发剂，共聚反应 4～7h，制得醇溶性聚丙烯酸酯树脂。本发明制备的醇溶性聚丙烯酸酯树脂环保无刺激性气味，数均分子量为 10000～200000，分子量分布为 1.1～4，树脂体系布氏黏度为 100～5000cp。该树脂与其他颜填料、助剂混合后所得涂料可以应用在玻璃、铝卷材、聚丙烯塑料，起到表面装饰、功能防护作用。

【名称】 一种用于汽车配件模塑料的不饱和聚酯树脂及其制法
【公开(公告)号】 CN101613464
【公开(公告)日】 2009.12.30
【申请(专利权)人】 常州市华润复合材料有限公司；江苏柏鹤涂料有限公司
【地址】 江苏省常州市武进区横林镇新横崔路92号
【发明(设计)人】 包柏青；曹建兴；李秋萍
【摘要】 本发明涉及高分子化合物。一种用于汽车配件模塑料的不饱和聚酯树脂，由丙二醇、二乙二醇、二丙二醇、邻苯二甲酸酐和顺酐经缩合反应至终点溶解于苯乙烯配制而成。本发明的优点是：(1)在不大幅增加树脂原料成本的前提下通过优化组合使树脂具有良好的耐水性和柔韧型，其制品具有良好的抗湿能力和优良的力学性能；(2)树脂的反应活性大幅度提高，使模塑料制品经热压成型后表面有很高的光泽；(3)树脂和合适的低轮廓剂配合使用，可以使生产的制品达到零收缩，保证制品尺寸的精确性，也可以和聚苯乙烯类低收缩剂配合使用，提高制品的着色性；(4)采用邻苯二甲酸酐可以缩短反应的时间，降低能耗和树脂的生产成本。

【名称】 聚烯烃塑料用乳液型附着力促进剂的制备方法
【公开(公告)号】 CN101613478
【公开(公告)日】 2009.12.30
【申请(专利权)人】 西安交通大学；杭州一韦涂料化学有限公司
【地址】 陕西省西安市咸宁路28号
【发明(设计)人】 井新利；赵爱华；李瑜；朱一韦；顾一平
【摘要】 聚烯烃塑料用乳液型附着力促进剂的制备方法，通过将氯化聚烯烃、有机溶剂、乳化剂和水在适当的条件下分散、乳化而得到。在乳液制备过程中，少量有机溶剂的引入有助于氯化聚烯烃树脂的分散；乳液成膜时，有机溶剂对聚烯烃的溶胀作用又保证了涂层对底材的良好附着力。本发明所得乳液型聚烯烃附着力促进剂，相比于同类溶剂型产品，降低了有机溶剂用量，又具有可与之相媲美的附着性能。本发明产品制备工艺简单，价格低廉、施工性能优良且环境压力小，具有广阔的市场前景。

【名称】 PVC发泡木塑材料
【公开(公告)号】 CN101613509
【公开(公告)日】 2009.12.30
【申请(专利权)人】 石河子天露节水设备有限责任公司
【地址】 新疆维吾尔自治区石河子市五小区乌伊公路210号
【发明(设计)人】 成玉彪；李建新；黄立新；杨大伟
【摘要】 本发明公开了一种PVC发泡木塑材料，通过如下重量配比的原料生产加工而成：聚氯乙烯(PVC)：100份；木质化植物纤维：40~50份；活性轻钙：10~20份；锌钙复合稳定剂：3~6份，复配型发泡剂：1~3份，润滑剂OPE蜡：0.5~1.5份；复合润滑剂：0.5~1份，发泡调节剂：3~8份，将上述的混合物通过混合机混合均匀后直接加入到螺杆挤出机中，在160~170℃挤出成型即可。本发明的PVC发泡木塑材料在配料加工中添加足量的热稳定剂，提高了塑料的降解温度，防止了混炼和成型加工过程中塑料的热降解及木粉的炭化，因而一步即可完成挤出和成型，大大简化了生产工艺，降低了生产成本。

【名称】 一种硼酸酯表面改性微晶白云母粉的方法

【公开(公告)号】 CN101613538

【公开(公告)日】 2009.12.30

【申请(专利权)人】 成都理工大学

【地址】 四川省成都市二仙桥东三路1号成都理工大学

【发明(设计)人】 刘菁；汪灵；叶巧明；林金辉；邓苗；张湘辉

【摘要】 本发明涉及采用一种硼酸酯偶联剂改性微晶白云母粉的工艺方法。以微晶白云母粉体为原料，采用硼酸酯偶联剂为改性剂，通过高速混合机的高速混合作用对微晶白云母进行改性。改性微晶白云母与有机聚合物的亲和性、相容性以及加工流动性和分散性得到了明显的改善。同时改性微晶白云母产品的红外吸收光谱表明硼酸酯偶联剂已经包覆在微晶白云母粉体表面，并以一定的方式与微晶白云母粉体物料发生了偶联活化作用。本发明制备的改性微晶白云母产品适用于聚酯环氧型粉末涂料及橡胶、塑料和尼龙等复合材料的中、高档填料。

【名称】 高阻隔塑料薄膜用水性偏二氯乙烯底胶的制备方法

【公开(公告)号】 CN101613582

【公开(公告)日】 2009.12.30

【申请(专利权)人】 安徽大学；合肥安大天辐新材料有限公司

【地址】 安徽省合肥市蜀山区肥西路3号

【发明(设计)人】 杨建军；吴庆云；张建安；吴明元；瞿贤超；崔国庭

【摘要】 本发明涉及高阻隔塑料薄膜用水性偏二氯乙烯底胶的制备方法。本发明以价廉易得的偏二氯乙烯作为主要共聚单体，选用偏二氯乙烯、可聚合的功能单体、丙烯酸酯类单体和部分不饱和脂肪酸在多种乳化剂存在下通过种子半连续乳液聚合方式共聚获得了性能优良的偏二氯乙烯水性胶黏剂，对塑料薄膜(聚丙烯、聚乙烯、聚酯、聚酰胺)的底层涂布，具有浸润性好、黏结力强的特性，尤其适合作高阻隔塑料薄膜涂布时替代聚氨酯胶黏剂作底胶用。

【名称】 一种高质量塑料瓶内壁阻隔薄膜的制备装置及其制备方法

【公开(公告)号】 CN101613857

【公开(公告)日】 2009.12.30

【申请(专利权)人】 哈尔滨工业大学

【地址】 黑龙江省哈尔滨市南岗区西大直街92号

【发明(设计)人】 田修波；李景；杨士勤

【摘要】 一种高质量塑料瓶内壁阻隔薄膜的制备装置及其制备方法，它涉及一种塑料瓶内壁阻隔薄膜的制备装置及其制备方法。本发明方法解决了现有技术制备的阻隔薄膜同塑料瓶内壁表面结合不牢固及阻隔性差的问题。装置由带有金属塞的绝缘接头、抽真空部件、绝缘体、上部真空罩、下部真空罩、导电进气管和偏压/高频复合等离子体电源组成。方法如下：将待处理的塑料瓶放置在真空室中；将真空室抽至真空，向塑料瓶中通入反应气体；开通高频等离子体源和直流电源，输入高频功率和直流偏压，在塑料瓶体内部产生高密度等离子体，在塑料瓶内壁制得高质量阻隔薄膜。本明方法制得的阻隔薄膜同基体结合牢固，并良好的阻隔性能。本发明方法简单，所需装置造价低。

【名称】 塑料表面处理方法

【公开(公告)号】 CN101613862

【公开(公告)日】 2009.12.30

【申请(专利权)人】 深圳富泰宏精密工业有限公司

【地址】 广东省深圳市宝安区龙华镇富士康科技工业园F3区A栋

【发明(设计)人】 苏忠义；陈政师；王仁宁；茅云陈；林志锋

【摘要】 本发明提供一种塑料表面处理方法，其包括如下步骤：提供一塑料基体；以无电解电镀的方式于该基体表面形成至少一化学金属层；以电解电镀的方式于该化学金属层表面形成一镀铜层，使该化学金属层位于该镀铜层与该塑料基体之间；用激光蚀刻方法于该镀铜层表面进行蚀刻，以于该镀铜层上形成一粗糙区；以电解电镀的方式于该基体的镀铜层表面形成一电镀表层。该塑料表面处理方法可于塑料表面获得亮哑双色的效果。

【名称】 低发泡多层塑料建筑模板及制作方法

【公开(公告)号】 CN101614072

【公开(公告)日】 2009.12.30

【申请(专利权)人】 张锦

【地址】 江苏省姜堰市姜堰镇姜堰大道424号
【发明(设计)人】 张锦
【摘要】 本发明公开一种低发泡多层塑料建筑模板及制作方法，用于建筑施工中混凝土浇注。该模板由芯层和覆盖于芯层两侧面的表层构成，模板为平板型、槽型或直角型。所述表层和芯层均以烯烃类热塑性塑料为基料，两者组分和含量不一样，表层中含有阻燃材料，芯层中含有发泡剂和温度调节剂。制作时分别将不同配料加入两台挤出机，熔炼后同时挤入分层成形模具，连续挤出制成平板状模板，也可进一步经成型模具加工成槽型或直角型模板。该模板表层耐磨、阻燃、韧性好，芯层重量轻、刚性好，整体刚韧结合，增强综合性能；易脱模、易清理，有利于模板重复使用和报废后回收再生。

【名称】 一种塑料凸轮轴及其制作方法
【公开(公告)号】 CN101614140
【公开(公告)日】 2009.12.30
【申请(专利权)人】 上海坤孚企业(集团)有限公司；上海坤孚通用机械制造有限公司；上海坤孚车辆配件有限公司
【地址】 200120 上海市浦东新区张杨路707号1103室
【发明(设计)人】 石秉钧；苏其灿；石惠娜；石文渊；丁方军
【摘要】 本发明提出一种塑料凸轮轴及其制作方法，该技术使用金属制造主轴部分，并对上述主轴部分进行外圆打磨；接着在上述金属主轴外部进行塑料注塑，形成塑料凸轮部分和塑料齿轮部分；然后对上述塑料凸轮部分和上述塑料齿轮部分进行紧固处理，以便使两者和上述金属主轴部分紧密连接在一起，最后去除上述塑料凸轮部分和上述塑料齿轮部分的毛刺。本发明采用塑料制成的凸轮轴，既保持了原金属凸轮轴的强度和韧性，又保证了塑料凸轮轴的低噪音的优点，降低了生产成本。

【名称】 塑料长管现场连续成型、敷设的连作施工方法
【公开(公告)号】 CN101614301
【公开(公告)日】 2009.12.30
【申请(专利权)人】 宁海鑫城汽车配件有限公司
【地址】 315613 浙江省宁海县西店镇璜溪口
【发明(设计)人】 杜林新
【摘要】 本发明公开了一种塑料长管现场连续成型、敷设的连作施工方法，包括机动联合挤塑制管工程车、连作施工方法。本发明采用由车载挤塑制管机组构成的机动联合挤塑制管工程车，在敷设工地，现场挤塑成型塑料长管，将现场制做的塑料管道连续不断地，直接敷设到预置的管道沟槽中的连作技术方案，克服了现有技术存在受运输长度的制约只能分段连接，造成接头众多，整体强度低、阻尼大、压降大，故障点多，管道连接、检漏、维护量大的问题，所提供的一种塑料长管现场连续成型、敷设的连作施工方法，使长距离塑料管道工程，通过现场连续不断整体制管敷设施工，实现整体管道无接头或少接头，达到整体强度大、阻尼小、输送流体压降小，故障点少，减轻连接、检漏、维护工作量的目的。

（涂红梅）

塑料标准化

关注世界标准日
重视标准化工作
——为人类社会走向更美好
Paying Close Attention to the World Standards Day and the Standardization of Plastics Products for the Benefits of Our Society

一、国际标准化工作的辉煌历程

国际标准化工作已经走过了近150年的历程。现在世界上越来越多的人认识到标准在各国社会经济发展和国际经济贸易中的重要作用，并为标准化事业投入越来越多人力和财力，目的让标准更好为人类服务，促进人类社会的进步和发展，引导人类社会走向更美好。经过100多年来，世界各国有关标准人员积极工作，至今世界上已先后成立了三大国际标准化组织：

1. International Telecommunication Union – ITU

国际电信联盟（ITU）是联合国的一个专门国际标准化机构，也是联合国机构中历史最长的一个国际组织，目前已将近150年历史。简称“国际电联”、“电联”或“ITU”。该国际组织成立于1865年5月17日，是由法、德、俄等20个国家在巴黎会议为了顺利实现国际电报通信而成立的国际组织，定名“国际电报联盟”。1932年，70个国家的代表在西班牙马德里召开会议，决议把“国际电报联盟”改写为“国际电信联盟”，这个名称一直沿用至今。1947年在美国大西洋城召开国际电信联盟会议，经联合国同意，国际电信联盟成为联合国的一个专门机构。总部由瑞士伯尔尼迁至日内瓦。另外，还成立了国际频率登记委员会（IFRB）。为了适应电信科学技术发展的需要，国际电报联盟成立后，相继产生了3个咨询委员会。1924年在巴黎成立了“国际电话咨询委员会（CCIF）”；1925年在巴黎成立了“国际电报咨询委员会（CCIT）”；1927年在华盛顿成立了“国际无线电咨询委员会（CCIR）”。这三个咨询委员会都召开了不少会议，解决了不少问题。1956年，国际电话咨询委员会和国际电报咨询委员会合并成为“国际电报电话咨询委员会”，即CCITT。1972年12月，国际电信联盟在日内瓦召开了全权代表大会，通过了国际电信联盟的改革方案，国际电信联盟的实质性工作由三大部门承担，它们是：国际电信联盟标准化部门（ITU – T）、国际电信联盟无线电通信部门和国际电信联盟电信发展部门。其中电信标准化部门由原来的国际电报电话咨询委员会（CCITT）和国际无线电咨询委员会（CCIR）的标准化工作部门合并而成，主要职责是完成国际电信联盟有关电信标准化的目标，使全世界的电信标准化。

2. International Electrotechnical Commission – IEC

国际电工委员会（IEC）成立于1906年，至今已有100余年的历史。它是世界上成立最早的国际性电工标准化机构，负责有关电气工程和电子工程领域中的国际标准化工作。IEC的宗旨是，促进电气、电子工程领域中标准化及有关问题的国际合作，增进国际间的相互了解。为实现这一目的，IEC出版包括国际标准在内的各种出版物，并希望各成员在本国条件允许的情况下，在本国的标准化工作中使用这些标准。近20年来，IEC的工作领域和组织规模均有了相当大的发展。今天IEC成员国已从1960年的35个增加到61个。他们拥有世界人口的80%，消耗的电能占全球消耗量的95%。目前IEC的工作领域已由单纯研究电气设备、电机的名词术语和功率等问题扩展到电子、电力、微电子及其应用、通讯、视听、机器人、信息技术、新型医疗器械和仪表等电工技术的各个方面。IEC标准已涉及了世界市场中的35%的产品，到本世纪末，这个数字可达50%。IEC标准的权威性是世界公认的。IEC每年要在世界各地召开100多次国际标准会议，世界各国的近10万名专家在参与IEC的标准制、修订工作。IEC现在有技术委员会（TC）89个、分技术委员会（SC）88个。IEC标准在迅速增加，1963年只有120个标准，截止到2001年12月底，IEC已制定了5098个国际标准。

3. International Organization for Standardization – ISO

国际标准化组织（ISO）是目前世界上最大、最有权威性的国际标准化专门机构。1946年10月14日至26日，中、英、美、法、苏等25个国家的64名代表集会于伦敦，正式表决通过建立国际标准化组织。1947年2月23日，ISO章程得到15个国家标准化机构的认可，国际标准化组织宣告正式成立。参加1946年10月14日伦敦会议的25个国家，为ISO的创始人。ISO还与600多个国际组织保持着协作关系，积极开展国际标准化工作。国际标准化组织的目的和宗旨是：“在全世界范围内促进标准化工作的发展，以便于国际物资交流和服务，并扩大在知识、科学、技术和经济方面的合作”。其主要活动是制定国际标准，协调世界范围的标准化工作，组织各成员国和技术委员会进行情报交流，以及与其他国际组织进行合作，共同研究有关标准化问题。

“世界标准日”是从1970年10月14日开始举行首届庆祝“世界标准日”的活动，从第17届开始赋予“世界标准日”的主题(附件1历届世界标准日的主题)，宣传标准在人类社会发展中的重要作用。如1992年第23届“世界标准日”的主题是“国际标准是打开市场的关键”；1997年第28届“世界标准日”的主题是“世界贸易需要国际标准”；2002年第33届“世界标准日”的主题是“一个标准一次检验全球接受”；2007年第38届“世界标准日”的主题是“标准造福人与社会”，其祝词：“地球村的居民们享受着广泛的权利，同时承担着相应的义务。这些权利包括人身安全、公共安全、健康以及自由地获取信息。义务则包含保护环境以及尊重他人的人身安全、财产权利和隐私权。标准有助于公众享受权利并履行义务。例如，标准通过为消费者提供信息和信息保护，通过保证产品和服务的质量与安全，通过对环境方面以及对如社会公正、健康、安全、信息、交流和公平贸易等与公众息息相关的各个方面制定要求或提供指南来帮助公众享受权利和履行义务。

没有标准，世界的运行将嘎然而止，运输与贸易将中断，互联网也会停止工作。成千上万依靠信息和通信技术运行的系统—从政府、银行到卫生保健，从空中交通管制、应急服务、灾害救助乃至国际外交等将变得缓慢甚至终止。现代社会的许多方面都极大地依赖标准。

标准在我们日常生活中的重要性无论怎样强调也不为过。就阅读这篇祝词而言，如果你是在电脑屏幕前阅读，那么就有数百项标准正在为电脑的正常工作发挥作用，为其提供互联网接入，以至于定义文本自身的字体和格式等；如果你是在阅读纸质文本，那么纸张大小就要符合一定的标准，以简化印刷和流通程序。计算机或打印机、照明、取暖和空调，所有这一切的能源系统，都在一定程度上依赖于标准。

可以设想，如果没有标准，开展日常工作将非常困难，甚至发生危险。机械安全标准为我们的工作和娱乐提供保护。家居生活中，标准使家用电器能连接到国家电力网络，并确保冰箱、空调符合环保要求，防止全球变暖。我们使用的音频系统、电视机和DVD播放机、手机以及WIFI都符合相应标准以使它们与其他系统兼容。从移动视频和音乐到在线教育、远程医疗、电子银行、汽车及飞机的卫星导航系统等等，可以试想，在一个越来越网络化的世界里，如果没有了标准，我们将处于何种境地？

IEC、ISO和ITU制定国际标准的工作保证了市场开放，也实现着环境保护、人身安全、公共安全、健康和自由获取信息及知识。国际标准化越来越有助于打破贫穷和富裕国家间的壁垒、有助于促进供应商之间的公平竞争、有助于提高产品质量和降低成本、有助于消费者在购买设备或服务时获得更多的信息。

国际标准化工作已经开展了近150年。如今，各行业已经认识到标准在促进技术创新和扩展市场中的重要作用并为标准化投入了数十亿美元的资金。标准鼓励健康贸易和公平价格。通过开放程序和各利益方协商一致的方式制定的国际标准已成为产品进入国际市场的金钥匙。

随着我们向新时代的迈进，IEC、ISO和ITU的工作将继续促进新技术的发展和传播，为推动世界经济的发展、谋求全球公众更多的利益作出巨大贡献。”

二、2009年第40届世界标准日—标准应对全球气候变化

2009年(10月14日)第40届世界标准日的主题是“标准应对全球气候变化”(附件2第40届世界标准日的主题)，随着世界科学技术的不断发展，人们越来越感到世界经济的发展对环境带来负面影响，污染环境，导致全球气候变化，气温升高，海平面上升，气候事件频发。这是当前国际社会共同关注的大问题。如何通过标准化工作，更好应对全球气候变化，也是世界标准化工作者面临的重要任务。

1992年12月在巴西里约热内卢召开了全球气候峰会，通过了《联合国气候变化框架公约》(UNFCCC)，这是控制温室气体排放的第一个国际公约；

1997年12月，在UNFCCC第三次缔约方大会上又通过了《京都议定书》(KP)，在2008~2012年间规定发达国家的二氧化碳(包括甲烷、氧化亚氮、氢氟碳化物、全氟化碳和六氟化硫)等六种温室气体排放量在1990年的基础上平均减少5.2%(2005年2月16日正式生效。

2009年12月7~18日在丹麦首都哥本哈根Bella中心召开全球气候变化峰会，有85个国家元首或政府首脑、192个国家的环境部长出席这次峰会，共同商讨《京都议定书》一期承诺到期后的后续方案，就未来应对气候变化的全球行动签署新的协议。

2007年12月，在巴厘岛会议温室气体排放的“可测量、可报告、可核查”问题，显然对开展温室气体排放标准化工作是十分重要的。

我国政府对全球气候变化非常重视，积极应对全球气候变化峰会，2009 年 8 月温总理应对全球气候变化作了重要的指示(附件 3 温总理应对全球气候变化的重要的指示)，明确加快建立相配套的法规和政策体系，制定相应的标准、监测和考核规范，健全必要的管理体制和监督实施机制以应对气候变化。

中国到 2020 年全国单位国内生产总值二氧化碳排放比 2005 年下降 40% 至 45%。

联合国气候变化大会达成了《哥本哈根协议》。在其协议中达成了全球气温升幅应限制在 2℃以内法律约束力。全球减排目标全球温室气体排放量应尽快封顶，但无定下年限。各国在 2010 年 2 月 1 日前，向联合国提出 2020 年减排目标。未提及 2050 年减排目标。所有新兴经济体必须自我监察减排进度，并每两年向联合国汇报。国际人员可以视察，前提是不损害国家主权。资金发达国家将在 2020 年起，向发展中国家及小岛国等提供 1000 亿美元(约 7757 亿港元)援助。未提及资金来源及使用方向。未来 3 年内发达国将提供 300 亿美元(约 2327 亿港元)，当中欧盟、日本及美国将联合出资 252 亿美元(约 1955 亿港元)。其他提供足够资金限制森林砍伐以达到减排目标。

《哥本哈根协议》维护了《联合国气候变化框架公约》及其《京都议定书》确立的“共同但有区别的责任”原则，就发达国家实行强制减排和发展中国家采取自主减缓行动作出了安排，并就全球长期目标、资金和技术支持、透明度等焦点问题达成广泛共识。会上，发展中国家普遍主张，当前的气候变化谈判必须坚持《联合国气候变化框架公约》及其《京都议定书》，必须坚持双轨制，发达国家应正视并承担起自己的历史责任，加大减排力度，并为发展中国家减缓和适应气候变化提供足够的资金和技术支持。哥本哈根最终全球排放量 2050 年前减半。

这份名为《哥本哈根协定》的文件称，全球应当在 2050 年前将排放量减半，富国应当在这个时间内减少至少 80% 排放量。发展中国家的温室气体排放量应当比“通常情况下”低 15% ~30%，即要考虑能源消耗与经济产出的比例。

温家宝 17 日在哥本哈根会见一些国家领导人和联合国秘书长潘基文时说，在全球温控问题上，科学界有不同观点，也提供了不同选项。我国理解欧盟等一些发达国家和小岛屿国家在这个问题上的特殊关切。我国认为，应对气候变化应把精力和重点放在完成近期和中期减排目标并赞成确定一个长期目标，可以考虑把 2050 年全球升温不超过 2℃作为国际社会共同努力的方向。

中国国务院总理温家宝在哥本哈根大会上强调，应对气候变化需要国际社会坚定信心，凝聚共识，积极努力，加强合作(附件 3)。

当前，据国家标准化管理委员会领导指出，我国标准化有关部门应认真落实国家的节能减排计划，在气候变化相关标准化问题进行深入的调查研究，尽快建立我国温室气体管理体系，温室气体管理体系应包括有关温室气体的基本术语、基本概念标准；六种温室气体排放温室气体排放的监测、测量、报告、审定、核查”的标准；相关从业人员的要求和规定标准；相关碳排放的标准，包括低碳城市、低碳产品和低碳经济等评价方面的标准。显然对开展温室气体排放标准化工作是十分重要的，国家标准化管理委员会主任纪正昆指出，广大标准化工作者要充分认识应对气候变化的重要性和紧迫感，采取积极措施，主动迎接挑战，继续抓好五项工作：(1)是加快节能减排和循环经济标准制修订工作步伐，落实《2008 ~2010 资源节约与综合利用标准发展规划》，抓好节能、节水、节材、节地、新能源与可再生能源、矿产资源综合利用、废旧产品及废弃物回收与再利用、清洁生产等八大领域重点国家标准化的制修订工作；(2)是加大对地方和企业节能减排标准化工作的指导力度，加强各地节能减排标准化工作的调查和研究，按照《企业节能标准体系编制的通则》的要求，推动节能减排工作和目标全面有效的落实；(3)是推进循环经济试点建设进程，总结标准化促进循环经济发展的成功经验与做法，抓紧落实《循环经济标准化试点建设指导意见》；(4)是做好标准的宣贯和实施工作，加大节能减排强制性标准实施的监督检查力度，重点抓好节能、节水、节材、节地、新能源与可再生能源、矿产资源综合利用、废旧产品及废弃物回收与再利用、清洁生产等标准的宣贯和实施工作；五是加大节能减排国际标准化交流与合作，特别在能源效应、可再生能源、气候变化等方面标准的合作。

从“世界标准日”的主题可以看出标准与人类社会的发展越来越重要，关系越来越密切，不仅包括产品的标准、检验方法标准、工程设计标准、工程设备安装标准、国际贸易标准等等，而且还包括社会安全、环保卫生、人身安全以及建设和谐美好进步社会等各个方面都有着密切的关系。

三、积极落实塑料加工产业节能减排，推进绿色生产可持续发展

中国塑料加工工业协会积极落实国家节能减排、注重节约资源、保护环境，降低消耗、少排放、能循环、可持续的中国特色新型工业化道路的方针政策，如协会召开“节能降耗——高效电磁加热节能设备”推广会，会上指出：我国农用薄膜行业的总产能约300万吨，产量约为140万吨，平均每吨电耗约为500kW·h，全年约耗能为7亿kW·h，约合4.2亿元。若采用电磁加热节能生产农用薄膜，则每年可节约2.8亿kW·h，约合1.68亿元。“高效电磁加热节电设备”通过电力电子和电磁兼容技术，具有高效节能的特点，加热效率高达96%。在同等条件下，塑机预热时间减少2/3，比传统电阻加热节电60%～80%，综合节电率达到30%以上，是现有电阻式加热的较好的替代产品。我国塑料制品加工产业是一个发展迅速的行业，现全国约拥有近十万家企业，职工300多万，在企业中开展节能增效的途径很多，潜力很大，除电磁加热方法之外还有很多节能增效的办法，如将传统使用的注塑机液压传动改为电传动、使用机械手、优化工艺流程、减少耗能的非生产时间、提高产品的一次性合格率、强化企业管理等综合治理的措施都是很好的节能办法。

当前，节约资源是我国的基本国策之一，国家非常重视此工作的展开。国务院专门发布了《节能减排综合性工作方案》，《中华人民共和国节约能源法》也于2008年4月1日起执行，国家发改委还特别下达了《关于做好中小企业节能减排工作的通知》。因此，节能减排也是我们塑料行业落实科学发展观，确保可持续发展的重要工作。目前我国塑料制品的年产量已达4000多万吨，按平均加工每吨塑料制品耗电能300度计算，我国每年仅塑料加工产业就需要120多亿度电，所消耗的电能极为巨大。若推广应用此高效电磁加热节电技术，则每年可节电20多亿度，价值20多亿元，不仅可为企业带来巨大的经济效益，还会产生巨大的社会效益。

四、积极做好标准化的各项工作，加快塑料行业标准制修订的速度

随着我国加入WTO后，我国在国际贸易中发展迅速，并取得了显著的效益。但是，我国在国际贸易中越来越深感到国际贸易标准的问题起着十分重要的作用。常言说“得标准者得市场，得标准者得天下”，标准体现了社会和谐、统一、公平、进步、先进，标准已成为进入国际市场的基础，标准是一个国家经济和社会发展最主要的技术基础之一，对经济、社会发展起着巨大作用。因此，我们应紧紧围绕“世界标准日”的主题，努力积极做好标准化的各项工作。

2009年虽然受到世界金融危机带来的影响，但是我国塑料工业业仍然取得了较大的增长，全国塑料制品产量达到4479.28万吨，同比增长10.64%，塑料消费总量已超过6000万吨，约占全球消费的24.5%。我国塑料工业发展如此迅速无疑离不开我国塑料标准化所作的努力，塑料工业是一门新兴的高分子合成材料工业，品种繁多，用途广泛。我国塑料行业有关的标准化工作人员在国家标准化主管部门的领导下积极开展标准化的工作，积极采用国际标准和国外先进标准，我国早在20世纪80年代初对口参加了国际标准化组织ISO/TC61塑料和TC138流体输送用塑料管材、管件、阀门分技术委员会，积极参与国际标准化有关各项工作，有力推动了我国塑料行业在国际贸易的水平。

塑料品种较多，生产及应用部门广，我国标准制修订归口部门较分散，涉及石化、机械、轻工、建设、建材、卫生、环保、公安等多个部门(附件42007、2008、2009年公告的塑料行业制修订国标、行标)，从2005年至2009年全国五年正式公告制修订的塑料行业有关的国标、行标共655个，其中国标390个，行标265个(表1)，2008年和2009年两年标准制修订国标合计为247个，占五年总数的37.7%，创造了我国塑料行业标准制修订国标数量的新高。

表1　我国近五年塑料行业制修订国标、行标数量

2005年(个)		2006年(个)		2007年(个)		2008年(个)		2009年(个)	
国标	行标	国标	行标	国标	行标	国标	行标	国标	行标
42	41	87	60	14	21	127	53	120	29
合计83		合计135		合计108		合计180		合计149	

五、充分发挥塑料在节能、环保、低碳、绿色的重要作用

众所周知，全球的人口数量自1950年以来至今已增长了3倍，我国人口从5亿增长到13亿，大大高于世界人口增长的速度。由于我国能源相对稀缺，人均能源占有量仅为世界平均的40%。我国能源总量需求面临巨大压力，特别建筑能耗巨大，占全国总能耗的27%，加上建筑材料生产的能耗，建筑行业总能耗占全国总能耗的44%。目前，我国每年建成的房屋面积高达(16～20)亿平方米，超过发达国家年建筑面积的总和，而且99%还是高耗能建筑。当前，我国正处于工业化、城镇化和现代化的加速发展时期，预计未来十几年仍会面临着大规模的工程建设，需要消耗大量的能源和原材料。我国政府和相关部门对节能问题非常重视并制定了相关政策。在我国国民经济和社会发展第十一个五年规划纲要中，到“十一五”末，要求单位GDP能耗要比“十五”末下降20%。关于建筑节能，在《国务院关于加强节能工作的决定》(国发[2006]28号)中规定：“新建住宅和公共建筑严格实施节能50%的设计标准，直辖市及有条件的地区要率先实施节能65%的标准。到“十一五”末建筑节能要求实现节约1.1亿吨煤的目的。因此，建筑节能是我国节能潜力最大的领域。

随着高分子合成材料的迅速发展，目前，世界合成树脂的总产量已超过2亿吨，由于塑料具有资源来源丰富，有着诸多方面的优异性能，可以用于多种领域，特别塑料作为建筑材料更越来越显示它突出的优点，给社会带来显著的经济效益。因此，人们早已把塑料建材作为钢材、木材、水泥之后的第四大类的建筑材料，而逐步代替或淘汰了越来越多的传统建筑材料。塑料建材最早的品种始于1936年德国使用塑料管材，1939年英国开始铺设了世界上第一条塑料输水管线。到20世纪50年代德国开始用做塑料窗，70年代后德国塑料窗发展很快，美国、欧洲很多国家积极开发塑料建材，美国、荷兰、比利时、英国、加拿大、澳大利亚、挪威等国家塑料建材的用量占总的塑料消费量的20%以上。1990年美国在建筑领域年消耗合成树脂约达500余万吨，约占树脂总量的16%～17%。我国塑料建材开发较晚，为了加快塑料建材产品的开发，1994年由建设部、原化工部、原中国轻工总会、原国家建材总局、原中国石油化总公司五部委组建成立全国化学建材协调组，先后制定并发布了《关于加强技术创新，推进化学建材产业化的若干意见》、《国家化学建材产业“十五”计划和2010年发展规划纲要》等指导性的文件，大大加快我国化学建材产业的生产与发展，近几年来我国塑料建材制品增长速度大于其他塑料制品，据国家统计局统计显示2007年全国塑料制品总产量为3302.32万吨，比上年增长14.48%，其中“塑料板、片及型材类”产量为345.38万吨，比上年增长14.56%，“塑料管材、管件”的产量为331.75万吨，比上年增长26.52%；2008年全国塑料制品总产量为3713.79万吨，比上年增长10.10%，其中“塑料板、片及型材类”产量为356.91万吨，比上年增长11.86%，“塑料管材、管件”的产量为459.34万吨，比上年增长28.18%，2009年全国塑料制品总产量为4479.28万吨，比上年增长10.64%(见图1)，其中“塑料板、片及型材类”产量为480.61万吨，比上年增长12.78%，(见图2)，“塑料管材、管件”的产量为580.37万吨，比上年增长18.92%(见图3)；2009年全球金融危机给世界经济带来了巨大的冲击，在我国塑料行业中也受到了不同程度的影响，增长减速，有些制品出现了负增长，但用于建材塑料制品创造了较大的增速，其中“塑料板、片及型材类”和“塑料管材、管件”两项产量之和为1060.98万吨，占2009年全国塑料制品总产量(4479.28万吨)的23.69%，可见塑料建材是最具抗风险和市场潜力较大的产品。目前，我国塑料建材的用量占总的塑料消费量已由1990年的不到10%提升到20%以上。

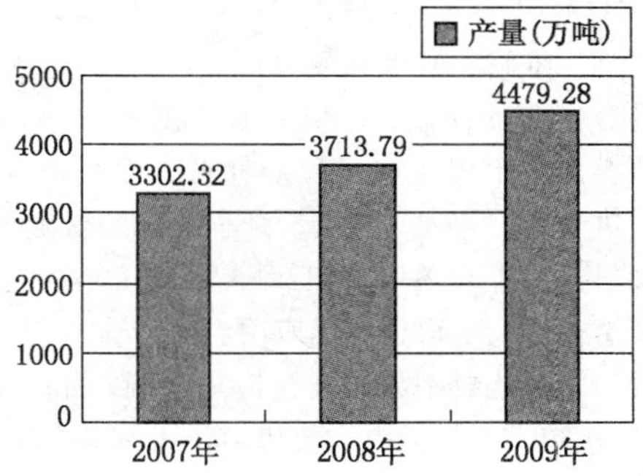

图1　全国塑料制品总产量

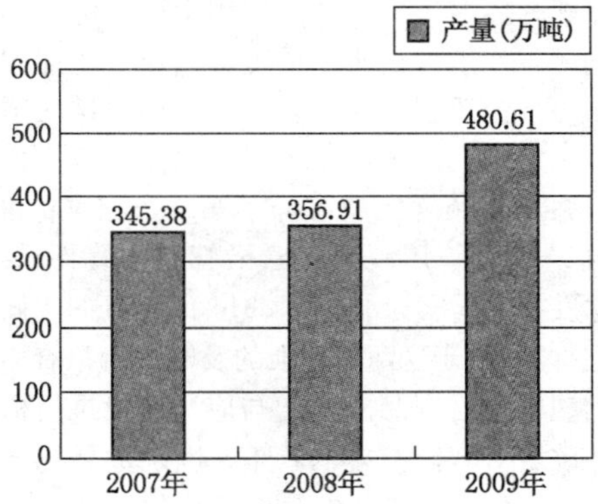

图2　全国塑料制品型材类总产量

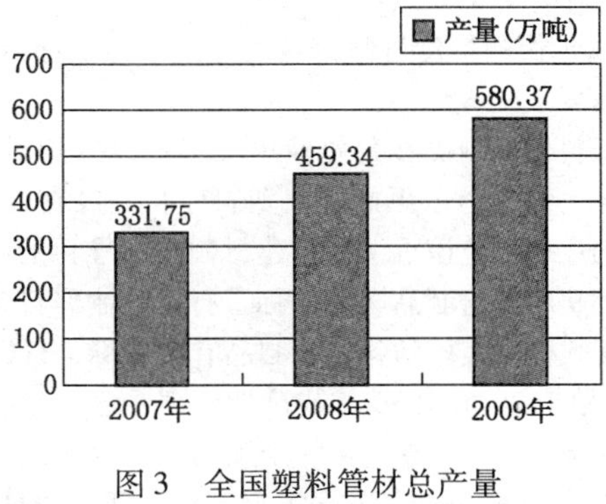

图3　全国塑料管材总产量

塑料建材是一种性能优良环保节能新型的高分子合成材料，主要品种有塑料管材、塑料门窗、塑料装饰材料、塑料保温隔热材料、新型高分子防水材料，目前已被广泛用作建筑给水管、排水管、雨水管、燃气管、地毯、塑料门窗、楼梯扶手等多种用途，不仅可以代替钢材、木材，而且其产品生产能耗远远低于传统建材产品，通常生产1t材料的能耗：塑料：钢材：铝材比例为1∶4.5∶8，如塑料排水管比铸铁管可节能55%～68%，使用塑料管安装费用约为钢管的60%左右，生产能源可节省80%，使用寿命塑料管一般为50年，而铁管仅为10～20年；又如塑料门窗传热系数低，仅为铝材的1/1250，钢材的1/357，且具有水密性、气密性、隔音性、保温性、安装、维修、使用方便等优点，比传统的木窗、铝窗有着显著的保温、节能效果。由于塑料建材节能效果突出，不仅生产过程能耗低，而且工程安装方便、进度快、改善居住环境等方面的优越性能，因此塑料建材制品在建筑工程、市政工程、村镇建设以及工业建设中得到广泛应用。

我国塑料建材制品研发与应用较晚，始于20世纪80年代初，当时国内主要借鉴国外先进国家成熟的经验，并结合国内塑料加工行业的技术水平以及加强与建设部门的合作，首先开发建筑塑料排水管，其次是塑料门窗，当时推广应用主要问题是关于标准的问题，为了加快研发进度，原轻工业部塑料工业局领导十分重视此项工作，抓紧解决这两项产品的标准制定问题，经过国内有关部门积极努力紧密配合，并于1986年首次发布了第一个国家标准《GB 5836 建筑排水管用硬聚氯乙烯管材和管件》，1988年首次发布了国家标准《GB 8814 门、窗框用硬聚氯乙烯型材》，由于这两项标准的及时出台，有力推动了我国塑料建材制品的生产与应用的发展。根据我国当前政府对节能减排的政策，围绕世界标准日的主题，应充分发挥塑料在建筑节能中的优势，加快做好我国塑料建材制品的生产和标准化各项工作。当前应作好如下几点：

1. 加快塑料建材制品有关标准国标、行标的制修订速度

塑料建材制品在建筑业中其节能效果的潜力是十分巨大的，为了更好扩大塑料建材制品在建筑节能中的应用，应该重视塑料建材制品标准化的工作，加快对塑料建材制品有关国标、行标的制修订速度。我国正式开始实施塑料建材制品有关国标、行标(原部标)始于20世纪80年代后期到现在已有20多年了，现全国大约已超过100余项国标、行标(包括产品的检验方法标准)，按国家规定对新开发塑料建材制品应及时制定标准，同时对已实施的标准应及时(一般5年)进行修订或者进行复审重新确认。由于塑料制品品种繁多，产品标准较多，因此，普遍还存在标准制修订速度滞后的问题。如2008年国家标准第十三号公告共批准493项国家标准中与塑料有关标准占55项，在这55项标准中20年以上标龄占19项，标龄10年至19年以上占26项，具体标准如《GB/T 8806—2008 塑料管道系统塑料部件尺寸的测定》替代《GB/T 8806—2008—1988》标龄长达20年，《GB/T 12003—2008 未增塑聚氯乙烯(PVC－U)塑料窗外形尺寸的测定》替代《GB/T 12003—1989》标龄长达19年，由于标准滞后，严重影响产品的应用，因此应加快塑料有关国标、行标的制修订速度，以适应市场更多的需求。

2. 积极采用国际标准和国外先进国家的有关标准

我国政府一向十分重视采用国际标准和国外先进国家标准，这是全球经济发展和提升企业在国际经济贸易竞争水平的需要，虽然多年来在塑料行业中十分重视采标并取得了很大的成效。但是，由于塑料品种多、应用面广、产品变化快、国内外市场需求量大，塑料建材制品在建筑节能效果显著并且国外先进发达国家开发较早、发展较快，有很多成熟的经验值得借鉴。目前，我国归口于全国塑料制品标准化技术委员会管理的国标、行标共300多项，采标率约为70%～80%。因此，为了更好发挥塑料在建筑节能中的作用，应继续加快积极采用国际标准和国外先进国家塑料建材制品有关标准。

3. 提倡塑料产业中有条件的大型企业集团积极主动承担有关国标、行标的制修订任务

我国塑料加工产业进入21世纪以来每年产量均以两位数的增长，全行业约有十万家企业，塑料建材制品生产企业发展尤为迅速，不少企业通过重组、调整产业结构、引进先进技术设备，出现了不少的大型企业集团，生产规模从数万吨增加到十多万吨仍至数十万吨。因此，今后应充分发挥这些大型企业集团积极主动承担塑料加工产业有关国标、行标的制修订任务。

4. 建议今后把塑料建材制品有关国标、行标的制修订工作作为塑料行业标准化工作中的重点工作来抓

由于我国建筑行业在国家节能中所处的地位重要，节能潜力巨大，根据塑料节能的优势，为了加快我国塑料建材的发展，建议今后把塑料建材制品有关国标、行标的制修订工作作为塑料行业标准化工作中的重点工作来抓，这样有利于扩大塑料建材制品在我国建筑行业的应用。

5. 严格执行国家标准和行业标准，做好塑料建材制品品牌建设

建筑行业对标准的要求是十分严格和敏感的。因此，要想产品应用到建筑物中必须确保产品品质好、品牌好、企业的诚信好，这样必然要提高塑料建材制品产业化生产技术水平，加强企业管理，把好产品质量关，严格执行国家标准和行业标准，认真做好品牌建设，千方百计满足建筑行业的要求。

6. 配合建筑有关部门作好塑料建材制品在建筑工程中有关的各项规范

为了确保建筑工程质量，实施建筑节能计划，提高人们居住环境的水平，除了严格要求所使用建材产品符合有关标准外，还同时要求有严密建筑工程设计、工程施工、安装、质量检验、监督等有关的各项规范。塑料建材制品是新型的建筑材料，品种多，应用环境各有差异，因此，生产塑料建材制品的部门，应配合建筑有关部门作好塑料建材制品在建筑工程中有关的各项规范的制定工作。

建筑物中采用国际标准，可以提高效能、优化资源、传播知识、促进自由贸易和公平竞争，简化建筑物的规划和设计，实现更高的质量和安全性能，节约开发费用，减少事故，快速传播新技术，满足居住者更好的生活质量。

根据我国政府制定的节能减排的政策和目标，结合塑料加工产业的优势，今后应与有关行业，重点建筑行业密切配合，积极开拓塑料绿色制造、绿色环保、节能增效的塑料制品的生产与应用工作，积极采用国际标准和国外先进有关标准，加快塑料加工产业有关国标、行标的制修订工作，从而扩大塑料建材制品及其他应用领域绿色产品的发展，为充分发挥塑料在节能、环保、低碳、绿色的目标作出更大的贡献。

附件 1　历届世界标准日的主题

历届	年份	世界标准日的主题
第 17 届	1986	国际标准化
第 18 届	1987	国际标准化
第 19 届	1988	照明
第 20 届	1989	卫生技术标准
第 21 届	1990	国际标准化为世界免遭破坏所起的重要作用
第 22 届	1991	劳动安全
第 23 届	1992	国际标准——打开市场的关键
第 24 届	1993	全球标准使信息处理更快更好
第 25 届	1994	标准和消费者——一个更加美好的伙伴
第 26 届	1995	一个移动着的世界—国际标准有助于人员、能源、商品的运输和数据的传送
第 27 届	1996	呼唤服务标准
第 28 届	1997	世界贸易需要国际标准
第 29 届	1998	标准在日常生活中
第 30 届	1999	矗立在标准上的建筑
第 31 届	2000	国际标准促进和平与繁荣
第 32 届	2001	环境与标准：紧密相连
第 33 届	2002	一个标准，一次检验，全球接受
第 34 届	2003	为全球信息社会制订全球标准
第 35 届	2004	标准连接全世界
第 36 届	2005	标准使世界更安全
第 37 届	2006	标准为小企业创造大效益
第 38 届	2007	标准造福人与社会
第 39 届	2008	标准与智能绿色建筑
第 40 届	2009	标准应对全球气候变化

附件 2 第 40 届 2009 年“世界标准日”的主题 标准应对全球气候变化

国际电工委员会(IEC)、国际标准化组织(ISO)、国际电信联盟(ITU)2009 年世界标准日祝词(2009 年 10 月 14 日)

国际电工委员会(IEC)主席：雅克·里吉斯

国际标准化组织(ISO)主席：阿兰·莫里森

国际电信联盟(ITU)主席：哈马德·图尔

当今世界正面临着严峻的气候变化带来的挑战。不断增加的温室气体排放导致地球的平均气温持续攀升。据此预测，未来将发生剧烈的气候变化，科学家们还预测，我们共同生活的星球将面临着经济、社会发展所带来的环境压力。

为此，权威专家已就应对气候变化提出了一系列的解决方案，这些方案就包括由全球三大权威标准化组织：国际电工委员会(IEC)、国际标准化组织(ISO)和国际电信联盟(ITU)制定发布的技术标准。

2007 年，联合国政府间气候变化专门委员会(IPCC)发布的报告中引用了 IEC、ISO 和 ITU 发布的技术标准，并指出，这些标准是当前减缓气候变化的一种技术途径，而且随着相关新技术的不断发展和成熟，标准将越来越为减小气候变化的影响发挥重要作用。

三大国际标准化组织共同协作，向政府、行业和社会提供应对气候变化的必要手段，并通过提高能源效率来减少温室气体排放，从而促进可持续发展。

三大组织制定的标准覆盖了 IPCC 报告中减排技术、政策法规、控制措施、存在的机遇等所有方面，及其涉及的能源供给、运输、建筑、工业、农业、林业以及废弃物处理等诸多领域。

IEC、ISO 和 ITU 提供了一个系统的标准化解决方案，包括如下领域应对气候变化的标准：

(1) 监测温室气体排放；

(2) 测算网络及产品的碳足迹；

(3) 设计并建造高能效的住宅和工作场所；

(4) 环境和能效标识良好行为的衡量基准；

(5) 促进环境管理、设计以及能源管理良好行为准则；

(6) 推广有助于减缓气候变化的新技术；

(7) 推动采用提高能效的新技术与服务。

国际标准为政策制定者、行业和用户提供携手应对气候变化的通用工具。三大标准化组织还提供一个完整的体系，使得国家和私有部门都能在今后享有优先制修订应对气候变化标准的权利。同样，三大标准化组织还能够提供可行的应对气候变化的解决方案，这些方案很可能成为《京都议定书》之后其他国际协议的组成部分。

IEC、ISO 和 ITU 制定的标准给全球的各国政府和企事业单位提供了最佳基准，使之可以在政策制定和未来的气候议定书中加以参考引用。三大组织还正在与其他国际组织共同努力，争取在 2009 年 12 月 7 日 – 18 日丹麦哥本哈根召开的联合国气候变化大会上，确保代表们都能充分意识到，已有和即将制定的国际标准都将为气候变化提供有效的解决方案。

附件 3 中国国务院总理温家宝在哥本哈根大会上重要指示

(1) 保持成果的一致性。本次会议的成果必须坚持而不能模糊公约及其议定书的基本原则，必须遵循而不能偏离“巴厘路线图”的授权，必须锁定而不能否定业已达成的共识和谈判取得的进展。

(2) 坚持规则的公平性。“共同但有区别的责任”原则是国际合作应对气候变化的核心和基石，应当始终坚持。发达国家必须率先大幅量化减排并向发展中国家提供资金和技术支持，这是不可推卸的道义责任，也是必须履行的法律义务。发展中国家应根据本国国情，在发达国家资金和技术转让支持下，尽可能减缓温室气体排放，适应气候变化。

(3) 注重目标的合理性。应对气候变化既要着眼长远，更要立足当前。确定一个长远的努力方向是必要的，更重要的是把重点放在完成近期和中期减排目标上，放在兑现业已作出的承诺上，放在行动上。

(4) 确保机制的有效性。国际社会要在公约框架下做出切实有效的制度安排，促使发达国家兑现承诺，向发展中国家持续提供充足的资金支持，加快转让气候友好技术，有效帮助发展中国家、特别是小岛屿国家、最不发达国家、内陆国家、非洲国家加强应对气候变化的能力建设。

附件4　2007年、2008年、2009年国家公告有关塑料的国标和行标

表1　2007年公告

标准代号	标　准　名　称
CJ/T 237—2006	钢塑复合压力管用双热熔管件(2007年 行标1号公告)
CJ/T 238—2006	耐热聚乙烯(PE-RT)塑铝稳态复合管(2007年 行标1号公告)
JB/T 10662—2006	无损检测　聚乙烯管道焊缝超声检测(2007年 行标2号公告)
GB/T 328.3—2007	建筑防水卷材试验方法　第3部分：高分子防水卷材外观(2007年 国标3号公告)
GB/T 328.5—2007	建筑防水卷材试验方法　第5部分：高分子防水卷材厚度、单位面积质量(2007年 国标3号公告)
GB/T 328.7—2007	建筑防水卷材试验方法　第7部分：高分子防水卷材长度、宽度、平直度和平整度(2007年 国标3号公告)
GB/T 328.9—2007	建筑防水卷材试验方法　第9部分：高分子防水卷材拉伸性能(2007年 国标3号公告)
GB/T 328.10—2007	建筑防水卷材试验方法　第10部分：沥青和高分子防水卷材不透水性(2007年 国标3号公告)
GB/T 328.13—2007	建筑防水卷材试验方法　第13部分：高分子防水卷材尺寸稳定性(2007年 国标3号公告)
GB/T 328.15—2007	建筑防水卷材试验方法　第15部分：高分子防水卷材低温弯折性(2007年 国标3号公告)
GB/T 328.16—2007	建筑防水卷材试验方法　第16部分：高分子防水卷材耐化学液体(包括水)(2007年 国标3号公告)
GB/T 328.19—2007	建筑防水卷材试验方法　第19部分：高分子防水卷材撕裂性能(2007年 国标3号公告)
GB/T 328.21—2007	建筑防水卷材试验方法　第21部分：高分子防水卷材接缝剥离性能(2007年 国标3号公告)
GB/T 328.23—2007	建筑防水卷材试验方法　第23部分：高分子防水卷材接缝剪切性能(2007年 国标3号公告)
GB/T 328.24—2007	建筑防水卷材试验方法　第24部分：沥青和高分子防水卷材抗冲击性能(2007年 国标3号公告)
CJ/T 250—2007	建筑排水用高密度聚乙烯(HDPE)管材及管件(2007年 行标4号公告)
GB/T 20974—2007	绝热用硬质酚醛泡沫制品(PF)(2007年 国标6号公告)
JG/T 205—2007	合成树脂幕墙(2007年 行标6号公告)
JG/T 207—2007	钢塑共挤门窗(2007年 行标6号公告)
JG/T 208—2007	门、窗用钢塑共挤微发泡型材(2007年 行标6号公告)
CJ/T 258—2007	纤维增强无规共聚丙烯复合管(2007年 行标7号公告)
DL/T 802.2—2007	电力电缆用导管技术条件　第2部分：玻璃纤维增强塑料电缆导管(2007年 行标9号公告)
DL/T 802.3—2007	电力电缆用导管技术条件　第3部分：氯化聚氯乙烯及硬聚氯乙烯塑料电缆导管(2007年 行标9号公告)
DL/T 802.4—2007	电力电缆用导管技术条件　第4部分：氯化聚氯乙烯及硬聚氯乙烯塑料双壁波纹电缆导管(2007年 行标9号公告)
SY/T 6701—2007	增强MC尼龙管和尼龙—钢复合管及管件(2007年 行标12号公告)
QB/T 2892—2007	给水用聚乙烯(PE)柔性承插式管材(2007年 行标12号公告)
GB/T 8801—2007	硬聚氯乙烯(PVC-U)管件坠落试验方法(2007年 国标13号公告)
GB/T 13526—2007	硬聚氯乙烯(PVC-U)管材二氯甲烷浸渍试验方法(2007年 国标13号公告)
GB/T 14402—2007	建筑材料及制品的燃烧性能燃烧热值的测定(2007年 国标13号公告)
GB/T 21300—2007	硬聚氯乙烯(PVC-U)管件坠落试验方法(2007年 国标13号公告)

续表

标准代号	标准名称
GB/T 18477.1—2007	埋地排水用硬聚氯乙烯(PVC－U)结构壁管道系统第1部分：双壁波汶管材(2007年 国标13号公告)
GB/T 21300—2007	塑料管材和管件不透光性的测定(2007年 国标13号公告)

表2　2008年公告

GB/T 8811—2008	硬质泡沫塑料　尺寸稳定性试验方法(2008年 国标1号公告)
GB/T 8813—2008	硬质泡沫塑料　压缩性能试验的测定(2008年 国标1号公告)
GB/T 10799—2008	硬质泡沫塑料　开孔和闭孔体积百分率的测定(2008年 国标1号公告)
GB/T 19812.3—2008	塑料节水灌溉器材　内镶式滴灌管、带(2008年 国标1号公告)
GB/T 21332—2008	硬质泡沫塑料　水蒸气透过性能的测定(2008年 国标1号公告)
GB/T 21332—2008	硬质泡沫塑料　自结皮高密度材料试验方法(2008年 国标1号公告)
HG/T 3985—2007	聚四氟乙烯波纹管膨胀节(2008年 行标1号公告)
CJ/T 270—2007	聚氯乙烯塑钢缠绕排水管(2008年 行标3号公告)
CJ/T 272—2008	给水用抗冲改性聚氯乙烯(PVC－M)管材及管件(2008年 行标3号公告)
JC/T 658.1—2007	玻璃纤维增强塑料水箱　第1部分：SMC组合式水箱(2008年 行标3号公告)
GB/T 17689—2008	土工合成材料　塑料土工格栅(2008年 国标5号公告)(代替GB/T17689—1999)
GB/T 21558—2008	建筑绝热用硬质聚氨酯泡沫塑料(2008年 国标5号公告)
LY/T 1279—2008	聚氯乙烯薄膜饰面人造板(2008年 行标5号公告)(代替LY/T 1279—1998)
GB/T 15907—2008	橡胶和塑料软管　可燃性试验方法(2008年 国标8号公告)(代替GB/T 15907—1995)
GB/T 21283.3—2008	密封元件为热塑性材料的旋转轴唇形密封圈　第3部分：贮存、搬运和安装(2008年 国标8号公告)
GB/T 21283.4—2008	密封元件为热塑性材料的旋转轴唇形密封圈　第4部分：性能试验程序(2008年 国标8号公告)
GB/T21283.5—2008	密封元件为热塑性材料的旋转轴唇形密封圈　第5部分：外观缺陷的识别(2008年 国标8号公告)
HG/T 2301—2008	压缩空气用织物增强热塑性塑料软管(代替HG/T 2301—1992)(2008年 行标6号公告)
HG/T 3037—2008	计量分配燃油用橡胶和塑料软管及软管组合件(代替HG/T 3037—2000)(2008年 行标6号公告)
HG/T 3249—2008	排吸用螺旋线增强的热塑性塑料软管(代替HG/T 3045—1989)(2008年 行标6号公告)
CJ/T 120—2008	给水涂塑复合钢管(代替CJ/T 120—2000)(2008年 行标8号公告)
CJ/T 137—2008	给水衬塑可锻造软件管(代替CJ/T 137—2001)(2008年 行标8号公告)(代替HG/T 3249—2001)
CJ/T 276—2008	垃圾填埋场用线性低密聚乙烯土工膜(2008年 行标8号公告)
CJ/T 278—2008	建筑排水用聚丙烯(PP)管材和管件(2008年 行标8号公告)
JB/T 10900—2008	工程机械聚氨酯、MS密封黏接剂应用技术规范(2008年 行标8号公告)

表3　2009年公告

SN/T 2198—2008	食品接触材料　塑料　水状食品模拟物总迁移量试验方法袋装法(2009年 行标2号公告)
SN/T 2199—2008	食品接触材料　塑料　水状食品模拟物总迁移量试验方法　填充法(2009年 行标2号公告)
HG/T 2128—2009	改性酚醛玻璃纤维增强塑料管技术条件(代替HG/T 2128—1991)(2009年 行标3号公告)
HG/T 2129—2009	改性酚醛玻璃纤维增强塑料管件技术条件(代替HG/T 2129—1991)(2009年 行标3号公告)
HG/T 4087—2009	塑料合金防腐蚀复合管(2009年 行标3号公告)
HG/T 4088—2009	塑料衬里设备　通用技术条件(2009年 行标3号公告)

续表

HG/T 4089—2009	塑料衬里设备　水压试验方法(2009 年 行标 3 号公告)
HG/T 4090—2009	塑料衬里设备　电火花试验方法(2009 年 行标 3 号公告)
HG/T 4091—2009	塑料衬里设备　耐温试验方法(2009 年 行标 3 号公告)
HG/T 4092—2009	塑料衬里设备　热胀冷缩试验方法(2009 年 行标 3 号公告)
HG/T 4093—2009	塑料衬里设备　衬里耐负压试验方法(2009 年 行标 3 号公告)
GB/T 23257—2009	埋地钢质管道聚乙烯防腐层(2009 年 国标 2 号公告)
GB/T 23296. 1—2009	食品接触材料　塑料中受限物质　塑料中物质向食品及食品模拟物特定迁移试验和含量测定方法以及食品模拟物暴露条件选择的指南(2009 年 国标 3 号公告)
GB/T 23296. 2—2009	食品接触材料　高分子材料食品模拟物中 1. 3 - 丁二烯的测定　气相色谱法(2009 年 国标 3 号公告)
GB/T 23296. 3—2009	食品接触材料　塑料中 1,3 - 丁二烯含量的测定　气相色谱法(2009 年 国标 3 号公告)
GB/T 23296. 4—2009	食品接触材料　高分子材料　食品模拟物中 1 - 辛烯和四氢呋喃的测定　气相色谱法(2009 年 国标 3 号公告)
GB/T 23296. 5—2009	食品接触材料　高分子材料　食品模拟物中 2 - (*N*, *N* - 二甲基氨基)乙醇的测定　气相色谱法(2009 年 国标 3 号公告)
GB/T 23296. 6—2009	食品接触材料　高分子材料　食品模拟物中 4 - 甲基 - 1 - 戊烯的测定　气相色谱法(2009 年 国标 3 号公告)
GB/T 23296. 7—2009	食品接触材料　塑料中表氯醇含量的测定　高效液相色谱法(2009 年 国标 3 号公告)
GB/T 23296. 8—2009	食品接触材料　高分子材料　食品模拟物中　丙烯腈的测定　气相色谱法(2009 年 国标 3 号公告)
GB/T 23296. 9—2009	食品接触材料　高分子材料　食品模拟物中丙烯酰胺的测定　高效液相色谱法(2009 年 国标 3 号公告)
GB/T 23296. 10—2009	食品接触材料　高分子材料　食品模拟物中对苯二甲酸的测定　高效液相色谱法(2009 年 国标 3 号公告)
GB/T 23296. 11—2009	食品接触材料　高分子材料　塑料中环氧乙烷和环氧丙烷含量的测定　气相色谱法(2009 年 国标 3 号公告)
GB/T 23296. 12—2009	食品接触材料　高分子材料　食品模拟物中 11 - 氨基十一酸的测定　高效液相色谱法(2009 年 国标 3 号公告)
GB/T 23296. 13—2009	食品接触材料　塑料中氯乙烯单体的测定　气相色谱法(2009 年 国标 3 号公告)
GB/T 23296. 14—2009	食品接触材料　高分子材料　食品模拟物中氯乙烯单体的测定　气相色谱法(2009 年 国标 3 号公告)
GB/T 23296. 15—2009	食品接触材料　高分子材料　食品模拟物中 2,4,6 - 三氨基 1,3,5—三嗪(三聚氰胺)的测定　高效液相色谱法(2009 年 国标 3 号公告)
GB/T 23296. 16—2009	食品接触材料　高分子材料　食品模拟物中 2,2 - 二(4—羟基苯基)丙烷(双酚 A)的测定　高效液相色谱法(2009 年 国标 3 号公告)
GB/T 23296. 17—2009	食品接触材料　高分子材料　食品模拟物中乙二胺与己二胺的测定　气相色谱法(2009 年 国标 3 号公告)
GB/T 23296. 18—2009	食品接触材料　高分子材料　食品模拟物中乙二醇与二甘醇的测定　气相色谱法(2009 年 国标 3 号公告)
GB/T 23296. 19—2009	食品接触材料　高分子材料　食品模拟物中乙酸乙烯酯的测定　气相色谱法(2009 年 国标 3 号公告)
GB/T 23296. 20—2009	食品接触材料　高分子材料　食品模拟物中己内酰胺及己内酰胺盐酸的测定　气相色谱法(2009 年 国标 3 号公告)
GB/T 23296. 21—2009	食品接触材料　高分子材料　食品模拟物中顺丁烯二酸及顺丁烯二酸酐的测定　高效液相色谱法(2009 年 国标 3 号公告)

续表

GB/T 23296.22—2009	食品接触材料　塑料中异氰酸酯含量的测定　高效液相色谱法(2009 年 国标 3 号公告)
GB/T 23296.26—2009	食品接触材料　高分子材料　食品模拟物中甲醛和六亚甲基四胺的测定　分光光度法(2009 年 国标 3 号公告)
GB/T 14208.1—2009	纺织玻璃纤维增强塑料　无捻粗纱增强树脂棒机械性能的测定　第 1 部分：通则的制备(2009 年 国标 4 号公告)
GB/T 14208.2—2009	纺织玻璃纤维增强塑料　无捻粗纱增强树脂棒机械性能的测定　第 2 部分：弯曲强度的测定(代替 GB/T 14208—1993)(2009 年 国标 4 号公告)
GB/T 14208.3—2009	纺织玻璃纤维增强塑料　无捻粗纱增强树脂棒机械性能的测定　第 3 部分：压缩强度的测定(代替 GB/T 14209—1993)(2009 年 国标 4 号公告)
GB/T 14208.4—2009	纺织玻璃纤维增强塑料　无捻粗纱增强树脂棒机械性能的测定　第 4 部分：表观层间剪切强度的测定(2009 年 国标 4 号公告)
GB/T 16778—2009	玻璃纤维增强塑料结构件失效分析一般程序(代替 GB/T16778—1997)(2009 年 国标 4 号公告)
GB/T 18967—2009	改性沥青聚乙烯胎防水卷材(代替 GB18967—2003)(2009 年 国标 4 号公告)
GB/T 23296.25—2009	食品接触材料　高分子材料　食品模拟物中 1，3—苯二甲胺的测定　高效液相色谱法(2009 年 国标 5 号公告)
GB/T 14208.1—2009	纺织玻璃纤维增强塑料　无捻粗纱增强树脂棒机械性能的测定　第 1 部分：通则的制备(2009 年 国标 4 号公告)
GB/T 14208.2—2009	纺织玻璃纤维增强塑料　无捻粗纱增强树脂棒机械性能的测定　第 2 部分：弯曲强度的测定(代替 GB/T 14208—1993)(2009 年 国标 4 号公告)
GB/T 14208.3—2009	纺织玻璃纤维增强塑料　无捻粗纱增强树脂棒机械性能的测定　第 3 部分：压缩强度的测定(代替 GB/T 14209—1993)(2009 年 国标 4 号公告)
GB/T 14208.4—2009	纺织玻璃纤维增强塑料　无捻粗纱增强树脂棒机械性能的测定　第 4 部分：表观层间剪切强度的测定(2009 年 国标 4 号公告)
GB/T 16778—2009	玻璃纤维增强塑料结构件失效分析一般程序(代替 GB/T 16778—1997)(2009 年 国标 4 号公告)
GB/T 18967—2009	改性沥青聚乙烯胎防水卷材(代替 GB 18967—2003)(2009 年 国标 4 号公告)
GB 10457—2009	食品用塑料自黏保鲜膜(代替 GB 10457—1989)(2009 年 国标 5 号公告)
GB 18006.1—2009	塑料一次性餐饮具通用技术要求(代替 GB 18006.1—1999)(2009 年 国标 5 号公告)
GB/T 23296.23—2009	食品接触材料　高分子材料　食品模拟物中 1,1,1,－三甲醇丙烷的测定　气相色谱法(2009 年 国标 5 号公告)
GB/T 23296.24—2009	食品接触材料　高分子材料　食品模拟物中 1,2－苯二酚、1,3－苯二酚、1,4－苯二酚、4,4－二羟二苯甲酮、4,4－二羟联苯的测定　高效液相色谱法(2009 年 国标 5 号公告)
GB/T 23296.25—2009	食品接触材料　高分子材料　食品模拟物中 1,3－苯二甲胺的测定　高效液相色谱法(2009 年 国标 5 号公告)
SN/T 2183—2008	食品接触材料　高分子材料　食品模拟物中甲醛的测定　分光光度法(2009 年 行标 5 号公告)
SN/T 2184—2008	食品接触材料　高分子材料　食品模拟物中对苯二酸的测定　高效液相色谱法(2009 年 行标 5 号公告)
SN/T 2196—2008	食品接触材料　检验规程　活性及知能材料类(2009 年 行标 5 号公告)
SN/T 2197—2008	食品接触材料　高分子材料　食品模拟物中丙烯腈的测定　气相色谱法(2009 年 行标 5 号公告)
SN/T 2258—2009	非正品塑料检验鉴定规程(2009 年 行标 5 号公告)
SN/T 2249—2009	塑料及其制品中邻苯二甲酸酯类增塑剂的测定气相色谱—质谱法(2009 年 行标 5 号公告)
SN/T 2250—2009	塑料及其制品中增塑剂的测定　气相色谱－质谱法(2009 年 行标 5 号公告)

续表

SN/T 2274—2009	食品接触材料检验规程　高分子材料类(2009 年 行标 5 号公告)
SN/T 2277—2009	食品接触材料　复合包装袋中　二氨氨基甲苯的测定　气相色谱－质谱法(2009 年 行标 5 号公告)
SN/T 2279—2009	食品接触材料　塑料　食品模拟物中多环芳烃的测定　高效液相色谱法(2009 年 行标 5 号公告)
SN/T 2280—2009	食品接触材料　塑料中受限物质　塑料中物质向食品及食品模拟物特定迁移试验方法和含量测定以及食品模拟物及暴露条件选择的指南(2009 年 行标 5 号公告)
SN/T 2198—2009	食品接触材料　高分子材料　食品模拟物中甲醛的测定　高效液相色谱法(2009 年 行标 5 号公告)
SN/T 2281—2009	食品接触材料　高分子材料　食品模拟物中丙烯酰胺的测定高效液相色谱法(2009 年 行标 5 号公告)
SN/T 2282—2009	食品接触材料　高分子材料　食品模拟物中双酚 A 的测定高效液相色谱法(2009 年 行标 5 号公告)
SN/T 2283—2009	食品接触材料　高分子材料　食品模拟物中已内酰胺和已内酰胺盐的测定　气相色谱法(2009 年 行标 5 号公告)
CJ/T 308—2009	水井用硬聚氯乙烯(PVC－U)管材(2009 年 行标 5 号公告)
GB/T 23652—2009	塑料　氯乙烯均聚和共聚树脂　振实表观密度的测定(2009 年 国标 6 号公告)
GB/T 23653—2009	塑料　通用型聚氯乙烯树脂　热增塑剂吸收量的测定(2009 年 国标 6 号公告)
GB/T 23654—2009	硫化橡胶和热塑性橡胶　建筑用预成型密封条的分类、要求和试验方法(2009 年　国标　6 号公告)
GB/T 23711. 1—2009	氟塑料衬里压力容器　电火花试验方法(2009 年 国标 6 号公告)
GB/T 23711. 2—2009	氟塑料衬里压力容器　耐低温试验方法(2009 年 国标 6 号公告)
GB/T 23711. 3—2009	氟塑料衬里压力容器　耐高温试验方法(2009 年 国标 6 号公告)
GB/T 23711. 4—2009	氟塑料衬里压力容器　耐真空试验方法(2009 年 国标 6 号公告)
GB/T 23711. 5—2009	氟塑料衬里压力容器　热胀冷缩试验方法(2009 年 国标 6 号公告)
GB/T 23711. 6—2009	氟塑料衬里压力容器　压力试验方法(2009 年 国标 6 号公告)
GB/T 23641—2009	电气用纤维增强不饱和聚酯模塑料(SMC/BMC)(2009 年 国标 6 号公告)
GB/T 6343—2009	泡沫塑料及橡胶　表观密度的测定(代替 GB/T 6343—1995)(2009 年 国标 6 号公告)
GB/T 1. 1—2009	标准化工作导则　第 1 部分：标准的结构和编写(代替 GB/T 1. 1—2000、GB/T 1. 2—2009)(2009 年 国标 7 号公告)
GB/T 2406. 2—2009	塑料用氧指数法测定燃烧行为　第 2 部分：室温试验(2009 年 国标 8 号公告)
GB/T 4617—2009	塑料　酚醛模塑制品　丙酮可溶物的测定(代替 GB/T 4617—1984)(2009 年 国标 8 号公告)
GB/T1 2006. 1—2009	塑料　聚酰胺　第 1 部分：黏数测定(代替 GB/T 12006. 1—1989)(2009 年 国标 8 号公告)
GB/T 12006. 2—2009	塑料　聚酰胺　第 2 部分：含水量测定(代替 GB/T 12006. 2—1989)(2009 年 国标 8 号公告)
GB/T 12008. 1—2009	塑料　聚醚多元醇　第 1 部分：命名系统(代替 GB/T12008. 1—1989)(2009 年 国标 8 号公告)
GB/T 12008. 3—2009	塑料　聚醚多元醇　第 3 部分：羟值的测定(代替 GB/T12008. 3—1989)(2009 年 国标 8 号公告)
GB/T 12008. 4—2009	塑料　聚醚多元醇　第 4 部分：钠和钾 6 的测定(代替 GB/T12008. 4—1989)(2009 年 国标 8 号公告)
GB/T 15596—2009	塑料在玻璃下日光、自然气候或实验室光源暴露后颜色和性能变化的测定(代替 GB/T 15596—1995)(2009 年 国标 8 号公告)
GB/T 15597. 1—2009	塑料　聚甲基丙烯酸甲酯(PMMA)模塑和挤塑材料　第 1 部分：命名系统和分类基础(部分代替 GB/T 15597—1995)(2009 年 国标 8 号公告)

续表

GB/T 15908—2009	塑料软管及软管组合件　液压用织物增强型　规范(代替 GB/T 15908—1995)(2009 年 国标 8 号公告)
GB/T 16578.2—2009	塑料　薄膜和膜片　耐撕裂性能的测定(代替 GB/T 11999—1989)(2009 年 国标 8 号公告)
GB/T 19466.6—2009	塑料　差示扫描量热法(DSC)　第 6 部分：氧化诱导时间(等温 OIT)和氧化诱导温度(动态 OIT)的测定(2009 年 国标 8 号公告)
GB/T 23997—2009	室内装饰装修用溶剂型聚氨酯木器涂料(2009 年 国标 8 号公告)
GB/T 23998—2009	室内装饰装修用溶剂型硝基木器涂料(2009 年 国标 8 号公告)
GB/T 23999—2009	室内装饰装修用水性木器涂料(2009 年 国标 8 号公告)
GB/T 24126—2009	橡胶和塑料软管及软管组合件采购者、组装者、安装者和操作者使用指南(2009 年 国标 8 号公告)
GB/T 24127—2009	塑料抗藻性能试验方法(2009 年 国标 8 号公告)
GB/T 24128—2009	塑料防霉性能试验方法(2009 年 国标 8 号公告)
GB/T 24132.1—2009	室内装饰用塑料涂覆织物　第 1 部分：PVC 涂覆针织物规范(2009 年 国标 8 号公告)
GB/T 24132.2—2009	室内装饰用塑料涂覆织物　第 2 部分：聚氯乙烯涂覆编织织物规范(2009 年 国标 8 号公告)
GB/T 24132.3—2009	室内装饰用塑料涂覆织物　第 3 部分：聚氨酯涂覆编织织物规范(2009 年 国标 8 号公告)
GB/T 24133—2009	橡胶或塑料涂覆织物　调节和试验的标准环境(2009 年 国标 8 号公告)
GB/T 24134—2009	橡胶或塑料软管　静态条件下耐臭氧性能的评价(2009 年 国标 8 号公告)
GB/T 24135—2009	橡胶或塑料涂覆织物　加速老化试验(2009 年 国标 8 号公告)
GB/T 24136—2009	橡胶或塑料涂覆织物　耐液体性能的测定(2009 年 国标 8 号公告)
GB/T 24137—2009	木塑装饰板(2009 年 国标 8 号公告)
GB/T 24139—2009	PVC 涂覆织物防水布规范(2009 年 国标 8 号公告)
GB/T 24144—2009	消防软管　橡胶和塑料吸引软管和软管组合件(2009 年 国标 8 号公告)
GB/T 24147—2009	水性紫外光(UV)固化树脂　水溶性不饱和聚酯丙烯酸树脂(2009 年 国标 8 号公告)
GB/T 24148.1—2009	塑料　不饱和聚酯树脂(UP－R)　第 1 部分：命名系统(2009 年 国标 8 号公告)
GB/T 24148.2—2009	塑料　不饱和聚酯树脂(UP－R)　第 2 部分：试样制备和性能的测定(2009 年 国标 8 号公告)
GB/T 24148.4—2009	塑料　不饱和聚酯树脂(UP－R)　第 4 部分：黏度的测定(2009 年 国标 8 号公告)
GB/T 24148.6—2009	塑料　不饱和聚酯树脂(UP－R)　第 6 部分：130℃反应活性的测定(2009 年 国标 8 号公告)
GB/T 24149.1—2009	塑料　汽车用聚丙烯(PP)专用料第 1 部分：保险杠(2009 年 国标 8 号公告)
GB/T 24150—2009	塑料　玻璃纤维增强阻燃聚对苯二甲酸丁二醇酯专用料(2009 年 国标 8 号公告)
GB/T 24151—2009	塑料　阻燃抗冲击聚苯乙烯　专用料(代替 GB/T 4617—1984)(2009 年 国标 8 号公告)
GB/T 24151—2009	塑料　阻燃抗冲击聚苯乙烯　专用料(代替 GB/T 4617—1984)(2009 年 国标 8 号公告)
GB/T 11115—2009	聚乙烯(PE)树脂(代替 GB 11115—1989、GB 11116—1989、GB/T 15182—1994)(2009 年 国标 9 号公告)
GB/T 12672—2009	丙烯腈－丁二烯—苯乙烯(ABS)树脂(代替 GB 12672—1990)(2009 年 国标 9 号公告)
GB/T 13759—2009	土工合成材料　术语和定义(代替 GB/T 13759—1992)(2009 年 国标 9 号公告)
GB/T 13760—2009	土工合成材料塑料　取样和试样准备(代替 GB/T 13760—1992)(2009 年 国标 9 号公告)
GB/T 13761.1—2009	土工合成材料　规定压力下厚度的测定　第 1 部分：单层产品厚度的测定方法(代替 GB/T 13761—1992)(2009 年 国标 9 号公告)
GB/T 13762—2009	土工合成材料　土工布及土工布有关产品单位面积质量的测定方法(代替 GB/T 13762—1992)(2009 年 国标 9 号公告)
GB/T 24334—2009	聚偏二氯乙烯(PVDC)自黏性食品包装膜(2009 年 国标 9 号公告)
GB/T 24417—2009	聚氯乙烯保鲜膜中己二酸二异壬酸的测定气相色谱法(2009 年 国标 9 号公告)

续表

GB/T 24452—2009	建筑物内排污、废水(高、低温)用氯化聚氯乙烯(PVC-C)管材和管件(2009年 国标11号公告)
GB/T 24453—2009	酒店客房用易耗塑料制品(2009年 国标11号公告)
GB/T 24454—2009	塑料垃圾袋(2009年 国标11号公告)
GB/T 24456—2009	高密度聚乙烯硅芯管(2009年 国标11号公告)
GB/T 24508—2009	木塑地板(2009年 国标12号公告)
GB/T 24592—2009	聚乙烯用高压合金钢管(2009年 国标12号公告)
SN/T 2284—2009	食品接触材料　高分子材料　总迁移量的测定方法替代试验：用试验介质异辛烷和95%乙醇测定与脂肪类食品接触的塑料中的总迁移量(2009年　行标　5号公告)(2009年 行标9号公告)
GB/T 17187—2009	农业灌溉设备　滴头和滴灌管　技术规范和试验方法(代替GB/T 17187—1997，GB/T 17188—1997)(2009年 国标14号公告)
GB/T 24721.1—2009	公路用玻璃纤维增强塑料产品　第1部分：通则(2009年 国标14号公告)
GB/T 24721.2—2009	公路用玻璃纤维增强塑料产品　第2部分：管箱(2009年 国标14号公告)
GB/T 24721.3—2009	公路用玻璃纤维增强塑料产品　第3部分：管道(2009年 国标14号公告)
GB/T 24721.4—2009	公路用玻璃纤维增强塑料产品　第4部分：非承压通信井盖(2009年 国标14号公告)
GB/T 24721.5—2009	公路用玻璃纤维增强塑料产品　第5部分：标志底板(2009年 国标14号公告)
GB/T 18689—2009	农业灌溉设备　小型手动塑料阀(代替GB/T 18689—2002)(2009年 国标14号公告)
GB/T 24693—2009	聚丙烯饮用吸管(2009年 国标14号公告)
GB 24786—2009	一次性使用聚氯乙烯医用检查手套(2009年 国标15号公告)
SN/T 2379—2009	聚碳酸酯树脂及其成型品中双酚A的测定　气相色谱—质谱法(2009年 行标12号公告)

附件5　2009年国标委关于全国标准化工作要点

一、发挥各方作用共同推进标准化工作

(1) 加强与部门和行业的沟通和协调。在充分发挥各部门积极作用的基础上，切实落实标准化统一管理模式。调动各方面积极性，着力解决标准化工作中的热点、难点问题，形成一个稳定、顺畅、高效的标准化工作管理机制。各行业部门和协会要积极主动发挥作用，从国家利益和全局出发，加大对标准化工作的支持力度，真正做到行业标准之间、行业标准和国家标准之间的协调统一。

(2) 积极推动企业参与标准化工作。鼓励企业自主创新，将具有自主知识产权的技术转化为标准。采取切实有效措施，提高企业参与制订国际标准、国家标准、行业标准和地方标准的能力。特别是要从人员培训、资金、项目等多方面积极创造条件，加大支持力度，鼓励更多的企业参与国际标准化技术机构秘书处或召集人的竞争，参与国际标准的制定。

(3) 充分发挥各级科研机构在标准化研究方面的骨干作用。加大重要基础标准和方法标准、强制性标准和重点领域标准的研究力度，加强国际标准和国外先进标准的分析及标准化应对战略的研究工作，为标准化工作的科学决策提供依据。

(4) 加强标准出版发行工作。加快标准出版发行速度，进一步加大打击盗版力度，有效保护标准版权。加强对国际标准化组织有关标准版权保护政策的跟踪研究，尽快建立电子版国际标准的国内销售渠道。进一步完善“强制性国家标准电子全文免费阅读”系统和标准网络销售服务系统，为社会提供便捷的标准信息服务。

(5) 充分发挥协会等中介组织的桥梁和纽带作用。努力探索在市场经济条件下服务用户的新思路、新办法，全方位开展国际国内标准化信息咨询，利用标准化手段帮助企业、优势产业和出口产品应对国外技术壁垒，为企业参与国际市场竞争服好务。

(6) 加强条码代码工作。采取有效措施，支持条码代码加快发展壮大。健全物品编码与自动识别技术应用服务体系，为社会提供优质的公共信息查询服务。加强代码数据库的动态维护，进一步提高代码数据的准确性和可靠性，适应我国经济社会发展的需要。

二、重点抓好四件大事，奠定标准化事业科学发展基础

1. 加快《标准化法》的修订步伐

按照科学发展观的要求，积极配合国务院法制办，抓紧《标准化法》修改工作。根据新形势和新任

务的需要，进一步明确四级标准的制定范围，理顺标准管理体制，适应一、二、三产业发展的需要；完善标准制修订工作的运行机制，强化闭环管理；明确各方责任和义务，特别是强化企业对企业标准的法律责任。

2. 加快制定国家技术标准战略发展纲要

积极争取国务院各有关部门的大力支持，尽快形成报送国务院的纲要草案。进一步明确标准化工作的指导思想、原则、目标、措施以及今后十年的重点项目规划。

3. 加快国家标准化体系工程建设

全面启动国家标准化体系建设工程，会同国务院各有关部门、行业协会等，按照国民经济分类原则，分析国家标准、行业标准、地方标准的适用性和协调性，明确标准制修订重点领域，制定一系列关键技术标准，研究标准化技术组织布局的系统性和有效性，用三年时间分阶段构建服务经济社会科学发展的标准体系、标准化技术组织体系、国际标准化工作推进体系以及标准化保障体系，整体提升我国标准化水平。

4. 加强国家技术标准资源服务平台建设

推进国家技术标准资源服务平台建设，整合国家、行业、地方标准信息资源，建设涵盖国家标准化资源、国际标准化资源、WTO TBT/SPS 资源、标准全文资源以及标准文献服务资源的应用及服务系统，为全社会提供权威、准确、全面的标准化动态信息，努力提升我国标准化信息服务的整体水平。

附件 6　ISO 14000—地球村的行动

人与自然

人与自然存在两种关系，索取和排放。人类依靠向自然环境索取资源和废物生存发展。这种关系经过了三个阶段：远古时代人和自然和谐共处天人合一；农业革命后，人类开始改造自然，但由于索取和排放都很有限，人与自然处于基本友好相处阶段；工业革命后，人类大规模地破坏自然，进入了人与自然为敌阶段。掠夺式的索取，竞赛般的排放，使自然严重破坏，环境不堪重负。

地球村的灾难

人类对环境的破坏使“地球村”发生了严重的环境危机：污水横流、空气污浊、水土流失、资源枯竭、森林破坏、土壤沙漠化、气候反常、生态失衡、疾病滋生、物种灭绝……人类终于认识到：“我们只有一个地球，我们都是地球村的村民，如果我们不约束自己的行为，那么，我们自己毁灭地球村，同时离毁灭自己的日子也不远了。”

ISO 14000—地球村的行动

“ISO 14000”是 ISO 制订的环境管理系列标准。是 ISO 对人类又一重大贡献。ISO 14001《环境管理体系　要求及使用指南》是环境管理体系认证的依据。实施 ISO 14001 是地球村拯救环境的群体行为。ISO 14001 认为：对环境的破坏是各类组织不友好的环境行为造成的。因此，各类组织必须从我做起，控制各自的环境因素，通过 P(策划)、D(实施)、A(改进)循环，规范自己的索取与排放行为，改善自身的环境绩效。全球各类组织共同推行 ISO 14001 就会形成全球，全人类的拯救行为。“地球村”的可持续发展就指日可待了。

推行 ISO 14001 意味着什么

如果你的组织推行 ISO 14001 标准，通过 ISO 14001 认证，就：

意味着你的组织正努力节约能源资源，循环利用，减少向环境的索取。成为一个“节约型的组织”。

意味着你的组织正努力减少排放，进行污染预防，是个遵守环境法律法规的组织。你的环境风险将大大减少。

意味着你的组织是有着强烈的社会责任感的人/组织，因为你们不仅发展了经济，而且保护了乡里的青山绿水，你们将得到社会的拥戴。

意味着你的组织具有与环境友好的行为，生产与环境友好的新产品，因此，你们将得到国际社会的青睐，获得通向国际的绿色通行证。

意味着你的组织是一个站在人类可持续发展的高度考量的高尚的人/组织。

(中国塑料加工工业协会　曾家华)

重点企业介绍

英科国际控股有限公司

英科国际控股有限公司是一家中外合资的跨国集团公司，自1993年第一家公司在美国洛杉矶成立以来，至今英科集团公司已发展成为拥有国内外员工3000多人，独资拥有淄博英科框业有限公司、上海英科实业有限公司、英科(镇江)机械有限公司三大实业生产基地、9家全资控股子公司和3家海外分支机构。是一家集生产、研发、销售、贸易、投资为一体的现代化综合型高新技术企业。产品线横跨环保回收框业和医疗行业，公司主要业务涉及PS废旧泡沫塑料的回收再生与加工应用、医疗用品的研发与生产、国际贸易等多个领域。产品和客户遍布世界各地。

公司三大生产基地共占地600亩，建有标准现代化厂房80000m^2，拥有标准环保回收机械、轮椅和医疗用品生产线多条，拥有PS挤塑框条生产线80条，PS回收改性生产线20条，成品框组装线40多条，是中国最大的PS高分子微发泡仿木框条生产企业。年回收加工PS废泡沫塑料3万吨，生产PS仿木装饰线材80万标准箱，年出口和内销框类产品约2000个货柜，每年可避免200万棵树木被砍伐。

公司建有设备齐全的技术研发中心，拥有各类工程技术研发人员100多人，具有雄厚的产品研制开发能力，现有产品种类达到3000多种，拥有20多项专利技术。公司主要管理人员及技术骨干具有多年从事高技术企业管理、研发、生产、和市场推广经验，对企业的产、供、销、研实行系统化、科学化、高效化的管理。公司凭借雄厚的技术实力，严谨务实的科学管理，全面通过了ISO 9001国际质量体系认证和ISO 14001环境体系认证。

公司的环保框业产品围绕资源无害化回收和循环综合利用，利用国内外废弃的PS泡沫塑料，通过高科技无害化回收和再生改性，采用自有专利技术加工成各种仿木线材和框类产品，如各种尺寸和花色的成品像框、画框、镜框等，主要用于家居装饰行业和终端家居用品消费，产品90%出口海外。相比传统木框材料，PS仿木产品在表面处理工艺上更简洁，效果更精美，更具有美观性、耐磨性、抗腐蚀性等特色。这种“以塑代木，变废为宝”的工艺，打破了木制框的生产传统，改变了原来繁杂的生产工艺，极大地提高了生产效率，降低了生产成本，节约了森林资源。

公司以“保护自然环境，消除白色污染，美化家居生活”为使命，尽一切努力，用“垃圾”代替树木，保护有限的森林资源。公司下属实业基地先后获得“上海市名牌产品”、“上海市著名商标”、“上海高新技术企业”、“山东省循环经济试点单位”、“山东省资源综合利用企业”、“山东省节能减排重大技术成果单位”等荣誉。

展望未来，公司将不断锐意创新，致力于“根治白色污染、保护地球环境”的废塑料环保回收事业，积极发展低碳经济，继续加大废弃资源的回收与循环利用，提高资源的利用率，推进“以塑代木”的发展潮流。公司将加大在PS废塑料回收利用方面的投入，特别是引导国内PS废泡沫塑料的回收，提供更多的PS泡沫冷压回收设备给回收企业。同时公司将增加新的回收再生设备，扩大生产规模，加大研发投入，对PS回收材料进行高技术改性，提升产品的性能，扩大回收材料的使用范围，实现在未来的几年内达到年回收加工PS泡沫塑料10万吨的规模，届时每年可避免1000万棵树木被砍伐。为消除“白色污染”，减少森林砍伐作出新的贡献。

地址：上海市浦江镇高科技园新骏环路188号F区9号楼3层
邮编：201114
电话：021－34978818
传真：021－34978808
网址：www. intco. cn
Email：info@ intco. com. cn

公　元　集　团
永高股份有限公司、
上海公元建材发展有限公司

公元集团是一家国家级集团公司，行业涉及塑料管道、光伏太阳能、家用电器开关等多个领域。系全国民营500强企业、全国民营成长性百强企业、全国就业与社会保障先进民营企业和浙江省工业行业龙头骨干企业。其中永高股份有限公司和上海公元建材发展有限公司系集团目前塑料管道产业5个企业中核心的两家子公司。

一、永高股份有限公司

永高股份有限公司位于浙江省台州市黄岩省级经济开发区，系中国塑料加工工业协会和中塑协塑料管道专业委员会副理事长单位、浙江省化学建材协会会长单位，同时又是全国塑料制品标准化技术委员会(TC48/SC3)核心委员单位。

公司是目前国内塑料管道行业中，生产规模最大、品种最多、配套能力最强、市场覆盖最广的专业化大型厂家之一。主要生产“公元”牌建筑用PVC－U给排水管材管件、绝缘电工套管及配件、塑胶阀门及配件、塑钢门窗型材及PP－R冷热水管材管件、PE管材管件、PE－RT地暖管等。公司成立以来，努力实施科技创新技术、创新产品、创新管理，企业持续18年快速健康发展。近几年来，“公元”牌产品和“公元”商标先后获得“中国名牌产品”和“中国驰名商标”。企业连续七年进入全国行业(塑料加工业)纳税百强企业，2008年排名第13位。企业并被评为首批“浙江省诚信示范企业”、“全国诚信守法乡镇企业”、“浙江省AAA级纳税信誉企业”和“浙江省工商企业信用AAA级‘守合同重信用’单位”等。公司2009年被认定为“国家高新技术企业”。

二、上海公元建材发展有限公司

公司位于上海浦东新区是公元集团布局长三角的重要生产基地。公司引进加拿大科玛公司等进口生产线专业生产PVC、PE埋地排水用大口径加筋管、波纹管等系列产品。埋地排水用大口径加筋管、波纹管具有环刚度高、耐腐蚀、通排能力强、柔性接口防渗漏等特点，是目前国内外公认理想的市政排水管道。公元大口径管道，目前已广泛地应用于上海世博会场、馆建设。并广泛应用于长三角地区市政工程建设项目。公司自2001年创建以来，“公元”牌大口径管荣获“上海名牌产品”，企业先后荣获“上海市文明单位”、“上海市质量诚信企业”等称号，2008年，公司被认定为“国家高新技术企业”。

“十二五”时期，公司将进一步扩大规模优势，加大技术改造和品牌建设力度，推进技术进步和产品创新，提升企业核心竞争力，把“公元”产品推向更广阔的国内外市场，实现企业新的跨越式发展。

浙江申达机器制造股份有限公司

浙江申达机器制造股份有限公司是浙江省二轻集团公司的核心企业，国家和省级高新技术企业、省首批(101)家标准创新型企业、全国轻工业卓越绩效先进企业。是全省第二批根据国家新近出台的《高新技术企业认定管理办法》(国科发火[2008]172号)和《高新技术企业认定管理工作指引》(国科发火[2008]362号)有关规定，通过认定的高新技术企业。近年来，公司先后通过了ISO 9001:2000质量管理体系国内和国际双认证、AAA级(省级)标准化良好行为企业认定、省级计量检测体系认定。

浙江申达机器制造股份有限公司是由国营企业改制组成的一家国有控股注塑机专业生产厂家，占地面积10万平方米，厂房等建筑面积达5万平方米，目前正在德清筹建270亩的生产基地。公司生产规模：注塑机综合年生产能力2000台／20000t。公司始建于1956年，20世纪60年代起专业制造注塑机，是我国最早生产注塑机的企业之一。曾先后创造了一系列的第一：国内第一台大型注塑机、第一台填补空白的低发泡注塑机、亚洲最大的PVC专用注塑机、第一个替代进口和规格齐全的注塑机系列、第一台中德合作生产的HK塑料注塑机、第一个通过输出技术在境外阿联酋办厂的注塑机厂家。

公司建立一个具有完善的科研设施和具有一支较高素质的科研队伍以及具有一套高效的技术创新机制的专门从事精密注塑机研究的“省级精密注塑机研究开发中心”。先后被浙江省经信委、浙江省科技厅认定为浙江省级技术中心和浙江省级高新技术企业研究开发中心。已先后承担了国家、省、市科技计划和技术创新15项，其中包括科技部火炬计划项目在内的国家项目4项、省重大科技专项1项和杭州市重大科技创新项目1项，具有很强的承担科技项目的能力。

公司主要从事高端塑料机械的研制、制造和营销。公司的主导产品为“申达”牌全电脑控制塑料注射成型机，属高度机电一体化的高新技术产品。综合性能接近国际先进水平，处于国内领先地位。该产品具有能一次成型外型复杂、尺寸精确和带有金属嵌件的质地致密的工程塑料制品，被广泛应用于国防、机电、汽车、交通运输、建材、包装和IT行业。产品机械机构、电气控制系统、液压系统集成采用了多项高新技术和创新结构，如：双CPU控制器、闭环控制系统、变频驱动系统、变量泵驱动系统、电液混合控制系统，新颖的负后角双曲肘机构、高效塑化机构、伺服控制系统等，实现产品省能、高效、精密、可靠四大优势。

公司产品在国内同行中率先获得了进入欧盟市场“CE”标识证书，最近几年，又连续获得国家级重点新产品、省级高新技术产品、省级名牌产品和采用国际标准产品、中国机械工业“名、优、新产品”和中国驰名品牌产品等荣誉，并被省科学技术厅认定为浙江省高新技术产品。近年来，公司产品还获得省(部)级科技进步二等奖二项、三等奖一项，获得市级科技进步三等奖一项。通过省级科技成果认定登记二项，列入国家火炬计划一项。

公司拥有标准型、节能型(变频、变量、伺服)、专用型(多组分、手机专用、PVC专用、PET专用等)、精密型(全伺服电机控制等)等十一大系列产品，形成了完整的塑料注射成型装备产品组合，基本上能够应对所有客户的要求。完成的SE伺服节能型机型，以节能环保精密为重点，是目前国内一流厂家主推的高端节能产品。公司产品覆盖的锁模力范围达90~3800t、注射量范围达60~88000g，产品品种规格超过五十余种。是国内产品品种、规格最全的厂家之一，也是国内大型和超大型塑料注射成型装备制造的龙头企业，具有一定的规模和全系列产品优势。由于公司产品的系列、规格齐全，能适应不同需求，所以能出口到欧洲、中美洲、中东及东南亚等三十多个国家和地区。公司已成为塑料注射成型机市场挑战者，竞争地位在国内塑料注射成型机行业内位居前列。

公司以国际一流的塑机生产厂家为发展目标，通过不断的科技创新，提升主导产品的品位和档次，依托高技术、高品质和日益显现品牌效应，巩固国内市场，拓展国际市场，实现销售收入三年翻一番，五年超十亿的奋斗目标。将公司建设成中国最具竞争力和最具规模的注塑机制造商之一，形成并稳固大型和超大型、节能、精密注塑机产业国内设计制造基地。

康泰塑胶科技集团有限公司

康泰塑胶科技集团有限公司，创立于1998年，是一家集专业研发、生产、销售为一体的大型塑料建材民营股份制企业集团。公司以“成为全球化工建材供应基地”为愿景，以“为每个家庭提供安全实惠的管道”为核心价值观。在全国成立了30个销售分公司和覆盖全国各区、县、乡镇完善的营销网络系统，拥有具国际先进水平的全自动电脑数控挤出、注塑、塑钢门窗装配等专用生产设备1000余台(套)，现有员工8000余名，总资产20亿元，年生产量30万吨以上。

康泰塑胶科技集团主要以生产“康泰”牌：PVC—U给水、排水管材、管件；PVC多孔通信管；PVC—U绝缘电工导管；PVC—U排污用双壁波纹管；PVC—M给水管；PVC—C电力套管；HDPE给水管材、管件；HDPE排污双壁波纹管；HDPE钢丝网复合给水管；PP—R冷热水用管材、管件；PP—R铝塑复合稳态给水管；PE—RT和PE—X地热采暖管道；不锈钢管给水管材、管件；PVC—U塑料异型材、门窗和家装用管道等系列产品，品种规格达5000多种。

康泰塑胶科技集团始终坚持“以质量求生存、以价格求竞争、以服务求发展”的市场竞争理念，长期以来，康泰品牌不仅以“品质高、配套齐、网络全、服务快”的竞争优势享誉海内外，在行业界中占据着重要的地位。康泰商标被国家有关部门授予了“中国驰名商标”，系列产品获“中国名牌产品”、“中国环境标志产品认证”和“新华节水认证”，集团连年被中国农业银行评为“AAA级信用等级企业”，被四川省政府评为“优秀民营企业”，并成为中国塑料协会副理事长单位，是建设部发布的中国最具规模的化学建材生产基地之一。

康泰塑胶科技集团在技术创新和管理创新方面，硕果累累、成绩斐然：康泰技术中心被国家相关机构认定成为四川省(成都市)技术中心，独立组建具有行业一流水准的产品检测中心获得了国家级CNAS实验室的权威认定，并取得了由四川省技术监督局颁发的出具产品质量检验合格证明的“A级资格证书”，是四川省质检院在四川省同行业内设立的唯一一家网络实验室。公司产品先后获得了HDPE、PVC-U塑胶复合缠绕管、PVC-U双中空管、PE钢丝网注塑预制法兰、耐候隔氧PP-R复合管、格栅式管件、卡扣式管件、封闭钟罩式地漏等多达100余项国家专利。

康泰塑胶科技集团客户服务以“客户的要求就是我们的标准，客户的需求就是我们要做的”为服务理念，以实行“首问责任制”及“一站式服务”承诺为工作重点，全面关注客户价值，不断提升客户服务水平。集团品牌建设实行统一策划、统一文化、统一标准、统一推广的品牌管理模式，在市场中成功塑造出了康泰“安全、环保、高品质”的绿色高端品牌形象，并深受广大客户的喜爱。

康泰塑胶科技集团有限公司

地址：中国·成都·康泰工业园

电话：0086-28-82218488

传真：0086-28-82211999

http：//www. kangtaijituan. com

E-mail：ktjt@ kangtaijituan. com

金发科技股份有限公司

金发科技股份有限公司成立于1993年，是一家主营高性能改性塑料研发、生产和销售的高科技上市公司。公司注册资本13.965亿元，现拥有上海金发科技发展有限公司、绵阳长鑫新材料发展有限公司、绵阳东方特种工程塑料有限公司、天津金发新材料发展有限公司等子公司。是中国最大的改性塑料生产企业，也是全球改性塑料品种最为齐全的企业之一。

公司具备年产80万吨改性塑料的生产能力，拥有阻燃树脂、增强增韧树脂、塑料合金、功能母粒和降解塑料等七大系列自主知识产权产品。广泛应用于汽车、家电、OA设备、IT、通讯、电子、电工电器、建材、灯饰、航空航天等多种行业。

作为全国首批91家创新型企业之一，金发科技建立了以国家认定企业技术中心为主体，以企业研究院、院士工作站、博士后科研工作站、国家认可实验室、UL CTDP认可实验室和省级重点工程技术研发中心为依托的国内一流的研发平台。多年来，公司视质量为企业的生命，先后通过了ISO 9001质量管理体系认证、TS 16949汽车产品质量管理体系认证。雄厚的技术实力和完善的质量体系为产品质量的稳步提升提供了可靠的保障。

公司从创建伊始就坚持“创造需求、引领市场、服务客户”的市场运作之道，主动把握行业发展趋势，挖掘市场的潜在需求，积极拓展国际市场。公司先后在美国、加拿大、印度、韩国等30多个国家注册了“KINGFA”商标，并在美国、加拿大、俄罗斯、日本等国设立了办事处。近年来，公司销售额持续高速增长，截至2008年底，金发科技实现总资产61.72亿元，净资产29.78亿元，总销售额近百亿元的目标。

伴随着全球经济的迅猛发展，“以塑代钢”、“以塑代木”已成为全球新材料行业发展的新趋势。作为中国改性塑料的排头兵，金发科技始终坚持以改性塑料为主业，大力实施企业的规范化、信息化和国际化，谱写“创世界品牌，建百年金发”的宏伟篇章!

广东永金兴集团有限公司

广东永金兴集团是集科研、生产、销售于一体的集团公司。公司拥有现代化生产设备，检验中心和专业技术人员，是广东省高新技术企业、广东省民营科技企业、广东省省级企业技术中心、广东省知识产权优势企业和广东省优秀民营企业。

集团公司坚持技术创新，打造自主品牌，利用雄厚的技术力量，先进的生产设备，与广东华南师范学院、汕头大学及韩山师范学院建立产、学、研基地及高新科技研究中心。科研设计、创新生产出一大批款式新、造型巧、质量优的自主品牌产品。集团公司现有各式鞋类品种2300多款，远销美国、加拿大、欧洲、中东、南非、巴拿马、日本、东南亚等60多个国家和地区。2007年至2009年出口创汇7840万美元，上缴税款3500万元。获得“广东省著名商标”、“广东省名牌产品”、“重点培育和发展的广东省出口名牌企业”、“广东省知识产权示范企业”、“广东工艺鞋十强”、“广东童鞋五强”等荣誉称号，被授予“广东省优秀自主品牌先进单位”。

连年来，集团公司守法经营，诚信纳税被国家工商行政管理总局授予“全国守合同重信用”企业，被广东省工商行政管理局评为连续十五年“守合同重信用”企业。潮州市国税局授予创税大户，潮州市地税局授予模范纳税户。集团公司通过ISO 9001:2000国际质量管理体系、ISO 14001:2004环境管理体系，OHSAS 18001:1999职业健康安全管理体系认证及标准化体系认证。被方圆认证中心授予“管理优秀奖”，亚洲资源中心授予“出口企业优秀奖”，中国轻工业联合会授予“全国轻工业卓越绩效先进企业”。

集团公司被国家授予“全国模范劳动关系和谐企业”、国家“光彩之星”，荣获“广东省社会主义劳动和谐先进单位”、“广东省诚信示范企业”、“广东省优秀企业文化单位”，全国总工会授予“职工书屋”，广东省总工会授予“模范职工小家”等荣誉称号。

集团公司董事长李锡宏(高级工程师)，现任潮州市人大代表、中国轻工工艺品进出口商会副会长、中国轻工工艺品进出口商会鞋类分会副理事长、中国塑料加工工业协会副会长、广东省私营企业协会副会长、广东鞋业厂商会副会长、潮州市鞋业行业协会会长、潮州市工商联(总商会)副主席、潮州市民营企业家商会副会长。被授予“中华慈善事业突出贡献奖”、“全国轻工行业劳动模范”、“中国皮革鞋业界杰出人物”、“全国轻工业质量管理卓越领导者”、“广东省优秀企业家”、“广东省优秀中国特色社会主义事业建设者”、“广东省优秀企业文化突出贡献领导奖”、广东省十项民心工程“爱心天使”、“潮州市劳动模范”、“潮州市优秀民营企业家”和潮州市关爱残疾儿童“爱心大使”等荣誉称号。

惠东美新塑木型材制品有限公司

惠东美新塑木型材制品有限公司位于广东省惠州市惠东县新兴亚洲工业园，生产环保型塑木型材，是国家重点支持、鼓励类企业和惠东县外商十一项重点投资项目之一。公司于2004年成立，2006年第一期建成投产，现有厂房面积6万多平方米，已达到4万吨的年产能。

“耐迪”塑木是美新的自主品牌。目前“耐迪”品牌已经形成了塑木地板型材系列、墙板型材系列和栏杆型材系列和几十个产品规格，拥有多项国家发明专利、新型专利和外观专利。“耐迪”品牌已逐渐在国内外形成知名品牌形象。2006年起每年应邀参展英国、法国、澳洲、韩国、迪拜、中国香港和珠三角各大建材展和交易会，以优良的产品和先进的技术备受行业内外关注。2008年荣获“中国塑木制品行业最具影响力品牌”称号。

美新“耐迪”塑木型材是以再生塑料、木粉和谷壳粉为原料，通过特殊配方和特种助剂合成挤出成型的环保型复合材料；具有逼真的仿木外观效果，物理性能优越，防虫耐候，加工方便，维护成本低，经久耐用，兼具塑料和木材的优点，在许多应用上是理想的木材替代材料，在户外园林、装饰、公共设施和市政建设方面得到越来越广泛的应用。塑木的广泛应用，有利于降低森林资源的消耗，也有利于废旧塑料、木制品业废料和农作物废弃物的综合利用，减少环境污染，符合低碳生活和循环经济的原则，符合国家相关政策。2003年，国家发改委将塑木复合材料列入“国家高技术产业化新材料专项项目”。2005年，塑木复合材料被列入“十一五规划纲要”的环保产业。

公司采用先进的生产设备和工艺，产品质量和开发能力达到国内领先水平，销量位居行业前列。公司注重科学研发，与四川大学、华南理工大学、同济大学、上海大学、中科院化学所建立了长期紧密的产学研合作关系，建立了塑木技术研发中心。美新塑木公司通过了ISO 9001质量管理体系认证，ISO 14001环境管理体系认证和美国专业评审机构ICC的认证。2006年，美新塑木公司成为中国塑协“塑木生产示范基地”，四川大学高分子学院“科研实践基地”，和中国塑木制品行业协会的会长单位，公司董事长林东亮为中国塑料协会塑木制品专业委员会会长。2009年，获得“惠州市工程技术研发中心”的荣誉称号。2009年，美新公司的“塑纤复合型材地板”获得了“广东省高新技术产品”称号。产品被中国塑木制品专委会评为2009年度信得过产品。

随着人们对环境资源重视程度的提高，发展循环经济受到高度重视。利用废旧塑料和天然纤维生产塑木复合材料制品是开发资源循环利用的技术之一，将对国民经济发展和环境可持续发展产生深远影响。“耐迪”塑木通过努力以实现资源循环利用为目标，以规模化、产业化生产塑木复合材料为主体，以开发户外建材、公共设施等塑木复合材料系列产品为重点，满足海内外市场日益增长的需求。下一步公司将密切关注国内外发展趋势，始终跟踪国内外前沿技术，同时为塑木行业的规范化发展而努力，参与制定塑木行业的基础国家标准，已承担起草塑木墙板的行业标准。

我国是一个森林资源并不富裕的国家，现有森林资源的年合理供给量仅占需求量的60%左右。另一方面，在未来5~10年，全国人口年均净增1100万左右，经济增速每年7%以上，这对本来就已经很贫乏的木材供应，提出了更高的要求，急需一种产品来代替木材，唯塑木莫属。世界木材紧缺，木材进口额居世界前三位的是美国、中国和日本；我国的自给率仅有35%，我国很需要木材的代用品。市场上不仅是性能质量上的竞争，更有价格上的竞争。我国的塑木产业处于起步阶段，有时人们对价格的看重甚至超过了质量，这也是市场经济初期阶段的一个特点。美新公司依托集团公司塑料再生料原料的稳定及价格优势，以及先进的全自动化生产加工工艺，简化了人为加工工序、节省了劳动力、优化了机械化加工过程、达到了提高产品质量和降低成本的目的。

公司地址：广东省惠东县大岭镇新兴亚洲工业园
联系电话：0752－8138888
传真：0752－8138899
网址：www. meixin－wpc. com

浙江省皮革塑料有限公司

浙江省皮革塑料有限公司前身为浙江省皮革塑料工业公司，成立于1979年，是国内经销塑料、化工、皮革原材料的知名专业公司，与中石化、中石油、上海赛科、扬子－巴斯夫、宁波台塑及部分国际石化供应商建立了长期、稳定和良好的贸易关系，在浙江及华东地区拓展和建立了广泛覆盖面的销售网络，拥有近7000家长期稳定的客户，在国内外同行中享有良好的声誉。我公司经营的塑料原料产品包括PE、PP、PVC、PS、ABS、其他专用料等合成树脂及化工原辅材料，牌号、品种达及百余种，同时经营管理一家机电市场和外贸进出口业务，经过多年发展，在国内独家代理美国森林高温漆，美国Viking Polymers ASA复合材料；同时面向欧美及澳大利亚出口多种皮革、塑料制品，其中无纺布袋在国际市场上占有一定份额。

发展目标：巩固行业地位，开拓做强、服务社会。

经营理念：诚信经营，合作共赢，追求结果。

核心价值：以人为本，创造价值。

企业精神：诚信、创新、敬业、超越。

上海华伟塑胶有限公司

台湾乔福集团旗下的上海华伟塑胶有限公司为亚洲最大的配线器材专业生产商之一，主要产品包括：尼龙扎带、配线槽、波浪管、端子、固定头、固定座、保护套管和配线标志等产品。

华伟产品主要运用在包扎、固定、保护等方面，适用于以下领域：电子、工控、通讯、电气、线束、配电柜、船舶、石油化工、汽车/火车、机电/机床、机械制造、电力、建筑工程等。

面对国内外竞争环境的变化，如何保持竞争力这个课题，我们相继在设备、技术、质量、品牌、营销和文化等六个方面适时调整，累积了一些经验，这里，与诸位探讨与分享。

设备与技术方面，布局大陆这15年间，华伟已在全球形成6大生产区域(位于上海的总厂、上海二厂、昆山厂、东莞厂、泰国厂、台湾厂)和2个技术研发中心(台湾研发中心、上海研发中心)。

公司始终密切关注行业发展动态，不断地进行设备、工艺、自动化的升级改造与投资；技术是生产企业的核心竞争力，为服务国际OEM订单，及进入各专业领域应用市场，华伟与客户无论在新产品、新模具或新的原材料开发等方面，均共同研讨，紧密合作。

质量方面，对每个永续发展的企业来说，质量向上提升都是一条永无止境的道路，秉承“质量第一、客户第一”的精神，根植于心的质量意识和严格的管理制度，为华伟赢得了全球75个国家客户的长期信任。

为与国际质量规范接轨，华伟于1995年在配线器材行业率先导入ISO 9002国际质量管理体系，于2001年成功获得ISO 9001 2000年版认证；于2008年成功通过ISO 14001国际环境管理体系认证和汽车行业的ISO/TS 16949认证。各类产品成功通过美国UL，加拿大CSA，英国Llord' sRegister，德国GL等认证，符合欧盟RoHS环保要求，并通过SGS，Intertek等专业第三方检测机构之测试。

品牌方面，华伟深知品牌经营对企业长远发展的重要性，我们致力于强化品牌服务意识，提升质量形象。2008年，相继获得由中国市场监测中心和中国市场研究中心联合评定的中国尼龙扎带产业“第一著名品牌、第一用户满意产品和第一畅销产品”殊荣。

营销方面，在阶段性完成欧美等发达国家市场的布局后，华伟决定重点开拓不断增长的国内内销市场，并于2008年1月正式成立中国区营销中心，目前于大连、北京、西安、上海、武汉、成都、福州、东莞设立东北、华北、西北、华东、华中、西南、福建、华南共八大分区，同时在一些战略城市如南京、杭州、郑州、厦门、重庆、青岛、沈阳等核心城市分设办事处。华伟中国区营销中心以贴近市场，贴近用户策略，为达成市场深化之目标而努力。

文化方面，企业文化是保持企业基业常青的根本。乔福集团在推进企业发展的同时，适时地对企业文化进行了梳理，在传承历史的基础上，提炼出以“诚信、务实、创新”为核心价值观。

山东企鹅集团

山东企鹅集团是以山东企鹅塑胶集团有限公司为母公司组建的大型企业集团。1965年5月，原山东省二轻厅投资800万元从日本购进一条当时世界先进压延生产线，生产PVC压延产品，成立了济宁塑料制品厂。20世纪80年代初期，山东省政府为引导山东省塑料行业的发展，以当时山东省最大的塑料制品企业——济宁塑料制品厂为基础组建山东省塑料研究所(省属正处级事业编制单位)。1985年5月，为将科研开发与塑料制品生产融为一体，山东省二轻厅报经省政府批准，撤销山东省塑料研究所，成立了山东塑料制品试验厂。2005年5月，企业改制为山东塑料制品试验厂有限公司。2009年4月，经山东省工商局批准，山东塑料制品试验厂有限公司更名为山东企鹅塑胶集团有限公司，并以山东企鹅塑胶集团有限公司为母公司，成立了山东企鹅集团。几十年来，在山东省二轻厅的直接领导、地方政府的大力支持和一代代员工的无私奉献下，经过近五十年的发展，山东企鹅集团现已发展成为资产六亿元，塑料制品加工能力六万吨，对外贸易额四亿元的国内外著名企业。集团拥有山东企鹅塑胶集团有限公司、济宁鲁花塑胶有限责任公司、济宁鲁丰农用薄膜有限公司、鲁英(济宁)塑料制品有限公司、济宁世纪塑胶有限责任公司、中鲁迪拜国际商贸公司、青岛群策国际贸易有限公司、潍坊鲁塑海洋塑胶有限公司等全资或控股公司，投资了山东省塑料工业总公司济宁分公司、山东圣德宝玉雕有限公司、济宁民生典当有限公司和济宁鲁塑医院等参股公司。

集团主要产品有 PVC 软质压延薄膜、PVC 半硬质压延薄膜、PE 吹塑薄膜、流涎薄膜及塑料印花薄膜等数百个品种，主要产品品种有聚氯乙烯盐用塑苫薄膜、盐用铺底薄膜、盐用苫盖薄膜、盐用防渗薄膜；聚氯乙烯消雾无滴大棚膜、矿用膜、防渗膜、烟草膜、玩具膜、无毒玩具膜、胶带膜、环保胶带膜、灯箱膜、棚布膜、浴帘膜、车身贴膜、木纹膜、透明膜等。产品广泛应用于农业、盐业、制造、采矿、包装、装饰和城乡人民日常生活等领域。“企鹅牌”商标连续五届被评为山东省著名商标，其中盐用薄膜被国家轻工行业评定为唯一 A 级产品，山东省名牌产品，市场份额占全国的 80% 以上，享有较高市场知名度和美誉度；聚氯乙烯玩具膜、矿用膜、胶带膜、烟草膜、缠绕膜等产品在国内外具有较高的知名度。

集团遵循一切活动为了企业生存与发展的理念，发扬千难万险，坚强应对，顽强拼搏，永不止步的企鹅精神，贯彻真诚为客户创造价值的经营理念，始终坚持“用真诚追求完美；让客户感知一流”的质量方针，以质量求生存，以信誉求发展，建立健全了质量管理保证体系，2002 年 7 月集团顺利通过 ISO 9001:2000 质量管理体系认证，2009 年 12 月，集团通过 ISO 9001:2008 质量管理体系认证。集团高度注重企业文化建设，通过系统地、科学地教育和训练，经由一代代优秀员工的精神、品质的锤炼，集团逐渐创建了具有企鹅特色的企业文化，使企业员工的思想观念和行为方式发生变革，使企业经营理念不断升华，从而促进集团资源优化配置，不断增强以优秀企业文化为支撑的企业竞争力，员工树立了忠诚于企业，实现岗位效率最大化的价值观；中高级管理人员具备了做群体榜样，鞠躬尽瘁，无怨无悔的理念；集团创建了真诚待人，用心做事，规范行为，提高效率的一流管理文化。

山东企鹅集团遵循“做名牌企业，立名牌产品”的发展理念，将凭借优秀的企业文化、精湛的技术、先进的设备、一流的管理、优质的质量和周到的服务，经过持续不断地拼搏创新，不断地满足市场日益变化需求，及时满足客户新要求，实现企业与客户共赢的目标。

宝 硕 管 业

积 50 年塑料管道制造经验，宝硕管业已发展成为中国公用事业管道系统最大的供应商。宝硕管业成套引进国际高科技生产线，应用世界先进的生产工艺，每年可向中国及世界公用事业领域提供给排水管道、工业管道、矿用管道、燃气管道 20 万吨。

回顾过去，宝硕管业作为中国塑料加工工业协会塑料管道专业委员会副理事长单位，一直以“引导中国塑料管道行业健康发展”为已任，通过传承与发展世界领先的塑料管道加工工艺技术，打造符合“关爱环境，造福人类”环保理念的绿色管道。在国内同行业中率先通过了 ISO 9001 质量管理体系及 ISO 14001 环境管理体系双认证。

面向未来，宝硕管业将秉承“用户永远是正确的”经营理念，坚持毫不妥协的质量、环境方针，持续改进、创新发展，以日趋完善的管道配套系统，服务于进步中的中国乃至世界的公用事业！

佛山杜邦鸿基薄膜有限公司

佛山杜邦鸿基薄膜有限公司是目前中国差异化产销规模最大、生产工艺技术最先进的双向拉伸聚酯薄膜(BOPET)生产和销售企业，于 1995 年 12 月由杜邦帝人薄膜中国有限公司与佛山塑料集团股份有限公司共同投资组建。公司于 2003 年 9 月在浙江宁波投资成立了下属控股企业——宁波杜邦帝人鸿基薄膜有限公司。公司通过了 ISO 9001:2000 标准质量管理体系认证，并于 2009 年 12 月获得高新技术企业证书；公司的 HG 牌塑料包装薄膜荣获广东省名牌产品称号及中国名牌产品证书，低萃取电气绝缘用聚酯薄膜、亚光膜、白膜均获省高新技术产品证书。同时，我公司恪守“安全、品质卓越、尊重员工、道德操守”的核心价值，至 2009 年止，已八次荣获美国杜邦公司董事会颁发的“杜邦董事会安全奖”。

佛山杜邦鸿基薄膜有限公司现拥有七条具备国际先进水平的生产线，年产量超过 6 万吨，产品厚度范围由 3.0μm 至 350μm，涵括 31 个产品系列、160 多个产品型号，是目前国内产品厚度范围最大、规格最齐全、品种最多的双向拉伸聚酯薄膜生产企业。公司产品共分为六大类别——包装膜、工业膜、电子材料、影像膜、特种膜、磁性材料，广泛应用于各类软包装基材、装饰材料、反光材料、激光防伪商标、绝缘材料和电容器等；人民币的防伪标识就是使用本公司工业膜中的防伪载体基膜进行加工制作的，“神舟一号”至“神舟七号”宇宙飞船均使用了本公司材料。公司以中外股东的雄厚实力为其发展的强大后盾，自确立以高质量的差异化产品引领聚酯薄膜行业技术发展趋势的战略目标以来，在坚持自主创新的基础上，积极引进和吸收外方专利技术，开发出多种适应国内外市场的新产品：

低萃取耐热马达用双向拉伸聚酯薄膜——与杜邦帝人合作研发，具有低萃取、耐热、绝缘性能良好的特点，主要用作空调、冰箱等家用电器的电机/马达的关键绝缘材料，经国内各主要空调压缩机生产企业的认可，完全取代了以往从国外进口的产品，填补了国内同类产品的空白，并已批量出口到东南亚、美国和欧洲市场。

微型电路用干式感光阻隔膜(干膜)、高档PET离型载体膜——与日本帝人杜邦合作研发，具高洁净、低缺陷、良好静电消除的特点。干膜已获得国内主要干式复合膜生产厂商的认证，替代了进口产品、迅速占领国内的干膜市场；PET离型载体膜已成功打入日本市场，获得多家世界著名日本企业的质量认可。公司成为国内干膜和高档PET离型载体膜生产的龙头企业之一。

双面处理印刷镀铝、复合用增强型聚酯基膜——同时具有增强镀铝、复合和印刷附着力的功能，提高了镀铝后的阻氧阻湿性，膜面高洁净、低静电，已获得多个日本高端包装客户的认可。

亚光膜——由公司独立组织研发，产品具有高雾度、低透光、亚光色、光泽度低等特点和良好的镀铝印刷性能，适用于高档的标签、装饰材料和印刷包装，成功替代了进口。2007年我公司的亚光膜在国内亚光膜市场上占有率已超过20%，并有部分出口到欧美等地。

白膜——由公司独立组织研发，产品具有白色遮光和良好的复合印刷性能，适用于要求白色和遮光性能要求较高的应用，是高档的复合印刷包装材料；结合应用我公司已有的“在线预处理涂复”技术，使得白膜更具有优异的复合印刷等加工性能。

佛山杜邦鸿基薄膜有限公司
地址：广东省佛山市禅城区东鄱南路6号
邮编编码：528000
网址：http：//www.dphj.com
电话：0757－82211988(总机)
0757－82213499(销售)
传真：0757－82211016

宁波杜邦帝人鸿基薄膜有限公司
地址：宁波经济技术开发区大港工业城凤洋二路9号
邮政编码：315800
网址：http：//www.dphj.com
电话：0574－86889922
0574－86870670
传真：0574－86871991

福建奥峰科技有限公司

主要产品：

尼龙6改性：改性PA6系列产品广泛应用于汽车配件、机械零件、电动工具壳体(微型水泵，割草机，油锯)、电子电器元件、接线端子、渔具、线圈骨架、建材、五金、山地车水壶架、行李箱配件、婴儿车支架配件、滑板车配件、医疗用轮椅、雪橇底座、连接器、插座、插座开关、风扇开关底座等，具有卓越的安全可靠性和稳定性。

尼龙66改性：改性PA66系列产品广泛应用于汽车零部件(汽车散热器水室，进气歧管)、工业电器、交流接触器壳体、低压电器护板、工业零部件、机械配件、轴承保持架、渔具、运动器材、各类开关组件接插件组件、变压器骨架、端子台、计算机连接器、保险丝盒、五金等行业，具有卓越的安全可靠性和稳定性。

家电产品专用料：家用电器需求量大，对塑料的需求量巨大，用到的塑料品种主要包括：PP，ABS，PC，PC/ABS等，尤以PP的量最大，包括高光PP，亚光PP，耐候PP，阻燃PP等。PP的综合性能优异，是最接近工程塑料的通用塑料，具有优异的加工性能，流动性良好，密度小，成本低，性价比高，耐温性好，可在100～110℃使用，不受力的情况下，可耐130～150℃的高温。光泽度较高，有些可以达到ABS的光泽。

节能灯产品专用料：节能灯由于其绿色环保、节能降耗，发展前景广阔。其壳体及底座都是塑料制成，对塑料的要求是阻燃、耐候、耐温，耐温要达到120℃，适宜的材料包括PBT，PET，PC等，性价比最高，最适合做节能灯材料的是PBT，对耐热及强度要求更高的可以选择PET。PBT具有高耐热性、韧性、耐疲劳性，自润滑、低摩擦系数，耐候性、吸水率低，仅为0.1%，在潮湿环境中仍保持各种物性(包括电性能，电绝缘性，耐热水、碱类、酸类、油类，低温下可迅速结晶，成型性良好。阻燃增强

PET 系列专用料，采用独特的工艺对 PET 材料进行改性，极大地改善了 PET 的结晶速度，加工性能达到国外料的性能，PET 的耐温更高。

汽车产品专用料：塑料由于比重小，质轻，汽车用塑料的比例在逐年提高。汽车用塑料的品种众多，几乎所有的塑料品种都有涉及。像 PP，PA，PC，PC/ABS，PBT 等的用量都很大。公司汽车料材料具有综合性能高，品质稳定性好，耐候性好，颜色批次稳定等特点。

改性 MPPO：（聚苯醚）是世界五大通用工程塑料之一，其尺寸稳定性好，耐水性与耐蒸煮性佳；机械强度好，尤其是拉伸强度与抗蠕变性（Rreep）突出；低温耐冲击强度高；吸水率低，一般不需特殊干燥；无毒、具有自熄性（UL 94 V－2 以上）。MPPO 对生态环境友好、耐腐蚀性强、加工性能优越。其应用领域从水泵、电子电气到国防军工及机电产品、美发用品、航天航空等。

TPE 射黏性专用料：热塑性弹性体具有良好的综合性能，兼顾了热固性橡胶和热塑性塑料的综合优点，即优异的高弹性能及宽广的可加工性，无须橡胶成型的硫化过程，能直接运用注塑、挤出、吹塑、搪塑等多种成型方法成型。热塑性弹性体为塑胶制品生产商对聚合物耐寒、美观、改善产品性能、增加产品舒适度及应用范围提供了可能。工具手柄专用料与 PP、PS、ABS、PA、PC/ABS 具有优异的黏合性能，提高产品品位，提高产品附加值。

联系地址：漳州市龙文区迎宾路北侧

联系电话：0596－2133833

传真：0596－2133633

联系人：陈小姐

福建缔邦集团

缔邦集团辖下的塑料工业，是中国沿海最具规模的生产厂家之一，拥有先进的国际国内生产设备，产品设计塑料片材、塑料膜材、塑料管材三大系列 200 多种规格型号品种；广泛应用于食品、医药、其他工业产品的包装、雨衣雨具用材、管道用材等。

福建宏明塑胶股份有限公司

地址：三明市三元区富兴堡长兴路 23 号

电话：0598－8307526

传真：0598－8307376

邮编：365001

福建东亚新材料科技有限公司

地址：福建省福清市上迳岭胶工业村

电话：0591－85627163

传真：0591－85621707

邮编：350308

片材制造：

片材产品主要品种：拉伸片、镀铝片、医药片、消光片、地砖片、文具片等。

产品具有优良的二次加工性能，可吸塑、冷折、多色印刷、烫金、真空镀铝等特点。

膜材制造：

膜材产品主要品种：PVC 玩具膜、浴帘膜、雨衣膜、透明膜、印花膜、民用膜等。

产品厚薄均匀、质地柔软、物理机械性能良好、色泽鲜艳、耐化学性能、无毒、耐酸碱、抗老化等。

管材制造：

管材产品主要品种：

通信管道建设用材：PVC 双壁波纹管、蜂窝管、硅芯自润滑光缆护套管等系列产品。

电力地理管道建设用材：CPVC 电力电缆保护管系列。

燃气管道建设用材：燃气传输用的管道系列。

甘肃大禹节水股份有限公司

甘肃大禹节水股份有限公司创建于本世纪开元之年，总资产 6 亿元人民币。现辖乌鲁木齐、酒泉、武威、定西等四大节水灌溉基地和 28 家海内外营销服务分支机构，从业人员千余人。是由甘肃大禹节水股份有限公司原股东和中国水利水电科学研究院、水利部科技推广中心等 5 家法人股东共同投资的中国知名节水灌溉公司，2009 年 10 月公司在创业板成功上市，成为国内第一家专业从事节水灌溉的上市公司，也是国内首批 28 家创业板上市公司之一。

公司主营生产滴灌管（带）、施肥器、过滤器和输配水管材等 5 大类 20 多个系列近 1000 个品种节水灌溉器材，年产滴灌管（带）8 亿米、管材 50 千吨、施肥过滤及自控系统 20000 台（套），产品辐射国内 200 多万亩节水农田，远销韩国、泰国、南非、澳大利亚、印度等 20 多个国家和地区。同时兼营水利水电工程建设、矿产品的开发等项目。

公司是国家科技部认定的国家级重点高新技术企业，中国水利水电科学研究院节水灌溉工程技术研发及产业化推广基地。公司依托中国水科院国家节水灌溉及北京工程技术研究中心，至今已承担实施国家“863”计划、星火计划、火炬计划等重点科技研究项目 20 多项，先后开发成功国家重点新产品 3

个，拥有“压力补偿滴头”等多项科技成果。公司始终坚持“质量是生命，品质大于天”的原则，使产品技术质量达到国内领先和国际先进水平，建设完成国家西部专项、国家农业科技成果转化、日协贷款节水灌溉工程等产业化推广发展项目10多项，在节水灌溉科技创新、高新技术产品研发出口和产学研一体化建设等方面取得了显著的成效。

自2001年至今连续多年被甘肃省工商行政管理局评为“守合同、重信用”企业，被甘肃省银行组织评为“AAA级信用企业”和“信贷诚信企业”。2003年通过ISO 9001:2000质量管理体系认证，2009年通过ISO 14001:2004环境管理体系认证，2004年被确定为“甘肃省首批星火产业带示范企业”。2005年、2009年度分获甘肃省科技进步三等奖，2006年公司内镶式滴灌管、PVC管材等主要产品荣获“甘肃省十大优秀专利”、“甘肃省名牌产品”，2008年公司所注册商标被甘肃省工商局评为“甘肃省著名商标”。

公司名称：甘肃大禹节水股份有限公司
公司地址：甘肃酒泉市高新技术工业园区解放路290号
售后服务热线：0937－2688628　0937－2689188
传真：0937－2688963
邮编：735000
网址：www. gsdyjsgs. com
E－mail：gsdyjsgs@ vip. 163. com

广东华业包装材料有限公司

广东华业包装材料有限公司是科技部认定的“国家重点高新技术企业”、“国家火炬计划重点高新技术企业”、“中国优秀民营企业”，同时也是“中国包装龙头企业”、“中国塑料加工工业协会副会长单位”及“中包联塑料制品包装委员会常务理事单位”。技术力量雄厚，有世界先进的生产设备和实验检测仪器，有完善的质量保证体系。公司创建于1997年，注册资本13800万元，银行信用等级为3A级。公司占地面积300多亩，职工498人，其中工程技术人员128人。主导产品是双向拉伸聚丙烯(BOPP)薄膜系列产品和双向拉伸聚苯乙烯(BOPS)薄膜系列产品，未拉伸聚丙烯(CPP)薄膜系列产品及其软包装印刷制品，产品畅销国内外市场。

法人代表：陈友标
注册地址：广东省潮州市潮安县庵埠镇砚前工业区
邮政编码(P. C)：515638
电话(TEL)：＋86－768－5924898
传真(FAX)：＋86－768－5923309
网址：http：//www. gdhuaye. com
E－mail：huaye@ gdhuaye. com

杭州宏升塑胶有限公司

杭州宏升塑胶有限公司是一家专业研发、生产、销售PE给水及燃气用管件的企业，注册资金为2008万人民币。公司地址位于杭州市萧山区临浦镇工业区，离杭州市区仅有25公里，离杭州萧山国际机场18公里，离03省道东复线仅20米，离杭金衢高速仅1公里，地理环境优越，交通四通八达。

近年来杭州宏升塑胶有限公司在原有的基础上，针对目前自来水行业和家庭卫生环保水管网提倡采用新型环保卫生塑料管材、管件，投资近一千万元资金，扩征土地20亩，新建厂房1万多平方米，重点投入大型80000克注塑机和相配套的管件模具，平衡国内管材厂家多，管件不配套，品种规格不齐，质量不稳定的情况，目前已重新更新和制造PE管件模具400多副，规格有ϕ20～ϕ630的各种PE管件达300多个品种。

公司注重开拓产品质量，建立和健全产品质量和规章制度。以ISO 9001质量标准体系贯彻整个企业工作之中，人人抓质量、各岗位、各工种都有质量目标和企业产品标准，使干的人有目标，抓的人有标准，从而不断提高产品质量，让用户放心使用我们的产品。

目前公司更新后，注塑机设备20多套，产品可做到100～80000g，专业生产各种管件达300万只，可作为大型管材厂家的生产基地和配套厂，在行业中具有重要地位。

公司有各类塑料工程技术人员15名，并有设计与自制各类塑料模具的能力，和模具的加工维修设备的能力。保证生产正常运转，满足用户的需要。

公司不仅提供一流的产品，而且提供一流的服务，全体员工以“团结、开拓、求实、奉献”的企业精神，不求做到最好，只求做到更好。

湖南航天康达塑胶有限公司

湖南航天康达塑胶有限公司始创于1999年10月，公司位于风景秀美的岳麓山下，系隶属湖南航天管理局的大型化学建材生产企业。公司自成立以来，秉承“质量第一、信誉至上”的经营理念，“航天康达”牌系列产品赢得了广大用户的青睐与好评。

为满足不断变化的市场需求，奋发向上的康达人锐意进取，不断创新，形成型材、管材、板材三大系列，数百个品种的产销研能力，为以塑代木，以钢代塑探寻了一条新的发展之路。

航天康达销售网络覆盖全国。面对市场的竞争，航天康达坚持现代专业生产技术和优秀团队文化的完美融合。兢兢业业的专业技术人员，为新产品的开发注入源源不断的动力源泉。

航天康达凭借航天技术的雄厚实力，严谨务实的科学管理，全面通过了ISO 9001国际质量体系认证，ISO 14001环境管理体系认证，OHSAS 18001职业健康安全管理体系认证。是中国塑料加工工业协会、湖南省建筑节能协会、湖南省装饰协会会员单位，并获得湖南省名牌产品证书，湖南省著名商标等称号。

一流的设备、科学的管理、卓尔不凡的品质始终是我们的不懈追求。将制造优质绿色环保建材，以提升康居生活品质为己任。不断开拓市场，引领市场方向，为资源节约型和环境友好型社会建设贡献力量。

常州嘉仁禾化学有限公司

常州嘉仁禾化学有限公司是中国塑料加工工业协会异型材及门窗专委会副理事长、副秘书长单位、中国塑协助剂专委会会员单位、中国电器工业协会会员单位、常州市生态园林单位、常州市文明单位，位于美丽富饶的江南水乡天目湖畔，占地面积30亩，被誉为现代化园林式工厂。

公司秉承德国技术，凭借公司投资创办的由26位中科院院士、教授、博士组建的鸿博(溧阳)新材料技术开发有限公司的技术平台，研发并生产新型材料，包括环保建材、石化产品专业用的相关助剂，适用于PVC、PE、PPR等各种新型材料，公司研发的具有国际先进水平的PVC热稳定剂产品无酚钙锌以及环保无毒型钾锌、钠锌和高端钡锌、镉钡锌产品，在数十家台资、大陆工厂的4米压延线和大型挤出、注塑和吹塑等设备上得到成功使用。产品广泛适用于汽车革、发泡板、地板胶、硬片、透明膜、人造革、玩具膜、木纹膜、汽车贴、PVC医用材料、百叶窗、管材管件、广告膜、电线电缆料、涂层、油墨和涂料等。东南大学、中国林化研究所和江苏工业学院为公司产学研合作单位。公司自身设有技术研究院，同时承担高科技新产品的开发工作。由中化国际负责公司的海外市场。

公司董事长沈卫锋先生现已被评为首届长三角年度青商人物“杰出青商”和常州市“831高层次创新创业人才”。

企业目标：公司创办以来，其产品始终为国内外知名新型塑材生产厂家提供优质配套服务。在市场上享有较高的知名度、美誉度，不断追求企业永续发展，与时俱进，把公司做强做大。

质量方针：全员参与全面优质管理服务，客户满意第一。

开发创新：注重科技，开拓创新。瞄准市场，紧跟国际潮流，发挥公司雄厚开发设计实力，为市场的需求开发出多种多样的高质量、高品位的产品。

企业精神：家和万事兴。

经营理念：公司的至臻完美是我们今天的追求。

企业承诺：愿与大家共同创造我们美好的绿色家园。

年拥有生产能力：

A. 液体复合稳定剂15000t

B. 固体复合稳定剂10000t

地址：江苏省溧阳市戴埠工业园区嘉新路
电话：0519－87910588
网址：www. carinver. com
邮编：213331
传真：051－87911888
邮箱：scnv－carinver@163. com

江苏宝泽公司

宝泽企业源于对合成革产业的深刻认识，专注于合成革及合成材料的研发、制造、销售。宝泽企业以人为本，秉承至真、至诚、至高、至美的理念，培养、凝聚了一大批高素质的技术型和综合型人才。

宝泽企业在江苏常州、苏州拥有研发、生产基地，销售网络遍布全国及南美、南亚等世界各个地区。

宝泽企业主要经营：

1. 合成革生产用原材料的研发、生产、销售。包括助剂、表处剂、光油、特殊树脂、特种功能性材料等；

2. 水性PU表处剂、助剂、特殊树脂等产品的研发、生产、销售；

3. PU树脂用助剂、特殊功能性材料等产品的研发、生产、销售；

4. 合成革研发、生产、销售；

5. 合成革及制品的贸易；

6. 合成革产业相关的技术服务。

宝泽企业在研发能力、产品质量、市场美誉度等多方面处于领先地位，并有多项高新产品得到国家认定。我们期愿客户从宝泽的产品、服务中获得效益，共同为合成革产业的发展力尽绵薄，并以此贡献社会，实现自身价值。

云南金恒实业有限公司

云南金恒实业有限公司是一家专注于绿色环保塑料管道领域，集研发、生产、销售为一体的民营高科技企业。公司承扬国家"以塑代钢"、"以塑代木"的政策，积极响应国家"建设可持续性发展社会"的号召，深入塑料领域研发并不断创新生产出无污染、可回收的"金恒"牌系列新产品，代替传统材料产品。作为云南省塑料管道行业的龙头企业，目前公司的主要产品包括：建筑排水用硬聚氯乙烯(PVC－U)管材、管件；地下通信管道(PVC－U)用塑料管材、管件；埋地通信用硬聚氯乙烯(PVC－U)多孔一体管材、管件；环保无铅高抗冲饮水用(PVC－M)管道；给水用硬聚氯乙烯(PVC－U)管材、管件；HDPE中空壁缠绕管；给水用聚乙烯(PE)管材、管件；电工阻燃(PVC)穿线管套、电线槽、电线盒及配件；冷热水用聚丙烯(PP－R)管材、管件；埋地式高压电力电缆用氯化聚氯乙烯(PVC－C)套管；埋地排污用硬聚氯乙烯(PVC－U)双壁波纹管材等系列产品。

公司地址：昆明市高新产业开发区民办科技园2号(小石坝)，占地10万平方米，固定资产1亿元人民币；年生产能力达21万吨，年产值超过12亿元，拥有员工800余人，其中高级技术人员61人，中级科研人员42人，拥有国内外引进的生产设备90台套、高素质的员工队伍、科学的生产工艺流程，生产出高品质的塑料产品，公司具备完善的售后服务体系，并运用现代化高科技创造国际一流的塑料产品。

公司的生产和经营活动始终贯彻"创一流品牌、争一流服务，以顾客满意为宗旨、走科技创新之路"的质量管理方针，用"金源永恒、诚信至上"的经营理念来激励全体员工，公司全面通过ISO 9001:2000质量管理体系认证，ISO 14001:2004环境管理体系认证，通过中国环境标志产品认证，2007年获得"国家免检"产品、"中国建材AAA企业"、"中国著名品牌"、"重合同守信誉先进单位"、"全国质量过硬可信赖建材产品"、"用户首选无毒害绿色环保百佳畅销品牌"、"全国商业及服务型企业售后服务行业十佳称号"、"国家权威检测质量过硬放心产品"、"全国重质量守信用公众满意单位"、"云南省卫生许可批件"、"云南新技术新产品推广证"、"国家电力入网证"、"2006年云南省企事业诚信单位"、"2008年云南省塑料行业放心产品"等各项荣誉，为争创国际塑料产品一流企业的目标而奋斗！

"金恒"牌系列产品以高品质、高质量及外观美观大方、使用方便等特点，赢得了广大用户的一致好评。

中国精诚时代集团

中国精诚时代集团，始建于1996年，现有注册资金10800万元人民币，主营产品为挤出平模头、多层共挤复合分配器、熔体计量泵、过滤器等相关产品，公司组建以来，生产各类高中档模头9000多套。

中国精诚时代集团集研发、制造、服务于一体，以为客户创造价值为企业宗旨，竭诚为客户提供一体化产品解决方案及优质的品牌服务。产品远销至欧洲、日本、美国、中东等二十多个国家和地区，并与巴顿菲尔德、GE(中国)、三菱、三井等全球一线品牌建立了长久、稳定的友好合作关系，在中国北京、中国香港、日本、德国、瑞士等地均设立了国际化服务中心，并进一步与三井、马格结成国际战略联盟，不仅满足了全球客户的多重需求，更为集团全球产业价值链的巩固奠定了坚实的基础。

主要产品：涵盖板、片、膜挤出模头及配套设备，包括自动调整控制模头、板/片/膜挤出模头、多流道模内共挤复合模头、中空格子板模头、快速开口平模头、多层共挤分配器、熔体计量齿轮泵、快速换网器(手动/自动)、自动带式过滤器、静态混合器、模头宽度内置/外置调节装置等。

产品应用领域：广泛用于生产高透明板、导光板、发泡板、中空阳光板、洁具板、铝塑复合板、玻璃贴膜、防水卷材、专用地板革、文具片材、光膜、压纹膜、涂膜、透气膜以及食品、服装、医药等领域包装材料的生产。

浙江科诚达塑业有限公司

中外合资浙江科诚达塑业有限公司座落于浙江苍南工业园区，公司前身为温州市明珠塑钢门窗型材有限公司，创建于1999年，一期产能规模已经达到年产PVC门窗型材等多种系列近4000余吨。2006年与香港龙兴企业有限公司合资1000万美元，共同组建中外合资浙江科诚达塑业有限公司，现建地面积达16000m^2，建筑面积13000m^2，是中国塑协异型材及门窗专委会会员单位。

公司与国内知名研究机构共同合作，将名贵木材与高分子材料进行融合，通过技术攻关，于2007年成功研制木塑复合材料并已实现规模化生产，产能已经达到年产1万余吨木塑复合材料。公司为了推动木塑复合材料在室内装饰材料行业的应用，于2009年正式推出全新木塑室内门品牌——“科美木塑室内门”。科美木塑室内门兼具有天然木材的质感和高分子材料的优越性能，表面采用进口UV转印或环保漆处理，具有防水、防潮、防腐、防霉、防蛀、防菌、阻燃、隔音、保温、不开裂、不变形、耐候性优异、安装简便等特点。

公司已通过ISO 9001国际质量体系、ISO 14001环境体系认证，拥有一流的质量管理体系和现代化的标准厂房，先进的生产工艺和检测设备，而且还设立了自主的研发中心，引进众多高级专业研发人才。丰富的产品品种，多样化的产品结构、独特的产品设计、科学的管理、完善的质量保证和售后服务体系，使中外合资浙江科诚达塑业有限公司始终处于国内同行业的领先水平，向成为世界级木塑研发、生产基地的目标不断迈进。

江苏昆山协孚人革制品集团有限公司

昆山协孚人造皮有限公司成立于1989年3月，公司目前拥有人造革/合成革主机生产线16条，其中干法PU/PVC人造革生产线7条、湿法聚氨酯合成革生产线5条、静电植绒革/布生产线4条，以及后处理设备60余台。公司现有职工800人，占地250亩，资产总额34129万元，固定资产27792万元。

公司系昆山市十大重点企业，人造革/合成革产品被列入“昆山市重点产品名单”。2005年9月被国家质检总局和中国名推委评为“中国名牌产品”，也是江苏省内唯一的人造革/合成革“中国名牌产品”生产企业。2006年通过ISO 9001:2000质量管理体系认证；ISO 14001:2004环境管理体系认证。2008年4月被中国塑料加工工业协会人造革合成革专业委员会评为“中国生态合成革商标”。2009年获得“江苏省著名商标”。

公司产品主要有服装革、超纤革、车用革、鞋用革、箱包革、植绒革、手袋革以及环保用革。其主要应用于：

1. 服装、手套、腰带、箱包、手袋、工艺品、包装及军需用品等时尚消费材料；

2. 各类品种规格花色的鞋，运动鞋、休闲鞋等鞋用材料，替代天然革；

3. 汽车坐垫、靠垫、头枕、内门板、遮阳板汽车内饰件；

4. 沙发、家具、装潢等室内装饰新型材料；

5. 体育用品、文具、证件等文化用品。

地址：江苏省昆山市玉山镇大虞河路188号
电话：0512－57509010　57509000
传真：0512－57509066
ADD：188 Dayuhe Rd., Yushan Kunshan Jiangsu China
Tel：0512－57509010　57509000
Fax：0512－57509066

福邦德公司

福邦德公司成立于2004年1月，注册资金为600万元，占地面积40000多平方米，拥有固定资产6000万元。

公司全套从德国和美国引进具有国际上最先进的XPS挤塑绝热保温板生产线，采用美国制造的世界顶级的计算机控制数字系统。

公司主营挤塑聚苯乙烯泡沫塑料板(XPS)板的生产、销售、服务。公司产品具有良好的保温隔热性能，不吸水不怕潮湿，导热系数恒久，卓越的抗压强度。主要应用于屋面、内外墙体、地面保温隔热；室内装修，室内隔热复合夹心板材；公路与土木建筑工程；冷库及墙体；机场、高速公路等。

秉承“追求卓越，经营永续”的经营方针，传达“以人为本，品质第一，造福认群，完善自我”的经营理念。坚持品牌形象，立争品牌与同行业发展，与时代同进步，打造出坚实、优质的福邦德品牌。

公司拥有一个年轻、专业、实干的团队。每一位员工树立“顾客满意我稳定，商户获益我发展”的服务理念。以优质的品质、不断开拓的精神，真诚期盼与广大用户合作，作您最信赖最容易合作的商业伙伴。

网址：www. fubrand. com. cn
电话：15128677255
传真：0316－6085651

宁波方力集团有限公司

宁波方力集团有限公司，总部座落于美丽的奉化江畔，是一家以工业制造为龙头，集科研、开发、生产、销售、服务、产品代理、多元投资为一体的国家级高新技术企业。公司创建于1993年，注册资本5000万元，现有员工400余人。公司拥有制造设备220多台(套)，测试设备和仪器30多台(套)。公司内部运行集团化ERP管理系统，拥有计算机信息传递网络。目前公司的主导产品有：各种塑料管材、(异)型材成套机组，特种管材、复合管材成套机组，片板材成套机组，造粒机组、废旧轮胎常温制取精粉成套机组、塑料辅机、工业泵阀、液压包装器材、塑料管材熔接设备等，并均已实现系列化、批量化生产。

机遇蕴含精彩，创新成就伟业。方力人抓住发展机遇，大胆改革，锐意进取。目前集团旗下拥有：中德合资宁波格兰威尔方力挤出设备有限公司、宁波方力科技股份有限公司、宁波方力机械有限公司、宁波方力塑料熔接设备有限公司、宁波方力泵阀有限公司、宁波方力液压包装器材有限公司、宁波方力集团营销有限公司、宁波方力机床工贸有限公司(方力机床城)、宁波方力机床销售有限公司、宁波方力投资有限公司及宁波方力挤出机械制造省级高新技术研究开发中心。公司在北京、上海、广东、成都等城市以及日本、新加坡、印度、伊朗、土耳其、澳大利亚、德国、俄罗斯、加拿大、美国等国家和地区设立了办事处和销售服务中心。

公司以客户的需求为己任，始终立足于高起点、高品位的产品开发战略，推行“动态市场”、“全面质量”和“品牌质量”的观念，不断完善质量管理体系。在实施“品牌化、国际化”的战略进程中，努力拓展行业领域，积极开展广泛的国内外技术合作。公司主导产品技术及性能处于国内领先、国际先进水平，并获得几十项国家专利。2001年9月通过英国SGS公司质量体系认证并通过每三年一届的复审换证。2005年公司的主导产品全面通过CE认证，2007年公司被授予国家级高新技术企业。目前公司为全国塑料管材行业常务理事单位。“方力”已成为行业知名品牌，2008年通过了“中国驰名商标”的认定，产品近十年来始终保持着良好的销售事态，主导产品国内市场占有率稳居前列，国际市场份额与日俱增。

奋斗的动力来源于目标，成功需要孜孜不倦地追求。现代企业制度、有效的激励机制、科学的管理手段、高素质的经理人和优秀的员工队伍，使方力集团始终保持着蓬勃发展的活力和创新精神。目前集团大专以上学历员工占35%以上，包括硕士和双学士学历的工程技术和管理人员多名。在全体方力人长期不懈的努力下，在顺利实施产业升级战略、人才战略、国际化战略的基础上，方力集团逐步成为国内塑料挤出机械产品的领头企业和具有国际影响力的大型企业集团。

宁波利时塑胶有限公司

宁波利时塑胶有限公司成立于1993年11月29日，是亚洲最大的家用品制造基地，公司技术力量雄厚，机器设备先进，与多家院校建立了长期的技术研发合作关系，产品款式新颖、功能齐全，分为储藏盒系列、厨房及餐具系列、玩具系列、卫浴系列、花园工具系列、节日系列、篮子及家庭用品等共计九大类。所有产品均采用进口优质原料生产而成，符合世界卫生组织FDA标准及国际安全标准，畅销至欧美、澳洲、中东、中国香港等100多个国家和地区，成为世界500强公司美国沃尔玛、德国汉高的合作伙伴。

地址：浙江省宁波市鄞州投资创业中心诚信路518号

电话：86－574－8802－1888

传真：86－574－8802－1466

网址：http://www. lisiplastic. com

贵州森瑞管业有限公司

贵州森瑞管业有限公司成立于2003年9月，公司位于贵州省贵阳市乌当区东风工业园，系专门从事新型塑料管材管件研发、制造、销售和安装服务等业务的高科技环保企业，公司注册资本4000万元，总资产逾亿元，占地面积80000余平方米。

公司目前装备了近20条国际、国内先进的管材、管件生产线和先进完善的检测设备，年生产能力达2万吨以上，主要产品有：给水用聚乙烯(PE)管、燃气用埋地聚乙烯(PE)管、钢带增强聚乙烯(PE)螺旋波纹管、聚氯乙烯(PVC)双壁波纹管和聚乙烯(HDPE)双壁波纹管三种埋地排水管、建筑用聚丙烯(PP－R)冷热水管、PVC－C高压电力电缆护套管等六大类管材及管件，口径为20～2000mm，覆盖了产品国家或行业标准所列全部规格。

公司以“向社会提供环保、节能、安全、经济的塑料管道系统”为质量方针，先后通过ISO 9001:2000质量管理体系认证、ISO 10012计量检测体系认定、ISO 14001环境管理体系认证、OHSA 10081职业健康安全管理体系认证和压力管道元件安全认证。公司先后被贵州省人民政府确定为“贵州省高新技术企业”、“省级企业技术中心”，被贵州省工商理局评为“守合同、重信用”单位称号，国家质量监督检验检疫总局授予“聚乙烯(PE)管道焊工考试委员会”，公司所有产品被建设部列为“全国建设行业科技成果推广项目”。

公司坚持“以销售为龙头、以科技为先导、视质量为生命”的经营理念，发扬“诚信、务实、学习、创新”的企业文化，为市场和用户提供需求和服务，公司营销网络已辐射全国市场，在各中心城市设立了办事处，开展产品营销、工程设计、管道安装、技术培训，为广大用户提供快捷、优质的管道工程系统全过程的服务。

GUIZHOU SENRUI PIPES INDUSTRY CO., LTD.
地址： 贵州省贵阳市乌当区东风工业园
电话： 0851－6221628
传真： 0851－6221728
网址： www. gzsenrui. com

上海白蝶管业科技股份有限公司

上海白蝶管业科技股份有限公司是以发起方式设立的股份有限公司，企业长期从事塑料管道的生产、销售，在生产塑料管道方面有十多年的历史。1997年底在国内率先开发生产了“给水用三型聚丙烯(PP－R)管道”产品，广泛应用于工业及民用冷热水给水系统、纯净饮用水系统、采暖及中央空调等系统，是传统金属管道的理想替代产品。

公司建立了三大生产基地，拥有德国进口克劳斯玛菲、奥地利辛辛那提、巴顿菲尔等全自动在线检测管材挤出生产线和众多的注塑设备，并配备有多台进口管件焊制设备及检测试验设备，可生产口径自16～450mm多种压力等级的PP－R管、PE管、PE－RT管、PP－R稳态复合管、3S聚丙烯静音排水管、PVC－U排水管、PVC－U电工套管、β. PP－R管材和相配套的管配件，产品广泛应用于市政供水、饮用水、建筑给排水、化工、医疗、燃气、采暖等领域，进一步扩大了白蝶产品的应用领域和市场占有率。

公司从1993年国家对塑料管道产品进行监督抽查开始，连续多年通过了国家和上海市地方的产品质量监督抽查，产品质量稳定、可靠，在用户中有很高的信任度。白蝶管已成为市场首选品牌之一。

公司作为中国塑料管道专业委员会副理事长单位，全国塑料制品标准化技术委员会(TC48/SC3)委员单位，在把产品推向市场的同时，注重了配套的应用技术和相关产品的研究开发，先后完成了“PP－R国家标准”的制订，编制了“PP－R管道设计、施工、验收规范”、“PP－R空调管施工规程”、“PP－R施工图集”等。

公司从投产塑料管道开始就把产品质量放在生产经营工作的首位，从1993年开始，已连续多年通过了国家和上海地方的产品质量监督抽查，产品质量稳定、可靠，并以全国的营销网络为基础建立了售后服务体系，开设了800－820－0166的全国服务热线，以保证跟广大用户的直接联系，在用户中有很高的信任度。先后获得上海市著名商标、上海名牌产品称号。

深圳市通产丽星股份有限公司

深圳市通产丽星股份有限公司是国有控股的高档化妆品、食品塑料包装研发、生产、销售及化妆品OEM企业，是深圳市第一批国家级高新技术企业。公司成立于1995年，总部位于中国深圳，于2008年5月28日在深圳证券交易所上市，股票代码为002243，注册资本25806.8956万元。公司先后在深圳、上海、广州、苏州等地设立大型生产基地，全资或控股八家企业，逐步向我国包装行业中，集研发、生产、销售为一体的，具有高技术、高品位、高附加值和强大竞争力的企业集团发展。

公司致力于高新科技改造传统产业，在国内化妆品塑料包装行业位居行业前列，为化妆品塑料包装细分行业的龙头企业之一。已成为包括宝洁、联合利华、欧莱雅、玫琳凯、雅芳、雅诗兰黛、资生堂等在内的国际著名化妆品品牌的全球合作伙伴。据中国包装联合会出具的证明，公司2006～2008年复合软管包装产品产量、利润及市场占有率均位于全国同类产品生产企业前两名。据赛迪顾问的《中国化妆品塑料包装行业发展及市场竞争研究报告》，公司在市场竞争力、技术竞争力、产品竞争力、服务竞争力、发展潜力等各方面均优于同行，综合竞争力位居同行首位。

公司先后被国家或地方政府认(评)定为全国CAD应用工程示范企业、广东省制造业100强、广东省最具投资价值上市公司50强、广东省自主创新标杆企业、深圳市第一批自主创新行业龙头企业、广东省优秀自主品牌、深圳市第一批国家高新技术企业、福田区区长质量奖等。国务院发展研究中心认定，我公司为全国第一家设备先进、产品质量好的五层塑料软管生产企业。

公司以成为国际著名品牌时尚化妆品包装解决方案行业的领导者为目标，以"美为本，美化人类生活"为公司宗旨，坚持技术研发为先导，以多层复合软管制品为主导产业，吹塑、注塑制品平衡发展，始终追求公司持续稳健运营和公司价值最大化；成为一家客户尊重、股东信任、员工满意的行业一流企业。

天塑科技集团第二塑料制品厂

天津市天塑科技集团有限公司第二塑料制品厂是具有五十余年塑料加工历史的大型塑料薄膜专业生产企业，其主导产品"兰花"牌农用薄膜获中国名牌、国家免检产品荣誉和首届亿万农村消费者信得过产品金奖、国家产品质量银质奖、国家科技进步二等奖、天津市著名商标、中国塑料制品行业十大影响力品牌等荣誉，企业年综合生产能力5万余吨。产品销往国内20多个省、市、自治区，为我国农业种植技术发展和"菜篮子"工程作出重要贡献，产品深受广大农业种植户、养殖户的好评，多年来一直是农业生产资料市场的畅销产品。

企业通过了ISO 9001质量管理体系认证，并因良好的诚信度和产品质量成为全国同行业中唯一获得国家有关部门认定的少数民族用品(牧区用膜)定点生产企业和应急物资供应单位。

近年来，企业不断加大技术及装备投入，技术改造获得多项国家专利，自行设计的宽幅农膜及设备填补了国内空白，率先自主研发的多功能农膜引领了中国农膜产品的更新换代，大幅提升了设施化农业的生产效率和经济效益，受到农业技术推广部门和广大用户的好评。同时二塑也是农膜产品国家标准制定主要参与单位，其中聚乙烯吹塑薄膜国家标准GB 4455—94由企业独自负责起草制订。企业的产能、加工技术及研发能力在国内同行业中居于领先地位，"兰花"牌农膜在产品市场竞争中始终处于领先优势。

企业主导五大系列三十多个农地膜产品，其中不乏广受市场欢迎的中国农膜最高档产品——兰花之星EVA多功能农膜，此外还有EVA日光膜、EVA高保温消雾膜，全新开发的高新一号、高新二号、高新三号等国内市场畅销的高档农膜产品和不同档次规格的长寿流滴系列，长寿系列精品农膜以及茂金属西瓜专用膜，蔬菜专用膜，甜瓜专用膜，油桃专用膜，花卉专用膜，茂金属高透光长寿膜等专用农膜和长寿流滴系列多功能农用地膜产品。优质的产品使二塑在市场上树立了良好的口碑，赢得广大客户的认可和信赖。

因天津市政建设需要，天津二塑实施整体搬迁重建，新厂区占地面积76000m^2，建有两个6000m^{2}的大型生产车间。同时在重建过程中对全部农地膜生产设备进行了技术性改造，并购进12m吹膜机组，使企业加工工艺和产能提升到一个新水平。随着发展平台的构建，企业的总体战略规划是，充分凝结几十年积累的丰富生产技术优势，市场资源和品牌资本，进一步加大农用薄膜向高技术含量、高附加值、绿色环保领域的产品结构转化，将"兰花"牌农用薄膜做精、做强、做大即增加高附加值多功能复合膜产量，棚膜产品结构要向多层复合化发展，性能向高透光、高保温、高强度、长寿命和持续的流滴期、防雾期、转光期、防尘期、防菌期等功能化、专用化和综合化方向发展，并形成系列化产品。同时要开发功能化和专用化地膜，产品向保墒、增温、除草、防虫等功能化方向发展，品种向棉花、烟草、花生、大蒜、芦笋、韭菜等专用化方向发展，从而为国内现代农业发展提供急需的品种，以适应不同用户的需要。

企业通过市场细分、规范经销商、建立市场服务和宣传体系以及完善的品牌管理制度，有效推动企业品牌建设。经过几年努力，企业高档膜市场国内占有率由3.2%提升到5.8%，整体产品市场占有率由2.6%提升到3.9%。同时以产品和市场服务为基础，从产品的定位到包装、推广与传播，加大了品牌的宣传力度，通过利用各种传媒对"兰花"品牌和产品的宣传以及维权打假等社会活动的积极参与，有效提升品牌的知名度和无形资产价值。

地址：天津市北辰区西堤头镇京榆公路北
电话：022－26689606
传真：022－26689605

山东同大海岛新材料有限公司

山东同大海岛新材料股份有限公司，全国最大的超纤生产企业，是国内最早拥有束状超细纤维人工革发明专利的企业，拥有20多年的无纺布生产经验和技术。现有固定资产1.5亿元，员工506人，拥有四套海岛超细纤维人造麂皮生产线，年产海岛超纤人工革系列产品600万平方米，被授予“中国超纤产业基地”，产品质量属国内首位。已通过ISO 9001国际质量认证和14000环境管理体系的认证。产品畅销国内外，出口量达20%以上，是耐克、阿迪达斯、361°、安踏、康奈、锐步等知名品牌鞋厂的主要原料供应商。

产品荣获国家发明专利两项，国家科技进步二等奖一项、中国纺织工业协会产品开发贡献奖、中国纺织工业协会科技进步三项、中国产业用纺织品行业贡献奖、部级科技进步奖三项、市科技奖多项，获中国名牌、中国驰名商标、中国科技名牌500强、国家级新产品、国家高新技术企业、中国纺织科技型企业、中国塑料行业先进单位、AA级信誉企业、潍坊市重合同守信用企业、潍坊市环境友好企业等荣誉，获准起草两项国家标准。公司研制的多种军用革已成为部队军品的材料专供商。公司的目标是确保国内第一，向世界第一迈进。

产品主要用于：制鞋、服装服饰、手套、沙发、箱包、汽车座椅内饰、高档擦拭布等诸多领域。

烟台万华超纤股份有限公司

烟台万华超纤股份有限公司是烟台万华合成革集团核心企业，是我国第一个人工制革工业基地。超纤公司前身为烟台万华聚氨酯合成革厂，于2001年12月由烟台万华华信合成革有限公司为主要发起人，联合云南红塔创新投资股份有限公司、台湾三芳控股有限公司、台湾元吉企业集团投资有限公司、温州汇丰贸易有限公司、泉州华昌皮革贸易公司等5家法人单位共同发起设立的拟上市公司。超纤公司现有1个全资子公司、7个参股公司，主要从事人工制革行业相关原材料及产品的开发、生产。超纤公司率先在同行业内第一家通过ISO 9001质量管理体系标准、ISO 14001环境管理体系标准、OSHMS－18000职业安全健康管理体系的“三位一体”管理体系认证。

超纤公司主要生产装置从国外全套引进，在消化吸收先进技术的基础上，形成了能独立开发人工制革生产技术的现代技术密集型企业。公司自主开发的束状超细纤维合成革获得“国家技术进步三等奖”。公司主要产品为聚氨酯海岛纤维合成革、束状超细纤维合成革、高档单组份聚氨酯合成革、制革用粉末聚氨酯、聚氨酯树脂和助剂。公司产品现有12个系列几百个品种，广泛应用于制鞋、箱包、手套、制球、家具、汽车内饰、军用品、劳保用品、体育用品、工业用品等领域。公司三大主导产品聚氨酯合成革、军用革、高档篮球革市场占有率均超过90%以上。

超纤公司倾力打造具有独特内涵的企业文化，并使之成为驱动公司不断向前发展动力。公司在近30年的发展中，融合了艰苦创业、民族自强、自主创新、领先发展的优良文化基因，打造出“诚信、敬业、创新、务实”的企业精神，造就了一支富有责任感和合作意识的企业团队，公司以创新为不竭动力，以人才为重要的战略资源，以肩负历史责任、铸就民族品牌为己任，以创建高档人工制革国际知名企业为目标，与股东、员工、供方、经销商及社会各界一道，共同创造美好未来。

温州奥昌合成革有限公司

奥昌合成革有限公司是一家外商独资企业，是香港联合科技控股有限公司子公司，坐落于中国浙江省温州市经济技术开发滨海园区，共拥有管理人员及员工400多人，注册资本300万美元，总投资600万美元，本公司已通过ISO 9001:2000国际质量体系、ISO 14000环境管理体系、职业健康安全管理体系及美国PSS香港玮伦公司认证，连续几年被交通银行以及广东发展银行评定为AAA级信用企业，是中国塑料加工协会副会员单位，温州市合成革商会理事单位；被香港合成革暨金属物料供应商会授予“同业先进单位”、温州国家税务局授予“A级纳税信誉单位”、被广东发展银行杭州分行授予“五星级优质GP客户”，2007年10月荣获温州市名牌产品称号，2009年2月荣获浙江省名牌产品称号，连续几年被温州经济技术开发区管理委员会授予“三星级企业”，2010年获得中国塑料工业加工协会信用等级“AAA”级证书。

公司专业生产PU革系列、箱包革、男女鞋革、沙发革、服装革、剥离膜革、牛巴革、变色文具商标革以及符合欧美环保要求的鞋革和箱包革等，广泛应用于制鞋、纺织服装、家具、文具、箱包等各个行业。

公司拥有现代化厂房，6条台湾制造的PU合成革生产线及花样多变后处理产品，年生产能力达1200多万米PU革，产品辐射欧美、南美、中东、及日本、韩国、越南和国内各地区。

近年来，公司在发展的同时，投入大量资金用于新产品的研发，新设备的投入，以本公司独有的核心技术立于竞争日渐强烈的合成革行业中。我公司率先研发了具有代表性的几十种新花色、新品种的合成革，受到国内外的一致好评。

公司工程师4人，技术人员22人，生产中严格按照ISO 9001体系运作，实行以人为本，不断创新，不断求大，努力为世界各地提供满意的产品。

新乡三合化工有限公司

新乡三合化工有限公司成立于2002年7月，注册资金800万元，现占地30余亩，是集科、工、贸为一体的高科技民营企业。公司技术力量雄厚，现有高级工程师12人，具有较强的科研、开拓精神。

我三合公司自创办以来，努力树立良好的企业CIS形象，2004年公司全面通过了ISO 9001:2000质量管理体系认证，2005年被中国中轻产品质量保障中心评为质量、信誉双保障示范单位，2006年被新乡市工商局评为“重信誉、守合同”单位。

2006年公司以科研院所为依托，紧密联系用户，在深入分析并借鉴国内外PVC、复合热稳定剂等多种塑料助剂的基础上，与我国稀土多功能复合稳定剂研发创始人之一的郝子明教授合作——开发研制了具有环保的无毒、无铅的新一代SH稀土多功能稳定剂系列产品，复合稳定剂广泛使用于PVC管材，塑钢门窗，塑料扣板等塑料制品行业。

2007年初与四川大学合作研制精细化工产品：1,4-环已二酮单乙二醇缩酮、3-氟-4-硝基苯酚、间苯二甲醚、间甲氧基苯酚、亚磷酸二异丙酯、溴丙酰螺环已酮等产品，主要用于医药中间体、液晶材料等行业。

三合公司始终本着“诚信、创新、学习、发展”的企业理念，视质量为生命，客户为上帝。真诚地希望广大科研院所、化工企业、外贸公司与我们联系、交流，共同进步和发展！

亚 大 集 团

亚大集团是成立于1987年的中外合资企业，中方股东为中国兵器工业集团河北凌云工业集团有限公司下属凌云工业股份有限公司，外方股东为瑞士跨国企业乔治费歇尔公司。中外双方各占50%的股份。

亚大集团在上海、深圳、四川、长春、河北设立了八家生产厂，总部设在河北涿州。分布在全国各地的生产基地和营销网络可方便快捷地在第一时间为客户提供一流的服务。

亚大有三大系列产品：塑料尼龙压力管及总成系列产品、液压管路及总成系列产品、聚乙烯管材管件及配套机具系列产品。

尼龙压力管及总成产品具备耐磨损、耐弯曲、抗拉强的独特特性，广泛应用于国内汽车、液压气动行业，目前开发出的产品有：输油管系列、真空管系列、刹车管系列、多层管，波纹管作为世界最新技术水平的新产品已经开发成功并在国内第一家成功推向市场。

液压管路及总成产品广泛应用于轿车和轻型卡车制动管路、汽车动力转向、轿车敞篷举升系统、驾驶室翻转机构、离合器助力、叉车、农场机械、工程机械、车载升降台、液压先导控制管、船舶驱动设备和各类液压站用管。

聚乙烯管材管件产品有重量轻、耐腐蚀、寿命长、安装方便的独特特性，广泛应用于国内燃气输送、给水排水、矿山、加油站等气液输送行业，产品规格为$\phi20 \sim \phi1200$mm。同时配套齐全的连接管件和施工机具，为高质量的施工提供了保证。

亚大引进世界最先进的挤出设备、注塑设备、布线设备、检测设备，采用世界上最尖端的生产技术和严格的质量控制系统，使亚大产品具备当今世界高水平、具备高可靠性，符合国际先进标准和中国国家标准。

亚大被认定为先进技术企业、高新技术企业。三大系列产品检测实验室(尼龙管产品检测实验室、液压管路检测实验室、聚乙烯产品检测实验室)通过国家级实验室CNAL认可。拥有三个经认定的省级企业技术研发中心(尼龙管产品研发中心、液压管产品研发中心、聚乙烯产品研发中心)，是全国塑料制品标准化技术委员会塑料管材管件及阀门分委员会(SAC/TC48/SC3)核心委员单位兼副主任委员单位，是国家标准的主要起草单位之一。

亚大所有八个工厂全部通过了 ISO 9001 国际质量管理体系认证、ISO 14001 国际环境管理体系认证、OHSAS 18001 职业健康安全认证。亚大的三个汽车管路生产厂还通过了汽车行业更高标准的 ISO/TS 16949 的认证。

亚大商标 2006 年被认定为“中国驰名商标”，亚大品牌 2008 年被认定为“中国 500 最具价值品牌”，2009 年荣获“亚洲名优品牌”。截止 2009 年底为止，亚大集团拥有各项专利 49 项。

亚大成立以来一直推行：“ 经营与管理同步提高，规模和效益同步增长，体系与机制同步完善”的管理信条，使经营得到高速发展，管理也增加了新的内涵，质量体系保证产品质量。

亚大以“卓越产品，创造需求”作为企业理念，以“客户至上，反应迅捷，说到做到”作为企业价值观，以“塑造完美、奉献社会——以完美的工作、制造完美的产品、提供完美的服务、塑造完美的企业形象”作为质量方针，不断创新亚大产品，提高服务水平以满足社会不断变化的需求，为客户提供适用的产品和最优的服务。

重庆市一龙管道有限公司

重庆市一龙管道有限公司成立于 2004 年 3 月，公司位于重庆市南岸区茶园新城区，是一家集高科技、高性能、绿色环保为一体的新型塑料管材、管件生产和销售的企业。

公司注册资金 3016 万元人民币，占地面积近 10 万平方米。现有员工 300 余人，其中工程技术人员约占 20%。

公司总投资达 3.5 亿元人民币，拥有 20 多条国内先进的 PE 直壁管、PE 双壁波纹管、PE 钢带缠绕管等生产设备，产品规格 dn20 ~ dn2000mm（其中给水压力管道规格 dn20 ~ dn800mm），检测手段齐全，年生产能力可达 5 万吨以上。

公司成立至今，从项目开发起步到产品标准化生产，制定了一整套严格的质量管理体系及保证模式，并贯穿于开发、生产、销售、后期安装服务的全过程，不断加强和完善公司质量管理，产品性能完全达到国家、行业和企业标准的要求，出厂合格率达到 100%，并顺利通过 ISO 9001 质量体系及 ISO 14001 环境体系的认证。

公司先后获得多项荣誉：

2004 年：分别荣获南岸区茶园管委会“守合同重信用生产企业”称号和中质协质量保证中心“质量管理体系认证证书”；

2005 年：分别荣获中国质量检验协会“全国质量检验稳定合格产品”证书和中国建材市场协会“质量、服务、信誉 AAA 级企业”证书；

2006 年：成为重庆市塑料行业协会副理事长单位；

2007 年：荣获“重庆名牌产品”、“重庆知名产品”称号；

2008 年：成为中国塑料加工工业协会塑料管道专业委员会会员单位及全国塑料制品标准化技术委员会委员单位，并荣获“重庆名牌产品”证书、茶园新区“优秀企业”称号及南岸区工商局频发的“AA 级年检免审企业”荣誉证书。

2009 年：荣获“中国工程建设重点推广应用产品”及“中国绿色环保建材推荐产品”称号。11 月荣获“重庆市著名商标”荣誉称号。

浙江大东南集团

中国制造业 500 强企业浙江大东南集团是一家目前国内最大的塑料制品生产基地和出口创汇基地之一。公司创办于 1975 年，坐落于西施故里——浙江省诸暨市，现拥有总资产 33 亿元，10 多家下属企业、1 家省级技术中心和 3 个先进制造业基地的全国行业排头兵企业。主要从事新型塑料包装系列产品的设计、开发、生产、销售及经营进出口业务，核心主导产品广泛应用于烟草、食品、药品、轻纺、化妆品、印刷、礼品包装、黏胶带等众多商品包装领域。集团已融入长三角经济区域，销售网络遍及全国，产品远销三十多个国家和地区。

公司技术力量雄厚，先后从中国香港、日本、德国、英国、意大利等国家和地区引进了一系列具有国际先进水平的技术设备，开发生产了适应市场需求的高档次塑料包装基材和塑料包装产品，相继成功开发出抗菌 BOPP 膜、功能性 PE 透气膜、功能性 CPP 膜、光转换降解农用膜、复合 BOPET 膜、功能性聚丙烯薄膜、电容膜等新颖塑料薄膜及高档塑料包装制品，使企业形成了“一流的设备、一流的技术、一流的产品”的竞争优势。公司在加大技改投入、开发高新产品的同时，又积极发展资本经营，努力拓展资本市场，并积极投资开发新型塑料包装基材。

公司在成本、质量、规模、技术、品牌等方面形成了一定的竞争优势，居于行业领先地位，产品符合美国 FDA 食品包装卫生标准要求。为保护知识产权，已拥有专利十多项，在国内外多个类别上注册商标保护品牌，其商标和产品均认定为中国驰名商标和中国名牌产品。公司曾先后获得中美经济合作组织中国首席企业、中国最具竞争力500强、国家重点高新技术企业、中国外贸企业信用体系指定示范单位等称号。

地址：浙江省诸暨市璜山镇
电话：0575 - 87092218
传真：0575 - 87091595
邮编：311809
网址：www. chinaddn. com

佑利控股集团

中国·佑利控股集团是目前我国塑胶行业生产品种最齐全的大型企业集团，国家塑料制品标准化委员会(TC48/SC3)核心成员单位。国家 PVC - C 产品标准主任起草单位，国家 ABS 产品标准第一起草单位，国家 PVC - U 产品标准第一起草单位。设有北京化工大学“佑利”博士创新基金，全国氯碱行业“佑利杯”论文赛奖金。中国农业银行 AAA 级信誉单位，中国人民保险公司产品质量受保单位，中国氯碱工业协会理事单位，国家标准环保排放达标单位，浙江省优秀科技型企业。“佑利”商标为浙江省著名商标、中国驰名商标。

集团旗下中美合资中国·佑利管道有限公司，是我国首家生产 PVC - C 系列产品的大型合资企业，合资方美国路博润特种化工有限公司，成立于 1928 年，总部设在美国俄亥俄州克利夫兰城，在全球 20 多个国家拥有生产基地，销售和技术中心遍布全球，是世界 CPVC 产品标准的制定者和指导者。高标准的规模投资，高尖端的科学技术，高层次的企业管理，高诚信的经营理念，使公司始终具有先进的生产设备，完整的测试工艺，雄厚的技术人才，一流的产品质量。公司通过 ISO 9001 国际质量管理体系认证，ISO 14001 国际环境管理体系认证，GB/T 28001 职业健康安全管理体系认证；是上海宝钢、秦山核电、齐鲁石化、江汉油田、重庆炼油、上海氯碱、武汉钢铁、广化集团等国家重大工程建设合格供应商。产品销往全国各地及出口海外，深受国内外新老客户的信赖与爱戴。公司一次性注塑成功 PVC - C dn500、dn600 管系产品，完全自主创新，自主知识产权，填补国内空白。国家塑标委和北京化工大学发来贺电，称赞他们的成功，为中国塑料管道加工和发展作出了巨大贡献，为国家争得了荣誉。

集团公司生产的管道、管件、阀门、板材、填料、焊条等系列产品，高强度、耐高温、耐酸、耐碱、阻燃、无毒，是国家主导推行的绿色管道。产品完全符合 ISO 15493、美国 ASTM 标准 F438、F439、F441 和德国 DIN 标准 8079、8080 以及日本 JIS6776 标准的规定，广泛应用于矿山 、石油、冶金、化工、油田、电力、造船、造纸、核电、制革、医药、印染、电镀、食品、饮料、家电、航天航空、军事工业、电子半导体、污水处理、消防系统等工业部门和宾馆、饭店等行业。该产品非但具有其他管道系统无法替代的优越性，而且价格适宜、安装方便，且安装费用降低 60% 以上。

同时，公司生产的 ABS、UPVC 等管道、管件、阀门 、填料等系列产品和 PE 波纹通讯管的销售，仍占国内市场领先地位。深受国内外用户的信赖和爱戴。在此，佑利控股集团谨向支持和关怀公司发展，信任使用公司产品的国内外新老客户致以衷心地感谢!

佑利控股集团的宗旨：牢记客户至上永恒思想，立下质量第一共同誓言，创建诚实守信公司形象，不忘勤奋拼搏敬业精神。

董事长胡旭苍先生携全体员工，竭诚欢迎各位光临、参观指导、洽谈商务。

中山环宇实业有限公司

实力背景　历史悠久

中山环宇实业有限公司位于广东中山市东凤镇 105 国道旁，1993 年成立，已投资超过 3 亿港元。是香港世界五金塑胶厂有限公司附属机构，全球著名塑胶管件生产企业——法国 Aliaxis 集团成员，它们分别创始于 1961 年和 1905 年，在全球 45 个国家中拥有超过 180 多家工厂作专业生产建材及塑胶产品，中山环宇实业有限公司在过去的几年里国内外销售额平均超过 3 亿元。集团总产值超越 100 多亿人民币。

专业技术　精益求精

自身拥有强劲的技术队伍，加上强大的 Aliaxis 集团作为技术后盾，使技术直接与国际先进技术接轨。在新产品开发方面都会先人一步。公司是目前中国率先生产高品质 CPVC 高温(保温)和 UPVC 高压力管及配件、又相续开发了 HDPE 高密度聚乙烯管道系列、采用进口原料生产的厂家，并应邀成为国家塑料制品标准化技术委员会塑料管材、管件及阀门分技术委员会核心成员，参与有关国家标准的制定。

产品齐全　无与伦比

公司拥有自己的塑料模具开发中心，现已开发的模具超过数千套，可提供高品质、品种齐全的给、排水、热水管道及电线套管外，也能提供整套以塑胶为主的水处理系统，配合国家未来纯净水供应的目标。

品质保证　客户满意

在产品质量上是按国际标准作全面严谨的质量控制，才提供给客户。并荣获中、英两国 ISO 9001:2000 国际质量体系认证；同时有国内、外的保险公司对我们的产品质量作出承保；我们对用户实行锚牌产品质量保证，使您放心使用。

服务到位　顾客为先

在产品应用上有专业人员协助您作出适当产品应用的选择，并且能提供安装技术指导、培训等服务，使您可适当使用"锚"牌系列产品而无后顾之忧。

1997 年被中国轻工部评为"UPVC 管道中国十大龙头企业"

多年来一直被评为"外商投资双优企业"、"纳税大户"、"创汇大户"

1999 年度中山市"十大强优企业"

2000 年度中山市"十大名牌产品"

2001 年由原来的 ISO 9002 国标质量体系认证顺利通过 ISO 9001:2000 国际体系认证

2002 年被评为"广东省著名商标"

2003 年荣获"广东省名牌产品"称号

2005 年荣获国家免检产品

地址：中国广东省中山市东凤镇广珠路第三工业区
电话：(86)760－22600610、22603212、22608279
传真：(86)760－22603813
电子邮箱：yexl@ anchorhk. com

台州东海塑料品制造有限公司

台州东海塑料品制造有限公司是一家股份制民营工业，公司位于中国经济发达区域浙江宁波和温州之间的临海市杜桥镇，创建于 2003 年 9 月，拥有自营进出口权，专业生产特斯林网布和仿古环保藤条等产品，企业现占地面积2. 33 万平方米，建筑面积1. 8 万平方米，现有职工 350 多人，其中各类专业技术人员 50 多人。

公司拥有一流的生产设备，品种规格齐全，是浙江省塑料制品行业的龙头企业，技术力量雄厚，自行研制开发的特斯林网布经浙江省科学技术厅鉴定委员会鉴定，填补了国内空白，被评为省级科技新产品，企业则被评为浙江省高新技术企业。

公司凭借优良的质量，及时的交货和良好的信誉，成为国内几家知名旅游休闲用品及家具制造企业的主要供应商，同时产品还远销欧美及中东市场，在欧美及中东市场上享有较高的知名度。

电话：0576－85520308
传真：0576－85520311
邮编：317000

长虹塑料有限公司

长虹塑料有限公司创办于20 世纪80 年代末，厂址座落于乐清柳市新光工业园区，近临104 国道、甬台温高速公路；南靠七里港和温州机场，北依著名风景区雁荡山麓。水陆空交通十分便利。公司 2009 年产值近 3 亿元。属全国无区域企业，公司为中国塑料加工工业协会副会长单位，中国塑料加工工业协会配线器材专业委员会会长单位，温州塑料协会副会长单位。

公司占地面积 21800m^2、建筑面积 32000m^2，是专业生产尼龙捆扎带、钢钉线卡、定位片、压线帽、接线端子、号码管、缠绕管、冷压端头、电表箱等"CHS"牌塑料制品的企业。公司现有大型注塑机 80 多台，并拥有国内外著名企业生产的先进设备；如大型激光线切割机、数控磨床、高低温试验箱等一系列生产设备和工艺装备。先进的设备，从根本上改变了公司的生产手段和生产方式，为制造高品质的产品提供了硬件保证。

公司拥有一支高水平的专家队伍和高素质的员工队伍，公司现有员工500 多人，高中以上学历的占60%，专业技术人员 125 人，其中高级工程师 8 人，助理工程师7 人，管理人员 38 人。

公司推行质量"零缺陷"理念，倡导"第一次就把事情做对"，在企业内部实行标准化、定量化、制度化、规范化管理，质量体系覆盖企业生产管理全过程。企业连续三年被市技术监督局评为"质量管理二十强"和"质量连续稳定生产企业"；公司主要商标"CHS"被认定为中国驰名商标；主要产品尼龙扎带被浙江省人民政府认定为"名牌产品"。在国内同行业中率先通过了 ISO 9001 国际质量体系认证、ISO 14000 环境管理体系认证、"AAA"标准化良好行为、二级计量检测体系、国家二级安全标准化、美国 UL 认证、挪威船级室 DNV 认证、欧共体 CE 认证等方面的产品认证。公司所有产品都通过了 ROSH 及卤素环保测试。

公司始终坚持以“用户为中心”的思想来对待客户，把“保证客户的成功”作为营销工作的第一要务。向客户提供准确、完整的技术商务支持，全程的售中项目服务，及时、快速的产品物流和质量保证等售后服务，凭借强大的网络和优质服务，赢得了国内外广大客户的厚爱。产品已销往欧洲、北美州、南美州、大洋州、非州、亚州等 27 个国家和地区，外贸出口额 2009 年达 1500 多万美元，位居乐清市前 20 名。2009 年产值、销售额位居柳市前 10 名，本公司始终坚持“以质量求生存、信誉求发展”的宗旨，不断开拓进取，不断改革、完善企业的经营和管理理念，使企业得到了迅猛的发展。公司衷心希望以“CHS”牌产品为纽带，广交天下友。

川路塑胶集团

川路塑胶集团有限公司是一家专业性生产新型化学建材的中外合资企业。是目前国内同行业中成立早，规模大、品种齐、质量优、开发能力强，并拥有“川路”著名品牌，品牌价值、企业固定资产超亿元的名牌企业。川路塑胶集团的目标是做新型化学建材行业的领跑者。

川路塑胶集团有限公司的外方股东为 PIPELIFE 国际控股有限公司。目前，其在全球 26 个国家拥有 40 家工厂，年生产能力为 360000t，是世界领先的塑料管材及管件供应商。

川路塑胶集团有限公司采用国家标准及国际先进标准，在生产 $\phi16mm \sim \phi630mm$ 规格系列建筑排水、埋地排污用聚氯乙烯(PVC－U)管材管件、PVC 电气安装用阻燃塑料平导管及配件、PVC 卡式管件、冷热水用 PPR 管材管件、PVC－U 埋地排水双壁波纹管、PE 管等产品的同时，还引进国外先进技术和设备，在国内率先推出蓝色建筑给水用聚氯乙烯(PVC－U)管材管件、塑料管道阻火圈、排水用芯层发泡管材、坡屋顶用雨水槽等产品，并拥有降噪旋流器、可调管卡等数项国家专利，产品广泛应用于建筑排水、建筑给水、道路绿化、市政给排水、化工管道、电器穿线、农网改造等各个领域，年生产能力超过 10 万吨。产品荣获“四川名牌”、“中国名牌产品”、“中国驰名商标”称号。

目前，川路塑胶集团有限公司在国内拥有除港、澳、台地区外的分公司、总经销、特约经销 500 余家组成的较为完善的销售网络，川路与全国房产集团公司建立了长期密切的战略采购合作关系，如万科、鲁能房产、北京阳光壹百房产、深圳招商地产、沿海集团等。“川路”牌产品已得到广泛应用，并赢得用户一致好评。其中主要工程包括：毛主席纪念堂改造工程、多国驻我国大使馆、钓鱼台国宾馆、四位机库；成都三环路、南延线、成都体育中心；绵阳九院、绵阳长虹；重庆朝天门广场；深圳百仕达小区；广州信源大厦；陕西国际会展中心；昆明世博会；珠海清华科技园；上海金桥苑；武汉金融大厦；湖南新闻大厦；三亚天域酒店；海口文华酒店；海南博鳌水城、西藏布达拉宫改造等，此外，川路产品在美国、南非也有工程。

川路塑胶集团有限公司为中国塑料加工协会理事及管道分会副理事长单位，全国塑料制品标准化技术委员会委员兼 SC3 副主任委员单位，企业为成都市重点优势企业、四川企业集团经营规模、综合实力 100 强之一，曾荣获国家建设部等五部局及全国化学建材协调小组颁发的全国化学建材推广工作先进集体，建设部推荐产品和科技推广产品，中国银行最佳信用客户金牌，外商投资范例企业金牌，成都市民心目中的十大品牌等称号，并通过 ISO 9001 国际质量体系认证。

成都岷江水厂

成都岷江水厂是一家多产业结合的大型集中式供水企业，供水区域覆盖全县 25 个乡镇，日最大供水量达 20 余万吨。其下属企业成都市岷江自来水厂双流聚乙烯管材生产车间是专业从事聚乙烯(PE)给水、燃气管材、管件的生产、销售和管材焊接技术指导服务的国有企业，其生产的产品统一注册商标为“清润”，前国家水利部常务副部长敬正书同志亲笔为“清润管业”题词。

清润管业拥有生产线 5 条，具备 dn20 ~ 630mm 型号管材生产能力，管件生产设备 5 台，焊接设备 200 余台，差热分析仪、电子拉力试验机、爆破耐压试验机等各性能检测设备 20 余台，具备从原材料进厂到 dn20 ~ 630mm 型号管材出厂检测能力，年最大产量 17000t，现固定资产达 9000 余万元。

清润管业聘请四川大学高分子材料系教授吴智华为技术顾问，以四川大学高分子材料系优秀人才为技术骨干力量。通过 ISO 9001:2008 和 ISO 14001:2004 国际质量环境管理体系认证，取得“涉及饮用水卫生安全的国产产品卫生许可批件”、“特种设备制造许可证”——A 级证书，荣获“成都市著名商标”称号，入选《成都市地方产品配套目录》、《全国农村饮水安全工程材料设备产品信息年报》，信用等级达到AA级，给水、燃气产品分别被列入四川省建设行业应用技术推广项目，是中国塑料加工工业协会塑料管道专业委员会理事和中国工业防腐蚀技术协会、四川燃气协会、四川省村镇供水协会、重庆市燃气行业协会会员。在2008年抗震救灾中因表现突出，成都市岷江自来水厂被成都市委、成都市人民政府评为“抗震救灾过渡安置房建设先进单位”。

清润管业的营销服务网络遍及四川、云南、甘肃、贵州、湖南、西藏、宁夏、重庆等地，并于2007年8月成立了驻渝办事处。质量与信誉是清润管业永恒的主题。

地址：四川省成都市双流县东升镇西安路三段25号
厂址：四川省成都市双流县金桥镇金马村
电话：028－85852555（销售部）
028－85853555（技术部）
传真：028－85852666
邮编：610200

大连北方橡塑机有限公司

大连北方橡塑机有限公司是国内最早研发、设计、生产¢110～160双壁波纹管设备及其生产线的杰出厂家，是一家高技术公司，是中国交通、建设、电力、电信等重点科技项目完成单位，是中国质量、信誉双保障示范单位。

公司自1995年面向中国市场以来，产品以波纹管设备，PE、PVC、CPVC等专业管材设备生产线，采用国际一流生产工艺，认真贯彻执行ISO 9001质量保证体系，负责交钥匙工程，优质、高效的产品形象赢得国内外客户的认可和信誉。

大连北方橡塑机以精湛的技术和优越的品质满足了客户、市场的要求。公司产品在建筑工程、通讯管道工程、高速公路等多项基础工程中得到广泛应用，并荣获“中国行业龙头品牌”、“守合同重信用单位”、“全国质量合格评定用户满意十佳品牌”、“质量、服务、信誉AAA企业”等称号。2006年5月，PE、PVC双壁波纹管成型机、全自动塑料管材扩口机双壁模具，被中国市场品牌战略论坛组委会评为“全国质量合格评定用户满意十佳品牌”。2008年聚乙烯PE和聚氯乙烯PVC双壁波纹管项目被确定为第七届中国科学家论坛“最具投资价值的项目”。

创新、诚信、共赢是企业一贯坚持的宗旨，盯住国际前沿的新动态，面向更新更高更广阔的市场，以诚实，诚心的态度，高质量，高品质的产品及完善、周到的服务，同新老朋友携手共创宏伟大业。

电话：0411－86598010
邮箱：bfxsj@bfxsj.cn
网址：www.bfxsjx.com

福建纳川管材科技股份有限公司

福建纳川管材科技股份有限公司是一家高速发展的科技型企业。专业生产HDPE缠绕增强管，产品广泛应用于市政排污排水、石化炼油、冶金造纸、核电火电、交通枢纽等工程项目。

高品质的管材、灵活的销售模式、完善的技术服务使我们占据了中国高端用户市场，行业内第一家将HDPE缠绕增强管应用于电厂、核电项目的公司，填补了我国大口径埋地塑料管在国家级能源项目的应用空白。公司产品已在秦山核电二期、福建福清核电项目、山东海阳核电、中石油广西1000万吨项目、我国六大煤电发电集团（大唐、国电、华电、华能、中电投、华润）及地方电力集团新建项目等广泛使用，并覆盖了华北、华东、华南等沿海地区的港口码头建设。

公司自设立以来，专注于HDPE缠绕增强管市场的精耕细作，通过多年的市场推广，已在行业中树立了良好的企业品牌形象，公司是福建省高新技术企业。福建省政府投资项目第一批甲控设备材料供应商，公司的HDPE缠绕增强管被中国工程标准化协会认定为推荐产品。

作为福建省环保节能材料的重点生产企业，公司已在天津、武汉建立2个生产基地，在近年内计划在国内再建3～4个生产基地，我们将以更高的标准来要求自己，以更高质量要求服务于客户。

地址：泉州市泉港区普安工业区
电话：0595－87767777
传真：0595－87962111
邮编：362800

富强鑫集团

富强鑫精密工业股份有限公司创立于1974年，为目前台湾地区规模最大的塑料注射成型机专业制造商，台湾地区唯一股票上柜发行的注塑机专业制造厂。主要从事各类油压机器及塑料注射成型机之研发、生产及销售，包括双色双料注塑机、夹层混色注塑机、高速闭回路精密注塑机、油电复合式注塑机、全电式注塑机、PET瓶胚注塑机、电木注塑机、二板式注塑机、超大型注塑机等。产品锁模力范围从30～3700t，射出量从20～12万克。富强鑫领先于业界通过ISO 9001及欧洲CE认证，并且于1998、1999、2001、2003与2008年荣获“台湾精品奖”，并多次获得台北橡塑展产品创新竞赛“优等奖”。近几年出口业绩亦名列台湾前矛。

台湾富强鑫公司为使企业朝向国际化发展，于1994年在广东省东莞市大朗镇石厦管理区成立“东莞富强鑫塑料机械制造有限公司”，除了借此提供台商更直接、更便捷的服务之外，更是作为台湾富强鑫集团在大陆地区的发展基地。

继东莞富强鑫之后，台湾富强鑫公司于2001年在浙江省宁波市成立“富强鑫(宁波)机器制造有限公司”，进行生产高精密注射成型机、精密模具及相关产品。宁波富强鑫新厂位于宁波市江北投资创业中心B区，占地约34000m^2(50亩)，于2004年8月一期兴建完工并投入使用，2007年底二期厂房也兴建完工并陆续投入使用。宁波富强鑫目前约有员工200人，生产机种锁模力60～3500t，年产能力可达1200台。

联塑集团公司

“联塑”是中国最大的塑料管道品牌之一，公司国内总部位于广东省佛山市顺德区龙洲路龙江段联塑工业村。联塑拥有广东顺德、广东鹤山、广东中山、湖北武汉、贵州贵阳、河南周口、河北任丘、江苏南京、四川德阳及黑龙江大庆等生产基地，新疆乌鲁木齐、吉林长春等基地也在建设之中。

联塑主要经营的塑料管道产品按用途可分为给水管、排水排污管、燃气管、电力通信管、地暖管、消防管、喷淋灌溉管七大类。公司的营销和服务网络遍及中国各大城市并扩展到世界30多个国家和地区，能及时为客户提供优质的产品和周到的服务。

20多年来，联塑辛勤耕耘并收获了无数的荣誉。这些荣誉包括“联塑”商标被认定为塑料管道行业首个“中国驰名商标”；联塑产品荣获“中国名牌产品”称号；联塑企业被认定为“高新技术企业”；联塑被批准设立博士后科研工作站；成为首家“建设部塑料管新技术产业化示范建设基地”；通过了国际质量ISO 9001、环境ISO 14001、职业健康安全OH-SAS18001管理体系认证。

为了增强自主研发能力，与世界同步发展，联塑投入巨资修建了具有国际水准的研发中心，拥有100多人的由博士、硕士、中高级工程师、常驻顾问专家等组成的科研队伍，投入3000多万元从美国、德国、英国购买了先进的科研设备，专业研究和开发塑料行业的最新技术，确保联塑在行业中的领先地位。

联塑产品被广泛用于建筑给排水、市政给水、排污、埋地电力输送、邮电通讯、消防、燃气、化工、电器配套及农业灌溉等领域。国家南水北调工程、长江三峡大坝工程、广州白云国际机场、国家奥运场馆、广州大学城、兰州世纪广场等一大批知名项目都与联塑合作过并给予联塑产品很高的评价。

联塑管道产品主要有：

[A] 给水管系列

A1. PVC－U环保给水管

A2. PE环保健康给水管

A3. 聚氯乙烯改性高抗冲(PVC－M)环保给水管

A4. PP－R管

A5. 铝塑复合管

A6. 钢丝网骨架塑料(聚乙烯)复合管

A7. PVC－C环保冷热饮水管

A8. PB环保冷热水管(灰色)

A9. 环保安全钢塑复合管

(1) 衬塑(PVC－U)环保钢塑复合管(冷水用)

(2) 衬塑(PVC－C)环保钢塑复合管(冷、热水用)

(3) 衬塑(PE－RT)环保钢塑复合管(冷、热水用)

(4) 涂塑(PE)环保钢塑复合管(冷水用)

[B] 排水排污管系列

B1. PVC－U排水管

B2. HDPE排水管

(1) HDPE双壁波纹管

(2) HDPE增强中空壁缠绕管

(3) HDPE增强中空壁缠绕波纹管

B3. 钢带增强PE螺旋波纹管

B4. PVC－U双壁波纹管

B5. 健康同层排水系统

[C] 燃气管系列

C1. PE安全燃气管

C2. 铝塑复合管－铝塑燃气管

C3. 钢丝网骨架塑料(聚乙烯)复合管

C4. 环保安全钢塑复合管——涂塑(T PE·T PE)安全钢塑复合管(燃气用)

[D] 电力通信管系列

D1. 通信管
D2. 阻燃绝缘 PVC 电线槽、电工套管
D3. 阻燃绝缘 PVC 工业线槽
[E] 地暖管系列
E1. 耐热聚乙烯(PE－RT)管
E2. 地源热泵管道系统
E3. PB 环保冷热水管(白色)
[F] 消防管系列
F1. 环保安全钢塑复合管——涂塑(T EP · T Ep)安全钢塑复合管(消防用)
[G] 喷淋灌溉管系列
G1. 涤纶纤维增强软管
G2. 透明单管
G3. 钢丝增强管
G4. 排吸螺旋管

杭州双林机械有限公司

杭州双林机械有限公司是专业从事复合管生产线、塑料管生产线和各种管材模具及塑料辅机研发、制造的高新技术企业。公司面积15000多平方米。公司坐落于杭州美丽的西子湖畔，地处沪杭甬交通枢纽，海陆空交通十分便利。

公司技术力量雄厚，拥有中、高级工程师20多名，多年来潜心研究、开发、制造各种复合管、塑料管自动化生产线。通过不断吸收和消化国外先进技术，开发出了十多种具有国际水平的管材成套设备。累计已销售各类管材设备近千套，产品出口到美国、德国、俄罗斯、沙特阿拉伯、伊朗、土耳其、马来西亚、乌克兰、立陶宛、韩国、黎巴嫩、阿联酋、乌兹别克斯坦、波兰、新西兰、亚美尼亚、越南等三十几个国家，成为深受外商青睐的管材设备出口基地。可靠的设备性能和周到的售后服务，赢得了大量重复购买的客户。其复合管生产线在国内的市场占有率居前列。

公司具有严格的质量管理体系，已通过ISO 9001:2000质量保证体系认证以及欧盟的“产品安全合格 CE 认证”。在“严格生产管理，狠抓产品质量”的指导方针下，我公司产品经中国质量检验协会检测评定为“达标产品”。

双林人以“诚信为本，质量第一”的原则，坚持先做人，后做事；

以“精益求精，推陈出新”为信念，不断追求科技创新；

以永无止境的进取之心，一直努力追求并实现着“四个第一”：第一先进的制造手段，第一完备的检测设施，第一的市场占有率，第一的美誉度。

地址：中国浙江杭州市余杭经济开发区临平天荷路111号
邮编：311100
电话：0571－89188366
传真：0571－89188533
E－mail：sjd@ slpm. net
公司主页：http：//www. slpm. net

昊华西南化工有限责任公司
晨鹤特种工种塑料分公司

昊华西南化工有限责任公司是中国昊华化工(集团)总公司的全资子公司，是我国西部地区最大的综合型基础化工原料生产基地和高分子合成材料研发基地，是我国大型甲烷氯化物、小苏打、纯碱、烧碱生产企业之一。公司现有总资产52.72亿元，公司“鹤”牌主导产品全部通过 ISO 9001 质量体系 2000 版转版认证，拥有“鹤”牌纯碱、烧碱、氯化铵 3 个“中国名牌”，1 个“国家免检”产品和 7 个“四川名牌”产品。

晨鹤特种工程塑料分公司是昊华西南化工有限责任公司下设分公司，专业从事聚苯硫醚(polyphenylene sulfide，简称 PPS)的研制与开发应用。公司凭借强大的技术、经济和人才优势，研发出具有自主知识产权的 PPS 加压法生产技术，建成有年产50tPPS树脂中试装置，本装置合成的高性能 PPS 在国内处于领先水平，可根据需要提供不同牌号的 PPS 树脂及改性粒料，产品主要技术性能指标已达到国外同类产品标准。目前，公司 2kt/a 纤维级聚苯硫醚(PPS)树脂工程即将建成投产，产品将于 2010 年 8 月投放市场。

产品类别	牌号	用途	备注
PPS 树脂	HTPPS10	用于涂料	纯 PPS 树脂
PPS 树脂	HTPPS20	用于层压板材	纯 PPS 树脂
PPS 树脂	HTPPS30	用于注塑制品	纯 PPS 树脂
PPS 粒料	HT－0	纺丝及改性加工	纯 PPS 颗粒料
PPS 粒料	HT－4	标准型	玻纤增强

法人代表：杨万石
经理：唐国强　手机：13890091155
联系人：刘洋　手机：13558927001
电话：0813－4665241
邮箱：zgctly@ sina. com

开户行：工商银行鸿鹤坝分理处
帐号：2303303509022100426
地址：四川省自贡市鸿鹤路43号
邮编：643000
电话：0813－4665241
传真：0813－4664934
公司网址：http：//www. haohuasw. com

河北长安塑胶有限公司

河北长安塑胶有限公司始建于1996年，为河北省著名商标企业，同时也是河北省重点建设项目企业暨我市二十强民营企业。公司座落于河北省霸州市东部经济技术开发区；东临天津，北接北京，地理位置优越，交通十分便利。

作为中国塑胶协会副会长单位，近年来公司先后投巨资引进了具有21世纪国际先进水平的塑胶生产设备，主要生产各种高、中档PVC人造革，包括家具革、球革、箱包革、鞋帽革、汽车装具革等五大系列，数百个品种，同时，公司还生产聚氨酯泡沫等家具辅料产品。

公司拥有良好的销售网络，产品除销往北京、天津、山东、广东、河南、新疆、陕西、河北、东北三省等地区外，并远销海外。此外，公司还与国际知名网站(阿里巴巴、百度、慧聪)建立了长期合作关系，真正实现了与客户售前及售后服务的互动。

公司始终坚持“精细造就完美”的经营理念；并不惜重金引进专业技术人才并培养了一大批技术骨干人员。2005年公司率先在同行业通过了ISO 9001:2008质量管理体系认证、ISO 14001:2004国际环境管理体系认证及3C国家强制性体系认证，并成功建立了自己的企业形象识别系统。此外，公司还连续多次荣获“中国农业银行河北支行AAA级信用企业”称号，荣获河北省统计局等单位命名的“明星企业”荣誉称号，荣获廊坊市消费者协会颁发的“廊坊市消费者信得过产品”荣誉称号，“廊坊市知名商标”，“河北省著名商标”等荣誉称号，并多次被当地党委和政府评为“纳税先进企业”。2007年5月，在各级领导的大力关怀下，公司成立了河北长安塑胶有限公司党支部。

公司下属的长安大酒店位于胜芳镇繁华地带，具有优雅的环境、整洁的餐厅，高、中、低档客房是往来客商吃住的好地方。

鹤山市美耐德科技有限公司

鹤山市美耐德科技有限公司成立于2009年，拥有自营进出口权，属于鹤山市利丰装饰材料有限公司的旗下公司，位于珠三角地区，濒临西江，毗邻港澳，区位优越，交通便利。

公司专业生产室内外广告材料和装饰材料，拥有全套专业的生产设备。目前公司专业生产PVC发泡板，各种聚苯乙烯发泡板，包括丝印板，AAA直喷板，白卡纸板，背胶KT板，珍珠板，裱画板，布纹板，光亮板，HIPS片材，XPS板材等多种产品。PS发泡板材通过SGS环保认证，产品具有防潮、阻燃、不变型、无毒、美观、不易老化等优点，广泛适用于广告业，家具业，建筑装潢业，交通运输业等多个领域，产品畅销国内，远销东南亚、中东、美洲、东欧等世界各地。

公司以先进的技术，科学的管理，创新的理念，优质的产品立足于市场，本着“质量第一，价格合理，诚信至上，精益求精”的企业宗旨服务于客户。

湖北凯乐科技股份有限公司

湖北凯乐科技股份有限公司是以生产通信管道、通信光缆为主的高科技企业。是中国信息标准化协会会员、全国电缆及光缆专家委员会专家委员单位、中国塑料加工工业协会副理事长单位、全国塑料制品技术标准化委员会核心成员。先后被授予“全国文明单位”、“全国守合同重信用企业”、“全国消费者满意产品”、“全国五一劳动奖状”、“全国质量效益型先进企业特别奖”等众多荣誉。

公司1993年2月进行股份制改造，1999年5月通过科技部和中科院的“双高”论证，2000年7月公司股票“凯乐科技”在上海证券交易所挂牌上市。公司总资产达24亿元，净资产15.86亿元。以通信光电线缆及塑料制造、房地产、教育服务、酒业为主的多元化产业体系。拥有国内外先进的光缆和塑料生产设备、检测设备300多台套，现年生产各类通信光缆500万芯公里，各类塑料制品20万吨，年产白酒万吨。

公司产品及服务：

(一)塑料制品分为：塑料管材、塑料门窗型材、塑料土工合成材料三大类。塑料管材分为给水管、建筑排水管、市政排污管、高压CPVC电力电缆护套管、UPVC 电工套管、通信护套管(HDPE 硅芯管、PVC(PE)双壁波纹管、PVC(PE)多孔梅花管),及以上产品的配套件及相关技术咨询服务。

(二)光缆分为普通通信光缆,ADSS、OPGW 电力特种光缆,超五类数据电缆,RF 电缆、线缆材料,FTTH(光纤入户)解决方案。

(三)房地产品分为商务住宅区及商务综合楼等。

(四)幼教产品及服务。

(五)"黄山头"系列白酒。

公司产品应用领域以通信材料为主,涉及交通、国防工程、电力、水利、堤防建设、农业节水灌溉、城市建设、建筑装饰、教育、食品饮料等多众领域,产品畅销全国 29 个省市、自治区,部分出口到国外。

公司现有员工 2000 名,中高级专业技术人员 420 名,占全员总数的 23%。第十一届全国人大代表、公司董事长、高级工程师朱弟雄作为全国塑料研究应用的学科带头人,享受国务院政府特殊津贴。在他的带领下,公司依托已经建立的省级技术中心、凯乐塑料工程研究所,加大新产品新技术的研发,使科技成为公司发展的第一生产力。

"团结自强,拼搏坚强、奉献图强"是凯乐的灵魂与旗帜。秉承"以人品铸产品"的诚信经营理念。全面贯彻并通过了 ISO 9001:2000 质量体系认证及 ISO 14001:2004 环境管理体系认证。"凯乐商标"被评为湖北省著名商标,公司光缆分别获得国家信息产业部、广电总局、国电中心的入网许可证,并入围中国电信、中国联通、中国移动等电信市场。公司塑料门窗型材及塑料管材被认定为湖北省名牌、国家免检产品。公司自营出口 3 亿元以上,自营出口占制造业产品销售额的 27.6%。

公司不断完善售后服务设施与条件,已在北京、上海、广州、深圳、昆明、成都、北京、长沙、西安、武汉、太原等地设立了 27 个办事处,下辖 300 多个营销网点,构成了一张遍布全国的市场营销网络。公司服务热线全天 24 小时接受用户的咨询,对客户反映的问题限定 48 小时内作出回复并妥善解决,力求在每一个环节为顾客提供最满意的服务。

煌盛集团公司

煌盛集团有限公司前身为温州煌盛管业有限公司,创建于 2000 年,座落在浙江温州经济技术开发区,占地面积 $32000m^2$。2007 年组建成以管业为主体的无区域集团——煌盛集团。

煌盛集团为温州市三大外资集团之一,是目前国内复合管生产一家以钢丝网骨架聚乙烯复合管为主营业的集团公司,集团以煌盛集团有限公司为母公司,下属有六个全资、控股子公司,合计注册资本达 5 亿元人民币。经营范围涉及新型复合管道、管道施工与施工器具制造等领域。现在全国设有三个管道生产基地:①华东总部生产基地(浙江温州);②西南生产基地(重庆);③西北生产基地(新疆昌吉市)。目前拥有国内先进技术的钢骨架聚乙烯复合管生产流水线 10 余条、管件注塑机 18 台、管件模具 600 余副,可生产 dn50 ~ dn630 各个系列复合管及配套管件,和 DN600 ~ DN2000HDPE 各个系列钢带增强聚乙烯(PE)螺旋波纹管,DN200 ~ DN600 双壁波纹管及配套管件,年生产能力达 5 万吨以上,是目前国内钢骨架聚乙烯复合管大型生产企业集团之一。

集团视产品质量为企业生命,建立了完善的质量、环保保证体系及售后服务体系,先后通过了 ISO9001 质量体系、ISO 14001:2004 环境体系、特种设备(压力管道)制造许可等认证,并先后荣获了"浙江省高新技术企业"、"浙江省名牌产品"、"浙江省著名商标"、"中国驰名商标"等荣誉称号,所生产的钢丝网骨架聚乙烯复合管被列为"2006 国家重点新产品计划"。凭借多年来可靠的质量保证与优质的售后服务,"煌盛牌"产品赢得了广大用户的好评与信赖。

惠东美化塑胶实业有限公司

惠东美化塑胶实业有限公司位于广东省惠州市惠东县大岭镇,创建于 2005 年,注册资金 2000 万港币。公司总占地面积 10 万平方米,建筑面积 2.5 万平方米,是一家从事高性能改性塑料研发、生产和销售的高新技术企业。公司目前总投资达到 3500 万元,其中房屋等基础建设投入 2500 万元,机械设备投入 900 万元,其他投入 100 万元。公司历经两年的筹建工作,于 2007 年底试产。公司拥有独立的国有土地使用证及房屋产权证。2006 年 6 月,美化塑胶获中国塑料加工工业协会(CPPIA)授予"中国塑协塑料再生利用产业化示范基地"的称号,同时荣获中国塑协塑料再生利用专委会会长单位。

电话: 0752 - 8138999
传真: 0752 - 8138909
手机: 13902655658
联系人: 刘赟

E - Mail: szhch@ tthitech. com. cn
地址: 广东省惠东县大岭镇新兴亚洲工业园

吉林中粮生化包装有限公司

吉林中粮生化包装有限公司创建于1995年底，厂址位于吉林省东丰县工业集中区，占地面积13万平方米，建筑面积3万平方米，现有员工550人。

公司主要产品有塑料编织袋、塑料桶、集装袋等塑料包装制品及阀口纸袋等纸包装制品。年产纸塑包装物1万吨。企业于2004年通过ISO 9001质量管理体系认证；2007年8月，阀口纸袋产品获得两项国家专利权；2008年通过国家QS认证。公司是东北地区规模较大的食品级包装物生产企业。

公司拥有雄厚的技术力量，生产设备先进，检测手段完备，是食品包装的骨干企业。

公司始终如一地贯彻“以人为本”的经营理念，秉承“诚信、团队、专业、创新”的中粮企业精神，坚持“奉献营养健康的食品，高品质的生活空间及生活服务，使客户、股东、员工价值最大化”的中粮使命，以实现双赢为目的，不断推陈出新，以上乘的品质、良好的信誉，为客户提供优质的服务。

江西岳峰高分子材料有限公司

江西岳峰高分子材料有限公司位于江西萍乡经济开发区。是一家集科研开发、生产、销售与一体的省级高新技术企业。工厂占地面积100亩。现有职工180余人，其中大、中专毕业生68人，高级工程师3人、工程师13名、经济师3人。公司现已形成年产PVC加工助剂ACR8000t，抗冲改性剂ACR树脂8000t。发泡调节剂ACR树脂5000t，CPE10000t，MMA10000t，稳定剂5000t。产品性能卓越，品质稳定，是PVC加工企业的优良配套产品。

公司成立了专门的高分子材料研究所，聘请知名大学教授担任总工程师，德国专家为技术顾问，不断加大科研开发力度，成功实现了以抗冲改性剂ACR树脂为主导产品的产业结构调整。2000年，年产8000tPVC加工助剂项目被江西省科技厅列入为“星火”计划。

十多年来，工厂以其稳定可靠的产品质量，及时准确的信息反馈，完善的售后体系，健全的网络经营机制赢得了客户的一致好评。2003年工厂通过了ISO 9001:2000国家质量体系认证，使企业的各项管理水平上了一个新的台阶。

地址: 江西省萍乡市经济开发区西区
邮编: 337000
电话: 0799 - 6611388
传真: 0799 - 6611399
手机: 15979271888
Http: //www. yfpolymer. com
E - mail: yfpolymer@ 163. com

台湾联塑机器股份有限公司

台湾联塑机器股份有限公司成立于1984年，是专注于塑料射出成型技术的研发与应用的机械制造企业。在大陆独资的联塑(杭州)机械有限公司位于浙江临安经济开发区内，是专业生产注塑机的厂家，生产锁模力80～4000t，且拥有数十项专利技术的各种节能系列射出成型机。除了传统的节能机型得到国内外客户肯定外，物理发泡射出成型机、双色射出成型机、多色射出成型机、混色射出成型机更是领先业界。

公司秉持着质量、服务、创新的理念，除了获得“TUV”ISO 9001与CE认证外，更不断的自我要求与发展，为全球广大的客户提供最优质的服务。

浙江明日控股集团股份有限公司

浙江明日控股集团股份有限公司为浙江省塑料行业协会会长单位，成立于1998年，2008年改组为股份有限公司，现有总资产逾10亿元，员工近500人，主营塑料原料、化工产品、农地膜贸易与薄膜工业，年经营规模60亿元。通过多年的持续快速增长，公司已发展成为中国最大的塑化分销服务商、全国“重合同、守信用AAA级企业”、浙江省高新技术企业之一。

公司一直以发展为主线，始终坚持“开拓、创新、诚信、共赢”的企业精神，立足华东，面向全国，不断拓展塑化业务品种与业务领域，创新经营模式。公司已与中石化、上海赛科、扬子 - 巴斯夫、新疆天业、三圆石化、台塑(宁波)、埃克森美孚化工、住友化学、美科化学、陶氏化学等国内外诸多知名企业建立起了战略合作伙伴关系。公司紧抓塑化分销网络建设，商品直销率在80%以上，已在浙江省各地市、上海、江西、安徽、江苏、广东和宁波港、上海港、广州港、天津港等地设立分销机构，在华东地区形成了畅通、高效的分销网络体系。公司还在中国香港成立境外离岸公司，开展转口贸易、美元业务。

公司塑化商品年经营量近70万吨，塑料薄膜年产量近3万吨，其中，PE、PP、PVC年经销量均在20万吨水平，ABS、PS、EVA、茂金属等逾2万吨，甲醇、乙二醇等化工产品近5万吨。

公司将继续以全球化、信息化、网络化的战略眼光，勇于探索，不断创新，追求卓越，努力成为提供物流支持、信息支持、技术支持的现代分销服务商，塑化流通领域的领头羊。

地址：杭州市滨江区泰安路199号浙江农资大厦10－12、17楼

邮编：310051

电话：0571－87661222

传真：0571－87661333

网址：www. zjmr. cn

内蒙古皓海化工有限责任公司

内蒙古皓海化工有限责任公司始建于1977年，是专业生产PVC热稳定剂产品的化工企业，年产销量达2万吨，产品有50多个品种。产品畅销全国各地，并出口韩国、澳大利亚、俄罗斯等国家；产品在东北地区市场占有率达到80%，得到了广大用户的认可和信赖。

公司现有雄厚的技术实力，拥有20多名高、中级专业技术人员组成的技术团队和较高素质的员工队伍；具有国内先进的生产工艺和一流生产装置；自1999年开始实施ISO 9001质量管理体系模式，为客户提供满意产品提供了可靠保障。

公司经过多年的发展，企业实力与影响力不断增强，目前已跨入国内同行业前列，是内蒙古高新技术企业和内蒙古重点民营企业；是中国塑料加工工业协会塑料助剂专业委员会热稳定剂分会副会长单位和中国塑料加工工业协会塑料助剂专业委员会理事单位。

“皓海”品牌是内蒙古自治区著名商标；复合稳定剂是内蒙古自治区名牌产品。公司自主研发的环保型纳米技术改性稀土钙锌复合稳定剂，2005年在国家科技部立项，并获得中小科技型企业创新基金的资助。

公司在成长壮大的过程中，坚持实践“以人为本，精益求精，服务顾客，创新发展”的核心价值理念；始终贯彻“科学管理、优质高效、持续改进、满意顾客”的质量方针；恪守“顾客至上，真诚服务”的观念；努力实现“攀质量高峰，创皓海品牌”的目标。

总公司销售经理　王亚辉 13347568444

0475－7222890

总工程师　富宝玉　13947568209

南京诚科机械有限公司

以“诚信做人，科学做事”为企业宗旨的南京诚科机械有限公司，专业从事同向、异向双螺杆挤出机组、双阶混炼造粒机组、单螺杆挤出机组的研发、设计、制造、销售及售后服务等工作。

诚科公司由业内资深专家组建。先进的管理模式和高效的运营团队是诚科公司的立足之本；为客户诊断工艺技术问题并提供最佳解决方案或量身订制满足客户个性化要求的产品，是诚科公司的营销理念；高起点、高品质、优化设计并达到国内外同类的一流产品质量标准是诚科公司的产品特点；采取为客户售前、售中、售后服务规范化，定期回访客户制度化，客户信息反馈档案化，是诚科公司用心为客户服务的有效方法。

为了拓展双螺杆挤出机的应用领域，诚科公司专设试验室，以配置齐全的双螺杆试验机组，为客户免费提供各种新材料实验、新工艺的研究及试验。

诚科人以积极、细心、宽容、自信的心态，全力打造迎合市场需求的双螺杆品牌产品。

南通三信塑胶装备科技有限公司

南通三信塑胶装备科技有限公司成立于1992年，主要生产电晕处理机，多层共挤流涎薄膜机组等两大产品。公司现有员工160多人，注册资金1000万元，建有厂房及附属用房22000m^2，总资产达3500多万元。2008年公司实现销售收入6979万元。

在电晕机处理技术、多层共挤流涎薄膜机组的合成技术等领域做了许多创造性的工作。获得实用新型专利授权11件，申请发明专利1件，引进意大利技术1件。先后承担国家、省级以上科技计划项目5项。与浙江大学、南京理工大学、北京化工大学等多所国内著名院校建立了紧密的“产、学、研”

合作关系，在科研开发上取得了丰硕成果，是“江苏省高新技术企业”。

公司研制并生产的电晕处理机多达十大系列100多个品种，适用于各种材料的表面改性处理。单机最大功率的电晕处理机已达60kW，能满足薄膜制造、加工的配套需要。经过不断探索、不断改进，公司在电晕处理机的创新上积累了丰富的经验。同时，在设备、人才、生产能力、产品开发上具有优势，处于国内同行业前列。

多层共挤塑料薄膜流涎机组是公司的又一主营产品。2007年引进意大利先进技术，并联合国内多家著名大学、科研院所进行了消化吸收再创新，在国内新推出了CPP/CPE/PVC保鲜膜、EVA/PVB/TPU复合膜、PE透气膜、BOPP珠光膜等十多个品种的流涎薄膜生产线，并出口到美国、加拿大和越南等国家和地区。企业被中国包装联合会评为“中国包装优秀企业”、“中国包装名牌产品”。

南雄市金叶包装材料有限公司

南雄市金叶包装材料有限公司是国内塑料行业最具竞争力的专业厂家之一，主要生产“金叶”牌农膜、地膜(包括普通地膜、双色地膜、降解地膜等)、超微膜、育亩营养托盘以及各种高、中、低档塑料包装袋、连卷袋系列。公司生产基地占地90亩，职工500余人，拥有全自动生产线50条，年生产各类薄膜能力达1.2万吨，塑料袋10亿只，产值过亿元。本公司拥有一流生产设备及工艺，全部产品采用100%进口全新原材料，因而“金叶”品牌各类产品从料质、强度、韧度、色泽、无毒、环保等方面均达到国内顶尖水平。本公司规模生产，诚信经营，薄膜产品覆盖广东、江西、安徽、贵州等地烟草系统，购物袋产品热销全国主要大中城市知名连锁订单可在24小时内送到全国各地指定地点。

地址：南雄市湖口镇承平
电话：(0751)3656201　3656198
传真：(0751)3656587
总经理：汪振球

山东蓝帆塑胶股份有限公司

山东蓝帆塑胶股份有限公司成立于2002年，是中港合资企业，从事一次性PVC手套的研发、生产和销售，年产量41亿支，为世界最主要的医疗级PVC手套制造商之一，高新技术企业，业界首家上市公司(蓝帆股份002382)。公司自成立以来就定位于能为客户提供高品质、高服务、高稳定、中价位产品的优秀制造服务商，产品通过中国医疗器械注册许可、FDA、CE、NSF、ISOO 13485等相关知名认证，为客户提供了产品质量保证。产品畅销50多个国家和地区，成为手套行业主流品牌之一。

公司所属集团下有亚洲较大的增塑剂生产商，可满足50%的生产原料供应，是一家自己拥有上游原料配套的手套生产厂；世界手模生产基地位于淄博，使公司具有手模采购的多重选择；公司位于胶济铁路干线和济青高速中段，距离青岛港260公里，进出口物流方便，交通便捷，地理位置优越。

2008年精益六西格玛管理系统的导入，对公司来说是革命性的管理改革，它不仅是方法论和工具层面的导入，更是全体人员思维方式的变革。它引导公司基于战略思考，同时从人员、流程、客户和财务四个维度进行管理改革，这是打造世界级企业、培育一批世界级职业经理人的最佳途径。

产业技术升级：面对宏观经济调控和全球经济危机双重压力，在2008年中期，我们判断行业竞争格局开始变化，为进一步抢占市场份额，果断决策再增加8条生产线，新上四分厂，在该分厂采用了自动化脱模技术等一系列自动化生产和自动化控制技术，标志着公司主营业务扩张战略的实施又迈开了一大步，引领手套行业生产方式由劳动力密集型向技术型的根本性转变。

研发和创新：为确保技术持续进步，2008年公司成立了技术创新委员会，为项目的调研、开发、实施提供资源和支持，对项目的执行进行管理和推进。2008年以来，在内部产品研发推广的同时，公司着力打造蓝帆品牌，先后申请了技术发明专利四项，申请山东省科技攻关计划项目一项，国家核心期刊发表学术论文两篇，并成为《一次性使用聚氯乙烯医用检查手套》标准起草单位。

公司在2008年通过山东省科技厅认定为“山东省PVC手套工程技术研发中心”，并与中国科学院化学研究所、广州合成材料研究院、北京理工大学等科研机构建立了良好的合作关系，2009年通过高新技术企业认定。

山东瑞丰高分子材料股份有限公司

山东瑞丰高分子材料股份有限公司(原沂源瑞丰

高分子材料有限公司）创建于1994年，属于国家级高新技术企业，注册商标为“鲁山”。

公司主要从事PVC助剂的研发、制造和销售，是中国较大的丙烯酸酯类抗冲改性剂和加工助剂生产企业，公司主导产品为：丙烯酸酯类抗冲改性剂ACR树脂（25000吨/年）、丙烯酸酯类加工助剂（15000吨/年）、抗冲改性剂MBS树脂（20000吨/年）和PVC热润滑剂（5000吨/年），产品广泛应用于聚氯乙烯（PVC）门窗、管道、管件、装饰板、发泡板、片材、薄膜、木塑等硬质品的加工。

为了增强自主创新能力，公司于2000年成立了高分子材料研究所，并建立了一支创新意识好、开拓能力强、专业知识丰富、基础知识扎实的科研开发队伍。近几年来，科研人员成功地研发出了四大系列30多个PVC助剂新产品，并投放到国内、国际市场。2006年该研究所被山东省科技厅认定为“山东省PVC助剂工程技术研究中心”。

公司秉承“团结向上，勇于创新，锐意进取，争做一流”的企业精神，深化企业内部管理，建立了严格的质量管理体系，并于2001年通过了ISO 9001:2000质量体系认证。公司自建成投产以来，以其优良、质量稳定的产品品质，及时准确的信息反馈，完善的售后服务体系，健全的经营机制，赢得了客户的信任和支持，产品畅销国内市场，并出口到亚洲、欧洲、美洲等国际市场。

上海华峰超纤材料股份有限公司

上海华峰超纤材料股份有限公司原名华峰集团上海有限公司，是民营科技企业，由华峰集团（国内最大的聚氨酯制造企业）控股，注册资金11800万元人民币，于2002年10月注册成立。2008年10月经上海市工商局批准改制更名为上海华峰超纤材料股份有限公司。公司位于上海市金山区亭卫南路888号，占地面积15万平方米，建筑面积8万平方米，员工总数552人；其中，大专以上的员工96人，占员工总数的18%。公司主营聚氨酯超纤合成革等，2008年实现产值3.05亿元，利税5900余万元。

公司成立以来，始终坚持科技创新、管理创新、文化创新和制度创新的核心理念，在地方政府的大力支持下，实施科技兴企战略，紧紧依托上海市科技、人才、信息资源的优势，努力促进科技成果的转化，在新型复合材料——束状超细纤维聚氨酯合成革的科技成果转化、新产品的研制、开发方面取得了长足的进步，成效显著；超纤产品不但填补了上海市此类产品的空白，而且在产品性能、质量、花色品种等方面领跑于业内，占国内同行业市场的近20%的份额。

超纤合成革是高档仿真皮革，采用天然皮革中束状纤维结构与性能相似的超细纤维制成，具有三维网络结构的高密度无纺布，再填充性能优异，具有开式微孔结构的聚氨酯树脂加工处理而成。其外观和性能极似天然皮革，具有柔软、手感丰满、吸湿性强、穿着舒适等特点，而且在拉伸、撕裂、剥离强度等指标方面还优于天然皮革，比真皮质轻、保型性能好、出材率高。属新型复合材料，是国家重点鼓励发展的项目；同时，因其具有环保、保护生态平衡的概念，被广泛应用于制鞋、箱包、沙发、汽车内饰、汽车座椅、服装面料、精密仪器及镜头的擦拭布等领域，极具发展潜力，市场前景极为广阔。目前，公司已经成为国内众多著名运动鞋厂家指定的超纤合成革供应厂家。

公司建立科学的运行体系和完整的企业管理制度，强化企业管理的基础建设，全面提升企业管理，推动管理创新。通过引入质量、环境管理体系，把国际通用、流行的质量管理标准和环境管理标准全面引入企业，并与之接轨；使企业的质量、环境管理体系运行保持良好状态，使公司的企业管理工作得到进一步的加强，企业管理工作提升到了一个新的高度。

公司自主研发的超纤彩色手套绒面革已经远销到美国、意大利等欧美市场和亚洲的韩国、日本以及中国的香港、台湾地区；目前，此项技术已经申请了国家专利，并被评为国家重点新产品。同时，公司参与了《聚氨酯束状超细纤维合成革》两《安全鞋用革》两项行业标准的起草与制订。公司拥有一批由硕士研究生、本科生为骨干的数十位工程技术人员组成的技术研发队伍。公司目前申请了8项专利，其中1项发明专利、2项实用新型技术专利均已获授权。

公司坚持科技创新，努力实施科技兴企战略，不断走科技进步道路，取得累累硕果，先后被评为“上海市高新技术企业”、“上海市科技小巨人（培育）企业”、“金山区科技进步一等奖”、“金山区科技进步企业和金山区诚信企业”；超纤系列产品被评为上海市高新技术成果转化项目。

上海人民塑料印刷厂

上海人民塑料印刷厂，企业占地面积22900m^2，资产规模突破1亿元人民币，企业年销售收入已连续多年超过亿元。

上海人民塑料印刷厂创建于1976年，曾是全国复合膜专业委员会的理事长单位，是我国最早从事生产各类彩印软包装复合材料的大型专业生产企业，也是全国最早具有食品和药品包装材料生产许可证的软包装复合材料生产企业之一，是上海包装造纸(集团)有限公司的骨干企业。

上海人民塑料印刷厂自成立起，便以积极的技术提升作为企业发展的核心动力。20世纪80年代初，即从日本引进我国的第一条软包装复合材料生产线，30多年来，企业通过不断的技术引进与技术消化、改造，至今已形成多条代表世界相关行业最先进的印刷、复合、分切、制袋、产品检测等一体化的彩印软包装复合材料的成套生产设备线。

企业近年从意大利引进了重型三联挤出复合机、多功能涂布复合机、重型分切机；2010年企业又继续加大投入，引进了意大利诺德美克公司的无溶剂复合机、日本富士公司的干法复合机等多项配套设备。这些设备的新功能、新技术、新产品代表了当代国际纸塑铝多层复合无菌液体包装、复合材料顶尖技术，又能生产出当今提倡的无溶剂复合包装产品，真正符合绿色环保要求，为企业新一轮发展提供良好的保障。

先进设备的引进为企业在生产软包装复合材料方面形成了相当的规模，为国内外的食品、医药、日化、电子等行业提供了大量的优质高品位的复合包装材料，产品远销日本、美国、德国和加拿大等地，在国内外享有盛誉。

神塑科技有限公司

神塑科技有限公司成立于2007年4月16日，员工500余人，公司位于交通便利、风景优美的长沙市金洲新区金洲大道西208号，是一家集塑胶管道系列产品的生产、研发、销售、技术咨询与技术服务于一体的高新技术企业，注册资金5000万元。公司先后通过了ISO 9001质量管理体系、ISO 14001环境管理体系和OHSAS 18001职业健康安全管理体系认证，先后获得了“湖南省建设科技成果推广项目证书”，“2007～2008年度、2008～2009年度湖南省‘守合同重信用’单位”，“湖南省质量信用等级A级企业”，“湖南名牌产品”，“湖南省著名商标”等各类认证和荣誉证书。

公司产品包括PE、PVC、PPR、玻璃钢管道系统等四大系列，其中PE系列产品有PE给排水管材管件、PE燃气管材管件、HDPE双壁波纹管、HDPE钢带增强螺旋波纹管；PVC系列产品有PVC－U给水、排水管材管件、PVC－U阻缘电工套管、PVC－U埋地式通信套管、PVC－U路灯套管；PP－R冷热水管材管件；电缆用玻璃钢保护套管；PVC－C埋地式高压电力电缆套管及配件等2000多个规格型号。

公司技术力量雄厚，长期注重人才培养和产品研发与技术创新，培养造就了一支由50多名技术人才组成的专业队伍，对于原料配方、生产工艺、产品检验等技术具有深厚的造诣，先后为50多家企业提供技术支持；专业技术队伍涵盖PE、PVC、PPR、玻璃钢管、注塑等工艺技术和开发，其中35人具有中级以上专业技术职称，29人具有高级专业技术职称，目前已成立企业产品研发中心。公司历年严格执行ISO 9001质量管理标准，产品质量上乘，生产设备全部采用国际国内知名品牌；公司投入巨资建立了检测中心，产品质量管理严格把好“三关”，即原材料采购关、在线检测关、出库检验关，确保了产品质量符合国家和行业标准；目前“神塑”品牌在激烈的市场竞争中已经具有相当的影响力和知名度，为了加快抢占市场制高点，快速赢得市场份额，公司制定了高性价比的产品价格，营销已经辐射到了华东、华中、华南和西部的数十省份。

地址：湖南省长沙市金洲新区金洲大道西208号神塑科技园
邮编：410600
服务热线：400－6666－198　0731－85853888
网址：www. hnshensu. com

四川金石东方新材料设备有限公司

四川金石东方新材料设备有限公司是一家高科技开发型的设备制造民营经济股份制企业，是中国塑料管推广协作网、中国塑料加工工业协会及中国石油和化学工业协会的成员企业，是一家专业从事新型塑料管成套生产设备和应用技术研发的企业。

公司自成立开始，就致力于新型复合塑料管材、大口径埋地塑管材的研发生产和推广应用。公司聚集了一批多年从事塑料管道制造和应用方面的专家，在各种高(中、低)压增强塑料复合管、中(大)口径塑料管、热塑(热固)性塑料复合管、大口径高环刚度埋地排水塑料管材，各种复合管连接接头等管材设备制造和管接头连接技术上，拥有近二十项国家专利，积累了丰富的研发、制造经验。并与建设部科技发展促进中心、中国塑加工工业协会、北京塑料加工工业协会及相关科研院所和各部委保持着良好的合作关系，具有雄厚的研发和制造实力。公司在塑料机械，特别是新型复合管道行业已处于领先地位。

其开发的钢带增强螺旋波纹管生产设备已通过欧盟 CE 认证，并已出口至塑料机械发达的欧盟国家和非洲国家，国内已有近 30 条生产线进行生产，生产工艺属国内首创。其开发钢丝网骨架增强聚乙烯管材生产线国内有 30 多条生产线进行工业化生产，其管材广泛应用于给水、燃气、工业压力管道等行业，行业标准正在申报国家标准审批中。

四川森普管材股份有限公司

四川森普管材股份有限公司(总部)位于四川省德阳市旌阳工业集中发展区长白山路北段，系专门从事新型塑料管材、管件研发、制造、销售和工程安装及自营进出口机电产品、塑料制品等业务的股份制企业，由中国著名企业——四川剑南春集团有限公司绝对控股，注册资金一亿元，总资产近 4 亿元。公司在天津滨海新区全资设有分公司——天津森普管材公司。

公司总部占地面积约 15 万平方米，建有九座现代化生产车间，装备了 50 条国际、国内先进的管材生产线，45 台(套)管件生产线，年生产能力达 10 万吨以上，主要产品有聚乙烯(PE)埋地给水管、聚乙烯(PE)燃气管，聚乙烯(PE)和聚氯乙烯(PVC)双壁波纹管，钢筋增强聚乙烯(PE)螺旋波纹管三种埋地排水管、建筑用(PP－R)冷热给水管，聚乙烯(PE)农水农灌管，U－PVC 线缆护套管，煤矿 PE 双抗管等六大类，生产管材口径 Dn20～Dn2000，覆盖了产品国家标准所列全部规格。技术实力、营销网络、市场占有份额及生产规模等综合实力位居全国同行业前列。

公司是在 1998 年国家第二次化学建材会议之后建立的第一批新型塑料管材专业厂家，集聚了一大批中高级技术人才，在聚烯烃类(PE、PP)管材管件制造和应用领域内始终保持着市场的领先地位，特别是在管道安装连接使用系统化和市政管道工程(非开挖)施工等方面具有独特优势。作为国家化学建材塑料管材专家组成员单位，全国塑料制品标准化技术委员会成员单位，先后主编了《给水用聚乙烯管件》GB/T 13663. 2—2005、《埋地排水用钢带增强聚乙烯(PE)螺旋波纹管》CJ 225－2006、《埋地排水用钢带增强聚乙烯螺旋波纹管管道工程技术规程》CECS223:2007，参与了《燃气用聚乙烯(PE)管件》、《钢筋增强聚乙烯(PE)螺旋波纹管》等 8 个国家标准和设计安装技术规范的编制；先后被国家建设部确定为“国家新型管材技术产业化示范企业”，被国家技术质量监督总局评为“国家质量管理先进单位”，被四川省人民政府确定为“四川省高新技术企业”，“省级企业技术中心”，“中国优质品牌”称号，“森普”管材管件被评为“四川省名牌产品”，并获评“四川省著名商标”。

长期坚持将“向社会提供环保、经济、节能、可靠的塑料管道系统”作为公司的质量方针，从 2000 年至今，先后完成 ISO 9001 质量管理体系认证，ISO 10012 完善计量检测体系认证，ISO 14001 环境管理体系认证，ISO 14024 环境标志产品认证，压力容器元件安全认证和矿用管材产品安全认证。

公司秉承“做实、做强、做精、做大”的企业宗旨，肩负“为社会创造财富，为客户创造价值，为股东创造回报，为员工创造前途”的使命，坚持“品牌化战略、资本式经营”的方针，弘扬“森普管材，一管到底”的企业精神。公司以技术为先导，营销为重点，以“务实、创新、诚信、责任”的企业文化为市场和用户提供需求和服务。公司在全国 26 个省市区的省会城市设立了办事处，有一支 200 余人的专业营销队伍，负责开展产品营销，技术咨询，安装连接、技术指导、售后服务和产品宣传工作，为广大用户提供就近、快捷、全过程的周到服务。

剑南春集团作为母公司，坚持对森普按市场规律的严格要求，并在资金、技术、人才方面给予了充分的保障，使公司运作不断规范、基础条件不断完善、管理水平不断提高、综合实力不断增强，公司董事会制定的公司中长期发展战略规划正在顺利实施。近年来，公司在为多项国家重点项目建设用管道提供产品和工程安装，为国内上百家大、中城市的给水、排水和燃气管道工程等方面提供了优质服务，使“森普”品牌的市场信誉和森普的企业形象得到了极大的提升。

台州国际塑料城
中国塑料制品产源地市场
全球塑料制品采购中心

台州国际塑料城中国规模最大、档次最高、产品最全的塑料制品市场，位于中国塑料制品王国、中国专业市场的发源地之一——台州市路桥区。南临104国道，西临75省道，距离路桥机场、甬台温高速铁路路桥货运总站、椒江港10分钟车程，地理位置得天独厚。项目由中国服务业五百强企业、浙江省首家五星级饭店缔造者——浙江南苑集团斥资20亿，按照浙江省五星级文明规范市场打造，是中国第五代专业市场的典型代表，于2009年9月17日盛大开业。项目占地234亩(15.6万平方米)，总建筑面积28万平方米，其中塑料制品市场建筑面积12.1万平方米，塑料产业商业用房6万平方米，酒店及酒店公寓3万平方米，配套住宅小区6.8万平方米。项目集专业市场、商业、购物、办公、金融、物流、外贸、科技研发、酒店、公寓、住宅等功能于一体，为经营者创造一条龙的服务体系，为采购商营造“一站式”的采购环境。

台州国际塑料城全国首创大塑料概念综合商品交易市场。市场共三层，有18.9m^2标准铺位1500余个，入驻企业2000余家，从业人员10000多人，经营产品上万种，汇聚如中国三友控股集团、台州市中天塑业有限公司、浙江汇丰塑业用品有限公司、台州市双马塑业有限公司、台州市富岭塑胶有限公司、台州云峰电器有限公司、茶花塑业等国内外众多塑料行业知名品牌企业。市场一层经营塑料五金电工产品，厨卫家居用品、酒店用品，玩具、工艺礼品、文体用品，塑料农用制品；二层经营塑料日用制品，塑料电器；三层品牌塑料企业展示中心，外贸服务中心，研发设计中心，商务服务中心，塑料制品检测中心，新产品展示发布中心等综合服务中心。

台州国际塑料城是一个集现代化、国际化、信息化于一体的塑料制品专业市场。实现了由传统贸易向以商品展示、洽谈、接单和电子商务为主的现代化经营方式的转变，积极打造“永不落幕的塑料制品展”。实现国际贸易和国内贸易并举，商品外贸出口率达40%以上，80%以上商位承接外贸业务，商品销往100多个国家和地区。实现市场硬件的智能化，整个市场人流、物流、信息流畅通，市场立体交通网络发达，共有各类电梯34部，汽车可直达市场每一个楼层，市场光纤接入，每个商铺都可直接进行网上交易。

电话：0576－82600008
传真：0576－82600007
网址：www.tzipc.com
邮箱：tzipc@tzipc.com
地址：中国浙江省台州市路桥区泰隆街1288号
邮编：318050

温州市华康合成革有限公司

温州市华康合成革有限公司座落于浙江省温州工业园区，公司距温州市火车站15公里，离永强机场3公里，交通便利。

公司成立于2002年，占地面积28000m^2，建筑面积22800m^2，公司现有员工300多人。公司是一家集产品研发、生产和销售为一体的科技型企业，公司拥有多条国内外领先的PU、PVC生产流水线和完善的检测设备，年产合成革产品500多万米。

公司先后获得“浙江名牌产品”和“浙江省著名商标”等多个荣誉称号，公司通过了ISO 9000质量体系认证和ISO 14000环境体系认证。公司拥有自营进出口权，产品远销欧洲、南美、中亚、日韩等多个国家和地区。凭着优质的产品，合理的价格，完善的服务，产品深受广大客户喜爱与信赖。

面对激烈的市场竞争，公司建立了自已的产品研发中心，根据市场的需求不断开发新产品。其中纳米抗菌鞋里革经过中国科学院理化所检测，抗菌率达到90%以上；高剥离耐水运动鞋面革是国内多家知名运动鞋生产企业的指定供应产品。

地址：浙江温州工业园区中兴路110号
电话：0577－86633789
传真：0577－86638686

无锡双象超纤材料股份有限公司简介

无锡双象超纤材料股份有限公司是中国人造革合成革行业的龙头企业之一，是国内首家同时具备超细纤维超真皮革、PU合成革和PVC人造革产品生产能力的企业，可以为客户提供“一站式”供应服务。公司占地20万平方米，拥有从德国、奥地利等国引进的国际一流的先进生产设备和完整的产品试验、检验、测试设施，率先通过ISO 9001国际质量管理体系和ISO 14001环境管理体系双认证。具备年产PVC人造革2500万平方米、PU合成革1400万平方米、超细纤维超真皮革300万平方米、塑料薄膜10000t的生产能力。产品广泛应用于中高档鞋类、家具、箱包、球类、服装、腰带、汽车内饰及装饰等领域。

公司是中国塑料人造革合成革制造行业排头兵企业、国家火炬计划重点高新技术企业、江苏省

2008年度第一批高新技术企业、江苏省百家重点民营科技企业、无锡市十佳民营科技型企业。在业内具有领先的自主创新能力和研发实力，与上海东华大学(原中国纺织大学)、无锡嘉元非织造布技术研究所等科研院所建立了长期“产学研”合作关系。是行业内唯一承担并完成“国家863计划项目”——超细纤维超真皮革关键技术研究的企业，还先后承担了国家优秀火炬计划项目——仿真皮“PU纳帕革”项目和江苏省重大科技成果转化项目等国家级、省级重大科研项目，获多项国家发明专利。并承担了《聚氨酯超细纤维合成革通用安全技术条件》、《聚氨酯干法人造革》等多项国家标准、行业标准的起草和修订工作。是国内少数几家获得“中国生态合成革”和“中国生态超细纤维合成革”标志认证的企业。被中国塑料加工工业协会授予“中国超细纤维合成革创新研发基地”称号。

公司是中国塑料加工工业协会副会长单位，先后荣获诚信企业、AAA级重合同守信用企业、江苏省AAA级资信企业等称号，“双象”商标被认定为江苏省著名商标。领先的技术、优质的产品、完美的服务、良好的信誉奠定了双象坚实的市场基础。公司生态合成革销量及市场占有率位居全国第二位，产品远销美国、俄罗斯、德国、法国、意大利、日本、韩国、印度、澳大利亚等四十多个国家和地区。

地址：江苏省无锡市新区鸿山镇后宅中路135号
销售热线：0510-88993883
0510-88993888转8201，8230
传真号码：0510-88993882
E-mail：wxzj@chinadoubleelephant.com

新疆方兴塑化有限责任公司

新疆方兴塑化有限责任公司位于新疆五家渠市工业园区，改制于2004年10月28日，注册资本2550万元，是兵团农六师五家渠市最大的高科技新型节水材料生产企业，属国资公司控股企业。现有8条内镶式滴灌带生产机组，30条单翼迷宫式生产机组及配套的注塑机，年生产能力达6亿米，可满足75万亩地的使用，年销售产值5500万元左右。主要以生产农用节水器材、配套水利工程的设计施工及滴灌产品检验。产品有各种规格型号的内镶式、单翼迷宫式滴灌带及厚壁滴灌管。公司于2005年通过ISO 9000国际质量管理体系认证，2006~2009年连续被中国中轻产品质量保障中心评为“质量、服务、信誉AAA品牌”，2007年被新疆自治区标准化协会评为“符合标准信用产品标志”产品，2008年7月取得国家节水产品认证标志，2008年度被中国塑料加工协会评为先进单位。2009年10月被评为标准化良好行为试点企业，12月公司生产的“方兴牌”滴灌带被评为新疆自治区名牌。公司属新疆兵团企业家协会成员单位，新疆维吾尔自治区塑料协会副理事长单位。

联系电话：0994-5829025
传真：0994-5829027
邮箱：xjfxsh5802583@163.com
地址：新疆五家渠工业区

漳州市龙海集友塑料有限公司

集友集团(漳州市龙海集友塑料有限公司)创办于1993年5月，现占地面积80亩，建筑面积36000余平方米，总资产1.6亿元。生产PVC-U、PP-R、PE管材管件生产能力达20万吨。

公司拥有完善的销售网络，在国内有300多家经销商，产品覆盖全国20多个省市地区，是国内管道行业骨干企业。在“精益求精、不断满足顾客要求”的企业精神的激励下，公司以诚信创新，产品品质为企业使命，十几年来面对国内激烈的市场竞争，闯出适合自己发展的道路，得到了社会各界的肯定和支持，先后被评为中国驰名商标；产品质量国家免检；福建名牌产品；中国塑料加工工业协会副会长单位；福建工商局守合同重信用单位；中国农业银行福建省分行授予的AAA级信用客户；福建省消费者委员会推荐商品；建设部科技成果推广项目；中国塑料协会管道专业委员会会员单位；中国塑料制品标准化委员会塑料管材、管件及阀门分技术委员会委员单位(TC48/SC3)；中轻产品质量保障中心授予的质量、服务、信誉AAA产品、中国知名品牌；入选《全国农村饮用水安全工程材料产品信息年报》；1997~2009都被评为企业纳税大户；漳州市人民政府授予我公司“明星乡镇企业”、“乡镇企业名优产品”等各种殊荣。

公司拥有完善的质量管理体系，通过ISO 9001:2000国际质量管理体系认证；ISO 14001:2004国际环境管理体系认证；GB/T 28001—2001职业健康安全管理体系认证。

地址：福建省龙海市角美镇洪岱工业区
邮编：363107
电话：0596-6777889　6777899

传真： 0596－6788431

网站： http：//www. chinajiyou. cn

中国软包装集团

中国软包装集团是国内最大的双向拉伸聚丙烯薄膜(BOPP)生产企业，产能达23万吨，2011年将成为世界最大的双向拉伸聚丙烯薄膜(BOPP)生产企业。集团始终坚持以绿色环保、可持续发展为理念，不断提高中国软包装集团的综合竞争实力。

中国软包装集团引进代表当今世界最顶级水平的双向拉伸聚丙烯薄膜生产线，先后在中国福州投资建设海西软包装科技园，在河南投资建设中原软包装科技园，在成都投资建设西部软包装科技园，在河北投资建设北方软包装科技园，在辽宁投资建设东北软包装科技园等软包装基材生产基地。项目总投资45亿元。届时总产能可达100万吨，于中国市场份额将达37%，占世界份额将达15%，产值约达150亿元人民币。

中国软包装集团积极拓展BOPP产业链，决定斥巨资拟在福建福州江阴港建设丙烯聚合项目，项目总投资人民币90亿元左右，年产120万吨聚丙烯树脂，年产值可达140亿元，届时集团总产值将达300亿人民币。

公司网址： http：//www. times－packing. com

公司地址： 福州六一北路468号东方明珠大厦4号楼

邮编： 350001

电话： 0591－87675103

工厂地址： 福建省福州市罗源县罗源湾开发区北工业区

邮编： 350600

颐 通 集 团

颐通集团是一家全球最大的专业生产市政工程用高密度聚乙烯(HDPE)管道的现代化大型企业，集研发、生产、销售、服务于一身，总资产51亿，月均销售额2亿元。集团下设河北颐通管业、湖南颐通管业、内蒙古颐通管业、广东颐通管业、安徽颐通管业、重庆颐通管业、陕西颐通管业、河北大丰农业、河北君安化工等九家分公司。集团以“德益社会、共担责任、开放进取、永不放弃 ”为核心的价值观整体服务于客户。各类HDPE管道产品的年生产能力已达100万吨以上，产能规模居同行业首位，产品远销106个国家和地区，品牌享誉海内外。

物流区位是颐通集团得天独厚的经营优势。依托遍布全国的七大生产基地，建立起了覆盖中国、遍及全球主要经济区域的销售网络，拥有高水准持续供货和敏捷的全方位服务能力，培育形成了综合物流所必须的全方位设计、组织、协调、管理等综合服务能力。

为了满足市场需求和控制成本，公司正在筹建占地1100亩的湖南颐通管业有限公司，可满足湖南、湖北、江西、江苏、浙江、云南、贵州等地区的市场需求；在内蒙古满洲里正筹备1500亩内蒙古颐通管业有限公司，在甘肃兰州筹备1500亩甘肃颐通管业有限公司，届时可满足俄罗斯、外蒙古、哈萨克斯坦等20多个国家和地区的供货需求。同时为了进一步拓展市场，公司将在沿海重要港口城市筹建工业园，以适应敏捷的物流需要。

安全、质量、环保、速度、信誉是颐通管业生存和发展的立身之本。公司在业内率先通过了ISO 9001:2000质量管理体系认证、ISO 14001环境管理体系认证和OHSAS 18001职业健康安全管理体系三合一认证。为国家首批一级资质获证企业。

地址： 河北省广平县城南新区

邮编： 057650

电话： 400－612－3188

手机： 15030077887

传真： 0310－2520568

邮箱： etonpipe@ 126. com

中外合资江苏常州晶雪冷冻设备有限公司

中外合资江苏常州晶雪冷冻设备有限公司地处富庶的太湖之滨，位于常州市东南，毗邻无锡，紧靠沪宁高速、锡宜高速、沿江高速、312国道、沪宁铁路和京杭大运河，交通十分便捷。作为上海锐欧冷冻设备有限公司的库板、库门生产基地，本公司占地面积约3.5万平方米，标准化厂房约2.5万平方米，公司现有职工380多人，安装人员120多人，工程技术人员49人，作为多家设计研究院、大专院校建立了技术协作关系。产品曾获部、省优质产品称号，并通过ISO 9002质量体系认证，ISO 14001环境管理体认证、OHSAS 18001职业健康安全管理体系认证，是中国制冷协会会员、中国聚氨酯制品协会副理事长单位、常州市重合同守信用企业、常州市知名品牌、常州市免检企业。

公司是生产各种装配式冷库的专业厂家，广泛应用于大型超市卖场、工业设备测试房、食品加工企业车间、水产批发市场、大型物流、机场航空配餐，化工生物制药储存、禽畜屠宰、旅游宾馆、星级酒店、高档餐饮、户外通讯设备房等行业，并向全球出口。公司生产的PU(聚氨酯)保温板已彻底淘汰了氟利昂发泡工艺，在国内同行业中首个通过国际环保机构认证并获多边基金奖励，2008年公司产品又首先通过国内新消防标准测试。我公司保温板从剪板、折板、压筋、定型均采用专业自动流水线设备，采用世界先进的伸缩式高压发泡机压力发泡，一条龙成套工艺，大大提高了彩钢板、不锈钢等各种板面的强度，美观整洁，防腐耐用。并可根据用户要求，提供各种国产和进口制冷机组。

2002年公司与德国太利得门业合作成立了中国太利得，引进德国太利得生产技术和工艺，共同开发生产符合中国国情的平移门、铰链门、自由门等各种绝热门类和一些相应的配件，以联手开拓中国市场，中国太利得与晶雪公司将竭诚为您制造一个精致的绝热空间。

此外，公司还实行设计施工调试的成套工程服务。是沃尔玛、家乐福、麦德龙、欧尚、乐购、好又多、易买得、易初莲花、联华、华联、丹尼斯、步步高、家世界、时代等国内各类超市及普洛斯、中外运、嘉意、交运等各类物流的库体配套供应商；另外提供美国通用磨坊上海品食乐食品公司、可口可乐、百事薯片、香港五丰集团、国福龙凤食品、杭州佑康、思念集团、三全食品、众品集团、大成食品、台湾正点食品、森宝集团、蒙牛集团、伊利集团等诸多国内知名企业的车间保温、冷库提供配套工程，并为华兰生物集团、上海富恒通肠衣、福清隆裕食品、苏阿姨食品、好得睐食品等诸多企业提供全套冷库制冷及保温安装调试服务、其全优质量更加坚固了我们在国内外客户心目中的地位。在上海、石家庄、哈尔滨、沈阳、太原、济南、深圳、厦门、广州、长沙、长春、西安、大连、宁波、天津、芜湖、北京、重庆、南京、杭州、内蒙古等全国各省市都有我公司的大型冷库工程。

珠海市远康企业有限公司

珠海市远康企业有限公司是一家专业研发生产工程改性塑料、色母、塑胶颜料的高新技术企业。拥有5万平方米现代化研发生产基地及国家级检测中心，化学工业合成材料老化质量监督检测中心(珠海中心)。建成国内首个工程改性塑料环保型无尘生产车间，国内第一条工程改性塑料全自动生产线，年产工程改性塑料10万吨。

公司已通过ISO 9001国际质量管理体系、ISO 14001国际环境管理体系认证、OHSAS 1800、ISO/TS 16949认证，建立了中国第一套工程改性塑料制造业的8 S管理体系。我们同时还是全国塑料标准化技术委员会委员。所有产品通过欧盟ROHS、欧盟REACH、美国UL94黄卡、美国FDA等相关认证。

远康塑料城是珠三角西南地区唯一的集研发、生产、检测、展览、物流仓储、电子交易服务为一体的广东省重点工程塑料物流市场。

主要产品及经营服务：

工程改性塑料：PA6、PA66、PC、PBT、ABS、PP，PC/ABS、PC/PBT、PC/PBT/ABS合金、HIPS、POM，高光镜面黑色母粒等。

所有的改性材料都可以根据客户的需求来生产，比如以客户需求进行染色，矿物或玻纤/微玻增强，无卤环保阻燃，阻燃，抗UV，耐寒，抗静电等。

代理经销：世界名牌塑胶颜料，色母、扩散剂、分散油、珠光粉、金、银粉、闪光金/银片、夜光粉、抗氧剂，光稳定剂等，所有颜料经过严格筛选、耐晒、耐热、稳定、安全性符合国际标准。

专业调色：采用电脑快速调配各种塑料颜色；颜色稳定持久不变，高效快捷、服务周到。

检测中心：按国际标准检测所有塑胶原料、工程改性塑料及助剂、塑胶颜料及制品的安全与性能。

注：可办理转厂(深加工结转)及进出口业务

工程塑料部：

电话：+86 0756－8596888

传真：+86 0756－8591324

塑胶颜料部：

电话：+86 0756－8515966

传真：+86 0756－8515113

地址：广东省珠海市香洲区华宇路611、613号(105国道旁)

邮编：519070

网址：www. zh－yk. com

E－mail：yk@ zh－yk. com

台州东海塑料品制造有限公司

台州东海塑料品制造有限公司是一家股份制民营工业，公司位于中国经济发达区域浙江宁波和温州之间的临海市杜桥镇，创建于2003年9月，拥有自营进出口权，专业生产特斯林网布和仿古环保藤条等产品，企业现占地面积2.33万平方米，建筑面积1.8万平方米，现有职工350多人，其中各类专业技术人员50多人。

公司拥有一流的生产设备，品种规格齐全，是浙江省塑料制品行业的龙头企业，技术力量雄厚，自行研制开发的特斯林网布经浙江省科学技术厅鉴定委员会鉴定，填补了国内空白，被评为省级科技新产品，企业则被评为浙江省高新技术企业。

公司凭借优良的质量，及时的交货和良好的信誉，成为国内几家知名旅游休闲用品及家具制造企业的主要供应商，同时产品还远销欧美及中东市场，在欧美及中东市场上享有较高的知名度。

电话：0576－85520308
传真：0576－85520311
邮编：317000

（王浩　史立科）

中国塑料行业(首批)企业信用等级评价 AAA 级企业名单

Enterprises Awarded with AAA Grade of Enterprise Credit Evaluation during the First Corporate Credit Rating Activity of China Plastics Industry

遵照商务部信用工作办公室、国资委行业协会联系办公室《关于规范行业信用评价试点工作的通知》(商信用字[2008]2 号)、《关于行业信用评价工作有关事项的通知》(商秩字[2009]7 号)和《关于公布第三批行业信用评价参与单位名单的通知》(商信用函[2009]3 号)文件精神要求，结合中国塑料行业企业特点，自 2009 年 10 月至 2010 年 2 月 1 日，我协会在全国范围内开展了“中国塑料行业(首批)企业信用等级评价”工作。经企业自愿申报、第三方专业评估机构评价、专家严格初审筛选和行业内专家组论证、评价结果公示后，确定首批 41 家行业内具有一定知名度和实力的骨干企业作为中国塑料行业(首批)信用等级评价 AAA 级企业，现公布评价结果。

中国塑料行业(首批)企业信用等级评价结果

序号	企业名称	信用等级	证书编号
1	上海华峰超纤材料股份有限公司	AAA	201009911100001
2	浙江龙跃科技有限公司	AAA	201009911100002
3	三斯达(福建)鞋业有限公司	AAA	201009911100003
4	山东同大海岛新材料股份有限公司	AAA	201009911100004
5	义乌市鑫挺人造革有限公司	AAA	201009911100005
6	广东联塑科技实业有限公司	AAA	201009911100006
7	力尔型材有限公司	AAA	201009911100007
8	温州奥昌合成革有限公司	AAA	201009911100008
9	江苏宝泽高分子材料股份有限公司	AAA	201009911100009
10	青岛宏信塑胶造粒有限公司	AAA	201009911100010
11	云南曲靖塑料(集团)有限公司	AAA	201009911100011
12	四川省犍为罗城忠烈塑料有限责任公司	AAA	201009911100012
13	绍兴翔宇绿色包装有限公司	AAA	201009911100013
14	浙江经纬集团环保工程有限公司	AAA	201009911100014
15	山东日科化学股份有限公司	AAA	201009911100015
16	义乌市大大箱包材料有限公司	AAA	201009911100016
17	温州人造革有限公司	AAA	201009911100017
18	哈尔滨哈轻塑胶有限公司	AAA	201009911100018
19	山西中德塑钢型材有限公司	AAA	201009911100019
20	四川森普管材股份有限公司	AAA	201009911100020
21	济宁得亚利聚合体有限公司	AAA	201009911100021
22	浙江中财型材有限责任公司	AAA	201009911100022
23	烟台冰轮塑业有限公司	AAA	201009911100023
24	山东省塑料工业有限公司	AAA	201009911100024
25	广东炜林纳功能材料有限公司	AAA	201009911100025
26	天津军星管业集团有限公司	AAA	201009911100026

续表

序号	企业名称	信用等级	证书编号
27	芜湖海螺型材科技股份有限公司	AAA	201009911100027
28	秦皇岛宏岳塑胶有限公司	AAA	201009911100028
29	淄博中南塑胶有限公司	AAA	201009911100029
30	湖南路路通塑业股份有限公司	AAA	201009911100030
31	山东胜邦塑胶有限公司	AAA	201009911100031
32	广州市振兴实业有限公司	AAA	201009911100032
33	昆山协孚人造皮有限公司	AAA	201009911100033
34	广东华业包装材料有限公司	AAA	201009911100034
35	重庆顾地塑胶电器有限公司	AAA	201009911100035
36	华之杰塑料建材有限公司	AAA	201009911100036
37	山东清源集团有限公司	AAA	201009911100037
38	广东东方管业有限公司	AAA	201009911100038
39	天津开发区金鹏塑料异型材制造有限公司	AAA	201009911100039
40	东营大明新型建材有限责任公司	AAA	201009911100040
41	山西惠丰型材有限公司	AAA	201009911100041

以上信息可在中国反商业欺诈网(中国市场秩序网)(WWW. 12312. gov. cn)查询。

（中国塑料加工工业协会　刘姝）

PIPES INDUSTRY
Senrui
森瑞管业

贵州森瑞管业有限公司

GUIZHOU SENRUI PIPES INDUSTRY CO.,LTD.

贵州森瑞管业有限公司成立于2003年9月，公司位于贵州省贵阳市乌当区东风工业园，系专门从事新型塑料管材管件研发、制造、销售和安装服务等业务的高科技环保企业，公司注册资本4000万元，总资产逾亿元，占地面积80000余平方米。

埋地用聚乙烯（HDPE）波纹管材

给水用聚乙烯（PE）管材

埋地排水用硬聚氯乙烯（PVC-U）双壁波纹管材

埋地式高压电力电缆用PVC-C套管

埋地排水用钢带增强聚乙烯（PE）螺旋波纹管

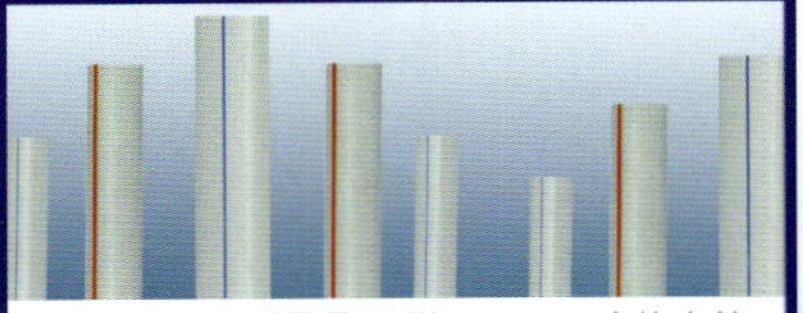
建筑用无规共聚聚丙烯（PP-R）冷热水管

公司目前装备了近20条国际、国内先进的管材、管件生产线和先进完善的检测设备，年生产能力达2万吨以上，主要产品有：给水用聚乙烯（PE）管、燃气用埋地聚乙烯（PE）管、钢带增强聚乙烯（PE）螺旋波纹管、聚氯乙烯（PVC）双壁波纹管和聚乙烯（HDPE）双壁波纹管三种埋地排水管、建筑用聚丙烯（PP-R）冷热水管、PVC-C高压电力电缆护套管等六大类管材及管件，口径为20mm-2000mm，覆盖了产品国家或行业标准所列全部规格。

公司以“向社会提供环保、节能、安全、经济的塑料管道系统”为质量方针，先后通过ISO9001:2000质量管理体系认证、ISO10012计量检测体系认定、ISO14001环境管理体系认证、OHSA10081职业健康安全管理体系认证和压力管道元件安全认证。公司先后被确定为“贵州省高新技术企业”、“省企业技术中心”、被评为“守合同、重信用”单位称号、授予“聚乙烯（PE）管道焊工考试委员会”，公司所有产品被列为“全国建设行业科技成果推广项目”。

公司坚持“以销售为龙头、以科技为先导、视质量为生命”的经营理念，发扬“诚信、务实、学习、创新”的企业文化，为市场和用户提供需求和服务，公司营销网络已辐射全国市场，在各中心城市设立了办事处，开展产品营销、工程设计、管道安装、技术培训，为广大用户提供快捷、优质的管道工程系统全过程的服务。

真诚地感谢广大用户和社会各界对公司一如既往的关爱和信赖，我们将竭诚为社会提供更加优质的产品和满意的服务。

贵州森瑞管业有限公司
电话：0851-6221628
网址：www.gzsenrui.com

地址：贵州省贵阳市乌当区东风工业园
传真：0851-6221728

会员单位
资质证书
浙江省建设科技成果推广项目证书
全国工业产品生产许可证
检测报告
批准证书
营业执照

南雄市金叶包装材料有限公司

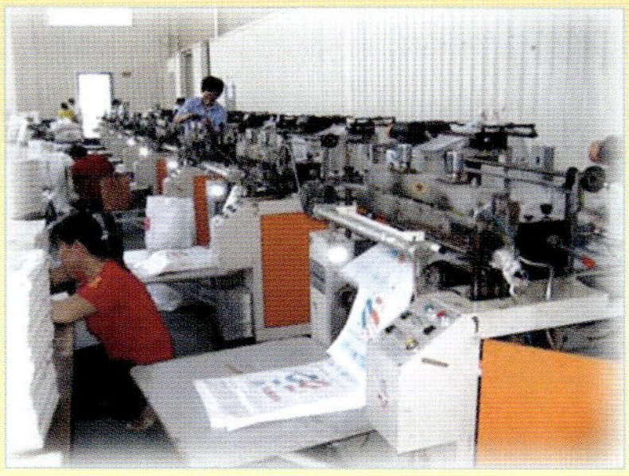

南雄市金叶包装材料有限公司是国内塑料行业具有竞争
力的专业厂家之一，主要生产“金叶”牌农膜、地膜（包括
普通地膜、双色地膜、降解地膜等）、超微膜、育亩营养托
盘以及各种高、中、低档塑料包装袋、连卷袋系列。公司生
产基地共占在90亩，职工500余人，拥有全自动生产线50条，
年生产各类薄膜能力达1.2万吨，塑料袋10亿只，产值过
亿元。本公司拥有一流生产设备及工艺，全部产品采用100%
进口全新原材料，因而“金叶”品牌各类产品从料质、强度、
韧度、色泽、无毒、环保等方面均达到国内先进水平。本公
司规模生产，诚信经营，薄膜产品覆盖广东、江西、安徽、
贵州等地烟草系统，购物袋产品热销全国主要大中城市知名
连锁订单可在24小时内送到全国各地指定地点。

本公司愿以同质产品全国最低价格为广大客户提供“金
叶”品牌优质产品，以规范市场秩序，重树行业尊严为已任。

总经理：汪振球

地址：南雄市湖口镇承平
电话：（0751）3656201　3656198
传真：（0751）3656587

温州奥昌合成革有限公司

WENZHOU AOCHANG SYNTHETIC LEATHER CO., LTD.

奥昌合成革有限公司是一家外商独资企业，是香港联合科技控股有限公司子公司，坐落于中国浙江省温州市经济技术开发滨海园区，共拥有管理人员及员工 400 多人，注册资本 300 万美元，总投资 600 万美元，本公司已通过 ISO9001：2000 国际质量体系、ISO14000 环境管理体系、职业健康安全管理体系及美国 PSS 香港玮伦公司认证，连续几年被交通银行以及广东发展银行评定为 AAA 级信用企业，是中国塑料加工协会副会员单位，温州市合成革商会理事单位；被香港合成革暨金属物料供应商会授予“ 同业先进单位 ”、温州国家税务局授予“A 级纳税信誉单位 ”、被广东发展银行杭州分行授予“ 五星级优质 GP 客户 ”，2007 年 10 月荣获温州市名牌产品称号，2009 年 2 月荣获浙江省名牌产品称号，连续几年被温州经济技术开发区管理委员会授予“ 三星级企业 ”,2010 年获得中国塑料工业加工协会信用等级“AAA”级证书。公司专业生产 PU 革系列、箱包革、男女鞋革、沙发革、服装革、剥离膜革、牛巴革、变色文具商标革以及符合欧美环保要求的鞋革和箱包革等，广泛应用于制鞋、纺织服装、家具、文具、箱包等各个行业。

公司拥有现代化厂房，6 条台湾制造的 PU 合成革生产线及花样多变后处理产品，年生产能力达 1200 多万米 PU 革，产品辐射欧美、南美、中东及日本韩国越南和国内各地区。

近年来，公司在发展的同时，投入大量资金用于新产品的研发，新设备的投入，以本公司独有的核心技术立于竞争日渐强烈的合成革行业中。我公司率先研发了具有代表性的几十种新花色，新品种的合成革，受到国内外的一致好评。

公司工程师 4 人，技术人员 22 人，生产中严格按照 ISO9001 体系运作，实行以人为本，不断创新，不断求大，努力为世界各地提供满意的产品。

地址：浙江温州经济技术开发区滨海园区 A303 小区
电话：0577-86806666/86829899
传真：0577-86829822/86829811
邮编：325025
E-mail：aochang@aochang.com

RAEWE·FANGLI
德国技术
GERMAN TECHNOLOGY
国际品质
INTERNATIONAL QUALITY
PE/PPR PIPE EXTRUSION LINE
HDPE/PP DOUBLE-WALL CORRUGATED PIPE EXTRUSION LINE
MULTI-LAYER COMPOSITE PE PIPE EXTRUSION LINE
PP-R PIPE EXTRUSION LINE
FANGLI
YF SERIES PROFILE EXTRUSION LINE
M SERIES AUTOMATIC BUTT FUSION MACHINES
RHJ SERIES ANGLE FUSION MACHINES
FANGLI GROUP
Add: changfeng Industrial Zone,Ningbo,Zhejiang,China
Sales hot line: +86-574-2888 3111 2888 3018
Fax: +86-574-2888 3265
P.C: 315192
Http://www.fangli.com
E-mail:fl@fangli.com
CE
SGS
UKAS
RHD SERIES BUTT FUSION MACHINES
DJQ SERIES MULTI-ANGLE BAND SAW MACHINES

广东华业包装材料有限公司

广东华业包装材料有限公司是“国家重点高新技术企业”、“国家火炬计划重点高新技术企业”、“中国优秀民营企业”，同时也是“中国包装龙头企业”、“中国塑料加工工业协会副会长单位”及“中包联塑料制品包装委员会常务理事单位”。技术力量雄厚，有世界先进的生产设备和实验检测仪器，有完善的质量保证体系。

公司创建于1997年，注册资本13800万元，银行信用等级为3A级。公司占地面积300多亩，职工498人，其中工程技术人员128人。

主导产品是双向拉伸聚丙烯(BOPP)薄膜系列产品和双向拉伸聚苯乙烯(BOPS)薄膜系列产品，未拉伸聚丙烯（CPP）薄膜系列产品及其软包装印刷制品，产品畅销国内外市场，供不应求。

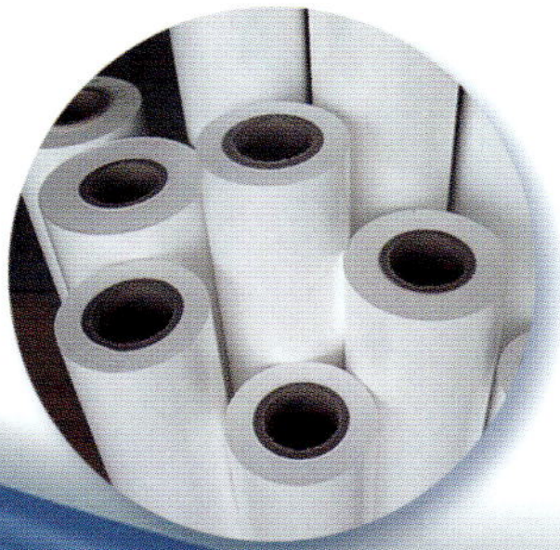

法人代表：陈友标

电话（TEL）：+86-768-5924898

传真（FAX）：+86-768-5923309

邮政编码（P.C）：515638

注册地址：广东省潮州市潮安县庵埠镇砚前工业区

E-mail: huaye@gdhuaye.com 网址：http://www.gdhuaye.com

您的质量有多好，
看您的要求有多高——
岳峰高
YUEFENGGAO
十万吨级塑料助剂生产基地
Million-ton Production Base of Plastic Additives
MBS
ACR
CPE
ACM
高抗冲ACR Impact Modifier ACR Resin
发泡调节剂 Foaming Regulator
江西岳峰高分子材料有限公司
JIANGXI MOUNTAINTOP POLYMER CO., LTD.
地址：江西萍乡经济开发区西区
ADD: West Zone Economic Development ZonePingxiang Jiangxi
手机/Mobile: 15979271888 13807955129
电话/TEL: 0799-6611388 传真/FAX: 0799-6611399
网址/WEB: www.yfpolymer.com
邮箱/Email: yfpolymer@163.com yfgpolymer@yahoo.com (overseas)

蘇州工業園區富事達塑業有限責任公司（蘇州塑料一廠）

苏州工业园区富事达塑业有限责任公司（苏州塑料一厂）专业生产工程注塑制 品、波纹管、片板材和改性材料，积累了近多年的塑料加工专业技术经验。富事达 公司拥有自营进出口权，是江苏省高新技术企业，名列国家统计局公布的中国塑料 加工企业的前列。

公司现有职工近 200 余人，工厂占地面积 37000 平方米，建筑面积 25005 平方米，固 定资产 3900 万元。注塑生产基地位于苏州工业园区，挤出生产基地位于苏州相城区。

公司注重产品开发能力的提升，引进了美国 UG 公司的 CAD/CAM/CAE，实现了设计 无纸化、成型过程演示化、制模程序电脑化。同时不断完善创新机制，新品产值率逐年提高。研究所被批准为苏州市工程塑料应用和开发技术中心，是首批市政府批准的 10 家技术中心之一。公司实验室拥有研究分析测试设备 36 台套，能按 DIN、ASTM、GB 等标准进行塑料理化性能实验。目前实验室通过了 CMA 认证，现被授权为江苏省塑料 质量监督检测站苏州分站。

追求质量零缺陷、满足并超越顾客的期望，是我们孜孜以求的目标，也是公司持 续发展的基石之一。目前已通过了汉德 TUV 公司的 ISO9001:2000、QS9000、TS16949 体 系认证。在信息化管理方面，公司被省科技厅评为制造业信息化示范企业。公司内部 管理实现了信息化管理。通过管理的不断提升，给客户带去更优质的服务。

本公司凭借先进的设备、雄厚的技术力量和严格的管理，不断加强产品开发和市场开发，并先后从奥地利、德国、意大利、日本、中国香港引进各类双螺杆挤出机、精密注射机、片板材、波纹管生产线等近 40 多台（套），年生产能力 2 万吨以上，已形成了以物流系列、汽车用线束波纹管系列、塑片板材、塑料改性材料系列的四大产品系列发展方向。

园区基地

公司厂房　生产基地　公司一角

销售方针：

牢固树立以客户为中心的理念，
提供专业、快捷、贴心的服务，
为客户创造更多的价值。

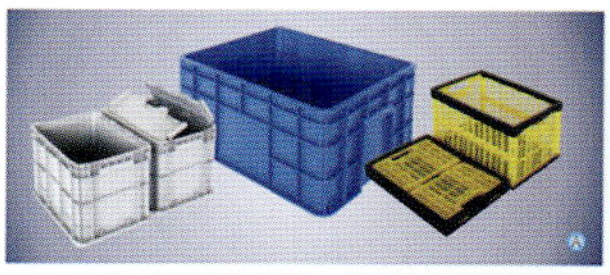

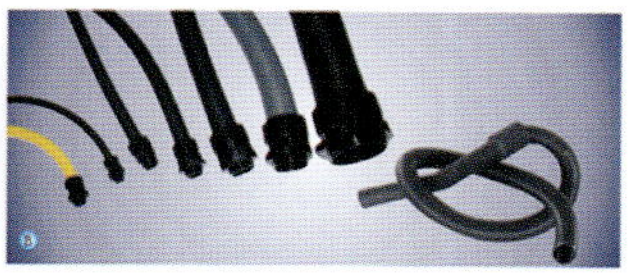

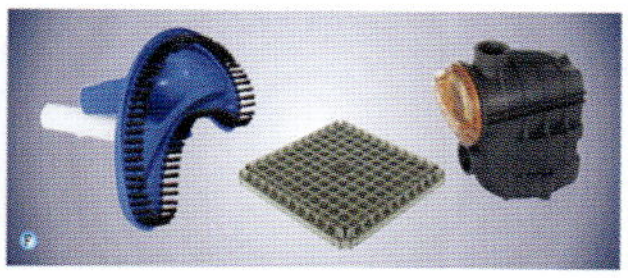

物流产品系列：

生产汽车行业用物流箱及各种型号的周转箱 100 多个品种，折叠箱、垫板、推车等物流搬运器具系列产品，并可定制导电、耐高温、耐酸耐碱的塑料包装箱。为汽车、电子、家电、机械、食品、印刷行业等配套。

波纹管系列：

产品越来越广泛应用于汽车、通讯业、装饰业、现代农业、机械制造业和家用电器等。

改性塑料系列：

生产改性 PP、尼龙、PC/ABS 合金系列材料，是汽车零部件的专用基材。阻燃 PP、PE 系列材料，是电气领域的优良选材

片板材吸塑系列：

是包装垫、汽车内饰、物流托盘、家用电器、建筑装饰、托盘杯具等领域的最佳基材。该产品具有绝缘、保温、隔音、重量轻、刚性强、环保无公害、易加工等特性，可以吸塑、切割、冲裁、粘贴与印刷。

配套加工系列：

与客户共同进行塑料产品的分析、研发、设计、试制、产品测试及确认。现已形成汽车件配套、机电配套、家电配套系列，提供无论是外型还是内在结构，都满足您技术要求的高品质塑料产品。

外贸出口系列：

成功地与许多国外客户进行了合作，产品遍及亚洲、欧洲、美洲、大洋洲等国家，给国外厂商及客户提供最贴心的服务。

苏州工业园区富事达塑业有限责任公司（苏州塑料一厂）
地址：苏州工业园区通园路 198 号
联系电话：0512-67609998
网址：www.first-plastic.com
E-mail：fsd@first-plastic.com

XRW-300C热变形、维卡软化点温度测定仪
XGH塑料管道系统冷热水循环试验机
液晶式电子拉力试验机
XRW-300B
热变形、维卡软化点温度测定
XJJ简支梁冲击试验机
DESHENG WDW 20
WDW电子万能试验机
XGW环刚度试验机
XJ Izod Charpy Impact Testing Machine
XJ组合数显式冲击试验机
FXJ安全帽冲击穿透试验
恒温浴槽
XGY系列管材静液压试验机
XJCJ落锤冲击试验机
JQY-20
焊角强度测定仪
JQY系列焊角强度测定
XNR-400A
熔体流动速率测定仪
XNR-400B熔体流动速率测定仪
XNR-400C熔体流动速率测定仪
CXG安全帽侧向刚性试验机

惠东美化塑胶实业有限公司

产品质量稳定、品种繁多、货源充足

公司经营：

（一）HIPS 粒子系列

以回收家电外壳，杯类容器，吸塑片等为原料，具有良好的光泽，优良的硬度，适宜的韧性，广泛适用于注塑电视机后壳，液晶显示器壳体等，也可作为阻燃级 HIPS 改性的基础底料

（二）ABS 系列

以边角破碎料为原料，主要应用于要求符合 ROHS 标准的高档电子产品、配件、板材等，也可用于高档 ABS 改性和合金化，代替新料使用。

（三）LDPE 粒子系列

以 LDPE 胶纸、薄膜、胶头等为原料；具备良好韧性、优良的拉伸强度；广泛适用于吹模、注塑、压板等领域 。

（四）LDPE/PA 粒子系列

以 LDPE/PA 胶纸、薄膜等为原料；具备良好韧性、优良的拉伸强度；广泛适用于吹模、注塑、压板等领域。

（五）PVB 再生粒

符合 ROHS 环保标准，适宜的流动性，较软，耐紫外线，适合于作瓦片，塑木型材。

美化塑胶进行“VIR”项目，意即“垂直综合再生利用”。
目的：协助家电、工具制造厂家建立“零排放”的密封性产业链，消灭废料填埋和焚毁。

地　　址：广东省惠东县大岭镇新兴亚洲工业园
电　　话：0752-8138999
传　　真：0752-8138909
手　　机：18675206639
联 系 人：谢立基
邮　　箱：rickyxie@i8855.com

鹤山市美耐德科技有限公司

Heshan Meinaide Technology Co., Ltd.

关于美耐得

鹤山市美耐德科技有限公司成立于 2009 年，拥有自营进出口权，属于鹤山市利丰装饰材料有限公司的旗下公司，位于珠三角地区，濒临西江，毗邻港澳，区位优越，交通便利。

公司专业生产室内外广告材料和装饰材料，拥有全套专业的生产设备。目前公司专业生产 PVC 发泡板，各种聚苯乙烯发泡板，包括丝印板，AAA 直喷板，白卡纸板，背胶 KT 板，珍珠板，裱画板，布纹板，光亮板，HIPS 片材，XPS 板材等多种产品。PS 发泡板材通过 SGS 环保认证，产品具有防潮、阻燃、不变型、无毒、美观、不易老化等优点，广泛适用于广告业，家具业，建筑装潢业，交通运输业等多个领域，产品畅销国内，远销东南亚、中东、美洲、东欧等世界各地。

公司以先进的技术，科学的管理，创新的理念，优质的产品立足于市场，本着“ 质量第一，价格合理，诚信至上，精益求精 ”的企业宗旨服务于客户。

您的满意是我们的追求，您的支持是我们的最大原动力，我们将继续创新，不断开发研制新产品以拓展国内外市场。

欢迎与世界各地客商进一步加强合作，共同建立和发展贸易关系！

鹤山市美耐德科技有限公司
地址：中国广东省鹤山市古劳镇三连工业区六区 12 号
电话 :0750-8778233 8778238 8966382
传真 :0750-8778233
邮箱 :hslifeng-2008@163.com hsmeinaide@yahoo.cn
网址 :www.jmlifeng.cn&www.hslifeng.cn
QQ :920916228 906952057

Heshan Meinaide Technology Co., Ltd.
Add: Block 1, No. 12, District 6, Sanlian Industrial Zone, Gulao Town Guangdong China (Mainland)
Tel : 0750-8778233 8778238 8966382
Fax: 0750-8778233
E-mail: hslifeng-2008@163.com hsmeinaide@yahoo.cn
Web: www.jmlifeng.cn&www.hslifeng.cn
Q Q: 920916228 906952057

大东南® 浙江大东南集团

DaDongNan

ZHE JIANG DA DONG JI TUAN

中国制造业 500 强企业浙江大东南集团是目前国内较大的塑料制品生产基地和出口创汇基地之一。公司创办于 1975 年，坐落于西施故里——浙江省诸暨市，现拥有总资产 33 亿元，10 多家下属企业、1 家省技术中心和 3 个先进制造业基地的全国行业排头兵企业。主要从事新型塑料包装系列产品的设计、开发、生产、销售及经营进出口业务，核心主导产品广泛应用于烟草、食品、药品、轻纺、化妆品、印刷、礼品包装、粘胶带等众多商品包装领域。集团已融入长三角经济区域，销售网络布及全国，产品远销三十多个国家和地区。

公司技术力量雄厚，先后从中国香港、日本、德国、英国、意大利等国家和地区引进了一系列具有国际先进水平的技术设备，开发生产了适应市场需求的高档次塑料包装基材和塑料包装产品，相继成功开发出抗菌 BOPP 膜、功能性 PE 透气膜、功能性 CPP 膜、光转换降解农用膜、复合 BOPET 膜、功能性聚丙烯薄膜、电容膜等新颖塑料薄膜及高档塑料包装制品，使企业形成了“ 一流的设备、一流的技术、一流的产品 ”的竞争优势。公司在加大技改投入、开发高新产品的同时，又积极发展资本经营，努力拓展资本市场，并积极投资开发新型塑料包装基材。

公司在成本、质量、规模、技术、品牌等方面形成了一定的竞争优势，居于行业领先地位，产品符合美国 FDA 食品包装卫生标准要求。为保护知识产权，已拥有专利十多项，在国内外多个类别上注册商标保护品牌，其商标和产品均认定为中国驰名商标和中国名牌产品。公司曾先后获得中美经济合作组织中国首席企业、中国最具竞争力 500 强、国家重点高新技术企业、中国外贸企业信用体系指定示范单位等称号。

地址：浙江省诸暨市璜山镇

电话：0575- 87092218

传真：0575-87091595

邮编：311809

网址：www.chinaddn.com

浙江明日控股集团股份有限公司

浙江明日控股集团股份有限公司为浙江省塑料行业协会会长单位，成立于1998年，2008年改组为股份有限公司，现有总资产逾10亿元，员工近500人，主营塑料原料、化工产品、农地膜贸易与薄膜工业，年经营规模50亿元。通过多年的持续快速增长，公司已发展成为中国较大的塑化分销服务商、全国“重合同、守信用AAA级企业”、浙江省高新技术企业之一。

公司一直以发展为主线，始终坚持“开拓、创新、诚信、共赢”的企业精神，立足华东，面向全国，不断拓展塑化业务品种与业务领域，创新经营模式。公司与中石化、上海赛科、扬子-巴斯夫、新疆天业、三圆石化、台塑（宁波）、埃克森美孚化工、住友化学、美科化学、陶氏化学等国内外诸多知名企业建立起了战略合作伙伴关系。公司紧抓塑化分销网络建设，商品直销率在80%以上，已在浙江省各地市、上海、江西、安徽、江苏、广东和宁波港、上海港、广州港、天津港等地设立分销机构，在华东地区形成了畅通、高效的分销网络体系。公司还在香港成立境外离岸公司，开展转口贸易、美元业务。

公司塑化商品年经营量愈60万吨，塑料薄膜年产量近3万吨，其中，PE、PP、PVC年经销量均在20万吨水平，ABS、PS、EVA、茂金属等逾2万吨，甲醇、乙二醇等化工产品近5万吨。

公司将继续以全球化、信息化、网络化的战略眼光，勇于探索，不断创新，追求卓越，努力成为提供物流支持、信息支持、技术支持的现代分销服务商、塑化流通领域的领头羊。

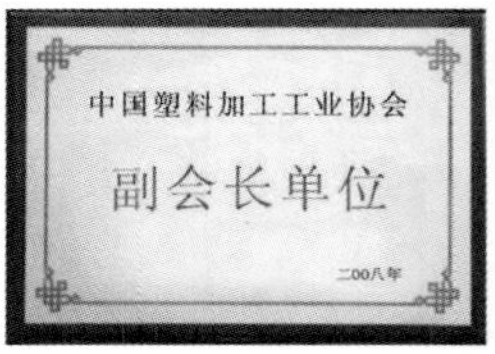

地　址：杭州市滨江区泰安街199号浙江农资大厦10-12、17楼，　邮编310051

电　话：0571-87661222　　　传　真：0571-87661333

网　址：www.zjmr.cn